Manual de Direito Processual do Trabalho

1ª edição — Fevereiro, 2008
1ª edição — 2ª tiragem, setembro, 2008
2ª edição — Fevereiro, 2009
3ª edição — Fevereiro, 2010
4ª edição — Janeiro, 2011
4ª edição — 2ª tiragem, agosto, 2011
5ª edição — Fevereiro, 2012
5ª edição — 2ª tiragem, setembro, 2012
6ª edição — Janeiro, 2013
6ª edição — 2ª tiragem, setembro, 2013
7ª edição — Janeiro, 2014
7ª edição — 2ª tiragem, julho, 2014
7ª edição — 3ª tiragem, outubro, 2014
8ª edição — Janeiro, 2015
9ª edição — Agosto, 2015
9ª edição — 2ª tiragem, outubro, 2015
10ª edição — janeiro, 2016
10ª edição — 2ª tiragem, abril, 2016
11ª edição — julho, 2016
12ª edição — janeiro, 2017

MAURO SCHIAVI

Juiz Titular da 19ª Vara do Trabalho de São Paulo.
Mestre e Doutor em Direito das Relações Sociais pela PUC/SP.
Professor Universitário (Graduação e Pós-Graduação).
Professor Convidado dos Cursos de Pós-Graduação da PUC/SP (COGEAE), Escola Paulista de Direito (EPD), Faculdade de Direito de Sul de Minas (FDSM), EJUD 2/Mackenzie, Rede LFG e ESA (Escola Superior de Advocacia).
Professor Convidado das Escolas Judiciais dos TRTs das 1ª, 2ª, 3ª, 5ª, 6ª, 7ª, 8ª, 11ª, 12ª, 13ª, 15ª, 16ª, 17ª, 18ª, 19ª, 20ª, 22ª e 24ª Regiões.

Manual de Direito Processual do Trabalho

12ª Edição

de acordo com o novo CPC

LTr®

EDITORA LTDA.

Rua Jaguaribe, 571
CEP 01224-003
São Paulo, SP – Brasil
Fone: (11) 2167-1101
www.ltr.com.br
Janeiro, 2017

Versão impressa: LTr 5704.9 – ISBN 978-85-361-9083-9
Versão digital: LTr 9072.0 – ISBN 978-85-361-9089-1

Dados Internacionais de Catalogação na Publicação (CIP)
(Câmara Brasileira do Livro, SP, Brasil)

Schiavi, Mauro
Manual de direito processual do trabalho / Mauro Schiavi. — 12. ed. de acordo com Novo CPC. — São Paulo : LTr, 2017.

Bibliografia.

1. Direito processual do trabalho 2. Direito processual do trabalho — Brasil I. Título.

16-09132 CDU-347.9:331

Índice para catálogo sistemático:

1. Direito processual do trabalho 347.9:331

Esta edição é dedicada especialmente ao meu filho Bento,
que nasceu durante a elaboração desta edição.
Daqui para frente vamos caminhar juntos.

AGRADECIMENTOS:

Ao Armando Casimiro Costa Filho, pela confiança neste trabalho e pelo profissionalismo e entusiasmo com que divulga a cultura jurídica.

A Luana Brandão e toda a sua equipe, pelo cuidado, profissionalismo e competência na editoração desta obra.

Ao Lacier José de Rezende, pela amizade e pelo incentivo na elaboração do livro.

Aos servidores da 19ª Vara do Trabalho de São Paulo, pelo incentivo e ajuda constantes.

Ao Leonel Maschietto e ao Sidnei Freire, pela amizade e incentivo na elaboração deste trabalho.

Aos caros Samuel Brandão e Beatriz de Lourdes Antonio, pelo incentivo e ajuda na divulgação desta obra.

Sumário

Capítulo II – Do Direito Processual do Trabalho

Capítulo III – Organização da Justiça do Trabalho Brasileira

Capítulo IV – Do Ministério Público do Trabalho

Capítulo V – Competência da Justiça do Trabalho

Capítulo VI – Das Partes e Procuradores no Processo do Trabalho

Capítulo VII – Da Intervenção de Terceiros no Direito Processual do Trabalho

Capítulo VIII – Dos Atos Processuais

Capítulo IX – Das Nulidades no Direito Processual do Trabalho

Capítulo X – Da Prescrição no Direito Processual do Trabalho

Capítulo XI – Da Petição Inicial no Direito Processual do Trabalho

Capítulo XII – Da Audiência Trabalhista

Capítulo XIII – Da Revelia no Direito Processual do Trabalho

Capítulo XIV – Da Resposta

Capítulo XV – Das Provas no Processo do Trabalho

1ª Parte – Teoria Geral das Provas no Processo do Trabalho

2ª Parte – Das Provas em Espécie

Capítulo XVI – Sentença e Coisa Julgada

1ª Parte – Da Sentença Trabalhista

2ª Parte – Da Coisa Julgada no Direito Processual do Trabalho

Capítulo XVII – Dos Ritos Sumaríssimo e Sumário no Processo do Trabalho

Capítulo XVIII – Recursos no Processo do Trabalho

1ª Parte – Teoria Geral dos Recursos Trabalhistas

2ª Parte – Dos Recursos Trabalhistas em Espécie

Capítulo XIX – Da Liquidação de Sentença Trabalhista

Capítulo XX – Da Execução na Justiça do Trabalho

Capítulo XXI – Procedimentos Especiais Trabalhistas

Capítulo XXII – Ações Civis Admissíveis no Processo do Trabalho

Há homens que lutam um dia e são bons.

Há outros que lutam um ano e são melhores.

Há os que lutam muitos anos e são muito bons.

Mas há os que lutam toda a vida; estes são imprescindíveis.

(Bertold Brecht)

Nota à Décima Segunda Edição

Primeiramente, agradeço a todos os leitores desta obra, que são os maiores responsáveis pela continuidade dos meus estudos, e pelos aperfeiçoamentos e atualizações dela.

O rápido esgotamento da edição anterior, entusiasmou-me a atualizar, ampliar e revisar esta obra.

O trabalho continua sendo intenso, tendo por objetivo apresentar ao leitor os aspectos fundamentais de cada instituto processual trabalhista, bem como as questões controvertidas tanto em sede doutrinária quanto jurisprudencial.

O maior desafio da Justiça do Trabalho e do processo trabalhista continua sendo dar respostas adequadas aos milhares de processos que chegam diariamente. Não só declarar o direito, mas ser capaz de entregar o bem da vida a quem pertence por direito. Por isso, cabe aos aplicadores do processo do trabalho utilizar as ferramentas processuais adequadas que garantam não só um procedimento justo, com igualdades de oportunidades, mas também efetivo, que seja capaz de produzir resultados satisfatórios.

A chegada do Novo Código de Processo Civil provoca, mesmo de forma inconsciente, um desconforto nos aplicadores do Processo Trabalhista, o que exigirá um esforço intenso da doutrina e jurisprudência para revisitar todos os institutos do processo do trabalho e analisar a compatibilidade, ou não, das novas regras processuais civis. Por outro lado, trata-se de um momento bastante estimulante para os estudiosos do processo trabalhista, e uma rara oportunidade para a melhoria da prestação jurisdicional trabalhista com a busca de institutos processuais civis que possam ser transportados, com eficiência, para a jurisdição trabalhista. Novas frentes e novos caminhos se abrem para os operadores do Processo do Trabalho.

São muitos os institutos processuais civis que são compatíveis e impactarão o processo trabalhista, desde a nova principiologia da Codificação, ao prestigiar os princípios constitucionais do processo, buscando um processo mais justo e democrático, novo impulso aos meios alternativos de solução dos conflitos (mediação e conciliação), simplificação e nova roupagem das tutelas de urgência e evidência, intervenção de terceiros, "*amicus curiae*", prestígio à boa-fé processual, novas regras de distribuição do ônus da prova, motivação da decisão, nova roupagem dos recursos, técnicas de julgamento de demandas repetitivas, e medidas mais incisivas na execução das decisões.

Por outro lado, o aplicador do processo trabalhista deve repelir os novos institutos processuais civis que não propiciarem melhorias ao processo trabalhista, tornando-o mais burocrático e moroso.

Nesta edição, foram consideradas a Lei n. 13.256/16, que alterou dispositivos do CPC, bem como a Instruções Normativas ns. 39 e 40/16, ambas do TST, que destacaram dispositivos do CPC incompatíveis, compatíveis e compatíveis em parte com o Processo Trabalhista, assim como as recentes alterações da jurisprudência do TST, que adaptou diversas Súmulas ao novo CPC.

Foram consideradas a doutrina processual trabalhista produzida no ano de 2016, bem como as recentes decisões do TST e dos TRTs enfrentando a aplicação do CPC na esfera processual trabalhista.

A obra continua com o propósito de trazer ao leitor o maior número de informações sobre cada tema do processo do trabalho, as divergências e as convergências da doutrina e da jurisprudência, bem como os entendimentos pessoais, enfrentando os problemas do cotidiano da aplicação do processo trabalhista no cotidiano dos Tribunais Trabalhistas.

Boa leitura a todos, e muito obrigado!

O autor
mauro.schiavi@uol.com.br

Apresentação

A presente obra é fruto de experiência acumulada em aproximadamente 15 anos de frequência diária à Justiça do Trabalho, como servidor da Justiça do Trabalho (Vara do Trabalho e TRT), nos últimos 7 anos na Magistratura do Trabalho em São Paulo, e também de intensa pesquisa doutrinária e jurisprudencial empreendida nos últimos 5 anos.

Em razão de frequência em cursos de pós-graduação *lato* e *stricto sensu* e, também, de termos atuado como professor de faculdades de graduação, pós-graduação e, principalmente, em cursos preparatórios para a OAB, Magistratura e Ministério Público do Trabalho, nas cidades de São Paulo e Campinas, pudemos constatar as necessidades tanto dos alunos, candidatos a concursos públicos, como dos que militam diariamente na Justiça do Trabalho e buscam soluções rápidas para os problemas do cotidiano, mas também necessitam aprofundar-se sobre as discussões doutrinárias e jurisprudenciais dos mais diversos assuntos que envolvem o Processo do Trabalho. Dessa forma, propusemo-nos a redigir o presente *Manual*, pesquisando e selecionando as melhores obras e melhores temas desenvolvidos por cada doutrinador, tanto do Direito Processual Civil como do Direito Processual do Trabalho, da jurisprudência mais significativa de cada tema, sempre externando nossa opinião sobre os temas de maior controvérsia.

As grandes transformações do Direito do Trabalho e os novos rumos da Justiça do Trabalho impulsionados pela EC n. 45/04 exigem que a Justiça do Trabalho tenha um processo mais efetivo, visando a dar cumprimento ao Direito do Trabalho e garantir o acesso real e célere do trabalhador à Justiça.

Diante das profundas reformas que vem sofrendo o Processo Civil em busca da celeridade e efetividade processual, principalmente na execução, são relevantes e contundentes os impactos das alterações da legislação processual civil no Processo do Trabalho, considerando a aplicação subsidiária permitida pelos arts. 769 e 889 da CLT. Por isso, podemos dizer que, a partir da EC n. 45/04 e das recentes alterações do CPC, vivemos a fase de um novo Processo do Trabalho, mais preocupado com os resultados práticos e com a duração razoável do processo.

Em razão da importância do Direito Processual Civil no Processo do Trabalho, estruturamos o livro com base nos programas de Direito Processual do Trabalho e Direito Processual Civil mencionados nos Editais dos últimos concursos da Magistratura e Ministério Público do Trabalho.

Tendo estudado a fundo o Processo do Trabalho diante das recentes alterações do Código de Processo Civil e seus impactos na esfera processual trabalhista, procuramos apresentar uma moderna visão do Processo do Trabalho, sem deixar de lado a doutrina clássica, e tudo que existe de bom na CLT, destacando os institutos e peculiaridades do Processo do Trabalho como sendo um processo de audiência, de partes, mais simples e menos burocratizado, mas também com os olhos voltados para os princípios constitucionais do processo, reconhecendo os recentes avanços do Direito Processual Civil, que podem ser transportados para o Processo do Trabalho, como medida de melhoria da prestação jurisdicional trabalhista e prestígio da dignidade da Justiça do Trabalho como instituição destinada a solucionar os conflitos que envolvem o trabalho humano.

Capítulo I

Teoria Geral do Direito Processual do Trabalho

1. Do conflito trabalhista

Não há consenso na doutrina sobre o que seja conflito(1), mas este é inerente à condição humana, principalmente em razão da escassez de bens existentes na sociedade e das inúmeras necessidades do ser humano.

Márcio Pugliese(2) apresenta os seguintes fatores para um modelo conflitivo da sociedade:

> "a) A vida social, num determinado modo produtivo, é resultado da interação permanente de utilidades (interesses) diversas que constituem o elemento motivador fundamental para a conduta social do homem; b) O conflito de interesses é a busca de utilidade, domina a vida social e, em consequência, propicia a produção de normas, regulamentos, sistemas de repressão e lide de todo tipo; c) O consenso, também chamado equilíbrio social, é um estado precário, sendo mais um construto teórico-prático que efetivo consenso normativo generalizado; d) O consenso, no sentido de c), existe como expressão ideológica das resultantes das forças de dominação e coerção ou de exploração de uma sociedade e é, por consequência, precário e mutável; e) O conflito social favorece a divisão da sociedade em grupos de pressão, instituições (particularmente partidárias) que disputam o poder que, de fato, permanece com as elites dominantes; f)A ordem social (estado de equilíbrio do sistema) depende da natureza desse conflito, ou melhor, de sua estrutura; g) O conflito entre os contendores produz a mudança social, elemento permanente em qualquer sociedade a fim de manter o estado geral de coisas orbitando em torno de um ponto de equilíbrio (um ponto de acumulação, em sentido topológico); h) Quando o desequilíbrio excede a capacidade de o sistema obter retorno a esse ponto de acumulação, transformações serão necessárias; i) Inicialmente, o sistema tenderá a diversificar seu funcionamento a fim de superar o

(1) Segundo Antonio Houaiss, o conflito é "profunda falta de entendimento entre duas ou mais partes, choque, enfrentamento" (*Dicionário Houaiss da língua portuguesa.* Rio de Janeiro: Objetiva, 2001. p. 797).

(2) PUGLIESE, Márcio. *Por uma teoria geral do direito. Aspectos microssistêmicos.* São Paulo: RCS, 2005. p. 203.

desequilíbrio e, se isso não for suficiente, então, e só então, mudanças estruturais serão implementadas."

Ensina *Amauri Mascaro Nascimento*(3):

"O vocábulo conflito, de *conflictus*, que significa combater, lutar, designa posições antagônicas. Outra palavra usada é controvérsia. Segundo a teoria, surge uma controvérsia quando alguém pretende a tutela do seu interesse, relativa à prestação do trabalho ou seu regulamento, em contraste com interesses de outrem e quando este se opõe mediante a lesão de um interesse ou mediante a contestação da pretensão, mas é possível dizer que o conflito trabalhista é toda oposição ocasional de interesses, pretensões ou atitudes entre um ou vários empresários, de uma parte, e um ou mais trabalhadores a seu serviço, por outro lado, sempre que se origine do trabalho e uma parte pretenda a solução coativa sobre outra."

O Direito do Trabalho, como é marcado por grande eletricidade social, uma vez que está por demais arraigado na vida das pessoas e sofre de forma direta os impactos das mudanças sociais e da economia, é um local fértil para eclosão dos mais variados conflitos de interesse.

Os conflitos trabalhistas podem eclodir tanto na esfera individual como na esfera coletiva. Na esfera individual, há o chamado conflito entre *patrão e empregado*, individualmente considerados, ou entre *prestador e tomador de serviços*, tendo por objeto o descumprimento de uma norma positivada, seja pela lei ou pelo contrato. Já o conflito coletivo trabalhista, também denominado *conflito de grupo*(4) ou *de categorias*, tem por objeto não somente o descumprimento de normas positivadas já existentes (conflito jurídico ou de natureza declaratória), mas também a criação de novas normas de regulamentação da relação de trabalho (conflitos de natureza econômica). Como bem adverte *Pinho Pedreira*(5), "o bem mais comumente disputado nos conflitos de trabalho é o salário, que os trabalhadores pleiteiam seja elevado e os empregadores se recusam a aumentar, ou a fazê-lo no percentual reivindicado."

Segundo *Antonio Monteiro Fernandes*(6):

"Um dos temas mais importantes e complexos que se deparam no domínio do Direito Colectivo é o dos conflitos. Em verdade, 'o conflito, latente

(3) NASCIMENTO, Amauri Mascaro. *Teoria geral do direito do trabalho.* São Paulo: LTr, 1998. p. 314.

(4) Conforme Wilson de Souza Campos Batalha: "Os grupos são entidades sociais que, no direito atual, assumem categorização jurídica expressiva e são dotadas de realidade processual. Alguns são inorganizados, aflorações espontâneas da coletividade, como grupos de pressão e comissão de fábrica. Outros são organizados como entidades civis ou como entidades sindicais. As associações civis são livremente organizadas e se registram no Registro de Títulos e Documentos, nos termos da Lei de Registros Públicos (Lei n. 6.015/73)" (Instrumentos coletivos de atuação sindical. *Revista Legislação do Trabalho.* São Paulo: LTr, ano 60, v. 2, 1996. p. 184).

(5) A greve sem a justiça do trabalho. *Revista Legislação do Trabalho.* São Paulo: LTr, ano 61, v. 02, 1997. p. 197.

(6) FERNANDES, Antonio Monteiro. *Direito do trabalho.* 13. ed. Coimbra: Almedina, 2006. p. 835.

ou ostensivo é a essência das relações industriais'; a negociação colectiva não é só uma técnica de produção de normas, mas também um método de superação de conflitos actuais ou potenciais; envolve um processo jurídico e uma dinâmica social."

A doutrina costuma classificar os conflitos coletivos em conflitos *jurídicos ou de direito*, que não têm por objeto a criação de novas condições de trabalho, e os *conflitos de interesse ou econômicos*, que visam à criação de novas condições de trabalho. Conforme leciona *Octavio Bueno Magano*: "Os conflitos econômicos têm por escopo a modificação de condições de trabalho, e, por conseguinte, a criação de novas normas, enquanto os jurídicos têm por finalidade a interpretação ou aplicação de normas jurídicas preexistentes"(7).

Na esfera processual, o conflito surge quando ocorre uma pretensão resistida, o que *Carnelutti*(8) denominou *lide*(9). Por seu turno, segundo este consagrado processualista, pretensão é a exigência de subordinação do interesse alheio ao interesse próprio(10).

Conflito de interesse, conforme ensina *Moacyr Amaral Santos*(11), "pressupõe, ao menos, duas pessoas com interesse pelo mesmo bem. Existe quando a intensidade do interesse de uma pessoa por um determinado bem se opõe à intensidade do interesse de uma pessoa pelo mesmo bem, donde a atitude de uma tendente à exclusão da outra quanto a este."

Surge a lide trabalhista, quando há uma pretensão resistida do trabalhador ou do tomador de serviços, tendo por escopo a violação da ordem jurídica trabalhista.

2. Das formas de solução dos conflitos trabalhistas

Como destacam *Antonio Carlos de Araújo Cintra, Ada Pellegrini Grinover* e *Cândido Rangel Dinamarco*(12):

> "A eliminação dos conflitos ocorrentes na vida em sociedade pode-se verificar por obra de um ou de ambos os sujeitos dos interesses conflitantes,

(7) MAGANO, Octavio Bueno. *Manual de direito do trabalho.* Direito coletivo. V. IV. 4. ed. São Paulo: LTr, 1994. p. 162.

(8) CARNELUTTI, Francesco. *Instituições do processo civil.* V. I. Campinas: Servanda, 1999. p. 77.

(9) Como destaca Patrícia Miranda Pizzol: "[...] podemos concluir que lide é o conflito de interesses qualificado por uma pretensão resistida, submetido à apreciação do Judiciário. É importante, assim, diferenciar lide de conflito de interesses — o conflito se manifesta no plano sociológico, enquanto a lide no plano processual; logo, pode não haver uma correspondência entre conflito e lide, se o autor deduzir em juízo apenas uma parte do conflito de interesses" (*Competência no processo civil.* São Paulo: RT, 2003. p. 27).

(10) Como destaca Amauri Mascaro Nascimento: "Se uma reivindicação do trabalhador é resistida pelo empregador contra o qual é dirigida, surge um conflito de trabalho" (*Teoria geral do direito do trabalho.* São Paulo: LTr, 1998. p. 314).

(11) SANTOS, Moacyr Amaral. *Primeiras linhas de direito processual civil.* São Paulo: Saraiva, 1985. p. 4.

(12) *Teoria geral do processo.* 21. ed. São Paulo: LTr, 2005. p. 22.

ou por terceiro. Na primeira hipótese, um dos sujeitos (ou cada um deles) consente no sacrifício total ou parcial do próprio interesse (*autocomposição*) ou impõe o sacrifício do interesse alheio (*autodefesa* ou *autotutela*). Na segunda hipótese, enquadram-se a defesa de terceiro, a conciliação, mediação e o processo (estatal ou arbitral)."

Segundo nos traz a doutrina, são meios de solução dos conflitos na esfera trabalhista: *autotutela* ou *autodefesa, autocomposição* e *heterocomposição.*

a) autotutela

A *autotutela* ou *autodefesa* é o meio mais primitivo de resolução dos conflitos em que uma das partes, com utilização da força, impõe sua vontade sobre a parte mais fraca. Nesta modalidade, há uma ausência do Estado na solução do conflito, sendo uma espécie de vingança privada.

Ensina *Amauri Mascaro Nascimento*(13):

> "A autodefesa pode ser autorizada pelo legislador, tolerada ou proibida [...] A solução que provém de uma das partes interessadas é unilateral e imposta. Portanto, evoca a violência, e a sua generalização importa na quebra da ordem e na vitória do mais forte e não do titular do direito. Assim, os ordenamentos jurídicos a proíbem, autorizando-a apenas excepcionalmente, porque nem sempre a autoridade pode acudir em tempo a solução dos conflitos."

Como destacam *Antonio Carlos de Araújo Cintra, Ada Pellegrini Grinover* e *Cândido Rangel Dinamaro*(14), "são fundamentalmente dois os traços característicos da autotutela: a) ausência de juiz distinto das partes; b) imposição da decisão por uma das partes à outra."

Hoje, nas legislações, ainda há resquícios da autotutela em alguns Códigos, como a legítima defesa da posse no Código Civil, ou o estado de necessidade e legítima defesa na esfera penal.

Na esfera do conflito coletivo de trabalho, temos como exemplo de autotutela a greve e o locaute, sendo este vedado no ordenamento jurídico brasileiro pelo art. 17 da Lei n. 7.783/89. Na esfera individual, temos o direito de resistência do empregado às alterações contratuais lesivas (arts. 468 e 483 da CLT) e o poder disciplinar do empregador.

b) autocomposição

A *autocomposição* é modalidade de solução dos conflitos coletivos de trabalho pelas próprias partes interessadas sem a intervenção de um terceiro que irá ajudá-las

---

(13) NASCIMENTO, Amauri Mascaro. *Curso de direito processual do trabalho.* 22. ed. São Paulo: Saraiva, 2007. p. 06.

(14) *Teoria geral do processo.* 21. ed. São Paulo: Malheiros, 2005. p. 23.

ou até propor a solução do conflito. Como exemplos, temos: a negociação coletiva para os conflitos coletivos e o acordo ou a transação para os conflitos individuais.

No aspecto, vale destacar a seguinte ementa:

"DISSÍDIO COLETIVO DE GREVE. ACORDO CELEBRADO ENTRE AS PARTES. A finalidade principal da Justiça do Trabalho é conciliar as partes, alcançando a paz e harmonia social. Assim, tendo a empresa suscitante e o sindicato suscitado celebrado acordo dando fim ao movimento paredista, homologa-se parcialmente o acordo, com exceção da cláusula nona, em relação à qual, no termo de acordo, consta a anotação sem efeito. Processo que se extingue com resolução do mérito, nos termos do art. 269, III, do CPC – AC 00079.2010.000.17.00.6." (N.U. 0007900-89.2010.5.17.0000) – 17ª REGIÃO – Desembargador José Carlos Rizk – relator. DJ/ES de 10.6.2010 – DT Ago. 2010, v. 193, p. 135)

A doutrina aponta como espécies de autocomposição a desistência(15), a renúncia(16), a submissão(17) e a transação(18).

Na esfera do Direito Coletivo do Trabalho, temos como instrumentos típicos de autocomposição os acordos e convenções coletivas, que são produto de um instituto maior, que é a negociação coletiva.

c) heterocomposição

A heterocomposição exterioriza-se pelo ingresso de um agente externo e desinteressado ao litígio que irá solucioná-lo e sua decisão será imposta às partes de forma coercitiva. Como exemplo, temos a decisão judicial (dissídios individuais e coletivos) e a arbitragem.

A heterocomposição, sob a modalidade da decisão judicial (Poder Judiciário), tem sido o meio, por excelência, de solução do conflito trabalhista, pois o Brasil, de cultura romano-germânica, não tem tradição de resolução dos conflitos pela via da negociação nem da arbitragem.

Mais adiante, faremos estudo detalhado da jurisdição e da arbitragem.

d) mediação e conciliação

Mediação é forma de solução dos conflitos por meio da qual o mediador se insere entre as partes, procurando aproximá-las para que elas próprias cheguem a uma solução consensual do conflito.

Na visão de *Pedro Romano Martinez*(19), "a mediação constitui uma forma de solucionar conflitos colectivos que se pode dizer está a meio caminho entre a conciliação e a arbitragem; é algo mais do que a conciliação e menos que a arbitragem.

(15) Desistência é abdicar temporariamente de um direito, não sendo em caráter definitivo.

(16) Renúncia é o abandono do direito de forma definitiva.

(17) Submissão é aceitar, voluntariamente, a vontade da outra parte do conflito.

(18) Transação consiste na resolução do conflito pelas próprias partes, mediante concessões recíprocas.

(19) *Direito do Trabalho*. 5. ed. Coimbra: Almedina, 2010. p. 1.355.

No fundo, representa um *tertium genus* entre estas duas figuras, mas, diversamente da conciliação — que implica uma forma de aproximar as partes, de as sentar a negociar —, a mediação pressupõe que o mediador apresente soluções para serem aceitas pelas partes."

Como destaca *Amauri Mascaro Nascimento*(20): "o mediador adota não o método impositivo, mas o persuasivo. Com o que a mediação contém em sua estrutura um componente autocompositivo, que é da sua substância e do qual não se pode afastar sem se descaracterizar. Pode ser combinada, como se viu, com a arbitragem, em proveito para o procedimento de composição, e, nesse caso, não será mediação e terá fisionomia híbrida de mediação-arbitragem. Originariamente, é uma técnica intermediária entre a conciliação e a arbitragem. É mais do que conciliação, na opinião predominante, porque permite uma perspectiva maior de iniciativas. É menos do que a arbitragem, porque não autoriza atos decisórios."

A conciliação é forma de solução do conflito trabalhista, mediante o ingresso do conciliador entre as partes, o qual as aproximará buscando a solução dos conflitos mediante concessões recíprocas.

Como bem adverte *Pedro Romano Martinez*(21), "o conciliador tem uma intervenção activa na negociação, na medida em que pode apresentar eventuais soluções para aquele conflito. A conciliação, em princípio, baseia-se na autonomia privada, tanto no que respeita à iniciativa, como ao processo de negociação."

Segundo a doutrina, a atividade do mediador é mais intensa que a do conciliador, pois toma mais iniciativas que o conciliador, não só realizando propostas de conciliação, mas persuadindo as partes para que cheguem a uma solução do conflito. Não obstante, o mediador, ao contrário do árbitro e do juiz, não tem poder de decisão.

No nosso sentir, a mediação e a conciliação estão entre a autocomposição e a heterocomposição. Para alguns, são modalidades de autocomposição, pois o mediador aproxima as partes para uma solução consensual, e o conciliador faz propostas de solução do conflito que podem ou não ser aceitas pelas partes, mas tanto um quanto o outro não têm poderes para impor a solução do conflito às partes, e nem estas são obrigadas a aceitar as sugestões deles.

Para outros, são modalidades de heterocomposição, pois há o ingresso de um terceiro entre as partes envolvidas no conflito, ainda que não possam impor a solução do conflito, inegavelmente, o conciliador e o mediador contribuem para a solução do conflito.

Nesse sentido, é a posição de *Mauricio Godinho Delgado*(22):

> "[...] Parece-nos válida, do ponto de vista científico, a tipologia proposta no presente estudo (isto é, *jurisdição, arbitragem, conciliação* e também,

(20) NASCIMENTO, Amauri Mascaro. *Teoria geral do direito do trabalho.* São Paulo: LTr, 1998. p. 331-332.

(21) *Op. cit.*, p. 1.354.

(22) DELGADO, Mauricio Godinho. *Curso de direito do trabalho.* 6. ed. São Paulo: LTr, 2007. p. 1.447.

de certo modo, a mediação como modalidades de heterocomposição). É que a diferenciação essencial entre os métodos de solução de conflitos encontra-se, como visto, nos sujeitos envolvidos e na sistemática operacional do processo utilizado. Na autocomposição, apenas os sujeitos originais em confronto é que se relacionam na busca da extinção do conflito, conferindo origem a uma sistemática de análise e solução da controvérsia autogerida pelas próprias partes. Já na heterocomposição, ao contrário, dá-se a intervenção de um agente exterior aos sujeitos originais na dinâmica de solução do conflito, transferindo, como já exposto, em maior ou menor grau, para este agente exterior a direção dessa própria dinâmica. Isso significa que a sistemática de análise e solução da controvérsia deixa de ser exclusivamente gerida pelas partes, transferindo-se em alguma extensão para a entidade interveniente."

No nosso sentir, tanto a mediação como a conciliação são modalidades de autocomposição, pois tanto o mediador como o conciliador não têm poderes para decidir o conflito e nem impor a decisão. Além disso, cumpre às partes a faculdade de aceitar, ou não, as propostas do mediador ou conciliador.

O Código de Processo Civil, no art. 3º, privilegia tanto a mediação como a conciliação, como formas legítimas, justas, eficazes e céleres de resolução de conflitos, sem criar óbices ao acesso ao judiciário. Com efeito, dispõe o referido dispositivo:

> "Não se excluirá da apreciação jurisdicional ameaça ou lesão a direito.
>
> § 1º É permitida a arbitragem, na forma da lei.
>
> § 2º O Estado promoverá, sempre que possível, a solução consensual dos conflitos.
>
> § 3º A conciliação, a mediação e outros métodos de solução consensual de conflitos deverão ser estimulados por juízes, advogados, defensores públicos e membros do Ministério Público, inclusive no curso do processo judicial."

Na Justiça do Trabalho, tanto a mediação como a conciliação, tanto judiciais como extrajudiciais, devem ser estimuladas. Alguns Tribunais Regionais do Trabalho já criaram núcleos específicos de resolução consensual de conflitos, sob supervisão de Juízes do Trabalho, com a atuação intensa de conciliadores e mediadores. Esses núcleos têm obtido excelentes resultados com baixo custo.

De outro lado, é possível também que o próprio Juiz do Trabalho possa ser auxiliado na respectiva audiência por conciliadores e mediadores que irão contribuir para a solução consensual no conflito.

A experiência do direito comparado nos tem demonstrado que, em determinados conflitos, as partes se sentem mais à vontade para expor suas expectativas e angústias do conflito na presença de conciliadores e mediadores do que na presença do magistrado e, diante disso, a probabilidade do acordo é mais elavada.

Nesse sentido, dispõe o art. 139, V, do CPC, de aplicação subsidiária ao processo do trabalho (arts. 769, da CLT e 15 do CPC), *in verbis*:

"O juiz dirigirá o processo conforme as disposições deste Código, incumbindo-lhe: (...)

V – promover, a qualquer tempo, a autocomposição, preferencialmente com auxílio de conciliadores e mediadores judiciais."

O Tribunal Superior do Trabalho, entretanto, entendeu, recentemente, pela inaplicabilidade da parte final do referido dispositivo ao processo trabalhista, por meio do art. 3º, III, da IN n. 39/16.

3. Da conciliação

Dizia *Carnelutti* que a conciliação é uma sentença dada pelas partes e a sentença é uma conciliação imposta pelo juiz.

Ensina *Calmon de Passos*[(23)]:

> "Conciliação é uma das modalidades de se pôr fim ao litígio mediante solução que lhe dão as próprias partes, apenas cumprindo ao magistrado acolhê-la. Caracteriza-se por implicar na participação do magistrado. Com ela pode-se lograr tanto uma transação, quanto o reconhecimento ou renúncia."

Somente são passíveis de conciliação os direitos patrimoniais disponíveis.

No nosso sentir, o fato de existirem normas de ordem pública no Direito do Trabalho (arts. 9º, 444, e 468, todos da CLT) não significa dizer que os Direitos Trabalhistas são indisponíveis.

Nesse diapasão, oportunas as palavras de *Américo Plá Rodriguez*[(24)]:

> "No campo do Direito do Trabalho, surge, pois, uma distinção essencial e de suma importância: nele existem normas imperativas que não excluem a vontade privada, mas a cercam de garantias para assegurar sua livre formação e manifestação, valorizando-a como a expressão da própria personalidade humana. Ressalte-se que o Direito do Trabalho não é, no fundo, um direito obrigacional. Antes de mais nada, é direito entre pessoas, distinguindo-se não obstante do direito de família pelo grau de intensidade das relações pessoais, bem como pelo caráter temporário e precariedade dos laços pessoais. Um direito que em sua essência disciplina a conduta humana em função criadora de valores, que é a expressão da responsabilidade social e da colaboração para um fim comum, não pode excluir de seu campo a manifestação da vontade privada, mas, pelo contrário, deve traçar-lhes limites que permitam o cumprimento de sua missão."

Pertencendo ao Direito Privado e contando com uma elevada gama de normas de ordem pública e, ainda, considerando-se o estado de subordinação a que está

(23) CALMON DE PASSOS, José Joaquim. *Comentários ao Código de Processo Civil.* 8. ed. Rio de Janeiro: Forense, 2001. p. 451.

(24) PLÁ RODRIGUEZ, Américo. *Princípios de direito do trabalho.* 3. ed. São Paulo: LTr, 2000. p. 151.

sujeito o empregado, os Direitos Trabalhistas, durante a vigência do contrato de trabalho, são irrenunciáveis, como regra geral. Entretanto, uma vez cessados o vínculo de emprego e o consequente estado de subordinação, o empregado pode renunciar e transacionar direitos, máxime estando na presença de um órgão imparcial, como o Sindicato ou a Justiça do Trabalho.

Alguns direitos na esfera trabalhista são indisponíveis, como os direitos da personalidade do trabalhador, difusos, coletivos e também os relacionados com as normas que se referem à medicina, à segurança e ao meio ambiente do trabalho.

A doutrina tem diferenciado a conciliação da transação, pela abrangência e pela participação do conciliador ou magistrado na solução do conflito.

Transação é o negócio jurídico pelo qual as partes, mediante concessões recíprocas, põem fim a uma relação jurídica duvidosa, ou previnem a ocorrência do litígio. A transação pode ser judicial ou extrajudicial. É importante destacar que a transação provém das próprias partes, ou seja: elas próprias, sem a interferência do conciliador ou do magistrado, chegam a uma solução consensual do conflito.

A conciliação assemelha-se à transação, mas apresenta suas peculiaridades, pois a conciliação é obtida em juízo, com a presença do juiz ou do conciliador que participa ativamente das tratativas, inclusive fazendo propostas para solução do conflito. A conciliação pode implicar renúncia ao direito ou reconhecimento do pedido.

Sem dúvida, a conciliação é a melhor forma de resolução do conflito trabalhista, pois é solução oriunda das próprias partes que sabem a real dimensão do conflito, suas necessidades e possibilidades para melhor solução. Muitas vezes, a sentença desagrada a uma das partes e até mesmo às duas partes.

Como bem adverte *Joel Dias Figueira Júnior*(25):

> "A sentença, por intermédio do comando específico a ela agregado, gerador da coisa julgada material, produz para os litigantes segurança e estabilidade jurídica na questão. Porém, deixa a parte sucumbente, em regra, insatisfeita, quando o mesmo não acaba ocorrendo, também o autor, nas hipóteses de improcedência, ou de acolhimento parcial de pretensão. Trata-se de um típico ato de império, portanto, de violência admitida pelo sistema, representada pela imposição da ordem jurídica aos jurisdicionados litigantes, em que exista, necessariamente, correlação com a solução da lide sociológica. Em contrapartida, o acordo firmado pelas partes traz ínsita a pressuposição de aceitação mútua de questões conflituosas existentes entre eles. Por isso, a composição amigável fortalece a pacificação social, compondo a lide jurídica e o conflito intersubjetivo de interesses."

A Justiça do Trabalho prestigia a conciliação como forma primordial de solução do conflito trabalhista (art. 764 da CLT(26)), a ponto de obrigar o juiz a propor a conciliação

(25) FIGUEIRA JÚNIOR, Joel Dias. *Comentários ao Código de Processo Civil*. 2. ed. São Paulo: RT, 2007. p. 497.

(26) Art. 764 da CLT: "Os dissídios individuais ou coletivos submetidos à apreciação da Justiça do Trabalho serão sempre sujeitos à conciliação."

em diversos estágios do processo, quais sejam: quando aberta a audiência, antes da apresentação da contestação (art. 846 da CLT) e após as razões finais das partes (art. 850 da CLT). Parte da jurisprudência trabalhista, inclusive, tem declarado a nulidade do processo, caso não constem das atas de audiência as tentativas de conciliação.

Embora a CLT não preveja, a conciliação pode abranger pretensões não postas em juízo, ou seja: que não fazem parte do processo, pois tanto a conciliação como a transação têm por finalidade primordial não só solucionar, mas prevenir eventuais litígios. Além disso, o escopo da conciliação é a pacificação. Por isso, são frequentes, na Justiça do Trabalho, constarem dos termos de homologação de conciliações que o empregado dá *quitação de todos os direitos decorrentes do objeto do processo e do extinto contrato de trabalho, para não mais reclamar.*

Nesse sentido, são o art. 515, II, e § 2º, do CPC, *in verbis*:

> "São títulos executivos judiciais, cujo cumprimento dar-se-á de acordo com os artigos previstos neste Título: (...) II – a decisão homologatória de autocomposição judicial (...) § 2º A autocomposição judicial pode envolver sujeito estranho ao processo e versar sobre relação jurídica que não tenha sido deduzida em juízo."

O *Código de Processo Civil atual substituiu a expressão transação*, consagrada no CPC anterior (art. 475-N do CPC/73) pela expressão *autocomposição*, que é um gênero que abrange tanto a transação, como a conciliação. Não houve, aqui, alteração na essência do instituto, apenas modificação da nomenclatura, pois tanto a transação, a conciliação e a autocomposição são formas de resolução consensual de conflitos, onde as próprias partes, com ou não a ajuda de terceiro, mediante concessões recíprocas, chegam a um denominador comum para solução do conflito.

Uma vez homologadas, tanto a transação como a conciliação, em sede trabalhista[27], importam a extinção do processo com resolução de mérito, exceto quanto às contribuições devidas à Previdência Social (art. 831, parágrafo único da CLT), e não podem ser atacadas por recurso ordinário, somente por ação rescisória.

O juiz não está obrigado a homologar conciliação, pois esta não é um direito das partes, e sim um ato jurisdicional que decorre do livre convencimento motivado do magistrado. Não obstante, por ser o meio mais indicado de resolução dos conflitos trabalhistas, deve o Juiz do Trabalho apresentar os motivos pelos quais não homologará a avença.

Pode o Juiz do Trabalho deixar de homologar o acordo quando, nitidamente, prejudicial ao empregado, vise a lesar a ordem jurídica, ou for objeto de simulação das partes para prejudicar terceiros. Caso o juiz deixe de homologar o acordo, o processo deve prosseguir nos seus ulteriores termos até a decisão final.

Nesse sentido, dispõe a Súmula n. 418 do TST, *in verbis*:

> "MANDADO DE SEGURANÇA VISANDO À CONCESSÃO DE LIMINAR OU HOMOLOGAÇÃO DE ACORDO (conversão das Orientações Jurisprudenciais ns. 120 e 141 da SBDI-2) – Res. n. 137/2005, DJ 22, 23 e 24.8.2005

---

(27) Alguns processualistas asseveram que, quando o juiz homologa transação, a decisão é meramente homologatória, chancelando a vontade das partes, não analisando o mérito da causa. Portanto, o remédio cabível para atacar a homologação da transação é a Ação Anulatória e não a Ação Rescisória.

A concessão de liminar ou a homologação de acordo constituem faculdade do juiz, inexistindo direito líquido e certo tutelável pela via do mandado de segurança." (ex-Ojs da SBDI-2 ns. 120 – DJ 11.8.2003 – e 141 – DJ 4.5.2004)

No mesmo sentido, dispõe o art. 142 do CPC:

"Convencendo-se, pelas circunstâncias, de que autor e réu se serviram do processo para praticar ato simulado ou conseguir fim vedado por lei, o juiz proferirá decisão que impeça os objetivos das partes, aplicando, de ofício, as penalidades da litigância de má-fé."

3.1. Homologação de transação extrajudicial pelo Juiz do Trabalho

Dispõe o art. 515 do CPC, *in verbis*:

"São títulos executivos judiciais, cujo cumprimento dar-se-á de acordo com os artigos previstos neste Título: (...) III – a decisão homologatória de autocomposição extrajudicial de qualquer natureza."

Diante de tal previsão do CPC, atualmente, muito se discute sobre a possibilidade de homologação de transação (autocomposição) extrajudicial envolvendo matéria trabalhista na Justiça do Trabalho, inclusive já há número significativo de ações dessa natureza nas Varas do Trabalho.

No nosso sentir, diante da EC n. 45/04 que disciplina a competência da Justiça do Trabalho para conhecer das controvérsias oriundas e decorrentes da relação de trabalho, parece-nos que a Justiça do Trabalho detém competência em razão da matéria para homologar acordo extrajudicial envolvendo matéria trabalhista.

De outro lado, pensamos que o Juiz do Trabalho deva tomar algumas cautelas para homologar eventual transação extrajudicial. Deve designar audiência, inteirar-se dos limites do litígio e ouvir sempre o trabalhador. Acreditamos que somente em casos excepcionais deve o juiz homologar o acordo extrajudicial com eficácia liberatória geral.

3.2. Consequências da supressão da expressão "conciliar e julgar" do art. 114 da CF

O *caput* do art. 114 da CF, com a redação dada pela EC n. 45/04, aduz: "Compete à Justiça do Trabalho processar e julgar." A antiga redação do art. 114 da CF dizia: "Compete à Justiça do Trabalho conciliar e julgar os dissídios individuais e coletivos [...]."

No nosso sentir, o fato de a atual redação do art. 114 da CF não repetir a expressão "conciliar" não significa que a conciliação fora abolida na Justiça do Trabalho, tampouco que o juiz não deva empregar os seus bons ofícios em sua tentativa, já que essa providência não necessita constar da Constituição Federal, pois já está prevista no art. 764 da CLT. Além disso, as formas de solução de conflitos pela via da autocomposição têm sido cada vez mais prestigiadas pelo legislador (*vide*, a propósito, a Lei n. 9.958/00). De outro lado, acreditamos que o legislador constitucional apenas pretendeu deixar claro que a Justiça do Trabalho passa, com sua nova competência, a enfrentar litígios nos casos em que não há possibilidade de conciliação, como as ações oriundas das fiscalizações do trabalho, mandados de segurança, etc.

Nesse sentido, cumpre destacar as lúcidas palavras de *Manoel Antonio Teixeira Filho*(28):

> "Mesmo se considerarmos que, a partir da EC n. 45/2004, a Justiça do Trabalho terá competência para solucionar conflitos oriundos das relações de trabalho, em sentido amplo, e, não apenas, os ocorrentes entre trabalhadores e empregadores, a possibilidade de o juiz formular proposta de conciliação é fundamental, sob todos os aspectos que se possa examinar. É produto de manifesto equívoco a ideia de que o maior interessado na conciliação é o juiz, pois, com isso, ele teria um processo a menos para julgar... Sendo assim, a conclusão de que, doravante, a Justiça do Trabalho não teria mais competência para conciliar os conflitos de interesses decorrentes das relações intersubjetivas do trabalho, além de outros previstos em lei, implicaria, a um só tempo: a) colocar-se na contramão da história, porquanto a Justiça do Trabalho, desde as suas origens, trouxe, como traço característico, essa vocação para sugerir, às partes, uma solução negociada, consensual, da lide; b) colocar-se contra a tendência universal, incorporada pelo próprio processo civil, de erigir-se a conciliação como uma das mais adequadas formas de solução de conflitos de interesses protegidos pela ordem jurídica (autocomposição, em vez de heterocomposição)."

4. Das Comissões de Conciliação Prévia

4.1. Conceito

As comissões de conciliação prévia são órgãos criados no âmbito dos sindicatos ou das empresas, com a finalidade de resolução do conflito individual trabalhista por meio da autocomposição. Trata-se de um meio alternativo, extrajudicial, de solução do conflito que tem por finalidade propiciar maior celeridade à resolução da lide, sem a burocracia do Poder Judiciário Trabalhista.

Diante da presença de conciliadores, empregados e empregadores poderão, consensualmente, colocar fim ao conflito.

A criação das comissões de conciliação prévia é facultativa, e estas podem ser criadas no âmbito das empresas ou dos sindicatos, e terão o mesmo número

(28) *Breves comentários à reforma do poder judiciário*. São Paulo: LTr, 2005. p. 124-125. No mesmo sentido, é a visão de Amauri Mascaro Nascimento: "[...] Todavia, a função conciliatória não foi excluída. Foi preservada. Continua com respaldo infraconstitucional (CLT, art. 652, *a*)" (*Curso de direito processual do trabalho*. 22. ed. São Paulo: Saraiva, 2007. p. 205).

de representantes dos empregados e dos empregadores, conforme disciplina o art. 625-A da CLT, *in verbis*: "As empresas e os sindicatos podem instituir Comissões de Conciliação Prévia, de composição paritária, com representante dos empregados e dos empregadores, com a atribuição de tentar conciliar os conflitos individuais do trabalho. Parágrafo único. As Comissões referidas no *caput* deste artigo poderão ser constituídas por grupos de empresas ou ter caráter intersindical."

Nos termos do § 1º do art. 625-D, da CLT, "a demanda será formulada por escrito ou reduzida a termo por qualquer dos membros da Comissão, sendo entregue cópia datada e assinada pelo membro aos interessados."

Conforme o § 2º do art. 625-D da CLT:

> "Não prosperando a conciliação, será fornecida ao empregado e ao empregador declaração da tentativa conciliatória frustrada com a descrição de seu objeto, firmada pelos membros da Comissão, que deverá ser juntada à eventual reclamação trabalhista."

> "Caso exista, na mesma localidade e para a mesma categoria, Comissão de empresa e Comissão sindical, o interessado optará por uma delas para submeter a sua demanda, sendo competente aquela que primeiro conhecer do pedido" (§ 4º do art. 625-D da CLT).

As Comissões de Conciliação Prévia têm dez dias para a realização da tentativa de conciliação a partir da provocação do interessado (art. 625-F da CLT). Se o referido prazo for ultrapassado, será fornecida certidão ao reclamante, podendo este ingressar com a reclamação trabalhista.

O prazo prescricional será suspenso a partir da provocação da Comissão de Conciliação Prévia, recomeçando a fluir, pelo que lhe resta, a partir da tentativa frustrada de conciliação ou do esgotamento do prazo de 10 dias para realização da audiência (art. 625-G da CLT).

4.2. Obrigatoriedade ou facultatividade?

Assevera o art. 625-D da CLT:

> "Qualquer demanda de natureza trabalhista será submetida à Comissão de Conciliação Prévia se, na localidade da prestação de serviços, houver sido instituída a Comissão no âmbito da empresa ou do sindicato da categoria."

Diante do referido dispositivo legal, há entendimentos na doutrina e na jurisprudência de que a passagem do conflito individual trabalhista pela Comissão de Conciliação Prévia é um pressuposto processual ou uma condição da ação que devem ser preenchidos quando do ajuizamento da ação trabalhista, vale dizer: se não houver a tentativa de conciliação perante a Comissão de Conciliação Prévia, deverá o Juiz do Trabalho a requerimento, ou *ex officio*, extinguir o processo, sem resolução de mérito, nos termos do art. 485 do CPC(29), *in verbis*:

> "O juiz não resolverá o mérito quando: (...) IV – verificar a ausência de pressupostos de constituição e de desenvolvimento válido e regular do processo; (...) VI – verificar ausência de legitimidade ou de interesse processual."

(29) No CPC de 1973, o art. 267 tratava da matéria.

Argumentam, ainda, os defensores das Comissões de Conciliação Prévia que a tentativa de conciliação extrajudicial como condição de ingresso da reclamação trabalhista tem por objetivo estimular a conciliação, desafogar o Judiciário Trabalhista e ainda melhorar a prestação jurisdicional de Justiça do Trabalho, o que somente será possível se se entender obrigatória a tentativa de conciliação extrajudicial.

Nesse sentido, é a visão de *Sergio Pinto Martins*(30):

> "Nota-se que o procedimento instituído representa condição da ação para o ajuizamento da reclamação trabalhista. Não se trata de pressuposto processual. Pressupostos de existência do processo são jurisdição, pedido e partes. Pressupostos de validade do processo são competência, ausência de suspeição, inexistência de coisa julgada e de litispendência, capacidade processual dos litigantes, regularidade da petição inicial e da citação [...] Se o empregado não tentar a conciliação, o juiz extinguirá o processo sem julgamento de mérito (art. 267, VI do CPC), por não atender à condição da ação estabelecida na lei. Se não houve tentativa de conciliação na Comissão, não existe pretensão resistida e não há interesse de agir da parte em postular perante o Judiciário. A reivindicação só poderá ser feita diretamente à Justiça do Trabalho caso na empresa não exista a comissão nem tenha sido ela instituída no âmbito do sindicato da categoria, porque não haveria como se passar por comissão conciliatória."

Nesse diapasão, vale transcrever a seguinte ementa da mais alta Corte Trabalhista brasileira, *in verbis*:

> "AUSÊNCIA DE PRESSUPOSTO DE CONSTITUIÇÃO E DE DESENVOLVIMENTO VÁLIDO E REGULAR DO PROCESSO: SUBMISSÃO DA DEMANDA À COMISSÃO DE CONCILIAÇÃO PRÉVIA. ART. 625-D DA CLT. I – A obrigatoriedade imposta no art. 625-D da Consolidação das Leis do Trabalho, inserto no Título VI-A desse diploma Legal, acrescentado pela Lei n. 9.958/2000, não afronta o princípio do livre acesso ao Poder Judiciário, até porque não impede o ajuizamento de ação visando à satisfação das pretensões ressalvadas ou a declaração de nulidade do ajuste celebrado perante a comissão. II – Aqui é bom enfatizar que a prévia tentativa de conciliação é inclusive condição para a propositura da ação coletiva (arts. 616, § 4º, da CLT e 114, § 2º, da Constituição Federal), cuja constitucionalidade já foi reconhecida pelo SFT, no julgamento do Ag-Rg-AI 166.962-4, rel. Min. Carlos Velloso. III – Não se afigura por isso plausível que exigência semelhante, para a propositura da ação individual, possa configurar ofensa ao princípio da inderrogabilidade da jurisdição. Mesmo porque a conciliação, ainda que extrajudicial, acha-se intimamente ligada à finalidade histórica da Justiça do Trabalho, alçada à condição de princípio constitucional, a teor do art. 114 da Lei Maior. IV – É imprescindível lembrar ainda da disposição do art. 625-F da CLT, que fixa, de um lado, o prazo de 10 dias para a realização da conciliação, cujo transcurso em branco libera o empregado para a propositura da reclamação, e, de outro, o autoriza de imediato a ingressar em juízo, no caso de haver motivo relevante que o impossibilite de observar a exigência ali contida, a ser declarado na petição inicial. V – Não tendo o recorrido atendido ao pressuposto processual de válida

(30) MARTINS, Sergio Pinto. *Direito processual do trabalho*. 28. ed. São Paulo: Atlas, 2008. p. 55.

constituição e desenvolvimento regular do processo, consubstanciado na passagem pela Comissão de Conciliação Prévia, nem ter invocado o motivo pelo qual deixará de atender à determinação contida na norma consolidada, insuscetível de ser tangenciada pelo malogro da tentativa de conciliação, promovida pelo Juízo da Vara do Trabalho, pois do contrário a exigência legal se tornaria letra morta, impõe-se a extinção do processo sem resolução do mérito, na forma do art. 267, inciso IV do CPC. VI – Recurso provido." (Processo: RR – 386/2008-001-13-00.0 Data de Julgamento: 13.5.2009, rel. Min. Antônio José de Barros Levenhagen, 4ª Turma, Data de Divulgação: DEJT 29.5.2009)

Embora a lei diga que qualquer demanda *será submetida à Comissão*, não apresenta qualquer penalidade para o descumprimento. Se não há penalidade, não se pode concluir que há obrigatoriedade.

Como sustenta com propriedade o professor da Universidade de São Paulo *Jorge Luiz Souto Maior*(31):

> "Não se fixou, expressamente, que submeter-se à Comissão constitua condição para o ingresso em juízo, como havia no projeto de lei, e não há na lei, igualmente, uma penalidade específica para o descumprimento de tal procedimento, como também havia no projeto de lei. Não se pode entender que a 'declaração da tentativa de conciliação', mencionada no § 2º, do art. 625-D, seja um documento indispensável à propositura da ação trabalhista, motivando a extinção do feito, sem julgamento do mérito, sem sua apresentação com a petição inicial, já que esta pena não está prevista na lei e trata-se de princípio hermenêutico a noção de que as regras de restrição de direitos não se interpretam ampliativamente; além do que 'ninguém será obrigado a fazer ou deixar de fazer alguma coisa senão em virtude de lei' (inciso II do art. 5º da CF). De qualquer modo, mesmo que a lei fosse expressa nesse sentido sua aplicabilidade estaria obstada por ferir a garantia do acesso à justiça, prevista no inciso XXXV do art. 5º da Constituição Federal, nos seguintes termos: 'a lei não excluirá da apreciação do Poder Judiciário lesão ou ameaça a direito'."

Além disso, a conciliação pode ser tentada na audiência trabalhista pelo Juiz do Trabalho. As tentativas conciliatórias do Juiz do Trabalho suprem eventual necessidade de conciliação extrajudicial. Não nos parece ser justo e razoável o Juiz do Trabalho, após tentar a conciliação e não obtê-la, extinguir o processo em razão da falta de passagem do litígio pela Comissão de Conciliação Prévia. Tal extinção estaria negando os princípios constitucionais da duração razoável do processo, da efetividade processual e do acesso à justiça. Questiona-se: se o acordo não surgiu diante das partes, advogados e do Juiz do Trabalho, ele acontecerá na Comissão de Conciliação Prévia? Pensamos que não.

De um lado, é da essência da Justiça do Trabalho facilitar o acesso do trabalhador à Justiça do Trabalho e a finalidade essencial do processo trabalhista é dirimir, com justiça, o conflito trabalhista; de outro, a vocação conciliatória da Justiça do

(31) SOUTO MAIOR, Jorge Luiz. *Temas de processo do trabalho*. São Paulo: LTr, 2000. p. 130-131.

Trabalho é histórica, inclusive por mandamento legal (art. 764 da CLT). Por isso, não há como a Justiça do Trabalho furtar-se a apreciar uma demanda em razão de falta de conciliação prévia, quando é dever do magistrado buscá-la em juízo.

Nesse sentido, vale transcrever recente julgamento do Tribunal Superior do Trabalho, vazado na seguinte ementa:

> "AGRAVO DE INSTRUMENTO. RECURSO DE REVISTA. FEITO NÃO SUBMETIDO À COMISSÃO DE CONCILIAÇÃO PRÉVIA. EFEITOS JURÍDICOS. NULIDADE SANADA PELO PRÓPRIO CURSO DO PROCESSO JUDICIAL TRABALHISTA. A previsão do rito de passagem extrajudicial pela CCP ou NICT (arts. 625-D e 625-H, CLT), caso desconsiderada pela parte, não implica nulidade processual absoluta e insanável: é que a instigação à conciliação, dever do Magistrado no início da audiência processual trabalhista (o art. 846, *caput*, da CLT, determina ao juiz que, na abertura da audiência, antes da apresentação da defesa, proponha a conciliação), tem o condão de sanar o vício percebido. Ora, não se declara eventual nulidade, no Direito Processual do Trabalho, se não se verificar manifesto prejuízo às partes litigantes (art. 794, CLT) ou caso seja possível suprir-se a falta ou repetir-se o ato (art. 796, *a*, CLT). Assim, a instigação conciliatória inerente à dinâmica processual trabalhista elide eventual prejuízo resultante da omissão extrajudicial, suprindo-se esta omissão perante o próprio juiz, a quem cabe determinar que o ato de composição se realize na audiência. Agravo de instrumento desprovido." (TST – AIRR-1167/2006-004-19-40.8. – Ac. 6ª T. – relator Min. Mauricio Godinho Delgado – DJ 26.9.2008, *In: Revista LTr* 72-09/1150)

Conforme destaca *Estêvão Mallet*(32), com suporte em *Liebman*: "É suficiente que as condições da ação, eventualmente inexistentes no momento da propositura desta, sobrevenham no curso do processo e estejam presentes no momento em que a causa é decidida. Daí, que, mesmo não tentada a conciliação prévia, havendo defesa na reclamação, ou não pagamento dos valores cobrados, surge o interesse processual, diante da resistência do reclamado."

No mesmo diapasão são as conclusões de *Rafael Edson Pugliese Ribeiro*(33): "A ausência de tentativa conciliatória extrajudicial fica então suprida pela tentativa conciliatória judicial. E não se poderia falar em nenhum tipo de nulidade, porque o nosso sistema se orienta pela teoria objetiva do nulo. Não se forma nulidade onde não haja prejuízo. Vale lembrar que desde 1967 o art. 613, V, da CLT exige, obrigatoriamente, que todas as convenções e acordos coletivos consagrem 'normas para a conciliação das divergências surgidas entre os convenentes por motivos da aplicação de seus dispositivos'. A realidade prova o contrário. A omissão dessa providência não invalidou nenhuma convenção coletiva até hoje, de que se tenha notícia. Se há ausência dessa disposição numa convenção coletiva, há presença da intenção de sobre ela nada dispor e o acesso à justiça está sempre assegurado pela Constituição Federal (CF, art. 5º, XXXV)"(34).

(32) *In: Revista LTr* 64-04/445.

(33) RIBEIRO, Rafael Edson Pugliese. Comissão de conciliação prévia: faculdade ou obrigatoriedade. *In: Revista Trabalho & Doutrina*, n. 26. São Paulo: Saraiva, 2002. p. 133.

(34) No mesmo sentido, Carlos Henrique Bezerra Leite: *In: Curso de direito processual do trabalho*. 5. ed. São Paulo: LTr, 2007.

Nesse sentido, destacamos as seguintes ementas:

"Comissão de conciliação prévia — Submissão do conflito — Faculdade. O art. 625-D da CLT não estabeleceu nova condição da ação ou mesmo pressuposto processual, tratando-se apenas de faculdade do empregado. Pelo que, sua inobservância não acarreta a extinção do feito sem julgamento do mérito." (TRT 12ª R. – 3ª T. – ROV n. 3561/2004.018.12.00-5 – Ac. n. 13.191/05 – relª Lígia M. Teixeira Gouvêa – DJ 8.11.05 – p. 195) (RDT n. 12 de Dezembro de 2005)

"Passagem pela Comissão de Conciliação Prévia. Negativa de acordo em audiência. A falta de acordo em audiência, que seria judicial, supre a tentativa de acordo em órgão extrajudicial. Como o acordo judicial tem representatividade muito maior, inclusive fazendo coisa julgada, o acordo extrajudicial fica por ele abrangido." (TRT/SP – 00588200404002001 – RO – Ac. 2ª T. 2005051779 – rel. Sergio Pinto Martins – DOE 1º.8.2006)(35)

"A extinção do processo sem julgamento de mérito, sob o fundamento de inobservância do art. 625-D, da CLT, antes da formação da *litiscontestatio* é providência que em nada contribui para o prestígio da Justiça do Trabalho, e ainda mais quando há pedido de reconhecimento do vínculo empregatício, o que extrapola as atribuições da comissão de conciliação prévia." (TRT/SP – 03173200502802007 – RO – Ac. 1ª T. – 20060693449 – rel. Adalberto Martins – DOE 19.9.2006)(36)

"Passagem pela comissão de conciliação prévia como condição da ação. Não obrigatoriedade. Princípio da instrumentalidade das formas. Matéria já pacificada neste Tribunal, através da Súmula n. 02." (TRT/SP – 01444200422102000 – RO – Ac. 3ª T. – 20090510075 – relª Maria de Lourdes Antonio – DOE 28.7.2009)

"SUBMISSÃO DA DEMANDA À COMISSÃO DE CONCILIAÇÃO PRÉVIA. NÃO OBRIGATORIEDADE. A submissão da demanda à Comissão de Conciliação Prévia não caracteriza condição para o exercício do direito de ação, visto que o ato constitui faculdade atribuída ao empregado, com o objetivo de proporcionar a solução de controvérsias e incentivar a celebração de acordos anteriormente à prestação jurisdicional. Entendimento respaldado pela Súmula n. 02 do Egrégio Tribunal Regional do Trabalho da 2ª Região." (TRT/SP – 02113200800902001 – RS – Ac. 6ª T. – 20090223041 – relª Ivete Ribeiro – DOE 7.4.2009)

"COMISSÃO DE CONCILIAÇÃO PRÉVIA. EXTINÇÃO DO PROCESSO SEM RESOLUÇÃO DO MÉRITO. O procedimento previsto no art. 625-D da CLT não pode constituir óbice ao princípio constitucional do acesso à Justiça, previsto no art. 5º, XXXV da Carta Magna. A interpretação do dispositivo celetista, conforme a Constituição, revela que o procedimento em questão é uma faculdade conferida à parte a fim de solucionar o conflito de forma célere, não constituindo condição da ação, nem tampouco pressuposto processual. Aplicação da Súmula n. 2 deste E. Tribunal. A Seção Especializada em Dissídios Individuais (SDI-1) do Tribunal Superior do Trabalho pôs fim à discussão, fixando o entendimento de que a ausência de tentativa de conciliação não pode obstar o exercício do direito de ação (E-RR- 28/2004-009-06-00.3)." (TRT/SP – 00029200809002001 – RO – Ac. 4ª T. – 20100180129 – rel. Ivani Contini Bramante – DOE 19.3.2010)

No mesmo contexto, é a Súmula n. 02 do Tribunal Regional do Trabalho da 2ª Região, *in verbis*:

"COMISSÃO DE CONCILIAÇÃO PRÉVIA. EXTINÇÃO DE PROCESSO. (RA n. 08/2002 – DJE 12.11.02, 19.11.2002, 10.12.2002 e 13.12.2002). O comparecimento perante a

(35) *In: Revista Synthesis*, n. 44/07. p. 203.

(36) *Ibidem*, p. 202.

Comissão de Conciliação Prévia é uma faculdade assegurada ao obreiro, objetivando a obtenção de um título executivo extrajudicial, conforme previsto pelo art. 625-E, parágrafo único da CLT, mas não constitui condição da ação, nem tampouco pressuposto processual na reclamatória trabalhista, diante do comando emergente do art. 5º, XXXV, da Constituição Federal."

O Supremo Tribunal Federal, recentemente, em controle concentrado de constitucionalidade, fixou entendimento no sentido de não ser obrigatória a submissão do litígio trabalhista à Comissão de Conciliação Prévia como condição de ingresso na Justiça do Trabalho, conforme notícia publicada no *site* do STF[37] em 13.5.2009, conforme segue:

> "COMISSÕES DE CONCILIAÇÃO PRÉVIA: STF — 13.5.2009 — Liminar em Ação Direta de Inconstitucionalidade — Min. Marco Aurélio. Quarta-feira, 13 de maio de 2009. Trabalhador pode ingressar na Justiça mesmo sem tentar conciliação prévia. Por maioria de votos, o Supremo Tribunal Federal (STF) determinou nesta quarta-feira (13) que demandas trabalhistas podem ser submetidas ao Poder Judiciário antes que tenham sido analisadas por uma comissão de conciliação prévia. Para os ministros, esse entendimento preserva o direito universal dos cidadãos de acesso à Justiça. A decisão é liminar e vale até o julgamento final da matéria, contestada em duas Ações Diretas de Inconstitucionalidade (ADIs ns. 2.139 e 2.160) ajuizadas por quatro partidos políticos e pela Confederação Nacional dos Trabalhadores do Comércio (CNTC). Tanto a confederação quanto o PC do B, o PSB, o PT e o PDT argumentaram que a regra da CLT representava um limite à liberdade de escolha da via mais conveniente para submeter eventuais demandas trabalhistas. Sete ministros deferiram o pedido de liminar feito nas ações para dar interpretação conforme a Constituição Federal ao art. 625-D da CLT (Consolidação das Leis do Trabalho), que obrigava o trabalhador a primeiro procurar a conciliação no caso de a demanda trabalhista ocorrer em local que conte com uma comissão de conciliação, seja na empresa ou no sindicato da categoria. Com isso, o empregado pode escolher entre a conciliação e ingressar com reclamação trabalhista no Judiciário. **Divergência**: Quando o julgamento dos pedidos de liminar nas ações começou, em janeiro de 2000, o ministro Marco Aurélio foi o primeiro a divergir do relator, ministro Octavio Gallotti, no sentido de deferir em parte a cautelar para dar interpretação conforme ao art. 625-D da CLT. Em agosto de 2007, foi a vez de os ministros Sepúlveda Pertence, Cármen Lúcia Antunes Rocha, Ricardo Lewandowski e Eros Grau unirem-se a Marco Aurélio. Nesta tarde, o entendimento foi sacramentado com os votos dos ministros Joaquim Barbosa e Carlos Ayres Britto. Segundo Barbosa, manter a regra do art. 625-D da CLT sem interpretação conforme a Constituição representaria uma 'séria restrição do direito de acesso à Justiça para os trabalhadores'. Para Ayres Britto, a solução dada pelo Plenário 'estimula a conciliação e mantém uma tradição da Justiça Trabalhista de tentar a conciliação, sem sacrificar o direito universal de acesso à jurisdição [pelos cidadãos]'. Ele lembrou voto do ministro Marco Aurélio no sentido de que, quando a Constituição quer excluir uma demanda do campo de apreciação do Judiciário, ela o faz de forma expressa, como ocorre, por exemplo, na área desportiva. Nesse caso, o ingresso no Judiciário somente pode ocorrer após se esgotarem as instâncias da Justiça Desportiva (§ 1º do art. 217). **Contramão da história**: Último a se pronunciar sobre a matéria, o ministro Cezar Peluso disse que a decisão do Supremo está na 'contramão da história'. Segundo ele, o dispositivo da CLT não representa bloqueio, impedimento ou exclusão do recurso à universalidade da jurisdição. 'Eu acho que, com o devido respeito, a postura da Corte,

(37) Disponível em: <http://www.stf.gov.br>.

restringindo a possibilidade da tentativa obrigatória de conciliação, está na contramão da história, porque em vários outros países hoje há obrigatoriedade do recurso às chamadas vias alternativas de resolução de conflitos, até porque o Poder Judiciário não tem dado conta suficiente da carga de processos', afirmou o ministro. Para ele, a regra da CLT representa 'simplesmente uma tentativa preliminar de conciliar e de resolver pacificamente o conflito, com a vantagem de uma solução não ser imposta autoritariamente'. 'As soluções consensuais são, em todas as medidas, as melhores do ponto de vista social', concluiu. **Outros dispositivos:** As ações questionavam ainda outros dispositivos da CLT. No caso do art. 625-E da CLT o pedido não foi conhecido, ou seja, analisado. Esse artigo determina que o acordo lavrado na comissão de conciliação será título executivo extrajudicial. Nesse ponto, o ministro Marco Aurélio ficou vencido. O pedido de liminar contra o inciso II do art. 852-B da CLT foi negado. O dispositivo fixa que não se fará citação por edital no procedimento sumaríssimo. As decisões quanto a esses dispositivos foram tomadas quando o julgamento dos pedidos de liminar nas ações começou, em 2000."

Pelo exposto, pensamos que a passagem do conflito trabalhista pela Comissão de Conciliação Prévia é facultativa. Se a parte preferir, pode procurar diretamente a Justiça do Trabalho.

4.3. *Efeitos da transação na Comissão de Conciliação Prévia (eficácia da quitação)*

Dispõe o art. 625-E da CLT:

"Aceita a conciliação, será lavrado termo assinado pelo empregado, pelo empregador ou seu proposto e pelos membros da Comissão, fornecendo-se cópia às partes. Parágrafo único. O termo de conciliação é título executivo extrajudicial e terá eficácia liberatória geral, exceto quanto às parcelas expressamente ressalvadas." (Incluído pela Lei n. 9.958, de 12.1.2000)

Diante da redação do referido dispositivo legal, parte da doutrina e jurisprudência trabalhista assevera que os acordos firmados perante as Comissões de Conciliação Prévia têm eficácia liberatória geral, exceto quanto às parcelas expressamente ressalvadas. O que não foi ressalvado, não poderá ser discutido em juízo. Nesse sentido, destacamos as seguintes ementas:

"Acordo homologado pela comissão de conciliação prévia — Efeitos de coisa julgada. Exsurgem efeitos de coisa julgada dos acordos formalizados perante as Comissões de Conciliação Prévia, dada a similar função de composição de conflitos por parte de tais órgãos extrajudiciais. Cabe notar, inclusive, que o efeito da coisa julgada não impede, outrossim, a execução de tais títulos executivos em que se constituem os termos de conciliação prévia, já que não há exame de mérito propriamente realizado, ante a aplicação do art. 267, V, do CPC. Conciliação. Cláusula expressa de plena quitação pelo extinto contrato de trabalho. Se o acordo firmado perante a Comissão de Conciliação Prévia alcançou o 'extinto contrato de trabalho', assim expressamente consignando plena quitação quanto às obrigações decorrentes do pacto laboral havido, não há, pois, como ser invocada qualquer ressalva que admita possibilidade de perseguir outras verbas, ainda que não especificadas no termo de conciliação, já que a quitação ampla e geral ao extinto contrato de trabalho alcança todas aquelas que poderiam advir do vínculo trabalhista ocorrido entre as partes, sem dar margem a que qualquer outra pudesse ser postulada, por caracterizados efeitos próprios de coisa julgada. Aplicação extensiva de precedentes jurisprudenciais do c. TST e do TRT-10. Recurso conhecido e provido, para extinguir-se o processo, sem exame de mérito, nos termos do art. 267, V, do CPC." (TRT – 10ª R. – 3ª T. – RO n. 28/2002.011.10.00-6 – rel. Douglas A. Rodrigues – DJDF 16.5.2003 – p. 21)

"RECURSO ORDINÁRIO. TRANSAÇÃO CELEBRADA PERANTE A COMISSÃO DE CONCILIAÇÃO PRÉVIA SEM RESSALVA. VALIDADE. QUITAÇÃO GERAL E IRREVOGÁVEL. O termo de conciliação lavrado perante a Comissão de Conciliação Prévia constitui-se em título executivo extrajudicial e produz efeito liberatório geral quanto às obrigações oriundas do contrato de trabalho, salvo em relação àquelas verbas expressamente ressalvadas. Esta é a dicção do parágrafo único do art. 625-E da CLT. Se o trabalhador não comprova qualquer vício de consentimento no acordo celebrado perante a Comissão de Conciliação Prévia, não há razão jurídica para negar validade ao termo de conciliação extrajudicial." (TRT/SP – 01299200704902000 – RO – Ac. 12ª T. – 20100365609 – rel. Marcelo Freire Gonçalves – DOE 7.5.2010)

RECURSO DE REVISTA. ACORDO FIRMADO PERANTE A COMISSÃO DE CONCILIAÇÃO PRÉVIA. QUITAÇÃO PARCIAL. RESSALVAS EXPRESSAS. EFICÁCIA LIBERATÓRIA DAS PARCELAS E NÃO DO CONTRATO. Ressalvado meu posicionamento, a jurisprudência desta Corte firmou-se no sentido de que o art. 625-E da CLT atribui quitação ampla à conciliação realizada perante as Comissões de Conciliação Prévia, exceto quanto às parcelas expressamente ressalvadas. O Tribunal Regional registrou que não houve ressalva de parcelas no termo de quitação firmado pelas partes. Recurso de revista de que se conhece e a que se dá provimento. (Processo: RR – 179-27.2012.5.04.0211. Data de Julgamento: 6.8/2014, rel. Ministro: Cláudio Mascarenhas Brandão, 7ª Turma, Data de Publicação: DEJT 8.8.2014)

Outros argumentam que, em sede extrajudicial, a quitação somente abrange parcelas e valores consignados no termo de conciliação, conforme o art. 320 do CC, 477, § 2º, da CLT e Súmula n. 330 do TST.

Nesse sentido, a seguinte ementa:

"Câmaras de conciliação trabalhista — Limites da quitação. A eficácia liberatória geral a que se reporta o parágrafo único do art. 625-E da CLT há de ser compreendida apenas em relação àquelas parcelas objeto da demanda exposta à Comissão de Conciliação, não compreendendo quitação geral do contrato de trabalho no que respeita a outras verbas trabalhistas que não tenha sido objeto expresso da conciliação." (TRT – 12ª R. – 1ª T. – Ac. n. 5290/2002 – rel. Gérson P. T. Conrado – DJSC 21.5.2002 – p. 143) (RDT n. 6 – junho de 2002)

A finalidade das Comissões de Conciliação Prévia consiste na busca da transação, ou seja, que as partes, mediante concessões recíprocas, coloquem fim à relação jurídica duvidosa pertinente a direitos patrimoniais disponíveis *(res dubia)*.

Leciona *Fabrício Zamprogna Matiello*(38):

> "Transação é o contrato pelo qual as partes, envolvidas judicial ou extrajudicialmente em litígio ou controvérsia, previnem ou encerram a pendência através de concessões recíprocas."

(38) MATIELLO, Fabrício Zamprogna. *Código Civil comentado.* 2. ed. São Paulo: LTr, 2005. p. 525.

Dispõe o art. 840 do CC:

É lícito aos interessados prevenirem ou terminarem o litígio mediante concessões mútuas.

Conforme referido dispositivo legal, a transação exige concessões recíprocas e relação jurídica duvidosa. Sem a presença desses dois elementos fundamentais não há transação, mas sim renúncia ou submissão de uma parte à outra.

De outro lado, conforme dispõe o art. 841 do CC somente quanto a direitos patrimoniais de caráter privado se admite a transação.

Embora haja grande celeuma na doutrina e na jurisprudência, acreditamos que a transação firmada perante a Comissão de Conciliação Prévia não tem eficácia liberatória geral, tampouco impede que as partes (trabalhadores e empregadores) venham ao judiciário discutir a transação, tanto no aspecto formal (capacidade, forma prevista em lei e manifestação espontânea da vontade) como no aspecto de fundo (mérito da transação), ou seja, se efetivamente a transação observou seus princípios fundamentais.

Nesse sentido, concordamos integralmente com as seguintes ementas:

"Comissões de conciliação prévia — Termo de conciliação — Liberação restrita aos direitos postulados e transacionados. A interpretação do parágrafo único, do art. 625-E, inserto na CLT pela Lei n. 9.958/2000, me parece ser mais profunda do que o texto, à primeira vista, pode parecer dizer. A interpretação deve ser sistemática, pois o conteúdo literal de um dispositivo legal, contido às vezes num só artigo, não enseja a compreensão do contexto do qual é parte. Todo ato interpretativo é um ato de vontade, contém em si carga valorativa própria daquele que desenvolveu a atividade interpretativa. Não se deve obter a vontade isolada da norma, já que ao formular a lei o legislador elabora um sistema, suas normas deverão ser consideradas coesas e mutuamente imbricadas, jamais se poderá tomar alguma de forma insulada. O que buscou a lei em comento foi dar às partes a prerrogativa de eleger conciliadores para solucionar seus litígios, extrajudicialmente, sem afastar o direito de acesso ao Judiciário, corolário este que decorre da cláusula pétrea, inserto no art. 5º, inciso XXXV, da Carta Magna. A liberação do empregador pela simples inserção no termo de conciliação que o empregado dá quitação geral e absoluta de todos os direitos oriundos do contrato de trabalho, para nada mais reclamar, seja a que título for, me parece açodado e temerário. Não sendo colocados em discussão outros direitos e não havendo transação sobre o que se pleiteia judicialmente, não se pode acolher a liberação total e absoluta do reclamado, sob pena de burlar o art. 477, da CLT, pois a assistência ao trabalhador quando da quitação final de seus direitos é atribuição do sindicato de classe, ou das autoridades indicadas nos §§ 2º e 3º, deste dispositivo, e não da Comissão de Conciliação. Sendo assim, o ato conciliatório resta eivado de nulidade, pois objetivou impedir e fraudar a aplicação das normas obreiras, devendo ser rejeitado no que diz respeito à liberação geral do empregador, pondo a salvo os direitos não transacionados pelo trabalhador." (inteligência do art. 9º da CLT). (TRT 15ª R. – 2ª T. – RO n. 27274/2003 – rel. Dagoberto N. de Azevedo – DJSP 12.9.03 – p. 23)

"Comissão de conciliação prévia — Termo de conciliação — Eficácia liberatória. Não tem eficácia liberatória o termo de conciliação assinado perante Comissão de Conciliação Prévia, sem que tenha havido conflito entre as partes e, sim, o seu comparecimento ocorrido por iniciativa do empregador, com o objetivo único de obter quitação de parcelas trabalhistas." (TRT – 3ª R. – 4ª T. – RO n. 1.274/2003 – rel. Luiz O. L. Renault – DJMG 22.3.2003 – p. 14) (RDT n. 4 – abril de 2003)

"Acordo extrajudicial. Comissão de Conciliação Prévia. Nulidade. O 'termo de conciliação' realizado entre as partes perante a Comissão de Conciliação Prévia não tem o alcance que lhe foi atribuído, pois não se pode excluir o direito de ação do autor, a garantia constitucional de acesso ao Judiciário, sendo certo que é terminantemente repudiado qualquer obstáculo a este exercício. Hipótese em que o acordo firmado perante a Comissão de Conciliação Prévia, o autor deu quitação das parcelas e dos valores lá especificados (horas extras e reflexos — 7ª e 8ª horas). Ressalte-se que, pelo princípio da proteção ao hipossuficiente, a este é vedado renunciar aos direitos que lhe são garantidos pela legislação trabalhista, pois presume-se viciada tal manifestação de vontade, mormente quando o acerto é feito fora do contexto do Judiciário. Desta maneira, é até mesmo irrelevante se verificar a existência ou não de vício de consentimento. Por conta da hierarquia das fontes formais de direito, não se confere ao termo firmado perante a Comissão de Conciliação Prévia o efeito de impedir o pleno exercício do direito constitucional de ação, ou seja, o referido termo não vale quanto aos efeitos de quitação ampla e irrestrita do contrato de trabalho. O acordo, o art. 9º da CLT e o pagamento feito apenas quita aquilo que foi saldado. As verbas que não foram pagas ou foram liquidadas em valores inferiores aos devidos não estarão quitadas. Como estabelece o art. 940 do Código Civil, a quitação só é dada sobre aquilo que foi pago." (TRT/SP - 00017578720135020391 - RO - Ac. 18ª T. - 20140330563 - rel. Rui César Públio Borges Corrêa - DOE 28.4.2014)

A homologação da transação na Comissão de Conciliação Prévia não tem o efeito de coisa julgada, tampouco impede a garantia constitucional do acesso à Justiça (art. 5º, XXXV, da CF).

5. Arbitragem no Direito Processual do Trabalho

A arbitragem é um meio de solução dos conflitos pelo ingresso de um terceiro imparcial (árbitro) previamente escolhido pelas partes que irá solucionar o conflito de forma definitiva. A arbitragem é considerada um meio alternativo de solução do conflito, pois o árbitro não pertence ao Estado. Alguns doutrinadores sustentam que o árbitro tem jurisdição, não a estatal, mas sim a que lhe foi outorgada pelas partes para resolução do conflito.

Ensina *Carlos Alberto Carmona*(39):

> "Trata-se de mecanismo privado de solução de litígios, através do qual um terceiro, escolhido pelos litigantes, impõe sua decisão, que deverá ser cumprida pelas partes. Esta característica impositiva da solução arbitral (meio heterocompositivo de solução de controvérsias) a distância da mediação e da conciliação, que são meios autocompositivos de solução de litígios, de tal sorte que não existirá decisão a ser imposta às partes pelo mediador ou pelo conciliador, que sempre estarão limitados à mera sugestão (que não vincula as partes)."

Não há tradição de resolução dos conflitos trabalhistas pela via da arbitragem no Direito brasileiro, embora em muitos países de tradição anglo-saxônica, este seja o principal meio de resolução de tais conflitos, principalmente o conflito coletivo de trabalho.

(39) CARMONA, Carlos Alberto. *Arbitragem e processo*. 2. ed. São Paulo: Atlas, 2006. p. 51.

Diante do princípio da inafastabilidade da jurisdição (art. 5º, XXXV, da CF), a arbitragem no Direito brasileiro é um meio facultativo de solução de conflitos, vale dizer: não se pode obrigar alguém, contra sua vontade, a aceitar o procedimento arbitral.

A resolução dos conflitos pela via arbitral, conforme pacificado na doutrina e no próprio Supremo Tribunal Federal, não viola os princípios constitucionais do acesso à justiça, inafastabilidade da jurisdição e do juiz natural, pois a arbitragem é um procedimento facultativo, o árbitro é um ente imparcial escolhido previamente pelas partes. Além disso, eventuais nulidades do procedimento arbitral podem ser discutidas no Judiciário.

Dentre os argumentos favoráveis à arbitragem, podemos destacar: a) maior agilidade nas decisões, em face da inexistência de recursos; b) o árbitro é escolhido pelas partes; c) melhores condições da real dimensão do conflito pelo árbitro; d) maior celeridade de resolução do conflito; e) possibilidade de a decisão dar-se por equidade se assim convencionarem as partes.

Nos termos da Lei n. 9.307/96 que disciplina a arbitragem e traça as regras do procedimento arbitral, o procedimento arbitral é instaurado pela *convenção de arbitragem*, que compreende a *cláusula compromissória* e o *compromisso arbitral*.

A *cláusula compromissória*, prevista no art. 4º da Lei n. 9.307/96, é o negócio jurídico por meio do qual as partes se comprometem a submeter à arbitragem futuros litígios que possam surgir relativamente a um contrato. O *compromisso arbitral*, previsto no art. 9º da Lei n. 9.307/96, é o negócio jurídico de natureza contratual por meio do qual as partes submetem à arbitragem um litígio já existente.

Na esfera do Direito Coletivo do Trabalho, há autorização constitucional para que o conflito coletivo do trabalho, se assim convencionarem as partes, possa ser dirimido pela arbitragem. Nesse sentido, é o art. 114, § 1º, da CF, que assim dispõe: "Frustrada a negociação coletiva, as partes poderão eleger árbitros."

Não há previsão da arbitragem para solução dos conflitos individuais trabalhistas, como existe para o conflito coletivo. Diante disso, discute-se na doutrina e na jurisprudência sobre a possibilidade da arbitragem para resolução dos conflitos individuais trabalhistas.

A doutrina e a jurisprudência não têm admitido a arbitragem para a solução dos conflitos individuais trabalhistas com os seguintes argumentos:

a) acesso amplo e irrestrito do trabalhador ao Judiciário Trabalhista (art. 5º, XXXV, da CF);

b) irrenunciabilidade do crédito trabalhista;

c) hipossuficiência do trabalhador;

d) o estado de subordinação inerente ao contrato de trabalho impede que o trabalhador manifeste sua vontade ao aderir a uma cláusula compromissória.

Nesse sentido, é a posição de *Carlos Henrique Bezerra Leite*(40):

"A arbitragem, embora prevista expressamente no art. 114, §§ 1º e 2º, da CF, é raramente utilizada para solução dos conflitos coletivos trabalhistas, sendo certo que o art. 1º da Lei n. 9.307/96 vaticina que a arbitragem só pode resolver conflitos em que estejam envolvidos direitos patrimoniais disponíveis, o que, em linha de princípio, inviabiliza sua aplicação como método de solução dos conflitos individuais trabalhistas. Uma exceção seria a indicação, por consenso entre trabalhadores e empregador, de um árbitro para fixar o valor de um prêmio instituído pelo empregador."

No mesmo pórtico, defendem *Francisco Ferreira Jorge Neto* e *Jouberto de Quadros Pessoa Cavalcante*(41):

> "Parece não restar dúvidas de que se está — quando se analisa o Direito do Trabalho — diante de um direito que não comporta, em princípio, a faculdade da disponibilidade de direitos por ato voluntário e isolado do empregado. Assim, o Direito do Trabalho não se coaduna com a Lei n. 9.307/96, não admitindo a arbitragem como mecanismo de solução dos conflitos individuais de trabalho."

A jurisprudência não tem aceitado a arbitragem como meio de resolução do conflito individual trabalhista, conforme se constata da redação das seguintes ementas:

> "Arbitragem — Direito individual do trabalho — Incompatibilidade. 'O art. 114 da Constituição Federal delimita a competência da Justiça do Trabalho e apenas quanto às questões coletivas autorizou a arbitragem. Não houve espaço constitucional para a arbitragem nas demandas individuais trabalhistas. Longe das origens do Estado Liberal, hoje as relações trabalhistas, reconhecidamente desequilibradas na ótica individual empregado-empregador, são relações que não autorizam o compromisso arbitral, afastando a jurisdição estatal. Apenas sob a ótica coletiva, juridicamente igualitária, ficou autorizada a solução extrajudicial dos conflitos através da arbitragem'. (Juíza Elke Doris Just). Enquadramento sindical. A promulgação da Constituição Federal de 1988 traz a proibição da interferência estatal na organização sindical, consagrando, em seu art. 8º, I, a autonomia dos trabalhadores na formação do sindicato e no estabelecimento de suas bases e alcances. Preserva, no entanto, o conceito de categoria e o princípio da unicidade sindical. O critério, por excelência, para determinação do enquadramento sindical consiste na identificação da atividade preponderante da empresa. No entanto, dada a diversidade de atividade de algumas empresas, torna-se difícil — e, às vezes, impossível — tal detecção, tomando-se por base apenas este parâmetro. É o caso que desponta na situação *sub examen*, tornando-se, pois, mister, a utilização de outros critérios. *In casu*, os elementos conducentes à ilação, aptos a eleger a entidade de classe efetiva para a representação da categoria profissional do reclamante, assentam-se na homologação da rescisão contratual, recolhimento da contribuição sindical e ausência de firmação da suposta CCT aplicável pela entidade de classe representativa

(40) BEZERRA LEITE, Carlos Henrique. *Curso de direito processual do trabalho*. 5. ed. São Paulo: LTr, 2007. p. 110.

(41) *Direito processual do trabalho*. Tomo I. 3. ed. Rio de Janeiro: Lumen Juris, 2007. p. 158.

da categoria econômica correspondente. Recurso da reclamada conhecido e parcialmente provido. Recurso ordinário do reclamante parcialmente conhecido e prejudicado." (TRT 10ª R. – 3ª T. – RO n. 1247/2005.005.10.00-3 – relª Márcia Mazoni Cúrcio Ribeiro – DJ 10.11.06 – p. 31) (RDT n. 12 – dezembro de 2006)

"Comissão de Conciliação Prévia — Tribunal de arbitragem — Sindiforte — Territorialidade — Fraude — Ineficácia — Competência — Justiça do Trabalho. A quitação outorgada por vigilante junto ao Tribunal de Arbitragem do Estado de São Paulo, em decorrência de acordo coletivo firmado pelo Sindiforte e a empresa Estrela Azul, sem a existência de qualquer lide prévia, e dentro do prazo previsto no § 6º do art. 477 da CLT, é absolutamente ineficaz e não produz nenhum efeito jurídico (arts. 9º, 625-B e 477 e §§ da CLT), principalmente quando o trabalhador prestou serviços em localidade abrangida pela base territorial de outro sindicato. Em razão disso, ela não impede o ajuizamento da reclamação trabalhista na Justiça do Trabalho, que é a única competente para dirimir a controvérsia (art. 114 da Constituição Federal). Intervalo — Supressão parcial — Remuneração — Período efetivamente suprimido. A supressão parcial do intervalo destinado à alimentação e descanso implica a remuneração do período efetivamente suprimido (§ 4º do art. 71 da CLT), até porque a sua remuneração integral contraria o princípio que veda o enriquecimento sem causa e não estimula o empregador a conceder intervalo em maior extensão ao trabalhador. Se a remuneração deverá corresponder a uma hora, em qualquer caso, que interesse teria o empregador em conceder 30, 40, 50 ou 55 minutos de intervalo"? (TRT 15ª R. – 2ª T. – RO n. 142/2003.093.15.00-0 – rel. Paulo de Tarso Salomão – DJ 16.2.07 – p. 24) (RDT n. 04 – abril de 2007)

"AGRAVO DE INSTRUMENTO. RECURSO DE REVISTA. ARBITRAGEM. INAPLICABILIDADE DA LEI N. 9.307/96 NOS CONFLITOS INDIVIDUAIS DE TRABALHO. Embora o art. 31 da Lei n. 9.307/96 disponha que — a sentença arbitral produz, entre as partes e seus sucessores, os mesmos efeitos da sentença proferida pelos órgãos do Poder Judiciário e, sendo condenatória, constitui título executivo —, entendo-a inaplicável ao contrato individual de trabalho. Com efeito, o instituto da *arbitragem*, em princípio, não se coaduna com as normas imperativas do Direito Individual do Trabalho, pois parte da premissa, quase nunca identificada nas relações laborais, de que empregado e empregador negociam livremente as cláusulas que regem o contrato individual de trabalho. Nesse sentido, a posição de desigualdade (jurídica e econômica) existente entre empregado e empregador no contrato de trabalho dificulta sobremaneira que o princípio da livre manifestação da vontade das partes se faça observado. Como reforço de tese, vale destacar que o art. 114 da Constituição Federal, em seus §§ 1º e 2º, alude à possibilidade da *arbitragem* na esfera do Direito Coletivo do Trabalho, nada mencionando acerca do Direito Individual do Trabalho. Agravo de instrumento a que se nega provimento." (TST – Processo: AIRR – 415/2005-039-02-40.9 – Data de Julgamento: 17.6.2009 – rel. Min. Horácio Raymundo de Senna Pires – 6ª Turma – Data de Divulgação: DEJT 26.6.2009)

A arbitragem, embora deva ser vista com cuidado e reservas na esfera do conflito individual do trabalho, não é proibida pela Lei, tampouco é contrária aos princípios que regem o Processo do Trabalho, entretanto, pensamos que o trabalhador somente possa aceitar uma convenção arbitral quando já cessada a relação de emprego, pois o estado de subordinação impede a manifestação livre de sua vontade. Nesse sentido, destacamos a seguinte ementa:

"Conflito trabalhista. Aplicação da Lei n. 9.307/96. A lei de arbitragem tem aplicação ao Direito do Trabalho, mas exige comprovação real de objeto litigioso, não admitindo mera renúncia do empregado. Assim ocorrendo, tem-se o ato como fraude, por ausência de litígio a ensejar a transação entre as partes e livre manifestação de vontade do empregado. Recurso Ordinário a que se nega provimento." (TRT 2ª R. – RO 02741200003302003 – Ac. n. 20040118732 – 5ª T .– rel. Pedro Paulo Teixeira Manus – DOE/SP 2.4.04)

Em verdade, existe no Brasil falta de tradição em solução dos conflitos pela via arbitral, acreditando-se que os árbitros não estão preparados para resolver os litígios com imparcialidade e justiça. Na esfera trabalhista, acredita-se que a via arbitral sempre atende aos interesses do empregador, lesando os interesses do empregado. Na realidade, muitas vezes, tanto a decisão como a transação realizadas em sede arbitral são melhores que a decisão na Justiça do Trabalho, principalmente nos centros de maior movimento processual, em que a carga de trabalho dos juízes inviabiliza uma decisão célere e com qualidade.

Adverte, com sabedoria, *Jorge Luiz Souto Maior*:

> "Sob a perspectiva do cientista do direito, que busca a construção de um modelo jurídico que possa atender à necessidade de efetivação dos direitos sociais de forma rápida e eficaz (e mesmo sob a perspectiva do cidadão), não importa se a solução encontrada (respeitados esses requisitos) tenha sido proferida no processo ou fora dele. O importante é fixar parâmetros jurídicos sólidos para que as técnicas de solução de conflitos (todas elas) se constituam de maneira a proporcionar a acessibilidade à ordem jurídica justa (fácil acesso e justa solução)."(42)

Não obstante, diante da hipossuficiência do trabalhador brasileiro, das peculiaridades das relações de trabalho e de emprego, do caráter irrenunciável do crédito trabalhista, não há como se aplicar de forma irrestrita a arbitragem para resolução de qualquer conflito individual trabalhista, mesmo que a convenção arbitral seja firmada após a cessação do contrato individual de trabalho, pois ainda presente a hipossuficiência econômica do trabalhador. Entretanto, para algumas espécies de contratos de trabalho ou de emprego em que o trabalhador apresente hipossuficiência mais rarefeita, como os altos empregados, a arbitragem poderá ser utilizada.

Nesse diapasão, importante destacar as seguintes ementas:

"ARBITRAGEM E CONFLITOS INDIVIDUAIS DE TRABALHO — POSSIBILIDADE — CONCEITO DE INDISPONIBILIDADE DE DIREITOS — EFEITOS JURÍDICOS 1 – A arbitragem é, por excelência, o meio de solução de conflitos humanos, precedendo no tempo ao próprio Poder Judiciário. 2 – A solução de conflitos por um terceiro isento, escolhido pelas partes, sempre foi o caminho histórico de pacificação de litígios, porque, gozando da confiança dos que lhe pedem justiça, concilia a rigidez da norma com a flexibilização natural da equidade. 3 – Somente na fase imperial de Roma é que se adotou a solução exclusivamente estatal de controvérsias. Antes, no período das '*legis actiones*' e no período '*per formulam*', a atuação do pretor se limitava a dar a ação, compor o litígio e fixar o '*thema decidendum*'. A partir daqui, entregava o julgamento a um árbitro, que podia ser qualquer cidadão romano. 4 – Esta situação predominou durante a Idade Média, em que não havia

(42) SOUTO MAIOR, Jorge Luiz. Os modos extrajudiciais de solução dos conflitos individuais do trabalho. *Revista LTr*, São Paulo, n. 66, jun. 2002.

tribunais exclusivamente patrocinados pelo Estado pois, pertencendo o cidadão a reinos e condados, comandados por nobres e senhores feudais, a justiça era feita de comum acordo, por tribunais comunitários, de natureza mais compositiva do que decisória. 5 – Somente a partir do século XVIII, com a criação do Estado Constitucional é que houve o monopólio pelo Estado da prestação jurisdicional. Esta nova postura, entretanto, nunca exclui o julgamento fora do Estado, por terceiros escolhidos pelas partes, pois não é, nem nunca foi possível ao Estado decidir sozinho as controvérsias humanas, principalmente na sociedade moderna, em que se multiplicam os conflitos e acirram-se as divergências, não só dos cidadãos entre si, mas deles contra o Estado e do Estado contra seus jurisdicionados. 6 – O próprio Estado brasileiro, através da Lei n. 9.307/06 deu um passo decisivo neste aspecto, salientando, em seu artigo primeiro, que: 'as pessoas capazes de contratar poderão valer-se da arbitragem para dirimir litígios relativos a direitos patrimoniais disponíveis'. Desta forma, conciliou-se o monopólio da jurisdição, naquilo que o Estado considera fundante e inalienável para constituir a ordem pública e o interesse social com direitos em que predominam os interesses individuais ou coletivos, centrados em pessoas ou grupos. 7 – Os conflitos trabalhistas não se excluem do âmbito genérico do art. 1º da Lei n. 9.307/06 porque seus autores são pessoas capazes de contratar e detêm a titularidade de direitos patrimoniais disponíveis. 8 – A indisponibilidade de direitos trabalhistas é conceito válido e internacionalmente reconhecido porque se trata de núcleos mínimos de proteção jurídica, com que o trabalhador é dotado para compensar a desigualdade econômica gerada por sua posição histórica na sociedade capitalista. Destes conteúdos mínimos, não têm as partes disponibilidade porque afetaria a busca do equilíbrio ideal que o legislador sempre tentou estabelecer entre o empregado e o empregador. 9 – Porém indisponibilidade não se confunde com transação, quando há dúvida sobre os efeitos patrimoniais de direitos trabalhistas em situações concretas. Indisponibilidade não se há de confundir-se com efeitos ou consequências patrimoniais. Neste caso, a negociação é plenamente possível e seu impedimento, pela lei ou pela doutrina, reduziria o empregado à incapacidade jurídica, o que é inadmissível, porque tutela e proteção não se confundem com privação da capacidade negocial como atributo jurídico elementar de todo cidadão. 10 – A arbitragem, tradicionalmente prevista no Direito Coletivo, pode e deve também estender-se ao Direito Individual, porque nele a patrimonialidade e a disponibilidade de seus efeitos é indiscutível e é o que mais se trata nas Varas trabalhistas, importando na solução, por este meio, de 50% dos conflitos em âmbito nacional. Basta que se cerque de cuidados e se mantenha isenta de vícios, a declaração do empregado pela opção da arbitragem que poderá ser manifestada, por exemplo, com a assistência de seu sindicato, pelo Ministério Público do Trabalho ou por cláusula e condições constantes de negociação coletiva. 11 – Em vez da proibição, a proteção deve circunscrever-se à garantia da vontade independente e livre do empregado para resolver seus conflitos. Se opta soberanamente pela solução arbitral, através de árbitro livremente escolhido, não se há de impedir esta escolha, principalmente quando se sabe que a solução judicial pode demorar anos, quando o processo percorre todas as instâncias, submetendo o crédito do emprego a evidentes desgastes, pois são notórias as insuficiências corretivas dos mecanismos legais. 12 – A arbitragem em conflitos individuais já é prevista na Lei de Greve — Lei n. 7.783/89, art. 7º; Lei de Participação nos Lucros — Lei n. 10.102/00; na Convenção sobre o Reconhecimento e a Execução de Sentenças Arbitrais Estrangeiras, ratificada pelo Decreto n. 4.311/02. Trata-se, portanto, de instituição já inserida no Direito brasileiro, que não pode mais ser renegada pela doutrina ou pela jurisprudência, sob pena de atraso e desconhecimento dos caminhos por onde se distende hoje o moderno Direito do Trabalho. 13 – Já é tempo de confiar na independência e maturidade do trabalhador brasileiro, mesmo nos mais humildes, principalmente quando sua vontade tem o reforço da atividade sindical, da negociação coletiva, do Ministério Público, que inclusive pode ser árbitro nos dissídios de competência da Justiça do Trabalho — art. 83, X, da LC n. 75/93. 14 – A relutância em admitir a arbitragem em conflitos individuais de trabalho é uma prevenção injustificada que merece urgente revisão. Não se pode impedir que o empregado, através de manifestação de vontade isenta de vício ou coação, opte por meios mais céleres, rápidos e eficientes de solução do conflito do que a jurisdição do Estado." (TRT – 3ª Região. 4ª Turma. Processo n. 00259-2008-075-03-00-2 RO (RO – 19.829/08), relator Antônio Álvares da Silva, DJMG 31.1.2009)

"Arbitragem. Dissídio Individual. Cabimento. Na seara coletiva, sem dúvida alguma, a arbitragem é um procedimento altamente salutar, reconhecido, inclusive, pela CF (art. 114, § 1º). A questão, contudo, merece maiores reflexões no que se refere ao dissídio individual. O art. 1º da Lei n. 9.307/96 é explícito ao afirmar que a arbitragem somente é cabível para dirimir litígios relativos a direitos patrimoniais disponíveis. Nesse diapasão, a doutrina e a jurisprudência têm se dividido entre aqueles que repelem totalmente o instituto, em razão da irrenunciabilidade e, consequente, indisponibilidade dos direitos trabalhistas; aqueles que o aceitam em termos e, por fim, outros que querem aplicá-lo na sua forma mais ampla. A arbitragem no campo individual trabalhista só deve ser admitida em casos excepcionalíssimos, quando envolvidos empregados graduados, executivos etc., e estabelecida por compromisso arbitral, após a eclosão do conflito, mas nunca por cláusula compromissória, quando da realização do contrato de trabalho, que é um contrato de adesão, em que o trabalhador não tem condições de negociar em condições de igualdade o que entende correto. Tais disposições não se chocam com o estatuído pelo princípio da inafastabilidade do Poder Judiciário para a lesão de qualquer direito, como preceituado no inciso XXXV, do art. 5º da CF, visto que o Poder Judiciário poderá rever a questão, desde que haja evidências da nulidade da sentença arbitral (art. 33 da Lei n. 9.307/96)." (TRT – 15ª R. – Proc. 1048-2004-032-15-00-0-RO – Ac. 9.503/06 – 11ª C. – rel. Flávio Nunes Campos – DOESP 3.3.06)

"1. RECURSO ORDINÁRIO. ARBITRAGEM DE DISSÍDIOS INDIVIDUAIS TRABALHISTAS. POSSIBILIDADE. A atual redação dos §§ 1º e 2º do art. 114 da CF com a alteração promovida pela Emenda Constitucional n. 45/2004 prevê expressamente a possibilidade de submissão dos conflitos coletivos entre sindicatos dos empregadores e de empregados, ou entre sindicatos de empregados e empresas, à arbitragem, nada dispondo acerca dos conflitos individuais. No entanto, o silêncio do legislador leva a crer que é possível submeter os dissídios individuais trabalhistas à arbitragem em relação aos direitos patrimoniais disponíveis. Mesmo porque a mediação que se faz através das Comissões de Conciliação Prévia, muito embora não tenha previsão constitucional, é aceita. Idêntico raciocínio deve ser empregado em relação à arbitragem. Ademais, o escopo da Lei n. 9.307/1996 de pacificação social harmoniza-se à finalidade do Direito do Trabalho. 2. RECURSO ORDINÁRIO. SUPRESSÃO DO INTERVALO INTRAJORNADA. HORA EXTRAORDINÁRIA. NATUREZA SALARIAL. O trabalho desempenhado pelo trabalhador durante o intervalo intrajornada configura tempo à disposição do empregador, devendo, portanto, ser pago como hora extraordinária. A literalidade do § 4º do art. 71, da CLT, permite concluir que esse pagamento tem natureza salarial e não indenizatória." (TRT/SP ACÓRDÃO N.: 20080203412 N. de Pauta: 073 Processo TRT/SP n.: 00417200604802005, relator Desembargador Marcelo Freire Gonçalves. *In:* <www.trt.jus.br> Acesso em: set. 2008)

"ARBITRAGEM. POSSIBILIDADE DE UTILIZAÇÃO PARA SOLUÇÃO DE CONFLITOS TRABALHISTAS. HIPÓTESE FÁTICA DE PRESSÃO PARA RECURSO AO JUÍZO ARBITRAL. INTERPRETAÇÃO DA LEI N. 9.307/96 À LUZ DOS FATOS. SÚMULAS NS. 126 E 221 DO TST. 1. A arbitragem (Lei n. 9.307/96) é passível de utilização para solução dos conflitos trabalhistas, constituindo, com as comissões de conciliação prévia (CLT, art. 625-A a 625-H), meios alternativos de composição de conflitos, que desafogam o Judiciário e podem proporcionar soluções mais satisfatórias do que as impostas pelo Estado-juiz. 2. *In casu*, o Regional afastou a quitação do extinto contrato de trabalho por laudo arbitral, reputando-o fruto de pressão para o recurso à arbitragem. 3. Nessas condições, a decisão regional não viola os arts. 1º da Lei n. 9.307/96 e 840 do CC, uma vez que, diante da premissa fática do vício de consentimento (indiscutível em sede de recurso de revista, a teor da Súmula n. 126 do TST), a arbitragem perdeu sua natureza de foro de eleição. Portanto, a revista, no particular, encontrava óbice na Súmula n. 221 do TST. Agravo de instrumento desprovido." (Ac. da 7ª Turma do C.TST – AIRR 2547/2002-077-02-40 – rel. Min. Ives Gandra Martins Filho – DJ 8.2.2008)

O Tribunal Superior do Trabalho, recentemente, pronunciou-se, admitindo a arbitragem para solução de conflito individual trabalhista, conforme se constata da redação das seguintes ementas:

"AGRAVO DE INSTRUMENTO EM RECURSO DE REVISTA. JUÍZO ARBITRAL. COISA JULGADA. LEI N. 9.307/96. CONSTITUCIONALIDADE. O art. 5º, XXXV, da Constituição Federal dispõe sobre a garantia constitucional da universalidade da jurisdição, a qual, por definir que nenhuma lesão ou ameaça a direito pode ser excluída da apreciação do Poder Judiciário, não se incompatibiliza com o compromisso arbitral e os efeitos de coisa julgada de que trata a Lei n. 9.307/96. É que a arbitragem se caracteriza como forma alternativa de prevenção ou solução de conflitos à qual as partes aderem, por força de suas próprias vontades, e o inciso XXXV do art. 5º da Constituição Federal não impõe o direito à ação como um dever, no sentido de que todo e qualquer litígio deve ser submetido ao Poder Judiciário. Dessa forma, as partes, ao adotarem a arbitragem, tão só por isso, não praticam ato de lesão ou ameaça a direito. Assim, reconhecido pela Corte Regional que a sentença arbitral foi proferida nos termos da lei e que não há vício na decisão proferida pelo juízo arbitral, não se há de falar em afronta ao mencionado dispositivo constitucional ou em inconstitucionalidade da Lei n. 9.307/96. Despicienda a discussão em torno dos arts. 940 do Código Civil e 477 da CLT ou de que o termo de arbitragem não é válido por falta de juntada de documentos, haja vista que reconhecido pelo Tribunal Regional que a sentença arbitral observou os termos da Lei n. 9.307/96 — a qual não exige a observação daqueles dispositivos legais — e não tratou da necessidade de apresentação de documentos (aplicação das Súmulas ns. 126 e 422 do TST). Os arestos apresentados para confronto de teses são inservíveis, a teor da alínea *a* do art. 896 da CLT e da Súmula n. 296 desta Corte. Agravo de instrumento a que se nega provimento." (TST – Processo: AIRR – 1475/2000-193-05-00.7 – Data de Julgamento: 15.10.2008 – rel. Min. Pedro Paulo Manus – 7ª Turma – Data de Divulgação: DEJT 17.10.2008)

"RECURSO DE REVISTA — DISSÍDIO INDIVIDUAL — SENTENÇA ARBITRAL — EFEITOS — EXTINÇÃO DO PROCESSO SEM RESOLUÇÃO DO MÉRITO — ART. 267, VII, DO CPC. I – É certo que o art. 1º da Lei n. 9.307/96 estabelece ser a *arbitragem* meio adequado para dirimir litígios relativos a direitos patrimoniais disponíveis. Sucede que a irrenunciabilidade dos direitos trabalhistas não é absoluta. Possui relevo no ato da contratação do trabalhador e durante vigência do pacto laboral, momentos em que o empregado ostenta nítida posição de desvantagem, valendo salientar que o são normalmente os direitos relacionados à higiene, segurança e medicina do trabalho, não o sendo, em regra, os demais, por conta da sua expressão meramente patrimonial. Após a extinção do contrato de trabalho, a vulnerabilidade e hipossuficiência justificadora da proteção que a lei em princípio outorga ao trabalhador na vigência do contrato implica, doravante, a sua disponibilidade, na medida em que a dependência e subordinação que singularizam a relação empregatícia deixam de existir. II – O art. 114, § 1º, da Constituição não proíbe o Juízo de *arbitragem* fora do âmbito dos dissídios coletivos. Apenas incentiva a aplicação do instituto nesta modalidade de litígio, o que não significa que sua utilização seja infensa à composição das contendas individuais. III – Para que seja consentida no âmbito das relações trabalhistas, a opção pela via arbitral deve ocorrer em clima de absoluta e ampla liberdade, ou seja, após a extinção do contrato de trabalho e à míngua de vício de consentimento. IV – Caso em que a opção pelo Juízo arbitral ocorreu de forma espontânea e após a dissolução do vínculo, à míngua de vício de consentimento ou irregularidade quanto à observância do rito da Lei n. 9.307/96. Irradiação dos efeitos da sentença arbitral. Extinção do processo sem resolução do mérito (art. 267, VII, do CPC), em relação aos pleitos contemplados na sentença arbitral. MULTA PREVISTA EM INSTRUMENTO COLETIVO — AUSÊNCIA DE VIOLAÇÃO DE CLÁUSULA NORMATIVA ESPECÍFICA — MATÉRIA FÁTICA — SÚMULA N. 126 DO TST. I – A base fática da controvérsia não pode ser revolvida pelo TST (Súmula n. 126). A este órgão incumbe apenas a conclusão jurídica dela resultante, ou seja, examinar se os fatos lançados no acórdão impugnado tiveram o correto enquadramento jurídico. PARTE DETENTORA DOS BENEFÍCIOS DA JUSTIÇA GRATUITA — HONORÁRIOS PERICIAIS — ISENÇÃO. I – A exegese dos arts. 14 da Lei n. 5.584/70 e 3º, V, e 6º da Lei n. 1.060/50 garante ao destinatário da justiça gratuita a isenção de todas as despesas processuais, aí incluídos os honorários periciais. II – Recurso conhecido e provido." (TST – Processo: RR – 1799/2004-024-05-00.6 – Data de Julgamento: 3.6.2009 – rel. Min. Antônio José de Barros Levenhagen – 4ª Turma – Data de Divulgação: DEJT 19.6.2009)

Diante do crescente número de conflitos trabalhistas, da intensificação dos meios de comunicação e da própria maturidade das relações entre empregados e empregadores, bem como entre prestadores e tomadores de serviços, da necessidade de solução dos conflitos trabalhistas em prazo razoável, a arbitragem pode ser mais utilizada para a solução de conflitos trabalhistas. Uma lei ou até mesmo uma Resolução ou Súmula do próprio Tribunal Superior do Trabalho, poderiam, com precisão e simplicidade, implementar requisitos para a aplicação da arbitragem para solução do dissídio individual trabalhista, inclusive com árbitros credenciados na própria Justiça do Trabalho.

O Código de Processo Civil estimula os meios extrajudiciais de solução de conflitos, incluindo a arbitragem, conforme se extrai da redação de seu art. 3º, *in verbis*:

"Não se excluirá da apreciação jurisdicional ameaça ou lesão a direito. § 1º É permitida a arbitragem, na forma da lei. § 2º O Estado promoverá, sempre que possível, a solução consensual dos conflitos. § 3º A conciliação, a mediação e outros métodos de solução consensual de conflitos deverão ser estimulados por magistrados, advogados, defensores públicos e membros do Ministério Público, inclusive no curso do processo judicial."

O referido dispositivo legal, de aplicação supletiva e subsidiária ao processo trabalhista (arts. 15 do CPC e 769, da CLT), tem potencial para estimular a aplicação da arbitragem na solução dos conflitos trabalhistas.

No aspecto, nos adverte *Carolina Tupinambá*(43):

"[...] A arbitragem, em matéria trabalhista, é uma instituição já inserida no Direito brasileiro, que não pode mais ser renegada pela doutrina ou jurisprudência, sob pena de atraso e desconhecimento dos caminhos

(43) *As garantias do processo do trabalho*. São Paulo: LTr, 2014. p. 171.

por onde se distende hoje o moderno Direito do Trabalho. Portanto, a relutância em admitir a arbitragem em conflitos individuais de trabalho é uma prevenção injustificada que merece urgente revisão. Não se pode impedir que o empregado, através de manifestação de vontade isenta de vícios ou coação, opte por meios mais céleres, rápidos e eficientes de solução de conflito do que a jurisdição do Estado."

6. Da jurisdição

6.1. Da lide

Segundo *Carnelutti*, o conflito de interesses denomina-se lide. É a pretensão resistida a um direito.

Alguns autores falam em lide como sinônimo de mérito. Lide é o conflito de interesse qualificado por uma pretensão resistida. A lide preexiste ao processo. Para *Liebman*, o objeto do processo é somente a porção da lide trazida ao juiz.

O objeto da lide é, segundo *Dinamarco,* o bem da vida postulado.

No nosso sentir, o objeto da lide é a pretensão posta em juízo que consiste numa obrigação de dar (coisa certa ou incerta), pagar, fazer ou não fazer.

6.2. Da pretensão

Segundo *Carnelutti,* pretensão é a exigência de subordinação do interesse alheio ao interesse próprio. A pretensão é um ato, não um poder, algo que alguém faz, mas não que alguém tem, uma manifestação, que não uma superioridade de tal vontade.

A pretensão pode ser aduzida tanto por quem tem quanto por quem não tem o direito. Pode ser fundada ou infundada. Pode haver pretensão sem direito, e direito sem pretensão.

Diante de uma pretensão, o autor provocará a jurisdição a fim de que o Estado, por intermédio do Poder Judiciário, obrigue o réu a satisfazê-la.

6.3. Da demanda

Demanda é o ato de ir ao judiciário pedir a tutela jurisdicional. Tem por conteúdo uma pretensão de quem o realiza. É um modo de exigir. No ato de demandar, o demandante coloca a pretensão diante do juiz, para que ele a aprecie, acolhendo-a ou rejeitando-a.

Enquanto o direito de ação é condicionado ao preenchimento das condições da ação, o direito de demandar, conforme acentua *Cândido Rangel Dinamarco*(44),

(44) DINAMARCO, Cândido Rangel. *Instituições de direito processual civil.* V. I. São Paulo: Malheiros, 2001. p. 313.

é incondicionado. Por mais inadmissível que seja o julgamento do mérito (julgamento da pretensão trazida), e, por isso, o processo deva ser extinto desde logo, a nenhum juiz é permitido deixar de apreciar a demanda, devendo, ainda que seja para indeferir a petição inicial (art. 485, I, do CPC). Em sede constitucional, isso está no art. 5º, inciso XXXV — princípio da inafastabilidade da jurisdição ou da demanda.

6.4. Do conceito e das características da jurisdição

O Poder do Estado é uno, por isso, se diz que o Poder se subdivide em funções. Assim, temos a função legislativa, a administrativa e a jurisdicional. Proibida a justiça com as próprias mãos, e restritas as hipóteses de autotutela, destaca-se a jurisdição que é função estatal de resolver os conflitos de interesses.

A jurisdição é a função estatal exercida pelos juízes e tribunais, encarregada de dirimir, de forma imperativa e definitiva, os conflitos de interesses, aplicando o direito a um caso concreto, pacificando o conflito.

Assinala *Mário Guimarães*(45): como função estatal, a jurisdição foi exercida pelos antigos reis de direito absoluto, por si ou por intermédio de delegados. Entre certos povos primitivos, cabia à assembleia, tribo ou clã, conforme prática entre os germanos, ao que nos informam as narrações de *Tácito*, e entre os gregos dos tempos homéricos, ao que diz a Odisseia.

Como bem adverte *Cândido Rangel Dinamarco*(46), assumindo que o sistema processual é impulsionado por uma série de escopos e que o Estado chama a si a atribuição de propiciar a consecução destes, uma das funções estatais é a de realizar os escopos do processo. Tal é a jurisdição, função exercida pelo Estado por meio de agentes adequados (os juízes), com vista à solução imperativa de conflitos interindividuais ou supraindividuais e aos demais escopos do sistema processual. Entre esses escopos está o de atuação do direito material, tradicionalmente apontado como fatos aptos a dar à jurisdição uma feição própria e diferenciá-la conceitualmente das demais funções, pois nenhuma outra é exercida com o objetivo de dar efetividade ao direito material em casos concretos.

Como destaca *Daniel Amorim Assumpção Neves*(47):

> "Atualmente, a jurisdição é estudada sob três diferentes ângulos de análise: poder, função e atividade. A jurisdição entendida como poder estatal, mais precisamente de decidir imperativamente (o que em regra ocorre no processo ou fase de conhecimento) e de impor suas decisões (o que ocorre em regra no processo ou fase de execução). Como função

(45) GUIMARÃES, Mário. *O juiz e a função jurisdicional.* Rio de Janeiro: Forense, 1958. p. 1.

(46) DINAMARCO, Cândido Rangel. *Instituições de direito processual civil.* V. I. São Paulo: Malheiros, 2001. p. 305.

(47) NEVES, Daniel Amorim Assumpção. *Competência no processo civil.* São Paulo: Método, 2005. p. 15-16.

encara-se a jurisdição como o encargo de resolver os conflitos de interesses entre os indivíduos gerando a pacificação social. Por fim, entendida como atividade, a jurisdição representa os atos praticados pelo juiz no processo visando atingir seus escopos."

O escopo da jurisdição é a pacificação do conflito com justiça, aplicando o direito ao caso concreto.

6.5. Princípios da jurisdição

a) Inércia: a jurisdição é uma atividade provocada, pois ela não atua sem que uma parte traga uma pretensão a ser apreciada pela Justiça.

Nesse sentido, dispõe o art. 2º do CPC:

"O processo começa por iniciativa da parte e se desenvolve por impulso oficial, salvo as exceções previstas em lei."

b) Caráter publicista: a jurisdição é estatal, ou seja, é exercida pelo Estado e é indelegável.

c) Inafastabilidade: uma vez trazida uma pretensão a juízo, o Estado tem de dar uma resposta à pretensão (art. 5º, XXXV, da CF). Pode haver lacuna na Lei, mas não no Direito.

Nesse lastro, é o art. 140 do CPC:

"O juiz não se exime de decidir sob a alegação de lacuna ou obscuridade do ordenamento jurídico. Parágrafo único. O juiz só decidirá por equidade nos casos previstos em lei."

d) Atividade substitutiva: a jurisdição substitui a atividade das partes, que terão de se submeter à decisão.

Como destaca *Alexandre Freitas Câmara*(48), o Estado, ao exercer a função jurisdicional, está praticando uma atividade que anteriormente não lhe cabia, a defesa de interesses juridicamente relevantes. Ao agir assim, o Estado substitui a atividade das partes, impedindo a justiça privada.

e) Imutabilidade: a decisão judicial é imutável, formando a chamada coisa julgada material e, por isso, é definitiva.

f) Territorialidade: a jurisdição somente atua dentro de um limite territorial de soberania.

A jurisdição, como poder de dizer o direito, somente vale no território nacional. As decisões jurisdicionais não têm validade fora do território nacional, salvo previsão em tratados internacionais.

---

(48) CÂMARA, Alexandre Freitas. *Lições de direito processual civil.* v. I. 14. ed. Rio de Janeiro: Lumen Juris, 2006. p. 74.

6.6. Espécies de jurisdição

Contenciosa: pressupõe a existência de lide, atuando a jurisdição de forma imperativa, dirimindo o conflito e impondo coercitivamente o cumprimento da decisão. A jurisdição contenciosa atua por meio do processo.

Voluntária: caracteriza-se como Administração Pública de interesses privados. Não há partes, e sim interessados, pois não há lide, uma vez que entre as partes há consenso e não conflito.

Conforme destaca *Alexandre Freitas Câmara*[(49)], dentre as várias teorias que tentam explicar a natureza da jurisdição voluntária, destaca-se como majoritária na doutrina a qual a jurisdição voluntária não teria natureza de jurisdição, mas sim de função administrativa.

A atividade dos órgãos do Poder Judiciário, ao exercer a jurisdição voluntária, consiste em dar validade a negócio jurídico entre particulares que, pela importância e seriedade de que se reveste o ato, necessitam da chancela judicial.

Há raros exemplos de jurisdição voluntária na Justiça do Trabalho. Como exemplos, temos os requerimentos de alvarás judiciais para saque do FGTS, e também a homologação de pedidos de demissão de empregados estáveis, conforme dispõe o art. 500 da CLT, *in verbis*: "O pedido de demissão do empregado estável só será válido quando feito com a assistência do respectivo sindicato e, se não o houver, perante autoridade local competente do Ministério do Trabalho ou da Justiça do Trabalho."

Nesse sentido, dispõe o Enunciado n. 63, da 1ª Jornada de Direito Material e Processual do Trabalho do Tribunal Superior do Trabalho:

> "COMPETÊNCIA DA JUSTIÇA DO TRABALHO. PROCEDIMENTO DE JURISDIÇÃO VOLUNTÁRIA. LIBERAÇÃO DO FGTS E PAGAMENTO DO SEGURO-DESEMPREGO. Compete à Justiça do Trabalho, em procedimento de jurisdição voluntária, apreciar pedido de expedição de alvará para liberação do FGTS e de ordem judicial para pagamento do seguro-desemprego, ainda que figurem como interessados os dependentes de ex-empregado falecido."

7. Do processo

Processo significa "marcha avante", caminhada, do latim *procedere* — seguir adiante.

O processo é indispensável à função jurisdicional. É definido pela doutrina como o instrumento por meio do qual a jurisdição opera (instrumento de positivação do poder). Por outras palavras, é o instrumento pelo qual o Estado exerce a jurisdição.

Ensina *Cândido Rangel Dinamarco*[(50)]:

> "Processo é *uma série de atos interligados e coordenados ao objetivo de produzir a tutela jurisdicional justa, a serem realizados no exercício de poderes*

(49) *Ibidem*, p. 78.

(50) DINAMARCO, Cândido Rangel. *Instituições de direito processual civil.* V. II. São Paulo: Malheiros, 2001. p. 25.

ou faculdades ou em cumprimento a deveres ou ônus. Os atos interligados, em seu conjunto, são o procedimento."

No nosso sentir, o processo é "o meio de solução dos conflitos e o instrumento público, previsto em lei, por meio do qual o Estado exerce a jurisdição, dirimindo conflito de interesses, aplicando o direito ao caso concreto, dando a cada um o que é seu por direito, e impondo coercitivamente o cumprimento da decisão."

O procedimento é o aspecto extrínseco (exterior) do processo pelo qual se instaura, desenvolve-se e termina. É o caminho percorrido pelo processo (conjunto de atos sucessivos), a forma pela qual o processo se exterioriza.

Ao longo dos anos, houve várias teorias sobre a natureza jurídica do processo. Dentre as principais, destacamos:

a) contrato — vigorou na doutrina francesa de *Rousseau* (Contrato Social): o processo era um negócio jurídico ao qual se submetiam as partes voluntariamente.

Essa doutrina tem mero significado histórico, pois parte do pressuposto, hoje falso, de que as partes se submetem voluntariamente ao processo e aos seus resultados por meio de um verdadeiro negócio jurídico de direito privado (a litiscontestação)(51);

b) quase contrato — esta teoria foi desenvolvida na França no século XIX, dizendo que o processo tinha natureza jurídica privada, mas que não se equiparava ao contrato;

c) relação jurídica — *Bülow* (1868): há uma relação jurídica entre as partes e o juiz, que não se confunde com a relação jurídica de direito material controvertida.

Segundo a doutrina, há uma relação jurídica triangular no processo: *actum trium personarum*, composta por atos entre juiz e autor; juiz e réu; e autor e réu.

A relação jurídica de direito processual distingue-se da relação jurídica material por três aspectos: a) sujeitos: autor, Estado e juiz; b) pelo seu objeto: prestação jurisdicional; c) pelos seus pressupostos processuais(52).

Como destaca *Cândido Rangel Dinamarco*(53):

> "A teoria do processo como relação jurídica formulada por Oskar Von Bülow e vitoriosa em todos os quadrantes da doutrina continental europeia — com notória repercussão na brasileira — jamais explicou como poderia o processo ser só uma relação processual, sem incluir em si mesmo um procedimento. Ela teve o mérito de suplantar a arcaica visão do processo como pura sequência de atos — ou seja, como mero

(51) GRINOVER, Ada Pellegrini *et al. Teoria geral do processo.* 21. ed. São Paulo: Malheiros, 2005. p. 287.

(52) GRINOVER, Ada Pellegrini *et al. Op. cit.*, p. 288.

(53) DINAMARCO, Cândido Rangel. *Instituições de direito processual civil.* V. II. São Paulo: Malheiros, 2001. p. 27.

procedimento, sem cogitações de um específico vínculo de direito entre seus sujeitos —, mas por sua vez acabou sendo suplantada pela percepção de que procedimento e relação processual coexistem no conceito e na realidade do processo, sem que este pudesse ser o que é se lhe faltasse um desses dois elementos."

Atualmente, a doutrina fixou a natureza jurídica do processo como uma relação complexa de direito público em que há atos entre as partes e também atos de impulso do processo praticados pelo juiz (procedimento). Há atos entre juiz, autor e réu e também atos de impulso do processo (procedimento).

Como bem asseveram *Ovídio A. Baptista da Silva* e *Fábio Gomes*(54):

> "A relação jurídica processual, ou seja, o processo, é integrada por um série de atos coordenados e direcionados sempre à obtenção da tutela jurisdicional, que constitui seu objeto. E estes atos, naturalmente, serão praticados segundo uma ordem, um modo e um tempo predeterminados; não obstante a jurisdição seja sempre uma só, haverá regras sobre a competência dos juízes, bem como sobre a representação das partes e dos interessados, etc. A atividade desenvolvida pelos sujeitos da relação jurídica processual é, em última análise, a atividade do próprio Estado-prestador da jurisdição, será regulada por regras próprias e que compõem o chamado direito processual civil."

A relação jurídica processual é instrumental, uma vez que o processo é um instrumento a serviço do direito material.

O objeto da relação jurídica processual é uma decisão de mérito (prestação jurisdicional) que entregue ao autor o bem que constitui o objeto da relação jurídica de direito material controvertida (pagamento de horas extras, etc.) ou determine que o réu faça (reintegração no emprego) ou deixe de fazer alguma coisa (abstenha-se de dispensar o empregado estável). Por isso, se diz que o objeto primário da relação jurídica processual é a decisão e o objeto secundário é a pretensão posta em juízo (bem da vida postulado na expressão de *Dinamarco*).

7.1. Dos pressupostos processuais

Ensina *Fredie Didier Júnior*(55):

> "Pressuposto é aquilo que precede o ato e se coloca como elemento indispensável à sua existência jurídica; requisito é tudo quanto integra a estrutura do ato e diz respeito à sua validade [...] Assim, é mais técnico falar em requisitos de validade, em vez de 'pressupostos de validade'.

(54) *Teoria geral do processo civil.* 3. ed. São Paulo: RT, 2002. p. 35.

(55) DIDIER JÚNIOR, Fredie. *Pressupostos processuais e condições da ação:* juízo de admissibilidade do processo. São Paulo: Saraiva, 2005. p. 105-106.

'Pressupostos processuais' é denominação que se deveria reservar apenas aos pressupostos de existência. Sucede que 'pressupostos processuais' é expressão consagrada na doutrina, na lei (*vide* o inciso IV do art. 267 do CPC) e na jurisprudência. É possível, assim, falar em 'pressupostos processuais' *lato sensu*, como locução que engloba tanto os requisitos de validade como os pressupostos processuais *stricto sensu* (somente aqueles concernentes à existência do processo)."

Os pressupostos processuais são requisitos de existência e validade da relação jurídica processual. Enquanto as condições da ação são requisitos para viabilidade do julgamento de mérito, os pressupostos processuais estão atrelados à validade da relação jurídica processual. Por isso, a avaliação dos pressupostos processuais deve anteceder às condições da ação.

Dispõe o art. 485, VI do CPC:

"O juiz não resolverá o mérito quando:

(...) IV – verificar a ausência de pressupostos de constituição e de desenvolvimento válido e regular do processo."

Não há consenso na doutrina sobre a classificação dos pressupostos processuais. Como bem adverte *Didier Júnior*[56], não há maiores inconvenientes na adoção desta ou daquela classificação: isto é o que menos importa. O operador deve atentar, no entanto, para as consequências advindas do desrespeito a este ou àquele pressuposto.

No nosso sentir, adotando classificação da melhor doutrina, são pressupostos processuais de existência da relação processual:

a) investidura do juiz: o juiz que irá julgar o processo tem de estar previamente investido na jurisdição, vale dizer, a pessoa que preenche os requisitos previstos na lei constitucional e infraconstitucional para o exercício da magistratura;

b) demanda regularmente formulada: a demanda está regularmente formulada quando contém partes, o pedido, causa de pedir e quando é apresentada em juízo atendendo aos requisitos legais (art. 319, do CPC, e art. 840, da CLT).

São pressupostos de validade:

a) competência material: somente poderá julgar o processo o órgão jurisdicional que seja competente em razão da matéria. Se o juiz não tiver competência material para atuar no processo, ele será nulo;

b) imparcialidade do juiz: a imparcialidade do juiz é um pressuposto processual de validade do processo. Por isso, caso um juiz impedido atue no processo, ele será nulo. Se o juiz for suspeito, o processo será anulável;

(56) *Op. cit.*, p. 110.

c) capacidades das partes: as partes devem ter capacidade para ser parte e para estar em juízo. A capacidade de ser parte é adquirida com o nascimento com vida (capacidade de direito); já a capacidade para estar em juízo (capacidade de fato), somente os absolutamente capazes a possuem nos termos da lei civil, podendo estar em juízo por si sós. Os absolutamente incapazes serão representados em juízo por seus pais, tutores ou curadores. Os relativamente incapazes serão assistidos em juízo.

A capacidade de postular em juízo *(jus postulandi)* é atribuída aos advogados regularmente habilitados na Ordem dos Advogados do Brasil (art. 133 da CF em cotejo com a Lei n. 8.906/94).

A lei admite que a parte possa postular em juízo sem a necessidade de advogado se for advogado, no juizado especial civil, para as causas de até 20 salários mínimos (Lei n. 9.099/95) e, na Justiça do Trabalho, quando a controvérsia envolver empregados e empregadores (art. 791 da CLT);

d) inexistência de fatos extintivos da relação jurídica processual: os fatos extintivos provocam a extinção prematura da relação jurídica processual. A doutrina também os denomina de pressupostos processuais negativos, quais sejam, a inexistência de perempção, litispendência, convenção de arbitragem, etc.;

e) respeito às formalidades do processo: os atos processuais devem ser praticados em consonância com os requisitos previstos em lei, sob consequência de nulidade.

8. Da ação

8.1. Conceito

Como define *Arruda Alvim*(57):

> Ação "é o direito constante da lei processual cujo nascimento depende de manifestação de nossa vontade. Tem por escopo a obtenção da prestação jurisdicional do Estado, visando, diante da hipótese fático-jurídica nela formulada, à aplicação da lei (material). Esta conceituação compreende tanto os casos referentes a direitos subjetivos, quanto, também, as hipóteses de cogitação mais recentes referentes a interesses e direitos difusos, coletivos e individuais homogêneos."

Ação é o direito ao exercício da atividade jurisdicional, ou o poder de exigir esse exercício. Violado o direito, surge para o titular desta violação o direito subjetivo de ir ao Judiciário postular a satisfação do direito, que é assegurado pelo chamado *direito de ação.*

---

(57) ARRUDA ALVIM. *Manual de direito processual civil.* V. 1. Parte Geral. 9. ed. São Paulo: RT, 2005. p. 351.

Para *Jorge Pinheiro Castelo*[(58)]:

> "A ação é direito (ou poder), do demandante e não poder, função, ou atividade estatal que dá cumprimento imediato aos escopos do Estado. A ação cumpre escopos internos do sistema processual, dando vida às condições necessárias ao exercício da atividade jurisdicional, enquanto a jurisdição cumpre escopos internos (jurídico) e externos (social e político) do sistema processual."

Ao longo dos anos, foram desenvolvidas várias teorias sobre a natureza jurídica do direito de ação. Dentre as mais importantes, destacamos:

a) *Teoria civilista* (art. 85, do CC/1916 que dispunha que a todo direito existe uma ação que o assegure): não há ação sem direito — *João Monteiro Saviny*.

b) *Teoria da ação como direito autônomo e concreto:* a ação se dirige contra o Estado, pois configura o direito de exigir a proteção jurídica, mas também contra o adversário, do qual se exige a pretensão.

c) *Teoria de Chiovenda:* a ação como direito potestativo — a ação se dirige contra o adversário. As condições da ação também são consideradas questões de mérito.

d) *Teoria da ação como direito autônomo e abstrato:* para esta teoria, a ação se desvincula do direito material. Subsiste o direito de ação ainda que a parte não possua o direito material alegado.

Conforme *Rodrigo da Cunha Lima Freire*[(59)], "apesar de o reconhecimento da ação ser aclamado como o grande mérito da doutrina concretista, muitas objeções são formuladas pelos processualistas a esta teoria, merecendo destaque as seguintes: se a ação é um direito autônomo, como afirmar que o autor não possui este direito diante de uma sentença que concluiu pela não existência do direito material afirmado pelo autor em juízo? E como explicar os atos praticados até a sentença que julgou improcedente o pedido do autor? Com efeito, a ação é o direito a um pronunciamento do Estado, terceiro imparcial, diante de um pedido formulado pelo autor, e não o direito a uma sentença favorável, pois, nesta última hipótese, não haveria verdadeira autonomia da ação. É de se concluir, portanto, que existe um direito abstrato de agir em juízo, mesmo que não se possua o direito substancial que se pretende tornar efetivo em juízo."

e) Teoria eclética do direito de ação: segundo a doutrina, esta teoria é atribuída a *Liebman*, que vincula o julgamento do mérito à presença de determinadas condições da ação.

Desde que presentes as condições da ação, o juiz deve analisar o mérito.

---

(58) CASTELO, Jorge Pinheiro. *O direito processual do trabalho na moderna teoria geral do processo.* 2. ed. São Paulo: LTr, 2006. p. 63.

(59) FREIRE, Rodrigo da Cunha Lima. *Condições da ação:* enfoque sobre o interesse de agir. 3. ed. São Paulo: RT, 2005. p. 54.

Como bem adverte *Liebman*[60]:

> "A ação, como direito ao processo e ao julgamento do mérito, não garante um resultado favorável no processo: esse resultado depende da convicção que o juiz formar sobre a procedência da demanda proposta (levando em consideração o direito e a situação de fato) e, por isso, poderá ser favorável ao autor ou ao réu. Só com o exercício da ação se saberá se o autor tem ou não razão: só correndo o risco de perder ele procura a vitória."

Segundo *Rodrigo da Cunha Lima Freire*[61], procurando estabelecer uma adaptação à concepção abstrata, *Liebman* acabou por elaborar uma teoria eclética, segundo a qual a ação consiste no direito (ou *poder subjetivo*) a uma sentença de mérito, mas o julgamento deste, que se encontra vazado no pedido do autor, está condicionado ao preenchimento de determinados requisitos denominados *condições da ação*.

Quanto à natureza jurídica do direito de ação, trata-se de direito autônomo e abstrato, dirigido contra o Estado, instrumental, independente da efetiva existência do direito material violado (*Dinamarco*).

8.2. Das condições da ação

Segundo *Liebman*, se a ação se refere a uma situação determinada e individualizada, deve o direito de agir estar condicionado a alguns requisitos que precisam ser examinados, como preliminares do julgamento da pretensão.

Para *Chiovenda*, as condições da ação são necessárias para se obter um pronunciamento favorável.

No nosso sentir, as condições da ação são requisitos que deve conter a ação para que o juiz possa proferir uma decisão de mérito, julgando a pretensão trazida a juízo.

Na primeira teoria de *Liebman*, as condições da ação são: legitimidade, interesse e possibilidade jurídica.

Posteriormente, *Liebman* alterou sua teoria quanto às condições da ação, para reduzi-la a duas, quais sejam: o interesse de agir e a legitimação, retirando a possibilidade jurídica do pedido como integrante das condições da ação. A possibilidade jurídica do pedido, segundo ele, integra o interesse processual, pois, se o pedido é juridicamente impossível, a parte não tem interesse processual em obtê-lo judicialmente.

O Código de Processo Civil brasileiro de 1973 adotou a primeira teoria de *Liebman* quanto às condições da ação. Desse modo, no Direito Processual Civil brasileiro, as condições da ação são: legitimidade, interesse de agir e possibilidade jurídica do pedido.

---

(60) LIEBMAN, Enrico Tullio. *Manual de direito processual civil.* V. I. 3. ed. São Paulo: Malheiros, 2005. p. 200.

(61) FREIRE, Rodrigo da Cunha Lima. *Condições da ação:* enfoque sobre o interesse de agir. 3. ed. São Paulo: RT, 2005. p. 56.

Nesse sentido dispõe o art. 267, VI, do CPC/73:

"Extingue-se o processo, sem resolução de mérito:

[...] VI – quando não concorrer qualquer das condições da ação, como possibilidade jurídica do pedido, a legitimidade das partes e o interesse processual."

Atualmente, dispõe o art. 17 do CPC:

"Para postular em juízo é necessário ter interesse e legitimidade."

Somente quem postular uma pretensão em juízo deve preencher os requisitos da legitimidade e interesse, vale dizer: o autor, já que o réu não necessita de legitimidade e interesse para apresentar contestação.

Como bem advertiu *Costa Machado*(62): "o direito de defesa, que se expressa precipuamente pelo direito de oferecer contestação , não se subordina a nenhuma das condições da ação, mas apenas à circunstância de o réu ter sido citado. As condições da ação são os requisitos de existência do direito a uma sentença de mérito e que se traduzem na titularidade ativa e passiva, em tese, da relação jurídica afirmada em juízo."

Seguindo a tendência da moderna doutrina, o Código de Processo Civil restringiu as condições da ação a apenas duas, quais sejam, o interesse e a legitimidade. A possibilidade jurídica do pedido deixou de ser condição da ação.

Alguns doutrinadores, diante do referido dispositivo legal, chegam até mesmo a defender a extinção do instituto das *condições da ação* do Código atual, pois este não faz mais referência a elas como o fazia o CPC/1973 (art. 267, inciso VI), incluindo o interesse e a legitimidade nos pressupostos processuais, ou na categoria de questões preliminares.

De nossa parte, o CPC atual não extingue a categoria *das condições da ação*, já que não o fez expressamente. Apenas fez adequação do texto legal às modernas doutrina e jurisprudência. Além disso, o interesse e a legitimidade estão diretamente relacionados à viabilidade da pretensão posta em juízo. A interpretação dos arts. 17 e 485 do CPC(63) não sinaliza nesse sentido.

A moderna doutrina, acertadamente, tem alterado a visão do exame das condições da ação, de requisitos necessários para a admissibilidade da ação, para constituir requisitos de provimento final.

Nesse sentido, concordamos com a visão de *Alexandre Freitas Câmara*(64), quando destaca:

---

(62) *Código de Processo Civil Interpretado:* artigo por artigo, parágrafo por parágrafo. 14. ed. São Paulo: Manole, 2015. p. 5.

(63) Art. 485, do CPC: "O juiz não resolverá o mérito quando: (...) IV – verificar a ausência de pressupostos de constituição e de desenvolvimento válido e regular do processo; (...) VI – verificar ausência de legitimidade ou de interesse processual."

(64) CÂMARA, Alexandre Freitas. *Lições de direito processual civil.* V. I. 14. ed. Rio de Janeiro: Lumen Juris, 2006. p. 124.

"Não se mostra adequada a utilização da designação 'condições', uma vez que não se está aqui diante de um evento futuro e incerto a que se subordina a eficácia de um ato jurídico, sendo por esta razão preferível falar em requisitos. Ademais, não parece que se esteja aqui diante de requisitos da ação, pois esta, a nosso sentir, existe ainda que tais requisitos não se façam presentes. Mesmo quando ausente alguma das condições da ação, o que levará à prolação de sentença meramente terminativa, a qual não contém resolução do mérito, terá havido exercício de função jurisdicional, o que revela ter havido exercício do poder de ação. Assim, e considerando que a presença de tais requisitos se faz necessária para que o juízo possa proferir o provimento final do processo (a sentença de mérito no processo cognitivo, a satisfação do crédito no processo executivo, a sentença cautelar no processo dessa natureza), é que preferimos a denominação *requisitos do provimento final.*"

8.3. Interesse processual

Como conceito geral, interesse é utilidade. Consiste numa relação de complementaridade entre a pessoa e o bem, tendo aquela necessidade deste para a satisfação de uma necessidade da pessoa *(Carnelutti)*. Há o interesse de agir quando o provimento jurisdicional postulado for capaz de efetivamente ser útil ao demandante, operando uma melhora em sua situação na vida comum — ou seja, quando for capaz de trazer-lhe uma verdadeira tutela, a tutela jurisdicional[(65)].

Na esfera processual, o interesse processual também é denominado interesse de agir ou interesse de exigir a atuação da jurisdição no caso concreto para solucionar o conflito.

Segundo *Liebman*[(66)]:

"O interesse de agir é o elemento material do direito de ação e consiste no interesse em obter o provimento solicitado. Distingue-se do interesse substancial para cuja proteção se intenta a ação, da mesma maneira como se distinguem os dois direitos correspondentes: o substancial que se afirma pertencer ao autor e o processual que se exerce para a tutela do primeiro. Interesse de agir é, por isso, um *interesse processual, secundário e instrumental* com relação ao interesse substancial primário: tem por objeto o provimento que se pede ao juiz como meio para obter a satisfação de um interesse primário lesado pelo comportamento da parte contrária, ou, mais genericamente, pela situação de fato objetivamente existente. Por ex.: o interesse primário de quem se afirma credor de 100 é obter o pagamento dessa importância; o interesse de agir surgirá se o devedor não pagar no vencimento e terá por objeto a sua condenação e, depois, a execução forçada à custa de seu patrimônio. O interesse de agir

(65) DINAMARCO, Cândido Rangel. *Instituições de direito processual civil.* V. I. São Paulo: Malheiros, 2001. p. 300.

(66) LIEBMAN, Enrico Tullio. *Manual de direito processual civil.* V. 1. 3. ed. São Paulo: Malheiros, 2005. p. 206.

decorre da *necessidade de obter através do processo a proteção do interesse substancial*; pressupõe, por isso, a assertiva de lesão a esse interesse e a aptidão do provimento pedido para protegê-lo e satisfazê-lo."

Como destaca *Alexandre Freitas Câmara*(67), "o interesse de agir é verificado pela presença de dois elementos, que fazem com que esse requisito do provimento final seja verdadeiro binômio: 'necessidade da tutela jurisdicional' e 'adequação do provimento pleiteado'. Fala-se, assim, em 'interesse-necessidade' e "interesse-adequação'. A ausência de qualquer dos elementos componentes deste binômio implica ausência do próprio interesse de agir."

Estará presente o interesse-necessidade quando, sem o processo e sem o exercício da jurisdição, o sujeito for incapaz de obter o bem desejado(68). Caracteriza-se quando há a pretensão resistida a um direito.

Conforme destaca *Dinamarco*(69): "O interesse-adequação liga-se à existência de múltiplas espécies de provimentos instituídos pela legislação do país, cada um deles integrando uma técnica e sendo destinados à solução de certas situações da vida indicadas pelo legislador. Em princípio, não é franqueada ao demandante a escolha do provimento e portanto da espécie de tutela a receber. Ainda quando a interferência do Estado-Juiz seja necessária sob pena de impossibilidade de obter o bem devido (interesse-necessidade), faltar-lhe-á o interesse de agir quando pedir medida jurisdicional que não seja adequada segundo a lei."

O interesse-adequação está atrelado à necessidade de escolha, pelo autor, do procedimento adequado para tutelar sua pretensão. Por exemplo: não pode escolher a via do mandado de segurança para tutelar uma pretensão destinada ao pagamento de horas extras, uma vez que a via procedimental eleita não está correta para a tutela de uma pretensão condenatória.

8.4. Legitimidade

Ensina *Liebman*(70):

> "Legitimação para agir *(legitimatio ad causam)* é a titularidade ativa e passiva da ação. O problema da legitimação consiste em individualizar a pessoa a quem pertence o interesse de agir (e, pois, a ação) e a pessoa com referência à qual *(nei cui confronti)* ele existe; em outras palavras, é um problema que decorre da distinção entre a existência objetiva do interesse de agir e a sua pertinência subjetiva."

Conforme *Dinamarco*(71): "A legitimidade *ad causam* é qualidade para estar em juízo como demandante e demandado, em relação a determinado conflito trazido

(67) CÂMARA, Alexandre Freitas. *Op. cit.*, p. 128.

(68) DINAMARCO, Cândido Rangel. *Instituições de direito processual civil.* V. I. São Paulo: Malheiros, 2001. p. 302.

(69) *Op. cit.*, p. 302-303.

(70) LIEBMAN, Enrico Tullio. *Manual de direito processual civil.* v. I, 3. ed. São Paulo: Malheiros, 2005. p. 208.

(71) DINAMARCO, Cândido Rangel. *Instituições de direito processual civil.* V. I. São Paulo: Malheiros, 2001. p. 303.

ao exame do juízo. É a relação de legítima adequação entre o sujeito e a causa e traduz-se na relevância que o resultado desta virá a ter sobre sua esfera de direitos, seja para favorecê-la ou para restringi-la."

É a legitimidade, conforme a doutrina, a pertinência subjetiva da ação, ou seja, quais pessoas têm uma qualidade especial para postular em juízo, pois têm ligação direta com a pretensão posta em juízo. No processo de conhecimento, a legitimidade deve ser aferida no plano abstrato. Desse modo, está legitimado aquele que se afirma titular do direito e em face de quem o direito é postulado.

Conforme classificação da doutrina, a legitimidade pode ser:

a) exclusiva: uma só pessoa tem legitimidade para atuar em determinada causa;

b) concorrente: caracteriza-se quando a lei faculta a mais de uma pessoa defender o mesmo direito;

c) extraordinária: caracteriza-se quando alguém, autorizado por lei, pode vir a juízo postular, em nome próprio, direito alheio.

8.5. Possibilidade jurídica do pedido

Ensina *Cândido Rangel Dinamarco*(72):

> "A demanda é juridicamente impossível quando de algum modo colide com regras superiores do direito nacional e, por isso, sequer comporta apreciação mediante exame de seus elementos concretos. Já *a priori* ela se mostra inadmissível e o autor carece de ação por impossibilidade jurídica da demanda. A possibilidade jurídica é a admissibilidade em tese e, sem ela, sequer se indagará se o demandante é parte legítima, se o provimento que pede é adequado, se é apto a lhe trazer proveito ou se ele tem razão ou não pelo mérito [...]."

De acordo com *Nelson Nery Junior*(73):

> "O pedido é juridicamente possível quando o ordenamento não o proíbe expressamente. Deve entender-se o termo 'pedido' não em seu sentido estrito do mérito, pretensão, mas conjugado com a causa de pedir. Assim, embora o pedido de cobrança, estritamente considerado, seja admissível pela lei brasileira, não o será se tiver como *causa petendi* dívida de jogo (CC, art. 814, *caput*)."

Consoante nos traz a doutrina, o pedido é juridicamente possível quando, em tese, é tutelado pelo ordenamento jurídico, não havendo vedação para que o judiciário aprecie a pretensão posta em juízo.

Diante do atual CPC, a possibilidade jurídica do pedido não é mais uma condição da ação. Desse modo, duas intepretações são possíveis:

---

(72) *Ibidem*, p. 298.

(73) NERY JUNIOR, Nelson. *Comentários ao Código de Processo Civil*. 10. ed. São Paulo: RT, 2007. p. 504.

a) se o pedido é juridicamente impossível, a parte não terá interesse processual, devendo o Juiz extinguir o processo sem resolução do mérito;

b) o pedido juridicamente impossível deve ser julgado improcedente, pois não é tutelado pelo direito.

De nossa parte, se o pedido for juridicamente impossível, deverá ser julgado improcedente, pois não resguardado pelo direito, sendo a decisão de mérito, qual seja, declaratória negativa.

8.6. Teoria da asserção quanto às condições da ação

Em razão dos princípios do acesso à justiça, da inafastabilidade da jurisdição e do caráter instrumental do processo, a moderna doutrina criou a chamada *teoria da asserção* de avaliação das condições da ação, também chamada de aferição *in statu assertionis*. Segundo essa teoria, a aferição das condições da ação deve ser realizada mediante a simples indicação da inicial, independentemente das razões da contestação e também de prova do processo. Se, pela indicação da inicial, estiverem presentes a legitimidade, o interesse de agir e a possibilidade jurídica do pedido, deverá o juiz proferir decisão de mérito.

Nesse sentido, ensina *Kazuo Watanabe*(74):

> "O juízo preliminar de admissibilidade do exame do mérito se faz mediante o simples confronto entre a afirmativa feita na inicial pelo autor, considerada *in statu assertionis*, e as condições da ação, que são possibilidade jurídica, interesse de agir e legitimidade para agir. Positivo que seja o resultado dessa aferição, a ação estará em condições de prosseguir e receber o julgamento do mérito."

No mesmo diapasão, é a visão de *Jorge Pinheiro Castelo*(75):

> "[...] é errônea a noção de que as condições da ação devam ser aferidas segundo o que vier a ser concretamente comprovado no processo, após o exame das provas, em vez de aferidas tendo em conta a afirmativa feita pelo autor na exordial, com abstração da situação de direito material efetivamente existente. As condições da ação como requisitos para o julgamento do mérito, consoante ensina a reelaborada teoria do direito abstrato de agir, devem ser aferidas *in statu assertionis*, ou seja, à vista do que se afirmou na exordial. Positivo que seja este exame, a decisão jurisdicional estará pronta para julgar o mérito da ação."

Dinamarco(76) critica a teoria da asserção dizendo que não basta que o demandante descreva formalmente uma situação em que estejam presentes as condições da ação. É preciso que elas existam. Assevera que só advogados despreparados iriam incorrer em carência da ação.

---

(74) WATANABE, Kazuo. *Da cognição no processo civil.* 2. ed. Campinas: Bookseller, 2000. p. 62.

(75) CASTELO, Jorge Pinheiro. *Direito processual do trabalho na moderna teoria geral do processo.* 2. ed. São Paulo: LTr, 1996. p. 161.

(76) *Op. cit.*, p. 313-315.

8.7. *Da avaliação das condições da ação no Processo do Trabalho e a postura do Juiz do Trabalho. Aplicação da teoria da asserção*

Ainda há entendimentos na doutrina e na jurisprudência no sentido de que as condições da ação, no Processo do Trabalho, devem ser avaliadas em concreto, segundo a prova dos autos.

Nesse sentido, a seguinte ementa:

> "Vínculo de emprego — Carência de ação. Se a prova produzida aponta no sentido de que a relação havida entre as partes era outra que não a de emprego, nos moldes do art. 3º da CLT, o reclamante deve ser considerado carecedor de ação trabalhista, por impossibilidade jurídica dos pedidos formulados contra o pretenso empregador. Se não existe contrato de emprego regido pela CLT, os direitos trabalhistas são juridicamente inexistentes." (TRT 3ª R. – 3ª T. – RO n. 73/2005.152.03.00-5 – rel. Bolívar Viegas Peixoto – DJMG 4.2.06 – p. 3) (RDT n. 03 – março de 2006)

Entretanto, tal posicionamento não é mais dominante na doutrina e na jurisprudência atuais. A prática na Justiça do Trabalho nos tem mostrado que foi adotada, no processo trabalhista, a teoria da asserção para aferição das condições da ação.

Desse modo, desde que, pela indicação da inicial, o juiz possa avaliar se há a legitimidade, o interesse e a possibilidade jurídica do pedido, independentemente da prova do processo e das alegações de defesa, deve enfrentar as questões de mérito.

Ao valorar a prova e se convencer de que não estão presentes os requisitos do vínculo de emprego, no nosso sentir, deverá o Juiz do Trabalho julgar improcedentes os pedidos que têm suporte na pretendida declaração do vínculo de emprego e não decretar a carência da ação, pois esta decisão é extintiva do processo sem resolução de mérito, provocando insegurança jurídica. Considerando-se que ainda há acirradas discussões na doutrina e na jurisprudência se a decisão que extingue o processo sem resolução de mérito por carência da ação, mas após a análise do quadro probatório do processo, terá, ou não, a qualidade da coisa julgada material, é mais seguro, efetivo, e ainda prestigia a jurisdição, o juiz decretar a improcedência.

Temos observado, na prática, em muitas ocasiões nas quais o Juiz do Trabalho se convenceu de que não havia vínculo de emprego, mas, ao invés de julgar improcedente o pedido, decretou a carência, o reclamante renovar o processo em outra Vara e obter sucesso em sua pretensão, o que desprestigia a Justiça, pois haverá, em verdade, dois pronunciamentos de mérito sobre a mesma questão[77].

No nosso sentir, a teoria da asserção *(in statu assertionis)* é a que melhor se adapta ao processo trabalhista, considerando-se os princípios da celeridade, efetividade, simplicidade e acesso do trabalhador à justiça. Além disso, sempre que

(77) Nesse sentido, adverte Jorge Pinheiro Castelo: "Evidentemente que o erro de terminologia, quando se fala em carência da ação, quando é caso de improcedência, não afetará a materialidade da improcedência e da existência de uma decisão, na realidade de mérito" (*Op. cit.*, p. 438). No mesmo contexto é a visão de Ísis de Almeida, pugnando pela improcedência, reformulando pensamento anterior (*Manual de direito processual do trabalho.* 1. V. 9. ed. São Paulo: LTr, 1998. p. 274).

possível, deve o Juiz do Trabalho apreciar o mérito do pedido. Não há decisão mais frustrante para o jurisdicionado que buscar a tutela de sua pretensão, e também para a parte que resiste à pretensão do autor, receber como resposta jurisdicional uma decisão sem apreciação do mérito quando for possível ao juiz apreciá-lo. Somente a decisão de mérito é potencialmente apta a pacificar o conflito. Como adverte *Calamandrei: Pacificar o conflito é muito mais que aplicar a lei.*

Como bem assevera *Kazuo Watanabe*(78):

> "As 'condições da ação' são aferidas no plano lógico e da mera asserção do direito, a cognição a que o juiz procede consiste em simplesmente confrontar a afirmativa do autor com o esquema abstrato da lei. Não se procede, ainda, ao acertamento do direito afirmado. [...] São razões de economia processual que determinam a criação de técnicas processuais que permitam o julgamento antecipado, sem a prática de atos processuais inteiramente inúteis ao julgamento da causa. As 'condições da ação' nada mais constituem que técnica processual instituída para a consecução desse objetivo."

Nesse sentido, é a visão de *Carlos Henrique Bezerra Leite*(79):

> "Pensamos, assim, que a questão da legitimação deve ser aferida, em princípio, *in abstracto*. Se o autor alega que era empregado da ré, o caso é de se rejeitar a preliminar de ilegitimidade ativa ou passiva, devendo o juiz enfrentar, através da instrução probatória, se a referida alegação era ou não verdadeira. Se as provas revelarem inexistência de relação empregatícia, o caso é de improcedência do pedido e não de carência do direito de ação."

No aspecto, cumpre destacar as seguintes ementas:

"ILEGITIMIDADE DE PARTE. TEORIA DA ASSERÇÃO. Não se cuida de ilegitimidade de parte o quanto se refere à legitimidade passiva como se aduz em relação à segunda reclamada porque pertinente sua figuração no polo passivo, tendo em vista que aquele que o reclamante considera ser o responsável (principal, solidário ou subsidiário) pelo pagamento dos créditos postulados, detém legitimidade para figurar no polo passivo da ação. Adota-se a teoria da asserção." (TRT/SP – 02756004520085020046 – RO – Ac. 17ª T. – 20120791158 – rel. Álvaro Alves Nôga – DOE 13.7.2012)

"ILEGITIMIDADE DE PARTE. TEORIA DA ASSERÇÃO. A ilegitimidade *ad causam*, por constituir condição da ação, deve ser examinada em abstrato, *in status assertionis*, ou seja, à vista do que foi afirmado pela parte na inicial e independentemente da veracidade dos fatos que a fundamentam. É que dado o caráter abstrato do direito de ação, que não se subordina à existência do direito vindicado, a simples indicação da segunda reclamada como responsável pela relação e pagamento dos direitos pleiteados, demonstra a legitimidade para figurar no polo passivo da lide." (TRT/SP – 00027303420105020072 – RO – Ac. 9ª T. – 20120562787 – relª Maria da Conceição Batista – DOE 31.5.2012)

---

(78) WATANABE, Kazuo. *Da cognição no processo civil.* 2. ed. Campinas: Bookseller, 2000. p. 94.

(79) BEZERRA LEITE, Carlos Henrique. *Curso de direito processual do trabalho.* 5. ed. São Paulo: LTr, 2007. p. 300.

8.8. *Da carência da ação*

Há a carência de ação quando não está presente qualquer das condições da ação, como legitimidade, interesse e possibilidade jurídica do pedido.

Nesse sentido, destacamos a seguinte ementa:

> "A carência de ação só se caracteriza quando há falta de qualquer das condições da ação: a) a possibilidade jurídica do pedido; b) interesse de agir; c) qualidade para agir. Presentes todas as três condições, não há como se acolher a preliminar arguida." (TRT – 1ª R. – 2ª T. – RO n. 10162/95 – relª Juíza Amélia Valadão Lopes – DJRJ 5.11.97 – p. 133)

A carência da ação pode ser invocada pelo réu a qualquer momento, antes do trânsito em julgado, mas o momento típico é o da contestação (arts. 336 e 337, XI, do CPC e 847, da CLT). Por ser matéria de ordem pública, o juiz ou o Tribunal também podem conhecê-la de ofício, nos termos do § 5º do art. 337 do CPC. Nessa trilha, destacamos a seguinte ementa:

> "Carência da ação — Ilegitimidade ativa — Declaração *ex officio* — Embargos de terceiro — Empresa sucessora. As condições da ação devem ser analisadas de ofício pelo juiz (art. 301, § 4º, do CPC). Ocorre carência da ação quando não estão presentes suas condições, quais sejam: possibilidade jurídica do pedido, legitimidade (ativa e passiva) e interesse de agir. A lei processual estabelece, como condição *sine qua non* para o exercício da ação de embargos de terceiro, a não participação na relação processual. Declarada a condição de sucessora da agravante, no processo principal, tornou-se parte na ação. Sendo parte na ação, não detém a embargante a condição de terceiro, indispensável para o exame do mérito da ação. Os sucessores do devedor são sujeitos passivos na execução e, como tal, o ordenamento jurídico lhes outorga a possibilidade de discutir eventuais contendas por meio de remédio processual próprio, qual seja, os embargos à execução (art. 568, II, do CPC). Processo extinto sem exame do mérito, por ilegitimidade ativa *ad causam* (art. 267, VI, do CPC). (TRT Ap. n. 1.264/2000, Ac. 3ª Turma, Revisora e Redatora Designada Juíza Cilene Ferreira Amaro Santos, in DJU de 1º.6.2001). Processo que se julga extinto, sem julgamento do mérito (CPC, art. 267, incisos I e VI). Precedente." (TRT 10ª R. – 3ª T. – Ap. n. 1142/2002.009.10.00-7 – relª Márcia M. C. Ribeiro – DJDF 11.7.03 – p. 20) (RDT n. 8 – agosto de 2003)

Como bem adverte *Dinamarco*[(80)], o réu jamais carece de ação, pela simples razão de que esse é um direito que o autor precisa ostentar para que tenha direito ao processo e ao provimento jurisdicional. A falta de legitimidade passiva constitui fundamento que o réu poderá utilizar na defesa.

9. Do mérito do processo

Para *Dinamarco*, o objeto do processo é a pretensão a um bem da vida, quando apresentada ao Estado juiz em busca de reconhecimento ou satisfação. Mérito é a pretensão ajuizada que em relação ao processo é seu objeto.

---

(80) DINAMARCO, Cândido Rangel. *Instituições de direito processual civil.* v. II. São Paulo: Malheiros, 2001. p. 304.

Alguns autores falam em lide como sinônimo de mérito. No nosso sentir, a lide preexiste ao processo, pois é o conflito de interesse qualificado por uma pretensão resistida. Para *Liebman*, o objeto do processo é somente a porção da lide trazida ao juiz.

Na fase de conhecimento, o mérito funda-se na pretensão posta em juízo, consistente em impor uma obrigação ao réu de pagar, dar, fazer ou não fazer. Na execução, o mérito estriba-se na pretensão de obrigar o devedor a satisfazer a obrigação consagrada no título que detém força executiva.

10. Dos princípios constitucionais do processo

Ensina *Celso Antônio Bandeira de Mello*(81) que princípio "é, por definição, mandamento nuclear de um sistema, verdadeiro alicerce dele, disposição fundamental que se irradia sobre diferentes normas, compondo-lhes o espírito e servindo de critério para sua exata compreensão e inteligência, exatamente por definir a lógica e a racionalidade do sistema normativo, no que lhe confere a tônica e lhe dá sentido harmônico."

Segundo a doutrina clássica, os princípios têm quatro funções: a) inspiradora do legislador; b) interpretativa; c) suprimento de lacunas; d) sistematização do ordenamento, dando suporte a todas as normas jurídicas, possibilitando o equilíbrio do sistema.

Quanto à função inspiradora, o legislador costuma buscar nos princípios inspiração para a criação de normas. Muitos princípios, hoje, estão positivados na lei.

Na função interpretativa, os princípios ganham especial destaque, pois eles norteiam a atividade do intérprete na busca da real finalidade da lei e também se ela está de acordo com os princípios constitucionais. Segundo a doutrina, violar um princípio é muito mais grave do que violar uma norma, pois é desconsiderar todo o sistema de normas.

Os princípios também são destinados ao preenchimento de lacunas na legislação processual. Há lacuna quando a lei não disciplina determinada matéria. Desse modo, os princípios, ao lado da analogia, do costume, serão um instrumento destinado a suprir as omissões do ordenamento jurídico processual.

De outro lado, os princípios têm a função de sistematização do ordenamento processual trabalhista, dando-lhe suporte, sentido, harmonia e coerência.

Os princípios dão equilíbrio ao sistema jurídico, propiciando que este continue harmônico toda vez que há alteração de suas normas, bem como em razão das mudanças da sociedade.

Em países de tradição romano-germânica como o Brasil, há tradição positivista, com prevalência de normas oriundas da Lei, com Constituição Federal rígida,

(81) MELLO, Celso Antônio Bandeira de. *Curso de direito administrativo*. 8. ed. São Paulo: Malheiros, 1997. p. 573.

havendo pouco espaço para os princípios. Estes atuam, na tradição da legislação, de forma supletiva, para preenchimento das lacunas da legislação. Nesse sentido, destacam-se os arts. 4º, da LINDB, e 8º, da CLT.

Não obstante, diante do Estado Social, que inaugura um novo sistema jurídico, com a valorização do ser humano e necessidade de implementação de direitos fundamentais para a garantia da dignidade humana, a rigidez do positivismo jurídico, paulatinamente, vai perdendo terreno para os princípios, que passam a ter caráter normativo, assim como as regras positivadas, e também passam a ter primazia sobre elas, muitas vezes sendo o fundamento das regras e outras vezes propiciando que elas sejam atualizadas e aplicadas à luz das necessidades sociais.

A partir do constitucionalismo social, que se inicia após a 2ª Guerra Mundial, os direitos humanos passam a figurar de forma mais contundente e visível nas Constituições de inúmeros países, dentre os quais o Brasil. Esses direitos humanos, quando constantes do texto constitucional, adquirem o *status* de direitos fundamentais, exigindo uma nova postura do sistema jurídico, com primazia dos princípios.

Como bem advertiu *José Joaquim Gomes Canotilho*(82):

> "O Direito do estado de direito do século XIX e da primeira metade do século XX é o direito das regras dos códigos; o direito do estado constitucional e de direito leva a sério os princípios, é o direito dos princípios [...] o tomar a sério os princípios implica uma mudança profunda na metódica de concretização do direito e, por conseguinte, na actividade jurisdicional dos juízes."

Diante disso, há, na Doutrina, tanto nacional como estrangeira, uma redefinição dos princípios, bem como suas funções no sistema jurídico. Modernamente, a doutrina tem atribuído caráter normativo dos princípios (*força normativa dos princípios*), vale dizer: os princípios são normas, atuando não só como fundamento das regras ou para suprimento da ausência legislativa, mas para ter eficácia no ordenamento jurídico como as regras positivadas.

Nesse sentido, a visão de *Norberto Bobbio*(83):

> "Os princípios gerais, a meu ver, são apenas normas fundamentais ou normas generalíssimas do sistema. O nome 'princípios' induz a erro, de tal forma que é antiga questão entre os juristas saber se os princípios gerais são normas. Para mim não resta dúvida: os princípios gerais são normas como todas as outras. E essa é também a tese sustentada pelo estudioso que se ocupou mais amplamente do problema, Crisafulli. Para sustentar que os princípios gerais são normas, os argumentos são dois, e ambos válidos:

---

(82) CANOTILHO, José Joaquim Gomes. A principialização da jurisprudência através da Constituição. *In: Revista de Processo*, São Paulo, RT, Repro. v. 98, p. 84.

(83) BOBBIO, Norberto. *Teoria geral do Direito*. 3. ed. São Paulo: Martins Fontes, 2010. p. 309.

> em primeiro lugar, se são normas aquelas das quais os princípios gerais são extraídos, mediante um procedimento de generalização excessiva, não há motivo para que eles também não sejam normas: se abstraio de espécies animais, obtenho sempre animais e não flores e estrelas. Em segundo lugar, a função pela qual são extraídos e usados é igual àquela realizada por todas as normas, ou seja, a função de regular um caso. Com que objetivo são extraídos em caso de lacuna? Para regular um comportamento não regulado, é claro: mas então servem ao mesmo objetivo a que servem as normas expressas. E por que não deveriam ser normas"?

Na opinião de *Ronald Dworkin*[(84)]:

> "A diferença entre princípios e regras é de natureza lógica. Os dois conjuntos de padrões apontam para decisões particulares acerca da obrigação jurídica em circunstâncias específicas, mas distinguem-se quanto à natureza da orientação que oferecem. As regras são aplicadas à maneira do tudo ou nada. Dados os fatos que uma regra estipula, então ou a regra é válida, e neste caso a resposta que ela fornece deve ser aceita, ou não é válida, e neste caso em nada contribui para a decisão [...]. Os princípios possuem uma dimensão que as regras não têm — a dimensão de peso ou importância. Quando os princípios se intercruzam (por exemplo, a política de proteção aos compradores de automóveis se opõe aos princípios de liberdade de contrato), aquele que via resolver o conflito tem de levar em conta a força relativa de cada um."

Pensamos ser os princípios diretrizes fundamentais do sistema, com caráter normativo, podendo estar presentes nas regras ou não, de forma abstrata ou concreta no ordenamento jurídico, com a função de ser o fundamento do sistema jurídico e também mola propulsora de sua aplicação, interpretação, sistematização e atualização do sistema. De nossa parte, o caráter normativo dos princípios é inegável.

Não obstante, não pensamos ser os princípios absolutos, pois, sempre que houver conflitos entre dois princípios na hipótese concreta, deve o intérprete guiar-se pela regra de ponderação, sacrificando um princípio em prol de outro que se encaixa com maior justiça e efetividade ao caso concreto. De outro lado, os princípios têm prevalência sobre as regras.

Segundo a moderna teoria geral do direito, os princípios de determinado ramo do direito têm de estar em compasso com os princípios constitucionais do processo. Por isso, deve o intérprete, ao estudar determinado princípio ou norma infraconstitucional, realizar a chamada filtragem constitucional, isto é, ler a norma infraconstitucional com os olhos da Constituição Federal.

---

(84) DWORKIN, Ronald. *Levando os direitos a sério.* Trad. Nélson Boeira. São Paulo: Martins Fontes, 2010. p. 42.

Com a mudança de paradigma do Estado Liberal para o Estado Social, houve o que a doutrina denomina de *constitucionalização do direito processual*, ou seja, a Constituição passa a disciplinar os institutos fundamentais do direito processual, bem como seus princípios basilares. Desse modo, todos os ramos da ciência processual, inclusive o direito processual do trabalho, devem ser lidos e interpretados a partir da Constituição Federal e dos direitos fundamentais.

Como destaca *Marcelo Lima Guerra*(85): "Em toda a sua atuação jurisdicional, a atividade hermenêutica do juiz submete-se ao princípio da interpretação conforme a Constituição, no seu duplo sentido de impor que a lei infraconstitucional seja sempre interpretada, em primeiro lugar, tendo em vista a sua compatibilização com a Constituição, e, em segundo lugar, de maneira a adequar os resultados práticos ou concretos da decisão o máximo possível ao que determinam os direitos fundamentais em jogo."

No mesmo sentido, manifesta-se *Willis Santiago Guerra Filho*(86): "Princípio da interpretação conforme a Constituição, que afasta interpretações contrárias a alguma das normas constitucionais, ainda que favoreça o cumprimento de outras delas. Determina, também, esse princípio, a conservação de norma, por inconstitucional, quando seus fins possam se harmonizar com preceitos constitucionais, ao mesmo tempo em que estabelece como limite à interpretação constitucional às próprias regras infraconstitucionais, impedindo que ela resulte numa interpretação *contra legem*, que contrarie a letra e o sentido dessas regras"(87).

Os princípios constitucionais do processo constituem direitos fundamentais do cidadão, por constarem no rol do art. 5º que trata dos direitos individuais fundamentais (art. 60, § 4º, da CF) e constituem postulados básicos que irradiam efeitos

(85) GUERRA, Marcelo Lima. *Execução indireta.* São Paulo: RT, 1998. p. 52-53.

(86) GUERRA FILHO, Willis Santiago. *Processo constitucional e direitos fundamentais.* 4. ed. São Paulo: RCS, 2005. p. 80.

(87) Para J. J. Gomes Canotilho: "O princípio da interpretação das leis em conformidade com a Constituição é fundamentalmente um princípio de controlo (tem como função assegurar a constitucionalidade da interpretação) e ganha relevância autónoma quando a utilização dos vários elementos interpretativos não permite a obtenção de um sentido inequívoco dentre os vários significados da norma. Daí a sua formulação básica: no caso de normas polissêmicas ou plurissignificativas deve dar-se preferência à interpretação que lhe dê um sentido em conformidade com a Constituição. Esta formulação comporta várias dimensões: 1) *o princípio da prevalência da Constituição* impõe que, dentre as várias possibilidades de interpretação, só deve escolher-se uma interpretação não contrária ao texto e programa da norma ou normas constitucionais; 2) *o princípio da conservação de normas* afirma que uma norma não deve ser declarada inconstitucional quando, observados os fins da norma, ela pode ser interpretada em conformidade com a Constituição; 3) *o princípio da exclusão da interpretação conforme a Constituição, mas 'contra legem'*, impõe que o aplicador de uma norma não pode contrariar a letra e o sentido dessa norma através de uma interpretação conforme a Constituição, mesmo que através desta interpretação consiga uma concordância entre a norma infraconstitucional e as normas constitucionais. Quando estiverem em causa duas ou mais interpretações — todas em conformidade com a Constituição — deverá procurar-se a interpretação considerada como a melhor orientada para a Constituição" (CANOTILHO, J. J. Gomes. *Direito constitucional e teoria da Constituição.* 7. ed. Coimbra: Almedina, 2003. p. 1.226).

em todos os ramos do processo, bem como norteiam toda a atividade jurisdicional. Tais princípios constituem o núcleo de todo o sistema processual brasileiro. Em razão disso, muitos autores já defendem a existência de um chamado Direito Constitucional Processual ou Processo Constitucional(88) que irradia seus princípios e normas a todos os ramos do direito processual, dentre eles, o Processo do Trabalho. Desse modo, atualmente, os princípios e normas do Direito Processual do Trabalho devem ser lidos em compasso com os princípios constitucionais do processo, aplicando-se a hermenêutica da interpretação conforme a Constituição. Havendo, no caso concreto, choque entre um princípio do Processo do Trabalho previsto em norma infraconstitucional e um princípio constitucional do processo, prevalece este último.

Nesse sentido, ensina *Nelson Nery Junior*(89):

> "Naturalmente, o direito processual se compõe de um sistema uniforme, que lhe dá homogeneidade, de sorte a facilitar sua compreensão e aplicação para a solução das ameaças e lesões a direito. Mesmo que se reconheça essa unidade processual, é comum dizer-se didaticamente que existe um Direito Constitucional Processual, para significar o conjunto das normas de Direito Processual que se encontra na Constituição Federal, ao lado de um Direito Processual Constitucional, que seria a reunião dos princípios para o fim de regular a denominada jurisdição constitucional. Não se trata, portanto, de ramos novos do direito processual."

Como bem adverte *Fredie Didier Júnior*(90): "Encarados os princípios constitucionais processuais como garantidores de verdadeiros direitos fundamentais processuais e tendo em vista a dimensão objetiva já mencionada, tiram-se as seguintes consequências: a) o magistrado deve interpretar esses direitos como se interpretam os direitos fundamentais, ou seja, de modo a dar-lhes o máximo de eficácia; b) o magistrado poderá afastar, aplicado o princípio da proporcionalidade, qualquer regra que se coloque como obstáculo irrazoável/desproporcional à efetivação de todo direito fundamental; c) o magistrado deve levar em consideração, 'na realização de um direito fundamental, eventuais restrições a este impostas pelo respeito a outros direitos fundamentais'."

10.1. Dos princípios constitucionais do processo em espécie

10.1.1. Devido processo legal

Diz o art. 5º, LIV, da CF: "Ninguém será privado da liberdade ou de seus bens sem o devido processo legal."

(88) Alguns autores preferem a expressão "Constitucionalização do Processo."

(89) NERY JUNIOR, Nelson. *Princípios de processo civil na Constituição Federal.* 8. ed. São Paulo: RT, 2004. p. 26.

(90) DIDIER JÚNIOR, Fredie. *Curso de direito processual civil:* teoria geral do processo e processo de conhecimento. 7. ed. Salvador: Editora Podivm, 2007. p. 26.

Conforme sustenta *Nelson Nery Junior*[(91)], "o primeiro ordenamento que teria feito menção a esse princípio foi a *Magna Charta* de João Sem-Terra, do ano de 1215, quando se referiu à *law of the landa* (art. 39), sem, ainda, ter mencionado expressamente a locução *devido processo legal*. O termo hoje consagrado, *due process of law*, foi utilizado somente em lei inglesa de 1354, baixada no reinado de Eduardo III. [...] Embora a *Magna Charta* fosse instrumento de acentuado e deliberado reacionarismo, criado como uma espécie de garantia dos nobres contra os abusos da coroa inglesa, continha exemplos de institutos originais e eficazes do ponto de vista jurídico, que até hoje têm provocado a admiração dos estudiosos da história do direito e historiografia do direito constitucional."

O devido processo legal consiste no direito que tem o cidadão de ser processado por regras já existentes e que sejam devidamente observadas pelo Judiciário.

Como sustenta com propriedade *Nelson Nery Junior*[(92)]:

> "Trata-se do postulado fundamental do direito (gênero), do qual derivam todos os outros primeiros (espécies). Genericamente a cláusula *due process* se manifesta pela proteção à *vida-liberdade-propriedade* em sentido amplo."

Pelo princípio do devido processo legal, ao cidadão deve ser concedido um conjunto prévio de regras processuais, previstas na lei, a fim de que ele possa postular sua pretensão em juízo e o réu possa apresentar seu direito de defesa, valendo-se dos instrumentos processuais previstos em lei, não podendo ser surpreendido pela arbitrariedade do julgador.

Do princípio do devido processo legal, derivam, praticamente, todos os princípios constitucionais do processo, como da igualdade, juiz natural, motivação das decisões, vedação das provas obtidas por meios ilícitos etc.

Como bem adverte *Nelson Nery Junior*[(93)]: "Em nosso parecer, bastaria a norma constitucional haver adotado o princípio do *due process of law* para que daí decorram todas as consequências processuais que garantam aos litigantes o direito a um processo e a uma sentença justa. É, por assim dizer, o gênero do qual todos os demais princípios constitucionais do processo são espécies."

Tanto o processo civil como o processo do trabalho devem ser lidos e interpretados à luz do presente princípio. Entretanto, ele não é estático, uma vez que deve ser interpretado e aplicado, considerando-se a unidade sistêmica da Constituição Federal, em compasso com os princípios do acesso à justiça, efetividade e duração razoável. Por isso, não pode o intérprete apegar-se apenas à previsibilidade das regras processuais, e sua previsão em lei, mas considerar também o resultado prático que elas propiciam e, inclusive, a razoabilidade temporal na tramitação do processo.

---

(91) NERY JUNIOR, Nelson. *Princípios de processo civil na Constituição Federal*. 8. ed. São Paulo: RT, 2004. p. 61.

(92) NERY JUNIOR, Nelson. *Constituição Federal comentada*. São Paulo: RT, 2006. p. 134.

(93) NERY JUNIOR, Nelson. *Princípios de processo civil na Constituição Federal*. 8. ed. São Paulo: RT, 2004. p. 60.

De outro lado, o devido processo legal deve ser adequado às necessidades atuais da sociedade e também às necessidades do processo do trabalho, considerando-se a dificuldade de acesso à justiça do trabalhador, a necessidade de celeridade na tramitação do processo e a justiça do procedimento.

Na atualidade, não deve o Juiz do Trabalho apegar-se ao formalismo processual e também insistir em formalidades já superadas pela praxe e pela tecnologia. O formalismo do processo deve ser adaptado não só às necessidades da tutela da pretensão posta em juízo, mas também da justiça da decisão. Por isso, o formalismo processual deve sempre ser valorado e interpretado, e não aplicado de forma literal.

A moderna doutrina, hoje, defende não apenas o chamado *devido processo legal formal*, dirigido ao processo em si, impondo ao juiz condutor do processo observar os princípios processuais; mas um *devido processo legal substancial*, que, observando os mandamentos constitucionais, seja capaz de materializar, de forma justa, razoável e célere os direitos postulados em juízo, utilizando o princípio da proporcionalidade, evitando arbitrariedades do poder público.

Como bem adverte *Paulo Henrique dos Santos Lucon*:

> "O devido processo legal substancial diz respeito à limitação ao exercício do poder e autoriza ao julgador questionar a razoabilidade de determinada lei e a justiça das decisões estatais, estabelecendo o controle material da constitucionalidade e da proporcionalidade. Aliás, a fundamentação do princípio da proporcionalidade, no nosso sistema, é realizada pelo princípio constitucional expresso do devido processo legal. Importa aqui a sua ênfase substantiva, em que há a preocupação com a igual proteção dos direitos do homem e os interesses da comunidade quando confrontados [...] Por esse novo prisma, a cláusula do devido processo legal atinge não só a forma, mas a substância do ato, pois existe a preocupação de se conceder a tutela jurisdicional adequada que satisfaça os órgãos jurisdicionais e, mais ainda, a própria sociedade. Essa representa a convergência de todos os demais princípios e garantias, atingindo não só os atos dos órgãos jurisdicionais, mas também os atos legislativos e da administração; refere-se, portanto, ao controle da razoabilidade dos atos estatais."(94)

No aspecto, vale transcrever a seguinte ementa, oriunda do Supremo Tribunal Federal:

> "Defesa. Devido processo legal. Inciso LV do rol das garantias constitucionais. Exame. Legislação comum. A intangibilidade do preceito constitucional que assegura o devido processo legal direciona ao exame da legislação comum. Daí a insubsistência da tese no sentido de que a violência à Carta política da República, suficiente a ensejar o conhecimento de extraordinário, há de ser direta e frontal. Caso a caso, compete ao Supremo Tribunal Federal exercer crivo sobre a matéria, distinguindo os recursos protelatórios daqueles em que

---

(94) Devido processo legal substancial. *In:* DIDIER JUNIOR, Fredie (Org.). *Leituras complementares de processo civil*. 6. ed. Salvador: JusPODIVM, 2008. p. 15-30.

versada, com procedência, a transgressão constitucional, muito embora se torne necessário, até mesmo, partir-se do que previsto na legislação comum. Entendimento diverso implica relegar à inocuidade dos princípios básicos em um Estado Democrático de Direito — o da legalidade e do devido processo legal, com a garantia da ampla defesa, sempre pressuporem a consideração de normas estritamente legais. Embargos declaratórios. Prestação jurisdicional. Os declaratórios longe ficam de configurar crítica ao órgão investido do ofício judicante. Ao reverso, contribuem para o aprimoramento da prestação jurisdicional, devendo ser tomados com alto espírito e compreensão." (STF – RE n. 154.159/PR, j. 10.8.1996, rel. Ministro Marco Aurélio)

10.1.2. Princípio do Juiz e do Promotor Natural

Como bem destaca *José Augusto Rodrigues Pinto*(95), a essência do princípio do juiz natural encerra a ideia de que nenhum litígio poderá ser julgado sem prévia existência legal de juízo determinado. Por anteposição, vai significar que nenhum sistema processual tolera a criação de tribunais especiais, de exceção ou de ocasião, sempre de inspiração política e autoritária, para o exercício do poder jurisdicional pelo Estado.

Conforme *Nelson Nery Junior*(96), a garantia do juiz natural é tridimensional. Significa que 1. não haverá juízo ou tribunal *ad hoc*, isto é, tribunal de exceção; 2. todos têm o direito de submeter-se a julgamento (civil ou penal) por juiz competente, pré-constituído na forma da lei; 3. o juiz competente tem de ser imparcial.

Por este princípio, são proibidos os chamados tribunais de exceção (art. 5º, XXXVII), ou seja, tribunais criados posteriormente ao fato. Como destaca *Nelson Nery Junior*(97), "Tribunal de exceção é aquele designado ou criado por deliberação legislativa ou não, para julgar determinado caso, tenha ele já ocorrido ou não, irrelevante a existência prévia do Tribunal. Diz-se que o Tribunal é de exceção quando de encomenda, isto é, *ex post facto,* para julgar num ou noutro sentido, com parcialidade, para prejudicar ou beneficiar alguém, tudo acertado previamente. Enquanto o juiz natural é aquele previsto abstratamente, o juízo de exceção é aquele designado para atuar no caso concreto ou individual."

No tocante à competência do juiz, diz a Constituição Federal que ninguém será processado, nem sentenciado, senão pela autoridade competente (art. 5º, LIII).

O juiz deve ter competência para processar e julgar, ou seja, o poder legal para apreciar a matéria trazida em juízo (competência material).

Como bem adverte *Nelson Nery Junior*(98): "É importante salientar que o princípio do juiz natural, como mandamento constitucional, aplica-se no processo civil,

(95) RODRIGUES PINTO, José Augusto. *Processo trabalhista de conhecimento.* 7. ed. São Paulo: LTr, 2005. p. 62.

(96) NERY JUNIOR, Nelson. *Princípios de processo civil na Constituição Federal.* 8. ed. São Paulo: RT, 2004. p. 97-98.

(97) *Op. cit.*, p. 98.

(98) *Op. cit.*, p. 100.

somente à hipótese de competência absoluta, já que preceito de ordem pública. Assim, não se pode admitir a existência de mais de um juiz natural, como corretamente decidiu a corte constitucional italiana. A competência cumulada ou alternativa somente é compatível com os critérios privatísticos de sua fixação, isto é, em se tratando de competência relativa."

Quanto à imparcialidade, cumpre destacar que o juiz está entre as partes, mas acima delas. O termo Magistrado, do latim *magis estratum*, significa aquele que está em patamar mais alto. A imparcialidade é uma garantia das partes e do Estado Democrático de Direito.

Não obstante, conforme vem defendendo a moderna doutrina processual, imparcialidade não significa neutralidade. Modernamente, o juiz não é mais um convidado de pedra no processo, pois deve assegurar às partes igualdades reais de oportunidades, bem como direcionar sua atividade não só para os resultados práticos do processo, mas também para que a decisão reflita realidade e justiça, dando a cada um o que é seu por direito.

A partir da Constituição de 1988, ficou consagrado que o Ministério Público é Instituição Autônoma e independente, não estando vinculada a qualquer outro poder. Em razão disso, autores defendem a existência do princípio do promotor natural, que tem as mesmas razões do princípio do juiz natural.

Como menciona *Carlos Henrique Bezerra Leite*(99):

> "O princípio do promotor natural decorre da interpretação sistêmica do Texto Constitucional. Vale dizer, o princípio do promotor natural está albergado nos arts. 5º, XXXVI e LIII, 127 e 129, I, da Constituição Federal, e assenta-se nas cláusulas da independência funcional e da inamovibilidade dos membros da instituição. Além disso, esse princípio 'quer significar que o jurisdicionado tem a garantia constitucional de ver-se processado e julgado pelas autoridades competentes previamente estabelecidas nas leis processuais e de organização judiciária."

10.1.3. Princípio da igualdade

O princípio da igualdade deriva do próprio princípio da isonomia previsto no art. 5º, *caput*, da CF. Dizia *Aristóteles* que a verdadeira igualdade consiste em tratar os iguais na medida das suas igualdades e os desiguais na medida das suas desigualdades.

Esse princípio também está expresso no art. 139 do CPC, o qual assevera que cabe ao juiz assegurar às partes igualdade de tratamento. Como destaca *Nelson Nery Junior*(100):

> "Compete ao juiz, como diretor do processo, assegurar às partes tratamento isonômico (art. 5º, *caput*). A igualdade de que fala o texto

(99) BEZERRA LEITE, Carlos Henrique. *Curso de direito processual do trabalho*. 5. ed. São Paulo: LTr, 2007. p. 56.

(100) NERY JUNIOR, Nelson. *Código de Processo Civil comentado*. 10. ed. São Paulo: RT, 2007. p. 384.

constitucional é real, substancial, significando que o juiz deve tratar igualmente os iguais e desigualmente os desiguais na exata medida de suas desigualdades."

Em razão desse princípio, no processo, as partes devem ter as mesmas oportunidades, ou seja, *a paridade de armas*[101], cumprindo ao juiz zelar para que isso seja observado. De outro lado, cumpre ao juiz, como diretor do processo, assegurar que o litigante mais forte não entorpeça o litigante mais fraco no processo.

Têm entendido a doutrina e a jurisprudência que estabelecimento de prazos processuais diferenciados ao Ministério Público e à Fazenda Pública não viola o princípio da isonomia, em razão da supremacia do interesse público que norteia a atuação de tais entes no Processo.

10.1.4. Princípio da inafastabilidade da jurisdição (acesso à Justiça)

Assim, ensinam *Mauro Cappelletti* e *Bryant Garth*:

> "A expressão 'acesso à Justiça' é reconhecidamente de difícil definição, mas serve para determinar duas finalidades básicas do sistema jurídico — o sistema pelo qual as pessoas podem reinvindicar e/ou resolver seus litígios sob os auspícios do Estado. Primeiro, o sistema deve ser igualmente acessível a todos; segundo, ele deve produizr resultados que sejam individual e socialmente justos. Nosso enfoque, aqui, será primordialmente sobre o primeiro aspecto, mas não poderemos perder de vista o segundo. Sem dúvida, uma premissa básica será a de que a justiça social, tal como desejada por nossas sociedades modernas, pressupõe o acesso efetivo." (*Acesso à Justiça*. Porto Alegre: Sérgio Fabris, 2002. p. 8)

O art. 5º, XXXV, da CF, consagra o chamado princípio da inafastabilidade da jurisdição ou do acesso à justiça. Dispõe o referido dispositivo constitucional:

> "A lei não excluirá da apreciação do Poder Judiciário lesão ou ameaça a direito."

Trata-se de uma das garantias mais importantes do cidadão, uma vez que, modernamente, a acessibilidade ao Judiciário é um direito fundamental de qualquer pessoa para efetivação de seus direitos. De outro lado, não basta apenas a ampla acessibilidade ao Judiciário, mas também que o procedimento seja justo e que produza resultados (efetividade).

Conforme *Mauro Cappelletti* e *Bryant Garth*[102]: "O enfoque sobre o acesso — o modo pelo qual os direitos se tornam efetivos — também caracteriza crescentemente estudo do moderno processo civil. A discussão teórica, por exemplo, das várias regras do processo civil e de como elas podem ser manipuladas em várias situações hipotéticas pode ser instrutiva, mas, sob essas descrições neutras, costuma

(101) Esta expressão é utilizada por Ada Pellegrini Grinover.

(102) CAPPELLETTI, Mauro; GARTH, Bryant. *Acesso à justiça*. Tradução de Ellen Gracie Northfleet. Porto Alegre: Sérgio Antonio Fabris, 2002. p. 12-13.

ocultar-se o modelo frequentemente irreal de duas (ou mais) partes em igualdade de condições perante a corte, limitadas apenas pelos argumentos jurídicos que os experientes advogados possam alinhar. O processo, no entanto, não deveria ser colocado no vácuo. Os juristas precisam, agora, reconhecer que as técnicas processuais servem a funções sociais; que as cortes não são a única forma de solução de conflitos a ser considerada e que qualquer regulamentação processual, inclusive a criação ou o encorajamento de alternativas ao sistema judiciário, tem um efeito importante sobre a forma como opera a lei substantiva — com que frequência ela é executada, em benefício de quem e com que impacto social. Uma tarefa básica dos processualistas modernos é expor o impacto substantivo dos vários mecanismos de processamento de litígios. Eles precisam, consequentemente, ampliar sua pesquisa para além dos tribunais e utilizar os métodos de análise da sociologia, da política, da psicologia e da economia, e ademais, aprender através de outras culturas. O 'acesso' não é apenas um direito social fundamental, crescentemente reconhecido; ele é, também necessariamente, o ponto central da moderna processualística. Seu estudo pressupõe um alargamento e aprofundamento dos objetivos e métodos da moderna ciência jurídica."

Como bem adverte *Nelson Nery Junior*(103), "embora o destinatário principal desta norma seja o legislador, o comando constitucional atinge a todos indistintamente, vale dizer, não pode o legislador e ninguém mais impedir que o jurisdicionado vá a juízo deduzir pretensão."

No Direito brasileiro, há a chamada jurisdição única ou una, pois a lei não pode excluir o direito de postular em juízo a qualquer pessoa, por mais absurdo ou inviável o direito postulado.

Mesmo em casos em que a parte não preencha os pressupostos processuais e as condições da ação, desaguando na extinção do processo sem resolução de mérito, terá havido o direito de ação e, portanto, não há ofensa ao princípio constitucional da inafastabilidade da jurisdição na decisão que não aprecia o mérito da causa.

O acesso à justiça impulsiona que o processo produza resultados justos, solução integral da lide, e materialização das decisões.

Nesse sentido, dispõe o art. 4º, do Código de Processo Civil:

> "As partes têm direito de obter em prazo razoável a solução integral do mérito, incluída a atividade satisfativa."

Conforme o referido dispositivo, são diretos fundamentais das partes no processo:

a) **solução integral do mérito**: constitui direito fundamental da parte no processo, que todos os pedidos e requerimentos formulados sejam apreciados, tanto os do autor como os do réu, e que, sempre que possível, o Magistrado julgue o

---

(103) *Op. cit.*, p. 130-131.

mérito da causa, evitando ao máximo a extinção do processo sem resolução do mérito. A decisão prematura de extinção do processo sem resolução de mérito, quando possível a compreensão da controvérsia, é frustrante para quem busca seu direito no Judiciário, provoca gasto desnecessário de dinheiro público na tramitação do processo e não resolve o conflito;

b) atividade satisfativa: quanto à atividade satisfativa, como direito fundamental processual da parte, o projeto merece muitos elogios. A atividade satisfativa, que se manifesta, pelo cumprimento das decisões, que se dá, como regra geral, na fase executiva, é tão importante, ou mais, que as demais fases processuais, pois o direito reconhecido na decisão, só se materializa, quando o processo é capaz de entregar "o bem da vida" ao credor, que lhe pertence por direito.

Como bem adverte *Cássio Scarpinella Bueno*[(104)]:

> "A expressa menção a 'atividade satisfativa' é digna de destaque para evidenciar que a atividade jurisdicional não se esgota com o reconhecimento (declaração) dos direitos, mas *também* com a sua concretização."

De outro lado, em razão do princípio ora estudado, não pode o juiz se eximir de sentenciar. Havendo lacuna na legislação, deve aplicar a analogia, os costumes e os princípios gerais de direito para solucionar o conflito (art. 4º da LINDB).

Como decorrência de tal princípio, temos o disposto no art. 5º, LXXIV, da CF, que assim dispõe:

> "o Estado prestará assistência jurídica integral e gratuita aos que comprovarem insuficiência de recursos."

Desse modo, o acesso à justiça não pode ser inviabilizado em razão da insuficiência de recursos financeiros da parte. Para os pobres, que comprovarem tal situação, o Estado deve assegurar um advogado gratuito, custeado pelo Estado, que promoverá a ação.

Como bem adverte *Nelson Nery Junior*[(105)]:

> "A garantia constitucional do acesso à justiça não significa que o processo deva ser gratuito. No entanto, se a taxa judiciária for excessiva de modo que crie obstáculo ao acesso à justiça, tem-se entendido ser ela inconstitucional por ofender o princípio da inafastabilidade da jurisdição."

O acesso à justiça não deve ser entendido e interpretado apenas como o direito a ter uma demanda apreciada por um juiz imparcial, mas sim como acesso à ordem *jurídica justa*[(106)], composta por princípios e regras justas e razoáveis que possibilitem ao cidadão, tanto no polo ativo, como no passivo de uma demanda, ter acesso a um conjunto de regras processuais que sejam aptas a possibilitar o ingresso da demanda em juízo, bem como a possibilidade de influir na convicção do juízo de recorrer da decisão, bem como de materializar, em prazo razoável, o direito concedido na sentença.

---

(104) *Novo Código de Processo Civil anotado*. São Paulo: Saraiva, 2015. p. 44.

(105) *Op. cit.*, p. 138.

(106) Esta expressão é utilizada pelo jurista Kazuo Watanabe.

Como esclarece *Cândido Rangel Dinamarco*(107), "só tem acesso à ordem jurídica justa quem recebe justiça. E receber justiça significa ser admitido em juízo, poder participar, contar com a participação adequada do juiz e, ao fim, receber um provimento jurisdicional consentâneo com os valores da sociedade. Tais são os contornos do processo justo, ou processo équo, que é composto pela efetividade de um mínimo de garantias de meios e de resultados".

10.1.5. Princípio do contraditório e da ampla defesa

Dispõe o art. 5º, LV, da CF:

"Aos litigantes, em processo judicial ou administrativo, e aos acusados em geral são assegurados o contraditório e ampla defesa, com os meios e recursos a ela inerentes."

O princípio do contraditório tem raízes no adágio latino *audiatur et altera pars*, ou seja, ambas as partes devem ser ouvidas.

Como nos adverte *Carlos Roberto Siqueira Castro*:

> "Tenha-se em conta que essa concepção bilateral e isonômica do contraditório corresponde à própria finalidade do processo, que visa precipuamente a satisfazer aos interesses pessoais do autor e do réu, mas sim fazer atuar de modo concreto o direito objetivo, seja acolhendo ou desacolhendo parcial ou integralmente a pretensão de um ou de outro, ou nenhum deles, conforme o teor das normas jurídicas abstratas aplicáveis à *res in judicium deducta*. Eis aí a razão de ser do monopólio estatal da jurisdição, que repudia o exercício arbitrário das próprias razões"(108).

O contraditório tem suporte no caráter bilateral do processo. O autor propõe a ação (tese), o réu, a defesa (antítese) e o juiz profere a decisão (síntese). Dois elementos preponderam no contraditório: a) informação; e b) reação. Desse modo, a parte deve ter ciência dos atos processuais e a faculdade de praticar os atos que a lei lhe permite.

Além disso, a moderna doutrina tem defendido que o contraditório também propicia à parte o direito fundamental de influir na convicção do julgador, participando ativamente do processo.

Ensina *Nelson Nery Junior*(109):

> "Por contraditório deve entender-se, de um lado, a necessidade de dar conhecimento da existência da ação e de todos os atos do processo às partes, e, de outro, a possibilidade de as partes reagirem aos atos que lhe sejam desfavoráveis. Os contendores têm direito de deduzir suas pretensões e defesas, de realizar as provas que requereram para demonstrar a existência de seu direito, em suma, direito de serem ouvidos paritariamente no processo em todos os seus termos."

---

(107) *Instituições de Direito Processual Civil.* Volume I. São Paulo: Malheiros, 2001. p. 115.

(108) *O devido processo legal e os princípios da razoabilidade e proporcionalidade.* 5. ed. Rio de Janeiro: Forense, 2010. p. 291-292.

(109) NERY JUNIOR, Nelson. *Princípios de processo civil na Constituição Federal.* 8. ed. São Paulo: RT, 2004. p. 172.

O Código de Processo Civil prestigia o contraditório, como princípio fundamental do processo civil, possibilitando maior previsibilidade às partes no processo, evitando as chamadas "decisões surpresa", mesmo naquelas questões que o Juiz possa conhecer de ofício, além de oportunizar às partes o direito de influir ativamente na convicção do órgão julgador. Nesse sentido, dispõem os arts. 9º e 10, do CPC, *in verbis*:

> **Art. 9º, do CPC:** "Não se proferirá decisão contra uma das partes sem que esta seja previamente ouvida. Parágrafo único. O disposto no *caput* não se aplica: I – à tutela provisória de urgência; II – às hipóteses de tutela da evidência previstas no art. 309, incisos II e III; III – à decisão prevista no art. 699."
>
> **Art. 10, do CPC:** "O juiz não pode decidir, em grau algum de jurisdição, com base em fundamento a respeito do qual não se tenha dado às partes oportunidade de se manifestar, ainda que se trate de matéria sobre a qual deva decidir de ofício."

Diante dos referidos dispositivos legais, ficaram consagradas as seguintes características do contraditório:

a) dever de informação: as partes devem ter acesso a todos os dados do processo e ser cientificadas de todos os atos praticados pela parte contrária e também de todos os atos do Juiz no Processo;

b) possibilidade de reação: a parte tem o direito de impugnar as decisões proferidas no processo que lhe sejam desfavoráveis, bem como os requerimentos e provas produzidos pela parte contrária;

c) previsibilidade dos atos processuais a serem praticados: o processo tem que seguir o regramento legal. Com isso, evita-se as chamadas *decisões surpresa*. Mesmo quando competir ao magistrado decidir de ofício, deverá oportunizar às partes a manifestação prévia sobre a matéria. A previsibilidade que compõe a moderna visão do contraditório, também chamado pela doutrina de contraditório *dinâmico* ou *efetivo*, exige um maior diálogo do Juiz com as partes, e também que o magistrado oportunize às partes o direito de manifestação quando for decidir com fundamento ainda não debatido nos autos. A questão, entretanto, tem sido objeto de acalorados debates entre doutrinadores e tribunais. Para alguns, o magistrado somente deve oportunizar às partes manifestação sobre fundamento de fato que será considerado na decisão e sobre ele não se pronunciaram as partes. Outros entendem que o direito à manifestação também abrange os fundamentos jurídicos, ou seja, se o magistrado for decidir com fundamento jurídico não debatido no processo, também deverá oportunizar a manifestação. O Tribunal Superior do Trabalho editou a Instrução Normativa n. 39/16 adotando o segundo entendimento. Com efeito, dispõe o art. 4º, da referida Instrução: "Aplicam-se ao Processo do Trabalho as normas do CPC que regulam o princípio do contraditório, em especial os arts. 9º e 10, no que vedam a decisão surpresa. § 1º Entende-se por "decisão surpresa" a que, no julgamento final do mérito da causa, em qualquer grau de jurisdição, aplicar fundamento jurídico ou embasar-se em fato não submetido à audiência prévia de uma ou de ambas as partes. § 2º Não se considera "decisão surpresa" a que, à luz do ordenamento jurídico nacional e dos princípios que informam o Direito Processual do Trabalho, as partes tinham obrigação de prever, concernente às condições da ação, aos pressupostos de admissibilidade de recurso e aos pressupostos processuais, salvo disposição legal expressa em contrário".

d) possibilidade de participar ativamente do procedimento e influir na formação da convicção do julgador: o Código de Processo Civil, seguindo tendência contemporânea, prioriza o diálogo mais efetivo entre as partes e entre o juiz e as partes, visando atingir uma decisão mais democrática para a causa.

No aspecto, cumpre destacar a seguinte ementa:

Cerceamento de defesa. Indeferimento da oitiva de testemunha. No Direito Processual moderno, o contraditório impõe a condução dialética do processo, garantindo a bilateralidade dos atos do processo, bem a possibilidade de contrariá-los. Daí se pode afirmar que a pretensão à tutela jurídica, que corresponde exatamente à garantia consagrada no art. 5º, LV da CF contém o direito das partes em influenciar a formação da convicção judicial. A dialética é o meio verdadeiro para a busca do conhecimento. Em outras palavras, o objeto do conhecimento deve ser debatido entre os interlocutores, de sorte que as questões fáticas em discussão nos autos devem primordialmente ser objeto de discussão. Diálogo, argumentação e persuasão, apresentam-se como componentes indissociáveis do caminho que leva ao conhecimento da verdade ou o mais próximo dela possível, sendo certo que os meios de prova se apresentam, sob esse aspecto, como um meio retórico indispensável neste sistema. Caracteriza o cerceamento de defesa o indeferimento da oitiva de testemunha presente à sessão ao fundamento de que move ação contra a ré e que o autor foi arrolado como testemunha naquela ação, se demonstrado ficou que o autor sequer prestou depoimento. Preliminar que se acolhe para determinar a reabertura da instrução processual. (TRT/SP – 00023698020115020072 – RO – Ac. 17ª T. 20150326348 – Rel. Flávio Villani Macedo – DOE 24.4.2015)

Discute-se na doutrina se a concessão de liminares sem a oitiva da parte contrária *(inaudita altera parte)* viola o princípio do contraditório.

Conforme, acertadamente, se posicionam a doutrina e a jurisprudência, a concessão de liminares sem a oitiva da parte contrária não viola o contraditório, pois se tratam de situações emergenciais. Além disso, o contraditório não resta desconsiderado, apenas, não será exercido previamente. De outro lado, a Constituição não diz que o contraditório necessita ser prévio. Além disso, diante de uma situação de risco, em razão da efetividade processual e do perigo de perecimento do direito, o juiz, atento à razoabilidade e à equidade, realizando um juízo de ponderação, poderá conceder a tutela liminar. O citado art. 9º, I, do CPC, corretamente, permite que seja postergado o contraditório em se tratando de tutela provisória de urgência.

Como destaca *Nelson Nery Junior*(110), como decorrência do princípio da paridade das partes, o contraditório significa dar as mesmas oportunidades para as partes e os mesmos instrumentos processuais para que possam fazer valer os seus direitos

(110) *Princípios de processo civil na Constituição Federal.* 8. ed. São Paulo: RT, 2004. p. 188.

e pretensões, ajuizando ação, deduzindo pretensões, requerendo e realizando provas, recorrendo das decisões judiciais, etc. Essa igualdade de armas não significa, entretanto, paridade absoluta, mas somente nos casos em que as partes estiverem diante da mesma realidade em igualdade de situações processuais.

A doutrina tem destacado que a ampla defesa compõe o contraditório, sendo o direito do réu de resistir, em compasso com os instrumentos processuais previstos na legislação processual, à pretensão do autor.

Alguns autores sustentam que a Constituição, ao aludir à "ampla defesa", quis dizer ampla defesa do direito, tanto pelo autor como pelo réu. Desse modo, pode haver cerceamento de defesa tanto para o autor como para o réu.

10.1.6. Princípio do duplo grau de jurisdição[111]

O princípio do duplo grau de jurisdição assenta-se na possibilidade de controle dos atos jurisdicionais dos órgãos inferiores pelos órgãos judiciais superiores e também na possibilidade de o cidadão poder recorrer contra um provimento jurisdicional que lhe foi desfavorável, aperfeiçoando, com isso, as decisões do Poder Judiciário.

Em sentido contrário, argumenta-se que o duplo grau de jurisdição provoca uma demora desnecessária na tramitação do processo, propiciando, principalmente, ao devedor inadimplente, uma desculpa para não cumprir sua obrigação.

Diz o art. 5º, LV, da CF:

> "aos litigantes, em processo judicial ou administrativo, e aos acusados em geral são assegurados o contraditório e ampla defesa, com os meios e recursos a ela inerentes."

Diante do referido dispositivo legal, alguns autores asseveram que o duplo grau de jurisdição está consagrado na Constituição Federal, pois o art. 5º, LV, consagra os recursos inerentes ao contraditório e, desse modo, o princípio do duplo grau de jurisdição tem guarida Constitucional.

Para outros doutrinadores, o duplo grau de jurisdição estaria implícito na Constituição Federal, não em razão do art. 5º, LV, mas dos arts. 102 e 105, que regulamentam os recursos extraordinário e especial.

Tem prevalecido o entendimento, no nosso sentir, correto, de que o duplo grau de jurisdição não é um princípio constitucional, pois a Constituição não o prevê expressamente, tampouco decorre do devido processo legal, do contraditório ou da inafastabilidade da jurisdição. O acesso à Justiça e o contraditório são princípios constitucionalmente consagrados, mas não o duplo grau de jurisdição, pois o art. 5º, LV, da CF, alude aos meios e recursos inerentes ao contraditório e à ampla defesa. O termo recursos não está sendo empregado no sentido de ser possível recorrer de uma decisão favorável, mas dos recursos previstos em lei para o exercício do contraditório e da ampla defesa. Portanto, o direito de recorrer somente pode ser exercido quando a Lei o disciplinar e forem observados os pressupostos.

(111) Este princípio está desenvolvido com profundidade no capítulo dos recursos.

10.1.7. Princípio da motivação das decisões judiciais

Consiste tal princípio na obrigatoriedade de o juiz expor as razões de decidir, ou seja, demonstrar quais as razões de fato e de direito que embasaram sua decisão.

É uma garantia da cidadania, direito das partes e também da sociedade saber como o juiz chegou ao raciocínio lógico. Sua falta é causa de nulidade absoluta (arts. 93, IX, da CF, 489, do CPC e 832, da CLT).

Dispõe o art. 93, IX, da CF:

> "Todos os julgamentos dos órgãos do Poder Judiciário serão públicos, e fundamentadas todas as decisões, sob pena de nulidade, podendo a lei limitar a presença, em determinados atos, às próprias partes e a seus advogados, ou somente a estes, em casos nos quais a preservação do direito à intimidade do interessado no sigilo não prejudique o interesse público à informação."

No mesmo sentido, é o art. 11, do CPC:

> "Todos os julgamentos dos órgãos do Poder Judiciário serão públicos, e fundamentadas todas as decisões, sob pena de nulidade."

A fundamentação das decisões é necessária para se saber o itinerário percorrido pelo juiz na decisão, bem como a argumentação utilizada por ele para acolher ou rejeitar o pedido, possibilitando, com isso, verificar o acerto ou o desacerto da decisão.

Nas palavras de *Calamandrei*[(112)]:

> "A fundamentação da sentença é sem dúvida uma grande garantia de justiça, quando consegue reproduzir exatamente, como num levantamento topográfico, o itinerário lógico que o juiz percorreu para chegar à conclusão, pois se esta é errada, pode facilmente encontrar-se, através dos fundamentos, em que altura o caminho do magistrado se desorientou."

Segundo o princípio do convencimento motivado, o juiz deve fundamentar a decisão, expondo as razões de fato e de direito que o levaram a decidir num determinado sentido. Sem fundamentação, é impossível se compreender o raciocínio do juiz e também há prejuízo do direito de recorrer, pois é por meio das razões da decisão que a parte aduzirá as razões do recurso[(113)].

Nessa senda, dispõe o art. 371 do CPC:

> "O juiz apreciará a prova constante dos autos, independentemente do sujeito que a tiver promovido, e indicará na decisão as razões da formação de seu convencimento."

Conforme destaca *Nelson Nery Junior*[(114)]:

> "A motivação da sentença pode ser analisada por vários aspectos, que vão desde a necessidade de comunicação judicial, exercício de lógica e atividade intelectual do juiz, até a sua submissão, como ato processual, ao

(112) CALAMANDREI, Piero. *Eles, os juízes, vistos por nós, os advogados*. 5. ed. Lisboa: Livraria Clássica. p. 143.

(113) No capítulo da sentença, os requisitos da fundamentação estão desenvolvidos.

(114) *Op. cit.*, p. 217-218.

estado de direito e às garantias constitucionais estampadas no art. 5º, CF, trazendo consequentemente a exigência da imparcialidade do juiz, a publicidade das decisões judiciais, a legalidade da mesma decisão, passando pelo princípio constitucional da independência jurídica do magistrado, que pode decidir de acordo com sua livre convicção, desde que motive as razões de seu convencimento (*princípio do livre convencimento motivado*)."

A fundamentação cumpre dois objetivos fundamentais no processo, quais sejam: a) possibilitar às partes conhecer as razões pelas quais as pretensões foram acolhidas ou rejeitadas, implementando o direito fundamental à informação no processo (art. 5º, XIV, da CF); e b) propiciar ao litigante um melhor acesso às instâncias recursais, já que os argumentos da decisão possibilitam à parte elementos para arrazoar o recurso caso haja discordância, e elementos para a defesa da decisão caso exista concordância.

Por outro lado, como bem adverte *Cândido Rangel Dinamarco*(115):

> "A exigência de inteireza da motivação (Michele Taruffo) não chega ao ponto de mandar que o juiz se manifeste especificamente sobre todos os pontos, mais relevantes ou menos, ou mesmo sem relevância alguma ou quase sem relevância, que as partes hajam suscitado no processo. O essencial é motivar no tocante aos pontos relevantes e essenciais, de modo que a motivação lançada em sentença mostre que o juiz tomou determinada decisão porque assumiu determinados fundamentos com que esta guarda coerência. A regra de equilíbrio é esta: *motiva-se no essencial e relevante, dispensa-se relativamente a motivação no periférico e circunstancial.*"

10.1.8. Princípio da publicidade

O princípio da publicidade está estampado no já referido art. 93, IX, da CF, que assim dispõe:

> "todos os julgamentos dos órgãos do Poder Judiciário serão públicos, e fundamentadas todas as decisões, sob pena de nulidade, podendo a lei limitar a presença, em determinados atos, às próprias partes e a seus advogados, ou somente a estes, em casos nos quais a preservação do direito à intimidade do interessado no sigilo não prejudique o interesse público à informação";

A publicidade é uma garantia preciosa da cidadania de saber, com transparência, como são os julgamentos realizados pelo Poder Judiciário. A presença do público nas audiências e a possibilidade do exame dos autos por qualquer pessoa representam um seguro instrumento de fiscalização popular sobre a obra dos juízes. Conforme a expressão popular: "o povo é o juiz dos juízes."

Este princípio não está expressamente previsto no art. 5º da CF, mas trata-se de um direito fundamental, pois decorre do princípio do devido processo legal.

(115) *Instituições de direito processual civil.* vol I. São Paulo: Malheiros, 2001. p. 242.

O princípio da publicidade não é absoluto, pois, quando a causa estiver discutindo questões que envolvem a intimidade das partes, o juiz poderá restringir a publicidade da audiência. Nesse sentido, dispõe o art. 5º, LX, da CF: "a lei só poderá restringir a publicidade dos atos processuais quando a defesa da intimidade ou o interesse social o exigirem."

No mesmo sentido, dispõe o art. 189 do CPC, que resta aplicável ao processo do trabalho:

> "Os atos processuais são públicos, todavia tramitam em segredo de justiça os processos:
>
> I – em que o exija o interesse público ou social;
>
> II – que versem sobre casamento, separação de corpos, divórcio, separação, união estável, filiação, alimentos e guarda de crianças e adolescentes;
>
> III – em que constem dados protegidos pelo direito constitucional à intimidade;
>
> IV – que versem sobre arbitragem, inclusive sobre cumprimento de carta arbitral, desde que a confidencialidade estipulada na arbitragem seja comprovada perante o juízo.
>
> § 1º O direito de consultar os autos de processo que tramite em segredo de justiça e de pedir certidões de seus atos é restrito às partes e aos seus procuradores.
>
> § 2º O terceiro que demonstrar interesse jurídico pode requerer ao juiz certidão do dispositivo da sentença, bem como de inventário e de partilha resultantes de divórcio ou separação."

10.1.9. Princípio da vedação da prova ilícita[116]

Dispõe o art. 5º, LVI, da CF: "são inadmissíveis, no processo, as provas obtidas por meios ilícitos";

A proibição constitucional da produção de provas obtidas por meios ilícitos constitui direito fundamental, não só para assegurar os direitos fundamentais do cidadão, mas também para garantia do devido processo legal e dignidade do processo. Mesmo na vigência da Constituição anterior, a doutrina e a jurisprudência já pugnavam pela vedação da prova por meio ilícito (art. 369 do CPC). Por ser uma norma pertinente à Teoria Geral do Direito, aplica-se a todos os ramos do processo, inclusive ao Direito Processual do Trabalho.

Em determinadas situações, a jurisprudência, utilizando-se do princípio da proporcionalidade, tem admitido a produção da prova obtida por meio ilícito no processo.

10.1.10. Princípio da duração razoável do processo

Assevera o art. 5º, inciso LXXVIII, da CF:

> "a todos, no âmbito judicial e administrativo, são assegurados a razoável duração do processo e os meios que garantam a celeridade de sua tramitação."

(116) Este princípio está desenvolvido com profundidade no capítulo das provas.

Trata-se de princípio inserido como uma garantia fundamental processual a fim de que a decisão seja proferida em tempo razoável. Dizia *Carnelluti* que o tempo é um inimigo no processo, contra o qual o juiz deve travar uma grande batalha. Para *Rui Barbosa*, a justiça tardia é injustiça manifesta.

Nelson Nery Junior(117), ao comentar o presente princípio, ensina-nos:

> "Trata-se de desdobramento do princípio do direito de ação (CF 5º, XXXV) que definimos como garantidor do direito de obter-se a tutela jurisdicional adequada. O Pacto de San José da Costa Rica (Convenção Interamericana de Direitos Humanos), de 22.11.1969, aprovado pelo Congresso Nacional por meio do Decreto Legislativo n. 27/92 e mandado executar pelo Decreto n. 678/92, prevê a garantia de que todos devem ser ouvidos em prazo razoável, o que não significa automática adoção do princípio da duração razoável do processo."

Prossegue o professor *Nery*(118):

> "O prazo razoável é garantido para que o processo se inicie e termine, incluída, portanto, a fase recursal, já que só se pode entender como terminado o processo no momento em que ocorre o trânsito em julgado, isto é, quando não couber mais recurso contra a última decisão proferida no processo. O tempo no processo assume importância vital nos dias de hoje, porquanto a aceleração das comunicações via *web* (*internet, e-mail*), fax, celulares, em conjunto com a globalização social, cultural e econômica, tem feito com que haja maior cobrança dos jurisdicionados e administrados para que haja solução rápida dos processos judiciais e administrativos. Essa globalização deu mais visibilidade às vantangens e desvantagens, acertos e equívocos dos poderes públicos em virtude da exposição a que eles estão sujeitos, situação que é decorrente da transparência que deve existir no estado democrático de direito. Se, numa demonstração de retórica jurídica, se podia dizer que 'no processo o tempo é algo mais que ouro: é justiça', com muito maior razão se pode afirmar que a justiça tem de ser feita de forma mais rápida possível, sempre observados os preceitos constitucionais que devem ser agregados ao princípio da celeridade e razoável duração do processo, como o devido processo legal, a isonomia, o contraditório e ampla defesa, o juiz natural (administrativo e judicial), etc.."

No nosso sentir, não se trata de regra apenas programática, mas sim de um princípio fundamental que deve nortear toda a atividade jurisdicional, seja na interpretação da legislação, seja para o próprio legislador ao editar normas. A eficácia deste princípio é imediata nos termos do § 1º do art. 5º da CF, não necessitando de lei regulamentadora.

---

(117) NERY JUNIOR, Nelson. *Princípios do processo na Constituição Federal.* 9. ed. São Paulo: LTr, 2009. p. 311.

(118) *Op. cit.*, p. 314-315.

Conforme destaca *Nelson Nery Junior*: "Razoável duração do processo é conceito legal indeterminado que deve ser preenchido pelo juiz no caso concreto, quando há garantia invocada."

Como delineado pelo professor *Nery*, a duração razoável do processo deve ser avaliada no caso concreto, segundo o volume de processos em cada órgão jurisdicional, a quantidade de funcionários, condições materiais e quantidade de magistrados. Não obstante, devem os Poderes Executivo e Legislativo aparelhar o Judiciário com recursos suficientes para que o princípio seja efetivado.

No processo do trabalho, a necessidade de tramitação célere das causas se potencializa em razão: a) da natureza alimentar da maioria das verbas trabalhistas postuladas; b) da hipossuficiência do trabalhador; c) da justiça social. Nesse sentido, é o art. 765, da CLT, *in verbis*:

> "Os Juízos e Tribunais do Trabalho terão ampla liberdade na direção do processo e velarão pelo andamento rápido das causas, podendo determinar qualquer diligência necessária ao esclarecimento delas."

A duração razoável do processo deve ser avaliada no caso concreto, segundo o volume de processos em cada órgão jurisdicional, a quantidade de funcionários, condições materiais e quantidade de magistrados. Não obstante, devem os Poderes Executivo e Legislativo aparelhar o Judiciário com recursos suficientes para que o princípio seja efetivado.

De outro lado, o princípio da duração razoável deve estar em harmonia com o contraditório, o acesso à justiça e a efetividade e justiça do procedimento, buscando uma decisão justa e razoável do conflito. Por isso, a duração razoável do processo não pode ser justificativa para se encurtar o rito processual ou para que sejam indeferidas diligências probatórias pertinentes ao deslinde do feito. Em verdade, o que se busca, segundo a doutrina, é um processo *sem dilações indevidas*, ou seja, que observe o contraditório, ampla defesa e o devido processo legal, mas que prime pela celeridade do procedimento, diminua a burocracia processual, elimine as diligências inúteis e esteja cada vez mais acessível ao cidadão.

Como bem adverte *Fredie Didier Júnior*(119):

> "Não existe um *princípio da celeridade*. O processo não tem de ser rápido/célere: o processo *deve demorar o tempo necessário e adequado à solução do caso submetido ao órgão jurisdicional*. Bem pessadas as coisas, conquistou-se, ao longo da história, um direito à demora na solução dos conflitos. A partir do momento em que se reconhece a existência de um direito *fundamental ao devido processo*, está-se reconhecendo, implicitamente, o direito de que a solução do caso deve cumprir, necessariamente, a uma série de atos obrigatórios, que compõem o conteúdo mínimo desse direito. A exigência do contraditório, o direito à produção de provas e aos recurso certamente atravancam a celeridade, mas são garantias que

(119) *Curso de direito processual civil*. vol 1. 16. ed. Salvador: Jus Podivm, 2014. p. 67.

não podem ser desconsideradas ou minimizadas. É preciso fazer o alerta, para evitar discursos autoritários, que pregam a celeridade como valor. Os processos da Inquisição poderiam ser rápidos. Não parece, porém, que se sinta saudade deles."

A duração razoável do processo, obrigatoriamente, deve observar:

a) **complexidade da causa**: conforme a complexidade das demandas, a tramitação processual é mais longa, exigindo instrução mais detalhada, discussão de teses jurídicas e maior ponderação do órgão julgador. Por isso, os processos mais complexos, naturalmente, têm tramitação e tempo mais dilatado para solução do que causas mais simples;

b) **estrutura e quantidade de processos em cada Unidade Judiciária**: estima-se, atualmente, que existam aproximadamente 90 milhões de processos no Judiciário Brasileiro. Nos grandes centros urbanos, não há estrutura adequada para dar vazão a essa demanda. Além disso, para toda demanda há um procedimento que deve ser seguido na Lei Processual, a fim de que o processo possa ser justo e democrático. A tramitação e a decisão do processo envolvem todo um trabalho quase artesanal, tanto dos advogados como do juiz da causa.

A estrutura do Judiciário Brasileiro não é adequada para absolver todas as demandas que chegam e crescem a cada dia. Faltam prédios adequados, juízes, funcionários. Por isso, a melhoria da estrutura, principalmente o aumento do quadro funcional, é medida de urgência;

c) **comportamento das partes no Processo**: o comportamento das partes no processo é fundamental para a solução rápida do conflito. Quanto à colaboração das partes, principalmente honestidade e boa-fé nas alegações, nos pedidos, e nas teses defensivas, produção das provas, o processo se resolve com maior brevidade e a decisão, potencialmente, revelará, maior justiça e realidade.

De outro lado, também há necessidade de que sejam aperfeiçoados os sistemas de solução de conflitos de massa, aprimorando-se e impulsionando as ações coletivas, para a defesa de direitos difusos, coletivos e individuais homogêneos, tanto no processo civil como no processo do trabalho. O sistema de solução individual para conflitos de massa está superado.

Como bem advertiu a Ministra *Cármen Lúcia*, em entrevista à Revista *Veja*(120):

> "Temos um Judiciário artesanal para uma sociedade de massa. Depois da Constituição de 1988, o brasileiro passou a buscar o seu direito, o que é um fenômeno próprio da democracia. Mas hoje a litigiosidade da sociedade brasileira é das maiores do mundo. São 85 milhões de processos para 200 milhões de habitantes e 18.000 juízes. Até os juizados especiais para causa de menor valor perderam agilidade."

(120) "Temos de ter pressa": In: Revista *Veja*, edição 2.391, ano 47, n. 38. São Paulo: Abril, 2014. p. 18.

Sob outro enfoque, o juiz como condutor do processo deve sempre ter em mente que este deve tramitar em prazo compatível com a efetividade do direito de quem postula e buscar novos caminhos e interpretação da lei no sentido de materializar este mandamento constitucional. Em razão disso, atualmente, a moderna doutrina vem defendendo um diálogo maior entre o Processo do Trabalho e o Processo Civil, a fim de buscar, por meio de interpretação sistemática e teleológica, os benefícios obtidos na legislação processual civil e aplicá-los ao Processo do Trabalho. Não pode o Juiz do Trabalho fechar os olhos para normas de direito processual civil mais efetivas que a CLT, e omitir-se sob o argumento de que a legislação processual do trabalho não é omissa, pois estão em jogo interesses muito maiores que a aplicação da legislação processual trabalhista e sim a importância do direito processual do trabalho, como sendo um instrumento célere, efetivo, confiável, que garanta, acima de tudo, a efetividade da legislação processual trabalhista e a dignidade da pessoa humana.

É bem verdade que o tempo do processo não traz efeitos apenas negativos, há aspectos positivos em alguns casos, como o amadurecimento da causa e das partes para uma solução justa ou consensual do conflito. Entretanto, na maioria das vezes, o tempo é nocivo à efetividade da jurisdição.

Em muitos anos de militância na justiça do trabalho, constatamos que a maior reclamação dos jurisdicionados é a demora do processo. O tempo sempre prejudica a parte que tem razão. De outro lado, a angústia da demora da decisão, muitas vezes, é pior que uma decisão desfavorável, mas que solucione o conflito.

Muitos são os fatores que contribuem para a demora na solução dos processos trabalhistas no aspecto recursal, quais sejam:

a) litigiosidade intensa dos conflitos trabalhistas;

b) inexistência de mecanismos que preservem os empregos;

c) falta de credibilidade e efetividade dos instrumentos extrajudiciais de solução dos conflitos trabalhistas;

d) instabilidade econômica do país;

e) cultura do recurso;

f) falta de prestígio da decisão de primeiro grau, o que para muitos tem sido apenas um rito de passagem do processo;

g) falta de estrutura dos tribunais para dar vazão ao número excessivo de recursos;

h) excesso de leis;

i) oscilação frequente da jurisprudência trabalhista.

Por outro lado, a implementação concreta do princípio da duração razoável do processo, principalmente, na esfera processual trabalhista, depende de um conjunto de medidas, não só dos Poderes Públicos, mas de todos que atuem no processo, quais sejam:

a) *Poder Legislativo:* aprovando projetos de lei que simplifiquem o procedimento e melhorem a estrutura do Poder Judiciário;

b) *Poder Judiciário:* melhorar a organização administrativa, evitando o chamado tempo morto do processo, em que ele fica aguardando a prática de atos processuais. Interpretação e aplicação justa da lei processual em compasso com as circunstâncias do caso concreto. Além disso, há necessidade de melhor capacitação dos servidores, e aperfeiçoamento do plano de carreira;

c) *Poder Executivo:* colaborando para a fixação de um orçamento adequado às necessidades do Judiciário para melhoria de suas instalações e material humano;

d) *Mudança cultural:* vivemos, hoje, a tradição de litigar, arraigada em nosso país por razões culturais. Há necessidade premente de colaboração e mudança de mentalidade de todos que atuam no processo, principalmente os advogados que devem buscar, sempre que for possível, uma solução consensual para o conflito, sem a necessidade de decisão judicial.

Caso a demora do processo seja atribuída ao próprio Poder Judiciário, a parte prejudicada poderá intentar ação indenizatória em face do Estado.

Se a demora do processo for provocada pelo réu, o autor poderá propor ação indenizatória em face dele, inclusive danos morais, por violação de um direito fundamental do cidadão que é a duração razoável do processo, a fim de proteger a dignidade da pessoa humana.

Dando efetividade ao referido princípio constitucional, destacamos o Enunciado n. 71, da 1ª Jornada de Direito Material e Processual do Trabalho do Tribunal Superior do Trabalho, *in verbis*:

> "ART. 475-J DO CPC. APLICAÇÃO NO PROCESSO DO TRABALHO. A aplicação subsidiária do art. 475-J do CPC atende às garantias constitucionais da razoável duração do processo, efetividade e celeridade, tendo, portanto, pleno cabimento na execução trabalhista."

Com bem destaca *Luiz Eduardo Gunther*(121):

> "Ocorrendo a demora na prestação jurisdicional por medidas procrastinatórias tomadas pelos litigantes e seus procuradores, deve o juiz tomar as medidas necessárias para a responsabilização adequada. Existem as penas por litigância de má-fé, e, ainda, a possibilidade de 'encaminhamento de denúncia, se for o caso, ao Tribunal da Ordem dos Advogados do Brasil (OAB), quando for perceptível a intenção do advogado de adiar o término do processo. Poderão considerar-se desrespeito à garantia

(121) GUNTHER, Luiz Eduardo. Aspectos principiológicos da execução incidentes no processo do trabalho. *In:* SANTOS, José Aparecido. *Execução trabalhista:* homenagem aos 30 anos da AMATRA IX. São Paulo: LTr, 2008. p. 29.

da prestação jurisdicional em prazo razoável as 'situações em que o órgão jurisdicional não toma as medidas cabíveis [...] De nada adiantaria, contudo, prever-se a norma constitucional, de forma cogente, se não fossem fixadas as sanções pelo descumprimento. Dessa forma, ultrapassado o limite do razoável para a finalização do processo, abre-se oportunidade para a caracterização da responsabilidade civil em relação aos danos que a demora injustificada provocar. Sendo o agente causador a Administração ou o próprio órgão jurisdicional, por seus representantes, visualiza-se a responsabilidade civil do Estado, que é objetiva, aliás."

No aspecto, relevante destacar as palavras de *Francisco Antonio de Oliveira*(122):

"Entramos na era em que o resultado deve ceder lugar ao formalismo exagerado e aos princípios teóricos, que muitas vezes se apresentam como verdadeiras armadilhas ao jurisdicionado. O Estado-Juiz não pode depender do maior ou menor preparo do advogado para que o processo ande. A prestação jurisdicional é dever do Estado, que se consubstancia como função dos órgãos jurisdicionais e como atividade direta dos juízes, que nada mais são do que agentes públicos ou parcelas do próprio poder-Estado. Se a parte, por meio do seu advogado, não consegue fazer o processo andar, dando dinâmica ao procedimento, deve o juiz, representante do Estado que substitui a parte com o poder jurisdicional, fazê-lo para que mais rapidamente se resolva a lide [...] O processo no mundo moderno deve corresponder às exigências de uma sociedade globalizada, onde as coisas acontecem e se desenvolvem com muita rapidez. O Estado moderno tem a obrigação de responder a tais exigências agindo de ofício, sempre que isso se fizer necessário."

Por fim, cumpre destacar a seguinte ementa:

"PROCESSO DO TRABALHO — O FREUD DA CIÊNCIA PROCESSUAL — PROCESSO CIVIL — O LACAN DA CIÊNCIA PROCESSUAL — ANSIEDADE E FRUSTRAÇÃO — COMO LIDAR COM ESSES SENTIMENTOS? — EFICÁCIA MATERIAL QUE 'UM MURO ALTO PROÍBE' O QUE O(A) JUIZ(A) SOCIAL DO TRABALHO PODE E DEVE FAZER — O PROCESSO À FLOR DA PROVA. Quando se fala em acesso à Justiça, não se pretende designar mais do que um serviço público colocado à disposição do cidadão, que paga os seus impostos e que deseja um resultado célere, eficaz e útil do processo, instrumento apto para a solução das controvérsias. No entanto, da mesma forma que se luta por um acesso digno à Justiça, deve-se lutar também por uma saída digna, o que não significa necessariamente ganhar a demanda. A questão é outra: eficiência, em cujo hemisfério se inserem a Justiça, a celeridade e a economia. Certo, quem tem razão deve obter êxito, embora, infelizmente, isso nem sempre aconteça. O processo é técnica jurídica, alicerçado em sólidas bases científicas, adstrita a solução do litígio a vários fatores, alguns deles alheios à vontade do Estado. Neste contexto, solução digna de determinada controvérsia significa, antes de mais nada, a tramitação definitiva do processo dentro de um prazo razoável, conforme previsão constitucional do art. 5º, inciso LXXVIII. Sem essa qualidade, as demais ficam

(122) OLIVEIRA, Francisco Antonio de. *Tratado de direito processual do trabalho*. São Paulo: LTr, 2008. v. II, p. 1.517.

comprometidas. O legislador trabalhista foi extremamente sábio — direito material e direito processual na mesma lei; poucas palavras, concisão e clareza, com objetivo lúcido a ser alcançado, força e equilíbrio, qualidades superiores da linguagem jurídica. Fez mais: fase de conhecimento e fase de execução no mesmo processo. E não parou nisso: poucas normas processuais, cujo núcleo é indiscutivelmente o art. 765/CLT, para que o(a) juiz(a) social tivesse a indispensável liberdade (equilibrada, prudente e fundamentada) na condução do processo, que possui uma ambientação instrumental essencialmente direcionada para a sua efetividade material-alimentar. O Processo do Trabalho é o Freud da ciência processual, profundidade e clareza; eficiência e articulação técnica, em proveito do mundo interior e exterior da pessoa humana. Por outro lado, a dogmática Lacaniana invadiu, com reflexos no Processo do Trabalho, o Processo Civil, que de tanta contradição com o seu propósito, resolveu modernizar-se, mas que ainda peca pelo excessivo formalismo, por hermetismos e obscurantismos, o que lhe impede a obtenção de efeitos práticos visíveis. A parte que utiliza o serviço público prestado pelo Poder Judiciário não merece ser tomado pela ansiedade, que, em um segundo momento, se torna uma frustração, consumida a sua esperança pelo tempo, que corrói a esperança e a paciência da sociedade composta em sua grande maioria por pessoas simples, que trabalham para a sua digna subsistência, assim como de sua família. Ao lado da conciliação, é preciso investir também na simplificação da legislação processual, sem muitas mudanças normativas. O juiz social do trabalho é o primeiro agente desta mudança, porque o Estado assim quer e a sociedade lhe dá o necessário respaldo e legitimidade. É indispensável retomar a simplicidade do Processo do Trabalho, reconhecendo-se ao juiz(a) o efetivo poder de condução do processo, sem que as suas rédeas sejam divididas por quem não deseja que o procedimento tenha a sua tramitação em prazo razoável, pouco importando se o empregado ou a empregadora. O processo, como ciência instrumental-substancial, ao invés de indiretamente repercutir no estímulo ao descumprimento da legislação trabalhista, tendo em vista alguns fatores, como a morosidade; a prescrição; a conciliação; os juros de 1% ao mês; o risco da demanda; o risco da prova que com o passar do tempo pode passar, isto é, se desfazer ou se fazer mais difícil, deveria contribuir fortemente para o cumprimento da lei, atribuindo ao juiz um real poder-dever, cercado de grave responsabilidade, na condução célere do processo. Isso ocorreria se fosse eficiente, interna e externamente, a começar no tocante à produção de provas. O processo não é onívoco. Provar é reconstituir parte da história da vida do empregado e da empregadora, a fim de que o magistrado julgue a controvérsia fundamentadamente. Prova não é, por conseguinte, quantidade, mas qualidade de informações. O excesso pode ser até prejudicial. Oitiva de testemunha referida, oitiva de seis, cinco, quatro testemunhas não são a certeza da verdade. A convicção do(a) juiz(a) tem um substrato relevantíssimo: a fundamentação. Nela é que se concentra a seiva do acerto ou do equívoco. É extremamente perturbador enxergar o processo como a promessa de uma sentença, que se deseja, mas que um muro alto proíbe. Acerto da MM. Juíza Maria de Lourdes Sales Calvelhe." (TRT 3ª R. Quarta Turma – 00202-2009-072-03-00-5 – RO – Recurso Ordinário – rel. Desembargador Luiz Otávio Linhares Renault – DEJT 27.7.2009 – p. 62)

11. Princípios do Processo Civil previstos na Lei Ordinária e que são aplicáveis ao Processo do Trabalho

Os princípios constitucionais do processo se aplicam a todos os ramos do Direito Processual. Não obstante, há princípios do processo civil previstos na lei infraconstitucional, preponderantemente, no Código de Processo Civil, que norteiam o chamado *processo não penal*, ou seja, o processo destinado ao julgamento de matérias de natureza civil, que são aplicáveis integralmente ao Direito Processual do Trabalho, por força do art. 769 da CLT.

Dentre os princípios mais relevantes do Direito Processual Comum, podemos destacar:

a) Princípio da ação, demanda ou da inércia do judiciário

Também chamado de princípio da demanda ou da ação, indica a atribuição à parte da iniciativa de provocar a jurisdição, pois esta é inerente, nos termos do art. 2º do CPC:

> "O processo começa por iniciativa da parte e se desenvolve por impulso oficial, salvo as exceções previstas em lei."

b) Princípio da disponibilidade ou dispositivo

Denomina-se princípio do dispositivo a liberdade que as partes têm, no processo, de praticar ou não os atos processuais que a lei lhes faculta, e também a possibilidade de apresentar ou não uma pretensão em juízo.

Desse modo, o juiz dependerá, na instrução da causa, da iniciativa das partes, quanto às provas e às alegações em que se fundamentará a decisão. Deverá o juiz decidir segundo o que foi alegado e o que foi provado pelas partes *(iudex secundum allegata et probata partium iudicare debet)*.

O princípio dispositivo aplica-se ao Processo do Trabalho, não obstante, o Juiz do Trabalho, por imperativo legal (arts. 765 e 878 da CLT), tenha um poder mais acentuado na condução do processo, principalmente, na fase executiva.

A moderna doutrina, diante do caráter publicista do processo, vem defendendo uma postura mais ativa do juiz, não podendo este ser mantido como mero espectador da batalha judicial, cumprindo ao magistrado não só impulsionar o andamento da causa, mas também determinar provas, conhecer *ex officio* circunstâncias que até então dependiam de prova, dialogar com as partes, e reprimir-lhes eventuais condutas.

Concordamos, no aspecto, com as conclusões de *Júlio César Bebber*(123), quando assevera:

> "Temos, então, que o princípio dispositivo, em sua moderna configuração, deve ser visto sob a seguinte ótica: a) é das partes a iniciativa das alegações e dos pedidos, ou seja, as partes limitam a atuação investigativa do juiz aos fatos por elas levados aos autos; b) a iniciativa das provas não é privativa das partes, tendo o juiz ampla liberdade para determinar qualquer diligência necessária ao integral esclarecimento dos fatos."

---

(123) BEBBER, Júlio César. *Princípios do processo do trabalho.* São Paulo: LTr, 1997. p. 439.

c) Princípio do impulso processual

Conforme já destacamos, o processo começa por iniciativa da parte, uma vez que o juiz não pode exercer a jurisdição de ofício. Não obstante, uma vez proposta a ação, ela se desenvolverá por impulso oficial até o final. As fases do processo vão sendo ultrapassadas pelo instituto da preclusão(124), e assim se chegará a um resultado final, seja de mérito ou não.

Nesse sentido, dispõe o art. 2º do CPC, *in verbis:*

"O processo começa por iniciativa da parte e se desenvolve por impulso oficial, salvo as exceções previstas em lei."

Conforme destaca Cássio Scarpinella Bueno(125):

> "As 'exceções previstas em Lei' são os casos em que o ordenamento impõe a predominância do 'princípio do inquisitório', isto é, em que a atuação oficiosa do magistrado é admitida (em rigor, é *imposta*). Tal atuação, contudo, não significa — e não pode querer significar — dispensa ou eleminação do *prévio* contraditório, exigência esta que, na prescpectiva do novo CPC, é enfatizada pelos arts. 9º e 10, reiterando, no particular, o que, superiormente, decorre *diretamente* do art. 5º, LIV, da CF.

Como bem adverte *Júlio César Bebber*(126), "embora inerte, a jurisdição não é inócua. O Estado é o maior interessado em que a ordem jurídica se realize de modo célere e efetivo. Dessa forma, sendo dado início ao processo, o mesmo passa a ser desenvolvido por impulso oficial. O juiz, como primeiro interessado no andamento do processo e na justa composição do mesmo, o propulsionará até a sua extinção, independentemente da vontade das partes."

d) Princípio da oralidade

Ensina *Jorge Luiz Souto Maior*(127):

> "A ideia de oralidade, nos países de *civil law*, surge como reação aos defeitos do processo romano-canônico e comum, como símbolo do movimento de crítica e de reforma radical àquele tipo de procedimento. A exclusividade do elemento escrito no processo conduziu ao aforismo, '*quod non est in actis non est in mundo*' (o que não está nos autos não está no mundo'), que foi levado a extremos por obra da famosa Decretal do Papa Inocêncio III, em 1216, segundo a qual a sentença deve pautar-se sempre

(124) A preclusão consiste na perda de se praticar uma faculdade processual por ter a parte deixado escoar o prazo para realizá-la (preclusão temporal); por já ter praticado o ato (preclusão consumativa); ou por ter praticado um ato incompatível com outro ato que pretende praticar (lógica).

(125) *Novo Código de Processo Civil anotado.* São Paulo: Saraiva, 2015. p. 43.

(126) BEBBER, Júlio César. *Op. cit.*, p. 311.

(127) SOUTO MAIOR, Jorge Luiz. *Direito processual do trabalho:* efetividade, procedimento oral. São Paulo: LTr, 1998. p. 37-38.

pelos escritos dos autos, não eram colhidas pelo juiz e sim por terceiro ou terceiros interrogadores. Consequentemente, também, os processos não eram públicos. Além disso, os processos eram longos, fragmentados e complicados, pois os escritos provocam sempre contraescritos. Assim havia a contestação, a réplica, a tréplica e assim por diante... Porque o juiz não intervinha diretamente no desenvolvimento do processo, este se apresentava como 'coisa das partes', com todos os abusos que esta situação podia resultar. Assim, não só as partes que quisessem retardar o procedimento encontravam neste tipo de procedimento meios de fazê-lo, como juízes e advogados acabavam agindo da mesma forma para atender a interesses pessoais. [...] Além disso, havia a possibilidade de recurso imediato de qualquer decisão do juiz, o que, evidentemente, contribuía para o prolongamento dos feitos. Por fim, destaque-se que o processo era marcado pelo sistema da prova legal, pelo qual uma prova somente era admitida e valorada nos moldes traçados pela lei."

Conforme *Nelson Nery Junior*(128), "o princípio da oralidade consiste no conjunto de subprincípios que interagem entre si, com o objetivo de fazer com que seja colhida oralmente a prova e julgada a causa pelo juiz que a colheu."

O princípio da oralidade é próprio do Direito Processual Civil, embora no Processo do Trabalho ele tenha maior destaque em razão de ser o Processo do Trabalho, nitidamente, um procedimento de audiência e de partes.

Segundo a doutrina, a oralidade decompõe-se nos seguintes subprincípios:

a) identidade física do juiz: segundo este princípio, o juiz que instruiu o processo, que colheu diretamente a prova, deve julgá-lo, pois possui melhores possibilidades de valorar a prova, uma vez que colheu diretamente, tomou contato direto com as partes e testemunhas;

b) prevalência da palavra oral sobre a escrita: a palavra falada prevalece sobre a escrita, priorizando-se o procedimento de audiência, onde as razões das partes são aduzidas de forma oral, bem como a colheita da prova. Não obstante, os atos de documentação do processo devem ser escritos;

c) concentração dos atos processuais em audiência: por tal característica, os atos do procedimento devem-se desenvolver num único ato, máxime a instrução probatória que deve ser realizada em audiência única;

d) imediatidade do juiz na colheita da prova: Segundo *Souto Maior*(129), por imediatidade entende-se a necessidade de que a realização dos atos instrutórios deva dar-se perante a pessoa do juiz, que assim poderá formar melhor seu convencimento, utilizando-se, também, de impressões obtidas das circunstâncias nas quais as provas se realizam;

---

(128) NERY JUNIOR, Nelson. *Código de Processo Civil comentado*. 10. ed. São Paulo: RT, 2007. p. 392.

(129) *Op. cit.*, p. 69.

e) irrecorribilidade das decisões interlocutórias: esta característica do princípio da oralidade tem por objetivo imprimir maior celeridade ao processo e prestigiar a autoridade do juiz na condução do processo, impedindo que as decisões interlocutórias, quais sejam, as que decidem questões incidentes, sem encerrar o processo, sejam irrecorríveis de imediato, podendo ser questionadas quando do recurso cabível em face da decisão definitiva.

e) Princípio da instrumentalidade das formas

O princípio da instrumentalidade das formas se assenta no fundamento de não ser o processo um fim em si mesmo, sendo um instrumento a serviço do direito e também da justiça.

De outro lado, mesmo sendo um instrumento, ou seja, um método para resolução dos conflitos, não torna o processo menos importante que o direito material, uma vez que é por meio do processo que o direito ganha vida e se torna efetivo, transformando a realidade. De nada adianta o ordenamento jurídico consagrar o direito, se ele não puder ser materializado por meio do processo.

Diante do caráter publicista do processo de ser um instrumento destinado à justa composição da lide e a produzir resultados efetivos, as regras processuais não são absolutas. Desse modo, deve o juiz conduzir o processo de maneira que ele, efetivamente, seja um instrumento de pacificação social com justiça, dando a cada um o que é seu por direito.

Nesse sentido, dispõe o art. 188, do CPC:

> "Os atos e os termos processuais independem de forma determinada, salvo quando a lei expressamente a exigir, considerando-se válidos os que, realizados de outro modo, lhe preencham a finalidade essencial."

Conforme destaca *Júlio César Bebber*(130): "O princípio instrumental, como princípio informativo, tem ligação direta com a publicização do processo, uma vez que se volta para o atendimento de interesses coletivos e difusos de uma sociedade de massa, e não para o atendimento de preocupações individuais. É necessário ter em mente que o processo não é mero instrumento técnico a serviço da ordem jurídica. É ele um instrumento de força dotado de dialeticidade e ética, destinado a servir à sociedade."

Nesse contexto, dispõe o art. 277 do CPC:

> "Quando a lei prescrever determinada forma, o juiz considerará válido o ato se, realizado de outro modo, lhe alcançar a finalidade."

O referido dispositivo consagra o que a doutrina chama de aproveitamento dos atos processuais que atingiram a finalidade, ainda que não praticados sob a forma prescrita em lei. Desse modo, somente haverá nulidade se houver prejuízo às partes (arts. 794 da CLT e 276 do CPC).

(130) BEBBER, Júlio César. *Princípios do processo do trabalho.* São Paulo: LTr, 1997. p. 128.

f) Princípio da cooperação

A conduta das partes, no processo civil tradicional, nitidamente, tem caráter adversarial, ou seja, as partes se encontram em posições antagônicas, cada qual defendendo os próprios interesses, que, na maioria das vezes, colide com os da parte contrária.

Não obstante esta característica adversarial do processo, o processo civil contemporâneo vem trazendo uma nova tendência do chamado processo *comparticipativo* ou *cooperativo*, no qual a gestão do processo, sem desnaturar as posições que ocupam, e os papéis próprios que representam no processo, se divide entre juiz, partes e advogados, estabelecendo um dever mais acentuado de cooperação das partes com o magistrado, das partes entre si e do magistrado com as partes, objetivando obter maior democracia na condução do processo e uma solução mais efetiva para o conflito, sem centralizar o processo na figura do juiz ou das partes.

O Juiz também passa a ter mais deveres e uma participação mais intensa no modelo cooperativo de processo, devendo prestar auxílio e esclarecimento às partes, bem como preveni-las sobre os efeitos de determinadas posturas processuais.

Como nos traz *Cássio Scarpinella Bueno*(131), é comum (e absolutamente pertinente) entre nós a difusão da doutrina de Miguel Teixeira de Sousa, Professor Catedrático da Faculdade de Direito da Universidade de Lisboa, que ensina que a cooperação toma como base determinados deveres a serem observados, inclusive pelo magistrado. Esses deveres são de *esclarecimento* (no sentido de o juiz solicitar às partes explicações sobre o alcance de suas postulações e manifestações), de *consulta* (no sentido de o juiz colher manifestação das partes preparatórias de sua própria manifestação ou decisão), de *prevenção* (no sentido de as partes serem alertadas do uso inadequado do processo e a inviabilidade de julgamento de mérito), e, de *auxílio* (no sentido de incentivar as partes a superar dificuldades relativas ao cumprimento adequado de seus direitos, faculdades, ônus ou deveres processuais).

Nesse sentido, dispõe o art. 6º, do CPC:

> "Todos os sujeitos do processo devem cooperar entre si para que se obtenha, em tempo razoável, decisão de mérito justa e efetiva."

Como bem adverte *Cássio Scarpinella Bueno*(132), "o art. 6º do novo CPC trata do 'princípio da cooperação', querendo estabelecer um modelo de processo cooperativo — nitidamente inspirado no modelo constitucional — vocacionado à prestação efetiva da tutela jurisdicional, com ampla participação de todos os sujeitos processuais, do início ao fim da atividade jurisdicional."

O Código de Processo Civil de 2015 traça o dever de cooperação de todos os sujeitos processuais em todas as fases do procedimento, mas ele se acentua nas fases probatória e executiva.

---

(131) *Manual de Direito Processual Civil*. São Paulo: Saraiva. 2015, p. 85.

(132) *Novo Código de Processo Civil anotado*. São Paulo: Saraiva, 2015. p. 45.

g) Princípio da observância da ordem cronológica das decisões

O Código de Processo Civil de 2015 estabeleceu o dever de observância da ordem cronológica dos processos conclusos para proferir sentenças ou acórdãos.

Trata-se de medida que tem por objetivo assegurar a igualdade de tratamento de todos que ingressam na Judiciário, implementando-se a isonomia, evitando-se que processos mais recentes sejam julgados na frente de processos mais antigos.

Estabelece o art. 12 do CPC:

"Os juízes e os tribunais atenderão, preferencialmente, à ordem cronológica de conclusão para proferir sentença ou acórdão. § 1º A lista de processos aptos a julgamento deverá estar permanentemente à disposição para consulta pública em cartório e na rede mundial de computadores. § 2º Estão excluídos da regra do *caput*: I – as sentenças proferidas em audiência, homologatórias de acordo ou de improcedência liminar do pedido; II – o julgamento de processos em bloco para aplicação de tese jurídica firmada em julgamento de casos repetitivos; III – o julgamento de recursos repetitivos ou de incidente de resolução de demandas repetitivas; IV – as decisões proferidas com base nos arts. 485 e 932; V – o julgamento de embargos de declaração; VI – o julgamento de agravo interno; VII – as preferências legais e as metas estabelecidas pelo Conselho Nacional de Justiça; VIII – os processos criminais, nos órgãos jurisdicionais que tenham competência penal; IX – a causa que exija urgência no julgamento, assim reconhecida por decisão fundamentada. § 3º Após elaboração de lista própria, respeitar-se-á a ordem cronológica das conclusões entre as preferências legais. § 4º Após a inclusão do processo na lista de que trata o § 1º, o requerimento formulado pela parte não altera a ordem cronológica para a decisão, exceto quando implicar a reabertura da instrução ou a conversão do julgamento em diligência. § 5º Decidido o requerimento previsto no § 4º, o processo retornará à mesma posição em que anteriormente se encontrava na lista. § 6º Ocupará o primeiro lugar na lista prevista no § 1º ou, conforme o caso, no § 3º, o processo que: I – tiver sua sentença ou acórdão anulado, salvo quando houver necessidade de realização de diligência ou de complementação da instrução; II – se enquadrar na hipótese do art. 1.040, inciso II."

Como bem advertem *Teresa Arruda Alvim Wambier*, *Maria Lúcia Lins Conceição*, *Leonardo Ferres da Silva Ribeiro* e *Rogério Licastro Torres de Melo*(133):

> "Este artigo tem em vista privilegiar o aspecto da *transparência* em relação à atividade do Poder Judiciário, bem como favorecer a aplicação da máxima da razoável duração do processo, sob a ótica individual. Em seu desfavor, há dificuldade, que a regra gera, no sentido de que os juízes administrem seus processos, seu cartório. De fato, há processos mais simples, outros mais complexos, e é comum que os juízes prefiram passar na frente os mais simples. Essa regra não permite a utilização deste critério e pode ocorrer que o julgamento de uma casua complexa represe dezenas, centenas de outras ações cuja solução poderia ser rapidamente concebida. Espera-se que lista de exceções previstas pelo próprio NCP minimize este efeito, que dificulta, sob este aspecto, a atividade do juiz. Entende-se, todavia, que a regra traria mais vantagens do que desvantagens."

(133) *Primeiros comentários ao Novo Código de Processo Civil:* artigo por artigo. São Paulo: RT, 2015. p. 70.

Não é fácil implementar essa regra na realidade dos Tribunais, considerando-se que os processos não seguem uma tramitação uniforme. Há causas mais complexas que outras, há singularidades de procedimentos que podem agilizar ou atrasar alguns processos. De outro lado, há processos em que há interesses de pessoas idosas que devem ser julgados mais rapidamente, há processos em que há urgência nas decisões etc. De outro lado, há processos muito simples para se decidir, há outros que demandam muito tempo de estudo e reflexão para prolatar a decisão. Por isso, diversos segmentos da magistratura têm lançado muitas críticas à obrigatoriedade de julgamento de processos em ordem cronológica de conclusão, pois retira do juiz a administração da unidade judiciária e pode travar o funcionamento das unidades judiciárias.

A Lei n. 13.256, de 4 de fevereiro de 2016 alterou a redação original referido art. 12 do CPC, substituindo a expressão *deverão obedecer à ordem cronológica por atenderão, preferencialmente, à ordem cronológica*. A alteração foi oportuna, atendendo às várias solicitações dos Tribunais, inclusive os Trabalhistas, uma vez que a obrigatoriedade de se seguir a ordem cronológica de conclusão poderia inviabilizar o trabalho das secretarias dos fóruns e tribunais, e também dos juízes. De outro lado, sempre que possível, os tribunais e juízes devem observar a ordem cronológica de conclusão para proferir sentenças e acórdãos, como medidas de transparência e isonomia.

O citado art. 12 do CPC aplica-se, com reservas, no processo trabalhista, devendo ser observado sempre que possível, mas não pode ser invocado para gerar nulidade e inviabilizar o funcionamento das Varas.

Capítulo II

Do Direito Processual do Trabalho

1. Conceito de Direito Processual do Trabalho

Conforme destaca *Mário Pasco*(1), "o Direito Processual do Trabalho é, por definição objetiva, um direito instrumental; sua finalidade 'é de atuar, na prática, tornando efetivo e real o Direito Substantivo do Trabalho' (*Giglio*, 1984, p. 374). Para esse fim, o processo deve guardar adequação com a natureza dos direitos que nele se controvertem; e se as controvérsias e conflitos trabalhistas são intrinsecamente distintos das controvérsias comuns, é indispensável a existência de um direito processual que, atento a essa finalidade, seja adequado à natureza e caracteres daqueles."

Na visão de *Amauri Mascaro Nascimento*(2):

> "Direito Processual do Trabalho é o ramo do direito processual destinado à solução judicial dos conflitos trabalhistas. As normas jurídicas nem sempre são cumpridas espontaneamente, daí a necessidade de se pretender, perante os tribunais, o seu cumprimento, sem o que a ordem jurídica tornar-se-ia um caos. A atuação dos tribunais também é ordenada pelo direito, mediante leis coordenadas num sistema, destinadas a determinar a estrutura e o funcionamento dos órgãos do Estado, aos quais é conferida a função de resolver os litígios ocorridos na sociedade, bem como os atos que podem ser praticados não só por esses órgãos, mas também pelas partes do litígio. O direito processual tem por finalidade principal evitar, portanto, a desordem e garantir aos litigantes um pronunciamento do Estado para resolver a pendência e impor a decisão."

Segundo *Luigi de Litala*(3), o Direito Processual do Trabalho é o "ramo das ciências jurídicas que dita normas instrumentais para a atuação do juiz e das partes, em todos os procedimentos concernentes à matéria do trabalho."

---

(1) PASCO, Mário. *Fundamentos do direito processual do trabalho.* Revisão Técnica de Amauri Mascaro Nascimento. São Paulo: LTr, 1997. p. 51.

(2) NASCIMENTO, Amauri Mascaro. *Curso de direito processual do trabalho.* 22. ed. São Paulo: Saraiva, 2007. p. 59.

(3) DE LITALA, Luigi. *Derecho procesal del trabajo,* v. I, p. 25, *apud* ALMEIDA, Cléber Lúcio de. *Direito processual do trabalho.* Belo Horizonte: Del Rey, 2006. p. 14.

Para *Sergio Pinto Martins*(4): "Direito Processual do Trabalho é o conjunto de princípios, regras e instituições destinado a regular a atividade dos órgãos jurisdicionais na solução dos dissídios, individuais ou coletivos, pertinentes à relação de trabalho."

Na definição de *Eduardo Gabriel Saad*(5): "É chamado Direito Processual do Trabalho o complexo de princípios e normas legais que regula: a) o processo; b) as atividades das partes; c) o órgão jurisdicional e seus agentes."

Segundo *Cléber Lúcio de Almeida*(6):

> "O direito processual do trabalho é, assim, o conjunto de normas e princípios que organizam e disciplinam a solução judicial dos conflitos de interesses de natureza trabalhista (entendendo-se como tais os que decorrem de uma relação de trabalho ou que sejam conexos à relação de emprego)."

Para *Carlos Henrique Bezerra Leite*:

> "Modestamente, e para nos adaptarmos à nova ordem constitucional reinaugurada pela EC n. 45/04, passamos a conceituar o direito processual do trabalho brasileiro como o ramo da ciência jurídica, constituído por um sistema de normas, princípios, regras e instituições próprios que tem por objetivo promover a pacificação justa dos conflitos individuais, coletivos e difusos decorrentes direta ou indiretamente das relações de emprego e de trabalho, bem como regular o funcionamento dos órgãos que compõem a Justiça do Trabalho"(7).

Para nós, o Direito Processual do Trabalho conceitua-se como o conjunto de princípios, normas e instituições que regem a atividade da Justiça do Trabalho, com o objetivo de dar efetividade à legislação trabalhista e social, assegurar o acesso do trabalhador à Justiça e dirimir, com justiça, o conflito trabalhista.

Da definição que adotamos, destacamos:

a) o conjunto nos dá a ideia de um todo, composto de várias partes, formando um sistema, cujo núcleo é constituído pelos princípios;

b) como ciência autônoma, o Direito Processual do Trabalho apresenta seus princípios peculiares que lhe dão sentido e razão de ser. Os princípios são as

---

(4) MARTINS, Sergio Pinto. *Direito processual do trabalho*. 26. ed. São Paulo: Atlas, 2006. p. 18.

(5) SAAD, Eduardo Gabriel. *Curso de direito processual do trabalho*. 5. ed. São Paulo: LTr, 2007. p. 40.

(6) ALMEIDA, Cléber Lúcio de. *Direito processual do trabalho*. Belo Horizonte: Del Rey, 2006. p. 13.

(7) Na definição de Renato Saraiva: "Direito Processual do Trabalho é o ramo da ciência jurídica, dotado de normas e princípios próprios para a atuação do direito do trabalho e que disciplina a atividade das partes, juízes e seus auxiliares, no processo individual e coletivo do trabalho" (*Curso de direito processual do trabalho*. 4. ed. São Paulo: Método, 2007. p. 27).

diretrizes básicas, positivadas, ou não, que norteiam a aplicação do Direito Processual do Trabalho;

c) as normas são condutas processuais que dizem o que deve ser e o que não deve ser positivado no sistema jurídico pela Lei, pelo costume, pela jurisprudência ou pelos próprios princípios (caráter normativo dos princípios);

d) as instituições são entidades reconhecidas pelo Direito encarregadas de aplicar e materializar o cumprimento do Direito Processual do Trabalho. Constituem os órgãos que aplicam o Direito do Trabalho, como os Tribunais e os Juízes do Trabalho;

e) o Direito Processual do Trabalho, como Direito Instrumental, existe para dar efetividade ao Direito Material do Trabalho e também para facilitar o acesso do trabalhador ao Judiciário.

Além disso, o Direito Processual do Trabalho tem por objetivo solucionar, com justiça, o conflito trabalhista, tanto o individual (empregado e empregador, ou prestador de serviços e tomador), como o conflito coletivo (do grupo, da categoria, e das classes profissional e econômica).

Desde o surgimento dos primeiros órgãos de solução dos conflitos trabalhistas, na Itália e na França, houve preocupação em propiciar ao trabalhador facilidade na defesa de seus direitos, sem a burocracia da Justiça Comum.

A legislação processual trabalhista visa a impulsionar o cumprimento da legislação trabalhista, e também o da legislação social que não se ocupa só do trabalho subordinado, mas do trabalhador, ainda que não tenha um vínculo de emprego, porém, que vive de seu próprio trabalho. Nesse sentido, foi a dilatação da competência material da Justiça do Trabalho dada pela EC n. 45/04 para abranger as controvérsias oriundas e decorrentes da relação de trabalho.

Assim como o Direito do Trabalho visa à proteção do trabalhador e à melhoria de sua condição social (art. 7º, *caput*, da CF), o Direito Processual do Trabalho tem sua razão de existência em propiciar o acesso dos trabalhadores à Justiça, tendo em vista garantir os valores sociais do trabalho, a composição justa do conflito trabalhista, bem como resguardar a dignidade da pessoa humana do trabalhador.

De outro lado, a função do processo do trabalho, na modernidade, é pacificar, com justiça, o conflito trabalhista, devendo considerar as circunstâncias do caso concreto e também os direitos fundamentais do empregador ou do tomador de serviços.

O Direito Processual do Trabalho tem os seguintes objetivos:

a) assegurar o acesso do trabalhador à Justiça do Trabalho;

b) impulsionar o cumprimento da legislação trabalhista e da social;

c) dirimir, com justiça, o conflito trabalhista.

2. Posição enciclopédica do Direito Processual do Trabalho. Autonomia do Direito Processual do Trabalho

Ainda há acirradas discussões na doutrina sobre possuir, ou não, o Direito Processual do Trabalho princípios próprios, vale dizer: se o Direito Processual do Trabalho é ou não uma ciência autônoma do Direito Processual.

Para se aquilatar a autonomia de determinado ramo do direito, necessário avaliar se tem princípios próprios, uma legislação específica, um razoável número de estudos doutrinários a respeito e um objeto de estudo próprio.

Ensina-nos, neste sentido, *Jorge Luiz Souto Maior*(8):

> "O direito é um conjunto de normas e princípios voltado à regulação da vida social. Para falar de um direito autônomo, um ramo do direito distinto do direito comum, é preciso que se tenha um razoável número de normas voltadas para um fato social específico e que se identifiquem nestas leis princípios próprios que lhe deem uma noção de conjunto, fornecendo-lhe uma lógica particular e uma finalidade distinta."

Inegavelmente, o Direito Processual do Trabalho observa muitos princípios do Direito Processual Civil, como os princípios da inércia, da instrumentalidade das formas, oralidade, impulso oficial, eventualidade, preclusão, conciliação e economia processual.

Na doutrina, autores há que sustentam a autonomia do Direito Processual do Trabalho em face do Direito Processual Civil, também chamados *dualistas*. Outros sustentam que o Direito Processual do Trabalho não tem autonomia em face do Direito Processual Civil, sendo um simples desdobramento deste, também chamado *monista*. Outros autores defendem autonomia relativa do direito processual do trabalho diante do Direito Processual Civil em razão da possibilidade de aplicação subsidiária do Processo Civil ao Processo do Trabalho.

Há quem sustente que os princípios do Direito Processual do Trabalho são os mesmos do Direito Material do Trabalho, máxime o princípio protetor.

Ensina *Américo Plá Rodriguez*: "o fundamento do princípio protetor está ligado à própria razão de ser do Direito do Trabalho. Historicamente, o Direito do Trabalho surgiu como consequência de que a liberdade de contrato entre pessoas com poder e capacidade econômica desiguais conduzia a diferentes formas de exploração. Inclusive as mais abusivas e iníquas. O legislador não pôde mais manter a ficção de igualdade existente entre as partes do contrato de trabalho e inclinou-se para uma compensação dessa desigualdade econômica desfavorável ao trabalhador com uma proteção jurídica a ele favorável. O Direito do Trabalho responde fundamentalmente ao propósito de nivelar desigualdades. Como dizia Couture: 'o procedimento lógico de

(8) SOUTO MAIOR, Jorge Luiz. A fúria. *In: Revista Trabalhista Direito e Processo*, Rio de Janeiro, Forense, jul./set. 2002. p. 71.

corrigir desigualdades é o de criar outras desigualdades'"[9]. O princípio protetor desdobra-se em três regras básicas: a) regra da norma mais benéfica: no choque entre duas normas que regulamentam a mesma matéria, deve-se prestigiar a regra que favoreça o empregado; b) regra da condição mais benéfica ou de direito adquirido do empregado: segundo *Plá Rodriguez*, trata-se de um "critério pelo qual a aplicação de uma nova norma trabalhista nunca deve servir para diminuir as condições mais favoráveis em que se encontrava um trabalhador"[10]. Nosso Direito do Trabalho encampou esta regra no art. 468 da CLT e no Enunciado n. 51 do C. TST; c) regra do *in dubio pro operario*: quando a norma propiciar vários sentidos de interpretações possíveis, deve-se prestigiar a interpretação mais favorável ao empregado. Segundo a doutrina dominante, esse critério não se aplica no terreno processual, devendo o juiz, em caso de dúvida, julgar contra o litigante que detinha o ônus probatório. A doutrina alinha outros princípios fundamentais do Direito do Trabalho, como os princípios da primazia da realidade, da continuidade da relação de emprego, da irrenunciabilidade de direitos, da irredutibilidade de salários, da boa-fé, da razoabilidade, da dignidade da pessoa humana, da justiça social e da equidade.

Nesse sentido, é a posição de *Trueba Urbina*[11]:

> "Tanto as normas substantivas como as processuais são essencialmente protecionistas e tutelares dos trabalhadores."

Para *Couture*, o primeiro princípio fundamental do processo trabalhista é relativo ao fim a que se propõe, como "procedimento lógico de corrigir as desigualdades" criando outras desigualdades. O Direito Processual do Trabalho é elaborado totalmente com o propósito de evitar que o litigante mais poderoso possa desviar e entorpecer os fins da Justiça[12].

Outros autores sustentam que o Direito Processual do Trabalho é autônomo em face do Direito Material do Trabalho e também do Direito Processual Civil *(dualistas)*, mas o Processo do Trabalho encontra-se também impregnado pelo princípio protetor.

No Direito Processual do Trabalho brasileiro, *Sergio Pinto Martins*[13] afirma que:

> "O verdadeiro princípio do processo do trabalho é o protecionista. Assim como no Direito do Trabalho, as regras são interpretadas mais favoravelmente ao empregado, em caso de dúvida, no processo do trabalho também vale o princípio protecionista, porém analisado sob o aspecto do direito instrumental."

---

(9) *Princípios de direito do trabalho.* 3. ed. São Paulo: LTr, 2000. p. 85.

(10) *Op. cit.*, p. 86.

(11) *Apud* NASCIMENTO, Amauri Mascaro. Dos princípios do direito processual do trabalho. *In: Estudos relevantes de direito material e processual do trabalho.* Estudos em Homenagem ao Prof. Pedro Paulo Teixeira Manus. São Paulo: LTr, 2000. p. 26.

(12) NASCIMENTO, Amauri Mascaro. *Op. cit.*, p. 27.

(13) MARTINS, Sergio Pinto. *Direito processual do trabalho.* 16. ed. São Paulo: Atlas, 2001. p. 66.

Prossegue o citado autor:

> "Não é a Justiça do Trabalho que tem cunho paternalista ao proteger o trabalhador, ou o juiz que sempre pende para o lado do empregado, mas a lei que assim o determina Protecionista é o sistema adotado pela lei. Isso não quer dizer, portanto, que o juiz seja sempre parcial em favor do empregado, ao contrário: o sistema visa a proteger o trabalhador."

No mesmo contexto, defende *Carlos Henrique Bezerra Leite*(14):

> "O princípio da proteção deriva da própria razão de ser do processo do trabalho, o qual foi concebido para realizar o Direito do Trabalho, sendo este ramo da árvore jurídica criado exatamente para compensar a desigualdade real existente entre empregado e empregador, naturais litigantes do processo laboral."

Autores há que não conseguem enxergar princípios próprios no Direito Processual do Trabalho (monistas), asseverando que seus princípios são os mesmos do Direito Processual Civil.

Nesse sentido é a posição, entre outros, de *Valentin Carrion*(15):

> "O direito processual se subdivide em processual penal e processual civil (em sentido lato, ou não penal). As subespécies deste são o processual trabalhista, processual eleitoral, etc. Todas as subespécies do direito processual civil se caracterizam por terem em comum a teoria geral do processo; separam-se dos respectivos direitos materiais (direito civil, direito do trabalho, etc.) porque seus princípios e institutos são diversos. São direitos instrumentais que, eles sim, possuem os mesmos princípios e estudam os mesmos institutos. Os princípios de todos os ramos do direito não penal são os mesmos (celeridade, oralidade, simplicidade, instrumentalidade, publicidade etc.), e os institutos também (relação jurídica processual, revelia, confissão, coisa julgada, execução definitiva, etc.). Assim, do ponto de vista jurídico, a afinidade do direito processual do trabalho com o direito processual comum (civil, em sentido lato) é muito maior (de filho para pai) do que com o direito do trabalho (que é objeto de sua aplicação). Assim acontece com o cirurgião de estômago, cuja formação principal pertence à clínica cirúrgica, mais do que à clínica médica, que estuda o funcionamento e tratamento farmacológico daquele órgão. Isso leva à conclusão de que o direito processual do trabalho não é autônomo com referência ao processual civil e não surge do direito material laboral. O direito processual do trabalho não possui princípio próprio algum, pois todos os que o norteiam são do processo civil (oralidade, celeridade, etc.); apenas deu (ou pretendeu dar) a alguns deles maior ênfase e relevo."

---

(14) BEZERRA LEITE, Carlos Henrique. *Curso de direito processual do trabalho*. 5. ed. São Paulo: LTr, 2007. p. 73.

(15) CARRION, Valentin. *Comentários à Consolidação das Leis do Trabalho*. 30. ed. São Paulo: Saraiva, 2005. p. 578-579.

No mesmo sentido, é a posição de *Christovão Piragibe Tostes Malta*(16):

> "A maioria dos doutrinadores sustenta que o processo trabalhista é autônomo relativamente ao processo civil, porém essa opinião encontra pesados argumentos em contrário. Sustenta-se a autonomia pretendendo que o direito processual do trabalho tem campo, fundamentos e princípios que não se confundem, ao menos em parte, com os princípios pertinentes ao processo civil [...]. A circunstância de o processo trabalhista poder apresentar peculiaridades, no entanto, não justifica a conclusão de que é autônomo quando simultaneamente se proclama que existe autonomia de um ramo do direito se possui campo, princípios e fundamentos próprios, o que não sucede confrontando-se os processos civil e trabalhista [...]. Os princípios processuais, aliás, são, como regra geral, universais, e o processo do trabalho na maioria dos países é o processo civil, o que mostra que no máximo se poderia falar em autonomia do direito processual do trabalho brasileiro em paralelo com o direito processual civil brasileiro. Não se encontram, ainda, evidenciados fundamentos processuais trabalhistas diferentes dos fundamentos do direito processual civil. O estudo dos institutos processuais básicos (ação, processo, jurisdição, etc.) bem mostra que a estrutura do direito processual trabalhista é a mesma do direito processual civil. São, por exemplo, tratadas no processo civil e trabalhista de modo análogo as questões concernentes à contagem de prazo, preclusão, partes, coisa julgada e muitas outras [...]. A circunstância de poder aplicar-se o direito processual civil ao trabalhista, quando não houver incompatibilidade entre ambos, também contribui para proclamar-se que o direito processual trabalhista não é autônomo."

No mesmo diapasão, é a visão de *Jorge Luiz Souto Maior*(17), que empreendeu exaustivo estudo a respeito, apresentado na Universidade de São Paulo:

> "[...] verifica-se que o processo do trabalho possui, realmente, características especiais, mas que são ditadas pelas peculiaridades do direito material que ele instrumentaliza. Esses pressupostos de instrumentalização, especialização, simplificação, voltados para a efetividade da técnica processual, são encontrados, — e bastante desenvolvidos — na teoria geral do processo civil, razão pela qual, no fundo, há de se reconhecer a unicidade do processo."

Conclui o ilustre professor da Universidade de São Paulo(18), que o direito processual do trabalho:

> "não é autônomo perante o processo civil, mas possui características que lhe são bastante peculiares no que se refere a seu procedimento."

---

(16) TOSTES MALTA, Christovão Piragibe. *Prática do processo trabalhista*. 34. ed. São Paulo: LTr, 2007. p. 28-30.

(17) SOUTO MAIOR, Jorge Luiz. *Direito processual do trabalho:* efetividade, acesso à justiça, procedimento oral. São Paulo: LTr, 1998. p. 25.

(18) *Op. cit.*, p. 26.

Outros autores sustentam a autonomia relativa do Direito Processual do Trabalho, em razão de o art. 769 da CLT possibilitar a aplicação subsidiária do Direito Processual Comum na fase de conhecimento e o art. 889 da CLT possibilitar a aplicação da Lei dos Executivos Fiscais na fase de execução e também do Código de Processo Civil, como forma de preenchimento de lacunas na CLT.

Nesse sentido, é a posição de *Wilson de Souza Campos Batalha*. Aduz o jurista(19):

> "O Direito Processual do Trabalho tem características próprias que lhe asseguram relativa autonomia [...]. Bastaria uma referência ao art. 769 da nossa Consolidação das Leis do Trabalho para tornar fora de dúvida a relatividade da autonomia do Direito Processual do Trabalho [...]. Autonomia, como obtempera De Litala (*Op. cit.*, p. 19), de uma disciplina jurídica não significa independência absoluta em relação às outras disciplinas. Assim, não obstante dotado de autonomia, o direito processual do trabalho está em situação de interdependência com as ciências processuais particulares, notadamente com o direito processual civil, com o qual tem muitíssimos pontos de contato."

Estamos convencidos de que, embora o Direito Processual do Trabalho, hoje, esteja mais próximo do Direito Processual Civil e sofra os impactos dos Princípios Constitucionais do Processo, não há como se deixar de reconhecer alguns princípios peculiares do Direito Processual do Trabalho, os quais lhe dão autonomia e o distinguem do Direito Processual Comum.

De outro lado, embora alguns princípios do Direito Material do Trabalho, tais como primazia da realidade, razoabilidade, boa-fé, sejam aplicáveis também ao Direito Processual do Trabalho, a nosso ver, os Princípios do Direito Material do Trabalho não são os mesmos do Processo, uma vez que o processo tem caráter instrumental e os princípios constitucionais da isonomia e imparcialidade, aplicáveis ao Processo do Trabalho, impedem que o Direito Processual do Trabalho tenha a mesma intensidade de proteção do trabalhador própria do Direito Material do Trabalho. Não obstante, não há como negar um certo caráter protecionista no Direito Processual do Trabalho, que para alguns é princípio peculiar do Processo do Trabalho e para outros características do procedimento trabalhista, para assegurar o acesso efetivo do trabalhador à Justiça do Trabalho e também a uma ordem jurídica justa.

Também milita em prol da autonomia do Direito Processual do Trabalho o Brasil possuir um ramo especializado do judiciário para dirimir as lides trabalhistas, uma legislação própria que disciplina o Processo do Trabalho (CLT, Lei n. 5.584/70 e Lei n. 7.701/88), um objeto próprio de estudo e vasta bibliografia sobre a matéria(20).

---

(19) BATALHA, Wilson de Souza Campos. *Tratado de direito judiciário do trabalho*. 2. ed. São Paulo: LTr, 1985. p. 139.

(20) Atualmente, há estudos publicados sobre todos os institutos do Direito Processual do Trabalho. A LTr Editora, por exemplo, apresenta vasto catálogo de obras sobre o Processo do Trabalho.

Reconhecemos, por outro lado, que as ciências processuais devem caminhar juntas, e o Processo do Trabalho, em razão dos princípios da subsidiariedade, do acesso à justiça, da duração razoável do processo, pode se aproveitar dos benefícios obtidos pelo Processo Comum.

Além disso, a autonomia do direito processual do trabalho não pode ser motivo para isolamento e acomodação do intérprete. Há necessidade de constante diálogo entre o direito processual do trabalho e os outros ramos do direito processual, principalmente com os princípios fundamentais do processo consagrados na Constituição Federal.

Nesse sentido, *Mário Pasco* nos adverte:

> "A autonomia do direito processual do trabalho é inquestionável em sua perspectiva teórica, embora seu correlato prático varie em ênfase de país para país; autonomia que, certamente, não significa autarquia nem isolamento, mas natural interdependência, numa relação de mútuo enriquecimento entre as diversas disciplinas processuais"[21].

Reconhecer como autônomo o direito processual do trabalho propicia maior visibilidade desta ciência processual, contribuindo para a melhoria de seus institutos, atraindo maior interesse dos estudiosos para esta ciência.

Desse modo, pensamos ser o Direito Processual do Trabalho autônomo em face do Direito Material do Trabalho e também do Direito Processual Civil[22].

Atualmente, há grandes discussões, na doutrina e na jurisprudência, sobre a necessidade de um Código de Processo do Trabalho que atualizaria a legislação processual trabalhista, daria maior visibilidade ao Direito Processual do Trabalho e propiciaria maior efetividade à jurisdição trabalhista e também maior segurança jurídica na aplicação da lei processual trabalhista.

Muitos defendem um Código de Processo do Trabalho. Outros são contrários, asseverando que ele provocará estagnação da lei processual trabalhista e retirará a agilidade do procedimento, considerando que o Processo do Trabalho é impulsionado por princípios.

De nossa parte, um Código de Processo do Trabalho sistematizando os princípios e institutos peculiares do Direito Processual do Trabalho, bem como atualizando as

---

(21) Ob. cit., p. 46.

(22) No sentido da autonomia do Direito Processual do Trabalho, defendem autores de nomeada: Amauri Mascaro Nascimento (*Curso de direito processual do trabalho.* São Paulo: Saraiva); Sergio Pinto Martins (*Direito processual do trabalho.* São Paulo: Atlas); Mozart Victor Russomano (*Comentários à Consolidação das Leis do Trabalho.* Rio de Janeiro: Forense); José Augusto Rodrigues Pinto (*Processo trabalhista de conhecimento.* São Paulo: LTr); Wagner D. Giglio (*Direito processual do trabalho.* São Paulo: Saraiva); Coqueijo Costa (*Direito judiciário do trabalho.* Rio de Janeiro: Forense); Renato Saraiva (*Curso de direito processual do trabalho.* São Paulo: Método) e Cléber Lúcio de Almeida (*Direito processual do trabalho.* Belo Horizonte: Del Rey).

atuais necessidades da jurisdição trabalhista e efetividade do direito material, seria bem-vindo. Além disso, contribuiria para o fortalecimento do Direito Processual do Trabalho como ciência e possibilitaria maior visibilidade da Justiça do Trabalho.

Pensamos que há necessidade de atualização da legislação processual trabalhista nos capítulos dos recursos, a fim de acelerar o procedimento de tramitação, bem como na execução, a fim instituir meios coercitivos mais contundentes a forçar o devedor a cumprir a obrigação consagrada no título executivo.

Não obstante, o intérprete e o aplicador da legislação processual trabalhista não podem ficar esperando a iniciativa legislativa para melhorar a efetividade do processo do trabalhista, devendo, por meio de interpretação, transportar para o processo trabalhista as melhorias obtidas no Direito Processual comum, bem como materializar os princípios constitucionais do processo na hipótese concreta, principalmente os atinentes ao acesso à justiça, contraditório, efetividade e duração razoável do processo.

3. Dos princípios peculiares do Direito Processual do Trabalho

Embora o Processo do Trabalho esteja sujeito aos princípios constitucionais do processo e também acompanhe os princípios do Direito Processual Civil, no nosso sentir, alguns princípios são típicos do Direito Processual do Trabalho, que lhe dão autonomia e razão de existência. São eles:

3.1. Protecionismo temperado ao trabalhador

Como visto, considerando-se a natureza do direito processual do trabalho, que é instrumental, destinado à aplicação das normas trabalhistas em um caso concreto, muitos autores defendem a existência do princípio protetor no Processo do Trabalho, como sendo, em verdade, o pilar de sustentação das normas processuais trabalhistas.

Argumentam os doutrinadores que o trabalhador, quando vai à Justiça postular seus direitos, se encontra em posição desfavorável em face do tomador de seus serviços, nos aspectos econômico, técnico e probatório, pois o empregado dificilmente consegue pagar a um bom advogado, não conhece as regras processuais, e tem maior dificuldade em produzir as provas em juízo.

Autores há que denominam o presente princípio de protetor visto sob o aspecto processual ou instrumental, princípio da compensação de desigualdades, princípio da isonomia sob o aspecto real ou substancial, considerando que o trabalhador, como regra, é o litigante mais fraco no Processo do Trabalho.

De nossa parte, o Processo do Trabalho tem característica protetiva ao litigante mais fraco, que é o trabalhador, mas sob o aspecto da relação jurídica processual (instrumental) a fim de assegurar-lhe algumas prerrogativas processuais para compensar eventuais entraves que enfrenta ao procurar a Justiça do Trabalho, devido à sua hipossuficiência econômica e, muitas vezes, à dificuldade em provar suas alegações, pois, via de regra, os documentos da relação de emprego ficam na posse do empregador. De outro lado, o processo do trabalho deve observar os princípios constitucionais do processo que asseguram equilíbrio aos litigantes. Por isso, denominamos essa intensidade protetiva do processo do trabalho de princípio da *proteção temperada ao trabalhador*.

Modernamente, poderíamos chamar esse protecionismo do processo trabalhista de princípio da *igualdade substancial nas partes no processo trabalhista*, que tem esteio constitucional (art. 5º, *caput*, e inciso XXXV, da CF), pois o Juiz do Trabalho deve tratar igualmente os iguais e desigualmente os desiguais. A correção do desequilíbrio é eminentemente processual e deve ser efetivada pelo julgador, considerando não só as regras do procedimento, mas também os princípios constitucionais e infraconstitucionais do processo do trabalho, as circunstâncias do caso concreto e o devido processo legal justo e efetivo.

Por outro lado, o Juiz do Trabalho deve, sempre, ser imparcial, dirigir o processo com equilíbrio e razoabilidade, buscando uma decisão justa e que seja apta a pacificar o conflito.

Esta intensidade protetiva do processo trabalhista também é encontrada no Código de Defesa do Consumidor, a fim de facilitar o acesso real à Justiça da parte vulnerável na relação jurídica de consumo, com regras de inversão do ônus da prova. Nesse sentido, é o art. 6º, VIII, da Lei n. 8.078/90, *in verbis*:

> "A facilitação da defesa de seus direitos, inclusive com a inversão do ônus da prova, a seu favor, no Processo Civil, quando, a critério do juiz, for verossímil a alegação ou quando for ele hipossuficiente, segundo as regras ordinárias de experiências."

Na legislação processual trabalhista, encontramos os seguintes exemplos que consagram o protecionismo processual:

a) art. 844 da CLT, que prevê hipótese de arquivamento da reclamação trabalhista em caso de ausência do reclamante, mas, se ausente o reclamado, haverá a revelia;

b) inversão do ônus da prova em favor do empregado e também a existência de diversas presunções favoráveis ao trabalhador;

c) existência do *jus postulandi* da parte (art. 791 da CLT);

d) gratuidade processual, com amplas possibilidades de deferimento ao empregado dos benefícios da justiça gratuita;

e) depósito recursal (art. 899 da CLT): a exigência de depósito recursal para o reclamado poder recorrer também se trata de regra protetiva ao trabalhador, visando a bloquear recursos e garantir futura execução por quantia;

f) maior poder do Juiz do Trabalho na direção do processo, tanto na fase de conhecimento (art. 765 da CLT), como na de execução (art. 878 da CLT);

g) competência territorial fixada em razão do local de prestação de serviços (art. 651 da CLT);

h) poder normativo da justiça do trabalho, destinado a dirimir, com justiça e equidade, o conflito coletivo de trabalho (art. 114, § 2º, da Constituição Federal).

No nosso sentir, este protecionismo ao trabalhador não é suficiente para alterar o chamado *princípio da paridade das armas*(23) do Processo do Trabalho. Diante deste princípio, as partes no Processo do Trabalho devem ter as mesmas oportunidades.

Nesse diapasão, concordamos com os contundentes argumentos de *Jorge Luiz Souto Maior*(24):

> "[...] O agente causador dos conflitos que dão origem aos dissídios, que são elevados, concretamente, à esfera jurisdicional trabalhista, normalmente é o empregador. Demonstra bem essa assertiva o fato de que no processo do trabalho o réu (reclamado) é sempre, ou quase sempre, o empregador. Essa característica da relação jurídica processual trabalhista, aliada ao reconhecimento da desigualdade material entre empregado e empregador, faz com que o seu procedimento seja construído por técnicas tendentes a dar guarida às pretensões dos empregados que foram resistidas por ato do empregador, ou seja, fazer atuar os direitos sociais, e a equilibrar a posição desses desiguais perante o órgão jurisdicional. Não se deve ter qualquer preconceito contra essa ideia, como que se ela representasse negação da garantia do devido processo legal. Isso somente seria correto afirmar se se entendesse o processo nos seus moldes tradicionais, ou seja, como negócio das partes, no qual ao juiz cabe atuar nos limites estabelecidos pelas partes. A noção atual de processo — social — já está muito à frente disso. Reconhece a doutrina moderna que o processo tem escopos inclusive políticos — que não se confundem com político-partidários. Nesse novo processo o juiz atua, ativamente, na busca da verdade, funcionando assistencialmente a favor da parte considerada mais fraca, o que faz até mesmo em prol tanto do contraditório quanto de sua imparcialidade."

3.2. Informalidade

O princípio da informalidade do Processo do Trabalho, defendido por muitos autores e também por nós, significa que o sistema processual trabalhista é menos

(23) Ensina João Batista Lopes: a ideia da *paridade das armas* teve ressonância em vários países como a Espanha, a Argentina e o Brasil. A doutrina a ela se refere no sentido de que sejam garantidas às partes e aos intervenientes não só as mesmas oportunidades de atuação no processo, com alegações e requerimentos, mas também os mesmos instrumentos de ataque e de defesa para que o juiz possa, ao final, proclamar a solução mais justa e equânime da causa (Contraditório, paridade das armas e motivação da sentença. *In:* MEDINA, José Miguel Garcia *et al.* (Coords.). *Os poderes do juiz e o controle das decisões judiciais:* estudos em homenagem à professora Teresa Arruda Alvim Wambier. São Paulo: RT, 2008. p. 266).

(24) SOUTO MAIOR, Jorge Luiz. *Op. cit.*, p. 24-25.

burocrático, mais simples e mais ágil que o sistema do processo comum, com linguagem mais acessível ao cidadão não versado em direito, bem como a prática de atos processuais ocorre de forma mais simples e objetiva, propiciando maior participação das partes, celeridade no procedimento e maiores possibilidades de acesso à justiça ao trabalhador mais simples.

Embora o procedimento seja de certa forma informal, isso não significa que certas formalidades não devam ser observadas, inclusive sobre a documentação do procedimento, que é uma garantia da seriedade do processo.

Esse caráter menos burocrático do processo do trabalho tem produzido bons resultados, inclusive servindo de paradigma para o processo comum, entretanto, diante da introdução a cada dia mais frequente da informática no sistema judiciário, diversas formalidades têm sido inseridas no processo do trabalho, como cadastramentos eletrônicos de petições iniciais, diários oficiais eletrônicos, assinaturas digitais, etc., que sempre são avaliados sob as características do Processo do Trabalho e também do acesso à justiça do trabalhador.

Como exteriorização do princípio da informalidade na legislação processual trabalhista, podemos citar os seguintes exemplos:

a) petição inicial e contestação verbais (arts. 840 e 846 da CLT);

b) comparecimento das testemunhas independentemente de intimação (art. 825 da CLT);

c) ausência de despacho de recebimento da inicial, sendo a notificação da inicial ato próprio da Secretaria (art. 841 da CLT);

d) recurso por simples petição (art. 899 da CLT);

e) *jus postulandi* (art. 791 da CLT);

f) imediatidade entre o juiz e a parte na audiência;

g) linguagem mais simplificada do processo do trabalho.

3.3. Conciliação

Dispõe o art. 764 da CLT:

> "Os dissídios individuais ou coletivos submetidos à apreciação da Justiça do Trabalho serão sempre sujeitos à conciliação. § 1º Para os efeitos deste artigo, os Juízes e Tribunais do Trabalho empregarão sempre os seus bons ofícios e persuasão no sentido de uma solução conciliatória dos conflitos. § 2º Não havendo acordo, o juízo conciliatório converter-se-á obrigatoriamente em arbitral, proferindo decisão na forma prescrita neste Título. § 3º É lícito às partes celebrar acordo que ponha termo ao processo, ainda mesmo depois de encerrado o juízo conciliatório."

A Justiça do Trabalho, tradicionalmente, é a *Justiça da Conciliação*. Historicamente, os primeiros órgãos de composição dos conflitos trabalhistas foram, eminentemente, de conciliação.

Por mandamento do referido art. 764 da CLT, os Juízes do Trabalho devem envidar seus bons ofícios e persuasão para tentar obter a conciliação.

Dizia *Carnelutti* que a conciliação é uma sentença dada pelas partes e a sentença é uma conciliação imposta pelo juiz.

Sem dúvida, a conciliação é a melhor forma de resolução do conflito trabalhista, pois é solução oriunda das próprias partes que sabem a real dimensão do conflito, suas necessidades e possibilidades para melhor solução. Muitas vezes, a sentença desagrada a uma das partes e até mesmo às duas partes.

A CLT determina que a conciliação seja tentada, obrigatoriamente, em dois momentos: antes do recebimento da defesa, conforme o art. 846 da CLT[(25)], e após as razões finais (art. 850 da CLT[(26)]).

Em razão do princípio da conciliação, parte significativa da jurisprudência trabalhista tem sustentado a nulidade do processo, caso o Juiz do Trabalho não tente, ao menos, a última proposta de conciliação em audiência.

Nesse sentido, destacam-se as seguintes ementas:

> "A proposta final de conciliação, nos termos do art. 850 da CLT, é indispensável. A sua ausência, portanto, gera a nulidade do processo, uma vez que retira da Junta o poder de decidir sobre a matéria controvertida." (TRT – 6ª R. – 2ª T. – RO n. 7973/97 – relª Juíza Josélia Morais da Costa – DJPE 6.2.98 – p. 25)

> "Nulidade – Ausência da segunda proposta conciliatória e de razões finais. Por faltar formalidade essencial para a validade do ato, no caso, a formulação de razões finais e da segunda proposta conciliatória, ocorre nulidade da sentença." (TRT – 12ª R. – 3ª T. – Ac. n. 6.439/99 – rel. Juiz Marcus Pina Mugnaini – DJSC 1.7.99 – p. 85) (RDT 08/99, p. 57)

> "Nulidade do processo — Ausência de proposta conciliatória. A tentativa ou proposta de conciliação pode ser feita em qualquer fase do processo, porém é obrigatória em dois momentos: após a apresentação da defesa e antes do julgamento do feito. A falta da primeira não gera, consoante entendimento jurisprudencial predominante, qualquer nulidade, em razão de que pode ser suprida pela segunda. A ausência desta última, contudo, gera a nulidade de todos os demais atos processuais praticados." (TRT – 9ª R. – 2ª T. – Ac. n. 3407/97 – rel. Juiz Eduardo Gunther – DJPR 21.2.97 – p. 303)

---

(25) Art. 846 da CLT: Aberta a audiência, o juiz ou presidente proporá a conciliação. § 1º Se houver acordo lavrar-se-á termo, assinado pelo presidente e pelos litigantes, consignando-se o prazo e demais condições para seu cumprimento. § 2º Entre as condições a que se refere o parágrafo anterior, poderá ser estabelecida a de ficar a parte que não cumprir o acordo obrigada a satisfazer integralmente o pedido ou pagar uma indenização convencionada, sem prejuízo do cumprimento do acordo.

(26) Art. 850 da CLT: Terminada a instrução, poderão as partes aduzir razões finais, em prazo não excedente de dez minutos para cada uma. Em seguida, o juiz ou presidente renovará a proposta de conciliação, e não se realizando estas, será proferida a decisão. Parágrafo único. O presidente da Junta, após propor a solução do dissídio, tomará os votos dos vogais e, havendo divergência entre estes, poderá desempatar ou proferir decisão que melhor atenda ao cumprimento da lei e ao justo equilíbrio entre os votos divergentes e ao interesse social.

No nosso sentir, a ausência da última proposta conciliatória não acarreta nulidade, pois necessário avaliar se há prejuízo. Além disso, as partes podem se conciliar a qualquer momento e também o Tribunal ao julgar o recurso poderá tentar a conciliação. De outro lado, o Juiz do Trabalho poderá chamar as partes em juízo a qualquer tempo e tentar a conciliação, suprindo a proposta conciliatória que não fora realizada em audiência.

Nesse sentido, a seguinte ementa:

"Proposta conciliatória após razões finais — Ausência — Efeitos. A ausência da segunda proposta conciliatória após as razões finais não implica, de imediato, nulidade, exceto quando demonstrado o efetivo prejuízo. Supre a exigência legal a efetivação de proposta conciliatória em dois momentos distintos. Revelia/litisconsórcio. Efeitos. Elisão. Aplicabilidade do art. 320 do CPC. A contestação apresentada pelo litisconsorte (tomadora de serviços) com impugnação específica dos termos da inicial afasta os efeitos da revelia, conforme previsto no art. 320 do CPC, não havendo que se falar em confissão ficta." (TRT 10ª R. – 2ª T. – RO n. 652/2002.801.10.00-1 – relª Mª. Piedade B. Teixeira – DJDF 24.10.03 – p. 22) (RDT n. 11 – Novembro de 2003)

3.4. Celeridade

Embora não seja uma característica exclusiva do Direito Processual do Trabalho, nele tal característica se mostra mais acentuada, uma vez que o trabalhador postula um crédito de natureza alimentar.

3.5. Simplicidade

Não há como negar que o Processo do Trabalho é mais simples e menos burocrático que o Processo Civil. Como bem adverte *Júlio César Bebber*(27): "Os formalismos e a burocracia são os piores vícios com capacidade absoluta de entravar o funcionamento do processo. Os tentáculos que deles emanam são capazes de abranger e de se instalar com efeitos nefastos, pelo que exige-se que a administração da justiça seja estruturada de modo a aproximar os serviços das populações de forma simples, a fim de assegurar a celeridade, a economia e a eficiência das decisões."

No aspecto, relevante destacar a seguinte ementa:

RECURSO DE REVISTA INTERPOSTO SOB A ÉGIDE DA LEI N. 13.015/2014. INTERPOSIÇÃO DE EMBARGOS DE DECLARAÇÃO COM INDICAÇÃO DE EMPRESA ESTRANHA À LIDE. IDENTIDADE QUANTO AOS DEMAIS ELEMENTOS DO PROCESSO. PRINCÍPIO DA SIMPLICIDADE DAS FORMAS. INEXATIDÃO MATERIAL. NÃO CONHECIMENTO DO APELO. IMPOSSIBILIDADE. 1. Os princípios da instrumentalidade e da informalidade norteiam o processo do trabalho. 2. Nesse contexto, a constatação de inexatidões e inconsistências materiais, sem prejuízo do conteúdo e da compreensão do ato processual, recomenda a imediata superação do equívoco, sob pena de afronta aos princípios constitucionais do contraditório e da ampla defesa (CF, art. 5º, LV). 3. A indicação de empresa alheia à lide desaconselha o não conhecimento do apelo, por ausência de pressuposto de admissibilidade, consubstanciado na regularidade formal, na medida em que traduz o conceito de simples erro material, especialmente quando as razões de inconformismo

(27) BEBBER, Júlio César. *Princípios do processo do trabalho.* São Paulo: LTr, 1997. p. 132.

alinham a maior parte dos elementos volitivos e descritivos da causa. Recurso de revista conhecido e provido. (TST – Processo: RR – 1000122-87.2015.5.02.0422 Data de Julgamento: 13.4.2016, relator Ministro: Alberto Luiz Bresciani de Fontan Pereira, 3ª Turma, Data de Publicação: DEJT 15.4.2016)

3.6. Oralidade

Oralidade (do latim *oris* — boca) significa uma exposição oral; a parte oral de um discurso(28).

O Processo do Trabalho é essencialmente um procedimento oral. Embora este princípio também faça parte do Direito Processual Comum, no Processo do Trabalho, ele se acentua, com a primazia da palavra; concentração dos atos processuais em audiência; maior interatividade entre juiz e partes; irrecorribilidade das decisões interlocutórias; e identidade física do juiz.

Sob a ótica do processo do trabalho, o princípio da oralidade constitui um conjunto de regras destinadas a simplificar o procedimento, priorizando a palavra falada, concentração dos atos processuais, com um significativo aumento dos poderes do juiz na direção do processo, imprimindo maior celeridade ao procedimento e efetividade da jurisdição, destacando o caráter publicista do processo.

Ensina *Jorge Luiz Souto Maior*:

> "A CLT, expressamente, privilegiou os princípios basilares do procedimento oral: a) primazia da palavra (art. 791 e 839, *a* — apresentação de reclamação diretamente pelo interessado; 840 — reclamação verbal; 843 e 845 — presença obrigatória das partes em audiência; 847 — apresentação de defesa oral, em audiência; 848 — interrogatório das partes; 850 — razões finais orais; 850, parágrafo único — sentença após o término da instrução); b) imediatidade (arts. 843, 845 e 848); c) identidade física do juiz (corolário da concentração dos atos determinada nos arts. 843 a 852); d) irrecorribilidade das interlocutórias (§ 1º do art. 893); e) maiores poderes instrutórios ao juiz (arts. 765, 766, 827 e 848); e f) possibilidade de solução conciliada em razão de uma maior interação entre o juiz e as partes (arts. 764, §§ 2º e 3º; 846 e 850). Assim, muitas das lacunas apontadas do procedimento trabalhista não são propriamente lacunas, mas um reflexo natural do fato de ser este oral. Lembre-se, ademais, de que o CPC foi alterado em 1973, e, em termos de procedimento, adotou um critério misto, escrito até o momento do saneamento, e oral, a partir da audiência, quando necessária. Nestes termos, a aplicação subsidiária de regras do procedimento ordinário do CPC à CLT mostra-se naturalmente equivocada, por incompatibilidade dos tipos de procedimentos adotados por ambos"(29).

---

(28) ZANGRANDO, Carlos. *Processo do trabalho:* processo de conhecimento. vol. II. São Paulo: LTr, 2009, p. 1.067.

(29) SOUTO MAIOR, Jorge Luiz. Ampliação da competência: procedimento e princípios do direito do trabalho. *In: Revista do Tribunal Superior do Trabalho*, ano 71, n. 1 – jan./abr. 2005, Porto Alegre: Síntese, 2005. p. 223.

Segundo a doutrina, a oralidade decompõe-se nos seguintes subprincípios:

3.6.1. **Identidade física do juiz**: segundo este princípio, o juiz que instruiu o processo, que colheu diretamente a prova, deve julgá-lo, pois possui melhores possibilidades de valorar a prova, uma vez que a colheu diretamente, tomou contato direto com as partes e testemunhas.

Mesmo com a Emenda Constitucional n. 24/1999, que extingue a representação classista na Justiça do Trabalho, o Tribunal Superior do Trabalho manteve a Súmula n. 136 de sua jurisprudência no sentido da não aplicabilidade da identidade física do juiz nas Varas do Trabalho até setembro de 2012, quando, em boa hora, em compasso com o princípios da oralidade, efetividade, justiça e melhoria da prestação jurisdicional trabalhista em primeiro grau, cancelou a referida Súmula de sua jurisprudência.

De nossa parte, como defendíamos em edições anteriores desta obra, a Súmula n. 136 do TST fora tacitamente revogada pela EC n. 24/99, pois não houve mais qualquer obstáculo para a implementação da identidade física do juiz nas Varas do Trabalho, atuando apenas o juiz monocrático em primeiro grau.

A identidade física do juiz é de grande importância para a efetividade das decisões de primeiro grau e também para a melhoria da prestação jurisdicional trabalhista, uma vez que o juiz de primeiro grau, ao decidir, pode se apoderar de todo o corpo processual, constatar as expressões e os comportamentos das partes e das testemunhas, bem como sentir o conflito com maior clareza e sensibilidade.

Por isso, estamos convencidos de que o princípio da identidade física do juiz deve ser implementado e impulsionado no processo do trabalho para que a valoração da prova seja realizada com efetividade e a decisão reflita justiça e realidade.

No aspecto, vale destacar a seguinte ementa:

"Identidade física do juiz — Processo do Trabalho. Em tese, o juiz que instrui o processo encontra-se em condição mais favorável de proferir a sentença. Contudo, é cediço que, nesta Especializada, a identidade física do juiz é norma relativizada, considerando as especificidades do processo do trabalho. O entendimento majoritário sedimentado na Corte Superior, em sua Súmula n. 136, é de que 'não se aplica às Varas do Trabalho o princípio da identidade física do juiz.' E sendo assim, não cabe, em dissídio individual, alterar o modo da atuação jurisdicional, sob pena de desestabilizar as relações processuais." (TRT 3ª R. – 10ª T. – relª Juíza Taísa Maria Macena de Lima (convocada) – 18.5.10 – p. 122 – Processo RO n. 547/2009.006.03.00-3) (RDT n. 6 – junho de 2010)

Os próprios Tribunais Regionais do Trabalho, ao avaliar que a prova oral foi dividida, têm tido a tendência de manter a sentença de primeiro grau, uma vez que o juiz da Vara teve contato direto com as partes e testemunhas, tendo maiores possibilidade de avaliar a melhor prova.

Nesse sentido, vale destacar as seguintes ementas:

"Testemunhos — Colisão — Prova dividida. Em havendo depoimentos contraditórios, a jurisprudência desta Corte regional tem se inclinado, ante o princípio da imediatidade, a prestigiar, quando dotada de razoabilidade, a solução encontrada pelo juiz que colheu a prova, eis que foi a autoridade que teve contato direto com as partes e testemunhas e, por isso mesmo, mais habilitado para extrair conclusões mais precisas sobre as declarações divergentes, até porque lhe é possível sopesar, valendo-se de impressões e do seu talento sensitivo, dados que escapam de registros formais." (TRT 10ª R. – 2ª T. – rel. Juiz João Luis Rocha Sampaio – DJe n. 497 – 10.6.10 – p. 85 – Processo RO n. 76200-23/2009.5.10.0101) (RDT n. 7 – julho de 2010)

"Prova testemunhal — Valoração. Prevalência, como regra, do convencimento do juiz que colheu a prova. Deve ser prestigiado, como regra, o convencimento do juiz que colheu a prova. Ele, afinal, é que manteve o contato vivo, direto e pessoal com as partes e testemunhas, mediu-lhes as reações, a segurança, a sinceridade, a postura. Aspectos, aliás, que nem sempre se exprimem, que a comunicação escrita, dados os seus acanhados limites, não permite traduzir. O juízo que colhe o depoimento 'sente' a testemunha. É por assim dizer um testemunho do depoimento. Convencimento, portanto, melhor aparelhado e que, por isso, deve ser preservado, salvo se houver elementos claros e contundentes em contrário. Recurso da autora a que se nega provimento." (TRT/SP – 00112006920105020261 (00112201026102006) – RO – Ac. 11ª T. 20101279889 – rel. Eduardo de Azevedo Silva – DOE 18.1.2011)

Não obstante, o Código de Processo Civil de 2015, ao contrário do anterior, não tratou do princípio da identidade física do juiz, sinalizando que ele não será mais observado nos domínios do direito processual civil, o que, de nossa parte constitui retrocesso, pois, conforme expusemos acima, o referido princípio é fundamental para que se tenha uma decisão justa, e fundamentada em fatos reais.

No mesmo sentido se pronuncia *Élisson Miessa*(30):

> "Com o NCPC, o posicionamento do TST deverá ser novamente alterado, uma vez que o novel código não reproduziu o teor do art. 132 do CPC/73, o qual disciplinava o princípio da identidade física do juiz (...) No entanto, não podemos deixar de fazer uma crítica a essa exclusão. Aspesar dessa alteração, acreditamos que a aplicação do princípio da identidade física do juiz mostra-se importante ao processo do trabalho, pois conforme apresentado, ele integra o conteúdo da oralidade, essencial à seara trabalhista. Ademais, o princípio da oralidade busca a aproximação do julgador aos fatos trazidos aos autos o que, por conseqüência, aproxima-o da própria realidade sociail, fazendo com que busque, de forma incessante, a 'verdade real' (...) A exclusão desse princípio iguala o juízo de primeiro grau às instâncias recursais, de modo que o julgador ficará circunscrito aos escritos dos autos, sem que tenha contao com as partes e testemunhas envolvidas."

O Tribunal Superior do Trabalho, mesmo diante do cancelamento da Súmula n. 136, vem se pronunciando pela não aplicabilidade do princípio em questão, conforme se constata da seguinte ementa:

AGRAVO. AGRAVO DE INSTRUMENTO. RECURSO DE REVISTA. PRELIMINAR DE NULIDADE POR INOBSERVÂNCIA DO PRINCÍPIO DA IDENTIDADE FÍSICA DO JUIZ.

(30) *Processo do Trabalho.* 3. ed. Salvador: JusPodvim, 2016. p. 54-55.

ART. 132 DO CPC. Não obstante o Tribunal Pleno tenha decidido cancelar a Súmula 136 do TST, continua incompatível com o processo do trabalho, regra geral, o vetusto princípio da identidade física do Juiz, brandido pelo art. 132 do CPC. É que a simplicidade, a celeridade e a efetividade da prestação jurisdicional, hoje expressamente determinadas pela Constituição, na qualidade de princípio cardeal (art. 5º, LXXVIII, CF) — e que são características clássicas do processo trabalhista — ficariam gravemente comprometidas pela importação de critério tão burocrático, artificial, subjetivista e ineficiente quanto o derivado do rigor da identidade física judicial (art. 132, CPC). O Magistrado é autoridade pública com significativo e profundo preparo técnico e seriedade profissional, podendo — e devendo — conduzir o processo com esmero, objetividade e eficiência, carreando-lhe as provas colhidas durante a instrução, que ficam objetivamente disponíveis no processo, aptas a serem avaliadas e sopesadas pelo Julgador — mesmo que outro Magistrado. Ainda que se possa, por absoluta exceção, considerar válido o princípio no processo penal, ele é dispensável e inadequado no processo do trabalho, em vista da pletora de desvantagens e prejuízos que acarreta, em contraponto com a isolada e suposta vantagem que, em tese, propicia. Se a ausência da identidade física do Juiz gera disfunções estatísticas e correicionais, estas têm de ser enfrentadas no campo próprio, sem comprometimento e piora na exemplar prestação jurisdicional que tanto caracteriza a Justiça do Trabalho. Não quer a Constituição que se importem mecanismos de retardo e burocratização do processo, em detrimento de sua celeridade e da melhor efetividade na prestação jurisdicional. Incidência dos princípios constitucionais da efetividade da jurisdição (art. 5º, LXXVIII, CF) e da eficiência na prestação do serviço público (art. 37, *caput*, CF). Mantida, pois, a decisão agravada proferida em estrita observância aos artigos 896, § 5º, da CLT e 557, *caput*, do CPC, razão pela qual é insuscetível de reforma ou reconsideração. Agravo desprovido. (TST – Processo: Ag-AIRR – 322-81.2011.5.06.0021 – Data de Julgamento: 18.12.2013, relator Ministro: Mauricio Godinho Delgado, 3ª Turma, Data de Publicação: DEJT 31.1.2014)

3.6.2. Prevalência da palavra oral sobre a escrita: a palavra falada prevalece sobre a escrita, priorizando-se o procedimento de audiência, em que as razões das partes são aduzidas de forma oral, bem como a colheita da prova. Não obstante, os atos de documentação do processo devem ser escritos.

Conforme destaca *Jorge Luiz Souto Maior*(31), com suporte em *Platão*, "a escrita é morta e não transmite pensamento senão na significação descolorida e imperfeita dos signaes, ao passo que na viva voz fallam a physionomia, os olhos, a côr, o movimento, o tom, o modo de dizer e tantas outras diversas circunstancias, que modificam e desenvolvem o sentido das palavras, facilitando-lhes a inteira e exacta compreensão."

Segundo *Júlio César Bebber*(32), "a prevalência da palavra oral se revela em audiência, quando as partes se dirigem direta e oralmente ao magistrado, formulando requerimento, perguntas, protestos, contraditas, produzindo razões finais (debates orais), etc. E, assim como as partes, o magistrado, também oralmente, decidirá as questões em audiência, mandando fazer o registro em ata. Nos tribunais, a oralidade se dá na sessão de julgamento, iniciando-se pela leitura do relatório, seguindo da sustentação oral, e da votação, também oral, dos membros do corpo julgador."

(31) SOUTO MAIOR, Jorge Luiz. *Direito processual do trabalho:* efetividade, a acesso à justiça, procedimento oral. São Paulo: LTr, 1998. p. 37-38.

(32) BEBBER, Júlio César. *Princípios do processo do trabalho.* São Paulo: LTr, 1997. p. 439.

3.6.3. Concentração dos atos processuais: por tal característica, os atos do procedimento devem desenvolver-se num único momento, na chamada audiência una ou única, máxime a instrução probatória (art. 849 da CLT).

No processo do trabalho, em audiência única, praticamente todos os atos do procedimento são levados a efeito. Nessa ocasião, o Juiz do Trabalho toma contato com a petição inicial, formula a primeira proposta de conciliação; o reclamado poderá apresentar sua resposta, os incidentes processuais são resolvidos, o processo é instruído e, posteriormente, julgado.

Como destaca *Jefferson Carús Guedes*(33), "pelo princípio da concentração se objetiva a produção de maior número de fases processuais ou de parte delas, num menor espaço de tempo, seja realizando número reduzido de audiências ou reunindo instrução e julgamento, resultando na convergência dos atos para um curto espaço de tempo temporal."

Os benefícios da concentração são visíveis, como celeridade no procedimento e economia dos atos processuais. Além disso, há possibilidade de maior compreensão da dimensão do litígio pelo Juiz do Trabalho, pois, numa única audiência, analisa o pedido e a defesa, bem como as provas produzidas.

Além disso, a concentração propicia poderes mais acentuados do juiz na direção do processo, saneamento mais efetivo de defeitos processuais na presença das partes e melhores condições para solução negociada do conflito.

3.6.4. Imediatidade: segundo *Souto Maior*(34), por imediatidade "entende-se a necessidade de que a realização dos atos instrutórios deva dar-se perante a pessoa do juiz, que assim poderá formar melhor seu convencimento, utilizando-se, também, de impressões obtidas das circunstâncias nas quais as provas se realizam."

Pelo princípio da imediatidade, no processo do trabalho, há maior interação entre juiz e partes e também entre juiz e testemunhas; há comunicação direta entre as partes e partes e juiz na audiência, maior concentração do processo na figura do juiz e possibilidade de exercício de amplos poderes instrutórios em audiência.

A imediatidade propicia maior participação das partes no procedimento, dando efetividade ao contraditório real, e também maior democratização do processo. Como bem adverte *Jefferson Carús Guedes*(35), "[...] se afirma ser a imediatidade o ponto de sobrevivência e de valorização do 'humano' no processo, que teria na absorção de máquinas ou assemelhados uma ameaça [...]. Vale obtemperar que a reflexão destaca um outro aspecto da imediativdade, representado pela humanização do Estado, que se faz representar pela figura do juiz, em audiência."

3.6.5. Irrecorribilidade das decisões interlocutórias: essa característica do princípio da oralidade tem por objetivo imprimir maior celeridade ao processo e

(33) GUEDES, Jefferson Carús. *O princípio da oralidade.* São Paulo: RT, 2003. p. 63.

(34) *Op. cit.*, p. 69.

(35) *Op. cit.*, p. 62.

prestigiar a autoridade do juiz na condução do processo, impedindo que as decisões interlocutórias, aquelas que decidem questões incidentes, sem encerrar o processo, sejam irrecorríveis de imediato, podendo ser questionadas quando do recurso cabível em face da decisão definitiva.

O princípio da irrecorribilidade das decisões interlocutórias no Processo do Trabalho decorre do princípio da oralidade, a fim de atribuir maior agilidade ao procedimento, bem como propiciar maior celeridade processual.

De outro lado, não é bem verdade que as decisões interlocutórias são irrecorríveis, uma vez que não o são de imediato, mas podem ser questionadas quando do recurso interposto da decisão final.

3.7. Majoração dos poderes do Juiz do Trabalho na direção do processo

Diante dos novos rumos constitucionais do acesso à justiça, efetividade da decisão e solução do processo em tempo razoável, há necessidade de o juiz moderno tomar postura mais ativa na direção do processo, não sendo apenas um mero espectador ou um convidado de pedra na relação jurídica processual. Deve ele ter postura imparcial, equilibrada, mas ativa, impulsionando o processo, fazendo escolhas que, ao mesmo tempo, garantam a paridade de armas às partes, e propiciem resultado e economia de atos processuais.

Diante do caráter publicista da jurisdição, do forte interesse social na resolução dos conflitos trabalhistas e da própria dinâmica do direito processual do trabalho, o Juiz do Trabalho tem majorados seus poderes na direção do processo, como forma de equilibrar a relação jurídica processual e resolver, com justiça, o conflito trabalhista.

De outro lado, não se trata o processo do trabalho de um procedimento inquisitivo, instaurado de ofício pelo juiz e movimentado sem ampla possibilidade de discussão da causa pelas partes. Ao contrário, trata-se de procedimento nitidamente contraditório, com ampla participação das partes, não sendo possível ao magistrado instaurá-lo de ofício. Não obstante, uma vez instaurado o processo pelas partes, a participação do Juiz do Trabalho na relação jurídico-processual é mais ativa.

Como destaca *Amauri Mascaro Nascimento*(36):

> "O Juiz do Trabalho comanda a prova de modo mais amplo que o juiz de direito, sendo comum ordenar ao empregador a demonstração de fatos que beneficiam o empregado por considerar desiguais as posições das partes e por entender que a empresa sempre está mais bem aparelhada para os esclarecimentos necessários, e, se não atendido, presume verdadeiras as alegações da inicial do reclamante (ex.: apresentação de cartões de ponto, sob pena de aceitação dos horários indicados na inicial)."

---

(36) NASCIMENTO, Amauri Mascaro. *Curso de Direito Processual do Trabalho*. 24. ed. São Paulo: Saraiva, 2009. p. 104.

O art. 765 da CLT possibilita ao Juiz do Trabalho maiores poderes na direção do processo, podendo, *ex officio*, determinar qualquer diligência processual para formar seu convencimento em busca da verdade, inclusive são amplos os poderes instrutórios do Juiz do Trabalho.

Conforme o art. 878 da CLT, a execução da sentença trabalhista poderá ser promovida de ofício pelo Juiz do Trabalho.

3.8. Subsidiariedade

Na fase de conhecimento, o art. 769 da CLT assevera que o Direito Processual comum é fonte do Direito Processual do Trabalho e, na fase de execução, o art. 889 da CLT determina que, nos casos omissos, deverá ser aplicada no Processo do Trabalho a Lei de Execução Fiscal (Lei n. 6.830/80)(37) e, posteriormente, o Código de Processo Civil.

3.9. Função social do Processo do Trabalho

Em razão do caráter publicista do processo do trabalho e do relevante interesse social envolvido na satisfação do crédito trabalhista, a moderna doutrina tem defendido a existência do princípio da função social do processo trabalhista.

Desse modo, deve o Juiz do Trabalho direcionar o processo no sentido de que este caminhe de forma célere, justa e confiável, assegurando-se às partes igualdades de oportunidades, dando a cada um o que é seu por direito, bem como os atos processuais sejam praticados de forma razoável e previsível, garantindo-se a efetividade processual, mas preservando-se, sempre, a dignidade da pessoa humana tanto do autor como do réu, em prestígio da supremacia do interesse público.

Nesse sentido, dispõe o art. 8º da CLT:

> "As autoridades administrativas e a Justiça do Trabalho, na falta de disposições legais ou contratuais, decidirão, conforme o caso, pela jurisprudência, por analogia, por equidade e outros princípios e normas gerais de direito, principalmente do direito do trabalho, e, ainda, de acordo com os usos e costumes, o direito comparado, mas sempre de maneira que *nenhum interesse de classe ou particular prevaleça sobre o interesse público*." (grifou-se)

Ao contrário do juiz de outras épocas, o juiz da atualidade está comprometido com a efetividade dos atos processuais, bem como com a realidade e justiça da decisão. A sociedade não tem tolerado decisões injustas, fora da realidade ou que não tenham resultados práticos.

Conforme a clássica frase de *Chiovenda*: "o processo precisa ser apto a dar a quem tem um direito, na medida do que for praticamente possível, tudo aquilo a que tem direito e precisamente aquilo a que tem direito."

(37) Como bem advertem Pedro Paulo Teixeira Manus e Carla Teresa Martins Romar: "A aplicação da norma processual civil no processo do trabalho só é admissível se houve omissão da CLT. Ademais, ainda que ocorra, caso a caso é preciso verificar se a aplicação do dispositivo do processo civil não gera incompatibilidade com os princípios e nem as peculiaridades do processo do trabalho. Se assim ocorrer, há de se proceder à aplicação do Instituto do processo comum, adaptando-o à realidade. Tal circunstância implica critérios nem sempre uniformes entre os vários juízos, ensejando discussões e divergências até certo ponto inevitáveis" (*CLT e legislação complementar em vigor*. 6. ed. São Paulo: Malheiros, 2006. p. 219).

O princípio da função social do processo do trabalho encontra suporte nos princípios constitucionais da função social da propriedade e no da função social do contrato previsto no art. 421 do CC[38].

Sobre as funções sociais da propriedade e do processo, *Miguel Reale* ensinava que elas são atingidas quando já há efetividade do princípio da igualdade real previsto no art. 5º da CF e observada a dignidade da pessoa humana (art. 1º, III, da CF).

Conforme destaca *Ingo Wolfgang Sarlet*[39]:

> "Temos por dignidade da pessoa humana a qualidade intrínseca e distintiva reconhecida em cada ser humano que o faz merecedor do mesmo respeito e consideração por parte do Estado e da comunidade, implicando, neste sentido, um complexo de direitos e deveres fundamentais que assegurem a pessoa tanto contra todo e qualquer ato de cunho degradante e desumano, como venham a lhe garantir as condições existenciais mínimas para uma vida saudável, além de propiciar e promover sua participação ativa e corresponsável nos destinos da própria existência e da vida em comunhão com os demais seres humanos."

Como destaca *Luiz Eduardo Gunther*[40]:

> "Ora, se há uma efetiva função social do processo, como há na propriedade e no contrato, incumbe ao juiz estar atento para poder garantir, na medida do possível, segurança e previsibilidade ao conviver dos homens. Impõe-se o reconhecimento dessa função social do processo como forma de admitir a realidade da construção de um Estado Democrático, que fundamenta essencialmente a atividade jurisdicional."

Existindo, no processo do trabalho, o princípio da função social, há de se admitir, por consequência, o princípio da *vedação do retrocesso social*.

Pelo princípio da vedação do retrocesso social do processo do trabalho, ele deve sempre estar em evolução, acompanhando os direitos fundamentais do cidadão, bem como propiciar a efetividade do direito fundamental do acesso do trabalhador à Justiça do Trabalho. Por isso, são relevantes os papéis da doutrina e da jurisprudência para a melhoria constante do processo do trabalho, como forma de assegurar o princípio da melhoria da condição social do trabalhador (art. 7º, *caput*, da CF).

Manifestando-se sobre o presente princípio, destaca *Carlos Henrique Bezerra Leite*[41]:

---

(38) Art. 421 do CC: A liberdade de contratar será exercida em razão e nos limites da função social do contrato.

(39) SARLET, Ingo Wolfgang. *Dignidade da pessoa humana e direitos fundamentais.* 4. ed. Porto Alegre: Livraria do Advogado. p. 60.

(40) GUNTHER, Luiz Eduardo. Aspectos principiológicos da execução incidentes no processo do trabalho. *In:* SANTOS, José Aparecido dos (Coord.). *Execução trabalhista:* homenagem aos 30 anos da AMATRA IX. São Paulo: LTr, 2008. p. 21.

(41) BEZERRA LEITE, Carlos Henrique. *Curso de direito processual do trabalho.* 7. ed. São Paulo: LTr, 2009. p. 845-846.

"Este princípio encontra-se implícito no nosso sistema constitucional e decorre, como leciona Ingo Wolfgang Sarlet, de outros princípios e argumentos de matriz jurídico-constitucional, como o princípio do Estado Democrático e Social de Direito, que impõe um patamar mínimo de segurança jurídica; o princípio da dignidade da pessoa humana; o princípio da máxima efetividade dos direitos fundamentais. Acrescentamos que o princípio da segurança é, ao mesmo tempo, um direito humano de primeira dimensão (CF, art. 5º, *caput*) e um direito humano de segunda dimensão (CF, art. 6º), valendo lembrar o disposto no *caput* do art. 7º da CF, que aponta sempre no sentido de melhoria (nunca de retrocesso) das condições sociais dos trabalhadores."

3.9.1. Princípio da normatização coletiva

O princípio da normatização coletiva constitui a competência material atribuída à Justiça do Trabalho para, uma vez solucionado o conflito coletivo de interesses (abstrato), criar, dentro de determinados parâmetros constitucionais, normas aplicáveis no âmbito das categorias profissional e econômica envolvidas no conflito.

Esse princípio se exterioriza pelo chamado *Poder Normativo da Justiça do Trabalho*, que se trata de uma competência anômala conferida à Justiça do Trabalho para, uma vez solucionado o conflito de interesse, criar normas que irão regular as relações entre as categorias profissional e econômica. Não se trata apenas de aplicar o direito preexistente, mas de criar, dentro de determinados parâmetros, normas jurídicas. Por isso, se diz que o poder normativo da Justiça do Trabalho atua no vazio da lei, ou seja, quando não há lei dispondo sobre a questão. Em razão disso, a Justiça do Trabalho detém a competência constitucional para criar normas por meio da chamada *sentença normativa*.

Desde a origem da Justiça do Trabalho, há divergência sobre a necessidade do Poder Normativo da Justiça do Trabalho.

Amauri Mascaro Nascimento[42] menciona os debates entre *Waldemar Ferreira* e *Oliveira Viana* quando da criação da Justiça do Trabalho. O primeiro, em seu livro *Princípios de Legislação Social e Direito Judiciário do Trabalho* (São Paulo, 1938), era contra o Poder Normativo, pois este contrariava princípios constitucionais, uma vez que sentença de caráter geral, aplicável de modo abstrato a pessoas não discriminadas, com o que a Justiça do Trabalho invadiria a esfera do Poder Legislativo. De outro lado, *Oliveira Viana*, em sua obra *Problemas de Direito Corporativo* (Rio de Janeiro: José Olympio, 1938), contestou *Waldemar Ferreira*, afirmando que o juiz, segundo a escola sociológica do direito colabora para a construção das normas jurídicas, não se limitando a ser mero intérprete gramatical dos textos legais e aplicador dos comandos legais como autômato diante da lei. A função do juiz é criativa, sem o

(42) NASCIMENTO, Amauri Mascaro. *Curso de Direito Processual do Trabalho*. 24. ed. São Paulo: Saraiva, 2009, p. 52-54.

que não é cumprida integralmente a sua missão. Mostrou também que havia novas realidades a serem atendidas mediante técnicas próprias, afirmando a compatibilidade entre a função normativa e a função judiciária.

Há argumentos favoráveis e desfavoráveis ao poder normativo da Justiça do Trabalho brasileira.

Dentre os argumentos favoráveis ao poder normativo, podemos apontar: a) acesso à Justiça do Trabalho; b) garantia de efetividade dos direitos trabalhistas; c) garantia de equilíbrio na solução do conflito coletivo, máxime quando uma das categorias é fraca; d) tradição dos países de Terceiro Mundo em solucionar o conflito por meio do Poder Judiciário; e) não impedimento de trabalhadores e empregadores criarem consciência de classe e regular seus próprios interesses; f) redução da litigiosidade e pacificação social; g) sindicalização por categoria e unicidade sindical; h) fragilidade do movimento sindical brasileiro; i) tendência universal do acesso à Justiça para a defesa dos interesses difusos, coletivos e individuais homogêneos.

Dentre os argumentos desfavoráveis à existência do Poder Normativo, destacamos: a) interferência indevida do Poder Judiciário na atividade legislativa; b) morosidade do judiciário trabalhista; c) falta de efetividade da sentença normativa, pois muitas vezes divorciada da realidade; d) despreparo técnico dos juízes em conhecer efetivamente o conflito coletivo e a realidade da categoria; e) engessamento da negociação coletiva; f) acomodação das categorias profissional e econômica.

Apesar das críticas e de ter sido mitigado pela Emenda Constitucional n. 45/04, o Poder Normativo da Justiça do Trabalho foi mantido[43].

4. Das fontes do Direito Processual do Trabalho

Um dos significados da palavra fonte é o de princípio ou causa donde provêm efeitos[44].

Ensina *Cândido Rangel Dinamarco*[45]:

> "Fontes formais do direito são os canais pelos quais as normas vêm ao mundo jurídico, oriundas da vontade do ente capaz de ditá-las e impô-las ou exigir sua observância. São, por esse aspecto, as formas de expressão do direito positivo. Direito é o sistema normativo de um Estado ou de alguma comunidade ou menos mais ampla. É composto pelas normas positivadas através das diversas fontes formais, mais os valores que lhes estão à base e devem transparecer no exame de cada fato relevante para a vida das pessoas ou grupos."

(43) A questão do Poder Normativo da Justiça do Trabalho está analisada com profundidade no capítulo referente ao Dissídio Coletivo.

(44) ARRUDA ALVIM. *Manual de direito processual*. v. 1, 9. ed. São Paulo: RT, 2005. p. 120.

(45) DINAMARCO, Cândido Rangel. *Instituições de direito processual civil*. v. I. São Paulo: Malheiros, 2001. p. 70.

O Direito Processual do Trabalho pertence ao ramo do Direito Público, sendo suas normas preponderantemente cogentes, isto é, não podem ser alteradas pela vontade das partes. Além disso, nos termos do art. 22, I, da CF, a União tem competência exclusiva para legislar sobre Direito Processual do Trabalho. Por isso, na esfera processual, não há muito espaço para atuarem outras fontes do direito que não as emanadas do Estado, mediante lei federal.

As fontes do Direito Processual não previstas na lei são denominadas pela doutrina como fontes subsidiárias do Processo do Trabalho, tendo a finalidade de preenchimento das lacunas da legislação processual trabalhista. São elas: os costumes, os princípios gerais de direito, a equidade e a jurisprudência.

Como destaca *Arruda Alvim*(46), fontes subsidiárias do Direito são os instrumentos de que se serve o próprio legislador, para que, não prevendo a lei especificamente todas as hipóteses, não seja prejudicada a ideia vital e realidade matriz do sistema, qual seja, a da plenitude do ordenamento jurídico.

Nesse sentido, dispõe o art. 140 do CPC:

> "O juiz não se exime de decidir sob a alegação de lacuna ou obscuridade do ordenamento jurídico."

No mesmo diapasão, é o art. 8º da CLT:

> "As autoridades administrativas e a Justiça do Trabalho, na falta de disposições legais ou contratuais, decidirão, conforme o caso, pela jurisprudência, por analogia, por equidade e outros princípios e normas gerais de direito, principalmente do direito do trabalho, e, ainda, de acordo com os usos e costumes, o direito comparado, mas sempre de maneira que nenhum interesse de classe ou particular prevaleça sobre o interesse público."

São fontes do Direito Processual do Trabalho:

a) Lei:

Ensina *Cândido Rangel Dinamarco*(47):

> "Leis, com a amplitude que o vocábulo se empresta nesse contexto, são os textos normativos elaborados segundo as competências e o processo legislativo definidos na Constituição e nas leis pertinentes, sempre com a participação do Poder Legislativo. São processuais as leis portadoras de normas gerais e abstratas alusivas ao processo, disciplinando o exercício da jurisdição, da ação e da defesa mediante os atos e formas processuais."

a.1) Constituição Federal: é norma fundamental do Processo do Trabalho. Nela estão as regras e princípios fundamentais do processo (art. 5º); a estrutura do Poder Judiciário (art. 93 e seguintes); e toda a estrutura do Judiciário Trabalhista (art. 111 a 116);

---

(46) *Op. cit.*, p. 131.

(47) *Instituições de direito processual civil.* v. I. São Paulo: Malheiros, 2001. p. 73.

a.2) Leis Processuais Trabalhistas: estão reguladas na Consolidação das Leis do Trabalho (art. 643 e seguintes); Lei n. 5.584/70 (disciplina regras do Processo do Trabalho); e a Lei n. 7.701/88, que dispõe sobre a competência do Tribunal Superior do Trabalho;

a.3) Código de Processo Civil e Leis Processuais Civis: O Código de Processo Civil e as Leis Processuais Civis são chamadas de fontes subsidiárias do Direito Processual do Trabalho para preenchimento de suas lacunas, também chamadas de "lacunas normativas."

No nosso sentir, não só o Código de Processo Civil é fonte subsidiária para preenchimento de lacunas da CLT na esfera processual, mas toda a legislação processual compatível com os princípios do Processo do Trabalho, como a Lei n. 8.078/90 (Código de Defesa do Consumidor), a Lei n. 7.347/85 (Lei da Ação Civil Pública), etc.

Até mesmo alguns dispositivos do Código de Processo Penal são aplicáveis ao Processo do Trabalho, pois o art. 769 da CLT utiliza a expressão *direito processual comum*, e este também abrange o Processo Penal. Como exemplos, temos a possibilidade de prisão em flagrante da testemunha que comete delito de falso testemunho, determinada pelo Juiz do Trabalho, a obrigatoriedade de comunicação à autoridade competente sobre crimes ocorridos nos autos do processo trabalhista, que são disposições previstas no Código de Processo Penal.

b) Regimentos Internos dos Tribunais:

Conforme definição de *Cléber Lúcio de Almeida*(48), "os regimentos internos dos tribunais representam manifestação do autogoverno dos tribunais e têm suma importância, em especial na definição da competência material e funcional dos seus órgãos."

Os Regimentos Internos dos Tribunais dispõem sobre matérias administrativas e também do funcionamento interno da Justiça do Trabalho, destacando-se a competência funcional de cada órgão do Tribunal, e também sobre uniformização de procedimentos dentro de cada órgão da Justiça do Trabalho.

No Regimento, há também regulamentação das leis e resoluções, para cobrir-lhes as lacunas, completar os preceitos vagos ou genéricos, sobretudo quando consta remissão expressa neste sentido, da norma hierarquicamente superior(49).

c) Costume:

É constituído pelo uso reiterado de determinada conduta processual (elemento objetivo) e do elemento subjetivo que é convicção de sua obrigatoriedade.

Como destaca *Amauri Mascaro Nascimento*(50): "O costume é fonte do Direito Processual geral, e, portanto, também do Direito Processual do Trabalho, nos termos

(48) ALMEIDA, Cléber Lúcio de. *Direito processual do trabalho.* Belo Horizonte: Del Rey, 2006. p. 18.

(49) MARQUES, José Frederico. *Manual de direito processual do trabalho.* v. I. Campinas: Bookseller, 1997. p. 62.

(50) NASCIMENTO, Amauri Mascaro. *Curso de direito do trabalho.* 22. ed. São Paulo: Saraiva, 2007. p. 81-82.

da Lei de Introdução ao Código Civil, art. 4º, do Código de Processo Civil, art. 126 e da CLT, art. 8º, dispositivos legais que o incluem como fonte formal do direito e do direito do trabalho, respectivamente. O costume não pode, porém, contrariar a lei diante da primazia daquela decorrente da sua natureza cogente. É legítima a sua invocação, mas é preciso reconhecer que a matéria processual é coberta por normas elaboradas pelo Estado, sendo difícil a possibilidade de sua formação consuetudinária. Alguns juristas, como Juan M. Pidal e Lopes, o admitem como fonte formal do direito processual trabalhista."

O costume tem sido utilizado no processo na chamada praxe forense da Justiça do Trabalho. Como exemplos, temos:

1. apresentação da contestação escrita em audiência;

2. o protesto em face de decisão interlocutória proferida pelo Juiz do Trabalho que causa gravame à parte, máxime em audiência;

3. a procuração tácita passada em audiência ou *apud acta*.

d) Princípios:

Os princípios são fonte do Direito Processual do Trabalho, principalmente os princípios constitucionais do processo e do Direito Processual do Trabalho, que norteiam a atividade do intérprete, servindo, também, para preenchimento de lacunas (art. 8º da CLT).

e) Jurisprudência:

Em épocas marcadas por grandes codificações, seguindo o sistema romano-germânico de legislação escrita e rígida, o juiz, praticamente, não podia interpretar a lei, somente podendo aplicá-la, subsumindo os fatos ao prévio catálogo de lei. O juiz era apenas a voz e a boca da lei (*bouche de la loi*). Tornou-se clássica a frase *in claris cessat interpretatio* do Código Civil francês.

Na visão de Montesquieu, os juízes eram seres inanimados, que não podiam moderar nem a sua força (a Lei) nem o seu rigor. O juiz nada criaria, apenas aplicaria o direito (já previamente elaborado pelo legislador) ao caso concreto. O catálogo de todas as soluções possíveis já preexistiria ao caso litigioso. Ao juiz nada mais se pediria do que confrontar o fato com tal catálogo, até localizar a regra legal que resolveria o problema. Sua atividade mental seria apenas silogística(51).

Atualmente, o sistema constitucional brasileiro, fruto do Estado Social, reconhece a liberdade de convicção do magistrado como sendo não só uma garantia da cidadania, mas também um pilar de sustentação do regime democrático de tripartição de poderes.

---

(51) FACCHINI NETO, Eugênio. Reflexões histórico-evolutivas sobre a constitucionalização do direito privado. *In:* SARLET, Ingo Wolfgang (Coord.). *Constituição, Direitos Fundamentais e Direito Privado.* Rio de Janeiro: Renovar, 2004. p. 23.

A doutrina tem destacado importante papel do Judiciário Trabalhista na concretização e efetivação dos direitos fundamentais do trabalhador, não sendo este apenas a chamada "boca da lei", mas livre para realizar interpretações construtivas e evolutivas do direito, a partir dos princípios constitucionais, com a finalidade de encontrar equilíbrio entre a livre-iniciativa e a dignidade da pessoa humana do trabalhador.

Não há consenso na doutrina de ser, efetivamente, a jurisprudência fonte do Direito Processual do Trabalho, pois o Brasil tem a tradição romano-germânica que prioriza o Direito positivado na lei. Entretanto, no Processo do Trabalho, a própria CLT reconhece a jurisprudência como fonte tanto do Direito do Trabalho como do Direito Processual do Trabalho (art. 8º).

A jurisprudência compõe o conjunto de decisões dos Tribunais, englobando os Tribunais Superiores, os de 2º grau de jurisdição e também os órgãos de 1º grau de jurisdição (Varas do Trabalho). Quando há reiteradas decisões num mesmo sentido, diz-se que há jurisprudência predominante sobre determinada matéria.

Como bem adverte *Tercio Sampaio Ferraz Júnior*(52):

> "Se é verdade que o respeito à lei e a proibição da decisão *contra legem* constituem regras estruturais fortes do sistema, não podemos desconhecer, de um lado, a formação de interpretações uniformes e constantes que, se não inovam a lei, dão-lhe um sentido geral de orientação; é a chamada jurisprudência pacífica dos tribunais, que não obriga, mas de fato acaba por prevalecer."

A jurisprudência uniforme dos Tribunais dá ensejo à edição de Súmulas, que constituem o resumo da interpretação pacífica de determinado Tribunal sobre uma matéria jurídica.

Como destaca *Amauri Mascaro Nascimento*(53):

> "A palavra *súmula* designa cada uma das decisões que constam no conjunto da jurisprudência. Houve, assim, sucessivas transformações de nomenclatura dos resumos da jurisprudência do Tribunal Superior do Trabalho, passando de prejulgados, com força obrigatória, para súmulas e depois enunciados, sem esse efeito, e agora, novamente súmulas."

São inúmeras as Súmulas do Tribunal Superior do Trabalho, disciplinando matéria processual, principalmente sobre matérias de aplicação subsidiária do Código de Processo Civil ao Processo do Trabalho.

A EC n. 45/04 criou a Súmula Vinculante, que pode ser editada pelo Supremo Tribunal Federal, mediante procedimento disciplinado por lei (Lei n. 11.417/06).

(52) FERRAZ JÚNIOR, Tercio Sampaio. *Introdução ao estudo do direito*. 5. ed. São Paulo: Atlas, 2007. p. 245.

(53) NASCIMENTO, Amauri Mascaro. *Curso de direito processual do trabalho*. 22. ed. São Paulo: Saraiva, 2007. p. 73.

Nesse sentido, dispõe o art. 103-A da CF:

"O Supremo Tribunal Federal poderá, de ofício ou por provocação, mediante decisão de dois terços dos seus membros, após reiteradas decisões sobre matéria constitucional, aprovar súmula que, a partir de sua publicação na imprensa oficial, terá efeito vinculante em relação aos demais órgãos do Poder Judiciário e à Administração Pública direta e indireta, nas esferas federal, estadual e municipal, bem como proceder à sua revisão ou cancelamento, na forma estabelecida em lei. § 1º – A súmula terá por objetivo a validade, a interpretação e a eficácia de normas determinadas, acerca das quais haja controvérsia atual entre órgãos judiciários ou entre esses e a Administração Pública que acarrete grave insegurança jurídica e relevante multiplicação de processos sobre questão idêntica. § 2º – Sem prejuízo do que vier a ser estabelecido em lei, a aprovação, revisão ou cancelamento de súmula poderá ser provocada por aqueles que podem propor a Ação Direta de Inconstitucionalidade. § 3º Do ato administrativo ou decisão judicial que contrariar a súmula aplicável ou que indevidamente a aplicar, caberá reclamação ao Supremo Tribunal Federal que, julgando-a procedente, anulará o ato administrativo ou cassará a decisão judicial reclamada, e determinará que outra seja proferida com ou sem a aplicação da súmula, conforme o caso."

Em havendo Súmula Vinculante do Supremo Tribunal em matéria da competência da Justiça do Trabalho, os órgãos da Justiça do Trabalho (Juízes do Trabalho, TRTs e TST) terão de observá-la. Portanto, as Súmulas Vinculantes em matéria processual são fontes do Direito Processual do Trabalho.

f) Equidade:

Ensina *Nelson Nery Junior*(54):

> "Na concepção aristotélica, equidade não é o legalmente justo, mas sim a correção da justiça legal. O equitativo é o justo."

A equidade é fonte subsidiária tanto do Direito Processual Civil (art. 140, parágrafo único, do CPC) como também do Direito Processual do Trabalho (art. 8º da CLT).

A doutrina costuma diferenciar o julgamento *por* equidade e o julgamento *com* equidade.

O julgamento por equidade constitui decisão baseada em critérios de justiça e razoabilidade, isto é, deixando de lado a lei e aplicando-se uma norma criada pelo julgador no caso concreto. Não obstante, o julgamento por equidade somente será possível quando houver autorização legal.

No Processo do Trabalho, o julgamento por equidade é possível nos dissídios coletivos de natureza econômica (art. 766 da CLT) e na arbitragem, que pode ser de direito ou por equidade (Lei n. 9.307/96).

O julgamento *com* equidade não significa desconsiderar a lei, mas interpretá-la de forma justa e razoável, abrandando o seu rigor a fim de que se encaixe ao caso concreto, observando-se a finalidade social da norma.

---

(54) NERY JUNIOR, Nelson. *Código de Processo Civil comentado.* 10. ed. São Paulo: RT, 2007. p. 386.

Como exemplo de julgamento com equidade, encontramos o disposto no art. 852-I, § 1º, da CLT:

"O juízo adotará em cada caso a decisão *que reputar mais justa e equânime, atendendo aos fins sociais da lei e as exigências do bem comum.*"

g) Doutrina:

A doutrina consiste no conjunto de apreensões e leituras sitematizadas da ordem jurídica pelos juristas e estudiosos do Direito em geral, que informam a compreensão do sistema jurídico e de seus ramos, institutos e diplomas normativos, auxiliando o processo de aplicação concreta do Direito(55).

Muitos autores negam que a doutrina seja fonte do Direito Processual, pois não é emanada de um órgão de poder. Outros afirmam que ela é fonte mediata do Direito, vale dizer: secundária.

Mesmo não sendo fonte formal do Direito Processual do Trabalho, inegável a importância dos estudos doutrinários na aplicação e interpretação das normas processuais trabalhistas. Muitas vezes, os entendimentos doutrinários influenciam a jurisprudência e servem de suporte à criação de normas jurídicas.

5. Interpretação do Direito Processual do Trabalho

Ensina *Carlos Maximiliano*(56):

"Interpretar é explicar, esclarecer; dar o significado de vocábulo, atitude ou gesto; reproduzir por outras palavras um pensamento exteriorizado; mostrar o sentido verdadeiro de uma expressão; extrair, de frase, sentença ou norma, tudo o que na mesma se contém."

Conforme menciona *Tercio Sampaio Ferraz Júnior*(57), a norma jurídica trata-se de uma proposição que diz como deve ser o comportamento, isto é, uma proposição de dever-ser. Promulgada a norma, ela passa a ter vida própria, conforme o sistema de normas no qual está inserida.

Desse modo, a lei, uma vez publicada e inserida no sistema de normas, adquire vida própria, desvinculando-se do seu criador e dos motivos que ensejaram sua edição. Por isso, deve ser livremente interpretada em compasso com as demais normas do sistema e do momento social em que ela se insere e, principalmente, confrontada com os princípios constitucionais do processo. Atualmente, doutrina e jurisprudência admitem ampla liberdade do juiz na interpretação das normas processuais como decorrência do princípio do livre convencimento motivado e da imparcialidade.

(55) DELGADO, Mauricio Godinho. *Curso de direito do trabalho.* 7. ed. São Paulo: LTr, 2008. p. 172.

(56) MAXIMILIANO, Carlos. *Hermenêutica e aplicação do direito.* 19. ed. Rio Janeiro: Forense, 2003. p. 07.

(57) FERRAZ JÚNIOR, Tercio Sampaio. *Introdução ao estudo do direito.* 5. ed. São Paulo: Atlas, 2007. p. 100.

Toda norma deve ser interpretada, não se aplicando mais atualmente o princípio *in claris cessat interpretatio*. Nesse sentido, destacamos a seguinte ementa:

> "Interpretação da lei — Limites. Ao Poder Judiciário compete decidir as demandas dentro dos parâmetros legais, adaptando a solução à realidade social de um momento histórico. As minudências técnicas da lei devem ser humanizadas pela sensibilidade do juiz, homem que, vivendo na comunidade que lhe é jurisdicionada, deve cuidar para que a solução da lide não se apegue às regras frias. Além disto, a solução proposta pela sentença não deve limitar-se a resolver a questão suscitada pelos litigantes, atendo-se ao aspecto exclusivamente individualista, mas ter em vista as consequências sociais mais abrangentes, sobretudo quando se trata de questões trabalhistas." (TRT – 10ª R. – 1ª T. – RO n. 4950/98 – rel. Juiz Fernando A. V. Damasceno – DJDF 19.5.2000 – p. 6) (RDT 06/00, p. 61)

Conforme já nos posicionamos, a interpretação da legislação processual do trabalho deve estar em compasso com os princípios constitucionais do processo (interpretação conforme a Constituição Federal). Desse modo, toda norma que rege o Processo do Trabalho deve ser lida com os olhos da Constituição Federal, buscando sempre a máxima eficiência das normas e princípios constitucionais do processo.

Nessa direção, ensina *Luiz Guilherme Marinoni*(58):

> "Não há mais qualquer legitimidade na velha ideia de jurisdição voltada à atuação da lei; não é mais possível esquecer que o judiciário deve compreendê-la e interpretá-la a partir dos princípios constitucionais de justiça e dos direitos fundamentais [...]. Diante disso, alguém poderia pensar que o princípio da legalidade simplesmente sofreu um desenvolvimento, já que a subordinação à lei passou a significar subordinação à Constituição, ou melhor, que a subordinação do Estado à lei foi levada a uma última consequência, consistente na subordinação da própria legislação à Constituição, que nada mais seria do que a 'lei maior' [...]. A obrigação do jurista não é mais apenas a de revelar as palavras da lei, mas sim a de projetar uma imagem, corrigindo-a e adequando-a aos princípios de justiça e aos direitos fundamentais. Aliás, quando essa correção ou adequação não for possível, só lhe restará demonstrar a inconstitucionalidade da lei — ou, de forma figurativa, comparando-se a sua atividade com a de um fotógrafo, descartar a película por ser impossível encontrar uma imagem compatível. Não há como negar, hoje, a eficácia normativa ou a normatividade dos princípios constitucionais de justiça. Atualmente, esses princípios e os direitos fundamentais têm qualidade de normas jurídicas e, assim, estão muito longe de significar simples valores. Aliás, mesmo os princípios constitucionais não explícitos e os direitos fundamentais não expressos têm plena eficácia."

Os meios de interpretação da legislação processual do trabalho são os mesmos pertencentes à teoria geral do direito. Nesse sentido, bem adverte *José Frederico*

(58) MARINONI, Luiz Guilherme. *Teoria geral do processo*. São Paulo: RT, 2006. p. 44-45.

Marques[(59)]: "A interpretação da lei processual civil não apresenta nenhuma particularidade na esfera da hermenêutica, uma vez que segue a metodologia das demais ciências do direito. Há, no Direito Processual Civil, a interpretação extensiva e a restritiva, bem como pode chegar-se ao entendimento do preceito escrito ou pela interpretação literal, ou por aquele de caráter sistemático, ou ainda a interpretação teleológica."

Há certo consenso na doutrina de que os principais métodos de interpretação da legislação processual trabalhista são: literal ou gramatical, histórico, teleológico, sistemático, restritivo e extensivo.

a) literal ou gramatical: leva em consideração o significado das palavras para se chegar à interpretação da lei. Como destaca *Tercio Sampaio Ferraz Júnior*[(60)], quando se enfrenta uma questão léxica, a doutrina costuma falar em interpretação gramatical. Parte-se do pressuposto de que a ordem das palavras e o modo como elas estão conectadas são importantes para obter-se o correto significado da norma.

O método gramatical é o primeiro recurso a ser usado na interpretação, mas não deve ser o único, devendo sempre o Juiz do Trabalho utilizar os demais métodos de interpretação para chegar ao real significado da norma.

b) histórico: o método histórico investiga os motivos sociológicos que deram origem à edição de determinada norma, buscando as principais discussões que se travaram nas assembleias legislativas para a edição de determinada lei processual;

c) teleológico: este método busca investigar a finalidade social da norma, ou seja: o seu objetivo e fim social.

Como bem adverte *José Frederico Marques*[(61)]:

> "Tendo em vista os critérios de justiça, segurança ou oportunidade, o intérprete adotará o método que lhe pareça mais acertado para o caso. Na há sistemas rígidos de interpretação. O entendimento mais razoável é o que deve prevalecer, pouco importando que tenha sido deduzido da interpretação exegética, da sistemática ou da teleológica. O *logos del razonable*, como destaca *Recaséns Siches*, é que deve orientar o intérprete, visto que na aplicação do direito não se depara com a uniformidade lógica do raciocínio matemático e sim com a flexibilidade ou compreensão razoável da norma do *ius scriptum*. Com essa orientação pautou-se precedente do Superior Tribunal de Justiça, em cuja mente oficial se assentou que 'a melhor interpretação da lei é a que se preocupa com a solução justa, não podendo o seu aplicador esquecer que o rigorismo na exegese dos textos legais pode levar a injustiças'."

---

(59) MARQUES, José Frederico. *Manual de direito processual civil.* v. I. Campinas: Bookseller, 1997. p. 70-71.

(60) *Introdução ao estudo do direito.* 5. ed. São Paulo: Atlas, 2007. p. 289.

(61) *Op. cit.*, p. 71.

Nesse sentido, dispõe o art. 852-I da CLT:

"A sentença mencionará os elementos de convicção do juízo, com resumo dos fatos relevantes ocorridos em audiência, dispensado o relatório. § 1º – O juízo adotará em cada caso a decisão que reputar mais justa e equânime, atendendo aos fins sociais da lei e as exigências do bem comum."

Na mesma direção, é o art. 5º da LINDB, que determina que o juiz ao aplicar a lei atente para os fins sociais a que ela se dirige e às exigências do bem comum.

d) sistemático: o método sistemático constitui forma de interpretação da lei em cotejo com o sistema de normas no qual ela se insere, cotejando-a com as demais regras e princípios que disciplinam determinado instituto processual.

Ensina *Carlos Maximiliano*(62): "Consiste o Processo Sistemático em comparar o dispositivo sujeito a exegese, com outros do mesmo repositório ou de leis diversas, mas referentes ao mesmo objeto. Por umas normas se conhece o espírito de outras. Procura-se conciliar as partes antecedentes com as consequentes, e do exame das regras em conjunto deduzir o sentido de cada uma."

O método sistemático parte da ideia de ser o ordenamento jurídico processual um sistema harmônico de normas. Como destaca *Tercio Sampaio Ferraz Júnior*(63):

> "Quando se enfrentam as questões de compatibilidade num todo estrutural, falemos em interpretação sistemática (*stricto sensu*). A pressuposição hermenêutica é a da unidade do sistema jurídico do ordenamento."

e) restritivo: neste método, se restringe o alcance de determinada lei processual, para que a regra somente incida nas hipóteses taxativas que disciplina.

Como destaca *Carlos Maximiliano*(64), a exegese restrita atinge menos do que a letra, à primeira vista, traduz.

No processo, as normas que implicam restrições de direito são interpretadas restritivamente, como a renúncia e transação, bem como as regras proibitivas.

f) extensivo: por este método, se dilata o alcance de determinada regra processual para disciplinar hipóteses não descritas expressamente na lei.

Como adverte *Carlos Maximiliano*(65), a exegese extensiva objetiva extrair do texto mais do que as palavras parecem indicar.

5.1. Regras de interpretação constitucional

Nos ensina, com sabedoria, *Carlos Henrique Bezerra Leite*(66):

> "No Estado Democrático de Direito, o processo pode ser definido como o 'direito constitucional aplicado', enquanto o acesso à justiça passa a ser

(62) *Op. cit.*, p. 104.

(63) *Op. cit.*, p. 293.

(64) *Op. cit.*, p. 163.

(65) *Op. cit.*, p. 163.

(66) BEZZERA LEITE, Carlos Henrique. *Curso de direito processual do trabalho.* 11. ed. São Paulo: LTr, 2013. p. 41.

visto, a um só tempo, em nosso ordenamento jurídico, direito humano e direito fundamental. É direito humano, porque é previsto em tratados internacionais de direitos humanos e tem por objeto a dignidade, a liberdade, a igualdade e a solidariedade entre todos os seres humanos, independentemente de origem, raça, cor, sexo, crença, religião, orientação sexual, idade ou estado civil. Com efeito, o art. 8º da Declaração Universal dos Direitos Humanos de 1948 dispõe textualmente: 'Toda pessoa tem direito a recurso efetivo para as jurisdições nacionais competente contra os atos que violem os direitos fundamentais reconhecidos pela Constituição e pela Lei'. O acesso à justiça é, também, direito fundamental, porquanto catalogado no elenco dos direitos e deveres individuais e coletivos constantes do Título II da Constituição da República de 1988, cujo art. 5º, inciso XXXV, prescreve que a 'lei não excluirá da apreciação do Poder Judiciário lesão ou ameaça a direito'."

A moderna doutrina, diante da Constitucionalização do Direito e também do Direito Processual, tem dado destaque às regras de interpretação do texto constitucional, que constituem verdadeiros princípios, tendo destaque os seguintes: (a) princípio da unidade; (b) princípio da interpretação conforme a Constituição; (c) princípio da máxima efetividade; (d) princípio da força normativa da Constituição; e (e) princípio da proporcionalidade.

Nesse sentido, é o art. 1º do CPC, de plena aplicabilidade no Processo do Trabalho, *in verbis*:

> "O processo civil será ordenado, disciplinado e interpretado conforme as normas e os valores consagrados na Constituição da República Federativa do Brasil, observando-se as disposições deste Código."

Diante do referido dispositivo legal, o Direito Processual do Trabalho deve ser lido, interpretado e aplicado segundo os princípios, normas e valores disciplinados na Constituição Federal. Consagra-se o chamado *modelo constitucional do direito processual civil* (expressão de *Cássio Scarpinella Bueno*(67)). Inegavelmente, há um avanço no método de interpretação do direito processual, pois a Consolidação das Leis do Trabalho é muito anterior à Constituição de 1988 e, naquela época, ainda não se considerava, com nitidez, a influência da Constituição Federal no sistema processual.

O princípio da unidade parte do pressuposto de que a Constituição constitui um sistema harmônico de normas integradas, no qual uma norma, embora conserve sua autonomia, encontra fundamento em outra norma constitucional. Desse modo, a interpretação deve procurar observar a harmonia do sistema constitucional, interpretando as normas constitucionais em conjunto, de forma sistemática.

No aspecto, vale destacar o Enunciado n. 1, da 1ª Jornada de Direito Material e Processual do Trabalho da ANAMATRA, realizada no Tribunal Superior do Trabalho, *in verbis*:

---

(67) *Manual de Direito Processual Civil*. São Paulo: Saraiva, 2015. p. 37

"*Direitos fundamentais. Interpretação e aplicação.* Os direitos fundamentais devem ser interpretados e aplicados de maneira a preservar a integridade sistêmica da Constituição, a estabilizar as relações sociais e, acima de tudo, a oferecer a devida tutela ao titular do direito fundamental. No Direito do Trabalho, deve prevalecer o princípio da dignidade da pessoa humana."

Com relação ao princípio da interpretação conforme a Constituição Federal, este determina que a interpretação da legislação processual do trabalho deve estar em compasso com os princípios constitucionais do processo. Desse modo, toda norma que rege o processo do trabalho deve ser lida com os olhos da Constituição Federal, buscando sempre a máxima eficiência das normas e princípios constitucionais do processo.

O princípio da máxima efetividade ou eficiência determina que a interpretação procure o sentido da norma que propicie maior efetividade do texto constitucional.

J. J. Gomes Canotilho afirma: "este princípio, também designado por princípio da eficiência ou princípio da interpretação efectiva, pode ser formulado da seguinte maneira: a uma norma constitucional deve ser atribuído o sentido que maior eficácia lhe dê. É um princípio operativo em relação a todas e quaisquer normas constitucionais, e embora a sua origem esteja ligada à tese da actualidade das normas programáticas (Thoma), é hoje, sobretudo, invocado no âmbito dos direitos fundamentais (no caso de dúvidas deve preferir-se a interpretação que reconheça maior eficácia aos direitos fundamentais)."[(68)]

Com relação ao princípio da força normativa, este propicia a atualização do texto constitucional e da legislação infraconstitucional às necessidades atuais da sociedade por meio de interpretação, garantindo ao texto constitucional efetividade e permanência. Por isso, é possível dar outro sentido ao texto constitucional sem alteração formal de seu texto (alguns autores denominam esta hipótese de mutação constitucional).

Como nos ensina *Willis Santiago Guerra Filho*, "chama a atenção para a historicidade das estruturas sociais, às quais se reporta a Constituição, donde a necessidade permanente de se proceder a sua atualização normativa, garantindo, assim, sua eficácia e permanência. Esse princípio nos alerta para a circunstância de que a evolução social determina sempre, se não uma modificação do texto constitucional, pelo menos alterações no modo de compreendê-lo, bem como às normas infraconstitucionais."[(69)]

Como destaca *Luiz Guilherme Marinoni*:

> "Não há mais qualquer legitimidade na velha ideia de jurisdição voltada à atuação da lei; não é mais possível esquecer que o Judiciário deve compreendê-la e interpretá-la a partir dos princípios constitucionais de

(68) CANOTILHO, J. J. Gomes. *Direito constitucional e teoria da Constituição*, p. 1.224.

(69) GUERRA FILHO, Willis Santiago. Ob. cit., p. 79.

> justiça e dos direitos fundamentais. [...] Diante disso, alguém poderia pensar que o princípio da legalidade simplesmente sofreu um desenvolvimento, já que a subordinação à lei passou a significar subordinação à Constituição, ou melhor, que a subordinação do Estado à lei foi levada a uma última consequência, consistente na subordinação da própria legislação à Constituição, que nada mais seria do que a 'lei maior'. [...] A obrigação do jurista não é mais apenas a de revelar as palavras da lei, mas sim a de projetar uma imagem, corrigindo-a e adequando-a aos princípios de justiça e aos direitos fundamentais. Aliás, quando essa correção ou adequação não for possível, só lhe restará demonstrar a inconstitucionalidade da lei — ou, de forma figurativa, comparando-se a sua atividade com a de um fotógrafo, descartar a película por ser impossível encontrar uma imagem compatível. Não há como negar, hoje, a eficácia normativa ou a normatividade dos princípios constitucionais de justiça. Atualmente, esses princípios e os direitos fundamentais têm qualidade de normas jurídicas e, assim, estão muito longe de significar simples valores. Aliás, mesmo os princípios constitucionais não explícitos e os direitos fundamentais não expressos têm plena eficácia"(70).

O princípio da proporcionalidade, também chamado de regra de ponderação, se destina a solucionar o conflito entre princípios constitucionais, em um caso concreto, aplicando-se um princípio ao invés do outro que está em conflito, sem descartar a validade e eficácia do princípio não aplicado.

Ao aplicar o princípio da proporcionalidade, a doutrina tem fixado algumas regras ou subprincípios da proporcionalidade, quais sejam: necessidade, adequação e proporcionalidade em sentido estrito.

Desse modo, no conflito de princípios no caso concreto, deve o juiz avaliar, primeiramente, se o sacrifício de um princípio em prol do outro é necessário, diante das circunstâncias do caso concreto. Como bem adverte *Virgílio Afonso da Silva*, "quando se fala em necessidade ou em exigibilidade, nos termos da regra da proporcionalidade, não se quer fazer uma situação de necessidade, de urgência ou de que algo precisa necessariamente ser feito. [...] Assim, um ato estatal que limita direito fundamental é somente necessário caso a realização do objetivo perseguido não possa ser promovida, com a mesma intensidade, por meio de outro ato que limite, em menor medida, o direito fundamental atingido."(71)

Posteriormente, deve ser avaliada a adequação da medida escolhida; se a medida escolhida é adequada para a efetividade do direito no caso concreto. Como destaca *Virgílio Afonso da Silva*, "quando uma medida estatal implica intervenção no âmbito de proteção de um direito fundamental, necessariamente essa medida deve ter como

(70) MARINONI, Luiz Guilherme. *Teoria geral do processo.* São Paulo: RT, 2006. p. 44-45.

(71) SILVA, Virgílio Afonso da. *Direitos fundamentais:* conteúdo essencial, restrições e eficácia. São Paulo: Malheiros, 2009. p. 170-171.

objetivo um fim constitucionalmente legítimo, que, em geral, é a realização de outro direito fundamental."[72]

Por fim, deve-se realizar o juízo de ponderação em sentido estrito, aplicando o princípio mais vantajoso e menos traumático, escolhendo o princípio que pode ser sacrificado em prol de outro aplicado no caso concreto e devendo considerar sempre a proteção efetiva à dignidade da pessoa humana.

No aspecto, relevante destacar o art. 8º do CPC, de plena aplicabiliade ao processo do trabalho (arts. 15 do CPC e 769, da CLT) que incorpora importantes princípios e fundamentos constitucionais para intepretação das regras processuais. Com efeito, dispõe o referido dispositivo:

> "Ao aplicar o ordenamento jurídico, o juiz atenderá aos fins sociais e às exigências do bem comum, resguardando e promovendo a dignidade da pessoa humana e observando a proporcionalidade, a razoabilidade, a legalidade, a publicidade e a eficiência."

Diante do referido dispositivo legal, o Juiz ao interpretar a aplicar o ordenamento jurídico processual do trabalho e também o ordenamento processual civil, de aplicação supletiva e subsidiária, deverá:

a) promover a dignidade da pessoa humana (art. 1º, III, da CF), que é o marco inicial e também o marco final das normas jurídicas.

Como bem conceitua *André de Carvalho Ramos*[73]:

> "a dignidade humana consiste na qualidade intrínseca e distintiva de cada ser humano, que o protege contra todo tratamento degradante e discriminação odiosa, bem como assegura condições materiais mínimas de sobrevivência. Consiste em atributo que todo indivíduo possui, inerente à sua condição humana, não importando qualquer outra condição referente à nacionalidade, opção política, orientação sexual, credo, etc.."

b) as regras de proporcionalidade e razoabilidade, principalmente como técnica de resolução de conflito de princípios ou normas fundamentais no caso concreto;

c) legalidade (art. 5º, II, da CF);

d) publicidade (art. 93, IX, da CF);

e) eficiência, que é um princípio geral da Administração Pública (art. 37, *caput*, da CF) e também do Poder Judiciário. Ao aplicar as regras processuais deve o Juiz do Trabalho extrair o máximo de eficiência destas, observando sempre o acesso à justiça, contraditório, duração razoável do processo e efetividade das decisões.

No aspecto, vale destacar as seguintes ementas:

"Prova pericial. Ausência do autor à perícia designada. Indeferimento da prova. Razoabilidade, proporcionalidade e busca da verdade real. O processo é um instrumento a serviço

---

(72) *Ibidem*, p. 169-170.

(73) *Curso de Direitos Humanos*. 2. ed. São Paulo: Saraiva, 2015. p. 74.

do Direito e da Justiça, e não um fim em si mesmo. Ademais, pelo princípio da primazia da realidade, que informa o processo do trabalho, o magistrado, na condução do processo, deve priorizar a busca da verdade real (art. 765 da CLT). Embora o autor não tenha comparecido à primeira perícia médica na data agendada, tem-se que não é razoável e nem proporcional o indeferimento da produção da prova pericial, sem que lhe seja concedida ao menos uma nova oportunidade de se submeter ao exame clínico." (TRT/SP. 6ª T. Processo n. 02710002120065020314. Acórdão n.: 20150240508, rel. Des. Rafael Edson Pugliese Ribeiro. DOE/SP: 30.3.2015)

"BEM DE FAMÍLIA — PENHORABILIDADE — IMÓVEL CUJA AVALIAÇÃO SUPERA EM MUITO O CRÉDITO NA EXECUÇÃO. A impenhorabilidade prevista na Lei n. 8.009/90 não se aplica de forma absoluta ao processo do trabalho, na medida em que este visa assegurar crédito trabalhista, cuja natureza alimentar ninguém poderia colocar em dúvida e que encontra proteção contra todos os demais créditos (art. 100 do Texto Supremo). Tratando-se de crédito de natureza alimentar, não pode ter sua garantia inviabilizada por norma originária de uma Medida Provisória, pois tal instrumento não pode dispor a respeito de matéria processual. Ademais, a norma em comento feriu ainda o princípio da isonomia, ao permitir a penhora do bem de família para garantia de determinados créditos, inclusive trabalhista quando o credor for o trabalhador que tenha laborado na residência familiar (art. 3º). Portanto, discriminou os demais trabalhadores agredindo o disposto no art. 5º do Texto de 1988. O julgador deve sopesar, em cada caso concreto, os valores ou bens em jogo, pois somente assim poderá dar a solução mais aproximada da justiça, como no caso em exame em que o valor do imóvel é muito superior ao crédito em execução, de sorte que a sua alienação pode garantir o pagamento dos haveres trabalhistas quanto, com o saldo remanescente, propiciar aos executados que venham a adquirir outro bem, mormente quanto é certo que o referido bem se encontra alugado. Agravo de petição a que se dá provimento para julgar subsistente a penhora realizada." (TRT – 24ª R – AP 754200707224007 MS 00754-2007-072-24-00-7 – Rel. Francisco das C. Lima Filho – DO/MS n. 511. de 27.3.2009)

6. Da aplicação subsidiária do Direito Processual Civil ao Direito Processual do Trabalho e as lacunas da CLT

6.1. O Código de Processo Civil de 2015 e o Processo do Trabalho

O Código de Processo Civil é a lei fundamental que rege os processos de natureza civil, aplicando-se às demandas de natureza não penal. Por isso, sua importância é fundamental.

Depois de quase cinco anos de tramitação no Congresso Nacional, a partir da apresentação do Anteprojeto por uma comissão de juristas nomeada pelo Senado Federal, o Projeto do Código de Processo Civil foi aprovado e sancionado, tornando-se a Lei n. 13.105/15, de 16.3.2015, publicada em 17.3.2015, com vigência inicial para 17 de março de 2016 (art. 1.045, do CPC[74]).

Além disso, a nova codificação passou por amplo debate tanto na Câmara dos Deputados como no Senado Federal, com participação de diversos segmentos da socidade e sua tramitação se deu, integralmente, em regime democrático.

---

(74) Art. 1.045 do CPC: "Este Código entra em vigor após decorrido 1 (um) ano da data de sua publicação oficial."

O Código de Processo Civil de 1973, elaborado com refinada técnica processual, vigeu por mais de 40 anos, tendo sofrido muitas reformas ao longo dos anos para que fosse adaptado às mudanças sociais e pudesse dar respostas adequadas aos milhares de processos que tramitam no Judiciário Brasileiro. Diante dessas reformas, o legislativo e segmentos de respeito da doutrina passaram a entender que havia necessidade de um novo Código de Processo, pois o Código de 1973 parecia uma "colcha de retalhos", tendo perdido sua identidade e, em muitos apectos, havia necessidade de mudanças mais contundentes, o que somente seria possível com uma nova codificação.

Valem ser mencionadas as premissas básicas que foram consideradas pelos juristas que elaboraram o Anteprojeto do Novo Código de Processo Civil, destacando-se a seguinte passagem da Exposição de Motivos da nova codificação, *in verbis*:

> "Um sistema processual civil que não proporcione à sociedade o reconhecimento e a realização dos direitos, ameaçados ou violados, que têm cada um dos jurisdicionados, não se harmoniza com as garantias constitucionais de um Estado Democrático de Direito. Sendo ineficiente o sistema processual, todo o ordenamento jurídico passa a carecer de real efetividade. De fato, as normas de direito material se transformam em pura ilusão, sem a garantia de sua correlata realização, no mundo empírico, por meio do processo. Não há fórmulas mágicas. O Código vigente, de 1973, operou satisfatoriamente durante duas décadas. A partir dos anos noventa, entretanto, sucessivas reformas, a grande maioria delas lideradas pelos Ministros Athos Gusmão Carneiro e Sálvio de Figueiredo Teixeira, introduziram no Código revogado significativas alterações, com o objetivo de adaptar as normas processuais a mudanças na sociedade e ao funcionamento das instituições. A expressiva maioria dessas alterações, como, por exemplo, em 1994, a inclusão no sistema do instituto da antecipação de tutela; em 1995, a alteração do regime do agravo; e, mais recentemente, as leis que alteraram a execução, foram bem recebidas pela comunidade jurídica e geraram resultados positivos, no plano da operatividade do sistema. O enfraquecimento da coesão entre as normas processuais foi uma consequência natural do método consistente em se incluírem, aos poucos, alterações no CPC, comprometendo a sua forma sistemática. A complexidade resultante desse processo confunde-se, até certo ponto, com essa desorganização, comprometendo a celeridade e gerando questões evitáveis (= pontos que geram polêmica e atraem atenção dos magistrados) que subtraem indevidamente a atenção do operador do direito. Nessa dimensão, a preocupação em se preservar a forma sistemática das normas processuais, longe de ser meramente acadêmica, atende, sobretudo, a uma necessidade de caráter pragmático: obter-se um grau mais intenso de funcionalidade. Sem prejuízo da manutenção e do aperfeiçoamento dos institutos introduzidos no sistema pelas reformas ocorridas nos anos

de 1992 até hoje, criou-se um Código novo, que não significa, todavia, uma ruptura com o passado, mas um passo à frente. Assim, além de conservados os institutos cujos resultados foram positivos, incluíram-se no sistema outros tantos que visam a atribuir-lhe alto grau de eficiência. Há mudanças necessárias, porque reclamadas pela comunidade jurídica, e correspondentes a queixas recorrentes dos jurisdicionados e dos operadores do Direito, ouvidas em todo país. Na elaboração deste Anteprojeto de Código de Processo Civil, essa foi uma das linhas principais de trabalho: resolver problemas. Deixar de ver o processo como teoria descomprometida de sua natureza fundamental de método de resolução de conflitos, por meio do qual se realizam valores constitucionais. Assim, e por isso, um dos métodos de trabalho da Comissão foi o de resolver problemas, sobre cuja existência há praticamente unanimidade na comunidade jurídica. Isso ocorreu, por exemplo, no que diz respeito à complexidade do sistema recursal existente na lei revogada. Se o sistema recursal, que havia no Código revogado em sua versão originária, era consideravelmente mais simples que o anterior, depois das sucessivas reformas pontuais que ocorreram, se tornou, inegavelmente, muito mais complexo. Não se deixou de lado, é claro, a necessidade de se construir um Código coerente e harmônico *interna corporis*, mas não se cultivou a obsessão em elaborar uma obra magistral, estética e tecnicamente perfeita, em detrimento de sua funcionalidade. De fato, essa é uma preocupação presente, mas que já não ocupa o primeiro lugar na postura intelectual do processualista contemporâneo. A coerência substancial há de ser vista como objetivo fundamental, todavia, e mantida em termos absolutos, no que tange à Constituição Federal da República. Afinal, é na lei ordinária e em outras normas de escalão inferior que se explicita a promessa de realização dos valores encampados pelos princípios constitucionais. O novo Código de Processo Civil tem o potencial de gerar um processo mais célere, mais justo, porque mais rente às necessidades sociais e muito menos complexo. A simplificação do sistema, além de proporcionar-lhe coesão mais visível, permite ao juiz centrar sua atenção, de modo mais intenso, no mérito da causa. Com evidente redução da complexidade inerente ao processo de criação de um novo Código de Processo Civil, poder-se-ia dizer que os trabalhos da Comissão se orientaram precipuamente por cinco objetivos: 1) estabelecer expressa e implicitamente verdadeira sintonia fina com a Constituição Federal; 2) criar condições para que o juiz possa proferir decisão de forma mais rente à realidade fática subjacente à causa; 3) simplificar, resolvendo problemas e reduzindo a complexidade de subsistemas, como, por exemplo, o recursal; 4) dar todo o rendimento possível a cada processo em si mesmo considerado; e, 5) finalmente, sendo talvez este último objetivo parcialmente alcançado pela realização daqueles mencionados antes, imprimir maior grau de organicidade ao sistema, dando-lhe, assim, mais coesão (...)."

Muitos dos institutos fundamentais do processo civil, disciplinados no Código de 1973 foram aproveitados na nova codificação, bem como foram incorporados ao texto, a moderna visão da doutrina e muitos entendimentos consagrados na jurisprudência dos Tribunais. Há, também institutos novos que serão melhor esculpidos pela jurisprudência dos Tribunais e pela visão crítica da doutrina.

Iniciam os primeiros estudos sobre o Novo Código convertido em lei, entretanto, uma compreensão mais profunda e lapidada somente virá daqui há alguns anos, após o novel diploma legislativo encontrar os milhares de processos que tramitam nos Tribunais da Justiça brasileira, e ficar calejado pela prática cotidiana.

A chegada do Novo Código de Processo Civil provoca, mesmo de forma inconsciente um desconforto nos aplicadores do Processo Trabalhista, uma vez que há muitos impactos da nova legislação nos sítios do processo trabalhista, o que exigirá um esforço intenso da doutrina e da jurisprudência para revisitar todos os institutos do processo do trabalho e analisar a compatibilidade, ou não, das novas regras processuais civis. De outro lado, há um estimulante desafio, pois os operadores do Direito Processual do Trabalho podem transportar as melhores regras do novo código para o processo trabalhista e, com isso, melhorar a prestação jurisdicional trabalhista e tornar o processo do trabalho mais justo e efetivo.

Na seara do processo do trabalho, o novo código provocará, necessariamente, um novo estudo das normas e da doutrina do processo trabalhista. Institutos já sedimentados serão, necessariamente revisados, pois haverá necessidade de se verificar se as mudanças são compatíveis com a sistemática do processo trabalhista e se, efetivamente, trarão melhoria dos institutos processuais trabalhistas. Será um trabalho árduo, de paciência e coragem. Uma pergunta terá que ser respondida, qual seja: as regras do Processo do Trabalho ainda são de vanguarda, ou já superadas pelo novel diploma processual civil?

O fato do novo código se aplicar *subsidiária* e *supletivamente* (art. 15 do CPC) ao Processo Trabalhista não significa que seus dispositivos sejam aplicados, simplesmente, nas omissões da lei processual do trabalho, ou incompletude de suas disposições, mas somente quando forem compatíveis com sistema trabalhista e também propiciarem melhores resultados à jurisdição trabalhista.

Numa análise global do Novo Código, constatam-se as seguintes diretrizes fundamentais:

a) prestígio dos princípios constitucionais do processo, que norteiam a intepretação e aplicação da lei processual;

b) aplicação intensa do princípio do contraditório, como forma de tornar o processo mais democrático, participativo e se evitar surpresas;

c) preocupação com o conteúdo ético do processo, destacando-se os deveres das partes do processo de lealdade, boa-fé objetiva e cooperação;

d) maior participação das partes e advogados no processo, sob o modelo do processo *cooperativo* ou *comparticipativo*, inclusive, diretamente, na gestão do processo;

e) prevalência da conciliação como forma mais justa e equilibrada de solução dos conflitos;

f) impulso das formas alternativas de solução de conflitos, como mediação e arbitragem;

g) maior flexibilidade e adaptabilidade do procedimento às necessidades do direito discutido em juízo;

h) majoração dos poderes do juiz em matéria probatória, com amplos poderes instrutórios do juiz e, possibilidade de aplicação do ônus dinâmico da prova;

i) simplificação do sistema recursal;

j) uniformização e estabilização da jurisprudência dos Tribunais, em demandas sobre questões de direito repetitivas;

k) simplificação das medidas executivas e maior preocupação com a efetividade da execução;

l) preocupação constante com o acesso justo à justiça e à ordem jurídica justa. As regras processuais não devem apenas assegurar a acessibilidade do cidadão à Justiça, mas também um processo justo, equilibrado e que produza resultados concretos em tempo razoável.

6.2. As lacunas do Processo do Trabalho e aplicação do CPC

Dispõe o art. 15 do Código de Processo Civil:

"Na ausência de normas que regulem processos eleitorais, trabalhistas ou administrativos, as disposições deste Código lhes serão aplicadas supletiva e subsidiariamente."

Conforme o presente dispositivo legal, o Código de Processo Civil será aplicado ao Processo do Trabalho de forma supletiva e subsidiariamente, na ausência de norma que disciplinem o processo trabalhista.

Trata-se de inovação do novo código, pois o atual não disciplina tal hipótese. Doravante, o CPC será aplicado ao processo do trabalho, nas lacunas deste, nas seguintes modalidades:

a) **supletivamente**: significa aplicar a CPC quando, apesar da lei processual trabalhista disciplinar o instituto processual, não for completa. Nesta situação, o Código de Processo Civil será aplicado de forma complementar, aperfeiçoando e propiciando maior efetividade e justiça ao processo do trabalho. Como exemplos: hipóteses de impedimento e suspeição do Juiz que são mais completas no CPC, mesmo estando disciplinadas na CLT (art. 802, da CLT); ônus da prova previsto no CPC, pois o art. 818 da CLT é muito enxuto e não resolve questões cruciais como as hipóteses de ausência de prova e prova dividida; o depoimento pessoal previsto no CPC, pois a CLT disciplina apenas o interrogatório (art. 848 da CLT), sendo os institutos afins e propiciam implementação do contraditório substancial no processo trabalhista, etc.;

b) **subsidiariamente:** significa aplicar o CPC quando a CLT e as leis processuais trabalhistas extravagantes não disciplinarem determinado instituto processual. Exemplos: tutelas de urgência, ação rescisória, ordem preferencial de penhora, hipóteses legais de impenhorabilidade, etc.

Pode-se se argumentar que houve revogação dos arts. 769 e 889 da CLT, uma vez que o Código de Processo Civil, cronologicamente, é mais recente que CLT. Também pode-se argumentar que, diante do referido dispositivo legal, o processo do trabalho perdeu sua autonomia científica, ficando, doravante, mais dependente do processo civil.

Sustentando a revogação do art. 769, da CLT, pelo art. 15 do CPC, destacamos, dentre outros, a posição de *Edilton Meirelles*(75):

> "Primeiro é preciso deixar claro que o art. 15 do novo CPC não é uma regra de processo civil. Este dispositivo, em verdade, é regra de direito processual do trabalho, de processo judicial eleitoral e de processo administrativo. O art. 15 do CPC, aliás, não se aplica ao processo civil em sentido restrito. Daí, então, surge o questionamento, neste caso ele teria revogado o art. 769, da CLT? (...) A CLT, em seu art. 769, regula a aplicação subsidiária do direito processual comum no processo do trabalho. Já o art. 15 do novo CPC passou a tratar da mesma matéria relativa a aplicação subsidiária de regras processuais ao processo do trabalho. Logo estaria revogado o art. 769 da CLT. Antes, conforme o art. 769 da CLT, subsidiária era a regra do 'direito processual comum'. Agora é o CPC. Antes, apenas se aplica a regra subsidiária, o que pressupõe uma omissão absoluta. Agora, aplicam-se as regras do CPC subsidiária ou supletiva. Assim, tem-se que o art. 769, da CLT está revogado em face do art. 15 do novo CPC a partir da vigência deste. Isso porque este novo dispositivo trata da mesma matéria regulada no art. 769 da CLT."

Embora o art. 15 e as disposições do novo CPC exerçam influência no processo do trabalho e, certamente, impulsionarão uma nova doutrina e jurisprudência processual trabalhista, não revogou a CLT, uma vez que os arts. 769 e 889 da CLT são normas específicas do Processo do Trabalho, e o CPC apenas uma norma geral. Pelo princípio da especialidade, as normas gerais não derrogam as especiais.

De outro lado, o art. 769 da CLT, que é o vetor principal do princípio da subsidiariedade do processo do trabalho, fala em *processo comum*, não, necessariamente, em processo civil para preencher as lacunas da legislação processual trabalhista.

---

(75) O novo CPC e sua aplicação supletiva e subsidiária no processo do trabalho. In: *Repercussões do Novo CPC:* Processo do Trabalho. Coord. de Fredie Didier Júnior. Salvador: JusPodivm, 2015. p. 98-99.

Além disso, pela sistemática da legislação processual trabalhista, as regras do Código de Processo Civil somente podem ser aplicadas ao processo trabalho, se forem compatíveis com a principiologia e singularidades do processo trabalhista. Assim, mesmo havendo lacuna da legislação processual trabalhista, se a regra do CPC for incompatível com a principiologia e singularidades do processo do trabalho, ela não será aplicada.

O art. 15 do novel CPC não contraria os arts. 769 e 889 da CLT. Ao contrário, com eles se harmoniza.

Desse modo, conjugando-se o art. 15 do CPC com os arts. 769 e 889 da CLT, temos que o Código de Processo Civil se aplica ao processo do trabalho da seguinte forma: **supletiva e subsidiariamente, nas omissões da legislação processual trabalhista, desde que compatível com os princípios e singularidades do processo do trabalho.**

Nesse sentido, também defende *Carlos Henrique Bezerra Leite*[76]:

> "O art. 15 do Novo CPC, evidentemente, deve ser interpretado sistematicamente com o art. 769 da CLT, que dispõe: "Nos casos omissos, o direito processual comum será fonte subsidiária do direito processual do trabalho, exceto naquilo a que for incompatível com as normas deste Título". Mas ambos os dispositivos — art. 769 da CLT e art. 15 do Novo CPC — devem estar em harmonia com os princípios e valores que fundamentam o Estado Democrático de Direito."

O Tribunal Superior do Trabalho, recentemente, editou a Instrução Normativa n. 39/16, que em seu art. 1º, dispõe:

> "Aplica-se o Código de Processo Civil, subsidiária e supletivamente, ao Processo do Trabalho, em caso de omissão e desde que haja compatibilidade com as normas e princípios do Direito Processual do Trabalho, na forma dos arts. 769 e 889 da CLT e do art. 15 da Lei n. 13.105, de 17.3.2015. § 1º Observar-se-á, em todo caso, o princípio da irrecorribilidade em separado das decisões interlocutórias, de conformidade com o art. 893, § 1º da CLT e Súmula n. 214 do TST. § 2º O prazo para interpor e contra-arrazoar todos os recursos trabalhistas, inclusive agravo interno e agravo regimental, é de oito dias (art. 6º da Lei n. 5.584/70 e art. 893 da CLT), exceto embargos de declaração (CLT, art. 897-A)."

Conforme o referido dispositivo, a mais alta corte trabalhista brasileira interpretou, corretamente, o artigo 15 do Código de Processo Civil.

A subsidiariedade significa a possibilidade de as normas do Direito Processual comum serem aplicadas ao processo do trabalho, como forma de suprir as lacunas do sistema processual trabalhista e melhorar a efetividade do processo trabalhista. Autores há que defendem até mesmo a existência do chamado **princípio da subsidiariedade do processo do trabalho**.

---

(76) *Curso de Direito Processual do Trabalho*. 13. ed. São Paulo: Saraiva, 2015. p. 1.696.

O Direito Processual comum é aplicável, subsidiariamente, no Direito Processual do Trabalho. Assim, subsidiariedade é a técnica de aplicação de leis que permite levar para o âmbito trabalhista normas do Direito Processual comum.(77)

Para alguns autores, a subsidiariedade não se trata de um princípio próprio do processo do trabalho, e sim técnica de integração, para colmatação das lacunas da legislação processual trabalhista. Não obstante, o respeito que merecem, de nossa parte, diante da importância da aplicação subsidiária da legislação processual comum no processo trabalhista e diante da necessidade de harmonização dessa legislação aos princípios do processo do trabalho, pensamos ser a subsidiariedade, efetivamente, um princípio próprio e não apenas técnica de integração.

Na fase de conhecimento, o art. 769 da CLT assevera que o Direito Processual comum é fonte do Direito Processual do Trabalho e, na fase de execução, o art. 889 da CLT determina que, nos casos omissos, deverá ser aplicada no processo do trabalho a Lei de Execução Fiscal (Lei n. 6.830/1980) e, posteriormente, o Código de Processo Civil.

O art. 769 da CLT disciplina os requisitos para aplicação subsidiária do Direito Processual Comum ao Processo do Trabalho, com a seguinte redação:

> "Nos casos omissos, o direito processual comum será fonte subsidiária do direito processual do trabalho, exceto naquilo em que for incompatível com as normas deste Título."

Conforme a redação do referido dispositivo legal, são requisitos para a aplicação do Código de Processo Civil ao Processo do Trabalho:

a) omissão da CLT: quando a CLT e as legislações processuais trabalhistas extravagantes (Leis ns. 5.584/70 e 7.701/88) não disciplinam a matéria;

b) compatibilidade com os princípios que regem o processo do trabalho. Vale dizer: a norma do CPC, além de ser compatível com as regras que regem o Processo do Trabalho, deve ser compatível com os princípios que norteiam o Direito Processual do Trabalho, máxime o acesso do trabalhador à Justiça.

Nesse sentido, as seguintes ementas:

> "Código de Processo Civil — Aplicação subsidiária. O Código de Processo Civil pode ser aplicado, subsidiariamente, ao processo do trabalho, quando neste existem lacunas e as regras instrumentais do Direito comum não forem incompatíveis com os princípios que norteiam este ramo especializado do Direito, conforme infere-se do art. 769 da CLT." (TRT – 12ª R. – 3ª T. – Ac. n. 4.750/2001 – rel. Marcus P. Mugnaini – DJSC 17.5.2001 – p. 112) (RDT n. 6/2001, p. 60)

> "Preparo recursal — Art. 511, § 2º, do CPC — Inaplicável no processo do trabalho. Nos termos do art. 769 da CLT, somente nos casos omissos e quando compatível, o direito processual comum será fonte subsidiária do direito processual do trabalho. No particular, a legislação trabalhista (art. 789, § 4º, da CLT) determina o pagamento das custas, sob

(77) NASCIMENTO, Amauri Mascaro. *Curso de Direito Processual do Trabalho.* 24. ed. São Paulo: Saraiva, 2008. p. 87.

pena de deserção, sem cogitar da possibilidade de intimação do recorrente para suprir sua falta. Logo, inexiste lacuna legal, sendo, portanto, inaplicável ao processo trabalhista o art. 511, § 2º, do CPC. (Instrução Normativa n. 17/2000 do TST, item III). Agravo regimental a que se nega provimento." (TST – 5ª T. – AGRR n. 375070/97-3 – rel. Min. Walmir O. da Costa – DJ 24.5.2001 – p. 508) (RDT n. 6/2001, p. 60)

A questão das lacunas do Direito Processual do Trabalho e da incompletude do sistema processual sempre foi um assunto polêmico.

Conforme destaca *Luciano Athayde Chaves*[78], com suporte em *Maria Helena Diniz*:

"Examinando uma série importante de classificações sobre o tema, concluiu Maria Helena Diniz pela síntese do problema das lacunas, a partir da dimensão do sistema jurídico (fatos, valores e normas), numa tríplice e didática classificação: lacunas normativas, axiológicas e ontológicas. As lacunas normativas estampam ausência de norma sobre determinado caso, conceito que se aproxima das lacunas primárias, de Engisch. As lacunas ontológicas têm lugar mesmo quando presente uma norma jurídica a regular a situação ou caso concreto, desde que tal norma não estabeleça mais isomorfia ou correspondência com os fatos sociais, com o progresso técnico, que produziram o envelhecimento, 'o ancilosamento da norma positiva' em questão. As lacunas axiológicas também sucedem quando existe um dispositivo legal aplicável ao caso, mas se aplicado 'produzirá uma solução insatisfatória ou injusta'."

Consoante o texto acima mencionado, com cuja classificação concordamos, as lacunas da legislação processual podem ser:

a) normativas: quando a lei não contém previsão para o caso concreto. Vale dizer: não há regulamentação da lei sobre determinado instituto processual;

b) ontológicas: quando a norma não mais está compatível com os fatos sociais, ou seja, está desatualizada. Aqui, a norma regulamenta determinado instituto processual, mas ela não encontra mais ressonância na realidade, não há efetividade da norma processual existente;

c) axiológicas: quando as normas processuais levam a uma solução injusta ou insatisfatória. Existe a norma, mas sua aplicação conduz a uma solução incompatível com os valores de justiça e equidade exigíveis para a eficácia da norma processual.

Atualmente, diante das recentes alterações do Código de Processo Civil, levadas a efeito, principalmente, pelas Leis ns. 11.187/05, 11.232/05, 11.276/06, 11.277/06, 11.280/06 e 11.382/06, que imprimiram maior efetividade e simplicidade ao processo civil, crescem as discussões sobre a aplicação subsidiária do Código de Processo Civil ao Processo do Trabalho, e sobre se é possível a aplicação da regra processual civil se há regra expressa em sentido contrário na CLT.

(78) CHAVES, Luciano Athayde. *Direito processual do trabalho:* reforma e efetividade. São Paulo: LTr, 2007. p. 68-69.

Há duas vertentes de interpretação sobre o alcance do art. 769 da CLT. São elas:

a) restritiva: somente é permitida a aplicação subsidiária das normas do Processo Civil quando houver omissão da legislação processual trabalhista. Desse modo, somente se admite a aplicação do CPC quando houver a chamada lacuna normativa. Essa vertente de entendimento sustenta a observância do princípio do devido processo legal, no sentido de não surpreender o jurisdicionado com outras regras processuais, bem como na necessidade de preservação do princípio da segurança jurídica. Argumenta que o processo deve dar segurança e previsibilidade ao jurisdicionado;

b) evolutiva (também denominada sistemática ou ampliativa): permite a aplicação subsidiária do Código de Processo Civil ao Processo do Trabalho quando houver as lacunas ontológicas e axiológicas da legislação processual trabalhista. Além disso, defende a aplicação da legislação processual civil ao processo do trabalho quando houver maior efetividade da jurisdição trabalhista. Essa vertente tem suporte nos princípios constitucionais da efetividade, duração razoável do processo e acesso real e efetivo do trabalhador à Justiça do Trabalho, bem como no caráter instrumental do processo.

Juristas de nomeada, como *Manoel Antonio Teixeira Filho*, mostram-se frontalmente contrários à aplicação do CPC quando a CLT tem regra própria. Aduz o jurista(79):

> "Todos sabemos que o art. 769, da CLT, permite a adoção supletiva de normas do processo civil desde que: a) a CLT seja omissa quanto à matéria; b) a norma do CPC não apresente incompatibilidade com a letra ou com o espírito do processo do trabalho. Não foi por obra do acaso que o legislador trabalhista inseriu o 'requisito da omissão, antes da compatibilidade: foi, isto sim, em decorrência de um proposital critério lógico-axiológico. Desta forma, para que se possa cogitar da compatibilidade, ou não, de norma do processo civil com a do trabalho é absolutamente necessário, *ex vi legis*, que, antes disso, se verifique, se a CLT se revela omissa a respeito da matéria. Inexistindo omissão, nenhum intérprete estará autorizado a perquirir sobre a mencionada compatibilidade. Aquela constitui, portanto, pressuposto fundamental desta."

No mesmo sentido, pronuncia-se *Pedro Paulo Teixeira Manus*(80):

> "O art. 769 da CLT dispõe que 'nos casos omissos o direito processual comum será fonte subsidiária do direito processual do trabalho, exceto naquilo em que for incompatível com as normas deste Título'. Referida regra tem aplicação somente na fase de conhecimento ao colocar o CPC

(79) TEIXEIRA FILHO, Manoel Antonio. Processo do trabalho – embargos à execução ou impugnação à sentença? (A propósito do art. 475-J, do CPC). *In: Revista LTr* 70-10/1180.

(80) MANUS, Pedro Paulo Teixeira. A execução no processo do trabalho. O devido processo legal, a efetividade do processo e as novas alterações do Código de Processo Civil. *In: Revista do Tribunal Superior do Trabalho*, v. 73, n. 1, jan./mar. 2007. Rio Grande do Sul: Síntese, 2007. p. 44.

como fonte subsidiária primeira do processo do trabalho. Já na fase de execução no processo do trabalho, a regra de aplicação da lei subsidiária é aquela prescrita no art. 889, da CLT que afirma que 'aos trâmites e incidentes do processo da execução são aplicáveis, naquilo em que não contravierem ao presente Título, os preceitos que regem o processo dos executivos fiscais para a cobrança judicial da dívida da Fazenda Pública Federal'. Desse modo, como sabemos, a lei estabelece a regra específica a se aplicar tanto na fase de conhecimento quanto na execução. E há em comum na aplicação de ambas as leis o requisito da omissão pela CLT, o que desde logo exclui aplicação de norma subsidiária quando aquela disciplinar a matéria. A regra estabelecida em ambos os artigos acima transcritos configura princípio típico do processo do trabalho, que garante o respeito ao devido processo legal, na medida em que o jurisdicionado tem a segurança de que não será surpreendido pela aplicação de norma diversa sempre que houver a solução do texto consolidado. É sob esta ótica que devemos examinar, a nosso ver, as modificações que se processam no Código de Processo Civil e a possibilidade de sua aplicação ao processo do trabalho."

Outros juristas de igual nomeada, como *Jorge Luiz Souto Maior*(81), são favoráveis à aplicabilidade do CPC ao Processo do Trabalho, observados os requisitos da efetividade processual e melhoria da prestação jurisdicional trabalhista, com os seguintes argumentos:

"Das duas condições fixadas no art. 769, da CLT, extrai-se um princípio, que deve servir de base para tal análise: a aplicação de normas do Código de Processo Civil no procedimento trabalhista só se justifica quando for necessária e eficaz para melhorar a efetividade da prestação jurisdicional trabalhista. [...] O direito processual trabalhista, diante do seu caráter instrumental, está voltado à aplicação de um direito material, o direito do trabalho, que é permeado de questões de ordem pública, que exigem da prestação jurisdicional muito mais que celeridade; exigem que a noção de efetividade seja levada às últimas consequências. O processo precisa ser rápido, mas, ao mesmo tempo, eficiente para conferir o que é de cada um por direito, buscando corrigir os abusos e obtenções de vantagens econômicas que se procura com o desrespeito à ordem jurídica. Pensando no aspecto instrumental do processo, vale lembrar que o direito material trabalhista é um direito social por excelência, cuja ineficácia pode gerar graves distúrbios tanto de natureza econômica quanto social. [...] Ainda nesta linha, de fixar pressupostos teóricos necessários para a análise da questão da subsidiariedade do processo comum ao processo do trabalho,

(81) SOUTO MAIOR, Jorge Luiz. Reflexos das alterações no Código de Processo Civil no processo do trabalho. *In: Revista LTr* 70-08/920.

partindo do princípio de que se deve priorizar a melhoria da prestação jurisdicional, é importante, por fim, deixar claro que sendo a inovação do processo civil efetivamente eficaz, não se poderá recusar sua aplicação no processo do trabalho com o argumento de que a CLT não é omissa. Ora, se o princípio é o da melhoria contínua da prestação jurisdicional, não se pode utilizar o argumento de que há previsão a respeito na CLT, como forma de rechaçar algum avanço que tenha havido neste sentido no processo civil, sob pena de se negar a própria intenção do legislador ao fixar os critérios da aplicação subsidiária do processo civil. Notoriamente, o que se pretendeu (daí o aspecto teleológico da questão) foi impedir que a irrefletida e irrestrita aplicação das normas do processo civil evitasse a maior efetividade da prestação jurisdicional trabalhista que se buscava com a criação de um procedimento próprio na CLT (mais célere, mais simples, mais acessível). Trata-se, portanto, de uma regra de proteção, que se justifica historicamente. Não se pode, por óbvio, usar a regra de proteção do sistema como óbice ao seu avanço. Do contrário, pode-se ter por efeito um processo civil mais efetivo que o processo do trabalho, o que é inconcebível, já que o crédito trabalhista merece tratamento privilegiado no ordenamento jurídico como um todo. Em suma, quando há alguma alteração no processo civil o seu reflexo na esfera trabalhista só pode ser benéfico, tanto no prisma do processo do trabalho quanto do direito do trabalho, dado o caráter instrumental da ciência processual"[(82)].

Nesse mesmo sentido, é a visão de *Carlos Henrique Bezerra Leite*[(83)]:

"A heterointegração pressupõe, portanto, existência não apenas das tradicionais lacunas normativas, mas também das lacunas ontológicas e axiológicas. Dito de outro modo, a heterointegração dos dois subsistemas (processo civil e trabalhista) pressupõe a interpretação evolutiva do art. 769 da CLT, para permitir a aplicação subsidiária do CPC não somente na hipótese (tradicional) de lacuna normativa ao processo laboral, mas também quando a norma do processo trabalhista apresenta manifesto envelhecimento que, na prática, impede ou dificulta a prestação jurisdicional justa e efetiva deste processo especializado [...] De outro lado, é imperioso romper com o formalismo jurídico e estabelecer o diálogo

(82) Nesse mesmo sentido, fundamentando a possibilidade de aplicação da regra mais efetiva do CPC, mesmo não havendo omissão da CLT, com suporte nos princípios constitucionais do processo, é a visão de Élisson Miessa dos Santos, com suporte, ainda, na própria Emenda Constitucional n. 45/04, que introduziu como direitos fundamentais os princípios da celeridade e efetividade processual e também no caráter instrumental da ciência processual (A multa do art. 475-J do CPC e sua aplicação no processo do trabalho. *In: Suplemento Trabalhista* 103/06, p. 438-439). No mesmo diapasão, se posiciona Marcelo Freire Sampaio Costa (*Reflexos da reforma do CPC no processo do trabalho:* leitura constitucional do princípio da subsidiariedade. São Paulo: Método, 2007. p. 32-33).

(83) BEZERRA LEITE, Carlos Henrique. *Curso de direito processual do trabalho.* 6. ed. São Paulo: LTr, 2008. p. 107-101.

das fontes normativas infraconstitucionais do CPC e da CLT, visando à concretização do princípio da máxima efetividade das normas (princípios e regras) constitucionais de direito processual, especialmente o novel princípio da 'duração razoável do processo com os meios que garantam a celeridade de sua tramitação' (EC n. 45/2004, art. 5º, LXXVIII)."

No nosso sentir, por primeiro, destaca-se que o Direito Processual do Trabalho foi criado para propiciar um melhor acesso do trabalhador à Justiça, bem como suas regras processuais devem convergir para tal finalidade.

Os princípios basilares do Direito Processual do Trabalho devem orientar o intérprete a todo momento. Não é possível, à custa de se manter a autonomia do Processo do Trabalho e a vigência de suas normas, sacrificar o acesso do trabalhador à Justiça do Trabalho, bem como o célere recebimento de seu crédito alimentar.

Diante dos princípios constitucionais que norteiam o processo[84] e também da força normativa dos princípios constitucionais, não é possível uma interpretação isolada da CLT, vale dizer: divorciada dos princípios constitucionais do processo, máxime o do acesso efetivo e real à Justiça do Trabalho, duração razoável do processo, acesso à ordem jurídica justa, para garantia, acima de tudo, da dignidade da pessoa humana[85]

(84) Como bem adverte Daniel Sarmento: "Na verdade, os princípios não possuem *fattispecie*, razão pela qual não permitem subsunções. Por isso, não podem ser aplicados mecanicamente, exigindo um esforço interpretativo maior do seu aplicador. Como afirmou Sagrebelsky, se o ordenamento não contivesse princípios e fosse todo composto apenas por regras, seria vantajoso substituir todos os juízes por computadores, diante do automatismo do processo de aplicação do direito" (*Direitos fundamentais e relações privadas.* Rio de Janeiro: Lumen Juris, 2004. p. 82/83).

(85) Ensina Ingo Wolfgang Sarlet: "Temos por dignidade da pessoa humana a qualidade intrínseca e distintiva reconhecida em cada ser humano que o faz merecedor do mesmo respeito e consideração por parte do Estado e da comunidade, implicando, neste sentido, um complexo de direitos e deveres fundamentais que assegurem a pessoa tanto contra todo e qualquer ato de cunho degradante e desumano, como venham a lhe garantir as condições existenciais mínimas para uma vida saudável, além de propiciar e promover sua participação ativa e corresponsável nos destinos da própria existência e da vida em comunhão com os demais seres humanos" (SARLET, Ingo Wolfgang. *Dignidade da pessoa humana e direitos fundamentais.* 4. ed. Porto Alegre: Livraria do Advogado, 2006. p. 60). Fábio Konder Comparato, referindo-se à filosofia Kantiana, adverte com propriedade: "Ora, da dignidade a pessoa não consiste apenas no fato de ser ela, diferentemente das coisas, um ser considerado e tratado, em si mesmo, como um fim em si e nunca como meio para a consecução de determinado resultado. Ela resulta também do fato de que, pela sua vontade racional, só a pessoa vive em condições de autonomia, isto é, como ser capaz de guiar-se pelas leis que ele próprio edita. Daí decorre, como assinalou o filósofo, que todo homem tem dignidade e não um preço, como as coisas. A humanidade como espécie, e cada ser humano em sua individualidade, é propriamente insubstituível: não equivale, não pode ser trocado por coisa alguma" (*A afirmação histórica dos direitos humanos.* 3. ed. São Paulo: Saraiva, 2004. p. 22). A dignidade da pessoa humana está prevista no art. 1º, III, da CF como um dos fundamentos da República Federativa do Brasil e constitui um legado incontestável das filosofias de São Tomás de Aquino e de Kant. O ser humano é um fim em si mesmo e, jamais, um meio para atingir determinado fim. O ser humano é um sujeito de direito e não objeto do direito. Além disso, a nosso ver, o ser humano é o fundamento e o fim último do Direito e de toda ciência humana. Por isso, em toda atividade criativa ou interpretativa do Direito, deve-se sempre adaptar o Direito ao ser humano e não o ser humano ao Direito. A Constituição brasileira assegura, em vários artigos, a proteção do ser

do trabalhador e melhoria da sua condição social[86].

Assim como o Direito Material do Trabalho adota o princípio protetor, que tem como um dos seus vetores a regra da norma mais benéfica, o Direito Processual do Trabalho, por ter um acentuado grau protetivo, e por ser um direito, acima de tudo, instrumental, com maiores razões que o direito material, pode adotar o princípio da norma mais benéfica, e diante de duas regras processuais que possam ser aplicadas à mesma hipótese, escolher a mais efetiva, ainda que seja a do Direito Processual Civil e seja aparentemente contrária à CLT.

Para escolher dentre duas regras a mais efetiva, o intérprete deve-se valer dos princípios da equidade, razoabilidade e proporcionalidade. Adverte com propriedade *João Batista Lopes*, referindo-se ao princípio da proporcionalidade na seara processual: "No campo do processo civil, é intensa sua aplicação, tanto no processo de conhecimento como no de execução e no cautelar. No dia a dia forense, vê-se o juiz diante de princípios em estado de tensão conflitiva, que o obrigam a avaliar os interesses em jogo para adotar a solução que mais se ajuste aos valores consagrados na ordem jurídica. O princípio da proporcionalidade tem íntima relação com a efetividade do processo na medida em que, ao solucionar o conflito segundo os ditames da ordem constitucional, está o juiz concedendo a adequada proteção ao direito e atendendo aos escopos do processo[87]."

Como destacado, alguns autores mais tradicionais tecem severas críticas à aproximação do Direito Processual do Trabalho ao Direito Processual Civil, o que denominam de *civitização*[88] do processo do trabalho, acarretando perda de identidade deste ramo

---

humano, seja fazendo referência ao princípio da dignidade da pessoa humana, seja protegendo a vida, a saúde, garantindo a igualdade, a liberdade, a segurança e as condições dignas de sobrevivência por meio da proteção à maternidade e à infância. Igualmente, estende-se a proteção ao ambiente ecologicamente equilibrado e à sadia qualidade de vida a ser assegurada às gerações presente e futura (O art. 1º, inciso III; o art. 5º, *caput*; o art. 203, inciso I e o art. 225 da Constituição Federal de 1988).

(86) O Direito do Trabalho é um produto do século XIX e surge para garantir a melhoria da condição social do trabalhador, nivelando as desigualdades entre o capital e o trabalho e, acima de tudo, consagrar a dignidade da pessoa humana do trabalhador, bem como ressaltar os valores sociais do trabalho, como fundamentos para uma sociedade justa e solidária. Na clássica definição de Octavio Bueno Magano, o direito do trabalho "conceitua-se como o conjunto de princípios, normas e instituições, que se aplicam à relação de trabalho, tendo em vista a proteção do trabalhador e a melhoria de sua condição social" (*ABC do direito do trabalho*. 1. ed. São Paulo: RT, 1998. p. 10). Ensina Magano que a referência à melhoria da condição social do trabalhador indica o fundamento do Direito do Trabalho, o fim para o qual convergem suas normas e instituições (*Op. cit.*, p. 11).

(87) LOPES, João Batista. Princípio de proporcionalidade e efetividade do processo civil. *In:* MARINONI, Luiz Guilherme (Coord.). *Estudos de direito processual civil*. Homenagem ao professor Egas Dirceu Moniz de Aragão. São Paulo: RT, 2005. p. 135.

(88) Nos ensina o jurista Francisco Gérson Marques de Lima: "a tônica e o uso frequente do processo civil do processo do trabalho provoca a chamada *civitização*." Segundo citado autor: "alguns operadores jurídicos, por dominarem o Processo Civil e com ele terem afinidade, incorporam seus princípios e os aplicam generalizadamente, em detrimento da identidade do Processo do Trabalho (é a civitização). O erro vem logo desde o concurso para a Magistratura, cuja sentença, p. ex., exige muito conhecimento de Processo Civil e pouco do histórico do Processo do Trabalho. Então, muitas vezes, os candidatos aprovados são

especializado da ciência processual. Asseveram que os conflitos que chegam diariamente à Justiça do Trabalho devem ser resolvidos à luz da CLT.

Em que pese o respeito que merecem, com eles não concordamos, pois o processo do trabalho foi idealizado, originalmente, na década de 1940, quando a sociedade brasileira era diversa e as necessidades dos jurisdicionados também. Além disso, a complexidade dos conflitos trabalhistas não tinha a mesma intensidade dos de hoje. Atualmente, diante de fatores como a flexibilização, a terceirização e a horizontalização das empresas, nos processos trabalhistas, são enfrentadas complexas questões processuais como a presença de diversos reclamados no polo passivo da ação. Além disso, a falta de efetividade dos dispositivos processuais trabalhistas na execução é manifesta.

A CLT e a legislação processual trabalhista, em muitos aspectos, funcionam bem e devem ser mantidas. O procedimento oral, as tentativas obrigatórias de conciliação, a maior flexibilidade do procedimento, a majoração dos poderes do Juiz do Trabalho na condução do processo e a irrecorribilidade imediata das decisões interlocutórias têm obtido resultados excelentes. Não obstante, em alguns aspectos, a exemplo dos capítulos dos recursos e da execução, deve-se permitir ao Juiz do Trabalho buscar a melhoria constante da prestação jurisdicional trabalhista nos dispositivos do Código de Processo Civil e da Teoria Geral do Processo.

Vale lembrar que a jurisdição do Estado é una e todos os ramos da ciência processual seguem os princípios constitucionais da jurisdição e do processo. A segmentação da jurisdição nos diversos ramos do Poder Judiciário tem à vista propiciar melhores resultados na efetividade do direito.

A maior aproximação do Processo do Trabalho ao Processo Civil não desfigura a principiologia do Processo do Trabalho, tampouco provoca retrocesso social à ciência processual trabalhista. Ao contrário, possibilita evolução conjunta da ciência processual. O próprio processo civil, muitas vezes, se inspira no Processo do Trabalho para evoluir em muitos de seus institutos.

Propiciar ao Juiz do Trabalho maior flexibilidade em aplicar normas processuais civis, no nosso entendimento, freia arbitrariedades ao tomar providências processuais sem fundamentação adequada, com suporte apenas na equidade e nos amplos poderes de direção do processo conferidos pelo art. 765 da CLT.

Além disso, as normas processuais do CPC quando aplicadas ao Processo do Trabalho são, necessariamente, adaptadas às contingências do Direito Processual do Trabalho bem como compatibilizadas com a principiologia deste. Vale dizer: o Juiz do Trabalho aplica e interpreta as normas processuais civis com os olhos da

---

os processualistas civis, que conhecem o Processo do Trabalho só na sua superficialidade e caem de paraquedas na Justiça do Trabalho. O resultado prático é encontrado em certos absurdos forenses, que o autor poupará esta obra do desprazer de citá-los [...]" (*Fundamentos do Processo do Trabalho*. São Paulo: Malheiros, 2010. p. 161).

sistemática processual trabalhista. Nesse sentido, já estão sedimentadas as doutrinas clássica e moderna. Por todos, destacamos o magistério de *Mozart Victor Russomano*[(89)] que, com suporte em *Nicola Jaeger*, nos ensina:

> "As normas do processo comum devem adquirir o espírito do processo trabalhista sempre que forem transplantadas para o direito judiciário do trabalho, nas omissões deste."

Como exemplos: o instituto da intervenção de terceiros previsto no CPC, quando aplicado ao processo do trabalho, não se destina ao exercício de direito de regresso e sim a ampliar as garantias de solvabilidade do crédito trabalhista; a desconsideração da personalidade jurídica do devedor é realizada de ofício pelo Juiz do Trabalho e de forma objetiva, sem se avaliar eventual conduta culposa ou o chamado ato *ultra vires;* as tutelas de urgência podem ser concedidas de ofício pelo Juiz do Trabalho a fim de propiciar efetividade ao processo, etc.

No aspecto, vale destacar a seguinte ementa:

> "Processo do trabalho grávido de si mesmo — Inchaço e gestação que se projetam no tempo pela busca da efetividade — Avanços necessários para sair da sua mórbida ineficiência — Hipoteca judicial. Dizer que o processo está grávido de si mesmo é reconhecer o seu anacronismo. Vale dizer, é aceitar que ele inchou, desnecessariamente. A simplicidade cedeu lugar à complexidade. A sentença, resultado de sua gestação, não pode ser ineficaz, nem demora pode haver na entrega do bem tutelado a que o empregado eventualmente tenha direito. Avanços precisam ser feitos para a superação de sua mórbida ineficiência, reconhecida por todos — seus agentes e a sociedade, a que se destinam todas as suas funções jurisdicionais. Herdamos o espírito burocrático e cartorial do Império, que dominou as praxes forenses durante séculos. Intempéries acenam que é indispensável uma mudança de rota. A sociedade industrial cedeu espaço para a sociedade informacional, na qual quase tudo se faz em tempo real, com boa qualidade, e a custos cada vez menores. Sem vencer a burocracia, o processo eletrônico continuará o mesmo. De nada adianta transportar a burocracia do processo físico para o e-processo. Haverá apenas a substituição do papel pela virtualidade; mas não haverá significativa alteração do resultado. O processo é mais do que instrumental; é finalístico em sua substância. A sociedade pós-moderna não lida com perdas expressivas, nem de tempo nem de dinheiro, porque o bem-estar social está abertamente atrelado aos resultados, à economia de gastos com a burocracia e com investimentos em educação, pesquisa, saúde, moradia, saneamento básico e produção. Ultrapassada, parcialmente, a fase de positivação de direitos sociais; não é mais possível adiar-se a sua efetividade, incumbência do Estado em face dos direitos fundamentais. Precisamos reconhecer que o tempo passou e o processo ficou parado, vencido pela dinâmica da vida social. Todos somos atores da época em que vivemos, e alguns do futuro. Todavia, permitido não nos é que sejamos atores do passado. Os juízes possuem um compromisso maior com a sociedade. Os Juízes do Trabalho mais ainda. Vencer a burocracia do papel e dotar o processo de princípios condizentes com o momento histórico é obrigação de todos: advogados, juízes, procuradores, servidores. Nos últimos tempos, a impressão que se tem é a de o mérito da questão se tornou um tesouro escondido, trancado com sete mil chaves, de modo que para a ele se chegar e examinar o mérito pedido, que normalmente

(89) *Comentários à Consolidação das Leis do Trabalho.* 6. ed. Vol. IV. Rio de Janeiro: José Konfino Editor, 1963. p. 1.299.

é muito simples, faz-se necessário vencer etapas e mais etapas de fórmulas e formalismos. Não existe fórmula mágica para a solução de questões de fundo muito simples. O processo tem de readquirir a sua simplicidade, da qual decorrerão a eficiência, a eficácia, a celeridade e a economia. Além das multas e da competência penal, pela qual devemos lutar, existem técnicas processuais que podem auxiliar à celeridade e à efetividade das decisões: a hipoteca judicial é uma delas." (TRT 3ª R. – 4ª T. – rel. Des. Luiz Otávio Linhares Renault – 8.9.09 – p. 24 – Processo RO n. 64/2009.089.03.00-6) (RDT n. 10 – out. 2009)

Embora se possa questionar: aplicando-se as regras do CPC, ao invés da CLT, o juiz estaria desconsiderando o devido processo legal e surpreendendo o jurisdicionado com alteração das regras? Pensamos que tal não ocorre, pois o Juiz do Trabalho, aplicando o CPC, não está criando regras, está apenas aplicando uma regra processual legislada mais efetiva que a CLT, e é sabido que a lei é de conhecimento geral (art. 3º, LINDB). Se há regras expressas processuais no CPC que são compatíveis com os princípios do Processo do Trabalho, pensamos não haver violação do devido processo legal. Além disso, as regras do CPC observam o devido processo legal e também os princípios do Direito Processual do Trabalho.

Como bem nos advertiu *Jorge Luiz Souto Maior*(90), já analisando a compatibilidade do Código de Processo Civil ao Processo do Trabalho:

> "(...) Como a regra do art. 769, da CLT, deve ser vista como uma regra de proteção da CLT frente às ameaças do CPC, não é possivel utilizar a mesma regra para impedir a aplicação de normas do CPC que, na evolução legislativa, tornam-se mais efetivas do que aquelas previstas nas CLT. Ou seja, mesmo que a CLT não seja omissa, não se pode recusar a incidência do CPC, quando este esteja mais avançado no aspecto específico."

Conforme *Ísis de Almeida*(91), se é certo que um direito processual sempre contém princípios básicos de fundo e de forma comuns a outras espécies de direito adjetivo, é certo, por outro lado, que, na interpretação e na aplicação desses princípios, o juiz ou jurista tem de levar em conta a índole do direito substantivo a que correspondem as regras em exame. Torna-se, portanto, necessário que se estabeleçam normas de direito positivo capazes de delimitar a liberdade criativa que se outorga ao intérprete ou ao aplicador. Não há direito especial sem juiz próprio, nem matéria jurídica especial sem um direito autônomo.

Vale mencionar que há projeto de lei em trâmite no Congresso Nacional visando à alteração do art. 769 da CLT (PN n. 7.152/2006, que acrescenta o parágrafo único ao art. 769), com a seguinte redação:

> "O direito processual comum também poderá ser utilizado no processo do trabalho, inclusive na fase recursal ou de execução, naquilo que permitir maior celeridade ou efetividade de jurisdição, ainda que exista norma previamente estabelecida em sentido contrário."

---

(90) Relação entre o Processo Civil e o Processo do Trabalho. In: *O Novo Código de Processo Civil e seus reflexos no Processo do Trabalho*. Salvador: JusPodivm, 2015. p. 164.

(91) ALMEIDA, Ísis de. *Manual de direito processual do trabalho*. v. 1, 9. ed. São Paulo: LTr, 1998. p. 19.

Parece-nos que o presente projeto de lei vai ao encontro do que procuramos defender. Nota-se que, se o projeto for aprovado, o legislador estará dando um grande passo para a efetividade e celeridade do processo, bem como melhoria do acesso do trabalhador à Justiça do Trabalho. Não queremos defender a desconsideração do processo do trabalho, ou a sua extinção, até mesmo porque o Processo do Trabalho apresenta um procedimento simples, efetivo e que tem obtido resultados satisfatórios, mas sim aperfeiçoá-lo, para que continue efetivo e produzindo resultados satisfatórios.

Como destaca *Luciano Athayde Chaves*(92) em brilhante estudo sobre o tema:

> "A progressiva e dinâmica interpretação do ordenamento jurídico atende a igual *status* da própria sociedade, da própria casuística, portanto, o enfrentamento de novos desafios, a partir de uma compreensão mais aberta do ordenamento jurídico, inclusive processual, não pode ser concebido como uma distorção do sistema judiciário, uma vez que tal processo de desenvolvimento e interpretação é próprio do Direito [...]. A abertura do sistema jurídico, a partir da Constituição, não reproduz, é certo — e isso já de um bom tempo —, uma única e monolítica interpretação do ordenamento jurídico. Pelo contrário, permite-se, considerando os graus de aceitabilidade, câmbios e ajustes de acordo com a marcha histórica e cultural de um povo, de uma nação [...]. Nesses dias, em que fazemos, todos nós, relevantes reflexões sobre reformas processuais, é fundamental o debate e a construção de uma jurisprudência crítica, que sinalize os parâmetros de aceitabilidade interpretativa e construtiva no Direito Processual, como sempre sucedeu [...]. Não precisamos, pois, temer a evolução do nosso Direito Processual do Trabalho. Temos que olhar de frente o desafio de mudar quando preciso for, bem assim de defender os seus institutos quando estes se mostrem ainda com vigor e em contato com os princípios e valores do subsistema processual trabalhista. A segurança que devemos oferecer ao cidadão brasileiro que busca e confia no Judiciário Trabalhista deve ser aquela que se traduza em efetividade e em celeridade processuais, escopos que devem se constituir em verdadeiro compromisso entre o Estado-Juiz e o jurisdicionado [...]."

Sob outro enfoque, o juiz, como condutor do Processo do Trabalho, encarregado de zelar pela dignidade do processo e pela efetividade da jurisdição trabalhista, conforme já nos posicionamos, deve ter em mente que o processo deve tramitar em prazo compatível com a efetividade do direito de quem postula, uma vez que a duração razoável do processo foi erigida a mandamento constitucional, e buscar novos caminhos e interpretação da lei no sentido de materializar este mandamento constitucional.

---

(92) CHAVES, Luciano Athayde. As lacunas no direito processual do trabalho. *In: Direito processual do trabalho:* reforma e efetividade. São Paulo: LTr, 2007. p. 90-92.

Além disso, atualmente, a moderna doutrina[93] vem defendendo um diálogo maior entre o Processo do Trabalho e o Processo Civil, a fim de buscar, por meio de interpretação sistemática e teleológica, os benefícios obtidos na legislação processual civil e aplicá-los ao Processo do Trabalho. Não pode o Juiz do Trabalho fechar os olhos para normas de Direito Processual Civil mais efetivas que a CLT, e se omitir sob o argumento de que a legislação processual do trabalho não é omissa, pois estão em jogo interesses muito maiores que a aplicação da legislação processual trabalhista e sim a importância do Direito Processual do Trabalho, como sendo um instrumento célere, efetivo, confiável, que garanta, acima de tudo, a efetividade da legislação processual trabalhista e a dignidade da pessoa humana.

Nesse sentido, é a visão de *Maria Helena Diniz*[94]:

> "O juiz, ao solucionar uma questão de direito civil, não ficará adstrito apenas às normas contidas no Código Civil; recorrerá também às leis ou normas esparsas concernentes ao tema, podendo até lançar mão de disposições pertencentes a sistemas normativos de outros ramos jurídicos: processual, constitucional, comercial etc..."

A teoria geral do processo e também a moderna teoria geral do processo do trabalho vêm defendendo um Processo do Trabalho mais ágil, que tenha resultados. Por isso, vive-se hoje um Processo do Trabalho de resultado que seja capaz de garantir não só o cumprimento da legislação social, mas, sobretudo, da expansão do Direito Material do Trabalho. Como bem adverte *Dinamarco*[95], não basta o belo enunciado de uma sentença bem estruturada e portadora de afirmações inteiramente favoráveis ao sujeito, quando o que ela dispõe não se projetar utilmente na vida deste, eliminando a insatisfação que o levou a litigar e propiciando-lhe sensações felizes pela obtenção da coisa ou da situação postulada. "Na medida do que for praticamente possível, o processo deve propiciar a quem tem um direito tudo aquilo e precisamente aquilo que ele tem o direito de receber" (*Chiovenda*).

Conforme *Luiz Guilherme Marinoni*[96], a concretização da norma processual deve tomar em conta as necessidades de direito material reveladas no caso, mas a sua instituição decorre, evidentemente, do direito fundamental à tutela jurisdicional

---

(93) Nesse sentido, destacam-se notáveis processualistas da área trabalhista que empreenderam brilhantes estudos sobre o tema como os Jorge Luiz Souto Maior, Carlos Henrique Bezerra Leite, Cléber Lúcio de Almeida, Francisco Antonio de Oliveira, Luciano Athayde Chaves, Júlio César Bebber e Marcelo Freire Sampaio Costa.

(94) DINIZ, Maria Helena. *As lacunas no direito.* 5. ed. São Paulo: Saraiva, 1999. p. 78-79.

(95) DINAMARCO, Cândido Rangel. *Instituições de direito processual civil.* v. I. São Paulo: Malheiros, 2001. p. 108.

(96) MARINONI, Luiz Guilherme. A legitimidade da atuação do juiz a partir do direito fundamental à tutela jurisdicional efetiva. *In: Os poderes do juiz e o controle das decisões judiciais:* estudos em homenagem à professora Teresa Arruda Alvim Wambier. Coords. José Miguel Garcia Medina; Luana Pedrosa de Figueiredo Cruz; Luís Otávio Sequeira de Cerqueira; Luiz Manoel Gomes Júnior. São Paulo: RT, 2008. p. 230-231.

efetiva. O legislador atua porque é ciente de que a jurisdição não pode dar conta das variadas situações concretas sem a outorga de maior poder e mobilidade, ficando o autor incumbido da identificação das necessidades concretas para modelar a ação processual, e o juiz investido do poder-dever de, mediante argumentação própria e expressa na fundamentação da sua decisão, individualizar a técnica processual capaz de permitir-lhe a efetiva tutela do direito. A lei processual não pode antever as verdadeiras necessidades de direito material, uma vez que estas não apenas se transformam diariamente, mas igualmente assumem contornos variados, conforme os casos concretos. Diante disso, chegou-se naturalmente à necessidade de uma norma processual destinada a dar aos jurisdicionados e ao juiz o poder de identificar, ainda que dentro de sua moldura, os instrumentos processuais adequados à tutela dos direitos.

Por fim, cumpre destacar as lúcidas palavras de *Cândido Rangel Dinamarco*[97]:

> "Para o adequado cumprimento da função jurisdicional, é indispensável boa dose de sensibilidade do juiz aos valores sociais e às mutações axiológicas da sua sociedade. O juiz há de estar comprometido com esta e com as suas preferências. Repudia-se um juiz indiferente, o que corresponde a repudiar também o pensamento do processo como instrumento meramente técnico. Ele é um instrumento político de muita conotação ética, e o juiz precisa estar consciente disso. As leis envelhecem e também podem ter sido malfeitas. Em ambas as hipóteses carecem de legitimidade as decisões que as considerem isoladamente e imponham o comando emergente da mera interpretação gramatical. Nunca é dispensável a interpretação dos textos legais no sistema da própria ordem jurídica positiva em consonância com os princípios e garantias constitucionais (interpretação sistemática) e sobretudo à luz dos valores aceitos (interpretação sociológica, axiológica)."

Pelo exposto, concluímos que o Direito Processual Civil pode ser aplicado ao Processo do Trabalho, nas seguintes hipóteses:

a) omissão da CLT (lacunas normativas, ontológicas e axiológicas); compatibilidade das normas do Processo Civil com os princípios do Direito Processual do Trabalho;

b) ainda que não omissa a CLT, quando as normas do Processo Civil forem mais efetivas que as da CLT e compatíveis com os princípios do Processo do Trabalho.

c) ao aplicar o Código de Processo Civil ao processo do trabalho, deve o Juiz avaliar a justiça e a efetividade que a regra civilista propiciará ao processo trabalhista, bem como adaptá-lo às contingências do processo trabalhista.

(97) *A instrumentalidade do processo*. 12. ed. São Paulo: Malheiros, 2005. p. 361.

Nesse mesmo sentido, é o Enunciado n. 66, da 1ª Jornada de Direito Material e Processual do Trabalho da ANAMATRA realizada no Tribunal Superior do Trabalho, *in verbis*:

"APLICAÇÃO SUBSIDIÁRIA DE NORMAS DO PROCESSO COMUM AO PROCESSO TRABALHISTA. OMISSÕES ONTOLÓGICA E AXIOLÓGICA. ADMISSIBILIDADE. Diante do atual estágio de desenvolvimento do processo comum e da necessidade de se conferir aplicabilidade à garantia constitucional da duração razoável do processo, os arts. 769 e 889 da CLT comportam interpretação conforme a Constituição Federal, permitindo a aplicação de normas processuais mais adequadas à efetivação do direito. Aplicação dos princípios da instrumentalidade, efetividade e não retrocesso social."

7. Da vigência da norma processual trabalhista e as regras de direito intertemporal

Constituem princípios da aplicação da Lei Processual: irretroatividade da lei; vigência imediata da lei aos processos em curso; impossibilidade de renovação das fases processuais já ultrapassadas pela preclusão (também chamada pela doutrina de teoria do isolamento dos atos processuais já praticados).

A Consolidação das Leis do Trabalho disciplina a questão da vigência da Lei nos arts. 912 e 915, *in verbis*: "Art. 912. Os dispositivos de caráter imperativo terão aplicação imediata às relações iniciadas, mas não consumadas, antes da vigência desta Consolidação." "Art. 915. Não serão prejudicados os recursos interpostos com apoio em dispositivos alterados ou cujo prazo para interposição esteja em curso à data da vigência desta Consolidação."

No mesmo diapasão, são os arts. 14 e 1.046 do Código de Processo Civil, *in verbis*:

Art. 14 do CPC: "A norma processual não retroagirá e será aplicável imediatamente aos processos em curso, respeitados os atos processuais praticados e as situações jurídicas consolidadas sob a vigência da norma revogada."

Art. 1.046 do CPC: "Ao entrar em vigor este Código, suas disposições se aplicarão desde logo aos processos pendentes, ficando revogada a Lei n. 5.869, de 11 de janeiro de 1973.

§ 1º As disposições da Lei n. 5.869, de 11 de janeiro de 1973, relativas ao procedimento sumário e aos procedimentos especiais que forem revogadas aplicar-se-ão às ações propostas e não sentenciadas até o início da vigência deste Código.

§ 2º Permanecem em vigor as disposições especiais dos procedimentos regulados em outras leis, aos quais se aplicará supletivamente este Código.

§ 3º Os processos mencionados no art. 1.218 da Lei n. 5.869, de 11 de janeiro de 1973, cujo procedimento ainda não tenha sido incorporado por lei submetem-se ao procedimento comum previsto neste Código.

§ 4º As remissões a disposições do Código de Processo Civil revogado, existentes em outras leis, passam a referir-se às que lhes são correspondentes neste Código.

§ 5º A primeira lista de processos para julgamento em ordem cronológica observará a antiguidade da distribuição entre os já conclusos na data da entrada em vigor deste Código."

8. Processos em curso oriundos das Justiças Estadual e Federal quando da vigência da EC n. 45/04 e as regras de direito intertemporal

Quanto aos processos nas Justiças Federal e Estadual que estavam em curso quando da entrada em vigor da EC n. 45/04, em que pese a opinião de alguns doutrinadores e parte da jurisprudência(98), eles devem ser remetidos imediatamente à Justiça do Trabalho, pois, uma vez cessada a competência material, o juiz não poderá mais atuar no processo, pois falta um pressuposto processual de validade da relação jurídica processual, que é a competência material.

Nesse sentido, destacamos a seguinte ementa:

> "COMPETÊNCIA DA JUSTIÇA DO TRABALHO. ALTERAÇÃO. VIGÊNCIA DA EC N. 45/04. NULIDADE DE DECISÃO PROFERIDA PELA JUSTIÇA COMUM. A Emenda Constitucional n. 45, de 8.12.04, publicada em 31.12.04, alterou a redação do art. 114 da Constituição Federal de 1988, e definiu em seu inciso III, que compete à Justiça do Trabalho processar e julgar as ações de indenização por dano moral ou patrimonial, decorrentes da relação de trabalho. Nos termos do art. 87 do CPC, a competência é determinada no momento da propositura da ação, salvo quando houver alteração de competência em razão da matéria ou da hierarquia, bem como no caso de supressão do correspondente órgão judiciário. A ampliação de competência é inequívoca, e a norma constitucional tem aplicação e eficácia imediatas. O novo texto constitucional, portanto, alcança de imediato os processos em andamento. A partir da alteração constitucional, a ação deveria ter prosseguido perante o juízo instituído pela lei nova, no caso, a Justiça do Trabalho. A r. sentença proferida na Justiça Comum em maio/2005 está eivada de nulidade, porquanto proferida por juiz incompetente, por expressa previsão constitucional." (TRT/SP – 00066200637302007 – RO – Ac. 4ª T. – 20060979520 – rel. Sergio Winnik – DOE 12.12.2006)

Nessa senda, ensina com propriedade *Enrico Tullio Liebman*(99):

> "A competência é um pressuposto processual, ou seja, requisito de validade do processo e de seus atos, no sentido de que o juiz sem competência não pode realizar atividade alguma e deve apenas declarar sua própria incompetência [...]. Seus atos são nulos."

Não se aplica à hipótese o princípio da *perpetuatio jurisdiccionis*, previsto no art. 40 do CPC, pois neste próprio artigo há exceção quanto à competência em razão da matéria.

---

(98) "AÇÃO DE INDENIZAÇÃO POR DANOS MATERIAIS E MORAIS DECORRENTES DE ACIDENTE DE TRABALHO PROCESSADA E JULGADA NA JUSTIÇA ESTADUAL COMUM. SENTENÇA DE MÉRITO PROFERIDA ANTES DA EMENDA CONSTITUCIONAL N. 45/2004. RECURSO DE APELAÇÃO. COMPETÊNCIA DA JUSTIÇA ESTADUAL. Não é de competência desta Justiça Especializada o julgamento de recurso contra sentença de mérito prolatada antes da promulgação da EC n. 45/04, por juiz da Justiça Estadual." TRT/SP – 02365200537202009 – RO – Ac. 12ª T. – 20060939596 – relª Sonia Maria Prince Franzini – DOE 1º.12.2006.

(99) LIEBMAN, Enrico Tullio. *Manual de direito processual civil*. Tradução e notas de Cândido Rangel Dinamarco. 3. ed. São Paulo: Malheiros: 2005. v. I, p. 82.

Além disso, as regras de competência previstas na Constituição Federal têm aplicação imediata, pois não houve qualquer ressalva, por parte da Emenda n. 45, quanto aos processos em curso(100).

Mesmo os processos com recurso pendente de julgamento e em fase de execução, com o trânsito em julgado da decisão, devem ser encaminhados à Justiça do Trabalho, não se aplicando à hipótese o art. 781 do CPC, pois o referido dispositivo somente disciplina a competência funcional para o processo de execução.

Não obstante os argumentos acima mencionados, o Colendo STJ sumulou a matéria em sentido contrário, entendendo que se o processo já foi sentenciado, mesmo havendo alteração da competência em razão da matéria, ele deve ser executado no juízo que prolatou a sentença, conforme se constata da redação da Súmula n. 367 da sua jurisprudência, a seguir transcrita:

> "EMENDA CONSTITUCIONAL N. 45/2004 — COMPETÊNCIA — PROCESSOS JÁ SENTENCIADOS — NÃO ALCANCE. A competência estabelecida pela EC n. 45/04 não alcança os processos já sentenciados (DJe 26.11.08)."

Nesse mesmo sentido é a Súmula Vinculante n. 22 do STF, *in verbis*:

> "A Justiça do Trabalho é competente para processar e julgar as ações de indenização por dano morais e patrimoniais decorrentes de acidente de trabalho propostas por empregado contra empregador, inclusive aquelas que ainda não possuíam sentença de mérito em primeiro grau quando da promulgação da Emenda Constitucional n. 45/04."

No mesmo contexto, vem-se pronunciando a jurisprudência, conforme as ementas:

> "AÇÃO DE EXECUÇÃO FISCAL. MULTA ADMINISTRATIVA. JULGAMENTO PELA JUSTIÇA FEDERAL ANTES DO ADVENTO DA EMENDA CONSTITUCIONAL N. 45/2004. A ALTERAÇÃO SUPERVENIENTE DA COMPETÊNCIA, AINDA QUE DETERMINADA POR NORMA CONSTITUCIONAL, NÃO INVALIDA A SENTENÇA ANTERIORMENTE PROFERIDA. MANTÉM-SE A COMPETÊNCIA DA JUSTIÇA FEDERAL PARA JULGAR O APELO. A r. sentença de primeiro grau, prolatada pelo Juízo da 6ª Vara Especializada de Execuções Fiscais da Justiça Federal, julgou o feito acatando a legalidade da multa impetrada, proferindo julgamento de mérito, quando vigorava previsão constitucional da competência da Justiça Federal. Na esteira da inteligência do Egrégio Supremo Tribunal Federal, a competência não é desta Justiça Especializada; fica mantida a competência da Justiça Federal para julgamento do recurso. SUSCITADO CONFLITO NEGATIVO DE COMPETÊNCIA, com determinação de remessa dos autos ao Egrégio Superior Tribunal de Justiça para julgamento do conflito." (TRT/SP – 00509200609002000 – RO – Ac. 10ª T. – 20090206970 – relª Marta Casadei Momezzo – DOE 7.4.2009)

> "COMPETÊNCIA EM RAZÃO DA MATÉRIA ALTERADA PELA EMENDA CONSTITUCIONAL N. 45/04. As ações que tramitavam tanto na Justiça Estadual como na Justiça Federal com sentença de mérito anterior à promulgação da Emenda Constitucional n. 45/04 lá continuam até o trânsito em julgado e correspondente execução. Aplicação analógica

(100) Nesse sentido, foi o entendimento firmado pelo C. STJ, conforme a redação da Súmula n. 10: "Instalada a Junta de Conciliação e Julgamento, cessa a competência do Juiz de Direito em matéria trabalhista, inclusive para a execução das sentenças por ele proferidas."

do entendimento do Supremo Tribunal Federal, segundo o qual o princípio da segurança jurídica admite seja atribuída eficácia prospectiva às suas decisões, com a delimitação precisa dos respectivos efeitos, toda vez que proceder a revisões de jurisprudência definidora de competência em razão da matéria." (TRT/SP – 03336200608302004 – RO – Ac. 5ª T. – 20090412308 – rel. José Ruffolo – DOE 19.6.2009)

9. Das espécies de procedimentos no Processo do Trabalho

O procedimento, como já visto, é o aspecto exterior do processo, o meio pelo qual ele se desenvolve ou se praticam os atos processuais. É o *iter* processual.

Atualmente, há quatro ritos processuais tipicamente trabalhistas. São eles:

a) ordinário: também é denominado o procedimento trabalhista comum. Resta aplicável para as causas acima de 40 salários mínimos;

b) sumário: é regido pela Lei n. 5.584/70 para as causas de até 2 salários mínimos;

c) sumaríssimo: é regido pela Lei n. 9.957/00 para as causas cujos valores oscilam entre 2 e 40 salários mínimos. Está previsto na própria Consolidação;

d) especiais: são procedimentos que têm características especiais, previstos no próprio texto da CLT. São eles: Inquérito Judicial para Apuração de Falta Grave (art. 853, e seguintes da CLT); Dissídio Coletivo (art. 856 e seguintes da CLT); e Ação de Cumprimento (art. 872 da CLT).

10. Do procedimento para as ações que não envolvam parcelas trabalhistas *stricto sensu*

Com a nova redação do art. 114 da CF dada pela EC n. 45/04, muitas dúvidas há sobre qual o procedimento aplicável para as ações que não envolvem pedidos decorrentes da relação de emprego, e sim da relação de trabalho, ou seja, ações cujos objetos não são uma verba trabalhista *stricto sensu*.

O procedimento da CLT deve ser aplicado para as ações da competência da Justiça do Trabalho, exceto para as ações que têm rito especial disciplinado por lei específica, como o mandado de segurança, o *habeas corpus*, o *habeas data*, as ações possessórias, as ações rescisórias, as medidas cautelares, as ações de consignação em pagamento, entre outras.

O procedimento celetista se justifica por ser rápido e eficaz e propiciar o acesso célere e efetivo do trabalhador à Justiça do Trabalho. Por outro lado, o procedimento a ser seguido é o da Justiça competente para apreciar a pretensão, e não o que rege a relação jurídica de direito material. Além disso, em face do caráter instrumental do processo, não há qualquer prejuízo em se aplicarem as regras da CLT. De nada adiantaria o legislador constitucional ter dilatado a competência da Justiça do Trabalho, se formos utilizar um procedimento burocrático que inviabilize o próprio funcionamento da Justiça do Trabalho. De se destacar ainda que há previsão na CLT (art. 652, III) para competência da Justiça do Trabalho para apreciar os dissídios que não envolvem a relação de emprego, sendo o procedimento para dirimir tais controvérsias o regulado nos arts. 763 e seguintes da CLT.

A dilatação da competência da Justiça do Trabalho teve por escopo facilitar o acesso à Justiça do trabalhador pessoa física, bem como dar efetividade ao princípio da dignidade da pessoa humana do trabalhador. Não podemos olvidar que praticamente 60% da mão de obra economicamente ativa da classe trabalhadora hoje está na informalidade, ou prestando serviços por meio de contratos muito próximos da relação de emprego. Por isso, tanto ao empregado quanto ao trabalhador devem ser aplicadas as mesmas regras processuais.

Nesse diapasão, adverte com propriedade *Pedro Paulo Teixeira Manus*(101):

> "O eixo da reforma promovida pela Emenda Constitucional n. 45/04, contudo, consiste na sensível ampliação da competência da Justiça do Trabalho, buscando unidade de posicionamento da jurisprudência sobre temas conexos. Ademais, tratando-se o processo do trabalho de um processo menos formal e mais ágil, buscou o legislador trazer para cá as ações envolvendo prestação de serviço que representam a busca pelo sustento do prestador, que à semelhança do empregado vive do resultado do seu trabalho, daí por que convém colocar a sua disposição um procedimento menos demorado"(102).

Embora a utilização do procedimento da CLT seja a providência mais razoável e efetiva, isso não significa que não possamos importar alguns dispositivos do CPC, máxime quando a CLT for omissa e houver compatibilidade com os princípios que regem o Processo do Trabalho (art. 769 da CLT), a fim de dar mais efetividade ao procedimento, e até garantir a efetividade do próprio crédito postulado pelo reclamante(103).

---

(101) MANUS, Pedro Paulo Teixeira; ROMAR, Carla Teresa Martins; GITELMAN, Suely Ester. *Competência da Justiça do Trabalho e a EC n. 45/04*. São Paulo: Atlas, 2006. p. 90.

(102) Em sentido contrário, se manifesta Rogéria Dotti Doria com os seguintes argumentos: "A mera circunstância de a competência pertencer atualmente à Justiça do Trabalho não pode alterar o direito a ser aplicado à controvérsia. Aliás, lembrando decisão do próprio STF, uma vez fixada a competência, 'pouco importa o ramo do direito a ser aplicado'. Com efeito, se a competência foi atribuída à Justiça do Trabalho (uma parte aliás da jurisdição estatal), incumbirá aos juízes trabalhistas, sempre que estiverem diante de ações de indenização, aplicar as regras do direito civil e do direito processual civil. Daí a necessidade de romper antigos dogmas e tradições"(O direito processual civil e a ampliação de competência da Justiça do Trabalho. *In: Processo e Constituição*. Estudos em Homenagem ao Professor José Carlos Barbosa Moreira. Coordenação de Luiz Fux, Nelson Nery Junior e Teresa Arruda Alvim Wambier. São Paulo: RT, 2006. p. 282-283).

(103) Nessa direção, é a opinião de Flávio Luiz Yarshell e Pedro Carlos Sampaio Garcia: "Em suma, aos processos agora transferidos à competência da Justiça do Trabalho, há que se aplicar o processo disciplinado pela Consolidação das Leis do Trabalho, o que, de outro lado, não exclui a aplicação subsidiária do Código de Processo Civil, conforme já ocorria e conforme, inclusive, talvez passe a ocorrer ainda com maior intensidade, sem que, contudo, altere-se o regime básico da legislação 'especial'." (Competência da justiça do trabalho nas ações decorrentes da relação de trabalho. *In: Suplemento Trabalhista*. São Paulo: LTr, v. 48/05, 2005. p. 199).

Portanto, o procedimento a ser utilizado para as ações oriundas da relação de trabalho é o da CLT, previsto nos arts. 763[(104)] e seguintes da CLT.

Nesse sentido, o C. Tribunal Superior do Trabalho, por meio da Instrução Normativa n. 27 (Resolução n. 126/2005 – DJ 22.2.2005), disciplinou a questão, *in verbis*[(105)]:

> "Ementa
>
> Dispõe sobre normas procedimentais aplicáveis ao processo do trabalho em decorrência da ampliação da competência da Justiça do Trabalho pela Emenda Constitucional n. 45/2004.
>
> Art. 1º – As ações ajuizadas na Justiça do Trabalho tramitarão pelo rito ordinário ou sumaríssimo, conforme previsto na Consolidação das Leis do Trabalho, excepcionando-se, apenas, as que, por disciplina legal expressa, estejam sujeitas a rito especial, tais como o Mandado de Segurança, *Habeas Corpus*, *Habeas Data*, Ação Rescisória, Ação Cautelar e Ação de Consignação em Pagamento.
>
> Art. 2º – A sistemática recursal a ser observada é a prevista na Consolidação das Leis do Trabalho, inclusive no tocante à nomenclatura, à alçada, aos prazos e às competências.
>
> Parágrafo único. O depósito recursal a que se refere o art. 899 da CLT é sempre exigível como requisito extrínseco do recurso, quando houver condenação em pecúnia.
>
> Art. 3º – Aplicam-se quanto às custas as disposições da Consolidação das Leis do Trabalho.
>
> § 1º – As custas serão pagas pelo vencido, após o trânsito em julgado da decisão.
>
> § 2º – Na hipótese de interposição de recurso, as custas deverão ser pagas e comprovado seu recolhimento no prazo recursal (arts. 789, 789-A, 790 e 790-A da CLT).
>
> § 3º – Salvo nas lides decorrentes da relação de emprego, é aplicável o princípio da sucumbência recíproca, relativamente às custas.
>
> Art. 4º – Aos emolumentos aplicam-se as regras previstas na Consolidação das Leis do Trabalho, conforme previsão dos arts. 789-B e 790 da CLT.
>
> Parágrafo único. Os entes públicos mencionados no art. 790-A da CLT são isentos do pagamento de emolumentos. (acrescentado pela Resolução n. 133/2005)
>
> Art. 5º – Exceto nas lides decorrentes da relação de emprego, os honorários advocatícios são devidos pela mera sucumbência.
>
> Art. 6º – Os honorários periciais serão suportados pela parte sucumbente na pretensão objeto da perícia, salvo se beneficiária da justiça gratuita.
>
> Parágrafo único. Faculta-se ao juiz, em relação à perícia, exigir depósito prévio dos honorários, ressalvadas as lides decorrentes da relação de emprego.
>
> Art. 7º – Esta Resolução entrará em vigor na data da sua publicação."

Embora se possa invocar a inconstitucionalidade da referida Instrução Normativa, pois, nos termos do art. 22 da CF, compete à União legislar sobre Processo

---

(104) Art. 763 da CLT: "O processo da Justiça do Trabalho, no que concerne aos dissídios individuais e coletivos e à aplicação de penalidades, reger-se-á, em todo o território nacional, pelas normas estabelecidas neste título."

(105) Disponível em: <http://www.tst.gov.br> Acesso em: 1º mar. 2007.

do Trabalho, no nosso sentir, foi extremamente oportuna a regulamentação do procedimento pelo Tribunal Superior do Trabalho, evitando que cada Vara adotasse um procedimento diferente para cada processo que não envolva controvérsias sobre a relação de emprego. Além disso, o procedimento da CLT tem se mostrado eficaz para resolver os conflitos trabalhistas e não há motivos para não aplicá-lo às controvérsias que envolvem a relação de trabalho.

Nesse sentido, é o Enunciado n. 65 da 1ª Jornada de Direito Material e Processual do Trabalho do TST, *in verbis:*

> "AÇÕES DECORRENTES DA NOVA COMPETÊNCIA DA JUSTIÇA DO TRABALHO — PROCEDIMENTO DA CLT. I – Excetuadas as ações com procedimentos especiais, o procedimento a ser adotado nas ações que envolvam as matérias da nova competência da Justiça do Trabalho é o previsto na CLT, ainda que adaptado. II – As ações com procedimentos especiais submetem-se ao sistema recursal do processo do trabalho."

Capítulo III

Organização da Justiça do Trabalho Brasileira

1. Referências históricas e evolução da Justiça do Trabalho brasileira

A Justiça do Trabalho surgiu em razão do próprio surgimento do Direito do Trabalho e do grande número de conflitos trabalhistas.

Conforme *Wagner D. Giglio*(1):

> "A Revolução Industrial determinou profundas mudanças nas condições de trabalho. A utilização de máquinas que faziam, como o tear, o serviço de vários trabalhadores causou o desemprego em massa. O aumento da oferta de mão de obra, diante da pequena procura por trabalhadores, acarretou o aviltamento dos salários. O grande lucro propiciado pelas máquinas trouxe como consequência a concentração de riqueza nas mãos dos poucos empresários e o empobrecimento generalizado da população. Aglomerados em pequenas áreas industrializadas, os trabalhadores tomaram consciência da identidade de seus interesses. Insatisfeitos, uniram-se reagindo contra tal situação em movimentos reivindicatórios violentos, frequentemente sangrentos, as greves. Para forçar os donos das máquinas a lhes pagar melhores salários, a reduzir a jornada e a fornecer ambiente de trabalho menos insalubre, os operários se recusavam a desempenhar suas tarefas."

Não há consenso sobre quando surgiram os primeiros órgãos da Justiça do Trabalho, mas os primeiros órgãos destinados à solução dos conflitos trabalhistas foram, eminentemente, de conciliação.

Segundo *Amauri Mascaro Nascimento*(2), os primeiros órgãos da Justiça do Trabalho foram os *Conseils de Prud'hommes* (França)(3) e os *probiviri* (Itália)(4).

---

(1) GIGLIO, Wagner D. *Direito processual do trabalho.* 15. ed. São Paulo: Saraiva, 2005. p. 1.

(2) NASCIMENTO, Amauri Mascaro. *Curso de direito processual do trabalho.* 22. ed. São Paulo: Saraiva, 2007. p. 33.

(3) O vocábulo *prud'homme* significa homem sisudo, prudente, íntegro, versado em alguma coisa. A expressão é encontrada no período dos grêmios e corporações de ofício para designar os homens que, gozando de especial consideração entre os seus pares, eram eleitos para a administração desses organismos que resolviam os conflitos entre fabricantes e comerciantes; mais tarde foram ampliados para resolver as questões entre industriais e seus operários (NASCIMENTO, Amauri Mascaro. *Op. cit.*, p. 36).

(4) Foram instituídos na Itália em 1800. A expressão *probiviri* equivale aos *prud'hommes* franceses. Eram tripartites, integrados por representantes do governo, dos empregados e empregadores e competentes para conhecer as diferentes controvérsias das indústrias (NASCIMENTO, Amauri Mascaro. *Op. cit.*, p. 37-38).

Na Itália, *Francesco Carnelutti* afirma que a conciliação precedeu a jurisdição nos conflitos coletivos, e esta, neste tipo de conflito, representa, historicamente, o último escalão de uma lenta evolução que tem na conciliação a sua forma intermediária, facultativa e obrigatória, e a arbitragem facultativa, para liberar a formação do regulamento coletivo da crise, violenta e perigosa da greve e do locaute(5).

Como destaca *Amauri Mascaro Nascimento*(6):

> "É possível dizer que nos primórdios das estruturas decisórias sobre questões trabalhistas combinaram-se técnicas autodefensivas, autocompositivas e órgãos de conciliação, de que se valiam empregados e empregadores na época em que o Estado se omitia diante da questão trabalhista: o início da história do direito processual trabalhista identifica-se, de algum modo, com o período no qual o Estado corporativo instituiu uma magistratura trabalhista: desvinculou-se, em outros países, dessas origens, tendo motivações próprias."

No Brasil, a resolução das questões trabalhistas passou por diversas fases. Primeiramente, eram os Juízes de Direito que apreciavam as questões trabalhistas. Conforme *Júlio Assumpção Malhadas*(7), as leis de 13 de setembro de 1830 e de 11 de outubro de 1837 estabeleceram rito sumaríssimo para as causas derivadas dos contratos de locação de serviços nos casos nelas previstos (e o trabalho subordinado, ao tempo, era regido pelas normas relativas à locação de serviços), continuando, porém, seu julgamento afeto à Justiça comum. O Regulamento n. 737, de 15 de novembro de 1850, determinou o rito sumário para as ações resultantes do contrato de trabalho seguindo as normas comuns da organização judiciária.

Os primeiros órgãos da Justiça do Trabalho brasileira foram os Tribunais Rurais em 1922, destinados à apreciação das demandas trabalhistas.

Nesse sentido, assevera *Amauri Mascaro Nascimento*(8):

> "No Brasil, a primeira experiência de instituição de um órgão especializado para dirimir litígios trabalhistas surgiu no Estado de São Paulo, em 1922, com a constituição de tribunais rurais compostos pelo Juiz de Direito da Comarca, um representante dos trabalhadores e outro, dos fazendeiros."

Por que Tribunal Rural e não Tribunal Industrial? Porque à época a economia do Estado de São Paulo era preponderantemente rural; o Estado vivia, praticamente, do café; a indústria e o comércio utilizavam pouca mão de obra; portanto, era o trabalho

(5) NASCIMENTO, Amauri Mascaro. *Curso de direito processual do trabalho.* 22. ed. São Paulo: Saraiva, 2007. p. 33-34.

(6) *Op. cit.*, p. 35.

(7) MALHADAS, Júlio Assumpção. *Justiça do Trabalho:* sua história. Sua composição. Seu funcionamento. v. I. São Paulo: LTr, 1997. p. 106.

(8) *Op. cit.*, p. 03.

rural, daí a criação dos Tribunais Rurais. O Tribunal examinaria a reclamação, a defesa, ouviria testemunhas e julgaria[9].

A experiência dos Tribunais Rurais fracassou. Como relata *Waldemar Martins Ferreira*[10], a razão do fracasso da ideia foi que praticamente a decisão seria do Juiz de Direito, uma vez que cada um dos árbitros iria, naturalmente, decidir em prol de quem o indicara, receando ser tido por traidor.

Após a Revolução de 1930 e o início da industrialização brasileira, ocorreram várias mudanças nas relações de trabalho; em 1932, foram criadas as Juntas de Conciliação e Julgamento e as Comissões Mistas de Conciliação, sendo órgãos administrativos vinculados ao poder executivo.

Conforme *Amauri Mascaro Nascimento*[11], como as atribuições das comissões mistas de conciliação restringiam-se aos conflitos coletivos do trabalho, foram instituídos órgãos destinados a dirimir os dissídios individuais: as Juntas de Conciliação e Julgamento (1932). Somente os empregados sindicalizados tinham direito de ação. Constituíam as Juntas instância única de julgamento, e suas decisões valiam como título de dívida líquida e certa para execução judicial.

As Constituições de 1934 e de 1937 referiram-se à instituição de uma Justiça do Trabalho, mas não a estruturaram, embora, desde logo, a excluíssem expressamente do Poder Judiciário e a Carta Magna de 1934 já mencionasse a formação da Justiça por meio de Tribunais do Trabalho e Comissões de Conciliação, com a eleição de seus membros, metade pelas associações representativas dos empregados e metade pelas dos empregadores, sendo o presidente de livre nomeação do Governo[12].

Dispunha o art. 139 da CF de 1946:

> "Para dirimir os conflitos oriundos das relações entre empregadores e empregados, reguladas na legislação social, é instituída a Justiça do Trabalho, que será regulada em lei e à qual não se aplicam as disposições desta Constituição relativas à competência, ao recrutamento e às prerrogativas da Justiça Comum."

Segundo *Ives Gandra Martins Filho*[13], diante do referido dispositivo legal, acirrada polêmica se travou, então, sobre se o dispositivo constitucional retirava, ou não, o caráter jurisdicional da instituição. Os que defenderam a função judicante da Justiça do Trabalho argumentaram que as garantias poderiam ser outorgadas por lei, ainda que distintas da magistratura comum, já que constituiria uma Justiça

(9) MALHADAS, Júlio Assumpção. *Justiça do Trabalho:* sua história. Sua composição. Seu funcionamento. São Paulo: LTr, 1997. p. 107.

(10) FERREIRA, Waldemar Martins. *Princípios de legislação social e direito judiciário do trabalho.* São Paulo: Freitas Bastos, 1938. p. 89.

(11) *Op. cit.*, p. 50.

(12) ALMEIDA, Ísis de. *Manual de direito processual civil.* 1. v., 9. ed. São Paulo: LTr, 1998. p. 198.

(13) MARTINS FILHO, Ives Gandra. *História do trabalho, do direito do trabalho e da justiça do trabalho.* Irany Ferrari, Amauri Mascaro Nascimento e Ives Gandra da Silva Martins Filho. 2. ed. São Paulo: LTr, 2002. p. 204.

Especializada, com suas características próprias, dentre as quais não deixaria de ser a menor o fato de dirimir controvérsias, aplicando o direito ao caso concreto.

Ives Gandra(14) destaca acórdão oriundo do Supremo Tribunal Federal, datado de 30.9.43 (STF-RE n. 6.310), reconhecendo o caráter jurisdicional das cortes trabalhistas, assim ementado:

> "A natureza da atividade dos Tribunais do Trabalho não é administrativa, mas sim, e essencialmente jurisdicional. O Juiz do Trabalho, embora sem as prerrogativas do magistrado comum, é juiz, proferindo verdadeiros julgamentos na solução de determinados litígios" (*Revista LTr* de dezembro de 1943, p. 475-480).

Foi somente com a Constituição Federal de 1946 que a Justiça do Trabalho passou a integrar o Poder Judiciário. Dispunha o art. 123 da CF de 1946:

> "Compete à Justiça do Trabalho conciliar e julgar os dissídios individuais e coletivos entre empregados e empregadores, e, as demais controvérsias oriundas de relações do trabalho regidas por legislação especial."

Conforme o referido dispositivo, foi mantida a tradição conciliatória da Justiça do Trabalho e a competência para as controvérsias entre empregados e empregadores e demais relações de trabalho, cuja lei infraconstitucional disciplinasse a competência da Justiça do Trabalho.

Na Constituição de 1967, dizia o art. 142:

> "Compete à Justiça do Trabalho conciliar e julgar os dissídios individuais e coletivos entre empregados e empregadores e, mediante lei, outras controvérsias oriundas da relação de trabalho."

O art. 114 da CF de 1988, antes da EC n. 45/04, tinha a seguinte redação:

> "Compete à Justiça do Trabalho conciliar e julgar os dissídios individuais e coletivos entre trabalhadores e empregadores, abrangidos os entes de direito público externo e da administração pública direta e indireta dos Municípios, do Distrito Federal, dos Estados e da União e, na forma da lei, outras controvérsias decorrentes da relação de trabalho, bem como os litígios que tenham origem no cumprimento de suas próprias sentenças, inclusive coletivas."

Desde o seu nascimento, a Justiça do Trabalho contou com a representação paritária em todos os seus órgãos, vale dizer: com a presença de juízes classistas leigos, também denominados "vogais" recrutados nos Sindicatos, ao lado de um juiz com formação jurídica. Os juízes classistas atuavam majoritariamente na fase de conciliação e votavam nos julgamentos, uma vez que conheciam a fundo a realidade das categorias profissional e econômica que representavam. Havia um representante classista dos empregados e outro dos empregadores nas Juntas de Conciliação e Julgamento. Nos Tribunais Regionais do Trabalho e no Tribunal Superior do Trabalho, os classistas compunham as turmas, sendo em igualdade os representantes dos empregados e dos empregadores.

---

(14) *Op. cit.*, p. 204.

Todo o Processo do Trabalho previsto na CLT, na fase de conhecimento, foi idealizado para o funcionamento dos órgãos da Justiça do Trabalho com a presença dos Juízes Classistas.

Waldemar Ferreira defendia a presença dos juízes leigos na Justiça do Trabalho(15), com os seguintes argumentos:

> "Juízes leigos, embora jejunos em ciência jurídica, recrutados nos sindicatos ou, associações de classe, por via de eleição, dariam a segurança de mister. Conhecedores dos pormenores da vida profissional, estariam mais aptos a dirigir as questões entre empregados e empregadores, regidas pela legislação social. Desapegados de preconceitos, destituídos do chamado senso judiciário, mais prontamente decidiriam as controvérsias, em regra oriundas da interpretação ou da aplicação dos contratos de trabalho. Resolveriam como técnicos, com mais sagacidade e com maior espírito de equidade, sob a vigilância permanente do representante do Poder Executivo, como presidente das comissões e tribunais paritários de conciliação e arbitragem ou de julgamento. São esses os motivos por que a Justiça do Trabalho ficou à margem do Poder Judiciário, insubmissa à sua disciplina. Nem por isso, entretanto, independe das fórmulas processuais para o debate das controvérsias, a prolação das decisões e a execução dos julgados."

A Consolidação das Leis do Trabalho dispunha de um capítulo específico sobre os juízes classistas, do qual destacamos os seguintes artigos:

> "Art. 647 – *Cada Junta de Conciliação e Julgamento terá a seguinte composição: a) um Juiz do Trabalho, que será seu presidente; b) dois vogais, sendo um representante dos empregadores, e outro, dos empregados. Parágrafo único. Haverá um suplente para cada vogal.*"

> "Art. 660 – *Os juízes classistas temporários das Juntas são designados pelo Presidente do Tribunal Regional da respectiva jurisdição.*"

> "Art. 661 – *Para o exercício da função de juiz classista temporário da Junta ou suplente deste são exigidos os seguintes requisitos:* a) ser brasileiro; b) ser maior de 25 (vinte e cinco) anos e ter menos de 70 (setenta) anos; c) estar no gozo dos direitos civis e políticos; d) estar quite com o serviço militar; e) contar mais de 2 (dois) anos de efetivo exercício na profissão e ser sindicalizado. Parágrafo único. A prova da qualidade profissional a que se refere a alínea *f* deste artigo é feita mediante declaração do respectivo Sindicato."

> "Art. 663 – *A investidura dos vogais das Juntas e seus suplentes é de 3 (três) anos, podendo, entretanto, ser dispensado, a pedido, aquele que tiver servido, sem interrupção, durante metade desse período.*" § 1º Na hipótese da dispensa do vogal a que alude este artigo, assim como nos casos de impedimento, morte ou renúncia, sua substituição far-se-á pelo suplente, mediante convocação do presidente da Junta. § 2º Na falta do suplente, por impedimento, morte ou

(15) FERREIRA, Waldemar. Princípios de legislação social e direito judiciário do trabalho. *Apud* NASCIMENTO, Amauri Mascaro. *Curso de direito do trabalho.* 22. ed. São Paulo: Saraiva, 2007. p. 52-53.

renúncia, serão designados novo vogal e o respectivo suplente, dentre os nomes constantes das listas a que se refere o art. 662, servindo os designados até o fim do período."

"Art. 667 – *São prerrogativas dos vogais das Juntas, além das referidas no art. 665:*

a) tomar parte nas reuniões do tribunal a que pertençam;

b) aconselhar às partes a conciliação;

c) votar no julgamento dos feitos e nas matérias de ordem interna do tribunal, submetidas às suas deliberações;

d) pedir vista dos processos pelo prazo de vinte e quatro horas;

e) formular, por intermédio do presidente, aos litigantes, testemunhas e peritos, as perguntas que quiserem fazer, para esclarecimento do caso."

Com o passar dos anos, diante do crescimento dos conflitos de trabalho, sendo que a cada dia a Justiça do Trabalho foi se tornando mais técnica, houve o desprestígio da representação classista, pois os classistas já não conheciam mais a realidade das categorias profissional e econômica, e a cada dia as decisões da Justiça do Trabalho foram dependendo mais do conhecimento técnico do juiz formado em direito do que dos conhecimentos práticos dos juízes classistas.

A EC n. 24/99 extinguiu a representação classista na Justiça do Trabalho, transformando as antigas Juntas de Conciliação e Julgamento em Varas do Trabalho. Tanto nas Varas, nos TRTs e no TST somente passaram a atuar magistrados com formação jurídica.

A EC n. 45/04 prestigiou a Justiça do Trabalho, dilatando-lhe a competência para apreciar, além das controvérsias entre empregados e empregadores, as controvérsias oriundas e decorrentes da relação de trabalho, e também as questões que circundam a relação de emprego, como as sindicais, da greve, entre outras especificadas no art. 114 da CF.

Dispõe o art. 114 da CF com a redação dada pela EC n. 45/04:

"Compete à Justiça do Trabalho processar e julgar: I – as ações oriundas da relação de trabalho, abrangidos os entes de direito público externo e da Administração Pública direta e indireta da União, dos Estados, do Distrito Federal e dos Municípios; II – as ações que envolvam exercício do direito de greve; III – as ações sobre representação sindical, entre sindicatos, entre sindicatos e trabalhadores, e entre sindicatos e empregadores; IV – os mandados de segurança, *habeas corpus* e *habeas data*, quando o ato questionado envolver matéria sujeita à sua jurisdição; V – os conflitos de competência entre órgãos com jurisdição trabalhista, ressalvado o disposto no art. 102, I, *o*; VI – as ações de indenização por dano moral ou patrimonial, decorrentes da relação de trabalho; VII – as ações relativas às penalidades administrativas impostas aos empregadores pelos órgãos de fiscalização das relações de trabalho; VIII – a execução, de ofício, das contribuições sociais previstas no art. 195, I, *a*, e II, e seus acréscimos legais, decorrentes das sentenças que proferir; IX – outras controvérsias decorrentes da relação de trabalho, na forma da lei. § 1º – Frustrada a negociação coletiva, as partes poderão eleger árbitros. § 2º – Recusando-se qualquer das partes à negociação coletiva ou à arbitragem, é facultado às mesmas, de comum acordo, ajuizar dissídio coletivo de natureza econômica, podendo a Justiça do Trabalho decidir o conflito, respeitadas as disposições mínimas legais de proteção ao trabalho, bem como as convencionadas anteriormente. § 3º – Em caso de greve em atividade essencial, com possibilidade de lesão do interesse público, o Ministério Público do Trabalho poderá ajuizar dissídio coletivo, competindo à Justiça do Trabalho decidir o conflito."

Atualmente, como destaca *Amauri Mascaro Nascimento*(16), a Justiça do Trabalho enfrenta grandes desafios, dentre os quais se destacam: a sobrecarga de processos; a ampliação da sua competência (EC n. 45/04) e o crescimento da litigiosidade na sociedade pós-industrial.

Diante destes desafios mencionados pelo professor *Mascaro Nascimento*, a cada dia, a Justiça do Trabalho necessita de instrumentos processuais mais ágeis e efetivos para continuar solucionando de forma célere e efetiva os mais diversos conflitos trabalhistas. Neste quadro, a Justiça do Trabalho necessita do aumento do número de Varas, de juízes, de servidores e da tecnologia para que possa dar vazão ao número cada vez maior de conflitos que chegam diariamente às Varas e Tribunais Trabalhistas.

2. Dos órgãos da Justiça do Trabalho

Dispõe o art. 111 da CF:

"São órgãos da Justiça do Trabalho:

I – o Tribunal Superior do Trabalho;

II – os Tribunais Regionais do Trabalho;

III – os Juízes do Trabalho."

A Justiça do Trabalho integra o Poder Judiciário da União, tendo sua estrutura federalizada. Os órgãos de primeiro grau são os Juízes do Trabalho que atuam nas Varas do Trabalho. Os órgãos de segundo grau de jurisdição são os Tribunais Regionais do Trabalho, compostos pelos Juízes dos TRTs. O órgão de terceiro grau de jurisdição é o Tribunal Superior do Trabalho composto pelos Ministros do TST.

Alguns Tribunais Regionais do Trabalho outorgaram, via regimento interno, o título de Desembargador Federal do Trabalho aos seus juízes, entretanto, o projeto da lei que alterava a denominação dos juízes de segundo grau para desembargadores ainda está em trâmite no Congresso Nacional.

3. Das garantias da Magistratura do Trabalho

Para que possa bem exercer a jurisdição, com imparcialidade e independência, a Constituição Federal outorga algumas garantias aos juízes, que não são garantias pessoais, mas do cargo. Não obstante, tais garantias são do próprio cidadão, que terá sua causa examinada por um juiz imparcial e independente.

---

(16) *Op. cit.*, p. 56.

Estabelece o art. 95 da CF:

"Os juízes gozam das seguintes garantias: I – vitaliciedade, que, no primeiro grau, só será adquirida após dois anos de exercício, dependendo a perda do cargo, nesse período, de deliberação do tribunal a que o juiz estiver vinculado, e, nos demais casos, de sentença judicial transitada em julgado; II – inamovibilidade, salvo por motivo de interesse público, na forma do art. 93, VIII; III – irredutibilidade de subsídio, ressalvado o disposto nos arts. 37, X e XI, 39, § 4º, 150, II, 153, III, e 153, § 2º, I."

São garantias da magistratura:

a) vitaliciedade: após dois anos de efetivo exercício, o juiz adquire a vitaliciedade, somente podendo perder o cargo mediante sentença judicial transitada em julgado;

b) irredutibilidade de vencimento: o salário do juiz, chamado atualmente de subsídio (redação dada pela EC n. 19/98), é irredutível. Mas tal redução é apenas nominal, vale dizer: na sua expressão numérica e não real (poder de compra). Além disso, os salários dos juízes somente podem ser majorados mediante lei. De outro lado, os juízes também estão sujeitos aos descontos de imposto de renda e contribuição previdenciária;

c) inamovibilidade: o juiz não pode ser removido da comarca em que é titular, salvo a requerimento ou por motivo de interesse público, mediante voto da maioria absoluta do Tribunal ou do Conselho Nacional de Justiça, assegurada a ampla defesa.

Nesse sentido, dispõe o art. 93, VIII, da CF:

"O ato de remoção, disponibilidade e aposentadoria do magistrado, por interesse público, fundar-se-á em decisão por voto de maioria absoluta do respectivo tribunal ou do Conselho Nacional de Justiça, assegurada ampla defesa."

De outro lado, para que possa desempenhar suas atividades com qualidade, celeridade e imparcialidade, a Constituição Federal impõe vedações ao exercício de certas atividades pelos juízes.

Nesse pórtico, assevera o parágrafo único do art. 95, da CF, *in verbis*:

"Aos juízes é vedado:

I – exercer, ainda que em disponibilidade, outro cargo ou função, salvo uma de magistério;

II – receber, a qualquer título ou pretexto, custas ou participação em processo;

III – dedicar-se à atividade político-partidária;

IV – receber, a qualquer título ou pretexto, auxílios ou contribuições de pessoas físicas, entidades públicas ou privadas, ressalvadas as exceções previstas em lei;

V – exercer a advocacia no juízo ou tribunal do qual se afastou, antes de decorridos três anos do afastamento do cargo por aposentadoria ou exoneração."

4. Do acesso à Magistratura do Trabalho

Em primeiro grau de jurisdição, o acesso à carreira da Magistratura do Trabalho se dá por meio de concurso público de provas e títulos, com a participação da Ordem dos Advogados do Brasil. Nesse sentido, dispõe o inciso I do art. 93, da CF, com a redação dada pela EC n. 45/04:

> "Lei complementar, de iniciativa do Supremo Tribunal Federal, disporá sobre o Estatuto da Magistratura, observados os seguintes princípios: I – ingresso na carreira, cujo cargo inicial será o de juiz substituto, mediante concurso público de provas e títulos, com a participação da Ordem dos Advogados do Brasil em todas as fases, exigindo-se do bacharel em Direito, no mínimo, três anos de atividade jurídica e obedecendo-se, nas nomeações, à ordem de classificação."

A Resolução n. 75, de 12 de maio de 2009, do Conselho Nacional de Justiça regulamenta o concurso de ingresso na Magistratura do Trabalho. Atualmente, o concurso apresenta quatro fases eliminatórias (preambular, dissertativa, prática de sentença e oral) e uma classificatória (títulos).

Para poder ingressar na carreira, o candidato deve ser bacharel em direito e possuir três anos, no mínimo, de atividade jurídica.

Quanto ao requisito da prática jurídica, há controvérsia na doutrina sobre ser, ou não, o referido inciso I do art. 93 da CF autoaplicável ou se somente o será após a edição de Lei Complementar.

Ao contrário do que pensam alguns doutrinadores, acreditamos que o inciso I do art. 93 da CF ao exigir os três anos de atividade jurídica, é autoaplicável, vale dizer: não depende de lei complementar para ter eficácia, sendo norma de eficácia contida, uma vez que sua redação é clara ao exigir três anos de prática jurídica, podendo este requisito, enquanto não houver a edição de lei complementar específica a respeito, ser regulamentado nos Editais dos concursos pelos Tribunais ou, preferencialmente, como foi realizado, pelo Conselho Nacional de Justiça, desde que a interpretação seja justa e razoável e não impeça o acesso do bacharel aos quadros da magistratura.

Acreditamos que a finalidade social da norma, ao exigir três anos de prática jurídica, tem por escopo buscar maior amadurecimento do bacharel que pretende ingressar nos quadros da magistratura, diante da responsabilidade do cargo que exige não só o conhecimento jurídico, mas também conhecimento do ser humano, pois o Direito existe em razão dele. De outro lado, pensamos correta a interpretação de que os três anos se computam a partir da formatura do bacharel e devem ser preenchidos na data da posse do candidato.

Atualmente, a Resolução n. 75/09 do Conselho Nacional da Justiça do Trabalho regulamentou a questão, nos arts. 58 e 59, *in verbis*:

> "Art. 58. Requerer-se-á a inscrição definitiva ao presidente da Comissão de Concurso, mediante preenchimento de formulário próprio, entregue na secretaria do concurso.

§ 1º O pedido de inscrição, assinado pelo candidato, será instruído com:

a) cópia autenticada de diploma de bacharel em Direito, devidamente registrado pelo Ministério da Educação;

b) certidão ou declaração idônea que comprove haver completado, à data da inscrição definitiva, 3 (três) anos de atividade jurídica, efetivo exercício da advocacia ou de cargo, emprego ou função, exercida após a obtenção do grau de bacharel em Direito;

c) cópia autenticada de documento que comprove a quitação de obrigações concernentes ao serviço militar, se do sexo masculino;

d) cópia autenticada de título de eleitor e de documento que comprove estar o candidato em dia com as obrigações eleitorais ou certidão negativa da Justiça Eleitoral;

e) certidão dos distribuidores criminais das Justiças Federal, Estadual ou do Distrito Federal e Militar dos lugares em que haja residido nos últimos 5 (cinco) anos;

f) folha de antecedentes da Polícia Federal e da Polícia Civil Estadual ou do Distrito Federal, onde haja residido nos últimos 5 (cinco) anos;

g) os títulos definidos no art. 67;

h) declaração firmada pelo candidato, com firma reconhecida, da qual conste nunca haver sido indiciado em inquérito policial ou processado criminalmente ou, em caso contrário, notícia específica da ocorrência, acompanhada dos esclarecimentos pertinentes;

i) formulário fornecido pela Comissão de Concurso, em que o candidato especificará as atividades jurídicas desempenhadas, com exata indicação dos períodos e locais de sua prestação, bem como as principais autoridades com quem haja atuado em cada um dos períodos de prática profissional, discriminados em ordem cronológica;

j) certidão da Ordem dos Advogados do Brasil com informação sobre a situação do candidato advogado perante a instituição.

§ 2º Os postos designados para o recebimento dos pedidos de inscrição definitiva encaminharão ao presidente da Comissão de Concurso os pedidos, com a respectiva documentação.

Art. 59. Considera-se atividade jurídica, para os efeitos do art. 58, § 1º, alínea *i*:

I – aquela exercida com exclusividade por bacharel em Direito;

II – o efetivo exercício de advocacia, inclusive voluntária, mediante a participação anual mínima em 5 (cinco) atos privativos de advogado (Lei n. 8.906, 4 de julho de 1994, art. 1º) em causas ou questões distintas;

III – o exercício de cargos, empregos ou funções, inclusive de magistério superior, que exija a utilização preponderante de conhecimento jurídico;

IV – o exercício da função de conciliador junto a tribunais judiciais, juizados especiais, varas especiais, anexos de juizados especiais ou de varas judiciais, no mínimo por 16 (dezesseis) horas semanais e durante 1 (um) ano;

V – o exercício da atividade de mediação ou de arbitragem na composição de litígios.

§ 1º É vedada, para efeito de comprovação de atividade jurídica, a contagem do estágio acadêmico ou qualquer outra atividade anterior à obtenção do grau de bacharel em Direito.

§ 2º A comprovação do tempo de atividade jurídica relativamente a cargos, empregos ou funções não privativos de bacharel em Direito será realizada mediante certidão circunstanciada, expedida pelo órgão competente, indicando as respectivas atribuições e a prática reiterada de atos que exijam a utilização preponderante de conhecimento jurídico, cabendo à Comissão de Concurso, em decisão fundamentada, analisar a validade do documento."

Pensa *Carlos Henrique Bezerra Leite* ser inconstitucional a regulamentação do requisito da atividade jurídica de forma administrativa pelos Tribunais, ou pelo CNJ, com os seguintes argumentos:

> "a) o inciso I do art. 93 da CF somente pode ser regulamentado por lei complementar, o que afasta a recepção do art. 654, § 3º da CLT que é norma equiparada à lei ordinária; b) iniciativa da referida lei complementar é exclusiva do STF e de nenhum outro órgão do Poder Judiciário; c) somente a lei — princípio da reserva legal — pode estabelecer os critérios de investidura em qualquer cargo público (CF, art. 37, I e II)."

Não obstante os sólidos e contundentes argumentos do professor *Bezerra Leite*, conforme já nos manifestamos, não pensamos ser a Resolução n. 75/09 do CNJ inconstitucional, pois o art. 93, I, da CF tem vigência imediata, uma vez que é norma de eficácia contida, vale dizer: a lei infraconstitucional pode dilatar ou restringir seu alcance. Além disso, pensamos que o TST disciplinou de forma justa e razoável o requisito dos três anos de prática jurídica, não inibindo o acesso do bacharel à Magistratura. De outro lado, acreditamos que a exigência dos três anos de prática jurídica é um requisito que decorre do devido processo legal (art. 5º da CF), sendo um direito fundamental do cidadão ser julgado por um magistrado que, além do conhecimento jurídico, apresenta amadurecimento por possuir maior experiência em razão dos três anos de prática jurídica.

Acreditamos que, enquanto não houver a edição de Lei Complementar para regulamentar os três anos de atividade jurídica, possa o Conselho Nacional de Justiça regulamentar os requisitos para ingresso na carreira da Magistratura, pois, além de uniformizar os procedimentos dos Editais dos Tribunais, torna mais transparente o processo seletivo.

Neste sentido, recentemente se pronunciou o Tribunal Superior do Trabalho, no Proc. n. TST-RXOF e ROMS-80086/2005-000-02-00.8, Ac. TP, rel. Min. Vieira de Mello Filho, DJU 24.11.06:

> "REMESSA OFICIAL E RECURSO ORDINÁRIO EM MANDADO DE SEGURANÇA — CONCURSO DA MAGISTRATURA — ATIVIDADE JURÍDICA — EMENDA CONSTITUCIONAL N. 45/2004. A LOMAN Lei Complementar n. 35, de 1979, foi recepcionada pela Emenda Constitucional n. 45/2004, no que com ela for compatível. No entanto, não ostenta densidade suficiente para a plena eficácia do art. 93 da Constituição da República. A autonomia dos Tribunais está limitada pelos princípios da Constituição Federal, aos quais eles estão vinculados, como também à prevalência da lei complementar (LOMAN LC n. 35/79 ainda vigente). Até que seja editada a lei complementar com o novo Estatuto da Magistratura, a abertura do

art. 93 poderá ser densificada por outras fontes normativas, oriundas do Conselho Nacional de Justiça. O Conselho pode, como assim o fez, expedir regulamento com o fim de zelar pela autonomia do Poder Judiciário e pelo cumprimento do Estatuto da Magistratura (art. 103-B, § 4º, inciso I), no âmbito de sua alta função política de aprimoramento do autogoverno do Judiciário, a que se atribuiu o reclamado papel de órgão formulador de uma indeclinável política judiciária nacional." (Min. Cezar Peluso – ADIn 3367-1 – p. 24-25 – DJ 17.3.2006)

Do corpo do acórdão, destacamos:

"APLICABILIDADE E EFICÁCIA DAS DIRETRIZES DO ART. 93 DA CONSTITUIÇÃO DA REPÚBLICA. A respeito da norma que trata da exigência de três anos de atividade jurídica, estabelecida pela Emenda Constitucional n. 45/2004, existem duas correntes acerca de sua autoaplicabilidade, ou seja, de que são normas constitucionais de eficácia plena e aplicabilidade imediata ou de que são normas constitucionais de eficácia limitada. Nesta primeira hipótese, em que se entende ser a norma Constitucional de eficácia plena e aplicabilidade imediata, sustenta-se ser prescindível qualquer norma posterior para que tal requisito seja exigido, pois esta contém todos elementos para sua eficácia direta.

Segundo José Afonso da Silva, as normas de eficácia plena são aquelas que não exigem a elaboração de novas normas legislativas que lhes completem o alcance e o sentido, ou lhes fixem o conteúdo, porque já se apresentam suficientemente explícitas na definição dos interesses nela regulados (SILVA, José Afonso da. *Aplicabilidade das normas constitucionais*. 5. ed. São Paulo: Malheiros, 2001. p. 101).

Por seu turno, a limitação da eficácia, segundo sustentam, vincula-se na necessidade de lei posterior para regulamentar o que foi apenas enunciado como requisito, esse argumento se baseia no princípio da legalidade, segundo o qual somente a lei poderá restringir direitos, não decisão discricionária de comissão de concurso. Deste introito, exsurgem aspectos que devem ser melhor equacionados para a total compreensão dos contornos e da interpretação a ser estabelecida no tocante ao novo texto constitucional. O dispositivo, incrementado pela edição da Emenda Constitucional n. 45/2004, encerra em seu conteúdo princípios constitucionais.

Sabe-se que os princípios, ao lado das regras, são normas jurídicas, os princípios, porém, exercem dentro do sistema normativo um papel diferente dos das regras. Estas, por descreverem fatos hipotéticos, possuem a nítida função de regular, direta ou indiretamente, as relações jurídicas que se enquadrem nas molduras típicas por elas descritas. Assim não o é com os princípios, que são normas generalíssimas dentro do sistema. Pelo que se entoa terem os princípios eficácia positiva e negativa: 'por eficácia positiva dos princípios, entende-se a inspiração, a luz hermenêutica e normativa lançadas no ato de aplicar o Direito, que conduz a determinadas soluções em cada caso, segundo a finalidade perseguida pelos princípios incindíveis no mesmo; por eficácia negativa dos princípios, entende-se que decisões, regras, ou mesmo, subprincípios que se contraponham a princípios serão inválidos, por contraste normativo' (ESPÍNDOLA, Ruy Samuel. Conceito de princípios constitucionais. *In: Revista dos Tribunais*, São Paulo, 1999. p. 55.) Tem-se, ainda, servir o princípio como limite de atuação do jurista, ou seja, no mesmo instante que exerce a função de vetor de interpretação, o princípio tem como função limitar a vontade subjetiva do aplicador do direito, vale dizer, os princípios estabelecem balizamentos dentro dos quais o jurista exercitará sua criatividade, seu senso do razoável e sua capacidade de fazer a justiça do caso concreto. O princípio, enquanto 'mandamento nuclear de um sistema' (Celso Antônio Bandeira de Mello. *Curso de direito administrativo*. p. 450-451), exerce a importante função de fundamentar a ordem jurídica em que se insere, fazendo com que todas as relações jurídicas que adentram ao sistema busquem na principiologia constitucional 'o berço das estruturas e instituições jurídicas'. Os princípios são, por conseguinte, enquanto valores, 'a pedra de toque ou o critério com que se aferem os conteúdos constitucionais em sua dimensão normativa mais elevada' (BONAVIDES, Paulo. *Curso de direito constitucional*. 7. ed. São Paulo: Malheiros, 1998).

Neste diapasão, temos os princípios como sendo verdades primeiras, não necessariamente objetivadas, que decorrem de um conjunto jurídico mais amplo, e que desempenham a função de dar base à Ciência do Direito, bem como exercer uma função estruturante de todo o sistema. Neste passo, e delimitada a natureza dos princípios constitucionais, torna-se necessária a avaliação *prima facie* de quais princípios estão alicerçando a norma e, em segundo, o exame da eficácia plena dos princípios contidos na nova ordem constitucional em debate (art. 93, inciso I da Constituição da República). Os princípios, ali inscritos, seriam os da universalidade, da moralidade e da democratização. O princípio da universalidade, que tem a ver com o imperativo categórico de Kant reformulado — a norma é correta quando apresentada a um exame discursivo de sua validade; o princípio do discurso: a norma é correta quando é racional-comunicativa, ou seja, racional no contexto da linguagem e da hermenêutica, porque pensada dentro da consciência, intersubjetivamente compartilhada, consensual, e, por isto, aceita por todos; e o princípio da democracia, que vai exigir determinados pressupostos que conduzem à retitude da norma jurídica, a qual se torna correta quando concorda com os condicionantes sociológicos que a sustentam."

Nos Tribunais Regionais do Trabalho e no Tribunal Superior do Trabalho, há o chamado *quinto constitucional*, vale dizer: um quinto das vagas desses tribunais será ocupada por advogados e membros do Ministério Público do Trabalho, ambos com mais de dez anos de exercício profissional, de notório saber jurídico e reputação ilibada, que não prestam concurso, sendo nomeados pelo Presidente da República em listas sêxtuplas elaboradas pelos próprios tribunais.

A inclusão de ministros provenientes da Advocacia e do Ministério Público foi ordenada pela Constituição de 1967 (art. 141, § 1º, *a*, da EC n. 1, de 1969), estendendo a tradição prevalente nos demais Tribunais à Justiça do Trabalho, e mantida pela Carta Constitucional de 1988[(17)]. A existência do *quinto constitucional* é fundada na democratização dos Tribunais em razão do ingresso de membros oriundos de outras esferas jurídicas que podem contribuir para o aperfeiçoamento da Instituição.

Nesse sentido, o art. 94 da CF, *in verbis*:

"Um quinto dos lugares dos Tribunais Regionais Federais, dos Tribunais dos Estados, e do Distrito Federal e Territórios será composto de membros do Ministério Público, com mais de dez anos de carreira, e de advogados de notório saber jurídico e de reputação ilibada, com mais de dez anos de efetiva atividade profissional, indicados em lista sêxtupla pelos órgãos de representação das respectivas classes. Parágrafo único. Recebidas as indicações, o tribunal formará lista tríplice, enviando-a ao Poder Executivo, que, nos vinte dias subsequentes, escolherá um de seus integrantes para nomeação."

Os juízes do quinto constitucional ingressam diretamente nos tribunais tendo o mesmo *status*, competência e prerrogativas dos juízes de carreira, sendo vitalícios

(17) GIGLIO, Wagner D. *Direito processual do trabalho*. 15. ed. São Paulo: Saraiva, 2005. p. 07.

a partir da posse, conforme previsão na Lei Orgânica da Magistratura. Não obstante, não progridem na carreira, ou seja, não podem ser promovidos para outro cargo em outro tribunal.

5. Do Juiz do Trabalho e das Varas do Trabalho

O Juiz do Trabalho atua nas Varas do Trabalho, seja como titular ou substituto. Nesse sentido dispõe o art. 116 da CF:

"Nas Varas do Trabalho, a jurisdição será exercida por um juiz singular."

As Varas do Trabalho são os órgãos de primeiro grau de jurisdição da Justiça do Trabalho.

Nos termos do art. 112 da CF, a lei criará Varas da Justiça do Trabalho, podendo, nas comarcas não abrangidas por sua jurisdição, atribuí-la aos Juízes de Direito, com recurso para o respectivo Tribunal Regional do Trabalho.

Desse modo, nas localidades em que não há Varas do Trabalho, o Juiz de Direito acumula a jurisdição trabalhista. Das decisões proferidas pelo Juiz de Direito em causas trabalhistas, caberá recurso ordinário para o Tribunal Regional do Trabalho do Estado.

Conforme o art. 113 da CF, a lei disporá sobre a constituição, investidura, jurisdição, competência, garantias e condições de exercício dos órgãos da Justiça do Trabalho.

O Juiz do Trabalho substituto é o que não é titular, pois substitui ou auxilia o Juiz Titular das Varas do Trabalho. Entretanto, enquanto estiver substituindo ou auxiliando, tem as mesmas prerrogativas e deveres do Juiz Titular. O Juiz Titular fica fixo em uma determinada Vara do Trabalho.

Conforme destaca *Amauri Mascaro Nascimento*(18):

> "O juiz é bacharel em direito que ingressa na magistratura trabalhista por meio de concurso de provas e títulos realizado perante o Tribunal Regional, válido por dois anos. Aprovado no concurso, o juiz é nomeado para as vagas que se abrem no quadro de juízes substitutos da região e, por antiguidade e merecimento, alternadamente, tem acesso ao cargo de juiz titular da Vara [...]. A posse dos juízes é dada pelo presidente do Tribunal Regional. Os juízes devem residir nos limites da sua jurisdição, manter perfeita conduta pública e privada, abster-se de atender a solicitações ou recomendações relativamente aos feitos que haja sido ou tenham de ser submetidos à sua apreciação e manter pontualidade, sob pena de descontos de vencimento, no cumprimento das atribuições do seu mister."

A Consolidação das Leis do Trabalho disciplina a carreira do Juiz do Trabalho, que deve ser lida em conjunto com a Lei Orgânica da Magistratura.

(18) NASCIMENTO, Amauri Mascaro. *Curso de direito processual do trabalho.* 22. ed. São Paulo: Saraiva, 2007. p. 172.

O Juiz do Trabalho ingressará na carreira como Juiz do Trabalho Substituto, após aprovação em concurso de provas e títulos, sendo designado pelo Presidente do TRT para auxiliar ou substituir nas Varas do Trabalho. Depois de dois anos de exercício, o Juiz do Trabalho Substituto torna-se vitalício. Alternativamente, por antiguidade ou merecimento, o juiz será promovido a Juiz Titular de Vara do Trabalho e, posteriormente, pelo mesmo critério, a Juiz de Tribunal Regional do Trabalho. Além disso, pode chegar ao posto de Ministro do Tribunal Superior do Trabalho desde que preencha os requisitos constitucionais.

5.1. Do papel do Juiz do Trabalho

O Juiz do Trabalho exerce relevante papel social, pois apesar de julgar conflitos trabalhistas, acima de tudo, decide conflitos sociais, onde, muitas vezes a desigualdade das partes é visível, cumprindo-lhe, não só aplicar a lei aos conflitos de interesse, mas decidir com razoabilidade, equilíbrio e justiça. Para isso, deve possuir formação humanista mais apurada, e maior conhecimento dos problemas sociais.

Há muitos direitos fundamentais consagrados ao trabalhador que somente podem ser concretizados por meio da decisão judicial. De outro lado, o empregador e o tomador dos serviços também têm direitos fundamentais que devem ser considerados. Por isso, o magistrado trabalhista deve, sempre que possível, dirimir com sabedoria e justiça os conflitos trabalhistas, buscando sempre a conciliação, e, se esta não for possível, buscar uma decisão equilibrada.

Como bem destacou *Carlos Henrique Bezerra Leite*(19):

> "No atual paradigma do Estado Democrático de Direito, o Juiz do Trabalho assume importante papel na efetivação dos direitos humanos e fundamentais, especialmente os de dimensão juslaboral, como são os direitos fundamentais sociais trabalhistas. Para tanto, é condição necessária a sua sólida formação humanística, elevada preparação teórica e técnica, além do compromisso inarredável com a efetivação dos direitos previstos na Constituição e nos Tratados Internacionais de Direitos Humanos."

O Juiz do Trabalho, indiscutivelmente, integra a magistratura especializada. É, acima de tudo, um magistrado constitucional que busca o justo equilíbrio entre o capital e o trabalho.

Adverte, com sabedoria, *Jorge Luiz Souto Maior*(20):

> "Basicamente, cabe ao magistrado trabalhista ter a noção básica do que seu papel primordial é fazer valer o Direito do Trabalho, conferir eficácia às normas jurídicas trabalhistas, mas deve fazê-lo a partir da compreensão da relevância do Direito do Trabalho no modelo de sociedade capitalista,

---

(19) *Curso de direito processual do trabalho.* 12. ed. São Paulo: LTr, 2014. p. 137.

(20) A função da magistratura trabalhista. In: *Estudos aprofundados para a magistratura do trabalho.* Salvador: Jus Podivm, 2013. p. 30-31.

tendo sempre como parâmetro de análise a valorização do ser humano e o resgate da subjetividade. Extraído de preocupações egocêntricas ou de submissões numerológicas, o magistrado trabalhista deve estar pronto para o grande desafio de aplicar o Direito do Trabalho. E trata-se de um desafio porque há certo desconhecimento generalizado em torno da razão de ser do Direito do Trabalho, contextualizado no modo de produção capitalista, e porque, no Brasil especificamente há uma formação cultural preconceituosa contrária aos trabalhadores e seus direitos."

O magistrado trabalhista moderno deve, necessariamente, ser imparcial, oportunizando às partes as mesmas faculdades no processo, mas não pode ser absolutamente neutro, assistindo o conflito como um ser inerte, ou *convidado de pedra no processo*. Deve zelar pelo equilíbrio entre as partes do processo, exercer amplos poderes instrutórios quando necessário a formar seu livre convencimento, decidir com base na prova dos autos e na intepretação justa e razoável do direito, e envidar esforços para o cumprimento da decisão.

O art. 139 do CPC, de aplicação subsidiária ao processo do trabalho, destaca os principais deveres do magistrado, "*in verbis*":

"O juiz dirigirá o processo conforme as disposições deste Código, incumbindo-lhe:

I – assegurar às partes igualdade de tratamento;

II – velar pela duração razoável do processo;

III – prevenir ou reprimir qualquer ato contrário à dignidade da justiça e indeferir postulações meramente protelatórias;

IV – determinar todas as medidas indutivas, coercitivas, mandamentais ou sub-rogatórias necessárias para assegurar o cumprimento de ordem judicial, inclusive nas ações que tenham por objeto prestação pecuniária;

V – promover, a qualquer tempo, a autocomposição, preferencialmente com auxílio de conciliadores e mediadores judiciais(21);

VI – dilatar os prazos processuais e alterar a ordem de produção dos meios de prova, adequando-os às necessidades do conflito de modo a conferir maior efetividade à tutela do direito;

VII – exercer o poder de polícia, requisitando, quando necessário, força policial, além da segurança interna dos fóruns e tribunais;

VIII – determinar, a qualquer tempo, o comparecimento pessoal das partes, para inquiri-las sobre os fatos da causa, hipótese em que não incidirá a pena de confesso;

---

(21) O Tribunal Superior do Trabalho, entretanto, por meio da Instrução Normativa n. 39/16, embora sem caráter vinculante, em seu art. 3º, entendeu aplicável ao Processo do Trabalho, o presente dispositivo, exceto a parte final do inciso V. Com efeito, dispõe o referido dispositivo: Art. 3º Sem prejuízo de outros, aplicam-se ao Processo do Trabalho, em face de omissão e compatibilidade, os preceitos do Código de Processo Civil que regulam os seguintes temas: (...)III - art. 139, exceto a parte final do inciso V (poderes, deveres e responsabilidades do juiz)". Nota-se que a mais alta Corte Trabalhista não chancelou a possibilidade do magistrato trabalhista estar auxiliado por conciliadores e mediadores extrajudiciais na audiência de conciliação.

IX – determinar o suprimento de pressupostos processuais e o saneamento de outros vícios processuais;

X – quando se deparar com diversas demandas individuais repetitivas, oficiar o Ministério Público, a Defensoria Pública e, na medida do possível, outros legitimados a que se referem o art. 5º da Lei n. 7.347, de 24 de julho de 1985, e o art. 82 da Lei n. 8.078, de 11 de setembro de 1990, para, se for o caso, promover a propositura da ação coletiva respectiva.

Parágrafo único. A dilação de prazos prevista no inciso VI somente pode ser determinada antes de encerrado o prazo regular."

6. Dos Tribunais Regionais do Trabalho

Os Tribunais Regionais do Trabalho são órgãos de segundo grau de jurisdição, compostos por Juízes do Trabalho de carreira, promovidos por antiguidade e merecimento, sendo que um quinto dos seus assentos será ocupado por membros do Ministério Público e da classe dos advogados, com mais de dez anos de exercício profissional, observado o disposto no art. 94 da CF.

Dispõe o art. 115 da CF:

"Os Tribunais Regionais do Trabalho compõem-se de, no mínimo, sete desembargadores federais do trabalho, recrutados, quando possível, na respectiva região, e nomeados pelo Presidente da República dentre brasileiros com mais de trinta e menos de sessenta e cinco anos, sendo:

I – um quinto dentre advogados com mais de dez anos de efetiva atividade profissional e membros do Ministério Público do Trabalho com mais de dez anos de efetivo exercício, observado o disposto no art. 94;

II – os demais, mediante promoção de Juízes do Trabalho por antiguidade e merecimento, alternadamente.

§ 1º – Os Tribunais Regionais do Trabalho instalarão a justiça itinerante, com a realização de audiências e demais funções de atividade jurisdicional, nos limites territoriais da respectiva jurisdição, servindo-se de equipamentos públicos e comunitários.

§ 2º – Os Tribunais Regionais do Trabalho poderão funcionar descentralizadamente, constituindo Câmaras regionais, a fim de assegurar o pleno acesso do jurisdicionado à Justiça em todas as fases do processo."

Como destaca *Amauri Mascaro Nascimento*(22):

> "Não é uniforme a composição dos Tribunais Regionais, porque não é igual o número de seus membros, são: — integrados por, no mínimo, sete juízes, recrutados, quando possível, na respectiva região, e nomeados pelo Presidente da República dentre brasileiros com mais de trinta e menos de sessenta e cinco anos; — divididos ou não em Turmas, estas com, no mínimo, três magistrados; — seus juízes são recrutados entre magistrados de carreira, advogados e membros do Ministério Público."

(22) *Op. cit.*, p. 167.

Compete aos Tribunais Regionais do Trabalho julgar os recursos ordinários interpostos em face das decisões das Varas e também, originariamente, as ações rescisórias, dissídios coletivos e de greve, mandados de segurança impetrados em face de juízes de Varas do Trabalho, entre outras ações previstas na lei e no seu Regimento Interno.

Atualmente, há, no Brasil, 24 Tribunais Regionais do Trabalho, sendo um em cada Estado, exceção ao Estado de São Paulo que possui dois Tribunais Regionais do Trabalho, o da 2ª Região, que abrange a capital de São Paulo, região metropolitana de São Paulo e Baixada Santista, e o da 15ª Região, que abrange a cidade de Campinas e as cidades do interior do Estado de São Paulo.

Os 24 Tribunais Regionais do Trabalho brasileiros abrangem os seguintes Estados:

1ª Região: Estado do Rio de Janeiro. Sede: Rio de Janeiro;

2ª Região: abrange o Estado de São Paulo: capital de São Paulo, região metropolitana de São Paulo e baixada santista. Sede: São Paulo;

3ª Região: abrange o Estado de Minas Gerais. Sede: Belo Horizonte;

4ª Região: Estado do Rio Grande do Sul. Sede: Porto Alegre;

5ª Região: Estado da Bahia. Sede: Salvador;

6ª Região: compreende o Estado de Pernambuco. Sede: Recife;

7ª Região: compreende o Estado do Ceará. Sede: Fortaleza;

8ª Região: compreende os Estados do Pará e Amapá. Sede: Belém do Pará;

9ª Região: Estado do Paraná. Sede: Curitiba;

10ª Região: compreende Brasília, Tocantins e Distrito Federal. Sede: Brasília;

11ª Região: compreende os Estados do Amazonas e Roraima. Sede: Manaus;

12ª Região: Estado de Santa Catarina. Sede: Florianópolis;

13ª Região: compreende o Estado da Paraíba. Sede: João Pessoa;

14ª Região: compreende os Estados de Rondônia e Acre. Sede: Porto Velho;

15ª Região: abrange as cidades do interior do Estado de São Paulo que não estão sob jurisdição da 2ª Região. Sede: Campinas;

16ª Região: Estado do Maranhão. Sede: São Luiz;

17ª Região: Estado do Espírito Santo. Sede: Vitória;

18ª Região: Estado de Goiás. Sede: Goiânia;

19ª Região: Estado de Alagoas. Sede: Maceió;

20ª Região: Estado de Sergipe. Sede: Aracaju;

21ª Região: Estado do Rio Grande do Norte. Sede: Natal;

22ª Região: Estado do Piauí. Sede: Teresina;

23ª Região: Estado do Mato Grosso. Sede: Cuiabá;

24ª Região: Estado do Mato Grosso do Sul. Sede: Campo Grande.

7. Do Tribunal Superior do Trabalho

O Tribunal Superior do Trabalho é o órgão de cúpula da Justiça do Trabalho com jurisdição em todo território nacional, integrante do Poder Judiciário (art. 92, II-A, da CF),composto por 27 ministros, cabendo-lhe uniformizar a interpretação da legislação trabalhista no âmbito da competência da Justiça do Trabalho, cumprindo ainda dar a última palavra nas questões de ordem administrativa da Justiça do Trabalho.

Dispõe o art. 111-A, da CF, com a redação dada pela EC n. 45/04:

> "O Tribunal Superior do Trabalho compor-se-á de vinte e sete Ministros, escolhidos dentre brasileiros com mais de trinta e cinco e menos de sessenta e cinco anos, nomeados pelo Presidente da República após aprovação pela maioria absoluta do Senado Federal, sendo:
>
> I – um quinto dentre advogados com mais de dez anos de efetiva atividade profissional e membros do Ministério Público do Trabalho, observado o disposto no art. 94;
>
> II – os demais dentre Juízes dos Tribunais Regionais do Trabalho, oriundos da magistratura da carreira, indicados em lista tríplice elaborada pelo próprio Tribunal Superior.
>
> § 1º – A lei disporá sobre a competência do Tribunal Superior do Trabalho.
>
> § 2º – Funcionarão junto ao Tribunal Superior do Trabalho:
>
> I – a Escola Nacional de Formação e Aperfeiçoamento de Magistrados do Trabalho, cabendo-lhe, dentre outras funções, regulamentar os cursos oficiais para o ingresso e promoção na carreira;
>
> II – o Conselho Superior da Justiça do Trabalho, cabendo-lhe exercer, na forma da lei, a supervisão administrativa, orçamentária, financeira e patrimonial da Justiça do Trabalho de primeiro e segundo graus, como órgão central do sistema, cujas decisões terão efeito vinculante.
>
> § 3º Compete ao Tribunal Superior do Trabalho processar e julgar, originariamente, a reclamação para a preservação de sua competência e garantia da autoridade de suas decisões."

A composição, as seções e o funcionamento das turmas do TST estão disciplinados na CLT e, principalmente, no Regimento Interno do TST(23).

Os Ministros do TST são oriundos dos Juízes dos Tribunais Regionais do Trabalho, nomeados pelo Presidente da República após figurarem em listas tríplices elaboradas pelo próprio tribunal.

Um quinto dos Ministros do TST é oriundo do chamado "quinto constitucional", sendo 1/10 de advogados e 1/10 de membros do Ministério Público do Trabalho, ambos com mais de dez anos de exercício profissional, observado o disposto no art. 94 da CF.

(23) No capítulo Competência da Justiça do Trabalho, no item Competência funcional do TST, está detalhada a competência de cada órgão do Tribunal Superior do Trabalho.

Junto ao Tribunal Superior do Trabalho funcionam a Escola Nacional da Magistratura do Trabalho encarregada do aperfeiçoamento dos magistrados trabalhistas.

Também junto ao Tribunal Superior do Trabalho funciona o Conselho Superior da Justiça do Trabalho, cabendo-lhe exercer, na forma da lei, a supervisão administrativa, orçamentária, financeira e patrimonial da Justiça do Trabalho de primeiro e segundo graus, como órgão central do sistema, cujas decisões terão efeito vinculante.

Conforme *Amauri Mascaro Nascimento*[(24)], "o Conselho Superior da Justiça do Trabalho, como órgão central do sistema, cujas decisões têm efeito vinculante, criado em 24 de agosto de 2000 pelo Pleno do Tribunal, e instalado em 26 de dezembro de 2000, reafirmado pela EC n. 45 (2004), tendo por incumbência a supervisão administrativa, financeira e orçamentária e patrimonial dos órgãos da Justiça do Trabalho, integrado por nove membros, dos quais, o presidente, o vice-presidente e o corregedor-geral da Justiça do Trabalho, mais três Ministros do Tribunal e três juízes presidentes dos Tribunais Regionais do Trabalho; reúne-se ordinariamente uma vez a cada trimestre e extraordinariamente quando necessário; para operacionalizar sua atividade foram criadas, em seu âmbito, a Unidade de Controle Interno para apoio técnico, a Comissão de Ética para apreciar questões de ética dos magistrados de qualquer grau, tanto no exercício da atividade administrativa como judicante, composto por seis membros, competindo-lhe receber e apurar denúncias."

8. Dos serviços auxiliares da Justiça do Trabalho

Além dos Juízes do Trabalho, as Varas e os Tribunais contam com a presença dos servidores da Justiça do Trabalho e dos órgãos de auxílio, que realizam os atos processuais e os serviços burocráticos da Justiça, também chamadas de Secretarias.

Nos Tribunais, também há as Secretarias e os funcionários dos gabinetes dos Juízes dos TRTs e Ministros do TST, encarregadas dos serviços de assessoramento, burocráticos e documentação do processo.

A CLT, acertadamente, dedica um capítulo aos serviços auxiliares da Justiça do Trabalho (Capítulo VI, arts. 710 a 717).

Nesse sentido, dispõe o art. 710 da CLT, *in verbis*:

> "Cada Junta terá uma secretaria, sob a direção de funcionário que o presidente designar, para exercer a função de chefe de secretaria, e que receberá, além dos vencimentos correspondentes ao seu padrão, a gratificação de função fixada em lei."

Conforme o referido dispositivo, as Secretarias das Varas do Trabalho são dirigidas por um chefe, atualmente chamado de Diretor de Secretaria, a quem cabe gerenciar a Secretaria, dirigindo os funcionários, sob a supervisão do juiz, bem como realizar todos os atos determinados pelo juiz e praticar os atos processuais de sua competência, como autuação, notificações, atendimento aos advogados, etc.[(25)]

---

(24) *Op. cit.*, p. 155.

(25) Nesse sentido, dispõe o art. 712 da CLT, *in verbis:* "Compete especialmente aos chefes de secretaria das Juntas de Conciliação e Julgamento: a) superintender os trabalhos da secretaria, velando pela boa ordem

Conforme o art. 711 da CLT:

"Compete à secretaria das Juntas: a) o recebimento, a autuação, o andamento, a guarda e a conservação dos processos e outros papéis que lhe forem encaminhados; b) a manutenção do protocolo de entrada e saída dos processos e demais papéis; c) o registro das decisões; d) a informação, às partes interessadas e seus procuradores, do andamento dos respectivos processos, cuja consulta lhes facilitará; e) a abertura de vista dos processos às partes, na própria secretaria; f) a contagem das custas devidas pelas partes, nos respectivos processos; g) o fornecimento de certidões sobre o que constar dos livros ou do arquivamento da secretaria; h) a realização das penhoras e demais diligências processuais; i) o desempenho dos demais trabalhos que lhe forem cometidos pelo presidente da Junta, para melhor execução dos serviços que lhe estão afetos."

As Secretarias das Varas são compostas pelo Diretor de Secretaria, pelo Assistente de Diretor (que substitui o diretor em suas ausências), um assistente de juiz (que auxilia o juiz diretamente), um Secretário de Audiências, também chamado de datilógrafo das audiências, a quem compete secretariar as audiências e digitar as atas, um assistente de cálculos (a quem compete auxiliar o juiz na elaboração e conferência dos cálculos de liquidação); o oficial de justiça avaliador, a quem compete o cumprimento dos mandados e diligências solicitadas pelo juiz, e pelos demais funcionários da Justiça do Trabalho (analistas e técnicos judiciários[(26)]), que ingressam mediante concurso público de provas.

A Secretaria, sob responsabilidade do Diretor, também pode proferir alguns despachos no processo, como mera juntada de documentos e concessão de prazos para manifestação, sob supervisão do juiz, conforme dispõe o § 4º do art. 206 do CPC.

Atualmente, não só a doutrina como a jurisprudência vêm defendendo maior aperfeiçoamento e prestígio dos servidores da Justiça do Trabalho, como medida para melhorar a tramitação processual e até mesmo a efetividade do processo.

A experiência nos tem mostrado que um grupo de funcionários valorizados e motivados contribui, em muito, para o aperfeiçoamento dos serviços, bem como para a melhoria da tramitação processual e dos serviços judiciários como um todo.

---

do serviço; b) cumprir e fazer cumprir as ordens emanadas do presidente e das autoridades superiores; c) submeter a despacho e assinatura do presidente o expediente e os papéis que devam ser por ele despachados e assinados; d) abrir a correspondência oficial dirigida à Junta e ao seu presidente, a cuja deliberação será submetida; e) tomar por termo as reclamações verbais nos casos de dissídios individuais; f) promover o rápido andamento dos processos, especialmente na fase de execução, e a pronta realização dos atos e diligências deprecadas pelas autoridades superiores; g) secretariar as audiências da Junta, lavrando as respectivas atas; h) subscrever as certidões e os termos processuais; i) dar aos litigantes ciência das reclamações e demais atos processuais de que devam ter conhecimento, assinando as respectivas notificações; j) executar os demais trabalhos que lhe forem atribuídos pelo presidente da Junta. Parágrafo único. Os serventuários que, sem motivo justificado, não realizarem os atos, dentro dos prazos fixados, serão descontados em seus vencimentos, em tantos dias quantos os do excesso."

(26) Os técnicos judiciários prestam concurso público, cujo requisito para ingresso é possuir o ensino médio. Já para o concurso de analista se exige o curso superior completo.

A hipertrofia dos serviços judiciais nas mãos do magistrado, diante do aumento significativo do número de processos, não tem trazido bons resultados. Por isso, paulatinamente, *de lege ferenda*, os servidores da Justiça do Trabalho, muitos de grande competência e produtividade, após um período de treinamento, poderiam assumir uma parcela dos serviços que envolvem pequenas decisões no processo (despachos com algum conteúdo decisório), sob supervisão do magistrado, bem como ser mais bem aproveitados no assessoramento dos juízes das Varas.

Como bem adverte *Amauri Mascaro Nascimento*(27):

> "A sobrecarga do juiz vem contribuindo para o crescimento das atribuições da sua assessoria, não só com a atribuição, ao diretor de secretaria, de lançar despachos ordinatórios, mas também nos tribunais, para a atuação de assessores do juiz que se encarregam da seleção dos recursos, da verificação do cumprimento pelo recorrente dos pressupostos recursais e, às vezes, da redação preliminar de votos do juiz a serem apresentados nos julgamentos, a serem analisados e conferidos."

8.1. Dos distribuidores

Nas localidades em que há mais de uma Vara e também nos Tribunais em que há mais de uma turma, há um órgão distribuidor, encarregado de fazer a distribuição das reclamações trabalhistas e dos processos que chegam aos tribunais.

Nesse sentido, dispõe o art. 713 da CLT, *in verbis*:

> "Nas localidades em que existir mais de uma Junta de Conciliação e Julgamento haverá um distribuidor."

Diante do excesso de serviços nas Varas do Trabalho, em muitas regiões, além da distribuição, os órgãos distribuidores realizam também a marcação da audiência e notificação das partes para nela comparecerem.

Conforme *Amauri Mascaro Nascimento*(28):

> "A distribuição é a definição da Vara ou da Turma, ou Seção do Tribunal, dentre diversos igualmente competentes, para os quais o processo será encaminhado e que será, daí por diante, funcionalmente competente para o julgamento. É ato da maior importância, cercado de garantias, presidido por um magistrado, e por meios eletrônicos para que haja a certeza de imparcialidade na distribuição."

Nos termos do art. 714 da CLT, compete ao distribuidor:

> "a) a distribuição, pela ordem rigorosa de entrada, e sucessivamente a cada Junta, dos feitos que, para esse fim, lhe forem apresentados pelos interessados;

(27) NASCIMENTO, Amauri Mascaro. *Curso de direito processual do trabalho*. 22. ed. São Paulo: Saraiva, 2007. p. 177.

(28) *Op. cit.*, p. 178-179.

b) o fornecimento, aos interessados, do recibo correspondente a cada feito distribuído;

c) a manutenção de dois fichários dos feitos distribuídos, sendo um organizado pelos nomes dos reclamantes e o outro dos reclamados, ambos por ordem alfabética;

d) o fornecimento a qualquer pessoa que o solicite, verbalmente ou por certidão, de informações sobre os feitos distribuídos;

e) a baixa na distribuição dos feitos, quando isto lhe for determinado pelos presidentes das Juntas, formando, com as fichas correspondentes, fichários à parte, cujos dados poderão ser consultados pelos interessados, mas não serão mencionados em certidões."

Conforme o art. 715 da CLT:

"Os distribuidores são designados pelo presidente do Tribunal Regional, dentre os funcionários das Juntas e do Tribunal Regional, existentes na mesma localidade, e ao mesmo presidente diretamente subordinados."

Capítulo IV

Do Ministério Público do Trabalho

1. Conceito e origem

Como destaca *Hugo Nigro Mazzilli*[(1)], a expressão "ministério público" já se encontrava em textos romanos clássicos. No sentido, porém, de referir-se à instituição, a expressão francesa *ministère public* passou a ser usada com frequência nos provimentos legislativos do século XVIII, ora para designar as funções próprias daquele ofício público, ora para referir-se a um magistrado específico, incumbido do poder-dever de exercitá-lo, ora, enfim, para dizer respeito ao seu ofício.

Ensina *Carlos Henrique Bezerra Leite*[(2)]:

> "No início, a figura do Ministério Público relacionava-se à dos agentes do rei *(les gens du roi)*, isto é, à 'mão do rei' e, atualmente, para manter a metáfora, à 'mão da lei'. A expressão *parquet*, bastante utilizada com referência ao Ministério Público, advém da tradição francesa, assim como 'magistratura de pé' e *les gens du roi*. Com efeito, os procuradores do rei, antes de adquirir a condição de magistrados e ter assento ao lado de juízes, ficavam, inicialmente, sobre o assoalho (*parquet*) da sala de audiências, e não sobre o estrado, lado a lado à 'magistratura sentada'."

Não há uniformidade na doutrina sobre quando surgiu o Ministério Público. Para alguns, foi no Egito, para outros, na França, mas o certo é que ao longo dos anos a instituição foi crescendo e adquirindo importância vital na defesa da ordem jurídica, dos direitos indisponíveis e do Estado Democrático de Direito.

Conforme as palavras de *Calamandrei*, no Ministério Público se exerce a magistratura e a advocacia ao mesmo tempo, pois o promotor é tão imparcial como o juiz na defesa do ordenamento jurídico, mas tão combativo como o advogado quando postula um direito.

---

(1) MAZZILLI, Hugo Nigro. *Introdução ao Ministério Público.* São Paulo: Saraiva, 1997. p. 2.

(2) BEZERRA LEITE, Carlos Henrique. *Ministério Público do Trabalho:* doutrina, jurisprudência e prática. 2. ed. São Paulo: LTr, 2002. p. 29.

Conforme o art. 127 da CF: "O Ministério Público é instituição permanente, essencial à função jurisdicional do Estado, incumbindo-lhe a defesa da ordem jurídica, do regime democrático e dos interesses sociais e individuais indisponíveis."

A Constituição de 1988 desvinculou o Ministério Público do poder executivo, transformando-o em uma instituição autônoma e permanente. Por isso, alguns sustentam ser ele o quarto poder da República.

Longe de se limitar ao papel a ele tradicionalmente reservado na persecução criminal, e ao contrário de sustentar interesses individuais ou dos governantes, o Ministério Público está hoje consagrado, com autonomia e independência funcional da instituição e de seus órgãos, à defesa dos interesses sociais e individuais indisponíveis, da ordem jurídica e do regime democrático. Passou, pois, a ser órgão de proteção das liberdades públicas constitucionais, da defesa de direitos indisponíveis, da garantia do contraditório(3).

2. Princípios do Ministério Público

Dispõe o § 1º do art. 127 da CF:

"São princípios institucionais do Ministério Público a unidade, a indivisibilidade e a independência funcional."

Conforme o referido dispositivo, são princípios do Ministério Público:

a) Unidade: os membros do Ministério Público pertencem a um só órgão, sob direção de uma única chefia;

b) Indivisibilidade: conforme destaca *Hugo Nigro Mazzilli*(4), indivisibilidade significa que seus membros podem ser substituídos uns pelos outros não arbitrariamente, mas segundo a forma estabelecida na lei. Nesse sentido, não há unidade ou indivisibilidade entre os membros de Ministérios Públicos diversos, só dentro de cada Ministério Público;

c) Independência funcional: o Ministério Público possui autonomia para atuar nos limites da sua competência constitucional na defesa do interesse público. De outro lado, não há hierarquia entre os membros da instituição. Como adverte *Bezerra Leite*(5): apenas no aspecto administrativo, ante a natural chefia exercida pelo procurador-geral (poderes de designação, disciplina funcional, etc.), bem como (por delegação) pelos procuradores-chefes, é que se pode falar em hierarquia, e, ainda assim, desde que observadas as prescrições legais, em virtude do princípio da legalidade, que norteia os atos da Administração Pública;

d) Princípio do promotor natural: por ser o Ministério Público instituição autônoma e independente, não estando vinculado a qualquer outro poder, autores defendem

(3) MAZZILLI, Hugo Nigro. *Introdução ao Ministério Público do Trabalho.* São Paulo: Saraiva, 1997. p. 21.

(4) *Op. cit.*, p. 23.

(5) *Op. cit.*, p. 52.

a existência do princípio do promotor natural, que tem as mesmas razões do princípio do juiz natural.

Como menciona *Carlos Henrique Bezerra Leite*[(6)], "o princípio do promotor natural decorre da interpretação sistêmica do Texto Constitucional. Vale dizer, o princípio do promotor natural está albergado nos arts. 5º, XXXVI e LIII, 127 e 129, I, da Constituição Federal, e assenta-se nas cláusulas da independência funcional e da inamovibilidade dos membros da instituição. Além disso, esse princípio quer significar que o jurisdicionado tem a garantia constitucional de ver-se processado e julgado pelas autoridades competentes previamente estabelecidas nas leis processuais e de organização judiciária."

Nos termos do § 2º do art. 127 da CF: "Ao Ministério Público é assegurada autonomia funcional e administrativa, podendo, observado o disposto no art. 169, propor ao Poder Legislativo a criação e extinção de seus cargos e serviços auxiliares, provendo-os por concurso público de provas ou de provas e títulos, a política remuneratória e os planos de carreira; a lei disporá sobre sua organização e funcionamento."

3. Do Ministério Público do Trabalho

Dispõe o art. 128 da CF:

"O Ministério Público abrange:

I – o Ministério Público da União, que compreende:

a) o Ministério Público Federal;

b) o Ministério Público do Trabalho;

c) o Ministério Público Militar;

d) o Ministério Público do Distrito Federal e Territórios;

II – os Ministérios Públicos dos Estados.

§ 1º – O Ministério Público da União tem por chefe o Procurador-Geral da República, nomeado pelo Presidente da República dentre integrantes da carreira, maiores de trinta e cinco anos, após a aprovação de seu nome pela maioria absoluta dos membros do Senado Federal, para mandato de dois anos, permitida a recondução."

Conforme dispõe o citado dispositivo constitucional, o Ministério Público do Trabalho faz parte do Ministério Público da União, tendo sua estrutura federalizada, sendo regido pela Constituição Federal e pela LC n. 75/93, que dispõe sobre o Ministério Público da União, a qual revogou tacitamente os arts. 736 a 757 da CLT.

Conforme o § 5º do art. 128 da CF, os membros do Ministério Público do Trabalho têm as mesmas garantias da magistratura, quais sejam:

a) vitaliciedade: após dois anos de exercício, não podendo perder o cargo senão por sentença judicial transitada em julgado;

(6) BEZERRA LEITE, Carlos Henrique. *Curso de direito processual do trabalho.* 5. ed. São Paulo: LTr, 2007. p. 56.

b) inamovibilidade: salvo por motivo de interesse público, mediante decisão do órgão colegiado competente do Ministério Público, pelo voto da maioria absoluta de seus membros, assegurada ampla defesa;

c) irredutibilidade de subsídio: fixado na forma do art. 39, § 4º, e ressalvado o disposto nos arts. 37, X e XI, 150, II, 153, III, 153, § 2º, I.

Outrossim, estão sujeitos às seguintes vedações:

a) receber, a qualquer título e sob qualquer pretexto, honorários, percentagens ou custas processuais;

b) exercer a advocacia;

c) participar de sociedade comercial, na forma da lei;

d) exercer, ainda que em disponibilidade, qualquer outra função pública, salvo uma de magistério;

e) exercer atividade político-partidária;

f) receber, a qualquer título ou pretexto, auxílios ou contribuições de pessoas físicas, entidades públicas ou privadas, ressalvadas as exceções previstas em lei.

São órgãos do Ministério Público do Trabalho, segundo o art. 85 da LC n. 75/93:

"I – o Procurador-Geral do Trabalho;

II – o Colégio de Procuradores do Trabalho;

III – o Conselho Superior do Ministério Público do Trabalho;

IV – a Câmara de Coordenação e Revisão do Ministério Público do Trabalho;

V – a Corregedoria do Ministério Público do Trabalho;

VI – os Subprocuradores-Gerais do Trabalho;

VII – os Procuradores Regionais do Trabalho;

VIII – os Procuradores do Trabalho."

Conforme o art. 86 da LC n. 75/93, a carreira do Ministério Público do Trabalho será constituída pelos cargos de Subprocurador-Geral do Trabalho, Procurador Regional do Trabalho e Procurador do Trabalho.

O cargo inicial da carreira é o de Procurador do Trabalho e o do último nível o de Subprocurador-Geral do Trabalho.

O ingresso na carreira do Ministério Público, conforme o § 3º, do art. 129, da CF, far-se-á mediante concurso público de provas e títulos, assegurada a participação da Ordem dos Advogados do Brasil em sua realização, exigindo-se do bacharel em Direito, no mínimo, três anos de atividade jurídica e observando-se, nas nomeações, a ordem de classificação.

Os procuradores do trabalho são efetivos a partir da posse, não havendo a existência do cargo de procurador do trabalho substituto. Entretanto, a vitaliciedade somente é adquirida após dois anos de exercício no cargo.

4. Da prerrogativa do Procurador do Trabalho de sentar-se ao lado do Juiz do Trabalho nas audiências trabalhistas

Dispõe o art. 18, I, *a*, da LC n. 75/93, ser prerrogativa dos membros do MPU:

"Sentar-se no mesmo plano e imediatamente à direita dos juízes singulares ou presidentes dos órgãos judiciários perante os quais oficiem."

O referido dispositivo não faz distinção quanto à atuação do Ministério Público como parte ou fiscal da lei (*custos legis*). Desse modo, há forte corrente doutrinária e jurisprudencial no sentido de que o membro do Ministério Público do Trabalho deve sentar-se sempre à direita e no mesmo patamar do juiz em razão de defender continuamente o interesse público e a ordem jurídica, em qualquer modalidade de sua atuação.

Nesse sentido, destaca-se a seguinte ementa:

"Prerrogativas do Ministério Público. Assento em audiência. Órgão-agente e fiscal da lei. Não encontra respaldo legal ou jurídico o entendimento esposado pela autoridade, tida como coatora, no sentido de que o Ministério Público, quando ajuíza ação civil pública, na defesa de interesses, quer coletivos quer difusos, 'deve estar sujeito a todos os princípios norteadores do processo'. O ato praticado com base nessa assertiva caracteriza cerceamento ao exercício constitucional das atribuições do Ministério Público, sendo correto concluir que o gozo das prerrogativas institucionais é indispensável ao desenvolvimento desse mister. Mandado de segurança concedido." (TRT – 18ª R. – MS n. 054/94 – Ac. 1.158/95 – relª Juíza Ialbaluza Guimarães Mello). *In: LTr* 59-07/993.

No nosso sentir, embora a lei não faça distinção da atuação do Ministério Público como parte ou fiscal da lei, acreditamos que a interpretação do dispositivo deve ser no sentido de que somente o Procurador do Trabalho sentará ao lado do juiz nas audiências quando atuar como fiscal da lei, pois, como parte, embora defenda o interesse público, o órgão do MP deve sentar no mesmo patamar da parte contrária, em razão do princípio da imparcialidade do juiz e também da igualdade de tratamento às partes.

Em nossa visão, o art. 18 da LC n. 75/93 deve ser lido em cotejo com os princípios constitucionais do processo, realizando-se a chamada interpretação em conformidade com a Constituição (filtragem constitucional). Desse modo, quando atuar como parte, o Ministério Público, por mais relevante o interesse que defenda, não poderá estar no mesmo patamar do órgão julgador.

O fato de sentar-se ao lado da parte contrária quando atua como parte não diminui a importância do Ministério Público, tampouco suas prerrogativas funcionais, pois não há hierarquia entre juiz, parte e advogados.

5. Da competência do Ministério Público do Trabalho

As hipóteses de atuação do Ministério Público do Trabalho (competências) estão basicamente elencadas no art. 83, da LC n. 75/93, que assim dispõe:

"Compete ao Ministério Público do Trabalho o exercício das seguintes atribuições junto aos órgãos da Justiça do Trabalho:

I – promover as ações que lhe sejam atribuídas pela Constituição Federal e pelas leis trabalhistas;

II – manifestar-se em qualquer fase do processo trabalhista, acolhendo solicitação do juiz ou por sua iniciativa, quando entender existente interesse público que justifique a intervenção;

III – promover a ação civil pública no âmbito da Justiça do Trabalho, para defesa de interesses coletivos, quando desrespeitados os direitos sociais constitucionalmente garantidos;

IV – propor as ações cabíveis para declaração de nulidade de cláusula de contrato, acordo coletivo ou convenção coletiva que viole as liberdades individuais ou coletivas ou os direitos individuais indisponíveis dos trabalhadores;

V – propor as ações necessárias à defesa dos direitos e interesses dos menores, incapazes e índios, decorrentes das relações de trabalho;

VI – recorrer das decisões da Justiça do Trabalho, quando entender necessário, tanto nos processos em que for parte, como naqueles em que oficiar como fiscal da lei, bem como pedir revisão dos Enunciados da Súmula de Jurisprudência do Tribunal Superior do Trabalho;

VII – funcionar nas sessões dos Tribunais Trabalhistas, manifestando-se verbalmente sobre a matéria em debate, sempre que entender necessário, sendo-lhe assegurado o direito de vista dos processos em julgamento, podendo solicitar as requisições e diligências que julgar convenientes;

VIII – instaurar instância em caso de greve, quando a defesa da ordem jurídica ou o interesse público assim o exigir;

IX – promover ou participar da instrução e conciliação em dissídios decorrentes da paralisação de serviços de qualquer natureza, oficiando obrigatoriamente nos processos, manifestando sua concordância ou discordância, em eventuais acordos firmados antes da homologação, resguardado o direito de recorrer em caso de violação à lei e à Constituição Federal;

X – promover mandado de injunção, quando a competência for da Justiça do Trabalho;

XI – atuar como árbitro, se assim for solicitado pelas partes, nos dissídios de competência da Justiça do Trabalho;

XII – requerer as diligências que julgar convenientes para o correto andamento dos processos e para a melhor solução das lides trabalhistas;

XIII – intervir obrigatoriamente em todos os feitos nos segundo e terceiro graus de jurisdição da Justiça do Trabalho, quando a parte for pessoa jurídica de Direito Público, Estado estrangeiro ou organismo internacional."

6. Formas de atuação do Ministério Público do Trabalho

6.1. Judicial

6.1.1. Qualidade de parte ou agente

Em juízo, na qualidade de parte (ou agente), cumpre ao Ministério Público as seguintes atribuições, nos termos do art. 83 da LC n. 75/93:

a) promover as ações que lhe sejam atribuídas pela Constituição Federal e pelas leis trabalhistas;

b) promover a ação civil pública no âmbito da Justiça do Trabalho, para defesa de interesses coletivos, quando desrespeitados os direitos sociais constitucionalmente garantidos;

c) propor as ações cabíveis para declaração de nulidade de cláusula de contrato, acordo coletivo ou convenção coletiva que viole as liberdades individuais ou coletivas ou os direitos individuais indisponíveis dos trabalhadores;

d) propor as ações necessárias à defesa dos direitos e interesses dos menores, incapazes e índios, decorrentes das relações de trabalho;

e) recorrer das decisões da Justiça do Trabalho, quando entender necessário, tanto nos processos em que for parte, como naqueles em que oficiar como fiscal da lei, bem como pedir revisão dos Enunciados da Súmula de Jurisprudência do Tribunal Superior do Trabalho;

f) instaurar instância em caso de greve, quando a defesa da ordem jurídica ou o interesse público assim o exigir;

g) promover mandado de injunção, quando a competência for da Justiça do Trabalho.

Em juízo, destaca-se a atuação do Ministério Público do Trabalho na defesa dos interesses difusos e coletivos por meio da ação civil pública.

Acreditamos, embora haja divergência na doutrina e na jurisprudência, que possa o Ministério Público defender, por meio de ação coletiva, interesses individuais homogêneos, que são subespécies de interesses transindividuais (art. 81 da Lei n. 8.078/90).

Constitui função institucional do Ministério Público, conforme disposto no inciso III do art. 129 da CF, *in verbis*:

> "promover o inquérito civil e a ação civil pública, para a proteção do patrimônio público e social, do meio ambiente e de outros interesses difusos e coletivos";

Acreditamos que o referido dispositivo ao aludir a *outros interesses difusos e coletivos* quis abranger os interesses individuais homogêneos.

Nesse sentido, destacamos a seguinte ementa:

> "Ministério Público — Ilegitimidade ativa *ad causam*. O papel do Ministério Público, na defesa da ordem jurídica e dos interesses difusos e coletivos dos hipossuficientes, vem sendo realçado cada vez mais na nova legislação. A jurisprudência, inclusive, vem admitindo a legitimidade do *Parquet*, quando se trata de defender direitos individuais homogêneos, que são aqueles que têm a mesma origem no tocante aos fatos geradores, origem idêntica essa que recomenda a defesa de todos a um só tempo. Destina-se ao Ministério Público um extraordinário valor na defesa da cidadania, numa sociedade marcadamente de massa e sob os influxos de uma nova atmosfera cultural. No entanto, não havendo o intuito de preservação da ordem jurídica, do interesse difuso e coletivo e não sendo o caso de direitos individuais homogêneos, não há como reconhecer a legitimidade do Ministério Público para esta ação, uma vez que cada um dos empregados pode ser individualizado e apresentar

características de trabalho diferentes, inexistindo prova de que todos exerciam a mesma função dita insalubre." (TRT – 10ª R. – 1ª T. – Ac. n. 1555.2001.801.10.00-5 – rel. Pedro Luís V. Foltran – DJDF 10.1.2003 – p. 7)

Temos assistido à maciça atuação do Ministério Público do Trabalho, por meio da ação civil pública, nos seguintes segmentos:

a) combate ao trabalho em situações degradantes;

b) erradicação do trabalho infantil;

c) combate às cooperativas fraudulentas;

d) proteção ao meio ambiente do trabalho;

e) proteção à dignidade e à saúde do trabalhador;

f) combate às contratações da Administração Pública sem concurso público;

g) combate a todas as formas de desvirtuamento da relação de emprego: trabalhadores contratados por intermédio de pessoa jurídica, falsos autônomos, eventuais, prestadores de serviços, etc.

Além disso, o Ministério Público do Trabalho tem tido relevante papel na representação dos menores em juízo (art. 793 da CLT), propositura de ações rescisórias, quando há colusão das partes para fraudar a lei, propositura de ações anulatórias de cláusulas de acordos e convenções coletivas quando elas violem os direitos fundamentais do trabalhador e as garantias mínimas trabalhistas, e nos dissídios de greve em atividades essenciais (art. 114, § 3º, da CF), em que atuam maciçamente na defesa da ordem jurídica, buscando a solução do conflito coletivo.

6.1.2. Fiscal da ordem jurídica ou interveniente

Como fiscal da ordem jurídica (*custos legis*), em defesa do ordenamento jurídico, dos princípios fundamentais, dos interesses indisponíveis, e da justiça, o Ministério não atuará como parte, mas interveniente, a fim de que o ordenamento jurídico seja cumprido, bem como o interesse público.

Na qualidade de *custos legis*, o Ministério Público fará manifestações nos autos, na forma de parecer, bem como poderá fazer requerimentos e recorrer da decisão.

Nos termos do art. 83 da LC n. 75/93, são hipóteses de atuação do Ministério Público do Trabalho na qualidade de fiscal da lei:

a) manifestar-se em qualquer fase do processo trabalhista, acolhendo solicitação do juiz ou por sua iniciativa, quando entender existente interesse público que justifique a intervenção;

b) recorrer das decisões da Justiça do Trabalho, quando entender necessário, tanto nos processos em que for parte, como naqueles em que oficiar como fiscal da lei, bem como pedir revisão dos Enunciados da Súmula de Jurisprudência do Tribunal Superior do Trabalho;

c) funcionar nas sessões dos Tribunais Trabalhistas, manifestando-se verbalmente sobre a matéria em debate, sempre que entender necessário, sendo-lhe assegurado o direito de vista dos processos em julgamento, podendo solicitar as requisições e diligências que julgar convenientes;

d) intervir obrigatoriamente em todos os feitos no segundo e no terceiro graus de jurisdição da Justiça do Trabalho, quando a parte for pessoa jurídica de Direito Público, Estado estrangeiro ou organismo internacional.

Como fiscal da ordem jurídica, o Ministério Público do Trabalho tem a independência e discricionariedade para avaliar a pertinência de intervir ou não no feito.

Nos termos da OJ n. 130, da SDI-I, do TST, ao exarar o parecer na remessa de ofício, na qualidade de "*custos legis*", o Ministério Público não tem legitimidade para arguir a prescrição em favor de entidade de direito público, em matéria de direito patrimonial.

As hipóteses de intervenção do Ministério Público do Trabalho mencionadas no art. 83 da LC n. 75/93 são exemplificativas, pois há inúmeras outras hipóteses em que ele pode atuar buscando o cumprimento da lei e do ordenamento jurídico.

Nesse sentido, o inciso II do art. 83 da LC n. 75/93:

"Manifestar-se em qualquer fase do processo trabalhista, acolhendo solicitação do juiz ou por sua iniciativa, quando entender existente interesse público que justifique a intervenção";

No aspecto, relevante destacar as seguintes ementas:

"Ministério Público do Trabalho — Ilegitimidade para recorrer. A atuação do Ministério Público do Trabalho é obrigatória nos feitos de jurisdição da Justiça do Trabalho apenas quando a parte for pessoa jurídica de direito público, estado estrangeiro ou organismo internacional ou, ainda, como fiscal da lei, quando existir interesse público que justifique a sua intervenção, nos exatos termos em que estabelecem os arts. 127, *caput*, da CF/88, e 83, inciso VI, da Lei Complementar n. 75/93. Na hipótese dos autos, o Ministério Público do Trabalho não tem legitimidade para recorrer, pois interpôs revista para defender interesse privado da Petróleo Brasileiro S.A. — Petrobras, sociedade de economia mista, dotada de personalidade jurídica de direito privado, que se encontra regularmente representada por advogado que manifestou recurso contra o acórdão do Tribunal Regional. Recurso de revista provido para restabelecer a decisão proferida pelo TRT." (TRT – SBDI1 – E-RR n. 325272/96-5 – rel. Min. Rider Nogueira de Brito – DJ 3.8.2001 – p. 407) (RDT 09/2001 – p. 76)

"Ministério Público do Trabalho — Intervenção obrigatória. Nos termos do inciso II do art. 83 da Lei Complementar n. 75/93, compete ao Ministério Público do Trabalho intervir no processo trabalhista, em qualquer fase em que se encontre, por solicitação do juiz ou por sua iniciativa, quando entender que há interesse público a proteger. Se no processo de cognição, a intervenção não se verificou, vindo a ser efetivada apenas na fase executória, por duas vezes, sendo a 1ª através de vista concedida pelo juiz e a 2ª quando da emissão de parecer no agravo de petição, a irregularidade foi sanada." (TRT – 3ª R. – SE – Ap. n. 1482/98 – relª Juíza Alice Monteiro de Barros – DJMG 27.11.98 – p. 4) (RDT 1/99 – p. 63)

6.2. Extrajudicial

As hipóteses de atuação extrajudicial do Ministério Público do Trabalho estão previstas, exemplificativamente, no art. 84 da LC n. 75/93, que assim dispõe:

"Incumbe ao Ministério Público do Trabalho, no âmbito das suas atribuições, exercer as funções institucionais previstas nos Capítulos I, II, III e IV do Título I, especialmente:

I – integrar os órgãos colegiados previstos no § 1º do art. 6º, que lhes sejam pertinentes; II – instaurar inquérito civil e outros procedimentos administrativos, sempre que cabíveis, para assegurar a observância dos direitos sociais dos trabalhadores; III – requisitar à autoridade administrativa federal competente, dos órgãos de proteção ao trabalho, a instauração de procedimentos administrativos, podendo acompanhá-los e produzir provas; IV – ser cientificado pessoalmente das decisões proferidas pela Justiça do Trabalho, nas causas em que o órgão tenha intervido ou emitido parecer escrito; V – exercer outras atribuições que lhe forem conferidas por lei, desde que compatíveis com sua finalidade."

Temos assistido a uma atuação extrajudicial intensa do Ministério Público do Trabalho por meio de dois instrumentos: o inquérito civil público e o termo de ajuste de conduta.

6.2.1. Inquérito civil público

O inquérito civil público consiste num procedimento extrajudicial de natureza inquisitória, em que o Ministério Público do Trabalho busca provas e dados para propor eventual ação civil pública ou tentar firmar um termo de ajuste de conduta.

Na visão de *Hugo Nigro Mazzilli*(7), "o inquérito civil é uma investigação administrativa prévia a cargo do Ministério Público, que se destina a colher elementos de convicção para que o próprio órgão ministerial possa identificar se ocorre circunstância que enseja eventual propositura de ação civil pública ou coletiva."

O inquérito civil público é peça facultativa para o Ministério Público, pois, caso já tenha elementos suficientes, poderá instaurar ação civil pública sem ele. Nesse sentido, dispõe o § 1º do art. 8º da Lei n. 7.347/85: "O Ministério Público poderá instaurar, sob sua presidência, inquérito civil, ou requisitar, de qualquer organismo público ou particular, certidões, informações, exames ou perícias, no prazo que assinalar, o qual não poderá ser inferior a 10 (dez) dias úteis."

Há discussões na doutrina e na jurisprudência sobre estar o inquérito civil público sujeito ao chamado *crivo do contraditório*. Autores há que sustentam a necessidade do contraditório, pois se trata de um procedimento administrativo. Outros autores, aos quais nos filiamos, defendem a inaplicabilidade do contraditório no inquérito, pois se trata, em verdade, de sindicância de natureza inquisitiva e não de um procedimento administrativo. Além disso, o inquérito poderá ser integralmente impugnado em juízo quando do ingresso da Ação Civil Pública. De outro lado, a natureza inquisitiva do Inquérito Civil Público se justifica para que os elementos de prova e convicção do Procurador do Trabalho possam ser obtidos com maior celeridade e efetividade.

Nesse sentido, é visão de *Raimundo Simão de Melo*(8):

> "De modo contrário, sustenta Ibraim Rocha que o inquérito civil é mais que mero procedimento, é autêntico processo administrativo, em sentido amplo, nele devendo existir o contraditório, embora mitigado porque

(7) MAZZILLI, Hugo Nigro. *O inquérito civil.* São Paulo: Saraiva, 1999. p. 46.

(8) SIMÃO DE MELO, Raimundo. *Ação civil pública na Justiça do Trabalho.* 3. ed. São Paulo: LTr, 2008. p. 52.

presente um dos sujeitos abrangidos pela nova categoria constitucional dos acusados em geral, já que passível de composição dos conflitos, compreendido no substrato do contrato e consenso legitimador da atual Carta Constitucional. Mas, *data venia*, parece elastecedora demais a interpretação do ilustre autor, baseada, como se vê, na possibilidade de composição do conflito como sustentáculo do contraditório. É que, como já aludido e é basilar, a composição feita nos autos de um inquérito civil ou de qualquer outro procedimento administrativo, inclusive a cargo dos outros órgãos públicos legitimados (art. 5º, § 6º, da LACP), não é *obrigatória*."

6.2.2. Termo de Ajustamento de Conduta

O Termo de Ajustamento de Conduta consiste num instrumento por meio do qual o Ministério Público do Trabalho e a pessoa, normalmente uma empresa, que está descumprindo direitos metaindividuais de natureza trabalhista (difusos, coletivos e individuais homogêneos — art. 81, da Lei n. 8.078/90), pactuam um prazo e condições para que a conduta do ofensor seja adequada ao que dispõe a lei.

Não se trata de transação, pois o MP não pode dispor do interesse público, mas, inegavelmente, há algumas concessões por parte do órgão ministerial, como a concessão de prazo ou o perdão de eventuais multas, a fim de que a conduta do agente que está descumprindo o ordenamento jurídico possa passar a cumpri-lo com maior facilidade. O Termo de Ajustamento de Conduta (TAC) deve vir acompanhado de multa pecuniária pelo seu descumprimento ("*astreintes*") e tem a qualidade de título executivo extrajudicial (art. 876 da CLT).

Nesse sentido, dispõe o § 6º do art. 5º da Lei n. 7.347/85:

> "Os órgãos públicos legitimados poderão tomar dos interessados compromisso de ajustamento de sua conduta às exigências legais, mediante cominações, que terá eficácia de título executivo extrajudicial."

Na visão de *Luciana Aboim Machado Gonçalves da Silva*(9), o Termo de Ajustamento de Conduta é um instituto jurídico que soluciona conflitos metaindividuais, firmado por algum ou alguns dos órgãos públicos legitimados para ajuizar ação civil pública e pelo investigado (empregador), no qual se estatui, de forma voluntária, o modo, lugar e prazo em que o inquirido deve adequar sua conduta aos preceitos normativos, mediante cominação, sem que, para tanto, *a priori*, necessite de provocação do Poder Judiciário, com vistas à natureza jurídica de título executivo extrajudicial.

Quanto à natureza jurídica do termo de ajustamento de conduta, destaca com propriedade *Hugo Nigro Mazzilli*(10):

(9) *Termo de ajuste de conduta*. São Paulo: LTr, 2004. p. 19.

(10) MAZZILLI, Hugo Nigro. *A defesa dos interesses difusos em juízo — meio ambiente, consumidor, patrimônio cultural e outros interesses*. 18. ed. São Paulo: Saraiva, 2005. p. 359.

"O compromisso de ajustamento de conduta não é um contrato; nele o órgão público legitimado não é o titular do direito transindividual, e, como não pode dispor do direito material, não pode fazer concessões quanto ao conteúdo material da lide. É, pois, o compromisso de ajustamento de conduta um ato administrativo negocial por meio do qual só o causador do dano se compromete, exceto implicitamente, a não propor ação de conhecimento para pedir aquilo que já está reconhecido no título."

O termo de ajuste de conduta, conforme tem sustentado a moderna doutrina, não importa em remissão de infrações anteriores, principalmente fixadas pelos órgãos de fiscalização do trabalho.

Nesse sentido, o Enunciado n. 55, da 1ª Jornada de Direito Material e Processual do Trabalho realizada no Tribunal Superior do Trabalho, *in verbis*:

> "TERMO DE AJUSTE DE CONDUTA — ALCANCE. A celebração de TAC não importa em remissão dos atos de infração anteriores, os quais têm justa sanção pecuniária como resposta às irregularidades trabalhistas constatadas pela DRT."

Quanto ao descumprimento do termo de ajuste de conduta, a CLT, no art. 876, o arrola entre os títulos executivos extrajudiciais. Dispõe o referido dispositivo legal: "*As decisões passadas em julgado ou das quais não tenha havido recurso com efeito suspensivo; os acordos, quando não cumpridos; os termos de ajuste de conduta firmados perante o Ministério Público do Trabalho e os termos de conciliação firmados perante as Comissões de Conciliação Prévia serão executados pela forma estabelecida neste Capítulo.*"

O Termo de Ajuste de Conduta pode ser anulado na esfera judicial por meio de Ação Anulatória, nos termos do art. 966 do CPC, pois se trata de um de instrumento firmado entre o ente legitimado para a defesa de direitos transindividuais e o ofensor desses danos.

Quanto à alteração judicial do pactuado, há autores que sustentam a impossibilidade de alteração, pois se trata de negócio realizado entre as partes, com eficácia de título executivo extrajudicial e constituindo ato jurídico perfeito. Portanto, não cabe ao Judiciário interferir na questão. Por outro lado, há entendimentos no sentido de que é possível a alteração ou revisão pela via judicial por meio de Ação Civil Pública, proposta pelos legitimados previstos no art. 82 da Lei n. 8.078/90, desde que o provimento seja adequado à tutela efetiva do interesse transindividual violado.

Defendendo esta última hipótese, *Hugo Nigro Mazzilli*(11): "A nosso ver, em vista de ter o compromisso de ajustamento a natureza de garantia mínima em prol da coletividade de lesados, nem sempre a anulação do compromisso será necessária, e em certos casos nem mesmo será conveniente, porque, posto considerado insatisfatório pelos lesados ou por outros colegitimados ativos, mesmo assim já terá assegurado um mínimo em favor do grupo, classe ou categoria de pessoa transindivi-

(11) MAZZILLI, Hugo Nigro. *A defesa dos interesses difusos em juízo*. 18. ed. São Paulo: Saraiva, 2005. p. 367.

dualmente consideradas. Por isso, prescindindo da necessidade de anulá-lo, qualquer colegitimado à ação civil pública ou coletiva poderá discordar do compromisso de ajustamento de conduta e propor diretamente a ação judicial cabível. Caso contrário, interesses transindividuais poderiam ficar sem possibilidade de defesa em juízo."

De nossa parte, o termo de ajuste de conduta pode ser discutido judicialmente, desde que surjam novos fatos que alterem a situação fática em que ele fora firmado. Desse modo, o instrumento adequado é a Ação Civil Pública ou a Ação Civil Coletiva. Caso existam vícios procedimentais na pactuação do Termo de Ajuste ou vícios de consentimento, ou até mesmo os defeitos do ato jurídico existente no termos de ajuste, a via adequada para correção é a Ação Anulatória (art. 966 do CPC).

Como bem adverte *Alexandre Amaral Gavronski*(12): "é ônus do legitimado coletivo que pretende dar para o mesmo fato solução jurídica diversa da alcançada pelo compromisso de ajustamento de conduta demonstrar especificamente a incorreção deste. Falta-lhe interesse de agir para uma ação civil pública se não o fizer, não bastando pedir em juízo mais ou diversamente do que aquilo garantido no compromisso, pois a questão já recebeu uma solução jurídica que, salvo se demonstrado concreta e fundamentadamente ser incorreta, torna desnecessária e inútil uma manifestação judicial."

(12) GAVRONSKI, Alexandre Amaral. *Técnicas extraprocessuais de tutela coletiva*. São Paulo: RT, 2010. p. 405.

Capítulo V

Competência da Justiça do Trabalho

1. Do conceito de competência

Diante da multiplicidade de conflitos existentes na sociedade, houve necessidade de se criarem critérios para que os conflitos fossem distribuídos de forma uniforme aos juízes a fim de que a jurisdição pudesse atuar com maior efetividade e também propiciar ao jurisdicionado um acesso mais célere e efetivo à jurisdição. Em razão disso, foi criado um critério de *distribuição da jurisdição* entre os diversos juízes, que é a competência(1).

Como adverte *Piero Calamandrei*(2): "A competência é acima de tudo uma determinação dos poderes judiciais de cada um dos juízes. [...] Perguntar qual é a competência de um juiz equivale, por conseguinte, a perguntar quais são os tipos de causas sobre as quais tal juiz é chamado a prover."

Ensina *Carnelutti*(3): "O instituto da competência tem origem na distribuição do trabalho entre os diversos ofícios judiciais ou entre seus diversos componentes. Já que o efeito de tal distribuição se manifesta no sentido de que a massa das lides ou negócios se dividia em tantos grupos, cada um dos quais é designado a cada um dos ofícios, a potestade de cada um deles se limita praticamente às lides ou aos negócios compreendidos pelo mesmo grupo. Portanto, a competência significa a pertinência a um ofício, a um oficial ou a um encarregado de postestade a respeito de uma lide ou de um negócio determinado; naturalmente, tal pertinência é um requisito de validade do ato processual, em que a potestade encontra seu desenvolvimento."

Como destaca *Athos Gusmão Carneiro*(4): "Todos os juízes exercem jurisdição, mas a exercem numa certa medida, dentro de certos limites. São, pois 'competentes' somente para processar e julgar determinadas causas. A 'competência', assim, 'é a medida da jurisdição', ou ainda, é a jurisdição na medida em que pode e deve ser exercida pelo juiz."

---

(1) Semelhante conceito temos no Direito português, conforme a visão de Augusto Pais de Amaral: "A competência é a parcela de jurisdição que é atribuída a cada um dos órgãos jurisdicionais. Por outras palavras, a competência é fracção do poder jurisdicional que cabe a cada tribunal" (*Direito processual civil*. 3. ed. Lisboa: Almedina, 2002. p. 104).

(2) CALAMANDREI, Piero. *Instituições de direito processual civil*. v. II, 2. ed. Campinas: Bookseller, 2002. p. 108.

(3) CARNELUTTI, Francesco. *Instituições do processo civil*. v. I. Campinas: Servanda, 1999. p. 256.

(4) CARNEIRO, Athos Gusmão. *Jurisdição e competência*. São Paulo: Saraiva, 2005. p. 22.

Na feliz síntese de *Mário Guimarães*(5): "A jurisdição é um todo. A competência uma fração. Pode um juiz ter jurisdição sem competência. Não poderá ter competência sem jurisdição."

Para melhor aparelhamento da atividade jurisdicional, a jurisdição foi separada em partes, ou seja: em matérias. Desse modo, cada ramo do Poder Judiciário julgará determinadas matérias, a fim de que a atividade jurisdicional de aplicação do direito possa ser efetivada com eficiência e qualidade. Em razão disso, todo juiz possui jurisdição, mas nem todo juiz possui competência.

Chiovenda(6) enumerou três critérios para distribuição da competência, que influenciaram o ordenamento jurídico brasileiro. São eles:

1. critério objetivo;
2. critério funcional;
3. critério territorial.

Segundo *Chiovenda*(7), "o critério objetivo ou do valor da causa (competência pelo valor) ou da natureza da causa (competência por matéria). O critério extraído da natureza da causa refere-se, em geral, ao conteúdo especial da relação jurídica em lide [...] o critério funcional extrai-se da natureza especial e das exigências especiais das funções que se chama o magistrado a exercer num processo [...] o critério territorial relaciona-se com a circunscrição territorial designada à atividade de cada órgão jurisdicional."

Há um certo consenso na doutrina processual brasileira de que os critérios da competência são:

a) competência em razão da natureza da relação jurídica (competência em razão da matéria ou objetiva): nesta espécie, é determinante a natureza da relação jurídica controvertida para aferição da competência. Na Justiça do Trabalho, a competência material vem disciplinada no art. 114 da CF e também no art. 652 da CLT;

b) em razão da qualidade das partes envolvidas na relação jurídica controvertida (competência em razão da pessoa):

Como destaca *Cândido Rangel Dinamarco*(8): "Certas qualidades das pessoas litigantes são levadas em conta pela Constituição e pela lei, muitas vezes na fixação das regras da chamada competência em razão da pessoa (*ratione personae*)." Como

(5) GUIMARÃES, Mário. *O juiz e a função jurisdicional.* Rio de Janeiro: Forense, 1958. p. 56.

(6) CHIOVENDA, Giuseppe. *Instituições de direito processual civil.* v. Ii, 3. ed. Campinas: Bookseller, 2002. p. 184.

(7) CHIOVENDA, Giuseppe. *Op. cit.*, p. 184-185.

(8) *Instituições de direito processual civil.* v. I. São Paulo: Malheiros, 2001.

veremos no item "Competência Material da Justiça do Trabalho brasileira após a EC n. 45/04 e competência em razão da pessoa", a Constituição Federal manteve algumas hipóteses de competência em razão da pessoa na Justiça do Trabalho;

c) competência em razão do lugar (competência territorial): conforme *Patrícia Miranda Pizzol*(9), "a expressão competência territorial se deve à necessidade de fixar um juiz entre a pluralidade de outros da mesma espécie ou com o mesmo grau de jurisdição, atribuindo-se a ele uma porção territorial, dentro da qual está sua sede." No Processo do Trabalho, a competência territorial vem disciplinada no art. 651 da CLT, sendo a regra geral o local da prestação de serviços;

d) em razão do valor da causa: a competência em razão do valor leva em consideração o montante pecuniário da pretensão, ou seja, o valor do pedido. É relativa à luz do Código de Processo Civil. No Processo do Trabalho, o valor dos pedidos serve para determinar o rito processual, isto é, se até dois salários mínimos, o rito será sumário (Lei n. 5.584/70); de 2 a 40 salários mínimos, o rito será o sumaríssimo (Lei n. 9.957/00) e rito ordinário (acima de 40 salários mínimos);

Na Justiça do Trabalho, por não existirem órgãos especiais destinados a demandas de pequenas causas, como acontece nos juizados especiais cíveis e criminais (estaduais e federais), o valor da causa não determina a competência do órgão jurisdicional, pois tanto as causas sujeitas ao rito ordinário como ao sumaríssimo são processadas pelo mesmo órgão jurisdicional;

e) em razão da hierarquia dos órgãos judiciários, também denominada de competência interna ou funcional. Segundo destaca *Patrícia Miranda Pizzol*, a competência funcional se dá em razão da "natureza e exigências especiais das funções exercidas pelo juiz no processo"(10). No Processo do Trabalho, a competência funcional vem disciplinada na CLT e também nos Regimentos Internos dos TRTs e TST.

As competências em razão da matéria, da pessoa e funcionais são absolutas. Portanto, o juiz delas poderá conhecer de ofício, não havendo preclusão para a parte ou para o juiz, podendo a parte invocá-la antes do trânsito em julgado da decisão.

A competência em razão do território é relativa, devendo a parte invocá-la por meio de exceção de incompetência. Caso não invocada pela parte no momento processual oportuno, prorroga-se a competência.

Quanto à competência em razão do valor, já está sedimentado em doutrina e também no art. 63 do CPC, que ela é relativa, entretanto, se ela determina o rito processual, como o sumaríssimo, tem dito a doutrina ser ela absoluta. No Processo do Trabalho, como já nos pronunciamos, não há competência em razão do valor da causa.

---

(9) *Competência no processo civil.* São Paulo: RT, 2003. p. 155.

(10) *Op. cit.*, p. 139-140.

Nesse sentido, dispõe o art. 63 do CPC:

> "As partes podem modificar a competência em razão do valor e do território, elegendo foro onde será proposta ação oriunda de direitos e obrigações."

2. Competência material da Justiça do Trabalho brasileira após a EC n. 45/04 e competência em razão da pessoa

Depois de longa tramitação no Congresso Nacional, foi aprovada a Emenda de Reforma do Judiciário (EC n. 45, de 8 de dezembro de 2004). Dentre as várias alterações na estrutura do Poder Judiciário, houve um aumento considerável na competência material da Justiça do Trabalho. O art. 114 da CF, após significativas alterações, apresenta a seguinte redação:

> "Art. 114. Compete à Justiça do Trabalho processar e julgar: I – as ações oriundas da relação de trabalho, abrangidos os entes de direito público externo e da administração pública direta e indireta da União, dos Estados, do Distrito Federal e dos Municípios; II – as ações que envolvam exercício do direito de greve; III – as ações sobre representação sindical, entre sindicatos, entre sindicatos e trabalhadores, e entre sindicatos e empregadores; IV – os mandados de segurança, *habeas corpus* e *habeas data*, quando o ato questionado envolver matéria sujeita à sua jurisdição; V – os conflitos de competência entre órgãos com jurisdição trabalhista, ressalvado o disposto no art. 102, I, *o*; VI – as ações de indenização por dano moral ou patrimonial, decorrentes da relação de trabalho; VII – as ações relativas às penalidades administrativas impostas aos empregadores pelos órgãos de fiscalização das relações de trabalho; VIII – a execução, de ofício, das contribuições sociais previstas no art. 195, I, *a*, e II, e seus acréscimos legais, decorrentes das sentenças que proferir; IX – outras controvérsias decorrentes da relação de trabalho, na forma da lei. § 1º Frustrada a negociação coletiva, as partes poderão eleger árbitros. § 2º Recusando-se qualquer das partes à negociação coletiva ou à arbitragem, é facultado às mesmas, de comum acordo, ajuizar dissídio coletivo de natureza econômica, podendo a Justiça do Trabalho decidir o conflito, respeitadas as disposições mínimas legais de proteção ao trabalho, bem como as convencionadas anteriormente. § 3º Em caso de greve em atividade essencial, com possibilidade de lesão do interesse público, o Ministério Público do Trabalho poderá ajuizar dissídio coletivo, competindo à Justiça do Trabalho decidir o conflito."

Conforme se denota da redação do referido artigo, a EC n. 45/04 trouxe significativas mudanças na competência material da Justiça do Trabalho brasileira. Tradicionalmente, esta Justiça Especializada julgava os conflitos oriundos *da relação entre empregados e empregadores* e, excepcionalmente, as controvérsias decorrentes da relação de trabalho(11). O critério da competência da Justiça do Trabalho, que era eminentemente pessoal, ou seja, em razão das pessoas de *trabalhadores e empregadores*, passou a ser em razão de uma relação jurídica, que é a de trabalho.

---

(11) O art. 114 da Constituição Federal de 1988 tinha a seguinte redação: "Compete à Justiça do Trabalho conciliar e julgar os dissídios individuais e coletivos entre trabalhadores e empregadores, abrangidos os entes de direito público externo e da administração pública direta e indireta dos Municípios, do Distrito Federal, dos Estados e da União e, na forma da lei, outras controvérsias decorrentes da relação de trabalho, bem como os litígios que tenham origem no cumprimento de suas próprias sentenças, inclusive coletivas."

A competência em razão da pessoa é fixada em virtude da qualidade que ostenta a parte numa determinada relação jurídica de direito material. Alguns autores negam a existência da competência em razão da pessoa na Justiça do Trabalho, pois, mesmo quando a lei se refere a determinada pessoa, há subjacente uma relação jurídica básica que une esta pessoa a outra ou a determinado bem. Desse modo, mesmo tendo a lei mencionado a competência em razão do *status* jurídico que ostenta a pessoa, a competência se dá em razão da matéria e não da pessoa(12).

No nosso sentir, a competência em razão da pessoa é uma subdivisão da competência em razão da matéria, pois, quando o legislador constitucional a ela se refere, pretende enfatizar o *status* que determinada pessoa ostenta diante de uma relação jurídica de direito material.

Apesar de a EC n. 45/04 priorizar o critério material da competência, a competência em razão da pessoa ainda foi mantida em alguns incisos e no § 3º do art. 114, quais sejam: entes de direito público externo, União, Estados, Distrito Federal e Município (inciso I); sindicatos (inciso III); órgãos de fiscalização das relações de trabalho (inciso VII) e Ministério Público do Trabalho (§ 3º). Não obstante, a nosso ver, mesmo nas hipóteses em que a Constituição Federal continua mencionando competência em razão das pessoas, primeiramente, o conflito deve *ser oriundo ou decorrente* de uma relação jurídica básica que é a relação de trabalho. Desse modo, o critério da competência em razão das pessoas passou a ser secundário(13).

Com a EC n. 45/04, houve uma alteração no eixo central da competência da Justiça do Trabalho, pois o que antes era exceção, ou seja, apreciar as controvérsias que envolvem a relação de trabalho, agora passou a ser a regra geral. A Justiça do Trabalho brasileira, seguindo o que já ocorre em alguns países, passou a ser o ramo do judiciário encarregado de apreciar praticamente todas as controvérsias que envolvem e circundam o trabalho humano, o que é salutar, pois favorece a efetividade e aplicabilidade da legislação social e facilita o acesso daqueles que vivem do próprio trabalho ao Judiciário Trabalhista.

Algumas matérias que foram explicitadas no art. 114 da CF, praticamente, já estavam pacificadas na Jurisprudência, tanto do STF, do STJ e do TST, como a competência para apreciar *habeas data*, *habeas corpus*, mandados de segurança, danos morais e patrimoniais decorrentes da relação de trabalho.

---

(12) Como destaca Carlos Alberto Begalles: "Quanto à competência em razão das pessoas, também não existe essa espécie de competência na Justiça do Trabalho, pois todos aqueles que laboram na chamada 'relação de trabalho', conforme art. 114, I, da CF, terão suas demandas julgadas pela Justiça do Trabalho, seja o particular, seja o Estado, sejam as pessoas jurídicas de Direito Público, etc." (*Lições de direito processual do trabalho.* Processo de conhecimento e recursos. São Paulo: LTr, 2005. p. 47).

(13) Como bem adverte José Augusto Rodrigues Pinto: "Entenda-se logo que a *competência pessoal*, em princípio, se associa à material, em face da evidente interação das relações jurídicas de direito material com os sujeitos que a constituem" (*Processo trabalhista de conhecimento.* 7. ed. São Paulo: LTr, 2005. p. 157).

Outras matérias foram repetidas, como a competência material executória das contribuições previdenciárias oriundas das sentenças trabalhistas, e a competência para dirimir os conflitos de competência.

De outro lado, algumas matérias que circundam a relação de trabalho, mas estão umbilicalmente ligadas à relação de trabalho e ao contrato de emprego, vieram para a competência da Justiça do Trabalho, como as ações que envolvem matéria sindical e as decorrentes da fiscalização do trabalho.

Quanto à competência para criar normas, houve, inegavelmente, um aspecto restritivo na competência material da Justiça do Trabalho, pois a Emenda condicionou o ajuizamento do dissídio coletivo à existência de comum acordo das partes.

Sob o ponto de vista institucional, a nova competência fortalece a Justiça do Trabalho como instituição e ressalta sua importância social, inclusive como uma das mais importantes instituições de distribuição de renda do país.

Apesar do grande aumento da competência da Justiça do Trabalho dado pela EC n. 45/04, e de ser anseio de boa parte dos juristas, não vieram para a Justiça do Trabalho as ações previdenciárias, em que se buscam benefícios previdenciários em face do INSS. Também não vieram as ações criminais movidas pelo Estado em razão dos crimes contra a organização do trabalho. De outro lado, o C. STF suspendeu a parte final do inciso I do art. 114, com relação à competência da Justiça do Trabalho para apreciar as relações de trabalho entre o Poder Público e seus servidores, que seguem o regime estatutário.

Alguns autores já sistematizaram princípios da nova competência da Justiça do Trabalho. Acompanhamos, no aspecto, a classificação de *Amauri Mascaro Nascimento*(14), para quem são princípios da competência material trabalhista os seguintes: a) princípio da competência específica; b) princípio da competência decorrente; e c) princípio da competência executória. O primeiro princípio se traduz na atribuição à Justiça do Trabalho da competência atinente às ações oriundas da relação de trabalho, bem como as matérias que circundam o contrato de trabalho previstas nos primeiros sete incisos do art. 114 da CF. O segundo reporta-se à competência da Justiça do Trabalho para julgar, na forma da lei, outras controvérsias decorrentes da relação de trabalho (inciso IX do art. 114) e o terceiro refere-se à competência da Justiça do Trabalho para executar as contribuições sociais oriundas das conciliações e sentenças que proferir (inciso VIII do art. 114)(15).

---

(14) NASCIMENTO, Amauri Mascaro. *Curso de direito processual do trabalho*. 22. ed. São Paulo: Saraiva, 2007. p. 205-206.

(15) No mesmo sentido, é a visão de Carlos Henrique Bezerra Leite: "A leitura atenta do art. 114, da CF, com a nova redação dada pela EC n. 45/04, revela-nos a existência de três regras constitucionais básicas de competência material da Justiça do Trabalho, que podem ser assim sistematizadas: competência material original, competência material derivada e competência material executória" (*Curso de direito processual do trabalho*. 5. ed. São Paulo: LTr, 2007. p. 181).

3. Da competência material da Justiça do Trabalho

3.1. Controvérsias oriundas e decorrentes da relação de trabalho

3.1.1. Do conceito de relação de trabalho

Segundo *Paulo Emílio Ribeiro de Vilhena*(16), é elementar em Teoria Geral do Direito que não emerge uma relação jurídica se na sua montagem não se configuram dois polos subjetivos: o credor (polo ativo) e o devedor (polo passivo), cujas posições se entrecruzam (credor-devedor *versus* devedor-credor), porque se trocam prestações (contraprestações). É importante, fique-se atento a isso, em qualquer situação jurídica que se queira examinar ou enfrentar.

A doutrina designa a expressão "contratos de atividade" para os contratos que tenham por objeto a atividade do homem. Para *Jean Vicent*(17), essa expressão designa todos os contratos nos quais a atividade pessoal de uma das partes constitui o objeto da convenção ou uma das obrigações que ele comporta. Destaca *Ribeiro de Vilhena*(18) que "os contratos de atividade preenchem-se com trabalho por conta alheia (representação, prestação livre de serviços, empreitada, etc.)."

Em outra obra, o professor *Ribeiro de Vilhena*(19) salienta que, para o trabalho ser objeto de uma relação jurídica, torna-se indispensável que ele seja por conta alheia. Segundo o referido mestre mineiro:

> "Define-se o trabalho por conta alheia como aquele que se presta a outrem, a quem, em princípio, cabem os resultados e os riscos. A divisão trabalho por conta própria e trabalho por conta alheia esgotadas as categorias de situações jurídicas. No trabalho por conta própria não se estabelece uma relação jurídica fundada no trabalho em si, mas uma situação de poder sobre a coisa, o objeto trabalhado, o resultado do trabalho, como relação de direito real-factual. No trabalho por conta alheia os nexos jurídicos nascem no próprio trabalho, ainda que se tenham em vista os resultados ou a atividade em si. No primeiro caso, a relação jurídica é ulterior ao trabalho e decorre de um ato de disposição ou outro qualquer de natureza modificadora do ens ou da situação da coisa concernente à pessoa que a produziu ou de que resultou acabada (ato jurídico unilateral, como abandono; negócio jurídico unilateral, como a doação; ou bilateral, como o arrendamento, a troca ou a venda). Entendemos mais límpida e precisa a distinção elaborada por Alonso García, pois o elemento risco

---

(16) RIBEIRO DE VILHENA, Paulo Emílio. *Relação de emprego, estrutura legal e supostos.* 2. ed. São Paulo: LTr, 1999. p. 400-401.

(17) "La dissolution du contrat de travail", *apud* GOMES, Orlando; GOTTSCHALK, Elson. *Curso de direito do trabalho.* 16. ed. Rio de Janeiro: Forense, 2000. p. 117.

(18) RIBEIRO DE VILHENA, Paulo Emílio. *Op. cit.*, p. 400.

(19) RIBEIRO DE VILHENA, Paulo Emílio. *Contrato de trabalho com o Estado.* São Paulo: LTr, 2002. p. 26.

não é susceptível de isolamento perfeito, como característico de uma ou outra forma de trabalho, já que há prestações de trabalho por conta alheia, em que o prestador participa dos riscos e dos resultados. Mas a recíproca não é verdadeira: não há trabalho por conta própria, em que o prestador divida riscos ou resultados. Admiti-lo será caminhar para formas societárias de trabalho."

Diante da doutrina acima, concluímos que o termo *relação de trabalho* pressupõe trabalho prestado por conta alheia, em que o trabalhador (pessoa física) coloca sua força de trabalho em prol de outra pessoa (física ou jurídica), podendo o trabalhador correr ou não os riscos da atividade. Desse modo, estão excluídas as modalidades de relação de trabalho em que o trabalho for prestado por pessoa jurídica(20), porquanto, nessas modalidades, embora haja relação de trabalho, o trabalho humano não é o objeto dessas relações jurídicas, e sim um contrato de natureza cível ou comercial.

Mostra-se discutível se o requisito pessoalidade é exigível para que tenhamos uma relação de trabalho *lato sensu*. A pessoalidade é requisito indispensável da relação de emprego, já que a prestação pessoal de serviços se dá em caráter personalíssimo *intuitu personae*.

Manuel Alonso Olea, citado por *Amauri Mascaro Nascimento*(21), destaca que a prestação do trabalho é estritamente personalíssima, sendo em duplo sentido. Primeiramente, porque pelo seu trabalho compromete o trabalhador sua própria pessoa, enquanto destina parte das energias físicas e mentais que dele emanam, e que são constitutivas de sua personalidade, à execução do contrato, isto é, ao cumprimento da obrigação que assumiu contratualmente. Em segundo lugar, sendo cada pessoa um indivíduo distinto dos demais, cada trabalhador difere de outro qualquer, diferindo também as prestações de cada um deles, enquanto expressão de cada personalidade em singular. Em vista disso, o contrato de trabalho não conserva sua identidade se ocorrer qualquer alteração na pessoa do trabalhador. A substituição deste implica um novo e diferente contrato com o substituto.

Entendemos que o requisito da pessoalidade também deve ser preponderante para que ocorra a relação de trabalho, embora possa haver uma substituição ocasional, com a concordância do tomador(22), sob pena de configurar, como acontece na relação de emprego, uma nova relação de trabalho entre o substituto do trabalhador e o tomador

(20) Se houver prestação de trabalho por intermédio de pessoa jurídica apenas para mascarar a relação de emprego ou relação de trabalho pessoal, também se faz presente a competência da Justiça do Trabalho.

(21) NASCIMENTO, Amauri Mascaro. *Curso de direito do trabalho.* 19. ed. São Paulo: Saraiva, 2004. p. 579.

(22) "Ocasionalmente, a prestação pessoal de serviços pode ser deferida a outrem, que não o empregado. Desde que haja pactuação expressa, o empregado, com o consentimento do empregador, pode se fazer substituir na prestação pessoal do serviço contratado. No entanto, quando a substituição se torna regra, passando o pretenso empregado a ser substituído de forma permanente, não há que se falar mais em nexo empregatício. Falta a pessoalidade do exercício. Desnatura-se o liame. O contrato perde a sua característica típica, que é a subordinação" (TRT/SP Ac. n. 1.698/62, rel. Juiz Hélio de Miranda Guimarães), *apud* NASCIMENTO, Amauri Mascaro. *Curso de direito do trabalho.* 19. ed. São Paulo: Saraiva, 2004. p. 578-579.

dos serviços. De outro lado, também o trabalho prestado por vários trabalhadores ao mesmo tempo pode configurar a prestação de serviços por intermédio de uma sociedade de fato ou de uma empresa, o que descaracteriza a relação de trabalho[(23)].

No que tange à onerosidade[(24)] na prestação pessoal de serviços, a doutrina é tranquila no sentido de não ser a onerosidade requisito essencial para a configuração de uma relação de trabalho. Desse modo, o trabalho objeto da relação de trabalho pode ser oneroso ou gratuito[(25)]. Há uma regulamentação específica de trabalho gratuito na Lei n. 9.608/98[(26)] que trata do trabalho voluntário.

Sob outro enfoque, para que haja uma relação de trabalho, o trabalho poderá ser prestado de forma subordinada ou autônoma. Se for de forma subordinada, poderemos estar diante de um contrato de emprego, já que a subordinação é um dos elementos do contrato de emprego (art. 3º da CLT); se o trabalho for prestado de forma autônoma, estaremos diante de um contrato de trabalho ou de prestação de serviços.

Em nossa visão, a subordinação consiste no estado jurídico do empregado em acolher a estrutura do empregador e poder diretivo deste sobre a sua atividade, nos limites do contrato de trabalho e da legislação trabalhista.

Nos casos de controvérsia sobre a existência da relação de emprego, a subordinação é aferida no plano fático, de acordo com o modo pelo qual o trabalho é realizado. A intensidade de sujeição do trabalhador aos comandos do empregador e à estrutura empresarial vão revelar a existência da subordinação jurídica.

---

(23) Nesse sentido, destacamos a seguinte ementa: "Incompetência material da Justiça do Trabalho — Natureza Jurídica do vínculo havido entre as partes — Representação comercial entre pessoas jurídicas — Constatado que houve contrato de representação comercial entre duas pessoas jurídicas, flagrante é a incompetência desta Justiça Especializada para processar e julgar a matéria, tendo em vista que não se enquadra no conceito de 'relação de trabalho', inserto na redação do art. 114, I, da CF/88, outorgado pela EC n. 45/2004, o que requer no mínimo que a prestação de serviços seja realizada por pessoa física. Por outro lado, restando demonstrado pelo conjunto probatório dos autos que em período posterior o Recorrente prestou serviços de representação comercial como pessoa natural à Reclamada, sem a subordinação necessária à configuração da relação de emprego, imperiosa a manutenção da r. decisão de origem que afastou o pretendido liame empregatício, deferindo-lhes apenas os pleitos iniciais inerentes à representação mercantil devidos no referido período. Recurso Ordinário ao qual se nega provimento" – TRT 23ª R. – RO 00115.2005.009.23.00-9 – (Sessão 11/06) – rel. Juiz Bruno Weiler – DJE/TRT 23ª RO. n. 108/06 – 18.10.06 – p. 4.

(24) Ensina Amauri Mascaro Nascimento que onerosidade "é um encargo bilateral próprio da relação de emprego. Significa, para o empregado, o dever de exercer uma atividade por conta alheia cedendo antecipadamente ao beneficiário os direitos que eventualmente teria sobre os resultados da produção em troca de uma remuneração" (*Op. cit.*, p. 579).

(25) Segundo a moderna doutrina trabalhista, não é necessário que o empregado receba efetivamente os salários para que haja configurado o requisito da onerosidade, basta apenas que ele faça jus ao salário.

(26) Diz o art. 1º da Lei n. 9.608/98: "Considera-se serviço voluntário, para os fins desta Lei, a atividade não remunerada, prestada por pessoa física a entidade pública de qualquer natureza, ou a instituição privada de fins não lucrativos, que tenha objetivos cívicos, culturais, educacionais, científicos, recreativos ou de assistência social, inclusive mutualidade."

Modernamente, diante da especialização da mão de obra, da terceirização e novos sistemas e produção, autores há que defendem a ampliação do conceito de subordinação, dizendo que ela, em verdade, configura-se com a inserção do trabalhador na estrutura da empresa, a denominada subordinação estrutural.

Ensina *Mauricio Godinho Delgado*:

> "Estrutural é, pois, a subordinação que se manifesta pela inserção do trabalhador na dinâmica do tomador de seus serviços, independentemente de receber (ou não) suas ordens diretas, mas acolhendo, estruturalmente, sua dinâmica de organização e funcionamento." (Direitos Fundamentais na Relação de Trabalho. In: *Revista LTr*, 70/06-667)

De nossa parte, a intepretação da expressão "dependência", contida no art. 3º, da CLT, e denominada pela doutrina de "subordinação", atualmente, diante dos novos tempos de fragmentação e horizontalização de empresas, deve ter intepretação sob enfoque objetivo, visando ao expansionismo do direito do trabalho, bem como garantir os direitos sociais fundamentais ao trabalhador, assim como estabelecer limites ao regime capitalista de exploração do trabalho humano. Por isso, sem descartar os conceitos de subordinação tradicional, deve-se, nos casos em que há dúvidas sobre a existência da subordinação jurídica, a exemplo de trabalhadores prestando serviços por intermédio de pessoa jurídica, motoristas agregados, cooperados, dentre outros, adotar o critério da subordinação estrutural ou integrativa como fator decisivo para reconhecimento do liame empregatício, como forma de garantir a proteção à dignidade da pessoa humana do trabalhador, os valores sociais do trabalho, bem como implementar a melhoria da condição social do trabalhador (arts. 1º, 6º e 7º, da Constituição Federal).

Nesse sentido, nos advertem *Marcus Menezes Barberino Mendes* e *José Eduardo de Resende Chaves Júnior* em brilhante estudo sobre a temática:

> "Ora, se há semelhança entre o trabalhador dito 'autônomo-dependente' e o empregado clássico, manda a boa regra de hermenêutica não reduzir o potencial expansivo e protetivo do Direito do Trabalho. A isonomia dos trabalhadores decorre da própria dicção constitucional, tanto dirigida aos trabalhadores habituais (*caput* do art. 7º) como aos avulsos (inciso XXXIV), não submetidos ao trato sucessivo. Trata-se, pois, de ressignificar ou plurissignificar o conceito de subordinação jurídica, para compreendê-lo de modo dinâmico. Parafraseando o senso comum, a subordinação jurídica emerge não apenas do uso da voz do empregador, do supervisor, ou do capataz. Ela pode se formar na retina dos múltiplos agentes econômicos coordenados pela unidade central, de modo silencioso e aparentemente incolor e até indolor. A subordinação jurídica pode ser então 'reticular', também nesse sentido e através de instrumentos jurídicos de associação empresária, onde nenhuma atividade econômica especializada é desenvolvida pelo suposto empregador, que se envolve na

produção de um determinado resultado pactuado com a unidade central. Suposto, não porque em verdade não o seja, mas por não ser o único empregador. A rede econômica montada pelas empresas, quer no modelo hierarquizado, como ocorre em empresas de segurança, *call centers*, quer assuma as múltiplas formas jurídicas de cooperação empresarial, é uma realidade. Partindo dessa premissa, faz-se necessário enredar o conceito de subordinação jurídica, emprestando-lhe um caráter estrutural e reticular. Nesse sentido, sempre que reconhecida a atividade econômica em rede, é necessário imputar a condição de empregador a todos os integrantes da rede econômica, atraindo assim a incidência do princípio da proteção e seus aspectos consequentes: a aplicação da regra ou da condição mais benéfica [...] Contudo, discordamos dos que entendem não haver subordinação nas hipóteses de trabalhadores 'autônomos-dependentes'. A 'subordinação' nesse contexto subsiste, ainda que difusa, latente e diferida, justificando, dessa forma, a extensão a eles dos direitos celetistas. O trabalhador supostamente autônomo, mas habitualmente inserido na atividade produtiva alheia, a despeito de ter controle relativo sobre o próprio trabalho, não detém nenhum controle sobre a atividade econômica. Exemplo disso, podemos citar a hipótese do motorista agregado, que é proprietário do caminhão em que trabalha (meio de produção) e ainda que tenha liberdade relativa sobre a execução do trabalho, nada delibera sobre os dois fatores determinantes da legítima autonomia, como, por exemplo, para quem e quando será prestado o serviço." (Subordinação estrutural-reticular: uma perspectiva sobre a segurança jurídica. In: *Revista do Trib. Reg. Trab. 3ª Reg.*, Belo Horizonte, v. 46, n. 76, p. 197-218, jul./dez. 2007)

Sobre a diferenciação entre trabalhador autônomo e subordinado, ensina com propriedade *Mauricio Godinho Delgado*(27): "A diferenciação central entre as figuras situa-se, porém, repita-se, na subordinação. Fundamentalmente, trabalho autônomo é aquele que se realiza sem subordinação do trabalhador ao tomador dos serviços. Autonomia é conceito antitético ao de subordinação. Enquanto esta traduz a circunstância juridicamente assentada de que o trabalhador acolhe a direção empresarial no tocante ao modo de concretização cotidiana de seus serviços, a autonomia traduz a noção de que o próprio prestador é que estabelece e concretiza, cotidianamente, a forma de realização dos serviços que pactuou prestar. Na subordinação, a direção central do modo cotidiano de prestação de serviços transfere-se ao tomador; na autonomia, a direção central do modo cotidiano de prestação de serviços preserva-se com o prestador de trabalho"(28).

---

(27) DELGADO, Mauricio Godinho. *Curso de direito do trabalho.* 4. ed. São Paulo: LTr, 2005. p. 334.

(28) Para Jean-Claude Javillier, "no regime capitalista o empregador assume todo o risco econômico. O empregado nenhum. A subordinação é, portanto, o reflexo dessa relação de produção" (*Manuel de droit du travail.* Paris: LGDJ, 1978. p. 50, *apud* SÜSSEKIND, Arnaldo. *Curso de direito do trabalho.* Rio de Janeiro: Renovar, 2002. p. 227).

Por fim, o trabalho, para configurar uma relação laboral, pode ser eventual ou não eventual. Se for não eventual, poderemos estar diante de um contrato de emprego[(29)]; se for eventual, estaremos diante de um contrato de trabalho.

A doutrina diverge quanto ao requisito da não eventualidade para a caracterização da relação de emprego. Para alguns, não eventual significa contínuo. Para outros, o trabalho não eventual é o relacionado com os fins da atividade econômica do empregador. Outros ainda sustentam que o trabalhador eventual não socorre uma necessidade permanente do empregador. Acreditamos que o requisito da não eventualidade se faz presente quando o trabalhador se fixa a um determinado tomador de serviços de forma habitual, ou seja, por um lapso de tempo razoável[(30)].

À guisa de conclusão, entendemos que o termo relação de trabalho significa:

> O trabalho prestado por conta alheia, em que o trabalhador (pessoa física) coloca, em caráter preponderantemente pessoal, de forma eventual ou não eventual, gratuita ou onerosa, de forma autônoma ou subordinada, sua força de trabalho em prol de outra pessoa (física ou jurídica, de direito público ou de direito privado), podendo o trabalhador correr ou não os riscos da atividade que desempenhará.

3.2. Competência da Justiça do Trabalho para apreciar as lides oriundas da relação de trabalho

Atualmente, tanto a doutrina como a jurisprudência se esforçam para definir o alcance do termo "relação de trabalho" para fins da competência material da Justiça do Trabalho, o que de certa forma é até salutar, pois divergências de interpretação são próprias do Direito, em especial do Direito e do Processo do Trabalho que são ramos do Direito em constante evolução, marcados por forte eletricidade social.

Antes da EC n. 45/04, que dilatou a competência da Justiça do Trabalho, a definição do alcance da expressão relação de trabalho não tinha grande interesse para fins de competência, porque a Justiça do Trabalho, exceto no contrato de pequena empreitada, praticamente, só se ocupava das controvérsias atinentes à relação de emprego. Grande parte da doutrina limitava-se a dizer que relação de trabalho é gênero, do qual relação de emprego é espécie. A própria doutrina, muitas vezes, utilizava as expressões relação de trabalho e relação de emprego para designar o

---

(29) Utilizamos a expressão *pode configurar um contrato de emprego*, porque há modalidades de prestação de serviços contínuas que não configuram relação de emprego. A não eventualidade tem de ser conjugada com os outros requisitos da relação de emprego, quais sejam: pessoalidade, subordinação e onerosidade (arts. 2º e 3º, da CLT) para que configure um contrato de emprego.

(30) Nesse sentido, sustenta Otávio Pinto e Silva: "A terceira das enunciadas características do contrato de trabalho é a sua continuidade: ao contrário do que sucede nos contratos instantâneos, em que a execução coincide com a própria celebração (como a compra e venda), o decurso do tempo constitui condição para que o contrato de trabalho produza os efeitos desejados pelas partes, satisfazendo as necessidades que as induziram a contratar. Por isso, classifica-se entre os contratos de duração (ou de trato sucessivo)." (*Subordinação, autonomia e parassubordinação nas relações de trabalho.* São Paulo: LTr, 2004. p. 21).

trabalho prestado sob o prisma dos arts. 2º e 3º, ambos da CLT[31]. A CLT utiliza indistintamente as expressões relação de emprego e contrato de trabalho[32] (*vide* os arts. 442, 443, 447 e 448). Também a Constituição Federal, no art. 7º, *caput* e inciso XXIX, utiliza as expressões *trabalhadores* e *relação de trabalho*, como sinônimas de empregados e relação de emprego, respectivamente.

Dirimido o significado da expressão "relação de trabalho" no tópico anterior, resta saber se a competência material da Justiça do Trabalho após a EC n. 45/04 abrange todas as modalidades de relações de trabalho ou somente algumas delas.

Atualmente, podemos dizer que há três posições preponderantes na doutrina sobre o alcance da expressão *relação de trabalho*. Resumidamente, são elas:

a) nada mudou com a EC n. 45. O termo "relação de trabalho" significa o mesmo que relação de emprego e a competência da Justiça do Trabalho se restringe ao contrato de emprego;

b) exige que a relação de trabalho tenha semelhanças com o contrato de emprego, ou seja, que o prestador esteja sob dependência econômica do tomador dos serviços, haja pessoalidade, onerosidade e continuidade na prestação. De outro lado, para as relações regidas por leis especiais, como a relação de trabalho que é qualificada como relação de consumo, estão fora do alcance da competência da Justiça do Trabalho;

c) admite qualquer espécie de prestação do trabalho humano, seja qual for a modalidade do vínculo jurídico que liga o prestador ao tomador, desde que haja prestação pessoal de serviços de uma pessoa natural em favor de pessoa natural ou jurídica.

No nosso sentir, para se saber o alcance exato da expressão relação de trabalho para fins de competência da Justiça do Trabalho, de início, mister se fazer uma incursão nas Constituições anteriores e aplicar o método de interpretação histórica da Constituição Federal.

As Constituições de 1934, 1946, 1967 e 1988[33] não mencionam a competência material da Justiça do Trabalho para as controvérsias *oriundas da relação de trabalho*.

---

(31) *Vide*, a propósito, a definição de Mário de La Cueva para o termo relação de trabalho. O renomado doutrinador mexicano explica a relação de trabalho como situação jurídica objetiva, estabelecida entre um trabalhador e um empregador, para a prestação de um serviço subordinado, qualquer que seja o ato ou a causa de sua origem (CUEVA, Mario de La. *El nuevo derecho mexicano del trabajo.* México: Porrúa, 1972. p. 185, *apud* MAGANO, Octavio Bueno. *Manual de direito do trabalho.* v. II. 2. ed. São Paulo: LTr, 1988. p. 20).

(32) José Martins Catharino sempre criticou a expressão contrato de trabalho a que alude a CLT. Para o referido jurista, o termo correto é "contrato de emprego."

(33) A Constituição de 1934 criou a Justiça do Trabalho "para dirimir questões entre empregadores e empregados, regidos pela legislação social" (*apud* GIGLIO, Wagner D. Nova competência da justiça do trabalho: aplicação do processo civil ou trabalhista? *In: Revista LTr* 69-03/291). O art. 123, da Constituição Federal de 1946, tinha a seguinte redação: "Compete à Justiça do Trabalho conciliar e julgar os dissídios individuais e coletivos entre empregados e empregadores, e as demais controvérsias oriundas de relações do trabalho

A atual redação do art. 114, da CF, dada pela EC n. 45/04, é a seguinte: "Compete à Justiça do Trabalho processar e julgar: I – as ações oriundas da relação de trabalho, abrangidos os entes de direito público externo e da administração pública direta e indireta da União, dos Estados, do Distrito Federal e dos Municípios."

Da análise das Constituições de 1934, 1946, 1967 e 1988, constata-se que a atual redação do art. 114, I, da CF, não faz alusão às *controvérsias entre empregados e empregadores*, mas sim às "ações oriundas da relação de trabalho", independentemente das pessoas envolvidas no litígio. Ora, não podemos olvidar que a lei não contém palavras inúteis(34). Se a Constituição alude à *relação de trabalho*, é porque quis dilatar a competência da Justiça do Trabalho. Em que pesem as opiniões em sentido contrário, parece-nos que não há como se sustentar, diante da interpretação histórica da Constituição Federal, que o termo relação de trabalho é o mesmo que relação de emprego. Mesmo antes da EC n. 45/04, a Justiça do Trabalho, mediante lei, poderia apreciar controvérsias diversas da relação de emprego, como o caso dos avulsos e da pequena empreitada (art. 652, III e V, da CLT). O intérprete, segundo a moderna teoria geral do direito, tem de realizar a interpretação da norma constitucional em conformidade com a Constituição Federal.

Nesse sentido, ensina *Marcelo Lima Guerra*(35):

> "Em toda a sua atuação jurisdicional, a atividade hermenêutica do juiz submete-se ao princípio da interpretação conforme a Constituição, no seu duplo sentido de impor que a lei infraconstitucional seja sempre interpretada, em primeiro lugar, tendo em vista a sua compatibilização com a Constituição, e, em segundo lugar, de maneira a adequar os resultados práticos ou concretos da decisão o máximo possível ao que determinam os direitos fundamentais em jogo."

Interpretando-se o art. 114, I, da CF, em conformidade com a Constituição ou com os "olhos da Constituição", chega-se à conclusão de que o alcance do termo relação de trabalho é mais amplo que relação de emprego. Além disso, toda a legislação infraconstitucional, como a CLT e demais leis especiais que regulam a relação de trabalho, deve ser lida em compasso com a Constituição e o consequente aumento de competência.

---

regidas por legislação especial." Na Constituição de 1967, com a EC n. 01/69, dizia o art. 142: "Compete à Justiça do Trabalho conciliar e julgar os dissídios individuais e coletivos entre empregados e empregadores e, mediante lei, outras controvérsias oriundas da relação de trabalho." O art. 114, da Constituição Federal de 1988, antes da EC n. 45/04, tinha a seguinte redação: "Compete à Justiça do Trabalho conciliar e julgar os dissídios individuais e coletivos entre trabalhadores e empregadores, abrangidos os entes de direito público externo e da administração pública direta e indireta dos Municípios, do Distrito Federal, dos Estados e da União e, na forma da lei, outras controvérsias decorrentes da relação de trabalho, bem como os litígios que tenham origem no cumprimento de suas próprias sentenças, inclusive coletivas."

(34) Carlos Maximiliano, ao se referir à interpretação gramatical, ensina que se presume que a lei não contenha palavras supérfluas; devem todas ser entendidas como escritas adrede para influir no sentido da frase respectiva (*Hermenêutica e aplicação do direito.* Rio de Janeiro: Forense, 2003. p. 91).

(35) GUERRA, Marcelo Lima. *Execução indireta.* São Paulo: RT, 1998. p. 52-53.

Em nossa visão, a dilatação da competência da Justiça do Trabalho se deve a vários fatores. Os principais são as transformações do Direito do Trabalho em razão do desenvolvimento tecnológico, da globalização e também da sua natural vocação social para apreciar controvérsias que circundam o contrato de trabalho. Atualmente, o desemprego e a informalidade no Brasil atingiram números alarmantes. Estima-se que hoje 60% dos trabalhadores economicamente ativos vivem na informalidade ou em empregos precários. Também segundo as estatísticas, o desemprego atingiu 21,7%(36). Diante dos números acima, constata-se que apenas 40% dos trabalhadores economicamente ativos trabalham sob o regime da CLT. Os demais prestam serviços sob as mais diversas modalidades de relação laboral, tais como o trabalho autônomo, eventual, locação de serviços, cooperados, informais, etc.(37)

Desse modo, diante das transformações das relações de trabalho, oriundas da globalização e do incremento da tecnologia, parece-nos que o aumento da competência da Justiça do Trabalho é um fator de sua natural vocação social, já que as relações de trabalho regidas pela CLT já não são preponderantes, estando os demais trabalhadores, que trabalham sem vínculo de emprego, impedidos de postular seus direitos na Justiça do Trabalho, que é Justiça encarregada de preservar os valores sociais do trabalho e a dignidade da pessoa humana do trabalhador.

Vale lembrar ainda que a competência da Justiça do Trabalho é fixada na Constituição Federal de forma taxativa, não podendo o intérprete distinguir onde a lei não distingue(38).

Por derradeiro, cumpre destacar que a regra da nova competência da Justiça do Trabalho, fixada no art. 114, I, da CF, deve ser interpretada em compasso com o princípio da máxima efetividade das normas constitucionais.

Em razão disso, interpretando-se a expressão *relação de trabalho* em cotejo com os princípios constitucionais da máxima eficiência das normas e do acesso do trabalhador à Justiça do Trabalho, e ainda utilizando-se a regra hermenêutica da interpretação em conformidade com a Constituição, em nossa visão, o alcance do inciso I do art. 114 da CF abrange todas as modalidades de prestação de trabalho humano, desempenhado de forma pessoal em prol de um tomador.

Não há como se excluir da competência material da Justiça do Trabalho as relações de trabalho regidas por lei especial, como as dos servidores estatutários, e as

(36) Segundo José Pastore, dos 75 milhões de brasileiros que trabalham, 45 milhões estão na informalidade, vale dizer, em torno de 60% (PASTORE, José. Onde estão os trabalhadores informais? *In: O Estado de S. Paulo*, Economia, 3.6.2003. p. B2).

(37) É bem verdade que de todos esses informais, a grande maioria trabalha sob um autêntico contrato de emprego que é mascarado sob outras denominações como "cooperados", "autônomos", etc.

(38) Ensina Carlos Maximiliano: "Quando o texto menciona o gênero, presumem-se incluídas as espécies respectivas; se faz referência ao masculino, abrange o feminino; quando regula o todo, compreendem-se também as partes. Aplica-se a regra geral aos casos especiais, se a lei não determina evidentemente o contrário. *Ubi lex non distinguit nec nos distinguere debemus*: 'Onde a lei não distingue, não pode o intérprete distinguir'" (*Op. cit.*, p. 201).

regidas pela lei do consumidor, já que a Constituição não excepciona a competência para as relações de trabalho regidas por lei especial. De outro lado, não podemos olvidar que muitas relações de emprego são regidas por leis especiais, como as dos domésticos, dos rurais, dos engenheiros, dos jogadores de futebol etc., e nunca foi questionado a Justiça do Trabalho se seria competente para dirimir as controvérsias referentes às aludidas relações de emprego.

Ante o acima exposto, entendemos que a interpretação da expressão "relação de trabalho", para fins da competência material da Justiça do Trabalho, abrange:

> "As lides decorrentes de qualquer espécie de prestação de trabalho humano, preponderantemente pessoal, seja qualquer a modalidade do vínculo jurídico, prestado por pessoa natural em favor de pessoa natural ou jurídica. Abrange tanto as ações propostas pelos trabalhadores, como as ações propostas pelos tomadores dos seus serviços."

Diante da ampliação da competência da Justiça do Trabalho, há a possibilidade de o trabalhador, com base num contrato de prestação de serviços, postular o reconhecimento do vínculo de emprego e as verbas trabalhistas dele decorrentes e, na impossibilidade do reconhecimento do vínculo de emprego, formular pedido sucessivo de pagamento das parcelas oriundas do contrato de prestação de serviços, o que facilita, em muito, o acesso do trabalhador à Justiça.

A dilatação da competência da Justiça do Trabalho para abranger todas as relações de trabalho prestado por pessoas físicas facilita o acesso à Justiça do trabalhador, impõe maior respeito a todas as modalidades de trabalho prestado por pessoa natural, fortalece a Justiça do Trabalho, enquanto instituição encarregada de dirimir todas as controvérsias decorrentes do trabalho humano[(39)], dignifica o trabalho humano e dá maior cidadania ao trabalhador.

Nesse sentido, destacamos as seguintes ementas:

> "Conflito — Profissional Liberal — Pessoa física — Tomador de serviços — Relação de Trabalho — Justiça do Trabalho — Competência — Justiça do Trabalho — Inarredável a competência desta Justiça Especializada para dirimir conflito entre profissional liberal prestador de serviços e tomador, nos exatos termos do novo art. 114, inciso I da CF, posto que a expressão 'ações oriundas da relação de trabalho' tem caráter genérico e, por corolário, reúne todas as formas de prestação de serviços conhecidas"[(40)].

> "Competência — Representação Comercial — EC n. 45/2004 — Restando provado que o trabalho de representação comercial foi executado pessoalmente pelo recorrente, a competência para julgar os litígios decorrentes dessa relação será a Justiça do Trabalho,

(39) Conforme destaca João Oreste Dalazen: "Desse modo, valoriza-se e moderniza-se a Justiça do Trabalho, bem assim retira-se o máximo de proveito social de sua formidável estrutura. Afora isso, supera-se a arraigada e superada concepção de constituir a Justiça do Trabalho meramente uma Justiça do emprego" (A reforma do Judiciário e os novos marcos da competência material da Justiça do Trabalho no Brasil. *In: Revista do Tribunal Superior do Trabalho.* Porto Alegre: Síntese, v. 71, 2005. p. 47).

(40) TRT 15ª R. – Campinas SP – RO n. 0798-2005-123-15-00-2 – Ac. 54526/06-PATR – 10ª C. – relª Juíza Elency Pereira Neves – DJSP 24.11.06 – p. 60.

por força do inciso I, do art. 114, da CF, conforme nova redação dada pela Emenda Constitucional n. 45"[(41)].

A efetividade na nova competência dependerá em muito do tratamento que lhe será dado pelos Juízes do Trabalho. Por isso, entendemos que os juízes não devem bloquear o andamento dos processos cujo objeto seja um pedido decorrente de uma relação de trabalho. Há necessidade de se experimentar novos horizontes e constatar, de forma pragmática, o acerto ou não do legislador constitucional ao dilatar a competência da Justiça do Trabalho. A jurisprudência tem de ser sedimentada de baixo para cima e não de cima para baixo, com a edição de uma Súmula de forma apressada para dirimir o alcance da expressão *relação de trabalho*.

Atualmente, ainda parece longe de estar pacificado pela doutrina e pela jurisprudência o alcance da expressão "relação de trabalho", para fins da nova competência da Justiça do Trabalho. No entanto, as previsões pessimistas[(42)], no sentido de que haveria um congestionamento vultoso da Justiça do Trabalho, não se concretizaram[(43)]. Parece-nos que a Justiça do Trabalho vem dirimindo, sem maiores dificuldades, as lides decorrentes da relação de trabalho *lato sensu*, sem perder a sua especialização e facilitando o acesso do trabalhador à Justiça. A Justiça do Trabalho, apesar de todas as vicissitudes que enfrenta, continua cumprindo, com qualidade, sua elevada função social.

Acreditamos que, mesmo diante dos problemas que pode enfrentar o trabalhador para saber qual a Justiça competente para apreciar sua demanda, o conceito de *relação de trabalho* deve ser amadurecido pela jurisprudência, principalmente do primeiro grau de jurisdição que sente o conflito mais de perto, sendo, a nosso ver, prematura a edição de uma Súmula a respeito pelo Tribunal Superior do Trabalho ou até mesmo uma lei específica que preveja, de forma taxativa, quais as relações de trabalho serão objeto da competência material da Justiça do Trabalho.

3.2.1. Trabalhador autônomo

Trabalhador autônomo é aquele que dirige sua própria atividade, não se subordinando ao tomador dos seus serviços. Tem discricionariedade para escolher para

(41) TRT 18ª R. – RO n. 00344-2006-001-18-00-0 – relª Juíza Ialba-Luíza Guimarães Melo – DJGO 1.8.06 – p. 77.

(42) As mesmas previsões pessimistas foram feitas diante da EC n. 20/98 que atribui competência à Justiça do Trabalho para executar as contribuições de INSS das sentenças que profere. Hoje, a Justiça do Trabalho vem dando conta com efetividade de tal atribuição, inclusive com grande repercussão social dessa competência e um volume gigantesco de arrecadação para a União a título de contribuições sociais.

(43) Tendo acompanhado de perto a quantidade de feitos que envolvem pedidos que não guardam nexo causal com a relação de trabalho, na Capital de São Paulo, nos anos de 2005 e 2006 (período em que exercemos judicatura na Capital e em uma das dez Varas que receberam toda a distribuição da Capital), no período de janeiro a março de 2006, constatamos que o número de processos que se reportam à relação diversa da relação de emprego é muito pequeno, pois, na maioria, o contrato de emprego é mascarado por um contrato qualquer, e os pedidos se dirigem ao reconhecimento de vínculo de emprego e às verbas trabalhistas dele decorrentes.

quem trabalhar, a forma da prestação de serviços e a maneira de realização. Na linguagem popular, é o "patrão de si mesmo."

O trabalhador autônomo é senhor de sua atividade e, como regra geral, corre os riscos da atividade que desempenha. São indícios de ser o trabalho autônomo: fixação do preço pelo trabalhador do valor do serviço, não cumprimento de jornada, serviço especializado e de curta duração, correr o trabalhador o risco do negócio e não estar inserido na dinâmica empresarial. De outro lado, o empregado nunca corre os riscos da atividade que desempenha e está sujeito ao poder diretivo do empregador.

O trabalhador autônomo não está sob tutela do Direito do Trabalho. Seus serviços, como regra, são regidos pelo Código Civil (Contrato de Locação de Serviços) ou pelo Código de Defesa do Consumidor.

Sobre a diferenciação entre trabalhador autônomo e subordinado, ensina com propriedade *Mauricio Godinho Delgado*(44):

> "A diferenciação central entre as figuras situa-se, porém, repita-se, na subordinação. Fundamentalmente, trabalho autônomo é aquele que se realiza sem subordinação do trabalhador ao tomador dos serviços. Autonomia é conceito antitético ao de subordinação. Enquanto esta traduz a circunstância juridicamente assentada de que o trabalhador acolhe a direção empresarial no tocante ao modo de concretização cotidiana de seus serviços, a autonomia traduz a noção de que o próprio prestador é que estabelece e concretiza, cotidianamente, a forma de realização dos serviços que pactuou prestar. Na subordinação, a direção central do modo cotidiano de prestação de serviços transfere-se ao tomador; na autonomia, a direção central do modo cotidiano de prestação de serviços preserva-se com o prestador de trabalho"(45).

3.2.2. Trabalhador eventual

Como já assinalamos, o requisito da não eventualidade é necessário para o reconhecimento da relação de emprego. O trabalhador eventual presta serviços de forma pessoal, subordinada e onerosa, mas não se fixa a um determinado tomador.

Há várias teorias sobre o trabalhador eventual, conforme elenca *Amauri Mascaro Nascimento*(46), quais sejam: a) *descontinuidade na prestação de serviços*: o trabalhador eventual presta serviços de forma ocasional; b) *teoria dos fins da empresa*: o trabalhador eventual socorre uma atividade relacionada com os fins normais da empresa; c) *fixação:* o trabalhador eventual não se fixa a um tomador; d) *teoria do evento:* o trabalhador eventual socorre uma atividade específica de curta duração.

Pensamos que o trabalhador eventual é aquele que não se fixa a um determinado tomador de serviços e presta serviços de curta duração.

(44) DELGADO, Mauricio Godinho. *Curso de direito do trabalho.* 4. ed. São Paulo: LTr, 2005. p. 334.

(45) *Idem.*

(46) NASCIMENTO, Amauri Mascaro. *Iniciação ao direito do trabalho.* 33. ed. São Paulo: LTr, 2007. p. 168.

3.2.3. Trabalhador avulso

Conforme *Mauricio Godinho Delgado*: "O obreiro avulso corresponde à modalidade de trabalhador eventual, que oferta sua força de trabalho, por curtos períodos de tempo, a distintos tomadores, sem se fixar especificamente a qualquer deles"(47).

Historicamente, o trabalho avulso surgiu nos portos, sendo os trabalhadores arregimentados pelo sindicato para prestar serviços para os diversos operadores portuários.

A Constituição Federal igualou os direitos do trabalhador avulso aos do trabalhador regido pela legislação trabalhista. Nesse sentido, é o art. 7º, XXXIV, da CF, quando assevera "igualdade de direitos entre o trabalhador com vínculo empregatício permanente e o trabalhador avulso." Não obstante, apesar de fazer jus a todos os direitos trabalhistas, não tem o registro em carteira de trabalho.

Atualmente, o trabalho avulso é regido pela Lei n. 12.815/13, sendo o trabalhador avulso arregimentado para prestar serviços aos Operadores Portuários pelo Órgão Gestor de Mão de Obra (OGMO).

Nos termos do art. 32 da Lei n. 12.815/13: "Os operadores portuários devem constituir, em cada porto organizado, um órgão de gestão de mão de obra do trabalho portuário, tendo como finalidade: I – administrar o fornecimento da mão de obra do trabalhador portuário e do trabalhador portuário avulso; II – manter, com exclusividade, o cadastro do trabalhador portuário e o registro do trabalhador portuário avulso; III – promover o treinamento e a habilitação profissional do trabalhador portuário, inscrevendo-o no cadastro; IV – selecionar e registrar o trabalhador portuário avulso; V – estabelecer o número de vagas, a forma e a periodicidade para acesso ao registro do trabalhador portuário avulso; VI – expedir os documentos de identificação do trabalhador portuário; VII – arrecadar e repassar, aos respectivos beneficiários, os valores devidos pelos operadores portuários, relativos à remuneração do trabalhador portuário avulso e aos correspondentes encargos fiscais, sociais e previdenciários."

Nos termos da Lei n. 12.815/13, o órgão gestor de mão de obra organizará e manterá cadastro de trabalhadores portuários habilitados ao desempenho das atividades, bem como o registro dos trabalhadores portuários avulsos, para o exercício das atividades de capatazia, estiva, conferência de carga, conserto de carga, bloco e vigilância de embarcações.

O tomador dos serviços (Operador Portuário) bem como o Órgão Gestor de Mão de Obra responderão solidariamente pelos direitos trabalhistas do trabalhador avulso, pois ambos são destinatários e beneficiários da mão de obra do trabalhador avulso, restando aplicável analogicamente os arts. 455 da CLT e 942 do CC.

(47) DELGADO, Mauricio Godinho. *Curso de direito do trabalho*. 7. ed. São Paulo: LTr, 2008. p. 341.

A competência da Justiça do Trabalho para as controvérsias que envolvem o trabalhador avulso decorre da própria CLT, em seu art. 643, que assim dispõe:

> "Os dissídios, oriundos das relações entre empregados e empregadores, bem como de trabalhadores avulsos e seus tomadores de serviços, em atividades reguladas na legislação social, serão dirimidos pela Justiça do Trabalho, de acordo com o presente Título e na forma estabelecida pelo processo judiciário do trabalho." (Redação dada pela Lei n. 7.494, de 17.6.86, DOU 19.6.86)

Nesse sentido, também vale transcrever as seguintes ementas:

> "Trabalhador avulso — Competência. A competência da Justiça do Trabalho para dirimir controvérsias estabelecidas entre o trabalhador avulso e a Administradora do Porto está fulcrada no art. 643 da CLT. Inclusive a Constituição Federal firmou a igualitariedade de direitos entre os trabalhadores avulsos e os trabalhadores com vínculo empregatício, em seu art. 7º, inciso XXXIV, o que reforça a competência da mesma para apreciar as questões de tais trabalhadores. Ademais, a pacificação da questão foi firmada pela Lei n. 8.630/93 que, em seu art. 19, § 2º, estabelece a responsabilidade solidária do órgão gestor, com os operadores portuários, estando, assim, em face do que dispõe o art. 114 da Constituição Federal, albergados pela competência retrocitada." (TRT – 12ª R. – 1ª T. – Ac. n. 5.535/98 – rel. Juiz José F. de Oliveira – DJSC 2.7.98 – p. 165)

> "Competência — Trabalhador avulso. Ainda que reconheçamos a competência desta Especializada, conforme disposto no art. 643 da CLT, o fato é que o Tribunal Regional, consoante leitura da decisão de fls. 125-7, soberano na análise das provas dos autos, afirmou inexistir os requisitos que caracterizam a formação do vínculo de emprego. Assim de nada adiantaria determinar o retorno dos autos ao Regional para exame da existência do liame, quando este pronunciamento já ocorreu. Recurso não conhecido." (TST – 1ª T. – RR n. 490501/98-0 – rel. Min. Wagner Pimenta – DJ 13.9.2002 – p. 463) (RDT n. 10 – outubro de 2002)

3.2.4. Empregados de Cartórios Extrajudiciais

Dispõe o art. 236 da CF: "Os serviços notariais e de registro são exercidos em caráter privado, por delegação do Poder Público. § 1º Lei regulará as atividades, disciplinará a responsabilidade civil e criminal dos notários, dos oficiais de registro e de seus prepostos, e definirá a fiscalização de seus atos pelo Poder Judiciário. § 2º Lei federal estabelecerá normas gerais para fixação de emolumentos relativos aos atos praticados pelos serviços notariais e de registro. § 3º O ingresso na atividade notarial e de registro depende de concurso público de provas e títulos, não se permitindo que qualquer serventia fique vaga, sem abertura de concurso de provimento ou de remoção, por mais de seis meses."

Há entendimentos de que o Cartório Extrajudicial não é o empregador, mas sim o titular da serventia, que administra o cartório por meio de concurso público. Esse entendimento encontra eco no art. 21 da Lei n. 8.935/94:

> "O gerenciamento administrativo e financeiro dos serviços notariais e de registro é da responsabilidade exclusiva do respectivo titular, inclusive no que diz respeito às despesas de custeio, investimento e pessoal, cabendo-lhe estabelecer normas, condições e obrigações relativas à atribuição de funções e de remuneração de seus prepostos de modo a obter a melhor qualidade na prestação dos serviços."

Não obstante, pensamos que o Cartório, apesar de ser um ente despersonalizado, tem fundo de comércio, pois é uma entidade privada com estrutura fiscalizada pelo

Poder Judiciário. Desse modo, pensamos que a hipótese se enquadra na do § 1º, do art. 2º, da CLT.

O regime de contratação dos empregados após a Lei n. 8.935/94 é o da CLT. Nesse sentido, dispõe o art. 20 da citada Lei:

"Os notários e os oficiais de registro poderão, para o desempenho de suas funções, contratar escreventes, dentre eles escolhendo os substitutos, e auxiliares como empregados, com remuneração livremente ajustada e sob o regime da legislação do trabalho."

Havendo alteração do titular da serventia, haverá sucessão para fins trabalhistas, ou seja, o atual titular da serventia responderá pelos contratos de trabalho do antigo titular.

Nesse sentido, concordamos com a posição de *Alice Monteiro de Barros*, quando sustenta:

> "Outros sustentam que empregador é empresa, vista sob o prisma da atividade organizada, a qual não se confunde com o seu titular. Como a atividade cartorária é por excelência privada, apesar da ingerência pública, e considerando que a empresa é atividade, o fato de o cartório ter pertencido a vários gestores ou responsáveis não impede a sucessão. Essa é a nossa posição" (*Curso de direito do trabalho*. 4. ed. São Paulo: LTr, 2008. p. 376).

No aspecto, cumpre destacar a seguinte ementa:

"CARTÓRIO COMO EMPREGADOR TRABALHISTA. LEGITIMIDADE DE PARTE DO NOTÁRIO. A atividade cartorária é por excelência privada, apesar da ingerência pública pela relevância do serviço prestado (art. 236, *caput*, CF). O autor laborou de 1993 a 2001 em prol dessa atividade notarial, sendo que a atividade teve vários gestores ou responsáveis. Dentro da sistemática legal brasileira, empregador poderá ser pessoa física ou jurídica, bem como outras entidades que, mesmo não tendo personalidade, utilizam o trabalho subordinado. O fato de o cartório não ter personalidade jurídica não implica, necessariamente, no argumento de que não possa ser rotulado como empregador. A lei brasileira não exige a formalização da atividade organizada, como pessoa jurídica, para fins da imputação da norma jurídico-trabalhista. O empregador é a empresa, vista pelo prisma da atividade organizada, logo, não se confunde com o seu titular. Como já houve a definição de que a atividade, como empresa, é o efetivo empregador, como instituição que tenha empregador, entendo que é possível a caracterização da sucessão nas atividades notariais ou de registro. Portanto, rejeito a tese de ilegitimidade de parte como o chamamento ao processo dos outros ex-responsáveis pelo cartório." (TRT/SP. Ac. 20040482965 – 7ª T. – rel. Juiz Francisco Ferreira Jorge Neto – DOESP 1º.10.04)

Desse modo, como o empregado do cartório extrajudicial tem seu vínculo regido pela CLT, resta incontestável a competência material da Justiça do Trabalho para dirimir as controvérsias entre trabalhador e cartório extrajudicial.

3.3. Competência da Justiça do Trabalho para as relações de trabalho que configuram relação de consumo

Diz o art. 2º da Lei n. 8.078/90:

"Consumidor é toda pessoa física ou jurídica que adquire ou utiliza produto ou serviço como destinatário final."

O art. 3º da referida lei assim preconiza:

"Fornecedor é toda pessoa física ou jurídica, pública ou privada, nacional ou estrangeira, bem como os entes despersonalizados, que desenvolvem atividades de produção, montagem, criação, construção, transformação, importação, exportação, distribuição ou comercialização de produtos ou prestação de serviços. § 1º – Produto é qualquer bem, móvel ou imóvel, material ou imaterial. § 2º – Serviço é qualquer atividade fornecida no mercado de consumo, mediante remuneração, inclusive as de natureza bancária, financeira, de crédito e securitária, salvo as decorrentes das relações de caráter trabalhista"(48).

Rizzatto Nunes(49) assim define serviço:

> "Serviço é, tipicamente, atividade. Esta ação humana que tem em vista uma finalidade. Ora, toda ação se esgota tão logo praticada. A ação se exerce em si mesma." Prossegue o citado autor(50): "O CDC definiu serviço no § 2º, do art. 3º e buscou apresentá-lo de forma a mais completa possível. Porém, na mesma linha de princípios por nós já apresentada, é importante lembrar que a enumeração é exemplificativa, realçada pelo uso do pronome 'qualquer'. Dessa maneira, como bem a lei o diz, serviço é qualquer atividade fornecida ou, melhor dizendo, prestada no mercado de consumo."

Segundo *Geraldo Brito Filomeno*(51), não poderão ser igualmente objeto das chamadas "relações de consumo" os interesses de caráter trabalhista, exceção feita às empreitadas de mão de obra ou empreitadas mistas (mão de obra mais materiais), exceção tal presente nos diplomas legais de todos os países que dispõem de leis ou Códigos de Defesa do Consumidor, como Portugal, Espanha, México, Venezuela e outros.

De outro lado, com bem adverte *Rizzato Nunes*(52):

> "O CDC define serviço como aquela atividade fornecida mediante 'remuneração'. Antes de mais nada, consigne-se que praticamente nada é gratuito no mercado de consumo. Tudo tem, na pior das hipóteses, um custo, e este acaba, direta ou indiretamente, sendo repassado ao consumidor. Assim, se, por exemplo, um restaurante não cobra pelo cafezinho, por certo seu custo já está embutido no preço cobrado pelos demais produtos."

Diante da doutrina acima esposada, entendemos que há relação de consumo de interesse para a competência da Justiça do Trabalho: quando há prestação pessoal de serviços por uma pessoa natural que coloca seus serviços no mercado de consumo e os executa de forma preponderantemente pessoal, sem vínculo empregatício,

(48) A doutrina tem entendido que somente estão fora do alcance do Direito do Consumidor as prestações pessoais de serviço onde há o vínculo trabalhista (arts. 2º e 3º da CLT).

(49) RIZZATTO NUNES, Luiz Antonio. *Curso de direito do consumidor*. São Paulo: Saraiva, 2004. p. 96.

(50) *Ibidem*, p. 95.

(51) FILOMENO, Geraldo Brito *et al*. *Código de Defesa do Consumidor comentado pelos autores do anteprojeto*. 7. ed. Rio de Janeiro: Forense Universitária, 2001. p. 51-52.

(52) RIZZATTO NUNES, Luiz Antonio. *Comentários ao Código de Defesa do Consumidor*. São Paulo: Saraiva, 2000. p. 100.

mediante remuneração, em prol de um consumidor, pessoa física ou jurídica, que é destinatária final destes serviços[(53)].

Atualmente, muito se tem questionado se a competência da Justiça do Trabalho abrange as relações de consumo em que o prestador dos serviços é pessoa física e o tomador (consumidor) é pessoa física ou jurídica.

Muitos autores têm sustentado que a relação de consumo é regida por lei especial e tem princípios diversos da relação de trabalho, porquanto o Direito do Consumidor protege o tomador dos serviços, enquanto o Direito do Trabalho protege a figura do prestador, que é o trabalhador.

Defendendo a exclusão das relações de consumo em que há um prestador pessoa natural, cita-se, por todos, o posicionamento de *Otávio Amaral Calvet*[(54)]: "Se é pacífico que a doutrina trabalhista vê na relação de consumo questões similares à relação de emprego (em sentido estrito), pela hipossuficiência de uma das partes e pela concessão de benefícios a ela em busca de uma igualdade substantiva, há de se ressaltar que, na relação de consumo, o protegido é o consumidor e, em hipótese alguma, o prestador dos serviços, este aparecendo como o detentor do poder econômico que oferece publicamente seus préstimos, auferindo ganhos junto aos consumidores. Transportando para as relações de trabalho em sentido lato, seria no mínimo estranho imaginar-se o deferimento de uma tutela especial ao consumidor que, no caso, apareceria também como tomador dos serviços, reconhecendo-se-lhe, simultaneamente, duas posições que se afiguram incompatíveis ontologicamente: a de fragilizado consumidor com a de contratante beneficiado pela energia de trabalho (tomador de serviços). Assim, resta fixada a segunda premissa para caracterização das relações de trabalho da competência da Justiça do Trabalho: o tomador dos serviços não pode ser o usuário final, mas mero utilizador da energia de trabalho para consecução da sua finalidade social (ainda que seja o tomador pessoa natural ou ente despersonalizado)"[(55)].

Outros defendem uma divisão de competência nas relações de consumo em que há prestação pessoal de serviços, qual seja: o prestador dos serviços, mesmo

---

(53) A doutrina define o conceito de destinatário final quanto à pessoa física quando esta adquire um serviço para satisfazer uma necessidade pessoal e, quanto à pessoa jurídica, quando esta adquire um serviço para uso próprio, sem a finalidade de produção de outros produtos ou serviços.

(54) CALVET, Otávio Amaral. Nova competência da justiça do trabalho: relação de trabalho x relação de consumo. *In: Revista Legislação do Trabalho*. São Paulo: LTr, ano 69, v. 01, 2005. p. 56-57.

(55) No mesmo sentido, se posicionou Carlos Henrique Bezerra Leite: "É preciso advertir, porém, que não são da competência da Justiça do Trabalho as ações oriundas da relação de consumo. Vale dizer, quando o trabalhador autônomo se apresentar como fornecedor de serviços e, como tal, pretender receber honorários de seu cliente, a competência para a demanda é da Justiça Comum, e não da Justiça do Trabalho, pois a matéria diz respeito à relação de consumo, e não à de trabalho. Do mesmo modo, se o tomador do serviço se apresentar como consumidor e pretender devolução do valor pago pelo serviço prestado, a competência também será da Justiça Comum. Isso porque relação de trabalho e relação de consumo são inconfundíveis"(*Curso de direito processual do trabalho*. 3. ed. São Paulo: LTr, 2005. p. 161).

que haja uma relação de consumo, pode acionar a Justiça do Trabalho em face do tomador de seus serviços, vez que há nítida relação de trabalho entre eles, mas o tomador dos serviços, na relação de consumo, somente pode acionar o prestador na Justiça Comum, vez que entre eles há uma autêntica relação de consumo pura e não relação de trabalho.

Para nós, a razão está com a vertente interpretativa no sentido de que tanto as ações propostas pelo prestador de serviços no mercado de consumo, quanto as ações em face deles propostas pelos consumidores tomadores, são da competência da Justiça do Trabalho. Em que pesem os argumentos mencionados acima, não teria razão a Justiça do Trabalho apreciar um pedido em que o prestador postula o valor dos serviços não pagos e não poder apreciar uma reconvenção do destinatário dos serviços, alegando que não realizou o pagamento porque os serviços não foram executados de acordo com o contrato. Esse entendimento gera insegurança jurídica e a possibilidade de decisões conflitantes. Por exemplo, a Justiça do Trabalho entende que a relação é de consumo e a Justiça Comum não, ou, ainda, há a possibilidade de se suscitarem inúmeros conflitos positivos e negativos de competência.

Entretanto, não vem sendo este o entendimento do Superior Tribunal de Justiça, que pacificou a questão por meio da Súmula n. 363, que assim dispõe:

> "Compete à Justiça estadual processar e julgar a ação de cobrança ajuizada por profissional liberal contra cliente."

O Tribunal Superior do Trabalho vem entendendo que se a relação de trabalho configurar também uma relação de consumo, a competência não é do Judiciário Trabalhista, conforme a fundamentação do acórdão que segue:

> "O contrato de prestação de serviços advocatícios envolve relação de índole civil. Com esse entendimento a Seção I Especializada em Dissídios Individuais (SDI-1) declarou a incompetência da Justiça do Trabalho para julgar ação de cobrança de honorários advocatícios. A Seção aceitou recurso da Cooperativa de Crédito dos Médicos de Santa Rosa (RS). Contratado pela cooperativa para prestar assessoria jurídica, um advogado buscou na Justiça do Trabalho o recebimento de verbas honorárias consideradas devidas pela prestação de seus serviços. As instâncias anteriores (21ª Vara do Trabalho de Porto Alegre) e o Tribunal Regional da 4ª Região (RS) declararam a incompetência da Justiça do Trabalho para julgar a questão e extinguiram o processo sem julgamento de mérito. Diante disso, o advogado recorreu ao TST. Ao analisar o recurso de revista, a Terceira Turma do TST considerou a Justiça do Trabalho competente para julgar a cobrança de honorários advocatícios. Para a Turma, o caso se enquadra na relação de trabalho remunerado, cuja competência é da justiça trabalhista, conforme a nova redação do art. 114, IX, da Constituição Federal. Com o advento da Emenda Constitucional n. 45/2004, ampliou-se a competência da Justiça do Trabalho, que passou a processar e julgar outras controvérsias decorrentes das relações de trabalho. Assim, a cooperativa interpôs recurso de embargos à SDI-1, reafirmando a incompetência da justiça trabalhista para apreciar essas ações. O relator do recurso na seção, ministro Luiz Philippe Vieira de Mello Filho, deu ao caso entendimento diverso da Terceira Turma. Em sua análise, a ação de cobrança de honorários não se insere no conceito de relação de trabalho. Trata-se, sim, de vínculo contratual (profissional liberal e cliente) de índole eminentemente civil, não guardando nenhuma pertinência com a relação de

trabalho de que trata o art. 114, incisos I e IX, da Constituição Federal. Vieira de Mello Filho apresentou, também, duas decisões da SDI nesse mesmo sentido. Ainda segundo o ministro, o Superior Tribunal de Justiça (STJ), que detém a competência para decidir conflito de competência (art. 105, I, *d*), firmou entendimento, por meio de Súmula n. 363, de que compete à Justiça Estadual processar e julgar a ação de cobrança ajuizada por profissional liberal contra cliente. Assim, seguindo o voto do relator, a SDI-1, por unanimidade, deu provimento ao recurso de embargos da cooperativa, reconhecendo a incompetência da Justiça do Trabalho e determinou a remessa do processo à Justiça Comum Estadual para julgar a ação. Ressalvaram entendimento o ministro João Oreste Dalazen e a ministra Maria de Assis Calsing." (RR-75500-03. 2002.5.04. 0021-Fase Atual: E). Disponível em: <www.tst.jus.br> Acesso em: 10 set. 2010.

Não obstante as respeitáveis opiniões em contrário, entendemos, salvo melhor juízo, que a relação de trabalho que também der origem a uma relação de consumo será da competência material da Justiça do Trabalho, tanto as ações propostas pelo prestador pessoa natural, como pelo destinatário final dos serviços, pelos seguintes argumentos: a) a Constituição Federal não exclui a competência da Justiça do Trabalho para as lides que envolvam relações de consumo; b) a relação de trabalho é gênero, do qual a relação de consumo que envolva a prestação de trabalho humano é espécie; c) o Juiz do Trabalho, ao decidir uma relação de consumo que envolva prestação pessoal de trabalho, aplicará o CDC (Lei n. 8.078/90) e o Código Civil para dirimi-la e não o Direito do Trabalho; d) na Justiça do Trabalho, não vigora o princípio protetor, próprio do Direito do Trabalho. Portanto, não há choque de princípios entre o Direito do Consumidor (que tutela a parte vulnerável da relação jurídica de consumo, que é o consumidor) e o Direito do Trabalho (que tutela a parte hipossuficiente da relação jurídica de trabalho, que é o trabalhador); e) na relação de consumo, cujo trabalho é prestado por pessoa física, em muito se assemelha ao trabalho autônomo, porquanto a responsabilidade do profissional liberal é subjetiva. Portanto, resta mitigado o princípio da vulnerabilidade do consumidor (art. 14, § 4º do CDC(56)); f) a CLT, no art. 652, III, atribui competência à Justiça do Trabalho para dirimir controvérsias atinentes à pequena empreitada, que é nitidamente um contrato de consumo, já que o pequeno empreiteiro oferece seus serviços no mercado de consumo em geral; g) a Justiça do Trabalho saberá equalizar o Direito do Consumidor, que protege o destinatário dos serviços, e o prestador pessoa física, enquanto cidadão(57).

(56) Art. 14, § 4º, da Lei n. 8.078/90: "A responsabilidade pessoal dos profissionais liberais será apurada mediante a verificação de culpa."

(57) Nesse sentido, leciona com propriedade Antônio Álvares da Silva: "Agora, diante da nova redação do art. 114, I, da CF — ações oriundas da relação de trabalho —, a relação de consumo de prestação de serviços foi indiscutivelmente atraída para a competência trabalhista, pois se trata de relação de trabalho que, a exemplo das demais, se enquadra na nova competência trabalhista. As vantagens dessa integração são evidentes. A 'vulnerabilidade' do consumidor na relação de consumo não é diferente da 'inferioridade' do empregado na relação de emprego. Ambos necessitam de tutela, para compensar-lhes o estado de desproteção social. Com o fortalecimento jurídico que lhes dá o CDC e a CLT, readquirem, ainda que em parte, a desigualdade perdida em razão da diferença econômica que os separa da outra parte do contrato" (*Pequeno tratado da nova competência trabalhista.* São Paulo: LTr, 2005. p. 396-397).

Nesse sentido, o Enunciado n. 64 da 1ª Jornada de Direito Material e Processual do Trabalho realizada no TST, em novembro de 2007, *in verbis*:

"COMPETÊNCIA DA JUSTIÇA DO TRABALHO. PRESTAÇÃO DE SERVIÇO POR PESSOA FÍSICA. RELAÇÃO DE CONSUMO SUBJACENTE. IRRELEVÂNCIA. Havendo prestação de serviços por pessoa física a outrem, seja a que título for, há relação de trabalho incidindo a competência da Justiça do Trabalho para os litígios dela oriundos (CF, art. 114, I), não importando qual o direito material que será utilizado na solução da lide (CLT, CDC, CC etc.)."

3.4. Servidor público. Relação estatutária

Sob a égide da redação antiga do art. 114 da CF/88, o STF Pleno fixou entendimento no sentido de que a competência da Justiça do Trabalho não abrangia os servidores estatutários.

Com a nova redação do art. 114, I, da CF(58), dada pela EC n. 45/04, restou inconteste a competência da Justiça do Trabalho para apreciar as lides entre trabalhadores com vínculo estatutário e o Estado.

Entretanto, a aplicação do inciso I, do art. 114, da CF, no que concerne aos servidores estatutários, está suspensa por força da ADIn n. 3.395, cuja liminar foi cincedida pelo Ministro Nelson Jobim, suspendendo *ad referendum*(59) toda e qualquer interpretação dada ao inciso I, do art. 114 da CF, na redação da EC n. 45/04 que inclua na competência da Justiça do Trabalho as ações entre os servidores públicos regidos pelo regime estatutário e o Estado(60), esvaziando a competência da Justiça do Trabalho.

Posteriormente, o Supremo Tribunal Federal manteve a mesma posição, conforme se constata pela seguinte ementa:

"Inconstitucionalidade. Ação direta. Competência. Justiça do Trabalho. Incompetência reconhecida. Causas entre o Poder Público e seus servidores estatutários. Ações que não se reputam oriundas de relação de trabalho. Conceito estrito desta relação. Feitos da competência da Justiça Comum. Interpretação do art. 114, inc. I, da CF, introduzido pela EC n. 45/2004. Precedentes. Liminar deferida para excluir outra interpretação. O disposto no art. 114, I, da Constituição da República, não abrange as causas instauradas entre o Poder Público e servidor que lhe seja vinculado por relação jurídico-estatutária"(61).

No mesmo sentido, a seguinte ementa:

"INCOMPETÊNCIA ABSOLUTA DA JUSTIÇA DO TRABALHO. SERVIDOR PÚBLICO ESTATUTÁRIO. Em 1º.2.05, foi concedida liminar pelo Supremo Tribunal Federal, com

(58) Art. 114 da CF: "Compete à Justiça do Trabalho processar e julgar: I – as ações oriundas da relação de trabalho, abrangidos os entes de direito público externo e da administração pública direta e indireta da União, dos Estados, do Distrito Federal e dos Municípios."

(59) Posteriormente, a liminar foi ratificada pelo Pleno do STF.

(60) *Vide* Brasil. Supremo Tribunal Federal. ADIn n. 3395-1/DF, DJ 4.2.2005. Diponível em: <http://www.stf.gov.br> Acesso em: 30 jan. 2005.

(61) MC Ação Direta de Inconstitucionalidade n. 3.395-6 DF – STF – Cezar Peluso – Ministro relator. DJU de 10.11.2006 – (DT – Janeiro/2007 – vol. 150. p. 114).

efeito *ex tunc* e eficácia *erga omnes*, na ADIN n. 3.395-6, relator Cezar Peluso, suspendendo *ad referendum* qualquer interpretação dada ao inciso I do art. 114 da Constituição Federal, na redação dada pela Emenda Constitucional n. 45/04, que inclua, na competência desta Especializada, a apreciação de causas entre servidores e o Poder Público, de ordem estatutária ou jurídico-administrativa. Trata-se a reclamada de autarquia municipal e, portanto, de ente jurídico de direito público interno, tendo sido o reclamante, inicialmente, admitido pelo regime celetista, passando, após, a funcionário público concursado, sob o regime estatutário. Por conseguinte, anulo o processado a partir da prolação da sentença, determinando a remessa dos autos a uma das Varas da Justiça Comum." (TRT/SP – 02372200531102000 – RE – Ac. 2ª T. – 20090450307 – relª Odette Silveira Moraes – DOE 30.6.2009)

Mesmo antes da EC n. 45/04, nunca conseguimos entender por que a Justiça do Trabalho não tinha competência para apreciar as demandas que envolviam servidores estatutários. Ora, os servidores estatutários trabalham de forma pessoal, não eventual, subordinada e com onerosidade, ou seja, ainda que o vínculo entre servidor e Estado seja regido pelo regime administrativo, trata-se de uma autêntica relação de emprego, presentes todos os requisitos dos arts. 2º e 3º, ambos da CLT. Além disso, praticamente os direitos dos servidores estatutários são os mesmos direitos trabalhistas previstos na Constituição (*vide* art. 39, § 3º, da CF). Praticamente, o servidor público só não tem direito ao FGTS, mas, em troca, tem a estabilidade prevista no art. 41 da CF. De outro lado, a Justiça do Trabalho sempre esteve mais bem municiada para apreciar as lides que envolvam trabalho subordinado, o que, muitas vezes, não é a rotina das Justiças Estaduais e Federal(62).

Sob outro enfoque, mesmo antes da EC n. 45/04, não havia vedação para a Justiça do Trabalho apreciar relações de índole estatutária. Havia apenas uma filigrana interpretativa no sentido de que a relação estatutária é de ordem administrativa e não relação de emprego. Não faz sentido a Justiça do Trabalho apreciar as lides em que o Estado contrata pelo regime da CLT, mediante concurso, e não ter competência quando o Estado contrata, mediante concurso, por regime estatutário.

3.4.1. Contratação temporária pela Administração Pública

Dispõe o art. 37, IX da CF:

"A lei estabelecerá os casos de contratação por tempo determinado para atender a necessidade temporária de excepcional interesse público."

(62) Para Antônio Álvares da Silva: "O erro é enorme e o STF manteve jurisprudência anterior, firmada com base na redação anterior do art. 114, não atentando para a nova redação dada pela EC n. 45 e a profunda alteração que trouxe ao citado artigo." Prossegue o mestre mineiro: "Mais uma vez, se há de repetir. O que a Constituição fez não foi equiparar a relação de serviço público com a trabalhista, nem se pode confundir os campos diversos em que se situam: a primeira, no Direito Público, e a segunda, no Direito Privado. O que se pretendeu, a exemplo das demais hipóteses de ampliação, foi trazer para o processo do trabalho questões que, pelo seu significado social, precisam de julgamentos rápidos, imediatos e objetivos. Ao decidir causas de servidor público, a Justiça do Trabalho não vai revogar a Lei n. 8.112/90 para aplicar-lhes a CLT. O servidor público vai continuar sendo regido pela lei própria, mas terá as vantagens do processo. Não há de confundir o processo, que tem natureza instrumental, com as leis materiais, que regulam os bens da vida e as relações humanas" (*Pequeno tratado da nova competência da Justiça do Trabalho.* São Paulo: LTr, 2005. p. 131-132).

Não há consenso na doutrina sobre a natureza do vínculo de emprego que disciplina a contratação temporária do trabalhador para atender o excepcional interesse público.

Há quem sustente que a natureza do vínculo entre trabalhador temporário e Administração Pública é regido pelo direito administrativo, e não pela CLT, o que afastaria a competência da Justiça do Trabalho.

Nesse sentido, a seguinte ementa:

> "Contratação de servidor temporário — Incompetência da Justiça do Trabalho. O art. 106 da Constituição Federal de 1969 possibilitava à Administração Pública contratar servidores em caráter temporário ou para o exercício de funções técnicas especializadas, cuja regulamentação seria feita por lei especial estadual ou municipal. A relação jurídica, nesse caso, é de natureza administrativa, conforme disposto no Enunciado n. 123 do TST. Ainda que os termos da lei especial não tenham sido observados pela Administração Pública, não há como se reconhecer a competência da Justiça do Trabalho para examinar a lide. A Justiça Comum Estadual, no caso, é que, primeiramente, há de examinar os termos da lei dita não observada, em face da natureza administrativa da norma, bem assim definir os efeitos de seu descumprimento na relação ocorrida entre as partes. Embargos conhecidos e providos para, declarando a incompetência desta Justiça Especializada para apreciar a ação, determinar a remessa dos autos à Justiça Comum do Estado de São Paulo, a fim de que aprecie o pedido da autora, como entender de direito." (TST – SBDI-1 – E-RR n. 363.576/1997-2 – rel. Min. Rider N. de Brito – DJ 9.5.2003 – p. 858) (RDT n. 6 – junho de 2003)

Não obstante, em nossa visão, o trabalhador temporário não presta concurso público e, em razão disso, não detém estabilidade no emprego. Além disso, o servidor temporário não se integra ao organismo da Administração. Desse modo, o regime que liga o referido trabalhador à administração pública não é o regime administrativo, mas sim o do setor privado, que é o da CLT. Portanto, no nosso entendimento, a competência para dirimir conflitos entre trabalhador temporário e Administração Pública é da Justiça do Trabalho (art. 114, I, da CF).

No aspecto, a seguinte ementa:

> "Contratação temporária — Competência da Justiça do Trabalho — Município de Jaraguá do Sul. O art. 2º da Lei n. 1.777/93, combinado com o art. 4º da Lei n. 2.003/95, autoriza que a contratação temporária seja feita pelo Município de Jaraguá do Sul com base na CLT, o que atrai a competência desta Justiça do Trabalho. Com maior suporte justifica-se a aceitação da CLT para regular a contratação temporária após a vigência da Emenda Constitucional n. 19/98, que lançou por terra as interpretações lineares acerca da abrangência do conceito de regime jurídico único." (TRT – 12ª R. – 1ª T. – Ac. n. 182/00 – rel. Juiz Joemar Antônio Martini – DJSC 17.1.2000 – p. 53)

No mesmo diapasão, é a OJ n. 205, da SDI-I, do C. TST, *in verbis*:

> "COMPETÊNCIA MATERIAL. JUSTIÇA DO TRABALHO. ENTE PÚBLICO. CONTRATAÇÃO IRREGULAR. REGIME ESPECIAL. DESVIRTUAMENTO. (nova redação, DJ 20.4.2005)
>
> I – Inscreve-se na competência material da Justiça do Trabalho dirimir dissídio individual entre trabalhador e ente público se há controvérsia acerca do vínculo empregatício.

II – A simples presença de lei que disciplina a contratação por tempo determinado para atender a necessidade temporária de excepcional interesse público (art. 37, inciso IX, da CF/1988) não é o bastante para deslocar a competência da Justiça do Trabalho se se alega desvirtuamento em tal contratação, mediante a prestação de serviços à Administração para atendimento de necessidade permanente e não para acudir a situação transitória e emergencial."

Não obstante, o C. Tribunal Superior do Trabalho, recentemente, cancelou a OJ n. 205, da SDI-I, do C. TST, sinalizando no sentido da incompetência da Justiça do Trabalho para dirimir os litígios entre trabalhador temporário e Administração Pública.

A atual jurisprudência dos Tribunais Trabalhistas tem acompanhado essa tendência, conforme as ementas que seguem:

"JUSTIÇA DO TRABALHO. INCOMPETÊNCIA. SERVIDORES TEMPORÁRIOS. O Supremo Tribunal Federal no julgamento da ADI n. 3.395/DF-MC suspendeu toda e qualquer interpretação do inciso I do art. 114 da Constituição Federal (na redação da EC n. 45/04) que inserisse, na competência da Justiça do Trabalho, a apreciação de causas instauradas entre o Poder Público e seus servidores, a ele vinculados por típica relação de ordem estatutária ou de caráter jurídico-administrativo. As contratações temporárias para suprir os serviços públicos estão no âmbito da relação jurídico-administrativa, sendo competente para dirimir os conflitos a Justiça Comum e não esta Justiça Especializada." (TRT/SP – 00176009120095020081 (00176200908102001) – RO – Ac. 12ª T. – 20110210462 – rel. Marcelo Freire Gonçalves – DOE 15.3.2011)

"Contrato de prestação de serviços para atender necessidade temporária de excepcional interesse público. Relação jurídico-administrativa. ADI n. 3.395/DF. Incompetência da Justiça do Trabalho. Constatada a contratação de natureza administrativa mediante legislação específica, a Justiça do Trabalho é incompetente para julgar a matéria, pois a liminar vinculante na ADI n. 3.395/DF excluiu qualquer interpretação relativa à competência desta Justiça Especializada nas relações entre o Poder Público e seus servidores, quando contratados mediante regime administrativo." (TRT/SP – 00007653220115020057 – RO – Ac. 9ª T. – 20120498728 – relª Vilma Mazzei Capatto – DOE 17.5.2012)

O Supremo tem se posicionado pela incompetência da Justiça do Trabalho, conforme se constata da redação das seguintes ementas:

"RECLAMAÇÃO CONSTITUCIONAL. AUTORIDADE DE DECISÃO PROFERIDA PELO SUPREMO TRIBUNAL FEDERAL: ART. 102, INCISO I, ALÍNEA *L*, DA CONSTITUIÇÃO DA REPÚBLICA. MEDIDA CAUTELAR NA AÇÃO DIRETA DE INCONSTITUCIONALIDADE N. 3.395. CONTRATAÇÃO TEMPORÁRIA DE SERVIDORES PÚBLICOS: ART. 37, INCISO IX, DA CONSTITUIÇÃO DA REPÚBLICA. AÇÕES AJUIZADAS POR SERVIDORES TEMPORÁRIOS CONTRA A ADMINISTRAÇÃO PÚBLICA: COMPETÊNCIA DA JUSTIÇA COMUM. CAUSA DE PEDIR RELACIONADA A UMA RELAÇÃO JURÍDICO-ADMINISTRATIVA. AGRAVO REGIMENTAL PROVIDO E RECLAMAÇÃO PROCEDENTE. 1. O Supremo Tribunal Federal decidiu no julgamento da Medida Cautelar na Ação Direta de Inconstitucionalidade n. 3.395 que 'o disposto no art. 114, I, da Constituição da República, não abrange as causas instauradas entre o Poder Público e servidor que lhe seja vinculado por relação jurídico-estatutária'. 2. Apesar de ser da competência da Justiça do Trabalho reconhecer a existência de vínculo empregatício regido pela legislação trabalhista, não sendo lícito à Justiça Comum fazê-lo, é da competência exclusiva desta o exame de questões relativas a vínculo jurídico-administrativo. 3. Se, apesar de o pedido ser relativo a direitos trabalhistas, os autores da ação suscitam a descaracterização da contratação temporária ou do provimento comissionado, antes de se tratar de um problema de direito trabalhista a questão deve ser resolvida no âmbito do direito administrativo, pois para o reconhecimento da relação trabalhista terá o juiz que decidir se teria havido vício na relação administrativa a descaracterizá-la. 4. No caso, não há qualquer direito disciplinado pela legislação trabalhista a justificar a sua permanência na Justiça do Trabalho. 5. Precedentes: Reclamação n. 4.904, relª Ministra Cármen Lúcia, Plenário, DJe 17.10.2008 e Reclamações n. 4.489-AgR, 4.054 e 4.012, Plenário, DJe 21.11.2008, todos Redatora para o acórdão a Ministra Cármen Lúcia. 6. Agravo regimental a que se dá provimento e reclamação julgada procedente." (STF Rcl 8107 AgR/GO – GOIÁS – AG. REG.NA RECLAMAÇÃO – relator(a): Min. MARCO AURÉLIO. Relª p/ Acórdão: Min. CÁRMEN LÚCIA. Julgamento: 8.10.2009 – Órgão Julgador: Tribunal Pleno Publicação DJe-223 – Divulg. 26.11.2009 – Public. 27.11.2009 Ent. Vol. 02384-01 – p. 00171)

AGRAVO REGIMENTAL EM RECLAMAÇÃO. OFENSA À DECISÃO PROFERIDA NA AÇÃO DIRETA DE INCONSTITUCIONALIDADE N. 3.395/DF. CONTRATAÇÃO TEMPORÁRIA PARA O EXERCÍCIO DE FUNÇÃO PÚBLICA. REGIME JURÍDICO-ADMINISTRATIVO. INCOMPETÊNCIA DA JUSTIÇA DO TRABALHO PARA EXAMINAR EVENTUAL NULIDADE DA CONTRATAÇÃO. COMPETÊNCIA DA JUSTIÇA COMUM ESTADUAL. 1. A Justiça do Trabalho não detém competência para processar e julgar causas que envolvam o Poder Público e servidores a ele vinculados, mesmo que por contrato temporário com prazo excedido, por se tratar de relação jurídico-administrativa. 2. Ainda que possa ter ocorrido desvirtuamento da contratação temporária para o exercício de função pública, não cabe à Justiça do Trabalho analisar a nulidade desse contrato. 3. Existência de precedentes desta Corte nesse sentido. 4. Agravo regimental ao qual se nega provimento." (STF Rcl n. 7.028 AgR/MG – Minas Gerais – Ag. Reg. na Reclamação — relª Min. Ellen Gracie – Julgamento: 16.9.2009 – Órgão Julgador: Tribunal Pleno – Publicação DJe-195 – Divulg. 15.10.2009 – Public. 16.10.2009 – Ement. v. 02378-02 – p. 00206)

A matéria, entretanto, ainda está sendo discutida no Supremo Tribunal Federal (Processo Rcl n. 4.351, conforme o Informativo n. 596/10), *in verbis*:

"**TÍTULO**: Contratação de **Servidores Temporários** e **Competência. ARTIGO.** O Tribunal iniciou julgamento de agravo regimental interposto contra decisão do Min. Marco Aurélio, que indeferira medida acauteladora requerida em reclamação, da qual relator, ajuizada pelo Município do Recife com o objetivo de suspender ação civil pública proposta pelo Ministério Público do Trabalho perante vara trabalhista. No caso, o *parquet* pretende a anulação de contratações e de credenciamentos de profissionais — ditos empregados públicos — sem a prévia aprovação em concurso público. O relator, na ocasião, não vislumbrara ofensa ao que decidido na ADI n. 3.395 MC/DF (DJU de 10.11.2006) — que afastara interpretação do inciso I do art. 114 da CF, na redação dada pela EC n. 45/2004, que implicasse reconhecimento da Justiça do Trabalho para apreciar conflitos a envolver regime especial, de caráter jurídico-administrativo —, por reputar que, na situação dos autos, a contratação temporária estaria ligada à Consolidação das Leis do Trabalho — CLT. O Min. Marco Aurélio, na presente assentada, desproveu o recurso. Aduziu que a **competência** se definiria de acordo com a ação proposta (causa de pedir e pedido) e que, na espécie, a causa de pedir seria única: a existência de relação jurídica regida pela CLT. Ademais, consignou que apenas caberia perquirir se o curso da ação civil pública, tal como proposta, considerada a causa de pedir e o pedido, discreparia, ou não, da interpretação do art. 114 da CF afastada pelo Plenário quando da apreciação do pedido de medida cautelar na citada ADI. Após, pediu vista dos autos o Min. Dias Toffoli. Rcl n. 4.351 AgR-MC/PE, rel. Min. Marco Aurélio, 18.8.2010." (Rcl-4351)

3.5. Os contratos de empreitada e a pequena empreitada

O Código Civil de 2002 disciplina o contrato de empreitada nos arts. 610 a 626. Diz o art. 610 do CC: "O empreiteiro de uma obra pode contribuir para ela só com o seu trabalho ou com ele e os materiais."

Ensina *Maria Helena Diniz*[63] que "a empreitada ou locação de obra é o contrato pelo qual um dos contratantes (empreiteiro) se obriga, sem subordinação, a realizar, pessoalmente, ou por meio de terceiro, certa obra (p. ex., construção de uma casa, represa ou ponte; composição de uma música) para o outro (dono da obra), com material próprio ou por este fornecido, mediante remuneração determinada ou proporcional ao trabalho executado."

Para fins civis, o empreiteiro pode ser pessoa física ou jurídica e se obriga, mediante contrato, sem subordinação, e mediante o pagamento de remuneração, a construir uma obra. A empreitada pode ser de trabalho (lavor) ou mista em que o empreiteiro se compromete a fornecer o serviço e o material.

A questão dos contratos de empreitada e da competência da Justiça do Trabalho sempre foi polêmica, pois a CLT e o Direito do Trabalho sempre se ocuparam do trabalho subordinado, por conta alheia, regido pelos arts. 2º e 3º da CLT, e não do trabalho autônomo em que o empreiteiro corre os riscos de sua atividade.

A doutrina trabalhista apontou como nota de diferenciação do contrato de empreitada ao contrato de trabalho *stricto sensu* ou contrato de emprego, na expressão de *José Martins Catharino*, a subordinação jurídica, pois o empreiteiro é um profissional autônomo, que corre os riscos da sua atividade econômica, enquanto o empregado, mesmo recebendo por obra, não corre os riscos de sua atividade e transfere ao empregador a direção do seu trabalho. Como bem destaca *Mauricio Godinho Delgado*[64], "sendo pacto autônomo, civil, a empreitada preserva com o próprio profissional prestador de serviços a direção do cotidiano da prestação laborativa, no cumprimento de obra pactuada. Não se transfere a direção para o tomador de serviços. Não há, pois, subordinação nessa prestação de trabalho."

A CLT disciplina a competência da Justiça do Trabalho para os contratos de empreitada. Com efeito, diz o art. 652: "Compete às Varas do Trabalho: a) conciliar e julgar: [...] III – os dissídios resultantes de contratos de empreitadas em que o empreiteiro seja operário ou artífice."

A doutrina e a jurisprudência denominam o contrato de empreitada referido no inciso III do art. 652 da CLT de *pequena empreitada*. Muitos autores fixaram entendimento no sentido de que o conceito de pequena empreitada para fins do art. 652, *a*, III,

(63) DINIZ, Maria Helena. *Código Civil anotado*. 11. ed. São Paulo: Saraiva, 2005. p. 523.

(64) DELGADO, Mauricio Godinho. *Curso de direito do trabalho*. 4. ed. São Paulo: LTr, 2005. p. 336-337.

da CLT significa o serviço prestado por um empreiteiro de forma autônoma junto com alguns ajudantes ou empregados, sendo a obra de pequeno vulto econômico. Outros asseveram que o empreiteiro tem de trabalhar com pessoalidade, sem a ajuda de outros trabalhadores, independentemente do valor final da obra.

No nosso sentir, o conceito de pequena empreitada previsto no art. 652 da CLT se refere ao trabalhador pessoa física. Esta modalidade contratual não se reporta ao vulto econômico da empreitada, pois o referido inciso III não vincula a empreitada ao valor do serviço, tampouco à sua duração, mas sim ao fato de o empreiteiro ser operário ou artífice. Ora, operário ou artífice é aquele trabalhador autônomo, podendo ser especializado ou não em um determinado serviço, que vive do seu próprio trabalho e que tem suas próprias ferramentas ou instrumentos de trabalho, prestando serviços com pessoalidade. Mostra-se perigosa a interpretação no sentido de que o empreiteiro pode estar acompanhado de outros trabalhadores e até constituir pessoa jurídica, sob consequência de se aplicar por analogia o conceito de pequena empreitada para outras espécies de prestação de serviços por pessoa jurídica ou até para microempresas. Além disso, a pequena empreitada é espécie do gênero relação de trabalho e, portanto, somente será admissível a pequena empreitada se o empreiteiro prestar serviços de forma pessoal. Não importa, a nosso ver, se o contrato de empreitada tem elevado vulto financeiro[(65)], ou se perdurará meses ou anos[(66)], o essencial é que o empreiteiro trabalhe com pessoalidade[(67)], de forma autônoma, sem a ajuda de outros trabalhadores[(68)] e se comprometa a realizar uma obra acabada. Desse modo, no nosso sentir, o art. 652, III, da CLT, à luz do art. 114, I, da CF, deve ser interpretado restritivamente, em conformidade com a Constituição Federal.

Sendo assim, lendo o art. 652, *a*, III, da CLT, com os olhos voltados para Constituição Federal (art. 114, I), a nosso ver, a pequena empreitada tem a seguinte definição:

> "Um contrato de atividade em que o empreiteiro, operário ou artífice, pessoa física, sem a ajuda de outros trabalhadores, se compromete a realizar uma

---

(65) Nesse sentido, exemplifica Ísis de Almeida: "Uma obra artesanal, por exemplo, encomendada expressamente mediante um contrato de empreitada (verbal ou escrito), e que tem de ser realizada por um artífice, pode ter preço bem elevado, e isto não modificará o entendimento que torna aplicável o inciso III, da letra *a* do art. 652, da CLT" (*Manual de direito processual do trabalho.* 1. v., 9. ed. São Paulo: LTr, 1998. p. 219).

(66) No nosso sentir, vincular o contrato de pequena empreitada à capacidade econômica do trabalhador, ou da obra, viola o princípio constitucional da isonomia e não discriminação (arts. 5º, *caput*, e 7º, XXX, ambos da CF).

(67) No mesmo contexto, destaca-se a seguinte ementa: "A prestação jurisdicional trabalhista só se legitima, em face do art. 652, *a*, III, da CLT, quando se trata de operário ou artífice que trabalhe pessoalmente, embora sob forma de empreitada. Mas se o reclamante possui firma organizada, com quadro de empregados inscritos na Previdência Social, explorando atividades de construção civil, com a colaboração dos mesmos, a quem contrata e remunera, há que ser julgado carecedor de ação trabalhista" (Ac. de 26.9.72 – RR. 1.108/72 – relator Ministro C. A. Barata Silva – *Revista do TST* – 1972. p. 211).

(68) Nesse mesmo diapasão, destacamos a posição de Eduardo Gabriel Saad: "Empreiteiro, nesse dispositivo consolidado, é o artesão, o profissional que trabalha sozinho. Se o empreiteiro chefia uma equipe de empregados, está impedido de utilizar a referida norma para dirimir controvérsia com o tomador dos seus serviços" (*Direito processual do trabalho.* 3. ed. São Paulo: LTr, 2002. p. 282).

obra (material ou imaterial), de forma pessoal, sem subordinação, mediante o pagamento do preço ajustado no contrato (escrito ou verbal)."

A competência da Justiça do Trabalho justifica-se para o pequeno empreiteiro a fim de lhe facilitar o acesso à Justiça do Trabalho e de lhe garantir a dignidade e os valores sociais do trabalho. O empreiteiro, salvo se o contrato de empreitada mascarar uma verdadeira relação de emprego, não cobrará na Justiça créditos trabalhistas previstos na CLT e legislação extravagante, mas sim as parcelas e obrigações ajustadas no contrato de empreitada. Outrossim, também pode o pequeno empreiteiro postular na Justiça do Trabalho a nulidade do contrato de empreitada e o decorrente reconhecimento do vínculo de emprego, com o pagamento dos consectários trabalhistas, e, sucessivamente, caso não reconhecido o liame de emprego, as parcelas oriundas do contrato de empreitada.

3.6. Contratos de prestação de serviços

A partir do advento da Legislação Trabalhista, o contrato de prestação de serviços passou a ocupar um espaço menor nos contratos de atividade, pois o contrato de emprego havia absorvido um número significativo de contratos que envolvem a atividade humana. Desse modo, toda prestação pessoal de serviços que não preencha todos os requisitos da relação de emprego, previstos nos arts. 2º e 3º da CLT, quais sejam: pessoalidade, não eventualidade, subordinação e onerosidade, ou que seja regrada por Leis Especiais, será regulada pelo Código Civil (arts. 593 a 609)[(69)].

O art. 593 do CC/2002 sinaliza uma interpretação conjunta do contrato de emprego e o de prestação de serviços. Com efeito, aduz o referido dispositivo legal: "A prestação de serviço, que não estiver sujeita às leis trabalhistas ou lei especial, reger-se-á pelas disposições deste Capítulo."

Como bem adverte *Amauri Mascaro Nascimento*[(70)]: "Foi introduzido na lei o que já se fazia na prática para distinguir, em cada caso, o trabalho autônomo — contrato de prestação de serviços — e o trabalho do empregado — relação de emprego —, como a ordem preferencial agora fixada por lei porque primeiro examinar-se-á se há relação de emprego e só diante da ausência dos seus elementos constitutivos é que será verificado se existe um contrato de prestação de serviços autônomos. Aquele exclui este. Portanto, será a perspectiva trabalhista o primeiro enfoque da questão, de modo excludente das demais, mesmo que entre as partes tenha sido celebrado um contrato escrito de prestação de serviços."

Diante da ampliação da competência da Justiça do Trabalho, há a possibilidade de o trabalhador, com base num contrato de prestação de serviços, postular o reconhecimento do vínculo de emprego e as verbas trabalhistas dele decorrentes e, na impossibilidade do reconhecimento do vínculo de emprego, formular pedido sucessivo

(69) Diz o art. 594 do CC: "Toda espécie de serviço ou trabalho lícito, material ou imaterial, pode ser contratada mediante retribuição."

(70) NASCIMENTO, Amauri Mascaro. *Op. cit.*, p. 46.

de pagamento das parcelas oriundas do contrato de prestação de serviços[71], o que facilita, em muito, o acesso do trabalhador à Justiça.

No nosso sentir, para qualquer espécie de prestação de serviços, que envolva um prestador pessoa física, que realize seu trabalho em caráter pessoal em prol de uma pessoa física ou jurídica, a competência será da Justiça do Trabalho, ainda que se trate de serviços de natureza advocatícia ou médica.

Nesse sentido, destacamos as seguintes ementas:

"1. Ação de cobrança de honorários advocatícios. Competência da Justiça do Trabalho. Compete à Justiça do Trabalho processar e julgar ação de cobrança de honorários advocatícios, pois o conceito de relação de trabalho, insculpida no inc. I do art. 114 da Constituição Federal, inclui os serviços prestados por pessoas físicas, pessoalmente, inclusive os profissionais liberais, desde que a atividade seja exercida com o dispêndio pessoal das energias do prestador para produção de bens incorpóreos ou imateriais. 2. Contrato de honorários advocatícios. Fixação do valor. Equidade. Para aplicação, por equidade, do contrato celebrado entre o advogado e seu cliente, impõe-se entendimento de que a celebração do acordo diretamente entre as partes corresponde à desistência da ação. 3. Contrato de honorários advocatícios. Previsão de multa. Acordo firmado diretamente pela parte. Ilegalidade. Ilícita a cláusula contratual, estabelecida em contrato de honorários advocatícios, que prevê a imposição de multa na hipótese de transigir o contratante diretamente com a parte em litígio." Proc. 00661.2005.132.17.00.8 RO – Ac. 05422/2006 – 17ª Região – ES – Juiz Gerson Fernando da Sylveira Novais – relator. DJ/ES de 19.7.2006 – (DT – Dezembro/2006 – vol. 149, p. 70)

"Advogado. Consultoria jurídica. Incidência de lei específica (Estatuto da OAB). Inaplicabilidade do Código de Defesa do Consumidor. Relação de trabalho. Competência da Justiça do Trabalho. O enquadramento da atividade de consultoria jurídica como relação de consumo é um grave equívoco, resultante da desconsideração das raízes do Direito do Trabalho e da própria evolução deste ao longo dos anos, a qual culminou, inclusive, com a ascensão da valorização do trabalho à condição de fundamento da República Federativa do Brasil (Constituição Federal, art. 1º, inciso IV). Entender a atividade dos profissionais liberais como essencialmente ínsita a uma relação de consumo é um infeliz retrocesso aos primórdios do capitalismo, por atribuir ao trabalho desses profissionais a condição de mercadoria, ideia repelida veementemente já pelo Tratado de Versalhes, em sua parte XIII (*Du Travail*), que constituiu a Organização Internacional do Trabalho sob a premissa essencial de não ser o trabalho humano uma mercadoria (art. 427). É de trabalho, então, a relação mantida entre um profissional liberal e seu cliente, sujeitando-se a lide em torno dela estabelecida à competência da Justiça do Trabalho. Essa a hipótese dos autos, em que o autor, enquanto advogado, sujeita-se aos ditames da Lei n. 8.906/94, a qual, regulando sua atividade, impede seja tida como de consumo a relação por ele mantida com terceiro que se vale de seus serviços, como se vê, por exemplo, dos arts. 31, § 1º e 34, incisos III e IV, que vedam a captação de causas e o uso de agenciador, evidenciando natureza incompatível com a atividade de consumo. Recurso provido para, em reformando a sentença, declarar a competência da Justiça do Trabalho para processar e julgar a presente demanda, determinando a baixa dos autos à Vara de origem para que seja proferida decisão enfrentando o mérito da pretensão autoral, decidindo-se como de direito." Proc. 01261-2005-063-01-00-7 (RO) – 3ª T. 1ª R. – RJ – Juiz Mello Porto – relator. DJ/RJ de 17.7.2006 – (DT – Janeiro/2007 – vol. 150, p. 82)

(71) Quando a questão versar sobre matéria diversa do contrato de emprego, a Justiça do Trabalho aplicará o Direito Comum que a disciplinar e não a CLT.

3.7. Entes de direito público externo

Conforme o inciso I do art. 114 da CF, compete à Justiça do Trabalho processar e julgar: "as ações oriundas da relação de trabalho, abrangidos os entes de direito público externo e da Administração Pública direta e indireta da União, dos Estados, do Distrito Federal e dos Municípios."

Sempre foi polêmica a questão da competência da Justiça do Trabalho para ações movidas por empregados que prestam serviços em prol de entes de direito público externo situados no território brasileiro, uma vez que estes entes têm imunidade de jurisdição, não estando sujeitos, portanto, à jurisdição brasileira, mas sim à dos seus países de origem. A imunidade de jurisdição também abrange a imunidade de execução de eventual sentença da Justiça brasileira.

Como ensina *Wagner D. Giglio*(72):

> "A imunidade de jurisdição se estende às organizações internacionais, como os entes reconhecidos de Direito Internacional Público. 'Tecnicamente, esses entes são associações de Estado, constituídos através de tratados, dotados de personalidade jurídica própria, distinta da de seus membros, que se unem com objetivos comuns e definidos, segundo ensina Georgenor de Sousa Franco Filho, um dos maiores conhecedores do assunto, entre nós (*Imunidade de jurisdição trabalhista dos entes de direito público internacional*, p. 65). É o que acontece com a Agência Europeia de Energia Atômica — EURATOM, a Comunidade Europeia de Carvão e do Aço — CECA, a Organização Mundial de Saúde — OMS, o Fundo Monetário Internacional — FMI, a União Europeia — UE e a Organização dos Estados Americanos — OEA, para lembrar apenas as mais conhecidas."

O inciso I do art. 114 da CF disciplina a competência da Justiça do Trabalho para as demandas trabalhistas oriundas da relação de trabalho, tendo em um dos polos um ente de direito público externo que tem domicílio no Brasil.

Diante da previsão do texto constitucional, resta claro que se um ente de direito público externo, como uma embaixada situada no Brasil, contratar um trabalhador, a competência para dirimir eventual reclamação trabalhista envolvendo a embaixada será da Justiça do Trabalho brasileira, uma vez que este ente, quando contratar um empregado, no território brasileiro, estará sujeito à legislação trabalhista brasileira e também à Justiça do Trabalho brasileira. Caso contrário, um trabalhador brasileiro que prestasse serviço, no território brasileiro, para um ente de direito público externo, teria de ingressar com um processo trabalhista fora do território nacional, o que, praticamente, inviabilizaria o acesso à Justiça e o cumprimento da legislação trabalhista brasileira.

---

(72) GIGLIO, Wagner D. *Direito processual do trabalho*. 15. ed. São Paulo: Saraiva, 2005. p. 29.

Em razão disso, a jurisprudência brasileira, a partir de entendimento firmado pelo Supremo Tribunal Federal, tem entendido, acertadamente, que os entes de direito público externo, quando contratam empregados brasileiros, praticam atos de gestão não abrangidos pela imunidade de jurisdição que compreende apenas os atos de império.

Nesse sentido, destacamos as seguintes ementas:

"Reclamação trabalhista — Consulado — Imunidade de jurisdição. As Convenções de Viena firmadas em 1961 e 1963, que regulamentam, respectivamente, os serviços diplomático e consular, não garantiam a imunidade de jurisdição do Estado, mas tão somente de seus representantes (diplomatas e cônsules). A imunidade do Estado decorria de norma consuetudinária advinda da máxima *par in parem non habet judicium* (entre iguais não há jurisdição). Atento a essa prática costumeira na esfera internacional, o Excelso Supremo Tribunal Federal inclinava-se pela extensão da imunidade de jurisdição ao próprio Estado estrangeiro. A partir da década de 1970, essa tendência caminhou em sentido contrário, com a edição da Convenção Europeia, em 1972, a qual afasta a imunidade no caso de demanda trabalhista ajuizada por súdito, ou pessoa residente no território local, contra representação diplomática estrangeira (art. 5º). Na mesma década, veio a lume lei norte-americana (1976), abolindo a imunidade nos feitos relacionados com danos, ferimentos ou morte, produzidos pelo Estado estrangeiro no território local. A Grã-Bretanha também promulgou legislação semelhante (1978), baseada nos dois textos mencionados acima. A partir dessa época, portanto, a imunidade deixou de ser absoluta no plano internacional. Na esteira desse entendimento, o Excelso Supremo Tribunal Federal alterou o posicionamento até então adotado, passando a se manifestar pelo afastamento da imunidade absoluta. O entendimento que tem prevalecido, desde essa época, é o de que o ente de direito público externo está sujeito a cumprir a legislação trabalhista na hipótese de contratação de empregados. Apenas os atos de império atraem a imunidade de jurisdição. Os atos de gestão, como, por exemplo, a contratação de pessoas residentes ou domiciliadas no país acreditado, não estão abrangidos pela referida imunidade. Logo, o Poder Judiciário não deverá negar a prestação jurisdicional devida a brasileiros que venham alegar lesão a seus direitos trabalhistas pela atuação de Estados estrangeiros, dentro do território nacional." (TRT – 3ª R. – 2ª T. – RO n. 885/2002 – relª Alice M. de Barros – DJMG 1º.5.2002 – p. 8 (RDT n. 6 – junho de 2002)

"Imunidade de jurisdição — Unesco — Organismo internacional — Agência especializada vinculada à ONU — Relação de natureza privada — Inexistência. A doutrina de direito público internacional vem evoluindo no sentido de relativizar a imunidade de jurisdição reconhecida a entes públicos estrangeiros, dosando-a de acordo com a natureza do ato em que se assenta o conflito de interesses e não a admitindo quando verificado que decorre de atuação de índole privada. Precedentes do STF e TST. Busca-se, com tal interpretação, conciliar regras de direito internacional público com aquelas do complexo normativo interno que disciplinam, em geral, as relações privadas mantidas no território nacional, a preservar valores igualmente relevantes para a comunidade local, até porque, no dizer de Bustamante, 'a administração da justiça é um dos poderes fundamentais do Estado, constituindo, para ele, ao mesmo tempo, um direito e um dever'. Por isso mesmo é que não pode o Estado renunciar, por completo, ao seu direito-dever de prestar jurisdição nos conflitos de interesses estabelecidos entre os seus nacionais e organismo estrangeiro decorrentes de relações estritamente privadas, o que afrontaria, de resto, o princípio da inafastabilidade da jurisdição consagrado no inciso XXXV do art. 5º da Constituição Federal, cuja garantia é insuscetível de ser atingida por convenção internacional, que, no plano interno, equivale a lei ordinária. Recurso provido." (TRT – 10ª R. – 3ª T. – RO n. 463/2002 – rel. João Luís R. Sampaio – DJDF 20.9.2002 – p. 17) (RDT n. 10 – outubro de 2002)

"Organismo internacional — Imunidade de jurisdição. Também a relação de trabalho (e seu alcance contratual) entre os organismos internacionais e os obreiros que lhes prestam serviços em território pátrio se amoldam aos atos chamados de mera gestão, não havendo razão ontológica que impeça a extensão, a tais organismos, da flexibilização iniciada pelo pretório excelso em seu acórdão plenário de número 9696-3-SP, julgado em 31.5.89, e relatado pelo Exmo. Sr. Min. Sydney Sanches. Mesmo a competência material constitucionalmente outorgada a esta Justiça Especializada, ao tratar sobre o tema, fê-lo sob o genérico prisma da competência incidente sobre lides entre as pessoas de direito público externo (em geral) e seus obreiros (CF, art. 114, *caput*). Pouco lógica seria a previsão expressa, no Texto Constitucional, de competência desta magnitude se houvesse já de prevalecer, ao ver do constituinte, a absoluta imunidade jurisdicional dos organismos internacionais. Se competência é a medida do exercício da jurisdição, bem cabe a pergunta: fosse absoluta a imunidade jurisdicional dos organismos internacionais, de que jurisdição estaria a cuidar o art. 114 da Carta Federal, ao outorgar, de forma específica, à Justiça do Trabalho, a competência para apreciar lides entre tais organismos e seus laboristas? Não é por outra razão que o c. Tribunal Superior do Trabalho, em julgados posteriores à edição da Carta Federal de 1988, vem reconhecendo o fato de que também os organismos internacionais sujeitam-se à jurisdição cognitiva desta Justiça Especializada, no que tange às pretensões oriundas dos contratos de trabalho havidos para com os obreiros que lhes prestam serviços. Recurso ordinário da parte reclamante conhecido e provido." (TRT 10ª R. – 3ª T. – RO n. 424/2005.018.10.00-0 – rel. Paulo Henrique Blair – DJDF 13.1.06 – p. 45) (RDT n. 2 – fevereiro de 2006)

A imunidade de jurisdição também abrange a imunidade de execução, sendo discutível na doutrina e na jurisprudência se a Justiça do Trabalho brasileira pode realizar a penhora de bens dos entes de direito público internacional em eventual execução de sentença trabalhista.

Nesse sentido, a visão de *Francisco Ferreira Jorge Neto* e *Jouberto de Quadros Pessoa Cavalcante*(73):

> "A jurisprudência entende que não é possível a execução contra entes de direito público externo, exceto se for o caso de renúncia expressa. Como não é possível a penhora em território nacional, a execução deve ser processada por meio de carta rogatória. A execução forçada na Justiça do Trabalho não é possível."

Em que pese o respeito que merece o entendimento acima mencionado, com ele não concordamos. Com efeito, a Constituição não restringe, no inciso I, a competência da Justiça do Trabalho para processar e julgar as demandas oriundas da relação de trabalho que envolvem as pessoas jurídicas de direito público externo. Se há a competência para processar, também haverá para executar a decisão. De que adianta a Justiça do Trabalho poder condenar se não puder executar. Ou a demanda trabalhista se processa por inteiro ou, então, a Justiça do Trabalho somente atuará

(73) *Direito processual do trabalho*. T. I, 3. ed. Rio de Janeiro: Lumen Juris, 2007. p. 277-278.

pela metade. No nosso sentir, quando um ente de direito público externo contrata um empregado brasileiro, dentro do território brasileiro, pelo regime de CLT, despe-se do poder de império para se equiparar ao empregador privado.

Nesse sentido, destacamos a seguinte ementa:

> "Norma jurídica. Conflito internacional (jurisdicional). Imunidade de jurisdição e de execução. Ente de Direito Público externo. Consulado. O ente de direito público externo que pratica atos de gestão não se beneficia da imunidade, quer de jurisdição quer de execução. Se há competência para o Judiciário Trabalhista julgar a hipótese, por exonerável decorrência, também há para executar o próprio julgado. Inteligência do art. 114, da Constituição da República Federativa do Brasil." (TRT – 2ª R. – RO n. 20010423103 – Ac. n. 20020469165 – 6ª T. – relª Maria Aparecida Duenhas – DOESP 26.7.2002)

Recentemente, o Tribunal Superior do Trabalho, firmou jurisprudência a respeito, conforme a OJ 416 da SDI-I do C. TST, *in verbis*:

> "Imunidade de jurisdição. Organização ou organismo internacional. (Divulgada no DeJT 14.2.2012)
>
> As organizações ou organismos internacionais gozam de imunidade absoluta de jurisdição quando amparados por norma internacional incorporada ao ordenamento jurídico brasileiro, não se lhes aplicando a regra do Direito Consuetudinário relativa à natureza dos atos praticados. Excepcionalmente, prevalecerá a jurisdição brasileira na hipótese de renúncia expressa à cláusula de imunidade jurisdicional."

3.8. Outras controvérsias decorrentes da relação de trabalho (inciso IX do art. 114 da CF)

Na Constituição de 1988, dizia o art. 114: "Compete à Justiça do Trabalho conciliar e julgar os dissídios individuais e coletivos entre trabalhadores e empregadores, abrangidos os entes de direito público externo e da administração pública direta e indireta dos Municípios, do Distrito Federal, dos Estados e da União, *e, na forma da lei, outras controvérsias oriundas da relação de trabalho,* bem como litígios que tenham origem no cumprimento de suas próprias sentenças, inclusive coletivas." (os grifos são nossos)

Com suporte no referido dispositivo, a doutrina e a jurisprudência sustentavam a competência da Justiça do Trabalho para apreciar controvérsias em que não havia a configuração da relação de emprego (por exemplo, o art. 643 da CLT, que atribui competência à Justiça do Trabalho para as controvérsias entre trabalhadores avulsos e tomadores de serviços; e o art. 652, III, da CLT, que trata da pequena empreitada), uma vez que o núcleo central da competência da Justiça do Trabalho era destinado às controvérsias entre trabalhadores e empregadores, e somente mediante lei a Justiça do Trabalho poderia apreciar controvérsias sobre relações de trabalho.

Com a redação dada pela EC n. 45/04, diz o inciso IX do art. 114, da CF competir à Justiça do Trabalho processar e julgar *outras controvérsias decorrentes da relação de trabalho*.

Alguns doutrinadores têm sustentado a desnecessidade do inciso IX do art. 114, pois o inciso I do art. 114, ao prever que a Justiça do Trabalho tem competência para as controvérsias oriundas da relação de trabalho, já basta em si mesmo.

Outros autores sustentam que o inciso IX do art. 114 da CF se harmoniza com o inciso I do mesmo dispositivo legal.

Nesse sentido, argumenta *Estêvão Mallet*[(74)]: "A previsão de hipótese aberta de competência da Justiça do Trabalho, para julgamento de 'outras controvérsias decorrentes da relação de trabalho' conforme o disposto em lei, nos termos do inciso IX, do art. 114, fica em grande medida esvaziada pela amplitude da regra do inciso I do mesmo dispositivo. Há, contudo, como dar sentido à norma, entendendo-se que, por meio de lei, cabe atribuir à Justiça do Trabalho outras competências ainda não contidas em nenhum dos incisos do novo art. 114. Um exemplo corresponde ao julgamento da legalidade dos atos administrativos relacionados com tomadores de serviço que não sejam, no caso, empregadores, hipótese que, como dito anteriormente, não está compreendida no inciso VII e não pode ser estabelecida por meio de interpretação ampliativa ou corretiva."

Não obstante a redação primitiva do art. 114, I, se referir a controvérsias oriundas da relação de emprego, o inciso IX do referido dispositivo tem de ser interpretado no sentido da máxima eficiência da Constituição Federal e que possibilite aplicabilidade. Como destaca a melhor doutrina, a lei, uma vez editada, ganha vida própria, desvinculando-se do seu criador. Nas lições de *Maximiliano*, a lei não contém palavras inúteis. Além disso, diante dos princípios da unidade da Constituição e da razoabilidade e proporcionalidade, o intérprete deve buscar o resultado mais efetivo da norma constitucional.

No nosso sentir, a razão está com os que pensam que as ações *oriundas* da relação de trabalho envolvem diretamente os prestadores e tomadores de serviços e as ações *decorrentes* envolvem controvérsias paralelas, em que não estão diretamente envolvidos tomador e prestador, mas terceiros. Até mesmo a lei ordinária poderá dilatar a competência da Justiça do Trabalho para outras controvérsias que guardam nexo causal com o contrato de trabalho. Não há contradição ou desnecessidade da existência do inciso IX, pois o legislador, prevendo um maior crescimento da Justiça do Trabalho e maior desenvolvimento das relações laborais, deixou a cargo da lei ordinária futura dilatar a competência da Justiça do Trabalho, desde que dentro dos parâmetros disciplinados pelos incisos I a VIII do art. 114 da CF.

Assim, por exemplo, a nosso ver, a lei ordinária pode atribuir novas competências à Justiça do Trabalho, como: a) aplicar multas administrativas, de ofício, nas decisões que proferir aos empregadores que descumprem normas de proteção do trabalho; b) executar de ofício o imposto de renda das decisões que proferir;

(74) MALLET, Estêvão. *Op. cit.*, p. 184.

c) decidir as controvérsias sobre cadastramento de empregado no PIS; d) julgar as ações referentes a multas administrativas dos órgãos fiscalizadores do exercício de profissões regulamentadas como CREA, OAB, CRM, etc.; e) deliberar sobre controvérsias que envolvem terceiros que não os envolvidos diretamente na relação de trabalho (tomador e prestador), como a ação de reparação de danos movida por uma vítima decorrente de um ato culposo de um empregado em horário de trabalho.

4. Competência para as ações que envolvem o exercício do direito de greve

A greve guarda raízes com o próprio surgimento do Direito do Trabalho, pois foi por meio da coalizão da classe trabalhadora que começaram a surgir as primeiras normas de proteção ao trabalho humano. Já foi considerada um delito. Lembra *Renato Rua de Almeida*(75), que o Código Penal francês penalizou, em 1810, toda forma de organização associativa ou ação coletiva dos trabalhadores.

Foi somente em 1825, na Inglaterra, e, em 1864, na França, que as coalizações de trabalhadores por melhores condições de trabalho deixaram de ser consideradas como crime, embora a greve propriamente dita ainda continuasse como um delito(76).

A Constituição Federal de 1946, no art. 158, reconheceu o direito de greve, a ser regulado por lei. Atualmente, o art. 9º da Constituição Federal de 1988 assegura o direito de greve, como sendo um direito social da classe trabalhadora.

Embora seja um direito social, e também um direito fundamental da classe trabalhadora, não se trata de um direito ilimitado, porquanto o § 2º, do art. 9º, da CF, assevera que os abusos sujeitam os responsáveis às penas da lei.

Como bem assevera *Raimundo Simão de Melo*(77), "[...] independente de ser um direito, é a greve um fato social, uma liberdade pública consistente na suspensão do trabalho, quer subordinado ou não, com o fim de se obter algum benefício de ordem econômica, social ou humana. É em suma o direito de não trabalhar."

A greve não é propriamente um meio de solução dos conflitos coletivos de trabalho(78), mas uma forma de pressionar o empregador a negociar, ou até mesmo levar o conflito à Justiça do Trabalho (Lei n. 7.783/89 e § 3º, do art. 114, da CF).

---

(75) ALMEIDA, Renato Rua de. Visão histórica da liberdade sindical. *In: Revista Legislação do Trabalho.* São Paulo: LTr, ano 70, v. 03, 2006. p. 363.

(76) MELO, Raimundo Simão de. *A greve no direito brasileiro.* São Paulo: LTr, 2006. p. 21.

(77) *Op. cit.*, p. 44.

(78) Nesse sentido, adverte Pedro Paulo Teixeira Manus: "Trata-se de forma de solução do conflito coletivo de trabalho no sentido genérico da expressão, pois o exercício em si do direito de greve não significa a própria solução do conflito coletivo. Com efeito, podem os trabalhadores lançar mão da greve, que pode inclusive ser vitoriosa e nem por isso apresentar a solução para o conflito" (*Negociação coletiva e contrato individual de trabalho.* São Paulo: Atlas, 2001. p. 37).

Inegavelmente, o exercício do direito de greve tem reflexos em toda a sociedade, e muitas vezes é nefasto ao empregador, mas é um importante instrumento de pressão da classe trabalhadora. Lembra *Pedro Paulo Teixeira Manus*(79), "diz-se que o sucesso será, em tese, quanto maior o poder de pressão dos trabalhadores, pois a despeito deste poder de certa categoria, é possível que em determinado momento a greve deflagrada não surta o efeito pretendido, por inúmeros fatores." Continua o referido autor(80): "O sucesso da greve, assim como da guerra, depende muito mais da mobilização e da força do movimento do que da procedência ou relevância das reivindicações."

A Justiça do Trabalho, tradicionalmente, apreciava os conflitos de greve envolvendo direitos das classes trabalhadora e patronal, no chamado *dissídio coletivo de greve*(81), seja apreciando a abusividade do movimento e garantia de funcionamento das atividades essenciais, seja apreciando as cláusulas econômicas. Não apreciava a Justiça Especializada as controvérsias periféricas que envolviam a greve, como as ações possessórias e as ações indenizatórias, em razão do movimento grevista envolvendo as próprias partes que participam do movimento, bem como direitos de terceiros.

Atualmente, diz o art. 114, II, da CF, com a redação dada pela EC n. 45/04, competir à Justiça do Trabalho processar e julgar as ações *que envolvam exercício do direito de greve.*

Envolver o exercício do direito de greve significa algo bem mais amplo do que as controvérsias oriundas e decorrentes da relação de trabalho, uma vez que a greve é mais que um direito trabalhista, é um direito social. Como destaca *Reginaldo Melhado*(82), "envolver é cercar, rodear, é vestir ou cobrir enrolando [...]. Envolver, aqui, significa relacionar-se direta ou indiretamente com o exercício do direito de greve. Podem ser partes os empregados, os empregadores, o Ministério Público, o Poder Público, os trabalhadores não empregados, o vizinho afetado pela greve. Já não pode mais haver dúvida sobre o juízo competente nessa matéria."

No nosso sentir, diante da EC n. 45/04, a Justiça do Trabalho detém competência material para todas as ações que sejam relacionadas, quer direta, quer indiretamente, ao exercício do direito de greve. Portanto, tanto as ações prévias (inibitórias), para assegurar o exercício do direito de greve para a classe trabalhadora, como as ações

(79) MANUS, Pedro Paulo Teixeira. *Negociação coletiva e contrato individual de trabalho.* São Paulo: Atlas, 2001. p. 38

(80) *Op. cit.*, p. 43.

(81) Segundo a melhor doutrina, o dissídio de greve tem natureza híbrida. É de conteúdo declaratório ou jurídico quando a Justiça do Trabalho aprecia a razoabilidade e licitude do movimento. É de natureza econômica quando, uma vez declarada a licitude do movimento paredista, a Justiça do Trabalho passa a apreciar as cláusulas econômicas.

(82) MELHADO, Reginaldo. *Metamorfoses do capital e do trabalho.* São Paulo: LTr, 2006. p. 249-250.

possessórias, para defesa do patrimônio do empregador, como as ações para reparação de danos, tanto aos trabalhadores como aos empregadores, e até danos causados aos terceiros, são da competência da Justiça do Trabalho.

4.1. Da competência da Justiça do Trabalho para o julgamento da greve dos servidores públicos

Há muitas discussões, tanto na doutrina como na jurisprudência, sobre a regulamentação da greve dos servidores públicos. Para alguns, como tem sido o entendimento predominante do STF, o direito não está regulamentado, pois depende da edição de lei específica. Para outros, aos quais nos filiamos, o Direito de Greve, por ser fundamental (art. 9º da CF), tem aplicabilidade imediata, inclusive para o servidor público[83]. Por isso, a lei específica a ser editada somente pode disciplinar e traçar requisitos para o exercício do direito, mas ele já tem aplicabilidade. Enquanto não houver a edição da lei específica, aplica-se, por analogia, a lei de greve (Lei n. 7.783/89). Portanto, no nosso sentir, o art. 37, VII, da Constituição, encerra norma de eficácia contida e não de eficácia limitada.

O Supremo Tribunal Federal, em decisão histórica, recentemente, regulamentou, por meio do Mandado de Injunção n. 712-8, o direito de greve do servidor público da seguinte forma:

> "MANDADO DE INJUNÇÃO 712-8 PARÁ
>
> RELATOR: MIN. EROS GRAU
>
> IMPETRANTE(S): SINDICATO DOS TRABALHADORES DO PODER
>
> JUDICIÁRIO DO ESTADO DO PARÁ — SINJEP
>
> ADVOGADO(A/S): EDUARDO SUZUKI SIZO E OUTRO(A/S)
>
> IMPETRADO(A/S): CONGRESSO NACIONAL
>
> **RELATÓRIO**
>
> [...] Art. 1º É assegurado o direito de greve, competindo aos trabalhadores decidir sobre a oportunidade de exercê-lo e sobre os interesses que devam por meio dele defender.
>
> Parágrafo único. O direito de greve será exercido na forma estabelecida nesta Lei.
>
> Art. 2º Para os fins desta Lei, considera-se legítimo exercício do direito de greve a suspensão coletiva, temporária e pacífica, parcial, de prestação pessoal de serviços a empregador.
>
> Art. 3º Frustrada a negociação ou verificada a impossibilidade de recursos via arbitral, é facultada a cessação parcial do trabalho.

(83) O art. 5º, § 1º, da CF determina que os direitos e garantias fundamentais têm aplicação imediata, independentemente de norma regulamentar. O referido dispositivo consagra as chamadas ações afirmativas para a defesa de direitos fundamentais, evitando que as normas atinentes a direitos fundamentais fiquem em sede programática.

Parágrafo único. A entidade patronal correspondente ou os empregadores diretamente interessados serão notificados, com antecedência mínima de 72 (setenta e duas) horas, da paralisação.

Art. 4º Caberá à entidade sindical correspondente convocar, na forma do seu estatuto, assembleia geral que definirá as reivindicações da categoria e deliberará sobre a paralisação parcial da prestação de serviços.

§ 1º O estatuto da entidade sindical deverá prever as formalidades de convocação e o *quorum* para a deliberação, tanto da deflagração quanto da cessação da greve.

§ 2º Na falta de entidade sindical, a assembleia geral dos trabalhadores interessados deliberará para os fins previstos no *caput*, constituindo comissão de negociação.

Art. 5º A entidade sindical ou comissão especialmente eleita representará os interesses dos trabalhadores nas negociações ou na Justiça do Trabalho.

Art. 6º São assegurados aos grevistas, dentre outros direitos:

I – o emprego de meios pacíficos tendentes a persuadir ou aliciar os trabalhadores a aderirem à greve;

II – a arrecadação de fundos e a livre divulgação do movimento.

§ 1º Em nenhuma hipótese, os meios adotados por empregados e empregadores poderão violar ou constranger os direitos e garantias fundamentais de outrem.

§ 2º É vedado às empresas adotar meios para constranger o empregado ao comparecimento ao trabalho, bem como capazes de frustrar a divulgação do movimento.

§ 3º As manifestações e atos de persuasão utilizados pelos grevistas não poderão impedir o acesso ao trabalho nem causar ameaça ou dano à propriedade ou pessoa.

Art. 7º Observadas as condições previstas nesta Lei, a participação em greve suspende o contrato de trabalho, devendo as relações obrigacionais, durante o período, ser regidas pelo acordo, convenção, laudo arbitral ou decisão da Justiça do Trabalho.

Parágrafo único. É vedada a rescisão de contrato de trabalho durante a greve, exceto na ocorrência da hipótese prevista no art. 14.

Art. 8º A Justiça do Trabalho, por iniciativa de qualquer das partes ou do Ministério Público do Trabalho, decidirá sobre a procedência, total ou parcial, ou improcedência das reivindicações, cumprindo ao Tribunal publicar, de imediato, o competente acórdão.

Art. 9º Durante a greve, o sindicato ou a comissão de negociação, mediante acordo com a entidade patronal ou diretamente com o empregador, manterá em atividade equipes de empregados com o propósito de assegurar a regular continuidade da prestação do serviço público.

Parágrafo único. É assegurado ao empregador, enquanto perdurar a greve, o direito de contratar diretamente os serviços necessários a que se refere este artigo.

Art. 14. Constitui abuso do direito de greve a inobservância das normas contidas na presente Lei, em especial o comprometimento da regular continuidade na prestação do serviço público, bem como a manutenção da paralisação após a celebração de acordo, convenção ou decisão da Justiça do Trabalho.

Parágrafo único. Na vigência de acordo, convenção ou sentença normativa não constitui abuso do exercício do direito de greve a paralisação que:

I – tenha por objetivo exigir o cumprimento de cláusula ou condição;

II – seja motivada pela superveniência de fato novo ou acontecimento imprevisto que modifique substancialmente a relação de trabalho.

Art. 15. A responsabilidade pelos atos praticados, ilícitos ou crimes cometidos, no curso da greve, será apurada, conforme o caso, segundo a legislação trabalhista, civil ou penal.

Parágrafo único. Deverá o Ministério Público, de ofício, requisitar a abertura do competente inquérito e oferecer denúncia quando houver indício da prática de delito.

Art. 17. Fica vedada a paralisação das atividades, por iniciativa do empregador, com o objetivo de frustrar negociação ou dificultar o atendimento de reivindicações dos respectivos empregados (*lockout*).

Parágrafo único. A prática referida no *caput* assegura aos trabalhadores o direito à percepção dos salários durante o período de paralisação.

Em face de tudo, conheço do presente mandado de injunção, para, reconhecendo a falta de norma regulamentadora do direito de greve no serviço público, remover o obstáculo criado por essa omissão e, supletivamente, tornar viável o exercício do direito consagrado no art. 37, VII da Constituição do Brasil, nos termos do conjunto normativo enunciado neste voto [...]."

Estando o direito de greve do servidor público regulamentado, aplicando, preponderantemente, as disposições da Lei n. 7.783/89, questiona-se: tem a Justiça do Trabalho competência para apreciar greve dos servidores públicos estatutários?

Como mencionamos anteriormente, o E. STF suspendeu a vigência do inciso I do art. 114 da CF com relação à competência da Justiça do Trabalho para apreciar as relações de trabalho de natureza estatutária, envolvendo a União, os Estados, o Distrito Federal e os Municípios.

Considerando-se que a Justiça do Trabalho, por força de decisão do Supremo Tribunal Federal, não tem competência para apreciar as controvérsias envolvendo servidor público estatutário e Estado, a Justiça do Trabalho não seria competente para apreciar a greve destes trabalhadores, uma vez que, se o judiciário trabalhista não pode apreciar as controvérsias oriundas da relação de trabalho do servidor estatutário, também não pode apreciar as greves, pois a greve também é uma controvérsia oriunda da relação de trabalho[84].

Sob outro enfoque, é possível justificar a competência da Justiça do Trabalho, pois o art. 114, II, da CF, atribui competência à Justiça do Trabalho para as ações que

(84) Nesse sentido, pensa Raimundo Simão de Melo: "Diante dos métodos de interpretação constitucional (da unidade da Constituição, da coerência valorativa interna e do lógico-sistemático), é realmente difícil sustentar a competência da Justiça do Trabalho apenas com base no aludido inciso II, considerado isoladamente do contexto constitucional, o qual, inicialmente, tinha como pressuposto, pela redação do inciso I, incluir na competência trabalhista a solução de todos os conflitos envolvendo servidores públicos, inclusive estatutários" (*Op. cit.*, p. 123).

envolvam o exercício do direito de greve, e o Direito de Greve é um direito social previsto no art. 9º da CF. O referido inciso II do art. 114 não faz qualquer distinção entre greve de servidores celetistas ou estatutários.

No nosso sentir, em que pese o respeito que merece a decisão do STF, conjugando-se o inciso I com o inciso II do art. 114, resta incontestável a competência da Justiça do Trabalho para apreciar todos os dissídios de greve, sejam entre servidores celetistas e Estado ou entre servidores estatutários e Estado. Além disso, o Direito de Greve, por ser um direito fundamental e social previsto no art. 9º da CF, é autoaplicável para o servidor público, sendo certo que o art. 114, II, da CF fixou de forma expressa e literal a competência da Justiça do Trabalho para as ações que envolvam o exercício do Direito de Greve, independentemente do regime jurídico que rege a relação de trabalho.

No entanto, diante da decisão do STF de excluir da Justiça do Trabalho a competência para as ações que decorrem da relação de trabalho envolvendo o servidor público estatutário, ficamos vencidos, mas não convencidos, pois, se a Justiça do Trabalho não tem competência para apreciar as relações de trabalho envolvendo relações estatutárias, também não a terá para apreciar o dissídio de greve do servidor público estatutário.

Diante do exposto, concluímos que a Justiça do Trabalho não detém competência material para julgar dissídios de greve que envolvam servidores estatutários, permanecendo a competência para os servidores públicos, cujo regime é o celetista.

4.2. Ações possessórias e interdito proibitório que decorre da greve

A greve, como sendo não só um fato trabalhista, mas social, pode abranger uma multiplicidade de controvérsias que envolvem terceiros, os quais não participam do movimento paredista, mas que têm direitos afetados em razão deste movimento — por exemplo, os vizinhos ou empresas vizinhas do local onde eclode o movimento paredista. O Poder Público pode ser afetado e também a população pode ser significativamente atingida com o movimento grevista nos serviços essenciais, como a greve dos serviços de transportes.

Em nossa visão, tanto as ações coletivas como as individuais que envolvem o exercício do direito de greve são da competência da Justiça do Trabalho, seja entre as partes diretamente envolvidas, seja entre os que sofrem os efeitos do movimento grevista, mas não participam da greve.

A Justiça do Trabalho sempre conviveu com as questões possessórias que eram conexas a um contrato de emprego, como a moradia cedida pelo empregador para o empregado caseiro, para melhor comodidade na prestação do trabalho, ou a residência concedida a um alto empregado para exercer sua função fora do seu domicílio[85]. Uma vez cessado o vínculo de emprego, muitas vezes, diante da recusa

(85) Nesse sentido, destacamos a seguinte ementa: "Conflito positivo de competência — Reintegração de posse — Reclamação trabalhista — Comodato — Relação de trabalho. Compete à Justiça do Trabalho apreciar

do empregado em devolver a moradia, o empregador ingressa com reclamações trabalhistas ou reconvenções para a reintegração da posse.

Durante o movimento paredista, são comuns as ações possessórias, quando já há a efetiva turbação ou esbulho da posse, ou as ações preventivas, como o interdito proibitório. Para apreciar tais ações, a Justiça do Trabalho sempre aplicou o Direito Civil e o Código de Processo Civil, por força dos arts. 8º e 769 da CLT.

No nosso sentir, mesmo as ações possessórias movidas por terceiros, que não fazem parte do movimento paredista, são agora da competência material da Justiça do Trabalho, pois são ações relacionadas ao exercício do direito de greve. Cumpre destacar que o inciso II não vincula as ações decorrentes da greve às controvérsias oriundas da relação de trabalho. Vale dizer, não restringe a competência para as ações movidas pelas partes que estão envolvidas na greve(86).

Os interditos proibitórios propostos em razão da greve, embora não tenha sido esta a posição do C. STJ(87), também são da competência material da Justiça do Trabalho(88).

---

e julgar controvérsia relativa à posse do imóvel cedido em comodato para moradia durante o contrato de trabalho, entendimento firmado em virtude das alterações introduzidas pela Emenda Constitucional n. 45/04, art. 114, inciso VI, da Constituição Federal." Conflito conhecido para declarar competente o Juízo da Vara do Trabalho de Araucária/PR. STJ CC 57.524 – PR (2005/214814-0) – Ac. 2ª S., 27.9.06 relator: Ministro Carlos Alberto Menezes Direito. *In: Revista LTr* 70-11/1365.

(86) Não admitindo a competência para as ações que envolvem terceiros e não as partes envolvidas no movimento grevista, temos a posição de Pedro Paulo Teixeira Manus: "Diversa a nosso ver a situação se mesmo em razão de greve houver ameaça, turbação ou esbulho possessório envolvendo terceiro que não seja o empregador, caso em que a competência remanesce na Justiça Estadual. Eis aí outra questão que deverá com brevidade ser equacionada" (*Competência da Justiça do Trabalho e a EC n. 45/04.* São Paulo: Atlas, 2006. p. 95).

(87) "Interdito proibitório — Piquete — Grevista em porta de empresa — Ação que busca garantir livre acesso a funcionários e clientes — Ação de natureza possessória — Questão de direito privado — Competência da justiça comum — Litigância de má-fé — Ocorrência — Súmula n. 7-STJ. – I. É de competência da Justiça Comum estadual processar e julgar ação em que se busca garantir livre acesso a funcionários e clientes junto à empresa, na medida em que o pedido e a causa de pedir do interdito proibitório não envolva matéria trabalhista. Procedentes. II. *A pretensão de simples reexame de provas não enseja recurso especial.* III. Agravo regimental que se nega provimento." AgRg no Agravo de Instrumento n. 720.362 – SP (2005/0187156-1) – Ac. 4ª T. – 7.2.2006 – rel. Min. Aldir Passarinho Júnior. *In: Revista LTr* 70-04/484.

(88) Destaca-se, no aspecto, a seguinte ementa: "Competência material da Justiça do Trabalho — Ação de interdito proibitório — Greve em porta de agência bancária — *Justo receio de turbação ou esbulho possessório — Garantia de livre acesso a funcionários e clientes* — É de competência da Justiça do Trabalho apreciar e julgar ações de interdito proibitório, em que se busca garantir livre acesso a funcionários e clientes junto às agências bancárias, porquanto, após a Emenda Constitucional n. 45, de 8.12.2004, esta Especializada passou a ser competente para dissídios que envolvam empresas e sindicatos, além das questões relacionadas ao direito de greve, já prevista originalmente, em que pese o fato de o Superior Tribunal de Justiça vir decidindo atribuí-la à Justiça Comum estadual em casos tais, ao entendimento de que a EC n. 45/04 em nada modificou" (confira-se: Ag. Rg. 720362/SP – 4ª T. – Min. rel. Aldir Passarinho Júnior – DJ 20.3.2006; AG 652.479/RJ – rel. Min. Castro Filho – DJ 13.12.05; AG 509.113/MG – rel. Min. Humberto Gomes de Barros – DJ de 28.10.2005; dentre outros julgados) (TRT 3ª R. – RO 00737-2006-114-03-00-0 – (Ac. 3ª T.) – rel. Juiz Irapuan de Oliveira Teixeira Lyra – DJMG 11.11.2006 – p. 4).

Nesse sentido, cumpre destacar a seguinte ementa:

> "INTERDITO PROIBITÓRIO — JUSTIÇA DO TRABALHO — COMPETÊNCIA — Ainda que não sufragada pela Justiça Comum, é de se ressaltar que o E. STF tem entendimento, unânime, no sentido de ser da competência desta Justiça Especializada a análise e o julgamento do interdito possessório originado de uma questão afeta à relação de emprego. Precedente. INTERDITO PROIBITÓRIO — AJUIZAMENTO — IMINÊNCIA DE GREVE — POSSIBILIDADE — O interdito proibitório, como disposto no art. 932 do Código Processual Civil, é a proteção possessória adequada, de forma essencial, para as hipóteses de ameaça de turbação ou esbulho da posse de quem detém determinado bem, na condição de possuidor direto ou indireto, desde que presente o justo receio da concretização da ameaça. A ação em comento pode ser ajuizada nesta Justiça Especializada em face de uma greve ou da sua ameaça. Se por um lado o art. 9º da Magna Carta assegura direito de *greve*, por outro assegura a inviolabilidade da *propriedade* (art. 5º, *caput*), aqui utilizada no seu sentido amplo, incluindo a posse. Estando tais direitos, constitucionalmente garantidos, em choque, deverá o aplicador do direito, através de técnicas integrativas, levá-los a um patamar comum, lhes garantindo a coexistência. Assim, a ação sob enfoque e no âmbito de uma greve ou da ameaça de sua realização terá como objetivo garantir ao seu autor a resguarda da sua posse sobre determinado bem, coibindo-se qualquer excesso provocado pelo movimento paredista. Destarte, o procedimento escolhido pela empresa, em tese, atende à natureza da causa ainda que conexo a um estado de greve, devendo esta Justiça Especializada passar para a análise dos seus pressupostos processuais, das condições da ação e, se possível, do seu mérito. Não estando a questão fundada em matéria exclusivamente de direito (art. 515, § 3º, da CLT), é de rigor determinar a remessa dos autos à instância originária para a continuidade no seu julgamento. Prejudicada, com isso, a apreciação das demais matérias recorridas. Recurso provido." TRT – 15ª Reg. (Campinas/SP) – RO 1450-2006-014-15-00-4 – (Ac. 140/08 – PADC, SDC) – rel. Flávio Nunes Campos – DOE 27.6.08, p. 06. *In:* Irany Ferrari e Melchíades Rodrigues Martins. *Suplemento de Jurisprudência* n. 35/08. São Paulo: LTr, 2008.

O Supremo Tribunal Federal, recentemente, fixou entendimento de ser a Justiça do Trabalho competente para apreciar os interditos possessórios em razão de greve dos trabalhadores da inicitiva privada, conforme se constata da redação da Súmula Vinculante n. 23 do Supremo Tribunal Federal, abaixo transcrita:

> "A Justiça do Trabalho é competente para processar e julgar ação possessória ajuizada em decorrência do exercício do direito de greve pelos trabalhadores da iniciativa privada."

4.3. Ações indenizatórias que decorrem da greve

Diante da EC n. 45/04, no nosso sentir, as ações de reparação de danos que envolvem a greve são da competência material da Justiça do Trabalho. Cabem tanto ações por danos morais e materiais, movidas por sindicatos, trabalhadores e empregadores ou terceiros, como ações civis públicas, movidas tanto pelo Ministério Público do Trabalho, como pela Procuradoria-Geral do Estado.

Desse modo, eventuais reparações de danos sofridos pelas partes que participam do movimento paredista, como por terceiros afetados pela greve, devem ser postuladas na Justiça do Trabalho, uma vez que o inciso II não restringe a competência da Justiça do Trabalho para as ações que envolvam as partes no movimento paredista.

Entendemos que a intenção da lei e do próprio legislador no inciso II do art. 114 foi trazer para a Justiça do Trabalho todas as ações que guardam nexo de causalidade com o movimento grevista, vale dizer: as causas em que a greve seja o motivo principal da violação de um direito.

Nesse sentido, destaca *Reginaldo Melhado*(89): "A responsabilidade dos trabalhadores e dos seus sindicatos, diante dos danos causados em razão do movimento paredista, só poderá ser buscada na Justiça do Trabalho. Eram comuns, até recentemente, as ações de indenização por dano material e moral, contra sindicatos e trabalhadores na Justiça Comum."

5. Ações sobre representação sindical

O Direito Sindical, indiscutivelmente, integra o Direito do Trabalho. Por isso, toda a matéria que envolve os Sindicatos, bem como todas as ações em que se discutam questões sindicais, deve ser apreciada pelo Judiciário Trabalhista. Isso se deve inclusive por razões históricas, uma vez que o reconhecimento do direito de união e das associações de trabalhadores foram fatos que impulsionaram o próprio surgimento do Direito do Trabalho.

Conforme nos ensina *Amauri Mascaro Nascimento*(90):

> "O direito sindical está consolidado na vida dos povos e nos ordenamentos jurídicos. São quatro, segundo a melhor doutrina, as partes de que se compõe: a) a organização sindical; b) a ação e funções dos entes sindicais, em especial a negociação coletiva e os contratos coletivos de trabalho; c) os conflitos coletivos de trabalho e suas formas de composição; e d) representação não sindical ou mista dos trabalhadores na empresa."

De nossa parte, o Direito Sindical faz parte do Direito Coletivo do Trabalho, que abrange, além das questões sindicais, as referentes à solução dos conflitos coletivos do trabalho, greves e o Poder Normativo da Justiça do Trabalho.

Pela antiga redação do art. 114 da CF, a Justiça do Trabalho não detinha competência para dirimir conflitos entre sindicatos, pois a CF falava em dissídios envolvendo empregados e empregadores. Antes da EC n. 45/04, a Justiça do Trabalho pronunciava-se sobre tais questões *incidenter tantum* em dissídios coletivos, por força do inciso III do art. 469 do CPC — por exemplo, oposição em dissídio coletivo de natureza econômica em que um sindicato opoente postulava a representação de uma das categorias envolvidas no dissídio coletivo.

No sistema da Constituição de 1988, a Justiça do Trabalho somente apreciava as questões envolvendo os Sindicatos na defesa de direitos dos trabalhadores (representação ou substituição processual), nos termos do art. 8º, III, da CF. Não tinha a Justiça do

(89) MELHADO, Reginaldo. *Op. cit.*, p. 249.

(90) *Compêndio de direito sindical*. 5. ed. São Paulo: LTr, 2008. p. 30.

Trabalho competência para apreciar questões sindicais envolvendo direito próprio dos Sindicatos, nem questões *interna corporis* abrangendo matéria sindical como as de registro sindical, eleições sindicais, remuneração de dirigente sindical, etc.

Posteriormente, veio a Lei n. 8.984/95, cujo art. 1º dispõe:

> "Compete à Justiça do Trabalho conciliar e julgar os dissídios que tenham origem no cumprimento de convenções coletivas de trabalho ou acordos coletivos de trabalho, mesmo quando ocorram entre sindicatos ou entre sindicatos de trabalhadores e empregador."

Com suporte no citado dispositivo, o STJ havia firmado jurisprudência no sentido de que não competiam à Justiça do Trabalho as controvérsias sobre a contribuição sindical previstas em lei. Nesse sentido, a Súmula n. 222 do STJ: "Compete à Justiça Comum processar e julgar as ações relativas à Contribuição Sindical prevista no art. 578 da CLT."

Na mesma direção, fora a jurisprudência do C. Tribunal Superior do Trabalho, conforme a OJ n. 290, da SDI-I, do C. TST: "Contribuição Sindical Patronal. Ação de Cumprimento. Incompetência da Justiça do Trabalho. É incompetente a Justiça do Trabalho para apreciar a lide entre sindicato patronal e a respectiva categoria econômica, objetivando cobrar a respectiva contribuição assistencial."

Atualmente, o art. 114, III, da CF, com a redação dada pela EC n. 45/04, tem a seguinte redação: "as ações sobre representação sindical, entre sindicatos, entre sindicatos e trabalhadores, e entre sindicatos e empregadores."

Como destaca *Wagner D. Giglio*(91): "O sindicato sempre teve larga atuação na Justiça do Trabalho como defensor dos interesses da categoria representada. A ampliação da competência ditada pela Emenda Constitucional n. 45/2004 visou a outorgá-la para os processos em que o sindicato atue em interesse próprio, em conflitos contra outras entidades sindicais sobre filiação ou a representação da classe (já antevendo essa questão, comum no regime de pluralidade sindical), ou sobre a maior representatividade para fins de negociação com a empresa ou ramo econômico."

O termo *Sindicato*, a nosso ver, deve ser interpretado de forma ampla para abranger todas as entidades de natureza sindical. No nosso sistema sindical confederativo, são entidades sindicais de qualquer grau: sindicato, federação, confederação e até centrais sindicais, desde que as ações versem sobre alguma das matérias do art. 114 da CF e também sobre a representação sindical. Também a nosso ver, estão inseridas no conceito de representação sindical as ações que envolvam comitês de empresa ou representação no local de trabalho (art. 11 da CF), ou de grupo de trabalhadores que participarão da gestão da empresa (art. 7º, XI, da CF).

Atualmente, há duas vertentes preponderantes de interpretação do inciso III do art. 114 da CF: uma restritiva, no sentido de que somente há competência da Justiça do Trabalho para as ações que versem sobre representação sindical (disputa entre sindicatos pela representação da categoria e fixação de base territorial), não

---

(91) GIGLIO, Wagner D. *Direito processual do trabalho.* 15. ed. São Paulo: Saraiva, 2005. p. 50.

abrangendo as controvérsias entre sindicatos e terceiros e também entre empregados e empregadores envolvendo o exercício da representação sindical.

Outra corrente ampliativa é no sentido de que a competência da Justiça do Trabalho não está restrita às ações sobre representação sindical, mas sim às ações que envolvem matéria sindical, entre sindicatos e empregados e sindicatos e empregadores, pois o referido inciso III do art. 114, da CF não restringe a competência para as ações sobre representação sindical, uma vez que há uma vírgula após o termo *ações sobre representação sindical.*

No nosso sentir, o inciso III do art. 114 da CF abrange todas as ações que envolvem matéria sindical no âmbito trabalhista, uma vez que se trata de ações envolvendo matéria trabalhista. Tanto isso é verdade, que a organização sindical vem disciplinada nos arts. 8º e seguintes da Constituição Federal e 511 e seguintes da CLT. De outro lado, o inciso III do art. 114 da CF não pode ser interpretado isoladamente, mas sim em cotejo com os incisos I e IX do próprio art. 114. Sendo assim, como a matéria sindical está umbilicalmente ligada à relação de emprego e também à relação de trabalho, a melhor leitura do referido inciso III do art. 114 da CF, visando à maior eficiência deste dispositivo Constitucional, sinaliza no sentido de que a competência da Justiça do Trabalho abrange todas as questões envolvendo matéria sindical, sejam entre sindicatos entre si, sindicatos e empregados, sindicatos e empregadores, e também as controvérsias envolvendo terceiros, como o Ministério do Trabalho, nas questões de registro sindical.

Podemos classificar os dissídios relacionados aos Sindicatos em: a) coletivos: que envolvem os dissídios coletivos. Nessa hipótese, a competência da Justiça do Trabalho é disciplinada no art. 114, § 2º; b) intersindicais não coletivos: que envolvem os conflitos entre sindicatos; c) intrassindicais, que envolvem as questões *interna corporis* do sindicato; e d)dissídios sobre contribuições sindicais.

Nesse sentido, é o Enunciado n. 24 da 1ª Jornada de Direito Material e Processual do Trabalho realizada no TST:

> "COMPETÊNCIA DA JUSTIÇA DO TRABALHO. CONFLITOS INTER E INTRASSINDICAIS. Os conflitos inter e intrassindicais, inclusive os que envolvam sindicatos de servidores públicos (estatutários e empregados públicos), são da competência da Justiça do Trabalho."

a) lides intersindicais não coletivas

Os conflitos intersindicais não coletivos envolvem dissídios entre dois ou mais sindicatos sobre representação de determinada categoria. Não se trata aqui de defesa de direitos da categoria, e sim do sindicato defendendo direito próprio. Conforme *João Oreste Dalazen*[(92)], são exemplos emblemáticos dessa categoria: a) os de representatividade; b) os declaratórios de vínculo jurídico-sindical entre sindicato e federação; c) os cautelares, como o que objetiva sustar os efeitos de convenção coletiva de trabalho.

---

(92) *Op. cit.*, p. 58.

Também, a nosso ver, aqui são cabíveis os litígios referentes à fusão e ao desmembramento de categorias.

Nesta espécie de conflitos, são cabíveis ações constitutivas ou declaratórias de representação da categoria.

b) lides intrassindicais

Com relação aos conflitos intrassindicais, estes envolvem todas as questões do Sindicato considerado em si mesmo e não em conflito com outro sindicato.

Nesta modalidade, estão abrangidos os conflitos envolvendo o próprio sindicato e seus associados, como entre sindicato e terceiros, por exemplo, o sindicato em face do Cartório de Registro de Pessoas Jurídicas e o Ministério do Trabalho, referente a questões sobre o registro sindical.

No nosso sentir, os conflitos intrassindicais abrangem:

a) legalidade de criação. Inclusive ações que versem sobre o registro sindical e também os atos constitutivos em cartório;

b) convocação de Assembleia;

c) eleições sindicais[(93)] e também sobre os cargos de direção (art. 522 da CLT e Súmula n. 197 do STF), registro da candidatura, etc. Por isso, parece-nos que a Súmula n. 4 do STJ[(94)] não foi recepcionada pela EC n. 45/04;

d) ação do dirigente sindical para pagamento de seus créditos e honorários junto à entidade sindical.

c) conflitos sobre contribuições sindicais

Quanto aos conflitos referentes a contribuições sindicais, a competência da Justiça do Trabalho abrange todas as espécies de contribuições, tanto as compulsórias: imposto sindical (art. 578 da CLT)[(95)], como as de caráter contratual: contribuição

---

(93) Nesse sentido, destacamos a seguinte ementa: "Conflito de competência — Federação das Indústrias do Estado do Maranhão — FIEMA — Processo eleitoral sindical — Representação sindical — Art. 114, inciso III, da CF — Alteração introduzida pela EC n. 45/2004 — Aplicação imediata — Competência da Justiça do Trabalho — As novas disposições do art. 114, inciso III, da Constituição Federal, introduzidas com a promulgação da Emenda Constitucional n. 45/04, têm aplicação imediata e atingem os processos em curso. Diante do alcance do texto constitucional *sub examine* as ações relacionadas com processo eleitoral sindical, conquanto sua solução envolva questões de direito civil, inserem-se no âmbito da competência da Justiça do Trabalho, uma vez que se trata de matéria subjacente à representação sindical." Conflito conhecido para declarar a competência do Juízo da 2ª Vara do Trabalho de São Luís (MA) - STJ CC 48.372 - MA (2005/0040784-8) - Ac. 1º S. - 22.6.05 - rel. Min. João Otávio de Noronha. *In: Revista LTr* 69-10/1255)

(94) Súmula n. 4 do STJ: "Compete à Justiça Estadual julgar causa decorrente do processo eleitoral Sindical."

(95) Diante da EC n. 45/04, o C. STJ cancelou a Súmula n. 222 de sua jurisprudência, que tinha a seguinte redação: "Competência — Contribuição sindical prevista no art. 578 da CLT. Compete à Justiça Comum processar e julgar as ações relativas à Contribuição Sindical prevista no art. 578 da CLT" (DJ 2.8.1999).

confederativa, contribuição assistencial, mensalidades sindicais e também eventuais taxas por participação dos sindicatos nas negociações coletivas, entre outras.

Quanto à contribuição sindical prevista em lei (imposto sindical), alguns sustentam a possibilidade de execução direta, com suporte no art. 606, § 2º, da CLT. Outros autores argumentam a possibilidade de Ação Monitória.

As ações de consignação em pagamento de contribuições sindicais promovidas por empregados ou empregadores, quando há dúvida sobre a exigibilidade da contribuição sindical ou de qual o sindicato seja o credor, também passaram para a competência da Justiça do Trabalho.

Destaca-se, no aspecto, a seguinte ementa:

> "Direito sindical — Ação de cobrança — Contribuição sindical — Confederação Nacional da Agricultura e Pecuária — CNA — EC n. 45/04 — Art. 114, III, da CF/88 — Competência da Justiça do Trabalho. Após a Emenda Constitucional n. 45/04, a Justiça do Trabalho passou a deter competência para processar e julgar não só as ações sobre representação sindical (externa — relativa à legitimidade sindical e interna — relacionada à escolha dos dirigentes sindicais), como também aos feitos intersindicais e os processos que envolvam sindicatos e empregadores ou sindicatos e trabalhadores. As ações de cobrança de contribuição sindical propostas pelo sindicato, federação ou confederação respectiva contra o empregador, após a Emenda, devem ser processadas e julgadas pela Justiça Laboral. Precedentes da Primeira Seção. A regra de competência prevista no art. 114, III, da CF/88 produz efeitos imediatos, a partir da publicação da EC n. 45/04, atingindo os processos em decurso, ressalvado o que já fora decidido sob a regra de competência anterior. Diante da incompetência deste Superior de Justiça para processar e julgar o recurso após a publicação da EC n. 45/04, devem ser remetidos os autos ao TST. Agravo de Instrumento prejudicado(96)."

6. *Habeas corpus*

Nossa Constituição Federal consagra o *habeas corpus* no art. 5º, inciso LXVIII, como um direito fundamental e uma garantia que tutela o bem mais caro do ser humano, que é a liberdade. Aduz o referido dispositivo constitucional: "Conceder-se-á *habeas corpus* sempre que alguém sofrer ou se achar ameaçado de sofrer violência ou coação em sua liberdade de locomoção, por *ilegalidade ou abuso de poder.*" (grifo nosso)

Conforme *Júlio César Bebber*: "O *habeas corpus* é, na verdade, ação mandamental, que integra a chamada jurisdição constitucional das liberdades e que tem por escopo a proteção da liberdade de locomoção, quando coarctada (limitada, restringida, reprimida) ou ameaçada de sê-lo, por ilegalidade ou abuso do Poder Público"(97).

Para nós, "o *habeas corpus* é um remédio constitucional, exercido por meio de uma ação mandamental, que tem por objetivo a tutela da liberdade do ser humano,

(96) STJ, AI 684.622-PR (2005.0092950-0), Ac., 20.6.2005, rel. Min. Castro Meira. *In: Revista LTr* 69-08/993.

(97) BEBBER, Júlio César. *Mandado de segurança.* Habeas corpus. Habeas data *na Justiça do Trabalho.* São Paulo: LTr, 2006. p. 167.

assegurando-lhe o direito de ir, vir e ficar, contra ato de ilegalidade ou abuso de poder. Pode ser preventivo, quando há iminência da lesão do direito de liberdade, ou repressivo, quando já tolhida a liberdade."

Quanto à natureza jurídica do *habeas corpus*, em que pese a opinião majoritária da doutrina e da jurisprudência em sentido contrário[(98)], não se trata de uma ação criminal[(99)], mas sim de um remédio constitucional para tutelar a liberdade de locomoção contra ato ilegal ou de abuso de poder, não sendo exclusivamente uma ação de natureza penal. Nesse sentido, é a posição de *Estêvão Mallet*[(100)]:

> "O *habeas corpus* não é ação penal. Defini-lo assim é inaceitável. Diminui sua relevância, teórica e prática. Caracteriza o *habeas corpus*, na verdade, 'privilege', como referido no art. I, Seção IX, n. 2, da Constituição dos Estados Unidos da América, ou '*safeguard of personal liberty*', segundo a doutrina, ou, se se quiser, remédio ou garantia constitucional. Aliás, nem a origem do *habeas corpus* permite vinculá-lo apenas ao direito penal, já que surgiu o *writ* como processo de caráter mais amplo, '*by wich courts compelled the attendance of partis whoese presence would facilitate their proceedings*'."

Partindo-se da premissa de que o *habeas corpus* tem natureza de ação penal, parte significativa da jurisprudência, anterior à EC n. 45/04 entendia que a Justiça do Trabalho não tinha competência para apreciá-lo, mesmo que a prisão emanasse de ato de Juiz do Trabalho, devendo a Justiça Federal apreciar o *writ*.

Nesse sentido, a seguinte ementa:

> "Sendo o *habeas corpus*, desenganadamente, uma ação de natureza penal, a competência para seu processamento e julgamento será sempre de juízo criminal, ainda que a questão material subjacente seja de natureza civil, como no caso de infidelidade do depositário, em execução de sentença. Não possuindo a Justiça do Trabalho, onde se verificou o incidente, competência criminal, impõe-se reconhecer a competência do Tribunal Regional Federal para o feito." (STF-CC 6979-DF – Ac. TP, 15.8.91, relator Min. Ilmar Galvão)

Depois da EC n. 45/04, não há mais dúvidas de que a Justiça do Trabalho tem competência para apreciar *o habeas corpus*, para as matérias sujeitas à sua jurisdição.

Com efeito, assevera o art. 114, IV, da CF, competir à Justiça do Trabalho, processar e julgar os mandados de segurança, *habeas corpus* e *habeas data*, quando o ato questionado envolver matéria sujeita à sua jurisdição.

---

(98) Por todos, destacamos a opinião de Alexandre de Moraes: "O *habeas corpus* é uma ação constitucional de caráter penal e de procedimento especial, isenta de custas e que visa a evitar ou cessar violência ou ameaça na liberdade de locomoção, por ilegalidade ou abuso de poder. Não se trata, portanto, de uma espécie de recurso, apesar de regulamentado no capítulo a eles destinado no Código de Processo Penal" (*Direito constitucional.* 15. ed. São Paulo: Atlas, 2004. p. 141).

(99) Talvez a doutrina majoritária fixe a natureza jurídica criminal do *habeas corpus*, em razão de seu procedimento estar regulamentado no Código de Processo Penal (arts. 647 a 667).

(100) MALLET, Estêvão. *Direito, trabalho e processo em transformação.* São Paulo: LTr, 2005. p. 177.

Pela dicção do referido dispositivo legal, cabe o *habeas corpus* na Justiça do Trabalho toda vez que o ato envolver a jurisdição trabalhista, vale dizer: estiver sujeito à competência material da Justiça do Trabalho.

O eixo central da competência da Justiça do Trabalho, após a EC n. 45/04, encontra suporte na relação de trabalho (inciso I do art. 114 da CF) e também nas demais matérias mencionadas nos incisos I a VIII do art. 114 da CF.

Na Justiça do Trabalho, as hipóteses de prisões determinadas pelo Juiz do Trabalho são em decorrência ou do descumprimento de uma ordem judicial para cumprimento de uma obrigação de fazer ou não fazer, ou do depositário infiel.

Inegavelmente, a hipótese mais comum da utilização do *habeas corpus* na Justiça do Trabalho é em decorrência da prisão do depositário infiel, que se dá na fase de execução de sentença trabalhista.

Há, a nosso ver, a possibilidade de impetração de *habeas corpus* na Justiça do Trabalho quando o empregador ou tomador de serviços restringirem a liberdade de locomoção do empregado ou trabalhador por qualquer motivo, como em razão de não pagamento de dívidas. A Justiça do Trabalho neste caso não está apreciando matéria criminal, ou se imiscuindo em atividade policial, mas julgando ato que está dentro de sua competência material, pois cumpre à Justiça do Trabalho defender a liberdade ao trabalho, os valores sociais do trabalho e a dignidade da pessoa humana do trabalhador (art. 1º, incisos III e IV, da CF). Nesta hipótese, o *habeas corpus* é cabível contra ato de ilegalidade.

A doutrina e a jurisprudência têm entendido que é possível a impetração de *habeas corpus* se o constrangimento emanar de ato de particular(101), pois o inciso LXVIII, do art. 5º, da CF, não fala em ato de autoridade. Nesse mesmo diapasão, destacamos a posição de *Edilton Meirelles*: "[...] o constituinte derivado assegurou a competência da Justiça do Trabalho para conhecer do *habeas corpus* 'quando o ato questionado envolver matéria sujeita à sua jurisdição'. Logo, essa competência não envolve tão somente os atos praticados pela autoridade judiciária, mas de qualquer autoridade ou pessoa que esteja, ilegalmente ou em abuso do poder, restringindo a liberdade de outrem. Assim, como já exemplificado, tem-se a possibilidade da Justiça do Trabalho julgar o *habeas corpus* impetrado em face do empregador que restringe a liberdade de locomoção do empregado, mantém o empregado no ambiente de trabalho, quando do movimento grevista em face dos atos por este praticado

(101) Nesse sentido, destacamos as seguintes ementas: STJ: "O HC é ação constitucional destinada a garantir o direito de locomoção, em face de ameaça ou de efetiva violação por ilegalidade ou abuso de poder. Do teor da cláusula constitucional pertinente (art. 5º, LXVIII) exsurge o entendimento no sentido de admitir-se que o uso da garantia provenha de ato de particular, não se exigindo que o constrangimento seja exercido por agente do Poder Público. Recurso ordinário provido" (RT n. 735/521). No mesmo sentido, RT n. 577/329 e RT n. 574/400. Internação em hospital — TJSP: "Constrangimento ilegal. Filho que interna os pais octogenários, contra a vontade deles em clínica geriátrica. Pessoas não interditadas, com casa onde residir. Decisão concessiva de *habeas corpus* mantida" (RT n. 577/329).

durante o movimento paredista (ação que envolve o exercício do direito de greve, aliás); o remédio heroico em face da autoridade pública que restringe a liberdade de locomoção do servidor público (impede, ilegalmente ou em abuso do poder, dele se ausentar da cidade, da localidade, etc.). Em suma, alargou-se a competência da Justiça do Trabalho para julgar o *habeas corpus* para além dos atos praticados pela autoridade judiciária trabalhista"[(102)].

Quanto à competência funcional, se o *habeas corpus* foi impetrado contra ato de particular, a competência hierárquica será das Varas do Trabalho, sendo apreciado pelo juiz monocrático.

O TRT julga *habeas corpus* impetrado em face de ato de Juiz do Trabalho de Vara do Trabalho.

O TST julga *habeas corpus* impetrado perante o Tribunal Regional do Trabalho. Diante da EC n. 45/04 (art. 114, IV, da CF), a nosso ver, o STJ não tem mais competência para apreciar *habeas corpus* impetrado contra ato de Juiz de Tribunal Regional do Trabalho, restando derrogado o art. 105, I, *c*, da CF. Como destaca *Júlio César Bebber*[(103)], "a incompatibilidade entre as duas regras constitucionais, obrigatoriamente, exclui a primeira em favor da mais moderna."

O STF julga *habeas corpus* impetrado ante atos dos Ministros do TST (art. 102, I, *i*, da CF).

Com relação ao procedimento, cumpre destacar que o *habeas corpus* é uma ação de natureza mandamental e de rito especial. Por isso, mesmo sendo a Justiça do Trabalho que irá apreciá-lo, o Juiz do Trabalho não aplicará o procedimento da CLT (arts. 643 e seguintes), mas sim o procedimento previsto no Código de Processo Penal (arts. 647 e seguintes), por força do art. 769 da CLT, uma vez que a CLT é omissa a respeito, e o Código de Processo Penal tem natureza de direito processual comum e se mostra efetivo para tutelar a liberdade da pessoa se o ato estiver sujeito à jurisdição trabalhista.

7. Mandado de segurança

Diz o art. 5º, LXIX, da CF:

> "Conceder-se-á mandado de segurança para proteger direito líquido e certo, não amparado por *habeas corpus* ou *habeas data*, quando o responsável pela ilegalidade ou abuso de poder for autoridade pública ou agente de pessoa jurídica no exercício de atribuições do Poder Público."

Ensina *Hely Lopes Meirelles*[(104)]: "Mandado de segurança é o meio constitucional posto à disposição de toda pessoa física ou jurídica, órgão com capacidade processual,

---

(102) MEIRELLES, Edilton. *Competência e procedimento na Justiça do Trabalho:* primeiras linhas da reforma do judiciário. São Paulo: LTr, 2005. p. 70.

(103) BEBBER, Júlio César. *Op. cit.*, p. 202.

(104) MEIRELLES, Hely Lopes. *Mandado de segurança.* 22. ed. São Paulo: Malheiros, 2000. p. 21-22.

ou universalidade reconhecida por lei, para a proteção de direito individual ou coletivo, líquido e certo, não amparado por *habeas corpus* ou *habeas data*, lesado ou ameaçado de lesão, por ato de autoridade, seja de que categoria for e sejam quais forem as funções que exerça."

A doutrina tem classificado o mandado de segurança como sendo uma ação constitucional, de natureza mandamental[(105)], processada por rito especial destinada a tutelar direito líquido e certo[(106)] contra ato de autoridade praticado com ilegalidade ou abuso de poder.

Antes da EC n. 45/04, praticamente, o mandado de segurança era utilizado tão somente contra ato judicial e apreciado pelo Tribunal Regional do Trabalho. Somente em algumas hipóteses restritas, como o Diretor de Secretaria, praticando um ato de sua competência exclusiva, poderia figurar como autoridade coatora, quando se recusasse, injustificadamente, a conceder carga do processo a um advogado que está no seu prazo para falar nos autos[(107)].

No Processo do Trabalho, em razão de não haver recurso para impugnar decisões interlocutórias (art. 893, § 1º, da CLT), o mandado de segurança tem feito as vezes do recurso em face de decisão interlocutória que viole direito líquido e certo da parte, como no deferimento de liminares em Medidas Cautelares e Antecipações de Tutela, embora não seja esta sua finalidade constitucional[(108)].

Em razão do aumento da competência da Justiça do Trabalho, os Mandados de Segurança passam a ser cabíveis contra atos de outras autoridades, além das

---

(105) Tem natureza mandamental, pois ato contínuo à decisão se expede uma ordem de execução.

(106) Conforme a clássica definição de Hely Lopes Meirelles, "*direito líquido e certo* é o que se apresenta manifesto na sua existência, delimitado na sua extensão e apto a ser exercido no momento da impetração. Por outras palavras, o direito invocado, para ser amparável por mandado de segurança, há de vir expresso em norma legal e trazer em si todos os requisitos e condições de sua explicação ao impetrante: se sua existência for duvidosa, se sua extensão ainda não estiver delimitada, se seu exercício depender de situações e fatos ainda indeterminados, não rende ensejo à segurança embora possa ser defendido por outros meios judiciais" (*Op. cit.*, p. 36).

(107) Em razão de o art. 114 da CF/88 se referir a dissídios entre trabalhadores e empregadores, a Justiça do Trabalho não tinha competência para Mandados de Segurança, cujas autoridades coatoras fossem outras autoridades federais. Nesse sentido, destacamos a seguinte ementa: "Conflito negativo de competência. Justiça do Trabalho e Justiça Federal. Mandado de segurança contra delegados regionais do trabalho. Relação empregatícia. Não caracterização. Competência da Justiça Federal. 1. O julgamento de mandado de segurança impetrado contra atos de Delegados Regionais do Trabalho, consistentes na fiscalização e aplicação de sanções administrativas, não é da competência da Justiça Trabalhista, pois não se relaciona à demanda entre empregado e empregador. Portanto, compete à Justiça Federal apreciá-lo e julgá-lo. 2. Conflito conhecido e declarada a competência do Juízo Federal da 8ª Vara da Seção Judiciária do Estado de Minas Gerais, o suscitado." (STJ, CC 40216, Proc. n. 200301678278, MG, rel. Min. Teori Albino Zavascki, v. u., DJU. 2.8.04).

(108) Principalmente, o mandado de segurança é manejado no Processo do Trabalho na fase de execução, muitas vezes de forma abusiva, dificultando a celeridade e efetividade da execução. De outro lado, há uma tolerância bem acentuada da jurisprudência, inclusive muitas vezes se aprecia o próprio mérito da questão no *mandamus*.

judiciárias, como nas hipóteses dos incisos III e IV do art. 114, da CF, em face dos Auditores Fiscais e Delegados do Trabalho, Oficiais de Cartório que recusam o registro de entidade sindical, e até mesmo atos dos membros do Ministério Público do Trabalho em Inquéritos Civis Públicos, uma vez que o inciso IV do art. 114 diz ser da competência da Justiça trabalhista o *mandamus* quando o *ato questionado envolver matéria sujeita à sua jurisdição*.

Nesse mesmo sentido, é a visão de *Sergio Pinto Martins*(109): "O mandado de segurança poderá ser impetrado contra auditor fiscal do trabalho ou o Delegado Regional do Trabalho em decorrência de aplicação de multas provenientes da fiscalização das relações de trabalho (art. 114, VII, da Constituição), na interdição de estabelecimento ou setor, de máquina ou equipamento, no embargo à obra (art. 161 da CLT), será proposta na primeira instância e não no TRT."

Sob outro enfoque, embora o art. 114, IV, da CF, diga caber o mandado de segurança quando o ato questionado estiver sob o crivo da jurisdição trabalhista, também se a matéria for administrativa(110) *interna corporis*, o mandado será cabível. Não há como se interpretar o referido inciso de forma literal. Como destaca *Antônio Álvares da Silva*(111): "Seria o maior dos absurdos que os tribunais do trabalho não pudessem julgar, por exemplo, um mandado de segurança impetrado contra seu presidente, numa questão administrativa, nem que ao órgão especial não pudesse ser dada competência para julgar questões administrativas internas em geral."

A competência para o mandado de segurança se dá como regra geral em razão da qualidade da autoridade coatora. Nesse sentido, é a visão de *Hely Lopes Meirelles*(112) que foi consagrada pelos Tribunais: "A competência para julgar mandado de segurança define-se pela categoria da autoridade coatora e pela sua sede funcional."

No mesmo contexto, destacamos a seguinte ementa:

> "Irrelevante, para fixação da competência, a matéria a ser discutida em Mandado de Segurança, posto que é em razão da autoridade da qual emanou o ato, dito lesivo, que se determina qual o Juízo a que deve ser submetida a causa(113)."

Na Justiça do Trabalho, a competência para o mandado de segurança se fixa, diante da EC n. 45/04, em razão da matéria, ou seja, que o ato praticado esteja submetido à jurisdição trabalhista. O critério determinante não é a qualidade da autoridade coatora, e sim a competência jurisdicional para desfazer o ato praticado.

---

(109) MARTINS, Sergio Pinto. *Direito processual do trabalho*. 26. ed. São Paulo: Atlas, 2006. p. 119.

(110) Ensina Lúcia Valle Figueiredo que ato administrativo "é norma concreta, emanada pelo Estado ou por quem esteja no exercício de função administrativa, que tem por finalidade criar, modificar, extinguir ou declarar relações entre este (o Estado) e o administrado, suscetível de ser contrastada pelo Poder Judiciário" (*Curso de direito administrativo*. 4. ed. São Paulo: Malheiros, 2000. p. 151-152).

(111) SILVA, Antônio Álvares da. *Op. cit.*, p. 208.

(112) MEIRELLES, Hely Lopes. *Op. cit.*, p. 65.

(113) STJ, CComp n. 17.438-MG, rel. Min. Felix Fischer, DJ 20.10.1997. p. 52.969.

Desse modo, ainda que a autoridade coatora seja Municipal, Estadual ou Federal, se o ato questionado estiver sujeito à jurisdição trabalhista, a competência será da Justiça do Trabalho e não das Justiças Estadual ou Federal.

Não obstante, fixada a competência material da Justiça do Trabalho, a competência funcional será da Vara do Trabalho do foro do domicílio da autoridade coatora, salvo as hipóteses de foro especial, conforme disciplinado na Constituição Federal(114). Se o ato impugnado for de autoridade judiciária, a competência estará disciplinada nos arts. 678 e seguintes, da CLT e na Lei n. 7.701/88, bem como nos Regimentos Internos dos TRTs e TST.

Na Justiça do Trabalho, o mandado de segurança é processado pelo rito da Lei n. 12.016/09, não se aplicando o procedimento da CLT.

8. *Habeas data*

Diz o inciso LXXII do art. 5º da CF: "Conceder-se-á *habeas data:* a) para assegurar o conhecimento de informações relativas à pessoa do impetrante, constantes de registros ou bancos de dados de entidades governamentais ou de caráter público; b) para retificação de dados, quando não se prefira fazê-lo por processo sigiloso, judicial ou administrativo."

Ensina *Alexandre de Moraes*(115): "Pode-se definir o *habeas data* como direito que assiste a todas as pessoas de solicitar judicialmente a exibição dos registros públicos ou privados, nos quais estejam incluídos seus dados pessoais, para que deles tome conhecimento e, se necessário for, sejam retificados os dados inexatos ou obsoletos ou que impliquem em discriminação."

O *habeas data* tem raríssima utilização, pois, na maioria dos casos, o mandado de segurança resolve o problema. Na esfera trabalhista, por exemplo, podem ocorrer hipóteses de utilização, como um determinado empregador que não tem acesso a uma lista de "maus empregadores" do Ministério do Trabalho(116), ou um servidor celetista que não tem acesso ao seu prontuário no Estado.

---

(114) Como destaca Júlio César Bebber: "É das Varas do Trabalho a competência para julgar mandados de segurança contra atos administrativos praticados no âmbito ou em decorrência da relação de trabalho, em que seja questionada manifestação ou omissão de autoridade pública ou agente de pessoa jurídica no exercício de atribuições do Poder Público" (A competência da Justiça do Trabalho e a nova ordem constitucional. *In:* COUTINHO, Grijalbo Fernandes; FAVA, Marcos Neves (Coord.). *Nova competência da Justiça do Trabalho.* São Paulo: LTr, 2005. p. 258).

(115) MORAES, Alexandre de. *Direito constitucional.* 15. ed. São Paulo: Atlas, 2004. p. 154.

(116) Nesse sentido, destaca Júlio César Bebber: "Dar-se-á *habeas data*, entretanto, para conhecimento, retificação e complementação de informações, bem como para anotação de contestação ou explicação, sobre dados registrados pelo Ministério do Trabalho e Emprego constantes do *'cadastro de empregadores que tenham mantido trabalhadores em condições análogas às de escravo'* (Portaria n. 540 de 15.10.2004)" (*Mandado de segurança.* Habeas corpus. Habeas data *na Justiça do Trabalho.* São Paulo: LTr, 2006. p. 228).

Em face de empregador (pessoa física ou jurídica de direito privado)[117], diante da redação do texto constitucional, não cabe o *habeas data*. Como destaca *Sergio Pinto Martins*[118]: "Se a Justiça do Trabalho fosse competente para analisar questões de funcionários públicos, seria razoável a retificação de banco de dados de entidades governamentais ou de caráter público (art. 5º, LXXII, da Lei Maior). O empregador não tem esse banco de dados ou informações constantes de registros públicos. Seus dados ou registros são privados. A Lei n. 9.507/97 mostra que o banco de dados é público. Faz referência à autoridade coatora, que é um agente público e não privado. Não penso que o *habeas data* servirá para obtenção de dados da empresa para fins do estabelecimento de participação nos lucros. O empregado poderá se utilizar de medida cautelar de exibição de documentos para obter certas informações da empresa constantes de documentos."

Entretanto, há entendimento contrário, sustentando a possibilidade de impetração de *habeas data* em face do empregador privado, conforme se constata da redação da seguinte ementa:

> "*HABEAS DATA* — Via Eleita — O *habeas data* é o remédio constitucional para obtenção ou correção de dados pessoais, oponível não apenas contra os entes governamentais, mas também as entidades de caráter público, como no caso em tela, e contra entidades privadas que possam divulgar dados a terceiros, o que leva a entender que o instrumento pode ser utilizado inclusive contra o empregador privado, quando se recuse a fornecer dados pessoais de seu empregado ou informações sobre sua vida profissional. Recurso ordinário a que se nega provimento." (TRT/SP – 00730008020065020086 (00730200608602000) – RO – Ac. 1ª T 20110450838 – relª Maria Inês Moura Santos Alves da Cunha – DOE 25.4.2011)

Quanto ao procedimento do *habeas data* na Justiça do Trabalho, aplica-se a Lei n. 9.507/97, por ser uma ação constitucional de natureza civil regida por lei especial.

9. Competência penal da Justiça do Trabalho

Os ramos do Direito não são estanques, cada ramo do Direito apresenta pontos de contato com outros ramos, como um sistema de vasos comunicantes. Assim também acontece com o Direito Material e Processual do Trabalho e com o Direito Material e Processual Penal. Muitas vezes, o Juiz do Trabalho se vale de vários conceitos do Direito Penal, como dolo, culpa, legítima defesa, etc., para enfrentar questões de justa causa (art. 482 da CLT). No Processo do Trabalho, há a eclosão de delitos, como falso testemunho, fraude processual e também delitos contra a organização do trabalho. Embora a Justiça do Trabalho seja uma Justiça Especializada, e o Juiz do Trabalho encarregado de garantir o cumprimento e efetividade do Direito do Trabalho, há também uma gama de tipos penais que visam a garantir o cumprimento e

(117) Nesse sentido, a seguinte ementa: "*Habeas data*. Ilegitimidade passiva do Banco do Brasil S.A. para revelação a ex-empregada, do conteúdo da filha de pessoal, por não se tratar, no caso, de registro de caráter público, nem atual o impetrado na condição de entidade governamental" (RE 165304-MG, TP, rel. Min. Octavio Gallotti, DJU 15.12.2000. p. 105).

(118) MARTINS, Sergio Pinto. Competência da Justiça do Trabalho para analisar mandados de segurança, *habeas corpus* e *habeas data*. *In: Revista Legislação do Trabalho*. São Paulo: LTr, ano 69, v. 7, 2005. p. 180.

efetividade da legislação trabalhista, os valores sociais do trabalho e a dignidade da pessoa humana do trabalhador.

O direito processual penal é fonte subsidiária do direito processual do trabalho, em casos de omissão da legislação processual trabalhista e compatibilidade com a principiologia do processo do trabalho, nos termos do art. 769 da CLT, já que o processo penal se encaixa no conceito de *direito processual comum* a que se refere o citado artigo consolidado. Além das disposições já mencionadas do Código de Processo Penal, podem ser aplicados ao processo trabalhista os dispositivos que tratam da prova judiciária, como os indícios e presunções e também os artigos que tratam da ação civil em decorrência do delito.

Inegavelmente, o Juiz do Trabalho exerce atividades penais periféricas, incidentais em sua atuação jurisdicional, pois tem o dever de zelar pela dignidade do processo e pelo cumprimento da legislação, inclusive a criminal. Por exemplo, deve o Juiz do Trabalho comunicar aos órgãos competentes a ocorrência de delito nos autos do processo (art. 40 do CPP), pode dar voz de prisão, inclusive à testemunha que comete delito de falso testemunho ou em caso de desacato à sua autoridade. Como destaca *Guilherme Guimarães Feliciano*(119): "Os Juízes do Trabalho exercitam, todavia, funções penais periféricas de ordem correicional e administrativa, que podem ser condensadas em três paradigmas, a saber, os institutos penais afins, o dever de noticiar (notícia-crime judicial compulsória — art. 40 do CPP) e a prisão em flagrante. Sobre esta última, entendemos aplicar-se ao Juiz do Trabalho, como a todo juiz investido de jurisdição no local dos fatos, o ditame do art. 307 do CPP."

O Código Penal apresenta um capítulo dedicado aos crimes contra a organização do trabalho e também um capítulo dedicado aos crimes contra a organização da Justiça do Trabalho. Em leis esparsas, como a Lei de Greve, também há previsão de condutas criminosas pelos abusos praticados durante o movimento paredista (art. 15 da Lei n. 7.783/89).

Diante da redação dos incisos I e IX do art. 114 da CF, vozes da doutrina já estão sustentando a competência criminal da Justiça do Trabalho para apreciar os delitos contra a organização do trabalho e contra a administração da Justiça do Trabalho, pois, antes da EC n. 45/04, o art. 114 da CF atribuía competência à Justiça do Trabalho para os dissídios entre empregados e empregadores. Agora, o eixo central da competência deixou de ser as pessoas que compõem a relação de trabalho, para ser, objetivamente, a relação jurídica de trabalho.

Nesse sentido, a posição de *José Eduardo de Resende Chaves Júnior*(120): "Após a Emenda Constitucional n. 45 a situação ganhou contornos bem distintos. Com

(119) FELICIANO, Guilherme Guimarães. Aspectos penais da atividade jurisdicional do Juiz do Trabalho. *In: Revista Legislação do Trabalho.* São Paulo: LTr, ano 66, v. 12, 2000. p. 1487.

(120) CHAVES JÚNIOR, José Eduardo de Resende. A Emenda Constitucional n. 45/2004 e a competência penal da Justiça do Trabalho. *In:* COUTINHO, Grijalbo Fernandes; FAVA, Marcos Neves (Coords.). *Nova competência da Justiça do Trabalho.* São Paulo: LTr, 2005. p. 222.

a elisão dos vocábulos 'empregador' e 'trabalhador' do art. 114 da Constituição, a competência da Justiça do Trabalho deixou de se guiar pelo aspecto subjetivo (sujeitos ou pessoas envolvidas na relação de emprego), para se orientar pelo aspecto meramente objetivo, qual seja, as ações oriundas da relação de trabalho, sem qualquer referência à condição jurídica das pessoas envolvidas no litígio. Assim, a ação penal oriunda da relação de trabalho, que processualmente se efetiva entre Ministério Público e réu, passou a ser da competência da Justiça do Trabalho, em decorrência da referida mutação do critério de atribuição. Isso porque o critério objetivo, dessa forma, se comunica com a natureza da infração, que é uma das formas de fixação da competência nos termos do art. 69, III, do Código de Processo Penal."

Argumentam ainda os defensores da competência criminal da Justiça do Trabalho que o inciso IV do art. 114 já atribuiu competência penal à Justiça do Trabalho, pois o *habeas corpus* é uma ação de índole penal e que o julgamento dos crimes contra a organização do trabalho e contra a administração da Justiça do Trabalho fortalece a instituição e dá maior respeitabilidade a este ramo especializado do Poder Judiciário(121). Além disso, sustentam que os referidos delitos estão afeitos à seara trabalhista e que o julgamento, pelo judiciário trabalhista, impulsionará maior cumprimento da legislação trabalhista e efetividade do Direito do Trabalho.

Em que pesem as respeitáveis posições em contrário, a EC n. 45/04 não atribuiu competência penal à Justiça do Trabalho, uma vez que não o fez expressamente. Não há como se concluir que está implícita a competência da Justiça do Trabalho para julgar os crimes contra a organização do trabalho, em razão de serem controvérsias oriundas da relação de trabalho.

De outro lado, conforme sustentamos alhures, o *habeas corpus* não se trata de uma ação criminal, mas sim de um remédio constitucional para tutelar a liberdade de locomoção contra ato ilegal ou de abuso de poder.

As prisões determinadas pelo Juiz do Trabalho que decorrem do cumprimento das decisões trabalhistas, são de natureza cautelar e não penal. Não se trata de aplicação de pena, e sim de dar efetividade às decisões judiciais. Ainda que se possa ventilar que o *habeas corpus* tem natureza de ação criminal, o art. 114, IV, atribui competência

(121) Neste sentido, temos a visão de Antônio Álvares da Silva: "A competência penal seria a mais eficiente ferramenta de afirmação da Justiça do Trabalho e a mais potente arma para combater as violações à lei trabalhista. Hoje ela não dispõe de sanção, apenas condena patrimonialmente. Como os juros são insignificantes e a demanda pode demorar vários anos, a condenação perde significado" (*Competência penal trabalhista*. São Paulo: LTr, 2006. p.19). No mesmo contexto, defendendo a competência penal trabalhista, assevera Marcelo José Ferlin D'Ambroso: "A competência da Justiça do Trabalho em matéria criminal resgata a dignidade da jurisdição trabalhista e consolida o respeito aos direitos sociais conquistados e à atuação do órgão defensor da sociedade por excelência, o Ministério Público do Trabalho. O exercício da ação penal trabalhista na Justiça do Trabalho possibilitará, em curto prazo, diminuir sensivelmente as ocorrências de investidas criminosas comuns nas relações de trabalho concernentes a trabalho e salário sem registro, *truck-system*, cooperativismo irregular, discriminações e fraudes diversas, acarretando diminuição de ações trabalhistas e acrescendo elemento de valor e qualidade à jurisdição especializada" (Competência criminal na Justiça do Trabalho e legitimidade do Ministério Público do Trabalho em matéria penal: elementos para reflexão. *In: Revista Legislação do Trabalho.* São Paulo: LTr, ano 70, v. 2, 2006. p. 195).

restritiva penal à Justiça do Trabalho para esta ação, não podendo estender-se tal competência para outras ações de índole penal.

Além disso, não foi revogado o art. 109, VI[(122)], da CF, que atribui competência à Justiça Federal para os crimes contra a organização do trabalho[(123)]. Como é curial, quando a Constituição fixa a competência penal de forma expressa de um determinado órgão jurisdicional, como a Justiça Federal, a competência criminal dos demais órgãos é residual.

De outro lado, não nos parece que a Justiça do Trabalho está afeita às ações criminais, uma vez que seu foco é o acesso do trabalhador à Justiça e a garantia dos direitos fundamentais para a dignidade da pessoa do trabalhador e dos valores sociais do trabalho. Acreditamos que não é missão institucional da Justiça Trabalhista propiciar que o Estado ingresse com ações criminais para exercer o seu poder punitivo, porquanto a ação criminal tem como partes o Estado (ativa) e uma pessoa física no polo passivo (réu). Ainda que a ação penal se inicie por iniciativa do ofendido (queixa-crime) ou por representação da vítima, o *jus puniendi* pertence ao Estado.

A expressão "relação de trabalho" envolve a prestação de trabalho de uma pessoa física em prol de outra pessoa física ou jurídica, não abrangendo terceiros como o Estado, que é titular exclusivo do direito de punir. Ainda que o inciso IX do art. 114 da CF atribua à lei ordinária disciplinar outras controvérsias decorrentes da relação de trabalho, esta futura lei, a nosso ver, não tem o condão de atribuir competência criminal à Justiça do Trabalho, pois somente a Constituição Federal poderá atribuir tal competência ao Judiciário Trabalhista, como o inciso VI, do art. 109 da CF, atribuiu competência material à Justiça Federal para os crimes contra a organização do trabalho[(124)]. No nosso sentir, o art. 69, III, do CPP não regulamenta

---

(122) Art. 109 da Constituição Federal: "Aos Juízes Federais compete processar e julgar: [...] VI – os crimes contra a organização do trabalho e, nos casos determinados por lei, contra o sistema financeiro e a ordem econômico-financeira."

(123) A jurisprudência firmou entendimento de que se os crimes contra a organização do trabalho ofenderem uma coletividade de trabalhadores, a competência será da Justiça Federal, se atingir um único trabalhador, a competência será da Justiça Estadual. Nesse sentido, Fernando Capez, citando a jurisprudência a respeito: "Crime contra a organização do trabalho: depende. Se ofender a organização do trabalho como um ato, a competência será da Justiça Federal (STJ, 3ª Seç., CComp 10.255/RS, rel. Min. Edson Vidigal, v. u., DJ, 20 fev. 1995); se atingir direito individual do trabalho, a competência será da Justiça comum estadual (STJ, 3ª Seç., CComp 388, DJU, 16 out. 1989. p. 15854; CComp 1.182, RSTJ, 18/2001)" (*Curso de processo penal.* 6. ed. São Paulo: Saraiva, 2001. p. 2001). A Súmula n. 62 do STJ diz que "compete à Justiça Estadual processar e julgar o crime de falsa anotação na Carteira de Trabalho e Previdência Social, atribuído à empresa privada." A Súmula n. 200 do extinto TFR aduz: "Compete à Justiça Federal processar e julgar o crime de falsificação ou o uso de documento perante a Justiça do Trabalho." Quanto ao delito de falso testemunho, assevera a Súmula n. 165 do STJ que "compete à Justiça Federal processar e julgar crime de falso testemunho cometido no processo trabalhista."

(124) Júlio César Bebber, contrariando os argumentos em prol da competência penal da Justiça do Trabalho, destaca que "a competência penal é sempre expressa, nunca presumida. Tanto é assim que a competência civil é definida por exclusão. Somente quando não for definida como penal é que a competência será civil" (*Mandado de segurança.* Habeas corpus. Habeas data *na Justiça do Trabalho.* São Paulo: LTr, 2006. p. 168).

o inciso IX, do art. 114, da CF e não altera a regra Constitucional da competência da Justiça Federal.

Neste sentido, destacamos a seguinte ementa:

"Ação penal pública — Incompetência da Justiça do Trabalho. Ementa: Agravo regimental — Incompetência da Justiça do Trabalho — Ação penal pública — Embora o art. 114, da *Lex Mater*, com a nova redação dada pela Emenda Constitucional n. 45/2004, estabeleça que esta Justiça Especializada é competente para dirimir as ações oriundas da relação de trabalho, inclusive os *habeas corpus* (quando o ato questionado envolver matéria sujeita à sua jurisdição), não estendeu à Justiça do Trabalho competência penal *stricto sensu*." (TRT - 12ª R. - AG-REG 0891-2005-000-12-00-1 - (Ac. TP 13274/06 - 28.8.06) - relª Juíza Maria do Céo de Avelar - DJSC 26.9.06 - p. 57)

Por derradeiro, cumpre destacar que a Justiça do Trabalho apresenta um processo simplificado, voltado para a satisfação rápida dos direitos do trabalhador. Em se admitindo a competência criminal, inegavelmente, para o julgamento de crimes, a Justiça do Trabalho teria de aplicar o Código de Processo Penal, que é norteado pelo princípio constitucional da presunção de inocência do réu, e a decisão somente poderia ser proferida mediante um processo formal, balizado pelo princípio da verdade real, o que difere, em muito, dos princípios do Direito Processual do Trabalho.

Em que pesem as boas intenções daqueles que defendem a competência criminal da Justiça do Trabalho, no nosso sentir, tal competência não trará benefícios à Justiça do Trabalho e nem ao Processo do Trabalho, tampouco um maior cumprimento da Legislação Trabalhista, pois as vicissitudes enfrentadas pela Justiça Comum e pela Justiça Federal serão as mesmas enfrentadas pela Justiça do Trabalho. Além disso, a função da Justiça do Trabalho sempre foi a de facilitar o acesso do trabalhador à Justiça, o que ficaria significativamente comprometido com a competência criminal.

Diante do exposto, em que pese o respeito que merecem as opiniões em contrário, a EC n. 45/04, ao alterar o eixo central da competência material da Justiça do Trabalho para as controvérsias oriundas e decorrentes da relação de trabalho, não atribuiu competência penal à Justiça do Trabalho. Tal competência somente será possível por meio de Emenda Constitucional(125).

(125) Nesse sentido, se pronunciou recentemente o STF, deferindo a liminar em MEDIDA CAUTELAR EM AÇÃO DIRETA DE INCONSTITUCIONALIDADE n. 3.684-0 (1), conforme noticiado pelo STF: "1º.2.2007 — 19:15 — Justiça do Trabalho não tem competência para julgar ações penais. O plenário do Supremo Tribunal Federal (STF) deferiu, por unanimidade, liminar na Ação Direta de Inconstitucionalidade (ADI) 3684, ajuizada pelo procurador-geral da República contra os incisos I, IV e IX do art. 114 da Constituição Federal, introduzidos pela Emenda Constitucional (EC) n. 45/04. Esses dispositivos, ao tratarem da competência da Justiça do Trabalho para solucionar conflitos entre trabalhadores e empregadores, teriam atribuído jurisdição em matéria criminal à Justiça do Trabalho. De acordo com a ADI, o texto da Reforma do Judiciário aprovado pela Câmara foi alterado posteriormente no Senado. O procurador-geral sustenta que, após a alteração feita no Senado, a matéria deveria ter retornado à Câmara dos Deputados, o que não teria ocorrido, configurando a inconstitucionalidade formal do inciso I do art. 114. Aponta ainda que o dispositivo afronta os arts. 60, §§ 2º e 4º, inciso IV, e o art. 5º, *caput* e inciso LIII da Constituição Federal. O PGR alega que, em decorrência da EC n. 45, o Ministério Público do Trabalho e a Justiça do Trabalho estão praticando

No aspecto, vale transcrever entendimento recente do Supremo Tribunal vazado na seguinte ementa:

"COMPETÊNCIA CRIMINAL. Justiça do Trabalho. Ações penais. Processo e julgamento. Jurisdição Genérica. Inexistência. Interpretação conforme o art. 114, incs. I, IV e IX da CF, acrescidos pela EC n. 45/2004. Ação direta de inconstitucionalidade. Liminar deferida com efeito *ex tunc*. O diposto no art. 114, incisos I, IV e IX, da Constituição da República, acrescidos pela Emenda Constitucional n. 45, não atribuiu à Justiça do Trabalho competência para processar e julgar ações penais." (STF, ADI n. 3684-MC, TP, rel. Min. Cezar Peluso, Tribunal Pleno, J. 1º.2.2007, DJe-072, publ. 3.8.2007; LEXSTF V. 29, N. 344, 2007, P. 69-86)

10. Ações de indenização por danos morais e patrimoniais decorrentes da relação de trabalho

Dano, do latim *damnum*, termo bastante amplo para significar qualquer prejuízo material ou moral causado a uma pessoa. Em síntese, pode-se dizer que o dano é a lesão a um bem jurídico. É a lesão a um patrimônio[(126)].

Ensina *Agostinho Alvim*[(127)]: "Nós entendemos que o termo dano, em sentido amplo, vem a ser a lesão de qualquer bem jurídico, e aí se inclui o dano moral.

atos relativos a matéria penal. Diante dos argumentos, o procurador-geral requer, na ADI, a suspensão da eficácia do inciso I do art. 114 ou que seja dada interpretação conforme a Constituição. Pede também o afastamento de qualquer entendimento que reconheça a competência penal da Justiça do Trabalho e a interpretação conforme o texto constitucional dos incisos IV e IX do art. 114, acrescentado pela EC n. 45/04. No mérito, que seja declarada a inconstitucionalidade dos dispositivos impugnados. Voto: Em seu voto, o relator da ação, ministro Cezar Peluso, afirmou que o inciso IV do art. 114 determina a competência da justiça do trabalho para julgar *Habeas Corpus*, *Habeas Data* e Mandados de Segurança, 'quando o ato questionado envolver matéria sujeita a sua jurisdição'. Ele lembra, porém, que o pedido de *habeas* pode ser usado 'contra atos ou omissões praticados no curso de processos de qualquer natureza', e não apenas em ações penais. Se fosse a intenção da Constituição outorgar à justiça trabalhista competência criminal ampla e inespecífica, não seria preciso prever, textualmente, competência para apreciar *habeas*. O relator ressalta que a Constituição 'circunscreve o objeto inequívoco da competência penal genérica', mediante o uso dos vocábulos 'infrações penais' e 'crimes'. No entanto, a competência da Justiça do Trabalho para o processo e julgamento de ações oriundas da relação trabalhista se restringe apenas às ações destituídas de natureza penal. Ele diz que a aplicação do entendimento que se pretende alterar violaria frontalmente o princípio do juiz natural, uma vez que, segundo a norma constitucional, cabe à justiça comum — estadual ou federal, dentro de suas respectivas competências, julgar e processar matéria criminal. Quanto à alegada inconstitucionalidade formal, Peluso argumenta que a alteração no texto da EC n. 45, durante sua tramitação no Legislativo, 'em nada alterou o âmbito semântico do texto definitivo', por isso não haveria a violação ao § 2º, art. 60 da Constituição. Assim, por unanimidade, foi deferida a liminar na ADI, com efeitos *ex tunc* (retroativo), para atribuir interpretação conforme a Constituição, aos incisos I, IV e IX de seu art. 114, declarando que, no âmbito da jurisdição da Justiça do Trabalho, não está incluída competência para processar e julgar ações penais. Diante do exposto, no nosso sentir, em que pese o respeito que merecem as opiniões em contrário, a EC n. 45/04, ao alterar o eixo central da competência material da Justiça do Trabalho, para as controvérsias oriundas e decorrentes da relação de trabalho, não atribuiu competência penal à Justiça do Trabalho. Tal competência somente será possível por meio de Emenda Constitucional" (Disponível em: <http://www.stf.com.br> Acesso em: 13 fev. 2007).

(126) FLORINDO, Valdir. *Dano moral e o direito do trabalho*. 4. ed. São Paulo: LTr, 2002. p. 29.

(127) ALVIM, Agostinho. *Da inexecução das obrigações*. 3. ed. São Paulo: Jurídica e Universitária, 1965. p. 171.

Mas, em sentido estrito, dano é, para nós, a lesão do patrimônio; e patrimônio é o conjunto das relações jurídicas de uma pessoa, apreciáveis em dinheiro. Aprecia-se o dano tendo em vista a diminuição sofrida no patrimônio. Logo, a matéria do dano prende-se à da indenização, de modo que só interessa o estudo do dano indenizável."

O dano é a lesão de um bem jurídico, material ou imaterial ou ainda moral, tutelado pelo direito, que acarreta prejuízo à vítima.

O dano que causa prejuízo ao patrimônio da pessoa é considerado material e é reparado por um montante em pecúnia para tornar indene o prejuízo sofrido, ressarcindo o lesado dos danos emergentes (imediatos e atuais) e lucros cessantes (mediatos e futuros), ou seja, o que o lesado razoavelmente ganharia se não houvesse o dano.

Quanto ao dano moral, não é fácil a tarefa de definir o conceito exato. Não obstante as dificuldades de definir, a doutrina tem traçado alguns conceitos objetivos de dano moral, máxime para diferenciá-lo do dano patrimonial, já que, atualmente, o chamado dano moral puro, ou seja, aquele que não tem qualquer reflexo patrimonial, é objeto de reparação pelo Direito. Muitos conceitos partem da definição por exclusão do dano patrimonial, vale dizer: todo dano que não é patrimonial, é moral, ou extrapatrimonial. Não obstante, nem tudo que não é dano patrimonial pode ser encarado como dano moral.

A moderna doutrina vem dando amplitude mais acentuada ao dano moral para abranger todo dano que viole um direito da personalidade e a dignidade da pessoa humana, não podendo o conceito de dano moral ficar exclusivamente balizado ao preço da dor e aos danos do *Mundo Interior*. A nosso ver, diante da atual Constituição Federal (art. 5º, V e X) e também do Código Civil (arts. 10 e seguintes), atualmente, o conceito de dano moral tem caráter mais amplo do que os chamados "danos da alma" ou danos do mundo interior, pois abrange todo dano à pessoa, seja no aspecto interior (honra, intimidade, privacidade), seja no aspecto exterior (imagem, boa fama, estética), que não tenha natureza econômica, e que abale a dignidade da pessoa. Quanto às pessoas jurídicas, por não possuírem intimidade e não terem sentimentos, o dano moral se configura quando há violação à sua honra objetiva, seu nome, reputação e imagem.

O próprio STJ, recentemente, por meio da Súmula n. 387, tem ampliado a tutela dos direitos da personalidade para reconhecer a reparação do chamado *dano estético puro*, que se configura quando há alteração morfológica na pessoa, acarretando enfeiamento, deformação ou aleijão. Com efeito, dispõe a citada Súmula do STJ: "É lícita a cumulação das indenizações de dano estético e dano moral." (DJeletrônico 1º.9.2009).

No nosso sentir, o dano moral configura-se independentemente de seus efeitos, até mesmo porque os efeitos não são passíveis de serem demonstrados. Basta que ocorra violação efetiva a um direito da personalidade para que o dano moral esteja configurado.

Acreditamos, apesar de pronunciamentos em contrário, que o chamado *dano moral trabalhista*[(128)] não difere ontologicamente do dano moral civil, apenas o primeiro tem nexo causal com a relação de emprego, e o segundo não. Por isso, o dano moral que eclode de uma relação de trabalho, embora topograficamente inserido numa relação de ordem trabalhista, não perde sua natureza jurídica de ser uma reparação de índole constitucional e civil. Desse modo, em que pesem as abalizadas opiniões em contrário, não há o chamado *dano moral trabalhista*, mas sim um dano moral decorrente da relação de trabalho, pois a reparação por danos morais não é uma parcela trabalhista *stricto sensu* e nem se confunde com as indenizações trabalhistas, previstas no art. 7º da CF e na Consolidação das Leis do Trabalho[(129)].

Já na antiga redação do art. 114 da CF a jurisprudência trabalhista havia fixado entendimento no sentido de ser a Justiça do Trabalho competente para dirimir controvérsias sobre a reparação do dano moral decorrente da relação de trabalho. Nesse sentido a OJ n. 327, da SDI-I, do C. TST assim redigida:

> "Dano moral. Competência da Justiça do Trabalho. Nos termos do art. 114 da CF/88, a Justiça do Trabalho é competente para dirimir controvérsias referentes à indenização por dano moral, quando decorrentes da relação de trabalho."

Sob esse enfoque, também já se havia pronunciado o E. STF, consoante voto da lavra do Ministro Sepúlveda Pertence, que segue:

> "Justiça do Trabalho. Competência. Ação de reparação de danos decorrentes da imputação caluniosa irrogada ao trabalhador pelo empregador a pretexto de justa causa para a despedida e, assim, decorrente da relação de trabalho, não importando deva a controvérsia ser dirimida à luz do Direito Civil" (RE n. 238.737-SP) julg. 17.11.98[(130)].

Atualmente, o art. 114, VI, da CF, dispõe sobre a competência da Justiça do Trabalho para as ações de reparação por danos patrimoniais e morais decorrentes da relação de trabalho. Diz o referido dispositivo legal: "Compete à Justiça do Trabalho

(128) Muitos autores sustentam a existência do chamado *dano moral trabalhista*, ou seja, o dano moral próprio do Direito do Trabalho, que está umbilicalmente ligado a uma relação de trabalho ou de emprego. Nesse sentido, é a visão de João Oreste Dalazen: "Reputo *dano moral trabalhista*, por conseguinte, o agravo ou constrangimento moral infligido quer ao empregado, quer ao empregador, mediante violação a direitos ínsitos à personalidade, como consequência da relação de emprego" (Aspectos do dano moral trabalhista. *In: Revista Legislação do Trabalho.* São Paulo: LTr, ano 64, v. 01, 2000. p. 07). Na mesma trilha, é a posição de Guilherme Augusto Caputo Bastos*:* "O dano moral trabalhista configura-se, portanto, pelo enquadramento do ato ilícito perpetrado em uma das hipóteses de violação aos bens juridicamente tutelados pelo art. 5º, X, da Constituição da República de 1988. E para que o direito à reparação financeira se concretize, faz-se imprescindível a associação de três elementos básicos caracterizadores da responsabilidade civil: o impulso do agente, o resultado lesivo (dano) e o nexo de causalidade entre o dano e a ação"(*O dano moral no direito do trabalho.* São Paulo: LTr, 2003. p. 72).

(129) Nesse diapasão, se pronuncia Amauri Mascaro Nascimento: "Dano moral, que é o efeito da agressão moral, do assédio moral e do assédio sexual, é um só e mesmo conceito, no direito civil e no direito do trabalho, não existindo um conceito de dano moral trabalhista que, assim, vai buscar no direito civil os elementos da sua caracterização" (*Curso de direito do trabalho.* 19. ed. São Paulo: Saraiva, 2004. p. 466).

(130) Diário da Justiça n. 226, Seção 1, 25.11.98. p. 22. No mesmo contexto, também se pronunciou o STF. RE 269.309-0, rel. Nelson Jobim, DJ n. 218, 13.11.2000, Seção 1. p. 35.

processar e julgar: [...] VI – as ações de indenização por dano moral ou patrimonial, decorrentes da relação de trabalho."

Desse modo, a Justiça do Trabalho apreciará os danos morais e patrimoniais, que não têm natureza jurídica de verba trabalhista *stricto sensu*, mas que decorrem da relação de trabalho.

O Tribunal Superior do Trabalho pacificou a questão por meio da Súmula n. 392, *in verbis*:

> "DANO MORAL E PATRIMONIAL. RELAÇÃO DE TRABALHO. COMPETÊNCIA DA JUSTIÇA DO TRABALHO. Nos termos do art. 114, inc. VI, da Constituição da República, a Justiça do Trabalho é competente para processar e julgar ações de indenização por dano moral e material, decorrentes da relação de trabalho, inclusive as oriundas de acidente de trabalho e doença a ele equiparadas, ainda que propostas pelos dependentes ou sucessores do trabalhador falecido."

10.1. Danos na fase pré-contratual

Os danos, tanto morais como patrimoniais, podem ocorrer na fase pré-contratual, na fase contratual e na fase pós-contratual. Quanto à fase contratual, não há discussões sobre a competência da Justiça do Trabalho (art. 114, VI, da CF). Já quanto às fases pré-contratual e pós-contratual, surgem dúvidas, pois o dano não se verifica durante a relação de emprego.

Não admitindo a competência da Justiça do Trabalho na fase pré-contratual, destacamos a opinião de *Antonio Lamarca*(131): "Mais difícil se torna o tema quando pretendemos resolver questiúnculas originadas de um 'pré-contrato', que sequer chegou a ser concretizado. Sem aderir à teoria do 'contrato-realidade', procuramos demonstrar, em Manual das Justas Causas, a falsidade dessa teoria. A relação de emprego é consequência direta da relação jurídica que se estabelece entre as partes que prometem respectivamente, 'atividade laborativa' e 'contraprestação salarial'; no pré-contrato, ainda não há incidência das leis laborais e ainda não existe um 'contrato individual' de trabalho, que somente adquire vida e dinamismo através de sua execução. Se, por acaso, há inadimplência, a competência é da Justiça comum e não da Justiça do Trabalho."

No mesmo sentido é a opinião de *Rodolfo Pamplona Filho*(132): "O período das tratativas para a eventual formação de um contrato de trabalho, ainda que possa estar propenso à ocorrência de danos morais, não deve estar sob a competência da Justiça do Trabalho pelo argumento dogmático de que inexiste, neste momento, a qualificação jurídica necessária dos sujeitos, qual seja, a condição de empregados e empregadores"(133).

---

(131) LAMARCA, Antonio. *Op. cit.*, p. 118-119.

(132) PAMPLONA FILHO, Rodolfo. *O dano moral na relação de emprego*. 2. ed. São Paulo: LTr, 1999. p. 116.

(133) No mesmo diapasão, é a opinião de Luiz de Pinho Pedreira: "Na fase pré-contratual, conforme dito em capítulo anterior, reconsideramos a nossa opinião no sentido da competência, que passamos a rejeitar,

Em que pesem os argumentos dos citados doutrinadores, entendemos que a razão está com os que pensam ser a Justiça do Trabalho competente para dirimir os danos que eclodem na fase pré-contratual, pois decorrem de um futuro contrato de trabalho. De outro lado, a controvérsia decorre da relação de trabalho e se embasa na culpa *in contrahendo*. O fato de não existir ainda a relação de emprego não é suficiente para afastar a competência da Justiça do Trabalho, pois só houve o dano em razão de um futuro contrato de trabalho, se não fosse a relação de emprego ou de trabalho, que é o objeto do negócio jurídico, não haveria o dano.

Nesse mesmo diapasão, destacamos a seguinte ementa:

> "A Justiça do Trabalho é competente para apreciar e decidir pedido de reparação de dano causado pelo descumprimento da promessa de celebrar contrato de trabalho, por tratar-se de controvérsia decorrente de uma relação de trabalho prometida e que não teria se consumado por culpa de uma das partes. Embora refutada por muitos, existe a chamada responsabilidade pré-contratual, decorrente de ação ou omissão culposas ocorridas entre a proposta e a aceitação. Se a aceitação da proposta é manifestada no tempo oportuno, o contrato estará perfeito e acabado pelo simples acordo de vontades. Mas em se tratando de proposta que não exige aceitação imediata, pode o policitante retratar-se antes de manifestar a sua vontade. Entretanto, se este foi ilaqueado em sua boa-fé e frustrado em sua fundada esperança de contratar, tem ele o direito à reparação dos prejuízos sofridos. O dever de indenizar, no caso, explica-se, segundo alguns, pela teoria da culpa *in contrahendo* ou, segundo outros, pelo abuso de direito, mesmo que nessa fase não se entenda já existirem direito." (TRT, 3ª R. – 4ª T. – rel. Luiz Otávio Linhares Renault – Ac. 1383 – RO 17739/00 – DJMG 25.11.00 – p. 32)

10.2. Danos na fase pós-contratual

Quanto à fase pós-contratual, parte da doutrina se pronuncia pela incompetência da Justiça do Trabalho, por já extinta a relação de emprego e pelas partes já não ostentarem mais o *status* de empregado e empregador. Entretanto, pensamos de forma diversa, pois, se os danos eclodiram em razão da antiga existência do contrato de trabalho e com ele estão relacionados, a competência da Justiça do Trabalho se mantém, por força do art. 114, VI da CF, que menciona a competência da Justiça do Trabalho para as ações decorrentes *da relação de trabalho*.

O termo *decorrentes* significa que as ações se originam de uma relação de trabalho, vale dizer: que foi em razão desta relação que o dano eclodiu, independentemente se a

---

porque, nos termos do art. 114 da Constituição, ela está subordinada à extinção da relação de trabalho e esta, no período em questão, ainda não se perfez. É certo que Wilson de Souza Campos Batalha considera competente a Justiça do Trabalho inclusive para as ações relativas à fase pós-contratual, todavia. sem justificar. Em concordância com o nosso atual ponto de vista situa-se Miriam Tereyama, em estudo sobre o dano moral trabalhista, sustentando que se trata de mera expectativa de celebração futura de contrato para estabelecimento de relação de trabalho, excluída da expressão constitucional e, portanto, da competência da Justiça Comum, porque inexistente ainda relação empregatícia" (*A reparação do dano moral no direito do trabalho.* São Paulo: LTr, 2004. p. 123-124).

relação de trabalho ou emprego ainda está vigente ou não, pois a Constituição assim não distinguiu. Se dúvidas podem surgir quanto à competência da Justiça do Trabalho para apreciar o dano decorrente da fase pré-contratual, parece fora de dúvida que a competência para apreciar os danos decorrentes da fase pós-contratual é da Justiça especializada trabalhista, desde que relacionados à relação de trabalho[134] — por exemplo, se um empregador manda uma carta a uma empresa que pretende contratar seu antigo empregado, contendo informações desabonadoras a respeito da conduta do trabalhador, por fatos ocorridos durante a antiga relação de emprego. Ora, neste caso, a matéria está umbilicalmente atrelada ao antigo contrato de trabalho, restando forçosa a aplicação do art. 114 da CF.

Como bem assevera *José Affonso Dallegrave Neto*[135]: "A competência material para apreciar o dano moral oriundo da violação de deveres de lealdade, proteção e informação é da Justiça do Trabalho, vez que resultante de dever de conduta anexo ao contrato de trabalho, ainda que de um contrato findo. Ademais, corrobora este entendimento o fato do agente, ao ofender a vítima, agir não na condição de um sujeito qualquer que afronta a personalidade de outrem, mas especificamente de um ex-empregador que difama ou calunia seu ex-empregado com informações distorcidas atinentes ao contrato de trabalho ou vice-versa. O *status* jurídico do agente (ex-empregador) e da vítima (ex-empregado) são fundamentais para a classificação de um direito relativo e da responsabilidade do tipo contratual, máxime porque o novo art. 114, VI, da CF, fixa expressamente a competência da Justiça do Trabalho para as ações de indenização decorrentes de toda e qualquer relação de trabalho."

Nesse diapasão, destacamos a seguinte ementa:

> "A competência da Justiça do Trabalho para dirimir os dissídios motivados por dano moral não se estabelece linearmente, mas em decorrência da situação jurídica em que se encontra o trabalhador nos períodos pré-contratual, contratual e pós-contratual e do nexo de causa e efeito entre a lesão perpetrada e o vínculo de emprego. Revista conhecida e provida." (TST – RR 439272-1998 – 4ª T. – rel. Min. Antônio José de Barros Levenhagen – DJ 6.4.01 – p. 685)

10.2.1. Competência da Justiça do Trabalho para os pedidos de complementação de aposentadoria

Complementação de aposentadoria é benefício de natureza contratual, que se assemelha ao benefício previdenciário da aposentadoria, pago pelo empregador, após a aposentadoria do empregado, consistente na diferença entre o valor pago de

---

(134) Nesse sentido, destacamos a posição de Antonio Lamarca: "Compromissados empregados e compromissados empregadores não podem reclamar perante a Justiça do Trabalho: podem fazê-lo os *atuais* empregados e os *atuais* empregadores, bem como os *passados* empregados ou empregadores (extinta relação), como consequência, como decorrência, como corolário de uma relação jurídica complexa denominada 'contrato individual do trabalho' e cuja natureza jurídica perquirimos, à exaustão, em nosso *Manual das Justas Causas*" (*O livro da competência*. São Paulo: RT, 1979. p. 119).

(135) DALLEGRAVE NETO, José Affonso. *Responsabilidade civil no direito do trabalho*. São Paulo: LTr, 2005. p. 95.

aposentadoria pela Previdência social e o salário que o empregado recebia na ativa. O benefício é custeado mensalmente pelo empregado com parte de seu salário.

Até o final de 2012, a jurisprudência, salvo alguns pronunciamentos em sentido contrário, já estava sedimentada no sentido da competência material da Justiça do Trabalho para os pedidos de complementação de aposentadoria, basicamente, pelos seguintes argumentos: a) trata de direito que se origina da relação de emprego; b) o benefício é custeado com parte do salário do empregado; c) se trata, indiscutivelmente, de controvérsia decorrente da relação de trabalho, restando aplicável à hipótese os incisos I e IX do art. 114, da Constituição Federal.

Não obstante, no início de 2013, o Supremo Tribunal Federal, fixou entendimento, em acórdãos plenários, com repercussão geral, no sentido da competência da Justiça Comum. Seguem as ementas:

> "Recurso extraordinário — Direito Previdenciário e Processual Civil — Repercussão geral reconhecida — Competência para o processamento de ação ajuizada contra entidade de previdência privada e com o fito de obter complementação de aposentadoria — Afirmação da autonomia do Direito Previdenciário em relação ao Direito do Trabalho — Litígio de natureza eminentemente constitucional, cuja solução deve buscar trazer maior efetividade e racionalidade ao sistema — Recurso provido para afirmar a competência da Justiça comum para o processamento da demanda — Modulação dos efeitos do julgamento, para manter, na Justiça Federal do Trabalho, até final execução, todos os processos dessa espécie em que já tenha sido proferida sentença de mérito, até o dia da conclusão do julgamento do recurso (20.2.13). 1. A competência para o processamento de ações ajuizadas contra entidades privadas de previdência complementar é da Justiça comum, dada a autonomia do Direito Previdenciário em relação ao Direito do Trabalho. Inteligência do art. 202, § 2º, da Constituição Federal a excepcionar, na análise desse tipo de matéria, a norma do art. 114, inciso IX, da Magna Carta. 2. Quando, como ocorre no presente caso, o intérprete está diante de controvérsia em que há fundamentos constitucionais para se adotar mais de uma solução possível, deve ele optar por aquela que efetivamente trará maior efetividade e racionalidade ao sistema. 3. Recurso extraordinário de que se conhece e ao qual se dá provimento para firmar a competência da Justiça comum para o processamento de demandas ajuizadas contra entidades privadas de previdência buscando-se o complemento de aposentadoria. 4. Modulação dos efeitos da decisão para reconhecer a competência da Justiça Federal do Trabalho para processar e julgar, até o trânsito em julgado e a correspondente execução, todas as causas da espécie em que houver sido proferida sentença de mérito até a data da conclusão, pelo Plenário do Supremo Tribunal Federal, do julgamento do presente recurso (20/2/2013). 5. Reconhecimento, ainda, da inexistência de repercussão geral quanto ao alcance da prescrição de ação tendente a questionar as parcelas referentes à aludida complementação, bem como quanto à extensão de vantagem a aposentados que tenham obtido a complementação de aposentadoria por entidade de previdência privada sem que tenha havido o respectivo custeio." (STF – RE n. 586453/SE – SE – RECURSO EXTRAORDINÁRIO – relª Minª Ellen Gracie – rel. p/ Acórdão: Min. Dias Toffoli – Julgamento: 20.2.2013 – Órgão Julgador: Tribunal Pleno)

> "Recurso extraordinário — Direito Previdenciário e Processual Civil — Repercussão geral reconhecida — Competência para o processamento de ação ajuizada contra entidade de previdência privada e com o fito de obter complementação de aposentadoria — Afirmação

da autonomia do Direito Previdenciário em relação ao Direito do Trabalho — Litígio de natureza eminentemente constitucional, cuja solução deve buscar trazer maior efetividade e racionalidade ao sistema — Competência da Justiça comum para o processamento do feito — Recurso não provido. 1. A competência para o processamento de ações ajuizadas contra entidades privadas de previdência complementar é da Justiça comum, dada a autonomia do Direito Previdenciário em relação ao Direito do Trabalho. Inteligência do art. 202, § 2º, da Constituição Federal a excepcionar, na análise desse tipo de matéria, a norma do art. 114, inciso IX, da Magna Carta. 2. O intérprete diante de controvérsia em que há fundamentos constitucionais para se adotar mais de uma solução possível deve optar por aquela que efetivamente trará maior efetividade e racionalidade ao sistema. 3. Recurso extraordinário não provido." (STF – RE n. 583050/RS – RS – RECURSO EXTRAORDINÁRIO – rel. Min. Cezar Peluso – rel. p/ Acórdão: Min. Dias Toffoli – Julgamento: 20.2.2013 – Órgão Julgador: Tribunal Pleno)

Nesse sentido, vêm decidindo os Tribunais Trabalhistas, conforme as ementas que seguem:

"RECURSO DE REVISTA — COMPLEMENTAÇÃO DE APOSENTADORIA — COMPETÊNCIA — JUSTIÇA DO TRABALHO — ART. 114, I, DA CONSTITUIÇÃO FEDERAL — DECISÃO DO SUPREMO TRIBUNAL FEDERAL — REPERCUSSÃO GERAL — MODULAÇÃO DOS EFEITOS DA DECISÃO. No dia 20.2.2013, o Plenário do Supremo Tribunal Federal, no julgamento dos Recursos Extraordinários n. RE 586.453 e RE 583.050, proferido em sede de repercussão geral, concluiu, por maioria de votos, que cabe à Justiça Comum julgar processos decorrentes de contrato de previdência complementar privada, ainda que oriunda do contrato de trabalho. Contudo, os efeitos da decisão, por questões de segurança jurídica, foram modulados para estabelecer que permanecerão na Justiça do Trabalho todos os processos que já tiverem sentença de mérito até aquela data. Dessa forma, todos os processos em tramitação na Justiça Trabalhista, mas ainda sem sentença de mérito, a partir de 20.2.2013 deverão ser remetidos à Justiça Comum. Quanto aos demais processos, fica preservada a competência da Justiça do Trabalho. Esta última é a situação dos autos, porque prolatada decisão de primeiro grau a respeito do mérito antes da data do julgamento da matéria pela Corte Suprema. Portanto, competente esta Justiça Especial, nos termos da decisão proferida pelo STF, para julgamento da lide. Recurso de revista conhecido e provido." (TST – Processo: RR – 2828-22.2011.5.12.0002 – Data de Julgamento: 2.4.2013, rel. Min. Luiz Philippe Vieira de Mello Filho, 7ª Turma, Data de Publicação: DEJT 5.4.2013)

"COMPLEMENTAÇÃO DE APOSENTADORIA. ENTIDADE PRIVADA. COMPETÊNCIA DA JUSTIÇA COMUM. De acordo com recentes decisões proferidas pelo E. STF, nos REs ns. 586.453 e 583.050, com repercussão geral, compete à Justiça Comum, diante da inexistência de relação trabalhista entre o beneficiário e a entidade fechada de previdência complementar, o julgamento das causas que envolvam complementação de aposentadoria por entidades de previdência privada, conforme parágrafo segundo do art. 202 da Constituição da República Federativa do Brasil de 1988. Permanecem, todavia, na Justiça do Trabalho, apenas processos semelhantes, com decisão de mérito proferida até 20.2.2013." (TRT/SP – 00008813520115020252 – RO – Ac. 4ª T. – 20130374231 - relª Ivete Ribeiro – DOE 26.4.2013)

"Complementação de aposentadoria. Incompetência da Justiça do Trabalho. O julgamento proferido no Recurso Extraordinário de n. 586.453 pelo Supremo Tribunal Federal, em 20.2.2013 declarou a competência da Justiça Comum para julgar lides decorrentes de contrato de previdência complementar, com reconhecimento de repercussão geral da matéria, passando a valer para todos os processos semelhantes que tramitam nas diversas instâncias do Poder Judiciário." (TRT/SP – 00002955820125020447 – RO – Ac. 11ª T. – 20130370651 – relª Claudia Zerati – DOE 23.4.2013)

Atualmente, tanto o Tribunal Superior do Trabalho como os Tribunais Regionais do Trabalho têm seguido a diretriz do Supremo Tribunal Federal em não acolher a competência da Justiça do Trabalho para os pedidos de complementação de aposentadoria tanto de empregadores públicos como privados.

10.3. Da competência da Justiça do Trabalho para apreciação dos danos morais e materiais decorrentes do acidente de trabalho

Sob os prismas do art. 109, I, da CF, e Súmulas n. 15, do STJ[(136)], e 501 do STF[(137)], vinham os pretórios, majoritariamente, afastando a competência da Justiça do Trabalho para apreciação de litígio atinente a danos morais e patrimoniais decorrentes do acidente de trabalho.

Antonio Lamarca[(138)], em 1979, prevendo os novos horizontes da Justiça do Trabalho, fazia as seguintes indagações:

> "Por que razão o legislador ordinário não defere a uma Justiça semigratuita e perfeitamente aparelhada a resolução de conflitos do trabalho não resultantes de uma relação não empregatícia? Por que a Justiça do Trabalho não pode decidir as lides consequentes aos acidentes do trabalho e à previdência social? Há muito combatemos essa aparentemente inexplicável quebra de competência. A Justiça do Trabalho custa muito dinheiro aos cofres públicos, mas funciona melhor que qualquer outro setor do Judiciário brasileiro. Tanto isso é verdade que a Reforma Judiciária, de abril de 1977, praticamente não tocou nela. Seria razoável, portanto, que a ela se deferisse acompanhar toda a vida do trabalhador, em todos os aspectos ligados, direta ou indiretamente, ao seu trabalho. Não é assim, porém. Parece-me que o grande mal da Justiça do Trabalho reside, paradoxalmente, na sua eficiência. Fosse ela lenta, como a Justiça ordinária, e certamente, não teria voltada contra si a ira injustificada dos setores mais reacionários do país. Nem sempre interessa o destino de determinadas questões... Outra razão dos que vivem assentando baterias contra ela é o sentimento de humanidade, que domina os seus juízes, mais preocupados em fazer 'Justiça' que legalidade. O sentimentalismo da jurisprudência acientífica não agrada a certos setores sociais. Mas

(136) Súmula n. 15 do C. STJ: "Acidente do trabalho — Competência: justiça comum. Compete à Justiça Estadual processar e julgar os litígios decorrentes de acidente do trabalho" (DJ 14.11.90).

(137) Súmula n. 501 do E. STF: "Acidente do trabalho — Competência da justiça ordinária estadual. Compete à Justiça ordinária estadual o processo e o julgamento, em ambas as instâncias, das causas de acidentes do trabalho, ainda que promovidas contra a União, suas autarquias, empresas públicas ou sociedades de economia mista."

(138) LAMARCA, Antonio. *O livro da competência.* São Paulo: RT, 1979. p. 02.

tudo isso é inconcebível, pois a organização paritária da Justiça Obreira constitui a mais lídima garantia de imparcialidade das decisões. O juiz apenas representa a neutralidade do Estado, na solução das delicadas questões sociais."

A nosso ver, mesmo antes da EC n. 45/04, era da Justiça do Trabalho a competência para apreciar os danos morais e patrimoniais que decorrem do acidente de trabalho.

Por primeiro, cumpre destacar que o direito à indenização por acidente de trabalho, quando houver dolo ou culpa do empregador, está previsto no rol dos direitos trabalhistas[139], como uma garantia ao trabalhador (art. 7º, *caput*, da CF)[140].

De outro lado, cotejando-se a primeira parte do inciso I, do art. 109, da CF, com a parte final, conclui-se que somente são excluídas da Justiça Federal as causas acidentárias em que a União, Entidade Autárquica ou empresas públicas forem interessadas, consoante a própria redação do dispositivo legal ora enfocado que assim dispõe: "*As causas em que a União, entidade autárquica ou empresa pública federal forem interessadas na condição de autoras, rés*, assistentes ou oponentes, *exceto as de falência, as de acidentes de trabalho* e as sujeitas à Justiça Eleitoral e à Justiça do Trabalho" (os grifos são nossos).

Quando já parecia que era incontestável a competência da Justiça do Trabalho para apreciar os danos morais e materiais decorrentes do acidente de trabalho, o STF, surpreendentemente, fixou entendimento após a EC n. 45/04 de não competir à Justiça do Trabalho processar e julgar as ações de danos patrimoniais e morais decorrentes do acidente de trabalho, conforme as seguintes ementas:

> "Dano moral — Indenização — Acidente de trabalho — Justiça Comum (Decisão Monocrática): Compete à Justiça dos Estados-membros e do Distrito Federal, e não à Justiça do Trabalho, o julgamento das ações de indenização resultantes de acidente do trabalho, ainda que fundadas no direito comum e ajuizadas em face do empregador." (STF – RE n. 371.866-5 (559) – MG – rel. Min. Celso de Mello – DJU 22.3.05 – p. 77)

> "Competência: Justiça Comum: ação de indenização fundada em acidente de trabalho, ainda quando movida contra empregador. 1. É da jurisprudência do STF que, em geral, compete à Justiça do Trabalho conhecer de ação indenizatória por danos decorrentes da relação de emprego, não importando deva a controvérsia ser dirimida à luz do direito comum e não do Direito do Trabalho. 2. Da regra geral são de excluir-se, porém, por força do art. 109, I, da Constituição, as ações fundadas em acidente de trabalho, sejam as movidas contra a autarquia seguradora, sejam as propostas contra o empregador." (RTJ 188/740, rel. Min Sepúlveda Pertence)

Posteriormente, o STF reformulou seu entendimento para fixar a competência da Justiça do Trabalho para apreciar os danos morais e patrimoniais decorrentes

(139) "Art. 7º, XXVIII – Seguro contra acidentes de trabalho, a cargo do empregador, sem excluir a indenização a que este está obrigado, quando incorrer em dolo ou culpa."

(140) "Art. 7º – São direitos dos trabalhadores urbanos e rurais, além de outros que visem à melhoria de sua condição social: ..."

do acidente de trabalho[141], devido ao grande trabalho das Associações de Magistrados Trabalhistas, principalmente da ANAMATRA (Associação Nacional dos Magistrados do Trabalho).

Em outros julgamentos, o STF vem entendendo no mesmo sentido, conforme as seguintes ementas:

> "Constitucional. Ação indenizatória por acidente de trabalho. Competência. Art. 114, VI, da CF/88, redação dada pela EC n. 45/2004. Orientação firmada pelo STF no Julgamento do CC 7.204/MG. Efeitos temporais. I – O Plenário do Supremo Tribunal Federal, ao julgar o CC n. 7.204/MG, rel. Min. Carlos Britto, decidiu que a competência para processar e julgar ação de indenização por danos morais e patrimoniais decorrentes de acidente de trabalho é da Justiça do Trabalho. Precedentes. II – A nova orientação alcança os processos em trâmite pela Justiça comum estadual, desde que pendentes de julgamento de mérito. III – Agravo improvido." AG. REG. no REXTRA 465.742-2 MINAS GERAIS – STF – Ricardo Lewandowski – Ministro relator. DJU de 27.10.2006 – (DT – Dezembro/2006 – vol. 149 – p. 83)

> "Constitucional. Competência. Acidente do trabalho. Ação de indenização. Danos morais e patrimoniais. EC 45/2004. CF, art. 114, VI. Justiça do Trabalho. Orientação firmada pelo plenário do Supremo Tribunal Federal no Julgamento do CC 7.204/MG. Efeitos para o futuro. I. Compete à Justiça do Trabalho o julgamento das ações de indenização por danos morais e patrimoniais decorrentes de acidente de trabalho. CC n. 7.204/MG, Plenário, relator Ministro Carlos Britto. II. Atribuição de efeito *ex nunc* à nova orientação, que somente será aplicada às causas ajuizadas após a vigência da EC n. 45/2004, iniciada em 31.12.2004. III. Agravo não provido." AG. REG. no AI 540.190-1 SP – STF – Carlos Velloso – Presidente e relator. DJU de 25.11.2005 – (DT – Janeiro/2006 – vol. 138 – p. 44).

(141) O STF mudou seu entendimento a respeito da matéria, conforme notícia constante do *site* do Tribunal Regional do Trabalho da 2ª Região de 30.6.2005: "O Plenário do Supremo Tribunal Federal (STF) reformulou entendimento anterior e declarou que a competência para julgar ações por dano moral e material decorrentes de acidente de trabalho é da Justiça Trabalhista. A decisão unânime foi tomada nesta quarta-feira (29), durante análise do Conflito negativo de Competência (CC n. 7.204) suscitado pelo Tribunal Superior do Trabalho contra o Tribunal de Alçada de Minas Gerais. Os ministros acompanharam o voto do relator, ministro Carlos Ayres Britto, que considerou 'que o inciso I do art. 109 da Constituição não autoriza concluir que a Justiça Comum Estadual detém a competência para apreciar as ações que o empregado propõe contra seu empregador, pleiteando reparação por danos morais e patrimoniais'. Em seu voto, o ministro salientou que o caso é diferente para as ações em que a União, autarquias ou empresas públicas federais são partes interessadas nas causas entre o INSS e pessoas que buscam o recebimento de benefício previdenciário decorrente de acidente de trabalho. Nesse caso, Ayres Britto ressaltou que a competência é da Justiça Comum dos estados, conforme estabelecido na Súmula n. 501 do Supremo. No entanto, o ministro afirmou que no caso de ação acidentária reparadora de danos que envolva um empregado contra o empregador, onde não há interesse da União, nem de autarquias e ou de empresa pública federal, a competência deve ser da Justiça Trabalhista. Segundo Carlos Ayres Britto, na ação o interesse diz respeito, apenas, ao empregado e seu empregador, sendo desses dois únicos protagonistas a legitimidade processual para figurar nos polos ativo e passivo da ação. Ayres Britto defendeu que se a vontade objetiva do texto constitucional fosse excluir a competência da Justiça do Trabalho, teria feito isso no âmbito do art. 114, 'jamais no contexto do art. 109, versante este último sobre a competência de uma outra categoria de juízes'. Para o ministro, como a situação não se encaixa no inciso I do art. 109, tais ações devem ser regidas pelo art. 114 da Carta Magna, que trata das atribuições da Justiça Especial do Trabalho" (Disponível em: <http://www.trt02.gov.br> Acesso em: 30 jun. 2005). A íntegra do acórdão STF CC 7.204/MG – Ac. TP, 29.6.05. rel. Ministro Carlos Ayres Britto encontra-se publicada na *Revista Legislação do Trabalho*. São Paulo: LTr, ano 69, v. 12, 2005. p. 1477.

Recentemente, o Supremo Tribunal Federal pacificou entendimento a respeito conforme a Súmula Vinculante n. 22, abaixo transcrita:

> "A Justiça do Trabalho é competente para processar e julgar as ações de indenização por danos morais e patrimoniais decorrentes de acidente de trabalho propostas por empregado contra empregador, inclusive aquelas que ainda não possuíam sentença de mérito em primeiro grau quando da promulgação da Emenda Constitucional n. 45/04."

As ações promovidas pelos trabalhadores postulando benefícios previdenciários em face da Previdência Social decorrentes dos acidentes e doenças do trabalho fundamentados na Lei Previdenciária (8.213/91), a exemplo dos auxílio-doença, auxílio-acidente, aposentadoria por invalidez, etc., não são da competência da Justiça do Trabalho, pois entre trabalhador e Previdência, não há relação de trabalho, tampouco competência expressa na lei processual disciplinando a competência da justiça trabalhista. Portanto, no aspecto, a competência é da Justiça Comum (art. 109, I da CF, Súmulas ns. 15 do STJ e 501 do STF).

No mesmo sentido, a jurisprudência do Supremo Tribunal Federal após a EC n. 45/04, *in verbis*:

> "AGRAVO REGIMENTAL EM RECURSO EXTRAORDINÁRIO. ACIDENTE DO TRABALHO. AÇÃO ACIDENTÁRIA AJUIZADA CONTRA O INSS. COMPETÊNCIA DA JUSTIÇA COMUM ESTADUAL. INCISO I E § 3º C DO ART. 109 DA CONSTITUIÇÃO FEDERAL. SÚMULA N. 501 DO STF. A teor do § 3º c/c inciso I do art. 109 da Constituição Republicana, compete à Justiça comum dos Estados apreciar e julgar as ações acidentárias, que são aquelas propostas pelo segurado contra o Instituto Nacional do Seguro Social - INSS, visando ao benefício e aos serviços previdenciários correspondentes ao acidente do trabalho. Incidência da Súmula 501 do STF. Agravo regimental desprovido." (REAGR 478472, 1ª Turma, rel. Min. Carlos Ayres Brito, DJ 1º.6.2007)

Quanto às ações regressivas previdenciárias (art. 120 da Lei n. 8.213/91[(142)]), não obstante a matéria esteja relacionada com a relação de trabalho e com as regras destinadas à prevenção e repressão de acidentes de trabalho e também à saúde do trabalhador, entre Previdência Social e empregador não há relação de trabalho, sendo esta ação fundamentada na responsabilidade civil. Desse modo, a competência está afeita à Justiça Federal.

Em que pese razoável o entendimento da competência da Justiça do Trabalho, tendo à vista o inciso VI do art. 114, da CF, Súmula n. 736 do STF e o dano ter origem na relação de trabalho, nesta ação figura como autora a Previdência Social e na hipótese o art. 109 da CF é expresso no sentido de que compete à Justiça Federal as causas em que figurar a União como autora.

Nesse sentido:

> "ADMINISTRATIVO. CONSTITUCIONAL. AÇÃO ACIDENTÁRIA. DIFERENÇA DE AÇÃO REGRESSIVA DE REPARAÇÃO DE PERDAS E DANOS NO TOCANTE À COMPETÊNCIA.

---

(142) Art. 120, da Lei n. 8.213/91: "Nos casos de negligência quanto às normas padrão de segurança e higiene do trabalho indicados para a proteção individual e coletiva, a Previdência Social proporá ação regressiva contra os responsáveis."

O disposto no art. 109, inc. I, da CF/88, aplica-se tão somente às chamadas ações acidentárias que a Lei n. 8.213/91, em seu art. 129, inc. II, remete ao procedimento sumário, e não às ações regressivas movidas pela autarquia previdenciária para haver reparação de perdas e danos sofridos com o pagamento de indenizações ou pensões aos obreiros sinistrados." (TRF 4ª Região – AI n. 119.386 (200204010497623/SC) – 4ª Turma – rel. Juiz Alcides Vettorazzi – DJU 9.4.2003)

10.4. Competência da Justiça do Trabalho para apreciar o dano moral em ricochete

Dano moral reflexo ou em ricochete é o que também atinge pessoa diversa da que sofre diretamente o dano moral, ou seja: é o dano que reflete em pessoa que tem convivência muito próxima, ou laços efetivos com a vítima do dano.

Como destaca *Caio Mário da Silva Pereira*(143), a situação aqui examinada é a de uma pessoa que sofre reflexos de um dano causado a outra pessoa.

Alguns autores negam a existência do dano moral em ricochete, sustentando que o terceiro, em verdade, tem direito próprio à reparação do dano, vale dizer: sofre dano moral de forma direta, uma vez que tem abalo em sua personalidade em razão dos laços afetivos que possui com a vítima do dano moral.

Conforme *Nehemias Domingos de Melo*(144), referindo-se ao dano reflexo: "No tocante à questão dos danos morais, a situação fica mais clara, porquanto é perfeitamente compreensível que a agressão perpetrada contra uma determinada pessoa possa vir a repercutir no íntimo de uma outra ou mesmo de uma coletividade. Não há dúvidas quanto ao sofrimento que os pais experimentam em razão da morte de um filho; ou da esposa pela perda de seu marido; ou, ainda, de parentes próximos pela perda do ente querido." Prossegue o referido autor(145): "O dano reflexo, em seara trabalhista, não decorre unicamente do evento lesivo morte. Pode também ocorrer em razão de dano estético deformante ou incapacitante. Cabe esclarecer que, embora a legitimidade de propositura da ação de indenização por dano estético seja exclusiva da vítima, a regra comporta exceção para contemplar a possibilidade de os parentes próximos sofrerem o dano moral dito reflexo ou em ricochete, decorrente de uma lesão estética imposta a um ente querido. Situações haverá em que o dano estético causado à vítima repercutirá no seio familiar. Contudo, o que se estará buscando indenizar não será o dano estético, mas sim o dano moral, que, neste caso, será reflexo ou em ricochete."

No nosso sentir, o dano moral em ricochete ou reflexo é o que atinge outras pessoas, além da vítima direta do dano, em razão dos laços afetivos que possui com esta. Inegavelmente, o terceiro tem direito próprio à reparação, entretanto, o seu dano se originou de ofensa a terceiro. Por isso, o dano moral reflexo deve ser avaliado,

(143) PEREIRA, Caio Mário da Silva. *Responsabilidade civil.* 6. ed. Rio de Janeiro: Forense, 1995. p. 43.

(144) MELO, Nehemias Domingos de. *Dano moral trabalhista.* São Paulo: Atlas, 2007. p. 37.

(145) *Op. cit.*, p. 39.

considerando-se que o terceiro não o sofreu diretamente, devendo o *quantum* da reparação ser mais reduzido do que o valor devido à vítima direta do dano.

A jurisprudência trabalhista vem admitindo o dano moral em ricochete decorrente do contrato de trabalho, conforme a redação da seguinte ementa:

> "Dano moral — Empregado vítima de acidente do trabalho — Legitimidade ativa. Qualquer pessoa, com ou sem parentesco, está apto a pleitear, em juízo, compensação monetária pela dor oriunda da perda de um ente querido. No entanto, inimaginável supor que cada um dos conhecidos da vítima, aí se incluindo, por óbvio, os pais, avós, tios, irmãos, amigos, namorada, vizinhos, pudessem acionar o Judiciário buscando do empregador indenização financeira pela dor sentida com a morte do ex-empregado. Nesse contexto, conforme o i. jurista Arnaldo Rizzardo, 'se os pais já buscaram idêntica indenização por dano moral, com o pagamento efetuado, entende-se que no montante já se encontrava incluída a quantia para reparação por danos sofridos a todos os membros da família' e pessoas queridas. (*Juiz — Jurisprudência Informatizada Saraiva*, CD n. 11). Entendimento diverso leva ao absurdo, o que não se tolera, por obediência ao princípio constitucional da razoabilidade." (TRT – 3ª R. – 5ª T. – RO n. 374/2006.046.03.00-0 – rel. Fernando Luiz G. Rios Neto – DJ 2.12.2006 – p. 19) (RDT n. 01 – Janeiro de 2007)

O antigo art. 114 da CF falava em ações oriundas e o inciso VI, em ações de indenização por danos morais e patrimoniais *decorrentes da relação de trabalho*.

A atual redação do art. 114 disciplina a competência em razão da matéria e não mais em razão das pessoas. Por isso, acreditamos que, se o dano moral refletiu em terceiros (por exemplo, a esposa do trabalhador que sofre danos morais em razão da morte de seu marido, ex-empregado vítima de acidente de trabalho) e eclodiu da relação de trabalho, a competência da Justiça do Trabalho se mostra inarredável. Além disso, o art. 114, VI, da CF, menciona que a Justiça do Trabalho tem competência para as ações de indenização por danos morais que decorrem da relação de trabalho, vale dizer: que têm origem em uma relação de trabalho, ou seja, que dela derivam. Desse modo, as pessoas que sofrem o dano moral não precisam ser os atores sociais da relação de emprego ou de trabalho para postularem a reparação de danos morais na Justiça do Trabalho, basta que o fato decorra dessa relação.

Nesse sentido, destacamos a seguinte ementa:

> "INDENIZAÇÃO POR DANO MORAL E PATRIMONIAL DECORRENTES DE ACIDENTE DE TRABALHO COM RESULTADO MORTE — A competência da Justiça do Trabalho para instruir e julgar a ação que englobe pedido de indenização por danos morais e materiais é indiscutível, vez que o art. 114 da Constituição, ao dispor sobre a competência da justiça especializada, acrescentou 'outras controvérsias oriundas da relação de trabalho' (art. 114, 2ª parte, CR). Assim, ainda que o pedido de indenização esteja relacionado com o acidente de trabalho que resultou na morte do trabalhador e que os beneficiados deste sejam sua mulher e filhos, é indiscutível que a situação fática ensejadora do dano ocorreu no contexto de uma relação de emprego; pelo que impõe-se a apreciação por esta esfera jurisdicional, pois a intenção do legislador constitucional no já citado art. 114 não tem o escopo de limitar a atuação da justiça do trabalho, mas direcionar a sua competência. Ademais, o excelso pretório elucida a matéria ao consignar na Súmula n. 736: 'compete à justiça do trabalho julgar as ações que tenham como causa de pedir o descumprimento de normas trabalhistas

relativas à segurança, higiene e saúde dos trabalhadores'." (DJ 9.12.03) (TRT – 23ª R. – RO 01745.2002.021.23.00-1 – rel. Juiz Tarcísio Valente – DJMT 1º.9.2004 – p. 34)

Nesse sentido, o Enunciado n. 36, da 1ª Jornada de Direito Material e Processual do Trabalho realizada no Tribunal Superior do Trabalho:

> ACIDENTE DO TRABALHO. COMPETÊNCIA. AÇÃO AJUIZADA POR HERDEIRO, DEPENDENTE OU SUCESSOR. Compete à Justiça do Trabalho apreciar e julgar ação de indenização por acidente de trabalho, mesmo quando ajuizada pelo herdeiro, dependente ou sucessor, inclusive em relação aos danos em ricochete."

Entretanto, este não vinha sendo o entendimento da jurisprudência do C. TST, conforme a seguinte ementa:

> "AÇÃO RESCISÓRIA. PAGAMENTO DE INDENIZAÇÃO POR DANOS MORAIS E MATERIAIS DECORRENTES DE ACIDENTE DE TRABALHO. COMPETÊNCIA DA JUSTIÇA DO TRABALHO. Decisão rescindenda em que, após a declaração de incompetência do Juízo Cível para julgar a ação de indenização, a Vara do Trabalho da Comarca de Rio Verde – GO condenou a Reclamada a pagar à esposa e à filha do empregado falecido indenização por danos morais e materiais decorrentes de acidente de trabalho que levou aquele a óbito. Ação rescisória ajuizada com fundamento no art. 485, II, do CPC. Constatação de que as Autoras do processo originário formularam dupla pretensão de indenização, a saber: um, por dano material, por meio do qual se pretendeu a condenação da Ré ao pagamento do seguro de vida obrigatório previsto no art. 7º, XXVIII, da Constituição Federal; e outro por dano moral, resultante da dor e sofrimento causado às Autoras pela morte de seu pai e marido. Competência da Justiça do Trabalho quanto à primeira pretensão, haja vista que a obrigação de contratar seguro contra acidentes de trabalho pressupõe a existência de um contrato de trabalho ou relação de emprego. No que respeita ao segundo pedido, não detém esta Justiça Especial competência para apreciá-lo, na medida em que as Autoras invocam como causa de pedir a dor sofrida pelo falecimento do empregado. O alegado trauma emocional guarda relação com perda do ente querido, ou seja, o que se invoca é o sofrimento próprio das Autoras, e, não, qualquer direito sonegado pertencente ao *de cujus*. Recurso ordinário a que se dá provimento parcial, a fim de julgar parcialmente procedente a pretensão desconstitutiva, tendo em vista a incompetência da Justiça do Trabalho para apreciar pedido de dano moral, feito em nome próprio pelas Autoras. Determinação de remessa dos autos ao MM. Juízo Cível, para que aprecie a pretensão de indenização decorrente de danos morais, como entender de direito." (TST-ROAR-307/2003-000-18-00.3 – (Ac. SBDI 2) – 18ª R. – rel. Min. Gelson de Azevedo – DJU 26.5.06 – p. 871)

No mesmo diapasão, posiciona-se *Carlos Henrique Bezerra Leite*(146):

> "Não obstante a consagração do entendimento de que as demandas que veiculem responsabilidade civil decorrente de acidente do trabalho são da competência da Justiça Obreira, há casos em que a competência será da Justiça Comum estadual, como na hipótese em que a pretensão vem deduzida por parentes do trabalhador (dano moral em ricochete), postulando danos morais, portanto direito próprio, com base na legislação constitucional e comum, de natureza exclusivamente civil. É o que ocorre,

(146) BEZERRA LEITE, Carlos Henrique. *Curso de direito processual do trabalho*. 7. ed. São Paulo: LTr, 2009. p. 171.

por exemplo, quando a viúva pleiteia indenização por dano material ou moral decorrente apenas do próprio ato da morte (a perda de um ente querido), e não do direito (acidente do trabalho) nascido da relação de emprego entre o falecido e a empresa ré."

O STJ também fixou posionamento nesse sentido, conforme a Súmula n. 366, de sua jurisprudência, *in verbis*:

> "Compete à Justiça estadual processar e julgar ação indenizatória proposta por viúva e filhos de empregado falecido em acidente de trabalho."

Não obstante, recentemente, o Supremo Tribunal Federal fixou em decisão plenária serem da competência da Justiça do Trabalho as ações para reparação por danos morais em ricochete derivados do acidente de trabalho, conforme a seguinte ementa:

> "CONFLITO DE COMPETÊNCIA. CONSTITUCIONAL. JUÍZO ESTADUAL DE PRIMEIRA INSTÂNCIA E TRIBUNAL SUPERIOR. COMPETÊNCIA ORIGINÁRIA DO SUPREMO TRIBUNAL FEDERAL PARA SOLUÇÃO DO CONFLITO. ART. 102, I, *O*, DA CB/88. JUSTIÇA COMUM E JUSTIÇA DO TRABALHO. COMPETÊNCIA PARA JULGAMENTO DA AÇÃO DE INDENIZAÇÃO POR DANOS MORAIS E MATERIAIS DECORRENTES DE ACIDENTE DO TRABALHO PROPOSTA PELOS SUCESSORES DO EMPREGADO FALECIDO. COMPETÊNCIA DA JUSTIÇA LABORAL. 1. Compete ao Supremo Tribunal Federal dirimir o conflito de competência entre Juízo Estadual de primeira instância e Tribunal Superior, nos termos do disposto no art. 102, I, *o*, da Constituição do Brasil. Precedente (CC n. 7.027, relator o Ministro Celso de Mello, DJ de 1º.9.95). 2. A competência para julgar ações de indenização por danos morais e materiais decorrentes de acidente de trabalho, após a edição da EC n. 45/04, é da Justiça do Trabalho. Precedentes (CC n. 7.204, relator o Ministro Carlos Britto, DJ de 9.12.05 e AgR-RE n. 509.352, relator o Ministro Menezes Direito, DJe de 1º.8.08). 3. O ajuizamento da ação de indenização pelos sucessores não altera a competência da Justiça especializada. A transferência do direito patrimonial em decorrência do óbito do empregado é irrelevante. Precedentes. (ED-RE n. 509.353, relator o Ministro Sepúlveda Pertence, DJ de 17.8.07; ED-RE n. 482.797, relator o Ministro Ricardo Lewandowski, DJe de 27.6.08 e ED-RE n. 541.755, relator o Ministro Cézar Peluso, DJ de 7.3.08). Conflito negativo de competência conhecido para declarar a competência da Justiça do Trabalho." (CC 7545, relator: Min. Eros Grau, Tribunal Pleno, julgado em 3.6.2009, DJe-152, Divulgado em 13.8.2009, Publicado em 14.8.2009, Ement. VOL-02369-04, PP-00769)

No mesmo sentido, a seguinte ementa, com cujo conteúdo concordamos integralmente:

> "DA AÇÃO DE INDENIZAÇÃO POR DANOS MORAIS E MATERIAIS PROPOSTA PELOS HERDEIROS. COMPETÊNCIA DA JUSTIÇA DO TRABALHO. A causa de pedir e o pedido decorrem da relação de emprego, mesmo que os herdeiros estejam pleiteando direitos próprios, como é o caso dos autos. Nesse sentido, o seguinte julgado do STF: EMENTA: CONSTITUCIONAL. EMBARGOS DE DECLARAÇÃO EM RECURSO EXTRAORDINÁRIO. CONVERSÃO EM AGRAVO REGIMENTAL. CONSTITUCIONAL. COMPETÊNCIA PARA JULGAR AÇÕES DE INDENIZAÇÃO DECORRENTE DE ACIDENTE DE TRABALHO PROPOSTA PELOS SUCESSORES. COMPETÊNCIA DA JUSTIÇA LABORAL. AGRAVO IMPROVIDO. I – É irrelevante para definição da competência jurisdicional da Justiça do Trabalho que a ação de indenização não tenha sido proposta pelo empregado, mas por seus sucessores. II – Embargos de declaração convertidos em agravo regimental a que se

nega provimento (RE n. 482.797 ED/SP – 1ª Turma, relator: Ministro Ricardo Lewandowski, julg. em 13.5.2008)." (TRT/SP – 00450004920085020038 (00450200803802000) – RO – Ac. 4ª T. 20110198667 – rel. Ivani Contini Bramante – DOE 4.3.2011)

Diante do atual posicionamento do STF, o STJ, em setembro de 2009, cancelou a referida Súmula n. 366 de sua jurisprudência.

Atualmente, a jurisprudência do TST vem se alinhando junto ao Supremo Tribunal Federal, conforme a ementa que segue abaixo:

"RECURSO DE REVISTA DO RECLAMADO — COMPETÊNCIA DA JUSTIÇA DO TRABALHO — ACIDENTE DE TRABALHO — MORTE DO EMPREGADO — AÇÃO DE INDENIZAÇÃO POR DANOS MATERIAIS E MORAIS AJUIZADA POR DEPENDENTES DA OBREIRA FALECIDA. Tendo como origem o vínculo de emprego, bem assim os fatos que dele decorreram, não há como se afastar a competência da Justiça do Trabalho para apreciar os pedidos ajuizados por dependentes da vítima, atuando em nome próprio, através dos quais buscam indenização por danos morais e materiais decorrentes de acidente de trabalho que ocasionou a morte do empregado (Precedentes da SBDI-1 do TST). Incidência à hipótese do óbice contido na Súmula n. 333 do TST. Recurso de revista não conhecido." (TST. Processo: RR – 42800-24.2009.5.03.0065 Data de Julgamento: 8.6.2011, relª Juíza Convocada: Maria Doralice Novaes, 7ª Turma, Data de Publicação: DEJT 17.6.2011)

Recentemente, o Tribunal Superior do Trabalho, em novembro de 2015, alterou a redação da Súmula n. 392 para incluir expressamente, na competência da Justiça do Trabalho, as ações de indenização por dano moral e material decorrentes do acidente de trabalho ou doenças a ele equiparadas, ainda que propostas pelos dependentes ou sucessores do trabalhador falecido.

11. Penalidades administrativas impostas aos empregadores pelos órgãos da fiscalização do trabalho

Diz o inciso VII do art. 114 da Constituição que compete à Justiça do Trabalho processar e julgar "as ações relativas às penalidades administrativas impostas aos empregadores pelos órgãos de fiscalização das relações do trabalho."

Como o dispositivo faz menção às penalidades impostas aos empregadores, tais cominações são as previstas na CLT nos arts. 626 a 653.

Estas ações, antes da EC n. 45/04, estavam sendo julgadas pela Justiça Federal, pois, nos termos do art. 109 da CF, eram causas promovidas em face da União Federal.

Embora sejam ações diretamente ligadas ao contrato de trabalho e ao Direito do Trabalho, inclusive com regramento na CLT, elas não eram julgadas pela Justiça do Trabalho, pois o art. 114, com a redação dada pela EC n. 45/04, falava em controvérsias envolvendo "empregados e empregadores", e estas ações envolvem a União. Ao lado das ações que envolvem representação sindical (art. 114, III, da CF), são trabalhistas por excelência, pois decorrem diretamente da relação de trabalho. Além disso, a divisão de competência entre a Justiça do Trabalho e a Justiça Federal provocava, muitas vezes, decisões conflitantes sobre a mesma questão. Por exemplo, o auditor fiscal do trabalho multava a empresa, por não recolher o FGTS sobre uma parcela que entendia ser salarial, como um bônus pago pelo empregador. Em eventual ação anulatória, a Justiça Federal confirmava a autuação. Posteriormente, um empregado desta mesma empresa ingressava com uma reclamação trabalhista, pretendendo a integração do referido bônus ao salário, e a Justiça do Trabalho entendia que o bônus não tinha natureza salarial, pois pago de forma eventual e vinculado ao atingimento de certas metas por parte do empregado. Por outro lado, a Justiça do Trabalho está mais vocacionada para apreciar as matérias que envolvem o descumprimento da legislação trabalhista por parte do empregador.

Embora o inciso VII do art. 114 da CF fale em *penalidades administrativas* impostas aos *empregadores*, é possível, por meio de interpretações teleológica e sistemática dos incisos I, VII e IX, do art. 114, da CF, entender que a competência da Justiça do Trabalho abrange também as ações referentes às penalidades administrativas impostas aos tomadores de serviços, desde que, evidentemente, o prestador seja pessoa física e preste o serviço em caráter pessoal, e também as ações que decorrem de atos[(147)] dos órgãos de fiscalização do trabalho.

Nesse sentido, destacamos a opinião de *Estêvão Mallet*[(148)]: "De um lado, estendida a competência da Justiça do Trabalho para julgamento da relação de trabalho, nos termos do inciso I, não se compreendem as razões para que, no inciso VII, fique essa mesma competência limitada ao exame das penalidades impostas aos empregadores. Mais correto seria a extensão da competência ao exame das penalidades impostas aos tomadores de serviço em geral, abrangidos empregadores e contratantes de serviço autônomo."

De outro lado, embora sejam mais restritas, as ações sobre penalidades administrativas aplicadas aos empregados por órgãos de fiscalização do trabalho são da competência da Justiça do Trabalho, em razão do princípio da isonomia.

Não veio para a Justiça do Trabalho a competência para impor multas ao empregador em processos trabalhistas, nos quais foram constatadas a ocorrência de infrações a dispositivos da Consolidação que tutelam direitos trabalhistas. Desse modo, se nos autos do processo trabalhista o Juiz do Trabalho constatar que o empregador está sujeito às multas previstas na CLT, deverá oficiar o órgão competente para aplicá-las, como a multa administrativa pela falta de registro em CTPS, que é cobrada pelo Ministério do Trabalho. Em que pese a opinião contrária de alguns[(149)], o art. 652,

---

(147) Como destaca Marcos Neves Fava: "Em lugar de 'penalidades', pois, a interpretação mais adequada sugere a leitura de 'atos' dos órgãos de fiscalização das relações do trabalho, hermenêutica de consequências bem mais abrangentes. Abonando tal conclusão, vem o inciso IV do mesmo art. 114 da Constituição da República, reformado pela EC n. 45/04, atribuir à Justiça do Trabalho ocupação para decidir os *mandamus* relativos à matéria de 'sua jurisdição'"(As ações relativas às penalidades administrativas impostas aos empregadores pelos órgãos de fiscalização das relações de trabalho — Primeira leitura do art. 114, VII, da Constituição da República. *In:* COUTINHO, Grijalbo Fernandes; FAVA, Marcos Neves. *Justiça do Trabalho:* competência ampliada. São Paulo: LTr, 2005. p. 384).

(148) MALLET, Estêvão. *Op. cit.*, p. 182.

(149) Defendendo a competência da Justiça do Trabalho para impor, de ofício, penalidades administrativas aos empregadores por descumprimento de normas da CLT, destacamos a seguinte ementa: "Multas administrativas — Competência da Justiça do Trabalho. A Justiça do Trabalho, na forma do art. 114, da

alínea *d*, da CLT[(150)], não atribuiu competência à Justiça do Trabalho para impor multas a empregadores, porquanto o referido dispositivo legal fala em impor multas e demais penalidades para atos de sua competência, como aplicar multas para o descumprimento da decisão judicial e as *astreintes* (arts. 497 e seguintes do CPC). São as penalidades previstas nos arts. 722 a 733, da CLT, como aplicar multa à testemunha que faltou sem justificação (art. 730 da CLT), ao empregador que se recusa a reintegrar empregado estável (art. 729 da CLT), etc.

Nesse sentido, destacamos a opinião abalizada de *Valentin Carrion*[(151)]:

> "É insustentável defender aplicação de multas por parte da primeira instância, pela infringência de normas materiais do Direito do Trabalho, que são de exclusividade dos órgãos da fiscalização do Ministério do Trabalho. No texto legal, na expressão 'multas... relativas aos atos de sua competência', não se vislumbra outra atribuição senão a dos próprios atos da magistratura no processo e da administração específica de seu mister judiciário; para os demais, o magistrado oficia aos órgãos competentes."

No mesmo contexto, destacamos ementa recente oriunda do Tribunal Superior do Trabalho, *in verbis*:

> "RECURSO DE REVISTA. MULTA ADMINISTRATIVA. INCOMPETÊNCIA DA JUSTIÇA DO TRABALHO. A Justiça do Trabalho é incompetente para aplicar multas administrativas previstas na legislação trabalhista, a teor do que dispõem os arts. 156, III, e 652, alínea *d*, da CLT. Este o entendimento firmado nesta Colenda Corte Superior. Recurso de revista a que se dá provimento para excluir da condenação a multa administrativa imposta pelo eg. Tribunal Regional do Trabalho. Recurso de revista conhecido e provido. HIPOTECA JUDICIÁRIA. Ao lançar mão do instituto da hipoteca judiciária, visou à garantia dos créditos devidos ao autor a que foi condenada a ré, sem com isso ofender a ampla defesa e

---

CF, é competente para aplicar multas da alçada da autoridade administrativa, quando a violação de norma trabalhista estiver provada nos autos. Nos dissídios entre empregados e empregadores compreende-se também a competência para aplicação de multas (CLT, art. 652, *d*). Se é da competência da Justiça do Trabalho decidir sobre direito trabalhista, é claro que é ela competente, por natural ilação para aplicar multa que derive do direito reconhecido em sua sentença, pois se trata de um dissídio típico entre empregado e empregador, derivado da relação de trabalho. Apenas se diferencia do dissídio comumente decidido num aspecto: em vez de ter uma função ressarcitória, a multa possui finalidade punitiva. Esta função é na prática tão importante quanto a condenação patrimonial, para garantia do ordenamento trabalhista. Como os mecanismos ressarcitórios são insuficientes, a multa reforça a condenação e ajuda no estabelecimento de um quadro desfavorável ao demandismo, pois a prolação passa a ser um ônus e não uma vantagem para o devedor. Só assim se extinguirá a litigiosidade absurda que hoje se cultiva na Justiça do Trabalho, sem dúvida, a maior e mais cara do mundo. Além do mais, se garantirá o efeito educativo da lei, com a reversão da expectativa que hoje reina no fórum trabalhista: É melhor cumpri-la e pagar o débito, do que empurrá-lo anos afora, pelo caminho tortuoso e demorado dos recursos trabalhistas. Os juros reais e as multas desestimularão o negócio que hoje se pratica, em nome da controvérsia trabalhista e à custa do crédito do trabalhador." (TRT 3ª R. – RO 01239-2004-048-03-00-2 – (AC. 4ª T.) – rel. Juiz Antônio Álvares da Silva – SJMG 22.10.2005 – p. 14, *apud* MARTINS, Melchíades Rodrigues. *Fiscalização trabalhista*. São Paulo: LTr, 2006. p. 19).

(150) Art. 652, *d*, da CLT: "Compete às Varas do Trabalho: [...] d) impor multas e demais penalidades relativas aos atos de sua competência."

(151) CARRION, Valentin. *Comentários à Consolidação das Leis do Trabalho*. 25. ed. São Paulo: Saraiva, 2005. p. 510.

o contraditório, uma vez que a recorrente deles tem se valido no seu intento de alterar o desfecho do decidido. Vale frisar que a penhora foi efetuada com absoluta observância à gradação legal prevista no art. 655 do CPC, conforme afirmado pelo Eg. Tribunal Regional. Violação legal não verificada. Recurso de revista não conhecido. MULTA POR EMBARGOS PROTELATÓRIOS. Não demonstrada violação a dispositivo legal ou constitucional, inviável a reforma da v. decisão que determinou o pagamento de multa por embargos de declaração protelatórios. INTERVALO INTRAJORNADA. REDUÇÃO/SUPRESSÃO POR NORMA COLETIVA. OJ N. 342 DA SDI-1/TST. É inválida cláusula de acordo ou convenção coletiva de trabalho contemplando a supressão ou redução do intervalo intrajornada porque este constitui medida de higiene, saúde e segurança do trabalho, garantido por norma de ordem pública (art. 71 da CLT e art. 7º, XXII, da CF/1988), infenso à negociação coletiva. Recurso de revista não conhecido. MULTA DO ART. 477, § 8º, DA CLT. QUITAÇÃO DAS VERBAS RESCISÓRIAS. PAGAMENTO A MENOR. A aplicação da multa de que cogita o art. 477 da CLT tem pertinência quando o empregador não cumpre o prazo ali estabelecido para a quitação das verbas rescisórias. Sendo incontroverso que a quitação das verbas rescisórias ocorreu dentro do prazo previsto no § 6º do art. 477 da CLT, a mera existência de diferenças em favor do empregado não torna devido o pagamento da multa. Recurso de revista conhecido e provido no tema. HORAS *IN ITINERE* E REFLEXOS. SÚMULA N. 90 DO TST. Para se chegar à conclusão de que havia transporte público regular e da incompatibilidade de horários, seria necessário o revolvimento de matéria fática. Óbice da Súmula n. 126 deste Tribunal. Recurso de revista não conhecido." (TST – Processo: RR – 571/2006-092-03-00.0 Data de Julgamento: 10.6.2009, rel. Min. Aloysio Corrêa da Veiga, 6ª Turma, Data de Divulgação: DEJT 26.6.2009)

Desse modo, são cabíveis doravante, na Justiça do Trabalho, todas as espécies de ações propostas pelos empregadores e tomadores de serviços para discussão das penalidades administrativas que lhes foram impostas pelos órgãos de fiscalização do trabalho, como as ações declaratórias, ações anulatórias, medidas cautelares, mandados de segurança e também, por parte da União, das execuções fiscais das multas administrativas.

Quanto ao rito de tais ações, salvo as que têm rito especial, como o mandado de segurança, execução fiscal e ações cautelares, a via processual (arts. 763 e seguintes da CLT), a nosso ver, é a reclamação trabalhista, podendo haver algumas adaptações por parte do Juiz do Trabalho, como pautas especiais, uma vez que em tais ações não cabe conciliação e, na maioria das vezes, a prova é documental e pré-constituída.

Cumpre destacar que a discussão da penalidade aplicada ao empregador pode ser realizada em sede administrativa (arts. 626 a 642 da CLT).

11.1. Execução fiscal das multas decorrentes da fiscalização do trabalho

Embora não esteja explícita no inciso VII do art. 114 da CF[152] a competência para execução das multas administrativas aplicadas ao empregador, no nosso sentir, a execução dessas multas (em razão do não pagamento e inscrição de certidão da dívida ativa da União, decorrente de autuações do Ministério do Trabalho) está implicitamente prevista no referido inciso VII, uma vez que a redação do artigo

(152) Em razão de não estar expressa no inciso VII a competência para a execução das multas administrativas, há entendimento de que a Justiça do Trabalho não detém competência material para a execução fiscal.

fala em *ações*, e a execução também é uma *ação*. De outro lado, não teria sentido a Justiça do Trabalho poder desconstituir as penalidades administrativas aplicadas ao empregador se não pudesse executar as multas. Além disso, mesmo na execução, o empregador também poderá tentar desconstituir o título que embasa a multa e eventual infração. A cisão de competência entre a Justiça do Trabalho e a Justiça Federal para questões que envolvem a mesma matéria provoca insegurança jurídica, decisões conflitantes sobre a mesma matéria e falta de efetividade da jurisdição.

A Justiça do Trabalho, embora não tenha grande tradição na aplicação da Lei de Execução Fiscal à fase de execução trabalhista, no art. 889 da CLT, há determinação expressa para que, nos casos omissos, o Juiz do Trabalho aplique a Lei n. 6.830/80 na execução trabalhista.

Embora os títulos executivos extrajudiciais constem no art. 876 da CLT, a nosso ver, não se trata de um rol taxativo, e sim exemplificativo, não vedando que outros títulos executivos extrajudiciais possam ser executados no foro trabalhista, como o executivo fiscal oriundo dos atos de fiscalização do trabalho. Após a EC n. 45/04, a certidão da dívida ativa da União decorrente de infrações aplicadas ao empregador pelos Órgãos de Fiscalização do Trabalho constitui um novo título executivo extrajudicial que será executado na Justiça do Trabalho, segundo a Lei n. 6.830/80. Por se tratar de ação de rito especial, o Juiz do Trabalho não aplicará a CLT.

11.2. Órgãos de fiscalização do exercício de profissões regulamentadas

A competência fixada à Justiça do Trabalho pelo inciso VII do art. 114 da CF não alcança as ações relativas às penalidades administrativas lavradas pelos Órgãos de Fiscalização de profissões regulamentadas, como CREA, OAB, etc. Primeiro, porque o inciso VII fala em penalidades administrativas impostas aos empregadores. Segundo, porque, entre o órgão de fiscalização do exercício de profissão e o prestador de serviços, não há uma relação de trabalho (art. 114, I, da CF).

Nesse sentido, é a opinião de *Sergio Pinto Martins*[153]:

> "O inciso VII do art. 114 da Constituição Federal faz referência a empregador em relação às multas aplicadas pela fiscalização. Logo, não pode ser competente para analisar multas aplicadas pelos órgãos de fiscalização da profissão, como OAB, CREA, etc.."

11.3. Ações sobre o FGTS movidas em face da CEF

Embora a doutrina ainda não tenha chegado a um consenso sobre a natureza jurídica do FGTS, para alguns, a natureza é tributária, para outros, é espécie de salário diferido; inegavelmente, o FGTS é um direito trabalhista, pois previsto no art. 7º, III, da CF.

---

(153) MARTINS, Sergio Pinto. *Direito processual do trabalho. Doutrina e prática forense.* 26. ed. São Paulo: Atlas, 2006. p. 116.

No regime da competência anterior à EC n. 45, a jurisprudência, à luz do art. 114, que se referia às controvérsias entre trabalhador e empregador, fixou entendimento pela não competência da Justiça do Trabalho para apreciar as ações movidas por empregados ou empregadores em face da CEF. Nesse sentido, a Súmula n. 176 do C. TST: "A Justiça do Trabalho só tem competência para autorizar o levantamento do depósito do Fundo de Garantia do Tempo de Serviço na ocorrência de dissídio entre empregado e empregador."

Recentemente, o TST, diante da EC n. 45, cancelou a referida Súmula(154). A nosso ver, o cancelamento da Súmula n. 176 pelo Tribunal Superior do Trabalho foi oportuno, pois o FGTS é um direito oriundo do contrato de emprego. Além disso, como destaca *Antônio Álvares da Silva*(155), a verificação do recolhimento do FGTS é tarefa típica de fiscalização.

Como bem adverte *Reginaldo Melhado*(156): "[...] Se não reconhecesse essa competência para a ação que visa à cobrança ou execução do próprio depósito do Fundo de Garantia, haveria uma insólita e absurda situação: as multas seriam discutidas no Judiciário do Trabalho e o principal, na Justiça Federal."

Desse modo, no nosso sentir, as ações movidas por empregados e empregadores em face da Caixa Econômica Federal que envolvam o FGTS são da competência da Justiça do Trabalho, por interpretação sistemática dos incisos I e VII, do art. 114, da CF.

Nesse diapasão, destaca-se a seguinte ementa:

> "Alvará. FGTS. Emenda Constitucional n. 45/2004. Competência da Justiça do Trabalho. Nos moldes de decisão proferida pelo C. TST, em Incidente de Uniformização de Jurisprudência: 1. Inscreve-se na competência material da Justiça do Trabalho, no exercício de jurisdição voluntária, apreciar pretensão de ex-empregado de expedição de alvará judicial para fins de saque dos depósitos do FGTS junto à CEF, tendo em vista a vinculação do pleito a uma relação de emprego, espécie de relação de trabalho de que cogita o novel art. 114, inciso I, da Constituição Federal de 1988, com a redação da Emenda Constitucional n. 45/04. 2. O aspecto central para a determinação da nova competência material da Justiça do Trabalho, desde o advento da EC n. 45/04, repousa na circunstância de o pedido e a causa de pedir dimanarem de uma relação de trabalho, ainda que não entre os respectivos sujeitos. Superada a estreita e arraigada vinculação de tal competência meramente aos dissídios entre empregado e empregador. Recurso provido por maioria." Proc. 01850/2005-005-24-00-9-RO.1 – 24ª R. – MS – João de Deus Gomes de Souza – Juiz relator. DO/MS de 18.8.2006 – (DT – Novembro/2006 – vol. 148, p. 72)

12. Execução, de ofício, das contribuições sociais das sentenças que proferir

Neste tópico, não houve alteração da competência da Justiça do Trabalho pela EC n. 45/04, pois tal disposição constava do § 3º do art. 114 da CF com a redação dada pela EC n. 20/1998.

(154) TST-Pleno, IUJ-RR n. 619.872/2000-2, rel. Min. João Oreste Dalazen, julg. de 13 de maio de 2005.

(155) SILVA, Antônio Álvares da. *Pequeno tratado da nova competência da Justiça do Trabalho.* São Paulo: LTr, 2005. p. 275.

(156) MELHADO, Reginaldo. *Metamorfoses do capital e do trabalho.* São Paulo: LTr, 2006. p. 186-187.

Na ocasião, alguns se mostraram pessimistas com o aumento da competência da Justiça do Trabalho para abranger a execução de parcelas que não pertencem ao empregado e sim ao INSS. Outros se mostraram otimistas, uma vez que a execução de ofício das contribuições previdenciárias propicia grande arrecadação de contribuições sociais para a previdência e maior eficiência da jurisdição trabalhista.

Em que pesem as críticas sobre a constitucionalidade do inciso VIII do art. 114 da CF e também da Lei n. 10.035/2000 (que regulamenta a execução previdenciária na Justiça do Trabalho), em nossa visão, a execução de ofício das contribuições do INSS está em compasso com o caráter social da Justiça do Trabalho e também com a melhoria da condição social do trabalhador.

Ainda que a autarquia federal não tenha participado do processo na fase de conhecimento, a nosso ver, não há irregularidade e também não haveria interesse em tal participação, pois é na sentença que o Juiz do Trabalho deferirá as parcelas postuladas e haverá a incidência do INSS sobre as parcelas que deferiu.

Conforme assevera com propriedade *Antônio Álvares da Silva*(157):

> "Não é certa a afirmativa de que a Justiça do Trabalho execute alguém que não tomou parte no processo de conhecimento. O reclamado fez, sim, parte do processo de conhecimento. Foi condenado e pagará o que a sentença reconheceu devido. Só que, além do débito trabalhista, tornou-se também devedor de parcelas previdenciárias, cujo fato gerador é a mesma sentença. Seria um absurdo que se iniciasse um outro processo para cobrar a contribuição previdenciária, simplesmente porque o credor é o Estado e não o reclamante. O fato é um só. As partes são as mesmas. Mandar um ofício ao INSS para exigir o débito previdenciário seria um formalismo elevado à última potência. É regra elementar, em qualquer atividade humana, que se obtenha um resultado com a maior rapidez e com o menor dispêndio. Ora, se o próprio Estado, representado pelo juiz, é credor da contribuição, por que não exigi-la de ofício, já que se trata de débito de natureza tributária, que interessa ao Estado e não precisa de solicitação da parte para executar-se."

Com a competência para executar as contribuições sociais de ofício, há o fortalecimento da Justiça do Trabalho enquanto instituição encarregada não só de resguardar o cumprimento dos direitos sociais, mas também em garantir o futuro do trabalhador e de contribuir para a arrecadação de contribuições sociais que servem para a melhoria da sociedade como um todo.

Além disso, os resultados da competência da Justiça do Trabalho para executar as contribuições previdenciárias das sentenças que profere têm sido excelentes, com um pequeno gasto para a União.

Atualmente, há grande celeuma na doutrina e na jurisprudência sobre a competência da Justiça do Trabalho para executar as contribuições previdenciárias

(157) SILVA, Antônio Álvares da. *Op. cit.*, p. 282-283.

incidentes sobre as sentenças declaratórias do vínculo de emprego, vale dizer: das decisões meramente declaratórias sem conteúdo condenatório.

A jurisprudência do TST num primeiro momento respondeu afirmativamente, conforme a seguinte ementa:

> "COMPETÊNCIA DA JUSTIÇA DO TRABALHO — EXECUÇÃO DE CONTRIBUIÇÃO PREVIDENCIÁRIA — ART. 114, § 3º, DA CONSTITUIÇÃO FEDERAL — RECONHECIMENTO DE VÍNCULOS EMPREGATÍCIOS — SALÁRIOS PAGOS NO CURSO DA RELAÇÃO DE EMPREGO. Ainda que a decisão trabalhista tenha se limitado a reconhecer o vínculo empregatício, com efeito meramente declaratório, a competência é desta Justiça Especializada para executar a contribuição incidente sobre as parcelas pagas no curso da relação de emprego, pois, se houve anotação na CPTS, como consequência da decisão trabalhista, são devidas as contribuições previdenciárias decorrentes do reconhecimento desse vínculo, na esteira do disposto no art. 114, § 3º, da Constituição Federal. É irrelevante que a decisão judicial não tenha estabelecido o pagamento de verbas salariais propriamente ditas em razão dessa anotação, pois a simples declaração do vínculo já basta para caracterizar a obrigação previdenciária, cobrável judicialmente perante esta Justiça Especializada. A identificação do fato gerador é o reconhecimento do vínculo do qual derivam os salários, cuja natureza jurídica não pode ser outra que não a declaração da existência do liame entre empregado e empregador, valendo a sentença trabalhista como decisão administrativa e judicial da existência de débito previdenciário, que se torna automaticamente executável pela Justiça Trabalhista. Recurso de revista conhecido e provido." (TST – RR 478 – 4ª T. – rel. Min. Ives Gandra Martins Filho – DJU 21.11.2003)

Posteriormente, houve alteração do posicionamento do C. TST, sumulando a matéria, por meio do Verbete n. 368, abaixo transcrito:

> "Súmula n. 368 – TST – Res. n. 129/2005 – DJ 20.4.2005 – Conversão das Orientações Jurisprudenciais ns. 32, 141 e 228 da SDI-1 — I. A Justiça do Trabalho é competente para determinar o recolhimento das contribuições previdenciárias e fiscais. A competência da Justiça do Trabalho, quanto à execução das contribuições previdenciárias, limita-se às sentenças condenatórias em pecúnia que proferir e aos valores objeto de acordo homologado que integrem o salário de contribuição. (ex-OJ n. 141 – Inserida em 27.11.1998). II. É do empregador a responsabilidade pelo recolhimento das contribuições previdenciárias e fiscais, resultante de crédito do empregado oriundo de condenação judicial, devendo incidir, em relação aos descontos fiscais, sobre o valor total da condenação, referente às parcelas tributáveis, calculado ao final, nos termos da Lei n. 8.541/1992, art. 46 e Provimento da CGJT n. 01/1996. (ex-OJ n. 32 – Inserida em 14.3.1994 e OJ n. 228 – Inserida em 20.6.2001). III. Em se tratando de descontos previdenciários, o critério de apuração encontra-se disciplinado no art. 276, § 4º, do Decreto n. 3.048/99 que regulamentou a Lei n. 8.212/91 e determina que a contribuição do empregado, no caso de ações trabalhistas, seja calculada mês a mês, aplicando-se as alíquotas previstas no art. 198, observado o limite máximo do salário de contribuição." (ex-OJ n. 32 – Inserida em 14.3.1994 e OJ n. 228 – Inserida em 20.6.2001)

No sentido da referida Súmula, destacamos a seguinte ementa:

> "RECURSO DE REVISTA — COMPETÊNCIA DA JUSTIÇA DO TRABALHO — EXECUÇÃO DE CONTRIBUIÇÃO PREVIDENCIÁRIA — RECONHECIMENTO DE VÍNCULO EMPREGATÍCIO — SALÁRIOS PAGOS. A competência da Justiça do Trabalho, no tocante à contribuição previdenciária, restringe-se à cobrança das contribuições previdenciárias

oriundas das sentenças trabalhistas que tiverem por objeto provimento de natureza condenatória ou homologatória, contendo parcelas salariais. Todavia, não abrange a execução de débito previdenciário advindo de parcelas salariais pagas no transcurso do contrato de trabalho, na época própria e sem intervenção judicial, ainda que o vínculo empregatício tenha sido reconhecido somente em juízo. Neste caso, as contribuições previdenciárias devidas deverão ser apuradas e lançadas no âmbito administrativo do Instituto Recorrente, consoante disposição do art. 37 e parágrafos da Lei n. 8.212/91, e se não quitadas no prazo estipulado para reconhecimento, inscritas na dívida ativa e executadas na esfera da justiça competente, que é a Federal, por expressa disposição do art. 109, inciso I, da Constituição Federal. Recurso não conhecido." (TST – RR 280 – 1ª T. – relª Minª Conv. Eneida Melo – DJU 21.11.2003)

No nosso sentir, a interpretação do inciso VIII, do art. 114, da CF não pode ser restritiva, abrangendo também os recolhimentos pretéritos que não foram realizados pelo empregador, atinentes às parcelas de índole salarial, conforme o art. 28, da Lei n. 8.212/91. Se a Justiça do Trabalho declara o vínculo de emprego, deve executar as contribuições pretéritas desse reconhecimento, pois isso possibilita não só maior efetividade da jurisdição, como também a eficácia social da norma. De outro lado, propiciará que o empregado obtenha futuramente a aposentadoria sem maiores transtornos, pois são notórias as vicissitudes que enfrenta o trabalhador quando vai averbar o tempo de serviço reconhecido em sentença trabalhista, mas os recolhimentos previdenciários não foram realizados.

Nesse sentido, é o Enunciado n. 73 da 1ª Jornada de Direito Material e Processual do Trabalho realizada no Tribunal Superior do Trabalho:

"EXECUÇÃO DE CONTRIBUIÇÕES PREVIDENCIÁRIAS. REVISÃO DA SÚMULA N. 368 DO TST.

I – Com a edição da Lei n. 11.457/2007, que alterou o parágrafo único do art. 876 da CLT, impõe-se a revisão da Súmula n. 368 do TST: é competente a Justiça do Trabalho para a execução das contribuições à Seguridade Social devidas durante a relação de trabalho, mesmo não havendo condenação em créditos trabalhistas, obedecida a decadência.

II – Na hipótese, apurar-se-á o montante devido à época do período contratual, mês a mês, executando-se o tomador dos serviços, por força do art. 33, § 5º, da Lei n. 8.212/91, caracterizada a sonegação de contribuições previdenciárias, não devendo recair a cobrança de tais contribuições na pessoa do trabalhador.

III – Incidem, sobre as contribuições devidas, os juros e a multa moratória previstos nos arts. 34 e 35 da Lei n. 8.212/91, a partir da data em que as contribuições seriam devidas e não foram pagas."

Este posicionamento restou consagrado pelo parágrafo único do art. 876 da CLT, com a redação dada pela Lei n. 11.457, de 15 de março de 2007, que assim dispõe:

"Serão executadas *ex officio* as contribuições sociais devidas em decorrência de decisão proferida pelos juízes e Tribunais do Trabalho, resultantes de condenação ou homologação de acordo, inclusive sobre os salários pagos durante o período contratual reconhecido."

O Supremo Tribunal Federal, entretanto, fixou posição contrária, entendendo que a competência da Justiça do Trabalho abrange somente a parcela previdenciária das decisões condenatórias, não incidindo sobre os salários pagos durante o vínculo de emprego, conforme se constata de seu Informativo n. 519/08, *in verbis*:

> "JUSTIÇA DO TRABALHO: EXECUÇÃO DE OFÍCIO DE CONTRIBUIÇÕES PREVIDENCIÁRIAS E ALCANCE. A competência da Justiça do Trabalho, nos termos do disposto no art. 114, VIII, da CF, limita-se à execução, de ofício, das contribuições sociais previstas no art. 195, I, *a*, e II, e seus acréscimos legais, decorrentes das sentenças condenatórias em pecúnia que proferir e aos valores objeto de acordo homologado que integrem o salário de contribuição, não abrangendo, portanto, a execução de contribuições atinentes ao vínculo de trabalho reconhecido na decisão, mas sem condenação ou acordo quanto ao pagamento das verbas salariais que lhe possam servir como base de cálculo ('Art. 114. [...] VIII – a execução, de ofício, das contribuições sociais previstas no art. 195, I, *a*, e II, e seus acréscimos legais, decorrentes das sentenças que proferir;'). Com base nesse entendimento, o Tribunal desproveu recurso extraordinário interposto pelo INSS em que sustentava a competência da Justiça especializada para executar, de ofício, as contribuições previdenciárias devidas, incidentes sobre todo o período de contrato de trabalho, quando houvesse o reconhecimento de serviços prestados, com ou sem vínculo trabalhista, e não apenas quando houvesse o efetivo pagamento de remunerações. Salientou-se que a decisão trabalhista que não dispõe sobre pagamento de salário, mas apenas se restringe a reconhecer a existência do vínculo empregatício, não constitui título executivo no que se refere ao crédito de contribuições previdenciárias. Assim, considerou-se não ser possível admitir uma execução sem título executivo. Asseverou-se que, em relação à contribuição social referente ao salário cujo pagamento foi determinado em decisão trabalhista, é fácil identificar o crédito exequendo e, por conseguinte, admitir a substituição das etapas tradicionais de sua constituição por ato típico, próprio, do magistrado. Ou seja, o lançamento, a notificação, a apuração são todos englobados pela intimação do devedor para o seu pagamento, porque a base de cálculo para essa contribuição é o valor mesmo do salário que foi objeto da condenação. Já a contribuição social referente ao salário cujo pagamento não foi objeto da sentença condenatória, e, portanto, não está no título exequendo, ou não foi objeto de algum acordo, dependeria, para ser executada, da constituição do crédito pelo magistrado sem que este tivesse determinado o pagamento do salário, que é exatamente a causa e a base da sua justificação. O Min. Ricardo Lewandowski, em acréscimo aos fundamentos do relator, aduziu que a execução de ofício de contribuição social antes da constituição do crédito, apenas com base em sentença trabalhista que reconhece o vínculo empregatício sem fixar quaisquer valores, viola também o direito ao contraditório e à ampla defesa. Em seguida, o Tribunal, por maioria, aprovou proposta do Min. Menezes Direito, relator, para edição de súmula vinculante sobre o tema, e cujo teor será deliberado nas próximas sessões. Vencido, no ponto, o Min. Marco Aurélio, que se manifestava no sentido da necessidade de encaminhamento da proposta à Comissão de Jurisprudência." (RE n. 569.056/PR, rel. Min. Menezes Direito, 11.9.2008)

Conforme já nos pronunciamos acima, em que pese o alto respeito que merece, não concordamos com o posicionamento do Colendo STF, pois o art. 114, VIII, da CF, não restringe a competência às decisões de natureza condenatória.

Nesse sentido, é a posição de *Luciano Athayde Chaves*[158]:

> "Não estou de acordo, com o respeito merecido, com a orientação apresentada pelo Supremo Tribunal Federal para o problema. Ora, mesmo as sentenças condenatórias não logram indicar, em seu texto, os exatos limites dos salários de contribuição que serão tomados em referência para

(158) CHAVES, Luciano Athayde. *Estudos de direito processual do trabalho*. São Paulo: LTr, 2009. p. 170-171.

a apuração do montante das contribuições sociais que haverão de ser cobradas nos mesmos autos do processo trabalhista. A fase de acertamento e quantificação se destina a este fim, e lá também são assegurados a ampla defesa e o contraditório. Assim, não vislumbro ofensa ao direito fundamental ao devido processo legal quando se empresta trânsito executivo à decisão declaratória de reconhecimento de vínculo de emprego [...]."

O ideal seria, no nosso sentir, que o art. 114, VIII, da CF, atribuísse, *de lege ferenda*, competência à Justiça do Trabalho para, além de executar as contribuições oriundas do reconhecimento do vínculo de emprego, competência para determinar a averbação do tempo de serviço do empregado junto ao INSS, buscando, assim, maior eficácia da jurisdição trabalhista e também maior efetividade social da norma. Nesse diapasão, destaca-se a seguinte ementa:

> "INSS. Averbação do tempo de serviço. Competência da Justiça do Trabalho. É competente a Justiça do Trabalho para determinar ao INSS o reconhecimento e a averbação de tempo de serviço apurado nos autos de Reclamação Trabalhista, por se tratar de corolário da competência material fixada pela Constituição Federal para executar de ofício as contribuições devidas em razão das sentenças proferidas na Justiça do Trabalho." (Proc. RO 01160-2005-005-20-00-1 – 20ª R. – SE – Eliseu Pereira do Nascimento – Desembargador Redator – DJ/SE de 27.9.2006) (DT – Janeiro/2007 – vol. 150, p. 202)

Recentemente, o Tribunal Superior do Trabalho, reconhecendo o alcance social da competência do Justiça do Trabalho, em compasso com a Súmula n. 736 do STF, fixou entendimento no sentido da competência da Justiça do Trabalho para executar a parcela referente ao Seguro por Acidente de Trabalho, conforme a OJ n. 414 de sua SDI-I, *in verbis*:

> "Competência da Justiça do Trabalho. Execução de ofício. Contribuição social referente ao seguro de acidente de trabalho (SAT). Arts. 114, VIII, e 195, I '*a*', da Constituição da República. (Divulgada no DeJT 14/02/2012). Compete à Justiça do Trabalho a execução, de ofício, da contribuição referente ao Seguro de Acidente de Trabalho (SAT), que tem natureza de contribuição para a seguridade social (arts. 114, VIII, e 195, I, '*a*', da CF), pois se destina ao financiamento de benefícios relativos à incapacidade do empregado decorrente de infortúnio no trabalho." (arts. 11 e 22 da Lei n. 8.212/1991)

13. Da competência territorial da Justiça do Trabalho brasileira

A competência territorial (*ratione loci*), também chamada de competência de foro, leva em consideração o limite territorial da competência de cada órgão que compõe a Justiça do Trabalho. Como destaca *José Augusto Rodrigues Pinto*(159), "essa manifestação da competência liga-se aos *limites geográficos* do exercício da jurisdição."

Ensina *Cândido Rangel Dinamarco*(160):

> "Sabido que foro é cada uma das porções em que se divide o território nacional para o exercício da jurisdição, competência territorial (ou de foro) é

(159) RODRIGUES PINTO, José Augusto. *Processo trabalhista de conhecimento.* 7. ed. São Paulo: LTr, 2005. p. 159.

(160) DINAMARCO, Cândido Rangel. *Instituições de direito processual civil.* v. 1. São Paulo: Malheiros, 2001. p. 479-480.

a quantidade de jurisdição cujo exercício se atribui aos órgãos de determinada Justiça situados em determinada base territorial (foro)."

A competência territorial é relativa, pois prevista no interesse da parte. Portanto, o juiz não pode conhecê-la de ofício. Caso não impugnada pelo reclamado no prazo da resposta (exceção de incompetência em razão do lugar – arts. 799 e seguintes da CLT), prorroga-se a competência.

Dispõe o art. 651 da CLT:

"A competência das Juntas de Conciliação e Julgamento é determinada pela localidade onde o empregado, reclamante ou reclamado, prestar serviços ao empregador, ainda que tenha sido contratado noutro local ou no estrangeiro.

§ 1º – Quando for parte no dissídio agente ou viajante comercial, a competência será da Junta da localidade em que a empresa tenha agência ou filial e a esta o empregado esteja subordinado e, na falta, será competente a Junta da localização em que o empregado tenha domicílio ou a localidade mais próxima. (Redação dada pela Lei n. 9.851/99 – DOU 28.10.99)

§ 2º – A competência das Juntas de Conciliação e Julgamento, estabelecida neste artigo, estende-se aos dissídios ocorridos em agência ou filial no estrangeiro, desde que o empregado seja brasileiro e não haja convenção internacional dispondo em contrário.

§ 3º – Em se tratando de empregador que promova realização de atividades fora do lugar do contrato de trabalho, é assegurado ao empregado apresentar reclamação no foro da celebração do contrato ou da prestação dos respectivos serviços."

Conforme o referido dispositivo legal, a competência territorial é determinada pelo local da prestação de serviços do reclamante. A finalidade teleológica da lei ao fixar a competência pelo local da prestação de serviços consiste em facilitar o acesso do trabalhador à Justiça, pois no local da prestação de serviço, presumivelmente, o empregado tem maiores possibilidades de produção das provas, trazendo suas testemunhas para depor. Além disso, neste local, o empregado pode comparecer à Justiça sem maiores gastos com locomoção.

No aspecto, concordamos com as preciosas palavras de *Gérson Marques*(161):

> "O apego arraigado ao art. 651, da CLT, pode, em alguns casos, conduzir à denegação da Justiça, mediante o negatório do acesso ao Judiciário, princípio este insculpido no art. 5º, XXXV, CF. Desta sorte, a interpretação da norma processual há de se pautar no asseguramento real e efetivo do acesso à Justiça. Esta ilação, pondere-se, *en passant*, robustece-se ao lume do Direito Obreiro, onde se prima pela proteção do hipossuficiente (na expressão de Cesarino Jr.)."

Se o empregador promover sua atividade em várias localidades, nos termos do § 3º do art. 651 da CLT, será assegurado ao empregado apresentar reclamação no

(161) MARQUES, Gérson. *Processo do trabalho anotado*. São Paulo: RT, 2001. p. 47.

foro da celebração do contrato ou da prestação dos respectivos serviços. Trata-se de critério de competência, cuja escolha é discricionária do empregado, podendo este optar entre o local da contratação ou da prestação dos serviços.

Nesse sentido, destacamos as seguintes ementas:

"Exceção de incompetência em razão do lugar. No processo trabalhista, a competência em razão do lugar é estabelecida, em regra, pelo local da prestação do serviço (*caput* do art. 651 da CLT). No entanto, quando o empregador realizar atividades fora do lugar do contrato de trabalho, é assegurado ao empregado propor ação no foro da celebração do contrato ou no da prestação dos serviços (§ 3º do art. 651 da CLT). Com efeito, a opção concedida ao trabalhador decorre da finalidade da norma, visando melhor acesso ao processo, com adoção de medidas que possibilitem ao empregado demandar sem prejuízo de seu sustento." (TRT – 3ª R. – 4ª T. – RO n. 16556/99 – rel. Juiz Mauricio J. G. Delgado – DJMG 1.4.2000 – p. 14) (RDT 05/00 – p. 53)

"Competência da Justiça do Trabalho — Empregado estrangeiro que prestou serviços no Brasil – Faculdade prevista no art. 651, § 3º, da CLT — Local da contratação ou da prestação dos serviços. Discute-se a competência da Justiça do Trabalho para conhecer e julgar Reclamação Trabalhista ajuizada por empregado estrangeiro que prestou serviços no Brasil. *In casu*, além da prestação e remuneração de serviços, houve comprovada regulação do vínculo, pela CLT, e termo de rescisão e quitação do contrato de trabalho havido entre 1986 e 1993. O *caput* do art. 651 da CLT estabelece que a competência é determinada pela localidade em que o empregado prestar serviços ao empregador, '[...] ainda que tenha sido contratado noutro local ou no estrangeiro'. O § 3º do mesmo art. 651, por seu turno, faculta ao empregado eleger o foro onde promoverá a ação trabalhista: 'Em se tratando de empregador que promova realização de atividades fora do lugar do contrato de trabalho, é assegurado ao empregado apresentar reclamação no foro da celebração do contrato ou no da prestação dos respectivos serviços'. É inegável, portanto, que o autor — ao ajuizar a ação perante a Justiça brasileira — exerceu faculdade amparada pelo preceito legal, exsurgindo a competência do Judiciário Trabalhista nacional para conhecer e julgar a Reclamação. Recurso conhecido e provido." (TST – 3ª T. – RR n. 478490/98-9 – relª Minª Maria Cristina I. Peduzzi – DJ 21.6.2002 – p. 693) (RDT n. 7, 31 de julho de 2002)

Mostra-se polêmica a seguinte questão: se o reclamante trabalhou em várias localidades, qual será a Vara competente em razão do lugar para apreciar o processo?

Doutrina e jurisprudência se inclinam em dizer que, neste caso, prevalece a competência do último local de prestação de serviços.

Nesse diapasão, se tornou clássica a posição do saudoso *Valentin Carrion*(162):

> "Na hipótese de ter havido vários locais de trabalho, a competência será do último."

No mesmo contexto, se pronuncia *Carlos Henrique Bezerra Leite*(163):

> "Caso o empregado tenha trabalhado em diversos estabelecimentos em locais diferentes, a competência territorial da Vara do Trabalho deve ser

(162) CARRION, Valentin. *Comentários à Consolidação das Leis do Trabalho.* 30. ed. São Paulo: Saraiva, 2005. p. 505.

(163) BEZERRA LEITE, Carlos Henrique. *Curso de direito do trabalho.* 5. ed. São Paulo: LTr, 2007. p. 267.

fixada em razão do derradeiro lugar da execução do contrato de trabalho, e não de cada local dos estabelecimentos da empresa na qual tenha prestado serviços."

Argumentam, ainda, que a competência, como sendo o último local do trabalho, adota critério objetivo, facilita o acesso à justiça e prestigia a segurança jurídica.

Em que pese o respeito que merecem os juristas acima mencionados, com eles não concordamos. Com efeito, se o reclamante trabalhou em vários locais, pensamos que a competência das Varas do Trabalho de cada local trabalhado é concorrente, já que todas as Varas são competentes, cabendo a escolha do local da propositura da ação ao reclamante, uma vez que a competência em razão do lugar se fixa tendo por escopo facilitar o acesso do trabalhador à Justiça. Portanto, no nosso sentir, a competência neste caso se dá pela prevenção, sendo competente a Vara do local em que a reclamatória foi proposta em primeiro lugar.

De outro lado, a regra do art. 651 da CLT, como já mencionado, consagra característica protetiva do processo trabalhista ao trabalhador e não ao empregador ou ao tomador de serviços. Desse modo, havendo dúvida na intepretação, deve-se prestigiar a intepretação que favoreça o acesso à justiça do trabalhador.

Acompanhando o mesmo raciocínio, temos a opinião de *Leone Pereira*(164):

> "Nem sempre o último local de prestação dos serviços representa o melhor lugar de ajuizamento da reclamatória, ou seja, aquele que representará o acesso facilitado, real e efetivo à Justiça do Trabalho. Tomamos uma situação hipotética em que o empregado é contratado na localidade A para prestar serviços no local B, onde trabalhou durante 20 anos. Foi transferido para o lugar C, onde prestou serviços por 1 mês e foi despedido sem justa causa. Não é difícil imaginar que, adotando-se a primeira corrente, a ação trabalhista deverá ser ajuizada na localidade C, e praticamente toda a instrução probatória será realizada mediante a expedição de cartas precatórias, não se coadunando com a finalidade teleológica de facilitação de acesso do trabalhador à Justiça do Trabalho. Assim, o empregado terá a opção de ajuizar a reclamação trabalhista em qualquer lugar de prestação de serviços, à sua escolha, consubstanciando competência concorrente entre as respectivas Varas do Trabalho."

Nesse sentido, destacamos as seguintes ementas:

"Competência em razão do local da prestação dos serviços — Art. 651, § 3º, da CLT — Exceção de incompetência. A opção concedida ao empregado prevista no § 3º do art. 651 consolidado é devida, ainda que o foro escolhido não tenha sido o último local da prestação dos serviços. A regra geral para a fixação da competência, no processo trabalhista, é a da prestação dos serviços, isso porque — entendimento contrário — se estaria propiciando ao empregador quase que a totalidade do direito de escolha do foro, já que é este detentor,

(164) PEREIRA, Leone. *Manual de processo do trabalho*. São Paulo: Saraiva, 2011. p. 205-206.

em tese, do direito da transferência do empregado. O Direito Processual do Trabalho, em primeiro lugar, preza a celeridade e simplicidade de procedimento, o que possibilita que as exceções, que não são de suspeição e incompetência, não importem na suspensão do feito, teor da inteligência do art. 799 da CLT. O fato de a exceção de incompetência não ser alegada como matéria de defesa se resume ao possibilitar a suspensão do feito, e não o seu oferecimento em qualquer tempo, além do momento da defesa. A incompetência em razão do lugar (local da prestação dos serviços), por se tratar de incompetência relativa, deve ser arguida por meio de exceção, prorrogando-se a competência para onde proposta a ação em caso de falta de oposição da aludida exceção (art. 112 c/c art. 114 do CPC). Considerando que no momento da apresentação da defesa (primeiro julgamento) não foi apresentada a exceção de incompetência nos moldes legais, prorrogou-se a competência, mantendo-se a 3ª JCJ de origem. Conflito de competência acolhido para determinar a remessa dos autos à 3ª JCJ de Fortaleza-CE." (TST – SBDI-2 – CC n. 529189/99-6 – rel. Min. Francisco Fausto – DJ 21.5.99 – p. 93)

"Conflito de competência — Aplicação do art. 651, § 3º, da CLT. O objetivo é conferir acessibilidade à Justiça do Trabalho. Se esta é a tônica da legislação e se o reclamante também prestou serviços no Distrito Federal e cidades do entorno, sendo-lhe esta cidade mais acessível para ingressar em juízo e defender seus alegados direitos, parece-me que se deva assegurar-lhe a opção prevista no § 3º do art. 651 da CLT, qual seja, o foro da celebração do contrato ou qualquer das localidades em que houve efetiva prestação de serviço. Conflito julgado procedente." (TST – SBDI2 – CC n. 455235/98-5 – rel. Min. Ângelo Mário de C. e Silva – DJ 4.12.98 – p. 107) (RDT 1/99 – p. 55)

Relevante destacar, no aspecto, entendimento firmado perante a 1ª Jornada de Direito Material e Processual do Trabalho realizada no TST, vazado no Enunciado n. 07, *in verbis*:

"ACESSO À JUSTIÇA. CLT, ART. 651, § 3º. INTERPRETAÇÃO CONFORME A CONSTITUIÇÃO. ART. 5º, INC. XXXV, DA CONSTITUIÇÃO DA REPÚBLICA. Em se tratando de empregador que arregimente empregado domiciliado em outro município ou outro Estado da federação, poderá o trabalhador optar por ingressar com a reclamatória na Vara do Trabalho de seu domicílio, na do local da contratação ou na do local da prestação dos serviços."

Por meio do presente verbete, a 1ª Jornada de Direito Material e Processual da Anamatra levou em consideração, corretamente, os princípios da primazia da realidade, acesso do trabalhador à justiça, ordem jurídica justa, e do protecionismo processual, possibilitando ao trabalhador que é arregimentado para o trabalho em determinado local, mas está domiciliado em outro município ou estado da federação de localidade diversa da contratação, propor a demanda trabalhista tanto nos locais da contratação, da prestação ou de seu domicílio.

A jurisprudência já vem se posicionando no presente sentido, conforme se extrai das seguintes ementas:

"COMPETÊNCIA PARA O AJUIZAMENTO DA RECLAMAÇÃO QUANDO A PRESTAÇÃO DOS SERVIÇOS OCORRE EM LOCAL DIVERSO DAQUELE ONDE SE DEU A CONTRATAÇÃO. INCIDÊNCIA DA REGRA CONTIDA NO § 3º DO ART. 651, DA CLT. POSIÇÃO MAJORITÁRIA DA 2ª TURMA DO TRT5. O c. Tribunal Superior do Trabalho, cônscio das dificuldades enfrentadas pelo trabalhador em ajuizar reclamação trabalhista no local da prestação dos serviços quando a localidade não coincide com o seu domicílio, vem ampliando as hipóteses de incidência da regra contida no § 3º do art. 651, da CLT, que permite, em casos tais, que o empregado opte por uma das duas localidades. Trata-se, sem sombra de dúvida, da solução mais acertada. Justamente porque exigir do reclamante que ele ingresse com reclamação em outro Estado da Federação e que para lá se desloque para comparecer às audiências, significa impedir o seu acesso à Justiça, em manifesta ofensa à regra contida no art. 5º, inciso XXXV da Constituição Federal." (TRT – 5ª REG – Processo 0001083-59.2010.5.05.0641 – RecOrd – Ac. n. 093099/2012, relª Desembargadora DALILA ANDRADE, 2ª TURMA, DJ 30.3.2012)

"EXCEÇÃO DE INCOMPETÊNCIA EM RAZÃO DO LUGAR. AÇÃO PROPOSTA NO LOCAL DE CELEBRAÇÃO DO CONTRATO OU ARREGIMENTAÇÃO DA MÃO DE OBRA. POSSIBILIDADE. Malgrado o local da prestação dos serviços seja, em regra, o elemento definidor da competência territorial do juízo em que se dará o ajuizamento de reclamação trabalhista (*caput* do art. 651 da CLT), é possível que esta seja proposta no foro da celebração do contrato de trabalho ou da arregimentação da mão de obra em se tratando de empregador que realize as suas atividades fora desses locais (§ 3º do art. 651 consolidado) como representação do direito de livre acesso ao Judiciário." (TRT – 5ª Reg. – Processo 0000422-14.2011.5.05.0102 – RecOrd – Ac. n. 104.394/2012 – rel. Desembargador Alcino Felizola – 4ª Turma – DJ 17.7.2012)

"COMPETÊNCIA TERRITORIAL. HIPOSSUFICIENTE. INTERPRETAÇÃO *MENS LEGIS*. A exegese das leis trabalhistas deve harmonizar-se com os princípios próprios a este ramo do direito, sobretudo o da proteção ao hipossuficiente, devendo o Magistrado extrair a *mens legis* da norma que fixa a competência territorial da Justiça do Trabalho, sob pena de se impedir o acesso à justiça dos jurisdicionados hipossuficientes economicamente." (TRT – 5ª Reg. – Processo n. 0001391-95.2010.5.05.0641 – RecOrd – Ac. n. 097359/2012 – relª Desembargadora Elisa Amado – 1ª Turma, DJ 24.5.2012)

Recentemente, o Tribunal Superior do Trabalho, enfrentou a questão, dando prevalência ao princípio do acesso à justiça em detrimento da literalidade da regra processual, conforme se constata da redação da seguinte ementa:

"PROCEDIMENTO SUMARÍSSIMO. COMPETÊNCIA DA JUSTIÇA DO TRABALHO EM RAZÃO DO LUGAR. AJUIZAMENTO DA AÇÃO NO DOMICÍLIO DO RECLAMANTE. PREVALÊNCIA DO DIREITO FUNDAMENTAL DE ACESSO À JUSTIÇA SOBRE A INTERPRETAÇÃO MERAMENTE LITERAL DO ART. 651, § 3º, DA CLT. No caso, ficou incontroverso que o reclamante, residente e domiciliado em Crateús – CE, foi contratado e prestou serviços no Estado de São Paulo. O trabalhador, pretendendo receber as verbas trabalhistas que reputa devidas, ajuizou esta reclamação trabalhista na Vara do Trabalho de Crateús – CE, que possui jurisdição no local de domicílio e residência do autor. A oferta de emprego é escassa, e o desemprego é realidade social em nosso País, o que obriga vários trabalhadores a se mudarem para regiões diversas, ainda que provisoriamente, deixando para trás seus familiares, em condições precárias, com o intuito de procurar trabalho para suprir necessidades vitais de subsistência própria e de sua família. É realidade, ainda, que esses trabalhadores se submetem a condições de emprego precárias e a empregos informais. Dessa forma, tem-se cada vez mais firmado o entendimento, neste Tribunal superior (como demonstram os precedentes citados na fundamentação), de que, em casos como este ora em exame, o direito fundamental de acesso à Justiça das partes trabalhistas deve preponderar sobre a interpretação meramente literal do art. 651, § 3º, da CLT, apontado como violado pelo recorrente. Além disso, é possível aplicar à hipótese, por analogia, a exceção prevista no § 1º do art. 651 da CLT, que atribui competência à Vara do Trabalho do domicílio do reclamante, quando inviabilizado o ajuizamento da reclamação trabalhista no foro da celebração do contrato ou da prestação dos serviços. Essa interpretação, além de melhor corresponder à letra e ao espírito do art. 651, *caput* e §§, da CLT, mostra-se mais consentânea com princípio constitucional de acesso à Justiça, previsto no art. 5º, inciso XXXV, da Constituição Federal, e com a constatação prática de que, em muitos casos, a exigência legal de que o trabalhador ajuizasse a sua reclamação no lugar em que prestou serviços, mesmo quando voltou a residir no lugar de seu domicílio, acabaria por onerar excessivamente o exercício do direito de ação pela parte hipossuficiente. Assim, o Tribunal Regional do Trabalho de origem, ao manter a sentença em que foi reconhecida a incompetência da Vara do Trabalho de Crateús – CE, para apreciar e julgar este feito, local em que o autor se encontra residente e domiciliado, por entender que esta reclamação trabalhista deveria ter sido ajuizada no local da prestação de serviços ou da contratação do obreiro, violou o disposto no art. 5º, inciso XXXV, da Constituição Federal. Recurso de revista conhecido e provido." (TST – Processo: RR – 1662-84.2012.5.07.0025 – Data de Julgamento: 22.10.2014, rel. Ministro: José Roberto Freire Pimenta, 2ª Turma, Data de Publicação: DEJT 31.10.2014)

Nos termos do § 1º do art. 651 da CLT, quando for parte no dissídio agente ou viajante comercial, a competência será da Vara da localidade em que a empresa tenha agência ou filial e a esta o empregado esteja subordinado e, na falta, será competente a Junta da localização em que o empregado tenha domicílio ou a localidade mais próxima.

Conforme o referido dispositivo legal, se o reclamante for viajante ou agente comercial, realizando atividades em várias localidades sem se fixar em nenhuma delas, a fim de facilitar o acesso do trabalhador à Justiça, determina a CLT que a reclamação possa ser proposta onde a empresa tenha agência ou filial e esteja o empregado a ela subordinado ou no local em que o autor tenha domicílio e, caso não tenha domicílio, na localidade mais próxima em que o empregado se encontra.

Diante da competência dada pela EC n. 45/04, pensamos que a presente regra também se aplica ao representante comercial autônomo (Lei n. 4.886/65) e também ao vendedor externo autônomo que não seja representante (art. 114, I, da CF).

Nos termos da redação do citado § 1º, doutrina e jurisprudência têm se posicionado no sentido de que, primeiramente, a competência territorial é do foro em que a empresa tenha agência ou filial e o empregado esteja a ela subordinado e, sucessivamente, o local do domicílio do empregado ou a localidade mais próxima.

Nesse diapasão, é a visão de *Sergio Pinto Martins*(165):

> "Somente será aplicada a orientação de que a ação deve ser proposta no local do domicílio do empregado ou na localidade mais próxima, quando o obreiro não esteja subordinado à agência ou filial. A lei indica essa orientação ao usar a expressão 'na falta'."

(165) No mesmo sentido, é a posição de Sergio Pinto Martins (*Direito processual do trabalho*. 26. ed. São Paulo: Atlas, 2006. p. 126).

Nesse sentido, destacamos as seguintes ementas:

"Competência em razão do lugar. A competência das Juntas de Conciliação e Julgamento é firmada pelo local da prestação de serviços. No entanto se, como no presente caso, o processo está sendo remetido para julgamento em Junta em cuja jurisdição não está incluído o município em que o trabalho foi executado, melhor será que seja julgado em Manaus, onde reside o reclamante e onde a empresa possui filial." (TRT – 11ª R. – Ac. n. 4078/97 – relª Vera Lúcia Câmara de Sá Peixoto – DJPR 10.12.97 – p. 9)

"Competência — Local do contrato. Na forma do § 1º do art. 651 da CLT, 'quando for parte no dissídio agente ou viajante, é competente a Junta da localidade onde o empregador tiver o seu domicílio, salvo se o empregado estiver imediatamente subordinado à agência, ou filial, caso em que será competente a Junta em cuja jurisdição estiver situada a mesma agência ou filial'. *In casu*, desenvolvendo as suas atividades em unidade móvel e prestando serviços em diversos municípios do Estado, é competente para o julgamento da reclamatória trabalhista uma das Juntas da Capital, uma vez que o reclamante se encontrava subordinado ao Departamento Regional, com sede na capital onde foi contratado." (TRT – 12ª R. – 3ª T. – Ac. n. 10675/99 – rel. Luiz Hamílton Adriano – DJSC 15.10.99 – p. 225) (RDT 11/99 – p. 54)

Embora o § 1º do art. 651 da CLT diga que a competência será da filial e, na falta, do domicílio do empregado ou da localidade mais próxima, pensamos que a finalidade teleológica da lei seja facilitar o acesso do trabalhador à Justiça do Trabalho, e a presente regra fora idealizada em benefício do trabalhador. Portanto, a interpretação não pode ser literal, mas sim teleológica.

Desse modo, pensamos que o § 1º do art. 651 da CLT deva ser lido da seguinte forma:

"Quando for parte no dissídio agente ou viajante comercial, a competência será da Vara da localidade em que a empresa tenha agência ou filial e a esta o empregado esteja subordinado, na localidade em que o empregado tenha domicílio, ou na localidade mais próxima, à escolha do trabalhador."

No aspecto, relevante destacar a seguinte ementa:

"COMPETÊNCIA TERRITORIAL. DOMICÍLIO DO AUTOR. ACESSO À JUSTIÇA. ENTENDIMENTO MAJORITÁRIO DA SEGUNDA TURMA. A condição financeira do autor, aliada à dificuldade de acesso ao local da prestação dos serviços ou da contratação, autorizam a interpretação do art. 651 da CLT, conforme o inc. XXXV do art. 5º da CF/88, e deslocam a competência para o local do seu domicílio." (TRT – 5ª Reg. – Processo n. 0001882-05.2010.5.05.0641 – RecOrd – Ac. n. 095.618/2012, rel. Desembargador Cláudio Brandão – 2ª Turma – DJ 22.5.2012)

13.1. Empregado brasileiro que trabalha no estrangeiro

Dispõe o § 2º do art. 651 da CLT:

"A competência das Juntas de Conciliação e Julgamento, estabelecida neste artigo, estende-se aos dissídios ocorridos em agência ou filial no estrangeiro, desde que o empregado seja brasileiro e não haja convenção internacional dispondo em contrário."

Conforme o referido dispositivo legal, restou consagrada a chamada "competência internacional" da Justiça do Trabalho para dirimir controvérsias decorrentes da relação de trabalho desde que o empregado seja brasileiro e não haja convenção internacional em contrário. Mostra-se discutível a aplicabilidade do referido dispositivo legal se a empresa reclamada não tiver agência ou filial no Brasil, diante das vicissitudes que pode enfrentar o processo para citação da empresa, e também de aplicabilidade da jurisdição trabalhista em outro país. Em razão disso, pensamos que a competência da Justiça do Trabalho brasileira, salvo convenção internacional em sentido contrário, somente se aplicará se a empresa reclamada tiver agência ou filial no Brasil, caso contrário, não haverá possibilidade de imposição da jurisdição trabalhista em território sujeito a outra soberania (princípio da territorialidade da jurisdição). Pensamos que a expressão "empresa que tenha agência ou filial no estrangeiro" deva ser lida no sentido de que a empresa também tenha sede no Brasil. Sob outro enfoque, como o referido dispositivo configura exceção à competência do local da prestação de serviços, a interpretação deve ser restritiva.

No aspecto, concordamos com *Sergio Pinto Martins*(166), quando assevera:

> "A ação deverá ser proposta perante a Vara onde o empregador tenha sede no Brasil ou também onde o empregado foi contratado antes de ir para o exterior. Se a empresa não tiver sede no Brasil, haverá impossibilidade da propositura da ação, pois não será possível sujeitá-la à decisão de nossos tribunais."

Em sentido contrário, argumenta *Carlos Henrique Bezerra Leite*(167):

> "Pouco importa se a empresa é brasileira ou estrangeira, pois o critério subjetivo adotado pelo art. 651, § 2º, da CLT diz respeito ao brasileiro, nato ou naturalizado, que prestar serviços no estrangeiro [...]. Cremos, porém, que, não obstante os obstáculos operacionais para a propositura da demanda em face de empresa que não tenha sede ou filial no Brasil, mostra-se perfeitamente possível a notificação do empregador por carta rogatória, sendo competente a Vara do Trabalho, por aplicação analógica do art. 88, I e II, do CPC. Se ele aceitará ou não submeter-se à jurisdição da Justiça laboral brasileira já é problema alheio à questão da competência."

O Tribunal Superior do Trabalho tinha firmado jurisprudência(168) no sentido de que: sendo a competência da Justiça do Trabalho brasileira para o empregado que tivesse trabalhado no exterior, a legislação aplicável seria o do local da prestação de serviços (*lex loci executionis*). Entretanto, recentemente, o TST cancelou a Súmula n. 207 de sua jurisprudência, abrindo novamente o debate sobre a questão.

---

(166) MARTINS, Sergio Pinto. *Direito processual do trabalho*. 26. ed. São Paulo: Atlas, 2006. p. 128.

(167) BEZERRA LEITE, Carlos Henrique. *Curso de direito processual do trabalho*. 5. ed. São Paulo: LTr, 2007. p. 269-270.

(168) Súmula n. 207 do TST: "Conflitos de leis trabalhistas no espaço. Princípio da *lex loci executionis* — A relação jurídica trabalhista é regida pelas leis vigentes no país da prestação de serviço e não por aquelas do local da contratação" (cancelada).

De nossa parte, o cancelamento da Súmula n. 207 do TST foi oportuno, pois nem sempre a lei do local da prestação de serviços é a mais benéfica ao trabalhador, e o melhor diploma legislativo a reger a relação de emprego. De nossa parte, tendo prestado o trabalhador serviço no exterior, a Justiça do Trabalho Brasileira deverá aplicar a lei trabalhista que for mais benéfica ao trabalhador, ou a da prestação de serviços ou a lei brasileira. A comparação entre as leis será realizada no conjunto de sua disposições (princípio do conglobamento).

No aspecto, destacamos as seguintes ementas, proferidas após o cancelamento da Súmula n. 207 do TST, *in verbis*:

> "CONFLITO DE NORMAS. DIREITO MATERIAL APLICÁVEL. Com espeque no art. 3º, II, da Lei n. 7.064/82, bem como no Princípio da Proteção (prevalência da norma mais favorável ao trabalhador), independentemente do Princípio da Territorialidade, é garantido ao empregado que presta serviço no exterior a aplicação da legislação brasileira quando esta for mais benéfica, valendo-se da teoria do conglobamento mitigado, vez que a lei nacional é o patamar mínimo assegurado ao empregado contratado no Brasil ou transferido para prestar serviços no exterior. A ausência de prova da legislação angolana não gera, por conseguinte, a extinção do feito sem resolução de mérito." (TRT/SP – 00019124020105020086 – RO – Ac. 5ª T. – 20120716997 – rel. Donizete Vieira da Silva – DOE 5.7.2012)

> "TRABALHADOR RECRUTADO NO BRASIL PARA PRESTAR SERVIÇOS EM VÁRIOS PAÍSES. A reclamada admite que o recorrente esteve a bordo de embarcação que passava por diversos países, elencando entre eles o Brasil. Nesse quadro, a circunstância do navio em que prestou serviços o obreiro ser de bandeira italiana não tem o alcance sustentado nos autos, na medida em que a embarcação era privada, e tendo em vista que houve prestação de serviços em território nacional. Assim sendo, e considerando que as partes são brasileiras, reputo que estão presentes os elementos de conexão necessários à atração da jurisdição nacional, nos termos do art. 651, §§ 1º e 2º, da CLT. Exegese em conformidade com o direito fundamental de acesso do trabalhador à Justiça. Pelos mesmos fundamentos, tem-se que a legislação aplicável é a nacional. Até porque, ainda que se considere que o trabalhador prestou serviços no exterior, o simples fato dele postular pedidos com base na CLT revela que é esta a legislação que lhe é mais favorável a qual, assim, deve prevalecer, nos termos da Lei n. 7.064/82, arts. 2º e 3º. Não há que se olvidar que a Súmula n. 207, do C. TST foi cancelada." (TRT/SP – 00009403220115020443 – RO – Ac. 11ª T. – 20120677002 – rel. Armando Augusto Pinheiro Pires – DOE 26.6.2012)

Em sentido contrário, entendendo que deve ser aplicada a lei do local da prestação, mesmo diante do cancelamento da Súmula n. 207 do TST:

> "CONFLITO LEIS TRABALHISTAS NO ESPAÇO E O CANCELAMENTO DA SÚMULA N. 207 DO COLENDO TST. PRINCÍPIO DA *'LEX LOCI EXECUTIONIS'*. Inobstante tenha sido recentemente cancelada a súmula jurisprudencial em destaque, o fato é que a relação jurídica trabalhista há de ser regida pelas leis vigentes no país da prestação de serviço (*in casu*, Angola) e não por aquelas do local da contratação. Exegese dos artigos da CLT (8º, 651 e 769), do CPC (88), da LICC (12) e da Lei n. 7.064/82 (13, 19 e 20) em face dos princípios constitucionais que consagram valor social do trabalho e da livre-iniciativa. Recurso ordinário das reclamadas improvido." (TRT/SP – 01535006920095020041 – RO – Ac. 11ª T. – 20120543014 – rel. Ricardo Verta Luduvice – DOE 22.5.2012)

13.2. Foro de eleição na Justiça do Trabalho

O foro de eleição é o local escolhido, consensualmente, pelas partes para apreciar eventual demanda trabalhista.

Dispõe o art. 63 do CPC:

> "As partes podem modificar a competência em razão do valor e do território, elegendo foro onde será proposta ação oriunda de direitos e obrigações.
>
> § 1º A eleição de foro só produz efeito quando constar de instrumento escrito e aludir expressamente a determinado negócio jurídico.
>
> § 2º O foro contratual obriga os herdeiros e sucessores das partes.
>
> § 3º Antes da citação, a cláusula de eleição de foro, se abusiva, pode ser reputada ineficaz de ofício pelo juiz, que determinará a remessa dos autos ao juízo do foro de domicílio do réu.
>
> § 4º Citado, incumbe ao réu alegar a abusividade da cláusula de eleição de foro na contestação, sob pena de preclusão."

No nosso sentir, o foro de eleição é incompatível com o Processo do Trabalho, considerando-se a hipossuficiência do reclamante, bem como eventual estado de subordinação do empregado ao aceitar determinada localidade para propositura da demanda trabalhista. Além disso, as normas que consagram a competência territorial da Justiça do Trabalho são fixadas em benefício do trabalhador (art. 651 da CLT), cabendo tão somente a este, eventualmente, renunciar ao benefício legal(169).

De outro lado, nas cidades em que há mais de um fórum trabalhista, a exemplo da cidade de São Paulo, o Tribunal fixou entendimento de que a competência territorial não pode ser modificada a critério das partes, adotando-se como critério o do endereço do local de prestação de serviços.

Nesse diapasão, destacamos as seguintes ementas:

> "Justiça do Trabalho — Competência territorial — Foro de eleição — Dissídio individual — Art. 651, § 3º, da CLT. 1. Ilegal e inoperante no processo trabalhista a eleição de foro em detrimento do empregado, eis que imperativas e de ordem pública as normas do art. 651 da CLT, ditadas no escopo manifesto de propiciar acessibilidade e facilidade na produção da prova ao litigante economicamente hipossuficiente. 2. O empregado demandante pode optar entre o foro da celebração do contrato e o da efetiva prestação do trabalho (art. 651, § 3º, da CLT). 3. Havendo pré-contratação verbal do empregado, em determinada localidade, na qual é recrutado, selecionado, informado através de palestras sobre a remuneração, bem assim onde ocorrerá o futuro treinamento, tem-se esta como localidade da celebração do contrato de trabalho, para efeito de fixação da competência territorial, ainda que a formalização do contrato dê-se em outro município." (TST – SBDI2 – Ac. n. 5167/97 – rel. Min. João Oreste Dalazen – DJ 6.3.98 – p. 243)

---

(169) Nesse sentido o inciso I, do art. 2º, da Instrução Normativa n. 39/16 do TST, *in verbis*: "Sem prejuízo de outros, não se aplicam ao Processo do Trabalho, em razão de inexistência de omissão ou por incompatibilidade, os seguintes preceitos do Código de Processo Civil: I – art. 63 (modificação da competência territorial e eleição de foro)".

"Processo civil e do trabalho — Competência territorial em ação civil pública — Competência concorrente que se resolve pela prevenção. O art. 2º da Lei n. 7.347/85 fixa a competência do Juízo em face do local de ocorrência do dano, prevenindo a jurisdição em relação às ações posteriores. A OJ n. 130, SBDI-2, c. TST, aplicando subsidiariamente o Código de Defesa do Consumidor, art. 93, II, fixa o entendimento de que se a extensão do dano a ser reparado for de âmbito regional, a competência será de uma das varas do trabalho da capital do estado; se for de âmbito suprarregional ou nacional, será do Distrito Federal. Trata-se, ante a especialidade da lei da ação civil pública, de competência territorial concorrente, que se resolve pela prevenção, *in casu*, do juízo local, em face de não se tratar propriamente de dano de âmbito regional, mas, sim, de dano local que espraia por mais de uma comarca. Recurso provido, para afastar a incompetência em razão do local." (TRT 15ª R. – 2ª T. – RO n. 1863/2004.055.15.00-2 – relª Luciane Storel da Silva – DJ 14.7.06 – p. 21) (RDT n. 8 – agosto de 2006)

O art. 63, § 3º, do CPC, possibilita ao Juiz do Trabalho decretar, de ofício, a nulidade do foro de eleição se abusiva. Assevera o referido dispositivo legal:

"Antes da citação, a cláusula de eleição de foro, se abusiva, pode ser reputada ineficaz de ofício pelo juiz, que determinará a remessa dos autos ao juízo do foro de domicílio do réu."

Pensamos que o referido dispositivo se aplica ao Processo do Trabalho, com a seguinte adaptação: "A nulidade da cláusula de eleição de foro, em contrato de trabalho, pode ser declarada de ofício pelo juiz, que declinará de competência para o juízo do local da prestação de serviços."

Nesse sentido, concordamos com as conclusões de *Carlos Henrique Bezerra Leite*(170) ao comentar:

> "Trata-se, pois, de uma exceção à vedação de decretação de ofício pelo juiz de uma competência em razão do território (relativa). A nova norma, portanto, permite ao juiz, caso entenda nula a cláusula de eleição de foro — competência territorial, portanto — prevista em contrato de adesão, declinar de sua competência para o juízo do domicílio do réu. Trata-se, a nosso ver, de norma que poderá ter aplicação no processo do trabalho nas ações oriundas da relação de trabalho diversas da relação de emprego."

14. Competência funcional da Justiça do Trabalho

A competência funcional também é denominada *hierárquica* ou *interna*. Trata-se da competência dos órgãos de 1º, 2º ou 3º graus, dentro de um mesmo segmento do Poder Judiciário. Por esse critério, fixa-se a competência dos órgãos da Justiça do Trabalho para atuar no processo, durante as suas diversas fases.

Priorizando o critério hierárquico da competência funcional, assim se manifesta *Wilson de Souza Campos Batalha*(171):

> "A competência funcional é a que deflui da hierarquia dos órgãos judiciários. É a competência em razão dos graus de jurisdição, ou das instâncias a que cabe conhecer da matéria (instâncias de conhecimento)."

(170) BEZERRA LEITE, Carlos Henrique. *Curso de direito do trabalho*. 5. ed. São Paulo: LTr, 2007. p. 273.

(171) BATALHA, Wilson de Souza Campos. *Tratado de direito judiciário do trabalho*. 2. ed. São Paulo: LTr, 1985. p. 186.

Cândido Rangel Dinamarco(172) adota a nomenclatura da competência interna. Ensina o mestre paulista:

> "Competência interna é a quantidade de jurisdição cujo exercício se atribuiu a cada um dos juízes ou grupos de juízes que compõem cada órgão judiciário. O fenômeno da distribuição interna da competência existe principalmente nos tribunais — órgãos colegiados por excelência —, mas também, ainda que em dimensão menor, nos juízes de primeiro grau."

No nosso sentir, a competência funcional adota o critério do exercício das funções do juiz em determinado processo, vale dizer: quais atos pode praticar o juiz num determinado processo.

Como bem adverte *José Augusto Rodrigues Pinto*(173), "o que nos parece mais importante, porque de irradiação mais ampla da noção de *competência funcional* do que a simples hierarquia dos órgãos, reside em seu sentido de atribuições conferidas a cada órgão, assim entendida a soma de atos processuais autorizados no exercício de seu poder."

Quando se fala em competência funcional dos diversos órgãos que compõem determinado segmento do Poder Judiciário, num primeiro plano se avalia se tal órgão detém competência material para a causa. Desse modo, a competência funcional, a nosso ver, é avaliada após a análise da competência em razão da matéria. A competência funcional é absoluta, por isso, pode ser conhecida de ofício, ainda que não invocada pelas partes.

Pensamos que a competência funcional pode ser originária, recursal ou executória:

a) Originária: é a competência para conhecer da causa em primeiro plano. Salvo regra expressa em sentido contrário, o processo inicia-se no primeiro grau de jurisdição. Na Justiça do Trabalho, perante as Varas do Trabalho;

b) Recursal: é a competência para praticar determinados atos dos processos, em havendo recurso das partes, como a competência dos Tribunais para julgamento dos Recursos;

c) Executória: é a competência, fixada na lei processual, para realizar a execução do processo, seja por títulos executivos judiciais ou extrajudiciais. Na CLT, a matéria está prevista nos arts. 877 e 877-A, que assim dispõem:

> "Art. 877. É competente para a execução das decisões o juiz ou presidente do tribunal que tiver conciliado ou julgado originariamente o dissídio."

> "Art. 877-A. É competente para a execução de título executivo extrajudicial o juiz que teria competência para o processo de conhecimento relativo à matéria." (Redação dada pela Lei n. 9.958/2000 – DOU 13.1.2000)

---

(172) DINAMARCO, Cândido Rangel. *Instituições de direito processual civil.* v. 1. São Paulo: Malheiros, 2001. p. 552.

(173) RODRIGUES PINTO, José Augusto. *Processo trabalhista de conhecimento.* 7. ed. São Paulo: LTr, 2005. p. 160.

14.1. Competência funcional das Varas do Trabalho

A competência funcional das Varas do Trabalho está prevista na Consolidação das Leis do Trabalho.

A redação da CLT, no aspecto, foi idealizada para a existência do órgão colegiado em primeiro grau, com a atuação dos juízes classistas. A EC n. 24/99 extinguiu a representação classista em primeiro grau nas Varas do Trabalho e, portanto, todas as atribuições que eram do órgão colegiado em primeiro grau (antigas Juntas) passaram a ser do juiz monocrático, pois, hoje, somente atua nas Varas um único juiz, tanto na fase de conhecimento, como na de execução. Portanto, quando a CLT se refere às Juntas, tal expressão deve ser lida como se disciplinasse a competência das Varas do Trabalho, atuando um único Juiz do Trabalho, seja titular ou substituto. Também não existe mais, nas Varas, a figura do *Juiz Presidente da Junta*, tal expressão deve ser lida como Juiz do Trabalho titular ou substituto das Varas.

O art. 652 da CLT disciplina a competência funcional das Varas do Trabalho, assim redigido:

"Compete às Juntas de Conciliação e Julgamento:

a) conciliar e julgar:

I – os dissídios em que se pretenda o reconhecimento da estabilidade de empregado;

II – os dissídios concernentes a remuneração, férias e indenizações por motivo de rescisão do contrato individual de trabalho;

III – os dissídios resultantes de contratos de empreitadas em que o empreiteiro seja operário ou artífice;

IV – os demais dissídios concernentes ao contrato individual de trabalho;

V – as ações entre trabalhadores portuários e os operadores portuários ou o Órgão Gestor de Mão de Obra — OGMO decorrentes da relação de trabalho; (Redação dada pela MP n. 2.164-41/01)

b) processar e julgar os inquéritos para apuração de falta grave;

c) julgar os embargos opostos às suas próprias decisões;

d) impor multas e demais penalidades relativas aos atos de sua competência. (Redação de acordo com o Decreto-lei n. 6.353/44 – DOU 23.3.44, que também suprimiu a alínea *e*)

Parágrafo único – Terão preferência para julgamento os dissídios sobre pagamento de salário e aqueles que derivarem da falência do empregador, podendo o presidente da Junta, a pedido do interessado, constituir processo em separado, sempre que a reclamação também versar sobre outros assuntos."

Dispõe o art. 653 da CLT competir, ainda, às Varas do Trabalho:

"Compete, ainda, às Juntas de Conciliação e Julgamento:

a) requisitar às autoridades competentes a realização das diligências necessárias ao esclarecimento dos feitos sob sua apreciação, representando contra aquelas que não atenderem a tais requisições;

b) realizar as diligências e praticar os atos processuais ordenados pelos Tribunais Regionais do Trabalho ou pelo Tribunal Superior do Trabalho; (Redação dada pelo Decreto-lei n. 6.353/44 – DOU 23.3.44);

c) julgar as suspeições arguidas contra os seus membros;

d) julgar as exceções de incompetência que lhes forem opostas;

e) expedir precatórias e cumprir as que lhes forem deprecadas;

f) exercer, em geral, no interesse da Justiça do Trabalho, quaisquer outras atribuições que decorram da sua jurisdição."

Dispõe o art. 659 da CLT competir ao Juízes do Trabalho:

"Competem privativamente aos Presidentes das Juntas, além das que lhes forem conferidas neste Título e das decorrentes de seu cargo, as seguintes atribuições:

I – presidir às audiências das Juntas;

II – executar as suas próprias decisões, as proferidas pela Junta e aquelas cuja execução lhes for deprecada;

III – dar posse aos juízes classistas temporários nomeados para a Junta, ao chefe de Secretaria e aos demais funcionários da Secretaria;

IV – convocar os suplentes dos juízes classistas, no impedimento destes;

V – representar ao Presidente do Tribunal Regional da respectiva jurisdição, no caso de falta de qualquer juiz classista a 3 (três) reuniões consecutivas, sem motivo justificado, para os fins do art. 727;

VI – despachar os recursos interpostos pelas partes, fundamentando a decisão recorrida antes da remessa ao Tribunal Regional, ou submetendo-os à decisão da Junta, no caso do art. 894;

VII – assinar as folhas de pagamento dos membros e funcionários da Junta;

VIII – apresentar ao Presidente do Tribunal Regional, até 15 de fevereiro de cada ano, o relatório dos trabalhos do ano anterior;

IX – conceder medida liminar, até decisão final do processo em reclamações trabalhistas que visem a tornar sem efeito transferência disciplinada pelos parágrafos do art. 469 desta Consolidação; (Acrescentado pela Lei n. 6.203/75 – DOU 18.4.75)

X – conceder medida liminar, até decisão final do processo, em reclamações trabalhistas que visem a reintegrar no emprego dirigente sindical afastado, suspenso ou dispensado pelo empregador." (Acrescentado pela Lei n. 9.270/96 – DOU 18.4.96)

14.2. Competência funcional dos Tribunais Regionais do Trabalho

A competência funcional dos Tribunais Regionais do Trabalho está fixada na Consolidação das Leis do Trabalho e, principalmente, nos Regimentos Internos dos Tribunais, as questões referentes à competência de cada uma das turmas e seções dos Tribunais.

Os Tribunais Regionais do Trabalho podem ser divididos em Turmas ou não. Frequentemente, estão divididos em turmas os Regionais que têm maior número de juízes.

Dispõe o art. 678 da CLT:

"Aos Tribunais Regionais, quando divididos em Turmas, compete:

I – ao Tribunal Pleno, especialmente:

a) processar, conciliar e julgar originariamente os dissídios coletivos;

b) processar e julgar originariamente:

1. as revisões de sentenças normativas;

2. a extensão das decisões proferidas em dissídios coletivos;

3. os mandados de segurança;

4. as impugnações à investidura de juízes classistas e seus suplentes nas Juntas de Conciliação e Julgamento;

c) processar e julgar em última instância:

1. os recursos das multas impostas pelas Turmas;

2. as ações rescisórias das decisões das Juntas de Conciliação e Julgamento, dos juízes de direito investidos na jurisdição trabalhista, das Turmas e de seus próprios acórdãos;

3. os conflitos de jurisdição entre as suas Turmas, os juízes de direito investidos na jurisdição trabalhista, as Juntas de Conciliação e Julgamento, ou entre aqueles e estas;

d) julgar em única ou última instância:

1. os processos e os recursos de natureza administrativa atinentes aos seus serviços auxiliares e respectivos servidores;

2. as reclamações contra atos administrativos de seu presidente ou de quaisquer de seus membros, assim como dos juízes de primeira instância e de seus funcionários;

II – às Turmas:

a) julgar os recursos ordinários previstos no art. 895, *a*;

b) julgar os agravos de petição e de instrumento, estes de decisões denegatórias de recursos de sua alçada;

c) impor multas e demais penalidades relativas a atos de sua competência jurisdicional, e julgar os recursos interpostos das decisões das Juntas e dos Juízes de Direito que as impuserem.

Parágrafo único. Das decisões das Turmas não caberá recurso para o Tribunal Pleno, exceto no caso do inciso I da alínea *c* do item 1 deste artigo."

Determina o art. 679 da CLT sobre a competência dos Tribunais Regionais não divididos em turmas:

> "Aos Tribunais Regionais não divididos em Turmas, compete o julgamento das matérias a que se refere o artigo anterior, exceto a de que trata o inciso I da alínea *c* do item I, como os conflitos de jurisdição entre Turmas." (Redação dada pela Lei n. 5.442/68 – DOU 28.5.68)

Dispõe o art. 680 da CLT sobre a competência funcional dos Tribunais Regionais do Trabalho divididos em Turmas:

> "Compete, ainda, aos Tribunais Regionais, ou suas Turmas:
>
> a) determinar às Juntas e aos juízes de direito a realização dos atos processuais e diligências necessárias ao julgamento dos feitos sob sua apreciação;

b) fiscalizar o cumprimento de suas próprias decisões;

c) declarar a nulidade dos atos praticados com infração de suas decisões;

d) julgar as suspeições arguidas contra seus membros;

e) julgar as exceções de incompetência que lhes forem opostas;

f) requisitar às autoridades competentes as diligências necessárias ao esclarecimento dos feitos sob apreciação, representando contra aquelas que não atenderem a tais requisições;

g) exercer, em geral, no interesse da Justiça do Trabalho, as demais atribuições que decorram de sua jurisdição."

14.3. *Competência funcional do Tribunal Superior do Trabalho*

O Tribunal Superior do Trabalho é o órgão de cúpula da Justiça do Trabalho com jurisdição em todo território nacional, cuja competência funcional está prevista na CLT, na Lei n. 7.701/88 e, principalmente, no seu Regimento Interno. A competência do Pleno, das Seções Especializadas em Dissídios Coletivos, das Seções Especializadas em Dissídios Individuais I e II, bem como da Seção Administrativa, é detalhada no Regimento Interno do Tribunal Superior do Trabalho.

Estabelece o art. 67 do Regimento Interno do TST sobre a competência originária e recursal do Tribunal Superior do Trabalho:

"Compete ao Tribunal Superior do Trabalho processar, conciliar e julgar, na forma da lei, em grau originário ou recursal ordinário ou extraordinário, as demandas individuais e os dissídios coletivos entre trabalhadores e empregadores que excedam a jurisdição dos Tribunais Regionais, os conflitos de direito sindical, bem assim outras controvérsias decorrentes de relação de trabalho e os litígios relativos ao cumprimento de suas próprias decisões, de laudos arbitrais e de convenções e acordos coletivos."

a) Da competência do Tribunal Pleno

Determina o art. 68 do Regimento Interno do TST:

"Compete ao Tribunal Pleno:

I – eleger, por escrutínio secreto, o Presidente e o Vice-Presidente do Tribunal Superior do Trabalho, o Corregedor-Geral da Justiça do Trabalho, os sete Ministros para integrar o Órgão Especial, o Diretor, o Vice-Diretor e os membros do Conselho Consultivo da Escola Nacional de Formação e Aperfeiçoamento de Magistrados do Trabalho — ENAMAT, os Ministros membros do Conselho Superior da Justiça do Trabalho — CSJT e respectivos suplentes e os membros do Conselho Nacional de Justiça;

II – dar posse aos membros eleitos para os cargos de direção do Tribunal Superior do Trabalho, aos Ministros nomeados para o Tribunal, aos membros da direção e do Conselho Consultivo da Escola Nacional de Formação e Aperfeiçoamento de Magistrados do Trabalho — ENAMAT;

III – escolher os integrantes das listas para preenchimento das vagas de Ministro do Tribunal;

IV – deliberar sobre prorrogação do prazo para a posse no cargo de Ministro do Tribunal Superior do Trabalho e o início do exercício;

V – determinar a disponibilidade ou a aposentadoria de Ministro do Tribunal;

VI – opinar sobre propostas de alterações da legislação trabalhista, inclusive processual, quando entender que deve manifestar-se oficialmente;

VII – aprovar, modificar ou revogar, em caráter de urgência e com preferência na pauta, Súmula da Jurisprudência predominante em Dissídios Individuais e os Precedentes Normativos da Seção Especializada em Dissídios Coletivos;

VIII – julgar os Incidentes de Uniformização de Jurisprudência;

IX – decidir sobre a declaração de inconstitucionalidade de lei ou ato normativo do Poder Público, quando aprovada a arguição pelas Seções Especializadas ou Turmas; e

X – aprovar e emendar o Regimento Interno do Tribunal Superior do Trabalho."

b) Da competência da Seção Especializada em Dissídios Coletivos (SDC)

Dispõe o art. 70 do Regimento Interno do TST:

"À Seção Especializada em Dissídios Coletivos compete:

I – originariamente:

a) julgar os dissídios coletivos de natureza econômica e jurídica, de sua competência, ou rever suas próprias sentenças normativas, nos casos previstos em lei;

b) homologar as conciliações firmadas nos dissídios coletivos;

c) julgar as ações anulatórias de acordos e convenções coletivas;

d) julgar as ações rescisórias propostas contra suas sentenças normativas;

e) julgar os agravos regimentais contra despachos ou decisões não definitivas, proferidos pelo Presidente do Tribunal, ou por qualquer dos Ministros integrantes da Seção Especializada em Dissídios Coletivos;

f) julgar os conflitos de competência entre Tribunais Regionais do Trabalho em processos de dissídio coletivo;

g) processar e julgar as medidas cautelares incidentais nos processos de dissídio coletivo; e

h) processar e julgar as ações em matéria de greve, quando o conflito exceder a jurisdição de Tribunal Regional do Trabalho.

II – em última instância, julgar:

a) os recursos ordinários interpostos contra as decisões proferidas pelos Tribunais Regionais do Trabalho em dissídios coletivos de natureza econômica ou jurídica;

b) os recursos ordinários interpostos contra decisões proferidas pelos Tribunais Regionais do Trabalho em ações rescisórias e mandados de segurança pertinentes a dissídios coletivos e a direito sindical e em ações anulatórias de acordos e convenções coletivas;

c) os embargos infringentes interpostos contra decisão não unânime proferida em processo de dissídio coletivo de sua competência originária, salvo se a decisão embargada estiver em consonância com precedente normativo do Tribunal Superior do Trabalho, ou com Súmula de sua jurisprudência predominante; e

d) os agravos de instrumento interpostos contra despacho denegatório de recurso ordinário nos processos de sua competência."

c) Da competência da Seção Especializada em Dissídios Individuais (SDI-I e SDI-II)

"Dispõe o art. 71 do Regimento Interno do TST:

À Seção Especializada em Dissídios Individuais, em composição plena ou dividida em duas Subseções, compete:

I – em composição plena, julgar, em caráter de urgência e com preferência na pauta, os processos nos quais tenha sido estabelecida, na votação, divergência entre as Subseções I e II da Seção Especializada em Dissídios Individuais, quanto à aplicação de dispositivo de lei federal ou da Constituição da República;

II – à Subseção I:

a) julgar os embargos interpostos contra decisões divergentes das Turmas, ou destas que divirjam de decisão da Seção de Dissídios Individuais, de Orientação Jurisprudencial ou de Súmula; e

b) julgar os agravos e os agravos regimentais interpostos contra despacho exarado em processos de sua competência.

III – à Subseção II:

a) **originariamente**:

1. julgar as ações rescisórias propostas contra suas decisões, as da Subseção I e as das Turmas do Tribunal;

2. julgar os mandados de segurança contra os atos praticados pelo Presidente do Tribunal, ou por qualquer dos Ministros integrantes da Seção Especializada em Dissídios Individuais, nos processos de sua competência;

3. julgar as ações cautelares; e

4. julgar os *habeas corpus*.

b) **em única instância**:

1. julgar os agravos e os agravos regimentais interpostos contra despacho exarado em processos de sua competência; e

2. julgar os conflitos de competência entre Tribunais Regionais e os que envolvam Juízes de Direito investidos da jurisdição trabalhista e Varas do Trabalho em processos de dissídios individuais.

c) **em última instância**:

1. julgar os recursos ordinários interpostos contra decisões dos Tribunais Regionais em processos de dissídio individual de sua competência originária; e

2. julgar os agravos de instrumento interpostos contra despacho denegatório de recurso ordinário em processos de sua competência."

d) Da competência das Turmas do TST

Dispõe o art. 72 do Regimento Interno do TST:

"Compete a cada uma das Turmas julgar:

I – os recursos de revista interpostos contra decisão dos Tribunais Regionais do Trabalho, nos casos previstos em lei;

II – os agravos de instrumento dos despachos de Presidente de Tribunal Regional que denegarem seguimento a recurso de revista;

III – os agravos e os agravos regimentais interpostos contra despacho exarado em processos de sua competência; e

IV – os recursos ordinários em ação cautelar, quando a competência para julgamento do recurso do processo principal for atribuída à Turma."

15. Da modificação da competência na Justiça do Trabalho

Dentro da competência relativa da Justiça do Trabalho, esta pode ser modificada em razão da conexão e continência.

Nesse sentido, dispõe o art. 54 do CPC que resta aplicável ao Processo do Trabalho, por força do art. 769 da CLT:

"A competência relativa poderá modificar-se pela conexão ou pela continência, observado o disposto nesta Seção."

Nos termos do art. 55 do CPC:

"Reputam-se conexas 2 (duas) ou mais ações quando lhes for comum o pedido ou a causa de pedir.

§ 1º Os processos de ações conexas serão reunidos para decisão conjunta, salvo se um deles já houver sido sentenciado.

§ 2º Aplica-se o disposto no *caput*:

I – à execução de título extrajudicial e à ação de conhecimento relativa ao mesmo ato jurídico;

II – às execuções fundadas no mesmo título executivo.

§ 3º Serão reunidos para julgamento conjunto os processos que possam gerar risco de prolação de decisões conflitantes ou contraditórias caso decididos separadamente, mesmo sem conexão entre eles."

São conexas duas ou mais ações quando apresentem mesma causa de pedir ou pedido, mas as partes, necessariamente, não são as mesmas.

Na Justiça do Trabalho, é comum haver conexão entre demandas trabalhistas que apresentem em comum mesmo pedido ou causa de pedir. Por exemplo, diversos trabalhadores realizam um mesmo pedido que tem suporte em norma coletiva comum.

Conforme o referido § 1º, do art. 55, do CPC, que acolheu o entendimento dominante na doutrina e na jurisprudência, os processos de ações conexas serão reunidos para decisão conjunta, salvo se um deles já houver sido sentenciado. Embora, o referido dispositivo legal preveja a reunião dos processos como sendo obrigatória, no Processo do Trabalho, caberá ao Juiz do Trabalho avaliar o custo benefício da reunião das ações conexas, considerando-se que as reclamações trabalhistas apresentam diversos pedidos e, normalmente, apenas um ou alguns deles são idênticos.

Conforme o art. 56 do CPC: "Dá-se a continência entre 2 (duas) ou mais ações quando houver identidade quanto às partes e à causa de pedir, mas o pedido de uma, por ser mais amplo, abrange o das demais."

No Processo do Trabalho, é comum haver continência entre as demandas. Por exemplo, o reclamante propõe duas reclamações trabalhistas em face de uma mesma empregadora, mas o rol de pedidos de uma é mais abrangente do que o da outra.

Nos termos do art. 57, do CPC, quando houver continência e a ação continente tiver sido proposta anteriormente, no processo relativo à ação contida, será proferida sentença sem resolução de mérito; caso contrário, as ações serão necessariamente reunidas.

Como bem adverte *Cássio Scarpinella Bueno*(174), "não deve ocorrer, invariavelmente, a reunião dos processos para julgamento conjunto. Se o processo no qual está veiculada a 'ação continente' (a que tem o objeto mais amplo) tiver sido ajuizado anteriormente, no processo no qual está veiculado a 'ação contida' (a que tem objeto menos amplo) deverá ser proferida sentença sem resolução de mérito (art. 485, X). Trata-se de solução escorreita, porque, bem coompreendida, a hipótese é (e sempre foi) de litispendência parcial. Se contudo, o processo que contém a 'ação contida' for anterior ao que contém a 'ação continente' ambos devem necessariamente ser reunidos para julgamento conjunto."

Havendo conexão ou continência, o juízo competente será aquele do local onde a inicial trabalhista foi distribuída em primeiro lugar (juízo prevento), nos termos dos arts. 58 e 59 do CPC, *in verbis:*

> Art. 58, do CPC: "A reunião das ações propostas em separado far-se-á no juízo prevento, onde serão decididas simultaneamente."
>
> Art. 59, do CPC: "O registro ou a distribuição da petição inicial torna prevento o juízo."

A competência também pode ser modificada pelo critério da prevenção, o que se dá quando dois ou mais juízos são competentes para apreciar a causa (competência concorrente), sendo o competente aquele que recebeu o processo em primeiro lugar.

José Augusto Rodrigues Pinto(175), com suporte de Plácido e Silva, nos ensina que prevenção "é o ato pelo qual se toma a dianteira, se antecipa, ou se vem em primeiro lugar. Por ele se fixa o foro a que se foi primeiro, se é também competente. E nele se pode tratar a questão sobre a que versa a ação."

(174) *Novo Código de Processo Civil anotado.* São Paulo: Saraiva, 2015. p. 79.

(175) *Processo trabalhista de conhecimento.* 7. ed. São Paulo: LTr, 2005. p. 183.

No processo do trabalho, como não há despacho de recebimento da petição inicial, sendo a marcação de audiência e a notificação inicial do reclamado atos da Secretaria (art. 841 da CLT), os efeitos da prevenção ocorrem com a simples propositura da ação, sendo o juízo prevento aquele em que a primeira ação fora distribuída em primeiro lugar. O art. 59 do CPC atual consagra a mesma sistemática.

Como bem adverte *Carlos Henrique Bezerra Leite*[176], a rigor, a prevenção não é causa de modificação da competência, mas efeito da existência da conexão.

Havendo conexão, continência ou prevenção entre demandas às quais figurem as mesmas partes nos polos ativo e passivo, haverá a distribuição por dependência, estando prevento o juízo que recebeceu a primeira demanda, nos termos do art. 286 do CPC, aplicável subsidiariamente ao processo do trabalho, por força do art. 769 da CLT, *in verbis*:

> "Serão distribuídas por dependência as causas de qualquer natureza: I – quando se relacionarem, por conexão ou continência, com outra já ajuizada; II – quando, tendo sido extinto o processo sem resolução de mérito, for reiterado o pedido, ainda que em litisconsórcio com outros autores ou que sejam parcialmente alterados os réus da demanda; III – quando houver ajuizamento de ações nos termos do art. 55, § 3º, ao juízo prevento. Parágrafo único. Havendo intervenção de terceiro, reconvenção ou outra hipótese de ampliação objetiva do processo, o juiz, de ofício, mandará proceder à respectiva anotação pelo distribuidor."

16. Conflitos de competência entre órgãos que detêm jurisdição trabalhista

Há o conflito de competência, positivo ou negativo, entre dois órgãos judiciais, quando dois ou mais juízes se consideram, simultaneamente, competentes ou incompetentes para apreciar determinada causa.

Assevera o art. 114, V, da CF, que compete à Justiça do Trabalho processar e julgar os conflitos de competência entre órgãos com jurisdição trabalhista, ressalvado o disposto no art. 102, I, *o*.

Assevera o art. 102, I, *o*, da CF, competir ao STF, precipuamente, a guarda da Constituição, cabendo-lhe processar e julgar originariamente os conflitos de competência entre o Superior Tribunal de Justiça e quaisquer tribunais, entre Tribunais Superiores, ou entre estes e qualquer outro tribunal.

Os órgãos com jurisdição trabalhista, por força do art. 111 da CF, são o Tribunal Superior do Trabalho, os Tribunais Regionais do Trabalho e os Juízes do Trabalho. Excepcionalmente, a jurisdição trabalhista é atribuída aos Juízes de Direito, nas comarcas não abrangidas pela jurisdição trabalhista (art. 112 da CF).

---

(176) *Curso de direito processual do trabalho.* 8. ed. São Paulo: LTr, 2010. p. 274.

Ao contrário do que já estão pensando alguns doutrinadores(177), o inciso V do art. 114 da CF não atribuiu competência à Justiça do Trabalho para apreciar conflitos entre juízes vinculados a Tribunais diversos, como entre Juiz de Trabalho e Juiz de Direito, ainda que a matéria seja trabalhista, uma vez que o referido inciso V fala *em órgãos com jurisdição trabalhista* e não conflito sobre *matéria trabalhista*. De outro lado, diz o art. 105, I, da CF, competir ao Superior Tribunal de Justiça processar e julgar os conflitos de competência entre quaisquer Tribunais, ressalvado o disposto no art. 102, I, *o*, bem como entre Tribunal e juízes a ele não vinculados e entre juízes vinculados a Tribunais diversos. Desse modo, pelo texto constitucional, ainda que a matéria seja trabalhista, se os juízes estiverem vinculados a Tribunais diversos, a competência para dirimir o conflito será do STJ(178).

Os conflitos podem ocorrer entre os próprios órgãos que compõem o judiciário trabalhista, como os conflitos entre Varas do Trabalho ou entre Juízes do Trabalho e Juízes de Direito investidos na jurisdição trabalhista, e entre Tribunais Regionais do Trabalho. Em razão da hierarquia funcional(179) entre os órgãos que compõem a Justiça do Trabalho, não há conflito de jurisdição entre Varas e TRT's, nem entre TST e TRT's, pois prevalece o entendimento do Tribunal hierarquicamente superior.

— Se os conflitos forem entre duas Varas do Trabalho, ou entre Juiz do Trabalho e Juiz de Direito com jurisdição trabalhista, o TRT julgará o conflito (art. 809, *a*, da CLT).

— Se o conflito for entre regionais, o TST julgará (art. 808, *b*, da CLT).

— Se o conflito se der entre Juiz do Trabalho e Juiz de Direito, ou entre Juiz do Trabalho e Juiz Federal, o STJ decidirá (art. 105, I, *d*, da CF).

— Se o conflito se der entre TST e TJ, ou TRF, o STF julgará o conflito (art. 102, I, *o*, da CF).

---

(177) Nesse sentido, pensa Francisco Antonio de Oliveira: "Os conflitos de jurisdição havidos entre Varas do Trabalho e juízes de direito ou juízes federais serão de competência do Tribunal Superior do Trabalho (art. 114, V, com a redação dada pela EC n. 45/2004). Os conflitos havidos entre os Tribunais Superiores ou entre este e qualquer outro tribunal inferior, aí incluídas as Turmas, Câmaras e Varas, serão de competência do Supremo Tribunal Federal (art. 102, I, letra *o*, CF)" (*Comentários à Consolidação das Leis do Trabalho*. 3. ed. São Paulo: RT, 2005. p. 682).

(178) Nesse diapasão, a posição de Edilton Meirelles: "É certo, outrossim, que, mesmo não havendo referência no dispositivo em comento, por óbvio, por envolver conflito com órgão não integrante da Justiça do Trabalho, permanece a regra de que compete ao STJ, com base no art. 105, inciso I, alínea *d*, da CF, julgar o conflito [...]" (*Competência e procedimento na Justiça do Trabalho:* primeiras linhas da reforma do judiciário. São Paulo: LTr, 2005. p. 76).

(179) Como destaca Francisco Antonio de Oliveira, "pelo princípio da hierarquia não poderá haver conflito entre órgãos pertencentes ao mesmo ramo de jurisdição. Disso resulta que a Vara do Trabalho não poderá suscitar conflito com Turma do Regional. A Turma do Regional não poderá fazê-lo com a Seção do Dissídio Individual do TST e nenhum Regional poderá suscitar conflito com o TST" (*Comentários à Consolidação das Leis do Trabalho*. 3. ed. São Paulo: RT, 2005. p. 683).

— Se o conflito se der entre TRT e Juiz de Direito ou Federal, o STJ resolverá o conflito, nos termos do art. 105, I, *d*, da CF.

Provavelmente, se a matéria não chegar ao Supremo Tribunal Federal, o Superior Tribunal de Justiça é que irá dizer da competência da Justiça do Trabalho quando houver conflitos de competência entre Juiz de Direito, Juiz Federal e Juiz do Trabalho. Entretanto, a palavra final sobre a competência material da Justiça do Trabalho será dada pelo STF, conforme o art. 102, I, *o*, da CF.

Efetivamente, a prática tem demonstrado que há demora significativa nos julgamentos de conflitos de competência, com grande prejuízo ao jurisdicionado e em desprestígio do próprio poder judiciário, por isso, o ideal *(de lege ferenda)* seria que a Justiça do Trabalho apreciasse todos os conflitos de competência que envolvessem matéria trabalhista, mesmo entre órgãos com jurisdição trabalhista e outro vinculado a jurisdição diversa[(180)], uma vez que a Justiça do Trabalho está mais bem aparelhada para dizer se a questão é trabalhista ou não[(181)]. Também há necessidade premente de reforma da legislação processual, para que sejam agilizados de forma significativa os julgamentos dos conflitos de competência pelos Tribunais.

---

(180) Não obstante, o art. 105, I, da CF, diz competir ao Superior Tribunal de Justiça processar e julgar os conflitos de competência entre quaisquer Tribunais, ressalvado o disposto no art. 102, I, *o*, bem como entre Tribunal e juízes a ele não vinculados e entre juízes vinculados a Tribunais diversos.

(181) Nesse sentido, é a opinião de Antônio Álvares da Silva: "Sempre que o conflito de competência envolva matéria trabalhista, mesmo entre um órgão com jurisdição trabalhista e outro a ela estranha, entendo que a competência para decidir deva ser da Justiça do Trabalho. A razão é simples: o Juiz do Trabalho está em melhores condições de dizer negativamente que a questão não é trabalhista, remetendo-a à jurisdição comum, federal ou cível, do que um órgão da Justiça Comum, que tenha de dizer, positivamente, se a matéria é ou não trabalhista. Falta-lhe experiência e conhecimento especializado. O exemplo está no dano moral. O STJ entendeu que a matéria era de 'direito civil', negando competência à Justiça do Trabalho, até que o STF corrigisse o erro. Finalmente, a questão foi prevista na própria Constituição. É de toda conveniência que o legislador infraconstitucional estabeleça regras objetivas e claras, que permitam um julgamento rápido dos conflitos de competência" (*Pequeno tratado da nova competência da Justiça do Trabalho.* São Paulo: LTr, 2005. p. 226).

Capítulo VI

Das Partes e Procuradores no Processo do Trabalho

1. Conceito de parte

Sujeitos do processo são todas as pessoas que nele atuam (partes, juiz, perito, servidores da justiça, etc.). Em sentido processual, partes são quem ajuíza uma ação e em face de quem a ação é ajuizada. É quem pede a tutela jurisdicional trazendo uma pretensão a juízo e quem resiste a esta pretensão. O juiz é sujeito do processo e não parte(1).

Para muitos autores, o conceito de parte se estende para todos os sujeitos que participam do processo em contraditório e que possam sofrer os efeitos da decisão. Nesse sentido, a visão de *Fredie Didier Júnior*(2):

> "Parte processual é quem está na relação jurídica processual, assumindo qualquer das situações jurídicas processuais, atuando com parcialidade e podendo sofrer alguma consequência com a decisão final. Esse é o conceito que deve ser utilizado. A parte processual pode ser parte na demanda (demandante e demandado) e a auxiliar, coadjuvante, que é o assistente."

No Processo do Trabalho, as partes recebem a denominação de reclamante (demandante) e reclamado (demandado). Tal denominação vem da época em que a Justiça do Trabalho era administrativa, não pertencendo ao Poder Judiciário.

Assevera a melhor doutrina que o termo correto de qualificação das partes é demandante e demandado, pois o ato de demandar é incondicionado. Por mais absurda ou ilegítima a pretensão, haverá o direito de demandar.

Com a propositura da inicial, são qualificadas as partes e fixados os limites subjetivos da lide (individualizados os polos ativo e passivo da relação jurídica processual), pois a decisão a ser proferida vinculará apenas as partes do processo (art. 506 do CPC).

(1) Em algumas situações, a doutrina sustenta que o juiz ostenta a qualidade de parte, como nas exceções de impedimento e suspeição e nos conflitos de competência.

(2) *Curso de direito processual civil.* 7. ed. Salvador: Podivm, 2007. p. 190.

2. Da capacidade para ser parte na Justiça do Trabalho

A capacidade, segundo a doutrina civil, é a aptidão para adquirir direitos e obrigações. Adquirida a personalidade com o nascimento com vida, toda pessoa passa a ser capaz de direitos e obrigações.

Como bem destaca *Nelson Nery Junior*(3):

> "Capacidade processual é pressuposto processual e significa aptidão para praticar atos processuais. Tem *legitimatio ad causam*, conceito de direito material, aquele que for titular do direito material discutido em juízo. No plano processual, tem *legitimatio ad causam* aquele que afirma e em face de que se afirma a titularidade do direito discutido em juízo."

Segundo a classificação da doutrina, a capacidade, para fins processuais subdivide-se em:

a) *capacidade de direito ou de ser parte:* toda pessoa, desde que tenha adquirido a personalidade, tem capacidade de ser parte, para figurar nos polos ativo ou passivo de uma reclamação trabalhista.

Nesse sentido, dispõem os arts. 1º e 2º do CCb, *in verbis*:

> Art. 1º do CC. "Toda pessoa é capaz de direitos e deveres na ordem civil."

> Art. 2º do CC. "A personalidade civil da pessoa começa do nascimento com vida; mas a lei põe a salvo, desde a concepção, os direitos do nascituro."

b) *capacidade de fato* ou *ad processum*: é a capacidade de estar em juízo sem necessidade de representação ou assistência (é denominada também pela doutrina de *legitimatio ad processum*), ou seja, de estar em juízo por si só.

Somente têm capacidade para estar em juízo, na Justiça do Trabalho, as pessoas maiores de 18 anos. Os incapazes serão representados e os relativamente incapazes serão assistidos, nos termos da lei civil.

Nesse sentido, dispõe o art. 70 do CPC, *in verbis*:

> "Toda pessoa que se encontre no exercício de seus direitos tem capacidade para estar em juízo."

No mesmo sentido é o art. 792 da CLT:

> "Os maiores de 18 anos e menores de 21 anos e as mulheres casadas poderão pleitear perante a Justiça do Trabalho sem assistência de seus pais, tutores e maridos."

O referido art. 792 encontra-se parcialmente revogado pelo art. 5º, da CF, que igualou homens e mulheres em direitos e obrigações, e também o art. 5º do CC de 2002, que reduziu a maioridade para 18 anos.

Os menores emancipados também têm a capacidade *ad processum*, nos termos do art. 5º do CCb que resta aplicável ao Direito Material e Processual do Trabalho (arts. 8º e 769 da CLT).

---

(3) *Código de Processo Civil comentado*. 10. ed. São Paulo: RT, 2007. p. 189.

Dispõe o art. 5º do CCb:

"A menoridade cessa aos dezoito anos completos, quando a pessoa fica habilitada à prática de todos os atos da vida civil.

Parágrafo único. Cessará, para os menores, a incapacidade:

I – pela concessão dos pais, ou de um deles na falta do outro, mediante instrumento público, independentemente de homologação judicial, ou por sentença do juiz, ouvido o tutor, se o menor tiver dezesseis anos completos; II – pelo casamento; III – pelo exercício de emprego público efetivo; IV – pela colação de grau em curso de ensino superior; V – pelo estabelecimento civil ou comercial, ou pela existência de relação de emprego, desde que, em função deles, o menor com dezesseis anos completos tenha economia própria."

Quanto ao inciso V do art. 5º do CC que prevê a emancipação do menor em razão da relação de emprego e desde que, em razão dela, o menor tenha economia própria, pensamos que a menoridade cessará pela existência do vínculo de emprego, caso o menor receba um salário mínimo por mês. Embora se possa dizer que o menor que recebe apenas um salário mínimo não tem economia própria, acreditamos que a finalidade da lei ao conceder a emancipação legal foi no sentido de deferir a emancipação ao menor que apresenta maior maturidade em razão das responsabilidades inerentes ao contrato de emprego.

Portanto, desde que receba um salário mínimo e exista a relação de emprego, o menor de 18 anos e maior de 16 anos estará emancipado de pleno direito, inclusive para postular em juízo sem necessidade de representação ou assistência, independentemente de declaração judicial de emancipação.

No nosso sentir, apesar de o salário mínimo ser muito baixo no Brasil, segundo disposição constitucional, ele atende às necessidades do trabalhador (art. 7º, IV, da CF). De outro lado, o menor empregado estará emancipado a partir de 16 anos completos, pois o trabalho é proibido antes dessa idade (art. 7º, XXIII, da CF).

c) *capacidade postulatória* ou *jus postulandi*: é a capacidade para postular em juízo, em causa própria ou defendendo terceiros. Como bem adverte *Nelson Nery Junior*[4]: "A capacidade processual não se confunde com a capacidade postulatória, que é a aptidão que se tem para procurar em juízo. O profissional regularmente inscrito no quadro de advogados da OAB tem capacidade postulatória (CPC, art. 36; e OAB, 8º, § 1º e ss.). Também o membro do MP tem capacidade postulatória, tanto no processo penal [...] Nos juizados especiais cíveis há dispensa da capacidade postulatória para o ajuizamento de pretensão de valor não superior a vinte salários mínimos (LJE 9º, *caput*) [...] Na justiça do trabalho o empregado pode postular pessoalmente, sem a necesidade de advogado (CLT 791, *caput*)."

(4) *Op. cit.*, p. 188.

3. Da representação e assistência das partes na Justiça do Trabalho

Ensina *Amauri Mascaro Nascimento*(5): "Representante é exatamente aquele que surge no lugar de quem não pode desempenhar. Representação é o ato ou a ação, mas também a qualidade atribuída para o fim de agir no lugar de outrem."

Há a representação processual quando alguém vem a juízo, autorizado por lei, a postular em juízo em nome de outrem, defendendo em nome alheio interesse alheio.

Pensamos que a Consolidação adotou o gênero representação (v. arts. 791 e 793 da CLT), cujas espécies são a representação *stricto sensu*, dos incapazes, e a assistência, para os relativamente incapazes.

Como destaca com propriedade *Wagner D. Giglio*(6):

> "A Consolidação das Leis do Trabalho não prima pela correção terminológica, e, por vezes, embaralha conceitos. Não se confundem representação e assistência. Ensina Lamarca, com base na lição de Carnelutti, que há representação 'quando as pessoas a quem se atribui o poder de manifestar a vontade decisiva a respeito de um interesse determinado sejam distintas do titular deste mesmo interesse (representação acumulativa ou complexa, por ex., nas pessoas jurídicas); dá-se a assistência quando a lei atribua eficácia decisiva para a tutela de um interesse determinado à vontade do próprio interessado junto à vontade de um terceiro (por exemplo, nos casos de semicapacidade processual, insuficiência de idade ou saúde)."

Conforme o art. 71 do CPC: "o incapaz será representado ou assistido por seus pais, por tutor ou por curador, na forma da lei."

Os incapazes, absolutamente, serão representados em juízo, pois não possuem aptidão para praticar, por si mesmos, os atos do processo. O Código Civil brasileiro elenca os incapazes no art. 3º, que assim dispõe:

> "São absolutamente incapazes de exercer pessoalmente os atos da vida civil os menores de 16 (dezesseis) anos."

Os relativamente incapazes, por possuírem um grau maior de discernimento, poderão manifestar suas vontades, mas devem estar assistidos em juízo. O assistente não representa o relativamente incapaz, apenas o assiste, o auxilia para que manifeste sua vontade com maior discernimento.

Nesse sentido, sustentam *Rodolfo Pamplona Filho* e *Pablo Stolze Gagliano*(7): o suprimento da incapacidade relativa dá-se por meio da assistência. Diferentemente

(5) NASCIMENTO, Amauri Mascaro. *Curso de direito processual do trabalho.* 22. ed. São Paulo: Saraiva, 2007. p. 372.

(6) GIGLIO, Wagner D. *Direito processual do trabalho.* 15. ed. São Paulo: Saraiva, 2005. p. 123.

(7) *Novo curso de direito civil.* Parte geral. 4. ed. São Paulo: Saraiva, 2003. p. 107.

dos absolutamente incapazes, o relativamente incapaz pratica o ato jurídico juntamente com o seu assistente (pais, tutor ou curador), sob pena de anulabilidade.

Os relativamente incapazes estão elencados no art. 4º do CC que assim dispõe:

> "São incapazes, relativamente a certos atos ou à maneira de os exercer: I – os maiores de dezesseis e menores de dezoito anos; II – os ébrios habituais e os viciados em tóxico; III – aqueles que, por causa transitória ou permanente, não puderem exprimir sua vontade; IV – os pródigos. Parágrafo único. A capacidade dos indígenas será regulada por legislação especial."

O empregado, por ser pessoa física, deve figurar no polo ativo e o empregador, pessoa física ou jurídica, deve figurar no polo passivo, podendo, em audiência, ser representados, nos termos do art. 843 da CLT(8).

Dispõe o § 1º do art. 791 da CLT:

> "Nos dissídios individuais os empregados e empregadores poderão fazer-se representar por intermédio do sindicato, advogado, solicitador ou provisionado, inscrito na Ordem dos Advogados do Brasil(9)."

O referido dispositivo não trata de representação legal para suprir incapacidade, mas sim da representação voluntária ou convencional, cumprindo às pessoas mencionadas no § 1º, do art. 791, da CLT, atuar em nome do empregado ou empregador em juízo, desde que autorizadas por ele. Nesse sentido, ensinam *Pablo Stolze Gagliano* e *Rodolfo Pamplona Filho*(10): não se pode confundir a representação legal com a representação voluntária ou convencional, a exemplo do que ocorre no mandato. Neste caso, uma parte (mandante) cuida de outorgar, por ato de vontade, mediante procuração (instrumento do mandato), poderes gerais ou específicos para que a outra (mandatário) pratique atos jurídicos em seu nome e no seu interesse.

Em se tratando de reclamação plúrima, qual seja: vários reclamantes no polo ativo postulando matéria comum (mesmos pedidos que têm suporte em causa de pedir comum), que não exigir dilação probatória, a jurisprudência tem admitido que um reclamante compareça em audiência representando os demais, ou seja formada uma comissão de reclamantes representando os demais.

Nesse sentido, é a visão de *Carlos Henrique Bezerra Leite*(11):

> "[...] no litisconsórcio o sindicato não representa os litisconsortes; geralmente quem o faz é o advogado do próprio sindicato. Mas se tornou costume,

(8) No Capítulo "Da audiência trabalhista", analisamos, com profundidade, a representação do empregado e do empregador em audiência.

(9) Como bem adverte Wagner D. Giglio: "Lembramos, inicialmente, que o art. 18 da Lei n. 5.584, de 26 de junho de 1970, revogou parcialmente o art. 791, § 1º, da Consolidação, na sua parte final, ao dispor que 'a assistência judiciária, nos termos da presente Lei, será prestada ao trabalhador ainda que não seja associado do respectivo Sindicato'. Não subsiste, portanto, a exigência de a representação ser conferida apenas ao associado da entidade de classe" (*Direito processual do trabalho.* 15. ed. São Paulo: Saraiva, 2005. p. 127).

(10) *Novo curso de direito civil.* Parte geral. 4. ed. São Paulo: Saraiva, 2003. p. 106.

(11) BEZERRA LEITE, Carlos Henrique. *Curso de direito processual do trabalho.* 5. ed. São Paulo: LTr, 2007. p. 380.

decorrente da praxe forense, a aceitação pelos juízes da chamada 'comissão de representantes' dos litisconsortes ou dos substituídos, principalmente quando há um número grande de trabalhadores, que comparecem juntamente com o sindicato à audiência"[(12)].

Constituindo o empregador empresa, deverá ser representado por seus sócios ou quem determinar seus estatutos.

O art. 75 do CPC, que trata da representação para fins processuais, aplica-se integralmente ao Processo do Trabalho. Dispõe o referido dispositivo legal:

"Serão representados em juízo, ativa e passivamente:

I – a União, pela Advocacia-Geral da União, diretamente ou mediante órgão vinculado;

II – o Estado e o Distrito Federal, por seus procuradores;

III – o Município, por seu prefeito ou procurador;

IV – a autarquia e a fundação de direito público, por quem a lei do ente federado designar;

V – a massa falida, pelo administrador judicial;

VI – a herança jacente ou vacante, por seu curador;

VII – o espólio, pelo inventariante;

VIII – a pessoa jurídica, por quem os respectivos atos constitutivos designarem ou, não havendo essa designação, por seus diretores;

IX – a sociedade e a associação irregulares e outros entes organizados sem personalidade jurídica, pela pessoa a quem couber a administração de seus bens;

X – a pessoa jurídica estrangeira, pelo gerente, representante ou administrador de sua filial, agência ou sucursal aberta ou instalada no Brasil;

XI – o condomínio, pelo administrador ou síndico.

§ 1º Quando o inventariante for dativo, os sucessores do falecido serão intimados no processo no qual o espólio seja parte.

§ 2º A sociedade ou associação sem personalidade jurídica não poderá opor a irregularidade de sua constituição quando demandada.

§ 3º O gerente de filial ou agência presume-se autorizado pela pessoa jurídica estrangeira a receber citação para qualquer processo.

§ 4º Os Estados e o Distrito Federal poderão ajustar compromisso recíproco para prática de ato processual por seus procuradores em favor de outro ente federado, mediante convênio firmado pelas respectivas procuradorias."

4. Da representação do empregado menor de 18 anos na Justiça do Trabalho

Dispõe o art. 793 da CLT:

"A reclamação trabalhista do menor de 18 anos será feita por seus representantes legais e, na falta destes, pela Procuradoria da Justiça do Trabalho, pelo Sindicato, pelo Ministério Público estadual ou curador nomeado pelo juízo."

(12) No mesmo sentido, é a visão de Wagner D. Giglio (*Direito processual do trabalho.* 15. ed. São Paulo: Saraiva, 2005. p. 129).

Conforme o referido dispositivo legal, o menor de 18 anos será representado na Justiça do Trabalho.

A Consolidação das Leis do Trabalho não faz distinção entre assistência e representação. No entanto, conforme já nos posicionamos, o art. 793 da CLT adota o gênero representação, que envolve a representação e a assistência. Desse modo, pensamos que o menor entre 16 anos e 18 anos será assistido na Justiça do Trabalho por seus representantes legais e, na falta destes, pela Procuradoria da Justiça do Trabalho, pelo Ministério Público Estadual ou curador nomeado pelo juízo. O menor de 16 anos será representado em juízo pelas referidas pessoas.

Parte da doutrina tem defendido a desnecessidade da intervenção do Ministério Público do Trabalho quando o menor estiver devidamente assistido ou representado pelos seus representantes legais. Outros defendem que, mesmo quando o menor tiver representante legal, o Juiz do Trabalho deve provocar a intervenção do Ministério Público do Trabalho como *custos legis* nos termos do art. 178, II, do CPC.

Pensamos que, se o menor estiver devidamente representado ou assistido em juízo, o Juiz do Trabalho somente deverá provocar a intervenção do Ministério Público do Trabalho quando os interesses do menor colidirem com os de seu representante.

Se o menor não tiver representante legal, não houver Procuradoria da Justiça do Trabalho, ele será representado pelo Ministério Público Estadual ou por curador nomeado em juízo.

Em alguns casos, em localidades distantes, se o menor não tiver representante, a jurisprudência tem admitido que o advogado possa atuar como curador nomeado pelo próprio Juiz do Trabalho, representando o menor em todos os atos processuais.

5. Da capacidade postulatória da parte na Justiça do Trabalho – O *jus postulandi* da parte na Justiça do Trabalho. Aspectos críticos e perspectivas

Ius postulandi é uma locução latina que indica o direito de falar, em nome das partes, no processo. No Direito Romano, o pretor criou três ordens: a uns era proibido advogar; a outros, só em causa própria: a terceiros, em prol de certas pessoa e para si mesmo (*Digesto*, 3, 1, 1, 2)(13).

Sob o aspecto processual, o *jus postulandi* é a capacidade de postular em juízo conferida à própria parte na Justiça do Trabalho, nos termos do que dispõe o art. 791, da CLT, *in verbis*:

> "Os empregados e os empregadores poderão reclamar pessoalmente perante a Justiça do Trabalho e acompanhar as suas reclamações até o final."

Sempre foi polêmica a questão do *jus postulandi* da parte na Justiça do Trabalho. Há quem o defenda, argumentando que é uma forma de viabilizar o acesso do trabalhador à Justiça, principalmente aquele que não tem condições de contratar um advogado.

(13) *In:* MARTINS, Sergio Pinto. *Direito processual do trabalho.* 33 ed. São Paulo: Atlas, 2012. p. 190.

Outros defendem sua extinção, argumentando que, diante da complexidade do Direito Material do Trabalho e do Processo do Trabalho, já não é possível a parte postular sem advogado, havendo uma falsa impressão de acesso à justiça deferir à parte a capacidade postulatória.

No nosso sentir, com a EC n. 45/04 e a vinda de outras ações para a Justiça do Trabalho que não são oriundas da relação de emprego, não mais se justifica a existência do *jus postulandi*, até mesmo pelo fato da complexidade das relações jurídicas que decorrem da relação de emprego.

Parte significativa da doutrina tem defendido a manutenção do *jus postulandi* da parte na Justiça do Trabalho a fim de facilitar o acesso do trabalhador à justiça. Por todos, destacamos a posição de *José Roberto Freire Pimenta*:

> "É preciso observar, no entanto, que a possibilidade de atuar em Juízo pessoalmente tem sido tradicionalmente considerada como uma das mais importantes medidas de ampliação do acesso à justiça para os jurisdicionados em geral e uma das notas características positivas da própria Justiça Laboral, sendo no mínimo paradoxal que as pequenas causas de valor até 20 (vinte) salários mínimos, que nos Juizados Especiais Cíveis também não contam com o patrocínio obrigatório de advogados (art. 9º da Lei n. 9.099/95), passem a exigi-lo apenas porque passaram para a competência material da Justiça do Trabalho. Ademais, não se pode ignorar que até antes da promulgação da Emenda Constitucional n. 45/2004, em todas as causas não decorrentes da relação de emprego que já tramitavam na Justiça do Trabalho por força de norma legal expressa, sempre foram pacificamente tidos por aplicáveis tanto o disposto no *caput* do art. 791 quanto o referido entendimento jurisprudencial sobre os honorários advocatícios, sendo de se questionar se haveria motivos suficientes para tão significativa alteração(14)."

Nesse sentido, a seguinte ementa:

> "Processo trabalhista — Princípio do *jus postulandi*. No processo do trabalho vigora o *jus postulandi*. Não é obrigatório, portanto, que a parte se faça acompanhar por procurador. É o que se infere da CLT, art. 843: 'na audiência de julgamento deverão estar presentes o reclamante e o reclamado, independentemente do comparecimento de seu representante [...]'." (grifou-se). (TRT 3ª R. – 6ª T. – RO n. 778/2005.084.03.00-4 – rel. Ricardo Antônio Mohallem – DJ 8.6.06 – p. 13) (RDT n. 7 – julho de 2006)

Em que pese o respeito que merece o entendimento acima, pensamos que o empregado assistido por advogado tem maiores possibilidades de êxito no processo, assegurando o cumprimento do princípio constitucional do acesso real à Justiça do Trabalho, e também a uma ordem jurídica justa. Não se pode interpretar a lei

---

(14) A nova competência da justiça do trabalho para lides não decorrentes da relação de emprego: aspectos processuais e procedimentais. *In:* COUTINHO, Grijalbo Fernandes; FAVA, Marcos Neves (Coords.). *Justiça do trabalho:* competência ampliada. São Paulo: LTr, 2005. p. 270-271.

pelas exceções. Hoje, a parte não estar assistida por advogado na Justiça do Trabalho é exceção. De outro lado, diante da complexidade das matérias que envolvem o cotidiano do Direito do Trabalho e da Justiça do Trabalho, a não assistência por advogado, ao invés de facilitar, acaba dificultando o acesso, tanto do trabalhador como do tomador de serviços, à Justiça.

Nossa experiência prática com o *jus postulandi* na Justiça do Trabalho não nos anima a defendê-lo, pois, quando as duas partes estão sem advogado, dificilmente a audiência não se transforma numa discussão entre reclamante e reclamado por desentendimentos pessoais alheios ao processo e dificilmente se consegue conter os ânimos das partes.

Como bem destaca *Francisco Antonio de Oliveira*(15):

> "Não se pode relegar ao olvídio que o processo do trabalho no seu estágio atual recebe sopro benfazejo de ventos atualizantes para que possa cumprir a sua finalidade em consonância com uma nova realidade. E desconhecer essa realidade em constante efervescência é calcar-se no vazio e quedar-se em isolamento franciscano. A capacidade postulatória das partes na Justiça do Trabalho é ranço pernicioso originário da fase administrativa e que ainda hoje persiste em total discrepância com a realidade atual. O Direito do Trabalho constitui hoje, seguramente, um dos mais, senão o mais dinâmico ramo do direito e a presença do advogado especializado já se faz necessária. Exigir-se de leigos que penetrem nos meandros do processo, que peticionem, que narrem fatos sem transformar a lide em desabafo pessoal, que cumpram prazos, que recorram corretamente, são exigências que não mais se afinam com a complexidade processual, onde o próprio especialista, por vezes, tem dúvidas quanto à medida cabível em determinados momentos. E é a esse mesmo leigo formular perguntas em audiência, fazer sustentação oral de seus recursos perante os tribunais."

De outro lado, conforme o art. 791 da CLT(16), o *jus postulandi* na Justiça do Trabalho somente é observado para as ações relativas à relação de emprego e também para a pequena empreitada (art. 652, III, da CLT). Para as demais ações relativas à relação de trabalho, em nosso sentir, o trabalhador necessita de advogado.

No aspecto, concordamos com *Pedro Paulo Teixeira Manus* e *Carla Teresa Martins Romar*(17), quando asseveram:

> "Note-se, contudo, que a faculdade legal é restrita a empregados e empregadores, o que equivale a dizer que terceiros que ingressem no processo

(15) OLIVEIRA, Francisco Antonio de. *Comentários à Consolidação das Leis do Trabalho*. 3. ed. São Paulo: RT, 2005. p. 667.

(16) Art. 791 da CLT: "Os empregados e os empregadores poderão reclamar pessoalmente perante a Justiça do Trabalho e acompanhar as suas reclamações até o final."

(17) *Op. cit.*, p. 226.

(terceiro embargante, o perito, o litisconsorte e outros que tenham legítimo interesse), que não sejam empregados e empregadores, não têm capacidade postulatória."

Em sentido contrário, posicionou-se a 1ª Jornada de Direito Material e Processual do Trabalho, realizada no TST em novembro de 2007, por meio do Enunciado n. 67, a seguir transcrito:

> "*JUS POSTULANDI*. ART. 791 DA CLT. RELAÇÃO DE TRABALHO. POSSIBILIDADE. A faculdade de as partes reclamarem, pessoalmente, seus direitos perante a Justiça do Trabalho e de acompanharem suas reclamações até o final, contida no art. 791 da CLT, deve ser aplicada às lides decorrentes da relação de trabalho."

O Tribunal Superior do Trabalho, recentemente, fixou entendimento de ser necessária a presença do advogado para postular junto ao TST, conforme notícia publicada em sua página na *internet* (<http://www.tst.gov.br>) em 13.10.2009, abaixo transcrita:

> "Terminou agora há pouco, em torno das 15h30, o julgamento do recurso em que o autor de uma ação pretendia continuar no processo, no âmbito do Tribunal Superior do Trabalho, sem a intermediação de advogado. Por maioria de votos — 17 a 7 — o Tribunal Pleno (órgão colegiado que reúne todos os ministros do TST) negou a prática do *jus postulandi* em matérias que se encontram tramitando na Corte superior. Essa prática tem sido corrente na Justiça do Trabalho, mas apenas nas instâncias anteriores — ou seja, nas Varas do Trabalho, onde se dá o início do processo, e nos Tribunais Regionais do Trabalho, onde são apreciados os recursos ordinários. A partir daí, quando há recurso ao TST, não mais estão em discussão aspectos relacionados com os fatos e provas da ação, mas sim questões técnicas e jurídicas do processo. O que esteve em discussão hoje foi exatamente a possibilidade de a parte continuar a atuar em causa própria no TST. A matéria já havia sido votada pela Seção Especializada em Dissídios Individuais (SDI-1), quando o então relator, ministro Milton de Moura França, atual presidente do Tribunal, manifestou-se pela impossibilidade de adotar o *jus postulandi* no âmbito do TST. O ministro Brito Pereira abriu divergência, sendo seguido por outros membros da SDI-1. Com isso, a discussão acabou sendo remetida ao Pleno, por sugestão do ministro Vantuil Abdala, que propôs a votação de um incidente de uniformização de jurisprudência, instrumento pelo qual o TST adota um posicionamento único sobre determinado tema. No Pleno, coube ao ministro Brito Pereira assumir a relatoria, mantendo, portanto, o entendimento adotado na SDI-1, ou seja, a favor do *jus postulandi* no TST. Prevaleceu, entretanto, o voto em sentido contrário, do ministro João Oreste Dalazen, vice-presidente do TST, com 17 votos favoráveis e 7 contra." (E-AIRR e RR 85581/03-900.02.00-5)

Atualmente, a questão está disciplinada na Súmula n. 425 do Tribunal Superior do Trabalho, a qual tem a seguinte redação:

> "*JUS POSTULANDI* NA JUSTIÇA DO TRABALHO. ALCANCE — Res. n. 165/2010, DEJT divulgado em 30.4.2010 e 3 e 4.5.2010.
>
> O *jus postulandi* das partes, estabelecido no art. 791 da CLT, limita-se às Varas do Trabalho e aos Tribunais Regionais do Trabalho, não alcançando a ação rescisória, a ação cautelar, o mandado de segurança e os recursos de competência do Tribunal Superior do Trabalho."

Doravante, se o trabalhador não tiver condições financeiras de contratar um advogado e o Sindicato de sua categoria não puder atendê-lo, o Estado, por meio de seus órgãos de prestação de assistência judiciária gratuita, deverá prestar assistência jurídica gratuita ao trabalhador para propositura de recursos de revista e embargos junto ao TST, mandados de segurança, ações cautelares e rescisórias.

6. Sucessão das partes no Processo do Trabalho

A sucessão das partes configura-se quando há a extinção da pessoa natural pela morte *(causa mortis)*, ou a transferência do direito em que se funda a ação *(inter vivos)*. Há sucessão de empresas quando há a transferência do fundo de comércio para outra empresa ou alteração na sua estrutura jurídica (arts. 10 e 448 da CLT).

Conforme *Renato Saraiva*(18): "A sucessão processual consiste na substituição das partes no processo, podendo decorrer de ato *inter vivos* ou *causa mortis*. A sucessão processual não se confunde com a substituição processual, uma vez que na sucessão uma pessoa sucede a outra na relação processual, assumindo a titularidade da ação, seja no polo ativo ou passivo, enquanto na substituição processual, o substituto pleiteia, em nome próprio, direito alheio."

Se o reclamante for falecido, o espólio(19) promoverá a reclamação trabalhista representado pelo inventariante. Nesse sentido, concordamos com *Wagner D. Giglio*(20), quando assevera:

> "Se o trabalhador falecido, subordinado ou não, ou seus herdeiros, pretendiam reivindicar direitos, seu espólio deverá ser representado pelo inventariante, nos termos da legislação processual, sob pena de a irregularidade da representação invalidar qualquer pagamento efetuado em juízo com o aval do magistrado. Pense-se no caso de prejuízo de filhos de um primeiro casamento, não inscritos como beneficiários na Previdência Social, se apenas os filhos do segundo casamento, estes sim, inscritos, receberem todos os direitos do *de cujus*."

Quando a morte do reclamante ocorrer no curso do processo, o Juiz do Trabalho deverá suspender o processo (art. 313, I, do CPC) e determinar um prazo razoável para habilitação dos sucessores.

A habilitação dos sucessores, conforme lembra *Manoel Antonio Teixeira Filho*(21), é realizada de forma extremamente simples, adotando-se como diretriz legal o art. 689 do CPC, devendo ser juntadas aos autos a certidão de óbito do *de cujus*, a certidão de que o habilitante foi incluído, sem qualquer oposição, no inventário. Essa habilitação, despida de solenidade, independe de sentença, sendo, pois, admitida por simples despacho.

---

(18) SARAIVA, Renato. *Curso de direito processual do trabalho.* 4. ed. São Paulo: Método, 2007. p. 216.

(19) Espólio é o conjunto de bens que alguém, morrendo, deixou.

(20) *Op. cit.*, p. 141.

(21) TEIXEIRA FILHO, Manoel Antonio. *Execução no processo do trabalho.* 9. ed. São Paulo: LTr, 2005. p. 133.

A jurisprudência trabalhista tem admitido a habilitação dos sucessores do credor trabalhista por meio de certidão de dependentes junto à Previdência Social (art. 1º da Lei n. 6.858/1980), ou de alvará judicial, obtido na Justiça Comum. Não obstante, se houver dúvidas sobre a legitimidade dos sucessores, deverá o Juiz do Trabalho aguardar o desfecho do inventário na Justiça Comum.

Nesse sentido, destacamos as seguintes ementas:

"Ilegitimidade ativa. Herdeiro. Não havendo demonstração da legitimação para a causa, imprescindível a habilitação perante a Previdência Social ou a declaração de sucessora, pela via de Alvará Judicial. Entretanto, a extinção do processo sem julgamento do mérito permite o ajuizamento de nova ação." (TRT 3ª R. – 4ª T. – RO n. 4.643/96 – rel. Marcos Calvo – DJMG 24.8.96 – p. 30)

"Os herdeiros detêm legitimidade de parte, porque titulares do direito deixado pelo falecido; no entanto, estarão capacitados a atuar no Juízo trabalhista *(legitimatio ad processum)* quando habilitados pela Previdência na forma da Lei n. 6.858/80, atendendo ao pressuposto processual de desenvolvimento válido e regular do processo. Não tem pertinência exigir tal regularização por aplicação do ordenamento processual comum (art. 12 do CPC)." (TRT – 10ª R. – 1ª T. – Ac. n. 2.297/95 – relª Juíza Kineipp Oliveira – DJDF 13.10.95 – p. 14.965)

"A exigência de abertura de inventário negativo é burocratizante, além de criar despesas desnecessárias para a parte menos favorecida, que é o trabalhador. O empregado que falece no curso da ação trabalhista, deixando viúva e filhos menores, é automaticamente por ela substituído." (TRT – 12ª R. – 3ª T. – Ac. n. 003.740/95 – rel. Juiz F. Alano – DJSC 14.6.95 – p. 131)

"Representação processual — Espólio. A viúva tem legitimidade para representar os filhos ou o espólio nas ações, perante a Justiça do Trabalho, que visam ao recebimento de verbas de natureza salarial. Inexiste, neste aspecto, atrito entre a Lei n. 6.858/80 e as disposições do CPC, uma vez que qualquer dependente legalmente habilitado, na forma prevista na referida lei, poderá reclamar a sua quota do espólio." (TRT – 18ª R. – Pleno – Ac. n. 1392/98 – rel. Juiz Octávio José Maldonado – DJGO 17.6.98 – p. 51)

"SUCESSÃO *'CAUSA MORTIS'* Habilitação Sucessão trabalhista de empregado falecido. Companheira X Filhos maiores. Aplicação da Lei n. 6.858/80. Havendo companheira habilitada perante à Previdência Social, esta é que tem legitimidade para a percepção de créditos decorrentes do contrato de trabalho, e não os filhos maiores. Prevalece a lei especial, em detrimento da geral (legislação civil). Recurso ordinário interposto pela companheira do *'de cujus'* a que se concede provimento. (TRT/SP – 00010939620145020043 – RO – Ac. 1ª T. – 20160342931 – Relª. Maria José Bighetti Ordoño Rebello – DOE 2.6.2016)

Em havendo morte do sócio da empresa, não haverá alteração do polo passivo, pois quem nele figura é a empresa.

Como bem adverte *Wagner D. Giglio*[22], "responsável pelo pagamento da condenação é, portanto, a empresa, ou seja, o conjunto de bens materiais (prédios, máquinas, produtos, instalações, etc.) e imateriais (crédito, renome, etc.) que compõe o empreendimento. São esses bens que, em última análise, serão arrecadados por meio da penhora, para satisfazer a condenação, pouco importando quais são as pessoas físicas detentoras ou proprietárias deles."

---

(22) GIGLIO, Wagner D. *Direito processual do trabalho.* 15. ed. São Paulo: Saraiva, 2005. p. 537.

Não obstante, se o reclamado for pessoa física ou firma individual, haverá sucessão *causa mortis* no polo passivo, devendo o juiz suspender o processo para regularização do espólio (art. 313, I, do CPC). Como bem adverte *Wagner D. Giglio*(23), se os herdeiros do reclamado não providenciarem a abertura de inventário, poderá fazê-lo o trabalhador, para que, nomeado o inventariante pelo juízo competente, venha ele a representar o espólio reclamado, no Processo Trabalhista.

Em havendo sucessão de empresas, no nosso sentir, o sucessor trabalhista deve responder integralmente pela dívida, pois é o patrimônio da empresa que responde pela dívida. Segundo bem assevera a moderna doutrina, não há necessidade de o empregado ou o reclamante em Processo Trabalhista ter prestado serviços para a empresa sucessora, basta apenas que tenha havido a transferência total ou parcial de uma unidade de produção de uma empresa para outra, para que esteja configurada a sucessão para fins trabalhistas.

O sucessor responderá pela integralidade da dívida, salvo em caso de fraude em que a empresa sucedida responderá solidariamente, nos termos dos arts. 9º da CLT e 942 do CC.

Eventual cláusula no contrato de sucessão de irresponsabilidade da empresa sucessora pelos débitos trabalhistas da empresa sucedida não tem validade perante a legislação trabalhista, pois as normas dos arts. 10 e 448 da CLT são de ordem pública. Nesse sentido, sustenta *Amauri Mascaro Nascimento*(24): "Não tem eficácia cláusula de exoneração de responsabilidade eventualmente ajustada entre os dois titulares, o antigo e o novo. Os direitos trabalhistas são garantias impostas imperativamente, daí falarem alguns autores que uma exigência de ordem pública traz a ineficácia de disposições de vontade nesses termos."

7. Da substituição processual (legitimidade extraordinária)

A substituição processual, também chamada de legitimidade extraordinária ou anômala, consiste na possibilidade de alguém vir a juízo postular em nome próprio direito alheio. Tal instituto não se confunde com a representação processual, pois o substituto age em nome próprio.

Dispõe o art. 18 do CPC:

> "Ninguém poderá pleitear direito alheio em nome próprio, salvo quando autorizado pelo ordenamento jurídico.
>
> Parágrafo único. Havendo substituição processual, o substituído poderá intervir como assistente litisconsorcial."

Diz-se da legitimidade ordinária quando há coincidência entre a legitimação de direito material e a legitimidade para estar em juízo. Na legitimidade extraordinária,

(23) *Op. cit.*, p. 141.

(24) NASCIMENTO, Amauri Mascaro. *Curso de direito do trabalho.* 19. ed. São Paulo: Saraiva, 2004. p. 687.

aquele que tem legitimidade para estar no processo como parte não é o que se afirma titular do direito material discutido em juízo. A dicotomia entre legitimação ordinária e extraordinária só tem pertinência no direito individual, no qual existe pessoa determinada a ser substituída(25).

Conforme destaca *Regina Maria Vasconcelos Dubugras*(26):

> "A definição clássica segundo a qual o substituto processual está legitimado a agir em nome próprio em defesa do direito alheio foi retirada das lições de Chiovenda. Conferir legitimidade para agir em nome próprio, significa atribuir-lhe pessoalmente o complexo de poderes, direitos, obrigações e ônus que decorrem do processo; é reconhecer a qualidade de 'parte' no sentido processual, seja como autor ou como réu. Defesa de direito alheio significa que o legitimado não é titular do direito afirmado na pretensão, ou não corresponde àquele a que ela resiste, logo, não é titular da relação de direito material ou substancial."

Como bem adverte *Amauri Mascaro Nascimento*(27), a substituição processual trata-se de uma transferência da titularidade do direito de ação. Por se tratar de transferência do referido direito, sua pertinência é restrita e extraordinária. Justifica-se para alguns quando há uma correlação de interesses entre substituto e o substituído. Outros entendem, de modo mais amplo, desnecessária a correlação. A substituição seria, nesse caso, mera opção legislativa. Basta que a lei permita e poderá ocorrer.

Na precisa visão de *Ronaldo Lima dos Santos*(28),

> "O substituto processual é a pessoa que recebe da lei a legitimidade que lhe permite atuar em juízo na defesa de interesse alheio, como parte principal, não obstante não figurar como parte na relação jurídico-material controvertida. O substituto processual é parte no processo, o que lhe permite atuar segundo suas próprias vontades e escolhas, tendo todos os ônus, deveres e obrigações que advêm da sua condição de parte."

No nosso sentir, diante da falta de exigência legal, basta que a lei autorize, para que o substituto processual possa atuar em juízo, independentemente de qualquer relação jurídica de direito material entre substituído e substituto.

O Direito Processual Civil brasileiro somente permite a substituição processual legal, sendo inválida cláusula contratual que obrigue o substituto a agir.

O substituto, defendendo direito alheio, poderá praticar todos os atos processuais (postular, responder, recorrer, executar a decisão), exceto transigir, renunciar

---

(25) NERY JUNIOR, Nelson. *Código de Processo Civil comentado.* 10. ed. São Paulo: RT, 2007. p. 178.

(26) DUBUGRAS, Regina Maria Vasconcelos. *Substituição processual no processo do trabalho.* São Paulo: LTr, 1998. p. 34.

(27) NASCIMENTO, Amauri Mascaro. *Curso de direito processual do trabalho.* 22. ed. São Paulo: Saraiva, 2007. p. 392-393.

(28) SANTOS, Ronaldo Lima dos. *Sindicato e ações coletivas.* 3. ed. São Paulo: LTr, 2012. p. 287.

e reconhecer juridicamente o pedido, pois o direito não lhe pertence. De outro lado, havendo anuência do substituído, o substituto poderá renunciar ou transigir.

A legitimidade do substituído é concorrente (pois o direito lhe pertence), podendo integrar a lide na qualidade de assistente litisconsorcial. Nesse sentido, é o parágrafo único do art. 18 do CPC. Não obstante, não há exigência legal de intimação do substituído para querendo, integrar a lide. Por isso, a intervenção do assistido deve ser espontânea.

O referido instituto não se confunde com representação processual, pois o representante defende em nome alheio direito alheio, vale dizer: age como verdadeiro mandatário da parte. Já o substituto defende em nome próprio direito alheio.

8. A substituição processual pelo sindicato no Direito Processual do Trabalho

Dispõe o art. 8º, III, da CF:

"Ao sindicato cabe a defesa dos direitos e interesses coletivos ou individuais da categoria, inclusive em questões judiciais ou administrativas."

Diante da magnitude do citado dispositivo constitucional, alguns autores chegam a defender a existência do chamado princípio da coletivização das ações no processo do trabalho, em razão do histórico protagonismo sindical na defesa dos direitos trabalhistas dos integrantes da categoria.

Durante muito tempo, a jurisprudência, principalmente, do Tribunal Superior, foi refratária ao admitir que o referido dispositivo constitucional consagrava a substituição processual pelo Sindicato, argumentando que o Sindicato somente poderia substituir processualmente os membros da categoria mediante autorização de lei infraconstitucional.

Nesse sentido, dispunha a Súmula n. 310 do C. TST, hoje cancelada, *in verbis:*

"SUBSTITUIÇÃO PROCESSUAL. SINDICATO. CANCELADA — Res. n. 119/2003, DJ 1º.10.2003 – I – O art. 8º, inciso III, da Constituição da República não assegura a substituição processual pelo sindicato; II – A substituição processual autorizada ao sindicato pelas Leis ns. 6.708, de 30.10.1979, e 7.238, de 29.10.1984, limitada aos associados, restringe-se às demandas que visem aos reajustes salariais previstos em lei, ajuizadas até 3.7.1989, data em que entrou em vigor a Lei n. 7.788; III – A Lei n. 7.788/1989, em seu art. 8º, assegurou, durante sua vigência, a legitimidade do sindicato como substituto processual da categoria; IV – A substituição processual autorizada pela Lei n. 8.073, de 30.7.1990, ao sindicato alcança todos os integrantes da categoria e é restrita às demandas que visem à satisfação de reajustes salariais específicos resultantes de disposição prevista em lei de política salarial; V – Em qualquer ação proposta pelo sindicato como substituto processual, todos os substituídos serão individualizados na petição inicial e, para o início da execução, devidamente identificados pelo número da Carteira de Trabalho e Previdência Social ou de qualquer documento de identidade; VI – É lícito aos substituídos integrar a lide como assistente litisconsorcial, acordar, transigir e renunciar, independentemente de autorização ou anuência do substituto; VII – Na liquidação da sentença exequenda, promovida pelo substituto, serão individualizados os valores devidos a cada substituído, cujos depósitos para quitação serão levantados através de guias expedidas em seu nome ou de procurador com poderes especiais para esse fim, inclusive nas ações de cumprimento; VIII – Quando o sindicato for o autor da ação na condição de substituto processual, não serão devidos honorários advocatícios."

Posteriormente, em razão de vários pronunciamentos do Supremo Tribunal em sentido contrário, e também da posição majoritária da doutrina, o Tribunal Superior do Trabalho acabou por cancelar a referida Súmula n. 310, sendo o entendimento atual da jurisprudência trabalhista no sentido de que o inciso III, do art. 8º, da CF, consagrou a substituição processual pelo Sindicato de forma ampla no Processo do Trabalho.

Nesse sentido, destacamos a seguinte ementa:

"CONSTITUCIONAL. SUBSTITUIÇÃO PROCESSUAL. SINDICATO. ART. 8º, III, DA CF/88. PRECEDENTE DO PLENÁRIO. ACÓRDÃO NÃO PUBLICADO. ALTERAÇÃO NA COMPOSIÇÃO DO STF. ORIENTAÇÃO MANTIDA PELA CORTE.

I – O Plenário do Supremo Tribunal Federal deu interpretação ao art. 8º, III, da Constituição, e decidiu que os sindicatos têm legitimidade processual para atuar na defesa de todos e quaisquer direitos subjetivos individuais e coletivos dos integrantes da categoria por ele representada.

II – A falta de publicação do precedente mencionado não impede o julgamento imediato de causas que versem sobre a mesma controvérsia, em especial quando o entendimento adotado é confirmado por decisões posteriores.

III – A nova composição do Tribunal não ensejou a mudança da orientação seguida.

IV – Agravo improvido." AG. REG. NO RECXTRA 189.264-1 DF – STF – Ricardo Lewandowski – Ministro relator. DJU de 23.2.2007 – (DT – Abril/2007 – vol. 153, p. 256).

O art. 81 da Lei n. 8.078/90, que é aplicável ao Processo do Trabalho (art. 769 da CLT), define, por meio de interpretação autêntica, os interesses individuais homogêneos. Com efeito, aduz o referido dispositivo legal:

"A defesa dos interesses e direitos dos consumidores e das vítimas poderá ser exercida em juízo individualmente, ou a título coletivo.

Parágrafo único. A defesa coletiva será exercida quando se tratar de:

[...] III – interesses individuais homogêneos, assim entendidos os decorrentes de origem comum"(29).

Desse modo, de acordo com a atual posição do STF, pensamos que o art. 8º, III, consagrou a substituição processual dos membros da categoria (associados e não associados) para os direitos individuais homogêneos dos substituídos, vale dizer: os que têm origem comum, pois se originam da mesma situação fática ou jurídica, cujos titulares são determinados e o interesse é divisível. Não há a necessidade

(29) Tanto o inciso VI do art. 6º como o art. 81, ambos da Lei n. 8.078/90, são aplicáveis ao Direito Material e ao Direito Processual do Trabalho, por força dos arts. 8º e 769, ambos da CLT.

de que as lesões sejam contemporâneas, ou seja, que ocorram na mesma unidade temporal. O número de lesões deve ser considerável, vale dizer: deve atingir várias pessoas. Embora a lei não preveja tal requisito, ele vem sendo exigido pela doutrina e jurisprudência para diferenciá-lo dos institutos dos listisconsórcio e da representação processual.

Além da origem comum, há ainda o pressuposto da homogeneidade, qual seja: *o predomínio das questões comuns sobre as questões individuais*. Desse modo, não há necessidade que os direitos individuais sejam idênticos, mas que derivem do mesmo fato ou direito, e predominem as questões comuns sobre as singularidades de cada titular.

Nesse sentido, sustentou *Estêvão Mallet*(30): "a homogeneidade dos direitos individuais — pressuposto indeclinável para que possam eles ser tratados coletivamente — reclamada, além da mera origem comum, também que predominem as questões comuns sobre questões individuais."

No mesmo sentido, é a visão de *Salvador Franco de Lima Laurino*(31):

> "A dimensão coletiva dos direitos individuais homegêneos decorre de dois elementos. O primeiro é a origem comum do direito. Na forma forma do inciso III do art. 81 do Código de Defesa do Consumidor, são individuais homogêneos os direitos que surgem para uma pluralidade de pessoas em decorrência de um mesmo fato ou ato jurídico. O segundo elemento, que decerto é o mais importante, é a homogeneidade, que significa a prevalência das questões comuns sobre as questões individuais de cada integrante dessa pluralidade de pessoas."

No aspecto, pela didática e profundidade, destacamos as seguintes ementas:

"AGRAVO DE INSTRUMENTO. RECURSO DE REVISTA. LEGITIMIDADE DO SINDICATO PARA O AJUIZAMENTO DE AÇÃO CIVIL PÚBLICA. DEFESA DE DIREITOS INDIVIDUAIS HOMOGÊNEOS. POSSIBILIDADE. Demonstrado no agravo de instrumento que o recurso de revista preenchia os requisitos do art. 896 da CLT, quanto ao tema relativo à substituição processual, ante a constatação de violação, em tese, do art. 8º, III, da CF, impõe-se o provimento do agravo de instrumento. Agravo de instrumento provido. RECURSO DE REVISTA. LEGITIMIDADE DO SINDICATO PARA O AJUIZAMENTO DE AÇÃO CIVIL PÚBLICA. DEFESA DE DIREITOS INDIVIDUAIS HOMOGÊNEOS. POSSIBILIDADE. A extensão da prerrogativa conferida aos sindicatos foi objeto de discussão no STF, tendo sido pacificada a interpretação de que o inciso III do art. 8º da CF confere ampla legitimidade às entidades sindicais, abrangendo, subjetivamente, todos os integrantes da categoria a que pertencem, e, objetivamente, seus direitos individuais homogêneos, a par dos direitos coletivos da comunidade de trabalhadores. Neste contexto, a Súmula n. 310/TST foi cancelada por esta eg. Corte, a fim de se reconhecer a legitimidade ativa *ad causam* das entidades sindicais como substitutos processuais das categorias profissionais

(30) MALLET, Estêvão. *Prática de Direito do Trabalho*. vol. 2. São Paulo: LTr, 2012. p. 242.

(31) LAURINO, Salvador Franco de Lima. Questões atuais sobre a substituição processual. *In: Revista do TST*, Brasília, v. 74, n. 3, p. 97, jul./set. 2008.

que representam. Na hipótese, o Sindicato da categoria obreira vem a juízo defender interesse individual homogêneo da categoria — registro de CTPS, indenização por dano moral coletivo, depósitos de FGTS, e recolhimento previdenciário —, com possíveis prejuízos — divisíveis — entre os trabalhadores, já que decorrentes de origem comum, caracterizando, assim, uma pluralidade de direitos, permitindo que os lesionados optem pela tutela coletiva ou individual. Ademais, não descaracteriza a legitimação do Sindicato o fato de ser necessária a individualização do valor devido a cada empregado (mesmo porque poderá ser individualizado em sede de liquidação de sentença), uma vez que é entendimento da SBDI-I/TST de que — a homogeneidade diz respeito ao direito e não à sua quantificação. Registre-se que os pleitos de FGTS e contribuições previdenciárias comparecem neste caso como meros reflexos, não se enquadrando nos pleitos principais citados pela parágrafo único da Lei n. 7.347/1985. Assim, imperioso reconhecer a legitimidade sindical, nos termos do art. 8º, III, da Constituição Federal. Recurso de revista conhecido e provido." (TST – Processo: RR – 81740-43.2004.5.02.0071 – Data de Julgamento: 11.5.2011, rel. Min. Mauricio Godinho Delgado, 6ª Turma, Data de Publicação: DEJT 20.5.2011.

"SINDICATO. LEGITIMIDADE. DIREITOS INDIVIDUAIS HOMOGÊNEOS. A questão, em si, resume-se a definir se os títulos pleiteados na ação coletiva são direitos individuais homogêneos, caso em que há legitimidade do sindicato-autor para propor a ação em face dos substituídos, ou não, hipótese que lhe retira tal legitimidade, posto que a ausência de homogeneidade dos direitos individuais perseguidos afasta o objetivo facilitador da ação coletiva nesses casos. A ação coletiva que objetiva a defesa de direitos individuais homogêneos visa a facilitação de ingresso da demanda, tramitação e apreciação judicial dos direitos, os quais, pelo caráter homogêneo, podem ser analisados num único feito, poupando o ingresso de várias ações e a movimentação de todo o aparato judiciário em muitos feitos que poderiam ser decididos conjuntamente, num único processado. Para tanto, é deveras necessário que os direitos invocados sejam de mesma classe e homogêneos, sob pena de total desvirtuamento da finalidade do instituto, uma vez que pretensões divisíveis e distintas (não homogêneas) requerem apreciação caso a caso, à luz da prova particularizada, vez que sua apreciação numa única ação acarretaria tumulto, atrasos e dificuldades que se tornariam mais um entrave do que um meio para solução de conflitos. O sindicato-autor moveu ação pleiteando basicamente os seguintes direitos: anotação da taxa de serviço de 10% na CTPS de todos os empregados; repasse da taxa de serviço de 10%, valores vencidos e vincendos; reflexos da taxa de serviços de 10% em verbas trabalhistas e previdenciárias; entre outros. Portanto, na presente ação, substancial parte dos direitos pleiteados, trata-se, nitidamente, de direitos individuais homogêneos, sendo legítimo o ente sindical para ajuizar a presente demanda. Assim, merece reparo parcial a decisão de origem, afastando-se a extinção sem julgamento do mérito calcada no art. 267, VI, do CPC. Reformo, parcialmente." (TRT/SP – 00002526520125020013 – RO – Ac. 4ª T. – 20130332415 – Rel. Ricardo Artur Costa e Trigueiros – DOE 19.4.2013)

"Representação da categoria e individual. Substituição processual Sindicato da categoria profissional. Legitimidade ativa. Direito individual homogêneo. O direito vindicado — oriundo do descumprimento, por parte da demandada, do trabalho em feriados, na escala 12x36, nos termos pactuados na CCT — é de origem comum e, embora envolva situações particulares, é passível de quantificação econômica futura, caracterizando-se assim como individual homogêneo, porquanto decorre de uma conduta genérica, massiva e uniforme adotada pela reclamada, geradora de lesão a uma coletividade de trabalhadores, ora representados pelo sindicato de classe. Não há dúvida de que tal hipótese está relacionada a direitos individuais de caráter homogêneo, ainda que sujeitos a apuração individualizada, resultando inequívoca a legitimidade do sindicato para atuar como substituto processual, na defesa, em nome próprio, de interesse de todos os trabalhadores substituídos. Precedentes do C. Tribunal Superior do Trabalho." (TRT/SP – 00022631620145020072 – RO – Ac. 9ª T. – 20160311130 – Relª. Jane Granzoto Torres da Silva – DOE 20.5.2016)

Pelo exposto, interesses individuais homogêneos são aqueles que *se originam da mesma situação fática ou jurídica, cujos titulares são determinados, o interesse seja divisível e as questões comuns predominem sobre as individuais.*

Diante do exposto, para que esteja configurado o interesse individual homogêneo, há necessidade da concomitância dos seguintes elementos:

a) origem comum: que os interesses sejam oriundos da mesma situação de fato ou de direito;

b) o número de lesões deve ser considerável, vale dizer: deve atingir várias pessoas;

c) o interesse é divisível e disponível;

d) os titulares são determinados;

e) predomínio das questões comuns sobre as questões individuais.

Como exemplos de interesses ou direitos individuais homogêneos na esfera trabalhista, objeto de defesa pelo Sindicato por meio da substituição processual, temos pedidos de pagamento de adicionais de periculosidade e insalubridade a trabalhadores de uma empresa, pagamento de horas extras etc.

No aspecto, destacamos a seguinte ementa:

"EXTENSÃO A TODOS OS MEMBROS DA CATEGORIA PROFISSIONAL — POSSIBILIDADE — A Constituição Federal, em seu art. 8º, III, elevou os sindicatos ao patamar de legítimos defensores dos direitos e interesses coletivos ou individuais dos membros da respectiva categoria profissional, em questões administrativas ou judiciais. Tal legitimação, consoante se depreende da amplitude com que foi redigido o dispositivo em comento, afigura-se ampla, ou seja, independe de norma infraconstitucional que a preveja. Outro não é o motivo que levou o TST a cancelar a sua Súmula n. 310, em atenção a diversos pronunciamentos do Supremo Tribunal Federal, no sentido de que o aludido verbete limitava, contrariamente ao disposto na Carta Magna, a atuação das entidades em exame. Entretanto, de nenhuma serventia se afigura a ampla legitimidade conferida pela Carta Magna aos sindicatos representativos das categorias profissionais para a defesa em juízo dos interesses dos trabalhadores, se inexistente um conjunto de normas que disciplinem o processo coletivo. Isso porque os direitos tutelados pelos sindicatos transcendem a esfera jurídica do empregado individualmente considerado, motivo pelo qual institutos como a coisa julgada, a litispendência, a legitimidade de partes e outros devem ostentar traços peculiares no dissídio ora examinado, sob pena de ineficácia da norma constante no art. 8º, III, da Constituição da República. A Consolidação das Leis do Trabalho, como se sabe, não rege o processo coletivo, motivo pelo qual, nos termos do art. 8º, parágrafo único, do diploma consolidado, deve-se utilizar o direito comum como fonte subsidiária da lei trabalhista. No ordenamento jurídico brasileiro, três são os diplomas que regem a tutela dos direitos transindividuais, quais sejam, o Código de Defesa do Consumidor, a Lei n. 7.347/85 (relativa à ação civil pública) e a Lei n. 4.717/65 (atinente à ação popular). Assim, o estudo de qualquer demanda coletiva deve ter como parâmetro as leis em comento. Com efeito, o exame dos incisos I, II e III do art. 103 do CDC nos leva a concluir que a eficácia da decisão proferida nas ações ora analisadas dependerá da espécie de direito tutelado. Trata-se, pois, da coisa julgada *secundum eventum litis*, em que há a extensão subjetiva dos seus efeitos, atingindo-se indivíduos que não fizeram parte da relação processual, mas nela encontram-se representados, por meio de associações legitimadas para tanto. Nessas ações, a procedência do pedido, independentemente da espécie de direito tutelado (difuso, coletivo ou individual homogêneo), ensejará a concessão de efeitos *erga omnes* ou *ultra partes* ao pronunciamento judicial, que não se limitará às partes do processo. A adaptação do instituto em questão demandas transindividuais atende ao postulado do efetivo acesso à justiça, constante no art. 5º, XXXV, da Constituição Federal, pois afigurar-se-ia sem sentido que uma decisão proferida em ação ajuizada pelo adequado representante do direito postulado não atingisse a todos que se encontrassem na situação objeto de exame pelo Poder Judiciário. Além da coisa julgada *secundum eventum litis*, o Código de Defesa do Consumidor, no § 3º do seu art. 103, institui outro mecanismo destinado a adaptar o instituto em comento às demandas coletivas. Trata-se do transporte *in utilibus*, que outra coisa não é senão a possibilidade de a vítima do evento danoso valer-se da decisão proferida em ação civil pública para reaver os prejuízos oriundos da conduta lesiva aos direitos tutelados pela Lei n. 7.347/85. Para tanto, basta que siga o procedimento previsto nos arts. 96 a 99 da referida codificação. Nesse caso, além da extensão subjetiva do provimento emanado em ação civil pública, amplia-se o objeto do processo, que passa a incluir o pleito atinente à reparação dos danos individualmente suportados por cada vítima do evento lesivo. Consoante se depreende de todo o exposto, o Código de Defesa do Consumidor, norma que disciplina o instituto da coisa julgada nas ações coletivas a fim de possibilitar a efetiva tutela dos interesses que não ostentam caráter meramente individual, instituiu mecanismos que ampliam subjetiva e objetivamente os efeitos da garantia prevista no art. 5º, XXXVI, da Constituição Federal. Tecidas essas considerações, a outra conclusão não se pode chegar, senão a de que as sentenças proferidas em reclamações trabalhistas ajuizadas pelo sindicato representativo da categoria profissional em defesa de direitos difusos, coletivos e individuais homogêneos sujeitam-se, ante a ausência de normatização sobre o assunto na CLT, à legislação que disciplina o processo coletivo, em especial o Código de Defesa do Consumidor, no tocante aos efeitos da coisa julgada. Entendimento diverso ensejaria o retorno ao disposto na Súmula n. 310, V, do TST, no sentido de restringir a eficácia da sentença proferida no dissídio em comento apenas aos empregados associados à referida pessoa jurídica de direito privado, em patente ofensa à interpretação conferida pelo STF à matéria ora analisada. Na espécie, acórdão regional que mantém a limitação do alcance de decisão proferida em reclamação coletiva ajuizada pelo sindicato representativo da categoria profissional aos empregados arrolados na respectiva peça de ingresso incide em má aplicação do art. 8º, III, da Carta Magna, por restringir o campo de atuação outorgado pelo poder constituinte originário às mencionadas entidades. Recurso de revista conhecido e provido. RECURSO DE REVISTA ADESIVO DO RECLAMADO — PRESCRIÇÃO — ART. 7º, XXIX, DA CARTA MAGNA — A Corte Regional entendeu que não há prescrição, em virtude da execução dos autos principais na RT 5053/1992 encontrar-se em curso, não sendo possível considerar que houve inércia do exequente. Razão qual reputo incólume o dispositivo invocado. Recurso de revista não conhecido." (TST – RR 98619/2006-011-09-40 – rel. Min. Luiz Philippe Vieira de Mello Filho – DJe 20.3.2009 – p. 537)

Ensina-nos *Nelson Nery Junior*(32): "A figura da substituição processual pertence exclusivamente ao direito singular, e, no âmbito processual, ao direito processual civil

(32) *Op. cit.*, p. 178.

individual. Só tem sentido falar-se em substituição processual diante da discussão sobre um direito subjetivo (singular), objeto da substituição; o substituto substitui pessoa determinada, defendendo em seu nome o direito alheio do substituído."

Para a defesa dos interesses coletivos e difusos, a doutrina tem se posicionado no sentido de ser autônoma a legitimação do sindicato por força do inciso III, do art. 8º, da CF, vale dizer: para atuar o Sindicato como representante legal da categoria, cujo mandato é dado pela lei (*ad litem*). Já para a defesa dos direitos individuais homogêneos, por serem disponíveis e os titulares determinados, a legitimidade do Sindicato é extraordinária, vale dizer: atua como substituto processual, uma vez que o direito discutido em juízo não lhe pertence.

Nesse sentido, destacamos as seguintes ementas:

"Substituição processual — Amplitude — Legitimação sindical. A teor da Carta Magna de 1988 (art. 8º, III) é ampla a prerrogativa de substituição processual pelo sindicato, abrangendo, subjetivamente, os integrantes da categoria, e, objetivamente, seus direitos individuais homogêneos, a par dos direitos coletivos da comunidade de trabalhadores. A interpretação restritiva da Súmula n. 310/TST foi cancelada pelo Tribunal Superior do Trabalho." (TRT 3ª R. – 1ª T. – RO na defesa n. 503/2005.061.03.00-1 – rel. Mauricio J. Godinho Delgado – DJMG 3.2.06 – p. 3) (RDT 03 – março de 2006)

"Substituição processual — Sindicato. A substituição processual assegurada ao sindicato abrange não só a defesa dos interesses coletivos da categoria, como também os interesses individuais homogêneos dos trabalhadores que a integram, considerados como direitos subjetivos, cujos titulares são determinados ou determináveis. Este instituto representa considerável avanço na solução judicial das lesões de massa, ao permitir o exame da violação que atinge várias pessoas em um único processo e tem como fundamento três princípios: 1) facilitação do acesso à Justiça; 2) harmonização das decisões judiciais; 3) economia dos atos processuais. O ajuizamento de várias ações de cumprimento pelo sindicato, como substituto processual, com identidade de partes, pedido e causa de pedir mediante indicação de um número muito reduzido de substituídos, contraria todos os princípios acima. A conduta importará elevação excessiva no número de casos a ser apreciados, além de conduzir a decisões conflitantes. Considera-se, por isso, que o ajuizamento da ação nessas condições não consubstancia substituição processual, mas apenas ação plúrima, de molde a exigir procuração firmada pelos titulares. Ausente esse documento, o processo há de ser extinto, sem julgamento do mérito, nos termos do art. 267, IV, do CPC." (TRT – 3ª R. – 6ª T. – RO n. 863/2005.034.03.00-0 – rel. Rodrigo Ribeiro Bueno – DJMG 2.2.06 – p. 13) (RDT 03 – março de 2006)

Para alguns autores, a ação coletiva para a defesa de interesses individuais homogêneos é apenas uma defesa coletiva de interesses individuais. Outros, como nós, pensam que esta ação tem forte cunho social e, portanto, transcende os interesses individuais dos envolvidos na ação.

Trata-se, em verdade, de um verdadeiro processo social, onde o acesso à justiça para os conflitos de massa é simplificado e mais próximo do jurisdicionado. É a justiça indo até o cidadão, colocando-lhe à disposição a tutela do seu direito. Além disso, como toda ação coletiva, as características ressarcitória, normativa e inibitória da tutela jurisdicional estão presentes com nitidez.

Pensamos que a finalidade teleológica do inciso III do art. 8º da CF foi de, efetivamente, conferir ao Sindicato a possibilidade de atuar de forma ampla na qualidade de substituto processual dos direitos individuais homogêneos da categoria, visando a:

a) conferir máxima efetividade ao dispositivo constitucional;

b) facilitar o acesso à Justiça do Trabalho dos trabalhadores;

c) evitar a proliferação de ações individuais sobre a mesma matéria;

d) promover a efetividade dos direitos sociais previstos na Constituição Federal e resguardar a dignidade da pessoa humana do trabalhador e os valores sociais do trabalho;

e) economia processual e máxima efetividade da Jurisdição trabalhista;

f) evitar decisões conflitantes sobre a mesma matéria;

g) interromper a prescrição para demandas com mesma origem do direito;

h) impedir que o empregado sofra retaliações do empregador ao ingressar com uma ação individual durante a vigência do contrato de trabalho.

Quanto a este último aspecto, sustenta com propriedade *Marcelo Freire Costa Sampaio*(33): "nas ações coletivas laborais ainda há aspecto peculiar importante digno de ser realçado. Nestas o objetivo também é tutelar os 'interesses de pessoas temerosas (empregados e ex-empregados) de enfrentar diretamente o responsável pela conduta ilícita (empregador) com receito de represálias', fato bastante corriqueiro na realidade das relações de trabalho desse país. Basta lembrar a prática discriminatória empresarial das conhecidas 'listas' negras das empresas, muitas vezes tão bem engendradas que até impossibilitam o retorno do trabalhador para o mercado de trabalho de atividade empresarial específica e outros que tais."

Ao contrário do que entendem alguns, acreditamos que o Sindicato não possa substituir processualmente um único trabalhador, pois é missão institucional e constitucional do Sindicato defender os interesses individuais e coletivos da categoria (art. 8º, III, da CF), e não um único trabalhador. Para tal desiderato, existe o instituto da representação processual (art. 791, § 1º, da CLT) e também a prestação da assistência judiciária pelo Sindicato.

Nesse sentido, a seguinte ementa:

"ILEGITIMIDADE ATIVA *AD CAUSAM* — SINDICATO — SUBSTITUIÇÃO PROCESSUAL — ÚNICO SUBSTITUÍDO. Inviável pleitear hora extra como substituto processual de apenas um empregado. Embora necessária a expansão da substituição processual, a hipótese refoge do quanto previsto no art. 8º, inciso III, da Constituição Federal, que assegura ao ente sindical legitimidade para propor ação (inclusive de cumprimento) com a finalidade de resguardar direitos e interesses coletivos ou individuais homogêneos da categoria profissional, com a preeminência de questões comuns ou com a necessidade de tutela coletiva

(33) SAMPAIO, Marcelo Freire Costa. *Execução provisória satisfativa nas ações coletivas trabalhistas.* São Paulo: LTr, 2012. p. 161.

a reclamar um provimento genérico em benefício de uma coletividade. 'Para um único trabalhador, existe o instituto da representação processual, prevista no § 1º do art. 701 da CLT, e também a prestação da assistência judiciária do sindicato'. (SCHIAVI, Mauro. *Manual de direito processual do trabalho*. 2. ed. São Paulo: LTr, 2009. p. 260-270). Recurso ordinário a que se nega provimento." (TRT 9ª Região, RO-00075-2011-749-09-00-6-ACO-04666-2012 – 7ª Turma – relª Janete do Amarante – Publicado no DEJT em 3.2.2012)

A questão, no entanto, não é pacífica, há posicionamentos recentes do Tribunal Superior do Trabalho no sentido de que a substituição processual prevista no art. 8º, III da CF é ampla, podendo abranger um único trabalhador. Nesse sentido, destaca-se a seguinte ementa:

"RECURSO DE REVISTA. LEGITIMIDADE ATIVA DO SINDICATO DA CATEGORIA PROFISSIONAL. SUBSTITUIÇÃO PROCESSUAL DE UM ÚNICO REPRESENTADO. DIREITOS INDIVIDUAIS. O reconhecimento da legitimidade ativa do sindicato da categoria profissional para pleitear direitos individuais homogêneos guarda sintonia com a jurisprudência desta Corte Superior e do Supremo Tribunal Federal. O art. 8º, inciso III, da Constituição Federal assegura aos sindicatos a possibilidade de substituição processual ampla e irrestrita para agir no interesse de toda a categoria. Ressalto que o fato de ser titular da pretensão de direito material apenas um empregado não impossibilita o sindicato de, no exercício de sua atribuição assegurada constitucionalmente, definir em que ocasiões vai exercitá-la, diante do interesse subjacente. Se a Constituição não a limita, não pode o magistrado restringi-la, sob pena de contrariar o princípio da máxima efetividade que caracteriza a sua hermenêutica. Recurso de revista de que se conhece e a que se dá provimento." (TST – RR – 397-89.2010.5.03.0102, rel. Ministro: Cláudio Mascarenhas Brandão, Data de Julgamento: 21/05/2014, 7ª Turma, Data de Publicação: DEJT 23.5.2014).

Proposta a Ação para a defesa de interesses individuais homogêneos, o Sindicato deve publicar Editais e dar ciência a todos os membros da categoria para que, se quiserem, possam intervir no feito, ou requererem a suspensão de suas ações individuais sobre a mesma matéria para aguardar o desfecho da ação coletiva, nos termos do art. 94 da Lei n. 8.078/90, *in verbis*:

"Proposta a ação, será publicado edital no órgão oficial, a fim de que os interessados possam intervir no processo como litisconsortes, sem prejuízo de ampla divulgação pelos meios de comunicação social por parte dos órgãos de defesa do consumidor."

Caso a entidade sindical não publique o Edital, deve o Juiz do Trabalho tomar a iniciativa de ofício, em compasso com o impulso oficial que possui (art. 765 da CLT).

A ampla publicidade da existência da ação civil coletiva tem por finalidade informar os trabalhadores substituídos para que, querendo, ingressem na ação na qualidade de litisconsortes passivos, ou requeiram a suspensão de suas ações individuais com o mesmo objeto para que possam se valer dos benefícios da coisa julgada na ação coletiva.

A legitimidade do Sindicato para atuar como substituto processual não é exclusiva, e sim concorrente com as demais entidades mencionadas no art. 82 da Lei n. 8.078/90. Também não inibe que cada lesado, individualmente, faça uso de ação individual.

Após mudança de opinião, entende, corretamente, o Tribunal Superior do Trabalho que nas ações em que o sindicato atua como substituto processual são devidos honorários advocatícios. Esse entendimento fortalece a substituição processual na Justiça do Trabalho, valoriza a atuação sindical e propicia acesso mais efetivo à justiça. No aspecto, dispõe o inciso III da Súmula n. 219 do Tribunal Superior do Trabalho, *in verbis*:

> "São devidos os honorários advocatícios nas causas em que o ente sindical figure como substituto processual e nas lides que não derivem da relação de emprego."

8.1. Do rol de substituídos

Dispunha o inciso V da Súmula n. 310, V, do C. TST, hoje revogado:

> Em qualquer ação proposta pelo sindicato como substituto processual, todos os substituídos serão individualizados na petição inicial e, para o início da execução, devidamente identificados pelo número da Carteira de Trabalho e Previdência Social ou de qualquer documento de identidade.

Atualmente, a jurisprudência não vem exigindo o rol de substituídos juntado à inicial quando o Sindicato atua como substituto processual dos trabalhadores da categoria, em razão da autorização constitucional para a defesa de direitos individuais homogêneos. Além disso, não há efetividade em se exigir a individualização dos substituídos na inicial, pois tal acontecerá na liquidação e futura execução. De outro lado, a finalidade da substituição processual é a obtenção de sentença genérica, não obstando o direito individual de ação do substituído.

Nesse sentido, o Enunciado n. 77, da 1ª Jornada de Direito Material e Processual do Trabalho realizada no TST:

> "AÇÃO CIVIL PÚBLICA. INTERESSES INDIVIDUAIS HOMOGÊNEOS. LEGITIMAÇÃO DOS SINDICATOS. DESNECESSIDADE DE APRESENTAÇÃO DE ROL DOS SUBSTITUÍDOS.
>
> I – Os sindicatos, nos termos do art. 8º, III, da CF, possuem legitimidade extraordinária para a defesa dos direitos e interesses — individuais e metaindividuais — da categoria respectiva em sede de ação civil pública ou outra ação coletiva, sendo desnecessária a autorização e indicação nominal dos substituídos.
>
> II – Cabe aos sindicatos a defesa dos interesses e direitos metaindividuais (difusos, coletivos e individuais homogêneos) da categoria, tanto judicialmente quanto extrajudicialmente.
>
> III – Na ausência de sindicato, é da federação respectiva a legitimidade extraordinária para a defesa dos direitos e interesses da categoria e, na falta de ambos, da confederação.
>
> IV – O art. 16 da Lei da ação civil pública contraria toda a filosofia e sistemática das ações coletivas. A decisão proferida nas ações coletivas deve ter alcance, abrangência e eficácia em toda área geográfica afetada, seja em todo o território nacional (âmbito nacional) ou em apenas parte dele (âmbito suprarregional), conforme a extensão do ato ilícito e/ou do dano causado ou a ser reparado."

No mesmo sentido, adverte *Ronaldo Lima dos Santos*(34): "As ações coletivas para defesa de interesses individuais homogêneos caracterizam-se pela nota da

(34) SANTOS, Ronaldo Lima dos. *Sindicatos e ações coletivas*. 2. ed. São Paulo: LTr, 2008. p. 416.

despersonalização dos verdadeiros titulares das pretensões deduzidas em juízo. O legitimado ativo figura como parte na relação jurídica processual, embora não o seja na relação jurídica material, na condição de substituto processual. A ação desenvolve-se de forma abstrata e despersonalizada, em caráter eminentemente coletivo; sem necessidade de nominação dos beneficiários ou apresentação do rol de substituídos; somente nas fases de liquidação e execução que se identificam os lesados individualmente."

No mesmo sentido:

> "SUBSTITUTO PROCESSUAL. ART. 8º, INCISO III, DA CONSTITUIÇÃO FEDERAL DE 1988. AUSÊNCIA DE QUALIFICAÇÃO DOS SUBSTITUÍDOS. O Supremo Tribunal Federal — órgão máximo do Poder Judiciário — tem se manifestado, principalmente após o julgamento do Mandado de Injunção de n. 20.936, que o art. 8º, inciso III da Carta Magna admitiu o cabimento da substituição processual de forma ampla. Importa dizer, portanto, que, atualmente, é dado ao sindicato, na qualidade de substituto processual, pleitear judicialmente a reparação de qualquer direito de sua categoria. Desse modo, como a finalidade da substituição processual é a obtenção de sentença genérica, é desnecessária a individualização dos substituídos na petição inicial, porquanto o rol dos substituídos será apresentado na liquidação e futura execução." (TRT 5ª Região. Processo 0001157-80.2012.5.05.0015 RecOrd, ac. n. 161046/2013, relª Desª Dalila Andrade, 2ª Turma, DJ 23.8.2013)

> "AGRAVO DE INSTRUMENTO EM RECURSO DE REVISTA INTERPOSTO PELA RECLAMADA. 1. ILEGITIMIDADE ATIVA DO SINDICATO. SUBSTITUIÇÃO PROCESSUAL. DIREITOS INDIVIDUAIS HOMOGÊNEOS. ROL DOS SUBSTITUÍDOS. DESNECESSIDADE. 2. LITISPENDÊNCIA. AÇÃO AJUIZADA POR SINDICATO NA QUALIDADE DE SUBSTITUTO PROCESSUAL. NÃO CONFIGURAÇÃO. 3. CONVENÇÃO COLETIVA. PREVALÊNCIA SOBRE ACORDO COLETIVO. NORMA MAIS BENÉFICA. 4. COMPENSAÇÃO DE VALORES. Não há como assegurar o processamento do recurso de revista quando o agravo de instrumento interposto não desconstitui a decisão denegatória. Agravo de instrumento não provido. B) AGRAVO DE INSTRUMENTO EM RECURSO DE REVISTA INTERPOSTO PELO SINDICATO RECLAMANTE. DENEGADO SEGUIMENTO AO RECURSO DE REVISTA COM FUNDAMENTO NO ART. 896, § 1º-A, I, DA CLT. INDICAÇÃO DO TRECHO DA DECISÃO RECORRIDA QUE CONSUBSTANCIA O PREQUESTIONAMENTO DA CONTROVÉRSIA OBJETO DO RECURSO DE REVISTA. MULTA CONVENCIONAL. COMPENSAÇÃO DOS REAJUSTES SALARIAIS. JUSTIÇA GRATUITA. Não merece processamento o recurso de revista se o agravo de instrumento não consegue infirmar os fundamentos da decisão denegatória, caso dos temas em epígrafe. Agravo de instrumento desprovido." (TST – Processo: AIRR – 1297-26.2015.5.14.0091 – Data de Julgamento: 28.9.2016, Relª. Ministra: Dora Maria da Costa, 8ª Turma, Data de Publicação: DEJT 30.9.2016)

De outro lado, pensamos que, em algumas situações, máxime quando a substituição processual pelo Sindicato não envolver direitos individuais homogêneos, e sim direitos de alguns trabalhadores da categoria, mormente quando houver necessidade de produção de prova oral e envolver situação pessoal, o rol de substituídos poderá ser exigido pelo juiz, para a possibilidade de maior conhecimento da causa e não inviabilizar o direito de defesa do reclamado.

Nesse lastro, destacamos as seguintes ementas:

"SUBSTITUIÇÃO PROCESSUAL. DECLARAÇÃO DE RELAÇÃO DE EMPREGO. DIREITO INDIVIDUAL SEM DIMENSÃO COLETIVA. INADEQUAÇÃO DO PROCEDIMENTO DO CÓDIGO DE DEFESA DO CONSUMIDOR. NECESSIDADE DE IDENTIFICAÇÃO DOS SUBSTITUÍDOS. A declaração da existência do vínculo de emprego pressupõe a investigação da situação pessoal de cada um dos substituídos, já que para a efetividade do provimento é imprescindível averiguar o concurso dos requisitos do art. 3º da Consolidação. A situação não envolve *direito individual homogêneo*, que, além da *origem comum*, pressupõe a *prevalência das questões comuns sobre as questões individuais* de cada substituído. A hipótese é de *direito individual puro ou heterogêneo*, que não tem *dimensão coletiva* porque as questões individuais prevalecem sobre as questões comuns. Ao contrário do que ocorre com o *direito individual homogêneo*, em que a predominância das questões comuns conduz a situação de uniformidade que permite a emissão de provimento genérico e torna desnecessária a identificação dos substituídos até o momento de liquidação da sentença, a efetividade da declaração da existência de vínculo de emprego exige a prévia identificação dos substituídos, já que a eliminação da crise de certeza a que se destina o provimento declaratório depende da cognição de questões individuais de cada um dos trabalhadores. Sem a identificação dos substituídos, o pedido é indeterminado e, de consequência, sua apreciação conduziria a provimento desprovido de qualquer utilidade. Apelo da entidade sindical ao qual se nega provimento para o fim de confirmar a extinção do processo sem resolução do mérito por inadequação da via processual." (TRT/SP – ACÓRDÃO n. 20080226358 – Proc. n. 00825200600302006 – relator: Salvador Franco de Lima Laurino. *In:* <www.trt.jus.br> Acesso em 10 nov. 2008)

"DEFESA DE DIREITOS INDIVIDUAIS PUROS OU HETEROGÊNEOS. ILEGITIMIDADE DA ENTIDADE SINDICAL PARA ATUAR COMO SUBSTITUTO PROCESSUAL. Os entes sindicais possuem legitimidade para a defesa dos interesses da categoria, seja individual, seja coletivo, envolvendo toda a classe que representa, ou mesmo parte dela. Todavia, a possibilidade de o sindicato atuar como substituto processual na seara individual restringe-se à defesa dos interesses individuais homogêneos, assim entendidos aqueles decorrentes de origem comum e cuja dimensão coletiva se sobrepõe à individual (art. 81, inciso III, da Lei n. 8.078/90). Em se tratando de ação de índole individual pura ou heterogênea, o ente sindical não detém legitimidade para postular o decreto de nulidade das alterações contratuais e o pagamento de horas extras, em razão da suposta violação ao contido no art. 71, da CLT. Inteligência do art. 8º, inciso III, do Texto Magno, do art. 81, inciso III, da Lei n. 8.070/90 e do art. 6º, do CPC. Extinção do processo sem resolução de mérito, nos termos do art. 267, inciso VI, do CPC, que ora se mantém." (TRT/SP – 00019550720105020076 – RO – Ac. 9ª T. 20130313151 – Relª Jane Granzoto Torres da Silva – DOE 18.4.2013)

8.2. Liquidação e execução da decisão genérica

A sentença proferida na ação em que se postula a defesa de interesses individuais homogêneos é genérica, conforme dispõe o art. 95 da Lei n. 8.078/90, *in verbis*:

"Em caso de procedência do pedido, a condenação será genérica, fixando a responsabilidade do réu pelos danos causados."

Cumpre destacar, entretanto, que a generalidade da sentença se dá quanto ao valor (*quantum debeatur*) e quanto aos titulares individuais do direito, mas quanto à obrigação de indenizar ela é certa (*an debeatur*).

A sentença genérica é sem rosto, pois os titulares do direito não são identificados, o que será realizado na fase de liquidação. Ao contário do que ocorre com as *class action* norte-americanas, onde o juízo desde logo faz a quantificação das lesões dos danos, ou seja, já profere a sentença líquida(35), o Direito Brasileiro optou pela sentença genérica, vale dizer: sem quantificar os valores.

Como se trata de ação especial, a liquidação será processada pela sistemática da Lei n. 8.078/90, complementada pelos procedimentos da CLT e do Código de Processo Civil.

Nesse sentido, fora aprovado o Enunciado n. 8 da Jornada Nacional de Execução Trabalhista, *in verbis*:

> "AÇÕES COLETIVAS. LIQUIDAÇÃO DE SENTENÇA. Na liquidação de sentença nas ações coletivas para tutela de interesses individuais homogêneos (substituição processual), aplica-se o microssistema do processo coletivo brasileiro (Constituição Federal arts. 8º, 129, III, § 1º; Lei n. 7.347/1985 e Lei n. 8.078/1990)."

A Consolidação das Leis do Trabalho admite a liquidação por artigos (art. 879, *caput*), mas não disciplina seu procedimento. Portanto, necessário recorrer ao Código de Processo Civil (art. 769, da CLT).

Assevera o art. 509,II, do CPC:

> "Quando a sentença condenar ao pagamento de quantia ilíquida, proceder-se-á à sua liquidação, a requerimento do credor ou do devedor:
>
> (...) II – pelo procedimento comum, quando houver necessidade de alegar e provar fato novo."

O CPC de 2015 substitui a expressão liquidação por artigos, consagrada no CPC anterior, por liquidação pelo procedimento comum. Entretanto, manteve a mesma sistemática do procedimento.

Fato novo é o fato reconhecido na sentença de forma genérica, mas que necessita ser detalhado na fase de liquidação. Por exemplo: a condenação apenas determina: uma indenização, horas extras, danos morais etc., mas, para apurar o valor, há necessidade de se determinar sua extensão, por meio de prova de outros fatos constitutivos. Na liquidação por artigos em que a sentença determina apenas uma indenização, irá se apurar o montante dos danos e se fixar o valor devido, após prova dos danos.

O rito da liquidação por artigos é o mesmo da fase de conhecimento. Assim, se o processo for pelo rito ordinário, a liquidação terá de seguir o mesmo rito, se sumaríssimo ou sumário deverá seguir o mesmo rito.

---

(35) BEZERRA LEITE, Carlos Henrique. *Liquidação na ação civil pública:* o processo e a efetividade dos direitos humanos. Enfoques civis e trabalhistas. São Paulo: LTr, 2004. p. 154.

Parte significativa da doutrina sustenta a impossibilidade de o Juiz do Trabalho proferir sentença líquida em se tratando de direitos individuais homogêneos, uma vez que não há necessidade de se juntar o rol de substituídos e também por não ser da essência do processo coletivo a individualização de cada pretensão. Nesse sentido, defende *Carlos Henrique Bezerra Leite*(36):

> "Numa palavra, em ação civil pública cognitiva destinada à tutela de interesses individuais homogêneos são vedados tanto o pedido líquido quanto a sentença líquida, sendo certo que também não é permitida a identificação dos titulares do interesse (individual) deduzido na demanda coletiva de conhecimento. A razão de tal assertiva decorre de norma de ordem pública constante do art. 95 do CDC, segundo o qual, "em caso de procedência do pedido, a condenação será genérica, fixando a responsabilidade do réu pelos danos causados."

De outro lado, já há, na doutrina, vozes de relevo, sustentando a possibilidade do ente legitimado formular pedido líquido e o juiz individualizar as condenações na sentença. Nesse sentido, sustenta, com empolgação, *Marcelo Freire Costa Sampaio*(37):

> "[...] há posição clássica na doutrina processual laboral afirmando a impossibilidade de o provimento condenatório em sede de ação coletiva instrumentalizando direito individual homogêneo ser 'obrigatoriamente genérico'. Tal corrente vem sendo superada na realidade jurisdicional. Não são poucas as ações civis públicas, ventilando interesses individuais homogêneos envolvendo trabalho análogo à escravidão, espécie do gênero trabalho degradante, propostas pelo Ministério Público do Trabalho, por exemplo, em que há apresentação, com a inicial, de planilha contendo rol dos trabalhadores atingidos, valor devido a título de verbas rescisórias a cada um deles, quantificação individual de dano moral individual e até dano moral coletivo. Esses pedidos, todos líquidos, possibilitam alcançar provimento condenatório também líquido, suplantando, por consequência, modelo clássico de condenação necessariamente genérico. Aliás, esse paradigma de imediata condenação líquida aproxima-se das *class actions for damages* estadunidense, autêntica inspiração do modelo pátrio, 'onde o juiz desde logo quantifica a indenização pelos danos causados.' Vale registrar que esses entes envolvidos cada vez mais vêm amadurecendo a qualidade do trabalho relativo à proteção da coletividade laboral. Os sindicatos verdadeiramente representativos de suas categorias detêm razoável organização de assessoria jurídica e contábil capaz de oferecer em juízo demanda com pedidos líquidos e individualizados para cada substituído. O Ministério Público do Trabalho, por exemplo, em algumas regionais

(36) *Ibidem*, p. 155.

(37) SAMPAIO, Marcelo Freire Costa. *Execução provisória satisfativa nas ações coletivas trabalhistas*. São Paulo: LTr, 2012. p. 158-160.

representativas de capitais mais populosas, como é o dado da 2ª Região, São Paulo, tem em seu quadro efetivo servidores analistas médicos, engenheiros e até contadores, o que possibilita a plena capacidade de ser apresentada ação coletiva já aparelhada de pedidos líquidos, específicos para cada um dos substituídos pertencentes àquela coletividade determinada de trabalhadores. Se o pedido é líquido, ordinariamente qual seria a razão para a sentença ser obrigatoriamente genérica? Resposta singela: nenhuma. [...] Assim, a apresentaçaõ de pedidos previamente liquidados, com a consequente prolação de decisão coletiva também líquida, afasta ordinariamente a necessidade da formação de tantos incidentes liquidatórios quantos forem os substituídos interessados, e os naturais atropelos procedimentais causados pela formação desses incidentes. Isso não significa a impossibilidade de o substituído requerer a individualização da liquidação apuratória de seu quinhão."

De nossa parte, no processo do trabalho, não há vedação para Juiz do Trabalho proferir sentença líquida em se tratando de ação coletiva para a defesa de interesses individuais homogêneos, entretanto, isso vai depender, em muito, da habilidade em se eleborar a petição inicial, com a individualização dos substituídos, de cada pretensão, bem como de seus valores. Isso é possível, quando se trate de uma única parcela postulada, como adicional de insalubridade, concessão de plano de saúde etc. Nesse sentido, aliás, possibilita o inciso V da Súmula n. 310 do TST, que, embora cancelado, pode ser aplicado, facultativamente, pois compatível com a sistemática do processo do trabalho. Com efeito, dispõe o referido verbete Sumular: "Em qualquer ação proposta pelo sindicato como substituto processual, todos os substituídos serão individualizados na petição inicial e, para o início da execução, devidamente identificados pelo número da Carteira de Trabalho e Previdência Social ou de qualquer documento de identidade."

Dispõe o art. 97 da Lei n. 8.078/90:

> "A liquidação e a execução de sentença poderão ser promovidas pela vítima e seus sucessores, assim como pelos legitimados de que trata o art. 82."

Nelson Nery Junior(38), ao comentar o citado dispositivo legal, assevera:

> "Na verdade, trata-se de verdadeira hipótese de habilitação dos interessados. Nada tem a ver com a habilitação de que trata o CPC. Assemelha-se à habilitação na ação de cumprimento (art. 872, da CLT), embora esta seja de conhecimento, sendo que a de que trata a norma sob comentário (liquidação ou execução) é oriunda de sentença condenatória. O *an debeatur* já restou fixado na sentença de condenação genérica proferida na ação coletiva. Aqui, o objetivo é a fixação do *quantum debeatur*."

---

(38) NERY JUNIOR, Nelson; NERY, Rosa Maria de Andrade. *Código Civil e legislação extravagante*. 3. ed. São Paulo: RT, 2005. p. 1.021.

Conforme o citado art. 97, a liquidação e a execução para os direitos individuais homogêneos podem ser coletivas ou individuais. Se coletivas, os legitimados a propor a ação de conhecimento (art. 82 da Lei n. 8.078/90) poderão liquidar a decisão e executá-la.

Discute-se, na doutrina e na jurisprudência, qual a natureza da legitimidade para liquidação e execução coletivas. Para alguns, trata-se de substituição processual, da mesma forma que a fase de conhecimento, para outros, de representação, pois os titulares individuais devem ser qualificados, bem como individualizadas as parcelas e valores de cada um.

De nossa parte, embora a questão seja semelhante à representação processual, mantém a natureza de substituição processual, mas o ente legitimado deve qualificar os titulares das pretensões e individualizar os valores devidos para cada um.

Tramita, atualmente, no Senado Federal, Projeto de Lei para alteração da execução trabalhista, que dispõe sobre a liquidação das sentenças genéricas para direitos individuais homogêneos. Dispõe o art. 887-A do Anteprojeto:

> "As condenações genéricas impostas em sentenças coletivas de direitos individuais homogêneos serão cumpridas em ações autônomas, individuais ou plúrimas. § 1º O juiz definirá o número de integrantes de cada grupo, os quais devem demonstrar a adequação de seu caso concreto ao conteúdo da sentença. § 2º A controvérsia de natureza jurídica comum às ações autônomas será decidida em um só feito, com o sobrestamento dos demais. O julgamento definitivo será estendido a todas as partes alcançadas pela sentença condenatória."

Caso aprovado o anteprojeto, as liquidações e execuções de sentença envolvendo direitos individuais homogêneos serão cumpridas em ações autônomas, individuais ou plúrimas. Com isso, cada liquidação e execução individuais ou plúrimas, contarão como um processo para a estatística da Vara, o que contribuirá para que muitos magistrados não procurem criar entraves em aceitar as ações civis coletivas, pois sempre haverá o temor que, na execução, da forma como ela está, chegar uma quantidade signficativa de liquidações e execuções, o que pode comprometer o funcionamento da Vara.

Embora oportuno o projeto da Lei, isso já pode ser aplicado por interpretação do ordenamento jurídico constitucional e infraconstitucional que rege as ações coletivas, pois a liquidação por artigos é um verdadeiro processo de conhecimento. Além disso, mesmo em se tratando de liquidação e execução coletivas, o Magistrado, para facilitar o acesso à justiça e a efetividade da execução, pode limitar a quantidade de trabalhadores substituídos, ou representados na liquidação coletiva. De outro lado, conforme vem defendendo a doutrina e a moderna jurisprudência, o juiz prolator da decisão genérica não fica prevento para as futuras liquidações e execuções individuais pois, estas, segundo a sistemática do próprio Código de Defesa do Consumidor, podem ser propostas em local diverso da sentença.

A liquidação e a execução poderão ser propostas tanto no local onde tramita a ação como no foro do domicílio do liquidante, nos termos do parágrafo único, do art. 97, da Lei n. 8.078/90, que dispõe:

"A liquidação de sentença, que será por artigos, poderá ser promovida no foro do domicílio do liquidante, cabendo-lhe provar, tão só, o nexo de causalidade, o dano e seu montante (vetado)."

Embora o referido dispositivo tenha sido vetado pelo Presidente da República, a doutrina fixou entendimento de que o veto presidencial, no aspecto da competência não gerou efeito, uma vez que inciso I, do § 2º, do art. 98, da Lei n. 8.078/90, assevera que é competente para a execução o juízo da liquidação da sentença ou da ação condenatória, no caso de execução individual, possibilitando, com isso, que a liquidação e a execução possam ser promovidas em foro diverso da sentença. No mesmo sentido, o inciso I do art. 100 da Lei n. 8.078/90:

"Na ação de responsabilidade civil do fornecedor de produtos e serviços, sem prejuízo do disposto nos Capítulos I e II deste Título, serão observadas as seguintes normas: I – a ação pode ser proposta no domicílio do autor [...]."

Diante do exposto, a interpretação sistemática dos inciso I, do art. 100, da Lei n. 8.078/90, e inciso I, do § 2º, do art. 98, sinaliza-nos na possibilidade da competência do local do domicílio do autor.

Nesse sentido, sustenta *Antônio Herman V. Benjamin*(39):

> "Com o veto ao art. 97, é preciso interpretar o art. 98 em conformidade com o espírito do CDC, que, como insistimos repetidas vezes, tem por ideia a promoção do direito de acesso do consumidor à justiça. Assim, ao permitir ambos, e considerando que, em matéria de ação coletiva, a habilitação do consumidor equivale, em termos práticos, ao exercício da pretensão, nada mais correto do que interpretar-se este artigo em conformidade com o disposto no art. 101, I do CDC, que admite o foro da ação individual no domicílio do consumidor. Trata-se não apenas de uma interpretação útil, mas coerentemente e sistemática das disposições do Código em matéria de competência. Se, nas ações individuais, admite-se expressamente a regra do domicílio como foro competente, com igual ou maior razão deve-se admitir também para a liquidação das ações coletivas, sob pena de o consumidor, como mencionamos, ser obrigado a promover liquidação em foro completamente estranho a qualquer dos elementos de fato envolvidos na relação jurídica determinada pela conduta ilícita do fornecedor, e reconhecida pela sentença de liquidação"(40).

No aspecto, valem ser destacadas as seguintes ementas:

"AÇÃO CIVIL PÚBLICA. DIREITOS INDIVIDUAIS HOMOGÊNEOS. SENTENÇA GENÉRICA. LIQUIDAÇÃO A TÍTULO INDIVIDUAL. COMPETÊNCIA. EXCEÇÃO AO PRINCÍPIO DA *PERPETUATIO JURISDICIONIS*. À luz do microssistema de acesso coletivo à justiça,

(39) BENJAMIN, Antônio Herman V. *Comentários ao Código de Defesa do Consumidor*. 2. ed. São Paulo: RT, 2005. p. 1.096.

(40) No mesmo sentido, GRINOVE, Ada Pellegrini: *In: Código Brasileiro de Defesa do Consumidor comentado pelos autores do Anteprojeto*. 10. ed. Rio de Janeiro: Forense, 2011. p. 159-160; e NERY JUNIOR, Nelson: *In: Leis civis comentadas*. 2. ed. São Paulo: RT, 2010. p. 355.

consubstanciado na aplicação apriorística da Constituição Federal (arts. 129, III, § 1º), da Lei n. 7.347/85 e Lei n. 8.078/90, a liquidação individual da sentença proferida em sede de ação coletiva que visa tutelar direitos individuais homogêneos oriundos das relações trabalhistas encerra um processo autônomo destinado a identificar, a partir da comprovação do nexo de causalidade entre o dano reconhecido na sentença coletiva genérica e o prejuízo individualmente sofrido por aqueles que, no processo de conhecimento, figuraram como substituídos processualmente pelo autor da demanda coletiva. Assim, as eventuais ações de liquidação a título individual, por constituírem processos autônomos, devem ser distribuídas, aleatoriamente, entre as diversas Varas do Trabalho existentes no território nacional, não havendo falar em prevenção do Juízo prolator da sentença coletiva genérica ou de violação ao princípio da *perpetuatio jurisdicionis*, o que não ocorre com a liquidação a título coletivo, que fica vinculada ao Juízo prolator da sentença cognitiva genérica. Inteligência dos arts. 95, 98, § 2º, I, 99 e 100 da Lei n. 8.078/90." (TRT 17ª R., CC 0026000-58.2011.5.17.0000, rel. Des. Carlos Henrique Bezerra Leite. Tribunal Pleno. DEJT 16.8.2011)

"AÇÃO RESCISÓRIA — ART. 485, V E VIII, DO CPC — SUBSTITUIÇÃO PROCESSUAL — TUTELA DE INTERESSES INDIVIDUAIS HOMOGÊNEOS — INDISPONIBILIDADE DOS DIREITOS PELO SUBSTITUTO PROCESSUAL — LIQUIDAÇÃO DE SENTENÇA POR ARTIGOS — PREFERÊNCIA DOS TITULARES DOS DIREITOS MATERIAIS — INTELIGÊNCIA DOS ARTS. 97 E 100 DO CDC: Em se tratando de sentença em ação (coletiva) ajuizada pelo sindicato (ou Ministério Público do Trabalho) em defesa de interesses individuais homogêneos, a liquidação pode ser individual (preferencial) ou coletiva (residual). Os titulares dos direitos individuais reconhecidos na sentença têm preferência para promover a liquidação (os quais terão o prazo de um ano para se habilitarem a contar da ciência do trânsito em julgado da sentença. Decorrido este prazo, o juiz, verificando que o número de liquidantes individuais é inexistente ou inexpressivo, determinará a intimação do ente (sindicato ou MPT) legitimado para a ação de conhecimento para promover a liquidação a título coletivo, cujo produto arrecadado vai para um fundo de recomposição dos bens, *in casu*, o FAT — Fundo de Amparo ao Trabalhador. Logo, a decisão que homologa a transação entre a empresa-ré e o sindicato que atuou como substituto processual, além de violar todo o procedimento liquidatório, pois deu preferência ao sindicato, violou também a letra dos arts. 104, I e II, 138, 139, II, 166, IV e V, 662 e 850 do CCB, pois não era ele (sindicato) o titular do direito, nem poderia ele ter transacionado direito que não lhe pertencia." (TRT 17ª Região, Ação Rescisória n. 00445.2005.000.17.00.0, rel. Juiz Sérgio Moreira de Oliveira, DJ em 16.11.2006)

"RECURSO ESPECIAL. CONFLITO DE COMPETÊNCIA NEGATIVO. EXECUÇÃO INDIVIDUAL DE SENTENÇA PROFERIDA NO JULGAMENTO DE AÇÃO COLETIVA. FORO DO DOMICÍLIO DO CONSUMIDOR. INEXISTÊNCIA DE PREVENÇÃO DO JUÍZO QUE EXAMINOU O MÉRITO DA AÇÃO COLETIVA. TELEOLOGIA DOS ARTS. 98, § 2º, II E 101, I, DO CDC. 1. A execução individual de sentença condenatória proferida no julgamento de ação coletiva não segue a regra geral dos arts. 475-A e 575, II, do CPC, pois inexiste interesse apto a justificar a prevenção do Juízo que examinou o mérito da ação coletiva para o processamento e julgamento das execuções individuais desse título judicial. 2. A analogia com o art. 101, I, do CDC e a integração desta regra com a contida no art. 98, § 2º, I, do mesmo diploma legal, garantem ao consumidor a prerrogativa processual do ajuizamento da execução individual derivada de decisão proferida no julgamento de ação coletiva no foro de seu domicílio. 3. Recurso especial provido." (Recurso Especial n. 1.098.242 – GO (2008/0224499-1). Relª Minª Nancy Andrighi. Publicado no DJE em 28.10.2010)

No processo do trabalho, a fim de facilitar o acesso do trabalhador à justiça, e conferir máxima efetividade às ações coletivas, a liquidação e a execução individuais da sentença para direitos individuais homogêneos poderão ser propostas:

a) no local da sentença;

b) no foro do domicílio do liquidante;

c) no local da prestação de serviço, nos termos do art. 651, da CLT.

Ambos os locais terão competência concorrente, não se aplicando, aqui, a regra da competência absoluta.

No aspecto, destacamos recente posicionamento do Tribunal Superior do Trabalho, conforme a redação da seguinte ementa:

> CONFLITO NEGATIVO DE COMPETÊNCIA. EXECUÇÃO INDIVIDUAL DE SENTENÇA COLETIVA. PROVIMENTO CONDENATÓRIO PROFERIDO EM MACAÉ-RJ E TRABALHADOR DOMICILIADO EM BELO HORIZONTE-MG. APLICAÇÃO DAS NORMAS QUE COMPÕEM O SISTEMA PROCESSUAL COLETIVO. OPÇÃO DO TRABALHADOR PELO JUÍZO DA CONDENAÇÃO. Com inspiração no ideal protetivo que inspira e fundamenta o direito material do trabalho, os critérios legais que definem a competência dos órgãos da Justiça do Trabalho objetivam facilitar ao trabalhador, reputado hipossuficiente pela ordem jurídica, o amplo acesso à justiça (CF, art. 5º, XXXV). Essa a diretriz que deve orientar a solução dos conflitos de competência entre órgãos investidos de jurisdição trabalhista. Cuidando-se, porém, de sentença proferida em ação civil coletiva (art. 91 da Lei n. 8.078/90), proposta por um dos — entes exponenciais — legalmente legitimados (art. 82 da Lei n. 8.078/90), são aplicáveis as normas jurídicas que disciplinam o sistema processual das ações coletivas (arts. 129, III, e 134 da CF de 1988 c/c as Leis ns. 4.717/65, 7.347/85 e 8.078/90). Nesse sentido, a competência para a execução caberá ao juízo da liquidação da sentença ou da ação condenatória, no caso de execução individual, ou, ainda ao juízo da ação condenatória, quando a execução se processar de forma coletiva (art. 98, § 2º, I e II, da Lei n. 8.078/90). Na espécie, a ação de execução individual foi proposta pelo sindicato profissional, na condição de representante de um dos trabalhadores beneficiários da condenação coletiva, perante o juízo prolator da sentença condenatória passada em julgado. Ainda que o trabalhador beneficiário do crédito exequendo resida em município inserido na competência territorial de outro órgão judicial, a eleição do foro da condenação está expressamente prevista em lei, devendo, pois, ser respeitada, sobretudo quando, diferentemente do que foi referido pelo juízo suscitado, não constou da sentença passada em julgado qualquer definição em torno da competência funcional para a execução respectiva. Conflito de competência admitido para declarar a competência do MM. Juízo da 2ª Vara do Trabalho de Macaé-RJ, suscitado. (TST – Processo: CC - 856-40.2014.5.03.0009 – Data de Julgamento: 23.9.2014, relator Ministro: Douglas Alencar Rodrigues, Subseção II Especializada em Dissídios Individuais, Data de Publicação: DEJT 26.9.2014)

O prazo prescricional para a propositura da liquidação é o fixado no art. 7º, inciso XXIX, da Constituição Federal.

Como bem adverte *Ada Pellegrini Grinover*(41):

> "O art. 97 não estabelece prazo preclusivo para o ajuizamento da liquidação. O prazo de preclusão não pode ser inferior ao legalmente previsto para a prescrição do direito, ou da pretensão material."

Em sendo a execução individual, fixado o valor, em regular liquidação por artigos, a execução seguirá a sistemática da execução por quantia prevista na CLT (art. 876 e seguintes), observando-se as normas do processo civil, principalmente as referentes ao cumprimento da sentença previsto no CPC quando propiciarem maior efetividade, simplicidade e celeridade à execução.

Se a execução for coletiva, aplicar-se-á o art. 98, da Lei n. 8.078/90, *in verbis*:

> "A execução poderá ser coletiva, sendo promovida pelos legitimados de que trata o art. 82, abrangendo as vítimas cujas indenizações já tiverem sido fixadas em sentença de liquidação, sem prejuízo do ajuizamento de outras execuções. § 1º A execução coletiva far-se-á com base em certidão das sentenças de liquidação, da qual deverá constar a ocorrência ou não do trânsito em julgado. § 2º É competente para a execução o juízo: I – da liquidação da sentença ou da ação condenatória, no caso de execução individual; II – da ação condenatória, quando coletiva a execução."

A execução das sentenças de liquidação poderão ser: a) individuais, promovidas pelo próprio titular do direito a serem propostas no local onde fora prolatada a sentença, no domicílio do exequente ou no do local da prestação de serviços (art. 651, da CLT); b) coletiva, proposta pelos legitimados mencionados no art. 82 da Lei n. 8.078/90, a ser submetida à apreciação no foro da ação coletiva de conhecimento, com base nas certidões de liquidação de sentença.

A execução individual segue o rito da CLT, subsidiariamente, aplicando-se a Lei n. 6.830/80 e o Código de Processo Civil (art. 889, da CLT).

Na execução coletiva, deve o magistrado trabalhista se valer do impulso oficial com mais intensidade (art. 878 da CLT), adaptar o procedimento às necessidades da tutela mais efetiva do direito, realizar audiências para buscar a conciliação ou sanear o processo e aplicar as regras processuais que sejam mais adequadas à materialização do direito.

8.3. Substituição processual e interrupção da prescrição

Há respeitáveis entendimentos no sentido de que, atuando o sindicato como substituto processual, a ação coletiva não tem o condão de interromper a prescrição para o substituído que pretende postular o mesmo direito em ação individual. Argumentam que o Sindicato, na referida ação, não é parte no sentido material, mas sim no sentido formal e, portanto, o direito discutido em juízo não lhe pertence.

(41) GRINOVER, Ada Pellegrini. *Código Brasileiro de Defesa do Consumidor comentado pelos autores do Anteprojeto*. 10. ed. Rio de Janeiro: Forense, 2011. p. 154.

Nesse sentido, defende *Cléber Lúcio de Almeida*(42):

> "[...] a ação do sindicato não afasta a omissão do trabalhador quanto à manifestação em juízo de sua pretensão. Sendo assim, a ação do sindicato não interrompe a prescrição em relação a cada um dos substituídos."

Não obstante o respeito que merece o entendimento acima, pensamos de forma diversa. Com efeito, mesmo havendo substituição processual, o direito do substituído foi posto em juízo. Embora a parte em sentido material não tenha vindo ao Judiciário, sua pretensão foi defendida pelo Sindicato que tem autorização legal (arts. 8º, III, *a*, da CF, e 6º do CPC) para postulá-la em juízo e, portanto, este ato do Sindicato é suficiente para interromper a prescrição. Além disso, tal entendimento está em consonância com o princípio da melhoria da condição social do trabalhador (art. 7º, *caput*, da CF) e do acesso deste ao judiciário trabalhista (art. 5º, XXXV, da CF).

Portanto, a ação movida pelo Sindicato, na qualidade de substituto processual, tem o condão de interromper a prescrição para as ações individuais propostas pelos substituídos com o mesmo objeto.

Nessa esteira, a OJ n. 359, da SDI-I, do C. TST:

> "SUBSTITUIÇÃO PROCESSUAL. SINDICATO. LEGITIMIDADE. PRESCRIÇÃO. INTERRUPÇÃO. DJ 14.3.2008. A ação movida por sindicato, na qualidade de substituto processual, interrompe a prescrição, ainda que tenha sido considerado parte ilegítima *ad causam*."

9. Da regularização da representação processual

A irregularidade na representação processual acarreta a extinção do processo sem resolução do mérito, por ausência de pressuposto processual de validade da relação jurídica processual (art. 485, IV, do CPC).

Quando o Juiz do Trabalho verificar ausência de representação ou defeito desta, deverá conceder prazo razoável (de 5 a 10 dias) para que a parte realize a regularização da representação processual, restando perfeitamente aplicável ao Processo do Trabalho (art. 769 da CLT) o disposto no art. 76 do CPC, *in verbis*:

> "Verificada a incapacidade processual ou a irregularidade da representação da parte, o juiz suspenderá o processo e designará prazo razoável para que seja sanado o vício. § 1º Descumprida a determinação, caso o processo esteja na instância originária: I – o processo será extinto, se a providência couber ao autor; II – o réu será considerado revel, se a providência lhe couber; III – o terceiro será considerado revel ou excluído do processo, dependendo do polo em que se encontre. § 2º Descumprida a determinação em fase recursal perante tribunal de justiça, tribunal regional federal ou tribunal superior, o relator: I – não conhecerá do recurso, se a providência couber ao recorrente; II – determinará o desentranhamento das contrarrazões, se a providência couber ao recorrido."

Nas audiências trabalhistas, é comum o Juiz do Trabalho conceder prazo de 48 horas para a reclamada juntar carta de preposição aos autos ou a procuração, quando

(42) ALMEIDA, Cléber Lúcio de. *Direito processual do trabalho*. 2. ed. Belo Horizonte: Del Rey, 2008. p. 289.

o empregador não as apresenta em audiência. Embora a lei não exija que o preposto apresente carta de preposição, a praxe trabalhista consagrou tal obrigatoriedade em razão das consequências que a atuação do preposto em audiência pode acarretar ao empregador.

A jurisprudência, à luz do CPC anterior, havia firmado entendimento no sentido de não ser possível a regularização da representação processual na fase recursal.

Nessa direção, destacam-se as seguintes ementas:

> "Representação processual. Indefere-se o pedido de concessão de prazo para a regularização da representação processual em face da não incidência do art. 13 do Código de Processo Civil na fase recursal, não sendo outro o r. entendimento consubstanciado na Orientação Jurisprudencial n. 149 da SDI-1 do e. TST." (TRT 15ª R. – 1ª T. – AIRO n. 350/2002.093.15.00-9 – rel. Eduardo Benedito de O. Zanella – DJSP 3.9.04 – p. 11) (RDT n. 10 – Outubro de 2004)

> "Nulidade — Art. 795 da CLT — Incidência — Preclusão. A parte que pretende ver declarada nulidade da representação processual deve argui-la na primeira oportunidade em que falar nos autos, conforme preconizado no art. 795 da CLT — Deixando de fazê-lo, resta suplantada a matéria pela preclusão — Relação de emprego — Ônus da prova. A CLT considera empregado 'toda pessoa física que prestar serviços de natureza não eventual a empregador, sob dependência deste e mediante salário' (art. 3º). Necessário, pois, que tais elementos estejam presentes em um contrato de trabalho que, na definição de Orlando Gomes, é '[...] a convenção pela qual um ou vários empregados, mediante certa remuneração e em caráter não eventual, prestam trabalho pessoal em proveito e sob direção de empregador' (in Contrato Individual de Trabalho, Forense, 1994, p. 118). A negativa peremptória de labor em benefício da empresa devolve ao reclamante a incumbência de provar a ocorrência dos requisitos expostos no art. 3º da CLT (art. 818 da CLT c/c art. 333, I, do CPC), ônus do qual não se desincumbiu. Infrutífera a prova operária, não há falar em reconhecimento da relação de emprego. Recurso parcialmente conhecido e desprovido." (TRT 10ª R. – 3ª T. – RO n. 809.2003.017.10.00-0 – relª Márcia M. C. Ribeiro – DJDF 28.5.04 – p. 39) (RDT n. 6 – junho de 2004)

Doravante, diante do § 2º, do art. 76, do CPC, a regularização da representação processual pode ser realizada na fase recursal, o que, aplica-se ao processo do trabalho (arts. 15 do CPC e 769, da CLT). Além disso, é providência compatível com os princípios do acesso à justiça, primazia do julgamento de mérito, instrumentalidade do processo e combate à chamada *jurisprudência defensiva*.

Recentemente, o TST, por meio da IN 39/16, reconheceu a aplicabilidade do referido dispositivo ao processo do trabalho, conforme a redação de seu art. 3º, I, *in verbis*:

> "Sem prejuízo de outros, aplicam-se ao Processo do Trabalho, em face de omissão e compatibilidade, os preceitos do Código de Processo Civil que regulam os seguintes temas: I – art. 76, §§ 1º e 2º (saneamento de incapacidade processual ou de irregularidade de representação)".

No mesmo sentido a atual Súmula n. 383, do C. TST, *in verbis*:

> RECURSO. MANDATO. IRREGULARIDADE DE REPRESENTAÇÃO. CPC DE 2015, ARTS. 104 E 76, § 2º (nova redação em decorrência do CPC de 2015)

I – É inadmissível recurso firmado por advogado sem procuração juntada aos autos até o momento da sua interposição, salvo mandato tácito. Em caráter excepcional (art. 104 do CPC de 2015), admite-se que o advogado, independentemente de intimação, exiba a procuração no prazo de 5 (cinco) dias após a interposição do recurso, prorrogável por igual período mediante despacho do juiz. Caso não a exiba, considera-se ineficaz o ato praticado e não se conhece do recurso.

II – Verificada a irregularidade de representação da parte em fase recursal, em procuração ou substabelecimento já constante dos autos, o relator ou o órgão competente para julgamento do recurso designará prazo de 5 (cinco) dias para que seja sanado o vício. Descumprida a determinação, o relator não conhecerá do recurso, se a providência couber ao recorrente, ou determinará o desentranhamento das contrarrazões, se a providência couber ao recorrido (art. 76, § 2º, do CPC de 2015).

10. Do litisconsórcio no Processo do Trabalho

10.1. Conceito

O litisconsórcio consiste na autorização legal para que mais de uma pessoa figure no polo ativo, no polo passivo ou em ambos os polos da relação jurídica processual. Desse modo, teremos nos polos ativo, passivo, ou nos dois, mais de um autor ou mais de um réu.

Ensina *Cândido Rangel Dinamarco*(43):

> "*Litisconsórcio é a presença de duas ou mais pessoas na posição de autores ou de réus* (*Chiovenda*); é um fenômeno de pluralidade de partes, em que o esquema da relação jurídica substancial vai além do mínimo indispensável para ter mais de uma pessoa no polo ativo ou no passivo ou em ambos (litisconsórcio bilateral). Os sujeitos que se agrupam em um dos polos da relação processual são, entre si, *litisconsortes*."

No processo civil, vigora o princípio da singularidade das partes, vale dizer: somente podem postular em juízo um autor e um réu. Somente quando a lei autorizar, mais de uma parte poderá litigar nos polos ativo, passivo ou em ambos.

Segundo a doutrina, o litisconsórcio subdivide-se:

a) *quanto à formação:*

1. Inicial: quando ele está formado já na propositura da ação;

2. Ulterior: forma-se quando já instaurado processo. Por exemplo, quando há intervenção de terceiros espontânea ou provocada;

b) *quanto à obrigatoriedade:*

1. Facultativo: quando a formação do litisconsórcio se dá por opção das partes.

O litisconsórcio facultativo está disciplinado no art. 113, *in verbis*:

"Duas ou mais pessoas podem litigar, no mesmo processo, em conjunto, ativa ou passivamente, quando: I – entre elas houver comunhão de direitos ou de obrigações relativamente à lide; II – entre as causas houver conexão pelo pedido ou pela causa de pedir; III – ocorrer

(43) DINAMARCO, Cândido Rangel. *Instituições de direito processual civil.* V. II. São Paulo: Malheiros, 2001. p. 329.

afinidade de questões por ponto comum de fato ou de direito. § 1º O juiz poderá limitar o litisconsórcio facultativo quanto ao número de litigantes na fase de conhecimento, na liquidação de sentença ou na execução, quando este comprometer a rápida solução do litígio ou dificultar a defesa ou o cumprimento da sentença. § 2º O requerimento de limitação interrompe o prazo para manifestação ou resposta, que recomeçará da intimação da decisão que o solucionar."

No que tange ao inciso I, conforme *Vicente Greco Filho*(44), há comunhão de direitos ou de obrigações quando duas ou mais pessoas possuem o mesmo bem jurídico ou têm o devedor da mesma prestação.

Quanto ao inciso II, há conexão quando duas causas apresentarem o mesmo pedido ou causa de pedir (art. 55 do CPC).

O inciso III do art. 113 reporta-se aos direitos que têm suporte no mesmo fundamento de fato ou de direito, vale dizer: têm suporte na mesma causa de pedir. Por exemplo: dois trabalhadores postulando diferenças salariais que encontram fundamento na mesma cláusula de norma coletiva.

2. Necessário: quando a lei exige a presença de mais de um litigante no processo, compondo os polos ativo, passivo ou ambos, como condição de validade do processo.

c) *quanto aos polos:*

1. Ativo: mais de um litigante no polo ativo;

2. Passivo: mais de um litigante no polo passivo;

3. Misto: mais de um litigante nos dois polos do processo.

d) *quanto aos efeitos:*

1. Simples: a decisão pode ser diferente para ambos os litisconsortes;

2. Unitário: decisão uniforme para ambos os liticonsortes.

A doutrina ainda elenca o *litisconsórcio alternativo ou eventual*, que encontra suporte na interpretação extensiva do art. 326 do CPC, que assim dispõe:

> "É lícito formular mais de um pedido em ordem subsidiária, a fim de que o juiz conheça do posterior, quando não acolher o anterior. Parágrafo único. É lícito formular mais de um pedido, alternativamente, para que o juiz acolha um deles."

Com suporte no referido dispositivo legal, o autor pode formular pedidos em face de dois ou mais réus, pedindo ao juiz que, se não for possível condenar o primeiro, condene o segundo e assim sucessivamente.

Como nos ensina *Cândido Rangel Dinamarco*(45):

> "Tem-se o *cúmulo eventual*, quando uma ação é proposta para o evento de que outra seja rejeitada. O autor formula duas demandas, tendo preferência pela primeira, mas pedindo ao juiz que conheça e escolha a segunda (que por isso mesmo se considera subsidiária) no caso de não poder a primeira

(44) GRECO FILHO, Vicente. *Direito processual civil brasileiro*. v. 1. 14. ed. São Paulo: Saraiva, 1999. p. 119.

(45) *Litisconsórcio*. 8. ed. São Paulo: Malheiros, 2009. p. 459-460.

ser atendida. No direito positivo brasileiro há uma norma genérica sobre essa forma de cumulação e ao menos uma específica; admitindo que o cúmulo eventual seja feito de forma tal que, sendo julgada improcedente a ação quanto a um dos réus, passe a ser apreciada a pretensão do autor quanto ao outro litisconsorte passivo."

No mesmo sentido, é a visão de *Daniel Amorim Assumpção Neves*[(46)]:

"O instituto do litisconsórcio alternativo representa a possibilidade aberta ao autor para demandar duas ou mais pessoas quando tenha dúvidas fundadas a respeito de qual delas, efetivamente, deveria participar do polo passivo da demanda. Na verdade, a construção do instituto do litisconsórcio alternativo atinge também o polo ativo, quando exista dúvida fundada a respeito de quem seja o titular do direito a ser discutido no processo. O que caracteriza, fundamentalmente, o litisconsórcio alternativo é a definição a respeito do sujeito legitimado, seja no polo ativo, seja no polo passivo da demanda."

Dispõe o art. 117 do CPC:

"Os litisconsortes serão considerados, em suas relações com a parte adversa, como litigantes distintos, exceto no litisconsórcio unitário, caso em que os atos e as omissões de um não prejudicarão os outros, mas os poderão beneficiar."

Conforme o referido dispositivo legal, os litisconsortes são tratados como litigantes distintos em relação à parte contrária, entretanto, os atos de um litisconsorte podem beneficiar o outro, caso a matéria seja comum. Por exemplo, no caso de revelia de um litisconsorte, se o outro litisconsorte contestar a lide, sendo comum a matéria, não se aplicarão, em face do litisconsorte ausente, os efeitos da revelia (art. 345, I, do CPC[(47)]). O mesmo se dá em face do recurso interposto por um dos litisconsortes quando a matéria for comum (art. 1.005 do CPC[(48)]). Entretanto, as omissões de um dos litisconsortes não prejudicam os demais.

Conforme o art. 118 do CPC, cada litisconsorte tem o direito de promover o andamento do processo e todos devem ser intimados dos respectivos atos.

10.2. Do litisconsórcio previsto na CLT

A Consolidação das Leis do Trabalho tem um único artigo que trata do tema, que é o art. 842, *in verbis*:

"Sendo várias as reclamações e havendo identidade de matéria, poderão ser acumuladas num só processo, se se tratar de empregados da mesma empresa ou estabelecimento."

No nosso sentir, dispõe o referido dispositivo sobre o litisconsórcio ativo facultativo, pois a opção pelo litisconsórcio é faculdade dos trabalhadores.

---

(46) *Manual de direito processual civil.* São Paulo: Método, 2009. p. 170.

(47) Art. 345 do CPC: "A revelia não induz, contudo, o feito mencionado no art. 344: [...] I – se, havendo pluralidade de réus, algum deles contestar a ação..".

(48) Art. 1.005 do CPC: "O recurso interposto por um dos litisconsortes a todos aproveita, salvo se distintos ou opostos os seus interesses."

Em razão de o Processo do Trabalho, como regra, apresentar vários pedidos decorrentes de um mesmo contrato de trabalho, pensamos que o litisconsórcio ativo somente possa ser admitido quando houver identidade de matérias (causa de pedir) e identidade de pedidos. Caso contrário, haverá o comprometimento da rápida solução do processo e dificuldade na produção da prova.

Caso vários trabalhadores postulem direitos diferentes, ainda que em face do mesmo reclamado, pensamos que deva o Juiz do Trabalho determinar o desmembramento da reclamação, pois a instrução de pedidos diversos no mesmo processo comprometerá a rápida solução da lide.

Por força do permissivo do art. 769 da CLT, aplicam-se ao Processo do Trabalho as disposições do litisconsórcio previstas no Código de Processo Civil.

10.3. Do litisconsórcio necessário no Processo do Trabalho

Dispõe o art. 114 do CPC:

> "O litisconsórcio será necessário por disposição de lei ou quando, pela natureza da relação jurídica controvertida, a eficácia da sentença depender da citação de todos que devam ser litisconsortes."

Ensina *Moacyr Amaral Santos*(49):

> "Litisconsórcio necessário, dito também indispensável, se dá na ação que somente pode ser intentada pró ou contra duas ou mais pessoas, seja por disposição de lei, seja em razão da natureza da relação jurídica material posta em juízo."

O litisconsórcio necessário justifica-se quando a lei exige, ou em razão da natureza da relação jurídica(50), ou dos efeitos da decisão que possa ter efeitos na esfera jurídica de terceiros, que eles figurem ou no polo ativo ou no polo passivo do processo.

No Processo do Trabalho, não é frequente a exigência do litisconsórcio necessário. Como exemplo, podemos citar a Ação Anulatória de Normas Convencionais, em que devem figurar como litisconsortes necessários os sindicatos que firmaram o instrumento normativo coletivo; no mandado de segurança, deve figurar como litisconsorte necessário a parte a quem a concessão da ordem de segurança pode prejudicar.

Discute-se na doutrina como resolver o impasse se a lei exigir que mais de um litigante figure no polo ativo da relação jurídica processual como condição de

---

(49) SANTOS, Moacyr Amaral. *Primeiras linhas de direito processual civil.* 24. ed. São Paulo: Saraiva, 2008. p. 04.

(50) Como destaca Nelson Nery Junior, são exemplos de litisconsórcio por força de relação jurídica: a) todos os partícipes de um contrato, para a ação anulatória do mesmo contrato, porque a sentença que decidir a lide não poderá anular o contrato para um dos contratantes e declará-lo válido para os demais que eventualmente não estivessem no processo como partes (*Código de Processo Civil comentado.* 10. ed. São Paulo: RT, 2007. p. 258).

validade do processo, uma vez que ninguém pode ser obrigado a litigar contra sua vontade. Nesta hipótese, têm entendido a doutrina e a jurisprudência que basta que o litisconsorte necessário, que deve figurar no polo ativo, seja citado para participar do processo, para que o requisito da lei esteja suprido.

Nesse sentido, dispõe o art. 115 do CPC:

"A sentença de mérito, quando proferida sem a integração do contraditório, será:

I – nula, se a decisão deveria ser uniforme em relação a todos que deveriam ter integrado o processo;

II – ineficaz, nos outros casos, apenas para os que não foram citados."

Parágrafo único. Nos casos de litisconsórcio passivo necessário, o juiz determinará ao autor que requeira a citação de todos que devam ser litisconsortes, dentro do prazo que assinar, sob pena de extinção do processo.

Nos termos do referido dispositivo legal, se o litisconsorte necessário não for citado, sendo espécie de litisconsórcio passivo unitário (mesma decisão para todos), a decisão será nula. Caso o litisconsórcio passivo necessário seja simples (não estão sujeitos à mesma decisão), a sentença será ineficaz em relação dos litisconsortes que não integraram a lide.

De outro lado, mesmo havendo litisconsórcio necessário, a decisão pode não ser unitária para ambos os litisconsortes, vale dizer, pode ser diferente, máxime se os intersses de ambos forem conflitantes.

A jurisprudência tem sido rígida quanto à necessidade de intervenção do litisconsorte passivo necessário no Processo do Trabalho, conforme se constata pela redação das seguintes ementas:

"Ação rescisória — Litisconsórcio passivo necessário — Citação por edital. Tratando-se de litisconsorte passivo necessário, a negligência processual da parte quanto ao atendimento dos requisitos da citação por edital, consagrados no art. 232 do CPC, impede o regular fluxo do procedimento, tornando impositiva a extinção *in totum* do processo, sem exame do mérito, por aplicação dos arts. 47, parágrafo único, e 267, IV, ambos do CPC." (TRT 10ª R. – TP – AG n. 865/1996.000.10.40-7 – rel. Douglas A. Rodrigues – DJDF 15.8.03 – p. 2) (RDT n. 9 – Setembro de 2003)

"Litisconsórcio passivo necessário. Deve ser mantida a decisão de primeiro grau que julgou extinto o processo sem o julgamento do mérito, porquanto a autora não providenciou a integração à lide da litisconsorte passiva necessária, por ela indicada na própria petição inicial, inclusive com requerimento expresso para que a mesma fosse citada. Não se deve olvidar que a causa deve ser processada e decidida levando-se em consideração os termos em que é proposta. Recurso conhecido e não provido. As partes apeladas são da lavra da Exma. Juíza relatora." (TRT 10ª R. – 2ª T. – AP n. 1355/1997.019.10.00-8 – relª Heloísa P. Marques – DJDF 1º.8.03 – p. 22) (RDT n. 9 – Setembro de 2003)

10.3.1. Do litisconsórcio unitário no Processo do Trabalho

Dispõe o art. 116 do CPC:

"O litisconsórcio será unitário quando, pela natureza da relação jurídica, o juiz tiver de decidir o mérito de modo uniforme para todos os litisconsortes."

Conforme o referido dispositivo legal, quando o juiz tiver que decidir o mérito de forma uniforme para todos os litisconsortes, o litisconsórcio será unitário.

Conforme destaca *Daniel Amorim Assumpção Neves*(51): "de forma original, o Novo Código de Processo Civil conceitua o litisconsórcio unitário como aquele em que, em razão da natureza da relação jurídica, o juiz deve decidir o mérito de maneira uniforme para todos os litisconsortes. Apesar de limitar-se à conceituação do litisconsórcio unitário, *a contrario sensu*, o art. 116 do Novo CPC também conceitua implicitamente o litisconsórcio simples como aquele em que o juiz pode decidir o mérito de forma diferente para os litisconsortes."

O litisconsórcio unitário não precisa, necessariamente ser necessário, pode ser facultativo, mas cuja decisão seja uniforme para ambos os litisconsortes.

Como bem adverte *Nelson Nery Junior*(52): "ao contrário do litisconsórcio necessário, cuja obrigatoriedade da formação pode decorrer da lei ou da relação jurídica, a unitariedade litisconsorcial somente existe em função da natureza da relação jurídica discutida em juízo. Desse modo, pode existir o litisconsórcio unitário facultativo, como na hipótese, por exemplo: de ação de declaração de nulidade de assembleia sindical que pode ser proposta por vários legitimados (sindicatos, ou associados), mas a decisão de anulação será uniforme para todos. Por isso, concordamos com a frase da doutrina quando dispõe que: nem todo litisconsórcio necessário é unitário e que o litisconsórcio facultativo pode ser unitário."

10.4. Intervenção iussu iudicis

Conforme leciona *Vicente Greco Filho*(53): "Se, desde logo, não estiverem presentes todos aqueles que a lei determina, no caso de litisconsórcio necessário, compete ao juiz determinar ao autor que lhes promova a citação, sob pena de, não o fazendo, declarar extinto o processo, sem julgamento de mérito. Este chamamento de pessoas determinadas pelo juiz denomina-se de intervenção *iussu iudicis*, isto é, intervenção por ordem do juiz."

Discute-se, na doutrina, se ainda existe tal previsão de determinação da intervenção de alguma parte do processo por determinação do juiz, sendo o entendimento atual de que o juiz somente possa determinar a intervenção no processo de litisconsorte necessário (art. 114 do CPC).

No Processo do Trabalho, assistimos muitas vezes, por arbitrariedade do Juiz do Trabalho, em algumas situações, à determinação, de ofício, para inclusão de empresas responsáveis (solidária ou subsidiária) no polo passivo como tomadores de serviços e até mesmo de empresas de intermediação de mão de obra (por exemplo:

(51) *Novo Código de Processo Civil.* Lei n. 13.105/2015: Inovações — alterações — supressões comentadas. São Paulo: Método, 2015. p. 114.

(52) *Op. cit.*, p. 261.

(53) *Op. cit.*, p. 123.

cooperativas) quando o vínculo de emprego é postulado diretamente com o tomador. Pensamos que o Juiz do Trabalho somente possa determinar a inclusão de algum litigante no processo quando se tratar de litisconsorte necessário, ou, em razão dos princípios da simplicidade e celeridade que norteiam o Processo do Trabalho, determinar a inclusão de determinada empresa no polo passivo como medida de correção do polo deste passivo. Por exemplo: o autor postula o vínculo em face do dono da obra, mas a instrução demonstra claramente que o empregador foi o empreiteiro.

10.5. Litisconsórcio multitudinário

O litisconsórcio multitudinário (expressão de *Cândido Rangel Dinamarco)* configura-se quando o excessivo número de litigantes no litisconsórcio ativo facultativo pode comprometer a rápida tramitação do processo e provocar tumultos no bom andamento da relação processual.

Ensina *Cândido Rangel Dinamarco*(54):

> "A admissibilidade do litisconsórcio sofre uma restrição, imposta de modo explícito pela lei, em razão à quantidade de pessoas que se reúnem para propor demanda conjunta como autores ou que estejam reunidas na condição de réus em um processo único (litisconsórcio ativo ou passivo). Os *litisconsórcios multitudinários*, compostos de um número insuportavelmente grande de colitigantes, constituem fator de tumulto processual e por isso prejudicam a qualidade do serviço jurisdicional, a sua celeridade e a defesa do adversário [...]."

Nesse sentido, dispõe o 1º do art. 113, do CPC:

> "O juiz poderá limitar o litisconsórcio facultativo quanto ao número de litigantes na fase de conhecimento, na liquidação de sentença ou na execução, quando este comprometer a rápida solução do litígio ou dificultar a defesa ou o cumprimento da sentença."

Conforme o referido dispositivo legal, no processo do trabalho, o Juiz do Trabalho, de ofício (art. 765, da CLT) ou a requerimento da parte, poderá limitar o número de litigantes nas fases de conhecimento, liquidação da sentença, ou na execução, quando o número excessivo de litigantes comprometer a rápida solução do litígio ou a efetividade da decisão.

Nesse diapasão, destacamos as seguintes ementas:

> "Litisconsórcio — Formação. O art. 842 da CLT faculta aos empregados a acumulação de ações contra o mesmo empregador desde que com o mesmo objeto. É verdade que o juiz pode limitar o litisconsórcio facultativo quanto ao número de litigantes, quando este comprometer a rápida solução do litígio ou dificultar a defesa (art. 46, parágrafo único, do CPC). Contudo, se o juiz entender inviável a formação do litisconsórcio, não pode declarar a extinção do processo, posto que este provimento não se harmoniza com

(54) DINAMARCO, Cândido Rangel. *Instituições de direito processual civil.* V. II. São Paulo: Malheiros, 2001. p. 337-338.

os preceitos legais que regem a espécie, com virtual ofensa à norma prevista no art. 5º, inciso XXXV, da Constituição Federal. Recurso provido parcialmente, para determinar o desmembramento da reclamatória plúrima em ações individuais." (TRT 12ª R. – 2ª T. – RO n. 778/2003.015.10.00-4 – rel. José Ribamar O. Lima Júnior – DJDF 14.11.03 – p. 6) (RDT n. 1 – Janeiro de 2004)

"LITISCONSÓRCIO ATIVO. DESMEMBRAMENTO. EXTINÇÃO SEM RESOLUÇÃO DE MÉRITO. RECURSO ORDINÁRIO. CABIMENTO. 2. DECISÃO QUE DETERMINA DESMEMBRAMENTO. FACULDADE DO JUIZ. PARÁGRAFO ÚNICO DO ART. 46 DO CPC. 1. A decisão que extingue o feito em relação a todos os demais reclamantes, exceção daquele que 'encabeça', não é interlocutória, pois põe fim à pretensão daqueles outros à obtenção do bem da vida que pretendem seja tutelado. Dá-se provimento ao Agravo de Instrumento, para o efeito de dar prosseguimento ao conhecimento do recurso ordinário. 2. O desmembramento é faculdade do juiz, nos termos do parágrafo único do art. 46 do Código de Pocesso Civil, o qual analisa as características e peculiaridades da ação, assim sendo contratos com prazos de vigências diversos, valores diversos dos benefícios percebidos, e via de consequência, tornaria complexa a liquidação. Apelo improvido." (TRT/SP – 02270200907302013 – AIRO – Ac. 1ª T. – 20100427086 – rel. Celso Ricardo Peel Furtado de Oliveira – DOE 10.6.2010)

Nos termos do § 2º, do art. 113, do CPC, o requerimento de limitação interrompe o prazo para manifestação ou resposta, que recomeçará da intimação da decisão que o solucionar.

10.6. Prazo em dobro para os litisconsortes com patronos diferentes

Dispõe o art. 229 do CPC:

"Os litisconsortes que tiverem diferentes procuradores, de escritórios de advocacia distintos, terão prazos contados em dobro para todas as suas manifestações, em qualquer juízo ou tribunal, independentemente de requerimento. § 1º Cessa a contagem do prazo em dobro se, havendo apenas 2 (dois) réus, é oferecida defesa por apenas um deles. § 2º Não se aplica o disposto no *caput* aos processos em autos eletrônicos."

A jurisprudência, no nosso sentir acertadamente, firmou entendimento de não ser aplicável o disposto no art. 229 do CPC atual, ao Processo do Trabalho em razão dos princípios da celeridade e simplicidade que norteiam o Processo do Trabalho. Nesse sentido, destacamos a OJ n. 310, da SDI-I, do C. TST, *in verbis*:

LITISCONSORTES. PROCURADORES DISTINTOS. PRAZO EM DOBRO. ART. 229, CAPUT E §§ 1º E 2º, DO CPC DE 2015. ART. 191 DO CPC DE 1973. INAPLICÁVEL AO PROCESSO DO TRABALHO.

Inaplicável ao processo do trabalho a norma contida no art. 229, *caput* e §§ 1º e 2º, do CPC de 2015 (art. 191 do CPC de 1973), e razão de incompatibilidade com a celeridade que lhe é inerente.

No mesmo sentido, a seguinte ementa:

"Agravo de instrumento — Recurso — Litisconsortes passivos — Procuradores distintos — Prazo em dobro — Inaplicabilidade do art. 191 do CPC. 1. Hipótese em que a segunda reclamada interpõe embargos sustentando a tempestividade do recurso de revista, por entender que dispunha, à luz do art. 191 do CPC, de prazo em dobro para recorrer, uma vez que conta com procurador diverso do procurador de sua litisconsorte. 2. O Direito

Processual Comum apenas poderá ser aplicado subsidiariamente ao Processo do Trabalho naquilo em que estiver em perfeita consonância com as normas e princípios processuais trabalhistas. Assim, inaplicável ao Processo do Trabalho a regra que consagra o prazo em dobro para recorrer aos litisconsortes com procuradores distintos, dada sua incompatibilidade com o princípio da celeridade que norteia todo o Processo do Trabalho. 3. Se o legislador pretendesse conferir tratamento diferenciado aos litisconsortes com procuradores diferentes em relação aos prazos recursais, tê-lo-ia feito de forma expressa, tal qual a disposição que confere o prazo em dobro aos entes da Administração Pública direta, autárquica e fundacional (art. 1º, inciso III, do Decreto-Lei n. 779/69) (TST; ERR n. 589260/99; Ac. SDI-1; Rel. Min. João Oreste Dalazen; in DJ 9.5.03). Agravo de instrumento conhecido e desprovido." (TST – 3ª T. – AIRR n. 26.292/2002.900.04.00-2 – rel. Alberto Luiz B. de F. Pereira – DJ 22.8.03 – p. 533) (RDT n. 9 – Setembro de 2003)

11. Do advogado na Justiça do Trabalho

O advogado compõe a categoria dos sujeitos do processo, pois atua na relação jurídica processual, praticando atos de representação da parte, mas não se confunde com esta.

Ensina *Moacyr Amaral Santos*(55):

> "Figura singular a do advogado, a um tempo servidor da justiça, assistente técnico e procurador do cliente. Seu traço característico é o de servir à Justiça, como técnico do direito. E porque serve ao Estado, e porque função específica deste é a de fazer justiça, no exercício de sua profissão exerce o advogado um múnus público. Por reconhecer-lhe essa característica é que o Estado lhe confere o privilégio do exercício do *jus postulandi*."

Dispõe o art. 133 da CF:

> "O advogado é indispensável à administração da Justiça, sendo inviolável por seus atos e manifestações no exercício da profissão, nos limites da lei."

No nosso sentir, como é frase já consagrada na Ordem dos Advogados do Brasil, *não se faz justiça sem advogado*. Além de ele ser indispensável à Administração da Justiça, também é indispensável ao acesso real e efetivo do cidadão à Justiça, principalmente na Justiça do Trabalho, onde a cada dia as questões de direito material do trabalho se tornam mais complexas e também o Processo do Trabalho a cada dia se torna mais sofisticado.

De outro lado, o advogado, como primeiro juiz da causa, tem a missão de orientar o cliente e até mesmo avaliar se a demanda deve ser proposta ou não, evitando que a parte possa ingressar com um processo sem qualquer possibilidade de êxito, e também cumpre a ele esclarecer à parte sobre os riscos e benefícios do processo.

Como já nos posicionamos anteriormente, a parte sem a assistência do advogado na Justiça do Trabalho tem uma falsa ilusão de acesso à Justiça, quando, em verdade, está ingressando num mundo de regras e prazos rígidos, em que o desconhecimento do processo pode comprometer seriamente o direito de quem postula.

(55) SANTOS, Moacyr Amaral. *Primeiras linhas de direito processual civil.* 25. ed. São Paulo: Saraiva, 2007. p. 380.

Nesse sentido, destacamos as seguintes ementas:

> "Advogado — Atuação imprescindível para a administração da Justiça. O advogado, indispensável à administração da Justiça, é defensor do Estado Democrático de Direito, da cidadania, da moralidade pública, da justiça e da paz social, subordinando a atividade do seu Ministério privado à elevada função pública que exerce, e tem como deveres: preservar, em sua conduta, a honra, a nobreza e a dignidade da profissão, zelando pelo seu caráter de essencialidade e indispensabilidade; atuar com destemor, independência, honestidade, decoro, veracidade, lealdade, dignidade e boa-fé; velar por sua reputação pessoal e profissional (art. 2º e parágrafo único do Código de Ética do Advogado)." (TRT – 12ª R. – 3ª T. – Ac. n. 1264/2002 – relª Ione Ramos – DJSC 7.2.2002 – p. 173)

> "Advogado — Participação obrigatória nos processos judiciais — *Jus Postulandi*. A instituição do contraditório em todo o processo judicial (CF, art. 5º, LV), em confronto com a sua existência anterior exclusivamente na instrução criminal (CF de 1969, art. 15 e 16), resulta na obrigatoriedade da participação do advogado em qualquer processo judicial, de sorte que não haverá contraditório e ampla defesa sem um profissional técnico para exercê-los. A defesa judicial — ataque e contra-ataque — somente pode ser exercida validamente por profissional habilitado e com conhecimento técnico-jurídico." (TRT – 12ª R. – 1ª T. – Ac. n. 11307/96 – rel. Juiz Facioli Chedid – DJSC 18.12.96 – p. 183)

Como bem advertem *Francisco Ferreira Jorge Neto* e *Jouberto de Quadros Pessoa Cavalcante*(56), o advogado é independente no exercício da profissão, não devendo ter nenhum receio de desagradar ao magistrado ou a qualquer autoridade, nem mesmo seu prestígio pessoal. Não se trata de uma profissão cheia de louros ou mesmo glória, como muitos possam pensar, mas cheia de sacrifícios e renúncias sempre em uma busca incansável, em que cada dia o profissional é obrigado a dar mais de si, privando-se de suas vontades pessoais.

Não obstante, conforme já pacificado pela Jurisprudência, o advogado, na Justiça do Trabalho, é dispensável, diante da redação do art. 791 da CLT, sendo facultativa a sua contratação pela parte, consoante assevera o § 1º do art. 791 da CLT, *in verbis*:

> "Nos dissídios individuais os empregados e os empregadores poderão fazer-se representar por intermédio do sindicato, advogado, solicitador ou provisionado, inscrito na Ordem dos Advogados do Brasil."

Embora o § 1º do art. 791 da CLT faça menção a provisionado, ele equivale, hoje, ao estagiário. Como destaca *Valentin Carrion*(57), "os provisionados (antigos práticos em Direito, não bacharéis) podiam exercer a advocacia sem restrição (Lei n. 7.346/85)." O estagiário não pode atuar em juízo sem a presença do advogado e, portanto, não pode representar a parte na Justiça do Trabalho, uma vez que a postulação em juízo é ato privativo do bacharel em Direito regularmente inscrito na Ordem dos Advogados do Brasil (art. 1º da Lei n. 8.906/94). O estagiário, que porta a carteira, inscrito na OAB, pode praticar atos processuais acompanhado do

(56) *Direito processual do trabalho*. T. I. 3. ed. Rio de Janeiro: Lumen Juris: 2007. p. 562.

(57) CARRION, Valentin. *Comentários à Consolidação das Leis do Trabalho*. 30. ed. São Paulo: Saraiva, 2005. p. 601.

advogado e sob responsabilidade deste (art. 3º, § 2º, da Lei n. 8.906/94). Desacompanhado, o estagiário poderá somente fazer carga do processo (retirá-lo da secretaria) e requerer a juntada de documentos aos autos.

O Tribunal Superior do Trabalho, recentemente, publicou a Súmula n. 425, estabelecendo os limites do *jus postulandi* na Justiça do Trabalho. Com efeito, dispõe o referido verbete sumular:

> "*JUS POSTULANDI* NA JUSTIÇA DO TRABALHO. ALCANCE – Res. n. 165/2010, DEJT divulgado em 30.4.2010 e 3 e 4.5.2010. O *jus postulandi* das partes, estabelecido no art. 791 da CLT, limita-se às Varas do Trabalho e aos Tribunais Regionais do Trabalho, não alcançando a ação rescisória, a ação cautelar, o mandado de segurança e os recursos de competência do Tribunal Superior do Trabalho."

Conforme o referido verbete sumular, o Tribunal Superior do Trabalho fixou entendimento no sentido de que o *jus postulandi* na Justiça do Trabalho se exaure nas instâncias ordinárias, não se aplicando os recursos interpostos para o Tribunal Superior do Trabalho, quais sejam: recurso de revista e embargos para o TST.

Quanto aos recursos para o Tribunal Superior do Trabalho, a súmula encontra fortes argumentos no sentido de que tais recursos são de natureza extraordinária, exigindo argumentação técnica e, portanto, a exigência de profissional habilitado em direito para a redação da peça recursal se impõe. Além disso, a assistência de advogado facilita o acesso à justiça da parte.

Não obstante, o referido art. 791 da CLT faculta às partes acompanhar as reclamações trabalhistas até o final, o que inclui os recursos de natureza extraordinária.

Embora se possa argumentar também que a referida Súmula n. 425 do TST estabeleça distinção entre as instâncias do Judiciário Trabalhista quanto à presença do advogado, sem previsão legal, no nosso sentir, entre os argumentos pró e contra a existência do *jus postulandi* no TST, pensamos que o Tribunal Superior do Trabalho acabou por trilhar o melhor caminho, a fim de não inviabilizar o acesso aos recursos para o TST.

Quanto à ação rescisória, à ação cautelar e ao mandado de segurança, estas constituem ações de procedimento especial cível, regradas pelo Código de Processo Civil e em leis especiais, não sendo controvérsias típicas de empregado e empregador (art. 791 da CLT). Portanto, correto o entendimento do TST pela exigência do advogado.

12. Da procuração

A procuração é o instrumento do mandato. O advogado somente pode postular em juízo se possuir procuração assinada pelo cliente (mandante).

Excepcionalmente, o advogado pode postular em juízo sem procuração a fim de evitar perecimento do direito, comprometendo-se a juntar a procuração no prazo máximo de 15 dias.

Nesse sentido, dispõe o art. 104 do CPC que resta aplicável ao Processo do Trabalho, por força do art. 769 da CLT, *in verbis*:

"O advogado não será admitido a postular em juízo sem procuração, salvo para evitar preclusão, decadência ou prescrição, ou para praticar ato considerado urgente. § 1º Nas hipóteses previstas no *caput*, o advogado deverá, independentemente de caução, exibir a procuração no prazo de 15 (quinze) dias, prorrogável por igual período por despacho do juiz. § 2º O ato não ratificado será considerado ineficaz relativamente àquele em cujo nome foi praticado, respondendo o advogado pelas despesas e por perdas e danos."

A procuração passada ao advogado com a cláusula *ad judicia* confere-lhe amplos poderes para postular em juízo, não necessitando de reconhecimento de firma do outorgante. Não obstante, para receber citação inicial, confessar, reconhecer a procedência do pedido, transigir, desistir, renunciar ao direito sobre que se funda a ação, receber, dar quitação e firmar compromisso, os poderes devem estar expressos na procuração.

Dispõe o art. 105 do CPC:

"A procuração geral para o foro, outorgada por instrumento público ou particular assinado pela parte, habilita o advogado a praticar todos os atos do processo, exceto receber citação, confessar, reconhecer a procedência do pedido, transigir, desistir, renunciar ao direito sobre o qual se funda a ação, receber, dar quitação, firmar compromisso e assinar declaração de hipossuficiência econômica, que devem constar de cláusula específica. § 1º A procuração pode ser assinada digitalmente, na forma da lei. § 2º A procuração deverá conter o nome do advogado, seu número de inscrição na Ordem dos Advogados do Brasil e endereço completo. § 3º Se o outorgado integrar sociedade de advogados, a procuração também deverá conter o nome dessa, seu número de registro na Ordem dos Advogados do Brasil e endereço completo. § 4º Salvo disposição expressa em sentido contrário constante do próprio instrumento, a procuração outorgada na fase de conhecimento é eficaz para todas as fases do processo, inclusive para o cumprimento de sentença."

O advogado se compromete a informar, em juízo, eventuais alterações no seu endereço para recebimento de intimações, conforme dispõe o art. 106 do CPC, aplicável ao Processo do Trabalho, por força do art. 769 da CLT:

"Quando postular em causa própria, incumbe ao advogado:

I – declarar, na petição inicial ou na contestação, o endereço, seu número de inscrição na Ordem dos Advogados do Brasil e o nome da sociedade de advogados da qual participa, para o recebimento de intimações;

II – comunicar ao juízo qualquer mudança de endereço.

§ 1º Se o advogado descumprir o disposto no inciso I, o juiz ordenará que se supra a omissão, no prazo de 5 (cinco) dias, antes de determinar a citação do réu, sob pena de indeferimento da petição.

§ 2º Se o advogado infringir o previsto no inciso II, serão consideradas válidas as intimações enviadas por carta registrada ou meio eletrônico ao endereço constante dos autos."

Nos termos recentes da Súmula n. 427 do Tribunal Superior do Trabalho, havendo pedido expresso de que as intimações e as publicações sejam realizadas exclusivamente em nome de determinado advogado, a comunicação em nome de outro profissional constituído nos autos é nula, salvo se constatada a inexistência de prejuízo.

Não obstante, assevera o art. 16 da IN n. 39/16: para efeito de aplicação do § 5º do art. 272 do CPC, não é causa de nulidade processual a intimação realizada na pessoa de advogado regularmente habilitado nos autos, ainda que conste pedido expresso para que as comunicações dos atos processuais sejam feitas em nome de outro advogado, se o profissional indicado não se encontra previamente cadastrado no Sistema de Processo Judicial Eletrônico, impedindo a serventia judicial de atender ao requerimento de envio da intimação direcionada. A decretação de nulidade não pode ser acolhida em favor da parte que lhe deu causa (CPC, art. 276).

Nos termos da OJ n. 255, da SDI-I, do C. TST, o art. 75, inciso VIII, do CPC de 2015 (art. 12, VI, do CPC de 1973) não determina a exibição dos estatutos da empresa em juízo como condição de validade do instrumento de mandato outorgado ao seu procurador, salvo se houver impugnação da parte contrária.

Dispõe a Súmula n. 456 do TST, sobre os requisitos de validade da procuração outorgada por pessoas jurídicas no processo trabalhista, recentemente alterada em razão do CPC/15:

> "REPRESENTAÇÃO. PESSOA JURÍDICA. PROCURAÇÃO. INVALIDADE. IDENTIFICAÇÃO DO OUTORGANTE E DE SEU REPRESENTANTE (inseridos os itens II e III em decorrência do CPC de 2015)
>
> I – É inválido o instrumento de mandato firmado em nome de pessoa jurídica que não contenha, pelo menos, o nome do outorgante e do signatário da procuração, pois estes dados constituem elementos que os individualizam.
>
> II – Verificada a irregularidade de representação da parte na instância originária, o juiz designará prazo de 5 (cinco) dias para que seja sanado o vício. Descumprida a determinação, extinguirá o processo, sem resolução de mérito, se a providência couber ao reclamante, ou considerará revel o reclamado, se a providência lhe couber (art. 76, § 1º, do CPC de 2015).
>
> III – Caso a irregularidade de representação da parte seja constatada em fase recursal, o relator designará prazo de 5 (cinco) dias para que seja sanado o vício. Descumprida a determinação, o relator não conhecerá do recurso, se a providência couber ao recorrente, ou determinará o desentranhamento das contrarrazões, se a providência couber ao recorrido (art. 76, § 2º, do CPC de 2015)."

A procuração pode ser substabelecida a outro advogado, ou seja, transferida para que outro advogado possa atuar no feito. O substabelecimento pode se dar com reserva de poderes, continuando o advogado anterior a atuar no processo, ou sem reservas de poderes, deixando o advogado anterior de atuar no processo. Nesse aspecto, o TST editou a OJ n. 349, da SDI-I do C. TST, *in verbis*:

> "A juntada de nova procuração aos autos, sem ressalva de poderes conferidos ao antigo patrono, implica revogação tácita do mandato anterior."

Nos termos da OJ n. 373, da SDI-I, do C. TST, é inválido o instrumento de mandato firmado em nome de pessoa jurídica que não contenha, pelo menos, o nome da entidade outorgante e do signatário da procuração, pois esses dados constituem elementos que os individualizam.

Sobre o substabelecimento da procuração, o Tribunal Superior do Trabalho uniformizou jurisprudência a respeito, por meio da Súmula n. 395, que segue:

> "MANDATO E SUBSTABELECIMENTO. CONDIÇÕES DE VALIDADE (nova redação dos itens I e II e acrescido o item V em decorrência do CPC de 2015)
>
> I – Válido é o instrumento de mandato com prazo determinado que contém cláusula estabelecendo a prevalência dos poderes para atuar até o final da demanda (§ 4º do art. 105 do CPC de 2015). (ex -OJ n. 312 da SBDI-1 – DJ 11.8.2003)
>
> II – Se há previsão, no instrumento de mandato, de prazo para sua juntada, o mandato só tem validade se anexado ao processo o respectivo instrumento no aludido prazo. (ex-OJ n. 313 da SBDI-1 - DJ 11.8.2003)
>
> III – São válidos os atos praticados pelo substabelecido, ainda que não haja, no mandato, poderes expressos para substabelecer (art. 667, e parágrafos, do Código Civil de 2002). (ex-OJ n. 108 da SBDI-1 – inserida em 1º.10.1997)
>
> IV – Configura-se a irregularidade de representação se o substabelecimento é anterior à outorga passada ao substabelecente. (ex-OJ n. 330 da SBDI-1 - DJ 9.12.2003)
>
> V – Verificada a irregularidade de representação nas hipóteses dos itens II e IV, deve o juiz suspender o processo e designar prazo razoável para que seja sanado o vício, ainda que em instância recursal (art. 76 do CPC de 2015)."

Nos termos da OJ n. 371, da SDI-I, do C. TST, não caracteriza a irregularidade de representação a ausência da data da outorga de poderes, pois, no mandato judicial, ao contrário do mandato civil, não é condição de validade do negócio jurídico. Assim, a data a ser considerada é aquela em que o instrumento for juntado aos autos, conforme preceitua o art. 409, IV, do CPC de 2015 (art. 370, IV, do CPC de 1973). Inaplicável o art. 654, § 1º, do Código Civil.

Sobre o mandato dos procuradores da União, recentemente, o Tribunal Superior do Trabalho editou a recente Súmula n. 436, *in verbis*:

> "REPRESENTAÇÃO PROCESSUAL. PROCURADOR DA UNIÃO, ESTADOS, MUNICÍPIOS E DISTRITO FEDERAL, SUAS AUTARQUIAS E FUNDAÇÕES PÚBLICAS. JUNTADA DE INSTRUMENTO DE MANDATO. (conversão da Orientação Jurisprudencial n. 52 da SBDI-I e inserção do item II à redação)
>
> I – A União, Estados, Municípios e Distrito Federal, suas autarquias e fundações públicas, quando representadas em juízo, ativa e passivamente, por seus procuradores, estão dispensadas da juntada de instrumento de mandato e de comprovação do ato de nomeação.
>
> II – Para os efeitos do item anterior, é essencial que o signatário ao menos declare-se exercente do cargo de procurador, não bastando a indicação do número de inscrição na Ordem dos Advogados do Brasil."

13. Da procuração *apud acta*

A procuração *apud acta*, também chamada de tácita, é o mandato passado em audiência perante o Juiz do Trabalho. Na praxe forense trabalhista, a procuração *apud acta* sempre fora reconhecida em prestígio à celeridade, economia e simplicidade processuais.

Desse modo, na presença do juiz, em audiência, há consignação em ata da procuração passada *apud acta*.

Pensamos, em razão de ser passada perante o Juiz do Trabalho, que tal procuração somente poderá conter os poderes inerentes à cláusula *ad judicia*. Os poderes especiais do art. 105 do CPC, para transigir, renunciar, etc., devem estar expressos na ata de audiência no ato de nomeação.

Alguns autores distinguem o mandato tácito da procuração *apud acta*, não obstante, pensamos que ambos têm o mesmo significado.

Defendendo a distinção, vale consignar a opinião de *Carlos Henrique Bezerra Leite*(58):

> "Embora a jurisprudência majoritária não faça distinção entre mandato tácito e mandato *apud acta*, parece factível dizer que o mandato tácito decorre de um conjunto de atos praticados pelo advogado em nome da parte ou da sua simples presença em audiência, embora nos autos não conste o instrumento de mandato. No mandato tácito, o mandatário, isto é, o advogado, estará autorizado apenas a praticar os atos inerentes aos poderes da cláusula *ad judicia* [...]. Já o mandato *apud acta* exsurge pela presença do advogado em juízo em nome da parte, desde que o ato de nomeação do patrono da parte seja somente registrado na data correspondente. No mandato *apud acta* também devem ser observadas as restrições do art. 38 do CPC, em função de que os poderes do advogado são apenas os da cláusula *ad judicia*, salvo se houver previsão expressa de outorga de poderes especiais no própria ata de audiência."

O TST, acertadamente, não permite o substabelecimento da procuração tácita, aplicando-se o mesmo raciocínio para procuração *apud acta*, conforme a OJ n. 200, da SDI-I, do C. TST, *in verbis*:

> "Mandato tácito. Substabelecimento inválido."

A CLT, recentemente alterada pela Lei n. 12.437, de julho de 2011, passou a disciplinar o instituto no § 3º do art. 791, *in verbis*:

> "A constituição de procurador com poderes para o foro em geral poderá ser efetivada, mediante simples registro em ata de audiência, a requerimento verbal do advogado interessado, com anuência da parte representada."

(58) BEZERRA LEITE, Carlos Henrique. *Curso de direito processual do trabalho.* 5. ed. São Paulo: LTr, 2007. p. 388-389.

Diante da redação do referido dispositivo legal, a procuração *apud acta* depende de requerimento do advogado em audiência, concordância da parte representada, e registro na ata de audiências, outorgando-se ao advogado os poderes para o foro em geral, sem os poderes especiais para receber citação inicial, confessar, reconhecer a procedência do pedido, transigir, desistir, renunciar ao direito sobre que se funda a ação, receber, dar quitação e firmar compromisso.

14. Dos honorários advocatícios na Justiça do Trabalho que decorrem da sucumbência

Quanto aos honorários advocatícios, em razão do *jus postulandi* da parte previsto no art. 791 da CLT, o Tribunal Superior do Trabalho firmou jurisprudência, mesmo após a Constituição de 1988 (o art. 133 da CF(59) diz ser o advogado essencial à administração da Justiça), no sentido de não haver necessidade de a parte estar assistida por advogado na Justiça do Trabalho.

Conforme o posicionamento da jurisprudência, os honorários advocatícios não decorrem da sucumbência, salvo nas hipóteses do art. 14, § 1º, da Lei n. 5.584/70, que assim dispõe:

> "Na Justiça do Trabalho, a assistência judiciária a que se refere a Lei n. 1.060, de 5 de fevereiro de 1950, será prestada pelo sindicato da categoria profissional a que pertencer o trabalhador.
>
> § 1º – A assistência é devida a todo aquele que perceber salário igual ou inferior ao dobro do mínimo legal, ficando assegurado igual benefício ao trabalhador de maior salário, uma vez provado que sua situação econômica não lhe permite demandar, sem prejuízo do sustento próprio ou da família(60)."

Segundo o referido artigo, são requisitos para o deferimento dos honorários advocatícios na Justiça do Trabalho:

a) o empregado estar assistido por Advogado do Sindicato de sua categoria. Nos termos do art. 18 da Lei n. 5.584/70, o empregado não precisa ser associado do Sindicato que lhe prestará assistência judiciária;

b) apresentar declaração de insuficiência econômica, nos moldes do art. 1º da Lei n. 7.115/83(61) pessoalmente ou por intermédio de seu advogado (OJ n. 331,

(59) Art. 133 da CF: "O advogado é indispensável à administração da Justiça, sendo inviolável por seus atos e manifestações no exercício da profissão, nos limites da lei."

(60) Em havendo assistência pelo Sindicato e presentes os requisitos para a assistência judiciária gratuita, os honorários advocatícios, pagos pelo empregador, caso vencido, reverterão em favor do sindicato assistente, conforme o art. 16 da Lei n. 5.584/70.

(61) Art. 1º da Lei n. 7.115/83: "A declaração destinada a fazer prova de vida, residência, pobreza, dependência econômica, homonímia ou bons antecedentes, quando firmada pelo próprio interessado ou por procurador bastante e sob as penas da lei, presume-se verdadeira."

da SDI-I, do C. TST[(62)]) ou receber salário não superior a dois mínimos (art. 790, § 3º, da CLT[(63)]).

Nesse sentido, dispõe a Súmula n. 219 do C. TST, *in verbis*:

HONORÁRIOS ADVOCATÍCIOS. CABIMENTO (alterada a redação do item I e acrescidos os itens IV a VI na sessão do Tribunal Pleno realizada em 15.3.2016) – Res. n. 204/2016, DEJT divulgado em 17, 18 e 21.3.2016

I – Na Justiça do Trabalho, a condenação ao pagamento de honorários advocatícios não decorre pura e simplesmente da sucumbência, devendo a parte, concomitantemente: a) estar assistida por sindicato da categoria profissional; b) comprovar a percepção de salário inferior ao dobro do salário mínimo ou encontrar-se em situação econômica que não lhe permita demandar sem prejuízo do próprio sustento ou da respectiva família. (art. 14, § 1º, da Lei n. 5.584/1970). (ex-OJ n. 305da SBDI-I).

II – É cabível a condenação ao pagamento de honorários advocatícios em ação rescisória no processo trabalhista.

III – São devidos os honorários advocatícios nas causas em que o ente sindical figure como substituto processual e nas lides que não derivem da relação de emprego.

IV – Na ação rescisória e nas lides que não derivem de relação de emprego, a responsabilidade pelo pagamento dos honorários advocatícios da sucumbência submete-se à disciplina do Código de Processo Civil (arts. 85, 86, 87 e 90).

V – Em caso de assistência judiciária sindical, revogado o art. 11 da Lei n. 1.060/50 (CPC de 2015, art. 1.072, inc. III), os honorários advocatícios assistenciais são devidos entre o mínimo de dez e o máximo de vinte por cento sobre o valor da condenação, do proveito econômico obtido ou, não sendo possível mensurá-lo, sobre o valor atualizado da causa (CPC de 2015, art. 85, § 2º).

VI – Nas causas em que a Fazenda Pública for parte, aplicar-se-ão os percentuais específicos de honorários advocatícios contemplados no Código de Processo Civil.

No mesmo diapasão, a Súmula n. 329 do C. TST:

"Honorários advocatícios. Art. 133 da CF/1988. Mesmo após a promulgação da CF/1988, permanece válido o entendimento consubstanciado no Enunciado n. 219 do Tribunal Superior do Trabalho."

No mesmo pórtico, destacamos as seguintes ementas:

"Honorários advocatícios. Quando são devidos na Justiça do Trabalho. O art. 133 da Constituição Federal tão somente põe em relevo a natureza pública das funções exercidas pelo advogado, não tornando sua presença obrigatória na Justiça do Trabalho e, tampouco, pondo fim ao *jus postulandi* no Processo Trabalhista. Em tais condições, só são devidos honorários advocatícios no Processo do Trabalho na hipótese prevista no art. 16 da Lei n. 5.584/70." (TRT 2ª R. – 6ª T. – Ac. n. 2970176607 – rel. Paes de Almeida – DJSP 30.5.97 – p. 70)

(62) OJ n. 331, da SDI-I, do C. TST: "Desnecessária a outorga de poderes especiais ao patrono da causa para firmar declaração de insuficiência econômica, destinada à concessão dos benefícios da Justiça Gratuita."

(63) Art. 790, § 3º, da CLT: "É facultado aos juízes, órgãos julgadores e presidentes dos tribunais do trabalho de qualquer instância conceder, a requerimento ou de ofício, o benefício da Justiça gratuita, inclusive quanto a traslados e instrumentos, àqueles que perceberem salário igual ou inferior ao dobro do mínimo legal ou declararem, sob as penas da lei, que não estão em condições de pagar as custas do processo sem prejuízo do sustento próprio ou de sua família."

"Honorários advocatícios. A matéria recursal se encontra superada pela Jurisprudência sumulada do colendo TST (Enunciados ns. 329 e 310). Na Justiça do Trabalho só são cabíveis honorários advocatícios quando se tratar de assistência judiciária na forma prevista na Lei n. 5.584/70, porque a verba não decorre pura e simplesmente da sucumbência, não havendo previsão para verba honorária a cargo do empregado, neste foro." (TRT – 1ª R. – 2ª T. – RO n. 28092/94 – rel. Juiz Felix de Souza – DJRJ 3.12.96 – p. 106)

Nesse mesmo contexto, são as Orientações Jurisprudenciais ns. 304 e 305 da SDI-I do C. TST, *in verbis*:

"OJ-SDI1-304: HONORÁRIOS ADVOCATÍCIOS. ASSISTÊNCIA JUDICIÁRIA. DECLARAÇÃO DE POBREZA. COMPROVAÇÃO. DJ 11.8.20003.

Atendidos os requisitos da Lei n. 5.584/70 (art. 14, § 2º), para a concessão da assistência judiciária, basta a simples afirmação do declarante ou de seu advogado, na petição inicial, para se considerar configurada a sua situação econômica." (art. 4º, § 1º, da Lei n. 7.510/86, que deu nova redação à Lei n. 1.060/50).

"OJ-SDI1-305: HONORÁRIOS ADVOCATÍCIOS. REQUISITOS. JUSTIÇA DO TRABALHO. DJ 11.8.2003.

Na Justiça do Trabalho, o deferimento de honorários advocatícios sujeita-se à constatação da ocorrência concomitante de dois requisitos: o benefício da justiça gratuita e a assistência por sindicato."

Para as lides que não envolvem relação de emprego, dispõe o art. 5º da Instrução Normativa n. 27/05 do TST: "Exceto nas lides decorrentes da relação de emprego, os honorários advocatícios são devidos pela mera sucumbência." No mesmo sentido, o recente e já citado inciso IV da Súmula n. 219 do Tribunal Superior do Trabalho.

Nas ações rescisórias, os honorários advocatícios também são cabíveis em razão da scucumbência, nos termos do inciso IV da Súmula n. 219 do C. TST, que observará as diretrizes dos arts. 85, 86, 87 e 90, do CPC.

Dispõem os referidos artigos do Código de Processo Civil:

Art. 85. A sentença condenará o vencido a pagar honorários ao advogado do vencedor.

§ 1º São devidos honorários advocatícios na reconvenção, no cumprimento de sentença, provisório ou definitivo, na execução, resistida ou não, e nos recursos interpostos, cumulativamente. § 2º Os honorários serão fixados entre o mínimo de dez e o máximo de vinte por cento sobre o valor da condenação, do proveito econômico obtido ou, não sendo possível mensurá-lo, sobre o valor atualizado da causa, atendidos:

I – o grau de zelo do profissional;

II – o lugar de prestação do serviço;

III – a natureza e a importância da causa;

IV – o trabalho realizado pelo advogado e o tempo exigido para o seu serviço.

§ 3º Nas causas em que a Fazenda Pública for parte, a fixação dos honorários observará os critérios estabelecidos nos incisos I a IV do § 2º e os seguintes percentuais:

I – mínimo de dez e máximo de vinte por cento sobre o valor da condenação ou do proveito econômico obtido até 200 (duzentos) salários mínimos;

II – mínimo de oito e máximo de dez por cento sobre o valor da condenação ou do proveito econômico obtido acima de 200 (duzentos) salários mínimos até 2.000 (dois mil) salários mínimos;

III – mínimo de cinco e máximo de oito por cento sobre o valor da condenação ou do proveito econômico obtido acima de 2.000 (dois mil) salários mínimos até 20.000 (vinte mil) salários mínimos;

IV – mínimo de três e máximo de cinco por cento sobre o valor da condenação ou do proveito econômico obtido acima de 20.000 (vinte mil) salários mínimos até 100.000 (cem mil) salários mínimos;

V – mínimo de um e máximo de três por cento sobre o valor da condenação ou do proveito econômico obtido acima de 100.000 (cem mil) salários mínimos.

§ 4º Em qualquer das hipóteses do § 3º:

I – os percentuais previstos nos incisos I a V devem ser aplicados desde logo, quando for líquida a sentença;

II – não sendo líquida a sentença, a definição do percentual, nos termos previstos nos incisos I a V, somente ocorrerá quando liquidado o julgado;

III – não havendo condenação principal ou não sendo possível mensurar o proveito econômico obtido, a condenação em honorários dar-se-á sobre o valor atualizado da causa;

IV – será considerado o salário mínimo vigente quando prolatada sentença líquida ou o que estiver em vigor na data da decisão de liquidação.

§ 5º Quando, conforme o caso, a condenação contra a Fazenda Pública ou o benefício econômico obtido pelo vencedor ou o valor da causa for superior ao valor previsto no inciso I do § 3º, a fixação do percentual de honorários deve observar a faixa inicial e, naquilo que a exceder, a faixa subsequente, e assim sucessivamente.

§ 6º Os limites e critérios previstos nos §§ 2º e 3º aplicam-se independentemente de qual seja o conteúdo da decisão, inclusive aos casos de improcedência ou de sentença sem resolução de mérito.

§ 7º Não serão devidos honorários no cumprimento de sentença contra a Fazenda Pública que enseje expedição de precatório, desde que não tenha sido impugnada.

§ 8º Nas causas em que for inestimável ou irrisório o proveito econômico ou, ainda, quando o valor da causa for muito baixo, o juiz fixará o valor dos honorários por apreciação equitativa, observando o disposto nos incisos do § 2º.

§ 9º Na ação de indenização por ato ilícito contra pessoa, o percentual de honorários incidirá sobre a soma das prestações vencidas acrescida de 12 (doze) prestações vincendas.

§ 10. Nos casos de perda do objeto, os honorários serão devidos por quem deu causa ao processo.

§ 11. O tribunal, ao julgar recurso, majorará os honorários fixados anteriormente levando em conta o trabalho adicional realizado em grau recursal, observando, conforme o caso, o disposto nos §§ 2º a 6º, sendo vedado ao tribunal, no cômputo geral da fixação de honorários devidos ao advogado do vencedor, ultrapassar os respectivos limites estabelecidos nos §§ 2º e 3º para a fase de conhecimento.

§ 12. Os honorários referidos no § 11 são cumuláveis com multas e outras sanções processuais, inclusive as previstas no art. 77.

§ 13. As verbas de sucumbência arbitradas em embargos à execução rejeitados ou julgados improcedentes e em fase de cumprimento de sentença serão acrescidas no valor do débito principal, para todos os efeitos legais.

§ 14. Os honorários constituem direito do advogado e têm natureza alimentar, com os mesmos privilégios dos créditos oriundos da legislação do trabalho, sendo vedada a compensação em caso de sucumbência parcial.

§ 15. O advogado pode requerer que o pagamento dos honorários que lhe caibam seja efetuado em favor da sociedade de advogados que integra na qualidade de sócio, aplicando-se à hipótese o disposto no § 14.

§ 16. Quando os honorários forem fixados em quantia certa, os juros moratórios incidirão a partir da data do trânsito em julgado da decisão.

§ 17. Os honorários serão devidos quando o advogado atuar em causa própria.

§ 18. Caso a decisão transitada em julgado seja omissa quanto ao direito aos honorários ou ao seu valor, é cabível ação autônoma para sua definição e cobrança.

§ 19. Os advogados públicos perceberão honorários de sucumbência, nos termos da lei.

Art. 86. Se cada litigante for, em parte, vencedor e vencido, serão proporcionalmente distribuídas entre eles as despesas.

Parágrafo único. Se um litigante sucumbir em parte mínima do pedido, o outro responderá, por inteiro, pelas despesas e pelos honorários.

Art. 87. Concorrendo diversos autores ou diversos réus, os vencidos respondem proporcionalmente pelas despesas e pelos honorários.

§ 1º A sentença deverá distribuir entre os litisconsortes, de forma expressa, a responsabilidade proporcional pelo pagamento das verbas previstas no caput.

§ 2º Se a distribuição de que trata o § 1º não for feita, os vencidos responderão solidariamente pelas despesas e pelos honorários.

Art. 90. Proferida sentença com fundamento em desistência, em renúncia ou em reconhecimento do pedido, as despesas e os honorários serão pagos pela parte que desistiu, renunciou ou reconheceu.

§ 1º Sendo parcial a desistência, a renúncia ou o reconhecimento, a responsabilidade pelas despesas e pelos honorários será proporcional à parcela reconhecida, à qual se renunciou ou da qual se desistiu.

§ 2º Havendo transação e nada tendo as partes disposto quanto às despesas, estas serão divididas igualmente.

§ 3º Se a transação ocorrer antes da sentença, as partes ficam dispensadas do pagamento das custas processuais remanescentes, se houver.

§ 4º Se o réu reconhecer a procedência do pedido e, simultaneamente, cumprir integralmente a prestação reconhecida, os honorários serão reduzidos pela metade.

Conforme o inciso V da Súmula n. 219 do TST, em caso de assistência judiciária sindical, revogado o art. 11 da Lei n. 1.060/50 (CPC de 2015, art. 1.072, inc. III), os honorários advocatícios assistenciais são devidos entre o mínimo de dez e o máximo de vinte por cento sobre o valor da condenação, do proveito econômico obtido ou, não sendo possível mensurá-lo, sobre o valor atualizado da causa (CPC de 2015, art. 85, § 2º).

Nos termos do inciso VI da Súmula n. 219 do TST, nas causas em que a Fazenda Pública for parte, aplicar-se-ão os percentuais específicos de honorários advocatícios contemplados no Código de Processo Civil.

Sendo assim, os honorários advocatícios que decorrem da sucumbência restam aplicáveis para todas as ações propostas na Justiça do Trabalho, que não sejam as referentes às controvérsias diretas entre empregados e empregadores. Nas reclamações trabalhistas regidas pela CLT (relação de emprego), somente são cabíveis os honorários advocatícios nas hipóteses do art. 14 da Lei n. 5.584/70.

Embora sejamos contrários ao *jus postulandi*, a EC n. 45/04 e a Instrução n. 27/05 do C. TST não revogaram o art. 791 da CLT.

De outro lado, acreditamos que há necessidade de reformulação da jurisprudência após a EC n. 45/04 e do atual momento em que vive o Processo do Trabalho, a fim de que seja alterada a visão do Tribunal Superior do Trabalho para que sejam devidos os honorários advocatícios em razão da sucumbência, pois esta existe em todas as esferas do direito processual e também no Processo do Trabalho (ex.: pagamentos de custas e honorários periciais).

Nesse sentido, destacamos a seguinte ementa:

> "Honorários. Em uma feliz expressão do pensamento, o ilustre jurista Chiovenda resumiu a necessidade da aplicação da sucumbência quanto aos honorários advocatícios, quando disse: A atuação da lei não deve representar uma diminuição patrimonial para a parte a cujo favor se efetiva; por ser interesse do Estado que o emprego do processo não se resolva em prejuízo de quem tem razão, e por ser, de outro turno, interesse do comércio jurídico que os direitos tenham um valor tanto quanto possível nítido e constante (Chiovenda. Instituições de Direito Processual Civil. 1. ed. p. 285-286). Concordamos com tal posicionamento, para entender que a sucumbência, quanto aos honorários advocatícios e o instituto jurídico do *ius postulandi*, devem coexistir no Processo Trabalhista, uma vez que existem situações bastante nítidas nesse singular ramo do Direito, nas quais os institutos mencionados podem ser aplicados, separados ou concomitantemente." (TRT 6ª R. – 1ª T. – RO n. 5.986/96 – rel. Juiz Paulo Alcântara – DJPE 11.6.97 – p. 23)

De outro lado, há entendimentos na doutrina, ao nosso ver, corretos, no sentido de que o art. 14 da Lei n. 5.584/70 foi revogado, devendo a assistência judiciária gratuita e os honorários advocatícios assistenciais observarem o disposto na Lei n. 1.060/50.

Com efeito, a Lei n. 10.288/01 revogou, tacitamente, o art. 14 da Lei n. 5.584/70, disciplinando integralmente a matéria anteriormente, no § 10 do art. 789 da CLT, com a seguinte redação:

> "O sindicato da categotoria profissional prestará assistência judiciária gratuita ao trabalhador desempregado ou que perceber salário inferior a cinco salários mínimos ou que declare, sob responsabilidade, não possuir, em razão dos encargos próprios e familiares, condições econômicas de prover a demanda."

Entretanto, a Lei n. 10.288/01 foi revogada expressamente pela Lei n. 10.537/02, sem repristinar expressamente a vigência do citado art. 14 da Lei n. 5.584/70. Portanto, no atual sistema normativo processual trabalhista, a assistência judiciária deixou de ser monopólio do Sindicato.

Confessamos que não tínhamos percebido, espontaneamente, a citada revogação. Fomos alertados pela obra do jurista *José Affonso Dallegrave Neto*(64), que, com razão, sustenta:

> "Diante do ocorrido, resta saber se a revogação da lei nova (§ 10, art. 789, CLT) tem o condão de restaurar a eficácia da lei velha (Lei n. 5.584/70). Tal fenômeno, chamado de repristinação, encontra-se regulamentado na LICC, sem seu art. 2º, § 3º: 'Salvo disposição em contrário, a lei revogada não se restaura por ter a lei revogadora perdido a vigência'. No caso em exame, não houve repristinação expressa, ficando, pois, revogado tanto o § 10, do art. 789, da CLT, quanto os arts. 14 a 20 da Lei n. 5.584/70. Com base nesse silogismo, o TST deve cancelar a Súmula n. 219, I, e os órgãos judicantes devem se atentar para o fato de que o único diploma legal que ainda se encontra em vigor sobre esse tema é a ainga Lei n. 1.060/50. Assim, em sendo os honorários advocatícios uma das isenções decorrentes da assistência judiciária gratuita e, ainda considerando que a Lei n. 1.060/50 não impõe o patrocínio sindical como requisito ao cabimento dos honorários advocatícios, mas apenas o estado de carência econômica (art. 3º, parágrafo único), conclui-se que o direito à verba honorária se estende a qualquer empregado que declare não estar em condições de pagar as custas do processo e os honorários de advogado sem prejuízo do sustento próprio ou da família."

No mesmo sentido, as seguintes ementas:

"Honorários advocatícios. No processo do trabalho são devidos apenas com base, atualmente, na Lei n. 1.060/50, na medida em que a Lei n. 10.537/02 revogou o art. 14 da Lei n. 5.584/70. Assim, quando o trabalhador ou quem o representa, mesmo de forma sintética, declara sua dificuldade econômica para demandar, e tal assertiva não é descontituída, conforme autoria a Lei n. 7.510/86 que alterou a de n. 1060/50, são devidos honorários advocatícios, na base de 15% sobre o montante da condenação." (TRT-PR-00404-2003-069-09-00-6-ACO-4754-2004 – rel. Luiz Eduardo Gunther – DJPR 12.3.2004)

"Honorários advocatícios. Justiça do Trabalho. Cabimento. Os princípios do acesso à Justiça, da ampla defesa e do contraditório (art. 5º, incisos XXXV e LV da Constituição Federal) pressupõem a defesa técnica do trabalhador, por profissional qualificado, não sendo possível restringir o direito do mesmo em optar pela nomeação de advogado particular, nos termos do art. 133 da Carta Magna. Em que pese a inaplicabilidade do princípio da sucumbência e a possibilidade do *jus postulandi* no Processo do Trabalho, a condenação em honorários advocatícios tem amparo no princípio da restituição integral, expresso nos arts. 389, 404 e 944 do Código Civil. Além disso, a Lei n. 10.288/2001 revogou o art. 14 da Lei n. 5.584/1970,

(64) *Responsabilidade civil no direito do trabalho*. 4. ed. São Paulo: LTr, 2010. p. 220.

não havendo óbice legal para a condenação em honorários advocatícios, nos casos em que o reclamante não estiver assistido pelo sindicato, nos termos da Lei n. 10.537/2002, que acrescentou o § 3º ao art. 790 da CLT." (TRT/SP – 01329005220085020432 – RO – Ac. 4ª T. – 20120344623 – rel. Ivani Contini Bramante – DOE 13.4.2012)

Pelo exposto, a Súmula n. 219 do Tribunal Superior do Trabalho deve ser repensada para adequar a jurisprudência ao sistema legislativo processual trabalhista atual, bem como para dar efetividade aos princípios constitucionais do devido processo legal e do acesso à ordem jurídica justa, prestigiando o princípio da restituição integral do crédito trabalhista.

Desse modo, atualmente, os honorários advocatícios assistenciais são devidos na Justiça do Trabalho, em razão da sucumbência, quando o autor for beneficiário da justiça gratuita, independentemente de assistência sindical, nos termos dos arts. 98 e 99 do CPC, que dispõem:

> "Art. 98: A pessoa natural ou jurídica, brasileira ou estrangeira, com insuficiência de recursos para pagar as custas, as despesas processuais e os honorários advocatícios tem direito à gratuidade da justiça, na forma da lei.
>
> § 1º A gratuidade da justiça compreende:
>
> I – as taxas ou as custas judiciais;
>
> II – os selos postais;
>
> III – as despesas com publicação na imprensa oficial, dispensando-se a publicação em outros meios;
>
> IV – a indenização devida à testemunha que, quando empregada, receberá do empregador salário integral, como se em serviço estivesse;
>
> V – as despesas com a realização de exame de código genético — DNA e de outros exames considerados essenciais;
>
> VI – os honorários do advogado e do perito e a remuneração do intérprete ou do tradutor nomeado para apresentação de versão em português de documento redigido em língua estrangeira;
>
> VII – o custo com a elaboração de memória de cálculo, quando exigida para instauração da execução;
>
> VIII – os depósitos previstos em lei para interposição de recurso, para propositura de ação e para a prática de outros atos processuais inerentes ao exercício da ampla defesa e do contraditório;
>
> IX – os emolumentos devidos a notários ou registradores em decorrência da prática de registro, averbação ou qualquer outro ato notarial necessário à efetivação de decisão judicial ou à continuidade de processo judicial no qual o benefício tenha sido concedido.
>
> § 2º A concessão de gratuidade não afasta a responsabilidade do beneficiário pelas despesas processuais e pelos honorários advocatícios decorrentes de sua sucumbência.
>
> § 3º Vencido o beneficiário, as obrigações decorrentes de sua sucumbência ficarão sob condição suspensiva de exigibilidade e somente poderão ser executadas se, nos 5 (cinco) anos subsequentes ao trânsito em julgado da decisão que as certificou, o credor demonstrar que deixou de existir a situação de insuficiência de recursos que justificou a concessão de gratuidade, extinguindo-se, passado esse prazo, tais obrigações do beneficiário.

§ 4º A concessão de gratuidade não afasta o dever de o beneficiário pagar, ao final, as multas processuais que lhe sejam impostas.

§ 5º A gratuidade poderá ser concedida em relação a algum ou a todos os atos processuais, ou consistir na redução percentual de despesas processuais que o beneficiário tiver de adiantar no curso do procedimento.

§ 6º Conforme o caso, o juiz poderá conceder direito ao parcelamento de despesas processuais que o beneficiário tiver de adiantar no curso do procedimento.

§ 7º Aplica-se o disposto no art. 95, §§ 3º a 5º, ao custeio dos emolumentos previstos no § 1º, inciso IX, do presente artigo, observada a tabela e as condições da lei estadual ou distrital respectiva.

§ 8º Na hipótese do § 1º, inciso IX, havendo dúvida fundada quanto ao preenchimento atual dos pressupostos para a concessão de gratuidade, o notário ou registrador, após praticar o ato, pode requerer, ao juízo competente para decidir questões notariais ou registrais, a revogação total ou parcial do benefício ou a sua substituição pelo parcelamento de que trata o § 6º deste artigo, caso em que o beneficiário será citado para, em 15 (quinze) dias, manifestar-se sobre esse requerimento.

Art. 99: O pedido de gratuidade da justiça pode ser formulado na petição inicial, na contestação, na petição para ingresso de terceiro no processo ou em recurso.

§ 1º Se superveniente à primeira manifestação da parte na instância, o pedido poderá ser formulado por petição simples, nos autos do próprio processo, e não suspenderá seu curso.

§ 2º O juiz somente poderá indeferir o pedido se houver nos autos elementos que evidenciem a falta dos pressupostos legais para a concessão de gratuidade, devendo, antes de indeferir o pedido, determinar à parte a comprovação do preenchimento dos referidos pressupostos.

§ 3º Presume-se verdadeira a alegação de insuficiência deduzida exclusivamente por pessoa natural.

§ 4º A assistência do requerente por advogado particular não impede a concessão de gratuidade da justiça.

§ 5º Na hipótese do § 4º, o recurso que verse exclusivamente sobre valor de honorários de sucumbência fixados em favor do advogado de beneficiário estará sujeito a preparo, salvo se o próprio advogado demonstrar que tem direito à gratuidade.

§ 6º O direito à gratuidade da justiça é pessoal, não se estendendo a litisconsorte ou a sucessor do beneficiário, salvo requerimento e deferimento expressos.

§ 7º Requerida a concessão de gratuidade da justiça em recurso, o recorrente estará dispensado de comprovar o recolhimento do preparo, incumbindo ao relator, neste caso, apreciar o requerimento e, se indeferi-lo, fixar prazo para realização do recolhimento."

Recentemente, a Jurisprudência do Tribunal Superior do Trabalho posicionou-se no sentido de serem devidos os honorários advocatícios que decorrem da sucumbência para as ações de reparação por danos oriundos de acidente de trabalho que foram propostas perante a Justiça Comum e remetidas à Justiça do Trabalho em razão da EC n. 45/04, conforme a OJ n. 421, da SDI-I, *in verbis*:

"HONORÁRIOS ADVOCATÍCIOS. AÇÃO DE INDENIZAÇÃO POR DANOS MORAIS E MATERIAIS DECORRENTES DE ACIDENTE DE TRABALHO OU DE DOENÇA PROFISSIONAL. AJUIZAMENTO PERANTE A JUSTIÇA COMUM ANTES DA PROMULGAÇÃO DA

EMENDA CONSTITUCIONAL N. 45/2004. POSTERIOR REMESSA DOS AUTOS À JUSTIÇA DO TRABALHO. ART. 85 DO CPC DE 2015. ART. 20 DO CPC DE 1973. INCIDÊNCIA. A condenação em honorários advocatícios nos autos de ação de indenização por danos morais e materiais decorrentes de acidente de trabalho ou de doença profissional, remetida à Justiça do Trabalho após ajuizamento na Justiça comum, antes da vigência da Emenda Constitucional n. 45/2004, decorre da mera sucumbência, nos termos do art. 85 do CPC de 2015 (art. 20 do CPC de 1973), não se sujeitando aos requisitos da Lei n. 5.584/1970."

15. Dos honorários advocatícios previstos no Código Civil de 2002 e o Processo do Trabalho

Dispõe o art. 389 do CC:

"Não cumprida a obrigação, responde o devedor por perdas e danos, mais juros e atualização monetária segundo índices oficiais regularmente estabelecidos, e honorários de advogado."

No mesmo sentido, o art. 404 do CC:

"As perdas e danos, nas obrigações de pagamento em dinheiro, serão pagas com atualização monetária segundo índices oficiais regularmente estabelecidos, abrangendo juros, custas e honorários de advogado, sem prejuízo da pena convencional."

Os honorários advocatícios previstos no Código Civil (arts. 389 e 404) têm natureza jurídica indenizatória, pois visam à compensação à parte do montante do crédito que despenderá com o pagamento de advogado particular. Caso a parte tenha contratado advogado particular, terá de destinar parte do seu crédito ao pagamento deste e, portanto, não terá o seu direito reparado integralmente. Desse modo, mostra-se justo e razoável o deferimento dos honorários advocatícios no Processo do Trabalho com suporte no Código Civil, por força do permissivo dos arts. 8º e 769 da CLT.

Nesse lastro, é a visão de *José Affonso Dallegrave Neto*(65):

"[...] Não há dúvida de que a partir da vigência do atual Código Civil, os honorários de advogado são devidos como forma de prestigiar a *restitutio in integrum*, ou seja, salvaguardar ao lesado a indenização integral. [...] Reconheçamos, pois, que o novo direito material contempla, expressa e independentemente da sorte dos honorários sucumbenciais (jungidos ao direito processual), a plenitude da indenização, há muito prejudicada pelo usual comprometimento de seu alcance diante da assunção pelo credor do aumento de seu passivo decorrente da contratação de advogado."

Apesar disso, há quem entenda incompatíveis as disposições dos honorários advocatícios previstas no Código Civil com o Processo do Trabalho. Nesse sentido, a seguinte ementa:

"Honorários advocatícios previstos no Código Civil e a Justiça do Trabalho — Processo do trabalho — Honorários advocatícios — Arts. 389 e 395 do novo Código Civil — Impossibilidade. A aplicação dos arts. 389 e 395 do novo Código Civil, com o intuito de ver deferidos

(65) DALLEGRAVE NETO, José Affonso. *Responsabilidade civil no direito do trabalho.* 3. ed. São Paulo: LTr, 2008. p. 176.

honorários advocatícios no Processo do Trabalho, não é viável diante do que rezam os arts. 8º e 769 da CLT, que admitem a aplicação subsidiária do Direito Comum, Material ou Processual, apenas no caso de omissão e de compatibilidade com os princípios e normas trabalhistas, o que não se verifica, diante da regulamentação vigente (art. 791 da CLT e Lei n. 5.584/70 — Enunciados ns. 219 e 329 do c. TST). Sustentação oral: Compareceu para sustentar, oralmente, o Dr. Adilson Bassalho Pereira." (TRT 15ª R. – 2ª T. – APPS n. 721/1999.105.15.00-1 – relª Mariane K. F. do Nascimento – DJ 12.3.04 – p. 61) (RDT n. 4 – Abril de 2004)

Não obstante, pensamos perfeitamente aplicável ao Processo do Trabalho os honorários advocatícios previstos no Código Civil por compatível com o princípio do acesso real e efetivo do empregado à Justiça, bem como à restituição integral do crédito trabalhista.

Como bem destacam *Francisco Ferreira Jorge Neto* e *Jouberto de Quadros Pessoa Cavalcante*[(66)]:

> "O trabalhador, quando é parte vencedora na demanda trabalhista, deve auferir os seus créditos na sua totalidade, não podendo ser prejudicado por eventual acerto com o seu advogado. Essa imposição é uma questão de justiça e se sobrepõe ao texto arcaico da CLT, o que não mais corresponde à realidade das relações trabalhistas, precipuamente, pelas complexidades técnicas do Direito Material e Processual do Trabalho. Diante da violação de seus direitos, não só em eventuais situações extrajudiciais como judiciais, o trabalhador deve ser indenizado pelas despesas havidas com o seu advogado, sob pena de violação da própria razão de ser do Direito do Trabalho, ou seja, de sua própria origem protetora. A restituição do seu crédito há de ser integral, como bem assevera o disposto no art. 389, do novo CC, ou seja, as perdas e danos, nas obrigações de pagamento em dinheiro, serão pagas com atualização monetária segundo índices oficiais regularmente estabelecidos, abrangendo juros, custas e honorários de advogado, sem prejuízo da pena convencional."

Por isso, pensamos corretas as seguintes ementas:

"Honorários advocatícios de acordo com o Código Civil — Manutenção da r. sentença. Com a edição do novo Código Civil, em vigor a partir de janeiro de 2003, por meio do seu art. 389, estabeleceu-se que os honorários advocatícios não mais decorreriam somente da sucumbência, mas, agora, do inadimplemento da obrigação. Assim, seria violar os princípios elementares de direito, concluir que, para as dívidas civis, o devedor deveria pagar honorários advocatícios, ao passo que para as verbas trabalhistas não, ainda que seja inegável sua natureza alimentar. Considerando-se que o reclamante deve ser reparado pelo gasto que teve com a contratação de advogado para receber seus direitos trabalhistas, inadimplidos pela reclamada, com base nos arts. 389 e 404, entendo cabíveis os honorários advocatícios." (TRT 15ª R. – 3ª T. – RO n. 1.189/2005.136.15.00-7 – rel. Luiz Carlos de Araújo – DJ 4.12.06 – p. 37) (RDT n. 01 – Janeiro de 2007)

---

(66) JORGE NETO, Francisco Ferreira; CAVALCANTE, Jouberto de Quadros Pessoa. *Direito processual do trabalho*. T. I. 3. ed. Rio de Janeiro: Lumen Juris, 2007. p. 558.

"HONORÁRIOS ADVOCATÍCIOS. JUSTIÇA DO TRABALHO. CABIMENTO. Os Princípios do Acesso à Justiça, da ampla defesa e do contraditório (art. 5º, incisos XXXV e LV da Constituição Federal) pressupõem a defesa técnica do trabalhador, por profissional qualificado, não sendo possível restringir o direito do mesmo em optar pela nomeação de advogado particular, nos termos do art. 133 da Carta Magna. Em que pese a inaplicabilidade do princípio da sucumbência e a possibilidade do *jus postulandi* no Processo do Trabalho, a condenação em honorários advocatícios tem amparo no princípio da restituição integral, expresso nos arts. 389, 404 e 944 do Código Civil. Além disso, a Lei n. 10.288/2001 revogou o art. 14 da Lei n. 5.584/70, não havendo óbice legal para a condenação em honorários advocatícios, nos casos em que o reclamante não estiver assistido pelo sindicato, nos termos da Lei n. 10.537/2002, que acrescentou o § 3º ao art. 790 da CLT." (TRT/SP – 01411200720202005 – RO – Ac. 4ª T. – 20091032940 – rel. Ivani Contini Bramante – DOE 18.12.2009)

"Honorários advocatícios. Indenização. Contratação de advogado particular. Cabimento. Foge à razoabilidade o fato de que o empregado prejudicado pelo inadimplemento das obrigações trabalhistas pelo empregador venha socorrer-se do Poder Judiciário e, caso comprovado o seu direito, este não seja restituído integralmente, pois parte do crédito será destinada ao pagamento dos honorários contratuais de seu advogado. Assim, faz jus o reclamante ao pagamento de indenização em virtude dos honorários advocatícios contratados, eis que decorrem do inadimplemento de obrigação trabalhista, por aplicação subsidiária dos arts. 389, 395 e 404 do Código Civil, como forma de reparação dos prejuízos causados. Horas extras. Presunção da veracidade da jornada declinada na inicial. Tendo a empresa juntado cartões de ponto excessivamente simétricos, autorizando concluir por sua artificialidade, incorre na presunção de veracidade prevista na Súmula n. 38, III do TST, o que vale também para o intervalo para refeição e descanso. Recurso Ordinário provido em tais aspectos." (TRT/SP – 01694200707802008 – RO – Ac. 14ª T. – 20100515295 – rel. Davi Furtado Meirelles – DOE 9.6.2010)

"Honorários advocatícios. Indenização. Restituição integral devida. Na maioria das vezes, os trabalhadores têm de arcar com o valor correspondente aos honorários advocatícios, que serão descontados de seu crédito, de natureza alimentar, restando-lhes evidente prejuízo. Prejuízo este decorrente do inadimplemento das obrigações trabalhistas pelo empregador. Assente que, em direito, aquele que causa prejuízo a outrem, deve ressarcir integralmente a parte contrária, à luz do que dispõem os arts. 389, 404 e 927 do Código Civil que consagram o princípio da *restitutio in integrum*. Desta feita, devido o pagamento de indenização pelos honorários despendidos." (TRT/SP – 02018008420085020045 (02018200804502001) – RO – Ac. 4ª T. – 20110377480 – rel. Sergio Winnik – DOE 1º.4.2011)

"Indenização de honorários de advogado. A restituição integral do bem da vida solapado por desrespeito à legislação do trabalho segue como uma quimera para os trabalhadores, em razão da jurisprudência que se conserva nas Súmulas ns. 219 e 329 do Tribunal Superior do Trabalho. A dinâmica social está a exigir mudança nesta perspectiva, inclusive para ampliação da proteção da parte hipossuficiente e da efetividade da legislação trabalhista. A alternativa do art. 404 do código civil não cuida de honorário por mera sucumbência, mas devolve aquilo a que a parte tinha direito e não foi espontaneamente respeitado pelo agressor." (TRT/SP – 00325000320085020053 – RO – Ac. 14ª T. – 20120498183 – rel. Marcos Neves Fava – DOE 15.5.2012)

"POSIÇÃO MAJORITÁRIA DA TURMA. INDENIZAÇÃO DOS HONORÁRIOS ADVOCATÍCIOS CONTRATUAIS. PRINCÍPIO DO *RESTITUTIO IN INTEGRUM*. Honorários contratuais não se confundem com honorários sucumbenciais. O primeiro decorre de ajuste contratual entre advogado e cliente e, o segundo decorre da sucumbência da parte.

Os honorários sucumbenciais só são devidos na Justiça do Trabalho, quando se tratando de relação processual entre empregado e empregador, quando houver assistência sindical consoante disposto na Lei n. 5.584/70. O mesmo não se pode dizer dos honorários contratuais, porquanto, com o advento da Emenda Constitucional n. 45/2004, que em muito ampliou a competência da Justiça do Trabalho, trazendo para a seara desta demandas de todos os trabalhadores, empregados ou não e, portanto, lides de mera relação de trabalho, novos paradigmas foram estabelecidos. Ante o amplo plexo das matérias contempladas pela hodierna competência desta Especializada, houve substancial aumento da complexidade das lides que aqui tramitam, de sorte que, a despeito da manutenção do *ius postulandi* do empregado e empregador nesta seara (art. 791, da CLT), há quase que uma premente necessidade de contratação de advogado. Por outro lado, prevalece em nosso sistema jurídico o princípio pelo qual aquele que causa prejuízo tem o dever de indenizar de forma integral. Destarte, a indenização por dano material obedece ao princípio do *restitutio in integrum*. O empregador que não cumpre as obrigações contratuais e obriga o trabalhador a ajuizar ação para obter o reconhecimento de seus direitos pratica ato ilícito e deve indenizar o prejudicado de forma integral inclusive no que se refere às despesas que o obrigou a fazer na busca do reconhecimento do seu direito. Entre tais despesas se encontra a contratação de advogado, sem o qual dificilmente o direito seria de fato reconhecido. Daí porque cabível a indenização correspondente aos honorários advocatícios contratuais com fundamento no Código Civil — arts. 389, 395 e 404 — de sorte a recompor as despesas experimentadas pelo lesado em razão da contratação de advogado para patrocinar a sua demanda em busca do cumprimento forçado da obrigação. RELAÇÃO DE EMPREGO. NEGATIVA. ÔNUS DA PROVA. Sendo a relação de emprego fato constitutivo, a sua prova é ônus do autor, a teor do que dispõe o art. 333, inciso I, do CPC e art. 818, da CLT, quando negada, pelo Reclamado, qualquer relação de trabalho. Desse modo, uma vez negada a existência de vínculo empregatício e sequer admitida a prestação de serviços, incumbe ao autor demonstrar a verificação dos pressupostos de caracterização da relação de emprego alegada, quais sejam: pessoalidade, não eventualidade, onerosidade e subordinação jurídica." (TRT 5ª Região. Processo 0000299-44.2011.5.05.0028 RecOrd, ac. n. 148665/2013, relª Desª Luíza Lomba, 2ª Turma, DJ 10.7.2013)

"HONORÁRIOS ADVOCATÍCIOS. JUSTIÇA DO TRABALHO. Segundo o art. 389 do Código Civil, os honorários advocatícios são devidos no caso de descumprimento da obrigação, seja de natureza civil ou trabalhista. O art. 404 do mencionado diploma legal determina que as perdas e danos sejam quitadas juntamente com os honorários advocatícios. Por fim, o art. 944 traduz o princípio da restituição integral, a qual deve abranger as despesas havidas com advogado particular, para ver reconhecidos os direitos trabalhistas sonegados. Por tais fundamentos, reformo a sentença para incluir na condenação os honorários advocatícios, ora arbitrados em 15% do valor da condenação, nos termos do art. 11, § 1º da Lei n. 1.060/50." (TRT/SP - 00013179520115020089 - RO - Ac. 4ª T. - 20120888615 - Relª Patricia Therezinha de Toledo - DOE 17.8.2012)

No mesmo diapasão, recente decisão do Superior Tribunal de Justiça:

"DIREITO CIVIL E PROCESSUAL CIVIL. PREQUESTIONAMENTO. AUSÊNCIA. SÚMULA 211/STJ. DISSÍDIO JURISPRUDENCIAL. COTEJO ANALÍTICO E SIMILITUDE FÁTICA. AUSÊNCIA. VIOLAÇÃO DA COISA JULGADA. RECLAMAÇÃO TRABALHISTA. HONORÁRIOS CONVENCIONAIS. PERDAS E DANOS. PRINCÍPIO DA RESTITUIÇÃO INTEGRAL. APLICAÇÃO SUBSIDIÁRIA DO CÓDIGO CIVIL. 1. A ausência de decisão acerca dos dispositivos legais indicados como violados, não obstante a interposição de embargos de declaração, impede o conhecimento do recurso especial. 2. O dissídio jurisprudencial deve ser comprovado mediante o cotejo analítico entre acórdãos que versem sobre situações fáticas idênticas. 3. A quitação em instrumentos de transação tem de ser interpretada restritivamente. 4. Os honorários convencionais integram o valor devido a título de perdas e danos, nos termos dos arts. 389, 395 e 404 do CC/02. 5. O pagamento dos honorários extrajudiciais como parcela integrante das perdas e danos também é devido pelo inadimplemento de obrigações trabalhistas, diante da incidência dos princípios do acesso à justiça e da restituição integral dos danos e dos arts. 389, 395 e 404 do CC/02, que podem ser aplicados subsidiariamente no âmbito dos contratos trabalhistas, nos termos do art. 8º, parágrafo único, da CLT. 6. Recurso especial ao qual se nega provido." (RECESP n. 1.027.797-MG (2008/0025078-1) – STJ – Minª Nancy Andrighi – relª DJe de 23.2.2011. (DT – Abril/2011 – vol. 201, p. 138)

Apesar de ser majoritário o entendimento do Tribunal em sentido contrário, há um acórdão no mesmo sentido do que procuramos defender, conforme a ementa que segue abaixo:

"RECURSO DE REVISTA DA RECLAMADA. 1. HONORÁRIOS CONTRATUAIS. RESSARCIMENTO. INDENIZAÇÃO PELAS DESPESAS. POSSIBILIDADE. PRINCÍPIO DA INTEGRAL REPARAÇÃO. A egrégia Corte Regional, a título de indenização dos honorários advocatícios convencionais (os pactuados entre autor e advogado), condenou a reclamada a pagar 10% sobre o valor bruto da condenação, a saber R$ 3.500,00 (três mil e quinhentos reais). Assim, a controvérsia se resume em saber se cabível a condenação da reclamada ao pagamento, a título de reparação de danos, dos honorários advocatícios convencionais ou extrajudiciais, aqueles originalmente pactuados entre as partes. Apesar de facultativa a representação por advogado no âmbito da Justiça Trabalhista (art. 791 da CLT), a contratação do causídico se traduz em medida razoável, talvez até imprescindível, daquele que se vê obrigado a demandar em juízo, especialmente ao se considerar toda a complexidade do sistema judiciário, que, para um adequado manejo, requer conhecimentos jurídicos substanciais, que não são, via de regra, portados pelo juridicamente leigo. Nessa linha é que a contratação de advogado, não poucas vezes, traduz-se em verdadeiro pressuposto do adequado exercício do direito constitucional de acesso à Justiça (art. 5º, XXXVI, da Constituição Federal), pois sem o auxílio profissional de um advogado poderia o demandante, por falhas técnicas, ter prejudicado o *reconhecimento de seus direitos materiais. Certo que para ter substancialmente satisfeitos seus direitos trabalhistas o reclamante foi obrigado a contratar advogado e a arcar com as despesas desta contratação (honorários convencionais ou extrajudiciais), deve a reclamada ser condenada a reparar integralmente o reclamante.* Isso porque foi aquela que, por não cumprir voluntariamente suas obrigações, gerou o referido dano patrimonial (despesas com honorários advocatícios convencionais). Incidência dos arts. 389, 395 e 404, do CC. Princípio da reparação integral dos danos. Precedente do STJ. Recurso de revista não conhecido." (TST – RR – 115200-39.2008.5.03.0140, relator Ministro: Guilherme Augusto Caputo Bastos, Data de Julgamento: 24.8.2011, 2ª Turma, Data de Publicação: 2.9.2011)

No mesmo sentido, o Enunciado n. 53 da 1ª Jornada de Direito Material e Processual do Trabalho, realizada no TST, *in verbis*:

"**REPARAÇÃO DE DANOS — HONORÁRIOS CONTRATUAIS DE ADVOGADO.** Os arts. 389 e 404 do Código Civil autorizam o Juiz do Trabalho a condenar o vencido em honorários contratuais de advogado, a fim de assegurar ao vencedor a inteira reparação do dano."

16. Da assistência judiciária e justiça gratuita no Processo do Trabalho

O art. 5º, XXXV, da CF, consagra o chamado princípio da inafastabilidade da jurisdição ou do acesso à Justiça.

Como bem adverte *Jorge Luiz Souto Maior*(67), o acesso à Justiça pressupõe a efetividade do processo. Mas efetividade é algo vago. Para dar substância a esta ideia, traduz-se a efetividade em igualdade de armas, como garantia de que o resultado final de uma demanda dependa somente do mérito dos direitos discutidos e não de forças externas. As reformas propostas pelo movimento do acesso à Justiça devem ser pensadas com a mente carregada dos riscos que delas podem decorrer, além de não se perder de vista as suas próprias limitações. A meta não é fazer uma Justiça do pobre, mas uma justiça a que todos tenham acesso, inclusive o pobre.

Diz o art. 5º, LXXIV, da CF, que o Estado prestará assistência judiciária gratuita aos que comprovarem insuficiência de recursos.

A doutrina costuma diferenciar a *assistência judiciária gratuita* da *Justiça gratuita.* Segundo a doutrina, a assistência judiciária é gênero do qual a justiça gratuita é espécie.

A Assistência Judiciária Gratuita é o direito da parte de ter um advogado do Estado gratuitamente, bem como estar isenta de todas as despesas e taxas processuais.

A Justiça gratuita é o direito à gratuidade de taxas judiciárias, custas, emolumentos, honorários de perito, despesas com editais, etc. Não terá a parte direito a advogado do Estado, mas não pagará as despesas do processo.

Ensina *José Augusto Rodrigues Pinto*(68):

> "*Gratuidade da Justiça* ou *Justiça Gratuita* é a concessão legal, à parte que não dispõe de recursos financeiros para prover as despesas obrigatórias do processo, de litigar com dispensa do respectivo encargo. *Assistência Judiciária Gratuita* é a concessão legal à parte que não dispõe de recursos financeiros para suportar o pagamento de honorários advocatícios, de ser assistida por advogado sem ter que suportar o respectivo encargo."

Nos termos do art. 98 do CPC, a assistência judiciária compreende as taxas judiciárias, os emolumentos, as despesas com publicações, o transporte de testemunhas e os honorários de advogado e peritos.

No Processo do Trabalho, a Assistência Judiciária Gratuita está disciplinada no art. 14, § 1º, da Lei n. 5.584/70, que assim dispõe:

> "Na Justiça do Trabalho, a assistência judiciária a que se refere a Lei n. 1.060, de 5 de fevereiro de 1950, será prestada pelo sindicato da categoria profissional a que pertencer o trabalhador.

---

(67) SOUTO MAIOR, Jorge Luiz. *Direito processual do trabalho.* São Paulo: LTr, 1998. p. 123-126.

(68) RODRIGUES PINTO, José Augusto. *Processo trabalhista de conhecimento.* 7. ed. São Paulo: LTr, 2005. p. 304.

> § 1º – A assistência é devida a todo aquele que perceber salário igual ou inferior ao dobro do mínimo legal, ficando assegurado igual benefício ao trabalhador de maior salário, uma vez provado que sua situação econômica não lhe permite demandar, sem prejuízo do sustento próprio ou da família"[(69)].

Desse modo, desde que preenchidos os requisitos do referido dispositivo, quais sejam: declaração de miserabilidade ou percepção de salário não superior a dois mínimos, a assistência judiciária será prestada pelo Sindicato da categoria, sendo o empregado associado ou não.

Para fazer jus à Justiça gratuita, o empregado deve receber salário não superior a dois mínimos ou fazer declaração de seu estado de miserabilidade, de próprio punho ou por seu advogado.

Nesse sentido é o art. 1º, da Lei n. 7.115/83: "A declaração destinada a fazer prova de vida, residência, pobreza, dependência econômica, homonímia ou bons antecedentes, quando firmada pelo próprio interessado ou por procurador bastante e sob as penas da lei, presume-se verdadeira."

Entretanto, o CPC atual, no art. 105, exige que o advogado tenha poderes especiais para firmar, em nome do cliente, declaração de insuficiência econômica. Em razão disso, o TST, recentemente, cancelou a OJ n. 331, de sua SDI-I, que assim dispunha: "Desnecessária a outorga de poderes especiais ao patrono da causa para firmar declaração de insuficiência econômica, destinada à concessão dos benefícios da Justiça Gratuita".

Doravante, na Justiça do Trabalho, para atestar insuficiência econômica em nome do cliente, o advogado deve possuir procuração com poderes específicos para tal finalidade.

A CLT, no art. 790, § 3º, possibilita ao Juiz do Trabalho conceder o benefício ao empregado que receba salário não superior a dois mínimos. Dispõe o referido dispositivo legal:

> "É facultado aos juízes, órgãos julgadores e presidentes dos tribunais do trabalho de qualquer instância conceder, a requerimento ou de ofício, o benefício da Justiça gratuita, inclusive quanto a traslados e instrumentos, àqueles que perceberem salário igual ou inferior ao dobro do mínimo legal, ou declararem, sob as penas da lei, que não estão em condições de pagar as custas do processo sem prejuízo do sustento próprio ou de sua família."

O benefício da justiça gratuita deve ser requerido, como regra, na inicial ou na defesa, pois o requerimento está sujeito à impugnação pela parte contrária. Entretanto, a jurisprudência majoritária posicionou-se no sentido de que o requerimento pode ser formulado em qualquer fase do processo, pois a ruína financeira da parte pode ocorrer a qualquer momento. Nesse sentido, é a OJ n. 269, da SDI-I, do TST, *in verbis*:

---

(69) Em havendo assistência pelo Sindicato e presentes os requisitos para a assistência judiciária gratuita, os honorários advocatícios, pagos pelo empregador, caso vencido, reverterão em favor do Sindicato assistente, conforme o art. 16 da Lei n. 5.584/70.

"Justiça gratuita. Requerimento de isenção de despesas processuais. Momento oportuno. (Inserida em 27.9.2002) O benefício da justiça gratuita pode ser requerido em qualquer tempo ou grau de jurisdição, desde que, na fase recursal, seja o requerimento formulado no prazo alusivo ao recurso." ERR n. 664.289/00 – Min. Milton de Moura França – DJ 14.6.02 – Decisão por maioria. ROAR n. 678.061/00 – Min. José Simpliciano – DJ 5.4.02 – Decisão unânime. AIRO n. 813.821/01 – Juíza Conv. Anelia Li Chum – DJ 5.4.02 – Decisão unânime. EDAIRO n. 475.856/98 – Min. Ronaldo Lopes Leal – DJ 17.8.01 – Decisão unânime. AIRO n. 643.622/00 – Min. Ives Gandra – DJ 25.8.00 – Decisão unânime. RR n. 589.286/99 – 3ª T. – Juíza Conv. Eneida Melo – DJ 9.8.02 – Decisão unânime. RR n. 457.565/98 – 5ª T. – Min. Rider de Brito – DJ 16.11.01 – Decisão por maioria.

No mesmo sentido, o art. 99 e seu § 1º, do CPC:

"O pedido de gratuidade da justiça pode ser formulado na petição inicial, na contestação, na petição para ingresso de terceiro no processo ou em recurso. § 1º Se superveniente à primeira manifestação da parte na instância, o pedido poderá ser formulado por petição simples, nos autos do próprio processo, e não suspenderá seu curso."

16.1. Do deferimento da justiça gratuita ao empregador

A Constituição Federal não restringe, para efeitos de concessão da assistência judiciária gratuita, os polos em que as partes se encontram no Processo, seja ativo ou passivo. Por isso, pensamos ser inconstitucional não se deferir à parte que figura no polo passivo de reclamação trabalhista os benefícios da Justiça Gratuita quando presentes os pressupostos legais. Além disso, na prática, temos observado que, muitas vezes, o reclamado está em pior situação econômica que o reclamante.

Não obstante, a jurisprudência trabalhista, inclusive do TST, firmou-se no sentido de não ser devida a assistência judiciária gratuita ao empregador diante da disposição do art. 14 da Lei n. 5.584/70, que diz ser devida a assistência judiciária gratuita apenas ao trabalhador que ganhe até dois salários mínimos ou comprove seu estado de miserabilidade.

No aspecto, relevante destacar as seguintes ementas:

"Benefício da Justiça gratuita ao empregador — Impossibilidade — Deserção. Pela disposição literal do parágrafo único do art. 2º da Lei n. 1.060/50 (Considera-se necessitado, para os fins legais, todo aquele cuja situação econômica não lhe permita pagar as custas do processo e os honorários de advogados, sem prejuízo do sustento próprio ou da família — grifei), não é possível concluir que as pessoas jurídicas sejam beneficiárias da gratuidade dos serviços judiciários. A referência ao próprio sustento ou da família não legitima interpretação ampliativa como pretende a recorrente, porque é estreme de dúvida que a garantia constitucional é restrita à pessoa natural ou física. O princípio da igualdade não socorre o inconformismo da parte, porque a norma constitucional do art. 5º, *caput* e LXXIV cogita da igualdade substancial, e não à mera igualdade formal. Por outro lado, não há óbice ao exercício do direito constitucional de ação ou qualquer afronta ao princípio de acesso à justiça; foi respeitado o princípio do devido processo legal dentro dos parâmetros estabelecidos pelo legislador que estabeleceu os limites, pressupostos e requisitos para seu exercício, frente à instrumentalidade do processo. Assim, as eventuais dificuldades financeiras da pessoa jurídica não a dispensam da realização do depósito recursal. Nesse sentido, importa reconhecer que o art. 5º, inciso LV, da Constituição Federal, ao assegurar às partes o direito à ampla defesa e à utilização dos recursos a ela inerentes, não pode ser interpretado de forma literal, já que o termo recursos engloba, no caso, toda a atividade processual, reunindo o direito à produção de provas e o regular exercício do contraditório, sendo certo que a definição de quais meios serão utilizados para o exercício da ampla defesa são determinados, em cada caso, pela legislação infraconstitucional. Destarte, ausentes pressupostos objetivos de admissibilidade do recurso, tendo em vista que a agravante não recolheu o depósito recursal. Recurso conhecido e não provido." (TRT – 15ª R. – 5ª T. – AIRO n. 1194/2005.136.15.01-2 – rel. José Antônio Pancotti – DJ 6.10.06 – p. 46) (RDT n. 11 – novembro de 2006)

"Justiça gratuita — Concessão do benefício ao empregador. Na Justiça do Trabalho, o benefício da justiça gratuita deve ser concedido somente ao empregado, por expressa disposição legal (art. 790, § 3º, CLT c/c art. 14, § 1º, Lei n. 5.584/70), pois é ele quem recebe salários. Ao empregador somente será deferido em se tratando de microempresa onde o patrimônio pessoal se confunde com aquele da pessoa jurídica, mas este não é o caso dos autos. De outra sorte, é relevante destacar que, ainda que ao empregador fosse deferido o benefício pretendido, a gratuidade o eximiria tão somente do pagamento das despesas processuais, aí incluídas as custas, mas nunca o isentaria de proceder ao depósito recursal, pois se trata de garantia do juízo. Agravo de instrumento não provido." (TRT – 15ª R. – 3ª T. – AIRO n. 2190/2004.003.15.01-1 – rel. Lorival Ferreira dos Santos – DJ 4.5.07 – p. 28) (RDT n. 06 – junho de 2007)

Pensamos que o art. 14 da Lei n. 5.584/70 não veda que se conceda a Justiça Gratuita ao empregador, pois esta não se confunde com a assistência judiciária gratuita, que é mais ampla, sendo o direito ao patrocínio profissional de um advogado em juízo custeado pelo Estado e na esfera do Processo do Trabalho, pelo Sindicato. De outro lado, o § 3º do art. 790 da CLT não restringe o benefício da Justiça gratuita ao empregado.

Ora, a Justiça Gratuita é o direito à gratuidade das taxas judiciárias, custas, emolumentos, honorários de perito, despesas com editais, etc. Para obtê-la, deve a parte comprovar a miserabilidade por declaração pessoal (Lei n. 7.115/83 ou por declaração do advogado — Lei n. 1.060/50 e OJ n. 331, da SDI-I, do C. TST). Desse modo, se o empregador demonstrar que está em ruína financeira, o benefício da Justiça Gratuita deverá ser-lhe deferido.

Nesse sentido, também a visão de *Carlos Henrique Bezerra Leite*(70):

> "Parece-nos viável, porém, com base no art. 5º, LXXIV, da CF, a concessão do benefício da gratuidade (justiça gratuita) quando se tratar de empregador pessoa física que declarar, sob as penas da lei, não possuir recursos para o pagamento das custas, sem prejuízo do sustento próprio ou de sua família, como nos casos de empregador doméstico, trabalhadores autônomos quando figurarem como empregadores ou pequenos empreiteiros na mesma condição."

---

(70) BEZERRA LEITE, Carlos Henrique. *Curso de direito processual do trabalho*. 5. ed. São Paulo: LTr, 2007. p. 395.

No sentido do deferimento dos benefícios da Justiça Gratuita ao empregador, relevante destacar a seguinte ementa:

"Justiça gratuita — Concessão à pessoa jurídica — Possibilidade — Depósito recursal — Exigibilidade. Conquanto admissível a concessão das benesses da Justiça gratuita a sujeito integrante do polo empresarial da relação de emprego (art. 5º, LXXIV, da CF), a tal modo liberando-o do pagamento das custas processuais, entre os benefícios contemplados na Lei n. 1.060/50 (art. 3º) não se inclui o depósito recursal exigido no art. 899 da CLT. Por isso, enquanto não sobrevenha legislação em contrário (CF, art. 5º, II), o depósito recursal haverá de ser observado, sob pena de não conhecimento dos recursos interpostos pelos sujeitos a tanto obrigados. Recurso parcialmente conhecido e parcialmente provido." (TRT – 10ª R. – 3ª T. – RO n. 157/2007.008.10.00-6 – rel. Juiz Douglas Alencar Rodrigues – DJ 4.4.08 – p. 1109) (RDT n. 05 – maio de 2008)

Nesse diapasão, é a recente Súmula n. 481 do Superior Tribunal de Justiça *in verbis*:

"Faz jus ao benefício da justiça gratuita a pessoa jurídica com ou sem fins lucrativos que demonstrar sua impossibilidade de arcar com os encargos processuais." (*DJEletrônico* 2.8.2012)

Beneficiário da Justiça Gratuita, o empregador não pagará as custas[71] para recorrer, mas não ficará isento do depósito recursal, que não tem natureza jurídica de taxa processual e sim de um pressuposto objetivo do recurso, não estando englobado pelos benefícios da Justiça Gratuita. Além disso, o art. 5º, LV, da CF, não assegura o princípio do duplo grau de jurisdição, devendo a parte, quando recorrer, observar os pressupostos objetivos e subjetivos de recorribilidade.

Nesse contexto, cumpre destacar as seguintes ementas:

"Agravo de instrumento — Recurso de revista — Justiça gratuita — Empregador — Deserção. Na Justiça do Trabalho, a concessão da justiça gratuita está relacionada à figura do empregado, conforme se infere do art. 14 da Lei n. 5.584/70. Assim, a justiça gratuita, também prevista no art. 790, § 3º, da CLT, é benefício concedido ao hipossuficiente que não puder demandar sem o comprometimento do sustento próprio e de sua família. Embora excepcionalmente admita-se a hipótese de extensão dessa benesse ao empregador pessoa física que não explore atividade econômica, é imprescindível a comprovação da hipossuficiência, já que, não se tratando de empregado, a parte não se beneficia da presunção legal de pobreza. Mesmo se se entendesse que a Lei n. 1.060/50 não tivesse excluído o empregador do benefício da assistência judiciária, certo que ela, em seu art. 3º, isenta o beneficiário apenas do pagamento das despesas processuais, não alcançando o depósito recursal (art. 899, § 1º, da CLT), que tem por escopo a garantia do juízo. Em vista dessa particularidade, não se há falar que o não recebimento do recurso, por deserto, implica afronta a regras constitucionais, que, embora garantam a apreciação, pelo Poder Judiciário, de lesão ou ameaça de direito, não excluem as normas infraconstitucionais que regulamentam a interposição de recurso. Agravo de instrumento desprovido." (TST – 6ª T. – AIRR n. 720/2004.004.21.40-2 – rel. Min. Mauricio Godinho Delgado – DJ 6.6.08 – p. 223) (RDT n. 08 – agosto de 2008)

"Justiça gratuita — Depósito recursal. De ordinário, no processo do trabalho, a isenção do pagamento das custas é concedida apenas ao trabalhador que perceba até dois salários

(71) As custas processuais fazem parte das chamadas *despesas processuais*, que são as taxas devidas do Poder Judiciário em razão do uso específico do serviço da prestação jurisdicional.

mínimos, ou que comprove, na forma da lei, a impossibilidade de assumir as despesas processuais, sem prejuízo do sustento próprio e da família, como se infere da inteligência do art. 14 da Lei n. 5.584/70, § 3º, do art. 790 da CLT, com a redação dada pela Lei n. 10.537/02 e OJs ns. 304 e 331, ambas da SDI-I do TST. Em casos especialíssimos, timidamente, a jurisprudência tem se inclinado a flexibilizar a regra legal, ainda assim, limitada à isenção das custas processuais, porquanto não se pode estender o benefício ao depósito recursal, já que esse tem finalidade própria, de garantia da execução, diversa de taxa judiciária ou quaisquer outras despesas previstas em lei, para efeito de assistência judiciária. Não comprovado o respectivo recolhimento, nega-se provimento ao agravo de instrumento que pretendeu destrancar recurso ordinário deserto." (TRT - 3ª R. - 2ª T. - AIRO n. 2439/2006.147.03.40-0 - rel. Anemar Pereira Amaral - DJ 3.10.07 - p. 11) (RDT n. 11 - novembro de 2007)

"JUSTIÇA GRATUITA — EMPREGADOR DOMÉSTICO — ALCANCE, APENAS, DAS CUSTAS PROCESSUAIS — OBRIGATORIEDADE DO DEPÓSITO RECURSAL. De acordo a iterativa jurisprudência do C. TST, embora seja cabível, em tese, a concessão de gratuidade de justiça aos empregadores domésticos que declaram validamente a sua situação de miserabilidade jurídica, o certo é que o referido benefício limita-se às custas, que são despesas processuais, não alcançando, entretanto, o depósito recursal, que visa à garantia do Juízo da causa. Recurso Ordinário patronal não conhecido, por deserto." (TRT/SP — 02448200847102002 — RO — Ac. 5ª T. 20100305991 — relª Anelia Li Chum — DOE 23.4.2010)

Não obstante, cumpre destacar que, em hipóteses excepcionais, no caso de empregador pessoa física ou firma individual em estado de insuficiência econômica, poderá o Tribunal dispensar o empregador do depósito recursal, valendo-se dos princípios da proporcionalidade e razoabilidade e do acesso à justiça no caso concreto(72).

Nesse sentido, cumpre destacar a seguinte ementa da mais alta Corte trabalhista brasileira:

"I) AGRAVO DE INSTRUMENTO — BENEFÍCIO DA JUSTIÇA GRATUITA — EMPREGADOR PESSOA FÍSICA — ISENÇÃO DO DEPÓSITO RECURSAL — POSSIBILIDADE. 1. A Lei n. 1.060/50, que estabelece as normas para a concessão da assistência judiciária gratuita aos necessitados, assenta no parágrafo único do art. 2º que, para os fins legais, considera-se necessitado aquele cuja situação econômica não lhe permita pagar as custas do processo e os honorários de advogado sem prejuízo do sustento próprio. 2. Na hipótese vertente, o Reclamado, pessoa física, postulou o direito à gratuidade de justiça e apresentou declaração de que não pode arcar com as despesas do processo sem prejuízo do sustento próprio, com fulcro na referida lei. 3. O Regional negou o pedido, ao fundamento de que a jurisprudência do TST segue no sentido da inaplicabilidade da justiça gratuita com relação ao depósito recursal. 4. Quanto ao tema, vale destacar que esta Turma entendeu possível a dispensa do referido depósito na hipótese de insuficiência econômica do empregador pessoa física, conforme consta dos autos do PROC. TST-RR-932/2004-043-12-40.1, assentando que a dispensa do depósito recursal se justifica, na hipótese de insuficiência econômica, como sendo condição de revisão de eventual sentença injusta ou ilegal, representando apenas a não exigência temporária do pagamento dos débitos trabalhistas que forem judicialmente reconhecidos, até que transite em julgado a decisão, em situação análoga à da multa do art. 557, § 2º, do CPC. 5. Assim, tendo o Reclamado, pessoa física, postulado o direito

(72) A matéria está mais bem desenvolvida no Capítulo dos Recursos no item depósito recursal.

à gratuidade de justiça e apresentado declaração de que não pode arcar com as despesas do processo sem prejuízo do sustento próprio, com fundamento na Lei n. 1.060/50, verifica-se a possibilidade de deferimento do pleito. II) DECISÃO INTERLOCUTÓRIA — IRRECORRIBILIDADE IMEDIATA — RAZÕES RECURSAIS QUE NÃO ATACAM OS FUNDAMENTOS DO DESPACHO DENEGATÓRIO DO SEGUIMENTO DO RECURSO DE REVISTA — DESFUNDAMENTAÇÃO — ÓBICE DA SÚMULA N. 422 DO TST. Não tendo o agravo de instrumento investido contra o fundamento do despacho denegatório do seguimento do recurso de revista (no caso, a Súmula n. 214 do TST, em face da decisão recorrida ser interlocutória), falta-lhe a necessária motivação, tropeçando no óbice da Súmula n. 422 do TST, porque desfundamentado. Agravo de instrumento desprovido." (AIRR – 435/2006-071-03-40.3 – Data de Julgamento: 24.6.2008 – relator Ministro: Ives Gandra Martins Filho – 7ª T. – DJ 15.8.2008)

O Código de Processo Civil, de aplicação supletiva ao Processo do Trabalho (arts. 15 do CPC e 769, da CLT), no art. 98, possibilita o deferimento da Justiça à pessoa jurídica, conforme posição que defendemos acima. Dispõe o referido dispositivo legal:

> "A pessoa natural ou jurídica, brasileira ou estrangeira, com insuficiência de recursos para pagar as custas, as despesas processuais e os honorários advocatícios tem direito à gratuidade da justiça, na forma da lei."

17. Dos deveres das partes e procuradores

Na linguagem popular, diz-se que o processo não é instrumento para se levar vantagem, por isso, todos os sujeitos que nele atuam, principalmente os atores principais (juiz, advogados, autores e réus), devem pautar-se acima de tudo pela ética e honestidade. Assim, os capítulos do Código de Processo Civil que tratam dos deveres das partes e dos procuradores, bem como da litigância de má-fé, ganham destaque na Justiça do Trabalho, como inibidores e sancionadores de condutas que violem os princípios da lealdade e boa-fé processual.

Como destaca *Calamandrei*, o processo se aproximará da perfeição quando tornar possível, entre juízes e advogados, aquela troca de perguntas e respostas que se desenrola normalmente entre pessoas que se respeitam, quando, sentadas em volta de uma mesa, buscam, em benefício comum, esclarecer reciprocamente as ideias.

Lealdade é conduta honesta, ética, segundo os padrões de conduta aceitos pela sociedade, é agir com seriedade e boa-fé.

Leonel Maschietto[(73)], em excelente obra sobre o tema, nos define o conceito de boa-fé:

> "Conceituar-se boa-fé não se faz por tarefa fácil, principalmente por se tratar de questão do ramo metafísico, cuja existência varia de acordo com os juízos de valor de cada comunidade jurídica. Na definição de Aurélio Buarque de Holanda Ferreira, a boa-fé nada mais é do que a certeza de agir com amparo da lei, ou sem ofensa a ela, com ausência de intenção. É a ausência de intenção dolosa. É sinceridade, lisura."

(73) MASCHIETTO, Leonel. *A litigância de má-fé na Justiça do Trabalho:* princípios, evolução histórica, preceitos legais e análise da responsabilização do advogado. São Paulo: LTr, 2007. p. 19-20.

Prossegue o professor *Maschietto*(74), diferenciando a boa-fé subjetiva da objetiva, a qual foi acolhida pelo Código Civil brasileiro de 2002: "*Boa-fé subjetiva*, envolve conteúdo psicológico, confundindo-se com o instituto da lealdade e fundamentada na própria consciência do indivíduo, que teria sua íntima e particular convicção, certa ou errada, acerca do Direito; *boa-fé objetiva*, instituto que engloba toda gama de valores morais da sociedade, adicionados à objetividade da atenta avaliação e do estudo das relações sociais."

Conforme *Ernesto Eduardo Borba*, citado por *Américo Plá Rodriguez*(75): "A boa-fé não é uma norma — nem se reduz a uma ou mais obrigações —, mas é um princípio jurídico fundamental, isto é, algo que devemos admitir como premissa de todo o ordenamento jurídico. Informa sua totalidade e aflora de maneira expressa em múltiplas e diferentes normas, ainda que nem sempre se menciona de forma explícita."

A boa-fé é um princípio geral de Direito, aplicável principalmente na esfera do Direito Material do Trabalho, mas também se destaca na esfera do direito processual do trabalho, considerando-se o caráter publicista da relação jurídica processual trabalhista e também do prestígio do processo do trabalho na sociedade capitalista moderna, como sendo um meio confiável e ético de resolução dos conflitos trabalhistas.

O Código Civil brasileiro disciplina a boa-fé como princípio fundamental dos contratos. Com efeito, dispõe o art. 422 do CCb:

> "Os contratantes são obrigados a guardar, assim na conclusão do contrato, como em sua execução, os princípios de probidade e boa-fé."

Ficou expressamente normatizado o princípio da boa-fé objetiva. No aspecto, ensina *Maria Helena Diniz*(76): "A boa-fé subjetiva é atinente ao fato de se desconhecer algum vício do negócio jurídico. E a boa-fé objetiva, prevista no artigo *sub examine*, é alusiva a um padrão comportamental a ser seguido baseado na lealdade e na probidade (integridade de caráter), impedindo o exercício abusivo de direito por parte de um dos contratantes, no cumprimento não só da obrigação principal, mas também das acessórias, inclusive do dever de informar, de colaborar e de atuação diligente."

Sob o aspecto processual, nos ensina *Daniel Mitidiero*(77):

> "A força normativa da boa-fé no processo civil no seu aspecto ideológico pode ser sentida a partir de quatro grupos de casos: a) a proibição de criar dolosamente posições processuais; b) a proibição do *venire contra factum propriam*; c) a proibição de abuso dos poderes processuais; e d) a

(74) *Op. cit.*, p. 20.

(75) RODRIGUEZ, Américo Plá. *Princípios de direito do trabalho.* 3. ed. São Paulo: LTr, 2000. p. 420.

(76) DINIZ, Maria Helena. *Código Civil anotado.* 11. ed. São Paulo: Saraiva, 2005. p. 406.

(77) *Colaboração no processo civil:* pressupostos sociais, lógicos e éticos. 2. ed. São Paulo: RT, 2007. p. 107.

supressão (perda de poderes processuais em razão do seu não exercício por tempo suficiente para incutir no outro sujeito a confiança legítima de que esse poder não será mais exercido)."

Dispõem os arts. 5º e 77 do CPC:

Art. 5º, CPC: "Aquele que de qualquer forma participa do processo deve comportar-se de acordo com a boa-fé."

Art. 77 do CPC: "Além de outros previstos neste Código, são deveres das partes, de seus procuradores e de todos aqueles que de qualquer forma participem do processo:

I – expor os fatos em juízo conforme a verdade;

II – não formular pretensão ou de apresentar defesa quando cientes de que são destituídas de fundamento;

III – não produzir provas e não praticar atos inúteis ou desnecessários à declaração ou à defesa do direito;

IV – cumprir com exatidão as decisões jurisdicionais, de natureza provisória ou final, e não criar embaraços à sua efetivação;

V – declinar, no primeiro momento que lhes couber falar nos autos, o endereço residencial ou profissional onde receberão intimações, atualizando essa informação sempre que ocorrer qualquer modificação temporária ou definitiva;

VI – não praticar inovação ilegal no estado de fato de bem ou direito litigioso.

§ 1º Nas hipóteses dos incisos IV e VI, o juiz advertirá qualquer das pessoas mencionadas no *caput* de que sua conduta poderá ser punida como ato atentatório à dignidade da justiça.

§ 2º A violação ao disposto nos incisos IV e VI constitui ato atentatório à dignidade da justiça, devendo o juiz, sem prejuízo das sanções criminais, civis e processuais cabíveis, aplicar ao responsável multa de até vinte por cento do valor da causa, de acordo com a gravidade da conduta.

§ 3º Não sendo paga no prazo a ser fixado pelo juiz, a multa prevista no § 2º será inscrita como dívida ativa da União ou do Estado após o trânsito em julgado da decisão que a fixou, e sua execução observará o procedimento da execução fiscal, revertendo-se aos fundos previstos no art. 97.

§ 4º A multa estabelecida no § 2º poderá ser fixada independentemente da incidência das previstas nos arts. 523, § 1º, e 536, § 1º.

§ 5º Quando o valor da causa for irrisório ou inestimável, a multa prevista no § 2º poderá ser fixada em até 10 (dez) vezes o valor do salário mínimo.

§ 6º Aos advogados públicos ou privados e aos membros da Defensoria Pública e do Ministério Público não se aplica o disposto nos §§ 2º a 5º, devendo eventual responsabilidade disciplinar ser apurada pelo respectivo órgão de classe ou corregedoria, ao qual o juiz oficiará.

§ 7º Reconhecida violação ao disposto no inciso VI, o juiz determinará o restabelecimento do estado anterior, podendo, ainda, proibir a parte de falar nos autos até a purgação do atentado, sem prejuízo da aplicação do § 2º.

§ 8º O representante judicial da parte não pode ser compelido a cumprir decisão em seu lugar."

Diante dos referidos dispositivos legais, a boa-fé torna-se um princípio fundamental do direito processual civil e do novel Código de Processo Civil, aplicando-se não só às partes do processo, mas a todos que nele possam intervir ou participar.

Diante de tal previsão, busca-se que as partes confiem entre si e no órgão jurisdicional, que deve estabelecer uma relação de confiança e lealdade com elas, buscando-se amenizar o clima manifestamente adversarial que observamos nos processos trabalhistas, onde as partes atuam em clima de contínua desconfiança nos atos da parte contrária e também do próprio magistrado.

Como bem adverte *J. E. Arruda Alvim*(78):

> "Trata-se da boa-fé objetiva, enquanto padrão de conduta que deve ser observado por uma parte, em certa circunstância, baseado na confiança e no respeito, imprimindo no espírito da outra o mesmo comportamento, sem que o interesse de ambas constitua obstáculo a que o econômico se sebreponha à ética. Nada mais é a boa-fé objetiva do que um *standard* de comportamento alicerçado na confiança e lealdade, em que os agentes defendem os seus interesses sem olvidar que estão em jogo, interesses recíprocos, estando ambos amparados pelo ordenamento jurídico."

A CLT não contém disposição semelhante a respeito, portanto, pensamos inteiramente aplicável ao Processo do Trabalho o disposto nos arts. 5º e 77 do CPC, uma vez que há compatibilidade com os princípios que norteiam esta esfera do Direito Processual.

No mesmo diapasão, sustenta com propriedade *Carlos Henrique Bezerra Leite*(79): "O conteúdo ético do processo encontra fundamento no princípio da probidade processual. A CLT é omissa a respeito da ética processual, razão pela qual impõe-se, a nosso ver, a aplicação subsidiária do CPC."

Nos termos do art. 78 do CPC: "é vedado às partes, a seus procuradores, aos juízes, aos membros do Ministério Público e da Defensoria Pública e a qualquer pessoa que participe do processo empregar expressões ofensivas nos escritos apresentados. § 1º Quando expressões ou condutas ofensivas forem manifestadas oral ou presencialmente, o juiz advertirá o ofensor de que não as deve usar ou repetir, sob pena de lhe ser cassada a palavra. § 2º De ofício ou a requerimento do ofendido, o juiz determinará que as expressões ofensivas sejam riscadas e, a requerimento do ofendido, determinará a expedição de certidão com inteiro teor das expressões ofensivas e a colocará à disposição da parte interessada."

Conforme o referido dispositivo legal, a lealdade e respeito entre todos que atuam no processo também deve estar presente na linguagem das petições juntadas aos autos. Se a linguagem for carregada, utilizando termos ofensivos que possam

(78) *Comentários ao Novo Código de Processo Civil.* Vol. I. Curitiba: Juruá, 2015. p. 47.

(79) *Op. cit.*, p. 399.

configurar injúria, calúnia ou difamação, deverá o magistrado advertir a parte que as utilizou para que, querendo, proceda à retratação, ou em casos mais graves, determinar que as expressões sejam retiradas ou riscadas dos autos.

18. Da litigância de má-fé no Processo do Trabalho

A litigância de má-fé caracteriza-se como a conduta da parte, tipificada na lei processual (art. 80 do CPC), que viola os princípios da lealdade e boa-fé processual, bem como atenta contra a dignidade e seriedade da relação jurídica processual.

A pena por litigância de má-fé é a sanção, prevista na lei processual, que tem a finalidade de inibir (prevenir) e reprimir os atos do litigante de má-fé.

Ao contrário do que sustentam alguns, o título da litigância de má-fé, previsto no CPC, é integralmente compatível com o Processo do Trabalho, por força do art. 769 da CLT. Aplica-se tanto ao reclamante como ao reclamado, pois a finalidade da lei é assegurar a dignidade do processo, como um instrumento público e confiável de materialização da justiça.

Ainda que se possa sustentar a hipossuficiência do reclamante no processo do trabalho, este argumento, *data venia*, não pode ser utilizado como escudo para se permitir a lide temerária do trabalhador na Justiça do Trabalho, pretensões formuladas fora da razoabilidade, ou de forma abusiva. No cotidiano da Justiça do Trabalho, constatamos muitos exemplos de má-fé por parte do próprio trabalhador, e esse fato se potencializa considerando-se a expectativa da revelia do reclamado, ou até mesmo um acordo mais vantajoso para o trabalhador.

O art. 80 do CPC apresenta o rol que tipifica a litigância de má-fé. Dispõe o referido dispositivo:

> "Considera-se litigante de má-fé aquele que: I – deduzir pretensão ou defesa contra texto expresso de lei ou fato incontroverso; II – alterar a verdade dos fatos; III – usar do processo para conseguir objetivo ilegal; IV – opuser resistência injustificada ao andamento do processo; V – proceder de modo temerário em qualquer incidente ou ato do processo; VI – provocar incidente manifestamente infundado; VII – interpuser recurso com intuito manifestamente protelatório."

O referido dispositivo aplica-se integralmente ao Processo do Trabalho, por força do art. 769 da CLT. Adverte *Leonel Maschietto*[80]: "Como já é sabido, na prática trabalhista são comuns os casos em que a intenção de agir de modo desleal se manifesta. Pode-se citar, por exemplo, o caso daquele empregador que se recusou a receber intimação via postal, caso típico de oposição de resistência injustificada ao andamento do processo; o empregado que exagera na descrição de um suposto horário extraordinário, objetivando com isso persuadir a empresa a oferecer uma proposta de acordo em valor mais elevado, alterando, assim, a verdade dos fatos; a apresentação de contradita de testemunha, destituída de fundamento real, provocando incidente manifestamente protelatório."

---

(80) *Op. cit.*, p. 79.

Conforme o art. 81 do CPC:

> "De ofício ou a requerimento, o juiz condenará o litigante de má-fé a pagar multa, que deverá ser superior a um por cento e inferior a dez por cento do valor corrigido da causa, a indenizar a parte contrária pelos prejuízos que esta sofreu e a arcar com os honorários advocatícios e com todas as despesas que efetuou. § 1º Quando forem 2 (dois) ou mais os litigantes de má-fé, o juiz condenará cada um na proporção de seu respectivo interesse na causa ou solidariamente aqueles que se coligaram para lesar a parte contrária. § 2º Quando o valor da causa for irrisório ou inestimável, a multa poderá ser fixada em até 10 (dez) vezes o valor do salário mínimo. § 3º O valor da indenização será fixado pelo juiz ou, caso não seja possível mensurá-lo, liquidado por arbitramento ou pelo procedimento comum, nos próprios autos."

A multa que varia entre 1% a 10% e a indenização decorrente da litigância de má-fé, segundo entendimento dominante, somente são cabíveis em caso de conduta dolosa da parte, vale dizer: com a intenção de tumultuar o processo ou obter vantagem indevida por meio dele, uma vez que o CPC não prevê modalidade culposa.

Nesse sentido, destacamos a seguinte ementa:

> "Litigância de má-fé — Princípio da lealdade processual. As partes devem proceder em juízo com lealdade e boa-fé. O desrespeito ao dever de lealdade processual traduz-se em ilícito processual, ao qual correspondem sanções processuais. É o que está previsto nos arts. 17 e 18 do Código de Processo Civil. Entretanto, tais disposições devem ser interpretadas cuidadosamente para que sejam evitadas lesões ao princípio do contraditório e da ampla defesa assegurado constitucionalmente, pelo qual a parte tem o direito de se utilizar de todos os recursos e meios legais. Observe-se que na enumeração contida no art. 17 não há mais previsão para a conduta meramente culposa, sendo imprescindível a presença de dolo para que se considere que a parte praticou um ilícito processual. O fato de a parte sucumbir não a torna litigante de má-fé, ainda que fatos alegados não tenham sido comprovados." (TST – 1ª T. – RR n. 438.730/1998-9 – rel. Aloysio S. Corrêa da Veiga – DJ 27.2.04 – p. 588) (RDT n. 3 – março de 2004)

O Juiz do Trabalho aplicará a pena por litigância de má-fé de ofício ou a requerimento da parte, em decisão devidamente fundamentada (art. 93, IX, da CF). A multa é fixada entre 1% a 10% sobre o valor causa, além de indenização pelos prejuízos sofridos que será liquidado nos próprios autos por arbitramento ou pelo procedimentos comum.

Conforme o art. 96 (art. 35 do CPC/73) do CPC, de aplicação subsidiária (art. 769 da CLT), as sanções impostas às partes em consequência de má-fé serão contadas como custas e reverterão em benefício da parte contrária; as impostas aos serventuários pertencerão ao Estado ou à União.

Recentemente, o Tribunal Superior do Trabalho firmou jurisprudência no sentido de que o recolhimento valor da multa por litigância de má-fé não é pressuposto objetivo para interposição de recursos no processo do trabalho. Com efeito, dispõe a OJ n. 409, da SDI-I do TST, *in verbis*:

> "**MULTA POR LITIGÂNCIA DE MÁ-FÉ. RECOLHIMENTO. PRESSUPOSTO RECURSAL. INEXIGIBILIDADE. (nova redação em decorrência do CPC de 2015)**

O recolhimento do valor da multa imposta como sanção por litigância de má-fé (art. 81 do CPC de 2015 – art. 18 do CPC de 1973) não é pressuposto objetivo para interposição dos recursos de natureza trabalhista."

19. Da possibilidade de condenação solidária do advogado por litigância de má-fé

A doutrina e a jurisprudência têm sido refratárias à condenação solidária do advogado por litigância de má-fé nos próprios autos da reclamação trabalhista. Dentre os argumentos expostos para tal entendimento, destacamos a independência funcional do advogado, e o Estatuto da OAB (Lei n. 8.906/94), que dispõe no art. 32, parágrafo único, *in verbis*: "Em caso de lide temerária, o advogado será solidariamente responsável com seu cliente, desde que coligado com este para lesar a parte contrária, o que será apurado em ação própria." Desse modo, a responsabilidade do advogado por litigância de má-fé, segundo o referido dispositivo legal, somente pode ser aplicada em ação própria de indenização, a ser proposta na Justiça Comum.

Nesse sentido, destacamos as seguintes ementas:

"Litigância de má-fé. O dever de indenizar, decorrente da litigância de má-fé, é inerente à qualidade de parte da relação jurídica processual, não se aplicando, pois, aos patronos da causa. Ademais, a Lei n. 8.906, de 4.7.94, ao admitir a responsabilidade solidária do advogado, no caso da lide temerária, demanda a verificação da existência de conluio entre este último e o cliente, com o objetivo de lesar a parte contrária, a ser apurado em ação própria (art. 32, parágrafo único, do citado diploma legal). Portanto, impossível atribuir-se responsabilidade solidária aos patronos do reclamante, sem a verificação dos pressupostos que a caracterizam, através da ação própria, onde será assegurado o contraditório e a amplitude de defesa." (TRT – 23ª R. – TP – Ac. n. 2036/97 – rel. Juiz Alexandre Furlan – DJMT 3.7.97 – p. 9)

"Litigante de má-fé. Aplicação com responsabilidade solidária do advogado da parte. Ofensa ao princípio do devido processo legal. Afastamento. O novo Estatuto da Advocacia e Ordem dos Advogados do Brasil (Lei n. 8.906/94) trouxe novas luzes às relações singulares estabelecidas pelo advogado no exercício da profissão. Relações estas que se materializam não só com o cliente, mas também com a parte diversa, o colega, e ainda, com o próprio Estado, na medida em que este realiza sua exclusiva atividade jurisdicional por meio do Poder Judiciário. Dá-se especial relevo, não só pela novidade, mas pelas repercussões e implicações do art. 32 da referida Lei, o qual imputou a responsabilidade solidária entre advogado e o cliente nos casos de lide temerária. Todavia, a simples leitura do artigo suso nos revela que para o reconhecimento da solidariedade são necessários dois requisitos: primeiro é haver coligação, conluio entre o advogado e o cliente com intenção de lesar a parte adversa e, segundo, é que tal apuração se dê em ação própria. O escopo do legislador, certamente, foi assegurar o devido processo legal (art. 5º, inc. LV, CF). Desatendidos esses requisitos, afronta-se a Constituição Federal." (TRT 15ª R. – 5ª T. – Ac. n. 3.194/97 – rel. Sotero da Silva – DJSP – 31.3.97 – p. 43)

"Violação ao art. 5º, XXXV, da Constituição Federal. Da análise dos autos, observa-se que a inicial foi devidamente analisada, assim como foi oportunizada ao reclamante a interposição de todos os recursos previstos no processo trabalhista, nos quais tem defendido seus interesses, conforme entende de direito. Dessa forma, não há como se vislumbrar, na hipótese, violação direta e literal do art. 5º, XXXV, da Carta Magna. Recurso não conhecido. Responsabilidade solidária do advogado — Indenização por litigância de má-fé. Nos termos do parágrafo único do art. 32 da Lei n. 8.906/94, é incabível a condenação solidária do advogado nos próprios autos em que constatada a litigância de má-fé, devendo a conduta do causídico ser apurada em ação própria, perante o Juízo competente. Recurso conhecido e provido. Honorários advocatícios. Não há como prosperar o Apelo, em face do que estabelece a jurisprudência pacificada desta Corte, nos termos da Súmula n. 221, I, e da OJ n. 111/SBDI-1. Recurso não conhecido. Valor da causa e percentual da indenização. Quanto ao único aresto trazido para colação, por ser oriundo do mesmo Regional que prolatou a decisão recorrida, desserve ao fim pretendido, nos termos da OJ n. 111/SBDI-1 do TST. E também não há de se falar em ofensa à literalidade dos arts. 944 e 945 do Novo Código Civil, haja vista que não tratam de indenização por litigância de má-fé. Recurso não conhecido. Litigância de má-fé. No que concerne à referida matéria, verifica-se que a Revista encontra-se desfundamentada, haja vista que não há indicação de violação legal ou constitucional, tampouco foram trazidos arestos para colação. Recurso não conhecido. Horas extras. A controvérsia envolve o reexame do conjunto fático-probatório, o que é vedado nesta Instância Extraordinária, nos termos da Súmula n. 126/TST. Ademais, vale ressaltar que o eg. Tribunal *a quo*, mesmo instado via Declaratórios, não se manifestou acerca da questão. Dessarte, cabia ao autor suscitar a nulidade do Acórdão que apreciou os Embargos de Declaração, por negativa de prestação jurisdicional, para que os autos retornassem ao Tribunal de origem a fim de que o referido tema pudesse ser examinado. Todavia, a parte optou por acatar a decisão regional, permitindo, assim, que a presente questão fosse atingida pela preclusão. Recurso não conhecido." (TST – 2ª T. – RR n. 124/2004.193.05.00-2 – rel. José Simpliciano F. de F. Fernandes – DJ 14.12.07 – p. 1011) (RDT n. 02 – fevereiro de 2008)

Em que pesem os argumentos acima, pensamos que, em casos excepcionais, em que ficar evidenciado no processo que a litigância de má-fé partiu do advogado ou que ele colaborou de forma decisiva para sua eclosão, deva o Juiz do Trabalho, após propiciar o contraditório ao patrono da parte (devendo ser intimado para esclarecer os fatos), caso esteja devidamente convencido, condenar solidariamente o advogado nos próprios autos do processo, diante da relevância e importância da função deste no processo e dos deveres de lealdade e boa-fé processual que possui.

Como destaca *Leonel Maschietto*(81):

> "Não há no ordenamento jurídico, principalmente o processual, qualquer fundamento para a não condenação do advogado litigante de má-fé [...] Ao contrário do que consta na lei processual, nos arts. 14 (partes e todos aqueles que de qualquer forma participam do processo), 15 (partes e seus advogados) e 16 (autor, réu ou interveniente), nos arts. 17 e 18 o legislador utilizou-se do termo genérico 'litigante de má-fé' para incluir todas as pessoas que de alguma forma participam do processo, inclusive o próprio juiz. Por essas razões é que o advogado deve, sim, ser efetivamente condenado quando for litigante de má-fé e, segundo Christovão Piragibe Tostes Malta, a sanção por litigância de má-fé pode ser aplicada sim aos advogados cuja responsabilidade tem disciplina no art. 32 da Lei n. 8.906/94."

(81) *Op. cit.*, p. 125-128.

Como já nos posicionamos anteriormente, a função do advogado no Processo do Trabalho é primordial e, por isso, como primeiro juiz da causa e encarregado de efetivar as promessas constitucionais do acesso à Justiça e efetividade processual, deve ele se pautar pela ética e honestidade. Uma disposição isolada no art. 32 da Lei n. 8.906/94 não deve ser obstáculo para o juiz reprimir os atos dolosos do advogado que, em conluio com a parte, visa a desviar a finalidade do processo. Além disso, a interpretação sistemática do parágrafo único do art. 77 do CPC com os demais incisos do art. 80 do mesmo diploma legal, em cotejo com o caráter publicista do Processo do Trabalho, resguardo da dignidade da jurisdição trabalhista, possibilitam a condenação solidária do advogado, nos próprios autos da reclamação trabalhista.

No mesmo sentido, é a posição de *Renato Dote*:

> "Acreditamos não fazer sentido ajuizar nova ação, agora na Justiça Comum, para pleitear indenização. Afastar-se-ia o princípio da economia processual, tão almejado na busca pela prestação jurisdicional. Além do mais, tornar-se-ia mais célere a execução da multa em questão nos próprios autos da reclamação trabalhista, o que inibiria outras condutas nesse particular do processo. A bem da verdade, é o advogado que possui conhecimento técnico e discernimento suficientes para distinguir se o ato a ser realizado será ou não reputado de má-fé. O advogado na condução do processo é quem deve orientar seu cliente, ensejando, portanto, sua responsabilidade"(82).

Nessa trilha, destacamos as seguintes ementas, sob a vigência do CPC de 73:

"Litigância de má-fé aplicada ao procurador da parte — Possibilidade. Em se tratando de execução da parcela relativa aos honorários assistenciais, o advogado beneficiado pode sofrer a cominação da multa prevista no art. 17 do CPC, se desrespeitar os deveres de lealdade e de probidade processual." (TRT 12ª R. – 1ª T. – AG-PET n. 448/1994.032.12.85-4 – relª Mª. do Céo de Avelar – DJSC 13.1.04 – p. 91) (RDT n. 2 – Fevereiro de 2004)

"Litigância de má-fé — Caracterização — Responsabilidade solidária do advogado. Interposto agravo de instrumento para elidir intempestividade de recurso ordinário protocolizado somente após decorridos 23 dias da intimação da sentença, caracterizada está a litigância de má-fé. O advogado da agravante deverá responder solidariamente. O art. 32 da Lei n. 8.906/94, que exige apuração em ação própria, só se aplica na hipótese do inciso V, do art. 17 do CPC. Descabe interpretação ampliativa para acobertar conduta ilícita." (TRT – 2ª Região, Proc. AI 00137-2003-064-02-00-3, AC 20040477848 – 9ª T., rel. Antonio Ricardo. DOE/SP: 24.9.2004)

20. Do assédio processual

O assédio processual origina-se de um instituto muito estudado na atualidade no Direito do Trabalho: o assédio moral.

(82) DOTE, Renato. Boa-fé no processo do trabalho. *In: O direito material e processual do trabalho dos novos tempos.* Estudos em homenagem a Estêvão Mallet. São Paulo: LTr, 2009. p. 553.

ASSÉDIO: Segundo o Dicionário *Houaiss*, é insistência impertinente, perseguição, sugestão ou pretensão constante em relação a alguém. MORAL: Conforme *Houaiss*, é o conjunto de valores como a honestidade, a bondade, a virtude, etc., considerados universalmente como norteadores das relações sociais e da conduta dos homens.

A sociologia, a medicina e a psicologia o definem como terror psicológico gerado por atitudes constantes do agressor à vítima, muitas vezes de forma velada, destinadas a destruir sua autoestima.

Na definição precisa de *Marie-France Hirigoyen*(83), "o assédio moral no trabalho é definido como qualquer conduta abusiva (gesto, palavras, comportamento, atitude...) que atente, por sua repetição ou sistematização, contra a dignidade ou integridade psíquica ou física de uma pessoa, ameaçando o seu emprego ou degradando o clima de trabalho."

Para *Couce de Menezes*(84), "o assédio é um processo, conjunto de atos, procedimentos destinados a expor a vítima a situações incômodas e humilhantes. De regra, é sutil, no estilo 'pé de ouvido'. A agressão aberta permite um revide, desmascara a estratégia insidiosa do agente provocador."

De forma mais simples, podemos dizer que o assédio moral é a repetição de atitudes humilhantes praticadas contra uma pessoa, muitas vezes pequenos ataques que, pela repetição, vão minando sua autoestima.

O Código de Trabalho de Portugal, no art. 24, tipifica a conduta do assédio moral no âmbito das relações de trabalho, *in verbis*:

"Art. 24 (Assédio)

1. Constitui discriminação o assédio a candidato e a trabalhador. 2. Entende-se por assédio todo o comportamento indesejado relacionado com um dos factores indicados no n. 1 do artigo anterior, praticados quando do acesso ao emprego ou no próprio emprego, trabalho ou formação profissional com o objectivo ou efeito de afectar a dignidade da pessoa ou criar um ambiente intimidativo, hostil, degradante, humilhante ou desestabilizador. 3. Constitui, em especial, assédio todo o comportamento indesejado de caráter sexual, sob forma verbal, não verbal ou física, com o objectivo ou efeito referidos no número anterior."

"Art. 23 (Proibição de discriminação)

1. O empregador não pode praticar qualquer discriminação, directa ou indirecta, nomeadamente, na ascendência, idade, sexo, orientação sexual, estado civil, situação familiar, patrimônio genético, capacidade de trabalho reduzida, deficiência ou doença crônica, nacionalidade, origem étnica, religião, convicções políticas ou ideológicas e filiação sindical"(85).

---

(83) HIRIGOYEN, Marie-France. *Mal-estar no trabalho:* redefinindo o assédio moral. Tradução de Rejane Janowitzer. 2. ed. Rio de Janeiro: Bertrand Brasil, 2005. p. 17.

(84) *Ibidem*, p. 292.

(85) CÓDIGO DO TRABALHO. Instituto de Direito do Trabalho da Faculdade de Direito da Universidade de Lisboa. Lisboa: Principia, 2005. p. 47.

Diante da ausência de previsão legal do assédio moral na CLT, o Juiz do Trabalho poderá orientar-se pela legislação portuguesa acima citada, pois o Direito Comparado é fonte do Direito do Trabalho, conforme previsão expressa do art. 8º da CLT. Não obstante, embora muitos autores defendam a edição de uma Lei específica para tipificar o assédio moral na esfera das relações de trabalho, pensamos, embora tal seja conveniente[(86)], considerando-se a tradição romano-germânica brasileira do direito positivado por meio de legislação minuciosa, já existirem instrumentos tanto no texto constitucional, como na CLT, no Código Civil, no Código Penal, que tutelam a liberdade psíquica do empregado no ambiente de trabalho.

Voltando ao aspecto processual, por primeiro, deve ser destacado que a Constituição Federal apresenta uma gama de princípios processuais aplicáveis a todos os ramos da esfera processual que têm por objetivo resguardar a efetividade e a dignidade do processo como um instrumento de acesso efetivo, ético e moral do cidadão à justiça.

Os princípios constitucionais do processo constituem direitos fundamentais do cidadão, por constarem no rol do art. 5º que trata dos direitos individuais fundamentais (art. 60, § 4º, da CF), e constituem postulados básicos que irradiam efeitos em todos os ramos do processo, bem como norteiam toda a atividade jurisdicional. Tais princípios constituem o núcleo de todo o sistema processual brasileiro.

Nesse sentido, ensina *Nelson Nery Junior*[(87)]:

> "Naturalmente, o direito processual se compõe de um sistema uniforme, que lhe dá homogeneidade, de sorte a facilitar sua compreensão e aplicação para a solução das ameaças e lesões a direito. Mesmo que se reconheça essa unidade processual, é comum dizer-se didaticamente que existe um Direito Constitucional Processual, para significar o conjunto das normas de Direito Processual que se encontra na Constituição Federal, ao lado de um Direito Processual Constitucional, que seria a reunião dos princípios para o fim de regular a denominada jurisdição constitucional. Não se trata, portanto, de ramos novos do direito processual."

Sob o espectro do assédio processual, devem ser destacados alguns princípios constitucionais do processo que se relacionam mais diretamente ao tema. São eles: a) princípio do devido processo legal; b) princípio da igualdade; c) princípio do contraditório e ampla defesa; d) princípio da duração razoável do processo.

O devido processo legal não deve ser óbice para a repressão do assédio processual, uma vez que, no Estado Social, deve ser aplicado e interpretado com critérios de justiça, razoabilidade e equidade. Por isso, são compatíveis com o devido processo

(86) De qualquer forma, diante da dinâmica da relação de trabalho e das mutações constantes do mercado de trabalho, dificilmente uma lei conseguirá abarcar todas as hipóteses de eclosão do assédio moral nas relações de trabalho.

(87) NERY JUNIOR, Nelson. *Princípios de processo civil na Constituição Federal*. 8. ed. São Paulo: RT, 2004. p. 26.

legal, mecanismos que visem à proteção do processo como instrumento confiável de materialização dos direitos fundamentais, bem como que assegure a cada parte no processo o que é seu por direito.

Apesar de a conduta do assédio processual não estar prevista de forma específica em lei, ela vem sendo reconhecida pela doutrina e pela jurisprudência por meio de interpretação e concreção dos princípios constitucionais do acesso à ordem jurídica justa e duração razoável do processo. No aspecto infraconstitucional, o fundamento está no princípio da boa-fé objetiva, que é comportamental (art. 422 do CC) e no princípio da vedação ao abuso de direito (art. 186 do CC).

Em razão do caráter publicista do Processo do Trabalho e do grande interesse na manutenção de sua dignidade, bem como em mantê-lo como um instrumento confiável e eficaz para a solução dos conflitos trabalhistas, a moderna doutrina processual tem estudado o instituto do assédio processual, com a finalidade de inibir e repelir condutas que possam violar a dignidade das partes envolvidas na relação jurídica processual.

Como bem adverte *Carlos Henrique Bezerra Leite*(88):

> "Se o processo é instrumento ético de composição de conflitos e se o juiz tem o dever de zelar pela boa administração da justiça, observando os princípios que sustentam o Estado Democrático de Direito (CF, art. 1º), como a dignidade da pessoa humana e a cidadania, e norteiam os atos da Administração Pública (CF, art. 37), como a moralidade e eficiência, cremos ser factível o reconhecimento do assédio processual na Justiça do Trabalho, máxime se considerarmos a possibilidade de aplicação das normas fundamentais que alicerçam a reparabilidade de danos por assédio moral (CF, art. 5º, V e X), bem como as previstas no plano infraconstitucional (CC, arts 186, 187 e 927)."

No mesmo sentido, observa *Luiz Guilherme Marinoni*(89):

> "Se o juiz não tem apenas a função de resolver litígios, porém a de zelar pela idoneidade da pestação jurisdicional, sem poder resignar-se a aplicar a técnica processual que possa conduizr a uma tutela jurisdicional inefetiva, é certo dizer que o seu dever não se resume a uma mera resposta jurisdicional, pois exige a prestação de uma tutela jurisdicional efetiva. Ou seja, o dever do juiz, assim como o do legislador, ao instituir a técnica processual adequada, está ligado ao direito fundamental à efetividade da tutela jurisdicicional, compreendido como um direito necessário para que se dê proteção a todos os outros direitos. [...] O jurisdicionado não é obrigado a se contentar com um procedimento inidôneo à tutela jurisdicional efetiva, pois o seu direito não se resume à possibilidade de

(88) *Curso de direito processual do trabalho.* 10. ed. São Paulo: LTr, 2012. p. 451.

(89) *Técnica processual e tutela dos direitos.* 3. ed. São Paulo: RT, 2010. p. 145.

acesso ao procedimento legalmente instituído. Com efeito, o direito à tutela jurisdicional não pode restar limitado ao direito de igual acesso ao procedimento estabelecido, ou ao conteúdo tradicional de direito de acesso à justiça. Não importa apenas dizer que todos devem ter iguais oportunidades de acesso aos procedimentos e aos advogados, e, assim, à efetiva possibilidade de argumentação e produção de prova."

Não é fácil se constatar o assédio processual, tampouco defini-lo com exatidão, mas sua existência se mostra inegável.

Na visão de *Mauro Vasni Paroski*[(90)]:

> "Entende-se, em linhas gerais, que assédio desta natureza consiste no exercício abusivo de faculdades processuais, da própria garantia da ampla defesa e do contraditório, pois a atuação da parte não tem a finalidade de fazer prevalecer um direito que se acredita existente, apesar da dificuldade em demonstrá-lo em juízo, nem se cuida de construção de teses sobre assuntos em relação aos quais reina discórdia nos tribunais, a exemplo de uma matéria de direito, de interpretação jurídica, complexa e de alta indagação. Nada disso. O verdadeiro propósito do litigante é dissimulado, pois, sob a aparência de exercício regular das faculdades processuais, deseja um resultado ilícito ou reprovável moral e eticamente, procrastinando a tramitação dos feitos e causando prejuízos à parte que tem razão, a quem se destina a tutela jurisdicional, além de colaborar para a morosidade processual, aumentando a carga de trabalho dos órgãos judiciários e consumindo recursos públicos com a prática de atos processuais que, sabidamente, jamais produzirão feitos (supostamente lícitos) desejados pelo litigante assediador. Em assim agindo, o litigante que pratica o assédio processual compromete a realização do processo justo."

Valendo-nos dos conceitos e distinções entre o assédio moral, litigância de má-fé e ato atentatório, podemos definir o assédio processual da seguinte forma: todo ato processual praticado de forma reiterada, insidiosa, por um dos sujeitos que atuam no processo (juiz, partes, servidores etc.), que tem por objetivo minar a autoestima de uma das partes litigantes, degradando o processo.

O assédio processual aproxima-se da litigância de má-fé e do ato atentatório à dignidade da justiça, mas com eles não se confunde, pois os atos de litigância de má-fé e ato atentatório têm tipificação legal e se consumam num único ou por alguns atos processuais praticados pela parte. Já o assédio processual é conduta insidiosa, não prevista em lei, mas que tem por objetivo minar a resistência do litigante, atentando contra sua dignidade, desencorajando-o a litigar.

---

(90) PAROSKI, Mauro Vasni. Reflexões sobre a morosidade e o assédio processual na Justiça do Trabalho. *In: Revista LTr* 72-01/38.

São elementos do assédio processual:

a) ato reiterado de um dos sujeitos do processo;

b) o ato praticado não precisa ser necessariamente ilícito;

c) estratégia perversa do agressor;

d) tem por objetivo minar a dignidade e autoestima de uma das partes litigantes.

São exemplos de assédio processual: Recusar-se o reclamado reiteradamente a receber a notificação inicial, ocultando-se maliciosamente; procrastinação do processo por uma das partes; negar abusivamente e de forma reiterada o cumprimento da decisão; propositura pelo reclamante de diversas reclamações trabalhistas idênticas em face do mesmo reclamado, com a finalidade de obstar o direito de defesa; requerimentos sucessivos de provas desnecessárias ao bom andamento do processo; interposição sucessiva de recursos com finalidade protelatória.

No aspecto, relevante destacar a seguinte ementa:

> "ABUSO PROCESSUAL. INDENIZAÇÃO POR DANO SOCIAL. FIXAÇÃO FORA DOS LIMITES DA LITIGÂNCIA DE MÁ-FÉ (ARTS. 16/18 DO CPC) E ATO ATENTATÓRIO AO EXERCÍCIO DA JURISDIÇÃO (ART. 14, DO CPC). As repercussões jurídicas fixadas na lei processual, por óbvio, não representam um salvo-conduto para que os sujeitos do processo possam, extrapolando os limites do seu direito subjetivo, ferir as regras jurídicas da relação jurídica básica. Em outras palavras, a aplicação dos efeitos específicos da lei processual não eliminam as repercussões na esfera da relação jurídica básica. Ser contrário a esta ideia é o mesmo que acreditar que o fato de se verem riscadas as expressões injuriosas nos escritos juntados ao processo, é o efeito único que se possa atribuir para tal ato. Da mesma forma, mesmo os atos definidos na lei processual como 'atentatório ao exercício da jurisdição', 'litigância de má-fé' e 'atentatório à dignidade da Justiça' não gerarão os efeitos restritos fixados na lei processual, pois os mesmos atos podem atingir a esfera da relação jurídica básica. O próprio Jorge Americano, tratando da questão sob outro prisma, já admitia a indenização por dano moral pelo exercício abusivo da demanda (*Do abuso do direito no exercício da demanda*. São Paulo: Casa Vanorden, 1923. p. 110-112), não se podendo conceber que quanto ao aspecto da imposição da ética processual o direito tenha regredido." (TRT – 15ª Reg. – RO – Proc. n. 00920-2005-119-15-00-1 – 12ª C. – rel. Juiz Jorge Luiz Souto Maior – DJSP 24.8.2007, p. 145)

Do acórdão acima citado, relevante destacar a seguinte passagem:

> "As repercussões jurídicas fixadas na lei processual, por óbvio, não representam um salvo--conduto para que os sujeitos do processo possam, extrapolando os limites do seu direito subjetivo, ferir as regras jurídicas da relação jurídica básica. Em outras palavras, a aplicação dos efeitos específicos da lei processual não eliminam as repercussões na esfera da relação jurídica básica. Ser contrário a esta ideia é o mesmo que acreditar que o fato de se verem riscadas as expressões injuriosas nos escritos juntados ao processo, é o efeito único que se possa atribuir para tal ato. Da mesma forma, mesmo os atos definidos na lei processual como 'atentatório ao exercício da jurisdição', 'litigância de má-fé' e 'atentatório à dignidade da Justiça' não gerarão os efeitos restritos fixados na lei processual, pois os mesmos atos podem atingir a esfera da relação jurídica básica. O próprio Jorge Americano, tratando da

questão sob outro prisma, já admitia a indenização por dano moral pelo exercício abusivo da demanda (*Do abuso do direito no exercício da demanda*. São Paulo: Casa Vanorden, 1923. p. 110-112). E, como diz *Leedsônia*, com precisão, 'não é de crer que o Direito, neste aspecto, possa ter regredido' (ob. cit., p. 164). É importante destacar que o Estado, no exercício de seu poder-dever jurisdicional e representado pelo magistrado, integra-se no contexto dessa relação jurídica básica. Assim, da mesma forma que o juiz deve respeitar os demais sujeitos do processo, estes lhe devem respeito, não por uma circunstância hierárquica, mas pela existência da relação jurídica básica, na qual se inclui, por evidente, o respeito à autoridade institucional do poder jurisdicional. É neste sentido, ademais, que se diz que a Justiça possui uma dignidade, que não pode, pura e simplesmente, ser desconsiderada pelos sujeitos do processo, até porque, como diz *Ada Pellegrini Grinover*, 'há muito o processo deixou de ser visto como instrumento meramente técnico, para assumir a dimensão de instrumento ético voltado a pacificar com justiça'." (Paixão e morte do *'contempt of court'* brasileiro — art. 14 do Código de Processo Civil. *In:* CALMON, Eliana; BULOS, Uadi Lammêgo (Coords.). *Direito Processual:* inovações e perspectivas. Estudos em homenagem ao Ministro Sálvio de Figueiredo Teixeira. São Paulo: Saraiva, 2003. p. 1)[(91)]

Até mesmo o Juiz do Trabalho pode praticar em algumas situações o assédio processual contra uma ou ambas as partes. São exemplos: tentativas abusivas e reiteradas de conciliação pelo juiz, exemplificativamente, com os seguintes argumentos: o processo vai demorar demais; há chances de o reclamante não receber nada; a condenação vai *quebrar* a empresa, etc., visando a minar a resistência das partes e obrigá-las a aceitar a conciliação contra a vontade.

Nesse sentido, também é a visão de *Luís Carlos Moro*[(92)]:

> "Não são poucas as oportunidades em que os próprios magistrados, atuando como mediadores de um eventual acordo, durante a fase conciliatória das audiências advertem os postulantes acerca das dificuldades processuais vindouras, do tempo de espera. E, se é certo que não estão incorrendo em prestação de qualquer informação inverídica, por outro lado, influenciam negativamente o ânimo dos postulantes em obter o que lhes assegura a lei."

Pensamos que o requisito da repetição da conduta ou habitualidade para configuração do assédio processual tem de ser aferido conforme o caso concreto, as características do ofensor, da vítima, as condições de tempo e lugar, o nível de instrução da vítima e as características da conduta do ofensor. Desse modo, conforme o caso concreto, uma conduta repetida de forma sistemática em um único dia pode configurar o assédio processual.

A jurisprudência já começou a se manifestar sobre o assédio processual.

---

(91) TRT 15ª Reg. – RO. – Proc. n. 00920-2005-119-15-00-1 – 12ª C. – rel. Juiz Jorge Luiz Souto Maior – DJSP 24.8.2007 – p.145.

(92) MORO, Luís Carlos. Assédio processual, ato atentatório à dignidade da Justiça e litigância de má-fé no processo do trabalho. *In: Revista do Advogado*, ano XXVIII, maio 2008, n. 97. AASP, p. 132.

Vale transcrever trechos da brilhante sentença prolatada pela MMa. Juíza Mylene Pereira Ramos, da 63ª VT, no Processo n. 2.784/2002, em 8 de abril de 2005[93]:

"[...] DO DANO MORAL

O pedido é parcialmente procedente. Pretende o autor ser indenizado pelos danos morais e materiais sofridos pelo descumprimento de acordo judicial celebrado com o réu em reclamação trabalhista, e pela demora em seu recebimento por meio de execução, motivada por inúmeros incidentes e recursos interpostos pelo réu.

O pedido é procedente.

Praticou a ré 'assédio processual', uma das muitas classes em que se pode dividir o assédio moral. Denomino assédio processual a procrastinação por uma das partes no andamento de processo, em qualquer uma de suas fases, negando-se a cumprir decisões judiciais, amparando-se ou não em norma processual, para interpor recursos, agravos, embargos, requerimentos de provas, petições despropositadas, procedendo de modo temerário e provocando incidentes manifestamente infundados, tudo objetivando obstaculizar a entrega da prestação jurisdicional à parte contrária.

A ré, ao negar-se a cumprir o acordo judicial que celebrou com o autor, por mais de quinze anos, interpondo toda sorte de medidas processuais de modo temerário, e provocando incidentes desprovidos de fundamento, na tentativa de postergar ou impedir o andamento do feito, praticou autêntico 'assédio processual' contra o autor e o Poder Judiciário.

Ante todo o conjunto probatório, torna-se evidente a conduta dolosa do réu, objetivando o não cumprimento de decisão judicial, ofendendo a dignidade do autor como pessoa humana.

Com efeito, em acordo homologado em 20 de novembro de 1985 (fls. 52 e ss.), nos autos da reclamatória trabalhista n. 2.475/81, o réu comprometeu-se em cumprir obrigações de pagar a quantia acordada e de complementar os proventos de aposentadoria do autor.

Ainda no ano 2000 (fls. 373), o autor suplicava ao Judiciário o cumprimento do prometido, na tentativa de receber do réu o que lhe era devido. Isso porque o réu por várias vezes descumpriu decisões judiciais demonstrando desrespeito também para com o Poder Judiciário. Exemplo disto é a petição às fls. 181 onde afirma que suspendeu o pagamento da complementação de aposentadoria do autor, alegando como fundamento diploma legal vigente desde 1977, sete anos antes da celebração do acordo. Somado a isto, utilizou-se dos meios processuais disponíveis para dificultar o andamento do feito, interpondo toda sorte de recursos — ordinário, embargos, agravo de petição —, criando obstáculos ao cumprimento do acordo, e consequentemente, das obrigações que sabia era devedora. Agiu dolosamente, contra direito de empregado aposentado que iniciou a prestação de serviços em 12.9.1995 (fls. 603).

As decisões reprovando os atos praticados pelo banco réu foram diversas, a exemplo das exaradas às fls. 248 e 265/267. Até mesmo o Egrégio Tribunal Regional do Trabalho da 2ª Região, em sede de embargos de declaração interposto pelo réu (fls. 138), foi compelido a explicar-lhe que o banco estava infringindo seu dever de respeitar o ato jurídico perfeito — *in casu* o acordo de fls. 52 e ss. —, o direito adquirido do autor em ver cumprido o quanto avençado, e a coisa julgada, ou seja, a decisão judicial que homologou o acordo.

Outro exemplo dos muitos obstáculos criados pela ré está às fls. 352, quando, após requerer dilação de prazo para cálculos, apresentou-os (fls. 353/355), porém, não depositou sequer a parte incontroversa.

(93) Disponível em: <www.trtsp.jus.br> Acesso em: 10 set. 2008.

O autor laborou por 30 anos ininterruptamente, e após celebrar acordo judicial com o réu, foi tratado em condições ofensivas à dignidade humana.

O réu, uma das maiores instituições financeiras do país, utilizou-se de todo seu aparato jurídico para massacrar os direitos, a honra e a imagem do autor que, repise-se, lá laborou desde 12.9.1995.

Frágil, perante o poderio econômico do réu, e atado o Poder Judiciário pelas malhas das normas processuais que permitiram ao réu delongar o cumprimento de sua obrigação por mais de quinze anos, nada restou ao sofrido autor do que esperar. Neste ínterim, sofreu a vergonha e a humilhação de um empregado que após 30 anos de trabalho à mesma instituição se vê por ela massacrado.

A estratégia processual adotada pela ré arrastou pela *via crucis* não só o autor, mas também muitos outros empregados, que, pelo imenso volume de processos em andamento, não conseguem receber suas verbas de natureza alimentar. Dito de outra forma, o réu onerou o Poder Judiciário, concorrendo para o sobrecarregamento da Vara, requerendo o labor de vários servidores para a movimentação do processo, atrasando o andamento dos demais.

Por certo, o autor tem direito à indenização por dano moral. Atingido em seus direitos individuais, sofreu a angústia daquele que sente-se ofendido, até mesmo em sua alma, esta última, um dos bens jurídicos que devem ser protegidos do assédio moral nas palavras de Francisco González Navarro.

O sofrimento humano é bem definido por José Ortega y Gasset *in* El Espectador, Revista de Occidente, Madrid, 1960, quando diz:

"*Cuando no hay alegría el alma se retira a un rincón de nuestro cuerpo hace de él su cubil [...] para alimentar su dolor y sostener en pie su desesperación.*"

A norma positiva ampara o autor. A Declaração Universal dos Direitos, a Constituição Federal em seus arts. 1º, inciso III e 5º, inciso X, bem como o Código Civil, em seus arts. 11 a 21, vedam ofensas à dignidade e à honra do indivíduo, estabelecendo o mesmo art. 5º da Carta Magna, incisos V e X, o dever de indenizar o ofendido, direito regulamentado pelas disposições dos arts. 927, parágrafo único e 944 e seguintes do Código Civil."

No mesmo sentido, vale transcrever as seguintes ementas:

"SENTENÇA LÍQUIDA. IMPUGNAÇÃO AOS CÁLCULOS. PRECLUSÃO TEMPORAL. Verifica-se que o agravo de petição busca debater os cálculos de liquidação aos quais integraram a sentença prolatada, sendo certo que deveria ter sido atacada por meio processual adequado ao caso, qual seja, recurso ordinário interposto no prazo e forma legal. Não aviado o recurso ordinário, houve o trânsito em julgado da r. sentença em 26.2.08, abarcando os cálculos da liquidação. Agravo de Petição do executado não provido. Contraminuta do Exequente. Assédio processual. Configurado. Verifica-se que o executado, intimado da decisão prolatada nos presentes autos, quedou-se inerte, dormitando em seu direito de apresentar Recurso Ordinário. Oportuno assentar que à parte não é dado recorrer simplesmente pelo direito de acionar o Judiciário para analisar sua pretensão. É necessário que essa pretensão esteja ainda em discussão, em evidência para investigação, sem a cobertura do manto protetor da coisa julgada, o que não é o caso. Assevera-se que o executado interpôs Agravo de Petição enfrentando matéria que não comporta mais debate, agindo consciente desta preclusão temporal, porém, imbuído pelo intuito de protelar a execução efetiva da sentença, impondo ao exequente o 'tempo' desnecessário ao percebimento de seu direito, já amparado por decisão judicial. O inconformismo 'tardio' do executado com a decisão *a quo* não lhe confere o direito de trazê-lo a esta Corte em momento processual executório, interferindo na marcha processual ordinária do feito e onerando a máquina judiciária em favor de seu interesse particular de adiar a transferência do montante devido ao exequente. O descumprimento, pelo executado, da determinação judicial constante da sentença, que lhe rende a aplicação da multa de 10%, referenda a constatação de que o executado tem se oposto à efetiva execução da decisão judicial. Assim, conclui-se que a interposição do presente Agravo de Petição tem tão somente o desígnio de protelar a entrega da prestação jurisdicional ao exequente, o que, efetivamente, não é compatível com os princípios afeitos a esta Justiça Especializada. Reconhece-se, portanto, que a atitude do executado afronta os termos do art. 14, V, e do art. 600, III, ambos do CPC, incorrendo em assédio processual, cabendo a aplicação de multa, nos termos do parágrafo único do art. 14 e do art. 601 do CPC. Pleito do Exequente trazido em contrarrazões, ao qual se dá provimento." (TRT 23ª Reg. – AP 0015.2005.005.23.00-8 – AC 2ª T. – rel. Des. Luiz Alcântara. DOE/TRT – 18ª Reg., n. 581, ano 08, 24.10.08 (Div.) p. 36. *In:* FERRARI, Irany; MARTINS, Melchíades Rodrigues. *Suplemento de Juriprudência LTr* n. 06/09, p. 43)

"Assédio processual. Indenização. Retardamento do processo. Conduta reprovável (TRT – 9ª Região – 00511-2006-562.09.00-3 – AC 33280/2008. Rel. Tobias de Macedo Filho – DJPR 16.9.2008).

A prática do assédio processual deve ser rechaçada com toda a energia pelo Judiciário. Os Tribunais brasileiros, sobretudo os Tribunais Superiores, estão abarrotados de demandas retóricas, sem a menor perspectiva científica de sucesso. Essa prática é perversa, pois além de onerar sobremaneira o erário público torna todo o sistema brasileiro de justiça mais lento e por isso injusto. Não foi por outro motivo que a duração razoável do processo teve de ser guindada ao nível constitucional [...]. O processo é um instrumento dialógico por excelência, o que não significa que possa admitir toda ordem de argumentação." (TRT – 3ª R. – 4ª T. – Processo 00760-2008-112-03-00-4 RO – rel Juiz José Eduardo de R. C. Júnior – DJMG 21.2.09)

"ASSÉDIO PROCESSUAL. CONFIGURAÇÃO. A prática de assédio processual sinaliza a intensa movimentação da parte litigante em retardar ao máximo a efetividade da prestação jurisdicional, valendo-se de expedientes procrastinatórios, em afronta à celeridade processual. Evidenciada a intenção manifesta da parte adversa no retardamento do cumprimento de obrigação judicial transitada em julgado, mesmo após exauridos todos os prazos recursais, culminando na prática de sucessivos expedientes executórios em desrespeito à dignidade do reclamante e, inclusive, movimentando a máquina administrativa desmedidamente para atingir seus próprios objetivos, constitui prática de expediente desabonador, passível de reprimenda." (TRT – 15ª Região – 1ª Turma – 1ª Câmara – Processo TRT 15ª Região n. 0000679-6.2010.5.15.0118 – RO – rel. Des. Claudinei Zapata Marques – DOE/SP 14.10.2011)

"TERCEIRIZAÇÃO. NEGATIVA DE PRESTAÇÃO DE SERVIÇO. PROVA ROBUSTA QUE NÃO SUSTENTOU A TESE DEFENSIVA DA TOMADORA CONCERNENTE À NEGATIVA DE PRESTAÇÃO LABORAL. LITIGÂNCIA DE MÁ-FÉ. MULTA E INDENIZAÇÃO. ALTERAÇÃO DA VERDADE DOS FATOS. DESLEALDADE PROCESSUAL. DIGNIDADE DA JUSTIÇA. ASSÉDIO PROCESSUAL. DANO PROCESSUAL. FIM PROIBIDO EM LEI (ART. 129 DO CPC). BOA-FÉ OBJETIVA. LIMITES DOS PRINCÍPIOS DA EVENTUALIDADE E DA CONCENTRAÇÃO DA DEFESA. A prova oral revelou, de forma inequívoca e contundente, que o reclamante sempre trabalhou em favor da tomadora Claro. O Juízo de origem, com fundamento nos arts. 16, 17, II, e 18, § 2º, do CPC, diante da prova oral, reputou a reclamada litigante de má-fé, porque houve tentativa de alterar a verdade dos fatos na medida em que negou a prestação laboral. A defesa que nega a prestação laboral tem-se tornado muito comum no processo do trabalho em que se discutem direitos trabalhistas em terceirização e no qual, quase que certamente, as reais empregadoras são consideradas revéis e confessas quanto às matérias de fato. As tomadoras, que antes contestavam sob o fundamento de que não eram responsáveis pelas verbas trabalhistas da real empregadora com quem tinham contratado, começaram, sabendo da dificuldade dos trabalhadores de encontrar essas tantas empresas de terceirização que desaparecem, a negar a existência de qualquer relação jurídica, com o intuito manifesto de transferir e dificultar o ônus probatório aos autores das reclamações trabalhistas. Ocorre que o autor ou o réu não podem deduzir fatos em Juízo que não correspondem à verdade, segundo os arts. 14 e seguintes do CPC. Essa atuação é destituída de lealdade processual. É desleal com a parte contrária e com a dignidade da Justiça, mormente quando a prova termina por revelar que, de fato, a contestante era a tomadora dos serviços, como no presente caso em apreciação. A ampla defesa deve ser exercitada com os limites da boa-fé objetiva e com lealdade processual às partes e ao Judiciário. A defesa legítima e ampla é aquela que, sem calar a verdade ou alterá-la, atribui aos fatos consequências jurídicas diferentes das almejadas pela parte adversa. Os operadores do direito têm-se distanciado do espírito da lei. A atuação na origem está em conformidade com a lei, já que impediu à parte a prática de ato com o fim nela proibido (art. 129 do CPC), restabeleceu a ordem processual e a dignidade da justiça, afastou o assédio processual e sanou o dano processual decorrente, estabelecendo a multa e indenização por litigância de má-fé. Mantém-se." (TRT/SP – 00017113820125020002 – RO – Ac. 12ª T. – 20140380889 – Relª Maria Elizabeth Mostardo Nunes – DOE 16.5.2014)

Recentemente, a mais alta Corte Trabalhista admitiu a reparação por assédio processual, conforme segue:

"Assédio processual. Configuração. Indenização devida. Configura assédio processual o uso sucessivo de instrumentos procedimentais lícitos visando protelar a solução definitiva da controvérsia e abalar a esfera psicológica da parte contrária. Trata-se, portanto, de ato ilícito (art. 187 do CC c/c art. 16 do CPC) que gera dano de natureza moral, vez que atinge principalmente a saúde psíquica da vítima. No caso, registrou o TRT que o autor, ao ajuizar a ação rescisória, fez acusações absolutamente desprovidas de razão e de provas, configurando, desse modo, ato de deslealdade processual a autorizar a imposição de multa a título indenizatório. Sob esse entendimento, a SBDI-II, por unanimidade, conheceu do recurso ordinário e, no mérito, negou-lhe provimento, mantendo a condenação ao pagamento de indenização, a título de dano moral, no percentual de 10% sobre o montante atualizado da execução." (TST-RO-293-76.2012.5.09.0000, SBDI-II, rel. Min. Alberto Luiz Bresciani de Fontan Pereira, 2.2.2016)

20.1. Da reparação do assédio processual no âmbito trabalhista

Deve o Juiz do Trabalho, como diretor do processo, direcionar os atos processuais a fim de assegurar a ambas as partes as mesmas oportunidades, evitando que uma das partes possa ter vantagem sobre a outra, bem como tomar todas as cautelas e medidas processuais para que o assédio processual não ocorra. Entretanto, caso ele aconteça, deve-se imediatamente neutralizá-lo, devendo o magistrado, como diretor do processo, agir imediatamente, de ofício, a fim de fazer cessar o estado de assédio.

Uma vez caracterizado o assédio processual, a parte lesada tem direito à reparação. Esta reparação não é tarifada, tampouco se confunde com as cominações de litigância de má-fé e ato atentatório à dignidade da justiça, pois não é possível quantificar a extensão do dano, tampouco indenizar a violação de um direito da personalidade da parte litigante, pois o assédio atenta contra sua dignidade. Desse modo, a indenização pelo assédio moral deve ser fixada conforme a reparação por danos morais.

Como bem adverte *Helena Najjar Abdo*[94]:

> "A justificativa para a reparabilidade dos danos (materiais e morais) causados por condutas processuais abusivo é a mesma que se aplica aos casos de responsabilidade civil extracontratual: o restabelecimento do equilíbrio destruído pelo dano, recolocando a vítima na situação em que se encontrava antes da ocorrência do dano."

Não é nova a fixação de danos morais em razão do exercício abusivo de faculdades processuais. *Jorge Americano* admitia a indenização por danos morais em razão de exercício abusivo da demanda, em sua obra *Do abuso do direito no exercício da demanda*. Casa Vanorden, 1923, p. 111.

De outro lado, deve ser destacado que a reparação do assédio processual tem caráter publicista, pois visa não só a compensar a parte lesada, mas também a resguardar a dignidade do processo. Por isso, é relevante a função do Judiciário não só em prevenir o assédio processual, mas também em repará-lo devidamente.

No nosso sentir, a ausência de uma reparação tarifada é própria e inerente ao instituto do dano moral. Acreditamos que não há como tarifá-lo, deixando o montante da reparação ao prudente arbítrio do juiz, segundo o caso concreto, mas isso não significa que o Juiz do Trabalho não se possa pautar por alguns critérios de ordem objetiva.

O C. STJ pacificou a questão no sentido de não ser tarifada a reparação por danos morais, por meio da Súmula n. 281, *in verbis*:

> "A indenização por dano moral não está sujeita à tarifação prevista na Lei de Imprensa."

No mesmo sentido, é o Enunciado n. 51 da 1ª Jornada de Direito Material e Processual do Trabalho, realizada no TST, *in verbis*:

> "RESPONSABILIDADE CIVIL. DANOS MORAIS. CRITÉRIOS PARA ARBITRAMENTO. O valor da condenação por danos morais decorrentes da relação de trabalho será arbitrado pelo juiz de maneira equitativa, a fim de atender ao seu caráter compensatório, pedagógico e preventivo."

Acreditamos que o *quantum* da reparação deve estar balizado pelos seguintes critérios: a) reconhecer que o dano moral não pode ser valorado economicamente; b) valorar o dano no caso concreto, segundo as características de tempo e lugar onde ocorreu; c) analisar o perfil da vítima e do ofensor; d) analisar se a conduta do ofensor foi dolosa ou culposa, bem como a intensidade da culpa; e) considerar

(94) *O abuso do Processo*. São Paulo: RT, 2007. p. 229.

não só os danos atuais, mas também os prejuízos futuros, como a perda de uma chance; f) guiar-se o juiz pela razoabilidade, equidade e justiça; g) considerar a efetiva proteção à dignidade da pessoa humana; h) considerar o tempo de serviço do trabalhador, sua remuneração; i) atender à função social do contrato de trabalho, da propriedade e função social da empresa; j) inibir que o ilícito se repita; k) chegar ao acertamento mais próximo da reparação, mesmo sabendo que é impossível conhecer a dimensão do dano. Por isso, deve apreciar não só os danos atuais como os futuros (perda de uma chance); l) considerar a situação econômica do País e o custo de vida da região em que reside o lesado[95].

Relevante, no aspecto, destacar as seguintes ementas:

"Indenização por danos morais — Critérios de arbitramento. Não há parâmetro rigoroso insculpido na lei para o arbitramento da indenização por danos morais, pelo que o valor da reparaçao há de ser arbitrado por um juízo de equidade, levando-se em consideração alguns critérios, tais como: a gravidade do ato danoso, a intensidade da sua repercussão na comunidade, o desgaste provocado no ofendido, a posição socioeconômica do ofensor etc." (TRT 3ª R. – 1ª T. – RO n. 455/2004.031.03.00-9 – rel. Mauricio J. Godinho Delgado – DJ 7.10.05 – p. 5) (RDT n. 11 de Novembro de 2005)

"Dano moral — Valor da indenização. A indenização decorrente de dano moral está assegurada pelo inciso X do art. 5º da Constituição Federal. O que deve ser levado em conta para fixar o valor da indenização é a vida profissional e econômica do empregado e as condições do próprio empregador." (TRT 12ª R. – 2ª T. – ROV n. 2494/2001.007.12.85-8 – Ac. n. 12486/05 – relª Ione Ramos – DJ 13.10.05 – p. 287) (RDT n. 11 – Novembro de 2005)

"Dano moral — Valor da indenização. O dano moral não é mensurável matematicamente, mesmo porque atinge aquilo que o ser humano tem de mais precioso: sua honra, moral e intimidade. E, por isso mesmo, o instituto não pode ser desvirtuado, de modo a se transformar numa fonte de renda. A solidez econômica do empreendimento, o porte da empresa, seu capital social e a existência de diversas filiais, não podem ser considerados para efeito da fixação do valor da indenização. A punição do ofensor se caracteriza pela intervenção do Estado, através da sentença condenatória, e não pelo valor da condenação propriamente dita, muito embora este também não possa ser inexpressivo, sob pena de tornar inócua a reação." (TRT 15ª R. – 2ª T. – RO n. 568/2002.058.15.00-6 – rel. Paulo de T. Salomão – DJSP 7.5.04 – p. 16) (RDT n. 6 – junho de 2004)

"Danos morais — *Quantum* indenizatório. Ratifica-se o valor indenizatório arbitrado em primeiro grau, que levou em conta as sequelas do acidente de trabalho e a omissão do empregador em não proporcionar equipamento de segurança ao obreiro, além das dificuldades que certamente virão, quando do retorno do empregado de sua licença previdenciária, devido à perda de 30% de suas habilidades manuais de forma definitiva." (TRT 3ª R. – 4ª T. – RO n. 538/2002.090.03.00-3 – rel. Antônio A. da Silva – DJMG 15.5.04 – p. 9) (RDT n. 6 – junho de 2004)

"DANO MORAL — VALORAÇÃO. A fixação do valor da indenização deve se pautar pelo princípio da razoabilidade e proporcionalidade (art. 944, CC), ou seja, satisfazer o interesse de compensação do lesado e a repressão à conduta do lesador. Assim, deve levar em

(95) Para maiores destalhes, indicamos: SCHIAVI, Mauro. *Ações de reparação por danos morais decorrentes da relação de trabalho.* 4. ed. São Paulo: LTr, 2011.

consideração a gravidade da conduta; a extensão do dano, tendo em conta o sofrimento e as repercussões pessoais, familiares e sociais; a situação econômica do lesador e; o caráter pedagógico da sanção. Isto porque, a indenização tem natureza compensatória, uma vez que o dano moral é de difícil mensuração." (TRT/SP – 00013537120105020381 – RO – Ac. 4ª T. – 20120675689 – rel. Ivani Contini Bramante – DOE 29.6.2012)

"VALOR DA INDENIZAÇÃO POR DANOS MORAIS — PARÂMETROS. Não existe no nosso ordenamento jurídico dispositivo legal fixando parâmetros ou mesmo valores para a indenização por dano moral. Com o advento da Constituição Federal de 1988 não mais subsiste qualquer regra de tarifação da indenização por dano moral. Este é o entendimento do C. STJ manifestado na Súmula n. 281: 'A indenização por dano moral não está sujeita à tarifação prevista na Lei de Imprensa'. A jurisprudência já sedimentou o entendimento de que a fixação do valor de indenização por dano moral deve ser feita por arbitramento (interpretação analógica do art. 953 do Código Civil), sendo que o órgão julgador deverá valorar aspectos como a gravidade do ilícito civil praticado, a repercussão do fato, a extensão do dano (art. 944 do Código Civil), a capacidade econômica das partes envolvidas e a duração do contrato de trabalho. Além desses parâmetros, a doutrina e jurisprudência também apontam uma dupla finalidade para o *quantum* indenizatório: o valor deve proporcionar à vítima alguma compensação e ao mesmo tempo inibir o transgressor da prática de novos atos ilícitos. Acrescente-se, ainda, que na fixação desse valor indenizatório o órgão julgador deve pautar-se pelo princípio da razoabilidade, a fim de encontrar um valor que não seja ínfimo, nem excessivo para que não se converta em meio de enriquecimento sem causa." (TRT/SP – 02254005320095020384 – RO – Ac. 12ª T. – 20120219888 – rel. Paulo Kim Barbosa – DOE 16.3.2012)

A indenização pelo dano decorrente do assédio processual poderá ser apurada, liquidada e executada nos próprios autos do processo em que ele eclodiu, inclusive o Juiz do Trabalho, *ex officio*, poderá determinar a indenização.

Nesse mesmo sentido, sustenta *Mauro Vasni Paroski*(96):

> "A imposição da obrigação de reparar os danos ao litigante que comete assédio processual não depende de requerimento do lesado, porque antes de visar compensar os transtornos causados a este, tem por escopo preservar e defender o exercício da jurisdição e a autoridade que deve ser creditada às decisões jurisdicionais."

(96) *In: Revista LTr* 72-01/43.

Capítulo VII

Da Intervenção de Terceiros no Direito Processual do Trabalho

1. Da intervenção de terceiros e princípios que a orientam

Alguns autores utilizam a expressão *participação em processo*, que significa o gênero do qual o litisconsórcio e a intervenção de terceiros são espécies.

Ensina *Cândido Rangel Dinamarco*(1):

> "Intervenção de terceiros é o ingresso de um sujeito em processo pendente, entre outros, como parte."

Intervir é entrar no meio. Por isso, intervir em um processo significa ingressar na relação processual, fazendo-se parte: não constituem intervenções certos casos em que o terceiro toma alguma iniciativa paralela à das partes do processo pendente, mas dando formação a um processo novo, sem ingressar naquele(2).

No tocante às partes no processo, vigora, no direito processual civil brasileiro, o princípio da singularidade. De acordo com este princípio, compõem os polos da relação jurídico-processual somente autor e réu. Nos casos expressamente previstos na legislação, cabe a intervenção de outras pessoas no processo.

Conforme *Luiz Guilherme Marinoni* e *Sérgio Cruz Arenhart*(3):

> "Parte é aquele que demandar em seu nome (ou em nome de quem for demandada) a atuação de uma ação de direito material e aquele outro em face de quem essa ação deve ser atuada. Terceiro interessado será, por exclusão, aquele que não efetivar semelhante demanda no processo, mas, por ter interesse jurídico próprio na solução do conflito (ou, ao menos, afirmar possuí-lo), é autorizado a dele participar sem assumir a condição de parte."

Terceiro é rigorosamente toda pessoa que não seja parte no processo. Todos aqueles que não são partes consideram-se, em relação àquele processo, terceiros *(Liebman)*. São terceiros interessados, por exemplo: o sócio que se retirou da sociedade há menos de 2 anos; seguradora que vem ajudar o segurado etc.

---

(1) DINAMARCO, Cândido Rangel. *Instituições de direito processual civil.* V. II. São Paulo: Malheiros, 2001. p. 365.

(2) *Ibidem*, p. 369.

(3) *Manual do processo de conhecimento.* 4. ed. São Paulo: RT, 2005. p. 164.

O fundamento da intervenção de terceiros é a proximidade entre certos terceiros e o objeto da causa, podendo-se prever que por algum modo o julgamento desta projetará algum efeito indireto sobre sua esfera de direito[(4)].

Como bem adverte *Wagner D. Giglio*[(5)], "não seria razoável multiplicar o número de processos e exigir que terceiros que tenham interesse jurídico na solução de uma lide devam mover outra ação. É por isso que terceiros, nessas circunstâncias, podem intervir em processo já existente, a título de economia processual."

Para *Athos Gusmão Carneiro*[(6)], terceiro só o é até que intervenha; ao intervir, converte-se em parte.

A intervenção pode ser:

a) espontânea (voluntária): assistência, oposição;

b) provocada (ou coacta): denunciação à lide e chamamento ao processo.

2. Da compatibilidade da intervenção de terceiros com o procedimento trabalhista

Como visto, o procedimento trabalhista é oral, sintético e célere, visando à rápida satisfação do crédito do trabalhador. Atualmente, podemos dizer que há, na Justiça do Trabalho, três tipos de procedimentos: o ordinário (comum)[(7)], o sumaríssimo[(8)] e o especial[(9)].

Em razão das peculiaridades do processo do trabalho, principalmente de seus princípios basilares, muitos questionam a possibilidade da intervenção de terceiros no processo do trabalho.

No procedimento sumaríssimo trabalhista, não cabe tal intervenção em razão dos princípios da celeridade e da simplicidade do referido procedimento. Embora a Lei n. 9.957/00 não vede expressamente a possibilidade de intervenção de terceiros, o art. 10 da Lei n. 9.099/95[(10)], aplicável subsidiariamente ao procedimento sumaríssimo trabalhista, veda expressamente tal intervenção[(11)].

---

(4) DINAMARCO, Cândido Rangel. *Op. cit.*, p. 366.

(5) GIGLIO, Wagner D. *Direito processual do trabalho.* 15. ed. São Paulo: Saraiva, 2005. p. 142.

(6) CARNEIRO, Athos Gusmão. *Intervenção de terceiros.* 12. ed. São Paulo: Saraiva, 2001. p. 51.

(7) O procedimento comum, também chamado ordinário, está disciplinado nos arts. 837 a 852 da CLT.

(8) Atualmente, a nosso ver, há duas espécies de procedimentos sumaríssimos na Justiça do Trabalho: o sumaríssimo disciplinado pelos arts. 852-A a 852-I da CLT (Lei n. 9.957/00) e o disciplinado pela Lei n. 5.584/70, também denominado pela doutrina como procedimento sumário. Conforme entendimento da doutrina majoritária, ao qual nos filiamos, a Lei n. 9.957/00 não revogou ou ab-rogou a Lei n. 5.584/70, pois com ela não é incompatível, não regulamentou integralmente a matéria, tampouco disse expressamente (art. 2º da LINDB).

(9) Quanto aos procedimentos especiais, a CLT disciplina três espécies: o inquérito judicial para apuração de falta grave (arts. 853 a 855), o dissídio coletivo (arts. 856 a 875) e a ação de cumprimento (art. 872).

(10) Art. 10 da Lei n. 9.099/95: "Não se admitirá, no processo, qualquer forma de intervenção de terceiros nem de assistência. Admitir-se-á o litisconsórcio."

(11) Nesse mesmo diapasão, José Antônio Ribeiro de Oliveira Silva: "[...] pensamos não ser admissível no rito sumaríssimo trabalhista qualquer espécie de intervenção de terceiros, inclusive a assistência, para não

No rito ordinário, há grandes controvérsias sobre a possibilidade ou não da intervenção de terceiros.

Na doutrina, alguns autores sustentam a viabilidade da intervenção de terceiros no Processo do Trabalho mesmo antes da edição da EC n. 45/04. Dentre eles, destacamos a posição de *Ísis de Almeida*(12):

> "Em sucessivas edições do nosso 'Manual de Direito Processual do Trabalho' (1º Volume), vimos afirmando que não haveria como negar a possibilidade de uma intervenção de terceiro no processo trabalhista, do momento em que a coisa ou direito a elas referentes, em litígios, estivessem vinculados a um contrato de trabalho, havendo, portanto, empregado e empregador na lide. A tal respeito devem acrescentar aqui que a entrada do terceiro não poderia implicar o deslocamento ou a aplicação da demanda, no sentido de ter o juízo de pronunciar-se sobre qualquer questão, entre o empregador e o integrante da lide, que não estivesse diretamente afetada pela execução ou dissolução do contrato de emprego. Enfim, o terceiro teria de estar, de alguma forma, inserido também na relação jurídico-processual das partes originais, e seu interesse, conexo com o interesse delas, ao ponto de a decisão definitiva, a ser proferida, vir a afetar seus direitos e seu patrimônio. Como é fácil concluir, tudo estaria dependendo de poder-se manter a competência material da Justiça do Trabalho, e uma íntima conexão entre a pretensão do terceiro e das partes [...] O fato é que diversas situações previstas na lei material o exigem, tais como: a solidariedade do § 2º do art. 2º, da CLT; a sucessão, deduzida dos arts. 10 e 448 também da CLT; o *factum principis* do art. 486; a responsabilidade subsidiária do empreiteiro principal nos contratos de trabalho concluídos por seus subempreiteiros, como consta do art. 455, etc."

No mesmo sentido, vale transcrever a opinião de *Amauri Mascaro Nascimento*(13):

> "É cabível na Justiça do Trabalho a intervenção de terceiros em face do princípio da subsidiariedade, uma vez que, sendo o direito processual comum fonte subsidiária do processo do trabalho (CLT, art. 769) e diante da omissão e inexistência de incompatibilidade, segue-se que rejeitá-la implicaria descumprir a lei. A lide denominada paralela na verdade não o é, mas mera questão incidental a ser resolvida pela Justiça do Trabalho, como tantas outras com que se defronta e decide até mesmo

---

comprometimento do ideal de celeridade da lei, como aliás ocorre no Juizado Especial Cível, consoante disposição contida no art. 10 da Lei n. 9.099/95" (*Questões relevantes do procedimento sumaríssimo — 100 perguntas e respostas.* São Paulo: LTr, 2000. p. 61). Nesse mesmo sentido, Júlio César Bebber (*Procedimento sumaríssimo no processo do trabalho.* São Paulo: LTr, 2000. p. 91).

(12) ALMEIDA, Ísis de. *Manual de direito processual do trabalho.* 1. vol., 9. ed. São Paulo: LTr, 1998. p. 179.

(13) NASCIMENTO, Amauri Mascaro. *Curso de direito processual do trabalho.* 20. ed. São Paulo: Saraiva, 2001. p. 348.

em dissídios coletivos, quando um sindicato ingressa no processo para afastar sindicato que dele figura como parte, por entender que detém a legitimidade da representação da categoria. Os tribunais do trabalho vêm decidindo sem controvérsia essas questões, em caráter incidental, embora sabidamente a competência originária para sua apreciação venha a ser a justiça comum. [...] Acrescentem-se a funcionalidade do processo e o princípio da economia processual, recomendando a utilização no processo do maior número possível dos conflitos que surgirem para evitar a inútil reprodução de feitos. O fracionamento das questões para que viessem a ser resolvidas em processo e perante justiças diferentes desatenderia a esses princípios e eternizaria as demandas, subordinando o exercício da jurisdição trabalhista à comum enquanto esta não viesse a decidir a questão entre terceiro e parte."

Antes da EC n. 45/04, a jurisprudência havia se firmado no sentido do não cabimento, como regra geral, do Instituto da Intervenção de Terceiros no Direito Processual do Trabalho. Nesse sentido, destacamos as seguintes ementas:

"Denunciação à lide — Justiça do Trabalho — Incompatibilidade. A intervenção de terceiros de denunciação à lide é procedimento incompatível com o processo do trabalho, pois tal ato implicaria a necessidade de dirimir a relação jurídica de natureza civil controvertida entre denunciante e denunciado, refugindo-se, pois, da competência desta Justiça Especializada, nos termos do art. 114 do Texto Fundamental." (TRT 10ª R. – 2ª T. – RO n. 759/2003.018.10.00-7 – relª Flávia S. Falcão – DJDF 8.10.04 – p. 19) (RDT n. 11 – Novembro de 2004)

"Denunciação da lide — Inviável no processo do trabalho. A denunciação da lide constitui ação incidental proposta por uma das partes (da ação principal), em geral contra terceiro, pretendendo a condenação deste à reparação do prejuízo decorrente de sua eventual derrota na causa por lhe assistir direito regressivo previsto em lei ou em contrato. Contudo, não é cabível na Justiça do Trabalho, por ser esta incompetente para resolver a controvérsia decorrente de contrato de natureza civil, firmado entre duas empresas, ou seja, entre o denunciante e o denunciado." (TRT 12ª R. – 3ª T. – RO-V n. 1247/2003.006.12.00-7 – Ac. n. 8.717/04 – relª Lília L. Abreu – DJSC 12.8.04 – p. 215)

Mesmo após a EC n. 45/04, autores há que se mostram totalmente contrários à admissão da intervenção de terceiros. Nesse sentido, é a opinião de *Manoel Carlos Toledo Filho*(14):

"A nosso juízo, contudo, sequer da possibilidade de assistência se deve no procedimento trabalhista cogitar. E isto porque ela, afinal, assim como todas as demais modalidades de intervenção, introduz na lide laboral questões novas, adstritas a interessados outros, alheios ao âmago da relação de Direito Material, que poderão ao processo se apresentar inclusive em grande número, tudo isto dificultando a apreciação célere e concentrada

(14) TOLEDO FILHO, Manoel Carlos. *Fundamentos e perspectivas do processo trabalhista brasileiro*. São Paulo: LTr, 2006. p. 108.

da demanda, que é justamente a preocupação central a ser perseguida pelo legislador. Neste passo, é oportuno trazer à baila aquilo que existe no procedimento estatuído para os Juizados Especiais Cíveis."

Dentre os argumentos contrários à intervenção de terceiros no Processo do Trabalho apontados pela doutrina e jurisprudência anterior à EC n. 45/04, destacamos:

a) a Justiça do Trabalho não tinha competência para resolver controvérsias entre terceiros, estranhos às controvérsias entre empregados e empregadores;

b) incompatibilidade da intervenção de terceiros com os princípios do processo do trabalho, máxime dos princípios da celeridade, simplicidade e oralidade;

c) criação de complicadores no procedimento que impeça que o processo tenha uma tramitação ágil e perca o seu foco central, que é assegurar a efetividade do crédito trabalhista[(15)];

d) obrigar o reclamante a litigar contra quem não pretende.

De outro lado, muitos sustentavam a possibilidade da intervenção de terceiros no processo do trabalho, com os seguintes argumentos:

a) compatibilidade do instituto com o procedimento trabalhista;

b) omissão da CLT, podendo ser aplicado o instituto processual por força do art. 769 da CLT;

c) competência da Justiça do Trabalho para apreciar outras controvérsias decorrentes da relação de trabalho (parte final do art. 114, da CF, com a redação anterior à EC n. 45/04);

d) economia processual;

e) maior efetividade do processo e pacificação dos conflitos que circundam a relação de trabalho;

f) possibilidade de decisões conflitantes entre a Justiça do Trabalho e a Justiça comum sobre a mesma controvérsia;

g) razões de justiça e equidade.

Após a EC n. 45/04, muitos já estão admitindo a intervenção de terceiros de forma ampla no Processo do Trabalho, uma vez que a competência da Justiça do Trabalho já não está mais restrita às controvérsias entre empregados e empregadores. Outros dizem, por outro lado, que nada foi alterado e que, somente mediante lei específica, a intervenção de terceiros pode ser admitida no Processo do Trabalho (art. 114, IX, da CF).

---

(15) Nesse sentido, é a visão de Jorge Luiz Souto Maior: "[...] há de se reconhecer que a intervenção de terceiros no processo do trabalho serve apenas para inserir complicadores no litígio, que impedem a efetivação do procedimento oral e seus objetivos, sem trazer qualquer vantagem processual para partes, intervenientes e Justiça" (*Direito processual do trabalho.* Efetividade, acesso à Justiça processual para partes e procedimento oral. São Paulo: LTr, 1998. p. 298).

No nosso sentir, diante da EC n. 45/04, o instituto da intervenção de terceiros passa a ser admitido com maior flexibilidade no Processo do Trabalho, máxime quando não se postula um crédito oriundo da relação de emprego. Entretanto, cabe ao Juiz do Trabalho, como diretor do processo, zelar pela celeridade e efetividade do procedimento (arts. 765 da CLT e 370 do CPC), avaliar o custo-benefício da intervenção de terceiros e indeferi-la quando não traga benefícios aos litigantes, não iniba o direito de regresso e gere complicadores desnecessários ao rápido andamento do processo(16).

A jurisprudência trabalhista tem admitido, após a EC n. 45/04, a intervenção de terceiros no Processo do Trabalho para o fim de fixação de responsabilidade ao terceiro, tendo por objetivo assegurar a garantia de solvabilidade do crédito trabalhista e maior efetividade da jurisdição trabalhista.

Nesse sentido, o Enunciado n. 68 da 1ª Jornada de Direito Material e Processual do Trabalho do Tribunal Superior do Trabalho, *in verbis*:

> "INTERVENÇÃO DE TERCEIROS.
>
> I – Admissibilidade da intervenção de terceiros nos processos submetidos à jurisdição da Justiça do Trabalho.
>
> II – Nos processos que envolvem crédito de natureza privilegiada, a compatibilidade da intervenção de terceiros está subordinada ao interesse do autor, delimitado pela utilidade do provimento final.
>
> III – Admitida a denunciação da lide, é possível à decisão judicial estabelecer a condenação do denunciado como corresponsável."

O Tribunal Superior do Trabalho vem aceitando a intervenção de terceiros quando for útil ao processo, trouxer benefícios à satisfação do crédito trabalhista, e não prejudicar a tramitação célere do procedimento, conforme a ementa que segue:

> "I – RECURSO DE REVISTA INTERPOSTO PELA RECLAMADA MARCOS MARCELINO & CIA. LTDA. 1. ILEGITIMIDADE PASSIVA PARA A CAUSA. CHAMAMENTO AO PROCESSO. COMPATIBILIDADE COM O PROCESSO DO TRABALHO. Esta Corte Superior tem decidido ser possível a intervenção de terceiros no processo trabalhista, desde que, no caso concreto, o ingresso da nova parte processual não prejudique o interesse do trabalhador, tendo em vista a natureza alimentar dos créditos vindicados no processo. Na doutrina, também se tem admitido a possibilidade da intervenção de terceiros no processo trabalhista. O que houve no caso dos autos, em realidade, foi um aditamento da petição inicial, para ampliar o polo passivo da demanda e incluir parte com a qual a devedora original mantém relação de sucessão empresarial (arts. 10 e 448 da CLT). Tendo havido a anuência da Reclamante, o referido aditamento deve ser admitido, uma vez que atendeu ao interesse da Autora e acarretou celeridade e economia processual, ao evitar que nova reclamação trabalhista tivesse de ser proposta contra a Reclamada Marcos Marcelino & Cia. (considerada sucessora da empresa originalmente demandada — Xerox Comércio e Indústria Ltda.). Por outro lado, não há notícia de que a nova Reclamada incluída no polo passivo da demanda tenha tido seu direito de defesa cerceado, razão pela qual não se

(16) Não deve o Juiz do Trabalho deferir a intervenção de terceiro quando a empresa chamada a fazer parte do processo estiver sumida ou em notório estado de insolvência. Nestes casos, a intervenção somente complicará o Processo.

observa nenhuma irregularidade no procedimento havido no caso dos autos. Recurso de revista de que se conhece, ante a demonstração de divergência jurisprudencial, e a que se nega provimento, no mérito. 2. JUSTIÇA DO TRABALHO. COMPETÊNCIA. RECOLHIMENTOS PREVIDENCIÁRIOS INCIDENTES SOBRE AS VERBAS PAGAS NO PERÍODO RECONHECIDO COMO DE VÍNCULO EMPREGATÍCIO. Ao determinar a execução das contribuições previdenciárias incidentes sobre a remuneração paga no curso do vínculo empregatício reconhecido judicialmente, o Tribunal Regional afrontou o art. 114, VIII, da Constituição Federal, uma vez que a Justiça do Trabalho não tem competência para tal. Da redação do referido dispositivo constitucional, verifica-se que a Justiça do Trabalho é competente para a execução de contribuições previdenciárias incidentes sobre parcelas salariais deferidas em sentenças condenatórias que proferir ou decorrentes de acordos por ela homologados, o que não abrange as contribuições previdenciárias incidentes sobre as verbas pagas no período laboral reconhecido em juízo. Esse é, também, o entendimento consolidado no item I da Súmula n. 368 desta Corte Superior. Recurso de revista de que se conhece e a que se dá provimento. 3. COMPETÊNCIA DA JUSTIÇA DO TRABALHO. EXECUÇÃO DE CONTRIBUIÇÕES SOCIAIS DEVIDAS A TERCEIROS. Nos termos dos arts. 114, VIII, e 195, I, '*a*', e II, da Constituição Federal, a competência da Justiça do Trabalho para a execução das parcelas previdenciárias (devidas pelo empregador e pelo trabalhador) está restrita às contribuições destinadas ao financiamento da Seguridade Social, o que exclui aquelas destinadas às entidades privadas de serviço social e de formação profissional vinculadas ao sistema sindical (contribuições de terceiros). Recurso de revista de que se conhece e a que se dá provimento. 4. MULTA PREVISTA NO ART. 467, *CAPUT*, DA CLT. VÍNCULO EMPREGATÍCIO CONTROVERSO. A multa prevista no art. 467, *caput*, da CLT tem como fato gerador o não pagamento das verbas rescisórias incontroversas na data do comparecimento à Justiça do Trabalho. Conforme se extrai do acórdão regional, havia controvérsia sobre todas as parcelas requeridas. Na reclamação trabalhista, a Reclamante postulou o reconhecimento de vínculo de emprego com as Reclamadas, que negaram ter mantido relação de natureza trabalhista com a Autora. Sendo controversas todas as parcelas vindicadas, as Reclamadas não estavam obrigadas a pagá-las por ocasião do primeiro comparecimento à Justiça do Trabalho, pelo que não estão sujeitas à incidência da multa de que trata o art. 467, *caput*, da CLT. Recurso de revista de que se conhece e a que se dá provimento. 5. MULTA PREVISTA NO ART. 475-J DO CPC. APLICABILIDADE AO PROCESSO DO TRABALHO. Na sistemática trabalhista, conforme esclarece o art. 769 da CLT, cabe a aplicação de norma de caráter supletivo somente quando duas condições simultâneas se apresentam: a) há omissão na CLT quanto à matéria em questão; e b) há compatibilidade entre a norma aplicada e os princípios do direito do trabalho. No que diz respeito à execução, não há omissão no texto da CLT a respeito da matéria, pois nele se encontra regramento específico sobre a execução dos créditos trabalhistas (arts. 876 a 892), inclusive com prazos próprios e diferenciados e sob pena de penhora, e não de multa. Assim, havendo normas específicas regentes da execução trabalhista, não há como aplicar, de forma subsidiária, o estabelecido no art. 475-J do CPC. A cominação dessa penalidade, imposta nestes autos, representou afronta à norma do devido processo legal, insculpida no art. 5º, LIV, da Constituição Federal. Recurso de revista de que se conhece e a que se dá provimento."

"II – RECURSO DE REVISTA ADESIVO INTERPOSTO PELA RECLAMADA XEROX COMÉRCIO E INDÚSTRIA LTDA. 1. RECURSO INCABÍVEL. RAZÕES DE NÃO CONHECIMENTO. Trata-se de recurso de revista interposto por uma das empresas demandadas, em adesão ao recurso de revista já interposto pela outra empresa acionada. Na jurisprudência desta Corte Superior, não se tem admitido a possibilidade de o litisconsorte aderir ao recurso interposto pela outra parte que integra seu mesmo polo na ação. O recurso adesivo é cabível na hipótese em que as partes antagônicas da lide (autor e réu) são vencedoras e vencidas entre si. Logo, o requisito da sucumbência recíproca, que autoriza a apresentação do recurso adesivo (art. 500 do CPC), não se verifica na relação existente entre as Reclamadas Xerox e Marcos Marcelino & Cia., pois ambas ocupam o mesmo polo da ação. Sendo a Xerox litisconsorte passiva da parte que apresentou o recurso de revista principal (Marcos Marcelino & Cia), não lhe era dado aderir ao apelo por meio de recurso adesivo, motivo pelo qual deveria ter manejado recurso autônomo. Recurso de revista adesivo de que não se conhece, por incabível." (TST – Processo: RR – 29600-70.2006.5.08.0014 – Data de Julgamento: 11.6.2014, relator Ministro: Fernando Eizo Ono, 4ª Turma, Data de Publicação: DEJT 24.6.2014)

Em sendo acolhida a intervenção de terceiros provocada (chamamento ao processo e denunciação da lide), deverá o Juiz do Trabalho adiar a audiência e propiciar a notificação do terceiro para que, em querendo, compareça na audiência de instrução e julgamento, apresentando defesa e as provas que pretende produzir. Caso a intervenção seja espontânea (assistência e oposição), deverá o Juiz do Trabalho notificar o terceiro para, se desejar, participar da audiência de instrução e julgamento, devendo ser intimado para fazer parte no processo nos seus ulteriores atos. A decisão que defere a intervenção de terceiros tem natureza de decisão interlocutória, não sendo recorrível de imediato (art. 893, § 1º, da CLT). Não obstante, havendo ilegalidade na decisão ou se ela tumultuar o processo, a parte prejudicada poderá impetrar Mandado de Segurança ou propor a Correição Parcial.

2.1. A intervenção do amicus curiae

Dispõe o art. 138 do CPC:

"O juiz ou o relator, considerando a relevância da matéria, a especificidade do tema objeto da demanda ou a repercussão social da controvérsia, poderá, por decisão irrecorrível, de ofício ou a requerimento das partes ou de quem pretenda manifestar-se, solicitar ou admitir a participação de pessoa natural ou jurídica, órgão ou entidade especializada, com representatividade adequada, no prazo de 15 (quinze) dias de sua intimação.

§ 1º A intervenção de que trata o *caput* não implica alteração de competência nem autoriza a interposição de recursos, ressalvadas a oposição de embargos de declaração e a hipótese do § 3º.

§ 2º Caberá ao juiz ou ao relator, na decisão que solicitar ou admitir a intervenção, definir os poderes do *amicus curiae*.

§ 3º O *amicus curiae* pode recorrer da decisão que julgar o incidente de resolução de demandas repetitivas."

O *amicus curiae*, ou *amigo da corte* é um terceiro (pessoa natural ou jurídica, órgão ou entidade especializada, com representatividade adequada) que intervém em processo alheio, de forma espontânea ou provocada para colaborar com a solução do processo, trazendo subsídios técnicos ou jurídicos para o julgador, uma vez que tem interesse na matéria jurídica discutida em juízo.

Como bem adverte *Cássio Scarpinella Bueno*(17), exige-se do *amicus curiae* representatividade adequada, isto é, que mostre satisfatoriamente a razão da sua intervenção e de que maneira seu *interesse institucional* — que é o traço distintivo desta modalidade interventiva, que não se confunde com o *interesse jurídico* das demais modalidades intervenitivas — relaciona-se com o processo.

A intervenção do *amicus curiae*, que somente era permitida nas Cortes Superiores, é compatível com o processo do trabalho (arts. 15 do CPC e 769 da CLT)(18). Doravante, é cabível em todas as instâncias, inclusive no primeiro grau de jurisdição, principalmente em ações coletivas, dissídio coletivo, ação envolvendo representação sindical, ou caso a matéria discutida seja pertinente à questão técnica específica, como a hipótese de profissões regulamentadas. Outrossim, no incidente de resolução de demandas repetitivas junto ao TST, a intervenção do *"amicus curiae"* é de extrema relevância.

Como regra, o *amicus curiae* não poderá recorrer, exceto da decisão que julgar o incidente de resolução de demandas repetitivas.

3. Das espécies de intervenção de terceiros e sua aplicabilidade no Direito Processual do Trabalho

3.1. Assistência

Dispõe do art. 119 do CPC:

> "Pendendo causa entre 2 (duas) ou mais pessoas, o terceiro juridicamente interessado em que a sentença seja favorável a uma delas poderá intervir no processo para assisti-la. Parágrafo único. A assistência será admitida em qualquer procedimento e em todos os graus de jurisdição, recebendo o assistente o processo no estado em que se encontre."

Assistência é, em si, a ajuda que uma pessoa presta a uma das partes principais do processo, com vista a melhorar suas condições para obter a tutela jurisdicional. Na disciplina das intervenções de terceiros, chama-se a assistência de ingresso voluntário de um terceiro no processo, com a finalidade de ajudar uma das partes(19).

O interesse que legitima a intervenção de terceiros é o jurídico. Interesse jurídico configura-se quando o resultado do processo possa projetar efeitos sobre a esfera de direitos do terceiro, ou seja, o terceiro possa, de algum modo, sofrer os efeitos da coisa julgada material — por exemplo, o fiador, sócio que se retirou da empresa há menos de dois anos (art. 1.102 do CC), seguradora etc. O interesse meramente econômico não legitima a assistência.

Ao intervir, o terceiro adquire o *status* de parte. Mas o litígio não é seu, o assistente não tem poderes de disposição do processo. Por isso, é chamado de parte auxiliar. Também o ingresso do assistente não altera o objeto do processo, uma vez que ele

---

(17) *Novo Código de Processo Civil anotado.* São Paulo: Saraiva, 2015. p. 135.

(18) No mesmo sentido o art. 3º, II da IN n. 39/16 do TST: "Sem prejuízo de outros, aplicam-se ao Processo do Trabalho, em face de omissão e compatibilidade, os preceitos do Código de Processo Civil que regulam os seguintes temas: II – art. 138 e parágrafos (amicus curiae)".

(19) DINAMARCO, Cândido Rangel. *Op. cit.*, p. 383.

se limita a aderir à pretensão do assistido, sem formular demanda nova. O mérito tem o mesmo contorno com a assistência e sem ela[20].

A assistência cabe em qualquer espécie de processo, mesmo executivo (embargos à execução e de terceiro), mas o assistente recebe o processo no estado em que se encontra (art. 119, parágrafo único, do CPC). Não cabe no sumaríssimo civil (art. 10 da Lei n. 9.099/95) e também não cabe no rito sumaríssimo trabalhista da Lei n. 9.957/00 em razão da celeridade e da aplicação analógica da Lei n. 9.099/95.

A assistência pode ser simples ou litisconsorcial. Litisconsorcial (ou qualificada): quando a sentença houver de influir na relação jurídica entre ele e o adversário do assistido (art. 124 do CPC[21]). *Dinamarco*[22] critica a expressão litisconsortes, pois o assistente litisconsorcial terá as mesmas faculdades da parte principal. Ele não é parte, pois não traz ao processo demanda alguma a ser julgada, nem em face dele foi proposta qualquer demanda a ser julgada. A procedência da demanda inicial não lhe atribuirá bem algum, nem ele sofrerá condenação.

A assistência, tanto sob a modalidade simples como a litisconsorcial, é compatível com o Processo do Trabalho, inclusive a Súmula n. 82 do C. TST a admite. Diz o referido verbete Sumular:

> "ASSISTÊNCIA. A intervenção assistencial, simples ou adesiva, só é admissível se demonstrado o interesse jurídico e não o meramente econômico."

Embora a jurisprudência amplamente admita a assistência no Processo do Trabalho, não são muitas as hipóteses de sua ocorrência. Podemos citar, por exemplo, o sócio que ingressa como assistente para ajudar a empresa; a empresa do mesmo grupo econômico de outra empresa que figura como reclamada e vem ajudá-la no processo (assistência litisconsorcial); o empregador que ingressa como assistente em ação coletiva promovida pelo sindicato em que este figura como substituto processual (Súmula n. 310 do C. TST).

Lembra *Sergio Pinto Martins*[23] que a hipótese mais comum de assistência no processo do trabalho é a que envolve a participação do sindicato, assistindo o empregado em juízo. O substituído também poderá figurar no processo como assistente litisconsorcial.

O assistente formulará seu pedido de ingresso na demanda alheia, justificando seu interesse jurídico.

Nos termos do art. 120 do CPC, não havendo impugnação no prazo de 15 (quinze) dias, o pedido do assistente será deferido, salvo se for caso de rejeição liminar. Parágrafo único. Se qualquer parte alegar que falta ao requerente interesse jurídico para intervir, o juiz decidirá o incidente, sem suspensão do processo.

---

(20) *Ibidem*, p. 385.

(21) Art. 124, do CPC: "Considera-se litisconsorte da parte principal o assistente sempre que a sentença influir na relação jurídica entre ele e o adversário do assistido."

(22) DINAMARCO, Cândido Rangel. *Op. cit.*, p. 388.

(23) MARTINS, Sergio Pinto. *Direito processual do trabalho.* 26. ed. São Paulo: Atlas, 2006. p. 211.

Diante do art. 121 do CPC, o assistente simples atuará como auxiliar da parte principal, exercerá os mesmos poderes e sujeitar-se-á aos mesmos ônus processuais que o assistido. Parágrafo único. Sendo revel ou, de qualquer outro modo, omisso o assistido, o assistente será considerado seu substituto processual.

Conforme o referido dispositivo legal, quando o assistido for revel, o assistente atuará como seu substituto processual, defendendo, em nome próprio, direito alheio.

Nos termos do art. 122 do CPC, a assistência simples não obsta a que a parte principal reconheça a procedência do pedido, desista da ação, renuncie ao direito sobre o que se funda a ação ou transija sobre direitos controvertidos.

Segundo o art. 123 do CPC, transitada em julgado a sentença no processo em que interveio o assistente, este não poderá, em processo posterior, discutir a justiça da decisão, salvo se alegar e provar que: I – pelo estado em que recebeu o processo ou pelas declarações e pelos atos do assistido, foi impedido de produzir provas suscetíveis de influir na sentença; II – desconhecia a existência de alegações ou de provas das quais o assistido, por dolo ou culpa, não se valeu.

3.2. Nomeação à autoria

Dispõe o art. 62 do CPC/73:

> "Aquele que detiver a coisa em nome alheio, sendo-lhe demandada em nome próprio, deverá nomear à autoria o proprietário ou o possuidor."

A doutrina sempre criticou a nomeação à autoria como modalidade de intervenção de terceiros, pois se trata, inegavelmente, de correção do polo passivo da demanda, dando-se a oportunidade ao autor, após pronunciamento do réu, de indicar a pessoa correta que deve figurar como demandado no processo. Em razão disso, o atual Código de Processo Civil extinguiu o instituto da nomeação à autoria.

Atualmente, a questão está tratada nos arts. 338 e 339 do CPC, inseridos no capítulo da contestação, que assim dispõem:

> "Art. 338. Alegando o réu, na contestação, ser parte ilegítima ou não ser o responsável pelo prejuízo invocado, o juiz facultará ao autor, em 15 (quinze) dias, a alteração da petição inicial para substituição do réu.
>
> Parágrafo único. Realizada a substituição, o autor reembolsará as despesas e pagará os honorários ao procurador do réu excluído, que serão fixados entre três e cinco por cento do valor da causa ou, sendo este irrisório, nos termos do art. 85, § 8º.
>
> Art. 339. Quando alegar sua ilegitimidade, incumbe ao réu indicar o sujeito passivo da relação jurídica discutida sempre que tiver conhecimento, sob pena de arcar com as despesas processuais e de indenizar o autor pelos prejuízos decorrentes da falta de indicação.
>
> § 1º O autor, ao aceitar a indicação, procederá, no prazo de 15 (quinze) dias, à alteração da petição inicial para a substituição do réu, observando-se, ainda, o parágrafo único do art. 338.
>
> § 2º No prazo de 15 (quinze) dias, o autor pode optar por alterar a petição inicial para incluir, como litisconsorte passivo, o sujeito indicado pelo réu."

De nossa parte, os arts. 338 e 339 do CPC se aplicam ao processo do trabalho (arts. 769 da CLT e 15 do CPC), inclusive para beneficiar o próprio reclamante como medida de correção do polo passivo da ação, sem a necessidade de extinção prematura do processo em razão de ilegitimidade. Muitas vezes, o autor postula verbas trabalhistas em face do reclamado que não é o empregador, e este em defesa indica quem é o verdadeiro empregador. Desse modo, havendo concordância do reclamante ou até se estiver convencido o juiz, este poderá determinar o acertamento do polo passivo, sem precisar extinguir o processo por ilegitimidade *ad causam* do demandado. Em hipóteses de terceirização ou contrato de subempreitada, já é muito comum o reclamante postular o vínculo de emprego em face de um determinado empregador, e este indicar, em defesa, o verdadeiro empregador.

3.3. Oposição

A oposição era tratada no CPC de 1973, como hipótese de intervenção espontânea de terceiro em processo alheio. Atualmente, a oposição está prevista no Título III do Código que trata dos procedimentos especiais, arts. 682/686.

Dispõe o art. 682 do CPC:

> "Quem pretender, no todo ou em parte, a coisa ou o direito sobre que controvertem autor e réu, poderá, até ser proferida a sentença, oferecer oposição contra ambos."

Ensina *Costa Machado*[(24)]: "Oposição é uma ação incidental proposta por alguém que está fora do processo em face das duas partes, assumindo estas, então, a condição de litisconsortes no polo passivo. Deduzida a oposição, nasce um segundo processo, ou seja, uma outra relação processual — envolvendo o oponente, de um lado, e os opostos, do outro — e, também, um procedimento autônomo, já que a atuação é separada (em apenso aos autos principais). Observe-se que o oponente é terceiro apenas num sentido cronológico, mas não técnico."

Caracteriza-se a pretensão do oponente pelo pedido de tutela jurisdicional em relação ao mesmo bem que as partes originárias disputam. Caso o oponente não venha a juízo, a coisa julgada proferida na ação entre as partes originárias não o vinculará, em razão dos limites subjetivos da coisa julgada material (art. 506 do CPC). A razão de ser da oposição é a incompatibilidade entre a pretensão do terceiro e a das partes originárias.

A petição inicial deve preencher os requisitos dos arts. 319 e 320, ambos do CPC. A oposição não pode ter objeto mais amplo que a coisa ou o direito controvertido entre autor e réu, neste caso, deve o interessado propor ação autônoma. A oposição deve ser julgada primeiro que a ação, sob pena de nulidade da sentença.

Cabendo ao juiz decidir simultaneamente a ação e a oposição, desta conhecerá em primeiro lugar (CPC, art. 686), pois, julgando procedente a oposição, aplicará no processo principal as consequências: é a prejudicialidade referida. *A contrario*

(24) *Op. cit.*, p. 363.

sensu, quando ele não tiver de decidir simultaneamente, porque a tanto não obrigado pela lei, poderá julgar antes a ação e depois a oposição. *Celso Agrícola Barbi* lembra que, sendo a oposição uma ação, ocasiona despesas judiciais, devendo o juiz resolver quanto às custas e honorários advocatícios, na forma prevista no Código[(25)].

Ainda há acirradas dúvidas sobre a possibilidade da oposição no Processo do Trabalho.

O entendimento majoritário anterior à EC n. 45/04 era no sentido da incompetência da Justiça do Trabalho.

Nesse diapasão, a opinião abalizada de *Manoel Antonio Teixeira Filho*[(26)]: "... é necessário deixarmos, agora, suficientemente definido o nosso parecer acerca do assunto: repelimos a possibilidade de oposição no processo do trabalho em virtude de ela acarretar, invariavelmente, a incompetência dessa Justiça Especializada, no que tange à solução do conflito de interesses que acaba se estabelecendo entre trabalhadores. Se, em certo caso, essa incompetência não aflorar é porque estaremos diante de uma falsa oposição (ou de uma oposição aparente), tal como acontece quando alguém se intromete em processo alheio não na qualidade formal e típica de oponente, mas sim de pessoa que deduz pretensões conexas com as formuladas pelo autor, mesmo que contrastantes entre si e sabendo-se que apenas as de um deles poderão ser acolhidas."[(27)]

No mesmo sentido, destaca-se a seguinte ementa:

> "Intervenção de terceiros — Oposição — Incompatibilidade com o processo do trabalho. Se a controvérsia estabelecida em oposição ofertada incidentalmente em dissídio coletivo gravita em torno da legitimidade da representação sindical processada — envolvendo, portanto, entidades sindicais diversas —, não há espaço para a Justiça do Trabalho solucionar o impasse, em face dos limites definidos no art. 114 da CF. Nessa hipótese, e sem embargo da possibilidade de exame de ofício da questão afeta à legitimidade ativa ou passiva *ad causam* do ente sindical impugnado, por ocasião do julgamento do dissídio coletivo apresentado, será impositiva a extinção do processo incidental, sem exame do mérito, na forma do art. 267, IV, do CPC c/c o art. 769 da CLT." (TRT 10ª R. – TPOP n. 377.2003.000.10.00-5 – rel. Douglas A. Rodrigues – DJDF 12.3.04 – p. 3)

No dissídio individual do trabalho, em que pesem as opiniões em contrário, não vemos óbice, máxime após a EC n. 45/04 que atribuiu à Justiça do Trabalho

(25) COSTA, Carlos Coqueijo. *Direito judiciário do trabalho.* Rio de Janeiro: Forense, 1978. p. 156.

(26) TEIXEIRA FILHO, Manoel Antonio. *Litisconsórcio, assistência e intervenção de terceiros no processo do trabalho.* 3. ed. São Paulo: LTr, 1995. p. 185.

(27) A esta mesma conclusão chega o renomado Wilson de Souza Campos Batalha: "A oposição não tem cabimento no foro trabalhista. Normalmente, ocorre ela nas hipóteses de ação com direção real (ações reais, *reipersecutórias*, ou pessoais *in rem scriptae*). Pode ocorrer, também, na hipótese de cessão de direitos litigiosos, mas esta se nos afigura impossível em face do Direito do Trabalho (os direitos conferidos pela legislação trabalhista não podem ser objeto de negociação em terceiros)" (*Tratado de direito judiciário do trabalho.* 2. ed. São Paulo: LTr, 1985. p. 347).

competência para as ações oriundas e decorrentes da relação de trabalho (art. 114, incisos I e IX[(28)]). Desse modo, a oposição, embora sejam reduzidas suas hipóteses, é compatível com os princípios que norteiam o Processo do Trabalho (art. 769 da CLT).

Conforme *Isís de Almeida*[(29)], "a doutrina também vem resistindo a admiti-la, mas é um incidente que pode ocorrer em relação, por exemplo, a instrumentos de trabalho, como coisa em litígio, ou a um direito à parcela remuneratória que se discuta, quando o oponente também pode fazer jus à mesma, por força de trabalho conjunto, ou em equipe (sem desconfiguração do contrato de trabalho com os respectivos participantes)."

Cléber Lúcio de Almeida[(30)] menciona o seguinte exemplo de cabimento da oposição no Processo do Trabalho: "Admite-se a oposição, porém, quando um sindicato ajuíza ação pleiteando o recebimento de contribuição sindical e outro sindicato apresenta oposição, afirmando que a contribuição sindical lhe deve ser revertida, por ser o legítimo representante da categoria a que pertence o trabalhador."

O professor *Amauri Mascaro Nascimento*[(31)], também admitindo a oposição nos dissídios individuais trabalhistas, traz a seguinte hipótese: "Se empregado e empregador discutem direitos sobre invenção de empregado no curso do contrato de trabalho, terceiro que se julga com direitos sobre a invenção pode ingressar no processo."

3.4. Oposição em dissídio coletivo de natureza econômica

Leciona *Amauri Mascaro Nascimento*: "A forma processual de ingresso de sindicato em dissídio coletivo para avocar a sua legitimidade em detrimento do sindicato que figura na relação jurídica processual é a oposição. Não é prevista pela legislação processual trabalhista. Todavia, diante da subsidiariedade do Direito Processual Comum, nada impede que seja admitida no dissídio coletivo porque não há restrições legais nem é incompatível com o mesmo, como forma de intervenção de terceiro no processo judicial."[(32)]

---

(28) Concordamos com a posição de Rodolfo Pamplona Filho, quando sustenta que "o inciso IX do art. 114, ao explicitar ser da competência da Justiça do Trabalho 'outras controvérsias decorrentes da relação de trabalho na forma da lei', não contradiz a regra geral do inciso I, mas, sim, ao contrário, a reafirma, ao admitir a existência de outras demandas decorrentes da relação de trabalho, em que os sujeitos não estejam na qualificação jurídica de trabalhador e tomador do serviço" (A nova competência da justiça do trabalho. Uma contribuição para a compreensão dos limites do novo art. 114 da Constituição Federal, *Revista LTr*, 70-01/49).

(29) ALMEIDA, Ísis de. *Manual de direito processual do trabalho*. 1. v., 9. ed. São Paulo: LTr, 1998. p. 185.

(30) ALMEIDA, Cléber Lúcio de. *Direito processual do trabalho*. Belo Horizonte: Del Rey, 2006. p. 371.

(31) NASCIMENTO, Amauri Mascaro. *Op. cit.*, p. 350.

(32) NASCIMENTO, Amauri Mascaro. Problemas atuais do direito e do processo do trabalho. *In: Revista LTr* 55-8, São Paulo: LTr, 1991. p. 415.

No mesmo sentido, é a visão de *Ives Gandra Martins Filho*(33):

> "Entendemos que, das quatro formas elencadas pelo Código de Processo Civil (Livro I, Capítulo VI) como de intervenção de terceiros no processo (oposição, nomeação à autoria, denunciação da lide e chamamento ao processo), a única aproveitável como instituto no Processo Coletivo do Trabalho seria a da oposição, com a devida adequação à natureza especial do processo coletivo, de forma a garantir que um terceiro possa vir a integrar uma lide já constituída, contestando o direito de uma das partes estar em juízo.
>
> Nesse caso, caberia ao Tribunal, antes de apreciar o mérito da ação coletiva, decidir sobre a oposição existente, declarando qual dos dois sindicatos em litígio possui a legitimidade ativa para figurar no dissídio coletivo como representante da categoria. O TST, em matéria de conflito de representação, tem decidido, em caráter incidental, com decisão válida apenas para o processo em curso, no sentido da legitimidade do sindicato mais antigo, se o conflito suscitado perante a Justiça Comum ainda não tiver sido dirimido."

Após a EC n. 45/04, é a mesma a opinião de *Sergio Pinto Martins*(34): "Cabe oposição em dissídio coletivo, o opoente deverá fazer seu pedido, atendendo aos requisitos do art. 282. A oposição é distribuída por dependência, devendo os opostos ser citados pessoalmente ou por seus advogados para contestar a ação na audiência que for designada."

Com a redação dada ao art. 114, III, da CF, não há como se interpretar isoladamente o referido inciso, mas sim em cotejo com os incisos I, II, IX e §§ 2º e 3º, todos da CF. No referido dispositivo, há dois núcleos: a) ações sobre representação sindical; e b) ações entre sindicatos, entre sindicatos e trabalhadores, e entre sindicatos e empregadores.

A nosso ver, no estágio atual da competência da Justiça do Trabalho, não cabe mais a oposição em dissídio coletivo, pois, se houver controvérsias sobre a representação da categoria, deverá o sindicato oponente postular ação declaratória junto à Justiça do Trabalho, no primeiro grau de jurisdição, e pretender a suspensão do dissídio coletivo enquanto tramitar a ação declaratória, por meio de medida cautelar, podendo o relator do dissídio coletivo, se entender cabível, suspender o processo até a decisão da ação declaratória, nos termos do art. 313 do CPC.

Ainda que se possa argumentar que caberia a oposição no dissídio coletivo, a decisão nele proferida ser *incidenter tantum* sobre a representatividade da categoria e não adquira contornos de coisa julgada material, a nosso ver, com a competência

---

(33) MARTINS FILHO, Ives Gandra. *Processo coletivo do trabalho*. 3. ed. São Paulo: LTr, 2003. p. 118-119.

(34) MARTINS, Sergio Pinto. *Direito processual do trabalho*. 26. ed. São Paulo: Atlas, 2006. p. 213.

da Justiça do Trabalho dada pela EC n. 45/04, isso já não é possível, pois o TRT não pode julgar, originariamente, ações sobre representação sindical, já que tal competência é do primeiro grau de jurisdição. Além disso, o sindicato oponente não poderá ingressar no dissídio coletivo sem a anuência dos outros sindicatos, pois o § 2º, do art. 114, da CF, exige o "comum acordo" para instauração do dissídio coletivo de natureza econômica(35).

Nesse diapasão, oportunas as palavras de *Manoel Antonio Teixeira Filho*(36):

> "Ainda que se admita, simplesmente para argumentar, que o sindicato poderia intervir como opoente, ficaria sem resposta satisfatória uma outra questão relevante. Com efeito, se o pressuposto para o exercício da ação coletiva é o insucesso da negociação (Constituição Federal, art. 114, § 2º), eventual decisão favorável ao opoente (por entender-se que é o legítimo representante da categoria) faria com que a tentativa de negociação ficasse invalidada, por haver sido realizada por sindicato que não representa a categoria. Com isso, deveria ser extinto o processo de dissídio coletivo, sem julgamento do mérito, por falta de atendimento a um pressuposto constitucional indispensável."

Recentemente, o Tribunal Superior do Trabalho enfrentou a questão, conforme a ementa que segue:

> "EXTINÇÃO DO PROCESSO. RECONHECIMENTO DA LEGITIMIDADE DO OPOENTE. Após a edição da Emenda Constitucional n. 45/2004, a competência material da Justiça do Trabalho foi bastante alargada, passando a abranger, entre outras, as disputas relativas à representação sindical (art. 114, III, da CF/88). Inclusive a nova redação dada pelo diploma reformador ao art. 114 da CF/88 conduziu o cancelamento da Orientação Jurisprudencial n. 04 da SDC do TST. Hoje a competência para dirimir as controvérsias que envolvam disputa acerca da representatividade sindical é do Juízo Laboral de Primeiro Grau. No entanto, em sede de ação coletiva a questão de disputa de representação sindical poderá ser apreciada, mas apenas de forma incidental, se for o caso, sem adquirir contorno de coisa julgada material, podendo ser renovado o tema posteriormente em outra ação. Na hipótese dos autos, o recorrente postula a extinção do feito e o reconhecimento da sua legitimidade para representar a categoria profissional nas cidades Elias Fausto, Mombuca, Rafard e Monte-Mor. A Corte regional decretou a extinção do processo, sem resolução do mérito, logo, no tocante a esse tema, falece ao opoente-recorrente o interesse recursal. Quanto à pretensão do reconhecimento da legitimidade do opoente-recorrente para representar a categoria profissional, tendo sido decretada a extinção do feito, torna-se inócua a análise do

(35) A nosso ver, o Poder Normativo da Justiça do Trabalho não foi extinto pela EC n. 45/04. Apenas fora criado um óbice para o ingresso do Dissídio que é o "comum acordo." Trata-se esta expressão de um pressuposto processual para alguns ou de uma condição da ação para outros, ou até um requisito preliminar para a moderna doutrina que engloba os pressupostos processuais e condições da ação numa mesma categoria de *requisitos preliminares*.

(36) TEIXEIRA FILHO, Manoel Antonio. *Litisconsórcio, assistência e intervenção de terceiros*. Curso de processo do trabalho. Perguntas e respostas sobre assuntos polêmicos em opúsculos específicos. v. 4. São Paulo: LTr, 1997. p. 37.

tema, uma vez que, como já dito, em sede de dissídio coletivo a questão somente poderia ser dirimida de forma incidental, se fosse o caso, e, portanto, impertinente a análise neste momento, já que o processo foi julgado extinto. Nego provimento." (TST – Processo: RO – 145600-35.2008.5.15.0000 – Data de Julgamento: 15.4.2013, relª Minª Kátia Magalhães Arruda, Seção Especializada em Dissídios Coletivos, Data de Publicação: DEJT 26.4.2013)

3.5. Denunciação da lide

Trata-se de forma de intervenção de terceiros provocada ou coacta.

Diz o CPC (art. 127) que o terceiro figura como litisconsorte, mas, segundo *Dinamarco*, isso está incorreto, pois o denunciado nada pede para si e também quanto a ele nada é pedido.

Pode dar-se tanto pelo autor como pelo réu. É exclusiva do processo de conhecimento, não sendo admitida no processo executivo ou cautelar.

Ensina *Renato Saraiva*(37): "Denunciação da lide é espécie de intervenção forçada, mediante convocação do autor ou do réu (hipótese mais comum), com o objetivo de assegurar o direito de regresso contra o denunciado (terceiro), na própria sentença que impôs a condenação contra o denunciante. Nesta esteira, na denunciação da lide serão julgadas tanto a demanda entre as partes primitivas quanto a lide decorrente da denunciação, possuindo a sentença, portanto, dupla finalidade."

A denunciação à lide está prevista no art. 125 do CPC, que tem a seguinte redação:

> "É admissível a denunciação da lide, promovida por qualquer das partes:
>
> I – ao alienante imediato, no processo relativo à coisa cujo domínio foi transferido ao denunciante, a fim de que possa exercer os direitos que da evicção lhe resultam;
>
> II – àquele que estiver obrigado, por lei ou pelo contrato, a indenizar, em ação regressiva, o prejuízo de quem for vencido no processo.
>
> § 1º O direito regressivo será exercido por ação autônoma quando a denunciação da lide for indeferida, deixar de ser promovida ou não for permitida.
>
> § 2º Admite-se uma única denunciação sucessiva, promovida pelo denunciado, contra seu antecessor imediato na cadeia dominial ou quem seja responsável por indenizá-lo, não podendo o denunciado sucessivo promover nova denunciação, hipótese em que eventual direito de regresso será exercido por ação autônoma."

A denunciação da lide é uma faculdade das partes para o exercício do direito de regresso, ao contrário do CPC/73 que mencionava no art. 70, incorretamente, ser ela obrigatória. Se a parte não ofertar o requerimento de denunciação, não perderá o direito de regresso, podendo fazê-lo em processo autônomo, já que a norma de direito material não dispõe sobre a modalidade de se postular o direito de regresso. Entendimento diverso violaria o art. 5º, XXXV, da CF (acesso à justiça), e também provocaria injustiça manifesta.

---

(37) SARAIVA, Renato. *Curso de direito processual do trabalho*. 3. ed. São Paulo: Método, 2006. p. 238-239.

O inciso I do referido dispositivo não se aplica ao Direito Processual do Trabalho por serem matéria que não decorre da relação de trabalho. Quanto ao inciso II, há divergências sobre sua aplicabilidade no Processo do Trabalho.

A doutrina e a jurisprudência, salvo algumas vozes em sentido contrário, sempre foram refratárias em admitir o instituto da intervenção de terceiros no Processo do Trabalho, diante da celeridade do rito processual trabalhista e da falta de competência material da Justiça do Trabalho para dirimir controvérsias atinentes a direito de regresso entre terceiros, que não guardam relação direta com o contrato de trabalho.

Autores de nomeada, como *Amauri Mascaro Nascimento*, admitiam a denunciação à lide no Processo do Trabalho, como modalidade defensiva. Aduz o referido jurista(38):

> "É evidente que a denunciação da lide, quando cabível no processo trabalhista, só pode ser concebida como medida de defesa em juízo, daí por que aqueles que a concebem como meio de ataque para que o denunciante possa, nela, obter a condenação do denunciado certamente encontrarão enormes dificuldades em admiti-la na Justiça do Trabalho, porque é pacífico que esta, certamente, não pode impor condenações ao denunciado para indenizar o denunciante. Assim, a sua admissibilidade no processo trabalhista só pode ser concebida à luz da concepção de defesa, para permitir ao juiz no processo, com a presença do denunciado, melhor conferir, de modo mais sólido e claro, o problema que lhe foi proposto pelo denunciante"(39).

No mesmo diapasão é a visão de *Luiz Carlos Amorim Robortella*(40): "[...] cabe ao sucessor, ao ser acionado em juízo pelo empregador, denunciar a lide ao sucedido, para resguardo de seus direitos, oferecendo à sentença judicial a abrangência subjetiva que a matéria impõe e a oportunidade de compor a lide mediante aplicação dos arts. 10 e 448 da CLT. Também a medida se impõe por economia processual, eis que permite o exercício do direito regressivo do sucessor contra o sucedido nos próprios autos da reclamatória trabalhista."

O Tribunal Superior do Trabalho, diante da EC n. 45/04, cancelou a OJ n. 227, da SDI-I(41), que proibia a denunciação à lide no Processo do Trabalho. Os argumentos, da doutrina e da jurisprudência, antes da EC n. 45/04, eram no sentido de que a Justiça do Trabalho não detinha competência para apreciar a relação jurídica entre

(38) NASCIMENTO, Amauri Mascaro. *Curso de direito processual do trabalho.* 20. ed. São Paulo: Saraiva, 2001. p. 351.

(39) No mesmo sentido, Coqueijo Costa. *Direito processual do trabalho.* Rio de Janeiro: Forense, 1984. p. 191.

(40) ROBORTELLA, Luiz Carlos Amorim. Sucessão trabalhista e denunciação da lide. *In: Temas relevantes de direito material e processual do trabalho.* Estudos em homenagem a Pedro Paulo Teixeira Manus. São Paulo: LTr, 2000. p. 110.

(41) OJ n. 227 da SDI-I, do C. TST: "Denunciação da Lide. Processo do Trabalho. Incompatibilidade" (Cancelada, DJ 22.11.2005).

terceiros, máxime o direito de regresso, pois a antiga redação do art. 114 da CF falava em dissídios entre empregados e empregadores.

Nesse sentido, também já se pronunciou o C. TST, conforme a dicção da seguinte ementa:

> "Em se tratando de denunciação da lide, a sentença, sob pena de nulidade, deve decidir não só a questão entre autor e réu, como entre este (denunciante) e o terceiro (denunciado), em face do que preconiza o art. 76, do CPC, aplicável subsidiariamente ao Processo do Trabalho. Destarte, se a prestação jurisdicional deve dispor sobre ambas as demandas, sob pena de se revelar incompleta e, como tal, nula, é imperativa a conclusão de que, na relação jurídica de natureza instrumental e material, estabelecida entre empregado e empregador, não há lugar para terceiro, na condição de denunciado, quando sua pretensão é de natureza civil. Vê-se, portanto, que a discussão entre o sucessor denunciante e o sucedido denunciado escapa totalmente à competência da Justiça do Trabalho, adstrita, por força do que disposto no art. 114, da Constituição Federal, tão somente à composição dos litígios entre trabalhadores e empregadores, levando à inafastável conclusão acerca do não cabimento da denunciação da lide no âmbito do Processo do Trabalho. Revista não conhecida." (TST RR 288.545/96.7 – Ac. 4ª T., 18.11.98 – rel. Ministro Milton de Moura França, in *Revista LTr* 63-05/652)

Atualmente, o art. 114, incisos VI e IX, da CF, falam em ações decorrentes da relação de trabalho. Portanto, a espinha dorsal da competência da Justiça do Trabalho não são mais os dissídios entre empregados e empregadores, e sim as controvérsias decorrentes da relação de trabalho, que podem envolver terceiros, que não prestador e tomador de serviços, como se dá nas ações de reparação por danos morais e patrimoniais decorrentes da relação de trabalho e também nas hipóteses de sucessão de empresas.

Como pondera *José Roberto Freire Pimenta*(42), referindo-se à possibilidade de intervenção de terceiros no Processo do Trabalho, "trata-se aqui de uma das mais relevantes consequências processuais acarretadas pela ampliação de competência da Justiça do Trabalho (alcançando, inclusive, os processos que tenham por objeto principal as lides decorrentes da relação de emprego, mas que, acessoriamente, atraiam a participação de terceiros na defesa de seus próprios direitos e interesses)"(43).

---

(42) PIMENTA, José Roberto Freire. A nova competência da Justiça do Trabalho para as lides não decorrentes da relação de emprego: Aspectos processuais e procedimentais. *In: Revista do Tribunal Superior do Trabalho*, ano 71, n. 1, jan./abr. 2005, Porto Alegre: Síntese, 2005. p. 129-130.

(43) No mesmo sentido, é a opinião de Carlos Alberto Begalles: "O Tribunal Superior do Trabalho, mediante OJ n. 227, da SDI-I, entende incabível a denunciação da lide no Processo do Trabalho. Todavia, parece equivocado esse entendimento de forma generalizada, pois é possível admitir-se a denunciação da lide no Processo do Trabalho, em alguns casos, como por exemplo: se uma empresa é acionada por uma ex-empregada, sob a alegação de que o gerente cometeu assédio sexual em face dela, poderá a empresa denunciar à lide o gerente, para se ressarcir de eventuais danos morais e materiais deferidos em favor da reclamante, por ter praticado o ato com dolo ou culpa. Nesse caso se está diante de uma lide entre empregado e empregador (ex-empregada e empresa) e na denunciação da lide também entre empregado e empregador (empresa denunciante e gerente denunciado). Nos dois casos se está diante de uma relação de emprego. Ademais, com a promulgação e publicação da Emenda Constitucional n. 45/04, como a Justiça do Trabalho tem competência para julgar lides

Por isso, acreditamos que, no atual estágio da competência da Justiça do Trabalho, seja compatível a denunciação à lide nas ações reparatórias de danos morais e patrimoniais, podendo o empregador, por exemplo, denunciar à lide a seguradora, em eventual ação de reparação de dano oriundo de acidente de trabalho, ou em caso de responsabilidade do empregador por ato de seu preposto ou empregado, denunciar à lide o empregado que causou diretamente o dano (arts. 932, III, 933 e 942, todos do Código Civil).

A CLT disciplina, no art. 486[(44)], o chamado fato príncipe, que é uma espécie do gênero força maior. Embora o § 1º do referido artigo faça alusão ao chamamento à autoria, a doutrina é praticamente pacífica no sentido de que se trata de hipótese de denunciação à lide.

O chamamento à autoria é figura que existia no CPC de 1939 e, atualmente, não mais está prevista no CPC de 1973. A figura se reporta à denunciação da lide do atual CPC.

O empregador continuará no polo passivo, sendo denunciada à lide a autoridade competente que praticou o fato príncipe, uma vez que é a responsável direta pelo pagamento dos títulos trabalhistas.

Nesse sentido, concordamos com os contundentes argumentos expendidos por *Jorge Luiz Souto Maior*:

> "A qualificação processual da autoridade, como chamada à autoria, teve à vista a terminologia do Código de Processo de Processo Civil de 39, vigente na época da redação do citado parágrafo. Como o advento do Código de Processo Civil de 73 o denominado 'chamamento à autoria', conforme lição dos mestres da ciência processual civil, passou a chamar-se 'denunciação da lide', com algumas alterações, mas guardando suas características essenciais. Dessa forma, por uma atualização hermenêutica, forçosamente deve-se considerar que a autoridade mencionada passará

---

que não envolvem somente empregado e empregador, mas também pessoas jurídicas (representatividade sindical), penalidades administrativas etc., pode-se admitir a denunciação da lide no Processo do Trabalho" (*Lições de direito processual do trabalho*. São Paulo: LTr, 2005. p. 109-110).

(44) Art. 486 da CLT: "No caso de paralisação temporária ou definitiva do trabalho, motivada por ato de autoridade municipal, estadual ou federal, ou pela promulgação de lei ou resolução que impossibilite a continuação da atividade, prevalecerá o pagamento da indenização, que ficará a cargo do governo responsável (Redação dada pela Lei n. 1.530/51 – DOU 28.12.51). § 1º Sempre que o empregador invocar em sua defesa o preceito do presente artigo, o tribunal do trabalho competente notificará a pessoa de direito público apontada como responsável pela paralisação do trabalho, para que, no prazo de 30 dias, alegue o que entender devido, passando a figurar no processo como chamada à autoria. (Redação dada pelo Decreto-lei n. 6.110/43 – DOU 18.12.43). § 2º Sempre que a parte interessada, firmada em documento hábil, invocar defesa baseada na disposição deste artigo e indicar qual o juiz competente, será ouvida a parte contrária, para, dentro de três dias, falar sobre essa alegação. § 3º Verificada qual a autoridade responsável, a Junta de Conciliação ou juiz dar-se-á por incompetente, remetendo os autos ao Juiz Privativo da Fazenda, perante o qual correrá o feito, nos termos previstos no processo comum."

a integrar a lide como 'denunciada'. Ou seja, a figura da intervenção de terceiros pertinente à ocorrência de *factum principis* é a denunciação da lide."[45]

Com a redação dada ao art. 114 pela EC n. 45/04, não resta dúvida de que a competência para apreciar a lide, quando houver a denunciação da pessoa de direito público responsável pelo fato, é da Justiça do Trabalho, nos termos dos incisos I e IX do art. 114 da CF.

Não há por que se deslocar a competência para a Justiça Estadual ou Federal (conforme a natureza da autoridade pública), pois se trata de controvérsia oriunda da relação de trabalho (art. 114, I, da CF) e, portanto, compete ao Judiciário Trabalhista dirimir integralmente a questão.

No mesmo sentido, pensa *Jorge Luiz Souto Maior*[46]:

> "[...] O art. 114 da CF/88 ampliou a competência da Justiça do Trabalho para julgar ações em que o ente público figurasse na relação jurídica como empregador, relação essa regida pela legislação trabalhista. O art. 109, I, que trata da competência dos juízes federais, por sua vez excluiu da competência daquele juízo as causas sujeitas à Justiça do Trabalho, mesmo quando fosse parte a União, entidade autárquica ou empresa pública federal. Conclui-se, assim, que os litígios decorrentes de relação de trabalho, mesmo com interferência de entes públicos, como partes ou oponentes, a competência para julgamento é da Justiça do Trabalho, aliás como já vem disposto no art. 69 do Decreto n. 99.684/90."[47]

Nesse contexto, destaca-se a seguinte ementa:

"Denunciação da lide. Não há dúvidas quanto ao abrigo da denunciação pelo Processo Trabalhista em face do art. 486, § 1º, da CLT ... Cabe a denunciação àquele que estiver obrigado, por contrato ou lei, a indenizar, em ação regressiva, o prejuízo de quem perder a demanda. Revista provida." (TST 4ª Turma, RR 34966/91.4, rel. Min. Marcelo Pimentel, DJU 19.3.93)

Tanto nas hipóteses das ações de reparação por danos morais e patrimoniais como nas hipóteses de sucessão de empresas, ou do fato príncipe, cabe à Justiça do Trabalho apreciar o direito de regresso entre denunciante e denunciado (art. 129 do CPC), uma vez que são controvérsias que decorrem da relação de trabalho.

Nessa esteira, destacamos a seguinte ementa:

"DENUNCIAÇÃO À LIDE. CONTRATO DE SEGURO. COMPETÊNCIA. Trata-se de questão *sui generis*, nascida com o momento de transição que se originou com a EC 45/2004. De fato, a análise da cobertura prevista no contrato de seguro ressoa como matéria estranha à relação de trabalho. Mas, por outro lado, não deixa de ter se originado em processo que

(45) SOUTO MAIOR, Jorge Luiz. *Curso de direito do trabalho*. Vol. II. São Paulo: LTr, 2008. p. 508.

(46) *Op. cit.*, p. 509.

(47) No mesmo sentido, é a visão de SAAD, Eduardo Gabriel (*CLT Comentada*. 42. ed. São Paulo: LTr, 2009. p. 666).

visava à pacificação social no bojo de ação indenizatória de acidente de trabalho. A questão da possibilidade ou não da denunciação à lide no processo do trabalho, frente às novas competências, por certo resultará em debates da doutrina e jurisprudência. No entanto, no presente caso, a denunciação já foi deferida, e, a nosso ver, sem embargo de posicionamentos contrários, parece-nos menos prejudicial ao jurisdicionado que estas questões sejam integralmente julgadas por esta Justiça Especializada, até porque o pagamento do prêmio teve origem no acidente de trabalho ocorrido no bojo da relação empregatícia. COBERTURA DO CONTRATO DE SEGURO. COBERTURA DOS 'DANOS MORAIS' NA EXPRESSÃO 'DANOS PESSOAIS'. Ainda que não haja na apólice de seguro a previsão para pagamento de 'danos morais', esta obrigação contratual está adstrita à expressão 'danos pessoais', eis que o dano à honra, à imagem, aos sentimentos mais caros ao ser humano estão de fato englobados no gênero 'dano pessoal'.

"ACIDENTE DO TRABALHO COM MORTE. PAI DE FAMÍLIA. DANO MORAL. PRESUNÇÃO *JURE ET DE JURE*. O dano moral decorrente do falecimento do empregado pai de família deriva de presunção *jure et de jure*. Não há como ser diferente. A ninguém é permitido negar a dor espiritual da esposa que perde seu cônjuge, bem como o sofrimento dos filhos que perdem um dos genitores ainda quando em idade impúbere. Observemos que no caso, o *de cujus* possuía à época do acidente 05 (cinco) filhos menores. O solapar da vida, causada pelo infortúnio, ceifou-lhes a oportunidade de convivência com o genitor nos períodos da vida nos quais mais necessitaram do conforto paterno. Inegavelmente, este trecho dramático das suas vidas jamais será apagado. Assim como o sulco que a água pretérita e diuturna deixa nas rochas, a marca indelével em sua consciência, da perda do genitor, é causa de frustração duradoura e permanente no espírito maculado dos filhos e também da esposa, que no decorrer dos anos posteriores carregou pesadíssimo fardo, pois acumulou a responsabilidade da educação e da manutenção de cinco filhos. O que dizer da ausência paterna nos momentos da infância, nos momentos de descoberta da vida, de suas curiosidades, de suas dúvidas e da própria formação educacional, moral e espiritual dos filhos? De fato, imaginemos que não foi fácil para a genitora levar estes pesados anos, de maneira desacompanhada do pai dos autores. Assim, nesta quadra, assumimos integralmente a conclusão posta na r. sentença recorrida, porque, de fato, há no caso dano moral, dor espiritual que não será apaziguada com o pagamento de indenização, senão de forma diáfana compensada. Considerando-se o porte econômico da ré, as consequências gravíssimas do acidente resta majorado o valor da indenização." [99528-2006-002-09-00-5 (RIND) – 9ª Região – Ana Carolina Zaina – relatora. DJ/PR de 23.2.2007 – (DT – Março/2007 – vol. 152, p. 119)]

A jurisprudência trabalhista vem se pronunciando a respeito, ora admitindo ora rejeitando a denunciação da lide no Processo do Trabalho, conforme se constata da redação das seguintes ementas:

"Denunciação da lide — Cabimento na Justiça do Trabalho. O fato de ter havido o cancelamento da OJ n. 227 da SDI-1/TST não implica no cabimento de toda e qualquer denunciação da lide no âmbito da Justiça do Trabalho, o que só é admissível quando referida Justiça especializada detiver competência também para apreciar a lide entre denunciante e denunciado. Assim, não é cabível a denunciação da lide pretendida, quando, nos termos do art. 114/CF, a Justiça do Trabalho não detém competência para julgar a lide entre denunciante e denunciado, como é o caso dos autos, em que eventual ação regressiva da empresa contra ex-sócios deve ser ajuizada no âmbito da Justiça Comum." (TRT 3ª R. – 10ª T – relª Juíza Maria Cecília Alves Pinto (convocada) – 30.9.09 – p. 205 – Processo RO n. 342/2009.020.03.00-4) (RDT n. 10 – out. 2009)

"Denunciação da lide no processo do trabalho — Reclamação baseada em relação de emprego — Inadmissibilidade. Em se tratando de reclamação trabalhista oriunda de vínculo empregatício (e não relação de trabalho *lato sensu*), não se admite 'o instituto da intervenção de terceiros no Processo do Trabalho, diante da celeridade do rito processual trabalhista e da falta de competência material da Justiça do Trabalho para dirimir controvérsias atinentes a direito de regresso entre terceiros, que não guardam relação direta com o contrato de trabalho'." (TRT 5ª R. – 4ª T. – rel. Des. Roberto Pessoa – 17.9.09 – Processo RO n. 1136/2008.027.05.00-4) (RDT n. 10 – out. 2009)

3.6. Chamamento ao processo

Dispõe o art. 130 do CPC:

"É admissível o chamamento ao processo, requerido pelo réu:

I – do afiançado, na ação em que o fiador for réu;

II – dos demais fiadores, na ação proposta contra um ou alguns deles;

III – dos demais devedores solidários, quando o credor exigir de um ou de alguns o pagamento da dívida comum."

Ensina *Cândido Rangel Dinamarco*(48): "Chamamento ao processo é o ato com que o réu pede a integração de terceiro ao processo para que, no caso de ser julgada procedente a demanda inicial do autor, também aquele seja condenado e a sentença valha como título executivo em face dele."

Trata-se de uma modalidade de intervenção de terceiro provocada, não cabendo, segundo posição majoritária, ao chamado a possibilidade de recusa. É exclusiva do processo de conhecimento, sendo incompatível com o executivo e o cautelar porque visa sempre a obter a condenação do terceiro na sentença, o que só ocorre no processo de conhecimento.

O chamamento ao processo assemelha-se à denunciação à lide, mas com ela não se confunde, pois se trata de figura específica prevista no CPC para que o chamado à lide venha a responder conjuntamente com o devedor solidário, ou para que o devedor principal venha a ser chamado para responder quando demandado o fiador. O chamamento ao processo, ao contrário das hipóteses de denunciação à lide, não é obrigatório, tampouco inviabiliza o direito de regresso para a parte que não o fizer.

Como bem adverte *Cândido Rangel Dinamarco*(49):

> "Ligado à denunciação da lide por uma grande afinidade, é natural que o chamamento ao processo se reja por preceitos em parte coincidentes com os que dizem respeito àquela. Mesmo as hipóteses legais de sua admissibilidade, como se viu, são em parte superpostas, definindo-se a adequação de cada um desses modos de provocar a intervenção de terceiro por um critério de especialidade: as descrições típicas contidas

(48) DINAMARCO, Cândido Rangel. *Op. cit.*, p. 409.

(49) DINAMARCO, Cândido Rangel. *Intervenção de terceiros*. 5. ed. São Paulo: Malheiros. 2009. p. 177.

nos incisos do art. 77, sendo específicas, determinam o cabimento do chamamento ao processo e excluem a denunciação da lide, não obstante todas elas estejam contidas na formulação ampla e genérica do inciso III do art. 70 (*Lex especialis derogat lege generale*)."

Nos termos do art. 131 do CPC, "A citação daqueles que devam figurar em litisconsórcio passivo será requerida pelo réu na contestação e deve ser promovida no prazo de 30 (trinta) dias, sob pena de ficar sem efeito o chamamento."

Conforme o art. 132 do CPC, "A sentença de procedência valerá como título executivo em favor do réu que satisfizer a dívida, a fim de que possa exigi-la, por inteiro, do devedor principal, ou, de cada um dos codevedores, a sua quota, na proporção que lhes tocar."

Como bem destaca *Cléber Lúcio de Almeida*(50), o que se pretende, ao permitir o chamamento ao processo, é que neste seja proferida sentença única, que, se condenatória, valerá como título executivo para o devedor que satisfizer a dívida. Chama-se alguém ao processo antes da condenação para que, se ela sobrevier, a sentença passe a valer como título executivo para o devedor que pagar a dívida, em relação ao devedor principal ou aos demais devedores. O chamamento ao processo, a nosso ver, é compatível com o Processo do Trabalho e, muitas vezes, pode ser útil ao reclamante, pois haverá o ingresso de outro réu que irá garantir, juntamente com o outro devedor, o crédito do reclamante.

Pelos mesmos motivos que sustentamos a possibilidade da denunciação da lide, acreditamos ser possível o chamamento ao processo na Justiça do Trabalho, com uma flexibilidade maior que a denunciação, pois o chamamento visa a uma maior garantia de pagamento do crédito do reclamante.

De outro lado, cabe ao Juiz do Trabalho, como diretor do processo, avaliar o custo-benefício do chamamento e indeferi-lo quando não trouxer benefícios ao processo e também demora demasiada à resolução da lide.

As hipóteses mais comuns de chamamento no Processo do Trabalho são as do sócio, quando a empresa está insolvente, empresa do mesmo grupo econômico da reclamada; do subempreiteiro, quando a demanda é proposta em face do empreiteiro principal; da empresa tomadora dos serviços, quando se postula o vínculo de emprego perante a cooperativa; ou da empresa prestadora, quando se postulam verbas trabalhistas diante da tomadora de serviços em hipótese de terceirização (Súmula n. 331 do C. TST).

Para *José Augusto Rodrigues Pinto*(51), "das hipóteses de cabimento que formam o elenco da lei processual civil só se coaduna com o Dissídio Individual do Trabalho do art. 77, III, relacionada com a solidariedade passiva em sentido amplo, a exemplo das ações de empregado contra subempreiteiro, que chama ao processo o empreiteiro principal (CLT, art. 455)."

---

(50) ALMEIDA, Cléber Lúcio de. *Direito processual do trabalho.* 3. ed. Belo Horizonte: Del Rey, 2009. p. 409.

(51) RODRIGUES PINTO, José Augusto. *Processo trabalhista de conhecimento.* 7. ed. São Paulo: LTr, 2005. p. 277.

A doutrina processual trabalhista vem evoluindo no sentido da admissibilidade do chamamento ao processo no Direito Processual do Trabalho.

Destaca-se a posição de *Wagner D. Giglio*(52):

> "Revertendo posição adotada nas edições anteriores desta obra, novos estudos nos convenceram de que a razão está com C. P. Tostes Malta. Com base na lição deste, transcrita por Coqueijo Costa (*Direito judiciário do trabalho*, cit., p. 166), passamos a admitir o cabimento do chamamento ao processo nos casos de o empregador ser uma sociedade de fato ou um condomínio irregular, ainda inexistente síndico ou administrador, a fim de que venham a integrar *a lide* todos os sócios ou condôminos, se apenas um deles foi citado ou se somente alguns o foram."

(52) GIGLIO, Wagner D. *Direito processual do trabalho*. 15. ed. São Paulo: LTr, 2005. p. 154.

Capítulo VIII

Dos Atos Processuais

1. Conceito de atos e fatos processuais

O processo, como vimos, é uma relação jurídica complexa que envolve atos das partes, do juiz e atos de impulso processual (praticados de ofício pelo juiz ou pelos auxiliares da justiça), a fim de que a relação jurídica processual possa ter início, meio e fim.

Ensina *Moacyr Amaral Santos*(1):

> "Atos processuais são atos do processo. A relação jurídica processual que se contém no processo se reflete em atos. São atos processuais os atos que têm importância jurídica para a relação processual, isto é, aqueles atos que têm por efeito a constituição, a conservação, o desenvolvimento, a modificação ou cessação da relação processual."

Segundo a doutrina, fato jurídico em sentido amplo é todo acontecimento decorrente da vontade das partes, ou da própria natureza, que tem por objetivo criar, modificar ou extinguir direitos. No sentido estrito, fato jurídico é um acontecimento natural, e o ato jurídico decorre da vontade humana.

Os atos processuais são praticados pelas partes ou pelo juiz, pois decorrem da vontade humana visando a um determinado efeito processual — por exemplo, a petição inicial, o recurso, a sentença, etc. Não diferem dos atos jurídicos em geral, pois, enquanto estes têm por objeto criar, extinguir ou modificar direitos, os atos processuais têm por objetivo um efeito processual.

Os fatos processuais são acontecimentos naturais, não decorrentes da vontade humana, mas que produzem efeitos processuais — como exemplos, temos a morte de uma das partes, a revelia, a perempção, etc.

A doutrina também inclui a categoria dos chamados *negócios jurídicos processuais*, onde os atos processuais são praticados de comum acordo pelas partes, submetidos à chancela judicial. Como exemplos, temos os acordos judiciais onde as partes transacionam direitos e também atos de negociação sobre os próprios atos processuais, como o requerimento conjunto de suspensão do processo, a desistência do processo por requerimento do reclamante com a concordância do reclamado, etc.

---

(1) SANTOS, Moacyr Amaral. *Primeiras linhas de direito processual civil.* 1. vol., 18. ed. São Paulo: Saraiva, 1995. p. 275.

O recente Código de Processo Civil amplia a possibilidade dos negócios jurídicos processuais, nos arts. 190 e 191, que dispõem:

"Art. 190. Versando o processo sobre direitos que admitam autocomposição, é lícito às partes plenamente capazes estipular mudanças no procedimento para ajustá-lo às especificidades da causa e convencionar sobre os seus ônus, poderes, faculdades e deveres processuais, antes ou durante o processo.

Parágrafo único. De ofício ou a requerimento, o juiz controlará a validade das convenções previstas neste artigo, recusando-lhes aplicação somente nos casos de nulidade ou de inserção abusiva em contrato de adesão ou em que alguma parte se encontre em manifesta situação de vulnerabilidade."

"Art. 191. De comum acordo, o juiz e as partes podem fixar calendário para a prática dos atos processuais, quando for o caso.

§ 1º O calendário vincula as partes e o juiz, e os prazos nele previstos somente serão modificados em casos excepcionais, devidamente justificados.

§ 2º Dispensa-se a intimação das partes para a prática de ato processual ou a realização de audiência cujas datas tiverem sido designadas no calendário."

Diante dos referidos dispositivos, podem as partes, doravante, nos processos em que se discutem direitos patrimoniais disponíveis:

a) estipular mudanças no procedimento para ajustá-los às características da causa;

b) convencionar sobre o exercício de faculdades processuais, como as espécies de provas a produzir, ônus da prova, não interpor recursos, etc.;

c) fixar um calendário para a prática de atos processuais.

No processo trabalhista, diante do caráter publicista do processo mais acentuado e da desigualdade existente entre as partes (reclamante e reclamado), pode-se sustentar que os referidos dispositivos do CPC não são aplicáveis.

De nossa parte, os arts. 190 e 191 do CPC se aplicam, com reservas ao Processo Trabalhista, devendo o Juiz do Trabalho avaliar, no caso concreto, se não há prejuízos ao litigante mais fraco (o autor), bem como se a concordância do reclamante com a negociação foi espontânea. Além disso, deve o Juiz sopesar o resultado prático da negociação, bem como a duração razoável do procedimento.

O calendário processual estabelecido pelas partes também deve ser submetido à apreciação do Juiz do Trabalho (art. 765 da CLT) e também à disponibilidade da pauta da Vara.

O TST, no entanto, entendeu inaplicável ao processo do artigo o artigo 190 do CPC, por incompatibilidade. Com efeito, dispõe o art. 2º, II da IN n. 39/16 do TST:

"Sem prejuízo de outros, não se aplicam ao Processo do Trabalho, em razão de inexistência de omissão ou por incompatibilidade, os seguintes preceitos do Código de Processo Civil: (...) II – art. 190 e parágrafo único (negociação processual)".

Os pronunciamentos do juiz no Processo estão mencionados, exemplificativamente, no art. 203 do CPC:

"Os pronunciamentos do juiz consistirão em sentenças, decisões interlocutórias e despachos.

§ 1º Ressalvadas as disposições expressas dos procedimentos especiais, sentença é o pronunciamento por meio do qual o juiz, com fundamento nos arts. 485 e 487, põe fim à fase cognitiva do procedimento comum, bem como extingue a execução.

§ 2º Decisão interlocutória é todo pronunciamento judicial de natureza decisória que não se enquadre no § 1º.

§ 3º São despachos todos os demais pronunciamentos do juiz praticados no processo, de ofício ou a requerimento da parte.

§ 4º Os atos meramente ordinatórios, como a juntada e a vista obrigatória, independem de despacho, devendo ser praticados de ofício pelo servidor e revistos pelo juiz quando necessário."

Além dos pronunciamentos mencionados no referido dispositivo legal, o Juiz também pratica outros atos processuais, não mencionados no referido dispositivo legal, que são privativos do juiz, como presidir às audiências, supervisionar os trabalhos da Secretaria, atender os advogados, etc.

Os atos da parte estão mencionados, de forma exemplificativa, no art. 200 do CPC, *in verbis*:

"Os atos das partes, consistentes em declarações unilaterais ou bilaterais de vontade, produzem imediatamente a constituição, a modificação ou a extinção de direitos processuais.

Parágrafo único. A desistência da ação só produzirá efeito depois de homologada por sentença."

Como exemplos de atos das partes, temos petição inicial, contestação, recursos, depoimentos pessoais, transação, entre outros.

Como exemplos de atos dos servidores da Justiça (auxiliares) temos a notificação inicial, que é ato do diretor de secretaria (art. 841 da CLT), a penhora praticada pelo oficial de justiça avaliador (art. 883 da CLT), a perícia realizada pelo perito do juízo (art. 195 da CLT) etc.

A Consolidação disciplina os atos processuais nos arts. 770 a 790-B, incluindo os prazos e despesas processuais, permitindo-se a aplicação subsidiária do CPC naquilo em que houver compatibilidade com o Processo do Trabalho (art. 769 da CLT).

2. Princípios dos atos processuais no Processo do Trabalho

Os atos processuais, para terem validade no processo, devem obedecer às diretrizes básicas fixadas na CLT, as quais denominamos princípios dos atos processuais. São eles:

2.1. Publicidade

Dispõe o art. 770 da CLT:

"Os atos processuais serão públicos salvo quando o contrário determinar o interesse social, e realizar-se-ão nos dias úteis das 6 às 20 horas."

No mesmo sentido, é o art. 779 da CLT:

> "As partes, ou seus procuradores, poderão consultar, com ampla liberdade, os processos nos cartórios ou secretarias."

Segundo *Moacyr Amaral Santos*[(2)], na publicidade dos atos processuais, está uma das garantias de ordem pública, pois que tem por finalidade permitir o controle da opinião pública nos serviços da Justiça. Por isso, as audiências são públicas, as sentenças são publicadas, delas podendo-se pedir certidões. É a razão pela qual as sentenças podem ser publicadas em jornais e revistas.

Como já nos pronunciamos, o princípio da publicidade não é absoluto, pois quando a causa estiver discutindo questões que envolvem a intimidade das partes, o juiz poderá restringir a publicidade da audiência. Nesse sentido, dispõe o art. 5º, LX, da CF: "A lei só poderá restringir a publicidade dos atos processuais quando a defesa da intimidade ou o interesse social o exigirem."

2.2. Limites temporais

Conforme o citado art. 770 da CLT, os atos processuais realizar-se-ão nos dias úteis das 6 às 20 horas. Não obstante, sendo necessário[(3)], os atos processuais podem ser praticados fora do limite temporal acima mencionado, aplicando-se o disposto no art. 212 do CPC, que resta compatível com o Processo do Trabalho. Dispõe o referido dispositivo legal:

> "Os atos processuais serão realizados em dias úteis, das 6 (seis) às 20 (vinte) horas.
>
> § 1º Serão concluídos após as 20 (vinte) horas os atos iniciados antes, quando o adiamento prejudicar a diligência ou causar grave dano.
>
> § 2º Independentemente de autorização judicial, as citações, intimações e penhoras poderão realizar-se no período de férias forenses, onde as houver, e nos feriados ou dias úteis fora do horário estabelecido neste artigo, observado o disposto no art. 5º, inciso XI, da Constituição Federal.
>
> § 3º Quando o ato tiver de ser praticado por meio de petição em autos não eletrônicos, essa deverá ser protocolada no horário de funcionamento do fórum ou tribunal, conforme o disposto na lei de organização judiciária local."

Conforme o parágrafo único do art. 770 da CLT, a penhora poderá realizar-se em domingo ou dia feriado, mediante autorização expressa do Juiz do Trabalho.

Segundo dispõe o § 2º do art. 212 do CPC, os atos processuais praticados, nos feriados ou em dias úteis fora do período entre 6 e 20 horas, devem respeitar o disposto no art. 5º, XI, que assim dispõe:

> "A casa é asilo inviolável do indivíduo, ninguém nela podendo penetrar sem consentimento do morador, salvo em caso de flagrante delito ou desastre, ou para prestar socorro, ou, durante o dia, por determinação judicial."

---

(2) *Op. cit.*, p. 278.

(3) Normalmente, tal ocorre com a notificação inicial e a penhora.

Conforme o referido dispositivo constitucional, inserido nas garantias fundamentais do cidadão, portanto, cláusula pétrea da Constituição Federal, não é possível ingressar na casa de alguém, mesmo com ordem judicial, durante o período noturno. Durante o dia, é possível o ingresso, mediante autorização judicial.

De outro lado, em casos excepcionais, no Processo do Trabalho, nos quais o reclamado ou executado, somente forem encontrados no período noturno, o Juiz do Trabalho, valendo-se dos princípios da razoabilidade e da proporcionalidade, a fim de materializar o direito fundamental do acesso à justiça (art. 5º, XXXV, da CF), poderá determinar a realização do ato processual no período noturno, após as 20 horas, em horário razoável que não comprometa o direito ao repouso noturno.

Dias úteis são aqueles em que há funcionamento do fórum, ou nos quais a lei permite a prática de atos processuais.

Dispõe o art. 216, do CPC: "Além dos declarados em lei, são feriados, para efeito forense, os sábados, os domingos e os dias em que não haja expediente forense."

Diante do que dispõe o referido dispositivo legal, são considerados dias úteis, para a prática de atos processuais, segunda a sexta-feira.

Como a CLT não define quais dias são considerados feriados, aplica-se, supletivamente, o art. 216 do CPC.

2.3. Forma

Os atos processuais devem ser praticados conforme previsto na lei. A lei processual trabalhista determina a forma escrita. Nesse sentido, dispõe o art. 771 da CLT, *in verbis*:

> "Os atos e termos processuais poderão ser escritos a tinta, datilografados ou a carimbo."

2.4. Documentação

Todos os atos processuais serão documentados e juntados aos autos do processo(4).

De acordo com o art. 772 da CLT: "Os atos e termos processuais, que devam ser assinados pelas partes interessadas, quando estas, por motivo justificado, não possam fazê-lo, serão firmados a rogo, na presença de duas testemunhas, sempre que não houver procurador legalmente constituído."

Nos termos do art. 773 da CLT: "Os termos relativos ao movimento dos processos constarão de simples notas, datadas e rubricadas pelos Chefes de Secretaria ou escrivães."

2.5. Preclusão

Diante do caráter público da norma processual, para que o processo atinja sua meta ou seu objetivo, qual seja, a justa composição da lide, necessário que supere

(4) Nesse sentido, dispõe o art. 777 da CLT: "Os requerimentos e documentos apresentados, os atos e termos processuais, as petições ou razões de recursos e quaisquer outros papéis referentes aos feitos formarão os autos dos processos, os quais ficarão sob a responsabilidade dos escrivães ou chefes de Secretaria."

algumas fases processuais. Impensável, modernamente, se chegar ao término da relação processual sem o instituto da preclusão, que se define pela perda do direito de se praticar uma faculdade processual, seja pelo seu não exercício no prazo previsto pela lei (temporal), seja por já ter exercido o ato (consumativa), ou por ter praticado um ato incompatível com o ato que já se praticou (lógica).

Ensina *José Frederico Marques*(5):

> "Um dos institutos processuais que possibilitam, com mais eficácia, o impulso *ex officio* do procedimento, é o da preclusão. O *nomen juris* do instituto é devido a Chiovenda, que se valeu para isso, conforme ele próprio o confessa, da palavra encontrada 'nas fontes', na *poena preclusi* do direito comum."

Prossegue o festejado jurista(6):

> "Sob o ponto de vista objetivo, a preclusão é um fato impeditivo, destinado a garantir o avanço progressivo da relação processual e a obstar o seu retorno para fases anteriores do procedimento. Do ponto de vista subjetivo, é a perda de uma faculdade ou direito processual que, por se haver esgotado ou por não ter sido exercido em tempo e momento oportuno, fica praticamente extinto."

Sendo assim, para que o Processo tenha início, meio e fim, a preclusão torna-se essencial para a solução da lide.

No aspecto constitucional, os princípios da inafastabilidade e da inevitabilidade da jurisdição previstos no art. 5º da CF asseguram o prosseguimento do Processo até que atinja uma solução final.

Nesse sentido, destacam-se as seguintes ementas:

"Ato processual — Preclusão. Para garantir a tranquilidade das partes e a ordem processual invocamos a teoria dos prazos, com destaque para a preclusão temporal, que significa a perda da faculdade de se praticar determinado ato por não tê-lo feito no momento adequado. Se a parte deixa de apresentar insurgência no momento processual oportuno, por não se lembrar de texto de lei ou não conhecer a existência de norma que poderia reverter a situação que lhe era desfavorável, não poderá fazê-lo posteriormente, principalmente se não se tratar de regra jurídica nova, permissiva de arguição a qualquer momento processual." (TRT – 10ª R. – 1ª T. – AP n. 1.522/1991.006.10.85-1 – rel. Pedro Luís V. Foltran – DJDF 21.5.04 – p. 3) (RDT n. 6 – junho de 2004)

"Preclusão *pro judicato*. O art. 836 da CLT veda aos órgãos judiciais trabalhistas conhecer de questões já decididas. Embargos de declaração julgados duas vezes, tem-se que a segunda decisão é nula, por afronta ao art. 863 da CLT. Assim, tendo a primeira decisão considerado intempestivos os embargos, consequentemente, deixou de se operar a interrupção do prazo recursal, de que trata o art. 538 do CPC. Recurso não conhecido." (TRT – 10ª R. – 2ª T. – Ap. n. 1.854/1990.007.10.00-9 – rel. Mário M. F. Caron – DJDF 11.7.03 – p. 10) (RDT n. 8 – agosto 2003)

---

(5) MARQUES, José Frederico. *Instituições de direito processual civil*. v. II. Campinas: Millennium, 2000. p. 346.

(6) *Ibidem*, p. 347.

3. Da prática dos atos processuais por meios eletrônicos e processo judicial eletrônico

A Lei n. 9.800/99, com a finalidade de agilizar a prática dos atos processuais, permitiu o envio de petições por *fax* às Secretarias das Varas e Tribunais, desde que os originais sejam encaminhados no prazo de cinco dias.

O TST disciplinou a questão por meio da Súmula n. 387, *in verbis*:

"RECURSO. FAC-SÍMILE. LEI N. 9.800/1999. I – A Lei n. 9.800, de 26.5.1999, é aplicável somente a recursos interpostos após o início de sua vigência. (ex-OJ n. 194 da SBDI-1 – inserida em 8.11.2000) II – A contagem do quinquídio para apresentação dos originais de recurso interposto por intermédio de fac-símile começa a fluir do dia subsequente ao término do prazo recursal, nos termos do art. 2º da Lei n. 9.800, de 26.5.1999, e não do dia seguinte à interposição do recurso, se esta se deu antes do termo final do prazo. (ex-OJ n. 337 da SBDI-1 – primeira parte – DJ 4.5.2004) III – Não se tratando a juntada dos originais de ato que dependa de notificação, pois a parte, ao interpor o recurso, já tem ciência de seu ônus processual, não se aplica a regra do art. 224 do CPC de 2015 (art. 184 do CPC de 1973) quanto ao *"dies a quo"*, podendo coincidir com sábado, domingo ou feriado. (ex-OJ n. 337 da SBDI-1 – *"in fine"* – DJ 4.5.2004) IV – A autorização para utilização do fac-símile, constante do art. 1º da Lei n. 9.800, de 26.5.1999, somente alcança as hipóteses em que o documento é dirigido diretamente ao órgão jurisdicional, não se aplicando à transmissão ocorrida entre particulares".

A Instrução Normativa n. 28/05 do TST possibilita a prática de atos processuais por meio eletrônico e muitos TRTs editaram Provimentos disciplinando a prática de atos processuais pela *internet* (recebimento de petições, recursos, etc.), com certificação digital da assinatura do advogado.

A Lei n. 11.419/06 disciplinou a utilização do sistema eletrônico para a prática de atos processuais, bem como de comunicação de tais atos. Mediante cadastro prévio nos Tribunais, com a certificação da assinatura digital, todos os atos processuais, que não dependam do comparecimento da parte em juízo, poderão ser praticados pela *internet*, como distribuição da inicial, recursos, petições, etc. Ficou assim instituído o chamado *processo eletrônico*(7) que muito contribuirá para a celeridade e efetividade do processo.

---

(7) Dispõe o art. 8º da Lei n. 11.419/06: "Os órgãos do Poder Judiciário poderão desenvolver sistemas eletrônicos de processamento de ações judiciais por meio de autos total ou parcialmente digitais, utilizando, preferencialmente, a rede mundial de computadores e acesso por meio de redes internas e externas. Parágrafo único. Todos os atos processuais do processo eletrônico serão assinados eletronicamente na forma estabelecida nesta Lei."

Art. 9º da Lei n. 11.419/06: "No processo eletrônico, todas as citações, intimações e notificações, inclusive da Fazenda Pública, serão feitas por meio eletrônico, na forma desta Lei. § 1º – As citações, intimações, notificações e remessas que viabilizem o acesso à íntegra do processo correspondente serão consideradas vista pessoal do interessado para todos os efeitos legais. § 2º – Quando, por motivo técnico, for inviável o uso do meio eletrônico para a realização de citação, intimação ou notificação, esses atos processuais poderão ser praticados segundo as regras ordinárias, digitalizando-se o documento físico, que deverá ser posteriormente destruído."

Nos esclarece *José Eduardo de Resende Chaves Júnior*[8]:

> "O processo eletrônico não é uma simples transposição virtual dos autos, sem qualquer inflexão nas características e na teoria geral do processo (...). Confluindo MacLunhan e Dinamarco, temos que, se por uma visão esse 'meio' não pode se transformar num fim em si mesmo, para puro deleite de processualistas, por outro lado, esse *médium* não é isento, muito menos neutro, pois ele acaba por influir e contaminar o próprio desenrolar do processo, a forma de participação das partes litigantes e até o conteúdo da decisão do juiz, que se vêem afetados, dessa forma, pela dinâmica hipertextual e reticular do novo proedimento para a decidibilidade. Assim, o *meio* eletrônico, além de condicionar sobremaneira o conteúdo da jurisprudência, vai potencializar a própria instrumentalidade do processo, que passará a ter muito menos amarras e limitações materiais, permitirá o aumento de sua *deformalização* e alargará possibilidades probatórias. Enfim, o *meio* eletrônico sublinhará que o processo é *médium* e é instrumento, possibilitando, assim, que se privilegie na demanda os escopos sociais e políticos do processo. A instrumentalidade não será apenas dupla como afirma Dinamarco, será *exponencial*."

De nossa parte, ao contrário do que já estão sustentando alguns doutrinadores, o chamado *processo judicial eletrônico (PJE)*, não se trata de um novo sistema processual, ou um novo processo, apenas um sistema de tramitação, armazenamento de dados, e prática de atos processuais.

Nesse sentido, sustenta, com precisão, *Júlio César Bebber*[9]:

> "O processo, como instrumento de solução judicial de conflitos, é um só. O PJe-JT, portanto, nada mais é que uma forma procedimental (eletrônica; digital). Regem-no, por isso, as leis processuais existentes (CLT, CPC, etc.), observadas, entretanto, as adaptações decorrentes do meio eletrônico (digital) do seu processamento."

O processo judicial eletrônico consiste num sistema virtual de prática de atos processuais, comunicação e armazenamento de dados do processo. Esse sistema encontra fundamento nos seguintes princípios constitucionais do processo:

a) duração razoável: com o processo eletrônico, muitos atos de movimento físicia de processo, carga dos autos em secretaria, transporte dos autos via malote para outros órgãos judiciários serão dispensados. Parte do chamado "tempo morto" do processo será extinto. O próprio trabalho do advogado será simplificado, não havendo necessidade de ficar aguardando no balcão da secretaria o atendimento para ver o processo. Também não terá que ir ao fórum para protocolo de petições e tomar ciência de atos processuais;

---

(8) Elementos para uma nova Teoria do Processo em Rede. In: *O que há de novo em Processo do Trabalho*. São Paulo: LTr, 2015. p. 518-519.

(9) *Recursos no Processo do Trabalho*. 4. ed. São Paulo: LTr, 2014. p. 427.

b) publicidade: estando processo disponível no *site* do Tribunal, ele poderá ser consultado facilmente por qualquer pessoa que tenha interesse;

c) acesso à justiça: este sistema foi idealizado para facilitar o acesso à justiça pelo trabalhador.

Além disso, o processo judicial eletrônico vai contribuir para a padronização dos atos de movimentação do processo, como despachos de expediente, prática de atos do procedimento, supressão de atos inúteis, com economia dos atos processuais e simplificação do procedimento, além da preservação do processo por maior lapso de tempo.

Muitos Tribunais Trabalhistas já criaram varas exclusivas para a tramitação do processo judicial eletrônico a exemplo do TRT da 2ª Região (Ato CP/Cr n. 01/2012) e, paulatinamente, o número de varas com processo eletrônico vem crescendo a cada dia.

De outro lado, como bem adverte *Gustavo Filipe Barbosa Garcia*[(10)], "cabe ressaltar, no entanto, que essa informatização do processo, por si só, não é apta a solucionar todos os problemas e desafios enfrentados para que se alcancem os ideais de efetividade e a celeridade da tutela jurisdicional, objetivos esses de maior complexidade, envolvendo questões de diversas ordens, inclusive materiais, orçamentárias, humanas e até mesmo culturais."

Também deve ser enfatizado que o conflito é o mesmo, tanto no processo físico, como virtual. Atrás do papel ou da tela do computador, há seres humanos. Os calhamaços de papel branco com tinta preta são substituídos pela tela do computador, que via de regra é branca e a escrita preta. Por isso, as dificuldades de solução do conflito, tramitação do processo internamente no Judiciário, produção de provas orais e julgamento são, praticamente, as mesmas.

Dispõe o art. 1º da Lei n. 11.419/06:

> "O uso de meio eletrônico na tramitação de processos judiciais, comunicação de atos e transmissão de peças processuais será admitido nos termos desta Lei. § 1º – Aplica-se o disposto nesta Lei, indistintamente, aos processos civil, penal e trabalhista, bem como aos juizados especiais, em qualquer grau de jurisdição. § 2º – Para o disposto nesta Lei, considera-se: I – meio eletrônico qualquer forma de armazenamento ou tráfego de documentos e arquivos digitais; II – transmissão eletrônica toda forma de comunicação a distância com a utilização de redes de comunicação, preferencialmente a rede mundial de computadores; III – assinatura eletrônica as seguintes formas de identificação inequívoca do signatário: a) assinatura digital baseada em certificado digital emitido por Autoridade Certificadora credenciada, na forma de lei específica; b) mediante cadastro de usuário no Poder Judiciário, conforme disciplinado pelos órgãos respectivos.

Nos termos do art. 2º da Lei n. 11.419/06:

> "O envio de petições, de recursos e a prática de atos processuais em geral por meio eletrônico serão admitidos mediante uso de assinatura eletrônica, na forma do art. 1º desta Lei, sendo

(10) *Curso de direito processual do trabalho.* 2. tir. Rio de Janeiro: Forense, 2012. p. 227.

obrigatório o credenciamento prévio no Poder Judiciário, conforme disciplinado pelos órgãos respectivos. § 1º – O credenciamento no Poder Judiciário será realizado mediante procedimento no qual esteja assegurada a adequada identificação presencial do interessado. § 2º – Ao credenciado será atribuído registro e meio de acesso ao sistema, de modo a preservar o sigilo, a identificação e a autenticidade de suas comunicações. § 3º – Os órgãos do Poder Judiciário poderão criar um cadastro único para o credenciamento previsto neste artigo."

No processo do Trabalho, diante da Lei n. 11.419/2006 e da Resolução n. 136/14 do Conselho Superior da Justiça do Trabalho, são singularidades do processo judicial eletrônico:

a) ampliação do prazo para a prática de atos processuais, que pode se dar até as 24 horas do último dia do prazo (art. 3º, parágrafo único, da Lei n. 11.419/06);

b) envio de petições, contestações, recursos e petições em geral pelo formato digital, mediante prévio cadastramento e assinatura eletrônica (art. 2º da Lei n. 11.419/06);

c) envio da contestação digitalizada antes da audiência (art. 10 da Lei n. 11.419/06). Muitos Tribunais já normatizaram, por meio de Provimentos, a possibilidade de envio da contestação até o prazo de uma hora que antecede a audiência, podendo, também ser aduziada oralmente na própria audiência;

d) citações intimações e cartas precatórias e rogatórias pela via eletrônica (arts. 7º e 9º da Lei n. 11.419/09);

e) necessidade de digitalização dos documentos (art. 11 da Lei n. 11.419/06);

f) diário oficial oficial eletrônico (art. 4º da Lei n. 11.419/06);

g) ausência de intermediário entre o envio das petições e sua juntada aos autos, que se dá pelo próprio sistema.

O processo eletrônico deve ser estimulado e impulsionado pelos Tribunais do Trabalho e também utilizado pelos advogados e partes, como medidas de celeridade, simplicidade, de desburocratização do procedimento. Entretanto, o processo eletrônico não pode inviabilizar o acesso à justiça do trabalho, principalmente do jurisdicionado de baixa renda e que não tenha acesso a equipamentos de informática. De outro lado, há de se considerar na Justiça do Trabalho a manutenção do *jus postulandi* da parte.

Como bem adverte *Bezerra Leite*(11), "a utilização de meio eletrônico na tramitação de processos judiciais, a comunicação de atos processuais e a transmissão de peças processuais por meios eletrônicos constitui faculdade dos jurisdicionados em qualquer processo judicial e em qualquer grau de jurisdição [...]." Desse modo, os Tribunais não podem obrigar que os atos processuais sejam praticados por meios eletrônicos pelas partes e advogados, nem estas podem exigir que a Justiça do Trabalho os pratique.

(11) BEZERRA LEITE, Carlos Henrique. *Curso de direito processual do trabalho.* 7. ed. São Paulo: LTr, 2009. p. 323.

De outro lado, não consideramos a criação de Varas que utilizam exclusivamente o sistema processual eletrônico inconstitucional. Embora muitos advogados questionem a constitucionalidade e aleguem que em muitos casos isso acaba inibindo o acesso à justiça e o exercício profissional, o uso da tecnologia é uma tendência inevitável diante da quantidade de processos que tramitam no Judiciário Trabalhista e a necessidade de dar vazão com celeridade a essa demanda. De outro lado, nesses órgão judiciários, os Tribunais devem instalar computadores para ampla utilização das partes e advogados que não possuam esses equipamentos, promover e divulgar amplamente informações sobre o acesso e a tramitação do processo eletrônico. Além disso, devem implantar o sistema de forma gradativa, com lapso de tempo suficiente para servidores e advogados se adaptarem às ferramentas eletrônicas.

Apesar de o processo judicial eletrônico ser um sistema de prática de atos processuais e armazenamento de dados do processo, está exercendo influência no próprio procedimento trabalhista e no comportamento dos sujeitos do processo, já que provocou um gradativo aumento de serviço aos advogados, bem como a responsabilidade destes no envio de petições e documentos, já que para o envio todas as peças processuais e documentos devem ser escaneados. Além disso, muitas telas cadastrais do sistema também devem ser preenchidas. Paulatinamente, a presença das partes e dos advogados nos fóruns vai reduzindo. O papel, paulatinamente, também vai sumindo das Secretarias Judiciais.

A rotina dos funcionários e juízes também está mudando quanto ao acesso aos processos, movimentação e tramitação. A burocracia dos carimbos e escrita vai sendo substituída pela inserção de dados do processo nas diversas telas do programa com certificações digitais. Há, por outro lado, maior fiscalização e acesso de todos aos dados do processo, principalmente, os dados estatísticos e de produtividade pelos Tribunais.

No aspecto, destacamos a seguinte ementa:

> "PRINCÍPIO DA CONEXÃO — OS AUTOS ESTÃO NO MUNDO VIRTUAL. Na atual era da informação em rede, na qual o "poder dos fluxos (da rede) é mais importante que os fluxos do poder" (CASTELLS), já não pode mais vigorar o princípio da escritura, que separa os autos do mundo. A Internet funda uma nova principiologia processual, regida pelo novo princípio da conexão. O chamado princípio da escritura - *quod non est in actis non est in mundo* - encerrou no Código Canônico a fase da oralidade em voga desde o processo romano e até no processo germânico medieval. Com o advento das novas tecnologias de comunicação e informação e as possibilidades ampliadas de conectividade por elas proporcionadas, rompe-se, finalmente, com a separação rígida entre o mundo do processo e o das relações sociais, porquanto o link permite a aproximação entre os autos e a verdade (real e virtual) contida na rede. O princípio da conexão torna naturalmente, por outro lado, o processo mais inquisitivo. A virtualidade da conexão altera profundamente os limites da busca da prova. As denominadas TICS passam, portanto, a ter profunda inflexão sobre a principiologia da ciência processual e redesenham a teoria geral tradicional do processo, a partir desse novo primado da conexão." (TRT da 3ª Região; 1ª T.; Processo: 0113900-25.2006.5.03.0039 AP; Data de Publicação: 24.4.2013; Órgão Julgador: Primeira Turma; relator: Jose Eduardo Resende Chaves Jr.)

A prática de atos processuais por meios eletrônicos tem sido utilizada na Justiça do Trabalho, conforme se constata da análise das seguintes ementas:

"RECURSO DE REVISTA. NÃO CONHECIMENTO DO RECURSO ORDINÁRIO. PETICIONAMENTO ELETRÔNICO. ÚLTIMO DIA DO PRAZO. HORÁRIO DE ENVIO. O recurso ordinário do reclamante foi interposto no último dia do prazo (7.4.2008), mediante peticionamento eletrônico, às 18h35, portanto, dentro do prazo recursal e do horário estabelecido pela Lei n. 11.419/2006. O parágrafo único do art. 3º da Lei n. 11.419/2006 dispõe expressamente que os recursos apresentados na forma daquela lei, até as 24 horas do último dia do prazo recursal, são tempestivos. Recurso de revista a que se dá provimento." (Processo: RR – 1565/2007-011-02-00.1 – Data de Julgamento: 12.8.2009, relª Minª Kátia Magalhães Arruda, 5ª Turma, Data de Divulgação: DEJT 28.8.2009)

"AGRAVO DE INSTRUMENTO — NÃO CONHECIMENTO — DEFICIÊNCIA NO TRASLADO DE PEÇA OBRIGATÓRIA — CÓPIA EXTRAÍDA DA INTERNET — INTELIGÊNCIA DO ART. 897, ALÍNEA *B*, § 5º, INCISO I, DA CLT E DOS ITENS III E X DA IN n. 16 DO TST — SÚMULA N. 337 DO TST. I – Cumpre às partes providenciar a correta formação do instrumento, não comportando a omissão em conversão em diligência para suprir a ausência de peças, ainda que essenciais. (inciso X da IN n. 16/99). II – Não supre a deficiência constatada cópia extraída da página do TRT na internet, já que o permissivo consolidado, art. 897, não contempla tal permissão, pois seu § 5º, inciso I, dispõe textualmente sobre a obrigatoriedade do traslado de cópia da decisão originária, sem especificar a possibilidade de tal consideração. III – A inovação introduzida no art. 365 do Código de Processo Civil é textual, acrescentando, expressamente, a possibilidade de reproduções digitalizadas de qualquer documento, público ou particular, quando juntado aos autos. Esse inciso foi introduzido pela Lei n. 11.419, de 19.12.06, que dispõe sobre o Processo Eletrônico. Tal diploma legal consigna que a validade dos documentos emitidos para fins de prática de atos processuais está condicionada à aposição de assinatura eletrônica, o que de qualquer sorte, mesmo que se pudesse suplantar o primeiro óbice detectado, não é o caso dos autos. IV – A alteração do Regimento Interno desta Corte (art. 226) consigna que os sítios na internet estão incluídos no rol das fontes oficiais de publicação para efeito de comprovação de divergência jurisprudencial na admissibilidade do recurso de revista. Não há nenhuma norma inovatória pertinente, pelo menos por enquanto, referente ao traslado de peças para formação do agravo de instrumento. V – Agravo de instrumento não conhecido." (Processo: AIRR – 1020/2006-802-10-40.0 – Data de Julgamento: 26.11.2008, rel. Min. Antônio José de Barros Levenhagen, 4ª Turma, Data de Divulgação: DEJT 5.12.2008)

"TRANSMISSÃO ELETRÔNICA DE DADOS — RESPONSABILIDADE E IDENTIFICAÇÃO DO USUÁRIO. Compete à parte zelar pela fiel transmissão dos dados enviados por documento eletrônico. Desse modo, não se conhece do apelo, em não havendo a identificação da assinatura eletrônica, devidamente cadastrada no sistema, correspondente à do advogado que assina as razões recursais (Provimento GP/CR n.13/2006 deste E. Regional). Recurso ordinário não conhecido." (TRT/SP – 00013805920115020465 – RO – Ac. 18ª T. – 20120767087 – rel. Rui Cesar Publio Borges Correa – DOE 10.7.2012)

"INSTRUÇÃO NORMATIVA N. 30 DO C.TST. LEI N. 11.419/2006. APLICAÇÃO SOB A ÓTICA DA RAZOABILIDADE. Não obstante saber-se que a 'forma' é imprescindível para a segurança dos atos processuais, tendo em vista a solenidade que a Lei lhe impõe, certo é que, o Magistrado, em hipótese alguma, deve abandonar a 'razoabilidade' no enfrentamento das questões. Portanto, observado efetivamente que o ato em si se concretizou, ou seja, que o valor foi depositado a tempo, não há como se acolher o defeito da 'ilegibilidade', apontado no v.acórdão de fls. 140/1." (TRT/SP – 00012586820115020005 – RO – Ac. 4ª T. – 20120667449 – rel. Ivani Contini Bramante – DOE 29.6.2012)

"RECURSO ORDINÁRIO. DETERMINAÇÃO PARA A PRÁTICA DE ATO PROCESSUAL EXCLUSIVAMENTE VIA SISDOC. CERCEAMENTO DE DEFESA CONFIGURADO. A determinação para a prática de ato processual, exclusivamente via sistema SISDOC, ou, diretamente, na Secretaria da Vara, viola o devido processo legal, em descompasso com o direito constitucional à ampla defesa da parte. Preliminar de nulidade acolhida, para determinar o retorno dos autos à Origem e reabertura da instrução processual de seu poder diretivo na condução do processo, conforme prevê o art. 765, da CLT. Entendimento contrário daria azo à perpetuação do processo, em razão dos infindáveis questionamentos formulados pela parte, que nunca estaria satisfeita com as conclusões do laudo pericial, contrárias às suas pretensões. Recurso do reclamante ao qual se nega provimento." (TRT/SP – 00029893220105020362 – RO – Ac. 8ª T. – 20120681930 – relª Rita Maria Silvestre – DOE 25.6.2012)

3.1. Da Resolução n. 136/14 do Conselho Superior da Justiça do Trabalho

"RESOLUÇÃO CSJT N. 136/2014

Disponibilizado no DeJT de 29.4.2014

Republicada no DeJT de 14.5.2014

Republicada no DeJT de 28.10.2015

Institui o Sistema de Processo Judicial Eletrônico da Justiça do Trabalho — PJe-JT como sistema de processamento de informações e prática de atos processuais e estabelece os parâmetros para sua implementação e funcionamento.

O CONSELHO SUPERIOR DA JUSTIÇA DO TRABALHO, em sessão ordinária hoje realizada, sob a presidência do Exmo. Ministro Conselheiro Antonio José de Barros Levenhagen, presentes os Exmos. Ministros Conselheiros João Batista Brito Pereira, Aloysio Corrêa da Veiga, Luiz Philippe Vieira de Mello Filho e Maria de Assis Calsing, os Exmos. Desembargadores Conselheiros David Alves de Mello Júnior, Elaine Machado Vasconcelos, Maria Doralice Novaes, Carlos Coelho de Miranda Freire e Altino Pedrozo dos Santos, o Exmo. Vice-Procurador-Geral do Trabalho, Dr. Eduardo Antunes Parmeggiani, e o Exmo. Presidente da Associação Nacional dos Magistrados da Justiça do Trabalho — ANAMATRA, Juiz Paulo Luiz Schmidt,

Considerando as diretrizes contidas na Lei n. 11.419, de 19 de dezembro de 2006, que dispõe sobre a informatização do processo judicial, especialmente o disposto no art. 18, que autoriza os órgãos do Poder Judiciário a regulamentarem-na;

Considerando a regulamentação do PJe-JT pelo Conselho Nacional de Justiça por meio da Resolução n. 185, de 18 de dezembro de 2013;

Considerando os benefícios advindos da substituição da tramitação de autos em meio impresso pelo meio eletrônico, como instrumento de celeridade e qualidade da prestação jurisdicional;

Considerando a necessidade de racionalização da utilização dos recursos orçamentários pelos Tribunais Regionais do Trabalho;

Considerando o contido no Acórdão TCU n. 1.094/2012, que, entre outras diretrizes, recomenda a realização de fiscalização no CSJT, mormente de modo a 'evitar o desperdício de recursos no desenvolvimento de soluções a serem descartadas quando da implantação dos projetos nacionais, orientando acerca da estrita observância dos termos do Ato Conjunto CSJT.TST.GP.SE 9/2008, especialmente em seus arts. 9º e 11, zelando pela compatibilidade das soluções de TI adotadas no âmbito da Justiça do Trabalho, bem como se abstendo da prática de contratações cujo objeto venha a ser rapidamente descartado, podendo resultar em atos de gestão antieconômicos e ineficientes';"

Considerando a necessidade de regulamentar a implantação e funcionamento do sistema de processo judicial eletrônico na Justiça do Trabalho;

Considerando a atual multiplicidade de sistemas de tramitação processual, seja em meio físico, seja em meio eletrônico, o que implica replicação de gastos e investimentos pelos Tribunais e em dificuldades de aprendizado para os usuários, notadamente os advogados e procuradores que atuam perante vários Tribunais diferentes;

Considerando as atribuições previstas na Constituição Federal, art. 111-A, § 2º, II, especialmente no que concerne à supervisão administrativa, orçamentária, financeira e patrimonial da Justiça do Trabalho de primeiro e segundo graus;

Considerando as sugestões apresentadas pelos Tribunais Regionais do Trabalho para alterações na Resolução Administrativa n. 94/2012, deste Conselho;

Considerando a experiência adquirida após mais de dois anos de implantação do PJe na Justiça do Trabalho e a necessidade de adaptá-lo às necessidades apresentadas pelos Tribunais Regionais do Trabalho; e

Considerando os termos da decisão proferida pelo Conselho Superior da Justiça do Trabalho, objeto do Processo CSJT-AN-7304-40.2014.5.90.0000,

R E S O L V E:

Instituir o Sistema Processo Judicial Eletrônico da Justiça do Trabalho — PJe-JT como sistema informatizado de processo judicial na Justiça do Trabalho e estabelecer os parâmetros para a sua implementação e funcionamento, na forma a seguir:

CAPÍTULO I

DO PROCESSO JUDICIAL ELETRÔNICO DA JUSTIÇA DO TRABALHO

Seção I

Das Disposições Gerais

Art. 1º A tramitação do processo judicial no âmbito da Justiça do Trabalho, a prática de atos processuais e sua representação por meio eletrônico, nos termos da Lei n. 11.419, de 19 de dezembro de 2006, serão realizadas exclusivamente por intermédio do Sistema Processo Judicial Eletrônico da Justiça do Trabalho — PJe-JT regulamentado por esta Resolução.

Art. 2º O PJe-JT compreenderá o controle do sistema judicial trabalhista nos seguintes aspectos:

I – a tramitação do processo;

II – a padronização de todos os dados e informações compreendidas pelo processo judicial;

III – a produção, registro e publicidade dos atos processuais; e

IV – o fornecimento de dados essenciais à gestão das informações necessárias aos diversos órgãos de supervisão, controle e uso do sistema judiciário trabalhista.

Art. 3º Para o disposto nesta Resolução, considera-se:

I – certificado digital: meio eletrônico de identificação de seu titular, pessoa física ou jurídica, destinado a identificá-lo eletronicamente em todos os acessos ao meio eletrônico (Internet), nos termos da Lei n. 11.419, de dezembro de 2006;

II – assinatura eletrônica, que compreende as seguintes formas de identificação inequívoca do signatário:

a) assinatura digital: baseada em certificado digital, emitido por Autoridade Certificadora credenciada, na forma de lei ou regulamentação específica;

b) usuário (nome de login) e senha, mediante cadastro no PJe-JT.

III – autos do processo eletrônico ou autos digitais: conjunto de metadados e documentos eletrônicos correspondentes a todos os atos, termos e informações do processo;

IV – digitalização: processo de reprodução ou conversão de fato ou coisa produzido originalmente em meio não digital para o formato digital;

V – documento digital: documento originalmente produzido em meio digital;

VI – documento digitalizado: reprodução digital de documento originalmente físico;

VII – meio eletrônico: ambiente de armazenamento ou tráfego de informações digitais;

VIII – transmissão eletrônica: toda forma de comunicação à distância com a utilização de redes de comunicação, preferencialmente a rede mundial de computadores;

IX – usuários internos: magistrados e servidores da Justiça do Trabalho, bem como outros a que se reconhecer acesso às funcionalidades internas do sistema de processamento em meio eletrônico, tais como estagiários e prestadores de serviço; e

X – usuários externos: todos os demais usuários, incluídas as partes, os advogados, os membros do Ministério Público do Trabalho, os auxiliares da justiça e os terceiros intervenientes.

Art. 4º Os atos processuais terão sua produção, registro, visualização, tramitação, controle e publicação exclusivamente em meio eletrônico e serão assinados digitalmente, contendo elementos que permitam identificar o usuário responsável pela sua prática.

§ 1º A cópia de documento extraída dos autos digitais deverá conter elementos que permitam verificar a sua autenticidade no endereço referente à consulta pública do PJe-JT, cujo acesso também será disponibilizado nos sítios do Conselho Superior da Justiça do Trabalho, do Tribunal Superior do Trabalho e dos Tribunais Regionais do Trabalho na rede mundial de computadores.

§ 2º O usuário é responsável pela exatidão das informações prestadas, quando de seu credenciamento, assim como pela guarda, sigilo e utilização da assinatura digital, não sendo oponível, em qualquer hipótese, alegação de uso indevido, nos termos da Medida Provisória n. 2.200-2, de 24 de agosto de 2001.

Seção II

Do Acesso ao Sistema

Art. 5º Para acesso ao PJe-JT é obrigatória a utilização de assinatura digital a que se refere o inciso II, alínea *'a'*, do art. 3º desta Resolução, nas seguintes hipóteses:

I – assinatura de documentos e arquivos;

II – serviços com a exigência de identificação ou certificação digital; e

III – consultas e operações que tramitem em sigilo ou em segredo de justiça.

Parágrafo único. Excetuados os casos previstos no *caput* deste artigo, será possível acesso ao sistema por meio de utilização de usuário (login) e senha, na forma prevista no art. 7º da Resolução n. 185, de 18 de dezembro de 2013, do Conselho Nacional de Justiça.

Art. 6º O acesso ao sistema PJe-JT mediante identificação de usuário (login) e senha, será exclusivamente para visualização de autos, exceto nas hipóteses de sigilo ou segredo de justiça.

§ 1º Partes ou terceiros interessados desassistidos de advogados poderão apresentar peças processuais e documentos em papel, segundo as regras ordinárias, nos locais competentes para recebê-los, que serão digitalizados e inseridos no processo pela Unidade Judiciária.

§ 2º A regra prevista no parágrafo anterior também pode ser estendida aos advogados e membros do Ministério Público do Trabalho, em casos urgentes, devidamente comprovados, em que não for possível a prática de atos diretamente pelo sistema, ou em qualquer outra hipótese de justo impedimento de acesso, a critério do magistrado.

Art. 7º Constitui responsabilidade do usuário:

I – o acesso ao seu provedor da internet e a configuração do computador utilizado nas transmissões eletrônicas;

II – a aquisição, por si ou pela instituição à qual está vinculado, do certificado digital, padrão ICP-Brasil, tipo A-3 ou A-4, emitido por Autoridade Certificadora credenciada, e respectivo dispositivo criptográfico portável;

III – o acompanhamento do regular recebimento das petições e documentos transmitidos eletronicamente.

Art. 8º O credenciamento de advogados no sistema dar-se-á pela identificação do usuário por meio de seu certificado digital e remessa do formulário eletrônico disponibilizado no portal de acesso ao PJe-JT, devidamente preenchido e assinado digitalmente.

§ 1º As alterações de dados cadastrais poderão ser feitas pelos próprios usuários, a qualquer momento, utilizando a funcionalidade específica do PJe-JT para este fim, salvo as informações cadastrais obtidas de bancos de dados credenciados, como Receita Federal, Justiça Eleitoral e OAB, que deverão ser atualizadas diretamente nas respectivas fontes.

§ 2º O credenciamento implica a aceitação das normas estabelecidas nesta Resolução, assim como nas demais normas que vierem a regulamentar o uso do processo eletrônico no âmbito dos Tribunais e a responsabilidade do credenciado pelo uso indevido da assinatura digital.

§ 3º O credenciamento de advogados na forma prevista neste artigo não dispensa a juntada de mandato, para fins do disposto no art. 37 do Código de Processo Civil.

Art. 9º As Presidências do Conselho Superior da Justiça do Trabalho e dos Tribunais Regionais do Trabalho adotarão as providências necessárias para fornecer, pelo menos, 2 (dois) certificados digitais para cada magistrado, preferencialmente de autoridades certificadoras diferentes, e pelo menos 1 (um) para os demais usuários internos do sistema.

Art. 10. Os órgãos da Justiça do Trabalho manterão instalados equipamentos à disposição das partes, advogados e interessados para consulta aos autos digitais, digitalização e envio das peças processuais e documentos em meio eletrônico.

§ 1º Para fins do *caput*, os órgãos da Justiça do Trabalho devem providenciar auxílio técnico presencial às pessoas com deficiência ou que comprovem idade igual ou superior a 60 (sessenta) anos.

§ 2º Aos peticionários, inclusive advogados, com deficiência física impeditiva do uso adequado do sistema, será assegurado o direito de peticionamento físico, devendo as peças e documentos ser digitalizados e juntados ao sistema PJe-JT por servidor da unidade judiciária competente.

§ 3º Os órgãos da Justiça do Trabalho poderão celebrar convênios com a Ordem dos Advogados do Brasil ou outras associações representativas de advogados, bem como com outros órgãos públicos, para compartilhar responsabilidades na disponibilização de tais espaços, equipamentos e auxílio técnico presencial.

Subseção I

Dos Perfis de Usuário no Sistema PJe-JT

Art. 11. Os usuários terão acesso às funcionalidades do PJe-JT, de acordo com o perfil que lhes for atribuído no sistema e definido em ato da Presidência do Conselho Superior da Justiça do Trabalho, observada a natureza de sua atuação na relação jurídico-processual.

Art. 12. A criação de novos perfis de usuários no sistema é atribuição exclusiva do Conselho Superior da Justiça do Trabalho, ouvida a Gerência Técnica do PJe-JT.

Art. 13. Caberá ao magistrado gestor da Unidade Judiciária definir os perfis dos servidores usuários nela lotados, vedada a designação, para o estagiário, de perfil diverso daquele existente no sistema.

Subseção II

Da Disponibilidade do Sistema

Art. 14. O PJe-JT estará disponível 24 horas por dia, ininterruptamente, ressalvadas as hipóteses previstas nesta Resolução.

Art. 15. Considera-se indisponibilidade do sistema PJe-JT a falta de oferta ao público externo, diretamente ou por meio de WebService, de qualquer um dos seguintes serviços:

I – consulta aos autos digitais;

II – transmissão eletrônica de atos processuais;

III – acesso a citações, intimações ou notificações eletrônicas feitas via sistema; ou

IV – impossibilidade de utilização de equipamentos disponibilizados pelos Tribunais Regionais do Trabalho para acesso dos usuários externos ao sistema.

§ 1º As manutenções programadas do sistema serão ostensivamente comunicadas aos usuários internos e externos, com antecedência mínima de 5 (cinco) dias, e realizadas, preferencialmente, no período das 0 h de sábado às 22 h de domingo, ou entre 0 h e 6 h nos demais dias da semana.

§ 2º Não caracterizam indisponibilidade as falhas de transmissão de dados entre as estações de trabalho do público externo e a rede de comunicação pública, assim como a impossibilidade técnica que decorra de falhas nos equipamentos ou programas dos usuários.

Art. 16. A indisponibilidade definida no artigo anterior será aferida na forma do art. 10 da Resolução n. 185, de 18 de dezembro de 2013, do Conselho Nacional de Justiça e também pelos Tribunais Regionais do Trabalho, devendo ser registrada em relatório de interrupções de funcionamento e divulgada ao público em seus sítios na rede mundial de computadores.

Parágrafo único. O relatório de que trata o *caput* deste artigo deverá conter, pelo menos, as seguintes informações:

I – data, hora e minuto de início da indisponibilidade;

II – data, hora e minuto de término da indisponibilidade;

III – serviços que ficaram indisponíveis; e

IV – assinatura digital do responsável pela unidade de Tecnologia da Informação ou Informática do Tribunal Regional do Trabalho, com efeito de certidão, devendo estar acessível, preferencialmente, em tempo real, ou, no máximo, até as 12 h do dia seguinte ao da indisponibilidade.

Art. 17. Os prazos que vencerem no dia da ocorrência de indisponibilidade serão prorrogados para o dia útil seguinte à retomada de funcionamento, quando:

I – a indisponibilidade for superior a 60 minutos, ininterruptos ou não, se ocorrida entre 6 h e 23 h; ou

II – ocorrer indisponibilidade entre 23 h e 23 h59.

§ 1º As indisponibilidades ocorridas entre 0 h e 6 h dos dias de expediente forense e as ocorridas em feriados e finais de semana, a qualquer hora, não produzirão o efeito do *caput*.

§ 2º Os prazos fixados em hora ou minuto serão prorrogados até as 24 horas do dia útil seguinte quando:

I – ocorrer indisponibilidade superior a 60 (sessenta) minutos, ininterruptos ou não, nas últimas 24 (vinte e quatro) horas do prazo; ou

II – ocorrer indisponibilidade nos 60 (sessenta) minutos anteriores ao término.

Seção III

Do Funcionamento do Sistema

Art. 18. O sistema receberá arquivos com tamanho máximo de 1,5 *megabyte*, com resolução máxima de 300 dpi e formatação A4.

§ 1º Faculta-se o peticionamento inicial e incidental mediante a utilização do editor de texto do sistema ou da juntada de arquivo eletrônico, tipo *Portable Document Format* (.pdf), de padrão “PDFA.”

§ 2º Os documentos juntados deverão ter o formato *Portable Document Format* (.pdf), podendo ou não ter o padrão “PDF-A.”

§ 3º O sistema de armazenamento dos documentos digitais deverá conter funcionalidades que permitam identificar o usuário que promover exclusão, inclusão e alteração de dados, arquivos baixados, bem como o momento de sua ocorrência.

§ 4º É atribuição típica dos magistrados de primeiro e segundo graus, se for o caso, tornar indisponíveis peças e documentos assinados no sistema.

§ 5º A parte ou o advogado poderá juntar quantos arquivos se fizerem necessários à ampla e integral defesa de seus interesses, desde que cada um desses arquivos observe o limite de tamanho máximo fixado no *caput* deste artigo.

Art. 19. Os documentos produzidos eletronicamente, os extratos digitais, os documentos digitalizados e juntados aos autos pelos órgãos da Justiça do Trabalho e seus auxiliares, pelos membros do Ministério Público do Trabalho, pelas procuradorias e por advogados têm a mesma força probante dos originais, ressalvada a alegação motivada e fundamentada de adulteração.

§ 1º Incumbirá àquele que produzir o documento, digital ou digitalizado, e realizar a sua juntada aos autos zelar pela qualidade deste, especialmente quanto à sua legibilidade.

§ 2º Os originais dos documentos digitalizados, mencionados no *caput* deste artigo, deverão ser preservados pelo seu detentor até o trânsito em julgado da sentença ou, quando admitida, até o final do prazo para propositura de ação rescisória.

§ 3º A arguição de falsidade do documento original será processada eletronicamente na forma da lei processual em vigor.

§ 4º Os documentos cuja digitalização mostre-se tecnicamente inviável devido ao grande volume, tamanho/formato ou por motivo de ilegibilidade deverão ser apresentados em secretaria no prazo de 10 (dez) dias, contados do envio de petição eletrônica comunicando o fato. Após o trânsito em julgado, os referidos documentos serão devolvidos, incumbindo--se à parte preservá-los até o final do prazo para propositura de ação rescisória, quando admitida.

§ 5º O usuário deve assegurar que os arquivos eletrônicos que enviar ao PJe-JT estejam livres de artefatos maliciosos (vírus, *spyware*, *trojan horses*, *worms*, etc). Em quaisquer dessas hipóteses, os arquivos poderão ser rejeitados de plano, informando-se ao usuário as razões da rejeição, com efeito de certidão.

Art. 20. Excetuando-se os documentos referidos no artigo anterior, todos os demais documentos apresentados deverão ser retirados pelos interessados, no prazo de 45 (quarenta e cinco) dias, para os efeitos do art. 11, § 3º, da Lei n. 11.419/2006.

Parágrafo único. Findo o prazo estabelecido no *caput* deste artigo, a Unidade Judiciária correspondente poderá inutilizar os documentos mantidos sob sua guarda em meio impresso.

Art. 21. Os documentos juntados eletronicamente em autos digitais e reputados manifestamente impertinentes pelo Juízo poderão ter sua visualização tornada indisponível por expressa determinação judicial, observado o contraditório.

Art. 22. Os documentos digitalizados e anexados às petições eletrônicas serão adequadamente classificados e organizados por quem os juntar, de forma a facilitar o exame dos autos eletrônicos.

§ 1º Os arquivos a serem juntados aos autos eletrônicos devem utilizar descrição que identifique, resumidamente, os documentos neles contidos e, se for o caso, os períodos a que se referem; e, individualmente considerados, devem trazer os documentos da mesma espécie, ordenados cronologicamente.

§ 2º O preenchimento dos campos "Descrição" e "Tipo de Documento", exigido pelo sistema para anexação de arquivos à respectiva petição, deve guardar correspondência com a descrição conferida aos arquivos.

§ 3º Quando a forma de apresentação dos documentos puder ensejar prejuízo ao exercício do contraditório e da ampla defesa, deverá o magistrado determinar nova apresentação e tornar indisponível os anteriormente juntados.

§ 4º A falta de cumprimento da determinação contida no *caput* ensejará a retirada da visibilidade do documento, e em se tratando de petição inicial, será observada a regra prevista no art. 284 e parágrafo único do CPC.

Seção IV

Dos Atos Processuais

Art. 23. No processo eletrônico, todas as citações, intimações e notificações, inclusive as destinadas à Fazenda Pública, far-se-ão por meio eletrônico.

§ 1º As citações, intimações, notificações e remessas que viabilizem o acesso à íntegra do processo correspondente serão consideradas vista pessoal do interessado para todos os efeitos legais.

§ 2º Quando, por motivo técnico, for inviável o uso do meio eletrônico para a realização de citação, intimação ou notificação, ou ainda nas hipóteses de urgência/determinação expressa do magistrado, esses atos processuais poderão ser praticados segundo as regras ordinárias.

§ 3º Na ocorrência de ato urgente em que o usuário externo não possua certificado digital para o peticionamento, ou em se tratando da hipótese prevista no art. 791 da Consolidação das Leis do Trabalho, a prática será viabilizada por intermédio de servidor da Unidade Judiciária destinatária da petição ou do setor responsável pela redução a termo e digitalização de peças processuais.

§ 4º As intimações endereçadas aos advogados nos módulos de primeiro e segundo graus, cuja ciência não exija vista pessoal, as inclusões em pauta de órgão julgador colegiado, a publicação de acórdãos e de decisões monocráticas, deverão ser feitas por meio do Diário Eletrônico da Justiça do Trabalho, hipótese em que a contagem dos prazos reger-se-á na forma prevista nos §§ 3º e 4º do art. 4º da Lei n. 11.419/2006.

Art. 24. No instrumento de notificação ou citação constará indicação da forma de acesso ao inteiro teor da petição inicial no endereço referente à consulta pública do PJe-JT, cujo acesso também será disponibilizado nos sítios do Conselho Superior da Justiça do Trabalho e dos Tribunais Regionais do Trabalho na Rede Mundial de Computadores.

Art. 25. Para efeito da contagem do prazo de 10 (dez) dias corridos de que trata o art. 5º, § 3º, da Lei n. 11.419/2006, sendo a intimação feita pelo sistema do processo judicial eletrônico:

I – o dia inicial da contagem é o seguinte ao da disponibilização do ato de comunicação no sistema, independentemente de esse dia ser, ou não, de expediente no órgão comunicante;

II – o dia da consumação da intimação ou comunicação é o décimo a partir do dia inicial, caso seja de expediente judiciário, ou o primeiro dia útil seguinte, conforme previsto no art. 5º, § 2º, da Lei n. 11.419/2006.

Parágrafo único. A intercorrência de feriado, interrupção de expediente ou suspensão de prazo entre o dia inicial e final do prazo para conclusão da comunicação não terá nenhum efeito sobre sua contagem, excetuada a hipótese do inciso II.

Art. 26. A distribuição da ação e a juntada da resposta, dos recursos e das petições em geral, todos em formato digital, nos autos de processo eletrônico, serão feitas diretamente por aquele que tenha capacidade postulatória, sem necessidade da intervenção da secretaria judicial, de forma automática, mediante recibo eletrônico de protocolo, disponível permanentemente para guarda do peticionante.

§ 1º A petição inicial conterá, além dos requisitos referidos no art. 840, § 1º, da CLT, a indicação do CPF ou CNPJ da parte autora, conforme determinação contida no art. 15, *caput*, da Lei n. 11.419, de 19 de dezembro de 2006.

§ 2º O sistema fornecerá, por ocasião da distribuição da ação, o número atribuído ao processo, o Órgão Julgador para o qual foi distribuída e, se for o caso, o local, a data e o horário de realização da audiência, da qual estará o autor imediatamente intimado.

§ 3º Os dados da autuação automática deverão ser conferidos pela Unidade Judiciária, que procederá a sua alteração em caso de desconformidade com os documentos apresentados, com o devido registro no sistema.

Art. 27. Poderão ser criadas outras funcionalidades no sistema que indiquem a ocorrência de possível prevenção, suspeição e impedimento, bem como de litispendência e coisa julgada.

Parágrafo único. O alerta do sistema quanto à ocorrência de possível prevenção, suspeição, impedimento, litispendência e coisa julgada não afastará a livre distribuição do feito e o magistrado, sempre que acolher tal indicativo, proferirá decisão fundamentada.

Art. 28. Em regra, a distribuição de ações, a interposição de recursos e de incidentes serão unicamente por meio eletrônico, salvo na hipótese de embargos de terceiros, ações cautelares, agravos de instrumento e demais incidentes, quando ajuizados ou interpostos em processos que tramitam em meio físico.

Art. 29. Os advogados credenciados deverão encaminhar eletronicamente contestação, reconvenção ou exceção, e respectivos documentos, antes da realização da audiência designada para recebimento da defesa.

§ 1º A parte reclamada poderá, justificadamente, atribuir sigilo à contestação, reconvenção ou exceção e aos respectivos documentos juntados.

§ 2º Fica facultada a apresentação de defesa oral, por 20 (vinte) minutos, conforme o disposto no art. 847 da CLT.

Art. 30. A comprovação da entrega de expedientes por Oficiais de Justiça será feita por certidão circunstanciada acerca do cumprimento da diligência.

Parágrafo único. Haverá opção de digitalizar a contrafé subscrita pelos destinatários e juntá-la aos autos, ou realizar a guarda desta em meio físico até o trânsito em julgado da sentença ou decurso do prazo para ação rescisória, quando cabível.

Art. 31. Os avisos de recebimento (AR) serão digitalizados e os respectivos arquivos juntados aos autos eletrônicos, a critério do juiz ou a requerimento da parte.

Art. 32. As atas e os termos de audiência serão assinados digitalmente apenas pelo Juiz do Trabalho.

Parágrafo único. Na hipótese de celebração de acordo e havendo requerimento da parte, a ata deverá ser impressa pela Secretaria da Vara do Trabalho e assinada manualmente e, então, digitalizada para inserção no PJe-JT.

Art. 33. A postulação encaminhada será considerada tempestiva quando enviada, integralmente, até às 24 (vinte e quatro) horas do dia em que se encerra o prazo processual, considerado o horário do Município sede do órgão judiciário ao qual é dirigida a petição.

§ 1º A suspensão dos prazos processuais não impedirá o encaminhamento de petições e a movimentação de processos eletrônicos, podendo a apreciação dos pedidos decorrentes desses prazos ocorrer, a critério do juiz, após o término do período de suspensão, ressalvados os casos de urgência.

§ 2º O sistema fornecerá ao usuário externo recibo eletrônico da prática do ato processual, disponível permanentemente para guarda do peticionante, contendo:

I – data e horário da prática do ato;

II – a identificação do processo;

III – o nome do remetente ou do usuário que assinou eletronicamente o documento; e

IV – o assunto, o órgão destinatário da petição e as particularidades de cada arquivo eletrônico, conforme informados pelo remetente, se houver.

§ 3º Será de integral responsabilidade do remetente a equivalência entre os dados informados para o envio e os constantes da petição remetida.

§ 4º Não serão considerados, para fins de tempestividade, o horário inicial de conexão do usuário à internet, o horário de acesso do usuário ao sítio eletrônico do Tribunal ou ao PJe-JT, tampouco os horários registrados pelos equipamentos do remetente.

§ 5º A não obtenção de acesso ao PJe-JT, e eventual defeito de transmissão ou recepção de dados não imputáveis à indisponibilidade ou impossibilidade técnica do sistema, não servirão de escusa para o descumprimento de prazo processual, salvo deliberação expressa da autoridade judiciária competente.

Seção V

Dos Atos Processuais nos Tribunais

Art. 34. A partir da implantação do PJe-JT no segundo grau de jurisdição dos Tribunais Regionais do Trabalho, será dispensada a formação de autos suplementares em casos de exceção de impedimento ou suspeição, agravos de instrumento, agravos regimentais e agravo previsto no art. 557 do Código de Processo Civil.

Art. 35. As atas de sessões, quando necessárias para registros passíveis de publicidade, deverão ser lavradas pela secretaria e aprovadas pela Presidência do respectivo Órgão colegiado, com envio posterior para publicação no Diário Eletrônico da Justiça do Trabalho — DEJT.

CAPÍTULO II

DA CONSULTA

Art. 36. A consulta ao inteiro teor dos documentos juntados ao PJe-JT somente estará disponível pela rede mundial de computadores, nos termos da Lei n. 11.419, de 19 de dezembro de 2006 e da Resolução n. 121, de 5 de outubro de 2010, do Conselho Nacional de Justiça — CNJ, para as partes, advogados, Ministério Público do Trabalho e para os magistrados, sem prejuízo da possibilidade de visualização nas Secretarias dos Órgãos Julgadores.

Parágrafo único. Para a consulta de que trata o *caput* deste artigo, será exigido o credenciamento no sistema.

Seção I

Do Segredo de Justiça e do Sigilo

Art. 37. Na propositura da ação, o autor poderá requerer segredo de justiça para os autos processuais ou sigilo para um ou mais documentos ou arquivos do processo, através de indicação em campo próprio.

§ 1º Em toda e qualquer petição poderá ser requerido sigilo para esta ou para documento ou arquivo a ela vinculado.

§ 2º Requerido o segredo de justiça ou sigilo de documento ou arquivo, este permanecerá sigiloso até que o magistrado da causa decida em sentido contrário, de ofício ou a requerimento da parte contrária.

§ 3º Nos casos em que o rito processual autorize a apresentação de resposta em audiência, faculta-se a sua juntada antecipada aos autos eletrônicos, juntamente com os documentos, hipótese em que permanecerão ocultos para a parte contrária, a critério do advogado peticionante, até a audiência. (NR dada Resolução CSJT n. 154, de 28 de agosto de 2015)

Seção II

Do Uso Inadequado do Sistema

Art. 38. O uso inadequado do sistema que cause redução significativa de sua disponibilidade poderá ensejar o bloqueio total do usuário, de forma preventiva ou temporária.

§ 1º Considera-se uso inadequado do sistema, para fins do *caput* deste artigo, as atividades que configurem ataques ou uso desproporcional dos ativos computacionais, devidamente comprovados.

§ 2º Na hipótese do *caput*, deverá ser procedido imediato contato com o usuário bloqueado para identificação da causa do problema e reativação no sistema e, em caso de advogado, a comunicação à respectiva Seccional da Ordem dos Advogados do Brasil.

§ 3º A automatização de consultas ao sistema deve ser feita mediante utilização do modelo nacional de interoperabilidade, previsto na Resolução Conjunta CNJ/CNMP n. 3, de 16 de abril de 2013.

CAPÍTULO III

DA ADMINISTRAÇÃO DO SISTEMA

Seção I

Dos Comitês Gestores

Art. 39. A administração do PJe-JT caberá ao Comitê Gestor Nacional da Justiça do Trabalho e aos Comitês Gestores Regionais, compostos por usuários internos e externos do sistema, de acordo com as diretrizes fixadas nesta Resolução.

Subseção I

Do Comitê Gestor Nacional

Art. 40. O Comitê Gestor Nacional da Justiça do Trabalho supervisionará o gerenciamento, a especificação, o desenvolvimento, a implantação, o suporte, a manutenção corretiva e evolutiva, bem como a divulgação do Processo Judicial Eletrônico da Justiça do Trabalho — PJe-JT.

Art. 41. São atribuições do Comitê Gestor Nacional da Justiça do Trabalho:

I – garantir a adequação do PJe-JT aos requisitos legais e às necessidades da Justiça do Trabalho;

II – definir as premissas e as estratégias utilizadas para a especificação, desenvolvimento, testes, homologação, implantação e integridade de operação do PJe-JT;

III – garantir a padronização do PJe-JT nos órgãos da Justiça do Trabalho;

IV – definir o escopo do sistema no que concerne às particularidades da Justiça do Trabalho;

V – promover a integração com os demais órgãos e entidades necessários ao desenvolvimento e implantação do PJe-JT;

VI – colaborar com as áreas de Gestão de Pessoas do Tribunal Superior do Trabalho, do Conselho Superior da Justiça do Trabalho e dos Tribunais Regionais do Trabalho para a capacitação necessária dos servidores da Justiça do Trabalho nas competências afetas a este projeto;

VII – interagir com as áreas de comunicação social do Tribunal Superior do Trabalho, do Conselho Superior da Justiça do Trabalho e dos Tribunais Regionais do Trabalho, dando ciência a todos os magistrados, servidores e demais usuários, de qualquer questão pertinente ao PJe-JT;

VIII – priorizar e deliberar sobre as necessidades de manutenção do sistema e encaminhá-las às áreas competentes;

IX – analisar, para fins de aprovação prévia, os cronogramas dos Tribunais Regionais do Trabalho para novas implantações do sistema PJe-JT nas Unidades Judiciárias;

X – propor a criação de grupos de trabalho com o objetivo de avaliar as propostas de desenvolvimento de projetos afetos ao PJe-JT, com vistas a possível aproveitamento;

XI – divulgar, no Diário Eletrônico da Justiça do Trabalho — DEJT e nos sítios do Tribunal Superior do Trabalho e do Conselho Superior da Justiça do Trabalho, o cronograma de implantação do PJe-JT; e

XII – receber e avaliar as demandas relacionadas ao PJe-JT que forem encaminhadas pelos Comitês Gestores Regionais.

Art. 42. O Comitê Gestor Nacional da Justiça do Trabalho será composto por:

I – Ministro Presidente do Conselho Superior da Justiça do Trabalho;

II – três magistrados do trabalho designados pelo Presidente do Conselho Superior da Justiça do Trabalho;

III – um magistrado indicado pelo Colégio de Presidentes e Corregedores de Tribunais Regionais do Trabalho – COLEPRECOR;

IV – um Secretário ou Diretor de Tecnologia da Informação de Tribunal Regional do Trabalho designado pela Presidência do Conselho Superior da Justiça do Trabalho;

V – Secretário Especial de Integração Tecnológica do Conselho Superior da Justiça do Trabalho;

VI – Secretário de Tecnologia da Informação do Tribunal Superior do Trabalho;

VII – um advogado indicado pelo Presidente do Conselho Federal da Ordem dos Advogados do Brasil — OAB; e

VIII – um membro do Ministério Público do Trabalho indicado pelo Procurador-Geral do Trabalho.

Parágrafo único. O Ministro Presidente do Conselho Superior da Justiça do Trabalho presidirá os trabalhos do Comitê Gestor Nacional da Justiça do Trabalho e designará, nas suas ausências ou impedimentos, um dos magistrados indicados no inciso II para substituí-lo.

Subseção II

Dos Comitês Gestores Regionais

Art. 43. Compete aos Comitês Gestores Regionais, a serem criados pelos Tribunais Regionais do Trabalho, nos termos do art. 48 desta Resolução, as seguintes atribuições:

I – administrar a estrutura, implementação e funcionamento do sistema, de acordo com as diretrizes fixadas pelo Comitê Gestor Nacional da Justiça do Trabalho;

II – avaliar as necessidades de manutenção corretiva e evolutiva do sistema e encaminhá-las ao Comitê Gestor Nacional;

III – organizar a estrutura de atendimento às demandas de seus usuários internos e externos;

IV – determinar auditorias no sistema, especialmente no que diz respeito à integridade das suas informações e segurança;

V – garantir a integridade do sistema, no que diz respeito à sua taxonomia e classes processuais;

VI – propor ao Comitê Gestor Nacional da Justiça do Trabalho alterações visando ao aprimoramento do sistema;

VII – observar as normas expedidas pelo Conselho Nacional de Justiça, Conselho Superior da Justiça do Trabalho e Comitê Gestor Nacional da Justiça do Trabalho;

VIII – divulgar as ações para a implantação do PJe-JT no sítio do respectivo Tribunal Regional do Trabalho e no Diário Eletrônico da Justiça do Trabalho — DEJT;

IX – apresentar proposta de plano de ação regional para a implantação do PJe-JT;

X – acompanhar a execução do plano de ação regional, após a aprovação do Desembargador Presidente do Tribunal Regional do Trabalho, verificando se as atividades desenvolvidas estão adequadas e em consonância com o planejamento traçado;

XI – monitorar e avaliar periodicamente os resultados do plano de implantação, com vistas a melhorar a sua qualidade, eficiência e eficácia, aprimorando a execução e corrigindo eventuais falhas; e

XII – avaliar demandas dos usuários e, se for o caso, encaminhá-los ao Comitê Gestor Nacional da Justiça do Trabalho.

Art. 44. Cada Comitê Gestor Regional será composto, pelo menos, por:

I – um Desembargador do Tribunal Regional do Trabalho;

II – um Juiz do Trabalho, preferencialmente titular de Vara do Trabalho;

III – dois servidores da área judiciária, compreendendo cada grau de jurisdição;

IV – um servidor da área de tecnologia da informação e comunicação;

V – um advogado indicado pela Ordem dos Advogados do Brasil, da Secção respectiva, ou pelo Conselho Federal em caso de atuação em mais de um Estado;

VI – um membro do Ministério Público do Trabalho, indicado pela Procuradoria Regional do Trabalho.

§ 1º Os membros dos Comitês Gestores Regionais serão designados por ato da Presidência do Tribunal Regional do Trabalho.

§ 2º O Desembargador do Tribunal Regional Trabalho coordenará os trabalhos do Comitê Gestor Regional e designará, nas suas ausências ou impedimentos, seu substituto.

§ 3º Os Presidentes dos Regionais encaminharão à Presidência do Conselho Superior da Justiça do Trabalho cópias dos atos de constituição de seus respectivos Comitês Regionais, informando, inclusive, sobre eventuais alterações em suas composições.

Subseção III

Do Administrador do Sistema

Art. 45. Compete ao Presidente do Tribunal Regional do Trabalho designar servidores que exercerão a função de Administrador do Sistema, no 1º e no 2º graus de jurisdição, observadas as seguintes regras:

I – dois servidores da área de Tecnologia da Informação para, com o apoio da área de infraestrutura, exercer as atividades relacionadas à configuração de novas versões disponibilizadas pelo CSJT, atualização de fluxos, parametrização, testes preliminares e correções no sistema;

II – dois servidores da área judiciária, para o módulo de 2º grau, com experiência de atuação em áreas como a Presidência, Vice-Presidência, Corregedoria, Vice-Corregedoria, Gabinetes e Secretarias de órgãos colegiados;

III – dois servidores da área judiciária, para o módulo de 1º grau, com experiência de atuação em áreas como secretarias de varas e gabinetes de juízes.

§ 1º A critério do Desembargador Presidente do Tribunal Regional do Trabalho poderá ser ampliado o número de administradores de sistema, além dos quantitativos indicados nos incisos anteriores.

§ 2º Além dos servidores indicados pelo Presidente do Tribunal, também deverão exercer a função de Administrador do Sistema os magistrados integrantes do Comitê Regional do PJE-JT.

Subseção IV

Da Equipe de Testes

Art. 46. Os Tribunais Regionais do Trabalho deverão constituir equipe específica de testes, composta por servidores da área judiciária, para, com apoio da área de Tecnologia da Informação, realizar todos os testes e experimentos necessários à verificação do pleno funcionamento das novas versões disponibilizadas pelo CSJT.

Parágrafo único. A migração para as novas versões do PJe-JT somente deverá ocorrer após a realização dos testes de homologação em ambiente próprio nos respectivos Tribunais Regionais do Trabalho.

CAPÍTULO IV

DA IMPLANTAÇÃO

Art. 47. A implantação do PJe-JT poderá ocorrer:

I – A partir da fase de conhecimento, hipótese em que implicará, para os processos novos, a superação dos atuais sistemas de gestão das informações processuais mantidos pelos Tribunais;

II – A partir das fases de liquidação ou execução, após o trânsito em julgado do título, inclusive cartas precatórias executórias, execução de termo de ajuste de conduta e execuções fiscais.

Art. 48. Os Tribunais encaminharão à Presidência do Conselho Superior da Justiça do Trabalho, no prazo de 30 (trinta) dias, cópias do ato constitutivo do Comitê Gestor Regional, do plano e do cronograma de implantação do PJe-JT, para o respectivo ano civil, para análise e prévia aprovação do Comitê Gestor Nacional das instalações nas Unidades Judiciárias remanescentes, em tempo adequado ao plano e à dimensão do cronograma.

Parágrafo único. O plano deve descrever as ações e contemplar informações sobre os requisitos necessários à implantação, como infraestrutura de tecnologia da informação e capacitação de usuários.

Art. 49. O Tribunal Regional do Trabalho deverá divulgar, na página principal de seu sítio na internet e no respectivo veículo de comunicação oficial dos atos processuais, a ampliação do PJe-JT para outras competências ou órgãos com antecedência mínima de 30 (trinta) dias.

Art. 50. A partir da implantação do PJe-JT em unidade judiciária, fica vedada a utilização do e-DOC ou qualquer outro sistema de peticionamento eletrônico para o envio de petições relativas aos processos que tramitam no PJe-JT.

Parágrafo único. O descumprimento da determinação constante do *caput* implicará no descarte dos documentos recebidos, que não constarão de nenhum registro e não produzirão qualquer efeito legal.

Seção I

Do Cadastramento da Liquidação e Execução — CLE

Art. 51. Para o cadastramento do processo físico no PJe-JT no módulo Cadastramento da Liquidação e Execução — CLE, deverão ser digitalizados os seguintes documentos, além de outros que, a critério do magistrado, forem necessários para a liquidação e execução do feito, sendo dispensada a digitalização das demais peças processuais:

I – título executivo judicial ou extrajudicial, ainda que contenham apenas obrigações de fazer ou não fazer;

II – cálculos homologados, se houver; e

III – instrumentos procuratórios.

Parágrafo único. Após a inserção do processo no CLE, os autos físicos serão remetidos ao arquivo definitivo, com baixa na distribuição, prosseguindo-se com o processo pelo meio eletrônico.

Art. 52. Não deverão ser cadastrados no módulo CLE os processos que estejam em execução provisória.

Art. 53. A digitalização de autos físicos será precedida de publicação de editais de intimações ou da intimação pessoal das partes e de seus procuradores, para que, no prazo preclusivo de 30 (trinta) dias, se manifestem sobre o interesse de manterem pessoalmente a guarda de algum dos documentos originais presentes nos autos físicos, nos termos do art. 12, § 5º, da Lei n. 11.419, de 19 de dezembro de 2006.

Parágrafo único. Na hipótese do *caput* deste artigo, o magistrado deverá conceder prazo de 30 (trinta) dias para que a parte que se encontre assistida por advogado adote as providências necessárias à regular tramitação do feito no meio eletrônico, inclusive o seu prévio credenciamento no sistema, caso ainda não haja ocorrido, sob pena de extinção do processo, sem resolução do mérito, nos termos do art. 267, III, do Código de Processo Civil.

CAPÍTULO V

DAS DISPOSIÇÕES FINAIS E TRANSITÓRIAS

Art. 54. O desenvolvimento de novas funcionalidades no PJe-JT e a correção de problemas identificados na sua utilização observarão as regras de Desenvolvimento de Novas Funcionalidades no Sistema Processo Judicial Eletrônico da Justiça do Trabalho — PJe-JT.

Art. 55. As intervenções que impliquem alterações estruturais do sistema somente poderão ser promovidas quando autorizadas pela Presidência do Conselho Superior da Justiça do Trabalho.

Art. 56. Os Tribunais Regionais do Trabalho manterão, no âmbito de suas unidades judiciárias, estruturas de atendimento e suporte aos usuários do PJe-JT.

Art. 57. As cartas precatórias e de ordem expedidas para as unidades judiciárias nas quais tenha sido implantado o sistema Processo Judicial Eletrônico — PJe-JT tramitarão também em meio eletrônico e, quando da devolução ao juízo deprecante, será encaminhada certidão constando o seu cumprimento, com a materialização apenas de peças essenciais à compreensão dos atos realizados.

§ 1º Caso somente a unidade deprecante ou deprecada esteja integrada ao sistema Processo Judicial Eletrônico — PJe-JT, as cartas precatórias e de ordem deverão ser encaminhadas e devolvidas via Malote Digital, observado o tamanho máximo de cada um dos arquivos de 1,5MB.

§ 2º Havendo na localidade mais de uma Vara do Trabalho com a mesma competência territorial, as cartas precatórias e de ordem recebidas serão cadastradas pelo setor de distribuição respectivo.

§ 3º O acompanhamento da carta precatória deverá ser realizado através da "consulta de processos de terceiros" ou "usuário (nome de login) e senha" para utilização do sistema Processo Judicial Eletrônico – PJe-JT, evitando, sempre que possível, a emissão de comunicação para este fim, bastando registrar nos autos principais o procedimento e o estágio atualizado da Carta Precatória.

Art. 58. É vedada a criação de novas soluções de informática para o processo judicial e realização de investimentos nos sistemas eventualmente existentes nos Tribunais, bem como a respectiva implantação em unidades judiciárias de primeiro e segundo graus.

§ 1º A vedação contida no *caput* deste artigo não se aplica às manutenções necessárias ao funcionamento dos sistemas já implantados.

§ 2º O Comitê Gestor Nacional do PJe-JT poderá, a requerimento do Tribunal, relativizar as regras previstas no *caput* deste artigo, bem como do art. 49 desta Resolução, quando entender justificado pelas circunstâncias ou especificidades locais.

Art. 59. Os Tribunais Regionais do Trabalho promoverão investimentos para a formação dos usuários internos, com o objetivo de prepará-los para o aproveitamento adequado do PJe-JT.

Art. 60. As Varas do Trabalho criadas por lei poderão ser instaladas sem a concomitante implantação do Processo Judicial Eletrônico da Justiça do Trabalho, respeitado o princípio do juiz natural pelo quantitativo de órgãos com competência territorial concorrente, mediante autorização da Presidência do Conselho Superior da Justiça do Trabalho.

Art. 61. O juiz da causa resolverá todas as questões relativas à utilização e ao funcionamento do PJe-JT em cada caso concreto, inclusive as hipóteses não previstas neste regramento.

Art. 62. Esta Resolução entra em vigor na data de sua publicação, revogando-se as disposições em contrário, em especial a Resolução CSJT n. 94/2012.

Brasília, 25 de abril de 2014.

Ministro ANTONIO JOSÉ DE BARROS LEVENHAGEN

Presidente do Conselho Superior da Justiça do Trabalho"

4. Termo processual

Conforme definição de *Moacyr Amaral Santos*[(12)]:

> "Termo é a documentação de um ato. O escrivão lavra um termo, ou toma por termo, a fim de documentar uma atividade, um ato processual. Essa documentação é sempre por escrito: documentação escrita. Além de escrita, autêntica. Um documento se diz autêntico quando nele se reconhece seu autor. Autenticidade é a certeza de que o documento provém

(12) *Op. cit.*, p. 285.

do autor nele indicado. O termo documenta o ato e torna certo o autor da documentação. O documentador, o serventuário da justiça, tem fé pública, e, autenticando a documentação, autentica o ato documentado."

Os termos processuais são atos de documentação do processo, vale dizer: o instrumento pelo qual o ato processual será retratado e juntado aos autos.

Dispõe o art. 771 da CLT que os termos processuais poderão ser escritos a tinta, datilografados ou a carimbo.

Conforme o art. 772 da CLT: "Os atos e termos processuais, que devam ser assinados pelas partes interessadas, quando estas, por motivo justificado, não possam fazê-lo, serão firmados a rogo, na presença de duas testemunhas, sempre que não houver procurador legalmente constituído."

Nos termos do art. 773 da CLT: "Os termos relativos ao movimento dos processos constarão de simples notas, datadas e rubricadas pelos Chefes de Secretaria ou escrivães."

Os termos processuais devem ainda ser redigidos em língua portuguesa, utilizando-se o vernáculo.

5. Dos prazos processuais

Ensina *Amauri Mascaro Nascimento*(13):

> "Prazo é o tempo no qual deve ser praticado um ato processual. A fixação de prazos é necessária como condição de desenvolvimento do processo. Sem a rígida determinação de prazos, o processo poderia ser comprometido pela inércia das pessoas que nele figuram. Assim, os prazos resultam da exigência própria do processo, que é um movimento traçado para o futuro. A inexistência de prazos traria, como consequência, a impossibilidade de andamento do processo."

Entendemos por prazo o limite temporal estabelecido pela lei, pelas partes ou pelo juiz, para a prática de um ato processual, sob consequência da preclusão temporal. Não obstante, há prazos preclusivos, também denominados peremptórios ou fatais, e outros não, também denominados dilatórios — por exemplo, são preclusivos os prazos para contestar, recorrer. Não são preclusivos os prazos para invocar exceção de incompetência absoluta, prescrição, etc.

Adotando-se a classificação da melhor doutrina, os prazos processuais são os seguintes:

a) Legais: são os fixados na lei processual, como o prazo de 20 minutos para apresentação da contestação em audiência (art. 847 da CLT), o prazo de oito dias para interposição do recurso ordinário (art. 895 da CLT), etc.;

(13) NASCIMENTO, Amauri Mascaro. *Curso de direito processual do trabalho.* 22. ed. São Paulo: Saraiva, 2007. p. 441.

b) Judiciais: são fixados pelo juiz quando a lei for omissa, por exemplo, o prazo de 48 horas concedido pelo juiz para a reclamada juntar aos autos carta de preposição; o prazo de cinco dias para o reclamante manifestar-se sobre a contestação e documentos, etc.;

c) Convencionais: são os prazos fixados pelas próprias partes de comum acordo. Somente os prazos dilatórios podem ser fixados pelas partes. Como exemplos: a suspensão do processo a requerimento das partes pelo prazo por elas fixado, diante da possibilidade de tentativa de acordo.

Nesse sentido, dispõe o art. 218, § 1º, do CPC:

"Os atos processuais serão realizados nos prazos prescritos em lei. § 1º Quando a lei for omissa, o juiz determinará os prazos em consideração à complexidade do ato."

d) Peremptórios: também denominados fatais. São os prazos de natureza preclusiva, os quais não podem ser alterados por vontade das partes. Tais prazos não se prorrogam;

e) Dilatórios: são os prazos não preclusivos. Admitem prorrogação pela solicitação da parte ou por determinação do juiz. Outrossim, podem ser fixados pelas partes em comum acordo.

6. Da contagem dos prazos processuais

Os prazos processuais são contados, como regra geral, excluindo-se o dia do começo e incluindo-se o dia do vencimento. Se o dia do vencimento for feriado ou dia não útil, o término prorrogar-se-á para o primeiro dia útil. Caso o dia do início seja feriado ou não útil, o prazo somente se iniciará no primeiro dia útil subsequente. Assim, por exemplo, se o prazo começar a fluir na sexta-feira, como sábado e domingo não são considerados dias úteis, a contagem somente se iniciará na segunda-feira subsequente.

Nesse sentido, a seguinte ementa:

"Agravo de instrumento — Prazo judicial — Notificação ou intimação em sábado — Enunciado n. 262/TST. Intimada ou notificada a parte no sábado, o início do prazo se dará no primeiro dia útil imediato e a contagem, no subsequente. Agravo de instrumento a que se nega provimento." (TRT – 3ª R. – 1ª T. – AI n. 295/2001.022.03.40-9 – relª Mª Laura F. Lima de Faria – DJMG 19.12.03 – p. 8) (RDT n. 2 – Fevereiro de 2004)

No mesmo lastro, a Súmula n. 01 do TST:

"PRAZO JUDICIAL – Quando a intimação tiver lugar na sexta-feira, ou a publicação com efeito de intimação for feita nesse dia, o prazo judicial será contado da segunda-feira imediata, inclusive, salvo se não houver expediente, caso em que fluirá no dia útil que se seguir." (RA n. 28/1969, DO-GB 21.8.1969)

Nesse mesmo sentido também a Súmula n. 385 do C. TST:

"FERIADO LOCAL. AUSÊNCIA DE EXPEDIENTE FORENSE. PRAZO RECURSAL. PRORROGAÇÃO. COMPROVAÇÃO. NECESSIDADE. Cabe à parte comprovar, quando da interposição do recurso, a existência de feriado local ou de dia útil em que não haja expediente forense, que justifique a prorrogação do prazo recursal."

A CLT disciplina a contagem dos prazos nos arts. 774 a 776, que assim dispõem:

"Art. 774 da CLT:

Salvo disposição em contrário, os prazos previstos neste Título contam-se, conforme o caso, a partir da data em que for feita pessoalmente, ou recebida a notificação, daquela em que for publicado o edital no jornal oficial ou no que publicar o expediente da Justiça do Trabalho, ou, ainda, daquela em que for afixado o edital, na sede da Junta, Juízo ou Tribunal.

Parágrafo único. Tratando-se de notificação postal, no caso de não ser encontrado o destinatário ou no de recusa de recebimento, o Correio ficará obrigado, sob pena de responsabilidade do servidor, a devolvê-la, no prazo de 48 horas, ao Tribunal de origem."

"Art. 775 da CLT:

Os prazos estabelecidos neste Título contam-se com exclusão do dia do começo e inclusão do dia do vencimento, e são contínuos e irreleváveis, podendo, entretanto, ser prorrogados pelo tempo estritamente necessário pelo juiz ou Tribunal, ou em virtude de força maior, devidamente comprovada. Parágrafo único. Os prazos que vencerem em sábado, domingo ou dia feriado, terminarão no primeiro dia útil seguinte."

"Art. 776 da CLT:

O vencimento dos prazos será certificado nos processos pelos escrivães ou chefes de Secretaria."

O Código de Processo, no art. 219, estabelece que somente serão considerados os dias úteis na contagem dos prazos processuais. Com efeito, dispõe o referido dispositivo legal:

"Na contagem de prazo em dias, estabelecido por lei ou pelo juiz, computar-se-ão somente os dias úteis.

Parágrafo único. O disposto neste artigo aplica-se somente aos prazos processuais."

Embora seja razoável considerar apenas os dias úteis na contagem dos prazos processuais, a CLT tem regra expressa de que os prazos são *contínuos e irreleváveis* (art. 775), o que, de nossa parte, afasta a aplicação do art. 219 do CPC. Além disso, na esfera processual trabalhista, a necessidade de tramitação mais célere ao processo justifica a não aplicação do dispositivo civilista.

Ainda é cedo para uma posição defintiva sobre o tema, sendo também razoável se sustentar a aplicação supletiva do art. 219 do CPC ao processo do trabalho, uma vez que a CLT não estabelece, de forma específica, se somente os dias úteis serão considerados na contagem dos prazos processuais, ou não.

Pensamos que a decisão, sobre a contagem dos prazos em dias úteis ou não, caberá ao Tribunal Superior do Trabalho, ou ao Conselho Superior da Justiça do Trabalho, após um franco debate com os Tribunais Trabalhista e a Ordem dos Advogados do Brasil.

Recentemente, o TST, por meio da IN n. 39/16 entendeu inaplicável o art. 219 do CPC ao processo trabalhista. Com efeito, dispõe o art. 2º, III da referida instrução:

"Sem prejuízo de outros, não se aplicam ao Processo do Trabalho, em razão de inexistência de omissão ou por incompatibilidade, os seguintes preceitos do Código de Processo Civil: (...)III - art. 219 (contagem de prazos em dias úteis)".

Conforme o art. 775 da CLT, os prazos processuais são contínuos, entretanto, há possibilidade de suspensão e interrupção dos prazos.

Suspensão e interrupção dos prazos são eventos que provocam a paralisação do curso do prazo processual.

Na suspensão, a contagem paralisa-se pelo tempo correspondente ao fato determinante, retomando-se do ponto da paralisação pelo que faltar. Na interrupção, a contagem é inutilizada, recomeçando a ser feita quando cessar a causa determinante da paralisação[14].

Como exemplos de suspensão, temos as férias e o recesso forense.

Quanto ao recesso forense, cumpre destacar que há controvérsia sobre sua natureza jurídica de ser, efetivamente, suspensão dos prazos processuais.

Nos termos da Lei n. 5.010/66, que criou o recesso forense na Justiça do Trabalho, em seu art. 62, atribuiu-se ao recesso, que se realiza entre 20 de dezembro e 6 de janeiro, a natureza jurídica de feriado. Sendo feriado, não há supensão do trabalho.

Não obstante, o Tribunal Superior do Trabalho fixou a natureza jurídica do recesso forense como de suspensão dos prazos processuais, conforme a sua Súmula n. 262, *in verbis*:

> "PRAZO JUDICIAL. NOTIFICAÇÃO OU INTIMAÇÃO EM SÁBADO. RECESSO FORENSE (incorporada a Orientação Jurisprudencial n. 209 da SBDI-1) – Res. n. 129/2005, DJ 20, 22 e 25.4.2005
>
> I – Intimada ou notificada a parte no sábado, o início do prazo se dará no primeiro dia útil imediato e a contagem, no subsequente. (ex-Súmula n. 262 – Res. n. 10/1986, DJ 31.10.1986)
>
> II – O recesso forense e as férias coletivas dos Ministros do Tribunal Superior do Trabalho (art. 177, § 1º, do RITST) suspendem os prazos recursais." (ex-OJ n. 209 da SBDI-1 — inserida em 8.11.2000)

Os prazos também serão suspensos em razão de morte ou perda da capacidade. Nesse sentido, dispõe o art. 221 do CPC, *in verbis*:

> "Suspende-se o curso do prazo por obstáculo criado em detrimento da parte ou ocorrendo qualquer das hipóteses do art. 313, devendo o prazo ser restituído por tempo igual ao que faltava para sua complementação.
>
> Parágrafo único. Suspendem-se os prazos durante a execução de programa instituído pelo Poder Judiciário para promover a autocomposição, incumbindo aos tribunais especificar, com antecedência, a duração dos trabalhos."

No aspecto, cumpre destacar a seguinte ementa:

> "Prazo processual — Suspensão dos prazos por portaria do juízo — Contagem. Determinada a suspensão de prazos processuais por portaria do juízo, o prazo da parte intimada durante tal período só tem início no dia seguinte à publicação do ato de revogação. Isso porque não

(14) RODRIGUES PINTO, José Augusto. *Processo trabalhista de conhecimento*. 7. ed. São Paulo: LTr, 2005. p. 223.

se pode contar prazo sem a prévia ciência da parte da revogação do ato suspensivo. Agravo conhecido e provido. Agravo de petição. Critérios de cálculos. Constatada a incorreção dos cálculos, deve ser provido o recurso para determinar as correções cabíveis." (TRT – 10ª R. – 1ª T. – AIAP n. 356/2003.003.10.01-1 – relª Cilene Ferreira A. Santos – DJDF 12.11.04 – p. 2) (RDT n. 12 – Dezembro de 2004)

O Código de Processo de 2015, no art. 220, disciplina a suspensão dos prazos processuais nos dias compreendidos entre 20 de dezembro e 20 de janeiro, inclusive.

Muitos TRTs, inclusive o TRT de São Paulo, mesmo antes da vigência no CPC, já tinham deferido, administrativamente, requerimentos da OAB para prorrogação da suspensão dos prazos processuias até o dia 20 de janeiro na Justiça do Trabalho, para que os advogados tenham possibilidade de férias e um descanso mais prolongado.

De nossa parte, o art. 220 do CPC é justo e razoável, pois possibilita que os advogados possam usufruir de descanso mais prolongado, sem atrasar os processos. Além disso, durante os dias 7 a 20 de janeiro, os servidores e juízes continuam a trabalhar, apenas, sem realização de audiências e com os prazos processuais suspensos.

Como exemplo de interrupção, destacamos a oposição dos embargos de declaração, que interrompem o prazo recursal (art. 897-A da CLT c/c art. 1.026 do CPC).

7. Privilégios de prazo

Dispõe o art. 180 do CPC:

> "O Ministério Público gozará de prazo em dobro para manifestar-se nos autos, que terá início a partir de sua intimação pessoal, nos termos do art. 183, § 1º.
>
> § 1º Findo o prazo para manifestação do Ministério Público sem o oferecimento de parecer, o juiz requisitará os autos e dará andamento ao processo.
>
> § 2º Não se aplica o benefício da contagem em dobro quando a lei estabelecer, de forma expressa, prazo próprio para o Ministério Público."

O presente dispositivo, conforme já sedimentado na doutrina e na jurisprudência, é constitucional, em razão dos princípios da proporcionalidade e da isonomia, pois, em razão das relevantes funções que desempenha o Ministério Público na defesa do interesse público, se justifica o privilégio de prazo para estes entes. O referido dispositivo, por força do art. 769 da CLT, é aplicável ao Processo do Trabalho.

Dispunha o art. 191 do CPC/73:

> "Quando os litisconsortes tiverem diferentes procuradores, ser-lhes-ão contados em dobro os prazos para contestar, para recorrer e, de modo geral, para falar nos autos."

Atualmente, assevera o art. 229 do CPC:

> "Os litisconsortes que tiverem diferentes procuradores, de escritórios de advocacia distintos, terão prazos contados em dobro para todas as suas manifestações, em qualquer juízo ou tribunal, independentemente de requerimento.
>
> § 1º Cessa a contagem do prazo em dobro se, havendo apenas 2 (dois) réus, é oferecida defesa por apenas um deles.
>
> § 2º Não se aplica o disposto no *caput* aos processos em autos eletrônicos."

A jurisprudência do TST, no nosso sentir acertadamente, firmou entendimento de não ser aplicável o disposto no art. 191 do CPC/73 ao Processo do Trabalho em razão dos princípios da celeridade e da simplicidade que norteiam o Processo do Trabalho. Pelos mesmos motivos, entendemos que não se aplica ao processo do trabalho o art. 229 do CPC atual. Nesse sentido, destacamos a OJ n. 310 da SDI-I, do C. TST, *in verbis*:

> "Litisconsortes. Procuradores distintos. Prazo em dobro. Art. 191 do CPC. Inaplicável ao Processo do Trabalho. A regra contida no art. 191 do CPC é inaplicável ao Processo do Trabalho, em face da sua incompatibilidade com o princípio da celeridade inerente ao Processo do Trabalho."

8. Da comunicação dos atos processuais trabalhistas: citação, notificação e intimação

Como destaca *Amauri Mascaro Nascimento*[15]:

> "Os atos processuais são revestidos de publicidade e devem ser conhecidos pelas partes ou, às vezes, mesmo por terceiro, impondo-se, como necessidade prática da realização do princípio, a sua divulgação, que, no processo trabalhista, é feita pelas formas clássicas do direito processual comum."

A comunicação dos atos processuais é levada a efeito por dois institutos principais: a citação e a intimação.

Citação é o ato pelo qual se dá ciência a alguém de que contra si há uma ação em curso, para, em querendo, venha se defender, ou para integrar a relação processual.

Nesse sentido, dispõe o art. 238 do CPC:

> !Citação é o ato pelo qual são convocados o réu, o executado ou o interessado para integrar a relação processual."

Intimação é ato pelo qual se dá ciência a alguém de um ato processual para que, querendo, possa praticar alguma conduta processual.

Nesse sentido, dispõe o art. 269 do CPC:

> "Intimação é o ato pelo qual se dá ciência a alguém dos atos e dos termos do processo.
>
> § 1º É facultado aos advogados promover a intimação do advogado da outra parte por meio do correio, juntando aos autos, a seguir, cópia do ofício de intimação e do aviso de recebimento.
>
> § 2º O ofício de intimação deverá ser instruído com cópia do despacho, da decisão ou da sentença.
>
> § 3º A intimação da União, dos Estados, do Distrito Federal, dos Municípios e de suas respectivas autarquias e fundações de direito público será realizada perante o órgão de Advocacia Pública responsável por sua representação judicial."

(15) NASCIMENTO, Amauri Mascaro. *Curso de direito processual do trabalho*. 22. ed. São Paulo: Saraiva, 2007. p. 440.

Conforme o art. 270 do CPC, as intimações realizam-se, sempre que possível, por meio eletrônico, na forma da lei. Parágrafo único. Aplica-se ao Ministério Público, à Defensoria Pública e à Advocacia Pública o disposto no § 1º do art. 246.

No Processo do Trabalho, utiliza-se a expressão *notificação*, que é o gênero que abrange tanto a citação como a notificação. A citação no Processo do Trabalho é denominada *notificação inicial*.

No Processo do Trabalho, a notificação inicial é realizada pela Secretaria da Vara, pelo Diretor de Secretaria, e, ao contrário do processo civil, não necessita ser pessoal.

Nesse sentido, dispõe o art. 841 da CLT:

> "Recebida e protocolada a reclamação, o escrivão ou chefe da Secretaria, dentro de 48 horas, remeterá a segunda via da petição, ou do termo, ao reclamado, notificando-o, ao mesmo tempo, para comparecer à audiência de julgamento, que será a primeira desimpedida, depois de cinco dias."

No mesmo diapasão, a seguinte ementa:

> "A jurisprudência admite que a notificação ou citação inicial por via postal (art. 841, § 1º, da CLT) presume-se realizada quando tenha sido entregue na empresa a empregado do réu, a zelador do prédio comercial ou depositada em caixa postal da empresa. O objeto central da disposição legal é a presunção de recebimento da notificação inicial pela empresa, tendo em vista a relevância da citação que deve ter eficácia incontestável. Esta presunção não se confirma quando a citação se dá em pessoa ao réu. Neste sentido, E-RR n. 73.124/93-7, Vantuil Abdala, Ac. SBDI1 2144/96. Revista não provida." (TST – 4ª T. – Ac. n. 14.127/97 – relª Minª Cnéa Moreira – DJ 6.3.98 – p. 438)

Como regra geral, a notificação será encaminhada pelo Correio, com aviso de recebimento.

Nos lugares em que não houver circulação do Correio, a notificação inicial se fará por meio de oficial de justiça. Se o reclamado estiver em local incerto ou não sabido, a notificação se fará por Edital. Nesse sentido, dispõe o § 1º do art. 841 da CLT:

> "A notificação será feita em registro postal com franquia. Se o reclamado criar embaraços ao seu recebimento ou não for encontrado, far-se-á a notificação por edital, inserto no jornal oficial ou no que publicar o expediente forense, ou, na falta, afixado na sede da Junta ou Juízo."

Em razão dos princípios do acesso à Justiça, da ampla defesa e da garantia do contraditório, e considerando-se que a notificação por Edital não tem sido efetiva, a jurisprudência, acertadamente, vem se posicionando no sentido de que, antes de se expedir o Edital, sejam esgotados os meios de intimação da parte, como a notificação na pessoa do sócio.

Nessa esteira, destacam-se as seguintes ementas:

> "Notificação por via editalícia. Para que seja observada a garantia à ampla defesa, constitucionalmente prevista, deve o Juízo esgotar todas as possibilidades de cientificar a parte da ação que contra si corre, antes de proceder à notificação por edital. Não restando suficientemente evidenciados os elementos subjetivo e objetivo aos quais se refere o § 1º do art. 841,

da CLT, há que ser anulada a citação levada a efeito através da referida via." (TRT – 23ª R. – TP – Ac. n. 1875/96 – relª Juíza Mª Berenice – DJMT 18.9.96 – p. 13)

"Citação por edital — Empresa com endereço certo — Nulidade que se declara. É inválida a citação quando tendo endereço certo a parte foi o ato realizado por via de edital. Há de ser distinguido endereço não conhecido e ausência por encontrar-se a parte em local incerto e não sabido. Ao ausente que se encontra em local incerto e não sabido se fará o chamamento a Juízo por via de edital. À parte com endereço certo, mas desconhecido, não é possível a mesma forma procedimental. Antes é obrigação do interessado diligenciar para a perfeita realização do ato citatório." (TRT – 12ª R. – 1ª T. – Ac. n. 14.220/2000 – relª Juíza Sandra Márcia Wambier – DJSC 2.10.2000 – p. 95) (RDT 10/00 – p. 57)

As intimações aos advogados se fazem por meio do Diário Oficial, e às partes pelo Correio, por intermédio de Oficial de Justiça ou até mesmo por Edital, se a parte estiver em local incerto ou não sabido.

A intimação ao órgão do Ministério Público do Trabalho, quando atue como parte ou fiscal da lei no Processo do Trabalho, far-se-á pessoalmente, por intermédio de oficial de justiça (art. 84, IV, da LC n. 75/93).

8.1. Da comunicação dos atos processuais por intermédio de Cartas Precatórias, Rogatórias e de Ordem

Cada Vara do Trabalho e os Tribunais Regionais do Trabalho detêm competência para prática de atos processuais nos limites territoriais de suas jurisdições. Caso o ato a praticar não esteja nos limites da competência territorial do órgão judiciário, ele deverá solicitar a prática a outro órgão judiciário. A possibilidade de prática de atos processuais por outro juízo, diverso do que tramita a causa, decorre dos deveres de colaboração dos órgãos judiciários e efetiva-se por meio das Cartas Precatória, Rogatória e de Ordem.

Conforme destaca *Marinoni*(16), três são as espécies de cartas: Carta de Ordem, que pressupõe a existência de vinculação funcional entre o tribunal que a expede e o juiz que a recebe; a Carta Rogatória, que serve para cooperação jurisdicional entre autoridades judiciárias de países diferentes; e a Carta Precatória, cuja função está em possibilitar o cumprimento de atos processuais ordenados por um órgão jurisdicional em comarca ou subseção judiciária nacional diversa daquela onde exerce jurisdição. As Cartas podem ter por objeto a prática de atos processuais de comunicação, instrução e constrição.

A Carta Rogatória tem por fim a prática de atos processuais em país diverso do órgão judiciário onde tramita o processo.

Conforme o art. 36 do CPC, o procedimento da carta rogatória perante o Superior Tribunal de Justiça é de jurisdição contenciosa e deve assegurar às partes as garantias do devido processo legal. § 1º A defesa restringir-se-á à discussão quanto ao atendimento dos requisitos para que o pronunciamento judicial estrangeiro

(16) MARINONI, Luiz Guilherme; MITIDIERO, Daniel. *Código de Processo Civil:* comentado artigo por artigo. São Paulo: RT, 2008. p. 213.

produza efeitos no Brasil. § 2º Em qualquer hipótese, é vedada a revisão do mérito do pronunciamento judicial estrangeiro pela autoridade judiciária brasileira.

Conforme o art. 260 do CPC:

"São requisitos das cartas de ordem, precatória e rogatória: I – a indicação dos juízes de origem e de cumprimento do ato; II – o inteiro teor da petição, do despacho judicial e do instrumento do mandato conferido ao advogado; III – a menção do ato processual que lhe constitui o objeto; IV – o encerramento com a assinatura do juiz. § 1º O juiz mandará trasladar para a carta quaisquer outras peças, bem como instruí-la com mapa, desenho ou gráfico, sempre que esses documentos devam ser examinados, na diligência, pelas partes, pelos peritos ou pelas testemunhas. § 2º Quando o objeto da carta for exame pericial sobre documento, este será remetido em original, ficando nos autos reprodução fotográfica. § 3º A carta arbitral atenderá, no que couber, aos requisitos a que se refere o *caput* e será instruída com a convenção de arbitragem e com as provas da nomeação do árbitro e de sua aceitação da função."

De acordo com o art. 263, do CPC, as cartas deverão, preferencialmente, ser expedidas por meio eletrônico, caso em que a assinatura do juiz deverá ser eletrônica, na forma da lei.

Em todas as cartas, o juiz fixará o prazo para o cumprimento da diligência, segundo a natureza do ato processual a ser praticado.

A carta tem caráter itinerante. Desse modo, se o juízo para o qual a carta foi encaminhada não for competente para praticar o ato solicitado, poderá encaminhar-se a carta ao juízo diretamente, sem a necessidade de devolvê-la ao juízo deprecante.

9. Das despesas processuais no Processo do Trabalho

O acesso à Justiça é um mandamento constitucional e um direito fundamental do cidadão. Entretanto, para se valer dos serviços do Poder Judiciário, a parte, salvo se beneficiária de Justiça gratuita, deve pagar as despesas processuais.

Ensina *José Augusto Rodrigues Pinto*(17):

> "Despesas processuais são todos os gastos que as partes realizem dentro ou fora do processo, para prover-lhe o andamento ou atender com mais segurança a seus interesses na demanda."

O conceito de despesa processual abrange todos os gastos com o processo, como locomoção, pagamento de honorários com assistentes técnicos, honorários advocatícios, despesas com locomoção de testemunhas, custas processuais, edital, emolumentos, etc.

Adotando a classificação de *Rodrigues Pinto*(18), no Processo há despesas processuais obrigatórias, que devem ser pagas pelas partes. São elas:

a) taxa judiciária: é uma espécie de tributo, que se paga em razão de um serviço público específico que é o serviço jurisdicional. Por isso, é compulsória;

(17) RODRIGUES PINTO, José Augusto. *Op. cit.*, p. 291.

(18) *Op. cit.*, p. 293.

b) custas processuais: conforme *Amauri Mascaro Nascimento*[19], custas são as despesas relativas ao expediente e movimentação das causas, contadas de acordo com o seu respectivo regimento (*Gabriel de Rezende*). Não têm a natureza dos honorários de advogado, previstos em algumas decisões, apesar de sua natureza de despesa processual;

c) emolumentos: consoante *Rodrigues Pinto*[20], é o ressarcimento de despesas provocadas ao órgão jurisdicional para obtenção de traslados, certidões, etc., do interesse do requerente.

9.1. Custas processuais e emolumentos

A CLT disciplina as custas processuais nos arts. 789 e seguintes.

Dispõe o art. 789 da CLT:

"Nos dissídios individuais e nos dissídios coletivos do trabalho, nas ações e procedimentos de competência da Justiça do Trabalho, bem como nas demandas propostas perante a Justiça Estadual, no exercício da jurisdição trabalhista, as custas relativas ao processo de conhecimento incidirão à base de 2% (dois por cento), observado o mínimo de R$ 10,64 (dez reais e sessenta e quatro centavos), e serão calculadas:

I – quando houver acordo ou condenação, sobre o respectivo valor;

II – quando houver extinção do processo, sem julgamento do mérito, ou julgado totalmente improcedente o pedido, sobre o valor da causa;

III – no caso de procedência do pedido formulado em ação declaratória e em ação constitutiva, sobre o valor da causa;

IV – quando o valor for indeterminado, sobre o que o juiz fixar.

§ 1º – As custas serão pagas pelo vencido, após o trânsito em julgado da decisão. No caso de recurso, as custas serão pagas e comprovado o recolhimento dentro do prazo recursal.

§ 2º – Não sendo líquida a condenação, o juízo arbitrar-lhe-á o valor e fixará o montante das custas processuais.

§ 3º – Sempre que houver acordo, se de outra forma não for convencionado, o pagamento das custas caberá em partes iguais aos litigantes.

§ 4º – Nos dissídios coletivos, as partes vencidas responderão solidariamente pelo pagamento das custas, calculadas sobre o valor arbitrado na decisão, ou pelo Presidente do Tribunal."

No Processo do Trabalho, na fase de conhecimento, as custas serão sempre pagas ao final e incidirão no percentual de 2% sobre o valor da condenação, em caso de procedência ou procedência em parte do pedido, e sobre o valor do acordo, na hipótese de conciliação. Em caso de improcedência, arquivamento ou desistência, o valor será de 2% calculado sobre o valor atribuído à causa.

---

(19) *Op. cit.*, p. 455.

(20) *Op. cit.*, p. 293.

Responderão pelas custas no Processo do Trabalho:

a) acordo: as partes, no importe de 1% cada uma. Se o autor for beneficiário de Justiça gratuita, normalmente ficará isento de sua cota-parte;

b) procedência ou procedência em parte: o reclamado paga as custas;

c) arquivamento: o reclamante;

d) desistência ou abandono: a parte que desistiu ou abandonou.

Nos termos do § 4º do art. 789 da CLT: "Nos dissídios coletivos, as partes vencidas responderão solidariamente pelo pagamento das custas, calculadas sobre o valor arbitrado na decisão, ou pelo Presidente do Tribunal."

Na execução, o art. 789-A da CLT disciplina a questão, assim dispondo:

"No processo de execução são devidas custas, sempre de responsabilidade do executado e pagas ao final, de conformidade com a seguinte tabela:

I – autos de arrematação, de adjudicação e de remição: 5% (cinco por cento) sobre o respectivo valor, até o máximo de R$ 1.915,38 (um mil, novecentos e quinze reais e trinta e oito centavos);

II – atos dos oficiais de justiça, por diligência certificada:

a) em zona urbana: R$ 11,06 (onze reais e seis centavos);

b) em zona rural: R$ 22,13 (vinte e dois reais e treze centavos);

III – agravo de instrumento: R$ 44,26 (quarenta e quatro reais e vinte e seis centavos);

IV – agravo de petição: R$ 44,26 (quarenta e quatro reais e vinte e seis centavos);

V – embargos à execução, embargos de terceiro e embargos à arrematação: R$ 44,26 (quarenta e quatro reais e vinte e seis centavos);

VI – recurso de revista: R$ 55,35 (cinquenta e cinco reais e trinta e cinco centavos);

VII – impugnação à sentença de liquidação: R$ 55,35 (cinquenta e cinco reais e trinta e cinco centavos);

VIII – despesa de armazenagem em depósito judicial — por dia: 0,1% (um décimo por cento) do valor da avaliação;

IX – cálculos de liquidação realizados pelo contador do juízo — sobre o valor liquidado: 0,5% (cinco décimos por cento) até o limite de R$ 638,46 (seiscentos e trinta e oito reais e quarenta e seis centavos)."

Os emolumentos estão disciplinados no art. 789-B da CLT, que assim dispõe:

"Os emolumentos serão suportados pelo requerente, nos valores fixados na seguinte tabela:

I – autenticação de traslado de peças mediante cópia reprográfica apresentada pelas partes — por folha: R$ 0,55 (cinquenta e cinco centavos de real);

II – fotocópia de peças — por folha: R$ 0,28 (vinte e oito centavos de real);

III – autenticação de peças — por folha: R$ 0,55 (cinquenta e cinco centavos de real);

IV – cartas de sentença, de adjudicação, de remição e de arrematação — por folha: R$ 0,55 (cinquenta e cinco centavos de real);

V – certidões — por folha: R$ 5,53 (cinco reais e cinquenta e três centavos)."

Nos termos do art. 790-A da CLT:

"São isentos do pagamento de custas, além dos beneficiários de Justiça gratuita: I – a União, os Estados, o Distrito Federal, os Municípios e respectivas autarquias e fundações públicas federais, estaduais ou municipais que não explorem atividade econômica; II – o Ministério Público do Trabalho. Parágrafo único. A isenção prevista neste artigo não alcança as entidades fiscalizadoras do exercício profissional, nem exime as pessoas jurídicas referidas no inciso I da obrigação de reembolsar as despesas judiciais realizadas pela parte vencedora."

Sobre as custas, relevante destacar ainda as seguintes Súmulas do Tribunal Superior do Trabalho:

Súmula n. 25:

"CUSTAS PROCESSUAIS. INVERSÃO DO ÔNUS DA SUCUMBÊNCIA. (alterada a Súmula e incorporadas as Orientações Jurisprudenciais ns. 104 e 186 da SBDI-1) – Res. n. 197/2015 – DEJT divulgado em 14, 15 e 18.5.2015

I – A parte vencedora na primeira instância, se vencida na segunda, está obrigada, independentemente de intimação, a pagar as custas fixadas na sentença originária, das quais ficara isenta a parte então vencida;

II – No caso de inversão do ônus da sucumbência em segundo grau, sem acréscimo ou atualização do valor das custas e se estas já foram devidamente recolhidas, descabe um novo pagamento pela parte vencida, ao recorrer. Deverá ao final, se sucumbente, reembolsar a quantia; (ex-OJ n. 186 da SBDI-I)

III – Não caracteriza deserção a hipótese em que, acrescido o valor da condenação, não houve fixação ou cálculo do valor devido a título de custas e tampouco intimação da parte para o preparo do recurso, devendo ser as custas pagas ao final; (ex-OJ n. 104 da SBDI-I)

IV – O reembolso das custas à parte vencedora faz-se necessário mesmo na hipótese em que a parte vencida for pessoa isenta do seu pagamento, nos termos do art. 790-A, parágrafo único, da CLT."

Súmula n. 36:

"CUSTAS – Nas ações plúrimas, as custas incidem sobre o respectivo valor global." (RA n. 57/1970, DO-GB 27.11.1970)

Súmula n. 86:

"DESERÇÃO. MASSA FALIDA. EMPRESA EM LIQUIDAÇÃO EXTRAJUDICIAL. Não ocorre deserção de recurso da massa falida por falta de pagamento de custas ou de depósito do valor da condenação. Esse privilégio, todavia, não se aplica à empresa em liquidação extrajudicial." (Res. n. 129/2005 – DJ 22.4.2005)

10. Da suspensão do processo

Suspensão do processo é a paralisação temporária da relação jurídica processual em razão de um acontecimento relevante disciplinado em lei. Segundo a doutrina, a suspensão do processo depende de decisão judicial, que deve fixar o prazo de sua duração.

Lembra *Cléber Lúcio de Almeida*[(21)], que "a CLT prevê suspensão do processo por força de oposição de exceção de suspeição ou incompetência (art. 799), e em razão de motivo relevante (art. 844, parágrafo único)."

Dispõe o art. 313 do CPC:

"Suspende-se o processo:

I – pela morte ou pela perda da capacidade processual de qualquer das partes, de seu representante legal ou de seu procurador;

II – pela convenção das partes;

III – pela arguição de impedimento ou de suspeição;

IV – pela admissão de incidente de resolução de demandas repetitivas;

V – quando a sentença de mérito:

a) depender do julgamento de outra causa ou da declaração de existência ou de inexistência de relação jurídica que constitua o objeto principal de outro processo pendente;

b) tiver de ser proferida somente após a verificação de determinado fato ou a produção de certa prova, requisitada a outro juízo;

VI – por motivo de força maior;

VII – quando se discutir em juízo questão decorrente de acidentes e fatos da navegação de competência do Tribunal Marítimo;

VIII – nos demais casos que este Código regula.

IX – pelo parto ou pela concessão de adoção, quando a advogada responsável pelo processo constitui a única patrona da causa;

X – quando o advogado responsável pelo processo constituir o único patrono da causa e tornar-se pai.

§ 1º Na hipótese do inciso I, o juiz suspenderá o processo, nos termos do art. 689.

§ 2º Não ajuizada ação de habilitação, ao tomar conhecimento da morte, o juiz determinará a suspensão do processo e observará o seguinte:

I – falecido o réu, ordenará a intimação do autor para que promova a citação do respectivo espólio, de quem for o sucessor ou, se for o caso, dos herdeiros, no prazo que designar, de no mínimo 2 (dois) e no máximo 6 (seis) meses;

II – falecido o autor e sendo transmissível o direito em litígio, determinará a intimação de seu espólio, de quem for o sucessor ou, se for o caso, dos herdeiros, pelos meios de divulgação que reputar mais adequados, para que manifestem interesse na sucessão processual e promovam a respectiva habilitação no prazo designado, sob pena de extinção do processo sem resolução de mérito.

§ 3º No caso de morte do procurador de qualquer das partes, ainda que iniciada a audiência de instrução e julgamento, o juiz determinará que a parte constitua novo mandatário, no prazo de 15 (quinze) dias, ao final do qual extinguirá o processo sem resolução de mérito, se o autor não nomear novo mandatário, ou ordenará o prosseguimento do processo à revelia do réu, se falecido o procurador deste.

§ 4º O prazo de suspensão do processo nunca poderá exceder 1 (um) ano nas hipóteses do inciso V e 6 (seis) meses naquela prevista no inciso II.

(21) ALMEIDA, Cléber Lúcio de. *Direito processual do trabalho*. 3. ed. Belo Horizonte: Del Rey, 2009. p. 334.

§ 5º O juiz determinará o prosseguimento do processo assim que esgotados os prazos previstos no § 4º.

§ 6º No caso do inciso IX, o período de suspensão será de 30 (trinta) dias, contado a partir da data do parto ou da concessão da adoção, mediante apresentação de certidão de nascimento ou documento similar que comprove a realização do parto, ou de termo judicial que tenha concedido a adoção, desde que haja notificação ao cliente.

§ 7º No caso do inciso X, o período de suspensão será de 8 (oito) dias, contado a partir da data do parto ou da concessão da adoção, mediante apresentação de certidão de nascimento ou documento similar que comprove a realização do parto, ou de termo judicial que tenha concedido a adoção, desde que haja notificação ao cliente."

O art. 313 do CPC encaixa-se perfeitamente ao processo do trabalho em razão da falta de previsão da hipótese na legislação processual trabalhista e compatibilidade com a principiologia do procedimento trabalhista (art. 769 da CLT).

Nesse sentido, relevante destacar as seguintes ementas:

"Morte de um dos representantes da parte — Prazos — Suspensão do processo — Art. 265, inciso I, do CPC — Inaplicabilidade. 1. É correta a afirmativa — não implicando ofensa à literalidade do art. 265, inciso I, do CPC — de que a morte de um dos advogados da parte, ainda no caso de ser aquele em nome do qual as notificações eram feitas, não tem o condão de suspender o processo e, por conseguinte, a contagem dos prazos recursais, quando o segundo causídico já havia participado no processo, tendo, inclusive, oferecido memorial constando razões finais da reclamada. É evidente, portanto, que a morte de um dos advogados não causou danos diretos à parte, pois mantida a oportunidade de produção de alegações e de defesa, cujo exercício, substancialmente, buscou o legislador preservar, quando da edição do art. 265, *i*, do CPC. 2. Agravo de instrumento desprovido." (TST – 1ª T. – AIRR n. 1.229/2000.024.04.40-2 – rel. Emmanoel Pereira – DJ 20.6.05 – p. 872) (RDT n. 06 – Junho de 2005)

"Impõe-se a suspensão do processo quando a sentença de mérito depender de declaração da existência ou inexistência da relação jurídica que constitua o objeto principal de outro processo pendente. Inobservado tal preceito, contido no art. 265, IV, *a*, do Código de Processo Civil, a sentença deverá ser anulada pelo Tribunal, retornando os autos à origem, para que se observe a suspensão do processo." (TRT – 12ª R. – 1ª T. – Ac. n. 007079/95 – rel. Juiz Darci Fuga – DJSC 22.9.95 – p. 53)

"A suspensão do processo, em razão de morte de uma das partes, é automática e se inicia no momento em que se dá a ocorrência do fato, tendo a decisão que a declara efeito *ex tunc*." (TRT – 1ª R. – 4ª T. – RO n. 1391/2001 – rel. Célio J. Cavalcante – DJRJ 18.12.2002 – p. 170) (RDT n. 01 – janeiro de 2003)

Quanto à morte do advogado, pode-se argumentar, no processo do trabalho, diante da existência do *jus postulandi*, que ela não é causa de suspensão do processo, exceto nas lides que decorrem da relação de trabalho e não de emprego. Não obstante, pensamos de forma diversa, pois, se a parte optou por contratar advogado no processo do trabalho, ou está assistida por advogado do sindicato (art. 14 da Lei n. 5.584/70), deve ter assistência profissional a fim de que seu acesso à justiça seja efetivado com maior qualidade. Desse modo, diante da morte de seu patrono, o Juiz do Trabalho deverá suspender o processo, a fim de que ela nomeie outro advogado, ou findo o prazo de suspensão, pratique os atos processuais, valendo-se do *jus postulandi*.

Conforme o art. 314 do CPC, durante a suspensão é vedado praticar qualquer ato processual, podendo o juiz, todavia, determinar a realização de atos urgentes a fim de evitar dano irreparável, salvo no caso de arguição de impedimento e de suspeição.

Nos termos do art. 315 do CPC, se o conhecimento do mérito depender de verificação da existência de fato delituoso, o juiz pode determinar a suspensão do processo até que se pronuncie a justiça criminal. § 1º Se a ação penal não for proposta no prazo de 3 (três) meses, contado da intimação do ato de suspensão, cessará o efeito desse, incumbindo ao juiz cível examinar incidentemente a questão prévia. § 2º Proposta a ação penal, o processo ficará suspenso pelo prazo máximo de 1 (um) ano, ao final do qual aplicar-se-á o disposto na parte final do § 1º.

O presente dispositivo, compatível com o processo do trabalho (art. 769 da CLT), disciplina a possibilidade de o Juiz do Trabalho sobrestar o andamento do feito quando o mesmo fato discutido no processo trabalhista for objeto também de processo criminal, a fim de se evitarem decisões conflitantes sobre o mesmo fato. Entretanto, o sobrestamento é faculdade do juiz, não sendo direito da parte. Nesse sentido, cumpre destacar a seguinte ementa:

> "Mandado de segurança — Sobrestamento da reclamação trabalhista ante o ajuizamento de processo criminal contra o reclamante. Não há ilegalidade do ato que indefere o sobrestamento da reclamação trabalhista ante o ajuizamento de processo criminal contra o reclamante, pois o julgamento de ação criminal, favorável ou não a qualquer das partes, não obriga o Judiciário trabalhista. Segurança denegada." (TRT 2ª R. – SDI-1 – relª Maria Aparecida Duenhas – DJe n. 1.568 – 9.12.2008 – p. 4 – SDI-1 14162200600002008) (RDT n. 01 – Janeiro de 2009)

Capítulo IX

Das Nulidades no Direito Processual do Trabalho

1. Conceito e espécies

Nulidade, segundo a melhor doutrina, é a privação dos efeitos de um ato jurídico. Na esfera processual, a nulidade acarreta perda do efeito de um ato processual, vale dizer: o ato processual não produzirá os efeitos pretendidos.

Autores há que preferem a expressão *invalidade processual*. Nesse sentido, é a visão de *Aldacy Rachid Coutinho*(1):

> "Mais coerente é a visão da invalidade como a atipicidade do ato ou a qualidade do ato viciado, que resulta em uma tendência à ineficácia, desde que seja alegada e não estejam presentes fatores impeditivos, ou ainda, se não ministrado nenhum remédio jurídico que tenha sanado o defeito."

Pensamos ser a invalidade gênero, do qual as nulidades absolutas e relativas são espécies.

É consenso na doutrina que as nulidades dos atos processuais podem ser absolutas, relativas, ou até mesmo o ato processual pode ser inexistente. De outro lado, há as chamadas irregularidades processuais, que são uma espécie de nulidade de menor potencial.

São nulos os atos processuais quando violem normas de ordem pública e interesse social. O ato nulo não está sujeito à preclusão e pode ser declarado de ofício pelo juiz. São relativas as nulidades quando não violem normas de ordem pública. Dependem da iniciativa da parte, não podendo ser conhecidas de ofício.

Os chamados atos inexistentes contêm um vício tão acentuado que não chegam a produzir efeitos. Entretanto, a doutrina tem dito que mesmo os atos inexistentes devem ter seus efeitos cassados por decisão judicial. Portanto, os atos inexistentes seguem o mesmo regime das nulidades absolutas.

Nesse contexto, *Teresa Arruda Alvim Wambier*: "Cremos que se deve repetir em relação aos atos inexistentes o que foi dito com respeito aos atos nulos: há necessidade,

(1) *Invalidade processual:* um estudo para o processo do trabalho. Rio de Janeiro: Renovar, 2000. p. 121.

em princípio, de pronunciamento judicial, provocado por ação meramente declaratória, para que tal 'vida artificial', há pouco referida, tenha fim"(2).

A irregularidade não retira os efeitos dos atos, tampouco enseja declaração de nulidade. Nesse sentido, ensina *Vicente Greco Filho*(3):

> "A mera irregularidade representa a violação da norma instituidora do modelo e que não acarreta ineficácia. Ora a mera irregularidade não tem qualquer sanção, como, por exemplo, a violação da norma contida no art. 169, que prescreve que os atos devem ser escritos com tinta escura e indelével ou que é vedado usar abreviaturas, ora a sanção é extraprocessual, não interferindo no andamento do processo, como, por exemplo, o excesso de prazo praticado pelo juiz, que pode acarretar-lhe sanções disciplinares, não invalidando, porém, o ato praticado fora do tempo."

2. Princípios das nulidades

2.1. Prejuízo ou transcendência

O eixo central da declaração das nulidades, tanto no Direito Processual Civil como no Processual do Trabalho, é a existência de prejuízo *(pas de nullité sans grief)*. Este princípio é oriundo do art. 114, 2ª parte, do Código de Processo Civil francês. Se o ato processual, embora defeituoso e contenha vícios, não causou prejuízos a uma das partes, não deve ser anulado. A regra vale tanto para as hipóteses de nulidade como anulabilidade.

Conforme *Carlos Henrique Bezerra Leite*(4): "O princípio do prejuízo, também chamado de princípio da transcendência, está intimamente ligado ao princípio da instrumentalidade das formas. Significa que não haverá nulidade sem prejuízo manifesto às partes interessadas. O princípio do prejuízo é inspirado no sistema francês *(pas de nullité sans grief)*."

Nesse sentido, dispõe o art. 794 da CLT, *in verbis*:

> "Nos processos sujeitos à apreciação da Justiça do Trabalho só haverá nulidade quando resultar dos atos inquinados manifesto prejuízo às partes litigantes."

Como bem adverte *Aldacy Rachid Coutinho*(5), o prejuízo atua, em verdade, como um impeditivo de declaração, ou seja: o ordenamento jurídico garante a eficácia daquele ato que, mesmo sendo inválido, emana efeitos na ordem processual. É sabido que mesmo os atos nulos geram efeitos. Atua o prejuízo, então, como uma vedação dirigida ao juiz para que não declare a invalidade (preexistente à declaração), deixando o ato desconforme tal como se encontra e garantindo que aqueles efeitos

(2) WAMBIER, Teresa Arruda Alvim. *Nulidades do processo e da sentença*. 6. ed. São Paulo: RT, 2007. p. 157.

(3) GRECO FILHO, Vicente. *Direito processual civil brasileiro*. 2. vol., 11. ed. São Paulo: Saraiva, 1996. p. 45.

(4) *Curso de direito processual do trabalho*. 5. ed. São Paulo: LTr, 2007. p. 359.

(5) *Op. cit.*, p. 282.

gerados não mais serão atacados. Portanto, sem prejuízo, há nulidade com eficácia permanente e preservada.

No mesmo diapasão, destacamos as seguintes ementas:

"Aplicação do rito sumaríssimo. No sistema adotado pelo Código de Processo Civil, aplicado subsidiariamente na Justiça do Trabalho, a anulação do ato processual viciado obedece a certas regras, contidas na lei ou impostas pelos princípios gerais, que dão uma feição à teoria da nulidade. Tais regras compreendem o princípio da instrumentalidade das formas, contido no brocardo *pas de nullité sans grief*, segundo o qual só devem ser anulados os atos imperfeitos se o objetivo não tiver sido alcançado, pois o que interessa é o objetivo do ato e não o ato em si mesmo. Tal princípio encontra-se formulado no § 1º do art. 249 do CPC, que diz: 'O ato não se repetirá nem se lhe suprirá a falta quando não prejudicar a parte'. No caso dos autos, não obstante tenha o Tribunal Regional convertido o rito processual para o sumaríssimo quando da análise do recurso ordinário, tal procedimento não importou em prejuízo às partes, tendo em vista que aquela Corte apreciou toda a matéria submetida a julgamento, ocasião em que fundamentou a decisão com suas razões de decidir, não inviabilizando, assim, o reexame da controvérsia nesta esfera recursal." (TST – 1ª T. – RR n. 1.511/1998.071.15.00-7 – rel. Luiz Philippe V. de M. Filho – DJ 4.4.2003 – p. 623) (RDT n. 5 – maio de 2003)

"Nulidade processual – CLT, art. 795. "Não se reconhecerá a nulidade do ato processual, sem demonstração de manifesto prejuízo e motivada fundamentação da impugnação, por ausência de interesse jurídico" (CLT, art. 795), à luz da Moderna Escola Processual, que vem, progressivamente, revelando a natureza instrumental do processo, em prestígio da tutela urgente do direito material e consumação dos direitos fundamentais." (TRT – 15ª R. – 2ª T. – Ac. n. 42.104/97 – rel. José Pitas – DJSP 12.01.98 – p. 30)

"Nulidade processual — Poder diretivo do juiz. Constitui moderna tendência evolutiva do Direito Processual a concentração cada vez maior de poderes diretivos e instrutórios nas mãos dos Órgãos Estatais encarregados de prestar a jurisdição, o que, de um lado, permite a apuração o quanto mais próxima da verdade real e, de outro, autoriza a inibição da prática de atos desnecessários e diligências inúteis. Tais poderes hão de ser exercidos dentro de limites éticos, de modo fundamentado e sempre em busca da efetividade do processo. No caso presente, as provas que pretendia produzir o reclamante, destinadas a comprovar os fatos constitutivos dos direitos postulados, não eram inúteis e tampouco desnecessárias, sendo, ao contrário, imprescindíveis para o deslinde das controvérsias postas em juízo. Recurso ordinário provido." (TRT 15ª R. – 1ª T. – RO n. 587/2002.016.15.00-0 – rel. Marcos da S. Pôrto – DJSP 10.09.04 – p. 18) (RDT n. 10 – Outubro de 2004)

2.2. Princípio da instrumentalidade das formas

O princípio da instrumentalidade das formas, também chamado pela doutrina de *princípio da finalidade*, tem por objetivo conservar os atos processuais praticados de forma diversa da prescrita na lei, mas que atingiram sua finalidade e produziram os efeitos processuais previstos na lei. Tal princípio se assenta no fato de o processo não ser um fim em si mesmo, mas um instrumento de realização da justiça.

Nesse sentido, dispõe o art. 277 do CPC:

"Quando a lei prescrever determinada forma, o juiz considerará válido o ato se, realizado de outro modo, lhe alcançar a finalidade."

No mesmo diapasão, é o art. 188 do CPC:

"Os atos e os termos processuais independem de forma determinada, salvo quando a lei expressamente a exigir, considerando-se válidos os que, realizados de outro modo, lhe preencham a finalidade essencial."

Como bem adverte *Nelson Nery Junior*(6), o juiz deve desapegar-se do formalismo, procurando agir de modo a propiciar às partes o atingimento da finalidade do processo. Mas deve obedecer às formalidades do processo, garantia do estado de direito.

2.3. Princípio da convalidação

Ensina *Aldacy Rachid Coutinho*(7):

> "Diz-se que convalescer é recuperar saúde, permitindo inclusive certa confusão com os denominados 'remédios jurídicos'. Neles são abordadas as hipóteses, por conseguinte, em que aquela situação anormal de debilidade do ato é recuperada, ou seja, restabelecida para a normalidade. A adoção de uma outra 'forma' ou 'meio' de convalescença implica, portanto, mais do que em qualquer outro princípio, a visualização e identificação de que conceito de invalidade se trata. O sistema das nulidades adotado pela Consolidação das Leis do Trabalho — e ainda o do Código de Processo Civil — é todo ele voltado para proteção dos atos processuais e seus efeitos, estabelecendo critérios impeditivos da sua alegação ou da sua decretação."

Pelo presente princípio, se as nulidades não forem invocadas no momento processual oportuno, haverá a convalidação do ato inválido, também chamada pela doutrina de preclusão de se invocar a nulidade.

De outro lado, somente a nulidade relativa, ou seja, a que interessa apenas à parte, deve ser invocada no momento processual oportuno; já a nulidade absoluta pode ser invocada a qualquer tempo, inclusive de ofício, não estando abrangida pelo princípio da convalidação(8).

Nesse sentido, destacamos as seguintes ementas:

"A irresignação quanto a nulidade no processo deve ser manifestada de imediato (art. 795, CLT, c/c art. 245, CPC). Precluiu (eficácia preclusiva — art. 473, CPC) no seu direito a parte que deixa transcorrer, *in albis*, o prazo para formular razões finais ou nessa ocasião nenhuma alusão faz à matéria. Impede, com sua omissão, o exame da questão e a prolação de decisão, posto que conformada com tudo como se realizou. Fecha, assim, a porta para

(6) *Código de Processo Civil comentado e legislação processual extravagante.* 10. ed. São Paulo: RT, 2007. p. 491.

(7) *Op. cit.*, p. 273.

(8) Nesse sentido, dispõe o art. 278 do CPC, *in verbis*: "A nulidade dos atos deve ser alegada na primeira oportunidade em que couber à parte falar nos autos, sob pena de preclusão. *Parágrafo único. Não se aplica esta disposição às nulidades que o juiz deva decretar de ofício, nem prevalece a preclusão, provando a parte legítimo impedimento*" (o grifo é nosso).

o reexame da questão em sede de grau de recurso." (TRT/SP n. 02970173659 – Ac. 6ª T. – n. 02980301498 – rel. Gézio Duarte Medrado – DOE 19.6.98) (RDT 10/98 – p. 48)

"Nulidades — Momento da arguição. No processo do trabalho, as nulidades somente são declaradas quando a parte argui-la à primeira vez em que tiver de falar em audiência ou nos autos (inteligência do art. 795 da CLT)." (TRT – 1ª R. – 1ª T. – AP n. 2.040/99 – rel. Juiz Luís Carlos T. Bomfim – DJRJ 15.9.99 – p. 143) (RDT 10/99 – p. 54)

"Nulidade — Arguição pela parte — Momento. No processo do trabalho, as nulidades não são declaradas senão por provocação das partes, que deverão argui-las a primeira vez em que tiverem de falar em audiência ou nos autos (art. 795 da CLT). Se o ato pretensamente nulo ocorre em audiência, a primeira vez que a parte tem a oportunidade de se manifestar é imediatamente após sua prática, vez que sempre tem a faculdade de se manifestar pela ordem até mesmo durante o julgamento (aplicação analógica do art. 89, X, da Lei n. 4.215/63)." (TRT – 10ª R. – 1ª T. – RO n. 4.170/99 – rel. Juiz Fernando A. V. Damasceno – DJDF 25.2.2000 – p. 12)

"Nulidade — Arguição — Oportunidade. Se a parte, que entende estar desfundamentada a decisão, não interpõe embargos declaratórios visando a sanar o vício, não há como se admitir, em sede de recurso, a arguição de nulidade em razão da omissão, porque operada a preclusão, nos termos do art. 795 da CLT. Recurso ordinário a que se nega provimento." (TRT – 1ª R. – 9ª T. – RO n. 8271/98 – rel. Juiz Ideraldo C. de B. Gonçalves – DJRJ 10.4.2000 – p. 216) (RDT 05/00 – p. 61)

Nesse sentido, dispõe o art. 795 da CLT:

"As nulidades não serão declaradas senão mediante provocação das partes, as quais deverão argui-las à primeira vez em que tiverem de falar em audiência ou nos autos.

§ 1º – Deverá, entretanto, ser declarada *ex officio* a nulidade fundada em incompetência de foro. Nesse caso, serão considerados nulos os atos decisórios.

§ 2º – O juiz ou Tribunal que se julgar incompetente determinará, na mesma ocasião, que se faça remessa do processo, com urgência, à autoridade competente, fundamentando sua decisão."

A incompetência a que alude o § 1º do art. 795 da CLT é incompetência em razão da matéria e não do lugar. A palavra *foro* está sendo utilizada como sendo o foro *cível, criminal, trabalhista*, etc. Conforme o § 2º do art. 795 da CLT, o juiz incompetente em razão da matéria deverá remeter os autos ao juiz competente, em atenção aos princípios da economia processual e da efetividade da jurisdição.

Diante do que preconiza o art. 795 da CLT, já é prática costumeira incorporada ao Processo do Trabalho pela doutrina e pela jurisprudência o chamado *protesto*, que tem suporte na interpretação sistemática dos arts. 794 e 795 da CLT, a fim de se evitar a preclusão das nulidades processuais. Desse modo, havendo uma decisão proferida no curso do processo que cause prejuízo à parte, mas não possa ser recorrível de imediato, a parte lesada deverá registrar os protestos a fim de evitar a preclusão da questão e eventual convalidação da nulidade.

Nesse pórtico, destacamos a seguinte ementa:

"Nulidade — Momento para arguir. Nos termos do art. 795, *in fine*, da CLT, a parte ofendida deve se manifestar sobre a nulidade na primeira oportunidade em que atuar nos autos.

Dessa forma, deve ela consignar seu protesto em audiência, tão logo vislumbre qualquer circunstância que possa gerar a nulidade do ato processual, pois seu silêncio acarreta a preclusão." (TRT – 12ª R. – 2ª T. – Ac. n. 12.029/98 – rel. Juiz Roberto B. Leite – DJSC 3.12.98 – p. 92).

De nossa parte, ao contrário do que pensa parte da doutrina e jurisprudência, uma vez lançados os protestos no momento processual oportuno, qual seja: na primeira oportunidade que a parte tiver para falar no processo, não há necessidade de reiterá-los em momento posterior, a exemplo das razões finais. Primeiro, porque a lei processual não exige tal formalidade; segundo porque a finalidade dos protestos é tão somente evitar a preclusão de nulidades relativas; terceiro, porque houve a chamada preclusão consumativa, uma vez que já praticado o ato processual pela parte.

Nos termos do § 2º do referido art. 795 da CLT, deve o Juiz do Trabalho, ao declarar a incompetência absoluta da Justiça do Trabalho, remeter o Processo ao Juízo competente, para celeridade e efetividade da jurisdição. Entretanto, no Processo do Trabalho, como a regra geral é a cumulação de pedidos, o Juiz do Trabalho somente deverá remeter os autos a outro juízo se for incompetente para todos os pedidos, uma vez que não há como se desmembrar o processo. Se for competente para um dos pedidos, deverá instruí-lo e julgá-lo, e para os que não for competente, deverá extingui-los, sem resolução de mérito, nos termos do art. 485, IV, do CPC, uma vez que a competência é um pressuposto processual de validade do processo.

2.4. *Princípio da renovação dos atos processuais viciados ou saneamento das nulidades*

O presente princípio também é denominado pela doutrina *princípio da economia processual*, pois visa a aproveitar ao máximo a relação jurídica processual, renovando os atos processuais defeituosos, sem a necessidade de extinção prematura do processo.

Dispõe o art. 796 da CLT:

"A nulidade não será pronunciada:

a) quando for possível suprir-se a falta ou repetir-se o ato;"

É possível repetir o ato nulo ou anulável, desde que não haja demora significativa no processo, ausência de prejuízo às partes e efetividade do ato processual. O dispositivo (art. 796, *b*, da CLT) não restringe a renovação do ato por nulidade absoluta. Nesse sentido, ensina *Nelson Nery Junior*(9): "A distinção entre nulidade e anulabilidade é irrelevante no processo civil, para determinar-se sua sanção, já que não se afigura correto afirmar-se que a nulidade absoluta é insanável. Tanto as nulidades absolutas quanto as anulabilidades são passíveis de sanação pela incidência do princípio da instrumentalidade das formas."

(9) NERY JUNIOR, Nelson *et al. Código de Processo Civil comentado.* 7. ed. São Paulo: RT, 2007. p. 618.

No mesmo diapasão, ensina *Teresa Arruda Alvim Wambier*(10):

> "[...] observamos que um dos princípios que regem o sistema de nulidades processuais, referido no art. 249 e em outros dispositivos do CPC, é o de que, no processo civil — à diferença do que ocorre no direito civil — tanto as nulidades quanto as anulabilidades se sanam. No processo, a propósito, *sana-se até mesmo a inexistência jurídica* (v. por exemplo, o art. 37, parágrafo único, do CPC)."

De nossa parte, as nulidades precessuais podem ser sanadas tanto em primeiro grau, como no segundo grau de jurisdição caso seja possível. Na instância extraordinária (TST), isso já não será possível, pois exige que a questão tenha sido resolvida em segundo grau (prequestionamento).

Sob outro enfoque, hipóteses há em que a nulidade do ato processual não pode ser sanada, como nulidade da citação, inépcia da inicial, por conter os vícios elencados no parágrafo único do art. 330 do CPC, falta de uma das condições da ação, como ilegitimidade das partes, ou falta de interesse processual, etc.

2.5. Princípio do aproveitamento dos atos processuais praticados

Aproveitar é tornar útil, proveitoso. Conservar é manter, preservar(11).

Este princípio também é denominado conservação dos atos processuais úteis. Conforme o brocardo latino *utile per inutile non viciatur*: o útil não se vicia pelo inútil. Desse modo, a declaração da nulidade não pode estender-se, tampouco retroagir aos atos validamente praticados.

Como bem adverte *Aldacy Rachid Coutinho*(12), a estrutura do Processo faz com que os atos que o compõem não se revelem de forma isolada, mas, ao contrário, se impliquem mutuamente no tempo e no conteúdo, de forma que possibilite a realização do fim específico a que se propõe, gerando os efeitos próprios. A invalidade de um ato, assim, pode causar um impacto maior no Processo do que causaria no direito material.

Nesse sentido, dispõe o art. 281 do CPC:

> "Anulado o ato, consideram-se de nenhum efeito todos os subsequentes que dele dependam, todavia, a nulidade de uma parte do ato não prejudicará as outras que dela sejam independentes."

Nesse mesmo lastro, o art. 797 da CLT:

> "O juiz ou tribunal que pronunciar a nulidade declarará os atos a que ela se estende."

---

(10) *Op. cit.*, p. 255.

(11) COUTINHO, Aldacy Rachid. *Invalidade processual:* um estudo para o processo do trabalho. Rio de Janeiro: Renovar, 2000. p. 313.

(12) *Op. cit.*, p. 313.

Conforme o art. 798 da CLT:

"A nulidade do ato não prejudicará senão os posteriores que dele dependam ou sejam consequência."

2.6. Princípio do interesse

Este princípio está previsto no art. 796, *b*, da CLT, que assim dispõe:

"A nulidade não será pronunciada:

[...] b) quando arguida por quem lhe tiver dado causa."

Desse modo, somente terá interesse de postular a declaração da nulidade a parte que foi prejudicada, mas que não deu causa a ela.

Este princípio decorre do princípio geral de direito segundo o qual a ninguém é lícito alegar a própria torpeza em juízo, sendo um meio de moralização da relação jurídica processual, destacando-se o caráter publicista do Processo.

Como bem adverte *Carlos Henrique Bezerra Leite*(13), o princípio do interesse só alcança, evidentemente, as nulidades relativas, pois as nulidades absolutas constituem matéria de ordem pública.

(13) *Op. cit.*, p. 365.

Capítulo X

Da Prescrição no Direito Processual do Trabalho

1. Conceito e distinção com a decadência

Segundo *Pontes de Miranda*[1], "a prescrição é a exceção, que alguém tem, contra o que não exerceu, durante certo tempo, que alguma regra jurídica fixa a sua pretensão ou ação. Serve à segurança e à paz públicas, para limite temporal à eficácia das pretensões e das ações."

Dispõe o art. 189 do CC:

> "Violado o direito, nasce para o titular a pretensão, a qual se extingue pela prescrição, nos prazos a que aludem os arts. 205 e 206."

Conforme o referido dispositivo legal, o Código Civil brasileiro adota o conceito de prescrição como sendo a perda da pretensão, que é, segundo *Carnelutti*, a exigência de subordinação do interesse alheio ao interesse próprio. Estando prescrita a pretensão, não se pode exigir em juízo o direito violado, tampouco invocá-lo em defesa, pois a exceção prescreve no mesmo prazo que a pretensão, segundo o art. 190 do CC.

De acordo com *Carlos Roberto Gonçalves*[2], "o novo Código Civil, evitando essa polêmica, adotou o vocábulo 'pretensão' para indicar que não se trata do direito subjetivo público abstrato de ação. E, no art. 189, enunciou que a prescrição se inicia no momento em que há violação do direito." Prossegue o autor[3]: "Hoje predomina o entendimento na moderna doutrina, de que a prescrição extingue a pretensão, que é a exigência de subordinação de um interesse alheio ao interesse próprio. O direito material, violado, dá origem à pretensão (CC, art. 189), que é deduzida em juízo por meio da ação. Extinta a pretensão, não há ação. Portanto, a prescrição extingue a pretensão, atingindo também a ação. O instituto que extingue somente a ação, conservando o direito material e a pretensão, que só podem ser opostos em defesa, é perempção."

A decadência consiste na perda do direito em razão da inércia de seu titular.

---

(1) MIRANDA, Pontes de. *Tratado de direito privado.* v. 6. Campinas: Bookseller, 2000. p. 135.

(2) GONÇALVES, Carlos Roberto. *Direito civil.* Parte Geral. v. 1. 10. ed. São Paulo: Saraiva, 2003. p. 181.

(3) *Ibidem*, p. 183.

Ensinam *Rodolfo Pamplona Filho* e *Pablo Stolze Gagliano*(4) que a decadência "consiste na perda efetiva de um direito potestativo, pela falta de seu exercício, no período de tempo determinado em lei ou pela vontade das próprias partes. Sendo, literalmente, a extinção do direito é também chamada, em sentido estrito, consoante já se disse, de caducidade, não remanescendo qualquer sombra de direito em favor do titular, que não terá como exercer mais, de forma alguma, o direito caduco."

No Processo do Trabalho, destacam-se três prazos decadenciais típicos, quais sejam:

a) 30 dias para instauração do inquérito judicial para apuração de falta grave, tendo havido a prévia suspensão do empregado;

b) 2 anos para propor a ação rescisória, contados do trânsito em julgado da decisão;

c) 120 dias para proposição do Mandado de Segurança, contados a partir da ciência do ato de autoridade praticado com ilegalidade ou abuso de poder.

Segundo a melhor doutrina, a prescrição extingue a pretensão e por via oblíqua o direito, enquanto a decadência extingue o direito e por via oblíqua a pretensão. O prazo decadencial pode ser fixado na lei ou pela vontade das partes (contrato), enquanto os prazos prescricionais somente são fixados em lei. O prazo decadencial corre contra todos, não sendo, como regra, objeto de suspensão, interrupção ou causa impeditiva (art. 207 do CC), salvo as exceções do art. 208 do CC(5), já a prescrição pode não correr contra algumas pessoas, pode sofrer causas de impedimento, suspensão ou interrupção. A prescrição, uma vez consumada, pode ser objeto de renúncia. A decadência é irrenunciável quando fixada em lei (art. 209 do CC).

Nesse diapasão, relevante destacar a seguinte ementa:

"Prescrição x decadência — Biênio para ajuizamento de reclamação trabalhista — Prazo prescricional — Reconhecimento. A distinção entre prescrição e decadência tem sido, desde longa data, objeto de inúmeros combates doutrinários, envolvendo juristas de renome, no escopo de se delinear, com exatidão, o campo de incidência de ambos os institutos. Sob a égide do Código Civil revogado, firmou-se a clássica distinção de que a decadência extinguia o direito em si, ao passo que a prescrição extinguiria a ação. Entretanto, é verdade que a fórmula tradicional não era suficiente para explicar a complexidade do fenômeno, reclamando assim uma melhor definição daquelas hipóteses. Nesse contexto, adotou o legislador contemporâneo, nos termos do art. 189 do Novo Código Civil, a concepção de que "violado o direito, nasce para o titular a pretensão, a qual se extingue, pela prescrição", nos prazos definidos em lei, repetindo a sistemática já introduzida nos arts. 26 e 27 da Lei n. 8.078/90 — Código de Defesa do Consumidor. Vale dizer, hodiernamente, encontra a prescrição seu melhor conceito enquanto causa de extinção temporal da pretensão de ver condenado o violador de um direito à sua justa reparação, distanciando-se, assim, da decadência, hipótese de extinção de um direito não reclamado no prazo legal." (TRT – 15ª R. – 2ª T. – RO n. 1.484/2003.122.15.00-9 – rel. Luís Carlos C. M. S. da Silva – DJSP 18.6.04 – p. 18) (RDT n. 7 – Julho de 2004).

(4) *Novo curso de direito processual civil.* v. 1, 4. ed. São Paulo: Saraiva, 2003. p. 480.

(5) Art. 208 do CC: "Aplica-se à decadência o disposto nos arts. 195 e 198, I do CC."

Diante da sua importância para o direito do trabalho, a prescrição trabalhista está prevista no art. 7º, XXIX, da Constituição, que trata dos direitos fundamentais trabalhistas, tendo a seguinte redação:

"Ação, quanto aos créditos resultantes das relações de trabalho, com prazo prescricional de cinco anos para os trabalhadores urbanos e rurais, até o limite de dois anos após a extinção do contrato de trabalho."

O prazo mencionado no citado artigo aplica-se tanto ao empregado como ao empregador quando este for ingressar com uma reclamação trabalhista em face do empregado. Nesse sentido, advertem *Irany Ferrari* e *Melchíades Rodrigues Martins*[(6)]: "Aplica-se o mesmo prazo prescricional previsto para os trabalhadores (arts. 7º, XXIX, da CF e 11, da CLT) ao empregador quando a questão em discussão envolve conflito deste com o empregado ou ex-empregado, cuja matéria tem pertinência com o contrato de trabalho. A regra vale, portanto, para ambos, empregado e empregador, mesmo porque a competência no caso é da Justiça do Trabalho."

A Constituição Federal traça dois prazos prescricionais: um após a extinção do contrato de trabalho (prescrição bienal) e outro durante o contrato de trabalho (prescrição quinquenal). Estes prazos são distintos, não obstante, uma vez extinto o contrato de trabalho, deve o trabalhador trazer sua pretensão a juízo dentro do prazo de dois anos contados da data da terminação do contrato. Caso este prazo seja observado, terá direito de postular as verbas trabalhistas dos últimos cinco anos, contados retroativamente da data da propositura da reclamação trabalhista.

Nesse sentido, dispõe a Súmula n. 308 do TST, *in verbis*:

"PRESCRIÇÃO QUINQUENAL. I – Respeitado o biênio subsequente à cessação contratual, a prescrição da ação trabalhista concerne às pretensões imediatamente anteriores a cinco anos, contados da data do ajuizamento da reclamação e, não, às anteriores ao quinquênio da data da extinção do contrato; II – A norma constitucional que ampliou o prazo de prescrição da ação trabalhista para 5 (cinco) anos é de aplicação imediata e não atinge pretensões já alcançadas pela prescrição bienal quando da promulgação da CF/1988."

No mesmo diapasão, destaca-se a seguinte ementa:

"Prescrição trabalhista. Reclamatória proposta após o contrato. Direitos atingidos e não atingidos. Os prazos que, embora quinquenais, chegaram ao seu término antes do decurso do biênio pós-contrato sem a ação reparadora, por simples lógica, não estão sujeitos ao limite a que se refere a Constituição, pois que encerraram definitivamente a possibilidade do socorro judicial. Assim, inaceitável se mostra a tese de que todos os direitos situados nos últimos cinco anos da contratualidade possam estar a salvo da prescrição, desde que proposta a reclamatória dentro do biênio posterior à terminação do contrato, independentemente da data." (TST – 5ª T. – Ac. n. 1485/97 – rel. Min. Armando de Brito – DJ 30.5.97 – p. 23.622)

De outro lado, há entendimento no sentido de que o prazo da prescrição quinquenal deve ser contado a partir da extinção do contrato de trabalho, se proposta

(6) *CLT:* doutrina – jurisprudência predominante e procedimentos administrativos. Introdução arts. 1º a 12. São Paulo: LTr, 2006. p. 131.

a reclamação trabalhista dentro do prazo de dois anos. Neste sentido, destaca-se a seguinte ementa:

> "O prazo de dois anos após a extinção do contrato de trabalho, previsto no art. 7º, item XXIX, letra *a* da CF/88, é o limite dado pelo legislador constitucional ao trabalhador urbano para propor ação em que reivindicará direitos trabalhistas até os últimos 5 anos. Portanto, não se pode incluí-lo neste lapso temporal, pois ele seria diminuído para 3, contrariando, desta forma, a vontade expressa do legislador constitucional, que foi a de conferir ao trabalhador o prazo prescricional de 5 anos para fazer valer direitos oriundos da relação de emprego. Ao intérprete não cabe limitar a eficácia das normas constitucionais de tutela ao empregado através de exegese restritiva, principalmente quando se trata de prescrição de créditos provenientes de relação de trabalho, de natureza alimentar e considerado por ela própria como valor fundamental da República Federativa (art. 5º, § 1º, item IV), base da ordem econômica (art. 170) e primado da ordem social (art. 193)." (TRT – 3ª R. – 3ª T. – RO 16.634/94 – rel. Álvares da Silva – DJMG 7.3.95 – p. 58)

Há entendimentos no sentido de que o prazo de dois anos contados da extinção do contrato de trabalho tem natureza decadencial, podendo, por isso, o Juiz do Trabalho conhecê-lo de ofício, pois o referido art. 7º, XXIX, da CF, dispõe que o prazo de dois anos é o limite para postulação de eventuais direitos trabalhistas. Não obstante, pensamos que o prazo de dois anos tem natureza prescricional, pois a própria Constituição assim determina. Além disso, a interpretação no sentido de ser um prazo prescricional é mais benéfica ao trabalhador. De outro lado, como os institutos da prescrição e decadência visam à extinção de direitos, a interpretação deve ser restritiva, não cabendo ao intérprete distinguir onde a lei não distingue.

2. Causas de interrupção, impedimento e suspensão da prescrição e o Processo do Trabalho

Há causas que impedem o início do curso do prazo prescricional, chamadas impeditivas. Ocorrendo uma destas hipóteses, o prazo prescricional não se inicia.

Quanto às causas suspensivas, nestas, o prazo prescricional que começou a fluir fica suspenso a partir de um evento que o suspende, voltando a correr o prazo pelo período faltante, expirado o evento que lhe suspendeu o curso do prazo.

O Código Civil brasileiro disciplina as causas impeditivas e suspensivas da prescrição nos arts. 197 a 199, que restam aplicáveis ao Processo do Trabalho. Dispõem os referidos dispositivos legais:

> "Art. 197. Não corre a prescrição: I – entre os cônjuges, na constância da sociedade conjugal; II – entre ascendentes e descendentes, durante o poder familiar; III – entre tutelados ou curatelados e seus tutores ou curadores, durante a tutela ou curatela."

> "Art. 198. Também não corre a prescrição: I – contra os incapazes de que trata o art. 3º; II – contra os ausentes do País em serviço público da União, dos Estados ou dos Municípios; III – contra os que se acharem servindo nas Forças Armadas, em tempo de guerra."

> "Art. 199. Não corre igualmente a prescrição: I – pendendo condição suspensiva; II – não estando vencido o prazo; III – pendendo ação de evicção."

No aspecto, destaca-se a seguinte ementa:

"Prescrição. Reclamante interditado. Tendo ocorrido a interdição do autor com fundamento no art. 1.767, I, CC/2002, pelo qual são passíveis de curatela "aqueles que, por enfermidade ou deficiência mental, não tiverem o necessário discernimento para os atos da vida civil", decorre daí ser o reclamante absolutamente incapaz, nos termos do art. 3º, II, CC/2002, não correndo a prescrição contra ele a partir da sentença de interdição (art. 198, I, CC/2002). Desta forma, a prescrição quinquenal deve ser contada, retroativamente, da data da declaração de interdição, restando não prescritas as pretensões formuladas pelo autor." (TRT/SP – 00011342920115020444 – RO – Ac. 8ª T. – 20120639410 – rel. Adalberto Martins – DOE 15.6.2012)

A CLT contém causa impeditiva do prazo prescricional no art. 440, *in verbis*:

"Contra os menores de 18 anos não corre nenhum prazo de prescrição."

Desse modo, para o menor empregado, não corre a prescrição enquanto ele não fizer 18 anos. O art. 440 da CLT não se aplica ao caso em que o menor é herdeiro de um empregado falecido. Nesta hipótese, aplica-se o Código Civil.

Segundo o Código Civil, quanto aos absolutamente incapazes, não haverá o curso da prescrição, conforme o art. 198, I, do CC. Quanto aos incapazes, relativamente, correrá a prescrição, aplicando-se a regra do art. 195 do CC, que assim dispõe: "Os relativamente incapazes e as pessoas jurídicas têm ação contra os seus assistentes ou representantes legais, que derem causa à prescrição, ou não a alegarem oportunamente."

Nesse sentido, destacam-se as seguintes ementas:

"Prescrição da ação trabalhista. Herdeiro menor de idade. Norma aplicável. Em se tratando de créditos decorrentes das relações de trabalho, a ação deve ser ajuizada nos prazos assinalados no inciso XXIX do art. 7º da Constituição Federal, sob pena de ser consumada a respectiva prescrição. Todavia, contra menores de idade não há fluência dos referidos prazos, segundo o que dispõe o art. 440 da CLT e art. 198, I, do atual Código Civil, esse último de aplicação subsidiária ao direito do trabalho, como previsto no parágrafo único do art. 8º da CLT. Sendo a ação trabalhista ajuizada pelo próprio trabalhador a esse menor de dezoito anos, a norma aplicável é o art. 440 da CLT. Por outro lado, se a ação for apresentada por herdeiros de empregado já falecido e sendo eles menores, aplica-se a lei civil." (TRT – 10ª R. – RO 00949-2004-811-10-00-6 – (Ac. 1ª/05) – rel. Juiz Pedro Vicentin Foltran – DJU 2.8.05, p. 18)(7)

"Prescrição — Menor integrante de espólio. 1. Divergência jurisprudencial não caracterizada. 2. Não se caracteriza a propalada violação ao art. 169 do Código Civil de 1916, porque inaplicável ao Direito do Trabalho que dispõe de normas específicas regendo a matéria — arts. 11 e 440 da CLT e 7º, XXIX, da Constituição. No caso, não se discute direito de empregado menor, mas sim, direito de espólio integrado por menor. Por esse motivo, não se aplica ao caso o art. 440 da CLT. Sendo assim, a ação deveria ter sido ajuizada dentro do biênio legal que sucedeu a extinção do contrato de trabalho. Recurso não conhecido." (TST – 4ª T. – RR n. 276/2002.654.09.00-0 – rel. Min. Antônio José de B. Levenhagen – DJ 11.4.06 – p. 715) (RDT n. 05 – maio de 2006).

(7) *In:* FERRARI, Irany; MARTINS, Melchíades Rodrigues. *Op. cit.*, p. 114.

A CLT contém causa de suspensão da prescrição no art. 625-G, que assim dispõe:

"O prazo prescricional será suspenso a partir da provocação da Comissão de Conciliação Prévia, recomeçando a fluir, pelo que lhe resta, a partir da tentativa frustrada de conciliação ou do esgotamento do prazo previsto no art. 625-F."

Desse modo, uma vez provocada a Comissão de Conciliação Prévia, o prazo prescricional ficará suspenso até que a Comissão designe audiência para tentativa de conciliação, ou se transcorrer o prazo de 10 dias para tal finalidade.

No mesmo sentido, a seguinte ementa:

"Prazo prescricional. Submissão da controvérsia à Comissão de Conciliação Prévia. Suspensão do prazo prescricional. A submissão da controvérsia à Comissão de Conciliação Prévia tem o condão de suspender o prazo prescricional, na forma do que dispõe o art. 635-G da CLT, que recomeçará a fluir pelo que lhe resta a partir da data da sessão da tentativa conciliatória, salvo se esgotado prazo de 10 dias." (TRT – 12ª R. – RO-V 01197- 2005-009-12-00-9 – (Ac. 3ª T. 06297/06, 4.4.06) – rel. Gracio Ricardo Barboza Petrone. DJSC 25.5.06, p. 245)[(8)]

Discute-se na doutrina e na jurisprudência: enquanto suspenso o contrato de trabalho, o prazo prescricional também se suspenderá?

Segundo a doutrina, na suspensão do contrato de trabalho, todas as cláusulas contratuais permanecem paralisadas (v. art. 471 e ss. da CLT), ou seja, cessam tanto as obrigações do empregado como as do empregador. Não obstante, o contrato de trabalho permanece vigente. Portanto, o empregador não pode exercer o seu direito potestativo de dispensar o empregado imotivadamente, durante o prazo de suspensão contratual (art. 7º, I, da CF), pois as cláusulas contratuais se encontram paralisadas. A doutrina admite a possibilidade de dispensa motivada (justa causa) se o empregado cometer alguma das condutas do art. 482 da CLT, pois o contrato de trabalho ainda está vigente, assim como as obrigações assessórias do contrato de trabalho como o respeito recíproco, durante a suspensão contratual.

Há duas vertentes de entendimento sobre a suspensão do prazo prescricional no período de suspensão do contrato de trabalho.

Argumentam alguns que a Lei não prevê a possibilidade de suspensão do prazo prescricional durante a suspensão do contrato de trabalho, nem a CLT nem o Código Civil tratam da matéria. Além disso, o contrato de trabalho continua vigente no período de suspensão do contrato.

Em que pese as razões acima, pensamos que durante a suspensão do contrato de trabalho, máxime em razão de doença do empregado, o prazo prescricional ficará suspenso, por aplicação do art. 199, I, do CC. De mais a mais, prestigia o acesso do trabalhador à justiça, imprime maior equilíbrio ao processo do trabalho, destacando o caráter humanista da Justiça trabalhista.

Nesse contexto, destacamos a seguinte ementa:

"Prescrição — Suspensão do contrato de trabalho. Estando suspenso o contrato de trabalho, em virtude de percepção de auxílio-doença acidentário, não corre prescrição (art. 199, I, do

(8) *In:* FERRARI, Irany; MARTINS, Melchíades Rodrigues. *Op. cit.*, p. 115.

novo CCB, de aplicação subsidiária)." (TRT – 3ª R. – 8ª T. – RO n. 3.439/2002.079.03.00-6 – rel. José M. de Freitas – DJMG 9.8.03 – p. 18)

Concordamos, no aspecto, com *Valentin Carrion*(9), quando preconiza:

> "As circunstâncias fáticas que rodeiam o trabalhador, quando da licença por doença, na realidade lhe impedem de ajuizar a ação que ponha termo à prescrição. Isso em virtude não só de suas dificuldades primárias, como a de arcar com os custos dos remédios, de subsistência, de locomoção e de incertezas de saúde, como pela sua inexperiência e isolamento de seu mundo laborativo, que é mais evoluído do que o de seu círculo pessoal. Tudo isso convence para que essa anomalia, a da licença por doença, deve ser incluída como de impedimento. Tal como ocorre com outras situações previstas pelo CC, art. 197 (incapacidade jurídica, ausência do País, etc.). Não se interrompe a prescrição, mas se suspende, contando-se o período anterior e continuando a fluir depois que cessar o impedimento."

Nesse sentido, destacamos a seguinte ementa:

"Prescrição. Afastamento previdenciário. Contrato de trabalho suspenso por motivo de doença. O efeito suspensivo das obrigações contratuais remonta a motivos de ordem prática e humana, deles não se dissociando a aferição do prazo prescricional que vincula, tal como o contrato, uma atitude comissiva, uma atividade que exige ação do sujeito de direito. Paralisado no tempo o contrato de trabalho, fica igualmente paralisada a fluência da prescrição por força suspensiva prevista no art. 199, I, do Código Civil. A prescrição parcial não é contada do ajuizamento da ação, mas do dia anterior à data do afastamento (suspensão contratual)." (TRT/SP – 01235200938202000 – RO – Ac. 6ª T. – 20100146435 – rel. Rafael E. Pugliese Ribeiro – DOE 17.3.2010)

O Tribunal Superior do Trabalho, recentemente, se pocionou no sentido de que a suspensão do contrato de trabalho não acarreta a suspensão do prazo prescricional, salvo impossibilidade do empregado, ou do trabalhador, procurar o Judiciário Trabalhista, conforme se constata da OJ n. 375, de sua SDI-I, *in verbis*:

"Auxílio-doença. Aposentadoria por invalidez. Suspensão do contrato de trabalho. Prescrição. Contagem." (Divulgada em 19.4.2010 e publicada DeJT 20.4.2010)

A suspensão do contrato de trabalho, em virtude da percepção do auxílio- -doença ou da aposentadoria por invalidez, não impede a fluência da prescrição quinquenal, ressalvada a hipótese de absoluta impossibilidade de acesso ao Judiciário.

As causas de interrupção bloqueiam o curso do prazo prescricional já iniciado, voltando o prazo a correr por inteiro, uma vez expirada a causa de interrupção.

Como destacam *Rodolfo Pamplona Filho* e *Pablo Stolze Gagliano*(10):

> "A diferença entre a interrupção e a suspensão da prescrição é que, enquanto na segunda o prazo fica paralisado, na primeira 'zera-se' todo o prazo

(9) CARRION, Valentin. *Comentários à Consolidação das Leis do Trabalho*. 32. ed. São Paulo: Saraiva, 2007. p. 75.

(10) *Novo curso de direito civil*. v. I, 4. ed. São Paulo: Saraiva, 2003. p. 497.

decorrido, recomeçando a contagem da 'data do ato que a interrompeu, ou do último ato do processo para interromper'."

Assevera o art. 202 do CC:

"A interrupção da prescrição, que somente poderá ocorrer uma vez, dar-se-á: I – por despacho do juiz, mesmo incompetente, que ordenar a citação, se o interessado a promover no prazo e na forma da lei processual; II – por protesto, nas condições do inciso antecedente; III – por protesto cambial; IV – pela apresentação do título de crédito em juízo de inventário ou em concurso de credores; V – por qualquer ato judicial que constitua em mora o devedor; VI – por qualquer ato inequívoco, ainda que extrajudicial, que importe reconhecimento do direito pelo devedor. Parágrafo único – A prescrição interrompida recomeça a correr da data do ato que a interrompeu, ou do último ato do processo para a interromper."

Pelo referido dispositivo, a prescrição interrompe-se somente uma vez. Pensamos que tal dispositivo se mostra compatível com o Processo do Trabalho (art. 769 da CLT), como medida moralizadora da Jurisdição Trabalhista, evitando abusos e também a perpetuação do conflito.

Nesse sentido, destacamos as seguintes ementas:

"AGRAVO DE INSTRUMENTO EM RECURSO DE REVISTA — PRESCRIÇÃO — INTERRUPÇÃO — AJUIZAMENTO DE TRÊS AÇÕES TRABALHISTAS — ART. 202 DO CÓDIGO CIVIL — POSSIBILIDADES DE OCORRÊNCIA LIMITADAS A UMA ÚNICA VEZ — APLICABILIDADE DA PREVISÃO AO PROCESSO DO TRABALHO. Dispõe o art. 219 do CPC que a citação válida torna prevento o juízo, induz litispendência e faz litigiosa a coisa, e, ainda, quando ordenada por juiz incompetente, constitui em mora o devedor e interrompe a prescrição, devendo esta retroagir à data da propositura da ação (§ 1º). Buscando o instituto da prescrição no Código Civil pátrio, temos que o art. 202 somente admite a interrupção da prescrição por uma única vez. O ajuizamento da presente reclamação trabalhista deu-se há mais de dois anos da propositura da primeira; é evidente, portanto, o transcurso do prazo bienal e, por conseguinte, a prescrição da pretensão do autor. Agravo de instrumento desprovido." (Processo: AIRR – 32500-32.2009.5.05.0005 – Data de Julgamento: 23.5.2012 – rel. Ministro Luiz Philippe Vieira de Mello Filho – 4ª Turma – Data de Publicação: DEJT 1º.6.2012)

"AGRAVO DE INSTRUMENTO. RECURSO DE REVISTA. INTERRUPÇÃO DA PRESCRIÇÃO POR UMA ÚNICA VEZ. PERTINÊNCIA DO ART. 202, *CAPUT*, DO CÓDIGO CIVIL, APLICADO SUBSIDIARIAMENTE AO PROCESSO DO TRABALHO. DECISÃO DENEGATÓRIA. MANUTENÇÃO. Produzindo as causas interruptivas efeito significativamente favorável ao credor, preferiu o novo Código Civil estabelecer que a interrupção da prescrição dar-se-á por uma única vez (art. 202, *caput*), devendo ser frisado que o antigo CCB era silente no que tange a esse aspecto. Sendo a nova regra civilista compatível com o Direito Material e Processual do Trabalho, torna-se aplicável também nesse campo normativo (art. 8º, *caput* e parágrafo único, CLT), embora sem efeito retroativo (art. 5º, XXXVI, CF). Não há, portanto, como assegurar o processamento do recurso de revista quando o agravo de instrumento interposto não desconstitui os termos da decisão denegatória, que subsiste por seus próprios fundamentos. Agravo de instrumento desprovido." (TST – Processo: AIRR – 989-12.2010.5.15.0002 – Data de Julgamento: 5.9.2012 – rel. Ministro Mauricio Godinho Delgado – 3ª Turma – Data de Publicação: DEJT 14.9.2012)

"INTERRUPÇÃO ÚNICA DA CONTAGEM DO PRAZO PRESCRICIONAL. ART. 202, CABEÇA, DO CÓDIGO CIVIL. O art. 202, cabeça, do Código Civil — aplicável subsidiariamente ao Processo do Trabalho, por força do parágrafo único do art. 8º da Consolidação das Leis do Trabalho — estabelece que a interrupção do lapso extintivo '*somente poderá ocorrer uma vez*.' Considerando a distribuição da primeira reclamação em 10.7.2009, cujo último ato processual corresponde a seu arquivamento, ocorrido em 24.8.2009, conclui-se que a pretensão ora formulada encontra-se fulminada pela prescrição, porquanto ajuizada a presente ação somente em 1º.11.2011. Precedentes. Agravo de instrumento a que se nega provimento." (TST – Processo: AIRR - 2209-09.2011.5.18.0008 – Data de Julgamento: 23.4.2014, relator Ministro: Lelio Bentes Corrêa, 1ª Turma, Data de Publicação: DEJT 2.5.2014)

Dispõe a Súmula n. 268 do TST:

"PRESCRIÇÃO. INTERRUPÇÃO. AÇÃO TRABALHISTA ARQUIVADA – A ação trabalhista, ainda que arquivada, interrompe a prescrição somente em relação aos pedidos idênticos."

Conforme sedimentado pela mais alta Corte Trabalhista do país, a ação trabalhista, ainda que arquivada, sem a necessidade de citação válida do reclamado, interrompe a prescrição. Pensamos que o Tribunal Superior do Trabalho seguiu a melhor diretriz, pois a partir da propositura da ação já há interações entre juiz e parte, e há ato inequívoco do credor trabalhista pretendendo a satisfação do seu direito.

Não obstante, a interrupção se dá somente com relação às verbas expressamente postuladas, e não em face de outras parcelas, ainda que decorram de um mesmo contrato de trabalho.

De nossa parte, a demanda trabalhista arquivada interrompe tanto os prazos de prescrição bienal quanto quinquenal de prescrição, já que tais prazos são interdependentes. Nesse sentido, destaca-se a seguinte ementa:

"Ação anterior interrompe o prazo prescricional. Aplicando-se a Súmula n. 268 do C. TST, pode-se afirmar que o mero ajuizamento de reclamatória trabalhista opera efeitos interruptivos tanto para a prescrição bienal quanto para a quinquenal, reiniciando-se a partir do término da condição interruptiva, ou seja, da extinção do processo com ou sem resolução do mérito. Importante frisar que, para tanto, as partes e pedidos devem ser idênticos nas duas demandas." (TRT/SP – 00001569020105020087 – RO – Ac. 4ª T. – 20120379583 – rel. Sergio Winnik – DOE 20.4.2012)

A doutrina e jurisprudência têm admitido o protesto judicial no processo do trabalho como modalidade de interrupção da prescrição. Trata-se de tutela de natureza cautelar (art. 301, do CPC) tendo por objetivo, unicamente, resguardar direitos e provocar a interrupção do prazo prescricional em curso. O simples ajuizamento da presente ação tem o condão de interromper a prescrição, independentemente da citação do demandado.

Nesse sentido a recente OJ n. 392 da SDI-I do C. TST, *in verbis*:

PRESCRIÇÃO. INTERRUPÇÃO. AJUIZAMENTO DE PROTESTO JUDICIAL. MARCO INICIAL. O protesto judicial é medida aplicável no processo do trabalho, por força do art. 769 da CLT e do art. 311 do CPC de 2015. O ajuizamento da ação, por si só, interrompe o prazo prescricional, em razão da inaplicabilidade do § 2º do art. 240 do CPC de 2015 (§ 2º do art. 219 do CPC de 1973), incompatível com o disposto no art. 841 da CLT.

3. Prescrição na ação declaratória no Processo do Trabalho

Como visto, a ação declaratória tem por objeto exclusivamente declarar a existência ou não de um fato, uma relação jurídica ou a autenticidade ou não de um determinado documento.

Se o pedido for exclusivamente declaratório, segundo tem defendido a melhor doutrina, não há se falar em prescrição, pois despido de sanção (*Pontes de Miranda, Ferrara* e *Liebman*). Embora se possa argumentar, no Processo do Trabalho, por exemplo, que o reconhecimento da vinculação empregatícia gera o direito à anotação na CTPS do empregado (que é obrigação de fazer), tal providência pode ser levada a efeito pela Secretaria da Vara (§ 1º do art. 39 da CLT).

Consoante sustenta com propriedade *Celso Agrícola Barbi*(11): "A prescrição tem por finalidade consolidar um estado de fato contrário ao direito, ou um estado jurídico defeituoso, consolidação essa decorrente do curso de certo tempo e da inércia do titular do direito. Como a ação declaratória não tem por finalidade fazer cessar um estado de fato contrário ao direito, e sim declarar qual o estado de fato conforme o direito, conclui-se que não há na declaratória esse elemento básico do instituto da prescrição."

Nesse sentido, o § 1º do art. 11 da CLT, *in verbis*: "O disposto neste artigo não se aplica às ações que tenham por objeto anotações para fins de prova junto à Previdência Social."

No mesmo diapasão, destacamos as seguintes ementas:

"Prescrição — Ação declaratória. 1. Indiferente à tese inconvincente da recorrente sobre a prescritibilidade da ação declaratória, visto que a prescrição só se opera em relação aos efeitos patrimoniais eventualmente dela decorrentes, encontra-se consagrado nesta Corte, por meio da Súmula n. 156 do TST, o entendimento de que, da extinção do último contrato, começa a fluir o prazo prescricional do direito de ação em que se objetiva a soma de períodos descontínuos de trabalho. 2. Assim, tendo sido reconhecida a unicidade do contrato de trabalho, por conta da *accessio temporis* do art. 453 da CLT, revela-se irrelevante a discussão em torno da existência de pedido condenatório em relação ao período anterior a 1985, por ter sido pronunciada a prescrição quinquenal contada da propositura da ação, incidindo a obstaculizar a admissibilidade do recurso a Súmula n. 156 do TST. 3. Recurso não conhecido." (TST – RR n. 1050/1999.013.04.00-2 – rel. Min. Antônio José de B. Levenhagem – DJ 1.9.06 – p. 1.095) (RDT n. 10 – Outubro de 2006).

"Prescrição — Ação declaratória — Ação de natureza puramente declaratória visa tão somente ao pronunciamento judicial sobre contornos e definições de determinado estado de fato ou de direito, interrompendo a incerteza jurídica, segundo leciona 'Chiovenda'. Não buscando a cessação de determinado litígio 'que pede condenação', o decurso do tempo não se revela deformador do direito de ação do interessado. Por isso, a figura do interesse processual e, com ele, uma condição da ação cujo nascimento detona o curso da prescrição, está adjungido à esfera intestina e subjetiva do autor, sem a presença do elemento exógeno,

(11) BARBI, Celso Agrícola. *Comentários ao Código de Processo Civil.* v. 1, 11. ed. Rio de Janeiro: Forense, 2002. p. 54.

qual 'a violação de direito determinado', sendo que daí decorre 'a imprescritibilidade das ações declaratórias', como várias vezes se pronunciou 'Liebman'. O caso trazido a enfrentamento pôde conceder parcial legitimidade e interesse em postular, em face da empresa, particularidades declarativas acerca do ambiente de trabalho com envolvimento de perigo ou insalubridade, não pagamento, seja a que título for, pois assim se perde o cunho declaratório." (TRT – 3ª R. – 6ª T. – RO n. 553/2006.058.03.00-7 – relª Emília Facchini – DJ 7.9.06 – p. 13) (RDT n. 10 – Outubro de 2006)

Conforme, recentemente, vem defendendo a jurisprudência, a propositura de ação declaratória referente à mesma relação jurídica tem o condão de interrromper a prescrição para a futura ação condenatória.

Nesse sentido, a Orientação Jurisprudencial n. 401, de SDI-I, do C. TST, *in verbis*:

"Prescrição. Marco inicial. Ação condenatória. Trânsito em julgado da ação declaratória com mesma causa de pedir remota ajuizada antes da extinção do contrato de trabalho. (DeJT 2.8.2010) O marco inicial da contagem do prazo prescricional para o ajuizamento de ação condenatória, quando advém a dispensa do empregado no curso de ação declaratória que possua a mesma causa de pedir remota, é o trânsito em julgado da decisão proferida na ação declaratória e não a data da extinção do contrato de trabalho."

4. Da prescrição intercorrente

Chama-se intercorrente a prescrição que se dá no curso do processo, após a propositura da ação, mais especificamente depois do trânsito em julgado, pois, na fase de conhecimento, se o autor não promover os atos do processo, o juiz o extinguirá sem resolução do mérito, valendo-se do disposto no art. 485 do CPC.

Nesse sentido, ensinam *Irany Ferrari* e *Melchíades Rodrigues Martins*(12):

> "A prescrição intercorrente é aquela que se verifica no curso da execução, portanto, depois do trânsito em julgado da decisão. Sua aplicação tem por objetivo não só evitar a delonga do processo de execução, mas também a de estimular a parte credora de se valer do seu direito."

Sempre foi polêmica a questão da prescrição intercorrente no Processo do Trabalho, diante da natureza alimentar do crédito trabalhista e do princípio da irrenunciabilidade do crédito trabalhista.

Autores há que distinguem a prescrição intercorrente de prescrição da execução. Nessa esteira é a posição de *Manoel Jorge e Silva Neto*(13):

> "Aqui, torna-se necessário informar que duas espécies de prescrição são mencionadas no contexto do processo trabalhista: a prescrição da execução e a prescrição intercorrente. A primeira conta-se a partir do trânsito em julgado da decisão. A segunda se refere à inércia prolongada da parte no curso da ação."

---

(12) *CLT:* doutrina — jurisprudência predominante e procedimentos administrativos. São Paulo: LTr, 2006. p. 121.

(13) *Constituição e Processo do Trabalho*. São Paulo: LTr, 2007, p. 118.

De nossa parte, estamos convencidos de que prescrição intercorrente e prescrição da execução são expressões sinônimas no processo do trabalho, pois, na fase de conhecimento, se houver inércia do reclamante, o Juiz do Trabalho extinguirá a relação jurídica processo sem resolução de mérito (*vide* a respeito os arts. 732, 844, ambos da CLT, e 485, do CPC), não havendo espaço para reconhecimento de prescrição intercorrente. A prescrição intercorrente somente se verifica no curso da execução.

Em favor da não aplicabilidade da prescrição intercorrente no Processo do Trabalho, é invocado o argumento de que a execução é promovida de ofício pelo Juiz do Trabalho, nos termos do art. 878 da CLT, não havendo espaço para a aplicabilidade de tal instituto.

Além disso, também é possível invocar aqui o princípio protetor, visto sob o aspecto instrumental (igualdade substancial das partes no processo do trabalho), e a existência do *jus postulandi* da parte na execução trabalhista, como argumentos aptos a inviabilizar o reconhecimento da prescrição intercorrente no processo trabalhista.

Nesse sentido, a Súmula n. 114 do C. TST, *in verbis*:

"Prescrição intercorrente. É inaplicável na Justiça do Trabalho a prescrição intercorrente."

Destacamos, no aspecto, as seguintes ementas:

"PRESCRIÇÃO INTERCORRENTE — NÃO APLICÁVEL AO PROCESSO TRABALHISTA. O procedimento jurisdicional trabalhista sempre foi caracterizado pelo fato de que na execução não se inicia novo processo, mas apenas ocorre desdobramento da fase cognitiva, para o fito de cumprimento da *res judicata*. O art. 878 da CLT é de clareza solar ao estipular que dentre as várias formas, a execução trabalhista poderá ser promovida *ex officio* pelo próprio juiz, em harmonia ao princípio do impulso oficial nas execuções trabalhistas. Não é por outro motivo que a mais alta Corte Trabalhista do país editou a Súmula n. 114, a qual sedimentou o entendimento majoritário de que não é aplicável a prescrição intercorrente, por incompatibilidade lógica e jurídica com o procedimento jurisdicional trabalhista. Finalmente, deve ser enfatizado que a par da dicção da regra trazida pelo art. 884, § 1º, da CLT, questão em apreço somente poderia ser apreciada se invocada pela parte executada, e não *ex officio*." (TRT/SP – 01138199501902000 – AP – Ac. 4ª T. – 20080253630 – rel. Paulo Augusto Camara – DOE 11.4.2008)

"Prescrição intercorrente no processo do trabalho — Cabimento e pressupostos. O Juiz do Trabalho tem o dever de conduzir o processo de execução independentemente de provocação da parte, como estatui a regra do art. 878 da CLT. Tal disposição decorre do interesse público que existe no sentido de que a execução da sentença seja feita, como modo de afirmação da soberania e eficácia das decisões judiciais, e aplica-se plenamente ao processo trabalhista, ainda que a parte esteja assistida por advogado, não restando revogada pelo art. 4º da Lei n. 5.584/70. Por isso, inviável a aplicação da prescrição intercorrente, porque eventual inércia do credor haveria que ser suprida pela iniciativa judicial. É possível, porém, que tal ocorra em situações em que o processo foi paralisado por ato que dependia exclusivamente da parte, sendo impossível ao juiz adotar qualquer medida. A paralisação do processo pelo desaparecimento do devedor é um fato que independe da vontade do credor, e por isso não pode ser a ele imputado como motivador da sua inércia. Não se opera, nesse caso, a prescrição intercorrente, a qual, inclusive, precisa ser alegada pelo interessado, nos termos do art. 166 do CPC." (TRT – 15ª R. – 3ª T. – Ac. n. 6803/2002 – rel. Carlos Eduardo O. Dias – DJSP 18.2.2002 – p. 79)

"Agravo de Petição — Prescrição intercorrente — Aplicabilidade da Lei de Execução Fiscal e Súmula n. 114, do C. TST. A Lei n. 6.830/80 é fonte subsidiária da legislação trabalhista e o art. 40 dessa norma dá suporte jurídico para que o juiz suspenda o curso da execução, enquanto não forem encontrados bens do devedor sobre os quais possa recair a penhora, não havendo que se falar em prescrição intercorrente na fase executória, a teor da Súmula n. 114 do C. TST." (TRT/SP. TIPO: AGRAVO DE PETIÇÃO. Data de julgamento: 12.5.2009. relª Maria Aparecida Duenhas. Revisora: Maria Cristina Fisch. Acórdão n. 20090359784. Processo n. 00048-1998-471-02-00-0 – Ano: 2009. 11ª Turma – Publicação: 26.5.2009)

"PRESCRIÇÃO INTERCORRENTE. Não é aplicável na Justiça do Trabalho, devendo, na execução, ser observado o disposto no art. 40 da Lei n. 6.830/80, o qual estabelece que "o juiz suspenderá o curso da execução enquanto não for localizado o devedor ou encontrados bens sobre os quais possa recair a penhora e, nesses casos, não correrá o prazo da prescrição", sendo certo que na hipótese de serem encontrados a qualquer tempo, bens ou o devedor, a execução retornará seu curso (§ 3º do art.40 da Lei n. 6.830/80)." (TRT/SP – 01722006819945020381 – AP – Ac. 11ª T. – 20120616836 – rel. Armando Augusto Pinheiro Pires – DOE 5.6.2012)

"PRESCRIÇÃO INTERCORRENTE. Súmula n. 114 do C. TST. A execução pode ser promovida de ofício, não havendo se falar em prescrição intercorrente (art. 878 da CLT)." (TRT/SP – 02140005719935020431 – AP – Ac. 17ª T. – 20120613020 – relª Margoth Giacomazzi Martins – DOE 1º.6.2012)

"Prescrição intercorrente. Inaplicabilidade. O instituto da prescrição intercorrente não se coaduna com o princípio estruturante da proteção jurídica ao trabalhador que informa toda a construção do Direito do Trabalho. No confronto literal entre norma e princípio a norma sede pela interpretação que melhor se harmonize com o princípio ou deixa de ter aplicabilidade. Dessa forma, a melhor interpretação às normas e aos institutos dá-se à luz da força normativa dos princípios jurídicos, portanto, não há como se admitir a figura da prescrição intercorrente na seara do Direito do Trabalho por visceralmente contrariar o princípio da proteção." (TRT/SP – 01235009019965020381 – AP – Ac. 6ª T. – 20120504850 – rel. Valdir Florindo – DOE 16.5.2012)

"Prescrição intercorrente. O STF, através da Súmula n. 327, adota a posição de que O Direito Trabalhista admite a prescrição intercorrente. Por sua vez, a Súmula n. 114 do TST entende ser inaplicável na Justiça do Trabalho a Trabalho a prescrição intercorrente. Em que pese o STF ser, por excelência, o guardião da Constituição Federal, norma maior do ordenamento jurídico brasileiro e pilar principal do Estado Democrático de Direito brasileiro, não se pode olvidar que há um grande lapso temporal entre a edição de ambas as súmulas, sendo que a súmula trabalhista é muito mais recente que a do STF. Esta última foi editada em 13.12.1963, enquanto a Súmula do TST é de 3.11.1980. Tal assertiva é um indicativo de que jurisprudência trilhou o caminho de não aplicar a prescrição intercorrente nas lides trabalhistas. O art. 878 da CLT estabelece que o impulso oficial prevalece ainda na fase de execução, devendo eventual inércia da parte exequente ser suprida pelo Poder Judiciário, tendo em vista que se trata de execução de crédito de natureza alimentar. Assim, a ausência de atos executórios não enseja a decretação da prescrição, devendo aplicar-se, de forma subsidiária, ante o disposto no art. 889 da CLT, o art. 40, §§ 2º e 3º, da Lei n. 6.830/80, porém, encontrados o devedor ou os bens, os autos serão desarquivados para prosseguimento da execução (§ 3º). Nem se alegue que seria aplicável o disposto no § 4º do art. 40 da Lei n. 6.830/80, uma vez que o instituto da prescrição na esfera trabalhista é regulado pelo art. 7º, XXIX, da Constituição Federal." (TRT/SP – 02347004520055020007 – AP – Ac. 14ª T. – 20150136450 – Rel. Francisco Ferreira Jorge Neto – DOE 6.3.2015)

De nossa parte, embora em raras hipóteses, a prescrição intercorrente se aplica ao processo do trabalho, após o trânsito em julgado, nas fases processuais em que a iniciativa de promover os atos do processo dependem exclusivamente do autor, como na fase em que o reclamante é intimado para apresentar os cálculos(14) e se mantém inerte pelo prazo de dois anos(15). Já na execução propriamente dita, por exemplo, a não apresentação pelo reclamante dos documentos necessários para o registro da penhora, no prazo de dois anos depois da intimação judicial, faz gerar a prescrição intercorrente.

Nesse sentido, é a própria redação do art. 884 da CLT que disciplina em seu § 1º a prescrição como sendo uma das matérias passíveis de alegação nos embargos à execução. Ora, a prescrição prevista no § 1º do art. 884 da CLT, só pode ser a intercorrente, pois a prescrição própria da pretensão deve ser invocada antes do trânsito em julgado da decisão (Súmula n. 153 do C. TST).

Nesse sentido, a Súmula n. 327 do C. STF:

"Prescrição Intercorrente. O direito trabalhista admite prescrição intercorrente."

Por outro lado, ainda há o art. 40 da Lei n. 6.830/80, recentemente alterado, que admite a prescrição intercorrente. O referido dispositivo pode ser aplicado à execução trabalhista, por fora do permissivo do art. 889 da CLT. Com efeito, dispõe o referido dispositivo legal:

"O juiz suspenderá o curso da execução, enquanto não for localizado o devedor ou encontrados bens sobre os quais possa recair a penhora, e, nesses casos, não correrá o prazo de prescrição. § 1º Suspenso o curso da execução, será aberta vista dos autos ao representante judicial da Fazenda Pública. § 2º Decorrido o prazo máximo de 1 (um) ano, sem que seja localizado o devedor ou encontrados bens penhoráveis, o juiz ordenará o arquivamento dos autos. § 3º Encontrados que sejam, a qualquer tempo, o devedor ou os bens, serão desarquivados os autos para prosseguimento da execução. § 4º Se da decisão que ordenar o arquivamento tiver decorrido o prazo prescricional, o juiz, depois de ouvida a Fazenda Pública, poderá, de ofício, reconhecer a prescrição intercorrente e decretá-la de imediato. (Incluído pela Lei n. 11.051, de 2004) § 5º A manifestação prévia da Fazenda Pública

(14) Embora, tecnicamente a liquidação não faça parte da execução e sim de fase cognitiva que antecede a execução, a CLT, no art. 879, por opção legislativa, incluiu a liquidação no Capítulo da Execução (*vide* CAPÍTULO V, DA EXECUÇÃO, SEÇÃO I).

(15) Exceção a respeito se reporta à hipótese do autor estar sem advogado, valendo-se do *jus postulandi*. Nessa hipótese, o juiz deverá determinar de ofício a realização dos cálculos de liquidação ou pela Secretaria, ou por um perito contador. Entendimento em sentido contrário, praticamente, inviabiliza o acesso à justiça do trabalhador.

prevista no § 4º deste artigo será dispensada no caso de cobranças judiciais cujo valor seja inferior ao mínimo fixado por ato do Ministro de Estado da Fazenda." (Incluído pela Lei n. 11.960, de 2009).

Homero Batista Mateus da Silva(16), com razão, após brilhante arrazoado, propõe que as Súmulas ns. 114 do TST e 327 do STF sejam lidas em conjunto, com os seguintes argumentos:

> "Então, uma solução intermediária propõe que as duas súmulas sejam lidas sob a mesma premissa. A redução da Súmula n. 114 do Tribunal Superior do Trabalho passaria a ser: É inaplicável na Justiça do Trabalho a prescrição intercorrente, supondo-se que a providência seja concorrente, ao passo que a Súmula n. 327 do Supremo Tribunal Federal ficaria assim: O direito trabalhista admite a prescrição intercorrente, supondo que a providência seja exclusiva da parte. Afinal foram realmente essas premissas sobre as quais as súmulas se assentaram em suas origens, mas, por falta de maior clareza, a redação dos verbetes ficou incompleta, gerando a ambiguidade. Conclui-se, sem medo de errar, que ambas as súmulas trazem a mesma mensagem, mas representam um raro caso de discórdia na aparência e concórdia no subterrâneo."

Na mesma direção, a doutrina sempre precisa de *Mauricio Godinho Delgado*(17):

> "Na fase de liquidação e execução não incide, em princípio, regra geral, a prescrição intercorrente. O impulso oficial mantém-se nessa fase do processo, justificando o prevalecimento do critério sedimentado na súmula maior trabalhista. Contudo, há uma situação que torna viável, do ponto de vista jurídico, a decretação da prescrição na fase executória do processo do trabalho – situação que permite harmonizar, assim, os dois verbetes de súmula acima especificados (Súmula n. 327, do STF, e Súmula n. 114, do TST). Trata-se da omissão reiterada do exeqüente no processo , em que ele abandona, de fato a execução, por um prazo superior a dois anos, deixando de praticar, por exclusiva omissão sua, atos que tornem fisicamente impossível a continuidade do processo."

No mesmo diapasão, destacamos as seguintes ementas:

"Prescrição intercorrente — Aplicação na Justiça trabalhista. A prescrição intercorrente é aplicável ao processo do trabalho, eis que amparada no disposto no § 1º do art. 884 da CLT, conforme entendimento consagrado no STF através da Súmula n. 327, não sendo, contudo, aplicada nos casos em que, iniciada a execução, esta fica paralisada por não se encontrar o devedor ou bens a serem penhorados ou por algum motivo que independa da vontade da parte. Portanto, a prescrição intercorrente na esfera trabalhista opera-se na hipótese em que a paralisação do processo vincula-se à prática de atos de incumbência

(16) *Curso de Direito do Trabalho aplicado:* execução trabalhista. São Paulo: Campus, 2010. p. 242.

(17) *Curso de Direito do Trabalho.* 15. ed. São Paulo: LTr, 2016. p. 290.

exclusiva do exequente, conforme se extrai dos arts. 878 e 765 da CLT e art. 40 da Lei n. 6.830/80, aplicável subsidiariamente. Agravo de petição provido." (TRT – 15ª R. – 3ª T. – Ap. n. 916/1983.007.15.00-9 – rel. Lorival F. dos Santos – DJSP 19.11.04 – p. 71) (RDT, 1º de janeiro de 2005)

"Prescrição intercorrente — Aplicação na Justiça do Trabalho — Enunciado n. 114 do c. TST. Na Justiça do Trabalho, salvo raras exceções, é inaplicável prescrição intercorrente, conforme entendimento sedimentado no Enunciado n. 114 do c. TST." (TRT – 12ª R. – 1ª T. – AG-PET n. 3848/1991.014.12.85-7 – Ac. n. 3273/05 – rel. Marcus P. Mugnaini – DJSC 4.4.05 – p. 253) (RDT n. 5 de maio de 2005)

"Execução — Prescrição intercorrente — Aplicação ao processo do trabalho. O art. 884, § 1º, da CLT autoriza que seja alegada, em execução, a "prescrição da dívida" que, por óbvio, nada mais é do que a prescrição intercorrente, vez que inadmissível a alegação, na fase executória, de questão não levantada, ou rechaçada, no processo de conhecimento. Admitir-se o contrário seria permitir que o devedor, na execução, afrontasse a coisa julgada material, arguindo prescrição porventura já afastada no processo de conhecimento. Agravo a que se nega provimento."(TRT – 10ª R. – 2ª T. – Ap. n. 949/99 – relª Juíza Heloísa P. Marques – DJDF 28.4.2000 – p. 48) (RDT 05/00, p. 56)

"Prescrição da execução trabalhista e prescrição intercorrente. A prescrição intercorrente somente pode ocorrer no curso da execução trabalhista, em havendo paralisação da mesma, por mais de dois anos, por culpa exclusiva do autor. Ainda que o entendimento jurisprudencial sedimentado no Enunciado n. 114 do c. TST seja no sentido de ser aquela inaplicável na Justiça do Trabalho, entendemos que a mesma foi expressamente contemplada pelo legislador no § 1º do art. 884 da CLT, ao dispor que a matéria de defesa será restrita às alegações de cumprimento da decisão ou do acordo, quitação ou prescrição da dívida (grifo nosso), eis que o dispositivo somente pode referir-se à prescrição intercorrente, haja vista que a ordinária apenas pode ser arguida na fase de conhecimento — inadmissível que é a modificação ou inovação da sentença exequenda, na fase de liquidação do julgado —, *ex vi* do § 1º do art. 879 da CLT. Tratando-se, porém, de reclamatória em que sequer foi dado início aos atos de liquidação de julgado, em face da inércia do reclamante em apresentar os cálculos pertinentes, por quase nove (9) anos, a hipótese é de prescrição da execução trabalhista, cujo termo inicial é o trânsito em julgado da sentença exequenda e que se finda após o lapso temporal de dois anos, de acordo com o disposto no art. 7º, XXIX, da Constituição Federal. Inteligência da Súmula n. 150 do c. STF." (TRT – 15ª R. – 3ª T. – Ac. n. 9264/2003 – PATR – relª Ana Paula P. Lockmann – DJSP 11.4.2003 – p. 23) (RDT n. 5 – maio de 2003)

O Código de Processo Civil de 2015, disciplina, expressamente, a possibilidade do reconhecimento da prescrição intercorrente no curso da execução civil, com redação muito semelhante à do art. 40, da Lei n. 6.830/90. Com efeito, dispõe o art. 921 do CPC:

"Suspende-se a execução:

I – nas hipóteses dos arts. 313 e 315, no que couber;

II – no todo ou em parte, quando recebidos com efeito suspensivo os embargos à execução;

III – quando o executado não possuir bens penhoráveis;

IV – se a alienação dos bens penhorados não se realizar por falta de licitantes e o exequente, em 15 (quinze) dias, não requerer a adjudicação nem indicar outros bens penhoráveis;

V – quando concedido o parcelamento de que trata o art. 916.

§ 1º Na hipótese do inciso III, o juiz suspenderá a execução pelo prazo de 1 (um) ano, durante o qual se suspenderá a prescrição.

§ 2º Decorrido o prazo máximo de 1 (um) ano sem que seja localizado o executado ou que sejam encontrados bens penhoráveis, o juiz ordenará o arquivamento dos autos.

§ 3º Os autos serão desarquivados para prosseguimento da execução se a qualquer tempo forem encontrados bens penhoráveis.

§ 4º Decorrido o prazo de que trata o § 1º sem manifestação do exequente, começa a correr o prazo de prescrição intercorrente.

§ 5º O juiz, depois de ouvidas as partes, no prazo de 15 (quinze) dias, poderá, de ofício, reconhecer a prescrição de que trata o § 4º e extinguir o processo."

Pelo referido dispositivo legal, a prescrição intercorrente poderá ser reconhecida, inclusive de ofício, pelo Juiz de Direito, quando o executado não possuir bens penhoráveis, ocasião em que o processo ficará suspenso por um ano. Decorrido o referido prazo sem manifestação do exequente, começará a correr o prazo de prescrição intercorrente.

Os Tribunais Trabalhistas, certamente, terão que enfrentar essa novidade do Código de Processo Civil, considerando-se a aplicação supletiva e subsidiária do CPC ao processo trabalhista (arts. 769, da CLT e 15 do CPC). Pode-se sustentar a compatibilidade do referido art. 921 do CPC ao processo do trabalho, considerando-se a omissão da CLT, e que o art. 884, § 1º, prevê a possibilidade do reconhecimento da prescrição intercorrente, mas não diz em quais situações. Além disso, pode-se argumentar que a Súmula n. 114 do C. TST é muito antiga e não mais reflete o estágio atual do processo trabalhista, não podendo a execução ficar sobrestada por tempo indeterminado até se aguardar uma futura existência de patrimônio do devedor no processo trabalhista.

De nossa parte, mesmo diante do referido art. 921, do CPC que, praticamente, repete o art. 40 da Lei n. 6.830/90, continuamos a pensar que a prescrição intercorrente somente pode ser reconhecida no processo trabalhista na hipótese em que o ato a ser praticado dependa exclusivamente o exeqüente, e não possa ser suprido de ofício pelo juiz.

O Tribunal Superior do Trabalho, por meio da Instrução Normativa n. 39/16, em seu art. 2º, inciso VIII pronunciou-se pela inaplicabilidade da prescrição intercorrente prevista no ar. 921 do CPC, por incompatibilidade com o processo trabalhista.

5. Do momento da arguição da prescrição no Processo do Trabalho

A prescrição é matéria de mérito, conforme dispõe o art. 487, IV, do CPC. Partindo-se dessa premissa, muitos sustentam que o momento de se invocar a prescrição é na contestação.

Não obstante, o Código Civil dispõe no art. 193: "A prescrição pode ser alegada em qualquer grau de jurisdição, pela parte a quem aproveita."

Conforme *Nelson Nery Junior*(18):

> "A expressão 'em qualquer grau de jurisdição', constante da norma sob comentário, deve ser entendida acrescida da locução 'ordinária', porque não se pode alegar a prescrição, pela primeira vez, em grau de recurso especial nem de recurso extraordinário. A CF 102, III e 105, III exigem, para a admissibilidade do RE e do REsp, que a matéria tenha sido decidida em única ou última instância, razão por que o STF e o STJ, apreciando o RE e o REsp, só podem rejulgá-la e nunca julgá-la. Esta é a razão pela qual se a prescrição não tiver sido efetivamente decidida nas instâncias ordinárias, não poderá ser apreciada em grau de recursos excepcionais."

Nesse sentido, dispõe a Súmula n. 153 do C. TST:

"PRESCRIÇÃO — Não se conhece de prescrição não arguida na instância ordinária."

Mesmo diante do art. 193 do CC, pensamos que a referida Súmula n. 153 permanece inalterável, pois a prescrição somente poderá ser invocada até o segundo grau de jurisdição, ou seja, até o recurso ordinário, ou, no máximo, nas contrarrazões ao recurso ordinário, mas não no recurso de revista (3º grau de jurisdição), pois, para o conhecimento deste recurso de natureza extraordinária, a matéria deve estar prequestionada no segundo grau de jurisdição.

No mesmo sentido, vale transcrever a seguinte ementa oriunda da mais alta Corte Trabalhista do País, *in verbis*:

> "Recurso de revista — Prescrição. A admissibilidade do recurso de natureza extraordinária pressupõe demonstração inequívoca de afronta à literalidade de preceito constitucional, de dispositivo de lei federal, contrariedade a Súmula de jurisprudência do TST ou divergência jurisprudencial válida. Incidência do disposto no art. 896 da Consolidação das Leis do Trabalho. Recurso de revista não conhecido. Auxílio-alimentação. As cláusulas regulamentares, que revoguem ou alterem vantagens deferidas anteriormente, só atingirão os trabalhadores admitidos após a revogação ou alteração do regulamento (item I da Súmula n. 51). "A determinação de supressão do pagamento de auxílio-alimentação aos aposentados e pensionistas da Caixa Econômica Federal, oriunda do Ministério da Fazenda, não atinge aqueles ex-empregados que já percebiam o benefício" (Orientação Jurisprudencial Transitória n. 51 da SBDI-1 do TST). Recurso de revista não conhecido. Honorários advocatícios. I – Na Justiça do Trabalho, a condenação ao pagamento de honorários advocatícios, nunca superiores a 15% (quinze por cento), não decorre pura e simplesmente da sucumbência, devendo a parte estar assistida por sindicato da categoria profissional e comprovar a percepção de salário inferior ao dobro do salário mínimo ou encontrar-se em situação econômica que não lhe permita demandar sem prejuízo do próprio sustento ou da respectiva família. II – É incabível a condenação ao pagamento de honorários advocatícios em ação rescisória no processo trabalhista, salvo se preenchidos os requisitos da Lei n. 5.584/70 (Súmula n. 219 do

(18) *Código Civil comentado*. 3. ed. São Paulo: RT, 2005. p. 288.

TST). Mesmo após a promulgação da CF/1988, permanece válido o entendimento consubstanciado na Súmula n. 219 do Tribunal Superior do Trabalho. (Súmula n. 329 do TST. Recurso de revista conhecido e provido." (TST – 2ª T. – RR n. 2195/2001.011.07.00-7 – rel. Min. Renato de Lacerda Paiva – DJ 5.10.07 – p. 1.323) (RDT n. 11 – nov. 2007)

6. Reconhecimento da prescrição de ofício no Direito Processual do Trabalho

Diante do § 5º do art. 219 do CPC/73(19), que revogou o art. 194 do CC(20), a prescrição pode ser conhecida de ofício pelo Juiz de Direito. Desse modo, independentemente de requerimento do réu, a prescrição pode ser reconhecida pelo juiz em qualquer grau de jurisdição.

Inegavelmente, à luz do CPC/73, com o conhecimento de ofício pelo juiz da prescrição, esta ganhou contornos de matéria de ordem pública e interesse social, de modo que a prescrição deixa de ser um instituto renunciável, para adquirir contornos de irrenunciabilidade, destacando o caráter publicista do processo.

Nota-se que o legislador, motivado pelos novos rumos da celeridade e efetividade processual, priorizou a segurança e estabilidade das relações jurídicas, bem como a tranquilidade do devedor, em detrimento do titular da pretensão.

Como destaca *Luciano Athayde Chaves*(21), "o atual desenho da prescrição no plano processual, como matéria afeta à defesa indireta contra o mérito da causa, apresenta-se como mais uma demonstração da tendência publicista que se incorpora à atuação jurisdicional, atribuindo ao juiz um papel mais ativo na composição dos conflitos."

Pode-se questionar o acerto do legislador em alterar a natureza jurídica da prescrição para matéria de ordem pública, pois a prescrição é um instituto que beneficia o réu, pode ser renunciada, ainda que tacitamente; é matéria de mérito (art. 487, IV, do CPC) e, portanto, deve ser invocada em defesa; pode, ainda, em determinadas hipóteses legais, sofrer suspensão e interrupção. Além disso, pode-se até invocar o fato de quebra da imparcialidade do juiz ao pronunciar de ofício a prescrição, aniquilando a pretensão do autor e por via reflexa o próprio mérito.

Mesmo sendo aplicável de ofício a prescrição pelo Juiz de Direito, acreditamos que ele deva tomar algumas cautelas ao adotar tal providência. Acredito que deva propiciar o contraditório e observar as hipóteses de interrupção e suspensão da prescrição, bem como, se o direito for patrimonial disponível, tentar a conciliação, uma vez que a finalidade do processo, diante do seu caráter publicista de ser um

(19) Art. 219, § 5º, do CPC/73: "O juiz pronunciará de ofício a prescrição."

(20) Art. 194 do CC/2002: "O juiz não pode suprir, de ofício, a alegação da prescrição, salvo se favorecer absolutamente incapaz."

(21) CHAVES, Luciano Athayde. *A recente reforma no processo comum. Reflexos no direito judiciário do trabalho.* São Paulo: LTr, 2006. p. 136.

instrumento de pacificação social, sempre que possível, deve o juiz tentar a conciliação, objetivando a pacificação do conflito, ao invés de aplicar, de forma incisiva, a legislação processual.

Nesse sentido, aliás, dispõem o art. 487, II, e parágrafo único do CPC atual, *in verbis*:

> "Haverá resolução de mérito quando o juiz: (...) II – decidir, de ofício ou a requerimento, sobre a ocorrência de decadência ou prescrição (...) Parágrafo único. Ressalvada a hipótese do § 1º do art. 332, a prescrição e a decadência não serão reconhecidas sem que antes seja dada às partes oportunidade de manifestar-se."

Estabalece o art. 332, § 1º do CPC:

> "Nas causas que dispensem a fase instrutória, o juiz, independentemente da citação do réu, julgará liminarmente improcedente o pedido que contrariar: (...) § 1º O juiz também poderá julgar liminarmente improcedente o pedido se verificar, desde logo, a ocorrência de decadência ou de prescrição."

Conforme o referido dispositivo, o Juiz não está obrigado a pronunciar, de ofício a prescrição, sendo uma faculdade fazê-lo. Esse entendimento se fortifica em razão da regra do § 5º do art. 219 do CPC/73 não ter sido consagrada no CPC atual. Entretanto, o Juiz, no processo civil, tem a prerrogativa de conhecer da prescrição de ofício, ainda que não tenha sido invocada pelo réu, desde que propicie o contraditório prévio às partes (arts. 332 e 487 do CPC).

Com a mudança do CPC, o Juiz do Trabalho poderá reconhecer, de ofício, a prescrição?

Em trabalho anterior, à luz do CPC/73, com suporte nas primeiras manifestações da doutrina e das primeiras reflexões a respeito, sustentamos a possibilidade de o Juiz do Trabalho pronunciar de ofício a prescrição, pelos seguintes argumentos[(22)]:

a) no Processo do Trabalho, não se aplica o princípio da irrenunciabilidade de direitos;

b) a prescrição ganhou contornos de matéria de ordem pública e interesse social;

c) a CLT é omissa a respeito do momento em que se deve pronunciar a prescrição e quem pode invocá-la, restando aplicáveis as regras do CC (art. 8º da CLT e art. 769 da CLT);

d) embora a prescrição tenha natureza jurídica de mérito e pertença ao Direito Materia!, é a lei processual que deverá dizer o momento de sua alegação em juízo;

e) se, em razão da natureza irrenunciável do crédito trabalhista, não se puder invocar a prescrição de ofício, também não poderemos aplicar a decadência,

(22) SCHIAVI, Mauro. *A revelia no direito processual do trabalho:* legalidade, justiça e poderes do juiz na busca da verdade. São Paulo: LTr, 2006. p. 94.

diante das similitudes entre os dois institutos[23], já que a prescrição fulmina a pretensão e a decadência, o próprio direito;

f) há compatibilidade da norma processual civil com o Processo do Trabalho, pois a CLT é omissa e não há violação dos princípios que regem o Direito Processual do Trabalho, restando aplicável o art. 769 da CLT[24].

Acolhendo a possibilidade de declaração de ofício da prescrição, destacamos a seguinte ementa:

> "Prescrição intercorrente. Possibilidade de decretação de ofício. Nova redação do § 5º do art. 219 do CPC. Nos termos do art. 219, § 5º do CPC, com a nova redação dada pela Lei n. 11.280, de 16.2.06, o juiz pronunciará de ofício a prescrição. Essa nova disposição legal, somada ao fato de que é aplicável a prescrição intercorrente ao processo do trabalho, na fase de execução, impõe manter a r. sentença que determinou a extinção da execução pela ocorrência da prescrição." (TRT – 18ª R. – AP 01234-2005-007-18-00-3 – rel. Juiz Gentil Pio de Oliveira. DJGO 23.6.06 – p. 56)

Após muita reflexão a respeito, e estudos mais aprofundados sobre o tema, estamos convencidos de que o Juiz do Trabalho não deve pronunciar de ofício a prescrição.

Com efeito, primeiramente, destaca-se que a prescrição tem natureza híbrida, pois se entrelaçam tanto o direito material como o processual do trabalho. Embora, hoje, o conceito de prescrição esteja vinculado à extinção de uma pretensão, tal efeito provoca a inexigibilidade do direito, acarretando a extinção do processo com resolução de mérito.

Em tendo o instituto contornos de Direito Material, a interpretação da prescrição no Direito Material do Trabalho não pode estar divorciada dos princípios do Direito Material do Trabalho, dos quais se destacam os da proteção tutelar e irrenunciabilidade de direitos.

Ensina *Américo Plá Rodriguez*[25] que o fundamento do princípio protetor "está ligado à própria razão de ser do Direito do Trabalho. Historicamente, o Direito do Trabalho surgiu como consequência de que a liberdade de contrato entre pessoas

---

(23) Como adverte com propriedade Manoel Antonio Teixeira Filho referindo-se à atual redação do § 5º, do art. 219, do CPC, "o texto legal em exame é de grande importância prática para o réu, por evitar que ele seja prejudicado pelo fato de não alegar a prescrição (extintiva). A norma incidirá no processo do trabalho, pelo mesmo motivo que o art. 219, § 5º, do CPC, em sua redação anterior, era pacificamente aplicado ao processo do trabalho. Não haverá antagonismo com o art. 7º, inciso XXIX, da Constituição Federal (As novas leis alterantes do processo civil e sua repercussão no processo do trabalho. *In: Revista LTr* 70-03/298).

(24) No sentido da aplicabilidade do instituto do reconhecimento da prescrição de ofício ao Processo do Trabalho, encontramos os recentes estudos de Sebastião Geraldo de Oliveira (Prescrição nas ações indenizatórias decorrentes de acidente de trabalho ou doença ocupacional. *In: Revista LTr* 70-05/523); José Augusto Rodrigues Pinto (Reconhecimento *ex officio* da prescrição e processo do trabalho. *In: Revista LTr* 70-04/391); Francisco Antonio de Oliveira (Prescrição com nova cara. *In: Revista LTr* 70-05/519).

(25) RODRIGUEZ, Américo Plá. *Princípios de direito do trabalho.* 3. ed. São Paulo: LTr, 2000. p. 85.

com poder e capacidade econômica desiguais conduzia a diferentes formas de exploração. Inclusive as mais abusivas e iníquas. O legislador não pôde mais manter a ficção de igualdade existente entre as partes do contrato de trabalho e inclinou-se para uma compensação dessa desigualdade econômica desfavorável ao trabalhador com uma proteção jurídica a ele favorável. O Direito do Trabalho responde fundamentalmente ao propósito de nivelar desigualdades. Como dizia Couture: 'o procedimento lógico de corrigir desigualdades é o de criar outras desigualdades'."

Quanto à irrenunciabilidade de direitos, este princípio impede que o trabalhador abandone um direito, de forma definitiva, que já está incorporado ao seu patrimônio jurídico.

Deve ser destacado que o Processo do Trabalho e o judiciário trabalhista têm por finalidade e função institucional dar efetividade aos direitos trabalhistas e garantir a dignidade da pessoa humana do trabalhador, bem como facilitar o acesso do trabalhador à Justiça do Trabalho. Estes fatores, que são a razão da existência da Justiça do Trabalho, impedem que a prescrição seja pronunciada de ofício pelo Juiz do Trabalho.

Por outro lado, embora o Direito do Trabalho e o Processo do Trabalho sempre se tenham valido tanto do Código Civil (art. 8º da CLT), como do Código de Processo Civil (art. 769 da CLT) para disciplinar as hipóteses de interrupção, suspensão e até o momento da alegação da prescrição pelo demandado, esse argumento não autoriza que o CPC seja automaticamente aplicável ao Processo do Trabalho, pois, embora a CLT, aparentemente, não discipline tais questões, há necessidade de uma filtragem prévia pelo juiz acerca da compatibilidade de tal instituto com os princípios que regem o Direito Processual do Trabalho e o Direito Material do Trabalho.

Além disso, o reconhecimento da prescrição, de ofício, pelo Juiz do Trabalho, não propicia a melhoria da condição social do trabalhador(26), prevista no *caput* do art. 7º da CF(27). Vale lembrar que a prescrição é um direito social da classe trabalhadora previsto no inciso XXIX do art. 7º da CF. Parece haver uma antinomia entre o *caput* do art. 7º da CF e seu inciso XXIX, pois a prescrição extingue direito, e se extingue, como se trata de um direito? Considerando-se os princípios da interpretação constitucional da máxima efetividade e da unidade da Constituição, o fato de a prescrição constar no rol dos direitos sociais do trabalhador significa dizer

(26) Como destaca Jorge Luiz Souto Maior: "A prescrição, dizem, é um mal necessário. No que diz respeito ao direito do trabalho é apenas um mal. Não há necessidade nenhuma para a sociedade em geral, que direitos trabalhistas percam efetividade pela regra da prescrição" (Reflexos das alterações do Código de Processo Civil no processo do trabalho. *In: Revista LTr* 70-08/928). No mesmo sentido, sustentando a aplicabilidade do princípio protetor, *vide* José Antonio R. Oliveira Silva. *In: Revista LTr* 70-12/484.

(27) Conforme a definição clássica de Octavio Bueno Magano, o direito do trabalho "conceitua-se como o conjunto de princípios, normas e instituições, que se aplicam à relação de trabalho, tendo em vista a proteção do trabalhador e a melhoria de sua condição social." Ensina Magano que "a referência à melhoria da condição social do trabalhador indica o fundamento do direito do trabalho, o fim para o qual convergem suas normas e instituições" (*Abc do direito do trabalho.* São Paulo: RT, 1998. p. 10-11).

que esse prazo não pode ser reduzido por lei ordinária e até mesmo por Emenda Constitucional, pois se trata de uma garantia fundamental do trabalhador.

No nosso sentir, além dos argumentos principiológicos acima mencionados, há um dispositivo previsto na CLT que pode impedir o alento subsidiário do CPC. Trata-se do § 1º do art. 884, que tem a seguinte redação: "A matéria de defesa será restrita às alegações de cumprimento da decisão ou do acordo, quitação ou prescrição da dívida." Embora o referido dispositivo trate dos embargos à execução e à fase de execução, pode ser transportado para a fase de conhecimento por meio da interpretação analógica, e se afirmar que, no Processo do Trabalho, por força do citado dispositivo consolidado, a prescrição depende de iniciativa do demandado, não havendo lacuna na legislação, o que impediria a aplicação do CPC.

Por derradeiro, ao aplicar a lei, o juiz deve atender aos fins sociais a que ela se destina e às exigências do bem comum (art. 5º da LINDB). Ainda que se possa sustentar que há compatibilidade entre o CPC e o Direito Processual do Trabalho, acreditamos que o Juiz do Trabalho possa deixar de aplicá-lo, por ser socialmente inadequado e injusto, considerando-se os princípios do Direito Material e Processual do Trabalho. Como destaca *Vicente Ráo*[28], sem dúvida, casos ocorrem nos quais o juiz pode encontrar-se diante de lei manifestamente injusta, a qual não corresponde às condições sociais do momento e cuja aplicação rígida poderá causar dano à ordem pública ou social. Nessa hipótese, melhor será considerar a lei inadaptável ao caso concreto, por dissonância com os elementos de fato, e socorrer-se, para a solução do conflito, das demais fontes do direito.

No mesmo sentido, pronuncia-se o jurista *Mauricio Godinho Delgado*[29]:

> "O novo dispositivo não tem qualquer compatibilidade com o estuário normativo do Direito do Trabalho — e mesmo Direito Processual do Trabalho — a par de agredir a própria Constituição, que no *caput* de seu art. 7º (onde se inclui a prescrição: inciso XXIX) repele norma menos favorável ('... direitos dos trabalhadores urbanos e rurais, além de outros que visem à melhoria de sua condição social') [...] A pronúncia oficial da prescrição pelo juiz, principalmente em situações que não envolvam o patrimônio público, subverte toda a estrutura normativa do Direito Material e Processual do Trabalho, não só seus princípios como também a lógica que cimenta suas regras jurídicas. Tão grave quanto tudo isso — se tal não fosse suficiente — atinge postura diretora do Magistrado no processo trabalhista, em contraposto às próprias razões de existência do Direito do Trabalho e Direito Processual do Trabalho."

(28) RÁO, Vicente. *O direito e a vida dos direitos.* v. 1, 3. ed. São Paulo: RT, 1991. p. 68.

(29) DELGADO, Mauricio Godinho. A prescrição na Justiça do Trabalho: Novos desafios. *In: Revista do Tribunal Superior do Trabalho.* Porto Alegre: Magister, 2008. p. 52-53.

Pela impossibilidade da decretação de ofício da prescrição no Processo do Trabalho, destacamos as seguintes ementas:

> "PRESCRIÇÃO. PRONÚNCIA DE OFÍCIO. INAPLICABILIDADE, NO PROCESSO DO TRABALHO. A proteção ao hipossuficiente — princípio basilar do Direito do Trabalho — tem por escopo atenuar, na esfera jurídica, a desigualdade socioeconômica e de poder existente, no plano fático da relação de emprego. Diante disso, pode-se afirmar que a norma do § 5º do art. 219 do CPC é incompatível com tal princípio protetivo, visto que a pronúncia da prescrição, de ofício, pelo Juiz do Trabalho, beneficiará, apenas, um dos sujeitos da relação empregatícia — no caso, o empregador inadimplente. Conclui-se, portanto, pela inaplicabilidade, no processo trabalhista, da nova regra do processo comum, em face de sua incompatibilidade com os princípios que informam o Direito do Trabalho — sob pena de comprometer-se a própria essência da função teleológica desse ramo jurídico especializado." (TRT – 3ª R. – 1ª T. – RO 0081-2006-029-03-00-7 – rel. Manuel Cândido Rodrigues – DJMG 18.10.06 – p. 5)

> "PRESCRIÇÃO. DECLARAÇÃO DE OFÍCIO. NÃO APLICÁVEL AO PROCESSO DO TRABALHO O DISPOSTO NO § 5º DO ART. 219 DO CPC. Inaplicável ao Processo do Trabalho a declaração "*ex officio*" da prescrição conforme disposto no § 5º do art. 219 do CPC. A aplicação das regras do Código de Processo Civil alusivas à declaração de ofício da prescrição está fora do alcance da supletividade prevista no art. 769, da CLT, posto que tal procedimento afronta os princípios do Direito do Trabalho. Isto ocorre porque a declaração de ofício da prescrição tem como finalidade a proteção do devedor, que, na hipótese, é o ex-empregador. Assim sendo, não tem aplicação nesta Justiça Especializada, que tem como objetivo principal a proteção dos direitos do trabalhador e de suas verbas de caráter alimentar. Nota-se que as normas de direito comum somente serão aplicadas nesta Justiça Especializada, quando não conflitarem ou não forem incompatíveis com os princípios fundamentais do Direito do Trabalho. 2 – AGRAVO DE PETIÇÃO. PRESCRIÇÃO INTERCORRENTE. EXECUÇÃO TRABALHISTA. INAPLICÁVEL. A prescrição da execução é inaplicável na Justiça do Trabalho, no que diz respeito a créditos trabalhistas (Entendimento consubstanciado na Súmula n. 114 do TST)." (TRT/SP – Processo TRT/SP n. 02770001620025020431. AGRAVO DE PETIÇÃO EM RITO SUMARÍSSIMO. Rel. Desembargador Marcelo Freire Gonçalves. DOE/SP 21.9.2012)

No mesmo sentido, decidiu, recentemente, a mais alta Corte Trabalhista Brasileira, cujas ementas seguem abaixo:

> "RECURSO DE REVISTA. PRESCRIÇÃO. ART. 219, § 5º, DO CPC. INCOMPATIBILIDADE COM O PROCESSO DO TRABALHO. DESPROVIMENTO. A prescrição é a perda da pretensão pela inércia do titular no prazo que a lei considera ideal para o exercício do direito de ação. Não se mostra compatível com o processo do trabalho a nova regra processual inserida no art. 219, § 5º, do CPC, que determina a aplicação da prescrição, de ofício, em face da natureza alimentar dos créditos trabalhistas. Ao contrário da decadência, onde a ordem pública está a antever a estabilidade das relações jurídicas no lapso temporal, a prescrição tem a mesma finalidade de estabilidade apenas que entre as partes. Deste modo, necessário que a prescrição seja arguida pela parte a quem a aproveita. Recurso de revista conhecido e desprovido." (TST – RR – 404/2006-028-03-00 – 6ª T. – rel. Ministro Aloysio Corrêa da Veiga – DJ 28.3.2008)

"DECRETAÇÃO DE OFÍCIO — RECURSO DE REVISTA. 1. PRESCRIÇÃO. DECRETAÇÃO DE OFÍCIO. INAPLICABILIDADE DO ART. 219, § 5º, DO CPC NO PROCESSO DO TRABALHO. 1.1. A estrutura normativa do Direito do Trabalho parte do pressuposto da diferenciação social, econômica e política entre os partícipes da relação de emprego, empregados e empregadores, o que faz emergir direito protetivo, orientado por normas e princípios que trazem o escopo de reequilibrar, juridicamente, a relação desigual verificada no campo fático. Esta constatação medra já nos esboços do que viria a ser o Direito do Trabalho e deu gestação aos princípios que orientam o ramo jurídico. O soerguer de desigualdade favorável ao trabalhador compõe a essência do princípio protetivo, vetor inspirador de todo o seu complexo de regras, princípios e institutos. 1.2. O art. 7º, inciso XXIX, da Constituição Federal, para muito além de fixar prazos prescricionais, assegura direito de ação. 1.3. Ainda que se a possa vincular à garantia de duração razoável do processo (Constituição Federal, art. 5º, LXXVIII), a autorização para incidência do art. 219, § 5º, do CPC, no Processo do Trabalho, representaria corte de maior outorga constitucional, fazendo-se, pela via ordinária, apara de texto hierarquicamente superior. 1.4. O objetivo de pacificação social, atribuído à Justiça do Trabalho, *pari passu* ao caráter eminentemente tuitivo das regras que orientam o Direito Material correlato, rejeitam a compatibilidade do quanto disposto no art. 219, § 5º, do CPC com o Processo do Trabalho. Precedentes. Recurso de revista conhecido e provido. 2. CAIXA ECONÔMICA FEDERAL — AUXÍLIO-ALIMENTAÇÃO — SUPRESSÃO. A determinação de supressão do pagamento de auxílio-alimentação aos aposentados e pensionistas da Caixa Econômica Federal, oriunda do Ministério da Fazenda, não atinge aqueles ex-empregados que já percebiam o benefício (OJ n. 51 Transitória da SBDI-1 desta Corte). Recurso de revista conhecido e provido." (TST - RR/487100-18.2007.5.12.0035 - TRT 12ª R. - 3ª T. - rel. Ministro Alberto Luiz Bresciani de Fontan Pereira - DEJT 9.9.2010 - p. 799)

7. Prescrição aplicável para as ações que não envolvem uma parcela trabalhista *stricto sensu* e das ações em curso que vieram para o Judiciário Trabalhista

Partindo-se da premissa de que a prescrição é regida pela competência do órgão julgador, parte considerável da doutrina vem se posicionando no sentido de que a prescrição para as ações que não envolvem uma parcela trabalhista *stricto sensu*, vale dizer, que não decorrem de uma relação de emprego, é a mesma disciplinada no art. 7º, inciso XXIX, da CF, e art. 11 da CLT.

Para se aquilatar qual o prazo prescricional de determinado direito, mister se faz investigar, primeiramente, a natureza da relação jurídica controvertida. Se a relação jurídica for trabalhista, aplica-se a prescrição prevista no Direito do Trabalho (art. 7º, XXIX, da CF, e art. 11 da CLT). Se a natureza for civil, aplicam-se as regras disciplinadas no Código Civil.

Nesse sentido, a lição abalizada de *Pontes de Miranda*[30]:

> "O ramo do direito em que nasce a pretensão é o que lhe marca a prescrição, ou estabelece prazo preclusivo ao direito. Se essa regra jurídica não foi prevista, rege o que o ramo do direito aponta como fundo comum a

(30) MIRANDA, Pontes de. *Op. cit.*, p. 136.

ele e a outros ramos do direito. No plano internacional, o sistema jurídico que é estatuto da pretensão também é da prescrição."

Desse modo, julgando uma controvérsia que não é oriunda de uma relação de emprego, o Juiz do Trabalho deverá aplicar a prescrição referente ao ramo do direito ao qual pertence a pretensão. Se a relação de trabalho tiver natureza jurídica civil (contrato de empreitada ou prestação de serviços), o Juiz do Trabalho aplicará a prescrição prevista no Código Civil, e se a natureza jurídica da relação de trabalho for de consumo, o Juiz do Trabalho aplicará a prescrição prevista na Lei n. 8.078/90, e assim por diante.

Nesse contexto, é a opinião de *José Hortêncio Ribeiro Júnior*[(31)]:

> "[...] Estando a regra do art. 7º, inciso XXIX, da Constituição Federal voltada às relações de emprego, não seria aplicável às novas relações jurídicas inseridas no espectro da competência da Justiça do Trabalho. Para estas causas, teremos que observar os prazos prescricionais previstos para as relações jurídicas materiais, podendo, portanto, reclamar incidência das regras dos arts. 205 e 206 do Código Civil."

Quanto aos processos em curso nas Justiças Estadual e Federal, a nosso ver, não há como o Juiz do Trabalho aplicar a prescrição trabalhista a tais ações, pois há manifesta injustiça em se pronunciar a prescrição para a parte que propôs a ação na Justiça que era competente e, no curso do processo, ser aplicado outro lapso prescricional em razão da alteração da competência material. Malgrado a EC n. 45/04 tenha efeito imediato e atinja os processos em curso, o próprio STF, no Conflito de Competência 7.204-1/MG, reconheceu a competência da Justiça do Trabalho para apreciação das lides atinentes à indenização por acidente de trabalho somente a partir da vigência da EC n. 45/04.

Como bem adverte *Amauri Mascaro Nascimento*[(32)]: "Quando da propositura da ação o prazo prescricional foi observado e essa fase processual já está consumada, de modo que aplicar a prescrição da Justiça do Trabalho implicaria retroatividade da lei para alcançar ato jurídico perfeito e acabado na vigência da lei antiga. Essa razão leva-nos a concluir que a Justiça do Trabalho não deve acolher pedido de prescrição se esta foi observada à época do ajuizamento da ação perante a Justiça Comum com a observância dos prazos vigentes"[(33)].

---

(31) RIBEIRO JÚNIOR, José Hortêncio. Competência laboral — aspectos processuais. *In:* COUTINHO, Grijalbo Fernandes; FAVA, Marcos Neves (Coord.). *Nova competência da Justiça do Trabalho.* São Paulo: LTr, 2005. p. 247-284.

(32) NASCIMENTO, Amauri Mascaro. *Curso de direito processual do trabalho.* 22. ed. São Paulo: Saraiva, 2007. p. 208.

(33) Nesse sentido, destacamos a seguinte ementa: "EMENTA: PRESCRIÇÃO. ACIDENTE DO TRABALHO. EC N. 45/2004. PROCESSOS EM ANDAMENTO. Nas indenizações por acidente do trabalho, o prazo prescricional previsto no art. 7º, inciso XXIX, da Constituição da República deve ser adotado para as ações ajuizadas após a Emenda Constitucional n. 45, aplicando-se o prazo do Direito Civil para as ações propostas antes da vigência da citada Emenda. É certo que a indenização por acidente do trabalho é um crédito resultante

8. Da prescrição do dano moral decorrente da relação de trabalho

Partindo-se da premissa de que a prescrição é regida pela competência do órgão julgador, parte considerável da doutrina vem se posicionando no sentido de que a prescrição do dano moral oriundo da relação de trabalho é a mesma prevista para os demais direitos trabalhistas, ou seja, a disciplinada no art. 7º, inciso XXIX, da CF, e art. 11 da CLT.

Sob esse prisma, sustenta *Rodolfo Pamplona Filho*(34):

> "Se a competência fosse da Justiça comum, a prescrição aplicável seria a vintenária, prevista no art. 177, do vigente Código Civil Brasileiro. Contudo, reconhecida a competência da Justiça do Trabalho para apreciar e julgar tal pedido, a prescrição aplicável a este crédito deve ser a ordinária trabalhista, atualmente prevista no art. 7º, XXIX, da Constituição Federal de 1988 [...]."

Há ainda entendimentos no sentido de que o dano moral oriundo da relação de trabalho tem índole de verba trabalhista e, desse modo, deve-se aplicar a prescrição do inciso XXIX, do art. 7º, da CF. Ilustrando o entendimento *supra*, colhem-se as seguintes ementas:

> "A indenização do dano moral, na Justiça do Trabalho, é considerada crédito trabalhista por ser decorrente da violação de um direito imaterial do trabalhador, durante uma relação de emprego ou de trabalho. Sendo crédito trabalhista, esta indenização fica sujeita à prescrição bienal prevista no art. 7º, inciso XXIX, da Carta Política de 1988." (TRT 9ª R. – RO 15.384/97 – Ac. 2ª T. – 013741/98 – rel. Juiz Eduardo Gunther(35))

---

da relação de emprego, ainda que atípico, porquanto proveniente de um ilícito trabalhista a teor do disposto no art. 7º, inciso XXVIII, da Constituição da República, que estabelece que: 'São direitos dos trabalhadores urbanos e rurais, além de outros que visem à melhoria de sua condição social: [...] XXVIII – seguro contra acidentes de trabalho, a cargo do empregador, sem excluir a indenização a que este está obrigado, quando incorrer em dolo ou culpa'. Todavia, em face da nova redação dada ao art. 114 da Constituição da República, o Supremo Tribunal Federal, no julgamento do Conflito de Competência n. 7.204-1/MG, estabeleceu a vigência da citada emenda constitucional como marco temporal para a competência trabalhista. Assim, deve-se ater para o fato de que, anteriormente, a natureza jurídica do direito à indenização por danos decorrentes de acidente do trabalho era controvertida, pois os tribunais superiores divergiam acerca do seu caráter cível ou trabalhista, predominando o entendimento no primeiro sentido. Por conseguinte, considerando que a prescrição fulmina a pretensão de mérito, a sua aplicação ao caso concreto deve ser realizada com cautela, em respeito ao valor maior da segurança jurídica, especialmente para os processos em andamento no advento da Emenda n. 45, sob pena de surpreender a parte com a extinção automática do seu direito. Isso porque, antes da mudança de competência, era razoável entender, com amparo nas decisões da Suprema Corte, que a prescrição aplicável era a cível. Em síntese, deve-se adotar o prazo prescricional previsto no Código Civil para as ações propostas antes da entrada em vigor da EC n. 45/2004 e o prazo previsto no art. 7º, inciso XXIX, da Constituição Federal, para as ações ajuizadas após a vigência da citada Emenda Constitucional" (TRT 3ª R. – Processo 00894-2005-102-03-00-5 – RO – 29.3.2006 – DJMG 9.4.06 – 2ª T. – Juiz relator Sebastião Geraldo de Oliveira – Juiz Revisor Ademar Pereira Amaral).

(34) PAMPLONA FILHO, Rodolfo. *O dano moral na relação de emprego.* 2. ed. São Paulo: LTr, 1999. p. 128. No mesmo sentido: FLORINDO, Valdir. *Dano moral e o direito do trabalho.* 4. ed. São Paulo: LTr, 2002. p. 331.

(35) *In: Revista LTr* n. 62-09/1.282/1.283.

> "DANO MORAL. PRESCRIÇÃO. O legislador estabeleceu, no art. 7º, inciso XXIX, da Constituição Federal, um único prazo prescricional para todos os títulos decorrentes da relação de trabalho, o que inclui a indenização por dano moral, mesmo que seu pedido esteja fundamentado no Direito Civil. O dano alegado pelo autor teria ocorrido em razão do contrato de trabalho e no âmbito deste. Por isso, ele deve se adequar às normas aplicáveis a esta relação. E, neste sentido, o constituinte limitou o prazo prescricional a dois anos após o término da relação de emprego. Logo, a demanda que deixou de observar o prazo bienal encontra-se fulminada pela prescrição total. Recurso a que se nega provimento." (Proc. RO n. 01093. 2004.065.02.00-6 – Ac. 20060205002 – 2ª R. – SP – Antônio José Teixeira de Carvalho – Juiz relator. – DJ/SP de 11.4.2006) (DT – Julho/2006 – vol. 144, p. 131)

Data venia o posicionamento acima mencionado, para se aquilatar qual o prazo prescricional para determinado direito, mister se faz investigar, primeiramente, a natureza da relação jurídica controvertida. Se a relação jurídica for trabalhista, aplicar-se-á a prescrição prevista no Direito do Trabalho (art. 7º, XXIX, da CF, e art. 11 da CLT). Se a natureza foi civil, aplicar-se-ão as regras disciplinadas no Código Civil.

Quando o dano moral decorre da relação de trabalho, a competência, como vimos, é da Justiça do Trabalho, entretanto, o Juiz do Trabalho deve aplicar a prescrição disciplinada no Código Civil, pois a natureza da relação jurídica é de direito constitucional (art. 5º, V e X, da CF) e civil (art. 11 e ss. do CC e 186 do CC), pois o dano moral não é um crédito trabalhista.

O próprio Supremo Tribunal Federal, ao atribuir competência a esta Justiça Especializada para a apreciação do dano moral, consignou que a controvérsia deve ser dirimida à luz do Direito Civil, consoante voto da lavra do Ministro Sepúlveda Pertence, que segue: "Justiça do Trabalho. Competência. Ação de reparação de danos decorrentes da imputação caluniosa irrogada ao trabalhador pelo empregador a pretexto de justa causa para a despedida e, assim, decorrente da relação de trabalho, não importando deva a controvérsia ser dirimida à luz do Direito Civil."(36) (RE n. 238.737-SP – julg. 17.11.98)

Ora, se a matéria tem índole constitucional-civil e será dirimida à luz do Direito Constitucional e Direito Civil, a prescrição deverá ser a deste último diploma legal.

O dano moral nem sequer é indenizável, mas sim compensável, porquanto a dor, o sofrimento, a imagem, etc. não são suscetíveis de valoração econômica. Conclui-se, pois, que o dano moral não é um crédito trabalhista, mas sim uma compensação pelo sofrimento, que tem índole de Direito Civil.

A competência da Justiça do Trabalho justifica-se por estar mais bem aparelhada para apreciação do dano moral, oriundo das relações de trabalho, em face das peculiaridades do trabalho subordinado, entretanto, isso não quer dizer que o dano moral deva ser encarado como verba trabalhista. Desse modo, deve-se aplicar a prescrição do Código Civil. Entendimento diverso levaria à antinomia de haver dois prazos prescricionais, sobre a mesma matéria, quais sejam: 2 anos após a extinção do contrato e cinco anos durante o contrato de trabalho, se se entender que a

(36) RE n. 238.737-SP, julg. 17.11.98.

competência é da Justiça do Trabalho, e 10 anos (pois o dano moral se encaixa no conceito de dano pessoal, sendo, portanto, um direito pessoal, restando aplicável a regra geral do art. 205 do CC), se se entender que a controvérsia é da competência da Justiça Comum.

Nesse sentido, também se posiciona *Raimundo Simão de Melo*(37):

> "... Com o devido respeito àqueles que pensam de forma contrária, o entendimento mais adequado e consentâneo para o caso é de que a prescrição do dano moral praticado pelo empregado ou empregador em decorrência da relação de emprego é vintenária. Dessa maneira, o prazo para acionar o autor do dano moral é de vinte anos, seja perante a Justiça comum, seja perante a Justiça do Trabalho, porque: a) a importância da reparação do dano moral, que não tem natureza trabalhista, interessa não somente ao ofendido, mas a toda a sociedade, como reconhece a melhor doutrina; b) prazo prescricional do direito de ação não se afirma pela competência do órgão julgador, mas em razão da natureza da matéria discutida; c) a Constituição Federal, quando fala em créditos resultantes da relação de trabalho, está a se referir aos créditos trabalhistas *stricto sensu*; d) a indenização do dano moral constitui crédito de natureza pessoal; e) um dos mais importantes princípios que informam o Direito do Trabalho é o da norma favorável ao trabalhador, que ainda deve continuar norteando o intérprete moderno; a subordinação, como marca deste ramo do Direito, nunca vai desaparecer, apenas pode diminuir conforme a atividade desempenhada pelo trabalhador; f) finalmente, embora adaptados a uma nova realidade, é preciso superar preconceitos e resgatar os princípios informadores do Direito do Trabalho, na busca da dignificação da pessoa humana."

Nesse sentido, cumpre destacar as seguintes ementas:

"DANO MORAL — PRESCRIÇÃO VINTENÁRIA — JUSTIÇA DO TRABALHO. O prazo prescricional aplicável à reparação dos danos morais é de 20 anos (art. 177 do Código Civil), mesmo quando ajuizada a ação na Justiça do Trabalho. A definição dos prazos prescricionais decorre da natureza do direito material controvertido, pouco importando a competência do órgão que irá julgar a ação." (TRT – 13ª R. – RO n. 00095/2001 – relator Juiz Edvaldo de Andrade – j. 3.4.2001)(38)

"DANO MORAL — 1. Em sendo o dano moral resultante da relação de emprego, é competente a Justiça do Trabalho para apreciar o pedido formulado. Embora a competência seja da Justiça Obreira, a prescrição a ser aplicada é a do Código Civil, por não se tratar de verba trabalhista propriamente dita [...]." (TRT – 21ª R. – RO n. 27-00378-96-5 – relª Juíza Ceneide Maria Maia de Oliveira)(39)

---

(37) MELO, Raimundo Simão de. *In: Revista LTr* n. 64-11/1375.

(38) ANDRADE, Edvaldo de. *In: Revista trabalhista direito e processo.* v. 1. Rio de Janeiro: Forense, 2002. p. 272.

(39) DOERN 15.1.99.

"INDENIZAÇÃO POR DANOS MORAIS. PRESCRIÇÃO. Observada a natureza civil do pedido de reparação por danos morais, pode-se concluir que a indenização deferida a tal título, em lide cujo trâmite se deu na Justiça do Trabalho, não constitui crédito trabalhista, mas crédito de natureza civil resultante de ato praticado no curso da relação de trabalho. Assim, ainda que justificada a competência desta Especializada para processar a lide, não resulta daí, automaticamente, a incidência da prescrição trabalhista. A circunstância de o fato gerador do crédito de natureza civil ter ocorrido na vigência do contrato de trabalho, e decorrer da prática de ato calunioso ou desonroso praticado por empregador contra trabalhador, não transmuda a natureza do direito, uma vez que o dano moral se caracteriza pela projeção de um gravame na esfera da honra e da imagem do indivíduo, transcendendo os limites da condição de trabalhador do ofendido. Dessa forma, aplica-se, na hipótese, o prazo prescricional de 20 anos previsto no art. 177 do Código Civil, em observância ao art. 2.028 do novo Código Civil Brasileiro, e não o previsto no ordenamento jurídico-trabalhista, consagrado no art. 7º, XXIX, da Constituição Federal." (TST – E-RR – 8871/2002-900-02-00.4 – SDI-I – rel. Min. Lelio Bentes Corrêa – DJ 5.3.2004)

"PRESCRIÇÃO. DANO MORAL E MATERIAL TRABALHISTA. 1. O prazo de prescrição do direito de ação de reparação por dano moral e material trabalhista é o previsto no Código Civil. 2. À Justiça do Trabalho não se antepõe qualquer obstáculo para que aplique prazos prescricionais diversos dos previstos nas leis trabalhistas, podendo valer-se das normas do Código Civil e da legislação esparsa. 3. De outro lado, embora o dano moral trabalhista encontre matizes específicos no Direito do Trabalho, a indenização propriamente dita resulta de normas de Direito Civil, ostentando, portanto, natureza de crédito não trabalhista. 4. Por fim, a prescrição é um instituto de direito material e, portanto, não há como olvidar a inarredável vinculação entre a sede normativa da pretensão de direito material e as normas que regem o respectivo prazo prescricional. 5. Recurso de revista de que se conhece e a que se dá provimento." (TST-RR-1162/2002-014-03-00.1 – 1ª T. – rel. Min. João Oreste Dalazen – DJ 11.11.05)

Portanto, no nosso sentir, a prescrição do dano moral decorrente da relação de trabalho é a do Código Civil e o prazo é de 10 anos, pelas seguintes conclusões:

a) trata-se de reparação de índole constitucional e civil;

b) a natureza da reparação é referente a um dano pessoal.

9. Prescrição dos danos materiais e morais decorrentes do acidente de trabalho

Há entendimentos no sentido de que a indenização pelos danos morais e materiais oriundos do acidente de trabalho tem índole de verba trabalhista por ser um direito previsto no art. 7º, XXVIII, da CF. Ilustrando o entendimento *supra*, colhe-se a seguinte ementa: "A indenização do dano moral, na Justiça do Trabalho, é considerada crédito trabalhista por ser decorrente da violação de um direito imaterial do trabalhador, durante uma relação de emprego ou de trabalho. Sendo crédito trabalhista, esta indenização fica sujeita à prescrição bienal prevista no art. 7º, inciso XXIX, da Carta Política de 1988." (TRT – 9ª R. – RO 15.384/97 – Ac. 2ª T. – 013741/98 – rel. Juiz Eduardo Gunther[(40)])

(40) *In: Revista LTr* 62-09/1.282/1.283.

No mesmo sentido, destacamos as seguintes ementas:

"Indenização por dano material e moral — Acidente de trabalho — Prescrição aplicável. A prescrição constitucional para o exercício do direito de ação quanto a créditos resultantes das relações de trabalho é de 5 (cinco) anos, até o limite de 2 (dois) anos após a extinção do contrato de trabalho. O pleito de indenização por dano moral e material decorrente de acidente de trabalho refere-se à obrigação, não de natureza pessoal, advinda do ramo civil do direito das obrigações ou dos contratos em geral, mas vinculada ao trabalho, conforme preceituado no inciso XXIX do art. 7º da CF/88. Mesmo que o juízo, adentrando o mérito do pedido, deva examinar, de forma incidental, questões afetas à legislação previdenciária, socorrendo-se, doutro lado, da legislação civil, para avaliação de eventual dano e da responsabilidade civil, como resultado da tutela estatal dos direitos de personalidade, tudo isso, por si só, é incapaz de estabelecer prescrição trabalhista diferenciada, na forma como está positivado o direito instrumental do trabalho." (TRT – 3ª R. – 2ª T. – RO n. 1053/2004.019.03.00-8 – rel. Anemar Pereira Amaral – DJMG 1º.2.06 – p. 9) (RDT 03 – março de 2006)

"Indenização por danos morais — Prazo prescricional. Tratando-se de indenização por danos morais decorrente da relação de emprego havido entre as partes, a prescrição a ser aplicada é a preconizada no art. 7º, inciso XXIX, da Constituição Federal de 1988 e não aquela prevista no Código Civil Brasileiro de 2002. Recurso da reclamante ao qual se nega provimento." (TRT – 15ª R. – 4ª T. – RO n. 424/2003.090.15.00-9 – rel. Manuel Soares F. Carradita – DJSP 19.12.05 – p. 56) (RDT n. 01 – janeiro de 2006)

"Prescrição — Acidente do trabalho — Danos morais e materiais. Sendo a indenização por danos morais e materiais um crédito resultante da relação de trabalho, aplica-se o prazo prescricional previsto no art. 7º, XXIX, da Constituição da República." (TRT – 3ª R. – 4ª T. – RO n. 769/2005.089.03.00-0 – rel. Antônio Álvares da Silva – DJ 1º.4.06 – p. 15) (RDT n. 05 – maio de 2006).

Nesse mesmo diapasão, foram as conclusões de *Eduardo Fornazzari Alencar*(41), ao defender tese sobre o tema, com os seguinte argumentos:

> "A pretensão da reparação de dano moral defluente de acidente do trabalho a que alude o inciso XXVIII do art. 7º, da Constituição, consiste em um direito (crédito — no sentido lato) do trabalhador resultante da relação de trabalho, de modo que a prescrição aplicável é a prevista no inciso XXIX, do mesmo preceito constitucional;
>
> Não há razão para aplicação supletiva ou subsidiária do prazo prescricional estabelecido pelo Código Civil (velho e novo), mormente porque a norma constitucional que prevê a prescrição trabalhista, ao encerrar um único prazo prescricional para as pretensões deduzidas perante a Justiça do Trabalho, não permite a invocação de outros prazos fixados pelo diploma civil;

(41) ALENCAR, Eduardo Fornazzari. *A prescrição do dano moral decorrente de acidente de trabalho.* São Paulo: LTr, 2004. p. 127.

O prazo da prescrição trabalhista (de 5 anos durante o contrato, até 2 anos após a extinção deste) se mostra preferível ao trabalhador, notadamente em relação àquele atualmente previsto pelo Código Civil (3 anos)."(42)

Em que pese os posicionamentos acima mencionados, para se aquilatar qual o prazo prescricional para determinado direito, mister se faz investigar, primeiramente, a natureza da relação jurídica controvertida. Se a relação jurídica for trabalhista, aplicar-se-á a prescrição prevista no Direito do Trabalho (art. 7º, XXIX, da CF, e art. 11 da CLT). Se a natureza for civil, aplicar-se-ão as regras disciplinadas no Código Civil.

Para nós, o dano decorrente do acidente de trabalho, seja moral, patrimonial ou estético, trata-se de um dano de ordem pessoal, cuja natureza é um misto de Direito Constitucional (arts. 1º, III, IV e 5º, V e X, da CF) e Civil (arts. 11 a 21, 186, 927 e ss. do CC). Em que pese estar topograficamente mencionado no art. 7º, XXVIII, da CF, "seguro contra acidentes de trabalho, a cargo do empregador, sem excluir a indenização a que este está obrigado, quando incorrer em dolo ou culpa", de direito trabalhista não se trata, pois o referido inciso visou apenas a não excluir a indenização decorrente de culpa do empregador quando o empregado recebe uma parcela decorrente da Previdência Social. Vale dizer: objetivou o Constituinte assegurar que a indenização decorrente de culpa *lato sensu* do empregador tem natureza distinta da indenização devida pela Previdência Social. Portanto, para nós, a prescrição aplicável é a decenal do art. 205 do CC, por tratar-se de dano pessoal(43), e não os prazos previstos no art. 206, § 3º, V, do CC, tampouco a prescrição trabalhista, prevista nos arts. 7º, XXIX, da CF, e 11 da CLT(44).

Ainda que se possa ventilar a existência de dúvida objetiva sobre a efetiva natureza jurídica da indenização decorrente do acidente de trabalho por culpa *lato sensu* do empregador ser um direito pessoal ou um direito trabalhista, resta aplicável à hipótese o princípio do *in dubio pro operario* e, desse modo, aplica-se à

(42) A esta mesma conclusão chega Sebastião Geraldo de Oliveira (*Indenizações por acidente do trabalho ou doença ocupacional*. São Paulo: LTr, 2005).

(43) "Estamos a falar de direitos humanos fundamentais decorrentes da violação dos direitos da personalidade (integridade física e psíquica, intimidade, vida privada, dor, vergonha, honra e imagem das pessoas) a quem a Constituição Federal, pela primeira vez, assegurou o direito à indenização pelo dano material, moral ou estético pertinente" (MELO, Raimundo Simão de. *Direito ambiental do trabalho e a saúde do trabalhador*. São Paulo: LTr, 2004. p. 462).

(44) Nesse sentido, destacam-se as seguintes ementas: "DANO MORAL — PRESCRIÇÃO VINTENÁRIA — JUSTIÇA DO TRABALHO. O prazo prescricional aplicável à reparação dos danos morais é de 20 anos (art. 177 do Código Civil), mesmo quando ajuizada a ação na Justiça do Trabalho. A definição dos prazos prescricionais decorre da natureza do direito material controvertido, pouco importando a competência do órgão que irá julgar a ação." (TRT – 13ª R. – RO n. 00095/2001 – rel. Juiz Edvaldo de Andrade – j. 3.4.2001). DANO MORAL – 1. Em sendo o dano moral resultante da relação de emprego, é competente a Justiça do Trabalho para apreciar o pedido formulado. Embora a competência seja da Justiça Obreira, a prescrição a ser aplicada é a do Código Civil, por não se tratar de verba trabalhista propriamente dita [...]" (TRT – 21ª R. – RO n. 27-00378-96-5 – relª Juíza Ceneide Maria Maia de Oliveira).

hipótese o lapso prescricional mais benéfico ao trabalhador, que é o prazo de 10 anos previsto no Código Civil.

Na visão de *Raimundo Simão de Melo*(45), "no caso dos acidentes de trabalho, os danos causados são pessoais, com prejuízo à vida, à saúde física e/ou psíquica, à imagem, à intimidade etc. do cidadão trabalhador, porquanto assegura a Constituição Federal, como fundamentos da República Federativa do Brasil e da livre-iniciativa, a dignidade da pessoa humana, os valores sociais do trabalho, o trabalho com qualidade e o respeito ao meio ambiente (arts. 1º e 170), além de assegurar a redução dos riscos inerentes ao trabalho, por meio de normas de saúde, higiene e segurança.

Portanto, se não se trata de direito de natureza trabalhista nem civil, e como não existe qualquer dispositivo legal regulando de outra forma o prazo de prescrição para as pretensões decorrentes, por exclusão aplica-se o prazo geral de 10 anos, como previsto no art. 205 do Código Civil. O Código Civil está sendo aplicado, repita-se, não porque se trata de uma pretensão de reparação civil no sentido estrito, mas porque é a lei civil que socorre nos casos de omissão regulatória sobre a prescrição no Direito brasileiro."

Nesse sentido, dispõe o Enunciado n. 45 da 1ª Jornada de Direito Material e Processual do Trabalho, realizada no TST, *in verbis*:

> "RESPONSABILIDADE CIVIL. ACIDENTE DO TRABALHO. PRESCRIÇÃO. A prescrição da indenização por danos materiais ou morais resultantes de acidente do trabalho é de 10 anos, nos termos do art. 205, ou de 20 anos, observado o art. 2.028 do Código Civil de 2002."

Na mesma trilha, mas sustentando a imprescritibilidade da indenização, a visão de *Jorge Luiz Souto Maior*(46):

> "Quanto à prescrição do dano moral decorrente do acidente do trabalho, importante destacar que o bem jurídico protegido é um direito da personalidade. O direito à personalidade decorre da relação jurídica básica que cada cidadão possui com todos os outros, independentemente da existência de uma relação jurídica específica. A pessoa não perde esse direito quando se integra a uma relação jurídica específica. O empregador é responsável por reparar o dano moral não por ser o empregador, juridicamente qualificado, mas por ser responsável pela reparação, na medida em que o empregado está sob sua subordinação. Não se trata, portanto, de um crédito trabalhista, mas de um bem jurídico a que todos os cidadãos têm direito, inclusive o empregado. A reparação deste bem não é uma reparação civil, pois seu fundamento é constitucional (art. 5º). Basta avaliar as hipóteses mencionadas no § 3º, do art. 206 do CC, para verificar que não se autoriza vincular os danos ali mencionados ao dano decorrente

(45) MELO, Raimundo Simão de. *Direito ambiental do trabalho e a saúde do trabalhador.* São Paulo: LTr, 2004. p. 462.

(46) SOUTO MAIOR, Jorge Luiz. Em defesa da ampliação da competência da Justiça do Trabalho. *In: RDT* 11-08. Brasília, 2005. p. 15.

do acidente de trabalho, cuja reparação está na própria origem do Estado Social e dos direitos humanos. No aspecto do benefício previdenciário, aliás, a ideia é a da imprescritibilidade do benefício, prescrevendo-se apenas as parcelas, mas jamais o direito de pleitear o benefício (auxílio--doença). Não cabe, portanto, a tese de que a prescrição, no Direito Civil, é de três anos, para os acidentes do trabalho e que, por isto, a trabalhista quinquenal é mais benéfica. A reparação do dano pessoal, decorrente de agressão a direito da personalidade, é, portanto, imprescritível. E, não se querendo ver isto, a prescrição, na pior das hipóteses, é vintenária, para os casos anteriores à edição do Código Civil ou decenária, para as ações posteriores."

Sob outro enfoque, a nosso ver, o prazo prescricional da ação para reparação de danos morais decorrentes do acidente de trabalho tem início a partir da consolidação das lesões.

Nesse sentido, é a Súmula n. 278 do STJ: "O termo inicial do prazo prescricional, na ação de indenização, é a data em que o segurado teve inequívoca ciência da incapacidade laboral."

De outro lado, para os que entendem que a prescrição aplicável é a trabalhista, prevista nos arts. 7º, XXIX, da CF, e 11 da CLT, o prazo é de cinco anos até o limite de dois anos após a rescisão do contrato de trabalho, vez que as lesões do acidente ou doença profissionais, aptas a gerar o dano moral, são sucessivas, não se aplicando à hipótese a Súmula n. 294 do C. TST, que trata da prescrição do ato único. Além disso, o direito à reparação está albergado por lei, o que também afasta a aplicação da referida Súmula.

10. O não decurso do prazo prescricional enquanto a responsabilidade pelo fato lesivo estiver sendo apurada no juízo criminal

Pela teoria da *actio nata*, o prazo prescricional para se pleitear a indenização (*rectius* compensação) pelo dano moral começa a fluir a partir da lesão do direito. Por isso, quando há sentença afastando a justa causa imputada ao empregado, não flui a partir do trânsito em julgado que afastou a justa causa, e sim do próprio ato do empregador que comunicou a justa causa ao empregado. Nesse caso, a sentença trabalhista não cria o direito, somente o reconhece, vale dizer: declara uma situação preexistente, qual seja, a ausência de justa causa.

De outro lado, quando a justa causa imputada ao empregado também ensejar processo criminal, o empregado não deve aguardar a solução do referido processo para postular a reparação do dano moral na esfera trabalhista, porquanto a responsabilidade civil é independente da penal (art. 935 do CC).

O Juiz do Trabalho poderá sobrestar o andamento do processo trabalhista até a solução do processo criminal, a fim de se evitar decisões conflitantes, nos termos dos arts. 313, V, alínea *a* do CPC, e 315, do mesmo Diploma Legal. No mesmo sentido, a seguinte ementa:

> "DANO MORAL — IMPUTAÇÃO DE CRIME AO EMPREGADO — PRESCRIÇÃO. Em se tratando de crédito advindo da relação de emprego, a ação relativa à compensação de dano moral está sujeita à prescrição do art. 7º, XXIX, da Constituição Federal, e não ao prazo prescricional de vinte anos a que alude o art. 177 do Código Civil. Entendo que, mesmo quando o pedido de indenização por dano moral decorre de imputação de crime ao empregado, cuja apuração está sendo feita em outro segmento do Judiciário, a ação trabalhista deverá ser ajuizada dentro do prazo prescricional de 02 anos a contar do término da relação de emprego, podendo ser posteriormente suspensa, se o caso, na forma prevista no art. 265, IV, do CPC. Admitir que a prescrição só começará a fluir após solucionado o processo criminal implicaria em reconhecer uma causa impeditiva da prescrição diversa daquela enumerada pelo Código Civil, o que não é possível, dado o caráter taxativo daquela enumeração. No caso dos autos, a ação foi ajuizada quando já transcorridos 4 anos do término do contrato de trabalho. Logo, deverá ser acolhida a prescrição total, extinguindo-se o feito com julgamento de mérito, nos termos do art. 269, IV, do CPC."(47)

Sob outro enfoque, no nosso sentir, quando a culpa ou existência do fato do acidente de trabalho, ou algum crime que tenha nexo causal com o dano moral decorrente da relação de trabalho, estiverem sendo apuradas no juízo criminal, a prescrição não correrá em relação à ação de reparação por danos morais e materiais a ser proposta na Justiça do Trabalho. Em que pese a disposição do art. 935 do CC, no sentido de serem independentes as responsabilidades criminal e civil, quando se apura a culpa na esfera criminal, esta não mais precisa ser demonstrada no juízo trabalhista, tampouco a existência do fato ou quem seja o seu autor. Também, na esfera criminal, que é pautada pela verdade real, a valoração da culpa tem rigor mais acentuado do que na esfera trabalhista. Além disso, uma vez fixada a culpa do empregador no juízo criminal, a obrigação de reparar os prejuízos civis está constituída de pleno direito, podendo a sentença criminal ser executada na Justiça do Trabalho, e a liquidação dar-se por artigos na esfera trabalhista, já que a sentença penal condenatória é título executivo judicial na esfera cível à luz do art. 584, II, do CPC(48).

Pelos argumentos acima mencionados, entendemos que vítima do acidente de trabalho pode propor diretamente a ação trabalhista na Justiça do Trabalho, mesmo que haja procedimento criminal em curso, ou esperar o resultado da ação criminal e depois propor a execução dos danos civis na esfera trabalhista valendo-se do permissivo do art. 200 do CC, assim redigido:

> "Quando a ação se originar de fato que deva ser apurado no juízo criminal, não correrá a prescrição antes da respectiva sentença condenatória."

---

(47) TRT 3ª R. – RO n. 1.896/02 – Ac. 2ª T. – 1.486/2001 – 2.4.2002, relª Juíza Alice Monteiro de Barros. *In: Revista LTr* 66-10/1259.

(48) Em razão disso, entendemos que a competência da Justiça do Trabalho para as ações de reparação de danos materiais e morais decorrentes da relação de trabalho, aí inclusas as ações indenizatórias decorrentes do acidente de trabalho, fez gerar mais um título executivo judicial na Justiça do Trabalho, que é a sentença penal condenatória em apuração de responsabilidade criminal do empregador pelo mesmo fato a ser apurado também na esfera trabalhista.

Nesse mesmo diapasão, cumpre destacar a visão de *Rui Stocco*[(49)], ao comentar o art. 200 do CC:

> "O texto apenas assegurou que a prescrição não corre antes da sentença penal transitada em julgado.
>
> Todavia, não impede que o interessado ingresse com a ação civil, independentemente do resultado da ação penal, por força do princípio da independência das instâncias, sendo certo, ainda, que o ilícito civil é um *minus* em relação ao ilícito penal, de modo que a conduta pode não configurar ilícito penal, mas caracterizar ilícito civil.
>
> Entretanto, se esse interessado preferir aguardar o desfecho da ação penal, para, só então, ingressar no juízo cível, apenas para executar o valor da reparação, nos termos do art. 63 do Código de Processo Penal, terá assegurado que o prazo prescricional não terá início até o julgamento definitivo no âmbito criminal.
>
> Pensamos que a previsão contida no art. 200 traduz o reconhecimento do legislador do que os nossos pretórios já haviam assentado, como se verifica em inúmeros julgados dos tribunais superiores, notadamente da Suprema Corte.
>
> 'Se o pedido de reintegração do servidor público se funda na absolvição criminal, desta última é que se conta o prazo de prescrição'[(50)].
>
> 'A prescrição da ação contra demissão de funcionário público por motivo de infração penal só começa a correr a partir da sentença proferida na ação criminal'."[(51)]

O Tribunal Superior do Trabalho, recentemente, apreciou a questão, cuja ementa vale ser transcrita:

> "RECURSO DE REVISTA. PRESCRIÇÃO. DANO MORAL. INÍCIO DA CONTAGEM DO PRAZO. ARQUIVAMENTO DO INQUÉRITO POLICIAL. SUSPENSÃO DO PRAZO. FATO QUE DEPENDE DE APURAÇÃO NO JUÍZO CRIMINAL. Em ação de indenização por danos morais decorrentes de lesão que se perpetua no tempo, para além da data de extinção do contrato de trabalho, não viola a literalidade dos arts. 7º, XXIX, da Constituição da República e 11 da CLT, a decisão regional que fixa como termo *a quo* do prazo prescricional bienal a data do arquivamento do inquérito policial, em 20.1.2003, e não a da extinção do contrato de trabalho por iniciativa do empregado (pedido de demissão), em 1997, em interpretação razoável, ainda, do art. 200 do CC, atrativa da Súmula n. 221, II, do TST,

---

(49) STOCCO, Rui. *A responsabilidade civil.* O novo Código Civil. Estudo em Homenagem a Miguel Reale. Coords. Domingos Franciulli Netto, Gilmar Ferreira Mendes e Ives Gandra da Silva Martins. São Paulo: LTr, 2003. p. 796-797.

(50) STF – 1ª T. – RE – rel. Min. Rafael Mayer – RJTJSP 82/162.

(51) STF – 1ª T. – RE – rel. Min. Oscar Corrêa – j. 15.4.1968 – DJU 2.5.1996 – RT 608/258. No mesmo sentido: STF – RTJ n. 53/820 e RJTJSP n. 45/95.

datando a propositura da demanda de 2004. Aplicação da Súmula n. 296/TST quanto aos arestos válidos para o cotejo. SUPRESSÃO DE INSTÂNCIA. CERCEAMENTO DE DEFESA. ÔNUS DA PROVA. A Corte de Origem, ao adentrar a matéria de fundo, consignando estarem presentes as condições para o imediato julgamento da lide, não ofendeu os arts. 5º, LV, da Constituição da República e 515, §§ 1º e 3º, do CPC, porquanto também aplicável o parágrafo terceiro do art. 515 do CPC à hipótese de extinção do processo com resolução de mérito. Não dirimida, a lide, pela Corte regional, à luz dos princípios disciplinadores da repartição do ônus da prova, e sim com base na prova produzida, não há falar em violação dos arts. 818 da CLT e 333 do CPC." (TST. 3ª Turma. Proc. n. TST-RR-7179/2004-013-09-00.5. Relª Minª Rosa Maria Weber Candiota da Rosa. Publicação: DEJT 29.10.2009)

11. Regras de transição da prescrição e processos em curso oriundos da Justiça Comum para a Justiça do Trabalho e as regras de direito intertemporal quanto às reparações civis pelo acidente de trabalho

Quanto aos processos em curso na Justiça comum, a nosso ver, não há como o juiz aplicar a prescrição trabalhista, já que antes da EC n. 45/04 era muito controvertida a competência da Justiça do Trabalho para apreciar as lides indenizatórias decorrentes do acidente de trabalho. Além disso, há manifesta injustiça em se pronunciar a prescrição para a parte que propôs a ação na Justiça que entendia competente e, no curso do processo, ser aplicado outro lapso prescricional em razão da alteração da competência material. Malgrado a EC n. 45/04 tenha efeito imediato e atinja os processos em curso, o próprio STF, no Conflito de Competência n. 7.204-1/MG, reconheceu a competência da Justiça do Trabalho para apreciação das lides atinentes à indenização por acidente de trabalho somente a partir da vigência da EC n. 45/04.

Nesse sentido, destacamos as seguintes ementas:

"Danos morais — Ajuizamento perante a Justiça comum — Imprescritibilidade. É imprescrita a ação de danos morais, oriundos da relação de trabalho, ajuizada perante a Justiça comum, nos prazos ali previstos e encaminhada a esta Especializada, após manifestação de incompetência daquela." (TRT – 3ª R. – 2ª T. – RO n. 6368/2000 – rel. Juiz Wanderson A. da Silva – DJMG 8.11.2000 – p. 13)

"PRESCRIÇÃO. ACIDENTE DO TRABALHO. EC N. 45/2004. PROCESSOS EM ANDAMENTO. Nas indenizações por acidente do trabalho, o prazo prescricional previsto no art. 7º, inciso XXIX, da Constituição da República deve ser adotado para as ações ajuizadas após a Emenda Constitucional n. 45, aplicando-se o prazo do Direito Civil para as ações propostas antes da vigência da citada Emenda. É certo que a indenização por acidente do trabalho é um crédito resultante da relação de emprego, ainda que atípico, porquanto proveniente de um ilícito trabalhista a teor do disposto no art. 7º, inciso XXVIII, da Constituição da República, que estabelece que: 'São direitos dos trabalhadores urbanos e rurais, além de outros que visem à melhoria de sua condição social: [...] XXVIII – seguro contra acidentes de trabalho, a cargo do empregador, sem excluir a indenização a que este está obrigado, quando incorrer em dolo ou culpa'. Todavia, em face da nova redação dada ao art. 114 da Constituição da República, o Supremo Tribunal Federal, no julgamento do Conflito de Competência n. 7.204-1/MG, estabeleceu a vigência da citada emenda constitucional como marco temporal para a competência trabalhista. Assim, deve-se ater para o fato de que, anteriormente, a natureza jurídica do direito à indenização por danos decorrentes de acidente do trabalho era controvertida, pois os tribunais superiores divergiam acerca do seu caráter cível ou trabalhista, predominando o entendimento no primeiro sentido. Por conseguinte, considerando que a prescrição fulmina a pretensão de mérito, a sua aplicação ao caso concreto deve ser realizada com cautela, em respeito ao valor maior da segurança jurídica, especialmente para os processos em andamento no advento da Emenda n. 45, sob pena de surpreender a parte com a extinção automática do seu direito. Isso porque, antes da mudança de competência, era razoável entender, com amparo nas decisões da Suprema Corte, que a prescrição aplicável era a cível. Em síntese, deve-se adotar o prazo prescricional previsto no Código Civil para as ações propostas antes da entrada em vigor da EC n. 45/2004 e o prazo previsto no art. 7º, inciso XXIX, da Constituição Federal, para as ações ajuizadas após a vigência da citada Emenda Constitucional." (TRT – 3ª R. – Processo n. 00894-2005-102-03-00-5 – RO – Data de Publicação 29.3.2006 – DJMG Página: 9 – Órgão Julgador Segunda Turma – Juiz relator Sebastião Geraldo de Oliveira – Juiz Revisor Anemar Pereira Amaral)

"RECURSO DE EMBARGOS. ACIDENTE DE TRABALHO. DANOS MORAIS E MATERIAIS. AÇÃO AJUIZADA NA JUSTIÇA COMUM E REMETIDA À JUSTIÇA DO TRABALHO APÓS A EMENDA CONSTITUCIONAL N. 45/2004. DIREITO INTERTEMPORAL. SEGURANÇA JURÍDICA. REGRA DE TRANSIÇÃO. APLICAÇÃO DA PRESCRIÇÃO CÍVEL. A prescrição de dois anos, para ajuizamento de ação na Justiça do Trabalho, como determina o art. 7º, XXIX, da Constituição Federal, não alcança ações cuja data da lesão já transcorrera em mais da metade pela regra da prescrição de vinte anos, conforme determina o art. 2.028 do Código Civil de 2002. A alteração da competência para o julgamento das ações relativas a acidente de trabalho, conforme EC n. 45/2004, não possibilita a aplicação imediata da regra de prescrição trabalhista, pois quando da redução dos prazos prescricionais (art. 205 e inc. V do art. 206), estabeleceu-se a regra de transição, com o objetivo de assegurar o princípio da segurança jurídica. Considerando que a ação foi interposta após janeiro de 2003 (data da vigência do Código Civil de 2002) e que já havia transcorrido mais de dez anos da ciência do dano, o prazo aplicável ao caso sob exame é o de vinte anos, razão por que não se encontra prescrita a pretensão ao pagamento da indenização correspondente. Proposta a ação em 2004, antes da vigência da EC n. 45/2004, na Justiça Comum em relação a contrato extinto em 1988, com a aposentadoria do reclamante em virtude de acidente de trabalho, e apenas e tão somente declinada a competência para a Justiça do Trabalho em 2005, não pode o autor ser surpreendido pela mudança da competência, adotando prazo prescricional de dois anos, pois já tinha adquirido o direito a ver a sua pretensão julgada sob a regra de prescrição anterior. Embargos conhecidos e providos." (E-RR – 2917/2005-342-01-00.2 – Data de Julgamento: 28.4.2008 – relator Ministro Aloysio Corrêa da Veiga – Subseção I Especializada em Dissídios Individuais – DJ 16.5.2008)

"Dano Moral decorrente de fatos acontecidos na execução do contrato de trabalho/ Competência da Justiça do Trabalho, antes e depois da Emenda Constitucional n. 45/2004. Ação iniciada na Justiça Comum e cumprindo várias etapas processuais naquela Justiça, deve ter a aplicação da legislação processual comum, quanto à prescrição. Inaplicável, após a vinda dos autos a esta Justiça do Trabalho, a prescrição trabalhista de dois anos, mesmo porque trata-se de matéria relativa a dano moral, em que havia razoável dúvida — antes da Emenda Constitucional n. 45/2004 — sobre a competência desta Justiça. O ônus da prova sobre o dano moral sofrido é da autora da demanda. A simples ida da empresa à Delegacia de Polícia para a abertura de inquérito para investigação criminal representa exercício de direito que pode ser exercido por qualquer pessoa física ou jurídica diante de fatos que considere graves e criminosos, contra si acontecidos. Não tal possibilidade não redunda, *de per si*, dano moral para a parte que se viu envolvida na investigação policial. 1. Entendemos que efetivamente, com a Emenda Constitucional n. 45/2004, a competência para conhecer e julgar ação por dano moral decorrente do contrato de emprego, e mesmo da relação de trabalho, passou a ser da Justiça do Trabalho. Aliás quanto àquela — dano moral decorrente de fatos que tiveram por base o contrato de emprego — já eram, antes da Emenda Constitucional n. 45/2004, no entender deste relator, de competência desta Justiça. As decisões contrárias de relatores da Justiça Comum, a que se refere a autora, ocorreram antes da Emenda Constitucional n. 45/2004. A matéria já está sedimentada, na doutrina e na jurisprudência. Por outro lado, embora seja matéria de ordem pública, e que pode ser examinada por este julgador, mesmo sem provocação das partes, é fato que no seu recurso ordinário a autora não faz tal provocação, apenas alegando, de passagem, como aditivo à sua argumentação, o fato. A matéria, neste aspecto sobre a competência, está assentada e definida, sendo competente esta Justiça para conhecer e julgar os fatos e conflitos decorrentes da acusação de dano causado pelo réu, em face de atos praticados em virtude de acontecimentos consequentes à atuação da autora como empregada. 2. Deve ser aplicada a regra vigente para a prescrição, do art. 206, § 3º, inciso V, prescrevendo o direito de agir em três anos para a pretensão de reparação civil. A autora distribuiu o feito em julho de 2000, enquanto que a ação trabalhista com trânsito em julgado, que examinou fatos correlatos à justa causa, terminou em 12.8.2004, sendo que o último fato noticiado — inquérito policial — é de junho de 1999. Portanto, o fez dentro daquele prazo, levando-se em conta as regras do Código Civil. A mudança da competência da ação para a Justiça do Trabalho não faz prevalecer a prescrição trabalhista para ações que à época possuíam outro período prescricional, mais favorável ao que busca a prestação jurisdicional. Observe-se que o contrato de trabalho da autora já havia se encerrado e o conflito dele decorrente também fora amplamente discutido, provado e decidido em processo perante esta Justiça. Observa-se, ainda que, apesar desta Justiça, naquele processo, ter acolhido a tese da justa causa, por abandono de emprego, os fatos que ensejaram o pedido de dano moral foram o sofrimento, vexame e humilhação, que diz ter a autora sofrido, em decorrência dos procedimentos anteriores e posteriores à justa causa, cujo termo final deu-se em junho de 1999. Assim, embora haja uma conexão em relação aos fatos do contrato de trabalho, o pleito desprende-se da questão meramente contratual ao acionar a Justiça Comum por dano específico, cuja causa de pedir não é a dissolução contratual injusta, mas a forma pela qual os fatos foram conduzidos pela ré e seus prepostos. 3. O ônus da prova, em relação aos fatos que alega para a obtenção do dano moral, era da autora (art. 818 da CLT e 333, I do CPC) que dele não se desincumbiu, observando-se que a abertura do inquérito policial, com a *'notitia criminis'* dada pelo réu, revelou-se exercício regular de direito e, por si só, não implicou no propalado dano moral. Os fatos levados à Delegacia de Polícia ficaram no âmbito administrativo-judiciário. Não houve por parte do réu qualquer procedimento, ato ou fato que visasse ofender a honra subjetiva da autora. Não se conclui por existência de situações sociais vexatórias provocadas pelo réu, nem se pode afirmar que as ações impetradas por seus prepostos e/ou por envolvidos ligados diretamente à instituição financeira tivessem prejudicado a autora, salvo dentro dos estritos limites do procedimento legal amparado pelo Direito, de procurar a investigação policial para a apuração dos fatos, sem prejudicar a possibilidade de defesa e manifestação da autora e de acompanhamento de serviços jurídicos, se necessários. Portanto, feliz ou infelizmente — e aqui não está em julgamento os atos e fatos que envolveram criminalmente a autora e a autoria —, a recorrente expôs-se aos acontecimentos, por ato de vontade própria ou por força das circunstâncias, e o réu não pode ser condenado por agir dentro da lei. Por tais motivos, rejeito o pedido de indenização por dano moral." (TRT/SP n. 00912200608402008, Ac. 20080173394. Rel. Carlos Roberto Husek, DOE 14.3.09)

Como a prescrição para nós é a do Código Civil, sendo o prazo de 10 anos (art. 205 do CC), não há essa problemática de aplicabilidade das regras de prescrição aos processos oriundos da Justiça Comum.

O art. 2.028 do CC disciplina as regras de direito intertemporal quanto à prescrição.

Aduz o referido dispositivo legal: "Serão os da lei anterior os prazos, quando reduzidos por este Código, e se, na data de sua entrada em vigor, já houver transcorrido mais da metade do tempo estabelecido na lei revogada."

Conforme o referido dispositivo legal, se já havia transcorrido mais da metade do prazo prescricional sob a vigência da lei antiga, quando da vigência da lei nova, o prazo prescricional será regido pela lei velha. Dúvidas existem se, quando da vigência da lei nova, havia transcorrido menos da metade do prazo sob a vigência da lei velha.

Há consenso na doutrina de que não há direito adquirido sobre a prescrição em curso e que as novas regras dos prazos prescricionais têm aplicabilidade imediata.

A nosso ver, à luz das regras de que não há direito adquirido sobre a prescrição em curso e da vigência imediata da lei nova, quando o prazo prescricional sob a vigência da lei antiga ainda não tiver transcorrido pela metade, aplicar-se-á a lei nova, iniciando-se o prazo novo a partir da vigência do Código Civil de 2002.

Nesse sentido, é a opinião de *Nelson Nery Junior* e *Rosa Maria de Andrade Nery*(52):

> "Prazo diminuído pela lei nova. Menos da metade. Quando tiver decorrido menos da metade do prazo de prescrição regulado pelo CC, art. 1.916 (ou por lei extravagante) e esse mesmo prazo tiver sido diminuído pela lei nova (CC/2002), aplica-se a regra da lei nova, a partir de sua vigência (12.1.2003), desprezando-se o tempo que já tinha fluído sob a égide da lei revogada."(53)

No mesmo diapasão, acórdão do Supremo Tribunal Federal, proferido em 4.4.1963, proferido no RE 51.706-MG, cujo relator fora o Ministro Octavio Gallotti: Tratando-se de lei que encurtou o prazo da prescrição, ela é aplicável às prescrições em curso, mas contando-se o novo prazo da data em que mesma lei começou a vigorar (p. ex. acórdão do Supremo no Arquivo Judiciário, vol. 20, p. 3 e vol. 27, p. 239)(54).

(52) *Código Civil comentado e legislação extravagante*. 3. ed. São Paulo: RT, 2005. p. 897.

(53) PRESCRIÇÃO. AÇÃO DE REPARAÇÃO DE DANOS. JORNADA I STJ 50: "A partir da vigência do novo Código Civil, o prazo prescricional das ações de reparação de dano que não houver atingido a metade do tempo previsto no art. 1919 do CC fluirá por inteiro, nos termos da nova lei (CC, art. 206)" (*Apud* NERY JR., Nelson; NERY, Rosa Maria de Andrade. *Código civil comentado e legislação extravagante*. 3. ed. São Paulo: RT, 2005. p. 897).

(54) *Apud* SANTOS, Antonio Jeová. *Direito intertemporal e o novo Código Civil*. São Paulo: RT, 2003. p. 108.

Maria Helena Diniz(55) assevera que melhor teria sido que se seguisse a esteira do atual CC português, que, no art. 297º, 1, assim dispõe: "A lei que estabelecer, para qualquer efeito, um prazo mais curto que o fixado na lei anterior é também aplicável aos prazos que já estiverem em curso, mas o prazo só se conta a partir da entrada em vigor da nova lei, a não ser que, segundo a lei antiga, falte menos tempo para o prazo se completar", ou a do art. 19 das Disposições Transitórias do CC Suíço, que ordena "contar o tempo decorrido sob uma e outra norma, proporcionalmente: p. ex.: em havendo o decurso de dez anos, quando o prazo era de vinte e foi limitado a cinco; como se completou a metade do período fixado outrora, deve fluir a metade, também, do novo trato, isto é, dois anos e meio." Ou, então, que o artigo ora comentado prescrevesse que a contagem do prazo menor se desse a partir da vigência do novo Código Civil.

Diante do exposto, entendemos precisas as conclusões de *Antonio Jeová Santos*(56):

> "Em suma, a prescrição que ainda não foi consumada está despida das características do direito adquirido, donde será aplicável o art. 2.028 do CC/2002. Quando dos prazos prescricionais previstos no novel Código foram abreviados, mas já ultrapassado menos da metade do tempo previsto no Código Beviláqua, contar-se-á o novo prazo — diminuído — a começar da data em que o novo Código entrou em vigor, desprezando o tempo que fluiu. Se o prazo, apesar de abreviado pelo Código Civil de 2002, tiver escoado mais da metade do tempo previsto no Código Civil de 1916, aquele prazo agigantando continuará seu fluxo normal, sem a incidência das novas regras."

No mesmo sentido, cumpre destacar a seguinte ementa:

"ACIDENTE DE TRABALHO. PRESCRIÇÃO. TERMO INICIAL. PRAZOS. AÇÃO DE INDENIZAÇÃO POR DANO MORAL E MATERIAL DECORRENTES DE ACIDENTE DO TRABALHO/DOENÇA PROFISSIONAL. A regra de prescrição a ser aplicada em casos de indenização por acidente ou moléstia não é a do art. 7º, inciso XXIX da Constituição Federal, pois rege a contagem quanto aos créditos oriundos das relações de trabalho, devendo ser considerado estritamente, o que exclui indenização por acidente, que não é contraprestação pela execução contratual. Em se tratando de reparações de infortúnio, o termo inicial da contagem do prazo da prescrição é a partir da ciência inequívoca da lesão por parte do trabalhador (Súmula n. 278 do STJ, Súmula n. 230 do STF e art. 189 do Novo Código Civil). Considera-se o velho prazo de prescrição de 20 anos para os acidentes de trabalho ocorridos na vigência do Código Civil de 1916 (art. 177), com a observância da regra de direito intertemporal prevista no art. 2028 (Código Civil de 2003), ou 10 anos, aplicando-se o novo prazo reduzido de prescrição (regra geral do art. 205 do Código Civil de 2003), por não previsão de prazo específico, que começa a fluir, por inteiro, a contar da vigência do Novo Código. Recurso Ordinário provido." (TRT/SP – 00559200526202004 – RO – Ac. 14ª T. – 20100514590 – rel. Davi Furtado Meirelles – DOE 9.6.2010)

---

(55) DINIZ, Maria Helena, *Código Civil anotado.* 11. ed. São Paulo: Saraiva, 2005. p. 1.618-1.619.

(56) SANTOS, Antonio Jeová. *Direito intertemporal e o novo Código Civil.* São Paulo: RT, 2003. p. 108.

Capítulo XI

Da Petição Inicial no Direito Processual do Trabalho

1. Conceito e fundamentos

Petição inicial é a "peça escrita em que o demandante formula a demanda a ser objeto de apreciação do juiz e requer a realização do processo até final provimento que lhe conceda a tutela jurisdicional."(1)

No dizer de *Arruda Alvim*(2), a petição inicial é o edifício do processo. Nela se expressam e se condensam, já no limiar do processo, todas as linhas básicas sobre as quais se desenvolverá, constituindo-se a expressão relatada dos fatos, a que deve se opor a outra parte. Com base nesse contraditório, de fato, é que será proferida a sentença.

Diante do princípio da inércia da jurisdição, a petição inicial é a peça formal de ingresso do demandante em juízo, em que apresenta seu pedido, declina a pessoa que resiste ao seu direito, explica os motivos pelos quais pretende a atuação jurisdicional e pede ao Estado-Juiz a tutela do seu direito.

Do conceito que adotamos, a petição inicial apresenta as seguintes características:

a) peça formal: a petição inicial é peça formal, pois deve ser elaborada, observados os requisitos previstos em lei (arts. 840 da CLT e 319 do CPC)(3). Ainda que a

(1) DINAMARCO, Cândido Rangel. *Instituições de direito processual civil.* V. III. São Paulo: Malheiros, 2001. p. 355.

(2) Deveres das partes e dos procuradores no direito processual civil brasileiro — A lealdade do processo. *In: Revista de Processo* n. 69, ano 18, jan./mar. 93. São Paulo: RT, 1993. p. 11.

(3) Nesse sentido, destacamos a seguinte ementa: "Petição inicial — Instrumento formal — Pedido de incidência das comissões no RSR. A petição inicial é o instrumento formal específico de que o indivíduo se utiliza para provocar o exercício da função jurisdicional, representando, assim, o elemento delimitador da extensão da entrega da prestação jurisdicional invocada. Tem-se afirmado, no universo doutrinário, em razão disso, que essa peça inaugural corresponde a uma espécie de projeto do provimento jurisdicional que o autor deseja obter, não podendo o juiz proferir sentença, em prol do autor, de natureza diversa da solicitada, nem condenar o réu em quantidade superior do que foi denunciado. Na hipótese dos autos, o pedido de pagamento de comissão não se fez acompanhar do pleito de incidência do RSR sobre o mesmo, decidindo, assim, a Junta de origem nos limites em que foi proposta a ação. Não há, pois, qualquer reparo a ser feito na decisão recorrida" (TRT – 10ª R. – 3ª T. – RO n. 6.317/97 – relª Juíza Ana Maria de Castro – DJDF 27.3.98 – p. 50).

CLT admita a petição inicial verbal, ela deve ser reduzida a termo, conforme o § 2º, do art. 840 da CLT;

b) rompe a inércia do Judiciário: pela petição inicial se provoca o exercício da jurisdição, que deve dar uma resposta à pretensão que foi trazida a juízo(4);

c) individualiza os sujeitos da lide: é estabelecido o limite subjetivo da lide, ou seja, em face de quais pessoas a jurisdição atuará;

A petição inicial deve individualizar as partes do conflito trabalhista, que no Processo do Trabalho são denominadas: reclamante e reclamado.

d) motivo da lide e pedido: o demandante deve dizer os motivos pelos quais há resistência de seu direito e em razão dos quais pede a tutela jurisdicional.

Também deve o demandante fazer o pedido, que é o objeto da lide, o bem da vida pretendido. O pedido balizará toda a atuação jurisdicional.

Como bem adverte *Jorge Luiz Souto Maior*(5): a petição inicial é a materialização do ato (no sentido de manifestação de vontade) de se exercitar o direito de ação e é, ao mesmo tempo, ato introdutório do processo. Apresentada a um juiz ou simplesmente distribuída em um órgão jurisdicional, por quem tenha capacidade de ser parte, considera-se proposta a ação e instaurado o processo. A petição inicial, materialização do direito de ação, é, assim, um dos pressupostos processuais ou requisito extrínseco do processo.

A importância da inicial é vital para o processo, pois é ela que baliza a sentença, que não pode se divorciar dos limites do pedido (arts. 141 e 492 do CPC)(6), e é em cima dela que o réu formulará sua resposta, resistindo ao direito do autor.

(4) Como adverte Calmon de Passos: "Por força do princípio do dispositivo, que impede o juiz proceder de ofício no campo da jurisdição contenciosa, cumpre ao interessado provocar o Estado no sentido de que este preste sua atividade jurisdicional, vale dizer: cumpre ao interessado exercitar o seu direito público subjetivo de ação"(*Comentários ao Código de Processo Civil.* V. III. 8. ed. Rio de Janeiro: Forense, 2001. p. 153).

(5) SOUTO MAIOR, Jorge Luiz. *Petição inicial:* no processo civil, no processo do trabalho. São Paulo: LTr, 1996. p. 83-84.

(6) Nesse sentido, destacamos as seguintes ementas: "Petição inicial – Limites da lide. A petição inicial é a peça processual que revela a pretensão do autor e fixa os limites da lide e da causa de pedir, não podendo o Magistrado considerar fatos não apresentados no libelo, sob pena de nulidade da sentença. Se a exordial contém a jornada realizada durante o pacto laboral e a menção de que os controles de frequência são fidedignos, a alegação recursal de que as horas decorrentes da participação em reuniões mensais não eram registradas nos cartões de ponto constitui inovação e é vedada por lei, ante a ofensa aos princípios constitucionais do contraditório e da ampla defesa" (TRT – 12ª R. – 1ª T. – Ac. n 3.598/2000 – relª Juíza Sandra Márcia Wambier – DJSC 4.5.2000 – p. 249) (RDT 06/00, p. 63). "Petição inicial – Limites da lide. O juiz fica adstrito aos limites da lide traçados pelo reclamante na petição inicial, sendo-lhe vedado proferir julgamento sem correlação entre pedido e causa de pedir" (TRT – 12ª R. – 3ª T. – Ac. n. 855/2001 – relª Ione Ramos – DJSC 31.1.2001 – p. 166) (RDT 03/2001, p. 62). "Petição inicial – Limites da lide. Estando o magistrado adstrito a decidir nos limites da lide (art. 128 do CPC), inatacável a decisão de 1º grau que excluiu do polo passivo empresa que não consta da inicial como reclamada" (TRT 12ª R. – 2ª T. – RO n. 6.698/03– rel. Dilnei A. Biléssimo – DJSC 11.7.03 – p. 181) (RDT n. 8 – agosto de 2003).

Pelo princípio do dispositivo que norteia o Processo, todas as pretensões que pretende o reclamante postular no Processo devem ser articuladas no corpo da inicial (princípio da eventualidade da inicial), sob consequência de, salvo quando a lei permitir (aditamento ou emenda da inicial), não poder mais alegar qualquer outra matéria na mesma causa (preclusão consumativa). De outro lado, se a matéria não estiver prescrita, o reclamante poderá, em outro processo, mesmo com suporte em idêntica causa de pedir do processo anterior, aduzir novas pretensões, mediante nova petição inicial.

A experiência tem-nos demonstrado que a inicial baliza os destinos do processo, pois uma petição inicial bem articulada possibilita o exercício do direito de defesa e propicia a exata compreensão da lide pelo juiz. De outro lado, uma petição inicial mal formulada pode comprometer o direito do demandante, inviabilizar o direito de defesa e dificultar por demais a tarefa do juiz ao sentenciar.

Como bem adverte *Wagner D. Giglio*(7), "a petição inicial constitui peça de fundamental importância. Dela depende, em boa parte, o êxito da ação. Deve, por isso, ser cuidadosamente redigida, sopesando-se cada palavra, o encadeamento lógico da exposição e a correta formulação do pedido, inclusive quanto aos cálculos matemáticos, para eliminar dúvidas e facilitar a execução. Sua redação deve obedecer aos requisitos do estilo: clareza, precisão e concisão. E deve, finalmente, vir acompanhada dos documentos que a informam."

2. Requisitos da petição inicial trabalhista

Requisito, do latim *requisitu*, significa, segundo consta da definição do *Dicionário Aurélio*, uma "exigência legal necessária para certos efeitos"(8).

Os requisitos da inicial são os elementos que ela deve conter, disciplinados na lei, como condição de validade da inicial e viabilidade de prosseguimento da relação jurídica processual. A petição inicial apta, ou seja, a que preenche os requisitos legais, constitui pressuposto processual de validade e desenvolvimento do processo.

Como lembra *Jorge Luiz Souto Maior*(9), os requisitos da petição inicial, como elementos de constituição válida e regular do processo, podem ser analisados a qualquer tempo e, uma vez verificada a irregularidade na formulação da pretensão, há a possibilidade da extinção do processo, sem julgamento do mérito, desta feita com base no inciso IV do mesmo artigo. Daí a pertinência que se deve ver na inserção desses dois incisos na lei, visto que a lei não possui palavras inúteis. Por isso, uma vez deferida a inicial, deferida está. O mesmo, no entanto, não se pode dizer quanto ao indeferimento, que pode ser reformado, mesmo em primeira instância (art. 331 do CPC).

---

(7) GIGLIO, Wagner D. *Direito processual do trabalho*. 15. ed. São Paulo: Saraiva, 2005. p. 175.

(8) SOUTO MAIOR, Jorge Luiz. *Petição inicial*. São Paulo: LTr, 1996. p. 84.

(9) *Ibidem*, p. 85.

Segundo destaca a doutrina, a inicial deve observar os requisitos estruturais, extrínsecos e formais:

a) requisitos estruturais: são os previstos no art. 840 da CLT, aplicando-se, no que for compatível com os princípios do Processo do Trabalho, os requisitos do art. 319 do CPC (art. 769 da CLT);

b) requisitos extrínsecos: não se referem à inicial, mas à propositura da demanda — documentos que devem acompanhá-la (art. 320 do CPC) e à procuração *ad judicia*, o preparo (ação rescisória) etc.;

c) requisitos formais: conforme a CLT, a petição inicial pode ser escrita ou verbal. A petição escrita geralmente é elaborada por advogado e a petição verbal, pelo funcionário da Secretaria da Vara, que redige a termo a reclamação verbal formulada pelo trabalhador. Não obstante, mesmo a verbal, deve ser redigida, pois o Juiz do Trabalho somente tomará contato com a petição inicial escrita.

A inicial do inquérito para apuração de falta grave (art. 853 da CLT), bem como do dissídio coletivo (art. 856 da CLT), por imperativo legal, deve ser escrita.

Também a inicial deverá ser elaborada em duas vias, pois uma via irá para o Processo, e a outra, para o reclamado.

A inicial também deve vir acompanhada dos documentos que o autor pretende juntar como prova no Processo (art. 320 do CPC, 787 e 845 da CLT).

A inicial trabalhista deve ser assinada pela parte ou pelo advogado. Sem a assinatura, a petição inicial é inexistente. Entretanto, pensamos que o Juiz do Trabalho deva conceder o prazo de dez dias (art. 321 do CPC) para que o signatário compareça em Secretaria para assinar a inicial, sanando este vício processual, considerando-se, caso haja a assinatura, a demanda proposta na data da propositura.

3. Requisitos da inicial trabalhista exigidos pela CLT

Diz o art. 840 da CLT:

"A reclamação poderá ser escrita ou verbal. § 1º – Sendo escrita, a reclamação deverá conter a designação do Presidente da Junta, ou do Juiz de Direito a quem for dirigida, a qualificação do reclamante e do reclamado, uma breve exposição dos fatos de que resulte o dissídio, o pedido, a data e a assinatura do reclamante ou de seu representante. § 2º – Se verbal, a reclamação será reduzida a termo, em 2 (duas) vias datadas e assinadas pelo escrivão ou secretário, observado, no que couber, o disposto no parágrafo anterior."

No Processo Civil, o art. 319 do CPC traça os requisitos da inicial. Dispõe o referido dispositivo legal:

"A petição inicial indicará:

I – o juízo a que é dirigida;

II – os nomes, os prenomes, o estado civil, a existência de união estável, a profissão, o número de inscrição no Cadastro de Pessoas Físicas ou no Cadastro Nacional da Pessoa Jurídica, o endereço eletrônico, o domicílio e a residência do autor e do réu;

III – o fato e os fundamentos jurídicos do pedido;

IV – o pedido com as suas especificações;

V – o valor da causa;

VI – as provas com que o autor pretende demonstrar a verdade dos fatos alegados;

VII – a opção do autor pela realização ou não de audiência de conciliação ou de mediação.

§ 1º Caso não disponha das informações previstas no inciso II, poderá o autor, na petição inicial, requerer ao juiz diligências necessárias a sua obtenção.

§ 2º A petição inicial não será indeferida se, a despeito da falta de informações a que se refere o inciso II, for possível a citação do réu.

§ 3º A petição inicial não será indeferida pelo não atendimento ao disposto no inciso II deste artigo se a obtenção de tais informações tornar impossível ou excessivamente oneroso o acesso à justiça."

Sendo escrita ou verbal, a petição inicial trabalhista deve conter os requisitos do art. 840, § 1º, da CLT, quais sejam: o endereçamento, a qualificação do reclamante e do reclamado, uma breve exposição dos fatos de que resulte o dissídio, o pedido, a data e a assinatura do reclamante ou de seu representante. Confrontando-se os requisitos da petição inicial trabalhista com os do Processo Civil, constatamos que a CLT contém menos exigências que o CPC, para a inicial, pois não se exige que o reclamante apresente os fundamentos jurídicos do pedido, o requerimento de produção de provas, da citação do reclamado e do valor da causa. Quanto aos fundamentos jurídicos do pedido e indicação do valor da causa, há divergências na doutrina e na jurisprudência. Alguns sustentam que eles devem estar presentes na inicial trabalhista por aplicação do art. 319 do CPC, outros argumentam que a CLT não os exige e, portanto, não há omissão.

De outro lado, os requisitos da inicial trabalhista exigidos no art. 840 da CLT são compatíveis com os princípios da oralidade e simplicidade do Processo do Trabalho, sendo a petição inicial trabalhista mais simples e menos formal que a do Processo Civil.

São requisitos da petição inicial trabalhista, conforme o § 1º do art. 840 da CLT:

a) Endereçamento

O endereçamento está previsto no art. 840 da CLT. Nos termos do § 1º, do art. 840, da CLT, "a reclamação deverá conter a designação do Presidente da Junta, ou do Juiz de Direito a quem for dirigida [...]."

No endereçamento, indica-se a Vara do Trabalho ou órgão judiciário (Tribunal Regional do Trabalho ou Tribunal Superior do Trabalho) para o qual a ação se dirige. A invocação é dirigida ao órgão, e não ao seu ocupante, dado o caráter impessoal do exercício da jurisdição.

Com o endereçamento, o reclamante já declina a competência em razão da matéria, do lugar e funcional.

Conforme destaca *Jorge Luiz Souto Maior*(10), "a importância desse requisito é estabelecer, de modo inequívoco, a qual órgão julgador o reclamante requer a apreciação de sua pretensão. Daí dizer-se que o reclamante é o primeiro a apreciar a regra processual da competência, isto é, deverá dirigir sua pretensão ao órgão competente para julgar seu pedido, pois, do contrário, poderá sofrer os efeitos processuais de seu equívoco. A menção ao 'presidente da Junta' não deve, por isso, ser confundida com a menção à pessoa física do juiz."

b) Qualificação das partes

A CLT exige que as partes sejam qualificadas, devendo o reclamante indicar seu nome completo, CPF, RG, número da CTPS, endereço, nome do reclamado, endereço, CNPJ da empresa, o endereço eletrônico etc.

Como bem destaca *Tostes Malta*(11):

> "A petição inicial deve conter a qualificação do reclamante e do reclamado, isto é, deve esclarecer sua individualização, ensejando saber quem são (CLT, art. 840). Como a CLT é omissa quanto a essa qualificação, recorre-se ao CPC, cujo art. 282, II, determina que a petição inicial contenha o nome, o prenome, o estado civil, a profissão, o domicílio e a residência do autor e do réu."

Com a qualificação, individualizam-se reclamante e reclamado, fixando-se o elemento subjetivo da lide e as partes sobre as quais a jurisdição irá incidir.

Conforme destaca *Jorge Luiz Souto Maior*(12), "o reclamante, na petição inicial, tem o dever de se identificar e o de identificar o reclamado, fornecendo os dados necessários para localização sua e do reclamado. Como irá fazê-lo não importa, desde que esses objetivos sejam alcançados, conforme antiga lição de Pontes de Miranda. Será sempre útil, no entanto, a indicação do domicílio, pois com o seu conhecimento ameniza-se a tarefa de procurar as partes."

c) Causa de pedir (breve exposição dos fatos de que resulte o dissídio)

A doutrina costuma denominar a exposição dos fatos e fundamentos jurídicos do pedido como causa de pedir ou *causa petendi*. É constituída da: a) narrativa dos fatos que segundo o autor geraram as consequências jurídicas pretendidas; e b) proposta de enquadramento do fato numa norma jurídica ou no ordenamento jurídico.

Ensina *Joel Dias Figueira Júnior*(13):

> "A causa de pedir representa o núcleo da petição inicial, à medida que haverá de corresponder à parcela do conflito sociológico apresentado à

(10) SOUTO MAIOR, Jorge Luiz. *Petição inicial:* no processo civil, no processo do trabalho. São Paulo: LTr, 1996. p. 255.

(11) TOSTES MALTA, Christovão Piragibe. *Prática do processo trabalhista.* 34. ed. São Paulo: LTr, 2007. p. 154.

(12) *Op. cit.*, p. 261.

(13) FIGUEIRA JR., Joel Dias. *Comentários ao Código de Processo Civil.* V. 4 – T. II. 2. ed. São Paulo: RT, 2007. p. 49.

cognição do Estado-Juiz, em forma de lide jurídica, que, por sua vez, significa o mérito da demanda a ser conhecido e resolvido por intermédio de sentença (art. 269, CPC)."

Não há necessidade de indicar os dispositivos legais, pois o juiz conhece o direito *(juria novit curia)*(14). De outro lado, não fica o juiz vinculado à qualificação jurídica dos fatos dada pela parte, pois pode qualificá-los de outra maneira.

Nesse sentido, destacamos a seguinte ementa:

"Petição inicial — Requisitos. A reclamação trabalhista (que pode ser até verbal), em sendo escrita, deve conter a designação do presidente da Vara, a qualificação do reclamante e do reclamado, uma breve exposição dos fatos de que resulte o dissídio, o pedido, a data e a assinatura do reclamante ou de seu representante (art. 840, § 1º, da CLT). E só. Não se exige, portanto, do empregado, especificamente em se tratando de horas extras, que indique todos os dispositivos legais ou todos os Enunciados aplicáveis à espécie. Compete ao Juízo, diante dos fatos narrados, dizer o direito aplicável (*iura novit curia*), indicando os motivos que lhe formaram o convencimento, na forma do art. 131 do CPC." (TRT – 3ª R. – 1ª T .– Ap. n. 6277/2002 – relª Mª Laura F. L. de Faria – DJMG 8.11.2002 – p. 7) (RDT n. 12, dezembro de 2002)

Segundo a doutrina, os fundamentos de fato são a causa próxima, os fundamentos de direito e a causa de pedir remota.

O Código de Processo Civil brasileiro, segundo entendimento dominante da doutrina, adotou, quanto à causa de pedir, a teoria da substanciação, pois exige os fundamentos de fato e jurídicos do pedido.

Teoria da individualização: exige apenas os fundamentos jurídicos do pedido.

Os fundamentos de fato compõem a causa de pedir próxima. É o inadimplemento, a ameaça ou a violação do direito (fatos) que caracterizam o interesse processual imediato. Os fundamentos jurídicos compõem causa de pedir remota. É o que mediatamente autoriza o pedido. Fundamento jurídico é a autorização e a base que o ordenamento dá ao autor para que possa deduzir pretensão junto ao poder judiciário. É o título do pedido. Basta que o autor dê concretamente os fundamentos de fato para que o juiz possa dar-lhe o direito.

Quanto à causa de pedir, o § 1º do art. 840 da CLT apenas exige uma breve exposição dos fatos, sem a necessidade de se indicarem os fundamentos jurídicos do pedido.

Defendendo a redação do § 1º do art. 840 da CLT, sustentando a desnecessidade de se indicarem os fundamentos jurídicos do pedido, temos a posição de *Wilson de Souza Campos Batalha*(15):

> "No sistema processual trabalhista, o ato introdutório do dissídio individual é a petição escrita ou o termo de reclamação verbal, com os requisitos

(14) Em algumas ações como o Mandado de Segurança e a Ação Rescisória, cujo motivo é a violação literal de lei, a jurisprudência tem exigido que a parte indique, na inicial, os dispositivos legais violados.

(15) CAMPOS BATALHA, Wilson de Souza. *Tratado de direito judiciário do trabalho.* 2. ed. São Paulo: LTr, 1985. p. 443.

enumerados na CLT, art. 840. Se a reclamação for escrita, deve ser formulada em duas vias e desde logo acompanhada dos documentos em que se fundar (CLT, art. 787). Note-se que a CLT não formula exigências análogas às do CPC/73, justificando-se a dispensa de vários dos requisitos: a) porque os fundamentos jurídicos do pedido dependem da livre apreciação judicial, máxime em sistema processual que permite a leigos postularem em juízo [...]."

No mesmo sentido argumenta, em trabalho exaustivo sobre o tema, *Jorge Luiz Souto Maior*[16]: "A petição inicial trabalhista não precisa, como regra, indicar os fatos constitutivos da relação de emprego, bastando que identifique a relação com datas de início, término (se houver) e valor (normalmente, e a quantia referente ao último salário). Portanto, a ausência de indicação da fundamentação jurídica, como um dos requisitos da petição inicial nos dissídios individuais, permite ao juiz julgar o pedido pelos fundamentos que melhor lhe pareçam aplicáveis à espécie, independentemente da eleição formulada pelo reclamante, ou mesmo no caso de omissão a respeito."

Nesse mesmo contexto, a seguinte ementa:

"Justiça do Trabalho — Teoria da individuação. 1. Nessa Justiça Especializada, por força do disposto no § 1º do art. 840 da CLT, prevalece a teoria da individuação, segundo a qual basta a indicação, como causa de pedir, da relação jurídica que enseja o pedido de reparação judicial, sem que seja preciso indicar, precisamente, qual o fato jurídico causador da respectiva lesão, e não substanciação, esta afeta ao disposto no inciso III do art. 282 do CPC, na qual se exige do demandante indicar qual o fato jurídico e qual a relação jurídica dele decorrente. 2. Claramente exposto na inicial que horas extras não eram pagas, não reconhecida a jornada de 06 (seis) horas, por força de entendimento consolidado na jurisprudência do TST e em farta doutrina, tal alegação também aproveita ao pedido sucessivo de pagamento como extras das excedentes da 8ª diária. 3. Entendimento em sentido contrário, por excessivamente rigoroso, implica em, a um só tempo, vulnerar o princípio da simplicidade e subtrair da parte o direito de acesso ao Poder Judiciário, que lhe é constitucionalmente assegurado. 4. Matéria que envolve a análise da prova, não sendo, portanto, exclusivamente de direito, a teor do previsto no § 3º do art. 515 do CPC, impõe-se a devolução dos autos à origem, a fim de que seja complementada a prestação jurisdicional." (TRT 12ª R. – 3ª T. – RO n. 1743/2005.003.12.00-3 – Doc. n. 720870 em 27.2.08)

Outros autores defendem a aplicação da teoria da substanciação da causa de pedir na inicial trabalhista. Nesse sentido, destacamos a posição de *Jorge Pinheiro Castelo*[17]:

"Julgamos que a leitura do § 1º do art. 840 da CLT pode e deve ser feita à luz da teoria da substanciação, visto que o dispositivo legal citado exige que a reclamatória apresente: 'uma breve exposição dos fatos de que resulte o dissídio ...' Clara, pois, a indicação da norma Consolidada no sentido de que além da apresentação do dissídio, ou seja, do direito (do título

(16) *Petição inicial.* São Paulo: LTr, 1996. p. 286-287.

(17) CASTELO, Jorge Pinheiro. *O direito processual do trabalho na moderna teoria geral do direito.* 2. ed. São Paulo: LTr, 1996. p. 183.

ou relação jurídica) e sua contestação, violação ou não constituição — *causa petendi* próxima ativa e *causa petendi* próxima passiva —, deve-se, também, apontar os fatos constitutivos do próprio título que habilita o dissídio '*causa petendi* remota ativa'."

Nesse mesmo diapasão, é a visão de *Ísis de Almeida*[(18)]:

"Apesar da exiguidade das disposições consolidadas a respeito da petição inicial, é de entender-se, pelo disposto no § 1º do art. 840, que a exposição dos fatos de que resulte o dissídio e o pedido são os seus elementos essenciais. Não se exige que figurem os fundamentos jurídicos do pedido, como o faz o CPC, no inciso III do art. 282, a respeito de um item que se reputaria indispensável no elenco de requisitos da petição inicial. Parece, entretanto, que a CLT apenas deixou de referi-los expressamente, podendo-se admitir que estariam implícitos na conjugação dos dois dados que mencionamos *supra* e julgamos essenciais."

No nosso sentir, embora o art. 840 da CLT exija apenas uma breve exposição dos fatos, há necessidade de se indicarem os fundamentos jurídicos dos pedidos, aplicando-se à hipótese, subsidiariamente, pois compatível com o Processo do Trabalho (art. 769 da CLT), o disposto no art. 319, III, do CPC. De outro lado, dificilmente o reclamante conseguirá individualizar sua pretensão em juízo e obter sucesso na sua demanda sem aduzir os fundamentos jurídicos do pedido. Além disso, todo fato declinado na inicial deve gerar uma consequência jurídica que dá suporte ao pedido. Sem a qualificação jurídica dos fatos há grandes transtornos para o reclamado elaborar a defesa e o Juiz do Trabalho apreciar o pedido — por exemplo, quando postula horas extras, não basta declinar que trabalhou em sobrejornada, deve detalhar a jornada cumprida, demonstrando, assim, o fundamento jurídico do pedido.

No aspecto, relevante destacar a seguinte ementa:

"APLICAÇÃO DA TEORIA DA SUBSTANCIAÇÃO NO DIREITO PROCESSUAL DO TRABALHO. Teoria da Substanciação — Aplicação no Direito do Trabalho — Pedido mediato e imediato. A Teoria da Substanciação, enunciada pelo brocardo 'dá-me os fatos que eu te darei o direito', deve ser observada no Processo Trabalhista de forma subsidiária, eis que prevista no art. 282, inciso III, do CPC. Segundo esta teoria, a petição inicial deve indicar os fundamentos de fato (causa de pedir próxima) e os fundamentos de direito (causa de pedir remota) do pedido, e estes sim devem ser considerados para o fim de se aferir a competência do órgão julgador. Tais requisitos nada mais são que a indicação, pelo autor, do porquê de seu pedido de provimento jurisdicional, tornando assim irrelevante o simples nome dado à ação intentada." (TRT 15ª R. – SDC-AA n. 1697/2004.000.15.00-6 – relª Elency P. Neves – DJSP 18.03.05 – p. 3) (RDT n. 04 – Abril de 2005)

Pensamos que a adoção da teoria da substanciação no Processo do Trabalho encontra os seguintes fundamentos:

1. complexidade das relações de trabalho;

---

(18) ALMEIDA, Ísis de. *Manual de direito processual do trabalho*. 2. v. 9. ed. São Paulo: LTr, 1998. p. 22.

2. possibilidade da exata compreensão da lide pelo juiz;

3. possibilidade da ampla oportunidade defensiva para a reclamada;

4. facilitação da produção da prova;

5. reflexão mais séria e honesta à pretensão.

d) Do pedido e o princípio da extrapetição no Processo do Trabalho

Ensina *Cândido Rangel Dinamarco*(19): "*Pedido* é a manifestação de vontade de obter do Estado/Juiz o provimento jurisdicional de determinada natureza sobre determinado bem da vida. É através dele que o autor externa sua pretensão. Sua maior importância liga-se à introdução do objeto do processo, que nele reside e sobre o qual indica o preceito a ser emitido pelo juiz na parte dispositiva da sentença de mérito: é ao pronunciar-se sobre ele, acolhendo-o ou rejeitando-o, que o juiz oferece a uma das partes a tutela jurisdicional capaz de produzir efeitos em sua vida exterior ao processo."

O pedido é o *bem da vida*(20) pretendido, que está sendo resistido pela parte contrária — o próprio objeto do processo.

O pedido decorre, como consequência lógica, da subsunção dos fatos narrados às normas jurídicas(21).

O pedido baliza o provimento jurisdicional (arts. 141(22) e 492(23) do CPC), pois é ele a razão de existir do processo e o objetivo da decisão. Em razão disso, a Lei impõe alguns requisitos e condições para o pedido.

A doutrina costuma subdividir o pedido em mediato e imediato. Pedido imediato é o provimento jurisdicional solicitado (declaratório, constitutivo ou condenatório). O pedido mediato é o bem pretendido (pagamento), entrega de coisa certa ou incerta, obrigação de fazer ou não fazer(24).

Nesse sentido, vale transcrever as palavras de *Costa Machado*(25):

> "Pedido imediato é a espécie de providência jurisdicional que o sujeito ativo da ação exige do Poder Judiciário: no processo de conhecimento, uma

(19) DINAMARCO, Cândido Rangel. *Instituições de direito processual civil.* v. III. São Paulo: Malheiros, 2001. p. 363.

(20) A expressão *bem da vida* é utilizada por Cândido Rangel Dinamarco.

(21) GIGLIO, Wagner D. *Direito processual do trabalho.* 15. ed. São Paulo: Saraiva, 2005. p. 178.

(22) Art. 141, do CPC: O juiz decidirá o mérito nos limites propostos pelas partes, sendo-lhe vedado conhecer de questões não suscitadas a cujo respeito a lei exige iniciativa da parte.

(23) Art. 492, do CPC: É vedado ao juiz proferir decisão de natureza diversa da pedida, bem como condenar a parte em quantidade superior ou em objeto diverso do que lhe foi demandado. Parágrafo único. A decisão deve ser certa, ainda que resolva relação jurídica condicional.

(24) Para alguns autores, o pedido imediato é o próprio bem da vida pretendido, e o pedido mediato é o provimento jurisdicional.

(25) MACHADO, Costa. *Código de Processo Civil interpretado e anotado:* artigo por artigo, parágrafo por parágrafo. São Paulo: Manole, 2006. p. 636.

sentença declaratória, constitutiva ou condenatória; no processo de execução, uma determinada providência satisfativa; no processo cautelar, uma determinada medida cautelar (por meio de uma liminar ou de uma sentença). Pedido mediato é o bem da vida reclamado pelo autor por meio da ação."

Diz o art. 840, § 1º, da CLT, que a inicial trabalhista deve conter o pedido. Acreditamos que o pedido da inicial trabalhista também deve conter suas especificações, por aplicação do inciso IV do art. 319 do CPC, que assevera que a inicial deve conter o pedido, com as suas especificações. Desse modo, a inicial trabalhista deve conter o pedido de forma detalhada e também as especificações deste.

O pedido deve ser certo e determinado, somente se admitindo pedido genérico quando houver autorização legal. De outro lado, a inicial que não apresenta pedido não está apta a ser conhecida, pois falta um pressuposto processual de existência da relação jurídica processual.

Há alguns autores que admitem a possibilidade de o Juiz do Trabalho julgar fora do pedido ou até mesmo além do pedido, em razão dos princípios da celeridade, informalidade e simplicidade do Processo do Trabalho.

No nosso sentir, pensamos que o Juiz do Trabalho não possa julgar fora do pedido ou além dele. Somente em casos excepcionais se admite o julgamento *ultra petita*, como a aplicabilidade de ofício do art. 467 da CLT e a possibilidade de conversão do pedido de reintegração em indenização (art. 729 da CLT). Além disso, tem a jurisprudência admitido, nos casos em que se postula a solidariedade de determinada empresa tomadora de mão de obra, que o Juiz do Trabalho, presentes os requisitos, possa conceder a condenação subsidiária.

Em razão do contraditório e da ampla defesa, o julgamento fora do pedido ou além dele, pela Justiça do Trabalho, somente pode ser levado a efeito pelo Juiz do Trabalho quando a lei expressamente permitir ou, então, não causar qualquer prejuízo ao reclamado, como nas hipóteses de conversão da reintegração em indenização ou concessão de responsabilidade subsidiária quando houve pedido de responsabilização solidária.

Conforme o art. 324 do CPC: "O pedido deve ser determinado. § 1º É lícito, porém, formular pedido genérico: I – nas ações universais, se o autor não puder individuar os bens demandados; II – quando não for possível determinar, desde logo, as consequências do ato ou do fato; III – quando a determinação do objeto ou do valor da condenação depender de ato que deva ser praticado pelo réu. § 2º O disposto neste artigo aplica-se à reconvenção."

Nas reclamações trabalhistas, como regra geral, exige-se que o pedido seja certo e determinado, pois se trata de direitos patrimoniais, e o pedido indeterminado pode dificultar em demasia a compreensão da lide e a oportunidade de defesa. Nesse sentido, a seguinte ementa:

> "Pedido genérico. As verbas trabalhistas em geral não se enquadram nas exceções descritas nos incisos I a III do art. 286 do CPC para que se admita pedido genérico nesta Justiça

Especializada". (TRT 12ª R. – 3ª T. – RO n. 3057/2002.005.12.00-7 – rel. Gilmar Carvalheri – DJSC 10.12.03 – p. 336) (RDT n. 2 – Fevereiro de 2004)

Não obstante, em algumas hipóteses, admite-se o pedido genérico, quando não for possível determinar o montante de eventual indenização, como acontece nos pedidos de reparação por danos morais.

Como bem destaca *Carlos Henrique Bezerra Leite*(26): "[...] Em se tratando de ações que tenham por objeto a tutela de interesses individuais homogêneos ou coletivos, é obrigatória a formulação de pedido genérico, que desaguará em prolação de sentença genérica com a apuração do *quantum debeatur* em liquidação por artigos (CDC, arts. 95 e 98)."

Conforme as regras de hermenêutica, o pedido se interpreta restritivamente, pois, diante do princípio do dispositivo, o reclamante não é obrigado a pedir o que não pretende, tampouco pode o juiz julgar fora do que foi postulado. De outro lado, na interpretação do pedido, devem ser consideradas a causa de pedir, bem como a boa-fé objetiva.

Nesse sentido, dispõe o art. 322 do CPC, *in verbis:* "O pedido deve ser certo. § 1º Compreendem-se no principal os juros legais, a correção monetária e as verbas de sucumbência, inclusive os honorários advocatícios. § 2º A interpretação do pedido considerará o conjunto da postulação e observará o princípio da boa-fé."

Não obstante, a doutrina tem admitido os chamados pedidos implícitos, quais sejam: não estão postulados expressamente, como juros e correção monetária e também os honorários advocatícios que decorrem da sucumbência, uma vez que tais parcelas decorrem da própria procedência do pedido.

Nesse sentido, sustenta *Nelson Nery Junior*(27):

> "Há alguns pedidos que se encontram compreendidos na petição, como se fossem pedidos implícitos. Isto porque seu exame decorre da lei, prescindindo de alegação expressa do autor. São eles os de: a) juros legais (CPC, art 293); b) juros de mora (CPC, art. 219); c) correção monetária (LCM), por mera atualização da moeda não se constituindo em nenhuma vantagem para o autor que não a pediu; d) despesas e honorários advocatícios (CPC, art. 20); e) pedido de prestações vincendas (CPC, art. 290)."

d.1.) Da cumulação de pedidos

Assevera o art. 327 do CPC:

> "É lícita a cumulação, em um único processo, contra o mesmo réu, de vários pedidos, ainda que entre eles não haja conexão.

---

(26) BEZERRA LEITE, Carlos Henrique. *Curso de direito processual do trabalho.* 5. ed. São Paulo: LTr, 2007. p. 432.

(27) NERY JUNIOR, Nelson. *Código de Processo Civil comentado.* 10. ed. São Paulo: RT, 2007. p. 560.

§ 1º São requisitos de admissibilidade da cumulação que:

I – os pedidos sejam compatíveis entre si;

II – seja competente para conhecer deles o mesmo juízo;

III – seja adequado para todos os pedidos o tipo de procedimento.

§ 2º Quando, para cada pedido, corresponder tipo diverso de procedimento, será admitida a cumulação se o autor empregar o procedimento comum, sem prejuízo do emprego das técnicas processuais diferenciadas previstas nos procedimentos especiais a que se sujeitam um ou mais pedidos cumulados, que não forem incompatíveis com as disposições sobre o procedimento comum.

§ 3º O inciso I do § 1º não se aplica às cumulações de pedidos de que trata o art. 326."

O referido dispositivo encaixa-se perfeitamente ao Processo do Trabalho, que adota como regra geral a cumulação de pedidos num único processo (cumulação objetiva), pois diversas parcelas trabalhistas derivam de um mesmo contrato de trabalho.

d.2.) Pedido alternativo

Diz-se alternativo o pedido quando o autor pretende um ou outro bem como objeto do processo.

Ensina *Nelson Nery Junior*(28):

> "Pedido alternativo é aquele que versa sobre obrigação alternativa do réu (art. 252; CC/ 1916, 884). A qualificação do pedido é dada pela natureza da obrigação exigida do réu. A regra é o autor pedir a condenação do réu no cumprimento da obrigação, de forma alternativa, como previsto na lei ou contrato. Mas, ainda que o autor não faça pedido alternativo, o juiz, ao julgar procedente o pedido, facultará ao réu o cumprimento da obrigação de forma alternativa. A alternatividade respeita ao réu, pois é ele quem deve cumprir a obrigação de forma alternativa."

Nesse sentido, dispõe o art. 325 do CPC, *in verbis*:

"O pedido será alternativo quando, pela natureza da obrigação, o devedor puder cumprir a prestação de mais de um modo. Parágrafo único. Quando, pela lei ou pelo contrato, a escolha couber ao devedor, o juiz lhe assegurará o direito de cumprir a prestação de um ou de outro modo, ainda que o autor não tenha formulado pedido alternativo."

Como exemplos, temos os pedidos alternativos de adicionais de insalubridade ou periculosidade, nulidade da alteração contratual ilícita (art. 468 da CLT) ou rescisão indireta do contrato de trabalho (art. 483 do CLT).

Nesse sentido, dispõe a seguinte ementa:

"Responsabilidade solidária ou subsidiária — Pedido alternativo — Ente público. Contendo a inicial pedido alternativo quanto à responsabilidade solidária ou subsidiária do ente

---

(28) NERY JUNIOR, Nelson. *Código de Processo Civil comentado*. 10. ed. São Paulo: RT, 2007. p. 557.

público pelo adimplemento das obrigações dos contratos de trabalho das reclamantes, celebrados originariamente com a Irmandade do Hospital de Misericórdia e acolhida pelo julgador de origem a responsabilidade subsidiária, ante a interposição do recurso ordinário por elas cabe à egrégia Turma o reexame também da questão da responsabilidade solidária, nos termos do art. 515, § 2º, do CPC, de aplicação subsidiária." (TRT 15ª R. – 3ª T. – REO--RO n. 411/2003.106.15.00-0 – rel. Lorival F. dos Santos – DJSP 13.8.04 – p. 25) (RDT n. 9 – Setembro de 2004)

d.3.) Pedido subsidiário

Dispõe o art. 326 do CPC:

É lícito formular mais de um pedido em ordem subsidiária, a fim de que o juiz conheça do posterior, quando não acolher o anterior. Parágrafo único. É lícito formular mais de um pedido, alternativamente, para que o juiz acolha um deles.

Conforme destaca *Nelson Nery Junior*(29):

> "O autor pode deduzir dois ou mais pedidos em ordem sucessiva. Pedido sucessivo é a pretensão subsidiária deduzida pelo autor, no sentido de que, não podendo o juiz acolher o pedido principal, passa a examinar o sucessivo [...]. O pedido sucessivo só é examinado pelo juiz se não puder ser deferido, no mérito, o pedido principal."

Os pedidos sucessivos, na expressão do CPC/73, e subsidiários na expressão do CPC atual, são comuns no Processo do Trabalho, nas hipóteses de estabilidades provisórias no emprego em que se postula a reintegração e, sucessivamente, caso já transcorrido o prazo estabilitário, indenização pelo período estabilitário.

Também diante da EC n. 45/04, que dilatou a competência da Justiça do Trabalho para as lides que envolvem a relação de trabalho (art. 114, I, da CF), é possível formular-se um pedido de reconhecimento de vínculo de emprego, com as verbas dele decorrentes, e, sucessivamente, caso não reconhecido o vínculo de emprego, postular verbas decorrentes da relação de trabalho (contrato de prestação de serviços, representação comercial etc.).

e) Do valor da causa no Processo do Trabalho

Valor da causa é a expressão econômica dos pedidos formulados pelo reclamante no processo. A exigência de declará-lo no ato da propositura da reclamação tem duas finalidades, quais sejam:

a) servir de base de cálculo para as custas e demais taxas judiciárias;

b) indicar o procedimento a ser seguido (sumário ou ordinário ou sumaríssimo).

Determina o art. 291 do CPC:

"A toda causa será atribuído valor certo, ainda que não tenha conteúdo econômico imediatamente aferível."

---

(29) *Op. cit.*, p. 558.

Como o art. 840 da CLT não exige que o reclamante decline o valor da causa, parte da doutrina entende que ele é desnecessário no Processo do Trabalho.

Embora o art. 840 da CLT não exija que o reclamante decline o valor da causa, acreditamos que ele deva ser indicado pelo reclamante, pois o valor da causa determina o procedimento a ser seguido: Ordinário (CLT), Sumário (Lei n. 5.584/70) ou Sumaríssimo (Lei n. 9.957/00). Embora alguns sustentem que não há tal obrigação da parte, pois ele pode ser fixado pelo Juiz do Trabalho, conforme a Lei n. 5.584/70, acreditamos que tal argumento não seja suficiente, uma vez que, após a Lei n. 9.957/00, fica muito difícil sustentar tal entendimento, já que a parte deve, nas causas cujo valor atinja até 40 salários mínimos, liquidar os pedidos[30].

No mesmo sentido, se posiciona a doutrina majoritária. Por todos, destacamos a posição de *Gérson Marques*[31]:

> "Embora este dispositivo celetiano não faça expressa referência ao valor da causa, é ele de suma importância, tanto para efeitos de custas (a serem pagas ao final), quanto para fins de fixação da alçada, pois as causas de valor até dois salários mínimos têm suas sentenças irrecorríveis, salvo em se tratando de matéria de índole constitucional (art. 1º, § 4º, Lei n. 5.584/70)."

Para cálculo do valor da causa no Processo do Trabalho, deve ser aplicado o art. 292 do CPC, que tem a seguinte redação:

> "O valor da causa constará da petição inicial ou da reconvenção e será:
>
> I – na ação de cobrança de dívida, a soma monetariamente corrigida do principal, dos juros de mora vencidos e de outras penalidades, se houver, até a data de propositura da ação;
>
> II – na ação que tiver por objeto a existência, a validade, o cumprimento, a modificação, a resolução, a resilição ou a rescisão de ato jurídico, o valor do ato ou o de sua parte controvertida;
>
> III – na ação de alimentos, a soma de 12 (doze) prestações mensais pedidas pelo autor;
>
> IV – na ação de divisão, de demarcação e de reivindicação, o valor de avaliação da área ou do bem objeto do pedido;
>
> V – na ação indenizatória, inclusive a fundada em dano moral, o valor pretendido;
>
> VI – na ação em que há cumulação de pedidos, a quantia correspondente à soma dos valores de todos eles;
>
> VII – na ação em que os pedidos são alternativos, o de maior valor;
>
> VIII – na ação em que houver pedido subsidiário, o valor do pedido principal.

---

(30) No rito ordinário, pensamos que há necessidade de se indicar o valor da causa, mas não liquidar os pedidos. Nesse sentido: "Procedimento ordinário — Petição inicial — Desnecessidade de indicação dos valores correspondentes aos pedidos. Em se tratando de procedimento ordinário, que é a regra geral, o autor não está obrigado a indicar, na petição inicial, os valores correspondentes a cada pedido, incidindo em negativa de prestação jurisdicional a decisão que extingue o processo sem julgamento do mérito por não ter o autor atendido determinação para emendar a petição inicial, liquidando os pedidos" (TRT 15ª R. – 1ª T. – RO n. 1378/2004.109.15.00-6 – rel. João Batista da Silva – DJSP 1º.4.05 – p. 12) (RDT n. 05 – Maio de 2005).

(31) MARQUES, Gérson. *Processo do trabalho comentado*. São Paulo: RT, 2001. p. 267.

§ 1º Quando se pedirem prestações vencidas e vincendas, considerar-se-á o valor de umas e outras.

§ 2º O valor das prestações vincendas será igual a uma prestação anual, se a obrigação for por tempo indeterminado ou por tempo superior a 1 (um) ano, e, se por tempo inferior, será igual à soma das prestações.

§ 3º O juiz corrigirá, de ofício e por arbitramento, o valor da causa quando verificar que não corresponde ao conteúdo patrimonial em discussão ou ao proveito econômico perseguido pelo autor, caso em que se procederá ao recolhimento das custas correspondentes."

De grande importância no Processo Trabalhista, o inciso V do citado art. 292 do CPC, que exige que a parte indique o valor pretendido nas ações de reparação por danos morais, o que, de nossa parte é o correto e não, simplesmente, deixar para o arbitramento judicial, uma vez ninguém melhor do que o próprio lesado para dizer o quanto pretende, bem como qual a dimensão econômica de seu dano. Nesse sentido também o art. 3º, IV da IN n. 39/16 do C. TST, *in verbis*:

"Sem prejuízo de outros, aplicam-se ao Processo do Trabalho, em face de omissão e compatibilidade, os preceitos do Código de Processo Civil que regulam os seguintes temas: (...) IV – art. 292, V (valor pretendido na ação indenizatória, inclusive a fundada em dano moral)."

e.1.) Impugnação do valor atribuído à causa e controle judicial sobre o valor atribuído à causa no Processo do Trabalho

Dispunha o art. 261 do CPC/73:

"O réu poderá impugnar, no prazo da contestação, o valor atribuído à causa pelo autor. A impugnação será autuada em apenso, ouvindo-se o autor no prazo de 5 (cinco) dias. Em seguida o juiz, sem suspender o processo, servindo-se, quando necessário, do auxílio de perito, determinará, no prazo de 10 (dez) dias, o valor da causa. Parágrafo único. Não havendo impugnação, presume-se aceito o valor atribuído à causa na petição inicial."

Conforme o Código anterior, a impugnação ao valor da causa deveria ser realizada por meio de incidente próprio em peça própria, no prazo da contestação.

Atualmente, estabelece o art. 293, do CPC:

"O réu poderá impugnar, em preliminar da contestação, o valor atribuído à causa pelo autor, sob pena de preclusão, e o juiz decidirá a respeito, impondo, se for o caso, a complementação das custas."

No processo, a impugnação ao valor da causa é realizada na própria contestação, como matéria preliminar, assim, como está disposto no art. 293 do CPC atual.

O valor pode ser fixado de ofício pelo Juiz do Trabalho no rito sumário (art. 2º da Lei n. 5.584/70).

O objetivo do valor da causa é fixar a base de cálculo para incidência das taxas judiciárias, que têm natureza de tributo vinculado a um serviço específico, que é atividade jurisdicional, bem como determinar o procedimento (sumário, sumaríssimo e o ordinário).

Desse modo, parte da doutrina entende que há forte interesse do juiz em interferir no valor atribuído à causa.

Outros argumentam que o juiz não poderá alterar de ofício o valor atribuído à causa, pois a impugnação do valor atribuído à inicial é providência do reclamado que deve vir no bojo da defesa ou no pedido de revisão (Lei n. 5.584/70) se o valor for fixado pelo Juiz do Trabalho no rito sumário.

Outros argumentam que o Juiz do Trabalho poderá corrigir, de ofício, o valor da causa em razão do conteúdo ético do processo e em virtude de atuar o juiz como *custos legis* sobre a incidência das taxas judiciárias que têm por base de cálculo o valor da causa. Argumentam ainda que a questão é de ordem pública, não incidindo, no aspecto, a preclusão.

Pensamos que não seja função do Juiz do Trabalho fiscalizar o valor da causa, tampouco possa ele, em qualquer hipótese, alterar o valor que foi atribuído pelo reclamante. Somente em casos extremos, quando o valor atribuído à causa for excessivamente reduzido em face do montante dos pedidos ou excessivamente alto, o Juiz do Trabalho deverá atuar como fiscal da lei, corrigindo o valor.

O Código de Processo Civil de 2015, de aplicação subsidiária ao processo do trabalho (arts. 769, da CLT e 15 do CPC), no art. 292, permite, excepcionalmente, ao Juiz de ofício, corrigir o valor atribuído à causa. Com efeito, dispõe o referido dispositivo legal:

> "O valor da causa constará da petição inicial ou da reconvenção e será:
>
> (...) § 3º O juiz corrigirá, de ofício e por arbitramento, o valor da causa quando verificar que não corresponde ao conteúdo patrimonial em discussão ou ao proveito econômico perseguido pelo autor, caso em que se procederá ao recolhimento das custas correspondentes."

No mesmo sentido o art. 3º , V, da IN n. 39/16 do C. TST, *in verbis*:

> "Sem prejuízo de outros, aplicam-se ao Processo do Trabalho, em face de omissão e compatibilidade, os preceitos do Código de Processo Civil que regulam os seguintes temas: (...)V - art. 292, § 3º (correção de ofício do valor da causa)".

f) Assinatura da petição inicial

Ao contrário da petição inicial, no Processo Civil, a CLT exige que a petição inicial esteja assinada pelo reclamante ou por seu advogado. Nesse sentido, dispõe o § 1º do art. 840 da CLT, *in verbis*: "Sendo escrita, a reclamação deverá conter a designação do presidente da Junta, ou do Juiz de Direito, a quem for dirigida, a qualificação do reclamante e do reclamado, uma breve exposição dos fatos de que resulte o dissídio, o pedido, a data e *a assinatura do reclamante ou de seu representante.*" (o grifo é nosso)

g) Requisitos não exigidos na inicial trabalhista

Não se exige que na inicial trabalhista constem o requerimento de provas, pois estas são produzidas em audiência (arts. 787 e 845 da CLT); e o requerimento de citação do reclamado, pois, no Processo do Trabalho, a notificação inicial, que equivale à citação, é realizada automaticamente, por ato do diretor de Secretaria ou por funcionário por ele designado (art. 841 da CLT).

O Código de Processo Civil atual, ao contrário do anterior, não exige o requerimento de citação do réu, pois a citação é providência do próprio juízo, considerando-se a implementação do princípio do contraditório e da ampla defesa. Vale dizer: sem citação do demandado, o processo não é válido.

Inaplicável, também, o inciso VII do art. 319 do CPC (a opção do autor pela realização ou não de audiência de conciliação ou de mediação), uma vez que a audiência prévia de conciliação ou mediação não é obrigatória no Processo do Trabalho. Além disso, diante do princípio da concentração, próprio da oralidade, as tentativas de conciliação são realizadas pelo próprio Juiz condutor do processo, na audiência una.

4. Efeitos processuais da inicial

Conforme a doutrina, a propositura da inicial gera os seguintes efeitos processuais:

a) determina os limites da lide (pedido e causa de pedir) e também a natureza do provimento jurisdicional;

b) serve de parâmetro para confronto com outras demandas já propostas (litispendência, conexão ou coisa julgada);

c) fixa a competência em razão da matéria, funcional e territorial;

d) influi no procedimento a ser adotado no Processo.

5. Da emenda e aditamento da inicial no Processo do Trabalho

Emendar a inicial significa corrigi-la. Aditar significa adicionar. Adita-se a inicial para acrescentar pedidos.

A CLT não disciplina as hipóteses de aditamento da inicial. Desse modo, aplica-se à hipótese o Código de Processo Civil (art. 329), por força do art. 769 da CLT.

Dispõe o art. 329 do CPC:

"O autor poderá: I – até a citação, aditar ou alterar o pedido ou a causa de pedir, independentemente de consentimento do réu; II – até o saneamento do processo, aditar ou alterar o pedido e a causa de pedir, com consentimento do réu, assegurado o contraditório mediante a possibilidade de manifestação deste no prazo mínimo de 15 (quinze) dias, facultado o requerimento de prova suplementar. Parágrafo único. Aplica-se o disposto neste artigo à reconvenção e à respectiva causa de pedir."

Defendendo a aplicabilidade integral do CPC ao Processo do Trabalho, destacamos a posição de *Amauri Mascaro Nascimento*[32]:

> "Há um prazo máximo para o aditamento e a modificação da inicial. Porém, não decorre da CLT, que é omissa, mas do CPC (art. 264) [...]. O Código

(32) NASCIMENTO, Amauri Mascaro. *Curso de direito processual do trabalho*. 22. ed. São Paulo: Saraiva, 2007. p. 471.

revogado permitia o aditamento até a contestação. Agora, com a nova lei, modifica-se o prazo. Inadmissível é o aditamento da inicial em audiência porque por ocasião da sua realização a citação já está cumprida. Com a expedição da citação postal no processo trabalhista e o seu recebimento pelo destinatário, torna-se imodificável o pedido."

Nesse sentido, salientamos a seguinte ementa:

Aditamento da petição inicial — Possibilidade. De acordo com o art. 294 do CPC, de aplicação subsidiária no Processo do Trabalho, o autor só poderá aditar o pedido antes da citação. Nesse diapasão, o pedido aditado após a audiência inaugural só poderá ser analisado pelo Juízo com o consentimento do réu, a teor do disposto no art. 264 do CPC, também aplicado subsidiariamente à espécie." (TRT 3ª R. – 2ª T. – RO n. 891/2005.007.03.00-5 – rel. Sebastião Geraldo de Oliveira – DJ 13.9.06 – p. 11) (RDT n. 10 – outubro de 2006)

No Processo do Trabalho, ao contrário do Processo Civil, o Juiz do Trabalho somente toma contato com inicial em audiência, uma vez que a citação (*rectius* — notificação) é ato do diretor de Secretaria (art. 841 da CLT). Portanto, acreditamos, ao contrário do que ocorre no Processo Civil, que o reclamante poderá aditar ou emendar a inicial, sem anuência da parte contrária, na audiência, antes do recebimento da defesa, ou antes de decorrido o prazo para resposta (art. 847 da CLT). Entretanto, ao reclamado deverá ser concedido o prazo para complementar defesa, devendo a audiência ser adiada para tal finalidade, e a nova audiência ser designada em prazo não inferior a cinco dias (art. 841 da CLT). Após recebida a defesa, o aditamento somente será possível com a concordância do reclamado.

Nesse sentido, é a visão de *Cléber Lúcio de Almeida*(33), com a qual concordamos integralmente:

> "No processo do trabalho, a modificação do pedido ou da causa de pedir é possível, mesmo sem concordância do reclamado, até o recebimento da defesa, como forma de propiciar a mais rápida solução do litígio. Ao reclamado deve ser assegurada, no entanto, a oportunidade para adequação de sua defesa à nova realidade da demanda, na própria audiência ou em nova oportunidade, para que se evite cerceamento de seu direito de defesa. No processo do trabalho, a estabilização da demanda se dá com o recebimento da defesa."

No mesmo sentido, destacamos as seguintes ementas:

"Emenda ou aditamento à petição inicial. No processo do trabalho, inexiste vedação para que, antes do oferecimento da contestação, o autor adite ou emende o pedido inicial." (TRT – 1ª R. – 6ª T. – RO n. 15.275/99 – relª Dóris Castro Neves – DJRJ 7.8.2002 – p. 226) (RDT n. 09 – setembro 2002)

"ADITAMENTO À INICIAL EM AUDIÊNCIA. PRECLUSÃO. No Processo do Trabalho, nada obsta que o aditamento à inicial seja feito em audiência, desde que o juiz designe nova audiência para que a parte contrária apresente sua contestação. Conforme leciona

(33) ALMEIDA, Cléber Lúcio de. *Direito processual do trabalho*. Belo Horizonte: Del Rey, 2006. p. 408.

Renato Saraiva — considerando que o processo do trabalho é dotado de regras e princípios próprios, em que não há citação, mas mera notificação para comparecer à audiência, as normas sobre o aditamento da petição inicial previstas no Código de Processo Civil devem ser adaptadas ao processo laboral — (*in: Curso de Direito Processual do Trabalho*. 8. ed. Editora Método, p. 294). Intactos, pois os arts. 264 e 294 do CPC e 769 da CLT. Recurso de revista não conhecido." (TST – Processo: RR – 142600-63.2008.5.02.0202, Data de Julgamento: 23.5.2012, rel. Min. Aloysio Corrêa da Veiga, Data de Publicação: DEJT 1º.6.12)

"ADITAMENTO À INICIAL. EXTEMPORANEIDADE. APLICAÇÃO DOS ARTS. 264 e 294 DO CÓDIGO DE PROCESSO CIVIL NO PROCESSO DO TRABALHO. Os arts. 264 e 294 do Código de Processo Civil devem ser aplicados no processo do trabalho considerando-se as peculiaridades deste. No processo do trabalho não há despacho saneador, de sorte que o juiz somente tem contato com o processo na primeira audiência, ocasião em que poderá determinar a emenda da inicial, independentemente da concordância do réu, muito embora já tenha ocorrido a citação. Assim, é incoerente não aceitar a modificação ou o aditamento da inicial por iniciativa do autor antes da apresentação da defesa (em respeito ao contraditório), em que pese a ausência de concordância do réu. Preliminar rejeitada." (TRT – 2ª Região, relª Margoth Giacomazzi Martins, Processo n.: 02202000920075020005 Data de Publicação: 22.9.2011)

6. Documentos que devem acompanhar a inicial trabalhista

São documentos indispensáveis à propositura da demanda apenas aqueles sem os quais o mérito da causa não possa ser julgado, como a certidão de casamento na separação judicial, a escritura pública, a norma coletiva, o instrumento de contrato quando pedir a anulação etc.

A CLT dispõe sobre a questão no art. 787, *in verbis*:

"A reclamação escrita deverá ser formulada em duas vias e desde logo acompanhada dos documentos em que se fundar."

No mesmo diapasão, dispõe o art. 845 da CLT, assim redigido:

"O reclamante e o reclamado comparecerão à audiência acompanhados das suas testemunhas, apresentando, nesta ocasião, as demais provas."

7. Do indeferimento da petição inicial no Processo do Trabalho

Indeferir a inicial significa rejeitá-la liminarmente, antes do recebimento da defesa.

Ensina *Nelson Nery Junior*(34) que indeferimento significa "trancar liminarmente a petição inicial, sem dar prosseguimento ao pretendido pelo autor. O ato do juiz que indefere a petição inicial é sentença, impugnável pelo recurso de apelação. Salvo no caso de pronúncia de decadência e prescrição, todas as demais sentenças de indeferimento da petição inicial são de extinção do processo sem resolução do mérito."

Dispõe o art. 321 do CPC:

"O juiz, ao verificar que a petição inicial não preenche os requisitos dos arts. 319 e 320 ou que apresenta defeitos e irregularidades capazes de dificultar o julgamento de mérito,

(34) *Op. cit.*, p. 561.

determinará que o autor, no prazo de 15 (quinze) dias, a emende ou a complete, indicando com precisão o que deve ser corrigido ou completado. Parágrafo único. Se o autor não cumprir a diligência, o juiz indeferirá a petição inicial."

O referido dispositivo legal determina que o juiz, verificando que a inicial contém nulidade sanável (que pode ser corrigida facilmente, sem alteração da substância da inicial, como: erros materiais, falta de juntada de documentos, qualificação errônea das partes, endereçamento incorreto, esclarecimento sobre qual parte pretende o vínculo de emprego, quando não estiver especificado e houver mais de um reclamado no polo passivo etc.), deverá conceder à parte prazo para emendá-la. Segundo a jurisprudência, a concessão do prazo para a emenda não fica ao critério discricionário do juiz, sendo um direito subjetivo processual da parte.

Quando for determinar a emenda, deverá o juiz esclarecer à parte qual o ponto incorreto que deverá ser corrigido, a fim de propiciar maior eficiência ao processo, evitar dilações indevidas e implementar um diálogo mais efetivo entre juiz e parte no processo.

O recente Código de Processo Civil consagra o referido posicionamento doutrinário e jurisprudencial, no art. 321, que dispõe:

> "O juiz, ao verificar que a petição inicial não preenche os requisitos dos arts. 319 e 320 ou que apresenta defeitos e irregularidades capazes de dificultar o julgamento de mérito, determinará que o autor, no prazo de 15 (quinze) dias, a emende ou a complete, indicando com precisão o que deve ser corrigido ou completado. Parágrafo único. Se o autor não cumprir a diligência, o juiz indeferirá a petição inicial." (o destaque é nosso)

Nesse sentido, destacamos as seguintes ementas:

> "Agravo de petição — Indeferimento da inicial. Verificando o juiz que a petição inicial não preenche os requisitos exigidos nos arts. 282 e 283, ou que apresenta defeitos e irregularidades capazes de dificultar o julgamento de mérito, é mister que determine que o autor a emende, ou a complete, no prazo de 10 (dez) dias, sob pena de cercear o direito da parte." (TRT – 4ª R. – 5ª T. – Ap. n. 80249241/97-8 – rel. Juiz Fernando Krieg da Fonseca – DJRS 18.5.98)

> "Requisitos da petição inicial da ação trabalhista — Arts. 840 e 852-B, I, da CLT — Inaplicabilidade do art. 284 do CPC. A ausência da liquidação do pedido em procedimento sumaríssimo (art. 852-B, I, da CLT) e da assinatura na petição inicial (art. 840, § 1º, do mesmo diploma) implica a extinção da ação nos termos do art. 267, I, do CPC. O art. 284 do Código Buzaid, que prevê a abertura de prazo pelo juiz para a supressão da falta antes de indeferir a petição inicial, é inaplicável no processo do trabalho. Neste não há despacho saneador, e a análise da petição é feita na audiência em que é apresentada a defesa, após a qual é impossível a determinação de providências." (TRT 12ª R. – 2ª T. – ROV n. 7486/2004.037.12.01-2 – Ac. n. 9549/05 – relª Marta M. V. Fabre – DJSC 5.8.05 – p. 169) (RDT n. 09 – Setembro de 2005)

> "Petição inicial — Indeferimento — Instrução obrigatória deficiente. Salvo nas hipóteses do art. 295 do CPC, o indeferimento da petição inicial, por encontrar-se desacompanhada de documento indispensável à propositura da ação ou não preencher outro requisito legal,

somente é cabível se, após intimada para suprir a irregularidade em 10 (dez) dias, a parte não o fizer (Súmula n. 263 do colendo TST)." (TRT 10ª R. – 1ª T. – RO n. 499/2005.017.10.00-8 – rel. André R. P. V. Damasceno – DJDF 20.1.06 – p. 19) (RDT n. 2 – fevereiro de 2006)

Nesse sentido, é a Súmula n. 263 do C. TST, *in verbis*:

> "PETIÇÃO INICIAL. INDEFERIMENTO. INSTRUÇÃO OBRIGATÓRIA DEFICIENTE. Salvo nas hipóteses do art. 330 do CPC de 2015 (art. 295 do CPC de 1973), o indeferimento da petição inicial, por encontrar-se desacompanhada de documento indispensável à propositura da ação ou não preencher outro requisito legal, somente é cabível se, após intimada para suprir a irregularidade em 15 (quinze) dias, mediante indicação precisa do que deve ser corrigido ou completado, a parte não o fizer (art. 321 do CPC de 2015)".

Conforme a referida Súmula, a inicial somente deverá ser indeferida, sem possibilidade de emenda, se contiver os vícios insanáveis. Os vícios insanáveis são os constantes do art. 330 do CPC.

Dispõe o art. 330 do CPC:

"A petição inicial será indeferida quando:

I – for inepta;

II – a parte for manifestamente ilegítima;

III – o autor carecer de interesse processual;

IV – não atendidas as prescrições dos arts. 106 e 321.

§ 1º Considera-se inepta a petição inicial quando:

I – lhe faltar pedido ou causa de pedir;

II – o pedido for indeterminado, ressalvadas as hipóteses legais em que se permite o pedido genérico;

III – da narração dos fatos não decorrer logicamente a conclusão;

IV – contiver pedidos incompatíveis entre si.

§ 2º Nas ações que tenham por objeto a revisão de obrigação decorrente de empréstimo, de financiamento ou de alienação de bens, o autor terá de, sob pena de inépcia, discriminar na petição inicial, dentre as obrigações contratuais, aquelas que pretende controverter, além de quantificar o valor incontroverso do débito.

§ 3º Na hipótese do § 2º, o valor incontroverso deverá continuar a ser pago no tempo e modo contratados."

Conforme já mencionado, inclusive com suporte na Súmula n. 263 do C. TST, se a inicial trabalhista contiver os vícios mencionados no art. 330 do CPC, o Juiz do Trabalho deverá indeferi-la de plano, sem concessão do prazo mencionado no art. 321 do CPC.

Caso o juiz não indefira de plano a inicial, poderá, na sentença final, decretar a extinção do processo sem resolução de mérito no aspecto (art. 485, I, do CPC), por conter a inicial um defeito previsto no art. 330 do CPC.

Como no Processo do Trabalho dificilmente o Juiz do Trabalho toma contato com a inicial antes da audiência, pois não há o despacho saneador, costumeiramente, a apreciação dos vícios da inicial é deixada para a sentença final, após a dilação probatória.

Quando a inicial for inepta; quando a parte for manifestamente ilegítima; quando o autor carecer de interesse processual; quando o tipo de procedimento, escolhido pelo autor, não corresponder à natureza da causa, ou ao valor da ação, caso em que só não será indeferida se puder adaptar-se ao tipo de procedimento legal; quando não atendidas as prescrições dos arts. 106, parágrafo único, primeira parte, e 321, ambos do CPC, o Juiz do Trabalho extinguirá o processo sem resolução de mérito (art. 485, I, do CPC).

Quando pronunciar prescrição ou decadência, extinguirá o processo, com resolução de mérito, nos termos do art. 487, IV, do CPC.

8. Da inépcia da inicial trabalhista

A petição apta é aquela que contém os requisitos do art. 840 da CLT e não contém os vícios do art. 330(35) do CPC. Inépcia da inicial significa defeito, falta de aptidão da inicial, impedindo que a relação jurídica processual prossiga com o pronunciamento sobre o mérito da causa.

Como bem adverte *Calmon de Passos*(36), "de logo se observa girar a inépcia em torno de feitos vinculados à causa de pedir e ao pedido, isto é, ao mérito da causa. Não se cuida, como no art. 284, de defeito capaz de dificultar o julgamento do mérito, mas sim de defeito que obsta, impede, torna impossível o exame do mérito."

Quando a inicial se apresenta inepta, não há como corrigi-la ou emendá-la, pois o vício apresentado é insanável, devendo o Juiz do Trabalho indeferi-la desde logo.

As hipóteses do § 1º do art. 330 do CPC se aplicam ao Processo do Trabalho (art. 769 da CLT), entretanto, a jurisprudência tem tido tolerância maior para declarar a inépcia da inicial, principalmente na aferição do inciso III do parágrafo único do art. 330 do CPC, considerando-se o *jus postulandi* da parte e os princípios da simplicidade e informalismo do Processo do Trabalho, não obstante a inicial

(35) Art. 330 do CPC: "A petição inicial será indeferida quando: I – for inepta; II – a parte for manifestamente ilegítima; III – o autor carecer de interesse processual; IV – não atendidas as prescrições dos arts. 106 e 321. § 1º Considera-se inepta a petição inicial quando: I – lhe faltar pedido ou causa de pedir; II – o pedido for indeterminado, ressalvadas as hipóteses legais em que se permite o pedido genérico; III – da narração dos fatos não decorrer logicamente a conclusão; IV – contiver pedidos incompatíveis entre si. § 2º Nas ações que tenham por objeto a revisão de obrigação decorrente de empréstimo, de financiamento ou de alienação de bens, o autor terá de, sob pena de inépcia, discriminar na petição inicial, dentre as obrigações contratuais, aquelas que pretende controverter, além de quantificar o valor incontroverso do débito. § 3º Na hipótese do § 2º, o valor incontroverso deverá continuar a ser pago no tempo e modo contratados."

(36) CALMON DE PASSOS, José Joaquim. *Comentários ao Código de Processo Civil*. 8. ed. Rio de Janeiro: Forense, 2001. p. 213.

trabalhista inepta, além de prejudicar todo o andamento do processo, tornam a compreensão da inicial muito dificultosa e, muitas vezes, inviabilizam a defesa do reclamado. Por isso, no nosso sentir, se a inicial trabalhista contiver os vícios do parágrafo único do art. 330 do CPC, deverá o Juiz do Trabalho indeferi-la de plano.

A inicial contém pedidos incompatíveis entre si quando um pedido formulado excluir outro também formulado na inicial. Por exemplo: o autor pretende rescisão indireta do contrato de trabalho e em seguida reintegração no emprego.

Quando da narração do fato não decorrer logicamente a conclusão, deverá o Juiz do Trabalho decretar inépcia — por exemplo, o autor narra na causa de pedir que sofre danos de ordem moral, pois fora ofendido e, no pedido, postula danos materiais.

Se a inicial não contiver pedido ou causa de pedir, a parte contrária não poderá defender-se, e o Juiz do Trabalho não poderá compreender a lide, razão pela qual deverá decretar a inépcia.

A jurisprudência trabalhista, entretanto, não tem sido rígida ao apreciar a congruência entre a causa de pedir e o pedido. Se for possível compreender, da narração dos fatos, o pedido, e possibilitar a defesa do demandado, os Tribunais Trabalhistas costumam afastar as arguições de inépcia da inicial. No aspecto, destacamos a seguinte ementa da mais alta Corte Trabalhista do País, *in verbis*:

> "AGRAVO DE INSTRUMENTO EM RECURSO DE REVISTA EM FACE DE DECISÃO PUBLICADA ANTES DA VIGÊNCIA DA LEI N. 13.015/2014. INÉPCIA DA INICIAL. NÃO CONFIGURAÇÃO. Agravo de instrumento a que se dá provimento para determinar o processamento do recurso de revista, em face de haver sido demonstrada possível afronta ao art. 840, § 1º, da Consolidação das Leis do Trabalho, nos moldes do art. 896, "*c*", desse mesmo diploma legal. RECURSO DE REVISTA EM FACE DE DECISÃO PUBLICADA ANTES DA VIGÊNCIA DA LEI N. 13.015/2014. INÉPCIA DA INICIAL. NÃO CONFIGURAÇÃO. O § 1º do art. 840 da Consolidação das Leis do Trabalho dispõe que a petição inicial deverá conter '*uma breve exposição dos fatos de que resulte o dissídio, o pedido*.' Não se exige rigor no exame dos requisitos da inicial. Basta que do contexto da inicial se possa extrair a pretensão, sem exigência de maiores formalidades. No caso, a exordial expõe os fatos e articula de modo claro a tese de contratação fraudulenta para então concluir com o pedido de reconhecimento da unicidade contratual e responsabilização solidária das reclamadas pelas verbas pretendidas, o que atende ao disposto no mencionado artigo de lei. Recurso de revista de que se conhece e a que se dá provimento." (TST – Processo: RR – 284-59.2010.5.02.0007 Data de Julgamento: 18.3.2015, relator Ministro: Cláudio Mascarenhas Brandão, 7ª Turma, Data de Publicação: DEJT 20.3/2015)

9. Do recurso em face do indeferimento liminar da inicial no Processo do Trabalho

A decisão que indefere a inicial tem natureza terminativa, pois extingue o processo, sem resolução de mérito (art. 485, I, do CPC). Desse modo, no Processo do Trabalho, tal decisão desafia a interposição de Recurso Ordinário (art. 895 da CLT).

Pensamos, em razão da omissão da CLT e compatibilidade com os princípios do Processo do Trabalho como os da efetividade e celeridade (art. 769 da CLT), o art. 331 do CPC aplica-se ao Processo do Trabalho que assim dispõe:

> "Indeferida a petição inicial, o autor poderá apelar, facultado ao juiz, no prazo de 5 (cinco) dias, retratar-se. § 1º Se não houver retratação, o juiz mandará citar o réu para responder ao recurso. § 2º Sendo a sentença reformada pelo tribunal, o prazo para a contestação começará a correr da intimação do retorno dos autos, observado o disposto no art. 334. § 3º Não interposta a apelação, o réu será intimado do trânsito em julgado da sentença."

Desse modo, se o Juiz do Trabalho indeferir a inicial, o reclamante poderá recorrer, no prazo de oito dias (art. 895 da CLT), facultando-se a retratação do juiz, deferindo o recebimento da inicial.

Cabe destacar que a aplicabilidade do art. 331 do CPC se refere apenas ao indeferimento liminar da inicial. Se a inicial for indeferida após designação da audiência e oferecimento da defesa, o recurso cabível será apenas o Ordinário, sem possibilidade de retratação do Juiz do Trabalho.

Se o juiz decretar a inépcia de eventual pedido depois da devida instrução do processo, a parte poderá interpor recurso ordinário questionando a inépcia, juntamente com as demais matérias recursais.

Capítulo XII

Da Audiência Trabalhista

1. Conceito

Ensinam *Márcio Túlio Viana* e *Luiz Otávio Linhares Renault*(1):

> "A palavra 'audiência' vem de *audire*, e literalmente significa 'coisas (que são) ouvidas'. De um modo geral, serve para que as autoridades possam ouvir os que querem lhes falar. Em Roma, as audiências tinham regras variadas, segundo o *status* das pessoas. Com o tempo se tornaram cada vez mais solenes e minuciosas, com porteiros, criados de câmara, *nomenclatores* para identificar os presentes e *velarii* para correr as cortinas."(2)

Segundo *Athos Gusmão Carneiro*(3):

> "Na audiência, segundo a definição de Eliézer, se instrui, discute e decide a causa. Sem dúvida, em audiência se instrui a causa, no caso de recepção de prova oralmente produzida, sob os princípios da imediação e concentração; já nem sempre se discute a causa em audiência, em face da permissão da substituição do debate oral pelas razões finais escritas; e a prolação de sentença, o comando decisório, poderá ser realizada após o encerramento da audiência. Em audiência, igualmente, a segunda tentativa de conciliação, de autocomposição da lide, atuando o julgador como qualificado mediador entre os litigantes."

Manoel Antonio Teixeira Filho(4) conceitua a audiência trabalhista da seguinte forma: "é o ato público, em princípio indispensável, no qual o réu pode apresentar a sua resposta à petição inicial, e o juiz procede a instrução, formula propostas destinadas à solução consensual do litígio, concede prazo para razões finais e profere sentença."

---

(1) *Manual da audiência trabalhista.* São Paulo: LTr, 1997. p. 11.

(2) Segundo Francisco Antonio de Oliveira, "o termo 'audiência' (*audientia*) provém do verbo *audire*, cujo significado é ouvir, atender a quem deve, ou quer e vai falar. Define-se como a sessão pública que o magistrado preside em dias previamente designados, para ouvir as partes, por si e por seus procuradores, bem como para realização de certas formalidades do processo que a lei exigia fossem praticadas em audiência"(*Manual das audiências trabalhistas.* 2. ed. São Paulo: RT, 1999. p. 18).

(3) CARNEIRO, Athos Gusmão. *Audiência de instrução e julgamento e audiências preliminares.* 12. ed. Rio de Janeiro: Forense, 2005. p. 13.

(4) TEIXEIRA FILHO, Manoel Antonio. *Manual da audiência na Jutiça do Trabalho.* São Paulo: LTr, 2010. p. 52.

A audiência trabalhista é um ato formal, solene, que conta com o comparecimento das partes, advogados, funcionários da Justiça e do Juiz do Trabalho, em que são realizadas as tentativas de conciliação, o reclamado poderá apresentar sua resposta (contestação, exceção e reconvenção), se ouvem as partes e testemunhas e se profere a decisão.

O Processo do Trabalho, na expressão popular, é um processo de audiência, pois os atos principais da fase de conhecimento se desenvolvem neste ato. Além disso, a lei determina que todos os atores principais do processo estejam presentes na audiência. De outro lado, o Juiz do Trabalho, como regra geral, toma contato com a inicial pela primeira vez na audiência e também com a defesa, que é apresentada em audiência (escrita ou verbal), tenta a conciliação, instrui e julga a causa.

Na audiência, quase todos os atos da fase de conhecimento são praticados, quais sejam:

a) o juiz toma contado com o processo (inicial, defesa e documentos);

b) são realizadas as tentativas de conciliação;

c) o processo é saneado, suprindo-se eventuais nulidades;

d) a causa é discutida pelas partes, juízes e advogados;

e) são fixados os pontos controvertidos e as provas a serem produzidas;

f) posteriormente, haverá a instrução da causa com oitiva de partes e testemunhas;

g) as partes, após a prova, poderão aduzir as razões finais;

h) finalmente, o processo será sentenciado.

Apesar de algumas vicissitudes que o procedimento de audiência pode causar, como atrasos constantes, desgaste das partes e do magistrado, grande deslocamento de partes e advogado nos fóruns, os benefícios da audiência trabalhista são visíveis e contudentes, quais sejam:

a) torna o processo do trabalho mais democrático e humanizado;

b) economia dos atos processuais pela concentração deles na audiência una;

c) maior potencialidade de obtenção da conciliação;

d) maior publicidade do procedimento;

e) participação mais ativa das partes e advogado, tornando o contraditório mais visível e efetivo;

f) maior interação do juiz com as partes e advogados;

g) melhor conhecimento da causa por todos que nela atuam;

h) maior efetividade na colheita e valoração da prova.

Como nos traz *Carlos Henrique da Silva Zangrando*(5), "no Brasil, o CPC de 1939 substituiu as antigas concepções, e organizou o Direito Processual brasileiro, fazendo da audiência um ato processual ordenado e importantíssimo. A CLT implementou enorme importância à audiência, pois que no Processo do Trabalho esse é um ato processual de suprema importância. De certo modo, pode-se afirmar que a audiência é uma das atividades mais antigas de toda a história do Direito Processual. Muito antes de se cogitar sobre *actio*, 'processo' ou 'procedimento', já havia se estabelecido como noção basilar a imperiosa necessidade recíproca de se permitir a todos os envolvidos no litígio, partes e julgadores, a possibilidade de falar e ouvir sobre as questões da causa. A audiência, no Estado Democrático de Direito, se constitui, assim, em uma das mais importantes garantias fundamentais, sendo parte integrante do devido processo legal."

Distingue-se a audiência da sessão. Sessão é a realização de várias audiências ou julgamentos, em que são decididos vários processos(6).

Como destaca *Erotilde Ribeiro S. Minharro*(7):

> "Audiência é a sessão solene, a princípio pública, na qual o juiz ouvirá as partes, as testemunhas ou os peritos e praticará todos os atos destinados a solucionar o feito, solução esta que pode ser negociada — conciliação — ou imposta — julgamento do feito."

2. Princípios da audiência trabalhista

A audiência trabalhista tem princípios próprios. São eles:

a) Presença obrigatória das partes:

Já é frequente na doutrina se dizer que o Processo do Trabalho é um *processo de partes*, diante da importância do comparecimento destas para o Processo.

A CLT exige o comparecimento pessoal das partes em audiência (arts. 843 e 844 da CLT), somente admitindo a ausência em casos específicos e justificados. Além disso, se o empregador for se fazer substituir por preposto, este deve ter conhecimento dos fatos (art. 843, § 1º, da CLT).

Com a presença das partes em audiência, a potencialidade da conciliação é mais elevada, há possibilidade de ampla discussão da causa de forma democrática, depoimentos pessoais e maior possibilidade de compreensão da causa pelo Juiz do Trabalho. Além disso, ninguém melhor que as próprias partes para esclarecer os fatos controvertidos em juízo.

---

(5) ZANGRANDO, Carlos Henrique da Silva. *Processo do trabalho:* processo de conhecimento. vol II. São Paulo: LTr, 2009. p. 1057.

(6) MARTINS, Sergio Pinto. *Direito processual do trabalho.* 26. ed. São Paulo: Atlas, 2006. p. 264.

(7) MINHARRO, Erotilde Ribeiro S. *In: CLT interpretada:* artigo por artigo, parágrafo por parágrafo. Organizador: Costa Machado. Coordenador: Domingos Sávio Zainaghi. São Paulo: Manole, 2007. p. 767.

b) Concentração dos atos processuais numa única audiência (audiência una):

Como destaca *José Augusto Rodrigues Pinto*[(8)]:

> "A audiência, por seu lado, é o ato unitário e contínuo determinado pelo Juízo processante para conhecer, instruir e julgar dissídio individual de sua competência. Logo, uma vez aberta, não se interrompe, devendo prosseguir até o desfecho do processo, ocupando tantas datas sucessivas quantas sejam necessárias. É possível suspendê-la, diante da ocorrência de fatores diversos, como a falta material de tempo para concluí-la, a realização de diligências, a realizar fora de seu recinto, a exemplo da prova técnica etc. Mas, diante da ideia de unidade que lhe é adequada, a audiência só tem dois extremos, de abertura e de encerramento, o que subtrai seu fracionamento de qualquer significado de pluralidade em relação a um mesmo dissídio."

Pela sistemática da CLT, a audiência é una ou única, na qual o Juiz do Trabalho toma conhecimento da inicial, faz a proposta de conciliação, o reclamado apresenta a defesa, são produzidas as provas e, em seguida, é prolatada a sentença.

Não obstante, se não for possível concluir a audiência no mesmo dia, a CLT possibilita que ela seja adiada para data posterior. Nesse sentido, o art. 849 da CLT, *in verbis:*

> "A audiência de julgamento será contínua; mas, se não for possível, por motivo de força maior, concluí-la no mesmo dia, o juiz ou presidente marcará a sua continuação para a primeira desimpedida, independentemente de nova notificação."

Embora o referido dispositivo se refira à *força maior*, a jurisprudência e a praxe trabalhista têm flexibilizado a interpretação do art. 849 consolidado para possibilitar que o juiz adie as audiências ou até as fracione em inicial, instrução e julgamento, quando o número de processos na Vara impeça a realização de audiências unas ou até mesmo quando a matéria for complexa e exija um estudo mais apurado do Processo.

O Juiz do Trabalho, como diretor do Processo (art. 765 da CLT), deve avaliar o custo-benefício e, discricionariamente, decidir pela unicidade ou fracionamento das audiências, embora seja conveniente, sempre que possível, adotar a audiência una.

Como bem advertem *Francisco Ferreria Jorge Neto* e *Jouberto de Quadros Pessoa Cavalcante*[(9)]: "O legislador consolidado adota a audiência una, com três fases, inicial, instrução e julgamento, como forma de valorização do procedimento oral, além do respeito ao princípio da concentração. Contudo, a prática indica que nem todos os órgãos realizam a audiência una. O que se tem é a cisão da audiência em várias

(8) RODRIGUES PINTO, José Augusto. *Processo trabalhista de conhecimento*. 7. ed. São Paulo: LTr, 2005. p. 389.

(9) JORGE NETO, Francisco Ferreira; CAVALCANTE, Jouberto de Quadros Pessoa. *Direito processual do trabalho*. 6. ed. São Paulo: Atlas, 2013. p. 605-606.

distintas: a inicial, a instrução e o julgamento. A cisão da audiência não viola o texto legal, logo, a sua ocorrência não é motivo de nulidade processual. Isso, porque: (a) o adiamento permite ao reclamante a análise da resposta e dos documentos, o que viabiliza, com maior objetividade, a ocorrência da conciliação, que também é um do princípios peculiares ao processo do trabalhista (art. 764, da CLT); (b) o adiamento não viola os direitos processuais dos litigantes, com destaque ao contraditório e ampla defesa; (c) o não prejuízo ao reclamante na elaboração da sua estratégia de defesa (produção de provas orais etc.). O adiamento possibilita ao reclamante ter a noção concreta de quais são os fatos efetivamente relevantes e controvertidos e que desafiam a realização de provas orais (relatos pessoais, testemunhais etc.)."

Nesse sentido, destaca-se a seguinte ementa:

"Audiência contínua — Previsão legal contida na CLT — Inexistência de nulidade. No processo trabalhista a audiência é contínua. O art. 849 admite, por motivo de força maior, continuação em outra data. Límpido, portanto, que o legislador pretendeu procedimento célere e, sempre que possível, conciso. Assim, receber defesa e ouvir as partes na mesma data é seguir a lei, não é ofendê-la." (TRT – 10ª R. – 2ª T. – RO n. 2241/96 – rel. Juiz Libânio Cardoso – DJDF 10.10.97 – p. 24.111)

De outro lado, há algumas situações em que a audiência tem de ser adiada em razão do não comparecimento de testemunha (art. 825 da CLT), para realização da prova pericial, ou por ausência justificada das partes (arts. 843 e 844, ambos da CLT).

c) Publicidade:

O princípio da publicidade dos atos processuais e da audiência é um mandamento constitucional, conforme dispõe o art. 93, IX, da CF, *in verbis*: "Todos os julgamentos dos órgãos do Poder Judiciário serão públicos, e fundamentadas todas as decisões, sob pena de nulidade, podendo a lei limitar a presença, em determinados atos, às próprias partes e a seus advogados, ou somente a estes, em casos nos quais a preservação do direito à intimidade do interessado no sigilo não prejudique o interesse público à informação."

Como destaca *Cândido Rangel Dinamarco*(10):

> "Como toda audiência, a de instrução e julgamento é sempre um ato público, pelo simples fato de ser um ato do processo, o qual em si mesmo é uma instituição de direito público. Mas ela é também pública, no sentido de que deve ser realizada a portas abertas, com livre ingresso de quem queria assistir a ela, ressalvados os casos de segredo de justiça e de circunstâncias que possam conturbar os trabalhos [...]."

Desse modo, qualquer pessoa pode ingressar nos recintos da audiência e assisti-la.

Pelo presente princípio, todos têm direito de assistir às audiências trabalhistas, bem como consultar os autos do processo. As Varas que adotam o processo judicial

(10) DINAMARCO, Cândido Rangel. *Instituições de direito processual civil*. V. III. São Paulo: Malheiros, 2001. p. 633.

eletrônico devem propiciar amplo acesso ao processo pelos advogados durante a audiência.

Não obstante, o princípio da publicidade não é absoluto, pois a própria Constituição Federal determina que em certas hipóteses ele pode deixar de ser observado, para proteção da intimidade de uma das partes ou de ambas.

No mesmo sentido, é a redação do art. 189 do CPC:

> "Os atos processuais são públicos, todavia tramitam em segredo de justiça os processos: I – em que o exija o interesse público ou social; II – que versem sobre casamento, separação de corpos, divórcio, separação, união estável, filiação, alimentos e guarda de crianças e adolescentes; III – em que constem dados protegidos pelo direito constitucional à intimidade; IV – que versem sobre arbitragem, inclusive sobre cumprimento de carta arbitral, desde que a confidencialidade estipulada na arbitragem seja comprovada perante o juízo. § 1º O direito de consultar os autos de processo que tramite em segredo de justiça e de pedir certidões de seus atos é restrito às partes e aos seus procuradores. § 2º O terceiro que demonstrar interesse jurídico pode requerer ao juiz certidão do dispositivo da sentença, bem como de inventário e de partilha resultantes de divórcio ou separação."

Conforme o referido dispositivo do CPC, o juiz também pode decretar o chamado "segredo de justiça", quando o exigir o *interesse público ou social*. Acreditamos que a expressão *interesse público* deva ser avaliada discricionariamente pelo magistrado considerando as circunstâncias do caso concreto e o bom andamento do processo. Desse modo, em casos em que não haja violação da intimidade das partes, mas a presença do público possa atrapalhar o bom andamento da audiência e a qualidade da instrução do processo, poderá o juiz decretar o "segredo de justiça", com suporte no poder de polícia que possui sobre as audiências (art. 360, I, do CPC).

No mesmo lastro, sustentam *Francisco Fereira Jorge Neto* e *Jouberto de Quadros Pessoa Cavalcante*(11): "como a lei processual civil não disciplina o que vem a ser interesse público, caberá ao magistrado trabalhista, em face do caso concreto, estabelecer ou não o segreso de justiça. A título exemplificativo: a discussão judicial quanto a uma justa causa vexatória para o empregado; a reintegração de um trabalhador portador do vírus da AIDS ou informações comerciais da empresa e seus clientes."

Na esfera das relações de trabalho, há muitas hipóteses em que o Juiz do Trabalho pode determinar o chamado *segredo de justiça* e impedir que outras pessoas, além de partes e procuradores, ingressem na sala de audiências, como nas hipóteses em que se instrui "assédio sexual" no âmbito trabalhista, casos de incontinência de conduta, empregados portadores do vírus HIV etc., mas sempre avaliando a necessidade do segredo.

O segredo de justiça pode ser determinado de ofício pelo juiz ou a requerimento das partes em decisão devidamente fundamentada (art. 93, IX, da CF) e irrecorrível.

---

(11) JORGE NETO, Francisco Ferreira; CAVALCANTE, Jouberto de Quadros Pessoa. *Direito processual do trabalho*. 6. ed. São Paulo: Atlas, 2013. p. 598.

d) Oralidade:

A audiência trabalhista é oral, em que a defesa é apresentada de forma oral, são ouvidas as testemunhas e são apresentadas as razões finais orais.

Tanto o juiz como partes e advogados se utilizam das palavras para praticar os atos processuais em audiência.

Deve o Juiz do Trabalho, de forma oral, sempre que possível, sanear o processo na audiência, resolver eventuais incidentes e fixar os pontos controvertidos para a produção da prova.

Além disso, no Processo do Trabalho, a defesa é oral (art. 847 da CLT), o juiz inquire diretamente as testemunhas, bem como o advogado tem direito a reperguntas (art. 820 da CLT), assim, também as razões finais são orais (art. 850 da CLT).

Diante das singularidades do processo do trabalho e do próprio direito do trabalho, onde as controvérsias giram em torno quase sempre da matéria fática, o sucesso das partes no processo depende de uma boa atuação em audiência, principalmente na boa compreensão da controvérisa e na produção da prova oral. Por isso, a atuação do advogado em audiência pode definir os destinos do processo. Nesse sentido nos adverte, com sabedoria, *Francisco Antonio de Oliveira*(12):

> "A audiência, na prática, é o lugar em que, quase sempre, tem melhor desempenho o profissional mais estudioso, mais preparado. Ali tem o causídico a oportunidade de testar sua desinibição, conhecimento da matéria — principalmente do ônus da prova —, argúcia, senso de oportunidade, agilidade mental, tranquilidade, visão global e equilíbrio emocional. Sem enfeixar tais requisitos, suas dificuldades se avultarão. Dotado, pois de tais requisitos, procurará, com tranquilidade, fazer prova tão somente daquilo que lhe compete. Não se afastará do que restou firmado pela *litiscontestatio* nem fará perguntas que em nada aproveitarão ao seu cliente, mas que poderão favorecer a parte adversa. Não é fato incomum a parte perder o processo, total ou parcialmente, por querer provar demais."

e) Imediatidade:

Por este princípio, o Juiz do Trabalho aproxima-se mais das partes, tendo um contato mais estreito com elas em audiência, principalmente quando estas postulam sem advogado.

A Justiça do Trabalho, na expressão do cotidiano, é uma justiça popular, em que o Juiz do Trabalho tem um contato maior com as partes, buscando o esclarecimento dos fatos da causa e também a conciliação.

---

(12) OLIVEIRA, Francisco Antonio de. *Manual de audiências trabalhistas*. 6. ed. São Paulo: RT, 2008. p. 32.

f) Poderes mais acentuados ao Juiz do Trabalho na condução da audiência (inquisitivo):

O Juiz do Trabalho tem ampla liberdade na direção da audiência. Ele preside as sessões e também os atos que se praticam durante a audiência.

Nesse sentido, são os arts. 765[(13)] e 852-D da CLT[(14)].

g) Conciliação:

Conforme já manifestado anteriormente, a conciliação é um mandamento central de solução dos conflitos trabalhistas, tanto individuais como coletivos. Historicamente, os primeiros órgãos de solução de conflitos trabalhistas foram, eminentemente, de conciliação. Atualmente, os tribunais, diante do crescente número de processos, têm estimulado ao máximo a solução consensual do conflito trabalhista, como medida de solução pacífica e eficaz das demanas.

Mesmo a EC n. 45/04 tendo retirado do *caput* do art. 114 da Constituição a expressão "conciliar e julgar", a conciliação continua sendo um mandamento da CLT, conforme se constata da redação do art. 764 consolidado:

> "Os dissídios individuais ou coletivos submetidos à apreciação da Justiça do Trabalho serão sempre sujeitos à conciliação."

O Juiz do Trabalho deve envidar os seus bons esforços em busca da conciliação, exigindo a Lei que faça a primeira proposta conciliatória antes do recebimento da defesa (art. 846 da CLT) e após as razões finais (art. 850 da CLT).

Mesmo determinando o art. 846 da CLT que o juiz proponha a conciliação antes de receber a defesa, já na abertura da audiência, pensamos que o Juiz do Trabalho deva fazer a primeira proposta de conciliação depois da leitura da inicial e também da defesa, a fim de que, após analisadas as pretensões e razões de defesa, possa formulá-la com maior objetividade, atento ao que consta dos autos. A experiência tem demonstrado que dificilmente o juiz consegue realizar uma proposta de acordo justa e razoável sem a análise da inicial e da defesa.

O Magistrado Trabalhista, na audiência, poderá ser ajudado por conciliador nos termos do aplicação subsidiária do art. 139, V, do CPC (art. 769, da CLT):

> "O juiz dirigirá o processo conforme as disposições deste Código, incumbindo-lhe: (...) V – promover, a qualquer tempo, a autocomposição, preferencialmente com auxílio de conciliadores e mediadores judiciais."

(13) Art. 765 da CLT: "Os Juízos e Tribunais do Trabalho terão ampla liberdade na direção do processo e velarão pelo andamento rápido das causas, podendo determinar qualquer diligência necessária ao esclarecimento delas."

(14) Art. 852-D da CLT: "O juiz dirigirá o processo com liberdade para determinar as provas a serem produzidas, considerando o ônus probatório de cada litigante, podendo limitar ou excluir as que considerar excessivas, impertinentes ou protelatórias, bem como para apreciá-las e dar especial valor às regras de experiência comum ou técnica."

Muitos Tribunais Regionais do Trabalho, espontaneamente, já implantaram núcleos de solução consensual de conflitos, com o auxílio de mediadores e conciliadores, sob a presidência de um Juiz do Trabalho. Esses núcleos têm obtido ótimos resultados com pouquíssimos gastos, abreviando em muito o tempo de tramitação dos processos. Além disso, a experiência nos tem demonstrado que um conciliador ou até mesmo um mediador, com treinamento específico e maior disponibilidade temporal, pode ter maior habilidade e poder de convencimento quanto às partes, até mesmo que o Juiz do Trabalho, que, como regra, está assoberbado de trabalho.

Nesse sentido, dispõem os arts. 165 e 166 do CPC, que são compatíveis com o processo do trabalho, e podem ser criados nos Tribunais Trabalhistas, com baixo custo operacional, *in verbis*:

> "Art. 165. Os tribunais criarão centros judiciários de solução consensual de conflitos, responsáveis pela realização de sessões e audiências de conciliação e mediação e pelo desenvolvimento de programas destinados a auxiliar, orientar e estimular a autocomposição.
>
> § 1º A composição e a organização dos centros serão definidas pelo respectivo tribunal, observadas as normas do Conselho Nacional de Justiça.
>
> § 2º O conciliador, que atuará preferencialmente nos casos em que não houver vínculo anterior entre as partes, poderá sugerir soluções para o litígio, sendo vedada a utilização de qualquer tipo de constrangimento ou intimidação para que as partes conciliem.
>
> § 3º O mediador, que atuará preferencialmente nos casos em que houver vínculo anterior entre as partes, auxiliará aos interessados a compreender as questões e os interesses em conflito, de modo que eles possam, pelo restabelecimento da comunicação, identificar, por si próprios, soluções consensuais que gerem benefícios mútuos."
>
> "Art. 166. A conciliação e a mediação são informadas pelos princípios da independência, da imparcialidade, da autonomia da vontade, da confidencialidade, da oralidade, da informalidade e da decisão informada.
>
> § 1º A confidencialidade estende-se a todas as informações produzidas no curso do procedimento, cujo teor não poderá ser utilizado para fim diverso daquele previsto por expressa deliberação das partes.
>
> § 2º Em razão do dever de sigilo, inerente às suas funções, o conciliador e o mediador, assim como os membros de suas equipes, não poderão divulgar ou depor acerca de fatos ou elementos oriundos da conciliação ou da mediação.
>
> § 3º Admite-se a aplicação de técnicas negociais, com o objetivo de proporcionar ambiente favorável à autocomposição.
>
> § 4º A mediação e a conciliação serão regidas conforme a livre autonomia dos interessados, inclusive no que diz respeito à definição das regras procedimentais."

O Tribunal Superior do Trabalho, entretanto, entendeu pela inaplicabilidade da criação de Núcleos de Resolução Consensuais de Conflitos ao Processo do Trabalho, salvo em se tratando de conflitos coletivos de natureza econômica, conforme se constata da redação do art. 14 da IN n. 39/16 do C. TST, *in verbis*:

"Não se aplica ao Processo do Trabalho o art. 165 do CPC, salvo nos conflitos coletivos de natureza econômica (Constituição Federal, art. 114, §§ 1º e 2º)."

Os Tribunais do Trabalho, à luz do recente Código de Processo Civil, que prestigia a solução consensual dos conflitos, poderão designar audiência preliminar de conciliação ou mediação, que será realizada com os conciliadores e/ou mediadores. Caso seja obtida a autocomposição, o termo de conciliação será submetido à homologação do Juiz do Trabalho da Vara em que tramita o processo. Caso não obtido o acordo, o reclamado juntará a defesa, e o processo voltará à Vara, para eventual saneamento e designação de nova audiência para tentativa de nova conciliação com o magistrado, instrução e julgamento.

Nesse sentido, dispõe o art. 334 do CPC, que é compatível, embora não obrigatório, e pode ser aplicável ao processo do trabalho, considerando-se as pecularidades de cada Tribunal e de cada região. Com efeito, dispõe o referido dispositivo legal:

> "Se a petição inicial preencher os requisitos essenciais e não for o caso de improcedência liminar do pedido, o juiz designará audiência de conciliação ou de mediação com antecedência mínima de 30 (trinta) dias, devendo ser citado o réu com pelo menos 20 (vinte) dias de antecedência.
>
> § 1º O conciliador ou mediador, onde houver, atuará necessariamente na audiência de conciliação ou de mediação, observando o disposto neste Código, bem como as disposições da lei de organização judiciária.
>
> § 2º Poderá haver mais de uma sessão destinada à conciliação e à mediação, não podendo exceder a 2 (dois) meses da data de realização da primeira sessão, desde que necessárias à composição das partes.
>
> § 3º A intimação do autor para a audiência será feita na pessoa de seu advogado.
>
> § 4º A audiência não será realizada:
>
> I – se ambas as partes manifestarem, expressamente, desinteresse na composição consensual;
>
> II – quando não se admitir a autocomposição.
>
> § 5º O autor deverá indicar, na petição inicial, seu desinteresse na autocomposição, e o réu deverá fazê-lo, por petição, apresentada com 10 (dez) dias de antecedência, contados da data da audiência.
>
> § 6º Havendo litisconsórcio, o desinteresse na realização da audiência deve ser manifestado por todos os litisconsortes.
>
> § 7º A audiência de conciliação ou de mediação pode realizar-se por meio eletrônico, nos termos da lei.
>
> § 8º O não comparecimento injustificado do autor ou do réu à audiência de conciliação é considerado ato atentatório à dignidade da justiça e será sancionado com multa de até dois por cento da vantagem econômica pretendida ou do valor da causa, revertida em favor da União ou do Estado.
>
> § 9º As partes devem estar acompanhadas por seus advogados ou defensores públicos.
>
> § 10. A parte poderá constituir representante, por meio de procuração específica, com poderes para negociar e transigir.
>
> § 11. A autocomposição obtida será reduzida a termo e homologada por sentença.

§ 12. A pauta das audiências de conciliação ou de mediação será organizada de modo a respeitar o intervalo mínimo de 20 (vinte) minutos entre o início de uma e o início da seguinte."

O Tribunal Superior do Trabalho, entretanto, por meio da IN n. 39/16 do TST, art. 2º, IV, entendeu inaplicável ao processo do trabalho o art. 334, do CPC, *in verbis*:

"Sem prejuízo de outros, não se aplicam ao Processo do Trabalho, em razão de inexistência de omissão ou por incompatibilidade, os seguintes preceitos do Código de Processo Civil: (...) IV – art. 334 (audiência de conciliação ou de mediação)."

A tentativa de acordo pode ser realizada a qualquer momento pelo juiz, mesmo durante a inquirição das partes e testemunhas. Muitas vezes, a conciliação é obtida durante a inquirição das partes e testemunhas.

De outro lado, deve o Juiz do Trabalho adotar postura neutra, mas não passiva, na conciliação. Deve buscar uma proposta equilibrada e que realmente observe a reciprocidade de concessões e a efetividade do direito do trabalho.

Também não deve o Juiz do Trabalho tentar a conciliação a qualquer custo, utilizando-se de argumentos para intimidar as partes.

Como bem advertem *Rodolfo Pamplona Filho* e *Tércio Souza*(15):

> "É bem verdade que dado o alto volume de demandas que são apresentadas diariamente, aliada à falta de técnica de alguns Magistrados para viabilizar uma composição entre as partes, muitas das vezes se inviabiliza a adequada tentativa de conciliação, que passa a ser apenas mais uma formalidade do rito, seguindo o comando do art. 764 da CLT. Todavia, não se deve ignorar que muitas vezes os dissídios envolvendo empregados e empregadores, notadamanete os individuais de pequena monta possuem os delineamentos de uma relação meramente emocional. A disputa judicial torna-se verdadeira questão de honra, embora objetivamente muito pouco se justifique. Se é verdade o assoberbamento, não menos verdade é que uma boa negociação, orientada por Magistrado preparado, possui o condão de convencer a todos de que a solução mediada pelo juiz se não é o melhor dos mundos, ao menos se afigura como o menos pior, para cada um dos envolvidos."

Caso a proposta não seja razoável ou lese o direito do reclamante, deve o Juiz do Trabalho deixar de homologá-la e prosseguir na instrução. Nesse sentido, é o entendimento vazado na Súmula n. 418, do TST, *in verbis*:

> "MANDADO DE SEGURANÇA VISANDO À CONCESSÃO DE LIMINAR OU HOMOLOGAÇÃO DE ACORDO (conversão das Orientações Jurisprudenciais ns. 120 e 141 da SBDI-2) – Res. n. 137/2005, DJ 22, 23 e 24.8.2005. A concessão de liminar ou a homologação de acordo constituem faculdade do juiz, inexistindo direito líquido e certo tutelável pela via do mandado de segurança." (ex-Ojs da SBDI-2 ns. 120 – DJ 11.8.2003 — e 141 — DJ 4.5.2004)

(15) *Curso de direito processual do trabalho.* São Paulo: Marcial Pons, 2014. p. 330-331.

3. Peculiaridades da audiência trabalhista

a) Designação. Prazos:

No Processo do Trabalho, não existe o despacho de recebimento da inicial. Quem a recebe é o diretor de Secretaria (art. 841 da CLT), ou o funcionário por ele designado. O Juiz do Trabalho somente toma contato com a petição inicial em audiência.

Por isso, ao receber a inicial, o diretor de Secretaria deve designar a data da audiência, notificando as partes sobre a data, bem como sobre as consequências do não comparecimento e também sobre o comparecimento das testemunhas.

Na própria notificação, o autor sai ciente de que, se não comparecer, o Processo será arquivado, podendo ser responsabilizado pelo pagamento das custas processuais. O reclamado fica notificado de que, se não comparecer, haverá a revelia, além da confissão quanto à matéria de fato (art. 844 da CLT).

Nas grandes regiões como São Paulo, o próprio Distribuidor, eletronicamente, após a distribuição, já designa a audiência, e o reclamante já sai notificado da data.

Entre a ciência da audiência e a realização desta, deve existir um prazo mínimo de cinco dias para o reclamado poder apresentar defesa e contactar as testemunhas. Nesse sentido, dispõe o art. 841, *caput*, da CLT:

> "Recebida e protocolada a reclamação, o escrivão ou chefe de Secretaria, dentro de 48 horas, remeterá a segunda via da petição, ou do termo, ao reclamado, notificando-o ao mesmo tempo, para comparecer à audiência de julgamento, que será a primeira desimpedida, depois de cinco dias."

Quando estiver no polo passivo o Ministério Público, deve existir um prazo mínimo de dez dias entre a notificação destes e a efetiva realização da audiência, conforme disposição do art. 180 do CPC, aplicável subsidiariamente ao Processo do Trabalho (art. 769 da CLT), que determina:

> "O Ministério Público gozará de prazo em dobro para manifestar-se nos autos, que terá início a partir de sua intimação pessoal, nos termos do art. 183, § 1º."

b) Limites temporais:

Diz o art. 813 da CLT:

> "As audiências dos órgãos da Justiça do Trabalho serão públicas e realizar-se-ão na sede do Juízo ou Tribunal em dias úteis previamente fixados entre 8 e 18 horas, não podendo ultrapassar cinco horas seguidas, salvo quando houver matéria urgente."

Conforme o referido dispositivo legal, as audiências trabalhistas devem ser realizadas no horário entre as 8 e as 18 h. O referido horário, no nosso sentir, por ser específico, prevalece sobre a regra geral de prática dos atos processuais do art. 770 da CLT[16].

---

(16) Art. 770 da CLT: "Os atos processuais serão públicos, salvo quando o contrário determinar o interesse social, e realizar-se-ão nos dias úteis das 6 às 20 horas."

Observa, com sabedoria, ao comentar o art. 813, da CLT, *Homero Batista Mateus da Silva*[17]:

> "O gatilho das cinco horas, que deveria disparar e fazer cessar a realização das audiências, está diretamente ligado ao grau de fadiga mental e muscular dos atores envolvidos, incluindo-se assistente, juiz, advogados, membros do Ministério Público e partes. Para quem tem pequena experiência forense, não se consegue ter ideia do que significa aquela multidão a formular requerimentos, perguntas, propostas, queixas e exigências. Todos merecem igual atenção e a entrega rápida da prestação jurisdicional, mas por mais que se estude a pauta com antecedência é impossível prever com exatidão todos os percalços e eventos que podem surgir. Matérias simples, como verbas rescisórias da dispensa sem justa causa, podem representar audiências duradouras em torno da falta grave do empregado, ao passo que temas complexos como vínculo de emprego de representante comercial autônomo, subitamente deságuam num acordo vantajoso para ambas as partes, desonerando a atividade intelectual do juiz."

Pensamos que a melhor interpretação do art. 813 da CLT sinaliza no sentido de que o prazo máximo de cinco horas é aplicável para todas as audiências da pauta, e não a uma única audiência, pois, se cada audiência puder durar no máximo cinco horas, dificilmente o Juiz do Trabalho conseguirá realizar todas as audiências da pauta. Além disso, o art. 813 da CLT utiliza o termo *audiências*, e não *audiência*, o que denota que quis se referir à sessão das audiências do dia[18].

Como bem adverte *Francisco Antonio de Oliveira*[19], "em se cuidando de trabalho intelectual e de certa forma estafante, posto que exige do juiz e dos advogados o acompanhamento constante dos depoimentos e com maior razão em relação ao juiz presidente que terá sempre uma pauta com mais de uma dezena de processos, além dos despachos normais e dos julgamentos, a presença em audiência em mais de 5 horas teria como consequência o prejuízo dos demais afazeres do magistrado."

Nesse sentido, também a opinião de *Antonio Lamarca.*

Acompanhando o mesmo raciocínio, sustentam *Rodolfo Pamplona Filho* e *Tércio Souza*[20]:

> "O mesmo art. 813 prevê como 'não podendo ultrapassar 5 (cinco) horas, seguidas'. A dúvida que remanesce é: o limite seria de 5 (cinco) horas por cada audiência ou pela sessão, considerada como um todo? Embora haja

(17) *Curso de Direito do Trabalho Aplicado.* vol. 9: Processo do Trabalho. São Paulo: Campus Elsevier, 2010. p. 205.

(18) Em sentido contrário, pensa Erotilde Ribeiro S. Minharro ao comentar o art. 813 da CLT, argumentando que o prazo de cinco horas é para uma única audiência, e não para todas as audiências da pauta (*In: CLT interpretada:* artigo por artigo, parágrafo por parágrafo. Costa Machado (Org.) e Domingos Sávio Zainaghi (Coord). São Paulo: Manole, 2007. p. 768).

(19) OLIVEIRA, Francisco Antonio de. *Manual de audiências trabalhistas.* 2. ed. São Paulo: RT, 1999. p. 90.

(20) *Curso de direito processual do trabalho.* São Paulo: Marcial Pons, 2014. p. 304.

diversas discussões a respeito, nos parece ser adequada a interpretação que indica como sendo o limite de 5 (cinco) horas por cada audiência ou pela sessão, ou seja, como bem define o dispostitivo, o aludido limite reporta às 'audiências', no plural. O ato audiência, pela sua relevância, é cercada de inúmeras tensões, seja pelo juiz, pelas partes ou advogados, para o seu adequado acompanhamento. Tal acompanhamento demanda não apenas a tranquilidade do Juízo, como das próprias partes e seus advogados. A prática tem demonstrado que quando não se respeita tais limites, além do cansaço dificultar o desenvolvimento regular da própria audiência, há um desgaste acima do normal para a prática do ato, seja pelas partes, testemunhas, advogados, servidores e o próprio Juízo. Além de a presença em audiência em mais de 5 horas gerar prejuízo para os demais afazeres do magistrado, sem qualquer dúvida, a espera das partes, advogados e outros envolvidos com a prática do ato igualmente geram inequívoco desequilíbrio dos mesmos para obtenção da verdade e participação para adequada prestação jurisdicional."

c) Local de realização:

Nos termos do art. 813, *caput*, da CLT, as audiências se realizam na sede do Juízo ou Tribunal. Excepcionalmente, nos termos do § 1º da CLT, poderá ser designado outro local para a realização das audiências, mediante edital afixado na sede do Juízo ou Tribunal, com a antecedência mínima de 24 horas.

Para que as partes não sejam supreendidas, é conveniente que na notificação conste o local de realização da audiência com o endereço completo, telefones do fórum, etc. Se o local da audiência for alterado, também pensamos que as partes devam ser notificadas da alteração, pois dificilmente as partes terão contato com o Edital na sede do juízo, no prazo mínimo de 24 horas.

Como destacam *Eduardo Gabriel Saad*, *José Eduardo Saad* e *Ana Maria Saad Castelo Branco*(21):

> "Em grandes cidades como Rio de Janeiro, São Paulo, Recife, Salvador e outras, a comunicação de transferência do local da audiência por meio de edital colocado à porta da Vara do Trabalho ou Tribunal, mesmo com a antecedência mínima de 24 horas, não produzirá qualquer efeito prático, pois as partes e seus advogados dificilmente passarão por esse local para se cientificarem do conteúdo do referido edital. Estamos que as Varas e os Tribunais, no caso em exame, utilizarão, com certeza, outros meios de comunicação."

Acreditamos que, se o local da audiência for transferido para local mais distante do centro da cidade, o prazo de 24 horas deverá ser dilatado pelo juiz, a fim de não bloquear o acesso das partes à justiça.

(21) *Curso de direito processual do trabalho.* 5. ed. São Paulo: LTr, 2005. p. 525.

d) Poder de polícia do juiz:

Diz o art. 360 do CPC:

"O juiz exerce o poder de polícia, incumbindo-lhe:

I – manter a ordem e o decoro na audiência;

II – ordenar que se retirem da sala de audiência os que se comportarem inconvenientemente;

III – requisitar, quando necessário, força policial;

IV – tratar com urbanidade as partes, os advogados, os membros do Ministério Público e da Defensoria Pública e qualquer pessoa que participe do processo;

V – registrar em ata, com exatidão, todos os requerimentos apresentados em audiência."

O referido dispositivo consagra o que se costuma chamar na doutrina de "poder de polícia do juiz" nas audiências. Por esse poder, o magistrado que preside as audiências deve zelar pelo bom andamento dos trabalhos. Embora o juiz possa mandar que as pessoas que estejam atrapalhando as audiências se retirem, deve, acima de tudo, tratar as partes com urbanidade, exortando as partes e advogados para esta finalidade.

No mesmo sentido, é a redação do art. 816 da CLT:

"O juiz ou presidente manterá a ordem nas audiências, podendo mandar retirar do recinto os assistentes que a perturbarem."

Como bem destaca *Francisco Antonio de Oliveira*(22): "A audiência deverá ser realizada em ambiente de ordem e serenidade em conformidade com a elevação e importância desse ato judicial. As partes, certamente, angustiadas, qualquer que seja o polo em que se coloquem, deverão ter tranquilidade perante o magistrado, bem assim os seus advogados. O clima há de ser de confiança. E para tanto espera-se do magistrado condutor a energia necessária, temperada com moderação, dos que detêm o poder sem tentação do arbítrio. O verdadeiro magistrado saberá sempre temperar e dosar a energia e a moderação sem nunca resvalar para o arbítrio. O poder de polícia de que cuidam os arts. 816 da CLT e 445 do CPC dizem respeito ao policiamento externo através da polícia preventiva e repressiva."

e) Hipóteses de adiamento:

Dispõe o art. 844, parágrafo único, da CLT:

"Ocorrendo, entretanto, motivo relevante, poderá o presidente suspender o julgamento, designando nova data."

Se as partes ou uma das partes não comparecer à audiência, conforme o referido dispositivo, ocorrendo motivo relevante, a audiência poderá ser adiada pelo juiz. Pensamos que motivo relevante se refere a caso fortuito ou força maior e também um motivo ponderável, como greve dos sistemas de transporte, alagamentos, doença, entre outros.

---

(22) OLIVEIRA, Francisco Antonio de. *Manual de audiências trabalhistas*. 2. ed. São Paulo: RT, 1999. p. 19.

Nos termos do art. 849, da CLT, se não for possível concluir a audiência no mesmo dia por motivo de força maior, o juiz ou presidente marcará a sua continuação para a primeira desimpedida, independentemente de nova notificação.

De nossa parte, constituem motivos relevantes para adiamento da audiência, a) excessivo atraso das audiência anteriores, que acarreta o chamado "adiantado da hora", situação em que as partes, advogados e juiz estão tomados pelo cansaço, que pode comprometer significativamente a qualidade da colheita da prova; b) mal súbito que acomete as partes, ou advogados no momento da audiência; c) não comparecimento de testemunhas que foram convidadas, na forma do art. 825 da CLT[(23)] ou arroladas pelas partes.

O Código de Processo Civil tem disposição a respeito no art. 362, *in verbis*:

"A audiência poderá ser adiada:

I – por convenção das partes;

II – se não puder comparecer, por motivo justificado, qualquer pessoa que dela deva necessariamente participar;

III – por atraso injustificado de seu início em tempo superior a 30 (trinta) minutos do horário marcado.

§ 1º O impedimento deverá ser comprovado até a abertura da audiência, e, não o sendo, o juiz procederá à instrução.

§ 2º O juiz poderá dispensar a produção das provas requeridas pela parte cujo advogado ou defensor público não tenha comparecido à audiência, aplicando-se a mesma regra ao Ministério Público.

§ 3º Quem der causa ao adiamento responderá pelas despesas acrescidas."

Conforme o art. 363 do CPC, de aplicação supletiva ao processo do trabalho, havendo antecipação ou adiamento da audiência, o juiz, de ofício ou a requerimento da parte, determinará a intimação dos advogados ou da sociedade de advogados para ciência da nova designação.

Parte da doutrina sustenta que, diante da disposição expressa do § 1º do art. 844 da CLT, não há espaço para aplicação do art. 362 do CPC, pois a CLT tem regra expressa a respeito.

Pensamos ser aplicável o art. 362 do CPC ao Processo do Trabalho, pois trata de hipóteses relevantes para o adiamento da audiência, exceto a questão da ausência do advogado, que, segundo a doutrina e jurisprudência majoritárias, não é motivo para adiamento da audiência, uma vez que, no Processo do Trabalho, a parte detém o *jus postulandi* (art. 791 da CLT).

(23) Art. 825: "As testemunhas comparecerão à audiência independentemente de notificação ou intimação. Parágrafo único – As que não comparecerem serão intimadas, *ex officio* ou a requerimento da parte, ficando sujeitas a condução coercitiva, além das penalidades do art. 730, caso, sem motivo justificado, não atendam à intimação."

Nesse sentido:

> "Audiência — Ausência dos advogados — Efeitos. A realização da audiência sem a presença dos advogados das partes não implica em sua nulidade, haja vista a subsistência do *jus postulandi* das partes após a promulgação da Constituição Federal de 1988. Recurso ordinário não provido." (TRT – 1ª R. – 2ª T. – RO n. 7320/97 – rel. Juiz Aloysio Santos – DJRJ 14.12.99 – p. 101)

Pensamos ser possível também a suspensão da audiência e o seu consequente adiamento, por convenção das partes, nos termos do art. 313, II e § 4º, do CPC, máxime quando há a possibilidade de acordo, pois a experiência tem demonstrado que, após a realização da instrução processual, as possibilidades de conciliação se reduzem.

f) Registro das audiências:

Dispõe o art. 817 da CLT:

> "O registro das audiências será feito em livro próprio, constando de cada registro os processos apreciados e a respectiva solução, bem como as ocorrências eventuais.
>
> Parágrafo único. Do registro das audiências poderão ser fornecidas certidões às pessoas que o requererem."

Atualmente, o registro das audiências é feito eletronicamente com a digitação das atas no computador e colocadas nos *sites* dos Tribunais Regionais do Trabalho.

Das atas de audiência devem constar as principais ocorrências havidas na audiência, como os depoimentos das partes e testemunhas, juntadas de documentos e requerimentos das partes[24].

Terminada a audiência, é impressa uma cópia, que é assinada pelo juiz[25] e pelas pessoas que participaram da audiência: as partes, os advogados, as testemunhas e o funcionário da audiência.

Em alguns TRTs, a ata de audiência somente é assinada pelo Juiz do Trabalho.

No processo judicial eletrônico, dispõe o art. 32 da Resolução n. 136/14 do CSJT:

> "As atas e os termos de audiência serão assinados digitalmente apenas pelo Juiz do Trabalho.
>
> Parágrafo único. Na hipótese de celebração de acordo e havendo requerimento da parte, a ata deverá ser impressa pela Secretaria da Vara do Trabalho e assinada manualmente e, então, digitalizada para inserção no PJe-JT."

Doravante, para as Varas que adotam o sitema do PJE, as atas serão assinadas apenas pelo Juiz do Trabalho, exceto por requerimetno das partes. Na hipótese de acordo, será impressa a ata para assinatura.

---

(24) Nesse sentido, é o art. 851 da CLT: "Os trâmites de instrução e julgamento da reclamação serão resumidos em ata, de que constará, na íntegra, a decisão. § 1º – Nos processos de exclusiva alçada das Varas, será dispensável, a juízo do presidente, o resumo dos depoimentos, devendo constar da ata a conclusão do Tribunal quanto à matéria de fato."

(25) Nesse sentido, o § 2º do art. 851 da CLT: "A ata será, pelo presidente ou juiz, junta ao processo, devidamente assinada, no prazo improrrogável de 48 horas, contado da audiência de julgamento, e assinada pelos vogais presentes à mesma audiência."

De nossa parte, embora haja certa resistência de segmentos da advocacia, a assinatura da ata não é necessária, uma vez que é disponibilizada em monitores na própria audiência e conferida pelas partes antes da finalização da audiência.

As partes sempre têm direito ao acesso ao conteudo da ata. Alguns TRTs não têm fornecido cópia, adotando a postura de disponibilizar a ata na *internet* no mesmo dia da audiência. Essa postura tem sido adotada pelo TRT da 2ª Região e tem obtido resultado satisfatório.

Dispõe o art. 367, do CPC:

"O servidor lavrará, sob ditado do juiz, termo que conterá, em resumo, o ocorrido na audiência, bem como, por extenso, os despachos, as decisões e a sentença, se proferida no ato.

§ 1º Quando o termo não for registrado em meio eletrônico, o juiz rubricar-lhe-á as folhas, que serão encadernadas em volume próprio.

§ 2º Subscreverão o termo o juiz, os advogados, o membro do Ministério Público e o escrivão ou chefe de secretaria, dispensadas as partes, exceto quando houver ato de disposição para cuja prática os advogados não tenham poderes.

§ 3º O escrivão ou chefe de secretaria trasladará para os autos cópia autêntica do termo de audiência.

§ 4º Tratando-se de autos eletrônicos, observar-se-á o disposto neste Código, em legislação específica e nas normas internas dos tribunais.

§ 5º A audiência poderá ser integralmente gravada em imagem e em áudio, em meio digital ou analógico, desde que assegure o rápido acesso das partes e dos órgãos julgadores, observada a legislação específica.

§ 6º A gravação a que se refere o § 5º também pode ser realizada diretamente por qualquer das partes, independentemente de autorização judicial."

O referido dispositivo legal permite a gravação audiovisual da audiência, destacando o caráter público desse ato processual, desde que assegure o rápido acesso das partes e dos órgãos julgadores ao seu conteúdo.

A gravação também poderá ser realizada diretamente pelas partes, mesmo sem autorização judicial. Neste caso a gravação não terá natureza de ato processual, servindo apenas para o interesse da parte.

4. O procedimento da audiência trabalhista quando há o comparecimento do Juiz do Trabalho e das partes

Diz o art. 814 da CLT: "Às audiências deverão estar presentes, comparecendo com a necessária antecedência, os escrivães ou chefes de Secretaria."

Conforme o referido dispositivo, o chefe de Secretaria, atualmente chamado de diretor de Secretaria, ou o funcionário designado para trabalhar na sala de audiências, deve estar presente com antecedência. O Juiz do Trabalho deve também estar presente no horário designado (art. 815 da CLT).

No horário previamente agendado, o juiz titular ou o substituto que estiver presidindo as audiências determinará o pregão[26].

Por tradição, o reclamante e seu advogado sentam-se do lado esquerdo do Juiz do Trabalho, e o reclamado e seu advogado, do lado direito.

Como bem adverte *Henrique Macedo Hinz*[27], "é possível saber se o advogado costuma atuar na Justiça do Trabalho a partir do momento em que ele entra na sala de audiências com seu cliente, pois não raro se senta no lugar 'errado'. Não se trata aqui de dizer que existe um lugar marcado para o reclamante ou para a reclamada. Mas a praxe em sala de audiência é que o reclamante e seu patrono se sentem ao lado esquerdo do juiz; a reclamada, por consequência, só pode sentar do lado direito. Alguns professores, para facilitar a memorização de seus alunos, justificam essa praxe dizendo que o reclamante deve se sentar no lado do coração do juiz, dando a entender uma predisposição desse pelo trabalhador, o que é uma inverdade. Apenas se criou hábito em grande parte dos fóruns trabalhistas, e isso acaba por facilitar a atuação das partes e principalmente do juiz que não terá, a cada audiência, de conferir quem é o reclamante e quem é a reclamada."

Sentando as partes à mesa[28], o Juiz do Trabalho, após tomar contato com o Processo, fará a primeira proposta de acordo (art. 846 da CLT).

Como já destacado, deverá o Juiz do Trabalho ter equilíbrio na conciliação, formular propostas depois de ouvir as pretensões das partes e analisar as razões da petição inicial e da contestação. Não deverá o Juiz do Trabalho forçar o reclamante ou o reclamado a aceitar acordo contra a vontade. De outro lado, deverá o Juiz do Trabalho deixar de homologar a avença quando prejudicial ao reclamante, ao reclamado, ou a ambos, ou ela tiver nítido propósito de fraudar a lei.

Conforme o § 1º do art. 846 da CLT: "Se houver acordo lavrar-se-á termo, assinado pelo presidente e pelos litigantes, consignando-se o prazo e demais condições para seu cumprimento." Segundo o § 2º do referido dispositivo legal, "entre as condições a que se refere o parágrafo anterior, poderá ser estabelecida a de ficar a parte que não cumprir o acordo obrigada a satisfazer integralmente o pedido ou pagar uma indenização convencionada, sem prejuízo do cumprimento do acordo." Se for aceita a conciliação, esta será reduzida a termo, encerrando-se o Processo com resolução do mérito (art. 831 da CLT), exceto para o INSS, que poderá recorrer quanto às parcelas objeto de incidência previdenciária.

(26) O pregão é o ato formal, realizado pelo funcionário da audiência, determinando o chamamento das partes para que ingressem na sala de audiência. Antes da EC n. 24/99, quem realizava o pregão das audiências eram os juízes classistas. Atualmente, o pregão é feito pelo microfone, ou até mesmo o funcionário se dirige à porta da audiência e realiza a chamada.

(27) HINZ, Henrique Macedo. *Manual (Completo) de audiência trabalhista.* Campinas: Ideal Editora, 2012. p. 54.

(28) O reclamante e seu advogado sentam-se do lado esquerdo do juiz e o reclamado e seu advogado, do lado direito.

Se não for aceita a conciliação, passa-se à leitura da inicial, tendo o reclamado vinte minutos para apresentação de defesa oral. No entanto, por costume já arraigado em decorrência da praxe forense, e para evitar gasto excessivo de tempo nas audiências, na quase totalidade das vezes, a defesa é apresentada de forma escrita.

A Consolidação das Leis do Trabalho não prevê a possibilidade de manifestação sobre a defesa, na peça denominada réplica. Desse modo, reputamos aplicável ao Processo do Trabalho o instituto da réplica previsto nos arts. 350, 351 e 352 do CPC, que adpatados à sistemática das audiências trabalhistas, propiciam que o autor se manifeste sobre a defesa.

No rito sumaríssimo, o reclamante deverá manifestar-se sobre a defesa e documentos na própria audência, salvo impossibilidade material de fazê-lo. É o que deflui do art. 852-H, § 1º, da CLT, *in verbis*:

> "Sobre os documentos apresentados por uma das partes manifestar-se-á imediatamente a parte contrária, sem interrupção da audiência, salvo absoluta impossibilidade, a critério do juiz."

Como no Processo do Trabalho a audiência é una, a manifestação sobre a defesa, como regra geral, deve ser realizada em audiência, em prazo fixado pelo Juiz do Trabalho. Entretanto, se a matéria for complexa, ou houver quantidade excessiva de documentos, deverá o juiz conceder prazo razoável fora da audiência para o autor manifestar-se sobre a defesa.

Indeferir a manifestação sobre a defesa sob o argumento de que a CLT não disciplina tal instituto configura cerceamento de defesa, pois o autor deve ter a faculdade de ter acesso à defesa e aos documentos juntados pelo reclamado.

Na audiência também, o Juiz deve fazer o saneamento do processo, decidir, se possível, questões preliminares ou prejudiciais, deferir ou indeferir requerimentos das partes formulados em audiência, bem como fixar o ônus da prova, inclusive invertê-lo ou aplicar a teoria do ônus dinâmico da prova.

O saneamento do processo, em causas complexas, pode ser realizados antes da audiência de instrução e julgamento, inclusive com a participação das partes.

Embora não seja obrigatório, no processo do trabalho, o Juiz do Trabalho pode se valer das disposições do art. 357 do CPC, *in verbis*:

> "Não ocorrendo nenhuma das hipóteses deste Capítulo, deverá o juiz, em decisão de saneamento e de organização do processo:
>
> I – resolver as questões processuais pendentes, se houver;
>
> II – delimitar as questões de fato sobre as quais recairá a atividade probatória, especificando os meios de prova admitidos;
>
> III – definir a distribuição do ônus da prova, observado o art. 373;
>
> IV – delimitar as questões de direito relevantes para a decisão do mérito;
>
> V – designar, se necessário, audiência de instrução e julgamento.

§ 1º Realizado o saneamento, as partes têm o direito de pedir esclarecimentos ou solicitar ajustes, no prazo comum de 5 (cinco) dias, findo o qual a decisão se torna estável.

§ 2º As partes podem apresentar ao juiz, para homologação, delimitação consensual das questões de fato e de direito a que se referem os incisos II e IV, a qual, se homologada, vincula as partes e o juiz.

§ 3º Se a causa apresentar complexidade em matéria de fato ou de direito, deverá o juiz designar audiência para que o saneamento seja feito em cooperação com as partes, oportunidade em que o juiz, se for o caso, convidará as partes a integrar ou esclarecer suas alegações.

§ 4º Caso tenha sido determinada a produção de prova testemunhal, o juiz fixará prazo comum não superior a 15 (quinze) dias para que as partes apresentem rol de testemunhas.

§ 5º Na hipótese do § 3º, as partes devem levar, para a audiência prevista, o respectivo rol de testemunhas.

§ 6º O número de testemunhas arroladas não pode ser superior a 10 (dez), sendo 3 (três), no máximo, para a prova de cada fato.

§ 7º O juiz poderá limitar o número de testemunhas levando em conta a complexidade da causa e dos fatos individualmente considerados.

§ 8º Caso tenha sido determinada a produção de prova pericial, o juiz deve observar o disposto no art. 465 e, se possível, estabelecer, desde logo, calendário para sua realização.

§ 9º As pautas deverão ser preparadas com intervalo mínimo de 1 (uma) hora entre as audiências."

Posteriormente, são ouvidas as partes e testemunhas.

Após a oitiva, as partes terão dez minutos sucessivos para apresentação de razões finais (art. 850 da CLT). Alguns juízes, quando a matéria é complexa, ou para não atrasar as demais audiências da pauta, adotam a postura de conceder prazo para as partes apresentarem as razões finais por escrito.

Nas razões finais, a parte deve atentar o juiz da causa sobre a prova produzida nos autos e demonstrar, de forma sintética, os argumentos que levam à procedência (autor) ou à improcedência do pedido (réu). O ideal é realizá-las na própria audiência, de forma oral e sintética, em poucos minutos, na presença do próprio magistrado, pois é da essência do processo do trabalho o princípio da oralidade. Além disso, o Juiz do Trabalho ouvirá as razões finais depois da instrução do processo, pondendo ser convencido da maior eficiência pela parte, embora haja, ultimamente, certo desprestígio das razões finais, em razão do excesso de serviços e do atraso das pautas de audiência. Por isso, muitas vezes, os advogados se reportando aos argumentos já lançados na inicial ou na defesa, ou ao que já consta dos autos (razões finais remissivas), se bem articulados, podem influir na convicção do julgador, máxime se o advogado conseguir extrair os pontos mais contudentes da prova oral realizada e dos principais elementos dos autos.

Sob outro enfoque, por ocasião das razões finais, a parte poderá arguir eventuais nulidades do processo (art. 795 da CLT). Se a parte for aduzir razões em audiência, o momento se dará na própria audiência. Se o juiz conceder prazo para aduzi-las por escrito, as nulidades, no nosso sentir, poderão ser invocadas na peça escrita.

Como já nos pronunciamos anteriormente, não há necessidade de reiteração de protestos nas razões finais, se eles já foram lançados em momento anterior.

No rito sumaríssimo, não há previsão de razões finais. Por isso, pensamos que elas não são cabíveis diante da própria natureza dinâmica desse rito processual. Não obstante, poderá o Juiz do Trabalho, conforme a complexidade da matéria, permitir as razões finais à luz do princípio da instrumentalidade.

Depois das razões finais, o Juiz do Trabalho fará a última proposta de conciliação.

Se não for aceita a última proposta de conciliação, será prolatada a decisão em audiência (art. 832 da CLT).

5. Da condução da audiência pelo Juiz do Trabalho: ordem da oitiva das partes e testemunhas

Quanto à ordem de oitiva de partes e testemunhas, ao contrário do que prevê o CPC, a CLT não traça uma ordem de oitiva. Apenas no art. 848, a CLT assevera que, após a tentativa de conciliação, o Juiz do Trabalho ouvirá as partes e testemunhas.

No nosso sentir, não se aplica a ordem prevista no art. 361 do CPC(29), qual seja: oitiva do autor, do réu, das testemunhas do autor e das testemunhas do réu, pois a finalidade teleológica da CLT foi assegurar ao Juiz do Trabalho um poder mais acentuado na direção da audiência, considerando-se a importância desse ato processual para o Processo do Trabalho, bem como a quantidade de audiências diárias que realiza o Juiz do Trabalho.

Desse modo, quando o Juiz do Trabalho inverter a ordem de oitiva de partes e testemunhas, não haverá nulidade, tampouco irregularidade, pois a escolha da ordem de oitiva é discricionariedade do juiz (nesse sentido, são os arts. 765 e 852-D da CLT).

No aspecto, destaca-se a seguinte ementa:

> "Cerceamento de defesa Nulidade. Inversão da ordem de oitiva das testemunhas. Inocorrência. Os arts. 820 e 848 da CLT não impõem a observância de ordem de oitiva das partes e das testemunhas, cabendo ao magistrado instrutor conduzir as inquirições conforme a sua livre convicção. Pondere-se, ainda, ser inaplicável o art. 361 do CPC/2016) (correspondente ao art. 452 do CPC/1973), ante a ausência de omissão no diploma celetista (art. 769). Ademais,

(29) Art. 361, do CPC: "As provas orais serão produzidas em audiência, ouvindo-se nesta ordem, preferencialmente: I – o perito e os assistentes técnicos, que responderão aos quesitos de esclarecimentos requeridos no prazo e na forma do art. 477, caso não respondidos anteriormente por escrito; II – o autor e, em seguida, o réu, que prestarão depoimentos pessoais; III – as testemunhas arroladas pelo autor e pelo réu, que serão inquiridas. Parágrafo único. Enquanto depuserem o perito, os assistentes técnicos, as partes e as testemunhas, não poderão os advogados e o Ministério Público intervir ou apartear, sem licença do juiz."

verifica-se que a ré não apontou prejuízo advindo da inversão na ordem de inquirição das testemunhas, razão pela qual não há que se falar em nulidade (art. 794 da CLT), sendo certo que lhe restou assegurado o direito à ampla defesa e ao contraditório. Preliminar de nulidade por cerceamento do direito de defesa e por violação ao devido processo legal que se rejeita." (TRT/SP – 00026963420145020035 – RO – Ac. 11ª T. – 20160162216 – Rel. Sérgio Roberto Rodrigues – DOE 5.4.2016)

De outro lado, ao fixar a ordem de oitiva de partes e testemunhas, deverá o Juiz do Trabalho pautar-se pelas regras do ônus da prova, verossimilhança das alegações das partes e eficiência da audiência.

O Juiz do Trabalho formula as perguntas, diretamente, para as partes e testemunhas. Os advogados, ou as partes, pessoalmente, quando se valem do *jus postulandi*, têm direito às reperguntas, ou seja, os advogados ou as partes dirigem as perguntas ao Juiz do Trabalho, que realiza uma espécie de "filtro" destas, para analisar se são pertinentes e relevantes ao deslinde da causa, e as repergunta às parte ou à testemunha que estão sendo inquiridos.

Nesse sentido, é o art. 820, da CLT, *in verbis*:

> "As partes e testemunhas serão inquiridas pelo juiz ou presidente, podendo ser reinquiridas, por seu intermédio, a requerimento dos juízes classistas, das partes, seus representantes ou advogados."

O Códido de Processo Civil de 1973 adotava a mesma sistemática da CLT, destacando o caráter presidencialista do Juiz na condução das audiências.

O atual Código de Processo Civil, adotando a mesma sistemática do Código de Processo Penal, dispõe que as partes, por intermédio de seus advogados, formularão as perguntas diretamente às testemunhas, cumprindo ao Juiz intervir apenas para indeferir perguntas que puderem induzir a resposta, não tiverem relação com as questões de fato objeto da atividade probatória ou importarem repetição de outra já respondida. Com efeito, dispõe o art. 459, do CPC:

> "As perguntas serão formuladas pelas partes diretamente à testemunha, começando pela que a arrolou, não admitindo o juiz aquelas que puderem induzir a resposta, não tiverem relação com as questões de fato objeto da atividade probatória ou importarem repetição de outra já respondida. § 1º O juiz poderá inquirir a testemunha assim antes como depois da inquirição feita pelas partes. § 2º As testemunhas devem ser tratadas com urbanidade, não se lhes fazendo perguntas ou considerações impertinentes, capciosas ou vexatórias. § 3º As perguntas que o juiz indeferir serão transcritas no termo, se a parte o requerer."

Somente o tempo irá relevar se a presente alteração fora correta, ou não. Para alguns autores, torna o procedimento de oitiva da testemunha mais democrático e mais real. Para outros, provocará uma série de incidentes desnecessários na colheita da prova.

O *caput* do citado dispositivo legal colide com o art. 820 da CLT, uma vez que menciona que as partes formulam perguntas diretamente à testemunha, enquanto que a CLT dispõe que as perguntas são realizadas por intermédio do Juiz. Por isso, certamente, muitos dirão que o dispositivo civilista não se aplica nos sítios do Processo do Trabalho.

Em nossa visão, o dispositivo civilista não é incompatível com o Processo do Trabalho, cabendo ao Juiz do Trabalho, diretor do processo, aplicá-lo, ou não. Portanto, na esfera do processo trabalhista, não constitui direito das partes ou de seus advogados formular as perguntas, diretamente, às testemunhas. Não obstante, os Juízes do Trabalho que já adotaram tal prática, não a repetiram, em razão das singularidades do processo trabalhista, onde é preponderante a máteria fática e a prova testemunhal tem aplicação intensa.

O Tribunal Superior do Trabalho, entretanto, entendeu pela inaplicabilidade do art. 459 do CPC, ao processo trabalhista por meio do art. 11 da IN n. 39/16 do TST, *in verbis*:

> "Não se aplica ao Processo do Trabalho a norma do art. 459 do CPC no que permite a inquirição direta das testemunhas pela parte (CLT, art. 820)."

6. Da importância do comparecimento das partes no Processo do Trabalho

No Direito Processual Moderno, o comparecimento das partes à audiência tem grande relevância, pois é por meio destas que o litígio se torna conhecido pelo juiz e se faz possível a conciliação.

Como destaca *Rosenberg*, "a essência do processo civil moderno se encontra numa comunidade de trabalho de juízes e partes, que devem preocupar-se, conjuntamente, com facilitar ao juiz a firme obtenção da verdade e restabelecer, mediante um procedimento vivo, a paz jurídica entre as partes em disputa, e, com isso, assegurar a paz da comunidade"[(30)].

No Processo do Trabalho, por ser um *processo de partes*[(31)] oral e impulsionado pelos princípios da imediatidade e concentração dos atos em audiência, a presença das partes é fundamental. A própria CLT exige em vários dispositivos a presença pessoal das partes (v. arts. 843[(32)], 844[(33)] e 845[(34)]), e também a jurisprudência

(30) ROSENBERG, *apud* CALMON DE PASSOS, José Joaquim. *Comentários ao Código de Processo Civil.* Vol. III, 8. ed. Rio de Janeiro: Forense, 2001. p. 345.

(31) Fala-se em *processo de partes*, pois a CLT, obrigatoriamente, exige o comparecimento pessoal das partes, salvo nas hipóteses de representação.

(32) Art. 843 da CLT: "Na audiência de julgamento deverão estar presentes o reclamante e o reclamado, independentemente do comparecimento de seus representantes, salvo nos casos de Reclamatórias Plúrimas ou Ações de Cumprimento, quando os empregados poderão fazer-se representar pelo Sindicato de sua categoria."

(33) Art. 844 da CLT: "O não comparecimento do reclamante à audiência importa o arquivamento da reclamação, e o não comparecimento do reclamado importa revelia, além de confissão quanto à matéria de fato."

(34) Art. 845 da CLT: "O reclamante e o reclamado comparecerão à audiência acompanhados das suas testemunhas, apresentando, nessa ocasião, as demais provas."

tem sido rígida na aferição de tal requisito. De outro lado, ninguém melhor do que as partes para esclarecer os pontos controversos do conflito, já que são os atores sociais da relação processual e os maiores interessados na decisão.

Embora alguns juízes e advogados adotem a postura de dispensar o depoimento pessoal das partes, já que a CLT, no art. 848, diz ser faculdade do juiz o interrogatório dos litigantes, entendemos que a oitiva das partes tem importância vital para o Processo do Trabalho, uma vez que a parte pode não só esclarecer fatos relevantes da causa, como confessar fatos. De outro lado, muitas vezes, considerando-se a boa-fé, o caráter e a honestidade de cada reclamante ou reclamado, é possível extrair-se a verdade real por meio dos depoimentos pessoais.

Não convence o argumento no sentido de que, como as partes não prestam compromisso de dizer a verdade, é perda de tempo tomar os respectivos depoimentos. Ora, tanto a CLT (arts. 843 e 844) quanto a jurisprudência exigem o comparecimento pessoal da parte na audiência. Embora tanto o reclamante como o reclamado possam mentir ou ocultar a verdade, muitas vezes, mediante técnicas de inquirição, é possível extrair das partes a verdade. De outro lado, embora a parte não esteja sujeita ao delito de falso testemunho, caso altere de forma acintosa a verdade dos fatos, será possível aplicar-se-lhe cominação pecuniária por litigância de má-fé, com suporte no art. 80, II, do CPC[(35)].

6.1. Do atraso das partes e do Juiz do Trabalho à audiência

A questão do atraso das partes à audiência e os graves efeitos dele decorrentes têm causado acaloradas discussões na jurisprudência, principalmente nas grandes cidades, onde há várias Varas do Trabalho e problemas de trânsito.

A CLT trata da matéria quanto ao atraso do juiz no art. 815, assim redigido:

> "À hora marcada, o juiz ou presidente declarará aberta a audiência, sendo feita pelo chefe de secretaria ou escrivão a chamada das partes, testemunhas e demais pessoas que devem comparecer.
>
> Parágrafo único. Se, até 15 (quinze) minutos após a hora marcada, o juiz ou presidente não houver comparecido, os presentes poderão retirar-se, devendo o ocorrido constar do livro de registro das audiências."

Como se denota da redação do referido dispositivo legal, a CLT prevê apenas a tolerância do atraso para o juiz presidente[(36)], e não para as partes.

Pode-se questionar a constitucionalidade do dispositivo por violação do princípio da isonomia (art. 5º da CF). Pensamos não ser inconstitucional o parágrafo único do art. 815 da CLT, já que a figura do juiz não se confunde com as partes e os advogados. De outro lado, o trabalho do juiz, na Vara do Trabalho, não se resume somente às audiências. Há os despachos urgentes, liminares, decisões na execução,

(35) Art. 80 do CPC: "Reputa-se litigante de má-fé aquele que: ... II – Alterar a verdade dos fatos."

(36) A redação do art. 815 da CLT foi idealizada para a composição colegiada do órgão de primeiro grau. Hoje, devemos interpretar o termo "juiz presidente" como sendo juiz titular ou juiz substituto.

sentenças, atendimento aos advogados, supervisão do trabalho de Secretaria etc. Essa concentração de atividades na pessoa do juiz, a nosso ver, justifica o atraso de quinze minutos, cujo lapso se mostra razoável. Não obstante a lei permitir o atraso, deve o juiz zelar pela pontualidade nas audiências, e somente em caráter excepcional atrasar as audiências. De outro lado, entendemos que, se o motivo for justificável, o atraso do juiz poderá sobejar o limite de quinze minutos.

A Lei n. 8.906/94, no art. 7º, XX(37), permite ao advogado retirar-se do recinto se, em trinta minutos após o horário, a autoridade não comparecer. Mostra-se discutível a aplicabilidade de tal dispositivo no Processo do Trabalho, pois a parte tem o *jus postulandi* (art. 791, da CLT), e, caso o advogado se retire, a audiência prosseguirá somente com a presença da parte. De outro lado, nos termos do art. 815 da CLT, caso haja o atraso de quinze minutos do juiz, tanto o advogado como a parte poderão retirar-se, lavrando-se certidão.

Como bem adverte *Homero Batista Mateus da Silva*(38): "Fixou-se em 15 minutos o prazo de tolerância das partes. O dispositivo é objetivo e fácil de ser imaginado, mas faltou combinar com a carregada pauta de atendimento das varas: caso os advogados exerçam o direito de se ausentar do recinto no 16º minuto, de plano terão um adiamento por meses ou ano, além da complexa operação que via se instalar para obtenção de prova documental idônea de que ali estiveram e de que não poderão sofrer punições como arquivamento ou revelia, caso o magistrado adentre o fórum mais tarde. O dipositivo narra a existência de um livro de registro de audiências para anotação do atraso do juiz, sendo um desafio encontrar esse material hoje em dia em qualquer vara brasileira. Ainda que se encontre o tal livro em alguma vara, o art. 815 não prevê cópia ou certidão para o advogado, que deverá fiar-se na integridade do livro. Enfim, a tendência é a tolerância maior, sendo muito raro que alguém deixe o recinto com menos de uma hora de atraso da autoridade."

Quanto ao atraso da parte, a Consolidação não disciplinou a matéria, o que tem gerado inúmeros entendimentos. Alguns entendem que o atraso de quinze minutos pode ser estendido às partes, por aplicação analógica do art. 815, parágrafo único, da CLT.

Nesse diapasão, as seguintes ementas:

> "Aplicação analógica do atraso de 15 minutos para o juiz. Audiência. Aplica-se também às partes o prazo de tolerância de 15 minutos para comparecimento à audiência (interpretação analógica do parágrafo único, do art. 815, da CLT)." (TRT – 3ª R. – 5ª T. – RO n. 14249/97 – rel. Roberto Calvo – DJMG 25.4.98 – p. 10)

> "Revelia — Audiência inaugural — Atraso. É de quinze minutos o prazo de tolerância para a parte comparecer à audiência previamente designada. Interpretação analógica ao disposto no art. 815, parágrafo único da CLT." (TRT – 3ª R. – 5ª T. – RO n. 1143/98 – rel. Juiz Santiago Ballesteros Filho – DJMG 13.3.99 – p. 17)

---

(37) Art. 7º, XX, da Lei n. 8.906/94: "São direitos do advogado: [...] XX – retirar-se do recinto onde se encontre aguardando pregão para ato judicial, após trinta minutos do horário designado e ao qual ainda não tenha comparecido a autoridade que deva presidir a ele, mediante comunicação protocolizada em juízo."

(38) *Curso de direito do trabalho aplicado*. Vol. 9: Processo do Trabalho. São Paulo: Campus Elsevier. 2010, p. 209.

Há também outros entendimentos no sentido de que o atraso de poucos minutos deve ser tolerado, máxime se a parte comparece quando ainda não encerrada a audiência.

Nesse contexto, destacamos a seguinte ementa:

"Audiência. Atraso. O atraso de poucos minutos à audiência não enseja a aplicação de pena de confissão à parte retardatária, mormente, quando ainda não terminada a redação da ata." (TRT 3ª R. – 1ª T. – RO n. 20630/96 – rel. Fernando Lopes – DJMG 13.6.97 – p. 8)

O entendimento que prevaleceu na jurisprudência foi no sentido de que a CLT não prevê a possibilidade de atraso das partes, nem sequer de alguns minutos, pois a nossa Consolidação disciplina apenas a possibilidade de atraso para o juiz. Caso o juiz tolere o atraso de alguns minutos de alguma das partes, pode estar violando o princípio da imparcialidade e de igualdade de tratamento às partes. No mesmo sentido, também, é a posição majoritária da doutrina(39).

Também o Tribunal Superior do Trabalho, acolhendo a jurisprudência dominante, fixou entendimento da impossibilidade do atraso das partes à audiência por meio da OJ n. 245, da SDI-I, nos seguintes termos:

"Revelia. Atraso. Audiência. Inexiste previsão legal tolerando atraso no horário de comparecimento da parte à audiência."

No nosso sentir, o atraso das partes tem de ser sopesado caso a caso, considerando os seguintes elementos:

a) o local das audiências;

b) o horário de designação;

c) a dificuldade de se chegar ao local, máxime se considerando os problemas de congestionamento do trânsito, filas para pegar o elevador do fórum.

No aspecto, reputamos correto o entendimento vazado na seguinte ementa:

"Audiência — Atraso de 1 minuto — Revelia — Inaplicável — Ausência de razoabilidade. Nada obstante inexista norma expressa que imponha margem de tolerância para eventuais atrasos, a medida do r. Juízo de origem não se coaduna com o princípio da razoabilidade, caracterizando rigor excessivo. Evidencia-se, na hipótese sob análise, a incompatibilidade entre o meio e os fins, haja vista que a medida impede o livre exercício da ampla defesa, requisito inerente à busca da verdade real, escopo do exercício da jurisdição, sobremaneira na Justiça do Trabalho." (TRT/SP – 02655003120085020046 (02655200804602004) – RO – Ac. 4ª T. 20110196060 – rel. Paulo Augusto Camara – DOE 4.3.2011)

---

(39) Por todos, destacamos a posição de Amador Paes de Almeida: "À hora designada para a audiência devem estar presentes, além dos servidores (diretor de secretaria; oficial judiciário), o juiz, as partes, seus procuradores, se houver (observe-se que as partes podem postular independentemente de advogados — o *jus postulandi*), e as testemunhas. O parágrafo único do art. 815 da CLT concede ao Juiz do Trabalho uma tolerância de 15 minutos de atraso, após o que os presentes (exceto obviamente os servidores) podem retirar-se consignando-se o fato na ata de audiência. A tolerância em apreço é exclusivamente com relação ao juiz, não se estendendo às partes ou a seus advogados" (*CLT comentada.* 2. ed. São Paulo: Saraiva, 2004. p. 389).

Deve sempre o magistrado pautar-se pelo bom-senso e razoabilidade na hora de avaliar o atraso. No nosso sentir, um atraso de poucos minutos deve ser avaliado de forma diferente da parte que simplesmente não compareceu.

De outro lado, ainda que se entenda que a parte não pode atrasar sequer um minuto, são direitos da parte e do advogado da parte, caso compareçam, mesmo atrasados, de ser certificado o horário do comparecimento para que possam, em eventual recurso, questionar os motivos do atraso.

Nesse sentido, a seguinte ementa:

> "Comparecimento atrasado da parte. Se a parte chega atrasada à audiência não deve querer justificar o seu ato com fatos que não pode provar. O caminho correto é pedir na secretaria uma certidão narrando a sua presença e o horário." (RO 02950334851, Ac. 4ª T. – 02960539677). José Ribamar da Costa – TRT/SP[40].

Recentemente, a jurisprudência do Tribunal Superior do Trabalho manifestou-se sobre o atraso, aplicando o bom-senso e os princípios da razoabilidade e da proporcionalidade, bem como as circunstâncias do caso concreto, conforme as ementas que seguem:

> "RECURSO DE REVISTA. REVELIA. ATRASO DO PREPOSTO. 3 MINUTOS. AUDIÊNCIA INAUGURAL. AUSÊNCIA DE PRÁTICA DE ATOS PROCESSUAIS. ORIENTAÇÃO JURISPRUDENCIAL 245 DA C. SDI. INAPLICABILIDADE. Não há se falar em contrariedade aos termos da OJ n. 245 da c. SDI, pois não se depreende que o Eg. Tribunal Regional tenha simplesmente desrespeitado os seus termos, mas sim equacionado o tema levando em consideração caso concreto em que houve ínfimo atraso, em momento em que nenhum ato processual fora praticado, e observando a nuance específica do caso em que presente a manifesta vontade de defesa. Recurso de revista não conhecido." (TST Processo: RR – 2191-42.2012.5.09.0092 – Data de Julgamento: 9.10.2013, rel. Min. Aloysio Corrêa da Veiga, 6ª Turma, Data de Publicação: DEJT 11.10.2013)

> "RECURSO DE REVISTA. ATRASO DO RECLAMANTE À AUDIÊNCIA. CONFISSÃO FICTA. Este Tribunal tem decidido reiteradamente que atrasos diminutos que não impliquem prejuízo à instrução processual não justificam a aplicação da confissão à parte atrasada. Logo, registrado no acórdão recorrido que o atraso do Reclamante à audiência foi de apenas cinco minutos e que a instrução processual não foi prejudicada, já que o depoimento do Autor foi colhido e que ele esteve presente no momento da proposta de conciliação, não é razoável declarar a confissão ficta da parte atrasada. Recurso de revista de que se conhece, ante a demonstração de divergência jurisprudencial, e a que se nega provimento, no mérito." (TST – RR-18000-56.2007.5.12.0030, rel. Min. Fernando Eizo Ono, 4ª Turma, DEJT 24.6.2011)

O art. 362, III, do CPC, possibilita o adiamento da audiência quando houver atraso em seu início superior a 30 minutos. Com efeito, dispõe o referido dispositivo legal:

> "A audiência poderá ser adiada: (...) III – por atraso injustificado de seu início em tempo superior a 30 (trinta) minutos do horário marcado."

---

(40) CARRION, Valentin. *Nova jurisprudência em direito do trabalho.* 1º Semestre de 1998. São Paulo: Saraiva, 1998. p. 491, Ementa n. 3.194.

Se aplicado ao processo trabalhista, o presente dispositivo, praticamente, inviabilizaria as sessões de audiência na Justiça do Trabalho, considerando-se que o atraso entre uma audiência e outra faz parte do cotidiano da Justiça do Trabalho, uma vez que o número de audências diárias na Varas Trabalhistas é muito elevado.

O Tribunal Superior do Trabalho, corretamente, por meio do Artigo 2º, VI, da IN 39/16, entendeu inaplicável o referido dispositivo do processo trabalhista. Com efeito, dispõe o referido dispositivo:

> "Sem prejuízo de outros, não se aplicam ao Processo do Trabalho, em razão de inexistência de omissão ou por incompatibilidade, os seguintes preceitos do Código de Processo Civil: (...) VI – art. 362, III (adiamento da audiência em razão de atraso injustificado superior a 30 minutos)."

7. Da ausência do advogado

No Processo do Trabalho, a presença do advogado, embora seja este essencial à administração da Justiça (art. 133 da CF), não surte efeitos sem a presença da parte (art. 843 da CLT). De outro lado, em razão do *jus postulandi* da parte (art. 791 da CLT), esta não terá prejuízo processual se o advogado não comparecer, sendo certo que a eventual ausência do advogado não será motivo para adiar a audiência.

Também o advogado que tem duas audiências muito próximas ou no mesmo horário não tem direito de ter deferido o adiamento da audiência. Entretanto, na praxe forense, os Juízes do Trabalho costumam conversar com a parte contrária e explicar a situação. Caso ela não se oponha, costuma-se adiar a audiência, em comum acordo, sem ausência de prejuízo às partes.

Pessoalmente, não concordamos com o *jus postulandi* da parte, pois atualmente é praticamente impossível ao reclamante ou ao reclamado apresentar defesa e compreender a instrução processual sem a presença do advogado. No nosso sentir, a ausência do advogado gera grande prejuízo técnico à parte e pode influir significativamente no sucesso da demanda.

No mesmo contexto, ensina *Jorge Luiz Souto Maior*[(41)]: "Muito embora se tenha dito que o ideal é que a parte, também no processo do trabalho, se faça acompanhar por advogado, o fato é que, legalmente falando, fazer-se acompanhar de advogado na Justiça do Trabalho é uma faculdade e não uma obrigação para a formação válida do processo. Consequentemente, o exercício dessa faculdade não pode constituir direitos para si ou para a parte contrária. Ou seja, o eventual impedimento do advogado não constitui direito para que a parte, por si ou pelo próprio advogado, requeira o adiamento da audiência."

Nesse sentido, destacam-se as seguintes ementas:

> "A ausência de advogado à audiência de instrução e julgamento não enseja a nulidade do julgamento que se segue, eis que é questão sobejamente pacificada a prerrogativa das

(41) SOUTO MAIOR, Jorge Luiz. *Direito processual do trabalho.* São Paulo: LTr, 1998. p. 330.

partes em conservarem o *jus postulandi* nesta Especializada." (TRT – 1ª R. – 4ª T. – RO n. 24487/2001 – rel. Célio J. Cavalcante – DJRJ 9.12.2002 – p. 181) (RDT n. 01 – janeiro de 2003)

"Audiência — Ausência dos advogados — Efeitos. A realização da audiência sem a presença dos advogados das partes não implica em sua nulidade, haja vista a subsistência do *jus postulandi* das partes após a promulgação da Constituição Federal de 1988. Recurso ordinário não provido." (TRT – 1ª R. – 2ª T. – RO n. 7320/97 – rel. Juiz Aloysio Santos – DJRJ 14.12.99 – p. 101)

8. Da ausência do reclamante e a possibilidade de representação do empregado

O art. 843 da CLT exige a presença do reclamante na audiência, independentemente da presença de seu representante ou advogado. Já o art. 844 da CLT assevera que o não comparecimento do reclamante importa em arquivamento.

O arquivamento equivale à extinção do processo sem resolução do mérito, não gerando o efeito da confissão ficta ao reclamante, sendo certo que este pode renovar a pretensão, observado o lapso prescricional.

Uma vez arquivada a ação, o reclamante poderá propor novamente a reclamação trabalhista, sem necessidade de comprovação de custas processuais, caso não tenha sido beneficiado pela Justiça Gratuita. No processo do trabalho, resta inaplicável, diante da falta de sintonia com a principiologia processual trabalhista o disposto no art. 486, § 2º, do CPC[42]. Nesse diapasão, destaca-se a seguinte ementa:

"RENOVAÇÃO DA AÇÃO. PAGAMENTO DE CUSTAS. Não há óbice ao ajuizamento de nova ação pelo empregado que teve o processo anterior arquivado, ainda que não tenha quitado as custas processuais do mesmo. A parte final do art. 268 do CPC não se coaduna com os princípios que informam o Direito Processual do Trabalho. Recurso a que se dá provimento." (TRT/SP – 00632200901002006 – RO – Ac. 8ª T. – 20100330066 – relª Silvia Almeida Prado – DOE 26.4.2010)

A CLT prevê uma única hipótese de o processo prosseguir sem a presença do autor. Com efeito, assevera o art. 843, § 2º, da CLT:

"Se por doença ou qualquer outro motivo ponderoso[43], devidamente comprovado, não for possível ao empregado comparecer pessoalmente, poderá fazer-se representar por outro empregado que pertença à mesma profissão, ou pelo seu sindicato."

---

(42) Art. 486, do CPC: "O pronunciamento judicial que não resolve o mérito não obsta a que a parte proponha de novo a ação. § 1º No caso de extinção em razão de litispendência e nos casos dos incisos I, IV, VI e VII do art. 485, a propositura da nova ação depende da correção do vício que levou à sentença sem resolução do mérito. § 2º A petição inicial, todavia, não será despachada sem a prova do pagamento ou do depósito das custas e dos honorários de advogado.

(43) Segundo Coqueijo Costa: "A Consolidação sempre se referiu a 'motivo ponderoso', que, atualmente, nas últimas edições, se transformou em 'motivo poderoso'. Ponderoso é pesado, importante, atendível, que impressiona. Poderoso é outra coisa: é o que tem poder ou exerce mando, que possui autoridade. Não há sinonímia, como se vê" (*O direito processual do trabalho e o Código de Processo Civil de 1973*. São Paulo: LTr, 1975. p. 75).

Para alguns autores, a representação mencionada no artigo transcrito é eficaz tão somente para requerer o adiamento da sessão, não podendo o representante depor e confessar fato em desfavor do reclamante. Nesse sentido, destacamos, por todos, a opinião de *Valentin Carrion*(44):

> "A representação do empregado por um companheiro ou por seu sindicato é eficaz para requerer o adiamento da sessão, impedindo o arquivamento. O depoimento pessoal, entretanto, deve ser prestado pela própria parte pessoalmente (Lamarca, Ação na Justiça do Trabalho; Giglio, Direito Processual do Trabalho); impossibilitado o reclamante de comparecer, deve ser aguardada a oportunidade em que possa fazê-lo, ou ser tomado o depoimento onde se encontre. Na ação de cumprimento, se as provas se anteveem irrelevantes, a presença do sindicato, em face do texto legal, justifica o prosseguimento. Representação do empregado pelo sindicato."

No mesmo lastro, destacam-se as seguintes ementas:

"O disposto no § 2º do art. 843 da CLT visa tão somente evitar o arquivamento do processo, impondo, em caso de motivo ponderoso, o adiamento da audiência. Não autoriza a representação para todas as fases do processo, mesmo porque o depoimento é pessoal e em se tratando do empregado não pode ser prestado por interposta pessoa." (TRT, 3ª R., RO 3378/92, Ac. 2ª T., 9.2.1993, rel. Juiz Murilo de Moraes, in *LTr* 58-05/589).

"Ausência do reclamante — Audiência inaugural — Representação. Havendo motivo relevante, devidamente justificado, o reclamante pode se fazer substituir em audiência por outro empregado que pertença à mesma profissão ou pelo seu Sindicato, mas com a finalidade específica de adiar a sessão para evitar o arquivamento. A representação do reclamante pelo Sindicato não transfere a este legitimidade para prestar depoimento em nome do reclamante ausente, não havendo que se falar em aplicação da pena de confissão, na hipótese. A consequência está estampada no art. 844 da CLT, que determina o arquivamento da reclamação pela ausência injustificada do autor." (TRT 3ª R. – 6ª T. – RO n. 481/2003.064.03.00-7 – relª Emília Facchini – DJMG 13.11.03 – p. 15)

Não obstante o respeito que merece o entendimento transcrito, com ele não concordamos. Com efeito, o § 2º do art. 843 da CLT não diz que a presença do representante do empregado é limitada a apenas requerer o adiamento. De outro lado, o referido dispositivo legal fala em "representação", sendo certo que é da essência da representação que o representante pratique atos processuais no interesse do representado, presumivelmente segundo a vontade deste último. De outro lado, que utilidade teria o dispositivo legal se a representação tivesse somente o escopo de evitar o arquivamento? Caso o autor esteja doente ou não possa comparecer, seu advogado poderá alegar o fato, e o juiz, adiar a sessão, mediante comprovação do motivo no prazo assinalado pelo juiz.

Sob outro enfoque, a lei diz que o empregado poderá fazer-se representar por outro empregado que pertença à mesma profissão ou pelo seu Sindicato, o que denota que o representante deve ter conhecimento dos fatos, já que somente

(44) CARRION, Valentin. *Comentários à Consolidação das Leis do Trabalho*. 30. ed. São Paulo: Saraiva, 2005. p. 688.

um outro empregado na mesma situação do autor pode conhecer a realidade do trabalho do autor ou o Sindicato. Se os poderes do representante fossem somente para adiar a audiência, não haveria necessidade de a lei especificar empregado da mesma profissão ou Sindicato de sua categoria. Nesse sentido, é a opinião de *Wilson de Souza Campos Batalha*(45):

> "O empregado, por motivo de doença ou outra razão relevante, pode fazer-se representar por outro empregado que pertença à mesma profissão, ou pelo sindicato, desde que o depoente tenha ciência do fato. Essa ciência não necessita ser direta, ocular, podendo ser indireta, através de informações da parte interessada."

Nesse mesmo diapasão, são as palavras de *Amauri Mascaro Nascimento*(46):

> "Entendem alguns doutrinadores que os representantes têm poderes apenas para evitar o arquivamento, requerendo ao juiz o adiamento da audiência. Como na lei não consta essa restrição, em princípio admite-se a representação para os efeitos normais, não só na realização da audiência como em todos os atos a ela inerentes, como depoimento pessoal, conciliação etc. Se o representante, no entanto, não tem conhecimento dos fatos, o juiz não tem outra alternativa para data na qual o reclamante possa comparecer. Se a impossibilidade de comparecimento do reclamante é prolongada, é claro que o processo não fica paralisado e os seus atos são praticados com a presença do representante. O objetivo do § 2º, da CLT é exatamente dar condições para que o juiz consiga tramitar o procedimento."

Pelo exposto, entendemos que o representante do reclamante tem poderes para confessar e transigir. Divergimos do professor *Amauri Mascaro Nascimento* quanto ao conhecimento dos fatos, pois, caso o representante não conheça os fatos, o reclamante deve sofrer os efeitos desse não conhecimento, pois foi o autor quem o indicou, à simetria do que ocorre com o preposto do empregador, cujas declarações obrigam o proponente (art. 843, § 1º, da CLT)(47). De outro lado, como não se trata da parte, não deve o juiz encerrar a instrução probatória, caso o representante do reclamante confesse algum fato contrário ao interesse do autor, devendo prosseguir a instrução probatória, com a oitiva das testemunhas e valoração da prova no seu conjunto. A confissão, na moderna doutrina processual, já não é a rainha das provas, máxime

(45) BATALHA, Wilson de Souza Campos. *Tratado de direito judiciário do trabalho.* São Paulo: LTr, 1985. p. 536.

(46) NASCIMENTO, Amauri Mascaro. *Curso de direito processual do trabalho.* 20. ed. São Paulo: Saraiva, 2001. p. 399.

(47) No mesmo sentido, se manifestam *Márcio Túlio Viana* e *Luiz Otávio Linhares Renault*: "Em geral, doutrina e jurisprudência ensinam que a representação visa apenas impedir o arquivamento da reclamatória. Assim, quando o reclamante não comparece, e manda o representante, os juízes normalmente adiam a audiência. Discordamos dessa orientação, mesmo porque a lei não distingue. A representação é ampla, isto é, o representante age como se fosse o reclamante, participando de todos os fatos da audiência: conciliação, depoimento pessoal, colheita da prova oral, razões finais orais, etc. Em outras palavras: deve-se dar ao representante do empregado o mesmo tratamento que é dispensado ao preposto do empregador" (*Manual da audiência trabalhista.* São Paulo: LTr, 1997. p. 32).

se levada a efeito pelo representante da parte. No entanto, o Juiz do Trabalho não pode esperar que o reclamante traga um representante que saiba dos fatos adiar o processo, sucessivamente, até que seja atingido tal desiderato.

9. Da possibilidade de aplicação da confissão ao reclamante ausente à audiência em prosseguimento

A doutrina não é pacífica quanto à possibilidade de aplicação da confissão ao reclamante quando há ausência deste na audiência em prosseguimento, após contestada a ação (audiência de instrução).

Dispõe o art. 844 da CLT:

> "O não comparecimento do reclamante à audiência importa o arquivamento da reclamação, e o não comparecimento do reclamado importa revelia, além de confissão, quanto à matéria de fato."

Para alguns autores, diante da inexistência de previsão de confissão expressa ao reclamante no art. 844 da CLT, somente se mostra cabível o arquivamento quando o autor não comparece à audiência de instrução.

Rezend Puech(48) sustenta a tese de que, mesmo adiada a audiência, não cabe senão o arquivamento do processo, porque a pena de confissão é prevista no processo trabalhista apenas para o reclamado, e não para o não comparecimento do autor. O efeito previsto em lei é o arquivamento. Invoca interpretação histórica da lei para firmar que o anteprojeto de lei de 1932 declarava revéis ambas as partes, mas não foi aprovado, circunstância que evidencia a intenção do legislador em estabelecer critérios diferentes para ambas as partes.

Durante tempo considerável, a jurisprudência do Tribunal Superior do Trabalho foi no sentido da impossibilidade de aplicação de confissão ao reclamante em razão da redação do art. 844 da CLT e de ser característica protetiva do Processo do Trabalho a inexistência de previsão de confissão ao empregado.

O entendimento que prevaleceu na doutrina e jurisprudência, a nosso ver correto, foi no sentido da possibilidade de aplicação da confissão ao reclamante que não comparece na audiência em prosseguimento após contestada a ação, pois o que se adia é o seu prosseguimento, e não a própria audiência. Além disso, já houve contestação nos autos, e o próximo ato processual a praticar será o depoimento pessoal do autor. Entretanto, na ata de audiência, deve constar de forma expressa a cominação de consequência de confissão para o não comparecimento do autor, conforme o art. 385 do CPC, que resta aplicável ao Processo do Trabalho por força do art. 769 da CLT.

Nesse sentido, destacamos a visão de *Jorge Luiz Souto Maior*(49):

> "Então, não se podendo arquivar o feito quando o reclamante não comparece à audiência de instrução e julgamento e não se podendo simplesmente

(48) *In:* NASCIMENTO, Amauri Mascaro. *Curso de direito processual do trabalho.* 24. ed. São Paulo: Saraiva, 2009. p. 517.

(49) SOUTO MAIOR, Jorge Luiz. *Direito processual do trabalho.* São Paulo: LTr, 1998. p. 320.

negar qualquer efeito à sua ausência neste ato processual, há de se procurar no ordenamento processual a solução para o impasse, tendo sempre à mente que as regras processuais não devem servir para escravizar a atuação jurisdicional. Surge, assim, um autêntico caso de necessidade de aplicação subsidiária das regras de processo civil ao processo do trabalho, fazendo-se as adaptações pertinentes ao tipo de procedimento trabalhista. E a única solução possível, por óbvio, é a de cominar a ausência do reclamante com a confissão 'ficta', desde que tenha sido intimado, pessoalmente, com expressa advertência neste sentido, nos moldes do art. 343 do CPC, que embora diga respeito ao depoimento pessoal, deve ser aplicado subsidiariamente, para a hipótese em discussão no processo do trabalho, à falta de disposição mais específica."

O Tribunal Superior do Trabalho pacificou a questão por meio das Súmulas ns. 9 e 74, I, a seguir transcritas:

"SÚMULA N. 9 — AUSÊNCIA DO RECLAMANTE: A ausência do reclamante, quando adiada a instrução após contestada a ação em audiência, não importa arquivamento do processo."

"SÚMULA N. 74, I, DO C. TST: Aplica-se a pena de confissão à parte que, expressamente intimada com aquela cominação, não comparece à audiência em prosseguimento, na qual deveria depor."

A intepretação das referidas Súmulas do Tribunal Superior do Trabalho nos autoriza a dizer que se aplica ao reclamante a confissão se este não comparecer à audiência em prosseguimento, após contestada a ação, desde que seja intimado expressamente para a audiência de instrução e conste cominação expressa da consequência de confissão caso não compareça.

Nesse sentido, destacamos as seguintes ementas:

"Confissão ficta. Adiantamento da audiência. Ausência do demandado à audiência em prosseguimento. No processo do trabalho, a audiência de conciliação e julgamento será contínua, só podendo ser suspensa pelo Juiz-Presidente por motivo relevante ou de força maior (CLT, arts. 840, parágrafo único e 849). Por sua vez, o art. 453, I, do CPC prevê a possibilidade de adiamento da audiência por uma única vez por convenção das partes. Assim, se o recorrente, às vésperas da audiência em prosseguimento em que deveria prestar depoimento pessoal, limitou-se a apresentar petição sem a concordância da parte contrária na qual requereu seu adiamento ao único fundamento de que os litigantes estavam em vias de conciliar-se, o que não foi confirmado pela reclamante, deve ser mantida a confissão ficta corretamente aplicada ao demandado a ela injustificadamente ausente." (TRT – 3ª R. – 4ª T. – RO n. 4.128/96 – rel. Freire Pimenta – DJMG 10.8.96 – p. 25)

"Confissão ficta aplicada à reclamante, ausente na audiência em que deveria prestar depoimento pessoal — Atestado médico. Imprestável para elidir a confissão ficta aplicada à reclamante, ausente na audiência em que deveria prestar depoimento pessoal, o atestado médico expedido na mesma data de realização da audiência de instrução processual, não declinando, contudo, o horário de atendimento, se este se deu em caráter emergencial ou de rotina, além de não atestar a necessária impossibilidade de locomoção da parte. (Enunciado n. 122/TST)." (TRF 10ª R. – 3ª T. – RO n.1842/2003.102.10.00-6 – rel. Bertholdo Satyro – DJDF 21.5.04 – p. 47) (RDT n. 6 – junho de 2004)

"Ausência da parte à segunda audiência — Confissão ficta. A ausência injustificada da reclamante à audiência a qual estava intimada a prestar depoimento implica confissão ficta (Súmula n. 74 do TST). A míngua de outras provas dos fatos constitutivos do direito almejado, o pedido destina-se à improcedência." (TRT – 3ª R. – 6ª T. – RO n. 319/2006.061.03.00-2 – rel. Ricardo Antônio Mohallem – DJ 5.10.06 – p. 17) (RDT n. 11 – novembro de 2006)

"Ausência da reclamante na audiência em prosseguimento – Aplicação da confissão ficta. 1. 'Aplica-se a pena de confissão à parte que, expressamente intimada com aquela cominação, não comparecer à audiência em prosseguimento, na qual deveria depor' (Enunciado n. 74/TST). 2. Decisão regional recorrida em consonância com os Enunciados ns. 9 e 74 desta Corte. 3. Não configurada ofensa ao art. 844 da CLT, porquanto o dispositivo não se aplica à audiência em prosseguimento, mas à audiência inaugural. 4. Recurso de revista não conhecido." (TST – 5ª T. – RR n. 538592/99-8 – rel. Min. João Batista B. Pereira – DJ 12.4.2002 – p. 621) (RDT n. 5 – maio de 2002)

"Audiência de instrução – Ausência do reclamante – Confissão ficta – Enunciado n. 74/TST. Intimado o autor nos moldes do Enunciado n. 74/TST, e não tendo comparecido à audiência em que deveria prestar depoimento pessoal, é de se aplicar a confissão ficta a ele, emergindo como verdadeiros os fatos alegados na peça de defesa. Recurso parcialmente provido." (TRT – 10ª R. – 1ª T. – RO n. 4362/2001 – relª Elaine M. Vasconcelos – DJDF 19.4.2002 – p. 93) (RDT n. 5 – maio de 2002)

10. Da ausência do reclamado

O art. 843 da CLT assevera que o reclamado deve comparecer em audiência, independentemente de seu patrono ou representante. Já o art. 844 do mesmo diploma legal diz que o não comparecimento do reclamado importa revelia, além de confissão quanto à matéria de fato.

Portanto, deve o reclamado comparecer pessoalmente à audiência ou nomear preposto para representá-lo, cujas declarações obrigarão o proponente.

Conforme anteriormente mencionado, a ausência do reclamado importa revelia, além de confissão quanto à matéria de fato (art. 844 da CLT).

Enfocando o art. 844 da CLT, manifesta-se *Coqueijo Costa*(50): "Para o reclamado o não comparecimento resulta em revelia, congeminada necessariamente com a confissão quanto à matéria de fato. É mais uma afirmação eloquente do caráter protecionista do Direito Processual do Trabalho também, em favor do tutelado na relação de direito material, porque a reclamada, quase sempre, é a empresa, que assim se torna suscetível de sofrer as consequências drásticas da revelia. Não há dúvida que a solução germânica, adotada pelo art. 319 do CPC, afina com a revelia do reclamado no Processo do Trabalho."

Não obstante a definição do ilustre jurista *Coqueijo Costa*, parece-nos que a CLT não utilizou a melhor técnica processual, pois a revelia é a ausência do reclamado na audiência, e a confissão ficta, segundo a doutrina majoritária, é um dos efeitos

(50) COQUEIJO Costa, Carlos. *O direito processual do trabalho e o Código de Processo Civil de 1973.* São Paulo: LTr, 1975. p. 71.

da revelia. Não havia necessidade de estar consignado no art. 844 da CLT que a ausência do reclamado importa revelia, além de confissão. Pela redação do artigo, parece-nos que os efeitos da revelia são distintos e cumulativos, como se a revelia não importasse confissão e a confissão ficta não decorresse da revelia.

De outro lado, a CLT não diz que há presunção de veracidade da matéria fática, tampouco confissão ficta. À primeira vista, dá-nos a impressão de que a confissão a que alude o art. 844 da CLT é a confissão real, que, segundo a doutrina clássica, é a rainha das provas.

A interpretação literal do art. 844 da CLT não pode ser aplicada, pois a revelia gera presunção de veracidade dos fatos narrados na inicial e não confissão quanto à matéria de fato.

Desse modo, no nosso sentir, a revelia do reclamado importa apenas presunção relativa dos fatos narrados na inicial, e não confissão.

Nesse sentido, as seguintes ementas:

"Agravo de instrumento em recurso de revista — Devolução dos descontos — Confissão — Prova relativa — Reexame de fatos e provas — Impossibilidade. A confissão ficta não possui presunção absoluta e deve sempre ser apreciada considerando-se todo o contexto probatório, notadamente, quando se trata de fato que depende de prova material nos autos. Trata-se, portanto, de matéria cuja apreciação remete ao reexame do contexto fático-probatório, não se admitindo o recurso de revista nesta hipótese. Inteligência do Enunciado n. 126 do TST. Agravo conhecido e desprovido." (TST – 2ª T. – AIRR n. 613/2000.044.01.40-9 – rel. Décio S. Daidone – DJ 12.12.03 – p. 811) (RDT n. 2 – Fevereiro de 2004)

"Confissão ficta — Efeitos. O não comparecimento da reclamada à audiência de prosseguimento importa a sua confissão quanto à matéria de fato (art. 844 da CLT). É certo, porém, que a presunção de veracidade decorrente da confissão ficta não é absoluta e cede passo à prova documental que constar dos autos." (TRT 12ª R. – 1ª T. – RO-V n. 429/2003.032.12.00-7 – relª Sandra M. Wambier – DJSC 20.5.04 – p. 157) (RDT n. 6 – junho de 2004)

Uma vez contestada a ação, não há como se reputar revel a reclamada. Caso ausente o preposto, haverá a confissão ficta nos moldes do § 1º do art. 843 da CLT e Súmula n. 74, I, do C. TST.

Por fim, cumpre destacar que o procedimento de alguns juízes, diante da revelia do reclamado, de consignar em ata, "reputa-se o reclamado confesso e aplica-se-lhe a pena de confissão quanto à matéria de fato", a nosso ver, não está correto. Portanto, diante da revelia, o juiz deverá consignar se se aplica a revelia, cujos efeitos serão apreciados em sentença.

11. Nomeação de curador especial para o reclamado revel

A doutrina processual trabalhista tem se posicionado contrária à aplicação do art. 72, II, do CPC, ao Processo do Trabalho, diante da inexistência de omissão da CLT e, máxime, pela simplicidade do procedimento no Processo do Trabalho. Com efeito, dispõe o referido dispositivo legal:

Art. 72, do CPC: "O juiz nomeará curador especial ao: (...) II – réu preso revel, bem como ao réu revel citado por edital ou com hora certa, enquanto não for constituído advogado."

Para *Francisco Antonio de Oliveira*(51):

> "No processo do trabalho a citação, em quase-totalidade, é feita através de carta com registro postal. Disso resulta que a citação ou a intimação não necessita ser pessoal. Basta que a correspondência seja entregue na portaria da empresa ou na portaria do prédio onde se localiza o escritório do advogado para que tenha validade total. Poderá, ainda, ser depositada na caixa postal. Assim, compete aos interessados, diariamente, visitar a portaria do prédio ou visitar a caixa postal para que não venham a ser surpreendidos. Em havendo dúvida sobre o não recebimento, caberá ao interessado efetuar a prova do não recebimento. A verdade é que a praxe adotada há dezenas de anos vem tendo bons resultados. Menos exigente, como o art. 841, § 1º, da CLT que se o reclamado criar embaraços para o recebimento ou não for encontrado, far-se-á a citação por edital. Em havendo embaraço, poderá o juízo determinar a citação por hora certa (arts. 227 a 229 do CPC) por força do art. 769 da CLT (princípio da subsidiariedade). Inaplicável, entretanto, ao processo do trabalho a norma do processo comum de nomear-se curador à lide. Essa é a praxe que tem sido seguida e que vem dando ótimos resultados. Evidente que, se o juízo tiver alguma dúvida quanto à efetiva citação, deverá tomar providências outras para que a dúvida não subsista. Citado corretamente o revel, não vemos razão para adotar-se as normas do processo comum."

Embora a CLT não seja omissa a respeito da citação por edital, preveja hipóteses específicas de cabimento desta modalidade de citação (arts. 841 e 852 da CLT), que a citação por edital, no Processo do Trabalho, objetive a celeridade processual, e a intervenção do curador especial poderia provocar demora excessiva da demanda, a nosso ver, seria plenamente viável a nomeação, pelo Juiz do Trabalho, de um curador especial para o reclamado revel citado por edital, preso, ou com hora certa, por aplicabilidade do art. 72, II, do CPC, a fim de possibilitar maior efetividade ao processo, assegurar o devido processo legal e a justiça da decisão. Para isso, seriam necessários melhor estrutura, previsão legal sobre quem atuaria como curador, instituição de uma efetiva assistência judiciária gratuita na Justiça do Trabalho a cargo do Estado e não só pelos sindicatos para todos os litigantes, ou a nomeação de advogados dativos cadastrados para tal mister.

No aspecto, cumpre destacar as seguintes ementas:

"CITAÇÃO POR EDITAL. CURADOR ESPECIAL. AUSÊNCIA DE NOMEAÇÃO. NULIDADE NÃO CONFIGURADA. Incabível a aplicação do disposto no art. 9º, inc. II, do Código de Processo Civil, pois a hipótese de nomeação de curador especial no âmbito processual trabalhista está prevista no art. 793 da Consolidação das Leis do Trabalho (trabalhador menor

(51) OLIVEIRA, Francisco Antonio de. *Manual de audiências trabalhistas*. 2. ed. São Paulo: RT, 1999. p. 71.

de 18 anos), o que não é o caso dos autos. O art. 841, § 1º, do mesmo diploma, ao tratar da notificação por edital silencia quanto à necessidade de nomeação de curador especial. De resto, cumpre ponderar que o procedimento suscitado é incompatível com a celeridade que deve caracterizar o processo trabalhista, portanto, não há que se falar em nulidade por vício procedimental. Preliminar afastada." (TRT/SP – 00004937120105020025 – RO – Ac. 14ª T. – 20120364047 – relª Elisa Maria de Barros Pena – DOE 3.4.2012)

"Réu revel notificado por edital. Desnecessária nomeação de curador especial. Inaplicabilidade do art. 9º, II, do CPC de 1973, com correspondente no art. 72, II, do CPC de 2015, ao processo trabalhista. A Consolidação das Leis do Trabalho é expressa quanto à exigência da nomeação de curador especial, ficando limitada à hipótese tratada no art. 793, qual seja, a reclamação trabalhista proposta pelo menor de 18 anos, estando ausentes seus representantes legais. Por outro lado, o art. 844, da CLT estabelece a configuração da revelia no caso de não comparecimento do reclamado à audiência designada para oferecimento da defesa, não dispondo qualquer limitação quanto ao modo pelo qual tenha sido o mesmo chamado em Juízo. Nesse contexto, a interpretação sistemática dos arts. 769, 841, § 1º, 793 e 844, todos da CLT, deixa evidente a inaplicabilidade do formalismo preconizado pelo art. 9º, II, do Código de Processo Civil de 1973 (art. 72, II, do CPC de 2015), ao processo trabalhista. Precedentes do C. Tribunal Superior do Trabalho. Nulidade não reconhecida." (TRT/SP – 00003065520155020068 – RO – Ac. 9ª T. – 20160304304 – Relª. Jane Granzoto Torres da Silva – DOE 2.6.2016)

12. Ausência do reclamante e do reclamado

Como já mencionado anteriormente, como a audiência trabalhista é una, se as duas partes não comparecerem, a demanda será arquivada por força do imperativo do art. 844 da CLT.

Se houver prosseguimento da audiência(52), ou seja, audiência de instrução, a CLT não previu a hipótese, restando a solução a cargo da doutrina e da jurisprudência.

Quando há designação de audiência de instrução, as partes devem comprometer-se a comparecer para depoimentos, e para tanto devem sair cientes das consequências do não comparecimento, nos termos da Súmula n. 74, I, do C. TST.

Se reclamante e preposto não comparecerem, o efeito será a aplicação da confissão ficta a ambos. Como ambos foram confessos, a doutrina fixou o entendimento no sentido de que o processo deve ser solucionado à luz das regras de distribuição do ônus da prova fixadas nos arts. 818, da CLT, e 373, do CPC(53).

Embora haja a confissão ficta de ambos os litigantes, o juiz não está obrigado a encerrar de plano a instrução e julgar o processo. Se não estiver convicto para

(52) Se na primeira audiência foram ouvidas, ou dispensados os depoimentos pessoais, as partes não precisam comparecer à audiência seguinte, conforme o § 1º, do art. 848, da CLT.

(53) Nesse sentido, destaca-se a seguinte ementa: "CONFISSÃO FICTA — AUSÊNCIA DE AMBAS AS PARTES NA AUDIÊNCIA DE PROSSEGUIMENTO — CONSEQUÊNCIA. Quando os litigantes não comparecem em audiência, onde deveriam prestar depoimento, a incidência conjunta da *ficta confessio* se anula, de forma que a análise seguinte haverá que recair no encargo probatório atribuído a cada qual" (TRT 3ª Região – Proc. RO n. 6.017/94 – 2ª T. – Juiz Sebastião Geraldo de Oliveira – MG: 1.7.94).

decidir, ou entender que a versão de uma ou de ambas as partes está fora da razoabilidade, poderá ouvir, conforme seu prudente arbítrio, as testemunhas que estiverem presentes, ou determinar a realização das provas que entender cabíveis nos termos do art. 765 da CLT.

13. Da ausência do reclamado e presença do advogado (Súmula n. 122 do TST)

A jurisprudência do TST tem sido rígida quanto ao comparecimento das partes à audiência[(54)]. Não tem tolerado o atraso[(55)]. Tampouco a presença do advogado tem sido acolhida para evitar os efeitos da revelia.

O TST sumulou, recentemente, o entendimento no sentido de que, mesmo que compareça o advogado, munido de procuração e defesa, em audiência, sem o preposto, tal situação não será suficiente para elidir os efeitos da revelia. Nesse sentido, é a Súmula n. 122, do C. TST[(56)]:

> "A reclamada, ausente à audiência em que deveria apresentar defesa, é revel, ainda que presente seu advogado munido de procuração, podendo ser ilidida a revelia mediante a apresentação de atestado médico, que deverá declarar, expressamente, a impossibilidade de locomoção do empregador ou do seu preposto no dia da audiência."

Concordamos em parte com a referida Súmula n. 122, pois, não comparecendo o empregador ou seu preposto à audiência, inegavelmente haverá revelia, já que o art. 844 da CLT exige a presença da parte[(57)], entretanto, no nosso sentir, o advogado poderá juntar a defesa e documentos que poderão ilidir os efeitos da revelia, já que houve ânimo de defesa por parte da reclamada[(58)].

---

(54) Nesse sentido, destacam-se as seguintes ementas: "AUSÊNCIA DA RECLAMADA — COMPARECIMENTO DE ADVOGADO. A reclamada ausente à audiência em que deveria apresentar defesa é revel, ainda que presente seu advogado munido de procuração" (TRT 4ª R. – RO 00085.010/98-7 – 5ª T. – rel. Juiz Ricardo Gehling – j. 28.10.1999). "AUSÊNCIA DA PARTE — PRESENÇA DO ADVOGADO — ELISÃO. No processo do trabalho, a revelia decorre da ausência injustificada do reclamado à audiência, a teor da norma contida no art. 844 da CLT — A inércia da parte não é suprida pela presença de seu advogado, ainda que munido de procuração e defesa. Prevalência da OJ n. 74, da SDI/TST — Recurso conhecido e desprovido" (TRT 10ª Região – RO 3787/99 – 1ª T. – rel. Juiz José Ribamar O. Lima Júnior — j. 5.4.2000).

(55) OJ n. 245 da SDI-I, do C. TST: "Revelia. Atraso. Audiência. Inexiste pevisão legal tolerando atraso no horário de comparecimento da parte à audiência."

(56) Súmula com a redação dada pela Res. n. 129/2005 – DJ 20.4.2005.

(57) Como bem adverte Tostes Malta: "A ausência do advogado da parte não tem qualquer consequência segundo a jurisprudência dominante, que reconhece às partes o *ius postulandi*" (TOSTES MALTA, Christovão Piragibe. *Prática do processo trabalhista.* 31. ed. São Paulo: LTr, 2003. p. 319).

(58) Nesse sentido, destacam-se as seguintes ementas: "Revelia. Há de ser elidida, uma vez caracterizado o ânimo de defesa, através do comparecimento à sala de audiência do patrono, portando instrumento de mandato e defesa e comparecendo o preposto pouco tempo após o término da assentada" (TRT – 1ª R. – 3ª T. – RO n. 27227/95 – relª Juíza Nídia de A. Aguiar – DJRJ 29.6.98 – p. 163). "Ausência do reclamado em audiência inicial — Presença do advogado — Ânimo de defesa — Não decretada a revelia. A presença do advogado da parte reclamada na audiência inicial, devidamente representado e munido de defesa, afasta

Para *Mozart Victor Russomano*, se fôssemos aplicar o entendimento citado, em caso de ausência do reclamante, se presente seu advogado, o processo não deveria ser arquivado. Aduz o jurista(59):

> "A jurisprudência moderna tem entendido que quando o reclamado não comparece à audiência, mas exterioriza sua intenção de se defender nos autos, enviando à mesma, por exemplo, advogado munido de procuração, não deve ser declarado revel e confesso. Tal orientação é incompreensível, em face dos claros termos do artigo precedente. Se a lei exige a presença da parte, independentemente da presença de seu representante, como vamos admitir que o reclamado com procurador constituído possa eximir-se de comparecer em juízo, desde que seu advogado o faça? A substituição do reclamado só pode ser feita na forma dos §§ 1º e 2º do artigo anterior. Entre as pessoas aptas a serem substituídas pelo réu, no processo trabalhista, não figuram os advogados, solicitadores e provisionados. A ser assim, por um dever indeclinável de justiça e de coerência, também quando o reclamante não comparecer à audiência, mas nela estiver presente o seu advogado, o processo não será arquivado. Teremos, pois, um processo trabalhista em que as partes não comparecem, mas que marcha normalmente, porque estão presentes seus advogados. Onde fica a regra do art. 843?"

Em que pese a autoridade do referido jurista e a solidez dos argumentos mencionados, no nosso sentir, as consequências da ausência do reclamado no Processo do Trabalho são muito mais drásticas que os efeitos da ausência do autor, pois, caso este último não compareça, o processo será arquivado, podendo o reclamante, dentro do prazo prescricional, renovar sua pretensão, já que o arquivamento acarreta extinção do processo sem resolução do mérito(60). Também, o arquivamento pode gerar consequências benéficas para o autor, vez que a jurisprudência do TST (Súmula n. 268) fixou o entendimento de que a reclamação trabalhista, ainda que arquivada, interrompe a prescrição.

---

a revelia. A oferta da contestação evidencia a intenção de defesa da parte ausente." (TRT – 15ª R. – 4ª T. – Ac. n. 1466/2002 – rel. Renato Burato – DJSP 14.1.2002 – p. 48). "Cassação da pena. Revela-se cerceado o direito da parte quando o advogado comparece à audiência portando defesa e documentos que foram devolvidos e é aplicada a pena máxima de revelia. A ausência da parte poderia implicar na pena de confissão, mas, admitindo-se prova em sentido contrário, não poderia deixar de ser recebida a defesa com os documentos que a acompanhavam, mesmo porque o advogado portava o competente instrumento de mandato" (TRT – 3ª R. – 1ª T. – RO 01809/95 – rel. Marcos H. Molinari – DJMG 21.4.95 – DJMG 21.4.95 – p. 53). "Revelia. Inexiste revelia se a reclamada, mesmo ausente na audiência inicial, faz-se representar por advogado munido de instrumento de mandato e defesa" (TRT 2ª R. – 1ª T. – Ac. n. 2970258735 – rel. Braz José Mollica – DJSP 16.6.97 – p. 44).

(59) RUSSOMANO, Mozart Victor. *Comentários à Consolidação das Leis do Trabalho*. Vol. V, 6. ed. Rio de Janeiro: José Konfino, 1963. p. 1.463-1.464.

(60) Também o autor, caso beneficiário de Justiça Gratuita, não pagará as custas processuais.

Já para o réu, as consequências são pesadas, pois haverá a presunção de veracidade dos fatos narrados na inicial, o processo será julgado antecipadamente e dificilmente poderá intervir no processo antes da decisão, que, em regra, é prolatada na própria audiência de instrução e julgamento.

Se o advogado comparece, com procuração, defesa e documentos, deverá ser-lhe facultada a juntada em homenagem ao melhor direito, equidade(61) e aos ditames de justiça. Além disso, hodiernamente, o processo tem sido interpretado, com primazia no seu aspecto constitucional ("constitucionalização do processo"), ressaltando o seu caráter publicista(62). Desse modo, o juiz deve interpretar a legislação processual de forma que propicie não só a efetividade (resultados úteis do Processo) como também assegure a garantia do contraditório e acesso das partes à justiça. Nenhuma norma processual infraconstitucional é absoluta, devendo o juiz valorar os interesses em conflito e dar primazia ao interesse que carece de maior proteção. Sendo assim, não se mostra razoável que o juiz imponha carga tão pesada ao reclamado, que contratou advogado, elaborou defesa, compareceu à audiência na data aprazada e, por algum motivo não justificável, o preposto não compareceu.

Também cabe ao juiz, como agente político, zelar não só pela igualdade de tratamento às partes, mas também pela justiça da decisão. Como bem adverte *Cândido Rangel Dinamarco*(63): "O juiz indiferente às escolhas axiológicas da sociedade e que pretenda apegar-se a um exagerado literalismo exegético tende a ser injusto, porque pelo menos estende generalizações a pontos intoleráveis, tratando os casos peculiares como se não fossem portadores de peculiaridades, na ingênua crença de estar com isso sendo fiel ao direito. O juiz moderno compreende que só lhe exige imparcialidade no que diz respeito à oferta de iguais oportunidades às partes e recusa a estabelecer distinções em razão das próprias pessoas ou reveladoras de preferências personalíssimas. Não se lhe tolera, porém, a indiferença."

Manoel Antonio Teixeira Filho(64) diverge da orientação dada pela Súmula n. 122 do C. TST com os seguintes argumentos:

> "Com efeito, se o advogado do réu comparece à audiência, portando contestação ou pretendendo aduzi-la, oralmente, é evidente, é elementar

---

(61) Ensina Caio Mário da Silva Pereira que equidade "é ideia de amenização do rigor da lei, equiparada ou aproximada ao conceito de justiça ideal, impedindo que o rigor dos preceitos se converta em atentado ao próprio direito, contra o que Cícero já se insurgia ao proclamar *summum ius, summa iniuria*" (*Instituições de direito civil.* 18. ed. Rio de Janeiro: Forense, 1996. p. 50).

(62) Ensina Júlio César Bebber: "Há uma tendência universal em atribuir caráter público ao processo, de modo que o mesmo deixe de ser considerado como instrumento para realização de interesses exclusivos das partes, libertando o juiz do seu dever de impassividade e da obrigatoriedade de conformar-se com a verdade formal, podendo, assim, investigar a verdade real, a fim de que o Estado cumpra com o dever de dar a cada um o que é seu" (*Princípios do processo do trabalho.* São Paulo: LTr, 1997. p. 441-442).

(63) DINAMARCO, Cândido Rangel. *A instrumentalidade do processo.* 12. ed. São Paulo: Malheiros, 2005. p. 239.

(64) TEIXEIRA FILHO, Manoel Antonio. *A prova no processo do trabalho.* 8. ed. São Paulo: LTr, 2003. p. 157-158.

que o réu jamais pode ser considerado revel, pois revelia traduz, exatamente, a ausência injustificada de contestação. Ora, chega a ser surrealista o entendimento de ser revel quem está desejando defender-se em juízo [...] Para resumir: o conteúdo da OJ n. 74, da SDI-I do TST, a nosso ver, é juridicamente insustentável, pelas seguintes razões: a) considera revel o réu, cujo advogado está presente à audiência inicial, regularmente munido de procuração e de contestação, ou que pretendia formular, oralmente, a defesa; b) considera confesso o réu, quando se sabe que o preposto ausente não seria interrogado naquela audiência. Daí o caráter surrealista da precitada Orientação."

14. Da representação do reclamado em audiência. Efeitos. Condição de empregado do preposto. Súmula n. 377 do C. TST e efeitos

Preposto vem do latim *praepostus*, de *praeponere*, que tem o significado de posto adiante, à testa de uma operação, para conduzi-la ou dirigi-la.

Ensina *George de Oliveira Nobre*(65) que preposto "é a pessoa nomeada/designada por alguém para assumir a direção ou pôr-se à frente de qualquer serviço. No setor jurídico trabalhista o termo Preposto significa o representante do empregador para representá-lo em juízo."

Para *Melchíades Rodrigues Martins*(66): "O preposto, no âmbito da Justiça do Trabalho, é aquela pessoa indicada pelo empregador para ser seu representante em juízo trabalhista e suas declarações, favoráveis ou desfavoráveis ao desfecho do processo, serão tidas como sendo do próprio preponente."

A CLT disciplina a matéria no § 1º do art. 843, que tem a seguinte redação: "É facultado ao empregador fazer-se substituir pelo gerente, ou qualquer outro preposto que tenha conhecimento do fato, e cujas declarações obrigarão o preponente."

Analisando-se o § 1º do art. 843 da CLT, constata-se que a nomeação de preposto é faculdade do empregador. Portanto, a preposição é voluntária, entretanto, as declarações do preposto vincularão o proponente. De outro lado, a lei exige que o preposto tenha conhecimento dos fatos, ainda que não os tenha presenciado. Basta que tenha ciência dos fatos pessoalmente ou por informações de terceiros. Não obstante, não encerra penalidade específica para esse desconhecimento. Todavia, são pacíficas tanto a doutrina como a jurisprudência no sentido de que o desconhecimento dos fatos pelo preposto acarreta a confissão ficta, nos termos dos arts. 345 e 348 e seguintes do CPC.

(65) NOBRE, George de Oliveira. *O preposto na Justiça do Trabalho*. São Paulo: LTr, 2000. p. 1.

(66) MARTINS, Melchíades Rodrigues. *O preposto e a representação do empregador em juízo trabalhista e órgãos administrativos*. São Paulo: LTr, 2002. p. 14.

Nesse sentido, destacam-se as seguintes ementas:

"Preposto. Conhecimento dos fatos por terceiro. O preposto não precisa ser empregado, nem seu conhecimento dos fatos, embora exigível, deve necessariamente ser pessoal e direto." (TRT – 8ª R. – RO 535/85 – rel. Juiz Roberto Araújo de Oliveira Santos, LTr 50(2):223, Fev./86. *In:* MARQUES, Gérson. *Processo do Trabalho Anotado*. São Paulo: RT, 2001. p. 287)

"Conhecimento dos fatos por documentos da empresa. A alegação do preposto de que conhece os fatos ou informações do chefe imediato do reclamante por documentos da empresa não autoriza, por si só, a aplicação de pena de confissão ficta. Desimporta que o preposto não tenha estado fisicamente presente aos fatos, desde que conheça os mesmos, ainda que por via indireta." (TRT – 4ª R. – RO-RA 124/92 – Ac. 1ª T. – rel. Juiz Fabiano de Castilho Bertolucci – *LTr* 58 (10):1164)

A praxe forense trabalhista e a jurisprudência consagraram a necessidade de o preposto apresentar a Carta de Preposição em audiência. Embora a lei não exija que o preposto apresente carta de preposição, a praxe trabalhista consagrou tal obrigatoriedade em razão das consequências que a atuação do preposto em audiência pode acarretar ao empregador[(67)].

Caso o preposto não apresente a Carta de Preposição, pensamos que deva o Juiz do Trabalho conceder prazo para que o reclamado providencie sua juntada aos autos, com suporte no art. 76 do CPC, que assim dispõe:

"Verificada a incapacidade processual ou a irregularidade da representação da parte, o juiz suspenderá o processo e designará prazo razoável para que seja sanado o vício. § 1º Descumprida a determinação, caso o processo esteja na instância originária: I – o processo será extinto, se a providência couber ao autor; II – o réu será considerado revel, se a providência lhe couber; III – o terceiro será considerado revel ou excluído do processo, dependendo do polo em que se encontre."

Nesse sentido, destacamos a seguinte ementa:

"A ausência de carta de preposição representa vício sanável, devendo o magistrado conferir prazo à parte para que providencie o documento, e não aplicar-lhe a revelia, vez que esta somente se caracteriza pela ausência de defesa, total inércia, indiferença ao processo. Cerceamento de defesa configurado." (TRT – 6ª R. – 1ª T. – RO n. 6207/97 – rel. Joaquim da Costa Filho – DJPE 15.1.98 – p. 29)

O preposto representa o empregador em audiência, podendo praticar todos os atos processuais de representação nesse ato processual.

Caso o reclamado não tenha advogado, poderá o preposto apresentar defesa oral, elaborar reperguntas para o reclamante e as testemunhas, aduzir razões finais

(67) Em sentido contrário, as seguintes ementas: "O parágrafo primeiro do art. 843 da CLT não exige a apresentação de carta de preposição, formalidade que resulta, tão somente, de uma equivocada e vacilante construção jurisprudencial. Recurso conhecido e provido" (TRT – 10ª R. – 3ª T. – Ac. n. 2691/95 – rel. Juiz Mascarenhas Borges – DJDF 10.8.95 – p. 10.900). "Inexiste obrigatoriedade legal de apresentação de documento autorizativo para que o preposto represente o empregador. Tornando-se este obrigado pelas declarações do preposto, é de sua inteira responsabilidade a correta indicação de seu representante nas audiências" (TRT – 10ª R. – 3ª T. – Ac. n. 2231/95 – rel. Juiz Dorival Lupiano – DJDF 7.7.95 – p. 9.564).

(art. 791 da CLT) e realizar propostas de acordo. Deve, outrossim, caso entenda o juiz, prestar depoimento (art. 848 da CLT).

A preposição exaure-se na audiência. Desse modo, o preposto não poderá praticar outros atos processuais no processo, como os recursos.

Nesse sentido, bem adverte *Domingos Sávio Zainaghi*(68):

> "O preposto detém todos os poderes cabíveis ao empregador, o qual, pelo simples fato de tê-lo nomeado, outorga-lhe amplos poderes para representá-lo, só que esta representação fica limitada à audiência em que compareceu. Logo, se o preposto comparece na primeira audiência e não na segunda, seus poderes se exaurem naquela; se comparecer na segunda sessão, não há necessidade de nova carta de preposição, bastando mencionar que já fora preposto na audiência anterior."

No mesmo diapasão, a seguinte ementa:

"PREPOSTO — INEXISTÊNCIA DE LEGITIMIDADE PARA RECORRER. O preposto somente está autorizado a substituir o empregador na audiência de instrução e julgamento. O artigo oitocentos e quarenta e três, parágrafo segundo da CLT, não legitima o preposto a recorrer em nome da parte." (TST – E-RR 4.920/1984 – (Ac. SDI) – rel. Min. Guimarães Falcão – DJU 29.9.1989, p. 15.229)(69)

Mostra-se polêmica a seguinte questão, deve o preposto ser empregado da reclamada?

A CLT não prevê tal exigência, conforme o art. 843, § 1º, mencionado anteriormente. Desse modo, muitos doutrinadores sustentam a desnecessidade de o preposto ser empregado da reclamada, podendo o empregador fazer-se representar em audiência por qualquer preposto que tenha conhecimento dos fatos. Caso o preposto não saiba dos fatos, o empregador correrá o risco da confissão.

Dentre os argumentos apontados pela doutrina, que entende ser desnecessária a condição de empregado do preposto, destacamos:

a) falta de previsão legal, pois o art. 843, § 1º, da CLT não exige que o preposto seja empregado;

b) obstar o acesso à justiça do empregador, que não pode nomear empregado para representá-lo em juízo;

c) uma pessoa próxima ao empregador pode conhecer com maior riqueza de detalhes os fatos da relação de emprego do que um empregado;

d) risco exclusivo do empregador em nomear preposto que não saiba dos fatos.

---

(68) ZAINAGHI, Domingos Sávio. O preposto da empresa e sua atuação na Justiça do Trabalho. *In: Síntese Trabalhista*. Rio Grande do Sul: Síntese, 2001. p. 7.

(69) MARTINS, Melchíades Rodrigues. *Op. cit.*, p. 27.

Dentre os doutrinadores que defendem que o preposto não necessita ser empregado do reclamado, destacam-se:

José Augusto Rodrigues Pinto(70):

> "Nossa modesta reflexão nos posiciona firmemente com a ideia que a única exigência posta na lei para a validade da preposição do empregador é de que o preposto tenha conhecimento do fato, ou seja, tenha aptidão para informar corretamente ao Juízo sobre a lide, a fim de facultar-lhe a formação do convencimento para decidir. Vamos até mais além. A contraposição entre a liberalidade evidente em relação ao empregador, e as restrições feitas ao empregado, para nomear preposto, serve de exemplo da influência exercida sobre a legislação processual pelo princípio da proteção do economicamente fraco. Envolvendo a preposição os riscos da confissão pelo inexato conhecimento dos fatos, ou por sua ignorância, a lei trabalhista buscou proteger o empregado da má escolha, mostrando-se indiferente à do empregador, que não é destinatário da tutela do Direito do Trabalho."

Amauri Mascaro Nascimento(71):

> "A lei não impõe como requisito que o preposto seja vinculado ao empregador, que representa mediante relação de emprego. As fundamentações, embora não muito sólidas, permitem concluir que a representação por não empregado facilitaria uma verdadeira advocacia de não advogados, isto é, dos prepostos, que seriam tanto os próprios advogados como os contadores ou outra pessoa experiente. Poderia surgir também uma verdadeira 'profissão de preposto', permitida a presença do advogado não empregado como preposto. O advogado nem sempre tem conhecimento detalhado dos fatos, em especial quando acumula elevado número de processos trabalhistas, daí por que o seu depoimento pessoal seria em muitos casos pouco elucidativo."

Melchíades Rodrigues Martins(72):

> "[...] ainda que o legislador tivesse objetivado que o preposto seja empregado para representar o reclamado, tal fato não foi mencionado na regra normativa, e onde a lei não distingue não cabe ao intérprete distingui-la, sobretudo quando está em jogo direitos dos mais lídimos que é a defesa ampla e o contraditório que são garantias asseguradas pela Carta Magna (art. 5º, LV). Importante também assinalar que 'o jurista há de ter sempre

(70) RODRIGUES PINTO, José Augusto. *Processo trabalhista de conhecimento.* 7. ed. São Paulo: LTr, 2005. p. 403.

(71) NASCIMENTO, Amauri Mascaro. *Curso de direito processual do trabalho.* 21. ed. São Paulo: Saraiva, 2001. p. 323.

(72) MARTINS, Melchíades. *O preposto e a representação do empregador em juízo trabalhista e órgãos administrativos.* São Paulo: LTr, 2002. p. 57.

diante dos olhos o fim da lei, o resultado que quer alcançar na sua actuação prática; a lei é um ordenamento de protecção que entende satisfazer certas necessidades, e deve interpretar-se no sentido que melhor responda a esta finalidade, e portanto em toda a plenitude que assegure tal tutela'. E a finalidade posta no parágrafo único do art. 843, da CLT, é no sentido de que o empregador compareça à audiência para se defender, ou então que nomeie o seu representante que tenha conhecimento dos fatos sobre os quais versam o litígio, o qual falará em seu nome e se obrigará pelas suas declarações."

No mesmo sentido, destacam-se as seguintes ementas:

"O empregador pode se fazer representar por quem não seja seu empregado, conquanto seja necessário o conhecimento dos fatos controvertidos, ainda que a assimilação respectiva não se opere *in loco*. Tal circunstância, todavia, não desqualifica o depoimento, vez que a apreensão de informações pode se efetuar através de análise de documentos ou diálogo com o empregador, entre tantos meios. Outra não pode ser a inteligência da regra contida no parágrafo primeiro do art. 843 da CLT sob pena de se obstar a eficácia da regra constitucional da defesa facultada à parte, cuja amplitude não pode ser postergada ou sequer restringida. Se o texto da lei ordinária é ambíguo, sua exegese deve se harmonizar com a ampla defesa constitucionalmente assegurada." (TRT – 3ª R. – 2ª T. – RO n. 16341/95 – relª Mônica S. Lopes – DJMG 29.3.96 – p. 39)

"Preposto. À luz do art. 843, § 1º, da CLT, o empregador pode ser representado em audiência por qualquer pessoa, inclusive autônoma, como preposta. A lei não alude à necessidade de que o preposto seja sócio, diretor ou empregado do representado. A exigência legal concerne tão somente a que o preposto esteja inteirado dos fatos controvertidos. Recurso ordinário a que se dá provimento para anular o processo, por vício procedimental, determinando a reabertura da instrução processual." (TRT – 9ª R. – RO n. 03873/94 – rel. Juiz Oreste Dalazen – DJPR 13.10.95 – p. 45)

Os que entendem que o preposto deve ser empregado do reclamado elencam, entre outros, os seguintes fundamentos: a) necessidade efetiva de o preposto conhecer os fatos que se passam na empresa; b) princípio da oralidade do processo do trabalho; c) busca da verdade real no processo do trabalho, uma vez que o empregado preposto tem potencialmente maiores possibilidades de relatar a realidade do contrato de trabalho; d) evitar a "indústria" de prepostos profissionais; e) moralização do processo do trabalho.

Dentre os autores que sustentam a tese de que o preposto necessita ser empregado, destacam-se:

Francisco Antonio de Oliveira[73]:

"Existem duas correntes sobre o tema. Uma que aceita que funcione como preposto pessoa que não seja empregada da empresa, desde que tenha conhecimento dos fatos. Assim, o contador de várias empresas poderia

(73) OLIVEIRA, Francisco Antonio de. *Comentários à Consolidação das Leis do Trabalho*. 3. ed. São Paulo: RT, 2005.

funcionar como preposto daquelas empresas, pois que certamente teria conhecimento dos fatos. Pesa contra essa corrente o fato de incentivar-se a criação de verdadeira 'profissão de prepostos', com pessoas não comprometidas com a verdade. A segunda corrente exige que a preposição seja exercida somente por empregado da empresa. A exigência é salutar, já que a possibilidade de o empregado tomar conhecimento dos fatos pessoalmente é maior, enquanto o indivíduo não empregado teria que abeberar-se das informações do empregador, que as transmitiria do modo que lhe fosse mais conveniente. Todavia, a lei não exige que o preposto tenha conhecimentos pessoais dos fatos. Poderá adquiri-los por outros meios, *v. g.*, relatórios, ou mesmo por intermédio do patrão."

Jorge Luiz Souto Maior(74):

"Somente assim se poderão contrastar os reais pontos de divergências porventura existentes no conflito. Desse modo, o preposto em questão deverá, obrigatoriamente, ser empregado do reclamado, e mais, não poderá ser qualquer empregado, mas um que tenha conhecimento dos fatos discutidos na causa, não por ter deles ouvido falar, mas porque tinha uma relação direta com o reclamante no dia a dia da relação de emprego. Não se trata de equiparar o preposto a uma testemunha, mas de exigir que ele se preste a esclarecer as questões debatidas, concretamente, no conflito, impedindo-se a prática de certos prepostos que apenas expõem, abstratamente, os 'normais' procedimentos administrativos adotados na empresa. Desse modo, igualmente, elimina-se a prática corriqueira de prepostos profissionais, pois um único empregado não terá condições de se inteirar concretamente de todos os conflitos trabalhistas que envolvem a empresa. Um preposto deste tipo (o profissional), além disso, é fator de obstáculo ao acesso à ordem jurídica justa, pois ocasiona um desequilíbrio na relação processual, já que no outro polo da lide encontra-se o empregado com todas as limitações que uma pessoa diretamente envolvida no conflito acaba, de um modo ou de outro, apresentando."

No mesmo sentido, destacamos as seguintes ementas:

"Cerceamento de defesa — Revelia e confissão — Preposto — Exigência da condição de empregado. Nos termos do entendimento consagrado na Súmula n. 377 desta Corte uniformizadora, exceto quanto à reclamação de empregado doméstico, o preposto deve ser necessariamente empregado do reclamado. Inteligência do art. 843, § 1º, da CLT. Não configura cerceamento de defesa a aplicação de revelia e confissão à reclamada que não se fez representar na audiência de instrução por empregado preposto, mas tão somente por advogado procurador da parte. A garantia constitucional do direito à ampla defesa não exime o litigante da observância das formalidades previstas em lei. Recurso de revista a que não se conhece." (TST – 1ª T. – RR n. 1.110/2004.003.06.00-7 – rel. Lelio Bentes Corrêa – DJ 14.12.07 – p. 945) (RDT n. 02 – fevereiro de 2008)

(74) SOUTO MAIOR, Jorge Luiz. *Direito processual do trabalho:* efetividade, acesso à justiça. Procedimento oral. São Paulo: LTr, 1998. p. 255.

"Existência de vínculo empregatício com o empregador. Inteligência do § 1º do art. 843 da CLT. O preposto que pode substituir o empregador em juízo há de ser necessariamente seu empregado, pois o § 1º do art. 843 consolidado não faculta a representação por pessoa despida de tal condição, ainda que tenha conhecimento dos fatos. Consectário da ilegitimidade de representação é a confissão quanto à matéria fática alegada pelo postulante, eis que equivalente ao desconhecimento dos fatos pelo preposto. Recurso conhecido e desprovido." (TRT – 23ª R. – TP Ac. n. 108/96 – relª Juíza Mª Berenice – DJMT 16.4.96 – p. 9)

"Preposto — Exigência da condição de empregado. Exceto quanto à reclamação de empregado doméstico, o preposto deve ser necessariamente empregado do reclamado. Inteligência do art. 843, § 1º, da CLT. Revista parcialmente conhecida e provida." (TST – 2ª T. – RR – 404763/97-9 – rel. Min. Moacyr Roberto T. Auersvald – DJ 20.11.98 – p. 197) (RDT 12/98, p. 53)

"Confissão — Preposto — Empregado. A melhor interpretação que se extrai do art. 843, § 1º, da CLT é aquela segundo a qual o preposto deve ser empregado do reclamado. Quando representado, em juízo, por preposto não empregado, está sujeito à confissão. Entretanto, esta modalidade de confissão era presunção apenas *juris tantum*, não impedindo o julgador de examinar outros elementos de prova para firmar seu convencimento. O reclamado, dono da obra, fez-se representar por pessoa que o juízo de primeiro grau reconheceu como empreiteiro e responsável pela contratação do autor, inclusive baseado na própria confissão deste. Na situação concreta em que fora afastada a responsabilidade do reclamado pela contratação do reclamante, a confissão daquele não beneficia este. Revista conhecida e não provida." (TST – 3ª T. – RR n. 283935/96-9 – rel. Min. Antônio Fábio Ribeiro – DJ 5.2.99 – p. 229) (RDT 3/99 – p. 73)

"Preposto — Confissão. O art. 843, § 1º, da CLT, traz a exigência de que o preposto seja empregado da empresa, e ainda que o mesmo deve ter conhecimento dos fatos da causa. Assim, não cabe ao intérprete fazer restrição onde a lei não o faz, donde entendo inadmissível que a empresa se faça substituir por seu representante comercial, razão por que irregular a representação da reclamada na hipótese, o que implica na aplicação da revelia e confissão ficta à ré, na forma do art. 844/CLT. Neste sentido a Orientação Jurisprudencial n. 99/TST." (TRT – 10ª R. – 2ª T. – RO n. 3842/99 – relª Juíza Flávia S. Falcão – DJDF 30.6.2000 – p. 22) (RDT 07/00 – p. 60)

O TST pacificou a questão por meio da Súmula n. 377, recentemente alterada, dispondo:

"PREPOSTO. EXIGÊNCIA DA CONDIÇÃO DE EMPREGADO — Exceto quanto à reclamação de empregado doméstico, ou contra micro ou pequeno empresário, o preposto deve ser necessariamente empregado do reclamado. Inteligência do art. 843, § 1º, da CLT e do art. 54 da Lei Complementar n. 123, de 14 de dezembro de 2006."

No nosso sentir, embora a lei não exija que o preposto seja empregado, a interpretação teleológica e sistemática dos arts. 843 e 844 da CLT, em cotejo com o princípio da oralidade, nos sinaliza no sentido de que, efetivamente, o preposto deva ser empregado para que conheça os fatos da causa e facilite o acesso do juízo aos fatos pertinentes e relevantes do processo.

Por isso, concordamos com a Súmula n. 377 do C. TST, pois propicia que o Juiz do Trabalho possa, potencialmente, conhecer melhor a realidade do contrato de trabalho, uma vez que de suma importância o depoimento pessoal da parte para o processo do trabalho, que, acima de tudo, é um "processo de partes." Além disso, moraliza o processo, evitando o ingresso de *prepostos profissionais* que, em vez de esclarecer os fatos, vêm a juízo com a preocupação precípua de defender os interesses do empregador.

Desse modo, à luz da Súmula n. 377, do TST, salvo para o empregador doméstico e para as microempresas, o preposto, além da Carta de Preposição, deve comparecer à audiência com a CTPS. Caso não porte a Carteira de Trabalho, deverá o juiz conceder prazo para juntada, nos termos do art. 13 do CPC.

Quanto ao doméstico, o empregador em verdade é a entidade familiar. Dessa forma, qualquer pessoa da família pode atuar como preposto. De outro lado, se houver outros empregados na residência, é conveniente que o empregado figure como preposto. Por isso, pensamos correta a Súmula n. 377 no aspecto. Nesse sentido, as seguintes ementas:

> "Representação em juízo — Representação da família, em audiência — Não aplicação dos efeitos da confissão. A interpretação razoável do art. 843, § 1º, da CLT, é de que o empregador (pessoa jurídica) pode se fazer substituir por preposto (empregado), cuja missão é prestar declarações que o vincularão para fins de confissão, devendo, por isso, ter conhecimento acerca dos fatos deduzidos na relação processual. Todavia, em se tratando de empregador equiparado ao doméstico, estando regularmente representado pelo cônjuge, face à peculiaridade da semelhança do trabalho com o conceito de empregador doméstico. Assim, possível a representação em juízo pela esposa do reclamado, como verificado presentemente. Recurso não provido." (TRT – 15ª R. – 5ª T. – ROPS n. 882/2005.026.15.00-7 – rel. José Antônio Pancotti – DJ 6.10.06 – p. 46) (RDT n. 11 – novembro de 2006)

> "Preposição em reclamatória trabalhista de empregado doméstico. Admissibilidade dela recair em qualquer dos membros da família. Em se tratando de reclamatória trabalhista intentada por pretenso empregado doméstico, é lícito ao marido ou à mulher, dependendo de quem for o demandado, indicar, como preposto, qualquer outro membro da família, por ser essa, e não o casal, o verdadeiro destinatário dos serviços prestados." (TRT – 15ª R. – 1ª T. – Ac. n. 7650/96 – rel. Barros Levenhagen – DJSP 22.4.96 – p. 81).

Para as micro e pequenas empresas, a lei não exige a condição de empregado do preposto. Com efeito, dispõe o art. 54 da LC n. 123, de 14.12.06:

> "É facultado ao empregador de microempresa ou de empresa de pequeno porte a fazer-se substituir ou representar perante a Justiça do Trabalho por terceiros que conheçam dos fatos, ainda que não possuam vínculo trabalhista ou societário."

Tem por objetivo o referido dispositivo facilitar o acesso à justiça das pequenas e microempresas em razão do número reduzido de empregados que possuem. Não obstante, o preposto dessas empresas, ainda que não empregado, deve conhecer os fatos (art. 843, § 1º, da CLT). Nesse sentido, a seguinte ementa:

> "Preposto de pessoa física ou de empresa individual. O empregador, pessoa física ou empresa individual, pode fazer-se substituir por preposto, consoante § 1º do art. 843 da CLT. Onde a lei não distingue, não cabe ao intérprete distinguir." (TRT/SP n. 02970161790 – Ac. 8ª T. – n. 02980164229 – rel. Raimundo Cerqueira Ally – DOE 17.4.98) (RDT 10/98 – p. 49)

Em se tratando de controvérsias que não envolvam a relação de emprego (EC n. 45/04), pensamos não ser exigível a condição de empregado do preposto, uma vez que não se está discutindo vínculo de emprego, bastando apenas que o preposto conheça os fatos referentes à relação de trabalho discutida no processo.

Desse modo, estamos de acordo com a Súmula n. 377 do TST, com um pequeno ajuste, qual seja: para as controvérsias decorrentes da relação de trabalho, ou seja, *as que não envolvem a relação de emprego, o preposto não necessita ser empregado do reclamado.*

Quando estiverem no polo passivo, várias empresas do mesmo grupo econômico, pensamos, a despeito de opiniões em sentido contrário, poderão se fazer representar por um único preposto, uma vez que o grupo econômico é considerado empregador único, nos termos da Súmula n. 129 do C. TST.

Se a empresa estiver inativa ou em estado de encerramento, sem empregados, poderá, no nosso sentir, se fazer representar por preposto que não seja empregado, aplicando-se aqui as regras de razoabilidade e proporcionalidade no caso concreto. Entendimento contrário praticamente, conforme a experiência nos tem demonstrado, inviabiliza o acesso à justiça do empregador (art. 5º, LV, da CF).

Quanto ao advogado acumular a função de preposto, pensamos que tal não é possível, pois, embora não haja proibição legal expressa, o Código de Ética da OAB proíbe tal cumulação. Além disso, o advogado tem dever legal de sigilo com o cliente, o que prejudica a finalidade do depoimento pessoal e a investigação dos fatos da causa pelo Juízo.

15. Efeitos processuais da representação do empregador por preposto que não ostenta a qualidade de empregado

Para os processos em que se discute relação de emprego, alguns autores sustentam a tese de que, se o preposto não ostentar a condição de empregado, deve ser aberto prazo para a irregularidade ser sanada, aplicando-se o art. 76 do CPC.

Nesse sentido, a posição de *Raymundo Antonio Carneiro Pinto*(75):

> "Comparecendo à audiência um preposto que não é empregado (salvo o caso de ação de doméstico) e ficando patente o *animus* da empresa em defender-se, consideramos arbitrário decretar-se, de imediato, a revelia. Com base no art. 13 do CPC, deve o juiz conceder um prazo razoável para a parte sanar a representação."

Outros argumentam que o Juiz do Trabalho deve decretar a revelia, pois, se o preposto não é empregado, ele não representa o empregador e, portanto, os efeitos são os mesmos do não comparecimento do empregador em audiência.

(75) CARNEIRO PINTO, Raymundo Antonio. *Súmulas do TST comentadas.* São Paulo: LTr, 2005. p. 333.

Nesse sentido, destacamos a seguinte ementa:

"PREPOSTO NÃO EMPREGADO. REVELIA. Nos termos do disposto no art. 843, § 1º, do Estatuto Consolidado, o preposto deve ser empregado da reclamada, salvo nos casos de trabalhador doméstico ou micro e pequeno empresário, por previsão da Lei Complementar n. 123/06. Inteligência da Súmula n. 377 do C. TST. Recurso ao qual se nega provimento." (TRT/SP – 00441004920075020055 (00441200705502003) – RO – Ac. 17ª T. 20110228973 – relª Soraya Galassi Lambert – DOE 2.3.2011)

No nosso entendimento, mesmo que o preposto não seja empregado, não há como se decretar a revelia(76) do reclamado, pois o preposto, efetivamente, compareceu à audiência, e a revelia, no processo do trabalho, está vinculada ao fato do não comparecimento da parte na audiência. O fato de o preposto não ser empregado acarreta *confissão ficta* da reclamada, mas não revelia, pelo fato de não conhecer os fatos. Sendo assim, o conhecimento dos fatos é pertinente à fase probatória, e não à questão de representação processual. Portanto, inaplicável se mostra o art. 76 do CPC.

Sob outro enfoque, como se trata de confissão ficta, não deve o juiz encerrar prematuramente a instrução processual e prosseguir na dilação probatória, pois o conjunto probatório pode elidir a confissão ficta.

Nesse contexto, destacamos as seguintes ementas:

"Confissão ficta. O desconhecimento dos fatos pelo preposto para a cominação do art. 843, § 1º da CLT, não se confunde com a hipótese de o mesmo prestar declarações não condizentes com a prova documental. A penalidade processual deve ser interpretada restritivamente. Justa causa. Prova. A justa causa, fato extintivo do direito do autor, deve ser convenientemente provada, ônus a cargo da reclamada (art. 818/CLT c/c art. 333, II, CPC), do qual não se desincumbiu, razão pela qual deve ser afastada a falta imputada à empregada. Comissionista. Pedido de horas extras. Descabimento. Empregado que recebe salário à base de comissões não faz jus a horas extras, mas apenas ao adicional pelo trabalho em jornada suplementar, a ser calculado sobre o valor das comissões percebidas no período extraordinário (aplicação do entendimento erigido nos Enunciados ns. 56 e 340/TST)." (TRT – 10ª R. – 2ª T. – Ac. n. 2980/96 – rel. Juiz Braz H. de Oliveira – DJDF 10.1.97 – p. 168)

"Confissão ficta — Preposto não empregado — Aplicabilidade. Correta a aplicação da pena de confissão ficta, não apenas pelo fato de o preposto não ser empregado da reclamada, mas principalmente porque este reconheceu ter iniciado a função de gerente em data bastante posterior à dos fatos controvertidos, o que revela não ter ele conhecimento da matéria discutida no feito." (TRT – 3ª R. – 1ª T. – RO n. 632/2005.017.03.00-1 – rel. Marcus Moura Ferreira – DJ 11.11.05 – p. 5) (RDT n. 2 – Dezembro de 2005)

---

(76) No sentido da aplicação da revelia, destaca-se a seguinte ementa: "Preposto não empregado — Inadmissibilidade — Revelia. Provado nos autos que a pessoa indicada como preposta é mera estagiária de direito no escritório do procurador da reclamada, alegando conhecimento dos fatos articulados na inicial por informação e para o desempenho de suas funções, enquanto estagiária, além de declarar que não é empregada da empresa, confirma-se a decretação da revelia e a consequente aplicação da pena de confissão, nos termos da Orientação Jurisprudencial estratificada nos Precedentes da SDI/TST ns. 74 e 99" (TRT – 3ª R. – 2ª T. – RO n. 1871/98 – rel. Juiz Rogério V. Ferreira – DJMG 20.11.98 – p. 13) (RDT 12/98 – p. 53).

"Processo. Confissão da reclamada. Uma das condições essenciais para o preposto atuar em juízo é que tenha conhecimento dos fatos versados no contraditório. A forma da ciência é irrelevante (simples relatório verbal) posto não se tratar de testemunha. Ao declarar que ignora esses fatos faz com que se considere a confissão da ex-empregadora. Regime de compensação de horas. Acordo tácito. O direito pátrio admite, mediante prévio acordo escrito, não sendo admitido acordo tácito. E.108.RR 115.652/94." (TRT 2ª R. – 6ª T. – Ac. n. 2960313830 – rel. Carlos F. Berardo – DJSP 3.7.96 – p. 38)

"Confissão — Preposto — Empregado. A melhor interpretação que se extrai do art. 843, § 1º, da CLT é aquela segundo a qual o preposto deve ser empregado do reclamado. Quando representado, em juízo, por preposto não empregado, está sujeito à confissão. Entretanto, esta modalidade de confissão era presunção apenas *juris tantum*, não impedindo o julgador de examinar outros elementos de prova para firmar seu convencimento. O reclamado, dono da obra, fez-se representar por pessoa que o juízo de primeiro grau reconheceu como empreiteiro e responsável pela contratação do autor, inclusive baseado na própria confissão deste. Na situação concreta em que fora afastada a responsabilidade do reclamado pela contratação do reclamante, a confissão daquele não beneficia este. Revista conhecida e não provida." (TST – 3ª T. – RR n. 283935/96-9 – rel. Min. Antônio Fábio Ribeiro – DJ 10.2.99 – p. 229) (RDT 3/99 – p. 73)

Capítulo XIII

Da Revelia no Direito Processual do Trabalho

1. Introdução

A revelia é um instituto processual que sempre desafiou a doutrina e a jurisprudência. Apesar de a discussão ter grande relevo teórico, o tema tem enfoque prático, pois diariamente, na Justiça do Trabalho, o juiz enfrenta a angústia de ter de julgar processos à revelia e, muitas vezes, depara-se com pretensões fora da razoabilidade ou não resta convencido quanto à verossimilhança das alegações. De outro lado, muitas vezes o juiz se depara com pedidos excessivos, decorrentes da expectativa da parte de que ocorra a revelia.

Na Justiça do Trabalho, constantemente o reclamado revel sofre os pesados efeitos de uma condenação julgada à revelia, e, muitas vezes, a decisão contém injustiça manifesta. O autor, por sua vez, fica frustrado com o não comparecimento do réu e a expectativa de não encontrá-lo para executar a futura decisão.

A doutrina designa a expressão contumácia para a inatividade das partes quando há o chamamento judicial para comparecimento em juízo. A revelia é a contumácia do réu em não atender ao chamado judicial para defender-se.

No nosso sentir, a revelia não é rebeldia, pena ou ônus para o réu. "Trata-se de uma preclusão qualificada que gera uma situação processual (fato processual) decorrente da inatividade do réu em oferecer resposta à pretensão do autor que acarreta consequências processuais favoráveis ao demandante e desfavoráveis ao demandado."

Alguns chegam a dizer que, quando há o julgamento à revelia, há uma decisão fictícia ou até mesmo ausência de jurisdição.

Não temos dúvida de que a melhor forma de compreender a lide é por meio da atividade das partes, tanto que o Direito Processual do Trabalho, assim como o Direito Processual Civil, adota o princípio da oralidade. Também é com a presença das partes que, muitas vezes, se atinge uma solução consensual para o conflito, ou se chega mais próximo da realidade do litígio.

A necessidade de intervenção do réu no processo, conforme nos mostra a história, dependeu da evolução da natureza jurídica do processo. Antigamente, quando se entendia que o processo tinha natureza jurídica privada, o comparecimento do réu era fundamental[(1)]. Hoje, praticamente em todas as legislações, o processo tem natureza jurídica pública, o que faz a jurisdição atuar mesmo sem a presença do demandado.

O tema da revelia sempre atormentou os operadores do direito. Conforme *Calmon de Passos*[(2)]: "O comparecimento e a atuação do réu, em juízo, sempre foram objeto de preocupação no campo do direito. Nos primeiros tempos de Roma, não se conheceu o processo à revelia. Resultado de uma convenção, a *litiscontestatio* exigia a presença das partes litigantes, pelo que se conferia ao autor o poder de obrigar o réu a vir a juízo, mediante o emprego da força *(manus injectio)*, salvo se apresentasse um garante, o *vindex*, que, segundo parece, se obrigava a assegurá-la. Ao emprego da força, entretanto, devia preceder o simples convite para comparecimento em juízo. Só no caso de desatendimento autorizava-se a violência, recomendando a lei a presença de testemunhas para a hipótese de pretender o demandado reagir ou escapar. Não bastava, contudo, o simples comparecimento. Exigia-se por igual a atuação do réu; se acaso, mesmo presente em juízo, permanecia *indefesus*, o magistrado autorizava o autor, se tanto pedisse, à imissão na posse da coisa litigiosa ou na herança. Já nos fins do período republicano, a falta de comparecimento produzia a vitória do autor presente, ou a absolvição do réu, se a ausência fosse do autor."

2. Do conceito de revelia no Direito Processual Civil e no Direito Processual do Trabalho

A doutrina costuma designar a expressão contumácia para a ausência das partes em juízo. Há certo consenso na doutrina de que contumácia é gênero, do qual a revelia é espécie. Quando o autor não comparece, diz-se que há contumácia do autor, e quando o réu deixa de comparecer, diz-se que há revelia. No dizer de *José Augusto Rodrigues Pinto*[(3)], "a contumácia transmite o significado mais geral de 'não comparecimento da parte a juízo', enquanto revelia nos vem o sentido mais particular de não comparecimento do réu para a defesa, daí expressar Gabriel de Rezende Filho que 'a contumácia do réu denomina-se revelia'. E, considerando-se que a contumácia pode verificar-se em qualquer momento do desenrolar do processo, ainda mais precisa se torna a conclusão de Pontes de Miranda: 'Revelia é a contumácia quanto à contestação'."

---

(1) Segundo ensina Ovídio A. Batista da Silva: "Ocorre revelia quando o réu, regularmente citado, deixa de contestar a ação. Embora, no sentido moderno, tal seja o conceito corrente de revelia, identificada como a omissão do demandado em defender-se, em sua origem a ideia de contumácia ou *rebeldia* estava intimamente ligada à estrutura primitiva e rudimentar do processo civil, conhecido como uma relação *sui generis*, a que deveria aderir o demandado" (*Curso de direito processual do trabalho.* Vol. 1, 7. ed. Rio de Janeiro, Forense: 2006. p. 314).

(2) CALMON DE PASSOS, José Joaquim. *Comentários ao Código de Processo Civil.* 8. ed. Rio de Janeiro: Forense, 2001. p. 331.

(3) RODRIGUES Pinto, José Augusto. *Processo trabalhista de conhecimento.* 7. ed. São Paulo: LTr, 2005. p. 399.

"Revelia" vem do espanhol "*rebeldía*". Como bem adverte *Pontes de Miranda*[4]:

> "Por vezes, os legisladores não prestam atenção às diferenças entre as palavras e as empregam confusamente. O revel não esteve presente, e portanto não contestou, nem poderia contestar o rebelde, o revel. Mas quem compareceu e pois não foi revel pode contestar. De *duo* vieram muitas palavras, como duvidar *(dubitare)*, duelo, duelar *(duellare)*, rebelar, revel, que é um rebelde, alguém que desatende à citação."[5]

Ensina *Cândido Rangel Dinamarco*[6]:

> "*Revelia*, instituto próprio do processo de conhecimento e do cautelar, é a *inércia consistente em não responder*. Não tem lugar no processo executivo, em que, com a citação, o demandado recebe a intimação para pagar, cumprir, depositar, etc., e não a oferecer resposta; nem no monitório, em que ele é chamado apenas a pagar a soma devida ou entregar o bem móvel litigioso (arts. 621, 629, 632, 652 e 1.102-b). O conceito amplo, que abrange a inércia em qualquer espécie de processo, é a *contumácia*, gênero do qual a revelia é espécie."[7]

Sob a ótica do CPC de 1973, entendíamos correto o conceito acima mencionado do mestre paulista. Entretanto, o CPC de 2015, expressamente, atrela o conceito de revelia à falta de contestação (art. 344). Esse entendimento se robustece considerando que tanto as exceções de incompetência e suspeição, bem como a reconvenção devem ser articuladas no corpo da própria contestação, segundo a sistemática da atual legislação civilista. Com efeito, dispõe o art. 344, do CPC:

> "Se o réu não contestar a ação, será considerado revel e presumir-se-ão verdadeiras as alegações de fato formuladas pelo autor."

A CLT disciplina a matéria no art. 844, que tem a seguinte redação:

> "O não comparecimento do reclamante à audiência importa o arquivamento da reclamação *e o não comparecimento do reclamado importa revelia, além de confissão, quanto à matéria de fato*." (o grifo é nosso)

Pelo confronto entre os arts. 344 do CPC e 844 da CLT, de plano, nota-se que o dispositivo celetista faz alusão à revelia como sendo o não comparecimento do reclamado à audiência. Não há como se interpretar a revelia, sob o prisma do Processo do Trabalho, com a revelia no processo civil, pois, enquanto neste a revelia se caracteriza com a ausência de contestação (art. 344 do CPC), naquele a revelia configura-se com a ausência da parte (reclamado) à audiência. Como a CLT tem

---

(4) MIRANDA, Pontes de. *Comentários ao Código de Processo Civil*. T. IV, 3. ed. Rio de Janeiro: Forense, 1996. p. 31-32.

(5) Revel, de *rebellis*, rebelde, tanto quanto *rebellare*, rebelar-se, vem de *re*, de novo, e *bellum*, guerra, esta, forma arcaica de *duellum*, de *duo*, dois (cf. Ernout-Meillet, *Dict. Étymologique*, 4. ed., *bellum*).

(6) DINAMARCO, Cândido Rangel. *Instituições de direito processual civil*. v. III. São Paulo: Malheiros, 2001. p. 457.

(7) No mesmo sentido, é a definição de Humberto Theodoro Júnior: "Ocorre a revelia ou contumácia quando, regularmente citado, o réu deixa de oferecer resposta à ação, no prazo legal" (THEODORO JÚNIOR, Humberto. *Curso de direito processual civil*. v. I, 24. ed. Rio de Janeiro: Forense, 1998. p. 395).

regra específica, não há como se aplicar os conceitos do Direito Processual Comum (art. 769 da CLT). Sob outro enfoque, o art. 844 da CLT é peremptório ao asseverar que a ausência do reclamante "importa o arquivamento" e a "ausência do reclamado importa revelia", revelando a especificidade do instituto no Direito Processual do Trabalho. Além disso, na esfera processual trabalhista, a resposta é ato de audiência (art. 847 da CLT).

Nesse sentido, ensina *Jorge Luiz Souto Maior*(8):

> "No direito processual trabalhista a revelia advém do não comparecimento do reclamado à audiência e não propriamente do fato de não ter apresentado defesa ou não ter dado mostras de que pretendia se defender (art. 844, da CLT). Com efeito, revelia, embora seja palavra de origem duvidosa, mais provavelmente tem sua origem ligada à palavra espanhola 'rebeldia'. Assim, revelia 'é o desatendimento ao chamamento citatório', que, no processo do trabalho, se faz pela notificação e tem como determinação principal o comparecimento à audiência, na qual o citado poderá, dentre outras medidas, oferecer defesa."

Nesse sentido, destaca-se a seguinte ementa:

> "Revelia — Ausência da parte. Comparecimento do advogado munido de procuração e defesa. Nos estritos termos do art. 844, consolidado, a revelia caracteriza-se pelo não comparecimento da reclamada na audiência, ao contrário do que acontece no Processo Civil, que em seu art. 319, entende que a revelia decorre da falta de contestação." (TRT – 10ª R. – 2ª T. – RO n. 702.2002.019.10.00-3 – relª Maria Piedade B. Teixeira – DJDF 21.2.2003 – p. 18) (RDT n. 3 – março de 2003)

Pelo exposto, no nosso sentir, a revelia, no Processo do Trabalho, conceitua-se como sendo *a ausência do reclamado, imotivadamente, regularmente notificado, à audiência em que poderia apresentar resposta.*

3. Dos efeitos da revelia no Direito Processual do Trabalho

A revelia, no Processo do Trabalho, somente tem relevância se o autor comparecer à audiência. Do contrário, ainda que não compareça o réu, o processo é arquivado, o que equivale à extinção sem resolução do mérito, não havendo qualquer consequência processual em face do reclamado, diante da dicção do art. 844 da CLT(9).

A revelia gera algumas consequências processuais, como:

a) desnecessidade de intimação do réu dos atos do processo (art. 346 do CPC), salvo se tiver advogado constituído nos autos.

Entre as medidas sugeridas pela doutrina para mitigar os pesados efeitos da revelia no Direito Processual Civil, encontramos, atualmente, o art. 346 do CPC, que dispõe:

> "Os prazos contra o revel que não tenha patrono nos autos fluirão da data de publicação do ato decisório no órgão oficial.

---

(8) SOUTO Maior, Jorge Luiz. *Direito processual do trabalho.* São Paulo: LTr, 1998. p. 251-252.

(9) Nesse sentido, Jorge Luiz Souto Maior, *Op. cit.*, p. 248.

Parágrafo único. O revel poderá intervir no processo em qualquer fase, recebendo-o no estado em que se encontrar."

O citado dispositivo veio em boa hora, atendendo aos reclamos da moderna doutrina em propiciar uma maior participação do revel na relação jurídica processual, a fim de prestigiar os princípios constitucionais do acesso real à justiça, do efetivo contraditório e à ordem jurídica justa.

Há certa discussão na doutrina sobre a aplicabilidade do art. 346 do CPC ao Processo do Trabalho.

À primeira vista, parece que o *caput* do art. 346 do CPC é incompatível com o Processo do Trabalho em razão da disposição do art. 852 da CLT, que assim dispõe:

"Da decisão serão os litigantes notificados, pessoalmente ou por seu representante, na própria audiência. No caso de revelia, a notificação far-se-á na forma estabelecida no § 1º do art. 841."

Manoel Antonio Teixeira Filho entende que o referido dispositivo é inaplicável ao Processo do Trabalho, com as seguintes ponderações:

> "A regra não atua no processo do trabalho, pois a CLT não é omissa quanto ao tema conforme demonstra o seu art. 852. Aqui, o revel deve ser intimado da sentença, embora os demais prazos fluam, contra ele, independentemente de intimação"[(10)].

De nossa parte, o caput do art. 346 do CPC é medida de redução dos efeitos da revelia e resguardo do contraditório. Há compatibilidade entre o presente dispositivo e o Processo do Trabalho, com algumas adaptações. São elas:

1. antes da sentença, se o reclamado revel tiver advogado constituído, deve ser intimado dos atos processuais anteriores à decisão final;

2. mesmo não tendo advogado constituído, o reclamado revel deve ser notificado pessoalmente da sentença, nos termos do art. 852 da CLT.

b) o julgamento antecipado da lide (art. 355, II, do CPC).

Na quase totalidade dos casos, quando há revelia no Processo do Trabalho, diante do fato de a audiência ser una, a demanda já é julgada de imediato, notificando-se o reclamado sobre a ciência da sentença, salvo nas hipóteses do art. 345 do CPC e quando houver necessidade de produção de prova pericial (arts. 464 do CPC e 195 da CLT).

c) presunção de veracidade dos fatos afirmados pelo reclamante. No Processo do Trabalho, o art. 844 da CLT assevera que a revelia acarreta ao reclamado confissão quanto à matéria de fato.

Mesmo tendo havido os efeitos revelia, não poderá o reclamante alterar o pedido, nem a causa de pedir, sem promover nova notificação ao reclamado.

---

(10) *Revista LTr* n. 70-03/298.

4. Revelia e confissão no Direito Processual do Trabalho

No nosso sentir, revelia e confissão não são institutos da mesma natureza. A confissão é a admissão dos fatos declinados pela parte contrária contra os interesses do confidente. A revelia é a ausência do reclamado em audiência, na qual deveria defender-se, gerando uma presunção de veracidade dos fatos declinados na inicial (art. 844 da CLT c/c art. 344 do CPC). Essa presunção não se confunde com confissão, pois confissão pressupõe um ato de vontade da parte, ainda que omissivo. Na revelia, não há o elemento intencional da confissão, qual seja, o ânimo de confessar.

Também a revelia não se confunde com a confissão ficta, pois esta decorre do não comparecimento da parte, quando regularmente intimada e com a advertência de consequência de confissão, para prestar depoimento (art. 385, § 1º, do CPC, c/c Súmula n. 74, I, do C. TST).

A confissão ficta é meio de prova, pois está inserida na seção II que trata do depoimento pessoal, o qual consta do capítulo VI do CPC que trata das provas. Já a revelia faz parte de um capítulo à parte no CPC.

Portanto, se o reclamado, uma vez citado, não comparecer, há consequências processuais, sendo uma delas a presunção de veracidade dos fatos declinados na inicial. Caso o reclamado, uma vez intimado para prestar depoimento, com as advertências do § 1º do art. 385 do CPC e do inciso I da Súmula n. 74 do C. TST, deixe de comparecer, aí sim há a chamada confissão ficta. Nesse sentido, destacamos a seguinte ementa:

> "REVELIA E PENA DE CONFISSÃO. Revelia e confissão não são a mesma coisa. A revelia, na processualística trabalhista, significa o não comparecimento à audiência inaugural. A confissão, que se restringe a fatos, é penalidade, sendo que a "ficta" pode ocorrer tanto em decorrência da ausência do reclamado na audiência inaugural (art. 844, da CLT) como em relação às partes na hipótese prevista no Enunciado n. 74 do TST. Essa distinção tem importância para o caso concreto, em que se pretendeu o adiamento da audiência após a contestação e com a ausência do reclamado a sessão subsequente. Haverá "confissão ficta" porque o réu não está presente para depor, mas não haverá revelia, porque a contestação consta do processo desde a audiência em que foi manifestada. Equivoca-se, portanto, o recorrente ao alegar que lhe foi aplicada a pena de revelia e consequente pena de confissão." (TRT 3ª Região, Proc. RO n. 5.144/95 – 4ª T., rel. Juiz Carlos Alberto Reis de Paulo. MG 5.8.95)

De outro lado, é bem verdade que o art. 844 da CLT diz que a ausência do reclamado importa revelia, além de confissão quanto à matéria de fato.

Parece-nos que, sob o prisma do Direito Processual do Trabalho, como a defesa é ato de audiência (art. 847 da CLT) e o comparecimento da parte é obrigatório (art. 843 da CLT), o legislador visou a aglutinar, num único artigo, a definição de revelia no processo do trabalho e as consequências aplicáveis ao reclamado que não comparece para prestar depoimento pessoal. Portanto, caso o reclamado não compareça, será revel em razão do não comparecimento, e confesso, por não ter prestado depoimento pessoal (arts. 848 da CLT e 385 do CPC).

Nesse mesmo diapasão, ensina *Amauri Mascaro Nascimento*[(11)]:

"Revelia e *confissão* quanto à matéria de fato não são a mesma coisa. A primeira é a falta de defesa. A confissão quanto à matéria de fato é a falta de depoimento. O momento da revelia é o da contestação. O momento da confissão ficta é o do depoimento. A lei trabalhista distingue as duas figuras. Uma, a confissão, é consequência de outra, a revelia. O revel é considerado também confesso quanto à matéria de fato."

Essa distinção tem importância nos casos de adiamento da audiência após a contestação e ausência do réu à sessão subsequente. Há confissão ficta, porque o réu não está presente para depor, mas não há revelia, porque a contestação consta do processo, desde a audiência em que foi manifestada.

A nosso ver, a técnica utilizada pelo art. 844 da CLT não foi das mais felizes, porque confunde os conceitos já sedimentados na doutrina processual de revelia e confissão. A revelia, conforme conceito que fixamos alhures, é uma preclusão qualificada que gera efeitos desfavoráveis ao demandado. Embora o comparecimento do reclamado em audiência seja obrigatório, não há como se confundir revelia com confissão ficta, que é o efeito da ausência da parte para prestar depoimento pessoal, uma vez intimada para tal desiderato.

Além disso, a notificação no Processo do Trabalho (citação) não é pessoal, e a pena de confissão é aplicada à parte que nem sequer fora intimada pessoalmente para prestar depoimento com a cominação expressa de confesso (Súmula n. 74, I, do C. TST).

Melhor seria que o art. 844 da CLT tivesse a seguinte redação:

"O não comparecimento do reclamante à audiência importa o arquivamento da reclamação. A ausência do reclamado importa revelia, além de presunção de veracidade dos fatos afirmados pelo reclamante.

§ 1º O não comparecimento do reclamado ou de seu preposto, regularmente intimado pessoalmente para prestar depoimento, constando da notificação que se presumirão confessados fatos contra ele alegados se não comparecer, ou se comparecendo se recuse a depor, importará confissão ficta.

§ 2º Ocorrendo, entretanto, motivo relevante, poderá o presidente suspender o julgamento, designando nova audiência."

5. Elisão da revelia no Direito Processual do Trabalho

5.1. Nulidade da citação

No nosso sistema processual, máxime os princípios do contraditório e da ampla defesa, consubstanciados no art. 5º, LV, da CF, impõem que o réu seja cientificado da demanda e possa apresentar sua resposta[(12)].

---

(11) NASCIMENTO, Amauri Mascaro. *Curso de direito processual do trabalho*. 20. ed. São Paulo: Saraiva, 2001. p. 405.

(12) No mesmo sentido, o art. 214: "Para a validade do processo, é indispensável a citação inicial do réu." Desse modo, a citação do réu é um pressuposto processual de validade da relação jurídica processual.

Diante da importância da citação, o CPC, no art. 242, determina que a citação seja pessoal.

Na CLT, a citação não é pessoal, recebe o nome de notificação (art. 841 da CLT) e é realizada pelo Diretor de Secretaria da Vara do Trabalho. Como regra geral, é realizada por meio do Correio com aviso de recebimento (AR ou SEED). Além disso, na notificação inicial, deve constar a advertência de que se o reclamado não comparecer à audiência será tido por revel e confesso, nos termos do art. 844 da CLT. Na execução, o comando do art. 880, § 2º, da CLT, determina que a citação sobre a execução seja pessoal.

Por estar inserida no rol do art. 337, I, e § 5º, do CPC, a nulidade da citação pode ser alegada a qualquer tempo e em qualquer grau de jurisdição, inclusive reconhecida de ofício pelo juiz.

No Processo Civil, se o processo correu à revelia do réu por nulidade de citação, esse vício pode ser arguido pelo réu até em sede de impugnação (art. 525, § 1º, I, do CPC). De outro lado, se o réu intervier no processo antes do trânsito em julgado, deve arguir a nulidade, sob consequência de preclusão, nos termos do art. 278 do CPC.

No Processo do Trabalho, antes do trânsito em julgado, a nulidade da citação pode ser arguida pelo reclamado a qualquer tempo. Após o trânsito em julgado, mostra-se discutível a aplicabilidade do art. 525, § 1º, I, do CPC.

Com efeito, o art. 884 da CLT, no § 1º, assevera que a matéria de defesa será restrita às alegações de cumprimento da decisão ou do acordo, quitação ou prescrição da dívida. Com suporte no referido dispositivo legal, parte da doutrina e da jurisprudência sustenta a inaplicabilidade do art. 525, § 1º, I, do CPC, ao Processo do Trabalho diante da não existência de omissão da CLT. Além disso, argumentam que, no Processo do Trabalho, ao contrário do que ocorre no Processo Civil, em que o revel não é notificado dos atos subsequentes do processo, tampouco da sentença, salvo se tiver advogado constituído nos autos, no Processo do Trabalho, determina o art. 852 da CLT que o revel seja notificado da sentença.

Nesse sentido, destacamos a seguinte ementa:

> "Nulidade da citação — Impossibilidade de arguição pelo revel na fase executória. Após o trânsito em julgado da sentença, a fase executória é inadequada para o revel arguir a nulidade por defeito da notificação para prestar depoimento pessoal. Na esfera do processo do trabalho, o momento processual oportuno para tal desiderato é o do recurso ordinário, porque a parte, mesmo revel, é intimada da sentença de mérito (art. 852 da CLT)." (TRT 12ª R. – 1ª T. – AG-PET n. 206/2002.015.12.02-9 – Ac. n. 11421/04 – relª Maria do Céo de Avelar – DJSC 14.10.04 – p. 279) (RDT n. 11 – Novembro de 2004)

O art. 525, § 1º, I, do CPC, resta aplicável ao Processo do Trabalho na hipótese em que a notificação da sentença, na forma do art. 852 da CLT, não seja válida. Uma vez citado corretamente o reclamado revel sobre a sentença e este se mantiver inerte, não há como se arguir a nulidade da citação em sede de embargos à execução, por preclusa a oportunidade.

Nesse sentido, é a visão de *Valentin Carrion*(13): "As possibilidades de impugnação à execução, por razões formais, são ainda mais numerosas que as do direito material: a) nulidades referentes ao título em si (falta de peças essenciais na carta de sentença ou de assinatura do juiz e até a falta de citação no processo de conhecimento, à revelia — conforme o CPC, art. 741, I, salvo se foi validamente intimado da sentença, CLT, art. 852 —, exercendo função rescisória, segundo Coqueijo Costa, Ação Rescisória)."

No mesmo diapasão, se manifesta *Eduardo Gabriel Saad*(14):

> "A falta de citação só é alegável por quem não fez qualquer intervenção em todo o processo de conhecimento e cujo curso foi inteiramente à sua revelia. Só nessa hipótese o incidente provoca a nulidade de todo o processo desde a peça inicial do processo de conhecimento."

5.2. Ausência motivada do preposto

Sendo o procedimento trabalhista oral, a audiência é o seu ato por excelência. Da eficiência da audiência, portanto, depende a própria efetividade do processo trabalhista(15). E para que o processo trabalhista alcance o seu escopo social de solucionar o conflito trabalhista, necessária a presença do reclamado. Nesse lastro, a seguinte ementa:

> "Preliminar — Nulidade de citação — Vício — Endereço incorreto — Revelia. A citação válida do réu é indispensável à formação da relação jurídico-processual. Não preenchido esse pressuposto processual, não se estabelece o contraditório e os atos processuais praticados, a despeito de existirem no universo fático, não produzem efeitos jurídicos. Recurso conhecido e provido para declarar a nulidade da r. sentença de primeiro grau." (TRT 10ª R. – 3ª T. – ROPS n. 453/2005.004.10.00-0 – relª Márcia M. Cúrcio Ribeiro – DJ 14.10.05 – p. 31)

O parágrafo único do art. 844 da CLT assevera que a audiência pode ser adiada ocorrendo motivo relevante.

A CLT não diz o que é motivo relevante, cabendo essa tarefa à doutrina e à jurisprudência.

A nosso ver, o motivo relevante para o adiamento da audiência significa um motivo que impeça qualquer pessoa de comparecer, naquele dia e naquele horário, tomando-se em consideração o padrão médio da sociedade. Por exemplo, greve do Metrô, enchentes, acidentes de trânsito e doença — para nós, o motivo relevante não exige a mesma contundência do caso fortuito ou da força maior.

Os eventuais transtornos para a chegada à audiência, como trânsito, fila no elevador ou dificuldade para o estacionamento de veículo, estão dentro dos parâmetros de previsibilidade pela parte. Portanto, não são considerados motivos relevantes.

---

(13) CARRION, Valentin. *Comentários à Consolidação das Leis do Trabalho.* 30. ed. São Paulo: Saraiva, 2005. p. 743.

(14) SAAD, Eduardo Gabriel. *CLT comentada.* 38. ed. São Paulo: LTr, 2005. p. 800.

(15) SOUTO MAIOR, Jorge Luiz. *Direito processual do trabalho.* São Paulo: LTr, 1998. p. 326.

Para *Pedro Vidal Neto*(16), "motivo relevante é daqueles conceitos jurídicos de conteúdo indeterminado, que devem ser compreendidos sob critérios circunstanciais e de prudente arbítrio, em paralelo com padrões jurídicos como os de bons costumes, bom pai de família, etc."

Como bem asseverou o jurista mencionado, a questão de relevância para a ausência deve ficar a critério do juiz, sopesando o caso concreto e todas as circunstâncias que o envolvem.

No nosso sentir, a comprovação do motivo relevante para o não comparecimento do preposto deve ser invocada na primeira oportunidade que a reclamada tenha para falar nos autos, nos termos do art. 795 da CLT, sob consequência de preclusão.

A jurisprudência do TST tem sido rígida quanto à comprovação do motivo relevante para o não comparecimento do reclamado à audiência. Com efeito, assevera a Súmula n. 122: "A reclamada, ausente à audiência em que deveria apresentar defesa, é revel, ainda que presente seu advogado munido de procuração, podendo ser ilidida a *revelia mediante a apresentação de atestado médico, que deverá declarar, expressamente, a impossibilidade de locomoção do empregador ou do seu preposto no dia da audiência.*"

Também a jurisprudência dos TRTs tem sido rígida quanto à comprovação da doença do preposto e da impossibilidade do seu comparecimento em audiência(17).

A nosso ver, embora a referida Súmula tenha fixado um critério interpretativo para justificar o não comparecimento do preposto, não houve delimitação do que seja motivo relevante. Na nossa visão, há motivo relevante não só quando o preposto fica doente, como mencionamos. Desse modo, a Súmula n. 122 somente deve ser aplicada quando o motivo para o não comparecimento do preposto foi o de doença. Quando o motivo for diverso, caberá ao juiz sopesá-lo segundo o seu prudente arbítrio.

6. Hipóteses de não aplicabilidade dos efeitos da revelia no Direito Processual do Trabalho

A CLT não prevê as hipóteses em que não se fazem presentes os efeitos da revelia. Diante da omissão da CLT e da compatibilidade do CPC, na nossa opinião,

(16) VIDAL NETO, Pedro, *apud* SOUTO MAIOR, Jorge Luiz. *Direito processual do trabalho.* São Paulo: LTr, 1998. p. 326.

(17) Atestado médico que não foi emitido por órgão oficial da Previdência Social, bem como do qual não se reconheceu a firma do médico subscritor, não presta ao fim pretendido pela reclamada; qual seja, o de elidir a pena de confissão que lhe foi aplicada (TRT – 1ª R. – 8ª T. – RO n. 9.299/95 – Juiz João Mário de Medeiros – DJRJ 09.11.97 – p. 103). Atestado médico. Pena de confissão. O atestado médico usado pela parte como justificativa para a sua ausência à audiência, além de preencher todos os requisitos formais a ele inerentes, como o nome e código da enfermidade, deve conter prescrição médica para repouso. Inevidenciada a impossibilidade de locomoção, caracteriza-se a negligência ao chamado judicial que acarreta a pena de confissão ficta. Recurso improvido. (TRT 6ª R. – 2ª T. – RO n. 450/97 – rel. Juiz Newton Gibson – DJPE 8.7.97 – p. 26). Atestado médico. Revelia. Somente elide a revelia o atestado médico que, além de denominar a doença e especificar o CID, seja apresentado de pronto. (TRT – 3ª R. – 1ª T. – RO n. 10/97 – rel. Manuel Rodrigues – DJMG 25.7.97 – p. 5)

restam perfeitamente aplicáveis ao Direito Processual do Trabalho as hipóteses de elisão dos efeitos da revelia prevista no art. 345 do CPC (art. 769 da CLT).

O art. 345 do CPC[18] diz não serem aplicáveis os efeitos da revelia quando: "I – se, havendo pluralidade de réus, algum deles contestar a ação; II – se o litígio versar sobre direitos indisponíveis; III – se a petição inicial não estiver acompanhada do instrumento público, que a lei considere indispensável à prova do ato; V – as alegações de fato formuladas pelo autor forem inverossímeis ou estiverem em contradição com prova constante dos autos."

Além das hipóteses referidas, há outras em que não há a aplicabilidade dos efeitos da revelia no Processo do Trabalho, conforme a seguir.

6.1. Havendo pluralidade de réus, um deles contestar a ação

Neste caso, malgrado a lei não faça distinção ente litisconsórcio simples ou unitário, têm a doutrina e a jurisprudência se posicionado, a nosso ver corretamente, no sentido de que a matéria tem que ser comum aos litisconsortes[19], ou seja, trata-se de litisconsórcio unitário (art. 116 do CPC), embora não necessário, cuja decisão tem de ser comum a ambos os litisconsortes.

No Processo do Trabalho, é muito comum, em hipóteses de terceirização, a empresa prestadora ser revel e a tomadora contestar os pedidos. Nessa hipótese, como a matéria é comum às duas reclamadas, não haverá os efeitos de revelia em face da reclamada ausente.

No aspecto, destacamos a seguinte ementa:

"TERCEIRIZAÇÃO. REVELIA DA PRESTADORA DE SERVIÇOS. DEMANDA CONTESTADA PELA TOMADORA. CONFISSÃO FICTA (ART. 302 DO CPC). Contestada a demanda pela empresa tomadora de serviços, a revelia da prestadora não importa na veracidade dos fatos narrados na inicial (art. 320, I, do Código de Processo Civil); nada obstante, tal circunstância não afasta a necessidade do réu "manifestar-se precisamente sobre os fatos narrados na petição inicial" (art. 302 — ônus da impugnação específica), sob pena de serem reputados incontroversos e, por consequência, não exigirem instrução probatória (art. 334, III). Ao avaliar os benefícios de terceirizar serviços, a tomadora deveria ter no mínimo ponderado — e precavido — os riscos da empresa prestadora não solver suas obrigações para com o trabalhador que à sua disposição colocava, bem como desta nem sequer responder à citação judicial e não vir a Juízo apresentar suas oposições e provas

---

(18) No nosso sentir, o referido dispositivo é perfeitamente aplicável ao Direito Processual do Trabalho, pois a CLT é omissa e há compatibilidade com as normas que regem o Processo do Trabalho (art. 769 da CLT).

(19) Nesse diapasão, oportunas as palavras de Nelson Nery Junior: "Caso um dos litisconsortes passivos conteste a ação, não ocorrem os efeitos da revelia quanto ao outro litisconsorte, revel. Essa não ocorrência, entretanto, depende de os interesses do contestante serem comuns aos do revel. Caso os interesses dos litisconsortes passivos sejam opostos, há os efeitos da revelia, não incidindo o CPC 320, I" (NERY JUNIOR, Nelson; ANDRADE NERY, Rosa Maria de. *Código de Processo Civil comentado e legislação processual extravagante*. 7. ed. São Paulo: RT, 2003. p. 709).

perante as pretensões obreiras, sendo inadmissível que essa sua redução de custos e o progresso de sua atividade econômica sejam conquistados a expensas da inadimplência de direitos dos trabalhadores em total desrespeito à valorização do trabalho humano, princípio da ordem econômica nacional (art. 170 da Constituição da República). Recurso a que se nega provimento." (TRT/SP – 02168009420095020076 (02168200907602004) – RO – Ac. 5ª T. – 20110292795 – rel. José Ruffolo – DOE 24.3.2011)

Mostra-se polêmica a seguinte questão: se uma das reclamadas, regularmente citada, não comparecer à audiência una, quando a outra reclamada não foi citada, é possível considerar revel a reclamada ausente?

Há duas vertentes de interpretação na jurisprudência, quais sejam: a) não se declarar a revelia da reclamada ausente, pois não houve a instauração da audiência e, portanto, neste momento processual não haverá a apresentação de defesa; b) considerar revel a reclamada ausente, pois não compareceu à audiência para a qual foi devidamente citada. Houve, neste caso, rebeldia ao chamamento judicial para defender-se.

No nosso entendimento, a reclamada ausente à audiência, quando regularmente citada, é revel, ainda que a outra reclamada não tenha sido citada, pois os litisconsortes são independentes no processo. Além disso, tal entendimento prestigia a dignidade da justiça do trabalho e também a celeridade do procedimento.

Também quando há existência de grupo econômico, a matéria contestada por uma das empresas do grupo às outras aproveita, pois o grupo econômico é empregador único, nos termos da Súmula n. 129 do C. TST.

Como bem adverte *Wolney de Macedo Cordeiro*(20):

> "Sendo assim, ajuizando o empregado reclamação trabalhista contra seu empregador e outra empresa integrante do mesmo grupo econômico (CLT, art. 2º, § 2º) e configurando-se a ausência desta última, os efeitos da revelia não incidiriam sobre a duração do contrato de trabalho, se esse fato fosse objeto da defesa do outro litisconsorte. Entretanto, os fatos relacionados com a responsabilidade do litisconsorte ausente, como não são comuns ao polo passivo da demanda, seriam afetados pela confissão quanto à matéria fática."

Nesse sentido, destacam-se as seguintes ementas:

"1. Revelia/litisconsórcio — Efeitos — Elisão — Aplicabilidade do art. 320 do CPC. A contestação apresentada pelo litisconsorte (tomadora de serviços) com impugnação específica dos termos da inicial afasta os efeitos da revelia, conforme previsto no art. 320 do CPC. Recurso provido para elidir os efeitos citados. 2. Ilegitimidade passiva. A recorrente é parte legítima para figurar no polo passivo, porquanto na condição de tomadora dos serviços, admitida na defesa, beneficiou-se diretamente do labor executado pelo recorrido. Assim sendo, satisfeitas as condições da ação, supera-se a questão levantada. Negada. 3. Responsabilidade subsidiária do tomador de serviços. A subsidiariedade é responsabilidade patrimonial cujo objetivo é garantir ao empregado o pagamento de todos os seus direitos

(20) CORDEIRO, Wolney de Macedo. *Fundamentos do direito processual do trabalho brasileiro.* São Paulo: LTr, 2005. p. 151.

trabalhistas. Inadmissível é que o hipossuficiente venha a sofrer perdas de natureza alimentícia em face de um contrato de natureza civil celebrado entre as empresas prestadora e tomadora de serviços. Mantida sentença. 4. Data de admissão. Competia ao reclamante o ônus de comprovar a ampliação do lapso laboral por ser fato constitutivo de seu direito. Todavia, dele não se desincumbiu, haja vista que a prova emprestada em nada ratifica suas afirmações e os efeitos da revelia foram afastados. Desta forma, impõe-se a reforma da r. sentença no particular." (TRT 10ª R. – 2ª T. – RO n. 982/1998.019.10.00-2 – relª Maria Piedade B. Teixeira – DJDF 12.11.04 – p. 18)

"Litisconsórcio passivo. Revelia de um dos reclamados. Defesa apresentada por outro reclamado. Aplicação do disposto no art. 320, I, do CPC. Havendo, no caso, pluralidade de réus e tendo a segunda reclamada apresentado defesa, ficam afastados os efeitos da revelia e a matéria passa a ser julgada observando o teor da controvérsia instaurada a partir da contestação apresentada e a partir do direito aplicável." (TRT 10ª R. – 1ª T. – RO n. 297/2004.821.10.00-7 – relª Elke D. Just – DJDF 4.2.05 – p. 5) (RDT n. 03 de Março de 2005)

6.2. Se o litígio versar sobre direitos indisponíveis (art. 392 do CPC)

Dispõe o art. 392, *caput*, do CPC:

"Não vale como confissão a admissão, em juízo, de fatos relativos a direitos indisponíveis."

Ensina *Coqueijo Costa*:

> "O direito é indisponível se o titular não é livre de manifestar a sua vontade — quer relativamente, quer absolutamente — conforme disponha a lei. Vale dizer: o direito é indisponível quando a vontade das partes for ineficaz para produzir o efeito jurídico que pela ação se pretenda obter (CPC português, art. 366). Sobre tal conceito, não afinam os doutores. É direito inseparável da pessoa (Hélio A. W. Cortes). Pela sua natureza, é absoluto, extrapatrimonial, *extra commercium*, intransmissível, imprescritível, impenhorável, vitalício e necessário. Por isso, exemplifica aquele autor com uma cláusula de contrato de trabalho que impeça o empregado, em qualquer hipótese, abandonar o local de trabalho. Seria ela inconstitucional e a revelia do empregado não envolveria confissão quanto ao ponto. O direito de ir e vir faz parte inseparável da personalidade."(21)

Embora haja alguma divergência na doutrina, é praticamente consenso que o Direito do Trabalho pertence ao ramo do Direito Privado, embora muitas de suas normas tenham natureza cogente (arts. 9º, 444 e 468 da CLT). No nosso sentir, o fato de existirem normas de ordem pública no Direito do Trabalho não significa dizer que os direitos trabalhistas são indisponíveis. Alguns direitos, na esfera trabalhista, são indisponíveis, como os direitos da personalidade do trabalhador, difusos, coletivos e também os relacionados com as normas que se referem à medicina, à segurança e ao meio ambiente do trabalho.

(21) COQUEIJO COSTA, Carlos. *Direito judiciário do trabalho.* Rio de Janeiro: Forense, 1978. p. 223.

6.3. Se a petição inicial não estiver acompanhada de documento essencial

Em sede trabalhista, são exemplos de documentos essenciais os acordos e convenções coletivas, a prova da filiação por meio de juntada de certidão de nascimento para dar suporte à pretensão do salário-família.

Se o autor não juntar o documento essencial, deverá o juiz facultar a juntada no prazo de quinze dias, nos termos do art. 321 do CPC e Súmula n. 263 do C. TST. Uma vez não juntado o documento essencial, deverá o Juiz do Trabalho extinguir o processo sem exame de mérito, nos termos do art. 330, IV, do CPC.

6.3.1. As alegações de fato formuladas pelo autor forem inverossímeis ou estiverem em contradição com prova constante dos autos

Dispõe o art. 345, IV, do CPC, que não se aplicará o efeito da revelia quando as alegações de fato formuladas pelo autor forem inverossímeis, ou em contradição com a prova constante dos autos.

Trata-se de inovação salutar do CPC de 2015, pois o CPC/73 não trazia regra similar. O referido dispositivo é perfeitamente compatível com o processo do trabalho (arts. 769 da CLT e 15 do CPC), pois propicia maior veracidade, racionalidade e justiça à decisão. Tal previsão já encontrava suporte em doutrina autorizada e também em significativo número de julgados(22).

O Juiz do Trabalho, não aplicará os efeitos da revelia quando:

a) as alegações da inicial forem inverossímeis: nesta situação, as alegações articuladas na inicial estão fora da razoabilidade, ou são de difícil ocorrência, segundo os padrões médios da conduta humana. Por exemplo, alegação de uma jornada de 20 horas diárias com 15 minutos de intervalo;

b) as alegações da inicial estiverem em contradição com a prova constante dos autos: nessa situação, os fatos da inicial estão em contradição com qualquer meio de prova produzido nos autos, que leve ao Juiz concluir, segundo seu convencimento motivado, que não são verdadeiros.

Nessas duas situações, o Juiz do Trabalho poderá facultar que o autor produza prova dos autos constitutivos do direito invocados na inicial, ou determinar, de ofício, a produção de provas (Súmula n. 74, III, do TST).

7. A revelia e a pessoa jurídica de direito público

Muito se tem discutido atualmente sobre a possibilidade de se aplicarem à pessoa jurídica de direito público os efeitos da revelia. Muitos sustentam que não há

(22) O tema está desenvolvido com maior amplitude no Capítulo XV, item 1.9, ao qual remetemos o leitor.

essa possibilidade em razão da indisponibilidade do interesse público e também da indisponibilidade do patrimônio público[23]. A esse entendimento, outros se opõem, dizendo que, em juízo, devemos aplicar o princípio da isonomia (art. 5º da CLT) e a regra do art. 844 da CLT também às pessoas jurídicas de Direito Público. Sob outro enfoque, tanto o CPC como a CLT não preveem inaplicabilidade dos efeitos da revelia à pessoa jurídica de direito público[24], não obstante o art. 345, II, asseverar que não se aplicam os efeitos da revelia quando se tratar de direitos indisponíveis.

No nosso sentir, o simples fato de um particular manter um contrato de trabalho, seja regido pela CLT, seja regido por Estatuto, e litigar contra a Administração Pública pretendendo uma condenação pecuniária não transforma a pretensão patrimonial em indisponível somente pelo fato de figurar no outro polo da relação jurídica processual uma pessoa jurídica de direito público. É preciso analisar efetivamente a pretensão posta em juízo, sob o enfoque do pedido e da causa de pedir, para se aquilatar se o direito é indisponível ou não. Caso a pretensão seja um direito patrimonial disponível, não há por que não se aplicarem os efeitos da revelia[25]. Caso o

(23) Nesse sentido, destaca-se a seguinte ementa: "Os efeitos da presunção de verdade dos fatos não impugnados não são admitidos contra as pessoas jurídicas de direito público, uma vez que o interesse público sobrepuja ao particular na proteção de tais créditos, incumbindo ao autor a prova dos fatos constitutivos de seu pretenso direito à luz do que dispõe o art. 333, I, CPC" (Ap. 32.982-1, TJMG, 3ª Câm. ac. unân. 9.2.1995, rel. Des. Hugo Bengtsson, *apud* Alexandre de Paula, ob. cit., p. 1526), *apud* OLIVEIRA, Francisco Antonio de. *A prova no processo do trabalho.* São Paulo: RT, 1999. p. 119.

(24) Nesse sentido, as seguintes ementas: "Entes públicos — Efeitos da revelia e confissão. Os entes públicos estão sujeitos ao ônus da impugnação específica, insculpido nos arts. 302 e 319 do CPC, aplicáveis subsidiariamente ao Processo do Trabalho, por força do art. 769 da CLT. As exceções consubstanciadas no parágrafo único do art. 302 do Diploma Processual Civil não abrangem as pessoas jurídicas de Direito Público" (TRT – 15ª R. – 3ª T. – Ac. n. 35.956/99 – rel. Domingos Spina – DJSP 6.12.99 – p. 111). "Revelia — Cabível contra entes da Administração Pública — Nulidade do pacto laboral de servidor público após jubilação espontânea, sem prévia aprovação em concurso público — Diferenças salariais — Prova documental em favor da recorrente — Devidas com os reflexos legais — Honorários advocatícios — Devidos ao sindicato assistente — Imposto de Renda — Eventual dedução na forma da OJ n. 228 da SDI-1 do c. TST. Os entes da Administração Pública, se ausentes à audiência inaugural, para a qual foram devidamente intimados a comparecer, sofrem os efeitos da revelia. A contratação de servidor público sem prévia aprovação em concurso público importa na nulidade do pacto empregatício havido após a jubilação espontânea. Em razão da nulidade contratual, somente são devidos, em relação ao último período trabalhado, os salários em sentido estrito e, portanto, sendo devidas diferenças salariais, em consonância com a prova documental encartada ao processo, com os reflexos legais. Honorários advocatícios devidos em favor do sindicato assistente, na base de 15% do valor da condenação. Eventual parcela devida a título de Imposto de Renda, a ser calculada ao final e sobre o total da condenação" (TRT 15ª R. – 2ª T. – RO n. 452/2003.034.15.00-8 – rel. Samuel C. Leite – DJSP 4.2.05 – p. 37).

(25) Em sentido contrário, sustenta José Diniz de Moraes: "Quando se decompõe uma relação obrigacional, do tipo trabalhista, constata-se que o direito de crédito tem como fim imediato uma prestação (*debitum*) e como fim mediato ou remoto a sujeição do patrimônio do devedor (*obligatio*). Quando a obrigação não é cumprida espontaneamente, a responsabilidade pessoal transforma-se em responsabilidade patrimonial, em decorrência da pretensão do credor. Quando o empregado maneja uma *actio* contra o Poder Público, em decorrência de uma pressuposta relação de emprego, o objeto de tal prestação exigida é a entrega de dinheiro público — salário, isto é, o ato voluntário que se espera do Poder Público. A conduta devida é, na verdade, o exercício normal de um direito de propriedade, é disposição dele. Então, o que é necessário

direito postulado seja indisponível, aplicaremos o art. 345, II, do CPC. O fato de a Pessoa Jurídica de Direito Público não poder dispor do patrimônio público, sem a observância da ordem dos precatórios, não gera a indisponibilidade do direito.

A jurisprudência do TST fixou entendimento no sentido de que a revelia pode ser aplicada às pessoas jurídicas de Direito Público conforme a dicção da OJ n. 152, da SDI-I, *in verbis*:

"Revelia. Pessoa jurídica de direito público. Aplicável (art. 844 da CLT). Inserida em 27.11.98 (inserido dispositivo, DJ 20.4.05). Pessoa jurídica de direito público sujeita-se à revelia prevista no art. 844 da CLT."

No mesmo sentido a seguinte ementa:

"Revelia — Aplicabilidade do instituto aos entes públicos. Ao contratar empregados pelo regime da CLT, a Administração Pública equipara-se ao empregador comum, submetendo-se às normas processuais em vigor. As prerrogativas que lhe forem eventualmente outorgadas são apenas aquelas previstas expressamente em lei. Por essa razão, não pode o ente público esquivar-se das consequências decorrentes da revelia (art. 844 da CLT), alegando que sua atuação visa defender interesse público e direitos indisponíveis e irrenunciáveis. Recurso de revista conhecido e desprovido." (TST – 2ª T. – RR n. 252032/96-0 – rel. Min. Vantuil Abdala – DJ 27.3.98 – p. 311)

A nosso ver, correta se mostra a OJ n. 152 da SDI-I do C. TST, com uma ressalva que entendemos pertinente: "se o objeto da pretensão posta em juízo pelo autor for indisponível, não haverão os efeitos da revelia para a pessoa jurídica de Direito Público."

8. A revelia quando há necessidade de prova pericial

Como bem observa *Alice Monteiro de Barros*(26), geralmente, a perícia é facultativa, mas quando o pedido versa sobre os adicionais de insalubridade ou periculosidade, o juiz é obrigado, por força do art. 195, § 2º, da CLT, a determinar a realização de perícia técnica, mesmo que o reclamado seja revel. A não realização da perícia acarreta a nulidade da sentença.

A nosso ver, somente quando o reclamado reconhece juridicamente a existência da insalubridade, bem como o respectivo grau da periculosidade, a perícia deve ser dispensada, vez que o reconhecimento jurídico do pedido acarreta a extinção do processo com exame de mérito, nos termos do art. 487, II, do CPC.

Também entendemos que, quando há alegações de acidente de trabalho ou doença profissional, a realização da perícia é indispensável para se constatar o nexo causal, bem como a dimensão das lesões, caso não existam provas juntadas com a

---

para a satisfação do interesse do credor (empregado) é disposição de um direito de propriedade (dinheiro público). Logo, é fácil perceber que a pretensão trabalhista (*poder de exigir a ação ou omissão prometida*) do empregado dirige-se contra o patrimônio público, fazendo isto com que a lide verse sobre direitos indisponíveis, sem deixar de ser reivindicação de créditos trabalhistas" (*Confissão e revelia de ente público no processo do trabalho*. São Paulo: LTr, 1999. p. 197).

(26) BARROS, Alice Monteiro de. Confissão. Documentos. Prova técnica: sistemática da realização da perícia. *In: Revista Trabalho & Doutrina* n. 25, São Paulo: Saraiva, 2000. p. 16.

inicial. Como a matéria é técnica e envolve conhecimentos de medicina e segurança do trabalho, a prova pericial é indispensável, ainda que ocorra a revelia.

9. O Juiz do Trabalho diante da revelia

Diariamente, constatamos nas Varas do Trabalho que os processos em que há revelia são julgados de imediato, muitas vezes, sem uma análise maior da inicial e dos documentos que a instruem.

Diante do excesso de serviço e da enorme quantidade de audiências, principalmente nas grandes cidades, muitas vezes, o juiz é compelido a proferir uma decisão rápida quando há revelia, o que significa um a menos na pilha de processos da audiência.

Nos grandes centros, como a capital de São Paulo, o julgamento rápido é condição de sobrevivência não só do magistrado, mas também da Vara, diante da necessidade de se dar vazão a uma quantidade sobre-humana de processos.

Em nossa experiência profissional, jamais julgamos processos à revelia. Sempre temos a impressão de que falta alguma coisa e, realmente, falta a outra parte que completaria a relação jurídico-processual. Também, nas hipóteses de revelia, as provas, que, segundo *Carnelutti*, são o coração do processo, são reduzidas.

Quando somos instados a julgar processos à revelia, temos a impressão de estar proferindo uma sentença no escuro, ou de estar cometendo injustiça manifesta, ou de estar admitindo como verdade um fato que, muitas vezes, não existiu(27).

Em razão disso, como já assinalamos, mesmo a revelia sendo um mal necessário, o juiz pode adotar determinadas providências para minorar suas consequências e chegar a uma versão mais próxima da realidade.

O excesso de serviços não pode justificar uma postura passiva do Juiz do Trabalho diante da revelia.

Também a decisão rápida não reflete justiça. Embora a Constituição preveja no art. 5º, LXXVIII(28), a duração razoável do processo como um direito fundamental do cidadão(29), acima disso, está o direito da coletividade, que almeja não só uma

(27) Nesse diapasão, oportunas as palavras de Eduardo J. Couture: "A sentença poderá ser justa ou injusta, porque os homens necessariamente se equivocam. Não se inventou, ainda, uma máquina para produzir sentenças. No dia em que for possível decidir os casos judiciais como se decidem as corridas de cavalos, mediante um 'olho mecânico' que registra fisicamente o triunfo ou a derrota, a concepção constitutiva do processo perderá seu sentido e a sentença será uma mera declaração, como queria Montesquieu. Mas, enquanto não se puder encontrar essa máquina de fazer sentenças, o conteúdo humano, profundo e medular do direito não pode ser desatendido, nem desobedecido, e as sentenças valerão o que valham os homens que as profiram" (*Introdução ao estudo do processo civil.* Rio de Janeiro: Forense, 1998. p. 59-60).

(28) Art. 5º, LXXVIII, com a redação dada pela EC n. 45/04: "A todos, no âmbito judicial e administrativo, são assegurados a razoável duração do processo e os meios que garantam a celeridade de sua tramitação."

(29) Nesse sentido, oportunas as palavras de Antonio Cláudio da Costa Machado: "A Constituição brasileira — uma das mais avançadas do mundo no que concerne ao reconhecimento de direitos e garantias fundamentais — dá mais um passo à frente ao consagrar, por meio deste inc. LXXVIII e de forma explícita, um outro

solução rápida, mas, acima de tudo, observância do devido processo legal e do acesso à Justiça, que são princípios basilares de todo o Estado Democrático de Direito. A efetividade do processo depende não só de um juiz imparcial e independente, mas, também, de um magistrado comprometido com a justiça e com os resultados úteis do processo. Acima de tudo, deve ser interpretada a lei processual no sentido de que o processo, efetivamente, seja um instrumento da justa composição da lide, assegurando às partes igualdade de oportunidades[(30)], dando a cada um o que é seu por direito.

Nesse diapasão, oportunas as sábias palavras de *Valentin Carrion*[(31)]:

> "O processo não é meio punitivo nem forma de vingança contra o indefeso. A pressa ou o acúmulo de processos em pauta não justificam o excesso de autoritarismo; o acúmulo de processos nas pautas não é problema do juiz, mas do Estado em seu conjunto. A jurisprudência, entretanto, ainda não alcançou o caminho das decisões uniformes nessa importante questão. Frequentemente, o revel é tratado da mesma forma que um fora da lei, como se sua ausência indicasse realmente um desrespeito ao magistrado; a experiência mostra que revelia não corresponde a rebeldia, e que, por trás daquela, está o pequeno-grande drama dos desencontros de horários e datas, do humilde empregador ignorante da citação que não chegou senão

aspecto normativo relevantíssimo do superprincípio do devido processo legal estampado genericamente pelo inc. LIV do presente art. 5º. Se o princípio-garantia do *due process of law* já significa tantas coisas — o direito de cada um de nós a um julgamento imparcial (assegurado pelos princípios do juiz natural, da motivação das decisões e da coisa julgada), por meio de um procedimento regular (vale dizer, qualificado pela publicidade, pela isonomia e pela proibição da prova ilícita), em que fique assegurada a plenitude da ação (viabilizada pelo princípio do acesso à Justiça e pelo contraditório) e do direito de defesa (contraditório e ampla defesa) —, a partir de agora o devido processo legal brasileiro passa também a ser integrado pelo direito ao processo de tramitação em prazo razoável, o que representa o incremento normativo que faltava à garantia do acesso à Justiça, como visto, um dos aspectos essenciais do devido processo legal" (*Reforma do judiciário.* Volume Anexo do Código de Processo Civil interpretado. São Paulo: Manole, 2004. p. 3).

(30) Nesse diapasão, oportunas as palavras de Artur César de Souza: "A igualdade não se estabelece somente pelas normas jurídicas, mas, e principalmente nos dias de hoje, mediante a análise das circunstâncias sociais de cada parte no processo. Insere-se, novamente, a lição de Mauro Cappelletti: [...] Mas que princípio é este se há casos em que, por razões econômicas, culturais e sociais, a parte não se encontra em condições de se fazer ouvir? Há que se repetir então o discurso, que caracterizou a nossa época, quanto à distinção entre igualdade real ou material entre as partes. O processo tornou-se a arena deste discurso, porque nele há que se travar a luta por um direito efetivo e não apenas aparente. Tanto é assim que às garantias constitucionais formais tem-se acrescentado (ou pelo menos dever-se-ia estar acrescentando) aquelas garantias sociais. No campo dos direitos humanos fala-se em direitos sociais como direitos humanos de segunda geração. Estes os direitos que se destinam a fazer com que os direitos tradicionais, ou de primeira geração (entre os quais se incluem as garantias constitucionais do processo), tornem-se efetivos e acessíveis a todos ao invés de se projetarem como uma simples figuração para a parte menos favorecida. Como anota Mauro Cappelletti, não se pode falar em contraditório sem a análise de outros fatores, inclusive fora do âmbito jurídico, como os decorrentes do lado psicológico ou mesmo sociológico, de temas, problemas e institutos, com o fim de atualizar esse direito/garantia, para que ele não permaneça, assim como fora concebido pelo Código de Processo Civil de 1973, meramente inserido, em face aos efeitos da revelia, no âmbito de uma igualdade formal" (*Contraditório e revelia.* São Paulo: RT, 1993. p. 256).

(31) CARRION, Valentin. *Comentários à Consolidação das Leis do Trabalho.* 30. ed. São Paulo: Saraiva, 2005. p. 686.

formalmente ao seu verdadeiro destinatário, ou dos impedimentos que jamais poderão ser provados. E nem se argumente com possíveis abusos generalizados, pois tais abusos são extremamente perigosos para que as partes sejam tentadas a adotá-los; paga-se muito caro."

Em razão do exposto, entendemos, salvo melhor juízo, que o Juiz do Trabalho deve ter muita cautela diante da revelia[32]. A nosso ver, o juiz não pode prescindir das seguintes cautelas:

a) verificar se o reclamado, efetivamente, foi notificado, se retornou o SEED, ou o AR ou se o Oficial de Justiça notificou o reclamado no endereço correto;

b) examinar detidamente a inicial, bem como os documentos a ela juntados[33];

c) verificar se estão presentes os pressupostos processuais e condições da ação. Caso não estejam presentes, poderá extinguir de plano o processo sem resolução do mérito (art. 485 do CPC) ou determinar que o autor emende a inicial (Súmula n. 263 do C. TST);

d) interrogar[34] o reclamante[35], cujo depoimento poderá limitar ou elidir os efeitos da revelia[36];

---

(32) Como bem adverte José Augusto Rodrigues Pinto: "Sabe-se que, na Justiça do Trabalho, a expectativa da *revelia* propicia uma pequena indústria *do exagero dos pedidos*, que a cautela do Juízo interrogando o autor sobre fatos presumivelmente confessados desestimulará eficazmente. Sob outro aspecto, quando a inicial tiver instruída com documentos a sentença a ser proferida contra o revel deverá ser antecedida pelo exame cuidadoso de seu conteúdo, com vista a limitar os efeitos drásticos da *confissão fictícia*" (RODRIGUES PINTO, José Augusto. *Op. cit.*, p. 401).

(33) Para Júlio César Bebber, "sempre, então, que diante da revelia o juiz se sentir inseguro para julgar, mesmo sendo críveis os fatos alegados pelo autor, deve agir de ofício, no sentido de interrogar as partes (CPC, art. 342; CLT, art. 848), bem como determinar a produção das provas que julgar necessárias para formar o seu convencimento (CPC, art. 130; CLT, art. 765), instando o autor à atividade, sob cominação de considerá-lo não ocorrido" (*Op. cit.*, p. 71-72).

(34) O art. 848 da CLT diz ser faculdade do juiz interrogar os litigantes, inclusive *ex officio*. No mesmo sentido, Luigi De Litala: "Es facultad del juez, interrogar libremente a las partes, lo que incluye también la facultad de prescindir, ampliar o modificar las posiciones opuestas por las partes, y si éstas al ser interrogadas por el tribunal sobre hechos que lhes son personales, adjuren ignorancia, contestaren en forma evasiva o se negaren a contestar, podrá estimarse esa actitud como una presunción en favor de los hechos alegados por la contraparte en todo cuanto se relacionen con el contenido de la pregunta" (*Derecho procesal del trabajo*. Buenos Aires, 1949. v. 2. p. 317).

(35) Como bem assevera Fábio Túlio Correia Ribeiro: "O interrogatório com o depoimento pessoal não se confundem. O primeiro, cuja providência é tomada pelo juiz de ofício, em qualquer fase do processo, destina-se a elucidar fatos da lide, esclarecendo-os. Com o segundo, por sua vez, aspira-se a alcançar a confissão da parte acerca de fatos controvertidos nos autos. O interrogatório é sempre uma providência que está na discrição do juiz, unicamente. O depoimento, já então, pode ser requerido pela parte *ex adversa*. Em regra, o depoimento é tomado na audiência de instrução, sendo único; o interrogatório, como expressamente prevê o art. 342 do CPC, pode ser realizado em qualquer fase do processo e tantas vezes quantas sejam necessárias ao aclaramento de pontos obscuros na visão do juiz da causa. No interrogatório, apenas o juiz formula perguntas às partes. No depoimento, as partes têm o direito de formularem perguntas uma à outra, embora através do juiz" (*Processo do trabalho básico* — Da inicial à sentença. São Paulo: LTr, 1997. p. 188).

(36) Segundo Wagner D. Giglio: "Nada obstante, sendo a *ficta confessio* uma abstração do mundo jurídico, e tendo o processo trabalhista, mais do que qualquer outro, o escopo de buscar a verdade *real* dos fatos,

e) verificar se não estão presentes as hipóteses de elisão dos efeitos da revelia, se o litígio versa sobre matéria de direito, ou há necessidade de realização de prova técnica (arts. 464 do CPC e 195 da CLT)[37];

f) determinar, se não estiver convencido da verossimilhança da versão do autor ou da razoabilidade da pretensão, a dilação probatória (arts. 370 do CPC e 765 da CLT), já que na hipótese de revelia não há preclusão probatória para o juiz;

g) decidir de acordo com o seu convencimento motivado, atento aos ditames de justiça e efetividade do processo.

---

prossegue a instrução do feito, tomando-se o depoimento pessoal do reclamante, considerando-se que a tentativa de conciliação ficou prejudicada pela ausência do reclamado. A tomada do depoimento pessoal não deve causar espécie, não apenas pela razão supraexposta, mas também porque a própria lei prevê, para esse ato, a iniciativa do juiz, agindo *ex officio* (CLT, art. 848). Dessarte, a inquirição do reclamante é ato jurídico que *independe* do requerimento do reclamado: seja este revel ou não, pode ser tomado, com o objetivo de obter a confissão real do reclamante e esclarecer a verdade. E obtida a confissão real, esta prevalece sobre a ficção jurídica, como é lógico e óbvio, prescindindo de maiores explicações, portanto. Vamos mais longe: se houve necessidade, para conhecimento da verdade *real*, poderão ser inquiridas testemunhas do reclamante. Se não, como acontece na maioria dos casos, segue-se a produção de razões finais e, novamente, prejudicada a tentativa de conciliação, passa-se ao julgamento" (GIGLIO, Wagner D. e VELTRI CORRÊA, Claudia. *Direito processual do trabalho*. 15. ed. São Paulo: Saraiva, 2005. p. 199).

(37) Nesse sentido, destaca-se a seguinte ementa: "REVELIA — EFEITOS — ART. 319 DO CPC. A presunção contida no art. 319 do Código de Processo Civil de que 'se o réu não contestar a ação, reputar-se-ão verdadeiros os fatos afirmados pelo autor' não conduz, necessariamente, à procedência do pedido inicial, que dependerá do exame pelo juiz, com base nas circunstâncias dos autos, das consequências jurídicas dos fatos. A consequência processual da revelia é semelhante à da confissão (art. 348 do CPC), bem diversa, portanto, daquela própria do reconhecimento do pedido (art. 269, II, do CP). Recurso não conhecido" (STJ – REsp 94193-SP – 4ª T. – rel. Min. César Asfor Rocha – DJU 3.11.98 – p. 140).

Capítulo XIV

Da Resposta

1. Conceito

Uma vez citado sobre a existência de um processo, como decorrência dos princípios do contraditório e da ampla defesa (art. 5º, LV, da CF), o reclamado tem a faculdade de responder à pretensão posta em juízo pelo reclamante, ou até mesmo se manter inerte[(1)].

Como bem advertem *Eduardo Gabriel Saad, José Eduardo Duarte Saad* e *Ana Maria Saad Castello Branco*[(2)]: "À semelhança do que se oferece ao Reclamante, tem o Reclamado, por igual, o direito de exigir do Estado a prestação jurisdicional capaz de compor os interesses em conflito. É o direito de defesa um direito autônomo, independente do direito material. Embora este não exista, como proclama a sentença condenatória, ainda assim permanece o direito de defesa."

A resposta, no processo do trabalho, consiste no conjunto de faculdades, previstas na lei processual, que pode tomar o reclamado para resistir de forma ativa à pretensão do reclamante.

Se optar por responder, o reclamado poderá tomar uma das posturas previstas na Lei, ou seja, poderá contestar, apresentar exceções ou reconvenção. Poderá, cumulativamente, apresentar as três modalidades de respostas.

A CLT disciplina duas modalidades de respostas, quais sejam: a contestação (art. 847 da CLT) e a exceção (art. 799 e seguintes da CLT). Não obstante, outras modalidades de respostas previstas no CPC são compatíveis com o Processo do Trabalho (art. 769 da CLT), como a reconvenção, a ação declaratória incidental e o reconhecimento jurídico do pedido. Quanto à intervenção de terceiros, há divergências na doutrina e na jurisprudência sobre seu cabimento na Justiça Especializada.

(1) Ensina Calmon de Passos: "Dentre os princípios básicos que informam o processo, pode-se afirmar como constituindo o mais relevante o chamado princípio da bilateralidade da audiência, encontra ele sua origem e fundamento na velha expressão romana *'audiatur et altera pars'* e, hoje, na garantia constitucional de que ninguém será condenado sem ser ouvido e de que nenhuma lesão de direito subjetivo pode ser subtraída da apreciação do Poder Judiciário" (*Comentários ao Código de Processo Civil.* v. III, 8. ed. Rio de Janeiro: Forense, 2001. p. 242).

(2) *Curso de direito processual do trabalho.* 5. ed. São Paulo: LTr, 2007. p. 538.

No Processo do Trabalho, o momento para apresentação da resposta é a audiência, no prazo de vinte minutos, de forma oral, depois da leitura da inicial, ou quando esta for dispensada (arts. 846 e 847 da CLT)[3]. Não obstante, a praxe trabalhista consagrou a resposta escrita.

2. Da contestação

Como destaca *Calmon de Passos*[4]: "A contestação está para a defesa, assim como a inicial está para a ação. Ela é a peça mediante a qual se formaliza o exercício do direito de defesa do réu, vale dizer, exercita este sua pretensão à prestação da atividade jurisdicional."

Ensina *Amauri Mascaro Nascimento*[5] que "o vocábulo 'contestação' significa lutar com alguém por meio de testemunhas (*testis*) e por meio de provas (Antenor Nascentes). Provém da *litis contestatio*, do processo romano, que representava o momento no qual alguém, o réu, diante do magistrado e acompanhado das suas testemunhas, opunha-se à pretensão do autor. *Contestação que quer dizer, portanto, defesa.*"

A contestação é a peça defensiva por excelência, em que o reclamado terá a oportunidade de impugnar a pretensão aduzida na inicial e também aduzir toda a matéria de defesa que entende pertinente.

A CLT disciplina a contestação no art. 847, que tem a seguinte redação: "Não havendo acordo, o reclamado terá 20 (vinte) minutos para aduzir sua defesa, após a leitura da reclamação, quando esta não for dispensada por ambas as partes."

Conforme o citado dispositivo legal, a contestação, no Processo do Trabalho, é aduzida de forma oral, no prazo de vinte minutos. Se houver mais de um reclamado no polo passivo, cada um deles terá vinte minutos para aduzir a resposta[6]. Não obstante, a praxe forense consagrou a contestação apresentada de forma escrita. Dificilmente se apresenta a contestação de forma oral em razão do grande número de audiências na pauta, da cumulação de pedidos na petição inicial e também da complexidade das matérias. A contestação é aduzida de forma oral, normalmente quando o reclamado está sem advogado ou, quando está assistida por ele, o advogado

(3) Conforme Wagner D. Giglio, a leitura da inicial tem sido dispensada, uma vez que o reclamante formulou a inicial, e o reclamado, quando da notificação, recebeu cópia desta (*Direito processual do trabalho.* 15. ed. São Paulo: Saraiva, 2005. p. 200).

(4) *Op. cit.*, p. 250.

(5) NASCIMENTO, Amauri Mascaro. *Curso de direito processual do trabalho.* 22. ed. São Paulo: Saraiva, 2007. p. 498.

(6) Nesse mesmo contexto, pensam Wagner D. Giglio e Cláudia Giglio Veltri Corrêa (*Direito processual do trabalho.* 15. ed. São Paulo: Saraiva, 2005. p. 201). Em sentido contrário, a posição de Christovão Piragibe Tostes Malta: "Havendo litisconsórcio passivo, o prazo em questão é dividido entre os do mesmo grupo, por analogia com o que determina o CPC a propósito de razões finais, se de forma diversa não convencionarem" (*Prática do processo trabalhista.* 34. ed. São Paulo: LTr, 2007. p. 266).

esquecer a contestação. Mesmo sendo aduzida de forma oral, a contestação será reduzida a termo na própria ata de audiência.

No Processo Civil, a contestação é apresentada no prazo de quinze dias, de forma escrita (art. 335 do CPC).

Nas Varas que adotam o processo judicial eletrônico, a contestação deve ser encaminhada antes da audiência (art. 10 da Lei n. 11.419/06). Nesse sentido, dispõe o art. 29, da Resolução n. 136/2014, do CSJT, *in verbis*:

> "Os advogados credenciados deverão encaminhar eletronicamente contestação, reconvenção ou exceção, e respectivos documentos, antes da realização da audiência designada para recebimento da defesa.
>
> § 1º A parte reclamada poderá, justificadamente, atribuir sigilo à contestação, reconvenção ou exceção e aos respectivos documentos juntados.
>
> § 2º Fica facultada a apresentação de defesa oral, por 20 (vinte) minutos, conforme o disposto no art. 847 da CLT."

Embora se possa questionar que o citado dispositivo é inconstitucional, pois somente Lei Federal pode dispor sobre regra de direito processual, ele está em compasso com o art. 10 da Lei n. 11.419/06 e com a dinâmica do processo judicial eletrônico. Além disso, é facultada a apresentação da defesa oral, em audiência, como disciplina o art. 847 da CLT.

O ideal seria, mesmo no procedimento trabalhista, que a defesa fosse apresentada antes da audiência, sem prejuízo do comparecimento do reclamado em audiência, e se franqueasse ao reclamante a oportunidade de manifestação sobre ela em prazo razoável antes da audiência. Isso propiciaria implementação do contraditório pleno no procedimento trabalhista, com o efetivo conhecimento dos elementos da causa pelas partes e pelo Juiz do Trabalho, maior celeridade nos autos de audiência, redução das hipótese de adiamento de audiência e potencialidade mais acentuada de obtenção da conciliação.

Embora se possa argumentar que, tendo o reclamante acesso à defesa antes da audiência, poderá deixar arquivar o processo não comparecendo a audiência e, posteriormente, alterar sua tese inicial, pensamos que no atual estágio da teoria geral do processo e do direito constitucional processual, há mecanismos para se coibir tal conduta (tais como as sanções por falta de boa-fé processual), pois se for franqueado o acesso à contestação, caso o autor não compareça na audiência, o processo não será mais arquivado, aplicando-se, no aspecto, a Súmula n. 74, do TST (confissão *ficta*) .

O art. 29 da Resolução n. 136/2014, em nossa opinião, deveria ser aperfeiçoado, disciplinando um prazo para o reclamado enviar a contestação antes da audiência e, após encaminhada, abrir vistas ao reclamante para manifestação. Não há motivo para se manter sigilo da contestação até a realização da audiência, salvo hipóteses excepcionais de segredo de justiça.

Nos termos dos arts. 336 e 434 do CPC e 845 da CLT, a contestação deve estar acompanhada dos documentos da defesa e também da referida peça. No nosso sentir, tanto a inicial como a contestação trabalhista prescindem do requerimento de provas, pois estas serão produzidas em audiência, independentemente de requerimento prévio(7).

Como bem destaca *Cléber Lúcio de Almeida*(8), " apresentada a defesa escrita em audiência, a parte pode aditá-la, antes de iniciada a instrução da causa, consignando-se o aditamento na ata."

A contestação segue dois princípios fundamentais que estão previstos no Código de Processo, perfeitamente aplicáveis ao Processo do Trabalho (art. 769 da CLT). São eles: a) princípio da eventualidade da defesa (art. 336 do CPC); e b) princípio da impugnação específica (art. 341 do CPC).

a) princípio da eventualidade: está previsto no art. 336 do CPC, que tem a seguinte redação: "Incumbe ao réu alegar, na contestação, toda a matéria de defesa, expondo as razões de fato e de direito, com que impugna o pedido do autor e especificando as provas que pretende produzir."

O princípio da eventualidade consiste no ônus do réu em aduzir todas as defesas que tiver contra o processo (atacar diretamente a relação jurídico-processual) e contra o pedido do autor, a fim de que, na eventualidade de o juiz não acolher a primeira alegação, acolha a segunda.

As defesas processuais, arguidas como matéria preliminar, estão previstas no art. 337 do CPC. Não se dirigem diretamente aos pedidos do autor, buscando a extinção da relação jurídico-processual, ou seja, que o processo seja extinto sem resolução do mérito. São também chamadas de defesas indiretas, porque não vão à essência do litígio, limitando-se a aduzir fundamentos para que ele não seja julgado.

Segundo a doutrina, as defesas processuais indiretas podem ser dilatórias ou peremptórias. As dilatórias apenas dilatam o curso do processo, sem extingui-lo, como as incompetências material e funcional. Já as peremptórias visam a extinguir o processo, como a coisa julgada, a perempção e a litispendência.

Quanto à matéria de mérito, esta deve ser deduzida integralmente no corpo da contestação. A doutrina costuma denominar a defesa de mérito como defesa substancial, que pode ser direta ou indireta. Será direta quando atacar diretamente os fatos declinados na inicial, negando a existência do fato constitutivo do direito do autor. Outrossim, será indireta quando não consistir em negar os fundamentos do autor, mas em trazer fundamentos novos de direito material (pagamento, prescrição etc.). Também será indireta quando o reclamado, sem negar o fato constitutivo do direito do autor, aduzir fatos modificativos, impeditivos ou extintivos do direito do autor.

(7) No mesmo sentido, é a opinião de Cléber Lúcio de Almeida: "No processo do trabalho, não se exige do réu, ainda, a especificação, na contestação, das provas que pretende produzir" (*Direito processual do trabalho.* Belo Horizonte: Del Rey, 2006. p. 486).

(8) *Op. cit.*, p. 489.

A jurisprudência trabalhista tem sido rígida quanto à aplicação do princípio da eventualidade no Processo do Trabalho, conforme as seguintes ementas que se seguem:

> "Contestação — Defesa processual e de mérito — Dever do demandado. Se a opção do reclamado se dá exclusivamente pela elaboração de defesa processual, e, sendo considerada pelo Juízo superada a preliminar arguida, é de se ter o demandado confesso, quanto aos fatos contra si articulados na inicial (art. 302 do CPC). Recurso conhecido a que se nega provimento." (TRT – 10ª R. – 1ª T. – RO n. 255/2002 – rel. Ricardo A. Machado – DJDF 14.7.2002 – p. 11)

> "Contestação — Princípio da eventualidade. O que torna a questão controvertida, de modo a suscitar a dúvida que reclama prova, é a impugnação precisa dos fatos alegados (art. 302 do CPC). Se o reclamado, desatento ao princípio da eventualidade, impugna superficialmente a pretensão, apenas aduzindo não serem verdadeiras as afirmações do reclamante, deixando de contestá-las fato por fato, parcela por parcela, reduz o campo de controvérsia e corre o risco de sucumbir, caso não venha a ser acolhida a primeira impugnação." (TRT – 3ª R. – 6ª T. – RO n. 119/2004.020.03.00-2 – rel. Sebastião G. de Oliveira – DJMG 9.9.04 – p. 13)

> "Art. 300 do CPC. O princípio da eventualidade impõe que o reclamado aduza todos os fundamentos da defesa na contestação, estando preclusa a matéria que apenas veio a lume em sede recursal. Recurso a que se nega provimento." (TRT – 10ª R. – 3ª T. – Ac. n. 1448/95 – rel. Juiz F. Leocádio – DJDF 12.5.95 – p. 6.122)

> ADICIONAL DE PERICULOSIDADE. BASE DE CÁLCULO. INTEGRAÇÃO DO PRÊMIO-PRODUÇÃO CONDICIONADO À COMPROVAÇÃO DE SITUAÇÃO DE RISCO EQUIVALENTE À DA CATEGORIA DOS ELETRICITÁRIOS. EXIGÊNCIA DE PROVA PERICIAL PREVISTA NOS ACORDOS COLETIVOS. MATÉRIA NÃO ARGUIDA EM CONTESTAÇÃO. PRECLUSÃO. Segundo o art. 300 do CPC, que alberga o princípio da eventualidade, compete ao réu alegar, na contestação, toda a matéria de defesa, expondo as razões de fato e de direito, com que impugna o pedido do autor e especificando as provas que pretende produzir. Após a contestação, a parte está impedida de deduzir novas alegações, exceto quando relativas às hipóteses previstas no art. 303 do CPC, a saber, direito superveniente, questões de ordem pública e, por expressa autorização legal, puderem ser formuladas em qualquer tempo e juízo. No caso, a insurgência da reclamada no sentido de que é devida a integração das parcelas de natureza salarial à base de cálculo do adicional de periculosidade apenas se demonstrado por laudo pericial que os reclamantes trabalhavam em situação de risco equivalente ao trabalho efetuado com o sistema elétrico de potência, por exigência dos acordos coletivos de trabalho, foi veiculada apenas nos embargos de declaração opostos em face do acórdão do Tribunal Regional e, portanto, a matéria está preclusa. Agravo a que se nega provimento." (TST – Processo: Ag-AIRR – 358700-58.2009.5.12.0053 – Data de Julgamento: 6.8.2014, relator Ministro: Cláudio Mascarenhas Brandão, 7ª Turma, Data de Publicação: DEJT 8.8.2014)

Nos termos do art. 767 da CLT, a compensação, ou a retenção, só pode ser arguida como matéria de defesa.

Portanto, diante da previsão expressa da CLT, tanto a compensação como a retenção devem ser invocadas em defesa, estando precluso esse direito se for invocado após a fase defensiva.

b) princípio da contestação específica: esse princípio está previsto no art. 341 do CPC, que tem a seguinte redação:

"Incumbe também ao réu manifestar-se precisamente sobre as alegações de fato constantes da petição inicial, presumindo-se verdadeiras as não impugnadas, salvo se: I – não for admissível, a seu respeito, a confissão; II – a petição inicial não estiver acompanhada de instrumento que a lei considerar da substância do ato; III – estiverem em contradição com a defesa, considerada em seu conjunto. Parágrafo único. O ônus da impugnação especificada dos fatos não se aplica ao defensor público, ao advogado dativo e ao curador especial."

Conforme *Calmon de Passos*(9): "Manifestar-se especificamente é manifestar-se indicando com exatidão, particularizando, mencionando especialmente etc."

Diante da redação do citado art. 341 do CPC(10), não é permitida a contestação genérica ou por negação geral. Cabe ao réu impugnar um a um os fatos narrados pelo autor. Os fatos não impugnados são presumidos verdadeiros. Entretanto, tal presunção é relativa, podendo ser elidida por prova em contrário(11). Como bem adverte *Joel Dias Figueira Jr.*(12): "O art. 302 do CPC há de ser interpretado restritivamente, porquanto a exigência ali contida refere-se tão somente aos fatos alegados pelo autor, pertinentes ao mérito da causa, os quais o réu não poderá deixar de impugnar."

A CLT não contém disposição a respeito. Desse modo, por força do art. 769 da CLT, o princípio da contestação específica é compatível com o Direito Processual do Trabalho.

Desse modo, deve o reclamado contestar tanto a causa de pedir próxima como a remota. Não pode, por exemplo, simplesmente dizer que o reclamante nunca foi empregado ou que nunca realizou horas extras. Deve declinar se o autor prestou serviços ou não e, se prestou, qual era a modalidade de trabalho. Quanto à jornada, deve decliná-la em defesa, ou fazer menção à jornada dos cartões de ponto, sobre a existência ou não de horas extras pagas etc.

A jurisprudência trabalhista tem sido rígida quanto à aplicabilidade do princípio da impugnação especificada ao Processo do Trabalho, conforme destacado nas seguintes ementas:

(9) *Op. cit.*, p. 280.

(10) No CPC de 1973, o art. 302 tinha redação, praticamente, idêntica.

(11) Nesse sentido, destacamos as seguintes ementas: "Pena de confissão — Ausência de contestação específica. Segundo inteligência consubstanciada no Enunciado n. 74, do colendo TST, aplica-se a pena de confissão ao reclamante que, expressamente intimado com aquela cominação, não compareceu à audiência em prosseguimento, na qual deveria depor. A pena de confissão ficta, contudo, não é prova absoluta contra a parte, podendo ser elidida, pelas demais provas produzidas nos autos. É certo, ainda, que ao empregador cabe apresentar defesa específica de todos os pedidos formulados pelo empregado, na petição inicial — não se podendo considerar, como tal, defesa genérica. Considerando a ausência de contestação, por parte do recorrido, impõe-se o acolhimento dos pedidos formulados, inicialmente, pelo empregado." (TRT – 3ª R. – 1ª T. – RO n. 398/2004.070.03.00-0 – rel. Manuel C. Rodrigues – DJMG 10.9.04 – p. 6) (RDT n. 10 – Outubro de 2004). "Contestação genérica — Efeitos. A presunção de veracidade, que decorre da defesa genérica, é *juris tantum*, podendo o conjunto probatório ilidir essa presunção, não isentando a parte de seu *onus probandi.*" (TRT – 12ª R. – 1ª T. – RO-V n. 1548.2002.040.12.00-0 – rel. Amarildo C. de Lima – DJSC 8.7.04 – p. 200).

(12) FIGUEIRA JR., Joel Dias. *Comentários ao Código de Processo Civil.* v. 4, t. II, 2. ed. São Paulo: RT, 2007. p. 275.

"Contestação — Impugnação específica. O art. 302 do Código de Processo Civil, aplicado subsidiariamente ao processo do trabalho (CLT, art. 769), impõe ao réu apresentar contestação específica aos fatos narrados pelo autor na inicial. Não informando a reclamada o salário que entendia como correto da reclamante para fins de base de cálculo das verbas rescisórias, prevalecem os fatos trazidos pela autora." (TRT – 10ª R. – 1ª T. – ROPS n. 2710/2002 – rel. Ricardo A. Machado – DJDF 27.9.2002 – p. 8)

"Contestação — Impugnação específica. Cabe ao réu manifestar-se precisamente sobre os fatos narrados na petição inicial, nos termos do art. 302 do CPC, não sendo acatável processualmente defesa por negação geral." (TRT – 12ª R. – 3ª T. – RO-V n. 5370/2003.026.12.00-1 – Ac. n. 9987/04 – relª Lígia M. Teixeira Gouvêa – DJSC 15.9.04 – p. 202)

"Ônus da impugnação específica — Exceção. O inciso III do art. 302 do CPC excepciona da aplicação do ônus da impugnação específica os fatos constantes da petição inicial, que se encontram 'em contradição com a defesa, considerada em seu conjunto'. Tendo a reclamada ora recorrente impugnado todos os pedidos constantes da exordial, não há se falar na presunção de veracidade dos valores mencionados pelo recorrido. De outra parte, para a aplicação da norma inserta no referido artigo, faz-se necessária a verossimilhança das alegações, não sendo esta a hipótese dos autos, mesmo porque, não foram acolhidos todos os pedidos formulados, portanto, os valores apresentados não prevalecem, eis que não correspondem ao *quantum* da condenação." (TRT – 15ª R. – 3ª T. – Ac. n. 7206/2000 – rel. João Alberto A. Machado – DJSP 13.3.2000 – p. 17)

Não se aplica a regra da impugnação especificada nas exceções do art. 341 do CPC, quais sejam:

1. *se não for admissível, a seu respeito, a confissão* (art. 341, I, do CPC):

O presente dispositivo se aplica ao Direito Processual do Trabalho, por força do art. 769 da CLT.

No nosso sentir, o fato de existirem normas de ordem pública no Direito do Trabalho não significa dizer que os Direitos Trabalhistas são indisponíveis. Pertencendo ao Direito Privado e contando com uma elevada gama de normas de ordem pública e ainda considerando-se o estado de subordinação a que está sujeito o empregado, os Direitos Trabalhistas, durante a vigência do contrato de trabalho, são irrenunciáveis como regra geral. Entretanto, uma vez cessados o vínculo de emprego e o consequente estado de subordinação, o empregado pode renunciar e transacionar direitos, máxime estando na presença de um órgão imparcial, como o Sindicato ou a Justiça do Trabalho. Alguns direitos na esfera trabalhista são indisponíveis, como os direitos da personalidade do trabalhador, difusos, coletivos e também os relacionados com as normas que se referem à medicina, à segurança e ao meio ambiente do trabalho.

2. *se a petição inicial não estiver acompanhada de instrumento público que a lei considerar da substância do ato* (art. 341, II, do CPC):

O presente dispositivo, embora compatível com o Processo do Trabalho (art. 769 da CLT), é de difícil aplicação prática, pois dificilmente o Direito do Trabalho, diante de seus princípios basilares, máxime o da primazia da realidade, exige instrumento público para comprovação dos fatos em juízo.

Não obstante, podemos declinar alguns exemplos de documentos públicos, como a juntada de certidão de nascimento do filho para delimitação do direito à estabilidade da empregada gestante e também para o recebimento do salário-família.

Em sede trabalhista, são exemplos de documentos essenciais os acordos e convenções coletivas e a prova da filiação por meio de juntada de certidão de nascimento para dar suporte à pretensão do salário-família.

De outro lado, acreditamos que, se o autor não juntar o documento essencial, deverá o juiz facultar a juntada no prazo de quinze dias, nos termos do art. 321 do CPC e Súmula n. 263 do C. TST. Uma vez não juntado o documento essencial, deverá o Juiz do Trabalho extinguir o processo sem exame de mérito.

3. *se estiverem em contradição com a defesa no seu conjunto* (art. 341, III, do CPC):

Nesta modalidade, que também é compatível com o Direito Processual do Trabalho, o reclamado não contesta todos os fatos, mas alguns, ou apenas o fato principal, cuja contestação indiretamente prejudica os demais fatos declinados na inicial. Como exemplo: o reclamado contesta o vínculo de emprego, aduzindo que o reclamante era trabalhador eventual, sem contestar as demais parcelas declinadas na inicial, como verbas rescisórias, horas extras etc. Nesse caso, todos os pedidos que decorrem do vínculo estão em contradição com a defesa no seu conjunto, vale dizer: todas as verbas que decorrem do vínculo foram indiretamente contestadas com a própria contestação sobre a existência do liame empregatício[(13)].

Nos termos do parágrafo único do art. 341 do CPC, a regra quanto ao ônus da impugnação especificada não se aplica ao advogado dativo, ao curador especial e ao defensor público.

2.1. Das preliminares da contestação

As preliminares são defesas de natureza processual que visam à extinção da relação jurídico-processual sem resolução do mérito. Também chamadas pela doutrina de exceções peremptórias ou defesas indiretas de cunho processual.

As matérias preliminares estão previstas no art. 337 do CPC. Com efeito, tal artigo dispõe:

> "Incumbe ao réu, antes de discutir o mérito, alegar:
>
> I – inexistência ou nulidade da citação;
>
> II – incompetência absoluta e relativa;
>
> III – incorreção do valor da causa;
>
> IV – inépcia da petição inicial;

(13) É bem verdade que, se o reclamado não contestar todos os pedidos de forma específica, segundo a doutrina e jurisprudência dominantes no Processo do Trabalho, uma vez reconhecido o vínculo de emprego, se terão por incontroversos os demais fatos articulados na inicial. Vale dizer: o autor não terá de demonstrar a jornada, pois a dispensa foi imotivada etc.

V – perempção;

VI – litispendência;

VII – coisa julgada;

VIII – conexão;

IX – incapacidade da parte, defeito de representação ou falta de autorização;

X – convenção de arbitragem;

XI – ausência de legitimidade ou de interesse processual;

XII – falta de caução ou de outra prestação que a lei exige como preliminar;

XIII – indevida concessão do benefício de gratuidade de justiça.

§ 1º Verifica-se a litispendência ou a coisa julgada quando se reproduz ação anteriormente ajuizada.

§ 2º Uma ação é idêntica a outra quando possui as mesmas partes, a mesma causa de pedir e o mesmo pedido.

§ 3º Há litispendência quando se repete ação que está em curso.

§ 4º Há coisa julgada quando se repete ação que já foi decidida por decisão transitada em julgado.

§ 5º Excetuadas a convenção de arbitragem e a incompetência relativa, o juiz conhecerá de ofício das matérias enumeradas neste artigo.

§ 6º A ausência de alegação da existência de convenção de arbitragem, na forma prevista neste Capítulo, implica aceitação da jurisdição estatal e renúncia ao juízo arbitral."

A CLT não disciplina as preliminares da contestação. Desse modo, por força do art. 769 da CLT, o rol de matérias do referido art. 337 do CPC é aplicável ao Processo do Trabalho.

O atual CPC, modificando o Código anterior, disciplina que a incompetência em razão do lugar e a impugnação ao valor da causa, que no Código/73 tinham que ser invocadas em incidente próprio (exceção de incompetência em razão do lugar e incidente de impugnação ao valor da causa), doravante, devem ser invocadas na própria contestação, o que simplifica os atos processuais, concentrando as modalidades de resposta do reclamado no corpo da contestação.

I – Nulidade da citação

Citação é o ato de chamar o réu, o executado ou o interessado a juízo para que, em querendo, passem a integrar a relação jurídico-processual (art. 238 do CPC).

É o ato formal de cientificação do réu sobre um processo, em face dele, proposto pelo autor. Por isso, é o principal ato de ciência do réu no processo.

Diante da importância da citação para o processo, se esta não se efetivar, a relação jurídico-processual será nula, pois se tratará de pressuposto de existência do processo. Inclusive a nulidade da citação, no Processo Civil, na execução, poderá ser invocada inclusive em sede de impugnação, se o processo correu à revelia.

Há nulidade da citação quando esta não foi realizada ou quando foi levada a efeito na pessoa que não é o reclamado.

No Processo do Trabalho, há de se ter um cuidado maior com a citação, pois esta não necessita ser pessoal, uma vez que pode ser entregue na portaria da empresa.

Dispõe o art. 841, § 1º, da CLT: "A notificação será feita em registro postal com franquia. Se o reclamado criar embaraços ao seu recebimento ou não for encontrado, far-se-á a notificação por edital, inserto no jornal oficial ou no que publicar o expediente forense, ou, na falta, afixado na sede da Junta ou juízo."

A CLT denomina a citação inicial de notificação inicial (art. 841), sendo realizada por funcionário designado pelo diretor de Secretaria da Vara.

Entre a notificação e a data da audiência, deve haver um prazo mínimo de cinco dias (art. 841 da CLT). Entretanto, um vez válida a citação, esse prazo pode ser renunciado pelo reclamado.

O comparecimento espontâneo do reclamado supre a nulidade de citação nos termos do art. 239, § 1º, do CPC, que assim dispõe: "O comparecimento espontâneo do réu ou do executado supre a falta ou a nulidade da citação, fluindo a partir desta data o prazo para apresentação de contestação ou de embargos à execução."

A Súmula n. 16 do TST presume o recebimento da notificação após 48 horas da sua postagem. Dispõe o referido verbete: "NOTIFICAÇÃO — Presume-se recebida a notificação 48 (quarenta e oito) horas depois de sua postagem. O seu não recebimento ou a entrega após o decurso desse prazo constitui ônus de prova do destinatário." (Res. n. 121/2003, DJ 21.11.2003)

II – Litispendência

O Código de Processo Civil define o conceito de litispendência nos §§ 1º, 2º e 3º do art. 337 como sendo a reprodução de uma demanda anteriormente ajuizada, contendo as mesmas partes, a mesma causa de pedir e o mesmo pedido.

São requisitos da litispendência, além da presença das mesmas partes, pedido e causa de pedir, que a demanda anterior já esteja em curso, não havendo o trânsito em julgado da decisão.

A litispendência pode ser total ou parcial. Será total quando se reproduzirem todos os pedidos e parcial quando um ou alguns dos pedidos forem reproduzidos na ação posterior.

Como destaca *Sergio Pinto Martins*(14), " o objetivo da arguição de litispendência é impedir que duas ações idênticas sejam processadas perante Varas diversas, impondo-se que uma delas seja extinta, geralmente a que foi proposta em segundo lugar. A arguição de litispendência visa a evitar insegurança jurídica com a possibilidade de duas sentenças distintas, sendo que, mesmo que houvesse identidade

(14) MARTINS, Sergio Pinto. *Direito processual do trabalho*. 26. ed. São Paulo: Atlas, 2006. p. 287.

de julgamento, um deles seria inútil ou desnecessário, implicando desnecessidade da prestação da atividade jurisdicional e desprestigiando o princípio da economia processual."

No nosso entendimento, a litispendência se faz presente com a propositura da ação, pois com a simples propositura já começam a haver interações entre juiz e parte, inclusive o magistrado pode indeferir a inicial e até mesmo acolher decadência e prescrição *ex officio*. Em razão disso, acreditamos que o art. 240 do CPC, ao prever que a citação válida induz litispendência, não seguiu a melhor técnica processual(15).

Nesse sentido, destaca-se a posição de *Antonio Carlos Marcato*(16): "Forma-se o processo no momento da propositura da demanda em juízo, o que ocorre com o despacho inicial do juiz na petição inicial (nos foros onde houver juízo único), ou quando esta seja distribuída a um dos juízos com competência concorrente (CPC, art. 263). Tem-se entendido, no entanto, que basta a protocolização da petição inicial no cartório judicial para que se considere proposta a demanda."

Desse modo, em havendo litispendência, a ação que foi proposta deve prosseguir, extinguindo-se a ação posteriormente proposta, sem resolução do mérito.

III – Coisa julgada

Há coisa julgada quando se repete ação contendo as mesmas partes, mesmo pedido e mesma causa de pedir de uma ação anterior já decidida de forma definitiva. Nos termos do art. 337, § 4º, do CPC, há coisa julgada quando se repete ação que já foi decidida por decisão transitada em julgado. Cumpre destacar que a coisa julgada firmada na ação anterior, que impede que a nova ação idêntica prossiga, se configura quando na ação anterior houve apreciação do mérito. A coisa julgada formal, que é uma mera preclusão, não obsta que a parte intente nova ação. Nesse sentido, destaca *Calmon de Passos*(17): "Se há processo definitivamente concluído e pelo qual já foi composta a lide que se quer reproduzir como objeto do novo processo, diz-se que há *coisa julgada*, no sentido de que a lide objeto do novo processo, já foi lide em outro processo, concluído com exame de mérito (findo)."

IV – Incompetência absoluta

Como já mencionamos anteriormente, a competência em razão da matéria e a funcional são absolutas. Ao contrário da competência em razão do lugar, que deve ser invocada por meio de exceção (art. 799 e seguintes da CLT), a competência absoluta deve ser invocada em preliminar de contestação.

---

(15) Em sentido contrário, sustenta Calmon de Passos: "A lide considera-se pendente no direito brasileiro, quando ocorrer a citação válida (art. 219). Assim, o processo em que se deu a primeira citação válida é o que prevalece, considerando-se o outro duplicação proibida [...]." (*Comentários ao Código de Processo Civil*. v. II, 8. ed. Rio de Janeiro: Forense, 2001. p. 265.

(16) MARCATO, Antonio Carlos. *Procedimentos especiais*. 10. ed. São Paulo: Atlas, 2004. p. 55.

(17) *Op. cit.*, p. 265.

No atual Código de Processo Civil, ao contrário do CPC de 73, tanto a incompetência absoluta, como a relativa devem ser invocadas na própria contestação (art. 337, II, do CPC).

Caso acolha a preliminar de incompetência, deverá o Juiz do Trabalho encaminhar o processo ao juízo competente em razão da matéria.

V – Da perempção

Como bem destaca *Joel Dias Figueira Jr.*[18]: "A perempção é o pressuposto processual de validade objetivo extrínseco (porquanto situado fora do processo em questão), identificado na situação em que o autor, por três vezes anteriores, tiver dado causa à extinção do processo, por não promover os atos e diligências que lhe competiam realizar, terminando por abandonar a causa por mais de trinta dias (art. 267, III, CPC)."

Atualmente, dispõe o Código de Processo Civil sobre a perempção no art. 486, § 3º, *in verbis*:

> "O pronunciamento judicial que não resolve o mérito não obsta a que a parte proponha de novo a ação (...) § 3º Se o autor der causa, por 3 (três) vezes, a sentença fundada em abandono da causa, não poderá propor nova ação contra o réu com o mesmo objeto, ficando-lhe ressalvada, entretanto, a possibilidade de alegar em defesa o seu direito."

Na esfera do Processo do Trabalho, caso o autor dê ensejo a dois arquivamentos consecutivos, incidirá na penalidade do art. 732 da CLT[19], que para alguns doutrinadores configura perempção e, para outros, perda temporária do direito de ação.

Não se aplica ao Direito Processual do Trabalho a perempção prevista no referido art. 486, § 3º, do CPC, que obsta o Direito de Ação do Autor de forma definitiva, por incompatibilidade com os princípios que regem o Direito Processual do Trabalho. Além disso, a CLT tem regra própria sobre a perda temporária do direito de ação nos arts. 731 e 732.

Desse modo, no Processo do Trabalho, somente há perda temporária do direito de ação, e não perda total desse direito como há no Código de Processo Civil.

Alguns autores questionam sobre a constitucionalidade dos referidos arts. 731 e 732 da CLT, por colidir com o Direito Constitucional de Ação. Nesse sentido, *Carlos Henrique Bezerra Leite*[20] assevera que há dúvida quanto à constitucionalidade diante do princípio da inafastabilidade de acesso à justiça (CF, art. 5º, XXXV).

(18) FIGUEIRA JR., Joel Dias. *Comentários ao Código de Processo Civil.* v. II, t. 4, 2. ed. São Paulo: RT, 2007. p. 250.

(19) Art. 731, da CLT: "Aquele que, tendo apresentado ao distribuidor reclamação verbal, não se apresentar, no prazo estabelecido no parágrafo único do art. 786, à Vara ou Juízo para fazê-lo tomar por termo, incorrerá na pena de perda, pelo prazo de seis meses, do direito de reclamar perante a Justiça do Trabalho." Art. 732 da CLT: "Na mesma pena do artigo anterior incorrerá o reclamante que, por duas vezes seguidas, der causa ao arquivamento de que trata o art. 844."

(20) BEZERRA LEITE, Carlos Henrique. *Curso de direito processual do trabalho.* 4. ed. São Paulo: LTr, 2006. p. 432.

No mesmo sentido, se pronuncia *Eduardo Gabriel Saad*(21):

> "Se o reclamante causar dois arquivamentos, ficará impedido de propor nova ação durante seis meses a contar do último deles e terá, em ambos os casos, de efetuar o pagamento das custas do processo. É inegável que a suspensão do direito de recorrer ao Judiciário durante seis meses não se harmoniza com o princípio constitucional que assegura ao cidadão o direito de recorrer ao Judiciário toda vez que seu direito sofrer lesão. A eficácia dessa norma não está sujeita a qualquer condicionante."

Não obstante os ponderáveis argumentos dos professores *Bezerra Leite* e *Gabriel Saad*, no nosso sentir, os arts. 731 e 732 da CLT não colidem com a Constituição Federal, pois não inibem o direito de ação ou o acesso à Justiça, já que o prazo de seis meses é razoável e se mostra eficaz para coibir atos do reclamante que, por desleixo, deixa arquivar o processo por duas vezes sucessivas. Além disso, a cominação do art. 732 da CLT prestigia a seriedade e dignidade da Justiça do Trabalho.

Nesse diapasão, oportunas as palavras de *Ada Pellegrini Grinover*(22): "É certo que a Constituição assegura a inafastabilidade do controle jurisdicional no inciso XXXV do art. 5º, mas é igualmente certo que o exercício do direito da ação não é absoluto, sujeitando-se às condições (as condições da ação) a serem estabelecidas pelo legislador. Essas condições — desde que razoáveis, dentro do critério substancial das garantias do devido processo legal — são legítimas e subsumem às categorias clássicas da possibilidade jurídica, da legitimação para a causa e do interesse de agir."

No mesmo diapasão, destaca-se a seguinte ementa:

> "DOIS ARQUIVAMENTOS SEGUIDOS — PERDA DO DIREITO DE RECLAMAR — CONSTITUCIONALIDADE DO NÃO COMPARECIMENTO INJUSTIFICADO. ENSEJANDO 02 ARQUIVAMENTOS SEGUIDOS. Resulta a perda do direito de ação por 06 meses (nas mesmas condições), contados da data em que a punição é aplicada. E não há inconstitucionalidade posto que a carta não poderia consagrar abuso de direito. Há, ainda, a consequente sobrecarga à Justiça. Finalidade Educativa." (TRT/SP, Proc. n. 0294249355 – Ac. 6ª T. – 02950481528 – rel. Juiz Carlos Francisco Berardo – DOESP: 30.10.1995)

VI – Inépcia da inicial

O Código de Processo Civil disciplina as hipóteses de inépcia da inicial no art. 330, § 1º, do CPC:

> "Considera-se inepta a petição inicial quando:
>
> I – lhe faltar pedido ou causa de pedir;
>
> II – o pedido for indeterminado, ressalvadas as hipóteses legais em que se permite o pedido genérico;

(21) SAAD, Eduardo Gabriel. *Direito processual do trabalho.* 3. ed. São Paulo: LTr, 2002. p. 400.

(22) GRINOVER, Ada Pellegrini. *O processo em evolução.* 2. ed. Rio de Janeiro: Forense Universitária, 1998. p. 94-95.

III – da narração dos fatos não decorrer logicamente a conclusão;

IV – contiver pedidos incompatíveis entre si."

O rol do art. 330, § 1º, do CPC se aplica perfeitamente ao Processo do Trabalho, por omissão da CLT e compatibilidade com os princípios que regem o Processo do Trabalho (art. 769 da CLT).

As hipóteses de inépcia contaminam de tal forma a inicial, que não há como serem sanadas *a posteriori*. Em razão disso, as hipóteses de inépcia da inicial configuram nulidades insanáveis do Processo. Nesse mesmo sentido, é a Súmula n. 263 do C. TST.

VII – Carência da ação

Há carência da ação quando não estão presentes as condições da ação, quais sejam: legitimidade e interesse processual.

A carência da ação pode ser reconhecida de ofício pelo Juiz do Trabalho.

É comum, no Processo do Trabalho, o reclamado invocar carência da ação em razão de ausência de vínculo de emprego ou de relação jurídica de trabalho. Nessa hipótese, não há carência da ação, pois se trata de defesa de mérito, poquanto é neste que o Juiz do Trabalho apreciará as provas e se convencerá da existência ou não do vínculo de emprego.

Nos termos do art. 338 do CPC, alegando o réu, na contestação, ser parte ilegítima ou não ser o responsável pelo prejuízo invocado, o juiz facultará ao autor, em 15 (quinze) dias, a alteração da petição inicial para substituição do réu.

Conforme o art. 339 do CPC, quando alegar sua ilegitimidade, incumbirá ao réu indicar o sujeito passivo da relação jurídica discutida sempre que tiver conhecimento, sob pena de arcar com as despesas processuais e de indenizar o autor pelos prejuízos decorrentes da falta de indicação. § 1º O autor, ao aceitar a indicação, procederá, no prazo de 15 (quinze) dias, à alteração da petição inicial para a substituição do réu, observando-se, ainda, o parágrafo único do art. 338. § 2º No prazo de 15 (quinze) dias, o autor pode optar por alterar a petição inicial para incluir, como litisconsorte passivo, o sujeito indicado pelo réu.

VIII – Conexão

Nos termos do art. 55 do CPC:

"Reputam-se conexas 2 (duas) ou mais ações quando lhes for comum o pedido ou a causa de pedir.

§ 1º Os processos de ações conexas serão reunidos para decisão conjunta, salvo se um deles já houver sido sentenciado.

§ 2º Aplica-se o disposto no *caput*:

I – à execução de título extrajudicial e à ação de conhecimento relativa ao mesmo ato jurídico;

II – às execuções fundadas no mesmo título executivo.

§ 3º Serão reunidos para julgamento conjunto os processos que possam gerar risco de prolação de decisões conflitantes ou contraditórias caso decididos separadamente, mesmo sem conexão entre eles."

No Processo do Trabalho, é comum haver conexão entre reclamações de trabalhadores de uma mesma empresa, que apresentam os mesmos pedidos ou idênticas causas de pedir.

A conexão pode ser invocada em preliminar de defesa, mas também pode ser reconhecida de ofício pelo juiz (art. 55 do CPC).

O Juiz do Trabalho deve sopesar o custo-benefício em deferir ou não a conexão, considerando a celeridade processual.

2.2. Da compensação e da retenção como matérias de defesa

Assevera o art. 368 do CC:

"Se duas pessoas forem ao mesmo tempo credor e devedor uma da outra, as duas obrigações extinguem-se, até onde se compensarem."

A compensação é instituto de Direito Civil que faz parte do capítulo da extinção das obrigações.

São requisitos para a compensação, no Processo do Trabalho:

a) duas pessoas, ao mesmo tempo, credora e devedora uma da outra;

b) dívidas líquidas, vencidas e de coisas fungíveis (art. 369 do CC);

c) requerimento do reclamado em defesa.

Nos termos do art. 767 da CLT, a compensação ou a retenção só poderá ser arguida como matéria de defesa.

Portanto, diante da previsão expressa da CLT, tanto a compensação como a retenção devem ser invocadas em defesa, estando precluso esse direito se for invocado após a fase defensiva.

Nesse sentido, preconiza a Súmula n. 48 do C. TST: "A compensação só poderá ser arguida com a contestação."

Como bem adverte *Tostes Malta*(23), "a CLT determina, no § 5º do art. 477, que o pagamento das parcelas devidas ao empregado quando da extinção do contrato de trabalho, a compensação dos créditos do trabalhador não poderá exceder o valor de um mês de sua remuneração. Trata o preceito em foco da dissolução amigável do pacto laboral. Quando empregado e empregador litigam em juízo, pode-se fazer a compensação dos débitos do empregado, qualquer que seja o montante."

(23) TOSTES MALTA, Christovão Piragibe. *Prática do processo trabalhista*. 34. ed. São Paulo: LTr, 2007. p. 281.

Quanto à retenção, destaca *Christovão Piragibe Tostes Malta*[24], esta consiste em não se devolver a coisa que se retém legitimamente, para compelir-se o proprietário a um pagamento a que está obrigado. Um hotel, por exemplo, pode reter a bagagem de um hóspede para obrigá-lo ao pagamento das despesas de hospedagem. O empregado vendedor pracista, a quem foi confiado um mostruário da empresa, pode recusar-se a devolvê-lo enquanto o empregador não lhe pagar os salários atrasados.

A compensação não se confunde com a dedução, embora sejam semelhantes.

Consiste a dedução na possibilidade de o Juiz do Trabalho, verificando os recibos e o pagamento de parte das verbas postuladas, determinar que sejam abatidos, do total da condenação, os valores já pagos constantes dos recibos dos autos, a fim de evitar o enriquecimento sem causa do reclamante.

A dedução pode ser determinada de ofício pelo Juiz do Trabalho, enquanto a compensação depende de requerimento em defesa.

Nesse sentido, destacamos a OJ n. 415, da SDI-I, do TST, *in verbis*:

> "Horas extras. Reconhecimento em Juízo. Critério de dedução/abatimento dos valores comprovadamente pagos no curso do contrato de trabalho. A dedução das horas extras comprovadamente pagas daquelas reconhecidas em juízo não pode ser limitada ao mês de apuração, devendo ser integral e aferida pelo total das horas extraordinárias quitadas durante o período imprescrito do contrato de trabalho."

2.3. Matérias que podem ser invocadas depois da contestação

Diz o art. 342 do CPC:

> "Depois da contestação, só é lícito ao réu deduzir novas alegações quando:
>
> I – relativas a direito ou a fato superveniente;
>
> II – competir ao juiz conhecer delas de ofício;
>
> III – por expressa autorização legal, puderem ser formuladas em qualquer tempo e grau de jurisdição."

O Código de Processo Civil atual acrescenta a possibilidade do demandado invocar fato superveniente após a contestação, o que é de grande pertinência, pois, em verdade, o que dá suporte ao direito superveniente é o fato e, muitas vezes, é difícil dissociar o fato do direito.

O direito superveniente é o que surge no curso do processo, depois da propositura da inicial e apresentação de defesa. Na hipótese do inciso I do art. 342 do CPC, é o direito que surge após a apresentação da defesa. Como exemplos: o reclamante que invoca doença profissional e passa por cirurgia após a apresentação da contestação; a dispensa do reclamante depois da apresentação da defesa em razão de conduta faltosa praticada depois da apresentação da contestação.

---

(24) *Idem.*

Para *Calmon de Passos*[25] "o fato anterior à contestação não gera direito superveniente. Superveniente, ná hipótese, é a ciência do fato, não o direito dele decorrente."

Conforme o ilustre processualista baiano citado, o fato no qual se embasa o Direito superveniente pode preexistir à contestação, mas o reclamado somente deve ter tido ciência após a apresentação da defesa.

O fato superveniente também pode ser conhecido de ofício pelo Juiz do Trabalho na sentença, desde que oportunize o contraditório prévio, conforme a disposição do art. 493 do CPC[26], *in verbis*:

> "Se, depois da propositura da ação, algum fato constitutivo, modificativo ou extintivo do direito influir no julgamento do mérito, caberá ao juiz tomá-lo em consideração, de ofício ou a requerimento da parte, no momento de proferir a decisão.
>
> Parágrafo único. Se constatar de ofício o fato novo, o juiz ouvirá as partes sobre ele antes de decidir."

Nesse sentido, cumpre destacar a Súmula n. 394 do TST, *in verbis*:

> "FATO SUPERVENIENTE. ART. 493 DO CPC DE 2015. ART. 462 DO CPC DE 1973. O art. 493 do CPC de 2015 (art. 462 do CPC de 1973), que admite a invocação de fato constitutivo, modificativo ou extintivo do direito, superveniente à propositura da ação, é aplicável de ofício aos processos em curso em qualquer instância trabalhista. Cumpre ao juiz ou tribunal ouvir as partes sobre o fato novo antes de decidir."

O juiz pode conhecer de ofício as chamadas matérias de ordem pública, que podem ser invocadas a qualquer tempo, desde que propicie o contraditório prévio, antes do trânsito em julgado da decisão. Constituem o rol de matérias de ordem pública as hipóteses elencadas no art. 337 do CPC, exceto a convenção arbitral e a incompetência relativa (art. 337, § 5º, do CPC)

Têm entendido a melhor doutrina e a jurisprudência que mesmo as matérias de ordem pública não podem ser invocadas pela primeira vez nos recursos de natureza extraordinária, como o recurso extraordinário, o recurso especial e o recurso de revista, em razão da necessidade de prequestionamento da matéria no segundo grau de jurisdição.

2.4. Da ordem de enumeração da matéria defensiva

Não há uma ordem legal de enumeração da matéria em preliminar em defesa, mas há uma ordem lógica que costuma ser seguida pela praxe e também ordenada na sentença trabalhista.

---

(25) *Op. cit.*, p. 289.

(26) No CPC de 73, a matéria constava do art. 462, *in verbis*: "Se depois da propositura da ação, algum fato constitutivo, modificativo ou extintivo do direito influir no julgamento da lide, caberá ao juiz tomá-lo em consideração, de ofício, ou a requerimento da parte, no momento de proferir a sentença."

Há certo consenso de que o reclamado deve invocar, antes do mérito, os pressupostos processuais (falta de citação, inépcia da inicial, impugnação da representação processual etc.); impugnação ao valor atribuído à causa, arguições de nulidade, entre outros pressupostos processuais. Posteriormente, deve invocar a carência da ação (falta de legitimidade, possibilidade jurídica do pedido e interesse processual). Em seguida, deve aduzir a matéria de mérito, sempre respeitando a própria ordem de prejudicialidade das matérias. Assim, por exemplo: a contestação do vínculo de emprego deve preceder a contestação das verbas rescisórias; a alegação de justa causa deve preceder a contestação do pedido de estabilidade provisória no emprego etc.

José Joaquim Calmon de Passos[(27)] enumera a seguinte ordem para apreciação das matérias: — incompetência absoluta; — conexão; — compromisso arbitral; — coisa julgada; — litispendência; — incapacidade da parte, defeito na representação ou falta de autorização, bem como qualquer defeito ou irregularidade que pudesse ter autorizado o indeferimento da inicial, falta de caução ou de outra representação que a lei exige como preliminar e, por último, carência de ação.

3. Das exceções

Em sentido amplo, exceção significa todas as espécies de defesa.

Em sentido estrito, ou restrito, exceção, conforme ensina *Moacyr Amaral Santos*[(28)], "é, pois, a defesa de rito, a defesa contra o processo, para trancá-lo ou estendê-lo, ou, por outras palavras, é a defesa dirigida contra o processo, para dilatar-lhe o curso ou perimi-lo."

As exceções são defesas dirigidas contra o processo, e não contra o mérito, não visam à improcedência do pedido, mas sim a trancar o curso do processo, provocando sua extinção sem resolução de mérito, ou a dilatação do seu curso.

São classificadas, segundo a doutrina, em dilatórias ou peremptórias. As dilatórias distendem o curso do processo, sem extingui-lo. Nessa classificação, estão incluídas as exceções de incompetência, de suspeição e de impedimento. As peremptórias visam à extinção do processo. Como exemplo, temos o próprio rol de preliminares do art. 337 do CPC, destacando-se a coisa julgada, litispendência, perempção.

Como destaca *Joel Dias Figueira Jr.*[(29)], "de acordo com a nomenclatura utilizada pelo Código de 1973, exceção é o indicativo de um tipo especial de resposta do réu, ao lado da contestação e da reconvenção, cabível nas hipóteses em que o sujeito passivo objetive alegar incompetência relativa, impedimento ou suspeição."

---

(27) CALMON DE PASSOS, José Joaquim. *Comentários ao Código de Processo Civil.* 8. ed. Rio de Janeiro: Forense, 2001. p. 258.

(28) SANTOS, Moacyr Amaral. *Primeiras linhas de direito processual civil.* 2. v. 17. ed. São Paulo: Saraiva, 1995. p. 193-194.

(29) *Op. cit.*, p. 285.

A CLT disciplina as exceções no art. 799, assim redigido: "Nas causas da jurisdição da Justiça do Trabalho, somente podem ser opostas, com suspensão do feito, as exceções de suspeição ou incompetência. § 1º – As demais exceções serão alegadas como matéria de defesa."

Conforme o referido dispositivo consolidado, as exceções dilatórias de incompetência em razão do lugar e suspeição devem ser invocadas separadamente, com suspensão do feito. As exceções peremptórias devem ser arguidas como matéria de defesa, no corpo da contestação.

3.1. Exceções de impedimento e de suspeição

A imparcialidade do juiz é um cânone constitucional e um pressuposto processual de existência da relação jurídico-processual. Além disso, é um direito fundamental do cidadão que visa à justiça da decisão e assegura a dignidade do processo.

Em razão disso, a lei determina que o juiz não tenha qualquer vinculação, quer de ordem objetiva, quer de ordem subjetiva, com a lide.

Dizia *Pontes de Miranda* que o juiz suspeito está em dúvida quanto à sua imparcialidade, mas o juiz impedido está fora de dúvida quanto à sua parcialidade. Quanto à hipótese de impedimento, a lei o considera parcial, e não há possibilidade de prova em sentido contrário, pois a presunção é absoluta.

As causas de impedimento do juiz são de ordem pública, por isso, não há preclusão, podendo ser invocadas a qualquer tempo antes do trânsito em julgado da decisão. Após o trânsito em julgado, é possível invocar o impedimento do juiz e a consequente nulidade da decisão por meio da Ação Rescisória (art. 966, II, do CPC). Já as hipóteses de suspeição do juiz estão sujeitas à preclusão, se a parte não as invocar no prazo legal.

O próprio juiz pode espontaneamente se declarar impedido ou suspeito se estiver envolvido em alguma das situações de impedimento ou suspeição previstas na lei, inclusive por motivo de foro íntimo, sendo que este último não precisa de justificativa.

A CLT regulamenta a questão no art. 801, *in verbis*:

> "O juiz, presidente ou classista, é obrigado a dar-se por suspeito, e pode ser recusado, por algum dos seguintes motivos, em relação à pessoa dos litigantes: a) inimizade pessoal; b) amizade íntima; c) parentesco por consanguinidade ou afinidade até terceiro grau."

Conforme o referido artigo, há duas hipóteses de suspeição do Juiz do Trabalho, quais sejam, a amizade íntima e inimizade pessoal, e uma hipótese de impedimento, o parentesco (a CLT trata o parentesco como suspeição).

Alguns autores defendem a inaplicabilidade das hipóteses de impedimento e suspeição declinadas nos arts. 144 e 145 do CPC, argumentando que a CLT não é omissa. Desse modo, por exemplo, o parentesco do Juiz do Trabalho com o advogado da parte não geraria impedimento. Nesse sentido, destacamos a seguinte ementa:

> "Exceção de suspeição — Rejeição. O que gera a suspeição do juiz é a inimizade pessoal com a parte, e não com o procurador." (TRT 12ª R. – 2ª T. – ROV n. 144/1989.026.12.02-0 – Ac. n. 383/05 – relª Ione Ramos – DJSC 18.1.05 – p. 110)

Wagner D. Giglio(30) defende somente a aplicação das hipóteses de impedimento previstas no Código de Processo Civil, mas não as hipóteses de suspeição previstas no mesmo Código, em razão da inexistência de omissão da CLT, que disciplina taxativamente as hipóteses de suspeição do Juiz do Trabalho no art. 801.

Acreditamos que, por omissão da CLT e compatibilidade com o Direito Processual do Trabalho (art. 769 da CLT), restam aplicáveis as hipóteses de impedimento e suspeição previstas nos arts. 144 e 145 do CPC ao Processo do Trabalho. Além disso, a imparcialidade do juiz é um mandamento constitucional e um direito fundamental do cidadão. Dessa forma, no nosso sentir, as hipóteses de impedimento e de suspeição do juiz previstas no Código de Processo Civil devem ser transportadas para o Direito Processual do Trabalho, não sendo completa a Consolidação, para que sejam efetivados os princípios constitucionais do devido processo legal(31) e do acesso real à Justiça do Trabalho. Nesse sentido, é a opinião de *Eduardo Gabriel Saad, José Eduardo Duarte Saad* e *Ana Maria Castello Branco*(32): "Não consideramos exaustivo o elenco dos motivos causadores da suspeição abrigado no art. 801, da CLT. Em razão disso, pensamos que se ajustam ao processo trabalhista os demais casos de suspeição reunidos nos arts. 134 a 137 do CPC"(33).

O art. 144 do CPC declina as hipóteses de impedimento do juiz. Dispõe o referido dispositivo:

> "Há impedimento do juiz, sendo-lhe vedado exercer suas funções no processo:
>
> I – em que interveio como mandatário da parte, oficiou como perito, funcionou como membro do Ministério Público ou prestou depoimento como testemunha;
>
> II – de que conheceu em outro grau de jurisdição, tendo proferido decisão;
>
> III – quando nele estiver postulando, como defensor público, advogado ou membro do Ministério Público, seu cônjuge ou companheiro, ou qualquer parente, consanguíneo ou afim, em linha reta ou colateral, até o terceiro grau, inclusive;
>
> IV – quando for parte no processo ele próprio, seu cônjuge ou companheiro, ou parente, consanguíneo ou afim, em linha reta ou colateral, até o terceiro grau, inclusive;
>
> V – quando for sócio ou membro de direção ou de administração de pessoa jurídica parte no processo;

---

(30) GIGLIO, Wagner D. *et al. Direito processual do trabalho.* 15. ed. São Paulo: Saraiva, 2005. p. 202.

(31) Art. 5º, LIV, da CF: "Ninguém será privado da liberdade ou de seus bens sem o devido processo legal."

(32) *Curso de direito processual do trabalho.* 5. ed. São Paulo: LTr, 2007. p. 540.

(33) No mesmo sentido, Renato Saraiva (*Curso de direito processual do trabalho.* 4. ed. São Paulo: Método, 2007. p. 321) e Amauri Mascaro Nascimento (*Curso de direito processual do trabalho.* 22. ed. São Paulo: Saraiva, 2007. p. 500).

VI – quando for herdeiro presuntivo, donatário ou empregador de qualquer das partes;

VII – em que figure como parte instituição de ensino com a qual tenha relação de emprego ou decorrente de contrato de prestação de serviços;

VIII – em que figure como parte cliente do escritório de advocacia de seu cônjuge, companheiro ou parente, consanguíneo ou afim, em linha reta ou colateral, até o terceiro grau, inclusive, mesmo que patrocinado por advogado de outro escritório;

IX – quando promover ação contra a parte ou seu advogado.

§ 1º Na hipótese do inciso III, o impedimento só se verifica quando o defensor público, o advogado ou o membro do Ministério Público já integrava o processo antes do início da atividade judicante do juiz.

§ 2º É vedada a criação de fato superveniente a fim de caracterizar impedimento do juiz.

§ 3º O impedimento previsto no inciso III também se verifica no caso de mandato conferido a membro de escritório de advocacia que tenha em seus quadros advogado que individualmente ostente a condição nele prevista, mesmo que não intervenha diretamente no processo."

O art. 145 do CPC disciplina as hipóteses de suspeição do juiz. Aduz o referido dispositivo legal:

"Há suspeição do juiz:

I – amigo íntimo ou inimigo de qualquer das partes ou de seus advogados;

II – que receber presentes de pessoas que tiverem interesse na causa antes ou depois de iniciado o processo, que aconselhar alguma das partes acerca do objeto da causa ou que subministrar meios para atender às despesas do litígio;

III – quando qualquer das partes for sua credora ou devedora, de seu cônjuge ou companheiro ou de parentes destes, em linha reta até o terceiro grau, inclusive;

IV – interessado no julgamento do processo em favor de qualquer das partes.

§ 1º Poderá o juiz declarar-se suspeito por motivo de foro íntimo, sem necessidade de declarar suas razões.

§ 2º Será ilegítima a alegação de suspeição quando:

I – houver sido provocada por quem a alega;

II – a parte que a alega houver praticado ato que signifique manifesta aceitação do argüido."

O Código atual inova em face do anterior ao disciplinar como hipótese de suspeição a amizade entre juiz e advogado da parte. De nossa parte, a presente hipótese é justa e razoável. Muitos juízes, mesmo antes da alteração, tomavam a iniciativa de se considerarem suspeitos em razão de amizade com o advogado que patrocina a causa, como medida de transparência e de imparcialidade. Não obstante, a amizade deve ser mais próxima. Em Varas do interior, os juízes conhecem os advogados e, muitas vezes, têm um contato profissional mais próximo. Entretanto, esse contato não é suficiente para configurar suspeição do juiz.

Também o Código prevê, aperfeiçoando o Código anterior, a possibilidade do juiz declarar-se suspeito por motivo de foro íntimo, sem necessidade de declarar suas razões.

3.2. Procedimento das exceções de impedimento e suspeição

A CLT disciplina o procedimento das exceções de impedimento e suspeição do Juiz do Trabalho no art. 802, que tem a seguinte redação: "Apresentada a exceção de suspeição, o juiz ou Tribunal designará audiência dentro de 48 horas, para instrução e julgamento da exceção. § 1º – Nas Varas e nos Tribunais Regionais, julgada procedente a exceção de suspeição, será logo convocado para a mesma audiência ou sessão, ou para a seguinte, o suplente do membro suspeito, o qual continuará a funcionar no feito até decisão final. Proceder-se-á da mesma maneira quando algum dos membros se declarar suspeito. § 2º – Se se tratar de suspeição de Juiz de Direito, será este substituído na forma da organização judiciária local."

Autores há que sustentam não haver espaço para aplicação do CPC no aspecto diante da inexistência de omissão da CLT.

No nosso entendimento, o juiz contra o qual foi arguida a exceção de impedimento ou suspeição não pode participar do julgamento pelo simples fato de ser parte na exceção(34), e é defeso ao juiz atuar no Processo quando seja parte. Além disso, há quebra do princípio da imparcialidade.

Mesmo antes da EC n. 24/99, que extinguiu a representação classista no âmbito da Justiça do Trabalho, acreditamos que o art. 802 da CLT não havia sido recepcionado pela Constituição. Após a EC n. 24/99, não há mais como se sustentar a aplicação do art. 802 da CLT para o procedimento das exceções de suspeição e impedimento.

O Código de Processo Civil suprimiu as exceções de impedimento e suspeição como procedimento autônomo, possibilitando que as hipóteses de impedimento e suspeição do juiz possam ser invocadas por meio de petição específica (art. 146 do CPC).

Embora, no processo do trabalho, as exceções de impedimento e suspeição não sejam muito diferentes do requerimento específico do Código de Processo Civil, em razão da disciplina de instrumento próprio, as hipóteses de suspeição e impedimento devem ser invocadas por meio de exceção.

Não obstante, a competência para julgamento das exceções de impedimento e suspeição do Juiz da Vara é do TRT, aplicando-se supletivamente o art. 146 do CPC, *in verbis*:

> "No prazo de 15 (quinze) dias, a contar do conhecimento do fato, a parte alegará o impedimento ou a suspeição, em petição específica dirigida ao juiz do processo, na qual indicará o fundamento da recusa, podendo instruí-la com documentos em que se fundar a alegação e com rol de testemunhas. § 1º Se reconhecer o impedimento ou a suspeição ao receber

(34) Como destaca Cândido Rangel Dinamarco: "O juiz recusado é parte, limitadamente ao incidente de sua suspeição e ou impedimento; e, como parte, dispõe das faculdades e poderes inerentes à relação processual, sujeita-se aos seus ônus e poderá até recorrer do que vier a ser decidido" (*Instituições de direito processual civil.* v. III. São Paulo: Malheiros, 2001. p. 490).

a petição, o juiz ordenará imediatamente a remessa dos autos a seu substituto legal, caso contrário, determinará a autuação em apartado da petição e, no prazo de 15 (quinze) dias, apresentará suas razões, acompanhadas de documentos e de rol de testemunhas, se houver, ordenando a remessa do incidente ao tribunal. § 2º Distribuído o incidente, o relator deverá declarar os seus efeitos, sendo que, se o incidente for recebido: I – sem efeito suspensivo, o processo voltará a correr; II – com efeito suspensivo, o processo permanecerá suspenso até o julgamento do incidente. § 3º Enquanto não for declarado o efeito em que é recebido o incidente ou quando este for recebido com efeito suspensivo, a tutela de urgência será requerida ao substituto legal. § 4º Verificando que a alegação de impedimento ou de suspeição é improcedente, o tribunal rejeitá-la-á. § 5º Acolhida a alegação, tratando-se de impedimento ou de manifesta suspeição, o tribunal condenará o juiz nas custas e remeterá os autos ao seu substituto legal, podendo o juiz recorrer da decisão. § 6º Reconhecido o impedimento ou a suspeição, o tribunal fixará o momento a partir do qual o juiz não poderia ter atuado. § 7º O tribunal decretará a nulidade dos atos do juiz, se praticados quando já presente o motivo de impedimento ou de suspeição."

Nesse mesmo sentido, é a visão de *Cléber Lúcio de Almeida*(35): "Tendo sido extintas as Juntas de Conciliação e Julgamento e considerando que ninguém pode ser juiz de sua própria parcialidade, a exceção deve ser instruída e julgada pelo Tribunal ao qual se encontra vinculado o juiz recusado. Aplica-se, no processo do trabalho, assim, o disposto no art. 303 do CPC. Dessarte, recebida a exceção, o juiz, se não a acolher, dará suas razões, em dez dias, acompanhadas dos documentos cuja juntada reputar necessária bem como ordenará a remessa dos autos ao Tribunal."(36)

Defendendo a mesma posição, *Bezerra Leite*(37):

> "Parece-nos, todavia, que o § 1º do art. 802, da CLT atrita-se parcialmente com a Emenda Constitucional n. 24, na medida em que não faz sentido o próprio juiz peitado (ou impedido) instruir e julgar a exceção de suspeição contra si oposta. A rigor, o julgamento deveria ser feito por um órgão colegiado, dele não participando o juiz interessado."

Portanto, quem deve julgar as exceções de impedimento e suspeição arguidas em face do Juiz do Trabalho é o TRT, e não o juiz monocrático da Vara do Trabalho, estando revogado o art. 802 da CLT.

As exceções de suspeição ou impedimento podem ser arguidas no Processo do Trabalho tanto pelo reclamante como pelo reclamado. Se o reclamado já souber do motivo de impedimento ou suspeição do juiz, deverá apresentá-la junto com a resposta, ou seja, no prazo de vinte minutos em audiência, nos termos do art. 847 da CLT. O reclamante deverá invocar a suspeição ou impedimento do juiz na primeira oportunidade que terá para falar no processo, nos termos do art. 795 da CLT(38).

(35) ALMEIDA, Cléber Lúcio de. *Direito processual do trabalho.* Belo Horizonte: Del Rey, 2006. p. 496.

(36) Nesse mesmo sentido, Renato Saraiva (*Curso de direito processual do trabalho.* 4. ed. São Paulo: Método, 2007. p. 322).

(37) BEZERRA LEITE, Carlos Henrique. *Curso de direito processual do trabalho.* 6. ed. São Paulo: LTr, 2008. p. 520.

(38) Na primeira edição deste manual, entendíamos que, se o motivo da suspeição ou impedimento fosse conhecido pelas partes após a audiência, o prazo para invocar a exceção seria de cinco dias, por aplicação analógica do prazo previsto no art. 841 da CLT.

Caso o reclamado saiba do motivo de impedimento ou suspeição do juiz após a audiência, deverá invocá-lo na primeira oportunidade que falar nos autos, por aplicação do art. 795 da CLT, uma vez que as nulidades devem ser invocadas no primeiro momento que a parte tiver de falar nos autos. Não obstante, as hipóteses de impedimento, por constituírem matérias de ordem pública e interesse social, podem ser invocadas, tanto pelo reclamado como pelo reclamante, a qualquer tempo, inclusive depois do trânsito em julgado na ação rescisória (art. 966, II, do CPC)(39).

Pensamos, embora a jurisprudência tenha tolerado que as exceções na esfera do Processo do Trabalho sejam apresentadas no próprio bojo da contestação, que tanto a exceção de impedimento como a de incompetência devem ser apresentadas em peça autônoma, que deverá conter o motivo da recusa, bem como estar acompanhada dos documentos. Se o juiz reconhecer o impedimento, encaminhará o processo ao seu substituto legal. Caso o Juiz do Trabalho não reconheça os motivos invocados pelo excipiente, dará suas razões, acompanhadas dos documentos, e remeterá os autos ao TRT, para instrução e julgamento da exceção.

Recebida a exceção de suspeição ou impedimento, deverá o Juiz do Trabalho suspender o feito (art. 799 da CLT).

3.3. Exceção de incompetência

Somente a incompetência relativa deve ser arguida por meio de exceção, pois a incompetência absoluta deve ser alegada no próprio bojo da contestação, como matéria preliminar (art. 799, § 1º, da CLT).

A competência em razão do lugar é relativa. Por isso, se não for arguida a exceção, no prazo para resposta (art. 847 da CLT), haverá preclusão da matéria, prorrogando-se a competência da Vara em que a reclamação foi proposta.

O Juiz do Trabalho não poderá conhecer, de ofício, a incompetência relativa. Embora o art. 795, § 1º, da CLT, assevere que deverá ser declarada de ofício a incompetência de foro, essa incompetência é a absoluta, e não a relativa. O termo *foro* deve ser interpretado no sentido da Justiça competente em razão da matéria, ou seja: foro civil, foro criminal, foro trabalhista etc.

Somente o reclamado poderá arguir a exceção de incompetência em razão do lugar, pois o reclamante já escolheu a Vara do local em que pretendeu propor a ação, havendo preclusão consumativa.

A CLT disciplina o procedimento da exceção de incompetência nos arts. 799 e 800 da CLT, não havendo espaço para aplicação do CPC no aspecto.

---

(39) Alguns autores chegam a sustentar que o motivo de impedimento poderá ser invocado após o trânsito em julgado, a qualquer tempo, por meio da chamada ação de *querella nulitatis*, pois a imparcialidade do juiz é um pressuposto de existência da relação jurídico-processual.

Nos termos do art. 799 da CLT, apresentada a exceção, o juiz suspenderá o feito e abrirá vistas ao *exceto* por 24 horas improrrogáveis (art. 800 da CLT) e proferirá a decisão na primeira audiência ou sessão que se seguir. Se acolher a exceção, remeterá os autos à Vara competente; se rejeitar, prosseguirá na instrução do feito.

No cotidiano das Varas Trabalhistas, o Juiz do Trabalho costuma decidir a exceção de incompetência em razão do lugar na própria audiência em que ela foi arguida se o reclamante reconhecer que, efetivamente, trabalhou no local de trabalho declinado pela excipiente.

A decisão que aprecia a exceção em razão do lugar é de natureza interlocutória, não havendo como se recorrer de plano, restando a possibilidade de o reclamado renovar a matéria quando do recurso cabível da decisão final (art. 799, § 2º, da CLT), ou seja, em sede de Recurso Ordinário (art. 895 da CLT).

Dispõe o art. 799, § 2º, da CLT: "Das decisões sobre exceções de suspeição e incompetência, salvo, quanto a estas, se terminativas do feito, não caberá recurso, podendo, no entanto, as partes alegá-las novamente no recurso que couber da decisão final."

Embora o referido dispositivo mencione que a exceção de incompetência em razão do lugar possa ser terminativa do feito, somente a exceção de incompetência absoluta poderá ter essa qualidade, pois o processo será encaminhado para a Justiça competente. Portanto, no nosso entendimento, a decisão sobre a exceção de incompetência relativa na Justiça do Trabalho nunca será terminativa do feito, já que o Processo é encaminhado a outra Vara que pertence à própria Justiça Trabalhista. Por isso, no nosso entendimento, tal decisão sempre terá natureza interlocutória[40]. No entanto, a Súmula n. 214, alínea *c*, do TST, possibilita o recurso ordinário em face da decisão que acolhe exceção de incompetência territorial, com a remessa dos autos para Tribunal Regional distinto daquele a que se vincula o juízo excepcionado, ou seja, se o Juiz do Trabalho, acolhendo a exceção de incompetência territorial, determinar a remessa dos autos para outra Vara do Trabalho vinculada a outro Tribunal Regional do Trabalho, segundo a citada Súmula, há a possibilidade de interposição do Recurso Ordinário, pois a decisão é terminativa do feito junto à jurisdição do TRT em que o juiz prolatou a decisão. Em que pese o respeito que merece a referida Súmula, com ela não concordamos. Primeiro, porque a decisão do Juiz do Trabalho, mesmo determinando a remessa do feito para outro TRT, não é terminativa do feito. Segundo porque a lei não excepciona tal possibilidade (art. 895 da CLT). Entretanto, nossos argumentos ficam vencidos pelo entendimento sumulado do TST, uma vez que a inexistência de recurso imediato, em face da decisão que acolhe a exceção

(40) Nesse sentido, também é a visão de Eduardo Gabriel Saad *et al.*: "A exceção em razão do lugar não é terminativa do feito. O juiz determinará a remessa dos autos à Vara do Trabalho competente. Nessa hipótese, só os atos decisórios serão nulos, aproveitando-se os demais atos processuais, o que condiz com o princípio da economia processual. Da correspondente decisão não cabe recurso" *(Curso de direito processual do trabalho.* 5. ed. São Paulo: LTr, 2007. p. 541).

de incompetência territorial e encaminha o processo para outro TRT diverso do local onde a ação foi proposta, pode acarretar grandes transtornos ao trabalhador, e, muitas vezes, inviabilizar seu acesso à Justiça do Trabalho.

Nesse sentido, destacamos a seguinte ementa:

"Exceção de incompetência — Recurso — Cabimento. A decisão judicial, que acolhe exceção de incompetência, não é recorrível de imediato, mas a eventual possibilidade de utilização de recurso específico, posteriormente, afasta a admissibilidade de mandado de segurança. Recurso ordinário em Mandado de Segurança desprovido." (TST – SBDI2 – Ac. n. 3072/97 – rel. Min. Ângelo Mário – DJ 12.9.97 – p. 43.990)

Quanto ao aspecto formal, a jurisprudência e a praxe trabalhista têm admitido que a exceção de incompetência em razão do lugar seja apresentada no próprio bojo da contestação(41) em razão dos princípios da informalidade e simplicidade do Processo do Trabalho. Além disso, como a exceção e a defesa podem ser apresentadas num mesmo momento em audiência (arts. 846 e 847 da CLT), não há como não admitir que a exceção possa ser apresentada na mesma peça da contestação.

Quanto à obrigatoriedade da juntada da contestação juntamente com a exceção, há certa divergência na doutrina. Entendem alguns autores que todas as modalidades de resposta devem ser apresentadas simultaneamente, pelo princípio da eventualidade e para evitar a preclusão.

Em que pese o entendimento mencionado, se o reclamado for apresentar a contestação de forma escrita e também exceção de incompetência, acreditamos que elas devam ser apresentadas em peças separadas, por interpretação sistemática dos arts. 799 e 847 da CLT, pois o § 1º do art. 799 da CLT aduz que as demais exceções serão invocadas em defesa. Ora, a CLT disciplina a exceção em capítulo próprio e destacado da contestação. Portanto, a exceção deve ser apresentada em peça separada. Além disso, se acolhida a exceção, o juiz não precisará juntar aos autos a contestação e não haverá problemas no rito processual a ser adotado pelo juiz da Vara do Trabalho para a qual o processo foi encaminhado. De outro lado, na cronologia do processo do trabalho, a apreciação da exceção ocorre antes da apresentação da contestação (art. 799, da CLT). Portanto, não há necessidade da juntada simultânea da contestação.

No aspecto, vale transcrever a seguinte ementa que reputamos em consonância com os princípios do devido processo legal e contraditório real:

"EXCEÇÃO DE INCOMPETÊNCIA TERRITORIAL. MOMENTO PARA APRESENTAÇÃO. SUSPENSÃO DO PROCESSO. IMPOSSIBILIDADE DE DECLARAÇÃO DE REVELIA. A

(41) Nesse sentido, destacamos a seguinte ementa: "PRELIMINAR DO ACÓRDÃO REGIONAL POR NEGATIVA DE PRESTAÇÃO JURISDICIONAL — EXCEÇÃO DE INCOMPETÊNCIA EM RAZÃO DO LUGAR — RECURSO. Na Justiça do Trabalho, a exceção de incompetência em razão do lugar não se processa em apartado, devendo ser apresentada como preliminar dentro da contestação. Da decisão sobre a exceção não caberá recurso de imediato, cabendo à parte alegá-la novamente apenas no recurso que couber da decisão final. Essa é a exegese do art. 799, § 2º da CLT" (TST – RR 27672671/1996 – 5ª T. – rel. Min. Nelson Antônio Dahia – DJ 25.9.1998).

exceção de incompetência territorial pode ser apresentada até a audiência inaugural, que é o momento para a apresentação da defesa do Réu. Uma vez oposta tempestivamente, opera-se a suspensão do processo nos termos do art. 799 da CLT, sendo incabível a deflagração da instrução processual e, consequentemente, a declaração da revelia do Réu. Recurso que se dá provimento." (TRT – 5ª Região. Processo 0001181-23.2012.5.05.0011 RecOrd, ac. n. 184388/2014, relatora Desembargadora Léa Nunes, 3ª Turma, DJ 21.2.2014)

O Código de Processo Civil possibilita, no art. 340, que as incompetências relativa e absoluta possam ser invocada no domicílio do réu. Com efeito, dispõe o art. 340 do CPC:

"Havendo alegação de incompetência relativa ou absoluta, a contestação poderá ser protocolada no foro de domicílio do réu, fato que será imediatamente comunicado ao juiz da causa, preferencialmente por meio eletrônico.

§ 1º A contestação será submetida a livre distribuição ou, se o réu houver sido citado por meio de carta precatória, juntada aos autos dessa carta, seguindo-se a sua imediata remessa para o juízo da causa.

§ 2º Reconhecida a competência do foro indicado pelo réu, o juízo para o qual for distribuída a contestação ou a carta precatória será considerado prevento.

§ 3º Alegada a incompetência nos termos do caput, será suspensa a realização da audiência de conciliação ou de mediação, se tiver sido designada.

§ 4º Definida a competência, o juízo competente designará nova data para a audiência de conciliação ou de mediação."

Acreditamos que o referido dispositivo não se mostra compatível com o Processo do Trabalho. Primeiro, porque na CLT o foro competente é o do local da prestação de serviço (art. 651), segundo, porque o momento de apresentação da exceção é na audiência. Não obstante, diante do caso concreto, o Juiz do Trabalho, valendo-se dos princípios do acesso à justiça, da razoabilidade e da proporcionalidade, possa aceitar o requerimento ofertado no domicílio do réu.

4. Da reconvenção

4.1. Conceito e requisitos de admissibilidade

Em certa fase da evolução do Direito Romano, eram as partes que convencionavam os limites da controvérsia, e a ação *(actio)* também era conhecida como *conventio*; se o réu tinha alguma pretensão contra o autor, reagia à demanda com uma *reconventio*, e daí derivou a denominação atual, *reconvenção*, que corresponde, portanto, a uma "re-ação" do réu contra o autor[(42)].

Conforme a definição de *Fredie Didier Júnior*[(43)], "reconvenção é a demanda do réu contra o autor no mesmo processo em que está sendo demandado. É o contra-ataque que enseja o processamento simultâneo da ação principal e da ação reconvencional, a fim de que o juiz resolva as duas lides na mesma sentença."

(42) GIGLIO, Wagner D. *Direito processual do trabalho*. 15. ed. São Paulo: Saraiva, 2005. p. 204-205.

(43) DIDIER JÚNIOR, Fredie. *Curso de direito processual civil:* teoria geral do processo e processo de conhecimento. Bahia: Editora JUSPODVM, 2007. p. 453.

Trata-se de uma modalidade de resposta, em que o réu demanda em face do autor, na mesma relação jurídico-processual. A natureza jurídica da reconvenção é de uma ação autônoma conexa ao processo.

O Código de Processo Civil disciplina a reconvenção no art. 343 do CPC, *in verbis*:

"Na contestação, é lícito ao réu propor reconvenção para manifestar pretensão própria, conexa com a ação principal ou com o fundamento da defesa.

§ 1º Proposta a reconvenção, o autor será intimado, na pessoa de seu advogado, para apresentar resposta no prazo de 15 (quinze) dias.

§ 2º A desistência da ação ou a ocorrência de causa extintiva que impeça o exame de seu mérito não obsta ao prosseguimento do processo quanto à reconvenção.

§ 3º A reconvenção pode ser proposta contra o autor e terceiro.

§ 4º A reconvenção pode ser proposta pelo réu em litisconsórcio com terceiro.

§ 5º Se o autor for substituto processual, o reconvinte deverá afirmar ser titular de direito em face do substituído, e a reconvenção deverá ser proposta em face do autor, também na qualidade de substituto processual.

§ 6º O réu pode propor reconvenção independentemente de oferecer contestação."

São requisitos para a admissibilidade da reconvenção:

a) que o juiz da causa principal não seja absolutamente incompetente para a reconvenção;

b) haver compatibilidade dos ritos procedimentais;

c) haver processo pendente: litispendência;

d) haver conexão entre a reconvenção e a ação principal ou com o fundamento da defesa.

É admissível a reconvenção em ação declaratória (Súmula n. 258 do STF). A reconvenção não pressupõe, por ausência de previsão legal nesse sentido, a natureza condenatória na ação original(44).

Na fase de execução, não é cabível, pois a reconvenção tem de ser conexa à ação principal ou com o fundamento de defesa. Além disso, na execução não há sentença de mérito, e a obrigação já está delineada no título executivo judicial ou extrajudicial.

No processo cautelar, não se mostra cabível a reconvenção, pois este tem por objeto garantir o resultado útil de um processo principal, sendo sua natureza acautelatória, e não satisfativa. Portanto, não há como o requerido aduzir pretensão em face do requerente no processo cautelar.

Renato Saraiva(45), com suporte em *Gregório Assagra de Almeida*, sustenta que a reconvenção também não é cabível em sede de ação civil pública, pois poderá

(44) ALMEIDA, Cléber Lúcio de. *Direito processual do trabalho.* Belo Horizonte: Del Rey, 2006. p. 499.

(45) SARAIVA, Renato. *Curso de direito processual do trabalho.* 4. ed. São Paulo: Método, 2007. p. 325.

impedir a rápida e eficiente tutela dos direitos coletivos, de forma que frustre os legítimos interesses sociais e torne o processo coletivo palco de litígios que fogem aos verdadeiros anseios da sociedade.

A reconvenção disciplinada no Código de Processo Civil é compatível com o Processo do Trabalho, por omissão da CLT e compatibilidade com os princípios que regem o Direito Processual do Trabalho (art. 769 da CLT). Entretanto, algumas vozes da doutrina se mostram contrárias à admissão desse instituto na esfera processual trabalhista, argumentando a falta de previsão da CLT, como silêncio intencional e incompatibilidade com a celeridade e simplicidade do procedimento trabalhista(46). Não obstante, a doutrina majoritária e a jurisprudência consagraram a possibilidade de reconvenção no Processo do Trabalho, uma vez que esta possibilita a máxima eficiência da jurisdição trabalhista e atende aos princípios da economia processual e acesso à Justiça do Trabalho.

Assevera o § 3º do art. 343 do CPC que a reconvenção pode ser proposta contra o autor e terceiro.

Embora no processo civil tal providência tenha sido elogiada pela doutrina, no processo do trabalho, o presente dispositivo deve ter interpretação restrita, devendo ser aceita apenas quando houver competência da Justiça do Trabalho para apreciar a matéria, que ela seja comum ao autor e ao terceiro, que não gere complicadores ao processo e nem atrase em demasia a prestação jurisdicional.

Conforme o § 4º do art. 343 do CPC, a reconvenção pode ser proposta pelo réu em litisconsórcio com terceiro.

O presente dispositivo somente se aplica ao processo do trabalho, em nossa visão, em caso de matéria comum aos litisconsortes, e que não gere complicadores desnecessários ao processo do trabalho, tampouco atrase em demasia o processo.

Nos termos do § 5º do art. 343 do CPC, se o autor for substituto processual, o reconvinte deverá afirmar ser titular de direito perante o substituído, e a reconvenção deverá ser proposta em face do autor, também na qualidade de substituto processual.

O referido dispositivo, alterando o paradigma anterior, possibilita que o demandado dirija pretensão ao substituído, a ser dirigida perante o substituto processual. Nessa hipótese, o substituto deve ter legitimidade, também para a defesa do direito postulado em face do substituído.

---

(46) Nesse sentido, defende Manoel Antonio Teixeira Filho: "[...] a reconvenção era conhecida, há muito tempo, do processo civil brasileiro, como pudemos demonstrar no início deste capítulo. O próprio CPC de 1939, sob cuja vigência a CLT foi elaborada, regulava a matéria nos arts. 190 a 195. Apesar disso, o legislador trabalhista não fez nenhuma referência à ação reconvencional. O seu silêncio foi proposital, não decorrendo, portanto, de inadvertência (omissão), como se tem imaginado, porquanto preferiu autorizar, apenas, a compensação, como providência destinada a preservar o caráter protetivo, de que se nutre não só o direito material do trabalho, mas, também, o processual — que, a propósito, nada mais é do que um instrumento de atuação daquele" (*Petição inicial e resposta do réu.* São Paulo: LTr, 1996. p. 374).

Nos ritos sumário (Lei n. 5.584/70) e sumaríssimo (Lei n. 9.957/00), a reconvenção não se mostra cabível em razão do princípio da celeridade que envolve os ritos processuais desses procedimentos. Não obstante, por aplicação analógica do art. 31 da Lei n. 9.099/95[(47)], admite-se o pedido contraposto, que é articulado no próprio bojo da contestação, desde que se fundamente nos mesmos fatos objeto da controvérsia. O pedido contraposto é, em verdade, uma reconvenção mitigada, pois sua amplitude é menor que a reconvenção, embora o efeito de tal pedido seja o mesmo da reconvenção.

4.2. Do procedimento da reconvenção no Processo do Trabalho

A reconvenção, na esfera processual civil, deve ser proposta na contestação, em capítulo destacado (art. 343, *caput*, do CPC).

Embora o réu, como regra geral, não precise contestar para reconvir, acreditamos que, quando a reconvenção for conexa com os fundamentos da defesa, há essa necessidade. Como bem advertem *Luiz Guilherme Marinoni* e *Sérgio Cruz Arenhart*[(48)], "obviamente, para que essa reconvenção possa ser deduzida, é necessário que o réu impugne o pedido do autor, por meio da contestação. Sem contestação, essa reconvenção não pode ser admitida, já que não haverá conexão com o fundamento de defesa que não existe nos autos."

No Direito Processual do Trabalho, a jurisprudência já tem tolerado que a reconvenção seja aduzida no próprio corpo da contestação em razão do princípio da informalidade que rege o Direito Processual do Trabalho. Pessoalmente, à luz do CPC de 73, preferíamos que a reconvenção fosse apresentada em peça separada, mesmo no Processo do Trabalho, pois facilita sua tramitação e também se trata a reconvenção de ação, e não de defesa. Entretanto, se o art. 847 da CLT disciplina que a contestação seja apresentada de forma oral na própria audiência, e como a reconvenção também deve ser apresentada em audiência junto com a defesa, esta pode ser aduzida de forma oral, no mesmo ato, e o registro dos dois atos constará da mesma ata de audiência. Sendo assim, não há razão para não se admitir, no Processo do Trabalho, que a reconvenção seja articulada na própria peça de contestação.

Doravante, diante da previsão expressa do art. 343 do CPC, a reconvenção deverá ser apresentada na contestação, tanto no processo civil como no processo do trabalho, por aplicação subsidiária (arts. 769 da CLT e 15 do CPC).

A reconvenção pode ser escrita ou verbal, mas deve observar os requisitos da petição inicial trabalhista elencados no art. 840 da CLT.

(47) Art. 31 da Lei n. 9.099/95: "Não se admitirá a reconvenção. É lícito ao réu, na contestação, formular pedido em seu favor, nos limites do art. 3º desta Lei, desde que fundado nos mesmos fatos que constituem objeto da controvérsia."

(48) *Processo de conhecimento*. 6. ed. São Paulo: RT, 2007. p. 148.

Como no Processo do Trabalho a reconvenção é apresentada em audiência, o juiz deverá adiá-la para o reclamante (reconvindo) apresentar resposta à reconvenção na próxima audiência, que deverá ser remarcada com antecedência mínima de cinco dias (art. 841 da CLT). Entretanto, o reclamante pode, se for possível, renunciar ao prazo da resposta da reconvenção e ofertar sua resposta na própria sessão da audiência de forma oral(49).

Se o reclamante (reconvindo) não apresentar resposta à reconvenção, aplica-se-lhe a confissão ficta. No nosso sentir, se o reclamante estiver presente na audiência, não haverá revelia pela não contestação à reconvenção, pois a revelia, no Processo do Trabalho, está vinculada à ausência do reclamado na audiência (art. 844 da CLT).

A compensação, na esfera processual trabalhista, conforme o art. 767 da CLT, deve ser arguida em contestação, mas se o crédito do reclamado superar o do reclamante, este poderá propor a reconvenção.

Nesse aspecto, vale destacar a seguinte ementa:

> "Reconvenção. Compensação de créditos de natureza trabalhista. Competência da Justiça do Trabalho. Possibilidade. A reconvenção na Justiça do Trabalho é admissível para cobrança de dívidas de natureza trabalhista, para compensação entre créditos e débitos que eventualmente haja entre o empregador e o trabalhador. Saliento que sequer quando a pretensão diz respeito a simples compensação admite-se o envolvimento de parcelas de outra natureza que não a trabalhista, nos moldes como previsto no Enunciado n. 18 da Súmula do Tribunal Superior do Trabalho." (TRT/SP – 00605200607902001 – RO – Ac. 11ª T. – 20100204630 – rel. Eduardo de Azevedo Silva – DOE 24.3.2010)

Nos termos do art. 343, § 2º, do CPC, que se mostra compatível com o Direito Processual do Trabalho, a desistência da ação ou a ocorrência de causa extintiva que impeça o exame de seu mérito não obsta ao prosseguimento do processo quanto à reconvenção.

Quanto ao número de testemunhas, se o reclamado optou por formular a reconvenção, não poderá ouvir três testemunhas para comprovar a tese de defesa e outras três para a reconvenção. Acreditamos que, nessa hipótese, o reclamado renuncia ao direito de ouvir outras testemunhas que não as próprias da defesa. Desse modo, o número máximo de testemunhas para comprovação dos fatos da contestação e reconvenção é três(50).

A ação e a reconvenção deveriam ser julgadas na mesma sentença, nos termos do art. 318 do CPC/73. Atualmente, o CPC não faz mais tal exigência, podendo a

---

(49) Tal prática tem sido comum no Processo do Trabalho, principalmente quando o pedido da reconvenção é singelo, como nas hipóteses de aplicação do art. 940 do CC, em razão de o reclamante postular verbas já quitadas, ou quando o reclamado pretende um crédito em face do reclamante em razão de alguma dívida assumida pelo empregado durante a relação de emprego.

(50) No mesmo sentido, é a posição de Cléber Lúcio de Almeida (*Direito processual do trabalho.* Belo Horizonte: Del Rey, 2006. p. 496).

reconvenção ser julgada em momento distinto da ação. Não obstante, diante das características do processo do trabalho, da existência, em regra, de muitos pedidos e da concentração do rito processual, é conveniente que a reconvenção seja julgada em conjunto com a ação, na mesma sentença.

No Direito Processual Civil, a doutrina majoritária firmou-se no sentido de que do indeferimento liminar da reconvenção cabe Agravo de Instrumento, pois a relação jurídico-processual não se encerra(51). Na esfera do Processo do Trabalho, contra o indeferimento liminar da reconvenção, por se tratar de decisão interlocutória, não cabe recurso (art. 893 da CLT), podendo a decisão ser questionada quando do recurso ordinário em face da decisão definitiva da Vara.

Nesse sentido, por todos, destacamos a visão de *Sergio Pinto Martins*(52):

> "Se, por acaso, fosse indeferida liminarmente a reconvenção, qual seria o recurso cabível? Para nós, nenhum. A decisão que indefere a reconvenção é, no caso, uma decisão interlocutória, dela não cabendo qualquer recurso (§ 1º do art. 893, da CLT). A parte prejudicada poderia ingressar com ação própria, ou aguardar o momento adequado para fazer suas observações no recurso da decisão definitiva, incluindo, então, como preliminar, a discussão do indeferimento da reconvenção."

4.3. Da reconvenção nas ações de natureza dúplice na esfera processual do trabalho

Nos procedimentos especiais, as ações têm a chamada *natureza dúplice,* qual seja: o demandante pode vir a ser condenado à indenização ou realizar uma prestação em favor do demandado, ainda que este último não tenha feito tal pedido, ou seja, não há necessidade de reconvenção ou de pedido formulado na defesa para se condenar o demandante. Nessas ações, autor e réu ocupam, simultaneamente, as posições de demandante e demandado(53).

Nesse sentido, ensina *Antonio Carlos Marcato*(54): "A lei abre, entretanto, a possibilidade de vir o réu a obter tutela jurisdicional ativa favorável sem necessidade

(51) Deve ser destacado, por outro lado, que há quem entenda, mesmo nos sítios do Direito Processual do Trabalho, que a decisão que indefere liminarmente a reconvenção pode ser impugnada pela via do Recurso Ordinário, uma vez que a reconvenção é uma ação autônoma.

(52) MARTINS, Sergio Pinto. *Direito processual do trabalho:* doutrina e prática forense. 26. ed. São Paulo: Atlas, 2006. p. 300.

(53) Ao contrário do que asseveram alguns autores, nas ações de natureza dúplice, o réu não necessita formular pedido na defesa em face do autor. Cândido Rangel Dinamarco assevera a necessidade de haver pedido contraposto na defesa nas ações de natureza dúplice (*Instituições de direito processual civil.* v. III. São Paulo: Malheiros, 2001. p. 503).

(54) MARCATO, Antonio Carlos. *Procedimentos especiais.* 10. ed. São Paulo: Atlas, 2004. p. 77.

de valer-se da reconvenção. É o que ocorre nas denominadas *ações dúplices*, ou *actio duplex*, nas quais autor e réu ocupam simultaneamente e concomitantemente ambas as posições subjetivas na base da relação jurídica processual, podendo o último obter, independentemente de pedido expresso (mas sem prejuízo dele), o bem da vida disputado como consequência direta da rejeição do pedido do primeiro, v. g., nas ações *possessórias*, de *prestação de contas e de divisão e de demarcação*."

Como exemplos típicos na esfera do Processo do Trabalho, temos o Inquérito Judicial para Apuração de Falta Grave (art. 853 e seguintes da CLT), que é uma ação de rito especial prevista na CLT, e a Ação de Consignação em Pagamento, que está prevista no Código de Processo Civil, mas muito utilizada na Justiça do Trabalho.

No Inquérito Judicial para Apuração de Falta Grave com prévia suspensão do empregado, se o pedido do requerente for julgado improcedente, vale dizer, o juiz entender que não houve falta grave, condenará o requerente a pagar ao requerido os salários do período de afastamento, que podem ser executados nos próprios autos de inquérito, sem a necessidade de reconvenção.

Na Ação de Consignação em Pagamento, se o Juiz do Trabalho entender que houve insuficiência no valor do depósito, condenará o consignante a pagar ao consignado, nos mesmos atos da consignatória, o valor da diferença.

Discute-se, na doutrina e na jurisprudência, se a reconvenção pode ser cabível no Inquérito Judicial e na Ação de Consignação em Pagamento na Justiça do Trabalho. Pugnam alguns pela impossibilidade, argumentando que a reconvenção é incabível em tais procedimentos, pela incompatibilidade de ritos processuais e falta de interesse processual, pois tais ações têm natureza dúplice.

Acreditamos que a reconvenção seja compatível com o Inquérito Judicial para Apuração de Falta Grave, quando o objeto da reconvenção for mais amplo do que o recebimento dos salários do período de afastamento ou da reintegração do empregado estável, como: em razão dos motivos da falta grave, o requerido (empregado), por meio de reconvenção, pleiteia a reparação de danos morais e patrimoniais que tenham conexão com a matéria versada no Inquérito.

Já na Ação de Consignação em Pagamento, o consignado pode, por meio de reconvenção, formular pretensão mais ampla do que a discutida nos autos da consignatória, desde que guarde conexão com os fatos deduzidos na Ação de Consignação. Por exemplo: por meio de reconvenção, o consignado, além de não concordar em receber as verbas rescisórias, formula pedido de reintegração no emprego em razão de doença profissional e indenização por danos materiais decorrentes da alegada doença.

A jurisprudência trabalhista tem admitido a reconvenção tanto no Inquérito como na Consignação, convertendo o rito especial em ordinário, o que, no nosso sentir, está correto, pois facilita o acesso do trabalhador à justiça, e também prestigia os princípios da efetividade e celeridade processual, bem como evita decisões conflitantes sobre a mesma matéria na mesma Vara do Trabalho.

4.4. *Reconvenção de reconvenção no Processo do Trabalho*

Questão das mais polêmicas diz respeito à possibilidade da existência de reconvenção da reconvenção.

Parte da doutrina não a admite, argumentando que tal atitude provoca complicadores excessivos no processo, atenta contra a celeridade processual e, ainda, propicia uma chance a mais ao autor, que deveria ter formulado todos os seus pedidos no próprio corpo da inicial (princípio da eventualidade da inicial).

Calmon de Passos(55) aponta os seguintes argumentos favoráveis à admissão da reconvenção de reconvenção: "a) o autor ignorava que o réu iria reconvir; e por outro lado o seu interesse pode ter surgido justamente em razão da reconvenção; mas, ainda que o soubesse, a cumulação dos pedidos não é dever de ordem substancial nem de natureza processual; b) as ações entre só duas partes são em número finito e logo se exaurem; inclusive a exigência de um nexo entre a ação e a reconvenção ainda opera como fator limitativo de maior eficácia; c) a impugnação da reconvenção contestação é (hoje, inclusive, é assim denominada) sob qualquer aspecto que seja examinada."

A reconvenção é uma modalidade de resposta. Portanto, uma vez respondendo à reconvenção, o autor (reconvindo) pode aduzir outra reconvenção em face do réu (reconvinte). Esse entendimento fica fortificado no CPC atual que, no § 1º do art. 343, assevera que o autor será intimado na pessoa de seu advogado para apresentar *resposta*. A Lei não veda a reconvenção de reconvenção, e autores de renome, como *Pontes de Miranda*, *Calmon de Passos* e *Cândido Rangel Dinamarco*, a admitem.

Os argumentos apontados por *Calmon de Passos* nos convencem sobre a admissibilidade da reconvenção de reconvenção no Processo Civil, e acreditamos que tal instituto se aplica também ao Processo do Trabalho, em razão de omissão da CLT e compatibilidade com os princípios do Direito Processual do Trabalho (art. 769 da CLT).

Pode-se questionar a aplicabilidade da reconvenção de reconvenção no Processo do Trabalho em razão dos princípios da celeridade e informalidade do procedimento trabalhista e por trazer ao processo complicadores que podem comprometer seu bom andamento(56). Em razão disso, acreditamos que, embora seja possível a reconvenção de reconvenção no Processo do Trabalho, o Juiz do Trabalho, valorando o custo-benefício em se admitir uma reconvenção de reconvenção, poderá indeferi-la se provocar uma demora excessiva no andamento do processo ou complicadores excessivos na relação jurídico-processual.

---

(55) CALMON DE PASSOS, José Joaquim. *Comentários ao Código de Processo Civil.* v. III, 8. ed. Rio de Janeiro: Forense, 2001. p. 315.

(56) Carlos Henrique Bezerra Leite, por este argumento, não admite a reconvenção de reconvenção. Aduz o jurista: "Embora a lei não vede expressamente, não tem sido aceita a reconvenção da reconvenção, pois isso, é obvio, poderia implicar tumulto processual e eternização do processo" (*Curso de direito processual do trabalho.* 5. ed. São Paulo: LTr, 2007. p. 522).

Capítulo XV

Das Provas no Processo do Trabalho

1ª Parte – Teoria Geral das Provas no Processo do Trabalho

1.1. Do conceito e finalidade da prova

A palavra prova é originária do latim *probatio*, que, por sua vez, emana do verbo *probare*, com o significado de examinar, persuadir, demonstrar[(1)].

Ensina *Nelson Nery Junior*[(2)]:

> "As provas são os meios processuais ou materiais considerados idôneos pelo ordenamento jurídico para demonstrar a verdade, ou não, da existência e verificação de um fato jurídico."

Na feliz síntese de *Giuseppe Chiovenda*[(3)]: "Provar significa formar a convicção do juiz sobre a existência ou não de fatos relevantes do processo."

Na visão de *Luiz Guilherme Marinoni* e *Sérgio Cruz Arenhart*, a prova em direito processual, "é todo meio retórico, regulado pela lei, e dirigido, dentro dos parâmetros fixados pelo direito e de critérios racionais, a convencer o Estado-juiz da validade das proposições, objeto de impugnação, feitas no processo" (*Prova*. São Paulo: RT, 2009. p. 57).

Diante da importância da prova para o processo, *Carnelutti* chegou a afirmar que as provas são *o coração do processo*, pois é por meio delas que se definirá o destino da relação jurídico-processual.

No nosso sentir, provas são os instrumentos admitidos pelo Direito como idôneos, a demonstrar um fato ou um acontecimento, ou, excepcionalmente, o direito que interessa à parte no processo, destinados à formação da convicção do órgão julgador da demanda.

(1) MINHARRO, Erotilde Ribeiro Santos. *CLT interpretada:* artigo por artigo, parágrafo por parágrafo. Coords.: Costa Machado e Domingos Sávio Zainaghi. São Paulo: Manole, 2007. p. 771.

(2) NERY JUNIOR, Nelson *et al. Código de Processo Civil comentado.* 3. ed. São Paulo: RT, 1997. p. 611.

(3) CHIOVENDA, Giuseppe. *Instituições de direito processual civil.* Vol. III, 3. ed. Campinas: Bookseller, 2002. p. 109.

O direito à prova transcende o aspecto individual para adquirir feição publicista, pois não interessa somente às partes do processo, mas também a toda a sociedade que os fatos discutidos em juízo sejam esclarecidos. Além disso, na fase probatória do processo, devem ser observados, com muita nitidez, os princípios do contraditório, da ampla defesa e do acesso à justiça.

Portanto, o direito à prova constituiu garantia fundamental processual e também um direito fundamental da cidadania para efetividade do princípio do acesso à justiça e, acima de tudo, o acesso a uma ordem jurídica justa.

Nesse sentido, defende *Cléber Lúcio de Almeida*(4), após minucioso trabalho a respeito do tema:

> "Na Constituição da República de 1988, o direito à prova é reconhecido, de forma expressa e implícita, o que dá no Título II da Constituição, no qual são disciplinados os 'Direitos e Garantias Fundamentais', tratando-se, portanto, de um direito fundamental. O expresso reconhecimento do direito à prova está no art. 5º, LV. Com efeito, ao reconhecer o direito aos meios inerentes à defesa, a Constituição faz o mesmo em relação ao direito à prova, na medida em que a prova é um dos meios inerentes à defesa dos direitos em juízo (a parte tem o direito de se defender provando). De outro lado, o reconhecimento do direito à prova é uma consequência necessária do reconhecimento do direito: a) à dignidade humana, posto que esta somente se realiza no gozo pleno dos direitos que lhe são inerentes, para o quel contribui, no processo, a prova; b) de liberdade, vez que a prova constitui uma exigência e uma dimensão da liberdade das partes; c) de acesso à justiça, à ampla defesa, ao contraditório, ao processo justo, à não admissão da prova ilícita, à democracia processual, à justa solução dos conflitos submetidos ao Poder Judiciário, à efetividade da jurisdição e do processo e ao procedimento. Acrescente-se que estabelecer, como modelo, o processo democrático, é reconhecer o direito à prova, posto que no processo verdadeiramente democrático as partes têm o direito de participar da formação do provimento jurisdicional e uma das formas de fazê-lo é fornecer ao juiz os elementos necessários à formação de sua convicção sobre a ocorrência de tais fatos controversos."

O Código de Processo Civil não define o conceito de prova, apenas o art. 369 assevera: "As partes têm direito de empregar todos os meios legais, bem como os moralmente legítimos, ainda que não especificados neste Código, para provar a verdade dos fatos em que se funda o pedido ou a defesa e influir eficazmente na convicção do juiz."(5)

---

(4) ALMEIDA, Cléber Lúcio de. *Elementos da teoria geral da prova:* A prova como direito humano e fundamental das partes do processo judicial. São Paulo: LTr, 2013. p. 173-174.

(5) Tampouco a CLT, no art. 818 e seguinte, traz o conceito de prova.

Desse modo, além dos meios legais de prova elencados no Código de Processo Civil, há a admissão de qualquer meio moralmente legítimo de prova, vale dizer: o meio probatório que não atente contra a moral e os bons costumes. Com isso, nota-se a amplitude probatória que consagra o Código de Processo Civil, a fim de facilitar o acesso do cidadão à Justiça e a possibilidade de demonstrar a veracidade de suas alegações em juízo. De outro lado, como é princípio fundamental da nova codificação processual civil, o contraditório deve ser observado com ênfase na fase probatória, possibilitando às partes o direito de influir eficazmente na convicção do juiz.

Conforme vem sustentando a moderna doutrina processual civil, o art. 369 do CPC consagra o princípio da *atipicidade das provas*, permitindo que sejam aceitos no processo outros meios processuais, além dos nominados no Código de Processo Civil, desde que não sejam contrários à lei, à moral e aos bons costumes.

O Código de Processo Civil fala em demonstração *da verdade dos fatos* em que se funda o pedido ou a defesa. Entretanto, a verdade dos fatos alegados pelas partes são simples proposições, não significam, necessariamente, que correspondam à realidade. Somente após ampla dilação probatória será possível verificar a verossimilhança das alegações das partes. Muitas vezes, as alegações das partes, na inicial, e na defesa, não são verdadeiras, sendo certo que a atividade probatória das partes será no sentido de demonstrar em juízo que pareçam verossímeis.

Como bem adverte *Michele Taruffo*(6):

> "Nada demonstra, entretanto, que as alegações feitas pelas partes sejam constituídas por enunciados fáticos verdadeiros: o autor pode alegar um fato constitutivo do direito que pretende ver reconhecido formulando um enunciado falso e, posteriormente, tentar demonstrar a verdade de tal enunciado, com o escopo de satisfazer o ônus da prova que lhe incumbe. Se bem-sucedido nessa empreitada, obtém a vitória na controvérsia, sem que isso tenha qualquer relação com a descoberta da verdade dos fatos. A parte que faz alegações falsas corre o risco de ser declarada sucumbente, mas somente por não ter logrado êxito em fornecer provas suficientes que confirmasse suas alegações, não por essas serem falsas. Substancialmente: na melhor das hipóteses convidam-se ou se obrigam as partes a evitarem obstruções, visando a impedir o uso consciente de declarações ou de provas falsas; tudo isso, entretanto, não equivale certamente a que se imponha às partes um dever de colaborar ativamente para a apuração da verdade dos fatos."

Enquanto os meios de prova são os instrumentos legais ou admissíveis em Direito para se demonstrar a veracidade das alegações em juízo, as fontes da prova são os fatos naturais ou humanos que tenham relevância na esfera jurídica, bem

---

(6) *Uma simples verdade:* o juiz e a construção dos fatos. São Paulo: Marcial Pons, 2012. p. 199.

como as coisas corpóreas ou incorpóreas existentes na natureza ou criadas pelo homem, das quais se originam os meios de prova.

O direito à prova decorre do princípio do Devido Processo Legal(7) consubstanciado no art. 5º, LIV, da CF(8). Entretanto, a atividade probatória das partes no processo deve observar não só os ditames da lei processual, como da moral, segundo preconiza o art. 369 do CPC.

O objeto da prova são os fatos, pois o Direito deve ser conhecido pelo juiz *(juria novit curia)*, exceto as exceções do art. 367 do CPC.

O fato a ser provado deve ser relevante e pertinente ao esclarecimento do processo, ou seja, que possa influir na convicção do juiz. Além disso, há necessidade de que haja controvérsia sobre sua existência. Vale dizer: que o fato seja afirmado por uma parte e contestado pela outra. Como observa *José Frederico Marques*(9), "a contestação dá origem à controvérsia que, como conceito jurídico, não se confunde com a lide ou litígio."

A finalidade da prova é formar a convicção do juiz sobre os fatos relevantes e pertinentes da causa(10).

Como bem adverte *Manoel Antonio Teixeira Filho*(11), a prova não tem apenas a finalidade de convencer, mas, sobretudo, constringir e nortear a formação do seu convencimento, pois sabemos que, por força de disposição legal, o julgador não pode decidir contra a prova existente nos autos, sob pena de nulidade da sentença. O princípio da persuasão racional, adotado pelo CPC vigente, desautoriza o juiz a julgar segundo a sua íntima convicção, impondo-lhe que o faça de maneira fundamentada; a fundamentação, no caso, é feita com vistas à prova produzida e traduz uma exigência constitucional (art. 93, IX).

Como bem destaca *Amauri Mascaro Nascimento*(12): "A prova tem a finalidade de transportar, para o processo judicial, a realidade externa dos fatos que geraram

---

(7) Nesse sentido, argumenta com propriedade Antonio Carlos de Araújo Cintra: "Recentemente, porém, a doutrina se voltou para um estudo mais aprofundado e sistemático do direito à prova, com ênfase na perspectiva constitucional. Com efeito, o direito à prova se vincula às garantias constitucionais do devido processo legal, da ampla defesa e do contraditório" (*Comentários ao Código de Processo Civil*. Vol. IV. Rio de Janeiro: Forense, 2001. p. 11).

(8) Art. 5º, LIV da CF: "Ninguém será privado da liberdade ou de seus bens sem o devido processo legal."

(9) MARQUES, José Frederico. *Manual de direito processual civil*. Vol. II. São Paulo: Saraiva, 1976. p. 81.

(10) Como bem destaca Márcio Túlio Viana: "Se o juiz tem de conhecer os fatos, é a ele que a prova se destina. Afinal, como nota Russomano, a prova 'é o pilar da sentença'. Mas ela também diz respeito aos outros personagens do processo, como as partes e o Ministério Público. Em última análise, afeta a sociedade por inteiro, pois é do interesse de todos a solução dos conflitos" (Aspectos gerais da prova no processo do trabalho. *In: Compêndio de direito processual do trabalho*. Estudos em homenagem a Celso Agrícola Barbi. Coord. Alice Monteiro de Barros. 3. ed. São Paulo: LTr, 2002. p. 340).

(11) TEIXEIRA FILHO, Manoel Antonio. *A prova no processo do trabalho*. 8. ed. São Paulo: LTr, 2003. p. 65.

(12) NASCIMENTO, Amauri Mascaro. *Curso de direito processual do trabalho*. 22. ed. São Paulo: Saraiva, 2007. p. 508.

a demanda, traduzindo-os para que possam ser conhecidos pelo juiz e para que sirvam de base para os debates entre as partes. Como meio destinado a levar para o processo a reconstituição dos fatos, poderá ter falhas e não cumprir com exatidão esse fim, situação na qual haverá a verdade real (concreta), diferente da realidade formal (imaginária), e esta prevalecerá. De nada adianta ter ocorrido ou não um fato se não pode ser provado. Desse modo, a importância da prova e da sua análise pelas partes e pelo juiz é fundamental para que o processo possa cumprir os seus fins."

1.1.1. Da verdade para fins processuais (a superação dos conceitos de verdade real e verdade formal)

A obtenção da verdade tem sido colocada como o motivo e a finalidade última da prova no processo. Nesse sentido, é expressivo o já referido art. 369, do CPC.

No dizer de *Mittermaier*, a verdade é a concordância entre um ato ocorrido na realidade sensível e a ideia que fazemos dele.

Na clássica visão de *Carrara, a certeza está em nós; a verdade está nos fatos.*

Pensamos que a definição de verdade para fins processuais significa: *acontecimento que ocorreu na realidade, o qual não fora objeto de alteração por vontade humana ou alterado em razão de erro na sua percepção.*

A doutrina clássica costuma realizar uma divisão da verdade em *real* (também chamada substancial) e *formal* (também chamada processual ou verossimilhança). Verdade real é aquilo que aconteceu na realidade, independentemente da vontade humana. Verdade formal é a verossimilhança, ou seja, a verdade que se extrai dos autos do processo.

Como bem observa *Carlos Zangrando*(13), "a verdade material é factual, ou real. Depreende aquilo que efetivamente acontece ou aconteceu. É fato imutável e independe da observação do agente. Por verdade formal se entenda aquela indagação baseada nas formas, que se busca mediante normas jurídicas e não apenas pela lógica, e unicamente em virtude dessas normas jurídicas substitui a verdade material."

Durante muito tempo, a doutrina defendeu que no processo penal se persiga a verdade real (ou substancial), pois os interesses envolvidos são indisponíveis. Já no processo civil, que lida, em regra, com interesses disponíveis (patrimoniais), é suficiente ao julgamento a verdade formal. Desse modo, na esfera cível, o juiz poderá julgar, com base em regra de ônus da prova, presunções, sem a necessidade de investigação mais profunda da verdade.

No aspecto, vale transcrever a doutrina processual, conforme fundamenta, com propriedade *Edilson Mougenot Bonfim*(14):

> "Toda a atividade processual, em especial a produção da prova, deve conduzir ao descobrimento dos fatos conforme se passaram na realidade. O

---

(13) *Processo do trabalho.* Vol. 1. São Paulo: LTr, 2009. p. 680.

(14) *Curso de processo penal.* 2. ed. São Paulo: Saraiva, 2007. p. 48-49.

conjunto instrutório deve refletir, no maior grau de fidelidade possível, os acontecimentos pertinentes ao fato investigado. As assertivas são de especial relevo no direito processual penal. Isso porque, o princípio da verdade real contrapõe-se ao princípio da verdade formal, vigente, ainda que hoje em dia mitigado, no âmbito do processo civil. A distinção se justifica. No âmbito cível, a maioria das causa versa sobre interesses patrimoniais disponíveis, que em tese têm menor grau de relevância para a sociedade. Já no âmbito penal, tendo em vista a possibilidade concreta de aplicação de penas que restrinjam o direito fundamental da liberdade, bem como pelo elevado grau de interesse social com relação às condutas tuteladas no direito penal material, é muito mais relevante que a elucidação dos fatos que fundamentam as decisões seja feita da forma mais acurada possível. De forma excepcional, somente, aplica-se o princípio da verdade formal, como na hipótese de absolvição por insuficiência de provas (art. 386, VI, do CPP)."

Tanto o processo civil como o trabalhista lidam com direitos fundamentais do cidadão como o patrimônio e, muitas vezes, os próprios direitos da personalidade, o que justifica também a busca da verdade real.

A obtenção da verdade real, inegavelmente, atende aos princípios de justiça e efetividade do processo, sendo, portanto, um dos escopos da jurisdição que é pacificar o conflito com justiça. Desse modo, a moderna doutrina defende a tese da superação da diferenciação entre verdade real e formal, dizendo que a verdade é uma só, a real, mas esta é praticamente impossível de ser atingida. Não obstante, todos que atuam no processo, principalmente o julgador, devem envidar esforços para se chegar ao acertamento mais próximo da realidade (verdade substancial).

De outro lado, diante do princípio da inafastabilidade da jurisdição e da necessidade de se proferir uma decisão no processo, pois o atual sistema constitucional não admite o chamado *non liquet*, não é possível que o processo fique aguardando a obtenção da verdade real. Caso tal fosse autorizado, comprometeria a duração razoável do processo e inviabilizaria a tomada de decisão. Além disso, diante das divergências dos fatos invocados no processo pelas partes, das vicissitudes que enfrenta o processo e da falibilidade humana na interpretação dos fatos, é tarefa das mais difíceis para o julgador apurar a verdade real. De outro lado, o próprio julgador realiza valoração subjetiva dos fatos e da realidade.

No aspecto, cumpre destacar as seguintes ementas:

"PRELIMINAR. NULIDADE DA PROVA TESTEMUNHAL. Se é do conhecimento do juiz a existência de prova que possa esclarecer a lide, é seu dever, mesmo de ofício, determinar a sua realização. O processo não é um jogo. O processo tem por finalidade a descoberta da verdade real e é dever da parte colaborar para que o Juízo encontre esta verdade. MÉRITO. RECURSO ORDINÁRIO DA SEGUNDA RECLAMADA. A Colenda Corte do TST já firmou o posicionamento no sentido de que "o inadimplemento das obrigações trabalhistas, por parte do empregador, implica a responsabilidade subsidiária do tomador dos serviços quanto àquelas obrigações, inclusive quanto aos órgãos da administração direta, das autarquias, das fundações públicas, das empresas públicas e das sociedades de economia mista, desde que hajam participado da relação processual e constem também do título executivo judicial" (Súmula n. 331, item IV, do C. TST). MÉRITO. RECURSO ORDINÁRIO DA PRIMEIRA RECLAMADA. HORAS EXTRAS. Não obstante as alegações recursais no sentido de que a testemunha fosse subordinada ao reclamante e fizesse o que ele determinava, é fato que a testemunha afirmou que também anotava o horário de todos os outros empregados nos controles de horário. DEVOLUÇÃO DE DESCONTOS. CONTRIBUIÇÕES ASSISTENCIAL E CONFEDERATIVA. O Precedente Normativo n. 119 do C. TST confirma que a exigência de contribuições assistenciais e confederativas dos empregados não sindicalizados viola a liberdade do trabalhador, e porque a Reclamada não comprovou que o Reclamante se vinculava à entidade sindical, deve devolver os valores descontados." (TRT/SP – 00172002220085020434 (00172200843402008) – RO – Ac. 2ª T. 20101341428 – rel. Luiz Carlos Gomes Godoi – DOE 18.1.2011)

"Produção de prova. Configuração — Ementa. Cerceamento defesa. Produção de prova. A verdade real é sempre o ideal a ser alcançado. Encerramento abrupto da fase probatória, determinado pelas circunstâncias inusitadas do depoimento, que é providência que não se coaduna com o devido processo legal. E na medida em que não se permitiu às partes a produção da prova, quando, no caso, era mesmo necessária, instalou-se, ali mesmo, nulidade insanável, à vista da inequívoca afronta à garantia constitucional da ampla defesa. Recurso do autor a que se dá provimento anulando o processo a partir do cerceio." (TRT 2ª Reg. (SP) Proc. 0038200943402001 RO (AC, 11ª T., 20100963042) – rel. Eduardo de Azevedo Siva. DOE.TRT 2ª Reg., 5.10.10, p. 143. *In: Suplemento de Jurisprudência LTr* n. 08/2011, p. 60)

1.2. Objeto da prova

O objeto da prova são os fatos. Excepcionalmente, a Lei exige a prova do direito. Mas nem todos os fatos são objeto, mas somente aqueles que se relacionam com a lide e sobre eles haja controvérsia. Como destaca *Vicente Greco Filho*(15), nem todos os fatos, porém, devem ser submetidos à atividade probatória, em primeiro lugar, apenas os fatos pertinentes ao processo e que suscitam o interesse da parte em demonstrá-los; os fatos impertinentes, isto é, não relacionados com a causa, devem ter sua prova recusada pelo juiz, sob pena de se desenvolver atividade inútil.

Como bem adverte *Fernando da Costa Tourinho Filho*(16), "objeto da prova, diz Manzini, são todos os fatos, principais ou secundários, que reclamem uma apreciação judicial e exijam comprovação. Insta acentuar que a palavra fato, em matéria processual, principalmente no campo probatório, tem um conceito bastante amplo; compreende os diversos acontecimentos do mundo exterior, e, segundo Florian, esse conceito se estende e alcança coisas e lugares, pessoas e documentos. Tão extenso é seu conceito, sob o ponto de vista da prova, que Alcalà-Zamora chega a esta afirmação: é fato o que não é direito. Por isso, acrescenta o festejado mestre, a prova pode recair sobre fatos de natureza diversa [...]."

(15) GRECO FILHO, Vicente. *Direito processual civil brasileiro.* Vol. II, 11. ed. São Paulo: Saraiva, 1995. p. 195.

(16) TOURINHO FILHO, Fernando da Costa. *Processo penal.* Vol. III. 17. ed. São Paulo: Saraiva, 1995. p. 204.

O fato probando tem de ser controvertido, isto é, afirmado por uma parte e contestado pela parte contrária. Os fatos não controvertidos, como regra geral, não são objeto da prova, pois admitidos como verdadeiros no processo. Não obstante, situações há em que mesmo o fato não contestado pode ser objeto de prova, por exemplo: os fatos que não parecem verossímeis segundo o que ordinariamente acontece ou fora do padrão médio da sociedade, e também os fatos impossíveis ou pouco prováveis. Como bem adverte *Amador Paes de Almeida*(17): "[...] não significa que os fatos não contrariados não possam ser objeto de prova, pois ao juiz, em face do princípio inquisitório, é dado exigir prova do alegado ainda que não contestado, 'para o fim de formar com mais segurança o seu convencimento', ou ainda que se faça necessária a prova do ato jurídico, quando a lei exija que esta se revista de forma especial."

De outro lado, diz o art. 374 do CPC: "Não dependem de prova: I. os fatos notórios; II. afirmados por uma parte e confessados pela parte contrária; III. admitidos, no processo, como incontroversos; IV. em cujo favor milita presunção legal de existência ou de veracidade."

Como a CLT não tem regra própria no aspecto, o art. 374 do CPC resta aplicável ao Processo do Trabalho por força do art. 769 da CLT. Desse modo, passamos à análise dos quatro incisos do art. 374 do CPC sob a ótica do Direito Processual do Trabalho.

a) *fatos notórios:* os fatos notórios são os de conhecimento comum, de uma determinada comunidade ou de determinada região, num determinado lapso de tempo;

Como bem adverte *Adalberto Martins*(18), "o conhecimento notório não se confunde com conhecimento pessoal (aquele derivado de observação pessoal), e tampouco coincide com o conhecimento absoluto, bastando o conhecimento relativo. Contudo, não se permite ao juiz julgar com base em fatos de que tenha ciência pessoal e que não constam dos autos, excepcionando-se aqueles que Couture denomina 'fatos evidentes', e que ressaltam da experiência pessoal do magistrado."

O conceito de fato notório é relativo, pois, se uma das partes sobre ele não tiver conhecimento ou se até mesmo o juiz dele não conheça, é possível a produção de provas sobre a própria existência da notoriedade do fato.

Como bem adverte *Antonio Carlos de Araújo Cintra*(19): "Pode-se dizer que são notórios os fatos cujo conhecimento faz parte da cultura normal própria de um determinado segmento social ao tempo em que é proferida a sentença. Trata-se de conceito eminentemente relativo, dado que a notoriedade se manifesta num

(17) ALMEIDA, Amador Paes de. *CLT comentada*. 2. ed. São Paulo: Saraiva, 2004. p. 392.

(18) MARTINS, Adalberto. *Manual didático de direito processual do trabalho*. 2. ed. São Paulo: Malheiros, 2005. p. 156.

(19) CINTRA, Antonio Carlos de Araújo. *Comentários ao Código de Processo Civil*. v. IV. Rio de Janeiro: Forense, 2001. p. 27.

determinado espaço físico e social, bem como num determinado momento. Tal conceito revela que o fato notório não é necessariamente conhecido por todos os integrantes do segmento social em que se manifesta e nada impede que o juiz, por sua iniciativa, o verifique em almanaques, manuais, etc., até por meio de um consultor ou assessor. A dispensa da prova dos fatos notórios não implica dispensa de sua alegação pelas partes."

Acreditamos, ao contrário do que pensam alguns doutrinadores, que o fato notório pode ser contestado. Se for contestado, deixa de ser notório e, portanto, deve ser provado.

Nesse sentido, destaca *Adalberto Martins*(20), com suporte em *Tostes Malta* e *Manoel Antonio Teixeira Filho*:

> "Em tese, é possível provar que determinado fato não é notório, e excepcionalmente o magistrado poderá exigir a prova da notoriedade do fato, mormente quando for desconhecido dele próprio."

Discute-se na doutrina e jurisprudência se os fatos que podem ser obtidos nas redes sociais (*sites* de empresas, *facebook*, dentre outras) configuram fatos notórios, pois podem ser consultados por qualquer pessoa de forma ampla. Há aqueles que defendem que sim, há os que defendem que não.

De nossa parte, os fatos obtidos nas redes sociais, embora de amplo acesso, não configuram, por si sós, fatos notórios, pois nem sempre são de conhecimento comum.

Pensamos, entretanto, se o Juiz do Trabalho for levar em consideração fatos obtidos, diretamente por ele, nas redes sociais, que ainda não estão nos autos, deverá oportunizar a manifestação prévia das partes, nos termos dos artigos (arts. 9º e 10º do CPC).

b) *fatos afirmados por uma parte e confessados pela parte contrária:* o fato confessado passa a ser tido no processo como verdadeiro. Entretanto, somente a confissão expressa dispensa a prova do fato. A confissão ficta, por ser relativa, pode ser elidida por provas em contrário;

c) *fato incontroverso:* o fato incontroverso é aquele que não é contestado. Também o fato admitido pelo réu, em razão da confissão, se torna incontroverso;

Como destaca *Antonio Carlos de Araújo Cintra*(21), a admissão dos fatos como incontroversos no processo consiste "no reconhecimento pela parte da veracidade de afirmações de fatos feitas pelo adversário para colocá-las como pressuposto de suas próprias alegações [...] O melhor exemplo dessa forma de admissão é o referido pelo art. 326 do Código de Processo Civil, em que o réu, reconhecendo o fato em que se fundou a ação, outro lhe opõe impeditivo, modificativo ou extintivo do direito do autor. Isto se faz por via da contestação."

---

(20) MARTINS, Adalberto. *Manual didático de direito processual do trabalho*. 2. ed. São Paulo: Malheiros, 2005. p. 156.

(21) *Op. cit.*, p. 28.

d) *presunção de existência e veracidade:* ensina *Ísis de Almeida*[22] que "presunção é a dedução, a conclusão ou consequência que se tira de um fato conhecido, para se admitir como certa, verdadeira e provada a existência de um fato desconhecido ou duvidoso."

A presunção não é propriamente um meio de prova, mas um raciocínio lógico por meio do qual, a partir da existência de determinadas coisas ou situações pela reiteração de suas ocorrências, se passa a acreditar na existência de outras.

Como destaca *Adalberto Martins*[23], com suporte em *Couture*: "A presunção pressupõe o concurso de três circunstâncias: um fato conhecido, um fato desconhecido e um nexo causal. Assim, justifica-se a afirmação de que a presunção é a ilação que se extrai de um fato conhecido sobre um fato desconhecido."

As presunções podem ser absolutas *(juris et de juris)* ou relativas *(juris tantum)*. São absolutas as presunções que não admitem prova em contrário, e relativas as que admitem.

Pensamos que na esfera do Direito Material do Trabalho não há espaço para as presunções legais absolutas, em razão do princípio da primazia da realidade que norteia esse ramo do Direito. Desse modo, o Juiz do Trabalho não deve atribuir caráter absoluto às presunções legais.

As presunções podem decorrer da lei ou da experiência comum do que ordinariamente acontece. Com relação a esta última espécie, tem comumente sido fixada pela jurisprudência.

Como destaca *Ísis de Almeida*: "A presunção comum tem na verossimilhança outro elemento essencial de sua formação, conjugando-se com os indícios. E aí entra a livre convicção do juiz na apreciação da prova. Sua experiência, seu poder de síntese, ao compulsar os elementos do processo, seus conhecimentos gerais, seu espírito observador terão de discernir a verdade por aquilo que apresenta todos os atributos de verdadeiro. Discernir, enxergar, é ato de dedução."

Como exemplos de presunções legais, destacamos o art. 456, parágrafo único da CLT: "À falta de prova ou inexistindo cláusula expressa a tal respeito, entender-se-á que o empregado se obrigou a todo e qualquer serviço compatível com a sua condição pessoal", e também o art. 447 da CLT: "Na falta de acordo ou prova sobre condição essencial ao contrato verbal, esta se presume existente, como se a tivessem estatuído os interessados na conformidade dos preceitos jurídicos adequados à sua legitimidade."

Como exemplos de presunções jurisprudenciais, destacamos as seguintes Súmulas do Tribunal Superior do Trabalho:

> Súmula n. 12: "CARTEIRA PROFISSIONAL: As anotações apostas pelo empregador na carteira profissional do empregado não geram presunção *juris et de jure*, mas apenas *juris tantum*."

(22) ALMEIDA, Ísis de. *Manual das provas no processo trabalhista.* São Paulo: LTr, 1999. p. 108.

(23) *Op. cit.*, p. 157.

> Súmula n. 16: "NOTIFICAÇÃO: Presume-se recebida a notificação 48 (quarenta e oito) horas depois de sua postagem. O seu não recebimento ou a entrega após o decurso desse prazo constitui ônus de prova do destinatário."
>
> Súmula n. 43: "TRANSFERÊNCIA: Presume-se abusiva a transferência de que trata o § 1º do art. 469 da CLT, sem comprovação da necessidade do serviço."
>
> Súmula n. 212: "DESPEDIMENTO — ÔNUS DA PROVA: O ônus de provar o término do contrato de trabalho, quando negados a prestação de serviço e o despedimento, é do empregador, pois o princípio da continuidade da relação de emprego constitui presunção favorável ao empregado."
>
> Súmula n. 443: "DISPENSA DISCRIMINATÓRIA — PRESUNÇÃO — EMPREGADO PORTADOR DE DOENÇA GRAVE — ESTIGMA OU PRECONCEITO — DIREITO À REINTEGRAÇÃO. Presume-se discriminatória a despedida de empregado portador do vírus HIV ou de outra doença grave que suscite estigma ou preconceito. Inválido o ato, o empregado tem direito à reintegração no emprego."

Indício é uma circunstância conhecida e provada, por meio da qual se chega à conclusão de existência de uma outra coisa. Para *Antonio Carlos de Araújo Cintra*(24), "indícios são fatos conhecidos dos quais, por dedução, se infere fato desconhecido."

Por exemplo, numa hipótese em que se discute a existência de relação de emprego, de um lado, o reclamante pretende o reconhecimento de vínculo de emprego, de outro a reclamada, em defesa, sustenta a tese de que o reclamante era vendedor autônomo. A existência de alguns indícios, como comparecimento a reuniões semanais, existência de cota mínima, área fixa de trabalho, ressarcimento de despesas, pode autorizar o Juiz do Trabalho a reconhecer o vínculo de emprego.

1.3. Das máximas de experiência e a prova no Processo do Trabalho

As máximas de experiência são conhecimentos adquiridos pelo juiz, pela sua cultura e pelo seu exercício funcional que o fazem presumir a existência de determinadas situações ou coisas. Como destaca *Antonio Carlos de Araújo Cintra*(25), "as regras da experiência comum se integram à cultura das pessoas e constituem pressuposto de sua visão das coisas e de suas decisões práticas na vida. Em consequência, não pode o juiz deixar de levá-las em conta no desempenho de suas funções, salvo quando haja norma jurídica específica que o impeça, notadamente, no campo do direito probatório, as disposições relativas à prova legal."

O Código de Processo Civil não disciplinou as presunções, mas tratou das máximas de experiência, o que denota a importância de tal instituto no campo probatório. Com efeito, diz o art. 375 do CPC:

> "O juiz aplicará as regras de experiência comum subministradas pela observação do que ordinariamente acontece e, ainda, as regras de experiência técnica, ressalvado, quanto a estas, o exame pericial."

---

(24) *Op. cit.*, p. 30.

(25) *Op. cit.*, p. 30.

O presente dispositivo constitui inovação em face do anterior, uma vez que o art. 335 do CPC/73 somente permitia a aplicação de regras de experiência na ausência de normas jurídicas particulares. Doravante, a utilização das regras de experiência não está submetida a ausência de normas, incidindo, diretamente, na valoração dos fatos dos processo.

No mesmo sentido, o art. 852-D da CLT:

> "O juiz dirigirá o processo com ampla liberdade para determinar as provas a serem produzidas, considerado o ônus probatório de cada litigante, podendo limitar ou excluir as que considerar excessivas, impertinentes ou protelatórias, bem como para apreciá-las e dar especial valor às regras de experiência comum ou técnica."

Conforme os referidos dispositivos, no nosso sentir, "as máximas de experiência constituem o conhecimento adquirido pelo juiz durante sua vida e também pelo que normalmente acontece, considerando-se o padrão médio da sociedade. Esse conhecimento também pode advir de determinado comportamento ou fato que se repetem nos Processos." Tais dispositivos são de grande utilização no Processo do Trabalho, cujas matérias discutidas em juízo são eminentemente fáticas.

Segundo a melhor doutrina, as regras de experiência se destinam tanto à interpretação do direito, suprimento de lacunas da legislação (art. 140, do CPC), como à interpretação do material probatório no processo. Atuam, principalmente, na interpretação de conceitos genéricos, como "amizade íntima", "inimigo capital", "duração razoável do procedimento probatório" etc., bem como na valoração da prova do processo, em compasso com os ditames de justiça e razoabilidade.

No nosso sentir, o Juiz do Trabalho poderá utilizar-se das regras de experiência como as poderosas aliadas para valorar e interpretar a prova dos autos, principalmente se esta se encontrar dividida, se mostrar inverossímil ou fora da razoabilidade. O referido art. 852-D da CLT realça a possibilidade de o juiz dar valor especial às *regras de experiência comum ou técnica.*

Por fim, adverte-se que o juiz, mesmo possuindo conhecimentos técnicos, se a matéria exige a prova pericial, ele não poderá dispensá-la.

No aspecto, relevante destacar a ementa que segue:

> "PROVA. Regras de experiência do que ordinariamente acontece. *Convicção livre do juiz.* RECURSO ORDINÁRIO — VALORAÇÃO DO CONTEÚDO DO DEPOIMENTO DA ÚNICA TESTEMUNHA OUVIDA. A MM. Juíza afastou a veracidade do depoimento da única testemunha trazida pelo autor, sob o fundamento de que faltara com a verdade, uma vez que no mesmo dia a mesma MM. Juíza realizara audiência em diversa ação trabalhista patrocinado pelo mesmo patrono que representa o reclamante nestes autos, em face também da reclamada, na qual aquela testemunha afirmara sobre o mesmo fato informação diametralmente oposta. Em oportunidade anterior, instruindo outra reclamação trabalhista, patrocinada pelo mesmo causídico, em face da mesma reclamada, a então testemunha já proferira declaração contrária a dada nestes autos e alinhando-se à dada pela alienígena. Cediço é que no campo de atuação do processo do trabalho vige o princípio da verdade real em contraponto ao princípio da verdade formal. O juiz na atividade

judicante vai adquirindo experiência, conhecimento e com isso aprimorando o próprio exercício do seu *munus* público. Não se trata de pré-julgamento ou quebra do dever de imparcialidade, mas tão somente utilização da prerrogativa conferida pelo do art. 335 do CPC o 'juiz aplicará as regras de experiência comum subministradas pela observação do que ordinariamente acontece'. Não vislumbro nenhuma mácula ao procedimento adotado pela MM. Juíza prolatora da r. sentença. Essa adotou sua experiência de trabalho, e com ela concluiu pela inveracidade dos termos do depoimento da testemunha destes autos. Considerando que a única prova que o recorrente intencionou produzir foi a testemunhal e que a validade desta foi afastada, a manutenção do julgado é medida que se impõe." (TRT/SP – 01041009420085020373 (01041200837302002) – RO – Ac. 12ª T. 20110314195 – rel. Francisco Ferreira Jorge Neto – DOE 25.3.2011)

1.4. Da prova do Direito no Direito Processual do Trabalho

O Direito, excepcionalmente, pode ser objeto de prova, nos termos do art. 376 do CPC, que assim dispõe: "A parte, que alegar direito municipal, estadual, estrangeiro ou consuetudinário, provar-lhe-á o teor e a vigência, se assim o determinar o juiz."

O juiz é obrigado a conhecer a legislação federal. Se a parte invocar legislação estadual, internacional, consuetudinária, deverá comprovar o teor, bem como a vigência.

Na seara do Processo do Trabalho, são exemplos de espécies normativas em que a parte tem de demonstrar o teor e a vigência: acordos e convenções coletivas, usos e costumes, regulamentos de empresas, leis estaduais e municipais que disciplinem regras trabalhistas e Normas Internacionais (Tratados e Convenções).

Quanto às Convenções da OIT ratificadas pelo Brasil, como têm *status* de Lei Ordinária, o Juiz do Trabalho deve conhecê-las, não necessitando, a parte que as invocar, provar o teor e a vigência.

A prova do Direito se faz por meio de certidões com as publicações oficiais no Diário Oficial, e de outros Órgãos Oficiais. Não havendo impugnação, pensamos não haver necessidade de autenticação. Quanto ao direito costumeiro, pensamos ser possível a comprovação por meio de testemunhas.

Se a parte não juntar aos autos certidão autenticada sobre o teor e a vigência de tais normas, restam ao Juiz do Trabalho duas opções. São elas:

a) determinar, com suporte no art. 321 do CPC e na Súmula n. 263 do TST, que a parte junte tal documento em dez dias sob consequência de indeferimento da inicial;

b) julgar improcedente o pedido que tem suporte na norma jurídica que o juiz não seja obrigado a conhecer, aplicando-se os arts. 818 da CLT e 373, I, do CPC.

Acreditamos que a solução mais justa e razoável seja propiciar à parte a juntada do documento apto a provar o direito em dez dias, sob as consequências do art. 400 do CPC, pois o juiz, ainda que não obrigado, pode conhecer a existência da norma jurídica invocada pela parte, ou até mesmo a parte contrária não contestar a existência de determinada regra costumeira ou convencional.

1.5. Princípios da prova no Direito Processual do Trabalho

1.5.1. Necessidade da prova

Por este princípio, as partes têm o encargo de comprovar suas alegações em juízo. Não basta alegar, a parte deve provar. Diz a doutrina clássica que o sucesso do processo depende da qualidade da atividade probatória da parte. De outro lado, é bem verdade que a necessidade da prova depende do encargo probatório das partes no processo e da avaliação das razões da inicial e da contestação (arts. 818 da CLT e 373 e 374 do CPC).

Como bem adverte *Manoel Antonio Teixeira Filho*(26), "a necessidade está em que o juiz não pode se deixar impressionar com meras alegações expendidas pelas partes, exigindo-lhe a lei que decida, que forme sua convicção, com apoio na prova produzida nos autos."

1.5.2. Contraditório e ampla defesa

Trata-se o contraditório, em verdade, de um princípio fundamental do processo, verdadeiro mandamento obrigatório que influencia todas as fases do processo, principalmente o capítulo das provas no processo.

Por este princípio, as partes têm o direito de produzir todas as provas que a lei lhes faculta, tanto os meios legais como os moralmente legítimos (art. 369 do CPC). Também deve o juiz assegurar às partes igualdade de oportunidades(27) quanto à produção das provas. De outro lado, toda prova produzida em juízo deve estar sob o chamado crivo do contraditório, ou seja, da prova produzida por uma parte, tem a parte contrária o direito de impugná-la. Em razão disso, a parte deve sempre ser cientificada das provas produzidas pelo adversário, tendo a faculdade de impugná-la.

No aspecto, importante destacar a seguinte ementa:

> "I – AGRAVO DE INSTRUMENTO EM RECURSO DE REVISTA. INDEFERIMENTO DE TESTEMUNHA. CERCEAMENTO DE DEFESA. Demonstrada possível violação do art. 5º, LV, da Constituição Federal, impõe-se o provimento do agravo de instrumento para determinar o processamento do recurso de revista. Agravo de instrumento provido. II – RECURSO DE REVISTA. INDEFERIMENTO DA PROVA TESTEMUNHAL. CERCEAMENTO DE DEFESA CONFIGURADO. Ao magistrado é facultado indeferir, de forma fundamentada, a produção de provas que julgar protelatórias, irrelevantes ou impertinentes, devendo a parte, inconformada com o seu indeferimento, justificar devidamente os motivos pelos quais entende imprescindível a sua realização. Contudo, o indeferimento da prova testemunhal que a parte demonstra ser apta a corroborar suas alegações caracteriza cerceamento de defesa, considerando-se que a faculdade do juiz em avaliar a conveniência das provas não afasta o direito ao contraditório e à ampla defesa, nos termos do disposto no art. 5º, LV, da Constituição Federal. Recurso de revista conhecido e provido." (TST – Processo: RR –1863-19.2010.5.18.0000 – Data de Julgamento: 7.8.2012, relª Ministra Delaíde Miranda Arantes, 7ª Turma, Data de Publicação: DEJT 10.8.2012)

---

(26) *A prova no processo do trabalho.* 8. ed. São Paulo: LTr, 2003. p. 68.

(27) Alguns autores asseveram que a igualdade de oportunidades constitui um princípio autônomo da prova.

1.5.3. Licitude e probidade da prova[28]

A Constituição veda, no art. 5º, LVI, as provas obtidas por meios ilícitos, visando a resguardar o princípio da legalidade e também a dignidade do processo. Somente em algumas situações especiais, conforme destacaremos em capítulo próprio, à luz do princípio da proporcionalidade, ou regra de ponderação, o juiz poderá admitir a produção da prova ilícita no Processo.

De outro lado, o art. 369 do CPC também veda as provas moralmente ilegítimas no processo.

1.5.4. Oralidade

Como visto, o princípio da oralidade constitui um conjunto de regras destinadas a simplificar o procedimento, priorizando a palavra falada, com um significativo aumento dos poderes do juiz na direção do processo, imprimindo maior celeridade ao procedimento e à efetividade da jurisdição, destacando o caráter publicista do processo.

Hoje, o princípio da oralidade é próprio do Direito Processual Civil, embora no Processo do Trabalho ele tenha maior destaque em razão de ser o Processo do Trabalho, nitidamente, um procedimento de audiência e de partes.

Segundo a doutrina, a oralidade se decompõe nos seguintes subprincípios:

a) identidade física do juiz: segundo este princípio, o juiz que instruiu o processo, que colheu diretamente a prova, deve julgá-lo, pois possui melhores possibilidades de valorar a prova, uma vez que colheu diretamente, tomou contato direto com as partes e testemunhas;

A identidade física do juiz se aplica ao Processo do Trabalho, pois o princípio da oralidade se exterioriza com maior nitidez nessa seara do processual. Além disso, inegavelmente, o juiz que colheu diretamente a prova, teve contato pessoal com partes e testemunhas, formulou diretamente as perguntas que entendeu pertinentes, observou as expressões das partes ao depor e tem melhores condições de proferir sentença justa e que reflita a realidade.

Os próprios Tribunais Regionais do Trabalho, ao avaliar que a prova oral foi dividida, têm tido a tendência de manter a sentença de primeiro grau, uma vez que o juiz da Vara teve contato direto com as partes e testemunhas, com maiores possibilidades de avaliar a melhor prova.

Nesse sentido, vale destacar a seguinte ementa:

> "Testemunhos — Colisão — Prova dividida. Em havendo depoimentos contraditórios, a jurisprudência desta Corte regional tem se inclinado, ante o princípio da imediatidade, a prestigiar, quando dotada de razoabilidade, a solução encontrada pelo juiz que colheu a

(28) O presente princípio será desenvolvido com maior profundidade na seção sobre a prova ilícita no processo.

prova, eis que foi a autoridade que teve contato direto com as partes e testemunhas e, por isso mesmo, mais habilitado para extrair conclusões mais precisas sobre as declarações divergentes, até porque lhe é possível sopesar, valendo-se de impressões e do seu talento sensitivo, dados que escapam de registros formais." (TRT 10ª R. – 2ª T. – rel. Juiz João Luis Rocha Sampaio – DJe n. 497 – 10.6.2010 – p. 85 – Processo RO n. 76200-23/2009.5.10.0101) (RDT n. 7 – julho de 2010)

b) concentração: por tal característica, os atos do procedimento devem se desenvolver num único ato, máxime a instrução probatória que deve ser realizada em audiência única;

Conforme destaca *Jorge Luiz Souto Maior*(29), "a expressão máxima da concentração é a realização dos atos processuais em única audiência. Nessa audiência una, realiza-se a tentativa de conciliação, acolhem-se a petição inicial e a defesa, resolvem-se os incidentes processuais, fixam-se os pontos controvertidos, produzem-se as provas e prolata-se a decisão."

c) imediatidade ou imediação do juiz na colheita da prova: o Juiz do Trabalho, tem contato maior com as partes e testemunhas do processo, colhendo diretamente a prova, o que lhe propicia maior conhecimento da causa e melhores possibilidades de realizar a conciliação.

Nesse aspecto, relevante destacar a seguinte ementa:

"Princípio da imediação — Meios de convicção mais seguros. Pelo princípio da imediação é o juiz de primeiro grau que tem melhor percepção sobre a verdade real e, portanto, melhores condições de proferir uma sentença satisfatória em que efetivamente se aplique o direito, pois faz a coleta direta da prova e encontra-se mais próximo dos fatos. Nesse contexto, somente a existência de prova robusta, contrária aos fatos apurados no juízo *a quo*, é capaz de amparar a reforma da sentença." (TRT 12ª R. – 3ª T. – RO-V n. 1379/2002.029.12.85-4 – relª Gisele P. Alexandrino – DJSC 8.6.04 – p. 209) (RDT n. 7 – Julho de 2004)

1.5.5. Aquisição processual da prova no Processo do Trabalho

Por este princípio, uma vez produzida a prova no processo, ela passa a pertencer ao processo, integrando o corpo processual, independentemente da parte que a produziu. Sob outro enfoque, o juiz poderá formar sua convicção com qualquer elemento de prova produzida nos autos, independentemente de quem a produziu e também independentemente de quem detinha o ônus da prova.

Nesse sentido, é expressivo o art. 371 do CPC, que assim dispõe:

"O juiz apreciará a prova constante dos autos, independentemente do sujeito que a tiver promovido, e indicará na decisão as razões da formação de seu convencimento."

Nos termos do referido dispositivo legal, a prova pertence ao processo, independentemente da parte que a produziu, devendo o Juiz apreciar a prova existente nos autos no seu conjunto e, indicar os motivos de seu convencimento. O magistrado pode, evidentemente, apreciar elementos de prova constantes dos autos que

(29) *Op. cit.*, p. 76.

não foram alegados pelas partes, na inicial ou na contestação, mas, nesse caso, deve dar às partes oportunidade de manifestação sobre eles, nos termos do que dispõe o artigo (arts. 9º e 10 do CPC).

Como bem adverte *Eduardo Cambi*[(30)]:

> "As provas, depois de ingressarem ou serem produzidas no processo, tornam-se públicas e passam a integrar um único conjunto, em que o resultado das atividades processuais são comuns a ambas as partes, não se levando em consideração o litigante que trouxe ou produziu o meio de prova [...]. Por outro lado, o princípio da aquisição processual ou da comunhão das provas não implica a supressão da ideia de ônus da prova, porque essa noção é subsidiária, uma vez que não corresponde ao poder monopolístico de provas da parte onerada, servindo como regra de julgamento somente se as provas, que deveriam ser produzidas, não forem realizadas ou, se produzidas, são insuficientes para a formação do convencimento do juiz. Em suma, o ônus da prova não determina quem deve produzir a prova, mas quem assume o risco pela sua não produção."

1.5.6. Convencimento motivado do juiz

Este princípio, também chamado pela doutrina de persuasão racional, possibilita ao juiz firmar seu convencimento, livremente, sobre a verossimilhança dos fatos da causa, desde que apresente os motivos de sua convicção (arts. 371 do CPC e 93, IX, da CF).

No aspecto, destaca-se a seguinte ementa:

> "Análise probatória. As provas produzidas devem ser analisadas em seu conjunto, devendo o juiz examinar o todo probatório sem, *a priori*, preocupar-se com as regras da prova. Todo o material produzido nos autos deve ser analisado para a distribuição do direito. Ao juiz cabe fazer uso do princípio do livre convencimento motivado (subsidiário, art. 131 do CPC, mais arts. 765 e 832, estes da CLT). Recurso parcialmente provido." (TRT/SP – 00012987520105020202 – RO – Ac. 11ª T. – 20120543251 – rel. Ricardo Verta Luduvice – DOE 22.5.2012)

1.5.7. Busca da verdade real

Embora muitos autores asseverem que na esfera do Processo Civil não se aplica este princípio, pois o processo não penal se contenta com a chamada verdade formal, qual seja, a que emerge dos autos, a moderna doutrina, em razão do caráter publicista do processo e da efetividade da jurisdição, tem se posicionado no sentido de que mesmo no campo processual civil o juiz deve sempre buscar a verdade real, ou o acertamento mais próximo da realidade. No Processo do Trabalho, a busca da verdade real é princípio que se encaixa perfeitamente no campo processual, inclusive por

(30) *A prova civil:* admissibilidade e relevância. São Paulo: RT, 2006. p. 319-320.

mandamento legal (art. 765 da CLT). Vale lembrar que o Direito do Trabalho tem como um dos seus princípios vetores o da primazia da realidade. Dizia *Carnelutti* que *prestigiar a realidade é prestar um tributo à verdade*.

Nesse aspecto, cumpre destacar a seguintes ementas:

"Princípio da primazia da realidade — Aplicação. No confronto entre a verdade formal, contida em documentos, e a verdade real, que emerge dos fatos, prevalece esta última, tendo em vista a aplicação do princípio da primazia da realidade. Restando demonstrado nos autos que na realização de cursos a distância o empregado alega um número de horas incompatível com a realidade dos fatos, a postulação não merece ser provida." (TRT – 12ª R. – 3ª T. – relª Lília Leonor Abreu – Doc. n. 1377004 em 2.9.09 – RO n. 860/2008.023.12.00-7) (RDT n. 10 – outubro de 2009)

"PROVA ORAL X PROVA DOCUMENTAL. PRINCÍPIO DA REALIDADE. No Direito do Trabalho, as provas, documental e testemunhal, devem ser sopesadas levando-se em consideração o princípio da realidade, informador desta Especializada. A prova oral revelou-se favorável a existência de horas extras, inclusive pelo gozo intervalar parcial, o que autoriza a manutenção da sentença nos seus exatos termos." (TRT/SP – 01567002520095020384 – RO – Ac. 4ª T. – 20130223047 – Relª Ivani Contini Bramante – DOE 22.3.2013)

"Princípio da primazia da realidade. O clássico princípio da primazia da realidade não deve ser de via única. Vale para ambas as partes pois a realidade há de ser uma só. As provas produzidas devem ser analisadas em seu conjunto, devendo o magistrado examinar o todo probatório sem, a priori, preocupar-se com as regras da prova. Todo o material produzido nos autos deve ser analisado para a distribuição do direito. Aqui aplica-se ao juiz o princípio do livre convencimento motivado (art. 131 do CPC de 1973, 765 e 832, ambos da septuagenária CLT). Recurso ordinário improvido." (TRT/SP – 00031341920135020060 – RO – Ac. 11ªT 20150305693 – Rel. Ricardo Verta Luduvice – DOE 22.4.2015)

1.5.8. Aptidão para a prova

O presente princípio determina que deve produzir a prova não quem detenha o ônus processual, mas sim quem detenha melhores condições materiais ou técnicas para produzir a prova em juízo.

Também não se trata de inversão do ônus da prova previsto no Código de Defesa do Consumidor (art. 6º, VIII), mas de se atribuir simplesmente o ônus da prova às partes que tenham melhores condições de produzi-la.

Trata-se em verdade da superação da regra do ônus da prova prevista nos arts. 818 da CLT e 373 do CPC, à luz dos princípios constitucionais do acesso à justiça, contraditório, ampla defesa e igualdade substancial dos litigantes, uma vez que no processo, em determinadas circunstâncias, a prova pode ser produzida com maior facilidade e efetividade por uma parte a qual não detém o ônus da prova.

Como bem adverte *Eduardo Cambi*(31):

> "Como o escopo de buscar a mais efetiva tutela jurisdicional do direito lesado ou ameaçado de lesão, no Código Modelo o ônus da prova incumbe

(31) *A prova civil.* São Paulo: RT, 2006. p. 341.

à parte que detiver conhecimentos técnicos ou informações específicas sobre os fatos, ou maior facilidade na sua demonstração, não requerendo qualquer decisão judicial de inversão do ônus da prova."

O presente princípio se amolda perfeitamente ao Processo do Trabalho, considerando-se a hipossuficiência e a dificuldade probatória de produção de determinadas provas pelo trabalhador e as melhores condições de produção de determinadas provas pelo empregador, como nas hipóteses da prova do salário (art. 464 da CLT), da jornada (art. 74, § 2º, da CLT) etc.

De outro lado, o Juiz do Trabalho deve sempre atuar com equilíbrio, avaliando sempre as circunstâncias do caso concreto, à luz dos princípios da razoabilidade e da proporcionalidade ao aplicar o princípio da aptidão para a prova.

Como bem destaca *Carlos Alberto Reis de Paula*(32):

> "A aplicação no ônus da prova do princípio da aptidão atende ao escopo social do processo, que é eliminar conflitos mediante critérios justos [...]. O fundamento para aplicação do princípio da aptidão está na justiça distributiva aliada ao princípio da igualdade, cabendo a cada parte aquilo que normalmente lhe resulta mais fácil. O critério será o da proximidade real e de facilidade do acesso às fontes de prova. Indiscutivelmente, o princípio será aplicado todas as vezes em que o empregado não pode fazer a prova a não ser através de documento ou coisa que a parte contrária detém. Partindo do princípio da boa-fé, que informa a conduta processual dos litigantes, todas as vezes que o documento, por seu conteúdo, for comum às partes, haverá também a inversão do ônus da prova, competindo ao empregador colacioná-lo, sob pena de serem admitidas como verdadeiras as alegações feitas pelo empregado."

Nesse aspecto, relevante destacar as seguintes ementas:

"Prova — Ônus — Aptidão. Não se deve cristalizar as regras atinentes ao ônus probatório, mas, antes, atender ao princípio da aptidão da prova, de modo que cabe a prova à parte que melhores condições tem para produzi-la." (TRT – 15ª R. – 1ª T. – RO n. 29672/03 – rel. Francisco Alberto da M. P. Giordani – DJSP 3.10.03 – p. 60) (RDT n.11 – Novembro de 2003)

"BEM DE FAMÍLIA — RECURSO DE REVISTA — EXECUÇÃO — BEM DE FAMÍLIA — CONFIGURAÇÃO — ÔNUS DA PROVA. 1. Nos termos do art. 6º da Constituição Federal, 'são direitos sociais a educação, a saúde, a alimentação, o trabalho, a moradia, o lazer, a segurança, a previdência social, a proteção à maternidade e à infância, a assistência aos desamparados, na forma desta Constituição'. 2. Em observância à Carta Magna, o legislador ordinário editou a Lei n. 8.009/90, instituindo o bem de família legal, enquanto mantido, no atual Código Civil, o bem de família convencional (arts. 1.711 a 1.722). 3. É incontroverso que o patrimônio do devedor responde pelas dívidas contraídas, assegurando-se, contudo, patrimônio mínimo, como projeção do princípio da dignidade da pessoa humana (art. 1º, III, da CF). 4. Não obstante a proteção ao bem de família ser corolário da teoria

(32) *A especificidade do ônus da prova no processo do trabalho.* São Paulo: LTr, 2001. p. 142-143.

do patrimônio mínimo, firma-se que a impenhorabilidade de bens sempre é exceção. 5. O ônus da prova da configuração de bem de família não pode recair sobre o credor, tendo em vista a costumeira hipossuficiência do trabalhador, que se estende, sob a ótica protetiva, ao plano processual: é manifesta a dificuldade de se exigir que o empregado exequente produza provas de que o executado possuiria outros bens. 6. Pelo princípio da aptidão da prova, deve demonstrar a veracidade do fato quem está apto a fazê-lo, independentemente da parte que o tenha afirmado. 7. Somando-se ao princípio da aptidão da prova, reza o art. 6º, VIII, do CDC que constitui direito básico do consumidor "a facilitação da defesa de seus direitos, inclusive com a inversão do ônus da prova, a seu favor, no processo civil, quando, a critério do juiz, for verossímil a alegação ou quando for ele hipossuficiente, segundo as regras ordinárias de experiências", dispositivo legal aplicável ao processo do trabalho, em razão da omissão da CLT e da compatibilidade com os princípios que regem o ramo jurídico, especialmente aquele que consagra o acesso à justiça pelo trabalhador. 8. Com a ausência de demonstração, pelo executado, de que o imóvel constitui bem de família, parte que possuiria aptidão para concretizar a impenhorabilidade do bem, não se configuram as ofensas constitucionais evocadas (art. 896, § 2º, da CLT e Súmula n. 266/TST). Recurso de revista não conhecido." (TST – RR/88840-37.2008.5.02.0062 – TRT 2ª R. – 3ª T. – rel. Ministro Horácio Raymundo de Senna Pires – DEJT 5.8.2010 – p. 1209)

"PRINCÍPIO DA APTIDÃO PARA A PROVA. AUSÊNCIA DE DETERMINAÇÃO JUDICIAL. POSSIBILIDADE. A inversão do ônus da prova, com fulcro no princípio da aptidão para a prova, não se condiciona à determinação judicial para a apresentação de documento, bem como sua injustificada recusa a exibição. Os critérios da proximidade real e da facilidade de acesso norteiam a forma como a prova deve ser produzida. Assim, o ônus da prova deve recair em quem melhor puder contribuir para a sua produção, de maneira a colaborar com o convencimento do juiz." (TRT/SP – 02736005320095020041 – RO – Ac. 17ª T. – 20120791050 – rel. Álvaro Alves Nôga – DOE 13.7.2012)

"TERCEIRIZAÇÃO. SÚMULA N. 331/TST. ÔNUS DA PROVA. OMISSÃO DO PODER PÚBLICO NA PROVA DA FISCALIZAÇÃO. PRINCÍPIO DA APTIDÃO DA PROVA. CIRCUNSTÂNCIAS DO CASO CONCRETO QUE REVELAM *CULPA IN VIGILANDO*, DIANTE DA VIOLAÇÃO DOS DIREITOS TRABALHISTAS. ARRASTAMENTO DA RESPONSABILIDADE DA ADMINISTRAÇÃO PÚBLICA DIRETA, AUTÁRQUICA OU FUNDACIONAL COM BASE NO ART. 37, XXI, CF E ART. 58, III, 67 *CAPUT* E § 1º, E 82 DA LEI N. 8.666/93 C/C ARTS. 186, 927, *CAPUT* E 944 DO CC. 1. No julgamento da ADC 16, houve pronúncia pela constitucionalidade do art. 71, § 1º, da Lei n. 8.666/93, mas nos debates restou consignado que a constitucionalidade não inibe o Judiciário Trabalhista, à luz das circunstâncias do caso concreto, à base de outras normas, reconhecer a responsabilidade subsidiária do Poder Público (notícias do STF, www.stf.jus.br, 26.11.2010). Nesse passo, a Lei n. 8.666/93, em seu art. 71, § 1º, não traz o princípio da irresponsabilidade estatal, em termos absolutos, apenas alija o Poder Público da responsabilidade pelos danos a que não deu causa. Havendo inadimplência das obrigações trabalhistas que tenha como causa a falta de fiscalização pelo órgão público contratante, o Poder Público é responsável. Logo, a excludente de responsabilidade incide, apenas, na hipótese em que o Poder Público contratante demonstre ter, no curso da relação contratual, fiscalizado o adequado cumprimento das cláusulas e das garantias das obrigações trabalhistas pela fornecedora da mão de obra, o que lhe incumbe nos termos do art. 37, inciso XXI, da CF e art. 58, III, e 67, *caput* e § 1º, sob pena de responsabilidade civil prevista no art. 82, ambos da Lei das Licitações. Ressalte-se que nos termos do princípio da aptidão da prova, deve ser imputado o ônus de provar, à parte que possui maior capacidade para produzi-la, no caso, o Poder Público. Resta clara sua aplicação no processo do trabalho, diante da teoria do diálogo das fontes com o sistema de defesa do consumidor, e que autoriza a inversão do ônus da prova, nos termos do art. 6º, VIII do CDC, '[...] quando, a critério do juiz, for verossímil a alegação ou quando for ele hipossuficiente, segundo as regras ordinárias de experiências'. A ausência de prova da fiscalização por parte da Administração Pública (art. 818 CLT e 333 CPC) quanto ao correto cumprimento das obrigações trabalhistas pela empresa terceirizada licitada, devidas aos seus empregados, evidencia a omissão culposa da Administração Pública, o que atrai a sua responsabilidade, porque todo aquele que causa dano pratica ato ilícito e fica obrigado a reparar (art. 82, da Lei n. 8.666/93 c/c arts. 186, 927 e 944 CC/02)." (TRT/SP – 00008792620105020050 – RO – Ac. 4ª T. – 20130334736 – Relª Ivani Contini Bramante – DOE 18.4.2013)

1.5.9. Princípio da lealdade processual e boa-fé

Na esfera das provas, o dever de lealdade das partes se robustece, pois a conduta ética das partes pode influenciar decisivamente na avaliação da prova.

Muitas vezes, presenciamos nos processos a parte dizer, em depoimento, versão completamente diversa da que alegou na inicial ou na defesa sobre alguns fatos, o que acabou prejudicando toda a atividade probatória.

Além disso, a falta de lealdade das partes pode acarretar a realização de inúmeras diligências probatórias inúteis, comprometer a duração razoável do processo e levar o julgador a erro.

No aspecto, vale destacar a seguinte ementa:

"O comportamento das partes e testemunhas, perante o Poder Judiciário, tem de se revestir de lealdade e boa-fé. Portanto, as declarações prestadas pelo reclamante, inclusive como testemunha advertida e compromissada, na forma do art. 415 do CPC, podem e devem ser levadas em consideração, mormente em face da unicidade da jurisdição, não se admitindo alteração do depoimento conforme a conveniência do depoente." (TRT/SP – 01652005220075020028 – RO – Ac. 17ª T. – 20130405188 – Relª Thais Verrastro de Almeida – DOE 26.4.2013)

De outro lado, quando ambas as partes no processo agem com lealdade na produção das provas, a convicção do julgador se firma com precisão e, muitas vezes, se chega à verdade substancial.

O princípio da lealdade processual é destacado nos arts. 378 e 379 do Código de Processo Civil, aplicáveis ao Processo do Trabalho por força do art. 769, da CLT. Dispõem os referidos dispositivos legais:

Art. 378 do CPC:

"Ninguém se exime do dever de colaborar com o Poder Judiciário para o descobrimento da verdade."

Art. 379 do CPC:

"Preservado o direito de não produzir prova contra si própria, incumbe à parte: I – comparecer em juízo, respondendo ao que lhe for interrogado; II – colaborar com o juízo na realização de inspeção judicial que for considerada necessária; III – praticar o ato que lhe for determinado."

Como bem adverte *Manoel Antonio Teixeira Filho*[33]:

> "A prova, tal como o processo em geral, tem um propósito marcadamente ético; por isso, em um plano ideal se pode afirmar que todos os sujeitos do processo (juiz, partes, advogados, Ministério Público, terceiros legitimados e o mais) têm interesse em que a verdade dos fatos aflores nos autos sem lavios de meia-verdade ou de falsa-verdade. Esse anseio, visa a resguardar, sob um apecto mais amplo, a própria respeitabilidade do Poder Judiciário e das decisões por ele proferidas."

1.6. A prova emprestada no Direito Processual do Trabalho

Segundo *Moacyr Amaral Santos*[34], prova emprestada é a "prova de um fato, produzida num processo, seja por documentos, testemunhas, confissão, depoimento pessoal ou exame pericial, que pode ser trasladada para outro, por meio de certidão extraída daquele."

Por outras palavras, a prova emprestada consiste no aproveitamento do material probatório produzido em outro processo, para o processo em questão (atual), desde que presentes determinados requisitos.

Como bem adverte *Cândido Rangel Dinamarco*[35], "não se incluem no conceito de provas emprestadas as meras cópias de documentos existentes em outros autos, porque cada documento vale por si próprio e pela eficácia que tiver: a circunstância de já ter prestado utilidade em um processo não altera a sua natureza nem influi em seu poder de convicção. Só as provas constituídas no processo são suscetíveis de autêntico empréstimo, a saber, a oral, a pericial e a inspeção judicial."

A prova emprestada não estava arrolada no Código de Processo Civil como um meio legal de prova, entretanto, inegavelmente, é um meio moralmente legítimo (art. 369 do CPC), razão pela qual era admitida pela doutrina e pela jurisprudência. Além disso, a utilização da prova emprestada propicia a observância dos princípios constitucionais do devido processo legal, acesso à justiça e efetividade processual.

De outro lado, alguns se mostram contrários à utilização da prova emprestada, em razão de esta violar alguns princípios probatórios, quais sejam:

a) imediatidade do juiz na colheita da prova;

b) princípio da identidade física do juiz;

c) contraditório imediato na produção da prova.

---

(33) *Comentários ao Novo Código de Processo Civil:* sob a perspectiva do processo do trabalho. 2. ed. São Paulo: LTr, 2016. p. 479.

(34) SANTOS, Moacyr Amaral. *Primeiras linhas de direito processual civil.* Vol. II. 17. ed. São Paulo: Saraiva, 1995. p. 365.

(35) DINAMARCO, Cândido Rangel. *Instituições de direito processual civil.* Vol. III. São Paulo: Malheiros, 2001. p. 97.

Os argumentos mencionados não são, salvo melhor juízo, obstáculos para se evitar a utilização da prova emprestada, uma vez que o Tribunal, ao apreciar a prova produzida em primeiro grau, não a colhe diretamente, inobservando os princípios da imediatidade e da identidade física do juiz. Além disso, a prova documental também é produzida antecipadamente, não havendo o contraditório na sua colheita, mas somente após sua juntada aos autos.

Acreditamos que não se possa impedir a utilização da prova emprestada, que foi legitimamente produzida em processo anterior, sob o argumento de ela desconsiderar, em tese, alguns princípios processuais na colheita da prova, pois não se pode obstar, a quem tem um direito, prová-lo em juízo por todos os meios legais, bem como moralmente legítimos, como decorrência lógica dos princípios constitucionais do acesso real e efetivo à Justiça, bem como do devido processo legal. Em razão disso, indeferir a produção da prova emprestada, por ser incompatível com alguns princípios processuais da prova, configura manifesto cerceamento de defesa.

Por outro lado, sempre que possível, a produção ou renovação da prova no processo atual deve ser deferida. Entretanto, nos casos em que não há possibilidade de se produzir a prova ou esta se tornar excessivamente dificultada, a prova emprestada é um recurso que não pode ser sonegado à parte.

A Consolidação das Leis do Trabalho nada dispõe sobre a prova emprestada, entretanto, tal meio de prova é perfeitamente compatível com o Direito Processual do Trabalho em razão da omissão da Consolidação e compatibilidade com a sistemática processual trabalhista (art. 769 da CLT), uma vez que a prova emprestada propicia, no Processo do Trabalho, o acesso real do trabalhador à Justiça, efetividade processual e busca da verdade real[(36)].

No Processo do Trabalho, é comum a utilização da prova pericial emprestada quando o local de trabalho estiver desativado[(37)] ou se alterarem as condições ambientais, e também dos depoimentos, tanto pessoais como de testemunhas produzidos em processo anterior[(38)], quando a prova oral não pode ser renovada no processo atual.

---

(36) No Direito Material do Trabalho, este princípio é definido como *princípio da primazia da realidade*. Carnelutti dizia que prestigiar a realidade é prestar um tributo à verdade.

(37) Nesse sentido, destaca-se a seguinte ementa: "PROVA EMPRESTADA — INSALUBRIDADE — PERÍCIA — DESATIVAÇÃO DO LOCAL DE TRABALHO — PROVA EMPRESTADA — Embora a regra do art. 195, § 2º, da CLT determine a realização de perícia para a aferição de insalubridade no local de trabalho, é certo que, na hipótese em que se encontre este desativado e não ofereça as mínimas condições de reprodução das condições ambientais imperantes quando em atividade, pode referido meio de prova ser satisfatoriamente suprido pela juntada de laudos emprestados de outros processos, desde que estabelecida perfeita correspondência entre a situação periciada e o caso *sub judice*, flagrando-se comprovadamente as mesmas condições ambientais a que estava o autor submetido" (TRT 2ª R. – RO 19990441149 – Ac. 20000541086 – 8ª T., relª Juíza Wilma Nogueira de Araújo Vaz da Silva – DOESP 16.1.2001).

(38) Prova testemunhal — Juntada pertinente — Depoimento testemunhal indeferido — Livre condução do processo pelo juiz — Cerceamento de defesa — Nulidade não configurada. A pertinência da prova emprestada, face à harmonia entre o seu teor e os limites da *litiscontestatio*, autoriza o juiz a anexá-la aos autos,

As partes, conjuntamente, podem pactuar a utilização da prova emprestada, como acontece, muitas vezes, quando há muitas ações com o mesmo objeto em face de uma mesma empresa.

A prova emprestada pode ser requerida por qualquer das partes, por estas em conjunto, e até mesmo de ofício pode ser determinada pelo juiz, à luz dos arts. 370 do CPC e 765 da CLT.

Destaca-se, em razão do princípio da unidade da jurisdição, que a prova emprestada pode ser produzida no Processo do Trabalho, mesmo que tenha sido colhida nas esferas criminal ou cível ou mesmo na Justiça Federal.

Nesse sentido, destacamos a seguinte ementa:

> "Prova emprestada. Possibilidade de que sejam consideradas as produzidas no processo criminal, relativo ao mesmo fato, pois perfeitamente resguardado o contraditório." (RSTJ n. 104/304)

De outro lado, há algumas provas que somente podem ser produzidas na esfera criminal, como a interceptação telefônica[(39)]. Desse modo, o Juiz do Trabalho não pode determinar uma interceptação telefônica. Entretanto, caso a interceptação tenha sido feita pelo juiz criminal, esta prova poderá ser trasladada ao processo do trabalho. O fato de o juiz trabalhista não poder colher a prova não significa que não possa importá-la do processo criminal em razão do caráter publicista do Processo do Trabalho e da busca da verdade real (art. 765 da CLT). Assim, por exemplo, se em um processo trabalhista estiver sendo discutida uma justa causa por ato de improbidade do empregado e, na esfera criminal, em razão do mesmo fato, o empregado estiver sendo acusado de apropriação indébita, uma interceptação telefônica, determinada pelo juiz de direito, preenchendo os requisitos legais que comprovem o fato, poderá ser utilizada no Processo do Trabalho pela via da prova emprestada. Não seria razoável que o empregado, pelo mesmo fato, pudesse ser condenado na justiça criminal e revertida a justa causa no processo trabalhista em razão da vedação a que o Juiz do Trabalho pudesse utilizar a interceptação telefônica como prova emprestada no Processo do Trabalho. Vale destacar, nos termos do art. 935 do CC, que a responsabilidade civil é independente da criminal, entretanto, não se pode mais questionar a existência do fato ou quem seja o seu autor se essas questões se acharem decididas no juízo criminal.

---

podendo inclusive determinar o encerramento da instrução processual, sem oitiva das testemunhas presentes, se convencido sobre a realidade fática controvertida (art. 765 da CLT c/c. art. 130 do CPC). Sua decisão não macula a ampla defesa, notadamente se o documento juntado contiver depoimento de testemunha levada pela própria parte que invoca a nulidade. Trabalho externo — Existência de mecanismos de controle da jornada de trabalho — Horas extras devidas. O vendedor externo que exerce suas atividades submetidas, direta ou indiretamente, a controle de horário, faz jus a horas extras. (TRT 15ª R. – 6ª T. – RO n. 532/2004.079.15.00-5 – relª Maria Cecília F. Álvares Leite – DJSP 02.12.05 – p. 98) (RDT n. 01 – janeiro de 2006)

(39) Art. 1º da Lei n. 9.296/1996: "A interceptação de comunicações telefônicas, de qualquer natureza, para prova em investigação criminal e em instrução processual penal, observará o disposto nesta Lei e dependerá de ordem do juiz competente da ação principal, sob segredo de justiça."

No mesmo sentido ensina *Nelson Nery Junior*(40):

> "Produzida no processo penal, a prova obtida mediante interceptação telefônica lícita (autorizada pela CF e pela LIT) pode servir como prova emprestada no processo civil. Trata-se de prova obtida licitamente, razão por que é eficaz no processo civil. O que a CF 5º, LVI veda é a eficácia da prova obtida ilicitamente. Como prova, no processo penal, terá sido obtida licitamente, sua transposição para o processo civil, por intermédio do instituto da prova emprestada, não ofende o dispositivo constitucional que proíbe a prova obtida ilicitamente."

Como já sedimentado na jurisprudência, a prova produzida no inquérito deve ser reprisada em juízo, sob o crivo do contraditório, caso contrário, não podem autorizar eventual condenação do réu.

Nesse sentido, destacamos a seguinte ementa:

> "Não vale a prova emprestada, quando colhida sem caráter contraditório (v. CF 5º – LV, neste sentido), e sem a participação daquele contra quem deve operar, como é o caso de prova colhida em inquérito policial." (RJTJESP 99/201)

No mesmo sentido, é o recente art. 155 do Código de Processo Penal, com a redação dada pela Lei n. 11.690/2008, *in verbis*:

> "O juiz formará sua convicção pela livre apreciação da prova produzida em contraditório judicial, não podendo fundamentar sua decisão exclusivamente nos elementos informativos colhidos na investigação, ressalvadas as provas cautelares, não repetíveis e antecipadas."

Considerando-se que a prova colhida no inquérito policial e civil público não observa o contraditório, questiona-se: a prova nele produzida pode ser transportada para o processo como prova emprestada?

De início devem ser repelidas, como provas emprestadas, as provas produzidas nos inquéritos civis públicos e penais, uma vez que não observam o contraditório. Entretanto, não se pode ignorar todo o trabalho realizado na fase de inquérito, bem como o material nele produzido, que pode influir no convencimento do julgador.

Autores há que atribuem à prova produzida no inquérito o *status* de documento.

No nosso sentir, a prova produzida em sede de inquérito pode ser utilizada como prova emprestada no processo judicial somente na seguinte situação: concordância de ambas as partes no processo. Em caso contrário, ou seja, havendo dissenso de pelo menos uma das partes, o tal material probatório não poderá ser utilizado como prova emprestada.

De outro lado, a prova produzida no inquérito, conjugada com outros elementos de prova produzidos no processo judicial sob o crivo do contraditório, é apta a firmar a convicção do julgador. No aspecto, relevante destacar a seguinte ementa:

---

(40) NERY JUNIOR, Nelson *et al. Código de Processo Civil comentado e legislação extravagante*. 7. ed. São Paulo: RT, 2003. p. 1.513.

"Justa causa — Prova emprestada — Valoração. Os documentos extraídos de ação criminal contendo depoimentos vários, fortalecem o depoimento prestado pela única testemunha da reclamada, bem como as alegações de defesa. Configuração de ato de improbidade que justifica a demissão por justa causa." (TRT 15ª R. – 6ª T. – ROPS n. 15.849/2003 – rel. Antônio Mazzuca – DJSP 13.6.2003 – p. 36) (RDT n. 7 – Julho de 2003)

1.6.1. Requisitos para utilização da prova emprestada no Direito Processual do Trabalho

Como toda prova produzida no processo, a prova emprestada deve preencher alguns requisitos para que possa ser utilizada no processo.

A doutrina e jurisprudência têm fixado alguns requisitos para que a prova emprestada conserve sua eficácia inicial. São eles:

a) que tenha sido colhida em processo judicial entre as mesmas partes, ou uma das partes e terceiro[41];

b) que tenham sido, na produção da prova, no processo anterior, observadas as formalidades estabelecidas em lei, mormente o princípio do contraditório[42];

c) que o fato probando seja idêntico.

No nosso sentir, para que a prova emprestada possa ser admitida no processo, há a necessidade apenas de que no processo anterior a prova tenha sido colhida com as formalidades legais, observado o contraditório, e que o fato probando seja idêntico, ou se relacione, diretamente, com os fatos discutidos no processo em questão (atual). Não há necessidade de que, no processo anterior, figurem as mesmas partes ou uma parte e terceiro. O fato de a prova anterior ter sido colhida entre as mesmas partes ou entre uma parte e terceiro é um elemento de valoração da prova (art. 371 do CPC), e não de admissibilidade da prova emprestada.

Nesse sentido, destaca-se recente posicionamento do Superior Tribunal de Justiça, conforme a ementa que segue:

"Em vista das reconhecidas vantagens da prova emprestada no processo civil, é recomendável que essa seja utilizada sempre que possível, desde que se mantenha hígida a garantia do contraditório. No entanto, a prova emprestada não pode se restringir a processo em que figurem partes idênticas, sob pena de se reduzir excessivamente sua aplicabilidade, sem justificativa razoável para tanto. Independentemente de haver identidade de partes, o contraditório é o requisito primordial para o aproveitamento da prova emprestada, de maneira, que, assegurado às partes o contraditório sobre a prova, isto é, o direito de se insurgir contra a prova e de refutá-la adequadamente, afigura-se válido o empréstimo." (STJ, Corte Especial. EREsp 617.428/SP, Relª. Minª. Nancy Andrighi, DJe 17.6.2014)

---

(41) Para Dinamarco, "exige-se também que naquele processo tenha estado presente, como parte, o adversário daquele que pretenda aproveitar a prova ali realizada — porque do contrário esse sujeito estaria suportando a eficácia de uma prova de cuja formação não participou" (*Op. cit.*, p. 98).

(42) "Não vale a prova emprestada, quando colhida sem caráter contraditório (v. CF 5º – LV, neste sentido), e sem a participação daquele contra quem deve operar, como é o caso de prova colhida em inquérito policial" (RJTJESP 99/201).

Como pondera *Cândido Rangel Dinamarco*[43], não importa se a prova trasladada teve ou não o poder de convencer o juiz do processo de origem, nem se a sentença já foi proferida ou se já passou em julgado ou não.

A prova emprestada passa por três fases no processo do trabalho: a) admissão; b) possibilidade de impugnação pelas partes; c) valoração pelo juiz, segundo o princípio do livre convencimento motivado.

Na fase de admissão, o juiz aprecia se é possível a produção da prova emprestada nos autos, devendo sempre fundamentar o deferimento ou indeferimento. Num segundo momento, se a prova emprestada foi determinada pelo juiz ou produzida por uma das partes, a parte contrária, ou até as duas partes (se o juiz tomou a iniciativa), poderá impugná-la. No terceiro momento, na sentença, o juiz irá valorar a prova emprestada, em cotejo com as demais provas, se houve, podendo firmar livremente sua convicção[44].

Nesse sentido, dispõe o art. 372, do CPC:

> "O juiz poderá admitir a utilização de prova produzida em outro processo, atribuindo-lhe o valor que considerar adequado, observado o contraditório."

Conforme o referido dispositivo legal, de nossa parte, manifestamente correto, o valor da prova emprestada deve ser avaliado pelo Juiz no caso concreto, independentemente de quem a produziu, ou das partes que figuraram no processo anterior, mas apenas exigir que, no referido processo, tenham sido observadas as formalidades legais para a produção da prova e o efetivo contraditório. Além disso, no processo atual, a prova emprestada, indiscutivelmente, será submetida a novo contraditório.

Alguns autores asseveram que a prova emprestada, uma vez trasladada do processo anterior para o atual, adquire a natureza de prova documental[45], ou seja, prova emprestada deve ser avaliada como se documento fosse.

Para outros, a prova emprestada, uma vez trasladada, conserva a mesma natureza jurídica com que foi produzida no processo anterior, ou seja, se a prova é testemunhal, será trasladada como prova testemunhal, se documental, como prova documental, e assim por diante.

---

(43) DINAMARCO, Cândido Rangel. *Op. cit.*, p. 99.

(44) Nesse sentido, destaca-se a seguinte ementa: "Ao juiz incumbe a direção do processo (art. 125 combinado com o art. 130 do CPC). Portanto, ante uma prova emprestada, que sofreu impugnação de uma das partes, pode determinar que seja repetida na ação a fim de ficar com elementos para dirimir a impugnação, aceitá-la ou repudiá-la, com base em técnico de sua confiança. Além de tudo, pelo que se apurou, está feita e não há como desfazê-la. Problema de valorá-la é tema de decisão e não formal do agravo. Não há como impor-se ao juiz uma prova emprestada, pois nem mesmo está ele adstrito àquela produzida nos próprios autos, podendo renová-la" (RT n. 506/212).

(45) Nesse diapasão, é a opinião de Renato Saraiva: "A prova emprestada será inserida no processo como mera prova documental, devendo ser utilizada apenas excepcionalmente, uma vez que, em regra, as provas devem ser produzidas no mesmo juízo onde corre a demanda" (*Curso de direito processual do trabalho.* 4. ed. São Paulo: Método, 2007. p. 375). No mesmo contexto, é a visão de *Emília Simeão Albino Sako* (*A prova no processo do trabalho.* São Paulo: LTr, 2006. p. 102).

No nosso sentir, a segunda vertente está correta, pois a lei não impõe que a prova emprestada seja trasladada como documento, este é apenas o instrumento de transporte da prova. Além disso, conservando a prova emprestada a mesma natureza jurídica com que foi produzida no processo anterior, o contraditório fica mais visível e dilatado. Assim, por exemplo, se a prova emprestada for pericial, no processo atual, haverá a possibilidade de se ouvir o perito que elaborou o laudo original em audiência e até mesmo de a parte juntar laudo do assistente técnico. Se a prova emprestada for testemunhal, a parte poderá arguir todas as hipóteses de incapacidade, impedimento ou suspeição da testemunha etc.

Nesse sentido, também é a visão de *Júlio César Bebber*(46):

> "Mesmo sendo apresentada no segundo processo pela forma documental, a prova emprestada não valerá como mero documento. Terá potencialidade de assumir exatamente a eficácia probatória que obteria no processo em que foi originariamente produzida. Ficou superada a concepção de que a prova emprestada receberia, quando muito, valor de documento, 'prova inferior' ou 'ato extrajudicial'. O juiz, ao apreciar as provas, poderá conferir à emprestada precisamente o mesmo peso que esta teria se houvesse sido originariamente produzida no segundo processo. Eis o aspecto essencial da prova trasladada, apresentar-se sob a forma documental, mas poder manter seu valor originário."

1.7. Ônus da prova no Direito Processual do Trabalho

Conforme *Nelson Nery Junior*(47), a palavra do latim *onus* significa carga, fardo, peso, gravame. Não existe obrigação que corresponda ao descumprimento do ônus. O não atendimento do ônus de provar coloca a parte em desvantajosa posição para a obtenção do ganho de causa. A produção probatória, o tempo e a forma prescrita em lei são ônus da condição de parte.

Destaca *João Batista Lopes*(48): "Entende-se por ônus a subordinação de um interesse próprio a outro interesse próprio; obrigação é a subordinação de um interesse próprio a outro, alheio. Exemplos: a lei não impõe o dever ou a obrigação de arrolar testemunhas, requerer perícia ou juntar documentos, mas se a parte deixar de fazê-lo quando necessário, correrá o risco de não ver demonstradas suas alegações. Mas poderá ocorrer que o fatos venham a ser provados em razão de providências tomadas pelo adversário (*v. g.*, o autor alega atos de turbação ou esbulho que acabam por ser demonstrados pelas testemunhas arroladas pelo réu)."

O ônus da prova, no nosso sentir, é um dever processual que incumbe ao autor quanto ao fato constitutivo do seu direito e ao réu quanto aos fatos modificativos,

---

(46) Provas no Novo CPC e o Processo do Trabalho. In: BRANDÃO, Cláudio; MALLET, Estêvão (Coords.). *Repercussões do Novo CPC no Processo do Trabalho.* Salvador: JusPodivm, 2015. p. 310.

(47) *Op. cit.*, p. 614.

(48) LOPES, João Batista. *A prova no direito processual civil.* 2. ed. São Paulo: RT, 2002. p. 38.

extintivos e impeditivos do direito do autor, que, uma vez não realizado, gera uma situação desfavorável à parte que detinha o ônus e favorável à parte contrária, na obtenção da pretensão posta em juízo.

A Doutrina costuma classificar o ônus da prova em subjetivo e objetivo. O primeiro (subjetivo) pertine às partes, que têm o ônus de comprovar os fatos que alegam, segundo as regras de distribuição do ônus da prova. O segundo (objetivo) é dirigido ao juiz, pois se reporta ao raciocínio lógico do julgador no ato de decidir, analisando e valorando as provas.

No nosso sentir, o ônus da prova no processo somente é dirigido às partes, uma vez que o julgador tem o dever constitucional de julgar e de fundamentar em compasso com os elementos dos autos. Portanto, o ônus da prova somente se dirige às partes, e não à figura do julgador.

A Consolidação das Leis do Trabalho disciplina a regra de distribuição do ônus no art. 818, que tem a seguinte redação: “A prova das alegações incumbe à parte que as fizer.”

Diz o art. 373 do CPC:

“O ônus da prova incumbe:

I – ao autor, quanto ao fato constitutivo de seu direito;

II – ao réu, quanto à existência de fato impeditivo, modificativo ou extintivo do direito do autor.

§ 1º Nos casos previstos em lei ou diante de peculiaridades da causa relacionadas à impossibilidade ou à excessiva dificuldade de cumprir o encargo nos termos do *caput* ou à maior facilidade de obtenção da prova do fato contrário, poderá o juiz atribuir o ônus da prova de modo diverso, desde que o faça por decisão fundamentada, caso em que deverá dar à parte a oportunidade de se desincumbir do ônus que lhe foi atribuído.

§ 2º A decisão prevista no § 1º deste artigo não pode gerar situação em que a desincumbência do encargo pela parte seja impossível ou excessivamente difícil.

§ 3º A distribuição diversa do ônus da prova também pode ocorrer por convenção das partes, salvo quando:

I – recair sobre direito indisponível da parte;

II – tornar excessivamente difícil a uma parte o exercício do direito.

§ 4º A convenção de que trata o § 3º pode ser celebrada antes ou durante o processo.”

Os arts. 818 da CLT e 373, incisos I e II, do CPC, consagram o chamado ônus estático da prova, ou seja: o ônus tarifado da prova, independentemente da natureza do processo e dos fatos da causa.

Não há uniformidade de interpretação do ônus da prova no processo do trabalho. A CLT, como já dito, apenas menciona que o ônus da prova incumbe à parte que a fizer.

Vários intérpretes se esforçaram para excluir o real alcance do art. 818 da CLT, mas não se chegou a um consenso sobre de quem seria a carga probatória no processo à luz da CLT. Inegavelmente, existem alguns critérios:

a) o ônus da prova no processo do trabalho é do reclamado, pois ele tem melhores condições de produzir a prova no processo;

b) o ônus da prova é do reclamante, pois o autor tem a obrigatoriedade de demonstrar em juízo os fatos da inicial;

c) tanto o reclamante como o empregado devem provar os fatos alegados tanto na inicial como na defesa;

d) o reclamante deve provar os fatos constitutivos do seu direito, e o reclamado, os fatos extintivos, modificativos e impeditivos do direito do autor.

O referido art. 818 da CLT, no nosso entendimento, não é completo, e por si só é de difícil interpretação e também aplicabilidade prática, pois, como cada parte tem de comprovar o que alegou, ambas as partes têm o encargo probatório de todos os fatos que declinaram, tanto na inicial, como na contestação.

Além disso, o art. 818 consolidado não resolve situações de inexistência de prova no processo, ou de conflito entre as provas produzidas pelas partes. O juiz da atualidade, diante do princípio da inafastabilidade da jurisdição (art. 5º, XXXV, da CF), não pode furtar-se a julgar, alegando falta de prova nos autos, ou impossibilidade de saber qual foi a melhor prova. Por isso, a aplicação da regra de ônus da prova como fundamento de decisão é uma necessidade do processo contemporâneo. Como bem adverte *Rosenberg*(49), "[...] o juiz não pode chegar a um *non liquet* com relação à questão de direito, pois é obrigado a julgar e, portanto, declarar as consequências jurídicas para o caso concreto. Assim, na atualidade pode haver um *non liquet* quanto aos fatos, isto é, o juiz pode não ter sido devidamente instruído pela atividade probatória das partes e não ter conseguido esclarecer a questão fática, mas, mesmo assim, não pode deixar de emitir um pronunciamento judicial, uma decisão sobre o caso concreto."

Embora alguns autores defendam que o art. 818 da CLT basta por si mesmo no Processo do Trabalho(50), acreditamos que a razão está com os que pensam ser aplicável ao Processo do Trabalho a regra do art. 373 do CPC conjugada com o art. 818 da CLT. Desse modo, no Processo do Trabalho, o reclamante tem o ônus de comprovar os fatos constitutivos do seu direito, e o reclamado, os fatos modificativos, extintivos e impeditivos do direito do autor.

---

(49) *La carga de la prueba*. Trad. Erne Krotoschin. Buenos Aires: EJEA, 1956. p. 2.

(50) Nesse sentido, defende Manoel Antonio Teixeira Filho (*A prova no processo do trabalho*. 8. ed. São Paulo: LTr, 2003. p. 121). No mesmo diapasão: Ônus da prova. É da parte que alega o ônus de comprovar os fatos que sustentam suas alegações (TRT 12ª R. – 1ª T. – ROV n. 1254/2005.046.12.00-0 – Ac. n. 4088/06 – rel. Marcus Pina Mugnaini – DJ 4.4.06 – p. 285) (RDT n. 05 – maio de 2006).

Desse modo, no Processo do Trabalho: a) o reclamante tem o ônus de comprovar os fatos constitutivos do seu direito; b) o reclamado, os fatos modificativos, extintivos e impeditivos do direito do autor.

Nesse diapasão, concordamos com a posição de *Valentin Carrion*[(51)] quando afirma:

> "A regra de que o ônus pesa sobre quem alega é incompleta, simplista em excesso. O empregado que afirme não ter faltado ao serviço em certo dia terá que prová-lo? Se um outro alegar na petição inicial, que celebrou contrato com empresa e que esta foi representada no ato por preposto capaz e sem coação, deverá provar as três circunstâncias? É óbvio que não: 1. ao autor cabe o ônus da prova do fato constitutivo do seu direito; 2. ao réu, o da existência do fato impeditivo, modificativo ou extintivo do direito do autor (CPC, art. 333)."

No mesmo sentido, pronuncia-se *Carlos Zangrando*[(52)]:

> "[...] a única regra sobre ônus da prova prevista na CLT segue justamente aquela vetusta orientação individualista romana, determinando pura e simplesmente, que o ônus da prova das alegações cabe à parte que as fizer (CLT, art. 818). Essa regra não é adequada ao Direito Processual moderno, devendo ser suplementada pelas modernas teorias e pela muito melhor elaborada regra presente no art. 333 do Código de Processo Civil."

O Tribunal Superior do Trabalho pacificou o entendimento sobre a aplicabilidade do entendimento vazado no art. 373 do CPC quanto ao ônus da prova no Processo do Trabalho por meio da Súmula n. 06, VIII, do C. TST, *in verbis*:

> "É do empregador o ônus da prova do fato impeditivo, modificativo ou extintivo da equiparação salarial." (ex-Súmula n. 68 – RA 9/1977, DJ 11.2.1977)

Recentemente, o TST editou as Súmulas ns. 460 e 461 também no sentido da aplicabilidade da regra de repartição do ônus da prova do art. 373 do CPC, conforme segue:

Súmula n. 460: "VALE-TRANSPORTE. ÔNUS DA PROVA. É do empregador o ônus de comprovar que o empregado não satisfaz os requisitos indispensáveis para a concessão do vale-transporte ou não pretenda fazer uso do benefício."

Súmula n. 461: "FGTS. DIFERENÇAS. RECOLHIMENTO. ÔNUS DA PROVA. É do empregador o ônus da prova em relação à regularidade dos depósitos do FGTS, pois o pagamento é fato extintivo do direito do autor (art. 373, II, do CPC de 2015)."

No mesmo sentido, as ementas que se seguem:

> "Encargo probatório — Ônus da prova — Arts. 818 da CLT e 333, I e II, do CPC. Não é atribuição/encargo do juízo, na ausência de provas que competiam à parte produzir — como, no caso, a elaboração de demonstrativo de diferenças —, perquirir acerca da existência

---

(51) CARRION, Valentin. *Comentários à Consolidação das Leis do Trabalho*. 30. ed. São Paulo: Saraiva, 2005. p. 622.

(52) ZANGRANDO, Carlos. *Processo do trabalho:* processo de conhecimento. Vol. I. São Paulo: LTr, 2009. p. 735.

de diferenças ou não para, ao fim, concluir pela procedência ou improcedência do pleito. Ora, o encargo probatório, no particular, era do reclamante, a teor dos arts. 818 e 333, I, do CPC, pois o município reclamado negou a existência de qualquer diferença e trouxe aos autos toda a documentação relativa à matéria. Todavia, prova alguma há nos autos produzida pelo obreiro que demonstre de forma clara e precisa a existência de diferenças em seu proveito. Recurso ordinário do Município de Santa Bárbara D'Oeste a que se dá provimento. Ação improcedente." (TRT 15ª R. – 5ª T. – REO – RO n. 553.2004.086.15.00-9 – Ac. n. 19948/05 – rel. João Alberto A. Machado – DJSP 6.5.05 – p. 36) (RDT n. 06 – Junho de 2005)

"Fato constitutivo — Fato impeditivo, modificativo ou extintivo do direito — Ônus da prova. De acordo com o preconizado no art. 818 da CLT, o fato constitutivo do direito do autor deve ser por ele comprovado, assim como, de acordo com o art. 333, II, do CPC, de aplicação subsidiária, o fato impeditivo, modificativo ou extintivo de seu direito deve ser comprovado pelo réu." (TRT 15ª R. – 1ª T. – RO n. 1103/2004.113.15.00-1 – rel. Eduardo Benedito de O. Zanella – DJSP 2.12.05 – p. 53) (RDT n. 01 – janeiro de 2006)

Os fatos constitutivos são os que geram o direito ao autor, como a prova da prestação pessoal de serviços, do horário em sobrejornada, do nexo causal entre a doença e a função[53].

Os fatos impeditivos são os que obstam o direito do autor — por exemplo, tempo de função superior a dois anos na equiparação salarial.

Os fatos modificativos são os que impedem que o pedido do autor seja acolhido, em virtude de modificações ocorridas entre os negócios havidos entre autor e réu — por exemplo: transação, novação, compensação, confusão. É comum, no Processo do Trabalho, o reclamado admitir a prestação pessoal de serviços do autor, mas dizer que tal prestação se deu em modalidade diversa da do contrato de emprego, como o trabalho autônomo, eventual etc.

Os fatos extintivos não tornam improcedente o pedido do autor, porque extinto o direito ou a pretensão postos em juízo — como exemplos: prescrição e a decadência.

O ônus da prova é uma regra de julgamento. Desse modo, uma vez produzidas as provas, deve o Juiz do Trabalho julgar de acordo com a melhor prova, independentemente da parte que a produziu (princípio da aquisição processual da prova). O juiz só utilizará a regra do ônus da prova quando não houver nos autos provas[54], ou, como um critério para desempate, quando houver a chamada prova dividida ou empatada[55].

---

(53) Nesse sentido: "Data de admissão do empregado — Ônus da prova. O ônus da prova quanto à real data de admissão é do reclamante, vez que a data lançada na sua CTPS gera presunção relativa em favor do reclamado. Esse é o entendimento que se colhe das Súmulas ns. 225, do STF e 12, do TST, e dos arts. 818 da CLT e 333, I, do CPC. Não tendo o reclamante se desincumbido do ônus de provar data diversa daquela constante de sua CTPS, não há outros direitos a serem deferidos." (TRT 3ª R. – 4ª T. – RO n. 1208/2005.063.03.00-5 – rel. Luiz Otavio Linhares Renault – DJ 1º.4.06 – p. 17)

(54) A Doutrina costuma denominar a ausência de provas nos autos como *non liquet*.

(55) Nesse sentido, destacamos as seguintes ementas: "Prova dividida. Apresentando-se a prova dividida, a decisão deverá pautar-se pela distribuição do ônus da prova, segundo critérios legais ditados pelos arts.

Nesse sentido, destacamos a seguinte ementa:

> "A regra do ônus da prova só tem pertinência como regra de juízo (= regra de decidir), que é, aos casos em que, encerrada a instrução, fique ao julgador a dúvida intransponível acerca da existência de fato constitutivo ou liberatório." (TJSP-RT n. 706/67)

1.7.1. O ônus da prova e o fato negativo

Quanto ao fato negativo, prevaleceu na doutrina clássica que ele não deve ser objeto da prova.

Atualmente, a moderna doutrina sustenta que o fato negativo pode ser objeto de prova, pois não há na lei processual nada que inviabilize a prova do fato negativo. Além disso, como dizia *Chiovenda*, quem faz uma negação, em verdade, realiza uma afirmação. De outro lado, ainda que o ônus da prova pertença ao autor quando o réu nega o fato constitutivo do direito, o réu poderá realizar contraprova no sentido de que o fato não existiu.

Como bem observa *Carlos Henrique Bezerra Leite*(56):

> "Na verdade, toda negação contém, implicitamente, uma firmação, pois quando se atribui a um objeto determinado predicado, acaba-se por negar todos os predicados contrários ou diversos do mesmo objeto. Assim, por exemplo, ao alegar o empregador que não dispensou o empregado sem justa causa (negação do fato), estará aquele alegando, implicitamente (afirmação), que este abandonou o emprego ou se demitiu."

A jurisprudência trabalhista tem fixado entendimento no sentido de que, se o empregador nega ter dispensado o empregado, cabe a ele, diante do princípio da continuidade da relação de emprego (Súmula n. 212 do C. TST), provar que o autor tomou a iniciativa de pôr fim ao contrato de trabalho (pedido de demissão ou abandono de emprego).

De outro lado, no caso de inversão do ônus da prova, o fato negativo terá de ser demonstrado pela parte contra a qual ônus da prova fora invertido. Por exemplo,

---

818 da CLT e 333, I e II, do CPC." (TRT – 9ª R. – 4ª T. – Ac. n. 2261/98 – relª Juíza Rosemarie Pimpão – DJPR 30.1.98 – p. 165) Ônus da prova – Art. 818 da CLT e art. 333 do CPC — Violação. 1. As normas legais concernentes à distribuição do ônus da prova são "regras de julgamento", cuja finalidade é dotar o juiz de um critério para decidir a lide nos casos em que não se produziu a prova, ou a prova revelou-se insuficiente para formar-lhe o convencimento. Destinam-se, enfim, a permitir ao juiz sair de um impasse, já que também não lhe é dado abster-se de compor o conflito de interesses. 2. Daí se segue, *a contrario sensu*, que é logicamente inconcebível a vulneração do art. 818 da CLT e do art. 333 do CPC sempre que o órgão jurisdicional soluciona o litígio com base nas provas efetivamente produzidas. A violação a esses preceitos legais somente se pode divisar quando, por inexistente ou insuficiente a prova, o juiz, invertendo inadvertidamente a distribuição do ônus da prova, julga a causa em desfavor da parte a quem, segundo a lei, não tocava o ônus de produzir a prova não produzida. 3. Agravo de instrumento não provido." (TST – 1ª T. – AIRR n. 51.165/2002.900.03.00-7 – rel. João Oreste Dalazen – DJ 20.5.05 – p. 883) (RDT n. 06 de Junho de 2005)

(56) *Curso de direito processual do trabalho.* 8. ed. São Paulo: LTr, 2010. p. 567.

havendo inversão do ônus da prova quanto à culpa pelo acidente de trabalho. Nesse caso, a reclamada deverá demonstrar que não agiu com culpa, tomando as diligências necessárias para evitar o acidente.

1.8. Da inversão do ônus da prova no Direito Processual do Trabalho

Segundo a regra geral de divisão do ônus da prova, o reclamante deve provar os fatos constitutivos do seu direito, e o reclamado, os fatos impeditivos, modificativos e extintivos do direito do autor (arts. 818 da CLT e 373 do CPC). No entanto, há a possibilidade, em determinadas situações, de o juiz inverter esse ônus, ou seja, transferir o encargo probatório que pertencia a uma parte para a parte contrária. Desse modo, se ao autor pertence o ônus da prova do fato constitutivo do seu direito, ele se transfere ao réu, ou seja, o réu deve comprovar a inexistência do fato constitutivo do direito do autor.

A inversão do ônus da prova pode ser convencionada pelas partes ou determinada pelo juiz (art. 373, § 3º, do CPC). O Código de Defesa do Consumidor prevê a chamada *inversão judicial do ônus da prova* (art. 6º, VIII, da Lei n. 8.078/90).

A inversão convencional consiste na alteração das regras de distribuição do ônus da prova a cargo das partes. Essa regra praticamente não tem aplicação no Processo do Trabalho, em razão das peculiaridades deste e da dificuldade probatória que apresenta o reclamante[(57)].

De outro lado, a inversão judicial do ônus da prova está prevista no art. 6º, VIII, da Lei n. 8.078/90, que assim dispõe:

> "São direitos básicos do consumidor:
>
> [...] VIII – a facilitação da defesa de seus direitos, inclusive com a inversão do ônus da prova, a seu favor, no processo civil, quando, a critério do juiz, for verossímil a alegação ou quando for ele hipossuficiente, segundo as regras ordinárias de experiências."

Segundo *Cândido Rangel Dinamarco*[(58)]: "inversão judicial do ônus da prova é a alteração do disposto em regras legais responsáveis pela distribuição deste, por decisão do juiz no momento de proferir a sentença de mérito."

A CLT não prevê a possibilidade de inversão do ônus da prova. Como mencionado, há um único artigo que trata do ônus da prova, que é o 818, da CLT. Não obstante, no Processo do Trabalho, tem grande pertinência a regra da inversão do ônus da prova, pois, muitas vezes, o estado de hipossuficiência do empregado

---

(57) Mesmo no Processo Civil, a regra da distribuição convencional do ônus da prova tem rara aplicabilidade. Como destaca Costa Machado: "A regra jurídica sob enfoque, de origem italiana, tem quase ou nenhuma aplicação prática entre nós. Trata-se de disposição que faculta às partes a prática de ato dispositivo bilateral (convenção processual) sobre distribuição do ônus da prova, mas que acabou não se incorporando à mentalidade jurídico-processual de nossos advogados" (*Código de Processo Civil interpretado e anotado*. São Paulo: Manole, 2006. p. 716).

(58) DINAMARCO, Cândido Rangel. *Instituições de direito processual civil*. v. III. São Paulo: Malheiros, 2001. p. 79.

reclamante o impede de produzir comprovação de suas alegações em juízo, ou essa prova se torna excessivamente onerosa, podendo inviabilizar a efetividade do próprio direito postulado.

Desse modo, aplica-se perfeitamente ao Processo do Trabalho a regra de inversão do ônus da prova constante do Código de Defesa do Consumidor, em razão da omissão da CLT e da compatibilidade com os princípios que regem o Processo do Trabalho (art. 769 da CLT), máxime o princípio do acesso do trabalhador à justiça.

Vem tomando corpo, na Justiça do Trabalho, o entendimento da inversão do ônus da prova em favor do trabalhador nas ações acidentárias em que o empregado postula reparação de danos materiais e morais, em razão da grande dificuldade de produção da prova da culpa do empregador por parte do empregado.

Nesse sentido, temos o Enunciado n. 41 da 1ª Jornada de Direito Material e Processual do Trabalho realizada no TST, *in verbis*:

> "RESPONSABILIDADE CIVIL. ACIDENTE DO TRABALHO. ÔNUS DA PROVA. Cabe a inversão do ônus da prova em favor da vítima nas ações indenizatórias por acidente do trabalho."

No mesmo diapasão, a seguinte ementa:

> "Indenização por dano moral — Responsabilidade do empregador — Teoria do risco. O reclamado, considerado empregador na acepção do *caput* do art. 2º da CLT, está inserido no contexto do capitalismo como um ente destinado à obtenção do lucro, por isso que, no âmbito do Direito do Trabalho, ele se arroga do poder diretivo, assumindo amplamente os riscos sociais de sua atividade econômica, e se investe da obrigação de garantir a segurança, bem como a integridade física e psíquica dos seus empregados, durante a prestação de serviços. Ao explorar determinado ramo de atividade econômica, o empregador é responsável pelos danos físicos sofridos pelo empregado no exercício de suas atividades laborativas. Competia ao empregador a adoção de medidas simples ou complexas que minimizassem o risco e promovessem melhores condições de segurança no trabalho. A falta do empregador decorre de sua omissão voluntária e sobre ela recai a culpa *in vigilando*, estabelecido o nexo causal entre o seu comportamento e o dano. Devida, portanto, a indenização por dano moral." (TRT 3ª R. — 4ª T. — RO n. 493/2005.048.03.00-4 — rel. Luiz Otávio L. Renault — DJMG 4.6.05 — p. 11) (RDT n. 7 – junho de 2005)

Conforme o citado art. 6º, VIII, da Lei n. 8.078/90, são requisitos para a inversão do ônus da prova no Processo do Trabalho: faculdade do juiz e os requisitos alternativos da hipossuficiência ou verossimilhança da alegação.

a) *faculdade do juiz*(59): a inversão do ônus da prova é faculdade do juiz que pode ser levada a efeito de ofício, independentemente de requerimento das

---

(59) Na doutrina autores há que sustentam que, presentes os requisitos, a inversão judicial do ônus da prova, é direito da parte e não faculdade do Juiz. Nesse sentido, defende Júlio César Bebber: "(...) O sistema processual, salvo por (escorregadela) do legislador, não estabelece faculdades ao juiz que, como sujeito do processo, tem por situações ativas e passivas apenas poderes e deveres. Não há, portanto, discricionariedade. Não é lícito ao juiz dizer que há verossimilhança ou que reconhece a hipossuficiência, mas que, mesmo assim, não irá inverter o ônus da prova (*Op. cit.*, p. 308)".

partes. Segundo melhor doutrina, só haverá a necessidade de inversão do ônus da prova se não houver provas nos autos, ou seja, as partes não se desincumbiram do encargo probatório que lhes competia (*non liquet*). Como bem adverte *Nelson Nery Junior*[(60)]: "Caso as partes tenham se desincumbido do ônus da prova, não haverá o *non liquet* e o juiz, portanto, julgará de acordo com as provas e o seu livre convencimento (CPC 131)";

b) *hipossuficiência do reclamante:* a hipossuficiência não é necessariamente a econômica, mas a dificuldade excessiva de se produzir a prova[(61)];

c) *verossimilhança da alegação:* a alegação verossímil é a que tem aparência de verdade[(62)]. Na avaliação da verossimilhança, deve o juiz sopesar se há mais motivos para crer do que para não crer na veracidade da afirmação do autor. Também o Juiz do Trabalho se pautará pelas regras de experiência do que ordinariamente acontece[(63)].

Discute-se na doutrina e na jurisprudência qual o momento em que o ônus da prova deva ser invertido pelo juiz. A lei não disciplina essa questão. Entretanto, acreditamos, a fim de resguardar o contraditório e a ampla defesa (art. 5º, LV, da CF), que a inversão do ônus da prova deva ser levada a efeito pelo Juiz do Trabalho antes do início da audiência de instrução, em decisão fundamentada (art. 93, IX, da CF), a fim de que a parte contra a qual o ônus da prova foi invertido não seja pega de surpresa e produza as provas que entende pertinentes, durante o momento processual oportuno.

No mesmo sentido é a visão de *César P. S. Machado Jr.*[(64)]: "A colheita das provas trabalhistas é feita na audiência e este é o local e momento ideal para o juiz verificar a existência de qualquer circunstância que leva à inversão do ônus probatório, razão pela qual deverá manifestar-se a respeito nesta oportunidade, de forma expressa, na forma do art. 93, IX, da CF."

(60) NERY JÚNIOR, Nelson *et al. Código Civil comentado e legislação extravagante.* São Paulo: RT, 2005. p. 957.

(61) Conforme Nelson Nery Junior: "A hipossuficiência respeita tanto a dificuldade econômica quanto a técnica do consumidor em poder desincumbir-se do ônus de provar os fatos constitutivos do seu direito" (*Op. cit.*, p. 967).

(62) LOPES, João Batista. *A prova no direito processual do trabalho.* 2. ed. São Paulo: RT, 2002. p. 50.

(63) Destaca-se a seguinte ementa nesse sentido: "Empregado vigilante — Intervalo para refeição e descanso — Ônus da prova. O cotidiano dos pretórios trabalhistas tem demonstrado que o empregado vigilante dificilmente usufrui de intervalos regulares para refeição e descanso. E isto se dá porque, via de regra, não há outro laborista apto a substituí-lo em tais interregnos, fazendo com que a alimentação se proceda assim no próprio posto de trabalho, dada a impossibilidade de interrupção do serviço. É o que ordinariamente acontece. Consequentemente, pertence ao empregador o ônus de demonstrar a efetiva fruição do intervalo, visto que o ordinário se presume, e o extraordinário se prova. Exegese dos arts. 335 do CPC e 818 da CLT. Recurso patronal desprovido." (TRT – 15ª R. – 2ª T. – Ac. n. 26630/97 – rel. Manoel Carlos Toledo Filho – DJSP 15.9.97 – p. 83)

(64) MACHADO JR., César P. S. *O ônus da prova no processo do trabalho.* 3. ed. São Paulo: LTr, 2001. p. 156.

Destacamos, no aspecto, a seguinte ementa:

> "Considerando que as partes não podem ser surpreendidas, ao final, com um provimento desfavorável decorrente da inexistência ou da insuficiência da prova que, por força da inversão determinada na sentença, estaria a seu cargo, parece mais justa e condizente com as garantias do devido processo legal a orientação segundo a qual o juiz deve, ao avaliar a necessidade de provas e deferir a produção daquelas que entenda pertinentes, explicar quais serão objeto de inversão." (TJSP, 6ª Cam., Ag. 108602-4/0-SP, rel. Des. Antonio Carlos Marcato, v. u., j. 18.3.1999, Bol. AASP n. 2.123/225-e)

Não obstante, como o ônus da prova é uma regra de julgamento, é possível o juiz inverter o ônus da prova na própria sentença[(65)], ou até mesmo o Tribunal fazê-lo segundo o seu livre convencimento, mas, tanto numa hipótese como na outra, sempre em decisão devidamente fundamentada. O que não é possível é inverter o ônus e não propiciar à parte a quem este foi invertido o direito de produzir a prova. Por isso, devem as partes estar atentas à produção de suas provas. Se o juiz indeferir a produção de alguma prova por entender que o ônus seria da parte contrária, deverá a parte requerer que o juiz consigne seus protestos em ata a fim de evitar a preclusão. Sob outro enfoque, se o Juiz do Trabalho, ao instruir o processo, não estiver convencido sobre a distribuição do ônus da prova, deverá propiciar às partes igualdade de oportunidades na produção da prova, deixando a fixação da regra de distribuição do ônus da prova para a decisão final.

O atual Código de Processo Civil, seguindo posição majoritária da doutrina e da jurisprudência, no art. 373, § 1º, assegura à parte contra quem o ônus da prova fora fixado de forma diversa do convencional, o direito de desincumbir do ônus que lhe foi atribuído.

Desse modo, a tendência será no sentido de que a inversão do ônus da prova seja realizada antes da instrução processual.

Caso o Juiz do Trabalho inverta o ônus da prova por ocasião do julgamento, e a parte contra quem o ônus fora invertido não tiver produzido a prova, deverá converter o julgamento em diligência para que a parte tenha possa produzir a prova.

1.8.1. A moderna teoria da carga dinâmica do ônus da prova

Diante da necessidade de se dar efetividade ao acesso à ordem jurídica justa e não inviabilizar a tutela do direito à parte que tem razão, mas não apresenta condições favoráveis de produzir a prova do fato constitutivo do seu direito, é possível ao Juiz do Trabalho atribuir o encargo probatório à parte que tem melhores condições de produzir a prova. É o que a doutrina tem denominado de *carga dinâmica na produção do ônus da prova.*

---

(65) Nesse sentido, é a visão de Cândido Rangel Dinamarco: "O momento adequado à inversão do ônus da prova é aquele em que o juiz decide a causa (Barbosa Moreira). Antes, sequer ele sabe se a prova será suficiente ou se será necessário valer-se das regras ordinárias sobre esse ônus, que para ele só são relevantes em caso de insuficiência probatória" (*Instituições de direito processual civil.* Vol. III. São Paulo: Malheiros, 2001. p. 81) No mesmo sentido, João Batista Lopes (*Op. cit.*, p. 51).

Como nos traz *Luiz Eduardo Boaventura Pacífico*[66], "o grande mérito do pioneiro estudo sobre o ônus dinâmico das provas, dos juristas argentinos Jorge W. Peryrano e Julio O. Chiappini, no ano de 1976, foi o de revelar essa orientação jurisprudencial e sintetizar o princípio que acaba sendo rotineiramente utilizado em tais procedentes: o ônus da prova deve recair sobre a parte que se encontre em melhores condições profissionais, técnicas ou fáticas para produzir a prova do fato controvertido."

No processo do trabalho, diante da necessidade de se dar efetividade ao acesso à ordem jurídica justa e não inviabilizar a tutela do direito à parte que tem razão, mas não apresenta condições favoráveis de produzir a prova do fato constitutivo do seu direito, é possível ao Juiz do Trabalho atribuir o encargo probatório à parte que tem melhores condições de produzir a prova, aplicando a teoria do ônus dinâmico da prova. O Juiz do Trabalho, como reitor do processo (art. 765 da CLT), deve ter a sensibilidade, à luz das circunstâncias do caso concreto, de atribuir o encargo probatório ao litigante que possa desempenhá-lo com maior facilidade.

Parte da doutrina e da jurisprudência é refratária à admissão da presente teoria ao processo civil brasileiro, argumentando que ela majora de forma excessiva os poderes do juiz na condução do processo, surpreende as partes no processo, causando insegurança jurídica e dificultando o contraditório.

Não obstante as ponderações anteriores, pensamos em sentido diverso, uma vez que, conforme já mencionado, a tendência do processo civil contemporâneo sinaliza na majoração dos poderes do juiz na instrução processo. De outro lado, diante dos princípios cooperação e boa-fé objetiva das partes, estas devem produzir as provas necessárias à descoberta da verdade. Além disso, os referidos princípios constitucionais da isonomia real, livre convicção do magistrado e acesso real à justiça impõem ao magistrado posturas destinadas a assegurar o equilíbro do processo, bem como a produção da prova.

De outro lado, a moderna doutrina vem sustentando que o ônus da prova, além de ser regra de julgamento, é também uma regra de instrução processual, devendo o juiz, antes de realizar os atos instrutórios, analisar as teses da inicial e da defesa, bem como os fatos e as circunstâncias do processo, e fixar o ônus da prova à parte que esteja em melhores condições de produzi-la.

Trata-se, inegavelmente, de uma tendência mundial do processo de majoração dos poderes do juiz na direção do processo, a fim de que os litigantes sejam tratados com isonomia real e a justiça seja implementada com maior efetividade. Não se trata de arbítrio do juiz, pois terá que justificar, com argumentos jurídicos, sob o crivo do contraditório, diante das circunstâncias do caso concreto, a aplicação da carga dinâmica da produção da prova.

(66) PACÍFICO, Luiz Eduardo Boaventura. *O ônus da prova*. 2. ed. São Paulo: RT, 2011. p. 222-223.

Como bem destacou *João Humberto Cesário*[(67)]:

> "É fundamental saber que relativamente à distribuição do ônus da prova a legislação de regência traça tão somente diretrizes gerais para a orientação básica dos atores processuais. Assim é que a atenuação dessas diretivas fundada no princípio da aptidão para a prova, vem a cada dia ganhando destaque no foro trabalhista. Dito de outro modo, enquanto os arts. 818 da CLT e 333 do CPC disciplinam a distribuição estática do encargo probatório, para que por via dela se evitem julgamentos injustos, nos quais uma parte, não obstante possuir razão em uma contenda, veja inviabilizada a obtenção do bem da vida perseguido judicialmente, em virtude da impossibilidade de produzir uma prova para ela difícil, improvável ou mesmo impossível (*probatio diabolica*), enquanto a contraprova do seu adversário seria de tranquila veiculação."

A presente teoria não se confunde com a inversão do ônus da prova, embora com ela tenha contatos, pois a inversão pressupõe a presença dos critérios previstos na lei, e que exista uma regra pré-fixada para o ônus da prova. De outro lado, carga dinâmica se assenta no princípio da aptidão para a prova, não necessitando a presença de verossimilhança da alegação do autor.

Como destacou *Eduardo Cambi*[(68)]:

> "[...] não há na distribuição dinâmica do ônus da prova uma inversão nos moldes previstos no art. 6º, inc. VIII do CDC, porque só se poderia falar em inversão caso o ônus fosse estabelecido prévia e abstratamente. Não é o que acontece com a técnica de distribuição dinâmica, quando o magistrado, avaliando as peculiaridades do caso concreto, com base em máximas de experiência (art. 335 do CPC), irá determinar quais fatos devem ser provados pelo demandante e pelo demandado."

O atual Código de Processo Civil consagra a regra do ônus dinâmico da prova no art. 373, §§ 1º e 2º, *in verbis*:

> "§ 1º Nos casos previstos em lei ou diante de peculiaridades da causa relacionadas à impossibilidade ou à excessiva dificuldade de cumprir o encargo nos termos do *caput* ou à maior facilidade de obtenção da prova do fato contrário, poderá o juiz atribuir o ônus da prova de modo diverso, desde que o faça por decisão fundamentada, caso em que deverá dar à parte a oportunidade de se desincumbir do ônus que lhe foi atribuído.
>
> § 2º A decisão prevista no § 1º deste artigo não pode gerar situação em que a desincumbência do encargo pela parte seja impossível ou excessivamente difícil."

Diante do referido dispositivo legal, o ônus dinâmico da prova (ou teoria da carga dinâmica), pode ser aplicada quando:

a) nos casos previstos em lei;

---

(67) *Provas e recursos no processo do trabalho.* São Paulo: LTr, 2010. p. 46-47.

(68) *A prova civil:* admissibilidade e relevância. São Paulo: RT, 2006. p. 341.

b) impossibilidade da produção da prova pela parte que detém o ônus, ou;

c) excessiva dificuldade probatória da parte que detém o ônus da prova, ou;

d) maior facilidade de produção da prova pela parte que não detém o ônus da prova.

Alguns autores entendem que, embora o texto legal tenha destacado quatro hipóteses alternativas para fixação do ônus dinâmico probatório, na verdade, exceto quando previsto em lei, a melhor interpretação sinaliza no sentido dos requisitos serem cumulativos. Desse modo, o juiz somente poderia aplicar o presente dispositivo quando: *houver impossibilidade ou excessiva dificuldade probatória da parte que detém o ônus da prova, e a maior facilidade de produção da prova pela parte que não detém o ônus da prova.*

De nossa parte, o texto legal faculta a aplicação da teoria dinâmica do ônus da prova nas quatro hipóteses alternativas que a lei destaca, mas o Juiz deve analisar com muita cautela e ponderar a situação concreta, para não onerar em demasia uma das partes e evitar que a parte a quem o ônus fora atribuído ficar em situação de impossibilidade ou excessiva dificuldade de produzir a prova.

No processo do trabalho, o Juiz, ao sanear o processo na própria audiência, ou em outro momento processual, deve fundamentar a aplicação do ônus dinâmico da prova, antes do início da instrução processual.

Discute-se, na doutrina e jurisprudência, se a fixação do ônus dinâmico da prova é faculdade do Juiz ou direito processual subjetivo da parte. Como visto, o art. 373, § 1º, do CPC assevera ser faculdade do juiz fixar o ônus da prova de forma diversa. Entretanto, vem crescendo, na doutrina, o entendimento de que, presentes os requisitos legais, constitui direito processual subjetivo da parte, em compasso com os princípios do acesso à justiça, e efetividade.

Na esfera trabalhista, o ônus dinâmico pode ser utilizado nas hipóteses em que o reclamante pretende reparações por danos morais, assédio moral, assédio sexual ou discriminação, uma vez que a dificuldade probatória do trabalhador é muito acentuada e o reclamado, via de regra, tem maiores possibilidades de produção da prova. No entanto, mesmo nessas situações, deve o magistrado sopesar a boa-fé do trabalhador e a seriedade da alegação e todas as circunstâncias que envolvem o caso concreto, e ainda a existência de algum indício.

O Tribunal Superior do Trabalho, por meio da IN n. 39, corretamente, entendeu aplicáveis os §§ 1º e 2º do art. 373 do CPC ao processo trabalhista. Com efeito, dispõe o art. 3º, VIII, da referida instrução:

> "Sem prejuízo de outros, aplicam-se ao Processo do Trabalho, em face de omissão e compatibilidade, os preceitos do Código de Processo Civil que regulam os seguintes temas: (...) VII – art. 373, §§ 1º e 2º (distribuição dinâmica do ônus da prova)."

Recentemente, a jurisprudência do Tribunal Superior do Trabalho adotou, de certa forma, a presente teoria em sua Súmula n. 443, a seguir transcrita:

"DISPENSA DISCRIMINATÓRIA. PRESUNÇÃO. EMPREGADO PORTADOR DE DOENÇA GRAVE. ESTIGMA OU PRECONCEITO. DIREITO À REINTEGRAÇÃO. Presume-se discriminatória a despedida de empregado portador do vírus HIV ou de outra doença grave que suscite estigma ou preconceito. Inválido o ato, o empregado tem direito à reintegração no emprego."

Diante do referido entendimento sumular, ao empregador cumpre o ônus da prova de demonstrar que não discriminou o trabalhador portador de doença grave, uma vez que tal prova é extremamente difícil ao trabalhador, e o empregador detém maior aptidão para produzi-la, uma vez que tem a obrigação legal de zelar para que a discriminação não aconteça.

A jurisprudência vem acolhendo a presente teoria, conforme as ementas a seguir transcritas:

"APELAÇÃO CÍVEL. INDENIZAÇÃO POR DANO MORAL. ANÚNCIO INVERÍDICO OFENSIVO À HONRA DA AUTORA VEICULADO NO *SITE* DA REQUERIDA. RESPONSABILIDADE DO PROVEDOR E DO FORNECEDOR DE SERVIÇOS. APLICAÇÃO DA TEORIA DA CARGA DINÂMICA DO ÔNUS DA PROVA. VALOR DA INDENIZAÇÃO. ATENÇÃO AO CRITÉRIO PUNITIVO-PEDAGÓGICO AO OFENSOR E COMPENSATÓRIO À VÍTIMA. INAPLICABILIDADE AO CASO PELO JUÍZO *A QUO* DO INSTITUTO NORTE-AMERICANO DO *PUNITIVE DAMAGES*. 1 – Incontroverso o fato de que o anúncio registrado no *site* "Almas Gêmeas", pertencente à requerida, foi efetuado por terceiro alheio ao processo. 2 – Atuando a ré como provedora de acesso à Internet e não sendo possível a identificação do real responsável pelo conteúdo ofensivo do anúncio, é seu o dever de indenizar pelos danos à personalidade da autora. Aplicação da Teoria da Carga Dinâmica da Prova, ou seja, incumbe a quem tem mais condições a prova de fato pertinente ao caso. 3 – Não só como provedora de acesso em sentido amplo atuou a ré na relação em análise, como atuou também como prestadora de serviços, mesmo que gratuitamente. Evidencia-se a desmaterialização e despersonalização das relações havidas pelo uso da Internet, não sendo mais possível identificar o objeto e muito menos os sujeitos de tais relações. Assim, sendo a ré empresa que possui *site* na *Internet* de relacionamentos, deve, a fim de evitar a incomensurável dimensão dos danos oriundos do mau uso de seus serviços, adotar medidas de segurança que diminuam tais riscos. 4 – Valor da Indenização que atendeu o caráter punitivo-pedagógico ao ofensor e compensatório à vítima pelo dano sofrido. Ademais, para o arbitramento do dano moral, devem-se levar em conta as condições econômicas da vítima e do ofensor. Inaplicabilidade do instituto norte-americano do *punitive damages*. Aplicação ao caso dos critérios para aferição do *quantum* a indenizar em consonância com o instituto da responsabilidade civil do direito brasileiro. NEGADO PROVIMENTO AOS APELOS, COM EXPLICITAÇÃO." (Apelação Cível n. 70013361043, Sexta Câmara Cível, Tribunal de Justiça do RS, relator: Artur Arnildo Ludwig, Julgado em 21.12.2006)

"APELAÇÕES CÍVEIS. AÇÃO DE REVISÃO DE CONTRATO GARANTIDO POR ALIENAÇÃO FIDUCIÁRIA. AUSÊNCIA DO CONTRATO OBJETO DA PRETENDIDA REVISÃO. Caso em que o contrato objeto da pretensão revisional não veio aos autos, ônus que cabia à instituição financeira, pela observância ao princípio da carga dinâmica da prova. Inteligência, ainda, do art. 355 do CPC. SENTENÇA DESCONSTITUÍDA DE OFÍCIO." (Apelação Cível n. 70017420225, Décima Quarta Câmara Cível, Tribunal de Justiça do RS, relatora: Isabel de Borba Lucas, Julgado em 7.12.2006)

"ASSISTÊNCIA JUDICIÁRIA GRATUITA. IMPUGNAÇÃO JULGADA PROCEDENTE. AUSÊNCIA DE PROVA DA HIPOSSUFICIÊNCIA. ALUSÃO À GARANTIA CONSTITUCIONAL. APLICAÇÃO DA TEORIA DA DISTRIBUIÇÃO DINÂMICA DA PROVA. Mantém-se o decreto judicial que acolhe a impugnação à gratuidade judiciária, quando o impugnado deixa de comprovar com suficiência sua impossibilidade em atender os ônus do processo e os elementos colacionados aos autos evidenciam a potência financeira dos litigantes. A garantia constitucional que assegura o benefício da assistência jurídica integral e gratuita exige, além da simples "afirmação" da pobreza", também a "comprovação" da hipossuficiência de recursos (CF, art. 5º, LXXIV), o que enseja a discricionariedade judicial em sua avaliação. Cabe ao requerente, assim, como parte mais habilitada, cumprir a demonstração, em respeito à "teoria da distribuição dinâmica da prova", fornecendo todos os elementos de convicção que persuadam sobre alegada hipossuficiência. APELO DESPROVIDO." (Apelação Cível n. 70010284180, Sétima Câmara Cível, Tribunal de Justiça do RS, relator: José Carlos Teixeira Giorgis, Julgado em 16.3.2005)

No aspecto, também o Enunciado n. 60 da 1ª Jornada de Direito Material de Processual do Trabalho, realizada no TST em novembro de 2007, *in verbis*:

> "INTERDIÇÃO DE ESTABELECIMENTO E AFINS. AÇÃO DIRETA NA JUSTIÇA DO TRABALHO. REPARTIÇÃO DINÂMICA DO ÔNUS DA PROVA. I – A interdição de estabelecimento, setor de serviço, máquina ou equipamento, assim como o embargo de obra (art. 161 da CLT), podem ser requeridos na Justiça do Trabalho (art. 114, I e VII, da CRFB), em sede principal ou cautelar, pelo Ministério Público do Trabalho, pelo sindicato profissional (art. 8º, III, da CRFB) ou por qualquer legitimado específico para a tutela judicial coletiva em matéria labor-ambiental (arts. 1º, I, 5º, e 21 da Lei n. 7.347/85), independentemente da instância administrativa. II – Em tais hipóteses, a medida poderá ser deferida [a] "*inaudita altera parte*", em havendo laudo técnico preliminar ou prova prévia igualmente convincente; [b] após audiência de justificação prévia (art. 12, *caput*, da Lei n. 7.347/85), caso não haja laudo técnico preliminar, mas seja verossímil a alegação, invertendo-se o ônus da prova, à luz da teoria da repartição dinâmica, para incumbir à empresa a demonstração das boas condições de segurança e do controle de riscos."

1.9. A revelia e a produção de provas no Direito Processual do Trabalho

Tema dos mais polêmicos da revelia é a produção de provas. Doutrina e jurisprudência não são pacíficas quanto à possibilidade de produção de provas diante da revelia.

O autor, em muitos casos, pretende produzir provas, pois há o receio de a revelia ser reconsiderada, de não poder trazer suas testemunhas em outra oportunidade e da possibilidade de o Tribunal ter entendimento divergente.

O réu que ingressar na relação jurídico-processual após o decreto de revelia pretende, a todo custo, minorar as consequências da revelia, mas encontra limites de não poder renovar fases processuais já atingidas pela preclusão e inúmeras vezes se vê impossibilitado de produzir qualquer prova, uma vez que não controverteu os fatos, conforme os arts. 341 e 374, III, do CPC.

Os entendimentos, tanto da doutrina como da jurisprudência, são variados. Alguns sustentam a impossibilidade absoluta da produção de provas diante da revelia, sob consequência de o instituto perder a razão de ser. Já outros sustentam ser possível a produção de provas somente em algumas hipóteses, *v. g.*, quando os efeitos da revelia não se verificam (art. 345 do CPC), em se tratando de matérias de ordem pública ou que possam ser alegadas em qualquer grau de jurisdição ou matérias de ordem técnica. Já outros entendem que é possível conjugar a revelia com a produção probatória. Embora a amplitude da dilação probatória fique mitigada, é possível tanto ao autor como ao réu produzi-las, e ao juiz determinar a produção de provas em algumas hipóteses. O autor quando não se verificarem os efeitos da revelia, quando a discussão é eminentemente técnica e, quando, a cargo do juiz, fora determinado. Já o réu pode produzir provas para contrariar os fatos articulados pelo autor, desde que ingresse a tempo na relação jurídico-processual.

No nosso sentir, a maior participação do réu na fase probatória tem suporte no próprio conceito de revelia, que para nós configura preclusão quanto ao direito de responder, e, no Processo do Trabalho, esse direito decorre do fato de o reclamado não ter comparecido à audiência em que poderia responder (art. 844 da CLT). Não obstante o revel não ter controvertido os fatos, a revelia gera uma presunção relativa de veracidade dos fatos afirmados pelo autor, mas não derruba o contraditório(69) processual, que é o direito de reagir a cada ação do *ex adverso*. Ora, revelia não é pena, não é um ônus, é uma situação processual. O revel não pode ser visto como um fora da lei porque não veio a juízo se defender. Ainda que não tenha controvertido os fatos, o revel, caso compareça em momento oportuno, poderá derrubar essa presunção de veracidade dos fatos invocados pelo autor. Não poderá fazer prova de fatos que não alegou, ou seja, não poderá fazer prova de fatos modificativos, extintivos e impeditivos do direito do autor. Caso o revel consiga, com a produção de provas, derrubar a presunção de veracidade dos fatos afirmados pelo autor, este último terá de fazer prova do fato constitutivo do seu direito. Não se está com o presente entendimento desconsiderando o instituto da revelia, mas possibilitando ao réu o direito de, efetivamente, exercer o contraditório e buscar minorar os efeitos da revelia. Em razão do princípio da proporcionalidade a que já nos referimos, no

(69) Nesse diapasão, oportunas as palavras de Artur César de Souza: "Em face da nova concepção do processo, em que não basta um contraditório meramente formal, mas efetivamente substancial, não se pode mais deixar de levar em consideração essa desigualdade social, econômica e, por que não dizer, espiritual, que se estabelece em cada relação jurídica processual. Persegue-se um novo paradigma, segundo a racionalidade do outro. Interpela-se o outro para a Justiça. Essa desigualdade macula a efetividade do direito de defesa. Aceitando-se passivamente o contraditório formal, coloca-se em risco a democracia e a legitimação do procedimento. Segundo Luiz Guilherme Marinoni, '[...] Quem visualiza o contraditório a partir da ótica do liberalismo do século XIX, descreverá o princípio como uma garantia de conteúdo formal. Entretanto, como esta perspectiva está superada e enterrada pela nossa própria Constituição, e é necessário que o direito se ajuste aos anseios da justiça social, é lógico e bem mais do que evidente que o princípio do contraditório não pode mais ser focalizado a partir de ideia de igualdade formal. Com efeito, na atualidade o princípio do contraditório deve ser desenhado com base no princípio da igualdade substancial, o que reflete os valores do Estado Social'. É por isso que não basta apenas observarem-se os direitos fundamentais de primeira geração, os quais foram e são de extrema importância, para amparar aquele chamado campo de autodeterminação individual, no qual o Estado não pode penetrar. Também importante para o processo, na sua atual concepção, são os chamados direitos fundamentais de segunda e terceira geração, segundo os quais, o Estado deve não apenas respeitar a individualidade, mas, sobretudo, atuar com efetividade, a fim de que a igualdade substancial prevaleça, acima de tudo, na relação jurídica processual. A igualdade não se estabelece somente pelas normas jurídicas, mas, e, principalmente nos dias de hoje, mediante a análise das circunstâncias sociais de cada parte no processo" (*Contraditório e revelia. Perspectiva crítica dos efeitos da revelia em face da natureza dialética do processo.* São Paulo: RT, 2003, p. 255-256).

nosso sentir, o revel que comparece e ingressa na relação jurídico-processual possui maiores faculdades processuais do que o revel que jamais comparece. Sob outro enfoque, pode, inclusive, ser benéfico ao autor o comparecimento do revel, pois há a possibilidade da conciliação, também possibilidade de o autor produzir a prova dos fatos constitutivos do seu direito e sepultar a possibilidade de anulação da revelia em sede recursal, e também certeza de que irá encontrá-lo para futura execução.

No mesmo sentido, se pronuncia *Rita Gianesini*(70): "Em qualquer hipótese, em se realizando a prova pericial, o revel poderá apresentar quesitos suplementares (art. 425) desde que não amplie o âmbito da perícia. Poderá também requerer, na forma e no prazo do art. 435, a presença do perito e/ou assistente técnico do autor para prestar(em) esclarecimentos, em audiência. No tocante à produção da prova testemunhal, se requerida pelo autor e deferida ou determinada de ofício ou necessária por motivos subsequentes, o revel poderá arrolar suas testemunhas, na forma e prazo do art. 407."

Nesse sentido, destacam-se as seguintes ementas:

"REVELIA — CONTESTAÇÃO INTEMPESTIVA — REQUERIMENTOS DE PROVAS PELO RÉU REVEL — POSSIBILIDADE — LIMITES — PRESUNÇÃO RELATIVA DE VERACIDADE DOS FATOS AFIRMADOS NA INICIAL — CPC, ARTS. 322, 319, 320 e 330 — JULGAMENTO ANTECIPADO DA LIDE — RECURSO DESACOLHIDO. I – A presunção de veracidade dos fatos afirmados na inicial, em caso de revelia, é relativa, devendo o juiz atentar para a presença ou não das condições da ação e dos pressupostos processuais e para a prova de existência dos fatos da causa. Desse modo, pode extinguir o feito sem julgamento de mérito, ou mesmo concluir pela improcedência do pedido, a despeito de ocorrida a revelia. II – A produção de provas visa à formação da convicção do julgador acerca da existência dos fatos controvertidos, conforme o magistério de Moacyr Amaral Santos, segundo o qual "a questão de fato se decide pelas provas. Por essas se chega à verdade, à certeza dessa verdade, à convicção. Em consequência, a prova visa, como fim último, incutir no espírito do julgador a convicção da existência do fato perturbador do direito a ser restaurado" (Prova judiciária no cível e comercial. 2. ed., São Paulo: Max Limonad, 1952. vol. I, n. 5, p. 15). III – Comparecendo antes de iniciada a fase probatória, incumbe ao julgador sopesar a intervenção e a pertinência da produção das provas, visando a evidenciar a existência dos fatos da causa, não se limitando a julgar procedente o pedido somente como efeito da revelia. IV – A produção de provas requeridas pelo revel limita-se aos fatos afirmados na inicial. V – Sem o cotejo analítico entre o acórdão impugnado e os arestos trazidos a confronto, não se caracteriza a divergência jurisprudencial hábil a ensejar o acesso à instância especial." (STJ – REsp 211851-SP – 4ª T. – rel. Min. Sálvio de Figueiredo Teixeira – DJU 13.09.1999 – p. 71)

"DIREITO PROBATÓRIO DO REVEL — AFERIÇÃO DA NECESSIDADE E UTILIDADE DA PROVA. A delimitação das repercussões do decreto de revelia, sobre o direito probatório do revel, não dispensa a aferição da necessidade e utilidade da prova, para a solução do mérito, da causa — Sentença mantida." (TJRS – APC 70000072710 – 9ª C. Cív. – relª Desª Juíza Mara Larsen Chechi – j. 26.4.2000)

"PROVAS — REVELIA — PRODUÇÃO DE PROVA. O revel intervém no processo no estado em que se encontra (CPC, art. 322) e só pode praticar os atos vindouros, contados a partir de sua intervenção no processo. Não pode fazer o processo retroceder para produzir prova

(70) GIANESINI, Rita. *Da revelia.* Tese de mestrado apresentada na PUC/SP, 1979. p. 156.

que deveria ter sido produzida anteriormente. A lei impõe preclusão e proibição expressa de retorno (CPC, art. 183)." (TRT 2ª R. – RO 02990131293 – (Ac. 20000143345) – 9ª T. – rel. Luiz Edgar Ferraz de Oliveira – DOESP 18.04.2000)

Parece-nos que a melhor interpretação quanto à possibilidade de produção de provas pelo revel foi dada por *Rita Gianesini*(71), quando assevera: "Concluindo, a produção de provas pelo réu revel encontra dois limites: um temporal — preclusão do prazo para requerer a sua proposição ou para produzi-la. O pedido de realização de prova poderá, porém, ser suprido pelo formulado pelo autor e deferido, ou pela determinação de ofício do magistrado ou por motivos supervenientes. Outro limite é relativo ao conteúdo da prova, isto é, deverá se cingir aos fatos deduzidos pelo autor na inicial."

O Código de Processo Civil atual, ao contrário da doutrina e da jurisprudência dominantes à época do CPC/73, consagra o presente entendimento. Com efeito, dispõe o art. 349 do CPC, *in verbis*:

> "Ao réu revel será lícita a produção de provas, contrapostas às alegações do autor, desde que se faça representar nos autos a tempo de praticar os atos processuais indispensáveis a essa produção."

No mesmo sentido a Súmula n. 241 do STF, editada sob à égide do CPC/39, *in verbis*:

> "O revel, em processo civil, pode produzir provas, desde que compareça em momento oportuno."

Diante do art. 349 do CPC, de aplicação subsidiária do Processo do Trabalho (arts. 769 da CLT e 15 do CPC), caso o revel compareça em momento oportuno, e com relação às fases processuais em que ainda não se operou a preclusão, poderá: a) produzir provas a fim de derrubar a presunção de veracidade dos fatos afirmados pelo autor; b) requerer o depoimento pessoal do autor; c) juntar documentos para contrariar os fatos articulados na inicial; d) indicar assistentes técnicos e formular quesitos; e) contraditar testemunhas; f) produzir provas sobre matérias que possam ser invocadas em qualquer grau de jurisdição como as previstas no art. 337 do CPC e a prescrição; g) aduzir razões finais; h) recorrer e contra-arrazoar recurso.

De outro lado, o juiz apreciará livremente os efeitos da revelia, vale dizer: se a matéria fática está incontroversa ou não, nos termos do princípio do convencimento motivado (art. 371 do CPC e também à luz do art. 765 da CLT). Caso entenda o juiz que a pretensão do autor não é verossímil, ou se mostra fora da razoabilidade, poderá determinar a produção de provas, inclusive por parte do autor.

Como bem adverte *Júlio César Bebber*(72): "A revelia não violenta a livre consciência do juiz para ditar-lhe o seu convencimento, não inibindo, igualmente, o

(71) *Ibidem*, p. 160.

(72) BEBBER, Júlio César. Revelia e livre convencimento. *In: Processo do trabalho.* Temas atuais. São Paulo: LTr, 2003. p. 69.

amplo poder instrutório que, no dizer do próprio José Roberto dos Santos Bedaque, 'é elemento indissociável da efetividade do processo'. O juiz não tem o compromisso de satisfazer a vontade do legislador. Cabe-lhe, sim, atender à vontade objetiva da norma, que possui vida independente de seu criador."

Por outro lado, no nosso sentir, o juiz tem de considerar que a revelia gera uma presunção de veracidade (art. 344 do CPC). Sendo assim, caso não esteja convencido da verossimilhança ou da ocorrência dos fatos declinados na inicial, deverá, num primeiro momento, fundamentadamente (art. 93, IX, da CF), em sede de decisão interlocutória, justificar, segundo o seu livre convencimento, a necessidade de produção das provas que entende necessárias (arts. 370 do CPC e 765 da CLT) e, posteriormente, quando da sentença, valorar o conjunto das provas constantes dos autos.

Como bem adverte *Cândido Rangel Dinamarco*(73): "Como toda presunção relativa, também essa não tem o valor tarifado e invariável próprio aos sistemas de prova legal. No sistema da livre apreciação de prova, segundo os autos, o juiz dar-lhe-á o valor que sua inteligência aconselhar, feito o confronto com o conjunto dos elementos de convicção eventualmente existente nos autos e levando em conta a racional probabilidade de que os fatos hajam ocorrido como disse o autor."

No mesmo sentido, é o art. 20 da Lei n. 9.099/95, que resta aplicável, perfeitamente, ao Processo do Trabalho(74), por força do art. 769 da CLT, já que se trata de norma de Direito Processual Comum. Com efeito, aduz o indigitado dispositivo legal:

> "Não comparecendo o demandado à sessão de conciliação ou à audiência de instrução e julgamento, reputar-se-ão verdadeiros os fatos alegados no pedido inicial, *salvo se o contrário resultar da convicção do juiz*."(75) (grifou-se)

Como bem destacado por *Jorge Luiz Souto Maior*(76): "A sentença, tanto quanto possível, deve alicerçar-se na prova real e não na *ficta confessio*, conforme prevê, aliás, o art. 20, da Lei n. 9.099/95 [...] Especialmente, há de se adotar essa postura — a de não reconhecer o efeito de presunção relativa da revelia — quando, no processo do trabalho, o reclamante requeira a declaração da existência de vínculo empregatício e não haja, nos autos, qualquer elemento de convicção neste sentido. É que essa declaração pode se prestar a fins fraudulentos e o rigorismo das formas processuais não pode fazer do juiz um inevitável partícipe dessa intenção."

---

(73) DINAMARCO, Cândido Rangel. *Instituições de direito processual civil*. Vol. III. São Paulo: Malheiros, 2002. p. 535.

(74) Como bem assevera Dinamarco, sob o prisma do Direito Processual Civil (*Op. cit.*, p. 535), referindo-se ao art. 20 da Lei n. 9.099/95, essa é uma norma federal de direito processual, posterior ao Código de Processo Civil, que se impõe em todos os setores do processo civil nacional.

(75) O art. 277, § 2º, do CPC tem a seguinte redação: "Deixando injustificadamente o réu de comparecer à audiência, reputar-se-ão verdadeiros os fatos alegados na petição inicial (art. 319), salvo se o contrário resultar da prova dos autos, proferindo o juiz, desde logo, a sentença."

(76) SOUTO Maior, Jorge Luiz. *Op. cit.*, p. 251.

No mesmo sentido, é o art. 345, IV, Código de Processo Civil atual, que consagra o entendimento prevalente na doutrina e na jurisprudência. Com efeito, dispõe o referido dispositivo legal:

> "A revelia não produz o efeito mencionado no art. 344[(77)] se:
>
> (...)
>
> IV – as alegações de fato formuladas pelo autor forem inverossímeis ou estiverem em contradição com prova constante dos autos."

Desse modo, conclui-se que o poder instrutório do Juiz do Trabalho é amplo diante da revelia, devendo sempre ser observados os princípios do livre convencimento motivado e do contraditório[(78)].

1.10. Valoração da prova no Direito Processual do Trabalho

A valoração da prova é um dos momentos mais importantes do processo, em que o julgador, de forma discricionária, mas fundamentada, analisará as provas produzidas nos autos, primeiramente de forma isolada, e depois confrontando as provas existentes, chegando a uma conclusão sobre a melhor prova e sobre o fato ou os fatos que comprovam. Diante dos fatos que entendeu provados, o juiz aplicará o direito, acolhendo ou rejeitando o pedido.

O juiz, como destinatário da prova, tem ampla liberdade para valorá-las, segundo o princípio da persuasão racional, ou livre convencimento motivado, que vigora em sede processual civil, *ex vi*, do art. 371 do CPC, *in verbis*:

> "O juiz apreciará a prova constante dos autos, independentemente do sujeito que a tiver promovido, e indicará na decisão as razões da formação de seu convencimento."

O Código de Processo Civil de 2015 não mais utliza a expressão livre convencimento constante do CPC de 73 (art. 131), dizendo que o convencimento deverá ser motivado.

Mesmo diante do novo Código, segmentos da doutrina defendem que a sistemática da convicção judicial e valoração da prova do processo não sofreram alteração, uma vez que o convencimento é discricionário, e desse modo, o juiz pode firmar, livremente sua convicção sobre a prova do processo, desde que, indique os fundamentos de convicção.

Nesse sentido, por todos, destacamos a opinião de *Manoel Antonio Teixeira Filho*[(79)]:

> "O fato do legislador de 2015 não haver repetido o vocábulo livremente, que constava do texto de 1973, não significa que o juiz ficou destituído

(77) Art. 344, do CPC: "Se o réu não contestar a ação, será considerado revel e presumir-se-ão verdadeiras as alegações de fato formuladas pelo autor."

(78) Vide sobre o assunto: SCHIAVI, Mauro. *A revelia no direito processual do trabalho:* legalidade, justiça e poderes do juiz na busca da verdade. São Paulo: LTr, 2006. p. 100-124.

(79) *Comentários ao Novo Código de Processo Civil:* sob a perspectiva do processo do trabalho. 2. ed. São Paulo: LTr, 2016. p. 371.

de liberdade na apreciação da prova produzida nos autos, máxime no caso dos juízes do trabalho, aos quais o art. 765 da CLT concede, desde sempre, ampla liberdade na condução do processo (...). O juiz tem ampla liberdade para formar o seu convencimento jurídico acerca dos fatos da causa, contanto que o faça com base na prova dos autos. A sua liberdade nesse campo, pode ser comparada à de um prisoneiro na cela: pode ir onde desejar, desde que seja no interior do cárcere — que, na alegoria, são as provas produzidas pelas partes."

Outros argumentam que houve alteração na sistemática anterior, restringindo, em parte, a discricionariedade judicial. Nesse sentido, sustenta *Lênio Luiz Streck*(80):

"Com a redação do art. 371 sem a palavra 'livre', não poderá o juiz ou tribunal referir que determinada decisão foi exatrada desse modo em face da livre apreciação da prova ou de seu livre convencimento. Isso implica outra questão absolutamente relevante: por uma decorrêncial lógica, não poderá o juiz fundamentar a decisão alegando que 'julgou segundo sua consciência', uma vez que isso seria repristinar a expressão derrogada, conspurcando, assim, a 'vontante legislativa' (obviamente a referência à vontade legislativa, aqui, tem um viés hermenêutico e paradigmático, sem qualquer alusão aos métodos tradicionais de interpretação)."

De nossa parte, diante do que dispõe o art. 371, do CPC, o juiz pode firmar sua convicção com qualquer elemento de prova constante dos autos, ainda que não alegado na inicial ou na contestação. Por isso, qualquer prova constante dos autos é apta a firmar a convicção do juiz. De outro lado, por mandamento constitucional (art. 93, IX, da CF), e da lei processual civil, deve o julgador mencionar na fundamentação da sentença qual ou quais provas existentes nos autos lhe formaram a convicção. Outrossim, deverá apreciar todos os elementos de prova constante dos autos e dizer quais provas, em sua avaliação tiveram maior peso em confronto com as demais constantes do processo. Sob outro enfoque, em compasso com a nova sistemática do contraditório no CPC de 2015, se o Juiz firmar sua convicção com elemento de prova constante dos autos, mas que sobre ele não tenham se manifestado reclamante ou reclamado, deverá, oportunizar, antes do julgamento, manifestação das partes.

No aspecto, destacamos as seguintes ementas:

"Juiz — Apreciação das provas — Valoração — Princípio da persuasão racional — Inteligência do art. 131 do CPC. O juiz, ao apreciar os pedidos valorando as provas, tem ampla liberdade de verificar sua pertinência, principalmente no processo laboral, cujo objetivo maior é alcançar a verdade real. Cabe-lhe, sim, inclusive por expressa disposição legal, conforme o art. 131 do CPC, de aplicação subsidiária no processo laboral, restringir-se aos elementos existentes nos autos, inclusive para aquilatar a qualidade da prova, a coerência

---

(80) In: *Comentários ao Código de Processo Civil:* de acordo com a Lei n. 13.256/2016. São Paulo: Saraiva, 2016. p. 553.

intrínseca com os fatos alegados, em conformidade com o art. 818 da CLT e art. 333 e incisos, do CPC. Ora, o objetivo desta não é senão outro do que formar a convicção do Órgão Julgador, sempre, repita-se, fulcrado no princípio da persuasão racional." (TRT 15ª R. – 2ª T. – rel. Des. Luís Carlos Cândido M. S. da Silva – DJ n. 222 – 28.11.08 – p. 36 – RO n. 417/2007.081.15.00-0) (RDT n. 03 – março de 2009)

"Valoração da prova — Princípio do livre convencimento motivado do juiz. A lei assegura ao magistrado ampla liberdade na direção do processo (art. 765 da CLT), devendo, no exercício da função jurisdicional, sopesar os elementos probantes trazidos aos autos para a formação de seu convencimento e analisar os fatos dentro de um contexto e segundo critérios de razoabilidade crítica, na forma do art. 131 do CPC." (TRT 10ª R. – 1ª T. – RO n. 1228/2007.017.10.00-9 – relª Juíza Maria Regina M. Guimarães – DJ 23.5.08 – p. 434) (RDT n. 07 – julho de 2008)

"Valoração das provas — Princípio do livre convencimento. O juiz é livre para firmar sua convicção sobre o valor das provas. Consagra-se o princípio pelo art. 131 do CPC e implicitamente pelos arts. 765 e 832 da CLT. Nesta linha, as alegações das partes não são suficientes para demonstrar a verdade ou não de determinado fato, devendo ser levados ao conhecimento do magistrado e provados, conforme dicção da melhor doutrina, "fatos não provados são inexistentes no processo" (BEZERRA LEITE, Carlos Henrique. *Curso de direito processual do trabalho*. 3. ed. São Paulo: LTr, p. 415). Há ainda a problemática sobre quem deve provar, simplificada no art. 818 da CLT, que estabelece: "o ônus de provar as alegações incumbe à parte que as fizer"; coube ao CPC sanar a lacuna legal, determinando que o autor cuida dos fatos constitutivos e o réu dos impeditivos, extintivos e modificativos (art. 333). Assim, se o autor não se desincumbe de provar aquilo que pretende, seja pela fragilidade das provas ou pela ineficácia da tentativa, resta o desprovimento do apelo." (TRT 3ª R. – 8ª T. – RO n. 138/2007.055.03.00-5 – rel. Paulo Maurício R. Pires – DJ 1º.9.2007 – p. 21) (RDT n. 10 – outubro de 2007)

"Valoração das provas. Inexiste no processo do trabalho a pré-tarifação das provas, sendo o julgador livre para apreciá-las na formação de seu convencimento dentro da flexibilização que lhe autoriza a lei, observado o princípio da persuasão racional, mediante fundamentação da decisão, como exigem o inc. IX do art. 93 da Constituição da República e o art. 131 do CPC." (TRT 3ª R. – 2ª T. – RO n. 46/2007.045.03.00-8 – rel. Marcio Flavio S. Vidigal – DJ 8.8.2007 – p . 7) (RDT n. 09 – setembro de 2007)

"Valoração da prova oral. O princípio da livre apreciação da prova, ao mesmo tempo em que outorga ao magistrado o poder de valorar-avaliar, reconhece a sua condição privilegiada de estar próximo aos fatos, o que se dá, em especial, na análise de depoimentos. O ato, porém, não é meramente subjetivo, exige, na realidade, uma acurada objetividade ao escrutinar o conjunto probatório exposto à inteligência, à experiência e ao saber jurídico do julgador, daí por que, sem prova de vulneração desses critérios, deve ser prestigiada, sempre, a avaliação probatória efetuada em primeiro grau de jurisdição, pois é lá que se localiza a arena original do conflito." (TRT – 3ª R. – 8ª T. – RO n. 13650/2002 – rel. José Miguel de Campos – DJMG 1º.2.2003 – p. 18) (RDT n. 3 – março de 2003)

"Nulidade da V. Sentença — Apreciação da prova. Afasta-se a nulidade arguida quando verificado que a v. sentença recorrida está em conformidade com o disposto no art. 93, IX, da CR/88; art. 832 da CLT; arts. 131 e 458 do CPC, estando expressos nela os fundamentos que levaram o d. Juízo de origem a julgar improcedentes os pedidos formulados na peça inicial, inclusive com referência aos fatos e provas que formaram o convencimento daquele Julgador. Eventual falha na apreciação da prova é questão relacionada ao mérito, podendo conduzir à reforma da decisão e não à sua anulação." (TRT 3ª R. – 1ª T. – RO n. 441.2003.004.03.00-1 – rel. Mauricio J. Godinho Delgado – DJMG 05.03.04 – p. 5) (RDT n. 4 – abril de 2004)

Não há, no ordenamento jurídico processual vigente, uma regra preestabelecida para valoração da prova pelo juiz. Entretanto, o magistrado deve considerar a prova existente nos autos. Não havendo prova nos autos, ainda que o juiz possa estar convencido da veracidade de algum fato, não poderá julgar com base em convicção íntima ou pessoal.

De outro lado, pensamos que deve o juiz valorar a prova no conjunto, considerando o ônus de cada parte, a verossimilhança das alegações, a dificuldade probatória, a razoabilidade e o que ordinariamente acontece. Outrossim, a prova se valora pela qualidade, e não pela quantidade.

Como já assinalado, deve o juiz sopesar todas as circunstâncias dos autos, principalmente o Juiz do Trabalho que lida, preponderantemente, com matéria fática e analisa provas orais.

Além disso, o Juiz do Trabalho deve não só avaliar a qualidade de uma prova isoladamente, mas também confrontá-la com as demais existentes nos autos, e, muitas vezes, escolher, diante de tal confronto, a que lhe é mais coerente e que se aproxima da verdade. Inegavelmente, a valoração da prova é subjetiva, decorrendo do livre convencimento motivado do magistrado, que é uma garantia constitucional; entretanto, o convencimento firmado deve ser fundamentado.

O comportamento das partes no processo e em audiência pode influir significativamente na convicção do Juiz do Trabalho. Desse modo, a personalidade, o grau de humildade ou arrogância, a cooperação com a justiça, a firmeza no depoimento, a segurança ou insegurança ao depor, a boa-fé, a honestidade dos litigantes, entre outros comportamentos, devem ser considerados pelo órgão julgador.

Como destaca *Isolde Favoretto*(81):

> "Pode o juiz se apropriar não só do que contém o corpo processual, mas, sobretudo, daquilo que é a essência para este convencimento e que não está escrito, mas foi percebido pelo julgador através de suas observações quanto às manifestações e comportamentos das partes não traduzidas no papel que se poderia chamar de '*fumus*' processual. Está inserida nesta linha uma sensibilidade de quem julga, cuja teoria é mais de aplicabilidade prática do que pelo conhecimento da teoria."

No mesmo sentido, sustenta *Marcos Destefenni*(82):

> "O tema, contudo, nos parece bastante complexo e suscita um estudo multidisciplinar, pois o comportamento da parte pode ser analisado de

(81) FAVORETTO, Isolde. *Comportamento processual das partes como meio de prova.* Porto Alegre: Livraria Editora Acadêmica, 1993. p. 53.

(82) DESTEFENNI, Marcos. *Curso de processo civil.* Vol. 1, Tomo II. São Paulo: Saraiva, 2009. p. 113.

diferentes perspectivas. De lembar que a lei já valora várias situações do comportamento da parte. Podem citar, por exemplo, o fato de a parte se negar a depor. Essa inércia é valorada juridicamente, pois da negativa em depor é possível extrair-se uma *confissão ficta*. A doutrina costuma lembrar, também, da relevância do comportamento processual da parte que nega submeter-se à inspeção judicial. Não há, no caso, tecnicamente, uma confissão. Mas, com toda certeza, trata-se de situação que deve ser considerada e valorada pelo juiz no momento da decisão. Outro aspecto recentemente disciplinado pela lei, referente ao comportamento da parte como meio de prova, está no art. 232 do CC, que determina o juiz a valoração da recusa à perícia médica. Como se vê, o comportamento da parte deve ser valorado pelo julgador."

Por isso, estamos convencidos de que o princípio da identidade física do juiz deve ser implementado e impulsionado no processo do trabalho, para que a valoração da prova seja realizada com efetividade e a decisão reflita justiça e realidade.

1.10.1. Da aplicação do princípio **in dubio pro operario** *na valoração da prova pelo Juiz do Trabalho*

Como mencionado anteriormente, o Juiz do Trabalho é livre para apreciar a prova, segundo o princípio do livre convencimento motivado ou da persuasão racional (arts. 765 da CLT e 371 do CPC)[83]. Diante deste princípio, o juiz pode firmar o seu convencimento tomando em consideração qualquer elemento de prova que exista no processo, mas deve sempre mencionar qual prova ou provas o levou a tal convicção.

Situações existem em que o juiz se depara com a chamada prova dividida, ou "empatada", que não possibilita ao julgador saber qual versão é realmente verossímil.

Alguns autores asseveram que o juiz nunca se encontrará na referida situação de dúvida, pois sempre terá subsídios para firmar o convencimento e poderá distinguir qual prova foi superior, tanto no aspecto qualitativo quanto quantitativo.

Efetivamente, acreditamos, inclusive por experiência própria, que há situações em que o juiz se encontra diante da chamada prova dividida e em dúvida sobre qual prova é melhor, necessitando adotar critérios para o "desempate", uma vez que, por dever de ofício, deve proferir a decisão.

(83) Nesse sentido: "Prova testemunhal — Valoração. A valoração da prova testemunhal é ato que se insere no poder do juiz, a quem compete atribuir maior ou menor eficácia à prova, motivando as razões que o levaram à conclusão adotada (princípio da persuasão racional, art. 131 do CPC). Convencendo-se o julgador de que a prova produzida é suficiente para confirmar o pagamento, pela empregadora de salários extrafolha, pelos motivos claramente expostos em sua fundamentação, é de se manter irretocada a decisão de primeiro grau." (TRT 3ª R. – 1ª T. – RO n. 1690/2003.043.03.00-7 – rel. Márcio Flávio S. Vidigal – DJMG 10.6.04 – p. 13)

A doutrina costuma apontar alguns critérios para a decisão do juiz quando ele se encontra em dúvida sobre a matéria probatória produzida nos autos.

Podemos elencar, segundo a melhor doutrina, os seguintes critérios que nortearão o juiz na situação de dúvida sobre a valoração da prova ou diante da chamada prova dividida:

a) aplicação do princípio *in dubio pro operario* ao Processo do Trabalho;

b) impossibilidade de aplicação do princípio *in dubio pro operario* ao Processo do Trabalho, devendo o juiz decidir contra quem detinha o ônus da prova;

c) aplicação pura e simples do Princípio da Persuasão Racional.

No nosso sentir, o critério para valoração da prova deve ser discricionariamente avaliado pelo juiz, não podendo a doutrina ou a jurisprudência tarifar um critério para o juiz se nortear quando estiver diante de dúvida.

A própria existência da dúvida já se torna um elemento de valoração da prova, que é pessoal do juiz. Por isso, mesmo em caso de dúvida, deve o juiz aplicar o critério de valoração que entenda correto, segundo as circunstâncias do caso concreto.

Não obstante, em caso de dúvida, o Juiz do Trabalho deve procurar a melhor prova, inclusive se baseando pelas regras de experiência do que ordinariamente acontece, intuição, indícios e presunções. Somente se esgotados todos os meios de se avaliar qual foi a melhor prova, aí sim poderá optar pelo critério de aplicabilidade ou não do princípio *in dubio pro operario* como razão de decidir.

Como destaca com propriedade *Estêvão Mallet*: "A possibilidade da livre apreciação da prova, um dos cânones do vigente sistema processual brasileiro, constitui máxima antiga e bem conhecida, mencionada no art. 131 do CPC, e largamente proclamada pela jurisprudência trabalhista, tendo em vista, sobretudo, o princípio da primazia da realidade, que impõe particular cautela na atribuição de valor a documentos e a atos formais."(84)

Reconhecemos, no entanto, que é predominante na doutrina e na jurisprudência que não se aplica a regra *in dubio pro operario* no campo probatório, devendo o Juiz do Trabalho, em caso de prova dividida, decidir o caso contra quem detinha o ônus da prova.

Nesse sentido, destacam-se as seguintes ementas:

"Prova dividida. Apresentando-se a prova dividida, a decisão deverá pautar-se pela distribuição do ônus da prova, segundo critérios legais ditados pelos arts. 818 da CLT e 333, I e II, do CPC." (TRT – 9ª R. – 4ª T. – Ac. n. 2261/98 – relª Juíza Rosemarie Pimpão – DJPR 30.0.98 – p. 165)

"Justiça do Trabalho — Princípio da proteção do trabalhador — Ônus da prova — Inaplicabilidade. Na Justiça do Trabalho, o princípio da proteção ao trabalhador está restrito à interpretação das normas legais, não se aplicando, quanto à distribuição do ônus da prova, o preceito *in dubio pro misero*, sob pena de afronta ao dever de imparcialidade do

(84) MALLET, Estêvão. *Procedimento sumaríssimo trabalhista.* São Paulo: LTr, 2002. p. 60.

juiz." (TRT 15ª R. – 1ª T. – RO n. 1775/2001.016.15.00-5 – rel. Eduardo Benedito de O. Zanella – DJSP 10.9.04 – p. 19) (RDT n. 10 – Outubro de 2004)

"Prova testemunhal — Valoração. Nos casos em que a prova testemunhal restar dividida, deve prevalecer o posicionamento adotado pelo juiz *a quo*, que se encontra em melhores condições de valorar os depoimentos testemunhais, com base no estado de ânimo dos depoentes no momento em que a prova foi produzida." (TRT 12ª R. – 3ª T. – RO-V n. 7496/03 – relª Sandra M. Wambier – DJSC 7.8.03 – p. 175) (RDT n. 9 – Setembro de 2003)

Por outro lado, o critério para valoração da prova deve ser discricionariamente avaliado pelo juiz, não podendo a doutrina ou a jurisprudência tarifar um critério para o juiz se nortear quando estiver diante de dúvida. De outro lado, o princípio em questão somente deve ser aplicado em caso de prova dividida, ou empatada. Se não houver prova nos autos ou se ele foi insuficiente, o Juiz do Trabalho deverá decidir em compasso com as regras de divisão do ônus da prova.

Nesse diapasão, bem adverte *Alfredo J. Ruprecht*(85):

> "O princípio só é aplicável quando intervém dúvida sobre os alcances da prova: de maneira alguma pode ter andamento quando falta ou é insuficiente. Nestas últimas situações, o princípio é inteiramente inaplicável."

Reconhecemos, no entanto, que a aplicação do princípio *in dubio pro operario* no campo probatório deve ser visto com reservas, buscando, em primeiro plano, a avaliação dos sistemas de presunções, inversão do ônus da prova e ônus dinâmico da carga probatória, somente recorrendo o magistrado a tal critério se falharem os demais. No entanto, tal deve ser feito com justiça, imparcialidade, considerando os princípios constitucionais do processo, bem como as circunstâncias do caso concreto.

1.11. Dos poderes instrutórios do Juiz do Trabalho

Doutrina e jurisprudência divergem quanto à possibilidade da iniciativa probatória do juiz(86). A matéria é polêmica e tem gerado acirradas discussões na doutrina e na jurisprudência.

A doutrina clássica mostrou-se contrária à iniciativa probatória do juiz. Nesse sentido, *Moacyr Amaral Santos*: "Dá-se, assim, no processo probatório, uma perfeita interdependência de atribuições das partes e do juiz. Apenas aquelas não podem ter ingerência na função específica deste, de emitir provimentos relativos a qualquer dos atos probatórios e de avaliar e estimular as provas, porque, então, seria transformarem-se em juízes das próprias alegações. Por sua vez, o juiz não pode, a não ser dentro do critério legal e com o propósito de esclarecer a verdade, objetivo de ordem pública, assumir a função de provar fatos não alegados ou de ordenar provas quando as partes delas descuidam ou negligenciam."(87)

---

(85) RUPRECHT, Alfredo J. *Os princípios do Direito do Trabalho.* São Paulo: LTr, 1995. p. 18.

(86) A doutrina denomina a expressão *poderes instrutórios do juiz* como a possibilidade de o juiz determinar, de ofício, a produção das provas que entende necessárias ao seu convencimento sobre os fatos da causa.

(87) SANTOS, Moacyr Amaral. *Prova judiciária no cível e comercial.* Vol. I. São Paulo: Saraiva, 1983. p. 259-260.

Para outros doutrinadores, a iniciativa probatória possível ao juiz é aquela de natureza complementar, em sede de excepcionalidade, por exemplo, quando a prova testemunhal restou neutralizada (entre prova e contraprova por igual número de testemunhas), tendo o juiz de primeiro grau dispensado uma testemunha de uma das partes. Em acontecendo a hipótese, haverá a possibilidade de ouvir aquela testemunha dispensada para complementar prova e firmar convicção.

No nosso sentir, diante dos princípios constitucionais do acesso à justiça, da efetividade e dos princípios infraconstitucionais do livre convencimento do juiz e da busca da verdade, devem ser deferidos ao magistrado amplos poderes instrutórios.

Com efeito, há muito o juiz deixou de ser um convidado de pedra na relação jurídico-processual. Na moderna teoria geral do processo, ao juiz cabe zelar pela dignidade do Processo, pela busca da verdade real(88) e por uma ordem jurídica justa.

Isso não significa dizer que o juiz está negando vigência ao art. 844 da CLT, ou ao princípio de igualdade de tratamento às partes (art. 139 do CPC)(89), está apenas garantindo a dignidade da justiça, da aplicação justa e equânime da lei e uma ordem jurídica justa(90). O entendimento citado ganha corpo no Direito Processual do Trabalho, pois apresenta o princípio do inquisitivo que permite a iniciativa probatória do juiz (art. 765 da CLT).

Nesse sentido, também é o art. 370 do CPC, *in verbis*, que, segundo a doutrina moderna, consagra os poderes instrutórios do juiz:

> "Caberá ao juiz, de ofício ou a requerimento da parte, determinar as provas necessárias ao julgamento do mérito. Parágrafo único. O juiz indeferirá, em decisão fundamentada, as diligências inúteis ou meramente protelatórias."

---

(88) Segundo Piero Calamandrei (*apud* DUARTE, Bento Herculano. *Poderes do Juiz do Trabalho.* Direção e protecionismo processual. São Paulo: LTr, 1999. p. 87): "O juiz é o guarda e a garantia de tudo quanto mais caro se tem no mundo. Nele se saúda a paz do lar, a honra e a liberdade. A vida de um homem, a felicidade de uma família inteira depende de seu resultado. É o juiz a testemunha corpórea da lei, de que depende a sorte dos homens terráqueos. O juiz possui, na verdade, como mago de fábula, o poder sobre-humano de fazer no mundo do Direito as mais monstruosas metamorfoses e dar às sombras as aparências eternas de verdade."

(89) Como pondera Júlio César Bebber: "A imparcialidade que se exige do juiz é objetiva (CPC, arts. 134 e 135; CLT, art. 801), e não subjetiva, podendo ser resumida na ausência de interesse particular na causa. Imparcialidade não significa indiferença axiológica, e juiz imparcial não é sinônimo de juiz insensível e inerte, mas sim, de juiz que dirige o processo sem interesse pessoal. É juiz comprometido com os ideais de justiça; de juiz que procede movido pela consciência de sua responsabilidade; de juiz que não se deixa influenciar por fatores estranhos aos seus conhecimentos jurídicos, e dá ao caso desfecho que corresponde ao justo. O juiz resguardará sua imparcialidade, se ao determinar de ofício a produção de alguma prova, submeter a mesma ao contraditório, permitindo às partes que sobre ela se manifestem" (BEBBER, Júlio César. *Princípios do processo do trabalho.* São Paulo: LTr, 1997. p. 445).

(90) Segundo Bento Herculano Duarte: "O bom magistrado não deve pretender ostentar a posse exclusiva da verdade. Deve ele procurar contemplar placidamente os fatos, e, tal contemplação extrairá naturalmente uma decisão em substância justa (o fator contemplativo não significa, necessariamente, em inércia). Será ele, assim, um juiz caridoso, aos olhos do homem e, precipuamente, à vista divina" (DUARTE, Bento Herculano. *Poderes do Juiz do Trabalho.* Direção e protecionismo processual. São Paulo: LTr, 1999. p. 94).

Para o Juiz do Trabalho, não há preclusão na esfera probatória, conforme o já citado art. 765 da CLT. A livre convicção do juiz é uma garantia da cidadania, do devido processo legal e do Estado Democrático de Direito.

O juiz da atualidade não pode mais fechar os olhos diante de uma regra processual, ou vendar os olhos e prolatar uma sentença sem estar convicto (julgamento no escuro). Por isso, o juiz não pode omitir-se, negligenciando a produção de alguma prova necessária. É melhor pecar por excesso do que por omissão. O juiz que se omite é mais nocivo que o juiz que julga mal. Não se nega que a postura acima pode gerar risco de o juiz se envolver subjetivamente à lide, mas, como adverte *Marinoni*(91), não há efetividade processual sem riscos. Assevera *Eduardo J. Couture*(92): "Da dignidade do juiz depende a dignidade do direito. O direito valerá, em um país e momento histórico determinados, o que valham os juízes como homens. O dia em que os juízes tiverem medo, nenhum cidadão poderá dormir tranquilo."

Sob outro enfoque, cumpre destacar que a finalidade do processo é a justa composição da lide, aproximando-se da realidade, e dar a cada um o que é seu. Nesse sentido, ensina *Jorge Luiz Souto Maior*(93): "É verdade que, sob o ponto de vista teórico, o direito processual tem avançado muito em direção à busca da produção de resultados concretos e justos na realidade. Essa mudança vem desde o início do movimento denominado movimento em prol do acesso à justiça, encabeçado por Mauro Cappelletti, tendo atingido, mais recentemente, a fase da busca pela plena efetividade da prestação jurisdicional, que pode ser traduzida pela conhecida frase de Chiovenda: 'o processo deve dar, a quem tem um direito, tudo aquilo e precisamente aquilo que ele tem o direito de obter'. Mas o processo deve almejar mais, pois um processo despreocupado com a justiça das suas decisões pode simplesmente dar a cada um o que é seu, ou seja: ao rico, sua riqueza, ao pobre, sua pobreza."

De outro lado, no nosso sentir, a efetividade(94) do processo não significa apenas decisão rápida(95), mas também uma decisão justa(96) e que se aproxime da verdade

---

(91) MARINONI, Luiz Guilherme. *Manual de processo de conhecimento.* 4. ed. São Paulo: RT, 2005. p. 198.

(92) COUTURE, Eduardo. *Introdução ao estudo do processo civil.* Tradução de Mozart Victor Russomano. 3. ed. Rio de Janeiro: Forense, 1998. p. 59.

(93) SOUTO MAIOR, Jorge Luiz. *Temas de processo do trabalho.* São Paulo: LTr, 2000. p. 170.

(94) Ensina João Batista Lopes que "processo efetivo é o que se desenvolve com respeito às garantias constitucionais e reconhece a quem tem um direito tudo o que lhe assegura a ordem jurídica. Cabe reiterar que, embora a celeridade seja um dos aspectos da efetividade, com ela não se confunde, havendo casos em que a excessiva preocupação com a rapidez pode sacrificar o direito da parte (ex.: o juiz julgar antecipadamente processo que exija prova pericial)" (*Curso de direito processual civil.* v. I. São Paulo: Atlas, 2005. p. 65).

(95) Segundo Sandra Lia Simon: "O devido processo legal e, consequentemente, o direito de ação estão intrinsecamente ligados à efetividade do processo, entendida esta como a solução adequada, definitiva e eficaz da situação de fato conflituosa. É importante, portanto, retomar a moderna visão do *due process of law*, que deve ser considerado como direito ao procedimento adequado, de maneira que se encaixe na realidade social e esteja em consonância com a relação de direito material controvertida. Trata-se de assegurar e viabilizar o acesso à ordem jurídica justa" (O devido processo legal e a tutela dos interesses metaindividuais. *In: Revista do Ministério Público do Trabalho*, São Paulo: LTr, n. 15, 1998. p. 29).

(96) Como bem adverte Calmon de Passos: "A efetividade do injusto é, na verdade, a consagração da inefetividade do processo e da tutela jurídica. Caso nosso exacerbado pragmatismo pretenda transpor para

real, embora esta praticamente seja inatingível. Como adverte com propriedade *Jorge Pinheiro Castelo*(97): "O estabelecimento da verdade absoluta como correspondência total do acertamento à realidade, apenas em termos de uma função de valor-limite, possibilita que no âmbito do processo se possa falar em verdade (relativa) dos fatos como aproximação da realidade. Como já dito, o problema da possibilidade de se conhecer a verdade absoluta não é relevante para o processo. Porém, é importante a hipótese teórica da verdade absoluta como correspondência do acertamento judicial aos fatos do mundo real, visto que ela serve para estabelecer conceitualmente uma perspectiva, na qual o problema do acertamento judicial se coloca racionalmente em termos de modalidade e técnica para realizar a melhor verdade relativa, ou seja, a melhor aproximação do acertamento à realidade."

No aspecto, relevante destacar as seguintes ementas:

"PODER INSTRUTÓRIO DO JUIZ NA PRODUÇÃO DA PROVA. Prova — Poder instrutório do juiz. O juiz pode se utilizar do poder instrutório que lhe conferem as normas processuais da lei adjetiva civil, de aplicação subsidiária ao processo do trabalho, e determinar a confecção de prova que entenda necessária ao deslinde da controvérsia, ou que propicie a formação do seu convencimento para proferir a decisão, a teor dos arts. 130 e 131 do CPC." (TRT – 12ª R. – 3ª T. – Ac. n. 11741/99 – rel. Juiz Osvaldo Sousa Olinger – DJSC 17.11.99 – p. 115)

"PODER DIRETIVO NA PRODUÇÃO DA PROVA. Produção de provas — Poder diretivo — Nulidade da decisão — Não ocorrência. Ao julgador é conferida ampla liberdade na direção do processo, cabendo-lhe determinar quais provas são necessárias à solução da lide (art. 765 da CLT c/c art. 130 do CPC). Não há, pois, que se falar em nulidade da sentença por cerceamento de produção de provas quando o juiz, por verificar que nos autos já existem elementos suficientes para dirimir a controvérsia, indefere provas inúteis. Trabalhador autônomo – Conceito. 'Trabalhador autônomo é o que exerce, habitualmente e por conta própria, atividade profissional remunerada. Não é empregado. A autonomia da prestação de serviço confere-lhe uma posição de empregador em potencial: explora, em proveito próprio, a própria força de trabalho'. (MARANHÃO, Délio. *Direito do trabalho*. 16. ed. Rio de Janeiro: Fundação Getúlio Vargas, 1992. p. 51). O ônus de provar o labor autônomo, quando admitida a prestação de serviços, mas negado o vínculo empregatício, é do beneficiário da força de trabalho despendida. Contudo, havendo confissão real da reclamante, em depoimento pessoal, de ausência de subordinação, deixando clara a natureza autônoma da prestação de serviços, automaticamente a reclamada se desobriga do ônus probatório que detinha." (TRT 10ª R. – 1ª T. – RO n. 1041.2003.009.10.00-7 – rel. Pedro Luis V. Foltran – DJDF 12.3.04 – p. 14) (RDT n. 4 – Abril de 2004)

De outro lado, como bem adverte *Flávio Luiz Yarshell*(98): "[...] não será demasiado lembrar que, para além do contraditório, também a publicidade da prova é fator

---

o direito a lógica da *avaliação pelo resultado*, no processo, este resultado tem que se submeter ao controle de sua valiosidade, inferível necessariamente da avaliação de quanto o precedeu no processo de sua produção. Esta perspectiva é que foi perdida pela geração do autoritarismo de direito e de esquerda, que mudou o discurso, mas conservou a filosofia" (Cidadania e efetividade do processo. *In: Efetividade do processo do trabalho*. Coord. Jairo Lins de Albuquerque Sento-Sé. São Paulo: LTr, 1999. p. 62).

(97) CASTELO, Jorge Pinheiro. *Tutela antecipada na teoria geral do processo*. v. I. São Paulo: LTr, 1999. p. 269.

(98) YARSHELL, Flávio Luiz. *Antecipação da prova sem o requisito da urgência e direito autônomo à prova*. São Paulo: Malheiros, 2009. p. 135-36.

que inibe a prática de atos arbitrários no exercício do poder de instrução pelo juiz, garantindo a tranquilidade das partes e afastando possíveis desconfianças que rondam atividades secretas ou furtivas, aptas a propiciar ilegalidades. Além disso tudo, para que rigorosamente o contraditório seja observado, quando se cogita de produção de provas por determinação oficial do juiz, deve ser assegurada às partes a possibilidade de produzirem novas provas, em função daquelas determinadas de ofício pelo magistrado, e, finalmente, de se manifestarem sobre o resultado das diligências oficiais."

Pelo exposto, concluímos que:

> "Os poderes instrutórios do Juiz do Trabalho são amplos, devendo sempre ser observados os princípios do livre convencimento motivado e do contraditório."

1.12. Da prova ilícita no Direito Processual do Trabalho

A Constituição veda no art. 5º, LVI(99), as provas obtidas por meios ilícitos. Por ser uma norma pertinente à Teoria Geral do Direito, aplica-se a todos os ramos do processo, inclusive ao Direito Processual do Trabalho(100). A proibição constitucional da produção de provas obtidas por meios ilícitos, como sendo um direito fundamental, serve não só para assegurar os direitos fundamentais do cidadão, mas também para garantir o devido processo legal e dignidade do processo. A doutrina costuma distinguir entre ilicitude formal e ilicitude material. Há ilicitude formal quando a prova violar regra de direito processual, e ilicitude material, quando violar regra de direito material.

Ensinam *Ada Pellegrini Grinover*, *Antonio Scarance Fernandes* e *Antonio Magalhães Gomes Filho*(101) que "no campo das proibições da prova, a tônica é dada pela natureza processual ou substancial da vedação: a proibição tem natureza exclusiva processual quando for colocada em função de interesses atinentes à lógica e à finalidade do processo; tem, pelo contrário, natureza substancial quando, embora servindo imediatamente a interesses processuais, é colocada essencialmente em função dos direitos que o ordenamento reconhece aos indivíduos, independentemente do processo."

---

(99) Art. 5º, LVI: "São inadmissíveis, no processo, as provas obtidas por meios ilícitos."

(100) Como ponderam Luiz Guilherme Marinoni e Sérgio Cruz Arenhart, "o art. 5º, LVI não nega o direito à prova, mas apenas limita a busca da verdade, que deixa de ser possível através de provas obtidas de forma ilícita. O interesse no encontro da verdade cede diante de exigências superiores de proteção dos direitos materiais que podem ser violados. Com efeito, dita limitação não encontra fundamento no processo, mas sim na efetividade da proteção do direito material. Ou seja, tal norma constitucional proibiu a prova ilícita para da maior tutela do direito material, negando a possibilidade de se alcançar a verdade a qualquer custo. Diante disso, é inegável que houve uma opção pelo direito material em detrimento do direito à descoberta da verdade. A questão, porém, é saber se essa opção exclui uma posterior ponderação — agora pelo juiz — entre o direito que se pretende fazer através da prova ilícita e o direito material violado" (*Manual do processo de conhecimento.* 4. ed. São Paulo: RT, 2005. p. 384).

(101) *As nulidades no processo penal.* 5. ed. São Paulo: RT, 1996. p. 116.

Como bem advertem *Luiz Guilherme Marinoni* e *Sérgio Cruz Arenhart*(102), "é preciso perceber que uma prova pode violar simples regras do procedimento probatório — cuja necessidade de observância não é imprescindível para a proteção das garantias da parte — e direitos fundamentais processuais. Nessa última hipótese, a prova contém vício tão grave quanto a que viola um direito fundamental material, quando a separação da prova segundo a natureza do direito violado perde sentido."

Há atualmente, na doutrina e na jurisprudência, três correntes sobre a proibição da prova ilícita no processo. São elas:

a) vedação total da prova ilícita;

Segundo essa vertente de entendimento, toda e qualquer prova obtida por meio ilícito não pode ser admitida no processo.

Conforme *Luís J. J. Ribeiro*(103), "um dos fundamentos básicos desta corrente reside na afirmativa de que o ordenamento jurídico é uno. Assim, a conduta considerada ilícita pelo direito material não pode ser valorada em parâmetro diverso pelo direito processual. Ada Grinover, mesmo antes da atual Constituição, considerava inaceitável este fundamento, pois, apesar de reconhecer a unidade do ordenamento jurídico, entende que é inquestionável que a cada ilícito, e conforme sua natureza, corresponda sanção diversa."

Lembra *Uadi Lammêgo Bulos*(104) que nas Constituições brasileiras anteriores nada consta sobre a obtenção das provas obtidas ilicitamente.

Mesmo não havendo tal proibição, já havia forte tendência na jurisprudência em não se admitir a prova obtida por meio ilícito, por confrontar com o art. 369 do CPC, que veda as provas obtidas por meio moralmente ilegítimo.

Nesse sentido, destacamos a seguinte ementa:

> "PROVA CIVIL. GRAVAÇÃO MAGNÉTICA, FEITA CLANDESTINAMENTE PELO MARIDO, DE LIGAÇÕES TELEFÔNICAS DA MULHER. Inadmissibilidade de sua utilização em processo judicial, por não ser meio legal nem moralmente legítimo." (art. 332 do CPC)(105)

No mesmo diapasão, a seguinte ementa, proferida em processo trabalhista:

> "Gravação de comunicação telefônica — Meio inidôneo e inadmissível de prova no processo do trabalho. Considerando os exatos termos dos incisos XII e LVI do art. 5º da Constituição Federal, não deve ser admitido como meio de prova para efeitos de processo do trabalho a gravação de comunicação telefônica." (TRT – 12ª R. – 1ª T. – Ac. no 2659/99 – rel. Juiz Roberto L. Guglielmetto – DJSC 7.4.1999 – p. 150) (RDT 5/99, p. 71)

b) permissiva: para essa vertente, desde que o conteúdo da prova seja lícito, ela pode ser utilizada, mesmo que tenha sido obtida por meio ilícito.

(102) *Manual do processo de conhecimento.* 4. ed. São Paulo: RT, 2005. p. 378.

(103) RIBEIRO, Luís J. J. *A prova ilícita no processo do trabalho.* São Paulo: LTr, 2004, p. 41-42.

(104) BULOS, Uadi Lammêgo. *Constituição Federal anotada.* 6. ed. São Paulo: Saraiva, 2005.

(105) STF. RE 85.439-RJ, rel. Min. Xavier de Albuquerque, Ac. 2ª T. 11.11.1977. *In: RTJ* n. 84/609.

Essa vertente de interpretação prestigia o caráter publicista do processo, o acesso à justiça e a busca da verdade real.

Menciona *Luís J. J. Ribeiro*(106) que essa vertente "está lastreada no dogma da verdade real e do livre convencimento, a doutrina, inicialmente, demonstrou-se majoritária em dar prevalência à investigação da verdade em detrimento ao princípio da formalidade do procedimento. Por outra vertente a doutrina italiana chegou a idêntica conclusão em relação à inadmissibilidade das provas ilícitas, pelo axioma consagrado: *male captum, bene retentum* (a prova pode ser mal colhida, porém, bem recebida no processo)."

Sinteticamente, para essa vertente, poderíamos dizer que os fins justificam os meios, ou seja, a efetividade da prova e a busca da verdade real são fins justificáveis pelo meio ilícito da obtenção da prova.

c) teoria da proporcionalidade ou regra de ponderação: sobre o princípio da proporcionalidade, ensina *Nelson Nery Junior*(107): "Segundo o princípio da proporcionalidade, também denominado de 'lei da ponderação', na interpretação de determinada norma jurídica, constitucional ou infraconstitucional, devem ser sopesados os interesses e direitos em jogo, de modo a dar-se a solução concreta mais justa. Assim, o desatendimento de um preceito não pode ser mais forte e nem ir além do que indica a finalidade da medida a ser tomada contra o preceito sacrificado. Atua com bastante ênfase e eficácia no direito alemão, notadamente no direito constitucional e no direito processual penal. Aliás, há normas expressas na Ordenança Processual Penal Alemã (*StrafprozeBordnung* — StPO) indicando a adoção do princípio da proporcionalidade naquele sistema jurídico, como, por exemplo, StPO, 11212 e 120I. As principais decisões do Tribunal Constitucional da Alemanha (BVerfG) sobre a construção, naquele país, do princípio da proporcionalidade, em comparação com as decisões de nosso Supremo Tribunal Federal sobre a ponderação de direitos igualmente protegidos pela Constituição Federal, indicam-nos verdadeira similitude entre a teoria e a práxis dos tribunais, de modo a fazer com que seja válida, aqui, a doutrina alemã sobre o mencionado princípio da proporcionalidade. O fundamento constitucional do princípio da proporcionalidade encontra-se no conteúdo do princípio do Estado de Direito, havendo, ainda, quem entenda situar no princípio do devido processo legal."(108)

---

(106) RIBEIRO, Luís J. J. *Op. cit.*, p. 69.

(107) NERY JUNIOR, Nelson. *Princípios do processo civil na Constituição Federal.* 8. ed. São Paulo: RT, 2004. p. 197.

(108) No mesmo sentido, ensina Willis Santiago Guerra Filho: "Ainda com relação ao modo de aplicar corretamente o princípio da proporcionalidade, para encerrar essa ligeira apresentação dele, vale ressaltar que, assim como ele pressupõe a existência de valores estabelecidos positivamente em normas do ordenamento jurídico, notadamente aquelas com a natureza de um princípio fundamental, também requer um procedimento decisório, a fim de permitir a necessária ponderação em face dos fatos e hipóteses a serem considerados. Tal procedimento deve ser estruturado — e, também, institucionalizado — de uma forma tal que garanta a maior racionalidade e objetividade possíveis da decisão, para atender ao imperativo de realização de justiça que é imanente ao princípio com o qual nos ocupamos. Especial atenção merece, portanto, o problema do

João Batista Lopes[(109)], referindo-se ao princípio da proporcionalidade, sustenta com propriedade: "No campo do processo civil, é intensa sua aplicação, tanto no processo de conhecimento como no de execução e no cautelar. No dia a dia forense, vê-se o juiz diante de princípios em estado de tensão conflitiva, que o obrigam a avaliar os interesses em jogo para adotar a solução que mais se ajuste aos valores consagrados na ordem jurídica. O princípio da proporcionalidade tem íntima relação com a efetividade do processo na medida em que, ao solucionar o conflito segundo os ditames da ordem constitucional, está o juiz concedendo a adequada proteção ao direito e atendendo aos escopos do processo."

Para essa vertente de interpretação, o juiz valorará, no caso concreto, segundo critérios axiológicos, qual princípio deverá ser prestigiado e qual deverá ser sacrificado em prol da justiça da decisão e efetividade do processo.

Como bem adverte *José Carlos Barbosa Moreira*[(110)], "há que se verificar se a transgressão se explicava por autêntica necessidade, suficiente para tornar escusável o comportamento da parte, e se esta se manteve nos limites por aquela determinados; ou se, ao contrário, existia a possibilidade de provar a alegação por meios regulares, e a infração gerou dano superior ao benefício trazido à instrução do processo. Em suma: averiguar se, dos dois males, era escolhido o menor."

No âmbito do Processo do Trabalho, pronuncia-se *Carlos Henrique Bezerra Leite*[(111)] pela aplicação da presente teoria, apresentando os seguintes argumentos: "As partes têm o dever de agir com lealdade em todos os atos processuais, mormente na produção da prova. O princípio da licitude da prova encontra residência no art. 5º, LVI, da CF, segundo o qual 'são inadmissíveis, no processo, as provas obtidas por meios ilícitos'. Esse princípio tem sido mitigado por outro: o princípio da proporcionalidade ou razoabilidade, segundo o qual não se deve chegar ao extremo de

estabelecimento de forma de participação suficientemente intensiva e extensa de representantes dos mais diversos pontos de vista a respeito da questão a ser decidida. Isso significa, então, que o procedimento com as garantias do 'devido processo legal' (*Due Process of Law*), *i. e.*, do amplo debate, da publicidade, da igualdade das partes, etc., se torna instrumento do exercício não só da função jurisdicional, como tem sido até agora, mas sim das demais funções do Estado também, donde se falar em 'jurisdicionalização' dos processos legislativo e administrativo e 'judicialização' do próprio ordenamento jurídico como um todo. Esse é um fenômeno próprio do Direito na sociedade em seu estágio atual evolutivamente mais avançado, em direção à sua mundialização, que ainda está a merecer a devida atenção, extraindo consequências para uma reorientação do pensamento jurídico, no sentido de uma maior preocupação com o 'caminho' de realização do Direito, com o processo de sua concretização, já que a previsão abstrata de como resolver situações inusitadas e da complexidade daquelas que se apresentam-nos contemporaneamente, em normas com o caráter de regras de Direito material, se mostra bastante deficiente" (*Processo constitucional e direitos fundamentais.* 4. ed. São Paulo: RCS, 2005. p. 117-119).

(109) LOPES, João Batista. Princípio de proporcionalidade e efetividade do processo civil. *In:* MARINONI, Luiz Guilherme (Coord.). *Estudos de direito processual civil.* Homenagem ao professor Egas Dirceu Moniz de Aragão. São Paulo: RT, 2005. p. 135.

(110) MOREIRA, José Carlos Barbosa. A Constituição e as provas ilicitamente obtidas. *Revista de Processo* n. 84, ano 21, São Paulo: RT, 1996. p. 146.

(111) BEZERRA LEITE, Carlos Henrique. *Curso de direito processual do trabalho.* 3. ed. São Paulo: LTr, 2005. p. 415.

negar validade a toda e qualquer prova obtida por meios ilícitos, como, por exemplo, uma gravação sub-reptícia utilizada por empregada que deseja fazer prova de que fora vítima de assédio sexual pelo empregador ou superior hierárquico, sem o conhecimento deste. A revista íntima também pode ensejar a violação ao princípio, salvo se o empregador adota todos os meios necessários à preservação da intimidade e da dignidade do trabalhador."

Para aplicação do princípio da proporcionalidade, deve o Juiz do Trabalho se valer dos subprincípios que envolvem o instituto, quais sejam:

a) necessidade: o sacrifício do direito fundamental deve ser necessário;

b) adequação: a medida escolhida pelo juiz deve ser adequada à finalidade social do processo;

c) proporcionalidade em sentido estrito: realizar juízo de ponderação, sopesando os valores envolvidos no caso concreto e optar pelo sacrifício de um direito fundamental em prol do outro que será efetivado. Diante de dois males, como diz *Barbosa Moreira*, deverá o juiz escolher o menor.

Acreditamos que a regra da proporcionalidade é a melhor para se admitir a pertinência da prova obtida por meio ilícito no processo, pois nenhuma regra processual é absoluta, devendo ser sopesada em confronto com outro direito fundamental. Além disso, prestigia a justiça da decisão no caso concreto, possibilitando ao juiz, diante do conflito de princípios, escolher, entre dois males, o mal menor, ou escolher a melhor justiça.

Nesse sentido, se pronunciou o Tribunal Superior do Trabalho, em decisão pioneira:

> "GRAVAÇÃO TELEFÔNICA. A aceitação no processo judiciário do trabalho, de gravação de diálogo telefônico mantido pelas partes e oferecida por uma delas, como prova para elucidação de fatos controvertidos em juízo, não afronta suposto direito líquido e certo da outra parte, a inviolabilidade do sigilo das comunicações telefônicas, porque essa garantia se dá em relação a terceiros e não aos interlocutores. Recurso ordinário a que se nega provimento, para ser confirmado o acórdão regional, que negou a segurança requerida."(112)

No aspecto, relevante também destacar recente ementa do Tribunal Superior do Trabalho:

> "PRELIMINAR DE NULIDADE DO JULGADO POR CERCEAMENTO DE DEFESA — PROVA ILÍCITA — ACESSO PELO EMPREGADOR À CAIXA DE *E-MAIL* CORPORATIVO FORNECIDA AO EMPREGADO — ÓBICE DA SÚMULA n. 126 DO TST. 1. Consoante a diretriz da Súmula n. 126 do TST, é incabível o recurso de revista para reexame de fatos e provas. 2. *In casu*, pretende o Reclamante modificar a decisão vergastada, ao argumento de que a prova acostada aos autos é ilícita, porquanto consubstanciada no acesso à sua conta de *e-mail* pessoal, quando o Regional, ao enfrentar a questão, entendeu que a prova era lícita, porque se tratava de acesso, pela Reclamada, ao conteúdo do *e-mail* corporativo fornecido

(112) TST Ac. n.: 1564 – DECISÃO: 17.9.1991 – TIPO: ROMS – n. 11134 – ANO – 1990 – REGIÃO: 02 – UF: SP – RECURSO ORDINÁRIO EM MANDADO DE SEGURANÇA – ÓRGÃO JULGADOR – SEÇÃO ESPECIALIZADA EM DISSÍDIOS INDIVIDUAIS – DJ 27.9.1991. p. 13.394, rel. Ministro Ermes Pedro Pedrassani.

ao Reclamante para o exercício de suas atividades funcionais, do qual se utilizava de forma imprópria, recebendo fotos com conteúdo que estimulava e reforçava comportamentos preconceituosos. Além disso, os *e-mails* continham conversas fúteis que se traduziam em desperdício de tempo. 3. Com efeito, as alegações obreiras esbarram no óbice do referido verbete sumulado, porquanto pretendem o revolvimento do conjunto fático-probatório dos autos. 4. Por outro lado, ainda que o presente recurso não ultrapasse a barreira do conhecimento, a controvérsia em torno da licitude ou não da prova acostada pela Reclamada, consubstanciada no acesso à caixa de *e-mail* corporativo utilizado pelo Reclamante, é matéria que merece algumas considerações. 5. O art. 5º, X e XII, da CF garante ao cidadão a inviolabilidade da intimidade, da vida privada, da honra, da imagem das pessoas, bem como o sigilo de suas correspondências, dados e comunicações telegráficas e telefônicas. 6. A concessão, por parte do empregador, de caixa de *e-mail* a seus empregados em suas dependências tem por finalidade potencializar a agilização e eficiência de suas funções para o alcance do objeto social da empresa, o qual justifica a sua própria existência e deve estar no centro do interesse de todos aqueles que dela fazem parte, inclusive por meio do contrato de trabalho. 7. Dessa forma, como instrumento de alcance desses objetivos, a caixa do *e-mail* corporativo não se equipara às hipóteses previstas nos incisos X e XII do art. 5º da CF, tratando-se, pois, de ferramenta de trabalho que deve ser utilizada com a mesma diligência emprestada a qualquer outra de natureza diversa. Deve o empregado zelar pela sua manutenção, utilizando-a de forma segura e adequada e respeitando os fins para que se destinam. Mesmo porque, como assinante do provedor de acesso à *Internet*, a empresa é responsável pela sua utilização com observância da lei. 8. Assim, se o empregado eventualmente se utiliza da caixa de *e-mail* corporativo para assuntos particulares, deve fazê-lo consciente de que o seu acesso pelo empregador não representa violação de suas correspondências pessoais, tampouco violação de sua privacidade ou intimidade, porque se trata de equipamento e tecnologia fornecidos pelo empregador para utilização no trabalho e para alcance das finalidades da empresa. 9. Nessa esteira, entendo que não se configura o cerceamento de defesa a utilização de prova consubstanciada no acesso à caixa de *e-mail* fornecido pelo empregador aos seus empregados. Agravo de instrumento desprovido." (AIRR – 1542/2005-055-02-40.4 – Data de Julgamento: 4.6.2008 – relator Ministro Ives Gandra Martins Filho – 7ª T. – DJ 6.6.2008)

Recentemente, o Tribunal Regional do Trabalho da 2ª Região enfrentou a questão, cuja ementa vale ser transcrita:

"PROVA ILÍCITA. Valoração. Prova obtida a partir da gravação clandestina de conversa telefônica. É certo que o ordenamento constitucional brasileiro, em princípio, repudia a aceitação das provas obtidas ilicitamente (art. 5º, LVI da Constituição Federal). Não menos certo é que doutrina e jurisprudência não se mostram convergentes quanto à invalidade e imprestabilidade da prova ilícita e procuram mitigar o rigor dessa inadmissibilidade absoluta, encampando uma tese intermediária fundada nos princípios da proporcionalidade e da razoabilidade. Assim, hodiernarmente, propugna-se a ideia de que, em casos extremamente graves e excepcionais, quando estiverem em risco valores fundamentais, também assegurados constitucionalmente, cabe ao julgador admitir e valorar a prova tida por ilícita. Significa dizer que, no caso concreto, deve haver uma análise de proporcionalidade dos bens jurídicos protegidos e quando ocorrer uma lesão a um direito fundamental de maior relevância, a prova deve ser validamente admitida. *In casu*, cotejando os princípios das garantias constitucionais à inviolabilidade da intimidade e da privacidade (art. 5º, X da Constituição Federal), com os princípios da dignidade da pessoa humana, do valor social do trabalho, do acesso à informação inerente ao exercício profissional e da ampla defesa (art. 1º, incisos III e IV e art. 5º, incisos XIV e LV da Constituição Federal), resta irrefutável a prevalência da prova obtida a partir da gravação clandestina de conversa telefônica efetivada sem o conhecimento de um dos interlocutores do diálogo, reproduzida em laudo de gravação por perito judicial, mormente se considerada a primazia da realidade dos fatos. Reputo, portanto, válida a prova produzida." (TRT/SP – 10ª Turma. Processo n. 01559200506102009. Ac. 20090633282. Relª Desª Lilian Gonçalves. DOE/SP: 1º.9.2009)

1.12.1. *A prova ilícita e o Juiz do Trabalho*

No âmbito da relação de trabalho, são muitas as hipóteses em que a prova para demonstração do dano moral pode ser obtida por meio ilícito — por exemplo, câmeras colocadas no interior de vestiários ou locais de privacidade dos trabalhadores, gravações telefônicas sem consentimento do outro interlocutor, documentos obtidos por furto do empregado, monitoração indevida de *e-mails*, entre outras hipóteses.

A Constituição Federal, além de proibir a prova obtida por meio ilícito, tutela, no art. 5º, a inviolabilidade da intimidade, da vida privada (inciso X), do domicílio (inciso XI) e da correspondência (inciso XII), como direitos de igual magnitude. Desse modo, deve o Juiz do Trabalho, ao apreciar a prova obtida por meio ilícito, ter bastante cautela, pois, ao admitir essa prova por uma das partes, pode estar violando um direito fundamental da parte contrária e até causar danos de ordem moral a esta última. Por isso, acreditamos que o Juiz do Trabalho, ao analisar a pertinência ou não da produção da prova obtida por meio ilícito como apta a demonstrar os danos de ordem moral, deve tomar as seguintes cautelas:

a) verificar se a prova do fato poderá ser obtida por outro meio lícito ou moralmente legítimo de prova, sem precisar recorrer à prova ilícita;

b) sopesar a lealdade e boa-fé da parte que pretende a produção da prova ilícita[113];

c) observar a seriedade e verossimilhança da alegação;

(113) Nesse sentido, destacamos a seguinte ementa: "DANO MORAL. GRAVAÇÃO DE CONVERSA TELEFÔNICA. PROVA IMORAL E ILÍCITA. A gravação de telefonema em que dialogam o sócio da empresa e um terceiro, feita com a participação do reclamante e sem o conhecimento do empregador, mediante a qual se busca provar que estariam sendo fornecidas informações desabonadoras do ex-empregado, não pode ser admitida como prova no processo, pois, além de implicar divulgação de conversa privada e violação de conversa telefônica (art. 5º, X e XII, da Constituição Federal), caracteriza prova obtida por meios ilícitos. Isso porque a prova assim produzida nada mais constitui do que um ardil utilizado pelo reclamante e pela terceira pessoa que se faz passar por seu pretenso contratante, 'interessado' na sua referência, no sentido de levar a reclamada a cair no deslize de fornecer informações desabonadoras do ex-empregado, sobre as quais poderia ser pedida a compensação de dano moral. Os preceitos legais aplicáveis à espécie buscam resguardar tanto a intimidade das pessoas, quanto a ética e a honra humana na sua dimensão maior, e qualquer procedimento que atente contra esta, ainda que a título de produção de prova, deve ser veementemente rechaçado. A atitude do reclamante, ao produzir esse tipo de prova, viola a honra do empregador, buscando fazer com que este incorra em ilícito, e por outro lado, desmerece a grandeza do instituto da responsabilidade civil" (TRT 3ª Reg. – RO 00664-2003-096-03-00-7 – (Ac. 2ª T.) – relª Juíza Alice Monteiro de Barros. DJMG 23.06.04, p. 08).

d) avaliar o custo-benefício na produção da prova;

e) aplicar o princípio da proporcionalidade, prestigiando o direito que merece maior proteção(114);

f) observar a efetiva proteção à dignidade da pessoa humana;

g) valorar não só o interesse da parte, mas também o interesse público.

1.13. Fases do Procedimento Probatório

Assim como o próprio processo observa a chamada *marcha processual*(115), vencendo, paulatinamente as fases processuais, a prova também segue um itinerário no processo trabalhista.

Não há uma ordem tarifada disciplinada na lei processual trabalhista, entretanto, seguindo a boa técnica processual, podemos destacar as seguintes fases:

a) *Requerimento das provas:* no processo civil, o art. 319, IV, do CPC, determina que o autor requeria as provas na inicial, e o réu, na defesa (art. 336 do CPC);

No processo do trabalho, não há requerimento de produção de provas, na inicial ou na defesa, uma vez que as provas, segundo a dicção do art. 845 da CLT, são produzidas em audiência. Além disso, a CLT, quando trata da petição inicial e da defesa (arts. 840, § 1º, e 847), não exige requerimento de provas, tampouco a especificação destas.

Desse modo, o requerimento das provas, pelas partes, se dá no momento da própria audiência una, após as tratativas de conciliação (art. 846 da CLT). Sob outro enfoque, o entendimento preponderante da doutrina e na jurisprudência é no sentido de que a prova documental deve acompanhar a inicial e a contestação, por força do art. 787 da CLT.

---

(114) Rescisão indireta do contrato de trabalho – Gravação de ofensa ao empregado no local de trabalho – Aceitação da prova no processo trabalhista. Ementa: DANO MORAL. RESCISÃO INDIRETA DO CONTRATO DE TRABALHO. GRAVAÇÃO DE OFENSAS AO EMPREGADO NO LOCAL DE TRABALHO. ACEITAÇÃO DA PROVA NO PROCESSO TRABALHISTA. Robustamente demonstradas pela prova as ofensas gravíssimas dirigidas pela representante da empresa à empregada, a hipótese autoriza não só a rescisão indireta do contrato de trabalho como também a condenação da empresa em dano moral. A gravação clandestina dos diálogos mantidos entre a empregada e os seus superiores no local de trabalho, nos quais essas ofensas eram sistematicamente praticadas, é perfeitamente legal e legítima, pois, apesar do desconhecimento dos ofensores, não se trata de interceptação de conversa alheia, pois foi feita por um dos interlocutores, em local de acesso ao público, sobre fato (o trabalho) da vida social dos envolvidos. A hipótese, portanto, não caracteriza afronta à inviolabilidade da vida privada ou da intimidade de quem quer que seja, resguardado pelo art. 5º, X, da Constituição Federal (Precedentes do TST, no TST – SDI ROMS n. 11.134/90, publicado no DJ de 27.9.91, p. 13.394 e do STF no HC 75.338, publicado no DJ de 25.9.98, p. 00011 e RE n. 212.081, publicado no DJ de 27.3.98, p. 00023). Além de não se caracterizar prova ilícita, trata-se, no caso, do exercício do direito de defesa por parte da empregada, como meio legítimo de que ela dispunha (TRT 3ª Reg. – RO 01.262-2002-111-03-00-7 – (Ac. 2ª T.) – relª Juíza Alice Monteiro de Barros – DJMG 20.2.04 – p. 11).

(115) Expressão de Ada Pellegrini Grinover.

Sob outro enfoque, diante dos princípios da informalidade, da celeridade e da instrumentalidade, não há qualquer vedação, ou prejuízo às partes, se o requerimento de provas for levado a efeito na própria petição inicial, ou no corpo da contestação.

b) *Admissibilidade da prova:* uma vez requerida a prova, o Juiz do Trabalho as apreciará, emitindo juízo de valor sobre a necessidade desta para o processo, deferindo, ou não sua produção. Uma vez admitida, a prova será produzida;

No juízo de admissibilidade, o juiz deve avaliar a pertinência e relevância da prova. Será pertinente quando se relaciona com os fatos controvertidos da causa. Será relevante quando a parte necessitar da prova para demonstrar suas alegações.

O momento de decisão sobre a admissibilidade da prova no processo do trabalho se dá na audiência trabalhista, em razão do princípio da concentração (art. 849 da CLT) e por ser o momento adequado para o saneamento do processo.

O não deferimento de prova deve, necessariamente, ser fundamentado (art. 93, IX, da CF).

c) *Produção da prova:* na fase de produção da prova, as provas serão apresentadas, mediante regular contraditório, e incorporadas ao processo para análise do magistrado.

Não há uma ordem para a produção da prova no processo do trabalho prevista na lei. Entretanto, há uma ordem lógica que é aplicada pelas Varas do Trabalho. A prova documental é pré-constituída. Por isso, deve, como regra geral, acompanhar a inicial e a defesa (art. 787 da CLT e art. 434 do CPC).

Quando houver a necessidade da perícia, ela deverá ser realizada, no nosso sentir, antes da realização da prova oral, pois o laudo poderá ser discutido posteriormente, com a prova testemunhal e até mesmo com a oitiva do perito em audiência.

Nesse sentido, dispõe o art. 827 da CLT, *in verbis*:

> "O juiz ou presidente poderá arguir os peritos compromissados ou os técnicos, e rubricará, para ser junto ao processo, o laudo que os primeiros tiverem apresentado."

Quanto à ordem de oitiva de partes e testemunhas, ao contrário do que prevê o CPC, a CLT não traça uma ordem de oitiva. Apenas no art. 848 a CLT assevera que, após a tentativa de conciliação, o Juiz do Trabalho ouvirá as partes, testemunhas, perito e assistente técnico, se houver.

A nosso ver, não se aplica a ordem prevista no art. 361 do CPC, qual seja: oitiva do autor, do réu, das testemunhas do autor e das testemunhas do réu, pois a finalidade teleológica da CLT foi assegurar ao Juiz do Trabalho um poder mais acentuado na direção da audiência, considerando-se a importância desse ato processual para o processo do trabalho, a quantidade de audiências diárias que realiza o Juiz do Trabalho e a necessidade de se imprimir celeridade e eficácia à instrução do processo. Nesse diapasão, também, é o art. 765 da CLT, que dispõe:

> "Os Juízos e Tribunais do Trabalho terão ampla liberdade na direção do processo e velarão pelo andamento rápido das causas, podendo determinar qualquer diligência necessária ao esclarecimento delas."

No mesmo sentido, é o art. 852-D da CLT, *in verbis*:

> "O juiz dirigirá o processo com liberdade para determinar as provas a serem produzidas, considerado o ônus probatório de cada litigante, podendo limitar ou excluir as que considerar excessivas, impertinentes ou protelatórias, bem como para apreciá-las e dar especial valor às regras de experiência comum ou técnica."

Desse modo, quando o Juiz do Trabalho inverter a ordem de oitiva de partes e testemunhas, não haverá nulidade, tampouco irregularidade, pois a escolha da ordem de oitiva é discricionariedade do juiz.

De outro lado, ao fixar a ordem de oitiva de partes e testemunhas, deve o Juiz do Trabalho se pautar pelas regras do ônus da prova, verossimilhança das alegações das partes e eficiência da audiência.

d) *Valoração da prova:* a valoração da prova é um dos momentos mais importantes do processo, em que o julgador, de forma discricionária, mas fundamentada, analisará as provas produzidas nos autos, primeiramente de forma isolada e depois confrontando as provas existentes, chegando a uma conclusão sobre a melhor prova e sobre o fato ou fatos que comprovam. Diante dos fatos que entendeu provados, o juiz aplicará o direito, acolhendo ou rejeitando o pedido. Por isso, o momento, por excelência, da valoração da prova é o da sentença.

1.13.1. Da produção antecipada da prova

Como decorrência do princípio da oralidade, sob o aspecto da característica da concentração dos atos em audiência, as provas, no processo do trabalho, devem ser produzidas em audiência.

Neste rumo, são expressivos os arts. 845 e 849, ambos da CLT:

> Art. 845, da CLT: "O reclamante e o reclamado comparecerão à audiência acompanhados das suas testemunhas, apresentando, nessa ocasião, as demais provas."

> Art. 849, da CLT: "A audiência de julgamento será contínua; mas, se não for possível, por motivo de força maior, concluí-la no mesmo dia, o juiz ou presidente marcará a sua continuação para a primeira desimpedida, independentemente de nova notificação."

Situações há, no entanto, em que o processo não pode aguardar sua tramitação normal para a produção de provas, sob consequência de perecimento do direito e impossibilidade material da realização da prova, como exemplo a oitiva de testemunha que está com doença grave e com probabilidade iminente de morte, ou a empresa está prestes a desativar determinado setor, no qual alega o autor que possui condições de insalubridade.

O Código de Processo Civil de 2015 disciplinou a produção antecipada da prova no próprio capítulo das provas. No CPC de 73, a matéria estava disciplinada como tutela cautelar.

Pelo sistema atual (art. 381, do CPC), a produção antecipada da prova pode adquirir feição de tutela cautelar quando haja fundado receio de que venha a tornar-se impossível ou muito difícil a verificação de certos fatos na pendência da ação. Nesse caso, a produção antecipada da prova terá por finalidade evitar o perigo da demora e assegurar o resultado útil de uma futura demanda.

Não terá feição cautelar quando tiver a finalidade de viabilizar a autocomposição ou outro meio adequado de solução de conflito, ou possa justificar ou evitar o ajuizamento de ação. Trata-se, aqui, de novidade, pois a produção antecipada da prova não visa evitar o perigo da demora e sim viabilização do acordo judicial ou evitar futura demanda. Apesar de ser difícil visualizar a aplicabilidade dessas hipóteses no processo trabalhista, há compatibilidade com o processo trabalhista, cabendo ao julgador analisar a pertinência da produção da prova no caso concreto.

Como a CLT e a leis processuais trabalhistas não disciplinam a produção antecipada da prova, aplicam-se, subsidiariamente (art. 15 do CPC e 769, da CLT), os arts. 381 a 383 do CPC.

Nos termos do art. 381, do CPC, a produção antecipada da prova será admitida nos casos em que: I – haja fundado receio de que venha a tornar-se impossível ou muito difícil a verificação de certos fatos na pendência da ação; II – a prova a ser produzida seja suscetível de viabilizar a autocomposição ou outro meio adequado de solução de conflito; III – o prévio conhecimento dos fatos possa justificar ou evitar o ajuizamento de ação. § 1º O arrolamento de bens observará o disposto nesta Seção quando tiver por finalidade apenas a realização de documentação e não a prática de atos de apreensão. § 2º A produção antecipada da prova é da competência do juízo do foro onde esta deva ser produzida ou do foro de domicílio do réu. § 3º A produção antecipada da prova não previne a competência do juízo para a ação que venha a ser proposta. § 4º O juízo estadual tem competência para produção antecipada de prova requerida em face da União, de entidade autárquica ou de empresa pública federal se, na localidade, não houver vara federal. § 5º Aplica-se o disposto nesta Seção àquele que pretender justificar a existência de algum fato ou relação jurídica para simples documento e sem caráter contencioso, que exporá, em petição circunstanciada, a sua intenção.

No processo do trabalho, o foro competente, para produção antecipada da prova, como regra, será o local da prestação de serviços (art. 651 da CLT).

Nos termos do art. 382 do CPC, na petição, o requerente apresentará as razões que justificam a necessidade de antecipação da prova e mencionará com precisão os fatos sobre os quais a prova há de recair. § 1º O juiz determinará, de ofício ou a requerimento da parte, a citação de interessados na produção da prova ou no fato a ser provado, salvo se inexistente caráter contencioso. § 2º O juiz não se pronunciará sobre a ocorrência ou a inocorrência do fato, nem sobre as respectivas consequências jurídicas. § 3º Os interessados poderão requerer a produção de qualquer prova no mesmo procedimento, desde que relacionada ao mesmo fato, salvo se a sua produção conjunta acarretar excessiva demora. § 4º Neste procedimento, não se admitirá defesa ou recurso, salvo contra decisão que indeferir totalmente a produção da prova pleiteada pelo requerente originário.

Conforme o art. 383, do CPC, os autos permanecerão em cartório durante 1 (um) mês para extração de cópias e certidões pelos interessados. Parágrafo único. Findo o prazo, os autos serão entregues ao promovente da medida.

2ª Parte – Das Provas em Espécie

2.1. Interrogatório e depoimento pessoal

2.1.1. Dos conceitos de interrogatório e depoimento pessoal

O interrogatório é um instrumento legal de prova por meio do qual a parte esclarece ao juiz fatos da causa. Trata-se de um ato personalíssimo entre o juiz e parte. Pode ser determinado de ofício pelo magistrado e renovado quantas vezes entender necessário o juiz antes da sentença. Segundo parte da doutrina, o interrogatório não é propriamente uma modalidade de prova, mas uma forma de se firmar a convicção do juiz sobre os fatos relevantes e pertinentes da causa. Desse modo, o interrogatório não tem por finalidade obter a confissão da parte. Como destaca *Nelson Nery Junior*(116): "Durante o interrogatório, pode sobrevir a confissão da parte, mas não é da essência do interrogatório, como o é do depoimento pessoal, a obtenção da confissão. Por causa disso, nada obsta que as partes, indistintamente, façam reperguntas aos interrogados."

No Código de Processo Civil, o interrogatório está previsto no art. 139, VIII do CPC, *in verbis*:

> "O juiz dirigirá o processo conforme as disposições deste Código, incumbindo-lhe: (...) VIII – determinar, a qualquer tempo, o comparecimento pessoal das partes, para inquiri-las sobre os fatos da causa, hipótese em que não incidirá a pena de confesso."

Conforme o art. 379, do CPC, de aplicação supletiva ao processo do trabalho, "preservado o direito de não produzir prova contra si própria, incumbe à parte: I – comparecer em juízo, respondendo ao que lhe for interrogado; II – colaborar com o juízo na realização de inspeção judicial que for considerada necessária; III – praticar o ato que lhe for determinado".

Pelo referido dispositivo legal, a parte tem a obrigação de comparecer em juízo e responder ao que for questionado, preservando-se o direito de não produzir prova contra si mesmo, somente quanto a fatos que possam acarretar ilícito penal.

---

(116) NERY JUNIOR, Nelson *et al. Código de Processo Civil comentado.* 4. ed. São Paulo: RT, 2001. p. 623

O depoimento pessoal, conforme nos traz a doutrina, é o meio de prova destinado, além de obter esclarecimento de fatos da causa, à confissão da parte contrária.

A finalidade do depoimento pessoal é provocar a confissão, fazendo com que a parte compareça e, pessoalmente, fale sobre os fatos da causa. Por isso, será ela intimada também pessoalmente, constando do mandado que se presumirão confessados os atos contra ela alegados caso não compareça, ou comparecendo, se recuse a depor. Não pode ser imposta a pena de confissão se a parte não for intimada com essa advertência (art. 385, parágrafo único, do CPC, e Súmula n. 74, I, do C. TST[(117)]).

Na prática, o interrogatório e o depoimento pessoal, tanto no processo civil como no Processo do Trabalho, se realizam em um único ato. Primeiramente, o juiz faz as perguntas para esclarecimento dos fatos da causa e firma seu convencimento e, posteriormente, as partes fazem as reperguntas, objetivando a confissão.

Conforme a redação do art. 385 do CPC, a parte tem direito a requerer o depoimento pessoal da parte contrária, o que significa dizer que cabe ao juiz analisar, segundo o seu livre convencimento motivado, se defere ou não o requerimento.

Embora o CPC utilize a expressão "requer o depoimento pessoal", este somente pode ser indeferido em hipóteses restritas, com a devida fundamentação pelo magistrado que preside a audiência, como em hipóteses de matéria exclusivamente de direito, ou quando não há controvérsia sobre a matéria fática, ou ainda quando já houve confissão na defesa. De outro lado, o juiz deve tomar muita cautela ao indeferir o depoimento pessoal, pois pode estar obstando um precioso instrumento da prova e, muitas vezes, perdendo a chance de uma confissão real.

Tanto no interrogatório como no depoimento pessoal, as partes têm direito de fazer reperguntas, nos termos do art. 820 da CLT, que assim dispõe: "As partes e testemunhas serão inquiridas pelo juiz ou presidente, podendo ser reinquiridas, por seu intermédio, a requerimento dos juízes classistas, das partes, seus representantes ou advogados."

Acreditamos ser compatível com o Processo do Trabalho o art. 385, § 2º, do CPC, que tem a seguinte redação: "É vedado, a quem ainda não depôs, assistir ao interrogatório da outra parte."[(118)] Além disso, a experiência tem demonstrado que é muito conveniente a parte não presenciar o depoimento pessoal da outra, pois há sempre o ânimo de rebater as declarações da parte contrária e a falta de espontaneidade no depoimento. Pode-se questionar a aplicabilidade de tal dispositivo no Processo do Trabalho, pois a CLT não prevê tal exigência[(119)]. Além disso, a CLT

---

(117) "Aplica-se a pena de confissão à parte que, expressamente intimada com aquela cominação, não comparecer à audiência em prosseguimento, na qual deveria depor."

(118) Nesse sentido, é a visão de Manoel Antonio Teixeira Filho. *In: A prova no processo do trabalho.* 8. ed. São Paulo: LTr, 2003. p. 244.

(119) Nesse contexto, a seguinte ementa: "Retirada do Preposto. Inaplicável o parágrafo do art. 344, CPC, ao Processo, em face da expressa disposição do art. 848, parágrafo 1º, da CLT, constituindo cerceamento de defesa a retirada do preposto da sala de audiência, no momento em que o reclamante presta o depoimento" (*LTr* 48/11-1376, TRT – 11ª Região. RO 147/84, Ac. 263/84. rel. Juiz Antonio Carlos Marinho Bezerra, j. 31.7.1984).

fora idealizada para o exercício do *jus postulandi* pela parte, sendo assim, não há como a parte formular reperguntas se não assistir ao interrogatório da parte contrária (art. 820 da CLT).

No nosso sentir, o § 2º do art. 385(120) do CPC aplica-se ao Processo do Trabalho, exceto nas hipóteses em que a parte está sem assistência de advogado. Nessa situação, deverá presenciar o depoimento da parte contrária para poder realizar as reperguntas, em razão dos princípios constitucionais do contraditório e ampla defesa (art. 5º, LV, da CF).

No mesmo sentido, a opinião de *Manoel Antonio Teixeira Filho*(121):

> "Embora a CLT seja omissa sobre a matéria, entendemos que o comando do art. 344, parágrafo único do CPC, deve incidir, supletivamente no processo do trabalho. Em diversas Varas, aliás, já se vem procedendo desta maneira. Seria de alvitrar-se, a propósito, que o procedimento se generalizasse. Sem embargo, o exercício da judicatura nos revelou que quando a parte, que está sendo ouvida em juízo, já assistiu ao interrogatório da outra, a sua preocupação maior é de rebater as declarações do litigante adverso, e não de responder às perguntas que lhe são formuladas de acordo com as alegações que ela, depoente, expendeu na inicial ou na contestação, conforme seja o caso. Assim, o conhecimento prévio das declarações da parte contrária permite a que a outra, ao ser interrogada, procure construir os fatos de modo a impugnar os que foram objeto das respostas do adversário. Correta, portanto, a advertência de Pestana Aguiar de que, a não se determinar a separação dos litigantes, 'fica sempre em melhor posição a parte que depusesse por último, pois poderia disso auferir vantagens, em desequilíbrio da igualdade das partes, ao se armar de argumentos de defesa."

A parte que já depôs poderá se retirar da audiência, prosseguindo a instrução com o seu representante ou advogado (art. 848, § 1º, da CLT). Desse modo, se o Juiz do Trabalho adiar a audiência para oitiva das testemunhas, quando já ouvidas as partes, estas estarão desobrigadas de comparecer na próxima sessão.

Nos termos do art. 387 do CPC, que resta aplicável ao Processo do Trabalho, por força do art. 769 da CLT: "A parte responderá pessoalmente sobre os fatos articulados, não podendo servir-se de escritos anteriormente preparados, permitindo-lhe o juiz, todavia, a consulta a notas breves, desde que objetivem completar esclarecimentos."

Também restam aplicáveis em razão da omissão da CLT e compatibilidade com o Processo do Trabalho as vedações do art. 388 do CPC que desobrigam a parte a depor sobre fatos criminosos ou torpes que lhe forem imputados e a cujo respeito, por estado ou profissão, deva guardar sigilo.

(120) No CPC de 1973, havia disposição idêntica no paráráfo único do art. 344.

(121) *A prova no processo do trabalho*. 10. ed. São Paulo: LTr, 2014. p. 184.

Quanto ao depoimento pessoal do menor de 18 anos na Justiça do Trabalho, desde que ele tenha, no mínimo, 16 anos[122] e esteja assistido pelo seu representante legal na audiência (art. 793 da CLT), acreditamos, ao contrário do que pensam alguns doutrinadores[123] e parte da jurisprudência[124], que ele possa confessar, pois tanto a CLT como o Código de Processo Civil não fazem distinção quanto à possibilidade de confissão do menor de 18 anos. Ora, se o menor de 18 ou maior de 16 anos tem capacidade para firmar contrato de trabalho, e prestar depoimento em favor de terceiros (art. 447, § 1º, inciso III, do CPC), é razoável que possa depor e responder pelos fatos que declarar em juízo, inclusive que a confissão possa ser levada em consideração[125].

2.1.2. Da compatibilidade do depoimento pessoal com o Processo do Trabalho e sua importância prática

A Consolidação das Leis do Trabalho disciplina o interrogatório no art. 848, que tem a seguinte redação:

> "Terminada a defesa, seguir-se-á a instrução do processo, podendo o presidente, *ex officio* ou a requerimento de qualquer juiz temporário, interrogar os litigantes."

Com suporte na literalidade do referido dispositivo, parte da doutrina e da jurisprudência têm sustentado que no Processo do Trabalho não existe o depoimento pessoal e somente o interrogatório da parte, ademais, é faculdade do juiz, não implicando cerceamento de defesa, dispensar a oitiva das partes, ainda que a parte contrária tenha requerido o depoimento pessoal.

Nesse sentido é a visão de *Renato Saraiva*[126]: "[...] A Consolidação das Leis do Trabalho consagrou o sistema do interrogatório determinado pelo juiz, constituindo-se, portanto, numa faculdade de o magistrado interrogar as partes (em função do livre convencimento). Logo, o requerimento de uma das partes para oitiva do depoimento

(122) A Constituição veda o trabalho do menor de 16 anos, salvo na condição de aprendiz a partir de 14 anos (art. 7º, XXXIII).

(123) Nesse sentido, destacamos, por todos, a posição de Valentin Carrion: "A confissão do menor, assim como a renúncia, não pode ser acolhida com a plenitude que muitos defendem, por motivos óbvios: a incapacidade, mas o depoimento prestado, nessas condições, deve ser recebido e pesado, como uma notícia a mais vinda aos autos, a ser analisado em conjunto com as demais provas. Deve ser permitido ao genitor, ou a quem o assiste, que intervenha no depoimento [...]" (*Comentários à CLT.* 30. ed. São Paulo: Saraiva, 2005. p. 605).

(124) Nesse diapasão, destaca-se a seguinte ementa: "Pena de confissão a menor. Não se aplica ao menor a pena de confissão, posto que ele tem capacidade relativa" (TRT – 3ª Região. RO 5950/92, rel. Álfio Amaury dos Santos. DJ/MG 3.2.1993).

(125) Como destaca Manoel Antonio Teixeira Filho: "Sabendo-se que o trabalhador, com menos de 18 anos, pode assinar recibos (CLT, art. 439), dando quitação do valor correspondente, não há por que deixar de reconhecer-lhe a capacidade de confessar, desde que: a) a confissão seja judicial; b) esteja assistido por seu pai, mãe, tutor, curador ou outro responsável legal; c) não se trate de confissão ficta, porque esta, conforme veremos ao seu tempo, é inaplicável ao empregado"(*A prova no processo do trabalho.* 8. ed. São Paulo: LTr, 2003. p. 237-238).

(126) *Curso de direito processual do trabalho.* 4. ed. São Paulo: Método, 2007. p. 346.

pessoal da parte contrária poderá ser indeferido (de forma fundamentada) pelo juiz, sem que isso, necessariamente, configure cerceio de defesa."

No mesmo sentido, é a posição de *José Augusto Rodrigues Pinto*(127):

> "A iniciativa do interrogatório era exclusiva do juiz presidente, nas antigas Juntas de Conciliação e Julgamento. Agora, é do Juízo de Vara trabalhista, ou do Juízo de Direito, nas comarcas onde não houver jurisdição especializada do trabalho [...] Sendo irrecusável a diversidade de natureza jurídica, impõe-se a conclusão seguinte: só é admissível a convivência entre interrogatório e depoimento pessoal no sistema jurídico que autorizar. Ora, a Consolidação não autoriza essa convivência porque só dispõe sobre o cabimento do interrogatório (art. 848), mostrando a identidade de inquisitória de seu procedimento. E isso não é omissão, pois deixar de dispor é coisa bem diversa de não querer dispor, em face da técnica do sistema processual."

Em que pese o respeito que merecem os que pensam não ser compatível com o Processo do Trabalho o depoimento pessoal, com eles não concordamos. Com efeito, embora a CLT preveja a faculdade do juiz em interrogar as partes, no art. 848 ela não disciplina o depoimento pessoal, ou seja, há omissão da CLT, e não silêncio intencional ou eloquente. Portanto, à luz do art. 769 da Consolidação, é possível transportar para o Processo do Trabalho o instituto do depoimento pessoal previsto no Código de Processo Civil.

Além disso, cumpre destacar que a oitiva das partes, diante da sua importância no Processo do Trabalho, uma vez que se trata este ramo do processo como um processo de partes, a oitiva destas, de ofício pelo juiz, ou a requerimento da parte contrária, é fundamental, pois somente as partes podem esclarecer os fatos da causa e confessar fatos relevantes e pertinentes do processo.

Embora alguns juízes e advogados adotem a postura de dispensar o depoimento pessoal das partes, acreditamos que a oitiva das partes tem importância vital para o processo do trabalho, uma vez que a parte pode não só esclarecer fatos relevantes da causa, como confessar fatos. De outro lado, muitas vezes, considerando-se a boa-fé, o caráter e a honestidade de cada reclamante ou reclamado, é possível se extrair a verdade real por meio dos depoimentos pessoais.

Como bem destaca *Luciane Cardoso*(128):

> "O comportamento processual das partes pode ser visto como meio de prova. As atividades das partes possuem relevância como elementos aptos a formar a convicção do juiz, ou seja, como instrumentos instrutórios especialmente no que dizem respeito à licitude ou não de tal comportamento.

---

(127) RODRIGUES PINTO, José Augusto. *Processo trabalhista de conhecimento*. 7. ed. São Paulo: LTr, 2005. p. 467.

(128) CARDOSO, Luciane. *Prova testemunhal:* uma abordagem hermenêutica. São Paulo: LTr, 2001. p. 132.

O comportamento processual das partes deve ser expressão do dever de veracidade que corresponde a um princípio do processo relacionado ao Estado e às partes. O primeiro, através do juiz, pode coibir a má-fé, e as partes, pelo princípio dispositivo, devem dispor de suas armas com boa-fé. Baseia-se na *exceptio doli*, espécie de cláusula geral do processo que inadmite a conduta contrária à boa-fé. O sistema oral coloca uma nítida possibilidade de contato do juiz com a parte na audiência, no momento do interrogatório da própria parte e das testemunhas."

Não convence o argumento no sentido de que, como as partes não prestam compromisso de dizer a verdade, é perda de tempo tomar os respectivos depoimentos. Ora, tanto a CLT (arts. 843 e 844) como a jurisprudência exigem o comparecimento pessoal da parte na audiência. Embora tanto o reclamante como o reclamado possam mentir ou ocultar a verdade, muitas vezes, mediante técnicas de inquirição, é possível extrair das partes a verdade. De outro lado, embora a parte não esteja sujeita ao delito de falso testemunho, caso altere de forma acintosa a verdade dos fatos, é possível aplicar-se-lhe cominação pecuniária por litigância de má-fé, com suporte no art. 80, II, do CPC(129).

Como destaca *Valentin Carrion*(130):

> "Dificilmente a parte deixa de confessar algum ou muitos aspectos da controvérsia, seja por sinceridade, inadvertência ou definição de generalidade da pretensão. Equivoca-se o magistrado que, por excesso de serviço e desejo de celeridade e simplicidade, dispensa o depoimento da parte, que poderá simplificar-lhe e às vezes tornar desnecessário o das testemunhas. O texto do art. 848 'podendo o presidente...' contraria o mínimo senso de lógica e do princípio geral do processo. O depoimento dos litigantes é a mais pura e direta fonte de informação e convicção; o ônus da prova que pesa sobre cada uma das partes não pode depender da disposição do juiz em ouvir ou não o adversário, e seu indeferimento constitui gravíssimo cerceamento de defesa."

Não se pode, por uma filigrana interpretativa, ou capricho de alguns juízes, obstar o depoimento pessoal, que é um meio de prova, e muitas vezes o principal ou único meio de que dispõem as partes no Processo do Trabalho.

Muitas vezes, o depoimento pessoal é o único ou principal meio de prova de que dispõe a parte no Processo do Trabalho. Nas hipóteses em que os fatos se passam em locais reservados ou fora do alcance das testemunhas, como nas de assédio moral e assédio sexual, a palavra da parte tem grande relevância e é forte elemento de convicção do juiz(131).

---

(129) Art. 80 do CPC: "Reputa-se litigante de má-fé aquele que: [...] II – Alterar a verdade dos fatos."

(130) CARRION, Valentin. *Comentários à CLT.* 30. ed. São Paulo: Saraiva, 2005. p. 691.

(131) Nesse sentido: "Tratando-se de delito de natureza clandestina, ou de sedução, praticada às ocultas, a palavra da mulher que se diz deflorada e aponta o autor de sua desonra merece mais crédito que a do indigitado

Embora se confira ao Juiz do Trabalho uma amplitude maior na direção do processo, inclusive na esfera probatória (art. 765 da CLT), acreditamos que, quanto ao depoimento pessoal, considerando-se os princípios da imediatidade, da oralidade e da concentração de atos na audiência, este meio de prova não pode ser sonegado à parte.

O indeferimento do depoimento pessoal, sob o argumento de que ele não é compatível com o Processo, configura, portanto, cerceamento de defesa no Processo do Trabalho, passível de nulidade total da relação jurídico-processual a partir do indeferimento.

Nesse sentido, destacam-se as seguintes ementas:

"Depoimento da parte. Direito processual compatível com o processo trabalhista. CF, art. 5º, LV, e CPC, art. 343. A confissão é o maior benefício processual que a parte tem. Em razão dela pode dispensar testemunhas ou sair vencedora da causa. É direito que o juízo não tem prerrogativa de indeferir. O art. 848 da CLT abre ao juiz a faculdade de ouvir as partes, porém, não proíbe que as partes também requeiram o depoimento, se o juiz não o determinou de ofício."(132)

"RECURSO ORDINÁRIO. CERCEAMENTO DO DIREIRO DE DEFESA. DEPOIMENTO PESSOAL DO PREPOSTO. NECESSIDADE. As provas são produzidas para o convencimento do juiz. Cristalino, de outra parte, que o depoimento das partes constitui-se notório meio de prova, a fim de se provocar uma possível confissão. A doutrina difere depoimento das partes de interrogatório: a principal distinção — que é a que nos interessa — é que o interrogatório visa apenas obter das partes determinados esclarecimentos ao Julgador sobre os fatos controvertidos, ao passo que o depoimento pode ensejar a confissão, conquanto também sirva para elucidar os fatos. Tanto assim que, em havendo recusa de uma das partes de depor, haverá confissão, embora ficta. Recurso conhecido e provido." (TRT/SP – 00935000520085020085 (00935200808502000) – RO – Ac. 12ª T. 20110442754 – rel. Benedito Valentini – DOE 15.4.2011)

"NULIDADE. CERCEAMENTO DE DEFESA. LITISCONSÓRCIO PASSIVO. CONFISSÃO FICTA DA PRIMEIRA RECLAMADA. DEPOIMENTO PESSOAL DO AUTOR REQUERIDO PELA SEGUNDA RECLAMADA. INDEFERIMENTO. O indeferimento do pedido de depoimento pessoal, se presentes fatos controvertidos, diante da própria essência do referido meio de prova, gera sério prejuízo processual ao litigante que o requereu, pois, se

---

autor, se nada existe contra sua procedente honestidade" (RT n. 220/94). "Nos atentados contra a honra da mulher, a palavra da vítima é, em regra, precioso elemento de convicção, bastando para tanto que não haja prova contrária à sua presente honestidade" (RT n. 220/92). "JUSTA CAUSA. ASSÉDIO SEXUAL X INCONTINÊNCIA DE CONDUTA: Quando um empregado que não tem ascensão hierárquica sobre outra empregada, à qual insistentemente lhe dirige gracejos com conotação sexual, não pratica assédio sexual, nos termos do art. 216-A do Estatuto Repressivo. De outro lado, a incontinência de conduta resta configurada, porquanto tal atitude atenta contra a moral sexual do ambiente de trabalho. APRECIAÇÃO DA PROVA: Nos delitos contra os costumes, chamados pela doutrina de clandestinos (*qui clam comittit solent* — que se cometem longe dos olhares de testemunhas), palavra da testemunha vítima, embora contraditada por razões óbvias, desde que coerente, é de valor extraordinário e suficiente para o reconhecimento da justa causa" (VARA DO TRABALHO DE FRANCO DA ROCHA/SP, Processo n. 2.241/01, Juiz Mauro Schiavi, 26.7.02. *In: Revista Trimestral de Jurisprudência do TRT da 2ª Região* n. 31/02, São Paulo: LTr, 2002. p. 262).

(132) TRT/SP – 02439200403002000 – RO – Ac. 9ª T. – 20060484440 – rel. Luiz Edgar Ferraz de Oliveira – DOE 8.8.2006.

eventualmente extraída a confissão do depoente, a parte que se beneficiou com as alegações prestadas pelo adversário estará desincumbida de produzir provas no sentido de comprovar que tem razão em relação à pretensão resistida. Além disso, não encontra óbice o pedido de depoimento pessoal do reclamante a circunstância da primeira reclamada ser declarada confessa e de ter sido a segunda reclamada condenada apenas de forma subsidiária, mormente quando esta impugna, em sua contestação, a prestação de serviços pelo reclamante em seu favor. Recurso de revista conhecido e provido." (TST – RR-15000-67.2003.5.01.0071, rel. Juiz Convocado Hugo Carlos Scheuermann, 1ª Turma, DEJT 3.2.2012)

"NULIDADE DA SENTENÇA POR CERCEAMENTO DO DIREITO DE DEFESA. No caso, o reclamante, embora tenha reconhecido a regularidade dos registros constantes dos cartões de ponto, afirmou que esses documentos não registravam o tempo despendido antes do início da jornada de trabalho para se vestir e afiar as facas. Por isso, pretendeu ouvir o preposto do reclamado, a fim de produzir prova quanto à questão. Porém, o Magistrado indeferiu o pedido. O reclamante interpôs recurso ordinário, suscitando a nulidade da sentença por cerceamento do direito de defesa, a qual foi rejeitada pelo Regional, por considerar que o indeferimento da oitiva do preposto do reclamado não configura cerceamento de defesa, uma vez que o autor já teria confessado que os horários de trabalho registrados nos cartões de ponto eram os efetivamente trabalhados, em que pese tenha excepcionado, expressamente, o tempo gasto antes e após a jornada de trabalho. No mérito, manteve o indeferimento da pretensão do reclamante quanto ao pagamento de horas extraordinárias correspondentes, concluindo que, quanto a esse pleito, o reclamante não se desincumbiu do seu ônus da prova. Quando se impede a produção de prova testemunhal ao mesmo tempo em que se afirma que o reclamante não se desincumbiu de provar fato constitutivo do seu direito, resta configurado o cerceamento do direito de defesa. Registra-se que, nos termos do art. 343 do CPC, é direito da parte requerer o depoimento pessoal da outra, a fim de interrogá-la. Na hipótese dos autos, não foi oportunizado ao obreiro a produção de prova testemunhal quanto ao pleito de horas extras relativo ao trabalho realizado antes do início da jornada registrada nos cartões de ponto, sendo-lhe posteriormente indeferida a pretensão, ao fundamento de que o reclamante não se desincumbiu do ônus da prova. Inegável, pois, o cerceamento do direito de defesa, em ofensa ao art. 5º, inciso LV, da CF/88. Recurso de revista conhecido e provido." (RR-97100-07.2005.5.23.0036, rel. Min. José Roberto Freire Pimenta, 2ª Turma, DEJT 4.2.2011)

2.2. Da confissão

Luiz Eduardo Gunther e *Cristina Maria Navarro Zornig*(133) nos trazem o seguinte conceito de confissão: "Derivando do latim *confessio*, de *confiteri*, na terminologia jurídica possui o sentido de declaração de verdade feita por quem a pode fazer. Também qualificada como *delle prove*, refere-se a confissão ao ato pelo qual a pessoa capaz reconhece e espontaneamente declara verdadeiro o fato que se lhe imputa ou contra ela é alegado. O Dicionário Jurídico da Academia Brasileira de Letras Jurídicas resume o significado do vocábulo ao ato pelo qual a parte, em juízo ou fora dele, admite a verdade de um fato contrário a seu interesse e favorável ao adversário."

(133) GUNTHER, Luiz Eduardo; ZORNIG, Cristina Maria Navarro. Revelia e confissão no Processo do Trabalho. *In: Revista do Direito Trabalhista,* n. 1, ano 10, janeiro de 2004, Brasília: Consulex, 2004. p. 10-01/14.

O Código de Processo Civil, por meio de interpretação autêntica, nos traz a definição de confissão no art. 389, que assim dispõe:

> "Há confissão, judicial ou extrajudicial, quando a parte admite a verdade de um fato, contrário ao seu interesse e favorável ao adversário [...]."

Como destaca *Moacyr Amaral Santos*(134), na confissão, se compreendem três elementos inseparáveis, que dizem respeito: a) ao objeto (elemento objetivo); b) ao sujeito (elemento subjetivo); e c) intencional.

O elemento objetivo consiste no argumento de que só os fatos são suscetíveis de prova. Como meio de prova que é, a confissão só abrange fatos, tanto os favoráveis como os desfavoráveis ao confitente. O elemento subjetivo resulta que a confissão seja prestada pela parte e pela própria parte, ou, excepcionalmente, por representante com poderes especiais (art. 390, § 1º, do CPC). Sob o aspecto intencional, a confissão pressupõe um ato de vontade de dizer a verdade quanto a fatos. Há o chamado *animus confitendi*.

Diz a doutrina que a confissão pode ser expressa (ou real) quando feita de forma categórica. Pode ser espontânea ou provocada pela parte contrária, por meio do depoimento pessoal.

No aspecto, destaca-se a seguinte ementa:

> "Rescisão Indireta. Pedido de Demissão. Incabível. A pretensão de convolar o pedido de demissão em rescisão indireta do contrato de trabalho, ao argumento de que a reclamada não cumpriu com as obrigações laborais, carece de supedâneo jurídico, posto que, em depoimento pessoal, a demandante confessou que pediu demissão, prevalecendo a confissão real. Assim, absolutamente impertinente e impróprio o pedido de rescisão indireta acerca de contrato de trabalho não mais vigente, mormente porque não comprovada a ocorrência de qualquer vício do consentimento, suscetível de nulidade." (PJe-JT TRT/SP 10003264020155020614 – 18ª Turma – RO – Relª. Lilian Gonçalves – DEJT 19.2.2016)

A confissão, como regra, é indivisível, não podendo a parte beneficiada aceitá-la no tópico que a beneficiar e rejeitá-la no que lhe for desfavorável (art. 395 do CPC). Com efeito, dispõe o referido dispositivo legal:

> "A confissão é, em regra, indivisível, não podendo a parte que a quiser invocar como prova aceitá-la no tópico que a beneficiar e rejeitá-la no que lhe for desfavorável, porém cindir-se-á quando o confitente a ela aduzir fatos novos, capazes de constituir fundamento de defesa de direito material ou de reconvenção."

No entanto, como adverte *Manoel Antonio Teixeira Filho*(135), "no processo do trabalho, contudo, é desaconselhável a aceitação da indivisibilidade da confissão porque, em geral, tanto o autor quanto o réu narram fatos os mais diversos, nada

(134) SANTOS, Moacyr Amaral. *Primeiras linhas de direito processual civil.* 17. ed. São Paulo: Saraiva, 1995. p. 437.

(135) *Comentários ao Novo Código de Processo Civil:* sob a perspectiva do processo do trabalho. 2. ed. São Paulo: LTr, 2016. p. 546.

impedindo, portanto, que sejam considerados confessos em relação a alguns desses fatos e não necessariamente a todos. É preciso não esquecer que, no processo civil, comumente, a *causa petendi*, apontada pelo autor é uma só (e o pedido também), daí por que a regra da incindibilidade da confissão que aí se verificar encontra, nesta particularidade, o seu pressuposto lógico — que inexiste, à evidência, no caso das iniciais trabalhistas, pródigas que são em matéria de *causa petendi* e de pedidos. Nada mais coerente com a realidade das pretensões que o caracterizam conseguintemente, tenha o CPC admitido o fracionamento da confissão, apenas, em caráter excepcional. Isto é, diante de fatos novos, assim entendidos aqueles não pertencentes originalmente à causa".

Fala-se em confissão ficta, tácita ou presumida a que resulta da taciturnidade da parte quando provocada a falar. Geralmente, resulta da recusa da parte em prestar depoimento[136]. Diz o art. 386 do CPC[137], "quando a parte, sem motivo justificado, deixar de responder ao que lhe for perguntado, ou empregar evasivas, o juiz, apreciando as demais circunstâncias e os elementos de prova, declarará, na sentença, se houve recusa de depor."

No aspecto, cumpre destacar a seguinte ementa:

"CONFISSÃO FICTA. ART. 345 DO CPC. A confissão da ré não se restringe à afirmação contrária às alegações da defesa, conforme previsto no art. 348 do Código de Processo Civil, mas também ao desconhecimento do sócio da empresa sobre fato essencial da lide, sobretudo quando de seu depoimento sobressaem declarações díspares e evasivas sobre a questão objeto do interrogatório. Assim, ao sócio afirmar que a obreira iniciou a prestação de serviços em uma determinada data, para logo em seguida desdizer-se, afirmando que "não se lembra" se houve prestação de serviços antes desse mesmo período, há que se tomar seu esquecimento como prova em abono à tese da parte contrária. Subsunção à norma do art. 345 do Código de Processo Civil, aplicado subsidiariamente ao processo trabalhista e em perfeita harmonia com o disposto no § 1º do art. 843 da CLT. Apelo ao qual se nega provimento." (TRT/SP – 00008998120115020082 – RO – Ac. 9ª T. – 20120651135 – relª Maria da Conceição Batista – DOE 29.6.2012)

A confissão ficta é meio de prova, pois está inserida no capítulo que trata das provas. Não obstante, não tem caráter absoluto, pois pode ser contrariada por outras provas dos autos. Acreditamos que até mesmo a confissão real feita pela própria parte em depoimento pessoal não tem caráter absoluto, não se podendo mais falar, diante do caráter publicista e do princípio do livre convencimento do magistrado, que a confissão é a rainha das provas, uma vez que esta pode ser neutralizada pelas demais provas dos autos e até mesmo pela confissão real da parte contrária.

Nesse sentido, destacamos a seguinte ementa:

"CONFISSÃO FICTA. PREVALÊNCIA SOBRE OUTRAS PROVAS. Princípio da livre apreciação. Não há dizer-se em prevalência da confissão dentro de uma hierarquia de provas, pois vige, em nossa sistemática processual, o princípio da livre apreciação dos elementos

(136) *Ibidem*, p. 439.

(137) No CPC de 1973, o art. 345 tinha idêntica redação.

úteis do processo pelo Julgador, que não pode ser constrangido a atribuir valor absoluto a qualquer deles." (TRT 3ª Reg. – 1ª T. – RO 17.954/98, relª Juíza Emília Facchini – DJMG 25.6.99 – Caderno V – p. 11).

Se o Juiz do Trabalho, ao tomar o depoimento do reclamante, se este não souber os fatos da causa, haverá a confissão ficta, entretanto, não deve o juiz encerrar prematuramente a instrução, mas sim tomar o depoimento do reclamado, pois a confissão real deste pode elidir a confissão ficta. Se o reclamado ou seu preposto não souberem dos fatos, haverá confissão ficta, pois o art. 843, § 1º, da CLT, exige que o preposto tenha conhecimento dos fatos. Entretanto, este estado de confissão ficta pode ser elidido por provas em contrário. Nesse sentido, destacamos a seguinte ementa:

"PREPOSTO. DESCONHECIMENTO DOS FATOS — CONFISSÃO FICTA — PRESUNÇÃO *JURIS TANTUM*. O desconhecimento dos fatos litigiosos por parte do preposto permite a aplicação da *ficta confessio* que, no entanto, somente autoriza presunção relativa, admitindo prova em contrário." (Proc. 00185.2006.402.14.00-5 RO – 14ª Reg. – relª Juíza Vânia Maria da Rocha Abensur – DJ/RO de 14.2.2007 – (DT – Março/2007 – vol. 152, p. 212)

Para os que entendem que o preposto deve ostentar a condição de empregado da reclamada, nos termos da Súmula n. 377 do C. TST, a ausência de tal requisito não provoca a revelia, mas sim a confissão ficta, pois a revelia é a ausência do reclamado em audiência (art. 844 da CLT), se o preposto compareceu, ainda que não saiba dos fatos, o reclamado compareceu e está representado[138].

Diante do exposto, no nosso sentir, a confissão, seja a real ou a presumida (confissão ficta), deve ser valorada na sentença, juntamente com os demais elementos de provas dos autos. No nosso sistema legal, a confissão não é mais a rainha das provas. Não há mais como se sustentar, no sistema vigente, que a confissão prevalece sobre os demais elementos de prova. A confissão como um meio de prova com a mesma efetividade que os demais (art. 332 do CPC) tem de ser sopesada em compasso com o conjunto probatório dos autos e do convencimento motivado.

O Tribunal Superior do Trabalho recentemente firmou entendimento diverso, conforme a Súmula n. 74, com a seguinte redação: "CONFISSÃO. I – Aplica-se a confissão à parte que, expressamente intimada com aquela cominação, não comparecer à audiência em prosseguimento, na qual deveria depor. (ex-Súmula n. 74 – RA n. 69/1978, DJ 26.9.1978) II – A prova pré-constituída nos autos pode ser levada em conta para confronto com a confissão ficta (arts. 442 e 443, do CPC de 2015 – art. 400, I, do CPC de 1973), não implicando cerceamento de defesa o indeferimento de provas posteriores. (ex-OJ n. 184 da SBDI-1 – inserida em 8.11.2000) III – A vedação à produção de prova posterior pela parte confessa somente a ela se aplica, não afetando o exercício, pelo magistrado, do poder/dever de conduzir o processo".

Concordamos com o inciso I da Súmula n. 74, pois, diante das consequências do depoimento pessoal, há necessidade de advertência prévia quanto aos efeitos da ausência da parte para tal ato processual.

(138) Desenvolvemos com maior profundidade em nossa obra *A revelia no direito processual do trabalho*. São Paulo: LTr, 2006. p. 60-61.

Ousamos divergir da referida Súmula, pois a confissão ficta não se confunde com a real. O art. 443, I, do CPC, no nosso sentir, refere-se à confissão real, pois a confissão ficta acarreta uma mera presunção. Além disso, é direito da parte pretender derrubar os efeitos decorrentes da confissão ficta com a produção de provas, tanto a oral como a documental. De outro lado, o magistrado, como diretor do processo e destinatário final da prova, caso já esteja convencido dos fatos da causa, diante do conjunto probatório, poderá indeferir a produção de provas, com suporte no art. 765 da CLT, mas tal indeferimento deve ser fundamentado, com natureza de decisão interlocutória, podendo a parte prejudicada questionar a correção do procedimento em eventual recurso.

Como bem adverte *Francisco Antonio de Oliveira*(139): "O entendimento ora esposado transforma a confissão ficta em real, o que não está autorizado pela lei. Onde a lei não restringe, defeso ao intérprete fazê-lo, tem a parte relativamente confessa o direito de ouvir, inclusive, depoimento da parte adversa que poderá confessar o fato de forma real (confissão real) e desprestigiar a *ficta confessio* (de valor relativo); deve-se dar ênfase à busca da verdade real. A busca da celeridade deve conviver em harmonia com o devido processo legal. [...] A confissão, de que falam os arts. 334 e 400 do CPC, diz respeito à confissão real. O juiz somente não incorrerá em cerceamento de defesa se a dispensa da produção de outras provas era para confrontar prova documental pré-constituída. De resto, ao julgador cabe o 'livre convencimento' (art. 131 do CPC) em sede de confissão relativa."

Nesse sentido, destacamos as seguintes ementas:

> "*Ficta confessio*. Valoração do conjunto probatório do julgado. A pena de confissão faz presumir verdadeiros os fatos alegados pela parte contrária desde que não elididos pelo conjunto probatório. É a aplicação do princípio da busca da verdade real, combinado com o princípio do dispositivo. Recurso a que se dá parcial provimento." (TRT/SP 02990227134 RO, Ac. 9ª T. 20000186672, rel. Juiz Antônio José Teixeira de Carvalho, DOE 16.5.00)

> "Confissão ficta. Pode ser elidida por qualquer prova em direito admitida, testemunhal, documental ou depoimento da parte adversa, não se limitando aos documentos existentes nos autos. Entendimento de que a *ficta confessio* não rende tributos a outras provas transforma a simples ficção em verdade absoluta, se ressente de razoabilidade e atenta contra o princípio da hermenêutica." (TRT/SP, 02990303191 RO – Ac. 5ª T. – 2000307917 – rel. Francisco Antonio de Oliveira – DOE 7.7.00)

Em boa hora, o Tribunal Superior do Trabalho acrescentou o inciso III à Súmula n. 74, fixando entendimento de que a confissão ficta não inibe os poderes instrutórios do Juiz do Trabalho em busca da verdade real e da justiça da decisão, conforme defendemos anteriormente, não obstante tenha mantido o entendimento no sentido de que a parte prejudicada pela confissão ficta não possa produzir provas posteriores para tentar elidi-la.

(139) OLIVEIRA, Francisco Antonio de. *Comentários às Súmulas do TST*. 6. ed. São Paulo: RT, 2005. p. 217.

No nosso sentir, melhor seria se o inciso II da Súmula n. 74 consignasse a seguinte redação:

> "A prova pré-constituída nos autos e a prova produzida posteriormente podem ser levadas em conta para confronto com a confissão ficta (art. 443, I, do CPC). Entretanto, não implica cerceamento de defesa o indeferimento de produção de provas oral e testemunhal caso o magistrado já esteja suficientemente convencido diante do conjunto probatório constante dos autos, nos termos dos arts. 370 do CPC e 765 da CLT, em decisão fundamentada."

Nos termos do art. 392 do CPC, de aplicação subsidiária (arts. 15, do CPC e 769, da CLT) não vale como confissão a admissão, em juízo, de fatos relativos a direitos indisponíveis. § 1º A confissão será ineficaz se feita por quem não for capaz de dispor do direito a que se referem os fatos confessados. § 2º A confissão feita por um representante somente é eficaz nos limites em que este pode vincular o representado.

Conforme o art. 393, do CPC, de aplicação supletiva (arts. 15, do CPC e 769, da CLT), a confissão é irrevogável, mas pode ser anulada se decorreu de erro de fato ou de coação. Parágrafo único. A legitimidade para a ação prevista no *caput* é exclusiva do confitente e pode ser transferida a seus herdeiros se ele falecer após a propositura.

Não obstante o referido dispositivo legal nos dê a impressão de que o remédio para anular a confissão é a ação anulatória, se já houver trânsito em julgado da decisão que apreciou a confissão, o remédio será a ação rescisória (art. 966, III, do CPC).

2.3. Da prova documental

Dizia *Carnelutti* que documento é *uma coisa capaz de representar um fato*.

Nem a CLT nem o CPC definem o conceito de documento, cumprindo tal função à doutrina.

Documentos são toda representação objetiva de um pensamento, material ou literal (*Alsina*). Em sentido estrito, documento é toda coisa que seja produto de um ato humano, perceptível com os sentidos da vista e do fato que serve de prova histórica indireta ou representativa de um fato qualquer (*Eschandia*)(140).

Conforme *Renato Saraiva*(141): "Documento é o meio utilizado como prova material da existência de um fato, abrangendo não só os escritos, mas também os gráficos, as fotografias, os desenhos, reproduções cinematográficas, etc."

Diante dos princípios do acesso à justiça, da ampla possibilidade probatória e do avanço tecnológico, o conceito de documento tem sido amplo para abranger todo

(140) NASCIMENTO, Amauri Mascaro. *Curso de direito processual do trabalho*. 22. ed. São Paulo: Saraiva, 2007. p. 533.

(141) SARAIVA, Renato. *Curso de direito do trabalho*. 4. ed. São Paulo: Método, 2007. p. 362.

objeto real corpóreo ou incorpóreo (desde que possa ser demonstrado) destinado a demonstrar os fatos em juízo. Abrange escritos, gravações magnéticas, fotografias, pedras, instrumentos de trabalho, vestimentas etc.

Muito já se discutiu na doutrina sobre a prevalência da prova documental sobre a prova oral (depoimentos pessoais e testemunhais). Não obstante, a moderna doutrina caminha no sentido de não haver hierarquia entre as provas, pois o juiz é livre para apreciar as provas e firmar sua convicção.

No Processo do Trabalho, em especial, em que dificilmente o empregado possui algum documento referente à relação de emprego, pois, como regra geral, os documentos ficam na posse do empregador, deve o Juiz do Trabalho analisar os documentos com reserva, sempre atento ao princípio da primazia da realidade e da razoabilidade.

Como bem adverte *Amauri Mascaro Nascimento*[(142)], a prova documental apresenta vantagens e defeitos. Do mesmo modo que pode trazer maior segurança quanto à existência do fato que reproduz, pode, de outro lado, ser uma falsa atestação de ato a que não corresponde. Nessas condições, o documento, em especial no processo trabalhista, deve ser recebido com reservas, e o seu valor, apreciado em conjunto com as demais provas.

A CLT contém poucas disposições sobre a prova documental. Há alguns dispositivos esparsos, exigindo a autenticação dos documentos (art. 830), a juntada dos documentos com a inicial (art. 787), a juntada dos documentos pelo reclamado em audiência (art. 845), a necessidade de recibos de pagamento de salários e quitação do contrato de trabalho (arts. 464 e 477, § 2º), bem como a necessidade de anotação da CTPS (art. 456). Desse modo, em razão de a CLT conter pouquíssimas disposições sobre a prova documental, aplica-se praticamente integralmente ao Processo do Trabalho a Seção VII do CPC (Da prova documental — arts. 405 a 441), por força do permissivo do art. 769 da CLT.

Os documentos se dividem em públicos e particulares.

Documento público é o escrito que goza de fé pública não só da sua formação, mas também dos fatos ocorridos na presença da autoridade, perante a qual foi ele lavrado (art. 405 do CPC). Como destaca *Humberto Theodoro Júnior*[(143)], "há, pois, presunção legal de autenticidade do documento público, entre as partes e perante terceiros, fato que decorre da atribuição de fé pública conferida aos órgãos estatais."

Já o documento particular é emitido sem a participação de um oficial público, vinculada sua força probante à sua natureza e conteúdo. Nos termos do art. 408 do CPC, "as declarações constantes do documento particular, escrito e assinado,

---

(142) NASCIMENTO, Amauri Mascaro. *Curso de direito processual do trabalho*. 22. ed. São Paulo: Saraiva, 2007. p. 534.

(143) THEODORO JÚNIOR, Humberto. *Curso de direito processual civil*. V. I, 24. ed. Rio de Janeiro: Forense, 1998. p. 446.

ou somente assinado, presumem-se verdadeiras em relação ao signatário." Não havendo impugnação pela parte contrária, há presunção *juris tantum* de veracidade do documento particular.

Conforme o art. 427 do CPC: "Cessa a fé do documento, público ou particular, sendo-lhe declarada judicialmente a falsidade. Parágrafo único. A falsidade consiste em: I – em formar documento não verdadeiro; II – em alterar documento verdadeiro."

A formação de documento não verdadeiro é chamada pela doutrina de *falsidade material*, pois há vício nos aspectos exteriores do documento, uma vez que se cria um documento não verdadeiro. Como assevera *Humberto Theodoro Júnior*(144), nas hipóteses em que o vício se manifestou na elaboração física do documento, e não na vontade declarada, o defeito chama-se de falsidade material. Forma-se, materialmente, um documento falso quando, por exemplo, se utiliza papel assinado em branco e nele se lança uma declaração nunca formulada, nem desejada pelo signatário; ou quando se utiliza apenas a parte final de um texto, de onde se extrai a assinatura da parte para incluí-la num outro texto totalmente diverso do primitivo.

Na falsidade ideológica, o documento é verdadeiro em sua forma, mas seu conteúdo não é verdadeiro, ou seja: ele retrata um fato ou acontecimento inverossímeis. Como destaca *Humberto Theodoro Júnior*(145), quando a declaração, consciente ou inconscientemente, revela um fato inverídico, ocorre o que se chama falsidade ideológica, que corresponde ao fruto da simulação ou dos vícios de consentimento (erro, dolo e coação).

Como exemplo de falsidade material no Processo do Trabalho, podemos citar um recibo de pagamento que contém assinatura falsificada do empregado. Já recibo cuja assinatura é do empregado, mas menciona valor de salário que o empregado efetivamente não recebeu, contém falsidade ideológica.

Nos termos do art. 426 do CPC, o juiz apreciará fundamentalmente o documento, quando, em ponto substancial e sem ressalva, contiver entrelinha, emenda, borrão ou cancelamento.

Não obstante a redação do referido dispositivo legal, se o Juiz do Trabalho estiver em dúvida sobre borrões e entrelinhas, poderá determinar a produção de provas orais para formar sua convicção sobre o conteúdo do documento, ou até mesmo designar perícia grafotécnica para tal finalidade.

A Lei n. 11.419/2006 regulamentou o documento digital que já era admitido pela doutrina e pela jurisprudência.

Dispõe o art. 11 da Lei n. 11.419/06:

> "Art. 11. Os documentos produzidos eletronicamente e juntados aos processos eletrônicos com garantia da origem e de seu signatário, na forma estabelecida nesta Lei, serão considerados originais para todos os efeitos legais.

---

(144) *Op. cit.*, p. 455-456.

(145) *Op. cit.*, p. 455.

§ 1º Os extratos digitais e os documentos digitalizados e juntados aos autos pelos órgãos da Justiça e seus auxiliares, pelo Ministério Público e seus auxiliares, pelas procuradorias, pelas autoridades policiais, pelas repartições públicas em geral e por advogados públicos e privados têm a mesma força probante dos originais, ressalvada a alegação motivada e fundamentada de adulteração antes ou durante o processo de digitalização.

§ 2º A arguição de falsidade do documento original será processada eletronicamente na forma da lei processual em vigor.

§ 3º Os originais dos documentos digitalizados, mencionados no § 2º deste artigo, deverão ser preservados pelo seu detentor até o trânsito em julgado da sentença ou, quando admitida, até o final do prazo para interposição de ação rescisória.

§ 4º (VETADO).

§ 5º Os documentos cuja digitalização seja tecnicamente inviável devido ao grande volume ou por motivo de ilegibilidade deverão ser apresentados ao cartório ou secretaria no prazo de 10 (dez) dias contados do envio de petição eletrônica comunicando o fato, os quais serão devolvidos à parte após o trânsito em julgado.

§ 6º Os documentos digitalizados juntados em processo eletrônico somente estarão disponíveis para acesso por meio da rede externa para suas respectivas partes processuais e para o Ministério Público, respeitado o disposto em lei para as situações de sigilo e de segredo de justiça."

Dispõe o art. 13 da Lei n. 11.419/06: "O magistrado poderá determinar que sejam realizados por meio eletrônico a exibição e o envio de dados e de documentos necessários à instrução do processo. § 1º Consideram-se cadastros públicos, para os efeitos deste artigo, dentre outros existentes ou que venham a ser criados, ainda que mantidos por concessionárias de serviço público ou empresas privadas, os que contenham informações indispensáveis ao exercício da função judicante. § 2º O acesso de que trata este artigo dar-se-á por qualquer meio tecnológico disponível, preferentemente o de menor custo, considerada sua eficiência."

Conforme *Augusto Tavares Rosa Marcacini*(146): "O documento eletrônico é uma sequência de *bits* que, traduzida por meio de um determinado programa de computador, seja representativa de um fato. Da mesma forma que os documentos físicos, o documento eletrônico não se resume em escritos: pode ser um texto escrito, como também pode ser um desenho, uma fotografia digitalizada, sons, vídeos, enfim, tudo que puder representar um fato e que esteja armazenado em um arquivo digital."

Sempre foi preocupação da jurisprudência verificar a autenticidade do documento eletrônico. Desse modo, a lei exige requisitos para a utilização do documento eletrônico no processo. As exigências dos arts. 11 e 13 da Lei n. 11.419/06 praticamente neutralizam a possibilidade de se admitir no processo documento eletrônico não verdadeiro. Além disso, a possibilidade de juntada e transmissão de documentos eletrônicos agiliza o processo, contribui para sua simplificação, bem como há significativa redução nos custos do processo.

---

(146) O documento eletrônico como meio de prova. *In:* <http://www.advogado.com/internet/zip/tavares.htm>. Acesso em: 21 dez. 2006.

A recente Lei n. 12.682, de 9 de julho de 2012, dispõe sobre a elaboração e o arquivamento de documentos em meios eletromagnéticos.

Dispõe o referido diploma legal:

"Art. 1º A digitalização, o armazenamento em meio eletrônico, óptico ou equivalente e a reprodução de documentos públicos e privados serão regulados pelo disposto nesta Lei. Parágrafo único. Entende-se por digitalização a conversão da fiel imagem de um documento para código digital.

Art. 2º (VETADO).

Art. 3º O processo de digitalização deverá ser realizado de forma a manter a integridade, a autenticidade e, se necessário, a confidencialidade do documento digital, com o emprego de certificado digital emitido no âmbito da Infraestrutura de Chaves Públicas Brasileira — ICP — Brasil.

Parágrafo único. Os meios de armazenamento dos documentos digitais deverão protegê-los de acesso, uso, alteração, reprodução e destruição não autorizados.

Art. 4º As empresas privadas ou os órgãos da Administração Pública direta ou indireta que utilizarem procedimentos de armazenamento de documentos em meio eletrônico, óptico ou equivalente deverão adotar sistema de indexação que possibilite a sua precisa localização, permitindo a posterior conferência da regularidade das etapas do processo adotado.

Art. 5º (VETADO).

Art. 6º Os registros públicos originais, ainda que digitalizados, deverão ser preservados de acordo com o disposto na legislação pertinente.

Art. 7º (VETADO).

Art. 8º Esta Lei entra em vigor na data de sua publicação."

A jurisprudência do TST tem se pronunciado sobre o assunto:

"AGRAVO DE INSTRUMENTO — NÃO CONHECIMENTO — DEFICIÊNCIA NO TRASLADO DE PEÇA OBRIGATÓRIA — CÓPIA EXTRAÍDA DA *INTERNET* — INTELIGÊNCIA DO ART. 897, ALÍNEA *B*, § 5º, INCISO I, DA CLT E DOS ITENS III E X DA IN N. 16 DO TST — SÚMULA N. 337 DO TST. I – "Cumpre às partes providenciar a correta formação do instrumento, não comportando a omissão em conversão em diligência para suprir a ausência de peças, ainda que essenciais. (inciso X da IN n. 16/99). II – Não supre a deficiência constatada cópia extraída da página do TRT na *internet*, já que o permissivo consolidado, art. 897, não contempla tal permissão, pois seu § 5º, inciso I, dispõe textualmente sobre a obrigatoriedade do traslado de cópia da decisão originária, sem especificar a possibilidade de tal consideração. III – A inovação introduzida no art. 365 do Código de Processo Civil é textual, acrescentando, expressamente, a possibilidade de reproduções digitalizadas de qualquer documento, público ou particular, quando juntado aos autos. Esse inciso foi introduzido pela Lei n. 11.419, de 19.12.06, que dispõe sobre o Processo Eletrônico. Tal diploma legal consigna que a validade dos documentos emitidos para fins de prática de atos processuais está condicionada à aposição de assinatura eletrônica, o que de qualquer sorte, mesmo que se pudesse suplantar o primeiro óbice detectado, não é o caso dos autos. IV – A alteração do Regimento Interno desta Corte (art. 226) consigna que os sítios na *internet* estão incluídos no rol das fontes oficiais de publicação para efeito de comprovação de divergência jurisprudencial na admissibilidade do recurso de revista. Não há nenhuma norma inovatória pertinente, pelo menos por enquanto, referente ao traslado de peças para formação do agravo de instrumento. V – Agravo de instrumento não conhecido." (Processo: AIRR – 1020/2006-802-10-40.0 Data de Julgamento: 26.11.2008, rel. Min. Antônio José de Barros Levenhagen, 4ª Turma, Data de Divulgação: DEJT 5.12.2008)

2.3.1. Da exibição de documentos

Dispõe o art. 396 do CPC: "O juiz pode ordenar que a parte exiba documento ou coisa, que se encontre em seu poder."

Em determinadas situações no Processo do Trabalho, os documentos podem estar em posse do reclamado ou de terceiros. Nesse caso, o reclamante poderá formular requerimento ao Juiz do Trabalho a fim de que este determine a juntada de tais documentos, devendo a parte que formulou o requerimento individualizar o documento, demonstrar a finalidade da prova, bem como aduzir as circunstâncias em que se funda o requerimento para afirmar que existe o documento e ele se encontra nas mãos de terceiro, nos termos do art. 397 do CPC, *in verbis*:

> "O pedido formulado pela parte conterá: I – a individuação, tão completa quanto possível, do documento ou da coisa; II – a finalidade da prova, indicando os fatos que se relacionam com o documento ou com a coisa; III – as circunstâncias em que se funda o requerente para afirmar que o documento ou a coisa existe e se acha em poder da parte contrária."

Caso o juiz, diante dos elementos dos autos, se convença de que há documentos relevantes para o deslinde da causa que se encontram na posse de uma das partes ou terceiro, determinará, de ofício, a exibição em juízo.

O procedimento da exibição de documentos está disciplinado nos arts. 396 a 404 do CPC, admitindo-se o contraditório em face da parte, à qual foi ordenada a exibição, bem como do terceiro, a quem foi alegado que pertenciam os documentos.

É comum, no Processo do Trabalho, o juiz ordenar a exibição, pelo reclamado, dos cartões de ponto ou recibos de pagamento, sob consequência de que, se tais documentos não forem juntados no prazo assinalado, serão reputados verdadeiros os fatos afirmados pelo reclamante na inicial. Nesse sentido, dispõe o art. 400 do CPC:

> "Ao decidir o pedido, o juiz admitirá como verdadeiros os fatos que, por meio do documento ou da coisa, a parte pretendia provar se:
>
> I – o requerido não efetuar a exibição nem fizer nenhuma declaração no prazo do art. 398;
>
> II – a recusa for havida por ilegítima.
>
> Parágrafo único. Sendo necessário, o juiz pode adotar medidas indutivas, coercitivas, mandamentais ou sub-rogatórias para que o documento seja exibido."

2.3.2. Documentos trabalhistas típicos

2.3.2.1. Carteira de Trabalho e Previdência Social

A Carteira de Trabalho e Previdência Social é o documento por excelência da prova da relação de emprego. Diante da importância da CTPS, a CLT dedica uma série de artigos destinados à carteira de trabalho e seu registro (arts. 13 a 56).

Não obstante a importância das anotações lançadas a efeito na CTPS, diante do princípio da primazia da realidade que norteia o contrato de trabalho, a prova do contrato de trabalho pode ser realizada por qualquer meio admitido em direito, sendo relativa a veracidade das anotações lançadas a efeito na CTPS do empregado.

Muito já se discutiu na doutrina sobre ser absoluta a anotação na CTPS do empregado em face do empregador, vale dizer: se o empregador procedeu à anotação na CPTS do autor, ele não poderá realizar prova em sentido contrário, buscando demonstrar que ela não reflete a realidade. Atualmente, a questão está praticamente pacificada pela doutrina e pela jurisprudência, no sentido de que, em face do empregador, as anotações na CPTS são relativas, admitindo que este possa produzir prova em contrário.

Súmula n. 12 do C. TST: "Carteira Profissional — Valor das Anotações. As anotações apostas pelo empregador na carteira profissional do empregado não geram presunção *juris et de jure*, mas apenas *juris tantum*."

2.3.2.2. Recibos de pagamento e quitação e cartões de ponto

A fim de proteção do empregado e da segurança dos pagamentos realizados durante o contrato de trabalho e também da quitação do contrato de trabalho, exige a lei que haja prova escrita com assinatura do empregado.

Nos recibos de pagamento, deverão ser especificadas qual ou quais parcelas estão sendo quitadas, bem como os valores, pois a quitação se interpreta restritivamente (arts. 320 do CC e 477, § 2º, da CLT). Como bem adverte *Manoel Antonio Teixeira Filho*(147): "Deverá o empregador, no recibo, especificar as quantias pagas, não sendo admissível o denominado 'salário completivo', que engloba, indiscriminadamente, diversas parcelas."

No recibo de quitação do contrato de trabalho, a lei exige a modalidade escrita e a homologação pelas entidades mencionadas no § 1º do art. 477 da CLT, sob consequência de não validade da quitação.

Parte da doutrina argumenta que a homologação é formalidade essencial. Outros argumentam que é probatória. No nosso sentir, a falta de homologação do recibo de quitação faz presumir o não pagamento das parcelas nele contidas, admitindo-se que o empregador produza prova em contrário por todos os meios admitidos em direito.

O Tribunal Regional do Trabalho da 2ª Região, corretamente, enfrentou a questão, por meio da Súmula n. 30 de sua jurisprudência, *in verbis*:

"Pedido de demissão. Contrato de trabalho com mais de um ano de vigência. Ausência de homologação. Efeitos. A ausência de homologação, de que trata o art. 477, § 1º, da CLT, não invalida o pedido de demissão demonstrado por outros meios de prova."

(147) TEIXEIRA FILHO, Manoel Antonio. *A prova no processo do trabalho*. 8. ed. São Paulo: LTr, 2003. p. 318.

Quanto à prova do pagamento dos salários, dispõe o art. 464 da CLT:

> "O pagamento do salário deverá ser efetuado contra recibo, assinado pelo empregado; em se tratando de analfabeto, mediante sua impressão digital, ou, não sendo esta possível, a seu rogo. Parágrafo único. Terá força de recibo o comprovante de depósito em conta bancária, aberta para esse fim em nome de cada empregado, com o consentimento deste, em estabelecimento de crédito próximo ao local de trabalho." (Redação dada pela Lei n. 9.528/97 – DOU 11.12.1997)

Ao exigir recibo assinado pelo empregado, a CLT apresenta regra protetiva ao trabalhador, considerando o caráter alimentar do salário. Se o trabalhador for analfabeto, aporá sua impressão digital no recibo, ou, se não puder fazê-lo, testemunhas poderão atestar o pagamento, assinando o recibo.

Diante do avanço tecnológico e de todas as vicissitudes do porte de dinheiro, o depósito bancário é a melhor forma do pagamento do salário.

Não havendo recibo de pagamento do salário, há presunção de que não houve o pagamento. Parte significativa da jurisprudência não tem admitido a prova do salário por outro meio que não seja o recibo assinado pelo trabalhador. Não obstante a clareza do art. 464 da CLT, a interpretação não pode ser literal, considerando o princípio da primazia da realidade que norteia o Direito do Trabalho. Desse modo, entendemos que a prova do salário possa ser suprida por confissão do próprio trabalhador, ou, em alguns casos, por prova testemunhal robusta do pagamento. Se o empregado pode provar com testemunhas que não recebeu o salário, mesmo havendo recibo assinado, ao empregador também deve ser dado o direito de produzir prova do pagamento do salário quando não há recibo assinado.

Nesse sentido, é a posição de *Eduardo Gabriel Saad*(148): "O recibo não é da essência do ato. Entendemos que não está sujeito à repetição o empregador que provar o pagamento do salário por meio de lançamento contábil, de cheque ou de prova testemunhal. Os repertórios de jurisprudência trabalhista registram numerosos decisórios a favor desse ponto de vista."

Para o doméstico, a jurisprudência tem flexibilizado a exigência do recibo para permitir a prova do salário por todos os meios admitidos em direito, em razão de o trabalhador doméstico trabalhar no ambiente familiar, sendo mais acentuado o laço de confiança entre empregado e empregador doméstico.

Quanto à jornada de trabalho, dispõe o art. 74 da CLT:

> "O horário do trabalho constará de quadro, organizado conforme modelo expedido pelo Ministro do Trabalho, e afixado em lugar bem visível. Esse quadro será discriminativo no caso de não ser o horário único para todos os empregados de uma mesma seção ou turma. § 1º O horário de trabalho será anotado em registro de empregados com a indicação de acordos ou contratos coletivos porventura celebrados. § 2º Para os estabelecimentos de mais de dez trabalhadores será obrigatória a anotação da hora de entrada e de saída, em registro manual, mecânico ou eletrônico, conforme instruções a serem expedidas pelo

---

(148) SAAD, Eduardo Gabriel. *Comentários à CLT.* 40. ed. São Paulo: LTr, 2007. p. 503.

Ministério do Trabalho, devendo haver pré-assinalação do período de repouso. (Redação dada pela Lei n. 7.855/89 – DOU 25.10.89) § 3º Se o trabalho for executado fora do estabelecimento, o horário dos empregados constará, explicitamente, de ficha ou papeleta em seu poder, sem prejuízo do que dispõe o § 1º deste artigo."

A prova da jornada é do empregador e documental, caso ele tenha mais de dez empregados. A não juntada dos cartões faz presumir a jornada declinada pelo empregado na petição inicial.

De outro lado, os controles de ponto devem refletir a realidade. Dessa forma, a jurisprudência uniformizada do TST não tem admitido controles britânicos ou invariáveis, uma vez que não presumido, segundo as máximas de experiência, que o empregado anote os cartões de ponto todos os dias no mesmo horário.

Nesse sentido, dispõe a Súmula n. 338 do C. TST, *in verbis*:

"JORNADA DE TRABALHO. REGISTRO. ÔNUS DA PROVA. I – É ônus do empregador que conta com mais de 10 (dez) empregados o registro da jornada de trabalho na forma do art. 74, § 2º, da CLT. A não apresentação injustificada dos controles de frequência gera presunção relativa de veracidade da jornada de trabalho, a qual pode ser elidida por prova em contrário; II – A presunção de veracidade da jornada de trabalho, ainda que prevista em instrumento normativo, pode ser elidida por prova em contrário; III – Os cartões de ponto que demonstram horários de entrada e saída uniformes são inválidos como meio de prova, invertendo-se o ônus da prova, relativo às horas extras, que passa a ser do empregador, prevalecendo a jornada da inicial se dele não se desincumbir." (Res. n. 129/2005 – DJ 22.4.2005)

No aspecto, relevante destacar as seguintes ementas:

"Controles de frequência — Prova da jornada. A prova da jornada de trabalho é feita, primordialmente, pelos controles de frequência (cf. § 2º do art. 74 da CLT), desde que estes não estampem horários invariáveis (OJ n. 306 da eg. SDI-1 do colendo TST)." (TRT 3ª R. – 6ª T. – RO n. 259/2004.044.03.00-0 – relª Lucilde D'Ajuda L. de Almeida – DJMG 4.11.04 – p. 12) (RDT n. 01 – Janeiro de 2005)

"Jornada extraordinária — Ônus da prova. O tema acerca do ônus da prova não foi objeto de análise no sentido proposto nas razões recursais, tendo em vista que a Corte *a quo* fixou sua fundamentação no exame da prova constante dos autos, independentemente de quem a produzira, e não se detendo na definição do ônus subjetivo. Agravo não provido. Integração de horas extraordinárias nos sábados e na gratificação semestral. Verifica-se que o Tribunal Regional afastou a aplicação da Súmula n. 113 do TST à hipótese, tendo em vista a estipulação, em norma coletiva, no sentido de que o sábado seria considerado dia de repouso para efeito de pagamento de horas extraordinárias. Dessarte, a convenção coletiva deve prevalecer em detrimento do disposto na súmula, porquanto resultante da livre negociação entre as partes sobre direito disponível, além de configurar norma mais benéfica ao empregado. Agravo a que se nega provimento. Horas extras — Intervalo de 10 minutos a cada 50 minutos trabalhados. A Corte *a quo* analisou a matéria por prisma diverso do que orientou a abordagem da reclamada em suas razões de revista. Aplica-se à hipótese, em face da ausência de prequestionamento, a Súmula n. 297 do TST. Agravo não provido. Descontos salariais – Seguro de vida. A assertiva de que não restou comprovada a autorização da reclamante para que fossem efetuados descontos em seus salários a título de seguro de vida constitui premissa fática imutável, porquanto consignada de forma expressa na decisão do Tribunal Regional. Para afastá-la, seria necessário o reexame dos fatos e das provas dos autos — procedimento vedado pela Súmula n. 126 do TST. Agravo não provido." (TST – 1ª T. – AIRR n. 5/2002.661.04.40-4 – rel. Min. Lelio B. Corrêa – DJ 30.06.05 – p. 786) (RDT n. 10 – Outubro de 2005)

"Cartões de ponto — Horários de entrada e saída semelhantes — Ônus da prova — Súmula n. 338 do c. TST — Aplicabilidade. São inválidos como meio de prova os cartões de ponto em que constem horários de entrada e saída semelhantes, invertendo-se, neste caso, o ônus da prova relativo às horas extras, que passa a ser do empregador, prevalecendo a jornada da inicial. No caso dos autos, os cartões de ponto foram impugnados pelo reclamante, ficando clara a sua invalidade como meio de prova, eis que as anotações dos horários são uniformes, apenas com variações de alguns poucos minutos, sendo que este subterfúgio (mínima variação) não exime do pagamento de horas extras, tentando assim disfarçar a fraude, vez que não consta a realidade da jornada trabalhada. Logo, não havendo qualquer outra prova quanto à jornada de trabalho, é totalmente aplicável ao caso o item III da Súmula n. 338 do c. TST. Recurso conhecido e desprovido." (TRT 15ª R. – 5ª T. – ROPS n. 743/2005.065.15.00-6 – rel. José Antonio Pancotti – DJ 23.2.07 – p. 55) (RDT n. 04 – abril de 2007)

Não é pacífico, na doutrina e jurisprudência, se os controles de ponto, para terem validade, devem estar assinados pelo empregado. Para alguns, a assinatura é requisito essencial para validade, para outros, a lei não exige tal formalidade.

De nossa parte, a assinatura do empregado não é requisito de validade dos controles de ponto, desde que, efetivamente, eles reflitam a realidade da jornada de trabalho.

O Tribunal Regional do Trabalho da 2ª Região, sumulou a questão, por meio do verbete n. 50 de sua jurisprudência:

"Horas extras. Cartões de ponto. Ausência de assinatura do empregado. Validade. A ausência de assinatura do empregado nos cartões de ponto, por si só, não os invalida como meio de prova, pois a lei não exige tal formalidade."

No aspecto, destacam-se as seguintes ementas do Tribunal Superior do Trabalho:

"NULIDADE. NEGATIVA DE PRESTAÇÃO JURISDICIONAL. ARTICULAÇÃO GENÉRICA. RECURSO DE REVISTA SEM FUNDAMENTAÇÃO. Revela-se carente de fundamentação a arguição de negativa de prestação jurisdicional quando a parte afirma existir omissão no acórdão revisando — sob argumento articulado de forma genérica, no sentido de que não se emitiu pronunciamento acerca dos aspectos da controvérsia suscitados por meio dos embargos de declaração —, mas não demonstra expressamente os aspectos em relação aos quais teria restado caracterizada a omissão. Precedentes deste Tribunal Superior. Recurso de revista de que não se conhece. HORAS EXTRAS. CARTÕES DE PONTO. AUSÊNCIA DE ASSINATURA DO EMPREGADO. ÔNUS DA PROVA. A Jurisprudência majoritária desta Corte superior considera que a ausência de assinatura do empregado nos cartões de ponto configura mera irregularidade administrativa, ante a inexistência de previsão legal para tal exigência. Em circunstâncias que tais, não se transfere o ônus da prova da jornada ao empregador. Precedentes do Tribunal Superior do Trabalho. Recurso de revista conhecido e provido. QUINQUÊNIOS. AUSÊNCIA DE FUNDAMENTAÇÃO. Não cuidando a parte de dar a seu inconformismo o devido enquadramento legal, mediante a alegação de afronta a dispositivos de lei ou da Constituição Federal ou de contrariedade a súmula deste

Tribunal Superior ou, ainda, transcrevendo paradigmas específicos à hipótese dos autos, resulta manifesta a impossibilidade de conhecimento do recurso de revista por ausência de fundamentação. Recurso de revista não conhecido." (TST – Processo: AIRR-RR – 663865-18.2000.5.01.5555 – Data de Julgamento: 4.6.2008, rel. Ministro: Lelio Bentes Corrêa, 1ª Turma, Data de Publicação: DJ 27.6.2008)

"I – AGRAVO DE INSTRUMENTO DA RECLAMANTE. RECURSO DE REVISTA - DESCABIMENTO. DIFERENÇAS SALARIAIS. ACÚMULO DE FUNÇÕES. A teor do art. 456, parágrafo único, da CLT, "à falta de prova ou inexistindo cláusula expressa a tal respeito, entender-se-á que o empregado se obrigou a todo e qualquer serviço compatível com a sua condição pessoal". Não se pondo sob foco alteração ilícita do contrato de trabalho (CLT, art. 468), descabe cogitar-se de acréscimo remuneratório para subgerente, que realiza outras incumbências que não extrapolam a órbita da sua condição pessoal. Agravo de instrumento conhecido e desprovido. II – RECURSO DE REVISTA DA RECLAMADA. HORAS EXTRAS. CARTÕES DE PONTO APÓCRIFOS. VALIDADE. A ausência de assinatura do trabalhador nos cartões de ponto traduz vício formal, que não enseja, por si só, sua invalidação, na medida em que tal exigência não encontra respaldo legal. Precedentes desta Corte. Assim, não comprovada a irregularidade dos registros de frequência quanto aos horários de entrada e saída, imperativa será a confirmação de validade dos documentos, sem que com isso reste configurada contrariedade à Súmula n. 338, I, do TST. Recurso de revista conhecido e provido." (TST – Processo: ARR – 10024-16.2013.5.01.0055 – Data de Julgamento: 8.6.2016, rel. Ministro: Alberto Luiz Bresciani de Fontan Pereira, 3ª Turma, Data de Publicação: DEJT 17.6.2016)

2.3.2.3. Da oportunidade de juntada dos documentos

O art. 787 da CLT diz que os documentos do reclamante devem acompanhar a inicial. Quanto aos documentos do reclamado, assevera o art. 845 da CLT: "O reclamante e o reclamado comparecerão à audiência acompanhados das suas testemunhas, apresentando, nesta ocasião, as demais provas."

Pela redação dos referidos dispositivos consolidados, a prova documental deve acompanhar a inicial e a contestação. No mesmo sentido, é o art. 434 do CPC: "Incumbe à parte instruir a petição inicial ou a contestação com os documentos destinados a provar suas alegações." Portanto, tanto à luz da CLT como do CPC, a prova documental é pré-constituída, pois deve acompanhar a inicial e a contestação.

O CPC, no art. 435, possibilita a juntada de documentos fora da inicial ou da defesa em se tratando de documentos novos para fazer prova de fatos ocorridos depois dos articulados, ou para contrapô-los aos que foram produzidos nos autos. No nosso entendimento, o conceito de documento novo abrange tanto o documento preexistente à propositura da ação como o que surge no curso do processo.

Mesmo no Processo Civil, há entendimentos mais liberais no sentido de que os documentos podem ser juntados até o encerramento da instrução processual, pois os arts. 320 e 321 do CPC possibilitam que os documentos essenciais à propositura da inicial possam ser juntados em momento posterior. Desse modo, se até os documentos essenciais podem ser juntados posteriormente, os não essenciais também poderão. De outro lado, argumentam que, em razão dos princípios do acesso real à justiça e busca da verdade real, deve ser propiciado às partes a juntada dos documentos destinados a fazer provas de suas alegações durante o transcorrer da instrução processual, ainda que em fase posterior à apresentação da inicial ou da defesa, não havendo de se cogitar de prejuízo às partes, pois, sobre o documento produzido por uma parte, deve ser propiciado o contrário para a outra, nos termos do art. 437, § 1º, do CPC.

Na seara do Direito Processual do Trabalho, há também entendimentos mais flexíveis com suporte no art. 845 da CLT no sentido de que os documentos podem ser juntados até o término da instrução processual, pois, enquanto não encerrada a instrução, a audiência ainda está em andamento, e o referido art. 845 assevera que as partes produzirão as provas em audiência, aí incluída a prova documental.

Nesse sentido, destacamos a seguinte ementa:

> "Apresentação de documentos. Por certo não é absoluta regra de que os documentos trazidos pelo autor devem acompanhar a petição inicial e os do réu a defesa, como preconiza o art. 787 da CLT. Há um pressuposto, no entanto, que não pode ser vulnerado: os documentos devem vir aos autos antes dos depoimentos pessoais." (TRT 12ª R. – 1ª T. – RO-V n. 4295/2002.002.12.00-0 – Ac. n. 8.804/04 – rel. Geraldo J. Balbinot – DJSC 16.8.04 – p. 244) (RDT n. 9 – Setembro de 2004)

No nosso sentir, os documentos, no Processo do Trabalho, podem ser juntados até o término da instrução processual por interpretação sistemática dos arts. 320 e 321 do CPC em cotejo com o art. 845 da CLT e também em razão dos princípios do acesso efetivo e real à Justiça do Trabalho, a uma ordem jurídica justa e também em razão da busca da verdade real.

No mesmo sentido, recente decisão do Tribunal Superior do Trabalho, conforme se constata da redação da seguinte ementa:

> "INÉPCIA DA PETIÇÃO INICIAL. Não é inepta a petição inicial quando os pedidos são deduzidos de forma clara e fundamentada, permitindo o exercício do direito de defesa, nos precisos termos do art. 840 da Consolidação das Leis do Trabalho. Recurso de Revista de que não se conhece. PRODUÇÃO DA PROVA DOCUMENTAL APÓS A DISTRIBUIÇÃO DA PETIÇÃO INICIAL E ANTES DO ENCERRAMENTO DA FASE INSTRUTÓRIA. AUSÊNCIA DE PREJUÍZO. OBSERVÂNCIA AOS PRINCÍPIOS DO DEVIDO PROCESSO LEGAL E DO CONTRADITÓRIO. 1. Conquanto o art. 787 da CLT disponha que o reclamante deve produzir a prova documental no momento em que ele apresenta sua reclamação trabalhista, tal dispositivo não pode ser interpretado de forma isolada, a fim de impedir que outros documentos sejam apresentados, após a distribuição da petição inicial, sob pena de afronta aos princípios da efetividade da prestação jurisdicional e da busca da verdade real. 2. No caso dos autos, embora não observado estritamente o prazo previsto no art. 787 da CLT, verifica-se que a prova documental foi produzida ainda na fase instrutória, tendo o julgador, acertadamente, aberto prazo para que a parte contrária se manifestasse sobre os documentos juntados pelo reclamante (sentenças normativas), em atenção aos princípios do contraditório e da ampla defesa, na busca da máxima efetividade dos princípios da efetividade da prestação jurisdicional e da busca da verdade real. Além disso, por se tratar de documento comum às partes (Súmula n. 36 do TST), não se evidencia a existência de manifesto prejuízo à reclamada ante a ajuntada da sentença normativa, pelo

reclamante, após a distribuição da petição inicial (art. 794 da CLT). 3. Recurso de Revista de que não se conhece. PRESCRIÇÃO. REDUÇÃO DO NÚMERO DE HORAS-AULAS. Não há cogitar na prescrição da pretensão deduzida em Juízo pelo reclamante, porquanto não transcorridos mais de cinco anos entre a data da redução do número de horas-aulas e o ajuizamento da presente reclamação trabalhista, além de ter sido observado o prazo prescricional bienal. Recurso de Revista de que não se conhece. JULGAMENTO FORA DOS LIMITES DA LIDE. Ocorre julgamento extra petita quando se defere parcela de natureza diversa da pretendida em juízo ou objeto diverso do que foi demandado. No caso, o juiz, ao condenar a reclamada ao pagamento de diferenças salariais mensais, equivalente ao salário suprimido, distanciou-se do pedido de condenação da reclamada ao pagamento de uma indenização correspondente ao valor da remuneração suprimida, multiplicada (essa diferença) pelo número de anos de vigência do contrato de emprego. Recurso de Revista conhecido e provido." (TST – Processo: RR – 51500-48.2008.5.03.0089 – Data de Julgamento: 28.9.2016, rel. Desembargador Convocado: Marcelo Lamego Pertence, 1ª Turma, Data de Publicação: DEJT 30.9.2016)

Deve ser destacado que para o Juiz do Trabalho não há preclusão quanto à prova documental (art. 765 da CLT), podendo este determinar de ofício a juntada de qualquer documento que entenda pertinente para o deslinde da controvérsia.

Quanto à juntada de documentos na fase recursal, dispõe a Súmula n. 8 do TST:

"A juntada de documentos na fase recursal só se justifica quando provado o justo impedimento para sua oportuna apresentação ou se referir a fato posterior à sentença."

No nosso sentir, o entendimento sumulado está correto, pois propicia que os documentos sejam juntados na fase recursal desde que a parte seja impedida de juntá-los antes da sentença, ou que se refira à prova de fato posterior à sentença, o que é razoável e propicia acesso mais efetivo da parte ao Judiciário Trabalhista.

No aspecto, cumpre destacar as seguintes ementas:

"Impõe-se o desentranhamento dos documentos com as razões recursais, quando inobservados os termos do Enunciado n. 08 do c. TST não é nula a sentença que indica os motivos que formaram o convencimento do julgador uma vez que a empresa não é instituição financeira, impossível caracterizar como bancários os seus funcionários. Honorários advocatícios só são devidos, na Justiça do Trabalho, quando atendidos todos os requisitos exigidos na Lei n. 5.584/70, consoante Enunciados ns. 329 e 219 do c. TST." (TRT – 2ª R. – 10ª T. – Ac. n. 02950215445 – rel. Bolívar de Almeida – DJSP 9.6.95 – p. 42)

"Desentranhamento de documentos — Recurso. É censurável o ato do Juízo primeiro de admissibilidade, que ordena o desentranhamento e devolução de documentos apresentados pela parte com o recurso ordinário, a respeito do que cabe ao segundo grau deles conhecer, ou não, no exercício da jurisdição que lhe foi requerida." (TRT – 3ª R. – 2ª T. – RO n. 4887/2000 – rel. Juiz Antônio Fernando Guimarães – DJMG 4.8.2000 – p. 15)

"Juntada de documentos — Não conhecimento. Não devem ser conhecidos documentos juntados na fase recursal, quando não se referirem a fato posterior à sentença ou não comprovado o justo impedimento para sua oportuna apresentação, nos termos do entendimento jurisprudencial majoritário, consagrado na Súmula n. 8 do TST." (TRT 12ª R. – 2ª T. – ROV n. 1423/2004.018.12.00-1 – Ac. n. 1865/06 – rel. Geraldo José Balbinot – DJSC 13.2.06 – p. 259) (RDT n. 03 – março de 2006)

2.3.3. Da autenticidade dos documentos no Processo do Trabalho

Dispõe o art. 830 da CLT, com a redação dada pela Lei n. 11.925/09:

"O documento em cópia oferecido para prova poderá ser declarado autêntico pelo próprio advogado, sob sua responsabilidade pessoal. Parágrafo único. Impugnada a autenticidade da cópia, a parte que a produziu será intimada para apresentar cópias devidamente autenticadas ou o original, cabendo ao serventuário competente proceder à conferência e certificar a conformidade entre esses documentos."

Dizia a redação original do art. 830 da CLT: "O documento oferecido para prova só será aceito se estiver no original ou em certidão autêntica, ou quando conferida a respectiva pública-forma ou cópia perante o Juiz ou Tribunal."

Pela redação do citado dispositivo legal, somente eram aceitos no Processo do Trabalho documentos autenticados.

Não obstante, a necessidade de autenticação de documentos no Processo do Trabalho já vinha sendo dispensada pela jurisprudência trabalhista há muito tempo, por ser providência extremamente burocrática que já não mais se compatibiliza com a dinâmica do Processo do Trabalho.

Nesse sentido, destacamos a seguinte ementa:

"Diante dos avanços tecnológicos, presume-se que a cópia xerográfica seja reprodução fiel do original, o que, em princípio, afasta a necessidade de autenticação. A impugnação à cópia desta natureza, portanto, para ter eficácia, exige que se aponte a razão pela qual justifica-se uma dúvida sobre a sua confiabilidade. Superação da regra do art. 830, da CLT, neste caso especial, por se tratar de norma editada anteriormente à descoberta e operacionalização do processo de reprografia." (TRT – 10ª Reg. – 2ª T. – Ac. n. 0914/95, rel. Juiz Monteiro de Lima in DJDE de 23.6.95 – p. 8.753)

A autenticidade dos documentos pode ser feita na própria audiência perante o Juiz do Trabalho e a parte contrária. Além disso, se o conteúdo dos documentos não restar impugnado, não há razão para o juiz exigir a autenticação deles.

Não obstante, se houver impugnação quanto à autenticidade ou houver dúvidas a respeito, deverá o Juiz do Trabalho determinar que a parte proceda à juntada dos originais.

Dispõe o art. 425 do CPC, de aplicação supletiva ao Processo do Trabalho: "Fazem a mesma prova que os originais: I – as certidões textuais de qualquer peça dos autos, do protocolo das audiências ou de outro livro a cargo do escrivão ou do chefe de secretaria, se extraídas por ele ou sob sua vigilância e por ele subscritas; II – os traslados e as certidões extraídas por oficial público de instrumentos ou documentos lançados em suas notas; III – as reproduções dos documentos públicos, desde que autenticadas por oficial público ou conferidas em cartório com os respectivos originais; IV – as cópias reprográficas de peças do próprio processo judicial declaradas autênticas pelo advogado, sob sua responsabilidade pessoal, se não lhes for impugnada a autenticidade; V – os extratos digitais de bancos de dados públicos e privados, desde que atestado pelo seu emitente, sob as penas da lei, que as informações conferem com o que consta na origem; VI – as reproduções digitalizadas de qualquer documento público ou particular, quando juntadas aos autos pelos órgãos da justiça e seus auxiliares, pelo Ministério Público e seus auxiliares, pela Defensoria Pública e seus auxiliares, pelas procuradorias, pelas repartições públicas em geral e por advogados, ressalvada a alegação motivada e fundamentada de adulteração. § 1º Os originais dos documentos digitalizados mencionados no inciso VI deverão ser preservados pelo seu detentor até o final do prazo para propositura de ação rescisória. § 2º Tratando-se de cópia digital de título executivo extrajudicial ou de documento relevante à instrução do processo, o juiz poderá determinar seu depósito em cartório ou secretaria."

Epecificamente o inciso IV do referido dispositivo legal, é de plena pertinência ao processo do trabalho, possibilitando ao advogado declarar a autenticidade dos documentos extraídos de processos judiciais.

Nesse aspecto, vale destacar a seguinte ementa:

> "Declaração de autenticidade das peças trasladadas — Art. 544, § 1º, do CPC — Necessidade. A e. Seção de Dissídios Individuais-1 desta Corte firmou o entendimento de que o art. 544, § 1º, do CPC, que tem aplicação subsidiária no Processo do Trabalho, ao dispor que "as cópias das peças do processo poderão ser declaradas autênticas pelo próprio advogado, sob sua responsabilidade pessoal", não admite a autenticação presumitiva de documentos em cópias reprográficas que instruem o agravo de instrumento, por força de sua mera juntada pelo advogado. Ausente, pois, a declaração formal e expressa de autenticidade das peças trasladadas, não procede a alegação de que o despacho que nega seguimento ao agravo de instrumento, por irregular a sua formação, viola o art. 897 da CLT. Agravo a que se nega provimento." (TST – 4ª T. – A-AIRR n. 2823/2003.075.02.40-7 – rel. Márcio Ribeiro do Valle – DJ 11.05.07 – p. 1.181) (RDT n. 06 – junho de 2007)

Agora, diante da Lei n. 11.925, o documento oferecido em cópia poderá ser autenticado no Processo do Trabalho pelo próprio advogado, sob sua responsabilidade pessoal.

Trata-se de providência que visa a desburocratizar o processo, facilitar a atuação do advogado e destacar a importância deste no processo do trabalho como essencial à administração da justiça (art. 133 da CF).

Embora silente a lei, se a parte estiver sem advogado, fazendo exercício do *jus postulandi* previsto no art. 791 da CLT, pensamos que a própria parte poderá declarar a autenticidade do documento juntado sem autenticação, pela interpretação sistemática e teleológica dos arts. 830 e 791 da CLT, considerando-se que a finalidade da lei é desburocratizar o processo e prestigiar os princípios da simplicidade e economia processual.

Caso a autenticidade do documento seja impugnada, a parte que o produziu será intimada a apresentar as cópias autenticadas ou o original, cabendo ao serventuário proceder à conferência. A lei não diz qual o prazo para apresentação dos originais ou das cópias autenticadas. Desse modo, pensamos aplicável o art. 76 do CPC, devendo o Juiz do Trabalho conceder prazo razoável para apresentação dos documentos, considerando-se o número de documentos, bem como a complexidade da matéria.

Nesse sentido, recentemente decidiu o Tribunal Superior do Trabalho[(149)]:

"Advogado trabalhista pode autenticar documentos de processo desde 7/2009 – 3.8.2010. A legislação trabalhista atual admite a declaração de autenticidade de documentos que compõem um processo pelos próprios advogados que atuam na causa. A nova redação do *art. 830* da CLT foi dada pela *Lei n. 11.925/2009*, que entrou em vigor noventa dias após sua publicação, ou seja, em 16.7.2009. Antes dessa data, portanto, valia a regra estabelecida em um decreto-lei de 1943, que não permitia a declaração de autenticidade de documentos oferecidos como prova feita pelo advogado em substituição à autenticação por cartório de notas ou secretaria do juízo. Em julgamento recente na Seção II Especializada em Dissídios Individuais do Tribunal Superior do Trabalho, os ministros analisaram um recurso ordinário em mandado de segurança do Banco Rural apresentado sem a autenticação dos documentos que instruíam a petição inicial. O banco contestava a penhora em dinheiro sofrida em fase de execução provisória, por entender que havia violação do seu direito líquido e certo." (ROMS – 705000-10.2008.5.01.0000)

No Processo Judicial eletrônico, a questão está tratada no art. 19 da Resolução n. 136/14 do CSJT, *in verbis*:

"Os documentos produzidos eletronicamente, os extratos digitais, os documentos digitalizados e juntados aos autos pelos órgãos da Justiça do Trabalho e seus auxiliares, pelos membros do Ministério Público do Trabalho, pelas procuradorias e por advogados têm a mesma força probante dos originais, ressalvada a alegação motivada e fundamentada de adulteração. § 1º Incumbirá àquele que produzir o documento, digital ou digitalizado, e realizar a sua juntada aos autos zelar pela qualidade deste, especialmente quanto à sua legibilidade. § 2º Os originais dos documentos digitalizados, mencionados no *caput* deste artigo, deverão ser preservados pelo seu detentor até o trânsito em julgado da sentença ou, quando admitida, até o final do prazo para propositura de ação rescisória. § 3º A arguição de falsidade do documento original será processada eletronicamente na forma da lei processual em vigor. § 4º Os documentos cuja digitalização mostre-se tecnicamente inviável devido ao grande volume, tamanho/formato ou por motivo de ilegibilidade deverão ser apresentados em secretaria no prazo de 10 (dez) dias, contados do envio de petição eletrônica comunicando o fato. Após o trânsito em julgado, os referidos documentos serão devolvidos, incumbindo-se à parte preservá-los até o final do prazo para propositura de ação rescisória, quando admitida. § 5º O usuário deve assegurar que os arquivos eletrônicos que enviar ao PJe-JT estejam livres de artefatos maliciosos (vírus, *spyware*, *trojan horses*, *worms*, etc). Em quaisquer dessas hipóteses, os arquivos poderão ser rejeitados de plano, informandose ao usuário as razões da rejeição, com efeito de certidão."

2.3.4. Da arguição de falsidade documental no Processo do Trabalho

Dispunha o art. 390 do CPC/73:

"O incidente de falsidade tem lugar em qualquer tempo e grau de jurisdição, incumbindo à parte, contra quem foi produzido o documento, suscitá-lo na contestação ou no prazo de dez (10) dias, contados da intimação da sua juntada aos autos."

---

(149) Disponível em: <www.tst.jus.br>. Acesso em: 6 set. 2010.

O incidente de falsidade é uma ação incidental, movida no curso de um processo já pendente, com a finalidade de que o juiz declare por sentença a autenticidade ou falsidade de um documento pertinente e relevante para o deslinde da lide. Segundo a doutrina, a natureza do incidente de falsidade é a mesma da ação declaratória incidental prevista nos arts. 5º e 325 do CPC/73.

Como bem advertem *Fredie Didier Júnior, Paula Sarno Braga* e *Rafael Oliveira*(150), a arguição de falsidade tem por objeto uma questão de fato (autenticidade ou falsidade de um documento), que é prejudicial ao julgamento do objeto litigioso, na medida em que o interesse de agir de quem a suscita, conforme se verá, está vinculado à relevância do documento reputado falso para o deslinde da causa. Assim, saber se o documento é ou não falso deve ser uma questão que tenha aptidão para influenciar na resolução do próprio mérito da demanda.

Dispõe o CPC atual, no art. 430:

> "A falsidade deve ser suscitada na contestação, na réplica ou no prazo de 15 (quinze) dias, contado a partir da intimação da juntada do documento aos autos.
>
> Parágrafo único. Uma vez arguida, a falsidade será resolvida como questão incidental, salvo se a parte requerer que o juiz a decida como questão principal, nos termos do inciso II do art. 19."

Conforme o referido dispositivo legal, a falsidade documental deve ser invocada na contestação pelo reclamado e, na réplica, pelo autor, ou no prazo de 15 dias a partir da juntada do documento aos autos.

A arguição de falsidade documental não exige mais a peça formal do incidente de falsidade, que era uma espécie de ação declaratória incidental no CPC de 1973. Doravante, a arguição de falsidade pode ser invocada, no processo do trabalho, como um simples requerimento, na peça inicial (como questão incidental ou principal), na defesa, na manifestação sobre a defesa (réplica), ou no prazo de quinze dias da juntada do documento aos autos, por aplicação subsidiária do CPC (arts. 15 do CPC e 769 da CLT).

Deverá a parte também esclarecer se tem interesse que a falsidade documental seja considerada como questão principal, ou somente incidental, pois diferentes serão os efeitos da decisão em cada uma das hipóteses.

Se a falsidade for arguida como questão principal, ou seja, a parte tem interesse de ver declarada a falsidade do documento como pedido principal (art. 19, II, do CPC(151)), a sentença declarará a autenticidade ou a falsidade do documento e essa decisão fará coisa julgada material. Nas demais hipóteses, a questão da falsidade documental será declarada de forma incidente (*incidenter tantum*), sem o efeito de coisa julgada material. Nesse sentido, dispõe o art. 433, do CPC:

---

(150) *Curso de direito processual civil.* v. 2. Salvador: Podivm, 2007. p. 147.

(151) Art. 19, do CPC: "O interesse do autor pode limitar-se à declaração: (...) II – da autenticidade ou da falsidade de documento."

"A declaração sobre a falsidade do documento, quando suscitada como questão principal, constará da parte dispositiva da sentença e sobre ela incidirá também a autoridade da coisa julgada."

Conforme o art. 431 do CPC, a parte arguirá a falsidade expondo os motivos em que funda a sua pretensão e os meios com que provará o alegado.

Tanto a falsidade material como a ideológica podem ser invocadas por meio de requerimento de arguição de falsidade. Não obstante, somente na falsidade material, o juiz designará a chamada perícia grafotécnica. Na hipótese de falsidade ideológica, a parte poderá comprová-la pelos outros meios de prova admitidos em direito.

Nos termos do art. 432 do CPC, depois de ouvida a outra parte no prazo de 15 (quinze) dias, será realizado o exame pericial. Como já dito, somente haverá realização de perícia quando se tratar de falsidade material do documento.

Conforme o parágrafo único, do art. 432, do CPC, não se procederá ao exame pericial se a parte que produziu o documento concordar em retirá-lo.

2.3.5. Valoração do documento no processo do trabalho

Como visto, os documentos podem ser públicos ou particulares.

Caso o documento seja público, inegavelmente sua eficácia probatória no processo será maior do que a do documento particular.

Nesse sentido, é o art. 406 do CPC, *in verbis*:

!Quando a lei exigir, o instrumento público, como da substância do ato, nenhuma outra prova, por mais especial que seja, pode suprir-lhe a falta."

Inegavelmente, há certo prestígio da eficácia probatória do documento público, pois há presunção de legitimidade e veracidade. Não obstante, no processo do trabalho, diante do princípio da primazia da realidade, as provas devem ser valoradas no conjunto, não havendo hierarquia entre as provas.

Nesse aspecto, cumpre destacar a seguinte ementa:

"Situação fática controvertida — Prova oral e prova documental — Prevalência — Esfera trabalhista. As questões fáticas controvertidas nos autos devem ser esclarecidas e comprovadas as alegações das partes a respeito por meio das provas admitidas em direito (arts. 5º, LV, CF, 818, CLT, 332 e 333, CPC), entre as quais a prova testemunhal, sendo que, na esfera trabalhista, em razão da aplicação do princípio da primazia da realidade, há prevalência da prova testemunhal sobre a documental, quando ela revela situação fática diversa da contida na prova documental, ante o disposto no art. 9º da CLT. Sentença mantida." (TRT – 15ª R. – 2ª T. – RO n. 1178/2002.076.15.00-5 – rel. Lorival F. dos Santos – DJSP 1º.4.05 – p. 25) (RDT n. 05 – Maio de 2005)

2.3.5.1. Da ata notarial

Dispõe o art. 384 do CPC:

"A existência e o modo de existir de algum fato podem ser atestados ou documentados, a requerimento do interessado, mediante ata lavrada por tabelião.

Parágrafo único. Dados representados por imagem ou som gravados em arquivos eletrônicos poderão constar da ata notarial."

Segundo *Nelson Nery Junior* e *Rosa Maria de Andrade Nery*(152):

> "A ata notarial é documento público, fruto da atuação notarial, documento revestido de fé pública, lavrado por tabelião que atesta a existência de um fato ou o modo de esse fato existir, descrevendo-o conforme ele se apresenta, de sorte a preservar a memória de sua ocorrência e servir como prova autêntica de como, quando e de que forma tais fatos se deram."

No processo do trabalho, a ata notarial tem sido utilizada para registro de fatos constantes de redes sociais, principalmente do *Facebook*, para que tais fatos adquiram maior força probatória em juízo.

Na ata notarial, conforme o parágrafo único do art. 384, podem ser registrados sons e imagens gravados em arquivos eletrônicos, desde que o tabelião verifique a existência dos sons e das imagens.

Registrado o fato em ata notarial, esse adquire status de documento público, tendo poder persuasivo mais intenso que o documento particular.

Não obstante, como qualquer documento no processo do trabalho, este pode ser impugnado por outras provas constantes dos autos.

2.4. Da prova testemunhal no Processo do Trabalho

2.4.1. Do conceito e admissibilidade da prova testemunhal no Processo do Trabalho

Testemunha é pessoa física capaz, estranha e isenta com relação às partes, que vem a juízo trazer as suas percepções sensoriais a respeito de um fato relevante para o processo do qual tem conhecimento próprio.

Como destaca *Moacyr Amaral Santos*(153), são elementos característicos da testemunha: a) é uma pessoa física; b) é uma pessoa estranha ao feito; c) é uma pessoa que deve saber do fato litigioso; d) a pessoa deve ser chamada a depor em juízo; e e) a pessoa deve ser capaz de depor.

Inegavelmente, nos tempos modernos, a testemunha é colaborador da Justiça, que presta um serviço público relevante, pois vem a juízo contribuir para que se faça justiça num caso concreto, esclarecendo os fatos controvertidos do processo.

Ensina *Cândido Rangel Dinamarco*(154):

> "Testemunha é, em sentido muito amplo e vago, quem pelos sentidos tomou conhecimento de algum fato, não importando se o faz pelo sentido

---

(152) *Comentários ao Código de Processo Civil.* São Paulo: RT, 2015. p. 1.015-1.016.

(153) SANTOS, Moacyr Amaral. *Primeiras linhas de direito processual civil.* 2. v., 17. ed. São Paulo: Saraiva, 1995. p. 452.

(154) DINAMARCO, Cândido Rangel. *Instituições de direito processual civil.* v. III. São Paulo: Malheiros, 2001. p. 603.

da visão, audição, paladar, olfato ou tato, ou mesmo por informação de outrem. Em direito processual, é a *pessoa física chamada a cooperar com a Justiça, informando ao juiz os fatos e circunstâncias de interesse para a causa, dos quais tenha conhecimento.*"

A prova testemunhal sucedeu às ordálias, dando-nos notícia desta nova espécie de prova, sobretudo, os livros do Antigo Testamento — os quais acabaram, por sua vez, por se constituir em verdadeiros repositórios de princípios sobre a necessidade, a eficácia e as penas a que se encontrava sujeito o falso testemunho (princípios que, diga-se de passagem, contaram com sua institucionalização, no próprio direito processual) —, como o de que não pode haver condenação sem prova (Números, 5, 13); proibição de testemunhar em favor do culpado (Êxodo, 23, 1); ineficácia do depoimento único (*testis unus, testis nullus* — Deuteronômio, 19, 15); e tipo de pena aplicada àquele que prestasse falso testemunho (no caso, correspondente à da falsa acusação formulada — Deuteronômio, 19, 15-20)[(155)].

Como todo meio de prova que depende das percepções sensoriais do ser humano, a prova testemunhal é falível[(156)]. Embora seja apontada como o meio mais vulnerável das provas, ela ainda é preponderante, não só na Justiça Comum, mas, principalmente, na Justiça do Trabalho, em que a quase totalidade das controvérsias é atinente à matéria fática (horas extras, justa causa, equiparação salarial etc.). Em razão disso, devem os operadores do Direito (juízes, procuradores e advogados) conviver com esse tipo de prova e procurar aperfeiçoá-la com técnicas de inquirição e principalmente desenvolver a cultura da seriedade e honestidade dos depoimentos.

Como bem destaca *Cândido Rangel Dinamarco*[(157)], "as distorções da realidade pela testemunha nem sempre são intencionais. Há fatos que acontecem de improviso, sem que a pessoa tivesse qualquer participação nem esperasse por eles, o que leva a ter uma percepção parcial e nem sempre correta do acontecido (acidente de veículos). Há casos em que o decurso do tempo e as fantasias que às vezes se criam em torno dos acontecimentos da vida real são responsáveis pelo esquecimento daquilo que foi visto, ouvido, lido ou sentido. A experiência mostra ainda que as palavras da testemunha ao juiz nem sempre são suficientemente claras e nem sempre trazem ao espírito deste a correta representação da ideia que ela pretende transmitir"[(158)].

---

(155) RODRIGUES, Manoel Cândido. A prova testemunhal no processo do trabalho. In: BARROS, Alice Monteiro de (Coord.). *Compêndio de direito processual do trabalho.* 3. ed. São Paulo: LTr, 2002. p. 351.

(156) Para Sergio Pinto Martins, a prova testemunhal é a pior prova que existe, sendo considerada a prostituta das provas, justamente por ser a mais insegura (*Direito processual do trabalho.* 26. ed. São Paulo: Atlas, 2006. p. 329). Como bem destaca Marcelo Rodrigues Prata: "A Doutrina cunhou algumas controvertidas máximas a respeito da prova testemunhal. A testemunha é a 'prostituta das provas', segundo Mittermaier. Para Bentham, ao revés, '... as testemunhas são os olhos e os ouvidos da Justiça...'. Já Pincherli as reprocha dizendo que '... são, muitas vezes, olhos que não veem e ouvidos que não escutam ...'" (*A prova testemunhal no processo civil e no processo do trabalho.* São Paulo: LTr, 2005. p. 31).

(157) DINAMARCO, Cândido Rangel. *Instituições de direito processual civil.* São Paulo: Malheiros, 2001. v. III, p. 601.

(158) Nesse sentido, destacamos a seguinte ementa: "Depoimentos testemunhais — Contradição — Horas extras. Apoiar-se em contradição dos depoimentos testemunhais, para o fim de julgar improcedente pedido

A prova testemunhal é sempre admissível, salvo se a lei dispuser de modo contrário. Portanto, a admissibilidade é a regra e a vedação, a exceção. Considerando ser o homem falho na captação de suas percepções, o legislador, na esfera processual civil, tratou a prova testemunhal com reservas, sendo esse o campo de maior incidência do sistema da prova legal do Código.

Com efeito, nos termos do art. 443 do CPC, a prova testemunhal é sempre admissível, salvo as exceções preconizadas no art. 443, quais sejam:

a) *os fatos já provados por documento ou confissão da parte;*

b) *que só por documento ou por exame pericial puderem ser provados.*

A confissão de que trata o art. 443 do CPC é confissão real, pois a "confissão ficta" pode ser elidida por prova em contrário. Além disso, mesmo havendo a confissão real, o Juiz do Trabalho poderá ouvir testemunhas se não estiver suficientemente esclarecido sobre os fatos da causa.

Exigindo a lei que a prova de determinado ato jurídico seja provada por documento ou por exame pericial, o juiz poderá indeferir a prova testemunhal, ou deferi-la com o objetivo de complementar as provas documental ou pericial. No Processo do Trabalho, há duas hipóteses em que não se admite a prova testemunhal: quando houver arguição de insalubridade e periculosidade (art. 195 da CLT) e a prova escrita do pagamento dos salários (art. 464 da CLT)[159].

2.4.2. Da capacidade para ser testemunha. Das incapacidades, impedimentos e suspeições das testemunhas no Processo do Trabalho

Podem depor como testemunhas todas as pessoas que não sejam incapazes, impedidas ou suspeitas.

A CLT disciplina as hipóteses de suspeição e impedimento de testemunhas no art. 829, *in verbis*:

> "A testemunha que fora parente até o terceiro grau civil, amigo íntimo ou inimigo de qualquer das partes, não prestará compromisso, e seu depoimento valerá como simples informação."

---

de horas extras, *data venia*, é profundamente injusto, uma vez que a contradição ocorre principalmente quando as testemunhas vêm a juízo dar a sua impressão dos fatos ocorridos, sem um "ensaio" prévio. Em uma relação continuada, como é a trabalhista, os fatos se sucedem e não se repetem sempre da mesma forma, pois não se cuida de máquinas, mas de homens. A formação do convencimento, quanto a existência ou inexistência de horas extras, portanto, deve sobrepor-se às eventuais contradições dos depoimentos testemunhais e basear-se no conjunto probatório dos autos, levando-se em conta, especialmente, que a reconstituição da jornada trabalhada, mediante a avaliação de prova oral, se dá quando não são juntados aos autos os cartões de ponto, ou quando se considera que estes não retratam a realidade." (TRT – 15ª R. – 5ª T. – Ac. n. 13981/99 – rel. Jorge Luiz S. Maior – DJSP 25.5.99 – p. 108).

(159) A Doutrina tem flexibilizado a necessidade de prova documental para o pagamento do salário nas relações de trabalho doméstico, em razão das peculiaridades da relação do doméstico e empregador doméstico.

A CLT prevê uma hipótese de impedimento, quando se trata de parente até o terceiro grau civil[(160)] de uma das partes, e suspeição, quando se trata de amigo íntimo ou inimigo de qualquer das partes.

Em razão de omissão da CLT e compatibilidade com o Processo do Trabalho (art. 769 da CLT), restam aplicáveis as hipóteses de incapacidade, impedimento e suspeição de testemunhas, previstas no art. 447 do CPC, de forma supletiva (art. 15 do CPC).

As incapacidades e impedimentos são de ordem objetiva, enquanto a suspeição é de ordem subjetiva.

Segundo o § 1º do art. 447 do CPC, são incapazes:

> "I – o interdito por enfermidade ou deficiência mental; II – o que, acometido por enfermidade ou retardamento mental, ao tempo em que ocorreram os fatos, não podia discerni-los, ou, ao tempo em que deve depor, não está habilitado a transmitir as percepções; III – o que tiver menos de 16 (dezesseis) anos; IV – o cego e o surdo, quando a ciência do fato depender dos sentidos que lhes faltam."

Nos termos do § 2º do art. 447 do CPC, são impedidos:

> "I – o cônjuge, o companheiro, o ascendente e o descendente em qualquer grau e o colateral, até o terceiro grau, de alguma das partes, por consanguinidade ou afinidade, salvo se o exigir o interesse público ou, tratando-se de causa relativa ao estado da pessoa, não se puder obter de outro modo a prova que o juiz repute necessária ao julgamento do mérito; II – o que é parte na causa; III – o que intervém em nome de uma parte, como o tutor, o representante legal da pessoa jurídica, o juiz, o advogado e outros que assistam ou tenham assistido as partes."

Conforme o § 3º do art. 447 do CPC, são suspeitos:

> "I – o inimigo da parte ou o seu amigo íntimo; II – o que tiver interesse no litígio."

Nos termos do § 4º do art. 447 do CPC, "sendo necessário, pode o juiz admitir o depoimento das testemunhas menores, impedidas ou suspeitas."

No cotidiano das audiências trabalhistas, são frequentes as hipóteses de contraditas de testemunhas pelos seguintes motivos: a) amizade da testemunha com o reclamante; b) exercer a testemunha do réu cargo de confiança na empresa; c) mover a testemunha reclamação trabalhista em face da reclamada.

a) amizade íntima

É fato comum nas audiências trabalhistas os reclamados arguirem contradita em razão de amizade íntima entre reclamante e sua testemunha.

Inegavelmente, a relação de trabalho, por ser contínua, gera uma proximidade maior entre trabalhadores que exercem a mesma função. Mas essa aproximação é

(160) Como bem exemplifica Ísis de Almeida: "1º grau — Pai e filho — Genro e sogra — Padrasto e madrasta — Enteados — Pais e filhos adotivos. 2º grau: Avós e netos e cônjuges destes — Irmãos, inclusive os meio-irmãos — Cunhados — Filhos dos enteados. 3º grau: Bisavós e bisnetos — Tios e sobrinhos. Obs.: Cunhado não é parente. O parentesco da nora ou do genro com os sogros cessa com a morte do cônjuge que o gerou" (*Manual de direito processual do trabalho*. 2. Vol., 9. ed. São Paulo: LTr, 1998. p. 200).

inerente à relação de emprego e não se confunde com a amizade íntima. A amizade íntima se revela por atos objetivos, como o contato do autor e testemunha fora do contrato de trabalho, como frequências recíprocas às residências(161), saídas para passeios etc.(162).

Como bem alerta *Wagner D. Giglio*(163), "convém advertir que o termo amigo, na linguagem vulgar, é de uso muito comum e, por isso, desvalorizado. Juridicamente, só a amizade íntima impede o testemunho. Ora, numa empresa, onde o contrato entre o pessoal é diário e estável, durante longo tempo, todos se dizem amigos, no sentido de conhecidos."

No aspecto, vale destacar a seguinte ementa, que enfrenta a questão de forma precisa e didática:

> "TESTEMUNHA CONTRADITADA SOB ALEGAÇÃO DE MANTER AMIZADE ÍNTIMA COM O RECLAMANTE. SUSPEIÇÃO. AUSÊNCIA DE COMPROVAÇÃO. Ao ser contraditada sob alegação de amizade íntima com o autor, informou a testemunha que já o conhecia porque trabalharam juntos em outra loja, confirmando o fato de que convidou-o para laborar na reclamada. Entretanto, negou a existência de amizade fora do ambiente de trabalho, de sorte que restou rejeitada a contradita por ausência de comprovação da alegada amizade íntima. O art. 829 da CLT dispõe que: 'A testemunha que for parente até o terceiro grau civil, amigo íntimo ou inimigo de qualquer das partes, não prestará compromisso, e seu depoimento valerá como simples informação'. Preceitua, ainda, o art. 405, § 3º, III, do CPC que: '[...] § 3º São suspeitos: [...] III – o inimigo capital da parte, ou o seu amigo íntimo; [...]'. O Dicionário Prático da Língua Portuguesa Michaelis define 'íntimo' como aquilo que é 'muito de dentro, profundo, da alma, do coração, doméstico, familiar, a parte mais interna, o âmago'. Destarte, do contexto supradescrito, não há como concluir pela comprovação da ocorrência de convívio social familiar, doméstico, da testemunha com o reclamante, pois não trouxe a recorrente elementos firmes para caracterizar a alegada amizade íntima e consequente suspeição da testemunha em questão, com falta de isenção de ânimo para ser ouvida em Juízo." (TRT/SP – 01769003020095020036 (01769200903602000) – RO – Ac. 12ª T. – 20110603553 – rel. Marcelo Freire Gonçalves - DOE 20.5.2011)

Quantos às amizades em redes sociais, principalmente no *facebook*, não nos parece que ela seja suficiente para configurar a amizade íntima, já que esse tipo de relacionamento é informal e instantâneo. Entretanto, conforme o caso concreto, pode configurar início de prova da amizade.

---

(161) Testemunha — Configuração de amizade íntima — Invalidação da prova. Tendo a testemunha declarado ao Juízo que visitava o reclamante cerca de três vezes por semana, resta configurada a existência de amizade íntima, não se prestando seu depoimento, portanto, a fazer prova das assertivas autorais. (TRT – 15ª R. – 5ª T. – Ac. n. 20216/2001 – relª Olga Aída J. Gomieri – DJSP 21.5.2001 – p. 103) (RDT n. 6/2001. p. 65).

(162) Testemunha. Isenção de *animus*. Comprovado durante a instrução processual que a testemunha indicada relaciona-se com a parte que a indicou fora do âmbito laboral, frequentando, uma em companhia da outra, barzinhos, ou outros locais assemelhados, evidenciando desta forma a existência de estreitos laços de amizade, afigura-se regular e justificável o acolhimento da contradita lançada, porque demonstrada a suspeição da referida testemunha por faltar-lhe a necessária isenção de ânimo, inconfundível com a hipótese de mera cordialidade mantida entre colegas de trabalho. (TRT/SP – 00415200407802006 – RO – Ac. 4ª T. – 20060715060 – rel. Paulo Augusto Câmara – DOE 22.9.2006).

(163) GIGLIO, Wagner D. *Direito processual do trabalho*. 8. ed. São Paulo: LTr, 1995. p. 257.

A jurisprudência tem se pronunciado a respeito, conforme a seguinte decisão:

"EMENTA: TESTEMUNHA CONTRADITADA. AMIZADE ÍNTIMA. RELACIONAMENTO NAS REDES SOCIAIS. As amizades fixadas no âmbito das redes sociais criadas na internet não se afiguram no relacionamento humano como tal, senão sendo meras superficialidades, próprias dos "conhecidos", pois a nomenclatura "amigo" adotada pelas redes não se confunde com a afetividade própria do relacionamento humano. Assim, o termo "amigo" inserido nas páginas eletrônicas das redes sociais não se coaduna com o preceito de "amizade íntima" de que trata o art. 829 da CLT. Contradita não configurada." (TRT/SP 8ª Turma – Processo TRT/SP n. 0000458-36.2011.5.02.0071 – Acórdão n.: 20130920376. Rel. Celso Ricardo Peel Furtado de Oliveira. DOE/SP: 2.9.2013)

b) empregado que exerce cargo de confiança na empresa

Quanto ao empregado que exerce cargo de confiança, por si só esse fato não gera suspeição para ser testemunha do empregador, pois tal hipótese não está prevista em Lei. Entretanto, deve o Juiz do Trabalho investigar outros elementos que revelem se o empregado exercente de cargo de confiança tem interesse ou não na solução do litígio, como representação do empregador perante terceiros, exercício de encargos de gestão (art. 62, II, da CLT), participação na Diretoria etc.

Como bem adverte *Ísis de Almeida*(164), "[...] para depor sobre fatos da relação de emprego, ninguém melhor que outro empregado, presente constantemente no recinto de trabalho; e, quanto ao exercente de cargo de confiança, este nem sempre desempenha funções que o tornem interessado direto no litígio; a suspeição poderá ser aceita se ele participar dos resultados do negócio, ou tiver poder de mando idêntico ao do empregador, inclusive na admissão e dispensa de empregados."

Nesse aspecto, cumpre destacar a seguinte ementa, com a qual concordamos na íntegra:

"Testemunha que ocupa função de direção na empresa. Depoimento apto como prova. O art. 829 da CLT enumera as situações das testemunhas cujo depoimento vale apenas como informante, sendo elas a que for parente até o terceiro grau civil, amigo íntimo ou inimigo de qualquer das partes. O CPC, art. 405, disciplina que todas as pessoas podem depor como testemunhas, exceto as incapazes, impedidas e suspeitas e indica cada uma delas. Dos dispositivos infere-se que nenhum óbice legal há para a aceitação do depoimento da testemunha da reclamada uma vez que não se enquadra em qualquer hipótese mencionada no ordenamento. A particularidade de exercer função de confiança ou de gestão no âmbito da empresa não compromete sua isenção de ânimo para depor. Depoimento aceito como prova testemunhal." (TRT – 22ª R. – RORA n. 0021800-35.2009.5.22.0001 – Ac. 1ª T. – rel. Des. Arnaldo Boson Paes – DJe/TRT – 22ª R. – n. 482/10, 19.5.10, p. 5-6. *In: Suplemento de Jurisprudência LTr*, n. 32/2010, p. 256)

No mesmo sentido:

"RECURSO DE REVISTA DA RECLAMANTE. CONTRADITA. TESTEMUNHA QUE EXERCIA CARGO DE CONFIANÇA. O único julgado colacionado pela recorrente não possui a identidade fática exigida pela Súmula n. 296, item I, do TST, pois retrata a hipótese em que foi

---

(164) *Op. cit.*, p. 199.

acolhida contraditada testemunha que exercia cargo de confiança no reclamado, quando havia outros elementos de prova suficientes para a comprovação dos fatos. Por outro lado, o exercício de cargo de confiança pela testemunha do reclamado não a torna suspeita, não se inserindo em nenhuma das hipóteses previstas no art. 405, § 3º, do CPC. Assim, não há falar em ofensa ao citado dispositivo. Recurso de revista não conhecido." (TST – RR-2558100-38.2000.5.09.0014, rel. Min. José Roberto Freire Pimenta, 2ª T., DEJT 27.4.2012)

Entendendo de forma diversa, as seguintes ementas:

"CERCEAMENTO DE DEFESA. INDEFERIMENTO DE TESTEMUNHA SUSPEITA. Não configura cerceamento de defesa o indeferimento da oitiva de testemunha que possui interesse, ainda que mediato, na solução do litígio. Na hipótese dos autos, é fato incontroverso que a testemunha era supervisor de controle do desenvolvimento e custo do produto, tendo a Corte de origem consignado, ainda, que a referida testemunha, ouvida como informante, admitiu exercer cargo de confiança, com autonomia (mesmo que limitada) para contratação e dispensa de empregados, possuindo poderes para negociar contratos em nome da empresa —, resultando claro o seu interesse no deslinde da reclamatória. Agravo de instrumento a que se nega provimento [...]." (TST – AIRR – 111540-02.2008.5.03.0087, relator Desembargador Convocado: José Maria Quadros de Alencar, 1ª Turma, DEJT 18.10.2013)

"NULIDADE. CERCEAMENTO DE DEFESA. Conforme consignado no acórdão regional, a testemunha indicada pela reclamada, Sr. Caio Gustavo de Souza Rodrigues, possui cargo de confiança na empresa, em nível nacional, com quantidade significativa de subordinados, cerca de 400 empregados, chegando a ser autoridade máxima de departamento, tendo, inclusive, poderes para recomendar admissão e demissão. Assim, concluiu o Regional estar correta a decisão do Juízo de origem que acatou a contradita e ouviu o Sr. Caio na condição de informante. Diante de tal contexto, não caracteriza cerceamento de defesa, razão pela qual não se vislumbra a apontada ofensa aos arts. 5º, LV, da CF e 829 da CLT." (TST – AIRR – 388-80.2011.5.10.0011, relatora Ministra: Dora Maria da Costa, 8ª Turma, DEJT 4.10.2013)

"AGRAVO EM AGRAVO DE INSTRUMENTO EM RECURSO DE REVISTA. CERCEAMENTO DE DEFESA. SUSPEIÇÃO DE TESTEMUNHA OCUPANTE DE CARGO DE GESTÃO DA RECLAMADA. A Corte Regional firmou entendimento no sentido de que o simples exercício do cargo de gerente pela testemunha não é suficiente para caracterizar a suspeição do seu depoimento, contudo, através dos demais elementos presentes nos autos, não firmados por nenhuma outra prova, restou evidenciado que a pessoa convidada pela ré era quem definia quem seria contratado ou não, e qual o tipo de serviço a ser executado, confundindo-se assim com próprio empregador, dado o alto grau hierárquico ocupado na empresa. Assim, fica claro que não caracteriza cerceamento de defesa o indeferimento de produção da prova testemunhal pretendida. Registre-se que nos termos do art. 765 da CLT, o Juízo tem ampla liberdade na direção do processo. Ademais a decisão recorrida foi proferida com base no art. 405, § 3º, IV, do CPC, não havendo que se falar, portanto, em cerceamento ao direito de defesa da agravante. Precedente. Agravo a que se nega provimento." (TST – Ag-AIRR – 67-95.2010.5.03.0101, relator Ministro: Pedro Paulo Manus, 7ª Turma, DEJT 9.11.2012)

"AGRAVO DE INSTRUMENTO. RECURSO DE REVISTA — DESCABIMENTO. 1. CERCEAMENTO DE DEFESA. SUSPEIÇÃO. DECLARAÇÃO DE OFÍCIO. Segundo a jurisprudência desta Corte, não há que cogitar de nulidade por cerceamento do direito de defesa, quando o juiz dispensa o depoimento de testemunha considerada suspeita, por constatar sua elevada fidúcia, ainda que o faça de ofício. Ressalva de entendimento do relator [...]." (AIRR – 80300-05.2004.5.04.0023, relator Ministro: Alberto Luiz Bresciani de Fontan Pereira, 3ª Turma, DEJT 25.11.2011)

No tocante ao preposto que atua em nome de uma determinada reclamada em diversas reclamações trabalhistas, este fato por si só não o torna suspeito para depor como testemunha em outras reclamações trabalhistas, entretanto, o fato, conforme as circunstâncias do caso, pode influir na formação da convicção do juízo sobre o depoimento, ou até mesmo sinalizar a suspeição da testemunha. Nesse sentido, vale destacar a seguinte ementa, que retrata com precisão a presente situação:

> "TESTEMUNHA QUE FIGUROU COMO PREPOSTA EM OUTROS AUTOS. Segundo o ensinamento do ilustre Professor Manuel Antonio Teixeira Filho, as circunstâncias fáticas do caso concreto devem ser analisadas para a aceitação de testemunha que serviu como preposta da mesma reclamada em outros autos. Tratando-se de empresa de grande porte, que possui um número grande de ações bastante similares à presente, a pretensa testemunha conhece a fundo todas as *nuances* da pretensão obreira e o alcance dos questionamentos eventualmente formulados pelo juízo e pelas partes, justificando a sua não oitiva. Se a pessoa ainda é preposta da ré em outros processos, ainda a representa e, portanto, não se pode confiar na sua total isenção para figurar como testemunha." (TRT/SP – 01891006220085020082 – RO – Ac. 5ª T. – 20120647162 – rel. Jomar Luz de Vassimon Freitas – DOE 21.6.2012)

Em sentido diverso, destacamos a seguinte ementa:

> "TESTEMUNHA Impedida ou suspeita. Informante Contradita. Testemunha que participa como preposto em outras ações. Enquadramento no disposto no art. § 2º do art. 477 do CPC. Impedimento Reconhecido. Considera-se impedido para depor como testemunha em processo judicial o preposto, qualificado como representante legal da reclamada, ainda que tenha atuado em processo diverso, porquanto intervém em nome da parte, nos termos da previsão do § 2º do art. 477 do CPC. Acolhida a contradita na fase recursal, o depoimento deve ser desconsiderado para nova análise meritória da pretensão. Recurso da reclamada a que se dá provimento." (TRT/SP – 00009106020155020021 – RO – Ac. 9ª T. – 20160332499 – Relª. Bianca Bastos – DOE 1º.6.2016)

c) testemunha que litiga contra o mesmo empregador em troca de favores

Quanto à testemunha que litiga contra o mesmo empregador, há discussões na doutrina e na jurisprudência sobre haver ou não suspeição da testemunha para depor. Autores há que consideram a testemunha, nesta hipótese, suspeita para depor e até mesmo inimiga do empregador. A CLT não disciplina a questão, portanto, a questão deve ser dirimida à luz da doutrina e da jurisprudência.

Para *Valentin Carrion*(165):

> "A testemunha que está em litígio contra a mesma empresa deve ser equiparada ao inimigo capital da parte; o embate litigioso é mau ambiente para a prudência e isenção de ânimo que se exigem da testemunha; entender de outra forma é estimular as partes à permuta imoral de vantagens em falsidades testemunhais mútuas, mesmo sobre fatos verdadeiros; extremamente fácil: 'reclamante de hoje, testemunha de amanhã'. É ingênuo o

(165) CARRION, Valentin. *Comentários à Consolidação das Leis do Trabalho*. 30. ed. São Paulo: Saraiva, 2005. p. 630.

argumento contrário de que o litigante deve ser aceito como testemunha (e não como informante) porque tem direito de ação; se assim fosse, a suspeição da esposa para depor contrariaria o direito de casar. O impedimento não é à ação, mas à credibilidade. Também não se trata de violação ao princípio constitucional do direito de defesa; a CF admite os meios lícitos, mas não atribui força probante ao incapaz, impedido ou suspeito."

Outros afirmam que, se a testemunha do reclamante move processo em face da reclamada, tal requisito não é causa de suspeição em razão do direito constitucional de ação (art. 5º, XXXV, da CF), que a testemunha depõe sob compromisso de dizer a verdade e que não se pode sonegar o direito do empregado de ouvir testemunha que está em litígio em face do mesmo empregador, considerando todos os percalços que enfrenta o reclamante para conseguir testemunhas e provar suas alegações em juízo.

Nesse sentido, a opinião de *Décio Sebastião Daidone*(166):

> "[...] pessoas que litigam contra o mesmo ex-empregador de seu colega, em cujo processo foi chamado a depor, não estarão impedidas ou suspeitas, pois o direito de ação, constitucionalmente garantido, não pode servir de entrave para o cumprimento de uma obrigação e dever de cidadão, principalmente quando se compromissar com a verdade, sob as penas da lei, a menos que esteja evidente o interesse de um e de outro em se protegerem reciprocamente. Caso contrário, basta um empregador dispensar todos os seus empregados para que estivesse a salvo de qualquer prova testemunhal contrária aos seus interesses, pois todos estariam litigando contra ele, em processos distintos."

No nosso sentir, o simples fato de a testemunha litigar em face do mesmo empregador não a torna suspeita, pois no Processo do Trabalho há peculiaridades dificilmente encontradas nos demais ramos da esfera processual, já que, em regra, as testemunhas do reclamante são ex-empregados do reclamado e as testemunhas do empregador lhe são empregados. Além disso, dificilmente, em juízo, se dá credibilidade a depoimentos de testemunhas que não trabalharam junto com o reclamante em razão das peculiaridades da relação de trabalho, que é uma relação jurídica que se desenvolve *intuitu personae* em face do trabalhador, e, normalmente, o local da prestação de serviços está rodeado de outros trabalhadores. Sob outro enfoque, o direito constitucional de ação é dirigido contra o Estado para o empregado obter os direitos que entende violados, e não contra o empregador, que, via de regra, é uma empresa, sendo certo que, muitas vezes, nem sequer o empregado sabe quem a administra. Por isso, o fato de mover ação diante do empregador, por si só, não é motivo de suspeição ou impedimento da testemunha(167), ainda que os fatos sejam

---

(166) DAIDONE, Décio Sebastião. *Direito processual do trabalho:* ponto a ponto. 2. ed. São Paulo: LTr, 2001. p. 216.

(167) Testemunha — Ação contra a mesma reclamada — Enunciado n. 357 do c. TST. Nos termos do Enunciado de Jurisprudência n. 357 do c. TST, não torna suspeita a testemunha o simples fato de estar litigando ou ter litigado contra o mesmo empregador. (TRT 12ª R. – 1ª T. – ROVA n. 8060/2003.035.12.00-0 – Ac. n. 3369/05 – rel. Marcus P. Mugnaini – DJSC 6.4.05 – p. 293) (RDT n. 05 de Maio de 2005). Testemunha —

idênticos[168].

Nesse sentido, se inclinou a jurisprudência do Tribunal Superior do Trabalho, conforme a redação da Súmula n. 357, de sua jurisprudência, *in verbis*:

> "TESTEMUNHA — AÇÃO CONTRA A MESMA RECLAMADA — SUSPEIÇÃO. Não torna suspeita a testemunha o simples fato de estar litigando ou de ter litigado contra o mesmo empregador."

Sob outro enfoque, o Juiz do Trabalho, quando colher o depoimento de testemunha que litiga em face da mesma reclamada, deve investigar se não há outro motivo que a torne suspeita e, ao tomar o depoimento, ter a cautela de observar as atitudes da testemunha ao depor, podendo inclusive levar em consideração o fato de a testemunha litigar contra o mesmo empregador para valorar o depoimento. Como bem adverte *Marcelo Rodrigues Prata*[169], "ao juiz, sem embargos, não lhe é facultada a ingenuidade. Ele deve perquirir se há identidade de objeto e de causa de pedir entre a reclamação da testemunha e da parte. Isso se verificando, haverá de ser ainda mais circunspecto ao analisar o depoimento. Visto que poderá existir um real interesse na causa por parte do depoente."

Quanto à testemunha que depõe em processo em que o reclamante foi sua testemunha em processo anterior, pensamos que nessa hipótese há a chamada "troca de favores", que configura falta de isenção de ânimo da testemunha, sendo, portanto, suspeita a testemunha. Entretanto, nessa situação, caso necessário, deve a testemunha ser ouvida como informante[170].

Nesse sentido, destacamos as seguintes ementas:

> "Prova testemunhal — Troca de favores. Não configura troca de favores o simples fato da

---

Contradita — Cerceamento de defesa. É pacífico nesta Corte o entendimento de que: "Não torna suspeita a testemunha o simples fato de estar litigando ou ter litigado contra o mesmo empregador" (Enunciado n. 357 do TST). Decisão do regional que conclui que é correto o deferimento da contradita, uma vez que "a testemunha reconheceu a propositura de ação contra a reclamada e o ora reclamante foi sua testemunha naquele processo, configurando a troca de favores", contraria o verbete em foco. Recurso de revista provido. (TST – 4ª T. – RR n. 67.581.2002.900.01.00-8 – rel. Mílton de Moura França – DJ 28.5.04 – p. 992) (RDT n. 6 – junho de 2004).

(168) Em sentido contrário, encontra-se a presente ementa oriunda do Supremo Tribunal Federal, *in verbis*: PROVA TESTEMUNHAL — SUSPEIÇÃO — TESTEMUNHAS EM LITÍGIO COM A PARTE CONSIDERANDO O OBJETO DO PROCESSO — As testemunhas arroladas pelos autores que demandam contra o réu, considerando o objeto do processo, têm interesse no desfecho desta última devendo ser tidas como suspeitas. Prova testemunhal. Arcabouço. Inexiste vício a revelar transgressão ao devido processo quando a sentença condenatória lastreia-se em depoimento de testemunha do próprio réu, muito embora fazendo alusão, também, ao depoimento de testemunha que demanda, considerando o mesmo objeto do processo (STF, RE 220329/MT 2ª T. – rel. Min Marco Aurélio – DJ 20.4.2001). *In:* BEGALLES, Carlos Alberto. *Lições de direito processual do trabalho. Processo de conhecimento e recursos.* São Paulo: LTr, 2005. p. 280/281.

(169) PRATA, Marcelo Rodrigues. *A prova testemunhal no processo civil e trabalhista.* São Paulo: LTr, 2005. p. 213.

(170) Em sentido contrário, a seguinte ementa: "Testemunhas. Troca de favor. Depor em Juízo não pode significar um 'favor' quando a lei define a testificação um serviço público (CPC, art. 419, parágrafo único) e não consente com escusa contra o dever de colaborar com o Poder Judiciário (CPC, art. 339). O simples fato de uma parte depor como testemunha no processo de outro litigante não é causa de suspeição." (TRT/SP 00734200300702003 – RO – Ac. 6ª T. – 20040322704 – rel. Rafael Edson Pugliese Ribeiro – DOE 16.7.2004)

testemunha mover ação contra o mesmo empregador. Contudo, o fato da parte já ter sido arrolada como testemunha daquela, com evidência de benefício recíproco, sem qualquer compromisso com a verdade, está inquestionavelmente configurada a troca de favores." (TRT 3ª R. – 6ª T. – RO n. 270.2003.110.03.00-0 – rel. Paulo Roberto de Castro – DJMG 2.9.03 – p. 20) (RDT n. 10 – Outubro de 2003)

"Prova testemunhal. Nulidade da oitiva não caracterizada. Troca de favores não comprovada. O ajuizamento de reclamação trabalhista contra o mesmo empregador, especialmente quando não há demonstração da troca de favores, não torna a testemunha suspeita. Trata-se, na verdade, do exercício regular do direito constitucional de ação, circunstância que não retira do depoimento a necessária isenção. A questão encontra-se pacificada através do entendimento sedimentado na Súmula n. 357 do C. TST e é diversa daquelas hipóteses em que o autor e a testemunha se revezam em suas posições, deixando transparecer a intenção de proporcionarem benefícios recíprocos em razão das ações ajuizadas. Nesse contexto e sendo a testemunha conhecedora dos fatos essenciais para dirimir a controvérsia, o depoimento tende a contribuir significativamente para a busca da verdade." (TRT/SP – 00001736620115020031 – RO – Ac. 8ª T. – 20120720129 – relª Rita Maria Silvestre – DOE 4.7.2012)

2.4.3. *Depoimento da testemunha menor de 18 anos no Processo do Trabalho*

Diz o § 1º do art. 447 do CPC que são incapazes para testemunhar: [...] *III – o que tiver menos de 16 (dezesseis) anos*.

O presente dispositivo é aplicável ao Processo do Trabalho por força do art. 769 da CLT. Não obstante, a questão sempre gerou polêmicas, tanto no Processo Civil, como no Processo do Trabalho.

O menor de 18 anos não tem capacidade penal e, portanto, como prestará compromisso se é penalmente inimputável?

Parte da doutrina sustenta que o menor de 18 anos não pode depor, pois não tem capacidade penal(171), e, portanto, não deve o Juiz do Trabalho ouvir menores de 18 anos.

Outros argumentam que o menor de 18 anos, mas maior de 16, como tem capacidade para trabalhar (art. 7º, XXXIII, da CF), pode ser ouvido como testemunha no Processo do Trabalho. Nesse sentido, é a visão de *Manuel Cândido Rodrigues*(172):

> "[...] Embora seja certo que o menor de dezesseis anos se encontra legalmente inabilitado para a prática dos atos da vida civil, é de se concluir que, uma vez considerado apto para a prática dos principais atos relativos ao contrato de trabalho, a partir dos quatorze anos, jamais lhe poderá ser subtraída tal aptidão, para depor como testemunha, no Processo do

(171) Art. 27 do CP: "Os menores de 18 (dezoito) anos são penalmente inimputáveis, ficando sujeitos às normas estabelecidas na legislação especial."

(172) RODRIGUES, Manoel Cândido. A prova testemunhal no processo do trabalho. *In:* BARROS, Alice Monteiro de (Coord.). *Compêndio de direito processual do trabalho.* 3. ed. São Paulo: LTr, 2002. p. 387.

Trabalho — não só porque quem pode o mais pode o menos, mas também porque há casos em que a prática contratual hodierna se processa, exclusivamente, com menores de dezesseis anos (daqui se concluindo, portanto, que tal espécie de testemunha acaba por representar o único meio à disposição da parte e do próprio Juízo para esclarecimento de certas disputas laborais)."

No mesmo sentido, a seguinte ementa:

"A idade não é elemento impeditivo de depor, apenas o depoimento do menor deverá ser apreciado com reservas." (TRT 2ª Reg., 12.736/80, Ac. 3ª T., 11.065/81, 6.7.81, rel. Juiz Antônio Pereira Magaldi). *In: Revista LTr* 54/07-769.

Pensamos que o menor de 18 e maior de 16 anos poderá ser ouvido como informante, mas sem prestar compromisso legal, pois não tem imputabilidade penal. De outro lado, o Juiz do Trabalho somente deve ouvir testemunhas menores de 18 anos se for estritamente necessário. O entendimento das Varas Trabalhistas tem acompanhado a doutrina e a jurisprudência dominantes no sentido de não se admitir que o menor de 18 anos seja ouvido na condição de testemunha. Em último caso, admite-se a oitiva na condição de informante, caso a parte não tenha outra testemunha. Nesse sentido, destaca-se a seguinte ementa:

"Testemunhas menores. Indeferimento da oitiva — Cerceamento do direito de prova. O indeferimento do pedido de oitiva de testemunhas, ao fundamento de serem as mesmas menores de idade, constitui verdadeiro cerceio ao direito da parte de produzir prova. Diferentemente da vida civil, a maioridade trabalhista começa aos 18 anos e o trabalho é permitido aos maiores de 14, na qualidade de aprendizes, e a capacidade relativa começa aos 16 anos. Todo trabalhador, no processo do trabalho, pode ser ouvido como testemunha, compromissados os maiores de 18 anos, como informantes os demais. Nulidade Processual acolhida, para determinar a oitiva das testemunhas." (TRT 3ª R., RO 12.619/99, Ac. 5ª T., Virgílio Selmi Dei Falci, DJMG 16.9.2000, p. 18)

2.4.4. Número máximo de testemunhas no Processo do Trabalho

Assevera o art. 821 da CLT: "Cada uma das partes não poderá indicar mais de 3 (três) testemunhas, salvo quando se tratar de inquérito, caso em que esse número poderá ser elevado a 6 (seis)."

Quanto ao rito sumaríssimo, dispõe o art. 852-H, § 2º, da CLT:

"As testemunhas, até o máximo de duas para cada parte, comparecerão à audiência de instrução e julgamento independentemente de intimação."

Conforme se constata da redação dos referidos dispositivos legais, os números máximos de testemunhas para cada parte são:

a) procedimento ordinário: três testemunhas;

b) procedimento sumaríssimo: duas testemunhas;

c) inquérito judicial para apuração de falta grave: seis testemunhas;

d) rito sumário (Lei n. 5.584/70): três testemunhas.

Litisconsórcio ativo: em havendo litisconsórcio ativo, pensamos que o número de testemunhas deve ser de, no máximo, três para ambos os autores, e não três testemunhas para cada autor, pois, se os reclamantes optaram por propor suas pretensões numa única reclamação, renunciaram tacitamente ao direito de ouvir mais de três testemunhas no processo.

Litisconsórcio passivo: em se tratando de litisconsórcio passivo, pensamos que cada litisconsorte pode ouvir até três testemunhas cada um, pois a circunstância de o reclamado estar ao lado de outro litigante no polo passivo é condição que não decorre de sua vontade, mas sim por iniciativa do autor na petição inicial, ou por provocação do reclamado nas hipóteses de intervenção de terceiros, como chamamento ao processo e denunciação à lide.

Quanto ao rito sumário (Lei n. 5.584/1970), pode-se sustentar a tese de que, como se trata de rito de natureza sumária, em razão dos princípios da celeridade e da simplicidade, e da própria dinâmica desse rito processual, deve-se aplicar à hipótese a Lei n. 9.957/2000, que limita o número de testemunhas a duas.

Em que pesem os argumentos anteriores, no nosso sentir, o número máximo de testemunhas é três, pois não há previsão legal (Lei n. 5.584/1970) reduzindo o número de testemunhas por parte para duas, aplicando-se subsidiariamente a previsão do artigo ordinário (art. 821 da CLT).

De outro lado, como se trata de regra que restinge a possibilidade de dilação probatória, sendo regra de exceção, a interpretação deve ser restritiva. Além disso, de nossa parte, a redução do número de testemunha não contribui para a celeridade processual e, muitas vezes, configura cerceamento de defesa, pois o menor valor da causa não significa, necessariamente, menor complexidade do processo. Além disso, conforme já sedimentado em doutrina, a Lei n. 9.957/2000 não revogou a Lei n. 5.584/1970.

Acreditamos que para o Juiz do Trabalho não há um limite máximo de testemunhas, pois, em busca da verdade (art. 765 da CLT), o juiz poderá ouvir outras testemunhas que excedam o número máximo legal. As testemunhas que excedam o número máximo legal serão ouvidas como testemunhas do juízo. De outro lado, o art. 821 da CLT se refere a limite máximo de testemunhas para a parte, e não para o juiz.

Em casos excepcionais, a fim de não se obstar o acesso à justiça da parte, como na hipótese de o reclamante ter trabalhado em vários locais, poderá o juiz, fundamentadamente, deferir que a parte possa ouvir mais de três testemunhas.

De outro lado, conforme já destacado anteriormente, a parte pode indicar um número máximo de testemunhas (três para o rito ordinário, e duas para o rito sumaríssimo). Não obstante, não tem o direito a que todas elas sejam ouvidas. Cabe ao magistrado diretor do processo avaliar a necessidade de se ouvir mais de uma testemunha, conforme as circunstâncias do caso concreto, considerando-se a qualidade do depoimento das testemunhas já ouvidas, bem como o ônus da prova de cada parte (art. 765 da CLT). A experiência nos tem demonstrado que, muitas vezes, por querer ouvir muitas testemunhas, a parte acaba perdendo o processo em razão de contradições entre suas próprias testemunhas.

Nesse sentido, nos adverte *Manoel Antonio Teixeira Filho*(173):

> "É importante ressaltar, neste momento, que a lei não concede às partes, como em regra se tem suposto, nenhum direito de ver inquiridas as três testemunhas ou duas, que, acaso, tenham. Basta verificar que, no tocante ao procedimento ordinário, o art. 821 da CLT fala, claramente, em indicar (no máximo) três testemunhas; ora, os léxicos ensinam que indicar significa *apontar*, *indigitar*, *revelar*, *mostrar*. Desse modo, o direito que da lei para elas resulta é tão somente o de apontar aquele número-limite de testemunhas, cabendo ao juiz, entretanto, decidir pela inquirição de todas, ou parte dela, conforme entenda conveniente ou necessário à instrução procesual. O mesmo se afirme com relação ao procedimento sumaríssimo, porquanto o art. 852-H, § 2º, da CLT é incisivo ao aludir ao número máximo de suas testemunhas para cada litigante."

2.4.5. Da qualificação da testemunha. A testemunha que não porta documento poderá ser ouvida?

Diz o art. 828, *caput*, da CLT:

> "Toda testemunha, antes de prestar compromisso legal, será qualificada, indicando o nome, nacionalidade, profissão, idade, residência, e, quando empregada, o tempo de serviço prestado ao empregador, ficando sujeita, em caso de falsidade, às leis penais."

A qualificação é um ato formal, em que a testemunha declina sua identificação: nome, nacionalidade, idade, residência, estado civil, bem como se trabalhou para o empregador; se afirmativa a resposta, por quanto tempo.

Antes de ser qualificada, a testemunha não está apta a depor, pois sem a qualificação não há como se imporem eventuais sanções penais se a testemunha se calar ou ocultar a verdade.

Nos termos do art. 458 do CPC, "ao início da inquirição, a testemunha prestará o compromisso de dizer a verdade do que souber e do que lhe for perguntado. Parágrafo único. O juiz advertirá à testemunha que incorre em sanção penal quem faz a afirmação falsa, cala ou oculta a verdade."

Como bem destaca *José Augusto Rodrigues Pinto*(174), "a testemunha é, sempre, da Justiça, nunca da parte. Pesa sobre ela o dever de informar com fidelidade o fato de que tem conhecimento, pois atua no processo como um instrumento de

---

(173) *A prova no processo do trabalho*. 10. ed. São Paulo: LTr, 2014. p. 279.

(174) RODRIGUES PINTO, José Augusto. *Processo trabalhista de conhecimento*. 7. ed. São Paulo: LTr, 2005. p. 534.

averiguação da verdade sobre a existência e os efeitos do fato que informa para dar margem a uma correta prestação jurisdicional."

Discute-se na doutrina e na jurisprudência se a testemunha que não porta documento está qualificada.

No nosso entendimento, embora a CLT e o CPC não exijam que a testemunha porte documento(175), tal exigência decorre de sua qualificação, vale dizer: sem o documento a testemunha não está devidamente qualificada.

Como bem adverte *Sergio Pinto Martins*(176):

> "Antes de prestar compromisso de dizer a verdade, a testemunha deverá ser qualificada, indicando seu nome, nacionalidade, profissão, idade, residência. Caso tenha trabalhado para a reclamada, deverá indicar o tempo de serviço a ela prestado (art. 828, da CLT), justamente para verificar se, ao tempo da prestação de serviços do reclamante, com ele tenha ou não laborado a testemunha. Deverá a testemunha ser inquirida se tem interesse no objeto do processo. O certo seria a testemunha exibir sua identidade ao apresentar-se para depor. Caso não o faça, não poderia haver a qualificação, sendo impossível ser ouvida [...] A testemunha sem documento só poderia ser ouvida se a parte contrária ou outra pessoa presente a conhecesse, que a própria parte que a trouxe."

A seriedade e a solenidade do ato de testemunhar exigem que a testemunha tenha documento, pois somente após a qualificação esta poderá responder pelo delito de falso testemunho. Além disso, os anos de prática têm demonstrado que é conveniente sempre o Juiz do Trabalho ler o documento da testemunha antes do depoimento, podendo inclusive constatar, de ofício, eventuais incapacidade ou impedimento da testemunha, uma vez que são circunstâncias de caráter objetivo.

Nesse sentido, destacamos a seguinte ementa:

> "Age corretamente o juízo ao dispensar a testemunha que comparece sem documento de identificação, uma vez que não pode ser qualificada, nem prestar compromisso, *ex vi* dos arts. 414 e 415 do CPC. O adiamento da audiência feriria os princípios da eventualidade ou da preclusão que informa o Direito Processual do Trabalho." (TRT 1ª Reg. – RO n. 35826/94 – relª Juíza Edith Corrêa – DJRJ 21.7.1997 – p. 92)

Somente será possível a oitiva da testemunha sem documento em casos extremos, se ela não possuir qualquer documento, ou seja, não tenha tirado documentos, e for reconhecida incidentalmente pelas partes e testemunhas presentes.

---

(175) Nesse sentido, destacamos a seguinte ementa: "Testemunha — Documento de identidade. Este eg. Tribunal tem-se pronunciado, de forma iterativa, de que inexiste norma legal obrigando a testemunha a portar documento de identidade, mas apenas declinar sua qualificação. Dúvida sobre sua identidade é sanável, não comprometendo a colheita de seu testemunho, entendimento a que me rendo. Sentença que se anula reabrindo-se a instrução." (TRT – 18ª R. – Ac. n. 3840/96 – relª Juíza Dora Mª da Costa – DJGO 5.10.96 – p. 57).

(176) MARTINS, Sergio Pinto. *Direito processual do trabalho.* 26. ed. São Paulo: Atlas, 2001. p. 333.

Por derradeiro, se a testemunha possui documento, mas não o trouxe a juízo, deve o Juiz do Trabalho, a fim de não violar o direito de ampla defesa, propiciar à parte a substituição imediata da testemunha, ou adiar a audiência para que a testemunha compareça à nova sessão portando o documento.

Recentemente, o Tribunal Superior do Trabalho pronunciou-se sobre a presente temática, conforme as decisões que seguem:

> "**RECURSO DE REVISTA. CERCEAMENTO DE DEFESA. INDEFERIMENTO DE OITIVA DE TESTEMUNHA. AUSÊNCIA DO DOCUMENTO DE IDENTIFICAÇÃO CIVIL.** Dispõe o art. 828 da CLT que toda testemunha, antes de prestar o compromisso legal, será qualificada, indicando o nome, nacionalidade, profissão, idade, residência, e, quando empregada, o tempo de serviço prestado ao empregador, ficando sujeita, em caso de falsidade, às leis penais. Não desponta, do referido dispositivo legal, menção à obrigatoriedade da testemunha comparecer à audiência portando documento de identificação civil. Nesse contexto, o procedimento adotado pelo juízo de primeiro grau, ao obstar a oitiva da testemunha apresentada pela Reclamante, exclusivamente pelo fato de não se encontrar portando o referido documento de identidade, importa em cerceamento ao direito de defesa. Faz-se necessária, portanto, a reabertura da instrução processual a fim de que se esgote a fase probatória, de forma a possibilitar a ampla defesa da Reclamante. Registre-se que a responsabilidade do depoente permanece acentuada pela lei (art. 828, *in fine*, CLT), podendo comprometer, se percebida posteriormente a falsidade, o valor do depoimento. Recurso de revista conhecido e provido." (TST – Processo: RR – 747-05.2011.5.06.0023 Data de Julgamento: 15.5.2013, rel. Ministro: Mauricio Godinho Delgado, 3ª Turma, Data de Publicação: DEJT 17.5.2013)

> "**AGRAVO DE INSTRUMENTO EM RECURSO DE REVISTA. 1. NULIDADE PROCESSUAL. CERCEAMENTO DE DEFESA. INDEFERIMENTO DE SUBSTITUIÇÃO DE TESTEMUNHA QUE NÃO PORTAVA DOCUMENTO DE IDENTIFICAÇÃO. VIOLAÇÃO AOS ARTS. 5º, LV, DA CONSTITUIÇÃO FEDERAL, 821 E 825, PARÁGRAFO ÚNICO, DA CLT E 400, 407 E 408, DO CPC, NÃO CONFIGURADA.** Ao indeferir o requerimento de substituição de testemunha que não portava documento de identificação, não incorreu o Juízo de Origem em violação a nenhum dos dispositivos legais invocados. O art. 821 da CLT apenas fixa o número máximo de testemunhas que a parte tem o direito de ouvir, ao passo que o parágrafo único do art. 825, da mesma Consolidação, trata da hipótese em que a testemunha deixa de acorrer à audiência, sujeitando-se então à condução coercitiva. O art. 400, do CPC, a seu turno, apenas estabelece o princípio segundo o qual a prova testemunhal é sempre admissível, ressalvadas as exceções ali estabelecidas. E, ainda que adaptáveis à sistemática trabalhista, que não prevê a apresentação de rol de testemunhas, os arts. 407 e 408, do CPC, ao enfocarem a possibilidade de substituição de testemunha, restringem-na a hipóteses que não se encontram presentes, no caso em exame (incisos I a III, do art. 408). Não se infere, do procedimento adotado, mácula ao contraditório e à ampla defesa, a justificar a alegação de vilipêndio ao art. 5º, LV, da Constituição Federal. **2. HORAS EXTRAS. INTERVALO INTRAJORNADA. CARTÕES DE PONTO APÓCRIFOS. DECISÃO EM CONSONÂNCIA COM A JURISPRUDÊNCIA ATUAL, ITERATIVA E NOTÓRIA DESTA C. CORTE SUPERIOR. INCIDÊNCIA DO ART. 896, § 7º, DA CLT E DA SÚMULA N. 333, DO C. TST. VIOLAÇÃO AOS ARTS. 93, IX, DA CONSTITUIÇÃO FEDERAL, 74º, § 2º E 818 DA CLT, 131 E 333, I, DO CPC, E CONTRARIEDADE À SÚMULA N. 338, DO C. TST, NÃO CONFIGURADAS.** Ao firmar a tese de que a mera falta de assinatura do empregado nos cartões de ponto não desqualifica esses documentos

como meio de prova da jornada de trabalho, a Corte Regional coloca-se em linha com a pacificada jurisprudência desta C. Corte Superior, de modo a inabilitar a processamento, no particular, o recurso de revista interposto, a teor do art. 896, § 7º, da CLT e da Súmula n. 333 do TST. Afasta-se, desse modo, a alegação de ofensa ao art. 93, IX, da Constituição Federal, remanescendo igualmente incólumes os arts. 74º, § 2º e 818 da CLT, e 131 e 333, I, do CPC, bem como a Súmula n. 338, do C. TST. **Agravo de Instrumento conhecido e desprovido.**" (TST – Processo: AIRR – 694-37.2013.5.05.0005, Data de Julgamento: 6.5.2015, relª Desª convocada: Jane Granzoto Torres da Silva, 8ª Turma, Data de Publicação: DEJT 15.5.2015)

2.4.6. Da contradita

Diz o art. 457 do CPC:

"Antes de depor, a testemunha será qualificada, declarará ou confirmará seus dados e informará se tem relações de parentesco com a parte ou interesse no objeto do processo.

§ 1º É lícito à parte contraditar a testemunha, arguindo-lhe a incapacidade, o impedimento ou a suspeição, bem como, caso a testemunha negue os fatos que lhe são imputados, provar a contradita com documentos ou com testemunhas, até 3 (três), apresentadas no ato e inquiridas em separado.

§ 2º Sendo provados ou confessados os fatos a que se refere o § 1º, o juiz dispensará a testemunha ou lhe tomará o depoimento como informante.

§ 3º A testemunha pode requerer ao juiz que a escuse de depor, alegando os motivos previstos neste Código, decidindo o juiz de plano após ouvidas as partes."

A contradita é a impugnação da testemunha pela parte contrária, arguindo-lhe a incapacidade, o impedimento ou a suspeição.

A CLT não disciplina o procedimento da contradita. Desse modo, acreditamos ser perfeitamente possível a aplicação do CPC, por força do art. 769 da CLT.

A contradita deve ser arguida depois da qualificação da testemunha e antes do compromisso, sob consequência de preclusão. Se durante o depoimento, após compromissada, ficar comprovada alguma hipótese de impedimento, incapacidade ou suspeição da testemunha, acreditamos que o juiz não poderá descompromissar a testemunha, mas terá de levar em conta tal fato na valoração do depoimento.

Como no Processo do Trabalho não existe rol prévio de testemunhas, uma vez que as testemunhas são trazidas pelas partes, independentemente de notificação, se a parte invocar a contradita e tiver provas a serem produzidas, mas não na ocasião da audiência, deverá o juiz adiar a audiência para que a parte que invocou a contradita possa produzir tal comprovação.

Embora seja conveniente que o juiz aprecie a contradita na própria audiência antes do depoimento, acreditamos que, se ele não estiver suficientemente convencido, poderá, por cautela, tomar o compromisso da testemunha e, na sentença, decidir a contradita, pois tal procedimento não traz prejuízo às partes e também impede eventual nulidade futura do procedimento.

Ao contrário do que pensa parte da jurisprudência e da doutrina, a parte não tem o direito de ouvir a testemunha cuja contradita foi deferida pelo juiz, na qualidade de informante, pois o art. 829 da CLT não obriga que o Juiz do Trabalho o faça, apenas assevera que o depoimento da testemunha que for parente da parte até o 3º grau, amiga ou inimiga não prestará compromisso.

De outro lado, se a parte tiver apenas uma testemunha, e a contradita em face dela for acolhida, pensamos que o Juiz do Trabalho deve ouvir a testemunha contraditada, sob consequência de violação dos princípios do acesso à justiça e do contraditório real.

O depoimento da testemunha contraditada deve ser valorado em confronto com as demais provas existentes nos autos, podendo, diante das circunstância do caso concreto, convencer o órgão julgador. Nesse sentido, a seguinte ementa:

> "Testemunha contraditada ouvida como informante. Depoimento considerado e sopesado com os demais elementos dos autos. Cerceio de defesa inexistente. Nulidade de sentença afastada. Em que pese a contradita, ensejou a oitiva da testemunha do informante, cujos depoimentos podem ser objeto de avaliação e sopesamento no conjunto probatório. Se a testemunha, embora contraditada, é ouvida como informante e o seu depoimento é sopesado com os demais elementos dos autos, não há que se cogitar de nulidade da sentença e reabertura processual." (TRT/SP – 01347004520095020056 (01347200905602000) – RO – Ac. 4ª T. 20110155119 – relª Ivani Contini Bramante – DOE 25.2.2011)

2.4.7. Da substituição das testemunhas

A CLT não prevê a possibilidade de substituição de testemunhas, pois, no Processo do Trabalho, as testemunhas comparecem para depor espontaneamente (art. 825 da CLT). Desse modo, até o momento da oitiva das testemunhas, a parte pode substituí-las.

Entretanto, situações ocorrem nas quais a parte declina os nomes das testemunhas e requer que o juízo proceda às intimações. Nesta hipótese, a parte apresenta o rol de testemunhas.

Se as partes apresentarem o rol de testemunhas, há a possibilidade de substituição das testemunhas arroladas?

Como a CLT não disciplina a questão, entendemos aplicável à hipótese o art. 451 do CPC, por força do art. 769 da CLT, assim redigido:

> "Depois de apresentado o rol de que tratam os §§ 4º e 5º do art. 357, a parte só pode substituir a testemunha:
>
> I – que falecer;
>
> II – que, por enfermidade, não estiver em condições de depor;
>
> III – que, tendo mudado de residência ou de local de trabalho, não for encontrada."

Nesse sentido, destacamos a seguinte ementa:

"Cabimento. Não há previsão legal expressa para a questão, mas apenas quanto à possibilidade de o juiz ouvi-las como informantes, independentemente de compromisso, quando necessário (arts. 829 da CLT, e 405, § 4º, do CPC). Ora, se não há previsão legal, tampouco há proibição para que se substituam as testemunhas na hipótese. Vale notar que o juiz pode promover, de ofício, as diligências que julgar necessárias, inclusive, a oitiva de testemunhas, de modo a formar sua convicção, e encetar esforços na busca da verdade real. Desta forma, não há nulidade decorrente do acolhimento do pedido da substituição de testemunhas que não compareceram para prestar depoimento." (TRT – 15ª R. – 2ª T. – Ac. n. 020493/94 – rel. Lúcio C. Pires – DJSP 5.12.94 – p. 140)

2.4.8. Da produção da prova testemunhal no Processo do Trabalho

O momento para requerimento da prova testemunhal, no Processo Civil, é a petição inicial para o autor e o da contestação para o réu. No prazo de 15 dias, contados do deferimento da produção da prova testemunhal (art. 357, § 4º CPC), as partes depositarão o rol de testemunhas. Esse prazo visa justamente a outorgar à parte contrária o conhecimento prévio de quem serão as testemunhas ouvidas no futuro ato, possibilitando a preparação de eventual contradita.

Formalmente, na esfera trabalhista, o momento de se requerer a prova testemunhal se dá, em audiência, após a oitiva das partes. Trata-se de direito processual fundamental da parte no processo. O indeferimento, pelo magistrado deve ser devidamente justificado, à luz da existência de provas suficientes já existentes nos autos, ou não houve controvérsia a ser provada, ou já tenha havido confissão da parte. A situação, entretanto, deve ser avaliada com muita sensibilidade pelo magistrado, pois o indeferimento prematuro pode implicar cerceamento de defesa. Nesse sentido, destacam-se as seguintes ementas:

"LIMITAÇÃO DO NÚMERO DE TESTEMUNHAS. DISPENSA DA OITIVA DA TESTEMUNHA QUE SE PRETENDE OUVIR - PROTESTO NOS AUTOS - CERCEAMENTO DO DIREITO DE DEFESA. NULIDADE PROCESSUAL. Tratando-se de matéria fática a ser provada, constitui-se cerceamento ao amplo direito de defesa consagrado na Constituição Federal, impedir o depoimento de testemunha que a parte reputa válida a comprovar as suas alegações, implicando em nulidade processual, por ofensa aos incisos, XXXV e LV do art. 5º da Constituição Federal que asseguram, respectivamente, o direito à tutela jurisdicional e à ampla defesa." (TRT 5ª Região. Processo 0000781-12.2012.5.05.0010 RecOrd, ac. n. 162384/2013, relª Desª Luíza Lomba, 2ª Turma, DJ 6.9.2013)

"NULIDADE DA SENTENÇA POR CERCEAMENTO DO DIREITO DE DEFESA. No caso, o reclamante, embora tenha reconhecido a regularidade dos registros constantes dos cartões de ponto, afirmou que esses documentos não registravam o tempo despendido antes do início da jornada de trabalho para se vestir e afiar as facas. Por isso, pretendeu ouvir o preposto do reclamado, a fim de produzir prova quanto à questão. Porém, o Magistrado indeferiu o pedido. O reclamante interpôs recurso ordinário, suscitando a nulidade da sentença por cerceamento do direito de defesa, a qual foi rejeitada pelo Regional, por considerar que o indeferimento da oitiva do preposto do reclamado não configura cerceamento de defesa, uma vez que o autor já teria confessado que os horários de trabalho registrados nos cartões de ponto eram os efetivamente trabalhados, em que pese tenha excepcionado, expressamente, o tempo gasto antes e após a jornada de trabalho. No mérito, manteve o indeferimento da pretensão do reclamante quanto ao pagamento de horas extraordinárias correspondentes, concluindo que, quanto a esse pleito, o reclamante não se desincumbiu do seu ônus da prova. Quando se impede a produção de prova testemunhal ao mesmo tempo em que se afirma que o reclamante não se desincumbiu de provar fato constitutivo do seu direito, resta configurado o cerceamento do direito de defesa. Registra-se que, nos termos do art. 343 do CPC, é direito da parte requerer o depoimento pessoal da outra, a fim de interrogá-la. Na hipótese dos autos, não foi oportunizado ao obreiro a produção de prova testemunhal quanto ao pleito de horas extras relativo ao trabalho realizado antes do início da jornada registrada nos cartões de ponto, sendo-lhe posteriormente indeferida a pretensão, ao fundamento de que o reclamante não se desincumbiu do ônus da prova. Inegável, pois, o cerceamento do direito de defesa, em ofensa ao art. 5º, inciso LV, da CF/88. Recurso de revista conhecido e provido." (TST – RR-97100-07.2005.5.23.0036, rel. Min. José Roberto Freire Pimenta, 2ª Turma, DEJT 4.2.2011)

No Processo do Trabalho, não existe rol de testemunhas, pois estas comparecem à audiência independentemente de notificação. Nesse sentido, dispõe o art. 825 da CLT:

"As testemunhas comparecerão à audiência independentemente de notificação ou intimação."

Se as testemunhas não comparecerem de forma independente, o parágrafo único do art. 825 da CLT determina que elas sejam intimadas, de ofício pelo juiz ou a requerimento da parte. Uma vez intimada, se a testemunha injustificadamente deixar de comparecer, será conduzida coercitivamente[(177)], além de ter de pagar multa equivalente a um salário mínimo (art. 730 da CLT[(178)]).

O Código de Processo Civil dispõe sobre a intimação das testemunhas, no art. 455, *in verbis*:

"Cabe ao advogado da parte informar ou intimar a testemunha por ele arrolada do dia, da hora e do local da audiência designada, dispensando-se a intimação do juízo. § 1º A intimação deverá ser realizada por carta com aviso de recebimento, cumprindo ao advogado juntar aos autos, com antecedência de pelo menos 3 (três) dias da data da audiência, cópia da correspondência de intimação e do comprovante de recebimento. § 2º A parte pode comprometer-se a levar a testemunha à audiência, independentemente da intimação de que trata o § 1º, presumindo-se, caso a testemunha não compareça, que a parte desistiu de sua inquirição. § 3º A inércia na realização da intimação a que se refere o § 1º importa desistência da inquirição da testemunha. § 4º A intimação será feita pela via judicial quando: I – for frustrada a intimação prevista no § 1º deste artigo; II – sua necessidade for devidamente demonstrada pela parte ao juiz; III – figurar no rol de testemunhas servidor público ou militar, hipótese em que o juiz o requisitará ao chefe da repartição ou ao comando do corpo em que servir; IV – a testemunha houver sido arrolada pelo Ministério Público ou pela Defensoria Pública; V – a testemunha for uma daquelas previstas no art. 454. § 5º A testemunha que, intimada na forma do § 1º ou do § 4º, deixar de comparecer sem motivo justificado será conduzida e responderá pelas despesas do adiamento."

É questionável a aplicação do *caput* e do § 1º do presente dispositivo ao processo trabalhista, uma vez que a CLT apresenta procedimento próprio nos arts. 825, da

(177) Também é utilizada a expressão conduzir a testemunha "sob vara", com força policial.

(178) Art. 730 da CLT: "Aqueles que se recusarem a depor como testemunhas, sem motivo justificado, incorrerão na multa de 1 (um) a 10 (dez) valores de referência regionais."

CLT e § 3º do art. 852-H, da CLT, para intimação das testemunhas, sendo que as testemunhas devem comparecer espontaneamente, e a própria Vara tem a obrigação de intimar a testemunha caso ela não compareça. Entretanto, em não comparecendo as testemunhas, espontaneamente, por ocasião da primeira audiência, poderá o Juiz do Trabalho, caso, não haja dificuldades, que o próprio advogado entregue a notificação à testemunha e proceda esta comprovação nos autos, em face dos princípios da instrumentalidade e cooperação.

Caso a parte na audiência em prosseguimento se comprometa a trazer a testemunha espontaneamente, sem notificação judicial, em não comparecendo novamente a testemunha, haverá preclusão, implicando a ausência em desistência tácita da oitiva.

Não há necessidade de a parte comprovar o convite da testemunha para que possa requerer o adiamento da audiência e a consequente intimação da testemunha ausente, pois o referido art. 825 da CLT não o exige, exceto no rito sumaríssimo em que o § 3º do art. 852-H da CLT exige que a parte comprove o convite da testemunha que não compareceu. A prova do convite não precisa ser formal (escrito) nem se realizar necessariamente no mesmo ato da audiência em que não compareceu a testemunha.

Por ser o ato de testemunhar serviço público relevante, nos termos do art. 822 da CLT, as testemunhas não poderão sofrer qualquer desconto pelas faltas ao serviço, ocasionadas pelo seu comparecimento para depor, quando devidamente convocadas. Pelo referido dispositivo, o trabalhador tem direito a faltar no trabalho, sem sofrer qualquer desconto, para prestar depoimento na qualidade de testemunha(179).

Conforme o art. 824 da CLT, o juiz ou presidente providenciará para que o depoimento de uma testemunha não seja ouvido pelas demais que tenham de depor no processo.

O presente dispositivo tem por objeto assegurar a seriedade da prova testemunhal e evitar que a testemunha, sabendo os fatos que a testemunha anterior já declarou, possa alterar seu depoimento.

Por vigorar o sistema presidencialista na colheita da prova, o Juiz do Trabalho preside a instrução processual e a colheita da prova testemunhal. Desse modo, nos termos do art. 820 da CLT, cabe ao juiz inquirir as testemunhas e, posteriormente, as partes pessoalmente, ou, por intermédio de seus advogados, reinquirir as testemunhas. Os depoimentos serão resumidos na ata da audiência (parágrafo único do art. 828 da CLT).

---

(179) Enquanto a testemunha tem direito de faltar todo o dia no trabalho, a parte somente tem direito a se ausentar do serviço nas horas em que efetivamente permaneceu na Justiça do Trabalho. Nesse sentido, é a Súmula n. 155 do C. TST: "As horas em que o empregado falta ao serviço para comparecimento necessário, como parte, à Justiça do Trabalho não serão descontadas de seus salários."

Dispõe o art. 459, do CPC:

"As perguntas serão formuladas pelas partes diretamente à testemunha, começando pela que a arrolou, não admitindo o juiz aquelas que puderem induzir a resposta, não tiverem relação com as questões de fato objeto da atividade probatória ou importarem repetição de outra já respondida. § 1º O juiz poderá inquirir a testemunha assim antes como depois da inquirição feita pelas partes. § 2º As testemunhas devem ser tratadas com urbanidade, não se lhes fazendo perguntas ou considerações impertinentes, capciosas ou vexatórias. § 3º As perguntas que o juiz indeferir serão transcritas no termo, se a parte o requerer."

Como já nos pronunciamos no capítulo da audiência, em nossa visão, o dispositivo civilista não é incompatível com o Processo do Trabalho, cabendo ao Juiz do Trabalho, diretor do processo, aplicá-lo, ou não. Portanto, na esfera do processo trabalhista, não constitui direito das partes ou de seus advogados formular as perguntas, diretamente, às testemunhas. Não obstante, os Juízes do Trabalho que já adotaram tal prática, não a repetiram, em razão das singularidades do processo trabalhista, no qual é preponderante a máteria fática e a prova testemunhal tem aplicação intensa. O Tribunal Superior do Trabalho, entretanto, entendeu pela inaplicabilidade do art. 459 do CPC, ao processo trabalhista por meio do art. 11 da IN n. 39/16 do TST, *in verbis*: "Não se aplica ao Processo do Trabalho a norma do art. 459 do CPC no que permite a inquirição direta das testemunhas pela parte (CLT, art. 820)".

A ordem da oitiva das testemunhas caberá ao Juiz do Trabalho, considerando-se o ônus da prova de cada parte, nos termos do § 2º, do art. 848, da CLT.

2.4.9. Da acareação das testemunhas e testemunhas e partes

Diz o art. 461 do CPC: "O juiz pode ordenar, de ofício ou a requerimento da parte: I – a inquirição de testemunhas referidas nas declarações da parte ou das testemunhas; II – a acareação de duas ou mais testemunhas ou de alguma delas com a parte, quando, sobre fato determinado, que possa influir na decisão da causa, divergirem as suas declarações."

O Juiz do Trabalho preside as audiências e é o destinatário final da prova colhida nesse ato processual. Desse modo, havendo divergências entre as testemunhas ou entre testemunha e parte, poderá o juiz, de ofício, proceder à acareação delas.

A acareação é o ato de colocar as testemunhas, ou as partes, cara a cara, ou frente a frente, com o objetivo de conseguir a retratação de uma delas ou de ambas sobre um fato em que houve divergência nos depoimentos.

Como destaca *Francisco Antonio de Oliveira*[(180)]:

> "Para atingir o objetivo desejado — descobrir qual a testemunha falseante — poderá e deverá o juízo usar de todos os meio ao seu dispor, direta ou indiretamente, desde que eficientes. Na acareação poderá conseguir a retratação, fazendo ver à testemunha as consequências criminais ou,

(180) OLIVEIRA, Francisco Antonio de. *Manual de processo do trabalho*. 3. ed. São Paulo: LTr, 2005. p. 325.

se tal não ocorrer, retirar do confronto os elementos de convicção, *v. g.*, testemunha que se desdiz ou apresente exagerado nervosismo, observação de atitudes, etc. O trabalho não é fácil, mas em certos casos é imprescindível. Todavia, entendemos desnecessária a providência e até mesmo ociosa quando o fato em divergência não se mostra decisivo à solução do conflito."

Realizar a acareação é faculdade do juiz, por isso, ele deve avaliar o custo-benefício em adotar tal prática. Muitas vezes, há grandes divergências entre os depoimentos, mas o magistrado consegue firmar sua convicção.

Nesse aspecto, cumpre destacar a seguinte ementa:

"Acareação — Anacronismo em relação à ciência processual contemporânea. A acareação é instituto de direito processual, porém, anacronicamente disposto. Isso porque, no estágio atual da ciência processual, tem o julgador ampla liberdade na apreciação da prova, donde a mera divergência de consciência de duas testemunhas resta irrelevante para a exata percepção por parte do magistrado. O Direito Processual do Trabalho prima pela celeridade e a acareação retarda a prestação jurisdicional sem ser capaz de possibilitar, por si só, melhor compreensão do fenômeno processual." (TRT - 3ª R. - 3ª T. - rel. Juiz Vitor Salino de Moura Eça (convocado) - 5.10.09 - p. 38 - Processo RO n. 296/2009.007.03.00-3) (RDT n. 11 - novembro de 2009)

Pensamos, embora não haja previsão legal, que o Juiz do Trabalho, constatando divergências entre os depoimentos, poderá conceder um prazo para que as testemunhas se retratem por declaração na própria Secretaria, pois a experiência tem demonstrado que, no calor das discussões em audiência, a testemunha tem uma tendência natural de manter suas declarações.

2.4.9.a. Da valoração da prova testemunhal pelo Juiz do Trabalho

Tanto no sistema processual civil como no processual do trabalho (arts. 371 do CPC e 765 da CLT), o juiz é livre para valorar a prova testemunhal, devendo apenas expor os motivos de seu convencimento (princípio da persuasão racional ou livre convencimento motivado).

Como destaca *José Augusto Rodrigues Pinto*(181), "o cuidado básico na formação de juízo de valor sobre a prova testemunhal é de despir-se o juízo do preconceito usualmente dirigido, ainda hoje, contra a sua qualidade. *A prova testemunhal* pode ser tão preciosa quanto qualquer outra. Em muitos casos, no Dissídio Individual do Trabalho, é decisiva, senão única, no processo. Assim, portanto, deve ser vista como peça de um conjunto integrado, ou é a própria instrução processual."

Diante da importância da prova testemunhal para o Processo do Trabalho, deve o Juiz do Trabalho dar atenção especial ao colher o depoimento. Deve avaliar como a testemunha teve apreensão dos fatos, se de forma direta ou por terceiros, se sua versão está compatível com os fatos declinados pela parte que a arrolou, o

(181) RODRIGUES PINTO, José Augusto. *Processo trabalhista de conhecimento.* 7. ed. São Paulo: LTr, 2005. p. 544.

comportamento da testemunha ao depor (humildade, arrogância), a espontaneidade no depoimento, tranquilidade, nervosismo, razoabilidade da versão[(182)], grau de cultura, circunstâncias em que presenciou o fato, idade etc.

O comportamento da testemunha deve ser sopesado pelo juiz como elemento de prova. Como bem destaca *Luciane Cardoso*[(183)]:

> "O comportamento processual das partes deve ser visto como meio de prova. As atividades das partes possuem relevância como elementos aptos a formar a convicção do juiz, ou seja, como instrumentos instrutórios especialmente no que dizem respeito à licitude ou não de tal comportamento. O comportamento processual das partes deve ser expressão do dever de veracidade que corresponde a um princípio do processo relacionado ao Estado e às partes. O primeiro, através do juiz, pode coibir a má-fé, e as partes, pelo princípio dispositivo, devem dispor de suas armas com boa-fé. Baseia-se na *exceptio doli*, espécie de cláusula geral do processo que inadmite a conduta contrária à boa-fé. O sistema oral coloca uma nítida possibilidade de contato do juiz com a parte na audiência, no momento do interrogatório da própria parte e das testemunhas."

Quanto ao princípio da identidade física do juiz, é de todo conveniente aplicá-lo na valoração da prova, pois o juiz que colheu diretamente os depoimentos tem melhores condições de valorá-los e chegar ao acertamento mais próximo da realidade[(184)].

Deve o juiz estar atento a todas as vicissitudes da prova testemunhal, pois as testemunhas depõem sobre fatos pretéritos que muitas vezes já se passaram há alguns anos, e, ainda, a interpretação dos fatos varia de pessoa para pessoa. Por

---

(182) Nesse sentido: Prova — Valoração — Princípio da razoabilidade. A produção da prova incumbe àquele que alega, conforme preceitos insculpidos no art. 818 da CLT e art. 333 do CPC. O juiz, ao valorar a prova, não pode se afastar dos elementos existentes nos autos, devendo seguir as regras do art. 131 do CPC. Nessa formação de juízo de valor, não pode ser olvidado o princípio da razoabilidade, por meio do qual, busca-se revelar a realidade, a impedir que a letra fria da lei sirva como elemento legalizador de uma simulação. Somente assim, poderá ser feita a verdadeira justiça. (TRT 15ª R. – 2ª T. – RO n. 330.2003.074.15.00-0 – rel. Luís Carlos C. M. S. da Silva – DJSP 7.5.04 – p. 15).

(183) CARDOSO, Luciane. *Prova testemunhal:* uma abordagem hermenêutica. São Paulo: LTr, 2001. p. 132.

(184) Nesse sentido, destacam-se as seguintes ementas: "Valoração da prova — Manutenção do convencimento do julgador de 1º grau. Não ressaltando dos autos qualquer elemento que induza à convicção de que se equivocara o MM. O Juízo Primevo na valoração da prova coligida, deve prevalecer o convencimento por ele firmado, com base nas vivas impressões colhidas por ocasião da produção probatória. É que o critério de valoração da prova atende tanto ao princípio da imediatidade do contato com a prova produzida como ao princípio da razoabilidade, e, ainda, às normas de experiência comum, subministradas pelo que comumente acontece (art. 335 do CPC)." (TRT 3ª R. – 8ª T. – RO n. 199/2005.003.03.00-1 – rel. José M. de Campos – DJMG 18.6.05 – p. 18) (RDT n. 07 de Junho de 2005). "Prova oral — Valorização. Na análise e na valorização da prova oral, o juiz *a quo* é o que detém melhores condições de aferição da verdade, porque mais próximo das partes, testemunhas e informantes. Sua percepção deve ser ratificada, ressalvando-se, evidentemente, a ocorrência de equívocos ou vícios na assentada, ou erro técnico na apreciação da prova, o que não se observa no caso." (TRT 3ª R. – 4ª T. – RO n. 455/2004.071.03.00-8 – rel. Antônio A. da Silva – DJMG 16.10.04 – p. 9) (RDT n. 11 – Novembro de 2004).

isso, pequenas divergências entre testemunhas são normais, não devendo o juiz desconsiderar a prova testemunhal em razão de pequenas divergências entre os depoimentos das testemunhas e a versão das partes.

Como bem adverte *Márcio Túlio Viana*(185):

> "No que diz respeito à prova, os fatores externos e internos não só afetam a testemunha que tenta dizer a verdade — mas que se sente pressionada e se confunde — como também, inversamente, podem denunciar a testemunha mentirosa, que se trai com os seus olhares ou tremores. Nesse último sentido, a linguagem verbal pode ser confirmada ou desmentida por outro tipo de linguagem, nem sempre fácil de ser notada ou entendida — e que, apesar disso, pode ser mais reveladora. Basta dizer que, segundo alguns estudos, a palavra pura e simples é esponsável por apenas 7% na construção de significados. Outros 38% vêm dos modos da voz e 55% dos gestos e expressões corporais. A comunicação não verbal transmite sobretudo aspectos emocionais e relacionais, como o amor, simpatia, ódio, submissão, hostilidade. Como metalinguagem, ajuda a sublinhar ou desmentir a mensagem verbal. E como age no plano do inconsciente, pode ser mais fiel que a simples palavra, que 'opera num meio socialmente aceitável'."

No mesmo sentido, é a visão de *Wagner D. Giglio*(186):

> "No cotejo dos depoimentos das testemunhas, a uniformidade excessiva, até o ponto de serem repetidas as mesmas palavras e os mesmos pormenores, indica testemunho 'preparado', isto é, previamente combinado, subtraindo-lhe valor, como é evidente, vez que regra geral duas pessoas não veem os fatos da mesma maneira, e muito menos o narram de forma idêntica. Pequenas discrepâncias quanto aos pormenores autenticam a prova testemunhal."

Nesse contexto, relevante destacar as seguintes ementas:

"Depoimentos testemunhais — Contradição — Horas extras. Apoiar-se em contradição dos depoimentos testemunhais, para o fim de julgar improcedente pedido de horas extras, *data venia*, é profundamente injusto, uma vez que a contradição ocorre principalmente quando as testemunhas vêm a juízo dar a sua impressão dos fatos ocorridos, sem um "ensaio" prévio. Em uma relação continuada, como é a trabalhista, os fatos se sucedem e não se repetem sempre da mesma forma, pois não se cuida de máquinas, mas de homens. A formação do convencimento, quanto a existência ou inexistência de horas extras, portanto, deve sobrepor-se às eventuais contradições dos depoimentos testemunhais e basear-se no conjunto probatório dos autos, levando-se em conta, especialmente, que a reconstituição

---

(185) Aspectos curiosos da prova testemunhal — Sobre verdades, mentiras e enganos. *In: Revista LTr* 73-10/1162.

(186) *Direito processual do trabalho.* 16. ed. São Paulo: Saraiva, 2007. p. 246.

da jornada trabalhada, mediante a avaliação de prova oral, se dá quando não são juntados aos autos os cartões de ponto, ou quando se considera que estes não retratam a realidade." (TRT – 15ª R. – 5ª T .– AC. n. 13981/99 – rel. Jorge Luiz S. Maior – DJSP 25.5.99 – p. 108)

"Prova testemunhal. Valoração. Prevalência, como regra, do convencimento do juiz que colheu a prova. Deve ser prestigiado, como regra, o convencimento do juiz que colheu a prova. Ele, afinal, é que manteve o contato vivo, direto e pessoal com as partes e testemunhas, medindo-lhes as reações, a segurança, a sinceridade, a postura. Aspectos, aliás, que nem sempre se exprimem, que a comunicação escrita, dados os seus acanhados limites, não permite traduzir. O juízo que colhe o depoimento "sente" a testemunha. É por assim dizer um testemunho do depoimento. Convencimento, portanto, melhor aparelhado e que, por isso, deve ser preservado, salvo se houver elementos claros e contundentes a indicar que a prova diz outra coisa. Recurso Ordinário do autor a que se nega provimento, nesse ponto." (TRT/SP – 00013645920115020060 – RO – Ac. 11ª T. – 20120655009 – rel. Eduardo de Azevedo Silva – DOE 19.6.2012)

"1. TESTEMUNHA PATRONAL *HABITUÉE* NESTA JUSTIÇA. VÁRIOS DEPOIMENTOS, CADA UM COM VERSÃO DIFERENTE. PROVA DESQUALIFICADA. Pesa sobre a testemunha da reclamada a suspeita sobre a veracidade de suas declarações, eis que o autor juntou outros depoimentos dela, conhecida *habituée* nesta Justiça, sempre na qualidade de testemunha do empregador, onde ora afirma supervisionar 3, 4 e até todas as linhas (fls. 279/287), o que efetivamente fragiliza e desqualifica o seu depoimento neste feito. 2. INTERVALO INTRAJORNADA. CONCESSÃO PARCIAL. DIREITO A UMA HORA EXTRA POR DIA, COM REFLEXOS. A concessão parcial do intervalo não assegura ao empregador qualquer direito de compensação, em face do caráter público e tutelar da norma em questão. Dar parte do descanso é o mesmo que não concedê-lo. Nesse sentido se posicionou o C. TST, através da Orientação Jurisprudencial n. 307, da SDI-1. Devida uma hora extra diária, com os respectivos reflexos (OJ n. 354, SDI-1, TST)." (TRT/SP – 01722003320095020061 – RO – Ac. 4ª T. – 20120385664 – rel. Ricardo Artur Costa e Trigueiros – DOE 20.4.2012)

Como bem adverte *Ísis de Almeida*(187), "a testemunha não é uma câmera fotográfica que fornece a imagem de fato observado. Ela o vê sob certo ângulo e, mesmo descrevendo-o o mais objetivamente possível, vai fixando pontos de sua preferência, abandonando outro involuntariamente, sob o comando de seu subconsciente. 'Esquece' detalhes de um acontecimento ou omite atributos de uma coisa, porque há uma 'resistência' a revê-los. E, apesar de tudo isso, pode, como se vê, constituir a base de uma decisão. Muitas vezes é o único suporte de toda uma instrução."

Por derradeiro, deve ser destacado que a prova testemunhal se valora pela qualidade dos depoimentos, e não pela quantidade, não vigorando mais no sistema processual brasileiro o brocardo *testis unus testis nullus*(188).

(187) ALMEIDA, Ísis de. *Manual de direito processual do trabalho.* 9. ed. São Paulo: LTr, 1998. p. 196.

(188) Nesse sentido, destaca-se a seguinte ementa: "Testemunha única — Valoração das provas. Ao proferir a sentença o magistrado analisa as provas constantes dos autos, sujeitando-se, tão somente, à legislação em vigência e à sua própria consciência. Ao julgar, não conta as provas, mas as considera de acordo com o valor que possam merecer. Irrelevante, portanto, que a parte tenha providenciado o depoimento de uma única testemunha que, como se sabe, presta seu depoimento sob o compromisso de dizer a verdade e, em não o fazendo, incorre em tipo penal (art. 342 do Código Penal). Se fidedigna, confere lastro suficiente à

2.4.9.b. *Do falso testemunho no Processo do Trabalho e o Juiz do Trabalho diante do falso testemunho*

Diz o art. 342 do Código Penal: "Fazer afirmação falsa, ou negar ou calar a verdade, como testemunha, perito, contador, tradutor ou intérprete em processo judicial, ou administrativo, inquérito policial, ou em juízo arbitral: (Redação dada pela Lei n. 10.268, de 2001) Pena — reclusão, de um a três anos, e multa. § 1º – As penas aumentam-se de um sexto a um terço, se o crime é praticado mediante suborno ou se cometido com o fim de obter prova destinada a produzir efeito em processo penal, ou em processo civil em que for parte entidade da administração pública direta ou indireta. (Redação dada pela Lei n. 10.268, de 2001). § 2º – O fato deixa de ser punível se, antes da sentença no processo em que ocorreu o ilícito, o agente se retrata ou declara a verdade." (Redação dada pela Lei n. 10.268, de 2001)

A tipificação penal do crime de falso testemunho tem por objeto preservar a dignidade da Justiça, garantindo a seriedade do processo, bem como a efetividade processual.

Na Justiça do Trabalho, como destacamos, a prova testemunhal tem sido a mais utilizada e muitas vezes a única modalidade de prova que o empregado possui, uma vez que os documentos da relação de emprego ficam na posse do empregador.

Desse modo, é situação frequente o Juiz do Trabalho, durante as audiências, se deparar com testemunhas que ocultam ou alteram a verdade dos fatos em juízo.

Acreditamos que o procedimento do magistrado deve ser cauteloso diante do falso testemunho, ou seja, deve avaliar o conjunto probatório e considerar que pequenas divergências são próprias da prova testemunhal, pois a testemunha depõe sobre fatos pretéritos, e a interpretação dos fatos varia de pessoa para pessoa.

Nesse sentido, destacam-se as seguintes ementas:

> "Testemunhas. Falso testemunho. Inocorrência. Depoimentos testemunhais não são esperados e colhidos com harmonia e em coro; pequenas divergências são absolutamente normais e, antes de desqualificarem o depoimento, dão-lhes até mais credibilidade. A configuração do falso testemunho exige segurança de intencionalidade." (TRT/SP 02223200203302001 – RO – Ac. 6ª T. – 20040091095 – rel. Rafael Edson Pugliese Ribeiro – DOE 19.3.2004)

> "Falso testemunho. O delito de falso testemunho só se configura pela divergência entre o conhecimento dos fatos e o depoimento que se vem a prestar em Juízo, jamais pela divergência entre depoimentos de duas testemunhas ou destas com a parte." (TRT/SP 00571200225502008 – RO – Ac. 6ª T. – 20040124562 –rel. Rafael Edson Pugliese Ribeiro – DOE 2.4.2004).

Além disso, muitas vezes uma nova advertência durante a oitiva pode resolver o problema, propiciando a retratação.

---

manifestação jurisdicional, encontrando-se ultrapassada a máxima *testis unus, testis nullus*. Inteligência do art. 131 do Código de Processo Civil." (TRT 15ª R. – 3ª T. – ROPS n. 791/1998.021.15.00-0 – relª Helena Rosa M. da S. Lins Coelho – DJSP 19.11.04 – p. 67).

Pensamos não ser prudente que o juiz, durante o depoimento, embora isso seja possível, dê voz de prisão à testemunha que alterou a verdade dos fatos, pois é na sentença que o magistrado avaliará o conjunto probatório e terá melhores condições de convencimento sobre a existência do delito de falso testemunho.

A voz de prisão, que no nosso sentir pode ser dada pelo Juiz do Trabalho, encontra suporte na chamada competência penal periférica do magistrado trabalhista, incidentais em sua atuação jurisdicional, pois tem o dever de zelar pela dignidade do processo e pelo cumprimento da legislação, inclusive a criminal.

Deve ser destacado que alguns autores defendem que o juiz não possa dar ordem de prisão à testemunha que está cometendo o falso testemunho (flagrante delito) em razão de a testemunha poder se retratar antes da sentença.

A prisão decretada pelo Juiz do Trabalho tem suporte no flagrante delito, não servindo de elemento para eventual instauração do processo penal, conforme a livre convicção do Ministério Público. Portanto, não há vinculação do Ministério Público à convicção do Magistrado Trabalhista, uma vez que a competência para apreciar o delito de falso testemunho não é do Juiz do Trabalho, e sim da Justiça Federal, conforme a Súmula n. 165 do STJ.

No âmbito trabalhista, o falso testemunho desqualifica o depoimento da testemunha, que não servirá como elemento de convicção do órgão julgador, gerando situação processual desfavorável à parte que arrolou a testemunha que cometeu falso testemunho.

Entretanto, cabe ao juiz valorar, segundo sua livre convicção motivada, o depoimento da testemunha que comete falso testemunho, podendo aproveitar algum fato em que entendeu não ter havido alteração ou ocultação da verdade.

De nossa parte, o depoimento da testemunha que intencionalmente altera ou oculta algum fato relevante e importante para o deslinde do feito contamina o depoimento por inteiro, pois atenta contra a dignidade do processo e da própria Justiça do Trabalho.

2.5. Da prova pericial

O juiz é um técnico em direito, habilitado, como regra geral, em concurso público. Como o processo é destinado à composição de litígios dos mais diversos campos do conhecimento humano, muitas vezes, a controvérsia dos autos exige análise de questões técnicas que refogem à órbita jurídica, necessitando o juiz de profissionais especializados na matéria discutida no processo. Para dirimir a controvérsia técnica do processo, o juiz se vale da prova pericial.

Nesse sentido, dispõe o art. 156 do CPC:

"O juiz será assistido por perito quando a prova do fato depender de conhecimento técnico ou científico.

§ 1º Os peritos serão nomeados entre os profissionais legalmente habilitados e os órgãos técnicos ou científicos devidamente inscritos em cadastro mantido pelo tribunal ao qual o juiz está vinculado.

§ 2º Para formação do cadastro, os tribunais devem realizar consulta pública, por meio de divulgação na rede mundial de computadores ou em jornais de grande circulação, além de consulta direta a universidades, a conselhos de classe, ao Ministério Público, à Defensoria Pública e à Ordem dos Advogados do Brasil, para a indicação de profissionais ou de órgãos técnicos interessados.

§ 3º Os tribunais realizarão avaliações e reavaliações periódicas para manutenção do cadastro, considerando a formação profissional, a atualização do conhecimento e a experiência dos peritos interessados.

§ 4º Para verificação de eventual impedimento ou motivo de suspeição, nos termos dos arts. 148 e 467, o órgão técnico ou científico nomeado para realização da perícia informará ao juiz os nomes e os dados de qualificação dos profissionais que participarão da atividade.

§ 5º Na localidade onde não houver inscrito no cadastro disponibilizado pelo tribunal, a nomeação do perito é de livre escolha pelo juiz e deverá recair sobre profissional ou órgão técnico ou científico comprovadamente detentor do conhecimento necessário à realização da perícia."

Como destaca *Moacyr Amaral Santos*(189):

> "Os peritos funcionam, pois, como auxiliares do juiz, que é quem lhes atribui a função de bem e fielmente verificar as coisas e os fatos e lhe transmitir, por meio de parecer, o relato de suas observações ou as conclusões que das mesmas extraírem. Como auxiliares do juiz e para funcionarem no processo, os peritos cumprirão leal e honradamente a sua função (Código de Processo Civil, art. 422)."

Como bem adverte *Humberto Theodoro Júnior*(190): "É a perícia, destarte, meio probatório que, de certa forma, se aproxima da prova testemunhal e no direito antigo os peritos foram, mesmo, considerados como testemunhas. Mas, na verdade, há uma profunda diferença entre esses instrumentos de convencimento judicial. O fim da prova testemunhal é apenas reconstituir o fato tal qual existiu no passado; a perícia, ao contrário, descreve o estado atual dos fatos; das testemunhas, no dizer de Lessona, inova-se a *memória*, dos peritos a *ciência*."

Dispõe o art. 464 do CPC:

"A prova pericial consiste em exame, vistoria ou avaliação."

Adotando a classificação de *Moacyr Amaral Santos*(191), podemos dizer que a prova pericial se classifica em *exame*, *vistoria*, *avaliação* e *arbitramento*:

---

(189) SANTOS, Moacyr Amaral. *Primeiras linhas de direito processual civil.* v. 2, 17. ed. São Paulo: Saraiva, 1995. p. 473.

(190) THEODORO JÚNIOR, Humberto. *Curso de direito processual civil.* v. I, 24. ed. Rio de Janeiro: Forense, 1998. p. 477-478.

(191) *Op. cit.*, p. 477-478.

a) *exame:* é a inspeção sobre a pessoa, semoventes e coisas, para verificação de fatos relevantes para a causa. No Processo do Trabalho, como exemplos de exame, temos as perícias médicas para apuração de doença profissional para fins de estabilidade no emprego, bem como para aferir eventual redução de capacidade laborativa para fins de indenização. Também a perícia grafotécnica, no nosso sentir, se classifica como exame, pois tem por objeto verificar se um documento é autêntico ou não;

b) *vistoria:* é a inspeção sobre imóveis ou determinados lugares. Como exemplos temos as perícias de insalubridade e periculosidade em que o perito faz a vistoria do local de trabalho e avalia as condições de salubridade e periculosidade;

c) *avaliação:* é o exame pericial destinado à estimação de valor de determinadas coisas, bens ou obrigações. Normalmente, a avaliação se destina a encontrar o preço de mercado de determinado bem, como o valor dos bens penhorados. A doutrina também inclui no conceito de avaliação as perícias contábeis no Processo do Trabalho em que o perito, à vista dos documentos dos autos, vai verificar a correção do pagamento de determinada parcela trabalhista ou verificar a correção dos cálculos de liquidação; e

d) *arbitramento:* destina-se a verificar o valor, a quantidade ou a qualidade do objeto do litígio, como nas hipóteses de liquidação por arbitramento.

A prova pericial é sempre possível, exceto nas hipóteses do § 1º do art. 464 do CPC, que assim dispõe:

> "O juiz indeferirá a perícia quando:
>
> I – a prova do fato não depender de conhecimento especial de técnico;
>
> II – for desnecessária em vista de outras provas produzidas;
>
> III – a verificação for impraticável."

O juiz, como diretor do processo e destinatário final da prova, deve avaliar a pertinência da prova pericial e indeferi-la quando a prova não exigir conhecimento técnico ou quando for desnecessária em razão de outras provas já produzidas.

Conforme dispõe o art. 472 do CPC, *in verbis*:

> "O juiz poderá dispensar prova pericial quando as partes, na inicial e na contestação, apresentarem, sobre as questões de fato, pareceres técnicos ou documentos elucidativos que considerar suficientes."

No aspecto, a seguinte ementa:

> "(...) CERCEAMENTO DE DEFESA. INDEFERIMENTO DE PROVA PERICIAL. 1.1. O art. 427 do CPC/73 (atual art. 472) preceitua que o juiz poderá dispensar prova pericial quando as partes, na inicial e na contestação, apresentarem sobre as questões de fato pareceres técnicos ou documentos elucidativos que considerar suficientes. 1.2. Não altera essa conclusão o fato de a prova emprestada ser oriunda de ação processada entre o autor e o INSS, pois o laudo técnico foi regularmente submetido ao crivo do contraditório no presente feito, e somou-se aos demais elementos de prova produzidos por ambas as partes

nos autos. 1.3. A Corte de origem considerou que o indeferimento do pleito de prova pericial não configurava cerceamento do direito de defesa, porque, na hipótese, eram suficientes as provas já produzidas nos autos. Assim, em face da norma contida nos arts. 765 da CLT e 130 do CPC/73, os quais conferem ao Juízo o poder-dever de indeferir diligências inúteis ou meramente protelatórias, não há de se cogitar de cerceamento de defesa no presente caso. Recurso de revista não conhecido (...)." (TST – Processo: RR - 1200-32.2008.5.17.0012 Data de Julgamento: 9.8.2016, relª. Ministra: Delaíde Miranda Arantes, 2ª Turma, Data de Publicação: DEJT 12.8.2016)

Nesse sentido, o Enunciado n. 54 da 1ª Jornada de Direito Material e Processual do Trabalho do Tribunal Superior do Trabalho, *in verbis*:

"PROVA PERICIAL. POSSIBILIDADE DE DISPENSA. Aplica-se o art. 427 do Código de Processo Civil no processo do trabalho, de modo que o juiz pode dispensar a produção de prova pericial quando houver prova suficiente nos autos."

Nos termos do art. 195 da CLT, a perícia é obrigatória quando for arguida em juízo insalubridade ou periculosidade. Com efeito, dispõe o § 2º do referido dispositivo legal:

"Arguida em juízo insalubridade ou periculosidade, seja por empregado, seja por Sindicato, em favor de grupo de associados, o juiz designará perito habilitado na forma deste artigo e, onde não houver, requisitará perícia ao órgão competente do Ministério do Trabalho."

Discute-se na doutrina e na jurisprudência se a confissão da parte supre a prova técnica, como no exemplo de o empregador confessar o trabalho em condições de insalubridade. No aspecto, se a confissão foi expressa do reclamado sobre o fato que depende de perícia, esta se torna desnecessária, salvo nas hipóteses em que há controvérsia sobre o grau de eventual insalubridade. Em casos de presunção de veracidade decorrente da revelia ou confissão ficta, pensamos, em compasso com a jurisprudência dominante, que a perícia se faz necessária.

O Tribunal Superior do Trabalho, corretamente, editou a Súmula n. 453, a respeito, que assim dispõe:

"Adicional de periculosidade. Pagamento espontâneo. Caracterização de fato incontroverso. Desnecessária a perícia de que trata o art. 195 da CLT. (Conversão da OJ n. 406 da SDI-I do TST). O pagamento de adicional de periculosidade efetuado por mera liberalidade da empresa, ainda que de forma proporcional ao tempo de exposição ao risco ou em percentual inferior ao máximo legalmente previsto, dispensa a realização da prova técnica exigida pelo art. 195 da CLT, pois torna incontroversa a existência do trabalho em condições perigosas."

Em determinados casos, no entanto, a perícia se mostra obrigatória, como nos de acidente de trabalho e doença profissional, nos quais se torna necessário avaliar a existência do nexo causal (também chamado de nexo técnico) entre a redução da capacidade laborativa e a atividade exercida pelo trabalhador, bem como a porcentagem de comprometimento da capacidade de trabalho.

Nesse sentido, vale destacar a seguinte ementa:

"Cerceamento de defesa. Prova oral. Doença profissional. Laudo técnico. Não se substitui a prova técnica pela oitiva de testemunhas, o que não significa que toda matéria atinente ao litígio baseado em doença ou acidente de trabalho restrinja-se à atuação do perito. Os fatos controvertidos podem ser demonstrados pelas vias legalmente admitidas, o que, no processo do trabalho, inclui de forma expressiva a prova testemunhal. O indeferimento de prova testemunhal impõe a nulidade da sentença." (TRT/SP – 00335003620065020432 (00335200643202008) – RO – Ac. 14ª T. 20101287644 – rel. Marcos Neves Fava – DOE 17.1.2011)

Caso a verificação do fato por perícia seja impraticável, em razão, por exemplo, da desativação do local de trabalho nas hipóteses de insalubridade e de periculosidade, a jurisprudência tem admitido, acertadamente, a prova pericial emprestada.

Nesse sentido é a OJ n. 278, da SDI-I, do C. TST, *in verbis*:

Adicional de insalubridade. Perícia. Local de trabalho desativado. A realização de perícia é obrigatória para a verificação de insalubridade. Quando não for possível sua realização como em caso de fechamento da empresa, poderá o julgador utilizar-se de outros meios de provas.

2.5.1. Sistemática da realização das perícias

A perícia no Processo do Trabalho pode ser realizada tanto na fase de conhecimento como na de execução. Na fase de conhecimento, são típicas as perícias de insalubridade, periculosidade, médica, grafotécnica e contábil. Na fase de execução, são típicas as perícias contábeis e de arbitramento.

Verificando a necessidade da perícia, o Juiz do Trabalho, de ofício, ou a requerimento da parte, a designará, nomeando perito de sua confiança, com conhecimento técnico sobre a questão, e fixará prazo razoável para entrega do laudo concluído. No prazo de cinco dias, as partes poderão apresentar quesitos a serem respondidos pelo perito, bem como nomear assistentes técnicos. Durante a diligência, poderão as partes apresentar quesitos complementares (art. 469 do CPC).

Nesse sentido, dispõe o art. 465 do CPC:

"O juiz nomeará perito especializado no objeto da perícia e fixará de imediato o prazo para a entrega do laudo.

§ 1º Incumbe às partes, dentro de 15 (quinze) dias contados da intimação do despacho de nomeação do perito:

I – arguir o impedimento ou a suspeição do perito, se for o caso;

II – indicar assistente técnico;

III – apresentar quesitos.

§ 2º Ciente da nomeação, o perito apresentará em 5 (cinco) dias:

I – proposta de honorários;

II – currículo, com comprovação de especialização;

III – contatos profissionais, em especial o endereço eletrônico, para onde serão dirigidas as intimações pessoais.

§ 3º As partes serão intimadas da proposta de honorários para, querendo, manifestar-se no prazo comum de 5 (cinco) dias, após o que o juiz arbitrará o valor, intimando-se as partes para os fins do art. 95.

§ 4º O juiz poderá autorizar o pagamento de até cinquenta por cento dos honorários arbitrados a favor do perito no início dos trabalhos, devendo o remanescente ser pago apenas ao final, depois de entregue o laudo e prestados todos os esclarecimentos necessários.

§ 5º Quando a perícia for inconclusiva ou deficiente, o juiz poderá reduzir a remuneração inicialmente arbitrada para o trabalho.

§ 6º Quando tiver de realizar-se por carta, poder-se-á proceder à nomeação de perito e à indicação de assistentes técnicos no juízo ao qual se requisitar a perícia."

Conforme o art. 466 do CPC:

"O perito cumprirá escrupulosamente o encargo que lhe foi cometido, independentemente de termo de compromisso.

§ 1º Os assistentes técnicos são de confiança da parte e não estão sujeitos a impedimento ou suspeição.

§ 2º O perito deve assegurar aos assistentes das partes o acesso e o acompanhamento das diligências e dos exames que realizar, com prévia comunicação, comprovada nos autos, com antecedência mínima de 5 (cinco) dias."

Nos termos do art. 467 do CPC, o perito pode escusar-se ou ser recusado por impedimento ou suspeição. Parágrafo único. O juiz, ao aceitar a escusa ou ao julgar procedente a impugnação, nomeará novo perito.

Conforme o art. 468 do CPC, o perito pode ser substituído quando: I – faltar-lhe conhecimento técnico ou científico; II – sem motivo legítimo, deixar de cumprir o encargo no prazo que lhe foi assinado. § 1º No caso previsto no inciso II, o juiz comunicará a ocorrência à corporação profissional respectiva, podendo, ainda, impor multa ao perito, fixada tendo em vista o valor da causa e o possível prejuízo decorrente do atraso no processo. § 2º O perito substituído restituirá, no prazo de 15 (quinze) dias, os valores recebidos pelo trabalho não realizado, sob pena de ficar impedido de atuar como perito judicial pelo prazo de 5 (cinco) anos. § 3º Não ocorrendo a restituição voluntária de que trata o § 2º, a parte que tiver realizado o adiantamento dos honorários poderá promover execução contra o perito, na forma dos arts. 513 e seguintes deste Código, com fundamento na decisão que determinar a devolução do numerário.

No Processo do Trabalho, as perícias são realizadas por um único perito da confiança do juiz. Nesse sentido, é o disposto no art. 3º da Lei n. 5.584/70, que revogou tacitamente o art. 826 da CLT, *in verbis*:

"Os exames periciais serão realizados por perito único designado pelo juiz, que fixará o prazo para entrega do laudo. Parágrafo único. Permitir-se-á a cada parte a indicação de um assistente, cujo laudo terá que ser apresentado no mesmo prazo assinado para o perito, sob pena de ser desentranhado dos autos."

O art. 475 do CPC possibilita, em casos complexos, o Juiz de Direito nomear mais de um perito. Com efeito, dispõe o referido dispositivo legal:

"Tratando-se de perícia complexa, que abranja mais de uma área de conhecimento especializado, o juiz poderá nomear mais de um perito e a parte indicar mais de um assistente técnico." (Incluído pela Lei n. 10.358, de 2001)

Embora diga o parágrafo único do art. 3º da Lei n. 5.584/70 que a perícia deve ser realizada, no Processo do Trabalho, por perito único, pensamos não haver incompatibilidade de, em casos excepcionais, o Juiz do Trabalho nomear mais de um perito, notadamente quando a questão exigir conhecimentos especializados de vários ramos da ciência.

O perito nomeado pelo juiz está sob compromisso, embora a lei não exija a formalidade de que o perito preste juramento por escrito nos autos (art. 466 do CPC), deverá ser imparcial e cumprir o ofício que lhe foi designado com diligência e presteza. Podem as partes invocar, contra o perito, as exceções de suspeição e impedimento previstas tanto no CPC como na CLT.

O assistente técnico é nomeado pela parte e não está sob compromisso de imparcialidade. O assistente é remunerado pela parte e deve entregar o laudo no mesmo prazo do perito nomeado pelo juiz (parágrafo único, do art. 3º, da Lei n. 5.584/70), sob consequência de preclusão.

Nesse sentido, destaca-se a seguinte ementa:

> "PARECER DE ASSISTENTE TÉCNICO JUNTADO APÓS O PRAZO CONSIGNADO PELO JUÍZO — AUSÊNCIA DE PRÉVIA INDICAÇÃO DO PROFISSIONAL QUE O PRODUZIU — PRECLUSÃO — CERCEAMENTO DE DEFESA NÃO CONFIGURADO. A juntada de parecer técnico, produzido por profissional não indicado pela parte que o apresenta, com o fito de realizar contraprova aos fatos articulados pela perícia oficial, constitui incidente processual desleal quando colacionado após o prazo consignado pelo Juízo, pois a reclamada, que ofereceu resistência aos pedidos iniciais e impugnação ao trabalho técnico nos termos em que se encontra a lide, e o perito judicial, após a realização de seu trabalho, seriam surpreendidos por prova guardada pelo trabalhador como uma 'carta na manga'. Preclusa a produção da prova nesses termos. Preliminar da reclamante rejeitada." (TRT/SP - 00011081420105020461 - RO - Ac. 8ª T. - 20120846041 - rel. Rovirso Aparecido Boldo - DOE 7.8.2012)

As perícias de insalubridade e de periculosidade poderão ser realizadas na Justiça do Trabalho por médico ou engenheiro do trabalho, uma vez que o art. 195 da CLT não faz qualquer distinção.

Nesse sentido, é a OJ n. 165, da SDI-I, do C. TST, *in verbis*: "Perícia. Engenheiro ou médico. Adicional de insalubridade e periculosidade. Validade. Art. 195 da CLT. O art. 195 da CLT não faz qualquer distinção entre o médico e o engenheiro para efeitos de caracterização e classificação da insalubridade e periculosidade, bastando para a elaboração do laudo seja o profissional devidamente qualificado."

No mesmo sentido, destacamos a seguinte ementa:

> "O art. 195 da CLT não faz distinção entre médico e engenheiro do trabalho. Assim, a perícia técnica para apuração de insalubridade, elaborada por engenheiro do trabalho, é válida, pois não cabe ao intérprete eleger qualquer distinção. Revista não provida." (TST - 3ª T. - Ac. n. 4800/95 - rel. Min. Della Manna - DJ 1.12.95 - p. 41.934)

No nosso sentir, embora algumas Varas adotem postura de realizar a perícia após a audiência de instrução, pensamos que a perícia deva ser designada antes da audiência de instrução, a fim de que o laudo pericial possa ser complementado com a prova oral, inclusive com a possibilidade de se ouvir o perito em audiência, conforme os arts. 827 e 848, § 2º, ambos da CLT, e também o art. 477 do CPC.

2.5.2. Da valoração da prova pericial

Aduz o art. 479 do Diploma Processual Civil:

> "O juiz apreciará a prova pericial de acordo com o disposto no art. 371, indicando na sentença os motivos que o levaram a considerar ou a deixar de considerar as conclusões do laudo, levando em conta o método utilizado pelo perito."

O juiz é livre para valorar a prova pericial. Não obstante, não pode julgar com base em conhecimento técnico pessoal ou convicção pessoal, pois, se assim proceder, estará violando o princípio da imparcialidade. Se não estiver satisfeito com a perícia, deverá determinar a realização de nova diligência, ou, com base na perícia já realizada, à luz dos demais elementos probatórios do processo (testemunhas, documentos etc.), firmar sua convicção. Caso pretenda contrariar o laudo, deve fundamentar detalhadamente os pontos do laudo que não o convenceram e apresentar as razões e as provas constantes dos autos que o convenceram.

Como bem adverte *Cléber Lúcio de Almeida*(192): "Não estando o juiz adstrito ao laudo pericial, às partes não pode ser negado o direito de produzir prova contrária ao que afirmou o perito, em relação aos elementos fáticos (as conclusões do perito em regra se sustentam em premissas fáticas — as condições de trabalho no pedido de adicional de insalubridade ou periculosidade, por exemplo) e também à subsunção dos elementos fáticos ao ordenamento jurídico (elementos técnicos propriamente ditos — qualificação legal das condições de trabalho, por exemplo). As condições fáticas definidas pelo perito podem ser objeto de prova testemunhal, ao passo que a sua qualificação legal pode ser questonada por meio da juntada de pareceres técnicos ou outros laudos periciais, por exemplo."

Nesse sentido, destacamos as seguintes ementas:

> "Laudo pericial — Vinculação do juiz. Convém apreciar a preceituação contida no art. 436 do CPC, pois não pode haver confusão na interpretação deste artigo. O julgador, realmente, não está vinculado ao laudo pericial. Por outro lado, para exercer esta liberdade, há de formar a sua convicção com outros elementos ou fatos provados nos autos. Isto significa que, necessitando de 'conhecimento de técnico', os outros elementos ou fatos deverão advir de outra prova técnica, outro laudo pericial, por consequência. E o juiz, então, permanecerá adstrito ao laudo, ainda que seja outro. Se a questão debatida depende de conhecimento de técnico e o juiz nomeou perito, de conformidade com o art. 420 do CPC, somente o laudo é esclarecedor. Ou, então, se não dependia de conhecimento de técnico, não poderia ser determinada a realização da prova pericial. No máximo, poder-se-á admitir que outra prova demonstre, por exemplo, que o local, as condições, o momento, por exemplo, não são aqueles apontados no laudo e, ainda assim, deverá o perito complementar a diligência, adotando os fatos reais e corretos, quando, ao final, o magistrado não terá outra escolha que não as conclusões do técnico. Aí, ele ficará adstrito ao laudo, em última análise. A

(192) *Direito Processual do Trabalho*. 5. ed. Belo Horizonte: Del Rey, 2014. p. 833-834.

confissão do reclamante modificou os fatos tomados como base pelo perito para produção de seu laudo, sendo desnecessária, por conseguinte, a elaboração de novo trabalho pericial, pois a confissão, por si só, já descaracterizou o trabalho em condições de insalubridade, nos termos do art. 436 do CPC. Em suma, o juiz não está adstrito a um laudo pericial 'em especial', mas, uma vez que haja a necessidade do conhecimento técnico de um perito para o deslinde da questão, a vinculação do magistrado ao laudo torna-se inquestionável, exceto se ocorrer confissão em sentido contrário." (TRT 3ª R. – 3ª T. – RO n. 189/2005.088.03.00-6 – rel. Bolívar Viegas Peixoto – DJMG 4.2.3 – p. 3) (RDT 03 – março de 2006)

"Laudo pericial — Conclusão. Nos termos do art. 131 do CPC, o juiz apreciará livremente a prova, atentando aos fatos e circunstâncias dos autos, podendo, inclusive, desconsiderar o resultado do laudo pericial (art. 436 do CPC), prova que também se submete ao sistema da persuasão racional, utilizado pelo juiz na formação do seu convencimento. Nos casos em que, mesmo diante de prova técnica que concluiu pela inexistência da periculosidade, poderá ser deferido o pleito de adicional de periculosidade, desde que haja nos autos provas consistentes de que o empregado estava sujeito a riscos resultantes da proximidade com a energia elétrica." (TRT 10ª R. – 1ª T. – RO n. 358/2005.005.10.00-2 – rel. Pedro Luís V. Foltran – DJ 10.02.06 – p. 7) (RDT 03 – março de 2006)

"Prova pericial oficial — Valoração — Adstrição do julgador. O juiz tem na prova pericial um auxílio ao deslinde do feito, sendo viável discordar dos fatos técnicos apresentados, diante da farta prova coligida. A perícia determinada pelo Juízo é apenas um instrumento probatório de que se serve o julgador e as premissas conformadas nos silogismos formulados nos pronunciamentos judiciais revelam a compreensão do Estado-Juiz sobre as situações polêmicas consideradas, sendo-lhe impositivo motivar o *decisum*, expondo as razões de seu convencimento, conforme determina o CPC, art. 131, para cumprir o imperativo inscrito no art. 93, inciso IX, da Constituição da República. Assim é mera consequência do postulado da livre persuasão racional não estar o julgador vinculado ao que conclui o perito oficial (CPC, art. 436). Ofertando os autos elementos de convicção contrários às conclusões periciais, a sentença que se pronuncia desautorizando a pretensão deduzida é simples resultado do cotejo da prova produzida, em jurídico pronunciamento." (TRT 3ª R. – 6ª T. – RO n. 234/2004.033.03.00-3 – relª Emília Facchini – DJMG 2.2.06 – p. 8) (RDT 03 – março de 2006)

"ADICIONAL DE INSALUBRIDADE. LAUDO PERICIAL. Conquanto o Magistrado não esteja adstrito ao laudo pericial, para se contrapor à referida prova, faz-se mister que embase de maneira detalhada as razões de seu convencimento para desconsiderá-la. Adota-se tal procedimento, em geral, quando o laudo pericial possui lacunas e imprecisões, não se reportando de forma detalhada às condições de trabalho do empregado. Nesse contexto, constatado que o parecer técnico foi realizado de forma detalhada, com especificação das atividades da reclamada, das atividades laborais desempenhadas pelo reclamante, da descrição do ambiente de trabalho e da análise da insalubridade, não há como afastar a conclusão ali alcançada no sentido de que o autor laborava em condições insalubres. 2. Recurso conhecido e parcialmente provido." (TRT/SP – 00410005320095020302 – RO – Ac. 12ª T. 20110525854 – rel. Edilson Soares de Lima – DOE 6.5.2011)

LAUDO PERICIAL. ADSTRIÇÃO DO JUIZ. Em verdade, o juiz não está adstrito à conclusão do laudo pericial, mas deve firmar sua convicção em prova segura contida nos autos de forma a afastar a conclusão do profissional técnico de sua confiança. No caso vertente, a prova técnica, não ilidida por outra da mesma natureza, concluiu que não existia no ambiente de trabalho do reclamante agente perigoso que ensejasse o pagamento do adicional respectivo, motivo pelo qual rejeito o apelo e mantenho a sentença prolatada em sede de primeira instância." (TRT/SP – 01789006820085020058 – RO – Ac. 4ª T. – 20120545300 – relª Maria Isabel Cueva Moraes – DOE 25.5.2012)

"Adicional de Insalubridade. Provas. Embora o juiz não esteja adstrito ao laudo pericial, podendo formar sua convicção com outros elementos ou fatos provados nos autos (art. 436 do CPC), tem-se que a regra é decidir com base naquele, já que o Juízo não detém conhecimentos técnicos para apurar fatos de percepção especializada própria do perito, com maior profundidade e alcance na apuração dos elementos pesquisados. Constatado pela prova técnica que a reclamante laborava em condições nocivas à sua saúde, correta a r. decisão que deferiu diferenças a título de adicional de insalubridade entre o efetivamente percebido, em grau médio, e aquele devido, em grau máximo. Recurso ordinário da primeira reclamada ao qual se nega provimento." (TRT/SP – 02743002120085020055 – RO – Ac. 13ª T. – 20120784046 – relª Cíntia Táffari – DOE 13.7.2012)

Caso entenda necessário, o juiz, de ofício, ou a requerimento, poderá determinar a realização da segunda perícia (art. 480 do CPC). A segunda perícia tem por objeto os mesmos fatos sobre que recaiu a primeira e destina-se a corrigir eventual omissão ou inexatidão dos resultados a que esta conduziu.

Conforme o art. 480, § 2º, do CPC: "A segunda perícia rege-se pelas disposições estabelecidas para a primeira. § 3º A segunda perícia não substitui a primeira, cabendo ao juiz apreciar livremente o valor de uma e outra."

A segunda perícia não descarta a primeira já realizada, podendo o juiz formar sua convicção livremente com os elementos constantes dos autos.

Nesse sentido, destaca-se a seguinte ementa:

"A determinação de realização de segunda perícia, por si só, não atesta que a já realizada seja inválida ou deve ser descartada, pois o CPC n. 437 cuida de insuficiência e não de invalidade da perícia. O juiz deverá apreciar livremente o valor das duas, por não ser a segunda substituta da primeira (JTJ 141/40)."

2.5.3. Do pagamento dos honorários periciais

Dispõe o art. 790-B da CLT: "A responsabilidade pelo pagamento dos honorários periciais é da parte sucumbente na pretensão objeto da perícia, salvo se beneficiária de justiça gratuita."

Já a remuneração dos assistentes técnicos é da responsabilidade da parte que os nomeou, conforme dispõe a Súmula n. 341, do C. TST, *in verbis*:

"HONORÁRIOS DO ASSISTENTE TÉCNICO — A indicação do perito assistente é faculdade da parte, a qual deve responder pelos respectivos honorários, ainda que vencedora no objeto da perícia."

Na fase de conhecimento, a responsabilidade do pagamento dos honorários periciais é da parte sucumbente no objeto da perícia. Se a sucumbência for parcial, ao reclamado tem sido atribuída a responsabilidade pelo pagamento dos honorários periciais.

Pensamos que na execução, em razão da realização de perícia contábil, o reclamado deva ser responsabilizado pelos honorários periciais, pois deu causa à perícia, e também em razão de que na execução não existe sucumbência própria da fase de conhecimento, pois a obrigação já está consagrada no título. Não obstante, em casos de conduta abusiva do autor ao apresentar cálculos muito acima dos valores encontrados pelo perito, deve o reclamante responder pelos honorários do perito.

Nesse sentido, destacamos as seguintes ementas:

> "Honorários periciais — Ônus de sucumbência. O art. 790-B da CLT estabelece que a responsabilidade pelo pagamento de honorários periciais é da parte sucumbente no objeto da perícia. Na execução, o objeto da perícia é satisfazer o interesse do credor (CPC, art. 612). Por consequência, é sempre de responsabilidade do executado, parte que deu causa à execução." (TRT 3ª R. – 2ª T. – RO n. 554/2005.087.03.00-6 – rel. Anemar Pereira Amaral – DJ 4.10.06 – p. 15) (RDT n. 11 – novembro de 2006)

> "Execução — Honorários periciais — Responsabilidade. Não pode o exequente ser responsabilizado pelo pagamento de honorários periciais quando ele é credor das verbas que devem ser apuradas e cálculo por ele apresentado possui diferenças em relação ao do *expert*, porquanto, foi justamente o executado quem, não quitando corretamente as verbas devidas ao exequente durante o transcurso do pacto laboral, deu causa à propositura da reclamatória. Contudo, incontroverso que nos cálculos apresentados pelo exequente foi apurada parcela sabidamente não deferida na sentença exequenda, gerando distorção em relação aos cálculos apresentados pela executada e dando azo à desnecessária realização da prova técnica, que culminou na apuração de valores aproximados aos ofertados pela demandada, há que ser mantida sua responsabilização pelo pagamento dos honorários periciais." (TRT 3ª R. – 2ª T. – AP n. 490/1999.027.03.00-0 – rel. Márcio Flávio S. Vidigal – DJ 24.1.07 – p. 13) (RDT n. 03 – março de 2007)

Recentemente, a Lei n. 12.405, de 16 de maio de 2011, acrescentou o § 6º ao art. 879 da CLT, com a seguinte redação:

> "§ 6º Tratando-se de cálculos de liquidação complexos, o juiz poderá nomear perito para a elaboração e fixará, depois da conclusão do trabalho, o valor dos respectivos honorários com observância, entre outros, dos critérios de razoabilidade e proporcionalidade."

Embora o referido artigo tenha fixado que o juiz, ao arbitrar os honorários periciais referentes à liquidação com critérios de razoabilidade e proporcionalidade, o que já está sedimentado em doutrina e em jurisprudência, não informou de quem é responsabilidade pelo pagamento, aplicando-se, em razão disso, o que defendemos anteriormente.

Em razão do princípio da gratuidade que vigora no Processo do Trabalho, a jurisprudência pacificou no sentido de não serem exigidos os honorários periciais prévios na Justiça do Trabalho, conforme dispõe a OJ n. 98, da SDI-II, do C. TST, *in verbis*:

> "Mandado de Segurança. Cabível para atacar exigência de depósito prévio de honorários periciais. É ilegal a exigência de depósito prévio para custeio dos honorários periciais dada sua incompatibilidade com o processo do trabalho e Súmula n. 236 do TST, sendo cabível o mandado de segurança visando à realização da perícia independentemente do depósito."

No mesmo sentido, a seguinte ementa:

> "AGRAVO REGIMENTAL. DOENÇA OCUPACIONAL EQUIPARADA A ACIDENTE DE TRABALHO. DANO MORAL. HONORÁRIOS PERICIAIS. EXIGÊNCIA DE DEPÓSITO PRÉVIO A CARGO DA DEMANDADA. ILEGALIDADE. Atentando-se para a regra inserta

no art. 790-B da CLT, que estabelece que "a responsabilidade pelo pagamento dos honorários periciais é da parte sucumbente na pretensão objeto da perícia, salvo se beneficiária de justiça gratuita", tratando-se, *in casu*, de a perícia estar atrelada a suposta doença ocupacional e dano moral daí decorrente, atrelado ao entendimento consolidado na Orientação Jurisprudencial n. 98, da SBDI-2, do C. TST, este no sentido de ser ilegal a exigência de depósito prévio, a cargo da Demandada, para custeio de honorários periciais, mister se faz concluir pelo deferimento do pleito da ora Agravante, para, reformando o Despacho agravado, suspender a determinação de depósito prévio a título de honorários periciais provisórios, pela Demandada. Decisão agravada que se reforma." (AR em MS 0000743-81.2010.5.20.0000 – 20ª Região – SE – Josenildo dos Santos Carvalho – Desembargador redator. DJ/SE de 1º.4.2011) (DT – Julho/2011 – vol. 204, p. 82)

A Instrução Normativa n. 27/05 do C. TST dispõe, no art. 6º, ser exigido o depósito prévio dos honorários periciais para as lides que não se referem à relação de emprego. Assevera o referido dispositivo: "Os honorários periciais serão suportados pela parte sucumbente na pretensão objeto da perícia, salvo se beneficiária da justiça gratuita. Parágrafo único. Faculta-se ao juiz, em relação à perícia, exigir depósito prévio dos honorários, ressalvadas as lides decorrentes da relação de emprego."

Se o reclamante for sucumbente no objeto da perícia, não pagará os honorários periciais, segundo o citado art. 790-B da CLT.

Nesse sentido, destacamos as seguintes ementas:

"Honorários periciais — Reclamante — Isenção. Sucumbente no objeto da perícia, o reclamante deve arcar com a quitação dos honorários periciais, nos termos do art. 790-B da CLT. Porém, a nova redação do mesmo dispositivo, ditada pela Lei n. 10.537/02, isenta o beneficiário da Justiça gratuita do pagamento dos honorários periciais. Assim, em face da declaração de pobreza firmada na inicial, que atende aos requisitos das Leis ns. 1.060/50 e 7.115/83, é de se deferir a Justiça gratuita ao obreiro, a qual inclui, inclusive, os honorários periciais (art. 14 da Lei n. 5.584/70 e art. 790-B da CLT), passando a cargo da União o pagamento da referida verba, porque o i. perito não é responsável pela assistência judiciária. Isto é atribuição do Estado, que deve arcar com tais despesas. A matéria não comporta mais discussões neste eg. Tribunal, por força do Provimento n. 1, de 6 de maio de 2005." (TRT 3ª R. – 4ª T. – RO n. 171/2006.077.03.00-1 – rel. Luiz Otávio L. Renault – DJ 7.10.06 – p. 11) (RDT n. 11 – novembro de 2006)

"Honorários periciais — Justiça gratuita — Responsabilidade pelo pagamento — União Federal. 1. A partir da publicação da Lei n. 10.537/02, que acrescentou o art. 790-B à CLT, a isenção dos honorários periciais passou a ser abrangida pela assistência judiciária gratuita, cabendo ao Estado prestar assistência nas hipóteses em que o juízo defere os benefícios da justiça gratuita. 2. Concedido ao autor os benefícios da gratuidade da justiça, impõe-se a isenção do pagamento dos honorários periciais. 3. Estabelecendo a Constituição Federal no art. 5º, inciso LXXIV, que "o Estado prestará assistência jurídica integral e gratuita aos que comprovarem insuficiência de recursos", à União Federal incumbe a responsabilidade pelo pagamento dos honorários periciais quando se tratar a parte sucumbente no objeto da perícia de hipossuficiente beneficiado pela gratuidade da justiça." (TRT 3ª R. – 3ª T. – RO n. 431/2006.134.03.00-9 – relª Maria Cristina D. Caixeta – DJ 16.12.06 – p. 7) (RDT n. 2 – fevereiro de 2007)

Não obstante, considerando-se que no Processo do Trabalho o perito é remunerado pela parte, poderá o Juiz do Trabalho, se o reclamante tem créditos a receber no processo, reservar uma pequena parcela ao perito, em razão de justiça e equidade.

Nesse sentido, destacamos a seguinte ementa, que reflete parte significativa da jurisprudência do TRT da 2ª Região:

"HONORÁRIOS PERICIAIS. SUCUMBÊNCIA NO OBJETO DA PERÍCIA. RECLAMANTE VENCEDOR EM OUTROS PLEITOS. POSSIBILIDADE DE DEDUÇÃO. O perito nomeado pelo Juiz é considerado um auxiliar da justiça (art. 149 do CPC de 2015), sendo certo que seu trabalho não se trata de *munus* público. Sua nomeação é necessária quando a prova do fato depender de conhecimento técnico ou científico (art. 156 do CPC de 2015). Nesses termos, sua remuneração será sempre devida — cujo arbitramento deverá ser moderado — considerando que seus honorários caracterizam-se como salário, posto estarem atuando no desempenho de sua profissão. A intenção do legislador, ao incluir a isenção dos honorários periciais entre os efeitos da concessão da gratuidade processual (art. 98, § 1º, VI, do CPC de 2015) é a de garantir o acesso à ordem jurídica justa, num patamar que obedeça ao devido processo legal substancial. Mas, sendo o reclamante vencedor em outros títulos da demanda trabalhista, a qual via de regra contém cumulação objetiva, nada impede que se deduza de tais créditos o valor dos honorários do perito, sem causar qualquer prejuízo ao acesso à justiça e sem precisar onerar os cofres públicos." (TRT/SP – PROCESSO TRT/SP N. 0001998-52.2014.5.02.0027 – 12ª Turma. Relª. Desembargadora Elizabeth Mostardo. DOE 2.9.2016)

O ideal seria que a Justiça do Trabalho tivesse peritos concursados e remunerados pelo Estado, a fim de dar maior credibilidade à prova pericial e evitar todas as vicissitudes decorrentes do pagamento dos honorários periciais.

A fim de que o perito não fique sem receber quando a parte sucumbente na perícia for beneficiária de justiça gratuita, alguns Tribunais Regionais do Trabalho elaboraram provimento no sentido de ser expedida certidão de honorários pelas Varas, cujos valores serão pagos pela União.

Nesse sentido é a Orientação Jurisprudencial n. 387 da SDI-I do C. TST, *in verbis*:

"Honorários periciais. Beneficiário da justiça gratuita. Responsabilidade da União pelo pagamento. Resolução n. 35/2007 do TST. Observância. (DeJT 9.6.2010). A União é responsável pelo pagamento dos honorários de perito quando a parte sucumbente no objeto da perícia for beneficiária da assistência judiciária gratuita, observado o procedimento disposto nos arts. 1º, 2º e 5º da Resolução n. 35/2007 do Conselho Superior da Justiça do Trabalho – CSJT."

Atualmente, a matéria é tratada pela Resolução n. 66/2010 do Conselho Superior da Justiça do Trabalho, que vale ser transcrita:

"**RESOLUÇÃO N. 66/2010**

Divulgação: 15.6.2010 – DeJT de 16.6.2010

Regulamenta, no âmbito da Justiça do Trabalho de primeiro e segundo graus, a responsabilidade pelo pagamento e antecipação de honorários do perito, do tradutor e do intérprete, no caso de concessão à parte do benefício de justiça gratuita.

O PRESIDENTE DO CONSELHO SUPERIOR DA JUSTIÇA DO TRABALHO, no uso de suas atribuições regimentais,

Considerando o princípio constitucional de acesso dos cidadãos ao Poder Judiciário e o dever do Estado de prestar assistência judiciária integral e gratuita às pessoas carentes, conforme disposto nos incisos XXXV, LV e LXXIV do art. 5º da Constituição Federal;

Considerando o direito social do trabalhador à redução dos riscos inerentes ao trabalho, por meio de normas de saúde, higiene e segurança (inciso XXII, art. 7º, da Constituição Federal);

Considerando a ampliação da competência material da Justiça do Trabalho, determinada pela Emenda Constitucional n. 45/2004, bem como a necessidade de prova pericial, principalmente nos casos em que se discute indenização por dano moral, dano material, doença profissional, acidente de trabalho, insalubridade ou periculosidade;

Considerando o art. 790-B da Consolidação das Leis do Trabalho que dispõe que "a responsabilidade pelo pagamento dos honorários periciais é da parte sucumbente na pretensão objeto da perícia, salvo se beneficiária de justiça gratuita";

Considerando a existência de rubrica orçamentária específica destinada a despesas resultantes da elaboração de laudos periciais, em processos que envolvam pessoas carentes;

Considerando a necessidade de regulamentar o pagamento de honorários periciais no âmbito da Justiça do Trabalho de 1ª e 2ª Instâncias, de modo a serem uniformizados os procedimentos atinentes à matéria;

Considerando as decisões proferidas nos autos dos processos ns. CSJT-268/2006-000-90-00.4 e CSJT-2012616-70.2008.5.00.0000,

RESOLVE:

Regulamentar, no âmbito da Justiça do Trabalho de primeiro e segundo graus, a responsabilidade pelo pagamento e antecipação de honorários do perito, do tradutor e do intérprete, no caso de concessão à parte do benefício de justiça gratuita, nos termos da presente Resolução.

Art. 1º Os Tribunais Regionais do Trabalho deverão destinar recursos orçamentários para:

I – o pagamento de honorários periciais, sempre que à parte sucumbente na pretensão for concedido o benefício da justiça gratuita;

II – o pagamento de honorários a tradutores e intérpretes, que será realizado após atestada a prestação dos serviços pelo juízo processante, de acordo com a tabela constante do Anexo.

§ 1º Os valores serão consignados sob a rubrica "Assistência Judiciária a Pessoas Carentes", em montante estimado que atenda à demanda da Região, segundo parâmetros que levem em conta o movimento processual.

§ 2º O juiz poderá ultrapassar em até 3 (três) vezes os valores fixados na tabela constante do Anexo, observados o grau de especialização do tradutor ou intérprete e a complexidade do trabalho, comunicando-se ao Corregedor do Tribunal.

Art. 2º A responsabilidade da União pelo pagamento de honorários periciais, em caso de concessão do benefício da justiça gratuita, está condicionada ao atendimento simultâneo dos seguintes requisitos:

I – fixação judicial de honorários periciais;

II – sucumbência da parte na pretensão objeto da perícia;

III – trânsito em julgado da decisão.

§ 1º A concessão da justiça gratuita a empregador, pessoa física, dependerá da comprovação de situação de carência que inviabilize a assunção dos ônus decorrentes da demanda judicial.

§ 2º O pagamento dos honorários poderá ser antecipado, para despesas iniciais, em valor máximo equivalente a R$ 350,00 (trezentos e cinquenta reais), efetuando-se o pagamento do saldo remanescente após o trânsito em julgado da decisão, se a parte for beneficiária de justiça gratuita.

§ 3º No caso de reversão da sucumbência, quanto ao objeto da perícia, caberá ao reclamado-executado ressarcir o erário dos honorários periciais adiantados, mediante o recolhimento da importância adiantada em GRU – Guia de Recolhimento da União, em código destinado ao Fundo de "assistência judiciária a pessoas carentes", sob pena de execução específica da verba. (NR)

Art. 3º Em caso de concessão do benefício da justiça gratuita, o valor dos honorários periciais, observado o limite de R$ 1.000,00 (um mil reais), será fixado pelo juiz, atendidos:

I – a complexidade da matéria;

II – o grau de zelo profissional;

III – o lugar e o tempo exigidos para a prestação do serviço;

IV – as peculiaridades regionais.

Parágrafo único. A fixação dos honorários periciais, em valor maior do que o limite estabelecido neste artigo, deverá ser devidamente fundamentada.

Art. 4º Havendo disponibilidade orçamentária, os valores fixados nesta Resolução serão reajustados anualmente no mês de janeiro, com base na variação do IPCA-E do ano anterior ou outro índice que o substitua, por ato normativo do Presidente do Tribunal.

Art. 5º O pagamento dos honorários efetuar-se-á mediante determinação do presidente do Tribunal, após requisição expedida pelo juiz do feito, observando-se, rigorosamente, a ordem cronológica de apresentação das requisições e as deduções das cotas previdenciárias e fiscais, sendo o valor líquido depositado em conta bancária indicada pelo perito, tradutor ou intérprete.

Parágrafo único. O valor dos honorários será atualizado pelo IPCAE ou outro índice que o substitua, a partir da data do arbitramento até o seu efetivo pagamento.

Art. 6º As requisições deverão indicar, obrigatoriamente: o número do processo, o nome das partes e respectivos CPF ou CNPJ; o valor dos honorários, especificando se de adiantamento ou se finais; o número da conta bancária para crédito; natureza e característica da atividade desempenhada pelo auxiliar do Juízo; declaração expressa de reconhecimento, pelo juiz, do direito à justiça gratuita; certidão do trânsito em julgado e da sucumbência na perícia, se for o caso; e o endereço, telefone e inscrição no INSS do perito, tradutor ou intérprete.

Art. 7º Os Tribunais Regionais do Trabalho poderão manter sistema de credenciamento de peritos, tradutores e intérpretes para fins de designação, preferencialmente, de profissionais inscritos nos órgãos de classe competentes e que comprovem sua especialidade na matéria sobre a qual deverão opinar, a ser atestada por meio de certidão do órgão profissional a que estiverem vinculados.

Art. 8º As Presidências de Tribunais Regionais do Trabalho ficam autorizadas a celebrar convênios com instituições com notória experiência em avaliação e consultoria nas áreas de Meio Ambiente, Promoção da Saúde, Segurança e Higiene do Trabalho, e outras, capazes de realizar as perícias requeridas pelos juízes.

Art. 9º O pagamento dos honorários está condicionado à disponibilidade orçamentária, transferindo-se para o exercício financeiro subsequente as requisições não atendidas.

Art. 10. Nas ações contendo pedido de adicional de insalubridade, de periculosidade, de indenização por acidente do trabalho ou qualquer outro atinente à segurança e saúde do trabalhador, o juiz poderá determinar a notificação da empresa reclamada para trazer aos autos cópias dos LTCAT (Laudo Técnico de Condições Ambientais de Trabalho), PCMSO (Programa de Controle Médico de Saúde Ocupacional) e PPRA (Programa de Prevenção de Riscos Ambientais), e de laudo pericial da atividade ou local de trabalho, passível de utilização como prova emprestada, referentes ao período em que o reclamante prestou serviços na empresa.

Art. 11. Fica revogada a Resolução n. 35/2007.

Art. 12. Esta Resolução entra em vigor na data de sua publicação.

Brasília, 10 de junho de 2010.

Ministro MILTON DE MOURA FRANÇA

Presidente do Conselho Superior da Justiça do Trabalho"

2.5.4. Da prova pericial simplificada

Dispõe o art. 464, do CPC:

"A prova pericial consiste em exame, vistoria ou avaliação. (...) § 2º De ofício ou a requerimento das partes, o juiz poderá, em substituição à perícia, determinar a produção de prova técnica simplificada, quando o ponto controvertido for de menor complexidade. § 3º A prova técnica simplificada consistirá apenas na inquirição de especialista, pelo juiz, sobre ponto controvertido da causa que demande especial conhecimento científico ou técnico. § 4º Durante a arguição, o especialista, que deverá ter formação acadêmica específica na área objeto de seu depoimento, poderá valer-se de qualquer recurso tecnológico de transmissão de sons e imagens com o fim de esclarecer os pontos controvertidos da causa."

A prova pericial simplificada, conforme os referidos parágrafos do art. 464 do CPC, consiste na oitiva de especialista sobre questões técnicas de menor complexidade. Trata-se de providência importante e interessante ao processo, pois possibilita maior agilidade e celeridade na produção de prova técnica quando a questão técnica não for complexa e não exigir vistoria ou exame.

João Humberto Cesário[193] exemplifica:

> "Como exemplos de utilização dessa modalidade probatória, podemos elencar a possibilidade de um especialista vir a juízo apenas para responder a perguntas sobre a potencialidade que uma determinada máquina possuir

(193) *Provas no Processo do Trabalho.* Cuiabá: Instituto JHC, 2015. p. 358.

para gerar acidente de trabalho, ou, ainda de o experto responder em audiência, perante o juiz e as partes, a indagações sobre a avaliação e o valor de mercado de um determinado bem ou imóvel."

De nossa parte, a prova pericial simplicada pode ser aplicada ao processo do trabalho, além das situações mencionadas acima, quando a inicial contiver prova documental técnica sobre a questão controvertida, ou o autor juntar prova documental emprestada sobre a questão.

Por fim, a presente prova deve estar submetida a amplo contraditório pelas partes.

2.6. Da inspeção judicial no Direito Processual do Trabalho

Segundo leciona *Humberto Theodoro Júnior*(194), "inspeção judicial é o meio de prova que consiste na percepção sensorial direta do juiz sobre qualidades ou circunstâncias corpóreas de pessoas ou coisas relacionadas com o litígio. A inspeção judicial é uma faculdade do juiz da causa, entretanto, há no Código uma situação em que ela se torna obrigatória (art. 1.181) que aduz serem obrigatórios o exame e interrogatório do interditando."

Como sendo um meio legal de prova previsto no Código de Processo Civil, a inspeção judicial deve sempre observar o princípio do contraditório, sob consequência de nulidade do processo (art. 5º, LV, da CF).

Pode a inspeção judicial ser feita na sede do juízo ou no local onde se encontra a pessoa ou coisa. O juiz irá ao local quando julgar necessário para melhor verificação ou interpretação dos fatos que deva observar, quando a coisa não puder ser apresentada em juízo sem consideráveis despesas ou graves dificuldades ou quando determinar a reconstituição dos fatos.

Nesse sentido, dispõe o art. 481 do Código de Processo Civil, de aplicação subsidiária ao processo do trabalho (art. 769 da CLT), *in verbis*:

> "O juiz, de ofício ou a requerimento da parte, pode, em qualquer fase do processo, inspecionar pessoas ou coisas, a fim de se esclarecer sobre fato que interesse à decisão da causa."

Conforme o referido dispositivo legal, a inspeção pode ser determinada, de ofício, pelo Juiz do Trabalho, quando entender pertinente a diligência, ou o requerimento de uma parte do processo. De outro lado, a determinação da inspeção é faculdade do juiz, que deve analisar, segundo as circunstâncias do caso concreto, a pertinência e a efetividade da diligência.

Nesse diapasão, vale destacar a seguinte ementa:

> "Indeferimento. O juiz somente apreciará e receberá provas que julgar necessárias e que determinem sua convicção ao julgar. A inspeção judicial é faculdade, e não obrigação do juiz." (TRT – 3ª R. – 1ª T. – RO n. 01922/95 – rel. Amaury dos Santos – DJMG 3.5.1995 – p. 50)

---

(194) THEODORO JÚNIOR, Humberto. *Curso de direito processual civil.* v. 1, 23. ed. Rio de Janeiro: Forense, 1998. p. 485.

Nos termos do art. 482 do CPC, ao realizar a inspeção direta, o juiz poderá ser assistido por um ou mais peritos.

Além deles, o juiz pode estar assistido por outras pessoas quando da realização da diligência como de funcionários da Justiça, a exemplo do oficial de justiça.

Conforme o art. 483 do CPC, o juiz irá ao local, onde se encontre a pessoa ou a coisa, quando: I – julgar necessário para a melhor verificação ou interpretação dos fatos que deva observar; II – a coisa não puder ser apresentada em juízo, sem consideráveis despesas ou graves dificuldades; III – determinar a reconstituição dos fatos.

Concluída a diligência, o juiz mandará lavrar auto circunstanciado, mencionando nele tudo quanto for útil ao julgamento da causa (art. 484 do CPC).

Segundo o Código de Processo Civil, determinada a inspeção, o juiz deverá designar dia, hora e local da inspeção, intimando as partes para que possam, se quiserem, acompanhá-la. Para parte da doutrina, as partes têm sempre direito a assistir à inspeção, prestando esclarecimento e fazendo observações que reputem de interesse para a causa. Concluída a diligência, o juiz mandará lavrar auto circunstanciado, mencionando nele tudo quanto for útil ao julgamento da causa, podendo o auto ser acompanhado de desenho, gráfico ou fotografia.

Nesse sentido, é a opinião de *Renato Saraiva*[195]:

> "As partes poderão sempre assistir à inspeção, prestando esclarecimento e fazendo observações que reputem de interesse para a causa. Para isso, torna-se necessária a intimação prévia do dia, hora e local da diligência, em observância ao princípio do contraditório e ampla defesa."

No mesmo lastro, cumpre destacar a seguinte ementa:

"INSPEÇÃO JUDICIAL REALIZADA SEM O CONHECIMENTO DAS PARTES. NÃO OBSERVÂNCIA DO DEVIDO PROCESSO LEGAL. NULIDADE DA DECISÃO. A inspeção judicial pressupõe a observância do devido processo legal, razão pela qual têm as partes o direito de assisti-la, de prestarem esclarecimentos e de fazerem as observações que reputem de interesse da causa (art. 442, parágrafo único, CPC). Magistrada que após o encerramento da instrução processual, sem reabri-la e sem dar ciência às partes, resolve, de forma inusitada, instalar-se como hóspede comum no hotel que se encontra no polo passivo da ação, para colher informações sobre a rotina dos garçons que ali trabalham (função exercida pelo reclamante), utilizando tais informações para fundamentar sua decisão, infringe os princípios do contraditório e da ampla defesa. Como preleciona Antonio Carlos de Araújo Cintra, citando Gildo dos Santos, "sem prévia intimação das partes, a inspeção é nula, transformando o juiz em testemunha e levando-o a usar do seu conhecimento privado para o julgamento da causa" (Comentários ao CPC – Editora Forense – 1ª Edição – Volume IV, p. 238). Preliminar de nulidade da sentença acolhida." (TRT – 15ª R. (Campinas/SP) 3321-2005-145-15-00-6 – Ac. 29804/7 –PATR, 10ª C.) – rel. Fernando da Silva Borges. DOE 29.6.07. *In:* Irany Ferrari e Melchíades Rodrigues Martins: *Suplemento de Jurisprudência* n. 36/08. São Paulo: LTr, 2008.

---

(195) SARAIVA, Renato. *Curso de direito processual do trabalho.* 4. ed. São Paulo: Método, 2007. p. 375.

No nosso sentir, embora o CPC diga que as partes têm direito de assistir à diligência, poderá o Juiz do Trabalho, considerando os princípios da efetividade processual e busca da verdade real (arts. 765 da CLT e 370 do CPC), postergar o contraditório para o fase posterior ao término da diligência, pois a realidade tem demonstrado que, no âmbito trabalhista, dificilmente a inspeção judicial terá eficácia se as partes, e principalmente determinada empresa, forem previamente avisadas. Não se está com isso desconsiderando o contraditório, mas alterando o seu momento, uma vez que já está sedimentado na doutrina que, em determinados casos, o contraditório não precisa ser prévio, podendo o juiz, à luz dos princípios da razoabilidade, proporcionalidade e efetividade, avaliar o custo-benefício em postergá-lo.

Alguns juízes, a fim de preservar a realidade do local a ser inspecionado, adotam a postura de intimar as partes sobre a realização da perícia momentos antes da diligência.

Nesse sentido, a posição de *Cláudia de Abreu Lima Pisco*(196):

> "A inspeção judicial, por exemplo, consiste na verificação feita diretamente pelo juiz; para ser efetiva, deve contar com o elemento surpresa, a fim de evitar que a parte possa 'preparar' o local, pessoa ou a coisa a ser inspecionada, frustrando, com isso, o propósito da diligência. Dessa forma, observada a garantia do contraditório prévio, a surpresa se perde e a prova se frustra. A solução tem sido a adotada pela jurisprudência no sentido de dar ciência às partes instantes antes da realização da diligência quando ambas estão com seus advogados, na presença do juiz, em audiência. Com isso, resguarda-se o elemento surpresa e garante-se o contraditório."

Luiz Guilherme Marinoni e *Sérgio Cruz Arenhart*(197), mesmo após reconhecerem a necessidade do contraditório prévio na inspeção, alinham hipótese de dispensa do contraditório prévio, com os seguintes argumentos:

> "[...] Excepcionalmente, em nome da proteção de outros interesses — *v. g.*, a intimidade da pessoa a ser inspecionada — será possível restringir a publicidade da diligência apenas ao juiz ou ao perito por ele designado — inspeção indireta — evitando-se constrangimento desnecessário ou excessivo à pessoa a ser examinada. Essa restrição do contraditório há de ser adequadamente valorada e dosada, sendo viável quando direcionada a proteger interesse fundamental daquele que for inspecionado."

Nesse mesmo sentido, sustenta com propriedade *Adalberto Martins*(198):

> "Pessoalmente acreditamos que a prévia intimação das partes terá, via de regra, efeito negativo sobre o meio de prova de que estamos cuidando. Se

---

(196) *Princípios gerais no processo do trabalho.* Niterói: Impetus, 2010. p. 29-30.

(197) *Prova.* São Paulo: RT, 2009. p. 805.

(198) MARTINS, Adalberto. *Manual didático de processo do trabalho.* 2. ed. São Paulo: Malheiros, 2005. p. 177-178.

> a inspeção for realizada no local de trabalho e tiver por objetivo verificar se os empregados utilizam os equipamentos de proteção individual, tendo em vista demanda na qual se discute o direito ao adicional de insalubridade, não será difícil imaginar que, no dia e hora designados, o juiz comparecerá ao local e encontrará o ambiente de trabalho na mais perfeita ordem e empregados utilizando todos os equipamentos necessários ao desempenho das respectivas funções. Idêntico fato costuma ocorrer nas vistorias do perito nomeado pelo juiz quando este último determina que se indique dia e hora para sua realização."

A inspeção judicial deverá ser valorada pelo Juiz do Trabalho em cotejo com as demais provas dos autos, à luz do princípio da persuasão racional (art. 371 do CPC). Não obstante, quando efetiva a diligência e o magistrado toma contato pessoal com os fatos discutidos no processo, a inspeção tem grande poder de persuasão e pode prevalecer sobre outras provas existentes no processo.

Capítulo XVI

Sentença e Coisa Julgada

1ª Parte – Da Sentença Trabalhista

1. Conceito e natureza jurídica

A palavra sentença vem do latim *sentire*, que significa sentimento. Por isso, podemos dizer que a sentença é o sentimento do juiz sobre o processo. É a principal peça da relação jurídica processual, na qual o juiz irá decidir se acolhe ou não a pretensão posta em juízo, ou extinguirá o processo sem resolução do mérito.

A sentença, na perspectiva moderna, é o ato judicial por meio do qual se opera o comando abstrato da lei às situações concretas, que se realiza mediante uma atividade cognitiva, intelectiva e lógica do juiz, como agente da jurisdição[(1)].

Conforme *Manoel Antonio Teixeira Filho*[(2)]: "A sentença constitui, sem dúvida, a mais expressiva das pronunciações da *iurisdictio*, entendida esta como o poder-dever estatal de resolver os conflitos de interesses submetidos à sua cognição monopolística. É por esse motivo que se tem afirmado que a sentença representa o acontecimento mais importante do processo, o seu ponto de culminância; essa assertiva é correta, a despeito do sentido algo retórico dos seus termos, se levarmos em conta que todos os atos do procedimento estão ligados, direta ou indiretamente, com maior ou menor intensidade, à sentença, que se apresenta, sob esse aspecto, como uma espécie de polo de atração magnética, para o qual convergem, de maneira lógica e preordenada, todos esses atos. É o que já se denominou de 'força centrípeta da sentença'."

A sentença, para alguns, é um ato de vontade, no sentido de atendimento à vontade da lei, mas também um comando estatal ao qual devem obediência os atingidos pela decisão. Para outros, constitui um ato de inteligência do juiz, por meio do qual este faz a análise detida dos fatos, crítica ao direito e propõe a conclusão, declarando a cada um o que é seu por direito.

---

(1) NORONHA, Carlos Silveira. *Sentença civil — perfil histórico-dogmático.* São Paulo: RT, 1995. p. 279.

(2) TEIXEIRA FILHO, Manoel Antonio. *A sentença no processo do trabalho.* 3. ed. São Paulo: LTr, 2004. p. 201.

Não obstante, há consenso de que a sentença é o ponto culminante do processo, sendo a principal peça processual. É ato privativo do juiz (art. 203, § 1º, do CPC) e personalíssimo do magistrado, entretanto, a sentença deve seguir os requisitos legais e formais de validade (arts. 832 da CLT e 489 do CPC).

Como bem destaca *Moacyr Amaral Santos*(3), atendendo a que, na formação da sentença, o juiz desenvolve um trabalho lógico de crítica dos fatos e do direito, do que resulta a conclusão ou decisão, uma parte da doutrina (UGO ROCCO, João Monteiro) atribui à sentença natureza de simples ato de inteligência. A sentença é o resultado de um trabalho lógico do juiz, pois um ato lógico, e, portanto, de *inteligência.*

No nosso sentir, a sentença não é só um ato de inteligência do juiz, mas também um ato de vontade, no sentido de submeter a pretensão posta em juízo à vontade da lei ou do ordenamento jurídico, e também de submeter as partes ao comando sentencial. Além disso, a sentença também é um ato de justiça, no qual o juiz, além de valorar os fatos e subsumi-los à lei, fará a interpretação do ordenamento jurídico de forma justa e equânime, atendendo não só aos ditames da Justiça no caso concreto, mas ao bem comum (art. 5º da LINDB).

Portanto, a natureza jurídica da sentença é de um ato complexo, sendo um misto de ato de inteligência do juiz, de aplicação da vontade da lei ao caso concreto, e, acima de tudo, um ato de justiça. Como bem adverte *José Augusto Rodrigues Pinto*(4), a sentença é um ato de *consciência* que estabelece o *elo entre o jurídico e o justo*(5).

Nesse sentido, sustentou com propriedade o ministro Milton de Moura França(6):

> "Mais do que um simples procedimento lógico, onde procura desenvolver seu raciocínio na busca do convencimento, atento às premissas de fato e de direito para solucionar a lide, o julgador encontra na sentença o momento axiológico máximo do processo. Na interpretação e aplicação das normas, projeta toda sua formação jurídica, cultural, social, econômica, religiosa, etc., enfim, todos os fundamentos da decisão que irão retratar seu perfil de julgador e cidadão. São chamados elementos extralógicos que compõem o julgado. E é nessa fase derradeira e de extraordinária importância do processo que deve se fazer presente, em toda sua magnitude, a preocupação do magistrado em realizar a Justiça, que, no ensinamento,

(3) SANTOS, Moacyr Amaral. *Primeiras linhas de direito processual civil.* 3. v., 17. ed. São Paulo: Saraiva, 1997. p. 10-11.

(4) RODRIGUES PINTO, José Augusto. *Processo trabalhista de conhecimento.* 7. ed. São Paulo: LTr, 2005. p. 554.

(5) Como ensina Tercio Sampaio Ferraz Jr.: "A justiça enquanto código doador de sentido ao direito é um princípio regulativo do direito, mas não constitutivo [...] o direito é uma organização de relações de poder. Seu princípio constitutivo é a impositividade autoritária. Todavia, seu princípio regulativo, que lhe confere sentido, é a justiça" (*Introdução ao estudo do direito.* 5. ed. São Paulo: Atlas, 2007. p. 372).

(6) Disciplina judiciária e a liberdade intelectual do magistrado. *In: Revista LTr* 66-10/1164.

de Del Vecchio é 'um dos mais altos valores espirituais, senão o mais alto, junto ao da caridade. Sem tal ideal já não tem a vida nenhum valor'."

A Consolidação das Leis do Trabalho não define o conceito de sentença. Desse modo, resta aplicável ao Processo do Trabalho (art. 769 da CLT) a definição de sentença prevista no art. 203 do CPC.

O CPC de 1973, no art. 162, § 1º, fixava o conceito de sentença como sendo o ato pelo qual o juiz põe termo ao processo, decidindo ou não o mérito da causa.

Posteriormente, a Lei n. 11.232/05 alterou o conceito de sentença, pois extinguiu o processo de execução para título executivo judicial, e estabeleceu a fase de cumprimento de sentença, consagrando o chamado sincretismo processual. Desse modo, para a execução de sentença, não há mais um processo autônomo e burocrático de execução, mas sim uma fase de cumprimento da sentença. Sendo assim, a sentença não extingue mais o processo, mas sim o seu cumprimento.

Atualmente, dispõe o § 1º do art. 203 do CPC:

> "Ressalvadas as disposições expressas dos procedimentos especiais, sentença é o pronunciamento por meio do qual o juiz, com fundamento nos arts. 485 e 487, põe fim à fase cognitiva do procedimento comum, bem como extingue a execução."

O Código de Processo Civil atual deixa explícito o conceito de sentença em harmonia com o sincretismo processual e a sistemática da novel codificação. O conceito de sentença atual, ao contrário do CPC de 73 que fixava o conceito pela finalidade do ato, e da Lei n. 11.232/05 que dispunha o conceito em razão de seu conteúdo, agora, considera, corretamente, tanto o conteúdo do ato, ou seja, a decisão deve ter por fundamento uma das hipóteses dos arts. 485 ou 487, do CPC, e também sua finalidade, qual seja: pôr fim à fase cognitiva do procedimento comum, ou extinguir a execução.

As hipóteses de extinção do processo, sem resolução do mérito, estão mencionada no art. 485 do CPC, que assim dispõe:

> "O juiz não resolverá o mérito quando: I – indeferir a petição inicial; II – o processo ficar parado durante mais de 1 (um) ano por negligência das partes; III – por não promover os atos e as diligências que lhe incumbir, o autor abandonar a causa por mais de 30 (trinta) dias; IV – verificar a ausência de pressupostos de constituição e de desenvolvimento válido e regular do processo; V – reconhecer a existência de perempção, de litispendência ou de coisa julgada; VI – verificar ausência de legitimidade ou de interesse processual; VII – acolher a alegação de existência de convenção de arbitragem ou quando o juízo arbitral reconhecer sua competência; VIII – homologar a desistência da ação; IX – em caso de morte da parte, a ação for considerada intransmissível por disposição legal; e X – nos demais casos prescritos neste Código. § 1º Nas hipóteses descritas nos incisos II e III, a parte será intimada pessoalmente para suprir a falta no prazo de 5 (cinco) dias. § 2º No caso do § 1º, quanto ao inciso II, as partes pagarão proporcionalmente as custas, e, quanto ao inciso III, o autor será condenado ao pagamento das despesas e dos honorários de advogado. § 3º O juiz conhecerá de ofício da matéria constante dos incisos IV, V, VI e IX, em qualquer tempo e grau de jurisdição, enquanto não ocorrer o trânsito em julgado. § 4º Oferecida

a contestação, o autor não poderá, sem o consentimento do réu, desistir da ação. § 5º A desistência da ação pode ser apresentada até a sentença. § 6º Oferecida a contestação, a extinção do processo por abandono da causa pelo autor depende de requerimento do réu. § 7º Interposta a apelação em qualquer dos casos de que tratam os incisos deste artigo, o juiz terá 5 (cinco) dias para retratar-se."

Os princípios do acesso real à justiça, contraditório efeito, duração razoável do processo e primazia do julgamento de mérito, que norteiam o Código de Processo Civil de 2015, buscando a solução integral ao conflito, impõem ao magistrado o dever de determinar, sempre que possível o saneamento de nulidade e o suprimento de pressuposto processual.

Esses princípios já são considerados, no cotidiano forense, pelos Juízes do Trabalho, uma vez que buscam, sempre que possível, corrigir eventuais defeitos processuais, principalmente os que envolvem a petição inicial e a tramitação do procedimento, a fim de propiciar o julgamento de mérito.

No aspecto, dispõe art. 488 do CPC:

> "Desde que possível, o juiz resolverá o mérito sempre que a decisão for favorável à parte a quem aproveitaria eventual pronunciamento nos termos do art. 485."

O Código de Processo Civil exige prévio diálogo entre juiz e partes para a extinção do processo por falta de pressuposto processual, mesmo nas questões que possa conhecer de ofício (art. 10 do CPC). Nesse sentido, é expressivo o art. 10 do CPC, de aplicação subsidiária ao processo trabalhista:

> "O juiz não pode decidir, em grau algum de jurisdição, com base em fundamento a respeito do qual não se tenha dado às partes oportunidade de se manifestar, ainda que se trate de matéria sobre a qual deva decidir de ofício."

O presente dispositivo prestigia o chamado contraditório real, sob o aspecto do direito de influência da parte no convencimento judicial, e também propicia ao magistrado maior segurança no momento de decidir, principalmente em matéria relacionada a pressuposto processual.

Expressivo, também, o disposto no art. 139, IX, do CPC, que possibilita ao magistrado determinar, sempre que possível o saneamento de nulidades no processo. Com efeito, dispõe o referido dispositivo legal, também de perfeita sintonia com o processo do trabalho:

> "O juiz dirigirá o processo conforme as disposições deste Código, incumbindo-lhe:
>
> (...)
>
> IX – determinar o suprimento de pressupostos processuais e o saneamento de outros vícios processuais."

Outra providência importante, nessa principiologia da instrumentalidade, aplicável subsidiariamente ao Processo do Trabalho, é a possibilidade do magistrado, uma vez interposto o recurso em face da decisão que extingue o processo sem resolução de mérito nas hipóteses dos incisos do art. 485 do CPC, de se retratar (efeito regressivo do recurso), e determinar o prosseguimento do feito, buscando a decisão de mérito.

As hipóteses de resolução de mérito estão mencionadas no art. 487 do CPC, que assim dispõe:

> "Haverá resolução de mérito quando o juiz: I – acolher ou rejeitar o pedido formulado na ação ou na reconvenção; II – decidir, de ofício ou a requerimento, sobre a ocorrência de decadência ou prescrição; III – homologar: a) o reconhecimento da procedência do pedido formulado na ação ou na reconvenção; b) a transação; c) a renúncia à pretensão formulada na ação ou na reconvenção. Parágrafo único. Ressalvada a hipótese do § 1º do art. 332, a prescrição e a decadência não serão reconhecidas sem que antes seja dada às partes oportunidade de manifestar-se."

O conceito de sentença fixado no § 1º do art. 203 do CPC aplica-se ao processo do trabalho, por força dos arts. 15 do CPC e 769 da CLT, uma vez que compatível com o sistema do processo do trabalho, onde a execução, em se tratando de título executivo judicial é mais uma fase do processo e não um processo autônomo.

2. Princípios da sentença trabalhista

a) Legalidade: a sentença trabalhista deve ser prolatada observando-se os requisitos legais previstos na CLT. Deve ter, sob consequência de nulidade: relatório, fundamentação e conclusão. No rito sumaríssimo, o relatório é dispensado. Outrossim, a sentença trabalhista deve ser proferida em audiência de julgamento, devendo as partes sobre ela ser intimadas;

b) Convencimento motivado do Juiz do Trabalho (arts. 371 do CPC e 765 da CLT): o Juiz do Trabalho é livre para valorar a prova e interpretar a controvérsia jurídica, nos limites em que ela foi proposta;

c) Vinculação ao pedido (arts. 141 e 492 do CPC): o pedido baliza o provimento jurisdicional. Portanto, a sentença trabalhista não pode se afastar da pretensão posta em juízo, sob consequência de nulidade;

d) Fundamentação: a fundamentação da decisão é uma garantia da cidadania e do Estado Democrático de Direito (art. 93, IX, da CF c/c 832 da CLT). Embora o Juiz do Trabalho seja livre para decidir, deve expor os motivos do seu convencimento.

3. Requisitos estruturais da sentença trabalhista

Os requisitos estruturais da sentença trabalhista estão elencados no art. 832 da CLT, *in verbis*:

> "Da decisão deverão constar o nome das partes, o resumo do pedido e da defesa, a apreciação das provas, os fundamentos da decisão e a respectiva conclusão. § 1º – Quando a

decisão concluir pela procedência do pedido, determinará o prazo e as condições para o seu cumprimento. § 2º – A decisão mencionará sempre as custas que devam ser pagas pela parte vencida. § 3º – As decisões cognitivas ou homologatórias deverão sempre indicar a natureza jurídica das parcelas constantes da condenação ou do acordo homologado, inclusive o limite de responsabilidade de cada parte pelo recolhimento da contribuição previdenciária, se for o caso."

Diante do referido dispositivo legal, são requisitos estruturais da sentença: a) relatório; b) fundamentação; e c) conclusão.

Além disso, a sentença trabalhista deve ser prolatada sob a forma escrita, mesmo quando proferida sem audiência, pois é indispensável sua documentação para embasar eventual recurso.

Como bem argumenta *Cândido Rangel Dinamarco*(7), "a regularidade formal da sentença é intimamente ligada à garantia do devido processo legal, que exige do juiz a fiel observância da lei para que o processo seja justo e équo, sendo indispensável que o relatório, a motivação e o decisório se harmonizem de modo a demonstrar a quem os lê uma coerência interna do próprio ato e, por esse modo, indicar sua fidelidade substancial do direito."

a) Relatório

O relatório é uma pequena síntese do processo, em que são mencionados o resumo do pedido e da contestação, bem como as principais passagens do processo.

O art. 832 da CLT exige que o relatório contenha o nome das partes e o resumo do pedido e da defesa.

Acreditamos que um bom relatório de sentença trabalhista, além de mencionar o nome das partes, o resumo do pedido e da defesa, deve fazer menção às principais passagens do processo, como as atas de audiência e as provas mais relevantes produzidas nos autos, tais como perícia, inspeções etc.

Segundo a doutrina, a finalidade do relatório é a transparência do julgamento, em que o juiz mostra que leu integralmente o processo e está apto a prolatar a decisão.

Atualmente, o relatório tem sido cada vez mais desprestigiado tanto pela doutrina como pela jurisprudência, pois não há como se decidir sem que o juiz tenha estudado atentamente o Processo. No rito sumaríssimo trabalhista, ele foi suprimido (Lei n. 9.957/00). Como bem destaca *Manoel Antonio Teixeira Filho*(8), "[...] entendemos que, *de lege ferenda*, a sentença poderá prescindir, perfeitamente, dessa síntese retrospectiva dos principais acontecimentos do processo, sem qualquer prejuízo para a qualidade da entrega da prestação jurisdicional."

(7) DINAMARCO, Cândido Rangel. *Instituições de direito processual civil.* V. III. São Paulo: Malheiros, 2001. p. 654.

(8) TEIXEIRA FILHO, Manoel Antonio. *A sentença no processo do trabalho.* 3. ed. São Paulo: LTr, 2004. p. 284.

b) Fundamentação

Como destaca *Vicente Greco Filho*[9], "a fundamentação revela a argumentação seguida pelo juiz, servindo de compreensão do dispositivo e também de instrumento para aferição da persuasão racional e a lógica da decisão."

A fundamentação é parte mais detalhada da sentença, pois é nesse momento que o Juiz do Trabalho apreciará os argumentos que embasam a causa de pedir, as razões pelas quais o reclamado resiste à pretensão do autor, valorará as provas existentes nos autos e fará a subsunção dos fatos provados ao Direito.

A fundamentação é uma garantia da cidadania e um direito fundamental do cidadão. Embora a exigência da fundamentação não conste do art. 5º da CF, mas sim do art. 93, IX, trata-se de uma regra que decorre do devido processo legal e, portanto, constitui um direito fundamental.

De outro lado, a fundamentação da sentença, segundo vem defendendo a doutrina moderna, deve ser clara, objetiva e concisa, a fim de que o cidadão que não tenha cultura jurídica a entenda, máxime no Processo do Trabalho em que ainda persiste o *jus postulandi*. Além disso, os recursos têm por objeto impugnar a fundamentação da decisão e, por isso, o requisito da clareza é essencial.

Como bem adverte *Manoel Antonio Teixeira Filho*[10], "sentença (ou acórdão) sem fundamentação é ato de pura arbitrariedade judicial. Como alerta Lancelloti, não é suficiente que o juiz faça justiça: é necessário que demonstre como fez justiça, para, dessa maneira, convencer a todos [...]. Para usarmos uma ilustração de Couture, poderíamos dizer que, atualmente, a liberdade do juiz, no campo da formação de seu convencimento jurídico sobre os fatos narrados pelos litigantes, é comparável à de um prisioneiro: pode ir para onde quiser, contanto que seja no interior da cela. A cela, na metáfora, são as provas dos autos. Na fundamentação, o juiz apreciará e resolverá todas as matérias e questões, de fato e de direito, que digam respeito à causa, aí compreendidas as que tenham sido alegadas pelas partes e aquelas que possa conhecer por sua iniciativa."

Desse modo, a sentença trabalhista deve apreciar toda a matéria discutida nos autos, tanto a processual como as questões de mérito. De outro lado, o juiz tem discricionariedade para fundamentar e expor as razões de seu convencimento. Não há necessidade de rebater ou apreciar todas as razões da inicial e da defesa, e sim colocar os argumentos que foram decisivos para o seu convencimento, conforme o princípio da persuasão racional, ou convencimento motivado. Outrossim, devem ser apreciados todos os pedidos e os requerimentos de defesa, como aplicação de litigância de má-fé etc.

---

(9) GRECO FILHO, Vicente. *Direito processual do trabalho.* 2 v., 6. ed. São Paulo: Saraiva, 1993. p. 233.

(10) *Op. cit.*, p. 286.

No aspecto, destacamos a seguinte ementa:

"RECURSO ORDINÁRIO. ART. 93, INCISO IX, DA CONSTITUIÇÃO FEDERAL. NULIDADE. É indispensável a manifestação do julgado sobre todos os pedidos que constam do libelo, ainda que a fundamentação e o dispositivo sejam concisos. A preocupação com a celeridade — que é louvável — e o volume de processos submetidos a julgamento não são suficientes para elidir o direito da parte à manifestação sobre os termos do contraditório. Acresce que parte dos pedidos (como: sistemas de resultados e equipe; prêmios; participação nos lucros e resultados) não é usual nas reclamações trabalhistas, pelo que o efeito translativo é insuficiente como fundamento para o exame. Nulidade que é acolhida." (TRT/SP – Proc. 01180200403002000 – Ac. 20090597391. Rel. Des. Carlos Francisco Berardo. DOE/SP: 25.8.09)

A lei não traça um modelo de fundamentação para o juiz utilizar na sentença. Por ser um ato personalíssimo, cada juiz tem um estilo diferente de fundamentação, uns mais prolixos, outros mais concisos, entretanto, a fim de que não haja nulidade, a sentença deve apontar, ainda que sucintamente, as provas existentes nos autos que convenceram o juiz e também os fundamentos jurídicos da decisão[11], não havendo necessidade de se indicar os dispositivos legais, embora seja de bom alvitre fazê-lo.

Como bem sintetiza *Arruda Alvim*[12]: "Fundamentalmente, podemos admitir, assim, na sentença, três atividades que se encadeiam: 1ª) a reconstrução da situação de fato ocorrida ('crítica do fato'); 2ª) sucessivamente, a qualificação jurídica respectiva; 3ª) a própria interpretação do Direito, aplicando-o ao fato ('crítica do direito'), operando-se tais atividades mercê de uma interação recíproca, da norma ao fato e vice-versa."

Atualmente, dispõe o art. 489 do CPC:

"São elementos essenciais da sentença:

I – o relatório, que conterá os nomes das partes, a identificação do caso, com a suma do pedido e da contestação, e o registro das principais ocorrências havidas no andamento do processo;

II – os fundamentos, em que o juiz analisará as questões de fato e de direito;

III – o dispositivo, em que o juiz resolverá as questões principais que as partes lhe submeterem.

§ 1º Não se considera fundamentada qualquer decisão judicial, seja ela interlocutória, sentença ou acórdão, que:

I – se limitar à indicação, à reprodução ou à paráfrase de ato normativo, sem explicar sua relação com a causa ou a questão decidida;

---

(11) Nestes longos anos de militância na Justiça do Trabalho, temos assistido várias sentenças serem anuladas por fundamentação deficiente, como: *julga-se improcedente o pedido de horas extras por não provadas pelo reclamante.* Nesta hipótese, deveria o juiz dizer por que o autor não comprovou as horas extras, por exemplo: as testemunhas do autor não cumpriram a mesma jornada deste último e disseram que anotavam corretamente a jornada nos cartões de ponto. Desse modo, improcede o pleito de horas extras, por não haver comprovação da jornada declinada na inicial.

(12) ALVIM, Arruda. *Manual de direito processual civil.* V. 2, 9. ed. São Paulo: RT, 2005. p. 531.

II – empregar conceitos jurídicos indeterminados, sem explicar o motivo concreto de sua incidência no caso;

III – invocar motivos que se prestariam a justificar qualquer outra decisão;

IV – não enfrentar todos os argumentos deduzidos no processo capazes de, em tese, infirmar a conclusão adotada pelo julgador;

V – se limitar a invocar precedente ou enunciado de súmula, sem identificar seus fundamentos determinantes nem demonstrar que o caso sob julgamento se ajusta àqueles fundamentos;

VI – deixar de seguir enunciado de súmula, jurisprudência ou precedente invocado pela parte, sem demonstrar a existência de distinção no caso em julgamento ou a superação do entendimento.

§ 2º No caso de colisão entre normas, o juiz deve justificar o objeto e os critérios gerais da ponderação efetuada, enunciando as razões que autorizam a interferência na norma afastada e as premissas fáticas que fundamentam a conclusão.

§ 3º A decisão judicial deve ser interpretada a partir da conjugação de todos os seus elementos e em conformidade com o princípio da boa-fé."

Os requisitos exigidos no § 1º do art. 489 do CPC têm causado bastante controvérsia nos mais diversos segmentos da magistratura e da doutrina.

O referido dispositivo legal, sob a ótica civilista, teve por escopo aperfeiçoar as decisões judiciais, dar efetividade ao princípio do contraditório, propiciar maior segurança jurídica ao jurisdicionado, aumentar a confiança nas decisões e diminuir a litigiosidade e também o número de recursos.

Como bem adverte *Cássio Scarpinella Bueno*(13), "o § 1º do art. 489 indica as hipóteses em que a *decisão* — qualquer decisão, como ele próprio faz questão de evidenciar — não é considerada fundamentada, exigindo do julgador que peculiarize o caso julgado e a respectiva fundamentação diante das especificidades que lhes são apresentadas. Fundamentações padronizadas e sem que sejam enfrentados os argumentos e as teses trazidos pelas partes não serão mais aceitas."

Pode-se sustentar a tese da incompatibilidade (art. 769 da CLT), pelos seguintes argumentos:

a) simplicidade do processo trabalhista;

b) a existência de muitos pedidos nas iniciais trabalhistas;

c) como regra, há mais de um réu no polo passivo;

d) controvérsia preponderantemente fática no processo do trabalho;

e) excesso de teses defensivas nas contestações trabalhistas;

e) o art. 832 da CLT exigir apenas os fundamentos da decisão, sem traçar maiores exigências.

---

(13) *Novo Código de Processo Civil anotado*. São Paulo: Saraiva, 2015. p. 325.

Certamente, existirão muitas controvérsias tanto nos sítios do processo do trabalho como do processo civil, uma vez que a fundamentação decorre do sentimento do magistrado no caso concreto. Por isso, mostra-se discutível a pertinência da legislação ordinária em traçar o itinerário da fundamentação. Por outro lado, a lei processual não faz tal exigência quando trata da causa de pedir, na inicial, ou da exposição da matéria em contestação.

Pensamos que os requisitos exigidos pelo CPC, após uma fase de instabilidade, irão contribuir para a melhoria das decisões judiciais e, até mesmo reduzir o número de recursos.

De nossa parte, o § 1º, do art. 489, da CLT, é compatível com o processo do trabalho (arts. 15 do CPC e 769 da CLT), com alguns ajustes que devem ser realizados para estar em harmonia com a dinâmica do processo trabalhista, quais sejam:

O inciso I resta aplicável, devendo o Juiz do Trabalho demonstrar a relação da causa com ato normativo e justificar sua aplicação. Não pode, simplesmente, dizer que, com fundamento no artigo tal, acolhe ou rejeita o pedido;

O inciso II aplica-se integralmente (arts. 15 do CPC e 769 da CLT), uma vez que ao aplicar conceitos jurídicos indeterminados, a exemplo da função social dos contratos, ou boa-fé objetiva, deverá justificar o motivo de sua incidência no caso concreto.

O inciso III também resta aplicável, não podendo ser a fundamentação genérica, a exemplo dos seguinte argumentos: *Não provado o fato constitutivo, improcede o pedido*, ou *conforme a prova dos autos, fica acolhida a pretensão*.

Quanto ao inciso IV, este deve ser interpretado com razoabilidade e proporcionalidade, e de acordo com a dinâmica do processo trabalhista, pois este, ao contrário do processo civil, apresenta muitos pedidos, e muitas teses defensivas para cada pretensão. Desse modo, deverá o Juiz do Trabalho apreciar apenas os fundamentos que tenham possibilidade de infirmar a conclusão do julgamento, vale dizer: os fundamentos relevantes e pertinentes ao tema objeto da decisão. Não há como se aplicar a presente disposição com o mesmo rigor do processo civil, sob consequência de inviabilizar a atividade racional dos juízes trabalhistas, provocar muitas arguições de nulidades das decisões e atentar contra a duração razoável do processo.

O Juiz do Trabalho deve enfrentar os argumentos jurídicos invocados capazes de influir na decisão e que por si só possam direcionar outro resultado da demanda.

O inciso V aplica-se integralmente ao processo trabalhista, uma vez que, quando o fundamento da sentença for precedente ou enunciado de súmula, a decisão tem que justificar que a hipótese fática dos autos se amolda à descrição contida na súmula ou precedente, sendo vedado se inovar genericamente o enunciado da súmula ou o resumo do julgamento como razões de decidir.

O inciso VI tem gerado polêmica, tanto na doutrina como entre as associações de magistrados, uma vez que cria uma espécie de efeito vinculante da jurisprudência, que não é oriunda de controle concentrado do STF, tampouco positivada com os requisitos da Súmula Vinculante.

De nossa parte, o referido inciso é inconstitucional, pois viola a liberdade de convicção do julgador, já que o magistrado só está obrigado a acatar a jurisprudência quando a Constituição Federal o obriga. Portanto, inaplicável ao processo do trabalho.

A jurisprudência, indiscutivelmente, principalmente as positivadas por meio de súmulas ou firmadas em incidentes de solução de demandas repetitivas, exercem influência na convicção do julgador, mas não são vinculantes.

O § 2º se aplica ao processo do trabalho, no caso de conflito de colisão de normas, o que ocorre, com certa frequência, nas hipóteses de conflito entre princípios, ou entre regras que consagram direitos fundamentais, no caso concreto. Nessas hipóteses, o juiz deve justificar o objeto e os critérios gerais da ponderação efetuada, enunciando as razões que autorizam a interferência na norma afastada e as premissas fáticas que fundamentam a conclusão.

Nos termos do § 3º, do art. 489, da CPC, de plena aplicação ao processo do trabalho, a decisão judicial deve ser interpretada a partir da conjugação de todos os seus elementos e em conformidade com o princípio da boa-fé.

O Tribunal Superior do Trabalho entendeu aplicável o art. 489 do CPC ao processo do trabalho, com algumas adaptações. Com efeito, dispõe o art. 15, da Instrução Normtiva n. 39/16 do TST:

> "O atendimento à exigência legal de fundamentação das decisões judiciais (CPC, art. 489, § 1º) no Processo do Trabalho observará o seguinte: I – por força dos arts. 332 e 927 do CPC, adaptados ao Processo do Trabalho, para efeito dos incisos V e VI do § 1º do art. 489 considera-se "precedente" apenas: a) acórdão proferido pelo Supremo Tribunal Federal ou pelo Tribunal Superior do Trabalho em julgamento de recursos repetitivos (CLT, art. 896-B; CPC, art. 1.046, § 4º); b) entendimento firmado em incidente de resolução de demandas repetitivas ou de assunção de competência; c) decisão do Supremo Tribunal Federal em controle concentrado de constitucionalidade; d) tese jurídica prevalecente em Tribunal Regional do Trabalho e não conflitante com súmula ou orientação jurisprudencial do Tribunal Superior do Trabalho (CLT, art. 896, § 6º); e) decisão do plenário, do órgão especial ou de seção especializada competente para uniformizar a jurisprudência do tribunal a que o juiz estiver vinculado ou do Tribunal Superior do Trabalho. II – para os fins do art. 489, § 1º, incisos V e VI do CPC, considerar-se-ão unicamente os precedentes referidos no item anterior, súmulas do Supremo Tribunal Federal, orientação jurisprudencial e súmula do Tribunal Superior do Trabalho, súmula de Tribunal Regional do Trabalho não conflitante com súmula ou orientação jurisprudencial do TST, que contenham explícita referência aos fundamentos determinantes da decisão (*ratio decidendi*). III – não ofende o art. 489, § 1º, inciso IV do CPC a decisão que deixar de apreciar questões cujo exame haja ficado prejudicado em razão da análise anterior de questão subordinante. IV – o art. 489, § 1º, IV, do CPC não obriga o juiz ou o Tribunal a enfrentar os fundamentos jurídicos invocados pela parte, quando já tenham sido examinados na formação dos precedentes obrigatórios ou nos fundamentos determinantes de enunciado de súmula. V – decisão que aplica a tese jurídica firmada em precedente, nos termos do item I, não precisa enfrentar os fundamentos já analisados na decisão paradigma, sendo suficiente, para fins de atendimento das exigências constantes no art. 489, § 1º, do CPC, a correlação fática e jurídica entre o caso concreto e aquele apreciado no incidente de solução concentrada. VI – é ônus da parte, para os fins do disposto no art. 489, § 1º, V e VI, do CPC, identificar os fundamentos determinantes ou demonstrar a existência de distinção no caso em julgamento ou a superação do entendimento, sempre que invocar precedente ou enunciado de súmula."

Deve ser reconhecido o esforço do Tribunal Superior do Trabalho em compatibilizar o referido art. 489, do CPC com as singularidades do processo trabalhista. Entretanto, como já nos pronunciamos, somente a jurisprudência se torna vinculante caso emanda de controle concentrado da constitucionalidade ou de Súmula Vinculante do STF. As demais súmulas e orientações jurisprudenciais somente têm caráter persuaviso.

De outro lado, os incisos IV e V do referido artigo 15 da IN n. 39/16 fexibiliza, corretamente a exigência de fundamentação exauriente da decisão, considerando-a válida quando: deixar de apreciar questões cujo exame haja ficado prejudicado em razão da análise anterior de questão subordinante; o juiz ou o Tribunal não enfrentar os fundamentos jurídicos invocados pela parte, quando já tenham sido examinados na formação dos precedentes obrigatórios ou nos fundamentos determinantes de enunciado de súmula; aplicar a tese jurídica firmada em precedente, nos termos do item I, não enfrentar os fundamentos já analisados na decisão paradigma, sendo suficiente, para fins de atendimento das exigências constantes no art. 489, § 1º, do CPC.

Ainda é cedo para uma opinião definitiva sobre o assunto. Somente o tempo, a prática diária, e o amadurecimento da doutrina e jurisprudência irão estabelecer os contornos do § 1º do art. 489, do CPC, entretanto, há que se ter bom senso e razoabilidade, pois o referido dispositivo deve considerar a realidade do processo trabalhista e da Justiça do Trabalho, bem como os numerosos pedidos que constam das iniciais e as muitas teses invocadas nas peças defensivas.

b.1) Da ordem de apreciação na sentença trabalhista das matérias preliminares

Não há uma ordem legal de enumeração da matéria preliminar na sentença, mas há uma ordem lógica que costuma ser seguida pela praxe e também ordenada na sentença trabalhista.

Há certo consenso de que a sentença deve apreciar, antes do mérito, os pressupostos processuais (falta de citação, inépcia da inicial, impugnação da representação processual etc.); impugnação ao valor atribuído à causa, arguições de nulidade, entre outros pressupostos processuais. Posteriormente, enfrentar a carência da ação (falta de legitimidade, possibilidade jurídica do pedido e interesse processual).

José Joaquim Calmon de Passos(14), ao comentar o art. 301 do CPC/73, enumera a seguinte ordem para apreciação das matérias: – incompetência absoluta; – conexão; – compromisso arbitral; – coisa julgada; – litispendência; – incapacidade da parte; defeito na representação ou falta de autorização, bem como qualquer defeito ou irregularidade que pudesse ter autorizado o indeferimento da inicial, falta de caução ou de outra representação que a lei exige como preliminar e, por último, carência de ação.

---

(14) CALMON DE PASSOS, José Joaquim. *Comentários ao Código de Processo Civil*. 8. ed. Rio de Janeiro: Forense, 2001. p. 258.

Não obstante a ordem enumerada pelo ilustre mestre baiano, pensamos que, na sentença trabalhista, diante das peculiaridades do procedimento oral trabalhista, e de ser um processo basicamente de audiência, as questões processuais não decididas no curso do processo, bem como as arguições de nulidades ainda não apreciadas antes da sentença, devem ser apreciadas antes das preliminares propriamente ditas (art. 337 do CPC), como impugnação da condição de empregado do preposto levada a efeito na audiência de instrução, eventuais contraditas de testemunhas não decididas, arguições de cerceamento de defesa, arguições de nulidade do processo etc.

Desse modo, acreditamos que o Juiz do Trabalho, na fundamentação, deverá apreciar a matéria processual na seguinte ordem:

a) questões processuais não decididas;

b) pressupostos processuais;

c) condições da ação.

b.2) Ordem de apreciação da matéria de mérito

Nem a CLT, tampouco o CPC, disciplinam a ordem de apreciação da matéria de mérito na sentença. Não há uma ordem legal, mas há uma ordem lógica de prejudicialidade dos pedidos, ou seja: alguns pedidos, por serem prejudiciais a outros pedidos subsequentes, devem ser apreciados antes — por exemplo, na reclamação em que se discutem vínculo de emprego, verbas rescisórias, estabilidade acidentária e justa causa, pela ordem de prejudicialidade, primeiramente devem ser apreciados: vínculo de emprego, justa causa, estabilidade e, posteriormente, verbas rescisórias.

c) Dispositivo ou conclusão

Ensina *Cândido Rangel Dinamarco*(15):

> "Dispositivo é preceito concreto e imperativo ditado pelo juiz em relação à causa. Ele consiste na resposta do Estado-Juiz à demanda do autor, seja para negar o direito deste ao provimento de mérito (sentenças terminativas), seja para conceder-lhe o provimento conforme pedido (procedência da demanda), seja para impor-lhe um provimento de conteúdo adverso (improcedência), seja ainda para acolher em parte o pedido, rejeitando-o no mais (procedência parcial)."

Diz o art. 832 da CLT que da sentença deve constar a *conclusão*.

No mesmo sentido é o art. 489: "São requisitos essenciais da sentença: [...] III – o dispositivo, em que o juiz resolverá as questões principais, que as partes lhe submeterem."

---

(15) *Op. cit.*, p. 661.

A conclusão, também chamada de *dispositivo* ou *decisum*, embora seja uma etapa mais simplificada para o juiz do que a fundamentação, acreditamos ser a parte mais importante da decisão, pois é nela que estará mencionada a parte da decisão que condenará ou absolverá o reclamado e especificará as parcelas objeto da condenação, bem como os parâmetros para cumprimento da sentença. Sob outro enfoque, somente o dispositivo transita em julgado[(16)].

Como bem destaca *Manoel Antonio Teixeira Filho*[(17)]: "A importância do dispositivo ou acórdão está em que, por meio dele, dirá o juiz se condena o réu ou se o absolve [...]. Demais, dentre as partes da sentença, o dispositivo é o único em princípio, que se submete aos efeitos da coisa julgada material."

Além das verbas objeto da condenação, o dispositivo da sentença deve conter:

a) parâmetros para liquidação das parcelas, bem como a modalidade de liquidação e época própria de correção monetária;

b) a responsabilidade pelos recolhimentos fiscais e previdenciários, especificando quais parcelas serão objeto de incidência das parcelas devidas ao INSS, conforme o § 3º do art. 832 da CLT;

c) quando houver obrigações de fazer ou não fazer, o prazo para cumprimento, bem como eventuais coerções pecuniárias (*astreintes* para cumprimento);

d) custas que serão sempre 2% do valor da condenação (se procedente ou procedente em parte o pedido), se improcedente, sobre o valor atribuído à causa;

e) o prazo para cumprimento. Como regra geral, a sentença deve ser cumprida no prazo de oito dias após o trânsito em julgado;

f) por fim, o dispositivo deve fazer menção à intimação das partes. Se a decisão for proferida em audiência ou na forma da Súmula n. 197 do C. TST[(18)], as partes já sairão cientes na própria audiência ou na data agendada para a audiência de julgamento.

Caso a intimação das partes não se dê em audiência, tampouco na forma da Súmula n. 197 do TST, as partes serão intimadas da sentença ou por Diário Oficial, ou pelo Correio.

Sendo revel o reclamado, a intimação da sentença será realizada por meio de Editais (arts. 841 e 852 da CLT).

---

(16) Como bem destaca Arruda Alvim: "Anota-se, ainda, que existe uma parte, especialmente da sentença de mérito, que deve ser absolutamente clara, esta é precisamente a *parte dispositiva*, pois é aquela que realmente produz efeitos e virá, ao cabo do processo, depois do esgotamento dos recursos, a ser coberta pela autoridade da coisa julgada (material)." (*Manual de direito processual civil.* V. 2, 9. ed. São Paulo: RT, 2005. p. 551).

(17) TEIXEIRA FILHO, Manoel Antonio. *A sentença no processo do trabalho.* 3. ed. São Paulo: LTr, 2004. p. 293.

(18) Súmula n. 197 do C. TST: "O prazo para recurso da parte que, intimada, não comparecer à audiência em prosseguimento para a prolação da sentença, conta-se de sua publicação."

4. Classificação das sentenças

a) Declaratórias ou meramente declaratórias: a sentença declaratória ou meramente declaratória é a que se limita a declarar a existência de um fato, da autenticidade ou não de um documento, ou da existência ou não de uma relação jurídica, nos termos do art. 19 do CPC, *in verbis*:

> "O interesse do autor pode limitar-se à declaração: I – da existência, da inexistência ou do modo de ser de uma relação jurídica; II – da autenticidade ou da falsidade de documento."

Conforme o art. 20 do CPC, é admissível a ação meramente declaratória, ainda que tenha ocorrido a violação do direito.

Como bem advertem *Luiz Rodrigues Wambier*, *Flávio Renato Correa de Almeida* e *Eduardo Talamini*[(19)], todas as sentenças têm, como se sabe, um cunho *declaratório*. A declaração se impõe, logicamente, antes de tudo, ao juiz.

A sentença meramente declaratória é desprovida de sanção e não comporta execução. Produz efeitos *ex tunc*, ou seja: declara a existência do fato ou da relação jurídica desde o seu nascimento.

A sentença de improcedência tem natureza jurídica declaratória negativa, pois afirma que o autor não tem o direito que foi postulado em juízo.

São exemplos no Processo do Trabalho de sentenças meramente declaratórias: declaração do vínculo de emprego, declaração da validade ou não de um documento etc.

Quando a Vara do Trabalho declara que não houve o vínculo de emprego, tal decisão é declaratória negativa sobre a não existência do trabalho prestado sob os requisitos dos arts. 2º e 3º da CLT e, portanto, a decisão é de improcedência.

b) Constitutivas: a sentença constitutiva, além de declarar a existência dos fatos ou do direito, cria, modifica ou extingue uma relação jurídica.

A sentença constitutiva não comporta execução, produzindo efeitos desde o trânsito em julgado.

São exemplos de sentenças constitutivas no Processo do Trabalho: sentença proferida no inquérito judicial para apuração de falta grave em que o Tribunal, ao acolher o pedido, extingue o contrato de trabalho do trabalhador estável (arts. 494 e 853 e seguintes da CLT) e reconhece a rescisão indireta do contrato de trabalho (art. 483 da CLT), pondo fim ao vínculo laboral etc.

Como adverte *Renato Saraiva*[(20)], "a sentença constitutiva também pode assumir, em certos casos, cunho condenatório, como na hipótese que reconhece a equiparação salarial (criando uma nova relação jurídica — natureza constitutiva) e determina o pagamento das diferenças salariais provenientes da equiparação salarial (cunho condenatório)."

---

(19) *Curso avançado de processo civil.* V. 1, 7. ed. São Paulo: RT, 2005. p. 533.

(20) SARAIVA, Renato. *Curso de direito processual do trabalho.* 4. ed. São Paulo: Método, 2007. p. 388.

Concordamos com o ilustre autor no sentido de que as sentenças constitutivas podem trazer consigo uma condenação, não obstante, pensamos que a decisão que reconhece a equiparação salarial tem cunho declaratório, pois declara a identidade funcional e o direito à isonomia salarial (art. 461 da CLT) e, em razão disso, condena a reclamada a pagar ao autor as diferenças salariais e reflexos decorrentes da equiparação.

c) Condenatórias: a sentença condenatória, além de declarar o direito existente, impõe uma obrigação ao réu de pagar, dar, fazer ou não fazer alguma coisa — por exemplo: a sentença que condena o reclamado a pagar ao reclamante horas extras e reflexos, aviso-prévio, reparação por danos morais etc.

As decisões condenatórias comportam execução forçada, se não cumpridas espontaneamente pelo réu.

d) Mandamentais: a sentença mandamental, além de declarar o direito e condenar a prestar uma obrigação, a fazer ou deixar de fazer alguma coisa, expede uma ordem para cumprimento imediato. Tal decisão não comporta a fase de execução, pois o próprio comando sentencial já contém uma ordem para cumprimento imediato. Como exemplos de tais decisões, temos as decisões proferidas em mandados de segurança e concessões de tutela antecipada (art. 300 do CPC).

5. Nulidades da sentença

São nulos os atos processuais quando violem normas de ordem pública e interesse social. O ato nulo não está sujeito à preclusão e pode ser declarado de ofício pelo juiz. São relativas as nulidades quando não violem normas de ordem pública. Dependem da iniciativa da parte, não podendo ser conhecidas de ofício. Os chamados atos inexistentes contêm um vício tão acentuado que não chegam a produzir efeitos. Entretanto, a doutrina tem dito que mesmo os atos inexistentes devem ter seus efeitos cassados por decisão judicial. Portanto, os atos inexistentes seguem o mesmo regime das nulidades absolutas(21).

Conforme já nos posicionamos anteriormente, o eixo central da declaração das nulidades, tanto no Direito Processual Civil como no Processual do Trabalho, é a existência de prejuízo, ou seja, se o ato processual, embora defeituoso e contenha vícios, não causou prejuízos a uma das partes, não deve ser anulado(22).

---

(21) Nesse sentido, Teresa Arruda Alvim Wambier: "Cremos que se deve repetir em relação aos atos inexistentes o que foi dito com respeito aos atos nulos: há necessidade, em princípio, de pronunciamento judicial, provocado por ação meramente declaratória, para que tal 'vida artificial', há pouco referida, tenha fim" (*Nulidades do processo e da sentença.* 6. ed. São Paulo: RT, 2007. p. 157).

(22) Como destaca Carlos Henrique Bezerra Leite: "O princípio do prejuízo, também chamado de princípio da transcendência, está intimamente ligado ao princípio da instrumentalidade das formas. Significa que não haverá nulidade sem prejuízo manifesto às partes interessadas. O princípio do prejuízo é inspirado no sistema francês (*pas de nullité sans grief*)" (*Curso de direito processual do trabalho.* 5. ed. São Paulo: LTr, 2007. p. 359).

A sentença trabalhista que apresenta nulidade contém um vício insanável, violando norma de ordem pública, desconsiderando requisito legal, causando manifesto prejuízo às partes.

a) Sentença inexistente

A sentença pode conter vícios tão contundentes pertinentes à própria existência do ato, como nas hipóteses da falta de investidura do juiz ou falta de jurisdição deste (art. 966 do CPC).

Pensamos que a sentença, mesmo que não assinada, se puder ser constatada a autenticidade desta, não se deve pronunciar a nulidade. Nesse sentido, destacamos a seguinte ementa:

> "A sentença deve ser assinada pelo juiz. A falta de assinatura não nulifica a sentença, quando sua existência e autenticidade podem ser comprovadas por intermédio do termo de audiência, de sua leitura, de sua publicação, da assinatura das partes, MP, advogados e funcionários que participaram do ato (RT n. 577/185)."

b) Nulidade da sentença (Falta dos requisitos legais)

É nula a decisão quando prolatada, inobservando os requisitos previstos em Lei, quais sejam: sem relatório, fundamentação ou conclusão.

A sentença apresenta nulidade quando não preencher os requisitos legais (art. 832 da CLT) e não estiver devidamente fundamentada (arts. 93, IX, da CF, 489 do CPC e 832 da CLT).

c) Falta de fundamentação (Nulidade)

Os Tribunais também têm determinado a nulidade da sentença quando esta apresentar deficiência ou falta de fundamentação, por violação dos arts. 93, IX, da CF, 489 do CPC e 832 da CLT.

Não obstante, a jurisprudência tem restringido os casos de nulidade da sentença por falta de fundamentação somente em casos nos quais a sentença não apresentar, nem de forma concisa, as razões de decidir. Nesse sentido, destaca-se a seguinte ementa:

> "Não é nula a sentença quando o juiz, embora sem grande desenvolvimento, deu as especificações dos fatos e a razão de seu convencimento, havendo decidido dentro dos limites em que as partes reclamaram, sem a eiva dos vícios de *extra*, *ultra* ou *citra petita*." (STJ – Ag. 35112-3 – rel. Min. Fontes de Alencar – j. 29.3.1993)

d) Nulidade – sentença *citra petita*, *extra petita* e *ultra petita*

Ensina *Nelson Nery Junior*[(23)]: "O autor fixa os limites da lide e da causa de pedir na petição inicial, cabendo ao juiz decidir de acordo com esse limite. É vedado ao

(23) *Op. cit.*, p. 460.

magistrado proferir sentença acima (ultra), fora (extra) ou abaixo do pedido. Caso o faça, a sentença estará eivada de vício, corrigível por meio de recurso. A sentença *citra* ou *infra petita* pode ser corrigida por meio de embargos de declaração, cabendo ao juiz suprir a omissão; a sentença *ultra* ou *extra petita* não pode ser corrigida por embargos de declaração, mas só por apelação. Cumpre ao tribunal, ao julgar o recurso, reduzi-la aos limites do pedido."

Como já mencionamos, é princípio da sentença trabalhista estar vinculada aos limites da lide, ou seja, ao pedido e à causa de pedir, conforme os arts. 141 e 492 do CPC, que se mostram aplicáveis ao Processo do Trabalho por força do art. 769 da CLT.

Diz o art. 141 do CPC:

> "O juiz decidirá o mérito nos limites propostos pelas partes, sendo-lhe vedado conhecer de questões não suscitadas a cujo respeito a lei exige iniciativa da parte."

No mesmo sentido, é a disposição do art. 492 do CPC:

> "É vedado ao juiz proferir decisão de natureza diversa da pedida, bem como condenar a parte em quantidade superior ou em objeto diverso do que lhe foi demandado.
>
> Parágrafo único. A decisão deve ser certa, ainda que resolva relação jurídica condicional."

e) Sentença *citra petita*

A decisão *citra* ou *infra petita* é a que decide aquém do pedido, contém omissão — por exemplo: o reclamante pede horas extras, FGTS e reparação por danos morais, mas a sentença não aprecia, por exemplo, o pedido de danos morais.

A jurisprudência trabalhista tem fixado entendimento de ser nula a sentença *citra petita*, conforme a seguinte ementa:

> "Decisão *citra petita* — Infringência ao art. 138 do CPC — Nulidade da sentença. A decisão *citra petita* (aquém do pedido) configura ato absolutamente nulo, infringindo o disposto no art. 128 do CPC, que determina que o juiz decidirá lide nos limites em que foi proposta, o que significa que, se não podem estes ser elastecidos ou ultrapassados, tampouco há de ser ignorada sua amplitude. Trata-se de vício insanável, que justifica a declaração de nulidade da sentença independentemente de provocação da parte interessada." (TRT – 2ª R. – 8ª T. – Ac. n. 02970001580 – relª Wilma N. de Araújo Vaz da Silva – DJSP 16.1.97 – p. 36)

No nosso entendimento, em que pesem as opiniões em contrário, a sentença *citra petita* não é nula, pois pode ser corrigida por meio de embargos de declaração. De outro lado, se não forem opostos os embargos de declaração, a omissão acarretará o efeito de não ser formada coisa julgada material sobre o pedido que não fora apreciado. Desse modo, em outra reclamatória, desde que ainda não prescrita a pretensão, o reclamante poderá renovar o pedido.

Caso tenham sidos opostos embargos de declaração e persista a omissão, o Tribunal deverá baixar os autos para que a Vara dirima a omissão, decretando-se a nulidade parcial da sentença e determinando o saneamento.

O Tribunal Superior do Trabalho fixou entendimento de que a sentença *citra petita* pode ser objeto de ação rescisória, por violação literal de lei, conforme a OJ n. 41 da SDI-II, do C. TST, *in verbis*:

> AÇÃO RESCISÓRIA. SENTENÇA "*CITRA PETITA*". CABIMENTO. Revelando-se a sentença "*citra petita*", o vício processual vulnera os arts. 141 e 492 do CPC de 2015 (arts. 128 e 460 do CPC de 1973), tornando-a passível de desconstituição, ainda que não interpostos embargos de declaração.

f) Sentença *ultra petita*

A decisão *ultra petita* é a que vai além do pedido, vale dizer: defere verbas além das postuladas na inicial — por exemplo: o reclamante pede apenas rescisão indireta do contrato de trabalho sem fazer o pedido de verbas rescisórias. A sentença, além de deferir a rescisão indireta, pondo fim ao contrato de trabalho, condena a reclamada a pagar ao reclamante verbas rescisórias.

A jurisprudência, acertadamente, tem se posicionado no sentido de que a sentença *ultra petita* não é nula, pois pode ser corrigida por meio de recurso, e, neste caso, o Tribunal pode corrigi-la, expungindo do julgado a parte que ultrapassa os limites do pedido. Pensamos que a sentença *ultra petita* pode ser corrigida inclusive por meio de embargos de declaração, em razão da contradição.

Nesse sentido, destacamos as seguintes ementas:

> "Julgamento *ultra petita*. Deferido diferença de horas extras recebidas, mas não pleiteadas, reforma-se a decisão para excluir a parcela não pedida, pois trata-se de julgamento *ultra petita*." (TRT – 11ª R. – Ac. n. 889/97 – rel. Francisco Bernardino – DJAM 24.4.97 – p. 14)

> "Julgamento *ultra petita* — Nulidade da sentença. É assente na doutrina que o julgamento *extra petita* não acarreta nulidade quando o excesso puder ser adequado aos limites da lide, ensejando apenas a reforma da sentença. Ademais, se o empregado declina na inicial que foram descumpridas obrigações do contrato de trabalho, sendo, ainda, tratado com rigor excessivo e ofendido fisicamente, postulando o reconhecimento da rescisão indireta do contrato, com fulcro nas alíneas *b* e *d* do art. 483 da CLT, não incorre em julgamento fora dos limites a sentença que declara não ter havido o justo motivo, reconhecendo, por conseguinte, a dispensa sem justa causa da reclamante. Até porque ao juiz cabe a análise da configuração ou não da justa causa, bem assim sua legalidade." (TRT – 3ª R. – 3ª T. – RO n. 637/2006.052.03.00-2 – rel. Irapuan de Oliveira T. Lyra – DJ 2.12.06 – p. 7) (RDT n. 01 – Janeiro de 2007)

g) Sentença *extra petita*

A decisão *extra petita* contém julgamento fora do pedido, ou seja: o provimento jurisdicional sobre o pedido é diverso do postulado — por exemplo: pretende o autor horas extras, e a sentença defere horas de sobreaviso não postuladas.

Tal decisão, no nosso sentir, não há como ser corrigida, pois, se o juiz deferiu pretensão diversa da postulada, para corrigi-la, deverá prolatar uma nova decisão[24].

(24) Alguns autores sustentam a possibilidade de a decisão *extra petita* ser corrigida por meio de Recurso. Em que pese o respeito que merecem, no nosso entendimento, o Tribunal não pode corrigir a sentença *extra petita*, pois a sentença não apreciou a pretensão posta em juízo e tal postura configura supressão de instância.

Nesse sentido, destacamos as seguintes ementas:

"Prescrição. A alegação de contrariedade à Súmula n. 294 do TST não enseja o conhecimento do apelo, pois muito embora a decisão regional tenha declarado a inaplicabilidade da Súmula n. 294 do TST, referiu-se apenas ao seu comando principal, aplicando, ao final, justamente a exceção prevista na referida Súmula: '... exceto quando o direito à parcela esteja também assegurado por preceito de lei'. Ou seja, o que se verifica é consonância da decisão regional com a exceção prevista na Súmula n. 294 do TST e não contrariedade a ela, na medida em que a convenção coletiva de trabalho, para as partes, se iguala à lei. Recurso não conhecido. Diferenças salariais — Julgamento *extra petita*. As alegadas violações dos arts. 128, 264 e 460 do CPC e 769 da CLT não restam caracterizadas. A condenação mantida pelo egrégio Regional encontra-se estritamente dentro dos limites da lide. O pedido inicial realmente refere-se à correção salarial disciplinada na CCT n. 94/95, contudo, como bem salientado pelo egrégio Regional, este instrumento coletivo faz remissão expressa à Resolução Intersindical n. 1/94, na qual escudou-se o provimento dado ao pleito obreiro. Logo, não há que se falar em julgamento fora dos limites da *litiscontestatio*. Recurso não conhecido. Intervalo lanche. A aferição da alegação recursal de que o intervalo em questão não era intervalo legal, ou a veracidade da assertiva da Turma Regional, no sentido de que a supressão dos intervalos, consoante aferidos em vários instrumentos normativos acostados aos autos, foi ilícita, em face de previsão convencional, depende de nova análise do conjunto fático-probatório da prova documental dos autos, procedimento vedado nesta instância recursal, nos termos da Súmula n. 126 do TST. Recurso não conhecido. Intervalo intrajornada. A questão já está pacificada no âmbito desta Corte, por meio da Orientação Jurisprudencial n. 307 da SBDI-1. Recurso não conhecido." (TST – 2ª T. – RR n. 7.825/1999.012.09.00-0 – rel. Min. José Simpliciano F. de F. Fernandes – DJ 13.4.07 – p. 1.231) (RDT n. 05 – Maio de 2007)

"Julgamento *extra petita*. A jurisprudência desta Corte Superior, consubstanciada na Súmula n. 328, consagra entendimento no sentido de que o pagamento das férias sujeita-se ao acréscimo do terço constitucional, previsto no art. 7º, XVII, da Carta Política. Resulta clara, daí, a natureza acessória da parcela, que não se desvincula da remuneração das férias. Havendo, portanto, pedido de pagamento de diferenças da retribuição das férias, a inclusão no comando condenatório do terço constitucional não configura julgamento *extra petita*. De outro lado, a decisão no sentido de deferir o pagamento da integração do adicional por tempo de serviço nas horas extras encontra-se circunscrita ao pedido, conforme claramente consignado no acórdão do Tribunal Regional. Extrai-se, portanto, que não houve julgamento *extra petita*, sendo certo, ainda, que cabe ao magistrado dar o devido enquadramento jurídico aos fatos articulados na petição inicial. Intactos, portanto, os arts. 128, 293 e 460 do Código de Processo Civil. Agravo de instrumento a que se nega provimento." (TST – 1ª T. – AIRR n. 624/2001.011.04.40-2 – rel. Min. Lelio Bentes Corrêa – DJ 11.4.06 – p. 571) (RDT n. 05 – maio de 2006)

"Julgamento *extra petita* — Nulidade — Prescrição — Aviso-prévio indenizado. Segundo o disposto no art. 460 do CPC, é o pedido expresso na petição inicial ou extraído de seus termos, mediante interpretação lógico-sistemática, que limita a sentença, não a causa de pedir. Assim, versando a petição inicial a respeito do pedido de adicional de insalubridade, o fato, por si só, de não ter sido mencionado, na exordial, o exercício da função de pintor não configura julgamento *extra petita*. De resto, o período do aviso-prévio, mesmo indenizado, é computado como tempo de serviço para todos os efeitos legais, inclusive para afastar a prescrição bienal. Recurso conhecido e improvido." (TRT – 15ª R. – 2ª T. – RO n. 740/2000.003.15.00-1 – Ac. n. 21136/05 – rel. Samuel C. Leite – DJSP 13.5.05 – p. 18) (RDT n. 06 – Junho de 2005)

6. Possibilidade de julgamento *extra petita* ou *ultra petita* no Processo do Trabalho – Princípio da ultrapetição

Há alguns autores que admitem a possibilidade de o Juiz do Trabalho julgar fora do pedido ou até mesmo além do pedido, em razão dos princípios da celeridade, da informalidade e da simplicidade do Processo do Trabalho.

Pensamos que o Juiz do Trabalho não possa julgar fora do pedido ou além dele. Somente em casos excepcionais se admite o julgamento *ultra petita*, como a aplicabilidade, de ofício, do art. 467 da CLT e a possibilidade de conversão do pedido de reintegração em indenização (art. 496 da CLT). Além disso, tem a jurisprudência admitido que, nos casos em que se postula a solidariedade de determinada empresa tomadora de mão de obra, o Juiz do Trabalho, presentes os requisitos, possa conceder a condenação subsidiária.

Nesse mesmo sentido, é a Súmula n. 396 do C. TST, *in verbis*:

> "ESTABILIDADE PROVISÓRIA. PEDIDO DE REINTEGRAÇÃO. CONCESSÃO DO SALÁRIO RELATIVO AO PERÍODO DE ESTABILIDADE JÁ EXAURIDO. INEXISTÊNCIA DE JULGAMENTO *EXTRA PETITA*. I – Exaurido o período de estabilidade, são devidos ao empregado apenas os salários do período compreendido entre a data da despedida e o final do período de estabilidade, não lhe sendo assegurada a reintegração no emprego; II – Não há nulidade por julgamento *extra petita* da decisão que deferir salário quando o pedido for de reintegração, dados os termos do art. 496 da CLT." (Res. n. 129/2005 – DJ 22.4.2005)

Em razão dos princípios do contraditório e da ampla defesa, o julgamento fora do pedido, ou além dele pela Justiça do Trabalho, somente pode ser levado a efeito pelo Juiz do Trabalho quando a lei expressamente permitir ou então não causar qualquer prejuízo ao reclamado, como nas hipóteses de conversão da reintegração em indenização ou concessão de responsabilidade subsidiária quando houver pedido de responsabilização solidária.

Em dissídios coletivos, tem entendido a jurisprudência, acertadamente, que há possibilidade de julgamento *extra petita*, uma vez que a decisão é proferida, eminentemente, por critérios de justiça e equidade, conforme a ementa a seguir:

> "RECURSO ORDINÁRIO. DISSÍDIO COLETIVO DE GREVE. PRELIMINAR DE JULGAMENTO *EXTRA PETITA*. O dissídio coletivo de greve não é exclusivamente para examinar a abusividade ou não do movimento paredista. Pode haver discussão sobre as reivindicações que ensejaram a greve, haja vista o disposto no art. 8º da Lei de Greve, que atribuiu à Justiça do Trabalho a competência para decidir sobre a procedência ou não das reivindicações dos empregados grevistas. Ademais, a jurisprudência reiterada desta Corte Superior não reconhece a possibilidade de julgamento *extra petita* quando se tratar de dissídio coletivo. Precedentes. Preliminar a que se rejeita. PARTICIPAÇÃO NOS LUCROS – 2009 – SÚMULA N. 422 DO TST. É imprescindível que a parte apresente as razões de fato e de direito pelas quais impugna a decisão recorrida, consoante o art. 514, II, do CPC, de aplicação subsidiária ao processo trabalhista, em virtude de o recurso ordinário ser mero sucedâneo da apelação cível. Nesse sentido, a Súmula n. 422 do TST e, por analogia, o Precedente Normativo n. 37 da SDC. Recurso Ordinário a que se não se conhece." (PROC RO 240700-80.2009.5.15.0000 – TST – Minª relª Kátia Magalhães Arruda. DJe de 1º.7.2011) (DT – Setembro/2011 – vol. 206, p. 115)

6.1. Do julgamento parcial do mérito

O Código de Processo Civil de 2015, rompendo com a tradição do direito anterior de unitariedade da sentença, possibilita que um ou mais pedidos sejam julgados antecipadamente, se eles já estiverem "maduros" para julgamento, vale dizer: restarem incontroversos, não necessitem de provas, ou elas já tenham sido produzidas. Trata-se, inegavelmente, de grande novidade, fundamentada nos princípios do acesso à justiça, primazia do julgamento de mérito e duração razoável do processo.

Dispõe o art. 356 do CPC:

> "O juiz decidirá parcialmente o mérito quando um ou mais dos pedidos formulados ou parcela deles: I – mostrar-se incontroverso; II – estiver em condições de imediato julgamento, nos termos do art. 355. § 1º A decisão que julgar parcialmente o mérito poderá reconhecer a existência de obrigação líquida ou ilíquida. § 2º A parte poderá liquidar ou executar, desde logo, a obrigação reconhecida na decisão que julgar parcialmente o mérito, independentemente de caução, ainda que haja recurso contra essa interposto. § 3º Na hipótese do § 2º, se houver trânsito em julgado da decisão, a execução será definitiva. § 4º A liquidação e o cumprimento da decisão que julgar parcialmente o mérito poderão ser processados em autos suplementares, a requerimento da parte ou a critério do juiz. § 5º A decisão proferida com base neste artigo é impugnável por agravo de instrumento."

Diante do referido dispositivo legal, estando o pedido em condições de julgamento, o Juiz decidirá parcialmente o mérito, prosseguindo-se o processo os seus ulteriores termos. Quanto ao pedido julgado, este poderá ser liquidado, caso necessário, iniciando-se a fase de cumprimento da decisão. A decisão que julgar parcialmente parte dos pedidos será impugnável pelo Agravo de Instrumento.

Há discussões sobre o cabimento do presente dispositivo no processo do trabalho, considerando-se a unicidade da audiência, a concentração do procedimento e que a sentença, como regra, é proferida tão logo se encerre a colheita da prova, na audiência de instrução. Além disso, não há medida recursal imediata para a decisão que julgue parcialmente o mérito, considerando-se que se trata de decisão interlocutória, não desafiando recurso de imediato (art. 893, § 1º, da CLT).

Em prol da compatibilidade, destacam-se os seguintes argumentos: a) omissão da legislação processual trabalhista (arts. 15, do CPC, e 769, da CLT); b) efetividade do procedimento; c) primazia do julgamento de mérito; d) duração razoável do processo; e) alternativa para não prejudicar o trabalhador quando parte dos pedidos podem ser objeto de afetação por Incidentes de Resolução de Demandas Repetitivas; f) possibilidade de cabimento de Recurso Ordinário em face da decisão que aprecia parcialmente os pedidos.

Defendendo a aplicabilidade do julgamento parcial de mérito ao processo trabalhista, temos a opinião de *Élisson Miessa*[25]:

> "Embora se trate de tema novo, ousamos afirmar que ele deverá ser aplicado ao processo do trabalho. Primeiro, porque pensamos ser compatível

(25) *Processo do Trabalho*. 3. ed. Salvador: JusPodivm, 2016. p. 469.

com o processo do trabalho. É que o julgamento parcial está fincado no princípio da duração razoável do processo e da efetividade da tutela jurisdicional, que são base do processo laboral. Ademais, não se pode esquecer que a CLT é idealizada nos CPC de 1939 e 1973, em que a decisão interlocutória não tinha o condão de ser definitiva. Queremos dizer, apenas a sentença era vista como terminativa ou definitiva do feito, de modo que somente ela poderia ser impugnável. Com o advento do novo CPC, a decisão interlocutória pode a ser utilizada para julgar definitivamente o feito. Isso quer dizer que, por ser definitiva, pensamos que essa decisão deverá ser recorrível imediatamente por meio de recurso ordinário, passando a ser mais uma exceção a ser incluída na Súmula n. 214 do TST."

O Tribunal Superior do Trabalho, por meio do art. 5º, da IN n. 39/16 entendeu pela compatibilidade do art. 356 do CPC, com o processo trabalhista. Com efeito, dispõe o referido dispositivo:

> "Aplicam-se ao Processo do Trabalho as normas do art. 356, §§ 1º a 4º, do CPC que regem o julgamento antecipado parcial do mérito, cabendo recurso ordinário de imediato da sentença."

De nossa parte, o art. 356, do CPC se mostra compatível com o Processo do Trabalho, mas não obrigatório, devendo o Juiz do Trabalho, valorando as circunstâncias do caso concreto, os princípios da efetividade, razoabilidade, duração razoável do processo, deferir, ou não, o julgamento parcial do mérito, podendo fazê-lo, inclusive, de ofício, conforme possibilita o presente dispositivo civilista.

6.2. Do julgamento de improcedência liminar

O Código de Processo Civil de 2015, para muitos autores, aperfeiçoando dispositivo semelhante do Código anterior (art. 285-A, do CPC/73), disciplina no art. 332 do CPC, o chamado julgamento de improcedência liminar do pedido.

Dispõe o art. 332 do CPC:

> "Nas causas que dispensem a fase instrutória, o juiz, independentemente da citação do réu, julgará liminarmente improcedente o pedido que contrariar: I – enunciado de súmula do Supremo Tribunal Federal ou do Superior Tribunal de Justiça; II – acórdão proferido pelo Supremo Tribunal Federal ou pelo Superior Tribunal de Justiça em julgamento de recursos repetitivos; III – entendimento firmado em incidente de resolução de demandas repetitivas ou de assunção de competência; IV – enunciado de súmula de tribunal de justiça sobre direito local. § 1º O juiz também poderá julgar liminarmente improcedente o pedido se verificar, desde logo, a ocorrência de decadência ou de prescrição. § 2º Não interposta a apelação, o réu será intimado do trânsito em julgado da sentença, nos termos do art. 241. § 3º Interposta a apelação, o juiz poderá retratar-se em 5 (cinco) dias. § 4º Se houver retratação, o juiz determinará o prosseguimento do processo, com a citação do réu, e, se não houver retratação, determinará a citação do réu para apresentar contrarrazões, no prazo de 15 (quinze) dias."

Determina o presente dispositivo que o Juiz, nas causas onde não há necessidade de dilação probatória: vale dizer a controvérsia seja unicamente de direito, deve julgar, liminarmente, improcedente o pedido, independentemente de citação ou ciência do réu, quando este contrariar jurisprudência já consolidada em: a) enunciado de súmula do Supremo Tribunal Federal ou do Superior Tribunal de Justiça; b) acórdão proferido pelo Supremo Tribunal Federal ou pelo Superior Tribunal de Justiça em julgamento de recursos repetitivos; c) entendimento firmado em incidente de resolução de demandas repetitivas ou de assunção de competência; d) enunciado de súmula de tribunal de justiça sobre direito local.

Também, poderá o juiz, embora não esteja obrigado, julgar liminarmente improcedente o pedido se verificar, desde logo, a ocorrência de decadência ou de prescrição.

Sem dúvidas, o dispositivo gera polêmicas na doutrina, uma vez que possibilita ao juiz, sem contraditório prévio e sem a participação do réu no processo, julgar improcedente o pedido. Entretanto, prevaleceu o entendimento pela constitucionalidade da improcedência liminar, em razão de não haver prejuízo ao demandado.

A improcedência liminar é difícil de ser compatibilizada como o procedimento trabalhista em razão das seguintes características: o processo do trabalho tem rito próprio, exigindo o comparecimento das partes; o princípio da conciliação e da necessidade das tentativas obrigatórias de acordo pelo juiz; não há omissão da CLT; o Juiz do Trabalho somente toma contato com o processo em audiência, pois a notificação inicial é ato do diretor da Vara (art. 841 da CLT); descaracterização do procedimento trabalhista, o qual não prevê o despacho de recebimento da inicial, tampouco o despacho saneador.

Em prol da compatibilidade do julgamento de improcedência liminar com o processo trabalhista destacamos: omissão da CLT e ausência de incompatibidade (arts. 15, do CPC e 769, da CLT); instrumentalidade do procedimento trabalhista; racionalidade e efetividade do procedimento; não dar falsa expectativa de direito ao jurisdicionado; duração razoável do processo; segurança jurídica e também a retirada da expressão "conciliar" do art. 114, da CF pela EC n. 45/04.

O Tribunal Superior do Trabalho entendeu aplicável o art. 332 do CPC ao processo trabalhista, com algumas adaptações. Com efeito, dispõe o art. 7º, da IN n. 39/16 do TST, *in verbis*:

> "Aplicam-se ao Processo do Trabalho as normas do art. 332 do CPC, com as necessárias adaptações à legislação processual trabalhista, cumprindo ao juiz do trabalho julgar liminarmente improcedente o pedido que contrariar: I – enunciado de súmula do Supremo Tribunal Federal ou do Tribunal Superior do Trabalho (CPC, art. 927, inciso V); II – acórdão proferido pelo Supremo Tribunal Federal ou pelo Tribunal Superior do Trabalho em julgamento de recursos repetitivos (CLT, art. 896-B; CPC, art. 1.046, § 4º); III – entendimento firmado em incidente de resolução de demandas repetitivas ou de assunção de competência; IV – enunciado de súmula de Tribunal Regional do Trabalho sobre direito local, convenção coletiva de trabalho, acordo coletivo de trabalho, sentença normativa ou regulamento empresarial de observância obrigatória em área territorial que não exceda à jurisdição do respectivo Tribunal (CLT, art. 896, *"b"*, a *contrario sensu*). Parágrafo único. O juiz também poderá julgar liminarmente improcedente o pedido se verificar, desde logo, a ocorrência de decadência."

De nossa parte, o art. 332, do CPC pode ser utilizado no processo trabalho, mas com muita cautela e ponderação pelo Juiz do Trabalho, somente em casos em que o processo apresenta um único pedido e a matéria for unicamente de direito, entretanto, tal procedimento não será compulsório. Quanto à prescrição e decadência, pensamos ser mais conveniente o Juiz oportunizar o contraditório e manifestação prévia do reclamante, antes de decidir.

Julgando improcedente liminarmente o pedido, não interposto o recurso ordinário, o reclamado será intimado do trânsito em julgado da sentença. Interposto o recurso ordinário, o Juiz do Trabalho poderá retratar-se em 5 (cinco) dias. Se houver retratação, o juiz determinará o prosseguimento do processo, com a citação do reclamado, e, se não houver retratação, determinará a citação do réu para apresentar contrarrazões, no prazo de 8 (oito dias).

7. Da inalterabilidade da sentença depois da publicação

Diz o art. 494 do CPC:

> "Publicada a sentença, o juiz só poderá alterá-la: I – para corrigir-lhe, de ofício ou a requerimento da parte, inexatidões materiais ou erros de cálculo; II – por meio de embargos de declaração."

Na CLT, há semelhante sentido no art. 833, *in verbis*: "Existindo na decisão evidentes erros ou enganos de escrita, de datilografia ou de cálculo, poderão os mesmos, antes da execução, ser corrigidos, *ex officio*, ou a requerimento dos interessados ou da Procuradoria da Justiça do Trabalho."

No mesmo sentido, é o parágrafo único do art. 897-A da CLT: "Os erros materiais poderão ser corrigidos de ofício ou a requerimento de qualquer das partes."

Uma vez publicada a decisão, o juiz cumpre seu ofício jurisdicional, não podendo alterar sua decisão, salvo nas hipóteses de existência de erros materiais, ou em razão de embargos de declaração.

Erros materiais são falhas de digitação ou de grafia, identificados de plano, ou erros aritméticos, facilmente identificados na sentença. Não serão simples erros materiais se a decisão justificou, por exemplo, que 2 + 2 é igual a 5.

Como destaca *Lopes da Costa*(26):

> "Para que a correção seja possível é preciso que, aparentemente, evidentemente, *primo ictu oculi*, se verifique a contradição entre o que o juiz quis dizer e o que realmente disse. São correções materiais. Não do pensamento, mas de sua manifestação exterior. Não do juízo, mas da palavra."

Acreditamos que os erros materiais e eventuais erros de cálculo não transitam em julgado, podendo ser corrigidos de ofício pelo juiz(27), ou a requerimento da

(26) *Direito processual brasileiro*. V. III, 2. ed. Rio de Janeiro: Forense, 1959. p. 312.

(27) Nesse sentido, a seguinte ementa: "Correção de ofício pelo órgão de 2º grau. Não enseja nulidade de sentença a existência de simples erro material, corrigível de ofício inclusive por este órgão jurisdicional

parte mesmo após o trânsito em julgado, ou até mesmo na fase de execução, não obstante diga o CPC (art. 494) que tais erros devem ser corrigidos antes do trânsito em julgado da decisão e a CLT (art. 833), antes da execução.

No mesmo sentido, destacamos a seguinte ementa:

> "Coisa julgada. Erro material. Correção. 1. A retificação do próprio órgão prolator, de erro material (data da prescrição) de que padece o acórdão originário, fazendo-o substituir por outro antes de iniciada a execução, mesmo após exaurido o prazo recursal, não traduz ofensa à coisa julgada, máxime quando o novo acórdão estampa decisão expressamente tomada na fundamentação (apenas) do acórdão primitivo. A correção de inexatidões materiais, inclusive de ofício, mais que uma faculdade do órgão judicante, assegurada em lei (CLT, art. 833), constitui providência inafastável a bem do aperfeiçoamento na outorga da tutela jurisdicional. 2. Acórdão que contempla datas logicamente conflitantes para o o marco prescricional não produz coisa julgada no particular, pois aí não há decisão. Por isso, a ulterior retificação do acórdão originário, afeiçoando-se o comando emergente da decisão originária à fundamentação, mediante outro acórdão, é insuscetível de provocar violação à coisa julgada (art. 5º, inc. XXXVI da CF/88). 3. Recurso de revista não conhecido." (TST-RR – 466.696/98.1 – Ac. 12ª T. – 1ª R. – rel. Min. João Oreste Dalazen – DJU 14.3.03 – p. 415)[28]

Pensamos constituir exceção ao princípio da inalterabilidade da decisão a retratação em face do indeferimento da inicial, após o recurso em face de tal indeferimento (art. 331 do CPC), e também a possibilidade da retratação da decisão, diante do recurso, quando o juiz julgar liminarmente o pedido (art. 332 do CPC).

7.1. A sentença trabalhista e a hipoteca judiciária

Trata-se a hipoteca de uma garantia real que grava bens imóveis. O credor hipotecário terá preferência sobre os demais credores do imóvel e poderá exigir a execução da hipoteca caso o valor da dívida não seja pago.

Especificamente com relação ao tema ora abordado, nos ensina *Maria Helena Diniz*[29], "a hipoteca judicial é originária da França. *Planiol* e *Ripert* a definem como sendo a hipoteca geral que a lei empresta a todo julgamento que condena um devedor a executar uma obrigação."

Como bem adverte *Pontes de Miranda*[30], "a hipoteca judiciária é *plus* — cria vínculo real, de modo que, na execução imediata ou mediata, está o vencedor munido de direito de sequela, que não tinha. Daí resulta que os bens gravados por ela podem ser executados como se a dívida fosse de coisa certa, ainda se em poder

---

hierarquicamente superior que, competente para o mais (anular ou reformar), também o é para o menos (retificar mero equívoco mecanográfico)." (TRT 2ª R. – 8ª T. – Ac. n. 2960264910 – relª Wilma Vaz da Silva – DJSP 7.6.96 – p. 55).

(28) *In:* SAAD, Eduardo Gabriel *et al. CLT comentada.* 40. ed. São Paulo: LTr, 2007. p. 942.

(29) DINIZ, Maria Helena. *Curso de direito civil brasileiro.* 4. vol. Direito das Coisas. 18. ed. São Paulo: LTr, 2002. p. 500.

(30) *Comentários ao Código de Processo Civil.* 3. ed. Rio de Janeiro: Forense, 2002. p. 89.

de terceiro, que os haja adquirido sem fraude de execução. Não há boa-fé em tal aquisição, porque a hipoteca judiciária opera como qualquer outra hipoteca. Nada tem tal direito com o de se buscar à execução do bem alienado em fraude de execução: a hipoteca judiciária grava o bem desde que se registrou e independe de já haver execução, que se fraude; a fraude à execução supõe inscrição e citação em ação ou reipersecutória ou execução singular ou coletiva. Tampouco havemos de confundi-la com a alienação relativamente ineficaz em caso de medida constitutiva cautelar (arresto e sequestro de imóveis, ou de móveis)."

No ordenamento jurídico processual, a hipoteca judiciária está disciplinada no art. 495 do CPC, que assim dispõe:

> "A decisão que condenar o réu ao pagamento de prestação consistente em dinheiro e a que determinar a conversão de prestação de fazer, de não fazer ou de dar coisa em prestação pecuniária valerão como título constitutivo de hipoteca judiciária.
>
> § 1º A decisão produz a hipoteca judiciária:
>
> I – embora a condenação seja genérica;
>
> II – ainda que o credor possa promover o cumprimento provisório da sentença ou esteja pendente arresto sobre bem do devedor;
>
> III – mesmo que impugnada por recurso dotado de efeito suspensivo.
>
> § 2º A hipoteca judiciária poderá ser realizada mediante apresentação de cópia da sentença perante o cartório de registro imobiliário, independentemente de ordem judicial, de declaração expressa do juiz ou de demonstração de urgência.
>
> § 3º No prazo de até 15 (quinze) dias da data de realização da hipoteca, a parte informá-la-á ao juízo da causa, que determinará a intimação da outra parte para que tome ciência do ato.
>
> § 4º A hipoteca judiciária, uma vez constituída, implicará, para o credor hipotecário, o direito de preferência, quanto ao pagamento, em relação a outros credores, observada a prioridade no registro.
>
> § 5º Sobrevindo a reforma ou a invalidação da decisão que impôs o pagamento de quantia, a parte responderá, independentemente de culpa, pelos danos que a outra parte tiver sofrido em razão da constituição da garantia, devendo o valor da indenização ser liquidado e executado nos próprios autos."

Segundo já sedimentado em doutrina, o presente dispositivo legal dispõe como efeito reflexo, ou secundário da sentença condenatória em dinheiro ou em entrega de coisa, a hipoteca judiciária. Desse modo, o juiz, de ofício, ou a requerimento da parte, pode determinar a averbação dessa garantia em bens imóveis do devedor para futura execução, nos termos da Lei de Registros Públicos.

Em verdade, a hipoteca judiciária independe de registro, mas este é condição de eficácia perante terceiros e prevenção de fraudes. Vale dizer: os bens do devedor, incluídos os imóveis, a partir da propositura da ação e de forma mais incisiva com a sentença, constituem garantia para cumprimento da decisão, ficando vinculados ao processo, evitando que o devedor deles se desfaça.

A averbação da hipoteca judicária na matrícula do imóvel, indiscutivelmente, gera um efeito ativo da publicidade do processo (art. 93, IX, da CF), propiciando que terceiros conheçam a existência do processo e da sentença condenatória já proferida, evitando e prevenindo a fraude de execução, mas também reforçando a obrigação do devedor de cumprir a obrigação.

Conforme o § 4º, do art. 495, do CPC, a hipoteca judiciária, uma vez constituída, implicará, para o credor hipotecário, o direito de preferência, quanto ao pagamento, em relação a outros credores, observada a prioridade no registro.

Trata-se de inovação do CPC, pois o entendimento majoritário à luz do CPC/73 era de que a hipoteca judiciária não gerava preferência ao credor, o que somente era possível quando houvesse efetiva penhora.

De nossa parte, a hipoteca judiciária não é apenas um efeito secundário, reflexo, ou anexo da sentença, mas sim um efeito ativo desta, autorizando o magistrado a determinar um gravame em bens imóveis do devedor, com os seguintes objetivos:

a) prestigiar a autoridade da sentença de primeiro grau: com a hipoteca judiciária, o devedor já começa a ser importunado pela sentença, o que, via de regra, somente acontece com a penhora;

b) prevenir fraudes por parte do devedor: com o registro da hipoteca, há publicidade ampla do processo e da sentença, evitando e prevenindo fraude;

c) gerar o direito de sequela: a hipoteca judiciária não impede a alienação do bem, entretanto, há o direito de sequela por parte do vencedor da sentença, uma vez que a hipoteca continua gravando o bem havendo mudança em sua propriedade;

d) abreviar o curso da execução: com a hipoteca o bem imóvel já fica vinculado ao processo, evitando todas as vicissitudes que enfrenta o credor trabalhista para encontrar bens do devedor. Entretanto, na execução trabalhista, podem ser penhorados outros bens de maior liquidez, segundo a ordem preferêncial do art. 835 do CPC (art. 882 da CLT).

A hipoteca judiciária pode ser determinada de ofício pelo magistrado, independentemente de qualquer outro elemento, e também de outras garantias que possam assegurar o cumprimento da decisão como o arresto de bens e execução provisória.

Não obstante, há julgados exigindo contraditório prévio do devedor para a constituição da hipoteca judiciária, ou até mesmo indícios de insolvência do devedor.

De nossa parte, embora o magistrado sempre deva aplicar o instituto da hipoteca judiciária com ponderação, razoabilidade e justiça, aquela independe do mau comportamento do devedor no processo, de sua insolvência ou de contraditório prévio, pois se trata de um efeito natural e ativo da sentença. Não obstante, conforme o caso concreto, o magistrado pode não determinar a hipoteca judiciária em vista de outras garantias de cumprimento da decisão, ou até mesmo limitar esta a um bem determinado do devedor.

No aspecto, destacam-se as seguintes ementas:

"HIPOTECA JUDICIÁRIA. ART. 466 DO CPC. COMPATIBILIDADE COM O PROCESSO DO TRABALHO. A hipoteca judiciária, prevista no art. 466 do CPC, tem como objetivo assegurar a eficácia da sentença, mediante a inscrição, nas matrículas dos bens imóveis da devedora. Pode ser determinada *ex officio* pelo juiz, sem necessidade de requerimento da parte, e prescinde de prova da possibilidade de dilapidação do patrimônio do devedor, bem como da sua idoneidade e situação econômica. Não se mostra incompatível com o processo do trabalho; ao contrário, realiza o sentido teleológico do caráter privilegiado dado ao crédito trabalhista, na medida em que objetiva assegurar a sua futura satisfação." (TRT da 3ª Região; Processo: 02041-2012-063-03-00-9 RO; Data de Publicação: 23.8.2013; Órgão Julgador: Segunda Turma; relator: convocado Eduardo Aurelio P. Ferri; revisor: Jales Valadão Cardoso; Divulgação: 22.8.2013. DEJT. p. 52)

"HIPOTECA JUDICIÁRIA. A determinação judicial para expedição de ofício ao Cartório de Registro de Imóveis, a fim de que seja registrado à margem da matrícula de imóvel pertencente à reclamada, do título constitutivo da hipoteca judiciária, encontra respaldo nos arts. 167, I, "2", da Lei n. 6.015/73 c/c art. 466 do CPC, aplicáveis ao processo do trabalho, pois a medida objetiva a garantia do cumprimento efetivo da prestação judicial, bem como impedir a alienação dos bens da ré em prejuízo do credor trabalhista, sendo compatível sua aplicação no âmbito do Processo do Trabalho, portanto. Considerando que a hipoteca judiciária pode ser deferida inclusive de ofício, dou provimento ao recurso, para determinar a hipoteca judiciária prevista no art. 466 do CPC, a critério exclusivo do MM. Juiz de execução, quando assim achar conveniente." (TRT da 3ª Região; Processo: 01793-2012-093-03-00-4 RO; Data de Publicação: 24.2.2014; Órgão Julgador: Sexta Turma; relatora: Convocada Rosemary de O. Pires; revisor: Rogerio Valle Ferreira)

A Consolidação das Leis do Trabalho não dispõe sobre o instituto da hipoteca judiciária, não obstante esta se mostre compatível e recomendável no processo trabalhista pelos seguintes argumentos:

a) omissão da lei processual trabalhista e compatibilidade com o sistema e princípios do processo trabalhista (art. 769 da CLT);

b) efeito ativo da sentença trabalhista e providências que o Juiz do Trabalho pode determinar para assegurar o cumprimento efetivo e tempestivo da decisão, nos termos do art. 832, § 1º, da CLT, que assim dispõe: "Quando a decisão concluir pela procedência do pedido, determinará o prazo e as condições para o seu cumprimento";

c) efetividade do princípio da publicidade do processo, previsto constitucionalmente, para facilitar o cumprimento da decisão.

Na doutrina processual trabalhista, praticamente, não há divergências quanto à compatibilidade do instituto da hipoteca judiciária com o processo do trabalho nos termos do art. 769 da CLT.

Tanto a jurisprudência dos Tribunais Regionais do Trabalho como a do Tribunal Superior do Trabalho reconhecem a aplicação da hipoteca judiciária ao processo do trabalho, conforme as seguintes ementas:

> "HIPOTECA JUDICIÁRIA. CABIMENTO DE OFÍCIO NO PROCESSO DO TRABALHO. O art. 466 do CPC determina um efeito secundário à sentença condenatória: a constituição da hipoteca judiciária. Buscasse, assim, evitar a dilapidação dos bens e garantir efetividade à execução futura. Apesar de pouco utilizada nos Tribunais Trabalhistas, a medida é aplicável ao processo do trabalho, de acordo com o art. 769 da CLT, e leva em conta a natureza salarial das verbas objeto da condenação. Com a medida, constitui-se um ônus real, garantindo ao credor a satisfação do seu crédito. Com isto, afastasse o "ganha, mas não leva", ainda presente nesta Justiça. Diferentemente da cautelar de arresto, tal medida processual não tem relação com a solvibilidade ou não da empresa-ré, não sendo este requisito necessário para a hipoteca judiciária. Por fim, não há que se falar em sentença *extra petita*, pois constitui instituto de ordem pública, aplicável de ofício a critério do juízo sentenciante, que na hipótese, reportou-se ao dispositivo legal pertinente. Trata-se, na verdade, de consequência direta de sentença ou acórdão condenatórios, sendo possível sua aplicação, independentemente do trânsito em julgado (art. 466, parágrafo único, III, CPC), assegurando maior efetividade às decisões judiciais, em atenção ao entendimento dominante no C. TST." (TRT/SP – 00019415020105020067 – RO – Ac. 4ª T. – 20120541437 – rel. Ricardo Artur Costa e Trigueiros – DOE 25.5.2012)

> "HIPOTECA JUDICIÁRIA. CABIMENTO. PROCESSO TRABALHISTA. O entendimento desta Corte, conforme inúmeros precedentes, é no sentido de que a hipoteca judiciária, que tem como objetivo garantir o cumprimento das decisões judiciais, impedindo que a execução sofra prejuízo em razão de os bens do réu serem dilapidados, é perfeitamente compatível com o processo trabalhista. Não depende de requerimento da parte por se tratar de instituto processual de ordem pública. Recurso de revista não conhecido." (TST-RR-154/2008-142-03-00.0, Ac. 5ª Turma, rel. Ministro Emmanoel Pereira, DEJT 25.9.2009)

> "HIPOTECA JUDICIÁRIA. PROCESSO DO TRABALHO. COMPATIBILIDADE. DETERMINAÇÃO *EX OFFICIO*. Não merece reforma a decisão regional que, à luz do art. 769 da CLT, julga aplicável ao processo trabalhista o instituto da hipoteca judiciária, vertido no art. 466 do CPC, *verbis*: a sentença que condenar o réu no pagamento de uma prestação, consistente em dinheiro ou em coisa, valerá como título constitutivo de hipoteca judiciária, cuja inscrição será ordenada pelo juiz na forma prescrita na Lei de Registros Públicos, ausente na legislação trabalhista norma com ela incompatível. Por seu turno, da literalidade da redação emprestada ao parágrafo único do art. 466 do CPC, conclui-se que a hipoteca judiciária é imanente, por força da lei, à sentença condenatória, razão pela qual cabível a sua determinação de ofício pelo julgador. Inocorrente afronta aos preceitos constitucionais e normas legais indicados. Aplicação da Súmula n. 296/TST. Recurso não conhecido, no tema [...]." (TST-RR-248/2007-026-03-00.1, Ac. 3ª Turma, relª Minª Rosa Maria Weber Candiota da Rosa, DEJT 14.11.2008)

Com o registro da hipoteca judiciária, evita-se e se previne a fraude de execução, pois há presunção absoluta de que quem adquiriu o imóvel com a hipoteca sabia do gravame e, tacitamente, aceitou essa condição ao adquiri-lo.

Como bem adverte Bem-Hur Silveira Claus[(31)]:

> "Feito o registro da hipoteca judiciária, o terceiro adquirente já não mais poderá alegar a condição de adquirente de boa-fé, pois tinha acesso à informação da existência de ação judicial contra a empresa alienante (a futura executada), situação em que o terceiro adquirente passa a ser considerado adquirente de má-fé. Em outras palavras, o registro da hipoteca judiciária esvazia a alegação de ter o terceiro adquirido o imóvel de boa-fé e atua para fazer caracterizar fraude à execução no negócio celebrado entre a empresa reclamada e o terceiro adquirente."

2ª Parte — Da Coisa Julgada no Direito Processual do Trabalho

8. Conceito. Coisa julgada material e coisa julgada formal

Em razão de ser escopo da jurisdição solucionar o conflito de forma definitiva, dizendo o direito diante de um caso concreto, ganha destaque o instituto da coisa julgada que busca tornar imutável a decisão, a fim de que seu cumprimento possa ser imposto pelo Estado, dando a cada um o que é seu por direito.

Sem o efeito da coisa julgada, seria impossível o término da relação processual. Desse modo, segundo a doutrina, a coisa julgada é a preclusão máxima do processo, pois, quando atingida, a decisão se torna imutável.

Como destaca *Moacyr Amaral Santos*[(32)]:

> "Enquanto sujeita a recurso e, pois, suscetível de reforma, a sentença, em princípio, não produz os seus efeitos regulares, principais ou secundários. É uma situação jurídica. Enquanto sujeita a recurso a sentença, não se atingiu ainda a finalidade do processo, que é a composição da lide, pelo julgamento final da *res in iudicium deducta*. E, assim, o Estado não satisfez nem ultimou a prestação jurisdicional, a que está obrigado. O Estado ainda não disse, pela boca do órgão jurisdicional, a palavra final, que traduzirá a vontade da lei na sua atuação à relação jurídica deduzida em juízo."

Diante da importância da coisa julgada, não só para as partes do processo como para a sociedade, a Constituição Federal, no art. 5º, inciso XXXVI, disciplina a proteção da coisa julgada, como direito fundamental, constituindo cláusula pétrea

(31) Hipoteca Judiciária: A Redescoberta do Instituto diante da Súmula n. 375 do STJ — Execução Efetiva e Atualidade da Hipoteca Judicária. In: ALVARENGA, Rúbia Zanotelli de; TEIXEIRA, Érica Fernandes (Coords.). *Novidades em direito e processo do trabalho.* São Paulo: LTr, 2013. p. 448.

(32) SANTOS, Moacyr Amaral. *Primeiras linhas de direito processual civil.* 3. v., 16. ed. São Paulo: Saraiva, 1997. p. 42.

constitucional e também uma garantia da cidadania (art. 60, § 4º, da CF). Dispõe o referido dispositivo constitucional:

"A lei não prejudicará o direito adquirido, o ato jurídico perfeito e a coisa julgada."

Nesse sentido, destacamos a seguinte ementa:

"Coisa julgada. A coisa julgada é a entrega final, pelo Judiciário, da tutela jurisdicional, solucionando as questões colocadas em discussão, da qual não existe mais recurso, tornando imutável a decisão judicialmente proferida. Logo, é característica imperiosa da coisa julgada a existência de uma sentença anterior, proferida em autos de ação idêntica, com as mesmas partes, objeto e causa de pedir, que extinguiu o processo com julgamento do mérito de que já não caiba recurso, impossibilitando, portanto, a teor do art. 5º, inciso XXXVI, da CF, a prolação de nova decisão." (TRT – 12ª R. – 3ª T. – ROV n. 1951/2005.029.12.00-5 – Ac. n. 13.386/06 – relª Gisele P. Alexandrino – DJ 10.10.06 – p. 63) (RDT n. 11 – novembro de 2006)

Embora a proteção à coisa julgada tenha *status* constitucional, como bem adverte *Vicente Greco Filho*, o momento em que ocorre a coisa julgada e as condições de sua efetivação dependem da lei processual e da lei material.

Dispõe o art. 502 do CPC:

"Denomina-se coisa julgada material a autoridade que torna imutável e indiscutível a decisão de mérito não mais sujeita a recurso."

Diante do referido dispositivo legal, a coisa julgada material é a autoridade que torna imutável a decisão de mérito, dentro da mesma relação jurídico-processual, em razão de já se terem escoado os recursos, ou, ainda que não esgotados todos os recursos, eles já não serem possíveis em razão de a parte que pretendia a reforma da decisão não os ter interposto ou eles não terem sido recebidos.

Da definição que adotamos, extraímos as seguintes características:

a) a coisa julgada é a autoridade da decisão;

b) a coisa julgada torna imutável a decisão dentro da mesma relação jurídico-processual. No prazo de dois anos, a sentença de mérito pode ser rescindida, desde que presentes as hipóteses legais (art. 966 do CPC);

c) não há necessidade de se esgotarem todos os recursos, basta que eles não sejam mais possíveis;

d) havendo a coisa julgada material, os efeitos da coisa julgada se projetam para fora da relação jurídico-processual, pois obrigam as partes ao que foi decidido na sentença. Caso haja apenas a coisa julgada formal, os efeitos da decisão somente produzirão efeitos dentro da relação jurídico-processual, pois a decisão não poderá mais ser objeto de recursos.

Ensina *Moacyr Amaral Santos*(33), referindo-se à coisa julgada material: "O comando emergente da sentença, como ato imperativo do Estado, torna-se definitivo, inatacável,

(33) *Op. cit.*, p. 43.

imutável, não podendo ser desconhecido fora do processo. E aí se tem o que se chama coisa julgada material, ou coisa julgada substancial, que consiste no fenômeno pelo qual a imperatividade do comando emergente da sentença adquire força de lei entre as partes."

De outro lado, embora a lei não defina, a coisa julgada formal é a impossibilidade de alteração da decisão, por já esgotados todos os recursos, ou eles não serem mais possíveis. Em verdade, a coisa julgada formal é uma mera preclusão, atinente a não mais ser possível a recorribilidade da sentença dentro da mesma relação jurídico-processual.

Toda sentença adquirirá a qualidade da coisa julgada formal (seja terminativa ou definitiva), pois chegará o momento em que ela não poderá mais ser recorrível, entretanto, somente adquirirão a qualidade de coisa julgada material as sentenças de mérito, pois serão imutáveis.

Por isso, se diz que a coisa julgada material traz consigo a coisa julgada formal, uma vez que somente haverá a qualidade da coisa julgada material, se antes houver a coisa julgada formal.

Pode-se dizer, com *Liebman*, que a coisa julgada formal e a coisa julgada material são degraus do mesmo fenômeno. Proferida a sentença e preclusos os prazos para recursos, a sentença se torna imutável (primeiro degrau — coisa julgada formal); e, em consequência, tornam-se imutáveis os seus efeitos (segundo degrau — coisa julgada material)[(34)].

A Consolidação das Leis do Trabalho tem um único artigo que se refere à coisa julgada, porém, sem defini-la. Dispõe o art. 836:

> "É vedado aos órgãos da Justiça do Trabalho conhecer de questões já decididas, excetuados os casos expressamente previstos neste Título e a ação rescisória, que será admitida na forma do disposto no Capítulo IV do Título IX da Lei n. 5.869, de 11 de janeiro de 1973 — Código de Processo Civil, sujeita ao depósito prévio de 20% (vinte por cento) do valor da causa, salvo prova de miserabilidade jurídica do autor."

Quanto aos efeitos e às consequências da coisa julgada, restam aplicáveis ao Processo do Trabalho as disposições dos artigos (arts. 502 a 508 do CPC), em razão de omissão da CLT e compatibilidade com os princípios que regem o Processo do Trabalho (art. 769 da CLT).

9. Limites subjetivos da coisa julgada

Dispõe o art. 506 do CPC:

> "A sentença faz coisa julgada às partes entre as quais é dada, não prejudicando terceiros."

Conforme destaca o referido dispositivo legal, a coisa julgada somente vincula as partes que participaram do processo e também os litisconsortes que nele intervieram. A coisa julgada não pode vincular quem não participou do processo.

---

(34) SANTOS, Moacyr Amaral. *Primeiras linhas de direito processual civil.* 16. ed. São Paulo: Saraiva, 1997. p. 43.

Não obstante, em determinadas hipóteses, os efeitos da coisa julgada material se projetam sobre terceiros, como espécie de efeito reflexo da coisa julgada mesmo que eles não tenham participado do processo. Tal acontece com os terceiros que tenham interesse jurídico no processo em que se formou a coisa julgada material, como o sócio da empresa demandada, a empresa do mesmo grupo econômico etc.

Conforme *Enrico Tullio Liebman*(35), terceiros juridicamente interessados, sujeitos à exceção de coisa julgada, são os que se encontram subordinados às partes com referência à relação decidida; para estes logra aplicação exclusiva do princípio positivo, e a coisa julgada que se formou entre as partes estende-se-lhes como sua própria.

No mesmo sentido sustenta *Vicente Greco Filho*(36): "Pode ocorrer, porém, que certas relações jurídicas, por dependerem de outra que está sob julgamento, conforme decisão proferida, se transmudem de tal forma no plano do direito material que o terceiro se vê atingido inevitavelmente pelas consequências da sentença [...] há casos, porém, de extensão da coisa julgada a quem não foi parte em virtude da especial posição ocupada no plano das relações de direito material e de sua natureza. São casos de verdadeira extensão da coisa julgada decorrente do tratamento legal dado a certas relações de direito material. Entre esses casos podem ser citados: o dos sucessores das partes, os quais, a despeito de não terem sido partes, estão sujeitos à coisa julgada porque receberam os direitos e ações no estado de coisa julgada; o do substituído, no caso de substituição processual, em que o substituto foi parte, mas o direito é do substituído, o qual, consequentemente, tem sua relação jurídica decidida com força de coisa julgada; o dos legitimados concorrentes para demandar (como, p. ex., os credores solidários), que também, mesmo sem serem partes, têm a decisão de mérito contra si imutável."

Nas ações coletivas em que se discutem direitos difusos e coletivos e individuais homogêneos, a coisa julgada tem efeitos *erga omnes* e *ultra partes*, nos termos do art. 103 da Lei n. 8.078/90.

10. Limites objetivos da coisa julgada

Dispõe o art. 503 do CPC:

"A decisão que julgar total ou parcialmente o mérito tem força de lei nos limites da questão principal expressamente decidida.

§ 1º O disposto no *caput* aplica-se à resolução de questão prejudicial, decidida expressa e incidentemente no processo, se:

I – dessa resolução depender o julgamento do mérito;

II – a seu respeito tiver havido contraditório prévio e efetivo, não se aplicando no caso de revelia;

---

(35) *Eficácia e autoridade da sentença e outros escritos sobre a coisa julgada.* 4. ed. Rio de Janeiro: Forense, 2006. p. 91.

(36) *Op. cit.*, p. 271.

III – o juízo tiver competência em razão da matéria e da pessoa para resolvê-la como questão principal.

§ 2º A hipótese do § 1º não se aplica se no processo houver restrições probatórias ou limitações à cognição que impeçam o aprofundamento da análise da questão prejudicial."

Os limites objetivos da coisa julgada são fixados pelo pedido e pela defesa e pelo que foi apreciado na decisão.

Como bem adverte *Moacyr Amaral Santos*(37):

> "A sentença que decide uma lide. Por isso mesmo deverá ater-se aos limites da lide, tal qual se projetou no processo. Faz coisa julgada e tem força de lei dentro desses limites."

O § 1º do art. 503 do CPC estende os efeitos da coisa julgada à questão prejudicial. Embora não preveja o dispositivo, é necessário que tenha havido requerimento expresso da parte nesse sentido.

Questão prejudicial constitui uma relação jurídica controvertida, cuja existência deve enfrentar o juiz, declarando-a existente ou inexistente, na fundamentação da sentença, como condição para decidir o pedido ou pedidos formulados na inicial. Conforme *Nelson Nery Junior*, questão prejudicial "é o fato ou a relação jurídica anterior ao mérito, de cuja declaração de existência ou inexistência o julgado não pode prescindir para julgar a causa. A questão prejudicial influencia no teor da questão seguinte (prejudicada)" — por exemplo: a declaração da existência do vínculo de emprego é uma questão prejudicial para o Juiz do Trabalho decidir os pedidos de verbas rescisórias, horas extras e demais pretensões que decorrem da existência da relação de emprego.

Conforme o CPC (art. 503, § 1º), aplica-se a autoridade da coisa julgada material à resolução de questão decidida expressa e incidentemente no processo, se:

a) dessa resolução depender o julgamento do mérito. No processo do trabalho, por exemplo, se a questão da justa causa é prejudicial ao recebimento das verbas rescisórias;

b) a seu respeito tiver havido contraditório prévio e efetivo, não se aplicando no caso de revelia: deve ter havido contraditório prévio sobre a questão prejudicial, tendo sido facultado às partes amplo debate sobre a questão e ampla possibilidade de dilação probatória, o que incorre na hipótese de revelia;

c) o juízo tiver competência em razão da matéria e da pessoa para resolvê-la como questão principal.

Conforme o § 2º, do art. 503, do CPC, não se aplicará a autoridade da coisa julgada material à questão prejudicial se no processo houver restrições probatórias ou limitações à cognição que impeçam o aprofundamento da análise da questão prejudicial.

---

(37) *Op. cit.*, p. 60.

Dispõe o art. 504 do CPC:

"Não fazem coisa julgada:

I – os motivos, ainda que importantes para determinar o alcance da parte dispositiva da sentença;

II – a verdade dos fatos, estabelecida como fundamento da sentença;"

Conforme o referido dispositivo legal, os motivos da decisão, a verdade dos fatos constantes da fundamentação, bem como a questão prejudicial decidida na fundamentação não são abrangidos pelo efeito da coisa julgada material. Somente o dispositivo da sentença ou acórdão adquire a qualidade da coisa julgada material.

Nesse sentido, destacamos a seguinte ementa:

"Coisa julgada — Sentença — *Decisum*. É exato dizer que a coisa julgada se restringe à parte dispositiva da sentença, a essa expressão, todavia, deve dar-se um sentido substancial e não formalista, de modo que abranja não só a parte final da sentença, como também qualquer outro ponto em que tenha o juiz eventualmente provido sobre o pedido das partes. RT n. 623/125." (TRT – 12ª R. – 2ª T. – Ac. n. 1931/2003 – rel. Dilnei A. Biléssimo – DJSC 24.2.2003 – p. 158) (RDT n. 3 – março de 2003).

Nos termos do art. 508 do CPC:

"Transitada em julgado a decisão de mérito, considerar-se-ão deduzidas e repelidas todas as alegações e as defesas que a parte poderia opor tanto ao acolhimento quanto à rejeição do pedido."

Nesse sentido, destacamos a seguinte ementa:

"Coisa julgada — Gênese — Oportunidade — Limites objetivos — Obrigação de fazer — Multa. 1. Havendo cumulação objetiva, de par com a ausência de interposição de recurso sobre um dos temas versados na lide, o trânsito em julgado em relação a ele ocorre em momento anterior aos demais devolvidos à instância revisional. Incidência da Súmula n. 100, item I, do c. TST. 2. É inerente à multa, pelo descumprimento de obrigação de fazer, a limitação de seu valor ao da obrigação principal (arts. 920 do CCB/1916, 412 do CCB/2002 e OJ SBDI-1 n. 54). 3. Agravo de petição conhecido e parcialmente provido." (TRT – 10ª R. – 2ª T. – AP n. 26/2003.020.10.00-9 – rel. João Amílcar – DJ 1.6.07 – p. 19) (RDT n. 7 – Julho de 2007)

Dispõe o art. 505 do CPC:

"Nenhum juiz decidirá novamente as questões já decididas, relativas à mesma lide, salvo: I – se, tratando-se de relação jurídica de trato continuado, sobreveio modificação no estado de fato ou de direito; caso em que poderá a parte pedir a revisão do que foi estatuído na sentença; II – nos demais casos prescritos em lei."

Como já mencionado, a coisa julgada torna imutáveis os efeitos da sentença, exceto:

a) relação jurídica continuativa: é a relação que se prolonga no tempo, ou seja, que tem continuidade após a decisão final. Normalmente, as decisões proferidas neste tipo de relação são provisórias, *rebus sic stantibus*, pois podem ser objeto de revisão.

Ensina *Moacyr Amaral Santos*[38]:

> "Relações jurídicas continuativas são as 'reguladas por regras jurídicas que projetam no tempo os próprios pressupostos, admitindo variações dos elementos quantitativos e qualitativos' (Pontes de Miranda). Dando atuação a tais regras, a sentença atende aos pressupostos do tempo em que foi proferida, sem, entretanto, extinguir a relação jurídica, que continua sujeita a variações dos seus elementos constitutivos. Tais as sentenças condenatórias em prestações periódicas, como a de alimentos e a de acidente de trabalho."

Como exemplos de relações continuativas temos os benefícios acidentários, que podem ser revistos (auxílio-doença, aposentadoria por invalidez etc.); a condenação no pagamento de adicionais de insalubridade ou de periculosidade quando o contrato de trabalho continua vigente; a sentença normativa em dissídio coletivo de natureza econômica, que pode sofrer revisão.

b) nos casos previstos em lei: somente quando a lei possibilitar será possível a reapreciação da sentença transitada em julgado, como na hipótese de ação rescisória (art. 966 e seguintes do CPC).

11. Dos efeitos da coisa julgada criminal no Processo do Trabalho

A responsabilidade civil é independente da criminal, não obstante um mesmo fato possa ter interligações nas esferas civil, criminal e trabalhista — por exemplo, um furto praticado pelo empregado no local de trabalho pode ensejar uma ação criminal a fim de que o Estado possa exercer o seu poder punitivo (delito de furto — art. 155 do CP); e também no contrato de trabalho, acarretando sua extinção por justa causa em razão do ato de improbidade (art. 482, alínea *a*, da CLT).

Embora não exista hierarquia entre as Justiças Criminal e Trabalhista, é bem verdade que, considerando-se o bem jurídico tutelado na esfera criminal, que é a proteção da sociedade, e os efeitos que podem acarretar a condenação criminal (privação de liberdade), a prova produzida no crime há de ser mais detalhada do que na esfera trabalhista, pois nesta última apenas serão discutidos a extinção do contrato de trabalho e o pagamento de parcelas pecuniárias. Além disso, na esfera criminal, vige o princípio da verdade real, enquanto o Processo do Trabalho se contenta com a verdade formal, qual seja: a que emerge dos autos.

Nesse sentido, dispõe o art. 935 do CC:

> "A responsabilidade civil é independente da criminal, não se podendo questionar mais sobre a existência do fato, ou sobre quem seja o seu autor, quando estas questões se acharem decididas no juízo criminal."

Conforme o referido dispositivo, se restarem decididas no crime a existência do fato ou sobre quem seja o seu autor, estes fatos fazem coisa julgada nas esferas civil e trabalhista.

---

(38) *Op. cit.*, p. 55.

Deve ser destacado que somente haverá vinculação do juízo trabalhista quando o fato discutido no juízo criminal for idêntico ao discutido na Justiça do Trabalho. Além disso, deve ser decidido de forma categórica pelo juízo criminal sobre a existência do fato ou sobre sua autoria. De outro lado, deverá ter havido o trânsito em julgado da sentença penal.

O referido dispositivo se aplica ao Processo do Trabalho, por força do art. 769 da CLT.

Nesse sentido, a opinião de *Arnaldo Süssekind*, *Délio Maranhão*, *Segadas Vianna* e *Lima Teixeira*(39):

> "Efeito da sentença criminal. Um mesmo fato pode repercutir a um só tempo no âmbito do direito do trabalho e no direito penal: constituir falta grave e crime. Surge, então, o problema do efeito do julgamento criminal no processo do trabalho, na configuração da justa causa. Diz o art. 1.525 do Código Civil de 1916 (no Novo Código Civil, art. 937) que a responsabilidade civil é independente da criminal. E acrescenta que, decidida no juízo criminal a existência do crime e sua autoria, não pode ser reaberta discussão sobre tais questões na instância civil."

Quanto à sentença penal absolutória, cumpre mencionar as hipóteses previstas no Código de Processo Penal.

Dispõe o art. 386 do CPP:

"O juiz absolverá o réu, mencionando a causa na parte dispositiva, desde que reconheça:

I – estar provada a inexistência do fato;

II – não haver prova da existência do fato;

III – não constituir o fato infração penal;

IV – não existir prova de ter o réu concorrido para a infração penal;

V – existir circunstância que exclua o crime ou isente o réu de pena (arts. 17, 18, 19, 22 e 24, § 1º, do Código Penal);

VI – não existir prova suficiente para a condenação."

De todas as hipóteses mencionadas no art. 386 do CPP, considerando-se a independência da responsabilidade trabalhista e criminal, a única que vinculará o Juízo Trabalhista é a mencionada no inciso I do citado dispositivo legal, qual seja: estar provada a inexistência do fato. Nesta hipótese, o Juiz do Trabalho não poderá determinar a produção de provas, se o juízo criminal, após análise da prova, disser que o fato inexistiu. Os demais incisos do art. 386 do CPP não vinculam o Juiz do Trabalho.

---

(39) *Instituições de direito do trabalho.* V. 1, 22. ed. São Paulo: LTr, 2005. p. 576.

Nesse sentido, destacamos a seguinte ementa:

"Justa causa — Absolvição no âmbito penal por falta ou insuficiência de provas — Vinculação — Coisa julgada — Efeitos. De acordo com as regras que regem o Direito Processual como um todo, decisão transitada em julgado e proferida por juízo criminal em que a pessoa do trabalhador (réu) é absolvida em virtude da falta de provas ou de sua insuficiência — CPP, art. 386, incisos II e VI — não é capaz de gerar efeitos de vinculação no âmbito trabalhista, justamente por não haver a efetiva declaração de inexistência do ato tido por ilícito. Trocando em miúdos, essa vinculação só ocorrerá quando a decisão no foro criminal declarar a improcedência da ação penal (e consequente absolvição do réu) por inexistência ou desconstituição do fato, ou ainda naquelas hipóteses descritas no art. 65 do CPP. Assim sendo, nada impede que o juízo trabalhista, ainda que ciente do resultado dessa decisão, venha rever e interpretar de modo diverso aquelas mesmas provas produzidas nos autos da ação penal, e que fazem referência à materialidade de suposto ato ilícito e antijurídico, justificador da justa causa aplicada pelo ex-empregador (vítima)." (TRT – 15ª R. – 5ª T. – RO n. 105/2003.100.15.00-6 – rel. Gerson L. Pistori – DJSP 2.9.05 – p. 87) (RDT n. 09 – Setembro de 2005)

No mesmo contexto, destacamos a seguinte ementa:

"CONDENAÇÃO CRIMINAL — DISPENSA POR JUSTA CAUSA. ABSOLVIÇÃO NO CRIME. DESCONSTITUIÇÃO. Por causar o empregado danos irreparáveis, a dispensa por justa causa deve ser aplicada com extrema cautela, sempre robustamente provados pela empresa, perante o juízo, os motivos que ensejaram, pena de desconstituição e deferimento das verbas rescisórias de direito. Em se tratando de falta que sofre o crivo da Justiça Penal, tendo sido o obreiro inocentado, incabível a pretensão da ré de que decida diferentemente a Justiça do Trabalho até mesmo porque constituiria lesão à coisa julgada." (TRT – 2ª R. – Ac. 02980638824 – 7ª T. – rel. Gualdo Fórmica – DOESP 29.11.1999)

12. Relativização da coisa julgada material no Processo do Trabalho

Embora não haja previsão legal e a proteção à coisa julgada tenha *status* constitucional (art. 5º, XXXVI, da CF), há entendimentos, na doutrina e na jurisprudência, defendendo a relativização da coisa julgada material em determinadas hipóteses, tendo à vista que a coisa julgada se forma em compasso com a lei processual; que não subsiste a coisa julgada contra a Constituição Federal; que a coisa julgada deve refletir justiça, não subsistindo a coisa julgada injusta; supremacia da efetividade processual.

Nessa linha de argumentação, mesmo após o trânsito em julgado, é possível se desconstituir a coisa julgada material, desde que presentes as hipóteses mencionadas.

Como destaca *Nelson Nery Junior*(40): "Os exemplos trazidos por essa tendência para justificar a desconsideração da intangibilidade constitucional da coisa julgada são casos de exceção que não justificam a criação de regra para quebrar-se o Estado Democrático de Direito, fundamento constitucional da própria República Brasileira

(40) NERY JUNIOR, Nelson. *Código de Processo Civil comentado.* 10. ed. São Paulo: RT, 2007. p. 684-685.

(CF, § 1º, *caput*). Essa tendência se verifica por conta de, principalmente, dois exemplos: investigação de paternidade julgada improcedente quando ainda não havia DNA e desapropriação de imóvel com avaliação supervalorizada."

Não obstante os ponderáveis argumentos da doutrina que embasam, em determinadas hipóteses, a relativização (desconsideração da coisa julgada material), com eles não concordamos, pois a coisa julgada tem assento constitucional (art. 5º, XXXVI), sendo uma garantia da cidadania e do Estado Democrático de Direito. Pensamos ser muito perigosa a desconstituição da coisa julgada material quando ela se formou diante de um regular processo judicial, uma vez que proteção à coisa julgada visa à segurança jurídica.

No nosso sentir, é mais relevante proteger a intangibilidade da coisa julgada material do que a justiça da decisão ou eventual inconstitucionalidade do dispositivo em que se baseou a decisão. Vale destacar que o sistema processual brasileiro permite uma gama elevada de recursos visando ao aperfeiçoamento da decisão, e, ainda, depois do trânsito em julgado, há a possibilidade de propositura da Ação Rescisória. Fazem parte do sistema processual coisas julgadas injustas ou que não refletem a realidade dos fatos, mas tais vicissitudes decorrem do devido processo legal, pois o julgamento das causas é realizado por seres humanos passíveis de erros.

Pelo exposto, embora sejamos favoráveis à ampla possibilidade probatória no processo, ao amplo contraditório e à ampla defesa, ao exercício de amplos poderes instrutórios do juiz, à aplicabilidade de leis processuais efetivas e à ampla possibilidade de discussões sobre a constitucionalidade das normas, após o trânsito em julgado, não somos favoráveis à desconstituição da coisa julgada fora das hipóteses admitidas pela legislação processual (art. 966 do CPC).

Como bem adverte *Nelson Nery Junior*(41): "Consoante o direito constitucional de ação (art. 5º, XXXV), busca-se pelo processo a tutela jurisdicional adequada e justa. A sentença justa é o ideal — utópico — maior do processo. Outro valor não menos importante para essa busca é a segurança das relações sociais e jurídicas. Havendo choque entre esses dois valores (justiça da sentença e segurança das relações sociais e jurídicas), o sistema constitucional brasileiro resolve o choque, optando pelo valor segurança (coisa julgada), que deve prevalecer em relação à justiça, que será sacrificada."

A Consolidação das Leis do Trabalho disciplina uma polêmica hipótese de desconstituição da coisa julgada material, no § 5º do art. 884, com a redação dada pela Medida Provisória n. 2.180-35/01. Dispõe o referido dispositivo legal:

> "Considera-se inexigível o título judicial fundado em lei ou ato normativo declarados inconstitucionais pelo Supremo Tribunal Federal ou em aplicação ou interpretação tidas por incompatíveis com a Constituição Federal."

---

(41) *Op. cit.*, p. 687.

No sentido da aplicabilidade do referido dispositivo, destacamos a seguinte ementa:

> "Coisa julgada — Relativização — Execução — Acordo judicial — Conluio entre as partes. 1. A garantia constitucional da intangibilidade da coisa julgada (art. 5º, inciso XXXVI, da Constituição da República) não constitui um princípio absoluto, mas condicionada a que se forme em processo regular e válido, nos termos da lei. Tanto que a própria lei autoriza rescindir a decisão de mérito em certos casos (CPC, arts. 485 e 741, inciso I), assim como autoriza o juiz, em caso de processo fraudulento ou de processo simulado, a pôr cobro a tal situação de modo a obstar os objetivos das partes (CPC, art. 129). 2. Somente a deusa que simboliza o valor Justiça tem os olhos vendados. A instituição 'Justiça', contudo, precisa tê-los bem abertos para não se deixar enredar por litigantes maliciosos, cuja atuação pode comprometer a base ética e de moralidade que deve permear o exercício da atividade jurisdicional do Estado. Daí por que, em situações extraordinárias e teratológicas, há que superar o formalismo estreito da coisa julgada material para dar prevalência a outros princípios de que também é cioso o ordenamento jurídico. 3. Constatado por depoimentos e documentos nas instâncias ordinárias que o acordo anteriormente homologado em juízo, de valor elevado, resultou de conluio fraudulento entre as partes, visando a comprometer o direito de credores quirografários junto à empresa em situação financeira ruinosa, é dever do juiz obstar o cumprimento da transação inadimplida e declarar extinto o processo, sem exame de mérito. 4. Não se vislumbra a acenada violação ao art. 5º, inciso XXXVI, da Constituição Federal, ante a viabilidade de relativizar-se a coisa julgada, a fim de coibir-se a avença fraudulenta alcançada entre as partes." (TST – 1ª T. – RR n. 108/2000.019.12.00-0 – rel. João Oreste Dalazen – DJ 8.4.05 – p. 685) (RDT n. 05 – Maio de 2005)

Como já nos pronunciamos anteriormente, somos contrários à relativização da coisa julgada material. Em razão disso, reputamos inconstitucional o § 5º do art. 884 da CLT, por colidir com o art. 5º, XXXVI, da CF, uma vez que a proteção da coisa julgada tem assento constitucional. Além disso, há inconstitucionalidade formal da norma, pois não houve relevância e urgência para a inclusão do § 5º ao art. 884 da CLT (art. 62 da CF).

Nesse sentido, sustenta com propriedade *Jorge Luiz Souto Maior*(42):

> "Ao aplicar a lei para solução de um conflito, o juiz avalia sua constitucionalidade, por meio do controle difuso, mesmo que não o diga, expressamente. Em outras palavras, o juiz só aplica a lei que considera constitucional. Proferida a decisão, em contraditório, com respeito à ampla defesa e ao duplo grau de jurisdição, uma vez transitada em julgado, deve esta ser respeitada. Não há sentido em negar eficácia executiva a esta decisão mesmo se, posteriormente, o Supremo Tribunal Federal venha declarar a lei, sobre a qual se baseia a decisão, inconstitucional ou lhe der uma interpretação conforme a Constituição, pois que tentando preservar a autoridade da Constituição acaba-se negando um dos direitos que a própria Constituição estabelece na qualidade de direitos fundamentais, que é o respeito à coisa julgada."

---

(42) SOUTO MAIOR, Jorge Luiz. Reflexos das alterações do Código de Processo Civil no processo do trabalho. *In: Revista LTr* n. 70-09/924.

No mesmo contexto, são as lúcidas conclusões de *Estêvão Mallet*(43):

> "A Medida Provisória n. 2.180, ao introduzir o § 5º, do art. 884, da CLT, porque editada sem que estivesse presente o pressuposto da urgência, é formalmente inconstitucional. É, ademais, materialmente inconstitucional, quando pretende afastar a exequibilidade de sentenças já transitadas em julgado. Esses vícios, enquanto não reconhecidos em ação direta, podem e devem ser reconhecidos incidentalmente, por meio de controle difuso, para que não se afaste a exequibilidade de sentença fundada em lei ou ato normativo declarados inconstitucionais pelo Supremo Tribunal Federal ou em aplicação ou interpretação tidas por incompatíveis com a Constituição Federal."

No mesmo diapasão, relevante destacar a seguinte ementa:

> "Coisa julgada — Necessidade de observância — Inconstitucionalidade do § 5º do art. 884 da CLT. A coisa julgada, enquanto valor constitucionalmente resguardado (Constituição Federal, art. 5º, XXXVI), resta imutável, quando já escoado o prazo para interposição de ação rescisória (CPC, art. 485 e seguintes). O § 5º, acrescentado ao art. 884 da CLT, a exemplo do que ocorre com o parágrafo único do art. 741 do CPC, atentando contra o dogma, ultrapassa os limites franqueados à legislação ordinária, ofendendo a Carta Magna e exigindo sua pronta extirpação do ordenamento jurídico. Inconstitucionalidade declarada." (TRT – 10ª R. – 3ª T. – Ap. n. 1394-1992-008-00-7 – rel. Alberto Bresciani – DJDF 31.1.2003 – p. 15) (RDT n. 2 – fevereiro de 2003)

(43) MALLET, Estêvão. A dupla inconstitucionalidade do § 5º do art. 884, da CLT. *In: Direito, trabalho e processo em transformação.* São Paulo: LTr, 2005. p. 262.

Capítulo XVII

Dos Ritos Sumaríssimo e Sumário no Processo do Trabalho

1. Dos ritos sumário e sumaríssimo trabalhistas

Atualmente, existem dois ritos sumaríssimos no Processo do Trabalho: o da Lei n. 5.584/70, que foi batizado pela doutrina com o nome de rito sumário, e o da Lei n. 9.957/00, denominado sumaríssimo.

Tanto os ritos sumário como o sumaríssimo têm fundamento nos princípios da celeridade, da simplicidade e da informalidade, propiciando um rito processual mais ágil para as causas de menor valor econômico.

Há discussões na doutrina sobre ter a Lei n. 9.957/00, aplicável para as causas cujo valor atinjam até quarenta salários mínimos, revogado a Lei n. 5.584/70, que disciplina o procedimento para as causas cujo valor não ultrapasse dois salários mínimos.

Defendendo a revogação, temos a visão de *José Augusto Rodrigues Pinto* e *Rodolfo Pamplona Filho*(1):

> "Se consideramos não ter havido derrogação da Lei n. 5.584/70, na parte que trata das causas de pequeno valor, ficaríamos submetidos a dois critérios de incoerência incompreensível: um pequeno valor menor *(sic)* que sujeitará a causa a procedimento ordinário, com ampla possibilidade de produção de prova, sem comportar recurso; e um pequeno valor maior *(sic)* que sujeitará a causa a procedimento sumaríssimo, portanto com uma limitação da dilação probatória e ampliação dos poderes de direção do juiz comportando recurso [...]. Tudo nos leva, pois, à conclusão de que, embora as duas leis não disponham diretamente sobre a mesma matéria, as normas da Lei n. 9.957/00, relativas a causas de pequeno valor, entram em conflito disciplinar com as do art. 2º e parágrafos da Lei n. 5.584/70. E, se entram, derrogam-nas. Não admitir isso é, *ultima ratio*, desprezar um dos princípios fundamentais do Direito Processual, a simetria de tratamento das partes pelo processo."

(1) *Manual da conciliação preventiva e do procedimento sumaríssimo.* São Paulo: LTr, 2001. p. 161.

Em que pesem os argumentos anteriormente declinados, pensamos que o rito sumário previsto na Lei n. 5.584/70 não foi revogado expressa ou tacitamente pela Lei n. 9.957/00, pois não houve regulamentação total da matéria, não há incompatibilidade entre as duas leis e também não houve menção expressa à revogação (art. 2º da LINDB brasileiro).

Nesse sentido, a posição de *Estêvão Mallet*(2):

> "Revogação expressa da Lei n. 5.584 não houve. De outro lado, a Lei n. 9.957/00 não regulou inteiramente a matéria tratada pela Lei n. 5.584, que cuida não apenas do procedimento aplicável a determinadas causas como, também, de outras matérias, como, por exemplo, remição e assistência judiciária. Ademais, a Lei n. 9.957 silencia por completo sobre as regras para fixação do valor da causa, e exclui de seu âmbito de aplicação a Administração Pública (parágrafo único, do art. 852-A, da CLT), o que não se verifica no procedimento da Lei n. 5.584/70)."

No mesmo diapasão, destaca-se a seguinte ementa:

> "Alçada. Não foi revogada pela Lei n. 9.957/00, que instituiu o rito sumaríssimo na Justiça do Trabalho, a regra contida no art. 2º, § 3º, da Lei n. 5.584/70, segundo a qual não cabe nenhum recurso nas causas cujo valor não exceda de duas vezes o salário mínimo vigente à época do ajuizamento da ação, salvo se versarem sobre matéria constitucional." (TRT – 3ª R. – 2ª T. – RO n. 18.196/00 – relª Juíza Alice Monteiro de Barros – DJMG 6.12.00 – p. 20)

2. Do rito sumário

O rito sumário, também chamado *rito de alçada*, está disciplinado pela Lei n. 5.584/70, art. 2º, §§ 3º e 4º.

Tem por objeto o presente rito imprimir maior celeridade processual e efetividade da jurisdição trabalhista para as causas cujo valor não exceda dois salários mínimos, simplificando o procedimento e eliminando recursos.

Conforme destaca *Wagner D. Giglio*(3), a intenção da Lei n. 5.584, de 26 de junho de 1970, se evidencia diante da simples leitura de seu texto, pois visou a dinamizar o procedimento das ações trabalhistas. Acrescentemos, liminarmente, que obteve êxito, pois acelerou algumas etapas, tais como a prova pericial e a execução.

Dispõe o art. 2º da Lei n. 5.584/70:

> "Nos dissídios individuais, proposta a conciliação, e, não havendo acordo, o Presidente da Junta ou o juiz, antes de passar à instrução da causa, fixar-lhe-á o valor para a determinação da alçada, se este for indeterminado no pedido.
>
> [...] § 3º – Quando o valor fixado para a causa, na forma deste artigo, não exceder de 2 (duas) vezes o salário mínimo vigente na sede do Juízo, será dispensável o resumo dos depoimentos, devendo constar da Ata a conclusão da Junta quanto à matéria de fato.

(2) MALLET, Estêvão. *Procedimento sumaríssimo trabalhista*. São Paulo: LTr, 2002. p. 21-22.

(3) *Op. cit.*, p. 355.

§ 4º – Salvo se versarem sobre matéria constitucional, nenhum recurso caberá das sentenças proferidas nos dissídios da alçada a que se refere o parágrafo anterior, considerado, para esse fim, o valor do salário mínimo à data do ajuizamento da ação."

O rito sumário, conforme o § 3º do referido dispositivo legal, aplica-se para as causas cujo valor não exceda dois salários mínimos.

A ata de audiência é mais simplificada, dispensando-se o resumo dos depoimentos, devendo constar do termo a conclusão da Vara quanto à matéria de fato.

Não há possibilidade de recursos, salvo se versar a causa sobre matéria constitucional. Nessa hipótese, será cabível apenas o recurso extraordinário (art. 102 da CF), uma vez que a causa é decidida em instância única(4). Admitem-se, entretanto, os embargos de declaração, se presentes as hipóteses do art. 897-A da CLT.

Praticamente, o rito sumário está em desuso no Processo do Trabalho, pois dificilmente uma reclamação trabalhista atinge apenas o valor de até dois salários mínimos.

Na prática, a reclamatória instruída pelo rito sumário segue, até a sentença, o mesmo procedimento do rito ordinário, havendo diferença apenas na fase recursal.

Já está pacificada a questão no sentido de ser constitucional a vinculação da alçada ao salário mínimo, conforme dispõe a Súmula n. 356 do C. TST, *in verbis*:

"ALÇADA RECURSAL. VINCULAÇÃO AO SALÁRIO MÍNIMO – O art. 2º, § 4º, da Lei n. 5.584, de 26.6.1970 foi recepcionado pela CF/1988, sendo lícita a fixação do valor da alçada com base no salário mínimo."

3. Do rito sumaríssimo

A Lei n. 9.957/00, inserindo as alíneas A/I ao art. 852 da CLT, teve por objetivo criar um rito processual mais simples e célere, para propiciar ao jurisdicionado maior rapidez e efetividade no recebimento da prestação jurisdicional para as demandas cujo valor dos pedidos não ultrapasse quarenta salários mínimos(5).

O presente rito se aplica para as causas cujo valor seja de dois a quarenta salários mínimos, pois, conforme a posição que adotamos, a Lei n. 9.957/00 não revogou o procedimento sumário previsto na Lei n. 5.584/70.

---

(4) No capítulo dos recursos, abordamos com maior profundidade a questão do recurso cabível nos dissídios de alçada (Lei n. 9.957/00).

(5) Nesse sentido, destacamos a seguinte ementa: "Rito sumaríssimo — Inaplicabilidade. Quando os valores líquidos do pedido ultrapassam o limite de 40 salários mínimos, ainda que arbitrado o valor da causa em quantia inferior àquele teto (CLT, art. 852-A). Com efeito, pelo exame da inicial, verifica-se que a parte líquida dos pedidos formulados totaliza R$ 13.001,23 (fl. 8) e o restante ilíquido corresponde a mais vinte salários mínimos, a título de indenização por danos morais (fl. 9, item *h*). Logo, trata-se de valores que ultrapassam em muito quarenta vezes o salário mínimo vigente na data de ajuizamento da reclamação. Tal circunstância, além da iliquidez de parte do pedido, afasta, por força da lei (CLT, art. 852-A), que seja processada a ação pelo procedimento sumaríssimo". (TRT – 1ª R. – 8ª T. – RO n. 1.559/99 – rel. Juiz Carlos Alberto A. Drummond – DJ 7.2.2001 – p. 181) (RDT 03/2001 – p. 66)

Os princípios processuais do rito sumaríssimo são os mesmos do Processo do Trabalho, destacando-se os da oralidade, simplicidade, celeridade e maiores poderes do Juiz do Trabalho na direção do Processo.

Mesmo diante de algumas previsões pessimistas iniciais, o rito sumaríssimo vem obtendo bons resultados no Processo do Trabalho, principalmente na fase de conhecimento, muito embora na execução não tenha havido nenhuma previsão legal a respeito destinada a imprimir maior celeridade para as causas que tramitam pelo rito sumaríssimo.

3.1. Da obrigatoriedade ou facultatividade do rito sumaríssimo

Dispõe o art. 852-A da CLT:

"Os dissídios individuais cujo valor não exceda a quarenta vezes o salário mínimo vigente na data do ajuizamento da reclamação ficam submetidos ao procedimento sumaríssimo. Parágrafo único. Estão excluídas do procedimento sumaríssimo as demandas em que é parte a Administração Pública direta, autárquica e fundacional."

Conforme o referido dispositivo, discute-se na doutrina e na jurisprudência se o rito sumaríssimo é compulsório para as causas cujo valor supere dois e não exceda quarenta salários mínimos.

Há defensores da facultatividade do rito, cabendo a escolha ao autor se pretende o rito ordinário ou sumaríssimo, considerando, dentre outros argumentos, o princípio do acesso à justiça e o de que a competência em razão do valor é relativa.

Nesse sentido, sustentam *Pedro Paulo Teixeira Manus* e *Carla Teresa Martins Romar*(6):

> "O procedimento sumaríssimo, por ser menos formal e mais célere, beneficia o autor porque a ele é dado escolher o rito, a nosso ver, embora forte tendência jurisprudencial incline-se no sentido da obrigatoriedade do procedimento desde que o valor do pedido não exceda 40 vezes o salário mínimo. Admitamos como obrigatório desde que ao reclamante não seja desfavorável (impossibilidade de liquidação de cada pedido, número de testemunhas e intimação prévia e necessidade de citação da reclamada por edital)."

Não obstante as razões mencionadas, com elas não concordamos. Pensamos que o rito processual é de ordem pública, não tendo o autor a escolha do rito. Se tal fosse possível, esta escolha também caberia ao réu (princípio da isonomia — art. 5º da CF). Além disso, o art. 852-A da CLT utiliza o verbo no imperativo, dizendo que as causas até quarenta salários mínimos ficam sujeitas ao rito sumaríssimo.

Nesse sentido, concordamos com a posição de *Estêvão Mallet*(7), quando assevera:

> "Sendo cabível, pelas características da causa, o procedimento sumaríssimo, sua utilização é obrigatória e não facultativa. Tal conclusão se impõe não

(6) *CLT e legislação complementar em vigor.* 6. ed. São Paulo: Malheiros, 2006. p. 242.

(7) MALLET, Estêvão. *Procedimento sumaríssimo.* São Paulo: LTr, 2002. p. 30-31.

apenas porque use o art. 852-A, da CLT, de locução imperativa. A expressão utilizada, reconhecidas as deficiências e as limitações da interpretação gramatical, não é o argumento decisivo. Mais importante é o fato de que a forma do processo é estabelecida não para satisfazer o interesse particular dos litigantes, mas para permitir a melhor e mais eficiente administração da justiça, rendendo serviço, portanto, ao interesse público."

3.2. Da possibilidade de conversão do rito sumaríssimo para ordinário

Há divergências na doutrina e jurisprudência sobre poder o juiz converter o rito se a parte erroneamente o elegeu. Alguns argumentam que o rito processual é de ordem pública, não cabendo ao juiz corrigi-lo. Não obstante, pensamos que o rito possa ser corrigido pelo juiz, uma vez que ele é o diretor do processo, e este tem caráter instrumental. Desde que não haja manifesto prejuízo às partes (art. 794 e seguintes da CLT) e a petição inicial possa adaptar-se ao rito para o qual determinou o juiz, acreditamos que o rito possa ser alterado *ex officio* pelo juiz, nos termos dos arts. 765 da CLT e 370 do CPC.

Nesse sentido, destacamos a seguinte ementa:

"1. Preliminar de nulidade — Conversão do rito processual no decurso do processo. Em se tratando de causa sujeita ao rito sumaríssimo, o conhecimento do recurso de revista limita-se às hipóteses tratadas no art. 896, § 6º, da CLT. Contudo, a reclamada não cuidou de indicar violação direta de preceito constitucional, tampouco contrariedade a Enunciado do Tribunal Superior do Trabalho, inviabilizando o seguimento do recurso de revista. 2. Ilegitimidade de parte. Incumbe à parte indicar violação de dispositivo constitucional e/ou contrariedade à Súmula de jurisprudência do Tribunal Superior do Trabalho, conforme previsão do art. 896, § 6º, da CLT, para fins de conhecimento do recurso de revista, em causa submetida ao rito sumaríssimo. 3. Responsabilidade subsidiária. Se o Tribunal Regional decide com base em Súmula de jurisprudência do Tribunal Superior do Trabalho — no caso, o Enunciado n. 331, inciso IV —, o conhecimento do recurso de revista não se viabiliza por contrariedade ao mencionado Enunciado. 4. Agravo de instrumento desprovido." (TST – 1ª T. – AIRR n. 797.349/2001-8 – rel. Emmanoel Pereira – DJ 27.2.04 – p. 581) (RDT n. 3 – março de 2004)

3.3. Da aplicabilidade do rito sumaríssimo

Todas as matérias de índole trabalhista da competência da Justiça do Trabalho (art. 114 da CF), independentemente da complexidade da causa, ficam sujeitas ao rito sumaríssimo, desde que o valor da causa seja superior a dois e inferior a quarenta salários mínimos. Não há exclusão de qualquer direito trabalhista que não possa ser postulado pelo rito sumaríssimo.

Outrossim, todas as pretensões trabalhistas podem ser objeto de postulação pelo rito sumaríssimo, tanto os pedidos condenatórios como os referentes às obrigações de fazer, dar ou não fazer.

Não obstante, ficam excluídas do rito sumaríssimo, nos termos do parágrafo único do art. 852-A da CLT, as demandas em que é parte a Administração Pública direta, autárquica e fundacional.

Desse modo, se figurar como parte Administração Direta (União, Estados e Municípios), Autarquias e Fundações Públicas, em um dos polos do processo, o rito deverá ser o ordinário.

Acreditamos que não acertou o legislador ao excluir do rito sumaríssimo as causas em que figurem a Administração Pública direta, autárquica e fundacional, pois tal não se justifica, uma vez que a própria Constituição Federal (art. 100) e o CPC (art. 496, § 3º) não mais exigem a execução por precatório para as causas de pequeno valor em face da Fazenda Pública, não excedentes a sessenta salários mínimos, buscando acelerar o recebimento de tais quantias.

Pensamos que as ações coletivas não estão abrangidas pelo rito sumaríssimo, pois o art. 852-A da CLT faz menção a *dissídios individuais*. Além disso, o dissídio coletivo trabalhista é regido por procedimento próprio, o que também ocorre com as ações coletivas para a defesa de direitos difusos, coletivos e individuais homogêneos (Ação Coletiva e Ação Civil Pública).

Nesse sentido, destaca com propriedade *Estêvão Mallet*[(8)]:

> "Os dissídios coletivos, seja qual for a natureza, não podem ser processados segundo o procedimento sumaríssimo. É o que resulta da alusão, no art. 852-A, *caput*, a dissídios individuais. Assim, quer os dissídios coletivos comuns — de natureza jurídica ou econômica, não importa —, quer os de greve, os de extensão ou os de revisão, independentemente do valor da causa, observarão necessariamente as regras dos arts. 856 e seguintes da CLT. Como coletiva há de ser tratada também — ficando afastada do âmbito do procedimento sumaríssimo a ação cujo objeto principal é a anulação de cláusula ilegal de convenção ou acordo coletivo, ação essa que, mesmo não prevista em lei, tem sido tranquilamente admitida pela jurisprudência e pela doutrina. Se, todavia, o objeto da ação não é a anulação da cláusula normativa, constituindo a discussão sobre sua validade mera questão prejudicial (CPC, art. 469, inciso III) em reclamação ajuizada pelo empregado, o dissídio é sem dúvida alguma individual, podendo, em consequência, ser processado sumariamente."

Nas ações de cumprimento, por serem ações individuais, se o valor não exceder a quarenta salários mínimos, pensamos que se aplica o rito sumaríssimo, pois a lei não regulamenta procedimento específico para essas ações.

No nosso sentir, embora o inquérito judicial para apuração de falta grave seja uma ação individual, ele é regido por rito próprio disciplinado pela CLT (arts. 853 a 855),

(8) *Op. cit.*, p. 23.

o que afasta a aplicabilidade do rito sumaríssimo. Em sentido contrário, pensa *José Antônio Ribeiro de Oliveira Silva*(9):

> "A norma do art. 853 trata apenas do prazo decadencial para o ajuizamento da ação por parte do empregador. A do art. 855, apenas da execução do pagamento de salários devidos até a data do ajuizamento do inquérito. Por essa razão, não vemos como considerar o rito do processo para apuração de falta grave especial, apenas por essas circunstâncias relativas ao número de testemunhas, custas processuais, prazo decadencial e execução de salários anteriores. Outrossim, a própria regra do art. 854 disciplina que o processo do inquérito obedecerá às normas do capítulo que cuida do processo do trabalho, no qual estão inseridas, agora, tanto as normas do rito ordinário quanto as do rito sumaríssimo. Dessarte, não vemos como deixar de aplicar à ação para apuração de falta grave o rito sumaríssimo, sendo que então cada uma das partes poderá ouvir apenas duas testemunhas, de acordo com o art. 852-H, § 2º, da CLT, se for atribuído à causa o valor de até quarenta salários mínimos (art. 852-A, *caput*, da CLT)."(10)

3.4. Requisitos da petição inicial no rito sumaríssimo e possibilidade de emenda da inicial

Dispõe o art. 852-B da CLT:

> "Nas reclamações enquadradas no procedimento sumaríssimo:
>
> I – o pedido deverá ser certo ou determinado e indicará o valor correspondente;
>
> II – não se fará citação por edital, incumbindo ao autor a correta indicação do nome e endereço do reclamado;
>
> III – a apreciação da reclamação deverá ocorrer no prazo máximo de quinze dias do seu ajuizamento, podendo constar de pauta especial, se necessário, de acordo com o movimento judiciário da Junta de Conciliação e Julgamento.
>
> § 1º – O não atendimento, pelo reclamante, do disposto nos incisos I e II deste artigo importará no arquivamento da reclamação e condenação ao pagamento de custas sobre o valor da causa.
>
> § 2º – As partes e advogados comunicarão ao juízo as mudanças de endereço ocorridas no curso do processo, reputando-se eficazes as intimações enviadas ao local anteriormente indicado, na ausência de comunicação."

Conforme dispõe o referido dispositivo legal, no rito sumaríssimo, a inicial deve preencher os requisitos do art. 840 da CLT e também dos incisos I e II do art. 852-B.

O pedido deve ser certo e determinado, devendo ser indicado o valor correspondente, vale dizer: o reclamante deve apresentar a liquidação dos pedidos na

(9) *Questões relevantes do procedimento sumaríssimo:* 100 perguntas e respostas. São Paulo: LTr, 2000. p. 165.

(10) No mesmo sentido, é a posição de Gérson Marques, mas defendendo a possibilidade de seis testemunhas de cada parte no inquérito (*Processo do trabalho anotado.* São Paulo: RT, 2001. p. 322).

inicial. Exige-se, outrossim, que seja declinado o valor da causa. De outro lado, não se exige rigor na liquidação do valor, podendo ser utilizada estimativa, máxime em pedidos que demandam maior complexidade nos cálculos, como horas extras. Não se exige a liquidação das obrigações de fazer ou não fazer, como o pedido de anotação de CTPS.

Deve o reclamante também indicar o nome correto do endereço do reclamado.

Embora o § 1º do art. 852-B da CLT assevere que o não atendimento, pelo reclamante, do disposto nos incisos I e II deste artigo importará no arquivamento da reclamação e condenação ao pagamento de custas sobre o valor da causa, pensamos que tal somente será possível após a concessão de prazo de dez dias para emenda da inicial (art. 321 do CPC c/c Súmula n. 263 do C. TST), pois a lei não veda a possibilidade de concessão de prazo pelo Juiz do Trabalho para o autor adequar a petição inicial aos requisitos do rito sumaríssimo.

Nesse sentido, destacamos a seguinte ementa:

"Pedido ilíquido — Ação submetida ao rito ordinário em razão do valor atribuído à causa — Impossibilidade de indeferimento liminar da petição inicial. Submetida a ação trabalhista ao rito ordinário, em face do valor atribuído ao dissídio, e entendendo o Julgador de primeira instância que lhe é impossível aferir a adequação do valor atribuído à causa, como declarado na decisão recorrida, duas são as possibilidades: determinar a emenda da petição inicial para liquidar a pretensão (art. 284 do CPC e Enunciado n. 263 do TST) ou prosseguir no feito, deixando ao réu a impugnação do valor atribuído à causa, no prazo da contestação (art. 261 do CPC). Não tendo sido adotado nenhum dos procedimentos citados, reformo a decisão, determinando o retorno dos autos à Vara de origem para que se dê prosseguimento ao feito, optando por uma das soluções apontadas anteriormente. Recurso conhecido e provido." (TRT – 10ª R. – 3ª T. – RO n. 3.994/2000 – relª Cilene Ferreira A. Santos – DJDF 1º.6.2000 – p. 64) (RDT n. 6/2001 – p. 63)[11]

Pensamos também que se houver mudança de endereço do reclamado, ao reclamante também deverá ser concedido prazo razoável para informar o novo endereço, e somente será possível o arquivamento se transcorrido o prazo sem a manifestação do reclamante. Negar ao reclamante fornecer o novo endereço do reclamado é negar o acesso à Justiça.

Nesse diapasão, destacamos a seguinte ementa:

"A devolução da notificação inicial, em virtude da alteração de endereço da reclamada, não enseja o 'arquivamento do processo'. Agrava-se, se o juiz, ante da audiência, chama os autos à conclusão e decreta a sua extinção, por suposto descumprimento ao que dispõe

(11) Em sentido contrário, a seguinte ementa: "Rito ordinário — Pedidos líquidos. É certo que quando a ação está submetida ao rito sumaríssimo, não se procede à emenda da petição inicial, no caso de pedido ilíquido, porque há previsão expressa de extinção do feito, na forma do art. 852-B, § 1º, da CLT. Contudo, no caso dos autos, o valor atribuído à causa supera os quarenta salários mínimos previsto para o rito sumaríssimo (art. 852-A da CLT), não havendo previsão legal para, liminarmente, se extinguir o feito, sem julgamento do mérito". (TRT – 10ª R. – 3ª T. – RO n. 3.995/2000 – rel. Lucas Kontoyanis – DJDF 1º.6.2001 – p. 64) (RDT n. 6/2001 – p. 63).

o art. 852. Tratando-se de irregularidade sanável, cumpre ao juiz conceder oportunidade, ainda que em curtíssimo prazo, para o reclamante apresentar novo endereço do reclamado. Se informada que o reclamado cria embaraços ao recebimento ou não sendo encontrado (§ 1º do art. 841, da CLT), a solução é convertê-lo para o rito ordinário, determinando a citação por edital, garantindo-se, assim, o direito constitucional de ação. A extinção só tem cabimento em caso de absoluta inércia do autor, sob pena de caracterizar negativa de prestação jurisdicional, em ofensa ao art. 5º, XXXV, da CF/88." (TRT – 15ª R. – 5ª T. – Proc. n. 035543/2000-ROS-2 – Ac. n. 533/2001 – SPAJ, rel. Juiz José Antonio Pancotti, DOE 15.1.01)

3.5. *Da citação por edital no rito sumaríssimo*

Caso haja necessidade da citação por edital e como a lei do rito sumaríssimo trabalhista veda a citação por edital (art. 852-B, II(12), da CLT), no nosso sentir, há duas alternativas para o juiz:

a) converter o rito para ordinário, com suporte nos arts. 370 do CPC e 765, da CLT, uma vez que o Juiz do Trabalho é o diretor do Processo;

b) declarar a inconstitucionalidade *incidenter tantum* do disposto no art. 852-B, II, da CLT, por violar o princípio da inafastabilidade da jurisdição (art. 5º, XXXV, da CF), e deferir a citação por edital mesmo no rito sumaríssimo.

Pensamos que a solução mais adequada, considerando-se a obrigatoriedade do rito sumaríssimo, será deferir a citação por edital, mantendo o rito sumaríssimo, uma vez que o inciso II do art. 852-B da CLT se mostra manifestamente inconstitucional por atritar com os princípios constitucionais do acesso real à Justiça do Trabalho e inafastabilidade da jurisdição trabalhista.

Nesse sentido, pensa *Júlio César Bebber*(13):

> "Se o procedimento sumaríssimo, então, é imperativo, resta flagrante o vício da inconstitucionalidade do art. 852-B, inciso II, da CLT, que veda a citação por edital, uma vez que impede, com isso, o acesso à justiça, em afronta direta e literal ao princípio da inafastabilidade da jurisdição, também chamado de princípio do direito de ação (CF, art. 5º, XXXV)."

O Supremo Tribunal, em Ação Direta de Constitucionalidade, não deferiu a liminar que questionava a constitucionalidade do art. 852-B, II, da CLT, sinalizando no sentido de sua constitucionalidade, *in verbis*:

"**COMISSÕES DE CONCILIAÇÃO PRÉVIA: STF — 13.5.2009 — Liminar em Ação Direta de Inconstitucionalidade — Min. Marco Aurélio.** Quarta-feira, 13 de maio de 2009. Trabalhador pode ingressar na Justiça mesmo sem tentar conciliação prévia. Por maioria de votos, o Supremo Tribunal Federal (STF) determinou nesta quarta-feira (13) que demandas trabalhistas podem ser submetidas ao Poder Judiciário antes que tenham sido analisadas

---

(12) Art. 852-B, II, da CLT: "Não se fará citação por edital, incumbindo ao autor a correta indicação do nome e endereço do reclamado".

(13) BEBBER, Júlio César. *Procedimento sumaríssimo no processo do trabalho.* São Paulo: LTr, 2000. p. 36.

por uma comissão de conciliação prévia. Para os ministros, esse entendimento preserva o direito universal dos cidadãos de acesso à Justiça. A decisão é liminar e vale até o julgamento final da matéria, contestada em duas Ações Diretas de Inconstitucionalidade (ADIs ns. 2.139 e 2.160) ajuizadas por quatro partidos políticos e pela Confederação Nacional dos Trabalhadores do Comércio (CNTC). Tanto a confederação quanto o PC do B, o PSB, o PT e o PDT argumentaram que a regra da CLT representava um limite à liberdade de escolha da via mais conveniente para submeter eventuais demandas trabalhistas. Sete ministros deferiram o pedido de liminar feito nas ações para dar interpretação conforme a Constituição Federal ao art. 625-D da CLT (Consolidação das Leis do Trabalho), que obrigava o trabalhador a primeiro procurar a conciliação no caso de a demanda trabalhista ocorrer em local que conte com uma comissão de conciliação, seja na empresa ou no sindicato da categoria. Com isso, o empregado pode escolher entre a conciliação e ingressar com reclamação trabalhista no Judiciário. **Divergência:** Quando o julgamento dos pedidos de liminar nas ações começou, em janeiro de 2000, o ministro Marco Aurélio foi o primeiro a divergir do relator, ministro Octavio Gallotti, no sentido de deferir em parte a cautelar para dar interpretação conforme ao art. 625-D da CLT. Em agosto de 2007, foi a vez de os ministros Sepúlveda Pertence, Cármen Lúcia Antunes Rocha, Ricardo Lewandowski e Eros Grau unirem-se a Marco Aurélio. Nesta tarde, o entendimento foi sacramentado com os votos dos ministros Joaquim Barbosa e Carlos Ayres Britto. Segundo Barbosa, manter a regra do art. 625-D da CLT sem interpretação conforme a Constituição representaria uma "séria restrição do direito de acesso à Justiça para os trabalhadores". Para Ayres Britto, a solução dada pelo Plenário "estimula a conciliação e mantém uma tradição da Justiça Trabalhista de tentar a conciliação, sem sacrificar o direito universal de acesso à jurisdição [pelos cidadãos]". Ele lembrou voto do ministro Marco Aurélio no sentido de que, quando a Constituição quer excluir uma demanda do campo de apreciação do Judiciário, ela o faz de forma expressa, como ocorre, por exemplo, na área desportiva. Nesse caso, o ingresso no Judiciário somente pode ocorrer após se esgotarem as instâncias da Justiça Desportiva (§ 1º do art. 217). **Contramão da história:** Último a se pronunciar sobre a matéria, o ministro Cezar Peluso disse que a decisão do Supremo está na "contramão da história". Segundo ele, o dispositivo da CLT não representa bloqueio, impedimento ou exclusão do recurso à universalidade da jurisdição. "Eu acho que, com o devido respeito, a postura da Corte, restringindo a possibilidade da tentativa obrigatória de conciliação, está na contramão da história, porque em vários outros países hoje há obrigatoriedade do recurso às chamadas vias alternativas de resolução de conflitos, até porque o Poder Judiciário não tem dado conta suficiente da carga de processos", afirmou o ministro. Para ele, a regra da CLT representa "simplesmente uma tentativa preliminar de conciliar e de resolver pacificamente o conflito, com a vantagem de uma solução não ser imposta autoritariamente". "As soluções consensuais são, em todas as medidas, as melhores do ponto de vista social", concluiu. **Outros dispositivos:** As ações questionavam ainda outros dispositivos da CLT. No caso do art. 625-E da CLT o pedido não foi conhecido, ou seja, analisado. Esse artigo determina que o acordo lavrado na comissão de conciliação será título executivo extrajudicial. Nesse ponto, o ministro Marco Aurélio ficou vencido. O pedido de liminar contra o inciso II do art. 852-B da CLT foi negado. O dispositivo fixa que não se fará citação por edital no procedimento sumaríssimo. As decisões quanto a esses dispositivos foram tomadas quando o julgamento dos pedidos de liminar nas ações começou, em 2000."

3.6. *Aspectos do procedimento sumaríssimo*

O rito sumaríssimo não difere substancialmente do rito ordinário, principalmente na audiência, entretanto, tem peculiaridades próprias.

Nos termos do art. 852-B da CLT, a apreciação da reclamação deverá ocorrer no prazo máximo de quinze dias do seu ajuizamento, podendo constar de pauta especial, se necessário, de acordo com o movimento judiciário da Vara do Trabalho.

Pensamos não ser o referido prazo peremptório, pois hão de ser considerados o número de processos e a quantidade de serviço de cada Vara, mas, na medida do possível, deverá o Juiz do Trabalho priorizar a celeridade dos processos que tramitam pelo rito sumaríssimo, designando pauta especial para tais processos.

A audiência será una, ocasião em que se fará a instrução e o julgamento do processo. Entretanto, em algumas hipóteses, como no caso de necessidade da prova pericial, a audiência poderá ser cindida.

Conforme o art. 852-D da CLT, "o juiz dirigirá o Processo com liberdade para determinar as provas a serem produzidas, considerado o ônus probatório de cada litigante, podendo limitar ou excluir as que considerar excessivas, impertinentes ou protelatórias, bem como para apreciá-las e dar especial valor às regras de experiência comum ou técnica".

O referido dispositivo propicia ao Juiz do Trabalho maiores poderes na condução do processo, buscando a celeridade da sua tramitação, bem como a efetividade processual. Vale destacar que o legislador priorizou a aplicabilidade das regras de experiência comum do juiz na valoração da prova, buscando, sempre que possível, a verdade real.

Aberta a sessão, o juiz esclarecerá as partes presentes sobre as vantagens da conciliação e usará os meios adequados de persuasão para a solução conciliatória do litígio, em qualquer fase da audiência (art. 852-E da CLT).

Na ata de audiência, serão registrados resumidamente os atos essenciais, as afirmações fundamentais das partes e as informações úteis à solução da causa trazidas pela prova testemunhal (art. 852-F da CLT).

Conforme o art. 852-G da CLT: "Serão decididos, de plano, todos os incidentes e exceções que possam interferir no prosseguimento da audiência e do processo. As demais questões serão decididas na sentença".

O referido dispositivo determina que o Juiz do Trabalho faça o saneamento do processo na própria audiência, o que é bem recomendável, decidindo, de plano, as preliminares e os incidentes processuais, prosseguindo na audiência com a instrução e julgamento do feito.

Nos termos do art. 852-H da CLT: "Todas as provas serão produzidas na audiência de instrução e julgamento, ainda que não requeridas previamente. § 1º – Sobre os documentos apresentados por uma das partes manifestar-se-á imediatamente a parte contrária, sem interrupção da audiência, salvo absoluta impossibilidade, a critério do juiz. § 2º – As testemunhas, até o máximo de duas para cada parte, comparecerão à audiência de instrução e julgamento independentemente de intimação. § 3º – Só será deferida intimação de testemunha que, comprovadamente convidada, deixar de comparecer. Não comparecendo a testemunha intimada, o juiz poderá determinar sua imediata condução coercitiva. § 4º – Somente quando a prova do fato o exigir, ou for legalmente imposta, será deferida prova técnica, incumbindo ao juiz, desde logo, fixar o prazo, o objeto da perícia e nomear perito. § 5º – (VETADO). § 6º – As partes serão intimadas a manifestar-se sobre o laudo, no prazo comum de cinco dias. § 7º – Interrompida a audiência, o seu prosseguimento e a solução do processo dar-se-ão no prazo máximo de trinta dias, salvo motivo relevante justificado nos autos pelo juiz da causa".

O dispositivo mencionado destaca a concentração dos atos processuais em audiência, determinando que todas as provas sejam produzidas nesse ato processual, exceto a prova documental, que é pré-constituída, e a prova pericial, que se realiza fora da audiência.

A manifestação do reclamante sobre a defesa e documentos deve ser realizada na própria audiência em quantidade de tempo razoável fixado pelo juiz (normalmente de cinco a dez minutos). Não obstante, se os documentos forem complexos e em grande quantidade, poderá o juiz conceder prazo para manifestação fora da audiência.

Com relação à prova pericial, o § 6º do art. 852-H da CLT determina que as partes sejam intimadas para manifestar-se sobre o laudo, no prazo comum de cinco dias. No nosso sentir, o presente prazo poderá ser dilatado pelo juiz condutor do processo, o qual pode até mesmo conceder prazo sucessivo às partes, conforme a complexidade da causa e as circunstâncias do caso concreto.

As testemunhas comparecerão à audiência independentemente de intimação. Somente serão intimadas as que, comprovadamente convidadas, deixarem de comparecer. Não comparecendo a testemunha intimada, o juiz poderá determinar sua imediata condução coercitiva.

No nosso sentir, a prova do convite não necessita ser escrita, podendo ser verbal, e até mesmo ser produzida na próxima sessão em que será ouvida a testemunha, pois a lei não exige prova escrita do convite. Além disso, a experiência nos tem demonstrado que dificilmente o reclamante consegue comprovar o convite da testemunha, pois frequentemente o convite à testemunha é feito verbalmente. Desse modo, pensamos que o disposto no § 3º do art. 852-H da CLT, ao aludir à testemunha *comprovadamente convidada*, deve ser interpretado com maior flexibilidade pelo Juiz do Trabalho, a fim de não impedir o acesso à justiça, bem como cercear o direito de defesa da parte.

Nesse sentido, concordamos com *Manoel Antonio Teixeira Filho*(14), quando assevera:

---

(14) TEIXEIRA FILHO, Manoel Antonio. *O procedimento sumaríssimo no processo do trabalho*. São Paulo: LTr, 2000. p. 104-105.

"O § 3º do art. 852-H da CLT, acertadamente, exige esse convite. Haverá dificuldade, contudo, na prática, de a parte comprovar tal convite, pois a norma legal em estudo cogita do fato de a testemunha ausente haver sido 'comprovadamente convidada'. Não nos parece que essa comprovação deva ser por escrito sob pena de impor-se certos danos ou constrangimentos à parte. Danos, porque, se a ausência da testemunha não fosse comprovada por esse meio, a audiência não seria adiada; constrangimento, porque toda vez que a parte convidasse alguém para testemunhar em juízo teria de pedir que a pessoa assinasse um comprovante desse convite. Pensamos, pois, que essa comprovação possa ser feita, até mesmo sob a forma de *justificação verbal* ao magistrado, que levará em conta os argumentos e circunstância de cada situação concreta."

Poderão ser ouvidas no rito sumaríssimo, no máximo, duas testemunhas para cada parte. Não obstante, pensamos, caso seja necessário, possa o juiz determinar a oitiva de outras testemunhas, como as testemunhas referidas, ou até mesmo testemunhas do juízo para firmar seu convencimento. O limite máximo de testemunhas é para a parte, não para o juiz.

A celeridade processual não pode extremar-se a ponto de se sobrepor ao direito de prova ou à busca pela verdade real do processo. Urge, em cada caso, sopesarem-se esses valores (celeridade x direito à prova) para se aplicar a justiça verdadeira(15).

Se for necessária a designação da prova pericial, deverá o juiz nomear o perito da própria audiência, fixar o prazo para apresentação do laudo, bem como o prazo para as partes manifestarem-se sobre ele e já designar a próxima audiência no prazo máximo de trinta dias, salvo motivo relevante justificado nos autos pelo juiz da causa.

No procedimento sumaríssimo trabalhista não cabe a intervenção de terceiros, tampouco a assistência, em razão dos princípios da celeridade e da simplicidade do procedimento sumaríssimo. Embora a Lei n. 9.957/00 não vede expressamente a possibilidade de intervenção de terceiros, o art. 10 da Lei n. 9.099/95(16), aplicável subsidiariamente ao procedimento sumaríssimo trabalhista, veda expressamente tal intervenção. Admite-se, entretanto, o litisconsórcio.

Nesse mesmo diapasão, pensa *José Antônio Ribeiro de Oliveira Silva*:

> "[...] pensamos não ser admissível no rito sumaríssimo trabalhista qualquer espécie de intervenção de terceiros, inclusive a assistência, para não comprometimento do ideal de celeridade da lei, como aliás ocorre no Juizado Especial Cível, consoante disposição contida no art. 10 da Lei n. 9.099/95."(17)

---

(15) MARQUES, Gérson. *Processo do trabalho anotado.* São Paulo: RT, 2001. p. 328.

(16) Art. 10, da Lei n. 9.099/95: "Não se admitirá, no processo, qualquer forma de intervenção de terceiros nem de assistência. Admitir-se-á o litisconsórcio".

(17) *Questões relevantes do procedimento sumaríssimo:* 100 perguntas e respostas. São Paulo: LTr, 2000. p. 61.

Em razão da simplicidade e celeridade do rito sumaríssimo, não se admite a reconvenção, sendo possível o pedido contraposto, por aplicação analógica do art. 31 da Lei n. 9.099/95. Dispõe o referido dispositivo legal:

> "Não se admitirá a reconvenção. É lícito ao réu, na contestação, formular pedido em seu favor, nos limites do art. 3º desta Lei, desde que fundado nos mesmos fatos que constituem objeto da controvérsia."

Como destaca *Gérson Marques*(18), "o pedido contraposto, também chamado de reconvenção indireta, é compatível com o Processo do Trabalho, sendo admitido, excepcionalmente, quando, em algumas hipóteses, a parte acionada foi quem sofrera a lesão patrimonial [...]. O pedido contraposto é formulado na própria contestação e será apreciado pela mesma sentença que julgará a reclamatória. Contudo, é assegurado ao autor da Reclamação a defesa, o qual poderá apresentá-la na própria audiência ou requerer a designação de nova data, que será desde logo fixada, cientes todos os presentes (art. 31, parágrafo único, Lei n. 9.099/95)".

Nos termos do art. 852-I da CLT: "A sentença mencionará os elementos de convicção do juízo, com resumo dos fatos relevantes ocorridos em audiência, dispensado o relatório. § 1º – O juízo adotará em cada caso a decisão que reputar mais justa e equânime, atendendo aos fins sociais da lei e às exigências do bem comum. § 2º (VETADO). § 3º – As partes serão intimadas da sentença na própria audiência em que prolatada".

Conforme o referido dispositivo legal, a sentença deve ser proferida na própria audiência. Entretanto, em determinadas hipóteses, considerando-se a complexidade da causa e o ânimo das partes na audiência, é conveniente que a sentença seja proferida no gabinete, designando-se data para julgamento.

O relatório da sentença fica dispensado, o que não acarreta qualquer prejuízo processual, pois a cada dia este resumo do processo vem perdendo prestígio na doutrina e na jurisprudência. A medida visa a imprimir maior celeridade à sentença, que deve, sempre que possível, ser proferida na audiência.

Sendo prolatada a sentença em audiência, as partes devem ser intimadas do seu teor, começando a partir daí a fluir o prazo recursal.

O § 1º do art. 852-I da CLT assevera que o juiz poderá adotar em cada caso a decisão que reputar mais justa e equânime, atendendo aos fins sociais da lei e as exigências do bem comum. A presente regra não dispõe sobre o julgamento *por equidade*, mas sim o julgamento *com equidade*, vale dizer: não poderá o juiz desconsiderar as disposições legais, mas sim interpretá-las de forma justa e razoável, abrandando o rigor da lei para que ela se encaixe ao caso concreto.

---

(18) *Processo do trabalho anotado*. São Paulo: RT, 2001. p. 320.

Vale destacar, por derradeiro, que o valor da condenação não fica limitado ao valor atribuído à causa pelo reclamante, pois a Lei n. 9.957/00 assim não determina[19]. Além disso, não pode ser interpretado como renúncia pelo empregado do valor que sobejar quarenta salários mínimos, em razão do princípio da irrenunciabilidade dos direitos trabalhistas.

Nesse sentido, argumenta com propriedade *Estêvão Mallet*[20]:

> "No procedimento sumaríssimo trabalhista não existe regra tornando ineficaz a parte condenatória da sentença excedente da alçada imposta, como há na Lei n. 9.099 (art. 39). Em consequência, nada obsta seja proferida sentença com condenação superior ao limite legal para a utilização dessa espécie de procedimento. Não haverá ineficácia ou mesmo nulidade da decisão, ficando igualmente afastado, só por isso, o cabimento de ação rescisória, ao contrário do que já se pretendeu. Note-se que pode a superação do valor-limite decorrer, por exemplo, de multa cominatória diária ou de prestações vencidas durante a tramitação do feito, como em ação tendo por objeto pedido de reintegração, com o pagamento de salários vencidos e vincendos."

---

(19) Por isso, resta inaplicável ao rito sumaríssimo trabalhista o disposto no art. 39 da Lei n. 9.099/95, *in verbis*: "É ineficaz a sentença condenatória na parte que exceder a alçada estabelecida nesta Lei".

(20) *Op. cit.*, p. 90-91.

Capítulo XVIII

Recursos no Processo do Trabalho

1ª Parte – Teoria Geral dos Recursos Trabalhistas

1.1. Dos recursos – conceito, fundamentos e natureza jurídica

O Código de Processo Civil brasileiro não nos dá o conceito de recurso, apenas no art. 994 diz quais são as espécies de recursos cabíveis no âmbito do Processo Civil[1]. Tampouco a Consolidação das Leis do Trabalho define o conceito de recurso (art. 893 da CLT[2]).

Como a Lei não define o conceito de recurso, esta árdua tarefa cabe à doutrina.

O termo recurso vem do latim *recursus*, que significa andar para trás, retorno, reapreciação.

Para *José Carlos Barbosa Moreira*[3], "pode-se conceituar recurso, no direito processual civil brasileiro, como o remédio voluntário idôneo a ensejar, dentro do mesmo processo, a reforma, a invalidação, o esclarecimento ou a integração de decisão judicial a que se impugna. Atente-se bem: dentro do mesmo processo, não necessariamente dentro dos mesmos autos."

Ensina *Nelson Nery Junior*[4]: "Recurso é o meio processual que a lei coloca à disposição das partes, do Ministério Público e de um terceiro, a viabilizar, dentro da mesma relação jurídica processual, a anulação, a reforma, a integração ou o aclaramento da decisão judicial impugnada."

---

(1) Art. 994 do CPC: "São cabíveis os seguintes recursos: I – apelação; II – agravo de instrumento; III – agravo interno; IV – embargos de declaração; V – recurso ordinário; VI – recurso especial; VII – recurso extraordinário; VIII – agravo em recurso especial ou extraordinário; IX – embargos de divergência."

(2) Art. 893 da CLT: "Das decisões são admissíveis os seguintes recursos: I – embargos; II – recurso ordinário; III – recurso de revista; IV – agravo."

(3) BARBOSA MOREIRA, José Carlos. *Comentários ao Código de Processo Civil.* 12. ed. Rio de Janeiro: Forense, 2005. p. 233.

(4) NERY JUNIOR, Nelson. *Teoria geral dos recursos.* 6. ed. São Paulo: RT, 2004. p. 212.

Conforme as definições dos mestres *Barbosa Moreira* e *Nery Júnior*, os recursos se destinam, dentro da mesma relação jurídico-processual, à anulação, nos casos em que a decisão contém um vício processual, à reforma, quando visa à alteração do mérito da decisão, ou à integração ou aclaramento, quando a prestação jurisdicional não foi completa, ou está obscura ou contraditória.

Existem duas correntes sobre a natureza jurídica dos recursos. Uma que assevera ser o recurso ação autônoma de impugnação da decisão, e outra, como um meio de impugnação dentro da própria relação jurídico-processual.

Diante da sistemática do Direito Processual Civil brasileiro, os recursos não constituem meio de impugnação autônomo, mas sim instrumento de impugnação da decisão dentro da mesma relação jurídico-processual em que foi prolatada a decisão, pois pressupõe a lide pendente na qual ainda não se formou a coisa julgada.

Nesse sentido, relevante destacar as conclusões de *Carlos Henrique Bezerra Leite*(5): a) recurso constitui corolário, prolongamento, do exercício do direito de ação; b) essa concepção é aplicável tanto no processo comum quanto no trabalhista.

No mesmo diapasão, argumenta *Manoel Antonio Teixeira Filho*(6):

> "O recurso, enfim, não é uma ação autônoma; é um direito subjetivo, que se encontra implícito no direito público, também subjetivo e constitucional, que é o de ação. Está certa a doutrina quando, sob outro ângulo óptico, vê no recurso um ônus processual, visto que, em verdade, para que a parte obtenha a desejada reforma ou anulação de decisão desfavorável, há necessidade de que tome a iniciativa de exercer a pretensão recursória; se não o fizer, a sua sujeição à coisa julgada, como qualidade da sentença, será inevitável, ressalvada a hipótese de remessa obrigatória, quando for o caso (Decreto-lei n. 779/69)."

De outro lado, os recursos constituem também uma forma de controle dos atos jurisdicionais pelas instâncias superiores.

A doutrina costuma apontar como fundamentos dos recursos: a) aprimoramento das decisões judiciais; b) inconformismo da parte vencida; e c) falibilidade humana.

Como bem adverte *Wagner D. Giglio*(7), "o juiz, como todo ser humano, está sujeito a falhas: pode errar, enganar-se, julgar mal. E de fato erra, por vezes. A sociedade não o ignora, e por isso ninguém se satisfaz, psicologicamente, com um único julgamento, preferindo acreditar num erro judiciário, em vez de admitir que não tinha razão, para preservar o próprio amor."

Com a possibilidade dos recursos, principalmente os juízes de primeiro grau e os mais novos irão se esmerar e cada vez mais aprimorar suas decisões. Além disso, os recursos serão apreciados por juízes mais experientes e também em composição colegiada.

---

(5) BEZERRA LEITE, Carlos Henrique. *Curso de direito processual do trabalho.* 5. ed. São Paulo: LTr, 2007. p. 628.

(6) TEIXEIRA FILHO, Manoel Antonio. *Sistema dos recursos trabalhistas.* 10. ed. São Paulo: LTr, 2003. p. 84-85.

(7) GIGLIO, Wagner D. *Direito processual do trabalho.* 15. ed. São Paulo: Saraiva, 2005. p. 435.

Por outro lado, nem sempre as decisões de segunda instância têm maior justiça que as decisões de primeiro grau. Para alguns, a justiça de primeiro grau é mais justa, pois o juiz de primeira instância teve contato com as partes, viveu na pele o problema. O juiz de segunda instância está mais distante.

O inconformismo, colocado pela doutrina como fundamento dos recursos, talvez seja um dos argumentos mais contundentes para justificar a existência dos recursos, pois dificilmente alguém se conforma com uma decisão desfavorável. É da própria condição humana buscar impor os próprios argumentos e tentar reverter uma decisão desfavorável.

Por derradeiro, acreditamos que o argumento mais forte a justificar a existência dos recursos é a falibilidade humana, pois os juízes, como homens, estão sujeitos a erros, que podem ser corrigidos pelo recurso, principalmente nos grandes centros urbanos, onde a quantidade de serviços muitas vezes impede que o juiz proceda a uma reflexão mais detalhada sobre o processo.

Não obstante, a possibilidade de falhas também acontece nas instâncias superiores, e muitas vezes estes erros são mais nocivos ao jurisdicionado, pois as chances de correção são reduzidas.

Como bem adverte *Manoel Antonio Teixeira Filho*(8):

> "[...] Recorre-se, porque a lei reconhece à parte esse direito; logo, aquela é o fundamento deste. Já os motivos que aconselharam o legislador instituir leis assecuratórias desse direito compreendem um amalgamado de fatores, cujas raízes remotas, como dissemos, são de ordem política."

A doutrina também sustenta que a existência dos recursos propicia maior equilíbrio e justiça do processo, oferecendo às partes maiores oportunidades, buscando uma decisão com a menor incidência de falhas possíveis.

Não obstante todas as vicissitudes que enfrenta o sistema recursal brasileiro, inclusive tem sido apontado pelos estudiosos como um dos vilões que emperram a máquina judiciária, pensamos que os recursos são necessários e constituem um instrumento democrático do Estado de Direito e uma forma democrática de se propiciar o acesso real do cidadão à Justiça.

1.1.1. Classificação dos recursos

A doutrina tem classificado os recursos, quanto à finalidade, em ordinários e extraordinários. Quanto à fundamentação, em recursos de fundamentaçao livre e recursos de fundamentação vinculada. Com relação à extensão do inconformismo da parte, o recurso pode ser parcial ou total.

Os recursos ordinários são destinados a impugnar todos os capítulos da decisão e à correção tanto dos erros de procedimento (matéria processual), como incorreções

(8) TEIXEIRA FILHO, Manoel Antonio. *Sistema de recursos trabalhistas*. 10. ed. São Paulo: LTr, 2003. p. 82.

do julgamento do mérito da causa (erros de julgamento), com ampla possibilidade de discussão do material probatório do processo. Também se destinam à obtenção de uma decisão justa do processo.

No processo do trabalho, são de natureza ordinária os seguintes recursos: ordinário (art. 895 da CLT), embargos de declaração (art. 897-A da CLT), Agravo de Instrumento (art. 897, alínea *b*), Agravo de Petição (art. 897, *alínea b*, da CLT), e o pedido de revisão (art. 2º da Lei n. 5.584/70).

Os recursos extraordinários não se destinam à correção dos erros de procedimento ou de julgamento, tampouco à justiça da decisão. Eles têm por objetivo a uniformização da intepretação da legislação Constitucional e Federal no âmbito da competência da Justiça do Trabalho.

No processo do Trabalho, são de natureza extraordinária os seguintes recursos: recurso de revista (art. 896, da CLT) e recurso de embargos para o TST (art. 894, da CLT e Lei n. 7.701/88).

Embora não seja um recurso trabalhista propriamente dito, o recurso extraordinário para o Supremo Tribunal Federal (art. 102, III, da CF) tem natureza extraordinária e também se destina a impugnar decisões de única ou de última instâncias proferidas pelos Tribunais Trabalhistas.

Os recursos de fundamentação livre, como o próprio nome indica, são aqueles em que a lei não exige que o recorrente aponte um erro ou vício específico na decissão recorrida. Todos os tópicos da decisão podem ser livremente impugnados pelo recorrente. Como destaca *Júlio César Bebber*[9], "o mero inconformismo com a decisão, tal qual proferida, é suficiente para o cabimento."

No processo do trabalho, são de fundamentação livre os seguintes recursos: ordinário (art. 895 da CLT) e agravo de petição (art. 897, alíena *a*, da CLT).

Já os recursos de fundamentação vinculada são aqueles em que a lei exige que o recorrente aponte um vício específico na decisão, preencha algum pressuposto específico de recorribilidade ou faça a impugnação de matéria específica da decisão.

Como bem adverte *Bebber*[10], "nos recursos de fundamentação vinculada, o recorrente precisa *invocar* o erro indicado como relevante (ou alguns deles se há mais de um) para que o recurso *caiba* e precisa demonstrar-lhe a efetiva ocorrência na espécie para que o recurso *proceda*."

No processo do trabalho, são de fundamentação vinculada os seguintes recursos: embargos de declaração (art. 897-A da CLT), recurso de revista (art. 896 da CLT) e de embargos para o TST (art. 894 da CLT e Lei n. 7.701/88).

Quanto à extensão do inconformismo com a decisão, o recurso pode ser parcial ou total. Será parcial quando impugnar parte da decisão, e total quando a impugnação atacar a integralidade da decisão.

---

(9) *Recursos no processo do trabalho*. 3. ed. São Paulo: LTr, 2011. p. 49.

(10) *Op. cit.*, p. 50.

Nesse sentido, é o art. 1.002 do Código de Processo Civil, *in verbis*:

"A decisão pode ser impugnada no todo ou em parte."

Como bem adverte *Cássio Scarpinella Bueno*(11), "como todos os recursos, no direito positivo brasileiro, pressupõem o elemento volitivo, não há imposição para que as partes e eventuais terceiros interponham das decisões que lhe são desfavoráveis quaisquer recursos, e, caso o façam, também não existe nenhuma obrigatoriedade de que toda a decisão, em todas as partes (capítulos) que lhes sejam desfavoráveis, seja questionada."

1.2. Princípios dos recursos trabalhistas

Os princípios recursais são as diretrizes básicas e os preceitos fundamentais dos recursos trabalhistas. Violar um princípio é mais que violar uma norma, pois viola todo um sistema de normas.

Os recursos trabalhistas seguem basicamente as mesmas diretrizes dos princípios recursais do Código de Processo e também da Constituição Federal.

De outro lado, a CLT e a legislação processual trabalhista extravagante elencam os recursos de forma taxativa no Processo do Trabalho. Portanto, não é possível se aplicar ao Processo do Trabalho um recurso previsto no Código de Processo Civil ao argumento de que a Consolidação é omissa a respeito.

Sob outro enfoque, como bem adverte *Wagner D. Giglio*(12), a taxatividade se restringe, porém, somente ao arrolamento em si, dos recursos admissíveis, e não a toda a regulamentação da matéria. Assim incidem no Processo Trabalhista as demais normas do Código de Processo Civil referentes a recurso, para suprir omissões da Legislação consolidada (CLT, art. 769).

1.2.1. Duplo grau de jurisdição

Como destaca *Nelson Nery Junior*(13), "o princípio do duplo grau de jurisdição tem íntima relação com a preocupação dos ordenamentos jurídicos em evitar a possibilidade de haver abuso de poder por parte do juiz, o que poderia, em tese, ocorrer se não estiver a decisão sujeita à revisão por outro órgão do Poder Judiciário."

Como nos relata *Júlio César Bebber*(14), "foi a Revolução Francesa que imortalizou o princípio do duplo grau de jurisdição, com ele pretendendo possibilitar a reforma de sentença de juízes corruptos, que eram a maioria. Este tempo passou e

(11) *Curso sistematizado de direito processual civil.* 2. ed. São Paulo: Saraiva, 2010. p. 38.

(12) GIGLIO, Wagner D. *Direito processual do trabalho.* 15. ed. São Paulo: Saraiva, 2005. p. 438.

(13) NERY JUNIOR, Nelson. *Teoria geral dos recursos.* 6. ed. São Paulo: RT, 2004. p. 37.

(14) *Recursos no Processo do Trabalho.* 3. ed. São Paulo: LTr, 2011. p. 235.

o fundamento perdeu validade. A conduta criminosa pode ser praticada tanto pelos juízes de primeiro quanto de segundo grau. Além disso, a prevaricação e a corrupção em segundo grau são mais eficazes, uma vez que a decisão dete juízo substitui a do primeiro grau (CPC, 512)."

O princípio do duplo grau de jurisdição assenta-se na possibilidade de controle dos atos jurisdicionais dos órgãos inferiores pelos órgãos judiciais superiores e também na possibilidade de o cidadão recorrer contra um provimento jurisdicional que lhe foi desfavorável, aperfeiçoando, com isso, as decisões do Poder Judiciário.

A doutrina ainda aponta o duplo grau de jurisdição com um requisito necessário para a justiça das decisões.

Em sentido contrário, argumenta-se que o duplo grau de jurisdição provoca uma demora desnecessária na tramitação do processo, propiciando, principalmente ao devedor inadimplente, uma desculpa para não cumprir sua obrigação.

Como destacam *Luiz Guilherme Marinoni* e *Sérgio Cruz Arenhart*(15):

> "Nas hipóteses de 'causas de maior simplicidade' não há razão para se insistir em duplo juízo sobre o mérito. Se o duplo grau dilata o prazo para a prestação da tutela jurisdicional, não há dúvida que a falta de racionalidade no uso do duplo grau — ou sua sacralização — retira do Poder Judiciário a oportunidade de responder mais pronta e efetivamente aos reclamos do cidadão. Além disto, em sistema que a sentença apenas excepcionalmente pode ser executada na pendência do recurso interposto para o segundo grau em que todas as causas devem ser submetidas à revisão, a figura do juiz de primeiro grau perde muito em importância. Isso porque se retira da decisão do juiz a qualidade que é inerente à verdadeira e própria decisão, que é aquela de modificar a vida das pessoas, conferindo tutela concreta ao direito do autor. O duplo grau tem nítida relação com a ideia de que o juiz de primeiro grau não merece confiança e, assim, não deve ter poder para decidir sozinho as demandas."

Diz o art. 5º, LV, da CF:

> "Aos litigantes, em processo judicial ou administrativo, e aos acusados em geral são assegurados o contraditório e ampla defesa, com os meios e recursos a ela inerentes."

Conforme se denota do referido dispositivo constitucional, estão assegurados como direitos fundamentais o contraditório, a ampla defesa, bem como os meios e recursos a ela inerentes. Diante disso, questiona-se: o duplo grau de jurisdição tem assento constitucional?

Alguns autores respondem afirmativamente, pois o art. 5º, LV, da Constituição, consagra os recursos inerentes ao contraditório e, desse modo, o princípio do duplo grau de jurisdição tem guarida constitucional.

---

(15) *Processo de conhecimento.* 6. ed. São Paulo: RT, 2007. p. 491.

Também o art. 8º, § 10, do Tratado Interamericano de Direitos Humanos, ratificado pelo Brasil, assegura a toda pessoa "o direito de recorrer da sentença para juiz ou tribunal superior."

Em razão da aplicação do referido dispositivo ao ordenamento jurídico brasileiro, pode ser sustentada a tese no sentido de que o duplo grau de jurisdição é princípio constitucional, já que, segundo a atual jurisprudência do STF, os tratados internacionais sobre direitos humanos, ratificados pelo Brasil antes da EC n. 45/04, adquiriram *status* de suprelegalidade.

Nesse sentido, destacamos a seguinte ementa:

"EXERCÍCIO — DUPLO GRAU DE JURISDIÇÃO — EXERCÍCIO. O acesso à jurisdição é garantia constitucionalmente prevista. O direito à jurisdição é também o direito ao processo, como meio indispensável à realização da Justiça. Não por outro motivo que a Lei Maior veio assegurar a todos o direito ao processo como uma das garantias invioláveis — art. 5º, XXXV. Assim, não é permitido ao Estado declinar perante nenhuma causa (CF, art. 5º, inciso LIV). Assegure-se, por fim, que o inciso LV do mesmo artigo, além de se referir ao Princípio do Contraditório, também se refere ao Princípio do Devido Processo Legal, base sobre a qual os demais princípios se sustentam. Em conformidade com esta garantia, todas as causas devem ser submetidas a sobrejuízes, como meio de se evitar falhas ou com o fim de emendar possíveis erros, inerentes aos julgamentos humanos. O art. 5º, inciso LV, ao assegurar a todos os litigantes em processo judicial ou administrativo ampla defesa com os meios e recursos a ela inerentes, não exclui ao Estado, enquanto parte no processo, o exercício do duplo grau de jurisdição, caminho que se encontra inteiramente aberto ao Município reclamado, que dele se poderá valer, quando entender necessário." (TRT 3ª R. – 4ª T. 01122-2009-142-03-00-3 RO Recurso Ordinário – rel. Des. Júlio Bernardo do Carmo DEJT 1º.2.2010 – p. 151)

Para outros doutrinadores, o duplo grau de jurisdição estaria implícito na Constituição Federal, não em razão do art. 5º, LV, mas decorre dos arts. 102 e 105, que regulamentam os recursos extraordinário e especial.

Tem prevalecido o entendimento, no nosso sentir, correto, de que o duplo grau de jurisdição não é um princípio constitucional, pois a Constituição não o prevê expressamente, tampouco decorre do devido processo legal, do contraditório ou da inafastabilidade da jurisdição. O acesso à Justiça e o contraditório são princípios constitucionalmente consagrados, mas não o duplo grau de jurisdição, pois o art. 5º, LV, da CF, alude aos meios e recursos inerentes ao contraditório e à ampla defesa. O termo recurso não está sendo empregado no sentido de ser possível recorrer de uma decisão favorável, mas dos recursos previstos em lei para o exercício do contraditório e da ampla defesa(16). Portanto, o direito de recorrer somente pode ser exercido quando a lei o disciplinar e forem observados os pressupostos.

(16) Como bem destaca Wagner D. Giglio: "O legislador ordinário não tem a obrigação imposta pela regra constitucional em debate de estipular recursos para todos os processos; havendo recurso previsto em lei, sua utilização é garantida pela regra constitucional" (*Direito processual do trabalho.* 15. ed. São Paulo: Saraiva, 2005. p. 442).

Nesse sentido, destacamos a visão de *Luiz Guilherme Marinoni* e *Sérgio Cruz Arenhart*(17):

> "Quando a Constituição Federal afirma que estão assegurados o contraditório e a ampla defesa, com os recursos a ela inerentes, ela não está dizendo que toda e qualquer demanda em que é assegurada a ampla defesa deva sujeitar-se a uma revisão ou a um duplo juízo. Os recursos nem sempre são inerentes à ampla defesa. Nos casos em que não é razoável a previsão de um duplo juízo sobre o mérito, como nas hipóteses das causas denominadas de 'menor complexidade' — que sofrem os efeitos benéficos da oralidade —, ou em outras, assim não definidas, mas que também possam justificar, racionalmente, uma única decisão, não há inconstitucionalidade na dispensa do duplo juízo."

De outro lado, a interpretação da Lei processual não pode estar divorciada do texto constitucional, pois atualmente já se reconhece na doutrina um chamado "direito processual constitucional"(18) que irradia seus princípios para todos os ramos da ciência processual e, portanto, ao interpretar o Direito Processual, deve o intérprete realizar a chamada interpretação em conformidade com a Constituição Federal, o que significa ler o texto constitucional ou infraconstitucional com os olhos da Constituição e principalmente seus princípios fundamentais.

Nesse sentido, ensina *J. J. Gomes Canotilho*: "O princípio da interpretação das leis em conformidade com a Constituição é fundamentalmente um princípio de controlo (tem como função assegurar a constitucionalidade da interpretação) e ganha relevância autónoma quando a utilização dos vários elementos interpretativos não permite a obtenção de um sentido inequívoco dentre os vários significados da norma. Daí a sua formulação básica: no caso de normas polissêmicas ou plurissignificativas deve dar-se preferência à interpretação que lhe dê um sentido em conformidade com a Constituição. Esta formulação comporta várias dimensões: 1) o princípio da prevalência da Constituição impõe que, dentre as várias possibilidades de interpretação, só deve escolher-se uma interpretação não contrária ao texto e programa da norma ou normas constitucionais; 2) o princípio da conservação de normas afirma que uma norma não deve ser declarada inconstitucional quando, observados os fins da norma, ela pode ser interpretada em conformidade com a Constituição; 3) o princípio da exclusão da interpretação conforme a Constituição, mas *contra legem*, impõe que o aplicador de uma norma não pode contrariar a letra e o sentido dessa norma através de uma interpretação conforme a Constituição, mesmo que através desta interpretação consiga uma concordância entre a norma infraconstitucional e as normas constitucionais. Quando estiverem em causa duas ou mais interpretações — todas em conformidade com a Constituição —, deverá procurar-se a interpretação considerada como a melhor orientada para a Constituição."

---

(17) *Op. cit.*, p. 494.

(18) Alguns autores preferem a expressão *CONSTITUCIONALIZAÇÃO DO PROCESSO*.

Desse modo, realizando-se a interpretação do texto constitucional em conformidade com a Constituição, constata-se que não foi assegurado o princípio do Duplo Grau de Jurisdição, pois o legislador constituinte pretendeu, com isso, deixar a cargo da Lei a criação e regramento dos recursos, como medidas de efetividade e celeridade do processo.

No entanto, mesmo os que entendem que o duplo grau de jurisdição é albergado pela Constituição Federal como princípio argumentam que ele não é absoluto, podendo a lei federal estabelecer pressupostos para a admissibilidade dos recursos.

O Tribunal Superior do Trabalho tem súmulas que nitidamente restringem o duplo grau de jurisdição. Exemplificativamente, destacamos as Súmulas ns. 303 e 356, *in verbis*:

> Súmula n. 303: "Fazenda Pública. Duplo grau de jurisdição (incorporadas as OJs ns. 9, 71, 72 e 73 da SBDI-1), Res. n. 129/2005, DJ 20, 22 e 25.4.2005. I – Em dissídio individual, está sujeita ao duplo grau de jurisdição, mesmo na vigência da Constituição Federal de 1988, decisão contrária à Fazenda Pública, salvo: (a) quando a condenação não ultrapassar o valor correspondente a 60 (sessenta) salários mínimos; (b) quando a decisão estiver em consonância com decisão plenária do Supremo Tribunal Federal ou com súmula ou orientação jurisprudencial do Tribunal Superior do Trabalho (ex-Súmula n. 303, alterada pela Res. n. 121/2003, DJ 21.11.2003). II – Em ação rescisória, a decisão proferida pelo juízo de primeiro grau está sujeita ao duplo grau de jurisdição obrigatório quando desfavorável ao ente público, exceto nas hipóteses das alíneas '*a*' e '*b*' do inciso anterior (ex-OJ n. 71 da SBDI-1, inserida em 3.6.1996). III – Em mandado de segurança, somente cabe remessa *ex officio* se, na relação processual, figurar pessoa jurídica de direito público como parte prejudicada pela concessão da ordem. Tal situação não ocorre na hipótese de figurar no feito como impetrante e terceiro interessado pessoa de direito privado, ressalvada a hipótese de matéria administrativa (ex-OJs ns. 72 e 73 da SBDI-1, inseridas, respectivamente, em 25.11.1996 e 3.6.1996)."

> Súmula n. 356: "Alçada recursal. Vinculação ao salário mínimo (mantida), Res. n. 121/2003, DJ 19, 20 e 21.11.2003. O art. 2º, § 4º, da Lei n. 5.584, de 26.6.1970, foi recepcionado pela Constituição Federal de 1988, sendo lícita a fixação do valor da alçada com base no salário mínimo."

1.2.2. Taxatividade

Pelo princípio da taxatividade, somente são cabíveis os recursos previstos na Lei Processual Trabalhista, tanto na CLT como na legislação extravagante.

Por ser o rol dos recursos trabalhistas taxativo, ou seja, *numerus clausus*, não há possibilidade de interpretação extensiva ou analógica para se admitirem outros recursos que não têm previsão na Lei processual trabalhista, tampouco há a possibilidade de se admitir recurso previsto no Código de Processo Civil que não tem previsão na Consolidação das Leis do Trabalho.

Como bem destaca *Júlio César Bebber*[19]:

> "Só à lei federal cabe estabelecer quais os recursos cabíveis das decisões judiciais, uma vez que é da União a competência privativa para legislar

(19) BEBBER, Júlio César. *Recursos no processo do trabalho:* teoria geral dos recursos. São Paulo: LTr, 2000. p. 239-240.

sobre processo (CF, art. 22, I). A Consolidação das Leis do Trabalho, no art. 893, relaciona em *numerus clausus* os recursos por ela sistematizados, o mesmo fazendo o Código de Processo Civil no art. 496 [...]. Os arts. 893 da CLT e 496 do CPC fazem uso da expressão 'seguintes recursos'. Tal expressão, como se viu, torna evidente a taxatividade da enumeração, impondo, pois, uma interpretação restritiva dos preceitos legais. Dessa forma, somente os meios de impugnação enumerados pelos arts. 893 da CLT e 496 do CPC, bem como os demais previstos no próprio sistema da CLT, do CPC e de leis extravagantes, é que são legalmente considerados como recursos."

No Processo do Trabalho, são cabíveis os seguintes recursos, segundo a sistemática da CLT:

a) Recurso ordinário (art. 895 da CLT);

b) Recurso de revista (art. 896 da CLT);

c) Embargos para o TST (art. 894 da CLT);

d) Agravo de instrumento (art. 897 da CLT);

e) Agravo de petição (art. 897 da CLT);

f) Embargos de declaração (art. 897-A da CLT);

g) Agravo regimental (art. 709, § 1º, da CLT);

h) Pedido de revisão ao valor atribuído à causa (art. 2º, § 1º, da Lei n. 5.584/70).

Há, ainda, no Processo do Trabalho, a possibilidade de interposição do Recurso Extraordinário, que não é um recurso trabalhista *stricto sensu*, mas, por ser um recurso constitucional, é aplicável ao Processo do Trabalho (art. 102 da CF).

A remessa *ex officio*, também chamada de recurso de ofício, prevista no art. 496 do CPC e Decreto-lei n. 779/69, embora não tenha a mesma natureza jurídica dos recursos, é aplicável ao Processo do Trabalho.

1.2.3. Singularidade ou unirrecorribilidade

O princípio da singularidade ou unirrecorribilidade consiste em ser cabível somente um recurso para cada decisão.

Desse modo, cada decisão comporta apenas um recurso específico.

Nesse sentido, é a visão de *Campos Batalha*(20): "No Direito Processual do Trabalho não se admite duplicidade de recursos ao mesmo tempo. Os recursos devem ser interpostos sucessiva e não simultaneamente."

---

(20) CAMPOS BATALHA, Wilson de Souza. *Tratado de direito judiciário do trabalho.* 2. ed. São Paulo: LTr, 1985. p. 775.

No mesmo sentido, destaca-se a seguinte ementa:

"RECURSO ORDINÁRIO. NÃO CONHECIMENTO. INTERPOSIÇÃO DE MAIS DE UM RECURSO PELA PARTE EM FACE DA MESMA DECISÃO. PRINCÍPIO DA UNIRRECORRIBILIDADE. PRECLUSÃO CONSUMATIVA. Não comporta conhecimento o recurso manejado pela parte após a interposição de apelo anterior impugnando a mesma decisão, operando-se a preclusão consumativa com a apresentação do primeiro deles. Aplicação do princípio da unirrecorribilidade. Recurso ordinário patronal de que não se conhece." (TRT/SP – 00019234220115020019 – RO – Ac. 14ª T. – 20140006294 – rel. Marcos Neves)

Como bem adverte *Nelson Nery Junior*(21), "o dogma da singularidade não impede que sejam interpostos mais de um recurso da mesma espécie contra a mesma decisão judicial. Assim, vencidos recíproca e parcialmente autor e réu, cada qual poderá interpor recurso de apelação contra a sentença, sem que isto constitua ofensa ao princípio da singularidade. Quando o acórdão contiver parte unânime e parte não unânime, esta última poderá ensejar a interposição de embargos infringentes, enquanto que a parte unânime pode desafiar, em tese, recurso especial e/ou extraordinário, todos os três interponíveis simultaneamente. Esta situação constitui exceção do princípio da singularidade."

Alguns autores sustentam que, no Processo do Trabalho, há decisões que podem ensejar mais de um recurso. Nesse sentido, a opinião de *Wagner D. Giglio*(22): "Existe, contudo, a possibilidade de uma mesma decisão ensejar embargos declaratórios e recurso, seja este ordinário, de revista, embargos de divergência ou extraordinário. Neste caso, aguarda-se a solução dos embargos de declaração para, em seguida, processar o outro recurso, se porventura ou inadvertência a parte apresentá-lo concomitantemente."

No nosso sentir, no Processo do Trabalho, se a parte opuser embargos de declaração, deverá aguardar a decisão destes e após interpor o recurso ordinário. Ao contrário do que pensam alguns doutrinadores, não poderá a parte interpor, simultaneamente, embargos de declaração e o recurso ordinário e, depois do julgamento dos embargos, ser facultada a complementação do recurso ordinário.

Nesse sentido, vale destacar a seguinte ementa:

"Recurso — Aditamento — Possibilidade. Após recorrer, sobrevindo modificação da sentença por força do acolhimento dos embargos de declaração, a parte sucumbente tem o direito de aditar o seu recurso, no limite daquele acréscimo, e o Tribunal o dever de examiná-lo por inteiro; isto é, considerando as primeiras razões e as complementares (se regularmente apresentadas), como se se tratasse de peça única, sob pena de impor ao seu julgado a mancha de negativa da tutela jurisdicional. Recurso de embargos provido." (TST – SBDI1 – E-RR n. 232557/95-5 – rel. João Batista B. Pereira – DJ 29.6.2001 – p. 614) (RDT 07/2001, p. 61)

---

(21) NERY JUNIOR, Nelson. *Comentários ao Código de Processo Civil*. 7. ed. São Paulo: RT, 2003. p. 847.

(22) *Op. cit.*, p. 443.

1.2.4. Fungibilidade

O princípio da fungibilidade consiste no fato de o recorrente poder interpor um recurso, ao invés de outro, quando presentes alguns requisitos.

Tal princípio decorre do caráter instrumental do processo e do princípio do aproveitamento dos atos processuais já praticados.

Omissa a CLT, o princípio em questão se alinha com as diretrizes básicas do Processo do Trabalho (art. 769 da CLT), máxime os princípios da informalidade, da simplicidade e da efetividade deste ramo especializado da ciência processual.

Neste sentido, destacamos a seguinte ementa:

"Princípio da fungibilidade. Art. 250 do CPC. 1. A aplicação do princípio da fungibilidade dos recursos está, atualmente, autorizada pelo art. 250 do CPC, sendo certo que, ao utilizá-lo, o julgador deverá estar atento à ocorrência do pressuposto objetivo da adequação, pois, em qualquer hipótese, o instituto só pode ser invocado se houver simples erro de nomenclatura cometido pela parte, ou seja, permite-se nominação de forma equivocada, mas exige-se que o arrazoado recursal seja aviado de forma a atender os pressupostos específicos do recurso adequado. 2. Agravo regimental desprovido." (TST SBDI1 – Ac. n. 264/96 – rel. Min. Francisco Fausto – DJ 25.4.97 – p. 15.513)

Como destaca *Wilson de Souza Campos Batalha*(23):

> "O CPC/39, art. 810, dispunha que, salvo a hipótese de má-fé ou erro grosseiro, a parte não seria prejudicada pela interposição de um recurso por outro. Era o princípio da fungibilidade dos recursos. A jurisprudência admitia a inexistência de má-fé quando o recurso equivocado fora interposto no prazo do recurso certo [...]. Hoje, prevalece o princípio da fungibilidade dos recursos, sobretudo porque uniformizados os prazos de todos eles."

Pressupostos:

a) Dúvida objetiva sobre o recurso cabível: por esta característica, a dúvida dever ser de ordem objetiva, não bastando a dúvida subjetiva do advogado sobre qual o recurso cabível. Há a dúvida objetiva quando há fundada discussão tanto na doutrina como na jurisprudência sobre qual o recurso cabível para a decisão.

Nesse sentido, a seguinte ementa:

"Agravo de instrumento — Interposição contra acórdão proferido em agravo de instrumento — Princípio da fungibilidade — Recurso inadequado. A medida cabível contra decisão da Turma em agravo de instrumento que eventualmente apresente contradição, omissão ou obscuridade são os embargos de declaração. Não é possível a aplicação do princípio da fungibilidade quando ausentes seus requisitos e grosseiro for o erro. Agravo regimental não conhecido, por incabível na espécie." (TST – 2ª T. – AG – AIRR n. 35500/2002.900.10.00-1 – rel. Décio S. Daidone – DJ 12.12.2003 – p. 820).

---

(23) CAMPOS BATALHA, Wilson de Souza. *Tratado de direito judiciário*. 2. ed. São Paulo: LTr, 1985. p. 775.

b) Inexistência de erro grosseiro ou má-fé: há erro grosseiro quando a lei expressamente disciplina o recurso e a parte interpõe outro recurso.

Nesse sentido, as seguintes ementas:

"Agravo regimental — Inviabilidade da aplicação do princípio da fungibilidade recursal. Não se aplica o princípio da fungibilidade recursal para receber o agravo regimental como embargos declaratórios diante da natureza diversa destes, sobretudo porque os embargos de declaração são cabíveis contra sentença ou acórdão e o agravo regimental contra despachos exarados em processos de sua competência, nos termos do art. 72, II, *b*, do Regimento Interno do Tribunal Superior do Trabalho. Agravo regimental não conhecido." (TST – 2ª T. – AG-AIRR n. 2012/1997.043.15.00-7 – rel. Décio Sebastião Daidone – DJ 17.10.03 – p. 572) (RDT n. 1 – Novembro de 2003)

"Princípio da fungibilidade — Impossibilidade de aplicação ante a existência de erro grosseiro na interposição do recurso. É forçoso não confinar o exame do erro grosseiro ao campo escorregadio da subjetividade, sendo necessário reportar-se a elemento objetivo a fim de bem o conceituar. Para tanto, pode-se optar pelo critério da clareza e precisão do sistema recursal contemplado na legislação processual comum e trabalhista, tanto quanto daquele que o tenha sido no Regimento Interno dos Tribunais, de modo que não haja dúvidas ou divergências quanto à propriedade e adequação de cada recurso. Compulsando-se o art. 338, do RITST, percebe-se que o Agravo Regimental ali consagrado não é apropriado para impugnar acórdão proferido pelo Colegiado. É que as hipóteses previstas nas alíneas do art. 338 referem-se invariavelmente a despacho prolatado monocraticamente pelas autoridades ali enumeradas, ao passo que a decisão agravada regimentalmente acha-se consubstanciada em acórdão da lavra da 4ª Turma. Ela, por sua vez, remete à causa decidida em última instância por esta Corte, a indicar o flagrante descabimento do agravo regimental, pois o seria o recurso de Embargos à SDI-1. Desse modo, olvidando deliberadamente o exame do esgotamento do prazo recursal, é imperioso dele não conhecer nem o receber como Recurso de embargos em razão do erro grosseiro do agravante. Agravo do qual não se conhece." (TST – 4ª T. – Ag. AIRR n. 686.187/2000-9 – rel. Min. Antônio José de B. Levenhagen – DJ 1º.3.2002 – p. 936) (RDT n. 04 – abril de 2002)

"Fungibilidade recursal — Inaplicabilidade — Erro grosseiro inescusável. Verificando-se que a parte interpõe recurso manifestamente inadmissível em face da decisão que deseja combater, não há possibilidade de se conhecer do apelo." (TRT – 14ª R. – 2ª T. – relª Juíza Arlene Regina do Couto Ramos (convocada) – DJe n. 117 – 29.6.09 – p. 23 – Processo n. 791/2008.004.14.00-2) (RDT n. 7 – julho de 2009)

"AGRAVO DE INSTRUMENTO EM RECURSO DE REVISTA. APELO INTERPOSTO NA VIGÊNCIA DA LEI N. 13.015/2014. RECURSO EXTRAORDINÁRIO INTERPOSTO NO LUGAR DE RECURSO DE REVISTA.PRINCÍPIO DA FUNGIBILIDADE RECURSAL. INAPLICABILIDADE. ERRO GROSSEIRO CARACTERIZADO. DESERÇÃO DO RECURSO DE REVISTA. A despeito das razões expostas pela parte agravante, merece ser mantido o despacho que negou seguimento ao Recurso de Revista, pois não preenchidos os requisitos do art. 896 da CLT. Agravo de Instrumento conhecido e não provido." (TST – Processo: AIRR – 627-20.2015.5.06.0411 – Data de Julgamento: 24.8.2016, relª Ministra: Maria de Assis Calsing, 4ª Turma, Data de Publicação: DEJT 26.8.2016)

Recentemente, o TST alterou a OJ n. 412 de sua SDI-I a respeito da presente temática:

"AGRAVO INTERNO OU AGRAVO REGIMENTAL. INTERPOSIÇÃO EM FACE DE DECISÃO COLEGIADA. NÃO CABIMENTO. ERRO GROSSEIRO. INAPLICABILIDADE DO

PRINCÍPIO DA FUNGIBILIDADE RECURSAL (nova redação em decorrência do CPC de 2015). É incabível agravo interno (art. 1.021 do CPC de 2015, art. 557, § 1º, do CPC de 1973) ou agravo regimental (art. 235 do RITST) contra decisão proferida por Órgão colegiado. Tais recursos destinam-se, exclusivamente, a impugnar decisão monocrática nas hipóteses previstas. Inaplicável, no caso, o princípio da fungibilidade ante a configuração de erro grosseiro."

Há má-fé quando a parte ingressa com um recurso incabível para a decisão a fim de procrastinar o feito ou atentar contra a boa ordem processual.

c) Interposição no prazo do recurso correto: havendo dúvida sobre qual o recurso correto, deve a parte interpor o recurso no prazo do recurso correto. Desse modo, se há dois prazos distintos para cada recurso, deve a parte interpor o recurso no prazo menor entre os dois prazos possíveis.

A jurisprudência do C. TST tem acolhido o princípio da fungibilidade, conforme a Súmula n. 421, *in verbis*:

EMBARGOS DE DECLARAÇÃO. CABIMENTO. DECISÃO MONOCRÁTICA DO RELATOR CALCADA NO ART. 932 DO CPC DE 2015. ART. 557 DO CPC DE 1973. I – Cabem embargos de declaração da decisão monocrática do relator prevista no art. 932 do CPC de 2015 (art. 557 do CPC de 1973), se a parte pretende tão somente juízo integrativo retificador da decisão e, não, modificação do julgado. II – Se a parte postular a revisão no mérito da decisão monocrática, cumpre ao relator converter os embargos de declaração em agravo, em face dos princípios da fungibilidade e celeridade processual, submetendo-o ao pronunciamento do Colegiado, após a intimação do recorrente para, no prazo de 5 (cinco) dias, complementar as razões recursais, de modo a ajustá-las às exigências do art. 1.021, § 1º, do CPC de 2015.

No mesmo sentido, é a OJ n. 69, da SDI-II, do TST, *in verbis*:

"FUNGIBILIDADE RECURSAL — INDEFERIMENTO LIMINAR DE AÇÃO RESCISÓRIA OU MANDADO DE SEGURANÇA — RECURSO PARA O TST — RECEBIMENTO COMO AGRAVO REGIMENTAL E DEVOLUÇÃO DOS AUTOS AO TRT. Recurso Ordinário interposto contra despacho monocrático indeferitório da petição inicial de ação rescisória ou de mandado de segurança pode, pelo princípio de fungibilidade recursal, ser recebido como agravo regimental. Hipótese de não conhecimento do recurso pelo TST e devolução dos autos ao TRT, para que aprecie o apelo como agravo regimental."

1.2.5. Proibição da reformatio in pejus

O princípio da proibição da *reformatio in pejus* decorre do princípio do dispositivo e também do *tantum devolutum quantum appellatum*, segundo o qual não se pode agravar a situação do recorrente. Além disso, as matérias que o Tribunal pode apreciar no recurso já foram delimitadas pelo recorrente na peça de recurso.

Pelos mesmos motivos declinados, também não é possível a reforma para melhor ou *reformatio in mellius*.

Constituem exceção ao princípio da vedação da *reformatio in pejus* as matérias que o Tribunal pode conhecer de ofício, como as mencionadas no art. 337 do CPC (matérias de ordem pública).

Desse modo, ainda que não tenha sido ventilada pelo recorrente, o Tribunal pode pronunciar de ofício a ilegitimidade passiva, falta de pressuposto processual etc.

Para parte da doutrina, a possibilidade de o Tribunal conhecer matérias de ofício constitui o chamado efeito translativo do recurso e, para outra parte, o efeito devolutivo no aspecto vertical.

Pensamos que nos recursos de natureza extraordinária, como o Recurso Especial, o Extraordinário e o de Revista, não possa o Tribunal conhecer matérias de ofício, uma vez que tais recursos dependem de prequestionamento da matéria, sendo, portanto, recursos de fundamentação vinculada pelo Tribunal.

Além disso, a finalidade dos recursos de natureza extraordinária é a uniformização da interpretação da legislação e guarda das legislações federal e constitucional.

Nesse sentido, destacamos a seguinte ementa:

> "Fungibilidade recursal — Indeferimento da inicial de mandado de segurança — Recurso ordinário para o TST — Não conhecimento, recebimento como agravo regimental e devolução dos autos ao TRT. Aplicando-se os termos da Orientação Jurisprudencial n. 69 desta c. SBDI-2 ao caso concreto, tem-se que o recurso ordinário interposto contra despacho monocrático indeferitório da petição inicial do mandado de segurança, pode, pelo princípio de fungibilidade recursal, ser recebido como agravo regimental. Hipótese de não conhecimento do recurso pelo TST e devolução dos autos ao TRT, para que aprecie o apelo como agravo regimental. Recurso ordinário não conhecido." (TST – SBDI-2 – ROMS n. 6.443/2005.000.13.00-6 – rel. Min. Renato de Lacerda Paiva – DJ 6.10.06 – p. 978) (RDT n. 11 – novembro de 2006)

1.2.6. Variabilidade

Alguns autores sustentam a existência do princípio da variabilidade dos recursos. Esse princípio consiste na possibilidade de o recorrente, dentro do prazo recursal, variar o recurso interposto, ou seja, alterar a medida recursal já interposta, com a finalidade de interpor o recurso correto para a decisão.

Ensina *José Augusto Rodrigues Pinto*(24): "A noção da variabilidade se condensa na possibilidade de troca de um recurso interposto por outro diverso e sucessivo, que se deseja, efetivamente, utilizar."

Esse princípio constava do Código de Processo Civil de 1939, no art. 809, primeira parte, em que o litigante poderia variar o recurso dentro do prazo legal.

Autores há que defendem a aplicação do princípio da variabilidade no Processo do Trabalho em razão da simplicidade do procedimento, da possibilidade do *jus postulandi* da parte, da ausência de prejuízo e da instrumentalidade das formas.

Nesse sentido, defende *Manoel Antonio Teixeira Filho*(25): "Não se pode ignorar que o Processo do Trabalho é informado, dentre outros princípios, pelo da simplicidade

---

(24) RODRIGUES PINTO, José Augusto. *Manual dos recursos nos dissídios do trabalho.* São Paulo: LTr, 2006. p. 50.

(25) TEIXEIRA FILHO, Manoel Antonio. *Sistema dos recursos trabalhistas.* 10. ed. São Paulo: LTr, 2003. p. 136.

(tanto do processo quanto do procedimento); parece-nos, portanto, desrespeitosa desse princípio qualquer vedação à possibilidade de a parte variar de recurso quando ainda não esgotado o prazo para o exercício desta pretensão."

No mesmo sentido, é a visão de *José Augusto Rodrigues Pinto*(26):

> "Na vigência do CPC/39, tratava-se de regra legal (art. 809), não subscrita pelo atual, possibilitando alimentar-se restrições à sua aceitação. No processo trabalhista, que jamais conteve disposição a respeito, aceitava-se o seu uso, por via supletiva autorizada no art. 769 da CLT. Hoje, mesmo sem esta facilitação, continuamos considerando-a evidentemente compatível com o reconhecimento da capacidade postulatória da parte leiga, conferida pelo art. 791, que deixa extremamente vulnerável ao erro de manipulação das técnicas processuais, das quais o enquadramento do recurso se conta entre as mais delicadas. A aplicação da variabilidade deve condicionar-se, naturalmente, ao exercício dentro do prazo de interposição do recurso que substituir o interposto."

Pensamos que, atualmente, diante da sistemática processual vigente, tanto da CLT, que não contém regra a respeito, como do CPC de 1973, que não repetiu o disposto no art. 809 do CPC de 1939, não existe o princípio da variabilidade no ordenamento processual vigente, tampouco no Processo do Trabalho. Desse modo, uma vez interposto o recurso, o recorrente consuma o ato, não podendo alterar a medida recursal, pois estará configurada a preclusão consumativa, ainda que não escoado o prazo recursal. Pelas mesmas razões, entendemos que, mesmo ainda em curso o prazo recursal, o recorrente não poderá aditar o recurso interposto, tampouco alterar as razões já expostas.

Nesse sentido, defende *Wilson de Souza Campos Batalha*(27):

> "O CPC/39, art. 809, assegurava à parte o direito de variar de recurso dentro do prazo legal. Tal faculdade não mais lhe assiste. Interposto o recurso, mesmo antes do término do prazo, operou-se a preclusão da recorribilidade, sendo impossível alterar ou complementar recurso já interposto. Se o vencido interpõe sucessivamente dois recursos, entende-se que só o primeiro deve prevalecer; o segundo não tem efeito, porque manifestado quando preclusa a fase de recorribilidade."

1.2.7. Dialeticidade

O princípio da dialeticidade, também chamado de princípio da discursividade, significa a necessidade de o recorrente fundamentar seu inconformismo com a decisão, bem como apontar os capítulos da decisão que pretende reformar. Também possibilita que a parte contrária possa contra-arrazoar o recurso, exercendo o contraditório e ampla defesa.

---

(26) *Op. cit.*, p. 50-51.

(27) CAMPOS BATALHA, Wilson de Souza. *Tratado de direito judiciário do trabalho.* 2. ed. São Paulo: LTr, 1985. p. 774.

Conforme *Júlio César Bebber*[28]:

"O princípio da dialeticidade dos recursos: a) possui previsão legal expressa (CPC, arts. 514, 524, 541; CLT, 899) e está amparado no princípio do contraditório (CF, art. 5º, LV); b) enuncia a necessidade de as razões recursais possuírem motivação pertinente para viabilizarem o conhecimento do recurso. Vale dizer: as razões dos recursos devem ser dialéticas, discursivas, Em outras palavras, devem guardar simetria com a decisão impugnada (Súmulas TST n. 422)."

No Código de Processo, disciplina o presente princípio no art. 1.010, *in verbis*:

"A apelação, interposta por petição dirigida ao juízo de primeiro grau, conterá:

I – os nomes e a qualificação das partes;

II – a exposição do fato e do direito;

III – as razões do pedido de reforma ou de decretação de nulidade;

IV – o pedido de nova decisão.

§ 1º O apelado será intimado para apresentar contrarrazões no prazo de 15 (quinze) dias.

§ 2º Se o apelado interpuser apelação adesiva, o juiz intimará o apelante para apresentar contrarrazões.

§ 3º Após as formalidades previstas nos §§ 1º e 2º, os autos serão remetidos ao tribunal pelo juiz, independentemente de juízo de admissibilidade."

A regra da CLT é de que os recursos devem ser interpostos por simples petição, conforme expressão de seu art. 899.

De nossa parte, o recuso por simples petição é apenas uma petição simples, desacompanhada das razões. Outros sustentam que o recurso por simples petição não exonera o recorrente de apresentar as razões pelas quais fundamenta seu inconformismo.

Diante da existência do *jus postulandi* e da regra específica do art. 899 da CLT, pensávamos que, no Processo do Trabalho, a sistemática geral era o recurso desacompanhado de razões.

Após uma reflexão mais atenta, estou convencido de que o princípio da dialeticidade é aplicável aos recursos trabalhistas, pois as razões recursais delimitam a matéria objeto de apreciação pelo Tribunal. Além disso, possibilitam o contraditório da parte contrária, e efetividade da jurisdição recursal.

De outro lado, o recurso por simples petição, desacompanhado de razões, somente pode ser aplicável ao Processo do Trabalho, nos recursos de fundamentação livre, a exemplo do recurso ordinário, e se o recorrente estiver sem advogado, valendo-se do *jus postulandi*.

(28) *Recursos no processo do trabalho*. 3. ed. São Paulo: LTr, 2011. p. 249.

A jurisprudência majoritária tem aplicado o princípio da dialeticidade no processo do trabalho, conforme se constata das seguintes ementas:

> "RECURSO ORDINÁRIO. AUSÊNCIA DE ATAQUE AOS FUNDAMENTOS DA SENTENÇA. REPETIÇÃO DOS TERMOS DA INICIAL. NÃO CONHECIMENTO. Insurgindo-se o reclamante em sede recursal com a adoção dos mesmos fundamentos expendidos na petição inicial relativos ao pedido liminar e cabimento de mandado de segurança coletivo em face de portarias expedidas pelo Ministro do Trabalho e Emprego que determinou a instalação do ponto eletrônico, quando a sentença julgou extinta a ação sem resolução do mérito, nos termos do art. 267, IV, do CPC, por entender não ser competente para apreciar a pretensão, competência esta do Superior Tribunal de Justiça, conforme disposição do art. 105, II, "*b*", da CF/88, não há como conhecer o apelo, posto não haver cumprido a regra do art. 514, II, do CPC, atraindo a aplicação da Súmula n. 422 do C. TST." (TRT/SP – 00003999520115020023 – RO – Ac. 10ª T. – 20120345107 – relª Sônia Aparecida Gindro – DOE 30.3.2012)

> "Não se conhece agravo de petição que não ataca os fundamentos da r. decisão recorrida. Inteligência do art. 514, II, do CPC e da Súmula n. 422 do C. TST." (TRT/SP – 00977005720045020065 – AP – Ac. 17ª T. – 20120263658 - rel. Orlando Apuene Bertão – DOE 16.3.2012)

> "Recurso ordinário não conhecido. Alegação recursal genérica que não ataca os fundamentos da sentença não devolve ao Tribunal o conhecimento da matéria. Inteligência dos arts. 505 e 514, II do CPC e Súmula n. 422 do C.TST, por analogia." (TRT/SP – 00011991520105020038 – RO – Ac. 15ª T. – 20120297218 – relª Silvana Abramo Margherito Ariano – DOE 27.3.2012)

1.2.8. Irrecorribilidade em separado das decisões interlocutórias

O princípio da irrecorribilidade em separado das decisões interlocutórias, também chamado de princípio da irrecorribilidade autônoma ou irrecorribilidade imediata, decorre do princípio da oralidade do processo do trabalho.

O processo do trabalho é essencialmente um procedimento oral. Embora este princípio também faça parte do direito processual comum, no processo do trabalho, ele se acentua, com a primazia da palavra; concentração dos atos processuais em audiência; maior interatividade ente juiz e partes; irrecorribilidade das decisões interlocutórias; e identidade física do juiz.

A irrecorribilidade em separado das decisões interlocutórias tem por objetivo imprimir maior celeridade ao processo e prestigiar a autoridade do juiz na condução do processo, impedindo que as decisões interlocutórias, quais sejam, as que decidem questões incidentes, causando gravame a uma ou a ambas as partes, sem encerrar o processo, sejam irrecorríveis de imediato, podendo ser questionadas quando do recurso cabível em face da decisão definitiva.

De outro lado, a irrecorribilidade imediata das decisões interlocutórias está em compasso com o sistema do processo do trabalho de imprimir maiores poderes do juiz na condução do processo, e celeridade do procedimento (arts. 765 e 878, ambos da CLT).

O momento de se impungar as decisões interlocutórias é por ocasião do recurso em face da decisão final do processo.

Nesse sentido, é o art. 893, § 1º, da CLT:

"Os incidentes do processo serão resolvidos pelo próprio Juízo ou Tribunal, admitindo-se a apreciação do merecimento das decisões interlocutórias somente em recurso da decisão definitiva."

1.3. Da remessa necessária ou recurso de ofício

Quando houver condenação em diante da Fazenda Pública, nos termos do Decreto-lei n. 779/69 e art. 496 do CPC, o processo estará sujeito ao duplo grau de jurisdição obrigatório, ou à remessa de ofício também denominada recurso de ofício ou remessa obrigatória.

Como destaca *Wagner D. Giglio*(29), o Decreto-lei n. 779/69 tornou obrigatório o recurso ordinário *ex officio* das decisões que sejam total ou parcialmente contrárias à União, aos Estados, ao Distrito Federal, aos Municípios e às autarquias ou fundações de direito público federais, estaduais ou municipais que não explorem atividade econômica (art. 1º, V), conferindo, assim, legitimidade ao Juiz do Trabalho ou de Direito para recorrer, nesses casos.

A remessa necessária, embora seja denominada também pela doutrina de recurso, não tem natureza recursal, uma vez que não se busca aclarar, reformar, ou anular a decisão. Como destaca *Nelson Nery Junior*(30), trata-se de condição de eficácia da sentença, que, embora existente e válida, somente produzirá efeitos depois de confirmada pelo Tribunal. Não é recurso por lhe faltar: tipicidade, voluntariedade, tempestividade, dialeticidade, legitimidade, interesse em recorrer e preparo, características próprias dos recursos. Enquanto não reexaminada a sentença pelo tribunal, não haverá trânsito em julgado e, consequentemente, será ela ineficaz. A interpretação teleológica que se tem de dar à norma de proteção sob análise, aliada à sua natureza jurídica de condição de eficácia da sentença, indica somente a sentença de mérito como o objeto da referida proteção.

A remessa de ofício é condição de eficácia da decisão. Vale dizer: sem a apreciação do 2º grau de jurisdição, não há o trânsito em julgado da decisão. Como bem destacado por *Nelson Nery*, somente a sentença de mérito em face da Fazenda Pública está sujeita à remessa necessária.

Segundo entendimento fixado da doutrina, aplica-se à remessa oficial o efeito translativo, pois a devolutividade de tal recurso é ampla, ou seja, não se aplica o princípio da vedação da *reformatio in pejus*.

Atualmente, dispõe o art. 496 do CPC(31), *in verbis*:

"Está sujeita ao duplo grau de jurisdição, não produzindo efeito senão depois de confirmada pelo tribunal, a sentença:

---

(29) *Op. cit.*, p. 448.

(30) *Op. cit.*, p. 813.

(31) A Instrução Normativa n. 39/16, do TST, em seu art. 3º, X, entendeu aplicável o art. 496 do CPC ao Processo Trabalhista.

I – proferida contra a União, os Estados, o Distrito Federal, os Municípios e suas respectivas autarquias e fundações de direito público;

II – que julgar procedentes, no todo ou em parte, os embargos à execução fiscal.

§ 1º Nos casos previstos neste artigo, não interposta a apelação no prazo legal, o juiz ordenará a remessa dos autos ao tribunal, e, se não o fizer, o presidente do respectivo tribunal avocá-los-á.

§ 2º Em qualquer dos casos referidos no § 1º, o tribunal julgará a remessa necessária.

§ 3º Não se aplica o disposto neste artigo quando a condenação ou o proveito econômico obtido na causa for de valor certo e líquido inferior a:

I – 1.000 (mil) salários mínimos para a União e as respectivas autarquias e fundações de direito público;

II – 500 (quinhentos) salários mínimos para os Estados, o Distrito Federal, as respectivas autarquias e fundações de direito público e os Municípios que constituam capitais dos Estados;

III – 100 (cem) salários mínimos para todos os demais Municípios e respectivas autarquias e fundações de direito público.

§ 4º Também não se aplica o disposto neste artigo quando a sentença estiver fundada em:

I – súmula de tribunal superior;

II – acórdão proferido pelo Supremo Tribunal Federal ou pelo Superior Tribunal de Justiça em julgamento de recursos repetitivos;

III – entendimento firmado em incidente de resolução de demandas repetitivas ou de assunção de competência;

IV – entendimento coincidente com orientação vinculante firmada no âmbito administrativo do próprio ente público, consolidada em manifestação, parecer ou súmula administrativa."

Hipóteses em que não há necessidade da remessa necessária, no Processo do Trabalho. São elas:

a) quando a condenação não ultrapassar o valor correspondente a 1.000 (mil) salários mínimos para a União e as respectivas autarquias e fundações de direito público; 500 (quinhentos) salários mínimos para os Estados, o Distrito Federal, as respectivas autarquias e fundações de direito público e os Municípios que constituam capitais dos Estados; 100 (cem) salários mínimos para todos os demais Municípios e respectivas autarquias e fundações de direito público;

b) quando a decisão estiver em consonância com súmula de tribunal superior, incluindo o TST; acórdão proferido pelo Supremo Tribunal Federal ou pelo Superior Tribunal de Justiça em julgamento de recursos repetitivos; entendimento firmado em incidente de resolução de demandas repetitivas ou de assunção de competência; entendimento coincidente com orientação vinculante firmada no âmbito administrativo do próprio ente público, consolidada em manifestação, parecer ou súmula administrativa.

Diante do novo Código de Processo Civil, dispõe a Súmula n. 303 do TST, *in verbis*:

"FAZENDA PÚBLICA. REEXAME NECESSÁRIO (nova redação em decorrência do CPC de 2015)

I – Em dissídio individual, está sujeita ao reexame necessário, mesmo na vigência da Constituição Federal de 1988, decisão contrária à Fazenda Pública, salvo quando a condenação não ultrapassar o valor correspondente a: a) 1.000 (mil) salários mínimos para a União e as respectivas autarquias e fundações de direito público; b) 500 (quinhentos) salários mínimos para os Estados, o Distrito Federal, as respectivas autarquias e fundações de direito público e os Municípios que constituam capitais dos Estados; c) 100 (cem) salários mínimos para todos os demais Municípios e respectivas autarquias e fundações de direito público.

II – Também não se sujeita ao duplo grau de jurisdição a decisão fundada em: a) súmula ou orientação jurisprudencial do Tribunal Superior do Trabalho; b) acórdão proferido pelo Supremo Tribunal Federal ou pelo Tribunal Superior do Trabalho em julgamento de recursos repetitivos; c) entendimento firmado em incidente de resolução de demandas repetitivas ou de assunção de competência; d) entendimento coincidente com orientação vinculante firmada no âmbito administrativo do próprio ente público, consolidada em manifestação, parecer ou súmula administrativa.

III – Em ação rescisória, a decisão proferida pelo Tribunal Regional do Trabalho está sujeita ao duplo grau de jurisdição obrigatório quando desfavorável ao ente público, exceto nas hipóteses dos incisos anteriores. (ex-OJ n. 71 da SBDI-1 – inserida em 3.6.1996)

IV – Em mandado de segurança, somente cabe reexame necessário se, na relação processual, figurar pessoa jurídica de direito público como parte prejudicada pela concessão da ordem. Tal situação não ocorre na hipótese de figurar no feito como impetrante e terceiro interessado pessoa de direito privado, ressalvada a hipótese de matéria administrativa. (ex-OJs ns. 72 e 73 da SBDI-1 – inseridas, respectivamente, em 25.11.1996 e 3.6.1996)"

1.4. Recursos e direito intertemporal

Constituem princípios da aplicação da Lei Processual: irretroatividade da lei; vigência imediata da lei ao processo em curso; impossibilidade de renovação das fases processuais já ultrapassadas pela preclusão (também chamada pela doutrina de teoria do isolamento dos atos processuais já praticados).

A Consolidação das Leis do Trabalho disciplina a questão da vigência da Lei nos arts. 912 e 915, *in verbis*:

"Art. 912: Os dispositivos de caráter imperativo terão aplicação imediata às relações iniciadas, mas não consumadas, antes da vigência desta Consolidação."

"Art. 915: Não serão prejudicados os recursos interpostos com apoio em dispositivos alterados ou cujo prazo para interposição esteja em curso à data da vigência desta Consolidação."

No mesmo diapasão é o art. 1.046 do CPC, que assim dispõe: "Ao entrar em vigor este Código, suas disposições se aplicarão desde logo aos processos pendentes, ficando revogada a Lei n. 5.869, de 11 de janeiro de 1973."

Conforme os princípios da aplicação da lei, mencionados nos arts. 912, 915 da CLT e 1.046 do CPC, os recursos são regidos pela lei vigente à época da interposição, em razão do princípio da irretroatividade da lei. Se a parte, ao recorrer, preencheu todos os pressupostos de admissibilidade do recurso sob a égide da Lei antiga, ainda que a lei nova estabeleça novos requisitos e pressupostos, eles não se aplicarão ao recurso já interposto, pois tal fase processual já está sepultada pela preclusão consumativa.

Sustentam *Nélson Nery Júnior* e *Rosa Maria de Andrade Nery*(32) ao comentar o art. 1.046 do CPC:

> "Duas são as situações para a lei nova processual em matéria de recursos: a) rege o cabimento e a admissibilidade do recurso a lei vigente à época da prolação da decisão à qual se pretende recorrer; b) rege o procedimento do recurso a lei vigente à época da efetiva interposição."

No mesmo sentido argumentam *Luiz Guilherme Marinoni*, *Sérgio Cruz Arenhart* e *Daniel Mitidiero*(33):

> "A lei do recurso é a lei do dia em que se tornou recorrível a decisão. A abertura de prazo recursal dá lugar a uma situação jurídica pendente: aguarda-se a interposição ou não do recurso. O recorrente tem direito à observação da lei vigente à época da abertura do prazo recursal. Fora daí há ofensa a direito processual adquirido e efeito retroativo da legislação."

A jurisprudência tem admitido a aplicabilidade imediata da lei se for mais benéfica ao recorrente, como a majoração do prazo recursal.

Dúvidas surgem quanto à lei aplicável ao processamento e julgamento do recurso interposto sob a vigência da lei anterior. Há dois entendimentos majoritários na doutrina, quais sejam:

a) ao processamento e julgamento do recurso será aplicável a lei nova. Nesse sentido sustenta *Manoel Antonio Teixeira Filho*(34): "Esclareça-se, contudo, que o procedimento a ser obedecido, inclusive para o julgamento, será o estabelecido pela nova lei, que neste caso se aplica — ato contínuo à sua vigência — aos processos pendentes (CPC, art. 1.046, *caput*, segunda parte)";

b) a lei vigente à data da interposição rege também a tramitação e julgamento do recurso. Nesse sentido: PROCESSO CIVIL. PREPARO. O recurso é aquele previsto na data da sentença, mas seu procedimento está sujeito às regras vigentes na data da respectiva interposição, inclusive a que eventualmente tenha alterado a forma do preparo. Hipótese em que, interposto o recurso já na vigência da Lei n. 8.950, de 1994, o respectivo preparo deveria ter sido comprovado desde logo. Embargos de divergência conhecidos, mas não providos. (STJ 2ª Seção, EMBARGOS DE DIVERGÊNCIA EM RESP N. 197.847 – PR (2000/0076786-7) RELATOR: MINISTRO CESAR ASFOR ROCHA. DJ 12.8.2002)

De nossa parte, aplica-se, como regra geral, a lei vigente à época da interposição para o processamento e julgamento do recurso, salvo se a lei nova for mais benéfica ao recorrente.

---

(32) *Comentários ao Código de Processo Civil.* São Paulo: RT, 2015. p. 2.235.

(33) *Novo Código de Processo Civil Comentado.* 2. ed. São Paulo: RT, 2016. p. 1.126.

(34) *Comentários ao Novo Código de Processo Civil:* sob a prespectiva do Processo do Trabalho. São Paulo: LTr, 2015. p. 1.362.

O Tribunal Superior do Trabalho enfrentou a questão quando da vigência da Lei n. 13.015/14 e se pronunciou da seguinte forma por meio do art. 1º do ATO N. 491/SEGJUD.GP, de 23 de setembro de 2014:

> "A Lei n. 13.015, de 21 de julho de 2014, aplica-se aos recursos interpostos das decisões publicadas a partir da data de sua vigência. Parágrafo único. As normas procedimentais da Lei n. 13.015/2014 e as que não afetarem o direito processual adquirido de qualquer das partes aplicam-se aos recursos interpostos anteriormente à data de sua vigência, em especial as que regem o sistema de julgamento de recursos de revista repetitivos, o efeito interruptivo dos embargos de declaração e a afetação do recurso de embargos ao Tribunal Pleno do TST, dada a relevância da matéria (art. 7º)".

Como destaca *Wagner D. Giglio*(35), "ensinam os doutos que a lei processual, como todas as leis de direito público, tem aplicação imediata, apanhando os casos em andamento para alterar seu procedimento a partir da sua vigência. Entendemos então, lastreados nesses ensinamentos, que a parte não havia adquirido direito, ao intentar a ação, a um determinado recurso, mas, quando muito, a recorrer, em respeito ao propalado princípio, não infringido pela Lei nova, do duplo grau de jurisdição. Em decorrência, não poderia a parte pretender, com base no Direito anterior, que lhe estava assegurado o recurso ordinário: cabível, portanto, era de embargos, na primeira hipótese formulada [...]. Assim sendo, o direito a um recurso específico surge somente com o pronunciamento judicial desfavorável, e é a lei em vigor na data da prolação da decisão que vai determinar qual o recurso cabível."

No mesmo sentido, é a posição de *Cléber Lúcio de Almeida*(36), com suporte em *Barbosa Moreira*:

> "A nova lei não afeta o direito ao recurso que a lei vigente na data da publicação da decisão colocava à disposição da parte. Mas, 'quanto ao procedimento cabível, inclusive para o julgamento do recurso, não há dúvidas de que se subordina, desde a respectiva entrada em vigor, às prescrições da lei nova. Aqui, o princípio aplicável é, pura e simplesmente, o da imediata incidência."

A questão dos recursos e o direito intertemporal têm sido objeto de discussões após a Emenda Constitucional n. 45/04, pois vieram para a Justiça do Trabalho inúmeros processos referentes a indenizações por doenças e acidentes de trabalho que estavam em curso na Justiça Estadual com o recurso pendente de julgamento. Nesses casos, a jurisprudência trabalhista, acertadamente, vem se posicionando no sentido de processar os recursos tendo à vista os pressupostos e requisitos do Código de Processo Civil, que era a lei aplicável à época da interposição dos recursos.

Diante do exposto, quanto ao direito intertemporal dos recursos, aplicam-se as seguintes regras:

a) irretroatividade da lei nova;

---

(35) *Op. cit.*, p. 441-442.

(36) ALMEIDA, Cléber Lúcio de. *Direito processual do trabalho.* Belo Horizonte: Del Rey, 2006. p. 687.

b) vigência imediata da lei nova;

c) a lei vigente à época da interposição regerá o recurso, bem como os pressupostos objetivos e subjetivos de recorribilidade;

d) o recurso será processado e julgado à luz da lei vigente à época da interposição, salvo se a lei nova for mais benéfica ao recorrente.

Na vigência do CPC/15, o TST, pronunciou-se a respeito, conforme a seguinte ementa:

"INCIDÊNCIA DA REGRA DE DIREITO INTERTEMPORAL SEGUNDO A QUAL *TEMPUS REGIT ACTUM*. I – Considerando que a ação rescisória foi ajuizada em 14.5.2009, a viabilidade da pretensão rescindente há de ser examinada à luz do CPC de 1973, uma vez que, embora as normas processuais tenham aplicação imediata aos processos pendentes, não têm efeito retroativo, por conta da regra de direito intertemporal que as preside, segundo a qual *tempus regit actum*. II – Aqui vem a calhar o que escreve Humberto Theodoro Júnior, págs. 26/27, do seu Processo de Conhecimento, Vol. I, no sentido de que "mesmo quando a lei nova atinge um processo em andamento, nenhum efeito tem sobre os fatos ou atos ocorridos sob o império da lei revogada. Alcança o processo no estado em que se achava no momento de sua entrada em vigor, mas respeita os efeitos dos atos já praticados, que continuam regulados pela lei do tempo em que foram consumados". III – E conclui, salientando, com propriedade, que "as leis processuais são de efeito imediato frente aos feitos pendentes, mas não são retroativas, pois só os atos posteriores à sua entrada em vigor é que se regularão por seus preceitos. *Tempus regit actum*". SUBSTABELECIMENTO SEM RESERVA DOS PODERES CONFERIDOS AOS PATRONOS DOS RÉUS NA AÇÃO RESCISÓRIA — NÃO RETIFICAÇÃO DA AUTUAÇÃO E DOS REGISTROS INFORMATIZADOS DO TRIBUNAL DE ORIGEM — INTIMAÇÃO DOS ATOS PROCESSUAIS SUBSEQUENTES EM NOME DE ADVOGADOS QUE NÃO MAIS DETINHAM PODERES PARA REPRESENTAR A PARTE — CERCEAMENTO DO DIREITO DE DEFESA — VIOLAÇÃO DO ART. 5º, LV, DA CONSTITUIÇÃO CONFIGURADA — RETORNO DOS AUTOS AO TRT DE ORIGEM — REABERTURA DA INSTRUÇÃO PROCESSUAL. I – Compulsando os autos, extrai-se ter sidojuntada aos autos, em 29.9.2011, petição pela qual o Dr. Guilherme Oliveira Cruz (OAB/MG 59.500) substabelecera, **sem reserva**, aos advogados ali nominados os poderes que lhe foram outorgados pelos réus desta ação rescisória. II – Em 25.10.2011, o Desembargador Relator determinou aos réus que dissessem, em cinco dias, se ainda possuíam interesse na produção das provas anteriormente requerida. III – Transcorrido *in albis* o referido prazo, a douta autoridade local declarou, em 25.11.2011, encerrada a instrução processual e, no mesmo ato, determinou a intimação das partes para apresentação de razões finais, tendo sido certificado que em 23.1.2011 havia expirado o prazo de dez dias conferido aos réus (fl. 500 dos autos digitalizados). IV – Posteriormente, em 17.2.2012, após tomar ciência de que havia sido prolatada decisão pela Justiça Comum do Estado de Minas Gerais julgando parcialmente procedente a interdição do autor, o Desembargador Relator determinou que este juntasse a sentença respectiva e eventual certidão de trânsito em julgado, ordenando que, na sequência, fosse dada vista dos referidos documentos aos réus e ao MPT. V – Cumprida a determinação judicial pelo autor em 28.2.2012, os réus mais uma vez não se manifestaram, tendo a Secretaria atestado que em 6.3.2012 havia decorrido o prazo assinalado pela autoridade local, consoante certidão de fls. 512 dos autos digitalizados. VI – Na sequência, em 3.5.2012, a Segunda Seção Especializada de Dissídios Individuais do TRT da 2ª Região julgou procedente o pedido de corte rescisório e desconstituiu a decisão homologatória de acordo proferida nos autos da RT n. 0007000-59.2007.5.03.0014 e, em juízo rescisório, extinguiu o processo originário, sem resolução do mérito, nos termos do art. 267, VI, do CPC de 73. VII – Publicado o acórdão em 14.5.2012, os réus opuseram embargos de declaração, suscitando, dentre outras alegações, a nulidade de todos os atos processuais praticados após a juntada do substabelecimento sem reserva de poderes de fl. 479 dos autos digitalizados, já que por erro da Secretaria da SDI local deles não foram intimados os advogados regularmente constituídos pela parte, alertando para a existência de requerimento expresso de cadastramento dos novos procuradores com a exclusão dos antigos patronos. VIII – No acórdão que julgou os declaratórios, o TRT de origem, embora os tenha acolhido apenas para prestar esclarecimentos, reconheceu expressamente que a Secretaria da SDI-2 deixou de cumprir obrigação que lhe competia, de proceder à retificação da autuação e dos registros processuais a fim de que deles passassem a constar os nomes dos causídicos aos quais foram substabelecidos, **sem reserva**, os poderes anteriormente conferidos pelos réus ao Dr. Guilherme Oliveira Cruz. IX - Com isso, conclui-se que os recorrentes não foram devidamente intimados dos atos processuais praticados após a juntada do referido substabelecimento, razão pela qual avulta a convicção de lhes ter sido cerceado o direito de defesa, em flagrante violação ao art. 5º, inciso LV, da Constituição de 88. X – Vale acentuar que, na hipótese, o cerceamento do direito de defesa emerge do simples fato de os réus não terem sido regularmente intimados dos atos processuais posteriores ao dito substabelecimento, sendo o prejuízo processual inconteste, até porque a conclusão do Regional foi no sentido da procedência da ação rescisória da parte contrária, resultado que poderia ter sido diverso caso aos réus tivesse sido dada oportunidade de produzir provas e apresentar razões finais, bem assim de se manifestar sobre a sentença de interdição. XI – Constatado, dessa forma, o cerceamento do direito de defesa dos réus, em violação direta e literal ao art. 5º, LV, da Carta de 88, impõe-se o acolhimento da preliminar arguida para, anulando o acórdão recorrido e todos os atos processuais praticados a partir da juntada do substabelecimento protocolizado pelos réus em 29.9.2011, determinar o retorno dos autos ao Tribunal Regional a fim de que prossiga no julgamento do feito, como entender de direito. XII – Recurso ordinário a que se dá provimento." (TST – Processo: RO – 60200-52.2009.5.03.0000 – Data de Julgamento: 9.8.2016, relator Ministro: Antonio José de Barros Levenhagen, Subseção II Especializada em Dissídios Individuais, Data de Publicação: DEJT 12.8.2016)

1.5. Decisões irrecorríveis no Processo do Trabalho

1.5.1. Decisão interlocutória

A CLT não define o conceito de decisão interlocutória. Desse modo, por força do art. 769 da CLT, aplica-se o conceito disciplinado no Código de Processo Civil.

Diz o art. 203, §§ 1º e 2º, do CPC:

"Os pronunciamentos do juiz consistirão em sentenças, decisões interlocutórias e despachos.

§ 1º Ressalvadas as disposições expressas dos procedimentos especiais, sentença é o pronunciamento por meio do qual o juiz, com fundamento nos arts. 485 e 487, põe fim à fase cognitiva do procedimento comum, bem como extingue a execução.

§ 2º Decisão interlocutória é todo pronunciamento judicial de natureza decisória que não se enquadre no § 1º."

À luz do referido dispositivo legal e da melhor técnica processual, decisão interlocutória é a proferida no curso do processo, que resolve questão incidente, causando gravame a uma ou a ambas as partes, sem pôr fim ao processo. O que diferencia a decisão interlocutória do despacho é a lesividade da decisão que se encontra ausente no despacho.

Como já destacado, as decisões interlocutórias podem ter o conteúdo dos arts. 485 e 487, distinguindo-se das sentenças, no aspecto da finalidade do ato. As decisões interlocutórias não encerram o processo ou a fase de conhecimento; já as sentenças têm o condão de encerrar o processo ou a fase de conhecimento.

No Processo do Trabalho, serão extintivas, com suporte no art. 485 do CPC, as decisões que excluírem um litisconsorte passivo antes da sentença final, por falta de legitimidade, ou que rejeitar, liminarmente, a reconvenção. Terá fundamento no art. 487 do CPC a decisão, quando pronunciar a prescrição quinquenal, ou a nuclear em face de um dos litisconsortes, ou que conceder a tutela antecipada, ou rejeita-lá, antes da sentença final.

O princípio da irrecorribilidade das decisões interlocutórias no Processo do Trabalho decorre do princípio da oralidade, a fim de atribuir maior agilidade ao procedimento, bem como propiciar maior celeridade processual.

De outro lado, não é bem verdade que as decisões interlocutórias são irrecorríveis, uma vez que não o são de imediato, mas podem ser questionadas quando do recurso interposto da decisão final.

A jurisprudência do TST tem fixado entendimento de que, se a decisão interlocutória dos Tribunais Regionais do Trabalho contrariarem Súmula ou Orientação Jurisprudencial do TST, ou for terminativa do feito na Justiça do Trabalho ou encaminhar o Processo para Tribunal diverso do que prolatou a decisão em exceção de incompetência em razão do lugar, tal decisão, embora tenha natureza interlocutória, poderá ser recorrível.

Nesse sentido, é a Súmula n. 214 do C. TST, *in verbis*:

> "DECISÃO INTERLOCUTÓRIA. IRRECORRIBILIDADE — Na Justiça do Trabalho, nos termos do art. 893, § 1º, da CLT, as decisões interlocutórias não ensejam recurso imediato, salvo nas hipóteses de decisão: a) de Tribunal Regional do Trabalho contrária à Súmula ou Orientação Jurisprudencial do Tribunal Superior do Trabalho; b) suscetível de impugnação mediante recurso para o mesmo Tribunal; c) que acolhe exceção de incompetência territorial, com a remessa dos autos para Tribunal Regional distinto daquele a que se vincula o juízo excepcionado, consoante o disposto no art. 799, § 2º, da CLT."

Quanto à alínea *a* do referido verbete sumular, em que pese o respeito que merece a referida Súmula, com ela não concordamos, pois, mesmo quando a decisão do TRT contrarie Súmula do Tribunal Superior do Trabalho, ela não deixa de ser interlocutória. Além disso, desafia Recurso de Revista para o TST, provocando demora demasiada na tramitação do Processo.

Em sentido contrário argumenta *Carlos Henrique Bezerra Leite*(37): "Andou bem o TST ao permitir a interposição imediata de recurso de decisões dos TRTs

(37) BEZERRA LEITE, Carlos Henrique. *Curso de direito processual do trabalho*. 5. ed. São Paulo: LTr, 2007. p. 635.

contrárias às Súmulas ou Orientações Jurisprudenciais. Trata-se de homenagem aos princípios da economia e celeridade processuais, pois evita que o processo retorne à Vara do Trabalho quando a decisão atacada (do TRT) esteja em desconformidade com entendimento sumulado, reiterado, iterativo e atual do TST."

Como bem adverte *Élisson Miessa dos Santos*(38): "Registra-se, porém, que a exceção ora comentada somente terá aplicação das decisões do Tribunais Regionais e jamais das decisões das varas do trabalho, em que permanece a aplicação do princípio da irrecorribilidade das decisões interlocutórias."

O Tribunal Superior do Trabalho tem sido cauteloso ao aplicar a alínea *a* da Súmula n. 214, conforme as ementas a seguir:

> "RECURSOS DE REVISTA DO MUNICÍPIO DE CHARQUEADAS E DO MINISTÉRIO PÚBLICO DO TRABALHO DA 4ª REGIÃO. ANÁLISE CONJUNTA. PRELIMINAR DE NÃO CONHECIMENTO ARGUIDA DE OFÍCIO. DECISÃO IRRECORRÍVEL DE IMEDIATO. RECONHECIMENTO DE FRAUDE NOS PERÍODOS CONTRATUAIS NOS QUAIS O RECLAMANTE TRABALHOU PARA O ENTE PÚBLICO POR MEIO DE CONTRATO TEMPORÁRIO, DE EMPRESA PRESTADORA DE SERVIÇOS E DE COOPERATIVA. DETERMINAÇÃO DO RETORNO DOS AUTOS AO PRIMEIRO GRAU DE JURISDIÇÃO PARA EXAME DOS PEDIDOS. É irrecorrível de imediato a decisão interlocutória proferida pelo TRT, nos termos da Súmula n. 214 do TST. Recursos de revista de que não se conhece." (TST Processo: RR – 73700-08.2005.5.04.0451, Data de Julgamento: 1º.6.2011, relª Minª Kátia Magalhães Arruda, 5ª Turma, Data de Publicação: DEJT 2.9.2011)

> "AGRAVO DE INSTRUMENTO. DECISÃO INTERLOCUTÓRIA. SÚMULA N. 214/TST. Sob a ótica do Direito Processual Trabalhista, as decisões interlocutórias, regra geral, só são recorríveis de imediato quando terminativas do feito, porquanto podem ser impugnadas quando da utilização de recurso da decisão definitiva, sem que daí advenha qualquer prejuízo para a parte, uma vez que não ocorre preclusão, facultando-se, assim, seja impugnada a decisão interlocutória no recurso que couber da decisão final, no caso, do acórdão proferido em novo recurso ordinário. Nesse sentido, há preceito expresso no art. 893, § 1º, da CLT e na Súmula n. 214/TST (com exceções ali explicitadas). Nesse contexto, não paira dúvida de que ostenta natureza interlocutória a decisão regional que, reconhecendo o vínculo empregatício, determina a remessa dos autos ao Juízo *a quo* para que prossiga no julgamento do feito. Agravo de instrumento desprovido." (TST – Processo: AIRR 96500-37.2009.5.03.0089, Data de Julgamento: 23.3.2011, rel. Ministro Mauricio Godinho Delgado, 6ª Turma, Data de Publicação: DEJT 1º.4.2011)

Quanto à alínea *b* da Súmula n. 214 do TST, quando houver possibilidade de interposição de recurso para o mesmo tribunal em Regimentos Internos, a decisão interlocutória será recorrível. É o que acontece com as liminares concedidas ou denegadas por relatores em tutelas de emergência ou em mandados de segurança ou nas hipóteses do art. 932 do CPC. Nessas hipóteses, será cabível o Agravo Regimental.

Nesse sentido, adverte *Luciano Athayde Chaves*(39):

> "Se há possibilidade de, no mesmo órgão colegiado, impugnar-se a decisão interlocutória, melhor para o desenvolvimento do processo que o tema

(38) *Súmulas e Orientações Jurisprudenciais do TST*. 2. ed. Salvador: Jus Podivm, 2011. p. 874.

(39) CHAVES, Luciano Athayde. *Temas de direito processual do trabalho*. São Paulo: LTr, 2009. p. 193.

seja logo enfrentado pelo órgão revisor interno, evitando-se, com isso, nova marcha processual na instância *a quo* (ou noutro ramo do Judiciário, em caso de arguição de incompetência), para, muito mais adiante, reverter-se a decisão incidente."

No que tange à alínea *c* da Súmula n. 214 do C. TST, o fundamento é o art. 799, § 2º, da CLT, que assim dispõe:

> "Nas causas da jurisdição da Justiça do Trabalho, somente podem ser opostas, com suspensão do feito, as exceções de suspeição ou incompetência. [...] § 2º Das decisões sobre exceções de suspeição e incompetência, salvo, quanto a estas, se terminativas do feito, não caberá recurso, podendo, no entanto, as partes alegá-las novamente no recurso que couber da decisão final."

Em que pese não se amoldar o verbete sumular à hipótese legal, o Tribunal Superior do Trabalho, dando interpretação corretiva ao art. 799, § 2º, da CLT, fixou entendimento no sentido de que, se a decisão proferida na exceção de incompetência em razão do lugar for extintiva do processo no âmbito do Regional que a prolatou, encaminhando o processo para Tribunal diverso, a decisão poderá ser impugnável por meio de recurso ordinário.

Tecnicamente, não concordamos com a alínea *c* da Súmula n. 214, pois, efetivamente, tal decisão não é extintiva do processo, já que ele continuará em outro Tribunal Regional. Entretanto, tal argumento fica vencido pelo entendimento do TST, pois a decisão é potencialmente apta a gerar grandes prejuízos ao trabalhador, que poderá ter de se deslocar para outro estado, podendo inviabilizar, muitas vezes, seu acesso à justiça.

Como bem adverte *Luciano Athayde Chaves*(40): "[...] a experiência demonstrou que, ainda que não terminativa na Justiça do Trabalho, a decisão declinatória de foro para juízo trabalhista vinculado à jurisdição de outro TRT resulta em transtornos ao princípio constitucional do amplo acesso à justiça, porquanto exige que a parte lá passe a acompanhar o desenrolar do feito para, somente em sede de recurso ordinário, impugnar a interlocutória, com manifestos prejuízos econômicos e jurídicos (dificuldade de deslocamento e de produção de sua prova, além dos óbices presumidos para exercer seus atos processuais)."

Nesse sentido, a seguinte ementa:

> "Decisão interlocutória — Irrecorribilidade. As decisões interlocutórias, na Justiça do Trabalho, só são recorríveis de imediato quando terminativas do feito, podendo ser impugnadas na oportunidade da interposição de recurso contra decisão definitiva, salvo quando proferidas em acórdão sujeito a recurso para o mesmo Tribunal (TST, Súmula, Enunciado n. 214)." (TRT – 12ª R. – 2ª T. – Ac. n. 9.926/2002 – rel. Moreira Cacciari – DJSC 9.9.2002 – p. 186) (RDT n. 10 – outubro de 2002)

Grande parte da doutrina e, também, parte significativa da jurisprudência, têm exigido que a parte tenha feito lançar os protestos no processo ou na ata de

(40) *Op. cit.*, p. 194.

audiência, a fim de demonstrar sua irresignação quanto à decisão interlocutória para que possa questionar o merecimento da decisão quando do recurso em face da decisão definitiva.

Nesse sentido, destaca-se a seguinte ementa:

> "1. Nulidade — Protesto — Inexistência. Se as partes não tinham outras provas, tanto que sob tal calor a instrução foi encerrada, sem protestos, a nulidade em nada aproveitaria a reclamada, posto que nenhuma das partes tem mais provas a produzir. Tenho sempre dito que na Justiça do Trabalho o respectivo processo também se subsume aos princípios de sua utilidade e finalidade, por isso que não se pronuncia nulidade senão havendo prejuízo e mediante provocação das partes na primeira oportunidade (CLT, arts. 794 e 795). Encerrada a instrução processual sem qualquer reserva da reclamada consignada na audiência, não há nulidade a ser declarada. Por outro lado, tampouco se repete o ato se se pode supri-lo (CLT, art. 796). 2. Testemunha — Demanda com o mesmo objeto — Quando não há suspeição. Emprestando melhor temperamento ao Enunciado n. 357/TST, precedentes há segundo os quais "As testemunhas arroladas pelos autores que demandam contra o réu, considerado o objeto do processo, têm interesse no desfecho desta última devendo serem tidas como suspeitas." (STF, RE n. 220.329-1 MT, Min. Marco Aurélio, DJU 20.4.2001); "O mundo do Direito não pode dissociar-se do que realmente ocorre na vida prática. Se a testemunha do reclamante move ação contra a empresa, é evidente que tem *Animus contendor*." (TST, RR-145.392/94, Min. Rider Nogueira de Brito, DJU 27.9.96). Tudo, não obstante, julgado o processo em que a testemunha era parte, e transitada em julgado a sentença, antes mesmo da data em que o testemunho foi prestado, desapareceu qualquer interesse pessoal que pudesse ter a testemunha no desate desta causa." (TRT 10ª R. – 3ª T. – RO n. 723.2003.007.10.00-0 – rel. Bertholdo Satyro – DJDF 19.3.04 – p. 35) (RDT n. 4 – Abril de 2004)

O protesto, em verdade, não existe nem na Legislação Processual Trabalhista, tampouco na Processual Civil, entretanto, a praxe e a jurisprudência o admitem por força de interpretação sistemática dos arts. 794 e 795 da CLT, a fim de evitar eventual preclusão em face das nulidades, pois exige o art. 795 consolidado que as nulidades sejam invocadas no primeiro momento em que a parte tiver de falar nos autos.

De outro lado, o reconhecimento do protesto na Justiça do Trabalho também se dá em razão do costume, e este é fonte do direito processual do trabalho à luz do art. 8º da CLT e também do art. 140 do CPC.

No aspecto doutrinário, por todos, cita-se o posicionamento de *Francisco Antonio de Oliveira*(41):

> "Característica dos recursos em sede trabalhista é a irrecorribilidade das decisões interlocutórias, ficando remetida a sua discussão por ocasião de eventual interposição de recurso quando da prolação de decisão definitiva. Imprescindível, contudo, o oferecimento de oportunos protestos como forma de alavancar o reexame em sede recursal. Embora a semelhança havida com o agravo retido na esfera civil, de recurso não se trata, já que a tipificação exige expressa previsão legal. Todavia, a necessidade de protestos é pertinente e encontra respaldo no art. 795 da CLT, e sua omissão resulta em inevitável preclusão."

(41) *Tratado de direito processual do trabalho*. Vol. II. São Paulo: LTr, 2008. p. 1.249.

Parte da doutrina e o costume forense exigem que o advogado fundamente os protestos. Nesse sentido, é a opinião de *Júlio César Bebber*[(42)]:

> "A arguição de nulidade há de ser fundamentada, ainda que sucintamente. Nenhuma válida tem os protestos genéricos. A fundamentação tem por escopo permitir o reeexame da questão pelo juiz (uma vez que a a denúncia é feita a ele) e limitar a devolutividade recursal. Assim, mesmo que o juiz permita e faça registrar o protesto, deverá a parte aguardar o momento das razões finais para fundamentá-lo. Não há direito assegurado à parte de intervir durante a audiência para fundamentar a sua impugnação. O procedimento legal destina momento apropriado à fala das partes (razões finais). Na realidade diária, a questão tem se resolvido de modo tranquilo. Os juízes têm permitido o protesto à fundamentação sucinta da alegação de nulidade no curso da audiência, diante da sua maior praticidade."

De nossa parte, ao contrário da praxe que adotam alguns advogados e também da doutrina mencionada, o protesto não é fundamentado. Primeiro, porque não se trata de agravo de instrumento na forma retida (admitir-se um recurso do Código de Processo Civil por prática costumeira seria violar o princípio da taxatividade dos recursos e atentar contra o princípio da oralidade). Segundo, porque a irresignação quanto à decisão deve ser fundamentada por ocasião do recurso cabível em face da decisão final (art. 893, § 1º, da CLT). Portanto, a fundamentação do protesto e da própria irresignação da parte quanto às decisões proferidas no curso da fase de conhecimento deve se dar por ocasião da fundamentação do recurso ordinário, como matéria preliminar ou de ordem processual.

Não obstante, pensamos que, diante da clareza do art. 893, § 1º, da CLT, não há necessidade de a parte fazer lançar os protestos na ata de audiência ou em qualquer outra peça processual para poder questionar o merecimento da decisão interlocutória no recurso ante a decisão principal, uma vez que a própria lei determina que o merecimento das decisões interlocutórias será apreciado quando do julgamento do recurso da decisão definitiva. Portanto, o momento de se impugnarem as decisões interlocutórias é no recurso cabível diante da decisão definitiva, independentemente de manifestação de qualquer irresignação anterior.

Nesse sentido, concordamos com a posição de *Cléber Lúcio de Almeida*, quando assevera[(43)]:

> "Proferida decisão interlocutória, a parte está dispensada de registrar protesto para evitar a preclusão da oportunidade de atacar o seu mérito. A preclusão pressupõe falta de manifestação no momento oportuno e o momento oportuno para impugnar a decisão interlocutória coincide com aquele que é próprio para a impugnação da decisão definitiva."

---

(42) *Recursos no processo do trabalho*. 3. ed. São Paulo: LTr, 2011. p. 196.

(43) ALMEIDA, Cléber Lúcio de. *Direito processual do trabalho*. Belo Horizonte: Del Rey, 2006. p. 679.

Diante da inexistência de remédio específico, no Processo do Trabalho, para se impugnar as decisões interlocutórias, de imediato, a jurisprudência do TST tem admitido o manejo do mandado de segurança para tal finalidade, quando houver na decisão ilegalidade ou abuso de poder.

1.5.2. Dissídios de alçada (irrecorribilidade)

O chamado dissídio de alçada ou rito sumário está previsto na Lei n. 5.584/70, art. 2º, § 3º[44], aplicável para as causas cujo valor não exceda dois salários mínimos.

Diz o art. 2º, § 4º, da Lei n. 5.584/70:

> "Salvo se versarem sobre matéria constitucional, nenhum recurso caberá das sentenças proferidas nos dissídios de alçada a que se refere o parágrafo anterior, considerado, para esse fim, o valor do salário mínimo à data do ajuizamento da ação."

Pode-se questionar a constitucionalidade do referido dispositivo legal em razão da disposição do art. 7º, IV, da CF[45], que veda a vinculação do salário mínimo para qualquer fim.

Nesse sentido, destaca-se a seguinte ementa:

> "Alçada. Art. 7º, IV, da Constituição da República. A partir da promulgação da atual Carta Magna admite-se recurso ordinário contra decisões em que o valor da causa não excede a duas vezes o salário mínimo vigente." (TST, 4ª T. – RR n. 97.273/93.5 – rel. Min. Almir Pazzianotto – DJU 17.2.95 – p. 3.007)

O entendimento que prevaleceu na jurisprudência, a nosso ver, acertadamente, foi pela constitucionalidade do referido dispositivo legal. Primeiro, porque o duplo grau de jurisdição não tem assento constitucional, segundo, porque, para fins processuais, é possível fixar o salário mínimo como padrão de referência, pois a vedação de utilização do salário mínimo prevista no art. 7º, IV, da CF, objetivou a não vinculação como padrão de correção monetária.

Como bem destaca *Aguimar Martins Peixoto*[46], o § 4º do art. 2º, da Lei n. 5.584/70, foi recepcionado pelo art. 7º, IV, da CF, pois o legislador constituinte, ao editar essa norma, teve em mente apenas o propósito de obter a descaracterização do salário mínimo como fator de correção monetária, coibindo, assim, as repercussões inflacionárias que soem acontecer toda vez que há majoração deste.

Nesse sentido, as seguintes ementas:

> "Alçada. A Carta Magna de 1988, no art. 7º, item IV, vedou a vinculação do salário mínimo apenas para fins que impliquem seja afetada a política econômica adotada pelo Brasil no

---

(44) Diz o art. 2º, § 3º, da Lei n. 5.584/70: "Quando o valor fixado para a causa, na forma deste artigo, não exceder de 2 (duas) vezes o salário mínimo vigente na sede do juízo, será dispensável o resumo dos depoimentos, devendo constar da Ata a conclusão da Junta quanto à matéria de fato."

(45) Art. 7º, IV, da CF: "Salário mínimo, fixado em lei, nacionalmente unificado, capaz de atender a suas necessidades vitais [...]."

(46) PEIXOTO, Aguimar Martins. Dissídios de alçada. *In: Suplemento LTr* n. 114/96. São Paulo: LTr, 1996. p. 654.

que tange, especialmente, ao combate à inflação. Relativamente ao princípio do "devido processo legal", não se pode ter por contrariado pelo estabelecimento de "alçada recursal", instituto muito conhecido e adotado em vários países e que, como sabido, não impede o direito de defesa (processo de conhecimento), mas apenas, o de revisão da decisão de primeiro grau. Recurso de revista desprovido." (TST – RR 111.885/94.9 – Ac. 3.571/95 – 28.6.95 – rel. Min. Manoel Mendes Freitas[(47)])

"Recurso de revista — Conhecimento — Alçada — Vinculação ao salário mínimo. Subsiste o processo de alçada sob a égide da Constituição Federal de 1988, cujos arts. 5º, incisos LV, e 7º, IV, não revogaram o art. 2º, § 4º, da Lei n. 5.584/70. Decisão recorrida em consonância com a iterativa, atual e notória jurisprudência da SDI, do TST. Recurso de revista não conhecido." (TST – 1ª T. – Ac. n. 13005/97 – rel. Min. João Oreste Dalazen – DJ 6.3.98 – p. 270)

"Recurso de revista — Alçada — Vínculo empregatício — Irredutibilidade salarial — Direito adquirido — Matérias constitucionais (arguição da violação do art. 7º, IV, da Constituição Federal e 9º, 442, 443 e 468 da Consolidação das Leis do Trabalho). "Diz-se prequestionada a matéria quando na decisão impugnada haja sido adotada, explicitamente, tese a respeito ..." (Enunciado/TST n. 297). Por outro lado, não vislumbro afronta à literalidade do art. 2º, §§ 3º e 4º, da Lei n. 5.584/70, como exige a alínea *c*, do art. 896 da Consolidação das Leis do Trabalho, com a nova redação dada pela Lei n. 9.756/98. É que o Tribunal Regional, ao verificar que o valor da causa não correspondia ao dobro do salário mínimo vigente à época, bem como que a discussão proposta pelas partes "não versam, nesta fase processual, sobre matéria de cunho constitucional", deu a exata subsunção da descrição dos fatos ao conceito contido no dispositivo legal supracitado. Por fim, não prospera a alegação de divergência jurisprudencial, na medida em que o entendimento pacificado por esta Corte, por intermédio do Enunciado n. 356, é o de que "O art. 2º, § 4º da Lei n. 5.584/70 foi recepcionado pela Constituição da República de 1988, sendo lícita a fixação do valor da alçada com base no salário mínimo." Recurso de revista não conhecido." (TST – 2ª T. – RR n. 643.220.2000-3 – rel. Renato de L. Paiva – DJ 30.4.04 – p. 900) (RDT n. 5 – Maio de 2004)

No aspecto, o Tribunal Superior do Trabalho pacificou a questão por meio da Súmula n. 356, *in verbis*:

"Alçada recursal. Vinculação ao salário mínimo (Res. n. 75/1997, DJ 19.12.1997). O art. 2º, § 4º, da Lei n. 5.584, de 26.6.1970, foi recepcionado pela CF/1988, sendo lícita a fixação do valor da alçada com base no salário mínimo."

O valor da alçada é aferido quando da data da propositura da reclamação e também não se confunde com o valor da condenação. Nesse sentido, bem adverte *Tostes Malta*[(48)]: "O valor que se considera para efeito do cabimento de recurso é o da data do ajuizamento da reclamação, segundo as Súmulas ns. 50 do STF e 71 do TST. Para caber recurso, é preciso que a demanda, na data do seu ajuizamento, corresponda a mais do que o dobro do salário mínimo em vigor nesse dia."

Quanto à questão do recurso cabível em face da sentença proferida no dissídio de alçada com violação da Constituição Federal, há certa divergência na doutrina e jurisprudência. Alguns sustentam a possibilidade de cabimento, primeiramente, do

(47) *In: Revista LTr* n. 59-10/1421.

(48) TOSTES MALTA, Christovão Piragibe. *Prática do processo trabalhista*. 34. ed. São Paulo: LTr, 2007. p. 425.

recurso ordinário, posteriormente, do recurso de revista e, ainda, do recurso extraordinário para o Supremo Tribunal Federal, uma vez que primeiro a questão deve ser solucionada na Justiça do Trabalho e, depois, pelo Supremo Tribunal Federal. Outros defendem a possibilidade apenas do Recurso Extraordinário, por se tratar de um processo decidido em instância única, nos termos do art. 102, III, a, da CF(49).

De nossa parte, a razão está com os que pensam não ser cabível recurso em face das sentenças proferidas em dissídio de alçada, apenas o recurso extraordinário em caso de matéria constitucional, uma vez que é decidido em instância única (art. 102, III, *a*, da CF). Portanto, não desafia a interposição de recursos de natureza ordinária, uma vez que o § 2º do art. 4º da Lei n. 5.584/70 destaca que, salvo matéria constitucional, nenhum recurso será cabível. O cabimento dos recursos ordinário e de revista seria incompatível com a simplicidade e celeridade do rito sumário.

Nesse sentido, destacam-se as seguintes ementas:

"Dissídio de alçada — Recurso ordinário — Matéria infraconstitucional — Não cabimento. Não cabe recurso ordinário de decisão proferida em dissídio de alçada exclusiva do Juízo de primeiro grau. Aplicação do § 4º do art. 2º da Lei n. 5.584/70 e inteligência das Súmulas ns. 71 e 356 do TST. Recurso ordinário de que não se conhece." (TRT 9ª R. – 4ª T. – rel. Des. Luiz Celso Napp – 24.11.2009 – Processo n. 2215/2009.024.09.00-2) (RDT n. 12 – dezembro de 2009)

"Limitação da decisão à primeira instância em face da alçada – Súmula n. 356 do C. TST. A Lei n. 5.584/70 estabelece que, se o valor da causa for inferior a dois salários mínimos, a ação não está sujeita à apreciação de instância revisora, salvo se tratar de matéria constitucional, quando caberá recurso diretamente para o Supremo Tribunal Federal. Assim, não se conhece de recurso ordinário que verse unicamente sobre matéria infraconstitucional, cujo valor da causa não ultrapasse o dobro do salário mínimo, por falta de alçada." (TRT 10ª R. – 1ª T. – rel. Des. Pedro Luis Vicentin Foltran – DJe n. 806 – 1º.9.2010 – p. 18 – Processo RO n. 883-58/2010.5.10.0012) (RDT n. 10 – Outubro de 2011)

"Valor de alçada — Não conhecimento do recurso ordinário. Não cabe recurso das sentenças proferidas em dissídios cujo valor dado à causa não exceda dois salários mínimos, salvo se versarem sobre matéria constitucional, nos termos dos §§ 3º e 4º do art. 2º da Lei n. 5.584/1970. Tratando-se de ação cujo valor da causa foi inferior a dois salários mínimos e cujo recurso não trouxe matéria de ordem constitucional, a insurgência não pode ser conhecida porque de alçada exclusiva do primeiro grau de jurisdição. Recurso do réu não conhecido." (TRT 9ª R. – 4ª T. – relª Desª Sueli Gil El-Rafihi – 8.4.2011 – Processo n. 5017/2010.678.09.00-5) (RDT n. 04 – Abril de 2011).

"Recurso — Valor de alçada — Não conhecimento. Atribuiu-se à causa valor não excedente ao dobro do salário mínimo legal vigente à época da propositura da ação, não versando as impugnações objeto do recurso ordinário sobre matéria constitucional. A matéria constitucional restringe-se àquela capaz de desafiar a interposição de recurso extraordinário perante o c. STF, não sendo, entretanto, a hipótese dos autos. A ofensa ao texto constitucional seria reflexa e indireta, não ensejando, portanto, a abertura da via extraordinária."

(49) Art. 102, III, a, da CF: "Compete ao Supremo Tribunal Federal, precipuamente, a guarda da Constituição, cabendo-lhe: [...] III – julgar, mediante recurso extraordinário, as causas decididas em única ou última instância, quando a decisão recorrida: a) contrariar dispositivo desta Constituição."

(TRT 9ª R. – 4ª T. – rel. Des. Sérgio Murilo Rodrigues Lemos – 2.2.2010 – Processo n. 3645/2009.678.09.00-2) (RDT n. 2 – fevereiro de 2010)

No mesmo sentido, já se pronunciou o Supremo Tribunal Federal, conforme segue:

"Em face da Constituição Federal de 1988, cabe recurso extraordinário contra decisão de juízo de primeiro grau de jurisdição em única instância (STF, RTJ 152/610). É cabível recurso extraordinário de decisão proferida pelo Colegiado Recursal dos Juizados Especiais de Pequenas Causas (STF, RTJ 156/66). Em face do disposto no inciso III do art. 102 da Constituição Federal, a expressão 'causas decididas em única instância, abrange as decisões de juiz singular, que, por força da alçada, são de única instância. Delas, pois, cabe diretamente recurso extraordinário para o Supremo Tribunal Federal (STF, RTJ 144/953)(50)."

Possível é se sustentar que será cabível o recurso de revista em face dessa decisão proferida em instância única, uma vez que esse recurso também se destina à impugnação de decisões que violem o texto constitucional. Entretanto, pensamos que o recurso de revista não será cabível pelos seguintes argumentos: a) o recurso de revista somente é cabível diante de decisões de acórdãos dos TRTs; b) a matéria, necessariamente, deve estar prequestionada em segundo grau (art. 896 da CLT e Súmula n. 297 do TST) para o cabimento desta medida recursal.

Caso a decisão proferida nos dissídios de alçada, embora não seja recorrível, contenha omissões, obscuridades ou contradições, será possível a interposição dos embargos de declaração. Embora os embargos de declaração, por previsão legal, tenham natureza jurídica de recurso, eles objetivam complementar a prestação jurisdicional, saneando eventuais omissões, contradições ou obscuridades da decisão. Em razão disso, não se admitir os embargos de declaração configura denegação de justiça.

De outro lado, também há a necessidade do prequestionamento da questão constitucional na decisão de primeiro grau. Por isso, os dissídios de alçada configuram exceção à regra de que o prequestionamento somente é cabível no segundo grau de jurisdição, nos termos do art. 1.013, § 1º, do CPC.

1.5.3. Despachos

Nos termos do art. 1.001 do CPC, *dos despachos, não cabe recurso.*

A CLT não traça o conceito de despacho. Entretanto, o Legislador Processual Civil, por meio de interpretação autêntica, aduz o conceito, no art. 203.

Segundo o art. 203, § 3º, do CPC: "São despachos todos os demais pronunciamentos do juiz praticados no processo, de ofício ou a requerimento da parte, a cujo respeito a lei não estabelece outra forma."

Assevera o § 4º do art. 203 do CPC:

"Os atos meramente ordinatórios, como a juntada e a vista obrigatória, independem de despacho, devendo ser praticados de ofício pelo servidor e revistos pelo juiz quando necessários."

---

(50) In: BARROSO, Luís Roberto. *Constituição da República Federativa do Brasil anotada.* 4. ed. São Paulo: Saraiva, 2003. p. 553.

Os despachos de mero expediente não têm conteúdo decisório e, por isso, não são recorríveis. Têm por objeto apenas impulsionar o procedimento.

Embora seja irrecorrível, se o despacho de expediente, prolatado de forma singela, contiver conteúdo decisório, causando prejuízo à parte, no Processo do Trabalho, poderá ser objeto de questionamento quando da decisão definitiva (art. 893 da CLT).

Nesse sentido, é a posição de *Manoel Antonio Teixeira Filho*(51):

> "Há certos despachos, contudo, que não se limitam a uma finalidade meramente impelente do processo, senão que envolvem verdadeira decisão a respeito de determinado ato requerido ou praticado pelas partes. Tomemos como exemplo o despacho que admite ou denega a interposição de recursos: o conteúdo decisório dessa classe de despachos é inegável, pois não se atém a ordenar o andamento processual; encerra, como afirmamos, autêntica deliberação a propósito do recurso apresentado por uma ou ambas as partes. Assim também são os despachos que determinam a realização de exame pericial (de ofício ou em virtude de requerimento formulado pela parte). Há, em resumo, uma quantidade significativa de despachos dessa natureza, que não são de mero expediente, nem encerram decisão interlocutória, situam-se, pode-se dizer, entre essas duas espécies: são os decisórios."

1.6. Pressupostos recursais

Ensina *José Augusto Rodrigues Pinto*(52):

> "Pressuposto, em seu sentido comum, é adjetivo qualificado de algo que se conjectura fazer. No direito passa a ter significado substantivo de 'circunstância ou fato considerado antecedente de outro'. Neste último sentido, exato, restrito, devem ser compreendidos pressupostos recursais em qualquer sistema processual, inclusive o trabalhista, uma vez que todo recurso tem seu processamento e seu conhecimento invariavelmente sujeitos ao exame de atendimento de antecedentes imediatos sem os quais a interposição se torna inoperante."

Os pressupostos recursais também são denominados pela doutrina como requisitos de admissibilidade dos recursos, pois constituem requisitos prévios que o recorrente deve preencher para que seu recurso seja conhecido e julgado pelo Tribunal. Como bem adverte *Nelson Nery Junior*(53), esses requisitos não têm o condão de influir no mérito do recurso, razão pela qual não se classificam como questões prejudiciais.

---

(51) TEIXEIRA FILHO, Manoel Antonio. *Sistema dos recursos trabalhistas*. 10. ed. São Paulo: LTr, 2003. p. 400-401.

(52) RODRIGUES PINTO, José Augusto. *Manual dos recursos nos dissídios do trabalho*. São Paulo: LTr, 2006. p. 99.

(53) NERY JUNIOR, Nelson. *Teoria geral dos recursos*. 6. ed. São Paulo: RT, 2004. p. 254.

Trata-se, em verdade, de pressupostos processuais de validade e desenvolvimento do recurso e também requisitos de viabilidade da pretensão recursal. São, por isso, pressupostos processuais e condições da ação na esfera recursal.

Os pressupostos processuais são apreciados, provisoriamente, pelo órgão do qual se recorre o juízo *a quo*, não obstante, compete ao órgão *ad quem:* para o qual se recorre à competência de decidir de forma definitiva sobre a admissibilidade do recurso.

Segundo classificação da melhor doutrina, os pressupostos processuais se dividem em: *intrínsecos* e *extrínsecos*. Há ainda, os que clasificam os pressupostos em objetivos e subjetivos. Os objetivos ligados ao próprio recurso, e os subjetivos, ligados à pessoa do recorrente.

Ensina *Nelson Nery Junior*(54): "Os pressupostos intrínsecos são aqueles que dizem respeito à decisão recorrida em si mesma considerada. Para serem aferidos, leva-se em consideração o conteúdo e a forma da decisão impugnada. De tal modo que, para proferir-se o juízo de admissibilidade, toma-se o fato judicial impugnado no momento e da maneira como foi prolatado. São eles o cabimento, a legitimação para recorrer e interesse em recorrer [...]. Os pressupostos extrínsecos respeitam aos fatores externos à decisão judicial que se pretende impugnar, sendo normalmente posteriores a ela. Nesse sentido, para serem aferidos não são relevantes os dados que compõem o conteúdo da decisão recorrida, mas sim fatos a ela supervenientes. Deles fazem parte a tempestividade, a regularidade formal, a inexistência de fato impeditivo ou modificativo do direito de recorrer e o preparo."

Adotando a classificação do professor *Nery Júnior*, podemos subdividir os pressupostos recursais no Processo do Trabalho da seguinte forma:

a) *extrínsecos*: regularidade formal, tempestividade; inexistência de fato impeditivo, modificativo ou extintivo do direito de recorrer;

b) *intrínsecos*: cabimento, legitimação para recorrer e interesse recursal.

1.6.1. Pressupostos recursais intrínsecos

1.6.1.1. Cabimento(55)

Os recursos devem ser cabíveis à decisão a ser impugnada. Primeiramente, o ato judicial deve ser recorrível, ou seja, ser passível de impugnação por medida recursal. De outro lado, o recurso deve ser adequado a impugnar a decisão. Se a parte interpuser o recurso incorreto para a decisão, ele não será conhecido, salvo as hipóteses de aplicação do princípio da fungibilidade. Conforme destaca *Nelson Nery Junior*(56), a recorribilidade e a adequação precisam andar parelhas, pois se,

(54) *Op. cit.*, p. 273-274.

(55) Alguns autores classificam o cabimento como pressuposto objetivo do recurso, pois é a Lei que disciplina as hipóteses de cabimento dos recursos, ou seja, quais decisões podem ser recorríveis.

(56) *Op. cit.*, p. 275.

por exemplo, contra a sentença se interpuser o agravo, não se terá preenchido o pressuposto do cabimento, ocasionando o não conhecimento do recurso.

Como bem adverte *Renato Saraiva*(57), caso a decisão judicial não seja passível de impugnação via recurso (como ocorre em relação aos despachos de mero expediente ou relativamente às decisões interlocutórias), o recurso não será conhecido em face da ausência desse pressuposto.

1.6.1.2. Legitimidade

A legitimidade recursal é a pertinência subjetiva para recorrer, ou seja, quais pessoas podem interpor recurso no processo.

Na esfera recursal, não se aplica a teoria da asserção, uma vez que a lei processual determina, de forma taxativa, quem pode recorrer.

A CLT não disciplina a questão. Desse modo, resta aplicável ao Processo do Trabalho (art. 769 da CLT) o disposto no art. 996 do CPC, *in verbis*:

> "O recurso pode ser interposto pela parte vencida, pelo terceiro prejudicado e pelo Ministério Público, como parte ou como fiscal da ordem jurídica.
>
> Parágrafo único. Cumpre ao terceiro demonstrar a possibilidade de a decisão sobre a relação jurídica submetida à apreciação judicial atingir direito de que se afirme titular ou que possa discutir em juízo como substituto processual."

Desse modo, podem recorrer no Processo do Trabalho: a) as partes do processo; b) o Ministério Público quando atuou como parte ou oficiou como fiscal da ordem jurídica; c) o terceiro juridicamente interessado.

As partes que figuraram no processo — reclamante, reclamado, litisconsortes, assistentes, denunciados à lide, chamados à lide, opoentes — podem recorrer, pois figuraram no processo na fase de conhecimento.

O Ministério Público do Trabalho tem legitimidade para recorrer como parte ou como fiscal da lei (*custos legis*), desde que tenha intervindo no processo na fase de conhecimento.

Nesse sentido, dispõe o art. 83, VI, da LC n. 75/1993, que atribui ao Ministério Público do Trabalho legitimidade para:

> "recorrer das decisões da Justiça do Trabalho, quando entender necessário, tanto nos processo em que for parte, como naqueles em que oficiar como fiscal da lei, bem como pedir revisão dos Enunciados da Súmula de Jurisprudência do Tribunal Superior do Trabalho;"

Para muitos autores, com os quais concordamos, o Ministério Público não necessita demonstrar o interesse jurídico ao recorrer, pois detém autorização legal para recorrer como parte e como fiscal da lei, por autorização legal.

(57) SARAIVA, Renato. *Curso de direito processual do trabalho*. 4. ed. São Paulo: Método, 2007. p. 458.

Em sentido contrário, posicionam-se *José Miguel Garcia Medina* e *Teresa Arruda Alvim Wambier*[58]:

> "Para parte da doutrina, o Ministério Público está legitimado a recorrer porque a norma já lhe teria reconhecido, previamente, interesse em recorrer. Pensamos diversamente, que a análise da existência da legitimidade deve preceder à do interesse, também nos casos em que o Ministério Público interpõe recurso, a não ser que se trata de um tipo ou modalidade de interesse que dê base-critério ao legislador para alistar os legitimados a recorrer, o que não nos parece seja a hipótese previsa no art. 499, § 2º, do CPC."

Dispõe a atual redação da OJ n. 237, da SDI-I do C. TST, *in verbis*:

MINISTÉRIO PÚBLICO DO TRABALHO. LEGITIMIDADE PARA RECORRER. sociedade de economia mista. empresa pública (incorporada a Orientação Jurisprudencial n. 338 da SBDI-I)

I – O Ministério Público do Trabalho não tem legitimidade para recorrer na defesa de interesse patrimonial privado, ainda que de empresas públicas e sociedades de economia mista.

II – Há legitimidade do Ministério Público do Trabalho para recorrer de decisão que declara a existência de vínculo empregatício com sociedade de economia mista ou empresa pública, após a Constituição Federal de 1988, sem a prévia aprovação em concurso público, pois é matéria de ordem pública.

Segundo a OJ n. 350 da SDI-I do TST, o Ministério Público do Trabalho pode arguir, em parecer, na primeira vez que tenha de se manifestar no processo, a nulidade do contrato de trabalho em favor de ente público, ainda que a parte não a tenha suscitado, a qual será apreciada, sendo vedada, no entanto, qualquer dilação probatória.

Pode também recorrer o terceiro, ou seja, aquele que não participou do processo na fase anterior ao recurso, mas que tem interesse jurídico, pois pode sofrer os efeitos e ser prejudicado pela decisão.

A doutrina tem sustentado que os terceiros, para recorrer, devem demonstrar o chamado interesse jurídico, ou seja que sofrerá os efeitos da decisão, como acontece nas hipóteses de assistência e intervenção de terceiros. Desse modo, o recurso do terceiro é modalidade de intervenção de terceiros na fase recursal.

Como bem destaca *Nelson Nery Junior*[59], "o CPC confere legitimidade para recorrer ao terceiro prejudicado pela decisão. Exige, no entanto, a demonstração, pelo terceiro, do liame existente entre a decisão e o prejuízo que esta lhe causou. É terceiro aquele que não foi parte no processo, quer porque nunca tenha sido, quer haja deixado de sê-lo em momento anterior àquele em que profira a decisão. Este recurso do terceiro prejudicado não é mais do que uma espécie de intervenção de terceiro na fase recursal."

---

(58) *Recursos e ações autônomas de impugnação.* São Paulo: RT, 2008. p. 90.

(59) *Op. cit.*, p. 310.

Conforme já nos pronunciamos anteriormente, diante da EC n. 45/04, o instituto da intervenção de terceiros passa a ser admitido com maior flexibilidade no Processo do Trabalho, máxime quando não se postula um crédito oriundo da relação de emprego. Entretanto, cabe ao Juiz do Trabalho, como diretor do processo, zelar pela celeridade e efetividade do procedimento (art. 765 da CLT), avaliar o custo-benefício da intervenção de terceiros e indeferi-la quando não traga benefícios aos litigantes, não iniba o direito de regresso e gere complicadores desnecessários ao rápido andamento do processo. Desse modo, ao avaliar a pertinência do recurso de terceiro, deve o Tribunal verificar não só a existência do interesse jurídico em recorrer, mas também o custo-benefício que o recurso trará para o processo.

Podemos citar como terceiros que podem recorrer no Processo do Trabalho: o sócio de empresa reclamada que foi condenada; e a empresa do mesmo grupo econômico que não participou do processo. Como lembra *Carlos Alberto Begalles*(60), o INSS possui legitimidade como terceiro para interpor recurso a respeito das sentenças homologatórias de transação com relação às contribuições que lhe são devidas (art. 831, parágrafo único, c/c art. 832, § 4º, da CLT), isso porque a decisão que homologa a transação pode estar violando direito da autarquia quanto à contribuição previdenciária.

A jurisprudência do TST tem admitido que o advogado e o perito possam recorrer como terceiros juridicamente interessados quando a sentença lhes prejudicar. No aspecto, destacamos a seguinte ementa:

> "RECURSO DE REVISTA — ADVOGADO DA EXECUTADA — MULTA POR LITIGÂNCIA DE MÁ-FÉ — CONDENAÇÃO SOLIDÁRIA — TERCEIRO PREJUDICADO — LEGITIMIDADE PARA INTERPOR RECURSO — ART. 499 DO CPC — Embora o Recorrente não tenha figurado como parte no processo, por tratar-se de advogado da Executada, deve-se considerá-lo como terceiro prejudicado pela decisão no agravo de petição, nos termos do art. 499 do CPC, uma vez que condenada solidariamente a Empresa-Executada para pagar multa por litigância de má-fé." (TST – RR 695622 – 4ª T. – rel. Min. Ives Gandra Martins Filho – DJU 22.11.2002).

1.6.1.3. Interesse recursal

Ensina *Amauri Mascaro Nascimento*(61): "Interesse de recorrer é a relação necessária entre o bem jurídico indeferido e o benefício em tese que o recorrente teria com o deferimento."

A doutrina tem fixado o critério da sucumbência a legitimar o interesse recursal. A sucumbência é o não atendimento, total ou parcial, da pretensão posta em juízo, ou seja: a improcedência total ou parcial dos pedidos elencados na inicial(62) ou em eventual reconvenção.

---

(60) BEGALLES, Carlos Alberto. *Lições de direito processual do trabalho:* processo de conhecimento e recurso. São Paulo: LTr, 2005. p. 346.

(61) NASCIMENTO, Amauri Mascaro. *Curso de direito processual do trabalho.* 22. ed. São Paulo: Saraiva, 2007. p. 584.

(62) Por exemplo, se o reclamante pede horas extras, FGTS e reparação por danos morais, há sucumbência quando todos os pedidos foram rejeitados (sucumbência total), ou parte deles (sucumbência parcial).

Nesse sentido, cumpre destacar a seguinte ementa:

"Ausência de interesse recursal. Falta ao recorrente interesse recursal se o pleito objeto do apelo foi integralmente acolhido pela sentença revisanda." (TRT – 5ª R. – 1ª T. – relª Desª Vânia Chaves – 5.10.09 – Processo RO n. 305/2008.431.05.00-0) (RDT n. 10 – outubro de 2009)

Pensamos existir o interesse recursal, quando a parte (autor ou réu) não obtém todos os benefícios que pretendia no processo, ou seja, de alguma forma foram sucumbentes, pois perderam algo no processo. Como define de forma precisa *Carlos Alberto Begalles*(63): "Para ter interesse em recorrer, a parte precisa estar vencida no processo em algum dos seus requerimentos, não servindo a sucumbência como critério para saber se a parte pode recorrer ou não."

Nesse sentido, vale transcrever a seguinte ementa:

"Existe interesse de recorrer quando a substituição da decisão, nos termos pretendidos, importe melhoria na situação do recorrente, em relação ao recurso. Não se justifica o recurso se se pretende, apenas evitar a formação de um precedente jurisprudencial, sem qualquer modificação no resultado prático do julgamento." (STJ – 2ª Seção, AgRG nos ED no REsp n. 150.312, Min. Eduardo Ribeiro, j. 23.2.2000, DJU 29.5.2000)

Discute-se na doutrina se a parte que foi beneficiada pela extinção do processo sem resolução de mérito tem interesse recursal para interpor recurso.

A questão é complexa, pois tecnicamente não houve sucumbência, ou, se houve, ela não está demonstrada facilmente.

Para um fragmento da doutrina, a parte não tem direito a uma decisão de mérito, mas sim a uma resposta jurisdicional tanto para a pretensão inicial como para a pretensão de defesa (art. 5º, XXXV, da CF). Para outra vertente, a parte tem direito de obter do Judiciário pronunciamento sobre todas as questões que postulou. Desse modo, mesmo a parte beneficiada pela extinção do processo sem resolução de mérito poderá recorrer para buscar uma decisão de improcedência da pretensão do autor.

Pensamos que estão corretos os que pensam que a parte tem interesse processual ao recorrer para buscar um pronunciamento de mérito, pois, em caso de extinção do processo sem resolução de mérito, a pretensão poderá ser renovada em outro processo, tendo a parte ora beneficiada pela extinção de responder a outro processo. De outro lado, a possibilidade de recurso nessa situação atende aos princípios da efetividade e da economia processual, pacificando o conflito, evitando que o litígio se perpetue.

Nesse sentido, é a visão de *Júlio César Bebber*(64):

> "A extinção do processo sem resolução de mérito é, portanto, menos do que a extinção do processo com resolução de mérito, o que permite que o pedido seja renovado em outra demanda (CPC, 268; CLT, 844).

(63) *Op. cit.*, p. 347.

(64) *Recursos no processo do trabalho.* 3. ed. São Paulo: LTr, 2011. p. 113.

Extingindo-se o processo sem resoluçao de mérito, não obtém o réu, portanto, o máximo que poderia dele extrair, que é o julgamento de improcedência. Assim, tem interesse recursal para obtê-lo, garantindo-se a coisa julgada material."

Parte da doutrina, como o próprio Bebber, excepciona a hipótese de o reclamado ter invocado em defesa preliminar objetivando a extinção do processo sem resolução de mérito, e o juiz tê-la acolhido. Nesse caso, pode ser sustentada a hipótese de preclusão lógica, pois se o objetivo do reclamado era extinguir o processo, e foi obtido, ele não terá interesse em obter um decreto de improcedência.

Em que pesem as razões mencionadas, se o réu arguir preliminar e também o mérito, buscando improcedência, pensamos existir o interesse processual no recurso, buscando decisão meritória, já que não obteve tudo que o processo lhe poderia dar. Além disso, pelo princípio da eventualidade da defesa, o réu deve invocar no corpo da contestação toda a matéria de defesa, tanto contra o processo como de mérito, nos termos do art. 336 do Código de Processo Civil.

Questão mais complexa: se houver improcedência total dos pedidos, o reclamado poderá recorrer?

À primeira vista, parece causar espécie sustentar a possibilidade de a parte vencedora no processo poder recorrer quando a decisão de mérito foi de improcedência.

Não obstante, pensamos que hipóteses há em que a parte foi vencedora, mas não pôde praticar todos os atos processuais necessários para que a decisão não corra o risco de ser alterada em eventual recurso. Como exemplo: os pedidos do reclamante foram julgados todos improcedentes, entretanto, o juiz de primeiro grau indeferiu a produção de prova por parte do reclamado por entender que o ônus da prova quanto à subordinação para configuração do vínculo de emprego era do reclamante. Pela oitiva das testemunhas do autor, entendeu não ter havido prova de tal subordinação, uma vez que as testemunhas do autor não trabalharam para o reclamado e, desse modo, julgou improcedente o pedido de reconhecimento do vínculo. O reclamante recorre, e o Tribunal Regional do Trabalho, entendendo que o ônus da prova era do reclamado, uma vez que admitiu a prestação pessoal dos serviços do autor, e como o reclamado não recorreu, julgou procedentes todos os pedidos alinhavados na inicial. Questiona-se se o reclamado não teria interesse processual em recorrer postulando a nulidade da decisão em razão de cerceamento de defesa, uma vez que foi obstada a possibilidade de comprovar sua versão em juízo. Pensamos que sim, o que justifica o interesse recursal do reclamado.

Como bem adverte *Cássio Scarpinella Bueno*(65):

> "O interesse recursal precisa ser analisado a partir de uma visão retrospectiva (a sua posição processual antes do proferimento da decisão) e prospectiva (a posição processual que poderá alcançar com a modificação

(65) *Curso sistematizado de direito processual civil.* 2. ed. São Paulo: Saraiva, 2010. p. 73.

da decisão que lhe causa algum gravame). É da vantagem processual resultante da comparação destes dois momentos processuais que decorre o interesse recursal."

De outro lado, já há na doutrina reconhecimento de que a sucumbência necessária para gerar o interesse recursal não seja apenas a *sucumbência formal* que é prevista no art. 996 do CPC como sendo a daquele que fora vencido na demanda, mas também da *sucumbência material*, que se configura quando a parte pretende uma decisão mais favorável do que aquela proferida tanto no aspecto do direito processual como do direito material.

No sentido, relevantes também as ponderações de *Flávio Cheim Jorge*(66):

> "A sucumbência material não se liga propriamente ao prejuízo perpetrado com a decisão proferida, no seu aspecto formal, mas sim, e, principalmente, aos efeitos prejudiciais da decisão e à possibilidade de se obter uma decisão diversa e mais favorável do que aquela proferida [...]. A principal deficiência do critério formulado com base no prejuízo (sucumbência formal) consiste em limitar o confronto a uma óptica retrospectiva. A possibilidade que, às vezes, surge da parte obter, no fim do processo, situação superior àquela do início, é completamente desprezada."

Manoel Antonio Teixeira Filho sustenta a possibilidade de interposição de recurso adesivo pela parte beneficiada pela decisão, mas que não pôde produzir provas de suas alegações. Argumenta o ilustre jurista(67): "o objetivo do recurso adesivo, no caso, seria obter, do tribunal, um pronunciamento de nulidade da sentença, por restrição ao direito de defesa, cuja consequência estaria no retorno dos autos ao juízo de primeiro grau, a fim de permitir que a parte possa produzir a prova pretendida. O interesse desta é, pois, concreto e reside na necessidade de obter não somente uma sentença favorável, mas estribada em prova robusta."

Acolhendo este último entendimento, destacam-se as seguintes ementas da mais alta Corte Trabalhista do Brasil, *in verbis*:

> "AGRAVO DE INSTRUMENTO. RECURSO DE REVISTA. HORAS EXTRAS DEFERIDAS PELO JUÍZO DE PRIMEIRO GRAU. PROVIMENTO DO RECURSO ORDINÁRIO INTERPOSTO PELA RECLAMADA. RECLAMANTE NÃO SE INSURGIU CONTRA O INDEFERIMENTO DA OITIVA DE SUAS TESTEMUNHAS, POR MEIO DE RECURSO ADESIVO. PRECLUSÃO. IMPOSSIBILIDADE DA DISCUSSÃO DA ARGUIÇÃO DE CERCEAMENTO DE DEFESA. O Tribunal *a quo* deu provimento ao recurso ordinário interposto pela reclamada para excluir da condenação horas extras e intervalares, por considerar válidos os cartões de ponto sem assinatura e pela ausência da produção de prova pelo reclamante para desconstituir os referidos registros por ele impugnados. Acerca do indeferimento da oitiva de testemunhas, o Regional adotou o entendimento de que, mesmo tendo a decisão proferida pelo Juízo de primeiro grau (deferimento de horas extras) sido favorável ao

(66) *Teoria geral dos recursos cíveis*. 4. ed. São Paulo: RT, 2009. p. 125-126.

(67) TEIXEIRA FILHO, Manoel Antonio. *Sistema dos recursos trabalhistas*. 10. ed. São Paulo: LTr, 2003. p. 149-150.

reclamante, cabia a ele manifestar seu prejuízo sobre a impossibilidade da produção da referida prova, por meio de recurso ordinário adesivo, para se resguardar de eventual reforma da decisão de origem, como ocorreu. Cabe destacar que, apesar do deferimento das horas extras pleiteadas, o reclamante foi sucumbente em relação à decisão pela qual foi indeferida a oitiva de suas testemunhas e, quanto a esse aspecto, não se insurgiu, por meio de recurso adesivo, o que acarretou a preclusão da matéria. O fato de o Regional ter reformado a sentença para excluir da condenação as horas extras não autoriza a reabertura da instrução processual, sob a alegação de cerceamento de defesa, para a produção da prova oral indeferida, sem insurgência do reclamante no momento apropriado. Desse modo, a impossibilidade da discussão de matéria preclusa não significa desrespeito ao princípio da igualdade de partes, como alega o reclamante, com fundamento no art. 125, inciso I, do CPC. Por outro lado, a invocação genérica de violação do art. 5º, inciso LV, da Constituição Federal de 1988, em regra e como ocorre neste caso, não é suficiente para autorizar o conhecimento deste recurso com base na previsão da alínea "*c*" do art. 896 da CLT, na medida em que, para sua constatação, seria necessário concluir, previamente, ter havido ofensa a preceito infraconstitucional. Agravo de instrumento a que se nega provimento." (AIRR-74000-66.2009.5.15.0016, relator Ministro: José Roberto Freire Pimenta, Data de Julgamento: 7.5.2014, 2ª Turma, Data de Publicação: DEJT 16.5.2014)

"AGRAVO DE INSTRUMENTO EM RECURSO DE REVISTA. NULIDADE DO ACÓRDÃO REGIONAL. NÃO CONHECIMENTO DO RECURSO ORDINÁRIO ADESIVO. Agravo a que se dá provimento, para determinar o processamento do recurso de revista, vez que demonstrada possível afronta ao art. 5º, XXXV, da Constituição Federal. RECURSO DE REVISTA. NULIDADE DO ACÓRDÃO REGIONAL. NÃO CONHECIMENTO DO RECURSO ORDINÁRIO ADESIVO. Mesmo tendo obtido, em primeira instância, a procedência dos pedidos formulados na presente ação, o autor foi sucumbente, no que se refere ao indeferimento da oitiva de testemunhas. Pertinente, assim, a insurgência veiculada por meio do recurso ordinário adesivo, o qual deveria ter sido analisado. Observe-se que, apesar de a sentença ter sido reformada, com a consequente declaração da improcedência dos pleitos do autor, a tese de cerceamento de defesa não pode ser examinada por esta Corte Superior, ante a ausência de apreciação do tema, pelo Tribunal *a quo*. Recurso de revista de que se conhece e a que se dá provimento." (TST – RR-6540-82.2002.5.04.0026, relator Ministro: Pedro Paulo Manus, Data de Julgamento: 4.11.2009, 7ª Turma, Data de Publicação: DEJT 27.11.2009).

Não terá interesse em recorrer a parte que aceita a decisão expressa ou tacitamente. Nesse sentido, dispõe o art. 1.000 do CPC, que resta aplicável ao Processo do Trabalho, por força do art. 769 da CLT:

"A parte que aceitar expressa ou tacitamente a decisão não poderá recorrer.

Parágrafo único. Considera-se aceitação tácita a prática, sem nenhuma reserva, de ato incompatível com a vontade de recorrer."

A aceitação expressa se dá por termo nos autos. A aceitação tácita se configura quando a parte vencida pratica atos inequívocos que são incompatíveis com a vontade de recorrer. No processo do trabalho, são exemplos de aceitação tácita da decisão: a) o pagamento da condenação; b) a reintegração do empregado espontaneamente, quando não concedida antecipação de tutela na sentença.

Outrossim, a parte pode expressamente renunciar ao direito de recorrer, independentemente de aceitação da parte contrária, conforme dispõe o art. 999 do CPC, *in verbis*:

> "A renúncia ao direito de recorrer independente da aceitação da outra parte."

1.6.2. Pressupostos recursais extrínsecos

1.6.2.1. Preparo

O preparo significa o pagamento das taxas e despesas processuais para o recurso poder ser conhecido. A doutrina também tem incluído o depósito recursal como integrante do preparo, embora este não tenha natureza jurídica de taxa judiciária.

O valor das custas é fixado na sentença (art. 832, § 2º, da CLT), sendo um requisito essencial. O valor da condenação para efeito de custas não se confunde com o valor da causa, pois o valor da condenação tem por base o somatório dos benefícios patrimoniais obtidos pelo autor no processo.

A parte beneficiária da Justiça gratuita não pagará custas para recorrer.

As custas no recurso são pagas da seguinte forma:

a) procedência ou procedência em parte: pelo reclamado, que deve comprovar o recolhimento quando da interposição do recurso. Nesta hipótese, o reclamante não paga custas;

b) improcedência: o reclamante deve pagar as custas para recorrer, salvo se beneficiário de Justiça gratuita;

c) extinção do processo sem resolução de mérito quanto a todos os pedidos: reclamante paga as custas, salvo se beneficiário de Justiça gratuita;

d) tratando-se de controvérsia referente à relação de trabalho, aplica-se a sucumbência recíproca (Intrução Normativa n. 27/05 do C. TST), sendo que cada parte pagará proporcionalmente as custas nos termos do art. 86 do CPC.

1.6.2.2. Depósito recursal

O depósito recursal consiste em valor pecuniário a ser depositado na conta do reclamante vinculada ao FGTS, devido quando há condenação em pecúnia como condição para conhecimento do recurso interposto pelo reclamado.

Na visão de *Valentin Carrion*(68):

> "O depósito recursal é requisito de conhecimento do recurso ordinário, de revista, embargos infringentes no TST e extraordinário para o STF, inclusive no adesivo nas condenações, pelo valor da condenação ou

(68) *Comentários à Consolidação das Leis do Trabalho*. 32. ed. São Paulo: Saraiva, 2007. p. 803.

seu arbitramento, até o limite máximo previsto. Havendo acréscimo na condenação, haverá complementação."

Dispõe o art. 899 da CLT:

"Os recursos serão interpostos por simples petição e terão efeito meramente devolutivo, salvo as exceções previstas neste Título, permitida a execução provisória até a penhora. § 1º Sendo a condenação de valor até 10 (dez) vezes o valor de referência regional, nos dissídios individuais, só será admitido o recurso, inclusive o extraordinário, mediante prévio depósito da respectiva importância. Transitada em julgado a decisão recorrida, ordenar-se-á o levantamento imediato da importância do depósito, em favor da parte vencedora, por simples despacho do juiz. § 2º Tratando-se de condenação de valor indeterminado, o depósito corresponderá ao que for arbitrado para efeito de custas, pela Junta ou Juízo de Direito, até o limite de 10 (dez) vezes o valor de referência regional. § 3º Revogado pela *Lei n. 7.033*, de 5.10.82, DOU 6.10.82. § 4º O depósito de que trata o § 1º far-se-á na conta vinculada do empregado a que se refere o art. 2º da Lei n. 5.107, de 13 de setembro de 1966, aplicando-se-lhe os preceitos dessa lei, observado, quanto ao respectivo levantamento, o disposto no § 1º. § 5º Se o empregado ainda não tiver conta vinculada aberta em seu nome, nos termos do art. 2º da Lei n. 5.107, de 13 de setembro de 1966, a empresa procederá à respectiva abertura, para efeito do disposto no § 2º. § 6º Quando o valor da condenação, ou o arbitrado para fins de custas, exceder o limite de 10 (dez) vezes o valor de referência regional, o depósito para fins de recurso será limitado a este valor. § 7º No ato de interposição do agravo de instrumento, o depósito recursal corresponderá a 50% (cinquenta por cento) do valor do depósito do recurso ao qual se pretende destrancar (Redação dada pela Lei n. 12.275/10). § 8º Quando o agravo de instrumento tem a finalidade de destrancar recurso de revista que se insurge contra decisão que contraria a jurisprudência uniforme do Tribunal Superior do Trabalho, consubstanciada nas suas súmulas ou em orientação jurisprudencial, não haverá obrigatoriedade de se efetuar o depósito referido no § 7º deste artigo." (Parágrafo inserido pela Lei n. 13.015/2014 – DOU 22.7.2014)

Inegavelmente, o depósito recursal é um pressuposto objetivo do recurso, pois está atrelado aos requisitos externos do direito de recorrer que a parte deve preencher para o seu recurso ser admitido. Como visto, trata-se de um depósito que deve ser realizado na conta vinculada do reclamante junto ao FGTS (§ 4º, do art. 899, da CLT) em valor fixado pela Lei.

O depósito recursal, no nosso sentir, tem natureza jurídica híbrida, pois, além de ser um pressuposto recursal objetivo, que, se não preenchido, importará a deserção do recurso, é uma garantia de futura execução por quantia certa. Não se trata de taxa judiciária, pois não está vinculado a um serviço específico do Poder Judiciário, e sim de um requisito para o conhecimento do recurso e uma garantia de futura execução.

Entretanto, a Instrução Normativa n. 03/93 do TST atribui natureza de garantia de futura execução por quantia ao depósito recursal. No aspecto, cumpre destacar as seguintes ementas:

"Depósito recursal — Natureza jurídica — Constitucionalidade. O depósito recursal, previsto no art. 899 da CLT, não tem natureza jurídica de taxa de recurso, mas de garantia do juízo recursal, visando assegurar, pelo menos parcialmente a execução. Assim, não há inconstitucionalidade nessa exigência que tem por escopo disciplinar o devido processo legal trabalhista. Demais disso a própria Constituição não veda sua fixação. Depósito recursal — Isenção — Falta de prova da miserabilidade jurídica. Não havendo nos autos prova inequívoca da falta de condições da reclamada para efetuar Depósito recursal, o despacho que denegou seguimento ao RO por deserção deve ser mantido. Agravo de Instrumento conhecido e improvido." (TRT – 18ª R. – TP – Ac. n. 3.631/96 - relª Juíza Ialba-Luza Guimarães de Mello – DJGO 15.10.96 – p. 60)

"Recurso de revista — Deserção — Agravo de petição — Penhora efetuada — Ausência de depósito recursal. A finalidade do depósito recursal é a garantia do juízo. Na hipótese *sub judice* essa garantia foi assegurada pela penhora. A negativa de seguimento ao agravo de petição que reunia condições de admissibilidade importa em violação aos princípios da legalidade, do contraditório e da ampla defesa, insculpidos no art. 5º, II e LV, da Constituição Federal, conforme entendimento consubstanciado na Orientação Jurisprudencial n. 189/SDI, *verbis*: Depósito recursal. Agravo de petição. IN TST n. 3/93. (Inserido em 8.11.00) Garantido o juízo, na fase executória, a exigência de depósito para recorrer de qualquer decisão viola os incisos II e LV do art. 5º da CF/88. Havendo, porém, elevação do valor do débito, exige-se a complementação da garantia do juízo. Recurso conhecido e provido." (TST – 2ª T. – RR n. 722.561/2001-6 – rel. Renato de L. Paiva – DJ 22.3.05 – p. 729) (RDT n. 04 – Abril de 2005)

Como bem assevera *Wagner D. Giglio*(69): "a imposição do depósito recursal visa a coibir os recursos protelatórios, a par de assegurar a satisfação do julgado, pelo menos parcialmente, pois o levantamento do depósito em favor do vencedor será ordenado de imediato, por simples despacho do juiz, após a ciência do trânsito em julgado da decisão (CLT, art. 899, § 1º, *in fine*)."

O § 1º do art. 899 da CLT determina que, uma vez transitada em julgado a decisão que condenou o reclamado a pagar parcelas pecuniárias ao reclamante, o Juiz do Trabalho deve liberar o valor do depósito recursal ao reclamante, o que denota ser o depósito uma verdadeira garantia de futura eficácia da execução por quantia. Não obstante a clareza do dispositivo legal, acreditamos que, se a sentença foi ilíquida, antes de liberar o valor do depósito ao reclamante, deve o Juiz do Trabalho tomar algumas cautelas a fim de evitar que sejam liberados ao autor valores superiores ao seu crédito, considerando-se todos os transtornos advindos de se ter que executar o reclamante caso tal aconteça. Desse modo, pensamos dever o Juiz do Trabalho liberar o depósito ao reclamante somente após a liquidação da sentença, se esta for ilíquida. Se a decisão de condenação for revertida em grau de recurso, o depósito recursal será imediatamente liberado ao reclamado.

Nesse mesmo diapasão, adverte *Manoel Antonio Teixeira Filho*(70):

"Sempre que o Tribunal, dando provimento parcial ao recurso interposto pelo empregador, reduzir o valor da condenação, cumpre ao juiz ordenar, primeiro, a feitura dos cálculos da execução (incluídos a correção monetária e os juros), para, só depois disso, autorizar a liberação total ou parcial do valor depositado, em benefício do empregado-credor."

---

(69) *Direito processual do trabalho.* São Paulo: Saraiva, 2007. p. 450.

(70) *Sistema dos recursos trabalhistas.* 10. ed. São Paulo: LTr, 2003. p. 188.

Nos termos do § 1º do art. 899 da CLT, sendo *a condenação de valor até 10 (dez) vezes o valor de referência regional, nos dissídios individuais, só será admitido o recurso, inclusive o extraordinário, mediante prévio depósito da respectiva importância. Transitada em julgado a decisão recorrida, ordenar-se-á o levantamento imediato da importância do depósito, em favor da parte vencedora, por simples despacho do juiz.*

Conforme a redação do citado dispositivo legal, somente haverá a exigência do depósito recursal se houver condenação, total ou parcial, em pecúnia, ainda que indeterminado o valor.

Somente o empregador realizará o depósito recursal. O empregado, ainda que condenado em eventual reconvenção, ou sendo este reclamado em demanda trabalhista proposta pelo empregador, não realizará o depósito, uma vez que a exigência do depósito recursal é uma das exteriorizações do protecionismo processual em favor do empregado na Justiça do Trabalho.

No mesmo sentido, é a visão de *Júlio César Bebber*(71):

> "O depósito recursal é exigido apenas do empregador. Essa unilateralidade da exigência decorre da influência, na órbita processual, do princípio da hipossuficiência do trabalhador, que informa o direito material."

Nesse contexto, cumpre destacar as seguintes ementas:

"Deserção — Ausência de depósito — Condenação em honorários periciais. A condenação do empregado ao pagamento de honorários periciais não implica obrigação de efetuar depósito a fim de garantir a condenação. O art. 899 da CLT, que se refere aos depósitos recursais, determina, em seu § 4º, que o depósito seja efetuado na conta vinculada do empregado, sem fazer qualquer exceção à regra. Assim, não há qualquer determinação legal no sentido de que o empregado-recorrente, condenado ao pagamento de honorários periciais, deva efetuar depósito recursal, sob pena de deserção. Recurso de Revista conhecido e provido." (TST – 2ª T. – Ac. n. 4.190/96 – rel. Min. Castilho Pereira – DJ 4.10.96 – p. 37.440)

"Agravo de instrumento — Honorários sucumbenciais — Exigência de depósito prévio ao autor. Não estando o empregado obrigado ao recolhimento do depósito recursal, *in casu* presentes se fazem os pressupostos processuais de admissibilidade, razão pela qual impositivo o regular processamento do Recurso Ordinário previamente manejado. "Verbete n. 06/2001, TRT/DF. Depósito Recursal. Obrigação. No processo do trabalho, o depósito recursal é ônus exclusivamente do empregador (CLT, art. 899, § 4º). Assim, mesmo se houver condenação do empregado em pecúnia, inexiste obrigação legal deste de efetuar o depósito recursal." Agravo a que se dá provimento." (TRT – 23ª R. – 2ª T. – relª Desª Maria Berenice – 29.3.10 – Processo AIRO n. 562/2009.004.23.01-2) (RDT n. 5 – maio de 2010)

Para os processos em que não se discute uma relação de trabalho ou que não envolvem uma verba trabalhista *stricto sensu*, o procedimento aplicável, salvo se forem processadas por rito especial, é o da CLT (Instrução Normativa n. 27/05 do TST). Desse modo, se figurar no polo passivo um tomador de serviços, ainda que não seja empregador, para recorrer, deve realizar o depósito recursal.

---

(71) *Recursos no processo do trabalho*. 2. ed. São Paulo: LTr, 2009. p. 130.

Não havendo condenação em pecúnia, por exemplo: em obrigações de fazer ou não fazer, bem como nas sentenças declaratórias ou constitutivas, não há a exigência do depósito recursal. Nesse sentido, é a Súmula 161 do TST, *in verbis*:

"DEPÓSITO. CONDENAÇÃO A PAGAMENTO EM PECÚNIA (mantida) – Res. n. 121/2003, DJ 19, 20 e 21.11.2003.

Se não há condenação a pagamento em pecúnia, descabe o depósito de que tratam os §§ 1º e 2º do art. 899 da CLT (ex-Prejulgado n. 39)."

O depósito recursal é devido, pelo reclamado, nos recursos ordinários, de revista, agravo de instrumento e extraordinário (art. 899, da CLT, c/c. Instrução Normativa n. 03/93 do C. TST).

Também o depósito é necessário, ainda que se trate de recurso interposto das sentenças proferidas nas denominadas ações de alçada exclusiva dos órgãos de primeiro grau criadas pela Lei n. 5.584/70 (art. 2º, § 4º); a admissibilidade do recurso, nessas ações, está subordinada ao pressuposto de a sentença envolver matéria constitucional.

Na execução, se o juízo já estiver garantido pela penhora, não há necessidade do depósito recursal, uma vez que este perdeu a finalidade diante da garantia do juízo.

Nesse diapasão, é a Súmula n. 128 do C. TST, II, do C. TST:

"Garantido o juízo, na fase executória, a exigência de depósito para recorrer de qualquer decisão viola os incisos II e LV do art. 5º da CF/1988. Havendo, porém, elevação do valor do débito, exige-se a complementação da garantia do juízo." (ex-OJ n. 189 da SBDI-1 – inserida em 8.11.2000)

Em havendo condenação solidária, apenas um dos reclamados realizará o depósito, salvo se um deles pretender a sua exclusão da lide, hipótese em que os dois deverão realizar o depósito a fim de que a garantia da execução não fique desfigurada. Nesse lastro, é o inciso III do art. 128 do C. TST, *in verbis*:

"Havendo condenação solidária de duas ou mais empresas, o depósito recursal efetuado por uma delas aproveita as demais, quando a empresa que efetuou o depósito não pleiteia sua exclusão da lide." (ex-OJ n. 190 da SBDI-1 – inserida em 8.11.2000)

Nos termos do inciso I do art. 128 do C. TST, é ônus da parte recorrente efetuar o depósito legal, integralmente, em relação a cada novo recurso interposto, sob pena de deserção. Atingido o valor da condenação, nenhum depósito mais é exigido para qualquer recurso (ex-Súmula n. 128 – alterada pela Res. n. 121/2003, DJ 21.11.03, que incorporou a OJ n. 139 da SBDI-1 – inserida em 27.11.1998).

O depósito recursal tem um teto máximo que é o valor da condenação. Também há um teto fixado em lei para o depósito recursal, tanto no recurso ordinário como no de revista quanto no extraordinário.

Suponhamos que o valor do depósito recursal seja de R$ 4.000,00, e o valor da condenação, de R$ 10.000,00, fixado na sentença. Para interpor recurso ordinário, deve o reclamado depositar R$ 4.000,00, pois é o valor do teto do depósito recursal. Para recorrer de revista, deve depositar outros R$ 6.000,00, pois o valor do depósito recursal é o dobro do valor do recurso ordinário, mas limitado ao teto da condenação (Súmula n. 128, I, do C. TST). O valor limite do depósito recursal é o da condenação. Se o valor total da decisão já estiver coberto pelo depósito recursal, não haverá necessidade de um novo depósito para recorrer.

Nesse sentido, vem sendo a jurisprudência sedimentada do Tribunal Superior do Trabalho, conforme a ementa transcrita a seguir:

> "AGRAVO DE INSTRUMENTO EM RECURSO DE REVISTA. DEPÓSITO RECURSAL INSUFICIENTE. DESERÇÃO DO RECURSO DE REVISTA DECLARADA PELO JUÍZO DE ADMISSIBILIDADE *'A QUO'*. De acordo com a orientação prevista na Súmula n. 128, I, desta Corte, deve o recorrente efetuar o depósito recursal pelo valor integral em relação a cada recurso interposto, salvo se atingido o valor da condenação. Na hipótese, a recorrente efetuou depósito insuficiente. Agravo de instrumento conhecido e não provido." (TST – Processo: AIRR – 288241-61.2007.5.12.0001 – Data de Julgamento: 28.4.2010, relatora Ministra: Dora Maria da Costa, 8ª Turma, Data de Publicação: DEJT 7.5.2010)

A Lei n. 12.275/10[(72)], em seu § 7º, exige o depósito de 50% do valor do depósito recursal devido para o recurso ao qual se pretende destrancar no ato de interposição do agravo de instrumento.

Trata-se de providência salutar a desencorajar Agravos de Instrumento protelatórios, ou sem fundamento, bem como reforçar a garantia de execução por quantia, pois o Agravo provoca delonga na marcha processual.

A interpretação do referido dispositivo não pode ser literal, nem isolada, e sim em conjunto com a principiologia do Direito Processual do Trabalho. Desse modo, os princípios da gratuidade e do acesso real do trabalhador à Justiça impedem que se exija o depósito recursal do empregado no recurso de Agravo de Instrumento.

(72) Lei n. 12.275, de 29 de junho de 2010. Publicada no DOU Edição Extra 29.6.2010:
Altera a redação do inciso I do § 5º do art. 897 e acresce § 7º ao art. 899, ambos da Consolidação das Leis do Trabalho — CLT, aprovada pelo Decreto-lei n. 5.452, de 1º de maio de 1943.
O PRESIDENTE DA REPÚBLICA – Faço saber que o Congresso Nacional decreta e eu sanciono a seguinte Lei:
Art. 1º O inciso I do § 5º do art. 897 da Consolidação das Leis do Trabalho — CLT, aprovada pelo Decreto-lei n. 5.452, de 1 de maio de 1943, passa a vigorar com a seguinte redação:
"Art. 897. [...]
§ 5º [...]
I – obrigatoriamente, com cópias da decisão agravada, da certidão da respectiva intimação, das procurações outorgadas aos advogados do agravante e do agravado, da petição inicial, da contestação, da decisão originária, do depósito recursal referente ao recurso que se pretende destrancar, da comprovação do recolhimento das custas e do depósito recursal a que se refere o § 7º do art. 899 desta Consolidação;
[...]." (NR)
Art. 2º O art. 899 da Consolidação das Leis do Trabalho — CLT, aprovada pelo Decreto-lei n. 5.452, de 1º de maio de 1943, passa a vigorar acrescido do seguinte § 7º:
"Art. 899. [...]
§ 7º No ato de interposição do agravo de instrumento, o depósito recursal corresponderá a 50% (cinquenta por cento) do valor do depósito do recurso ao qual se pretende destrancar." (NR)
Art. 3º (VETADO)

Desse modo, somente o empregador realizará o depósito recursal para interpor Agravo de Instrumento.

O depósito recursal deve ser comprovado no prazo que a lei prevê para o recurso, conforme dispõe a Súmula n. 245 do C. TST, *in verbis*:

> "DEPÓSITO RECURSAL. PRAZO — O depósito recursal deve ser feito e comprovado no prazo alusivo ao recurso. A interposição antecipada deste não prejudica a dilação legal."

A massa falida não está sujeita ao depósito recursal, conforme a Súmula n. 86 do C. TST, *in verbis*:

> "DESERÇÃO. MASSA FALIDA. EMPRESA EM LIQUIDAÇÃO EXTRAJUDICIAL. Não ocorre deserção de recurso da massa falida por falta de pagamento de custas ou de depósito do valor da condenação. Esse privilégio, todavia, não se aplica à empresa em liquidação extrajudicial."

Conforme a Súmula n. 426 do TST, nos dissídios individuais, o depósito recursal será efetivado mediante a utilização da Guia de Recolhimento do FGTS e Informações à Previdência Social — GFIP, nos termos dos §§ 4º e 5º do art. 899 da CLT, admitido o depósito judicial, realizado na sede do juízo e à disposição deste, na hipótese de relação de trabalho não submetida ao regime do FGTS.

Nos termos da Instrução Normativa n. 03/93 do TST, não é exigido depósito recursal, em qualquer fase do processo ou grau de jurisdição, dos entes de direito público externo e das pessoas de direito público contempladas no Decreto-lei n. 779, de 21.8.69, bem assim da massa falida e da herança jacente.

Com relação à controvérsia de ser ou não devido o depósito recursal em recurso ordinário interposto em face de Ação Rescisória, a Súmula n. 99 do TST pacificou a questão. Dispõe a referida Súmula:

> "AÇÃO RESCISÓRIA. DESERÇÃO. PRAZO. (incorporada a Orientação Jurisprudencial n. 117 da SDI-2) Havendo recurso ordinário em sede de rescisória, o depósito recursal só é exigível quando for julgado procedente o pedido e imposta condenação em pecúnia, devendo este ser efetuado no prazo recursal, no limite e nos termos da legislação vigente, sob pena de deserção."

O Tribunal Superior do Trabalho pacificou entendimento no sentido de que a insuficiência do depósito recursal, ainda que a diferença seja mínima, gera a deserção do recurso. Nesse sentido, dispõe a OJ n. 140, da SDI-I, do C. TST:

> "Depósito recursal e custas. Diferença ínfima. Deserção. Ocorrência. Ocorre deserção do recurso pelo recolhimento insuficiente das custas e do depósito recursal, ainda que a diferença em relação ao *quantum* devido seja ínfima, referente a centavos."

No nosso sentir, em caso de diferença de centavos referente ao depósito recursal, a deserção somente deveria ser decretada após intimação da parte para complementação do depósito em 24 horas, entretanto, a lei não faz qualquer distinção e não prevê a possibilidade de intimação para a parte complementar o depósito faltante.

Nesse sentido, destaca-se a seguinte ementa:

"Recurso de revista — Depósito recursal — Recolhimento em valor inferior ao devido — Diferença ínfima sem expressão monetária — Inocorrência de deserção. À luz do entendimento prevalecente no âmbito deste Tribunal, a diferença a menor de depósito recursal que se circunscreve à casa dos centavos de real não possui expressão monetária suficiente a ponto de justificar o decreto de deserção do recurso ordinário. Inteligência da Orientação Jurisprudencial n. 140 da colenda SBDI-1. Recurso de revista conhecido e provido." (TST – 1ª T. – RR n. 577.934/1999-2 – rel. Altino P. dos Santos – DJ 12.11.04 – p. 743) (RDT n. 12 – Dezembro de 2004).

De outro lado, a diferença ínfima no valor do depósito recursal é defeito formal sanável do recurso. Por isso, aplicável, de nossa parte, a previsão do art. 932, parágrafo único do CPC, "*in verbis*": "Incumbe ao relator: (...) Parágrafo único. Antes de considerar inadmissível o recurso, o relator concederá o prazo de 5 (cinco) dias ao recorrente para que seja sanado vício ou complementada a documentação exigível."

No mesmo sentido dipõe o art. 1.007 do CPC: "No ato de interposição do recurso, o recorrente comprovará, quando exigido pela legislação pertinente, o respectivo preparo, inclusive porte de remessa e de retorno, sob pena de deserção. (...) § 2º A insuficiência no valor do preparo, inclusive porte de remessa e de retorno, implicará deserção se o recorrente, intimado na pessoa de seu advogado, não vier a supri-lo no prazo de 5 (cinco) dias".

O Tribunal Superior do Trabalho, entretanto, recentemente, reconheceu que o citado dispositivo somente se aplica às custas processuais e não ao depósito recursal. Com efeito, dispõe o parágrafo único do art. 10, da IN n. 39/16, *in verbis*:

"Aplicam-se ao Processo do Trabalho as normas do parágrafo único do art. 932 do CPC, §§ 1º a 4º do art. 938 e §§ 2º e 7º do art. 1.007. Parágrafo único. A insuficiência no valor do preparo do recurso, no Processo do Trabalho, para os efeitos do § 2º do art. 1.007 do CPC, concerne unicamente às custas processuais, não ao depósito recursal."

Somente o reclamado (empregador) realizará o depósito recursal, quando se tratar de condenação em pecúnia. Pode-se questionar a constitucionalidade da exigência do depósito recursal, pois, inegavelmente, cria-se um óbice ao Direito de Recorrer. De outro lado, como só o empregador o realiza, pode ser questionável se há violação do princípio da isonomia e também violar o duplo grau de jurisdição.

Pela inconstitucionalidade da exigência do depósito recursal no processo do trabalho, temos a posição de *Carlos Zangrando*(73):

"Com devida vênia, se no passado o depósito recursal até se justificava devido à situação intrínseca do processo, acreditamos agora, ante a nova feição das normas processuais, este se apresenta mais como uma espécie de *punição* do que de *pressuposto* ou outra denominação que se queira dar, além de deixar bem claro o intento de vedar a utilização do remédio processual, especificamente para o pequeno e médio empresário, impedindo a fruição da garantia à ampla defesa prevista na Constituição Federal."

(73) *Processo do trabalho:* processo de conhecimento. São Paulo: LTr, 2009. v. II, p. 1.460.

De nossa parte, a exigência do depósito recursal não viola o acesso à Justiça do Trabalho (art. 5º, XXXV, da CF), pois o princípio do duplo grau de jurisdição não tem assento constitucional. De outro lado, não há violação do princípio da isonomia (art. 5º, *caput*, da CF), pois há desigualdade econômica entre reclamante e reclamado na relação jurídico-processual.

Nessa esteira, são os argumentos de *Carlos Henrique Bezerra Leite*(74):

> "Para nós, não há se falar em inconstitucionalidade do art. 899 da CLT, uma vez que o duplo grau de jurisdição não é absoluto, nem está previsto expressamente na Constituição, já que esta admite até mesmo a existência de instância única (CF, art. 102, III). De outra parte, o depósito recursal constitui mera garantia do juízo, evitando, assim, a interposição temerária ou procrastinatória de recursos. Ressalte-se, por oportuno, que a exigência do depósito consagra, substancialmente, o princípio da isonomia real, sabido que o empregador é, via de regra, economicamente superior ao empregado."

Acompanhando os mesmos argumentos, asseveram *Jouberto de Quadros Pessoa Cavalcante* e *Francisco Ferreira Jorge Neto*(75):

> "O depósito recursal não tem natureza de taxa de recurso e sim de garantia do juízo recursal (art. 899, CLT, art. 40, Lei n. 8.177/1991, com redação da Lei n. 8.542/1992). O objetivo do depósito recursal é dificultar a interposição de recursos protelatórios e até certo ponto garantir a execução da sentença, em que pese reconhecermos a dificuldade financeira que muitos empregadores têm em fazer o depósito recursal [...]. Apesar de ser uma norma constitucional (art. 5º, XXXV), o exercício do direito de ação pressupõe a observância de alguns pressupostos (interesse, legitimidade e possibilidade jurídica do pedido), os quais são exigíveis por legislação infraconstitucional. Como desdobramento do direito de ação, o recurso possui pressupostos (dentre eles, o preparo), logo, a falta de capacidade econômica do empregador não é argumento a justificar a ofensa ao duplo grau de jurisdição. A exigência legal do depósito recursal não é inconstitucional."

Nesse mesmo diapasão, as seguintes ementas:

"Depósito recursal — Exigência de recolhimento — Pressuposto objetivo de admissibilidade recursal. A exigência legal de recolhimento do depósito prévio não pode ser reputada como afronta à Constituição da República, já que cabe à lei ordinária estabelecer os meios e recursos inerentes ao processo judicial, fixando as hipóteses de admissibilidade recursal." (TRT – 12ª R. – 3ª T. – AI n. 3578.2003.037.12.01-2 – Ac. n. 11527/04 – relª Lília L. Abreu – DJSC 15.10.04 – p. 171)

---

(74) *Curso de direito processual do trabalho.* 8. ed. São Paulo: LTr, 2010. p. 724.

(75) A assistência judiciária da pessoa jurídica na Justiça do Trabalho e a exigência do depósito recursal. *In: Suplemento Trabalhista* n. 70/07, p. 299.

"Depósito recursal. A exigência do depósito recursal não contraria o princípio constitucional da ampla defesa, pois incumbe à lei ordinária estabelecer as hipóteses de admissibilidade dos recursos inerentes ao processo judicial." (TRT – 15ª R. – 1ª T. – AIRO n. 22.357/03 – rel. Eduardo Benedito de O. Zanella – DJSP 8.8.03 – p. 5) (RDT n. 9 – Setembro de 2003)

Ainda que o empregador (reclamado) obtenha os benefícios da Justiça Gratuita, em nossa visão, não estará isento do depósito recursal, pois este, conforme mencionamos, não tem natureza de taxa judiciária. Além disso, o art. 5º, LV, da CF, não assegura o princípio do duplo grau de jurisdição, devendo a parte, quando recorrer, observar os pressupostos objetivos e subjetivos de recorribilidade.

Nesse sentido, cumpre destacar as seguintes ementas:

"Agravo de instrumento — Recurso de revista — Justiça gratuita — Empregador — Deserção. Na Justiça do Trabalho, a concessão da justiça gratuita está relacionada à figura do empregado, conforme se infere do art. 14 da Lei n. 5.584/70. Assim, a justiça gratuita, também prevista no art. 790, § 3º, da CLT, é benefício concedido ao hipossuficiente que não puder demandar sem o comprometimento do sustento próprio e de sua família. Embora excepcionalmente admita-se a hipótese de extensão dessa benesse ao empregador pessoa física que não explore atividade econômica, é imprescindível a comprovação da hipossuficiência, já que, não se tratando de empregado, a parte não se beneficia da presunção legal de pobreza. Mesmo se se entendesse que a Lei n. 1.060/50 não tivesse excluído o empregador do benefício da assistência judiciária, certo que ela, em seu art. 3º, isenta o beneficiário apenas do pagamento das despesas processuais, não alcançando o depósito recursal (art. 899, § 1º, da CLT), que tem por escopo a garantia do juízo. Em vista dessa particularidade, não se há falar que o não recebimento do recurso, por deserto, implica afronta a regras constitucionais, que, embora garantam a apreciação, pelo Poder Judiciário, de lesão ou ameaça de direito, não excluem as normas infraconstitucionais que regulamentam a interposição de recurso. Agravo de instrumento desprovido." (TST – 6ª T. – AIRR n. 720/2004.004.21.40-2 – rel. Min. Mauricio Godinho Delgado – DJ 6.6.08 – p. 223) (RDT n. 08 – agosto de 2008)

"Justiça gratuita — Depósito recursal. De ordinário, no processo do trabalho, a isenção do pagamento das custas é concedida apenas ao trabalhador que perceba até dois salários mínimos, ou que comprove, na forma da lei, a impossibilidade de assumir as despesas processuais, sem prejuízo do sustento próprio e da família, como se infere da inteligência do art. 14 da Lei n. 5.584/70, § 3º, do art. 790 da CLT, com a redação dada pela Lei n. 10.537/02 e OJs ns. 304 e 331, ambas da SDI-I do TST. Em casos especialíssimos, timidamente, a jurisprudência tem se inclinado a flexibilizar a regra legal, ainda assim, limitada à isenção das custas processuais, porquanto não se pode estender o benefício ao depósito recursal, já que esse tem finalidade própria, de garantia da execução, diversa de taxa judiciária ou quaisquer outras despesas previstas em lei, para efeito de assistência judiciária. Não comprovado o respectivo recolhimento, nega-se provimento ao agravo de instrumento que pretendeu destrancar recurso ordinário deserto." (TRT – 3ª R. – 2ª T. – AIRO n. 2439/2006.147.03.40-0 – rel. Anemar Pereira Amaral – DJ 3.10.2007 – p. 11) (RDT n. 11 – novembro de 2007)

Não obstante, cumpre destacar que, em casos excepcionais, na hipótese de empregador pessoa física ou firma individual em estado de insuficiência econômica, poderá o Tribunal dispensar o empregador do depósito recursal, valendo-se dos princípios da proporcionalidade, razoabilidade e do acesso à justiça no caso concreto.

Nesse sentido, destacam-se as seguintes ementas:

"I) AGRAVO DE INSTRUMENTO — BENEFÍCIO DA JUSTIÇA GRATUITA — EMPREGADOR PESSOA FÍSICA — ISENÇÃO DO DEPÓSITO RECURSAL — POSSIBILIDADE. 1. A Lei n. 1.060/50, que estabelece as normas para a concessão da assistência judiciária gratuita aos necessitados, assenta no parágrafo único do art. 2º que, para os fins legais, considera-se necessitado aquele cuja situação econômica não lhe permita pagar as custas do processo e os honorários de advogado sem prejuízo do sustento próprio. 2. Na hipótese vertente, o Reclamado, pessoa física, postulou o direito à gratuidade de justiça e apresentou declaração de que não pode arcar com as despesas do processo sem prejuízo do sustento próprio, com fulcro na referida lei. 3. O Regional negou o pedido, ao fundamento de que a jurisprudência do TST segue no sentido da inaplicabilidade da justiça gratuita com relação ao depósito recursal. 4. Quanto ao tema, vale destacar que esta Turma entendeu possível a dispensa do referido depósito na hipótese de insuficiência econômica do Empregador pessoa física, conforme consta dos autos do PROC. TST-RR-932/2004-043-12-40.1, assentando que a dispensa do depósito recursal se justifica, na hipótese de insuficiência econômica, como sendo condição de revisão de eventual sentença injusta ou ilegal, representando apenas a não exigência temporária do pagamento dos débitos trabalhistas que forem judicialmente reconhecidos, até que transite em julgado a decisão, em situação análoga à da multa do art. 557, § 2º, do CPC. 5. Assim, tendo o Reclamado, pessoa física, postulado o direito à gratuidade de justiça e apresentado declaração de que não pode arcar com as despesas do processo sem prejuízo do sustento próprio, com fundamento na Lei n. 1.060/50, verifica-se a possibilidade de deferimento do pleito. II) DECISÃO INTERLOCUTÓRIA — IRRECORRIBILIDADE IMEDIATA — RAZÕES RECURSAIS QUE NÃO ATACAM OS FUNDAMENTOS DO DESPACHO DENEGATÓRIO DO SEGUIMENTO DO RECURSO DE REVISTA — DESFUNDAMENTAÇÃO — ÓBICE DA SÚMULA N. 422 DO TST. Não tendo o agravo de instrumento investido contra o fundamento do despacho denegatório do seguimento do recurso de revista (no caso, a Súmula n. 214 do TST, em face da decisão recorrida ser interlocutória), falta-lhe a necessária motivação, tropeçando no óbice da Súmula n. 422 do TST, porque desfundamentado. Agravo de instrumento desprovido." (AIRR – 435/2006-071-03-40.3 – Data de Julgamento: 24.6.2008 – relator Ministro: Ives Gandra Martins Filho – 7ª T. – DJ 15.8.2008)

"Recurso ordinário — Parte demandada — Assistência judiciária gratuita — Depósito recursal — Exigibilidade. No processo do trabalho, e nos termos do art. 899, § 1º, da CLT, o depósito recursal ao réu não é encargo possível ou passível de liberação da parte por decorrência da assistência judiciária que lhe seja ou lhe tenha sido assegurada no processo. Constitui requisito de exercício do direito recursal, na sua dupla finalidade, também de garantia de pronto pagamento ao credor tão logo transite em julgado a decisão condenatória." (TRT 4ª R. – 1ª T. – rel. Des. Milton Varela Dutra – *In: Revista Eletrônica de Jurisprudência*, n. 90 – 2.12.09 – Processo AIRO n. 312/2009.531.04.01-0) (RDT n. 2 – fevereiro de 2010)

Atualmente, o art. 98, § 1º, VIII, do CPC(76):

"A pessoa natural ou jurídica, brasileira ou estrangeira, com insuficiência de recursos para pagar as custas, as despesas processuais e os honorários advocatícios tem direito à gratuidade da justiça, na forma da lei. § 1º A gratuidade da justiça compreende: (...) VIII – os depósitos previstos em lei para interposição de recurso, para propositura de ação e para a prática de outros atos processuais inerentes ao exercício da ampla defesa e do contraditório."

(76) O art. 3º, VII, da Lei n. 1.060/50 tem idêntica redação.

Diante do referido dispositivo legal, vozes da doutrina já estão sustentando que o depósito recursal na Justiça do Trabalho está abrangido pelos benefícios da justiça gratuita.

Nesse sentido, é a visão de *Renato Saraiva*(77):

> "Ademais, impende esclarecer que a concessão do benefício da justiça gratuita à reclamada a isenta também da obrigação, em caso de eventual recurso, de efetuar o depósito recursal, conforme estabelece o art. 3º, VII, da Lei n. 1.060/50 (com redação dada pela Lei Complementar n. 132/09)."

Na mesma perspectiva, detaca-se a seguinte ementa:

"Empregador doméstico. Justiça gratuita. Depósito recursal. O benefício da justiça gratuita hoje abrange também o depósito recursal. Nova redação dada ao art. 3º da Lei n. 1.060, de 5 de fevereiro de 1950, com inciso (VII) acrescentado pela Lei Complementar n. 132, de 7 de outubro de 2009 (art. 17). Empregador pessoa física. Direito à justiça gratuita. Garantia constitucional. Inaplicabilidade da Súmula n. 6 do TRT da 2ª Região. Agravo de Instrumento a que se dá provimento." (TRT/SP – 00046200925202012 – AIRO – Ac. 11ª T. – 20100297174 – rel. Eduardo de Azevedo Silva – DOE 20.4.2010)

Pensamos, no entanto, de forma diversa. Com efeito, o depósito recursal tem natureza jurídica híbrida, pois, além de ser um pressuposto recursal objetivo, que se não preenchido importará a deserção do recurso, é uma garantia de futura execução por quantia certa. Não se trata de taxa judiciária, pois não está vinculado a um serviço específico do Poder Judiciário, e sim de um requisito para o conhecimento do recurso e uma garantia de futura execução. Além disso, o depósito recursal visa a coibir recursos protelatórios.

Além disso, conforme vêm entendendo acertadamente a doutrina e a jurisprudência majoritária, o duplo grau de jurisdição não é um princípio constitucionalmente albergado, pois não está inserido na cláusula do contraditório e ampla defesa.

Pelo exposto, conclui-se que o art. 98, § 1º, VIII, do CPC, não se aplica ao processo do trabalho quanto ao depósito recursal, pois este tem natureza jurídica não só de um pressuposto recursal, mas também de garantia para a execução. Sob outro enfoque, a regra específica do art. 899 da CLT prevalece sobre a regra geral do CPC, que não fora idealizada para o processo do trabalho.

Nesse sentido, destacamos as seguintes ementas:

"**DESERÇÃO. ASSISTÊNCIA JUDICIÁRIA GRATUITA. EMPREGADOR.** Na linha dos precedentes desta Corte, a concessão da gratuidade de Justiça ao empregador depende de prova de dificuldades financeiras. No caso em exame, a reclamada não fez prova cabal de sua insuficiência econômica, de forma que não há como se conceder a prerrogativa pleiteada, por ausência de prova contundente acerca da dificuldade financeira declarada. Com efeito, a reclamada, embora tenha declarado, nas razões do agravo de instrumento, sua incapacidade econômica, não fez prova cabal de sua insuficiência financeira. Assim, ainda a despeito de se considerar devida ou não a concessão do benefício às pessoas jurídicas, no caso em tela,

(77) *Curso de direito processual do trabalho.* 7. ed. São Paulo: Método: 2010. p. 455-456.

não há como se conceder a prerrogativa pleiteada, por ausência de prova contundente acerca da dificuldade financeira declarada. Por outro lado, ainda que se concedesse o benefício processual pleiteado pela reclamada, tal privilégio, nos termos do disposto do art. 3º, inciso V, da Lei n. 1.060/50, abrange, tão somente, a isenção de custas e outras despesas judiciais, como os honorários periciais, por exemplo, não absolvendo o empregador de ter que efetuar o depósito recursal, que não possui caráter de taxa, uma vez que visa garantir o pagamento da pretensão pleiteada em Juízo (precedentes desta Corte). Assim, não tendo a reclamada efetuado o depósito recursal devido e tendo sido a condenação estipulada na sentença no importe de R$ 15.000,00 (quinze mil reais), não há que se afastar a deserção imputada ao recurso de revista interposto." (TST – Processo: ARR – 1203-93.2013.5.09.0671 Data de Julgamento: 28.10.2015, relator Ministro: José Roberto Freire Pimenta, 2ª Turma, Data de Publicação: DEJT 6.11.2015)

"AGRAVO DE INSTRUMENTO EM RECURSO DE REVISTA REGIDO PELA LEI N. 13.015/14. **JUSTIÇA GRATUITA. PESSOA JURÍDICA.** Agravo de instrumento provido, ante possível violação do art. 5º, LV da CF. **RECURSO DE REVISTA. JUSTIÇA GRATUITA. PESSOA JURÍDICA.** A Lei n. 1.060/50 estabelece normas aplicáveis à concessão de assistência jurídica aos necessitados, ou seja, regra geral, às pessoas naturais que não disponham de meios econômicos para praticar os atos de defesa de seus interesses ou direitos pela via judicial. Excepcionalmente, porém, a jurisprudência desta Corte admite a possibilidade de concessão dos benefícios citados na Lei n. 1.060/50 às pessoas jurídicas, sempre que houver prova inequívoca de sua dificuldade econômica, é dizer, de não poderem arcar com o custo do processo, tais como custas e honorários. Tendo a Turma Regional consignado a situação de grave dificuldade financeira e de indisponibilidade de recursos que afeta a reclamada, devem lhe ser concedidos os benefícios da justiça gratuita. Todavia, esclareça-se que, conforme o entendimento desta Corte, o eventual deferimento da gratuidade de justiça não abarca a isenção de depósito recursal, uma vez que esse tem por objetivo a garantia do juízo. Recurso de revista conhecido e parcialmente provido." (TST – Processo: RR – 21461-12.2013.5.04.0333 – Data de Julgamento: 28.10.2015, relator Ministro: Augusto César Leite de Carvalho, 6ª Turma, Data de Publicação: DEJT 3.11.2015)

Não obstante, como já mencionado, em casos excepcionais, diante dos valores envolvidos no litígio, o Tribunal, aplicando os princípios da razoabilidade e proporcionalidade, em situações em que o empregador for pessoa física, microempresa, microempreendedor ou estiver em ruína financeira, fundamentadamente, poderá dispensá-lo da exigência do depósito recursal.

O TST, recentemente, estabeleceu novos critérios para o depósito recursal, por meio da Resolução n. 168/10 que determinou a alteração de republicação da Instrução Normativa n. 03/93, cujo texto vale ser transcrito:

INSTRUÇÃO NORMATIVA N. 3, DE 1993

Publicada no DJ de 12.3.1993 – Republicada no DJ de 12.8.2010

Interpreta o art. 8º da Lei n. 8.542, de 23.12.92 (DOU de 24.12.92), que trata do depósito para recurso nas ações na Justiça do Trabalho e a Lei n. 12.275, de 29 de junho de 2010, que altera a redação do inciso I do § 5º do art. 897 e acresce o § 7º ao art. 899, ambos da Consolidação das Leis do Trabalho — CLT, aprovada pelo Decreto-lei n. 5.452, de 1º de maio de 1943.

I – Os depósitos de que trata o art. 40, e seus parágrafos, da Lei n. 8.177/1991, com a redação dada pelo art. 8º da Lei n. 8.542/1992, e o depósito de que tratam o § 5º, I, do art. 897 e o § 7º do art. 899, ambos da CLT, com a redação dada pela Lei n. 12.275, de 29.6.2010, não têm natureza jurídica de taxa de recurso, mas de garantia do juízo recursal, que pressupõe decisão condenatória ou executória de obrigação de pagamento em pecúnia, com valor líquido ou arbitrado.

II – No processo de conhecimento dos dissídios individuais o valor do depósito é limitado a R$ 5.889,50 (cinco mil, oitocentos e oitenta e nove reais e cinquenta centavos), ou novo valor corrigido, para o recurso ordinário, e a R$ 11.779,02 (onze mil, setecentos e setenta e nove reais e dois centavos), ou novo valor corrigido, para cada um dos recursos subsequentes, isto é, de revista, de embargos (ditos impropriamente infringentes) e extraordinário, para o Supremo Tribunal Federal, observando-se o seguinte:

a) para o recurso de agravo de instrumento, o valor do "depósito recursal corresponderá a 50% (cinquenta por cento) do valor do depósito do recurso ao qual se pretende destrancar";

b) depositado o valor total da condenação, nenhum depósito será exigido nos recursos das decisões posteriores, salvo se o valor da condenação vier a ser ampliado;

c) se o valor constante do primeiro depósito, efetuado no limite legal, é inferior ao da condenação, será devida complementação de depósito em recurso posterior, observado o valor nominal remanescente da condenação e/ou os limites legais para cada novo recurso;

d) havendo acréscimo ou redução da condenação em grau recursal, o juízo prolator da decisão arbitrará novo valor à condenação, quer para a exigibilidade de depósito ou complementação do já depositado, para o caso de recurso subsequente, quer para liberação do valor excedente decorrente da redução da condenação;

e) nos dissídios individuais singulares o depósito será efetivado pelo recorrente, mediante a utilização das guias correspondentes, na conta do empregado no FGTS — Fundo de Garantia do Tempo de Serviço, em conformidade com os §§ 4º e 5º do art. 899 da CLT, ou fora dela, desde que feito na sede do juízo e permaneça à disposição deste, mediante guia de depósito judicial extraída pela Secretaria Judiciária;

f) nas reclamatórias plúrimas e nas em que houver substituição processual, será arbitrado o valor total da condenação, para o atendimento da exigência legal do depósito recursal, em conformidade com as alíneas anteriores, mediante guia de depósito judicial extraída pela Secretaria Judiciária do órgão em que se encontra o processo;

g) com o trânsito em julgado da decisão condenatória, os valores que tenham sido depositados e seus acréscimos serão considerados na execução;

h) com o trânsito em julgado da decisão que absolveu o demandado da condenação, ser-lhe-á autorizado o levantamento do valor depositado e seus acréscimos.

III – Julgada procedente ação rescisória e imposta condenação em pecúnia, será exigido um único depósito recursal, até o limite máximo de R$ 11.779,02 (onze mil, setecentos e setenta e nove reais e dois centavos), ou novo valor corrigido, dispensado novo depósito para os recursos subsequentes, salvo o depósito do agravo de instrumento, previsto na Lei n. 12.275/2010, observando-se o seguinte:

a) o depósito será efetivado pela parte recorrente vencida, mediante guia de depósito judicial expedida pela Secretaria Judiciária, à disposição do juízo da causa;

b) com o trânsito em julgado da decisão, se condenatória, o valor depositado e seus acréscimos serão considerados na execução; se absolutória, será liberado o levantamento do valor do depositado e seus acréscimos.

IV – A exigência de depósito no processo de execução observará o seguinte:

a) a inserção da vírgula entre as expressões '... aos embargos' e 'à execução...' é atribuída a erro de redação, devendo ser considerada a locução "embargos à execução";

b) dada a natureza jurídica dos embargos à execução, não será exigido depósito para a sua oposição quando estiver suficientemente garantida a execução por depósito recursal já existente nos autos, efetivado no processo de conhecimento, que permaneceu vinculado à execução, e/ou pela nomeação ou apreensão judicial de bens do devedor, observada a ordem preferencial estabelecida em lei;

c) garantida integralmente a execução nos embargos, só haverá exigência de depósito em qualquer recurso subsequente do devedor se tiver havido elevação do valor do débito, hipótese em que o depósito recursal corresponderá ao valor do acréscimo, sem qualquer limite;

d) o depósito previsto no item anterior será efetivado pelo executado recorrente, mediante guia de depósito judicial expedida pela Secretaria Judiciária, à disposição do juízo da execução;

e) com o trânsito em julgado da decisão que liquidar a sentença condenatória, serão liberados em favor do exequente os valores disponíveis, no limite da quantia exequenda, prosseguindo, se for o caso, a execução por crédito remanescente, e autorizando-se o levantamento, pelo executado, dos valores que acaso sobejarem.

V – Nos termos da redação do § 3º do art. 40, não é exigido depósito para recurso ordinário interposto em dissídio coletivo, eis que a regra aludida atribui apenas valor ao recurso, com efeitos limitados, portanto, ao cálculo das custas processuais.

VI – Os valores alusivos aos limites de depósito recursal serão reajustados bimestralmente pela variação acumulada do INPC do IBGE dos dois meses imediatamente anteriores, e serão calculados e publicados no Diário Eletrônico da Justiça do Trabalho por ato do Presidente do Tribunal Superior do Trabalho, tornando-se obrigatória a sua observância a partir do quinto dia seguinte ao da publicação.

VII – Toda decisão condenatória ilíquida deverá conter o arbitramento do valor da condenação. O acréscimo de condenação em grau recursal, quando ilíquido, deverá ser arbitrado também para fins de depósito.

VIII – O depósito judicial, realizado na conta do empregado no FGTS ou em estabelecimento bancário oficial, mediante guia à disposição do juízo, será da responsabilidade da parte quanto à exatidão dos valores depositados e deverá ser comprovado, nos autos, pelo recorrente, no prazo do recurso a que se refere, independentemente da sua antecipada interposição, observado o limite do valor vigente na data da efetivação do depósito, bem como o contido no item VI, salvo no que se refere à comprovação do depósito recursal em agravo de instrumento, que observará o disposto no art. 899, § 7º, da CLT, com a redação da Lei n. 12.275/2010.

IX – É exigido depósito recursal para o recurso adesivo, observados os mesmos critérios e procedimentos do recurso principal previsto nesta Instrução Normativa.

X – Não é exigido depósito recursal, em qualquer fase do processo ou grau de jurisdição, dos entes de direito público externo e das pessoas de direito público contempladas no Decreto-lei n. 779, de 21.8.69, bem assim da massa falida, da herança jacente e da parte que, comprovando insuficiência de recursos, receber assistência judiciária integral e gratuita do Estado (art. 5º, LXXIV, CF).

XI – Não se exigirá a efetivação de depósito em qualquer fase ou grau recursal do processo, fora das hipóteses previstas nesta Instrução Normativa.

XII – Os processos em curso no período intercorrente entre 24 de dezembro de 1992 e 15 de março de 1993, data da vigência desta Instrução Normativa, serão a ela adequados quanto ao depósito para recurso, por iniciativa do juiz ou órgão julgador competente, que determinará, quando for o caso, a intimação da parte para que regularize o depósito no prazo de oito dias.

XIII – Havendo acordo para extinção do processo, as partes disporão sobre o valor depositado. Na ausência de expressa estipulação dos interessados, o valor disponível será liberado em favor da parte depositante.

XIV – Esta Instrução Normativa entrará em vigor no dia 15 de março de 1993 e será reexaminada, no que couber, para guardar conformidade com o que vier a ser decidido pelo Supremo Tribunal Federal na Ação Direta de Inconstitucionalidade n. 836 – 6/ DF, ficando revogada a Instrução Normativa n. 2, de 30 de abril de 1991, deste Tribunal.

1.6.2.3. Regularidade formal

Quanto ao aspecto formal de interposição do Recurso Ordinário, diz o *caput* do art. 899 da CLT: "Os recursos serão interpostos por simples petição e terão efeito meramente devolutivo, salvo as exceções previstas neste Título, permitida a execução provisória até a penhora."

Conforme se denota do referido dispositivo, o recurso ordinário poderá ser interposto por simples petição. Questiona-se: há necessidade de o recorrente apresentar as razões, ou simplesmente declinar que pretende a reforma da decisão, sem apontar os pontos da sentença que pretende reformar?

Parte da doutrina afirma que mesmo a CLT disciplinando a possibilidade de interposição do recurso por simples petição, há a necessidade de o recorrente apresentar as razões e declinar os tópicos da sentença que pretende reformar, por não existir a possibilidade de recurso genérico e não propiciar ao Tribunal saber qual tópico da sentença pretende reformar o recorrente.

A doutrina tem denominado a necessidade de fundamentação da sentença como princípio da *dialeticidade* ou *discursividade* dos recursos.

Nesse sentido, dispõe o art. 1.010 do CPC, *in verbis*:

"A apelação, interposta por petição dirigida ao juízo de primeiro grau, conterá: I – os nomes e a qualificação das partes; II – a exposição do fato e do direito; III – as razões do pedido de reforma ou de decretação de nulidade; IV – o pedido de nova decisão. § 1º O apelado será intimado para apresentar contrarrazões no prazo de 15 (quinze) dias. § 2º Se o apelado interpuser apelação adesiva, o juiz intimará o apelante para apresentar contrarrazões. § 3º Após as formalidades previstas nos §§ 1º e 2º, os autos serão remetidos ao tribunal pelo juiz, independentemente de juízo de admissibilidade."

Nesse mesmo pórtico, a opinião de *Wilson de Souza Campos Batalha*[(78)]:

> "Estabelece o art. 899 da CLT que os recursos serão interpostos por simples petição. Entretanto, não significa isto que a parte recorrente esteja dispensada de oferecer as razões que fundamentam o recurso. De fato, os recursos devem ser interpostos por simples petição; isto é, sua interposição independe de termo (formalidade que ainda subsistia, no CPC/39, em relação aos agravos no auto do processo). Mas a petição de recurso deve expor os motivos pelos quais o recorrente não se conforma com a decisão; de outra maneira, não só o Tribunal *ad quem* não saberia por que o recurso foi interposto, como ainda seriam facilitados os recursos protelatórios e a parte recorrida ficaria prejudicada no seu direito de apresentar suas razões contrárias às do recorrente (art. 900 da CLT)."

Nesse sentido, destacam-se as seguintes ementas:

"Recurso ordinário desfundamentado — Não conhecimento. 1. A parte recorrente deve expor as razões do pedido de reforma da decisão que impugna, cumprindo-lhe invalidar os fundamentos em que se assenta a decisão. (Juiz André Damasceno). 2. A ausência de ataque específico aos motivos que formaram o convencimento do Juízo de origem impedem a reapreciação por este eg. Regional, uma vez que nada foi devolvido a esta instância revisora. Justiça gratuita. Não preenche a reclamada os requisitos legais ensejadores do deferimento da gratuidade judiciária nos termos da Lei n. 1.060/50, isso porque não comprovou a recorrente sua característica de entidade filantrópica, não fazendo juntar aos autos qualquer documento consistente no certificado de filantropia." (TRT 10ª R. – 2ª T. – RO n. 1334.2003.102.10.00-8 – relª Mª. Piedade B. Teixeira – DJDF 23.4.04 – p. 31) (RDT n. 5 – Maio de 2004)

"Recurso ordinário apresentado pela parte o qual não ataca diretamente os argumentos adotados pela decisão originária — Ausência de fundamentação — Não conhecimento. Não atacando a parte recorrente diretamente os fundamentos adotados pelo decisório de primeiro grau, notadamente quanto à comprovação de seu efetivo empregador, resta caracterizada a completa falta de fundamentação do Recurso Ordinário, inclusive no que diz respeito à invocação de matéria não apreciada pela origem. Recurso não conhecido." (TRT 10ª R. – 3ª T. – RO n. 323/2004.018.10.00-9 – relª Maria de A. Calsing – DJDF 6.8.04 – p. 27) (RDT n. 9 – Setembro de 2004)

"Recurso genérico — Ausência de explanação das razões do inconformismo recursal. Impossível conhecer do recurso quando a parte não especifica sobre quais títulos efetivamente se insurge, deixando de aduzir suas razões de irresignação. Aplicação subsidiária do disposto no art. 514, inciso II, do CPC." (TRT 15ª R. – 1ª T. – ROPS n. 870.2002.116.15.00-0 – relª Helena Rosa M. da S. Lins Coelho – DJSP 16.4.04 – p. 62) (RDT n. 5 – Maio de 2004)

"RECURSO ORDINÁRIO. PRINCÍPIO DA DIALETICIDADE. O princípio da dialeticidade que informa os recursos exige que o recorrente impugne expressamente os fundamentos da decisão atacada. Em outras palavras, deve necessariamente o recorrente atacar os fundamentos da decisão recorrida (inciso II do art. 514 do CPC) a fim de permitir ao órgão colegiado

(78) CAMPOS BATALHA, Wilson de Souza. *Tratado de direito judiciário do trabalho*. 2. ed. São Paulo: LTr, 1985. p. 766.

cotejar os fundamentos lançados na decisão judicial com as razões contidas no recurso e desse exame extrair a melhor solução ao caso concreto." (TRT/SP – 02162200807002008 – RS – Ac. 12ª T. 20090526273 – rel. Marcelo Freire Gonçalves – DOE 31.7.2009)

Para outra vertente de interpretação, o recurso ordinário pode efetivamente ser interposto por simples petição, desacompanhada das razões, pois esta é a sistemática recursal de interposição dos recursos trabalhistas. Desse modo, não há a necessidade de o recorrente declinar as razões, nem apontar os tópicos que pretende reformar da decisão. Sendo o recurso por simples petição, o efeito devolutivo será amplo, e como é proibida a reforma prejudicial ao recorrente, deverá o Tribunal apreciar todos os tópicos em que o apelante foi prejudicado em sua pretensão.

Nesse sentido, é a opinião de *Wagner D. Giglio*(79):

> "Sustentamos até, contra a maioria dos doutrinadores, que a autorização contida no art. 899, da CLT, de interposição dos recursos por simples petição, significa exatamente o que diz: basta uma simples petição para desencadear a revisão do julgado. Mesmo que não se denunciem os motivos da irresignação, o mero pedido de reexame, despido de qualquer fundamentação, é hábil para provocar novo pronunciamento judicial."(80)

Até a quinta edição destaca obra, dizíamos:

> "No nosso sentir, a razão está com os que pensam que o Recurso Ordinário, diante do que dispõe o art. 899 da CLT pode ser interposto por petição simples, desacompanhada das razões, sendo, neste caso, como não foram delimitadas as matérias pelo recorrente, o efeito devolutivo amplo do recurso, mas não pode o Tribunal piorar a situação do recorrente, em razão do princípio da proibição da *reformatio in pejus*. Embora reconheçamos que o referido dispositivo consolidado possa estar desatualizado e muitas vezes pode ser prejudicial ao recorrente, a finalidade teleológica da Lei foi de, efetivamente, facilitar o acesso à Justiça do Trabalho e propiciar o duplo grau de jurisdição à parte que litiga sem advogado (*jus postulandi* — art. 791 da CLT) e, desse modo, embora sejamos contrários à manutenção do *jus postulandi* da parte no Processo do Trabalho, não se pode negar vigência ao art. 899 da CLT quando se diz que o art. 791 da CLT, tem plena aplicação. Em razão dos princípios da celeridade, simplicidade, informalidade e acesso real e efetivo à jurisdição trabalhista (art. 5º, XXXV, da CF), somos forçados a admitir que, no Processo do Trabalho, os recursos são interpostos por simples petição, não precisando o recorrente, no Recurso Ordinário, declinar as razões. Não obstante, se as razões forem declinadas e também as matérias, o Tribunal Regional do Trabalho ficará vinculado à matéria impugnada."

---

(79) GIGLIO, Wagner D. *et al. Direito processual do trabalho.* 15. ed. São Paulo: Saraiva, 2005. p. 436.

(80) No mesmo sentido, *vide* Manoel Antonio Teixeira Filho (*Sistema dos recursos trabalhistas.* 10. ed. São Paulo: LTr, 2003. p. 104-105).

Após análise mais detida sobre o assunto, pensamos que o recurso desacompanhado de razões somente se aplica na hipótese do recorrente que estiver sem advogado, valendo-se do *jus postulandi*.

O recurso desprovido de razões prejudica o contraditório da parte contrária e também a constatação do inconformismo por parte do Tribunal. Em termos concretos, muitas vezes, ao invés de ajudar, acaba prejudicando o recorrente.

O Recurso de Revista, por ser um recurso técnico, em que há necessidade de o recorrente demonstrar os pressupostos específicos de admissibilidade previstos nos arts. 896 e 896-A, ambos da CLT, não há como ser interposto por simples petição. Nesse sentido, foi pacificada a jurisprudência do Tribunal Superior do Trabalho, conforme se constata da redação da Súmula n. 422, *in verbis*:

> "RECURSO. APELO QUE NÃO ATACA OS FUNDAMENTOS DA DECISÃO RECORRIDA. NÃO CONHECIMENTO. ART. 514, II, do CPC. (conversão da Orientação Jurisprudencial n. 90 da SDI-2) Não se conhece de recurso para o TST, pela ausência do requisito de admissibilidade inscrito no art. 514, II, do CPC, quando as razões do recorrente não impugnam os fundamentos da decisão recorrida, nos termos em que fora proposta."

Quanto ao Agravo de Petição (art. 897, *a*, da CLT), no nosso sentir, também não há possibilidade de interposição por simples petição, uma vez que o agravante deve preencher o requisito específico do art. 897, § 1º, da CLT, qual seja: delimitar as matérias e valores objeto da controvérsia.

Desse modo, quando o recurso trabalhista exige pressupostos específicos de admissibilidade, não há como se interpretar isoladamente a regra geral do art. 899 da CLT, mas sim em cotejo com os dispositivos que disciplinam os requisitos específicos de admissibilidade do recurso.

Quanto ao recurso extraordinário, ainda que este envolva matéria trabalhista, não é regido pela CLT e, portanto, a formalidade de interposição deve seguir a disciplinada na legislação própria (Constituição Federal, Código de Processo Civil e Regimento Interno do STF).

1.6.2.4. Assinatura

O preposto não pode assinar a petição de recurso, pois a preposição se exaure nos atos de audiência. Podem assinar o recurso o reclamante, seu advogado, o reclamado, seu representante legal ou seu advogado.

Nesse sentido, concordamos com a posição de *Cléber Lúcio de Almeida*[81], que assim assevera:

> "O preposto representa a parte em audiência (art. 843, *caput* e § 1º, da CLT), não podendo, com isso, subscrever recurso. A propósito, afirma Wagner D. Giglio que 'partes, no processo trabalhista, são empregado e empregador em princípio. Preposto de empregador não é parte, mas

(81) ALMEIDA, Cléber Lúcio de. *Direito processual do trabalho.* Belo Horizonte: Del Rey, 2006. p. 686.

apenas representante em audiência. Ora, a lei trabalhista concede *jus postulandi* tão só às partes (CLT, art. 791), e por isso o preposto não pode subscrever recurso. Se o fizesse, estaria usurpando as funções de advogado, exercendo ilegalmente a profissão."

Nesse diapasão, destacamos a seguinte ementa:

"Procuração. Somente poderá assinar recurso advogado habilmente constituído (art. 38, CPC). Não se conhece de recurso assinado por advogado sem procuração nos autos e sem procuração tácita e que junta procuração cinquenta e dois (52) dias após a interposição do recurso, sem ratificar os atos anteriormente praticados." (TRT – 2ª R. – 5ª T. – Ac. n. 02960427100 – rel. F. Antonio de Oliveira – DJSP 9.9.96 – p. 44)

A jurisprudência anterior ao CPC/15 não vinha admitindo recurso sem assinatura, reputando-o inexistente (antiga redação da OJ n. 120, da SDI-I do TST). Nesse sentido, destacamos a seguinte ementa:

"Recurso apócrifo — Inexistência — Não conhecimento. Não se conhece de recurso principal não assinado pelos procuradores da parte recorrente, que o teriam redigido, eis que, na condição de apócrifo, não tem existência formal, prejudicando o adesivo, condicionado ao conhecimento do principal, em cuja esteira desliza." (TRT 3ª R. – 8ª T. – RO n. 824/2003.092.03.00-2 – rel. José M. de Campos – DJMG 1º.11.03 – p. 21) (RDT n. 1 – Janeiro de 2004)

Com a vigência do CPC/15, a falta de assinatura do recurso passou a ser um vício sanável, diante do que dispõe o art. 932, parágrafo único, do CPC, que se aplica subsidiariamente ao processo trabalhista, *in verbis*:

"Incumbe ao relator: (...) Parágrafo único. Antes de considerar inadmissível o recurso, o relator concederá o prazo de 5 (cinco) dias ao recorrente para que seja sanado vício ou complementada a documentação exigível."

Adaptada ao CPC/15, dispõe a OJ n. 120, da SDI-I do C. TST, *in verbis*:

"RECURSO. ASSINATURA DA PETIÇÃO OU DAS RAZÕES RECURSAIS. ART. 932, PARÁGRAFO ÚNICO, DO CPC DE 2015. (alterada em decorrência do CPC de 2015)

I – Verificada a total ausência de assinatura no recurso, o juiz ou o relator concederá prazo de 5 (cinco) dias para que seja sanado o vício. Descumprida a determinação, o recurso será reputado inadmissível (art. 932, parágrafo único, do CPC de 2015).

II – É válido o recurso assinado, ao menos, na petição de apresentação ou nas razões recursais."

1.6.2.5. Tempestividade

O requisito da tempestividade está preenchido quando o recurso é interposto dentro do prazo previsto pela lei processual.

Os recursos trabalhistas, como regra geral, são interpostos no prazo de oito dias. Nesse sentido, o art. 6º da Lei n. 5.584/70, que unificou os prazos recursais trabalhistas, *in verbis*:

"Será de 8 (oito) dias o prazo para interpor e contra-arrazoar qualquer recurso (CLT, art. 893)."

Constituem exceção à regra geral do prazo de oito dias:

a) embargos de declaração: cinco dias, conforme o art. 897-A da CLT;

b) recurso extraordinário: deve ser interposto no prazo de quinze dias, por aplicação do Código de Processo Civil. Embora não seja um recurso trabalhista em sentido estrito, é cabível no Processo do Trabalho.

Os prazos dos recursos são contados excluindo-se o dia do início e incluindo-se o dia do vencimento (art. 775 da CLT). Nesse diapasão, a seguinte ementa:

> "AGRAVO REGIMENTAL NO AGRAVO DE INSTRUMENTO. TEMPESTIVIDADE. FERIADO LOCAL OU SUSPENSÃO DOS PRAZOS PROCESSUAIS PELO TRIBUNAL *A QUO*. MOMENTO DA COMPROVAÇÃO. 1. Agravo de instrumento apresentado após expirado o prazo recursal. 2. A tempestividade do recurso, em face de eventual feriado local ou suspensão dos prazos processuais pelo Tribunal *a quo*, deve ser comprovada no momento de sua interposição. Agravo regimental a que se nega provimento." (AG. REG. no AI 532.872-6 SP – STF – Eros Grau – Ministro relator. DJU de 3.8.2007) (DT – Setembro/2007 – vol. 158, p. 203)

O Tribunal Superior do Trabalho recentemente pacificou entendimento que já era majoritário na jurisprudência no sentido de ser extemporâneo[(82)] o recurso interposto antes do prazo recursal. Nesse sentido, a Súmula n. 434, *in verbis*:

> "Recurso. Interposição antes da publicação do acórdão impugnado. Extemporaneidade. (Conversão da Orientação Jurisprudencial n. 357 da SBDI-1 e inserção do item II à redação) (Res. n. 177/2012 – DeJT 13.2.2012) I – É extemporâneo recurso interposto antes de publicado o acórdão impugnado (ex-OJ n. 357 da SBDI-1 – inserida em 14.3.2008). II – A interrupção do prazo recursal em razão da interposição de embargos de declaração pela parte adversa não acarreta qualquer prejuízo àquele que apresentou seu recurso tempestivamente."

A referida Súmula sempre fora muito criticada pela doutrina, uma vez que possibilita implementar a chamada "jurisprudência defensiva", pois o Tribunal não necessitaria apreciar novos argumentos trazidos pelo recorrente, não conhecendo do recurso por falta de pressuposto processual.

Recentemente, o TST cancelou a referida Súmula n. 434.

De nossa parte, a Sumula n. 434 do TST não era de boa técnica processual, não prestigia a princípio da instrumentalidade e prejudica sobremaneira o recorrente.

O atual Código de Processo Civil, no art. 218, § 4º, do CPC, dispõe:

> "Os atos processuais serão realizados nos prazos prescritos em lei. (...)
>
> § 4º Será considerado tempestivo o ato praticado antes do termo inicial do prazo."

Diante do referido dispositivo legal, que resta aplicável ao Processo do Trabalho (arts. 15 do CPC, e 769 da CLT), o recurso interposto antes do prazo deve ser considerado tempestivo.

(82) A doutrina tem denonimado as expressões "intempestivo" e "extemporâneo" como sendo o recurso interposto fora do prazo legal. Alguns autores e parte da jurisprudência denominam o recurso extemporâneo como o interposto antes do prazo legal, e o intempestivo, após o decurso do prazo.

1.7. Efeitos dos recursos trabalhistas

1.7.1. Do efeito devolutivo

O efeito devolutivo significa devolver ao Tribunal a jurisdição para apreciação do recurso. Em verdade, esse termo "devolutivo" vem da época em que a jurisdição pertencia ao Rei, que a delegava aos seus prepostos e, quando havia alguma reclamação por parte dos súditos, a jurisdição era devolvida ao Rei e, dessa forma, ficou consagrada a expressão efeito devolutivo do recurso.

Como destaca *Manoel Antonio Teixeira Filho*(83), a ideia de devolução nos vem do direito romano antigo, em que o imperador detinha, em caráter monopolístico, o poder de decidir os conflitos de interesses ocorrentes entre os reinóis, delegando-os, em alguns casos, a seus prepostos. Assim, quando a parte não ficava satisfeita com a decisão adotada pelo preposto, apelava ao imperador, devolvendo-lhe, por assim dizer, a jurisdição. Nos termos modernos, entretanto, não faz sentido falar-se em efeito devolutivo, porquanto a atividade jurisdicional não é privativa dos tribunais. Dessarte, não se pode "devolver" aos tribunais aquilo que jamais lhes pertenceu.

Segundo *Rodrigo Barioni*(84), "um dos efeitos dos recursos é o de propiciar o reexame das decisões judiciais. Esse efeito que possibilita novo julgamento de determinadas matérias é denominado efeito devolutivo."

O efeito devolutivo do recurso transfere ao Tribunal o julgamento de determinado recurso, mas nos limites das razões do recorrente. O processo não é devolvido ao Tribunal, pois, se existe uma determinada propriedade do processo, esta pertence ao primeiro grau de jurisdição, pois é lá que o processo começa e termina.

Segundo a doutrina, todos os recursos têm efeito devolutivo no sentido de transferir a outro órgão hierarquicamente superior ao que prolatou a decisão a reapreciação da matéria que fora objeto de impugnação. Para parte da doutrina, os embargos de declaração, por serem apreciados pelo mesmo órgão que prolatou a decisão, não possuem efeito devolutivo(85).

Como bem adverte *Ana Cândida Menezes Marcato*(86): "Já se manifestava Alcides de Mendonça Lima afirmando que 'não se pode ser rigoroso e considerar ver devolução, apenas quando o julgamento se desloca para outro órgão, que não aquele

(83) TEIXEIRA FILHO, Manoel Antonio. *Sistema dos recursos trabalhistas.* 10. ed. São Paulo: LTr, 2003. p. 240.

(84) BARIONI, Rodrigo. *Efeito devolutivo da apelação cível.* São Paulo: RT, 2007. p. 33.

(85) Nesse sentido, é a posição de Ana Cândida Menezes Marcato: "Em nosso sentir, está com a razão parcela da doutrina que entende que os embargos de declaração não são dotados de efeito devolutivo: em primeiro lugar, este efeito pressupõe dois órgãos jurisdicionais distintos (ainda que não possuam graduação hierárquica); ademais, diante da ausência de cassação e substituição da decisão recorrida — que são características básicas da natureza recursal e da devolutividade —, fica difícil enxergar um traço de devolução nesse recurso" (*O princípio do duplo grau de jurisdição e a reforma do Código de Processo Civil.* São Paulo: Atlas, 2006. p. 118).

(86) MARCATO, Ana Cândida Menezes. *O princípio do duplo grau de jurisdição e a reforma do Código de Processo Civil.* São Paulo: Atlas, 2006. p. 117.

que proferiu a decisão impugnada'. Em função disso, deve-se entender a devolução como sendo a possibilidade de submeter a decisão impugnada ao conhecimento do Poder Judiciário devolvendo-lhe a matéria; em regra, essa reapreciação será feita por órgão diferente daquele que proferiu a decisão recorrida, excepcionalmente, contudo, pelo mesmo órgão."

Como destaca *Nelson Nery Junior*[(87)]: "O objeto da devolutividade constitui o mérito do recurso, ou seja, a matéria sobre a qual deve o órgão *ad quem* pronunciar-se, provendo-o ou improvendo-o. As preliminares alegadas normalmente em contrarrazões de recurso, como as de não conhecimento, por exemplo, não integram o efeito devolutivo do recurso, pois são matérias de ordem pública a cujo respeito o tribunal deve *ex officio* pronunciar-se."

Para *Rodrigo Barioni*[(88)], o efeito devolutivo da apelação é mais amplo, abrangendo também as questões que o Tribunal possa conhecer de ofício. Assevera que o chamado efeito translativo nada mais é do que uma espécie do gênero efeito devolutivo.

Pensamos que a razão está com o professor *Nery Junior*, pois as matérias abrangidas pelo efeito devolutivo devem ser invocadas pelo recorrente, em razão do princípio do dispositivo que marca tal efeito recursal. As matérias que o Tribunal pode conhecer de ofício, como as preliminares e a prescrição, não estão abrangidas pelo efeito devolutivo, integrando o chamado efeito translativo da apelação.

Como bem advertem *Gilson Delgado Miranda* e *Patrícia Miranda Pizzol*[(89)], "apenas o mérito do recurso integra o efeito devolutivo, não o integrando a matéria de admissibilidade (não se há que falar em devolução, pois se trata de matéria de ordem pública, que órgão jurisdicional deve conhecer de ofício)."

Pensamos que o efeito devolutivo abrange toda a matéria impugnada, e essa é a regra geral, o que significa dizer que o efeito devolutivo fica balizado pela matéria impugnada. As questões suscitadas pelas partes que não foram decididas por inteiro, bem como os fundamentos da inicial e defesa não levados em consideração na sentença, ficam abrangidas pelo efeito devolutivo por expressa previsão dos §§ 1º e 2º do art. 1.013 do CPC. Desse modo, se a defesa tiver dois fundamentos *a* e *b*, e a sentença acolher o fundamento *a*, o fundamento *b* será transferido ao Tribunal em razão do efeito devolutivo da apelação.

Segundo *Gilson Delgado* e *Patrícia Miranda Pizzol*[(90)], "a extensão do efeito devolutivo não pode ultrapassar a matéria impugnada, ou seja, se o recurso for parcial, a matéria não impugnada (parte da decisão aceita tácita ou expressamente) não será devolvida ao órgão *ad quem*."

---

(87) NERY JUNIOR, Nelson. *Teoria geral dos recursos*. 6. ed. São Paulo: RT, 2004. p. 430.

(88) BARIONI, Rodrigo. *Efeito devolutivo da apelação civil*. São Paulo: RT, 2007. p. 42.

(89) MIRANDA, Gilson Delgado; PIZZOL, Patrícia Miranda. *Recursos no processo civil*. 5. ed. São Paulo: Atlas, p. 35.

(90) *Op. cit.*, p. 35.

Desse modo, o Tribunal *a quo* fica vinculado à matéria objeto de impugnação. Sendo assim, o efeito devolutivo ao recurso ordinário deve estar balizado pelos seguintes princípios:

a) dispositivo: a impugnação das matérias depende de iniciativa da parte, não podendo o Tribunal agir de ofício;

b) proibição da *reformatio in pejus*: por este princípio, o Tribunal, ao julgar a apelação, não pode agravar a situação do apelante.

Como adverte *José Carlos Barbosa Moreira*(91), "a extensão do efeito devolutivo determina-se pela extensão da impugnação: *tantum devolutum quantum appellatum*. É o que estabelece o dispositivo ora comentado, quando defere ao tribunal o conhecimento da matéria impugnada."

A doutrina costuma classificar os limites do efeito devolutivo da apelação em a) extensão ou horizontal; e b) vertical ou profundidade.

No aspecto horizontal ou de extensão, é necessário aquilatar se a decisão do Tribunal abrangerá a mesma quantidade de matérias apreciadas pela sentença de origem.

O aspecto horizontal do efeito devolutivo está previsto no *caput* do art. 1.013 do CPC, que dispõe:

> "A apelação devolverá ao tribunal o conhecimento da matéria impugnada."

Como explica *Marcus Vinícios Rios Gonçalves*(92): "O recorrente deve indicar a parte do dispositivo contra a qual se insurge. Formulados dois pedidos na inicial, ambos rejeitados pela sentença, se o autor recorrer apenas de um, somente ele, e não o outro, poderá ser apreciado pelo Tribunal. A extensão da devolutividade é limitada por aquilo que é postulado no recurso. Se se recorre de apenas uma das partes, somente ela será reexaminada."

Quanto ao aspecto vertical, analisa-se se o Tribunal pode examinar se todas as questões enfrentadas pela sentença podem ou não ser reapreciadas pelo Tribunal. Como destaca *Barbosa Moreira*(93): "Hão de ser examinadas questões que o órgão *a quo*, embora pudesse ou devesse apreciar, de fato não examinou."

O aspecto vertical do efeito devolutivo está disciplinado nos §§ 1º e 2º do art. 1.013 do CPC, assim redigidos: "§ 1º Serão, porém, objeto de apreciação e julgamento pelo tribunal todas as questões suscitadas e discutidas no processo, ainda que não tenham sido solucionadas, desde que relativas ao capítulo impugnado. § 2º Quando o pedido ou a defesa tiver mais de um fundamento e o juiz acolher apenas um deles, a apelação devolverá ao tribunal o conhecimento dos demais."

---

(91) BARBOSA MOREIRA, José Carlos. *Comentários ao Código de Processo Civil*. v. V, 12. ed. Rio de Janeiro: Forense, 2005. p. 431.

(92) GONÇALVES, Marcus Vinícios Rios. *Novo curso de direito processual civil*. V. 2. 3. ed. São Paulo: Saraiva, 2007. p. 76.

(93) *Op. cit.*, p. 431.

Conforme os referidos §§ 1º e 2º do art. 1.013 do CPC[94], o Tribunal pode apreciar as teses da inicial e defensivas que não foram levadas em conta pela sentença como razões de decidir. Vale dizer: todas as teses jurídicas discutidas nos autos são transferidas ao Tribunal, bem como todas as provas produzidas nos autos, quer documental, oral ou pericial, também são transferidas ao órgão *ad quem*, ainda que não levadas em consideração para formar a convicção do juízo *a quo*.

Como bem concluem *Fredie Didier Júnior* e *Leonardo José Carneiro da Cunha*[95]:

> "[...] Enquanto a extensão é fixada pelo recorrente, a profundidade decorre de previsão legal. Impõe-se, ainda, aduzir que o efeito devolutivo da apelação é de argumentação livre, de sorte que ao apelante é lícito valer-se de qualquer argumento para atacar a sentença recorrida, não estando vinculado a determinado tipo de matéria, nem devendo submeter-se a alguma espécie de prequestionamento."

Como a CLT é omissa quanto à extensão e profundidade do efeito devolutivo no Recurso Ordinário (art. 895 da CLT), restam aplicáveis, por força do art. 769 da CLT, o *caput* e os §§ 1º e 2º, do art. 1.013 do CPC[96].

Nesse sentido, é a Súmula n. 393 do TST:

> "RECURSO ORDINÁRIO. EFEITO DEVOLUTIVO EM PROFUNDIDADE. ART. 1.013, § 1º, DO CPC DE 2015. ART. 515, § 1º, DO CPC DE 1973. I – O efeito devolutivo em profundidade do recurso ordinário, que se extrai do § 1º do art. 1.013 do CPC de 2015 (art. 515, § 1º, do CPC de 1973), transfere ao Tribunal a apreciação dos fundamentos da inicial ou da defesa, não examinados pela sentença, ainda que não renovados em contrarrazões, desde que relativos ao capítulo impugnado. II – Se o processo estiver em condições, o tribunal, ao julgar o recurso ordinário, deverá decidir desde logo o mérito da causa, nos termos do § 3º do art. 1.013 do CPC de 2015, inclusive quando constatar a omissão da sentença no exame de um dos pedidos."

1.7.2. Efeito translativo

A doutrina costuma denominar o efeito translativo da apelação ou do recurso ordinário trabalhista como sendo a possibilidade de o Tribunal conhecer de matérias não invocadas pelo apelante no corpo da apelação.

Nesse contexto, ensina *Nelson Nery Junior*[97]: "Dá-se o efeito translativo, quando o sistema autoriza o tribunal a julgar fora do que consta das razões ou contrarrazões do recurso, ocasião em que não se pode falar em julgamento *ultra*, *extra* ou *infra petita*. Isso normalmente ocorre com questões de ordem pública, que devem

(94) No CPC de 73, o art. 515 tinha redação muito semelhante ao art. 1.013 atual.

(95) DIDIER JÚNIOR, Fredie; CUNHA, Leonardo José Carneiro da. *Curso de direito processual civil.* V. 3. Bahia: Jus Podivm, 2006. p. 86-87.

(96) No mesmo sentido, *vide* José Augusto Rodrigues Pinto (*Manual dos recursos nos dissídios do trabalho.* São Paulo: LTr, 2006. p. 227).

(97) NERY JUNIOR, Nelson *et al. Código de Processo Civil comentado e legislação processual em vigor.* 7. ed. São Paulo: RT, 2003. p. 851.

ser conhecidas de ofício pelo juiz e a cujo respeito se opera a preclusão (*v. g.*, CPC, arts. 267, § 3º, e 301, § 4º)."

Como mencionado no tópico anterior, não há consenso na doutrina de ser o efeito translativo um efeito próprio da apelação ou componente do próprio efeito devolutivo. Sendo assim, a possibilidade de o Tribunal conhecer matérias não invocadas pelo apelante compõe o aspecto vertical do efeito devolutivo ou sua profundidade.

Como tem acentuado a melhor doutrina, a extensão do efeito devolutivo é fixada pela parte, segundo o princípio *tantum devolutum quantum apellatum*, mas a profundidade desse efeito é a Lei que determina.

As preliminares são defesas de natureza processual que visam à extinção da relação jurídico-processual sem resolução do mérito; também chamadas pela doutrina de exceções peremptórias ou defesas indiretas de cunho processual.

As matérias preliminares estão previstas no art. 337 do CPC. Com efeito, dispõe o referido dispositivo:

> "Incumbe ao réu, antes de discutir o mérito, alegar: I – inexistência ou nulidade da citação; II – incompetência absoluta e relativa; III – incorreção do valor da causa; IV – inépcia da petição inicial; V – perempção; VI – litispendência; VII – coisa julgada; VIII – conexão; IX – incapacidade da parte, defeito de representação ou falta de autorização; X – convenção de arbitragem; XI – ausência de legitimidade ou de interesse processual; XII – falta de caução ou de outra prestação que a lei exige como preliminar; XIII – indevida concessão do benefício de gratuidade de justiça."

1.7.3. Regressivo

O efeito regressivo do recurso significa a possibilidade de o próprio órgão que prolatou a decisão retratar-se, voltar atrás.

Tal efeito configura exceção à regra segundo a qual, quando o juiz prolata a decisão, termina seu ofício jurisdicional, conforme o art. 494 do CPC, que assim dispõe: "Publicada a sentença, o juiz só poderá alterá-la: I – para corrigir-lhe, de ofício ou a requerimento da parte, inexatidões materiais, ou lhe retificar erros de cálculo; II – por meio de embargos de declaração."

Nesse sentido, o art. 331 do CPC:

> "Indeferida a petição inicial, o autor poderá apelar, facultado ao juiz, no prazo de 5 (cinco) dias, retratar-se.
>
> § 1º Se não houver retratação, o juiz mandará citar o réu para responder ao recurso.
>
> § 2º Sendo a sentença reformada pelo tribunal, o prazo para a contestação começará a correr da intimação do retorno dos autos, observado o disposto no art. 334.
>
> § 3º Não interposta a apelação, o réu será intimado do trânsito em julgado da sentença."

1.7.4. Substitutivo

Naquilo que foi objeto do recurso, o acórdão substitui a decisão dada na instância inferior.

Mesmo que o acórdão confirme a sentença pelos próprios fundamentos, haverá substituição integral da sentença.

Dispõe nesse diapasão, o art. 1.008 do CPC:

> "O julgamento proferido pelo tribunal substituirá a decisão impugnada no que tiver sido objeto de recurso."

Como bem adverte *Nelson Nery Junior*(98), "somente haverá substituição se o recurso for conhecido. O julgamento do mérito do recurso substitui a decisão recorrida. Verifica-se a substituição quando: a) em qualquer hipótese (*error in judicando* ou *in procedendo*), for negado provimento ao recurso; b) em caso de *error in judicando*, for dado provimento ao recurso. Ainda que a decisão recursal negue provimento ao recurso, ou, na linguagem inexata, mas corrente, 'confirme' a decisão recorrida, existe o efeito substitutivo, de sorte que o que passa a valer e ter eficácia é a decisão substitutiva e não a decisão 'confirmada'. Com muito maior razão a substitutividade se dá quando a decisão recursal dá provimento ao recurso."

1.7.5. Suspensivo

O efeito suspensivo do recurso suspende a eficácia da decisão enquanto não for julgado o recurso em face dela interposto.

Como destaca *José Janguiê Bezerra Diniz*(99), "o efeito suspensivo é uma qualidade do recurso que adia a produção dos efeitos da decisão impugnada assim que interposto o recurso, qualidade que perdura até que transite em julgado a decisão sobre o recurso."

No Processo do Trabalho, os recursos, como regra geral, não têm efeito suspensivo. Sendo assim, a sentença trabalhista pode ser executada provisoriamente, conforme previsão do art. 899 da CLT.

De outro lado, em se tratando de dissídio coletivo, há a possibilidade de se deferir efeito suspensivo ao recurso ordinário, nos termos da Lei n. 10.192, de 14.2.2001.

A jurisprudência tem admitido, em algumas hipóteses em que a execução provisória da sentença possa acarretar danos irreparáveis ao reclamado, a propositura de medida cautelar inominada para se obter efeito suspensivo ao recurso que tem apenas efeito devolutivo.

Nesse sentido, é a Súmula n. 414 do TST, *in verbis*:

> "MANDADO DE SEGURANÇA. ANTECIPAÇÃO DE TUTELA (OU LIMINAR) CONCEDIDA ANTES OU NA SENTENÇA. (conversão das Orientações Jurisprudenciais ns. 50, 51,

---

(98) NERY JUNIOR, Nelson. *Código de Processo Civil comentado*. 7. ed. São Paulo: RT, 2003. p. 879.

(99) BEZERRA DINIZ, José Janguiê. *Recursos no processo do trabalho*. 4. ed. São Paulo: LTr, 2005. p. 53.

58, 86 e 139 da SDI-2). I – A antecipação da tutela concedida na sentença não comporta impugnação pela via do mandado de segurança, por ser impugnável mediante recurso ordinário. A ação cautelar é o meio próprio para se obter efeito suspensivo a recurso. (ex-OJ n. 51 – inserida em 20.9.00); II – No caso da tutela antecipada (ou liminar) ser concedida antes da sentença, cabe a impetração do mandado de segurança, em face da inexistência de recurso próprio. (ex-OJs ns. 50 e 58 – ambas inseridas em 20.09.00); III – A superveniência da sentença, nos autos originários, faz perder o objeto do mandado de segurança que impugnava a concessão da tutela antecipada (ou liminar)." (ex-OJs n. 86 – inserida em 13.3.02 e n. 139 – DJ 4.5.04)

No mesmo contexto, a seguinte ementa:

"Dar-se-á efeito suspensivo a recurso, somente em caso excepcional, quando o impetrante consegue comprovar a ilegalidade do ato ou abuso de poder de que tenha se originado o seu direito líquido e certo de ver suspensa a execução, bem como o dano grave, ou de difícil reparação. A citada hipótese não se ajusta ao caso presente. Recurso desprovido." (TST – SDI – Ac. n. 848/95 – rel. Min. José F. da Silva – DJ 12.5.95 – p. 12.231)

1.8. Do processamento dos recursos trabalhistas

Ensina-nos *Flávio Cheim Jorge*(100):

> "Como ato processual postulatório, o recurso sujeita-se necessariamente a um duplo exame. O primeiro destina-se a verificar se estão satisfeitas as condições impostas pela lei processual, para que o órgão julgador possa examinar o conteúdo da postulação; e o segundo, a apreciar o fundamento da impugnação, para acolhê-la, se fundada, ou rejeitá-la, caso contrário."

Juízo de admissibilidade dos recursos significa a avaliação da peça recursal com relação aos pressupostos recursais. Era realizado, primeiramente, pelo órgão do qual se recorre e, posteriormente, reapreciado pelo Tribunal competente para conhecer e julgar o recurso.

Atualmente, dispõe o art. 1.010, do CPC:

"A apelação, interposta por petição dirigida ao juízo de primeiro grau, conterá:
(...)

§ 1º O apelado será intimado para apresentar contrarrazões no prazo de 15 (quinze) dias.

§ 2º Se o apelado interpuser apelação adesiva, o juiz intimará o apelante para apresentar contrarrazões.

§ 3º Após as formalidades previstas nos §§ 1º e 2º, os autos serão remetidos ao tribunal pelo juiz, independentemente de juízo de admissibilidade."

Conforme o referido dispositivo legal, a admissibilidade do recurso de apelação, que é de natureza ordinária, não é mais apreciada pelo juízo do qual se recorre, e sim pelo órgão competente para julgamento do recurso.

---

(100) *Teoria geral dos recursos cíveis.* 4. ed. São Paulo: RT, 2009. p. 62.

O referido dispositivo legal aplica-se ao processo do trabalho, aos recursos de natureza ordinária, por omissão da CLT e compatibilidade (arts. 15 do CPC e 769 da CLT).

Desse modo, a partir da vigência do CPC de 2015, quem realizará o juízo de admissibilidade dos recursos de natureza ordinária no processo trabalho será o próprio órgão julgador competente para julgar o recurso, e não mais o primeiro grau de jurisdição.

Trata-se de providência importante, pois tem por objetivo reduzir um pouco o trabalho do primeiro grau de jurisdição, e facilitar a tramitação dos recursos de natureza ordinária.

Entretanto, cumpre advertir que há entendimentos contrários, argumentando que o art. 659, VI, da CLT discplina a competência dos presidentes as Varas para despachar os recursos interpostos pelas partes, fundamentando a decisão recorrida antes da remessa ao Tribunal Regional, ou submetendo-o à decisão da Vara, no caso do art. 894.

De nossa parte, o referido artigo não trata especificamente da apreciação dos pressupostos recursais. Por isso, pensamos pertinente a aplicação do art. 1010, do CPC ao processo trabalhista, de forma supletiva.

O TST, entretanto, por meio da IN n. 39/16, entendeu inaplicável o art 1.010, § 3º, do CPC ao processo do trabalho, por ausência de omissão da CLT. Com efeito, dispõe o art. 2º, XI da referida Instrução:

> "Sem prejuízo de outros, não se aplicam ao Processo do Trabalho, em razão de inexistência de omissão ou por incompatibilidade, os seguintes preceitos do Código de Processo Civil: (...) XI – art. 1.010, § 3º (desnecessidade de o juízo *a quo* exercer controle de admissibilidade na apelação)."

Quanto ao recurso de Revista, o juízo de admissibilidade continua sendo do juízo do qual se recorre, qual seja: pelo presidente do TRT recorrido, nos termos do § 1º, do art. 896, da CLT que, por ser norma específica, impede da aplicação subsidiária do CPC.

Quando se diz que o recurso foi conhecido, o Tribunal entendeu presentes os pressupostos recursais. De outro lado, quando não o foi, o Tribunal entendeu não presentes tais pressupostos.

A doutrina tem fixado a natureza declaratória da decisão que aprecia a presença dos pressupostos recursais. Se declaratória for, os efeitos serão *ex tunc*, ou seja, retroagem à data do fato que ocasionou o não conhecimento do recurso. Desse modo, se o recurso não for conhecido, a data do trânsito em julgado deverá ser considerada a do término do prazo recursal da decisão impugnada.

No entanto, há posicionamentos na doutrina, fundamentados na segurança jurídica, no sentido de que a data do trânsito em julgado, não sendo conhecido o recurso, é da data da decisão do Tribunal que o inadmite, não tendo efeitos retroativos a decisão, a fim de não prejudicar o recorrente, considerando que, na realidade dos tribunais brasileiros, os recursos demoram muitos para serem julgados.

A jurisprudência do Tribunal Superior do Trabalho, por meio do Enunciado n. 100 da súmula de sua jurisprudência, adotou posição híbrida a respeito do presente tema:

a) se o recurso não foi conhecido por falta de pressuposto processual, a decisão não tem efeitos retroativos, e sim a partir de então (*ex nunc*).

Nesse sentido, o inciso I da Súmula n. 100, *in verbis*:

"O prazo de decadência, na ação rescisória, conta-se do dia imediatamente subsequente ao trânsito em julgado da última decisão proferida na causa, seja de mérito ou não;

b) Se o não conhecimento do recurso fora em razão de intempestividade ou de não cabimento, salvo existência de dúvida razoável sobre tais questões, a decisão de inadmissiblidade terá efeito retroativo (*ex tunc*). Nesse sentido, a Súmula n. 100, III, do TST:

Salvo se houver dúvida razoável, a interposição de recurso intempestivo ou a interposição de recurso incabível não protrai o termo inicial do prazo decadencial."

O juízo de mérito trata da apreciação dos vícios processuais mencionados na peça recursal, do pedido de reforma da decisão, ou de ambos. Quando o Tribunal nega provimento ao recurso, o acolhe totalmente ou parcialmente, é porque houve análise do mérito recursal.

Nas hipóteses em que o Tribunal entende que há erros de procedimento (vícios processuais), o provimento é de nulidade da decisão de origem para que outra decisão seja proferida.

Como bem sintetiza *Júlio César Bebber*(101), "mérito do recurso, portanto, é a pretensão (o pedido) que o recorrente dirige ao tribunal. Essa pretensão pode, ou não, coincidir com o mérito da causa. Daí a razão pela qual algumas matérias que na sentença são tratadas como preliminares, no recurso passam a constituir o mérito deste."

O recurso é interposto para o Tribunal do qual se recorre (*a quo*), requerendo o recorrente que o recurso seja encaminhado para o Tribunal competente para apreciá-lo (*ad quem*).

Uma vez interposto o recurso, o recorrido será intimado para se manifestar sobre o recurso.

Nesse sentido, dispõe o art. 900 da CLT:

"Interposto o recurso, será notificado o recorrido para oferecer as suas razões, em prazo igual ao que tiver o recorrente."

Essa manifestação do recorrido sobre o recurso inteposto recebe o nome de contrarrazões. Trata-se de manifestação do princípio do contraditório e ampla defesa

---

(101) *Curso de direito processual do trabalho.* 10. ed. São Paulo: LTr, 2012. p. 800.

por parte do recorrido, que deve ter acesso ao recurso da parte contrária e ter a oportunidade de impugná-lo.

As contrarrazões devem ser apresentadas por escrito, no prazo de oito dias como regra, observando-se sempre o mesmo número de dias para interposição do recurso.

A doutrina e a jurisprudência majoritárias posicionaram-se no sentido de que, nas contrarrazões, não pode a parte formular requerimentos, ou invocar matérias que não estão mencionadas no recurso, tampouco pretender a reforma da decisão, uma vez que essas questões são próprias do recursos.

Nesse diapasão, sustenta *Carlos Henrique Bezerra Leite*(102):

> "É importante assinalar que as contrarrazões não possuem efeito infringente. Vale dizer, não servem para reformar a decisão recorrido. Mas, por meio delas, o recorrido pode suscitar matérias conhecíveis *ex officio*, como as referentes aos pressupostos de admissibilidade do recurso (tempestividade, adequação, preparo etc.), condições da ação e pressupostos processuais."

De nossa parte, as contrarrazões não são simplesmente uma peça de impugnação, mas, assim como a própria contestação, o recorrido poderá formular alguns requerimentos, como o pronunciamento de matérias que o Tribunal posssa conhecer de ofícios (pressupostos processuais e condições da ação), requerimento de aplicação de penalidades por litigância de má-fé e matérias que possam ser alegadas em segundo grau, a exemplo do requerimento de pronúncia da prescrição (Súmula n. 153 do TST). Não se trata, efetivamente, de substituição da peça recursal, pois as contrarrazões não têm esse caráter, mas se deve oportunizar ao recorrido a possibilidade de arguir a prescrição, pois esta pode ser conhecida pelo segundo grau, mediante requerimento da parte. No entanto, quando invocada em contrarrazões, deverá a parte contrária ser notificada para manifestação, em observância ao contraditório.

Nesse sentido, vale destacar as seguintes ementas:

> "RECURSO DE REVISTA — PRESCRIÇÃO ARGUIDA EM DEFESA E EM CONTRARRAZÕES — PROVIMENTO DO RECURSO ORDINÁRIO DO AUTOR — EFEITO DEVOLUTIVO EM PROFUNDIDADE. No caso dos autos, o juízo de primeiro grau afastara a tese da prescrição total arguida pela reclamada em defesa e, no mérito, decidira pela improcedência dos pedidos do autor. A jurisprudência desta Corte Superior vem fixando o entendimento de que, em caso de provimento do recurso ordinário do autor, os Tribunais Regionais estão obrigados a examinar a prescrição arguida em contrarrazões. Precedentes da SBDI-1. Recurso de revista conhecido e provido." (TST Processo: RR 13845-20.2010.5.04.0000, Data de Julgamento: 1º.12.2010, rel. Ministro Luiz Philippe Vieira de Mello Filho, 1ª Turma, Data de Publicação: DEJT 10.12.2010)

> "AGRAVO DE INSTRUMENTO. RECURSO DE REVISTA. PRESCRIÇÃO. ARGUIÇÃO. MOMENTO. INSTÂNCIA ORDINÁRIA. SÚMULA N. 333 DO TST. INCIDÊNCIA. NÃO PROVIMENTO. A iterativa e notória jurisprudência desta Corte é no sentido de que a

(102) *Curso de direito processual do trabalho.* 10. ed. São Paulo: LTr, 2012. p. 800.

prescrição pode ser alegada na instância ordinária, cujo último momento corresponde à apresentação de recurso ordinário ou de contrarrazões a esse apelo, razão pela qual se nega provimento ao agravo de instrumento, com fundamento no art. 896, § 4º, da CLT e na Súmula n. 333 do TST. DOENÇA OCUPACIONAL. NEXO TÉCNICO EPIDEMIOLÓGICO PREVIDENCIÁRIO (NTEP). RECONHECIMENTO. SÚMULA N. 126 DO TST. INCIDÊNCIA. NÃO PROVIMENTO. O quadro fático descrito no Acórdão Regional denota a existência de nexo técnico epidemiológico previdenciário (NTEP). Assim, a apreciação de circunstâncias aptas a corroborarem a tese da agravante depende da análise de fatos e provas, na medida em que se exigiria desta Corte Superior a apreciação de elementos constantes da fase de conhecimento, o que encontra óbice na Súmula n. 126 desta Corte, razão pela qual se nega provimento ao agravo de instrumento. Agravo de instrumento não provido." (TST – Processo: AIRR – 215-56.2012.5.12.0014 – Data de Julgamento: 15.10.2014, relator Ministro: Ronaldo Medeiros de Souza, 5ª Turma, Data de Publicação: DEJT 17.10.2014)

"[...] II – AGRAVO DE INSTRUMENTO. RECURSO DE REVISTA. RECLAMADA. PRESCRIÇÃO. MOMENTO DE ARGUIÇÃO. O Tribunal Regional deixou de analisar a prescrição da pretensão arguida pela Reclamada em seu recurso ordinário, por constatar que a matéria não foi tratada na sentença. Demonstrada aparente contrariedade à Súmula n. 153 desta Corte. Agravo de instrumento a que se dá provimento, para determinar o processamento do recurso de revista, observando-se o disposto na Resolução Administrativa n. 928/2003. [...] III. RECURSO DE REVISTA. [...] PRESCRIÇÃO. MOMENTO DE ARGUIÇÃO. O entendimento consagrado na jurisprudência desta Corte Superior é no sentido de que a prescrição pode ser alegada na instância ordinária, cujo último momento corresponde à apresentação de recurso ordinário ou de contrarrazões a esse apelo. Recurso de revista de que se conhece e a que se dá provimento." (ARR – 124000-04.2005.5.02.0071, relator Ministro: Fernando Eizo Ono, Data de Julgamento: 9.4.2014, 4ª Turma, Data de Publicação: DEJT 25.4.2014)

A questão sobre a prescrição, no entanto, é polêmica. Parte significativa da doutrina e da jurisprudência entende que não é possível invocar a prescrição em sede de contrarrazões, pois se trata de matéria de mérito, sendo própria da defesa (art. 487 do CPC) e impossibilita o contraditório da parte contrária.

No aspecto, vale destacar as seguintes ementas:

"EMBARGOS INTERPOSTOS APÓS A EDIÇÃO DA LEI N. 11.496/2007 — ACÓRDÃO DA TURMA PUBLICADO EM 26.9.2008 — PRESCRIÇÃO — ARGUIÇÃO PELA PRIMEIRA VEZ EM CONTRARRAZÕES DE RECURSO ORDINÁRIO — IMPOSSIBILIDADE. A melhor leitura da diretriz sedimentada na Súmula n. 153 do TST é aquela que não admite a arguição da prescrição apresentada pela primeira vez em contrarrazões de recurso ordinário, sobretudo quando a parte teve oportunidade de recorrer — porque sucumbiu em capítulo próprio da sentença — mas não o fez. É que, aventada a prejudicial de prescrição apenas nas contrarrazões do recurso ordinário, a parte que recorreu ficará impossibilitada de alegar e provar uma possível causa de interrupção ou suspensão do prazo prescricional, porquanto, por óbvio, o recorrente não é instado a manifestar-se sobre as razões de contrariedade do recorrido. As hipóteses de interrupção da prescrição em face do arquivamento de ação anteriormente ajuizada (Súmula 268 do TST) e de ajuizamento de cautelar de protesto judicial (art. 867 e seguintes do CPC) ilustram bem a probabilidade de advir prejuízo ao contraditório, à ampla defesa e ao devido processo legal em caso de admissão da arguição inédita nas contrarrazões do apelo ordinário. Sendo assim, ante a necessidade de tutela dos aludidos princípios constitucionais, impositiva a conclusão de que não se pode admitir a arguição da prescrição pela primeira vez em contrarrazões de recurso ordinário. Embargos conhecidos e desprovidos." (TST – Processo: RR 43100-50.2002.5.09.0069, Data de Julgamento: 22.10.2009, rel. Juiz Convocado: Douglas Alencar Rodrigues, Subseção I, Especializada em Dissídios Individuais, Data de Publicação: DEJT 29.10.2009)

"Contrarrazões como sucedâneo do recurso — Impossibilidade. As contrarrazões têm a finalidade de suprir o contraditório, não se prestando a substituir o recurso ou dele ser sucedâneo, como quer a segunda reclamada. O instrumento que materializa a contrariedade ao apelo interposto não devolve nenhuma matéria ao reexame. Se a parte não ficou satisfeita com a r. decisão primária, deveria tê-la enfrentado via recurso ordinário e não nas contrarrazões, que não é o remédio próprio para esse desiderato, já que seu fim precípuo é de, combatendo os termos do recurso, perfilhar a tese vertida na sentença recorrida. Admite-se, apenas, o soerguimento de prejudiciais ao conhecimento recursal que digam respeito estritamente aos pressupostos objetivos e subjetivos, conforme disposto no sistema recursal." (TRT – 10ª R. – 3ª T. – rel. Des. Braz Henriques de Oliveira – DJe n. 517 – 8.7.2010 – p. 107 – Processo RO n. 173400-24/2009.5.10.0006) (RDT n. 8 – Agosto de 2010)

"Preliminares renovadas em contrarrazões – Preclusão. Preclusa a renovação de preliminares em contrarrazões, quando rejeitadas na decisão e não devolvidas à instância recursal pelo meio processual adequado, o recurso ordinário. Adesão à repactuação. Alterações do regulamento do plano. Nulidade por vício de consentimento ou de formação. Não comprovação. Não comprovada a existência de vícios de vontade ou de formação, aliada ao fato provado de que os reclamantes aderiram voluntariamente ao plano de repactuação, inclusive mediante retribuição pecuniária, não há que se falar em nulidade da adesão." (TRT – 21ª R. – 1ª T. – relª Desª Maria de Lourdes Alves Leite – DJe n. 765 – 6.7.2011 – p. 50 – Processo RO n. 170800-93/2010.5.21.0004) (RDT n. 08 – Agosto de 2011)

Os pressupostos recursais, no recurso de revista, são apreciados pelo Juízo *a quo*, devendo ser reapreciados pelo Juízo *ad quem*, que não está vinculado à apreciação feita pela instância inferior.

Salvo se o prazo for comum, o advogado da parte poderá retirar os autos da Secretaria para elaborar o recurso. Nesse sentido, dispõe o art. 901 da CLT, *in verbis*:

"Sem prejuízo dos prazos previstos neste Capítulo, terão as partes vistas dos autos em cartório ou na secretaria. Parágrafo único. Salvo quando estiver correndo prazo comum, aos procuradores das partes será permitido ter vista dos autos fora do cartório ou secretaria."

No Tribunal, o recurso será distribuído imediatamente ao relator (art. 93, XV, da CF). O sistema de distribuição dos processos é regido pelo Regimento Interno de cada TRT. Entretanto, deverá haver sorteio do relator. Nesse sentido, dispõe o art. 930 do CPC, *in verbis*:

"Far-se-á a distribuição de acordo com o regimento interno do tribunal, observando-se a alternatividade, o sorteio eletrônico e a publicidade. Parágrafo único. O primeiro recurso protocolado no tribunal tornará prevento o relator para eventual recurso subsequente interposto no mesmo processo ou em processo conexo."

Conforme o art. 931 do CPC: "Distribuídos, os autos serão imediatamente conclusos ao relator, que, em 30 (trinta) dias, depois de elaborar o voto, restituí-los-á, com relatório, à secretaria."

O prazo fixado no referido dispositivo de 30 dias para elaboração de voto depende do volume do trabalho de cada Tribunal, não sendo de observância obrigatória no Processo do Trabalho.

No Processo do Trabalho, a questão do revisor é disciplinada nos Regimentos Internos dos TRTs, não sendo obrigatória sua existência. Nesse pórtico, vale destacar a seguinte ementa:

> "Processo do trabalho — Recurso ordinário — Ausência de revisor — Aplicação do art. 551 do CPC — Hipótese de silêncio eloquente do legislador consolidado — Não aplicação da supletividade prevista no art. 769 da CLT. O julgador somente poderá importar regras do direito processual comum, para inserção no processo do trabalho, de forma subsidiária e, mesmo assim, deve cuidar para que não haja incompatibilidade (CLT, art. 769). Não basta, portanto, a simples omissão do texto consolidado. É preciso que a regra a ser importada não se contraponha não só aos preceitos expressos, mas também, e sobretudo, aos princípios do processo laboral. Portanto, o juiz deve distinguir os casos de omissão daqueles típicos de silêncio eloquente. Assim, considerando que um dos princípios informadores do processo do trabalho é o da celeridade, há que se concluir que quando o legislador consolidado, ao tratar do recurso ordinário, não cuidou da figura do revisor, o fez de forma proposital, a fim de prestigiar a agilidade na tramitação processual. Caso típico de silêncio eloquente e não de omissão, motivo por que não há como se aplicar, de forma supletiva, a regra contida no art. 551 do CPC. Nulidade não configurada." (TRT 15ª R. – 2ª T. – ED n. 1360/2005.105.15.00-0 – rel. Luiz José Dezena da Silva – DJ 14.7.06 – p. 17) (RDT n. 8 – agosto de 2006)

Após o voto do revisor, se sua previsão existir no Regimento Interno do Tribunal, irá o recurso para a sessão de julgamento.

Nos termos do art. 937 do CPC: "Na sessão de julgamento, depois da exposição da causa pelo relator, o presidente dará a palavra, sucessivamente, ao recorrente, ao recorrido e, nos casos de sua intervenção, ao membro do Ministério Público, pelo prazo improrrogável de 15 (quinze) minutos para cada um, a fim de sustentarem suas razões, nas seguintes hipóteses, nos termos da parte final do *caput* do art. 1.021."

Conforme o art. 941 do CPC: "Proferidos os votos, o presidente anunciará o resultado do julgamento, designando para redigir o acórdão o relator ou, se vencido este, o autor do primeiro voto vencedor. § 1º O voto poderá ser alterado até o momento da proclamação do resultado pelo presidente, salvo aquele já proferido por juiz afastado ou substituído. § 2º No julgamento de apelação ou de agravo de instrumento, a decisão será tomada, no órgão colegiado, pelo voto de 3 (três) juízes. § 3º O voto vencido será necessariamente declarado e considerado parte integrante do acórdão para todos os fins legais, inclusive de pré-questionamento."

Nos termos do art. 943 do CPC: "Os votos, os acórdãos e os demais atos processuais podem ser registrados em documento eletrônico inviolável e assinados eletronicamente, na forma da lei, devendo ser impressos para juntada aos autos do processo quando este não for eletrônico."

1.9. Do art. 932 do CPC (majoração dos poderes do relator)

Dispõe o art. 932 do CPC:

"Incumbe ao relator:

I – dirigir e ordenar o processo no tribunal, inclusive em relação à produção de prova, bem como, quando for o caso, homologar autocomposição das partes;

II – apreciar o pedido de tutela provisória nos recursos e nos processos de competência originária do tribunal;

III – não conhecer de recurso inadmissível, prejudicado ou que não tenha impugnado especificamente os fundamentos da decisão recorrida;

IV – negar provimento a recurso que for contrário a:

a) súmula do Supremo Tribunal Federal, do Superior Tribunal de Justiça ou do próprio tribunal;

b) acórdão proferido pelo Supremo Tribunal Federal ou pelo Superior Tribunal de Justiça em julgamento de recursos repetitivos;

c) entendimento firmado em incidente de resolução de demandas repetitivas ou de assunção de competência;

V – depois de facultada a apresentação de contrarrazões, dar provimento ao recurso se a decisão recorrida for contrária a:

a) súmula do Supremo Tribunal Federal, do Superior Tribunal de Justiça ou do próprio tribunal;

b) acórdão proferido pelo Supremo Tribunal Federal ou pelo Superior Tribunal de Justiça em julgamento de recursos repetitivos;

c) entendimento firmado em incidente de resolução de demandas repetitivas ou de assunção de competência;

VI – decidir o incidente de desconsideração da personalidade jurídica, quando este for instaurado originariamente perante o tribunal;

VII – determinar a intimação do Ministério Público, quando for o caso;

VIII – exercer outras atribuições estabelecidas no regimento interno do tribunal.

Parágrafo único. Antes de considerar inadmissível o recurso, o relator concederá o prazo de 5 (cinco) dias ao recorrente para que seja sanado vício ou complementada a documentação exigível."

O relator, no recurso, tem as mesmas prerrogativas e deveres do Juiz de primeiro grau na condução do processo, previstos no art. 139 do CPC, *in verbis*:

"O juiz dirigirá o processo conforme as disposições deste Código, incumbindo-lhe: I – assegurar às partes igualdade de tratamento; II – velar pela duração razoável do processo; III – prevenir ou reprimir qualquer ato contrário à dignidade da justiça e indeferir postulações meramente protelatórias; IV – determinar todas as medidas indutivas, coercitivas, mandamentais ou sub-rogatórias necessárias para assegurar o cumprimento de ordem judicial, inclusive nas ações que tenham por objeto prestação pecuniária; V – promover, a qualquer tempo, a autocomposição, preferencialmente com auxílio de conciliadores e mediadores judiciais; VI – dilatar os prazos processuais e alterar a ordem de produção dos meios de prova, adequando-os às necessidades do conflito de modo a conferir maior efetividade à tutela do direito; VII – exercer o poder de polícia, requisitando, quando necessário, força policial, além da segurança interna dos fóruns e tribunais; VIII – determinar, a qualquer tempo, o comparecimento pessoal das partes, para inquiri-las sobre os fatos da causa, hipótese em que não incidirá a pena de confesso; IX – determinar o suprimento de pressupostos processuais e o saneamento de outros vícios processuais; X – quando se deparar com diversas demandas individuais repetitivas, oficiar o Ministério Público, a Defensoria Pública e, na medida do possível, outros legitimados a que se referem o art. 5º da Lei n. 7.347, de 24 de julho de 1985, e o art. 82 da Lei n. 8.078, de 11 de setembro de 1990, para, se for o caso, promover a propositura da ação coletiva respectiva. Parágrafo único. A dilação de prazos prevista no inciso VI somente pode ser determinada antes de encerrado o prazo regular."

O referido art. 932 do CPC aperfeiçoa o art. 557 do CPC/73, *in verbis*:

"O relator negará seguimento a recurso manifestamente inadmissível, improcedente, prejudicado ou em confronto com súmula ou com jurisprudência dominante do respectivo tribunal, do Supremo Tribunal Federal, ou de Tribunal Superior. (Redação dada pela Lei n. 9.756, de 17.12.98) § 1º-A. Se a decisão recorrida estiver em manifesto confronto com súmula ou com jurisprudência dominante do Supremo Tribunal Federal, ou de Tribunal Superior, o relator poderá dar provimento ao recurso. (Incluído pela Lei n. 9.756, de 17.12.98) § 1º Da decisão caberá agravo, no prazo de cinco dias, ao órgão competente para o julgamento do recurso, e, se não houver retratação, o relator apresentará o processo em mesa, proferindo voto; provido o agravo, o recurso terá seguimento. (Incluído pela Lei n. 9.756, de 17.12.98) § 2º Quando manifestamente inadmissível ou infundado o agravo, o tribunal condenará o agravante a pagar ao agravado multa entre um e dez por cento do valor corrigido da causa, ficando a interposição de qualquer outro recurso condicionada ao depósito do respectivo valor." (Incluído pela Lei n. 9.756, de 17.12.98)

O referido dispositivo tem por finalidade agilizar a tramitação dos processos no segundo grau de jurisdição, majorando os poderes do relator do processo. Pode-se questionar a constitucionalidade do referido dispositivo legal, uma vez que se trata de decisão monocrática do relator, sem manifestação dos demais desembargadores da turma. Não obstante, já está praticamente pacificado pela doutrina e pela jurisprudência o entendimento de que não há necessidade de a decisão do segundo grau de jurisdição ser colegiada, apenas que ela seja proferida por magistrado de 2º grau.

Deve ser destacada a importância do parágrafo único do referido art. 932 do CPC, que possibilita ao relator, antes de considerar inadmissível o recurso, conceder o prazo de 5 (cinco) dias ao recorrente para que seja sanado vício ou complementada a documentação exigível.

O referido dispositivo tem por finalidade prestigiar o julgamento de mérito do recurso, evitar a chamada "jurisprudência defensiva" dos Tribunais, e também facilitar o acesso à instância recursal.

O citado art. 932 do CPC é compatível com o processo do trabalho, por força do art. 769 da CLT, uma vez que se trata de regra procedimental dos recursos e há omissão da CLT no aspecto.

No contexto, vale destacar a Súmula n. 435, do TST, *in verbis*:

> "DECISÃO MONOCRÁTICA. RELATOR. ART. 932 DO CPC DE 2015. ART. 557 DO CPC DE 1973. APLICAÇÃO SUBSIDIÁRIA AO PROCESSO DO TRABALHO. Aplica-se subsidiariamente ao processo do trabalho o art. 932 do CPC de 2015 (art. 557 do CPC de 1973)."

O dispositivo se aplica tanto aos Tribunais Regionais do Trabalho como ao Tribunal Superior do Trabalho. Desse modo, tanto o desembargador relator no TRT como o ministro relator no TST poderão negar seguimento a recurso manifestamente inadmissível, improcedente, prejudicado ou em confronto com súmula ou com jurisprudência dominante do respectivo tribunal, do Supremo Tribunal Federal, ou de Tribunal Superior e também Súmula do Tribunal Superior do Trabalho. De outro lado, se a decisão recorrida estiver em manifesto confronto com súmula ou com jurisprudência dominante do Supremo Tribunal Federal, ou de Tribunal Superior (STJ e TST), o relator poderá dar provimento ao recurso.

O Tribunal Superior do Trabalho firmou entendimento a respeito, por meio do inciso III, da Instrução Normativa n. 17/2000, que assim dispõe:

> "Aplica-se ao processo do trabalho o *caput* do art. 557 do Código de Processo Civil, com a redação dada pela Lei n. 9.756/98, salvo no que tange aos recursos de revista, embargos e agravo de instrumento, os quais continuam regidos pelo § 5º do art. 896 da Consolidação das Leis do Trabalho — CLT, que regulamenta as hipóteses de negativa de seguimento a recurso.
>
> Assim, ressalvadas as exceções apontadas, o relator negará seguimento a recurso manifestamente inadmissível, improcedente, prejudicado ou em confronto com súmula ou com jurisprudência dominante do respectivo Tribunal, do Supremo Tribunal Federal ou de Tribunal Superior.
>
> Outrossim, aplicam-se ao processo do trabalho os §§ 1º-A e 1º e 2º do art. 557 do Código de Processo Civil, adequando-se o prazo do agravo à sistemática do processo do trabalho (oito dias).
>
> Desse modo, se a decisão recorrida estiver em manifesto confronto com súmula ou com jurisprudência dominante do Supremo Tribunal Federal ou de Tribunal Superior, o relator poderá dar provimento ao recurso, cabendo agravo, no prazo de oito dias, ao órgão competente para o julgamento do recurso. Se não houver retratação, o relator, após incluir o processo em pauta, proferirá o voto. Provido o agravo, o recurso terá seguimento."

Diante da referida Instrução Normativa, pensamos não haver óbice para a aplicação do art. 932 do CPC, em todos os recursos do Processo do Trabalho, inclusive quanto aos recursos de revista, de embargos e de agravo de instrumento, naquilo que não estiver regulamentado na CLT, pois se trata de providência destinada a agilizar a tramitação dos recursos, inclusive no TST.

Em face de decisão do relator, caberá o Agravo (normalmente chamado no processo do trabalho de Agravo Interno ou Regimental) para a turma competente para julgamento do recurso no Tribunal, no prazo de oito dias. Uma vez recebido o Agravo, o relator poderá retratar-se (efeito regressivo).

O Código de Processo Civil disciplina o Agravo Interno no art. 1.021, que assim dispõe:

"Contra decisão proferida pelo relator caberá agravo interno para o respectivo órgão colegiado, observadas, quanto ao processamento, as regras do regimento interno do tribunal. § 1º Na petição de agravo interno, o recorrente impugnará especificadamente os fundamentos da decisão agravada. § 2º O agravo será dirigido ao relator, que intimará o agravado para manifestar-se sobre o recurso no prazo de 15 (quinze) dias, ao final do qual, não havendo retratação, o relator levá-lo-á a julgamento pelo órgão colegiado, com inclusão em pauta. § 3º É vedado ao relator limitar-se à reprodução dos fundamentos da decisão agravada para julgar improcedente o agravo interno. § 4º Quando o agravo interno for declarado manifestamente inadmissível ou improcedente em votação unânime, o órgão colegiado, em decisão fundamentada, condenará o agravante a pagar ao agravado multa fixada entre um e cinco por cento do valor atualizado da causa. § 5º A interposição de qualquer outro recurso está condicionada ao depósito prévio do valor da multa prevista no § 4º, à exceção da Fazenda Pública e do beneficiário de gratuidade da justiça, que farão o pagamento ao final."

Nos termos da OJ n. 389, da SDI-I do TST, "constitui ônus da parte recorrente, sob pena de deserção, depositar previamente a multa aplicada com fundamento nos §§ 4º e 5º, do art. 1.021, do CPC de 2015 (§ 2º do art. 557 do CPC de 1973), à exceção da Fazenda Pública e do beneficiário de justiça gratuita, que farão o pagamento ao final".

Dispõe a Súmula n. 421 do Tribunal Superior do Trabalho:

"EMBARGOS DECLARATÓRIOS CONTRA DECISÃO MONOCRÁTICA DO RELATOR CALCADA NO ART. 557 DO CPC. CABIMENTO (conversão da Orientação Jurisprudencial n. 74 da SBDI-2) – Res. n. 137/2005, DJ 22, 23 e 24.8.2005.

I – Tendo a decisão monocrática de provimento ou denegação de recurso, prevista no art. 557 do CPC, conteúdo decisório definitivo e conclusivo da lide, comporta ser esclarecida pela via dos embargos de declaração, em decisão aclaratória, também monocrática, quando se pretende tão somente suprir omissão e não, modificação do julgado.

II – Postulando o embargante efeito modificativo, os embargos declaratórios deverão ser submetidos ao pronunciamento do Colegiado, convertidos em agravo, em face dos princípios da fungibilidade e celeridade processual." (ex-OJ n. 74 da SBDI-2 – inserida em 8.11.2000).

Segundo a referida Súmula, são cabíveis embargos de declaração em face da decisão do relator que contiver omissões, obscuridades ou contradições. Entretanto, se a intenção do recorrente for obter efeito modificativo da decisão do relator, deverá interpor o agravo regimental. Se opuser embargos para obtenção de efeito modificativo, a relator, à luz do princípio da fungibilidade recursal, convolará os embargos de declaração em agravo.

O próprio TST tem aplicado o art. 557 do CPC/73 em recursos de revista e agravos de instrumento, conforme se constata das seguintes ementas:

"AGRAVO. AGRAVO DE INSTRUMENTO EM RECURSO DE REVISTA. APELO DESFUNDAMENTADO. SÚMULA N. 422 DO TST. TERCEIRIZAÇÃO ILÍCITA DE MÃO DE OBRA. RESPONSABILIDADE SUBSIDIÁRIA DO ENTE PÚBLICO TOMADOR DOS

SERVIÇOS. SÚMULA N. 331, IV, DO TST. Não merece reparos a decisão monocrática que negou seguimento ao Agravo de Instrumento com fulcro no art. 557 do CPC, pois o Agravo de Instrumento da Reclamada não lograva ultrapassar a barreira da Súmula n. 422 do TST. Ademais, o Regional decidiu a controvérsia nos exatos limites da Súmula n. 331, IV, do TST, atribuindo responsabilidade subsidiária ao ente público tomador dos serviços do Reclamante. Agravo não provido." (Processo: A-AIRR - 407/2001-201-18-00.0 – Data de Julgamento: 7.10.2009 – rel. Min. Márcio Eurico Vitral Amaro, 8ª Turma, Data de Divulgação: DEJT 9.10.2009)

"AGRAVO. DECISÃO MONOCRÁTICA. PRELIMINAR. CERCEAMENTO DO DIREITO DE DEFESA. IMPOSSIBILIDADE DE, OUTRA VEZ, SE JULGAR MONOCRATICAMENTE. Não há que se falar em ofensa ao devido processo legal, ante a reconsideração parcial da decisão monocrática proferida, uma vez que a prerrogativa da reconsideração encontra previsão legal no § 1º do art. 557 do CPC. Ao proferir o juízo de retratação, as razões de agravo deixaram de ser analisadas, reautuando-se os autos para regular julgamento do recurso de revista. Não importa em prejuízo à parte que uma nova decisão em recurso de revista seja proferida monocraticamente, pois não há óbice à interposição de novo recurso, no caso, o agravo. Nega-se provimento. QUITAÇÃO. EFEITOS. SÚMULA N. 330 DO TRIBUNAL SUPERIOR DO TRABALHO. A quitação de que trata a Súmula n. 330 desta Corte tem eficácia plena apenas quanto às parcelas — assim entendidas, verba e valor — discriminadas no termo rescisório, desde que não haja ressalva expressa e especificada no tocante ao *quantum* dado à parcela. Se o Regional enfrenta a matéria em sua generalidade, sem especificar quais verbas objeto da reclamação trabalhista estariam constando do recibo de quitação, somente é possível proceder ao exame do recurso de revista mediante a análise do conteúdo do termo de quitação, o que constitui procedimento contrário ao teor da Súmula n. 126 desta Corte. Nega-se provimento integralmente." (Processo: A-ED-RR – 642961/2000.7 – Data de Julgamento: 30.9.2009, rel. Min. Emmanoel Pereira, 5ª Turma, Data de Divulgação: DEJT 9.10.2009)

"AGRAVO EM AGRAVO DE INSTRUMENTO EM RECURSO DE REVISTA. NEGATIVA DE PRESTAÇÃO JURISDICIONAL. COMISSÕES. JORNADA DE TRABALHO. AGRAVO DE INSTRUMENTO DESFUNDAMENTADO. SÚMULA N. 422 DO TST. A reclamada não infirmou os fundamentos do despacho que denegou seguimento ao recurso de revista. Correta a aplicação da Súmula n. 422 desta Corte e a negativa de seguimento do recurso na forma do art. 557 do CPC. Recurso manifestamente infundado. Aplica-se a multa prevista no art. 557, § 2º, do CPC, em benefício da reclamante. Agravo a que se nega provimento." (Processo: A-AIRR – 23537/2000-001-09-00.3 – Data de Julgamento: 30.9.2009 – rel. Min. Pedro Paulo Manus – 7ª Turma – Data de Divulgação: DEJT 9.10.2009)

1.9.1. A força criativa da jurisprudência pelos Tribunais

1.9.1.1. A questão do precedente judicial

No direito brasileiro, a existência de controle difuso de constitucionalidade, o emprego crescente de textos redigidos a partir de técnica legislativa aberta e, sobretudo, uma nova compreensão a respeito do significado da interpretação jurídica colaboraram significativamente para essa interpenetração. Desde o momento em que se percebeu que o texto não se confunde com a norma e que a norma não é o objeto, mas o resultado da interpretação, chegou-se à conclusão de que ou a interpretação dada ao direito pelo Supremo Tribunal e pelo Superior Tribunal de Justiça era encarada como algo dotado de normatividade, ou então, o princípio da igualdade se esfumaça em uma abstração irritante em um sistema indiferente à imensa maioria de casos concretos idênticos ou semelhantes cotidianamente julgados de maneira diferente(103).

Indiscutivelmente, existe uma tendência contemporânea de aproximação entre os sistemas da *common law* e *civil law*, considerando-se a força criativa do direito pelos Tribunais Superiores, que são as Cortes encarregadas de dar a palavra final sobre a interpretação da lei, e aplicar o resultado da interpretação para casos idênticos, como forma de racionalizar a atividade dos Tribunais, e impulsionar a aplicação isonômica da norma para todos que estão na mesma situação jurídica.

O Código de Processo Civil utiliza a expressão *precedentes* quando dispõe sobre a jurisprudência dos Tribunais. Nesse sentido, dispõe o art. 926 do CPC, *"in verbis"*:

> "Os tribunais devem uniformizar sua jurisprudência e mantê-la estável, íntegra e coerente.
> § 1º Na forma estabelecida e segundo os pressupostos fixados no regimento interno, os tribunais editarão enunciados de súmula correspondentes a sua jurisprudência dominante.
> § 2º Ao editar enunciados de súmula, os tribunais devem ater-se às circunstâncias fáticas dos precedentes que motivaram sua criação."

O precedente não é o resumo do julgamento ou a conclusão da decisão, mas a tese extraída do julgamento, que em razão de suas peculiaridades, importância e generalidade, possa ser aplicada em outros casos análogos. É a chamada razão determinante da decisão ou *ratio decidendi*. Por isso, todo precedente deve ser decorrente de uma decisão judicial.

Somente a interpretação jurídica que se extrai do enquadramento dos fatos ao regramento legal, pode ser objeto do precedente judicial, uma vez que as controvérsias fáticas de cada demanda são únicas e desafiam um único julgamento, cuja tese não pode ser transportada para outras demandas.

Como sustenta *Hermes Zaneti Jr.*(104):

> "Precedentes judiciais não se confundem com direito jurisprudencial entendido como repetição de decisões reiteradas, por mais que este direito possa ser considerado influente ou persuasivo de fato. Os precedentes judiciais, como entendemos neste trabalho, consistem no resultado da densificação de normas estabelecidas a partir da compreensão de um caso e suas circunstâncias fáticas e jurídicas. No momento da aplicação, deste caso-procedente, analisado no caso-atual, se extrai a *ratio decidendi* ou *holding* como o *core* do procedente. Trata-se, portanto, da solução jurídica explicitada argumentativamente pelo intérprete a partir da unidade fático--jurídica do caso-precedente (*material facts* e a solução jurídica dada para o caso-atual). Por esta razão, não se confudem com a jurisprudência, pois

(103) MARINONI, Luiz Guilherme; ARENHART, Sérgio Cruz; MITIDIERO, Daniel. *Novo Curso de Processo Civil.* vol. 2. São Paulo: RT, 2015. p. 605-606.

(104) *O valor vinculante dos precedentes.* Salvador: JusPodivm, 2015. p. 324-325.

não se traduzem em tendências do tribunal, mas na própria decisão (ou decisões) do tribunal com respeito à matéria".

Na mesma direção *Luiz Guilherme Marinoni, Sérgio Cruz Arenhart* e *Daniel Mitidiero*[105]:

> "Os precedentes não são equivalentes às decisões judiciais. Eles são razões generalizáveis que podem ser identificadas a partir das decisões judiciais. O precedente é formado a partir da decisão judicial. E porque tem como matéria-prima a decisão, o precedente trabalha essencialmente sobre fatos jurídicos releventes que compõem o caso examinado pela jurisdição e que determinaram a prolação da decisão da maneira como foi prolatada. Os precedentes são razões generalizáveis que podem ser extraídas da justificação das decisões. Por essa razão, operam necessariamente dentro da moldura dos casos dos quais decorrem."

No sistema brasileiro, que segue a tradição da *civil law*, o direito é criado pela Lei, podendo os Tribunais, por meio de interpretação do ordenamento jurídico, diante de casos concretos, criar teses paradigmas que possam ser aplicadas em outros casos em que se discute a mesma questão. Por isso, pensamos que o Código de Processo Civil de 2015 buscou aperfeiçoar o sistema de criação da jurisprudência, com a racionalização da atividade jurisdicional, mas não trouxe, para o direito brasileiro, o sistema da *commom law*.

Na tradição da *commom law*, ao contrário do sistema brasileiro, o precedente judicial vai se sedimentando aos poucos, a partir do momento em que as instâncias inferiores àquela que criou o precedente passam a segui-lo, e admitir sua força vinculante. Além disso, os precedentes são feitos para decidir casos passados[106] e, incidentalmente, casos futuros. Na tradição brasileira, e, também, no sistema do Código de Processo Civil de 2015, o precedente judicial se extrai do julgamento proferido pelos Tribunais Superiores, e terá força vinculante para as instâncias inferiores em casos futuros.

Segundo *Georges Abboud*[107], "no *comon law*, o que confere essa dimensão de precedente à decisão do Tribunal Superior é sua aceitação pelas partes e pelas instâncias inferiores do Judiciário. Daí ele ser dotado e uma aura democrática, que o procedente à brasileira não possui, uma vez que, os provimentos vinculantes no NCPC já nascem dotados de efeito vinculante — independentemente da qualidade e da consistência da conclusão de suas decisões. Por consequência, no *common law* os Tribunais Superiores, quando decidem um *leading case*, não podem impor seu julgado determinando que ele se torne um precedente".

(105) *Novo Código de Processo Civil comentado.* 2. ed. São Paulo: RT, 2016. p. 989.

(106) *Vide* a propósito Lênio Luiz Streck. In: *Comentários à Constituição do Brasil.* São Paulo: Saraiva, 2013. p. 1.427.

(107) Do genuíno precedente do *stare decisis* ao precedente brasileiro: os fatores histórico, hermenêutico e democrático que os diferenciam. In: *Precedentes.* Coord. Fredie Didier Júnior. Salvador: Jus Podivm, 2015. p. 404-405.

Como bem advertem *Nélson Nery Júnior* e Rosa Maria de Andrade Nery[(108)]:

> "(...) o precedente, na *common law*, vai muito além da simplificação do julgamento que é normalmente enxergado pela doutrina nacional, de modo geral. O precedente, ali, não funciona como uma simples ferramenta de simplificação de julgamento; 'invoca-se o procedente porque se pretende que há nele uma analogia, substancialmente falando, que permite que o princípio que justifica o caso anterior cubra também o novo caso. Vai-se do particular ao geral e não do geral ao particular, como é típico do sistema anglo-americano e inverso do nosso. Mas a afirmação da analogia tem de sujeitar-se ao *distinguo*. Pode objetar-se que no novo caso há elementos relevantes que o subtraem à sorte jurídica do caso anterior' (José de Oliveira Ascenção. Fontes do direito no sistema do *common Law* (RDP 35-36-51). Portanto, há uma análise acurada do caso para que se verifique se é cabível a aplicação do mesmo princípio que norteou o julgamento do caso tomado como precedente, o eu é bem diferente daqui que se entende comumente por esse instituto no Brasil."

No mesmo sentido defende *Cássio Scarpinella Bueno*[(109)]:

> "Previsibilidade, isonomia e segurança jurídica — valores tão caros a quaisquer ordens jurídicas estáveis, como é o caso da brasileira, pouco importando de onde elas nasceram e se desenvolveram — devem ser metas a serem atingidas, inclusive pela atuação jurisdicional. No entanto, faço questão de frisar, há limites para o legislador *infraconstitucional* alcançar aquele desiderato. E, também insisto, fossem suficientes Súmulas dos Tribunais (a começar pelas do Tribunais Superiores) e, até mesmo, a técnica de julgamento de recursos extraordinários ou especiais repetitivas, e as experiências mais recentes, ainda sob a égide do CPC de 1973, teriam surtido efeitos bem melhores do que estatísticas sobre a redução de casos julgados perante os Tribunais Superiores. Não consigo ver, portanto, nada no CPC de 2015 que autorize afirmativas genéricas, que vêm se mostrando comuns, no sentido de que o direito brasileiro migra em direção ao *common law* ou algo do gênero. Sinceramente, prezado leitor, não consigo concordar com esse entendimento. O que há, muito menos que isso, é uma aposta que o legislador infranconstitucional vem fazendo mais recentemente no sentido de que as decisões proferidas pelos Tribunais Superiores e aquelas proferidas pelos Tribunais de Justiça e pelos Regionais Federais forem observadas (acatadas) pelos demais órgãos jurisdicionais, haverá redução sensível do número de litígios e maior previsibilidade, maior segurança e tratamento isonômico a todos. É que os incisos do art. 927 bem demonstram. Nada mais do que isso."

---

(108) *Comentários ao Código de Processo Civil.* São Paulo: RT, 2015. p. 1.833.

(109) *Manual de Direito Processual Civil.* São Paulo: Saraiva, 2015. p. 538-539.

Determina o Código de Processo Civil, no art. 926, que os Tribunais, ao editar enunciados de súmulas *devem ater-se às circunstâncias fáticas dos precedentes que motivaram sua criação.*

Diante do referido dispositivo, destacam-se os seguintes pressupostos para a criação de enunciados de súmulas:

a) os Tribunais não podem criar súmulas para casos hipotéticos, ou seja, em tese. Tal somente é possível diante de julgamentos de casos concretos. Não se nega a possibilidade de criação do direito pela jurisprudência, mas esta deve refletir as teses discutidas em casos concretos;

b) as súmulas devem vir acompanhadas de seu histórico, com a referência aos julgamentos que lhes deram suporte, para que os destinatários e aplicadores possam conhecer seus motivos determinantes;

c) a publicidade da jurisprudência: nos termos do § 5º, do art. 927, do CPC, os tribunais darão publicidade a seus precedentes, organizando-os por questão jurídica decidida e divulgando-os, preferencialmente, na rede mundial de computadores.

1.9.1.2. Força vinculante da jurisprudência dos Tribunais

Art. 927, do CPC:

"Os juízes e os tribunais observarão:

I – as decisões do Supremo Tribunal Federal em controle concentrado de constitucionalidade;

II – os enunciados de súmula vinculante;

III – os acórdãos em incidente de assunção de competência ou de resolução de demandas repetitivas e em julgamento de recursos extraordinário e especial repetitivos;

IV – os enunciados das súmulas do Supremo Tribunal Federal em matéria constitucional e do Superior Tribunal de Justiça em matéria infraconstitucional;

V – a orientação do plenário ou do órgão especial aos quais estiverem vinculados.

§ 1º Os juízes e os tribunais observarão o disposto no art. 10 e no art. 489, § 1º, quando decidirem com fundamento neste artigo.

§ 2º A alteração de tese jurídica adotada em enunciado de súmula ou em julgamento de casos repetitivos poderá ser precedida de audiências públicas e da participação de pessoas, órgãos ou entidades que possam contribuir para a rediscussão da tese.

§ 3º Na hipótese de alteração de jurisprudência dominante do Supremo Tribunal Federal e dos tribunais superiores ou daquela oriunda de julgamento de casos repetitivos, pode haver modulação dos efeitos da alteração no interesse social e no da segurança jurídica.

§ 4º A modificação de enunciado de súmula, de jurisprudência pacificada ou de tese adotada em julgamento de casos repetitivos observará a necessidade de fundamentação adequada e específica, considerando os princípios da segurança jurídica, da proteção da confiança e da isonomia.

§ 5º Os tribunais darão publicidade a seus precedentes, organizando-os por questão jurídica decidida e divulgando-os, preferencialmente, na rede mundial de computadores".

O Código de Processo Civil de 2015, inovando o direito anterior, pretende instituir a política pública de vinculação da jurisprudência, tanto nas vertentes *horizontal*, ou seja, dentro do mesmo Tribunal, como *vertical*, vale dizer, para órgãos judiciais hierarquicamente inferiores aos que produziram a jurisprudência.

Nos termos do § 1º do art. 927, do CPC: "os juízes e os tribunais observarão o disposto no art. 10 e no art. 489, § 1º, quando decidirem com fundamento neste artigo."

Dispõem os arts. 10 e 489, § 1º, ambos do CPC:

Art. 10 do CPC:

"O juiz não pode decidir, em grau algum de jurisdição, com base em fundamento a respeito do qual não se tenha dado às partes oportunidade de se manifestar, ainda que se trate de matéria sobre a qual deva decidir de ofício."

Art. 489, § 1º, do CPC:

"Não se considera fundamentada qualquer decisão judicial, seja ela interlocutória, sentença ou acórdão, que: I – se limitar à indicação, à reprodução ou à paráfrase de ato normativo, sem explicar sua relação com a causa ou a questão decidida; II – empregar conceitos jurídicos indeterminados, sem explicar o motivo concreto de sua incidência no caso; III – invocar motivos que se prestariam a justificar qualquer outra decisão; IV – não enfrentar todos os argumentos deduzidos no processo capazes de, em tese, infirmar a conclusão adotada pelo julgador; V – se limitar a invocar precedente ou enunciado de súmula, sem identificar seus fundamentos determinantes nem demonstrar que o caso sob julgamento se ajusta àqueles fundamentos; VI – deixar de seguir enunciado de súmula, jurisprudência ou precedente invocado pela parte, sem demonstrar a existência de distinção no caso em julgamento ou a superação do entendimento."

Diante dos referidos dispositivos, os Juízes e Tribunais quando forem aplicar a jurisprudência, devem observar:

a) o contraditório efetivo: oportunizando às partes manifestação sobre a questão, ainda que se trate de matéria sobre a qual deva decidir de ofício;

b) demonstrar que o enunciado de súmula, jurisprudência ou precedente se aplicam ao caso concreto;

c) deixar de seguir enunciado de súmula, jurisprudência ou precedente invocado pela parte, sem demonstrar a existência de distinção no caso em julgamento ou a superação do entendimento.

Os Juízes e Tribunais podem deixar de aplicar as súmulas e procedentes nas seguintes hipóteses, à semelhança do que ocorrem nos países do *common law*, nas seguintes hipóteses:

a) distinção, também chamado de *distinguishing*: nesta hipótese, deve o julgador fundamentar a não aplicabilidade do precedente em razão da situação fática do caso ser diferente dos pressupostos fáticos que motivaram o precedente invocado;

b) superação do entendimento, chamado de *overruling*: nesta hipótese, o julgador poderá afastar o precedente se ele já estiver superado.

São argumentos favoráveis à uniformização e vinculação da jurisprudência:

a) segurança jurídica;

b) previsibilidade do direito e da interpretação das decisões;

c) efetividade do princípio da isonomia;

d) duração razoável do processo;

e) diminuição da litigiosidade, principalmente dos conflitos de massa em que se discute a mesma tese jurídica;

f) racionalidade do Poder Judiciário.

De outro lado, são argumentos contrários à força vinculante da jurisprudência:

a) toda decisão é ato de vontade, sentimento e justiça. Por isso, não se pode inibir que o juiz interprete o direito e faça os acertamentos devidos ao caso concreto;

b) os primeiro e segundo graus de jurisdição são, eminentemente, *Cortes de Justiça*, que tanto a matéria fática quanto jurídica são analisadas. Além disso, os juízes e tribunais de segundo grau analisam todos os elementos e peculiaridades da causa, bem como as circunstâncias pessoais das partes e aplicam e interpretam o direito com justiça, razoabilidade e equidade;

c) há necessidade de se manter a democracia interna do judiciário, na qual todos os seus membros podem interpretar o direito e aplicá-lo ao caso concreto;

d) a uniformização da jurisprudência engessa a evolução do direito;

e) no processo do trabalho, há muitos pedidos, e a controvérsia preponderante, é sobre matéria fática;

f) na esfera trabalhista, o direito sofre diretamente os impactos das mudanças sociais, políticas e jurídicas, havendo necessidade constante de adaptação do direito às mudanças;

g) não se pode desprezar a importância e força criativa da jurisprudência de primeiro e segundo graus, que estão mais perto do conflito e conhecem as reais necessidades dos reclamantes e possibilidades dos reclamados;

h) o Brasil é um país de dimensões continentais, no qual cada Estado apresenta peculiaridades e singularidades que justificam interpretação diversa e específica do direito;

i) muitos temas jurídicos, apesar de repetidos, não devem ser uniformizados, em razão das singularidades de sua aplicação nos Tribunais Regionais dos Estados do país;

j) a existência de entendimentos diferentes nas diversas instâncias é necessária à evolução do direito e, contribui, de forma democrática para a sedimentação da jurisprudencial;

Diante do referido art. 927 do CPC, terão efeito vinculante (obrigatório) para todas as instâncias do Poder Judiciário:

a) as decisões do Supremo Tribunal Federal em controle concentrado de constitucionalidade: o que já está previsto na Constituição Federal; b) os enunciados de súmula vinculante: o que também já está disciplinado na Constituição Federal (art. 103-A); c) os acórdãos em incidentes de assunção de competência ou de resolução de demandas repetitivas e em julgamento de recursos extraordinário e especial repetitivos: trata-se, aqui de novidade do CPC de 2015 ao atribuir força vinculante tanto às decisões proferidas nos incidentes de assunção de competência ou de resolução de demandas repetitivas, tanto de 2º grau de jurisdição, como das instâncias extraordinárias: STF, STJ,TRTs e TST(caso aplicáveis subsidiariamente — arts. 769, da CLT e 15 do CPC); d) os enunciados das súmulas do Supremo Tribunal Federal em matéria constitucional e do Superior Tribunal de Justiça em matéria infraconstitucional: aqui também há previsão de que as instâncias inferiores ao STF e STJ deverão seguir as súmulas simples, tanto do Supremo Tribunal Federal em matéria constitucional, como do Superior Tribunal de Justiça, em matéria infraconstitucional. Caso aplicado ao processo do trabalho (arts. 769, da CLT e 15 do CPC), as Súmulas do Tribunal Superior do Trabalho exercerão efeito vinculante tanto para os Tribunais Regionais do Trabalho, como para as Varas do Trabalho; e) a orientação do plenário ou do órgão especial aos quais estiverem vinculados: diante do referido dispositivo, haverá efeito vinculante das decisões proferidas pelo plenário ou órgão especial, aos juízes que a eles estejam vinculados.

Defendendo a força vinculante dos precedentes mencionados no art. 927 do CPC ao processo do trabalho, temos a opinião de *Élisson Miessa*[(110)], *in verbis*:

> "Parece-nos, todavia, que o art. 927 do NCP, ao estabelecer os precedentes obrigatórios no direito brasileiro, não viola a Constituição Federal, principalmente no que tange à competência dos tribunais superiores. O Supremo Tribunal Federal exerce a função de Corte Constitucional, tendo, consequentemente, como principal competência julgar e interpretar as matérias constitucionais (art. 102 da CF/88). Do mesmo modo, cabe ao Superior Tribunal de Justiça julgar e interpretar as questões relacionadas à legislação federal — infraconstitucional — (art. 105 da CF/88). Por fim, o Tribunal Superior do Trabalho, que representa o órgão de cúpula do Poder Judiciário Trabalhista, é responsável por conferir a palavra final em matéria trabalhista infranconstitucional, tendo a função de uniformizar

(110) *Impactos do Novo CPC nas Súmulas e Orientações Jurisprudenciais do TST.* Salvador: JusPodivm, 2016. p. 39-40.

a interpretação da legislação trabalhista no âmbito de sua competência (art. 111-A, da CF/88). Observa-se, dessa forma, que, sendo as Cortes Superiores responsáveis pelo julgamento das matérias constitucionais e infraconstitucionais, cabe a elas o dever de proferir a última palavra sobre tais temas, o que não impõe necessariamente a reiteração de decisões, podendo surgir evidentemente de uma decisão (precedente), como ocorre, por exemplo, nas ações de controle concentrado e recursos repetitivos (...) a utilização dos precedentes judiciais, conforme já mencionado, serve como meio de concretização de princípios e regras constitucionais, tais como a segurança jurídica, igualdade, a eficiência e economia processual. No tocante à segurança jurídica, o respeito aos precedentes é capaz de, além de tornar a aplicação do direito mais segura e coerente, reforçar sua previsibilidade e estabilidade. Isso porque o sistema de precedentes torna mais seguro o modo de aplicação das normas jurídicas e deixa, estabelecida de forma clara, que a solução jurídica será aplicada a determinado caso concreto, garantindo assim o respeito às três facetas da segurança jurídica: cognoscibilidade, estabilidade e previsibilidade. Além disso, a teoria dos precedentes possui fundamentação no princípio da igualdade, uma vez que preza que os casos atuais sejam tratados da mesma maneira que os casos passados, desde que haja semelhança fática (...). A garantia da igualdade, pois, reforça ainda o dever de imaprecialidade do juiz, uma vez que este estará vinculado à observação dos precedentes obrigatórios."

De nossa parte, somente haverá vinculação vertical da jurisprudência, nas hipóteses de súmula vinculante do STF e para as decisões proferidas pelo Supremo Tribunal Federal em controle direto de constitucionalidade, únicas situações em que há autorização constitucional de vinculação da jurisprudência. Fora desses parâmetros, qualquer imposição de observância vertical da jurisprudência não é constitucional.

O art. 927 do CPC, deve ser interpretado à luz da Constituição Federal (art. 1º do CPC). Desse modo, somente a Constituição Federal pode disciplinar o caráter *vinculante*, ou não, da jurisprudência dos Tribunais.

Não somos contrários à uniformização da jurisprudência pelos Tribunais, inclusive concordamos que esta deve observar os pressupostos fáticos dos julgamentos que lhe deram suporte, que ela seja íntegra, estável e coerente. Entretanto, somos contrários à vinculação da jurisprudência quando não houver autorização constitucional(111).

(111) Nesse sentido è o Enunciado n. 53 do 1º Fórum Nacional de Processo do Trabalho, *in verbis*: "NCPC, ART. 927, INCISOS III A V. DECISÃO VINCULATIVA. INCONSTITUCIONALIDDADE. Os incisos III, IV e V do art. 927 do NCPC são inconstitucionais, pois somente a Constituição da República Federativa do Brasil pode autorizar um Tribunal a adotar súmula ou construção jurisprudencial vinculativa dos outros órgãos integrantes do Poder Judiciário brasileiro, ou normas de caráter impositivo, genéricas e abstratas".

Como bem adverte *José Rogério Cruz e Tucci*(112), ao comentar o art. 927 do CPC, "salta aos olhos o lamentável equívoco constante desse dispositivo, uma vez que impõe aos magistrados, de forma cogente — 'os tribunais observarão' —, os mencionados precedentes, como se todos arrolados tivessem a mesma força vinculante vertical. Daí, em princípio, a inconstitucionalidade da regra, visto que a CF, como anteriormente referido, reserva efeito vinculante apenas e tão somente às súmulas fixadas pelo Supremo, mediante devido processo e, ainda, os julgados originados de controle direto de constitucionalidade."

No mesmo sentido, pronunciam-se *Nélson Nery Júnior* e *Rosa Maria de Andrade Nery*(113):

> "O CPC 927 confere aos preceitos arrolados nos incisos III a V natureza de *norma geral*, de lei, equiparando-se, nos efeitos, à súmula vinculante do STF, este sim com natureza jurídica de norma geral, na forma da CF 103-A. Como os preceitos enumerados no CPC 927 III a V – jurisprudência como lei – são inconstitucionais, juízes e tribunais podem fazer o controle concreto da constitucionalidade desses preceitos. O juiz de primeiro grau pode, sozinho, fazer o controle da constitucionalidade de lei ou ato normativo, contestado em face da Constituição. Entendendo pela inconstitucionalidade, pode deixar de observar o preceito inconstitucional e afastar sua incidência no caso concreto."

Na esfera processual trabalhista, *Manoel Antonio Teixeira Filho*(114), argumenta na mesma direção:

> "Com efeito, somente as denominadas *súmulas vinculantes*, oriundas do STF, podem ter *efeito vinculante* em relação aos demais órgãos do Poder Judiciário. E isso somente se tornou possível por força do expressamente disposto no art. 103-A, da Constituição da República. O que estamos a argumentar, portanto, é que somente a Constituição da República pode autorizar um tribunal a adotar súmula ou construção jurisprudencial vinculativa dos outros órgãos integrantes do Poder Judiciário brasileiro, ou normas de caráter genérico, abstrato, impositivas. No caso do art. 927, incisos III a V, não há *autorização constitucional* para autorizá-lo a *exigir observância*, por parte de juízes e tribunais, do disposto nos incisos III a V. Uma coisa é a norma infraconstitucional pretender uniformizar a jurisprudência dos tribunais, e, outra, *impor*, de modo geral, o acatamento a essa jurisprudência. Reforcemos com um registro histórico, extraído da própria Justiça do Trabalho. O art. 902, da CLT, facultava ao TST adotar *prejulgados* — na forma do seu regimento interno —, que, uma vez estabelecidos, *obrigavam* os Tribunais Regionais do Trabalho, as Juntas

---

(112) O regime do procedente judicial no Novo CPC. In: *Revista do Advogado*, São Paulo, AASP, ano XXXV, n. 126, p. 150, 2015.

(113) *Comentários ao Código de Processo Civil*. São Paulo: RT, 2015. p. 1837.

(114) *Comentários ao Novo Código de Processo Civil:* sob a perspectiva do processo do trabalho. 2. ed. São Paulo: LTr, 2016. p. 1.036.

de Conciliação e Julgamento (atuais Varas do Trabalho) e os juízes de Direito investidos na jurisdição trabalhista a *acatá-los*. Tempos depois, o Procurador Geral da República ingressou no STF com representação de *inconstitucionalidade* dos prejulgados, por entender que somente a Constituição Federal poderia impor norma de acatamento geral pelo Poder Judiciário. Embora o STF não tenha admitido, a representação, por ter sido dirigida aos prejulgados, e não ao art. 902 da CLT, mandou um 'recado' ao TST, dizendo que, de qualquer modo, *não reconhecia efeito obrigatório* (vinculativo, portanto) nesses prejulgados. Foi o quanto bastou para que o TST: a) não mais adotasse prejulgados; b) pela Resolução n. 1/1982 convertesse os prejulgados em súmulas. Logo a seguir, a Lei n. 7.033, de 5 de outubro de 1982, revogou o art. 902 da CLT, pondo fim, desse modo, ao longo império despótico dos malsinados prejulgados. Como estamos a sustentar a inconstitucionalidade dos incisos III a V do art. 927, isso significa que os juízes — inclusive os de primeiro grau de jurisdição — podem arguir, nos casos concretos, de maneira incidental (controle difuso), o contraste do precitado artigo do CPC com a Constituição da República, deixando, em consequência, de aplicá-lo."[(115)]

Ainda que se possa argumentar que o art. 927, IV é compatível com a Constituição Federal, somente as súmulas editadas nos moldes do art. 926, do CPC, deverão ser de observância obrigatória, vale dizer: aquelas que observam as circunstâncias fáticas dos precedentes que motivaram sua criação. Desse modo, a partir da vigência do novel Código de Processo Civil, os Juízes do Trabalho e Tribunais Trabalhistas de 2º grau não estão obrigados a seguir as Súmulas do Tribunal Superior do Trabalho já editadas.

Entendemos que a jurisprudência se mede pelo aspecto qualitativo e não pela autoridade do órgão jurisdicional que a criou. Além disso, a jurisprudência de boa qualidade se impõe, naturalmente, independentemente da lei atribuir a ela efeito vinculante ou não.

2ª Parte — Dos Recursos Trabalhistas em Espécie

2.1. Do recurso ordinário

2.1.1. Conceito e requisitos

Recurso ordinário é a medida recursal cabível em face da sentença de primeiro grau, proferida pela Vara do Trabalho, seja de mérito ou não. Quando a sentença é

(115) Contrários à aplicabilidade do art. 927 do CPC ao processo do trabalho por atacar a independência do juiz também se manifestam Jorge Luiz Souto Maior e Valdete Souto Severo (*O processo do trabalho como Instrumento do Direito do Trabalho e as idéias fora de lugar do Novo CPC*, p. 91-108).

de mérito, diz a doutrina que ela é definitiva, e quando não aprecia o mérito, recebe a denominação terminativa.

Prescreve o art. 895 da CLT, com a redação dada pela Lei n. 11.925/09:

> "Cabe recurso ordinário para a instância superior: I – das decisões definitivas ou terminativas das Varas e Juízos, no prazo de 8 (oito) dias; e II – das decisões definitivas ou terminativas dos Tribunais Regionais, em processos de sua competência originária, no prazo de 8 (oito) dias, quer nos dissídios individuais, quer nos dissídios coletivos".

Dizia o art. 895 da CLT, em sua redação original:

> "Cabe recurso ordinário para a instância superior: a) das decisões definitivas das Juntas e Juízos, no prazo de 08 (oito) dias; b) das decisões definitivas dos Tribunais Regionais em processos de sua competência originária, no prazo de 8 (oito) dias, quer nos dissídios individuais, quer nos dissídios coletivos."

Mesmo diante da redação antiga do art. 895 da CLT, pensávamos que a expressão *decisões definitivas das Juntas* deveria ser interpretada como sendo a sentença proferida pelas Varas do Trabalho, ou seja, a decisão final que põe termo à fase de conhecimento do processo. Embora o art. 895 da CLT se referisse à sentença definitiva, não se poderia interpretar o referido dispositivo de forma literal, pois, tecnicamente, sentença definitiva é a que aprecia o mérito da causa. No entanto, o recurso ordinário é cabível, tanto das decisões definitivas da Vara, ou seja, que enfrentam o mérito, como também das chamadas decisões terminativas ou processuais, que extinguem o processo sem resolução de mérito, baseadas em algumas das hipóteses do art. 485 do CPC.

A presente alteração legislativa corrigiu a redação do art. 895 da CLT em dois aspectos, quais sejam: a) deixou expresso o cabimento de recurso ordinário para as decisões definitivas e terminativas das Varas do Trabalho e dos TRTs em causas de sua competência originária; b) fez adequação da expressão Junta de Conciliação e Julgamento para Varas do Trabalho, conforme a EC n. 24/99, que extinguiu a representação classista na Justiça do Trabalho.

A Consolidação das Leis do Trabalho não define o conceito de sentença. Desse modo, resta aplicável ao Processo do Trabalho (art. 769 da CLT) a definição de sentença prevista no art. 203 do CPC, que assim dispõe:

> "Os pronunciamentos do juiz consistirão em sentenças, decisões interlocutórias e despachos. § 1º Ressalvadas as disposições expressas dos procedimentos especiais, sentença é o pronunciamento por meio do qual o juiz, com fundamento nos arts. 485 e 487, põe fim à fase cognitiva do procedimento comum, bem como extingue a execução."

Dessa maneira, o recurso ordinário é cabível para anular ou reformar a sentença proferida pelo juiz do Trabalho, seja a decisão terminativa (art. 485 do CPC), definitiva (art. 487 do CPC), seja a decisão declaratória, constitutiva ou de improcedência.

Nas hipóteses de extinção do processo sem resolução do mérito, com fundamento em um dos incisos do art. 485, o § 7º deste dispositivo possibilita a retratação pelo Juiz prolator da decisão em 05 dias, retornando o processo ao seu curso atual.

Nos parece que o Código de Processo Civil constitui avanço no aspecto, evitando a delonga desnecessária do processo, e também é compatível com os princípios da instrumentalidade, e primazia do julgamento de mérito. Portanto, aplicável subsidiariamente ao processo trabalhista.

Nesse sentido dispõe o 3º, VIII da IN n. 39/16 do C. TST, *in verbis*:

> "Sem prejuízo de outros, aplicam-se ao Processo do Trabalho, em face de omissão e compatibilidade, os preceitos do Código de Processo Civil que regulam os seguintes temas: (...) VIII – art. 485, § 7º (juízo de retratação no recurso ordinário)."

No rito sumaríssimo, o recurso ordinário deve observar os requisitos previstos nos §§ 1º e 2º do art. 895 da CLT, quais sejam:

a) será imediatamente distribuído, uma vez recebido no Tribunal, devendo o relator liberá-lo no prazo máximo de dez dias, e a Secretaria do Tribunal ou Turma colocá-lo imediatamente em pauta para julgamento, sem revisor;

b) terá parecer oral do representante do Ministério Público presente à sessão de julgamento, se este entender necessário o parecer, com registro na certidão;

c) terá acórdão consistente unicamente na certidão de julgamento, com a indicação suficiente do processo e parte dispositiva, e das razões de decidir do voto prevalente. Se a sentença for confirmada pelos próprios fundamentos, a certidão de julgamento, registrando tal circunstância, servirá de acórdão.

Conforme o § 2º, do art. 895 da CLT, "os Tribunais Regionais, divididos em Turmas, poderão designar Turma para o julgamento dos recursos ordinários interpostos das sentenças prolatadas nas demandas sujeitas ao procedimento sumaríssimo."

O recurso ordinário também é cabível para o TST em face dos acórdãos proferidos pelos Tribunais Regionais do Trabalho em acórdãos de natureza definitiva ou terminativa, proferidos em processos individuais ou coletivos de sua competência originária (art. 895, II, da CLT).

O Regimento Interno do TST disciplina as hipóteses de cabimento do recurso ordinário ao Tribunal Superior do Trabalho em causas de competência originária do TST. Dispõe o art. 225 do Regimento Interno do TST:

> "É cabível recurso ordinário em: I – ação anulatória; II – ação cautelar; III – ação declaratória; IV – agravo regimental; V – ação rescisória; VI – dissídio coletivo; VII – *habeas corpus*; VIII – *habeas data*; e IX – mandado de segurança."

Conforme o art. 899 da CLT, o recurso ordinário somente será recebido no efeito devolutivo. A jurisprudência trabalhista tem admitido a concessão de efeito suspensivo ao recurso ordinário, mediante a propositura de medida cautelar inominada. Nesse sentido, destaca-se a seguinte ementa:

> "Recurso ordinário em ação cautelar — Efeito suspensivo a recurso ordinário. A jurisprudência pacífica desta Corte, consubstanciada no item I da Súmula n. 414, se orienta no sentido de que a ação cautelar é o meio próprio para se obter efeito suspensivo a recurso. Todavia, necessária a configuração dos elementos aptos a ensejar o provimento acautelatório pretendido. A mera ordem reintegratória não caracteriza perigo de dano irreparável, uma vez que o empregador se

beneficia do trabalho prestado pelo empregado reintegrado, ao qual é devida a respectiva contraprestação. De outro lado, não restou demonstrada a viabilidade de êxito do recurso ordinário ao qual a sociedade empresária pretende conferir efeito suspensivo. O Juízo de origem adotou tese que se coaduna com a jurisprudência desta Corte. *Periculum in mora* e *fumus boni iuris* não demonstrados. Recurso ordinário não provido." (TST – 4ª T. – relª Minª Rosa Maria Weber – DJe n. 290 – 6.8.09 – p. 900 – ROAC n. 41/2008.000.02.00-0) (RDT n 09 – setembro de 2009)

O recurso ordinário deve ser interposto por petição acompanhada das razões, no prazo de oito dias. Como já mencionado anteriormente, admite-se apenas a interposição por simples petição, sem as razões se a parte estiver sem advogado, valendo-se do *jus postulandi* (art. 791 da CLT).

Embora se trate de um recurso de fundamentação livre, as razões apresentadas pelo recorrente devem ter pertinência com a fundamentação da sentença. A jurisprudência não tem admitido razões dissociadas dos fundamentos da sentença, tampouco que o recorrente apenas reproduza as razões da peça inicial ou da contestação.

Nesse sentido a recente Súmula n. 422, III do C. TST, *in verbis*:

> "RECURSO. FUNDAMENTO AUSENTE OU DEFICIENTE. NÃO CONHECIMENTO (redação alterada, com inserção dos itens I, II e III) – Res. n. 199/2015, DEJT divulgado em 24, 25 e 26.6.2015. Com errata publicada no DEJT divulgado em 1º.7.2015
>
> I – Não se conhece de recurso para o Tribunal Superior do Trabalho se as razões do recorrente não impugnam os fundamentos da decisão recorrida, nos termos em que proferida.
>
> II – O entendimento referido no item anterior não se aplica em relação à motivação secundária e impertinente, consubstanciada em despacho de admissibilidade de recurso ou em decisão monocrática.
>
> III – Inaplicável a exigência do item I relativamente ao recurso ordinário da competência de Tribunal Regional do Trabalho, exceto em caso de recurso cuja motivação é inteiramente dissociada dos fundamentos da sentença."

No mesmo sentido, destaca-se a seguinte ementa:

> "AGRAVO DE INSTRUMENTO. RECURSO DE REVISTA. PROCESSO SOB A ÉGIDE DA LEI N. 13.015/2014. RECURSO ORDINÁRIO NÃO CONHECIDO. RECURSO DE REVISTA MAL APARELHADO. Não impulsiona a admissibilidade do recurso de revista alegada violação de dispositivos constitucionais ou legais que não guardam relação com a matéria que se pretende reformar. No caso concreto, pretende a parte Recorrente a reforma do acórdão regional que não conheceu do seu recurso ordinário, em virtude de suas razões não terem infirmado os fundamentos da sentença. Contudo, lastreia seu apelo apenas em violação ao art. 7º, XXVI, da CF (estranho à matéria discutida), o que, a toda evidência, não ampara as alegações recursais. Assim, não merece ser conhecido o recurso de revista, porquanto desatendidos os pressupostos intrínsecos de admissibilidade. Agravo de instrumento desprovido." (TST – Processo: AIRR – 362-68.2014.5.23.0091 – Data de Julgamento: 20.4.2016, relator Ministro: Mauricio Godinho Delgado, 3ª Turma, Data de Publicação: DEJT 29.4.2016)

Há necessidade de pagamento das custas. O reclamante somente pagará as custas se todos os pedidos forem extintos sem resoluçao de mérito, ou se todos forem julgados improcedentes. Havendo procedência total ou em parte dos pedidos, o reclamado pagará as custas processuais.

Se houve condenação em pecúnia, o reclamado deve realizar o depósito recursal.

O presente recurso será interposto perante o órgão judiciário do qual se recorre, o qual determinará o processamento do recurso, notificando o recorrido para apresentar as contrarrazões no prazo de oito dias.

Apresentadas as contrarazões, o processo será remetido ao Tribunal competente para verificar presença dos pressupostos recursais e apreciar o recurso.

O relator do recurso primeiramente reapreciará os pressupostos recursais. Se presentes, determinará o processamento do recurso, conforme o Regimento Interno do Tribunal.

2.1.2. Os §§ 3º e 4º do art. 1.013 do CPC e a teoria da causa madura e sua aplicação no recurso ordinário trabalhista

Dispõem os §§ 3º e 4º do art. 1.013 do CPC:

> "A apelação devolverá ao tribunal o conhecimento da matéria impugnada.
>
> (...)
>
> § 3º Se o processo estiver em condições de imediato julgamento, o tribunal deve decidir desde logo o mérito quando:
>
> I – reformar sentença fundada no art. 485;
>
> II – decretar a nulidade da sentença por não ser ela congruente com os limites do pedido ou da causa de pedir;
>
> III – constatar a omissão no exame de um dos pedidos, hipótese em que poderá julgá-lo;
>
> IV – decretar a nulidade de sentença por falta de fundamentação.
>
> § 4º Quando reformar sentença que reconheça a decadência ou a prescrição, o tribunal, se possível, julgará o mérito, examinando as demais questões, sem determinar o retorno do processo ao juízo de primeiro grau."

Diante do referido dispositivo, o Tribunal pode, desde logo, enfrentar o mérito quando a causa já estiver pronta para julgamento (a doutrina utiliza a expressão *causa madura*), ou seja: não há mais necessidade de dilação probatória. Nesta hipótese, o TRT, ao reformar a decisão, enfrentará o mérito, nas seguintes hipóteses:

a) decisão de 1º grau extinguir o processo sem resolução de mérito (art. 485 do CPC): nesta situação, tratando-se de matéria fática ou jurídica, o Tribunal deve apreciar o mérito, se o processo já estiver pronto para julgamento;

b) decretar a nulidade da sentença por não ser ela congruente com os limites do pedido ou da causa de pedir: nesta hipótese, a decisão pode ter sido aquém do pedido (*citra petita*), ou além do pedido (*ultra petita*). Nessas situações, o Tribunal julgará o pedido que não fora objeto de apreciação em primeiro grau, ou fará a adequação da decisão ao limites do pedido, quando a decisão fora além do pedido. Até mesmo a decisão fora do pedido (*extra petita*) pode ser apreciada pelo Tribunal;

c) constatar a omissão no exame de um dos pedidos, hipótese em que poderá julgá-lo: nesta hipótese, há faculdade do Tribunal em julgar o pedido que não fora objeto de apreciação, corrigindo o vício da decisão *citra petita*. Como bem advertem *Nelson Nery Junior* e *Rosa Maria de Andrade Nery*(116), "o dispositivo não deve ser interpretado no sentido de que a parte não tem a obrigação de destacar e discutir a omissão. Se a parte também não discute a questão, ocorre a preclusão. O tribunal não está obrigado a revolver o processo em busca disso."

d) decretar a nulidade de sentença por falta de fundamentação: Havendo deficiência na fundamentação, a exemplo da decisão de primeiro grau não ter enfrentado tese defensiva que possa infirmar a decisão, ou anula-la, deve o Tribunal enfrentar o argumentação não apreciada na sentença;

e) quando reformar sentença que reconheça a decadência ou a prescrição: nesta hipótese, se o Tribunal afastar a prescrição ou decadência em grau recursal, e a causa estiver pronta para julgamento, deverá enfrentar o mérito.

As presentes hipóteses se aplicam ao recurso ordinário trabalhista, possibilitando maior efetividade à jurisdição, implementação do princípio da duração razoável do processo, prestígio da instrumentalidade e maior aproveitamento dos atos processuais.

O CPC/73 disciplinava apenas a hipótese de o Tribunal ingressar o exame de mérito (art. 515, § 3º, do CPC) quando a decisão de primeiro grau extinguisse o processo sem resolução de mérito, a matéria fosse exclusivamente de direito, e a causa estivesse em condições de imediato julgamento; no Código atual, o Tribunal deve julgar também a matéria fática, nas hipóteses dos incisos dos §§ 3º e 4º do art. 1.013 do CPC.

Trata-se, indiscutivelmente, de avanço em face do CPC anterior que tinha pouca efetividade, pois dizia ser faculdade do Tribunal apreciar o mérito, quando afastasse, em grau recursal a extinção do feito sem resolução meritória. Doravante, se trata de obrigação do Tribunal e não mera faculdade.

Certamente, haverá bastante resistência dos Tribunais em aplicar os §§ 3º e 4º do art. 1.013 do CPC, principalmente dos Tribunais Regionais Trabalhistas, pois a tradição atual é determinar a baixa do processo para novo julgamento em primeiro grau quando a decisão apresentar algum defeito processual.

O Tribunal Superior do Trabalho, entretanto, unificou a jurisprudência no sentido da aplicabilidade a teoria da causa madura também para matéria probatória, conforme se extrai da nova redação da Súmula n. 393, de sua jurisprudência, *in verbis*:

> "RECURSO ORDINÁRIO. EFEITO DEVOLUTIVO EM PROFUNDIDADE. ART. 1.013, § 1º, DO CPC DE 2015. ART. 515, § 1º, DO CPC DE 1973.
>
> I – O efeito devolutivo em profundidade do recurso ordinário, que se extrai do § 1º do art. 1.013 do CPC de 2015 (art. 515, § 1º, do CPC de 1973), transfere ao Tribunal a apreciação

(116) *Comenatários ao Código de Processo Civil.* São Paulo: RT, 2015. p. 2.069.

dos fundamentos da inicial ou da defesa, não examinados pela sentença, ainda que não renovados em contrarrazões, desde que relativos ao capítulo impugnado.

II – Se o processo estiver em condições, o tribunal, ao julgar o recurso ordinário, deverá decidir desde logo o mérito da causa, nos termos do § 3º do art. 1.013 do CPC de 2015, inclusive quando constatar a omissão da sentença no exame de um dos pedidos."

Como destaca *Cândido Rangel Dinamarco*[(117)]: "Para o adequado cumprimento da função jurisdicional, é indispensável boa dose de sensibilidade do juiz aos valores sociais e às mutações axiológicas da sua sociedade. O juiz há de estar comprometido com esta e com as suas preferências. Repudia-se um juiz indiferente, o que corresponde a repudiar também o pensamento do processo como instrumento meramente técnico. Ele é um instrumento político de muita conotação ética, e o juiz precisa estar consciente disso. As leis envelhecem e também podem ter sido malfeitas. Em ambas as hipóteses carecem de legitimidade as decisões que as considerem isoladamente e imponham o comando emergente da mera interpretação gramatical. Nunca é dispensável a interpretação dos textos legais no sistema da própria ordem jurídica positiva em consonância com os princípios e garantias constitucionais (interpretação sistemática) e sobretudo à luz dos valores aceitos (interpretação sociológica, axiológica)."

No aspecto, há recente decisão do TST, *in verbis*:

AGRAVO DE INSTRUMENTO. RECURSO DE REVISTA INTERPOSTO SOB A ÉGIDE DA LEI N. 13.015/2014 — DESCABIMENTO. NULIDADE. ART. 515, § 3º, DO CPC/73. PREJUÍZO À DEFESA. INOCORRÊNCIA. TEORIA DA CAUSA MADURA. MATÉRIA FÁTICA. O art. 515, § 3º, do CPC/73 prevê que, "nos casos de extinção do processo sem julgamento do mérito (art. 267), o tribunal pode julgar desde logo a lide, se a causa versar questão exclusivamente de direito e estiver em condições de imediato julgamento". Ainda que o dispositivo legal em questão aluda a "questão exclusivamente de direito", é cabível a aplicação da assim chamada teoria da causa madura também quando remanesce matéria fática, desde que desnecessária dilação probatória. Precedentes. Observe-se que o novo CPC sequer repetiu a expressão em seu art. 1.013, § 3º, I. Agravo de instrumento conhecido e desprovido. (Processo: AIRR – 1632-40.2012.5.05.0531 – Data de Julgamento: 26.10.2016, rel. Ministro: Alberto Luiz Bresciani de Fontan Pereira, 3ª Turma, Data de Publicação: DEJT 28.10.2016.

2.1.3. O art. 938 do CPC (saneamento das nulidades no recurso ordinário)

Dispõe o art. 938 do CPC:

"A questão preliminar suscitada no julgamento será decidida antes do mérito, deste não se conhecendo caso seja incompatível com a decisão.

§ 1º Constatada a ocorrência de vício sanável, inclusive aquele que possa ser conhecido de ofício, o relator determinará a realização ou a renovação do ato processual, no próprio tribunal ou em primeiro grau de jurisdição, intimadas as partes.

§ 2º Cumprida a diligência de que trata o § 1º, o relator, sempre que possível, prosseguirá no julgamento do recurso.

(117) DINAMARCO, Cândido Rangel. *A instrumentalidade do processo.* 12. ed. São Paulo: Malheiros, 2005. p. 361.

§ 3º Reconhecida a necessidade de produção de prova, o relator converterá o julgamento em diligência, que se realizará no tribunal ou em primeiro grau de jurisdição, decidindo-se o recurso após a conclusão da instrução.

§ 4º Quando não determinadas pelo relator, as providências indicadas nos §§ 1º e 3º poderão ser determinadas pelo órgão competente para julgamento do recurso."

O presente dispositivo possibilita que o Tribunal suspenda o julgamento do recurso, verificando a possibilidade de saneamento de nulidade do processo, e determina a baixa dos autos para o primeiro grau. Uma vez renovado o ato processual ou praticado o ato pelo Tribunal, este prosseguirá no julgamento do recurso.

Houve aperfeiçoamento do art. 515, § 4º, do CPC/73, que dispunha sobre o saneamento das nulidades apenas no recurso de apelação. Doravante, o saneamento de nulidades pode ser realizado em qualquer recurso.

Trata-se de uma extensão legal do efeito devolutivo do recurso no aspecto vertical, pois há autorização legal para o Tribunal, mesmo sem qualquer invocação no recurso pelo recorrente, determinar, de ofício, a renovação de atos processuais que contêm algum vício.

É consenso na doutrina que as nulidades dos atos processuais podem ser absolutas, relativas, ou até mesmo o ato processual pode ser inexistente.

São nulos os atos processuais quando violem normas de ordem pública e interesse social. O ato nulo não está sujeito à preclusão e pode ser declarado de ofício pelo juiz. São relativas as nulidades quando não violem normas de ordem pública. Dependem da iniciativa da parte, não podendo ser conhecidas de ofício. Os chamados atos inexistentes contêm um vício tão acentuado que não chegam a produzir efeitos. Entretanto, a doutrina tem dito que mesmo os atos inexistentes devem ter seus efeitos cassados por decisão judicial. Portanto, os atos inexistentes seguem o mesmo regime das nulidades absolutas(118).

O eixo central da declaração das nulidades, tanto no Direito Processual Civil como no Processual do Trabalho, é a existência de prejuízo, ou seja, se o ato processual, embora defeituoso e contendo vícios, não causou prejuízos a uma das partes, não deve ser anulado(119).

Voltando ao § 1º do art. 938 do CPC, destaca-se que o referido dispositivo alude à nulidade sanável. Portanto, trata-se de nulidade relativa. E se a nulidade for absoluta, ela poderá ser sanável?

Pode ser discutível a aplicação do presente dispositivo do CPC quando a nulidade da sentença for absoluta: se houver cerceamento de defesa a uma das partes, como exemplo, o indeferimento de diligência probatória.

---

(118) Nesse sentido, Teresa Arruda Alvim Wambier: "Cremos que se deve repetir em relação aos atos inexistentes o que foi dito com respeito aos atos nulos: há necessidade, em princípio, de pronunciamento judicial, provocado por ação meramente declaratória, para que tal 'vida artificial', há pouco referida, tenha fim" (*Nulidades do processo e da sentença*. 6. ed. São Paulo: RT, 2007. p. 157).

(119) Como destaca Carlos Henrique Bezerra Leite: "O princípio do prejuízo, também chamado de princípio da transcendência, está intimamente ligado ao princípio da instrumentalidade das formas. Significa que não haverá nulidade sem prejuízo manifesto às partes interessadas. O princípio do prejuízo é inspirado no sistema francês (*pas de nullité sans grief*)" (*Curso de direito processual do trabalho*. 5. ed. São Paulo: LTr, 2007. p. 359).

Acreditamos ser possível a aplicação do referido dispositivo em casos de nulidade absoluta, se for possível repetir o ato, sem demora significativa no processo, ausência de prejuízo às partes e efetividade do ato processual. O dispositivo não restringe a renovação do ato por nulidade absoluta, apenas faz alusão à nulidade que possa ser sanada. Desse modo, pensamos que, desde que se possa renovar o ato, sem prejuízos para os litigantes, o Tribunal deve aplicá-lo.

Nesse sentido, ensina *Nelson Nery Junior*(120):

> "A distinção entre nulidade e anulabilidade é irrelevante no processo civil, para determinar-se sua sanção, já que não se afigura correto afirmar-se que a nulidade absoluta é insanável. Tanto as nulidades absolutas quanto as anulabilidades são passíveis de sanação pela incidência do princípio da instrumentalidade das formas."

Assim, por exemplo, se não houve perícia em caso de adicionais de insalubridade e periculosidade, o Tribunal pode determinar a nulidade parcial da sentença, com relação ao pedido de adicionais de insalubridade ou periculosidade, e determinar a realização da diligência. Após a perícia, o julgamento de primeiro grau será complementado. Intimadas as partes, o Tribunal prossegue o julgamento.

O presente artigo encaixa-se perfeitamente ao Processo do Trabalho, o qual prima pela rapidez e pela efetividade processual. Além disso, o procedimento trabalhista está balizado pela simplicidade e, muitas vezes, pela informalidade. Como a CLT não prevê a hipótese, o art. 938 do CPC, por força do art. 769 da CLT, resta aplicável integralmente ao Direito Processual do Trabalho. Desse modo, o Tribunal Regional do Trabalho, ao julgar o Recurso Ordinário, verificando a possibilidade de existência de nulidade sanável, poderá determinar a suspensão do processo e baixar os autos à Vara do Trabalho para saneamento da nulidade que entende existente.

O art. 938 do CPC pode ser aplicável também aos recursos trabalhistas de natureza extraordinária, quais sejam: recurso de revista e embargos para a SDI do TST.

O Tribunal Superior do Trabalho entendeu aplicável o art. 938 do CPC ao processo do trabalho por força do art. 10 da IN n. 39/16, que assim dispõe:

> "Aplicam-se ao Processo do Trabalho as normas do parágrafo único do art. 932 do CPC, §§ 1º a 4º do art. 938 e §§ 2º e 7º do art. 1.007. Parágrafo único. A insuficiência no valor do preparo do recurso, no Processo do Trabalho, para os efeitos do § 2º do art. 1.007 do CPC, concerne unicamente às custas processuais, não ao depósito recursal."

2.2. Recurso de revista

2.2.1. Conceito

O Recurso de Revista, conforme nos traz a melhor doutrina, é um recurso de natureza extraordinária(121), ao lado do recurso especial (que é cabível ao STJ) e do recurso extraordinário (interposto perante o STF).

---

(120) NERY JUNIOR, Nelson *et al. Código de Processo Civil comentado.* 7. ed. São Paulo: RT, 2007. p. 618.

(121) Ensina Yone Frediani: "O sistema processual pátrio encontra-se edificado na esfera recursal com a utilização de dois critérios: recursos *ordinários ou comuns* e *extraordinários ou especiais.* Os ordinários destinam-se

Como destaca *Estêvão Mallet*(122), "enquanto os recursos ordinários prestam-se para corrigir qualquer injustiça contida na decisão — entendida injustiça como incorreta solução da lide —, os de natureza extraordinária servem apenas para eliminar injustiças específicas [...]. É de se repelir, portanto, a diferenciação dos recursos em ordinários e extraordinários conforme os efeitos que a interposição possa ter sobre a coisa julgada."

Podemos conceituar o Recurso de Revista como sendo um recurso de natureza extraordinária, cabível em face de acórdãos proferidos pelos Tribunais Regionais do Trabalho em dissídios individuais, tendo por objetivo uniformizar a interpretação das legislações estadual, federal e constitucional (tanto de direito material como processual) no âmbito da competência da Justiça do Trabalho, bem como resguardar a aplicabilidade de tais instrumentos normativos.

A expressão *dissídio individual* a que se refere o art. 896 da CLT, deve ser lida como sendo o dissídio de competência originária do primeiro grau de jurisdição, uma vez que há ações de natureza coletiva como as que envolvem substituição processual e própria ação civil pública que se iniciam em primeiro grau, podendo ser objeto do recurso de revista. Já os dissídios coletivos previstos na legislação processual trabalhista (de natureza econômica, jurídica ou de greve) não se iniciam no primeiro grau de jurisdição e, portanto, não podem ser objeto de recurso de revista.

O Recurso de Revista é o recurso último, na Justiça do Trabalho, para impugnação de decisões proferidas em dissídios individuais, não obstante ainda haver a possibilidade de se questionar a decisão no Supremo Tribunal Federal, na hipótese de violação da Constituição Federal.

Trata-se de recurso técnico, com pressupostos rígidos de conhecimento e, portanto, não se destina a apreciar fatos e provas, tampouco avaliar a justiça da decisão, pois tem por objeto resguardar a aplicação e a vigência da legislação de competência da Justiça Trabalhista.

Estevão Mallet(123) justifica a necessidade do recurso de revista com os seguintes argumentos:

> "A revista não pode ser abolida porque isso levaria, em última análise, à desintegração do direito do trabalho federal. Diante da força criadora da jurisprudência, sobre a qual se falou no início do presente estudo, se não houvesse como unificar intepretações divergentes em torno do mesmo dipositivo legal, em pouco tempo o Direito do Trabalho nacional

---

ao exame de toda a matéria fática e de direito discutida no 1º grau de jurisdição e, na esfera trabalhista, correspondem aos recursos ordinários e aos agravos de petição e de instrumento. Os extraordinários têm como único objeto a apreciação de questões de direito, e por essa razão, também se destinam à uniformização da jurisprudência, como é o caso do recurso de revista" (*Processo de conhecimento e de execução*. São Paulo: LTr, 2004. p. 65).

(122) MALLET, Estêvão. *Do recurso de revista no processo do trabalho*. São Paulo: LTr, 1995. p. 15.

(123) *Do recurso de revista no processo do trabalho*. São Paulo: LTr, 1995. p. 201.

substituído, na prática, por diferentes versões locais, o que não parece desejável nem é pretendido por quem buscar tornar mais célere a tramitação das demandas trabalhistas. Por aí se vê que o recurso de revista desempenha função realmente relevante, não convindo sua eliminação: os prejuízos decorrentes não compensariam as vantagens obtidas, até porque a economia de tempo alcançada seria proporcionalmente pequena, em comparação com o tempo total do processo."

O Recurso de Revista vem regulamentado pelo art. 896 da CLT, que assim dispõe:

"Art. 896 – Cabe Recurso de Revista para Turma do Tribunal Superior do Trabalho das decisões proferidas em grau de recurso ordinário, em dissídio individual, pelos Tribunais Regionais do Trabalho, quando:

a) derem ao mesmo dispositivo de lei federal interpretação diversa da que lhe houver dado outro Tribunal Regional do Trabalho, no seu Pleno ou Turma, ou a Seção de Dissídios Individuais do Tribunal Superior do Trabalho, ou contrariarem súmula de jurisprudência uniforme dessa Corte ou súmula vinculante do Supremo Tribunal Federal; (Alínea alterada pela Lei n. 13.015/2014 – DOU 22.7.2014)

b) derem ao mesmo dispositivo de lei estadual, Convenção Coletiva de Trabalho, Acordo Coletivo, sentença normativa ou regulamento empresarial de observância obrigatória em área territorial que exceda a jurisdição do Tribunal Regional prolator da decisão recorrida, interpretação divergente, na forma da alínea *a*;

c) proferidas com violação literal de disposição de lei federal ou afronta direta e literal à Constituição Federal.

§ 1º O recurso de revista, dotado de efeito apenas devolutivo, será interposto perante o Presidente do Tribunal Regional do Trabalho, que, por decisão fundamentada, poderá recebê-lo ou denegá-lo. (Parágrafo alterado pela Lei n. 13.015/2014 – DOU 22.7.2014)

§ 1º-A. Sob pena de não conhecimento, é ônus da parte: (Parágrafo inserido pela Lei n. 13.015/2014 – DOU 22.7.2014)

I – indicar o trecho da decisão recorrida que consubstancia o prequestionamento da controvérsia objeto do recurso de revista;

II – indicar, de forma explícita e fundamentada, contrariedade a dispositivo de lei, súmula ou orientação jurisprudencial do Tribunal Superior do Trabalho que conflite com a decisão regional;

III – expor as razões do pedido de reforma, impugnando todos os fundamentos jurídicos da decisão recorrida, inclusive mediante demonstração analítica de cada dispositivo de lei, da Constituição Federal, de súmula ou orientação jurisprudencial cuja contrariedade aponte.

§ 2º Das decisões proferidas pelos Tribunais Regionais do Trabalho ou por suas Turmas, em execução de sentença, inclusive em processo incidente de embargos de terceiro, não caberá Recurso de Revista, salvo na hipótese de ofensa direta e literal de norma da Constituição Federal.

§ 3º Os Tribunais Regionais do Trabalho procederão, obrigatoriamente, à uniformização de sua jurisprudência e aplicarão, nas causas da competência da Justiça do Trabalho, no que couber, o incidente de uniformização de jurisprudência previsto nos termos do Capítulo I do Título IX do Livro I da Lei n. 5.869, de 11 de janeiro de 1973 (Código de Processo Civil). (Parágrafo alterado pela Lei n. 13.015/2014 – DOU 22.7.2014)

§ 4º Ao constatar, de ofício ou mediante provocação de qualquer das partes ou do Ministério Público do Trabalho, a existência de decisões atuais e conflitantes no âmbito do mesmo Tribunal Regional do Trabalho sobre o tema objeto de recurso de revista, o Tribunal Superior do Trabalho determinará o retorno dos autos à Corte de origem, a fim de que proceda à uniformização da jurisprudência. (Parágrafo alterado pela Lei n. 13.015/2014 – DOU 22.7.2014)

§ 5º A providência a que se refere o § 4º deverá ser determinada pelo Presidente do Tribunal Regional do Trabalho, ao emitir juízo de admissibilidade sobre o recurso de revista, ou pelo Ministro relator, mediante decisões irrecorríveis. (Parágrafo alterado pela Lei n. 13.015/2014 – DOU 22.7.2014)

§ 6º Após o julgamento do incidente a que se refere o § 3º, unicamente a súmula regional ou a tese jurídica prevalecente no Tribunal Regional do Trabalho e não conflitante com súmula ou orientação jurisprudencial do Tribunal Superior do Trabalho servirá como paradigma para viabilizar o conhecimento do recurso de revista, por divergência. (Parágrafo alterado pela Lei n. 13.015/2014 – DOU 22.7.2014)

§ 7º A divergência apta a ensejar o recurso de revista deve ser atual, não se considerando como tal a ultrapassada por súmula do Tribunal Superior do Trabalho ou do Supremo Tribunal Federal, ou superada por iterativa e notória jurisprudência do Tribunal Superior do Trabalho. (Parágrafo inserido pela Lei n. 13.015/2014 – DOU 22.7.2014)

§ 8º Quando o recurso fundar-se em dissenso de julgados, incumbe ao recorrente o ônus de produzir prova da divergência jurisprudencial, mediante certidão, cópia ou citação do repositório de jurisprudência, oficial ou credenciado, inclusive em mídia eletrônica, em que houver sido publicada a decisão divergente, ou ainda pela reprodução de julgado disponível na internet, com indicação da respectiva fonte, mencionando, em qualquer caso, as circunstâncias que identifiquem ou assemelhem os casos confrontados. (Parágrafo inserido pela Lei n. 13.015/2014 – DOU 22.7.2014)

§ 9º Nas causas sujeitas ao procedimento sumaríssimo, somente será admitido recurso de revista por contrariedade a súmula de jurisprudência uniforme do Tribunal Superior do Trabalho ou a súmula vinculante do Supremo Tribunal Federal e por violação direta da Constituição Federal. (Parágrafo inserido pela Lei n. 13.015/2014 – DOU 22.7.2014)

§ 10 – Cabe recurso de revista por violação a lei federal, por divergência jurisprudencial e por ofensa à Constituição Federal nas execuções fiscais e nas controvérsias da fase de execução que envolvam a Certidão Negativa de Débitos Trabalhistas (CNDT), criada pela Lei n. 12.440, de 7 de julho de 2011. (Parágrafo inserido pela Lei n. 13.015/2014 – DOU 22.7.2014)

§ 11 – Quando o recurso tempestivo contiver defeito formal que não se repute grave, o Tribunal Superior do Trabalho poderá desconsiderar o vício ou mandar saná-lo, julgando o mérito. (Parágrafo inserido pela Lei n. 13.015/2014 – DOU 22.7.2014)

§ 12 – Da decisão denegatória caberá agravo, no prazo de 8 (oito) dias. (Parágrafo inserido pela Lei n. 13.015/2014 – DOU 22.7.2014)

§ 13 – Dada a relevância da matéria, por iniciativa de um dos membros da Seção Especializada em Dissídios Individuais do Tribunal Superior do Trabalho, aprovada pela maioria dos integrantes da Seção, o julgamento a que se refere o § 3º poderá ser afeto ao Tribunal Pleno." (Parágrafo inserido pela Lei n. 13.015/2014 – DOU 22.7.2014)

Nos termos da Súmula n. 218 do TST: "É incabível recurso de revista interposto de acórdão regional prolatado em agravo de instrumento."

O entendimento vazado na referida Súmula é acertado, uma vez que o acórdão regional proferido em Agravo de Instrumento não se reporta a dissídio individual, e sim aprecia a correção da decisão que indeferiu processamento de recurso, propiciando maior celeridade na tramitação.

Nos termos da OJ n. 334, da SDI-I, do TST:

> "Incabível recurso de revista de ente público que não interpôs recurso ordinário voluntário da decisão de primeira instância, ressalvada a hipótese de ter sido agravada, na segunda instância, a condenação imposta."

O entendimento da referida Orientação do TST, no nosso sentir, está correto, uma vez que a remessa necessária é condição de eficácia da decisão de primeiro grau perante a Fazenda Pública. Se a decisão regional não agrava a situação da Fazenda, não há interesse recursal dela em interpor recurso de revista ao Tribunal Superior do Trabalho se não houve recurso voluntário em face da decisão de primeiro grau, em razão da preclusão consumativa. De outro lado, mesmo não tendo havido recurso voluntário da decisão de primeiro grau, se, na remessa necessária, fora majorada a condenação da Fazenda em face do efeito translativo da remessa necessária, haverá interesse recursal por parte desta em interpor o recurso de revista perante do TST.

2.2.2. Requisitos específicos do recurso de revista

2.2.2.1. Pressupostos extrínsecos

a) *regularidade formal:* petição acompanhada das razões: como já mencionamos, o Recurso de Revista, por ser um recurso técnico, com pressupostos específicos de admissibilidade, deve ser interposto com a petição acompanhada das razões, não sendo possível a interposição por simples petição;

Nos termos da Súmula n. 425 do Tribunal Superior do Trabalho, o recurso de Revista somente poderá ser interposto por meio de advogado, não se aplicando o *jus postulandi* da parte. Com efeito, dispõe o enunciado da Súmula em questão:

> "*JUS POSTULANDI* NA JUSTIÇA DO TRABALHO. ALCANCE – Res. n. 165/2010, DEJT divulgado em 30.4.2010 e 3 e 4.5.2010. O *jus postulandi* das partes, estabelecido no art. 791 da CLT, limita-se às Varas do Trabalho e aos Tribunais Regionais do Trabalho, não alcançando a ação rescisória, a ação cautelar, o mandado de segurança e os recursos de competência do Tribunal Superior do Trabalho."

b) *depósito recursal:* O depósito recursal faz parte do preparo do Recurso de Revista. Seu valor é o dobro do exigido para o recurso ordinário, observado o limite máximo do valor da condenação;

c) *demonstração de uma das hipóteses previstas nas alíneas* a, b, *ou* c *do art. 896 da CLT:* o Recurso de Revista somente é cabível nas hipóteses taxativas do art. 896 da CLT;

d) *acórdão de TRT:* o Recurso de Revista somente é cabível em face de Acórdão dos TRTs proferidos em dissídios individuais. Nesse sentido, é o *caput* do art. 896

da CLT, *in verbis*: "Cabe recurso de revista para Turma do Tribunal Superior do Trabalho das decisões proferidas em grau de recurso ordinário, em dissídio individual, pelos Tribunais Regionais do Trabalho [...]."

e) a peça recursal deve preencher os requisitos do art. 896, § 1º-A, da CLT:

A recente Lei n. 13.015/2014 incluiu o § 1º-A, no art. 896, da CLT, dispondo sobre o prequestionamento e sua demonstração. Com efeito dispõe o referido dispositivo:

> "Sob pena de não conhecimento, é ônus da parte:
>
> I – indicar o trecho da decisão recorrida que consubstancia o prequestionamento da controvérsia objeto do recurso de revista;
>
> II – indicar, de forma explícita e fundamentada, contrariedade a dispositivo de lei, súmula ou orientação jurisprudencial do Tribunal Superior do Trabalho que conflite com a decisão regional;
>
> III – expor as razões do pedido de reforma, impugnando todos os fundamentos jurídicos da decisão recorrida, inclusive mediante demonstração analítica de cada dispositivo de lei, da Constituição Federal, de súmula ou orientação jurisprudencial cuja contrariedade aponte."

O presente dispositivo, em verdade, estabelece pressupostos objetivos ou extrínsecos para demonstração do prequestionamento.

O pressuposto do prequestionamento, que antes era exigido apenas por imposição jurisprudencial, agora é previsto em lei, e deve ser demonstrado pelo recorrente de forma clara, objetiva e concisa.

Os requisitos do § 1º-A da CLT têm por escopo facilitar a apreciação do conhecimento do recurso de revista pelo Tribunal Superior do Trabalho, e também de certa forma dificultar o conhecimento do recurso. Doravante cumpre à parte, na peça recursal:

a) destacar e mencionar na peça recursal o trecho da decisão recorrida que consubstancia o prequestionamento da controvérsia objeto do recurso de revista. Não basta indicar a decisão ou a ementa. Deve-se, por exemplo, transcrever o trecho da decisão recorrida que confronte com o trecho da decisão recorrida de outro Tribunal;

b) indicar, de forma explícita e fundamentada, o trecho da decisão recorrida que apresente contrariedade a dispositivo de lei, súmula ou orientação jurisprudencial do Tribunal Superior do Trabalho que conflite com a decisão regional;

c) também deverá a parte expor as razões do pedido de reforma, impugnando todos os fundamentos jurídicos da decisão recorrida, inclusive mediante demonstração analítica de cada dispositivo de lei, da Constituição Federal, de súmula ou de orientação jurisprudencial cuja contrariedade aponte.

O não atendimento das alíneas citadas provocará o não conhecimento do recurso de revista. Já há previsões pessimistas e otimistas na doutrina sobre o futuro do recurso de revista. Muitos se mostram refratários à alteração, considerando-se a simplicidade do processo do trabalho, sendo certo que este tem como um dos seus pilares facilitar o acesso à justiça do trabalhador. Outros são favoráveis, argumentando que o recurso de revista é de natureza extraordinária, tendo por objetivo a uniformização da intepretação da legislação, evitando a fragmentação da legislação trabalhista (tanto material, como processual). Desse modo, harmoniza-se com o sistema constitucional a imposição de requisitos mais rígidos para o conhecimento desse recurso. Além disso, sustentam que a alteração facilitará o julgamento dos recursos de revista e diminuirá sensivelmente o número de processos no âmbito do Tribunal Superior do Trabalho.

Como bem adverte *Manoel Antonio Teixeira Filho*:

> "Conquanto o conjunto dos ônus processuais descritos nos incisos I a III do art. 896, da CLT, pareça ser nutrido de um rigor excessivo, supostamente inconciliável com a simplicidade do processo do trabalho, devemos reconhecer que esse rigor é de certo modo justificável no plano dos recurso de natureza extraordinária — como é o de revista —, que não se vinculam do duplo grau de jurisdição."(124)

O tempo irá demontrar se a alteração foi efetiva, entretanto, já é tendência do Tribunal Superior do Trabalho apreciar com rigidez o preenchimento do prequestionamento. Nesse sentido, vale transcrever a Súmula n. 422 do TST, *in verbis*:

> "RECURSO. FUNDAMENTO AUSENTE OU DEFICIENTE. NÃO CONHECIMENTO (redação alterada, com inserção dos itens I, II e III) – Res. n. 199/2015, DEJT divulgado em 24, 25 e 26.6.2015. Com errata publicado no DEJT divulgado em 1º.7.2015
>
> I – Não se conhece de recurso para o Tribunal Superior do Trabalho se as razões do recorrente não impugnam os fundamentos da decisão recorrida, nos termos em que proferida.
>
> II – O entendimento referido no item anterior não se aplica em relação à motivação secundária e impertinente, consubstanciada em despacho de admissibilidade de recurso ou em decisão monocrática.
>
> III – Inaplicável a exigência do item I relativamente ao recurso ordinário da competência de Tribunal Regional do Trabalho, exceto em caso de recurso cuja motivação é inteiramente dissociada dos fundamentos da sentença."

A jurisprudência do Tribunal Superior do Trabalho já vem se pronunciando sobre o tema, conforme as ementas que seguem:

> "COMPETÊNCIA DA JUSTIÇA DO TRABALHO. CONDIÇÕES DA AÇÃO. RESPONSABILIDADE SUBSIDIÁRIA. ENTE PÚBLICO. CERCEAMENTO DE DEFESA. INDENIZAÇÃO POR DANOS MORAIS. RECURSO DE REVISTA QUE NÃO ATENDE AO REQUISITO DISPOSTO NO ART. 896, § 1º-A, INCISO I, DA CLT. AUSÊNCIA DE INDICAÇÃO DO PREQUESTIONAMENTO. O recurso de revista foi interposto na vigência da Lei n. 13.015, de 2014, que alterou a redação do art. 896 da CLT, acrescendo a esse dispositivo, entre outros, o § 1º-A, que determina novas exigências de cunho formal para a interposição do recurso de revista, estatuindo que, 'Sob pena de não conhecimento, é ônus da parte: I – indicar o trecho da decisão recorrida que consubstancia o prequestionamento da controvérsia objeto do recurso de revista;'. Na hipótese, a parte não indicou, na petição do

(124) *Comentários à Lei n. 13.015/2014*. São Paulo: LTr, 2014. p. 27.

recurso de revista, o trecho da decisão recorrida em que se encontram prequestionadas as matérias objeto de sua irresignação, como exige o art. 896, § 1º-A, inciso I, da CLT, de forma que a exigência processual contida no dispositivo em questão não foi satisfeita. Agravo de instrumento desprovido." (TST – Processo: AIRR – 10836-23.2013.5.11.0009, Data de Julgamento: 22.4.2015, relator Ministro: José Roberto Freire Pimenta, 2ª Turma, Data de Publicação: DEJT 30.4.2015)

"**FUNDAMENTO DO DESPACHO DENEGATÓRIO DESCONSTITUÍDO. Art. 896, § 1º-A, I, DA CLT. INDICAÇÃO EXPRESSA DO TRECHO DA DECISÃO RECORRIDA QUE CONSUBSTANCIA O PREQUESTIONAMENTO DA CONTROVÉRSIA OBJETO DO RECURSO DE REVISTA.** Constata-se que, a despeito do consignado no despacho em que se denegou seguimento ao recurso de revista, a parte indicou, expressamente, o trecho da decisão recorrida que consubstancia o prequestionamento da controvérsia objeto do recurso de revista. Assim, verifica-se que o art. 896, § 1º-A, I, da CLT foi observado pela reclamada, razão pela qual se **passa à análise** do mérito do recurso de revista denegado, nos termos da Orientação Jurisprudencial n. 282 da SBDI-1 deste Tribunal. **INDENIZAÇÃO POR DANO MORAL. CISTO SINOVIAL NO PUNHO DIREITO. DOENÇA DE ORIGEM DEGENERATIVA AGRAVADA PELAS CONDIÇÕES DE TRABALHO. NEXO DE CONCAUSALIDADE CONFIGURADO.** No caso, verifica-se que o Regional condenou a reclamada ao pagamento de indenização por dano moral, uma vez que ficou comprovado o nexo de concausalidade entre as condições de trabalho a que foi submetido o reclamante e a enfermidade por ele contraída, bem como o fato de que a empresa reclamada não se desincumbiu de demonstrar a adoção de medidas necessárias à redução dos riscos ocupacionais a que se encontravam submetidos seus empregados, circunstância essa que, uma vez presente, revela-se suficiente a caracterizar a responsabilidade subjetiva da empregadora. Na hipótese vertente, conforme consignado na decisão regional, a prova dos autos atestou que as atividades desempenhadas pelo autor na função de "auxiliar de indústria", ainda que não tenham sido a causa determinante para o desenvolvimento da doença ocupacional, contribuíram para o seu agravamento, agindo ao menos como concausa. Ressalta-se que, nos termos do art. 157 da CLT, compete ao empregador assegurar ambiente de trabalho adequado aos trabalhadores, tomando as devidas medidas preventivas contra acidentes de trabalho, de modo a zelar pela segurança no local de trabalho. Dessa forma, tendo em vista que a reclamada descumpriu o dever de assegurar ambiente de trabalho adequado, é devida a reparação pecuniária. Agravo de instrumento **desprovido. INDENIZAÇÃO POR DANO MORAL. VALOR ARBITRADO (R$ 10.000,00).** O Regional manteve a condenação da reclamada ao pagamento de reparação por danos morais, no valor de R$ 10.000,00 (dez mil reais), para o autor. Na hipótese, diante dos parâmetros estabelecidos pelo Regional, observa-se que o arbitramento dos valores especificados não se mostra desprovido de razoabilidade ou proporcionalidade, apresenta-se adequado à situação fática delineada nos autos e apto a amenizar a dor e as dificuldades cotidianas sofridas pelo empregado. Atentou-se, também, às circunstâncias da gravidade do ato ilícito praticado pela reclamada, ao não proporcionar condições de trabalho seguras ao autor, bem como considerou a culpa e a condição econômica da ré, a extensão do dano e o caráter pedagógico da reparação. Diante do exposto, verifica-se que o Tribunal Regional primou pela razoabilidade e proporcionalidade, não havendo falar em excesso na fixação do *quantum* indenizatório nem em violação do art. 944 do Código Civil. Agravo de instrumento **desprovido.**" (TST – Processo: AIRR – 504-93.2013.5.04.0234 Data de Julgamento: 7.10.2015, relator Ministro: José Roberto Freire Pimenta, 2ª Turma, Data de Publicação: DEJT 16.10.2015)

"AGRAVO DE INSTRUMENTO. RECURSO DE REVISTA. ACÓRDÃO REGIONAL PUBLICADO NA VIGÊNCIA DA LEI N. 13.015/2014. NULIDADE PROCESSUAL. JURISDIÇÃO E COMPETÊNCIA. PREVENÇÃO. JULGAMENTO *EXTRA PETITA* E *ULTRA PETITA*.

RESPONSABILIDADE CIVIL. ACIDENTE DE TRABALHO. DANOS MORAIS. DANOS MATERIAIS. DANOS ESTÉTICOS. INDENIZAÇÕES. VALORES ARBITRADOS. RECURSO DE REVISTA EM QUE NÃO SE INDICA O TRECHO DA DECISÃO RECORRIDA QUE CONFIGURA O PREQUESTIONAMENTO.I. Uma das inovações trazidas pela Lei n.13.015/2014, quanto ao recurso de revista, é a exigência de que a parte indique '*o trecho da decisão recorrida que consubstancia o prequestionamento da controvérsia objeto do recurso de revista*' (art. 896, § 1º-A, I, da CLT), a qual é aplicável a todas as hipóteses de admissibilidade do recurso de revista (art. 896, alíneas '*a*', '*b*' e '*c*', da CLT). II. O atendimento dessa exigência se faz com a transcrição do trecho da decisão recorrida em confronto analítico com a alegada violação da Constituição da República, de lei ou contrariedade a súmula ou com o aresto indicado para demonstração de divergência jurisprudencial, conforme a hipótese em que se fundamenta o recurso de revista. III. A Lei n. 13.015/2014 se aplica às decisões publicadas a partir de 22.92014, em todas as hipóteses, e o processamento do recurso de revista é inviável, quando verificado que a parte não transcreveu o trecho da decisão recorrida, para demonstrar o prequestionamento da controvérsia trazida em seu recurso. IV. Agravo de instrumento de que se conhece e a que se nega provimento." (TST – Processo: AIRR – 10645-93.2013.5.11.0003 – Data de Julgamento: 13.4.2016, relatora Desembargadora Convocada: Cilene Ferreira Amaro Santos, 4ª Turma, Data de Publicação: DEJT 15.4.2016)

AGRAVO DE INSTRUMENTO. RECURSO DE REVISTA. RECLAMADO. PRELIMINAR DE ILEGITIMIDADE PASSIVA *AD CAUSAM* 1 – A legitimidade da parte para figurar no polo passivo da demanda é constatada em razão do que afirma o reclamante (teoria da asserção). 2 – Tem legitimidade passiva o reclamado que, em razão de ter participado da relação jurídica discutida nos autos, em princípio possa vir a responder pela satisfação da pretensão manifestada em juízo, como no caso dos autos, em que o Banco foi compelido a cumprir obrigação de fazer consistente na apresentação dos documentos relativos ao plano de saúde do reclamante. 3 – Agravo de instrumento a que se nega provimento. JULGAMENTO *EXTRA PETITA*. NÃO OCORRÊNCIA 1 – No processo do trabalho, no qual se aplica a regra do art. 840, § 1º, da CLT, exige-se que a petição inicial apresente o pedido e uma breve exposição dos fatos de que resulte o dissídio. Ao contrário do que ocorre no processo civil (art. 319, III, do NCPC), no processo do trabalho, não é necessário que, além dos fatos, seja apresentada a fundamentação jurídica do pedido (que, de todo modo, não se confunde com a fundamentação legal, isto é, com a menção expressa de dispositivos de lei federal ou da Constituição, considerando-se a aplicação dos princípios da *mihi factum, dabo tibi ius* — dá-me o fato, que eu te darei o direito — e *jura novit curia* — o juiz conhece o direito). Assim, pode o julgador dar aos fatos o enquadramento jurídico que entender pertinente. 2 – A causa de pedir é que justifica o pedido, ou seja, a causa de pedir integra o pedido; assim, havendo correspondência entre o pedido e a causa de pedir, há julgamento dentro dos limites da lide. 3 – No caso dos autos, houve o pedido de que o reclamado informasse comprovadamente o valor da cota parte que pagava mensalmente pela manutenção do plano de saúde do reclamante e de seus agregados, e, em caso de descumprimento da obrigação, que fosse fixado o pagamento em dobro do valor da mensalidade que o reclamado pagava quando o contrato de trabalho estava em vigor para assegurar a manutenção dos planos de saúde e odontológico nas mesmas condições oferecidas durante a vigência do contrato de trabalho, nos termos do art. 31, da Lei n. 9.656/98. 4 – Consta, ainda, que em caso de descumprimento da determinação, que o reclamado seja condenado a pagar às operadoras dos planos de saúde e odontológico eventuais diferenças relativas ao pagamento integral dos planos do reclamante e de seus agregados. 5 – Tendo sido julgada procedente a pretensão do reclamante, nos termos da causa de pedir e do pedido, estava o magistrado autorizado a dar o enquadramento jurídico pertinente. Sendo assim, ao verificar que o reclamado não trouxe aos autos os documentos que comprovam os valores da cota-parte paga pela empresa ao plano de saúde, o TRT fixou o valor a ser pago pelo reclamante e determinou que o banco reclamado é o responsável pelo pagamento do valor restante. 6 – Portanto, não há julgamento *extra petita*, porque o Tribunal Regional não decidiu fora do pedido, mas em atenção aos limites da *lide*. Ilesos, pois, os arts. 141 e 492 do NCPC. 7 – Agravo de instrumento a que se nega provimento. DIFERENÇAS DOS VALORES DAS MENSALIDADES DO PLANO DE SAÚDE/ODONTOLÓGICO APÓS O DESLIGAMENTO DO RECLAMANTE DA EMPRESA 1 – A discussão contida no acórdão do TRT reside em saber os valores devidos pelo ex-empregado aposentado para a sua manutenção no plano de saúde/odontológico. Ora, para se chegar a tais valores, o TRT verificou que era necessário saber qual era o valor devido anteriormente, quando o empregado estava na ativa. 2 – Todavia, o reclamado não trouxe aos autos documentos que comprovam a sua cota-parte para o Plano de Saúde do reclamante e que demonstraria quais os reais valores devidos pelo ex-empregado à operadora do benefício após a dispensa, quando optou pela manutenção do plano. 3 – Assim, o TRT determinou que o valor do pagamento ao Plano de Saúde devido pelo reclamante corresponde ao dobro da quantia paga por ele anteriormente e responsabilizou a ex-empregadora pela quitação da diferença entre essa quantia e a mensalidade atualmente cobrada pela empresa fornecedora do Plano de Saúde/Odontológico. 4 – Aplica-se, portanto, a Súmula n. 422 do TST, haja vista que o reclamado deixou de impugnar objetivamente os fundamentos consignados no acórdão regional, a saber, que os valores devidos pelo ex-empregado aposentado para a sua manutenção no Plano de Saúde/Odontológico é o mesmo que era devido quando estava na ativa. Note-se que o agravante se limitou a alegar que não está obrigado a juntar documentação solicitada pelo reclamante. 5 – Incide, portanto, a Súmula n. 422 do TST, que em seu inciso I estabelece que "Não se conhece de recurso para o Tribunal Superior do Trabalho se as razões do recorrente não impugnam os fundamentos da decisão recorrida, nos termos em que proferida" (interpretação do art. 514, II, do CPC/73 correspondente ao art. 1.010, II e III, do CPC/2015). 6 – Ressalte-se que não está configurada a exceção prevista no inciso II da mencionada súmula ("O entendimento referido no item anterior não se aplica em relação à motivação secundária e impertinente, consubstanciada em despacho de admissibilidade de recurso ou em decisão monocrática"). 7 – Agravo de instrumento a que se nega provimento." (TST – Processo: AIRR – 10104-85.2013.5.01.0020 Data de Julgamento: 27.4.2016, relatora Ministra: Kátia Magalhães Arruda, 6ª Turma, Data de Publicação: DEJT 29.4.2016.

2.2.2.2. Pressupostos intrínsecos

a) *legitimidade:* podem interpor Recurso de Revista as partes que figuram no processo, o terceiro juridicamente interessado e o Ministério Público, quando atuar como fiscal da lei ou como parte;

b) *interesse:* o interesse para interpor o Recurso de Revista surge quando uma das partes foi sucumbente, de forma total ou parcial, ou quando não obteve tudo que pretendia no julgamento do Recurso Ordinário;

c) *prequestionamento:* segundo destaca *José Augusto Rodrigues Pinto*(125), com suporte em *Plácido e Silva*, "prequestionamento é debate da hipótese jurídica acerca de dispositivos permissivos do conhecimento de recurso extraordinário ou especial".

---

(125) *Op. cit.*, p. 190.

Segundo a doutrina, o prequestionamento fora criado na jurisprudência tanto do Supremo Tribunal Federal como do Superior Tribunal de Justiça a partir da interpretação teológica dos incisos III do art. 102 e art. 105, III, da Constituição Federal, que asseveram caber recursos extraordinário e especial das causas decididas em última ou única instância pelos Tribunais. A expressão "causa decidida" significa que o Tribunal de segundo grau enfrentou diretamente a questão objeto dos recurso de natureza extraordinária (extraordinário e especial).

Esse entendimento também foi transportado para o recurso de revista, embora o art. 896 da CLT, em sua literalidade, não exija que a causa tenha sido decidida pelo Tribunal Regional do Trabalho.

Diz-se que a matéria está prequestionada quando a decisão recorrida aprecia expressamente a tese jurídica debatida nos autos, por meio da qual a parte vencida pretende reapreciação em grau recursal.

A recente Lei n. 13.015/2014 incluiu o § 1º-A no art. 896, I, da CLT, dispondo sobre o prequestionamento e sua demonstração.

Sua previsão, que até então era apenas imposição jurisprudencial, agora passa a ser um imperativo legal.

Desse modo, para ser cabível o Recurso de Revista, a decisão do acórdão regional deve debater expressamente a tese jurídica invocada pelo recorrente no Recurso de Revista.

O prequestionamento é próprio dos recursos de natureza extraordinária (especial, extraordinário e de revista), pois nos recursos de natureza ordinária (por exemplo, recurso ordinário) o efeito devolutivo transfere ao Tribunal todas as teses jurídicas invocadas pelas partes, ainda que a sentença não as tenha apreciado.

Nesse sentido, a abalizada visão de *Estêvão Mallet*(126):

> "É impossível deixar de ressaltar, nesta altura, ainda que apenas de passagem, que só se cogita de prequestionamento em recurso de natureza extraordinária, absolutamente inexigível em recurso ordinário ou mesmo em agravo de petição, ambos recursos de natureza ordinária. Trata-se de decorrência do efeito devolutivo amplo inerente aos recursos da última espécie que faz com que se transfira ao juízo recursal a competência originária do juízo recorrido para conhecer de todas as questões nele suscitadas e discutidas, mesmo que a sentença não as tenha julgado por inteiro."

O Tribunal Superior do Trabalho traçou o conceito de prequestionamento na Súmula n. 297, admitindo a oposição de embargos de declaração para tal finalidade. Com efeito, dispõe a referida Súmula:

> "PREQUESTIONAMENTO. OPORTUNIDADE. CONFIGURAÇÃO. I – Diz-se prequestionada a matéria ou questão quando na decisão impugnada haja sido adotada, explicitamente,

(126) *Op. cit.*, p. 92.

tese a respeito; II – Incumbe à parte interessada, desde que a matéria haja sido invocada no recurso principal, opor embargos declaratórios objetivando o pronunciamento sobre o tema, sob pena de preclusão; III – Considera-se prequestionada a questão jurídica invocada no recurso principal sobre a qual se omite o Tribunal de pronunciar tese, não obstante opostos embargos de declaração."

No mesmo diapasão, destacamos as seguintes ementas:

"Prequestionamento — Oportunidade — Configuração. Diz-se prequestionada a matéria quando da decisão impugnada haja sido adotada, explicitamente, tese a respeito. Incumbe à parte interessada interpor embargos declaratórios objetivando o pronunciamento sobre o tema, sob pena de preclusão. (Enunciado n. 297/TST). Recurso não conhecido." (TST – 1ª T. – Ac. n. 5985/97 – relª Minª Regina Rezende Ezequiel – DJ 12.9.97 – p. 44.002)

"Prequestionamento — Configuração — Súmula n. 297 do TST. Constitui ônus da parte debater no Juízo de origem a matéria que pretende ver reexaminada em razão de recurso de natureza extraordinária, sob pena de seu não conhecimento pelo Juízo *ad quem*, ante o óbice da falta de prequestionamento. Prequestionar significa obter a definição precisa da matéria ou questão, nos seus exatos contornos fático-jurídicos, evidenciadores de explícita tese de direito a ser reexaminada pela instância extraordinária. A simples arguição da questão ou matéria, sem seu enfrentamento explícito pelo julgador *a quo*, e sem que a parte tenha oposto embargos declaratórios com essa finalidade, não atende ao instituto do prequestionamento. Inteligência da Súmula n. 297 do TST. Agravo não provido." (TST – SBDI-1 – A-E-RR n. 479.808/1998-5 – rel. Min. Milton de Moura França – DJ 13.10.06 – p. 809) (RDT n. 11 – novembro de 2006)

"Prequestionamento — Não há necessidade de esgotar os argumentos das partes. É assente o entendimento de que as razões de decidir, quando dotadas de razoável lógica jurídica e abrangentes dos principais pontos de controvérsia da lide, não precisam necessariamente esgotar todos os argumentos em que as partes fundamentam a sua pretensão. Nesse sentido é a Orientação Jurisprudencial n. 118 da SDI-1 do egrégio TST: 'Prequestionamento. Havendo tese explícita sobre a matéria na decisão recorrida, desnecessário contenha ela referência expressa do dispositivo legal para ter-se como prequestionado este'." (TRT 12ª R. – 1ª T. – relª Juíza Águeda Maria L. Pereira – Doc. n. 1020420 em 10.11.08 – ED-RO n. 8763/2007.001.12.00-4) (RDT n. 01 – Janeiro de 2009)

"Recurso de embargos — Prequestionamento — Violação ao art. 896 da CLT. O instituto do prequestionamento é elemento essencial neste grau recursal, valendo lembrar que a jurisprudência desta Corte consagra-o como pressuposto de recorribilidade em apelo de natureza extraordinária — item n. 62 da Orientação Jurisprudencial da SBDI-1. Recurso de embargos não conhecido. Exclusão da multa prevista no art. 557, § 2º, do CPC. A interposição do agravo em agravo de instrumento em recurso de revista não foi protelatória, mas necessária para a ampla defesa assegurada pela Constituição Federal vigente, tendo em vista que, para o reclamado interpor o presente recurso de embargos, era imprescindível a oposição do agravo, já que o art. 894 da CLT, bem como o art. 245, inciso II, do RI/TST, dispõe ser inviável a interposição de embargos de divergência para a SBDI contra despacho monocrático do relator da Turma. Recurso de embargos conhecido e provido." (TST – SBDI-1 – E-RR n. 536.133/1999-0 – rel. Min. Carlos Alberto Reis de Paula – DJ 11.4.06 – p. 531) (RDT n. 05 – maio de 2006)

"Prequestionamento. O prequestionamento é a suscitação prévia de uma tese jurídica defendida, contudo, não é reapreciação da questão já decidida. Se houve erro no julgamento, a questão desafia recurso próprio." (TRT 10ª R. – 3ª T. – rel. Juiz Grijalbo Fernandes Coutinho – DJe n. 280 – 23.7.09 – p. 53 – Processo ED-RO n. 124/2009.013.10.00-3) (RDT n. 08 – agosto de 2009)

O referido inciso III da Súmula n. 297 do TST consagrou o que a doutrina tem denominado presquestionamento *ficto ou tácito*. Desse modo, se a parte opuser os embargos de declaração com o objetivo de prequestionar a matéria, ainda que o Tribunal não se pronuncie sobre questão invocada nos embargos, se considerará prequestionada a matéria.

Nesse sentido, sustenta *Raul Armando Mendes*(127): "Todas as vezes que fora alegada ofensa à Constituição ou violação à lei ou ao direito federal, deve o recorrente prequestionar a controvérsia no Tribunal *a quo*, quando das razões do apelo. Em não cuidando o acórdão do tema aventado, deve opor embargos de declaração que, providos ou não, afastam o obstáculo à inadmissibilidade."

Como bem adverte *Teresa Arruda Alvim Wambier*(128), "é imperativo, todavia, observar que esta dispensa ou esse considerar fictício o prequestionamento pode resolver a situação da parte e deixar de embaraçar o curso do processo quando se trata, por exemplo, de incluir no acórdão impugnado o dispositivo que teria sido violado, mas nunca quando se trata da necessidade que às vezes existe de fazer constar do acórdão do órgão *a quo* fatos que deveriam ter levado, segundo o recorrrente, a uma decisão diferente daquela que foi prolatada [...] Problemas assim, não há dispensa ou ficção que resolva."

Acolhendo a referida tendência jurisprudencial, o art. 1.025 do Código de Processo Civil consagra o prequestionamento ficto. Dispõe o referido dispositivo:

> "Consideram-se incluídos no acórdão os elementos que o embargante pleiteou, para fins de prequestionamento, ainda que os embargos de declaração sejam inadmitidos ou rejeitados, caso o tribunal superior considere existentes erro, omissão, contradição ou obscuridade."

Nos termos do parágrafo único do art. 9º, da IN n. 39/16 do TST, a omissão para fins do prequestionamento ficto a que alude o art. 1.025 do CPC dá-se no caso de o Tribunal Regional do Trabalho, mesmo instado mediante embargos de declaração, recusar-se a emitir tese sobre questão jurídica pertinente, na forma da Súmula n. 297, item III, do Tribunal Superior do Trabalho.

c1) *dispensa do prequestionamento:* como visto, o prequestionamento é um pressuposto criado pela jurisprudência para admissibilidade do recurso de revista. Entretanto, a jurisprudência do TST tem dispensado o prequestionamento quando a violação à Lei ou à Constituição nasceu no próprio acórdão regional, nos termos da OJ n. 119 da SDI-I. Desse modo, se o acórdão aplicou nova tese jurídica de forma explícita, não constante da decisão de primeiro grau, por exemplo, alterou a regra do ônus da prova prevista nos arts. 818 da CLT e 373 do CPC, será possível a admissibilidade do recurso de revista sem o prequestionamento da matéria;

---

(127) MENDES, Raul Armando. *Da interposição do recurso extraordinário.* São Paulo: Saraiva, 1984. p. 77.

(128) WAMBIER, Teresa Arruda Alvim. *Recurso especial. Recurso extraordinário e ação rescisória.* 2. ed. São Paulo: RT, 2008. p. 410.

Para parte da doutrina, a OJ n. 119, da SDI-I, do TST, somente é aplicável em se tratando de erros de procedimento nos acórdãos regionais, vale dizer: questões formais. Se a discussão envolver questão de mérito, haverá necessidade do prequestionamento.

Nesse sentido, é a opinião de *Júlio César Bebber*(129), "o prequestionamento é dispensável quando o fundamento do recurso excepcional disser respetio à violação da norma prerpetrada na própria decisão recorrida (TST-OJ-SDI-1 n. 119). Essa orientação, entretanto, se dirige, apenas, à hipótese de erro de procedimento ocorrido por acasião do julgamento, que é causa de nulidade formal (*v. g.*, falta de publicação da pauta de julgamento, ausência de intimação para julgamento). Se a violação da norma perpetrada no julgamento for decorrente da ação de fundamento inédito (julgamentos ditos com surpresa para as partes), o prequestionamento torna-se indispensável à admissibildiade do recurso de revista. Como é do juízo o poder de definir a correta qualificação jurídica, pode ser que o caso seja solucionado com fundamento não debatido previamente. Assim, se o fundamento violar dispositivo da lei federal ou da Constituição, deverá o interessado, antes de lançar mão do recurso de revista, apresentar embargos para prequestionar o tema."

De nossa parte, tanto questões de erros de procedimento como de julgamento estão inseridos na OJ n. 119 da SDI-I do TST, uma vez que a referida orientação jurisprudencial não faz qualquer distinção. Desde que a violação à norma constitucional ou à lei federal tenham surgido, pela primeira vez, no acórdão regional, e a tese jurídica esteja devidamente explicitada, não há necessidade de prequestionamento, independentemente da matéria tratada.

Também, segundo a jurisprudência do TST, o prequestionamento não é exigido se na decisão regional houver tese explícita sobre a matéria, mas não referência expressa do dispositivo legal (OJ n. 118, da SDI-I, do C. TST). Nessa hipótese, se a tese jurídica debatida foi expressamente ventilada no acórdão regional, a menção ao dispositivo legal violado não é necessária, aplicando o princípio *juria novit curia*, ou seja, os Tribunais conhecem o direito.

Pela importância da temática, seguem as redações integrais das OJs ns. 118 e 119, da SDI-I, do C. TST:

> OJ n. 118, da SDI-I do TST: "Prequestionamento. Tese explícita. Inteligência da Súmula n. 297. (Inserida em 20.11.1997) Havendo tese explícita sobre a matéria, na decisão recorrida, desnecessário contenha nela referência expressa do dispositivo legal para ter-se como prequestionado este. Inteligência da Súmula n. 297."

> OJ n. 119 da SDI-I do TST: "Prequestionamento inexigível. Violação nascida na própria decisão recorrida. Súmula n. 297 do TST. Inaplicável. (Inserida em 20.11.1997 – Inserção de ementa a sua redação – DeJT de 16.11.2010) É inexigível o prequestionamento quando a violação indicada houver nascido na própria decisão recorrida. Inaplicável a Súmula n. 297 do TST."

(129) BEBBER, Júlio César. *Recursos no processo do trabalho*. 3. ed. São Paulo: LTr, 2011. p. 348-349.

d) *vedação do reexame de fatos e provas:* como adverte *Carlos Henrique Bezerra Leite*[(130)]: "Se a finalidade do recurso de revista repousa na supremacia do direito objetivo e na uniformização acerca da interpretação dos tribunais regionais do trabalho, salta aos olhos que esta modalidade de recurso extraordinário não se presta a reexame de fatos e provas."

Nesse sentido, é a Súmula n. 126 do C. TST:

"RECURSO. CABIMENTO — Incabível o recurso de revista ou de embargos (arts. 896 e 894, *b*, da CLT) para reexame de fatos e provas."

No mesmo contexto, as seguintes ementas:

"Recurso de revista — Admissibilidade — Matéria fático-probatória. 1. Recurso de natureza extraordinária, submetido também a pressupostos intrínsecos ou específicos de admissibilidade, o recurso de revista não se compadece com o reexame de fatos e provas, aspecto em torno do qual os Tribunais Regionais são soberanos. 2. Inadmissível, assim, recurso de revista em que o reconhecimento de violação de dispositivos legais supõe necessariamente o revolvimento de fatos e provas, no caso para aferir a existência ou não de direito a horas extras. Incidência da diretriz sufragada pela Súmula n. 126 do TST." (TST – 1ª T. – AIRR n. 13.586.2002.900.09.00-7 – rel. João Oreste Dalazen – DJ 30.4.04 – p. 865) (RDT n. 5 – Maio de 2004)

"Recurso de revista – Vínculo de emprego. 'Incabível o recurso de revista ou de embargos (arts. 896 e 894, *b*, da CLT) para reexame de fatos e provas.' Súmula n. 126 do TST. Recurso de revista não conhecido. Multa do art. 477 da CLT. A matéria controvertida no processo, referente ao reconhecimento em juízo de vínculo empregatício, logra afastar a obrigação subsidiária da recorrente quanto à multa, tão somente quando o próprio trabalhador der causa à mora no pagamento, premissa não verificada no caso dos autos, sendo esta a única exceção contida naquele dispositivo celetário. Divergência jurisprudencial caracterizada. Recurso de revista conhecido e improvido. Repouso semanal remunerado. Não se conhece de recurso de revista que não aponta ofensa a dispositivos da Constituição Federal ou lei federal ou mesmo divergência jurisprudencial, na forma das alíneas *a* a *c* do art. 896 da CLT. Recurso de revista não conhecido." (TST – 2ª T. – RR n. 739.010/2001-4 – rel. Min. Renato de Lacerda Paiva – DJ 2.9.05 – p. 836) (RDT n. 09 – Setembro de 2005)

O Recurso de Revista, como já salientado, não tem por objeto reapreciar matéria fática, ou a justiça da decisão, pois se trata de recurso eminentemente técnico. Não obstante, muitas vezes, é difícil separar o que é matéria fática ou o que é matéria de direito, pois o próprio Direito do Trabalho é essencialmente um direito que depende da realidade dos fatos (princípio da primazia da realidade). Desse modo, pensamos que a vedação para o TST, no Recurso de Revista, consiste em reapreciar a matéria fática, mas não dar nova qualificação jurídica aos fatos tidos como verossímeis no acórdão proferido pelo Tribunal Regional — por exemplo, o acórdão regional julga improcedente o pedido de equiparação salarial, uma vez que paradigma e reclamante trabalhavam em municípios diversos, São Paulo e São Bernardo. O TST, considerando tais fatos, entende que o requisito da mesma localidade se faz presente, já que reclamante e paradigma trabalhavam na mesma região metropolitana.

---

(130) BEZERRA LEITE, Carlos Henrique. *Curso de direito processual do trabalho.* 5. ed. São Paulo: LTr, 2007. p. 741.

Nesse sentido, destacamos a seguinte ementa:

"AGRAVO REGIMENTAL EM RECURSO DE EMBARGOS — INDENIZAÇÃO POR DANOS MORAIS — ENQUADRAMENTO JURÍDICO DOS FATOS PELA TURMA — INOCORRÊNCIA DE CONTRARIEDADE À SÚMULA N. 126. Não se há de falar em má aplicação ou contrariedade à Súmula n. 126 do TST quando a Turma desta Corte fundamentou o reconhecimento das razões ensejadores da aplicação da rescisão contratual por justa causa, por meio da análise dos dados fáticos extraídos do acórdão regional, concedendo o correto enquadramento jurídico dos fatos descritos. Agravo regimental desprovido." (TST Processo: AgR-E-ED-RR – 136840-91.2005.5.02.0056 – Data de Julgamento: 30.10.2014, relator Ministro: Luiz Philippe Vieira de Mello Filho, Subseção I Especializada em Dissídios Individuais, Data de Publicação: DEJT 7.11.2014)

2.2.3. *Hipóteses de cabimento*

a) Divergência jurisprudencial (Lei Federal)

Assevera o art. 896 da CLT caber Recurso de Revista quando a decisão proferida pelos Tribunais Regionais: "a) derem ao mesmo dispositivo de lei federal interpretação diversa da que lhe houver dado outro Tribunal Regional do Trabalho, no seu Pleno ou Turma, ou a Seção de Dissídios Individuais do Tribunal Superior do Trabalho, ou contrariarem súmula de jurisprudência uniforme dessa Corte ou súmula vinculante do Supremo Tribunal Federal." (Alínea alterada pela Lei n. 13.015/2014 – DOU 22.7.2014)

A divergência de interpretação deve ser de resultado da interpretação, e não dos argumentos da decisão. Duas decisões podem ter razões diferentes, mas chegar ao mesmo resultado.

Nos termos do referido dispositivo consolidado, a alínea *a* do art. 896 refere-se à hipótese de divergência jurisprudencial na interpretação da lei federal, tanto de direito material como processual, desde que aplicadas pela Justiça do Trabalho no âmbito de sua competência material, entre Tribunais Regionais do Trabalho ou entre Tribunal Regional do Trabalho e Seção de Dissídios Individuais do TST, ou entre Tribunal Regional do Trabalho e Súmula do TST. Não cabe Recurso de Revista quando a divergência jurisprudencial se der entre turmas de um mesmo Tribunal Regional do Trabalho. Nesse sentido, dispõe a OJ n. 111, da SDI-I, do C. TST, *in verbis*:

"RECURSO DE REVISTA. DIVERGÊNCIA JURISPRUDENCIAL. ARESTO ORIUNDO DO MESMO TRIBUNAL REGIONAL. LEI N. 9.756/1998. INSERVÍVEL AO CONHECIMENTO (nova redação) – DJ 20.4.2005. Não é servível ao conhecimento de recurso de revista aresto oriundo de mesmo Tribunal Regional do Trabalho, salvo se o recurso houver sido interposto anteriormente à vigência da Lei n. 9.756/1998."

A Lei n. 13.015/2014 fixou hipótese de cabimento do recurso de revista por violação à Súmula Vinculante do STF.

Em havendo Súmula Vinculante do Supremo Tribunal em matéria da competência da Justiça do Trabalho, os órgãos da Justiça do Trabalho (Juízes do Trabalho, TRTs e TST) terão de observá-la.

Como bem adverte *Júlio César Bebber*(131), "a despeito de guardar certo caráter abstrato e genérico, a súmula vinculante não foi elevada à condição de norma jurídica. Trata-se de um mecanismo destinado a examinar 'a validade, a interpretação e a eficácia de normas determinadas, acerca das quais haja controvérsia atual entre órgãos judiciários ou entre esses e a administração pública que acarrete grave insegurança jurídica e relevante multiplicação de processos sobre questão idêntica' (CF, 103-A, § 1º). A Súmula vinculante, portanto, não inova a ordem legal. Seu objeto é sanar divergência atual (entre órgãos judiciários ou entre esses e a administração pública) sobre a validade, eficácia e conteúdo (interpretação) de norma jurídica vigente, declarando o direito preexistente. E é exatamente por isso que pode ser modificada e cancelada (CF, 103-A, § 2º) de acordo com a evolução da jurisprudência."

De nossa parte, embora à primeira vista possa parecer que as hipóteses de cabimento do recurso de revista por divergência jurisprudencial foram majoradas, em verdade, o presente dispositivo tem por objetivo já discutir eventual questão constitucional já pacificada pelo STF e restringir eventual cabimento do Recurso Extraordinário para o STF quando houver questão constitucional discutida em decisão do TST.

Em nossa visão, a alteração é oportuna, pois propicia que a questão sobre interpretação de Súmula Vinculante do STF em matéria trabalhista possa ser finalizada no próprio Tribunal Superior do Trabalho, prestigiando a jurisprudência do TST, que é uma corte especializada em matéria constitucional trabalhista.

Como bem adverte *Amauri Mascaro Nascimento*(132), a divergência apta a ensejar o Recurso de Revista deve ser atual, não se considerando como tal a ultrapassada por Súmula ou superada por iterativa e notória jurisprudência do Tribunal Superior do Trabalho. Portanto, jurisprudência antiga pode ser, para o fim em questão, atual. Desatualizada será aquela que já foi ultrapassada por decisões posteriores em sentido contrário, sumulada ou não, esta última, a iterativa, vale dizer, reiterada.

Nesse sentido, o recente § 7º, do art. 896, da CLT, *in verbis*:

> "A divergência apta a ensejar o recurso de revista deve ser atual, não se considerando como tal a ultrapassada por súmula do Tribunal Superior do Trabalho ou do Supremo Tribunal Federal, ou superada por iterativa e notória jurisprudência do Tribunal Superior do Trabalho." (Parágrafo inserido pela Lei n. 13.015/2014 – DOU 22.7.2014)

A Súmula n. 296 do TST disciplina a divergência jurisprudencial, *in verbis*:

> "RECURSO. DIVERGÊNCIA JURISPRUDENCIAL. ESPECIFICIDADE. I – A divergência jurisprudencial ensejadora da admissibilidade, do prosseguimento e do conhecimento do recurso há de ser específica, revelando a existência de teses diversas na interpretação de um mesmo dispositivo legal, embora idênticos os fatos que as ensejaram; II – Não ofende o art. 896 da CLT decisão de Turma que, examinando premissas concretas de especificidade da divergência colacionada no apelo revisional, conclui pelo conhecimento ou desconhecimento do recurso."

---

(131) *Recursos no processo do trabalho.* 4. ed. São Paulo: LTr, 2014. p. 364-365.

(132) NASCIMENTO, Amauri Mascaro. *Curso de direito processual do trabalho.* 22. ed. São Paulo: Saraiva, 2007. p. 615.

Nos termos dos § 8º do art. 896, da CLT: "Quando o recurso fundar-se em dissenso de julgados, incumbe ao recorrente o ônus de produzir prova da divergência jurisprudencial, mediante certidão, cópia ou citação do repositório de jurisprudência, oficial ou credenciado, inclusive em mídia eletrônica, em que houver sido publicada a decisão divergente, ou ainda pela reprodução de julgado disponível na internet, com indicação da respectiva fonte, mencionando, em qualquer caso, as circunstâncias que identifiquem ou assemelhem os casos confrontados." (Parágrafo inserido pela Lei n. 13.015/2014 – DOU 22.7.2014)

No mesmo sentido, a Súmula 337 do C. TST, *in verbis*:

> "COMPROVAÇÃO DE DIVERGÊNCIA JURISPRUDENCIAL. RECURSOS DE REVISTA E DE EMBARGOS. I – Para comprovação da divergência justificadora do recurso, é necessário que o recorrente: a) junte certidão ou cópia autenticada do acórdão paradigma ou cite a fonte oficial ou o repositório autorizado em que foi publicado; e b) transcreva, nas razões recursais, as ementas e/ou trechos dos acórdãos trazidos à configuração do dissídio, demonstrando o conflito de teses que justifique o conhecimento do recurso, ainda que os acórdãos já se encontrem nos autos ou venham a ser juntados com o recurso; II – a concessão de registro de publicação como repositório autorizado de jurisprudência do TST torna válidas todas as suas edições anteriores;. III – A mera indicação da data de publicação, em fonte oficial, de aresto paradigma é inválida para comprovação de divergência jurisprudencial, nos termos do item I, "*a*", desta súmula, quando a parte pretende demonstrar o conflito de teses mediante a transcrição de trechos que integram a fundamentação do acórdão divergente, uma vez que só se publicam o dispositivo e a ementa dos acórdãos; IV – É válida para a comprovação da divergência jurisprudencial justificadora do recurso a indicação de aresto extraído de repositório oficial na internet, desde que o recorrente: a) transcreva o trecho divergente; b) aponte o sítio de onde foi extraído; e c) decline o número do processo, o órgão prolator do acórdão e a data da respectiva publicação no Diário Eletrônico da Justiça do Trabalho."

O art. 1.029, parágrafo único, do CPC, faculta a utilização de acórdãos disponíveis na internet para comprovação da divergência jurisprudencial. Dispõe o referido dispositivo legal:

> "Quando o recurso fundar-se em dissídio jurisprudencial, o recorrente fará a prova da divergência com a certidão, cópia ou citação do repositório de jurisprudência, oficial ou credenciado, inclusive em mídia eletrônica, em que houver sido publicado o acórdão divergente, ou ainda com a reprodução de julgado disponível na rede mundial de computadores, com indicação da respectiva fonte, devendo-se, em qualquer caso, mencionar as circunstâncias que identifiquem ou assemelhem os casos confrontados."

Como destaca *Nelson Nery Junior*(133), "esta possibilidade, agora prevista pela nova redação do parágrafo único, facilita e desburocratiza a comprovação da divergência. Porém, a juntada de reprodução de acórdão disponível na *internet* pressupõe requisitos e configurações mínimos exigíveis a fim de comprovar a origem do acórdão, evitar falsificações e facilitar o trabalho dos serventuários (que não precisariam ter de conferir a origem de todos os arestos anexados aos recursos), como a indicação prevista do 'caminho' que leva ao acórdão no *web site* do tribunal correspondente. A fixação dos referidos requisitos poderá ficar a cargo de cada tribunal."

---

(133) NERY JUNIOR, Nelson. *Código de Processo Civil comentado.* 10. ed. São Paulo: RT, 2007. p. 926.

Diante do acréscimo do inciso IV à Súmula n. 337 do TST, e do recente § 8º do art. 896 da CLT, ficou expressamente disciplinada a possibilidade de o recorrente utilizar acórdãos obtidos pela internet de *sites* oficiais dos TRTs para comprovação da divergência jurisprudencial, desde que o recorrente: a) transcreva o trecho divergente; b) aponte o sítio de onde foi extraído; e c) decline o número do processo, o órgão prolator do acórdão e a data da respectiva publicação no Diário Eletrônico da Justiça do Trabalho.

Nos termos da Súmula n. 413 do C. TST: "É incabível ação rescisória, por violação do art. 896, *a*, da CLT, contra decisão que não conhece de Recurso de Revista, com base em divergência jurisprudencial, pois não se cuida de sentença de mérito (art. 485 do CPC)."

b) Divergência jurisprudencial (interpretação de lei estadual, convenção coletiva, acordo coletivo, sentença normativa ou regulamento de empresa)

Dispõe a alínea *b* do art. 896 da CLT que caberá Recurso de Revista quando os Tribunais Regionais do Trabalho: "derem ao mesmo dispositivo de lei estadual, Convenção Coletiva de Trabalho, Acordo Coletivo, sentença normativa ou regulamento empresarial de observância obrigatória em área territorial que exceda a jurisdição do Tribunal Regional prolator da decisão recorrida, interpretação divergente, na forma da alínea *a*."

Já está pacificada a questão da constitucionalidade do referido dispositivo, conforme a Súmula n. 312 do C. TST, *in verbis*:

> "CONSTITUCIONALIDADE. ALÍNEA *B* DO ART. 896 DA CLT — É constitucional a alínea *b* do art. 896 da CLT, com a redação dada pela Lei n. 7.701, de 21.12.1988."

Segundo a alínea *b* do art. 896 da CLT, é cabível o Recurso de Revista quando houver divergência jurisprudencial na interpretação de acordo coletivo, sentença normativa ou regulamento empresarial entre Tribunais Regionais do Trabalho, entre Tribunal Regional do Trabalho e Seção de Dissídios Individuais do TST, ou entre acórdão de TRT e Súmula do TST.

A OJ n. 147 da SDI-I do C. TST estabelece alguns requisitos para conhecimento do Recurso de Revista em razão de divergência jurisprudencial acerca de lei estadual, norma coletiva ou regulamentar. Dispõe a referida Orientação Jurisprudencial:

> "Lei estadual, norma coletiva ou norma regulamentar. Conhecimento indevido do recurso de revista por divergência jurisprudencial.
>
> I – É inadmissível o recurso de revista fundado tão somente em divergência jurisprudencial, se a parte não comprovar que a lei estadual, a norma coletiva ou o regulamento da empresa extrapolam o âmbito do TRT prolator da decisão recorrida. (ex-OJ n. 309 da SDI-I — inserida em 11.8.03).
>
> II – É imprescindível a arguição de afronta ao art. 896 da CLT para o conhecimento de embargos interpostos em face de acórdão de Turma que conhece indevidamente de recurso de revista, por divergência jurisprudencial, quanto a tema regulado por lei estadual, norma coletiva ou norma regulamentar de âmbito restrito ao TRT prolator da decisão."

c) Violação de literal dispositivo de Lei Federal ou da Constituição da República

Dispõe a alínea *c* do art. 896 da CLT ser cabível o Recurso de Revista quando o acórdão de Tribunal Regional do Trabalho violar dispositivo de Lei Federal ou da Constituição da República.

Não se exige divergência jurisprudencial com outro Tribunal Regional ou Tribunal Superior do Trabalho, apenas que o acórdão do regional tenha negado vigência ou contrariado lei federal ou constitucional.

Como bem adverte *Amauri Mascaro Nascimento*(134): "A afronta direta e literal à Constituição Federal é aquela que está em total oposição ao sentido da letra *e* do espírito do texto da Lei Magna. A tendência, nesse ponto, é a de interpretação restritiva à interposição da Revista. Nem sempre será fácil a solução do caso concreto. Há princípios constitucionais que podem ser afrontados por decisões judiciais embora não diretamente. A prudência do magistrado será fator decisivo para razoável apreciação de cada caso."

Segundo a doutrina, a violação literal ocorre nas seguintes situações: afirmar que a lei autoriza quando ela nega e vice-versa; e sustentar que a lei está vigente quando ela fora revogada e vice-versa.

A expressão "lei federal" não deve ser interpretada de forma restritiva, como sendo apenas o instrumento normativo, de competência da União, eleborado pelo poder legislativo que estabelece uma regra de conduta, mas todo ato normativo de natureza federal, elaborado por órgão que detenha competência para tal finalidade. Desse modo, a expressão "lei federal" abrange as espécies normativas previstas no art. 59 da Constituição Federal(135), desde que se referiam à matéria da competência da Justiça do Trabalho. A lei objeto de violação pode ser tanto de direito material como processual. Não necessita ser legislação trabalhista, apenas que a matéria nela versada seja da competência da Justiça do Trabalho (art. 114 da CF).

A violação, segundo o dispositivo consolidado, tem de ser literal. Se o texto for de interpretação controvertida, o Recurso de Revista não será cabível por tal fundamento.

Nos termos da Súmula n. 221 do TST, a admissibilidade do recurso de revista por violação tem como pressuposto a indicação expressa do dispositivo de lei ou da Constituição tido como violado. Desse modo, aqui, o princípio *iura novit curia* fica mitigado, pois a parte deve indicar o dispositivo legal violado e demonstrar sua violação no caso concreto.

Segmentos da doutrina têm criticado a exigência do presente inciso de violação literal de lei federal ou texto da Constituição Federal, argumentanto que se trata de hipótese de difícil ocorrência e praticamente esvazia o recurso de revista nessas hipóteses.

---

(134) *Op. cit.*, p. 617.

(135) Art. 59, da CF: "O processo legislativo compreende a elaboração de: I – emendas à Constituição; II – leis complementares; III – leis ordinárias; IV – leis delegadas; V – medidas provisórias; VI – decretos legislativos; VII – resoluções."

De nossa parte, a exigência de que a violação seja literal dificulta o conhecimento do recurso de revista, fortalecendo a decisão de segundo grau, bem como a celeridade na tramitação processual.

Entendia o TST, majoritariamente, por meio do inciso II da Súmula n. 221, que a interpretação razoável de preceito de lei, ainda que não seja a melhor, não dá ensejo à admissibilidade ou ao conhecimento de recurso de revista ou de embargos com base, respectivamente na alínea *c* do art. 896 e na alínea *b* do art. 894 da CLT. A violação há de estar ligada à literalidade do preceito. Entretanto, em setembro de 2012, o Tribunal Superior do Trabalho cancelou o referido inciso, não mais sendo majoritário tal entendimento.

De nossa parte, a interpretação razoável de preceito legal, que é interpretação proporcional ao caso concreto, ou seja, a justiça do caso concreto, não deve ensejar o recurso de revista.

O princípio da proporcionalidade, também chamado de regra de ponderação, se destina a solucionar o conflito entre princípios constitucionais, em um caso concreto, aplicando-se um princípio ao invés do outro que está em conflito, sem descartar a validade e eficácia do princípio não aplicado.

No mesmo sentido, as conclusões de *Carlos Zangrando*[(136)] ao comentar a Súmula n. 221, *in verbis*:

> "Assim, de fato, a 'intepretação razoável' a que se refere a Súmula em comento tem seus limites delineados pelos princípios da proporcionalidade e razoabilidde, devendo a autoridade perscrutá-los, inicialmente, dentro dos autos, verificando a existência ou não de um relacionamento harmonioso entre as alegações, os fatos narrados, as provas produzidas, o direito aplicável e a decisão proferida. Num segundo momento, essa mesma autoridade deverá guiar-se pela ponderação inteligente sobre os reflexos sociais da decisão, além de questionar sempre se essa decisão proporcionará o bem comum, ou apenas o bem de um ou de alguns, em detrimento de outros. Não é um exame afoito da causa, por óbvio, que fará com que alcancemos a certeza da existência ou não da tal 'interpretação razoável'. Como tudo na vida, a ponderação, também nesse momento, se faz imprescindível, sob pena de formentar-se a discórdia, a insegurança e o descrédito do Poder Judiciário."

Doravante, diante do cancelamento do inciso II da Súmula n. 221 do TST, a jurisprudência do TST irá analisar caso a caso se houve ou não violação literal de lei ou da Constituição no caso concreto, não mais prevalecendo o critério da intepretação razoável. Com isso, o Tribunal Superior do Trabalho passa a admitir o recurso de revista com maior flexibilidade.

---

(136) *Processo do trabalho:* processo de conhecimento. Vol. II. São Paulo: LTr, 2009. p. 1.634.

Se a decisão regional não enfrentou expressamente as questões sobre a interpretação de lei federal ou constitucional, são cabíveis os embargos de declaração para prequestionamento da matéria.

No aspecto, importante destacar as seguintes ementas:

"Recurso de revista — Admissibilidade — Violação direta — Princípio da legalidade. 1. O Tribunal Superior do Trabalho, seguindo a trilha da jurisprudência dominante no STF, vem decidindo que, em regra, a alegação de afronta ao art. 5º, II, da Constituição Federal, em sede extraordinária, configura tão somente ofensa reflexa ao Texto Constitucional, máxime se necessário o exame da legislação infraconstitucional pertinente à penhora de crédito futuro. 2. Agravo de instrumento a que se nega provimento." (TST 1ª T. – AIRR n. 1.149/1999.011.10.00-9 – rel. João Oreste Dalazen – DJ 4.6.04 – p. 542) (RDT n. 8 – Agosto de 2004)

"Recurso de revista — Admissibilidade — Ofensa à Constituição Federal — Violação literal e direta. 1. O recurso de revista, por violação à Constituição Federal, somente se viabiliza em caso de ofensa literal e direta. Incabível recurso de revista por violação ao art. 5º, incisos II, LIV, da Constituição da República, porquanto o reconhecimento de violação aos princípios da legalidade genérica, bem como do devido processo legal, previstos nesses dispositivos, somente se concebe pela via reflexa do sistema normativo. 2. Agravo de instrumento não provido." (TST – 1ª T. – AIRR n. 7999/2002.900.02.00-0 – rel. João Oreste Dalazen – DJ 12.3.04 – p. 501) (RDT n. 4 – Abril de 2004)

c1) Violação a princípios constitucionais

Há siginficativa controvérsia na doutrina e jurisprudência sobre a possibilidade de admissão do recurso de revista por violação a princípios constitucionais, pois tal hipótese não está no rol do art. 896, da CLT. Como visto a alínea "*c*", do art. 896, da CLT exige que a decisão Regional tenha sido proferida com afronta direta e literal à Constituição Federal.

Não obstante, parcela respeitável a doutrina vem defendendo tal possibilidade, uma vez que os princípios constitucionais consagram verdadeiros direitos fundamentais e são o fundamento do texto constitucional. Além disso, os princípios constitucionais têm feição normativa, valendo como se estivessem positivado no texto constitucional.

Sustenta *Júlio César Bebber*(137):

> "Ocorre, em alguns casos, de a decisão impugnada violar um princípio que não possui previsão expressa em dispositivos legais ou constitucionais. É possível a impugnação dessa decisão por meio de recurso de revista? Doutrina e jurisprudência ainda vacilam muito ao responder essa indagação. Se tivermos presente, porém, que princípios são preceitos jurídicos que fundamentam certa disciplina ou instituto jurídico (responsável, entre outros, pelo surgimento e interpretação de normas), constitucionado, assim, sua base, fundação, sustentáculo, não hesitaremos em afirmar que

(137) *Recursos no Processo do Trabalho*. 3. ed. São Paulo: LTr, 2011. p. 335-336.

a violação a eles é muito mais grave que a violação à norma. Violado o princípio, subtrai-se a fundação sobre a qual se sustenta o ordenamento. legal. Daí porque penso ser possível a utlização do recurso de revista mediante a alegação de violação de princípios implícitos (como, *v. g.*, do princípio da fungibilidade recursal)."

De nossa parte, a violação a princípios constitucionais, desde que consagrem direitos fudamentais e impliquem manifesta violação no caso concreto, o recurso de revista deve ser cabível.

Pelo cabimento do recurso de revista por violação a princípios, defende, corretamente, *Carlos Augusto Marcondes de Oliveira Monteiro*(138):

> "Os princípios têm valor normativo e não apenas interpretativo ou argumentativo. Os princípios dão harmonia ao sistema e servem de guia para o intérprete, de forma a condensar valores dar unidade ao sistema. A lesão ao princípio é indubitavelmente a mais grave das inconstitucionalidades porque sem princípio não há ordem constitucional e sem ordem constitucional não há garantia para as liberdades cujo exercício somente se faz possível fora do reino do arbítrio e dos poderes absolutos. E, diante da importância dos princípios constitucionais, em especial o princípio da dignidade da pessoa humana, não se pode falar em Recurso de natureza extraordinária para se levar ao Tribunal Superior do Trabalho discussões quanto a inobservância de tais princípios. Tanto o Tribunal Superior do Trabalho quanto ao Superiror Tribunal de Justiça já chegaram a adentrar ao mérito de alguns Recursos, com base em princípios (apesar do fundamento ser sido violação da lei), o que é louvável e demonstra a evolução da Justiça para a necessidade de abrir portas dos Tribunais Superiores para discussão de questõws que envolvam o princípios da dignidade da pessoa humana ou outros princípios fundamentais daí decorrentes."(139)

No aspecto, destacamos brilhante decisão da mais alta corte trabalhista do país, *in verbis*:

> "I - AGRAVO DE INSTRUMENTO — RECURSO DE REVISTA — EXECUÇÃO — EMBARGOS DE TERCEIRO — FRAUDE À EXECUÇÃO — ALIENAÇÃO DO BEM DO SÓCIO APÓS O AJUIZAMENTO DA RECLAMAÇÃO TRABALHISTA E ANTES DA DESCONSIDERAÇÃO DA PERSONALIDADE JURÍDICA DA EMPRESA. Diante da aparente violação dos arts. 5º, XXII, e 6º da Constituição Federal, necessário se faz o provimento do agravo de instrumento para melhor exame da controvérsia. Agravo de instrumento provido para determinar o processamento do recurso de revista. II - RECURSO DE REVISTA — PRELIMINAR DE NULIDADE POR NEGATIVA DE PRESTAÇÃO JURISDICIONAL.Preliminar ultrapassada, nos termos do art. 249, § 2º, do CPC. EXECUÇÃO — EMBARGOS DE

(138) *Recurso de Revista.* São Paulo: LTr, 2016. p. 222-223.

(139) No mesmo sentido são as conclusões de Romeu Conçalves Bicalho (*O Recurso de Revista com base em princípios.* São Paulo: LTr, 2016. p. 102-104) com exaustiva fundamentação a respeito do cambimento de revista por violação a princípios.

TERCEIRO — FRAUDE À EXECUÇÃO — ALIENAÇÃO DO BEM DO SÓCIO APÓS O AJUIZAMENTO DA RECLAMAÇÃO TRABALHISTA E ANTES DA DESCONSIDERAÇÃO DA PERSONALIDADE JURÍDICA DA EMPRESA. Em que pese a restrição imposta pelo art. 896, § 2º, da CLT e a questão da fraude à execução e da desconsideração da personalidade jurídica serem regidas especificamente pela legislação infraconstitucional, esta Corte tem admitido a análise da matéria quando, no caso concreto, houver interpretação restritiva que sugere afronta constitucional ao princípio da dignidade da pessoa humana, do direito à propriedade e à moradia. No caso dos autos, a reclamação trabalhista foi ajuizada em 1990 em face da empresa ora executada. A desconsideração da personalidade jurídica da empresa, a fim de ser redirecionada a execução contra os sócios, ocorreu apenas em novembro de 2003. A transação de compra e venda do imóvel de propriedade de Ricardo Dias Bodra, sócio da empresa reclamada nos autos originários, à ora recorrente, ocorreu em 21.12.1999, tendo sido averbada no registro de imóveis em 21.1.2000. De uma simples análise das datas dos fatos, constata-se que a alienação do imóvel em questão ocorreu quase quatro anos antes da desconsideração da personalidade jurídica da empresa. Naquele momento, embora o sócio da reclamada já tivesse ciência da execução trabalhista pendente contra a sua empresa, não há como exigir da terceira adquirente do imóvel, o conhecimento daquela execução que nem sequer tinha sido redirecionada em face do sócio alienante. É certo que o processo de execução, amparado nos princípios do devido processo legal, do contraditório e da ampla defesa (art. 5º, LIV e LV, da CF/88), deve garantir a ambas as partes a proteção e a dignidade humana. Estando incontroverso nos autos que a alienação do bem imóvel sobre o qual recaiu a penhora ocorreu após o ajuizamento da reclamação trabalhista, mas anos antes da desconsideração da personalidade jurídica, não há como excluir a boa-fé do terceiro adquirente. Não há como exigir do terceiro adquirente, medidas preventivas a esse tipo de infortúnio, que vão além da capacidade do homem médio ou mesmo do padrão médio exigido pela sociedade. É sabido e usual que o adquirente de um imóvel deve se certificar, antes da compra, que não pende contra este qualquer restrição, dívida ou penhora, bem como dívidas, cobranças e ações contra o seu vendedor proprietário, buscando através de certidões e diligências, se assegurar de que o imóvel é livre e desonerado de qualquer gravame. No entanto, exigir do homem médio, além de todas essas cautelas, que ainda verifique se o vendedor do imóvel é sócio de alguma empresa e se contra ela existe algum processo judicial capaz de atingir, ainda que indiretamente, os bens do sócio, ou reduzi-lo a insolvência, é extrapolar a razoabilidade, o bom senso e a medida da proporcionalidade. Logo, devem ser prestigiados os princípios da boa-fé e da segurança das relações jurídicas, este último alçado ao nível de garantia constitucional, nos termos do art. 5º, XXXVI, da Constituição da República. Assim, uma interpretação sistemática do ordenamento jurídico, considerando o princípio da dignidade da pessoa humana, o direito à propriedade e à moradia, previstos nos arts. 1º, III, 5º, XXII, e 6º, *caput*, da Constituição da República, impõe o conhecimento e provimento do recurso de revista. Precedentes. Recurso de revista conhecido e provido." (TST – Processo: RR – 656-62.2011.5.02.0301 Data de Julgamento: 31.8.2016, relª Desembargadora convocada: Maria das Graças Silvany Dourado Laranjeira, 2ª Turma, Data de Publicação: DEJT 16.9.2016)

2.2.4. *Execução de sentença*

Dispõe o § 2º do art. 896 da CLT: "Das decisões proferidas pelos Tribunais Regionais do Trabalho ou por suas Turmas, em execução de sentença, inclusive em processo incidente de embargos de terceiro, não caberá Recurso de Revista, salvo na hipótese de ofensa direta e literal de norma da Constituição Federal." (Redação dada pela Lei n. 9.756, de 17.12.1998)

Visando a imprimir maior celeridade à execução de sentença, o Recurso de Revista a ser interposto em face dos acórdãos proferidos na fase de execução somente será admissível se houver violação direta e literal da Constituição Federal.

Nesse sentido, também dispõe a Súmula n. 266 do C. TST, *in verbis*:

"Recurso de revista. Admissibilidade. Execução de sentença. A admissibilidade do recurso de revista interposto de acórdão proferido em agravo de petição, na liquidação de sentença ou em processo incidente na execução, inclusive os embargos de terceiro, depende de demonstração inequívoca de violência direta à Constituição Federal."

Nesse diapasão, cumpre destacar as seguintes ementas:

"AGRAVO DE INSTRUMENTO. EXECUÇÃO. PENHORA. BEM DE FAMÍLIA. VIOLAÇÃO DO ART. 1º, III, DA CONSTITUIÇÃO FEDERAL. NÃO CONFIGURAÇÃO. NÃO PROVIMENTO. 1. Conforme preceitua o art. 896, § 2º, da CLT, em se tratando de acórdão proferido em execução de sentença, somente é cabível recurso de revista quando fundado em ofensa literal e direta a dispositivo constitucional. 2. Não viabiliza o apelo, portanto, a alegação de violação do art. 1º, III, da Constituição Federal, uma vez que a matéria em debate — penhora de bem de família — não alcança o patamar constitucional, sendo certo que o referido dispositivo somente resultaria vulnerado se demonstrada, previamente, ofensa da norma ordinária (art. 1º da Lei n. 8.099/90), o que não se coaduna com o disposto no art. 896, § 2º, da CLT e na Súmula n. 266. 3. Agravo de instrumento a que se nega provimento." (TST. Processo: AIRR – 25022/2007-002-09-40.5 Data de Julgamento: 19/11/2008, rel. Min. Guilherme Augusto Caputo Bastos, 7ª Turma, Data de Divulgação: DEJT 28.11.2008)

"AGRAVO DE INSTRUMENTO. RECURSO DE REVISTA. EXECUÇÃO DE SENTENÇA. DENEGAÇÃO DE ADMISSIBILIDADE DO RECURSO DE REVISTA. OFENSA À CONSTITUIÇÃO FEDERAL NÃO CARACTERIZADA. A denegação de seguimento a recurso de revista que não observa pressuposto extrínseco ou intrínseco de cabimento, em decisão devidamente fundamentada (art. 896, § 1º, da CLT), não ofende a literalidade do art. 5º, XXXV, da Constituição Federal. DESCONSTITUIÇÃO DE PENHORA. BEM DE FAMÍLIA. O Tribunal Regional reformou a decisão de primeiro grau, determinando o levantamento da penhora que recaiu sobre bem de família, com fundamento de que restou comprovado nos autos ser o imóvel penhorado o único de propriedade do sócio executado, aplicando o disposto no art. 1º da Lei n. 8.009/90, que assegura a impenhorabilidade do bem de família. Decisão judicial, nesse sentido, não viola os arts. 1º, III e IV, 100, § 1º, e 170 da Lei Maior, ante a aplicação de dispositivos legais e constitucionais mais específicos à solução da lide posta à apreciação do Poder Judiciário, os quais prevalecem, no caso, sobre o primado do trabalho. Agravo de instrumento a que se nega provimento." (TST – Processo: AIRR – 784/1996-004-02-40.6 Data de Julgamento: 20.5.2009 – rel. Min. Walmir Oliveira da Costa, 1ª Turma, Data de Divulgação: DEJT 29.5.2009)

2.2.4.1. Execução de título executivo extrajudicial, execução fiscal e certidão negativa de débitos trabalhistas

Dispõe § 10 do art. 896 da CLT:

"Cabe recurso de revista por violação a lei federal, por divergência jurisprudencial e por ofensa à Constituição Federal nas execuções fiscais e nas controvérsias da fase de execução que envolvam a Certidão Negativa de Débitos Trabalhistas (CNDT), criada pela Lei n. 12.440, de 7 de julho de 2011."

O presente dispositivo legal consagra tendência atual da jurisprudência do Tribunal Superior do Trabaho em admitir a inteposição de recurso de revista em execuções por títulos executivos extrajudiciais com base em todas as alíneas "*a*" e "*c*" do art. 896, da CLT, por não se tratar a hipótese de execução de sentença trabalhista.

Doravante, também em se tratando de execução fiscal (por multas aplicadas aos empregadores em razão por órgãos responsáveis pela fiscalização do trabalho), caberá o recurso de revista por violação à lei federal, por divergência jurisprudencial e por ofensa à Constituição Federal.

Com relação às discussões que envolvam a Certidão Negativa de Débito Trabalhista, de nossa parte, salvo melhor juízo, a lei não fora oportuna e pode provocar dilatação em demasia da marcha processual, já que na quase totalidade das vezes a certidão é emitida em razão de uma execução por título executivo judicial. Além disso, já há à diposição da parte o agravo de petição e também o mandado de segurança quando o nome do devedor for incluído indevidamente no cadastro positivo de devedores.

2.2.5. Admissibilidade do recurso e saneamento de nulidades

Dispõe o § 7º, do art. 896, da CLT:

> "A divergência apta a ensejar o recurso de revista deve ser atual, não se considerando como tal a ultrapassada por súmula do Tribunal Superior do Trabalho ou do Supremo Tribunal Federal, ou superada por iterativa e notória jurisprudência do Tribunal Superior do Trabalho." (Parágrafo inserido pela Lei n. 13.015/2014 – DOU 22.7.2014)

Diante do presente dispositivo legal, a divergência apta a ensejar o recurso de revista deve ser atual, ou seja, a questão jurídica deve estar sendo discutida, não havendo ainda sido firmado entendimento majoritário sobre a questão. Se a tese jurídica já fora solucionada por Súmula do Supremo Tribunal Federal ou do Tribunal Superior do Trabalho, ou reiterada e notória jurisprudência do TST, não caberá o recurso de revista ser incabível.

Nos termos do § 11 do art. 896 da CLT: "Quando o recurso tempestivo contiver defeito formal que não se repute grave, o Tribunal Superior do Trabalho poderá desconsiderar o vício ou mandar saná-lo, julgando o mérito." (Parágrafo inserido pela Lei n. 13.015/2014 – DOU 22.7.2014)

O presente dipositivo tem suporte nos princípios da instrumentalidade, do aproveitamente dos atos processuais praticados e também na duração razoável do processo.

Aliás, o saneamento de nulidades do recurso é tendência contemporânea, como forma de implementar o acesso à justiça em grau recursal, não permitir a chamada *jurisprudência defensiva* e dar primazia ao julgamento de mérito, que são princípios fundamentais do CPC de 2015.

Nesse sentido, dispõe o art. 932, parágrafo único do CPC, *in verbis*: "Incumbe ao relator: (...) Parágrafo único. Antes de considerar inadmissível o recurso, o relator concederá o prazo de 5 (cinco) dias ao recorrente para que seja sanado vício ou complementada a documentação exigível."

Constatando a existência de defeito formal que não se reputa grave, o TST pode desconsiderar o vício ou mandar saná-lo, julgando o mérito. De nossa parte, defeito formal não grave deve ser interpretado como sendo toda nulidade de menor intensidade, pertinente a pressuposto processual de ordem objetiva, que possa ser objeto de saneamento, sem prejuízo às partes e sem comprometer a duração razoável do processo.

De outro lado, o defeito, como diz a redação do presente dispositivo, não pode ser grave, ou seja, não pode ser pertinente aos próprios pressupostos recursais. O defeito tem de ser formal, por exemplo:

a) recolhimento a menor de custas, sendo a diferença ínfima;

b) preencimento de código incorreto na guia de preparo;

c) indicação incorreta de fonte de publicação da jurisprudência.

A jurisprudência do Tribunal Superior do Trabalho tem enfrentado a questão, conforme as ementas que seguem:

> "**AGRAVO EM AGRAVO DE INSTRUMENTO EM RECURSO DE REVISTA EM FACE DE DECISÃO PUBLICADA ANTES DA VIGÊNCIA DA LEI N. 13.015/2014. IRREGULARIDADE DE REPRESENTAÇÃO. PROCURAÇÃO OUTORGADA POR PESSOA JURÍDICA DO MESMO GRUPO ECONÔMICO. PERSONALIDADES JURÍDICAS DISTINTAS. RECURSO DE REVISTA NÃO CONHECIDO.** O não cumprimento das determinações contidas nos arts. 5º, §§ 1º e 2º, da Lei n. 8.906/94 e 37, parágrafo único, do Código de Processo Civil importa em não conhecimento do recurso, por inexistente, exceto na hipótese de mandato tácito, o qual não ficou configurado no presente caso, uma vez que não consta da ata que o subscritor do recurso tenha acompanhado a reclamada à audiência. Incidência das Súmulas ns. 164 e 383, bem como da Orientação Jurisprudencial n. 286 da SBDI-1, todas do Tribunal Superior do Trabalho. A tese no sentido de que o ato existe, em razão da instrumentalidade de formas, não encontra respaldo na jurisprudência do TST. Com efeito, ainda que as empresas pertençam ao mesmo grupo econômico, possuem personalidades jurídicas distintas, razão por que devida a outorga de poderes especificamente por aquela que pratica o ato. Agravo a que se nega provimento." (TST – Processo: Ag-AIRR – 219-16.2013.5.03.0077 – Data de Julgamento: 21.10.2015, relator Ministro: Cláudio Mascarenhas Brandão, 7ª Turma, Data de Publicação: DEJT 29.10.2015)

> "**AGRAVO DE INSTRUMENTO. RECURSO DE REVISTA. LEI N. 13.015/2014. ART. 896, § 1º-A, I, DA CLT.** A indicação do trecho da decisão regional que consubstancia o prequestionamento da matéria objeto do recurso é encargo da recorrente, exigência formal intransponível ao conhecimento do recurso de revista. Precedentes. **Agravo de instrumento a que se nega provimento.**" (TST – Processo: AIRR – 417-51.2014.5.02.0431 – Data de Julgamento: 21.10.2015, relatora Ministra: Maria Helena Mallmann, 5ª Turma, Data de Publicação: DEJT 29.10.2015)

> "**AGRAVO EM AGRAVO DE INSTRUMENTO EM RECURSO DE REVISTA. DESERÇÃO DO RECURSO DE REVISTA. COMPROVAÇÃO DO DEPÓSITO RECURSAL.** Competia à reclamada, quando da interposição do recurso de revista, efetuar e comprovar o recolhimento do valor faltante para garantia do Juízo ou comprovar o recolhimento mínimo

exigido para esse tipo de recurso, no importe de R$ 14.971,65, conforme ATO. SEGJUD. GP n. 372/2014, o que não ocorreu. Acrescente-se que, nos termos da Súmula n. 128, I, do TST e da Instrução Normativa n. 3/93 desta Corte, é ônus da parte recorrente efetuar o depósito legal, integralmente, em relação a cada novo recurso interposto, sob pena de deserção, e, uma vez atingido o valor da condenação, nenhum depósito a mais será exigido para qualquer recurso. Frise-se, ademais, que o depósito recursal deve ser feito e comprovado no prazo alusivo ao recurso, conforme disposto na Súmula n. 245 do TST. **Agravo conhecido e não provido.**" (TST – Processo: Ag-AIRR – 10341-95.2014.5.03.0031 Data de Julgamento: 21.10.2015, relatora Ministra: Dora Maria da Costa, 8ª Turma, Data de Publicação: DEJT 23.10.2015)

"AGRAVO DE INSTRUMENTO EM RECURSO DE REVISTA EM FACE DE DECISÃO PUBLICADA ANTES DA VIGÊNCIA DA LEI N. 13.015/2014. DESERÇÃO. RECURSO ORDINÁRIO. AUSÊNCIA DE GUIA GRU. JUNTADO APENAS O COMPROVANTE DE PAGAMENTO EMITIDO EM TERMINAL DE AUTENDIMENTO BANCÁRIO. POSIÇÃO DA TURMA. INOCORRÊNCIA. ART. 789, § 1º, DA CLT. UNIDADE DO DIREITO E UNIFORMIDADE DA JURISDIÇÃO. Ao apresentar seu recurso ordinário a reclamada deixou de juntar a guia gerada GRU pelo sistema da Receita Federal do Brasil que motivou o pagamento comprovado. Destaque-se não se tratar de preenchimento incompleto da guia, mas sim da sua absoluta ausência no prazo recursal, tendo vindo aos autos apenas um comprovante de pagamento. Conquanto tal comprovante até possa de fato corresponder às custas corretamente recolhidas, essa demonstração somente se deu após o não conhecimento do recurso ordinário, mediante apresentação da guia GRU à fl. 194. A apresentação tardia da guia desatende ao comando do § 1º do art. 789 da CLT, segundo o qual a comprovação do recolhimento precisa se dar dentro do prazo recursal, pois ao tempo em que foi proferida a decisão regional que deixou de conhecer o recurso ordinário era impossível identificar o correto recolhimento das custas, já que o comprovante de pagamento apenas indica quem pagou, o valor pago e a que título. Entretanto, a posição desta Turma é no sentido de que o comprovante de pagamento das custas é suficiente, sendo dispensável a apresentação da guia GRU. Adota-se essa posição, em homenagem à Unidade do Direito e à prestação uniforme da jurisdição. **Agravo de instrumento provido. RECURSO DE REVISTA. AUSÊNCIA DE GUIA DARF. JUNTADA APENAS DO COMPROVANTE DE PAGAMENTO. RECURSO ORDINÁRIO. DESERÇÃO. INOCORRÊNCIA. ART. 789, § 1º, DA CLT, INTERPRETADO À LUZ DO PRINCÍPIO DA INSTRUMENTALIDADE DAS FORMAS E DO FORMALISMO VALORATIVO.** Embora as custas processuais constituam tributo devido por quem pretenda se valer do serviço judiciário, e conquanto as regras processuais visem à ordenação da prática dos atos judiciários pelas partes de modo a encadeá-los de maneira fluida e harmônica, entende-se que a comprovação do recolhimento das custas é ato que não merece um tratamento formal rigoroso. O formalismo-valorativo impõe que a exigência estrita de obediência às formas processuais seja proporcional ao peso do conteúdo de cada ato processual, ou seja, que o valor interno do ato praticado seja acompanhado por sua forma: quanto mais relevante for o conteúdo, do ponto de vista do direito material, tanto mais rigorosa deve ser a análise do modo como foi realizado o ato, do ponto de vista do direito processual. O princípio da instrumentalidade das formas recomenda a flexibilização dos modos de comprovação do correto recolhimento. Tendo em vista que o comprovante de pagamento emitido pelo terminal de autoatendimento bancário juntado pela reclamada indica o pagamento do valor fixado a título de custas na sentença, além do nome da reclamada e o convênio "STN — GRU Judicial", e considerando o entendimento adotado no âmbito deste TST no sentido de que tais dados são suficientes para comprovação do correto recolhimento das custas, entende-se que a decisão regional contraria o disposto no art. 789, § 1º, da CLT. **Recurso de revista provido.**" (TST – Processo: RR – 1676-81.2013.5.03.0013 – Data de Julgamento: 21.10.2015, relator Desembargador Convocado: Francisco Rossal de Araújo, 7ª Turma, Data de Publicação: DEJT 23.10.2015)

Conforme o § 12 do art. 896 da CLT, "da decisão denegatória caberá agravo, no prazo de 8 (oito) dias."

2.2.6. Recurso de revista no rito sumaríssimo

Estabelece o § 9º, do art. 896, da CLT:

> "Nas causas sujeitas ao procedimento sumaríssimo, somente será admitido recurso de revista por contrariedade a súmula de jurisprudência uniforme do Tribunal Superior do Trabalho ou a súmula vinculante do Supremo Tribunal Federal e por violação direta da Constituição Federal." (Parágrafo inserido pela Lei n. 13.015/2014 – DOU 22.7.2014)

Para as causas submetidas ao rito sumaríssimo, ou seja, cujo valor da causa seja entre dois e quarenta salários mínimos (Lei n. 9.957/00), pois até dois salários mínimos não cabe recurso (Lei n. 5.584/70), salvo matéria constitucional, em que será cabível o recurso extraordinário, somente caberá o recurso de revista se a decisão que violar diretamente a Constituição Federal estiver em contrariedade a Súmula do Tribunal Superior do Trabalho ou contrariar Súmula Vinculante do STF.

A finalidade ao restringir as hipóteses de revista para as causas até quarenta salários mínimos é impor maior celeridade à tramitação desses processos e propiciar maior efetividade da jurisdição trabalhista.

Conforme já sedimentado no Tribunal Superior do Trabalho, não cabe recurso de revista nos processos que tramitam sob o rito sumaríssimo quando a decisão violar Orientação Jurisprudencial do Tribunal Superior do Trabalho.

Nesse sentido, dispõe a Súmula n. 442 do TST, *in verbis*:

> "PROCEDIMENTO SUMARÍSSIMO. RECURSO DE REVISTA FUNDAMENTADO EM CONTRARIEDADE À ORIENTAÇÃO JURISPRUDENCIAL. INADMISSIBILIDADE. ART. 896, § 6º, DA CLT, ACRESCENTADO PELA LEI N. 9.957, DE 12.1.2000 (Conversão da Orientação Jurisprudencial n. 352 da SBDI-1). Nas causas sujeitas ao procedimento sumaríssimo, a admissibilidade de recurso de revista está limitada à demonstração de violação direta a dispositivo da Constituição Federal ou contrariedade a Súmula do Tribunal Superior do Trabalho, não se admitindo o recurso por contrariedade a Orientação Jurisprudencial deste Tribunal (Livro II, Título II, Capítulo III, do RITST), ante a ausência de previsão no art. 896, § 6º, da CLT."

2.2.7. Transcendência no recurso de revista

Diz o art. 896-A da CLT:

> "O Tribunal Superior do Trabalho, no recurso de revista, examinará previamente se a causa oferece transcendência com relação aos reflexos gerais de natureza econômica, política, social ou jurídica."

Ensina *José Augusto Rodrigues Pinto*(140): "Transcendente é qualificativo do 'muito elevado, sublime' a ponto de ser metafísico, levando o Direito a bordejar a ciência do suprassensível, o que já nos levou a pensar na transcendência como a relevância elevada ao cubo ou à 4ª potência. Por aí se imagine a carga de subjetivismos que se está entregando aos magistrados incumbidos de declará-la totalmente incompatível com a imperiosa exigência de objetividade da Justiça nas declarações de convencimento dos juízes."

Embora se possa questionar a constitucionalidade quanto ao aspecto formal na criação da transcendência por medida provisória, pensamos que não há inconstitucionalidade quanto ao aspecto material da norma, vale dizer: a Lei pode instituir a transcendência para os recursos de natureza extraordinária como os de Revista.

O Recurso de Revista, conforme já mencionamos, tem natureza extraordinária e objetivos diversos da justiça da decisão ou reapreciação do quadro probatório já discutido em segundo grau. Desse modo, a criação da transcendência não obsta o acesso à Justiça do Trabalho. Além disso, o duplo grau de jurisdição não tem assento constitucional, cumprindo à lei estabelecer os pressupostos e requisitos dos recursos.

Diante da enorme quantidade de Recursos de Revista que chegam ao Tribunal Superior do Trabalho diariamente, o requisito da transcendência passa a ser um poderoso aliado para racionalização dos serviços junto ao TST e melhoria da qualidade dos serviços prestados.

Embora os requisitos para regulamentação da transcendência possam ser subjetivos e de difícil elaboração, acreditamos que, em vez de inviabilizar o acesso à Justiça, a transcendência vai agilizar a tramitação dos processos, impedindo que inúmeros recursos cheguem ao TST.

Como destaca *Ives Gandra Martins Filho*(141):

> "O critério de transcendência previsto para admissibilidade do recurso de revista para o TST dá ao Tribunal, e seus ministros, uma margem de discricionariedade no julgamento dessa modalidade recursal, na medida em que permite uma seleção prévia dos processos que, pela sua transcendência jurídica, política, social ou econômica, mereçam pronunciamento da Corte [...]. A rigor, qualquer procedimento de seleção de causas a serem julgadas pelas Cortes Superiores constitui juízo de conveniência e não, propriamente, pronunciamento jurisdicional, uma vez que não se aprecia questão de direito material ou processual, mas se faz uma avaliação da conveniência, pela repercussão geral do caso ou pela transcendência da matéria, de haver um pronunciamento final da Corte Superior."

(140) RODRIGUES PINTO, José Augusto. *Manual dos recursos nos dissídios do trabalho*. São Paulo: LTr, 2006. p. 200.

(141) Critérios de transcendência no recurso de revista. Projeto de Lei n. 3.267/00. *In: Revista LTr* n. 65-08/915.

A transcendência funciona como um filtro para o recurso de revista, a fim de impedir que certos recursos, que não tenham repercussão para a coletividade, sejam admitidos.

Trata-se de um requisito que impede o julgamento do Recurso de Revista, se a matéria de mérito versada no recurso não oferecer transcendência, segundo os parâmetros da legislação.

Embora a doutrina tenha fixado que a transcendência é mais um requisito de admissibilidade do recurso, mais um pressuposto subjetivo a ser preenchido pelo recorrente no ato da interposição do recurso, pensamos ser a transcendência, em verdade, uma prejudicial de mérito, do recurso, pois, ao apreciá-la, o TST obrigatoriamente está enfrentando o mérito do recurso. Além disso, somente o TST pode apreciar a transcendência, e não o Tribunal Regional. Desse modo, no nosso sentir, a transcendência funciona, na realidade, como uma prejudicial de mérito do Recurso de Revista.

A transcendência no Recurso de Revista ainda não foi regulamentada pelo Tribunal Superior do Trabalho e, no nosso sentir, a regulamentação da transcendência somente será possível por meio de lei ordinária, pois cabe somente à União legislar sobre Direito Processual do Trabalho (art. 22 da CF), não obstante o art. 2º da MP n. 2.226/2001 asseverar que "o Tribunal Superior do Trabalho regulamentará, em seu regimento interno, o processamento da transcendência do recurso de revista, assegurando a apreciação da transcendência em sessão pública, com direito a sustentação oral e fundamentação da decisão." O TST ainda não regulamentou a transcendência no seu Regimento Interno.

Nesse diapasão, destacamos a seguinte ementa:

"Recurso de revista — Transcendência. Inviável falar-se em transcendência, enquanto ausente a regulamentação prevista no art. 2º da MP n. 2.226/2001. Recurso de revista não conhecido." (TST – 2ª T. – rel. Des. José Simpliciano F. de F. Fernandes – DJe n.351 – 0.11.09 – p. 504 – RR n. 319/2003.657.09.00-7) (RDT n. 12 – dezembro de 2009).

Há, no Congresso Nacional, o Projeto de Lei n. 3.267/00 regulamentando a transcendência prevista no art. 896-A da CLT, sob os aspectos jurídico, político, social e econômico.

Conforme o referido projeto de lei, há transcendência jurídica quando há "desrespeito patente aos direitos humanos fundamentais ou aos interesses coletivos indisponíveis, com comprometimento da segurança e estabilidade das relações jurídicas."

Comentando o referido dispositivo, *Ives Gandra Martins Filho*[142] nos traz os seguintes exemplos: recursos oriundos de ações civis públicas nas quais se discutem interesses difusos e coletivos; processos em que o sindicato atue como substituto

(142) *Revista LTr* n. 65-08/916.

processual; causas que discutam alguma norma que tenha por fundamento maior o próprio Direito Natural; processos em que o TRT resista a albergar jurisprudência pacificada do TST.

Conforme o referido Projeto de Lei, a transcendência política significa "desrespeito notório ao princípio federativo ou à harmonia dos Poderes Constituídos."

Conforme *Martins Filho*(143), podem comprometer a harmonia entre poderes os processos em que entes públicos, mormente quando a execução se faça por meio de precatórios, em que medidas extremas ligadas a sequestro de contas podem gerar antagonismos entre TRT e governo local, ensejando a pacificação do Tribunal Superior do Trabalho.

A transcendência social é definida como "a existência de situação extraordinária de discriminação, de comprometimento do mercado de trabalho ou de perturbação notável à harmonia entre capital e trabalho."

Conforme *Ives Gandra Martins Filho*(144), pode exigir uma intervenção do TST, para corrigir distorções no campo laboral, a constatação da existência, no âmbito de empresas, de procedimentos, praxes ou normas, de caráter genérico que sejam: nitidamente discriminatórias em relação a determinadas parcelas de empregados ou grupos sociais; indevidamente restritivos à contratação, em face de circunstâncias não justificadoras da limitação ao mercado de trabalho ou estimuladores de conflituosidade entre patrões e empregados, pela exigência de recurso contínuo ao Judiciário.

Há transcendência econômica, conforme o PL n. 3.267/00: "A ressonância de vulto da causa em relação a entidade de direito público ou economia mista, ou a grave repercussão da questão na política econômica nacional, no segmento produtivo ou no desenvolvimento regular da atividade empresarial."

Segundo *Martins Filho*(145), a transcendência econômica não está diretamente ligada ao valor da causa, em termos absolutos, mas à sua importância para a empresa pública ou privada. Se a imposição de determinada condenação puder acarretar o próprio comprometimento da atividade produtiva de uma empresa, deve haver uma última revisão da causa pelo TST, para verificar se o direito é patente e não houve distorções que supervalorem, o que é devido em Justiça.

Autores há que se mostram pessimistas em relação à implantação da transcedência no Recurso de Revista, argumentando que ela criará obstáculos e incidentes processuais, atrapalhando a celeridade de tramitação dos recursos. Nesse sentido, sustenta *Carlos Henrique Bezerra Leite*(146):

> "De nossa parte, pensamos que, não obstante o esforço de se restringir a admissibilidade da revista, o requisito da transcendência acabará criando

(143) *Revista LTr* n. 65-08/917.

(144) *Idem.*

(145) *Idem.*

(146) *Curso de direito processual do trabalho.* 10. ed. São Paulo: LTr, 2012. p. 864.

novos obstáculos à celeridade processual, pois, à evidência: estimulará sobremaneira a discussão da 'matéria de fundo que ofereça transcendência'; o aumento de sustentações orais no TST; o que exigirá a diminuição dos processos em pauta, a proliferação de aditamentos ao recurso de revista para a supressão do não preenchimento de pressuposto extrínseco do recurso etc."

Para nós, diante da natureza extraordinária do recurso de revista, o requisito da transcendência deve ser implementado o mais rápido possível no âmbito do Tribunal Superior do Trabalho, a fim de que essa Corte possa enfrentar as questões trabalhistas de maior relevo para a sociedade e as questões de menor relevo possam ser finalizadas no âmbito do segundo grau de jurisdição.

Após a implementação da repercussão geral no âmbito do Recurso Extraordinário, houve redução significativa do número de processos junto do Supremo Tribunal Federal, melhorando a qualidade dos serviços no âmbito desse Tribunal, bem como a agilidade na tramitação dos processos.

De nossa parte, o Tribunal Superior do Trabalho deveria apreciar, em sede de Recurso de Revista, as seguintes matérias:

a) causas em que se discutem direitos humanos ou fundamentais;

b) causas em que houver contrariedade a Súmulas do Tribunal Superior do Trabalho e a Súmulas Vinculantes do TST;

c) ações coletivas, discutindo direitos difusos, coletivos e individuais homogêneos;

d) ofensa direta à Constituição Federal, bem como contrariedade aos princípios constitucionais relacionados ao Direito do Trabalho e ao Processo do Trabalho.

2.2.8. Efeitos do recurso de revista

2.2.8.1. Efeito devolutivo

O Recurso de Revista é recebido apenas no efeito devolutivo, isto é, somente podem ser objeto de apreciação pelo TST as matérias expressamente declinadas no Recurso.

Nesse sentido, dispõe o § 1º, do art. 896, da CLT, *in verbis*:

"O recurso de revista, dotado de efeito apenas devolutivo, será interposto perante o Presidente do Tribunal Regional do Trabalho, que, por decisão fundamentada, poderá recebê-lo ou denegá-lo." (Parágrafo alterado pela Lei n. 13.015/2014 – DOU 22.7.2014)

Discute-se na doutrina e na jurisprudência se o TST pode conhecer de matérias não invocadas pelo recorrente (efeito devolutivo no aspecto vertical, também chamado de efeito translativo), como acontece nas matérias de ordem pública (preliminares invocadas no art. 337 do CPC).

Parte da doutrina e da jurisprudência admite o efeito translativo do Recurso de Revista, pois a lei não veda que o Tribunal conheça, de ofício, as matérias de ordem pública, uma vez que estas podem ser invocadas a qualquer tempo e em qualquer grau de jurisdição.

Em que pese o respeito que merecem os que pensam ser possível ao Tribunal conhecer de matérias de ordem pública no Recurso de Revista, com eles não concordamos. Com efeito, o Recurso de Revista é recurso de efeito devolutivo vinculado pela matéria especificamente prequestionada pelo recorrente, não sendo cabível para o Tribunal corrigir erros do acórdão recorrido, tampouco para avaliar a justiça da decisão. Desse modo, pensamos que o Tribunal não pode conhecer matérias não invocadas no Recurso de Revista.

No mesmo sentido, sustenta *Teresa Arruda Alvim Wambier*(147):

> "[...] Em conclusão, a dimensão vertical do efeito devolutivo está limitada, nos recursos excepcionais, fundamentalmente, pela impossibilidade de se reverterem fatos e de se reexaminarem provas, sendo que aquela regra há de ser entendida em função destas. [...] Os recursos extraordinário e especial não geram, assim, efeito translativo ou não têm o efeito devolutivo que deles decorre a dimensão vertical."

Nesse diapasão, a OJ n. 62, da SDI-I, do C. TST, *in verbis*:

> "Prequestionamento. Pressuposto de recorribilidade em apelo de natureza extraordinária. Necessidade, ainda que se trate de incompetência absoluta. É necessário o prequestionamento como pressuposto de admissibilidade em recurso de natureza extraordinária, ainda que se trate de incompetência absoluta."

Como bem adverte *Estêvão Mallet*: "O recurso de revista devolve ao Tribunal Superior do Trabalho apenas o conhecimento da questão nele versada e não de outras questões suscitadas, discutidas e decididas ou não no processo, que não hajam sido também ventiladas no recurso. Assim, questões preliminares e prejudiciais à decisão tomada, se não fazem parte do recurso interposto, não comportam apreciação pelo Tribunal Superior do Trabalho."

Nesse lastro, destacamos a seguinte ementa:

> "Recurso. Efeito devolutivo. Ao reapreciar questões julgadas e sobre as quais a parte vencida havia-se conformado, não impugnando a sentença como lhe faculta o art. 505 do CPC, o Juízo ampliou o efeito devolutivo do recurso, afrontando os limites da lide estabelecidos no art. 515 do CPC. Modificou situação consolidada em virtude da ausência de recurso da parte quando a apelação deve ser apreciada nos limites estabelecidos pelo próprio recorrente, assim como as questões examináveis de ofício. Assim, contamina-se de nulidade o Acórdão por conceder ao recorrente mais do que o pleiteado por ele. Recurso provido." (TST 4ª T. – Ac. n. 965/97 – rel. Min. Leonaldo Silva – DJ 11.4.97 – p. 12.556)

O Código de Processo Civil, no art. 1.034, parágrafo único do CPC assevera que, admitido o recurso extraordinário ou o recurso especial por um fundamento, devolve-se ao tribunal superior o conhecimento dos demais fundamentos para a solução do capítulo impugnado.

Sem dúvida, houve uma flexibilização do efeito devolutivo vinculado dos recursos de natureza extraordinária, entretanto, deve ser destacado que o fundamento não admitido deve ser pertinente ao mesmo capítulo que fora impugnado.

---

(147) *Recurso especial.* Recurso extraordinário e ação rescisória. 2. ed. São Paulo: RT, 2008. p. 358.

O Tribunal Superior do Trabalho, por meio da IN n. 39/16 do TST entendeu aplicável o referido dispositivo ao processo do trabalho. Com efeito, dispõe o art. 12 da referida Instrução:

> "Aplica-se ao Processo do Trabalho o parágrafo único do art. 1.034 do CPC. Assim, admitido o recurso de revista por um fundamento, devolve-se ao Tribunal Superior do Trabalho o conhecimento dos demais fundamentos para a solução apenas do capítulo impugnado."

2.2.8.2. Efeito suspensivo no recurso de revista

O Recurso de Revista não é dotado de efeito suspensivo. Nesse contexto, dispõe o § 1º do art. 896 da CLT, *in verbis*: "O recurso de revista, dotado de efeito apenas devolutivo, será apresentado ao Presidente do Tribunal recorrido, que poderá recebê-lo ou denegá-lo, fundamentando, em qualquer caso, a decisão."

A jurisprudência tem admitido, em casos excepcionais, a propositura de medida cautelar inominada para se atribuir efeito suspensivo ao recurso de revista.

Nesse sentido, dispõe a Súmula n. 414, I, do TST, *in verbis*:

> "MANDADO DE SEGURANÇA. ANTECIPAÇÃO DE TUTELA (OU LIMINAR) CONCEDIDA ANTES OU NA SENTENÇA (conversão das Orientações Jurisprudenciais ns. 50, 51, 58, 86 e 139 da SBDI-2) – Res. n. 137/2005, DJ 22, 23 e 24.8.2005
>
> I – A antecipação da tutela concedida na sentença não comporta impugnação pela via do mandado de segurança, por ser impugnável mediante recurso ordinário. A ação cautelar é o meio próprio para se obter efeito suspensivo a recurso." (ex-OJ n. 51 da SBDI-2 – inserida em 20.9.2000)

2.2.9. Da uniformização da jurisprudência dos Tribunais Regionais do Trabalho

A Lei n. 13.015/14 consolida a tendência contemporânea de restrição aos recursos de natureza extraordinária, para somente admiti-los quando a matéria discutida em juízo for relevante e transcender aos interesses dos litigantes. Nesse aspecto, determina a lei que os Tribunais procedam à uniformização de sua jurisprudência interna, tendo por objetivo facilitar o julgamento dos recursos de revista, e impulsionar tendência contemporânea do Tribunal Superior do Trabalho de uniformizar a jurisprudência majoritária entre Tribunais Trabalhistas e, por exceção, nos dissídios individuais trabalhistas.

Dispõe o § 3º do art. 896 da CLT:

> "Os Tribunais Regionais do Trabalho procederão, obrigatoriamente, à uniformização de sua jurisprudência e aplicarão, nas causas da competência da Justiça do Trabalho, no que couber, o incidente de uniformização de jurisprudência previsto nos termos do Capítulo I do Título IX do Livro I da Lei n. 5.869, de 11 de janeiro de 1973 (Código de Processo Civil)[148]." (Parágrafo alterado pela Lei n. 13.015/2014 – DOU 22.7.2014)

---

(148) No Código de Processo Civil de 1973, o incidente de uniformização da jurisprudência está disciplinado nos arts. 476 a 479 do CPC, que dispõem: art. 476, do CPC: "Compete a qualquer juiz, ao dar o voto na

O Código de Processo Civil atual não disciplinou o incidente de uniformização de jurisprudência previsto no CPC de 1973. Desse modo, cumpre ao Regimento Interno de cada Tribunal Regional discplinar o procedimento para edição de súmulas correpondentes à jurisprudência dominante.

Nesse sentido, também dispõe o art. 926 do CPC: "Os tribunais devem uniformizar sua jurisprudência e mantê-la estável, íntegra e coerente. § 1º Na forma estabelecida e segundo os pressupostos fixados no regimento interno, os tribunais editarão enunciados de súmula correspondentes a sua jurisprudência dominante".

Na mesma direção é o art. 2º da Instrução Normativa n. 40/16 do TST, *in verbis*:

> "Após a vigência do Código de Processo Civil de 2015, subsiste o Incidente de Uniformização de Jurisprudência da CLT (art. 896, §§ 3º, 4º, 5º e 6º), observado o procedimento previsto no regimento interno do Tribunal Regional do Trabalho."

Nos termos do § 4º do art. 896 da CLT, ao constatar, de ofício ou mediante provocação de qualquer das partes ou do Ministério Público do Trabalho, a existência de decisões atuais e conflitantes no âmbito do mesmo Tribunal Regional do Trabalho sobre o tema objeto de recurso de revista, o Tribunal Superior do Trabalho determinará o retorno dos autos à Corte de origem, a fim de que proceda à uniformização da jurisprudência.

Os Tribunais Regionais do Trabalho nunca tiveram tradição em uniformizar sua jurisprudência, o que tem provocado aumento significativo no trabalho do Tribunal Superior do Trabalho que detém a missão constitucional de uniformizar a jurisprudência trabalhista em âmbito nacional.

Há posições favoráveis e otimistas à uniformização da jurisprudência pelos Tribunais Regionais, inclusive com a devolução dos autos pelo TST, para uniformização regional, argumentando, em síntese, os seguintes benefícios:

a) fortalecimento dos Tribunais Regionais Trabalhistas;

b) prestígio às questões locais e às singularidades de cada Estado, que influenciarão a jurisprudência do TST;

c) pertime que o Regional fixe tese jurídica contrária à Súmula do TST;

---

turma, câmara, ou grupo de câmaras, solicitar o pronunciamento prévio do tribunal acerca da interpretação do direito quando: I – verificar que, a seu respeito, ocorre divergência; II – no julgamento recorrido a interpretação for diversa da que lhe haja dado outra turma, câmara, grupo de câmaras ou câmaras cíveis reunidas. Parágrafo único. A parte poderá, ao arrazoar o recurso ou em petição avulsa, requerer, fundamentadamente, que o julgamento obedeça ao disposto neste artigo." Art. 477, do CPC: "Reconhecida a divergência, será lavrado o acórdão, indo os autos ao presidente do tribunal para designar a sessão de julgamento. A secretaria distribuirá a todos os juízes cópia do acórdão." Art. 478, do CPC: "O tribunal, reconhecendo a divergência, dará a interpretação a ser observada, cabendo a cada juiz emitir o seu voto em exposição fundamentada. Parágrafo único. Em qualquer caso, será ouvido o chefe do Ministério Público que funciona perante o tribunal." Art. 479, do CPC: "O julgamento, tomado pelo voto da maioria absoluta dos membros que integram o tribunal, será objeto de súmula e constituirá precedente na uniformização da jurisprudência. Parágrafo único. Os regimentos internos disporão sobre a publicação no órgão oficial das súmulas de jurisprudência predominante."

d) diminuição da litigiosidade no âmbito Regional, quanto às questões sobre interpretação do direito;

e) diminuição do número de recursos de revista;

f) redução de tempo na tramitação dos processos.

Outros são críticos à disposição do § 4º do art. 896, da CLT, argumentando que o dispositivo retira parte da autonomia dos Tribunais na escolha dos temas que deve uniformizar a jurisprudência, ou não. Além disso, pode ser de pouca utilidade prática, uma vez que, se o processo já está no Tribunal Superior do Trabalho, é conveniente que ele mesmo faça diretamente a uniformização. Sob outro enfoque, tal providência prejudica o princípio da duração razoável do processo.

Como bem adverte *Manoel Antonio Teixeira Filho*(149):

> "O incidente de uniformização da jurisprudência, na verdade, apresenta face dúplice, sendo uma benéfica e outra prejudicial. A benéfica consiste, conforme dissemos, em atribuir certa segurança jurídica aos jurisdicionados, que poderão saber qual o entendimento do Tribunal Regional sobre determinada matéria e, com isso, orientarem-se segundo esse entendimento; a prejudicial se refere ao fato de os autos, que estavam no TST serem restituídos ao tribunal de origem, a fim de que este proceda à uniformização da sua jurisprudência. Esse retorno dos autos acarretará, sem sombra de dúvida, considerável retardamento no julgamento do recurso de revista, em detrimento aos legítimos interesses de uma ou de ambas as partes. Esse prejuízo advirá mesmo se, contento a causa, como sói acontecer, inúmeros temas, somente um deles necessitar submeter-se ao procedimento da uniformização jurisprudencial."

Somente o tempo e a prática diária irão dizer se a uniformização da jurisprudência interna dos Tribunais Regionais do Trabalho será benéfica ao jurisdicionado e implementará as melhorias na tramitação dos recursos que são anunciadas.

Conforme o § 5º do art. 896 da CLT: "A providência a que se refere o § 4º deverá ser determinada pelo Presidente do Tribunal Regional do Trabalho, ao emitir juízo de admissibilidade sobre o recurso de revista, ou pelo Ministro relator, mediante decisões irrecorríveis."

Dispõe o § 6º do art. 896 da CLT:

> "Após o julgamento do incidente a que se refere o § 3º, unicamente a súmula regional ou a tese jurídica prevalecente no Tribunal Regional do Trabalho e não conflitante com súmula ou orientação jurisprudencial do Tribunal Superior do Trabalho servirá como paradigma para viabilizar o conhecimento do recurso de revista, por divergência." (Parágrafo alterado pela Lei n. 13.015/2014 – DOU 22.7.2014)

(149) *Comentários à Lei n. 13.015/2014*. 2. ed. São Paulo: LTr, 2015. p. 48-49.

Após a tramitação do incidente de uniformização da jurisprudência, o TRT fixará: a) tese jurídica prevalente; e b) súmula regional. Os referidos entendimentos não têm efeito vinculante para os desembargadores do TRT, tampouco para os juízes de primeiro grau, não obstante exerçam significativo poder de convencimento. De outro lado, unicamente, a súmula regional ou a tese jurídica prevalecente no Tribunal Regional do Trabalho e não conflitante com súmula ou orientação jurisprudencial do Tribunal Superior do Trabalho servirá como paradigma para viabilizar o conhecimento do recurso de revista, por divergência.

O TST regulamentou a questão por meio dos arts. 3º, 4º, 5º e 6º do Ato n. 491/14, *in verbis*:

> "Art. 3º Para efeito de aplicação dos §§ 4º e 5º do art. 896 da CLT, persistindo decisão conflitante com a jurisprudência já uniformizada do Tribunal Regional do Trabalho de origem, deverão os autos retornar à instância *a quo* para sua adequação à súmula regional ou à tese jurídica prevalecente no Tribunal Regional do Trabalho e não conflitante com súmula ou orientação jurisprudencial do Tribunal Superior do Trabalho.
>
> Art. 4º A comprovação da existência da súmula regional ou da tese jurídica prevalecente no Tribunal Regional do Trabalho e não conflitante com súmula ou orientação jurisprudencial do Tribunal Superior do Trabalho servirá para os efeitos do art. 896, *a*, da CLT, desde que regularmente demonstrada sua fonte de publicação.
>
> Art. 5º No caso de decisão regional em consonância com súmula ou orientação jurisprudencial do Tribunal Superior do Trabalho, o Relator denegará seguimento ao recurso.
>
> Art. 6º Os Tribunais Regionais do Trabalho deverão manter e dar publicidade a suas súmulas e teses jurídicas prevalecentes mediante banco de dados, organizando-as por questão jurídica decidida e divulgando-as, preferencialmente, na rede mundial de computadores."

Apesar de ser conveniente em algumas hipóteses a uniformização da Jurisprudência dentro dos próprios Tribunais de 2º grau, deve ser lembrado que não é função precípua dos Tribunais Regionais, uniformizar entendimentos, e sim julgar os recursos de natureza ordinária e os processos de sua competência originária, reapreciando as questões fáticas e jurídicas das decisões de primeiro grau, bem como a justiça das decisões. Em segundo grau, não há vinculação vertical ou horizontal da jurisprudência nele firmada. Por isso, pode ser questionável a utilidade na uniformização. O referido art. 3º do Ato n. 491 do TST neste aspecto é inconstitucional, pois obriga o órgão prolator do acórdão a proceder novo julgamento para se adaptar à jurisprudência uniformizada posteriormente pelo próprio Tribunal.

No mesmo sentido, pronuncia-se *Élisson Miessa*(150): "Pensamos, porém que o referido ato normativo é ilegal, por usurpar competência do legislativo, criando norma não prevista na Lei n. 13.015/14. Com efeito, entendemos que não deve ser reaberto o julgamento para reformar a decisão do recurso ordinário, uma vez que o tribunal já proferiu julgamento sobre a causa, não havendo nenhum comando legal que permite seu rejulgamento, como ocorre, por exemplo, na hipótese de recursos

(150) *Recursos Trabalhistas.* De acordo com a Lei n. 13.015/14. Salvador: JusPodivm, 2014. p. 278.

repetitivos (...) A nosso juízo, o recurso de revista deverá retornar ao TST para julgamento, valendo-se da súmula regional apenas para os casos futuros".

De modo igual, sustenta *Ricardo José Macedo de Britto Pereira*(151):

> "A posição do Tribunal Superior do Trabalho, neste aspecto, é de questionável constitucionalidade. Não há previsão para um órgão judicário proceder a novo julgamento, para ajustar-se a tese adotada no próprio tribunal, que foi consagrada posteriormente ao julgamento do recurso. No ponto, a soução preconizada no referido ato extrapola seu caráter regimental, que não possui o condão de afetar procedimentao de outro tribunal."

Dispõe o art. 926 do CPC:

"Os tribunais devem uniformizar sua jurisprudência e mantê-la estável, íntegra e coerente.
§ 1º Na forma estabelecida e segundo os pressupostos fixados no regimento interno, os tribunais editarão enunciados de súmula correspondentes a sua jurisprudência dominante.
§ 2º Ao editar enunciados de súmula, os tribunais devem ater-se às circunstâncias fáticas dos precedentes que motivaram sua criação."

Diante do referido dispositivo legal, que se aplica de forma subsidiária ao Processo do Trabalho, os Tribunais devem manter a jurisprudência estável, ou seja, não alterá-la sem justificativa; íntegra e coerente, ou seja: a jurisprudência não deve conter antinomias e constituir um todo harmônico.

Além disso, os enunciados das súmulas devem se ater às circunstâncias fáticas dos julgamentos que motivaram sua criação.

Como bem advertem *Nelson Nery Junior* e *Rosa Maria de Andrade Nery*(152):

> "A súmula deve ser o resultado de análise de casos concretos, e não a fixação do entendimento do tribunal acerca de determinada questão, de acordo com os parâmetros que entende corretos. Os parâmetros indicados pelo caso concreto é que fixam a súmula, e não o contrário."

No mesmo sentido, sustenta *Lenio Luiz Streck*(153):

> "Deve-se assinalar que o modo de se trabalhar com uma súmula é diferente daquele que se emprega no trato com a lei. Em primeiro lugar, a aplicação de uma súmula não pode — em hipótese alguma — desconsiderar seu DNA. Isso significa: a concretização de uma súmula deve recompor, narrativamente, a cadeia de decisões anteriores que lhe deram origem, visando compor a solução dos casos num contexto de coerência e integridade do diretio da comunidade política. Essa conformação — da coerência e integridade — deve se submeter aos testes de ajuste e justificação."

(151) *Recursos de Natureza Extraordinária no TST*. Salvador: JusPodivm, 2015, p. 260.

(152) *Comentários ao Código de Processo Civil*. São Paulo: RT, 2015. p. 1.833.

(153) *Comentários à Constituçao do Brasil*. São Paulo: Saraiva, 2013. p. 1.427.

2.2.9.1. Do incidente de Resolução de Demandas Repetitivas no âmbito dos Tribunais Regionais do Trabalho

Uma das grandes inovações do Código de Processo Civil e uma das apostas de segurança e melhoria da prestação jurisdicional é o chamado Incidente de Demandas Repetitivas (IRDR) previsto nos arts. 976 a 987, do CPC. Não se trata de recurso, mas de um incidente processual, ou técnica de julgamento, destinado a criação de uma tese jurídica, que será aplicada a todos os processos em que se discute a mesma questão, no âmbito da jurisdição do Tribunal prolator dessa tese.

Como destaca *Manoel Antonio Teixeira Filho*(154), "cuida-se de um incidente de coletivização de ações. Esse incidente inspirou-se no direito alemão (*Musterverfahren*). Naquele país, ocorreu, em certa época, um congestionamento de processos nos tribunais, em decorrência do ajuizamento de mais de treze mil ações pelos investidores do mercado de capitais, que se sentiram prejudicados ao adquirirem ações de certa companhia. Essas demandas repetitivas influenciaram o direito alemão na adoção de julgamentos coletivos".

Sem dúvida, a Justiça brasileira vive um momento de litigiosidade intensa. O número de processos que ingressam, diariamente, nos fóruns e tribunais é muito superior à capacidade e estrutura dos órgãos da Justiça. Por isso, mecanismos de uniformização e vinculação da jurisprudência tendem a ser utilizados como forma de solução de processos.

Estamos convencidos de que a melhor maneira de resolução de conflitos de natureza jurídica que envolvem número significativo de pessoas é por meio das Ações Coletivas, que não impede as ações individuais e propicia acesso mais democrático e eficaz à justiça. Entretanto, por diversas razões, o acesso à justiça por meio de ações individuais, praticamente, monopoliza o Judiciário. Neste cenário, busca-se uma espécie de coletivização de demandas, por meio de Incidentes Processuais, como o IRDR que, de forma compulsória, determina a aplicação da mesma tese jurídica a todos que estiveram na mesma situação jurídica.

Nesse sentido nos adverte com propriedade *Marcelo Freire Sampaio Costa*(155):

> "Aliás, considerando a potência e a eficácia que as ações coletivas podem atingir para a defesa de direitos individuais homogêneos, sob o prisma da economia processual, a capacidade de concentrar essa litigiosidade em massa e repetitiva numa única ação, evitando, por consequência, a pulverização em demandas individuais com questões similares de fato e de direito, poderia ser buscado justamente o incremento da sistemática

---

(154) *Comentários ao Novo Código de Processo Civil:* sob a perspectiva do processo do trabalho. São Paulo: LTr, 2015. p. 1.176.

(155) Incidente de Resolução de Demanda Repetitiva. O Novo CPC e Aplicação no Processo do Trabalho. In: MIESSA, Élisson. *O Novo Código de Processo Civil e seus Reflexos no Processo do Trabalho.* 2. ed. Salvador: Editora JusPodivm, 2016. p. 1.178.

legal das ações coletivas ao invés da criação do instituto ora em apreço. Raciocínio eminentemente lógico: busca-se resolver o problema no seu nascedouro, concentrando demandas individuais seriais em ações coletivas, ao invés de serem construídos filtros recursaris visando agilizar o julgamento dessas ações individuais".

Dispõe o art. 976 do CPC:

"É cabível a instauração do incidente de resolução de demandas repetitivas quando houver, simultaneamente:

I – efetiva repetição de processos que contenham controvérsia sobre a mesma questão unicamente de direito;

II – risco de ofensa à isonomia e à segurança jurídica.

§ 1º A desistência ou o abandono do processo não impede o exame de mérito do incidente.

§ 2º Se não for o requerente, o Ministério Público intervirá obrigatoriamente no incidente e deverá assumir sua titularidade em caso de desistência ou de abandono.

§ 3º A inadmissão do incidente de resolução de demandas repetitivas por ausência de qualquer de seus pressupostos de admissibilidade não impede que, uma vez satisfeito o requisito, seja o incidente novamente suscitado. § 4º É incabível o incidente de resolução de demandas repetitivas quando um dos tribunais superiores, no âmbito de sua respectiva competência, já tiver afetado recurso para definição de tese sobre questão de direito material ou processual repetitiva.

§ 5º Não serão exigidas custas processuais no incidente de resolução de demandas repetitivas."

Conforme o referido dipositivo legal, o IRDR exige dois requisitos fundamentais, quais sejam:

a) efetiva repetição de processos que contenham controvérsia sobre a mesma questão unicamente de direito: Somente é cabível o incidente para matéria de direito. Além disso, é necessário um significativo número de processos em que se discute a mesma questão jurídica, bem como repetição sistemática dessas demandas;

b) risco de ofensa à isonomia e à segurança jurídica: deve haver risco efetivo de existência de decisões conflitantes sobre a mesma questão jurídica, com a possibilidade de decisões divergentes para pessoas que se encontrem na mesma situação, de modo a causar risco de ofensa à isonomia e à segurança jurídica. Como bem advertem *Luiz Guilherme Marinoni*, *Sérgio Cruz Arenhart* e *Daniel Mitidiero*[(156)], "também se exige para o IRDR que a multiplicação, nas várias demandas, da mesma questão de direito gere risco à isonomia e à segurança jurídica. Exige-se risco a ambos os valores. Não se exige, porém, efetiva violação à sinomia ou à segurança jurídica, bastando o risco a que esses interesses sejam afetados por decisões diferentes a respeito da mesma questão de direito em processos distintos".

(156) *Novo Código de Processo Civil Comentado.* 2. ed. São Paulo: RT, 2016. p. 1.035.

Conforme o art. 977, do CPC, o pedido de instauração do incidente será dirigido ao presidente de tribunal: I – pelo juiz ou relator, por ofício; II – pelas partes, por petição; III – pelo Ministério Público ou pela Defensoria Pública, por petição. Parágrafo único. O ofício ou a petição será instruído com os documentos necessários à demonstração do preenchimento dos pressupostos para a instauração do incidente.

Diante do referido dispositivo, detêm legitimidade para instauração do incidente: o juiz ou relator, de ofício; as partes, por petição; o Ministério Público ou pela Defensoria Pública, por petição.

Na petição de instauração do incidente, o autor deverá juntar prova pré-constituída dos requisitos necessários para instauração do incidente.

Nos termos do art. 978 do CPC, o julgamento do incidente caberá ao órgão indicado pelo regimento interno dentre aqueles responsáveis pela uniformização de jurisprudência do tribunal. "Parágrafo único. O órgão colegiado incumbido de julgar o incidente e de fixar a tese jurídica julgará igualmente o recurso, a remessa necessária ou o processo de competência originária de onde se originou o incidente".

Conforme o art. 979 do CPC, "a instauração e o julgamento do incidente serão sucedidos da mais ampla e específica divulgação e publicidade, por meio de registro eletrônico no Conselho Nacional de Justiça. § 1º Os tribunais manterão banco eletrônico de dados atualizados com informações específicas sobre questões de direito submetidas ao incidente, comunicando-o imediatamente ao Conselho Nacional de Justiça para inclusão no cadastro. § 2º Para possibilitar a identificação dos processos abrangidos pela decisão do incidente, o registro eletrônico das teses jurídicas constantes do cadastro conterá, no mínimo, os fundamentos determinantes da decisão e os dispositivos normativos a ela relacionados. § 3º Aplica-se o disposto neste artigo ao julgamento de recursos repetitivos e da repercussão geral em recurso extraordinário".

O referido dispositivo legal exige ampla publicidade após a instauração do incidente, para conhecimento dos interessados, inclusive daqueles legitimidados para a defesa coletiva da questão jurídica discutida no incidente.

O incidente tem um ano para ser julgado, salvo fundamentação específica do relator em sentido contrário, conforme o art. 980 do CPC.

Os arts. 981 a 987 do CPC, tratam do procedimento do IRDR. Com efeito, dispõem os referidos dispositivos legais:

> "Art. 981. Após a distribuição, o órgão colegiado competente para julgar o incidente procederá ao seu juízo de admissibilidade, considerando a presença dos pressupostos do art. 976."
>
> "Art. 982. Admitido o incidente, o relator:
>
> I – suspenderá os processos pendentes, individuais ou coletivos, que tramitam no Estado ou na região, conforme o caso;
>
> II – poderá requisitar informações a órgãos em cujo juízo tramita processo no qual se discute o objeto do incidente, que as prestarão no prazo de 15 (quinze) dias;

III – intimará o Ministério Público para, querendo, manifestar-se no prazo de 15 (quinze) dias.

§ 1º A suspensão será comunicada aos órgãos jurisdicionais competentes.

§ 2º Durante a suspensão, o pedido de tutela de urgência deverá ser dirigido ao juízo onde tramita o processo suspenso.

§ 3º Visando à garantia da segurança jurídica, qualquer legitimado mencionado no art. 977, incisos II e III, poderá requerer, ao tribunal competente para conhecer do recurso extraordinário ou especial, a suspensão de todos os processos individuais ou coletivos em curso no território nacional que versem sobre a questão objeto do incidente já instaurado.

§ 4º Independentemente dos limites da competência territorial, a parte no processo em curso no qual se discuta a mesma questão objeto do incidente é legitimada para requerer a providência prevista no § 3º deste artigo.

§ 5º Cessa a suspensão a que se refere o inciso I do *caput* deste artigo se não for interposto recurso especial ou recurso extraordinário contra a decisão proferida no incidente."

"Art. 983. O relator ouvirá as partes e os demais interessados, inclusive pessoas, órgãos e entidades com interesse na controvérsia, que, no prazo comum de 15 (quinze) dias, poderão requerer a juntada de documentos, bem como as diligências necessárias para a elucidação da questão de direito controvertida, e, em seguida, manifestar-se-á o Ministério Público, no mesmo prazo.

§ 1º Para instruir o incidente, o relator poderá designar data para, em audiência pública, ouvir depoimentos de pessoas com experiência e conhecimento na matéria.

§ 2º Concluídas as diligências, o relator solicitará dia para o julgamento do incidente."

"Art. 984. No julgamento do incidente, observar-se-á a seguinte ordem:

I – o relator fará a exposição do objeto do incidente;

II – poderão sustentar suas razões, sucessivamente:

a) o autor e o réu do processo originário e o Ministério Público, pelo prazo de 30 (trinta) minutos;

b) os demais interessados, no prazo de 30 (trinta) minutos, divididos entre todos, sendo exigida inscrição com 2 (dois) dias de antecedência.

§ 1º Considerando o número de inscritos, o prazo poderá ser ampliado.

§ 2º O conteúdo do acórdão abrangerá a análise de todos os fundamentos suscitados concernentes à tese jurídica discutida, sejam favoráveis ou contrários."

"Art. 985. Julgado o incidente, a tese jurídica será aplicada:

I – a todos os processos individuais ou coletivos que versem sobre idêntica questão de direito e que tramitem na área de jurisdição do respectivo tribunal, inclusive àqueles que tramitem nos juizados especiais do respectivo Estado ou região;

II – aos casos futuros que versem idêntica questão de direito e que venham a tramitar no território de competência do tribunal, salvo revisão na forma do art. 986.

§ 1º Não observada a tese adotada no incidente, caberá reclamação.

§ 2º Se o incidente tiver por objeto questão relativa a prestação de serviço concedido, permitido ou autorizado, o resultado do julgamento será comunicado ao órgão, ao ente ou à agência reguladora competente para fiscalização da efetiva aplicação, por parte dos entes sujeitos a regulação, da tese adotada."

"Art. 986. A revisão da tese jurídica firmada no incidente far-se-á pelo mesmo tribunal, de ofício ou mediante requerimento dos legitimados mencionados no art. 977, inciso III."

"Art. 987. Do julgamento do mérito do incidente caberá recurso extraordinário ou especial, conforme o caso.

§ 1º O recurso tem efeito suspensivo, presumindo-se a repercussão geral de questão constitucional eventualmente discutida.

§ 2º Apreciado o mérito do recurso, a tese jurídica adotada pelo Supremo Tribunal Federal ou pelo Superior Tribunal de Justiça será aplicada no território nacional a todos os processos individuais ou coletivos que versem sobre idêntica questão de direito."

Há controvérsia sobre a aplicabilidade do presente incidente no processo do trabalho. Os que não admitem argumentam que já há o IRDR previsto na Lei n. 13.015/14 no âmbito do TST, não sendo conveniente e nem desejável que se transporte o incidente do CPC para o âmbito dos TRTs. Outros argumentam que, diante da subsidiariedade (arts. 15 do CPC e 769, da CLT), ele é compatível com o processo do trabalho, a fim de assegurar isonomia e segurança jurídica.

Apesar de haver um grande impulso para que os Tribunais Regionais adotem o IRDR, pensamos que após um tempo de maturação, ele não será utilizado com freqüência, em razão da dinâmica das relações de trabalho e da necessidade de alterações constantes da jurisprudência. Os incidentes de uniformização de jurisprudência previstos nos Regimentos Internos dos TRTs são mais ágeis e propiciam que as alterações das teses sejam realizadas com maior rapidez e menor burocracia.

Como já nos pronunicamos anteriormente, não há suporte constitucional para que as teses jurídicas fixadas em IRDRs (art. 985 do CPC) vinculem todos os juízes pertencentes ao Tribunal prolator. Além disso, a função precípua das cortes de 1º e 2º grau é anlisar as singularidades dos casos concretos e emitir decisões com justiça e razoabilidade.

O Tribunal Superior do Trabalho, por meio do art. 8º, da Instrução Normativa n. 39/16 entendeu aplicável o IRDR ao Processo do Trabalho, com algumas adaptações. Com efeito dispõe o artigo da referida Instrução:

"Aplicam-se ao Processo do Trabalho as normas dos arts. 976 a 986 do CPC que regem o incidente de resolução de demandas repetitivas (IRDR). § 1º Admitido o incidente, o relator suspenderá o julgamento dos processos pendentes, individuais ou coletivos, que tramitam na Região, no tocante ao tema objeto de IRDR, sem prejuízo da instrução integral das causas e do julgamento dos eventuais pedidos distintos e cumulativos igualmente deduzidos em tais processos, inclusive, se for o caso, do julgamento antecipado parcial do mérito. § 2º Do julgamento do mérito do incidente caberá recurso de revista para o Tribunal Superior do Trabalho, dotado de efeito meramente devolutivo, nos termos dos arts. 896 e 899 da CLT. § 3º Apreciado o mérito do recurso, a tese jurídica adotada pelo Tribunal Superior do Trabalho será aplicada no território nacional a todos os processos, individuais ou coletivos, que versem sobre idêntica questão de direito".

2.2.9.2. Do incidente de Assunção de Competência

Dispõe o art. 947, do CPC:

"É admissível a assunção de competência quando o julgamento de recurso, de remessa necessária ou de processo de competência originária envolver relevante questão de direito, com grande repercussão social, sem repetição em múltiplos processos.

§ 1º Ocorrendo a hipótese de assunção de competência, o relator proporá, de ofício ou a requerimento da parte, do Ministério Público ou da Defensoria Pública, que seja o recurso, a remessa necessária ou o processo de competência originária julgado pelo órgão colegiado que o regimento indicar.

§ 2º O órgão colegiado julgará o recurso, a remessa necessária ou o processo de competência originária se reconhecer interesse público na assunção de competência.

§ 3º O acórdão proferido em assunção de competência vinculará todos os juízes e órgãos fracionários, exceto se houver revisão de tese.

§ 4º Aplica-se o disposto neste artigo quando ocorrer relevante questão de direito a respeito da qual seja conveniente a prevenção ou a composição de divergência entre câmaras ou turmas do tribunal."

O presente dispositivo cria o que a doutrina chama de *incidente de assunção de competência*, que não se trata de recurso, mas de incidente ou técnica de julgamento, quando no julgamento de recurso, de remessa necessária ou de processo de competência originária do Tribunal envolver relevante questão de direito, com grande repercussão social, sem repetição em múltiplos processos.

Ao contrário do IRDR, a questão relevante de direito não está repetida em múltiplos processos, pois se trata o incidente de assunção de competência de medida eminentemente preventiva de proliferação de demandas futuras envolvendo a mesma tese jurídica.

Pode instaurar o incidente o relator, de ofício, a requerimento da parte, do Ministério Público ou da Defensoria Pública.

O acórdão proferido em assunção de competência vinculará todos os juízes e órgãos fracionários, exceto se houver revisão de tese § 3º do art. 947 do CPC).

Conforme já nos pronunciamos anteriormente, não há suporte Constitucional para a vinculação da tese jurídica firmada no presente incidente aos demais juízes vinculados à autoridade do Tribunal prolator da decisão.

O Tribunal Superior do Trabalho, por meio da Instrução Normativa 39/16, entendeu aplicável o presente incidente ao Processo Trabalhista. Com efeito dispõe o art. 3º, da referida Instrução:

"Sem prejuízo de outros, aplicam-se ao Processo do Trabalho, em face de omissão e compatibilidade, os preceitos do Código de Processo Civil que regulam os seguintes temas:

(...) XXV - art. 947 e parágrafos (incidente de assunção de competência)."

2.2.10. Incidente de solução de demandas repetitivas no TST

A Lei n. 13.015/2014 instituiu no Processo do Trabalho o chamado incidente de resolução de demandas repetitivas, também chamado de julgamento por amostragem.

Como destaca *Cláudio Brandão*[(157)]:

> "Trata-se de novidade sem igual, na medida em que introduz a força obrigatória do precedente judicial e modifica, substancialmente, o procedimento de julgamento dos recursos nos quais vier a ser suscitado o incidente, que passarão a fixar a tese jurídica ou o precedente judicial que doravante, servirá de paradigma obrigatório no âmbito da respectiva jurisdição. Ademais, a inovação busca contemplar solução de massa para demandas igualmente de massa, característica marcante da sociedade contemporânea. Some-se a busca pela segurança jurídica e preservação do princípio da igualdade, valorizados pela sistematização de identidade de teses jurídicas aplicáveis a casos semelhantes."

Dispõe o art. 896-C da CLT:

> "Quando houver multiplicidade de recursos de revista fundados em idêntica questão de direito, a questão poderá ser afetada à Seção Especializada em Dissídios Individuais ou ao Tribunal Pleno, por decisão da maioria simples de seus membros, mediante requerimento de um dos Ministros que compõem a Seção Especializada, considerando a relevância da matéria ou a existência de entendimentos divergentes entre os Ministros dessa Seção ou das Turmas do Tribunal."

Conforme o referido dipositivo legal, são requisitos para a instauração do incidente de demandas repetitivas:

a) multiplicidade de recursos: embora a lei não estabeleça o número de recursos, pensamos que é necessário um número significativo de demandas sobre a mesma tese jurídica, que possa ter repercussão em grande extensão territorial do país;

b) idêntica questão de direito: o incidente somente será cabível quando houver decisões divergentes sobre a mesma questão jurídica. Vale dizer: unicamente para discussão de controvérsia sobre a mesma tese jurídica;

c) a matéria também deve ser relevante e transcender o interesse das partes no processo: nesse aspecto, se a matéria for relevante, ou seja, for importante à efetividade do direito material ou processual do trabalho, e houver multiplicidade de damandas a respeito, caberá a instauração do incidente, independentemente da controvérsia.

Nos termos do § 1º do art. 896-C da CLT, o presidente da Turma ou da Seção Especializada, por indicação dos relatores, afetará um ou mais recursos representativos da controvérsia para julgamento pela Seção Especializada em Dissídios Individuais ou pelo Tribunal Pleno, sob o rito dos recursos repetitivos.

---

(157) *Reforma do Sistema Recursal Trabalhista.* Comentários à Lei n. 13.015/2014. São Paulo: LTr, 2015. p. 148.

Conforme o referido dispositivo, o presidente da Turma ou da Seção Especializada, por indicação do dos relatores afetará um ou mais recursos representativos da controvérsia. O termo "afetar" significa vincular o recurso ao procedimento do incidente de resolução de demandas repetitivas para apreciação e julgamento da matéria.

Nos termos do art. 4º, da Instrução Normativa n. 38/15 do TST, que está em sintonia com o Código de Processo Civil, somente poderão ser afetados recursos representativos da controvérsia que sejam admissíveis e que, a critério do relator do incidente de julgamento dos recursos repetitivos, contenham abrangente argumentação e discussão a respeito da questão a ser decidida.

Segundo entendimento preponderante do STJ, uma fez afetado o recurso, o recorrente não poderá dele desistir, uma vez que prevalecerá o interesse público sobre o particular.

Nesse sentido, destaca-se a seguinte ementa:

> "Processo civil. Questão de ordem. Incidente de Recurso Especial Repetitivo. Formulação de pedido de desistência no Recurso Especial representativo de controvérsia (art. 543-C, § 1º, do CPC). Indeferimento do pedido de desistência recursal. — É inviável o acolhimento de pedido de desistência recursal formulado quando já iniciado o procedimento de julgamento do Recurso Especial representativo da controvérsia, na forma do art. 543-C do CPC c/c Resolução n. 08/08 do STJ. Questão de ordem acolhida para indeferir o pedido de desistência formulado em Recurso Especial processado na forma do art. 543-C do CPC c/c Resolução n. 08/08 do STJ." (STJ, QO no REsp n. 1.063.343/RS, relª Minª Nancy Andrighi, DJe de 4.6.2009)

No mesmo sentido o inciso II, do § 3º, do art. 2º, da Instrução Normativa n. 38/05 do TST:

> "Havendo multiplicidade de recursos de revista ou de embargos para a Subseção de Dissídios Individuais I (SbDI-1) fundados em idêntica questão de direito, a questão poderá ser afetada a essa Subseção ou ao Tribunal Pleno, por decisão da maioria simples de seus membros, mediante requerimento de um dos Ministros que a compõem, considerando a relevância da matéria ou a existência de entendimentos divergentes entre os Ministros dessa Subseção ou das Turmas do Tribunal. (...)§ 3º O Presidente da Subseção submeterá a proposta de afetação ao colegiado, se formulada por escrito, no prazo máximo de 30 dias de seu recebimento, ou de imediato, se suscitada em questão preliminar, quando do julgamento de determinado processo pela SbDI-1, após o que: (...) II – acolhida a proposta, a desistência da ação ou do recurso não impede a análise da questão objeto de julgamento de recursos repetitivos".

O art. 16, da Instrução Normativa 38/05 em sintonia com o Código de Processo Civil, possibilita apenas a desistência do processo, antes de proferida a decisão de primeiro grau. Com efeito, dispõe o referido dispositivo:

> "A parte poderá desistir da ação em curso no primeiro grau de jurisdição, antes de proferida a sentença, se a questão nela discutida for idêntica à resolvida pelo recurso representativo da controvérsia.
>
> § 1º Se a desistência ocorrer antes de oferecida a defesa, a parte, se for o caso, ficará dispensada do pagamento de custas e de honorários de advogado.

§ 2º A desistência apresentada nos termos do *caput* deste artigo independe de consentimento do reclamado, ainda que apresentada contestação".

De nossa parte, no processo do trabalho, a desistência do recurso deve ser apreciada com muito cuidado, considerando a situação concreta de cada reclamante. Entretanto, a tendência do TST é acompanhar o entendimento do STJ.

Nos termos do § 2º, do art. 896-C, da CLT, o presidente da Turma ou da Seção Especializada que afetar processo para julgamento sob o rito dos recursos repetitivos deverá expedir comunicação aos demais presidentes de Turma ou de Seção Especializada, que poderão afetar outros processos sobre a questão para julgamento conjunto, a fim de conferir ao órgão julgador visão global da questão.

Conforme o § 3º do art. 896-C da CLT, o presidente do Tribunal Superior do Trabalho oficiará os presidentes dos Tribunais Regionais do Trabalho para que suspendam os recursos interpostos em casos idênticos aos afetados como recursos repetitivos, até o pronunciamento definitivo do Tribunal Superior do Trabalho.

Diante do presente dispositivo legal, o presidente do TST oficiária aos presidentes dos TRTs para que suspendam os recursos intepostos envolvendo a mesma matéria dos recursos afetados.

Como bem adverte *Estevão Mallet*(158):

> "O sobrestamento atinge os processos que tenham chegado à fase de processamento do recurso de revista. Logo, causas que estejam com recurso ordinário pendente de exame nos Tribunais Regionais não são atingidas. Não importa que nelas se discuta exatamente a questão de direito que leva à proliferação de recursos. O julgamento deve prosseguir normalmente. Decidido o recurso ordinário, interpostos embargos de declaração por uma das partes e recurso de revista pela outra, o exame dos primeiros não fica sobrestado. Ao contrário, deve prosseguir normalmente. Somente quando se chegar ao momento de exame da admissibilidade do recurso de revista é que se aplica o sobrestamento."

O art. 6º, da Instrução Normativa n. 38/15 do TST, no entanto, disciplina a tanto suspensão dos recursos de revista, quanto dos recursos ordinários que versem sobre a mesma tese do recurso afetado. Com efeito, dispõe o referido dispositivo:

> "O Presidente do Tribunal Superior do Trabalho oficiará os Presidentes dos Tribunais Regionais do Trabalho, com cópia da decisão de afetação, para que suspendam os recursos de revista interpostos em casos idênticos aos afetados como recursos repetitivos e ainda não encaminhados a este Tribunal, bem como os recursos ordinários interpostos contra as sentenças proferidas em casos idênticos aos afetados como recursos repetitivos, até o pronunciamento definitivo do Tribunal Superior do Trabalho".

Aqui residem uma importante questão e uma dificuldade mais acentuada no Processo do Trabalho, pois, como regra, os processos envolvem mais de um pedido,

(158) Reflexões sobre a Lei n. 13.015/2014. In: *Revista LTr*, 79-01/51.

e se um deles for idêntico ao do processo afetado pelo TST, todo o recurso ficará suspenso, o que poderá acarretar prejuízo, principalmente ao trabalhador, que terá que aguardar toda a tramitação do incidente, para somente depois ter o seu recurso apreciado.

Nos termos do art. 13, da Instrução Normativa n. 38/15, decidido o recurso representativo da controvérsia, os órgãos jurisdicionais respectivos declararão prejudicados os demais recursos versando sobre idêntica controvérsia ou os decidirão, aplicando a tese firmada. Parágrafo único. Quando os recursos requisitados do Tribunal Regional do Trabalho contiverem outras questões além daquela que é objeto da afetação, caberá ao órgão jurisdicional competente, em acórdão específico para cada processo, decidir esta em primeiro lugar e depois as demais.

De nossa parte, a solução adotada pelo TST, no referido dipositivo, embora de melhor técnica processual, e prevista no Código de Processo Civil, é prejudicial ao reclamante, pois os demais pedidos do processo não relacionados à questão afetada pelo TST devem ter seguimento normal. A melhor solução, de nossa parte, seria suspender apenas a parte do recurso idêntica ao do recurso afetado, desmembrando-se o processo e formando-se autos suplementares, para julgamento imediato das questões não objeto da afetação.

Por outro lado, quanto às questões não relacionadas ao recurso de revista que fora afetado, o processo poderá prosseguir, inclusive quanto à execução provisória (art. 899, da CLT), extraindo-se carta de sentença. Também podem ser deferidas tutelas de urgência relacionadas às questões não afetadas pelo recurso de revista (art. 294 e seguintes do CPC).

Nos termos do § 4º do art. 896-C da CLT, caberá ao presidente do Tribunal de origem admitir um ou mais recursos representativos da controvérsia, os quais serão encaminhados ao Tribunal Superior do Trabalho, ficando suspensos os demais recursos de revista até o pronunciamento definitivo do Tribunal Superior do Trabalho.

Conforme o § 5º do art. 896-C da CLT, o relator no Tribunal Superior do Trabalho poderá determinar a suspensão dos recursos de revista ou de embargos que tenham como objeto controvérsia idêntica à do recurso afetado como repetitivo.

O relator, nos termos do § 7º do art. 896-C da CLT, poderá solicitar, aos Tribunais Regionais do Trabalho, informações a respeito da controvérsia, a serem prestadas no prazo de quinze dias.

O § 8º possibilita a manifestação de pessoa, órgão ou entidade com interesse na controvérsia, inclusive como assistente simples.

São fixadas duas modalidades de intervenção de terceiros no incidente:

a) assistente simples: para intervir, o assitente deve demonstrar o interesse jurídico (art. 119 e seguintes do CPC), e atuará como auxiliar da parte principal;

b) *amicus curiae*: é espécie anômala de intervenção em processo alheio. A parte não precisa ter interesse jurídico, mas demonstrar que tem interesse na controvérsia, diante de sua relevância. Aqui, normalmente pedem intervenção associações ou entidades de classe.

A figura do chamado "amigo da corte" está prevista também no art. 7º da Lei n. 9.868/99:

> "Não se admitirá intervenção de terceiros no processo de ação direta de inconstitucionalidade.
>
> § 1º (VETADO)
>
> § 2º O relator, considerando a relevância da matéria e a representatividade dos postulantes, poderá, por despacho irrecorrível, admitir, observado o prazo fixado no parágrafo anterior, a manifestação de outros órgãos ou entidades."

Atualmente, a intervenção do *amicus curiae* está prevista no art. 138 do CPC, *in verbis*:

> "O juiz ou o relator, considerando a relevância da matéria, a especificidade do tema objeto da demanda ou a repercussão social da controvérsia, poderá, por decisão irrecorrível, de ofício ou a requerimento das partes ou de quem pretenda manifestar-se, solicitar ou admitir a participação de pessoa natural ou jurídica, órgão ou entidade especializada, com representatividade adequada, no prazo de 15 (quinze) dias de sua intimação.
>
> § 1º A intervenção de que trata o *caput* não implica alteração de competência nem autoriza a interposição de recursos, ressalvadas a oposição de embargos de declaração e a hipótese do § 3º.
>
> § 2º Caberá ao juiz ou ao relator, na decisão que solicitar ou admitir a intervenção, definir os poderes do *amicus curiae*.
>
> § 3º O *amicus curiae* pode recorrer da decisão que julgar o incidente de resolução de demandas repetitivas."

O Ministério Público do Trabalho terá vista do processo para manifestação em quinze dias.

Nos termos do § 10 do art. 896-C da CLT, transcorrido o prazo para o Ministério Público e remetida cópia do relatório aos demais ministros, o processo será incluído em pauta na Seção Especializada ou no Tribunal Pleno, devendo ser julgado com preferência sobre os demais feitos.

Nos termos do § 11 do art. 896-C da CLT, publicado o acórdão do Tribunal Superior do Trabalho, os recursos de revista sobrestados na origem:

> "I – terão seguimento denegado na hipótese de o acórdão recorrido coincidir com a orientação a respeito da matéria no Tribunal Superior do Trabalho; ou
>
> II – serão novamente examinados pelo Tribunal de origem na hipótese de o acórdão recorrido divergir da orientação do Tribunal Superior do Trabalho a respeito da matéria."

Diante do referido dispositivo legal, uma vez publicado o acórdão no incidente de resolução de demandas repetitivas:

a) o recurso terá seguimento denegado na hipótese de o acórdão recorrido coincidir com a orientação a respeito da matéria no Tribunal Superior do Trabalho; e

b) será novamente examinado pelo Tribunal de origem na hipótese de o acórdão recorrido divergir da orientação do Tribunal Superior do Trabalho a respeito da matéria. Trata-se aqui de efeito regressivo, qual seja, a possibilidade de o Tribunal Regional emitir juízo de retratação da decisão e seguir a orientação firmada no Tribunal Superior do Trabalho. Não se trata aqui de efeito vinculante da decisão do TST, mas de um forte elemento de persuasão para que o TRT acompanhe o entendimento da corte superior. Mantida a decisão divergente pelo Tribunal de origem, far-se-á o exame de admissibilidade do recurso de revista.

Conforme o § 13 do art. 896-C, da CLT, caso a questão afetada e julgada sob o rito dos recursos repetitivos também contenha questão constitucional, a decisão proferida pelo Tribunal Pleno não obstará o conhecimento de eventuais recursos extraordinários sobre a questão constitucional.

Estabelece o § 14 do art. 896-C da CLT:

"Aos recursos extraordinários interpostos perante o Tribunal Superior do Trabalho será aplicado o procedimento previsto no art. 543-B da Lei n. 5.869, de 11 de janeiro de 1973 (Código de Processo Civil), cabendo ao Presidente do Tribunal Superior do Trabalho selecionar um ou mais recursos representativos da controvérsia e encaminhá-los ao Supremo Tribunal Federal, sobrestando os demais até o pronunciamento definitivo da Corte, na forma do § 1º do art. 543-B da Lei n. 5.869, de 11 de janeiro de 1973 (Código de Processo Civil)."

Dispunha o art. 543-B do CPC/73, aplicável aqui subsidiariamente:

"Quando houver multiplicidade de recursos com fundamento em idêntica controvérsia, a análise da repercussão geral será processada nos termos do Regimento Interno do Supremo Tribunal Federal, observado o disposto neste artigo. (Incluído pela Lei n. 11.418/06 – DOU 20.12.2006, em vigor 60 dias após sua publicação) § 1º Caberá ao Tribunal de origem selecionar um ou mais recursos representativos da controvérsia e encaminhá-los ao Supremo Tribunal Federal, sobrestando os demais até o pronunciamento definitivo da Corte. (Incluído pela Lei n. 11.418/06 – DOU 20.12.2006, em vigor 60 dias após sua publicação) § 2º Negada a existência de repercussão geral, os recursos sobrestados considerar-se-ão automaticamente não admitidos. (Incluído pela Lei n. 11.418/06 – DOU 20.12.2006) § 3º Julgado o mérito do recurso extraordinário, os recursos sobrestados serão apreciados pelos Tribunais, Turmas de Uniformização ou Turmas Recursais, que poderão declará-los prejudicados ou retratar-se. (Incluído pela Lei n. 11.418/06 – DOU 20.12.2006, em vigor 60 dias após sua publicação) § 4º Mantida a decisão e admitido o recurso, poderá o Supremo Tribunal Federal, nos termos do Regimento Interno, cassar ou reformar, liminarmente, o acórdão contrário à orientação firmada. (Incluído pela Lei n. 11.418/06 – DOU 20.12.2006, em vigor 60 dias após sua publicação) § 5º O Regimento Interno do Supremo Tribunal Federal disporá sobre as atribuições dos Ministros, das Turmas e de outros órgãos, na análise da repercussão geral." (Incluído pela Lei n. 11.418/06 – DOU 20.12.2006, em vigor 60 dias após sua publicação)

Atualmente, a matéria está disciplinada nos arts. 1.036 a 1.041 do CPC, aplicáveis supletivamente ao processo trabalhista, *in verbis*:

Art. 1.036, do CPC:

"Sempre que houver multiplicidade de recursos extraordinários ou especiais com fundamento em idêntica questão de direito, haverá afetação para julgamento de acordo com as disposições desta Subseção, observado o disposto no Regimento Interno do Supremo Tribunal Federal e no do Superior Tribunal de Justiça.

§ 1º O presidente ou o vice-presidente de tribunal de justiça ou de tribunal regional federal selecionará 2 (dois) ou mais recursos representativos da controvérsia, que serão encaminhados ao Supremo Tribunal Federal ou ao Superior Tribunal de Justiça para fins de afetação, determinando a suspensão do trâmite de todos os processos pendentes, individuais ou coletivos, que tramitem no Estado ou na região, conforme o caso.

§ 2º O interessado pode requerer, ao presidente ou ao vice-presidente, que exclua da decisão de sobrestamento e inadmita o recurso especial ou o recurso extraordinário que tenha sido interposto intempestivamente, tendo o recorrente o prazo de 5 (cinco) dias para manifestar-se sobre esse requerimento.

§ 3º Da decisão que indeferir o requerimento referido no § 2º caberá apenas agravo interno.

§ 4º A escolha feita pelo presidente ou vice-presidente do tribunal de justiça ou do tribunal regional federal não vinculará o relator no tribunal superior, que poderá selecionar outros recursos representativos da controvérsia.

§ 5º O relator em tribunal superior também poderá selecionar 2 (dois) ou mais recursos representativos da controvérsia para julgamento da questão de direito independentemente da iniciativa do presidente ou do vice-presidente do tribunal de origem.

§ 6º Somente podem ser selecionados recursos admissíveis que contenham abrangente argumentação e discussão a respeito da questão a ser decidida."

Art. 1.037 do CPC:

"Selecionados os recursos, o relator, no tribunal superior, constatando a presença do pressuposto do *caput* do art. 1.036, proferirá decisão de afetação, na qual:

I – identificará com precisão a questão a ser submetida a julgamento;

II – determinará a suspensão do processamento de todos os processos pendentes, individuais ou coletivos, que versem sobre a questão e tramitem no território nacional;

III – poderá requisitar aos presidentes ou aos vice-presidentes dos tribunais de justiça ou dos tribunais regionais federais a remessa de um recurso representativo da controvérsia.

§ 1º Se, após receber os recursos selecionados pelo presidente ou pelo vice-presidente de tribunal de justiça ou de tribunal regional federal, não se proceder à afetação, o relator, no tribunal superior, comunicará o fato ao presidente ou ao vice-presidente que os houver enviado, para que seja revogada a decisão de suspensão referida no art. 1.036, § 1º.

§ 2º (Revogado).

§ 3º Havendo mais de uma afetação, será prevento o relator que primeiro tiver proferido a decisão a que se refere o inciso I do *caput*.

§ 4º Os recursos afetados deverão ser julgados no prazo de 1 (um) ano e terão preferência sobre os demais feitos, ressalvados os que envolvam réu preso e os pedidos de *habeas corpus*.

§ 5º (Revogado).

§ 6º Ocorrendo a hipótese do § 5º, é permitido a outro relator do respectivo tribunal superior afetar 2 (dois) ou mais recursos representativos da controvérsia na forma do art. 1.036.

§ 7º Quando os recursos requisitados na forma do inciso III do *caput* contiverem outras questões além daquela que é objeto da afetação, caberá ao tribunal decidir esta em primeiro lugar e depois as demais, em acórdão específico para cada processo.

§ 8º As partes deverão ser intimadas da decisão de suspensão de seu processo, a ser proferida pelo respectivo juiz ou relator quando informado da decisão a que se refere o inciso II do *caput*.

§ 9º Demonstrando distinção entre a questão a ser decidida no processo e aquela a ser julgada no recurso especial ou extraordinário afetado, a parte poderá requerer o prosseguimento do seu processo.

§ 10. O requerimento a que se refere o § 9º será dirigido:

I – ao juiz, se o processo sobrestado estiver em primeiro grau;

II – ao relator, se o processo sobrestado estiver no tribunal de origem;

III – ao relator do acórdão recorrido, se for sobrestado recurso especial ou recurso extraordinário no tribunal de origem;

IV – ao relator, no tribunal superior, de recurso especial ou de recurso extraordinário cujo processamento houver sido sobrestado.

§ 11. A outra parte deverá ser ouvida sobre o requerimento a que se refere o § 9º, no prazo de 5 (cinco) dias.

§ 12. Reconhecida a distinção no caso:

I – dos incisos I, II e IV do § 10, o próprio juiz ou relator dará prosseguimento ao processo;

II – do inciso III do § 10, o relator comunicará a decisão ao presidente ou ao vice-presidente que houver determinado o sobrestamento, para que o recurso especial ou o recurso extraordinário seja encaminhado ao respectivo tribunal superior, na forma do art. 1.030, parágrafo único.

§ 13. Da decisão que resolver o requerimento a que se refere o § 9º caberá:

I – agravo de instrumento, se o processo estiver em primeiro grau;

II – agravo interno, se a decisão for de relator."

Art. 1.038 do CPC:

"O relator poderá:

I – solicitar ou admitir manifestação de pessoas, órgãos ou entidades com interesse na controvérsia, considerando a relevância da matéria e consoante dispuser o regimento interno;

II – fixar data para, em audiência pública, ouvir depoimentos de pessoas com experiência e conhecimento na matéria, com a finalidade de instruir o procedimento;

III – requisitar informações aos tribunais inferiores a respeito da controvérsia e, cumprida a diligência, intimará o Ministério Público para manifestar-se.

§ 1º No caso do inciso III, os prazos respectivos são de 15 (quinze) dias, e os atos serão praticados, sempre que possível, por meio eletrônico.

§ 2º Transcorrido o prazo para o Ministério Público e remetida cópia do relatório aos demais ministros, haverá inclusão em pauta, devendo ocorrer o julgamento com preferência sobre os demais feitos, ressalvados os que envolvam réu preso e os pedidos de *habeas corpus*.

§ 3º O conteúdo do acórdão abrangerá a análise dos fundamentos relevantes da tese jurídica discutida."

Art. 1.039 do CPC:

"Decididos os recursos afetados, os órgãos colegiados declararão prejudicados os demais recursos versando sobre idêntica controvérsia ou os decidirão aplicando a tese firmada.

Parágrafo único. Negada a existência de repercussão geral no recurso extraordinário afetado, serão considerados automaticamente inadmitidos os recursos extraordinários cujo processamento tenha sido sobrestado."

Art. 1.040 do CPC:

"Publicado o acórdão paradigma:

I – o presidente ou o vice-presidente do tribunal de origem negará seguimento aos recursos especiais ou extraordinários sobrestados na origem, se o acórdão recorrido coincidir com a orientação do tribunal superior;

II – o órgão que proferiu o acórdão recorrido, na origem, reexaminará o processo de competência originária, a remessa necessária ou o recurso anteriormente julgado, se o acórdão recorrido contrariar a orientação do tribunal superior;

III – os processos suspensos em primeiro e segundo graus de jurisdição retomarão o curso para julgamento e aplicação da tese firmada pelo tribunal superior;

IV – se os recursos versarem sobre questão relativa a prestação de serviço público objeto de concessão, permissão ou autorização, o resultado do julgamento será comunicado ao órgão, ao ente ou à agência reguladora competente para fiscalização da efetiva aplicação, por parte dos entes sujeitos a regulação, da tese adotada.

§ 1º A parte poderá desistir da ação em curso no primeiro grau de jurisdição, antes de proferida a sentença, se a questão nela discutida for idêntica à resolvida pelo recurso representativo da controvérsia.

§ 2º Se a desistência ocorrer antes de oferecida contestação, a parte ficará isenta do pagamento de custas e de honorários de sucumbência.

§ 3º A desistência apresentada nos termos do § 1º independe de consentimento do réu, ainda que apresentada contestação."

Art. 1.041 do CPC:

"Mantido o acórdão divergente pelo tribunal de origem, o recurso especial ou extraordinário será remetido ao respectivo tribunal superior, na forma do art. 1.036, § 1º.

§ 1º Realizado o juízo de retratação, com alteração do acórdão divergente, o tribunal de origem, se for o caso, decidirá as demais questões ainda não decididas cujo enfrentamento se tornou necessário em decorrência da alteração.

§ 2º Quando ocorrer a hipótese do inciso II do *caput* do art. 1.040 e o recurso versar sobre outras questões, caberá ao presidente ou ao vice-presidente do tribunal recorrido, depois do reexame pelo órgão de origem e independentemente de ratificação do recurso, sendo positivo o juízo de admissibilidade, determinar a remessa do recurso ao tribunal superior para julgamento das demais questões."

Nos termos do § 15 do art. 896-C da CLT, o presidente do Tribunal Superior do Trabalho poderá oficiar os Tribunais Regionais do Trabalho e os presidentes das Turmas e da Seção Especializada do Tribunal para que suspendam os processos idênticos aos selecionados como recursos representativos da controvérsia e encaminhados ao Supremo Tribunal Federal, até o seu pronunciamento definitivo.

Determina o § 16, do art. 896-C:

"A decisão firmada em recurso repetitivo não será aplicada aos casos em que se demonstrar que a situação de fato ou de direito é distinta das presentes no processo julgado sob o rito dos recursos repetitivos."

Somente serão atingidos pela decisão firmada no incidente os processos nos quais se discute a mesma tese jurídica da decisão firmada. Se a causa apresentar questão fática ou jurídica distinta, não será aplicada a decisão paradigma.

Pode-se argumentar que o dispositivo deveria apenas mencionar a mesma situação jurídica, pois no incidente não se discute questão fática. Entretanto, nos parece, efetivamente, correta a previsão legal, uma vez que, na situação concreta, pode ser muito difícil isolar "questão de fato" e "questão jurídica." Como já nos posicionamos anteriormente, o Tribunal Superior do Trabalho, no recurso de revista, não pode alterar os fatos fixados na decisão regional, entretanto, poderá dar nova qualificação jurídica a eles.

Dispõe o § 17 do art. 896-C da CLT:

"Caberá revisão da decisão firmada em julgamento de recursos repetitivos quando se alterar a situação econômica, social ou jurídica, caso em que será respeitada a segurança jurídica das relações firmadas sob a égide da decisão anterior, podendo o Tribunal Superior do Trabalho modular os efeitos da decisão que a tenha alterado."

Diante do referido dispositivo legal, uma vez firmada a decisão no incidente de julgamento de recursos repetitivos, a lei impõe requisitos rígidos para alteração. Não basta que os ministros mudem de opinião ou a composição do Tribunal seja modificada com o ingresso de novos ministros que tenham entendimento diverso para a alteração. A decisão somente poderá ser alterada diante da modificação das situações econômica, social ou jurídica que serviram de suporte para a decisão.

Como bem adverte *Manoel Antonio Teixeira Filho*[(159)]:

> "O entendimento firmado na apreciação de recursos repetitivos não é imutável, o que não significa que posa ser alterado a todo o momento e a bel-prazer dos magistrados que julgaram o recurso paradigma. Do ponto de vista estritamente legal, o entendimento somente pode ser modificado se houver alteração da situação econômica, social ou jurídica que o motivou. Logo, *a contrario sensu*, não poderá ser modificado, por exemplo, porque a composição do tribunal já não é a mesma ou porque os magistrados resolveram refletir com maior profundidade sobre a questão jurídica. Fosse admissível a alteração do entendimento em casos como tais, a segurança jurídica e o interesse social ficariam gravemente comprometidos."

(159) *Comentários à Lei n. 13.015/2014*. São Paulo: LTr, 2014. p. 65.

O referido dispositivo também prevê a chamada modulação dos efeitos da decisão, podendo o Tribunal fixar o momento de eficácia da decisão, que, via de regra, não tera efeito retroativo (*ex nunc*), como é previsto no art. 27 da Lei n. 9.868/99, *in verbis*:

> "Ao declarar a inconstitucionalidade de lei ou ato normativo, e tendo em vista razões de segurança jurídica ou de excepcional interesse social, poderá o Supremo Tribunal Federal, por maioria de dois terços de seus membros, restringir os efeitos daquela declaração ou decidir que ela só tenha eficácia a partir de seu trânsito em julgado ou de outro momento que venha a ser fixado."

Conforme o art. 11, da Instrução Normativa n. 38/15 do TST, "os recursos afetados deverão ser julgados no prazo de um ano e terão preferência sobre os demais feitos. § 1º Na hipótese de não ocorrer o julgamento no prazo de um ano a contar da publicação da decisão de que trata o art. 5º desta Instrução Normativa, cessam automaticamente, em todo o território nacional, a afetação e a suspensão dos processos, que retomarão seu curso normal. § 2º Ocorrendo a hipótese do § 1º, é permitida, nos termos e para os efeitos do art. 2º desta Instrução Normativa e do art. 896-C da CLT, a formulação de outra proposta de afetação de processos representativos da controvérsia para instauração e julgamento de recursos repetitivos para ser apreciada e decidida pela SbDI-1 deste Tribunal".

Já há, na doutrina especializada, posições favoráveis e desfavoráveis ao presente instituto no processo do trabalho.

Os defensores do incidente de resolução de demandas repetitivas apontam os seguintes benefícios:

a) maior estabilidade e segurança da jurisprudência do TST;

b) maior agilidade de tramitação dos recursos no TST;

c) diminuição significativa de recursos nos Tribunais, quando já houver tese predominante firmada no TST, por meio do incidente;

d) ser um instrumento efetivo para solução de demandas de massa fundadas na mesma tese jurídica;

e) efetivar tendência moderna para o TST uniformizar a jurisprudência entre Tribunais Regionais do Trabalho;

f) maior democracia na uniformização da jurisprudência, inclusive com a participação de terceiros (assistente e *amicus curiae*).

De outro lado, muitos apontam diversos problemas na efetivação do incidente de resolução de demandas repetitivas, quais sejam:

a) a "suposta segurança jurídica" não traz benefícios a jurisdicionado trabalhista, principalmente ao trabalhador, em razão da celeridade das mudanças sociais e econômicas que impactam as relações de trabalho;

b) dificilmente o trabalhador, que é o destinatário final da atividade do Judiciário Trabalhista, terá interesse no incidente de solução de demandas repetitivas, dada a sofisticação do procedimento e a possível demora em sua tramitação;

c) grande dificuldade de se alterar um posicionamento dominante firmado no incidente, o que pode acarretar engessamento da jurisprudência;

d) dificuldade mais acentuada no processo do trabalho de se afetar os recursos trabalhistas quando existirem multiplicidade de pedidos e afetação de um ou parte deles pelo incidente.

Diante dos efeitos da decisão paradigma firmada no incidente de resolução de demandas repetitivas, da demora de tramitação do procedimento e da dificuldade de alteração do entendimento firmado, pensamos que o Tribunal Superior do Trabalho deverá utilizar o presente instituto com muita prudência, analisando, além dos requisitos legais, os resultados práticos que pode atingir.

Recentemente, o Tribunal Superior do Trabalho, por meio da Resolução 201 de novembro de 2015, editou a Instrução Normativa 38/15, uniformizando o procedimento sobre o Incidente de Resolução de Demandas Repetitivas, cujo teor segue abaixo.

RESOLUÇÃO N. 201, DE 10 DE NOVEMBRO DE 2015.

Divulgada no DeJT de 17.11.2015

Edita a Instrução Normativa n. 38, que regulamenta o procedimento do Incidente de Julgamento dos Recursos de Revista e de Embargos à SbDI-1 repetitivos.

O EGRÉGIO ÓRGÃO ESPECIAL DO TRIBUNAL SUPERIOR DO TRABALHO, em Sessão Extraordinária hoje realizada, sob a Presidência do Excelentíssimo Senhor Ministro Antonio José de Barros Levenhagen, Presidente do Tribunal, presentes os Excelentíssimos Senhores Ministros João Oreste Dalazen, Maria Cristina Irigoyen Peduzzi, Emmanoel Pereira, Guilherme Augusto Caputo Bastos, Walmir Oliveira da Costa, Maurício Godinho Delgado, Augusto César Leite de Carvalho, Delaíde Alves Miranda Arantes, Hugo Carlos Scheuermann e a Excelentíssima Vice-Procuradora-Geral do Trabalho, Drª. Cristina Aparecida Ribeiro Brasiliano,

CONSIDERANDO a edição da Lei n. 13.015, de 21 de julho de 2014, que, entre outras providências, acrescentou os arts. 896-B e 896-C à CLT para introduzir, no âmbito do processo do trabalho, a sistemática do julgamento dos recursos repetitivos, e do ATO desta Presidência n. 491/SEGJUD.GP, de 23 de setembro de 2014, que fixou parâmetros procedimentais mínimos para dar efetividade à referida lei, CONSIDERANDO ainda a necessidade de aperfeiçoamento e de detalhamento dessa sistemática para sua segura e efetiva aplicação no âmbito da jurisdição trabalhista,

RESOLVE

Aprovar a Instrução Normativa n. 38, nos seguintes termos:

INSTRUÇÃO NORMATIVA N. 38/2015

Art. 1º As normas do Código de Processo Civil relativas ao julgamento dos recursos extraordinário e especial repetitivos aplicam-se, no que couber, ao recurso de revista e ao recurso de embargos repetitivos (CLT, arts. 894, II e 896 da CLT).

Art. 2º Havendo multiplicidade de recursos de revista ou de embargos para a Subseção de Dissídios Individuais I (SbDI-1) fundados em idêntica questão de direito, a questão poderá ser afetada a essa Subseção ou ao Tribunal Pleno, por decisão da maioria simples de seus membros, mediante requerimento de um dos Ministros que a compõem, considerando a relevância da matéria ou a existência de entendimentos divergentes entre os Ministros dessa Subseção ou das Turmas do Tribunal.

§ 1º O requerimento fundamentado de um dos Ministros da Subseção de Dissídios Individuais I de afetação da questão a ser julgada em incidente de recursos repetitivos deverá indicar um ou mais recursos de revista ou de embargos representativos da controvérsia e ser formulado por escrito diretamente ao Presidente da SbDI-1 ou, oralmente, em questão preliminar suscitada quando do julgamento de processo incluído na pauta de julgamentos da Subseção.

§ 2º De forma concorrente, quando a Turma do Tribunal Superior do Trabalho entender necessária a adoção do procedimento de julgamento de recursos de revista repetitivos, seu Presidente deverá submeter ao Presidente da Subseção de Dissídios Individuais I a proposta de afetação do recurso de revista, para os efeitos dos arts. 896-B e 896-C da CLT.

§ 3º O Presidente da Subseção submeterá a proposta de afetação ao colegiado, se formulada por escrito, no prazo máximo de 30 dias de seu recebimento, ou de imediato, se suscitada em questão preliminar, quando do julgamento de determinado processo pela SbDI-1, após o que:

I – acolhida a proposta, por maioria simples, o colegiado também decidirá se a questão será analisada pela própria SbDI-1 ou pelo Tribunal Pleno;

II – acolhida a proposta, a desistência da ação ou do recurso não impede a análise da questão objeto de julgamento de recursos repetitivos;

III – na hipótese do inciso I, o processo será distribuído a um relator e a um revisor do órgão jurisdicional correspondente, para sua tramitação nos termos do art. 896-C da CLT;

IV – rejeitada a proposta, se for o caso, os autos serão devolvidos ao órgão julgador respectivo, para que o julgamento do recurso prossiga regularmente.

§ 4º Não será admitida sustentação oral versando, de forma específica, sobre a proposta de afetação.

§ 5º A critério do Presidente da Subseção, as propostas de afetação formuladas por escrito por um dos Ministros da Subseção de Dissídios Individuais I ou pelo Presidente de Turma do Tribunal Superior do Trabalho poderão ser apreciadas pela SbDI-1 por meio eletrônico, nos termos e para os efeitos do § 3º, I, deste artigo, do que serão as partes cientificadas pelo Diário da Justiça.

§ 6º Caso surja alguma divergência entre os integrantes do colegiado durante o julgamento eletrônico, este ficará imediatamente suspenso, devendo a proposta de afetação ser apreciada em sessão presencial.

Art. 3º O Presidente da Subseção de Dissídios Individuais I que afetar processo para julgamento sob o rito dos recursos repetitivos deverá expedir comunicação aos demais Presidentes de Turma, que poderão afetar outros processos sobre a questão para julgamento conjunto, a fim de conferir ao órgão julgador visão global da questão.

Art. 4º Somente poderão ser afetados recursos representativos da controvérsia que sejam admissíveis e que, a critério do relator do incidente de julgamento dos recursos repetitivos, contenham abrangente argumentação e discussão a respeito da questão a ser decidida.

Parágrafo único. O relator desse incidente não fica vinculado às propostas de afetação de que trata o artigo anterior, podendo recusá-las por desatenderem aos requisitos previstos no *caput* deste artigo e, ainda, selecionar outros recursos representativos da controvérsia.

Art. 5º Selecionados os recursos, o relator, na Subseção Especializada em Dissídios Individuais ou no Tribunal Pleno, constatada a presença do pressuposto do *caput* do art. 896-C da CLT, proferirá decisão de afetação, sempre fundamentada, na qual:

I – identificará com precisão a questão a ser submetida a julgamento;

II – poderá determinar a suspensão dos recursos de revista ou de embargos de que trata o § 5º do art. 896-C da CLT;

III – poderá solicitar aos Tribunais Regionais do Trabalho informações a respeito da controvérsia, a serem prestadas no prazo de 15 (quinze) dias, e requisitar aos Presidentes ou Vice-Presidentes dos Tribunais Regionais do Trabalho a remessa de até dois recursos de revista representativos da controvérsia;

IV – concederá o prazo de 15 (quinze) dias para a manifestação escrita das pessoas, órgãos ou entidades interessados na controvérsia, que poderão ser admitidos como *amici curiae*.

V – informará aos demais Ministros sobre a decisão de afetação;

VI – poderá conceder vista ao Ministério Público e às partes, nos termos e para os efeitos do § 9º do art. 896-C da CLT.

Art. 6º O Presidente do Tribunal Superior do Trabalho oficiará os Presidentes dos Tribunais Regionais do Trabalho, com cópia da decisão de afetação, para que suspendam os recursos de revista interpostos em casos idênticos aos afetados como recursos repetitivos e ainda não encaminhados a este Tribunal, bem como os recursos ordinários interpostos contra as sentenças proferidas em casos idênticos aos afetados como recursos repetitivos, até o pronunciamento definitivo do Tribunal Superior do Trabalho.

Art. 7º Caberá ainda ao Presidente do Tribunal de origem, caso receba a requisição de que trata o inciso III do art. 5º desta Instrução Normativa, admitir até dois recursos representativos da controvérsia, os quais serão encaminhados ao Tribunal Superior do Trabalho.

Art. 8º Se, após receber os recursos de revista selecionados pelo Presidente ou Vice-Presidente do Tribunal Regional do Trabalho, não se proceder à sua afetação, o relator, no Tribunal Superior do Trabalho, comunicará o fato ao Presidente ou Vice-Presidente que os houver enviado, para que seja revogada a decisão de suspensão referida no art. 896-C, § 4º, da CLT.

Art. 9º As partes deverão ser intimadas da decisão de suspensão de seu processo, a ser proferida pelo respectivo relator.

§ 1º A parte poderá requerer o prosseguimento de seu processo se demonstrar a intempestividade do recurso nele interposto ou a existência de distinção entre a questão de direito a ser decidida no seu processo e aquela a ser julgada sob o rito dos recursos repetitivos.

§ 2º O requerimento a que se refere o § 1º será dirigido:

I – ao juiz, se o processo sobrestado estiver em primeiro grau;

II – ao relator, se o processo sobrestado estiver no tribunal de origem;

III – ao relator do acórdão recorrido, se for sobrestado recurso de revista no tribunal de origem;

IV – ao relator, no Tribunal Superior do Trabalho, do recurso de revista ou de embargos cujo processamento houver sido sobrestado.

§ 3º A outra parte deverá ser ouvida sobre o requerimento, no prazo de cinco dias.

§ 4º Reconhecida a distinção no caso:

I – dos incisos I, II e IV do § 2º, o próprio juiz ou relator dará prosseguimento ao processo;

II – do inciso III do § 2º, o relator comunicará a decisão ao presidente ou ao vice-presidente que houver determinado o sobrestamento, para que este dê normal prosseguimento ao processo.

§ 5º A decisão que resolver o requerimento a que se refere o § 1º é irrecorrível de imediato, nos termos do art. 893, § 1º, da CLT.

Art. 10. Para instruir o procedimento, pode o relator fixar data para, em audiência pública, ouvir depoimentos de pessoas com experiência e conhecimento na matéria, sempre que entender necessário o esclarecimento de questões ou circunstâncias de fato subjacentes à controvérsia objeto do incidente de recursos repetitivos.

§ 1º O relator poderá também admitir, tanto na audiência pública quanto no curso do procedimento, a manifestação, como *amici curiae*, de pessoas, órgãos ou entidades com interesse na controvérsia, considerando a relevância da matéria e assegurando o contraditório e a isonomia de tratamento.

§ 2º A manifestação de que trata o § 1º somente será admitida até a inclusão do processo em pauta.

Art. 11. Os recursos afetados deverão ser julgados no prazo de um ano e terão preferência sobre os demais feitos.

§ 1º Na hipótese de não ocorrer o julgamento no prazo de um ano a contar da publicação da decisão de que trata o art. 5º desta Instrução Normativa, cessam automaticamente, em todo o território nacional, a afetação e a suspensão dos processos, que retomarão seu curso normal.

§ 2º Ocorrendo a hipótese do § 1º, é permitida, nos termos e para os efeitos do art. 2º desta Instrução Normativa e do art. 896-C da CLT, a formulação de outra proposta de afetação de processos representativos da controvérsia para instauração e julgamento de recursos repetitivos para ser apreciada e decidida pela SbDI-1 deste Tribunal.

Art. 12. O conteúdo do acórdão paradigma abrangerá a análise de todos os fundamentos da tese jurídica discutida, favoráveis ou contrários.

Parágrafo único. É vedado ao órgão colegiado decidir, para os fins do art. 896-C da CLT, questão não delimitada na decisão de afetação.

Art. 13. Decidido o recurso representativo da controvérsia, os órgãos jurisdicionais respectivos declararão prejudicados os demais recursos versando sobre idêntica controvérsia ou os decidirão, aplicando a tese firmada.

Parágrafo único. Quando os recursos requisitados do Tribunal Regional do Trabalho contiverem outras questões além daquela que é objeto da afetação, caberá ao órgão jurisdicional competente, em acórdão específico para cada processo, decidir esta em primeiro lugar e depois as demais.

Art. 14. Publicado o acórdão paradigma:

I – o Presidente ou Vice-Presidente do Tribunal de origem negará seguimento aos recursos de revista sobrestados na origem, se o acórdão recorrido coincidir com a orientação do Tribunal Superior do Trabalho;

II – o órgão que proferiu o acórdão recorrido, na origem, reexaminará o processo de competência originária ou o recurso anteriormente julgado, na hipótese de o acórdão recorrido contrariar a orientação do Tribunal Superior do Trabalho;

III – os processos porventura suspensos em primeiro e segundo graus de jurisdição retomarão o curso para julgamento e aplicação da tese firmada pelo Tribunal Superior do Trabalho.

Art. 15. Para fundamentar a decisão de manutenção do entendimento, o órgão que proferiu o acórdão recorrido deverá demonstrar a existência de distinção, por se tratar de caso particularizado por hipótese fática distinta ou questão jurídica não examinada, a impor solução diversa.

§ 1º Na hipótese de que trata o *caput* deste artigo, o recurso de revista será submetido a novo exame de sua admissibilidade pelo Presidente ou Vice-Presidente do Tribunal Regional, retomando o processo o seu curso normal.

§ 2º Realizado o juízo de retratação, com alteração do acórdão divergente, o Tribunal de origem, se for o caso, decidirá as demais questões ainda não decididas, cujo enfrentamento se tornou necessário em decorrência da alteração.

§ 3º Quando for alterado o acórdão divergente na forma do § 1º e o recurso anteriormente interposto versar sobre outras questões, o Presidente ou Vice-Presidente do Tribunal Regional, independentemente de ratificação do recurso, procederá a novo juízo de admissibilidade, retomando o processo o seu curso normal.

Art. 16. A parte poderá desistir da ação em curso no primeiro grau de jurisdição, antes de proferida a sentença, se a questão nela discutida for idêntica à resolvida pelo recurso representativo da controvérsia.

§ 1º Se a desistência ocorrer antes de oferecida a defesa, a parte, se for o caso, ficará dispensada do pagamento de custas e de honorários de advogado.

§ 2º A desistência apresentada nos termos do *caput* deste artigo independe de consentimento do reclamado, ainda que apresentada contestação.

Art. 17. Caberá revisão da decisão firmada em julgamento de recursos repetitivos quando se alterar a situação econômica, social ou jurídica, caso em que será respeitada a segurança jurídica das relações firmadas sob a égide da decisão anterior, podendo o Tribunal Superior do Trabalho modular os efeitos da decisão que a tenha alterado.

Art. 18. Caso a questão afetada e julgada sob o rito dos recursos repetitivos também contenha questão constitucional, a decisão proferida pelo Tribunal Pleno não obstará o conhecimento de eventuais recursos extraordinários sobre a questão constitucional.

Art. 19. Aos recursos extraordinários interpostos perante o Tribunal Superior do Trabalho será aplicado o procedimento previsto no Código de Processo Civil para o julgamento dos recursos extraordinários repetitivos, cabendo ao Presidente do Tribunal Superior do Trabalho selecionar um ou mais recursos representativos da controvérsia e encaminhá-los ao Supremo Tribunal Federal, sobrestando os demais até o pronunciamento definitivo da Corte, na forma ali prevista.

Art. 20. Quando o julgamento dos embargos à SbDI-1 envolver relevante questão de direito, com grande repercussão social, sem repetição em múltiplos processos mas a respeito da qual seja conveniente a prevenção ou a composição de divergência entre as turmas ou os demais órgãos fracionários do Tribunal Superior do Trabalho, poderá a SbDI-1, por iniciativa de um de seus membros e após a aprovação da maioria de seus integrantes, afetar o seu julgamento ao Tribunal Pleno.

Parágrafo único. Aplica-se a este incidente, no que couber, o que esta Instrução Normativa dispõe sobre o incidente de julgamento de recursos repetitivos.

Art. 21. O Tribunal Superior do Trabalho deverá manter e dar publicidade às questões de direito objeto dos recursos repetitivos já julgados, pendentes de julgamento ou já reputadas sem relevância, bem como daquelas objeto das decisões proferidas por sua composição plenária, nos termos do § 13 do art. 896 da CLT e do art. 20 desta Instrução Normativa.

Parágrafo único. As decisões, organizadas por questão jurídica julgada, serão divulgadas, preferencialmente, na rede mundial de computadores e constarão do Banco Nacional de Jurisprudência Uniformizadora — BANJUR, instituído pelo art. 7o da Instrução Normativa n. 37/2015, aprovada pela Resolução n. 195, de 2.3.2015, do Tribunal Superior do Trabalho.

Art. 22. Após a publicação da presente Instrução Normativa, ficam expressamente revogados os arts. 7º a 22 do Ato n. 491/SEGJUD.GP, de 23 de setembro de 2014.

Ministro ANTONIO JOSÉ DE BARROS LEVENHAGEN

Presidente do Tribunal Superior do Trabalho

2.3. Dos embargos de declaração

2.3.1. Conceito e natureza jurídica

Os embargos de declaração constituem medida recursal destinada a retirar do julgado eventuais omissões, contradições ou obscuridades, complementando e aperfeiçoando a prestação jurisdicional.

Ainda há discussões sobre a natureza jurídica dos embargos, se têm natureza jurídica de recurso ou de um requerimento de complementação da prestação jurisdicional.

Em prol da vertente que entende não ter os embargos natureza jurídica recursal, podemos destacar os seguintes argumentos: os embargos de declaração são julgados pelo mesmo órgão que prolatou a decisão; a finalidade principal dos embargos é a complementação da prestação jurisdicional, não se destinando à reforma da decisão; não há exigência de formalidade para interposição (*rectius* — oposição), pois não há necessidade de recolhimento de custas ou depósito recursal, há apenas a necessidade de o embargante apontar o ponto omisso, obscuro ou contraditório.

De outro lado, em prol da natureza recursal dos embargos de declaração, argumenta-se: a legislação processual inseriu os embargos de declaração no capítulo dos recursos (v. arts. 994 do CPC e 897-A da CLT que está inserido no capítulo VI "Dos Recursos", na CLT); que os embargos, conforme já sedimentado na doutrina, jurisprudência e com previsão no próprio art. 897-A da CLT, podem ter caráter infringente, ou seja, podem modificar o julgado, como ocorre nos casos de omissão da decisão.

No nosso sentir, os embargos de declaração têm natureza recursal, pois a própria lei os inclui no rol dos recursos. Além disso, inegavelmente, os embargos têm o efeito de complementar a prestação jurisdicional e até mesmo modificar a decisão.

Nos termos do art. 9º, da IN 39/16 do TST, o cabimento dos embargos de declaração no Processo do Trabalho, para impugnar qualquer decisão judicial, rege-se pelo art. 897-A da CLT e, supletivamente, pelo Código de Processo Civil (arts. 1.022 a 1.025; §§ 2º, 3º e 4º do art. 1.026), excetuada a garantia de prazo em dobro para litisconsortes (§ 1º do art. 1.023).

2.3.2. Hipóteses cabíveis

Diz o art. 897-A da CLT:

> "Caberão embargos de declaração da sentença ou acórdão, no prazo de cinco dias, devendo seu julgamento ocorrer na primeira audiência ou sessão subsequente a sua apresentação, registrado na certidão, admitido efeito modificativo da decisão nos casos de omissão e contradição no julgado e manifesto equívoco no exame dos pressupostos extrínsecos do recurso.
>
> § 1º Os erros materiais poderão ser corrigidos de ofício ou a requerimento de qualquer das partes. (Parágrafo renumerado pela Lei n. 13.015/2014 – DOU 22.7.2014)
>
> § 2º Eventual efeito modificativo dos embargos de declaração somente poderá ocorrer em virtude da correção de vício na decisão embargada e desde que ouvida a parte contrária, no prazo de 5 (cinco) dias. (Parágrafo inserido pela Lei n. 13.015/2014 – DOU 22.7.2014)
>
> § 3º Os embargos de declaração interrompem o prazo para interposição de outros recursos, por qualquer das partes, salvo quando intempestivos, irregular a representação da parte ou ausente a sua assinatura." (Parágrafo inserido pela Lei n. 13.015/2014 – DOU 22.7.2014)

No mesmo sentido, é o art. 1.022 do CPC, *in verbis*:

> "Cabem embargos de declaração contra qualquer decisão judicial para: I – esclarecer obscuridade ou eliminar contradição; II – suprir omissão de ponto ou questão sobre o qual devia se pronunciar o juiz de ofício ou a requerimento; III – corrigir erro material."

Conjugando-se o art. 1.022 do CPC em cotejo com o art. 897-A da CLT, os embargos de declaração são cabíveis no Processo do Trabalho nas seguintes hipóteses da sentença ou acórdão:

a) omissão: é a falta de apreciação de algo. A omissão típica configura-se na sentença *citra petita* em que a sentença não aprecia um ou mais pedidos. Conforme o posicionamento que adotamos, não é omissa a sentença quando não aprecia todas as razões da inicial e da defesa, entretanto, aprecia todos os fundamentos aptos a infirmar a fundamentação da decisão, e aprecia todos os pedidos e requerimentos de defesa, pois o efeito devolutivo do recurso ordinário transfere ao Tribunal os fundamentos não apreciados pela sentença de primeiro grau;

b) contradição: é o conflito entre duas proposições, a atual e a anterior — por exemplo, a sentença diz que o reclamante não ultrapassava o limite de 8 horas diárias e 44 semanais, mas condena no pagamento de horas extras;

c) obscuridade: é falta de clareza, a proposição contida na sentença é de difícil compreensão. Embora o art. 897-A não se refira à hipótese de obscuridade, pensamos que ela se aplica aos embargos de declaração na Justiça do Trabalho, por omissão e compatibilidade com o Direito Processual do Trabalho (art. 769 da CLT);

d) manifesto equívoco no exame dos pressupostos extrínsecos do recurso (art. 897-A da CLT);

Para tal finalidade, existe o agravo de instrumento, entretanto, em razão do princípio da instrumentalidade das formas e economia processual, os embargos de declaração podem ser a via mais rápida e efetiva sem necessitar da burocracia do agravo de instrumento.

Como bem adverte *Estêvão Mallet*[(160)]: "O cabimento dos embargos não se restringe às hipóteses de obscuridade, contradição ou omissão verificadas no dispositivo da decisão, conquanto nesses casos adquira maior gravidade o defeito. Se qualquer dos mencionados aspectos está presente em outras partes da decisão ou entre partes diversas da decisão, embora não no dispositivo, ainda assim poderão ter lugar os embargos. Justificam o oferecimento de embargos, em consequência, tanto a contradição entre a fundamentação e o dispositivo como a ausência de fundamentação ou mesmo de relatório, que é também elemento essencial das sentenças e acórdãos, cuja falta acarreta nulidade."

e) erro material: assevera o § 1º do art. 897-A da CLT: "Os erros materiais poderão ser corrigidos de ofício ou a requerimento de qualquer das partes." Embora os erros materiais possam ser corrigidos de ofício pelo juiz ou até mediante simples petição, os embargos de declaração também são admissíveis para tal hipótese;

f) decisões *extra*, *ultra* e *citra petita*: a doutrina tem fixado entendimento de não ser possível a correção das decisões *extra petita* — fora do pedido e *ultra petita* — além do pedido, por meio dos embargos de declaração, uma vez que os embargos não se destinam à correção do julgamento. Asseveram ser possível os embargos de declaração em se tratando de decisão *citra petita* — aquém do pedido. Nesse sentido, é a posição, entre outros, de *Nelson Nery Junior*[(161)]: "Os EDcl são idôneos para corrigir a decisão que decidiu *infra petita*, porque esta hipótese está prevista expressamente na lei: omissão. Não se prestam, em regra, para a correção da decisão que decidiu *extra* ou *ultra petita*, salvo se para dissipar obscuridade ou contradição."

Não obstante as ponderações da doutrina, pensamos que as decisões *extra* e *ultra petita* também podem ser corrigidas por meio dos embargos de declaração, uma vez que em tal situação a decisão apresenta obscuridade e também contradição, com o princípio da congruência da inicial. Além disso, tal postura propicia maiores

(160) MALLET, Estêvão. Embargos de declaração. *In:* COSTA, Armando Casimiro; FERRARI, Irany (Coords.). *Recursos trabalhistas.* Estudos em homenagem ao Ministro Vantuil Abdala. São Paulo: LTr, 2003. p. 31.

(161) NERY JUNIOR, Nelson. *Código de Processo Civil comentado.* 7. ed. São Paulo: RT, 2003. p. 924.

celeridade e efetividade do processo, evitando-se, muitas vezes, a interposição de recursos que têm por objetivo unicamente questionar a nulidade da decisão por tais motivos.

A jurisprudência dos Tribunais, principalmente trabalhistas, e do Tribunal Superior do Trabalho, em razão dos princípios de máxima efetividade da jurisdição, instrumentalidade e do direito à informação no processo, tem fixado entendimento de que os embargos de declaração também se prestam a esclarecimentos à parte. Esses esclarecimentos podem ser prestados de ofício pelo órgão julgador dos embargos ou por provocação da parte.

No aspecto, destacam-se as seguintes ementas:

"EMBARGOS DE DECLARAÇÃO EM AGRAVO DE INSTRUMENTO EM RECURSO DE REVISTA — OMISSÃO — NÃO OCORRÊNCIA — ESCLARECIMENTOS. Deve o julgador valer-se dos embargos de declaração para prestar esclarecimentos a fim de complementar sua decisão, aperfeiçoando, com isso, a prestação jurisdicional solicitada pelos litigantes. Embargos de declaração conhecidos e providos apenas para prestar os esclarecimentos constantes da fundamentação." (TST Processo: ED-AIRR – 144640-92.2008.5.01.0057 Data de Julgamento: 17.4.2013, rel. Min. Luiz Philippe Vieira de Mello Filho, 4ª Turma, Data de Publicação: DEJT 3.5.2013)

"EMBARGOS DE DECLARAÇÃO. RECURSO ORDINÁRIO. DISSÍDIO COLETIVO. MÚTUO ACORDO. EXTINÇÃO DO FEITO. ART. 114, § 2º, DA CONSTITUIÇÃO FEDERAL DE 1988. Embora não se verificando a ocorrência de qualquer omissão ou contradição no acórdão embargado, mostra-se viável o acolhimento dos embargos de declaração apenas para prestar esclarecimentos. Embargos de declaração acolhidos para prestar esclarecimentos." (TST – Processo: ED-RO – 428-57.2011.5.15.0000 – Data de Julgamento: 11.3.2013, Relª Minª Kátia Magalhães Arruda, Seção Especializada em Dissídios Coletivos, Data de Publicação: DEJT 12.4.2013)

2.3.3. Caráter infringente dos embargos (efeito modificativo)

Já está pacificado na doutrina e na jurisprudência a possibilidade de os embargos de declaração terem efeito de modificar o julgado, principalmente em razão de omissão da decisão. Nesse sentido, é a Súmula n. 278 do C. TST, *in verbis*:

"EMBARGOS DE DECLARAÇÃO. OMISSÃO NO JULGADO — A natureza da omissão suprida pelo julgamento de embargos declaratórios pode ocasionar efeito modificativo no julgado."

Nesse diapasão, as seguintes ementas:

"Embargos declaratórios — Efeito modificativo — Enunciado n. 278 do TST. Acolho os embargos declaratórios para, imprimindo-lhes efeito modificativo, nos termos da Súmula n. 278 do TST, no mérito, negar provimento ao recurso de revista da reclamada, conforme consta da fundamentação. Embargos de declaração acolhidos." (TST – 4ª T. – ED-ED-RR n. 711.576/2000-8 – rel. Luiz A. Lazarim – DJ 2.9.05 – p. 927) (RDT n. 09 – Setembro de 2005)

"Embora a função dos embargos declaratórios seja outra, a jurisprudência admite que através deles seja dado efeito modificativo à decisão embargada. No caso vertente, a embargante pretende a revisão do acórdão para o fim de ser conhecido o recurso ordinário. Todavia, razão não assiste à embargante, haja vista que, embora recolhido o depósito recursal nos termos do Ato TST n. 404/94, todavia, o apelo só foi protocolado quando já vigente o Ato TST n. 804. Dessa forma, cumpria à embargante, completar o valor recolhido a título de depósito recursal, razão por que rejeita-se os embargos declaratórios." (TRT 19ª R. – RO n. 2.811/95 – rel. Juiz José Cirilo – DJAL 23.5.96 – p. 20)

Atualmente, o *caput* do art. 897-A da CLT prevê, expressamente, a possibilidade de se atribuir efeito modificativo aos embargos de declaração. Dispõe o referido dispositivo:

"Caberão embargos de declaração da sentença ou acórdão, no prazo de cinco dias, devendo seu julgamento ocorrer na primeira audiência ou sessão subsequente a sua apresentação, registrado na certidão, ***admitido efeito modificativo da decisão nos casos de omissão e contradição no julgado e manifesto equívoco no exame dos pressupostos extrínsecos do recurso***." (destaque nosso)

2.3.4. Embargos de declaração em face de decisão interlocutória

A Consolidação das Leis do Trabalho, no art. 897-A da CLT, assevera que caberão embargos de declaração em face de *sentença ou acórdão.*

Não obstante, pensamos que, se a decisão interlocutória contiver omissões, obscuridades ou contradições, serão admissíveis os embargos a fim de complementar a prestação jurisdicional.

Nesse sentido, é a posição, entre outros, de *Nelson Nery Junior*(162): "Embora se refira apenas à sentença e acórdão, os vícios apontados na norma comentada não podem subsistir na decisão interlocutória, que deve ser corrigida por meio de EDcl."

Pensamos não ser possível o cabimento dos embargos de declaração em face de despachos, pois estes são irrecorríveis (art. 1.001 do CPC) e podem ser prolatados de forma concisa e não encerram conteúdo decisório.

O Código de Processo Civil, no art. 1.022, consagrando a tendência doutrinária majoritária, permite a oposição de embargos de declaração em face de qualquer decisão judicial. Com feito, dispõe o referido dispositivo legal:

"Cabem embargos de declaração contra qualquer decisão judicial (...)."

Diante do referido dispositivo legal, de nossa parte, compatível com o processo do trabalho, uma vez que o art. 897-A da CLT não veda a possibilidade de oposição de embargos de declaração em face de decisão interlocutória, possibilitando a aplicação supletiva do CPC (art. 1.022 do CPC). Além disso, a aplicação do CPC possibilita maior efetividade às decisões e efetiva o princípio do contraditório real.

2.3.5. Embargos de declaração e contraditório

Dispõe o § 2º, do art. 897-A, da CLT:

"Eventual efeito modificativo dos embargos de declaração somente poderá ocorrer em virtude da correção de vício na decisão embargada e desde que ouvida a parte contrária, no prazo de 5 (cinco) dias."

---

(162) *Op. cit.*, p. 924.

No mesmo sentido, dispõe o § 2º do art. 1.023, do CPC, *in verbis*:

"Os embargos serão opostos, no prazo de 5 (cinco) dias, em petição dirigida ao juiz, com indicação do erro, obscuridade, contradição ou omissão, e não se sujeitam a preparo (...) § 2º O juiz intimará o embargado para, querendo, manifestar-se, no prazo de 5 (cinco) dias, sobre os embargos opostos, caso seu eventual acolhimento implique a modificação da decisão embargada."

Diante do referido dispositivo legal celetista, o contraditório prévio deve ser observado sempre que os embargos de declaração tiverem efeito modificativo, inclusive no primeiro grau de jurisdição, uma vez que não há ressalva na lei no aspecto.

De outro lado, eventual efeito modificativo dos embargos de declaração somente poderá ocorrer em virtude da correção de vício na decisão embargada, vale dizer: o efeito modificativo deve ser decorrente de correção de erro no julgado, como as omissões, obscuridades ou contradições. O efeito modificativo não deve ser decorrente de reapreciação das provas dos autos ou da reanálise da matéria jurídica discutida na decisão, pois, para isso, deve a parte se valer do recurso específico e adequado para a reforma da decisão.

Como sustentávamos na edição anterior: em que pesem as opiniões em sentido contrário, somente se aplica o contraditório prévio nos embargos de declaração com efeito modificativo quando eles forem opostos nos Tribunais Regionais do Trabalho e no Tribunal Superior do Trabalho, pois, no primeiro grau, ou seja, quando os embargos forem opostos nas Varas do Trabalho, o contraditório pode ser exercido *a posteriori*, quando da interposição do recurso ordinário, não havendo qualquer prejuízo às partes (art. 794 e seguintes da CLT), uma vez que o efeito devolutivo do recurso transfere ao Tribunal toda a matéria impugnada, nos termos do § 1º do art. 1.013 do CPC.

Doravante, por expressa previsão legal, o contraditório prévio deve ser observado quando os embargos de declaração tiverem efeito modificativo, mesmo nas sentenças de primeiro grau. Entretanto, se tal não for observado, não se deve decretar imediatamente a nulidade da decisão, devendo a parte justificar o prejuízo nos termos do art. 794 da CLT.

Nesse sentido, a recente redação da OJ n. 142, da SDI-I do C. TST, *in verbis*:

"Embargos de declaração. Efeito modificativo. Vista prévia à parte contrária.(Inserido o item II à redação – Res. n. 178/2012, DJ 13.02.2012 – Redação alterada pela Res. n. 214/2016, DeJT 30.11.2016. Cancelado o item II em decorrência do CPC de 2015)

É passível de nulidade decisão que acolhe embargos de declaração com efeito modificativo sem que seja concedida oportunidade de manifestação prévia à parte contrária.

2.3.6. Embargos de declaração protelatórios e multa

Assevera o art. 1.026, § 2º do CPC: "Quando manifestamente protelatórios os embargos de declaração, o juiz ou o tribunal, em decisão fundamentada, condenará o embargante a pagar ao embargado multa não excedente a dois por cento sobre o valor atualizado da causa."

A multa em razão dos embargos de declaração protelatórios prevista no CPC é aplicável ao Direito Processual do Trabalho por ser compatível com os princípios que norteiam o processo trabalhista (art. 769 da CLT).

Trata-se de cominação legal imposta àqueles que se utilizam dos embargos de declaração com a finalidade de procrastinar o bom andamento do processo.

Somente quando manifestamente protelatórios, a multa será cabível. O termo *manifestamente* deve ser interpretado no sentido de não apontar os embargos de forma objetiva: contradição, obscuridade ou omissão no julgado. Não serão protelatórios os embargos que, embora não acolhidos, apontem o defeito no julgado. Como bem destaca *Estêvão Mallet*[(163)], a indicação equivocada, aludindo-se, por exemplo, à obscuridade, quando teria ocorrido contradição, não prejudica o pedido. Incide o disposto no art. 283 do CPC, impondo o aproveitamento da medida, com o seu julgamento.

O fato de o CPC possibilitar a aplicação da multa de 2% para os embargos protelatórios não exclui a possibilidade de se impor, cumulativamente, as sanções por litigância de má-fé, previstas nos arts. 80 e seguintes do Código de Processo Civil. Nesse sentido, destacamos a seguinte ementa:

> "Embargos de declaração — Recurso manifestamente protelatório — Litigância de má-fé — Multas cumuladas com indenização — Arts. 17, VI, VII, 18 e 538, do Código de Processo Civil. A interposição de recurso meramente protelatório caracteriza litigância de má-fé, nos termos dos incisos VI e VII do art. 17 do CPC, e em se tratando de embargos de declaração, cumula-se a essa punição a multa prevista no art. 538 do CPC. Punições que se cumulam por terem natureza diversa." (TRT 3ª R. – 4ª T. – ED n. 304/2004.026.03.00-5 – rel. Antônio A. da Silva – DJMG 4.6.05 – p. 10) (RDT n. 07 – Julho de 2005)

O atual Código de Processo Civil deixa claro que somente na reiteração dos embargos protelatórios a multa será elevada a 10% e a interposição de qualquer recurso ficará condicionada ao depósito do valor da multa.

Com efeito, dispõe o § 3º do art. 1.026 do CPC:

> "Na reiteração de embargos de declaração manifestamente protelatórios, a multa será elevada a até dez por cento sobre o valor atualizado da causa, e a interposição de qualquer recurso ficará condicionada ao depósito prévio do valor da multa, à exceção da Fazenda Pública e do beneficiário de gratuidade da justiça, que a recolherão ao final."

Conforme o § 4º do art. 1.026 do CPC, não serão admitidos novos embargos de declaração se os 2 (dois) anteriores houverem sido considerados protelatórios.

2.3.7. Embargos de declaração e prequestionamento

Os embargos de declaração podem servir para prequestionamento da matéria conforme a própria redação do art. 897-A da CLT e da Súmula n. 297, admitindo a

---

(163) *Op. cit.*, p. 42.

oposição de embargos de declaração para tal finalidade. Com efeito, dispõe a referida Súmula:

"PREQUESTIONAMENTO. OPORTUNIDADE. CONFIGURAÇÃO. I – Diz-se prequestionada a matéria ou questão quando na decisão impugnada haja sido adotada, explicitamente, tese a respeito; II – Incumbe à parte interessada, desde que a matéria haja sido invocada no recurso principal, opor embargos declaratórios objetivando o pronunciamento sobre o tema, sob pena de preclusão; III – Considera-se prequestionada a questão jurídica invocada no recurso principal sobre a qual se omite o Tribunal de pronunciar tese, não obstante opostos embargos de declaração."

Conforme entendimento fixado anteriormente, os embargos de declaração para prequestionamento só são possíveis no segundo grau de jurisdição para fins de interposição de Recurso de Revista, uma vez que em primeiro grau de jurisdição o efeito devolutivo do recurso transfere ao Tribunal toda a matéria impugnada (§ 1º do art. 1.013 do CPC).

Nesse sentido, vale destacar a seguinte ementa:

"NULIDADE PROCESSUAL. Falta de prestação jurisdicional. Não ocorrência. Não está obrigado o julgador a analisar ponto a ponto todas as alegações das partes, bastando que o julgado contenha a fundamentação de sua conclusão. De qualquer forma, pelos embargos declaratórios houve prequestionamento e toda a matéria de defesa é devolvida para o órgão revisor — ampla devolutibilidade. Rejeitada a preliminar." (TRT/SP - 00409200505802005 - RO - Ac. 3ª T. - 20091042482 - relª Maria de Lourdes Antonio - DOE 18.12.2009).

2.3.8. Do processamento dos embargos de declaração

Os embargos de declaração serão opostos por petição dirigida ao juiz que prolatou a decisão, no prazo de cinco dias, acompanhada das razões, as quais devem apontar de forma clara e precisa o ponto omisso, contraditório ou obscuro do julgado. Não é possível a apresentação dos embargos por simples petição desacompanhada das razões.

Apresentados os embargos, o juiz os apreciará na primeira sessão desimpedida (art. 897-A da CLT).

Nos termos do § 3º do art. 897-A, da CLT:

"Os embargos de declaração interrompem o prazo para interposição de outros recursos, por qualquer das partes, salvo quando intempestivos, irregular a representação da parte ou ausente a sua assinatura." (Parágrafo inserido pela Lei n. 13.015/2014 - DOU 22.7.2014)

Diante do novel dispositivo legal:

a) os embargos de declaração interrompem o prazo para interposição dos demais recursos cabíveis em face da decisão. Desse modo, após a apreciação dos embargos, o prazo recursal começará a fluir por inteiro novamente;

b) se os embargos de declaração forem intempestivos, o prazo para os demais recursos não se interromperá;

c) se irregular a representação da parte ou ausente a sua assinatura, o prazo para interposição dos demais recursos não se interromperá;

d) caso os embargos de declaração não sejam conhecidos por outros motivos que não os mencionados nos itens *"b"* e *"c"*, haverá a interrupção do prazo recursal para os demais recursos.

Como bem adverte *Cléber Lúcio de Almeida*(164):

> "Os embargos de declaração interrompem o prazo para interposição de outros recursos. Sendo assim, os embargos de declaração não interrompem o prazo para oposição de embargos declaratórios à decisão embargada pela parte contrária."

Conforme entende, corretamente, o TST, por meio do inciso II da Súmula n. 434, a interrupção do prazo recursal em razão da interposição de embargos de declaração pela parte adversa não acarreta qualquer prejuízo àquele que apresentou seu recurso tempestivamente.

Parte da doutrina assevera que os embargos de declaração não têm efeito devolutivo, pois não transferem a outro órgão julgador a apreciação da matéria impugnada. Outros asseveram que há o efeito devolutivo, pois o embargante delimita a matéria a ser objeto de apreciação pelo órgão prolator da decisão.

Discute-se, na doutrina e na jurisprudência, se os embargos de declaração possuem ou não o efeito suspensivo no Processo do Trabalho.

É razoável se sustentar que eles possuem efeito suspensivo, pois interrompem o prazo para os demais recursos. Além disso, se a sentença está sendo objeto de omissão, contradição ou obscuridade, ela ainda não está aperfeiçoada e, portanto, não está apta a produzir efeitos.

Na esfera do processo civil, a doutrina sustenta que os embargos de declaração possuem efeito suspensivo, uma vez que o Código de Processo Civil não excepciona os embargos de declaração da regra geral de que os recursos serão recebidos no duplo efeito (devolutivo e suspensivo). Entretanto, na esfera do processo do trabalho, a regra geral é apenas o efeito devolutivo (art. 899 da CLT). Desse modo, embora os embargos de declaração tenham o condão de interromper o prazo para os demais recursos cabíveis, não possuirão o efeito de suspender a eficácia da decisão. Entretanto, no cotidiano das Varas e Tribunais Trabalhistas, dificilmente a decisão terá eficácia antes da apreciação dos embargos de declaração, uma vez que a interposição requer a remessa do processo à conclusão do juiz prolator para apreciação, e enquanto o processo está concluso, não há a prática de outros atos processuais.

O Código de Processo Civil, no art. 1.026 do CPC, não atribui efeito suspensivo aos embargos. Com efeito, dispõe o referido dispositivo legal:

> "Os embargos de declaração não possuem efeito suspensivo e interrompem o prazo para a interposição de recurso."

(164) *Direito processual do trabalho*. 5. ed. Belo Horizonte: Del Rey, 2014. p. 936.

O § 1º do art. 897 da CLT assevera que os erros materiais poderão ser corrigidos de ofício ou a requerimento de qualquer das partes. Tal disposição já consta do art. 833 da CLT, uma vez que o erro material não transita em julgado, não havendo necessidade de oposição dos embargos, podendo ser corrigidos de ofício ou por simples petição.

Os embargos de declaração não estão sujeitos a preparo ou a pagamento de custas.

Os embargos de declaração são dirigidos ao próprio juiz que prolatou a decisão. Não se tem aplicado, embora pertinente, o princípio da identidade física do juiz para o julgamento dos embargos, embora alguns Tribunais tenham editado provimentos no sentido de que os embargos de declaração sejam julgados pelo mesmo juiz que prolatou a decisão. No mesmo sentido, é visão de *Estêvão Mallet*(165): "A competência para julgamento dos embargos é do órgão judiciário prolator da decisão embargada. De modo nenhum isso significa que o julgamento há de se fazer pela mesma pessoa que proferiu essa decisão."

É possível a reiteração dos embargos de declaração, ou seja, a oposição de novos embargos declaratórios sobre a decisão proferida nos embargos anteriores, se persistirem eventuais omissões, contradições ou obscuridades, uma vez que a lei não a veda. Além disso, os embargos de declaração se destinam ao aperfeiçoamento e complementação da prestação jurisdicional.

2.4. Agravo de instrumento

Ensina *Amauri Mascaro Nascimento*(166):

> "Como o juiz aprecia os pressupostos do recurso e pode indeferir o processamento se os entender descumpridos, impedindo, assim, o normal andamento do processo na via recursal, é preciso garantir às partes um meio impugnatório contra o despacho que nega seguimento ao recurso, e para esse fim é cabível o agravo de instrumento. Portanto, quando um recurso não é processado, o meio de fazer com que continue a sua tramitação é o agravo de instrumento."

Assevera o art. 897 da CLT:

"Cabe agravo, no prazo de 8 (oito) dias:

[...] b) de instrumento, dos despachos que denegarem a interposição de recursos."

Ao contrário do agravo no Direito Processual Civil, que tem a finalidade específica de atacar as decisões interlocutórias, no Processo do Trabalho, a finalidade específica do recurso de agravo de instrumento é destrancar o recurso, cujo seguimento foi negado, ou seja, o agravo tem a finalidade específica de fazer com que o recurso, cujo seguimento foi trancado no juízo *a quo*, siga ao Tribunal *ad quem* para julgamento.

---

(165) *Op. cit.*, p. 45.

(166) NASCIMENTO, Amauri Mascaro. *Curso de direito processual do trabalho.* 22. ed. São Paulo: Saraiva, 2007. p. 632.

Como bem adverte *José Augusto Rodrigues Pinto*[167]:

> "O Agravo de Instrumento, tipificado no art. 897, *b*, da CLT, é exercitável em qualquer dos graus da jurisdição, sempre na função específica de liberar o recebimento de qualquer outro tipo de recurso que tenha sido trancado pelo juízo *a quo*. Seu julgamento, entretanto, se restringe aos órgãos de graus superiores (TRT e TST), jamais podendo caber aos de jurisdição inferior (Vara do Trabalho e Juízo de Direito)."

Embora o art. 897, alínea *b*, da CLT, se refira a despacho, em verdade, de *despacho* não se trata a decisão que indefere seguimento ao recurso, pois traz consigo a lesividade à parte, e também não é decisão que encerra as fases de conhecimento ou execução, portanto, de sentença não se trata.

Na realidade, se trata de autêntica decisão interlocutória, uma vez que resolve uma questão incidente do processo, que é a apreciação da admissibilidade do recurso, causa gravame à parte recorrente e não põe fim ao processo.

Não obstante, o art. 897, *b*, falar em despacho que denegue a *interposição* de recurso, em verdade, não se trata de indeferimento da *interposição*, que é ato da parte não tendo como ser indeferido, mas de denegação do seguimento do recurso, ou seja, o seu não conhecimento.

O agravante deverá interpor o agravo à autoridade que denegou seguimento ao recurso, acompanhado das razões. Não há a possibilidade de interposição por simples petição, pois deve o agravante demonstrar o equívoco do juízo *a quo* em não conhecer do recurso que fora interposto. Nesse sentido, as seguintes ementas:

> "Agravo de instrumento em recurso de revista — Reprodução das razões do recurso denegado — Desfundamentação configurada — Não conhecimento. À luz do art. 524, inciso II, do CPC, o agravante deve indicar as razões do pedido de reforma da decisão impugnada. Logo, não comporta conhecimento, porque desfundamentado, o agravo que não impugna o despacho denegatório, limitando-se a reiterar os fundamentos do recurso de revista. Agravo não conhecido." (TST – 2ª T. – AIRR n. 796/2002.015.05.40-7 – rel. Luiz Carlos G. Godoi – DJ 17.9.04 – p. 672) (RDT n. 10 – Outubro de 2004)

> "Agravo de instrumento. Razões. Conteúdo. O agravo de instrumento visa alterar a decisão negativa de admissibilidade recursal. Por isso, é necessário que, em suas razões, a parte demonstre expressa e claramente os motivos pelos quais o ato decisório deve ser alterado. Não veiculada qualquer antítese à tese indeferitória, tem-se o recurso como desfundamentado." (TST – 4ª T. – Ac. n. 3.679/97 – rel. Juiz Fernando Damasceno – DJ 13.6.97 – p. 27.175)

Conforme o § 4º do art. 897 da CLT, o agravo de instrumento será julgado pelo Tribunal que seria competente para conhecer o recurso cuja interposição foi denegada.

Nos termos do § 5º, I, do art. 897, da CLT, o agravo de instrumento será instruído com as seguintes peças: obrigatoriamente, com cópias da decisão agravada, da certidão da respectiva intimação, das procurações outorgadas aos advogados do

(167) RODRIGUES PINTO, José Augusto. *Manual dos recursos nos dissídios do trabalho*. São Paulo: LTr, 2006. p. 252.

agravante e do agravado, da petição inicial, da contestação, da decisão originária, do depósito recursal referente ao recurso que se pretende destrancar, da comprovação do recolhimento das custas e do depósito recursal a que se refere o § 7º do art. 899 da CLT. Facultativamente, com outras peças que o agravante reputar úteis ao deslinde da matéria de mérito controvertida (inciso II do § 5º do art. 897 da CLT). O objetivo da juntada das referidas peças é propiciar ao Tribunal *ad quem*, uma vez provido o agravo, passar ao julgamento imediato do recurso que fora trancado, conforme o § 7º do art. 897 da CLT[168], o que possibilita maior celeridade e efetividade do processo.

Como destaca *Amauri Mascaro Nascimento*[169], "a finalidade desta medida é acelerar o julgamento e evitar a baixa do agravo de instrumento para remessa do processo principal à instância superior. Agora, os autos principais permanecerão onde estão e a execução será possível enquanto o agravo de instrumento não estiver julgado, mas, se for provido para apreciação do mérito, que tanto poderá ser acolhido ou não, essa decisão integral será possível, por força do novo dispositivo legal e diante da natureza devolutiva do recurso, proferida no instrumento do agravo, e repercutirá em seus termos, no processo principal, terminando ou prosseguindo a execução se extinto ou não o título executório."

A responsabilidade pela correção na juntada das peças é do agravante. A jurisprudência tem sido rígida na aferição das peças necessárias, conforme se constata das seguintes ementas:

> "Agravo de instrumento — Certidão de publicação do acórdão regional — Peça indispensável. Cabe à agravante a apresentação das peças necessárias à formação do instrumento do agravo, a teor do item X da Instrução Normativa n. 16/99 do TST. A certidão de publicação do acórdão regional é peça indispensável ao exame da tempestividade do recurso de revista, e seu traslado, obrigatório, nos termos da CLT (art. 897, § 5º) e da Orientação Jurisprudencial Transitória n. 18 da SBDI-1. Recurso de embargos de que não se conhece." (TST – SBDI-1 – E-AIRR n. 1091/2001.014.10.40-2 – rel. João Batista B. Pereira – DJ 20.8.04 – p. 637)

> "Agravo de instrumento — Ausência das peças indicadas no § 5º, I, do art. 897 da CLT – Lei n. 9.756/98. O agravante não trasladou as peças indicadas no § 5º, I, do art. 897 da CLT e no item III da Instrução Normativa n. 16/99 do TST, que uniformizou entendimento acerca da aplicação da Lei n. 9.756/98. Agravo não conhecido." (TST – 3ª T. – AIRR n. 542/2002.056.03.40.5 – relª Maria Cristina I. Peduzzi – DJ 4.6.04 – p. 613) (RDT n. 8 – Agosto de 2004)

> "AGRAVO DE INSTRUMENTO — IRREGULARIDADE DE FORMAÇÃO — AUSÊNCIA DE PEÇAS OBRIGATÓRIAS E FACULTATIVAS — O apelo não merece ser conhecido, porquanto a reclamada não observou a disposição contida no art. 897, § 5º da CLT, deixando de acostar aos autos a cópia da petição inicial e da contestação. Ainda, tem-se que a tese constante no recurso ordinário refere-se à reforma do julgado em relação ao reconhecimento de validade de um suposto laudo arbitral, bem como em relação à correção no pagamento

(168) Art. 897, § 7º, da CLT: "Provido o agravo, a Turma deliberará sobre o julgamento do recurso principal, observando-se, se for o caso, daí em diante, o procedimento relativo a esse recurso."

(169) *Op. cit.*, p. 635.

das horas extras por ausência de intervalo com base em controles de ponto acostados aos autos, horas extras e adicional noturno com base em normas coletivas de trabalho, devolução de descontos com base em documentos, sendo certo que a reclamada não se dignou em acostar aos autos as peças facultativas, porém, necessárias, ao imediato exame do recurso ordinário, caso provido o agravo de instrumento." (TRT/SP – 01272200706602015 – AIRO – Ac. 2ª T. – 20100397306 – relª Odette Silveira Moraes – DOE 14.5.2010)

O prazo para interposição do agravo de instrumento é de oito dias, contados da intimação da decisão que denegou seguimento ao recurso. Uma vez interposto, o agravado será intimado para contra-arrazoar o agravo, no prazo de oito dias, instruindo-a com as peças necessárias à instrução da defesa.

O agravo não está sujeito a pagamento de custas, mas está sujeito ao depósito recursal, a cargo do reclamado, ou do tomador de serviços, quando há condenação em pecúnia, nos termos do art. 899, § 7º, da CLT[170], que assim dispõe:

"No ato de interposição do agravo de instrumento, o depósito recursal corresponderá a 50% (cinquenta por cento) do valor do depósito do recurso ao qual se pretende destrancar."

Nos termos do § 8º do art. 899 da CLT:

"Quando o agravo de instrumento tem a finalidade de destrancar recurso de revista que se insurge contra decisão que contraria a jurisprudência uniforme do Tribunal Superior do Trabalho, consubstanciada nas suas súmulas ou em orientação jurisprudencial, não haverá obrigatoriedade de se efetuar o depósito referido no § 7º deste artigo." (Parágrafo inserido pela Lei n. 13.015/2014 – DOU 22.7.2014)

Nos termos do citado dispositivo legal, quando o Agravo de Instrumento tiver apenas a finalidade de destrancar Recurso de Revista contra decisão que contrariar Súmula do TST, ou Orientação Jurisprudencial, não haverá necessidade do recolhimento do valor de 50% do valor do depósito do recurso de Revista. Se o Agravo de Instrumento tiver outos fundamentos, além desses, há necessidade do depósito, não se aplicando, aqui, o princípio da fungibilidade.

O agravo de instrumento somente será recebido no efeito devolutivo. Desse modo, não haverá suspensão do processo. Nesse sentido, é a redação do § 2º do art. 897 da CLT: "O agravo de instrumento interposto contra o despacho que não receber agravo de petição não suspende a execução da sentença." Não obstante, a jurisprudência tem admitido a propositura de medida cautelar inominada para suspensão da execução, quando há pendência do julgamento do agravo de instrumento interposto contra despacho que denega o seguimento do agravo de petição, desde que presentes o *fumus boni juris* e o *periculum in mora*.

A respeito do Agravo, o TST editou os seguintes precedentes:

OJ n. 282, da SDI-I: "Agravo de instrumento. Juízo de admissibilidade *ad quem* (DJ 11.8.2003). No julgamento de Agravo de Instrumento, ao afastar o óbice apontado pelo TRT para o processamento do recurso de revista, pode o juízo *ad quem* prosseguir no exame dos demais pressupostos extrínsecos e intrínsecos do recurso de revista, mesmo que não apreciados pelo TRT."

(170) No tópico do depósito recursal, a questão está analisada com maior profundidade.

OJ n. 283, da SDI-I: "Agravo de instrumento. Peças essenciais. Traslado realizado pelo agravado. Validade (DJ 11.8.2003). É válido o traslado de peças essenciais efetuado pelo agravado, pois a regular formação do agravo incumbe às partes e não somente ao agravante."

OJ n. 284, da SDI-I: "Agravo de instrumento. Traslado. Ausência de certidão de publicação. Etiqueta adesiva imprestável para aferição da tempestividade (DJ 11.8.2003). A etiqueta adesiva na qual consta a expressão "no prazo" não se presta à aferição de tempestividade do recurso, pois sua finalidade é tão somente servir de controle processual interno do TRT e sequer contém a assinatura do funcionário responsável por sua elaboração."

OJ n. 285, da SDI-I: "Agravo de instrumento. Traslado. Carimbo do protocolo do recurso ilegível. Inservível (DJ 11.8.2003). O carimbo do protocolo da petição recursal constitui elemento indispensável para aferição da tempestividade do apelo, razão pela qual deverá estar legível, pois um dado ilegível é o mesmo que a inexistência do dado."

OJ n. 286, da SDI-I: "Agravo de instrumento. Traslado. Mandato tácito. Ata de audiência. Configuração (DJ 11.8.2003. Nova redação – Res. n. 167/2010, DJ 30.4.2010). I – A juntada da ata de audiência, em que consignada a presença do advogado, desde que não estivesse atuando com mandato expresso, torna dispensável a procuração deste, porque demonstrada a existência de mandato tácito. II – Configurada a existência de mandato tácito, fica suprida a irregularidade detectada no mandato expresso."

OJ n. 287, da SDI-I: "Autenticacão. Documentos distintos. Despacho denegatório do recurso de revista e certidão de publicação (DJ 11.8.2003). Distintos os documentos contidos no verso e anverso, é necessária a autenticação de ambos os lados da cópia."

Conforme o art. 1º da Resolução Administrativa n. 1.418/2010, o agravo de instrumento interposto de despacho que negar seguimento a recurso para o Tribunal Superior do Trabalho deve ser processado nos autos do recurso denegado.

Desse modo, em se tratando de recursos da competência do Tribunal Superior do Trabalho, o agravo de instrumento deve ser processado nos próprios autos do processo, não havendo formação de instrumento.

Embora a CLT não exija, é praxe costumeira e recomendável no foro trabalhista que se proceda ao juízo de retratação no agravo, ou seja, uma vez interposto o agravo, deverá o juiz dizer se mantém ou não a decisão que trancou o processamento do recurso. Caso mantenha, deverá processar o agravo. Caso haja retratação, o agravo ficará prejudicado. Em razão de omissão da CLT e compatibilidade com os princípios do Processo do Trabalho, máxime da celeridade e efetividade, pensamos aplicável ao Processo do Trabalho (art. 769 da CLT) o disposto no § 1º do art. 1.018 do CPC, que assim dispõe: "Se o juiz comunicar que reformou inteiramente a decisão, o relator considerará prejudicado o agravo de instrumento."

Nesse sentido, destaca *José Augusto Rodrigues Pinto*[(171)]: "É muito própria (embora não exclusiva) do Agravo de Instrumento a faculdade aberta ao prolator da decisão interlocutória de voltar atrás do trancamento do recurso, no exercício do denominado juízo de retratação. Atualmente, pode ser exercido até *ex officio*, no momento em que seria ordenada sua remessa ao Tribunal *ad quem*."

(171) *Op. cit.*, p. 261.

Se o Recurso de Revista fosse admitido somente por um dos fundamentos invocados pelo recorrente, a jurisprudência do C. TST não permitiria a interposição de agravo de instrumento quanto ao fundamento não admitido. Nesse diapasão, era a Súmula n. 285 do C. TST:

> "RECURSO DE REVISTA. ADMISSIBILIDADE PARCIAL PELO JUIZ-PRESIDENTE DO TRIBUNAL REGIONAL DO TRABALHO. EFEITO — O fato de o juízo primeiro de admissibilidade do recurso de revista entendê-lo cabível apenas quanto a parte das matérias veiculadas não impede a apreciação integral pela Turma do Tribunal Superior do Trabalho, sendo imprópria a interposição de agravo de instrumento."

Não obstante, recentemente, o Tribunal Superior do Trabalho, por meio da Resolução 205/16 cancelou a referida Súmula n. 285 de sua jurisprudência, direcionando entendimento no sentido de que se o recurso de revista for admitido por apenas um fundamento, cumpre à parte interpor Agravo de Instrumento quanto ao fundamento não admitido e, se o Tribunal Regional não enfrentou um dos fundamentos, cumpre à parte opor embargos de declaração e, posteriormente, o Agravo de Instrumento. Nesse sentido, dispõe a Instrução Normativa n. 40/16, *in verbis*:

> "Dispõe sobre o cabimento de agravo de instrumento em caso de admissibilidade parcial de recurso de revista no Tribunal Regional do Trabalho e dá outras providências.
>
> Art. 1º Admitido apenas parcialmente o recurso de revista, constitui ônus da parte impugnar, mediante agravo de instrumento, o capítulo denegatório da decisão, sob pena de preclusão. (Artigo com vigência a partir de 15 de abril de 2016, conforme art. 3º desta Resolução) § 1º Se houver omissão no juízo de admissibilidade do recurso de revista quanto a um ou mais temas, é ônus da parte interpor embargos de declaração para o órgão prolator da decisão embargada supri-la (CPC, art. 1.024, § 2º), sob pena de preclusão. § 2º Incorre em nulidade a decisão regional que se abstiver de exercer controle de admissibilidade sobre qualquer tema objeto de recurso de revista, não obstante interpostos embargos de declaração (CF/88, art. 93, inciso IX e § 1º do art. 489 do CPC de 2015). § 3º No caso do parágrafo anterior, sem prejuízo da nulidade, a recusa do Presidente do Tribunal Regional do Trabalho a emitir juízo de admissibilidade sobre qualquer tema equivale à decisão denegatória. É ônus da parte, assim, após a intimação da decisão dos embargos de declaração, impugná-la mediante agravo de instrumento (CLT, art. 896, § 12), sob pena de preclusão. § 4º Faculta-se ao Ministro relator, por decisão irrecorrível (CLT, art. 896, § 5º, por analogia), determinar a restituição do agravo de instrumento ao Presidente do Tribunal Regional do Trabalho de origem para que complemente o juízo de admissibilidade, desde que interpostos embargos de declaração.
>
> Art. 2º Após a vigência do Código de Processo Civil de 2015, subsiste o Incidente de Uniformização de Jurisprudência da CLT (art. 896, §§ 3º, 4º, 5º e 6º), observado o procedimento previsto no regimento interno do Tribunal Regional do Trabalho.
>
> Art. 3º A presente instrução normativa vigerá a partir de sua publicação, exceto o art. 1º, que vigorará a partir de 15 de abril de 2016."

2.5. Agravo de petição

O agravo de petição é o recurso cabível em face das decisões do Juiz do Trabalho proferidas em execução de sentença.

Trata-se de recurso exclusivo da fase de execução, não sendo cabível na fase de conhecimento — por exemplo, se forem opostos embargos de terceiro na fase de conhecimento, o recurso cabível será o ordinário, se, na execução, caberá o agravo de petição.

Como destaca *José Augusto Rodrigues Pinto*(172), o agravo de petição é "recurso cabível para Tribunal Regional do Trabalho contra sentença proferida pelo juízo de primeiro grau em processo de execução trabalhista."

O termo *decisão* tem provocado grandes divergências na doutrina. À luz do art. 203 do CPC, as decisões do juiz constituem-se em sentenças, despachos e decisões interlocutórias. Questiona-se: todas as decisões do juiz na execução são passíveis de interposição de agravo de petição?

Para saber se uma decisão é recorrível na execução, por primeiro, temos de compatibilizar a decisão com a sistemática recursal trabalhista. Os despachos (art. 1.001 do CPC) e as decisões interlocutórias (art. 893, § 1º, da CLT) não são recorríveis no Processo do Trabalho e também, como regra geral, não o serão na fase executiva.

No aspecto, cumpre destacar as seguintes ementas:

> "Agravo de petição interposto contra decisão interlocutória. As decisões interlocutórias, no processo do trabalho, ainda que proferidas em sede de execução, são irrecorríveis de imediato, princípio que emana das disposições insertas no art. 893, § 1º, da CLT e do Enunciado n. 214/TST." (TRT – 10ª R. – 2ª T. – AIAP n. 505/1995.821.10.01-9 – relª Flávia S. Falcão – DJDF 23.5.2003 – p. 23) (RDT n. 6 – junho de 2003)

> "Decisões interlocutórias. Não se admite agravo de petição contra decisões interlocutórias na fase de execução, sendo estas apenas recorríveis quando da apreciação do merecimento das decisões definitivas. Aplicação do § 1º do art. 893 combinado com o § 2º do art. 799, ambos da CLT e Enunciado n. 214 do c. TST." (TRT – 15ª R. – 4ª T. – Ap. n. 14758/2003 – relª Gisela Rodrigues M. de A. e Moraes – DJSP 30.5.2003 – p. 19) (RDT n. 6 – junho de 2003)

De outro lado, também na execução há decisões que somente são impugnadas pelo remédio processual específico previsto na lei, como o caso da sentença de liquidação, que somente pode ser impugnada quando dos embargos à penhora (§ 3º do art. 884 da CLT), e também, após a garantia do juízo, a parte somente pode invocar as matérias previstas no § 1º do art. 884 da CLT nos embargos à execução. Desse modo, até a fase processual em que será possível a oposição de embargos à execução, não será possível o manejo do agravo de petição.

A doutrina e a jurisprudência têm admitido a interposição do agravo de petição, mesmo antes da fase dos embargos, quando o Juiz do Trabalho acolhe a exceção de pré-executividade, extinguindo a execução, uma vez que se trata de decisão terminativa da execução.

Efetivamente, o agravo de petição é cabível para impugnar as decisões proferidas nos embargos, tanto a execução, a penhora, a arrematação, adjudicação e também nos embargos de terceiro na fase de execução.

---

(172) RODRIGUES PINTO, José Augusto. *Manual dos recursos trabalhistas*. São Paulo: LTr, 2006. p. 236.

Pensamos que a expressão *decisões do juiz na execução* engloba tanto as decisões de mérito, proferidas nos embargos à execução, à adjudicação, à arrematação, à penhora, como as terminativas, por exemplo, que extinguem a fase de execução. Dos despachos e das decisões interlocutórias proferidos na execução, como regra geral, não cabe o agravo de petição, não obstante, acreditamos que, atualmente, diante do grande número de mandados de segurança impetrados na fase de execução, buscando, de forma inadequada, fazer as vezes de mais um recurso na execução, o agravo de petição possa ser utilizado para impugnar decisões interlocutórias na fase de execução, que não podem ser objeto de impugnação pelos embargos e que causam gravame imediato à parte, como a liberação de valores depositados, a decisão que não homologa acordo na fase de execução, a decisão que determina o levantamento de penhora(173).

Desse modo, pensamos ser cabível o agravo de petição em face das seguintes decisões do Juiz do Trabalho nas execuções:

a) decisão que aprecia os embargos à execução;

b) decisões terminativas na execução que não são impugnáveis pelos embargos à execução, como a decisão que acolhe a exceção de pré-executividade;

c) decisões interlocutórias que não encerram o processo executivo, mas trazem gravame à parte, não impugnáveis pelos embargos à execução.

Como bem adverte *Amauri Mascaro Nascimento*(174), "[...] a amplitude do texto legal não é um mal, porque permite sempre um policiamento da segunda instância sobre os atos praticados pela instância ordinária nas execuções de sentença."

Autores há que sustentam a possibilidade de ser cabível o agravo de petição em face de decisões interlocutórias proferidas na fase de execução, desde que causem gravame imediato à parte, indeferindo sua pretensão. Nesse sentido, bem exemplifica *Renato Saraiva*(175):

> "[...] parte da doutrina e jurisprudência também aceita a interposição de agravo de petição em face das decisões interlocutórias, se terminativas em relação ao objeto da pretensão, como nos casos de decisão que torna sem efeito penhora, que determina o levantamento de depósito em dinheiro feito pelo executado etc."

(173) Nesse sentido, concordamos com a posição de Manoel Antonio Teixeira Filho, quando assevera: "A interposição deste remédio específico em relação às interlocutórias somente deve ser admitida em casos excepcionais, como quando a lei não colocar à parte prejudicada a oportunidade de manifestar, no recurso que vier a interpor da sentença, a sua insatisfação quando à decisão interlocutória" (*Sistema dos recursos trabalhistas*. 10. ed. São Paulo: LTr, 2003. p. 407).

(174) NASCIMENTO, Amauri Mascaro. *Curso de direito processual do trabalho*. 22. ed. São Paulo: Saraiva, 2007. p. 719.

(175) SARAIVA, Renato. *Curso de direito processual do trabalho*. 4. ed. São Paulo: Método, 2007. p. 474.

Nesse nesmo sentido, *Júlio César Bebber*(176):

> "Embora seja temerário estabelecer uma regra, principalmente diante do forte dissenso doutrinário e jurisprudencial, penso que o agravo de petição será o recurso adequado para impugnar a decisão interlocutória que imponha obstáculo intransponível ao seguimento da execução ou que seja capaz de produzir prejuízo grave e imediato à parte."

No aspecto, vale destacar as seguintes ementas:

"AGRAVO DE INSTRUMENTO. DENEGADO SEGUIMENTO AO AGRAVO DE PETIÇÃO. INTERPOSIÇÃO DE DESPACHO OU DECISÃO INTERLOCUTÓRIA, COM CONTEÚDO DECISÓRIO E SEM MEIO PROCESSUAL ADEQUADO AO SEU REEXAME. PROVIMENTO. Não se pode olvidar da relevância e necessidade de constatação do conteúdo da decisão proferida na execução para fins de cabimento de agravo de petição, de vez que, em não sendo meramente ordenatória do processo e não sendo previsto meio processual adequado ao seu reexame, pode desafiar a medida recursal em comento. Assim, não havendo que se falar em irrecorribilidade do ato judicial no caso concreto, deve ser provido o agravo de instrumento, a fim de destrancar o agravo de petição interposto." (TRT – 15ª Região – Processo n. 00440-1992-066-15-02-0 AI-520/2008 – 4ª Câm. – Distrib. 27.5.2008 – rel. Luiz Carlos Martins Sotero da Silva)

"Decisão interlocutória. Caráter de decisão definitiva. Agravo de petição. Possibilidade. O MM. Juízo de origem determinou a expedição de certidão de crédito trabalhista, e a baixa do processo ao arquivo geral de forma definitiva, sendo que serão os autos incinerados após 5 (cinco) anos do arquivamento. Nestes termos, apesar de interlocutória, a decisão atacada desafia o agravo de petição, eis que, em verdade, sem outros meios de obter o andamento da execução, esta assume efeito de decisão definitiva." (TRT/SP – 00889005420085020015 – AIAP – Ac. 16a T. – 20160355421 – Relª. Dâmia Ávoli – DOE 7.6.2016)

"RECURSO Interlocutórias Agravo de Petição. Cabimento. Despacho interlocutório de natureza decisória. A princípio, o agravo de petição só tem lugar contra sentenças definitivas ou terminativas. O art. 897, "*a*", da CLT e o princípio da irrecorribilidade das decisões interlocutórias impedem a utilização da medida contra simples incidentes da execução. Entretanto, há decisões que, muito embora não impliquem o encerramento do processo ou a sua suspensão, alteram-lhe a rota. Dão, assim, nova conformação ao processo de execução. São decisões que, enfim, definem a sorte das partes ou da própria execução. Agravo de Instrumento do exequente a que se dá provimento." (TRT/SP – 03006004820055020015 – AIAP – Ac. 11ª T. – 20160340750 – Rel. Eduardo de Azevedo Silva – DOE 2.6.2016)

2.5.1. Delimitação das matérias objeto da controvérsia

Assevera o § 1º do art. 897 da CLT: "O agravo de petição só será recebido quando o agravante delimitar, justificadamente, as matérias e os valores impugnados, permitida a execução imediata da parte remanescente até o final, nos próprios autos ou por carta de sentença."

Conforme o referido dispositivo legal, o agravante deve declinar na petição do agravo as matérias que impugna expressamente, bem como os valores incontroversos, a fim de possibilitar a execução da parte não impugnada, que será definitiva.

(176) BEBBER, Júlio César. *Recursos no processo do trabalho*. 2. ed. São Paulo: LTr, 2009. p. 279.

Diverge a doutrina sobre a natureza do presente pressuposto recursal. Para alguns, se trata de um pressuposto intrínseco do agravo de petição, para outros, um pressuposto extrínseco. De nossa parte, se trata de um pressuposto intrínseco, pois ligado à própria fundamentação recursal, que faz parte do próprio conteúdo do recurso.

Doutrina e jurisprudência têm sido rígidas na aferição da indicação das matérias e valores impugnados, exigindo que o agravante delimite as matérias de forma precisa, e apresente o valor incontroverso atualizado, assim, como delimite, também eventuais deduções previdenciárias e fiscais, não se admitindo a indicação genérica.

O referido dispositivo tem por objetivo dar maior celeridade e efetividade à execução, propiciando que o credor receba os valores incontroversos.

Nesse contexto, dispõe a Súmula n. 416 do TST, *in verbis*:

"MANDADO DE SEGURANÇA. EXECUÇÃO. LEI N. 8.432/1992. ART. 897, § 1º, DA CLT. CABIMENTO (conversão da Orientação Jurisprudencial n. 55 da SBDI-2) – Res. n. 137/2005, DJ 22, 23 e 24.8.2005.

Devendo o agravo de petição delimitar justificadamente a matéria e os valores objeto de discordância, não fere direito líquido e certo o prosseguimento da execução quanto aos tópicos e valores não especificados no agravo." (ex-OJ n. 55 da SBDI-2 – inserida em 20.9.2000)

No mesmo sentido, vale destacar a seguinte ementa:

"AGRAVO DE PETIÇÃO. RECURSO GENÉRICO. MANEJO IRREGULAR DO APELO. AUSÊNCIA DE IMPUGNAÇÃO E DELIMITAÇÃO DA DECISÃO AGRAVADA. NÃO CONHECIDO. Não se conhece de agravo de petição genérico, por ausentes os fundamentos de ataque circunstanciado à decisão apelada, que configura incontornável pressuposto subjetivo dessa modalidade de apelo. O agravo de petição, além dos pressupostos extrínsecos (tempestividade e regularidade de representação), pelas suas características, exige como condição intrínseca, a impugnação circunstanciada de matérias e os valores, de modo que deve combater os fundamentos da sentença de liquidação, nos termos do art. 897, § 1º, da CLT, que dispõe que o 'o agravo de petição só será recebido quando o agravante delimitar, justificadamente, as matérias e os valores impugnados, permitida a execução imediata da parte remanescente até o final, nos próprios autos ou por carta de sentença.' Desse modo, para que seja cumprido o pressuposto subjetivo que lhe é peculiar, não basta que o agravo de petição faça simples referência a atos processuais passados, já praticados. Ao contrário, deve conter motivação pertinente, com explicitação dos fundamentos de fato e de direito opostos aos atos decisórios atacados, através dos quais sustenta seu inconformismo e pretende a revisão do julgado, com obrigatória delimitação das matérias e dos valores impugnados. Agravo de petição não conhecido." (TRT/SP – 00032200646402000 – AP - Ac. 4ª T. – 20090644632 – rel. Ricardo Artur Costa e Trigueiros – DOE 28.8.2009)

Como bem destaca *José Augusto Rodrigues Pinto*(177), "a delimitação da matéria pelo agravante consiste na identificação das partes constitutivas da execução (das parcelas, se a inconformidade for contra o cálculo da condenação) que são propostas para reexame no agravo. Se, por exemplo, a inconformidade diz respeito ao item 'horas extraordinárias' entre outros dez que compõem o título executório, o agravante deve situá-la e demonstrar claramente a razão da insurgência — e se esta disser respeito ao cálculo de seu valor, deve juntar a planilha do cálculo que entender como correto, a fim de possibilitar ao juízo a localização das distorções do que homologa."

(177) *Op. cit.*, p. 247.

Doutrina e jurisprudência não têm admitido a indicação genérica das matérias e valores impugnados, conforme se constata da redação das seguintes ementas:

"Agravo de petição — Admissibilidade — Repetição do conteúdo dos embargos à execução. A finalidade do recurso é a impugnação da decisão, que se perfaz na demonstração, para o órgão *ad quem*, do pretenso equívoco cometido na instância percorrida, partindo-se do efetivo enfrentamento ao teor do julgado que se pretende ver alterado. Não atende tal desiderato a mera repetição dos termos das razões expendidas nos embargos à execução, mormente em face da presunção de acerto da decisão judicial e, ainda mais, no caso de agravo de petição, relativamente ao qual a lei é mais rigorosa quanto ao recebimento, conforme disposto no art. 897 da CLT." (TRT 10ª R. – 2ª T. – Ap. n. 6 94/2000.020.10.00-3 – relª Flávia S. Falcão – DJDF 15.8.03 – p. 9) (RDT n. 9 – Setembro de 2003)

"Agravo de petição — Admissibilidade — Pressupostos. A admissibilidade dos recursos está subordinada ao preenchimento de certos requisitos de ordem objetiva e subjetiva comuns a todos. O recebimento do agravo de petição, além de pressupor todos eles, ainda se subordina aos pressupostos objetivos próprios e específicos determinados pelo § 1º do art. 897 da CLT, ou seja, a delimitação da matéria e dos valores impugnados." (TRT 12ª R. – 2ª T. – AG-PET n. 4993/2003.018.12.00-2 – Ac. n. 1299/06 – relª Marta M. V. Fabre – DJSC 2.2.06 – p. 165) (RDT 03 – março de 2006)

"Agravo de petição — Delimitação da matéria e valores. Por disposição do § 1º do art. 897 da CLT, não se conhece o Agravo de Petição se a agravante não delimitar, justificadamente, as matérias e os valores impugnados, em face da impossibilidade de execução imediata da parte incontroversa." (TRT 15ª R. – 2ª T. – AP n. 777/2000.087.15.00-3 – rel. Eduardo Benedito de O. Zanella – DJSP 17.12.04 – p. 8) (RDT n. 02 – Fevereiro de 2005)

2.5.2. Procedimento

O agravo de petição deve ser interposto perante o juiz da Vara do Trabalho onde se processa a execução em petição acompanhada das respectivas razões, com a delimitação das matérias e valores objeto da controvérsia.

Se a execução já estiver garantida por penhora, não caberá o depósito recursal, já que este tem exatamente a finalidade da garantia de execução futura (Súmula n. 128, II, do C. TST[(178)]).

O prazo para interposição do agravo é de oito dias, tendo o agravado o prazo de oito dias para contraminuta.

O agravo de petição não suspende a execução, admitindo a jurisprudência a propositura de medida cautelar para tal finalidade.

Não há pagamento de custas no agravo de petição, pois estas são pagas ao final da execução (art. 789-A da CLT).

2.6. Do recurso adesivo no Processo do Trabalho

O recurso adesivo não é recurso, mas sim forma de interposição do recurso previsto na lei, que é aderido ao recurso da parte contrária, quando a parte se conforma com a decisão que lhe foi totalmente favorável, mas, diante do recurso da parte

(178) Súmula n. 128, II, do TST: "Garantido o juízo, na fase executória, a exigência de depósito para recorrer de qualquer decisão viola os incisos II e LV do art. 5º da CF/1988. Havendo, porém, elevação do valor do débito, exige-se a complementação da garantia do juízo (ex-OJ n. 189 da SBDI-1 – inserida em 8.11.2000)."

contrária, resolve a ele aderir, postulando a reforma da decisão da parte que lhe foi desfavorável.

Dispõe o art. 997 do CPC:

"Cada parte interporá o recurso independentemente, no prazo e com observância das exigências legais. § 1º Sendo vencidos autor e réu, ao recurso interposto por qualquer deles poderá aderir o outro. § 2º O recurso adesivo fica subordinado ao recurso independente, sendo-lhe aplicáveis as mesmas regras deste quanto aos requisitos de admissibilidade e julgamento no tribunal, salvo disposição legal diversa, observado, ainda, o seguinte: I – será dirigido ao órgão perante o qual o recurso independente fora interposto, no prazo de que a parte dispõe para responder; II – será admissível na apelação, no recurso extraordinário e no recurso especial; III – não será conhecido, se houver desistência do recurso principal ou se for ele considerado inadmissível."

Diante do referido dispositivo legal, são requisitos do recurso adesivo:

a) sucumbência recíproca: cada parte há que ter perdido alguma pretensão na decisão. Desse modo, a decisão deve ter julgado procedentes em parte os pedidos;

b) somente a sentença de mérito enseja recurso adesivo: a sentença terminativa não enseja recurso adesivo;

c) a parte que pretende valer-se do recurso adesivo não deve ter interposto o recurso principal, no prazo recursal, ou seja, ter-se conformado com a decisão;

d) tempestividade: a parte deve interpor o recurso adesivo no prazo que tem para responder o recurso principal, isto é, no prazo para contra-arrazoar o recurso interposto pela parte contrária;

e) o recurso adesivo deve ser interposto com todos os requisitos exigíveis para o recurso principal;

f) o conhecimento do recurso adesivo fica subordinado ao conhecimento do recurso principal. Se o recurso principal for conhecido, o adesivo também o será. Nesse sentido, a seguinte ementa:

"Desistência — Recurso adesivo. O pedido de desistência do recurso principal atinge a pretensão deduzida no recurso adesivo." (TRT 3ª R. – 6ª T. – Ap. n. 242/2002.112.03.00-5 – relª Mônica S. Lopes – DJMG 13.11.03 – p. 14) (RDT n. 1 – Janeiro de 2004)

2.6.1. Compatibilidade com o Processo do Trabalho e requisitos

O recurso adesivo, embora não previsto na CLT, é compatível com o Processo do Trabalho, por força do art. 769 da CLT. Nesse sentido, já se pacificou o TST, conforme a Súmula n. 283, *in verbis*:

"RECURSO ADESIVO. PERTINÊNCIA NO PROCESSO DO TRABALHO. CORRELAÇÃO DE MATÉRIAS – Revisão da Súmula n. 196 – Res. 2/1985, DJ 1.4.1985 – Republicada com correção DJ 12.4.1985 – O recurso adesivo é compatível com o processo do trabalho e cabe, no prazo de 8 (oito) dias, nas hipóteses de interposição de recurso ordinário, de agravo de petição, de revista e de embargos, sendo desnecessário que a matéria nele veiculada esteja relacionada com a do recurso interposto pela parte contrária."

Conforme a Súmula referida, o recurso adesivo no Processo do Trabalho é cabível no Recurso Ordinário, no Recurso de Revista e de Embargos, não sendo necessário que a matéria nele discutida seja conexa ou relacionada com o recurso da parte contrária, conforme também já sedimentado em doutrina e na jurisprudência.

Não é sucedâneo do recurso, ou seja, se a parte recorrer, ainda que intempestivamente, ou o recurso não for conhecido por ausência de algum pressuposto recursal, não poderá se valer do recurso adesivo. Nesse sentido, destacam-se as seguintes ementas:

"Recurso adesivo — Não conhecimento. Ao optar a parte pela interposição de recurso ordinário, ela automaticamente elimina a possibilidade de manifestar seu inconformismo pela via adesiva, ilação esta que não se desnatura pelo só fato de o apelo principal vir porventura a ter seu processamento denegado. Recurso não conhecido." (TRT – 15ª R. – 2ª T. – Ac. n. 8572/2002 – rel. Manoel Carlos Toledo Filho – DJSP 4.3.2002 – p. 58) (RDT n. 04 – abril de 2002)

"Recurso adesivo — Preclusão consumativa. Quando a parte interpõe anteriormente recurso ordinário, não lhe cabe interpor novamente apelo, mesmo que adesivo, porquanto o ato de recorrer já se consumou, ocorrendo a chamada preclusão consumativa." (TRT 3ª R. – 7ª T. – RO n. 747/2003.064.03.00-1 – relª Maria Perpétua C. F. de Melo – DJMG 5.11.04 – p. 8) (RDT n. 12 – Dezembro de 2004)

"Recurso adesivo — Preclusão consumativa. Ante o princípio da unirrecorribilidade, não pode a parte que interpôs recurso ordinário renovar a sua insurgência também pela via do recurso adesivo. O direito de a parte se insurgir contra o julgado que lhe foi parcialmente desfavorável se exaure com a interposição do recurso ordinário, independentemente de este vir a ser recebido ou não, em face da preclusão consumativa." (TRT 12ª R. – 1ª T. – RO n. 1437/2002.011.12.00-9 – relª Mª. do Céo de Avelar – DJSC 7.11.2003 – p. 190) (RDT n. 1 – Janeiro de 2004)

Os mesmos requisitos do recurso principal devem estar presentes no recurso adesivo sob consequência de não conhecimento. Desse modo, se o recurso exigir pagamento de custas e depósito recursal, o recurso adesivo também deverá observar tais requisitos.

Nesse sentido, destaca-se a seguinte ementa:

"Recurso adesivo — Deserção. Na forma da Instrução Normativa n. 3, item IX, do TST, os mesmos procedimentos relativos às custas e ao depósito recursal aplicáveis ao recurso principal são exigíveis para admissibilidade do recurso adesivo. A inobservância destes requisitos induz a deserção do apelo adesivo da reclamada." (TRT 12ª R. – 3ª T. – RO n. 4128/2001.037.12.85-5 – relª Licélia Ribeiro – DJSC 19.11.03 – p. 203)

2.7. Pedido de revisão

Trata-se de recurso previsto na Lei n. 5.584/70, praticamente em desuso, pois, hoje em dia, dificilmente o valor da causa é fixado pelo Juiz do Trabalho, e se a inicial não o fixa, as Varas costumam determinar que o reclamante emende a inicial para declina-lo. Conforme fixamos entendimento anteriormente, o valor da causa é requisito da inicial trabalhista.

O pedido de revisão não está previsto na CLT, mas sim no art. 2º, da Lei n. 5.584/70, § 1º, que assim dispõe: "Em audiência, ao aduzir razões finais, poderá qualquer das partes impugnar o valor fixado e, se o juiz o mantiver, pedir revisão da decisão, no prazo de 48 (quarenta e oito) horas, ao Presidente do Tribunal Regional."

Cuida-se de recurso admitido somente quando o valor da causa for fixado pelo Juiz do Trabalho e mantido, após uma das partes impugná-lo em razões finais. Se o valor for mantido depois da impugnação nas razões finais, será cabível o pedido de revisão.

Como bem assevera *Carlos Henrique Bezerra Leite*(179), o pedido de revisão tem natureza de recurso, já que ataca decisão tipicamente interlocutória, proferida no curso do processo, constituindo, portanto, exceção ao princípio da irrecorribilidade imediata das decisões interlocutórias do Processo do Trabalho.

O § 2º do art. 2º da Lei n. 5.584/70 trata da tramitação do pedido de revisão. Assevera o referido dispositivo legal: "O pedido de revisão, que não terá efeito suspensivo, deverá ser instruído com a petição inicial e a Ata da Audiência, em cópia autenticada pela Secretaria da Junta, e será julgado em 48 (quarenta e oito) horas, a partir do seu recebimento pelo Presidente do Tribunal Regional."

Desse modo, o pedido de revisão deve ser interposto no prazo de 48 horas, contado da data em que o Juiz do Trabalho manteve o valor fixado à causa, rejeitando a impugnação ofertada em razões finais, interposto perante o juiz da Vara, que deverá encaminhá-lo ao TRT para julgamento. Não há efeito suspensivo do processo. O recorrente deve anexar no recurso cópias da petição inicial e ata de audiência. O prazo para apreciação do recurso é de 48 horas pelo TRT, contado do recebimento pelo Presidente do TRT.

2.8. Embargos no TST

Os embargos constituem espécie recursal cabível exclusivamente no âmbito do Tribunal Superior do Trabalho, a fim de pacificar a jurisprudência no âmbito desse Tribunal. Não mais existem os embargos no âmbito das Varas do Trabalho ou dos Tribunais Regionais do Trabalho.

Conforme o magistério preciso de *Júlio César Bebber*(180), o recurso de embargos se destina a impugnar acórdãos das Turmas do TST na hipótese de divergência jurisprudencial na interpretação de dispositivo da lei federal (salvo nas causas submetidas ao procedimento sumaríssimo) ou da Constituição Federal.

Como destaca *Sergio Pinto Martins*(181):

> "A finalidade dos embargos no TST é, principalmente, a unificação da interpretação jurisprudencial de suas turmas, ou de decisões não unânimes em processos de competência originária do TST."

---

(179) BEZERRA LEITE, Carlos Henrique. *Curso de direito processual do trabalho.* 5. ed. São Paulo: LTr, 2007. p. 837.

(180) BEBBER, Júlio César. *Recursos no processo do trabalho.* 2. ed. São Paulo: LTr, 2009. p. 311-312.

(181) MARTINS, Sergio Pinto. *Direito processual do trabalho.* 26. ed. São Paulo: Atlas, 2006. p. 427.

Atualmente, os embargos no TST vêm disciplinados pela Lei n. 7.701/88, arts. 2º, II, *c*[182] e 3º, III, *b*[183], e no art. 894 da CLT, com a redação dada pela Lei n. 11.496, de 22.6.2007, que assim dispõe:

> Art. 894 – No Tribunal Superior do Trabalho cabem embargos, no prazo de 8 (oito) dias:
>
> I – de decisão não unânime de julgamento que:
>
> a) conciliar, julgar ou homologar conciliação em dissídios coletivos que excedam a competência territorial dos Tribunais Regionais do Trabalho e estender ou rever as sentenças normativas do Tribunal Superior do Trabalho, nos casos previstos em lei; e
>
> b) (VETADO)
>
> II – das decisões das Turmas que divergirem entre si ou das decisões proferidas pela Seção de Dissídios Individuais, ou contrárias a súmula ou orientação jurisprudencial do Tribunal Superior do Trabalho ou súmula vinculante do Supremo Tribunal Federal. (Inciso alterado pela Lei n. 13.015/2014 – DOU 22.7.2014)
>
> Parágrafo único. (Revogado).
>
> § 2º A divergência apta a ensejar os embargos deve ser atual, não se considerando tal a ultrapassada por súmula do Tribunal Superior do Trabalho ou do Supremo Tribunal Federal, ou superada por iterativa e notória jurisprudência do Tribunal Superior do Trabalho. (Parágrafo inserido pela Lei n. 13.015/2014 – DOU 22.7.2014)
>
> § 3º O Ministro relator denegará seguimento aos embargos: (Parágrafo inserido pela Lei n. 13.015/2014 – DOU 22.7.2014)
>
> I – se a decisão recorrida estiver em consonância com súmula da jurisprudência do Tribunal Superior do Trabalho ou do Supremo Tribunal Federal, ou com iterativa, notória e atual jurisprudência do Tribunal Superior do Trabalho, cumprindo-lhe indicá-la;
>
> II – nas hipóteses de intempestividade, deserção, irregularidade de representação ou de ausência de qualquer outro pressuposto extrínseco de admissibilidade.
>
> § 4º Da decisão denegatória dos embargos caberá agravo, no prazo de 8 (oito) dias. (Parágrafo inserido pela Lei n. 13.015/2014 – DOU 22.7.2014)

Nos termos da alínea *a* do inciso I do art. 894 da CLT, os embargos são cabíveis em face de decisões proferidas em dissídios coletivos da competência originária do TST, ou dissídios coletivos de revisão, também de competência originária do Tribunal Superior do Trabalho, quando as decisões não forem unânimes. Trata-se de inovação da Lei que não constava da redação anterior do art. 894 da CLT, que tem por objetivo a unificação da jurisprudência do Tribunal Superior do Trabalho em dissídios coletivos de sua competência originária. Nota-se que a nova redação dada ao referido dispositivo legal sinaliza no sentido de não ter havido extinção do poder normativo após a EC n. 45/04.

---

(182) "Compete à seção especializada em dissídios coletivos, ou seção normativa: II – em última instância julgar: c) os Embargos Infringentes interpostos contra decisão não unânime proferida em processo de dissídio coletivo de sua competência originária, salvo se a decisão atacada estiver em consonância com precedente jurisprudencial do Tribunal Superior do Trabalho ou da Súmula de sua jurisprudência predominante."

(183) "Compete à Seção de Dissídios Individuais julgar: III – em última instância: b) os embargos das decisões das Turmas que divergirem entre si, ou das decisões proferidas pela Seção de Dissídios Individuais."

Conforme o inciso II do art. 894 da CLT, os embargos são cabíveis das decisões das Turmas proferidas em dissídios individuais:

a) que divergirem entre si;

b) que divergirem da Seção de Dissídios Individuais do TST;

c) contrárias à Súmula ou à Orientação Jurisprudencial do TST;

d) contrárias à Súmula simples e à Vinculante do STF.

Não são cabíveis os embargos para o TST se a decisão da Turma proferida em dissídios individuais, ainda que divergir de outra Turma:

a) estiver em consonância com Súmula do TST;

b) estiver em consonância com Orientação Jurisprudencial do TST;

c) estiver em consonância com Súmula do STF.

Não enseja o recurso de embargos a divergência jurisprudencial dentro de uma mesma Turma do TST. Nesse sentido, a OJ n. 95 da SDI-I do C. TST, *in verbis*:

> "EMBARGOS PARA SDI. DIVERGÊNCIA ORIUNDA DA MESMA TURMA DO TST. INSERVÍVEL (inserida em 30.5.1997) ERR 125320/1994, SDI-Plena Em 19.5.1997, a SDI-Plena, por maioria, decidiu que acórdãos oriundos da mesma Turma, embora divergentes, não fundamentam divergência jurisprudencial de que trata a alínea "*b*", do art. 894 da Consolidação das Leis do Trabalho para embargos à Seção Especializada em Dissídios Individuais, Subseção I."

A divergência apta a ensejar os embargos deve ser atual, não se considerando tal a ultrapassada por súmula do Tribunal Superior do Trabalho ou do Supremo Tribunal Federal, ou superada por iterativa e notória jurisprudência do Tribunal Superior do Trabalho.

Não cabem embargos para o TST se a decisão da turma violar lei federal ou Constituição Federal. Desse modo, a turma passou a ser o último grau de jurisdição para discutir a lei federal. Para a discussão da Constituição Federal, será cabível, diretamente, o Recurso Extraordinário para o Supremo Tribunal Federal.

Nesse sentido, cumpre destacar as seguintes ementas:

> "RECURSO DE EMBARGOS. LEI N. 11.496/2007. HIPÓTESE DE CABIMENTO. Publicado o acórdão recorrido na vigência da Lei n. 11.496/2007, que conferiu nova redação ao art. 894 da CLT, somente é cabível recurso de embargos por divergência jurisprudencial. Recurso de Embargos de que não se conhece." (TST. Processo: E-RR – 65423/2002-900-09-00.0 – Data de Julgamento: 9.6.2008 – rel. Min. João Batista Brito Pereira, Subseção I Especializada em Dissídios Individuais, Data de Publicação: DJ 13.6.2008)

> "Recurso de embargos interposto sob a égide da Lei n. 11.496/07 — Contrato por prazo determinado — Licença para tratamento de saúde — Suspensão. De acordo com a nova redação do inciso II do art. 894 da CLT, conferida pela Lei n. 11.496, de 22.6.07, vigente a partir do dia 24.9.2007, somente são cabíveis embargos quando demonstrada divergência

jurisprudencial entre Turmas do Tribunal Superior do Trabalho ou entre essas e a Seção de Dissídios Individuais. O presente recurso de embargos foi interposto sob a égide da aludida legislação. Quanto à divergência, os arestos colacionados não preenchem os requisitos de especificidade contidos na Súmula n. 296, I, do TST, porquanto defendem tese inespecífica à hipótese dos autos, quando, da decisão da Turma, não se infere a adoção de posicionamento no sentido da aplicação do art. 118 da Lei n. 8.213/91, que prevê a estabilidade de doze meses a contar do auxílio-doença acidentário em caso de contrato firmado por prazo determinado, e sim o enfrentamento da questão somente sob o enfoque de que devem ser observados dois pontos distintos na decisão regional: o primeiro, de que o reclamante estava afastado por motivo de doença, e o segundo, de que se trata de contrato determinado, registrando que a decisão regional fundamentou-se no art. 476 da CLT para demonstrar que afastamento previdenciário por motivo de doença configura hipótese de suspensão, e que, dessa forma, o contrato de trabalho estava suspenso. E, por essa razão, considerou justa a recusa do obreiro em receber os valores consignados a título de haveres rescisórios enquanto não completado o prazo contratual de 90 dias. Recurso de embargos não conhecido." (TST SBDI-1 – rel. Min. Luiz Philipe Vieira de M. Filho – DJe n. 103 – 30.10.08 – p. 1044 – E-ED-RR n. 9747/2002.902.02-00) (RDT n. 11 – novembro de 2008)

Havendo no acórdão da turma do TST divergência jurisprudencial com outra turma ou da SDI do TST, e violação da Constituição Federal, serão cabíveis, simultaneamente, o recurso de embargos e o recurso extraordinário, ficando este último sobrestado até o julgamento dos embargos. Depois do julgamento dos embargos, os autos serão encaminhados ao Supremo Tribunal Federal para julgamento do recurso extraordinário.

Nesse contexto, a seguinte ementa do TST, *in verbis*:

"RECURSO DE EMBARGOS À SDI/TST E RECURSO EXTRAORDINÁRIO. INTERPOSIÇÃO SIMULTÂNEA. POSSIBILIDADE. Parece inquestionável que a nova redação do art. 894, da CLT, introduzida pela Lei n. 11.496/07, deu ensejo a uma cisão do procedimento trabalhista de maneira que cabe à SDI uniformizar a jurisprudência interna, e cabe, doravante, ao Supremo Tribunal Federal, examinar diretamente, se for o caso, os aspectos constitucionais da decisão proferida por Turma do Tribunal Superior do Trabalho. Logo, se a parte pretende impugnar, de um lado, o capítulo do acórdão turmário com denúncia de mácula à Constituição Federal e, de outro, com alegação de divergência jurisprudencial, afigura-se razoável não descartar o manejo, concomitantemente, do recurso extraordinário e do recurso de embargos, sobrestando- -se, aquele, no aguardo do julgamento dos embargos, não sendo a hipótese de incidência do princípio da unirrecorribilidade. Rejeitada, por maioria, a preliminar de inadmissibilidade do recurso de embargos." (TST – SBDI- 1. Proc. n. TST-E-ED-RR – 660.023/2000.9 – rel. Min. Horácio Senna Pires, julg. em 7.4.08, in DJU de 2.5.08)

Não obstante, há autores que pensam no seguinte sentido: se houver violação de lei constitucional e divergência jurisprudencial sobre a interpretação do mesmo dispositivo constitucional, primeiramente, a parte deverá interpor o recurso de embargos e, somente após sua apreciação, interpor o recurso extraordinário, pois ainda será possível discutir a questão no âmbito do TST.

Nesse diapasão, defende *Estêvão Mallet*(184):

> "Exige-se, para o recurso extraordinário, decisão de última instância. Se outro recurso ainda cabe, de natureza ordinária ou não, pouco importa, não há decisão de última instância e fica afastada, por consequência, a interposição imediata do extraordinário. Conclusão diversa implicaria afirmar não envolver o recurso de embargos nova instância, o que constitui impropriedade manifesta. Ainda que sujeitos a condições específicas de admissibilidade e dotados de efeito devolutivo limitado, os embargos instauram nova instância ou, como seria mais técnico, novo grau de jurisdição. Como decorrência do assinalado, se há divergência jurisprudencial, suficiente ao oferecimento dos embargos, não cabe, para impugnar a decisão da turma, o recurso extraordinário."

A doutrina costuma dividir os embargos para o Tribunal Superior do Trabalho em: a) embargos infringentes; b) embargos de divergência; e c) embargos de nulidade.

Nos termos da Súmula n. 353 do C. TST, não cabem embargos para a Seção de Dissídios Individuais de decisão de Turma proferida em agravo, salvo: a) da decisão que não conhece de agravo de instrumento ou de agravo pela ausência de pressupostos extrínsecos; b) da decisão que nega provimento a agravo contra decisão monocrática do Relator, em que se proclamou a ausência de pressupostos extrínsecos de agravo de instrumento; c) para revisão dos pressupostos extrínsecos de admissibilidade do recurso de revista, cuja ausência haja sido declarada originariamente pela Turma no julgamento do agravo; d) para impugnar o conhecimento de agravo de instrumento; e) para impugnar a imposição de multas previstas nos arts. 1.021, § 4º, do CPC de 2015 ou 1.026, § 2º, do CPC de 2015 (art. 538, parágrafo único, do CPC de 1973, ou art. 557, § 2º, do CPC de 1973). f) contra decisão de Turma proferida em agravo em recurso de revista, nos termos do art. 894, II, da CLT.

No mesmo sentido, a seguinte ementa:

> "Recurso de embargos em agravo de instrumento — Cabimento — Pressupostos intrínsecos do recurso de revista. Em se tratando de pretensão de reexame dos pressupostos intrínsecos do recurso de revista, tem incidência o óbice da primeira parte da Súmula n. 353 do TST, segundo a qual não cabem embargos para a Seção de Dissídios Individuais de decisão de Turma proferida em agravo. Recurso de embargos de que não se conhece." (TST SBDI-1 – rel. Min. João Batista Brito Pereira – DJ n. 103 – 30.10.08 – p. 1.004 – E-ED-AIRR n. 176/2004.014.08-40-7) (RDT n. 11 – novembro de 2008)

2.8.1. Embargos infringentes

Recebem essa denominação os embargos dirigidos ao TST que têm por objeto modificar a decisão proferida pelo TST em dissídios coletivos não unânimes, de sua competência originária: que são os que excedem a competência territorial dos Tribunais Regionais do Trabalho; ou dissídios de revisão ou de extensão.

(184) MALLET, Estêvão. Recurso extraordinário e recurso de embargos após a Lei n. 11.496/07. *In: Revista LTr* n. 72-10/191.

São cabíveis nas decisões não unânimes proferidas em dissídios coletivos de competência originária do TST (art. 894, I, *a*, da CLT c/c art. 2º, II, da Lei n. 7.701/88), que assim dispõe: "Compete à seção especializada em dissídios coletivos ou seção normativa: [...] II – em última instância julgar: [...] c) embargos infringentes interpostos contra decisão não unânime proferida em processo de dissídio coletivo de sua competência originária, salvo se a decisão atacada estiver em consonância com precedente jurisprudencial do Tribunal Superior do Trabalho ou da Súmula de sua jurisprudência predominante."

Desse modo, os embargos infringentes são cabíveis para a Seção de Dissídios Coletivos do TST, quando a decisão proferida pelo Tribunal Superior do Trabalho, em dissídios coletivos de sua competência originária, não for unânime, salvo se a decisão recorrida estiver em consonância com precedente jurisprudencial do TST ou Súmula.

Como bem adverte *Sergio Pinto Martins*(185), "a falta de unanimidade de julgamento da SDC diz respeito a cada cláusula rediscutida no recurso, pois os embargos estarão restritos em última instância pela SDC".

Nesse sentido, destaca-se a seguinte ementa:

> "Acordo coletivo de trabalho — Interpretação — Eficácia de cláusula — Diferenças salariais — IPC de junho/87. 1. Na interpretação de cláusula de acordo coletivo de trabalho concessiva de vantagem, fruto da autonomia privada coletiva do sindicato, há que prevalecer a que lhe empreste eficácia e, não, a que lhe esvazie o conteúdo. Cumpre ter presente ainda a vontade das partes acordantes e a natureza tuitiva do Direito do Trabalho, que determina a aplicação da norma coletiva da forma mais favorável ao trabalhador. Ademais, impõe-se tomar em conta a teoria do conglobamento, considerando que não se pode negar eficácia isoladamente a uma cláusula sem prejuízo das demais. 2. Cláusula de acordo coletivo de trabalho contemplando o pagamento de diferenças salariais do IPC de junho de 1987 aparentemente condicionada à negociação futura, em que essa condição se revela de implemento impossível, não afasta o reconhecimento do compromisso do empregador em recompor o poder aquisitivo dos salários até a data-base, porquanto equivale, no mínimo, a uma confissão de dívida. Embargos do reclamante parcialmente providos para condenar o Banco Reclamado ao pagamento de diferenças salariais decorrentes do IPC de junho de 1987, nos meses de janeiro de 1992 a agosto de 1992, inclusive." (TST – SBDI-1 – E-RR n. 677/1999.010.15.00-7 – rel. José Luciano de C. Pereira – DJ 5.12.03 – p. 567) (RDT n. 2 – Fevereiro de 2004)

2.8.2. Embargos de divergência

Os embargos de divergência têm por objeto uniformizar a interpretação da legislação da competência do Tribunal Superior do Trabalho no âmbito da Seção de Dissídios Individuais, que julga os recursos referentes aos conflitos individuais trabalhistas.

Não se trata de recurso que tem por objeto reapreciação de matéria fática, uma vez que seu objeto é a uniformização da jurisprudência interna do TST.

---

(185) *Op. cit.*, p. 429.

A Lei n. 11.496/2007 deu nova redação ao inciso III, alínea *b*, do art. 3º, da Lei n. 7.701/88, *in verbis*:

"Compete à Seção de Dissídios Individuais julgar:

[...] III – em última instância:

b) os embargos das decisões das Turmas que divergirem entre si, ou das decisões proferidas pela Seção de Dissídios Individuais."

Conforme o inciso II do art. 894 da CLT, os embargos são cabíveis das decisões das Turmas proferidas em dissídios individuais:

a) que divergirem entre si;

b) que divergirem da Seção de Dissídios Individuais do TST;

c) contrárias à Súmula ou à Orientação Jurisprudencial do TST;

d) contrárias à Súmula Vinculante do STF;

Nos termos da OJ n. 405 da SDI-I do TST: "Em causas sujeitas ao procedimento sumaríssimo, em que pese a limitação imposta no art. 896, § 6º, da CLT à interposição de recurso de revista, admitem-se os embargos interpostos na vigência da Lei n. 11.496, de 22.6.2007, que conferiu nova redação ao art. 894 da CLT, quando demonstrada a divergência jurisprudencial entre Turmas do TST, fundada em interpretações diversas acerca da aplicação de mesmo dispositivo constitucional ou de matéria sumulada."

A respeito dos embargos de divergência envolvendo questões sobre a execução trabalhista, o Tribunal Superior do Trabalho exige que a parte demonstre a divergência jurisprudencial sobre a interpretação do mesmo dispositivo constitucional entre suas turmas, conforme a recente Súmula n. 433, *in verbis*:

"Embargos. Admissibilidade. Processo em fase de execução. Acórdão de Turma publicado na vigência de Lei n. 11.496, de 26.6.2007. Divergência de interpretação de dispositivo constitucional. (Res. n. 177/2012 – DeJT 13.2.2012) A admissibilidade do recurso de embargos contra acórdão de Turma em recurso de revista em fase de execução, publicado na vigência da Lei n. 11.496, de 26.6.2007, condiciona-se à demonstração de divergência jurisprudencial entre Turmas ou destas e a Seção Especializada em Dissídios Individuais do Tribunal Superior do Trabalho em relação à interpretação de dispositivo constitucional."

Importante destacar, ainda, o disposto na Súmula n. 353 do TST, *in verbis*:

"Embargos. Agravo. Cabimento (Revisão das Súmulas ns. 195 e 335 – Res. n. 70/1997, DJ 30.5.1997. Redação alterada pela Res. n. 121/2003, DJ 19.11.2003. Nova redação – Res. n. 128/2005, DJ 14.3.2005. Alterada pela Res. n. 171/2010 – DeJT 19.11.2010). Não cabem embargos para a Seção de Dissídios Individuais de decisão de Turma proferida em agravo, salvo: a) da decisão que não conhece de agravo de instrumento ou de agravo pela ausência de pressupostos extrínsecos; b) da decisão que nega provimento a agravo contra decisão monocrática do relator, em que se proclamou a ausência de pressupostos extrínsecos de agravo de instrumento; c) para revisão dos pressupostos extrínsecos de admissibilidade do recurso de revista, cuja ausência haja sido declarada originariamente pela Turma no julgamento do agravo; d) para impugnar o conhecimento de agravo de instrumento; e) para impugnar a imposição de multas previstas no art. 538, parágrafo único, do CPC, ou no art. 557, § 2º, do CPC; f) contra decisão de Turma proferida em agravo interposto de decisão monocrática do relator, baseada no art. 557, § 1º-A, do CPC." (ex-OJ n. 293 da SBDI-1 com nova redação)

2.8.3. Embargos de nulidade

Os embargos de nulidade constavam, segundo a doutrina, na segunda parte do art. 3º, III, *b*, da Lei n. 7.701/88: "Compete à Seção de Dissídios Individuais julgar: [...] III – em última instância: [...] b) os embargos interpostos às decisões divergentes das Turmas, ou destas com decisão da Seção de Dissídios Individuais, ou com enunciado da Súmula e as que violarem literalmente preceito de lei federal ou da Constituição da República."

Os embargos de nulidade eram cabíveis quando as decisões das turmas do TST violavam literalmente preceito de lei federal ou da Constituição Federal. Nesse mesmo sentido, a Súmula n. 221 do C. TST, *in verbis*:

> "RECURSOS DE REVISTA OU DE EMBARGOS. VIOLAÇÃO DE LEI. INDICAÇÃO DE PRECEITO. INTERPRETAÇÃO RAZOÁVEL. A admissibilidade do recurso de revista e de embargos por violação tem como pressuposto a indicação expressa do dispositivo de lei ou da Constituição tido como violado."

A Lei n. 11.469/2007 retirou do art. 3º, III, *b*, da Lei n. 7.701/88, a possibilidade de embargos quando as decisões das turmas do TST *violarem literalmente preceito de lei federal ou da Constituição Federal.*

Desse modo, no nosso sentir, foram suprimidos os embargos de nulidade.

Por primeiro, destaca-se que não há inconstitucionalidade em tal supressão, pois o princípio do duplo grau de jurisdição não tem guarida constitucional. Além disso, cumpre à lei disciplinar os requisitos e pressupostos de admissibilidade dos recursos.

Há aspectos positivos e negativos com a supressão dos embargos de nulidade.

Como destaca *Alexandre Simões Lindoso*(186), haverá o fortalecimento das decisões proferidas pelas Turmas do Tribunal Superior do Trabalho, que assumirão um caráter de maior definitividade, imunizando-se em grande medida contra o ataque de recursos de embargos, como aspecto positivo. Como características negativas, aponta problemas para a parte sucumbente. Quando esta se defrontar com questão constitucional sobre a qual não haja ainda se formado dissenso jurisprudencial específico no âmbito das Turmas do TST, ou não haverá como ser exaurida a instância de origem com vistas à interposição de recurso extraordinário,

(186) LINDOSO, Alexandre Simões. Supressão da contrariedade à letra de lei federal como pressupostos de cabimento do recurso de embargos no dissídio individual do trabalho — análise dos aspectos positivos e negativos da lei. *In: Revista LTr* n. 71-06/729.

em face da impossibilidade de os embargos serem interpostos, ou, implementada a interposição, não se obterá o conhecimento do recurso, por inespecificidade da divergência jurisprudencial colacionada, o que sepultará em definitivo o debate no âmbito infraconstitucional.

No nosso sentir, a alteração é benéfica, pois suprime a possibilidade de mais um recurso no âmbito do TST, possibilitando maior celeridade processual, maior prestígio das decisões do TST e fortalecimento da Justiça do Trabalho como instituição.

Desse modo, a turma do TST passou a ser o último grau de jurisdição para discussão da lei federal; há a possibilidade de interposição de recurso extraordinário do acórdão proferida pela turma que violar preceito da Constituição Federal (art. 102, III, *a*, da CF)[(187)].

2.8.4. Processamento dos embargos no TST

Os embargos devem ser opostos ao presidente do TST, da SDI-I e da SDI-II, conforme a competência do Tribunal Superior do Trabalho (Lei n. 7.701/88) em petição acompanhada das razões. Não se admite o recurso por simples petição (art. 899 da CLT), já que se trata de medida recursal que tem por objetivo uniformizar a jurisprudência do TST. Nesse sentido, a seguinte ementa:

> "Embargos — Conhecimento — Inviabilidade. É inviável o conhecimento de recurso de embargos quando a parte embargante não consegue demonstrar o preenchimento de qualquer um dos requisitos do art. 894 da CLT. Embargos não conhecidos." (TST – SBDI-1 – E-RR n. 6299/2002.900.02.00-9 – rel. José Luciano de C. Pereira – DJ 12.11.04 – p. 703) (RDT n. 01 – Janeiro de 2005)

O recorrente deve demonstrar, no corpo dos embargos, a divergência havida entre as turmas do Tribunal Superior do Trabalho, bem como pedir reforma da decisão.

O prazo para oposição dos embargos é de oito dias, sendo este mesmo prazo para contrarrazões.

Os embargos são recebidos somente no efeito devolutivo.

Aos embargos para o TST, aplica-se o regime do depósito recursal e das custas processuais.

Nos termos do § 3º do art. 894 da CLT:

> "O Ministro Relator denegará seguimento aos embargos:
>
> a) se a decisão recorrida estiver em consonância com súmula da jurisprudência do Tribunal Superior do Trabalho ou do Supremo Tribunal Federal, ou com iterativa, notória e atual jurisprudência do Tribunal Superior do Trabalho, cumprindo-lhe indicá-la;
>
> b) nas hipóteses de intempestividade, deserção, irregularidade de representação ou de ausência de qualquer outro pressuposto extrínseco de admissibilidade."

---

(187) BEBBER, Júlio César. *Recursos no processo do trabalho*. 2. ed. São Paulo: LTr, 2009. p. 311-312.

Nos termos do § 4º do art. 894 da CLT, da decisão denegatória dos embargos caberá agravo, no prazo de oito dias.

2.9. Do recurso extraordinário no âmbito trabalhista

O recurso extraordinário constitui medida recursal constitucional destinada a dar efetividade ao texto constitucional e assegurar a vigência do texto constitucional quando este for contrariado por decisões dos Tribunais que estão abaixo do STF.

Conforme *Tostes Malta*(188), o recurso extraordinário tem origem no *Judiciary Act* americano de 1798, que, entre outras atribuições, deu competência à Suprema Corte para decidir a propósito da validade de lei em confronto com a Constituição.

Assevera o art. 102 da CF:

"Compete ao Supremo Tribunal Federal, precipuamente, a guarda da Constituição, cabendo--lhe: [...] III – julgar, mediante recurso extraordinário, as causas decididas em única ou última instância, quando a decisão recorrida: a) contrariar dispositivo desta Constituição; b) declarar a inconstitucionalidade de tratado ou lei federal; c) julgar válida lei ou ato de governo local contestado em face desta Constituição."

No Processo do Trabalho, o recurso extraordinário é cabível em face das causas decididas em única ou última instância dos Tribunais Trabalhistas.

O recurso extraordinário é compatível com o Processo do Trabalho por força da CLT (arts. 893, § 2º(189), e 899, § 1º(190)) e por ser um recurso que pertence à Teoria Geral do Processo, e, ainda, um recurso de natureza constitucional, destinado à guarda da Constituição Federal em todas as esferas do Direito e do Processo.

Para *Carlos Henrique Bezerra Leite*, no âmbito do Processo do Trabalho, o recurso extraordinário somente é cabível quando as decisões da Justiça do Trabalho proferidas em única ou última instância contrariarem de forma direta e literal a Constituição Federal. Assevera o ilustre doutrinador(191):

> "Não cabe recurso extraordinário das decisões dos TRTs que contrariarem dispositivo da Constituição Federal ou declararem a inconstitucionalidade de tratado ou lei federal, pois o recurso próprio é o de Revista. A interpretação sistemática do sistema recursal obreiro autoriza a ilação de que se mostra inaplicável a norma contida na alínea *c* do inciso III do art. 102 da CF. Essa conclusão decorre do fato de que, se não cabe o recurso de revista na referida hipótese (cf. art. 896, alínea *c*, da CLT),

(188) TOSTES MALTA, Christovão Piragibe. *Prática do processo trabalhista*. 30. ed. São Paulo: LTr, 2007. p. 469.

(189) Art. 893, § 2º, da CLT: "A interposição de recurso para o Supremo Tribunal Federal não prejudicará a execução do julgado."

(190) Art. 899, § 1º, da CLT: "Sendo a condenação de valor até 10 (dez) vezes o valor de referência regional, nos dissídios individuais, só será admitido o recurso, inclusive o extraordinário, mediante prévio depósito da respectiva importância [...]."

(191) BEZERRA LEITE, Carlos Henrique. *Curso de direito processual do trabalho*. 5. ed. São Paulo: LTr, 2007. p. 809.

a matéria relativa à validade de lei ou ato de governo local contestado em face da Constituição Federal jamais chegará a ser discutida, em sede de recurso de revista, no âmbito do TST. Logo, não haverá decisão de única ou última instância na Justiça do Trabalho versando a hipótese da alínea *c* [...]."(192)

Em que pesem os robustos argumentos apontados por *Bezerra Leite*, ousamos divergir, pois o texto constitucional não limita a amplitude do recurso extraordinário no âmbito trabalhista à violação da Constituição Federal. De outro lado, por ser um recurso de índole constitucional, não há como se restringir a interpretação do inciso III do art. 102 da CF, uma vez que a Constituição não restringe. Tampouco é possível se interpretar o recurso extraordinário em cotejo com o art. 896 da CLT, em razão do princípio da interpretação da legislação federal em conformidade com a Constituição Federal. Além disso, as decisões em última ou única instâncias na Justiça do Trabalho podem abranger as hipóteses das alíneas *b*, *c*, e *d*, do inciso III, do art. 102, da CF.

As causas decididas em última instância na Justiça do Trabalho são as causas cujo recurso final é dirigido ao Tribunal Superior do Trabalho, pelo Recurso de Revista. Caso o TST, por meio de suas Seções de Dissídios Individuais I e II, SDC, órgão especial ou Pleno, julgando Recurso de Revista, contrarie dispositivo da Constituição, declare a inconstitucionalidade de tratado ou lei federal ou julgue válida lei ou ato de governo local contestado em face dessa Constituição, será cabível o Recurso Extraordinário para o Supremo Tribunal Federal, uma vez que a este último Tribunal compete dar a palavra final sobre a interpretação do texto constitucional.

Já as causas decididas em única instância são aquelas que não são passíveis de recurso na mesma Justiça que prolatou a decisão, salvo o recurso de natureza extraordinária, para o Supremo Tribunal Federal (inciso III do art. 102 da CF).

Na Justiça do Trabalho, como exemplo de causa decidida em única instância, temos o dissídio de alçada (valor da causa até dois salários mínimos — Lei n. 5.584/70), que não está sujeito a recurso, salvo se versar sobre matéria constitucional. Nesse sentido, o § 4º do art. 2º da Lei n. 5.584/70, *in verbis*:

> "Salvo se versarem sobre matéria constitucional, nenhum recurso caberá das sentenças proferidas nos dissídios da alçada a que se refere o parágrafo anterior, considerado, para esse fim, o valor do salário mínimo à data do ajuizamento da ação."

No mesmo diapasão, a seguinte ementa que reflete a posição do STF:

> "Recurso Extraordinário. Causas de alçada. Decisão em instância única, de primeiro grau, versando matéria constitucional. Dela cabe recurso extraordinário ao Supremo Tribunal

(192) No mesmo sentido é a Súmula n. 505 do STF, *in verbis*: "DECISÕES DA JUSTIÇA DO TRABALHO — RECURSO PARA O SUPREMO TRIBUNAL FEDERAL. Salvo quando contrariarem a Constituição, não cabe recurso para o Supremo Tribunal Federal de quaisquer decisões da Justiça do Trabalho, inclusive dos presidentes de seus tribunais."

Federal e não recurso a órgão judiciário de segundo grau." (STF – 2ª T. Processo RE 140.169-9 – rel. Min. Néri da Silveira)(193)

2.9.1. Da repercussão geral no recurso extraordinário

Assevera o § 3º do art. 102 da CF:

> "No recurso extraordinário o recorrente deverá demonstrar a repercussão geral das questões constitucionais discutidas no caso, nos termos da lei, a fim de que o Tribunal examine a admissão do recurso, somente podendo recusá-lo pela manifestação de dois terços de seus membros." (Redação dada pela EC n. 45/04 – DOU 31.12.04)

A repercussão geral no recurso extraordinário é um requisito muito semelhante ao da transcendência para o Recurso de Revista, pois o recorrente, além de preencher os pressupostos objetivos e subjetivos de recorribilidade no recurso de natureza extraordinária, deve demonstrar que a causa tem repercussão geral, ou seja, que as matérias versadas no recurso tenham repercussão nas esferas jurídica, econômica, política ou social, que ultrapassem os interesses subjetivos da causa. Trata-se, em verdade, de um filtro para os recursos que chegam ao STF, com o objetivo de reduzir o volume de recursos dirigidos à mais alta corte do país, transformando o STF numa corte verdadeiramente constitucional.

Como bem exemplifica *José Miguel Garcia Medina*(194):

> "As questões relevantes, por ultrapassarem 'os interesses subjetivos da causa', podem ser assim exemplificadas: a) relevância econômica, como aquelas que se vê em ações que discutem, por exemplo, o sistema financeiro da habitação ou a privatição de serviços públicos essenciais, com a telefonia, o saneamento básico, a infraestrutura etc; b) relevância política, quando, por exemplo, de uma causa possa emergir decisão capaz de influenciar relações com Estados estrangeiros ou organismos internacionais; c) relevância social há numa ação em que se discutem problemas relativos à escola, à moradia, à saúde ou mesmo à legitimidade do Ministério Pùblico para a propositura de certas ações; d) relevância jurídica no sentido estrito existe, por exemplo, quando esteja *sub judice* o conceito ou a noção de um instituto básico do nosso direito, de molde a que aquela decisão, se subsistir, possa significar perigoso e relevante precedente, como, por exemplo a de direito adquirido."

O requisito da repercussão geral é manifestamente constitucional, uma vez que inserido no ordenamento jurídico por meio de emenda constitucional e regulamentado por lei. Embora possa ter restringido a quantidade de matérias que o Supremo Tribunal possa julgar e, consequentemente, o número de recursos, como visto, em nossa opinião, o duplo grau de jurisdição não é um princípio constitucionalmente

(193) *In:* SARAIVA, Renato. *Curso de direito processual do trabalho.* 4. ed. São Paulo: Método, 2007. p. 503.

(194) *Prequestionamento e repercussão geral.* 5. ed. São Paulo: RT, 2009. p. 84.

albergado. De outro lado, o Recurso Extraordinário não se destina a corrigir a justiça da decisão, tampouco a reapreciar o material probatório, e sim a uniformizar a interpretação da Constituição Federal, bem como sua eficácia em todo o território nacional.

A repercussão geral se aplica a todos os recursos extraordinários, independentemente da matéria a ser analisada, inclusive aos recursos extraordinários discutindo matéria trabalhista, conforme entendimento fixado pelo STF, *in verbis*:

"A exigência da repercussão geral vale para todos os recursos extraordinários, independentemente da natureza da matéria neles veiculada (cível, criminal, trabalhista ou eleitoral) (STF-Pleno, AI n. 664.567-QO, Min. Gilmar Mendes, j. 18.6.2007, DJU 6.9.2007)."

Desse modo, tratando-se de matéria trabalhista, somente será conhecido e julgado o recurso extraordinário se a questão versar sobre matéria constitucional e tiver repercussão geral.

A repercussão geral está regulamentada no art. 1.035 do CPC, que dispõe:

"O Supremo Tribunal Federal, em decisão irrecorrível, não conhecerá do recurso extraordinário quando a questão constitucional nele versada não tiver repercussão geral, nos termos deste artigo.

§ 1º Para efeito de repercussão geral, será considerada a existência ou não de questões relevantes do ponto de vista econômico, político, social ou jurídico que ultrapassem os interesses subjetivos do processo.

§ 2º O recorrente deverá demonstrar a existência de repercussão geral para apreciação exclusiva pelo Supremo Tribunal Federal.

§ 3º Haverá repercussão geral sempre que o recurso impugnar acórdão que:

I – contrarie súmula ou jurisprudência dominante do Supremo Tribunal Federal;

II – (Revogado);

III – tenha reconhecido a inconstitucionalidade de tratado ou de lei federal, nos termos do art. 97 da Constituição Federal.

§ 4º O relator poderá admitir, na análise da repercussão geral, a manifestação de terceiros, subscrita por procurador habilitado, nos termos do Regimento Interno do Supremo Tribunal Federal.

§ 5º Reconhecida a repercussão geral, o relator no Supremo Tribunal Federal determinará a suspensão do processamento de todos os processos pendentes, individuais ou coletivos, que versem sobre a questão e tramitem no território nacional.

§ 6º O interessado pode requerer, ao presidente ou ao vice-presidente do tribunal de origem, que exclua da decisão de sobrestamento e inadmita o recurso extraordinário que tenha sido interposto intempestivamente, tendo o recorrente o prazo de 5 (cinco) dias para manifestar-se sobre esse requerimento.

§ 7º Da decisão que indeferir o requerimento referido no § 6º ou que aplicar entendimento firmado em regime de repercussão geral ou em julgamento de recursos repetitivos caberá agravo interno.

§ 8º Negada a repercussão geral, o presidente ou o vice-presidente do tribunal de origem negará seguimento aos recursos extraordinários sobrestados na origem que versem sobre matéria idêntica.

§ 9º O recurso que tiver a repercussão geral reconhecida deverá ser julgado no prazo de 1 (um) ano e terá preferência sobre os demais feitos, ressalvados os que envolvam réu preso e os pedidos de *habeas corpus*.

§ 10. (Revogado).

§ 11. A súmula da decisão sobre a repercussão geral constará de ata, que será publicada no diário oficial e valerá como acórdão."

Pela redação do referido dispositivo legal, somente houve previsão de duas hipóteses objetivas de repercussão geral, quais sejam: a) que a decisão contrarie súmula ou jurisprudência dominante do Supremo Tribunal Federal; b) tenha reconhecido a inconstitucionalidade de tratado ou de lei federal, nos termos do art. 97 da Constituição Federal.

As demais hipóteses de repercussão geral devem ser fundamentadas, segundo as circunstâncias peculiares do caso concreto, quando houver relevância do ponto de vista econômico, político, social ou jurídico que ultrapassem os interesses subjetivos das partes envolvidas no processo.

2.9.2. Do processamento do recurso extraordinário

Por não ser um recurso trabalhista *stricto sensu*, o recurso extraordinário é regido pela Constituição Federal, pelos arts. 1.029 e seguintes do CPC e Regimento Interno do STF.

O recurso deve ser interposto em petição escrita acompanhada das razões, não sendo admitida a simples petição (art. 899 da CLT). A matéria deve estar prequestionada no acórdão ou na decisão de única instância. Admitem-se os embargos de declaração para prequestionamento. Além disso, deve o recorrente demonstrar a existência da repercussão geral.

O prazo para interposição é de quinze dias, cabendo igual prazo ao recorrido para contrarrazões.

Há necessidade do depósito recursal (v. art. 899, § 1º, da CLT c/c Instrução Normativa n. 03 do C. TST), salvo se nas instâncias inferiores o valor do depósito recursal já atingiu o teto da condenação.

Não se admite o *jus postulandi* da parte (art. 791 da CLT), devendo o recorrente estar assistido por advogado.

O recurso extraordinário é recebido apenas no efeito devolutivo, não suspendendo a execução da sentença, uma vez que a execução, na pendência do julgamento do recurso extraordinário, é definitiva (Súmula n. 228 do STF). Não obstante, a jurisprudência tem admitido a propositura de medida cautelar inominada para o fim de suspender a execução da decisão, enquanto houver a pendência do julgamento do recurso extraordinário no STF.

Nesse sentido, é a Súmula n. 635 do STF:

"MEDIDA CAUTELAR — RECURSO EXTRAORDINÁRIO PENDENDE DE JUÍZO DE ADMISSIBILIDADE — COMPETÊNCIA — PRESIDENTE DO TRIBUNAL DE ORIGEM.

Cabe ao Presidente do Tribunal de origem decidir o pedido de medida cautelar em recurso extraordinário ainda pendente do seu juízo de admissibilidade."

Da decisão que não conhece o recurso extraordinário, é cabível o agravo de instrumento.

2.9.3. Recurso extraordinário e execução de sentença trabalhista

Dispõe o § 2º do art. 893 da CLT:

"A interposição de recurso para o Supremo Tribunal Federal não prejudicará a execução do julgado."

Diante do que dispõe o referido dispositivo legal, a execução trabalhista, na pendência de recurso extraordinário junto ao STF, é definitiva.

De nossa parte, a finalidade da lei foi no sentido de agilizar o recebimento das condenações trabalhistas quando houve confirmação da decisão perante o Tribunal Superior do Trabalho, sendo a probabilidade de alteração da decisão reduzida. O critério adotado é, pois, o de efetividade, em detrimento da segurança jurídica.

No mesmo sentido, a Súmula n. 228 do STF, *in verbis*:

"Não é provisória a execução na pendência de recurso extraordinário, ou de agravo destinado a fazê-lo admitir."

Pondera *Carlos Henrique Bezerra Leite*(195):

> "Parece-nos, pois, que continua atual o entendimento cristalizado na Súmula n. 228 do STF, que encerra a melhor exegese do art. 893, § 2º, da CLT. Essa interpretação, a propósito, não se coaduna com o art. 27 da Lei n. 8.038/1990, segundo o qual o recurso extraordinário será recebido no efeito devolutivo, o que levou os processualistas civis a considerar provisória a execução. Tal não ocorre, porém, com o recurso extraordinário emergente de decisão da justiça Laboral, ante a literalidade do § 2º do art. 893 da CLT, que, a nosso sentir, não se atrita contra a norma constitucional."

Recentemente, a jurisprudência, tanto do processo do trabalho como do processo civil, vem adotando posição contrária, entendendo ser provisória a execução trabalhista na pendência de recurso extraordinário. Nesse lastro, a OJ n. 56 da SDI-II do C. TST, *in verbis*:

"Mandado de segurança. Execução. Pendência de recurso extraordinário. (inserida em 20.9.2000). Não há direito líquido e certo à execução definitiva na pendência de recurso extraordinário, ou de agravo de instrumento visando a destrancá-lo."

2.10. Do agravo regimental

O agravo regimental constitui recurso trabalhista previsto no art. 709, § 1º, da CLT, na Lei n. 7.701/88, nos regimentos internos dos Tribunais Regionais do Trabalho e do Tribunal Superior do Trabalho.

---

(195) *Curso de direito processual do trabaho.* 10. ed. São Paulo: LTr, 2012. p. 941.

Tem a finalidade de impugnar as decisões monocráticas proferidas pelos relatores das turmas dos Tribunais Regionais do Trabalho e do TST que negarem seguimento ao recurso, e também do juiz corregedor nas correições parciais.

Como bem adverte *Júlio César Bebber*[(196)]:

> "Por força do princípio da colegialidade das decisões nos tribunais, todos os pronunciamentos judiciais proferidos em nome destes deverão ser feitos por órgão colegiado. Para melhor administração das atividades judicais, entretanto, os regimentos internos adotam procedimentos próprios ou técnicas de antecipação procedimental e delegam ao relator ou a outros órgãos (presidentes, vice-presidentes, corregedores, presidentes de turmas, grupos ou sessões) o poder de, em nome do tribunal, decidirem isoladamente. Essa excepcionalidade, porém, não é absoluta. Às partes faculta-se solicitar o controle da decisão monocrática pelo órgão a que pertence o juiz que a prolatou, ressurgindo, assim, a colegialidade da decisão do tribunal. O mecanismo eleito pelos regimentos internos para o controle das decisões monocráticas, quando não houve previsão legal de recurso é o agravo regimental."

Considerando-se que cabe à União legislar sobre direito processual (art. 22 da CF), é discutível a constitucionalidade da criação de recurso por meio de regimentos dos tribunais. Não obstante, no caso do Agravo Regimental, pensamos não ser inconstitucional sua previsão, uma vez que se destina a concretizar no âmbito recursal os princípios do contraditório e da ampla defesa e assegurar às partes o acesso ao órgão colegiado. Além disso, em muitas situações, o Agravo Regimental se destina à impugnação de liminares concedidas pelo relator do recurso, suprindo uma lacuna recursal do processo trabalhista.

Nesse sentido, já se pronunciou o Supremo Tribunal Federal, *in verbis*:

> "É legítima a criação de competências para órgãos monocráticos no âmbito dos Tribunais, desde que seja assegurada a possibilidade de reexame perante o colegiado competente." (STF-AI-AgR-578479/SP, 2ª T., rel. Min. Eros Grau, DJ 12.5.2006, p. 23)

Assevera o art. 709, § 1º, da CLT: "Das decisões proferidas pelo Corregedor, nos casos do artigo, caberá o agravo regimental, para o Tribunal Pleno."

A Lei n. 7.701/88, nos arts. 2º, II, *d* e 3º, III, *c*, prevê a possibilidade de interposição de agravo regimental em face das decisões dos presidentes das Turmas que denegam recurso diante de decisão proferida em dissídio coletivo, e do recurso de embargos para o TST.

Alguns Tribunais Regionais do Trabalho disciplinam o agravo regimental para impugnar as liminares concedidas pelo relator em sede de tutela antecipada, em mandado de segurança, e também para decisões em que a lei não prevê recurso específico para impugnação.

---

(196) *Recursos no processo do trabalho*. 3. ed. São Paulo: LTr, 2011. p. 376.

O Tribunal Superior do Trabalho dispõe sobre o Agravo Regimental no art. 235 do seu Regimento Interno, que assim dispõe: "Cabe agravo regimental, no prazo de oito dias, para o Órgão Especial, Seções Especializadas e Turmas, observada a competência dos respectivos órgãos, nas seguintes hipóteses: I – do despacho do Presidente do Tribunal que denegar seguimento aos embargos infringentes; II – do despacho do Presidente do Tribunal que suspender execução de liminares ou de decisão concessiva de mandado de segurança; III – do despacho do Presidente do Tribunal que conceder ou negar suspensão da execução de liminar, antecipação de tutela ou da sentença em cautelar; IV – do despacho do Presidente do Tribunal concessivo de liminar em mandado de segurança ou em ação cautelar; V – do despacho do Presidente do Tribunal proferido em pedido de efeito suspensivo; VI – das decisões e despachos proferidos pelo Corregedor-Geral da Justiça do Trabalho; VII – do despacho do relator que negar prosseguimento a recurso, ressalvada a hipótese do art. 239; VIII – do despacho do relator que indeferir inicial de ação de competência originária do Tribunal; e IX – do despacho ou da decisão do Presidente do Tribunal, de Presidente de Turma, do Corregedor-Geral da Justiça do Trabalho ou relator que causar prejuízo ao direito da parte, ressalvados aqueles contra os quais haja recursos próprios previstos na legislação ou neste Regimento."

Nos termos do art. 236 do Regimento Interno do TST: "O agravo regimental será concluso ao prolator do despacho, que poderá reconsiderá-lo ou determinar sua inclusão em pauta visando apreciação do Colegiado competente para o julgamento da ação ou do recurso em que exarado o despacho. § 1º Os agravos regimentais contra ato ou decisão do Presidente do Tribunal, do Vice-Presidente e do Corregedor-Geral da Justiça do Trabalho, desde que interpostos no período do respectivo mandato, serão por eles relatados. Os agravos regimentais interpostos após o término da investidura no cargo do prolator do despacho serão conclusos ao Ministro sucessor. § 2º Os agravos regimentais interpostos contra despacho do relator, na hipótese de seu afastamento temporário ou definitivo, serão conclusos, conforme o caso, ao juiz convocado ou ao Ministro nomeado para a vaga. § 3º Os agravos regimentais interpostos contra despacho do Presidente do Tribunal, proferido durante o período de recesso e férias, serão julgados pelo relator do processo principal, salvo nos casos de competência específica da Presidência da Corte. § 4º O acórdão do agravo regimental será lavrado pelo relator, ainda que vencido."

O Regimento Interno do TST fixa o prazo de oito dias para interposição do agravo regimental para o Tribunal Pleno (art. 235 do Regimento Interno do TST). Não obstante, nos Tribunais Regionais do Trabalho, o prazo varia, conforme dispõem os regimentos internos.

O agravo regimental é recebido apenas no efeito devolutivo, pois a Lei não prevê a possibilidade de concessão de efeito suspensivo. Por isso, não obsta a execução provisória.

O agravo é interposto perante a autoridade que indeferiu a decisão (rejeitou liminarmente recurso, concedeu liminar etc.), postulando a reconsideração da decisão, e, em caso de manutenção, encaminhamento ao órgão competente para julgar o recurso, conforme dispuser o regimento interno do Tribunal (Turma ou Pleno).

Por falta de previsão legal, o agravo regimental não está sujeito a preparo (recolhimento de custas e depósito recursal).

O agravo deve ser interposto nos próprios autos do processo, por meio de petição acompanhada das razões. Nesse sentido, dispõe a OJ n. 132 da SDI-I do C. TST, *in verbis*:

> "Agravo regimental. Peças essenciais nos autos principais. (Inserida em 27.11.1998) Inexistindo lei que exija a tramitação do AG em autos apartados, tampouco previsão no Regimento Interno do Regional, não pode o agravante ver-se apenado por não haver colacionado cópia de peças dos autos principais, quando o AG deveria fazer parte dele."

Capítulo XIX

Da Liquidação de Sentença Trabalhista

1. Do conceito de liquidação de sentença e sua natureza jurídica

Segundo os ensinamentos obtidos da melhor doutrina, a liquidação tem lugar quando a sentença ou acórdão não fixa o valor da condenação ou não individualiza o objeto da execução. A decisão contém a certeza da obrigação e as partes que são credora e devedora desta obrigação *(an debeatur)*, mas não fixa o montante devido *(quantum debeatur)*.

A liquidação constitui, assim, uma fase preparatória, de natureza cognitiva[(1)], em que a sentença ilíquida passará a ter um valor determinado ou individualizada a prestação ou objeto a ser executado, por um procedimento disciplinado em lei, conforme a natureza da obrigação prevista no título executivo.

A Consolidação das Leis do Trabalho, por opção legislativa e tendo em vista a simplicidade do processo do trabalho, inseriu a liquidação no Capítulo da Execução, uma vez que o art. 879, que regulamenta a liquidação trabalhista, está inserido no Capítulo V, que trata da Execução. Dispõe o referido dispositivo consolidado:

> "Sendo ilíquida a sentença exequenda, ordenar-se-á, previamente, a sua liquidação, que poderá ser feita por cálculo, por arbitramento ou por artigos. § 1º – Na liquidação, não se poderá modificar, ou inovar, a sentença liquidanda nem discutir matéria pertinente à causa principal. (Parágrafo único transformado em § 1º pela Lei n. 8.432, de 11.6.1992, DOU 12.6.1992) § 1º-A. A liquidação abrangerá, também, o cálculo das contribuições previdenciárias devidas. (Acrescentado pela Lei n. 10.035, de 25.10.2000, DOU 26.10.2000) § 1º-B. As partes deverão ser previamente intimadas para a apresentação do cálculo de liquidação, inclusive da contribuição previdenciária incidente. (Acrescentado pela Lei n.10.035, de

(1) Para alguns autores, a liquidação é um mero incidente da fase de execução de sentença. Nesse sentido, é a visão de Jorge Luiz Souto Maior: "[...] a liquidação, em verdade, passa a ser o momento complementar da sentença e necessário para se iniciar os demais atos executivos, quando a obrigação não esteja liquidada na sentença, o que é regra nas lides trabalhistas. A liquidação se insere, portanto, no item do procedimento da execução de sentença [...] a liquidação de sentença, no processo do trabalho, trata-se de mero incidente que não se resolve por sentença, já que não põe fim ao processo e não pode ser atacada, a não ser por ocasião da interposição de embargos à execução, o que pressupõe, no caso do devedor, que tenha garantido o juízo" (Teoria geral da execução forçada. *In: Execução trabalhista:* visão atual. Coord. Roberto Norris. Rio de Janeiro: Forense, 2001. p. 50).

25.10.2000, DOU 26.10.2000) § 2º – Elaborada a conta e tornada líquida, o juiz poderá abrir às partes prazo sucessivo de 10 (dez) dias para impugnação fundamentada com a indicação dos itens e valores objeto da discordância, sob pena de preclusão. (Parágrafo incluído pela Lei n. 8.432, de 11.6.1992, DOU 12.6.1992) § 3º – Elaborada a conta pela parte ou pelos órgãos auxiliares da Justiça do Trabalho, o juiz procederá à intimação da União para manifestação, no prazo de 10 (dez) dias, sob pena de preclusão. (Parágrafo alterado pela Lei n. 11.457, de 16.3.2007, DOU 19.3.2007) (Nova redação com vigência a partir do primeiro dia útil do segundo mês subsequente à data de publicação da Lei n. 11.457/2007) § 4º – A atualização do crédito devido à Previdência Social observará os critérios estabelecidos na legislação previdenciária. § 5º – O Ministro de Estado da Fazenda poderá, mediante ato fundamentado, dispensar a manifestação da União quando o valor total das verbas que integram o salário de contribuição, na forma do art. 28 da Lei n. 8.212, de 24 de julho de 1991, ocasionar perda de escala decorrente da atuação do órgão jurídico." (Parágrafo acrescentado pela Lei n. 11.457, de 16.3.2007, DOU 19.3.2007 com vigência a partir do primeiro dia útil do segundo mês subsequente à data de publicação da Lei n. 11.457/2007)

Com a liquidação, o título executivo judicial está apto para ser executado, pois se o título não for líquido, certo e exigível, o procedimento de execução será nulo.

Como destaca *Pedro Paulo Teixeira Manus*(2): "entende-se por liquidação de sentença o conjunto de atos processuais necessários para aparelhar o título executivo, que possui certeza, mas não liquidez, à execução que se seguirá. Com efeito, tratando-se de condenação do reconhecimento de obrigação de dar quantia certa, quase sempre a decisão que se executa, embora certa quanto ao seu objeto, não traz os valores devidos de forma líquida."(3)

Para *Manoel Antonio Teixeira Filho*(4), a liquidação constitui: a) fase preparatória à execução; b) em que um ou mais atos são praticados; c) por uma ou por ambas as partes; d) com a finalidade de determinar o valor da condenação; e) ou de individuar o seu objeto; f) mediante a utilização, quando necessário, dos meios de prova admitidos em lei.

A doutrina ainda não chegou a um consenso sobre a natureza jurídica da liquidação. Para alguns, a natureza é declaratória; para outros, constitutiva.

---

(2) MANUS, Pedro Paulo Teixeira. *Execução de sentença no processo do trabalho.* 2. ed. São Paulo: Atlas, 2005. p. 25.

(3) Para José Frederico Marques, a sentença de liquidação complementa a condenatória; da aglutinação de ambas, resulta a exata individualização da *sanctio juris* e, por conseguinte, do título executório com todos os dados e elementos para que este se constitua como condição suficiente da execução forçada (*Instituições de direito processual civil.* V. V. Rio de Janeiro: Forense, 1960. p. 408). Já para Alcides de Mendonça Lima, a liquidação serve de traço de união entre a sentença condenatória, que lhe será a fonte, e a execução, que será seu objetivo. Da sentença, extrai os subsídios para, devidamente integrada, provocar a instauração do processo executivo (*Comentários ao CPC.* Rio de Janeiro: Forense, 1987. p. 544).

(4) TEIXEIRA FILHO, Manoel Antonio. *Liquidação da sentença no processo do trabalho.* 3. ed. São Paulo: LTr, 1988. p. 168.

Para *Liebman*, a natureza jurídica da liquidação é declaratória, uma vez que traz a lume aquilo que se encontra implicitamente na sentença anterior. Para outros, como *Pontes de Miranda*, a natureza jurídica é constitutivo-integrativa, uma vez que não se limita a uma mera declaração, mas também dá uma certeza àquilo que até então era incerto.

No nosso sentir, a liquidação é uma fase integrativa(5) da sentença, de natureza constitutiva(6), fazendo parte da fase de conhecimento, que visa a apurar o *quantum debeatur* ou individualizar o objeto da execução. Nesse sentido, destacamos a posição de *Antonio Carlos Matteis de Arruda*(7), fixada antes da Lei n. 11.232/2005 e do CPC de 2015:

> "A liquidação da sentença condenatória genérica, em nossa legislação processual civil, se faz por meio da propositura de uma ação de conhecimento especial, processualmente diversa e autônoma, em relação à anterior ação de natureza condenatória, sendo certo que essa ação de liquidação é de natureza constitutivo-integrativa."

Discute-se, na doutrina e na jurisprudência, se o Juiz do Trabalho pode iniciar a liquidação, de ofício, determinando que a Secretaria ou um perito contador realize a conta de liquidação, sem oportunizar às partes a elaboração dos cálculos ou dos artigos de liquidação.

Argumentam os defensores da liquidação de ofício pelo juiz que ela propicia maior celeridade processual e maior qualidade na elaboração do cálculo. Sustentam, ainda, que a liquidação por iniciativa do juiz encontra suporte no impulso oficial da execução (art. 878 da CLT), e na interpretação teleológica do § 3º do art. 879 da CLT, o que possibilita ao Juiz do Trabalho determinar a realização dos cálculos de liquidação.

De nossa parte, entendemos que o Juiz do Trabalho somente deve tomar a postura de liquidar a sentença de ofício em casos excepcionais, nas hipóteses em que o trabalhador estiver sem advogado, valendo-se do *jus postulandi*, ou quando o reclamante tiver advogado, mas este, justificadamente, não puder realizá-la. Em outras situações, deve o Juiz do Trabalho ponderar as cincurstâncias do caso concreto.

Em Varas nas quais observamos a liquidação por iniciativa do juiz, não constatamos resultados satisfatórios. Além disso, houve grande dissenso das partes e inúmeros incidentes de impugnação.

(5) Nesse sentido, destacamos a visão de Vicente Greco Filho: "É constitutiva porque a ela se acrescenta uma qualidade que lhe faltava, a liquidez, e é integrativa porque complementa a sentença anterior" (*Direito processual civil brasileiro.* v. 3, 7. ed. São Paulo: Saraiva, 1994. p. 47).

(6) Alguns autores sustentam que a liquidação não faz parte da fase de conhecimento, e sim um incidente da própria execução. A própria CLT insere a liquidação no título *DA EXECUÇÃO.*

(7) ARRUDA, Antonio Carlos Matteis de. *Liquidação de sentença.* São Paulo: RT, 1981. p. 183.

A CLT disciplina a liquidação no art. 879. Diz o *caput* do referido dispositivo que: "Sendo ilíquida a sentença exequenda, ordenar-se-á, previamente, sua liquidação, que poderá ser feita por cálculo, arbitramento ou artigos."

O termo "sentença" deve ser interpretado em sentido amplo para abranger a sentença de primeiro grau e também os acórdãos, tanto dos TRTs como do TST. No Processo do Trabalho, assim como no Processo Civil, há três modalidades de liquidação: a) por cálculos; b) por arbitramento; e c) por artigos.

No nosso sentir, ainda que determinado no título executivo com trânsito em julgado que a liquidação se processe por cálculos, poderá o Juiz do Trabalho se valer das três modalidades de liquidação, se necessário, para se chegar ao *quantum* devido, pois não há vedação na legislação processual e tal conduta se coaduna com os princípios do fiel cumprimento da obrigação consagrada no título executivo e também da máxima efetividade da jurisdição.

Nesse sentido, é a Súmula n. 344 do STJ, *in verbis*:

> "Liquidação — Forma diversa na sentença — Não ofensa à coisa julgada. A liquidação por forma diversa da estabelecida na sentença não ofende a coisa julgada."

No mesmo contexto, vale transcrever a seguinte ementa:

> "Desde que não implique prejuízo aos legítimos interesses das partes, o juiz pode, em situações especiais, variar a forma de liquidação, convertendo para cálculos a liquidação a princípio fixada por artigos, sempre que os autos contiverem elementos bastantes para possibilitar a realização da conta." (TRT – 12ª R. – 3ª T. – Ac. n. 001838/95 – relª Juíza Lília L. Abreu – DJSC 20.4.95 – p. 77)

A liquidação não pode ir aquém ou além do que foi fixado na decisão transitada em julgado, sob consequência de nulidade do procedimento e desprestígio da coisa julgada material, cabendo ao juiz velar pelo seu fiel cumprimento(8). Além disso, a proteção à coisa julgada tem *status* constitucional (art. 5º, inciso XXXVI, da CF). Nesse diapasão, é a disposição do § 1º do art. 879 da CLT, a seguir transcrito:

> "Na liquidação, não se poderá modificar, ou inovar, a sentença liquidanda, nem discutir matéria pertinente à causa principal."

No mesmo lastro, é o art. 509, § 4º, do CPC, *in verbis*:

> "Na liquidação é vedado discutir de novo a lide ou modificar a sentença que a julgou."

Em razão dos referidos dispositivos, não há preclusão para o juiz ao apreciar os cálculos, podendo *ex officio* determinar qualquer diligência probatória para que os cálculos espelhem a coisa julgada material.

(8) "Liquidação — Princípio da fidelidade à sentença exequenda. Baseando-se a sentença de liquidação em cálculos portados pela parte autora, devem conformar-se ao quanto determinado no título exequendo. A regra da fidelidade da liquidação ao título executivo é de impositiva observância e impede apuração do sobretempo ativado em horário noturno com olvido ao que se estabeleceu no r. comando sancionatório." (TRT – 3ª R. – 6ª T. – AP n. 1584.2002.099.03.00-7 – relª Emília Facchini – DJMG 15.4.04 – p. 16)

2. Da liquidação por cálculos no Processo do Trabalho

Nos ensina *José Augusto Rodrigues Pinto*(9):

> "A liquidação da sentença trabalhista por simples cálculo é admissível sempre que sua expressão pecuniária, mesmo oculta na conclusão do julgado, se revelar por meio de operações aritméticas possíveis com os dados já encartados no processo de conhecimento."

Conforme *Manoel Antonio Teixeira Filho*(10), "far-se-á a liquidação da sentença por meio de cálculos quando a apuração do montante depender de simples operações aritméticas. Neste caso, a sentença contém todos os elementos necessários à fixação quantitativa da obrigação."

Na esfera trabalhista, praticamente, todas as liquidações são realizadas por cálculos, em razão da própria natureza das verbas e dos pedidos. Entretanto, os cálculos, ordinariamente, são mais complexos que no processo civil, envolvendo parcelas de naturezas diversas e, normalmente, cada parcela deferida tem repercussão em outras parcelas, o que justifica o procedimento da liquidação por cálculos de forma mais detalhada, como o faz o já referido art. 879 da CLT.

No Processo do Trabalho, a liquidação está inserida no capítulo da execução. Não obstante, também é um incidente da fase de conhecimento, não sendo um procedimento autônomo. Sendo assim, nas Varas do Trabalho, uma vez transitada em julgado a decisão, o juiz, de ofício, intima o reclamante para apresentar os cálculos de liquidação em dez dias. Se ele não apresentar, intima-se a reclamada para fazê-lo, no prazo de dez dias. Nesse sentido, é o § 1º-B do art. 879 da CLT: "As partes deverão ser previamente intimadas para a apresentação do cálculo de liquidação, inclusive da contribuição previdenciária incidente."

Os cálculos das partes devem apresentar o valor das contribuições devidas à Previdência, que são fixadas em sentença (art. 832, § 3º, da CLT, cujas verbas objeto de incidência têm previsão no art. 28 da Lei n. 8.212/91). A intimação do INSS para impugnar os cálculos da contribuição previdenciária apresentada pelas partes deve ser realizada, devendo o INSS impugnar os valores em dez dias, sob consequência de preclusão.

O art. 879, § 2º, da CLT, prevê dois procedimentos alternativos e facultativos para o Juiz do Trabalho adotar na liquidação por cálculos(11). São eles:

---

(9) *Execução Trabalhista:* estática — dinâmica — prática. 11. ed. São Paulo: LTr, 2006. p. 156.

(10) *Liquidação da Sentença no Processo do Trabalho.* 3. São Paulo: LTr, 1988. p. 183.

(11) "Falta de oitiva das partes quanto aos cálculos de execução — Cerceamento de defesa — Inexistência. O prazo de que fala o § 2º do art. 879 é de uso facultativo do juiz. Não aberto o referido prazo, inexiste nulidade processual, pois pode a executada apresentar embargos 5 (cinco) dias após garantida a execução ou penhorados os bens, podendo nesse momento se opor aos cálculos (art. 884 da CLT)" (TRT - 12ª R. - 3ª T. - AG-PET n. 6.347/03- relª Ione Ramos - DJSC 7.7.03 - p. 157) (RDT n. 8 - agosto de 2003).

a) apresentados os cálculos pelo reclamante, intimar o reclamado para impugná-los em 10 dias sob pena de preclusão(12). Posteriormente à impugnação ou não a havendo, o Juiz do Trabalho homologará a conta de liquidação(13).

b) apresentados os cálculos pelo reclamante, o Juiz do Trabalho os homologará, determinando a citação do reclamado para pagamento nos termos do art. 880, da CLT, podendo a conta de liquidação homologada ser discutida nos embargos à execução pelo reclamado e pelo exequente na impugnação à sentença de liquidação, nos termos do § 3º do art. 884, da CLT.

Caso o Juiz do Trabalho opte pelo procedimento do art. 884, § 3º, da CLT, sem o contraditório prévio após a apresentação dos cálculos por uma das partes (art. 879, § 2º, da CLT), depois da garantia do juízo, deve intimar não só o reclamado, mas também o reclamante, para que possa impugnar os cálculos homologados. Como as Varas do Trabalho adotam, por praxe, não notificar o exequente (reclamante), este poderá impungar a conta de liquidação, na primeira oportunidade que tiver de falar nos autos, em seguida à garantia do juízo (art. 795, da CLT).

Nesse sentido, destacamos a seguinte ementa:

"Agravo de Instrumento em Agravo de Petição. Impugnação à sentença de liquidação. Prazo. Art. 884, § 3º da CLT. Na forma do art. 884, § 3º da CLT, caso o magistrado não tenha concedido o prazo estabelecido no art. 879, § 2º da CLT, poderá a parte opor embargos à execução ou impugnação da sentença de liquidação, sujeitando-se a decisão que vier a julgá-los a agravo de petição. No entanto, no caso dos autos, quando o reclamante, ora exequente, tomou ciência da garantia do juízo, que foi aperfeiçoada com o depósito respectivo, teria 5 (cinco) dias para formular sua impugnação, mas apresentou seu agravo completamente a destempo. Agravo de Instrumento não provido." (TRT/SP – 01810005520055020040 – AIAP – Ac. 14ª T. 20140337649 – rel. Davi Furtado Meirelles – DOE 7.5.2014)

Diante da redação do § 3º(14) do art. 879 da CLT, pode parecer que o Juiz do Trabalho deve, obrigatoriamente, intimar o INSS para impugnar os cálculos(15),

---

(12) No nosso entendimento, preclusão não é pena, mas sim a perda de uma faculdade processual que gera consequências processuais, por não ter a parte a praticado no prazo legal (preclusão temporal), por já ter praticado o ato (consumativa), ou por ter praticado uma das duas ou mais faculdades que a lei possibilitava (lógica). A preclusão pela não contestação dos cálculos é atemporal.

(13) A jurisprudência não tem admitido a impugnação genérica dos cálculos, sem especificar os títulos e valores objeto da discordância. Na praxe, o reclamado apresenta um novo cálculo, com os valores que entende devidos. Nesse sentido, destacamos a seguinte ementa: "Cálculos de liquidação — Impugnação genérica pelos executados em embargos à execução. Não merecem acolhimento os embargos à execução opostos pelos executados que fazem, de modo genérico e inespecífico, impugnação ao cálculo de liquidação homologado" (TRT – 3ª R. – 1ª T. – Ap. n. 4.135/94 – relª Juíza Denise A. Horta – DJMG 25.5.2000 – p. 5) (RDT 06/00, p. 57).

(14) Parágrafo 3º, do art. 879, da CLT: "Elaborada a conta pela parte ou pelos órgãos auxiliares da Justiça do Trabalho, o juiz procederá a intimação, por via postal do Instituto Nacional do Seguro Social — INSS, por intermédio do órgão competente, para manifestação, no prazo de 10 dias, sob pena de preclusão."

(15) Edilton Meirelles e Leonardo Dias Borges sustentam que, diante do § 3º do art. 879 da CLT, entendem ser imperativo o disposto no § 3º do art. 879 da CLT e, portanto, o contraditório deve ser deferido antes da

mesmo que adote a postura de postergar a impugnação dos cálculos depois da garantia do juízo; entretanto, não nos parece que tal providência seja obrigatória, pois poderá o magistrado intimar o INSS para impugnar a conta de liquidação após a garantia do juízo, não havendo qualquer prejuízo às partes e também ao INSS (art. 794, da CLT[16]). Desse modo, no nosso sentir, a interpretação do § 3º do art. 879 da CLT deve ser conjugada com o § 2º do referido dispositivo, no sentido de cumprir, discricionariamente, ao magistrado a faculdade de estabelecer o momento para a Autarquia Previdenciária se manifestar sobre os cálculos de liquidação.

Deve ser destacado que tanto num procedimento como no outro, deve o Juiz do Trabalho conferir os cálculos antes de homologá-los, podendo determinar que o autor os refaça, ou até determinar perícia contábil para tal finalidade, pois para a parte há a preclusão, mas não para o juiz, que tem o dever de zelar pelo cumprimento da coisa julgada material, e a liquidação não pode ir aquém ou além dos parâmetros fixados no título executivo (art. 879, § 1º, da CLT).

Caso o Juiz do Trabalho abra o prazo do art. 879, § 2º, da CLT, para o reclamado impugnar os cálculos e este não impugná-los, não poderá exercer esse direito nos embargos à execução (§ 3º, do art. 884, da CLT), pois inegavelmente haverá a preclusão. Não obstante, em algumas situações, a fim de resguardar a observância da coisa julgada, a jurisprudência tem tolerado, mesmo não tendo impugnado os cálculos na fase do § 2º do art. 879 da CLT, que o reclamado possa, nos embargos, invocar matérias de ordem pública, incorreções de erros materiais nos cálculos e até mesmo apontar títulos que não constam do título executivo judicial.

No aspecto, destaca-se a seguinte ementa:

> "Agravo de petição. Preclusão. Ocorrência. Inconformada com a metodologia utilizada pelo perito, a executada opôs embargos à execução, os quais restaram acolhidos em parte. Desta decisão é que caberia agravo de petição. O que não ocorreu. Preferiu a executada permanecer inerte e apenas se manifestar sobre os esclarecimentos do perito. Assim, após os esclarecimentos periciais, o juízo da execução acolheu os cálculos fornecidos, sendo defeso à executada, agora, se insurgir novamente, por agravo de petição, contra a metodologia de cálculos utilizada pelo perito, vez que preclusa a oportunidade de fazê-lo. Agravo de petição não conhecido." (TRT/SP – 01984003920055020022 – AP – Ac. 5ªT 20150298573 – Rel. Maurílio de Paiva Dias – DOE 22.4.2015)

3. Se o reclamante não apresentar os cálculos, há prescrição intercorrente?

Sempre foi polêmica a questão da prescrição intercorrente no Processo do Trabalho, diante da natureza alimentar do crédito trabalhista e do princípio da irrenunciabilidade do crédito trabalhista.

---

homologação dos cálculos (*Nova reforma processual e seu impacto no processo do trabalho*. 2. ed. São Paulo: LTr, 2007. p. 59).

(16) Art. 794 da CLT: "Nos processos sujeitos à apreciação da Justiça do Trabalho só haverá nulidade quando resultar dos atos inquinados de manifesto prejuízo às partes litigantes."

Em favor da não aplicabilidade da prescrição intercorrente no Processo do Trabalho, é invocado o argumento de que a execução é promovida de ofício pelo Juiz do Trabalho, nos termos do art. 878, da CLT, não havendo espaço para a aplicabilidade de tal instituto. Nesse sentido, a Súmula n. 114 do C. TST. Além disso, argumentam que a conta de liquidação pode ser realizada pelos órgãos auxiliares da Justiça do Trabalho[(17)], nos termos do § 3º do art. 879 da CLT.

Acreditamos que a prescrição intercorrente se aplica ao Processo do Trabalho exatamente na fase em que o autor é intimado para apresentar os cálculos e se mantém inerte pelo prazo de dois anos. É bem verdade que o juiz pode determinar que a ré apresente os cálculos, mas esta também pode se quedar inerte. Não nos parece que a Secretaria da Vara esteja obrigada a elaborar os cálculos, pois não há um contador na Vara, e também o excesso de serviço praticamente inviabiliza tal providência. A apresentação dos cálculos, no nosso sentir, é providência que incumbe às partes[(18)] e, havendo a inércia, a prescrição intercorrente pode ser reconhecida[(19)]. Nesse sentido, é a própria redação do art. 884 da CLT, que disciplina em seu § 1º a prescrição como sendo uma das matérias passíveis de alegação nos embargos à execução. Ora, a prescrição prevista no § 1º do art. 884 da CLT só pode ser a intercorrente, pois a prescrição própria da pretensão deve ser invocada antes do trânsito em julgado da decisão (Súmula n. 153 do C. TST). Nesse sentido, a Súmula n. 327 do C. STF: "Prescrição Intercorrente. O direito trabalhista admite prescrição intercorrente."

Como já nos pronunciamos anteriormente, a prescrição intercorrente não incidirá na fase liquidatória quando o reclamante estiver sem advogado, valendo-se do *jus postulandi*, ou quando, mesmo tendo advogado, este, justificadamente, não tiver condições de promover a liquidação, apresentando os cálculos ou os artigos de liquidação.

Nesse contexto, também é a visão de *Arnor Serafim Júnior*[(20)]: "A despeito do pouco que revela a parte final do § 1º ao art. 884 da CLT, a prescrição ali referida, parece ser inequívoco diante do que já se viu a prescrição pode ser verificada na fase de liquidação, mediante o transcurso do prazo legalmente previsto, desde que

(17) Carlos Henrique Bezerra Leite entende que, se as partes não elaborarem os cálculos de liquidação, o juiz deverá determinar que o auxiliar da Vara encarregado o realize (*Curso de direito processual do trabalho.* 5. ed. São Paulo: LTr, 2007. p. 850).

(18) Nesse sentido. "A nova redação dada ao art. 879 e parágrafos da CLT, faculta às partes promoverem a liquidação de sentença, inclusive das contribuições previdenciárias e por analogia das contribuições fiscais, sendo descabível a exigência de que tais cálculos sejam elaborados pelo Contador Judicial. Agravo patronal improvido" (TRT – 21ª R. – AP 00-0555/01 – (36.965) – relª Juíza Maria de Lourdes Alves Leite – DJRN 11.7.2001).

(19) No nosso sentir, o Juiz do Trabalho poderá determinar a liquidação de ofício, estabelece que o auxiliar da justiça, o reclamado ou um perito realizem os cálculos na hipótese do reclamante estar sem assistência de advogado, valendo-se do *jus postulandi.* Nessa hipótese restritiva, não haverá a incidência da prescrição intercorrente.

(20) SERAFIM JÚNIOR, Arnor. *A prescrição na execução trabalhista.* São Paulo: LTr, 2006. p. 134.

a movimentação dos autos fique paralisada por inércia que possa ser imputada exclusivamente ao credor, e desde que a mesma não possa ser suprida pelo impulso oficial atribuído ao magistrado, como, por exemplo, ocorre no caso de falta de apresentação de artigos de liquidação."

4. Liquidação por arbitramento

Ensina *Manoel Antonio Teixeira Filho*(21): "O arbitramento consiste em exame ou vistoria pericial de pessoas ou coisas, com a finalidade de apurar o *quantum* relativo à obrigação pecuniária que deverá ser adimplida pelo devedor, ou, em determinados casos, de individuar, com precisão, o objeto da condenação."

A CLT apenas menciona a possibilidade da liquidação ser levada a efeito por arbitramento, mas não diz qual o seu procedimento. Portanto, aplica-se o procedimento do CPC (art. 769 da CLT) com eventuais adaptações do Procedimento Trabalhista.

Assevera o art. 509, I, do CPC:

> "Quando a sentença condenar ao pagamento de quantia ilíquida, proceder-se-á à sua liquidação, a requerimento do credor ou do devedor:
>
> I – por arbitramento, quando determinado pela sentença, convencionado pelas partes ou exigido pela natureza do objeto da liquidação."

Conforme o referido dispositivo legal, a liquidação por arbitramento se realizará quando determinado pelo juiz na sentença, por convenção das partes, ou quando o exigir a natureza do objeto da liquidação.

No Processo do Trabalho, raramente se utiliza a liquidação por arbitramento, pois é mais onerosa, exige a realização de perícia e provoca mais demora no procedimento. Não obstante, hipóteses há em que a liquidação por arbitramento se faz necessária, como na apuração do valor do salário *in natura*, em que a sentença determinou a integração de determinada utilidade ao salário.

Renato Saraiva nos traz outro exemplo de liquidação por arbitramento no Processo do Trabalho. Aduz o ilustre escritor(22): "Um exemplo de liquidação por arbitragem seria a hipótese de cálculo dos salários do reclamante que prestou serviços sem remuneração e cuja relação de emprego foi reconhecida pela Justiça do Trabalho, sendo nomeado, para tanto, um árbitro, cuja função seria realizar pesquisa no mercado de trabalho sobre a remuneração a ser paga ao obreiro, em virtude do serviço prestado."

Conforme o art. 510 do CPC, na liquidação por arbitramento, o juiz intimará as partes para a apresentação de pareceres ou documentos elucidativos, no prazo

(21) TEIXEIRA FILHO, Manoel Antonio. *Execução no processo do trabalho*. 9. ed. São Paulo: LTr, 2005. p. 369.

(22) SARAIVA, Renato. *Curso de direito processual do trabalho*. 4. ed. São Paulo: Método, 2007. p. 559.

que fixar, e, caso não possa decidir de plano, nomeará perito, observando-se, no que couber, o procedimento da prova pericial.

Diante do referido dispositivo legal, aplicável subsidiariamente ao processo do trabalho, as partes devem apresentar documentos elucidativos, em prazo razoável fixado pelo Juiz para se chegar ao valor devido. Caso esses documentos não sejam elucidativos, o Juiz nomeará perito, fixando prazo razoável para entrega do laudo.

Após a apresentação do laudo pericial, as partes serão intimadas para impugnação e o Juiz decidirá se acolhe ou rejeita o laudo pericial.

No nosso sentir, não há se falar em revelia na liquidação por arbitramento, pois a demanda não está fundada em alegação de fato novo, uma vez que os fatos já estão delineados na sentença. Desse modo, ainda que as partes não impugnem o laudo pericial, não há se falar em confissão ou presunção de veracidade dos valores encontrados pelo perito, pois se trata de matéria técnica.

O Juiz do Trabalho não é obrigado a acatar o laudo, pois pode firmar seu convencimento com outros elementos dos autos (art. 479 do CPC).

5. Liquidação por artigos (pelo procedimento comum)

Na feliz definição de *Manoel Antonio Teixeira Filho*[23]: "denomina-se por artigos a essa modalidade de liquidação porque incumbe à parte (em geral, o credor) articular, em sua petição, aquilo que deve ser liquidado, ou seja, indicar, um a um os diversos pontos que constituirão objeto da quantificação, concluindo por pedir, segundo Leite Velho, 'quantia, quantidade e qualidade de certas'."

A Consolidação das Leis do Trabalho admite a liquidação por artigos (art. 879, *caput*), mas não disciplina seu procedimento. Portanto, necessário recorrer ao Código de Processo Civil (art. 769, da CLT).

Dispõe o art. 509, II do CPC:

> "Quando a sentença condenar ao pagamento de quantia ilíquida, proceder-se-á à sua liquidação, a requerimento do credor ou do devedor:
>
> (...)
>
> II – pelo procedimento comum, quando houver necessidade de alegar e provar fato novo."

O CPC de 73 denominava a atual liquidação *pelo procedimento comum* com o nome de *liquidação por artigos* (art. 475-E). Não obstante, o atual Código manteve a mesma sistemática dessa modalidade de liquidação, quando houver necessidade de se alegar e prova o chamado *fato novo*.

Nas ordenações do reino, havia o termo artigo, que era o corpo articulado de fatos novos. Também são utilizados os termos "articulado" ou "articulação".

---

(23) TEIXEIRA FILHO, Manoel Antonio. *Op. cit.*, p. 371.

Fato novo, segundo *De Plácido e Silva*[24], "é o fato que ainda não tinha sido alegado, ou porque era desconhecido ou porque surgiu depois que outros fatos tenham sido provados. Assim, na técnica jurídica, fato novo não quer significar simplesmente o fato que veio depois, ou seja, o fato superveniente. Realizado antes ou depois, indica o fato que não fora ainda alegado e provado. E que, por sua força, seja capaz de modificar a condição jurídica ou a situação jurídica de uma coisa ou de uma pessoa."

Para *Cândido Rangel Dinamarco*: "Fato novo é o fato constitutivo não considerado na sentença genérica, mas integrante do contexto gerador da obrigação, que, se tivesse sido considerado na sentença, esta já enunciaria o *quantum debeatur* desde logo."

No nosso sentir, o *fato novo* é o fato reconhecido na sentença de forma genérica, mas que necessita ser detalhado na fase de liquidação. Por exemplo: a condenação apenas determina uma indenização, horas extras, danos morais etc., mas, para apurar o valor, há a necessidade de se determinar sua extensão, por meio de prova de outros fatos constitutivos. Na liquidação por artigos em que a sentença determina apenas uma indenização, irá se apurar o montante dos danos e se fixar o valor devido, após prova dos danos.

O rito da liquidação por artigos é o mesmo da fase de conhecimento. Assim, se o processo for pelo rito ordinário, a liquidação tem que seguir o mesmo rito, se sumaríssimo ou sumário, deve seguir o mesmo rito.

São exemplos de liquidação por artigos no Processo do Trabalho:

a) sentença proferida em sede de Ação Civil Pública em que a sentença condena a pagar dano moral coletivo, mas não fixa o valor;

b) sentença que condena a pagar horas extras, em razão da não juntada dos cartões pela reclamada, mas reconhece a veracidade deste, determinando que a empresa junte os cartões na fase de liquidação para apurar o número de horas extras devidas;

c) a liquidação da sentença penal que responsabiliza o empregador em determinado acidente de trabalho pode ser executada na Justiça do Trabalho, realizando-se a liquidação dos danos civis pela modalidade de artigos.

No Código de Processo Civil de 1939, não se admitia que na liquidação por artigos (pelo procedimento comum na linguagem do CPC atual) se encontrasse o valor zero. Determinava o art. 915 do CPC/39 que se fizesse quantas liquidações fossem necessárias para se apurar algum valor. No CPC atual, não há determinação para se realizar o mesmo procedimento, dada a natureza jurídica integrativa da liquidação. Por isso, é possível que se encontre a liquidação zero, conforme já sedimentado em doutrina, sem que com isso haja ofensa à coisa julgada.

(24) *Vocabulário jurídico*. V. II, 12. ed. Rio de Janeiro: Forense, 1996. p. 274.

6. Da revelia na liquidação de sentença trabalhista

Embora a liquidação tenha natureza constitutiva, no nosso sentir, não há se falar em efeitos da revelia em nenhuma das modalidades de liquidação, pois os limites da liquidação estão balizados pela coisa julgada material. Mesmo na liquidação por artigos, em que há necessidade de se provar fato novo, a nosso ver, os efeitos da revelia não incidem, pois o autor tem que demonstrar os fatos novos que ainda não estavam delineados no comando sentencial (art. 879, § 1º, da CLT), embora haja grande dissenso na doutrina, pois na liquidação por artigos são aplicáveis os dispositivos do processo de conhecimento.

Nesse sentido, leciona *José Augusto Rodrigues Pinto*(25):

> "Torna-se oportuno lembrar, também que, sendo o *leit motiv* da liquidação por artigos a indagação e a comprovação de fatos, o efeito da revelia e da confissão fática presumida, congeminadas pelo art. 844 da CLT, se produzirá com força plena, provocando o julgamento antecipado, da querela, nos termos do art. 330, II do CPC, cuja inspiração, por sua vez, foi buscada no sistema consolidado trabalhista."(26)

Ousamos discordar do professor *Rodrigues Pinto*, pois, na liquidação por artigos, a lei é taxativa ao asseverar que há necessidade de se alegar e provar fato novo. Vale dizer: o autor deve fazer prova do fato, ainda que o réu não tenha contestado. Além disso, se o autor não conseguir demonstrar o fato novo em razão de insuficiência de provas, pode renovar a liquidação novamente, não havendo formação de coisa julgada material(27). De outro lado, o art. 879, § 1º, diz que é defeso na liquidação discutir a lide e modificar a sentença que a julgou(28).

---

(25) RODRIGUES PINTO, José Augusto. *Execução trabalhista*. 9. ed. São Paulo: LTr, 2002. p. 124.

(26) No mesmo sentido, Manoel Antonio Teixeira Filho (*Execução no processo do trabalho*. 9. ed. São Paulo: LTr, 2005. p. 379) dizendo que, "embora seja possível a revelia, devemos ponderar que eventual incúria do devedor, quanto ao exercício do seu direito de pronunciar-se acerca da liquidação, não deve constituir pretexto para que se consinta ao credor praticar lesão ao princípio ético do processo, pretendendo obter mais do que o próprio título executivo lhe concedeu."

(27) Nesse sentido, a jurisprudência mencionada por Theotonio Negrão (*Código de Processo Civil e legislação processual em vigor*. 36 ed. São Paulo: Saraiva, 2004. p. 730): "Se o exequente, por falta ou insuficiência de provas, decai da liquidação por artigos, pode renová-la após o pagamento das despesas judiciais" (JTA n. 102/94). "Há um acórdão entendendo que, 'se a parte que tem direito à liquidação por artigos não se desincumbiu do ônus de provar fato novo necessário ao estabelecimento do montante da reparação, fica o juiz impossibilitado de julgar o mérito da causa, impondo-se a extinção pura e simples do processo, facultado ao credor iniciar outro processo liquidatório por via de arbitramento, tendo em vista a inocorrência de coisa julgada material" (RJTAMG 70/131).

(28) Nesse diapasão, oportuna a visão de Antonio Carlos Matteis de Arruda: "Em suma, a revelia, não resulta, obrigatoriamente, no julgamento da ação de liquidação, tal qual proposta pelo liquidante, ante o disposto no art. 610 do CPC, que, como vimos, não exime nem impede o juiz de averiguar a exatidão da pretensão à liquidação, vale dizer, o juiz deve examinar a pretensão formulada para determinar, ante a não contestação da ação de liquidação, se há compatibilidade entre o conteúdo da ação anterior e o pedido de liquidação. [...] Dessa forma, ao juiz cabe uma acentuada ação oficiosa, em todo envolver do

No mesmo sentido, a posição de *Carlos Alberto Reis de Paula*[(29)]: "Quando se trata de liquidação por artigos, por necessidade de provar fato novo, o procedimento terá início com petição inicial por escrito, já que a postulação deverá ser articulada. O parágrafo único do art. 603 do CPC prevê que a citação do réu, tanto na liquidação por arbitramento como na liquidação por artigos, se faça na pessoa de seu advogado, constituído nos autos. Ou diretamente ao réu, caso se valha do *jus postulandi* no processo trabalhista. Dessa forma, considerando a citação na pessoa de terceiro, entendemos que inocorre a hipótese de revelia."

No título executivo judicial ilíquido, há a certeza sobre o *an debeatur*, necessário se apurar o *quantum debeatur*.

7. Da natureza da decisão que decide a liquidação no Processo do Trabalho e impugnabilidade

No Processo do Trabalho, a decisão que julga a liquidação, nos termos do § 3º do art. 884 da CLT, tem natureza jurídica de sentença. Com efeito, dispõe o citado dispositivo legal: "Somente nos embargos à penhora *poderá o executado impugnar a sentença de liquidação*, cabendo ao exequente igual prazo." (o grifo é nosso)

Não obstante o referido dispositivo se referir à *sentença*, ela não é recorrível de imediato. Por isso, muitos sustentam que ela tem natureza de decisão interlocutória, e não de sentença.

Nesse sentido, vale destacar a seguinte ementa:

> "Liquidação por artigos — Decisão interlocutória — Irrecorribilidade. A decisão que julga provados os artigos de liquidação e determina o envio dos autos à consolidação e atualização contábil por parte da Contadoria Judicial possui natureza interlocutória. Somente após seu pronunciamento ter-se-á valor certo a ser executado, condição essencial a legitimar qualquer constrição sobre os bens do devedor. Neste sentido as prescrições do art. 879, § 2º, da CLT, que somente possibilita, a critério do juiz, a manifestação das partes após elaborada e tornada líquida a conta. Agravo desprovido." (TRT – 10ª R. – 1ª T. – AIAP n. 77/2001 – relª Elaine M. Vasconcelos – DJ 21.9.2001 – p. 11) (RDT n. 10/2001 – p. 55)

No nosso sentir, a decisão que homologa os cálculos, apesar de ser chamada de "sentença", nem sequer encerra o procedimento de liquidação, pois as impugnações podem ser renovadas na impugnação pelo reclamante e nos embargos à execução pela reclamada. Portanto, acreditamos que ela é uma decisão especial, irrecorrível, que tem índole de uma decisão interlocutória qualificada ou mista, que decide a fase de liquidação sem *status* de definitividade.

---

iter procedimental do processo de liquidação, ainda que os bens a serem liquidados sejam disponíveis, tendo em vista o disposto no art. 610 do CPC. Com isso, poderá impedir e obstar que o liquidante intente modificar a sentença condenatória que julgou a lide, ou venha rediscutir esta última, sub- -repticiamente, aproveitando-se da revelia (*rectius*, não apresentação de contestação pelo liquidado, citado regularmente)" (*Liquidação de sentença.* São Paulo: RT, 1981. p. 128).

(29) REIS DE PAULA, Carlos Alberto. *Compêndio de direito processual do trabalho.* Obra em homenagem a Celso Agrícola Barbi. São Paulo: LTr, 1998. p. 309.

Nesse diapasão, destacamos a abalizada opinião de *Jorge Luiz Souto Maior*:

> "[...] as sentenças condenatórias, cuja apuração do *quantum debeatur* dependa, exclusivamente, de cálculos aritméticos, no sistema do Código de Processo Civil, não são, propriamente, sentenças ilíquidas que devem submeter-se ao procedimento de liquidação de sentença. Isto, com muito mais razão, ocorre no processo do trabalho. Embora tal sentença, que é regra generalíssima nos feitos trabalhistas, possa passar pelo procedimento fixado no art. 879, da CLT, isto não significa dizer que a decisão que resolva o incidente trata-se de uma sentença de liquidação. Sentença de liquidação, referida no § 3º do art. 884 da CLT, somente haverá, tecnicamente, quando a liquidação for feita por artigos, o que raras vezes ocorre no processo do trabalho [...]."[30]

Ao contrário do que entendem alguns doutrinadores, a sentença de liquidação não é meramente homologatória ou declaratória, pois pode ter contornos de decisão de mérito, quando, por exemplo, fixa o critério para a época da correção monetária, ou resolve a questão sobre recolhimentos fiscais e previdenciários não disciplinados na decisão.

Deve ser destacado que a decisão proferida na liquidação, como toda decisão judicial, deve ser fundamentada (art. 93, IX, da CF), ainda que de forma concisa, quando não há divergência sobre o *quantum* devido[31].

O Tribunal Superior do Trabalho fixou entendimento de que a decisão homologatória de cálculos, se apreciar o mérito da controvérsia sobre os cálculos, pode ser impugnável pela via da ação rescisória, conforme a redação do inciso II da Súmula n. 399 de sua jurisprudência, *in verbis*:

> "A decisão homologatória de cálculos comporta rescisão quando enfrentar as questões envolvidas na elaboração da conta de liquidação, quer solvendo a controvérsia das partes quer explicitando, de ofício, os motivos pelos quais acolheu os cálculos oferecidos por uma da partes ou pelo setor de cálculos, e não contestados pela outra."

No Processo do Trabalho, por força do § 3º do art. 884 da CLT, a decisão da liquidação não é recorrível de plano. Portanto, não há como se aplicar o Código de Processo Civil no aspecto, pois a CLT não é omissa. Além disso, a recorribilidade de plano não traz benefícios ao Processo do Trabalho.

De outro lado, no nosso sentir, como a liquidação e a execução trabalhistas não são processos autônomos, e sim fases do processo, a impugnação do autor e os embargos à execução por parte do executado (art. 884, § 3º, da CLT) não têm natureza de ação, e sim de simples impugnação. Vale dizer: é um meio de defesa, e não uma ação autônoma.

---

(30) SOUTO MAIOR, Jorge Luiz. Teoria geral da execução forçada. *In: Execução trabalhista.* Visão atual. Coord. Roberto Norris. Rio de Janeiro: Forense, 2001. p. 51.

(31) Pensa de forma diversa Júlio César Bebber: "O provimento que homologa os cálculos de liquidação, apesar de possuir natureza jurisdicional, dispensa expressa fundamentação (CF, art. 93, IX), uma vez que a chancela judicial importa, intrisecamente, aprovação da conta" (*Cumprimento da sentença no processo do trabalho.* São Paulo: LTr, 2006. p. 59).

Diante da simplificação dos procedimentos de liquidação e execução no Processo Civil, não há razão para não se interpretar o Processo do Trabalho com os mesmos princípios da celeridade, simplicidade e efetividade do procedimento que nortearam o legislador ao confeccionar o atual Código de Processo Civil e aplicá-los ao Processo do Trabalho, para se dizer que as naturezas jurídicas das impugnação e embargos do art. 884, § 3º, da CLT, são de mera impugnação.

Uma vez homologados os cálculos, após a garantia do Juízo, o executado pode impugnar os cálculos de liquidação, no corpo dos embargos à execução, cabendo ao exequente tal direito no incidente processual denominado *impugnação à sentença de liquidação* (art. 884, § 3º, da CLT). A decisão proferida nos embargos à execução em que se questionam os cálculos, ou na impugnação do reclamante, é recorrível por meio do Agravo de Petição (art. 897 da CLT).

Em algumas raras hipóteses, a doutrina tem admitido a recorribilidade imediata da decisão que homologa os cálculos de liquidação, na hipótese em que encerra o próprio processo, a exemplo da decisão que fixa o valor zero na liquidação por artigos. Nesse caso, há divergência sobre qual seja o recurso cabível. Considerando-se que a liquidação pertence à fase de conhecimento, seria cabível o recurso ordinário (art. 895, *a*, da CLT). No entanto, a própria CLT incluiu a liquidação no capítulo da execução. Dessa forma, seria cabível o agravo de petição (art. 897, *a*, da CLT).

Nesse sentido, sustenta *Júlio César Bebber*(32):

> "[...] É possível, a meu ver, a impugnação imediata de recurso unicamente contra a sentença que julgar não provados os artigos de liquidação, uma vez que inviabiliza, ainda que em parte, o prosseguimento do processo."

Pensamos que nessas raras hipóteses de extinção do próprio processo na decisão de apreciação dos cálculos há a possibilidade de recurso imediato. No nosso sentir, o recurso cabível é o de Agravo de Petição, pois a CLT incluiu a liquidação no capítulo da execução, embora a melhor técnica sinalize no sentido de que a liquidação tem natureza cognitiva.

Nesse sentido, recentemente, decidiu o Tribunal Superior do Trabalho, conforme a ementa que segue:

> "AGRAVO DE INSTRUMENTO EM RECURSO DE REVISTA. RECURSO INTERPOSTO SOB A ÉGIDE DA LEI N. 13.015/2014. EXECUÇÃO. SENTENÇA DE LIQUIDAÇÃO. IMPUGNAÇÃO DA EXECUTADA NÃO CONHECIDA POR INTEMPESTIVIDADE. AGRAVO DE PETIÇÃO. IRRECORRIBILIDADE IMEDIATA. Em que pese o art. 884, § 3º, da CLT se refira à sentença, a decisão que homologa os cálculos deve ser vista como decisão interlocutória. Isso porque a deliberação não põe fim ao trâmite da liquidação, tendo em vista a possibilidade de novas impugnações, que, no caso do devedor, se dará por meio dos Embargos à Execução. Registre-se, por oportuno, que, em casos específicos, doutrina e jurisprudência têm admitido a recorribilidade imediata da decisão que homologa os cálculos, como, por exemplo, em situações em que o comando decisório encerra o próprio processo. Ocorre que este não é o caso dos autos, visto que a sentença de liquidação apenas homologou os cálculos, sem apreciar o mérito da controvérsia. E, havendo

(32) BEBBER, Júlio César. *Recursos no processo do trabalho*. 2. ed. São Paulo: LTr, 2009. p. 285.

a possibilidade de impugnação dos cálculos homologados nos Embargos à Execução, não há de se falar em violação dos princípios do contraditório e da ampla defesa. Agravo de Instrumento conhecido e não provido." (TST – Processo: AIRR – 230-55.2010.5.05.0025 – Data de Julgamento: – 29.4.2015, relª Minª Maria de Assis Calsing, 4ª Turma, Data de Publicação: DEJT 8.5.2015)

8. Liquidação de títulos executivos extrajudiciais no Processo do Trabalho

Não há previsão específica no CPC, tampouco na CLT sobre a possibilidade de liquidação de títulos executivos extrajudiciais. Vários doutrinadores negam tal possibilidade, uma vez que a liquidez é requisito essencial para o título executivo extrajudicial ter força executiva.

Nesse pórtico, pronuncia-se *Manoel Antonio Teixeira Filho*(33):

> "Embora não seja frequente, poderá ocorrer de o título extrajudicial ser ilíquido — particularidade que o tornará legalmente inexigível (CPC, art. 588, § 2º)."

Não obstante, situações há em que o título executivo extrajudicial apresenta os requisitos da certeza e da exigibilidade, mas necessita apenas de acertamento por cálculos para que possa ter liquidez.

Desse modo, pensamos, à luz dos princípios da instrumentalidade das formas, economia processual, celeridade e efetividade, que é possível instaurar um incidente prévio de liquidação em títulos de natureza extrajudicial. Além disso, a lei não veda que proceda à liquidação de títulos executivos extrajudiciais.

É possível aplicar, analogicamente, as modalidades de liquidação por título executivo judicial para a liquidação de títulos executivos extrajudiciais.

A liquidação será um incidente processado no procedimento da execução do título extrajudicial.

Como exemplo, pode-se liquidar eventual pedido ilíquido em termos de conciliação firmados perante as Comissões de Conciliação Prévia, tal como diferenças de FGTS ainda não quantificadas, ou a liquidação das *astreintes* fixadas nos termos de ajuste de conduta firmados pelo Ministério Público e empresa.

Nesse sentido, é a abalizada visão de *José Augusto Rodrigues Pinto*(34):

> "A presença do acertamento por simples cálculo dos dois títulos executivos extrajudiciais trabalhistas postos no art. 876 da CLT parece-nos particularmente viva sempre que resultarem na pactuação de prestações sucessivas, que permitem tantas execuções quantas forem as ocorrências de vencimento, como está expressamente previsto, aliás, no art. 892, da CLT."

---

(33) TEIXEIRA FILHO, Manoel Antonio. *Execução no processo do trabalho*. 9. ed. São Paulo: LTr, 2005. p. 580.

(34) RODRIGUES PINTO, José Augusto. *Execução trabalhista*. 11. ed. São Paulo: LTr, 2005. p. 175.

Capítulo XX

Da Execução na Justiça do Trabalho

1. Introdução e aspectos críticos

A legislação vigorante na Roma antiga era extremamente rigorosa em relação à pessoa que deixasse de cumprir a obrigação assumida: ao contrário do que ocorre nos tempos atuais, porém, os credores romanos não podiam fazer com que a execução incidisse no patrimônio do devedor, pois as medidas previstas naquela legislação prisca tinham como destinatária, em regra, a pessoa do próprio devedor. A execução era, portanto, corporal e não patrimonial(1).

Atualmente, com o avanço da sociedade, a execução não mais incide sobre a pessoa do devedor, e sim sobre seu patrimônio (princípio da humanização da execução que tem início em Roma, no século V, com a *Lex Poetelia*). Diz-se que a execução tem caráter patrimonial. Nesse sentido, é o que dispõe o art. 789 do CPC, *in verbis*: *"O devedor responde, para o cumprimento de suas obrigações, com todos os seus bens presentes e futuros, salvo as restrições estabelecidas em lei."*

Como destaca *Araken de Assis*(2): "O art. 591(3) culmina notável evolução histórica. Rompendo com as tradições romana e germânica, convergentes ao imprimir responsabilidade pessoal ao obrigado, a regra dissociou a dívida e responsabilidade. Esta última se relaciona com inadimplemento, que é o fato superveniente à formação do vínculo obrigacional, pois somente após descumprir o dever de prestar, o obrigado sujeitará seus bens à execução."

Um dos capítulos do Processo do Trabalho, que tem sido apontado como grande entrave ao acesso real e efetivo à Justiça do Trabalho, do trabalhador, é o da execução.

Mesmo a CLT, prevendo um procedimento simplificado para a execução, a cada dia vem perdendo terreno para a inadimplência, contribuindo para falta de credibilidade da jurisdição trabalhista.

---

(1) TEIXEIRA FILHO, Manoel Antonio. *Execução no processo do trabalho.* 9. ed. São Paulo: LTr, 2005. p. 52.

(2) ASSIS, Araken de. *Manual do processo de execução.* 7. ed. São Paulo: LTr, 2001. p. 363.

(3) O art. 591 citado pelo autor é do CPC/73, atualmente o CPC, no art. 789, tem idêntica redação.

Ainda que tenha um título executivo judicial nas mãos, o credor trabalhista tem enfrentado um verdadeiro calvário para satisfazer seu crédito e muitas vezes o executado, tendo numerário para satisfazer o crédito do autor, prefere apostar na burocracia processual e deixar para adimplir o crédito somente quando se esgotar a última forma de impugnação.

Em nosso país, onde a litigiosidade é intensa e a estrutura do Poder Judiciário propicia ao jurisdicionado diversas instâncias recursais, a cada dia, a sentença de primeiro grau vai perdendo prestígio, principalmente para os litigantes de maior poder econômico. Por isso, muitos chegam a afirmar que o 1º grau de jurisdição é apenas um "rito de passagem" do processo. Com isso, há significativa dilatação no curso do processo, gasto excessivo de direito público e falta de credibilidade e efetividade das sentenças de primeiro grau.

Como bem adverte *Rodolfo de Camargo Mancuso*[(4)], "essa crise de efetividade dos comandos condenatórios ou prestacionais, além de ser muito grave em si mesma — na medida em que a Constituição Federal erige a *eficiência* dentre os princípios retores do *setor público* (art. 37, *caput*) — ainda projeta inquietantes externalidades negativas: desprestigia a função judicial do Estado, na medida em que não oferece aos jurisdicionados a devida contrapartida por haver criminalizado a justiça de mão própria (CP, art. 345); desestimula o acesso à Justiça dos que têm os seus direitos injustamente resistidos ou contrariados; penaliza aqueles que, embora tendo obtido o reconhecimento judicial de suas posições de vantagem, todavia não conseguem usufruí-las concretamente, ante as postergações e resistências consentidas na fase jurissatisfativa; fomenta a hostilidade entre os contraditores, ante a dilação excessiva das lides; exacerba a contenciosidade social, ao insuflar os bolsões de frustração e de insatisfação ao interno da coletividade."

Neste triste cenário, a cada dia mais, o Processo do Trabalho carece de instrumentos processuais eficazes que lhe façam realizar a promessa de efetividade da legislação social.

Atualmente, o Código de Processo Civil passa por reformas significativas, eliminando a burocracia da execução, visando a atender aos princípios da simplicidade, da celeridade e da efetividade do procedimento.

Em razão disso, pensamos que são medidas de justiça, razoabilidade, efetividade e preocupação com o cumprimento da legislação material trabalhista, reconhecer a importância das recentes alterações do Código de Processo Civil, rumo ao aperfeiçoamento da execução, visando a aniquilar o estigma do processo de execução do *ganha mas não leva* a transportá-las para a execução trabalhista.

Deve caminhar o Processo do Trabalho atual para a simplificação da execução, a fim de que esta seja uma fase processual de satisfação do crédito do credor trabalhista e de efetividade dos direitos sociais.

(4) *Acesso à Justiça:* condicionantes legítimas e ilegítimas. São Paulo: RT, 2011. p. 111.

Como destaca *Pedro Paulo Teixeira Manus*(5):

> "Mais do que nunca, acreditamos que a execução há de ser objeto de uma revisão, simplificando-a e tornando-a mera fase administrativa de um primeiro título executivo. Se este for decorrente de sentença, a matéria que se poderá debater deverá ser simplesmente o acerto da sua quantificação e, caso seja título extrajudicial, poderá o legislador elastecer o rol de temas possíveis de defesa pelo executado. Isso, sim, significaria avanço no processo do trabalho pois a execução, do modo que hoje se processa, permite ao devedor retardar o cumprimento da coisa julgada injustificadamente, ocorrendo em certos casos de a execução prolongar-se por muito mais tempo que a fase de conhecimento, o que é inadmissível."

2. Do conceito de execução trabalhista

Ensina *José Augusto Rodrigues Pinto*(6):

> "Executar é, no sentido comum, realizar, cumprir, levar a efeito. No sentido jurídico, a palavra assume significado mais apurado, embora conservando a ideia básica de que, uma vez nascida, por ajuste entre particulares ou por imposição sentencial do órgão próprio do Estado, a obrigação deve ser cumprida, atingindo-se no último caso, concretamente, o comando da sentença que a reconheceu ou, no primeiro caso o fim para o qual se criou."

No conceito clássico de *Chiovenda*(7):

> "Chama-se execução processual a atuação prática, da parte dos órgãos jurisdicionais, de uma vontade concreta da lei que garante a alguém um bem da vida e que resulta de uma verificação; e conhece-se por execução o complexo dos atos coordenados a esse objetivo."

A sentença não voluntariamente cumprida dá ensejo a uma outra atividade jurisdicional, destinada à satisfação da obrigação consagrada em um título. Essa atividade estatal de satisfazer a obrigação consagrada num título que tem força executiva, não adimplido voluntariamente pelo credor se denomina *execução forçada*.

Como bem adverte *Enrico Tullio Liebman*(8), "a execução é feita para atuação de uma sanção justificada pelos fatos ocorridos entre as partes, isto é, para satisfazer direito efetivamente existente. Por isso, não pode proceder-se à execução senão depois de verificada legalmente a existência dos fatos que a justificam e que constituem a sua

(5) *Op. cit.*, p. 18.

(6) RODRIGUES PINTO, José Augusto. *Execução trabalhista:* estática — dinâmica — prática. 11. ed. São Paulo: LTr, 2006. p. 23.

(7) *Instituições de Direito Processual Civil.* São Paulo: Saraiva, 1969. vol. 1, p. 285.

(8) LIEBMAN, Enrico Tullio. *Processo de execução.* São Paulo: Bestbook, 2001. p. 17.

causa em sentido jurídico. Não se pode, pois, começar pela execução: *ad executione no est encoandum*. Ao contrário, deve, em regra, preceder o conhecimento e julgamento da lide. Mas isso também não quer dizer que a todo processo de cognição se segue necessariamente o processo de execução, pois em muitos casos, com a prolação da sentença, o assunto termina definitivamente e não há lugar para a execução."

A Consolidação das Leis do Trabalho disciplina a execução no Capítulo V, arts. 876 a 892.

No nosso sentir, a execução trabalhista *consiste num conjunto de atos praticados pela Justiça do Trabalho destinados à satisfação de uma obrigação consagrada num título executivo judicial ou extrajudicial, da competência da Justiça do Trabalho, não voluntariamente satisfeita pelo devedor, contra a vontade deste último.*

3. Dos princípios da execução trabalhista

Os princípios da execução trabalhista não diferem dos princípios da execução no Processo Civil, entretanto, em face da natureza do crédito trabalhista e da hipossuficiência do credor trabalhista, alguns princípios adquirem intensidade mais acentuada na execução trabalhista, máxime os da celeridade, da simplicidade e da efetividade do procedimento.

Com suporte na melhor doutrina, acreditamos que a execução trabalhista é norteada pelos seguintes princípios:

3.1. Primazia do credor trabalhista

A execução trabalhista se faz no interesse do credor. Desse modo, todos os atos executivos devem convergir para satisfação do crédito do exequente.

Nesse sentido, dispõe o art. 797 do Código de Processo Civil, aplicável subsidiariamente ao Processo do Trabalho:

> "Ressalvado o caso de insolvência do devedor, em que tem lugar o concurso universal, realiza-se a execução no interesse do exequente que adquire, pela penhora, o direito de preferência sobre os bens penhorados. Parágrafo único. Recaindo mais de uma penhora sobre o mesmo bem, cada exequente conservará o seu título de preferência."

Na execução, o presente princípio se destaca em razão da natureza alimentar do crédito trabalhista e da necessidade premente de celeridade do procedimento executivo.

Este princípio deve nortear toda a atividade interpretativa do Juiz do Trabalho na execução. Por isso, no conflito entre normas que disciplinam o procedimento executivo, deve-se preferir a interpretação que favoreça o exequente.

3.2. Princípio do meio menos oneroso para o executado

Diante da potencialidade lesiva que a execução possa ter sobre o patrimônio do devedor, faculta a lei que, quando por mais de um modo a execução possa ser realizada, com a mesma eficácia para o credor, se preferirá o meio menos gravoso ao devedor, como forma de proteção à dignidade do devedor e tornar a execução mais humanizada.

Nesse sentido, dispõe o art. 805 do CPC, de aplicação subsidiária (arts. 889, da CLT e 15 do CPC), *in verbis*:

> "Quando por vários meios o exequente puder promover a execução, o juiz mandará que se faça pelo modo menos gravoso para o executado. Parágrafo único. Ao executado que alegar ser a medida executiva mais gravosa incumbe indicar outros meios mais eficazes e menos onerosos, sob pena de manutenção dos atos executivos já determinados."

O Código de Processo Civil de 2015 aperfeiçoou o anterior (art. 620 do CPC/73), acrescentando, corretamente, o parágrafo único, que determina ao executado que alegar o benefício da execução menos lesiva, o dever indicar outros meios executivos mais eficazes que os atuais, sob consequência de manutenção dos atos executivos já determinados.

Trata-se, inegavelmente, de um significativo avanço, já que o art. 805 do CPC deve ser interpretado e aplicado à luz do princípio da primazia do credor, disciplinado pelo art. 797 do CPC.

Ao contrário do que vinha entendendo parte da jurisprudência, com suporte no art. 620 do CPC/73[9], este dispositivo não poderia ser interpretado, isoladamente, e nem servir de suporte para que o devedor se esquivasse de cumprir a obrigação ou lhe criar embaraços, ou deixar de colaborar, uma vez que, conforme já mencionado, o princípio cardeal da execução é a primazia do credor.

Recentemente, o Tribunal Superior do Trabalho, corretamente, sob a vigência do Código anterior, se pronunciou sobre a questão, conforme se constata pela redação da seguinte ementa:

> "RECURSO DE REVISTA — DANO MATERIAL — PENSIONAMENTO DECORRENTE DE INCAPACIDADE PARA O TRABALHO — CONSTITUIÇÃO DE CAPITAL — ART. 475-Q DO CPC — OBRIGAÇÃO DE FAZER DESTINADA A GARANTIR O CUMPRIMENTO DA CONDENAÇÃO — PRESTAÇÃO ALTERNATIVA — INCLUSÃO EM FOLHA DE PAGAMENTO (§ 2º DO ART. 475-Q DO CPC) — MEDIDA QUE DEVE ATENDER AOS INTERESSES DO CREDOR (ART. 612 DO CPC) E DO DEVEDOR (ART. 620 DO CPC) — ALEGAÇÃO DA RECLAMADA DE QUE O SEU PORTE FINANCEIRO COMPORTA A INCLUSÃO DO RECLAMANTE EM FOLHA DE PAGAMENTO — PREMISSA FÁTICA NÃO EXAMINADA PELO TRIBUNAL DE ORIGEM — ACOLHIMENTO DA PRETENSÃO RECURSAL — PERIGO À EFICÁCIA DA EXECUÇÃO DA SENTENÇA — INVIABILIDADE — OFENSA AO POSTULADO DO ACESSO À JUSTIÇA (ART. 5º, XXXV E LXXVIII, DA CONSTITUIÇÃO FEDERAL). Certificado o direito na fase de conhecimento, é chegada a hora de conferir efetividade ao pronunciamento jurisdicional. A execução de sentença, procedimento destinado a dar concretude ao comando emanado do Poder Judiciário, move-se no interesse do credor (art. 612 do CPC), que, neste momento, busca apenas

(9) Art. 620 do CPC/73: "Quando por vários meios o credor puder promover a execução, o juiz mandará que se faça pelo modo menos gravoso para o devedor."

a satisfação material de sua pretensão. A exceção contida no art. 620 do CPC somente pode ser aplicada, caso o meio proposto pelo devedor não se afigure, de qualquer forma, lesivo ao interesse do credor (que, na execução, ostenta posição de superioridade jurídica reconhecida na fase de conhecimento). Nessa senda, a determinação de constituição de capital a que alude o art. 475-Q do CPC somente pode ser substituída pela inclusão em folha de pagamento, naquelas situações em que o porte econômico da empresa afaste qualquer perigo de não adimplemento do crédito autoral (ou seja, naquelas situações em que os postulados dos arts. 612 e 620 do CPC encontram-se harmonizados). Na hipótese dos autos, a alegação da reclamada de que o seu porte econômico permite a dita substituição não restou analisada pelo Tribunal de origem, que sequer foi instado a fazê-lo via embargos de declaração. Assim, o seu acolhimento, por colocar em potencial perigo a satisfação do crédito do autor, não se afigura possível. Do contrário, vilipendiado restará o princípio do acesso à justiça, consagrado no art. 5º, XXXV e LXXVIII, da Constituição Federal, dada a possibilidade de futuro inadimplemento dos valores devidos ao autor. Ressalte-se, apenas para finalizar, que nenhum provimento, emanado de quaisquer dos poderes constituídos, pode ser contrário aos direitos e garantias fundamentais, o que inclui as sentenças proferidas pelo Poder Judiciário, órgão este que, em seus pronunciamentos, deve sempre buscar a concretização dos valores previstos na Carta Federal de 1988. Recurso de revista não conhecido." (TST – Processo: RR – 33400-79.2005.5.15.0036 – Data de Julgamento: 15.2.2012, relator Ministro: Luiz Philippe Vieira de Mello Filho, 1ª Turma, Data de Publicação: DEJT 24.2.2012)

Nesse sentido, destacam-se as seguintes ementas, que estão corretas, mesmo sob a égide do CPC/73:

"Execução — Meio menos gravoso — Arts. 620 e 655 do CPC. A execução se faz em benefício do credor, e não do devedor, e objetiva tornar efetiva a sanção condenatória. Logo, o art. 620 do CPC deve ser interpretado no sentido de que a opção pelo meio menos gravoso há de ser feita entre aqueles igualmente eficazes. No confronto entre o meio mais eficaz para a execução e o menos gravoso para o devedor, deve prevalecer o primeiro, sucumbindo o segundo. Isso implica que a ordem de nomeação do art. 655 do Código de Processo Civil — que se dirige ao devedor, e não ao Juízo ou ao credor — deve ser obedecida de modo que seja indicado o bem de melhor aceitação entre os que estão disponíveis." (TRT 15ª R. – 5ª T. – Ap. n. 902/2002.101.15.00-9 – rel. Ricardo R. Laraia – DJSP 5.11.04 – p. 43) (RDT n. 01 – Janeiro de 2005)

"Art. 620 do Código de Processo Civil — Princípio da não prejudicialidade do devedor. O art. 620 do CPC dispõe que, quando o credor puder, por diversos meios, promover a execução, o juiz determinará que seja procedida pela forma menos gravosa ao devedor, já que o estado de sujeição em que este se encontra não é razão para que sobre ele se tripudie (princípio da não prejudicialidade do devedor)." (TRT – 12ª R. – 1ª T. – Ac. n. 1372/2002 – rel. Gérson P. T. Conrado – DJSC 14.2.2002 – p. 133)

3.3. Princípio do título

Segundo *Carnelutti*, enquanto o processo de conhecimento se contenta com uma pretensão, entendida como vontade de submeter o interesse alheio ao próprio, bem mais exigente é o processo executivo que reclama, para sua instauração, uma pretensão conforme o direito. Em outras palavras: o juiz, no processo de execução, necessita de âncora explícita para ordenar atos executivos e alterar a realidade em certos rumos, do mesmo modo que o construtor de edifícios sem o respectivo projeto não saberia como tocar o empreendimento. Como jamais se configurará a certeza absoluta em torno do crédito, a lei sufraga a relativa certeza decorrente de certo documento, que é o título. Faz o título prova legal ou integral do crédito[(10)].

Toda execução pressupõe um título, seja ele judicial ou extrajudicial. A execução é nula sem título (*"nulla executio sine titulo"*).

Conforme destaca *Araken de Assis*[(11)], a ação executória sempre se baseará no título executivo. Célebre metáfora ao título designou de *bilhete de ingresso*, ostentado pelo credor para acudir ao procedimento *in exutivis*.

Nesse sentido, dispõe o art. 783 do CPC, *in verbis*:

> "A execução para cobrança de crédito fundar-se-á sempre em título de obrigação certa, líquida e exigível."

Os títulos trabalhistas que têm força executiva estão previstos no art. 876 da CLT.

Outrossim, o título a embasar a execução deve ser líquido, certo e exigível.

O requisito da certeza está no fato de o título não estar sujeito à alteração por recurso (judicial); ou que a lei confere tal qualidade, por revestir o título das formalidades previstas em lei (extrajudicial).

Exigível é o título que não está sujeito à condição ou termo, ou seja, a obrigação consignada no título não está sujeita a evento futuro ou incerto (condição) ou a um evento futuro e certo (termo).

Líquido é o título que individualiza o objeto da execução (obrigação de entregar), ou da obrigação (fazer ou não fazer), bem como delimita o valor (obrigação de pagar).

3.4. Redução do contraditório

O contraditório na execução é limitado (mitigado), pois a obrigação já está constituída no título e deve ser cumprida: ou de forma espontânea pelo devedor, ou mediante a atuação coativa do Estado, que se materializa no processo.

A questão, no entanto, não é pacífica. Autores há que sustentam a versão de que o contraditório permanece forte também na fase executiva, principalmente em se tratando de título executivo extrajudicial, devendo sempre o juiz dialogar com as partes, e estas terem sempre a oportunidade de participar, ativamente, do procedimento. De outro lado, ao devedor deve sempre ser oportunizado manejar os meios legais para resistir às medidas executivas. O novel Código de Processo Civil, nos arts. 9º, 10, 133 a 137, indiscutivelmente, robustece o contraditório na fase executiva.

---

(10) ASSIS, Araken de. *Manual da execução.* 11. ed. São Paulo: RT, 2007. p. 143-144.

(11) *Ibidem*, p. 99.

Não obstante, os argumentos acima, na fase executiva, as oportunidades de resistência do devedor são reduzidas, comparando-as com as outras fases do processo, uma vez que já há uma sentença em prol do credor, reconhecendo-lhe o direito que deve ser materializado na fase executiva. De outro lado, é inerente a todo título executivo a coerção a que está sujeito o devedor, que deve ser exteriorizada pelo devido processo legal, aplicando-se o princípio de que *"sententia habet paratam executionem"*, ou seja: a sentença contém em si a execução perparada.

Como bem destaca *Marcelo Abelha*(12):

> "Todavia, o que se pode dizer é que no procedimento executivo o contraditório existente não possui a mesma feição que no procedimento cognitivo, pois, aqui, o fim da atividade jurisdicional é descobrir com qual das partes está a razão, e as posições jurídicas de ator e réu são equivalentes em relação à revelação da norma jurídica concreta, já que a um ou a outro poderá ser entregue a tutela jurisdicional. Já no procedimento executivo, a premissa é a existência de posições jurídicas diversas — poder e sujeição —, com que a finalidade é obter — com o menor sacrifício possível do patrimônio do executado — a satisfação do direito exequendo. Certamente, também aqui haverá 'participação' e atuação do réu, que tem o direito de ser ouvido dentro da perspectiva relativa à atuação da norma jurídica concreta."

3.5. Patrimonialidade

A execução não incide sobre a pessoa do devedor, e sim sobre seus bens, conforme o art. 789 do CPC. Tanto os bens presentes como os futuros do devedor são passíveis de execução.

A Constituição prevê apenas duas possibilidades de a execução incidir sobre a pessoa do devedor no art. 5º, LXVII, que assim dispõe:

> "Não haverá prisão civil por dívida, salvo a do responsável pelo inadimplemento voluntário e inescusável de obrigação alimentícia e a do depositário infiel."

Portanto, somente poderá haver prisão civil por dívida em duas hipóteses, quais, sejam: a) depositário infiel(13); e b) devedor de obrigação alimentícia.

3.6. Efetividade

Conforme a clássica frase de *Chiovenda*: "o processo precisa ser apto a dar a quem tem um direito na medida do que for praticamente possível, tudo aquilo a que tem direito e precisamente aquilo a que tem direito."

---

(12) ABELHA, Marcelo. *Manual de execução civil*. 3. ed. Rio de Janeiro: Forense Universitária, 2008. p. 61.

(13) A Súmula Vinculante n. 25 do STF fixou a impossibilidade de decretação da prisão do depositário judicial infiel.

Há efetividade da execução trabalhista quando ela é capaz de materializar a obrigação consagrada no título que tem força executiva, entregando, no menor prazo possível, o bem da vida ao credor, ou materializando a obrigação consagrada no título. Desse modo, a execução deve ter o máximo resultado com o menor dispêndio de atos processuais.

Conforme destaca *Araken de Assis*(14): "é tão bem-sucedida a execução quando entrega rigorosamente ao exequente o bem perseguido, objeto da prestação inadimplida, e seus consectários, ou obtém o direito reconhecido no título executivo. Este há de ser o objetivo fundamental de toda e qualquer reforma a função jurisdicional executiva, favorecendo a realização do crédito."

3.7. Utilidade

Como corolário do princípio da efetividade, temos o princípio da utilidade da execução. Por este princípio, nenhum ato inútil, a exemplo de penhora de bens de valor insignificante e incapazes de satisfazer o crédito, poderá ser consumado.

Nesse sentido, dispõe o art. 836 do CPC:

> "Não se levará a efeito a penhora quando ficar evidente que o produto da execução dos bens encontrados será totalmente absorvido pelo pagamento das custas da execução.
>
> § 1º Quando não encontrar bens penhoráveis, independentemente de determinação judicial expressa, o oficial de justiça descreverá na certidão os bens que guarnecem a residência ou o estabelecimento do executado, quando este for pessoa jurídica.
>
> § 2º Elaborada a lista, o executado ou seu representante legal será nomeado depositário provisório de tais bens até ulterior determinação do juiz."

Desse modo, deve o juiz do Trabalho racionalizar os atos processuais na execução, evitando a prática de atos inúteis ou que atentem contra a celeridade e o bom andamento processual.

3.8. Disponibilidade

O credor tem a disponibilidade de prosseguir ou não com o processo executivo. Nesse diapasão, dispõe o art. 775 do CPC, *in verbis:*

> "O exequente tem o direito de desistir de toda a execução ou de apenas alguma medida executiva.
>
> Parágrafo único. Na desistência da execução, observar-se-á o seguinte:
>
> I – serão extintos a impugnação e os embargos que versarem apenas sobre questões processuais, pagando o exequente as custas processuais e os honorários advocatícios;
>
> II – nos demais casos, a extinção dependerá da concordância do impugnante ou do embargante."

De outro lado, no Processo do Trabalho, considerando-se os princípios da irrenunciabilidade de direitos trabalhistas e a hipossuficiência do trabalhador, deve

(14) ASSIS, Araken de. *Manual do processo de execução.* 11. ed. São Paulo: RT, 2007. p. 101.

o Juiz do Trabalho ter cuidado redobrado ao homologar eventual desistência da execução por parte do credor trabalhista, devendo sempre ouvir o reclamante, e se convencer de que a desistência do crédito é espontânea.

3.9. Função social da execução trabalhista

Em razão do caráter publicista do processo do trabalho e do relevante interesse social envolvido na satisfação do crédito trabalhista, a moderna doutrina tem defendido a existência do princípio da função social da execução trabalhista.

Além disso, no processo do trabalho, o credor é hipossuficiente, a verba é alimentar e há necessidade premente de celeridade do procedimento, uma vez que, não raro, o trabalhador está desempregado e necessita receber o valor do processo para sobreviver até arrumar novo emprego.

Desse modo, deve o Juiz do Trabalho direcionar a execução no sentido de que o exequente, efetivamente, receba o bem da vida pretendido de forma célere e justa, e que as atividades executivas sejam razoáveis no sentido de que somente o patrimônio do próprio devedor seja atingido, preservando-se sempre a dignidade tanto da pessoa humana do exequente como a do executado.

3.10. Subsidiariedade

O Processo do Trabalho permite que as regras do direito processual comum sejam aplicadas na execução trabalhista, no caso de lacuna da legislação processual trabalhista e compatibilidade com os princípios que regem a execução trabalhista(15).

O art. 769 da CLT disciplina os requisitos para aplicação subsidiária do Direito Processual Comum ao Processo do Trabalho, com a seguinte redação:

> "Nos casos omissos, o direito processual comum será fonte subsidiária do direito processual do trabalho, exceto naquilo em que for incompatível com as normas deste Título."

Conforme a redação do referido dispositivo legal, são requisitos para a aplicação do Código de Processo Civil ao Processo do Trabalho:

a) omissão da CLT, ou seja, quando a CLT, ou a legislação processual extravagante, não disciplina a matéria;

b) compatibilidade com os princípios que regem o processo do trabalho. Vale dizer: a norma do CPC, além de ser compatível com as regras que regem o Processo do Trabalho, deve ser compatível com os princípios que norteiam o Direito Processual do Trabalho, máxime o acesso do trabalhador à Justiça.

Na fase de execução trabalhista, em havendo omissão da CLT, aplica-se em primeiro plano a Lei de Execução Fiscal (Lei n. 6.830/80) e, posteriormente, o Código de Processo Civil.

---

(15) Remetemos o leitor às ponderações que fizemos no Capítulo II deste livro.

Com efeito, dispõe o art. 889 da CLT:

"Aos trâmites e incidentes do processo de execução são aplicáveis, naquilo em que não contravierem o presente Título, os preceitos que regem o processo dos executivos fiscais para a cobrança judicial da dívida ativa da Fazenda Pública Federal."

Entretanto, o art. 889 da CLT deve ser conjugado com o art. 769 consolidado, pois, somente quando houver compatibilidade com os princípios que regem a execução trabalhista, a Lei n. 6.830/80 poderá ser aplicada.

Atualmente, na execução trabalhista, há um desprestígio da aplicação da Lei n. 6.830/80 em razão da maior efetividade do Código de Processo Civil em muitos aspectos. De outro lado, a Lei dos Executivos Fiscais, que disciplina a forma de execução por título executivo extrajudicial, não foi idealizada para o credor trabalhista, o qual, na quase totalidade das vezes, executa um título executivo judicial e, por isso, a sua reduzida utilização na execução trabalhista.

3.11. Princípio da ausência de autonomia da execução trabalhista (procedimento sincrético)

Ainda há, na doutrina, respeitáveis opiniões no sentido de que a execução trabalhista é um processo autônomo e não uma fase do procedimento.

Em prol deste entendimento, há o argumento no sentido de que a execução trabalhista começa pela citação do executado, conforme dispõe o art. 880 da CLT. Milita também em favor desse entendimento a existência de títulos executivos extrajudiciais que podem ser executados na Justiça do Trabalho, conforme o art. 876 da CLT.

Em verdade, para os títulos executivos judiciais, a execução trabalhista nunca foi, na prática, considerada um processo autônomo, que se inicia por petição inicial e se finaliza com a sentença. Costumeiramente, embora a liquidação não seja propriamente um ato de execução, as Varas do Trabalho consideram o início do cumprimento da sentença mediante despacho para o autor apresentar os cálculos de liquidação e, a partir daí, a Vara do Trabalho promove, de ofício, os atos executivos.

De outro lado, no Processo do Trabalho, em se tratando de título executivo judicial, a execução é fase do processo, e não procedimento autônomo, pois o juiz pode iniciar a execução de ofício (art. 878 da CLT), sem necessidade de o credor entabular petição inicial.

Como destaca *Humberto Theodoro Júnior*(16):

"Atestado da unidade do procedimento trabalhista e do caráter de simples continuidade de que se impregna a fase de execução de sua sentença,

(16) *O cumprimento da sentença e a garantia do devido processo legal:* antecedente histórico da reforma da execução de sentença ultimada pela Lei n. 11.232, de 22.12.2005. 2. ed. Belo Horizonte: Mandamentos, 2006. p. 198.

pode também ser encontrado nos autos de liquidação de sentença. Como se sabe, pela própria natureza das verbas reclamadas na ação trabalhista, a sentença nesse procedimento quase sempre é ilíquida, ou seja, não fixa desde logo os valores individuais de cada parte, nem a soma da condenação."

Além disso, a execução trabalhista prima pela simplicidade, celeridade e efetividade, princípios estes que somente podem ser efetivados entendendo-se a execução como fase do processo e não como um novo processo formal, que começa com a inicial e termina com uma sentença.

Como bem adverte *Manoel Antonio Teixeira Filho*(17), "sem pretendermos ser heterodoxos neste tema, pensamos que a execução trabalhista calcada em título judicial, longe de ser autônoma, representa, em rigor, simples fase do processo de conhecimento que deu origem à sentença condenatória exequenda."

No mesmo sentido, a opinião de *Jorge Luiz Souto Maior*(18):

> "A ação trabalhista, assim, não é mera ação que já comporta condenação e satisfação do direito e na qual, como esclarece Luiz Guilherme Marinoni, 'não existe condenação ou ordem. Como disse Pontes de Miranda, na ação executiva quer-se mais: quer-se o ato do juiz, fazendo não o que devia ser feito pelo juiz como juiz, mas sim o que a parte deveria ter feito'."

O próprio processo civil, em se tratando de execução por título executivo judicial, aboliu o processo de execução, criando a fase do cumprimento da sentença. Desse modo, a execução passa a ser mais uma fase do processo, e não um processo autônomo que começa com a inicial e termina com a sentença.

No nosso sentir, diante dos novos rumos do processo civil ao abolir o processo de execução, e dos princípios constitucionais da duração razoável do processo e efetividade, consagrados pela EC n. 45/04, pensamos que não há mais motivos ou argumentos para sustentar a autonomia da execução no processo do trabalho.

A execução trabalhista constitui fase do processo, pelos seguintes argumentos:

a) simplicidade e celeridade do procedimento;

b) a execução pode se inciar de ofício (art. 878 da CLT);

c) não há petição inicial na execução trabalhista por título executivo judicial;

d) princípios constitucionais da duração razoável do processo e efetividade;

e) acesso à justiça e efetividade da jurisdição trabalhista.

---

(17) TEIXEIRA FILHO, Manoel Antonio. *Execução no processo do trabalho.* 9. ed. São Paulo: LTr, 2005. p. 46.

(18) MAIOR, Jorge Luiz Souto. Teoria geral da execução forçada. *In:* NORRIS, Roberto (Coord.). *Execução trabalhista:* visão atual. Rio de Janeiro: Forense, 2001. p. 37.

3.12. Princípio do impulso oficial

Em razão do relevante aspecto social que envolve a safisfação do crédito trabalhista, a hipossuficiência do trabalhador e a existência do *jus postulandi* no processo do trabalho (art. 791 da CLT), a CLT disciplina, no art. 878, a possibilidade de o Juiz do Trabalho iniciar e promover os atos executivos de ofício.

De outro lado, é inerente à função jurisdicional fazer cumprir seus comandos condenatórios, que são materializados pelas sentenças que proferem. Assim como o juiz tem o poder geral de cautela no processo, detém não só o poder, mas o dever de fazer cumprir suas decisões, transformando a realidade, a fim de entregar o bem da vida que pertence ao credor por direito. Por isso, deve utilizar não só os meios típicos, mas também se valer dos meios atípicos executivos, adaptando o procedimento às necessidades do caso concreto, a fim de assegurar a eficácia da execução em prazo razoável.

No aspecto, vale transcrever o art. 139, IV, do CPC, *in verbis*:

"O juiz dirigirá o processo conforme as disposições deste Código, incumbindo-lhe: (...) IV – determinar todas as medidas indutivas, coercitivas, mandamentais ou sub-rogatórias necessárias para assegurar o cumprimento de ordem judicial, inclusive nas ações que tenham por objeto prestação pecuniária."

Dispõe o art. 878 da CLT:

"A execução poderá ser promovida por qualquer interessado, ou *ex officio*, pelo próprio juiz ou presidente[19] ou tribunal competente, nos termos do artigo anterior. Parágrafo Único. Quando se tratar de decisão dos Tribunais Regionais, a execução poderá ser promovida pela Procuradoria da Justiça do Trabalho."

No aspecto, relevante destacar a seguinte ementa:

"Processo de execução — Impulso oficial. Ao Juízo de primeiro grau cabe a direção do processo, consoante inteligência contida no art. 765 da CLT, devendo velar pelo andamento rápido das causas. Nesse sentido, ainda mais se verifica a importância do impulso oficial no processo de execução (art. 878 da CLT), na medida em que o juiz, ao aplicar o direito em situação de maior proximidade às partes e à situação fática de cada processo, encontra-se em situação privilegiada para concluir pela possibilidade e pertinência de determinados procedimentos." (TRT 12ª R. – 1ª T. – Ag. Pet. n. 1023/2001.001.12.00-1 – rel. Gérson P. T. Conrado do DJSC 18.11.03 – p. 225) (RDT n. 1 – Janeiro de 2004)

O Código de Processo Civil atual, em alguns dispositivos, de aplicação supletiva de subsidiária ao processo do trabalho (arts. 889 da CLT e 15 do CPC) também assegura o impulso oficial do Juiz na execução. São eles:

"Art. 773. O juiz poderá, de ofício ou a requerimento, determinar as medidas necessárias ao cumprimento da ordem de entrega de documentos e dados. Parágrafo único. Quando,

(19) O dispositivo foi idealizado para a composição colegiada do Judiciário Trabalhista em primeiro grau, antes da EC n. 45/04, onde, além do Juiz Presidente, havia os Juízes Classistas temporários. Não obstante, na execução, sempre atuou, unicamente, o Juiz Presidente, ou Juiz Togado.

em decorrência do disposto neste artigo, o juízo receber dados sigilosos para os fins da execução, o juiz adotará as medidas necessárias para assegurar a confidencialidade."

"Art. 782. Não dispondo a lei de modo diverso, o juiz determinará os atos executivos, e o oficial de justiça os cumprirá. § 1º O oficial de justiça poderá cumprir os atos executivos determinados pelo juiz também nas comarcas contíguas, de fácil comunicação, e nas que se situem na mesma região metropolitana. § 2º Sempre que, para efetivar a execução, for necessário o emprego de força policial, o juiz a requisitará. § 3º A requerimento da parte, o juiz pode determinar a inclusão do nome do executado em cadastros de inadimplentes. § 4º A inscrição será cancelada imediatamente se for efetuado o pagamento, se for garantida a execução ou se a execução for extinta por qualquer outro motivo. § 5º O disposto nos §§ 3º e 4º aplica-se à execução definitiva de título judicial."

Art. 806. O devedor de obrigação de entrega de coisa certa, constante de título executivo extrajudicial, será citado para, em 15 (quinze) dias, satisfazer a obrigação. § 1º Ao despachar a inicial, o juiz poderá fixar multa por dia de atraso no cumprimento da obrigação, ficando o respectivo valor sujeito a alteração, caso se revele insuficiente ou excessivo. § 2º Do mandado de citação constará ordem para imissão na posse ou busca e apreensão, conforme se tratar de bem imóvel ou móvel, cujo cumprimento se dará de imediato, se o executado não satisfizer a obrigação no prazo que lhe foi designado."

"Art. 814. Na execução de obrigação de fazer ou de não fazer fundada em título extrajudicial, ao despachar a inicial, o juiz fixará multa por período de atraso no cumprimento da obrigação e a data a partir da qual será devida. Parágrafo único. Se o valor da multa estiver previsto no título e for excessivo, o juiz poderá reduzi-lo."

"Art. 830. Se o oficial de justiça não encontrar o executado, arrestar-lhe-á tantos bens quantos bastem para garantir a execução. § 1º Nos 10 (dez) dias seguintes à efetivação do arresto, o oficial de justiça procurará o executado 2 (duas) vezes em dias distintos e, havendo suspeita de ocultação, realizará a citação com hora certa, certificando pormenorizadamente o ocorrido. § 2º Incumbe ao exequente requerer a citação por edital, uma vez frustradas a pessoal e a com hora certa. § 3º Aperfeiçoada a citação e transcorrido o prazo de pagamento, o arresto converter-se-á em penhora, independentemente de termo."

4. Dos pressupostos processuais e condições da ação na execução

Como destacado, toda execução tem suporte em um título: judicial ou extrajudicial. Não há execução sem título. Os títulos que têm força executiva são os líquidos, certos e exigíveis.

Na fase de execução, também devem estar presentes as condições da ação e os pressupostos processuais para que a execução seja válida e possa se desenvolver regularmente.

Os pressupostos processuais são requisitos de existência e validade da relação jurídico-processual. Enquanto as condições da ação são requisitos para viabilidade do julgamento de mérito, os pressupostos processuais estão atrelados à validade da relação jurídico-processual. Por isso, a avaliação dos pressupostos processuais deve anteceder as condições da ação.

Dentre os pressupostos processuais, que são os requisitos de existência, validade e desenvolvimento da execução, podemos destacar a competência do órgão que processará a execução e o título que deve se revestir da forma prevista em lei.

O Código de Processo Civil Brasileiro de 1973 adotou a primeira teoria de Liebman quanto às condições da ação. O Código de Processo Civil de 2015 excluiu a possibilidade jurídica do pedido da categoria das condições da ação. Desse modo, no Direito Processual Civil Brasileiro, as condições da ação são: legitimidade e interesse de agir.

Nesse sentido, dispõe o art. 485, do CPC:

"O juiz não resolverá o mérito quando:

(...) VI – verificar ausência de legitimidade ou de interesse processual."

A doutrina moderna tem defendido a aplicação da teoria da asserção quanto às condições da ação também na execução. Desse modo, se, da simples análise da petição inicial (execução por título executivo extrajudicial) ou do requerimento de execução (título executivo judicial), estiverem presentes as condições da ação, deverá o Juiz do Trabalho prosseguir o procedimento executivo.

No nosso sentir, embora se aplique a teoria da asserção quanto à aferição da legitimidade na fase de conhecimento, na execução, ela fica mitigada, pois somente podem promover a execução as pessoas mencionadas no título executivo ou quem a lei atribua legitimidade ativa ou passiva. Portanto, não basta o exequente indicar que é credor e que a obrigação não foi adimplida pelo executado, ele tem que juntar o título executivo que individualiza as partes credora e devedora da obrigação.

Na esfera processual, o interesse processual também é denominado interesse de agir ou interesse de exigir a atuação da jurisdição no caso concreto para solucionar o conflito.

O interesse processual na execução, segundo a doutrina clássica, surge com a exigibilidade do título em razão do inadimplemento da obrigação nele consagrada.

Nesse sentido, dispõe o art. 786 do CPC:

"A execução pode ser instaurada caso o devedor não satisfaça a obrigação certa, líquida e exigível consubstanciada em título executivo. Parágrafo único. A necessidade de simples operações aritméticas para apurar o crédito exequendo não retira a liquidez da obrigação constante do título."

Conforme *Marcelo Abelha*(20):

> "[...] a exigibilidade e o inadimplemento não repousam no mesmo lar. Enquanto a exigibilidade está atrelada aos elementos do 'crédito', o inadimplemento não faz parte dele. Mais que isso, a exigibilidade existe independentemente do inadimplemento, sendo lógica e cronologicamente anterior a ele. Dessarte o inadimplemento é uma situação de fato extrínseca ao título, não representada por ele, que consiste no não cumprimento do direito declarado no título."

A moderna doutrina, acertadamente, tem fixado o entendimento de que não é o inadimplemento que torna exigível o título executivo, preenchendo o requisito do

(20) *Manual de execução civil.* 3. ed. Rio de Janeiro: Forense, 2008. p. 150.

interesse processual, e sim a alegação feita, pelo autor da execução, de que o título não foi cumprido. O adimplemento ou inadimplemento se reportam ao próprio mérito da execução.

Nesse sentido, é a visão de *Júlio César Bebber*(21):

> "Nas ações de execução, o interesse de agir não surge da violação a um direito material. Resulta ele da mera afirmação de uma lesão a este direito ou da possibilidade, ou ocorrência, de um dano injusto, sem que haja intervenção estatal. É incorreta, portanto, a afirmação de que nas ações de execução o interesse de agir se evidencia pelo inadimplemento da obrigação. O inadimplemento é tema relacionado com a própria existência do direito, ou seja, é questão de mérito, e não de processo."

Conforme nos traz a doutrina, o pedido é juridicamente possível quando, em tese, é tutelado pelo ordenamento jurídico, não havendo vedação para que o judiciário aprecie a pretensão posta em juízo.

Há a possibilidade jurídica do pedido na execução quando o título executivo apresenta obrigação não vedada pela lei.

5. Do mérito da execução

Na fase de conhecimento, o mérito estriba-se na pretensão posta em juízo, consistente em impor uma obrigação ao réu de pagar, dar, fazer ou não fazer. Na execução, o mérito consiste na pretensão de obrigar o devedor a satisfazer a obrigação consagrada no título que detém força executiva.

Na execução, os atos praticados pelo Judiciário são eminentemente direcionados para a satisfação da obrigação consagrada no título executivo. Por isso, como regra geral, não há julgamento de mérito na execução. Somente quando houver impugnação do executado por meio dos embargos, ou outra medida da mesma natureza jurídica (exceção de pré-executividade ou embargos de terceiros, por exemplo), é que haverá julgamento de mérito na execução.

Nesse sentido, destaca *Júlio César Bebber*(22):

> "Se mérito, então, é 'a pretensão a um bem da vida, trazida aos órgãos jurisdicionais em busca de satisfação' (pedidos mediato e imediato), evidente que há mérito no processo de execução, posto que neste há pretensão à satisfação do direito reconhecido em um título executivo, jamais concebendo a aberração, implícita na negativa, de uma demanda oca."

6. Do título executivo

O título executivo é o documento, que preenche os requisitos previstos na lei, contendo uma obrigação a ser cumprida, individualizando as partes devedora e credora da obrigação, com força executiva perante os órgãos jurisdicionais.

---

(21) BEBBER, Júlio César. *Exceção de pré-executividade no processo do trabalho.* São Paulo: LTr, 2005. p. 179.

(22) *Ibidem*, p. 46-47.

Como destacado nos tópicos anteriores, toda execução tem suporte em um título executivo, judicial ou extrajudicial. Não há execução sem título.

O título que embasa a execução deve ter previsão legal, revestir-se das formalidades previstas em lei e possuir a forma documental.

Toda execução pressupõe que o título seja líquido, certo e exigível. Nesse sentido, é o disposto no art. 783 do CPC, *in verbis*:

> "A execução para cobrança de crédito fundar-se-á sempre em título de obrigação certa, líquida e exigível."

O requisito da certeza está no fato de o título não estar sujeito à alteração por recurso (judicial); ou que a lei confere tal qualidade, por revestir o título das formalidades previstas em lei (extrajudicial).

Advertem *Luiz Guilherme Marinoni* e *Sérgio Cruz Arenhart*(23) que não é função do juiz reexaminar discussão conduzida no processo de conhecimento, reapreciando a causa, mesmo porque a coisa julgada o impediria de assim proceder. Todavia, é preciso avaliar se o título oferecido para a execução possui os mais básicos elementos que permitam identificação da existência de uma prestação devida. Este juízo é provisório, podendo ser revisto diante de impugnação à execução.

Exigível é o título que não está sujeito à condição ou termo, ou seja, a obrigação consignada no título não está sujeita a evento futuro ou incerto (condição) ou a um evento futuro e certo (termo). Em outras palavras, exigível é o título, cuja obrigação nele retratada não foi cumprida, pelo devedor, na data do seu vencimento.

Como destacam *Luiz Guilherme Marinoni* e *Sérgio Cruz Arenhart*(24), a prestação não pode ser exigida sem a ocorrência de alguma outra situação, que confere àquela a necessária eficácia de pretensão. A exigibilidade, portanto, liga-se ao poder, inerente à prestação devida, de se lhe exigir o cumprimento. Trata-se de elemento extraprocessual, mas também assimilado pelo processo, pois sem ele não há o que fazer cumprir.

Líquido é o título que individualiza o objeto da execução (obrigação de entregar), ou da obrigação (fazer ou não fazer), bem como delimita o valor (obrigação de pagar).

No processo do trabalho, pensamos que a execução é definitiva em se tratando de execução por título executivo judicial em que há o trânsito em julgado da decisão e para a execução de títulos executivos extrajudiciais, e provisória quando o título executivo judicial estiver pendente de recurso(25).

---

(23) *Curso de processo civil*. Execução. São Paulo: RT, 2007. v. 3, p. 121.

(24) *Ibidem*, p. 120.

(25) Nesse sentido, é o *caput* do art. 899, da CLT, *in verbis*: "Os recursos serão interpostos por simples petição e terão efeito meramente devolutivo, salvo as exceções previstas neste título, permitida a execução provisória até a penhora."

A Consolidação das Leis do Trabalho elenca os títulos com força executiva no art. 876, *in verbis*:

> "As decisões passadas em julgado ou das quais não tenha havido recurso com efeito suspensivo; os acordos, quando não cumpridos; os termos de ajuste de conduta firmados perante o Ministério Público e os termos de conciliação firmados perante as Comissões de Conciliação Prévia serão executados pela forma estabelecida neste Capítulo."

O Código de Processo Civil elenca os títulos executivos judiciais no art. 515, que assim dispõe:

> "São títulos executivos judiciais, cujo cumprimento dar-se-á de acordo com os artigos previstos neste Título:
>
> I – as decisões proferidas no processo civil que reconheçam a exigibilidade de obrigação de pagar quantia, de fazer, de não fazer ou de entregar coisa;
>
> II – a decisão homologatória de autocomposição judicial;
>
> III – a decisão homologatória de autocomposição extrajudicial de qualquer natureza;
>
> IV – o formal e a certidão de partilha, exclusivamente em relação ao inventariante, aos herdeiros e aos sucessores a título singular ou universal;
>
> V – o crédito de auxiliar da justiça, quando as custas, emolumentos ou honorários tiverem sido aprovados por decisão judicial;
>
> VI – a sentença penal condenatória transitada em julgado;
>
> VII – a sentença arbitral;
>
> VIII – a sentença estrangeira homologada pelo Superior Tribunal de Justiça;
>
> IX – a decisão interlocutória estrangeira, após a concessão do *exequatur* à carta rogatória pelo Superior Tribunal de Justiça;
>
> X – o acórdão proferido pelo Tribunal Marítimo quando do julgamento de acidentes e fatos da navegação.
>
> § 1º Nos casos dos incisos VI a IX, o devedor será citado no juízo cível para o cumprimento da sentença ou para a liquidação no prazo de 15 (quinze) dias.
>
> § 2º A autocomposição judicial pode envolver sujeito estranho ao processo e versar sobre relação jurídica que não tenha sido deduzida em juízo."

Os títulos executivos extrajudiciais têm previsão no art. 784 do CPC, que assim dispõe:

> "São títulos executivos extrajudiciais:
>
> I – a letra de câmbio, a nota promissória, a duplicata, a debênture e o cheque;
>
> II – a escritura pública ou outro documento público assinado pelo devedor;
>
> III – o documento particular assinado pelo devedor e por 2 (duas) testemunhas;
>
> IV – o instrumento de transação referendado pelo Ministério Público, pela Defensoria Pública, pela Advocacia Pública, pelos advogados dos transatores ou por conciliador ou mediador credenciado por tribunal;

V – o contrato garantido por hipoteca, penhor, anticrese ou outro direito real de garantia e aquele garantido por caução;

VI – o contrato de seguro de vida em caso de morte;

VII – o crédito decorrente de foro e laudêmio;

VIII – o crédito, documentalmente comprovado, decorrente de aluguel de imóvel, bem como de encargos acessórios, tais como taxas e despesas de condomínio;

IX – a certidão de dívida ativa da Fazenda Pública da União, dos Estados, do Distrito Federal e dos Municípios, correspondente aos créditos inscritos na forma da lei;

X – o crédito referente às contribuições ordinárias ou extraordinárias de condomínio edilício, previstas na respectiva convenção ou aprovadas em assembleia geral, desde que documentalmente comprovadas;

XI – a certidão expedida por serventia notarial ou de registro relativa a valores de emolumentos e demais despesas devidas pelos atos por ela praticados, fixados nas tabelas estabelecidas em lei;

XII – todos os demais títulos aos quais, por disposição expressa, a lei atribuir força executiva.

§ 1º A propositura de qualquer ação relativa a débito constante de título executivo não inibe o credor de promover-lhe a execução.

§ 2º Os títulos executivos extrajudiciais oriundos de país estrangeiro não dependem de homologação para serem executados.

§ 3º O título estrangeiro só terá eficácia executiva quando satisfeitos os requisitos de formação exigidos pela lei do lugar de sua celebração e quando o Brasil for indicado como o lugar de cumprimento da obrigação."

A doutrina sempre relutou em admitir outros títulos com força executiva na esfera trabalhista que não os mencionados no referido art. 876 da CLT, quais sejam: sentenças transitadas em julgado; sentenças pendentes de recurso, recebido apenas no efeito devolutivo; acordos homologados pela Justiça do Trabalho e não cumpridos; termos de ajuste de conduta firmados perante o Ministério Público do Trabalho; e termos de conciliação firmados perante as Comissões de Conciliação Prévia, asseverando que o rol nele previsto é taxativo.

Atualmente, diante da dilatação da competência da Justiça do Trabalho dada pela Emenda Constitucional n. 45/04, há discussões na doutrina sobre a possibilidade de execução de outros títulos executivos que não estão previstos na Consolidação das Leis do Trabalho, mas, sim, no Código de Processo Civil e na Lei n. 6.830/90.

No nosso sentir, diante do atual estágio da competência material da Justiça do Trabalho e da possibilidade de aplicação subsidiária do CPC, há possibilidade de aplicabilidade de outros três títulos executivos na Justiça do Trabalho não previstos na CLT. São eles: a) a certidão de inscrição na dívida ativa da União referentes às penalidades administrativas impostas ao empregador pelos órgãos de fiscalização do trabalho (art. 114, VII, da CF, com a redação dada pela EC n. 45/04); b) a sentença penal condenatória que atribui responsabilidade penal ao empregador, transitada em julgado; e c) a conciliação (autocomposição na linguagem do CPC de 2015) extrajudicial homologada judicialmente pelo Juiz do Trabalho.

7. Títulos executivos judiciais

Os títulos executivos judiciais são os produzidos pela Justiça, após a fase de conhecimento. São eles:

a) sentença trabalhista transitada em julgado;

Dispõe o art. 203, § 1º, do CPC:

> "Ressalvadas as disposições expressas dos procedimentos especiais, sentença é o pronunciamento por meio do qual o juiz, com fundamento nos arts. 485 e 487, põe fim à fase cognitiva do procedimento comum, bem como extingue a execução."

Conforme se constata da redação do citado dispositivo legal, a sentença não põe mais fim ao Processo, mas implica uma das hipóteses do art. 485 do CPC, que consagra as hipóteses de extinção do processo sem resolução do mérito, ou do art. 487 do CPC, que estabelece as hipóteses de resolução do mérito.

A sentença para ter força executiva plena tem que estar revestida pela autoridade da coisa julgada material.

Coisa julgada material é a autoridade da decisão que projeta efeitos fora da relação jurídico-processual, pois aprecia o mérito da causa, acolhendo ou rejeitando o pedido ou pedidos de forma definitiva, uma vez que não pode mais ser alterada mediante recurso, dentro da mesma relação jurídico-processual.

b) sentença trabalhista pendente de julgamento de recurso recebido apenas no efeito devolutivo;

O título executivo judicial por excelência é a sentença condenatória transitada em julgado, que traz consigo a certeza e a exigibilidade. Não obstante, se a sentença não estiver liquidada, haverá a fase preliminar de liquidação, conforme destacado no capítulo anterior. A sentença ainda pendente de recurso, recebido apenas no efeito devolutivo, pode ser executada provisoriamente, nos termos do art. 899 da CLT, que assim dispõe:

> "Os recursos serão interpostos por simples petição e terão efeito meramente devolutivo, salvo as exceções previstas neste Título, permitida a execução provisória até a penhora."

c) acordos homologados pela Justiça do Trabalho;

Os acordos homologados pela Justiça do Trabalho adquirem força executiva, pois, no ato da homologação, configura-se o trânsito em julgado, nos termos do parágrafo único do art. 831 da CLT, *in verbis*:

> No caso de conciliação, o termo que for lavrado valerá como decisão irrecorrível, salvo para a Previdência Social quanto às contribuições que lhe forem devidas.

No processo do trabalho, a nosso ver, acertadamente, a jurisprudência posicionou-se no sentido de que o termo de homologação da conciliação somente pode ser atacável pela ação rescisória, independentemente de se tratar de conciliação ou transação[26], considerando-se que, faticamente, é praticamente impossível investigar se a decisão que homologa o acordo foi simplesmente homologatória ou o Juiz do Trabalho investigou o mérito da questão. Vale destacar que o art. 487, III, do CPC, assevera que haverá resolução de mérito quando o juiz homologar transação não fazendo diferenciação entre transação e conciliação.

Nesse sentido, é a Súmula n. 259 do C. TST:

> "TERMO DE CONCILIAÇÃO. AÇÃO RESCISÓRIA — Só por ação rescisória é impugnável o termo de conciliação previsto no parágrafo único do art. 831 da CLT." (Res. n. 7/1986, DJ 31.10.1986)

d) sentença penal condenatória, transitada em julgado;

A sentença penal condenatória pode ser executada na Justiça do Trabalho, quanto aos danos patrimoniais e morais causados ao empregado, ou decorrentes da relação de trabalho.

Nesse diapasão, é o art. 515 do CPC:

> "São títulos executivos judiciais, cujo cumprimento dar-se-á de acordo com os artigos previstos neste Título: [...] VI – a sentença penal condenatória transitada em julgado."

Pode-se questionar a aplicabilidade do inciso VI do art. 515 do CPC na esfera processual do trabalho, entretanto, pensamos que não há por que não aplicá-lo, uma vez que são da competência da Justiça do Trabalho as ações de indenização por dano moral ou patrimonial decorrentes da relação de trabalho (art. 114, VI, da CF) e, no conceito de Ações, também está inclusa ação de execução da sentença penal condenatória transitada em julgado que visa à cobrança dos danos morais e patrimoniais decorrentes da relação de trabalho.

Acreditamos que é desnecessária a propositura de reclamação trabalhista para discutir os danos morais e patrimoniais, se a responsabilidade do empregador já foi dirimida no crime. Nesse sentido, é a disposição do art. 935 do Código Civil, *in verbis*:

> "A responsabilidade civil é independente da criminal, não se podendo questionar mais sobre a existência do fato, ou sobre quem seja o seu autor, quando estas questões se acharem decididas no juízo criminal."

Sendo assim, a sentença penal condenatória em que houve o trânsito em julgado será executada diretamente na Justiça do Trabalho, procedendo-se à liquidação por artigos, uma vez que haverá necessidade de se provar fato novo, qual seja, os limites dos danos morais e patrimoniais.

No mesmo sentido, é a visão de *Wolney de Macedo Cordeiro*[27]:

> "Não há qualquer dúvida quanto à aplicabilidade dessa modalidade de título executivo judicial ao processo do trabalho. O vigente inciso VI do

(26) Conforme a doutrina, a transação é o acordo firmado pelas próprias partes e a conciliação é o acordo firmado com a intervenção ativa do juiz.

(27) CORDEIRO, Wolney de Macedo. *Manual de execução trabalhista.* Rio de Janeiro: Forense, 2008. p. 45.

art. 114 da Constituição Federal assegura a competência da Justiça do Trabalho para o julgamento das ações envolvendo indenização por danos materiais e morais decorrentes da relação de trabalho. Na hipótese, a pretensão própria da execução da sentença penal condenatória é a reparação *ex delicto*, ou seja, a recomposição dos danos decorrentes do ilícito penal. Caso o ilícito penal tenha sido praticado no âmbito da relação de trabalho, não se afigura qualquer impedimento para que haja o ajuizamento da respectiva ação executiva no âmbito da Justiça do Trabalho."

Como o presente título executivo não foi produzido na Justiça do Trabalho, o credor deverá realizar um requerimento de execução, por escrito, instruindo-o com o título executivo.

Nesse aspecto, dispõe o art. 515, § 1º, do CPC, que resta aplicável ao Processo do Trabalho:

> "Nos casos dos incisos VI a IX, o devedor será citado no juízo cível para o cumprimento da sentença ou para a liquidação no prazo de 15 (quinze) dias."

e) transação extrajudicial homologada pela Justiça do Trabalho.

Assevera o art. 515-N do CPC:

> "São títulos executivos judiciais (...):
>
> [...] III – a decisão homologatória de autocomposição extrajudicial de qualquer natureza."

Diante de tal previsão do CPC, atualmente, muito se discute sobre a possibilidade de homologação de transação extrajudicial envolvendo matéria trabalhista na Justiça do Trabalho, inclusive já há número significativo de ações dessa natureza nas Varas do Trabalho.

No nosso sentir, diante da EC n. 45/04 que disciplina a competência da Justiça do Trabalho para conhecer das controvérsias oriundas e decorrentes da relação de trabalho, parece que a Justiça do Trabalho detém competência em razão da matéria para homologar acordo extrajudicial envolvendo matéria trabalhista.

De outro lado, pensamos que o Juiz do Trabalho deva tomar inúmeras cautelas para homologar eventual transação extrajudicial. Deve designar audiência, inteirar-se dos limites do litígio e ouvir sempre o trabalhador. Acreditamos que, somente em casos excepcionais, deve o juiz homologar o acordo extrajudicial com eficácia liberatória geral.

Uma vez homologada a transação extrajudicial, ela adquirirá contornos de título executivo judicial.

8. Títulos executivos extrajudiciais

Os títulos executivos extrajudiciais não são produzidos pela Justiça, mas pelas pessoas que fixam determinadas obrigações em documentos que a lei atribuiu força executiva.

Nos termos do art. 785 do CPC, a existência de título executivo extrajudicial não impede a parte de optar pelo processo de conhecimento, a fim de obter título executivo judicial.

O referido dispositivo encerra discussão antiga sobre a possibilidade do credor, possuidor de título executivo extrajudicial, ao invés de optar pela execução, promover o processo de conhecimento com a finalidade de obter título executivo judicial. Antes do atual CPC, segmentos de respeito da doutrina e da jurisprudência entendiam que carecia interesse processual ao credor de título executivo extrajudicial em ingressar com o processo de conhecimento, pois o título já lhe propiciava a execução.

Durante longos anos, a CLT não disciplinava a competência da Justiça do Trabalho para a execução de títulos executivos extrajudiciais. Somente ocorreu com o advento da Lei n. 9.958/00.

São títulos executivos extrajudiciais na Justiça do Trabalho:

a) os Termos de Ajustes de Conduta firmados perante o Ministério Público do Trabalho;

O Termo de Ajuste de Conduta, a que se refere o art. 876 da CLT, consiste num instrumento por meio do qual o Ministério Público do Trabalho e a pessoa, normalmente uma empresa, que está descumprindo direitos metaindividuais de natureza trabalhista (difusos, coletivos e individuais homogêneos — art. 81 da Lei n. 8.078/90), pactuam um prazo e condições para que a conduta do ofensor seja adequada ao que dispõe a Lei.

Não se trata de transação, pois o MP não pode dispor do interesse público, mas, inegavelmente, há algumas concessões por parte do órgão Ministerial, como a concessão de prazo ou o perdão de eventuais multas, a fim de que a conduta do agente que está descumprindo o ordenamento jurídico possa passar a cumpri-lo com maior facilidade. O Termo de Ajustamento de Conduta (TAC) deve vir acompanhado de multa pecuniária pelo seu descumprimento (*astreintes*) e tem a qualidade de título executivo extrajudicial (art. 876 da CLT).

Sob outro enfoque, podem ser executados na Justiça do Trabalho não só os firmados pelo Ministério Público do Trabalho, mas também pelos demais legitimados para propor a ação civil pública. O art. 876 da CLT deve ser interpretado e aplicado à luz do art. 5º, XXXV, da CF (acesso à justiça) e também do art. 114, I, da CF (competência da Justiça do Trabalho para as ações oriundas da relação de trabalho), uma vez que devem ser executados os Termos de Ajuste de Conduta firmados em matérias que são da competência da Justiça do Trabalho. Portanto, a interpretação do art. 876 da CLT não pode ser restritiva.

Nesse sentido, dispõe o § 6º, do art. 5º, da Lei n. 7.347/85:

> "Os órgãos públicos legitimados poderão tomar dos interessados compromisso de ajustamento de sua conduta às exigências legais, mediante cominações, que terá eficácia de título executivo extrajudicial."

b) os termos de conciliação firmados perante as Comissões de Conciliação Prévia;

As comissões de conciliação prévia são órgãos criados no âmbito dos sindicatos ou das empresas, com a finalidade de resolução do conflito individual trabalhista por meio da autocomposição. Trata-se de um meio alternativo, extrajudicial de solução do conflito que tem por finalidade propiciar maior celeridade à resolução da lide, sem a burocracia do Poder Judiciário Trabalhista.

Dispõe o art. 625-E da CLT:

"Aceita a conciliação, será lavrado termo assinado pelo empregado, pelo empregador ou seu proposto e pelos membros da Comissão, fornecendo-se cópia às partes. Parágrafo único. O termo de conciliação é título executivo extrajudicial e terá eficácia liberatória geral, exceto quanto às parcelas expressamente ressalvadas." (Incluído pela Lei n. 9.958, de 12.1.2000)

c) a certidão de inscrição na dívida ativa da União referente às penalidades administrativas impostas ao empregador pelos órgãos de fiscalização do trabalho (art. 114, VII, da CF, com a redação dada pela EC n. 45/04);

Diz o inciso VII do art. 114 da Constituição que compete à Justiça do Trabalho processar e julgar as ações relativas às penalidades administrativas impostas aos empregadores pelos órgãos de fiscalização das relações do trabalho.

Embora não esteja explícita no inciso VII do art. 114 da Constituição Federal a competência para execução das multas administrativas aplicadas ao empregador, no nosso sentir, a execução dessas multas (em razão do não pagamento e inscrição de certidão da dívida ativa da União, decorrente de autuações do Ministério do Trabalho), está implicitamente prevista no referido inciso VII, uma vez que a redação do artigo fala em *ações*, e a execução também é uma *ação*. De outro lado, não teria sentido a Justiça do Trabalho poder desconstituir as penalidades administrativas aplicadas ao empregador se não pudesse executar as multas. Não obstante os títulos executivos extrajudiciais constem no art. 876 da CLT, a nosso ver, não se trata de um rol taxativo, e sim exemplificativo, não vedando que outros títulos executivos extrajudiciais possam ser executados no foro trabalhista, como o executivo fiscal oriundo dos atos de fiscalização do trabalho. Após a EC n. 45/04, a certidão da dívida ativa da União decorrente de infrações aplicadas ao empregador pelos Órgãos de fiscalização do trabalho constitui um novo título executivo extrajudicial que será executado na Justiça do Trabalho, segundo a Lei n. 6.830/80. Por se tratar de ação de rito especial, o Juiz do Trabalho não aplicará a CLT.

Desse modo, pensamos ser aplicável ao Processo do Trabalho o disposto no art. 784, IX, do CPC, que assim dispõe:

"São títulos executivos extrajudiciais:

[...] IX – a certidão de dívida ativa da Fazenda Pública da União, dos Estados, do Distrito Federal, dos Territórios e dos Municípios, correspondente aos créditos inscritos na forma da lei;" (...)

d) títulos de crédito oriundos ou decorrentes da relação de trabalho podem ser executados na Justiça do Trabalho;

Dispõe o art. 784 do CPC:

"São títulos executivos extrajudiciais:

I – a letra de câmbio, a nota promissória, a duplicata, a debênture e o cheque; II – a escritura pública ou outro documento público assinado pelo devedor; III – o documento particular assinado pelo devedor e por 2 (duas) testemunhas; IV – o instrumento de transação referendado pelo Ministério Público, pela Defensoria Pública, pela Advocacia Pública, pelos advogados dos transatores ou por conciliador ou mediador credenciado por tribunal; V – o contrato garantido por hipoteca, penhor, anticrese ou outro direito real de garantia e aquele garantido por caução; VI – o contrato de seguro de vida em caso de morte; VII – o crédito decorrente de foro e laudêmio; VIII – o crédito, documentalmente comprovado, decorrente de aluguel de imóvel, bem como de encargos acessórios, tais como taxas e despesas de condomínio; IX – a certidão de dívida ativa da Fazenda Pública da União, dos Estados, do Distrito Federal e dos Municípios, correspondente aos créditos inscritos na forma da lei; X – o crédito referente às contribuições ordinárias ou extraordinárias de condomínio edilício, previstas na respectiva convenção ou aprovadas em assembleia geral, desde que documentalmente comprovadas; XI – a certidão expedida por serventia notarial ou de registro relativa a valores de emolumentos e demais despesas devidas pelos atos por ela praticados, fixados nas tabelas estabelecidas em lei; XII – todos os demais títulos aos quais, por disposição expressa, a lei atribuir força executiva. § 1º A propositura de qualquer ação relativa a débito constante de título executivo não inibe o credor de promover-lhe a execução. § 2º Os títulos executivos extrajudiciais oriundos de país estrangeiro não dependem de homologação para serem executados. § 3º O título estrangeiro só terá eficácia executiva quando satisfeitos os requisitos de formação exigidos pela lei do lugar de sua celebração e quando o Brasil for indicado como o lugar de cumprimento da obrigação."

Sempre foi polêmica a questão sobre a possibilidade de se executarem títulos de crédito ou extrajudiciais na Justiça do Trabalho, que encontram fundamento e foram elaborados em razão da relação de emprego ou de trabalho.

A doutrina tem sido refratária à admissão de execução de outros títulos executivos extrajudiciais na Justiça do Trabalho, entendendo que o art. 876 da CLT encerra rol taxativo.

Nesse sentido, é a visão de *José Augusto Rodrigues Pinto*(28):

> "Parece-nos que, justamente por causa dessa taxatividade, a limitação do art. 876 deve prevalecer sobre a indeterminação que se seguiu no art. 877-A. O choque dos dispositivos nos parece resultar de mero descuido de análise léxica e lógica do legislador, quando redigiu as normas. Em consequência, cremos que o entendimento a prevalecer é de que, por enquanto, só são títulos hábeis à execução trabalhista os títulos extrajudiciais de que se ocupa o art. 876, da CLT."

(28) RODRIGUES PINTO, José Augusto. *Execução trabalhista*. 11. ed. São Paulo: LTr, 2006. p. 27.

Outros autores, entendendo que o rol do art. 876 da CLT não é taxativo e considerando-se ainda a competência material da Justiça do Trabalho para as controvérsias oriundas da relação de trabalho, admitem a execução de títulos de crédito na Justiça do Trabalho que foram elaborados em razão da relação de trabalho.

Nesse sentido, sustenta *Wolney de Macedo Cordeiro*:

> "Conforme já expusemos anteriormente, a legislação trabalhista só se reportou de forma explícita a dois tipos de títulos extrajudiciais. No entanto, é possível identificar no âmbito da legislação processual civil, bem como na legislação esparsa, uma série de documentos que, eventualmente, podem ter origem numa relação jurídica inserida na competência material da Justiça do Trabalho. Não se pode, por essa razão, vindicar uma enumeração taxativa de todos os títulos extrajudiciais que possam ser demandados perante a Justiça do Trabalho, mas sim estabelecer um parâmetro para a inserção desses títulos. Nesse sentido, o critério básico para integração dos títulos extrajudiciais subsidiário é o fato de serem originários de uma relação jurídica base integrante da competência da Justiça do Trabalho."

Efetivamente, a Justiça do Trabalho nunca teve tradição em executar títulos executivos extrajudiciais. Somente a partir da Lei n. 9.958/00, houve previsão legal para a Justiça do Trabalho executar títulos executivos extrajudiciais (Termos de Ajustes de Conduta firmados pelo Ministério Público e Termos de Conciliação firmados perante a CCP). Ainda assim, são pouquíssimas as execuções de Termos de Ajuste de Conduta e termos de acordo firmados na Comissão de Conciliação Prévia.

Pessoalmente, em muitos anos de militância diária na Justiça do Trabalho, nunca presenciamos um processo de execução tendo por objetivo a execução de título de crédito que foi oriundo da relação de trabalho, como cheques, notas promissórias etc.

Após a EC n. 45/04, que dilatou a competência da Justiça do Trabalho, surgem novas discussões sobre a possibilidade de executar na Justiça do Trabalho títulos de créditos como notas promissórias e cheques dados em pagamento de prestação de serviço. O CPC atribui força executiva a tais títulos (art. 784, I, do CPC).

Reformulando entendimento anterior, pensamos que os títulos de créditos que sejam emitidos em razão da relação de trabalho (cheques, notas promissórias, confissão de dívidas), principalmente para pagamento dos serviços, devem ser executados na Justiça do Trabalho, uma vez que o rol do art. 876 da CLT não é taxativo, e tal execução propicia o acesso mais efetivo do trabalhador à justiça, simplificação do procedimento, duração razoável do processo, além de justiça do procedimento(29).

---

(29) Até a quarta edição deste livro, assim sustentávamos: Não somos refratários à admissão da execução de títulos de créditos que se originam da relação de trabalho, entretanto, os títulos de crédito, por terem circulação ampla, se desvinculam da causa que os gerou e, portanto, têm vida própria, independentemente se a origem foi, ou não, o pagamento de prestação de serviço. Desse modo, não nos parece possível a

Diante do que dispõe o art. 114 da CF, não há como se limitar a competência da Justiça do Trabalho para os títulos extrajudiciais que sejam oriundos e decorrentes da relação de trabalho, uma vez que esta competência foi dada à Justiça do Trabalho, de forma implícita pela EC n. 45/04.

Nesse sentido, destaca-se a seguinte ementa:

> "AGRAVO DE PETIÇÃO. Confissão de Dívida. Competência da Justiça do Trabalho. No que concerne à possibilidade de execução de confissão de dívida na Justiça do Trabalho, a Lei n. 9.958/00 criou o art. 877-A da Consolidação das Leis do Trabalho, segundo o qual "É competente para a execução de título executivo extrajudicial o juiz que teria competência para o processo de conhecimento relativo à matéria." Com isso, o rol do art. 876 da Consolidação das Leis do Trabalho não mais elenca de forma taxativa os títulos que possuem força executiva na Justiça do Trabalho, admitindo-se sua execução desde que esta natureza lhe seja atribuída pela lei civil e que a relação causal que deu origem ao título seja de competência desta Justiça Especializada, o que ocorre *in casu*, consoante disposto no art. 114, inciso III da Constituição Federal." (TRT/SP – 02240005820095020075 – AP – Ac. 10ª T. 20110536287 – relª Marta Casadei Momezzo – DOE 6.5.2011)

O Tribunal Superior do Trabalho, recentemente, por meio do art. 13, da Instrução Normativa n. 39/06, acolheu a possibilidade de execução de títulos de créditos na Justiça do Trabalho, desde que relacionados, de forma inequívoca, à dívidas de natureza trabalhista. Com efeito, dispõe o referido dispositivo:

> "Por aplicação supletiva do art. 784, I (art. 15 do CPC), o cheque e a nota promissória emitidos em reconhecimento de dívida inequivocamente de natureza trabalhista também são títulos extrajudiciais para efeito de execução perante a Justiça do Trabalho, na forma do art. 876 e segs. da CLT."

9. Do procedimento da execução por títulos executivos extrajudiciais no Processo do Trabalho

Ao contrário do Código de Processo Civil que estabelece procedimentos distintos para a execução por títulos judiciais e extrajudiciais, a Consolidação das Leis do Trabalho disciplina o mesmo procedimento para a execução tanto do título executivo judicial como do extrajudicial na Justiça do Trabalho, restando aplicável o Capítulo V — Da execução. Não obstante, é possível se aplicarem as disposições do CPC à execução por título extrajudicial no Processo do Trabalho, naquilo em que for compatível com os princípios deste.

---

aplicabilidade do inciso I do art. 585 do CPC ao Processo do Trabalho, sem previsão expressa na legislação sobre a competência da Justiça do Trabalho para tal execução.

No nosso sentir, embora ponderáveis os argumentos em sentido contrário, a razão está com os que pensam não ser possível a execução de títulos de créditos na Justiça do Trabalho originários da relação de emprego ou de prestação de serviços, pois os títulos de créditos não estão vinculados, como regra geral, à origem. Desse modo, ainda que haja previsão legal no CPC para tal execução e o rol do art. 876 da CLT não seja taxativo, falece competência à Justiça do Trabalho para tal execução, podendo tais títulos ser utilizados no processo trabalhista como prova da obrigação, ou como prova escrita em eventual ação monitória.

A Lei n. 9.958/00 inseriu dois títulos extrajudiciais que podem ser executados na Justiça do Trabalho, quais sejam: Termos de Conciliação, firmados perante as Comissões de Conciliação Prévia, e Termos de Ajustes de Condutas, mas não houve qualquer alteração quanto à legislação que se refere ao procedimento da execução para tais títulos.

O procedimento previsto para a execução por título executivo extrajudicial na Justiça do Trabalho é o previsto nos arts. 880 a 892 da CLT, como aplicação subsidiária do Código de Processo Civil naquilo que houver compatibilidade.

A execução trabalhista por título executivo extrajudicial é um processo autônomo, uma vez que não há a fase de conhecimento. Começa com a petição inicial, que deverá ser instruída com o título executivo e requerimento de citação do devedor (art. 798 do CPC[30], de aplicação subsidiária ao Processo do Trabalho, conforme os arts. 769 e 889 da CLT), podendo o exequente indicar, na inicial, bens à penhora. Segue-se a citação do executado para pagar a execução ou nomear bens à penhora, observando-se a ordem do art. 835 do CPC. Se houver pagamento, extinguir-se-á a execução (art. 881 da CLT). Caso não pague, nem decline bens, se seguirá a penhora (art. 883 da CLT). Uma vez garantido o juízo, o executado poderá opor os embargos à execução no prazo de cinco dias. Julgando os embargos, a execução prosseguirá com a expropriação de bens.

Podemos elencar, com suporte na CLT, com aplicação favorável do CPC ao procedimento, as seguintes fases da execução por título executivo extrajudicial no Processo do Trabalho:

a) petição inicial — contento o título executivo e o requerimento de citação do executado (arts. 798 e 829 do CPC);

b) citação do reclamado para pagar ou nomear bens em 48 horas (art. 880 da CLT);

c) havendo pagamento, haverá extinção da execução (art. 881 da CLT);

d) caso não haja pagamento, haverá penhora de tantos bens quantos bastem para a garantia do juízo (art. 883 da CLT);

e) uma vez garantido o juízo, poderá o executado embargar a execução no prazo de 5 dias (art. 884 da CLT);

---

(30) Art. 798, CPC: "Ao propor a execução, incumbe ao exequente: I – instruir a petição inicial com: a) o título executivo extrajudicial; b) o demonstrativo do débito atualizado até a data de propositura da ação, quando se tratar de execução por quantia certa; c) a prova de que se verificou a condição ou ocorreu o termo, se for o caso; d) a prova, se for o caso, de que adimpliu a contraprestação que lhe corresponde ou que lhe assegura o cumprimento, se o executado não for obrigado a satisfazer a sua prestação senão mediante a contraprestação do exequente; II – indicar: a) a espécie de execução de sua preferência, quando por mais de um modo puder ser realizada; b) os nomes completos do exequente e do executado e seus números de inscrição no Cadastro de Pessoas Físicas ou no Cadastro Nacional da Pessoa Jurídica; c) os bens suscetíveis de penhora, sempre que possível. Parágrafo único. O demonstrativo do débito deverá conter: I – o índice de correção monetária adotado; II – a taxa de juros aplicada; III – os termos inicial e final de incidência do índice de correção monetária e da taxa de juros utilizados; IV – a periodicidade da capitalização dos juros, se for o caso; V – a especificação de desconto obrigatório realizado."

f) expropriação de bens em hasta pública (art. 888 da CLT).

Exceto a petição inicial que deve ser elaborada pelo exequente, instruída com os documentos e a necessidade de citação do executado, praticamente os atos subsequentes do procedimento da execução por títulos executivos extrajudiciais é o mesmo para os títulos executivos judiciais no processo do trabalho.

10. Da competência para a execução trabalhista

A CLT disciplina a competência funcional para a fase de execução trabalhista nos arts. 877 e 877-A, *in verbis:*

"Art. 877. É competente para a execução das decisões o juiz ou presidente do tribunal que tiver conciliado ou julgado originariamente o dissídio."

"Art. 877-A. É competente para a execução de título executivo extrajudicial o juiz que teria competência para o processo de conhecimento relativo à matéria."

Diante dos referidos dispositivos consolidados, a competência para a execução segue a seguinte regra:

a) títulos executivos judiciais: o juiz ou tribunal que apreciou originariamente o dissídio, isto é, aquele que iniciou o processo antes da fase de execução;

b) títulos executivos extrajudiciais: o juiz ou tribunal que teria competência para o processo de conhecimento relativo à matéria.

Os arts. 877 e 877-A da CLT tratam da competência funcional para a execução e, portanto, é absoluta, não podendo ser alterada pela vontade das partes.

Quando a execução for por carta precatória, aplicar-se-á a Súmula n. 32 do TRF: "Na execução por carta, os embargos do devedor serão decididos no juízo deprecante, salvo se versarem unicamente vícios ou defeitos da penhora, avaliação ou alienação de bens."

Assevera o art. 516[(31)], parágrafo único, do CPC, que, no caso em que a execução da sentença se processar em primeiro grau de jurisdição, ou seja, nas Varas, o exequente poderá optar pelo juízo do local onde se encontrarem bens sujeitos à expropriação ou pelo do atual domicílio do executado, caso em que a remessa dos autos do processo será solicitada ao juízo de origem.

A CLT não contém disposição semelhante. Desse modo, parte significativa da doutrina tem sinalizado no sentido da compatibilidade do referido dispositivo com o Processo do Trabalho, pois propicia maior celeridade e efetividade da sentença, dispensando a necessidade de expedição de cartas precatórias para a execução e também de intermináveis ofícios.

---

(31) Art. 516, do CPC: "O cumprimento da sentença efetuar-se-á perante: I – os tribunais, nas causas de sua competência originária; II – o juízo que decidiu a causa no primeiro grau de jurisdição; III – o juízo cível competente, quando se tratar de sentença penal condenatória, de sentença arbitral, de sentença estrangeira ou de acórdão proferido pelo Tribunal Marítimo. Parágrafo único. Nas hipóteses dos incisos II e III, o exequente poderá optar pelo juízo do atual domicílio do executado, pelo juízo do local onde se encontrem os bens sujeitos à execução ou pelo juízo do local onde deva ser executada a obrigação de fazer ou de não fazer, casos em que a remessa dos autos do processo será solicitada ao juízo de origem."

De nossa parte, pensamos que o art. 516, parágrafo único, do CPC, é compatível com os princípios que norteiam a execução trabalhista (celeridade, efetividade, utilidade), não obstante a CLT reger a matéria no art. 877 e ser a competência funcional para a execução absoluta, tais argumentos não impedem a aplicação subsidiária do CPC, que propicia maior agilidade na penhora de bens imóveis e também de encontrar o executado, tendo a experiência demonstrado ser um verdadeiro calvário para o credor trabalhista quando os bens do executado estão em local diverso do local onde tramita o processo. Todavia, a alteração de competência prevista pelo CPC é faculdade do credor, não podendo o Juiz do Trabalho aplicá-la de ofício.

11. Legitimidade para promover a execução

11.1. Ativa

Segundo os ensinamentos de *Liebman*, parte legítima é a pessoa que pode promover e contra a qual se pode promover a execução.

Na execução, não se aplica a teoria *in statu assertionis*, vez que o processo de execução exige que a pessoa esteja mencionada no título como devedor.

A CLT disciplina a questão no art. 878, que assim dispõe:

> "A execução poderá ser promovida por qualquer interessado, ou *ex officio*, pelo próprio juiz ou presidente[(32)] ou tribunal competente, nos termos do artigo anterior. Parágrafo Único. Quando se tratar de decisão dos Tribunais Regionais, a execução poderá ser promovida pela Procuradoria da Justiça do Trabalho."

Conforme o referido dispositivo, a execução trabalhista pode ser promovida por *qualquer interessado*. Essa expressão deve ser interpretada restritivamente, no sentido de que, como regra geral, somente pode promover a execução a parte que figura no título como credor ou quem a lei atribui legitimidade ativa ou passiva.

Assevera a CLT que o Juiz do Trabalho pode promover de ofício a execução. Essa possibilidade é peculiar ao Processo do Trabalho, não encontrando semelhante disposição em outros diplomas processuais. Tal possibilidade não configura quebra de parcialidade do juiz, pois este não é parte na execução, apenas a inicia e pode impulsioná-la de ofício, determinando, por exemplo, a penhora de bens, ofícios de bloqueio de contas bancárias etc.

Nos processos de competência originária dos tribunais, a execução pode ser promovida pelo Ministério Público do Trabalho (§ 1º, do art. 878, da CLT). Não obstante, pensamos que a interpretação de tal dispositivo deve ser restrita aos processos em que o Ministério Público atuou como parte ou fiscal da lei (*custos legis*).

A execução também pode ser iniciada pelo devedor, a fim de se exonerar da obrigação, conforme permite o Código de Processo Civil e também com previsão

---

(32) O dispositivo foi idealizado para a composição colegiada do Judiciário Trabalhista em primeiro grau, antes da EC n. 24/99, em que, além do Juiz Presidente, havia os Juízes Classistas temporários. Não obstante, na execução, sempre atuou, unicamente, o Juiz Presidente ou o Juiz Togado.

da CLT, art. 878-A: "Faculta-se ao devedor o pagamento imediato da parte que entender devida à Previdência Social, sem prejuízo da cobrança de eventuais diferenças encontradas na execução *ex officio*."

Como lembra *Carlos Henrique Bezerra Leite*(33), outro legitimado ativo para a execução de título extrajudicial é a União, na cobrança de multas aplicadas aos empregadores, conforme o art. 114, VII, da CF, e art. 4º da Lei n. 6.830/80.

A CLT não disciplina de forma completa a legitimidade na execução. Desse modo, restam aplicáveis à hipótese as disposições do Código de Processo Civil.

Além das pessoas acima referidas, pensamos ser compatível com o Processo do Trabalho o art. 778 do CPC em razão de omissão e compatibilidade com o texto consolidado, que assim dispõe:

> "Pode promover a execução forçada o credor a quem a lei confere título executivo.
>
> § 1º Podem promover a execução forçada ou nela prosseguir, em sucessão ao exequente originário:
>
> I – o Ministério Público, nos casos previstos em lei;
>
> II – o espólio, os herdeiros ou os sucessores do credor, sempre que, por morte deste, lhes for transmitido o direito resultante do título executivo;
>
> III – o cessionário, quando o direito resultante do título executivo lhe for transferido por ato entre vivos;
>
> IV – o sub-rogado, nos casos de sub-rogação legal ou convencional.
>
> § 2º A sucessão prevista no § 1º independe de consentimento do executado."

11.2. Da legitimidade ativa do espólio e sucessores

O espólio, como sendo o conjunto de bens que alguém, falecendo, deixou, tem legitimidade para prosseguir na execução; embora não tenha personalidade jurídica, tem legitimidade processual. Havendo falecimento do credor, o Juiz do Trabalho deverá suspender a execução (art. 921, I, do CPC) e determinar a habilitação dos sucessores.

A habilitação dos sucessores, conforme lembra *Manoel Antonio Teixeira Filho*(34), é realizada de forma extremamente simples, adotando-se como diretriz legal os arts. 1.060 do CPC/73 (art. 689, do CPC atual), devendo ser juntadas aos autos a certidão de óbito do *de cujus* e a certidão de que o habilitante foi incluído, sem qualquer oposição, no inventário. Essa habilitação, despida de solenidade, independe de sentença, sendo, pois, admitida por simples despacho.

A jurisprudência trabalhista tem admitido a habilitação dos sucessores do credor trabalhista por meio de certidão de dependentes junto à Previdência Social

---

(33) BEZERRA LEITE, Carlos Henrique. *Curso de direito processual do trabalho*. 5. ed. São Paulo: LTr, 2007. p. 908.

(34) TEIXEIRA FILHO, Manoel Antonio. *Execução no processo do trabalho*. 9. ed. São Paulo: LTr, 2005. p. 133.

(art. 1º da Lei n. 6.858/1980) ou de alvará judicial. Não obstante, se houver dúvidas sobre a legitimidade dos sucessores, deverá o Juiz do Trabalho aguardar o desfecho do inventário na Justiça Comum.

Nesse sentido, destacamos as seguintes ementas:

"Ilegitimidade ativa. Herdeiro. Não havendo demonstração da legitimação para a causa, imprescindível a habilitação perante a Previdência Social ou a declaração de sucessora, pela via de Alvará Judicial. Entretanto, a extinção do processo sem julgamento do mérito permite o ajuizamento de nova ação." (TRT – 3ª R. – 4ª T. – RO n. 4643/96 – rel. Marcos Calvo – DJMG 24.8.96 – p. 30)

"Os herdeiros detêm legitimidade de parte, porque titulares do direito deixado pelo falecido; no entanto, estarão capacitados a atuar no Juízo trabalhista *(legitimatio ad processum)* quando habilitados pela Previdência na forma da Lei n. 6.858/80, atendendo ao pressuposto processual de desenvolvimento válido e regular do processo. Não tem pertinência exigir tal regularização por aplicação do ordenamento processual comum (art. 12 do CPC)." (TRT – 10ª R. – 1ª T. – Ac. n. 2.297/95 – relª Juíza Kineipp Oliveira – DJDF 13.10.95 – p. 14.965)

11.3. (Cessionário) Da cessão do crédito trabalhista

Cessão do crédito trabalhista significa a transferência pelo credor trabalhista (empregado ou prestador de serviços) de seu crédito a um terceiro que não tem relação com o processo, tampouco figurou na relação jurídica de trabalho.

Mostra-se polêmica a questão da admissão da cessão do crédito trabalhista na execução.

Parte da doutrina e da jurisprudência a admitem, argumentando que não há prejuízo à execução, que há permissão legal e o objeto é lícito. Desse modo, o cessionário, ainda que não tenha participado da relação de trabalho ou de emprego, pode adquirir o crédito trabalhista e executá-lo como se credor trabalhista fosse. Argumentam ainda que tal cessão não altera a competência material da Justiça do Trabalho para a execução.

Nesse sentido, se posiciona *Francisco Antonio de Oliveira*(35):

> "A cessão de crédito no processo trabalhista não encontra óbice legal, desde que presentes os requisitos dos arts. 221 e 286 e ss. do CC e Lei n. 6.015, de 31.12.1973 (Lei dos Registros Públicos). A substituição do cedente (empregado) pelo cessionário (terceiro) não modifica a competência da Justiça do Trabalho (art. 87, CPC)."

Lembra *Renato Saraiva*(36) que "a Lei n. 11.101/2005 que regulou a recuperação judicial, extrajudicial e a falência, em seu art. 83, § 4º, permitiu a cessão de créditos trabalhistas a terceiros, apenas ressalvando que, nesse caso, o crédito laboral cedido será enquadrado como crédito quirografário."

---

(35) OLIVEIRA, Francisco Antonio de. *Execução na justiça do trabalho.* 5. ed. São Paulo: RT, 2006. p. 470.

(36) SARAIVA, Renato. *Curso de direito processual do trabalho.* 4. ed. São Paulo: Método, 2007. p. 535.

No nosso sentir, em que pese o respeito que merecem as opiniões em sentido contrário, pensamos que o crédito trabalhista pode ser cedido, mas, se tal ocorrer, ele perderá a natureza trabalhista e se transmudará num crédito de natureza civil, uma vez que se desvinculará de sua causa originária que é a prestação de serviços ou relação de emprego. Dessa forma, pensamos que, uma vez cedido o crédito a terceiro, cessará a competência material da Justiça do Trabalho para executá-lo, pois a controvérsia não será oriunda ou decorrente da relação de trabalho (art. 114, da Constituição Federal, incisos I e IX).

Nesse diapasão, concordamos com o Provimento n. 6 da CGJT do TST, de 19.12.2000, que assim dispõe:

> "A cessão de crédito prevista em lei (art. 1.065 do Código Civil) é juridicamente possível, não podendo ser operacionalizada no âmbito da Justiça do Trabalho, sendo como é um negócio jurídico entre empregado e terceiro que não se coloca em quaisquer dos polos da relação processual trabalhista."

Por parte do executado, a jurisprudência, acertadamente, não tem admitido as cessões de créditos em favor de terceiro, conforme bem retrata a seguinte ementa:

> "Execução — Cessão de crédito — Fraude — Configuração. Configura fraude à alienação ou oneração de bens do devedor — no caso, representada pela cessão de crédito da executada em favor de terceiro — quando, na época em que tal se verificou, já pendia contra a citada devedora, lide apta a tirar-lhe a capacidade econômica no momento do efetivo cumprimento da sentença." (TRT 3ª R. – 7ª T. – Ap. n. 355.2003.054.03.00-5 – relª Maria Perpétua C. F. de Melo – DJMG 15.6.04 – p. 23) (RDT n. 8 – Agosto de 2004)

11.4. Do sub-rogado

Ensina *Humberto Theodoro Júnior*(37): "Diz-se credor sub-rogado aquele que paga a dívida de outrem, assumindo todos os direitos, ações, privilégios e garantia do primitivo credor contra o devedor principal e seus fiadores (CC 1916, art. 988, CC 2002, art. 349)."

As hipóteses de sub-rogação de crédito na Justiça do Trabalho são restritas e de difícil ocorrência, não obstante a doutrina a tem admitido na Justiça do Trabalho(38).

Pensamos que se houver sub-rogação de um terceiro no crédito trabalhista, cessará a competência da Justiça do Trabalho e também se alterará a natureza do crédito, uma vez que não se tratará mais de dívida trabalhista, tampouco controvérsia oriunda ou decorrente da relação de trabalho.

Em sentido contrário, sustenta *Manoel Antonio Teixeira Filho*(39) que a doutrina processual trabalhista parece não se opor à admissibilidade da cessão de crédito e da sub-rogação, observada sempre a necessidade de adequar as normas de direito

(37) THEODORO JÚNIOR, Humberto. *Comentários ao Código de Processo Civil.* v. IV, 2. ed. Rio de Janeiro: Forense, 2003. p. 61.

(38) Em mais de 14 anos de militância na Justiça do Trabalho, nunca presenciamos um caso de sub-rogação de crédito trabalhista.

(39) TEIXEIRA FILHO, Manoel Antonio. *Op. cit.*, p. 137.

comum, regentes das matérias, às marcantes singularidades desse processo especializado e do correspondente procedimento. Para ilustrar seu posicionamento, cita jurisprudência oriunda do TRT da 2ª Região, *in verbis*:

> "Tem legitimação para promover a execução contra o devedor o arrematante que paga as dívidas fiscais que oneravam o imóvel excutido, configurando-se a sub-rogação legal." (Proc. 2.775/75 – Ac. 3ª T. – 5.416/75 – rel. Juiz Bento Pupo Pesce – *In:* DJESP 24.7.1975 – p. 34)

11.5. Da legitimidade passiva

O legitimado passivo para a execução é a pessoa que figura no título como devedor. Não obstante, outras pessoas podem estar sujeitas à execução, conforme alinha o art. 4º da Lei n. 6.830/80, que resta aplicável ao Processo do Trabalho (omissão da CLT e compatibilidade com os princípios da execução trabalhista — art. 889 da CLT). Assevera do referido dispositivo legal:

> "A execução fiscal poderá ser promovida contra: I – o devedor; II – o fiador; III – o espólio; IV – a massa; V – o responsável, nos termos da lei, por dívidas, tributárias ou não, de pessoas físicas ou pessoas jurídicas de direito privado; e VI – os sucessores a qualquer título."

No mesmo sentido, dispõe o art. 779 do Código de Processo Civil:

> "A execução pode ser promovida contra: I – o devedor, reconhecido como tal no título executivo; II – o espólio, os herdeiros ou os sucessores do devedor; III – o novo devedor que assumiu, com o consentimento do credor, a obrigação resultante do título executivo; IV – o fiador do débito constante em título extrajudicial; V – o responsável titular do bem vinculado por garantia real ao pagamento do débito; VI – o responsável tributário, assim definido em lei."

12. Da responsabilidade patrimonial

Na legislação brasileira, a execução não é pessoal, mas atinge os bens do devedor (art. 789 do CPC). O art. 5º, LXVII, da Constituição Federal(40), diz que não há prisão civil por dívida, exceto no caso de prestação alimentar e do depositário infiel(41). Desse modo, somente quando o texto constitucional admitir, a execução poderá ser pessoal, ou seja, incidirá na pessoa do devedor, privando-o da liberdade. Não se trata de prisão de caráter penal e sim de natureza civil, a fim de forçar o devedor de prestação alimentícia a cumpri-la e o depositário a entregar o bem que estava em sua posse.

Ensina *Cândido Rangel Dinamarco*(42) que responsabilidade patrimonial ou responsabilidade executiva se conceitua como "a suscetibilidade de um bem ou de todo um patrimônio a suportar os efeitos da sanção executiva."

---

(40) Art. 5º, LXVII, da CF: "não haverá prisão civil por dívida, salvo a do responsável pelo inadimplemento voluntário e inescusável de obrigação alimentícia e a do depositário infiel."

(41) A Súmula Vinculante n. 25 do STF fixou entendimento de não ser possível a prisão do depositário infiel.

(42) DINAMARCO, Cândido Rangel. *Instituições de direito processual civil.* v. IV. São Paulo: Malheiros, 2004. p. 321.

Pensamos ser a responsabilidade patrimonial *um vínculo de direito processual, pelo qual os bens do devedor ficam sujeitos à execução e são destinados à satisfação do crédito do exequente.*

O patrimônio do devedor responde pelas dívidas e também pela satisfação do processo, tanto os bens presentes como futuros, segundo a regra do já citado art. 789 do CPC.

Conforme *Manoel Antonio Teixeira Filho*(43), "o conceito de patrimônio, com vistas à responsabilidade a que está submetido o devedor, pode ser tomado a *Rosenberg*: 'é a soma das coisas que têm valor pecuniário e direitos do devedor, e compreende bens móveis e imóveis, créditos e outros direitos, também expectativas, sempre que sejam já direitos subjetivamente disponíveis'. O conceito desse ilustre jurista tem o mérito de destacar que foram excluídos do campo da responsabilidade do devedor determinados bens, como os que não possuem valor econômico; além disso, há aqueles que a lei considera absolutamente impenhoráveis [...]."

13. Da responsabilidade patrimonial secundária

O Código de Processo Civil atribui responsabilidade patrimonial a certas pessoas, que, embora não constem do título executivo, poderão ter seus bens sujeitos à execução. Tal responsabilidade vem sendo denominada na doutrina como *responsabilidade patrimonial secundária.*

Como destaca *Humberto Theodoro Júnior*(44):

> "Bens de ninguém respondem por obrigação de terceiro, se o proprietário estiver inteiramente desvinculado do caso do ponto de vista jurídico. Há casos, porém, em que a conduta de terceiros, sem levá-los a assumir posição de devedores ou das partes na execução, torna-os sujeitos aos efeitos desse processo. Isto é, seus bens particulares passam a responder pela execução, muito embora inexista assunção da dívida constante do título executivo. Quando tal ocorre, são executados bens que não são do devedor, mas de terceiro, que não se obrigou, e, mesmo assim, responde pelo cumprimento das obrigações daquele. Trata-se, como se vê, de obrigação puramente processual."

Não há violação do contraditório ou ampla defesa em executar bens de pessoas que não constem do título executivo, pois as responsabilidades que lhes foram atribuídas se justificam em razão de manterem ou terem mantido relações jurídicas próximas com o devedor, de cunho patrimonial, que podem comprometer a eficácia da execução processual, e daí a lei lhes atribuir tal responsabilidade, visando à garantia do crédito. Além disso, os responsáveis secundários podem

---

(43) TEIXEIRA FILHO, Manoel Antonio. *Execução no processo do trabalho.* 9. ed. São Paulo: LTr, 2005. p. 247.

(44) THEODORO JÚNIOR, Humberto. *Comentários ao Código de Processo Civil.* v. IV, 2. ed. Rio de Janeiro: Forense, 2003. p. 222.

resistir à execução, por meios processuais cabíveis, como os embargos de terceiro e os embargos à execução.

A Consolidação das Leis do Trabalho não disciplina a hipótese; desse modo, resta aplicável à execução trabalhista o art. 790 do CPC, que assim dispõe:

> "São sujeitos à execução os bens: I – do sucessor a título singular, tratando-se de execução fundada em direito real ou obrigação reipersecutória; II – do sócio, nos termos da lei; III – do devedor, ainda que em poder de terceiros; IV – do cônjuge ou companheiro, nos casos em que seus bens próprios ou de sua meação respondem pela dívida; V – alienados ou gravados com ônus real em fraude à execução; VI – cuja alienação ou gravação com ônus real tenha sido anulada em razão do reconhecimento, em ação autônoma, de fraude contra credores; VII – do responsável, nos casos de desconsideração da personalidade jurídica."

Dos responsáveis secundários na execução no Processo do Trabalho (hipóteses típicas)

13.1. Sucessão de empresas (empregadores)

Ensina *Mauricio Godinho Delgado*(45): "Sucessão de empregadores é figura regulada pelos arts. 10 e 448 da CLT. Consiste no instituto justrabalhista em virtude do qual se opera, no contexto da transferência de titularidade de empresa ou estabelecimento, uma completa transmissão de crédito e assunção de dívidas trabalhistas entre alienante e adquirente envolvidos."

Segundo a melhor doutrina, a sucessão trabalhista, disciplinada nos arts. 10 e 448 da CLT, tem fundamento nos princípios da continuidade do contrato de trabalho, despersonalização do empregador e na inalterabilidade do contrato de trabalho. Por isso, quem responde pelo crédito trabalhista é a empresa e não quem esteja no seu comando.

Dispõe o art. 10 da CLT: "Qualquer alteração na estrutura jurídica da empresa não afetará os direitos adquiridos por seus empregados."

No mesmo sentido, é o art. 448 da CLT: "A mudança na propriedade ou na estrutura jurídica da empresa não afetará os contratos de trabalho dos respectivos empregados."

Como bem adverte *Wagner D. Giglio*(46), "responsável pelo pagamento da condenação é, portanto, a empresa, ou seja, o conjunto de bens materiais (prédios, máquinas, produtos, instalações, etc.) e imateriais (crédito, renome etc.) que compõe o empreendimento. São esses bens que, em última análise, serão arrecadados através da penhora, para satisfazer a condenação, pouco importando quais são as pessoas físicas detentoras ou proprietárias deles."

São hipóteses típicas de sucessão para fins trabalhistas: a transferência de titularidade da empresa, fusão, incorporação e cisão de empresas, contratos de concessão e arrendamento e também as privatizações de antigas estatais.

---

(45) DELGADO, Mauricio Godinho. *Curso de direito do trabalho*. 6. ed. São Paulo: LTr, 2007. p. 408.

(46) GIGLIO, Wagner D. *Direito processual do trabalho*. 15. ed. São Paulo: Saraiva, 2005. p. 537.

Para a doutrina clássica, são requisitos da sucessão para fins trabalhistas: a) transferência de uma unidade empresarial econômica de produção de um titular para outro; e b) inexistência de solução de continuidade do contrato de trabalho, vale dizer: o empregado da empresa sucedida deve trabalhar para a empresa sucessora(47). Para a moderna doutrina, à qual me filio, com apoio da atual jurisprudência dos Tribunais, não há necessidade de o empregado ou o reclamante em processo trabalhista ter prestado serviços para a empresa sucessora, basta apenas que tenha havido a transferência total ou parcial de uma unidade de produção de uma empresa para outra para que ocorra a sucessão para fins trabalhistas.

Nesse sentido, a seguinte ementa:

"Sucessão. A sucessão é a transferência total ou parcial, provisória ou definitiva da titularidade de empresa, pública ou privada, desde que haja continuidade, pelo sucessor, da atividade-fim, explorada pelo sucedido. Apoiam-se nos princípios da continuidade da relação de emprego, da despersonalização da pessoa jurídica e da intangibilidade salarial, tendo como escopo a regra dos arts. 10 e 448 da Consolidação das Leis do Trabalho." (TRT – 1ª R. – 5ª T. – RO n. 6605/2000 – rel. João Mário de Medeiros – DJRJ 28.6.2001 – p. 223) (RDT 07/2001 – p. 65)

Pensamos estar correta a moderna doutrina ao exigir apenas o requisito da transferência da unidade econômica de produção de um titular para outro para que se configure a sucessão, pois os arts. 10 e 448 da CLT não exigem que o empregado tenha trabalhado para a empresa sucedida. Além disso, tal interpretação está em consonância com o princípio protetor e propicia maior garantia de solvabilidade do crédito trabalhista.

Nesse mesmo diapasão, adverte *Jorge Luiz Souto Maior*(48):

> "A circunstância de não ter o empregado prestado serviços para a nova pessoa jurídica constituída é totalmente irrelevante, apesar de se ter firmado na doutrina trabalhista o entendimento de que a sucessão trabalhista somente tem lugar quando se dá o fenômeno da continuidade da prestação de serviço por parte do trabalhador para a nova pessoa jurídica. Uma leitura atenta dos arts. 10 e 448, da CLT, entretanto, desautoriza tal entendimento."

No mesmo sentido, *Mauricio Godinho Delgado*(49):

> "[...] a sucessão pode se verificar sem que haja, necessariamente, a continuidade na prestação de serviços. Tal singularidade é que foi percebida

(47) Nesse diapasão, é a doutrina clássica de Délio Maranhão (*Instituições de direito do trabalho.* 22. ed. São Paulo: LTr, 2005. v. I, p. 309). No mesmo sentido, destaca-se a seguinte ementa: Sucessão de empregadores. Configura-se a sucessão de empregadores quando ocorre a transferência do estabelecimento de um titular para outro sem que seja interrompida a prestação de serviços (TRT – 12ª R. – 2ª T. – Ac. n. 3286/2001 – rel. Moreira Cacciari – DJSC 16.4.2001 – p. 84) (RDT 5/2001, p. 67).

(48) SOUTO MAIOR, Jorge Luiz. *Curso de direito do trabalho:* a relação de emprego. São Paulo: LTr, 2008. v. II, p. 141.

(49) DELGADO, Mauricio Godinho. *Curso de direito do trabalho.* 7. ed. São Paulo: LTr, 2008. p. 411.

nos últimos anos pela jurisprudência, ao examinar inúmeras situações novas criadas pelo mercado empresarial; nessas situações ocorriam mudanças significativas no âmbito da empresa, afetando significativamente (ainda que de modo indireto) os contratos de trabalho, sem que tivesse se mantido a prestação laborativa e a própria existência de tais contratos."

A moderna doutrina defende a existência da sucessão, mesmo na transferência parcial de uma unidade econômica de produção empresarial, desde que afete de forma significativa os contratos de trabalho. Por exemplo, a transferência de propriedade da produção de um determinado produto de uma empresa para outra.

Nesse aspecto, *Godinho Delgado*(50):

> "[...] também configura a situação própria à sucessão de empregadores a alienação ou transferência de parte significativa do(s) estabelecimento(s) ou da empresa de modo a afetar significativamente os contrato de trabalho. Ou seja, a mudança na empresa que afete a garantia original dos contratos empregatícios provoca a incidência do tipo legal dos arts. 10 e 448 da CLT. Isso significa que a separação de bens, obrigações e relações jurídicas de um complexo empresarial, com o fito de se transferir parte relevante dos ativos saudáveis para outro titular (direitos, obrigações e relações jurídicas), preservando-se o restante de bens, obrigações e relações jurídicas no antigo complexo — agora significativamente empobrecido —, afeta, sim, de modo significativo, os contratos de trabalho, produzindo a sucessão trabalhista com respeito ao novo titular (arts. 10 e 448, da CLT)."

Nesse sentido, destaca-se a seguinte ementa:

> "Sucessão parcial — Responsabilidade do sucessor pelas obrigações trabalhistas a ela relativas. A alteração na estrutura jurídica da empresa, ainda que parcial, não afeta o direito dos empregados e dos trabalhadores já desligados da parte do empreendimento por ela abrangida. A sucessão pode ser parcial, como ocorre na cisão, caso em que o sucessor responde pelas obrigações trabalhistas que a ela dizem respeito, nos termos do art. 10 da CLT." (TRT 12ª R. – 2ª T. – AG-PET n. 238.2003.009.12.00-8 – relª Martha M. V. Fabre – DJSC 23.4.04 – p. 189) (RDT n. 5 – Maio de 2004)

A sucessão não exige prova formal, podendo ser demonstrada por indícios e presunções, tais como: a transferência do fundo de comércio, transferência do principal bem imaterial da atividade, dentre outros elementos. De outro lado, a simples transferência de maquinários ou compra do imóvel empresarial não configuram a sucessão.

Nesse diapasão, destaca-se a seguinte ementa:

> "Sucessão de empresas. A sucessão se consubstancia quando a nova pessoa jurídica ocupa o mesmo lugar, explora o mesmo ramo e se utiliza dos mesmos utensílios. Portanto, é caracterizada pelos elementos fáticos que conduziram a alteração na propriedade sucedida, independentemente da forma legal adotada, sendo que o patrimônio que guarnece o estabelecimento se constitui na garantia para os créditos trabalhistas." (TRT – 12ª R. – 1ª T. – Ac. n. 2550/2000 – rel. Juiz Idemar Antônio Martini – DJSC 21.03.2000 – p. 137)

---

(50) *Ibidem*, p. 412.

A sucessão de empresas pode ser reconhecida pelo Juiz do Trabalho em qualquer fase do processo, inclusive na execução, uma vez que o sucessor tem a chamada responsabilidade patrimonial e, independentemente de ter figurado na fase de conhecimento, seus bens podem ser atingidos. Diante do caráter cogente dos arts. 10 e 448 da CLT, autores há que sustentam a possibilidade de o Juiz do Trabalho conhecer de ofício a sucessão de empresas. Na execução, a possibilidade de reconhecimento da sucessão de ofício se justifica por força do art. 878 da CLT(51).

Como regra geral, o sucessor responderá pela integralidade da dívida, salvo em caso de fraude, em que a empresa sucedida responderá solidariamente, nos termos dos arts. 9º da CLT e 942 do Código Civil.

Autores há que defendem a responsabilidade da empresa sucedida mesmo não havendo fraude. Nesse sentido, a opinião de *Ísis de Almeida*(52):

> "Mesmo sem fraude, o sucedido responde, solidária ou subsidiariamente, com o sucessor, pelas reparações de direitos sonegados ao empregado, não só com referência ao período anterior como ao posterior à sucessão. Isto ocorre quando o sucessor não tem possibilidade de cumprir as obrigações contratuais ou legais."

Eventual cláusula no contrato de sucessão de irresponsabilidade da empresa sucessora pelos débitos trabalhistas da empresa sucedida não tem validade perante a legislação trabalhista, pois as normas dos arts. 10 e 448 da CLT são de ordem pública.

A jurisprudência dominante fixou entendimento no sentido de que a responsabilidade do crédito trabalhista é apenas da empresa sucessora, pois é esta que possui o fundo de comércio e o patrimônio.

Nesse contexto, destaca-se a seguinte ementa:

> "Sucessão trabalhista — Responsabilidade. A Flumitrens é sucessora da CBTU, pois, havendo contrato de cisão, operou-se a sucessão trabalhista, cabendo ao novo empregador responder por todos os débitos trabalhistas dos empregados e ex-empregados da empresa sucedida, independentemente do contrato civil firmado entre ela e sua antecessora. Ademais, o Instrumento de Protocolo que regulou a referida cisão, caracterizou a sucessão trabalhista, sendo certo que, no Direito do Trabalho, o sucessor responde por todos os débitos trabalhistas, desobrigando a sucedida de tal responsabilidade. Recurso de revista não conhecido. Honorários advocatícios. Os honorários advocatícios, na Justiça do Trabalho, não decorrem da sucumbência, mas do preenchimento dos requisitos previstos nos termos da Lei n. 5.584/70. Aplicação dos Enunciados de ns. 219 e 329 do TST. Revista conhecida e provida." (TST – 1ª T. – RR n. 588.912/1999-0 – rel. Lelio B. Corrêa – DJ 6.8.04 – p. 615) (RDT n. 9 – Setembro de 2004).

Pensamos que subsiste a responsabilidade solidária da sucessora em caso de fraude (arts. 9º e 942 do CC) e também subsidiária, mesmo não havendo fraude,

(51) Art. 878, da CLT: A execução poderá ser promovida por qualquer interessado, ou *ex officio*, pelo próprio juiz ou presidente do tribunal competente, nos termos do artigo anterior.

(52) ALMEIDA, Ísis de. *Curso de legislação do trabalho.* 4. ed. São Paulo: Sugestões Literárias, 1981. p. 83.

nas hipóteses em que a empresa sucessora não apresenta patrimônio suficiente para solver o crédito trabalhista, ou para maior efetividade do recebimento deste. A responsabilidade subsidiária da empresa sucedida se justifica como medida inibidora de fraudes e encontra suporte nos princípios constitucionais da livre-iniciativa, valores sociais do trabalho, dignidade da pessoa humana do trabalhador (arts. 1º e 170, da CF) e também da função social da empresa e da propriedade (art. 5º da CF).

Nesse sentido, vale transcrever o Enunciado n. 4 da 1ª Jornada Nacional de Execução Trabalhista, realizada em novembro de 2010, *in verbis*:

> "SUCESSÃO TRABALHISTA. Aplicação subsidiária do Direito Comum ao Direito do Trabalho (Consolidação das Leis do Trabalho — CLT, art. 8º, parágrafo único). Responsabilidade solidária do sucedido e do sucessor pelos créditos trabalhistas constituídos antes do trespasse do estabelecimento (CLT, arts. 10 e 448, c/c Código Civil, art. 1.146)."

13.2. Da responsabilidade do sócio (desconsideração da personalidade jurídica)

A pessoa jurídica não se confunde com a do sócio (art. 20 do Código Civil de 1916), tampouco a sociedade comercial se confunde com a de seus administradores ou acionistas. Não obstante, a lei atribui ao sócio a chamada responsabilidade patrimonial (arts. 789 e 790, II, do CPC). Desse modo, os bens do sócio podem vir a ser chamados a responder pela execução, nos termos da lei, caso a sociedade não apresente bens que satisfaçam a execução.

Independentemente de ter figurado no polo passivo da reclamação trabalhista, os bens do sócio podem responder pela execução, pois a responsabilidade do sócio é patrimonial (econômica e de caráter processual). Nesse sentido, as ementas a seguir retratam com precisão esta situação:

> "Execução sobre os bens do sócio — Possibilidade. A execução pode ser processada contra os sócios, uma vez que respondem com os bens particulares, mesmo que não tenham participado do processo na fase cognitiva. Na Justiça do Trabalho, basta que a empresa não possua bens para a penhora para que incida a teoria da desconsideração da personalidade jurídica da sociedade. O crédito trabalhista é privilegiado, tendo como base legal, de forma subsidiária, o art. 18 da Lei n. 8.884/94 e CTN, art. 135, *caput* e inciso III, c/c. o art. 889 da CLT." (TRT 3ª R. – 2ª T. – AP n. 433/2004.098.03.00-7 – rel. João Bosco P. Lara – DJMG 9.9.04 – p. 11)

> "EXECUÇÃO. NULIDADE PROCESSUAL. AUSÊNCIA DE INTIMAÇÃO NA FASE DE CONHECIMENTO. TEORIA DA DESCONSIDERAÇÃO DA PERSONALIDADE JURÍDICA DO EMPREGADOR. RESPONSABILIDADE DE EX-SÓCIO. 1. Consoante leciona o ilustre jurista Mauro Schiavi, não obstante a pessoa jurídica não se confundir com a do sócio, a lei atribui a este a chamada responsabilidade patrimonial, de modo que seus bens podem vir a ser chamados a responder pela execução, nos casos em que a sociedade não apresente bens que satisfaçam a execução. Nesse passo, a sujeição do sócio — responsável econômico — não depende de sua participação no processo na fase de conhecimento. 2. Correta a constrição dos bens do ora agravante, considerando sua condição de ex-sócio da executada durante a relação de emprego do autor, bem como a inexistência de patrimônio da empresa executada capaz de garantir a execução, conforme salientado na decisão

proferida pelo Tribunal Regional. 3. Agravo de instrumento não provido." (TST – AIRR – 102640-11.2005.5.02.0201 – Data de Julgamento: 20.3.2013, relator Ministro: Lelio Bentes Corrêa, 1ª Turma, Data de Publicação: DEJT 26.3.2013)

O primeiro diploma legal a disciplinar a possibilidade de desconsideração da personalidade jurídica a ser utilizado pela Justiça do Trabalho foi o art. 10 da Lei n. 3.708/19, que assim dispõe:

> "Os sócios-gerentes ou que derem o nome à firma não respondem pessoalmente pelas obrigações contraídas em nome da sociedade, mas respondem para com esta e para com terceiros solidária e ilimitadamente pelo excesso de mandato e pelos atos praticados com violação do contrato ou da lei."

Posteriormente, veio a lume o Código Tributário Nacional, que disciplinou a questão no art. 135 do CTN, *in verbis*:

> "São pessoalmente responsáveis pelos créditos correspondentes a obrigações tributárias resultantes de atos praticados com excesso de poderes ou infração de lei, contrato social ou estatutos: I – as pessoas referidas no artigo anterior; II – os mandatários, prepostos e empregados; III – os diretores, gerentes ou representantes de pessoas jurídicas de direito privado."

Atualmente, a matéria está regulamentada pelo art. 28 da Lei n. 8.078/90 (Código de Defesa do Consumidor) e pelo art. 50 do Código Civil, que encamparam a teoria da *desconsideração da personalidade jurídica*, também conhecida como *disregard doctrine, disregard of legal entity, lifting the corporate veil*, oriunda do direito anglo-saxão e introduzida ao direito brasileiro por *Rubens Requião*.

Dispõe o art. 28 da Lei n. 8.078/90:

> "O juiz poderá desconsiderar a personalidade jurídica da sociedade quando, em detrimento do consumidor, houve abuso de direito, excesso de poder, infração da lei, fato ou ato ilícito ou violação dos estatutos ou contrato social. A desconsideração também será efetivada quando houver falência, estado de insolvência, encerramento ou inatividade da pessoa jurídica provocados por má administração."

O Código Civil de 2002 encampou a teoria da desconsideração da personalidade jurídica no art. 50, que assim estabelece:

> "Em caso de abuso da personalidade jurídica, caracterizado pelo desvio de finalidade, ou pela confusão patrimonial, pode o juiz decidir, a requerimento da parte, ou do Ministério Público quando lhe couber intervir no processo, que os efeitos de certas e determinadas relações de obrigações sejam estendidos aos bens particulares dos administradores ou sócios da pessoa jurídica."

Fábio Ulhoa Coelho[53] distingue a teoria da desconsideração da personalidade jurídica entre as teorias maior e menor. Assevera o jurista:

> "Há no direito brasileiro, na verdade, duas teorias da desconsideração. De um lado, a teoria mais elaborada, de maior consistência e abstração, que condiciona o afastamento episódico da autonomia patrimonial das

(53) *Curso de direito comercial*. Vol 2. São Paulo: Saraiva, 1999. p. 35.

pessoas jurídicas à caracterização da manipulação fraudulenta ou abusiva do instituto. Nesse caso, distingue-se com clareza a desconsideração da personalidade jurídica e outros institutos jurídicos que também importam a afetação de patrimônio de sócio por obrigação da sociedade (p. ex. a responsabilização por ato de má gestão, a extensão da responsabilidade tributária ao gerente etc.). Ela será chamada, aqui, de teoria maior. De outro lado, a teoria menos elaborada, que se refere à desconsideração em toda e qualquer hipótese de execução do patrimônio de sócio por obrigação social, cuja tendência é condicionar o afastamento do princípio da autonomia à simples insatisfação de crédito perante a sociedade. Trata-se da teoria menor, que se contenta com a demonstração pelo credor da inexistência de bens sociais e da solvência de qualquer sócio, para atribuir a este a obrigação da pessoa jurídica."

Preferimos classificar a teoria da desconsideração em *subjetiva* e *objetiva*.

Pela teoria subjetiva da desconsideração da personalidade jurídica, os bens do sócio podem ser atingidos quando:

a) a pessoa jurídica não apresentar bens para pagamento das dívidas;

b) atos forem praticados pelo sócio com abuso de poder, desvio de finalidade, confusão patrimonial, ou má-fé.

Nesse sentido, vale transcrever as seguintes ementas:

"Agravo de petição — Execução — Associação — Entidade sem fins lucrativos — Desconsideração da personalidade jurídica. Não comprovado, a tempo e modo, eventual abuso de direito, desvio de finalidade, confusão patrimonial, excesso de mandato, dolo ou fraude, não há como desconsiderar a personalidade jurídica da associação, sem fins lucrativos, para o fim de alcançar os bens de um de seus associados, na medida em que a ré, UNI, não é uma sociedade, mas sim uma organização não governamental, sem fins lucrativos, com a finalidade social de atender os povos indígenas, dos Estados do Acre, Rondônia e Amazonas. Agravo de petição não provido." (TRT – 14ª R. – 2ª T. – rel. Des. Carlos Augusto Gomes Lobo – DJe n. 142 – 3.8.09 – p. 3 – Processo n. 278/2008.404.14.00-4) (RDT n. 01 – Janeiro de 2010)

"Execução movida contra sociedade sem fins lucrativos — Limitações impostas ao instituto da desconsideração da personalidade jurídica. O fenômeno da desconsideração da pessoa jurídica há muito é aplicado pelo Direito do Trabalho, ocorrendo nos casos em que o empregador não oferece condições de solver seus compromissos, recaindo a responsabilidade pelo débito trabalhista aos seus respectivos sócios, depois de intentada a execução das pessoas constantes do título executivo judicial. Quando a empresa não quita os débitos trabalhistas, a presunção é de que houve má gestão, dando lugar para responsabilização direta dos sócios. No entanto, diante do fato de a executada constituir-se em uma associação sem finalidade lucrativa, a ausência de patrimônio da entidade para adimplir o crédito trabalhista não autoriza a aplicação da teoria da desconsideração da personalidade jurídica. Isso porque, no caso de sociedade sem fins lucrativos, não se pode cogitar da presunção de má gestão de seus dirigentes, sendo mister a comprovação de que os mesmos tenham efetivamente praticado atos com excesso de poder ou infração de lei, contrato social ou estatutos. Nesses casos, em regra, não há distribuição de lucros, bonificações ou concessão de vantagens a dirigentes, mantenedores ou associados em geral, razão pela qual a atividade exercida não atrai o incremento patrimonial dos dirigentes e associados, de modo a justificar a persecução do patrimônio particular." (TRT – 3ª R. – Turma Recursal de Juiz de Fora – rel. Des. Marcelo Lamego Pertence – 2.12.09 – p. 180 – Processo AP n. 336/2007.052.03.00-0) (RDT n. 01 – Janeiro de 2010)

Atualmente, a moderna doutrina e a jurisprudência trabalhista encamparam a chamada teoria objetiva da desconsideração da personalidade jurídica que disciplina a possibilidade de execução dos bens do sócio, independentemente de os atos destes terem violado ou não o contrato, ou de haver abuso de poder. Basta a pessoa jurídica não possuir bens para ter início a execução aos bens do sócio.

No processo do trabalho, o presente entendimento se justifica em razão da hipossuficiência do trabalhador, da dificuldade que apresenta o reclamante em demonstrar a má-fé do administrador e do caráter alimentar do crédito trabalhista.

Nesse sentido, destacamos as seguintes ementas que refletem o entendimento predominante da jurisprudência trabalhista:

> "Execução – Responsabilidade do sócio. Em face da ausência de bens da sociedade para responder pela dívida trabalhista, respondem os sócios com o patrimônio pessoal, conforme preconizam os arts. 592 e 596 do CPC c/c o inciso V do art. 4º da Lei n. 6.830/80 e inciso III do art. 135 do Código Tributário Nacional, todos de aplicação subsidiária no processo do trabalho." (TRT – 15ª R. – 1ª T. – Ap. n. 26632/2003 – rel. Eduardo B. de O. Zanella – DJSP 12.9.03 – p. 19) (RDT n. 10 – Outubro de 2003)

> "Execução — Bens do ex-sócio — Desconsideração da personalidade jurídica da empresa. Em regra, os bens particulares do sócio não podem ser objeto de constrição, a teor do art. 596 do CPC. O Decreto n. 3.708/1919, que regulamenta o funcionamento das sociedades de responsabilidade limitada, dispõe que o sócio somente responderá pelas dívidas da sociedade, em caso de falência, quando não integralizado o capital, diante de excesso de mandato do sócio-gerente ou quando os sócios praticarem atos contrários à lei ou ao contrato. A jurisprudência trabalhista acresce a dissolução irregular da sociedade, sem o pagamento dos créditos trabalhistas. O Juízo de primeiro grau confirma que a empresa não vem honrando seus compromissos trabalhistas, dificultando o andamento de inúmeros feitos, pois não tem sido possível localizar bens disponíveis. Vale invocar a teoria do superamento da personalidade jurídica (*disregard of legal entity*), a qual permite seja desconsiderada a personalidade jurídica das sociedades de capitais, para atingir a responsabilidade dos sócios, visando a impedir a consumação de fraudes e abusos de direito cometidos através da sociedade. Aliás, aplicável, por analogia, a disposição contida no art. 28, § 5º, do Código de Defesa do Consumidor, que autoriza a desconsideração da personalidade jurídica sempre que esta constituir obstáculo ao ressarcimento de prejuízos." (TRT – 3ª R. – 2ª T. – Ap. n. 2.875/97 – relª Alice de Barros – DJMG 24.4.98 – p. 5)

> "TERCEIRO EMBARGANTE — SÓCIO E EMPREGADO DA EMPRESA. RESPONSABILIDADE NA EXECUÇÃO. Não existe no ordenamento jurídico qualquer impedimento quanto à possibilidade de uma pessoa ocupar na mesma empresa a posição de empregado e de sócio, concomitantemente. Pela aplicação da teoria da desconsideração da personalidade jurídica, possui o agravante legitimidade para responder pela execução que se processa, ressaltando-se que a fraude de que trata o art. 50 do Código Civil restou caracterizada

pelo desvio da função social da empresa, quanto às obrigações trabalhistas." (TRT/SP – 00084200704002004 – AP – Ac. 4ª T. – 20080254130 – relª Odette Silveira Moraes – DOE 11.4.2008)

"TEORIA DA DESCONSIDERAÇÃO DA PERSONALIDADE JURÍDICA. FRAUDE DE EXECUÇÃO. SÓCIO. A teoria do *disregard of legal entity*, ou da desconsideração da personalidade jurídica, aponta exatamente para a possibilidade de que o Juízo, desnudando a fictícia pessoa jurídica, revele sua composição societária como passível de suportar os ônus da execução, devendo arcar os sócios, portanto, com os efeitos executórios pendentes sobre a empresa, pouco importando que esse desvelamento tenha-se dado apenas durante a fase executória do feito, pois a pessoa jurídica da executada, que constou, exclusivamente, do polo passivo da demanda, era evidentemente composta por sócios desde o início da ação trabalhista, que, aliás, foram beneficiários da força de trabalho da ex-empregada, pelo que não se admite a tese de que o sócio seria estranho à lide, quando da alienação do bem, e que essa alienação teria ocorrido sem que configurada a hipótese prevista pelo art. 539, II, do CPC. Agravo de Petição a que nega provimento." (TRT/SP – 01017200500102002 – AP – Ac. 5ª T 20080235071 – relª Anelia Li Chum – DOE 11.4.2008)

"AGRAVO DE PETIÇÃO. DESCONSIDERAÇÃO DA PERSONALIDADE JURÍDICA. TEORIA OBJETIVA. Pela moderna doutrina trabalhista, a execução poderá alcançar os bens particulares dos sócios sempre que a empresa não apresentar patrimônio suficiente para satisfazer os débitos trabalhistas contra ela pendentes, independentemente de restar caracterizado o desvio de finalidade ou abuso de poder." (TRT – 17ª R. – AC 02323.2005.132.17.00.0 – relª Desª Carmen Vilma Garisto. – J. 22.3.2010)

"EXECUÇÃO. NULIDADE PROCESSUAL. AUSÊNCIA DE INTIMAÇÃO NA FASE DE CONHECIMENTO. TEORIA DA DESCONSIDERAÇÃO DA PERSONALIDADE JURÍDICA DO EMPREGADOR. RESPONSABILIDADE DE EX-SÓCIO. 1. Consoante leciona o ilustre jurista Mauro Schiavi, não obstante a pessoa jurídica não se confundir com a do sócio, a lei atribui a este a chamada responsabilidade patrimonial, de modo que seus bens podem vir a ser chamados a responder pela execução, nos casos em que a sociedade não apresente bens que satisfaçam a execução. Nesse passo, a sujeição do sócio — responsável econômico — não depende de sua participação no processo na fase de conhecimento. 2. Correta a constrição dos bens do ora agravante, considerando sua condição de ex-sócio da executada durante a relação de emprego do autor, bem como a inexistência de patrimônio da empresa executada capaz de garantir a execução, conforme salientado na decisão proferida pelo Tribunal Regional. 3. Agravo de instrumento não provido." (TST Processo: AIRR – 102640-11.2005.5.02.0201 – Data de Julgamento: 20.3.2013, rel. Min. Lelio Bentes Corrêa, 1ª Turma, Data de Publicação: DEJT 26.3.2013)

Nesse mesmo diapasão, sustenta com propriedade *Hermelino de Oliveira Santos*(54): "a inserção da doutrina da desconsideração no direito brasileiro ocorreu naturalmente em decorrência de questões envolvendo direito societário, inclusive a levar *Rubens Requião* a significativa conferência sobre o tema, 'Abuso de direito e fraude através da personalidade jurídica', protagonizando a inserção em nosso direito positivo (art. 28 do CDC e art. 50 do CC/2002). Haveria hipóteses de aplicação dessa doutrina nos casos em que sócios e administradores da sociedade, não obstante

(54) SANTOS, Hermelino de Oliveira. *Desconsideração da personalidade jurídica no processo do trabalho.* São Paulo: LTr, 2003. p. 42.

agirem aparentemente em conformidade com a lei e seus estatutos, incorressem em utilização da pessoa jurídica, mas em prejuízo desta ou de terceiros, ou ainda dos demais sócios. O que nos parece muito claro é que a invocação da doutrina da desconsideração prescinde da análise do específico caso concreto naquelas hipóteses em que o direito positivo ainda não a disciplinou."

A desconsideração da personalidade jurídica no processo do trabalho, na fase executória, pode ser determinada de ofício pelo Juiz do Trabalho (art. 878 da CLT), independentemente de requerimento da parte, em sede de decisão interlocutória, devidamente fundamentada (art. 93, IX, da CF). Não obstante, o sócio, uma vez tendo seus bens constritados para a garantia da execução tem o direito de invocar o chamado *benefício de ordem* e requerer que primeiro sejam excutidos os bens da sociedade, mas, para que tal seja possível será necessário que indique onde estão os bens, livres e desembarcados para penhora, que sejam de fácil liquidez, e obedeçam à ordem de preferência mencionada no art. 835, do CPC.

Nesse sentido, é o que preconizam o art. 795 e os §§ 1º e 2º, do Código de Processo Civil:

> "Os bens particulares dos sócios não respondem pelas dívidas da sociedade, senão nos casos previstos em lei.
>
> § 1º O sócio réu, quando responsável pelo pagamento da dívida da sociedade, tem o direito de exigir que primeiro sejam excutidos os bens da sociedade.
>
> § 2º Incumbe ao sócio que alegar o benefício do § 1º nomear quantos bens da sociedade situados na mesma comarca, livres e desembargados, bastem para pagar o débito."

O dispositivo acima consagra a responsabilidade subsidiária do sócio, pois prevê a faculdade deste invocar o benefício de ordem. Desse modo, a responsabilidade do sócio é subsidiária em face da pessoa jurídica, entretanto, a fim de dar maior garantia e solvabilidade ao crédito trabalhista, têm a doutrina e a jurisprudência, acertadamente, entendido que a responsabilidade dos sócios entre si é solidária. Sendo assim, se a pessoa jurídica tiver mais de um sócio, cada um deles responderá pela integralidade da dívida, independentemente do montante das cotas de cada um na participação societária. Aquele que pagou a dívida integralmente pode se voltar regressivamente em face dos demais sócios.

Quanto às sociedades anônimas, é possível a responsabilização dos diretores administradores, pois detêm a administração da sociedade, não sendo possível a responsabilização dos acionistas. Nesse diapasão, destaca-se a seguinte ementa:

> "Sociedade anônima — Penhora de bens dos diretores, administradores e conselheiros — Possibilidade. Empresa que fecha suas portas e não salda as dívidas existentes com seus credores é, para dizer o menos, um mal gestor de seus negócios. Mais, uma empresa que celebra um acordo judicial com treze empregados, para pagamento em 4 parcelas, e susta, sem nenhuma explicação, um dos cheques emitidos para a satisfação da avença, age muito mal, e no mínimo com culpa, não só contra os credores, mas contra o próprio Estado, que com sua chancela judicial, homologou referido acordo na expectativa de ter intermediado

a pacificação de um conflito. Assim sendo, e nos estreitos limites da Lei das Sociedades Anônimas, é possível a execução de bens dos diretores e administradores das sociedades anônimas em casos como o ora analisado." (TRT – 15ª R. – 2ª T. – AP n. 138/1999.126.15.00-1 – relª Mariane Khayat – DJ 2.2.07 – p. 84) (RDT n. 04 – abril de 2007)

No mesmo diapasão, dispõe o art. 158 da Lei n. 6.404/76, *in verbis*:

"O administrador não é pessoalmente responsável pelas obrigações que contrair em nome da sociedade e em virtude de ato regular de gestão; responde, porém, civilmente, pelos prejuízos que causar, quando proceder: I. dentro de suas atribuições ou poderes com culpa ou dolo; II. com violação da lei ou do estatuto;

[...] § 2º Os administradores são solidariamente responsáveis pelos prejuízos causados em virtude do não cumprimento dos deveres impostos pela lei para assegurar o funcionamento normal da companhia, ainda que, pelos estatutos, tais deveres não caibam a todos eles;

[...] § 5º Responderá solidariamente com o administrador que, como fim de obter vantagem para si ou para outrem, concorrer para a prática de ato com violação da lei ou do estatuto."

Como destaca *José Augusto Rodrigues Pinto*[(55)]:

> "O tratamento das duas leis é o mesmo, ou seja, a responsabilidade extensiva será determinada pela gestão patológica e ensejará a aplicação da teoria da *disregard of Coporate entity*. A distinção a considerar é do direcionamento da solidariedade: na sociedade anônima é para o administrador, uma vez que o sócio pode chegar a ser uma simples sombra, desprovida até de identidade no universo dos acionistas, que chega a ser imenso nas grandes corporações, despertando a advertência de Romita: 'impraticável será invocar-se a responsabilidade dos acionistas — é evidente'."

No aspecto, destacamos a seguinte ementa:

"DIRETOR DE S/A. Efeitos Execução. Inclusão de sócio diretor de S.A. Pressupostos. Ônus da prova. Atos irregulares de gestão. Execução vintenária. Presunção. Reunião de execuções. Princípio da CLT. Aplicação da lei dos executivos fiscais da união. Ausência de irregularidade. Inexistência de prejuízo ao direito de defesa. Excesso de execução. Impossibilidade de execução por outros meios. Prevalência do interesse da parte exequente a quem servem os atos expropriatórios. 1. O diretor de sociedade anônima, segundo a Lei das SA, responde pelos haveres decorrentes de obrigações contraídas pela sociedade, sempre que confirmada violação à Lei ou aos estatutos, nos atos de gestão. Presume-se presente tal condição, na hipótese dos autos, em que reclamação trabalhista versando sobre verbas rescisórias tramita há mais de vinte anos. O ônus da prova de que a gestão, positivamente, ocorreu *ex lege* e segundo os estatutos, incumbe à parte que alega o fato, obstativo do direito postulado, diante da referida presunção *juris tantum*. 2. A reunião de processos contra o mesmo devedor constitui princípio da CLT, que vigora desde a fase de cognição, nos termos de seu art. 842. Na fase de execução, quando se aplica, subsidiariamente, a Lei de Executivos Fiscais da União, tem-se expressa previsão do art. 28 (Lei n. 6.830/80), a propiciar a união, em favor da celeridade e da efetividade da execução. Tal medida não impõe ao devedor nenhum prejuízo, já que se lhe asseguram os meios legítimos de oposição e resistência, conforme constitucionalmente garantidos. Se, em vinte anos, não apresentam

(55) *Execução trabalhista:* estática – dinâmica – prática. São Paulo: LTr, 2006. p. 122.

os devedores meios hábeis para o pagamento de pouco mais de cinco mil reais, não pode a desproporção entre o valor em cobrança e o único bem imóvel disponível funcionar como obstáculo ao cumprimento da sentença, que tem por objetivo o interesse do exequente. Recurso conhecido e não provido." (TRT/SP – 01185006219845020371 – AP - Ac. 9ª T. – 20160383638 – Relª. Eliane Aparecida da Silva Pedroso – DOE 14.6.2016)

Com relação às sociedades sem finalidade lucrativa e entidades filantrópicas, em que pesem as opiniões em contrário no sentido de que seus sócios e administradores não responderem com o patrimônio pessoal já que tais entidades não perseguem lucro, de nossa parte também é possível a desconsideração em face do princípio da despersonalização do empregador (art. 2º da CLT) e também por estarem inseridos na categoria dos empregadores por equiparação (art. 2º, § 1º, da CLT). Além disso, não há exclusão legal nos arts. 50 do CC e 28 da Lei n. 8.078/90 quanto às referidas entidades. Não obstante, deve o magistrado trabalhista atuar com maior sensibilidade, analisando as circunstâncias do caso concreto, bem como os poderes de cada sócio ou administrador dentro de tais entidades.

No aspecto, destacamos a seguinte ementa:

"REDIRECIONAMENTO DA EXECUÇÃO PARA O DIRETOR DE ENTIDADES FILANTRÓPICAS. Os dirigentes de entidades filantrópicas encontram-se na mesma situação que os demais dirigentes das entidades com fins lucrativos, respondendo com seus bens pessoais, consoante art. 2º, § 2º, da CLT. Isto porque, a uma, a Consolidação das Leis do Trabalho (art. 2º, § 2º) não apresenta nenhuma discriminação ou privilégio de tais dirigentes e segundo o brocardo jurídico, onde a lei não distingue não cabe ao intérprete fazê-lo; a duas, em matéria de privilégios/imunizações ou isenções, quando o legislador quer atribuí-los, o faz expressamente; e a três, no cotejo entre as dignidades dos bens/destinatários envolvidos, ou seja, verba de natureza alimentar e hipossuficiente, de um lado; os litigantes/bens/patrimônios/direito de propriedade e dirigente de outro, as normas constitucionais e seus princípios nucleares, especialmente os da dignidade da pessoa humana, da proporcionalidade, da razoabilidade e da ponderação de interesses (pesos/medidas de Alexy e Dworkin) nos aconselham a dar guarida, no caso vertente, ao trabalhador. Agravo de petição a que se nega provimento." (TRT 1ª Região – Agravo de Petição – Processo n. 01648001320055010068 – 5ª Turma, rel. Des. Enoque Ribeiro dos Santos. DOERJ: 3.7.2013)

Ao contrário do que sustentam parte da doutrina e da jurisprudência, o sócio não precisa ser citado ou intimado da desconsideração da personalidade jurídica, para a apresentação de bens no prazo de 48 horas (art. 880 da CLT), uma vez que não é parte no processo, apenas responsável patrimonial secundário (art. 790, II, do CPC). Por isso, ele não é incluído no polo passivo, tampouco citado ou intimado. Fracassada a execução diante da pessoa jurídica, o Juiz do Trabalho poderá, expedir mandado de penhora em face dos bens do sócio ou até mesmo determinar o bloqueio de ativos financeiros deste. O sócio, tomando ciência da penhora, poderá se valer do benefício do art. 795, § 2º, do CPC e também apresentar embargos de terceiro para discutir sua responsabilidade e eventual ilegalidade da penhora.

No mesmo sentido, destacamos as seguintes ementas:

"AGRAVO DE PETIÇÃO — NULIDADE DE EXECUÇÃO — CITAÇÃO — Os sócios respondem com seus bens particulares pela dívida contraída pela empresa, quando esta não dispõe de bens livres e desembaraçados para satisfazer o débito, independentemente de citação pessoal." (TRT-MS-AP- 0195/1999. AC-TP-2231/1999. Rel. Juiz Nicanor de Araújo Lima. DJ 26.11.1999, p. 88)

"Agravo de petição. Execução na pessoa do sócio. Desnecessidade de nova citação. Na insuficiência de bens da empresa executada, age corretamente a Vara de origem, quando dirige a execução ao patrimônio do sócio, sendo desnecessária a renovação do ato de citação em seu nome, pois este é legalmente responsável pelos débitos da sociedade, nos termos do art. 592, II, do CPC. Provimento negado." (TRT/SP – 00944200300902004 – AP – Ac. 12ª T. – 20090622990 – rel. Delvio Buffulin – DOE 28.8.2009)

Nesse diapasão, destaca-se o Enunciado n. 2 da 1ª Jornada Nacional de Execução Trabalhista, realizada em novembro de 2011, *in verbis*:

"PODER GERAL DE CAUTELA. CONSTRIÇÃO CAUTELAR E DE OFÍCIO DE PATRIMÔNIO DO SÓCIO DA EMPRESA EXECUTADA, IMEDIATA À DESCONSIDERAÇÃO DA PERSONALIDADE JURÍDICA DESTA. CABIMENTO. Desconsiderada a personalidade jurídica da executada para atingir o patrimônio dos sócios, em se constatando a insuficiência de patrimônio da empresa, cabe a imediata constrição cautelar de ofício do patrimônio dos sócios, com fulcro no art. 798 do Código do Processo Civil (CPC), inclusive por meio dos convênios Bacen Jud e Renajud, antes do ato de citação do sócio a ser incluído no polo passivo, a fim de assegurar-se a efetividade do processo."

13.2.1. Do incidente de desconsideração da personalidade jurídica

O Código de Processo Civil de 2015 disciplina um sofisticado procedimento prévio para a desconsideração da personalidade jurídica da empresa, a fim de atingir o patrimônio dos sócios, nos arts. 133 a 137 do CPC, denonominado *incidente de desconsideração da personalidade jurídica*, aplicável em todas as fases do processo civil, inclusive na execução. Com efeito, dispõem os referidos dispositivos legais:

"Art. 133. O incidente de desconsideração da personalidade jurídica será instaurado a pedido da parte ou do Ministério Público, quando lhe couber intervir no processo. § 1º O pedido de desconsideração da personalidade jurídica observará os pressupostos previstos em lei. § 2º Aplica-se o disposto neste Capítulo à hipótese de desconsideração inversa da personalidade jurídica."

"Art. 134. O incidente de desconsideração é cabível em todas as fases do processo de conhecimento, no cumprimento de sentença e na execução fundada em título executivo extrajudicial. § 1º A instauração do incidente será imediatamente comunicada ao distribuidor para as anotações devidas. § 2º Dispensa-se a instauração do incidente se a desconsideração da personalidade jurídica for requerida na petição inicial, hipótese em que será citado o sócio ou a pessoa jurídica. § 3º A instauração do incidente suspenderá o processo, salvo na hipótese do § 2º. § 4º O requerimento deve demonstrar o preenchimento dos pressupostos legais específicos para desconsideração da personalidade jurídica."

"Art. 135. Instaurado o incidente, o sócio ou a pessoa jurídica será citado para manifestar-se e requerer as provas cabíveis no prazo de 15 (quinze) dias."

"Art. 136. Concluída a instrução, se necessária, o incidente será resolvido por decisão interlocutória. Parágrafo único. Se a decisão for proferida pelo relator, cabe agravo interno."

"Art. 137. Acolhido o pedido de desconsideração, a alienação ou a oneração de bens, havida em fraude de execução, será ineficaz em relação ao requerente."

Entre os civilistas, o chamado *incidente de desconsideração da personalidade jurídica*, previsto nos artigos acima citados, disciplinado como espécie de intervenção de terceiros, vem ganhando prestígio como forma de dar efetividade ao contraditório real, e dar segurança jurídica ao patrimônio do sócio. Muitos juristas da área trabalhista também simpatizam com o presente instituto.

Como assevera *Alexandre Freitas Câmara*(56), "o Código de Processo Civil inclui, entre as modalidades de intervenção de terceiro, o incidente de desconsideração da personalidade jurídica. Trata-se, na verdade, de um incidente processual que provoca a intervenção forçada de terceiro (já que alguém estranho ao processo — o sócio ou a sociedade, conforme o caso —, será citado e passará a ser parte no processo, ao menos até que seja resolvido o incidente). Caso se decida por não ser caso de desconsideração, aquele que foi citado por força do incidente será excluído do processo, encerrando-se assim, sua participação. De outro lado, caso se decida pela desconsideração, o sujeito que ingressou no processo passará a ocupar a posição de demandado, em litisconsórcio com o demandado original".

Em favor da aplicação deste incidente ao processo do trabalho, destacam-se:

a) a omissão da legislação processual trabalhista quanto à questão;

b) a Justiça do Trabalho utiliza as regras de direito material previstas no Código de Defesa do Consumidor e no Código Civil para fundamentar a desconsideração da personsalidade jurídica, tanto direta quanto inversa;

c) a observância do devido processo legal, oportunizando o contraditório prévio antes de invadir a esfera patrimonial do sócio, ou da pessoa jurídica (teoria inversa);

d) a justiça e o equilíbrio do procedimento.

Nesse sentido, sustenta *Wolney de Macedo Cordeiro*(57):

> "Uma das grandes inovações trazida pelo NCPC consiste na instituição do chamado incidente de desconsideração da personalidade jurídica. O novo instituto teve por finalidade estabelecer regras claras para a inserção do sócio na relação processual, após ser procedida à desconsideração da personalidade da pessoa jurídica. A iniciativa é louvável, na medida em que, até então, todo o tema da desconsideração era tratado no plano do direito material, sem qualquer disposição específica no plano processual. A ausência de uma norma processual específica sobre o tema trazia efeitos danosos, não só para as pessoas alvo da desconsideração, como também para o próprio trâmite procedimental. Não vislumbro qualquer tipo de incompatibilidade orgânica do instituto com o processo do trabalho. Os

(56) In: WAMBIER, Teresa Arruda Alvim; DIDIER JR., Fredie; TALAMINI, Eduardo; DANTAS, Bruno (Coords.). *Breves Comentários ao Novo Código de Processo Civil.* São Paulo: RT, 2015. p. 425.

(57) *Execução no Processo do Trabalho.* Salvador: JusPodivm, 2015. p. 182-183.

atributos da celeridade e da efetividade, típicos da execução laboral, não podem servir de pretexto para solapar as garantias do contraditório e a ampla defesa. Por outro lado, a falta de um regramento específico para a inserção do sócio no âmbito da tutela executiva, fazia emergir certo maniqueísmo no trato da responsabilização extraordinária, pressupondo sempre inequívoca a vinculação do terceiro à relação executiva."

No mesmo sentido, se posiciona *Bruno Freire e Silva*[(58)]:

"É patente que o motivo pelo qual a justiça do trabalho tem desconsiderado a personalidade jurídica dos executados (simples fato de não ter localização dos bens) e a forma que tem aplicado ao instituto (sem a prévia oportunidade de o sócio se defender) viola claramente os princípios do devido processo legal e do contraditório. Ademais, viola também as regras de distribuição do ônus da prova. Para que seja possível resguardar não só os princípios do contraditório e devido processo legal, mas também a distribuição do ônus da prova, é imperiosa a necessidade de estabelecimento de um processo de conhecimento para a desconsideração da personalidade jurídica."

De nossa parte, o referido incidente não será aplicável ao Processo do Trabalho, na fase de execução, pois o Juiz do Trabalho promove a execução de ofício (art. 878 da CLT) e o referido incidente de desconsideração é incompatível com a simplicidade e a celeridade da execução trabalhista. De outro lado, a hipossuficiência do credor trabalhista e a natureza alimentar do crédito autorizam o Juiz do Trabalho a postergar o contraditório na desconsideração após a garantia do juízo pela penhora.

Além disso, o presente incidente provoca complicadores desnecessários à simplicidade do procedimento da execução trabalhista, atrasa o procedimento (uma vez que o art. 134, § 3º, do CPC, determina a suspensão do processo quando instaurado o incidente) e, potencialmente, em muitos casos, pode inviabilizar a efetividade da execução. Pela teoria consolidada tanto pelo CPC/73 (arts. 592, II e 596) quanto pelo Código de Processo Civil de 2015 (arts. 790, II e 795), o sócio não é parte, nem terceiro no processo, apenas responsável patrimonial. Desse modo, seus bens podem vir a ser chamados a responder, mesmo que ele não figure no processo como parte ou terceiro no processo. Além disso, faz parte da sistemática processual trabalhista postergar o contraditório quanto as decisões interlocutórias (art. 893, da CLT).

O processo do trabalho intrumentaliza o Direito Material do Trabalho, e isso é sua razão de existência. Não se podem isolar as normas processuais do direito que instrumentaliza. Os princípios da natureza alimentar do crédito, da hipossuficiência do empregado, da despersonalização do empregador (arts. 2º, 10 e 448, da CLT), e da real impossibilidade do trabalhador demonstrar ato culposo do sócio a justificar a desconsideração, autorizam o Juiz do Trabalho a realizar a desconsideração da

(58) *O Novo CPC e o Processo do Trabalho*. Parte Geral. Vol. I. São Paulo: LTr, 2015. p. 118.

pessoa jurídica, tanto de forma direta como inversa, por meio de decisão interlocutória fundamentada (art. 93, IX, da CF), propiciando o contraditório *"a posteriori"*, por meio dos embargos à execução ou embargos de terceiro.

De nossa parte, não é correto afirmar que o sócio não tem oportunizado o direito ao contraditório, pois ele apenas fica postergado, para a fase posterior à garantia do juízo. São oportunizados ao sócio os embargos à execução, e os embargos de terceiro. Também são admitidos o Mandado de Segurança e a Exceção de Pré-Executividade para se questionar uma desconsideração abusiva da personalidade jurídica.

Pode-se ventilar a aplicação dos referidos dispositivos na fase de conhecimento no processo trabalhista (art. 769 da CLT), o que, ordinariamente, não acontece, pois os bens do sócio já respondem pela satisfação da dívida, independentemente de figurarem ou não na fase de conhecimento. Entretanto, caberá ao Juiz do Trabalho, avaliar, segundo os princípios de justiça, razoabilidade, proporcionalidade, contraditório efetivo, efetividade, e duração razoável do processo a pertinência de aplicar esse incidente na fase cognitiva do processo.

De outro lado, ainda que a jurisprudência trabalhista em razão do princípios do contraditório e da ampla defesa do sócio, entenda aplicável ao processo do trabalho, o presente incidente de desconsideração, pensamos que antes de processá-lo, sempre que possível, deverá o Juiz do Trabalho, em sede cautelar, determinar o bloqueio de numerário de dinheiro do sócio ou determinar medida cautelar de protesto contra alienação de seus bens (arts. 9º, I, 300 e 854 do CPC e 878 da CLT), limitados ao valor do execução, a fim de garantir o resultado útil do processo, evitar a transferência dos bens e assegurar a satisfação da execução em prazo razoável.

Em contrapartida, caso admita-se o incidente, algumas adaptações serão necessárias ao processo do trabalho: a) instauração de ofício pelo Juiz do Trabalho (art. 878, da CLT); b) ausência de feito suspensivo (considerando-se a natureza alimentar do crédito, e a celeridade do procedimento, bem como o princípio da duração razoável do processo); c) o ônus da prova será atribuído ao sócio ou à pessoa jurídica, à ausência dos requisitos para a desconsideração, uma vez que o trabalhador não tem condições de comprovar o ato "ultra vires"; d)garantia prévia do juízo; e) recurso em face da decisão que resolve o incidente sem efeito suspensivo.

Homero Batista Mateus da Silva(59), em obra lapidar, elenca importantes argumentos para afastar a aplicação do presente incidente no processo trabalhista, dentre os quais destacamos:

> "Para os fins trabalhistas, o empregador é meramente a atividade exercida sendo irrelevantes para a natureza jurídica que o reveste, sendo certo que qualquer alteração na natureza jurídica do empregador é inoponível ao empregado ativo (art. 448, da CLT) ou ao ex-empregado (art. 10 da CLT). Ademais, o princípio da primazia da realidade exige que os beneficiários

(59) *Curso de Diretio do Trabalho aplicado.* vol. 10 – Execução Trabalhista. 2. ed. São Paulo: RT, 2015. p. 57-59.

respondam pelos débitos trabalhistas, independentemente de sua natureza jurídica; os incidentes no processo do trabalho são resolvidos por despachos e decisões interlocutória e não desafiam agravo de intrumento, previsto no processo comum (art. 1.015, IV, do CPC/2015), donde o equívoco de se fazer autuação em apartado e sobrestar o andamento do feito para a solenidade (art. 133 e art. 134, § 3º, do CPC/2015); (...) O art. 50 do CC/2002 está em consonância com a realidade socieconômica vivida pelo processo do trabalho, em que alto grau de confusão patrimonial se verifica entre os bens e direitos dos sócios e da pessoa jurídica; diz-se haver promiscuidade patrimonial porque não se consegue separar com clareza onde acaba o pratrimônio afetado da pessoa jurídica e começam os bens particulares dos sócios e seus familiares; (...) Há possibilidade de produção de provas em sede de execução, inclusive com oitiva de testemunhas, prevista pelo art. 884 da CLT, *caput*, §§ 1º e 2º, em sede de embargos à execução, o que abrange o conceito de instrução probatória do incdente previsto pelo art. 136 do CPC; (...) O contraditório diferido é uma das singularidades do processo do trabalho, a começar pelo princípio da irrecorribilidade das decisões interlocutórias, sendo que, no caso do incidente de desconsideração da personsalidade jurídica, esta diretirz seria invertida sem nenhum fato novo que justifique."

No mesmo sentido, argumenta *Cleber Lúcio de Almeida*(60):

"O princípio da simplificação das formas e procedimentos, que informa o direito processual do trabalho, impede a instauração de incidente de desconsideração da personalidade jurídica como procedimento autônomo, em especial com força suficiente para suspensão do processo, no caso de o pedido de desconsideração não constar da petição da petição inicial. O novo CPC, em favor da celeridade processual, elimina a formação de incidentes (a incompetência absoluta e a impugançãо do valor da causa, por exemplo, passam a integrar o rol das preliminares da contestação), o que já é uma realidade no processo do trabalho, no qual somente podem ser opostas, com suspensão do feito, as exceções de suspeição, impedimento e incompetência em razão do lugar, devendo as demais exceções ser alegadas como matérias de defesa (art. 799, *caput*, e § 1º, da CLT) e, em se tratando de procedimento sumaríssimo, os incidentes são resolvidos em audiência (art. 852-G da CLT). Destarte, não é compatível com o direito processual a previsão de que, requerida, a desconsideração da personalidade jurídica, deverá ser instaurado incidente, com suspensão do processo, medida que se mostra, inclusive, injustificável, na medida em que faz depender do reconhecimento do crédito (objeto da demanda) a fixação da responsabilidade pela sua satisfação (objeto do incidente)."

(60) Incidente de Desconsideração da Personalidade Jurídica. In: *O Novo Código de Processo Civil e seus reflexos no Processo do Trabalho*. Salvador: JusPodivm, 2015. p. 294.

O Tribunal Superior do Trabalho, recentemente, por meio da Instrução Normativa n. 39/16 admitiu a aplicabilidade do incidente de desconsideração da personalidade jurídica no processo do trabalho, com algumas adaptações. Com efeito, dispõe o art. 6º, da referia instução:

> "Aplica-se ao Processo do Trabalho o incidente de desconsideração da personalidade jurídica regulado no Código de Processo Civil (arts. 133 a 137), assegurada a iniciativa também do juiz do trabalho na fase de execução (CLT, art. 878). § 1º Da decisão interlocutória que acolher ou rejeitar o incidente: I – na fase de cognição, não cabe recurso de imediato, na forma do art. 893, § 1º da CLT; II – na fase de execução, cabe agravo de petição, independentemente de garantia do juízo; III – cabe agravo interno se proferida pelo Relator, em incidente instaurado originariamente no tribunal (CPC, art. 932, inciso VI). § 2º A instauração do incidente suspenderá o processo, sem prejuízo de concessão da tutela de urgência de natureza cautelar de que trata o art. 301 do CPC."

A referida instrução teve os méritos de assegurar ao magistrado trabalhista a iniciativa de instaurar de ofício o incidente, bem como a possibiidade do juiz manejar as tutelas de urgência para garantir a efetividade da execução. De outro lado, a doutrina, com razão, tem criticado o referido posicionamento do TST, uma vez que fora admitido o efeito suspensivo ao incidente, bem como seu processamento sem a garantia do juízo, o que conflita com o sistema da execução trabalhista que exige a garantia ao juízo para utilização dos meios de impugnação, principalmente quanto ao Agravo de Petição.

13.3. Do sócio que se retirou da sociedade há mais de 2 anos da data do ingresso da ação

Assevera o art. 1.003 do Código Civil: "A cessão total ou parcial de quota, sem a correspondente modificação do contrato social com o consentimento dos demais sócios, não terá eficácia quanto a estes e à sociedade. Parágrafo único. Até dois anos depois de averbada a modificação do contrato, responde o cedente solidariamente com o cessionário, perante a sociedade e terceiros, pelas obrigações que tinha como sócio."

No mesmo sentido, dispõe o art. 1.032 do Código Civil, *in verbis*:

> "A retirada, exclusão ou morte do sócio, não o exime, ou a seus herdeiros, da responsabilidade pelas obrigações sociais anteriores, até dois anos após averbada a resolução da sociedade; nem nos dois primeiros casos, pelas posteriores e em igual prazo, enquanto não se requerer a averbação."

Conforme os referidos dispositivos legais, o sócio que se retirou da sociedade não mais responde pelas dívidas desta após dois anos da data da retirada.

Questiona-se: a limitação da responsabilidade do sócio retirante há dois anos é compatível com os princípios que norteiam o Direito Material e o Processual do Trabalho?

Parte da jurisprudência se mostra refratária à aplicação do art. 1.003 do CC ao Processo do Trabalho, argumentando que a responsabilidade do sócio retirante persiste para fins trabalhistas, mesmo depois de dois anos, pois se o sócio retirante estava na sociedade à época da prestação de serviço e usufruiu da mão de obra do trabalhador é justo que seu patrimônio responda pelos débitos trabalhistas. Além disso, argumentam incompatibilidade com os princípios protetor, da natureza alimentar e da irrenunciabilidade do crédito trabalhista.

Nesse sentido, relevante destacar as seguintes ementas:

> "RESPONSABILIDADE DO EX-SÓCIO. INAPLICABILIDADE DOS ARTS. 1.003 E 1.025 DO ATUAL CÓDIGO CIVIL. Os novos dispositivos legais previstos no atual Código Civil vigente, quais sejam os arts. 1.003, parágrafo único, e 1.025 do Livro II (Direito de Empresa e da Sociedade), seção II (Dos Direitos e Obrigações dos Sócios) e seção IV (Das relações com Terceiros), concernentes à responsabilidade solidária do sócio cedente de suas quotas até 2 anos após a retirada da sociedade, passaram a viger somente a partir de 10.1.2003, nos termos do art. 2044 do NCC. Tratando-se de disposições legais que versam sobre direito material, seus efeitos não retroagem para alcançar fatos já consumados sob a lei vigente à época (art. 6º da LICC). E, ainda que assim não fosse, o dispositivo em tela não se aplica à esfera trabalhista, por se tratar de crédito de natureza alimentar decorrente de serviços prestados pelo autor que beneficiaram diretamente a empresa e seus sócios, que não podem se eximir da responsabilidade por sua devida satisfação. Assim, mantém-se a responsabilidade daquele que foi sócio à época de prestação de serviços pelo exequente, ingressando no polo passivo da execução em andamento, em face da desconsideração da personalidade jurídica." (TRT – 2ª R. – Ap 02472199603102005 – (AC. 4ª T. – 20080538619) – rel. Ricardo Artur Costa e Trigueiros. DOE/SP 27.6.08. *In:* Irany Ferrari e Melchíades Rodrigues Martins. *Suplementos de Jurisprudência* n. 42/2008. São Paulo: LTr, 2008)

> "Desconsideração da personalidade jurídica — Sócio retirante — Responsabilidade. Ainda que seja induvidosa a possibilidade dos sócios responderem por créditos trabalhistas quando a empresa não tenha condições de fazê-lo, há que se respeitar limites impostos pela razoabilidade. O sócio deve ter se beneficiado da mão de obra do trabalhador, ao menos durante parte do contrato de trabalho, o que equivale a afirmar que responde quando sua saída do quadro social ocorre durante ou após o encerramento do vínculo de emprego. Em contrapartida, o sócio que se retirou antes mesmo do início da prestação de serviços, não pode ser responsabilizado por débitos trabalhistas da empresa em relação a esse contrato. Agravo de petição do executado a que se dá provimento para limitar sua responsabilidade até a data da saída da sociedade." (TRT – 9ª R. – Seção Especializada – relª Desª Marlene T. Fuverki Suguimatsu – 4.9.09 – Processo n. 1346/1992.661.09.00-2) (RDT n. 11 – novembro de 2009)

Outros argumentam que o art. 1.003 do CC se aplica integralmente ao processo do trabalho, em razão de omissão da CLT e compatibilidade com os princípios que regem a execução trabalhista, máxime os da dignidade da pessoa humana do executado e meios menos gravosos da execução (arts. 769 e 889 da CLT). Nesse diapasão, destaca-se a seguinte ementa:

> "O sócio que se desliga da empresa não pode mais, a partir de então, continuar arcando com responsabilidades pecuniárias atinentes a ela, exceto quanto ao período anterior em que permaneceu como sócio." (TRT – 2ª T. – 1ª T. – Ac. n. 20970206000 – rel. Braz José Mollica – DJSP 19.5.97 – p. 54)

Nesse sentido, é a visão de *Pedro Paulo Teixeira Manus*(61):

> "[...] Podemos afirmar que, abstratamente, o ex-sócio, após dois anos da averbação da alteração contratual por sua retirada da sociedade não mais responde pelas obrigações sociais. Todavia, no caso concreto, pode vir alguém a ser responsabilizado após tal lapso, se se constatar que a dívida com o empregado existia à época em que este ex-sócio pertencia à sociedade. Constatada a impossibilidade de se satisfazer do débito pela sociedade e pelos atuais sócios, pode este vir a ser chamado à responsabilidade."

No nosso sentir, o art. 1.003 do Código Civil se aplica ao Processo do Trabalho, por conter um critério objetivo e razoável de delimitação da responsabilidade do sócio retirante. Não obstante, em casos de fraude ou de notória insolvência da empresa ao tempo da retirada, a responsabilidade do sócio retirante deve persistir por prazo superior a dois anos.

Por outro lado, a experiência nos tem demonstrado que muitos sócios deixam a sociedade quando ela tem dívidas trabalhistas ou está prestes a sofrer execuções trabalhistas que possam levá-la à insolvência. Em razão disso, pensamos que o sócio retirante, pelo princípio da boa-fé objetiva que deve nortear os negócios jurídicos, ao sair da sociedade, deve retirar certidões que comprovem a inexistência de dívidas trabalhistas à época da saída, ou que, mesmo elas existentes, a sociedade tem patrimônio suficiente para quitá-las. Caso contrário, a responsabilidade do sócio retirante persistirá mesmo após dois anos contados da data da saída.

Nesse diapasão, destacam-se as seguintes ementas:

> "Execução — Inexistência de bens da empresa executada — Responsabilidade do ex-sócio — Limites. Conforme se depreende do preceito contido no art. 1.032 do CCB, aplicável ao Direito do Trabalho por força do art. 8º da CLT, a responsabilidade do ex-sócio limita-se às obrigações sociais anteriores à averbação da alteração contratual referente a sua retirada do quadro societário da empresa, não podendo ser responsabilizado por obrigação posteriormente contraída pela sociedade." (TRT – 3ª R. – 2ª T. – AP n. 1331/1999.109.03.00-0 – rel. João Bosco P. Lara – DJ 24.1.07 – p. 15) (RDT n. 03 – março de 2007)

> "AGRAVO DE PETIÇÃO — RESPONSABILITADE DO SÓCIO RETIRANTE. A responsabilidade do sócio que se retira da sociedade é limitada a dois anos a partir da sua saída. Regra jurídica já existente no art. 5º, parágrafo único, do Decreto-lei n. 7.661/45 e renovada no art. 1.032 do Código Civil. Sócio que não integrava o quadro societário da reclamada no período em que o reclamante prestou serviços não responde pelos débitos desta. Agravo provido." (TRT/SP – 00991003519945020202 – AP – Ac. 12ª T. 20110218510 – rel. Francisco Ferreira Jorge Neto – DOE 4.3.2011)

13.3.1. Teoria inversa da desconsideração da personalidade jurídica

A moderna doutrina, diante dos princípios da boa-fé objetiva e da função social da atividade empresarial, tem defendido a aplicação da teoria *inversa da desconsideração da personalidade jurídica*. Vale dizer: responsabilizar o patrimônio da

(61) MANUS, Pedro Paulo Teixeira. *Execução de sentença no processo do trabalho*. 2. ed. São Paulo: Atlas, 2005. p. 102.

pessoa jurídica, por atos praticados por seus dirigentes de forma abusiva ou ilícita, por intepretação evolutiva e teleológica dos já citados arts. 50 do Código Civil e 28 do Código de Defesa do Consumidor.

Conforme *Fábio Konder Comparato*(62):

> "Aliás, a desconsideração da personalidade jurídica não atua apenas no sentido da responsabilidade do controlador por dívidas da sociedade controlada, mas também em sentido inverso, ou seja, no da responsabilidade desta última por atos do seu controlador. A jurisprudência americana, por exemplo, já firmou o princípio de que os contratos celebrados pelo sócio único, ou pelo acionista largamente majoritário, em benefício da companhia, mesmo quando não foi a sociedade formalmente parte do negócio, obrigam o patrimônio social, uma vez demonstrada a confusão patrimonial de facto."

A presente teoria se aplica ao processo do trabalho (arts. 769 e 889 da CLT), pois tem por objetivo fixar maior garantia de solvabilidade do crédito trabalhista.

Nesse sentido, decidiu, recentemente, de forma brilhante, o Superior Tribunal de Justiça, cuja ementa vale ser transcrita:

> "PROCESSUAL CIVIL E CIVIL. RECURSO ESPECIAL. EXECUÇÃO DE TÍTULO JUDICIAL. ART. 50 DO CC/02. DESCONSIDERAÇÃO DA PERSONALIDADE JURÍDICA INVERSA. POSSIBILIDADE. I – A ausência de decisão acerca dos dispositivos legais indicados como violados impede o conhecimento do recurso especial. Súmula n. 211/STJ. II – Os embargos declaratórios têm como objetivo sanear eventual obscuridade, contradição ou omissão existentes na decisão recorrida. Inexiste ofensa ao art. 535 do CPC, quando o Tribunal *a quo* pronuncia-se de forma clara e precisa sobre a questão posta nos autos, assentando-se em fundamentos suficientes para embasar a decisão, como ocorrido na espécie. III – A desconsideração inversa da personalidade jurídica caracteriza-se pelo afastamento da autonomia patrimonial da sociedade, para, contrariamente do que ocorre na desconsideração da personalidade propriamente dita, atingir o ente coletivo e seu patrimônio social, de modo a responsabilizar a pessoa jurídica por obrigações do sócio controlador. IV – Considerando-se que a finalidade da *disregard doctrine* é combater a utilização indevida do ente societário por seus sócios, o que pode ocorrer também nos casos em que o sócio controlador esvazia o seu patrimônio pessoal e o integraliza na pessoa jurídica, conclui-se, de uma interpretação teleológica do art. 50 do CC/02, ser possível a desconsideração inversa da personalidade jurídica, de modo a atingir bens da sociedade em razão de dívidas contraídas pelo sócio controlador, conquanto preenchidos os requisitos previstos na norma. V – A desconsideração da personalidade jurídica configura-se como medida excepcional. Sua adoção somente é recomendada quando forem atendidos os pressupostos específicos relacionados com a fraude ou abuso de direito estabelecidos no art. 50 do CC/02. Somente se forem verificados os requisitos de sua incidência, poderá o juiz, no próprio processo de execução, "levantar o véu" da personalidade jurídica para que o ato de expropriação atinja os bens da empresa. VI – À luz das provas produzidas, a decisão proferida no primeiro grau de jurisdição, entendeu, mediante minuciosa fundamentação, pela ocorrência de confusão patrimonial e abuso de direito por parte do recorrente, ao se utilizar indevidamente de sua

(62) *O poder de controle na sociedade anônima.* Rio de Janeiro: Forense, 2008. p. 464.

empresa para adquirir bens de uso particular. VII – Em conclusão, a r. decisão atacada, ao manter a decisão proferida no primeiro grau de jurisdição, afigurou-se escorreita, merecendo assim ser mantida por seus próprios fundamentos. Recurso especial não provido." (STJ – REsp n. 948.117/MS, Recurso especial T3 – 3ª T. – 2007/0045262-5. Ministra Nancy Andrigui – j. 22.6.2010 – DJe 3.8.2010)

A jurisprudência trabalhista tem aplicado a teoria inversa da desconsideração da personalidade jurídica na execução, nas seguintes hipóteses:

a) o sócio responsável pela empresa executada no processo trabalhista que também é sócio de outra empresa que está solvente;

b) o sócio da empresa executada, também é sócio de outras empresas, na hipótese de configuração de grupo econômico.

Nas hipóteses acima, o patrimônio da pessoa jurídica pode ser atingido por dívidas do sócio. Nesse sentido, destacam-se as seguintes ementas que retratam a presente tendência:

"Execução. Desconsideração inversa da personalidade jurídica. Inexistência de bens do devedor principal ou de seus sócios. Existência de empresa de propriedade de sócios. Grupo econômico. A pessoa jurídica não pode servir de anteparo para o inadimplemento de crédito exequendo, sendo a desconsideração da personalidade jurídica salutar solução para assegurar a satisfação final do crédito. Caso a pessoa física não apresente bens, mas seja proprietária de outra empresa, esta é passível de constrição de seus bens. O fato de serem ambas controladas pela mesma pessoa configura grupo econômico, que autoriza a penhora pela ocorrência da solidariedade. Agravo de Petição provido." (TRT/SP – ACÓRDÃO N.: 20140265117 – PROCESSO N.: 02233009619915020048. ANO: 2014 – TURMA: 14ª – relator: Davi Furtado Meirelles. DOE/SP 4.4.2014)

"DESCONSIDERAÇÃO INVERSA DA PERSONALIDADE JURÍDICA. EXECUÇÃO. A expressão "desconsideração inversa da personalidade jurídica" é utilizada pela doutrina e jurisprudência como sendo a busca pela responsabilização da sociedade quanto às dívidas dos sócios, utilizando-se para isto, a quebra da autonomia patrimonial. Diante disso, na desconsideração inversa, a responsabilidade ocorre no sentido contrário, ou seja, os bens da sociedade respondem por atos praticados pelos sócios, aplicando-se ao caso os mesmos princípios da teoria da desconsideração da personalidade jurídica. Tem como fundamento o art. 646 do CPC - "a execução por quantia certa tem por objeto expropriar bens do devedor, a fim de satisfazer o direito do credor." Perfeitamente cabível na esfera trabalhista, diante da natureza alimentar da verba cá vindicada. Dou Provimento ao Agravo." (TRT/SP – AGRAVO DE PETIÇÃO EM RITO SUMARÍSSIMO. ACÓRDÃO N.: 20130297482 – PROCESSO N.: 02639000220075020501 – ANO: 2013 – TURMA: 4ª – relatora: Ivani Contini Bramante. DOE 12.4.2013)

"Inaplicabilidade dos arts. 1.003 e 1.032 do Código Civil ao Processo do Trabalho. Incompatibilidade do instituto. As questões invocadas quanto à parcela de responsabilidade social e ao biênio de que tratam os arts. 1.003, parágrafo único e 1.032, do Código Civil, devem ser apreciadas com as devidas restrições, em sede de Direito do Trabalho, na forma do art. 8º, parágrafo único, da CLT. A relação empregatícia caracteriza-se como contrato de trabalho, baseado na equação prestação de trabalho/contraprestação do trabalho prestado. Não se trata de ato negocial civil ou comercial, onde há igualdade entre as partes contratantes. O desequilíbrio entre o trabalhador e o empregador caracteriza e informa o Direito do Trabalho, motivo pelo qual não se exige que o empregado busque informações acerca da higidez financeira do empregador, ou da parcela de responsabilidade dos sócios que integram a pessoa jurídica. Ao trabalho prestado corresponde a devida contraprestação, estabelecida em lei. Desconsideração inversa da personalidade jurídica. Conforme doutrina de Carlos Roberto Gonçalves, citando Fábio Ulhoa, caracteriza-se a desconsideração inversa quando é afastado o princípio da autonomia patrimonial da pessoa jurídica para responsabilizar a sociedade por obrigação do sócio. Ora, no presente caso os acionistas da agravante são responsáveis, enquanto ex-sócios da executada. Via de consequência, a empresa da qual fazem parte, ora recorrente, também o é." (TRT/SP – TIPO: AGRAVO DE PETIÇÃO. DATA DE JULGAMENTO: 12.12.2011. ACÓRDÃO N.: 20111609342 – rel. Paulo Sérgio Jakutis. DOE: 27.1.2012)

13.4. Bens do cônjuge ou companheiro

Assevera o art. 790 do CPC, no inciso IV, que os bens *do cônjuge, ou companheiro, nos casos em que os seus bens próprios, reservados ou de sua meação respondem pela dívida.*

Os bens do cônjuge ou companheiro respondem pelas dívidas, uma vez que há presunção de que as dívidas contraídas pelo outro cônjuge foram em benefício do casal, máxime se um deles exercer atividade econômica.

Na esfera do Processo do Trabalho, a responsabilidade do cônjuge se justifica em razão da proteção do crédito trabalhista quando a empresa não apresenta bens que solucionem a execução, decorrente da atividade do sócio da empresa ser em benefício do casal e, na maioria das vezes, todos os bens estarem em nome do casal ou do outro cônjuge que não é sócio da empresa.

Conforme assevera *Valentin Carrion*(63):

> "Os bens do cônjuge estão sujeitos à execução, nos casos em que respondem pela dívida (CPC, art. 592). Mesmo que o art. 246 do CC de 1916 não tenha correspondente no CC de 2002, a meação de qualquer dos cônjuges continua preservada e não responde pela dívida, do outro; só a dívida para a economia doméstica (CC, art. 1.643) é solidária. O CPC, art. 1.046, autoriza os embargos para defesa da meação. Entretanto, é de presumir-se que o produto da atividade empresarial sempre é usufruído por ambos os cônjuges; o contrário necessita de prova."

Não obstante, o cônjuge pode conseguir derrubar a presunção de que foi beneficiado pelas dívidas contraídas pelo outro. Para tanto, deve ser intimado sobre a penhora, e poderá opor embargos à execução invocando vício da penhora e também embargos de terceiro,visando à liberação dos bens próprios ou reservados, conforme o art. 674, § 2º, I, do CPC, *in verbis*:

> "Quem, não sendo parte no processo, sofrer constrição ou ameaça de constrição sobre bens que possua ou sobre os quais tenha direito incompatível com o ato constritivo, poderá requerer seu desfazimento ou sua inibição por meio de embargos de terceiro (...) § 2º Considera-se terceiro, para ajuizamento dos embargos: I – o cônjuge ou companheiro, quando defende a posse de bens próprios ou de sua meação, ressalvado o disposto no art. 843."

---

(63) CARRION, Valentin. *Comentários à Consolidação das Leis do Trabalho*. 30. ed. São Paulo: Saraiva, 2005. p. 736-737.

Nesse sentido, argumenta com propriedade *Francisco Antonio de Oliveira*[(64)]: "Segundo o melhor entendimento, para que o cônjuge possa ter sucesso, é mister demonstrar que a dívida contraída pela sociedade (executada) não reverteu em prol da manutenção do sustento familiar, demonstrando, *v. g.*, a existência de rendas outras que serviram de suporte da manutenção da família. *A contrario sensu* deverão responder pelos créditos trabalhistas os bens do casal sempre que o cônjuge meeiro não demonstrar que a renda usufruída da sociedade não foi destinada à manutenção da família."

No mesmo diapasão, vem se alinhando a jurisprudência, conforme as seguintes ementas:

"Penhora casal — Bem móvel — Meação. Somente havendo prova de que os bens constritos foram adquiridos através de recursos próprios decorrentes dos rendimentos do trabalho exclusivo do recorrente, é que se pode desconstituir a presunção de que foram adquiridos pelo casal, fruto de economia comum. E porque não demonstrado, de forma insofismável, que a dívida contraída pela empresa, executada, da qual são sócios marido e mulher, não se reverteu em benefício dele ou de sua família, há que se presumir o que ordinariamente acontece: o marido beneficia-se da atividade empresarial de sua esposa, pelo que deve responder com os seus bens pelas obrigações daí advindas." (TRT – 3ª R. – 8ª T. – AP n. 425/2003.108.03.00-2 – rel. José M. de Campos – DJMG 9.8.03 – p. 17)

"Responsabilidade dos bens do cônjuge. As dívidas trabalhistas resultantes do exercício empresarial da mulher são comunicáveis ao seu cônjuge, uma vez que, presumivelmente, foram contraídas em benefício da família. O contrário requer prova." (TRT – 3ª R. – 5ª T. – AgP n. 3.093/96 – rel. Juiz Marcos Calvo – DJMG 10.5.97 – p. 9)

"Meação — Possibilidade de preservação. Em regra, os bens do cônjuge respondem pelos débitos trabalhistas, exceto se demonstrado que o produto auferido pelo executado não reverteu em prol da manutenção familiar." (TRT – 3ª R. – 6ª T. – RO n. 589/2006.079.03.00-1 – rel. Ricardo Antônio Mohallem – DJ 19.10.06 – p. 13)

13.5. Da responsabilidade do devedor subsidiário

Segundo os ensinamentos da doutrina, a responsabilidade subsidiária é secundária, pois primeiro há que se esgotarem os meios de satisfação da dívida com o devedor principal, para atingir o patrimônio do devedor subsidiário.

Nesse sentido, destacamos as seguintes ementas:

"Execução — Condenação subsidiária. Somente após a comprovação da insolvência do devedor principal, e afastado fundamentadamente o benefício da excussão devidamente articulado, pode ser executado o responsável subsidiário." (TRT – 12ª R. – 1ª T. – Ac. n. 4655/2000 – rel. Juiz Luiz Fernando Cabeda – DJSC 31.5.2000 – p. 270)

"Execução definitiva contra devedor subsidiário. Provado nos autos que foram esgotadas, sem sucesso, as tentativas para executar a devedora principal, cujo estado de insolvência se evidencia pela desativação de suas instalações e inexistência de bens aptos a garantir a execução definitiva, deve ela prosseguir contra a devedora subsidiária. Registre-se, por relevante, que se trata de procedimento sumaríssimo e a devedora subsidiária, ora agravante,

(64) OLIVEIRA, Francisco Antonio de. *Execução na Justiça do Trabalho*. 5. ed. São Paulo: RT, 2006. p. 169.

ao ter os seus bens penhorados, não invocou o benefício de ordem, deixando de indicar bens do devedor principal hábeis à penhora, o que convalida a constrição realizada. Agravo de petição não provido." (TRT – 15ª R. – 2ª T. – APPS n. 2392/1999.023.15.00-7 – rel. Samuel C. Leite – DJSP 30.9.05 – p. 37)

Ao contrário do que vem sustentando a jurisprudência predominante, pensamos que não há necessidade de primeiro se esgotarem os meios de execução em face do devedor principal, podendo inclusive a execução se iniciar em face do devedor subsidiário, pois este tem a faculdade de invocar o benefício de ordem exigindo que a execução se inicie diante do devedor principal; para tanto deve declinar onde estão os bens do devedor principal (art. 795 do CPC).

No aspecto, vale destacar a seguinte ementa:

"EXECUÇÃO DO DEVEDOR SUBSIDIÁRIO. BENEFÍCIO DE ORDEM. A condenação subsidiária do tomador baseia-se no fato de que se beneficiou direta e imediatamente do serviço prestado pelo trabalhador, para consecução de seu objeto social, devendo, portanto, responder pelos débitos trabalhistas respectivos. Compete-lhe, assim, quando demandado, exercer validamente o benefício de ordem na forma dos arts. 595 e 596, § 1º, do CPC, aqui aplicados analogicamente por força do art. 8º, *caput*, da CLT. Porém, se o devedor subsidiário não indica de forma concreta, nem em embargos à execução, tampouco no agravo de petição, bens específicos que sejam suficientes, livres e situados no foro da execução, responde pela execução que lhe cabe, ante a delimitação temporal constante da sentença transitada em julgado." (TRT/SP – 01179000320065020005 – AP – Ac. 4ª T. – 20120806570 – rel. Paulo Sérgio Jakutis – DOE 27.7.2012)

De outro lado, ainda que se entenda que a execução deve, necessariamente, se iniciar pelo devedor principal, não há necessidade de se esgotarem os meios executivos em face dele, pois o fato de ser citado ou intimado para pagar e não quitar a dívida, já há a mora do devedor principal, o que justifica o prosseguimento da execução perante devedor subsidiário. Nesse sentido, é o que preconiza o art. 786 do Código de Processo Civil, que se aplica ao Processo do Trabalho por força dos arts. 769 e 889 da CLT, *in verbis*:

"A execução pode ser instaurada caso o devedor não satisfaça a obrigação certa, líquida e exigível, consubstanciada em título executivo."

Nesse diapasão, destacamos as seguintes ementas:

"Execução — Devedor subsidiário. O inadimplemento da obrigação trabalhista, pelo devedor principal, por si só, enseja a possibilidade de execução, contra o devedor subsidiário. A subsidiariedade, somente, permite aos corresponsáveis a garantia de exigir o benefício de ordem, caso nomeiem bens livres e desembaraçados do devedor principal, situados no mesmo município e suficientes para solver o débito, nos termos do disposto nos arts. 827 do Código Civil, 595 do Código de Processo Civil, e 4º, § 3º, da Lei n. 6.830/80." (TRT – 3ª R. – 1ª T. – AP n. 118/1995.016.03.00-7 – relª Adriana G. de Sena – DJMG 1º.9.04 – p. 6)

"Execução de devedor subsidiário — Benefício de ordem — Inaplicabilidade. Para que o devedor subsidiário possa ser executado não é preciso que os bens do devedor principal sejam excutidos primeiro. É que o Enunciado n. 331, IV, do TST, criou condição praticamente idêntica à prevista no art. 455 da CLT, vale dizer, basta o inadimplemento da obrigação pelo devedor principal para se poder iniciar a execução contra o devedor subsidiário. Caso contrário, estar-se-ia transferindo para o hipossuficiente ou para o Juízo da execução trabalhista o ônus de localizar os bens particulares do devedor principal, providência muitas vezes inócua e que deságua na procrastinação desnecessária da satisfação do crédito de natureza alimentar do exequente." (TRT – 3ª R. – 3ª T. – Ap. n. 280/2002 – rel. Paulo Maurício R. Pires – DJMG 19.3.2002 – p. 17)

"FALÊNCIA DA DEVEDORA PRINCIPAL. POSSIBILIDADE DE REDIRECIONAMENTO DA EXECUÇÃO CONTRA A DEVEDORA SUBSIDIÁRIA MESMO SEM A PRÉVIA HABILITAÇÃO DO CRÉDITO E SEM A TENTATIVA DE EXECUÇÃO DOS BENS DOS SÓCIOS DA EMPRESA FALIDA. É cediço que o devedor subsidiário só pode ser responsabilizado pelo débito após o esgotamento das possibilidades de recebimento do devedor principal. Contudo, a decretação da falência deste dá outros contornos ao aludido esgotamento, porquanto torna patente o seu estado de insolvência e faz presumir as reduzidas possibilidades de sucesso na execução. Nesse caso, autoriza-se o redirecionamento da execução contra o devedor subsidiário, mesmo sem a prévia habilitação do crédito do obreiro e sem a tentativa de execução dos sócios da devedora principal." (TRT/SP – 02903009720055020024 (02903200502402007) – AP – Ac. 8ª T. 20110295646 – relª Silvia Almeida Prado – DOE 18.3.2011)

"Falência. Responsabilidade subsidiária. Decretada a falência do devedor principal, legítimo é o prosseguimento da execução em face do responsável subsidiário. Aplicação analógica do art. 828, III do Código Civil." (TRT/SP – 01127007320075020039 – AP – Ac. 1ª T. – 20120960871 – rel. Wilson Fernandes – DOE 30.8.2012).

"RESPONSABILIDADE SUBSIDIÁRIA. FALÊNCIA DO DEVEDOR PRINCIPAL. A falência da primeira executada é prova cabal de sua incapacidade para satisfazer o crédito do obreiro. A habilitação do crédito no Juízo Falimentar implicaria na submissão a um processo longo, e de resultado incerto, diante do concurso de credores e do limite legal ao crédito trabalhista. A responsabilidade subsidiária do tomador de serviços objetiva a garantia da quitação do crédito trabalhista de maneira célere, tendo em vista sua natureza alimentar. Uma vez demonstrada a insolvência da devedora principal, deve a execução prosseguir contra o responsável subsidiário ."(TRT/SP - Tipo: Agravo de Petição – Data de julgamento: 10.9.2013. Relator(a): Ivani Contini Bramante. Revisor(a): Ivete Ribeiro – Acórdão n.: 20130984544 – Processo n.: 02299001420085020089 A20 – Ano: 2013. Turma: 4ª – Data de publicação: 20.9.2013)

Nesse sentido, também, dispõe o Enunciado n. 7 da 1ª Jornada Nacional de Execução Trabalhista, realizada em novembro de 2011, *in verbis*:

"EXECUÇÃO. DEVEDOR SUBSIDIÁRIO. AUSÊNCIA DE BENS PENHORÁVEIS DO DEVEDOR PRINCIPAL. INSTAURAÇÃO DE OFÍCIO. A falta de indicação de bens penhoráveis do devedor principal e o esgotamento, sem êxito, das providências de ofício nesse sentido autorizam a imediata instauração da execução contra o devedor subsidiariamente corresponsável, sem prejuízo da simultânea desconsideração da personalidade jurídica do devedor principal, prevalecendo entre as duas alternativas a que conferir maior efetividade à execução."

Doutrina e jurisprudência têm exigido que o devedor subsidiário tenha constado no título executivo para que seus bens possam responder pela execução em caso de inadimplemento do devedor principal.

Nesse aspecto, determina o inciso IV, da Súmula n. 331, do Tribunal Superior do Trabalho:

> "O inadimplemento das obrigações trabalhistas, por parte do empregador, implica a responsabilidade subsidiária do tomador dos serviços quanto àquelas obrigações, desde que haja participado da relação processual e conste também do título executivo judicial."

A jurisprudência predominante e, inclusive, o citado verbete sumular do TST exigem que o devedor subsidiário, para que possa ter seus bens constritados em eventual execução trabalhista, deva ter participado da fase de conhecimento, resguardando-se o contraditório e a ampla defesa (art. 5º, LV, da CF).

Caso o empregado tenha movido a ação trabalhista apenas em face do responsável principal, há a possibilidade de ingressar com ação declaratória de responsabilização do devedor subsidiário, nos termos do art. 19 do CPC, que assim dispõe:

> "O interesse do autor pode limitar-se à declaração: I – da existência ou da inexistência de relação jurídica; II – da autenticidade ou falsidade de documento."

O Tribunal Superior do Trabalho, entretanto, fixou entendimento de não ser possível ação declaratória autônoma perante o tomador para atribuição de responsabilidade subsidiária, por restrição ao contraditório e à ampla defesa.

No aspecto, valem ser transcritas as seguintes ementas:

> "EMBARGOS EM RECURSO DE REVISTA. ACÓRDÃO PUBLICADO NA VIGÊNCIA DA LEI N. 11.496/2007. RESPONSABILIDADE SUBSIDIÁRIA. AJUIZAMENTO DE AÇÃO AUTÔNOMA APENAS CONTRA O TOMADOR DE SERVIÇOS. IMPOSSIBILIDADE. EVOLUÇÃO DA JURISPRUDÊNCIA DESTA E. SUBSEÇÃO. Cinge-se a controvérsia a se saber se é ou não possível que o Reclamante, após o ajuizamento de uma primeira ação contra seu empregador, já transitada em julgado, proponha novo feito apenas contra o tomador de serviços, pretendendo sua responsabilidade subsidiária. Embora a jurisprudência desta e. Subseção tenha, em um primeiro momento, admitido essa possibilidade (TST-E-A-ED-RR-536400-73.2005.5.09.0011, rel. Min. Aloysio Corrêa da Veiga, DJU de 29.6.2007), evoluiu para o sentido inverso, estando hoje inclinada no mesmo sentido do v. acórdão ora embargado, a saber, de que tal procedimento afrontaria a coisa julgada produzida na primeira ação, e atentaria contra o direito do tomador de serviços à ampla defesa e ao contraditório. Precedentes. Ressalva de entendimento do relator. Recurso de embargos não provido." (Embargos em Embargos de Declaração em Recurso de Revista n. TST-E-ED-RR-597600-81.2005.5.09.0011, em que é Embargante Pedro Freitas Ergang e Embargado Banco do Brasil S.A. Brasília, 25 de novembro de 2010. Rel. Ministro Horácio Senna Pires)

> "AÇÃO AUTÔNOMA PARA ATRIBUIR A RESPONSABILIDADE SUBSIDIÁRIA AO TOMADOR DE SERVIÇOS APÓS O TRÂNSITO EM JULGADO DA DECISÃO PROFERIDA NA AÇÃO CONTRA O EMPREGADOR. 1. A teor da jurisprudência desta Corte, concentrada no item IV da Súmula n. 331, o inadimplemento das obrigações trabalhistas, por parte do empregador, implica a responsabilidade subsidiária do tomador dos serviços, quanto àquelas obrigações, inclusive quanto aos órgãos da administração direta, das autarquias, das fundações públicas, das empresas públicas e das sociedades de economia mista, desde que hajam participado da relação processual e constem também do título executivo judicial (art. 71 da Lei n. 8.666, de 21.6.1993). 2. Uma vez transitada em julgado decisão proferida

na ação proposta apenas contra o prestador dos serviços, atenta contra o direito de defesa do tomador dos serviços, decisão proferida em ação autônoma atribuindo responsabilidade subsidiária a este, uma vez que não integrou a relação processual da primeira ação. Recurso de Embargos de que se conhece e a que se nega provimento." (E-RR-261/2006-011-09-00.8, redator Ministro João Batista Brito Pereira, Subseção I Especializada em Dissídios Individuais, DEJT 13.11.2009)

Em que pese o respeito que merecem os entendimentos em sentido contrário, pensamos ser possível o chamamento do devedor subsidiário na fase de execução, ainda que ele não tenha integrado a fase de conhecimento.

Com efeito, o devedor subsidiário tem responsabilidade patrimonial secundária. Seus bens podem estar sujeitos à execução. Não se trata de responsabilidade processual, mas, sim, patrimonial. Além disso, nos casos de responsabilidade subsidiária, como ocorre nas hipóteses de contratação de empresas de prestação de serviços, o responsável não é o empregador e não sabe, ordinariamente, dos fatos da relação de emprego. Sua defesa se restringe à discussão da responsabilidade subsidiária. Desse modo, o devedor subsidiário pode ser chamado a responder na fase executiva, ainda que não tenha participado da fase de conhecimento. Uma vez penhorados seus bens, ele poderá invocar o benefício de ordem, nos termos do art. 795 da CLT e também discutir sua responsabilidade em sede de embargos de terceiro (art. 674 do CPC).

O presente entendimento prestigia a solvabilidade do crédito trabalhista e propicia o aperfeiçoamento do instituto da responsabilidade subsidiária e um acesso mais efetivo do trabalhador à Justiça do Trabalho.

Nesse sentido, concordamos com os sólidos argumentos lançados por *Júlio César Bebber*(65), abaixo transcritos:

> "Embora a coisa julgada, em princípio, esteja restrita às partes, deve-se admitir que a sentença irradia efeitos que podem atingir as relações de terceiros com algum dos litigantes. E tanto é assim que os terceiros podem intervir no processo (através da assistência, da intervenção de terceiros), estando, inclusive, legitimados para interpor recursos (CPC, art. 499) e a ajuizar ação rescisória (CPC, art. 487, inciso II). No caso do responsável subsidiário (*v. g.*, empresa tomadora de serviços), a relação que restará atingida pelos efeitos da sentença é a por ele mantida com o devedor (*v. g.*, empresa prestadora de serviços). Apenas essa relação sob ameaça de prejuízo pode ser objeto de discussão pelo devedor subsidiário, não lhe sendo lícito ofertar contestação relativa à relação de emprego, uma vez que dela não faz parte. Se a defesa do responsável subsidiário, portanto, está limitada à responsabilidade: a) sua presença no processo de conhecimento é dispensável; b) nada impede que seja discutida incidentalmente em sede de embargos de terceiro (CPC, art. 1.046), quando se efetivar a apreensão de bens. O direcionamento dos fatos executivos em face do

(65) BEBBER, Júlio César. *Processo do trabalho:* temas atuais. São Paulo: LTr, 2003. p. 181.

responsável subsidiário que não consta do título executivo, portanto, não infringe os limites subjetivos da coisa julgada, nem os princípios do devido processo legal e do contraditório."

13.6. Responsabilidade da empresa do mesmo grupo econômico que não participou da fase de conhecimento

Assevera o art. 2º, § 2º, da CLT:

"Sempre que uma ou mais empresas, tendo, embora, cada uma delas personalidade jurídica própria, estiverem sob a direção, controle ou administração de outras, constituindo grupo industrial, comercial ou de qualquer outra atividade econômica, serão, para os efeitos da relação de emprego, solidariamente responsáveis."

Há discussões na doutrina e na jurisprudência sobre ser a solidariedade que decorre do grupo econômico, além de passiva, conforme previsto textualmente no citado dispositivo legal, também ativa.

Pensamos, com suporte em sólida doutrina, que o grupo econômico constitui empregador único, sendo a solidariedade, que dele decorre, ativa e passiva, vez que o trabalho do empregado de qualquer uma das empresas beneficia todo o grupo.

Nesse diapasão, ensina *Octavio Bueno Magano*(66):

> "A apontada ideia de empregador único corresponde à concepção do empregador real, contraposto ao empregador aparente, consoante a qual a existência daquele fica geralmente encoberta pelo véu da personalidade jurídica atribuída a cada uma das empresas do grupo, ressurgindo, porém, toda vez que se levante o mesmo véu, *lifting the corporate veil*, para satisfazer tal ou qual interesse, como o da representação de trabalhadores no âmbito do grupo [...]."

Nesse sentido, é a Súmula n. 129 do C. TST, *in verbis*:

CONTRATO DE TRABALHO. GRUPO ECONÔMICO — A prestação de serviços a mais de uma empresa do mesmo grupo econômico, durante a mesma jornada de trabalho, não caracteriza a coexistência de mais de um contrato de trabalho, salvo ajuste em contrário.

Num primeiro momento, a jurisprudência consagrou o entendimento no sentido de que a empresa do grupo econômico que não participou da fase de conhecimento não poderia ser responsabilizada na fase de execução, conforme a Súmula n. 205 do C. TST, hoje cancelada, que assim dispunha:

"GRUPO ECONÔMICO. EXECUÇÃO. SOLIDARIEDADE — CANCELADA — Res. n. 121/2003, DJ 21.11.2003 — O responsável solidário, integrante do grupo econômico, que não participou da relação processual como reclamado e que, portanto, não consta no título executivo judicial como devedor, não pode ser sujeito passivo na execução."

---

(66) MAGANO, Octavio Bueno. *Os grupos de empresas no direito do trabalho.* São Paulo: RT, 1979. p. 263.

Mesmo na vigência da referida Súmula, entendemos em sentido contrário, pois o grupo econômico constitui empregador único e a solidariedade é instituto de natureza econômica e não processual. Além disso, não havia prejuízo à empresa do grupo que não tivesse participado da fase de conhecimento, pois o direito de defesa havia sido exercido pela outra empresa do grupo que participou. Felizmente, a Súmula foi cancelada, atendendo à moderna doutrina e à jurisprudência mais recente, conforme se constata da redação das seguintes ementas:

"Grupo econômico — Execução. Não sendo possível a localização da reclamada ou de seus sócios, inexiste óbice para a responsabilização de outra empresa integrante do mesmo grupo econômico, na condição de devedora solidária, por força do que dispõe o art. 2º, § 2º, da CLT, independentemente de ter participado ou não da relação processual, entendimento que se fortalece com o cancelamento da Súmula n. 205 do TST, pela Resolução n. 121/2003." (TRT – 3ª R. – 1ª T. – AP n. 560/1999.106.03.00-8 – rel. Rogério Valle Ferreira – DJMG 3.2.06 – p. 3)

"Execução — Terceiro alheio à lide — Grupo econômico — Responsabilidade pelos créditos trabalhistas. A proibição legal é de que a execução se processe contra terceiro inteiramente alheio à lide e não contra aqueles que por atos formais buscam afastar-se providencialmente a ela. No caso, as três empresas e mais Emitur Empresa Ita de Turismo Ltda. têm como sócia única, detentora da totalidade do capital social de todas elas, a empresária do setor Dalva Camilo Diniz. Todas dedicando-se ao mesmo e único objeto social, o transporte urbano de passageiros. Tendo sido o empregado transferido de uma para outra empresa e tendo sido o bem penhorado no endereço da Excda., segundo informações não impugnadas nos autos. Tudo indicando mais do que a existência de grupo, com empresas distintas e estanques embora sob orientação de um dono só, a total integração de todas no negócio único da empresária, que o dirige e faz atuar como um todo, embora os desmembramentos meramente formais e jurídicos que, nesse caso, não se prestam para ponto de apoio à fuga das responsabilidades." (TRT – 3ª R. – 3ª T. – Ap. n. 1547.2003.105.03.00-7 – rel. Paulo Araújo – DJMG 15.6.04 – p. 15)

"Grupo econômico familiar — Redirecionamento da execução — Responsabilização de sócia. Comprovada a existência de grupo econômico familiar, sem que as empresas condenadas no título executivo tenham efetuado o pagamento ou garantido a execução, afigura-se regular o seu redirecionamento em desfavor de pessoa física que, apesar de não constar do quadro societário de todas as demandadas, figura ou figurou como sócia de algumas delas. Agravo de petição da executada a que se nega provimento." (TRT – 9ª R. – Seção Especializada – rel. Des. Rubens Edgard Tiemann – 2.2.10 – Processo n. 8957/2004.015.09.00-6) (RDT n. 2 – fevereiro de 2010)

No mesmo sentido, é o Enunciado n. 3 da 1ª Jornada Nacional de Execução Trabalhista, realizada em novembro de 2011, *in verbis*:

"EXECUÇÃO. GRUPO ECONÔMICO. Os integrantes do grupo econômico assumem a execução na fase em que se encontra."

Como a responsabilidade das empresas do grupo é solidária, o credor trabalhista pode, na execução, optar que esta prossiga em face de qualquer das empresas do grupo. Nesse aspecto, destacamos as seguintes ementas:

"Execução — Responsabilidade solidária. Em se tratando de responsabilidade solidária, é dado ao credor exigir e receber o total da dívida de qualquer um dos devedores solidários — art. 904 do CCB." (TRT – 15ª R. – SE – Ac. n. 20061/2000 – rel. Luiz Antônio Lazarim – DJSP 12.0.2000 – p. 15)

"Responsabilidade solidária — Execução. Em se tratando de responsabilidade solidária, o credor pode cobrar a dívida toda de qualquer um dos devedores, independentemente da capacidade patrimonial de cada um deles. A escolha do credor é livre e ao devedor solidário que pagar sozinho o débito poderá cobrar do outro eventual prejuízo, porém perante o foro competente." (TRT – 3ª R. – 2ª T. – Ap. n. 587/2002 – rel. Hegel de B. Boson – DJMG 5.4.2002 – p. 15)

14. Da fraude à execução no Processo do Trabalho

Assevera o art. 792 do CPC:

"A alienação ou a oneração de bem é considerada fraude à execução:

I – quando sobre o bem pender ação fundada em direito real ou com pretensão reipersecutória, desde que a pendência do processo tenha sido averbada no respectivo registro público, se houver;

II – quando tiver sido averbada, no registro do bem, a pendência do processo de execução, na forma do art. 828;

III – quando tiver sido averbado, no registro do bem, hipoteca judiciária ou outro ato de constrição judicial originário do processo onde foi arguida a fraude;

IV – quando, ao tempo da alienação ou da oneração, tramitava contra o devedor ação capaz de reduzi-lo à insolvência;

V – nos demais casos expressos em lei.

§ 1º A alienação em fraude à execução é ineficaz em relação ao exequente.

§ 2º No caso de aquisição de bem não sujeito a registro, o terceiro adquirente tem o ônus de provar que adotou as cautelas necessárias para a aquisição, mediante a exibição das certidões pertinentes, obtidas no domicílio do vendedor e no local onde se encontra o bem.

§ 3º Nos casos de desconsideração da personalidade jurídica, a fraude à execução verifica-se a partir da citação da parte cuja personalidade se pretende desconsiderar.

§ 4º Antes de declarar a fraude à execução, o juiz deverá intimar o terceiro adquirente, que, se quiser, poderá opor embargos de terceiro, no prazo de 15 (quinze) dias."

No CPC de 73 (art. 593), a nomenclatura utilizada era *fraude de execução*, o CPC atual utiliza a expressão *fraude à execução*.

Nas palavras de *Cândido Rangel Dinamarco*(67), a fraude de execução *é ato de rebeldia à autoridade estatal exercida pelo juiz no processo.*

Caracteriza-se a fraude à execução quando o devedor, diante de uma lide pendente, onera ou grava bens, sem ficar com patrimônio suficiente para quitar a dívida.

A declaração da fraude à execução destina-se a neutralizar as alienações ou onerações de bens por parte do executado, quando houver ação pendente, sem ficar com patrimônio suficiente para solucionar o processo, tendo por objetivo assegurar a efetividade processual, a dignidade da justiça e o efetivo recebimento do crédito consagrado no título executivo.

(67) DINAMARCO, Cândido Rangel. *Execução civil*. 3. ed. São Paulo: Malheiros, 1993. p. 186.

A fraude à execução, por ser um instituto de ordem pública, destinada a resguardar a dignidade do processo e efetivação da jurisdição, pode ser reconhecida de ofício pelo juiz, inclusive em sede de embargos de terceiro. Não há necessidade de ação própria, pois o juiz reconhecerá a fraude incidentalmente, nos próprios autos da execução. Também a fraude independe de estar o terceiro adquirente do bem de boa ou má-fé.

Não se confunde a fraude à execução, que é instituto de direito processual (art. 792 do CPC) com o tipo penal de fraude à execução, prevista no art. 179 do Código Penal que assim dispõe: "Fraudar a execução, alienando, desviando, destruindo ou danificando bens, ou simulando dívidas." Não obstante, a fraude de execução praticada no processo, conforme a gravidade da conduta do executado, poderá configurar o delito penal de fraude à execução.

O ato praticado em fraude à execução não é nulo, nem anulável, tampouco inexiste, é ineficaz em face do processo, ou seja, é como se não tivesse sido praticado, embora entre terceiros ela seja eficaz. Como bem adverte *Araken de Assis*[(68)], "o ato fraudulento, ineficaz, apesar de existente e válido entre seus figurantes, é como se inexistisse para o credor que poderá requerer e obter a penhora da coisa, transmitida ou gravada a terceiro (art. 593, *caput*), como se ainda estivesse presente no patrimônio do executado. Mais do que sutil jogo de palavras, a ineficácia se apresenta vantajosa para o credor prejudicado, comparativamente às dificuldades do regime normal: o juiz declarará a fraude, incidentalmente, nos próprios autos da execução."

O inciso I do art. 792 não se aplica ao Direito Processual do Trabalho, pois a Justiça do Trabalho não detém competência material para ações fundadas em direito real. Nesse sentido, é a visão de *Manoel Antonio Teixeira Filho*[(69)], "no processo do trabalho não há lugar para a fraude de execução baseada neste inciso, que pressupõe a existência de litígio acerca dos bens, de natureza real *(ius in re)*, e que estes venham a ser alienados ou onerados pelo devedor. Justamente para prevenir eventual terceiro adquirente é que se tem exigido a inscrição da citação do réu no Cartório do Registro de Imóveis competente, a fim de que esse registro passe a constar do histórico do imóvel — nada obstante a doutrina processual civil se encontre dividida a respeito da necessidade dessa inscrição."

Os incisos II e III são perfeitamente aplicáveis ao processo do trabalho. Sendo assim, haverá fraude à execução, quando:

a) tiver sido averbada, no registro do bem, a pendência do processo de execução, na forma do art. 828. Dispõe o art. 828, do CPC: "O exequente poderá obter certidão de que a execução foi admitida pelo juiz, com identificação das partes e do valor da causa, para fins de averbação no registro de imóveis, de veículos ou de outros bens sujeitos a penhora, arresto ou indisponibilidade. § 1º No

(68) ASSIS, Araken. *Comentários ao Código de Processo Civil.* v. VI. Rio de Janeiro: Forense, 2001. p. 225.
(69) *Op. cit.*, p. 353.

prazo de 10 (dez) dias de sua concretização, o exequente deverá comunicar ao juízo as averbações efetivadas. § 2º Formalizada penhora sobre bens suficientes para cobrir o valor da dívida, o exequente providenciará, no prazo de 10 (dez) dias, o cancelamento das averbações relativas àqueles não penhorados. § 3º O juiz determinará o cancelamento das averbações, de ofício ou a requerimento, caso o exequente não o faça no prazo. § 4º Presume-se em fraude à execução a alienação ou a oneração de bens efetuada após a averbação. § 5º O exequente que promover averbação manifestamente indevida ou não cancelar as averbações nos termos do § 2º indenizará a parte contrária, processando-se o incidente em autos apartados";

b) tiver sido averbado, no registro do bem, hipoteca judiciária ou outro ato de constrição judicial originário do processo onde foi arguida a fraude: como já mencionado, uma das finalidades da hipoteca judiciária e também do registro de constrição judicial é prevenir a fraude à execução.

Quanto ao inciso IV do art. 792 do CPC a conduta é de frequente ocorrência no Processo do Trabalho. Diz o dispositivo que se configura a fraude de execução *quando, ao tempo da alienação ou oneração, corria contra o devedor demanda capaz de reduzi-lo à insolvência.*

Ocorre a insolvência quando os bens patrimoniais do devedor são de valor inferior ao de suas dívidas. Se o déficit patrimonial acontece, ou se agrava, em razão de ato de disposição ou oneração praticado pela parte na pendência de ação, cuja eficácia dependeria da existência dos mesmos bens, configura-se a fraude de execução(70).

Tem prevalecido o entendimento na esfera do processo civil e também com grande prestígio no Processo do Trabalho que a fraude de execução somente se caracteriza com a citação válida, pois é a partir deste momento que se configura a litispendência. Nesse sentido, destacamos a visão de *Araken de Assis* que retrata o pensamento predominante, inclusive no Superior Tribunal de Justiça. Aduz o referido jurista(71):

> "Inaugura-se a litispendência, segundo os arts. 263, 2ª parte e 219 do CPC, mediante citação válida. Este efeito, que se destina a produzir a pendência da lide perante o réu, não se relaciona, absolutamente, com a constituição da relação processual, que já existe, mas entre autor e o Estado, desde a distribuição (art. 263, 1ª parte). Mas o art. 593, II não alude à litispendência, empregando uma fórmula ambígua: 'quando ao tempo da alienação ou oneração, corria contra o devedor demanda'. Por isso, a interpretação de que basta o ajuizamento, pois não interessa ao

(70) THEODORO JÚNIOR, Humberto. *Comentários ao Código de Processo Civil.* v. IV, 2. ed. Rio de Janeiro: Forense, 2003. p. 384.

(71) ASSIS, Araken. *Manual da execução.* 11. ed. São Paulo: RT, 2007. p. 246-247.

terceiro se ocorreu a citação, exibe seus méritos. Acontece que, uniformizando a interpretação do dispositivo, a jurisprudência do STJ estima imprescindível a citação."[72]

Pensamos que, no Direito Processual do Trabalho, a expressão demanda pendente deve ser interpretada como sendo a propositura da ação, uma vez que não há o despacho de recebimento da inicial, sendo a notificação inicial ato do Diretor de Secretaria (art. 841 da CLT).

Além disso, a partir da propositura de uma demanda em juízo, há a expectativa do réu sofrer constrição patrimonial bem como seu patrimônio responder pela dívida. A nosso ver, existe um chamado contraditório entre juiz e autor, como constatamos nas hipóteses de indeferimento da inicial sem a citação do réu previstas no art. 330 do CPC, como a pronúncia *ex officio* de prescrição e decadência, ilegitimidade passiva, inépcia etc. Além disso, não é com a citação do réu que se considera pendente a lide e sim com a propositura da ação, pois com esta surgem interações processuais do juiz com a parte. Além disso, com a propositura da demanda, há o rompimento do princípio da inércia da jurisdição, passando o Judiciário a ter o dever de dar um desfecho ao processo. Em razão disso, acreditamos que o art. 240 do CPC ao prever que a citação válida induz litispendência não seguiu a melhor técnica processual.

Nesse sentido, destaca-se a posição de *Antonio Carlos Marcato*[73]: "Forma-se o processo no momento da propositura da demanda em juízo, o que ocorre com o despacho inicial do juiz na petição inicial (nos foros onde houver juízo único), ou quando esta seja distribuída a um dos juízos com competência concorrente (CPC art. 263). Tem-se entendido, no entanto, que basta a protocolização da petição inicial no cartório judicial para que se considere proposta a demanda. Formado o processo (e sua formação independe da citação do réu, tanto que o indeferimento da petição inicial acarreta sua extinção — CPC, arts. 267, I, e 295), estará ele pendente (litispendente) até que seja extinto. A litispendência significa, portanto, a existência de um processo em curso (v. notas ao art. 301), dele participando o réu a partir do seu ingresso no polo passivo da correspondente relação jurídica (quando então esta se angulariza), por via da citação válida (CPC, arts. 213 e 214), ou pelo comparecimento espontâneo (art. 214, § 1º). Tanto é assim, que, exemplificando, indeferida a petição inicial (art. 295) e apelando o autor da sentença (art. 296), não será admissível a repropositura da mesma ação (art. 267, V), enquanto pender julgamento pelo Tribunal"[74].

(72) No mesmo sentido, é a opinião de Nelson Nery Junior exigindo a citação válida para que ocorra a fraude de execução (*Comentários ao Código de Processo Civil.* 10. ed. São Paulo: RT, 2007. p. 1.001).

(73) MARCATO, Antonio Carlos. *Procedimentos especiais.* 10. ed. São Paulo: Atlas, 2004. p. 55.

(74) Do mesmo teor, é a opinião de José Frederico Marques: "A litispendência é o fenômeno resultante da apresentação de uma lide em juízo. Com a propositura da ação, o litígio adquire tonalidade processual e, em torno da área demarcada pelo pedido do autor, forma-se a *litispendência* (*Instituições de direito processual civil.* Campinas: Millennium, 2000. p. 196).

Sob outro enfoque, no Processo do Trabalho, se justifica a interpretação da pendência da lide a partir da propositura da ação, em razão das vicissitudes que enfrenta o trabalhador para buscar a tutela de seu direito, bem como todos os percalços da execução trabalhista. A fim de prestigiar os princípios do acesso real à Justiça, do trabalhador, da duração razoável do processo e da efetividade da jurisdição trabalhista, pensamos que a interpretação do inciso IV do art. 792 do CPC[(75)] ao Processo do Trabalho deve ser no sentido da simples propositura da ação e não da citação válida para eclodir a fraude de execução.

Nesse sentido, é a posição de *Júlio César Bebber*[(76)]:

> "O art. 593, inciso II do CPC exige apenas a existência de uma ação pendente (corria contra o devedor demanda), não fazendo referência ao fato de que nela o réu já deve ter sido citado. Teremos pendente desde o momento em que ela é ajuizada pelo autor (ou exequente), não obstante a tríplice angularização venha a ocorrer somente em momento posterior, com a citação do réu (ou executado). Portanto, se a alienação ocorreu posteriormente ao ajuizamento da ação, caracterizada estará a fraude de execução. A distribuição da ação 'é o quanto basta para o reconhecimento da configuração da fraude de execução, pouco importando que a própria citação do devedor e a própria penhora do bem houvessem ocorrido após a alienação que, na linguagem desenganada da lei, foi efetuada quando já em curso demanda capaz de reduzir o executado à insolvência'."

No mesmo diapasão, destacamos a seguinte ementa:

"A alienação ou oneração de bens após o simples ajuizamento do pedido, mesmo antes de realizada a citação, configura a hipótese de alienação realizada em fraude de execução." (TJGO, 1ª Câm., j. 29.7.1948, RT 185/246)

Desse modo, para que ocorra a fraude de execução no Processo do Trabalho, exigem-se os seguintes requisitos:

a) lide pendente, que se dá com a simples propositura da ação;

b) a alienação ou oneração de bens por parte do executado, em razão desses atos, se torne insolvente;

c) irrelevância da boa-fé do terceiro que adquire o bem.

Nesse contexto, destacamos as seguintes ementas:

"Fraude de execução — Transferência patrimonial antes da constrição judicial — Má-fé. Na dicção do art. 593, II, do CPC, caracteriza-se a fraude de execução quando o devedor, na pendência de ação, aliena ou onera seus bens de molde a se tornar insolvente. São dois,

(75) No CPC de 1973, o art. 593, II, tinha idêntica redação.

(76) BEBBER, Júlio César. Fraude contra credores e fraude de execução. *In:* NORRIS, Roberto (Coord.). *Execução trabalhista:* visão atual. Rio de Janeiro: Forense, 2001. p. 192.

portanto, os requisitos para que se verifique a fraude: a pendência de ação quando o devedor aliena ou onera seus bens, e cujo desfecho da demanda possa levá-lo à insolvência. A boa-fé do adquirente resta afastada pela inobservância ou pelo descumprimento do art. 1º, § 2º, da Lei n. 7.433/85, com a transferência patrimonial discutida quando pendente ação judicial. Agravo desprovido." (TRT – 10ª R. – 2ª T. – AP n. 931/2000.008.10.85-5 – rel. Douglas A. Rodrigues – DJDF 5.12.03 – p. 20)

"Cessão de crédito — Ação trabalhista em andamento — Fraude à execução — Caracterização. Ajuizada a reclamação trabalhista em 22.3.96 e patenteada a cessão de créditos pela executada RFFSA ao BNDES em 28.8.96, flagrante a caracterização de fraude à execução, a teor do art. 593, II, do CPC. Com efeito, se pode o credor ceder seu crédito quando a isso "não se opuser a natureza da obrigação, a lei, ou convenção com o devedor" (CPC/1916, art. 1.065) e, se, *in casu*, o próprio direito objetivo impede o procedimento pela executada (CPC, art. 593, II), inconteste a impossibilidade de fazê-lo. Ineficácia do ato praticado ao arrepio da lei; penhora subsistente." (TRT – 15ª R. – 5ª T. – Ap. n. 696/2003.042.15.00-5 – rel. Valdevir R. Zanardi – DJSP 20.8.04 – p. 62) (RDT n. 9 – Setembro de 2004)

Conforme o art. 792, V, do CPC (art. 593, III, do CPC de 1973), ocorre a fraude de execução nos demais casos previstos em lei.

Manoel Antonio Teixeira Filho cita um exemplo de fraude de execução que pode ocorrer no Processo do Trabalho, à luz do inciso III do art. 593 do CPC/73, com suporte na Lei n. 6.830/80, art. 11, II. Aduz o jurista(77):

> "A penhora de crédito, representado por letra de câmbio, nota promissória, duplicata, cheque ou outros títulos, que será feita pela apreensão do documento, esteja ou não em poder do devedor (CPC, art. 672, *caput*); sucede que, se o terceiro, em conluio com o devedor, vier a negar o débito a quitação que este lhe vier a dar será considerada em fraude de execução (CPC, art. 672, § 3º)."

14.1. Da fraude à execução e fraude contra credores

O Código Civil Brasileiro inclui a fraude contra credores no Capítulo dos defeitos do negócio jurídico, como sendo um vício de ordem social que torna anulável a transmissão gratuita de bens ou remissão de dívida, em prejuízo de terceiros, que reduzam o devedor à insolvência.

Conforme *Fabrício Zamprogna Matiello*(78):

> "A fraude consiste na utilização, pelo devedor, de expedientes ardilosos visando a prejudicar o credor, suprimindo ou obstando a este o exercício de um direito de crédito juridicamente reconhecido. Normalmente é integrada por dois elementos, embora a fraude exista com o implemento do primeiro: a) objetivo — qualquer negócio prejudicial ao credor que importar na condução do devedor a estado de insolvência ou que for

(77) TEIXEIRA FILHO, Manoel Antonio. *Execução no processo do trabalho.* 9. ed. São Paulo: LTr, 2005. p. 257.

(78) MATIELLO, Fabrício Zamprogna. *Código Civil comentado.* 2. ed. São Paulo: LTr, 2005. p. 129.

praticado durante o período de insolvência; b) subjetivo — a malícia, a má-fé ou a simples consciência de que o credor poderá ser prejudicado em razão do negócio realizado."

Dispõe o art. 158 do Código Civil:

"Os negócios de transmissão gratuita de bens ou remissão de dívida, se os praticar o devedor já insolvente, ou por eles reduzido à insolvência, ainda quando o ignore, poderão ser anulados pelos credores quirografários, como lesivos dos seus direitos.

§ 1º Igual direito assiste aos credores cuja garantia se tornar insuficiente.

§ 2º Só os credores que já o eram ao tempo daqueles atos podem pleitear a anulação deles."

Como destaca *Nelson Nery Junior*(79), a fraude contra credores "é vício social do negócio jurídico. A fraude pauliana ocorre quando houver ato de liberalidade, alienação ou oneração de bens ou direitos, capaz de levar o devedor à insolvência, desde que: a) o credor seja quirografário; b) o crédito seja anterior ao ato de alienação ou oneração (anterioridade do crédito); c) tenha havido dano ao direito do credor *(eventus damni)*; d) que a alienação ou oneração tenha levado o devedor à insolvência."

Há consenso na doutrina de que a fraude contra credores exige, para eclosão, dois elementos:

a) *eventus damni:* que configura o elemento objetivo atinente ao ato ruinoso que é prejudicial ao credor, tornando o devedor insolvente;

b) *consilium fraudis:* caracteriza o elemento subjetivo, que é o conluio entre o executado e terceiro, a fim de prejudicar o credor. Segundo destaca *Maria Helena Diniz*(80), o elemento objetivo *consilium fraudis* é a má-fé, a intenção de prejudicar do devedor ou do devedor aliado a terceiro, ilidindo os efeitos da cobrança.

Como bem adverte *Maria Helena Diniz*(81), à luz do Código Civil de 2002, não mais se exige a *scientia fraudis* para anular o negócio gratuito celebrado com fraude contra credores; mesmo que o devedor, ou o beneficiário do contrato benéfico transmitindo algo ou perdoando débito, ignore que tal ato reduzirá a garantia ou provocará a insolvência do devedor, esse ato será suscetível de nulidade relativa. A causa da anulação é objetiva, por ser suficiente que haja a redução do devedor ao estado de insolvência.

O STJ pacificou entendimento no sentido de ser necessária a ação revocatória ou pauliana para anulação de ato praticado em fraude contra credores, não podendo

(79) NERY JUNIOR, Nelson. *Código de Processo Civil comentado.* 10. ed. São Paulo: RT, 2007. p. 1.000.

(80) DINIZ, Maria Helena. *Código Civil anotado.* 11. ed. São Paulo: Saraiva, 2005. p. 192.

(81) DINIZ, Maria Helena, *op. cit.*, p. 192.

o juiz pronunciá-la incidentalmente, no curso do processo, conforme a Súmula n. 195 de sua jurisprudência, *in verbis*:

> "Em embargos de terceiro não se anula ato jurídico, por fraude contra credores."

Ação revocatória ou pauliana pode ser proposta desde que presentes os seguintes requisitos: a) que haja prejuízo para o credor quirografário *(eventus damni)*; b) que o negócio tenha levado o devedor à insolvência; c) que o credor seja quirografário; d) que haja anterioridade do crédito (os credores já o eram à época em que foi constituído o negócio)(82).

A competência material para a ação revocatória ou pauliana não é da competência material da Justiça do Trabalho, pois não se reporta à controvérsia oriunda ou decorrente da relação laboral.

A fraude de execução se assemelha à fraude contra credores, uma vez que ambas têm por objeto a proteção do credor contra atos do devedor que visam a tornar ineficaz o pagamento da dívida.

No entanto, podemos elencar as seguintes distinções:

a) a fraude de execução é instituto de natureza processual. É ato atentatório à dignidade da justiça. A fraude contra credores é instituto de natureza civil, sendo uma espécie dos defeitos dos negócios jurídicos;

b) na fraude contra credores, o prejudicado é o devedor, na fraude de execução é o estado e, reflexamente, o exequente;

c) na fraude de execução, o negócio jurídico é ineficaz. Não há necessidade de ação autônoma para declaração da nulidade do negócio jurídico. Já a fraude contra credores exige ação própria para declaração da nulidade do ato, sendo o ato anulável.

14.2. Fraude à execução (penhora de bem imóvel)

Tem sido comum na Justiça do Trabalho terceiro que adquiriu bem imóvel e, posteriormente, ter o imóvel penhorado, em razão da declaração de fraude de execução, pois o adquiriu de sócio de empresa que estava sem patrimônio suficiente para solucionar processo trabalhista.

Como é sabido, o registro no Cartório Imobiliário usufruiu de fé pública em razão da segurança das relações jurídicas e da seriedade que envolve a transferência da propriedade imóvel.

Não obstante a seriedade do registro, o costume e o bom-senso exigem que o comprador de propriedade imóvel retire certidões nos distribuidores cíveis, criminais, trabalhistas, Serasa e outros serviços de proteção ao crédito a fim de verificar se há alguma dívida do vendedor capaz de atingir o bem imóvel objeto do negócio.

---

(82) NERY JUNIOR, Nelson; NERY, Rosa Maria de Andrade. *Código Civil comentado e legislação extravagante*. 3. ed. São Paulo: RT, 2005. p. 158.

Mesmo tendo às mãos todas as certidões exigíveis para uma boa compra, não havendo qualquer registro de penhora na matrícula do imóvel, o adquirente pode ser surpreendido com penhora do bem, em razão de o vendedor ser sócio de empresa que é ré em processo trabalhista e não apresenta bens para solucionar o processo. Em razão da desconsideração da personalidade jurídica, a alienação, muitas vezes, tem sido declarada ineficaz em face da execução, e o adquirente acaba perdendo o bem que adquiriu, muitas vezes, com anos de trabalho e economias.

Questiona-se: será que é possível declarar a fraude de execução de terceiro de boa-fé, que tomou todas as cautelas exigíveis para fazer uma boa compra, em razão do vendedor ser sócio de empresa que é ré em processo trabalhista e está insolvente?

Em que pesem posicionamentos em contrário no sentido de não se perquirir a intenção para a declaração de fraude à execução, pensamos que se o adquirente do imóvel estiver de boa-fé e tenha tomado todas as cautelas exigíveis, segundo o padrão médio da sociedade para realizar a compra do imóvel e nada constava em face do vendedor, a fraude de execução não poderá ser declarada, em razão da proteção do princípio da boa-fé que norteia os negócios jurídicos, da segurança das relações jurídicas sobre a transferência dos bens imóveis e principalmente pelo princípio da proteção da dignidade da pessoa que adquire o imóvel. Não obstante o relevante valor social no cumprimento do crédito trabalhista, no conflito entre o terceiro adquirente que terá elevado prejuízo se a fraude for decretada e o credor trabalhista que terá seu crédito solucionado, pensamos que deve prevalecer o direito do terceiro de boa-fé(83).

Nesse sentido, destacamos as seguintes ementas oriundas da maior alta Corte Trabalhista do país, *in verbis*:

> "AGRAVO DE INSTRUMENTO EM RECURSO DE REVISTA. APELO INTERPOSTO NA VIGÊNCIA DA LEI N. 13.015/2014. EXECUÇÃO. FRAUDE. CONTRATO DE COMPRA E VENDA POSTERIOR AO AJUIZAMENTO DA AÇÃO TRABALHISTA. TERCEIRO DE BOA-FÉ. Demonstrada violação da norma constitucional (art. 5º, XXII), nos termos do art. 896, "*c*", da CLT, dá-se provimento ao Agravo de Instrumento. Agravo de Instrumento conhecido e provido. RECURSO DE REVISTA. EXECUÇÃO. FRAUDE. CONTRATO DE COMPRA E VENDA POSTERIOR AO AJUIZAMENTO DA AÇÃO TRABALHISTA. TERCEIRO DE BOA-FÉ. O art. 593, II, do CPC/73 estabelece que para a configuração da fraude à execução é necessário que 'ao tempo da alienação ou oneração' exista contra o devedor 'demanda capaz de reduzi-lo à insolvência'. Vê-se, pois, como requisito para a constatação da fraude, que o terceiro adquirente do bem imóvel tenha ciência de que contra o devedor corre demanda capaz de reduzi-lo à insolvência ou, ainda, a prova inequívoca de que houve má-fé na aquisição do bem. No caso dos autos, de acordo com os dados fáticos delineados pelo Regional, o Terceiro Embargante adquiriu o automóvel objeto de penhora em 6.12.2012, por meio do contrato de compra e venda, data em que já se encontrava em curso Ação Trabalhista, ajuizada em 11.1.2011. Ademais, nos autos da referida Reclamação, foi efetuada penhora de maquinário em 10.5.2012, avaliado em R$

(83) Nesse sentido, é a opinião de Amauri Mascaro Nascimento. *In: Curso de direito processual do trabalho.* 22. ed. São Paulo: Saraiva, 2007. p. 681.

140.000,00. Nesta senda, ainda que a transferência da propriedade da coisa tenha ocorrido após o ajuizamento da ação, conforme destacado, não tendo sido comprovada a má-fé do adquirente ou, ainda, que ao tempo da alienação corria ação trabalhista capaz de reduzir o devedor à insolvência, não há como presumir a fraude à execução, devendo ser desconstituída a penhora sobre o automóvel de propriedade do Terceiro Embargante. Precedentes. Recurso de Revista conhecido e provido." (TST – Processo: RR - 20834-92.2013.5.04.0402 – Data de Julgamento: 19.10.2016, relª. Ministra: Maria de Assis Calsing, 4ª Turma, Data de Publicação: DEJT 21.10.2016)

"A) AGRAVO DE INSTRUMENTO EM RECURSO DE REVISTA. EXECUÇÃO. PENHORA DE VEÍCULO. ADQUIRENTE DE BOA-FÉ. FRAUDE À EXECUÇÃO. NÃO CONFIGURAÇÃO. AFRONTA AO DIREITO DE PROPRIEDADE. Em face de possível ofensa ao artigo 5º, XXII, da Constituição, dá-se provimento ao agravo de instrumento para determinar o processamento do Recurso de Revista. Agravo de instrumento conhecido e provido. B) RECURSO DE REVISTA. EXECUÇÃO. PENHORA DE VEÍCULO. ADQUIRENTE DE BOA-FÉ. FRAUDE À EXECUÇÃO. NÃO CONFIGURAÇÃO. AFRONTA AO DIREITO DE PROPRIEDADE. Conforme se depreende da sentença transcrita na decisão recorrida, quando o terceiro embargante adquiriu o bem móvel objeto da penhora não havia nenhuma restrição de transferência de propriedade. Portanto, a venda do bem móvel foi anterior à constrição judicial. Especificamente quanto aos veículos automotores, o STJ adota entendimento semelhante ao adotado para os bens imóveis, no sentido de que não é presumível a fraude a partir da mera transferência da propriedade do veículo após a citação da execução, mas, sim, quando houver o registro da pendência de ação contra o proprietário no registro do veículo no Detran. Considerando o desconhecimento pelo terceiro embargante da existência de gravames quanto à indisponibilidade do veículo penhorado, não há como presumir a fraude, sob pena de afronta ao direito de propriedade insculpido no art. 5.º, XXII, da Constituição Federal. Recurso de revista conhecido e provido." (RR – 10610-68.2015.5.03.0171, relª Ministra Dora Maria da Costa, Data de Julgamento: 29.6.2016, 8ª Turma, Data de Publicação: DEJT 1º.7.2016)

"I. AGRAVO DE INSTRUMENTO EM RECURSO DE REVISTA. EXECUÇÃO. EMBARGOS DE TERCEIRO. FRAUDE À EXECUÇÃO. PENHORA. Demonstrada possível violação do art. 5º, XXII, da Constituição Federal, impõe-se o provimento do agravo de instrumento para determinar o processamento do Recurso de Revista. Agravo de instrumento provido. II. RECURSO DE REVISTA. EXECUÇÃO. EMBARGOS DE TERCEIRO. FRAUDE À EXECUÇÃO. PENHORA. VEÍCULO (BEM MÓVEL). Discussão centrada na configuração ou não de fraude à execução, em razão de alienação de veículo penhorado efetivada após o ajuizamento da ação trabalhista. Inexistência, ao tempo da transação, do registro de qualquer gravame junto ao Detran. Na linha da Súmula n. 375 do STJ, 'O reconhecimento da fraude à execução depende do registro da penhora do bem alienado ou da prova de má-fé do terceiro adquirente'. Por isso, sem que haja registro do gravame junto aos órgãos administrativos próprios (CPC, art. 615-A), a boa-fé do terceiro adquirente deve ser presumida, sem prejuízo, todavia, de prova contrária a cargo do titular do crédito trabalhista. A opção do legislador ordinário, seguramente inspirado na Súmula n. 375 do STJ, foi a de facultar ao titular do crédito judicial o dever de afetação do patrimônio do devedor, enquanto não satisfeita a obrigação, por meio da averbação do trânsito da execução judicial perante o registro de imóveis, registro de veículos ou registro de outros bens sujeitos à penhora ou arresto (art. 615-A do CPC). Daí porque a fraude apenas poderá ser presumida se a alienação ou oneração de bens for efetuada após a averbação (§ 3º do art. 615-A do CPC). Nesse sentido, a falta de pesquisa sobre a situação judicial do devedor por parte do terceiro de boa-fé, ainda que traduza conduta questionável, não se confunde com má-fé, a ponto de ensejar a ineficácia da transação celebrada. Não registrado o gravame sobre o veículo junto ao Detran, em momento anterior à sua alienação, e não havendo prova da má-fé do terceiro embargante, não há como reconhecer a fraude à execução. Apreensão judicial lesiva ao direito de propriedade configurada (CF, art. 5º, XXII). Recurso de revista conhecido e provido." (RR – 517-66.2012.5.04.0351, rel. Ministro Douglas Alencar Rodrigues, Data de Julgamento: 17.12.2014, 7ª Turma, Data de Publicação: DEJT 19.12.2014)

Como bem adverte *Estêvão Mallet*(84), "tem-se admitido, de modo cada vez mais amplo, quase que sem limites, a responsabilização do sócio por débitos da sociedade; em alguns casos, até mesmo após sua retirada. Em consequência, aceitar-se a eficácia de penhora não registrada colocaria em risco qualquer negócio realizado com quem é ou tenha algum dia sido sócio de empresa, instaurando intolerável intranquilidade nas relações jurídicas."

Contudo, provado o conluio (*consilium fraudis*) entre o terceiro adquirente e o sócio da executada, a fraude deverá ser decretada e o bem constritado pela Justiça do Trabalho.

Nesse sentido, destacam-se as seguintes ementas:

"Fraude à execução. Alienação de bem imóvel. Quando a execução se volta contra sócio da executada, atingindo imóvel já alienado anos antes, ainda que à época já em curso execução contra empresa, mas cercando-se o adquirente de todas as cautelas previstas no ordenamento, inclusive quanto ao registro público e outras certidões, sem qualquer restrição anotada, é imperiosa então a prova da fraude (*consilum fraudis*) não bastando simples presunção, pois há de prevalacer um interesse maior, o da segurança das relações jurídicas. Interpretação justa e humana do art. 593, II, do CPC, evitando-se ruína de inocentes, além de intranquilidade social, o desprestígio da própria função jurisdicional." (TRT – 2ª R. – 10ª T. – Ap. 1.5791/97-2 – rel. Juiz Eduardo Azevedo Silva – j. 25.11.97) (*In: Bol. AASP* n. 2.058/593-j. de 8.6.98)

"Alienação de imóvel. Terceiro de boa-fé. Comprovado que o adquirente do imóvel agiu com total boa-fé, haja vista que se acercou de todas as garantias previstas legalmente para efetuar a transação, não se pode imputar de que tenha agido de forma fraudulenta e tampouco negar eficácia ao ato." (TRT – 2ª R. – 4ª T. – Proc. 41.822/99-8 – rel. Juiz Afonso Arthur Neves Baptista) (*In:* Revista *Synthesis*, São Paulo 30/00, p. 214)

"PENHORA DE IMÓVEL — EMBARGOS DE TERCEIRO — AGRAVO DE PETIÇÃO — DISCUSSÃO ACERCA DA BOA-FÉ DO ADQUIRENTE. No caso examinado, na tentativa de afastar a fraude à execução reconhecida pelo Juízo de origem, alega o Agravante ter agido de boa-fé ao adquirir o imóvel que era de propriedade do sócio da empresa Reclamada, pois investigou, previamente, junto à matrícula do imóvel, se existia, ou não, algum gravame jurídico severo sobre o bem constritado, tendo concluído negativamente. Sucede que há motivos ponderáveis para a manutenção da r. decisão agravada, e, consequentemente, da penhora concretizada: 1. a documentação confeccionada pelas partes, com vistas à perfectibilização da transação imobiliária, revela que o Agravante sabia, de antemão, que o alienante exercia as atividades profissionais de comerciante; 2. não foi produzida qualquer prova documental de que o Agravante teria se acautelado de averiguar, junto aos Distribuidores da Justiça Comum e da Justiça do Trabalho, a existência de eventual demanda

(84) MALLET, Estêvão. Penhora de bens imóveis. *In:* NORRIS, Roberto (Coord.). *Execução trabalhista:* visão atual. Rio de Janeiro: Forense, 2001. p. 106-107.

aforada em face da empresa Reclamada, da qual, como já dito, o alienante era sócio; 3. a ação trabalhista originária foi ajuizada em face da empresa Reclamada no ano de 1994, enquanto a transação imobiliária aqui discutida ocorreu vários anos mais tarde, em 1998; 4. em momento algum a r. decisão agravada tangenciou a questão da impenhorabilidade do bem de família (Lei n. 8.009/90), mesmo porque o imóvel penhorado, inicialmente adquirido como um terreno, atualmente, mercê das edificações que nele foram acrescidas, detém natureza híbrida, vale dizer, simultaneamente comercial e residencial. Seja como for, o Agravante não opôs quaisquer Embargos Declaratórios contra a r. decisão agravada, o que conduz ao acobertamento da questão pelo instituto jurídico da preclusão; 5. encontra-se juntado aos autos um documento firmado diretamente entre o Agravante e sócio-alienante, que demonstra já haverem iniciado eles as tratativas para equacionar a questão da ação trabalhista ajuizada em face da empresa Reclamada, e que culminou com a penhora do imóvel alienado. Agravo de petição conhecido e não provido." (TRT/SP – 01505200837102008 – AP – Ac. 5ª T. – 20100273348 – relª Anelia Li Chum – DOE 16.4.2010)

"Embargos de Terceiro. Fraude à Execução. Terceiros adquirentes de boa-fé. O redirecionamento da execução contra os sócios após a venda do imóvel, não tem efeito retroativo capaz de tornar ineficaz, por fraude à execução, a alienação realizada com terceiros de boa-fé." (TRT/SP – 01090200905502000 – AP – Ac. 6ª T. – 20100146273 – rel. Rafael E. Pugliese Ribeiro – DOE 17.3.2010)

Em sentido contrário, entendendo desnecessária a análise da boa-fé do terceiro, destaca-se a seguinte ementa:

"FRAUDE DE EXECUÇÃO. BEM DE SÓCIO RETIRANTE. CARACTERIZAÇÃO A PARTIR DA DISTRIBUIÇÃO DA AÇÃO. INEFICÁCIA DO NEGÓCIO JURÍDICO PERANTE TERCEIROS. EFEITOS QUE SE ESTENDEM ÀS ALIENAÇÕES SUBSEQUENTES. REQUISITOS OBJETIVOS QUE NÃO SÃO ELIDIDOS PELA BOA-FÉ DO ADQUIRENTE. Constatado o exaurimento patrimonial da empresa, a execução volta-se contra o patrimônio do sócio, que desde a distribuição da ação detém responsabilidade subsidiária em relação às obrigações contraídas pela pessoa jurídica. Essa responsabilidade permanece latente, mas já existe, desde o momento em que a pessoa jurídica contrai obrigações, em razão dos termos da lei (art. 592, inciso II, do CPC). Qualquer alienação realizada a partir da distribuição da ação está sujeita à declaração da fraude de execução, resultando na ineficácia do negócio jurídico, que não pode ser oposto contra terceiros. A declaração da fraude acaba por onerar o bem, acompanhando-o e maculando as alienações subsequentes, sendo que, para sua configuração basta a ocorrência dos requisitos objetivos ditados pelo art. 593, inciso II, do CPC, não se perquirindo acerca da boa-fé do adquirente. Não sendo a boa-fé requisito para caracterização da fraude, não pode servir de fundamento para afastar a ineficácia da alienação. Agravo do exequente a que se dá provimento." (TRT/SP – 00007598720115020004 – AP – Ac. 4ª T. – 20120736831 – rel. Paulo Sérgio Jakutis – DOE 6.7.2012)

15. Do ato atentatório à dignidade da Justiça

O Direito, dentro da dinâmica social, corresponde a uma permanente luta entre interesses opostos. Dentro dela, cria-se, frequentemente, o paradoxo de o devedor, em nome do interesse e da preservação de seu patrimônio e dos poderes e faculdades que exercita sobre ele, praticar atos profundamente antijurídicos em face do interesse de terceiro(85).

(85) RODRIGUES PINTO, José Augusto. *Execução trabalhista.* 11. ed. São Paulo: LTr, 2006. p. 468.

Conforme já destacado anteriormente, na execução, o contraditório é mitigado, pois a obrigação já está consagrada no título executivo. Desse modo, as possibilidades de defesa do executado são reduzidas.

Considerando-se o caráter publicista do processo e o relevante interesse social que envolve a satisfação do crédito trabalhista, o executado deve resistir à execução honestamente, com boa-fé, manejando os meios processuais que a lei lhe outorga.

Como bem adverte *Leonel Maschietto*[(86)]:

> "Infelizmente o processo de execução na Justiça do Trabalho encontra-se doente e carecedor de remédios reestruturadores. É inadmissível nos depararmos com um número sem-fim de processos com trânsito em julgado, mas com evidente ineficiência na efetividade da prestação jurisdicional, já que receber o que se ganhou parece muitas vezes ser algo no campo da utopia jurídica. E não se fale que o grande motivo ensejador deste resultado é a atual conjuntura econômica e política que afeta sobremaneira as empresas. O grande problema é efetivamente a morosidade das demandas, traduzida pela desnecessária e complexa gama de atos inibidores da efetivação da tutela jurisdicional. Daí quando se vai efetivamente contra o devedor, o mesmo já se 'evaporou'."

A execução não é lugar para o executado levar vantagem, ocultando os bens disponíveis à penhora e procrastinar o bom andamento do processo. Desse modo, as atitudes do executado que inibam a atuação da Justiça em prol da satisfação do crédito exequendo devem ser punidas.

O Código de Processo Civil disciplina a questão no art. 774, assim redigido:

"Considera-se atentatória à dignidade da justiça a conduta comissiva ou omissiva do executado que:

I – frauda a execução;

II – se opõe maliciosamente à execução, empregando ardis e meios artificiosos;

III – dificulta ou embaraça a realização da penhora;

IV – resiste injustificadamente às ordens judiciais;

V – intimado, não indica ao juiz quais são e onde estão os bens sujeitos à penhora e os respectivos valores, nem exibe prova de sua propriedade e, se for o caso, certidão negativa de ônus.

Parágrafo único. Nos casos previstos neste artigo, o juiz fixará multa em montante não superior a vinte por cento do valor atualizado do débito em execução, a qual será revertida em proveito do exequente, exigível nos próprios autos do processo, sem prejuízo de outras sanções de natureza processual ou material."[(87)]

---

(86) MASCHIETTO, Leonel. *A litigância de má-fé na justiça do trabalho.* São Paulo: LTr, 2007. p. 86.

(87) No CPC de 1973, o art. 600 tinha redação bem semelhante.

Diante do *caput* do referido dispositivo legal, considera-se ato atentatório à dignidade da justiça tanto a conduta comissa (ativa), como omissiva do devedor (passiva) que tenha por finalidade dificultar ou impedir o sucesso da execução, destacando o dever de cooperação do devedor na fase executiva.

Conforme já estudado acima, a fraude à execução configura ato atentatório contra a dignidade da Justiça.

Quanto ao inciso II, como bem destacam *J. E. Carneiro Alvim* e *Luciana G. Carreira Alvim Cabral*[(88)]: "Opõe-se à execução, empregando meios fraudulentos, devedor que dá sumiço nos seus bens; esconde-se para não ser encontrado; dilapida seu patrimônio; ilude credores e dificulta a execução; assume dívidas vultosas; ou nomeia bens alheios à penhora. A imaginação do devedor é muito mais pródiga em armadilhas para prejudicar a execução do que a do legislador para prevê-las, pelo que qualquer atitude configuradora de ardil ou meio fraudulento se enquadra na previsão legal."

Nesse diapasão, destacam-se as seguintes ementas:

"Ato atentatório à dignidade da Justiça — Uso anormal do direito. A resistência desfundamentada, por seu turno, não encontra respaldo no devido processo legal e/ou nos meios adequados de defesa dos interesses do devedor. Em sociedade inexistem direitos absolutos. O ordenamento jurídico ao deferir à parte o direito de ação (entendido em sentido técnico) não o fez de forma a permitir que fosse exercido de maneira abusiva ou anormal. Ao extrapolar os limites do uso normal do direito praticou o agravante ato atentatório à dignidade da Justiça. A advertência, pois, encontrava preciso amparo na lei processual." (TRT – 3ª R. – 3ª T. – Ap. n. 2441/98 – rel. Juiz Carlos Augusto J. Henrique – DJMG 20.4.99 – p. 8)

"Ato atentatório à dignidade da Justiça. Caracteriza ato atentatório à dignidade da Justiça, nos termos preconizados no art. 600 do CPC, de aplicação subsidiária, o ato do devedor que se opõe maliciosamente à execução, empregando ardis e meios artificiosos, implicando, pois, o pagamento da indenização prevista no art. 601 do Diploma Processual." (TRT – 15ª R. – 1ª T. – AP n. 323/2002.029.15.85-6 – rel. Eduardo Benedito de O. Zanella – DJSP 3.2.06 – p. 29) (RDT 03 – março de 2006)

O inciso III, novidade do atual CPC, é oportuno, uma vez que penhora é ato de suma importância para a efetividade da execução, sendo certo que o devedor não deve dificultar ou embaraçar a realização da penhora.

Com relação ao inciso IV, o devedor deve cumprir as ordens judiciais, salvo manifestamente ilegais. Se resiste injustificadamente, ocultando-se ou criando entraves ao cumprimento dos atos da execução, pratica ato atentatório à dignidade da Justiça.

Nesse sentido, a seguinte ementa:

"Ato atentatório à dignidade da justiça — Resistência injustificada ao andamento do processo. Caracteriza ato atentatório à dignidade da justiça, a repetição de matéria apreciada na sentença de conhecimento já transitada em julgado; na impugnação à conta de liquidação e nos embargos à execução." (TRT – 15ª R. – 1ª T. – Ac. n. 29.158/2002 – rel. Eduardo B. de O. Zanella – DJSP 29.11.2002 – p. 20)

---

(88) *Código de Processo Civil reformado.* 6. ed. Curitiba: Juruá, 2007. p. 519.

O inciso V do art. 774 do CPC exige que o devedor indique onde estão os bens passíveis de execução, e os respectivos valores, bem como prova de sua propriedade e, se for o caso, certidão negativa de ônus, em prazo razoável fixado pelo juiz. Trata-se de providência de suma importância para a efetividade da execução, pois a colaboração do devedor é fundamental para o sucesso da execução.

Nos termos do parágrafo único do art. 774 do CPC, nos casos previstos neste artigo, o juiz fixará multa em montante não superior a vinte por cento do valor atualizado do débito em execução, a qual será revertida em proveito do exequente, exigível nos próprios autos do processo, sem prejuízo de outras sanções de natureza processual ou material

Conforme o referido dispositivo legal, estando diante do ato atentatório à dignidade da Justiça, o Juiz do Trabalho, de ofício, ou a requerimento da parte, fixará multa em montante não superior a 20% do valor atualizado do débito em benefício do credor, que deverá ser satisfeita pelo executado nos próprios autos da execução, sem prejuízo das sanções por litigância de má-fé, previstas no CPC, além de ser possível outras sanções de ordem material, como reparação por perdas e danos, ou por assédio processual.

No mesmo diapasão, a seguinte ementa:

> "Execução — Litigância de má-fé — Ato atentatório à dignidade da Justiça. Nos termos do art. 14, II, do diploma processual comum, compete às partes e aos seus procuradores proceder com lealdade e boa-fé em Juízo, regra que se aplica a todas as fases do processo. Paralelamente, considera-se atentatório à dignidade da Justiça o ato do devedor que se opõe maliciosamente à execução, empregando ardis e meios artificiosos (art. 600, II, do CPC). A atitude do executado de interpor embargos à execução flagrantemente descabidos e renovar em sede recursal questões manifestamente infundadas não é compatível com a dignidade do instrumento processual, que o Estado põe à disposição dos litigantes não como veículo de procrastinações e de falsos questionamentos, mas exclusivamente para atuação do direito e realização da Justiça." (TRT – 3ª R. – 3ª T. – Ap. n. 2.697/2000 – rel. Juiz José Roberto F. Pimenta – DJMG 07.11.2000 – p. 10) (RDT 06 – 12/2000)

16. Da execução provisória na Justiça do Trabalho

Ensina *Pontes de Miranda*[(89)] que a *execução provisória é aquela a que se procede se pende recurso no efeito somente devolutivo e do recurso interposto se conhece.*

Assevera o art. 899 da CLT: "Os recursos serão interpostos por simples petição e terão efeito meramente devolutivo, salvo as exceções previstas neste Título, permitida a execução provisória até a penhora."

No nosso sentir, a execução provisória caracteriza-se como a execução de um título executivo judicial que está sendo objeto de recurso, recebido apenas no efeito devolutivo.

(89) MIRANDA, Pontes de. *Comentários ao CPC.* T. IX, 1979. p. 31.

A execução provisória se fundamenta numa presunção favorável ao autor dada pela decisão objeto do recurso e na efetividade da jurisdição. Não obstante, por não haver o estado de certeza, o autor não poderá receber o objeto da condenação.

Como destaca *Antônio Álvares da Silva*(90), "em nome da pretensão à sentença, realizam-se atos do processo de conhecimento e, em nome de sua efetividade, os atos de liquidação, mesmo que estejam reunidos num único procedimento. O que caracteriza a execução provisória é uma certa presunção em favor do direito do autor."

Nos termos do art. 899 da CLT, a execução provisória se exaure com a *penhora*. Esta expressão deve ser interpretada como *garantia do juízo*, que significa a constrição de bens suficientes para a cobertura de todo o crédito que está sendo executado.

Diverge a doutrina trabalhista sobre a execução provisória trabalhista parar na penhora, ou serem também apreciados os incidentes da penhora, que são invocados por meio dos embargos à execução.

Pensamos, com suporte na doutrina majoritária e também na jurisprudência já sedimentada, que a execução provisória vai até a fase da garantia do juízo, com a apreciação de todos os incidentes da penhora, como os embargos à execução e, inclusive eventual agravo de petição(91).

Nesse diapasão, destaca-se a posição de *Valentin Carrion*(92):

> "Na execução provisória, a regra é de que o processo se detém na penhora (CLT, art. 899), mas os embargos poderão ser interpostos e julgados: do contrário seria impossível corrigir ilegalidades que permaneceriam indeterminadamente [...] e que são capazes de causar prejuízo indefinido à parte, tidas como o excesso de penhora ou de execução, remoção ilegal etc. A afirmação corrente de que a execução provisória vai até a penhora é uma restrição contra o credor, no sentido de que ele não poderá prosseguir, inclusive para promover atos de alienação (CPC, art. 588, II), mas não é obstáculo para o direito de defesa do devedor."

Nesse sentido, destacamos a seguinte ementa:

"Execução provisória — Suspensão dos atos processuais a partir da penhora. É certo que a execução provisória se encerra com a penhora, conforme dispõe parte final do *caput* do art. 899 da CLT. Entretanto, a determinação contida no referido artigo, não tem o significado de paralisação dos atos processuais no momento de apreensão judicial dos bens das agravantes. O que a norma consolidada veda é a prática de atos que impliquem em alienação do patrimônio do devedor. Constitui uma restrição ao exequente que não

(90) SILVA, Antônio Álvares da. *Execução provisória trabalhista depois da reforma do CPC*. São Paulo: LTr, 2007. p. 28.

(91) Em sentido contrário, Manoel Antonio Teixeira Filho argumenta a desnecessidade de processamento dos embargos à execução em razão da possibilidade de alteração da decisão que dá suporte à execução pelo Tribunal (*Execução no processo do trabalho*. 9. ed. São Paulo: LTr, 2005. p. 210).

(92) CARRION, Valentin. *Comentários à Consolidação das Leis do Trabalho*. 30. ed. São Paulo: Saraiva, 2005. p. 742.

poderá promover atos de alienação dos bens penhorados, pois tal ato traria prejuízos irreparáveis ao executado. Mas, caso interposto embargos à execução, os mesmos devem ser julgados, posto que é a medida processual que a parte dispõe para que sejam sanados vícios que, eventualmente, possam ocorrer no ato da penhora." (TRT – 3ª R. – 6ª T. – AP n. 465/2002.011.03.40-2 – relª Maria Perpétua C. F. de Melo – DJMG 4.3.04 – p. 18) (RDT n. 4 – Abril de 2004)

O exequente fará o requerimento de execução provisória, juntando aos autos cópias do Processo, conforme o art. 522 do CPC que resta aplicável ao Processo do Trabalho: sentença ou acórdão exequendo; certidão de interposição do recurso não dotado de efeito suspensivo; procurações outorgadas pelas partes; decisão de habilitação, se for o caso e, facultativamente, outras peças processuais que o exequente considere necessárias.

Após autuado o requerimento da execução provisória, acompanhado das cópias das peças processuais necessárias, será extraída a Carta de Sentença, que será o instrumento da execução provisória.

Alguns autores defendem a possibilidade de o Juiz do Trabalho promover a execução provisória de ofício, máxime se houver valores incontroversos, com suporte no impulso oficial da execução e na maior efetividade do procedimento.

A 1ª Jornada Nacional de Execução Trabalhista aprovou o Enunciado n. 15 que faculta ao Juiz do Trabalho iniciar a execução provisória de ofício, na pendência de julgamento de Agravo de Instrumento em face de decisão denegatória de Recurso de Revista. Dispõe o referido Enunciado:

> "EXECUÇÃO PROVISÓRIA. INSTAURAÇÃO DE OFÍCIO. A execução provisória poderá ser instaurada de ofício na pendência de agravo de instrumento interposto contra decisão denegatória de recurso de revista."

De nossa parte, diante das consequências que a execução provisória pode trazer ao reclamante, se o título que lhe dá suporte for alterado em sede recursal, haverá necessidade de requerimento expresso, não podendo o Juiz do Trabalho iniciá-la de ofício.

A execução provisória pode ser requerida ao juiz da causa de primeiro grau e também nos Tribunais ao relator do Recurso.

16.1. A nova execução provisória do Processo Civil e sua aplicabilidade no Processo do Trabalho

O Código de Processo Civil passa por constantes avanços na execução, rumo à efetividade processual. Um dos significativos avanços se refere à execução provisória de sentença, atualmente disciplinada pelo art. 520 do CPC, *in verbis*:

> "O cumprimento provisório da sentença impugnada por recurso desprovido de efeito suspensivo será realizado da mesma forma que o cumprimento definitivo, sujeitando-se ao seguinte regime:
>
> I – corre por iniciativa e responsabilidade do exequente, que se obriga, se a sentença for reformada, a reparar os danos que o executado haja sofrido;

II – fica sem efeito, sobrevindo decisão que modifique ou anule a sentença objeto da execução, restituindo-se as partes ao estado anterior e liquidando-se eventuais prejuízos nos mesmos autos;

III – se a sentença objeto de cumprimento provisório for modificada ou anulada apenas em parte, somente nesta ficará sem efeito a execução;

IV – o levantamento de depósito em dinheiro e a prática de atos que importem transferência de posse ou alienação de propriedade ou de outro direito real, ou dos quais possa resultar grave dano ao executado, dependem de caução suficiente e idônea, arbitrada de plano pelo juiz e prestada nos próprios autos.

§ 1º No cumprimento provisório da sentença, o executado poderá apresentar impugnação, se quiser, nos termos do art. 525.

§ 2º A multa e os honorários a que se refere o § 1º do art. 523 são devidos no cumprimento provisório de sentença condenatória ao pagamento de quantia certa.

§ 3º Se o executado comparecer tempestivamente e depositar o valor, com a finalidade de isentar-se da multa, o ato não será havido como incompatível com o recurso por ele interposto.

§ 4º A restituição ao estado anterior a que se refere o inciso II não implica o desfazimento da transferência de posse ou da alienação de propriedade ou de outro direito real eventualmente já realizada, ressalvado, sempre, o direito à reparação dos prejuízos causados ao executado.

§ 5º Ao cumprimento provisório de sentença que reconheça obrigação de fazer, de não fazer ou de dar coisa aplica-se, no que couber, o disposto neste Capítulo."

No CPC anterior, dispunha o art. 475-O do CPC, com a redação dada pela Lei n. 11.232/05:

"A execução provisória da sentença far-se-á, no que couber, do mesmo modo que a definitiva, observadas as seguintes normas: I – corre por iniciativa, conta e responsabilidade do exequente, que se obriga, se a sentença for reformada, a reparar os danos que o executado haja sofrido; II – fica sem efeito, sobrevindo acórdão que modifique ou anule a sentença objeto da execução, restituindo-se as partes ao estado anterior e liquidados eventuais prejuízos nos mesmos autos, por arbitramento; III – o levantamento de depósito em dinheiro e a prática de atos que importem alienação de propriedade ou dos quais possa resultar grave dano ao executado dependem de caução suficiente e idônea, arbitrada de plano pelo juiz e prestada nos próprios autos. § 1º – No caso do inciso II deste artigo, se a sentença provisória for modificada ou anulada apenas em parte, somente nesta ficará sem efeito a execução. § 2º – A caução a que se refere o inciso III do *caput* deste artigo poderá ser dispensada: I – quando, nos casos de crédito de natureza alimentar ou decorrente de ato ilícito, até o limite de sessenta vezes o valor do salário mínimo, o exequente demonstrar situação de necessidade; II – nos casos de execução provisória em que penda agravo perante o Supremo Tribunal Federal ou o Superior Tribunal de Justiça (art. 544), salvo quando da dispensa possa manifestamente resultar risco de grave dano, de difícil ou incerta reparação. § 3º Ao requerer a execução provisória, o exequente instruirá a petição com cópias autenticadas das seguintes peças do processo, podendo o advogado declarar a autenticidade, sob sua responsabilidade pessoal: I – sentença ou acórdão exequendo; II – certidão de interposição do recurso não dotado de efeito suspensivo; III – procurações outorgadas pelas partes; IV – decisão de habilitação, se for o caso; V – facultativamente, outras peças processuais que o exequente considere necessárias."

A execução provisória, tanto no Processo do Trabalho como no Processo Civil, depende de iniciativa do credor, que se responsabilizará pelos danos causados ao executado, caso o título que fundamenta a execução seja alterado em grau de recurso.

A responsabilidade do exequente pelos danos causados ao executado se houver alteração da decisão é objetiva (art. 520, I, do CPC), independe de culpa. Basta o nexo causal entre a atividade executiva e os danos provocados ao executado para o devedor do exequente indenizar o executado.

Segundo a teoria da responsabilidade objetiva, não há necessidade de demonstração de culpa por parte do ofensor, sendo suficiente a existência do dano e do nexo causal entre a conduta do agente e o dano. Por isso, a responsabilidade objetiva funda-se no princípio de equidade, pois aquele que lucra com a situação (exercício da atividade) deve responder pelo risco ou pelas desvantagens dela resultantes(93).

No mesmo diapasão, a visão de *Luiz Guilherme Marinoni* e *Sérgio Cruz Arenhart*(94):

> "A responsabilidade do exequente deriva da circunstância de a execução ter alterado o patrimônio do executado com base em decisão que, posteriormente, foi reformada diante da interposição de recurso. A responsabilidade é independente de culpa ou ânimo subjetivo do exequente, mas decorre apenas da reforma da decisão em que a execução se fundou. Trata-se de hipótese de responsabilidade objetiva pela prática de ato lícito, uma vez que a execução da decisão provisória não é apenas expressamente autorizada por lei, como também encontra respaldo no direito fundamental à duração razoável do processo (art. 5º, LXXVIII, da CF)."

Caso a decisão seja alterada ou anulada, ficará sem efeito a execução provisória, restituindo-se as partes ao estado anterior e liquidados eventuais prejuízos nos mesmos autos, por arbitramento.

Dispõe o art. 521 do CPC:

> "A caução prevista no inciso IV do art. 520 poderá ser dispensada nos casos em que:
>
> I – o crédito for de natureza alimentar, independentemente de sua origem;
>
> II – o credor demonstrar situação de necessidade;
>
> III – pender o agravo do art. 1.042(95);
>
> IV – a sentença a ser provisoriamente cumprida estiver em consonância com súmula da jurisprudência do Supremo Tribunal Federal ou do Superior Tribunal de Justiça ou em conformidade com acórdão proferido no julgamento de casos repetitivos.

---

(93) FERREIRA NETO, Francisco Jorge *et alii*. *Responsabilidade e as relações de trabalho*. São Paulo: LTr, 1998. p. 29.

(94) *Curso de direito processual civil:* execução. v. 3. São Paulo: RT, 2007. p. 365.

(95) Art. 1.042 do CPC: "Cabe agravo contra decisão do presidente ou do vice-presidente do tribunal recorrido que inadmitir recurso extraordinário ou recurso especial, salvo quando fundada na aplicação de entendimento firmado em regime de repercussão geral ou em julgamento de recursos repetitivos".

Parágrafo único. A exigência de caução será mantida quando da dispensa possa resultar manifesto risco de grave dano de difícil ou incerta reparação."

Sempre foi tradição no Código de Processo Civil a impossibilidade de levantamento de dinheiro na execução provisória, salvo mediante caução. Nesse sentido, é o disposto no inciso IV do art. 520, do CPC, que veda o levantamento de depósito em dinheiro e a prática de atos que importem alienação de propriedade ou dos quais possa resultar grave dano ao executado, sem prestação de caução por parte do exequente, arbitrada de plano pelo juiz e prestada nos próprios autos.

A caução é uma garantia de natureza processual, por meio da qual o exequente indica um bem (real), ou se compromete a uma obrigação pessoal (fidejussória), que serão destinados ao ressarcimento dos danos futuros causados ao executado, caso o título executivo que embasa a execução seja alterado em grau de recurso.

Conforme *Júlio César Bebber*(96), a caução mencionada nos arts. 520 e IV do CPC não tem natureza cautelar, uma vez que se trata de ato próprio do processo de execução. Não pode o juiz exigi-la de ofício, sendo necessário que haja requerimento do executado.

O art. 521 do CPC, de aplicação subsidiária ao Processo do Trabalho, possibilita a liberação de valores em execução provisória, independentemente de caução quando:

a) o crédito for de natureza alimentar, independentemente de sua origem: aqui, indiscutivelemente, está incluído o crédito trabalhista de natureza alimentar;

b) o credor demonstrar situação de necessidade: aqui o credor deve demonstrar seu estado de necessidade econômica. De nossa parte, a prova da miserabilidade formulada por meio de declaração de pobreza e aceita pelo juiz é suficiente;

c) pender o agravo fundado do art. 1.042: o agravo aqui se dirige às hipóteses de inadmissão dos recursos especial ou extraordinário. No âmbito trabalhista, aplica-se a presente hipótese à situação em que o agravo discute a inadmissão do recurso de revista para o TST;

d) a sentença a ser provisoriamente cumprida estiver em consonância com súmula da jurisprudência do Supremo Tribunal Federal ou do Superior Tribunal de Justiça ou em conformidade com acórdão proferido no julgamento de casos repetitivos: no processo do trabalho, aplica-se o presente inciso quando a sentença estiver em consonância com Súmula do STF, do TST, ou com acórdão proferido no julgamento de casos repetitivos tanto no STF como no TST.

Pode-se questionar sobre a aplicabilidade destas novas disposições do Código de Processo Civil ao Processo do Trabalho, pois, por previsão do art. 899 da CLT, a execução provisória vai até a penhora e, sendo assim, resta inaplicável o disposto no art. 521 do CPC, por não haver omissão da Consolidação.

(96) BEBBER, Júlio César. *Cumprimento da sentença no processo do trabalho.* São Paulo: LTr, 2006. p. 91.

Nesse sentido, destacam-se as seguintes ementas, proferidas à luz do CPC de 1973, onde a questão estava discplinada pelo art. 475-O:

"RECURSO DE REVISTA — HIPOTECA JUDICIÁRIA. A jurisprudência desta Corte orienta no sentido de que é cabível a declaração de ofício da hipoteca judiciária para garantia da execução. Precedentes. ART. 475-O DO CPC — INAPLICABILIDADE AO PROCESSO DO TRABALHO. O fato juridicizado pelo art. 475-O do CPC possui disciplina própria no âmbito do processo do trabalho — art. 899 da CLT —, que limita a execução provisória à penhora. Assim, na espécie, não há falar em aplicação da norma processual comum. Precedentes. MULTA DO ART. 477, § 8º, DA CLT — PAGAMENTO OPORTUNO DAS VERBAS RESCISÓRIAS — HOMOLOGAÇÃO TARDIA. Evidenciado o pagamento das verbas rescisórias no prazo do art. 477, § 6º, da CLT, indevida é a aplicação da multa do § 8º, ainda que a homologação da rescisão tenha ocorrido a destempo. Precedentes. Recurso de Revista parcialmente conhecido e provido." (TST – Processo: RR – 89000-67.2009.5.03.0137 – Data de Julgamento: 9.6.2010 – relª Ministra Maria Cristina Irigoyen Peduzzi – 8ª T. – Data de Divulgação: DEJT 11.6.2010)

"RECURSO DE REVISTA. EXECUÇÃO PROVISÓRIA. LEVANTAMENTO DE VALORES. APLICAÇÃO DO ART. 475-O DO CPC. Na sistemática processual trabalhista, cabe a aplicação de norma de caráter supletivo somente quando duas condições simultâneas se apresentam: a) omissão na CLT quanto à matéria em questão; e b) compatibilidade entre a norma aplicada e os princípios do Direito do Trabalho. Nos termos do § 1º do art. 899 da CLT, transitada em julgado a decisão recorrida, ordenar-se-á o levantamento imediato da importância de depósito, em favor da parte vencedora, por simples despacho do juiz. Descabe a aplicação subsidiária de outros dispositivos legais para autorizar o levantamento desses valores em momento anterior ao trânsito em julgado. Nesse contexto, esta Corte tem entendido pela inaplicabilidade do art. 475-O do CPC no processo do trabalho. Precedentes. Conhecido e, no particular, provido. HIPOTECA JUDICIÁRIA. COMPATIBILIDADE COM O PROCESSO TRABALHISTA. O entendimento desta Corte, conforme inúmeros precedentes, é no sentido de que a hipoteca judiciária, que tem como objetivo garantir o cumprimento das decisões judiciais, impedindo que a execução sofra prejuízo em razão de os bens do réu serem dilapidados, é perfeitamente compatível com o processo trabalhista. Não depende de requerimento da parte por se tratar de instituto processual de ordem pública. Não conhecido." (TST – Processo: RR – 36800-72.2008.5.03.0152 – Data de Julgamento: 4.8.2010 – relator Ministro: Emmanoel Pereira – 5ª T. – Data de Divulgação: DEJT 13.8.2010)

Pensamos que é compatível com o Processo do Trabalho o disposto nos incisos do art. 521 do CPC em razão da relevante função social da execução trabalhista e do caráter alimentar do crédito trabalhista. Além disso, acreditamos que o art. 899 da CLT não disciplina a hipótese de levantamento de dinheiro em execução provisória, havendo espaço para aplicação do CPC (lacunas ontológicas e axiológicas da CLT).

Nesse contexto, é a visão de *Antônio Álvares da Silva*[97]:

"A execução provisória é regulada tanto no processo comum como no trabalhista. A diferença consiste na extensão. No processo trabalhista a execução provisória vai até a penhora. No CPC, sempre se permitiu a

(97) SILVA, Antônio Álvares da. *Execução provisória trabalhista depois da reforma do CPC.* São Paulo: LTr, 2007. p. 53.

execução provisória com atos alienatórios, desde que prestada a garantia da caução. A recente reforma da Lei n. 11.232/05 aprofundou ainda mais a execução provisória, permitindo atos alienatórios e levantamento de dinheiro até mesmo sem caução. Esta situação não é prevista na CLT em execução provisória. Porém, são plenamente compatíveis com a finalidade do processo social, pois dá exequibilidade imediata à sentença de primeiro grau e permite ao empregado o acesso parcial ao crédito alimentar. A hipótese é típica de *analogia legis*. O instituto, regulamentado pelo CPC, pode perfeitamente ser transportado para o Processo do Trabalho, pois complementa a execução provisória nele disciplinada, aperfeiçoando-o para torná-la um instrumento processual mais eficaz e apto a cumprir sua finalidade."

No mesmo diapasão, *Wolney Cordeiro de Macedo*(98):

"A autonomia do direito processual do trabalho, no entanto, não pode servir de empecilho para que o intérprete direcione o sentido da norma jurídica à realidade vigente. É, por conseguinte, ilusório o argumento de que a consolidação apresenta regramentos e limites para o instituto da execução provisória. A postura do legislador é absolutamente omissa em relação à regulação do instituto [...]."

Na grande maioria das execuções trabalhistas, o reclamante postula um crédito alimentar e não pode esperar a longa tramitação do processo, máxime se houver recursos. No Processo do Trabalho, é presumido que o trabalhador esteja em estado de necessidade econômica. O contrário necessita de prova.

Em sentido contrário, exigindo a prova do estado de necessidade do credor trabalhista, destacamos a seguinte ementa:

"ART. 475-O DO CPC. *In casu*, o Tribunal Regional facultou, *ex officio*, ao reclamante o levantamento do depósito de até sessenta salários mínimos, sem que o autor tenha pedido o mencionado benefício. O inciso I do art. 475-O do CPC dispõe que a execução provisória da sentença flui por iniciativa do exequente. Ademais, para aplicar a exceção de que trata o § 2º do inciso I do art. 475-O do CPC, no tocante à dispensa de caução para o levantamento de importância de até sessenta salários mínimos, cujos créditos possuem natureza alimentar ou são decorrentes de ato ilícito, faz-se necessária a demonstração pelo reclamante de seu real estado de necessidade, ou seja, de que a sua subsistência ou de sua família estaria prejudicada, bem como naqueles casos de doença grave. Ressalte-se que a jurisprudência do TST, diferentemente do decidido pelo Tribunal Regional, inclina-se na direção de não se poder presumir, de forma absoluta, o estado de necessidade do obreiro, a dispensá-lo da exigência de caução prévia para o levantamento do depósito. Ressalva do relator quanto a ser necessária a prova do estado de necessidade. Recursos de revista conhecidos e providos. HIPOTECA JUDICIÁRIA. Nos termos da jurisprudência desta Corte, a hipoteca judiciária é medida de ordem pública, a qual pode ser constituída de ofício e comporta aplicação

(98) MACEDO, Wolney Cordeiro de. A execução provisória trabalhista e as novas perpectivas diante da Lei n. 11.232 de 22 de dezembro de 2005. *In: Revista LTr* 71-04/450.

nesta Justiça Especializada. Há precedentes. Recursos de revista não conhecidos." (TST – Processo: RR – 150300-57.2008.5.03.0107 – Data de Julgamento: 8.10.2014, relator Ministro: Augusto César Leite de Carvalho, 6ª Turma, Data de Publicação: DEJT 10.10.2014)

Pode-se questionar eventual possibilidade de se liberar o dinheiro ao reclamante e, posteriormente, caso a decisão seja alterada, não se conseguir mais recuperar o dinheiro, considerando-se o estado de hipossuficiência do trabalhador. Não obstante, este problema também é enfrentado pelo Processo Civil, pois se o autor está em estado de necessidade ou o crédito for de índole alimentar, dificilmente se conseguirá recuperar o dinheiro. Nota-se que o legislador processual civil privilegiou a efetividade processual em detrimento da cautela processual de proteção do patrimônio do devedor. Por isso, deve o Juiz do Trabalho sopesar o custo-benefício em determinar a liberação de valores ao reclamante, quando a execução for provisória, mas sempre atento à efetividade processual. Conforme salienta a melhor doutrina, não há efetividade processual sem riscos. Além disso, caso a decisão seja alterada, o exequente deverá restituir o valor e ainda indenizar o executado pelos prejuízos decorrentes da execução.

No mesmo sentido, as conclusões de *Marcelo Freire Sampaio Costa*(99):

> "[...] de forma direta e sem maiores subterfúgios, mostra-se plenamente conciliável com a ideia da leitura constitucional do princípio da subsidiariedade, consoante mostrado nas primeiras linhas do presente, dos dispositivos em apreço no processo do trabalho, principalmente em razão da relevante função social da execução trabalhista e do caráter alimentar do crédito trabalhista. Ou seja a execução completa fundada em decisão provisória, conforme diposto no art. 475-O do CPC, mostra-se plenamente compatível como o processo do trabalho."

Diante dos princípios da celeridade e efetividade processual impulsionados pela n. EC n. 45/04, o Juiz do Trabalho não pode fechar os olhos para os avanços do Processo Civil e aplicá-los ao Processo do Trabalho, a fim de dar maior cidadania ao trabalhador, prestigiar o processo do trabalho, como sendo um instrumento célere e eficaz para propiciar a efetividade do direito material do trabalho e garantir a dignidade da pessoa humana do trabalhador.

Como destacam *Luiz Guilherme Marinoni* e *Sérgio Cruz Arenhart*(100):

> "Quando se pensa em termos reais, fica claro que o tempo do processo é um ônus, que, por isto mesmo, deve ser distribuído entre as partes em nome do princípio da isonomia. Aliás, não é por outra razão que a leitura constitucional do direito de ação sempre fez ver o direito à duração razoável do processo, agora instituído (pela Emenda Constitucional n. 45/04; art. 5º, LXXVIII, da CF) como direito fundamental. Ou seja, não

(99) COSTA, Marcelo Freire Sampaio. *Execução provisória no processo do trabalho.* São Paulo: LTr, 2009. p. 72.

(100) *Curso de direito processual civil.* v. 3. Execução. São Paulo: RT, 2007. p. 342.

há mais como admitir que o tempo do processo seja tratado como um mal inevitável ou como um entrave que naturalmente deve ser suportado por aquele que busca o Poder Judiciário."

Adaptado o disposto no inciso III do art. 521 ao Processo do Trabalho, pensamos que quando houver pendência de Agravo de Instrumento junto ao Supremo Tribunal Federal ou ao Tribunal Superior do Trabalho, pois o TST, no âmbito da Justiça do Trabalho, equivale ao STJ, para as Justiças federal e estadual, o Juiz do Trabalho poderá liberar valores na execução provisória.

Pelos mesmos fundamentos que declinamos para o inciso I, com maior razão aplica-se o inciso III do art. 521 do CPC ao Processo do Trabalho, pois a probabilidade de alteração da decisão trabalhista em Agravos no TST e STF é muito remota, o que autoriza o Juiz do Trabalho a liberar ao exequente o valor da execução.

Quanto ao inciso IV, do art. 521, que é inovação do CPC de 2015, se a sentença a ser provisoriamente cumprida estiver em consonância com súmula da jurisprudência do Supremo Tribunal Federal ou do Superior Tribunal de Justiça ou em conformidade com acórdão proferido no julgamento de casos repetitivos, não há necessidade de caução.

Aqui, na esfera trabalhista, a sentença deve ter como fundamento Súmula do STF, simples ou vinculante, ou Súmula do TST, ou estar em conformidade com acórdão proferido no julgado de casos repetitivos no TST, autorizando o Juiz do Trabalho a liberar valores na execução provisória sem necessidade de caução, pois a probabilidade de reforma da decisão é remota.

No sentido da aplicabilidade, é o Enunciado n. 69 da 1ª Jornada de Direito Material e Processual do Trabalho do TST, *in verbis*:

> "EXECUÇÃO PROVISÓRIA. APLICABILIDADE DO ART. 475-O DO CPC NO PROCESSO DO TRABALHO. I - A expressão '... até a penhora...' constante da Consolidação das Leis do Trabalho, art. 899, é meramente referencial e não limita a execução provisória no âmbito do direito processual do trabalho, sendo plenamente aplicável o disposto no Código de Processo Civil, art. 475-O. II - Na execução provisória trabalhista é admissível a penhora de dinheiro, mesmo que indicados outros bens. Adequação do postulado da execução menos gravosa ao executado aos princípios da razoável duração do processo e da efetividade. III - É possível a liberação de valores em execução provisória, desde que verificada alguma das hipóteses do art. 475-O, § 2º, do Código de Processo Civil, sempre que o recurso interposto esteja em contrariedade com Súmula ou Orientação Jurisprudencial, bem como na pendência de agravo de instrumento no TST."

Acompanhando o mesmo raciocínio é o Enunciado n. 22 da 1ª Jornada Nacional de Execução Trabalhista, realizada em novembro de 2010, *in verbis*:

> "EXECUÇÃO PROVISÓRIA. ART. 475-O DO CÓDIGO DO PROCESSO CIVIL (CPC). APLICABILIDADE AO PROCESSO DO TRABALHO. FORMA DE MINIMIZAR O EFEITO DA INTERPOSIÇÃO DE RECURSOS MERAMENTE PROTELATÓRIOS E CONCEDER AO AUTOR PARTE DE SEU CRÉDITO, QUE POSSUI NATUREZA ALIMENTAR. A Consolidação das Leis do Trabalho (CLT) é omissa no tocante à possibilidade de liberação de

créditos ao exequente em fase de execução provisória, sendo plenamente aplicável o art. 475-O do CPC, o qual torna aquela mais eficaz, atingindo a finalidade do processo social, diminuindo os efeitos negativos da interposição de recursos meramente protelatórios pela parte contrária, satisfazendo o crédito alimentar. 2. O art. 475-O do CPC aplica-se subsidiariamente ao Processo do Trabalho."

No mesmo sentido, as seguintes ementas:

"Mandado de segurança — Execução provisória — Aplicabilidade do art. 475-O do CPC ao processo do trabalho — Levantamento de depósito em dinheiro, no valor de sessenta salários mínimos, dispensada caução — Lacuna do art. 769 da CLT — Aplicabilidade de princípios como os da eficiência, da efetividade, da tempestividade, da celeridade e da plausibilidade — Denegada a segurança. A natureza alimentar dos créditos trabalhistas, aliada à finalidade social balizadora do art. 475-O do CPC, inspirado no "Pacto de Estado em favor de um Judiciário mais rápido e republicano", bem como a compatibilidade de suas disposições com as regras da execução trabalhista, não violam, em absoluto, o inciso LIV do art. 5º da Constituição Federal. Não é plausível que, em nome do devido processo legal, sejam atropelados outros princípios, como os da efetividade, da eficiência, da tempestividade, da celeridade e da plausibilidade. Ao determinar o levantamento de depósito em dinheiro, no valor de sessenta salários mínimos, em sede de execução provisória, o Juízo não afronta o devido processo legal, na medida em que se fundamenta em dispositivo da norma processual comum absolutamente aplicável ao processo trabalhista, subsidiariamente, em consonância com os ditames do art. 769 da CLT. Isso porque o texto consolidado é lacunoso quanto à matéria (execução provisória) e porque o art. 475-O do CPC é escancaradamente compatível com as normas que regem o processo do trabalho. Ressalte-se que a expressão "até a penhora", do art. 899 da CLT, além de não restringir a execução provisória, deve ser analisada como uma referência, jamais como um limite intransponível, existindo, portanto, uma lacuna na norma processual trabalhista, o que leva à aplicação subsidiária do processo civil. Este, por sua vez, deu vida nova à execução — definitiva ou provisória — pela Lei n. 11.232/05, cujo objetivo precípuo é o de, na esteira da alteração constitucional (EC n. 45/04), obter sua maior eficácia e efetividade. Para a conquista de tal objetivo, a Lei n. 11.232/05, dentre outras coisas, ampliou o alcance do art. 588, revogando-o expressamente. A sistemática e a dinâmica da execução provisória, que deverá ser processada "no que couber, do mesmo modo que a definitiva", são atualmente tratadas especificamente no art. 475-O do CPC. Ademais, ainda que por amor à argumentação se entenda não haver uma lacuna normativa nas regras processuais trabalhistas, há que se observar a existência de uma lacuna ontológica, sendo premente uma modernização dessas regras. Forçoso concluir, portanto, que, ocorrendo a lacuna ontológica na CLT, como no caso em concreto, faz-se imperioso buscar uma solução, nos institutos mais modernos, mediante a "heterointegração do direito", visando a eficiência e a efetividade na prestação jurisdicional. Segurança denegada, por maioria de votos." (TRT – 15ª R. – SDI-1 – rel. Samuel Hugo Lima (designado) – DJe n. 376 – 10.12.09 – p. 15 – MS n. 1976/2008.000.15.00-3) (RDT n. 01 – Janeiro de 2010)

"ART. 475-O, § 2º, I, DO CPC. EXECUÇÃO PROVISÓRIA. INAPLICABILIDADE AO PROCESSO DO TRABALHO. A C. Turma entende que há compatibilidade da CLT com o processamento da execução provisória, conforme preleciona o art. 475-O, § 2º, I, do CPC. Nesse sentido, adota o entendimento de que — *Se o art. 475-O, § 2º, I, do CPC assegura o levantamento de dinheiro, em execução provisória — nos casos de crédito de natureza alimentar [...] até o limite de sessenta vezes o valor do salário mínimo —, desde que o exequente demonstre situação de necessidade —, e a instância ordinária, perante a qual se processa a execução, pontuou a subsunção da hipótese dos autos nessa regra, incabível, em princípio, redarguir que ao Juiz do Trabalho seria vedado concretizar a vontade constitucional, regulamentada pela norma geral das execuções, a pretexto de existir um dispositivo na regra especial ainda não adaptado à nova ordem jurídica. [...] Não há dúvida de que o citado artigo, na medida em que contribui para o cumprimento mais célere das sentenças trabalhistas, mostra-se compatível com a finalidade das normas que orientam o direito e o processo do trabalho, abreviando o acesso dos trabalhadores aos recursos financeiros essenciais à manutenção de sua subsistência e dignidade.* (RO-99301-63.2009.5.15.0000 – rel. Ministro: Augusto César Leite de Carvalho, 6ª T. – DEJT 28.5.2010). Recurso de revista não conhecido, com ressalva do relator." (TST – Processo: RR - 47200-23.2009.5.03.0149 – Data de Julgamento: 10.8.2010 – relator Ministro Aloysio Corrêa da Veiga – 6ª T. – Data de Divulgação: DEJT 20.8.2010) (grifo nosso)

16.2. Da penhora de dinheiro na execução provisória

A jurisprudência do Tribunal Superior do Trabalho, à luz do CPC/73, firmou-se no sentido de ser incabível a penhora de dinheiro e também o bloqueio de contas bancárias em se tratando da execução provisória, por aplicação do princípio da execução pelo meio menos oneroso ao executado.

Com efeito, dispunha a Súmula n. 417 do C. TST, *in verbis*:

"MANDADO DE SEGURANÇA. PENHORA EM DINHEIRO. (Conversão das Orientações Jurisprudenciais ns. 60, 61 e 62 da SDI-2). I – Não fere direito líquido e certo do impetrante o ato judicial que determina penhora em dinheiro do executado, em execução definitiva, para garantir crédito exequendo, uma vez que obedece à gradação prevista no art. 655 do CPC (ex-OJ n. 60 — inserida em 20.9.00); II – Havendo discordância do credor, em execução definitiva, não tem o executado direito líquido e certo a que os valores penhorados em dinheiro fiquem depositados no próprio banco, ainda que atenda aos requisitos do art. 666, I, do CPC (ex-OJ n. 61 — inserida em 20.09.00); III – Em se tratando de execução provisória, fere direito líquido e certo do impetrante a determinação de penhora em dinheiro, quando nomeados outros bens à penhora, pois o executado tem direito a que a execução se processe da forma que lhe seja menos gravosa, nos termos do art. 620 do CPC. (ex-OJ n. 62 – inserida em 20.9.00)." (Res. n. 137/2005 – DJ 22.8.2005)

No mesmo sentido, a seguinte ementa:

"Penhora em dinheiro — Execução provisória — Onerosidade excessiva ao credor. A execução provisória processa-se até a penhora (art. 899 da CLT) e, existindo outros bens a satisfazer a garantia dos créditos exequendos, a penhora de créditos pode ser afastada, ante a aplicação do disposto no art. 620 do CPC. Este entendimento se encontra consubstanciado na Orientação Jurisprudencial n. 62 da SDI-1 do TST." (TRT – 12ª R. – 1ª T. – AG-PET n. 2022/1999.006.12.00-0 – Ac. n. 8.346/04 – relª Sandra M. Wambier – DJSC 3.8.04 – p. 155) (RDT n. 9 – Setembro de 2004)

Entretanto, à luz do CPC/15 a Súmula n. 417 do TST, passou a ter a seguinte redação:

"MANDADO DE SEGURANÇA. PENHORA EM DINHEIRO. (Alterado o item I, atualizado o item II e cancelado o item III, modulando-se os efeitos da presente redação de forma a atingir unicamente as penhoras em dinheiro em execução provisória efetivadas a partir de 18.03.2016, data de vigência do CPC de 2015)

I – Não fere direito líquido e certo do impetrante o ato judicial que determina penhora em dinheiro do executado para garantir crédito exequendo, pois é prioritária e obedece à gradação prevista no art. 835 do CPC de 2015 (art. 655 do CPC de 1973).

II – Havendo discordância do credor, em execução definitiva, não tem o executado direito líquido e certo a que os valores penhorados em dinheiro fiquem depositados no próprio banco, ainda que atenda aos requisitos do art. 840, I, do CPC de 2015 (art. 666, I, do CPC de 1973). (ex-OJ n. 61 da SBDI-2 – inserida em 20.9.2000)."

Diante da nova redação da Súmula n. 417, a mais alta Corte Trabalhista resolveu cancelar a orientação no sentido da impossbilidade de penhora de dinheiro em execução provisória, caso o devedor tenha indicado outros bens à penhora por aplicabilidade do princípio da menor onerosidade ao devedor.

De nossa parte, o cancelamento do inciso III da Súmula n. 427 foi oportuno, pois diante do novo CPC, o devedor não tem mais o direito à execução menos gravosa (art. 805 do CPC)(101). Além disso, a penhora em dinheiro é sempre mais efetiva. Embora a mais alta Corte Trabalhista não tenha direcionado em sentido contrário, não será mais cabível o Mandado de Segurança para discutir a legalidade da penhora em dinheiro na execução provisória.

Não obstante o respeito que merecem os posicionamentos em contrário, pensamos que a penhora em dinheiro e também o bloqueio de contas bancárias também se aplicam para a execução provisória.

Com efeito, nem a CLT nem o CPC proíbem que se faça a penhora de dinheiro em execução provisória, aliás, o dinheiro é o primeiro bem de ordem de preferência para a penhora (art. 835 do CPC). Além disso, a penhora de dinheiro possibilita a liberação do valor ao exequente de até 60 salários mínimos quando presentes os requisitos legais. Ora, se não fosse possível penhora de dinheiro em execução provisória, não haveria como se dar efetividade ao art. 521 do CPC.

Pensamos não se aplicar aqui o princípio da execução menos gravosa ao executado (art. 805 do CPC), pois a execução provisória se faz no interesse do credor (art. 797 do CPC). Além disso, o exequente se responsabiliza, objetivamente, pelos eventuais danos causados ao executado caso a decisão seja alterada. De outro lado, pensamos que a execução provisória só será efetiva e cumprirá sua função social no Processo do Trabalho se houver penhora de dinheiro.

Como bem adverte *Adhemar Prisco da Cunha Neto*(102):

> "[...] Quando o executado deixa de obedecer à ordem legal de preferência, o juiz não deve temer que a persecução de outro dotado de maior liquidez

(101) Na edição anterior deste livro, escrevemos: "Diante do CPC de 2015, esperamos que o Tribunal Superior do Trabalho reveja a Súmula n. 417, III, de sua jurisprudência, pois o devedor somente tem direito de que a execução lhe seja menos onerosa se indicar outros meios mais eficazes e menos dispendiosos, à luz do art. 805, parágrafo único, do CPC, que deu nova roupagem ao princípio da menor onerosidade do devedor".

(102) CUNHA NETO, Adhemar Prisco. Em defesa da 'penhora *on-line*' na execução provisória. *In: Revista LTr*, 70-06/714.

acarrete ônus ao devedor. Seja porque a liquidez pode ser necessária para atender necessidade imediata, seja porque, para ser útil, a execução provisória deve proporcionar que o valor fique à disposição para o pronto pagamento quando do trânsito em julgado. Não faz sentido que para recorrer se admita sem questionamentos depósito em dinheiro, ao mesmo tempo em que se alimenta o temor da penhora de dinheiro em execução provisória. Afinal, nos dois casos existe apenas a segurança sem trânsito em julgado. E para completar, a nova redação do art. 668, do CPC, conferiu ainda mais força à ordem de preferência do art. 655. Agora a substituição do bem penhorado exige 'prova cabal' de que o fato não trará prejuízo algum ao exequente e de que será menos onerosa ao devedor, sob expressa cominação de litigância de má-fé."

É necessária a mudança de mentalidade dos operadores do direito diante da penhora de dinheiro na execução provisória, pois a legislação permite que ela seja levada a efeito. Além disso, diante dos novos rumos da execução no Processo Civil, inclusive com a possibilidade de liberação de numerário na execução provisória, deve-se permitir a penhora em dinheiro a fim de dar aplicabilidade ao art. 521 do CPC ao Processo do Trabalho.

No mesmo diapasão, é o Enunciado n. 21 da 1ª Jornada Nacional de Execução Trabalhista, realizada em novembro de 2010, *in verbis*:

"EXECUÇÃO PROVISÓRIA. PENHORA EM DINHEIRO. POSSIBILIDADE. É válida a penhora de dinheiro na execução provisória, inclusive por meio do Bacen Jud. A Súmula n. 417, item III, do Tribunal Superior do Trabalho (TST), está superada pelo art. 475-O do Código de Processo Civil (CPC)."

Nesse sentido, destacamos as seguintes ementas:

"Mandado de segurança. Determinação de penhora em tempo real mediante utilização do sistema Bacen Jud — Execução Provisória. É legítima a determinação judicial de penhora em conta corrente bancária mediante a utilização do sistema Bacen Jud quando os bens ofertados pela empresa não obecedem à gradação legal. Atuação do juiz na execução. Arts. 765 e 878 da CLT. Observância da ordem do art. 655 do CPC. Segurança que se denega." (TRT – 2ª R. – Ac. 2005030668 – rel. Juiz Carlos Francisco Berardo – DOE/SP: 4.10.05)

"Mandado de segurança — Indeferimento do pedido de substituição da penhora sobre móvel por dinheiro — Violação a direito líquido e certo. O art. 655 do CPC ao estabelecer a ordem de preferência, a ser observada pelo devedor, por ocasião da nomeação de bens à penhora, fixa o dinheiro em primeiro lugar. A ordem é uma diretriz não só de cunho político, mas também público, uma vez que o elenco do referido artigo está voltado para o resultado útil do processo, em que se deseja um término expedito da execução, para que se cumpra a vontade da coisa julgada, especialmente no processo laboral, em face do caráter alimentar do débito. Sendo assim, viola direito líquido e certo do impetrante o indeferimento, por parte do MM. Juiz impetrado, do pedido de substituição, por dinheiro, da penhora realizada sobre imóvel, ainda que se trate de execução provisória. Ademais, a substituição viabilizará a liberação ao reclamante de eventuais valores incontroversos. Mandado de segurança que se concede, para determinar a substituição, por dinheiro, da penhora realizada nos autos originários, conforme requerido pelo impetrante." (TRT – 2ª R. – Ac. n. 2006014445 – DOE/SP 9.10.06)

"MANDADO DE SEGURANÇA. EXECUÇÃO PROVISÓRIA. LEGITIMIDADE DA PENHORA *"ON-LINE"* SOBRE CONTA-CORRENTE DA EXECUTADA. SEGURANÇA CONCEDIDA. Fere direito líquido e certo do impetrante o ato praticado pela D. Autoridade impetrada que indefere o prosseguimento da execução com a penhora *"on-line"* sobre os créditos existentes na conta bancária da executada, ao fundamento de ser incabível a penhora em dinheiro em execução provisória. E isso porque o próprio Magistrado havia reconhecido que tanto a nomeação de bens pela reclamada como a penhora efetivada nos autos pelo Sr. Oficial de Justiça foram feitas mediante transgressão do art. 655 do diploma processual civil, pelo que o exequente, ora impetrante, encontra-se em situação de difícil solução pois, se de um lado enfrenta determinação da D. Autoridade impetrada de que indique "bens livres, desembaraçados e de fácil aceitação comercial, em dez dias, sob pena de remessa ao arquivo", providência essa que aliás nem o Sr. Oficial de Justiça logrou desincumbir de forma satisfatória, ante o comprometimento dos bens existentes com penhoras anteriores, por outro lado, depara-se, ainda, com a r. decisão ora atacada impedindo-o de prosseguir a execução sobre numerário constante da conta bancária por ele indicada, não obstante a determinação anteriormente feita pela própria D. Autoridade impetrada de que fosse efetuada a constrição de numerário. Nem se cogite que tal excussão deva ser obstada, por se tratar de execução provisória ou que deva se fazer pelo modo menos gravoso para o devedor, nos termos do que dispõe o art. 620 do Código de Processo Civil. E isto porque não foram encontrados outros bens de propriedade da executada aptos para garantir a execução, além do que, o exequente, caso não logre êxito na sua busca, corre o risco de ver os autos serem arquivados, sendo certo que a empresa é que deve correr os riscos de seu empreendimento, pois os créditos trabalhistas são superprivilegiados, preferindo a quaisquer outros, a teor do que dispõe o art. 186 do Código Tributário Nacional (exceção feita apenas aos créditos advindos de acidente de trabalho). Nessa conformidade, outra não pode ser a conclusão senão a de que o ato ora atacado violou direito líquido e certo do impetrante, uma vez que obstou o regular curso da execução sem que houvesse qualquer fundamento legal para tanto, sobretudo considerando que as penhoras efetivas foram ineficazes, como declara o art. 656, inciso I, do referido Código. Segurança concedida." (TRT/SP. Tipo: Mandado de Segurança. Data de julgamento: 21.10.2003. Relª Vania Paranhos. Rev. Anelia Li Chum. Acórdão n. 2003030300. Processo n. 10552-2003-000-02-00-6. Ano: 2003. Turma: SDI. Data de publicação 21.11.2003)

"MANDADO DE SEGURANÇA. PENHORA *ON-LINE*. ORDEM LEGAL. Ausência de ilegalidade na r. decisão judicial que determina a constrição sobre numerário de conta-corrente da impetrante, pois encontra respaldo no art. 655 do CPC, o qual fixa a ordem de nomeação de bens à penhora pelo devedor, elencando, primeiramente, o dinheiro. O fato de tratar-se de execução provisória não obsta a penhora em conta-corrente, haja vista o disposto na nova redação do art. 475-O, § 2º, I, do CPC, introduzida pela Lei n. 11.232/05, de aplicação subsidiária ao processo trabalhista (CLT, art. 769), permitindo, inclusive, o levantamento de depósito em dinheiro. De fato, a teor do referido preceito legal, é autorizada a liberação imediata de parte do crédito de natureza alimentar, inclusive sem necessidade de caução. Segurança denegada." (TRT/SP – 12542200900002000 – MS01 – Ac. SDI 2010006877 – relª Wilma Nogueira de Araujo Vaz da Silva – DOE 17.5.2010)

"Penhora em dinheiro. Execução provisória. Possibilidade. Intimada a reclamada para cumprimento da sentença, com indicação de bens sob pena de penhora, sem atendimento desta ao comando executivo, não há subsunção à hipótese do art. 620 do CPC, dispositivo que consagra o princípio do *favor debitoris*, eis que nos termos da Súmula n. 417, item III, do TST, o benefício ao devedor na escolha de atos executivos, com opção pelo ato menos gravoso, teria cabimento se houvesse bloqueio de ativos financeiros com nomeação válida de bens à penhora, situação não verificada nestes autos. Assim, a inércia do executado oportuniza a penhora em dinheiro requerida. Agravo de Petição provido." (TRT/SP - 00717012220085020402 (00717200840202014) - AP - Ac. 14ª T. 20110161836 - rel. Davi Furtado Meirelles - DOE 25.2.2011)

16.3. Execução provisória de obrigação de fazer

A CLT não disciplina de forma específica a execução provisória de obrigação de fazer, não obstante a obrigação de fazer também possa ser executada provisoriamente.

De outro lado, deve ser destacado que a CLT possibilita a execução de obrigação de fazer antes do trânsito em julgado, no art. 659, incisos IX e X, *in verbis*:

> "Competem privativamente aos Presidentes das Juntas, além das que lhes forem conferidas neste Título e das decorrentes de seu cargo, as seguintes atribuições:
>
> [...] IX – conceder medida liminar, até decisão final do processo, em reclamações trabalhistas que visem a tornar sem efeito transferência disciplinada pelos parágrafos do art. 469 desta Consolidação.
>
> [...] X – conceder medida liminar, até decisão final do processo, em reclamações trabalhistas que visem reintegrar no emprego dirigente sindical afastado, suspenso ou dispensado pelo empregador."

Conforme o referido dispositivo consolidado, os Juízes das Varas do Trabalho podem conceder liminares para tornar sem efeito transferências abusivas, e reintegração de dirigente sindical que, em verdade, são verdadeiras antecipações do mérito, antes do trânsito em julgado da decisão final em cognição sumária.

Desse modo, há no próprio corpo da CLT instrumentos que autorizam a execução provisória de obrigação de fazer e, portanto, não há se falar em ausência de amparo legal para a determinação da execução provisória em obrigação de fazer. Sob outro enfoque, não há se falar em risco de dano irreparável ao empregador, pois, ao determinar a reintegração do empregado, o empregador, apesar de ter que pagar os salários, em contrapartida, tem os serviços prestados.

O Tribunal Superior do Trabalho uniformizou sua jurisprudência no sentido de ser possível a reintegração de empregado em sede de antecipação de tutela, o que denota ser possível a execução de obrigação de fazer antes do trânsito em julgado da decisão, conforme a OJ n. 142, de sua SDI-II, *in verbis*:

> "Inexiste direito líquido e certo a ser o oposto contra ato de juiz que, antecipando a tutela jurisdicional, determina a reintegração do empregado até a decisão final do processo, quando demonstrada a razoabilidade do direito subjetivo material, como nos casos de anistiado pela Lei n. 8.874, aposentado, integrante de comissão de fábrica, dirigente sindical, portador de doença profissional, portador de vírus HIV ou detentor de estabilidade provisória prevista em norma coletiva."

Como bem destaca *Carlos Henrique Bezerra Leite*[(103)]:

> "Ora, se se tem admitido a antecipação de tutela de obrigação de fazer, que é uma decisão interlocutória, revogável a qualquer tempo, sujeita apenas

(103) *Op. cit.*, p. 899.

à cognição sumária, com muito mais razão se deve admitir a execução provisória de obrigação de fazer, pois esta constitui comando de uma sentença, ato mais importante do processo praticado após cognição exauriente."

17. Da audiência de conciliação na execução

Nem a CLT, nem a Lei n. 6.830/80, tampouco o CPC preveem a possibilidade de audiência na execução, ou a intervenção do Juiz do Trabalho para realizar tal ato processual.

Não obstante, tal prática já vem acontecendo em alguns Tribunais Regionais do Trabalho, com resultados satisfatórios, principalmente em processos em que a execução se alastra por tempo razoável sem solução.

Em muitos casos, o executado não pode pagar o crédito numa única parcela, mas pode pagar o montante da dívida em algumas parcelas. Em razão disso, se mostra razoável e efetiva a audiência para tentativa de conciliação na execução.

A experiência tem demonstrado que a audiência na execução obtém bons resultados. Além disso, tal prática reveste de maior credibilidade o procedimento executivo, possibilita maior efetividade da execução e prestigia a própria dignidade da Justiça do Trabalho.

Desse modo, a audiência de conciliação em determinados processos na fase executiva deve ser incorporada ao dia a dia das Varas do Trabalho. Nesse sentido, a seguinte ementa:

> "Execução — Audiência de conciliação — Faculdade do juiz condutor da execução. A designação de audiência para conciliação das partes, na execução, é faculdade do juiz condutor do feito, porquanto a CLT prevê os momentos em que esta se faz obrigatória (arts. 846 e 850). Ademais, se há *animus* das partes em tal sentido, a falta de audiência conciliatória não inibe a avença, que poderá ser manifestada a qualquer tempo nos autos por simples petição." (TRT – 10ª R. – 3ª T. – Ap. n. 268/99 – rel. Juiz Marcos Roberto Pereira – DJDF 15.10.99 – p. 5) (RDT 11/99, p. 55)

Lembra *Luciano Athayde Chaves*(104) que o chamamento das partes em Juízo na execução encontra suporte no art. 599, I, do CPC.

Dispõe o art. 772 do CPC:

> "O juiz pode, em qualquer momento do processo:
>
> I – ordenar o comparecimento das partes;
>
> II – advertir o executado de que seu procedimento constitui ato atentatório à dignidade da justiça;
>
> III – determinar que sujeitos indicados pelo exequente forneçam informações em geral relacionadas ao objeto da execução, tais como documentos e dados que tenham em seu poder, assinando-lhes prazo razoável."

---

(104) *Op. cit.*, p. 353.

Embora o referido dispositivo legal não seja específico para a audiência de conciliação na execução, pode ser aplicado analogicamente, e resta compatível com o Processo do Trabalho.

A audiência na fase executiva pode ser ralizada não só para a tentativa de conciliação, mas também para saneamento do processo, diálogo direto do juiz com as partes, repressão e prevenção de atos atentatórios à dignidade da justiça, e resolução de incidentes processuais. Além disso, trata-se de momento apropriado para exortar a colaboração das partes principalmente do devedor. Nesta audiência, também podem ser convocados terceiros, tanto os responsáveis secundários pela dívida, como também aqueles que possam fornecer informações sobre bens sujeitos à execução, nos termos do inciso III do referido art. 772 do CPC.

18. Da execução em face da massa falida e empresa em recuperação judicial

A recuperação judicial "é ação judicial pela qual o devedor — empresário ou sociedade empresária — busca sua reabilitação, mediante a apresentação de um plano aos seus credores, à execução dos tributários, cuja aprovação, na forma da lei, redunda em favor legal concedido judicialmente e importa na assunção de diversos compromissos pelos interessados"(105).

Trata-se, em verdade, de um favor legal para que a empresa que esteja em situação de dificuldade temporária, possa ter um prazo mais dilatador para pagar os credores e voltar a ter saúde financeira.

Nesse sentido, dispõe o art. 47 da Lei n. 11.101/05:

> "A recuperação judicial tem por objetivo viabilizar a superação da situação de crise econômico-financeira do devedor, a fim de permitir a manutenção da fonte produtora, do emprego dos trabalhadores e dos interesses dos credores, promovendo, assim, a preservação da empresa, sua função social e o estímulo à atividade econômica."

Conforme o art. 47 da Lei n. 11.101/05, estão sujeitos à recuperação judicial todos os créditos existentes na data do pedido, ainda que não vencidos. Desse modo, a recuperação judicial não gera efeitos para os créditos constituídos após o pedido de recuperação judicial.

Nos termos do art. 54 da Lei n. 11.101/05, o plano de recuperação judicial não poderá prever prazo superior a 1 (um) ano para pagamento dos créditos derivados da legislação do trabalho ou decorrentes de acidentes de trabalho vencidos até a data do pedido de recuperação judicial. Nos termos do parágrafo único do presente dispositivo, o plano não poderá, ainda, prever prazo superior a 30 (trinta) dias para o pagamento, até o limite de 5 (cinco) salários mínimos por trabalhador, dos créditos de natureza estritamente salarial vencidos nos 3 (três) meses anteriores ao pedido de recuperação judicial.

---

(105) MAUAD, Marcelo. *Os direitos dos trabalhadores na Lei de Recuperação e de Falência de Empresas*. São Paulo: LTr, 2007. p. 158.

Conforme o § 4º, do art. 6º, da Lei n. 11.101/05, na recuperação judicial, a suspensão das dívidas em hipótese nenhuma excederá o prazo improrrogável de 180 (cento e oitenta) dias contados do deferimento do processamento da recuperação, restabelecendo-se, depois do decurso do prazo, o direito dos credores de iniciar ou continuar suas ações e execuções, independentemente de pronunciamento judicial.

Confrontando-se o art. 54 e § 4º do 6º, ambos da Lei n. 11.101/05, há contradição quanto aos prazos, uma vez que o art. 6º fala em suspensão das dívidas, aí incluídas as trabalhistas, por 180 dias, enquanto o art. 54 disciplina o prazo de um ano para pagamento das dívidas trabalhistas.

De nossa parte, a melhor interpretação dos referidos dispositivos legais é no seguinte sentido: a empresa em recuperação judicial tem o prazo de um ano para pagamento das dívidas trabalhistas inscritas no plano de recuperação judical dentro do prazo de 180 dias, contados do deferimento do processamento da recuperação. Se as dívidas trabalhistas vencidas à época do deferimento da recuperação não estiverem inscritas no plano de pagamento no prazo de 180 dias, a execução prosseguirá diretamente na Justiça do Trabalho.

No aspecto, destacamos as seguintes ementas:

"AGRAVO DE PETIÇÃO. LEI N.11.101/2005. HABILITAÇÃO DO CRÉDITO TRABALHISTA JUNTO AO PROCESSO DE RECUPERAÇÃOJUDICIAL. Transcorrido o prazo de suspensão das ações e execuções (180 dias), não tendo a executada trazido aos autos qualquer documento no sentido de comprovar a homologação do plano de recuperação judicial, ou até mesmo a convolação da recuperação em falência, não há falar-se em habilitação do crédito do reclamante, nos autos da recuperação judicial. Prosseguimento da execução nesta Justiça Especializada." (TRT/SP – Acórdão n.: 20131061440, 3ª Turma. Relª Desª Rosana de Almeida Buono. DOE/SP 4.10.2013)

"CONFLITO DE COMPETÊNCIA. RECUPERAÇÃO JUDICIAL. ADJUDICAÇÃO ANTERIOR. COMPETÊNCIA DA JUSTIÇA DO TRABALHO. EXECUÇÃO. SUSPENSÃO. PRAZO. PLANO DE RECUPERAÇÃO NÃO APROVADO. 1. Na hipótese dos bens terem sido adjudicados em data anterior ao deferimento do processamento da recuperação judicial, a Justiça do Trabalho deve prosseguir no julgamento dos demais atos referentes à adjudicação. 2. Ultrapassado o prazo de 180 dias previsto no art. 6º, § 4º, da Lei n. 11.101/2005, deve ser restabelecido o direito dos credores de continuar suas execuções contra o devedor, se não houver plano de recuperação judicial aprovado. 3. Agravos regimentais providos para não conhecer do conflito de competência." (AgRg no CC 105345/DF – Agravo regimental no Conflito de Competência 2009/00990449 – Min. rel. Fernando Gonçalves – Órgão Julgador segunda seção – Data 28.10.2009 – Data da publicação/Fonte DJe 6.11.2009 DECTRAB vol. 185 p. 265)

A falência é um processo judicial complexo, em que são arrecadados os bens do devedor e nele são concentradas diversas execuções (tributárias, trabalhistas e civis). Posteriormente, os bens do devedor serão alienados e, com o produto desta, serão pagos os credores segundo uma ordem legal de preferência.

Sempre foi polêmica a questão da competência para a execução em face da Massa Falida na Justiça do Trabalho.

Há os defensores da competência para a execução até os seus ulteriores atos, argumentando o privilégio do crédito trabalhista e a competência jurisdicional da Justiça do Trabalho em face do que dispõe o art. 114, da CF.

Nesse sentido, destacamos a seguinte ementa:

"FALÊNCIA DO EMPREGADOR — A falência do empregador não impede que a execução prossiga nos autos da reclamação trabalhista, haja vista a prevalência do texto do art. 114, da CF/88 sobre o DL n. 7.661/45. Demais disso, fazendo um paralelo entre a Lei n. 6.830/80 e o DL n. 7.661/45, temos que o art. 5º, da Lei dos Executivos Fiscais determina que a competência para a execução dos créditos da Fazenda Pública excluiu qualquer outro juízo. Ora, se o crédito trabalhista se sobrepõe até mesmo ao fiscal, com maior razão para que a execução se processe perante a Justiça do Trabalho. Recurso da reclamada a que se nega provimento." (TRT – 9ª R. – AP n. 3.611/95 – 5ª T. – Ac. 9841/96 – rel. Juiz José Montenegro Antero – DJPR 24.5.1996)

Não obstante as boas intenções dos que defendem que a execução em face da Massa Falida seja processada na Justiça do Trabalho, pensamos que esta não é a melhor interpretação, pois todo o esforço do processo falimentar converge para o pagamento de todos os credores ou ao menos o pagamento de uma boa parte do crédito para cada um. Prosseguindo-se a execução na esfera do Judiciário Trabalhista, tem-se a possibilidade de pagamento integral de boa parte dos processos que tramitam na Justiça do Trabalho, mas há o risco de ficar descoberto o crédito de inúmeros outros credores do falido, cujos processos tramitam no Juízo Falimentar.

Desse modo, pensamos que a norma deve ser interpretada com bom-senso, razoabilidade e proporcionalidade. Portanto, julgamos ser mais razoável que o processo em face da massa falida tramite na Justiça do Trabalho até a fixação do crédito do reclamante em definitivo (julgamento final da liquidação). Após, deverá ser expedida certidão para habilitação no juízo universal.

Nesse sentido, dispõe o art. 6º, § 2º, da Lei n. 11.101/2005, *in verbis*:

"A decretação da falência ou deferimento do processamento da recuperação judicial suspende o curso da prescrição e de todas as ações e execuções em face do devedor inclusive aquelas dos credores particulares do sócio solidário.

[...] § 2º – É permitido pleitear, perante o administrador judicial, habilitação, exclusão ou modificação de créditos derivados da relação de trabalho, mas as ações de natureza trabalhista, inclusive as impugnações a que se refere o art. 8º desta Lei, serão processadas perante a justiça especializada até a apuração do respectivo crédito, que será inscrito no quadro geral de credores pelo valor determinado em sentença."

Pensamos, diante da clareza do disposto no art. 6º, § 2º, da Lei n. 11.101/2005, não ser mais possível o prosseguimento da execução na Justiça do Trabalho, tampouco a declaração de desconsideração da personalidade jurídica da empresa na Justiça do Trabalho e penhora dos bens dos sócios da empresa falida, uma vez que a finalidade social da lei converge na direção de que todos os credores das empresas em recuperação judicial ou em estado falimentar, efetivamente, recebam seus créditos e que a empresa recupere suas forças e volte a operar. Isso somente será possível mediante um esforço de todos os credores e de todos os juízes que detêm processos trabalhistas em face de empresas em recuperação judicial ou em estado falimentar.

No mesmo diapasão, a seguinte ementa:

"Falência — Habilitação do crédito trabalhista. Havendo falência da empresa, a competência da Justiça do Trabalho vai até o momento em que é definido o crédito do trabalhador. A partir daí, o empregado deve habilitar seu crédito na massa falida, submetendo-se ao concurso de credores trabalhistas, que têm privilégio sobre outros créditos." (TRT/SP – 357892002006 – AP – Ac. 3ª T. 20030458395 – rel. Sergio Pinto Martins – DOE 15.9.2003)

Nesse mesmo contexto, é o disposto no art. 47 da Lei n. 11.101/2005:

"A recuperação judicial tem por objetivo viabilizar a superação da situação de crise econômico-financeira do devedor, a fim de permitir a manutenção da fonte produtora, do emprego dos trabalhadores e dos interesses dos credores, promovendo, assim, a preservação da empresa, sua função social e o estímulo à atividade econômica."

Nesse sentido, argumenta com propriedade *Marcelo Papaléo de Souza*(106):

> "O juízo falimentar apresenta melhor solução para o litígio, pois não só privilegia um, mas todos os credores em mesma situação, em que pese, em muitas oportunidades, não garantir a satisfação total de seus haveres. Portanto, existindo a insolvência do devedor, não se justifica a continuidade da execução singular, sob pena de ser desrespeitado o princípio da igualdade assegurado na Constituição Federal. Não há como manter o direito de prelação de um credor sobre bem da massa, em execução singular, paralelamente à execução coletiva, mormente quando existam outros credores com idêntico direito de preferência (arts. 83 da LRF e 449 da CLT). Outro aspecto a ser sopesado é o previsto no art. 113 da Constituição Federal, o qual declara que 'a lei disporá sobre a constituição, investidura, jurisdição e competência, garantia e condições de exercício dos órgãos da Justiça do Trabalho'. Assim, tem-se que a limitação da competência prevista no art. 6º, § 2º da LRF, é constitucional, pois não há qualquer entrave à alteração da competência trabalhista em face da lei."

Recentemente, o Supremo Tribunal Federal se pronunciou a respeito, fixando a competência da Justiça Estadual, conforme as ementas que seguem:

"CONFLITO NEGATIVO DE COMPETÊNCIA. EXECUÇÃO DE CRÉDITOS TRABALHISTAS EM PROCESSOS DE RECUPERAÇÃO JUDICIAL. COMPETÊNCIA DA JUSTIÇA ESTADUAL COMUM, COM EXCLUSÃO DA JUSTIÇA DO TRABALHO. INTERPRETAÇÃO DO DISPOSTO NA LEI N. 11.101/05, EM FACE DO ART. 114 DA CF. RECURSO EXTRAORDINÁRIO CONHECIDO IMPROVIDO. I – A questão central debatida no presente recurso consiste em saber qual o juízo competente para processar e julgar a execução dos créditos trabalhistas no caso de empresa em fase de recuperação judicial. II – Na vigência do Decreto-lei n. 7.661/1945, consolidou-se o entendimento de que a competência para

(106) SOUZA, Marcelo Papaléo. *A nova lei de recuperação e falência e as suas consequências no direito e no processo do trabalho.* São Paulo: LTr, 2006. p. 278-279.

executar os créditos ora discutidos é da Justiça Estadual Comum, sendo essa também a regra adotada pela Lei n. 11.101/05. III – O inc. IX do art. 114 da Constituição Federal apenas outorgou ao legislador ordinário a faculdade de submeter à competência da Justiça Laboral outras controvérsias, além daquelas taxativamente estabelecidas nos incisos anteriores, desde que decorrentes da relação de trabalho. IV – O texto constitucional não o obrigou a fazê-lo, deixando ao seu alvedrio a avaliação das hipóteses em que se afigure conveniente o julgamento pela Justiça do Trabalho, à luz das peculiaridades das situações que pretende regrar. V – A opção do legislador infraconstitucional foi manter o regime anterior de execução dos créditos trabalhistas pelo juízo universal da falência, sem prejuízo da competência da Justiça Laboral quanto ao julgamento do processo de conhecimento. VI – Recurso extraordinário conhecido e improvido." (STF – RE n. 583.955/RJ. Repercussão Geral, rel. Min. Ricardo Lewandowski, DJE 28.8.2009)

"AGRAVO DE INSTRUMENTO — EMBARGOS DE DECLARAÇÃO RECEBIDOS COMO RECURSO DE AGRAVO — EXECUÇÃO DE CRÉDITOS TRABALHISTAS — EMPRESA EXECUTADA EM PROCESSO DE RECUPERAÇÃO JUDICIAL — CONSTRIÇÃO DE BENS PERTENCENTES A ACIONISTA DA EMPRESA DEVEDORA, ESTRANHO À EXECUÇÃO TRABALHISTA — APLICAÇÃO, PARA ESSE EFEITO, DA TEORIA DA DESCONSIDERAÇÃO DA PERSONALIDADE JURÍDICA (CÓDIGO CIVIL, ART. 50) — COMPETÊNCIA DA JUSTIÇA ESTADUAL PARA DIRIMIR ESSA CONTROVÉRSIA, AFASTADA, DESSE MODO, A COMPETÊNCIA DA JUSTIÇA DO TRABALHO — ORIENTAÇÃO QUE PREVALECE NO SUPREMO TRIBUNAL FEDERAL EM RAZÃO DE JULGAMENTO FINAL, COM REPERCUSSÃO GERAL, DO RE N. 583.955/RJ – RECURSO DE AGRAVO IMPROVIDO." (STF. SEGUNDA TURMA EMB. DECL. NO AGRAVO DE INSTRUMENTO 796.844 RIO DE JANEIRO RELATOR: MIN. CELSO DE MELLO. J. 19.2.2013)

De outro lado, entendemos que, exceto a hipótese de desconsideração da personalidade jurídica, nas hipóteses de recuperação judicial como de falência, existindo, no processo do trabalho, responsáveis solidários ou subsidiários (empresas do mesmo grupo econômico ou tomador de serviços na terceirização), sem prejuízo da habilitação do crédito no juízo universal, deve o Juiz do Trabalho prosseguir a execução em face deles imediatamente, pois comprovado o estado de insolvência do devedor principal.

Na falência, os créditos trabalhistas terão privilégio até o valor de 150 salários mínimos, conforme dispõe o art. 83 da Lei n. 11.101/05, *in verbis*:

"A classificação dos créditos na falência obedece à seguinte ordem:

[...] I – os créditos derivados da legislação do trabalho, limitados a 150 salários mínimos por credor, e os decorrentes de acidentes de trabalho."

Os créditos individuais trabalhistas que ultrapassarem o montante de 150 salários mínimos serão habilitados na falência como créditos quirografários (sem preferência).

Pensamos não ser inconstitucional a limitação do privilégio do crédito do trabalho a 150 salários mínimos, pois é um valor razoável. Além disso, cumpre a função social do processo falimentar que tem por objeto que todos os credores do falido recebam o crédito ainda que parcialmente. De outro lado, a experiência tem demonstrado que dificilmente os credores trabalhistas conseguiam receber seus créditos na falência, sendo a limitação uma possibilidade de divisão mais justa dos bens do falido, atendendo à finalidade social da lei.

Se já tiver havido penhora, antes da decretação da falência, pensamos que a hasta pública prosseguirá na Justiça do Trabalho, mas o produto de eventual alienação judicial deverá ser revertido em prol da massa falida.

Nesse sentido, determina a Súmula n. 44 do extinto TFR:

> "Execução Fiscal — Anteriormente à Falência e contra a Massa Falida — Penhora — Procedimentos. Ajuizada a execução fiscal anteriormente à falência, com penhora realizada antes desta, não ficam os bens penhorados sujeitos a arrecadação no Juízo falimentar; proposta a execução fiscal contra a massa falida, a penhora far-se-á no rosto dos autos do processo da quebra, citando-se o síndico."

A referida Súmula, é bem verdade, não dispõe sobre o destino do produto da expropriação de bens, se irão ou não ser revertidos à massa falida. Por isso, parte da doutrina entende que se já houve penhora no processo do trabalho antes da decretação da quebra, a execução prossegue integralmente na Justiça do Trabalho, com o pagamento do credor trabalhista. Outros, como nós, sustentam que o produto da arrematação deve ser revertido em prol do juízo universal, em face da existência de outros credores trabalhistas que estão habitados junto ao processo falimentar.

Nesse sentido, destacam-se as seguinte ementas:

> "Processual Civil. Execução Fiscal. Falência. Penhora Realizada antes da Quebra. Conflito Positivo de Competência. Súmula 44/TFR. 1. A quebra, por si, não paralisa o processo de execução fiscal, não desloca a competência para o Juízo da Falência, nem desconstitui a penhora realizada anteriormente à decretação da falência, continuando até a alienação dos bens sob constrição. O resultado é que se subordina à concorrência preferencial dos créditos, conforme a ordem estabelecida legalmente. 2. Conflito conhecido, declarando a competência da Justiça Federal." (STJ – CC 28474 MS 2000/0006823-3 – S1 – PRIMEIRA SEÇÃO. Rel. Min. Milton Luiz Pereira – DJ 18.6.2001 p. 108)

> "PROCESSUAL CIVIL. EXECUÇÃO FISCAL. MASSA FALIDA. CRÉDITO TRABALHISTA. PRIVILÉGIO SOBRE O CRÉDITO FISCAL. JUÍZO UNIVERSAL DA FALÊNCIA. ARTS. 186 E 187 DO CTN E SÚMULA N. 44/TFR. 1. Realizada a praça, o crédito deverá ser posto à disposição da massa falida, para satisfação dos créditos trabalhistas, se houver, assim como os bens arrecadados na falência, caso insuficiente o referido crédito. 2. O crédito trabalhista goza de privilégio superior ao fazendário, o foro da execução fiscal não se sobrepõe ao foro universal da falência ao qual todos estão obrigados, inclusive o superprotegido crédito trabalhista. 3. Inteligência dos arts. 186, 187 do CTN e Súmula n. 44/TFR. 4. Recurso especial improvido." (STJ – REsp 84732 -RS (RT 739/229, RSTJ 94/131) RECURSO ESPECIAL REsp 200181, RS. Rel. Min. Francisco Peçanha Martins. DJ 9.4.2001. p. 003040)

18.1. Da alienação de bens durante o procedimento de recuperação judicial e a sucessão para fins trabalhistas

Havendo alienação de bens na falência, nos termos do art. 141, II, da Lei n. 11.101/2005, não há sucessão para fins trabalhistas, *in verbis*:

> "Na alienação conjunta ou separada de ativos, inclusive da empresa ou de suas filiais, promovida sob qualquer das modalidades de que trata este artigo:

[...] II – o objeto da alienação estará livre de qualquer ônus e não haverá sucessão do arrematante nas obrigações do devedor, inclusive as de natureza tributária, as derivadas da legislação do trabalho e as decorrentes de acidente de trabalho."

Confrontando-se o referido dispositivo da Lei Falimentar com os arts. 10 e 448 da CLT, constata-se, de plano, um conflito de normas, pois a legislação trabalhista não excluiu a hipótese de sucessão de empresas ou de empregadores quando a empresa estiver em estado falimentar ou em recuperação judicial.

Diante de tal conflito, autores há que pugnam pela existência da sucessão de empresa na falência ou na recuperação judicial diante do caráter cogente dos arts. 10 e 448 da CLT e também dos princípios da proteção do credor trabalhista e dos valores sociais do trabalho e dignidade da pessoa humana do trabalhador.

Nesse sentido, é a abalizada opinião de *Jorge Luiz Souto Maior*(107):

> "Pretendeu a Lei em questão, como é fácil verificar, privilegiar a atividade econômica, imaginando que 'limpar' os bens de uma eventual dívida trabalhista é o quanto basta para recuperar a empresa. O propósito do legislador é imediatista e apenas favorece, individualmente, o descumpridor da legislação trabalhista. Não tem, por óbvio, nenhuma repercussão real no mercado econômico, pois este não vive apenas de bens livres e desembaraçados [...]."

No mesmo diapasão, relevante destacar a seguinte ementa:

"Recuperação judicial. Assunção de créditos e débitos trabalhistas nas arrematações. Os princípios constitucionais fundamentais da dignidade da pessoa humana e do valor social do trabalho, previstos no art. 1º, incisos III e IV da Constituição Federal, inibem a aplicabilidade restritiva de direitos do art. 141, II da Lei n. 11.101/05, de modo que a alienação judicial conjunta ou separada de ativos, não exime o arrematante de sua responsabilidade, para com o passivo trabalhista. Dessa forma, o arrematante sub-roga-se não somente em bens e direitos do acervo liquidando, mas também em seus débitos decorrentes da legislação de proteção ao trabalho. Trata-se de desiderato jurídico decorrente da própria função social da propriedade privada, no espectro de manifestação da função social da empresa, em detrimento de sua significância meramente econômica, a teor dos arts. 5º, XXIII e 170, III da Constituição Federal." (TRT/SP – 01175200702002002 – RO – Ac. 6ª T. – 20100358874 – rel. Valdir Florindo – DOE 7.5.2010)

Não obstante, o referido disposto estar em confronto com os arts. 10 e 448 da CLT, pensamos que a situação do comprador de bens da massa falida está em situação especial, o que justifica a ausência de sucessão. Além disso, o objeto da lei é propiciar que a empresa falida volte a funcionar, mantendo os empregos existentes e gerando outros. Dificilmente, alguém irá arrematar ou adquirir bens da massa falida se houver a sucessão para fins trabalhistas. A Lei n. 11.101/05, por ser norma especial e específica, prevalece sobre a regra geral dos arts. 10 e 448 da CLT. Além disso, há inegável interesse social na não configuração da sucessão trabalhista na

(107) SOUTO MAIOR, Jorge Luiz. *Curso de direito do trabalho.* São Paulo: LTr, 2008. v. II, p. 142-143.

falência, como forma de impulsionar a efetividade do processo falimentar e garantia do recebimento dos créditos dos credores do falido.

Nesse lastro, sustenta *Amauri Mascaro Nascimento*(108):

> "Não configurará, também, na falência, sucessão a alienação dos bens arrematados, nem o arrematante será considerado sucessor (art. 141, II), de modo que os trabalhadores não poderão executá-los para cobrar sua dívidas, afetado, assim também na falência, o disposto no art. 448 da CLT. Os empregados poderão usar os créditos trabalhistas para comprar ou arrendar a empresa (art. 145, § 2º)."

No mesmo sentido, argumenta *José Augusto Rodrigues Pinto*(109):

> "É translúcida a intenção de fazer prevalecer a sobrevivência da empresa sobre a continuidade individual do contrato de emprego, que fica sacrificada em favor do suposto interesse coletivo de continuidade da fonte geradora de empregos, a própria falida — abstraída de que seja seu titular. A melhor forma de atender a tal desiderato foi, sem dúvida, tornar atraente sua aquisição por mãos capazes de reerguê-la economicamente, sem o peso da herança negativa de suas dívidas trabalhistas."

E conclui:

> "Sobrepõe-se, mais uma vez, a lógica do mercado à da proteção do hipossuficiente econômico para flexibilizar o conteúdo tuitivo do Direito do Trabalho."

Em se tratando de Recuperação Judicial, não há disposição legal excluindo a sucessão trabalhista na alienação de bens.

Dispõe o art. 60, § 1º, da Lei n. 11.101/2005:

> "O objeto da alienação estará livre de qualquer ônus e não haverá sucessão do arrematante nas obrigações do devedor, inclusive de natureza tributária, observado o disposto § 1º do art. 141 desta Lei."

Conforme o referido dispositivo, não há exclusão da sucessão trabalhista na alienação de bens, como existe quanto à falência. Desse modo, o referido dispositivo deve ser interpretado restritivamente, pois se trata de regra de exceção. Além disso, quando a lei quis excluir a sucessão para fins trabalhistas, o fez expressamente. Desse modo, prevalece no aspecto o disposto nos arts. 10 e 448 da CLT na recuperação judicial.

Nessa direção, a doutrina de *Mauricio Godinho Delgado*(110):

> "Nas falências processadas a partir do império do novo diploma, não incidirá sucessão de empregadores no caso de alienação da empresa falida

(108) NASCIMENTO, Amauri Mascaro. *Curso de direito processual do trabalho*. 22. ed. São Paulo: Saraiva, 2007. p. 685.

(109) RODRIGUES PINTO, José Augusto. *Tratado de direito material do trabalho*. São Paulo: LTr, 2006. p. 184.

(110) DELGADO, Mauricio Godinho, *op. cit.*, p. 420.

ou de um ou alguns de seus estabelecimentos (art. 141, II e § 2º, Lei n. 11.101/2005). Em consequência, serão tidos como novos os contratos de trabalho iniciados com o empregador adquirente, ainda que se tratando de antigos empregados da antiga empresa extinta (§ 2º do art. 141, da Lei n. 11.101/2005). A presente exceção, contudo, não se aplica a alienações efetivadas durante processos de simples recuperação judicial ou extrajudicial de empresas nos moldes da recente lei falimentar. Quanto à modalidade extrajudicial, tal não abrangência da excludente sucessória é bastante clara na Lei n. 11.101/2005 (art. 161, § 1º; art. 163, § 1º, combinado com o art. 83, todos do referido diploma normativo)."

O Supremo Tribunal Federal, recentemente, em decisão plenária sobre controle direto da Constitucionalidade (Ação Direta de Inconstitucionalidade n. 3934-2, relator Ministro Ricardo Lewandowski, julgamento em 27.5.2009), decidiu pela Constitucionalidade dos arts. 60, parágrafo único, 83, I e IV, e também do 141, II, ambos da Lei n. 11.101/2005, conforme a ementa que segue:

"AÇÃO DIRETA DE INCONSTITUCIONALIDADE. ARTS. 60, PARÁGRAFO ÚNICO, 83, I E IV, *C*, E 141, II, DA LEI N. 11.101/2005. FALÊNCIA E RECUPERAÇÃO JUDICIAL. INEXISTÊNCIA DE OFENSA AOS ARTS. 1º, III E IV, 6º, 7º, I, E 170, DA CONSTITUIÇÃO FEDERAL de 1988. ADI JULGADA IMPROCEDENTE. I – Inexiste reserva constitucional de lei complementar para a execução dos créditos trabalhistas decorrente de falência ou recuperação judicial. II – Não há, também, inconstitucionalidade quanto à ausência de sucessão de créditos trabalhistas. III – Igualmente não existe ofensa à Constituição no tocante ao limite de conversão de créditos trabalhistas em quirografários. IV – Diploma legal que objetiva prestigiar a função social da empresa e assegurar, tanto quanto possível, a preservação dos postos de trabalho. V – Ação direta julgada improcedente."

No mesmo sentido, vale destacar a seguinte ementa:

"Recuperação Judicial. Alienação de ativos. Sucessão de empresas. Inexistência. O E. Supremo Tribunal Federal, por sua composição Plenária, em Ação Direta de Inconstitucionalidade – ADI n. 3.934, decidiu que não há inconstitucionalidade no disposto no art. 60, parágrafo único e também no art. 141, II, da Lei n. 11.101/2005, os quais declaram que nas alienações de ativos não haverá sucessão do arrematante nas obrigações do devedor, restando, assim, afastada a incidência do disposto nos arts. 10 e 448 da CLT." (TRT/SP – 01558200804202009 – RO – Ac. 2ª T. – 20100125543 – relª Rosa Maria Zuccaro – DOE 5.3.2010)

18.2. Execução em face de empresas em liquidação extrajudicial

Em se tratando de empresa em liquidação extrajudicial, a execução trabalhista é direta, não havendo deslocamento da competência, tampouco necessidade de habilitação do crédito trabalhista no acervo patrimonial da entidade liquidanda.

Como bem adverte *Carlos Henrique Bezerra Leite*(111):

"Importa registrar que a liquidação extrajudicial e a falência são institutos absolutamente distintos, e, portanto, não criam um juízo universal onde

(111) *Curso de direito processual do trabalho.* 10. ed. São Paulo: LTr, 2012. p. 1.117.

os créditos devem ser habilitados. Embora tanto no estado falimentar quanto na liquidação extrajudicial haja semelhança no que diz respeito às dificuldades financeiras, nesta última não há extinção do reclamado, que continua exercendo atividade econômica. É por tais razões que a execução promovida em face do devedor em liquidação extrajudicial continua na esfera da jurisdição trabalhista até a total satisfação do credor, como se infere do art. 884, da CLT. Vale dizer, no processo do trabalho, o ato declaratório da liquidação extrajudicial não obsta o direito ao ajuizamento de ação contra a empresa liquidanda nem o prosseguimento das ações e execução em que ela figure como ré ou executada."

Pode-se argumentar em sentido contrário, uma vez que o art. 18 da Lei n. 6.024/1974[(112)] determina a suspensão das execuções em curso. Entretanto, conforme já sedimentado em doutrina e em jurisprudência, o referido dispositivo é inconsconstitucional por atentar contra o princípio da inafastabilidade da jurisdição previsto no art. 5º, XXXV, da CF.

Nesse sentido, as ementas que seguem:

"Liquidação extrajudicial — Suspensão das ações em curso. O art. 18, alínea *a*, da Lei n. 6.024/1974, manifestamente contrário ao art. 5º, inciso XXXV, da Constituição, na parte em que veda a propositura de novas ações enquanto durar a liquidação, no tocante à determinação de suspensão dos feitos em curso, deve ser interpretado com cautela. Observe-se que, neste particular, o dispositivo legal em exame tem em mira a preservação do acervo patrimonial da entidade liquidanda. Desta forma, as medidas por ele preconizadas não têm aplicação em relação ao processamento das reclamações trabalhistas, haja vista o fato de estas não interferirem de maneira direta e imediata sobre os bens da entidade em liquidação. Revista não conhecida." (TST – 4ª T. – RR n. 281792/96-2 – rel. Min. Milton de Moura França – DJ 9.10.1998 – p. 482) (RDT 11/98, p. 52)

"Execução — Liquidação extrajudicial — Suspensão do feito — Impossibilidade. Não há de se falar em suspensão da execução em face das empresas em liquidação extrajudicial, eis que ao contrário da falida, a liquidante continua dispondo de seu patrimônio, não havendo, portanto, qualquer razão para que se suspenda a execução com a habilitação do credor em juízo diverso." (TRT – 9ª R. – 5ª T. – Ac. n. 11.259/98 – rel. Juiz Luiz Fernando Zornig Filho – DJPR 5.6.1998 – p. 448)

O Tribunal Superior do Trabalho pacificou a questão por meio da OJ n. 143 da SDI-I do TST, *in verbis*:

"Empresa em liquidação extrajudicial. Execução. Créditos trabalhistas. Lei n. 6.024/1974 (Inserida em 27.11.1998). A execução trabalhista deve prosseguir diretamente na Justiça do Trabalho mesmo após a decretação da liquidação extrajudicial. Lei n. 6.830/1980, art. 5º e 29, aplicados supletivamente (CLT art. 889 e CF/1988, art. 114)."

---

(112) Art. 18 da Lei n. 6.024/1974: "A decretação da liquidação extrajudicial produzirá, de imediato, os seguintes efeitos: a) suspensão das ações e execuções iniciadas sobre direitos e interesses relativos ao acervo da entidade liquidanda, não podendo ser intentadas quaisquer outras, enquanto durar a liquidação."

19. Da execução de obrigações de fazer e não fazer na Justiça do Trabalho

A obrigação de fazer encerra um ato que deve ser praticado pelo devedor. Já a obrigação de não fazer encerra a obrigação do devedor de se abster de praticar um ato.

No Processo do Trabalho, normalmente, a execução da obrigação de fazer está cumulada com a execução das obrigações de pagar, em razão das diversas obrigações que decorrem do contrato de trabalho e, como regra geral, as iniciais apresentarem vários pedidos em cumulação objetiva, sendo difícil a sentença trabalhista conter condenação de apenas obrigação de fazer ou não fazer. Por isso, na prática, o Juiz do Trabalho expede mandado para cumprimento da obrigação de fazer ou não fazer, fixando prazo para cumprimento, sob consequência de multa diária para o não cumprimento.

É frequente, nas execuções desse tipo, a conversão da obrigação em indenização por iniciativa do próprio credor que se desinteressa pelo cumprimento da obrigação de fazer. Também, muitas vezes, na própria sentença, já há fixação de indenização ou conversão em pecúnia para o descumprimento das obrigações de fazer ou não fazer. Por exemplo: é comum constar na sentença a obrigação para reintegrar o autor no período de estabilidade, sendo certo, que se ela não for recomendável na execução, ou se o prazo estabilitário já estiver escoado, será convertida em indenização equivalente aos salários e demais vantagens do período.

Nesse sentido, destacamos a seguinte ementa:

> "Obrigação de fazer — Impossibilidade de adimplemento — Conversão em perdas e danos. A propalada impossibilidade de adimplemento de obrigação de fazer, consistente na entrega do TRCT e guia CD para o trabalhador, acarreta, para os devedores solidários, o encargo de responderem pela reparação do dano de forma equivalente em dinheiro, a teor do que dispõe o art. 279 do novo Código Civil." (TRT – 15ª R. – 5ª T. – RO n. 2121/2002.117.15.00-4 – rel. Elency P. Neves – DJSP 8.10.04 – p. 83) (RDT n. 11 – Novembro de 2004)

Como destaca *Wagner D. Giglio*[(113)]: "Diante da natureza do contrato de trabalho, que subordina o empregado ao empregador e estabelece obrigações mútuas, de adimplemento repetido em prestações que se protraem no tempo. Torna-se muito difícil, praticamente impossível, constranger ao cumprimento de obrigações de não fazer. Até mesmo o trabalhador autônomo ou sem vínculo de subordinação teria dificuldades para exigir o respeito do empregador às obrigações de não fazer. Os raros pedidos de condenações desse tipo são sempre formulados de forma alternativa ou sucessiva, acrescentando-se o de rescisão do contrato, com a consequente condenação nos consectários legais (levantamento do FGTS, indenização complementar, férias e gratificação natalina proporcionais etc.). Em suma, transforma-se a obrigação de não fazer em obrigação de pagar."

(113) GIGLIO, Wagner D. *Direito processual do trabalho.* 15. ed. São Paulo: Saraiva, 2005. p. 544.

A Consolidação das Leis do Trabalho não contém disposição a respeito da execução das obrigações de fazer ou não fazer. Portanto, por força do permissivo dos arts. 769 e 889 da CLT, aplicam-se as disposições do Código de Processo Civil a respeito (arts. 536 e 537 e 815 a 823).

A execução da obrigação de fazer ou a de não fazer podem ser previstas em títulos executivos judiciais ou extrajudiciais. No Processo do Trabalho, podemos citar como exemplos nos títulos executivos extrajudiciais: a obrigação do empregador de anotar a CTPS em Termo de Conciliação pactuado na Comissão de Conciliação Prévia; a obrigação da empresa de se abster de discriminar empregados fixada em Termo de Ajuste de Conduta, firmado no Ministério Público do Trabalho.

São exemplos frequentes de obrigações de fazer executáveis na Justiça do Trabalho:

a) reintegração de empregado estável com garantia de emprego;

b) anotação do registro do contrato de trabalho na CTPS do empregado;

c) determinação para que o empregador promova o empregado;

d) obrigação de entrega de guias de seguro-desemprego e/ou TRCT (saque do FGTS).

Carlos Henrique Bezerra Leite(114) exemplifica as seguintes obrigações de não fazer nas ações trabalhistas:

a) proibição de transferência ilegal ou abusiva de empregado para localidade diversa da que resultar do contrato de trabalho (art. 469 da CLT);

b) proibição de um ato do empregador que implique prejuízo direto ou indireto ao empregado, como alteração da forma de pagamento de salário fixo para comissões.

Transitada em julgado a decisão que contém obrigação de fazer, o devedor será citado para satisfazê-la no prazo mencionado no título ou fixado pelo próprio juiz ao despachar a inicial da execução, determinando a citação para cumprimento da obrigação, sob consequência de multa diária (*astreintes*). Alguns autores defendem o prazo previsto no art. 880 da CLT de 48 horas para cumprimento da obrigação de fazer.

Nesse sentido, são expressivos os arts. 139, VI, do CPC e 536, do CPC, *in verbis*:

"Art. 139. O juiz dirigirá o processo conforme as disposições deste Código, incumbindo-lhe: (...) IV – determinar todas as medidas indutivas, coercitivas, mandamentais ou sub-rogatórias necessárias para assegurar o cumprimento de ordem judicial, inclusive nas ações que tenham por objeto prestação pecuniária."

"Art. 536. No cumprimento de sentença que reconheça a exigibilidade de obrigação de fazer ou de não fazer, o juiz poderá, de ofício ou a requerimento, para a efetivação da

(114) *Op. cit.*, p. 943.

tutela específica ou a obtenção de tutela pelo resultado prático equivalente, determinar as medidas necessárias à satisfação do exequente. § 1º Para atender ao disposto no *caput*, o juiz poderá determinar, entre outras medidas, a imposição de multa, a busca e apreensão, a remoção de pessoas e coisas, o desfazimento de obras e o impedimento de atividade nociva, podendo, caso necessário, requisitar o auxílio de força policial. § 2º O mandado de busca e apreensão de pessoas e coisas será cumprido por 2 (dois) oficiais de justiça, observando-se o disposto no art. 846, §§ 1º a 4º, se houver necessidade de arrombamento. § 3º O executado incidirá nas penas de litigância de má-fé quando injustificadamente descumprir a ordem judicial, sem prejuízo de sua responsabilização por crime de desobediência. § 4º No cumprimento de sentença que reconheça a exigibilidade de obrigação de fazer ou de não fazer, aplica-se o art. 525, no que couber. § 5º O disposto neste artigo aplica-se, no que couber, ao cumprimento de sentença que reconheça deveres de fazer e de não fazer de natureza não obrigacional."

Conforme o art. 537 do CPC: "A multa independe de requerimento da parte e poderá ser aplicada na fase de conhecimento, em tutela provisória ou na sentença, ou na fase de execução, desde que seja suficiente e compatível com a obrigação e que se determine prazo razoável para cumprimento do preceito. § 1º O juiz poderá, de ofício ou a requerimento, modificar o valor ou a periodicidade da multa vincenda ou excluí-la, caso verifique que: I – se tornou insuficiente ou excessiva; II – o obrigado demonstrou cumprimento parcial superveniente da obrigação ou justa causa para o descumprimento. § 2º O valor da multa será devido ao exequente. § 3º A decisão que fixa a multa é passível de cumprimento provisório, devendo ser depositada em juízo, permitido o levantamento do valor após o trânsito em julgado da sentença favorável à parte. § 4º A multa será devida desde o dia em que se configurar o descumprimento da decisão e incidirá enquanto não for cumprida a decisão que a tiver cominado. § 5º O disposto neste artigo aplica-se, no que couber, ao cumprimento de sentença que reconheça deveres de fazer e de não fazer de natureza não obrigacional."

Como bem adverte *Nelson Nery Junior*(115): "deve ser imposta a multa de ofício ou a requerimento da parte. O valor deve ser significativamente alto, justamente porque tem natureza inibitória. O juiz não deve ficar com receio de fixar valor em quantia pensando no pagamento. O objetivo das *astreintes* não é obrigar o réu a pagar o valor da multa, mas obrigá-lo a cumprir a obrigação na forma específica. A multa é apenas inibitória. Deve ser alta para que o devedor desista de seu intento de não cumprir a obrigação específica. Vale dizer, o devedor deve sentir preferível cumprir a obrigação na forma específica a pagar o alto valor da multa fixada pelo juiz."

Pensamos que o valor da multa deve ser razoável em compasso com a natureza da obrigação, a probabilidade de cumprimento, o comportamento do devedor e a efetividade do cumprimento da obrigação. As *astreintes* podem ser majoradas ou reduzidas de ofício pelo juiz se se tornou excessiva ou insuficiente a garantia da execução.

---

(115) *Código de Processo Civil comentado*. 10. ed. São Paulo: RT, 2007. p. 673.

O procedimento da execução das obrigações de fazer em títulos executivos extrajudiciais, aplicável subsidiariamente aos títulos judiciais, está previsto nos arts. 815 a 823 do CPC, aplicáveis ao processo do trabalho (art. 769 da CLT).

O procedimento será:

a) o executado será citado para cumprir a obrigação no prazo legal, ou fixado pelo juiz;

b) se o executado não satisfizer a obrigação no prazo designado, será lícito ao exequente, nos próprios autos do processo, requerer a satisfação da obrigação à custa do executado ou perdas e danos, hipótese em que se converterá em indenização;

c) se a obrigação puder ser satisfeita por terceiro, será lícito ao juiz autorizar, a requerimento do exequente, que aquele a satisfaça à custa do executado;

d) realizada a prestação, o juiz ouvirá as partes no prazo de 10 (dez) dias e, não havendo impugnação, considerará satisfeita a obrigação;

e) na obrigação de fazer, quando se convencionar que o executado a satisfaça pessoalmente, o exequente poderá requerer ao juiz que lhe assine prazo para cumpri-la. Havendo recusa ou mora do executado, sua obrigação pessoal será convertida em perdas e danos, caso em que se observará o procedimento de execução por quantia certa.

Embora não esteja expresso no CPC, são possíveis os embargos à execução em se tratando de obrigação de fazer ou não fazer, no prazo de cinco dias, a partir da prestação da obrigação (obrigação de fazer) ou do desfazimento do ato a que está obrigado a não praticar (obrigação de não fazer), que equivale à garantia do juízo (art. 884 da CLT).

O procedimento das obrigações de não fazer é fixado nos arts. 822 a 823 do CPC, *in verbis*:

> "Art. 822. Se o executado praticou ato a cuja abstenção estava obrigado por lei ou por contrato, o exequente requererá ao juiz que assine prazo ao executado para desfazê-lo."

> "Art. 823. Havendo recusa ou mora do executado, o exequente requererá ao juiz que mande desfazer o ato à custa daquele, que responderá por perdas e danos. Parágrafo único. Não sendo possível desfazer-se o ato, a obrigação resolve-se em perdas e danos, caso em que, após a liquidação, se observará o procedimento de execução por quantia certa."

Atualmente, tanto nas obrigações de fazer como nas de não fazer, o Código de Processo Civil privilegiou o cumprimento específico da obrigação pelo devedor; para tanto, fixou as *astreintes*, pena pecuniária consistente em multa diária a fim de forçar o devedor ao adimplemento específico da obrigação, inclusive prevê possibilidade de o Juiz adotar outras medidas coercitivas e indutivas para asseguar o cumprimetno da obrigação (art. 139, IV, do CPC). Além disso, o Código prevê a possibilidade de execução provisória da multa (art. 537 do CPC), mas a liberação do valor deverá aguardar o trânsito em julgado. Não obstante, hipóteses há em que o devedor não cumpre de forma alguma especificamente a obrigação de fazer ou não fazer. Como não é possível ser constrangido, pessoalmente (*manu militari*), ao cumprimento pessoal da obrigação, o CPC determina a conversão da obrigação em indenização sem prejuízo da multa pecuniária.

20. Execução em face da Fazenda Pública

Os bens da Fazenda Pública são impenhoráveis, em razão da supremacia do interesse público e da indisponibilidade do interesse público pela Administração Pública.

Exceto para os servidores públicos que mantêm vínculo de natureza estatutária com a Administração Pública, a Justiça do Trabalho, por força do inciso I, do art. 114, da Constituição Federal, é competente para dirimir as controvérsias entre servidores celetistas e Administração Pública, e as execuções decorrentes de tais processos serão processadas na Justiça do Trabalho até o final, mas aplicando-se o rito especial previsto nos arts. 534, 535 e 910 do CPC.

O CPC de 2015 disciplina tanto o cumprimento de sentença em face da Fazenda Pública, nos arts. 534 e 535, como a execução por título executivo extrajudicial em face da Fazenda, no art. 910.

Como destaca *Carlos Henrique Bezerra Leite*[(116)]:

> "É de se registrar que no novo iniciso I do art. 114 da CF com a redação dada pela EC n. 45/04, prevê a competência da Justiça do Trabalho para as ações oriundas da relação de trabalho entre a Administração Pública e os servidores investidos em cargos públicos, chamados 'estatutários'. O STF, por meio da ADI n. 3.395, não permite qualquer intepretação que dê à Justiça do Trabalho competência para jular ações envolvendo servidores estatutários."

Dispõem os arts. 534 e 535 do CPC:

"Art. 534. No cumprimento de sentença que impuser à Fazenda Pública o dever de pagar quantia certa, o exequente apresentará demonstrativo discriminado e atualizado do crédito contendo:

I – o nome completo e o número de inscrição no Cadastro de Pessoas Físicas ou no Cadastro Nacional da Pessoa Jurídica do exequente;

II – o índice de correção monetária adotado;

III – os juros aplicados e as respectivas taxas;

IV – o termo inicial e o termo final dos juros e da correção monetária utilizados;

V – a periodicidade da capitalização dos juros, se for o caso;

VI – a especificação dos eventuais descontos obrigatórios realizados.

(116) BEZERRA LEITE, Carlos Henrique. *Curso de direito processual do trabalho.* 7. ed. São Paulo: LTr, 2009. p. 931.

§ 1º Havendo pluralidade de exequentes, cada um deverá apresentar o seu próprio demonstrativo, aplicando-se à hipótese, se for o caso, o disposto nos §§ 1º e 2º do art. 113.

§ 2º A multa prevista no § 1º do art. 523 não se aplica à Fazenda Pública."

"Art. 535. A Fazenda Pública será intimada na pessoa de seu representante judicial, por carga, remessa ou meio eletrônico, para, querendo, no prazo de 30 (trinta) dias e nos próprios autos, impugnar a execução, podendo arguir:

I – falta ou nulidade da citação se, na fase de conhecimento, o processo correu à revelia;

II – ilegitimidade de parte;

III – inexequibilidade do título ou inexigibilidade da obrigação;

IV – excesso de execução ou cumulação indevida de execuções;

V – incompetência absoluta ou relativa do juízo da execução;

VI – qualquer causa modificativa ou extintiva da obrigação, como pagamento, novação, compensação, transação ou prescrição, desde que supervenientes ao trânsito em julgado da sentença.

§ 1º A alegação de impedimento ou suspeição observará o disposto nos arts. 146 e 148.

§ 2º Quando se alegar que o exequente, em excesso de execução, pleiteia quantia superior à resultante do título, cumprirá à executada declarar de imediato o valor que entende correto, sob pena de não conhecimento da arguição.

§ 3º Não impugnada a execução ou rejeitadas as arguições da executada:

I – expedir-se-á, por intermédio do presidente do tribunal competente, precatório em favor do exequente, observando-se o disposto na Constituição Federal;

II – por ordem do juiz, dirigida à autoridade na pessoa de quem o ente público foi citado para o processo, o pagamento de obrigação de pequeno valor será realizado no prazo de 2 (dois) meses contado da entrega da requisição, mediante depósito na agência de banco oficial mais próxima da residência do exequente.

§ 4º Tratando-se de impugnação parcial, a parte não questionada pela executada será, desde logo, objeto de cumprimento.

§ 5º Para efeito do disposto no inciso III do *caput* deste artigo, considera-se também inexigível a obrigação reconhecida em título executivo judicial fundado em lei ou ato normativo considerado inconstitucional pelo Supremo Tribunal Federal, ou fundado em aplicação ou interpretação da lei ou do ato normativo tido pelo Supremo Tribunal Federal como incompatível com a Constituição Federal, em controle de constitucionalidade concentrado ou difuso.

§ 6º No caso do § 5º, os efeitos da decisão do Supremo Tribunal Federal poderão ser modulados no tempo, de modo a favorecer a segurança jurídica.

§ 7º A decisão do Supremo Tribunal Federal referida no § 5º deve ter sido proferida antes do trânsito em julgado da decisão exequenda.

§ 8º Se a decisão referida no § 5º for proferida após o trânsito em julgado da decisão exequenda, caberá ação rescisória, cujo prazo será contado do trânsito em julgado da decisão proferida pelo Supremo Tribunal Federal."

Em se tratando de execução envolvendo título executivo extrajudicial, dispõe o art. 910 do CPC:

> "Na execução fundada em título extrajudicial, a Fazenda Pública será citada para opor embargos em 30 (trinta) dias.
>
> § 1º Não opostos embargos ou transitada em julgado a decisão que os rejeitar, expedir-se-á precatório ou requisição de pequeno valor em favor do exequente, observando-se o disposto no art. 100 da Constituição Federal.
>
> § 2º Nos embargos, a Fazenda Pública poderá alegar qualquer matéria que lhe seria lícito deduzir como defesa no processo de conhecimento.
>
> § 3º Aplica-se a este Capítulo, no que couber, o disposto nos arts. 534 e 535."

Conforme *Nelson Nery Junior*(117), compreendem-se no conceito de Fazenda Pública as pessoas jurídicas de direito público interno: a União, os Estados, os Municípios, o Distrito Federal, os Territórios e suas respectivas autarquias, bem como as fundações instituídas pelo poder público que tenham o regime de direito público quanto a seus bens.

No nosso sentir, a execução somente se processará pelo rito especial quando se tratar da Administração Direta, autárquica ou fundacional; para as empresas públicas que explorem atividade econômica, como as empresas públicas e sociedades de economia mista, a execução se processará pelo regime da CLT, nos termos do art. 173 da Constituição Federal, pois tais entidades seguem o regime das empresas privadas. Com efeito, dispõe o referido dispositivo constitucional:

> "Ressalvados os casos previstos nesta Constituição, a exploração direta de atividade econômica pelo Estado só será permitida quando necessária aos imperativos da segurança nacional ou a relevante interesse coletivo, conforme definidos em lei. § 1º – A lei estabelecerá o estatuto jurídico da empresa pública, da sociedade de economia mista e de suas subsidiárias que explorem atividade econômica de produção ou comercialização de bens ou de prestação de serviços, dispondo sobre: I – sua função social e formas de fiscalização pelo Estado e pela sociedade; *II – a sujeição ao regime jurídico próprio das empresas privadas, inclusive quanto aos direitos e obrigações civis,* comerciais, trabalhistas e tributários; III – licitação e contratação de obras, serviços, compras e alienações, observados os princípios da administração pública; IV – a constituição e o funcionamento dos conselhos de administração e fiscal, com a participação de acionistas minoritários; V – os mandatos, a avaliação de desempenho e a responsabilidade dos administradores." (o grifo é nosso)

No mesmo sentido, destacamos a seguinte ementa:

> "Autarquia estadual — Execução. Autarquia estadual que explora atividade econômica, como a bancária, refoge ao fim a que fora legalmente destinada, identificando-se, na prática, ao regime jurídico próprio das empresas privadas. Na condição de devedora, não se equipara à Fazenda Pública Estadual para fins de execução, tendo em vista sua natureza jurídica, pois, como instituição bancária, não presta serviços específicos da Administração Pública. Não há como se conceder a Segurança para ver sustado o Mandado de Penhora de bens da autarquia para garantia de débito trabalhista. Recurso ordinário desprovido." (TST – SBDI2 – Ac. n. 3124/97 – rel. Min. José Luciano de Castilho Pereira – DJ 12.9.97 – p. 43.996)

---

(117) NERY JUNIOR, Nelson. *Código de Processo Civil comentado.* 10. ed. São Paulo: RT, 2007. p. 1.063.

Na Justiça do Trabalho, em se tratando de título executivo judicial, o processo em face da Fazenda Pública se processa pelo regime da Consolidação das Leis do Trabalho até a fixação do valor devido, aplicando-se o procedimento do art. 879 da CLT. Uma vez homologados os cálculos, seguirá a execução pelo rito especial, aplicando-se, no que couber, o art. 534 do CPC e o art. 535 do CPC.

A Lei n. 9.494/97 alterou o prazo dos embargos para 30 dias. Pensamos aplicável, mesmo no Processo do Trabalho, o prazo de 30 dias, pois previsto em lei especial. Não obstante, alguns autores argumentam que o prazo para a Fazenda opor embargos é de 5 dias previsto no art. 884 da CLT em razão do princípio da isonomia.

Conforme o art. 535, o prazo para a impugnação da Fazenda Pública é de 30, aplicando-se ao processo do trabalho por ser regra específica.

O Tribunal Superior do Trabalho, no entanto, havia firmado jurisprudência no sentido de que, no processo do trabalho, o prazo para apresentar de embargos para a Fazenda Pública é de 10 dias por força da aplicação do art. 730 do CPC/73, conforme se constata da redação das seguintes ementas:

> "RECURSO DE REVISTA. PROCESSO DE EXECUÇÃO. ELASTECIMENTO DO PRAZO PARA APRESENTAÇÃO DE EMBARGOS À EXECUÇÃO PELA FAZENDA PÚBLICA. ART. 4º DA MEDIDA PROVISÓRIA N. 2.180/2001. INCONSTITUCIONALIDADE. 1. *In casu*, discute-se a validade do elastecimento do prazo para a oposição dos Embargos à Execução pela Fazenda Pública. 2. O art. 4º da Medida Provisória n. 2.180/2001 acresceu o art. 1º-B à Lei n. 9.494/1997, elastecendo o prazo para a apresentação dos Embargos à Execução por parte da Fazenda Pública. 3. O art. 62, *caput*, da Constituição Federal autoriza a edição de medida provisória somente em casos de relevância e urgência. 4. Depreende-se que o art. 4º da Medida Provisória n. 2.180/2001 não preenche nenhum dos requisitos elencados no art. 62, *caput*, da Carta Magna. Por esse motivo, o Pleno desta Corte, quando do julgamento do RR-70/1992-011-04-00.7, rel. Min. Ives Gandra Martins Filho, declarou incidentalmente a sua inconstitucionalidade. 5. Tendo em vista a declaração de inconstitucionalidade do art. 4º da Medida Provisória n. 2.180/2001, esta Corte pacificou o entendimento de que a decisão que reconhece a intempestividade dos Embargos à Execução ofertados pela Fazenda Pública, no prazo de trinta dias, não viola a literalidade dos arts. 5º, LIV e LV, e 62 da Constituição Federal. Recurso de Revista não conhecido." (TST. Processo: RR – 262/1999-029-04-00.8. Data de Julgamento: 27.5.2009, relª Min. Maria de Assis Calsing, 4ª Turma, Data de Divulgação: DEJT 12.6.2009)

> "AGRAVO DE INSTRUMENTO EM RECURSO DE REVISTA. EMBARGOS À EXECUÇÃO. FAZENDA PÚBLICA. PRAZO. Encontra-se pacificado nesta Corte o entendimento de que o prazo para oferecimento de embargos à execução pela Fazenda Pública é de 10 dias, conforme ficou decidido pelo Plenário do TST, por ocasião do julgamento do incidente de uniformização de jurisprudência suscitado no Processo TST-RR-70/1992-011-04-00.7, em que restou declarada a inconstitucionalidade do art. 4º da Medida Provisória n. 2.180-35/01. Assim, intempestivos os embargos à execução opostos pelo reclamado, resta prejudicada a análise das demais alegações suscitadas. Agravo de instrumento desprovido." (TST. Processo: AIRR – 1718/2005-008-19-40.8. Data de Julgamento: 19.11.2008, rel. Min. Vantuil Abdala, 2ª Turma, Data de Divulgação: DEJT 19.12.2008)

O Supremo Tribunal Federal, no entanto, fixou entendimento, em controle concentrado de constitucionalidade, no sentido de que o prazo para os embargos à execução por parte da Fazenda Pública é de 30 dias, conforme, a seguinte ementa:

"FAZENDA PÚBLICA. PRAZO PROCESSUAL. EMBARGOS À EXECUÇÃO. Prazos previstos no art. 730 do CPC e no art. 884 da CLT. Ampliação pela Medida Provisória n. 2.180-35/2001, que acrescentou o art. 1º-B à Lei Federal n. 9.497/97. Limites constitucionais de urgência e relevância não ultrapassados. Dissídio jurisprudencial sobre a norma. Ação direta de constitucionalidade. Liminar deferida. Aplicação do art. 21, *caput*, da Lei n. 9.868/99. Ficam suspensos todos os processos em que se discuta a constitucionalidade do art. 1º-B da Medida Provisória n. 2.180-35." (STF Pleno ADC-MC 11/DF, rel. Min. César Peluso, j. 28.3.2007. DJ de 29.6.2007)

No mesmo sentido, destaca-se a seguinte ementa:

"DO PRAZO PARA EMBARGOS À EXECUÇÃO OPOSTOS POR AUTARQUIA ESTADUAL. A Lei n. 9.494/97 teve o seu art. 1º-B alterado pela Medida Provisória n. 2.180-35, de 24.8.2001, que passou à seguinte redação: "O prazo a que se refere o *caput* dos arts. 730 do Código de Processo Civil, e 884 da Consolidação das Leis do Trabalho, aprovada pelo Decreto-lei n. 5.454, de 1º de maio de 1943, passa a ser de trinta dias." A constitucionalidade dessa MP vem sendo questionada em diversas ações. No entanto, o STF concedeu medida cautelar no sentido de suspender todos os processos em que se discuta a constitucionalidade do art. 1º-B da Medida Provisória n.2.180-35, de forma que se encontra ainda em vigor. Ademais, o art. 889 da CLT remete, como fonte subsidiária aos trâmites e incidentes do processo da execução, os preceitos que regem o processo dos executivos fiscais para a cobrança judicial da dívida ativa da Fazenda Pública Federal, Lei n.6.830/80, que em seu art. 16 prevê o prazo de 30 dias para apresentação de embargos pelo executado. Destarte, considero o prazo de 30 dias para a oposição de embargos à execução pela Fazenda Pública." (TRT/SP – 01444003619965020077 (01444199607702008) – AP – Ac. 4ª T. 20110243174 – relª Ivani Contini Bramante – DOE 22.3.2011)

A matéria dos embargos à execução em face da Fazenda Pública está disciplinada no art. 535, aplicável, subsidiariamente, ao processo do trabalho.

Havendo embargos, o Juiz do Trabalho os apreciará e, da decisão, será cabível o Agravo de Petição para o TRT.

Dirimidos os embargos, a execução se processará pelo regime do precatório, devendo o Juiz do Trabalho requisitar o pagamento por intermédio do presidente do Tribunal competente, que mandará expedir o precatório, que será cumprido pela Administração Pública, segundo a ordem cronológica de apresentação.

O precatório é um instrumento expedido pelo TRT a fim de que a Fazenda Pública pague os créditos trabalhistas, observando-se a ordem cronológica de pagamentos, fixada na Constituição Federal.

Para *José Augusto Rodrigues Pinto*[(118)], precatório é documento em que se pede alguma coisa. É, portanto, instrumento de uma deprecação, ato de pedir. No

(118) RODRIGUES PINTO, José Augusto. *Execução trabalhista. Estática — dinâmica — prática.* 10. ed. São Paulo: LTr, 2007. p. 345-346.

Direito Processual e no Direito Constitucional do Processo, a acepção se conserva exatamente a mesma. De fato, por meio de tal tipo de instrumento, um órgão jurisdicional pede a outro, da mesma ou de distinta esfera de poder, que pratique determinado ato no interesse de relação jurídica processual.

Na definição de *Renato Saraiva*(119), o precatório consiste na requisição, feita pelo Poder Judiciário ao Poder Executivo respectivo, de numerário suficiente para arcar com as condenações impostas à Fazenda Pública mediante sentença judicial contra a qual não cabia mais recurso.

Nos termos do art. 731 do CPC/73, se o credor for preterido no seu direito de preferência, o presidente do Tribunal, que expediu a ordem, poderá, depois de ouvido o chefe do Ministério Público, ordenar o sequestro da quantia necessária para satisfazer o débito.

O CPC de 2015 não repete mesma regra, não obstante se o credor for preterido em seu direito de preferência, o presidente do Tribunal pode deferir tutela específica ou de urgência e determinar o sequestro da quantia.

O art. 100 da Constituição Federal fixa a ordem cronológica dos pagamentos dos precatórios. Dispõe o referido dispositivo:

> "Os pagamentos devidos pelas Fazendas Públicas Federal, Estaduais, Distrital e Municipais, em virtude de sentença judiciária, far-se-ão exclusivamente na ordem cronológica de apresentação dos precatórios e à conta dos créditos respectivos, proibida a designação de casos ou de pessoas nas dotações orçamentárias e nos créditos adicionais abertos para este fim.
>
> § 1º Os débitos de natureza alimentícia compreendem aqueles decorrentes de salários, vencimentos, proventos, pensões e suas complementações, benefícios previdenciários e indenizações por morte ou por invalidez, fundadas em responsabilidade civil, em virtude de sentença judicial transitada em julgado, e serão pagos com preferência sobre todos os demais débitos, exceto sobre aqueles referidos no § 2º deste artigo.
>
> § 2º Os débitos de natureza alimentícia cujos titulares tenham 60 (sessenta) anos de idade ou mais na data de expedição do precatório, ou sejam portadores de doença grave, definidos na forma da lei, serão pagos com preferência sobre todos os demais débitos, até o valor equivalente ao triplo do fixado em lei para os fins do disposto no § 3º deste artigo, admitido o fracionamento para essa finalidade, sendo que o restante será pago na ordem cronológica de apresentação do precatório.
>
> § 3º O disposto no *caput* deste artigo relativamente à expedição de precatórios não se aplica aos pagamentos de obrigações definidas em leis como de pequeno valor que as Fazendas referidas devam fazer em virtude de sentença judicial transitada em julgado.
>
> § 4º Para os fins do disposto no § 3º, poderão ser fixados, por leis próprias, valores distintos às entidades de direito público, segundo as diferentes capacidades econômicas, sendo o mínimo igual ao valor do maior benefício do regime geral de previdência social.
>
> § 5º É obrigatória a inclusão, no orçamento das entidades de direito público, de verba necessária ao pagamento de seus débitos, oriundos de sentenças transitadas em julgado,

(119) SARAIVA, Renato. *Curso de direito processual do trabalho.* 4. ed. São Paulo: Método, 2007. p. 625.

constantes de precatórios judiciários apresentados até 1º de julho, fazendo-se o pagamento até o final do exercício seguinte, quando terão seus valores atualizados monetariamente.

§ 6º As dotações orçamentárias e os créditos abertos serão consignados diretamente ao Poder Judiciário, cabendo ao Presidente do Tribunal que proferir a decisão exequenda determinar o pagamento integral e autorizar, a requerimento do credor e exclusivamente para os casos de preterimento de seu direito de precedência ou de não alocação orçamentária do valor necessário à satisfação do seu débito, o sequestro da quantia respectiva.

§ 7º O Presidente do Tribunal competente que, por ato comissivo ou omissivo, retardar ou tentar frustrar a liquidação regular de precatórios incorrerá em crime de responsabilidade e responderá, também, perante o Conselho Nacional de Justiça.

§ 8º É vedada a expedição de precatórios complementares ou suplementares de valor pago, bem como o fracionamento, repartição ou quebra do valor da execução para fins de enquadramento de parcela do total ao que dispõe o § 3º deste artigo.

§ 9º No momento da expedição dos precatórios, independentemente de regulamentação, deles deverá ser abatido, a título de compensação, valor correspondente aos débitos líquidos e certos, inscritos ou não em dívida ativa e constituídos contra o credor original pela Fazenda Pública devedora, incluídas parcelas vincendas de parcelamentos, ressalvados aqueles cuja execução esteja suspensa em virtude de contestação administrativa ou judicial.

§ 10. Antes da expedição dos precatórios, o Tribunal solicitará à Fazenda Pública devedora, para resposta em até 30 (trinta) dias, sob pena de perda do direito de abatimento, informação sobre os débitos que preencham as condições estabelecidas no § 9º, para os fins nele previstos.

§ 11. É facultada ao credor, conforme estabelecido em lei da entidade federativa devedora, a entrega de créditos em precatórios para compra de imóveis públicos do respectivo ente federado.

§ 12. A partir da promulgação desta Emenda Constitucional, a atualização de valores de requisitórios, após sua expedição, até o efetivo pagamento, independentemente de sua natureza, será feita pelo índice oficial de remuneração básica da caderneta de poupança, e, para fins de compensação da mora, incidirão juros simples no mesmo percentual de juros incidentes sobre a caderneta de poupança, ficando excluída a incidência de juros compensatórios.

§ 13. O credor poderá ceder, total ou parcialmente, seus créditos em precatórios a terceiros, independentemente da concordância do devedor, não se aplicando ao cessionário o disposto nos §§ 2º e 3º.

§ 14. A cessão de precatórios somente produzirá efeitos após comunicação, por meio de petição protocolizada, ao tribunal de origem e à entidade devedora.

§ 15. Sem prejuízo do disposto neste artigo, lei complementar a esta Constituição Federal poderá estabelecer regime especial para pagamento de crédito de precatórios de Estados, Distrito Federal e Municípios, dispondo sobre vinculações à receita corrente líquida e forma e prazo de liquidação.

§ 16. A seu critério exclusivo e na forma de lei, a União poderá assumir débitos, oriundos de precatórios, de Estados, Distrito Federal e Municípios, refinanciando-os diretamente." (NR)

Conforme o § 1º do dispositivo constitucional, os créditos de natureza alimentícia não seguirão a ordem cronológica de pagamento dos precatórios. Segundo a

Constituição Federal, são débitos de natureza alimentícia aqueles decorrentes de salários, vencimentos, proventos, pensões e suas complementações, benefícios previdenciários e indenizações por morte ou invalidez, fundadas na responsabilidade civil, em virtude de sentença transitada em julgado. Desse modo, o precatório do credor trabalhista não observará a ordem cronológica dos precatórios comuns, salvo o disposto no § 2º, do referido art. 100, da CF. Não obstante, haverá ordem cronológica de precatórios entre os credores de verba alimentar, aí incluído o trabalhista.

No mesmo sentido, dispõem as Súmulas ns. 655, do STF e 144 do STJ, *in verbis*:

> Súmula n. 655 do STF: "A exceção prevista no art. 100, *caput*, da Constituição, em favor dos créditos de natureza alimentícia, não dispensa a expedição de precatório, limitando-se a isentá-los da observância da ordem cronológica dos precatórios decorrentes de condenação de outra natureza."

> Súmula n. 144 do STJ: "Os créditos de natureza alimentícia gozam de preferência, desvinculados os precatórios de ordem cronológica dos créditos de natureza diversa."

No mesmo diapasão, destacamos a seguinte ementa:

> "Constitucional — Precatório — Crédito de natureza alimentícia: atualização monetária do principal e juros até a data do seu efetivo pagamento. CF, art. 100, § 1º, art. 165, § 8º. I – Créditos de natureza alimentícia: os seus precatórios, que observarão a ordem cronológica própria, serão pagos de uma só vez, devidamente atualizados até a data do efetivo pagamento. Inocorrência de ofensa à Constituição, art. 100, § 1º, art. 165, § 8º. II – Precedente do STF: RE n. 189.942-SP, Pertence, Plenário, 1.6.95. III – RE não conhecido. (STF RE n. 146943/SP – rel. Min. Carlos Velloso)." (TRT 10ª R. – 3ª T. – Ap. n. 2344/1991.007.10.00-0 – rel. Douglas A. Rodrigues – DJDF 11.6.04 – p. 42) (RDT n. 7 – Julho de 2004)

Para os créditos trabalhistas de pequeno valor, não se aplica a execução pelo regime dos precatórios, conforme o citado § 3º do art. 100 da Constituição Federal.

Como bem adverte *Carlos Henrique Bezerra Leite*(120): o fato da dispensa do precatório nas execuções trabalhistas referentes a créditos considerados de pequeno valor, não elide a necessidade de observância do disposto no CPC, haja vista que os bens públicos continuam sendo impenhoráveis. Dito de outro modo, apurado o *quantum debeatur*, deverá o ente público ser citado para, querendo, oferecer embargos à execução.

Primeiramente, o art. 17, § 1º, da Lei n. 10.259/01, regulamentou o § 3º, o art. 100, da CF, fixando o conceito de obrigações de pequeno valor como sendo as que não ultrapassarem 60 salários mínimos. Com efeito, dispõe o referido dispositivo legal:

> "Tratando-se de obrigação de pagar quantia certa, após o trânsito em julgado da decisão, o pagamento será efetuado no prazo de sessenta dias, contados da entrega da requisição, por ordem do juiz, à autoridade citada para a causa, na agência mais próxima da Caixa Econômica Federal ou do Banco do Brasil, independentemente de precatório. § 1º Para os efeitos do § 3º do art. 100 da Constituição Federal, as obrigações ali definidas como de pequeno valor, a serem pagas independentemente de precatório, terão como limite o mesmo valor estabelecido nesta Lei para a competência do Juizado Especial Federal Cível (art. 3º, *caput*)."

---

(120) BEZERRA LEITE, Carlos Henrique. *Curso de direito processual do trabalho.* 5. ed. São Paulo: LTr, 2007. p. 1.012.

Posteriormente, veio a lume o art. 87 do ADCT, com a redação dada pela EC n. 37/02 fixando valores diferentes para os Estados, o Distrito Federal e os Municípios. Efetivamente, estabelece o referido dispositivo legal:

"Para efeito do que dispõem o § 3º do art. 100 da Constituição Federal e o art. 78 deste Ato das Disposições Constitucionais Transitórias serão considerados de pequeno valor, até que se dê a publicação oficial das respectivas leis definidoras pelos entes da Federação, observado o disposto no § 4º do art. 100 da Constituição Federal, os débitos ou obrigações consignados em precatório judiciário, que tenham valor igual ou inferior a: I – quarenta salários mínimos, perante a Fazenda dos Estados e do Distrito Federal; II – trinta salários mínimos, perante a Fazenda dos Municípios. Parágrafo único. Se o valor da execução ultrapassar o estabelecido neste artigo, o pagamento far-se-á, sempre, por meio de precatório, sendo facultada à parte exequente a renúncia ao crédito do valor excedente, para que possa optar pelo pagamento do saldo sem o precatório, da forma prevista no § 3º do art. 100."

Confrontando-se a Lei n. 10.259 com a EC n. 37/02, temos como créditos de pequeno valor:

a) 60 salários mínimos para a União;

b) 40 salários mínimos para os Estados e o Distrito Federal;

c) 30 salários mínimos para os Municípios.

Nesse sentido, também é o art. 3º, da Instrução Normativa n. 32/07, do Tribunal Superior do Trabalho, *in verbis*:

"Reputa-se de pequeno valor o crédito cuja importância atualizada, por beneficiário, seja igual ou inferior a: I – 60 (sessenta) salários mínimos, se a devedora for a Fazenda Pública Federal; II – 40 (quarenta) salários mínimos, ou o valor estipulado pela legislação local, se as devedoras forem as Fazendas Públicas Estadual e Distrital; e III – 30 (trinta) salários mínimos, ou o valor estipulado pela legislação local, se a devedora for a Fazenda Pública Municipal."

Em se tratando de crédito de pequeno valor, após fixado o valor do crédito trabalhista, ou havendo embargos, depois de sua apreciação e do eventual agravo de petição, o Juiz do Trabalho expedirá requisição judicial para pagamento do crédito, notificando a Fazenda Pública, devendo esta pagar o crédito no prazo de 60 dias (*caput* do art. 17 da Lei n. 10.259/01). Desatendida a requisição judicial, o Juiz do Trabalho determinará o sequestro do numerário suficiente para cumprimento da decisão (§ 2º, do art. 17, da Lei n. 10.259/01).

No mesmo diapasão, destacamos as seguintes ementas:

"Execução — Fazenda Pública — Crédito trabalhista — Pequeno valor — Precatório — Dispensa. 1. Na omissão de normas específicas, aplica-se ao processo trabalhista o art. 87 do ADCT, de sorte a afastar o regime do precatório para o pagamento dos débitos da Fazenda dos estados de pequeno valor, até quarenta salários mínimos, na Justiça do Trabalho. 2. Desarrazoado admitir que o crédito trabalhista de pequeno valor, junto a ente público, cuja pronta satisfação deriva da sua natureza alimentar, deva submeter-se às delongas e incertezas características do execrável sistema do precatório, enquanto o titular de crédito também de pequeno valor, mas na órbita da Justiça Federal, mesmo que não ostenta idêntica natureza, prescinde de precatório e haverá de ser satisfeito no prazo de sessenta dias. 3. Nesse sentido já se posicionou o Tribunal Superior do Trabalho, ao adotar o entendimento de que "há dispensa da expedição de precatório, na forma do art. 100, § 3º, da Constituição Federal, quando a execução contra a Fazenda Pública não exceder os valores definidos, provisoriamente, pela Emenda Constitucional n. 37/02, como obrigações de pequeno valor, inexistindo ilegalidade, sob esse prisma, na determinação de sequestro da quantia devida pelo ente público" (Orientação Jurisprudencial n. 1 do Tribunal Pleno). 4. Agravo de instrumento a que se nega provimento." (TST – 1ª T. – AIRR n. 522/1997.161.17.00-9 – rel. Min. João Oreste Dalazen – DJ 9.9.05 – p. 788) (RDT n. 09 – Setembro de 2005)

"Remessa *ex officio* — Execução direta contra a Fazenda Pública Estadual — Débito de pequeno valor — Descabimento. Esta colenda SBDI-2 tem perfilhado a tese de que não se reveste de ilegalidade ou abusividade o ato emanado da Autoridade Coatora, determinando que a Impetrante — Fazenda Pública Estadual —, na execução, efetue, de imediato, o pagamento de créditos trabalhistas, sem a observância da formalidade da requisição do respectivo precatório, quando estes forem iguais ou inferiores ao limite legal. Na questão *sub judice*, o valor da execução está abrangido pelo montante definido no § 3º do art. 100 da Constituição Federal de 1988 (alterado pela Emenda Constitucional n. 37/00)." (TST – SBDI-2 – RXOFROMS n. 61.261/2002.900.21.00-5 – rel. Emmanoel Pereira – DJ 5.12.2003 – p. 602) (RDT n. 2 – Fevereiro de 2004)

21. Da execução de parcelas sucessivas

A execução de parcelas sucessivas pressupõe uma relação jurídica continuativa, de trato sucessivo, ou seja: que envolve parcelas futuras.

A CLT disciplina a execução de parcelas sucessivas por tempo determinado (art. 891) e por tempo indeterminado (art. 892).

A CLT disciplina a questão nos arts. 890 a 892.

Dispõe o art. 891 da CLT: "Nas prestações sucessivas por tempo determinado, a execução pelo não pagamento de uma prestação compreenderá as que lhe sucederem."

Como exemplo de execução de prestações sucessivas por tempo determinado, temos os acordos judiciais parcelados (art. 831 da CLT) ou as transações levadas a efeito nas Comissões de Conciliação Prévia (Lei n. 9.958/00). Nessa hipótese, determina a lei que o inadimplemento de uma parcela provocará o vencimento antecipado de todas as demais parcelas, que serão englobadas na execução.

Nesse sentido, destacamos a seguinte ementa:

"O inadimplemento ou atraso no pagamento de uma prestação, prevista em transação judicial, implica a execução da parcela vencida, bem como daquele que lhe sucederem nos termos do art. 891, da CLT." (TRT-PR – AP 40/93 – Ac. 3ª T. – 7.427/93 – rel. Juiz João Oreste Dalazen)(121)

(121) *In:* OLIVEIRA, Francisco Antonio de. *Comentários à Consolidação das Leis do Trabalho.* 3. ed. São Paulo: RT, 2005. p. 868.

Conforme o art. 892 da CLT: "Tratando-se de prestações sucessivas por tempo indeterminado, a execução compreenderá inicialmente as prestações devidas até a data do ingresso na execução."

Se as prestações forem ajustadas por tempo indeterminado, e houver o inadimplemento de uma ou mais parcelas, como na hipótese de o trabalhador não receber as parcelas decorrentes da complementação da aposentadoria, serão devidas as parcelas até a data do ingresso da execução.

Quanto às parcelas que se vencerem no curso da execução, pensamos que elas podem ser incluídas na execução em razão dos princípios da celeridade, economia processual e efetividade da jurisdição trabalhista, restando aplicáveis à hipótese os arts. 323 e 541 do CPC, que assim dispõem:

> "Art. 323. Na ação que tiver por objeto cumprimento de obrigação em prestações sucessivas, essas serão consideradas incluídas no pedido, independentemente de declaração expressa do autor, e serão incluídas na condenação, enquanto durar a obrigação, se o devedor, no curso do processo, deixar de pagá-las ou de consigná-las."

> "Art. 541. Tratando-se de prestações sucessivas, consignada uma delas, pode o devedor continuar a depositar, no mesmo processo e sem mais formalidades, as que se forem vencendo, desde que o faça em até 5 (cinco) dias contados da data do respectivo vencimento."

Concordamos integralmente com as conclusões de *Carlos Henrique Bezerra Leite*, no aspecto, quando assevera: "Surge a pergunta inevitável: o que acontece com as prestações que se vencerem depois de iniciada a execução? Será que o credor deverá promover nova ação de conhecimento ou nova ação de execução? Será possível a execução prosseguir no mesmo processo? Cremos, porém, que o art. 892 da CLT é omisso a respeito das indagações acima formuladas, razão pela qual se impõe a aplicação subsidiária dos arts. 290 e 892 do CPC [...]."

22. Execução da parcela previdenciária

Dispõe o art. 114, VIII, da Constituição Federal, com a redação dada pela EC n. 45/04, competir à Justiça do Trabalho a execução, de ofício, das contribuições sociais previstas no art. 195, I, *a*, e II, e seus acréscimos legais, decorrentes das sentenças que proferir.

A matéria é tratada no art. 43 da Lei n. 8.212/91, *in verbis*:

> "Nas ações trabalhistas de que resultar o pagamento de direitos sujeitos à incidência de contribuição previdenciária, o juiz, sob pena de responsabilidade, determinará o imediato recolhimento das importâncias devidas à Seguridade Social. (Redação dada pela Lei n. 8.620, de 5.1.93) § 1º Nas sentenças judiciais ou nos acordos homologados em que não figurarem, discriminadamente, as parcelas legais relativas às contribuições sociais, estas incidirão sobre o valor total apurado em liquidação de sentença ou sobre o valor do acordo homologado. (Incluído pela Lei n. 11.941, de 2009). § 2º Considera-se ocorrido o fato gerador das contribuições sociais na data da prestação do serviço. (Incluído pela Lei n. 11.941, de 2009). § 3º As contribuições sociais serão apuradas mês a mês, com referência ao período da prestação de serviços, mediante a aplicação de alíquotas, limites máximos do

salário de contribuição e acréscimos legais moratórios vigentes relativamente a cada uma das competências abrangidas, devendo o recolhimento ser efetuado no mesmo prazo em que devam ser pagos os créditos encontrados em liquidação de sentença ou em acordo homologado, sendo que nesse último caso o recolhimento será feito em tantas parcelas quantas as previstas no acordo, nas mesmas datas em que sejam exigíveis e proporcionalmente a cada uma delas. (Incluído pela Lei n. 11.941, de 2009). § 4º No caso de reconhecimento judicial da prestação de serviços em condições que permitam a aposentadoria especial após 15 (quinze), 20 (vinte) ou 25 (vinte e cinco) anos de contribuição, serão devidos os acréscimos de contribuição de que trata o § 6º do art. 57 da Lei n. 8.213, de 24 de julho de 1991. (Incluído pela Lei n. 11.941, de 2009). § 5º Na hipótese de acordo celebrado após ter sido proferida decisão de mérito, a contribuição será calculada com base no valor do acordo. (Incluído pela Lei n. 11.941, de 2009). § 6º Aplica-se o disposto neste artigo aos valores devidos ou pagos nas Comissões de Conciliação Prévia de que trata a Lei n. 9.958, de 12 de janeiro de 2000." (Incluído pela Lei n. 11.941, de 2009)

A questão do fato gerador[122] da contribuição previdenciária sempre foi polêmica na Justiça do Trabalho. Há quem considere o fato gerador a própria sentença trabalhista; outros, a prestação de serviços. As ementas abaixo retratam essa divergência:

> "CONTRIBUIÇÕES PREVIDENCIÁRIAS. FATO GERADOR. Para a cobrança das contribuições previdenciárias decorrentes de condenação ou de acordo celebrado em processo do trabalho, ocorre o fato gerador nas datas dos efetivos pagamentos. Aplicação do disposto nos arts. 43 da Lei n. 8.212/91 e 276 do Decreto n. 3.048/99. CONTRIBUIÇÕES PREVIDENCIÁRIAS. ATUALIZAÇÃO MONETÁRIA. NÃO SE APLICA A TAXA SELIC. As contribuições previdenciárias decorrentes de sentença transitada em julgado ou de acordo homologado na Justiça do Trabalho são atualizadas pelos índices próprios dos débitos trabalhistas." (TRT/SP – 02015005320005020482 – AP – Ac. 5ª T. – 20120613730 – rel. José Ruffolo – DOE 22.6.2012)

> "1 – RECOLHIMENTOS DE INSS ORIUNDOS DE CRÉDITOS DECORRENTES DE DECISÃO JUDICIAL TRABALHISTA — MOMENTO DO FATO GERADOR. O fato gerador do recolhimento previdenciário, oriundo de decisão desta Especializada, ocorre no momento em que é fixado o montante do valor do crédito, em sentença de liquidação ou em acordo homologado. 2 – TAXA SELIC/MULTA. Não se aplica a taxa SELIC e multa nas execuções previdenciárias sobre créditos fixados nesta Especializada, mas os índices próprios trabalhistas." (TRT/SP – 00305001920005020018 – AP – Ac. 5ª T. – 20120671586 – rel. Maurilio de Paiva Dias – DOE 22.6.2012)

Conforme o referido dispositivo legal (art. 43 da Lei n. 8.213/1991), o fato gerador de incidência das contribuições previdenciárias das sentenças proferidas na Justiça do Trabalho é a prestação de serviços. Não obstante, a competência da Justiça do Trabalho para executar essas contribuições está limitada ao contorno do título executivo judicial trabalhista.

Como sustenta *José Cairo Jr.*[123], "o momento da ocorrência do fato gerador coincide com a data que o pagamento do salário foi ou deveria ter sido efetuado pelo empregador, independentemente do prazo concedido pela lei para o recolhimento

(122) Nos termos do art. 114 do Código Tributário Nacional, fato gerador da obrigação principal é a situação definida em lei como necessária e suficiente à sua ocorrência.

(123) *Curso de direito processual do trabalho.* 5. ed. Salvador: Jus Podivm, 2012. p. 932.

da contribuição social, qual seja, até dia 15, após o mês da prestação de serviços. O fato gerador da contribuição previdenciária continua sendo o mesmo, ainda que os recolhimentos respectivos não tenham sido efetivados e essa irregularidade tenha sido constatada durante o processamento de uma reclamação trabalhista. Portanto, não há como admitir que, nesse caso, o fato gerador da contribuição previdenciária seja a sentença trabalhista, porque a lei, em nenhum momento, indica esse fato jurídico-processual como capaz de fazer nascer a obrigação tributária."

A Lei n. 10.035/00, com as alterações da Lei n. 11.457/07, regulamentou a execução *ex officio* das parcelas previdenciárias incidentes sobre os créditos trabalhistas das sentenças proferidas pela Justiça do Trabalho.

Os títulos judiciais que embasam a execução de ofício das contribuições previdenciárias são:

1. Termos de conciliação homologados na Justiça do Trabalho (art. 831 da CLT) contendo parcelas objeto de incidência de INSS: o INSS poderá recorrer das decisões homologatórias quanto à natureza das parcelas do acordo fixadas pelas partes.

Conforme o art. 832, § 4º, da CLT, com a redação dada pela Lei n. 11.457/07: "A União será intimada das decisões homologatórias de acordos que contenham parcela indenizatória, na forma do art. 20 da Lei n. 11.033, de 21 de dezembro de 2004, facultada a interposição de recurso relativo aos tributos que lhe forem devidos."

Nos termos do § 7º, do art. 832, da CLT, com a redação dada pela Lei n. 11.457/07: "O Ministro de Estado da Fazenda poderá, mediante ato fundamentado, dispensar a manifestação da União nas decisões homologatórias de acordos em que o montante da parcela indenizatória envolvida ocasionar perda de escala decorrente da atuação do órgão jurídico."

Conforme o § 3º do art. 832 da CLT as decisões cognitivas ou homologatórias deverão sempre indicar a natureza jurídica das parcelas constantes da condenação ou acordo homologado, inclusive o limite de responsabilidade de cada parte pelo recolhimento da contribuição previdenciária se for o caso.

Desse modo, havendo conciliação, as partes deverão discriminar a natureza das parcelas objeto da avença. Se não houver discriminação, o INSS incidirá sobre o valor total do acordo.

Deve ser destacado que as partes poderão mencionar, no acordo, verbas que não foram postuladas, pois a conciliação pode abranger verbas não postas em juízo. Além disso, a conciliação, como regra, abrange todos os direitos decorrentes do extinto contrato de trabalho.

No aspecto, cumpre destacar as seguintes ementas:

"ACORDO ANTES DA SENTENÇA. CONTRIBUIÇÃO. INCIDÊNCIA. ACORDO. CONTRIBUIÇÕES PREVIDENCIÁRIAS. ACORDO REALIZADO ANTES DA SENTENÇA. INEXISTÊNCIA DE COISA JULGADA. AUSÊNCIA DE OFENSA A DIREITOS DE TERCEIRO.

Considerando que esta Justiça Especializada prima pela conciliação entre as partes e que antes da prolação da sentença não há reconhecimento de direito a qualquer das partes envolvidas no litígio, menos ainda a terceiros, o acordo realizado entre as partes deve ser respeitado. Discriminadas as verbas abrangidas pelo acordo e tendo as mesmas natureza indenizatória, não há que se falar em recolhimento de contribuição previdenciária sobre o valor total acordado. Recurso improvido." (TRT/SP – 00868200449202001 – RO – Ac. 12ª T. – 20080086718 – relª Sonia Maria Prince Franzini – DOE 11.4.2008)

"RECURSO ORDINÁRIO. ACORDO. AUSÊNCIA DE DISCRIMINAÇÃO DAS VERBAS DE NATUREZA SALARIAL. Não há que se falar em obrigatoriedade de se respeitar os pedidos elencados que o segundo reclamado na inicial, porquanto o acordo fora firmado antes da sentença e ante a ausência de coisa julgada. A composição amigável põe fim à lide e, não havendo coisa julgada, as partes possuem autonomia para a conciliação quanto aos valores e natureza jurídica das verbas. Somando-se a isso, inexiste preceito legal obrigando que a transação judicial observe os pedidos elencados na peça inaugural. As partes possuem inteira liberdade para efetivarem composição amigável, na qual há concessões mútuas, sendo a finalidade essencial da Justiça do Trabalho a conciliação." (TRT/SP – 01089200647202000 – RO – Ac. 12ª T. – 20080090340 – rel. Marcelo Freire Gonçalves – DOE 11.4.2008)

"CONTRIBUIÇÃO PREVIDENCIÁRIA. O acordo a título indenizatório (indenização por perdas e danos), sem reconhecimento do vínculo empregatício ou de qualquer relação de trabalho, não é fato gerador da contribuição previdenciária." (TRT/SP – 01941200637302008 – RS – Ac. 12ª T. – 20080140704 – rel. Adalberto Martins – DOE 11.4.2008)

De outro lado, dentro da razoabilidade e nos limites do que foi postulado e do que foi contestado, as partes são livres para a discriminação das verbas objeto do acordo, uma vez que, antes do pronunciamento judicial, as parcelas são controvertidas (*res dubia*) e as partes podem dispor dos direitos vindicados.

No aspecto, vale destacar as seguintes ementas:

"TRANSAÇÃO ANTERIOR À SENTENÇA — *RES DUBIA* — PRETENSÕES DEDUZIDAS EM JUÍZO — LIVRE DISPONIBILIDADE DAS PARTES — AUSÊNCIA DE JUÍZO DE MÉRITO — DISCRIMINAÇÃO DE VERBAS — VALIDADE — CONGRUÊNCIA COM TÍTULOS CONSTANTES DO PEDIDO. O acordo realizado antes da prolação da sentença de mérito configura verdadeira transação, e a respectiva decisão homologatória não tem o efeito jurídico de constituir como direitos incontroversos os fatos relatados na exordial, mera pretensão deduzida em Juízo, o que implicaria em apreciação de mérito, por via oblíqua. Tratando-se de *res dubia*, não é obrigatória a correspondência entre a discriminação e o pedido. Os arts. 832, § 3º, da CLT, 43, parágrafo único da Lei n. 8.212/1991 e 276, §§ 2º e 3º, do Decreto n. 3048 de 6.5.1999 instituem a obrigação de que seja, apenas, discriminada a natureza jurídica das verbas, bem como seus respectivos valores, e, cumprida essa obrigação, deve ser respeitado o direito das partes em dispor livremente de seus interesses jurídicos, característica basilar da transação, sob pena de esvaziamento do instituto, além de afronta ao princípio da legalidade, em razão do transbordamento do comando inserido nos dispositivos legais citados. Não há nenhuma violação constitucional, o que ocorreria se, às partes, fosse estipulada obrigação não prevista expressamente em lei, em desacordo com o que preceitua o art. 5º, II, da Constituição Federal." (TRT/SP – 00002184520105020083 – RO – Ac. 4ª T. – 20120745369 – rel. Paulo Augusto Camara – DOE 6.7.2012)

"ACORDO CELEBRADO SEM RECONHECIMENTO DO VÍNCULO DE EMPREGO A TÍTULO DE INDENIZAÇÃO POR PERDAS E DANOS. OJ N. 368 DA SDI-1 DO C. TST. Em caso de acordo celebrado sem reconhecimento do vínculo de emprego antes do julgamento do feito, com declaração das partes de que o valor pactuado se refere à indenização por perdas e danos da lei civil, não há incidência das contribuições previdenciárias, em virtude da discriminação das parcelas que o compõem." (TRT/SP – 01521005320085020203 – RO – Ac. 14ª T. – 20120645739 – relª Elisa Maria de Barros Pena – DOE 20.6.2012)

"Contribuição previdenciária. O acordo a título indenizatório (indenização nos termos da Lei Civil), sem reconhecimento do vínculo empregatício ou de qualquer prestação de serviços, não é fato gerador da contribuição previdenciária." (TRT/SP – 00014473420115020009 – RO – Ac. 8ª T. – 20120624057 – rel. Adalberto Martins – DOE 15.6.2012)

"PROCESSO DE COGNIÇÃO. ACORDO SEM RECONHECIMENTO DE VÍNCULO DE EMPREGO. CONTRIBUIÇÃO PREVIDENCIÁRIA. Não é possível reconhecer, *a priori*, a invalidade do acordo, sem reconhecimento de vínculo, no qual se estipule apenas parcelas de cunho indenizatório. Se as partes fazem concessões mútuas para pôr fim ao litígio, sem o reconhecimento da relação empregatícia, o acordo possui natureza reparatória em relação às parcelas que o trabalhador não recebeu por não ser considerado empregado. Ademais, enquanto não há decisão transitada em julgado, todo o objeto da ação é *res dubia* e, portanto, transacionável. Destarte, não cabe ao Juízo homologador, ao recorrente e nem mesmo a esta instância recursal, fazer qualquer análise quanto aos aspectos intrínsecos da avença, eis que ligados ao foro íntimo de cada parte acordante. Recurso Ordinário ao qual se nega provimento." (TRT/SP – 00014976520105020051 – RO – Ac. 8ª T. – 20120624146 – rel. Sidnei Alves Teixeira – DOE 15.6.2012)

Não obstante, a Justiça do Trabalho não tem aceitado discriminação muito divorciada do pedido, cuja intenção é nitidamente evitar a incidência previdenciária, tal como discriminação do valor integral do acordo como sendo reparação por danos morais ou indenização civil nos termos do art. 186 do Código Civil.

Nesse sentido, destaca-se a seguinte ementa:

"ACORDO HOMOLOGADO. INSS. VERBAS NÃO DISCRIMINADAS. A lei impõe de forma específica algum recolhimento quando não discriminadas as parcelas legais relativas à contribuição previdenciária, no acordo ou na liquidação e nesse caso, o recolhimento deverá ser sobre a totalidade. As partes apontaram o valor do acordo e o título, no entanto, nos pedidos deduzidos na prefacial, aviso-prévio, férias mais terço constitucional, não são indenizatórios e não há pedido da multa do art. 477 da CLT. O parágrafo único do art. 43 da Lei n. 8.212/1991: 'Nas sentenças judiciais ou nos acordos homologados em que não figurarem, discriminadamente, as parcelas legais relativas à contribuição previdenciária, esta incidirá sobre o valor total apurado em liquidação de sentença ou sobre o valor do acordo homologado (Parágrafo incluído pela Lei n. 8.620 de 5.1.1993).' As parcelas não foram discriminadas de conformidade com a inicial. Observa-se que não podem as partes encetar o acordo da contribuição devida à Previdência desconsiderando, de forma plena, a *litiscontestatio*." (TRT/SP – 02215008320095020086 – RO – Ac. 15ª T. – 20120647847 – rel. Carlos Husek – DOE 22.6.2012)

O Tribunal Superior do Trabalho firmou entendimento no sentido de que haverá incidência da parcela previdenciária sobre os acordos homologados pela Justiça do Trabalho sem reconhecimento de vínculo de emprego, conforme a redação da recente OJ n. 398, da sua SDI-I, *in verbis*:

> "Contribuição previdenciária. Acordo homologado em juízo sem reconhecimento de vínculo de emprego. Contribuinte individual. Recolhimento da alíquota de 20% a cargo do tomador e 11% a cargo do prestador de serviços." (DeJT 2.8.2010)

Nos acordos homologados em juízo em que não haja o reconhecimento de vínculo empregatício, é devido o recolhimento da contribuição previdenciária, mediante a alíquota de 20% a cargo do tomador de serviços e de 11% por parte do prestador de serviços, na qualidade de contribuinte individual, sobre o valor total do acordo, respeitado o teto de contribuição. Inteligência do § 4º do art. 30 e do inciso III do art. 22, todos da Lei n. 8.212, de 24.7.1991.

Havendo acordo, na execução, após o trânsito em julgado da decisão, as partes não poderão alterar a natureza jurídica das parcelas, pois a parcela previdenciária que incide sobre tais verbas não pertence às partes do processo, não estando mais na livre disposição destas por meio da transação.

Nesse sentido, o § 6º do art. 832 da CLT, com a redação dada pela Lei n. 11.457/07, pacificou a questão. Dispõe o referido dispositivo, *in verbis*:

> "O acordo celebrado após o trânsito em julgado da sentença ou após a elaboração dos cálculos de liquidação de sentença não prejudicará os créditos da União."

De outro lado, o cálculo da parcela previdenciária será sobre o valor do acordo, observada a proporcionalidade das verbas salariais e indenizatórias fixadas no título executivo. Nesse sentido, o § 5º do art. 43, da Lei n. 8.212/91, *in verbis*:

> "Na hipótese de acordo celebrado após ter sido proferida decisão de mérito, a contribuição será calculada com base no valor do acordo."

O Tribunal Superior do Trabalho, recentemente, pacificou a questão por meio da OJ n. 376, da SDI-I, *in verbis*:

> "Contribuição previdenciária. Acordo homologado em juízo após o trânsito em julgado da sentença condenatória. Incidência sobre o valor homologado." (Divulgada em 19.4.2010 e publicada DeJT 20.4.2010)

É devida a contribuição previdenciária sobre o valor do acordo celebrado e homologado após o trânsito em julgado de decisão judicial, respeitada a proporcionalidade de valores entre as parcelas de natureza salarial e indenizatória deferidas na decisão condenatória e as parcelas objeto do acordo.

2. *Acordo celebrado perante a Comissão de Conciliação Prévia*: embora não conste expressamente da Lei (art. 876 da CLT), pensamos ter a Justiça do Trabalho competência para executar a contribuição previdenciária sobre os termos de conciliação firmados perante as Comissões de Conciliação Prévia. Ora, se a Justiça do Trabalho pode executar o próprio crédito trabalhista, não há por que não se deferir tal competência para a parcela objeto de incidência previdenciária. A contribuição

previdenciária incidirá sobre as parcelas pagas perante a Comissão de Conciliação prévia que tenham natureza salarial.

Nesse diapasão, é o recente § 6º do já citado art. 43 da Lei n. 8.212/91.

No mesmo sentido, há recente pronunciamento do Tribunal Superior do Trabalho, conforme o seguinte julgado:

> "Competência da Justiça do Trabalho. Execução de contribuição previdenciária. Acordo firmado perante Comissão de Conciliação Prévia. Art. 114, IX, da CF c/c art. 43, § 6º, Lei n. 8.212/90. Nos termos do art. 114, IX, da CF c/c o art. 43, § 6º, da Lei n. 8.212/91, compete à Justiça do Trabalho executar de ofício as contribuições previdenciárias decorrentes do termo de conciliação firmado perante Comissão de Conciliação Prévia — CCP. Entendeu-se, na hipótese, que o dispositivo constitucional que assegura a competência desta Justiça Especializada para processar e julgar "outras controvérsias decorrentes da relação de trabalho" abarca o termo firmado perante a CCP, por se tratar de título executivo extrajudicial decorrente da relação de trabalho. Ademais, não há falar em incidência do item I da Súmula n. 368 do TST, editado em 2005, por não alcançar a controvérsia trazida nos autos, que remonta à regra vigente a partir de 2009, com a introdução do § 6º no art. 43 da Lei n. 8.212/91 pela Lei n. 11.491/2009. Com esse posicionamento, a SBDI-I, à unanimidade, conheceu dos embargos, por divergência jurisprudencial, e, no mérito, deu-lhes provimento para reformar o acórdão turmário que declarara a incompetência da Justiça do Trabalho para executar as contribuições previdenciárias advindas de termo conciliatório firmado perante a CCP." (TST-E-RR-41300-56.2009.5.09.0096, SBDI-I, rel. Min. Luiz Philippe Vieira de Mello Filho, 8.5.2014)

3. Sentença trabalhista transitada em julgado, contendo parcelas objeto de incidência de INSS: nos termos do § 3º do art. 832 da CLT, as decisões cognitivas ou homologatórias deverão sempre indicar a natureza jurídica das parcelas constantes da condenação ou acordo homologado, inclusive o limite de responsabilidade de cada parte pelo recolhimento da contribuição previdenciária se for o caso.

A contribuição previdenciária incide sobre as parcelas de natureza salarial.

Salário é a contraprestação devida ao empregado paga diretamente pelo empregador em razão da prestação de serviços. Nos termos do art. 457, da CLT: "Compreendem-se na remuneração do empregado, para todos os efeitos legais, além do salário devido e pago diretamente pelo empregador, como contraprestação do serviço, as gorjetas que receber."

Na definição clássica de *José Martins Catharino*[(124)], salário é *contraprestação devida a quem põe seu esforço pessoal à disposição de outrem em virtude do vínculo jurídico de trabalho, contratual ou instituído.*

As verbas objeto de incidência da contribuição previdenciária são previstas no art. 28 da Lei n. 8.212/91 (salário-contribuição), não se aplicando o conceito de salário previsto na Consolidação das Leis do Trabalho, uma vez que o crédito pertence à Autarquia Previdenciária, aplicando-se o princípio da especialidade.

---

(124) CATHARINO, José Martins. *Tratado jurídico do salário.* São Paulo: LTr, 1997. p. 90.

O salário de contribuição é a base de cálculo expressa em moeda corrente, sobre a qual incidirá a alíquota da contribuição social para a seguridade social, e servirá de parâmetro para cálculo do valor dos benefícios previdenciários, servindo, ainda, como limites mínimo e máximo das contribuições e dos benefícios.

O conceito legal de salário de contribuição está no art. 28 da Lei n. 8.212/91, que assim dispõe:

"**Art. 28 – Entende-se por salário de contribuição:**

I – para o empregado e trabalhador avulso: a remuneração auferida em uma ou mais empresas, assim entendida a totalidade dos rendimentos pagos, devidos ou creditados a qualquer título, durante o mês, destinados a retribuir o trabalho, qualquer que seja a sua forma, inclusive as gorjetas, os ganhos habituais sob a forma de utilidades e os adiantamentos decorrentes de reajuste salarial, quer pelos serviços efetivamente prestados, quer pelo tempo à disposição do empregador ou tomador de serviços nos termos da lei ou do contrato ou, ainda, de convenção ou acordo coletivo de trabalho ou sentença normativa;

II – para o empregado doméstico: a remuneração registrada na Carteira de Trabalho e Previdência Social, observadas as normas a serem estabelecidas em regulamento para comprovação do vínculo empregatício e do valor da remuneração;

III – para o contribuinte individual: a remuneração auferida em uma ou mais empresas ou pelo exercício de sua atividade por conta própria, durante o mês, observado o limite máximo a que se refere o § 5º;

IV – para o segurado facultativo: o valor por ele declarado, observado o limite máximo a que se refere o § 5º.

(...)

§ 10. Considera-se salário de contribuição, para o segurado empregado e trabalhador avulso, na condição prevista no § 5º do art. 12, a remuneração efetivamente auferida na entidade sindical ou empresa de origem."

Caso a sentença não fixe as parcelas objeto de incidência previdenciária, bem como a responsabilidade das partes, o juiz na execução poderá fazê-lo, pois se trata de matéria de ordem pública, não havendo preclusão. Nesse sentido, dispõe a Súmula n. 401, do C. TST *in verbis*:

"AÇÃO RESCISÓRIA. DESCONTOS LEGAIS. FASE DE EXECUÇÃO. SENTENÇA EXEQUENDA OMISSA. INEXISTÊNCIA DE OFENSA À COISA JULGADA. (conversão da Orientação Jurisprudencial n. 81 da SDI-2) Os descontos previdenciários e fiscais devem ser efetuados pelo juízo executório, ainda que a sentença exequenda tenha sido omissa sobre a questão, dado o caráter de ordem pública ostentado pela norma que os disciplina. A ofensa à coisa julgada somente poderá ser caracterizada na hipótese de o título exequendo, expressamente, afastar a dedução dos valores a título de imposto de renda e de contribuição previdenciária." (ex-OJ n. 81 – inserida em 13.3.02)

A forma de liquidação do crédito previdenciário está prevista no art. 879 da CLT, que assim estabelece:

"Sendo ilíquida a sentença exequenda, ordenar-se-á, previamente, a sua liquidação, que poderá ser feita por cálculo, por arbitramento ou por artigos. (Redação dada pela Lei n. 2.244/54) § 1º Na liquidação, não se poderá modificar, ou inovar, a sentença liquidanda, nem discutir matéria pertinente à causa principal. § 1º-A. A liquidação abrangerá, também, o cálculo das contribuições previdenciárias devidas. (Acrescentado pela Lei n. 10.035/00 – DOU 26.10.00) § 1º-B. As partes deverão ser previamente intimadas para a apresentação do cálculo de liquidação, inclusive da contribuição previdenciária incidente. (Acrescentado pela Lei n. 10.035/00 – DOU 26.10.00) § 2º Elaborada a conta e tornada líquida, o juiz poderá abrir às partes prazo sucessivo de 10 (dez) dias para impugnação fundamentada com a indicação dos itens e valores objeto da discordância, sob pena de preclusão. § 3º Elaborada a conta pela parte ou pelos órgãos auxiliares da Justiça do Trabalho, o juiz procederá à intimação da União para manifestação, no prazo de 10 (dez) dias, sob pena de preclusão. (Redação dada pela Lei n. 11.457/07 – DOU 19.3.07) § 4º A atualização do crédito devido à Previdência Social observará os critérios estabelecidos na legislação previdenciária. (Acrescentado pela Lei n. 10.035/00 – DOU 26.10.00) § 5º O Ministro de Estado da Fazenda poderá, mediante ato fundamentado, dispensar a manifestação da União quando o valor total das verbas que integram o salário de contribuição, na forma do art. 28 da Lei n. 8.212, de 24 de julho de 1991, ocasionar perda de escala decorrente da atuação do órgão jurídico." (Acrescido pela Lei n. 11.457/07 – DOU 19.3.07)

O referido art. 879, 2º, da CLT, prevê dois procedimentos alternativos e facultativos para o Juiz do Trabalho adotar na liquidação por cálculos. São eles:

a) apresentados os cálculos pelo reclamante, intimar o reclamado para impugná-los em 10 dias sob pena de preclusão(125). Posteriormente à impugnação ou não a havendo, o Juiz do Trabalho homologará a conta de liquidação(126);

b) apresentados os cálculos pelo reclamante, o Juiz do Trabalho os homologará, determinando a citação do reclamado para pagamento nos termos do art. 880 da CLT, podendo a conta de liquidação homologada ser discutida nos embargos à execução pelo reclamado e pelo exequente na impugnação à sentença de liquidação, nos termos do § 3º do art. 884 da CLT.

Diante da redação do § 3º(127) do art. 879 da CLT, pode parecer que o Juiz do Trabalho deve, obrigatoriamente, intimar o INSS para impugnar os cálculos(128),

(125) No nosso entendimento, preclusão não é pena e sim a perda de uma faculdade processual que gera consequências processuais, por não ter a parte a praticado no prazo legal (preclusão temporal), por já ter praticado o ato (consumativa), ou por ter praticado uma das duas ou mais faculdades que a lei possibilitava (lógica). A preclusão pela não contestação dos cálculos é a temporal.

(126) A jurisprudência não tem admitido a impugnação genérica dos cálculos, sem especificar os títulos e valores objeto da discordância. Na praxe, o reclamado apresenta um novo cálculo, com os valores que entende devidos. Nesse sentido, destacamos a seguinte ementa: Cálculos de liquidação – Impugnação genérica pelos executados em embargos à execução. Não merecem acolhimento os embargos à execução opostos pelos executados que fazem, de modo genérico e inespecífico, impugnação ao cálculo de liquidação homologado. (TRT – 3ª R. – 1ª T. – Ap. n. 4135/94 – relª Juíza Denise A. Horta – DJMG 25.05.2000 – p. 5) (RDT 06/00 – p. 57).

(127) § 3º, do art. 879, da CLT: "Elaborada a conta pela parte ou pelos órgãos auxiliares da Justiça do Trabalho, o juiz procederá a intimação, da União para manifestação, no prazo de 10 dias, sob pena de preclusão." (redação dada pela Lei n. 11.457/07)

(128) Edilton Meirelles e Leonardo Dias Borges sustentam que diante do § 3º do art. 879, da CLT, entendem ser imperativo o disposto no § 3º do art. 879, da CLT e, portanto, o contraditório deve ser deferido antes da homologação dos cálculos (*Nova reforma processual e seu impacto no processo do trabalho.* 2. ed. São

mesmo que adote a postura de postergar a impugnação dos cálculos após a garantia do juízo; entretanto, não nos parece que tal providência seja obrigatória, pois poderá o magistrado intimar o INSS para impugnar a conta de liquidação depois da garantia do juízo, não havendo qualquer prejuízo às partes e também ao INSS (art. 794 da CLT[(129)]). Desse modo, no nosso sentir, a interpretação do § 3º do art. 879 da CLT deve ser conjugada com o § 2º do referido dispositivo, no sentido de cumprir, discricionariamente, ao magistrado a faculdade de estabelecer o momento para a Autarquia Previdenciária se manifestar sobre os cálculos de liquidação.

Nos termos do art. 889-A da CLT: "Os recolhimentos das importâncias devidas, referentes às contribuições sociais, serão efetuados nas agências locais da Caixa Econômica Federal ou do Banco do Brasil S.A., por intermédio de documento de arrecadação da Previdência Social, dele se fazendo constar o número do processo. (Redação dada pela Lei n. 10.035/00 – DOU 26.10.00) § 1º Concedido parcelamento pela Secretaria da Receita Federal do Brasil, o devedor juntará aos autos a comprovação do ajuste, ficando a execução da contribuição social correspondente suspensa até a quitação de todas as parcelas. § 2º As Varas do Trabalho encaminharão mensalmente à Secretaria da Receita Federal do Brasil informações sobre os recolhimentos efetivados nos autos, salvo se outro prazo for estabelecido em regulamento." (Redação dos §§ 1º e 2º dada pela Lei n. 11.457/07 – DOU 19.3.07)

O art. 878-A da CLT faculta ao devedor o pagamento imediato da parte que entender devida à Previdência Social, sem prejuízo da cobrança de eventuais diferenças encontradas na execução *ex officio*.

Fixado o valor da quantia devida ao INSS, a execução prosseguirá pelo rito da execução por quantia certa contra devedor solvente (art. 880 e seguintes da CLT), podendo o Juiz do Trabalho determinar, de ofício (art. 878 da CLT), o início da execução.

Uma vez garantido o juízo, poderá o INSS embargar a execução e também impugnar a decisão de homologação da liquidação (§ 3º, do art. 884, da CLT). Da decisão proferida nos embargos, o INSS poderá interpor Agravo de Petição (art. 897, § 8º, da CLT).

Embora seja relevante o papel social da Justiça do Trabalho na execução das parcelas previdenciárias, deve o Juiz do Trabalho dar primazia ao credor trabalhista. Por isso, em primeiro lugar, deve o juiz direcionar a execução a fim de satisfazer o crédito trabalhista e, posteriormente, o crédito previdenciário. Como bem adverte

---

Paulo. LTr, 2007. p. 59). No mesmo sentido, é a visão de Carlos Henrique Bezerra Leite: "Em se tratando de execução de contribuição previdenciária, tal faculdade não é conferida ao juiz, uma vez que o § 3º do art. 879 da CLT estabelece norma cogente em relação à União, ou seja, elaborados os cálculos, deverá a União ser imediatamente intimada para, querendo, impugná-los, sob pena de preclusão" (*Curso de direito processual do trabalho.* 6. ed. São Paulo: LTr, 2008. p. 1.039).

(129) Art. 794 da CLT: "Nos processos sujeitos à apreciação da Justiça do Trabalho só haverá nulidade quando resultar dos atos inquinados manifesto prejuízo às partes litigantes."

Wagner D. Giglio[(130)]: "o bom-senso recomenda que as Varas deem preferência à execução do débito trabalhista ou, pelo menos, procedam ao desmembramento dos autos, para que a execução das contribuições previdenciárias não interfira com a dos direitos reconhecidos ao trabalhador."

23. Execução das multas administrativas aplicadas ao empregador pelos órgãos de fiscalização do trabalho

A EC n. 45/04 atribui competência à Justiça do Trabalho para processar e julgar as ações relativas às penalidades administrativas impostas aos empregadores pelos órgãos de fiscalização das relações do trabalho.

Assevera o inciso VII do art. 114 da CF:

> "Compete à Justiça do Trabalho processar e julgar: [...] VII – as ações relativas às penalidades administrativas impostas aos empregadores pelos órgãos de fiscalização das relações de trabalho."

Embora não esteja explícita no inciso VII do art. 114 da Constituição Federal, a competência para execução das multas administrativas aplicadas ao empregador, no nosso sentir, a execução dessas multas (em razão do não pagamento e inscrição de certidão da dívida ativa da União, decorrente de autuações do Ministério do Trabalho) está implicitamente prevista no referido inciso VII, uma vez que a redação do artigo fala em *ações*, e a execução também é uma *ação*. De outro lado, não teria sentido a Justiça do Trabalho poder desconstituir as penalidades administrativas aplicadas ao empregador se não pudesse executar as multas. Além disso, mesmo na execução, o empregador também poderá tentar desconstituir o título que embasa a multa e eventual infração. A cisão de competência entre a Justiça do Trabalho e a Justiça Federal para questões que envolvem a mesma matéria provoca insegurança jurídica, decisões conflitantes sobre a mesma matéria e falta de efetividade da jurisdição.

A recente Lei n. 13.015/2014, que inseriou o § 10, ao art. 896, da CLT, embora não tenha tratado da questão da competência, deixou claro que as execuções fiscais de multas administrativas aplicadas ao empregador em razão da fiscalização do trabalho são de competência da Justiça do Trabalho, pois fixou as hipóteses de cabimento de recursos de revista das decisões proferidas nestas ações. Dispõe o referido dispositivo legal:

> "Cabe recurso de revista por violação a lei federal, por divergência jurisprudencial e por ofensa à Constituição Federal nas execuções fiscais e nas controvérsias da fase de execução que envolvam a Certidão Negativa de Débitos Trabalhistas (CNDT), criada pela Lei n. 12.440, de 7 de julho de 2011."

A Justiça do Trabalho, embora não tenha grande tradição na aplicação da Lei de Execução Fiscal à fase de execução trabalhista, no art. 889, da CLT, há determinação expressa para que, nos casos omissos, o Juiz do Trabalho aplique a Lei n. 6.830/80 na execução trabalhista.

(130) GIGLIO, Wagner D. *Direito processual do trabalho*. 15. ed. São Paulo: Saraiva, 2005. p. 548.

Embora os títulos executivos extrajudiciais constem no art. 876 da CLT, não se trata de um rol taxativo, e sim exemplificativo, não vedando que outros títulos executivos extrajudiciais possam ser executados no foro trabalhista, como o executivo fiscal oriundo dos atos de fiscalização do trabalho. Após a EC n. 45/04, a certidão da dívida ativa da União decorrente de infrações aplicadas ao empregador pelos Órgãos de fiscalização do trabalho constitui um novo título executivo extrajudicial que será executado na Justiça do Trabalho, segundo a Lei n. 6.830/80. Por se tratar de ação de rito especial, o Juiz do Trabalho não aplicará a CLT.

Nesse sentido, é o art. 1º da Instrução Normativa n. 27/05 do Tribunal Superior do Trabalho:

"Art. 1º As ações ajuizadas na Justiça do Trabalho tramitarão pelo rito ordinário ou sumaríssimo, conforme previsto na Consolidação das Leis do Trabalho, excepcionando-se, apenas, as que, por disciplina legal expressa, estejam sujeitas a rito especial, tais como o Mandado de Segurança, *Habeas Corpus*, *Habeas Data*, Ação Rescisória, Ação Cautelar e Ação de Consignação em Pagamento."

Quanto à sistemática recursal, deverá ser aplicada a da Consolidação das Leis do Trabalho, conforme o art. 2º, da Instrução Normativa n. 27/05, do C. TST, *in verbis*:

"A sistemática recursal a ser observada é a prevista na Consolidação das Leis do Trabalho, inclusive no tocante à nomenclatura, à alçada, aos prazos e às competências. Parágrafo único. O depósito recursal a que se refere o art. 899 da CLT é sempre exigível como requisito extrínseco do recurso, quando houver condenação em pecúnia."

Desse modo, resta aplicável ao Processo do Trabalho, o art. 784, IX, do CPC, que assim dispõe:

"São títulos executivos extrajudiciais:

IX – a certidão de dívida ativa da Fazenda Pública da União, dos Estados, do Distrito Federal, dos Territórios e dos Municípios, correspondente aos créditos inscritos na forma da lei;"

Na Justiça do Trabalho, a execução fiscal das multas administrativas seguirá o seguinte procedimento:

a) a petição inicial da execução, conforme o art. 6º da Lei n. 6.830/80, será instruída com a Certidão da Dívida Ativa, que dela fará parte integrante, como se estivesse transcrita;

A certidão da dívida ativa tem presunção de certeza e liquidez.

Nesse sentido, o Enunciado n. 58 da 1ª Jornada de Direito Material e Processual do Tribunal Superior do Trabalho, *in verbis*:

"AÇÃO DE EXECUÇÃO FISCAL. PRESUNÇÃO DE CERTEZA E LIQUIDEZ DA EXISTÊNCIA DA DÍVIDA. Não é dado ao juiz retirar a presunção de certeza e liquidez atribuída pela lei, nos termos dos arts. 204 do CTN e 3º da Lei n. 6.830/80, à dívida ativa inscrita regularmente. Ajuizada a ação de execução fiscal — desde que presentes os requisitos da petição inicial previstos no art. 6º da Lei n. 6.830/80 —, a presunção de certeza e liquidez da Certidão de Dívida Ativa somente pode ser infirmada mediante produção de prova inequívoca, cujo ônus é do executado ou do terceiro, a quem aproveite. A ação deve ser proposta no foro do domicílio do réu;"

b) o executado será citado para pagamento em cinco dias para pagar a dívida com os juros e multa de mora e encargos indicados na Certidão de Dívida Ativa, ou garantir a execução, nos termos do art. 8º da Lei n. 6.830/80;

c) não ocorrendo o pagamento, seguir-se-á a penhora nos termos do art. 11, da Lei n. 6.830/80;

d) uma vez garantido o Juízo, o executado poderá apresentar embargos à execução no prazo de 30 dias (art. 16 da Lei n. 6.830/80);

e) decididos os embargos, seguir-se-á a expropriação de bens, conforme os arts. 22 e seguintes da Lei n. 6.830/80;

f) será cabível o Agravo de Petição em face das decisões proferidas nos embargos à execução e também das decisões terminativas do processo após a fase dos embargos.

24. Execução de sentença trabalhista por quantia certa contra devedor solvente

24.1. Do procedimento da CLT

A Consolidação das Leis do Trabalho apresenta exatamente 17 artigos sobre a execução (arts. 876 a 892).

Conforme o procedimento da CLT, podemos dividir a execução trabalhista nas seguintes fases:

a) quantificação — Nesta fase, o título executivo será liquidado para se chegar ao valor a ser executado (art. 879 da CLT[(131)]). Embora a CLT inclua a liquidação

(131) Art. 879, da CLT: Sendo ilíquida a sentença exequenda, ordenar-se-á, previamente, a sua liquidação, que poderá ser feita por cálculo, por arbitramento ou por artigos. (Redação dada pela Lei n. 2.244/54)

§ 1º Na liquidação, não se poderá modificar, ou inovar, a sentença liquidanda, nem discutir matéria pertinente à causa principal.

§ 1º-A. A liquidação abrangerá, também, o cálculo das contribuições previdenciárias devidas. (Acrescentado pela Lei n. 10.035/00 – DOU 26.10.00)

§ 1º-B. As partes deverão ser previamente intimadas para a apresentação do cálculo de liquidação, inclusive da contribuição previdenciária incidente. (Acrescentado pela Lei n. 10.035/00 – DOU 26.10.00)

§ 2º Elaborada a conta e tornada líquida, o juiz poderá abrir às partes prazo sucessivo de 10 (dez) dias para impugnação fundamentada com a indicação dos itens e valores objeto da discordância, sob pena de preclusão.

NOTA – Redação dos §§ 1º e 2º dada pela Lei n. 8.432/92 – DOU 12.06.92.

§ 3º Elaborada a conta pela parte ou pelos órgãos auxiliares da Justiça do Trabalho, o juiz procederá à intimação da União para manifestação, no prazo de 10 (dez) dias, sob pena de preclusão. (Redação dada pela Lei n. 11.457/07 – DOU 19.3.07)

§ 4º A atualização do crédito devido à Previdência Social observará os critérios estabelecidos na legislação previdenciária. (Acrescentado pela Lei n. 10.035/00 – DOU 26.10.00)

§ 5º O Ministro de Estado da Fazenda poderá, mediante ato fundamentado, dispensar a manifestação da União quando o valor total das verbas que integram o salário de contribuição, na forma do art. 28 da

no capítulo da execução, conforme já nos manifestamos, a liquidação não faz parte da execução, pois é um procedimento imediatamente anterior ao início da execução;

b) citação para pagamento — A Consolidação das Leis do Trabalho exige a citação do executado para pagamento da execução ou nomeação de bens à penhora (arts. 880[(132)] e 881 da CLT[(133)]), garantindo, com isso, o juízo;

c) constrição patrimonial — Nesta fase, se realizará a penhora dos bens do executado, tantos quantos bastem para o pagamento do crédito (arts. 882[(134)] e 883, da CLT[(135)]);

d) defesa do executado — Dá-se por meio de embargos à execução e impugnação à conta de liquidação: a CLT disciplina os embargos à execução, bem como a impugnação da conta de liquidação no art. 884 da CLT[((136)]. Tanto o exequente como o executado poderão impugnar a conta de liquidação;

Lei n. 8.212, de 24 de julho de 1991, ocasionar perda de escala decorrente da atuação do órgão jurídico. (Acrescido pela Lei n. 11.457/07 – DOU 19.3.07)

(132) Art. 880, da CLT: Requerida a execução, o juiz ou presidente do tribunal mandará expedir mandado de citação do executado, a fim de que cumpra a decisão ou o acordo no prazo, pelo modo e sob as cominações estabelecidas ou, quando se tratar de pagamento em dinheiro, inclusive de contribuições sociais devidas à União, para que o faça em 48 (quarenta e oito) horas ou garanta a execução, sob pena de penhora. (Redação dada pela Lei n. 11.457/07 – DOU 19.3.07)

§ 1º O mandado de citação deverá conter a decisão exequenda ou o termo de acordo não cumprido.

§ 2º A citação será feita pelos oficiais de diligência.

§ 3º Se o executado, procurado por duas vezes no espaço de 48 horas, não for encontrado, far-se-á a citação por edital, publicado no jornal oficial ou, na falta deste, afixado na sede da Junta ou Juízo, durante cinco dias.

(133) Art. 881, da CLT: No caso de pagamento da importância reclamada, será este feito perante o escrivão ou chefe da Secretaria, lavrando-se termo de quitação, em duas vias, assinadas pelo exequente, pelo executado e pelo mesmo escrivão ou chefe da Secretaria, entregando-se a segunda via ao executado e juntando-se a outra ao processo. (Redação dada pela Lei n. 409/48 – DOU 1.10.48)

Parágrafo único. Não estando presente o exequente, será depositada a importância, mediante guia, em estabelecimento oficial de crédito ou, em falta deste, em estabelecimento bancário idôneo. (Redação dada pela Lei n. 7.305/85 – DOU 03.04.85)

(134) Art. 882, da CLT: O executado que não pagar a importância reclamada poderá garantir a execução mediante depósito da mesma, atualizada e acrescida das despesas processuais, ou nomeando bens à penhora, observada a ordem preferencial estabelecida no art. 655 do Código Processual Civil. (Redação dada pela Lei n. 8.432/92 – DOU 12.6.92).

(135) Art. 883, da CLT: Não pagando o executado, nem garantindo a execução, seguir-se-á penhora dos bens, tantos quantos bastem ao pagamento da importância da condenação, acrescida de custas e juros de mora, sendo estes, em qualquer caso, devidos a partir da data em que for ajuizada a reclamação inicial. (Redação dada pela Lei n. 2.244/54 – DOU 30.6.54)

(136) Art. 884, da CLT: Garantida a execução ou penhorados os bens, terá o executado cinco dias para apresentar embargos, cabendo igual prazo ao exequente para impugnação. (*Vide* MP n. 2.180-35/01)

§ 1º A matéria de defesa será restrita às alegações de cumprimento da decisão ou do acordo, quitação ou prescrição da dívida.

e) expropriação — Praça e leilão: a CLT, no art. 888[(137)], disciplina a forma de expropriação de bens, por meio de praças e leilões únicos.

24.2. Do início da execução trabalhista e da citação do executado

A Consolidação regulamenta o início da execução e dispõe sobre a possibilidade de o executado pagar a execução ou garantir o juízo, dispondo de forma expressa sobre a necessidade da citação do devedor. Assim, preconizam os arts. 880 e 882 da CLT, abaixo transcritos:

> "Art. 880. O juiz ou presidente do tribunal, requerida a execução, mandará expedir mandado de citação ao executado, a fim de que cumpra a decisão ou o acordo no prazo, pelo modo e sob as cominações estabelecidas, ou, em se tratando de pagamento em dinheiro, incluídas as contribuições sociais devidas ao INSS, para que pague em quarenta e oito horas, ou garanta a execução, sob pena de penhora."

> "Art. 882. O executado que não pagar a importância reclamada poderá garantir a execução mediante depósito da mesma, atualizada e acrescida das despesas processuais, ou nomeando bens à penhora, observada a ordem preferencial estabelecida no art. 655 do Código Processual Civil."

Na execução, determina a CLT que a citação seja pessoal e cumprida por oficial de justiça, o que onera a execução e, praticamente, não tem resultados práticos.

Dispõe a CLT: "se o executado, procurado por duas vezes no espaço de 48 horas, não for encontrado, far-se-á a citação por edital, publicado no jornal oficial ou, na falta deste, afixado na sede da Junta ou Juízo, durante cinco dias." (§ 3º do art. 880)

---

§ 2º Se na defesa tiverem sido arroladas testemunhas, poderá o juiz ou o presidente do Tribunal, caso julgue necessários seus depoimentos, marcar audiência para a produção das provas, a qual deverá realizar-se dentro de cinco dias.

§ 3º Somente nos embargos à penhora poderá o executado impugnar a sentença de liquidação, cabendo ao exequente igual direito e no mesmo prazo. (Redação dada pela Lei n. 2.244/54 – DOU 30.6.54)

§ 4º Julgar-se-ão na mesma sentença os embargos e as impugnações à liquidação apresentadas pelos credores trabalhista e previdenciário. (Redação dada pela Lei n. 10.035/00 – DOU 26.10.00)

§ 5º Considera-se inexigível o título judicial fundado em lei ou ato normativo declarados inconstitucionais pelo Supremo Tribunal Federal ou em aplicação ou interpretação tidas por incompatíveis com a Constituição Federal. (Redação dada pela MP n. 2.180-35/01)

(137) Art. 888, da CLT: Concluída a avaliação, dentro de dez dias, contados da data da nomeação do avaliador, seguir-se-á a arrematação, que será anunciada por edital afixado na sede do Juízo ou Tribunal e publicado no jornal local, se houver, com a antecedência de vinte (20) dias.

§ 1º A arrematação far-se-á em dia, hora e lugar anunciados e os bens serão vendidos pelo maior lance, tendo o exequente preferência para a adjudicação.

§ 2º O arrematante deverá garantir o lance com o sinal correspondente a 20% (vinte por cento) do seu valor.

§ 3º Não havendo licitante, e não requerendo o exequente a adjudicação dos bens penhorados, poderão os mesmos ser vendidos por leiloeiro nomeado pelo Juiz ou Presidente.

§ 4º Se o arrematante, ou seu fiador, não pagar dentro de 24 (vinte e quatro) horas o preço da arrematação, perderá, em benefício da execução, o sinal de que trata o § 2º deste artigo, voltando à praça os bens executados.

Ora, é sabido que a citação por Edital está em pleno desprestígio por ter, raramente, algum resultado. A própria jurisprudência já tinha transportado para a execução trabalhista a citação com hora certa para evitar a citação por Edital, sendo essa modalidade de citação utilizada somente quando se esgotassem todas as formas de citação pessoal.

Embora o art. 880 da CLT determine que o devedor seja citado sobre a execução trabalhista para pagar em 48 horas, ou nomear bens à penhora, pensamos que a exigência da citação para a execução não adotou a melhor técnica, pois a execução trabalhista, conforme já sedimentado em doutrina, em razão de título executivo judicial nunca foi, efetivamente, considerada um processo autônomo em relação ao processo de conhecimento.

Parece-nos que o termo *citação* deve ser entendido como *notificação*. Tampouco a CLT menciona o termo *citação* (art. 841 da CLT) quando chama o réu a juízo, para, querendo, vir se defender na fase de conhecimento.

De outro lado, a própria jurisprudência trabalhista vem abrandando a necessidade da citação pessoal do executado, admitindo-se que ela seja realizada na pessoa de qualquer preposto do empregador, conforme se constata da redação das seguintes ementas:

> "Citação — Execução. No processo do trabalho, a citação para a execução pode ser feita através de qualquer preposto do empregador, sendo desnecessária a citação pessoal, eis que a relação jurídica é impessoal quanto ao empregador." (TRT – 3ª R. – 4ª T. – Ap. n. 5215/99 – rel. Juiz Salvador V. Conceição – DJMG 20.5.2000 – p. 1) (RDT 06/00, p. 57)

> "Execução trabalhista — Citação. Embora a citação na execução trabalhista seja diferente daquela realizada na fase cognitiva, exigindo a presença do Oficial de Justiça, tal fato não implica que ela deva ser pessoal, podendo recair sobre qualquer pessoa que responda pelo empregador." (TRT – 3ª R. – 2ª T. – AP n. 1013/2005.048.03.00-2 – rel. Anemar Pereira Amaral – DJ 13.9.06 – p. 11) (RDT n. 10 – outubro de 2006)

Com os avanços do Direito Processual Civil rumo à efetividade e celeridade processuais, garantindo o acesso real do cidadão à Justiça e minorando o estigma negativo do processo de execução no sentido de *ganhar, mas não levar*, pensamos que não há necessidade de citar o reclamado para se iniciar a execução.

Como bem assevera *Luciano Athayde Chaves*(138):

> "Ora, não faz sentido algum se manter o intérprete fiel ao disposto no art. 880 da CLT, enquanto o processo comum dispõe, agora, de uma estrutura que superou a exigência de nova citação para que se faça cumprir as decisões judiciais, expressando, assim, maior sintonia com as ideias de celeridade, economia e efetividade processuais. É a hipótese mais do que evidente de lacuna ontológica do microssistema processual trabalhista."

---

(138) CHAVES, Luciano. *A recente reforma no processo civil:* reflexos no direito judiciário do trabalho. 3. ed. São Paulo: LTr, 2007. p. 56.

Nesse sentido, é o Enunciado n. 12 da 1ª Jornada Nacional de Execução Trabalhista, realizada em novembro de 2010, *in verbis*:

"CUMPRIMENTO DA SENTENÇA. INTIMAÇÃO DA PARTE PELO ADVOGADO. I – Tornada líquida a decisão, desnecessária a citação do executado, bastando a intimação para pagamento por meio de seu procurador. II – Não havendo procurador, far-se-á a intimação ao devedor prioritariamente por via postal, com retorno do comprovante de entrega ou aviso de recebimento, e, depois de transcorrido o prazo sem o cumprimento da decisão, deverá ser expedida ordem de bloqueio de crédito pelo sistema Bacen Jud."

24.3. Do procedimento de cumprimento de sentença previsto no CPC – Art. 523 do CPC

Dispõe o art. 475-J do Código de Processo Civil, de 1973, com a redação dada pela Lei n. 11.232/2005:

"Caso o devedor, condenado ao pagamento de quantia certa ou já fixada em liquidação, não o efetue no prazo de quinze dias, o montante da condenação será acrescido de multa no percentual de dez por cento e, a requerimento do credor e observado o disposto no art. 614, inciso II, desta Lei, expedir-se-á mandado de penhora e avaliação. (Incluído pela Lei n. 11.232/05 – DOU de 23.12.05) § 1º – Do auto de penhora e de avaliação será de imediato intimado o executado, na pessoa de seu advogado (arts. 236 e 237), ou, na falta deste, o seu representante legal, ou pessoalmente, por mandado ou pelo correio, podendo oferecer impugnação, querendo, no prazo de quinze dias. (Incluído pela Lei n. 11.232/05 – DOU de 23.12.05) § 2º – Caso o oficial de justiça não possa proceder à avaliação, por depender de conhecimentos especializados, o juiz, de imediato, nomeará avaliador, assinando-lhe breve prazo para a entrega do laudo. (Incluído pela Lei n. 11.232/05 – DOU de 23.12.05) § 3º – O exequente poderá, em seu requerimento, indicar desde logo os bens a serem penhorados. (Incluído pela Lei n. 11.232/05 – DOU de 23.12.05) § 4º – Efetuado o pagamento parcial no prazo previsto no *caput* deste artigo, a multa de dez por cento incidirá sobre o restante. (Incluído pela Lei n. 11.232/05 – DOU de 23.12.05) § 5º – Não sendo requerida a execução no prazo de seis meses, o juiz mandará arquivar os autos, sem prejuízo de seu desarquivamento a pedido da parte." (Incluído pela Lei n. 11.232/05 – DOU de 23.12.05)

O dispositivo acima mencionado alterou de forma significativa a espinha dorsal da execução por título executivo judicial no Processo Civil, que antes era um processo autônomo em face do de conhecimento, tendo início com a petição inicial e terminando por sentença, para transformá-lo numa fase do processo, qual seja, a do *cumprimento da sentença*. Desse modo, o CPC retornou ao chamado *sincretismo processual* ou *procedimento sincrético*, em que as fases de conhecimento e execução se fundem num único processo.

Atualmente, a questão está disciplinada no art. 523 do CPC, *in verbis*:

"No caso de condenação em quantia certa, ou já fixada em liquidação, e no caso de decisão sobre parcela incontroversa, o cumprimento definitivo da sentença far-se-á a requerimento do exequente, sendo o executado intimado para pagar o débito, no prazo de 15 (quinze) dias, acrescido de custas, se houver.

§ 1º Não ocorrendo pagamento voluntário no prazo do *caput*, o débito será acrescido de multa de dez por cento e, também, de honorários de advogado de dez por cento.

§ 2º Efetuado o pagamento parcial no prazo previsto no *caput*, a multa e os honorários previstos no § 1º incidirão sobre o restante.

§ 3º Não efetuado tempestivamente o pagamento voluntário, será expedido, desde logo, mandado de penhora e avaliação, seguindo-se os atos de expropriação."

Como bem destacam *J. E. Carreira Alvim* e *Luciana Contijo Carreira Alvim Cabral*(139), "o acréscimo de uma multa de dez por cento sobre o valor da condenação, no prazo estabelecido pelo juiz, constitui mais uma tentativa de evitar que a execução se arraste por anos, quiçá lustros, ou décadas; se bem que, mau pagador é, sempre, mau pagador, em juízo ou fora dele, com multa ou sem ela. Embora resulte em benefício do credor, a imposição da multa independe de pedido da parte, devendo ser imposta de ofício pelo juiz."

Conforme o art. 523 do CPC, uma vez transitada em julgado a sentença líquida, ou fixado o valor a partir do procedimento de liquidação, o executado deve, após ser intimado, realizar o pagamento da quantia em 15 dias, sob consequência de multa de 10%, que será imposta, de ofício, pelo juiz.

Caso o devedor não realize o pagamento, haverá incidência da multa de 10% sobre o valor total da execução e, mediante requerimento do credor, expedir-se-á mandado de penhora e avaliação, prosseguindo-se a execução nos seus ulteriores termos.

Como bem adverte *Luiz Rodrigues Wambier*(140), a sentença prolatada *ex vi* do art. 523 do CPC é dotada de duas eficácias executivas distintas: é sentença imediatamente executiva no que respeita à incidência da medida coercitiva; é sentença meramente condenatória, logo, mediatamente executiva, em relação à realização da execução por expropriação.

A multa de 10% tem natureza jurídica híbrida, tanto de *astreinte*, ou seja, de coerção pecuniária para cumprimento da obrigação, como de sanção pecuniária pelo não cumprimento espontâneo do pagamento. Portanto, a natureza da multa é inibitória (evitar que a obrigação não seja cumprida) e sancionatória (pena para o descumprimento da obrigação). O valor da multa será revertido para o exequente.

Nesse sentido, bem adverte *Cléber Lúcio de Almeida*(141):

> "A multa aludida no texto legal em questão é imposta como medida de pressão pscicológica, destinada a compelir o devedor a cumprir a sua obrigação de pagar quantia certa (trata-se de medida de coerção indireta, por incidir sobre a vontade do devedor). Se, mesmo diante da cominação da multa, a obrigação não for cumprida, a multa será cumulada ao valor do crédito (nesse momento, a multa assume a feição de sanção pecuniária pelo inadimplemento da obrigação imposta na decisão judicial)."

(139) *Cumprimento da sentença:* comentários à nova execução da sentença e outras alterações introduzidas no Código de Processo Civil (Lei n. 11.232/05). Curitiba: Juruá, 2006. p. 65.

(140) WAMBIER, Luiz Rodrigues. *Sentença civil:* liquidação e cumprimento. 3. ed. São Paulo: RT, 2006. p. 421.

(141) ALMEIDA, Cléber Lúcio de. *Direito processual do trabalho.* 2. ed. Belo Horizonte: Del Rey, 2008. p. 49.

24.4. Da aplicabilidade do art. 523 do CPC ao Processo do Trabalho

Diante do avanço do Processo Civil, ao suprimir o processo de execução, transformando-o em fase de cumprimento da sentença, com medidas para forçar o devedor a cumprir a decisão, há grandes discussões na doutrina e na jurisprudência sobre a possibilidade de transportar o art. 523 do CPC para o Processo do Trabalho.

Autores de nomeada como *Manoel Antonio Teixeira Filho* respondem negativamente. Aduz o jurista(142):

> "Todos sabemos que o art. 769, da CLT, permite a adoção supletiva de normas do processo civil desde que: a) a CLT seja omissa quanto à matéria; b) a norma do CPC não apresente incompatibilidade com a letra ou com o espírito do processo do trabalho. Não foi por obra do acaso que o legislador trabalhista inseriu o 'requisito da omissão antes da compatibilidade: foi, isto sim, em decorrência de um proposital critério lógico-axiológico. Dessa forma, para que se possa cogitar da compatibilidade, ou não, de norma do processo civil com a do trabalho, é absolutamente necessário, *ex vi legis*, que antes disso, se verifique se a CLT se revela omissa a respeito da material. Inexistindo omissão, nenhum intérprete estará autorizado a perquirir sobre a mencionada compatibilidade. Aquela constitui, portanto, pressuposto fundamental desta."

Nesse diapasão, há alguns acórdãos recentes do Tribunal Superior do Trabalho. São eles:

> "I – AGRAVO DE INSTRUMENTO. EXECUÇÃO. INAPLICABILIDADE DO ART. 475-J DO CPC AO PROCESSO DO TRABALHO. Ante possível violação ao art. 5º, inciso LIV, da Constituição da República, dá-se provimento ao Agravo de Instrumento para determinar o processamento do apelo denegado. II – RECURSO DE REVISTA. EXECUÇÃO. INAPLICABILIDADE DO ART. 475-J DO CPC AO PROCESSO DO TRABALHO 1. Segundo a unânime doutrina e jurisprudência, são dois os requisitos para a aplicação da norma processual comum ao Processo do Trabalho: i) ausência de disposição na CLT a exigir o esforço de integração da norma pelo intérprete; ii) compatibilidade da norma supletiva com os princípios do processo do trabalho. 2. A ausência não se confunde com a diversidade de tratamento: enquanto na primeira não é identificável qualquer efeito jurídico a certo fato a autorizar a integração do direito pela norma supletiva na segunda se verifica que um mesmo fato gera distintos efeitos jurídicos, independentemente da extensão conferida à eficácia. 3. O fato juridicizado pelo art. 475-J do CPC não pagamento espontâneo da quantia certa advinda de condenação judicial possui disciplina própria no âmbito do Processo do Trabalho (art. 883 da CLT), não havendo falar em aplicação da norma processual comum ao Processo do Trabalho. 4. A fixação de penalidade não pertinente ao Processo do Trabalho importa em ofensa ao princípio do devido processo legal, nos termos do art. 5º, inciso LIV, da Constituição da República. Recurso de Revista conhecido e provido." (TST – 3ª T. – RR – 765/2003-008-13-41 – relª Ministra Maria Cristina Irigoyen Peduzzi – DJ 22.2.2008)

---

(142) TEIXEIRA FILHO, Manoel Antonio. Processo do trabalho – Embargos à execução ou impugnação à sentença? (A propósito do art. 475-J, do CPC). *In: Revista LTr* 70-10/1180.

"RECURSO DE REVISTA. MULTA DO ART. 475-J DO CPC. INCOMPATIBILIDADE COM O PROCESSO DO TRABALHO. REGRA PRÓPRIA COM PRAZO REDUZIDO. MEDIDA COERCITIVA NO PROCESSO TRABALHO DIFERENCIADA DO PROCESSO CIVIL. O art. 475-J do CPC determina que o devedor que, no prazo de quinze dias, não tiver efetuado o pagamento da dívida, tenha acrescido multa de 10% sobre o valor da execução e, a requerimento do credor, mandado de penhora e avaliação. A decisão que determina a incidência de multa do art. 475-J do CPC, em processo trabalhista, viola o art. 889 da CLT, na medida em que a aplicação do processo civil, subsidiariamente, apenas é possível quando houver omissão da CLT, seguindo, primeiramente, a linha traçada pela Lei de Execução Fiscal, para apenas após fazer incidir o CPC. Ainda assim, deve ser compatível a regra contida no processo civil com a norma trabalhista, nos termos do art. 769 da CLT, o que não ocorre no caso de cominação de multa no prazo de quinze dias, quando o art. 880 da CLT determina a execução em 48 horas, sob pena de penhora, não de multa. Recurso de revista conhecido e provido para afastar a multa do art. 475-J do CPC." (TST – RR – 668/2006-005-13-40 – DJ – 28.3.2008, Acórdão – 6ª T. – rel. Ministro Aloysio Corrêa da Veiga)

"INAPLICABILIDADE DO ART. 475-J DO CPC AO PROCESSO DO TRABALHO — EXISTÊNCIA DE REGRA PRÓPRIA NO PROCESSO TRABALHISTA. 1. O art. 475-J do CPC dispõe que o não pagamento pelo devedor em 15 dias de quantia certa ou já fixada em liquidação a que tenha sido condenado gera a aplicação de multa de 10% sobre o valor da condenação e, a pedido do credor, posterior execução forçada com penhora. 2. A referida inovação do Processo Civil, introduzida pela Lei n. 11.232/05, não se aplica ao Processo do Trabalho, já que tem regramento próprio (art. 880 e seguintes da CLT) e a nova sistemática do Processo Comum não é compatível com aquela existente no Processo do Trabalho, onde o prazo de pagamento ou penhora é apenas 48 horas. Assim, inexiste omissão justificadora da aplicação subsidiária do Processo Civil, nos termos do art. 769 da CLT, não havendo como pinçar do dispositivo apenas a multa, aplicando, no mais, a sistemática processual trabalhista. 3. Cumpre destacar que, nos termos do art. 889 da CLT, a norma subsidiária para a execução trabalhista é a Lei n. 6.830/80 (Lei da Execução Fiscal), pois os créditos trabalhistas e fiscais têm a mesma natureza de créditos privilegiados em relação aos demais créditos. Somente na ausência de norma específica nos dois diplomas anteriores, o Processo Civil passa a ser fonte informadora da execução trabalhista, naqueles procedimentos compatíveis com o Processo do Trabalho (art. 769 da CLT). 4. Nesse contexto, merece reforma o acórdão recorrido, para que seja excluída da condenação a aplicação do disposto no art. 475-J do CPC. Recurso de revista parcialmente conhecido e provido." (TST – RR – 2/2007-038-03-00.0 – Data de Julgamento: 14.5.2008 – relator Ministro: Ives Gandra Martins Filho – 7ª T. – DJ 23.5.2008)

"MULTA PREVISTA NO ART. 475-J DO CPC. APLICABILIDADE AO PROCESSO DO TRABALHO. Na sistemática trabalhista, conforme esclarece o art. 769 da CLT, cabe a aplicação de norma de caráter supletivo somente quando duas condições simultâneas se apresentam: a) há omissão na CLT quanto à matéria em questão; e b) há compatibilidade entre a norma aplicada e os princípios do direito do trabalho. No que diz respeito à execução, não há omissão no texto da CLT a respeito da matéria, pois nele se encontra regramento específico sobre a execução dos créditos trabalhistas (arts. 876 a 892), inclusive com prazos próprios e diferenciados e sob pena de penhora, e não de multa. Assim, havendo normas específicas regentes da execução trabalhista, não há como aplicar, de forma subsidiária, o estabelecido no art. 475-J do CPC. A cominação dessa penalidade, imposta nestes autos, representou afronta à norma do devido processo legal, insculpida no art. 5º, LIV, da Constituição Federal. Recurso de revista de que se conhece e a que se dá provimento." (TST – Processo: RR – 29600-70.2006.5.08.0014 – Data de Julgamento: 11.6.2014, relator Ministro: Fernando Eizo Ono, 4ª Turma, Data de Publicação: DEJT 24.6.2014)

"EXECUÇÃO. APLICABILIDADE DA MULTA DO ART. 475-J DO CPC AO PROCESSO DO TRABALHO. VIOLAÇÃO DO ART. 5º, INCISO LIV, DA CONSTITUIÇÃO FEDERAL. Em que pese a invocação genérica de violação do art. 5º, incisos II e LIV, da Constituição Federal de 1988, em regra, não ser suficiente para autorizar o conhecimento do recurso de revista com base na previsão do § 2º do art. 896 da CLT, na medida em que, para sua constatação, seria necessário concluir, previamente, ter havido ofensa a preceito infraconstitucional, esta Corte, com ressalva do entendimento pessoal do Relator, tem decidido pela inaplicabilidade do art. 475-J do CPC ao processo do trabalho, ante a existência de previsão legislativa expressa na CLT sobre o tema, porquanto os arts. 880 e 883 da CLT regulam o procedimento referente ao início da fase executória do julgado, sem cominação de multa pelo não pagamento espontâneo das verbas decorrentes da condenação judicial, motivo por que sua aplicação acarretaria ofensa ao devido processo legal, de que trata o art. 5º, inciso LIV, da Constituição Federal." (TST – Processo: RR – 19200-19.2007.5.23.0022 – Data de Julgamento: 24.9.2014, relator Ministro: José Roberto Freire Pimenta, 2ª Turma, Data de Publicação: DEJT 3.10.2014)

No mesmo sentido, há acórdãos dos Tribunais Regionais do Trabalho que seguem abaixo:

"Multa do art. 475-J do CPC — Inaplicabilidade no processo de execução trabalhista. A existência de omissão no texto legal especializado é pressuposto para a aplicação subsidiária das normas processuais comuns. Em vista disso, havendo regramento próprio na CLT acerca da execução (arts. 876 e 892), independentemente da maior ou menor eficácia em relação às novas regras do processo civil, não há falar em aplicação subsidiária da norma prevista no art. 475-J do CPC." (TRT 12ª R. – 3ª T. – relª Juíza Mari Eleda Migliorini – Doc. n. 1028846 em 17.11.08 – AP n. 1927/2003.039.12.85-4) (RDT n. 01 – Janeiro de 2009)

"Inaplicabilidade do art. 475-J do CPC. A aplicação dos dispositivos do Direito Comum no Processo do Trabalho submete-se ao regramento previsto no art. 769 da CLT, de modo que havendo determinação na CLT, para a execução em 48 horas, sob pena de penhora (arts. 880/883 da CLT), não há lacunas a ser preenchida, sendo inaplicável o teor do art. 475-J do CPC." (TRT 15ª R. – 1ª T. – rel. Des. Luiz Antonio Lazarim (designado) – DJ n. 203 – 31.10.08 – p. 11 – 2593/2006.135.15.00-2) (RDT n. 11 – novembro de 2008)

"Agravo de petição – Aplicação da multa disposta no art. 475-J do CPC. Inaplicável no processo do trabalho a cominação estabelecida no art. 475-J do CPC, pois há disposição expressa sobre a matéria, não se aplicando subsidiariamente as normas contidas no Código de Processo Civil. Agravo de petição da executada provido." (TRT 4ª R. – 7ª T. – relª Desª Flávia Lorena Pacheco – 23.10.08 – AP n. 279/2006.005.04.00-5) (RDT n. 11 – novembro de 2008)

"AGRAVO DE PETIÇÃO. DESCUMPRIMENTO DE ACORDO. MULTA DE 10% PREVISTA NO ART. 475-J DO CPC. As disposições do Código de Processo Civil na fase de execução são aplicáveis subsidiariamente ao Processo do Trabalho apenas na hipótese de omissão da Consolidação das Leis do Trabalho e da Lei n. 6.830/1980, conforme art. 889 da CLT. No caso em questão não há omissão da CLT, eis que o art. 883 da CLT é enfático ao estipular que no caso de o executado não pagar a quantia cobrada, nem garantir a execução, seguir-se-á a penhora de bens suficientes ao pagamento do valor executado, não havendo qualquer previsão de multa processual no caso de inadimplemento do valor cobrado, o que por si só desautoriza a utilização subsidiária do art. 475-J do CPC. Por fim, vale acrescentar que a disposição contida no art. 475-J do CPC é absolutamente incompatível com a execução trabalhista, pois enquanto nesta o art. 880 da CLT concede ao executado o prazo de 48 horas para pagar a dívida ou garantir a execução, naquele dispositivo do CPC o prazo é de 15 dias. Assim, por qualquer ângulo que se examine a questão fica evidente a incompatibilidade do art. 475-J do CPC com a execução trabalhista." (TRT/SP. Tipo: Agravo de Petição. Data de julgamento: 14.2.2008. Rel. Marcelo Freire Gonçalves. Revisor: Davi Furtado Meirelles. Acórdão n. 20080090308. Processo n. 02527-2006-090-02-00-7. Ano: 2007. Turma: 12ª. Data de publicação 22.2.2008)

Argumentam os defensores da inaplicabilidade do art. 523 do CPC ao processo do trabalho que a CLT não é omissa, pois os arts. 880 e seguintes da CLT determinam a citação do executado para pagar, sob consequência de penhora e que o sistema da execução civil diverge do sistema processual trabalhista, pois no CPC a liquidação é decidida de forma definitiva antes da execução, enquanto na CLT a liquidação pode ser impugnada após o início da execução, com a garantia do juízo (art. 884, § 3º, da CLT). Sustentam, ainda que não é possível se aplicar a multa se a própria liquidação ainda não está resolvida de forma definitiva.

Outros autores se mostram favoráveis à aplicabilidade dos arts. 475-J do CPC/73 e 523 do CPC atual, ao Processo do Trabalho.

Nesse sentido, sustentam *Ivani Contini Bramante* e *Rodrigo Adélio Abrahão Linares*(143):

> "Segundo o art. 769 da CLT, que trata do princípio da subsidiariedade do Direito Processual Comum, deve haver omissão e compatibilidade. E, o art. 889 da CLT diz que a aplicação subsidiária, em sede de execução, privilegia a Lei de Execuções Fiscais ao CPC. De início, já chama a atenção a autorização concedida ao Juiz do Trabalho, na fase cognitiva, de dizer prazo e condições para o cumprimento da sentença conforme o disposto nos arts. 832, § 1º, e 835, da CLT. Denota possibilidade implícita de estabelecer multas coercitivas para as hipóteses de não observância do prazo estabelecido judicialmente, na fase cognitiva. Sendo assim, se o juiz pode aplicar multa de ofício na fase cognitiva, não há motivo para lhe negar tal prerrogativa na fase executória. Por essa razão, há compatibilidade na aplicação do art. 475-J do CPC com os princípios processuais trabalhistas, haja vista que o processo do trabalho também é sincrético, visionário de efetividade no cumprimento da sentença, embora esta como fase procedimental, somente tenha recebido esquadro regular com a Lei n. 11.232, de 22.12.2005. Afora isso, a multa de 10% coage o executado, em regra o empregador, a pagar rapidamente o valor da condenação ao exequente, em regra o empregado, sendo, portanto, instrumento eficaz à relação concreta do direito. Ademais, há omissão por falta de previsão explícita da multa do art. 475-J do CPC."

(143) A multa do art. 475-J do CPC e o princípio da tutela mais adequada ao empregado. *In: Revista Synthesis* n. 46/08. São Paulo: Portal Jurídico, 2008. p. 12.

Para nós, o art. 475-J do CPC/73 e o art. 523 do CPC atual se encaixam perfeitamente ao Processo do Trabalho, pois compatíveis com os princípios que regem a execução trabalhista, quais sejam:

a) ausência de autonomia da execução em face do processo de conhecimento;

b) lacuna de efetividade da legislação trabalhista;

c) celeridade, efetividade e acesso real do trabalhador à Justiça do Trabalho;

d) interpretação sistemática dos arts. 841 e 880 da CLT.

O fato de a liquidação poder ser discutida após o início da execução e garantia do juízo no Processo do Trabalho, no nosso sentir, não impede a aplicabilidade da cominação do art. 523 do CPC, pois o executado também sofre prejuízos com a penhora de bens para poder discutir, de forma definitiva, a liquidação (art. 884, § 3º, da CLT). Além disso, a multa também poderá ser discutida nos embargos à execução e, verificando-se que há algum valor a ser alterado na liquidação, o valor da multa poderá ser reduzido pelo juízo na decisão dos embargos. Sob outro enfoque, nos embargos, o próprio título que embasa a execução pode ser desconstituído.

Estamos convencidos de que o Juiz do Trabalho não deve se apegar à interpretação literal da CLT e bloquear os avanços da Legislação Processual Civil na Execução. O credor trabalhista, na quase totalidade das vezes, tem um crédito alimentar cuja satisfação não pode esperar, sob consequência de ineficácia de todo o esforço judicial para se fazer justiça na fase de conhecimento.

Diante de todas as transformações das relações do direito material do trabalho, inclusive com acentuada perda de eficácia da legislação trabalhista, a cada dia, são necessários instrumentos processuais mais eficazes para a garantia de efetividade do Direito Material do Trabalho e como fim último da dignidade da pessoa humana do trabalhador.

O Direito Processual do Trabalho tem sua razão de ser na garantia do cumprimento da legislação social e resguardar os direitos fundamentais do trabalhador. Desse modo, a partir do momento em que o Direito Processual Civil dá um grande passo no caminho da modernidade, deve o Processo do Trabalho se valer de tais benefícios, sob consequência de desprestígio e ineficácia da Ordem Jurídica Trabalhista.

De outro lado, há, na própria CLT, mecanismos que possibilitam ao Juiz do Trabalho impor cominações para que a sentença trabalhista, efetivamente, seja cumprida de forma célere e com resultados práticos. São eles os arts. 832, § 1º e 652, *d*, ambos da CLT, que assim dispõem:

Art. 832, § 1º, da CLT:

> "§ 1º Quando a decisão concluir pela procedência do pedido, determinará o prazo e as condições para o seu cumprimento."

Art. 652, *d*, da CLT:

> "Compete às Juntas de Conciliação e Julgamento: [...] d) impor multas e demais penalidades relativas aos atos de sua competência."

A própria CLT, quando trata das condições para cumprimento do acordo (conciliação ou transação judicial), faz menção à multa pecuniária, para cumprimento da obrigação de pagar. Com efeito, aduz o art. 846:

> "Aberta a audiência, o juiz ou presidente proporá a conciliação. (Alterado pela Lei n. 9.022, de 5.4.1995, DOU 6.4.1995) § 1º Se houver acordo lavrar-se-á termo, assinado pelo presidente e pelos litigantes, consignando-se o prazo e demais condições para seu cumprimento. (Acrescentado pela Lei n. 9.022, de 5.4.95, DOU 6.4.95) § 2º Entre as condições a que se refere o parágrafo anterior, poderá ser estabelecida a de ficar a parte que não cumprir o acordo obrigada a satisfazer integralmente o pedido ou pagar uma indenização convencionada, sem prejuízo do cumprimento do acordo." (Acrescentado pela Lei n. 9.022, de 5.4.1995, DOU 6.4.1995)

No mesmo sentido é o art. 139, IV, do CPC, de plena aplicabilidade ao processo do Trabalho. Determina o referido dispositivo legal:

> "O juiz dirigirá o processo conforme as disposições deste Código, incumbindo-lhe: (...) IV – determinar todas as medidas indutivas, coercitivas, mandamentais ou sub-rogatórias necessárias para assegurar o cumprimento de ordem judicial, inclusive nas ações que tenham por objeto prestação pecuniária."

Diante do que dispõem os referidos artigos da CLT, o Juiz do Trabalho poderá, no dispositivo da sentença, fixar multa pecuniária para o cumprimento da obrigação de pagar. Não dispondo a CLT sobre o percentual da multa, o Juiz do Trabalho deverá se valer do percentual fixado no art.523 do CPC (arts. 769 e 889 da CLT)[144].

Nesse sentido, vale descatar a seguinte ementa:

> "JULGAMENTO *EXTRA PETITA*. CONDENAÇÃO *EX OFFICIO*. MULTA DO ART. 475-J DO CPC. Há permissão legal, consoante arts. 832, § 1º, e, 835, ambos da CLT, que autoriza ao Juiz do Trabalho, na fase cognitiva, de fixar prazo e condições para o cumprimento da sentença, e, na fase de execução, na forma do art. 880 da CLT. Assim, havendo autorização legal para que o Juiz do Trabalho aplique, *ex officio*, multas coercitivas, inclusive em percentuais arbitrados livremente, na fase de cognição ou de execução, para as hipóteses de não observância do prazo e condições de cumprimento do julgado estabelecidos judicialmente, resta afastada a alegação de julgamento *extra petita*." (TRT/SP – 02461001120095020203 – RO – Ac. 4ª T. – 20130297776 – relª Patricia Therezinha de Toledo – DOE 12.4.2013)

---

(144) Em sentido contrário, defendem Rodolfo Pamplona Filho e Tércio Souza: "Diante da autorização do art. 832, mencionado, alguns têm entendido ser possível ao Juízo, a partir desse permissivo, fixar a forma de cumprimento da decisão seguindo o mesmo critério firmado no art. 475-J do CPC, cominando penalidade àquele que não pague no prazo de quinze dias, o valor da condenação. Ou seja, se o Juízo fixar as condições de cumprimento de sua decisão, lhe seria facultado determinar a mesma forma de cumprimento do *decisum* prevista na legislação civil, no tocante a condenação ao pagamento de dinheiro. Não parece ser esse o entendimento mais adequado. A nosso sentir, deve-se interpretar o aludido art. 832, permitindo-se ao juiz a fixação das condições para o cumprimento da decisão judicial, mas não pode ignorar a previsão do art. 880 do mesmo texto, em que se fixa, claramente, qual deva ser a forma de cumprimento das obrigações no âmbito do processo laboral, inclusive em relação à expedição de mandado de citação e penhora, na hipótese de condenação ao pagamento de dinheiro. Se há previsão expressa, na CLT, em relação à forma de execução da sentença, como na hipótese de condenação ao pagamento em dinheiro, não se poderia simplesmente permitir ao juízo que estipule forma de cumprimento diversa, divergindo daquele expressamente fixado no texto celetista." (*Curso de direito processual do trabalho.* São Paulo: Marcial Pons, 2014. p. 468-469)

Em que pese o respeito que merecem os entendimentos em contrário, não há incompatibilidade da fixação de multa pecuniária para o cumprimento da sentença trabalhista, pois a fase de cumprimento espontâneo da execução pelo devedor antecede o próprio início da execução trabalhista, vale dizer: o cumprimento da sentença e a fixação da multa, pelo seu inadimplemento, antecedem o início da execução trabalhista e a aplicabilidade dos arts. 880 e seguintes da CLT.

O que foi dito acima não significa desconsiderar o Processo do Trabalho ou dizer que a CLT está ultrapassada ou revogada, mas reconhecer que o Processo do Trabalho deve ser um instrumento efetivo de distribuição de justiça e pacificação do conflito trabalhista, dando a cada um o que é seu por Direito. Sendo assim, pensamos que o art. 523 do CPC e a sua consequente multa devem ser aplicados ao Direito Processual do Trabalho.

A fim de se evitarem eventuais nulidades, acreditamos que deva constar da própria sentença de mérito, na parte dispositiva da sentença, a advertência ao reclamado, que fica notificado que deverá efetuar o pagamento da condenação em 15 dias se a decisão for líquida, ou após a liquidação do crédito do reclamante[145], sem necessidade de nova intimação do advogado depois do trânsito em julgado. Caso haja necessidade de liquidação, o prazo de 15 dias deve incidir a partir da intimação do executado sobre a homologação dos cálculos[146].

Como bem adverte *Carlos Henrique Bezerra Leite*[147]:

> "[...] a *mens legis* extraída do art. 475-J do CPC teve como objetivo imediato tirar o devedor da passividade em relação ao cumprimento da sentença condenatória, impondo-lhe ônus de tomar a iniciativa e cumprir a sentença rapidamente e de forma voluntária."

Defendendo a desnecessidade de intimação do executado para a fluência do prazo para cumprimento da decisão, destacamos o entendimento vazado na seguinte ementa que é majoritário também na jurisprudência:

> "Multa. Termo Inicial. Desnecessidade de intimação. Independe de intimação pessoal a contagem do prazo de 15 (quinze) dias para pagamento da condenação de quantia certa, após o que será acrescida a multa de 10% prevista no CPC 457-J. O termo inicial do prazo de 15 (quinze)

(145) Nesse diapasão, bem adverte Luciano Athayde Chaves: "Acresço que, por se tratar de um instituto tomado por supletividade do processo comum, é muito interessante que os juízes do Trabalho já façam constar de suas sentenças a expressa advertência da incidência da multa após o mencionado prazo, a fim de se evitarem, pelos menos nesses primeiros momentos, incompreensões e dúvidas."

(146) Para parte da doutrina, o devedor deve ser intimado para realizar o pagamento, tratando-se de decisão líquida ou ilíquida. Nesse sentido, é a posição de Nelson Nery Junior: "O devedor deve ser intimado para que, no prazo de quinze dias a contar da efetiva intimação, cumpra o julgado e efetue o pagamento da quantia. A intimação do devedor deve ser feita na pessoa de seu advogado" (*Código de Processo Civil comentado.* 10. ed. São Paulo: RT, 2007. p. 733). Na mesma direção, Antonio Cláudio da Costa Machado (*Código de Processo Civil interpretado e anotado:* artigo por artigo, parágrafo por parágrafo. São Paulo: Manole, 2006. p. 875).

(147) *Curso de direito processual do trabalho.* 8. ed. São Paulo: LTr, 2010. p. 951.

dias deve ser o trânsito em julgado da sentença. Passado o prazo, independentemente de nova intimação do advogado ou do devedor para cumprir a obrigação, incide a multa de 10% sobre o valor da condenação [...]. Cabe ao vencido cumprir espontaneamente a obrigação em quinze dias, sob pena de ver sua dívida automaticamente acrescida de 10%." (STJ – 3ª T. – REsp n. 954.859-RS – rel. Min. Humberto Gomes de Barros – j. 16.8.2007, v. u., DJU 27.8.2007, p. 252)

"AGRAVO REGIMENTAL — AGRAVO DE INSTRUMENTO — RECURSO ESPECIAL PROVIDO — ART. 475-J DO CPC — TERMO INICIAL PARA A INCIDÊNCIA DA MULTA. O termo inicial do prazo de que trata o art. 475-J, *caput*, do Código de Processo Civil é o próprio trânsito em julgado da sentença condenatória, não sendo necessário que a parte vencida seja intimada pessoalmente ou por seu patrono para saldar a dívida. Agravo improvido." (STJ – AgRg no Ag 1064064/RJ – AGRAVO REGIMENTAL NO AGRAVO DE INSTRUMENTO 2008/0127272-7, 3ª T. – rel. Min. Sidnei Benedeti – DJe 3.3.2009)

Não obstante, o atual Código de Processo Civil exige a intimação do devedor para o cumprimento da sentença (arts. 513, § 2º, e 523, *caput*, do CPC).

Desse modo, no nosso sentir, o art. 523 do CPC deverá ser aplicado no processo do trabalho com a seguinte sistemática:

a) a sentença trabalhista, na parte dispositiva, deverá, à luz dos arts. 652, *d*, e 832, § 1º, ambos da CLT, fazer menção ao prazo de 15 dias para cumprimento espontâneo da sentença, sob consequência de multa de 10%, sobre o total da condenação liquidado;

b) menção no dispositivo da sentença de que a multa de 10% incide após 15 dias, contados a partir do trânsito em julgado se a decisão for líquida;

c) menção na sentença que o prazo de 15 dias, se inicia depois da homologação da conta de liquidação, se a sentença não for ilíquida. Por cautela, o executado deverá ser intimado da decisão de homologação dos cálculos de liquidação;

d) se não estiverem mencionados no dispositivo da sentença o prazo para cumprimento da sentença e a multa de 10%, pensamos que, antes de aplicá-la, na execução, deverá o juiz, uma vez fixado o valor devido, notificar o reclamado para pagar o *quantum* devido em 15 dias, sob consequência da multa, nos termos do art. 523 do CPC.

A jurisprudência trabalhista vem evoluindo neste sentido, conforme se constata da redação das seguintes ementas:

"Honorários periciais. Nos termos do art. 790-B da CLT, a responsabilidade pelo pagamento dos honorários periciais é da parte sucumbente na pretensão objeto da perícia, que, no caso dos autos recai sobre a executada. Multa – Art. 475-J do CPC. A multa prevista no art. 475-J do CPC, com redação dada pela Lei n. 11.232/05, aplica-se ao Processo do Trabalho, pois a execução trabalhista é omissa quanto a multas e a compatibilidade de sua inserção é plena, atuando como mecanismo compensador de atualização do débito alimentar, notoriamente corrigido por mecanismos insuficientes e com taxa de juros bem menor do que a praticada no mercado. A oneração da parte em execução de sentença, sábia e oportunamente introduzida pelo legislador através da Lei n. 11.232/05, visa evitar arguições inúteis e protelações desnecessárias, valendo como meio de concretização da promessa constitucional do art. 5º, LXXVIII pelo qual "A todos, no âmbito judicial e administrativo, são assegurados o tempo razoável do processo e os meios que garantam a celeridade de sua tramitação." Se o legislador houve por bem cominar multa aos créditos cíveis, com muito mais razão se deve aplicá-la aos créditos alimentares, dos quais o cidadão-trabalhador depende para ter existência digna e compatível com as exigências da vida. A Constituição brasileira considerou o trabalho fundamento da República – art. 1º, IV e da ordem econômica – art. 170. Elevou-o ainda a primado da ordem social – art. 193. Tais valores devem ser trazidos para a vida concreta, através de medidas objetivas que tornem realidade a mensagem ética de dignificação do trabalho, quando presente nas relações jurídicas." (TRT – 3ª R. – 4ª T. – AP n. 1263/2003.111.03.00-2 – rel. Antônio Álvares da Silva – DJ 2.12.06 - p. 17) (RDT n. 01 – Janeiro de 2007)

"MULTA PREVISTA NO ART. 475-J DO CPC – APLICAÇÃO NO PROCESSO DO TRABALHO. A multa estipulada pela r. sentença somente incidirá se a reclamada não cumprir o dispositivo sentencial no prazo fixado. Além do que, sua aplicação no processo do trabalho é incensurável, pois contribui para concretizar o princípio constitucional da duração razoável do processo." (TRT – 21ª R. RO 00611-2006-021-21-00-8 – rel. Juiz José Barbosa Filho – DJRN 1.3. 2007)

"MULTA LEGAL. 10%. Art. 475-J DO CPC. APLICÁVEL NA SEARA LABORAL. A multa capitulada no art. 475-J do CPC tem plena incidência na esfera laboral, porque o que se busca na execução trabalhista é verba alimentar, sendo a multa em questão mais um meio coercitivo ao pagamento da obrigação pelo devedor, que vem ao encontro do princípio da celeridade, elevado ao patamar constitucional. Assim, todo e qualquer dispositivo legal que venha a abreviar o cumprimento da decisão deve ser adotado pelo Judiciário Trabalhista, ainda mais quando a CLT, em seu art. 769 admite a aplicação subsidiária de dispositivo do Processo Civil no Direito do Trabalho." (TRT 23ª R. RO 00244.2006.005.23.00-2 – Desª Leila Calvo)[(148)]

"Multa — Art. 475-J do CPC. A multa prevista no art. 475-J do CPC, com redação dada pela Lei n. 11.232/05, aplica-se ao Processo do Trabalho, pois a execução trabalhista é omissa quanto a multas e a compatibilidade de sua inserção é plena, atuando como mecanismo compensador de atualização do débito alimentar, notoriamente corrigido por mecanismos insuficientes e com taxa de juros bem menor do que a praticada no mercado. A oneração da parte em execução de sentença, sábia e oportunamente introduzida pelo legislador através da Lei n. 11.232/05, visa evitar arguições inúteis e protelações desnecessárias, valendo como meio de concretização da promessa constitucional do art. 5º, LXXVIII pelo qual 'A todos, no âmbito judicial e administrativo, são assegurados o tempo razoável do processo e os meios que garantam a celeridade de sua tramitação.' Se o legislador houve por bem cominar multa aos créditos cíveis, com muito mais razão se deve aplicá-la aos créditos alimentares, dos quais o cidadão-trabalhador depende para ter existência digna e compatível com as exigências da vida. A Constituição brasileira considerou o trabalho fundamento da República — art. 1º, IV e da ordem econômica – art. 170. Elevou-o ainda a primado da ordem social — art. 193. Tais valores devem ser trazidos para a vida concreta, através de medidas objetivas que tornem realidade a mensagem ética de dignificação do trabalho, quando presente nas relações jurídicas." (TRT 3ª R. – 4ª T. – rel. Des. Antônio Álvares da Silva – DJ n. 209 – 11.11.08 – p. 19 – APPS n. 229/2007.111.03.00-4) (RDT n. 01 – Janeiro de 2009)

---

(148) CHAVES, Luciano Athayde. *A recente reforma no processo civil:* reflexos no direito judiciário do trabalho. São Paulo: LTr, 2007. p. 61.

"MULTA DO ART. 475-J DO CPC. APLICABILIDADE NO PROCESSO DO TRABALHO. A multa prevista no art. 475-J do CPC, segundo as diretrizes estabelecidas no art. 769 da CLT, aplica-se subsidiariamente ao processo do trabalho, uma vez que o arcabouço normativo que regulamenta esse processo não contempla uma penalidade específica para a hipótese de inadimplemento voluntário de condenação ao pagamento de quantia certa. A matéria, portanto, não é disciplinada pela legislação laboral, o que equivale dizer que está presente, na espécie, o pressuposto da omissão. No que tange ao requisito da compatibilidade, vale lembrar que o escopo nuclear da instituição de referida multa consiste em obter, de forma célere, a quitação do débito exequendo. Sendo assim, torna-se inquestionável que a norma em exame se amolda à realidade do processo trabalhista, onde os títulos judiciais, por contemplarem, via de regra, obrigação de natureza alimentar, reclamam, com maior razão, adimplemento imediato pelo devedor." (TRT 23ª R. – 1ª T. – AP – 00065.2008.021.23.00-6. Rel. Des. Tarcísio Valente. Publicado em 12.6.2009)

"ART. 475-J DO CPC: VIABILIDADE DA APLICAÇÃO NO PROCESSO TRABALHISTA. EXISTÊNCIA DE LACUNAS ONTOLÓGICAS E AXIOLÓGICAS. Considerando que em face das fases reformistas do Código de Processo Civil em busca de maior efetividade do processo, revelando a existência de lacunas ontológicas e axiológicas no processo trabalhista, entendo perfeitamente viável a heterointegração dos subsistemas do direito processual civil e do direito processual do trabalho, através de normas que garantam maior efetividade e celeridade processual na execução trabalhista, dentre as quais, aquela prevista no art. 475-J do Código de Processo Civil, que, nesse aspecto, afigura-se absolutamente compatível." (TRT/SP. Tipo: Agravo de Petição. Data de julgamento: 19.2.2009. Relª Vania Paranhos. Revisor: Marcelo Freire Gonçalves. Acórdão n. 20090102686. Processo n. 02354-2007-034-02-00-0. Ano: 2008 Turma: 12ª. Data de publicação: 6.3.2009)

"MULTA DO ART. 475-J DO CPC — OMISSÃO DA CLT — APLICAÇÃO ANALÓGICA AO PROCESSO DO TRABALHO — ARTS. 8º, PARÁGRAFO ÚNICO E 769 DA CLT — ABUSO DE DIREITO DE DEFESA — PRINCÍPIO DA DURAÇÃO RAZOÁVEL DO PROCESSO — ART. 5º, INCISO LXXVIII, DA CONSTITUIÇÃO FEDERAL. A multa instituída pelo art. 475-J, do CPC, foi criada com fundamento no dever de boa-fé e lealdade processuais e tem por escopo estimular o devedor a cumprir, voluntariamente, a condenação estabelecida pela sentença. Não há prejuízo ao direito de defesa e ao contraditório, cujo exercício é delimitado conforme o devido processo legal, que prevê meios de reprimir abusos. Após a prolação da sentença condenatória, a possibilidade de insurgência restringe-se, devendo fundamentar-se em motivos robustos, suficientes e concretos, a fim de não se dilatar a solução do processo. Se o devedor acarretar, injustificadamente, a demora na solução processual, em prejuízo da parte contrária e da própria atividade jurisdicional, deve arcar com os ônus de sua atitude, que traz prejuízos de ordem individual e coletiva. A CLT não prevê a multa, especificamente em razão dos efeitos dilatórios na interposição de embargos, e tratando-se de um meio de constrangimento legalmente previsto, de prévio conhecimento do devedor, vindo ao encontro dos princípios protetivos que guiam o Direito do Trabalho, a mesma deve ser aplicada, pois de conformidade com o estabelecido pelos arts. 5º, incisos II, LIV, LV e LXXVIII, da Constituição Federal, e art. 8º, parágrafo único e 769, da CLT." (TRT/SP. Tipo: Agravo de Petição. Data de julgamento: 17.2.2009. Rel. Paulo Augusto Camara. Revisor: Carlos Roberto Husek. Acórdão n. 20090091129. Processo n. 00079-1992-004-02-00-0. Ano: 2008. Turma: 4ª. Data de publicação 6.3.2009).

"EXECUÇÃO. ALTERAÇÕES DO CPC. ART.475-J, § 1º. APLICAÇÃO NA JUSTIÇA DO TRABALHO. O processo civil, notadamente quanto à fase de execução, sofreu transformações recentes, que não podem ser descartadas de plano pela Justiça do Trabalho, até porque muitas delas foram notoriamente inspiradas no processo trabalhista. O art. 475-J, § 1º, do CPC traz inovação no intento de conferir maior efetividade ao provimento judicial: a intimação da parte na pessoa do patrono já constituído nos autos para cumprimento da decisão, no prazo de 15 dias, não apresentando qualquer incompatibilidade com o processo trabalhista. Nem mesmo à luz do art. 769 da CLT justifica-se a resistência à aplicação do art.475-J do CPC. Com feição inovadora, referido dispositivo cria uma tramitação prévia, no interstício temporal que antecede a execução forçada, prescrevendo ato a ser praticado após a liquidação da sentença, que se materializa pela expedição de simples intimação à parte a fim de que se disponha a cumprir o comando sancionatório contido na decisão cognitiva, sob pena de multa. A CLT não traz qualquer dispositivo legal semelhante, não havendo, portanto, a suposta incompatibilidade. Os dispositivos existentes na CLT incidem a partir da execução forçada do *decisum* (arts. 880 e seguintes), e portanto, somente após a regular intimação da parte para depositar o valor de condenação. Vê-se, então, que o disposto no art. 475-J tem incidência antes das demais disposições constantes na CLT e mesmo aquelas de que trata a Lei n. 8.630/80 que trata dos executivos fiscais, aplicados subsidiariamente. Daí porque concluímos que (1) o portal do art. 769 da CLT, por ser anterior, não pode engessar o direito processual do trabalho, mantendo-o hermeticamente fechado a todas as inovações posteriores ocorridas na legislação processual; (2) a CLT e a Lei n. 6.830/80 não tratam especificamente dessa modalidade de cobrança diretamente na pessoa do patrono constituído, de sorte que o art. 475-J, § 1º, do CPC veio preencher um vazio legal, restando autorizada sua aplicação subsidiária ao processo trabalhista; (3) as modificações sofridas pelo processo civil representam um aporte legal vanguardista, harmônico com a instrumentalidade, celeridade e efetividade que se busca imprimir ao processo trabalhista, mormente no que concerne à fase de execução em que via de regra intenta-se a satisfação de créditos de natureza alimentar." (TRT/SP. Tipo: Agravo de Petição. Data de julgamento: 28.4.2009. Relator: Ricardo Artur Costa e Trigueiros. Revisora: Ivani Contini Bramante. Acórdão n. 20090312427. Processo n. 02366-2005-022-02-00-2. Ano: 2009. Turma: 4ª. Data de publicação 8.5.2009)

"Multa prevista no art. 475-J do CPC — Aplicabilidade ao processo de execução trabalhista. Esta relatora considera inaplicável ao processo do trabalho a disposição contida no art. 475-J do CPC, porque a CLT possui regramento próprio sobre o assunto, contido no art. 882 da CLT, o qual dispõe especificamente sobre os efeitos do descumprimento da ordem de pagar. O c. TST, inclusive, tem-se manifestado contrariamente à aplicação da multa, nas seguintes decisões: RR n. 765/2003-008.13.41, DJ 22.2.08, Acórdão 3ª Turma, relª Ministra Maria Cristina Irigoyen Peduzzi; RR n. 214/2007.026.13-40, DJ 30.5.08, Acórdão 5ª Turma, relator Ministro Emmanoel Pereira; RR n. 668/2006.005.13-40 Publicação: DJ 28.3.08, Acórdão 6ª Turma, relator Ministro Aloysio Corrêa da Veiga; RR n. 2/2007.038.03-00, DJ 23.5.08, Acórdão 7ª Turma, relator Ministro Ives Gandra Martins Filho. Ressalvado o ponto de vista desta relatora, a d. maioria da eg. 7ª Turma tem adotado posicionamento diverso, considerando o dispositivo em estudo plenamente compatível com o processo trabalhista, ao argumento de que se alinha com os princípios da celeridade e da simplicidade. No entender do d. Colegiado, cabe ao intérprete promover a atualização das normas processuais trabalhistas, tornando possível a aplicação dos novos instrumentos destinados à concretização do princípio da efetividade da tutela jurisdicional. Constatado, portanto, que a ré desrespeitou o prazo judicial concedido no art. 475-J do CPC para pagamento do débito trabalhista, impõe-se a aplicação da multa prevista no diploma processual em comento." (TRT 3ª R. – 7ª T. – relª Juíza Alice Monteiro de Barros (convocada) – 20.5.10 – p. 102 – Processo AP n. 1343/2001.060.03.00-8) (RDT n. 6 – junho de 2010)

"AGRAVO DE PETIÇÃO. MULTA DO ART. 475-J DO CPC. APLICÁVEL AO PROCESSO TRABALHISTA. A multa prevista no art. 475-J é plenamente aplicável ao processo trabalhista, porquanto em caso de omissão da norma consolidada, são subsidiariamente aplicáveis as normas relativas à execução fiscal da Fazenda Pública Federal (Lei n. 6.830/80), e caso essa ainda seja silente sobre determinados procedimentos, serão utilizadas as disposições previstas na lei adjetiva civil. Recurso conhecido e não provido." (TRT 2ª Região. Tipo: AGRAVO DE PETIÇÃO. Data de Julgamento: 1º.7.2010. Rel. Benedito Valentini. Revisor: Celso Ricardo Peel Furtado de Oliveira. Acórdão n. 20100618272. Processo n. 01887-2005-432-02-00-2. Ano: 2010. Turma: 12ª. Data de publicação: 13.7.2010)

"MULTA DO ART. 475-J DO CPC. APLICAÇÃO NO PROCESSO DO TRABALHO. Não há óbice à aplicação, no processo do trabalho, do art. 475-J do CPC, por existir omissão na CLT (art. 769). Nem a lei celetista, nem a Lei n. 6.830/80, tratam especificamente sobre a forma preliminar de cobrança de dívida certa ou já liquidada, procedimento este que na verdade é anterior à execução propriamente dita. Não há qualquer incompatibilidade, portanto, com o processo trabalhista. A Lei n. 11.232/05 acresceu diversos dispositivos ao Código de Processo Civil, justamente com a intenção de facilitar a satisfação do crédito exequendo. É de primordial importância que o Judiciário Trabalhista atue na mesma linha de raciocínio que a instância civil, visando garantir a efetividade do comando judicial, a fim de evitar prejuízos não passíveis de reparação, como, por exemplo, o perigo da demora do efetivo pagamento do débito ao credor." (TRT 2ª Região. Tipo: AGRAVO DE PETIÇÃO. Data de Julgamento: 25.5.2010 Rel. Sergio Winnk. Revisor: Paulo Sérgio Jakutis. Acórdão n. 20100469633. Processo n. 02381-2003-032-02-00-6. Ano: 2010. Turma: 4ª. Data de Publicação: 11.6.2010).

"CONTRIBUIÇÕES PREVIDENCIÁRIAS PARA TERCEIROS. INCOMPETÊNCIA DA JUSTIÇA DO TRABALHO. O art. 114, VIII, da CF/88 fixou a competência da Justiça do Trabalho para executar de ofício as contribuições previdenciárias previstas no art. 195, I, *a*, e II, da Constituição da República, decorrentes das sentenças que proferir. Revendo posicionamento anteriormente adotado, consoante disposto nos arts. 11 e 22 da Lei n. 8.212/91 e, ainda acatando a OJ n. 414 do C.TST, reconheço a competência desta Especializada para a cobrança da contribuição social "SAT", benefício estabelecido para financiar a incapacidade de trabalho por acidente/doença. MULTA DO ART.75-J DO CPC. CABIMENTO NO PROCESSO DO TRABALHO. Entendo que a multa de 10%, prevista no art. 475-J do CPC, é plenamente aplicável no sincrético Processo do Trabalho, em decorrência do princípio da tutela processual mais adequada ao empregado, destinatário da proteção constitucional e da efetividade do processo." (TRT/SP – Agravo de Petição em Carta de Sentença – Data de Julgamento: 27.8.2013, relª Ivani Contini Bramante – Acórdão n.: 20130926536 – Processo n.: 00028148620105020055 A28 – Ano: 2013 – Turma: 4ª – Data de Publicação: 6.9.2013)

"Multa do art. 475-J do CPC. Aplicabilidade ao processo do trabalho. A tão almejada celeridade processual não é obtida apenas em razão de alterações legislativas, ou de modificações procedimentais ou de nomenclaturas, dependendo da adoção de medidas concretas que tornem efetivo o anseio de solução das controvérsias, através do processo, no menor tempo possível. Assim surge a multa de que trata o art. 475-J, do CPC, criada com fundamento no dever de boa-fé e lealdade processuais (art. 14, inciso II, do CPC) tem por escopo estimular o devedor a cumprir, voluntariamente, a condenação estabelecida pela sentença. Logo, não há incompatibilidade com o Diploma Celetista." (TRT/SP – Tipo: Recurso Ordinário – Data de Julgamento: 22.1.2013, rel. Paulo Sérgio Jakutis, revisor: Ricardo Artur Costa e Trigueiros – Acórdão n.: 20130023358 – Processo n.: 20120076803 – Ano: 2012 – Turma: 4ª – Data de Publicação: 1º.2.2013)

"MULTA DO ART. 475-J DO CPC. APLICABILIDADE NO PROCESSO DO TRABALHO. O art. 475-J há de ser lido à luz da Carta Republicana e, portanto, das garantias constitucionais, especialmente da duração razoável do processo, insculpida no inciso LXXVIII do art. 5º da CR, bem como da celeridade e efetividade processual. Portanto, no que se refere aos princípios próprios da Execução no Processo do Trabalho, a norma em cotejo guarda com eles absoluta pertinência." (TRT – 17ª Região – Acórdão 1522/2013 – Gabinete: Gabinete da Desembargadora Carmen Vilma Garisto – Data Publicação: 19.9.2013, Relª Carmen Vilva Garisto)

No mesmo sentido, o Enunciado n. 71 da Primeira Jornada de Direito Material e Processual na Justiça do Trabalho, *in verbis*:

"Art. 475-J do CPC. Aplicação no processo do trabalho.

A aplicação subsidiária do art. 475-J do CPC atende às garantias constitucionais da razoável duração do processo, efetividade e celeridade, tendo, portanto, pleno cabimento na execução trabalhista."

Desse modo, pensamos ser perfeitamente compatível o art. 523 com o Direito Processual do Trabalho, com algumas adaptações:

a) o prazo de 15 dias para pagamento, sob consequência da multa de 10%, se mostra razoável e compatível, não sendo aplicável o prazo de 48 horas previsto no art. 880 da CLT ou dos recursos trabalhistas de 8 dias;

b) se o executado não pagar, o Juiz do Trabalho poderá iniciar a execução de ofício (art. 878 da CLT), expedindo-se mandado de penhora à avaliação.

Por fim, relevante destacar recentes pronunciamentos do Tribunal Superior do Trabalho, vazados nas seguintes ementas:

"AGRAVO DE INSTRUMENTO. RECURSO DE REVISTA. EXECUÇÃO PROVISÓRIA. MULTA PREVISTA NO ART. 475-J CPC. VIOLAÇÃO DO ART. 5º, LIV E LV DA CF. OFENSA DIRETA. CONFIGURAÇÃO. Demonstrado no agravo de instrumento que o recurso de revista preenchia os requisitos do art. 896 da CLT, ante a constatação, em tese, de afronta ao art. 5º, LIV e LV, da CF. Agravo de instrumento provido. RECURSO DE REVISTA. MULTA PREVISTA NO ART. 475-J DO CPC. EXECUÇÃO TRABALHISTA. SITUAÇÕES DE COMPATIBILIDADE. EXECUÇÃO PROVISÓRIA E DE ACORDO JUDICIAL. NÃO INCIDÊNCIA. A multa executória do novo art. 475-J do CPC (Lei n. 11.232/2005), instituída para dar efetividade às decisões judiciais relativas ao pagamento de quantia certa ou já fixada em liquidação, em obediência a comando constitucional enfático (art. 5º, LXXVIII, da CF), não se aplica ao processo do trabalho quando for *incompatível*, seja por se tratar de execução meramente provisória (Súmula n. 417, III, TST), seja por se tratar de execução de acordo, quando este já estabelecer cominação específica (*non bis in idem*). Tratando-se, porém, de execução definitiva, determinante do pagamento *incontinenti* em dinheiro, conforme jurisprudência firmemente consolidada (Súmula n. 417, I e II, TST, ratificando as anteriores OJs n. 60 e 61 da SBDI-2 da Corte Superior), que autoriza, inclusive, o imediato bloqueio bancário do valor monetário correspondente à conta homologada (convênio BACEN-JUD), desponta clara a compatibilidade da nova regra cominatória do CPC com o processo executório trabalhista, que sempre priorizou a celeridade e efetividade da prestação jurisdicional. Em consequência, sendo definitiva a execução e não adimplido em dinheiro o crédito exequendo, seja por depósito espontâneo, seja por bloqueio via BACEN-JUD, tendo sido o executado intimado cominatoriamente para o adimplemento monetário até 15 dias, incidirá a multa estipulada pelo art. 475-J do CPC, no importe de 10% sobre o montante da condenação. Na hipótese dos autos, contudo, além de se tratar de execução provisória, o executado sequer foi notificado da possibilidade de sofrer a majoração da execução pela imposição da referida multa, o que de fato evidencia a afronta aos princípios do devido processo legal, do contraditório e da ampla defesa, insculpidos no art. 5º, LIV e LV, da CF. Recurso de revista provido." (TST – Processo: RR – 314/2005-023-03-41.0, Data de Julgamento: 17.9.2008, rel. Min. Mauricio Godinho Delgado, 6ª Turma, Data de Publicação: DJ 26.9.2008)

"A Primeira Turma decide por maioria a aplicação da multa do 475-J do CPC ao processo do trabalho – 11.3.2010. Por considerar aplicável ao processo trabalhista a multa do art. 475-J do Código Processo Civil, a Primeira Turma do TST concluiu que o Banco ABN AMRO Real S/A. ficará sujeito a essa pena caso não satisfaça espontaneamente créditos reconhecidos em sentença trabalhista. O art. 475-J do Código Processo Civil estabelece que, sendo o devedor condenado ao pagamento de quantia certa ou já fixada em liquidação e não o efetue no prazo de quinze dias, haverá acréscimo de multa no percentual de dez por cento, podendo ser expedido mandado de penhora e avaliação. A Turma acolheu por maioria o voto divergente do Ministro Luiz Philippe Vieira de Mello Filho (redator designado do acórdão) e rejeitou (negou provimento) o recurso interposto pelo banco, mantendo-se a decisão de primeiro grau que impôs à instituição financeira o pagamento da multa de 10%, caso não pague espontaneamente ao trabalhador verbas rescisórias como participação nos lucros, auxílio cesta-alimentação e auxílio-refeição. O banco recorreu ao TST, sustentando a inaplicabilidade do artigo ao processo trabalhista." (RR – 135800-87.2006.5.13.0006 – Fase Atual: ED). *In:* <www.tst.jus.br> Acesso em: 15 mar. 2010)

No mesmo sentido, decidiu, recentemente, o Superior Tribunal de Justiça, cuja ementa vale ser transcrita:

"PROCESSO DO TRABALHO. APLICAÇÃO SUBSIDIÁRIA DO CÓDIGO DE PROCESSO CIVIL. I – A aplicação analógica do art. 475-J do Código de Processo Civil ao Processo do Trabalho além de propiciar a realização dos princípios que informam esse ramo do direito processual e o próprio direito fundamental a uma tutela jurisdicional adequada e efetiva, não encontra nenhum obstáculo de ordem técnica sendo, por isso, perfeitamente possível. II – Recurso especial improvido." (STJ – REsp n. 1.111.686/ RN – 3ª T. – rel. Min Sidnei Benedeti – DJe 25.6.2010).

É polêmica na doutrina e na jurisprudência a possibilidade de aplicação da multa de 10% ao executado que não cumpre a sentença em sede de execução provisória.

Dentre os argumentos contrários à aplicação da multa na execução provisória, destacamos: a) possibilidade de modificação da decisão; b) onerosidade excessiva ao executado; e c) violação do devido processo legal.

O atual Código de Processo Civil, de plena sintonia com o Proceso do Trabalho, determina que seja aplicada a multa de 10% no cumprimento provisório da sentença, encerrando a controvérsia doutrinária e jurisprudenncial respeito.

Nesse sentido, dispõe o art. 520, § 2º, do CPC, *in verbis*: "A multa e os honorários a que se refere o § 1º do art. 523 são devidos no cumprimento provisório de sentença condenatória ao pagamento de quantia certa."

24.5. Protesto extrajudicial da sentença trabalhista não cumprida

A Lei n. 9.492/97, em seu art. 1º, mediante interpretação autêntica, nos dá o conceito de protesto, nos seguintes termos:

> "Protesto é o ato formal e solene pelo qual se prova a inadimplência e o descumprimento de obrigação originada em títulos e outros documentos de dívida."

Atualmente, muitos Tribunais Regionais do Trabalho firmaram convênios com Cartórios Extrajudiciais para viabilizar o protesto de sentença trabalhista não cumprida pelos reclamados como medida de forçar o devedor a quitar a obrigação trabalhista.

Inegavelmente, o protesto extrajudicial da sentença trabalhista não cumprida é um meio de coerção indireta ao devedor, pois, com ele, há publicidade da dívida, e esta estará disponível aos órgãos de consulta de proteção ao crédito.

Trata-se de um poderoso aliado em prol da efetividade da execução, propiciando coerção indireta ao executado e também a máxima efetividade do princípio da publicidade processual consagrado no art. 93, IX, da Constituição Federal.

Nesse sentido, dispõe o art. 29 da Lei n. 9.492/97, *in verbis*:

> "Os cartórios fornecerão às entidades representativas da indústria e do comércio ou àquelas vinculadas à proteção do crédito, quando solicitada, certidão diária, em forma de relação, dos protestos tirados e dos cancelamentos efetuados, com a nota de se cuidar de informação reservada, da qual não se poderá dar publicidade pela imprensa, nem mesmo parcialmente. § 1º O fornecimento da certidão será suspenso caso se desatenda ao disposto no *caput* ou se forneçam informações de protestos cancelados. § 2º Dos cadastros ou bancos de dados das entidades referidas no *caput* somente serão prestadas informações restritivas de crédito oriundas de títulos ou documentos de dívidas regularmente protestados cujos registros não foram cancelados."

Com a publicidade do inadimplemento da sentença trabalhista, o devedor terá dificuldades em realizar transações comerciais e em obter crédito, o que pode contribuir para a quitação da dívida trabalhista.

O Código de Processo Civil atual disciplina a questão no art. 517, *in verbis*:

> "A decisão judicial transitada em julgado poderá ser levada a protesto, nos termos da lei, depois de transcorrido o prazo para pagamento voluntário previsto no art. 523. § 1º Para efetivar o protesto, incumbe ao exequente apresentar certidão de teor da decisão. § 2º A certidão de teor da decisão deverá ser fornecida no prazo de 3 (três) dias e indicará o nome e a qualificação do exequente e do executado, o número do processo, o valor da dívida e a data de decurso do prazo para pagamento voluntário. § 3º O executado que tiver proposto ação rescisória para impugnar a decisão exequenda pode requerer, a suas expensas e sob sua responsabilidade, a anotação da propositura da ação à margem do título protestado. § 4º A requerimento do executado, o protesto será cancelado por determinação do juiz, mediante ofício a ser expedido ao cartório, no prazo de 3 (três) dias, contado da data de protocolo do requerimento, desde que comprovada a satisfação integral da obrigação."

O Código de Processo Civil, no art. 782, de aplicação subsidiária, propicia que o Juiz do Trabalho, de ofício ou a requerimento da parte, determine a inserção do nome do devedor em cadastros de inadimplentes como SPC e SERASA e até mesmo em outros cadastros particulares que prestam serviços de proteção ao crédito. Com efeito, dispõe o art. 782 do CPC:

> "Não dispondo a lei de modo diverso, o juiz determinará os atos executivos, e o oficial de justiça os cumprirá.
>
> § 1º O oficial de justiça poderá cumprir os atos executivos determinados pelo juiz também nas comarcas contíguas, de fácil comunicação, e nas que se situem na mesma região metropolitana.
>
> § 2º Sempre que, para efetivar a execução, for necessário o emprego de força policial, o juiz a requisitará.
>
> § 3º A requerimento da parte, o juiz pode determinar a inclusão do nome do executado em cadastros de inadimplentes.
>
> § 4º A inscrição será cancelada imediatamente se for efetuado o pagamento, se for garantida a execução ou se a execução for extinta por qualquer outro motivo.
>
> § 5º O disposto nos §§ 3º e 4º aplica-se à execução definitiva de título judicial."

O protesto extrajudicial da sentença trabalhista é medida que se encaixa ao Processo do Trabalho, sendo a Lei n. 9.492/97 aplicável à execução trabalhista por força dos arts. 769 e 889 da CLT.

Nesse sentido, o Enunciado n. 14 da Jornada Nacional de Execução Trabalhista, realizada em novembro de 2010, *in verbis*:

> "PROTESTO NOTARIAL. Frustrada a execução, poderá ser efetuado o protesto notarial do crédito exequendo, tanto em relação ao devedor principal quanto aos devedores corresponsáveis."

A realização do protesto extrajudicial pode ser determinado de ofício pelo Juiz do Trabalho (art. 878 da CLT) no momento em que o devedor, instado a pagar, não o faz, tampouco garante a execução indicando bens à penhora. No nosso sentir, não há necessidade de se esgotarem os meios de execução para levar o título executivo judicial a protesto, basta que tenha havido o inadimplemento por parte do devedor.

A jurisprudência trabalhista já começa a se pronunciar sobre o tema. Nesse aspecto decidiu o Tribunal Regional do Trabalho da 3ª Região, 7ª Turma – AP 01676-2004-077-03-00-1, rel. Juiz convocado Jesse Claudio Franco de Alencar, julgado em 11.2.2010, cuja ementa vale ser transcrita:

> "PROTESTO EXTRAJUDICIAL. TÍTULO JUDICIAL TRABALHISTA EM EXECUÇÃO. A Lei n. 9.492/97 não restringe o protesto extrajudicial em face do devedor, reconhecido como tal em título judicial, já tendo sido, inclusive, celebrado convênio entre este Eg. TRT e os tabeliães de protesto do Estado de Minas Gerais visando à implementação de protestos decorrentes de decisões proferidas pela Justiça do Trabalho da 3ª Região, com expressa permissão para a inclusão de nomes de devedores em listas de proteção ao crédito. A medida constitui importante instrumento de coerção indireta do executado ao pagamento da dívida, em face da publicidade de que se reveste e da sua repercussão nas

relações sociais, civis e comerciais do devedor. Agravo de petição provido para determinar o protesto extrajudicial do título, verificada a tentativa frustrada de localização do devedor e de bens passíveis de penhora."

Recentemente o Tribunal Superior do Trabalho, corretamente, por meio da IN n. 39/16, entendeu aplicáveis ao Processo do Trabalho, tanto o protesto extrajudicial da decisão não cumprida, como também da inserção do devedor em cadastros de proteção ao crédito. Com efeito dispõe o art. 17 da referida Instrução:

"Sem prejuízo da inclusão do devedor no Banco Nacional de Devedores Trabalhistas (CLT, art. 642-A), aplicam-se à execução trabalhista as normas dos arts. 495, 517 e 782, §§ 3º, 4º e 5º do CPC, que tratam respectivamente da hipoteca judiciária, do protesto de decisão judicial e da inclusão do nome do executado em cadastros de inadimplentes."

24.6. Da certidão negativa de débitos trabalhistas

A Lei n. 12.440, de 7 de julho de 2011, institui a Certidão Negativa de Débitos Trabalhistas, com a finalidade de prestigiar os empregadores e tomadores de serviços que cumprem, espontaneamente, as execuções trabalhistas, ou não criam embaraços para o adimplemento do crédito trabalhista.

Trata-se de medida de grande alcance social, utilizando o princípio da publicidade do processo com o intuito de contribuir para a efetividade da execução trabalhista.

Com efeito, dispõe o art. 642-A da CLT, com a redação dada pela Lei n. 12.440:

"É instituída a Certidão Negativa de Débitos Trabalhistas (CNDT), expedida gratuita e eletronicamente, para comprovar a inexistência de débitos inadimplidos perante a Justiça do Trabalho. § 1º O interessado não obterá a certidão quando em seu nome constar: I – o inadimplemento de obrigações estabelecidas em sentença condenatória transitada em julgado proferida pela Justiça do Trabalho ou em acordos judiciais trabalhistas, inclusive no concernente aos recolhimentos previdenciários, a honorários, a custas, a emolumentos ou a recolhimentos determinados em lei; ou II – o inadimplemento de obrigações decorrentes de execução de acordos firmados perante o Ministério Público do Trabalho ou Comissão de Conciliação Prévia. § 2º Verificada a existência de débitos garantidos por penhora suficiente ou com exigibilidade suspensa, será expedida Certidão Positiva de Débitos Trabalhistas em nome do interessado com os mesmos efeitos da CNDT. § 3º A CNDT certificará a empresa em relação a todos os seus estabelecimentos, agências e filiais. § 4º O prazo de validade da CNDT é de 180 (cento e oitenta) dias, contado da data de sua emissão."

Conforme o referido dispositivo, a certidão será expedida de forma gratuita e eletrônica, propiciando agilidade e simplicidade no procedimento.

Algumas vozes da doutrina estão sustentando a inconstitucionalidade da Lei argumentando que há violação de direitos fundamentais do devedor, como a ampla defesa e o contraditório, bem como dar publicidade depreciativa ao devedor de verba trabalhista.

Não há, no nosso sentir, inconstitucionalidade da presente Lei, uma vez que apenas se está atribuindo ao processo publicidade mais ampla, bem como atentando a boa conduta do bom pagador e reprovando a conduta do mau pagador.

Além disso, facilita-se o direito à informação sobre a existência de execuções não solucionadas (art. 5º, XIV, da CF) e utiliza-se o princípio da publicidade sob a óptica da efetividade processual.

Tradicionalmente, o princípio da publicidade, estampado no art. 93, IX, da CF, tem sido estudado como uma garantia preciosa da cidadania, de saber, com transparência, como são os julgamentos realizados pelo poder judiciário. A presença do público nas audiências e a possibilidade do exame dos autos por qualquer pessoa representam um seguro instrumento de fiscalização popular sobre a obra dos juízes. Conforme a expressão popular: "o povo é o juiz dos juízes." Não obstante, a publicidade também pode e deve ser usada para fora do processo, a fim de incentivar o cumprimento das decisões judiciais, propiciando informações sobre devedores que não cumprem decisões trabalhistas.

A certidão será positiva quando o executado não cumprir espontaneamente a obrigação consagrada no título executivo trabalhista, tanto judicial como extrajudicial.

Nos termos do art. 786 do CPC, de aplicação subsidiária ao processo do trabalho, a execução pode ser instaurada caso o devedor não satisfaça a obrigação certa, líquida e exigível, consubstanciada em título executivo. Desse modo, será considerado inadimplente o devedor que não cumprir a obrigação consagrada no prazo estipulado no título líquido certo e exigível, que, na nossa opinião, se dá quando o devedor não cumpre a obrigação liquidada no título executivo no prazo nele estipulado.

Na esfera processual trabalhista, para os que entendem aplicável o procedimento da CLT, o inadimplemento se dá quando o devedor não cumpre a obrigação no prazo de 48 horas, tampouco garante a execução, após a citação (art. 880 da CLT). Já para os que entendem, como nós, que resta aplicável o Código de Processo Civil, subsidiariamente (art. 523 do CPC), o inadimplemento se dá quando o devedor não faz o pagamento no prazo de 15 dias, a partir da liquidação do valor da execução.

A inserção do devedor trabalhista no cadastro positivo de devedores dependerá de decisão fundamentada do juiz e poderá ser realizada de ofício (art. 878 da CLT) ou a requerimento da parte.

Nesse sentido, dispõe o art. 2º da Resolução Administrativa n. 1.470/11 do TST, *in verbis*:

> "A inclusão, a alteração e a exclusão de dados no Banco Nacional de Devedores Trabalhistas serão sempre precedidas de determinação judicial expressa, preferencialmente por meio eletrônico."

Caso haja penhora em montante suficiente para garantia da execução, incluindo-se todas as despesas processuais, haverá a emissão de certidão positiva, mas com efeitos de negativa.

Paga a dívida ou satisfeita a obrigação, o juiz da execução determinará a imediata exclusão do devedor do Banco Nacional de Devedores Trabalhistas, nos termos do art. 4º, § 3º, da Resolução Administrativa n. 1.470/11 do TST.

Nos termos do art. 2º da Lei n. 12.440, de 7 de julho de 2011, para as empresas poderem participar do processo de licitação, deverão comprovar, por meio da presente certidão, a inexistência de débitos trabalhistas.

Pela importância e atualidade da matéria, transcreve-se o inteiro teor da Resolução Administrativa n. 1.470/11 abaixo:

RESOLUÇÃO ADMINISTRATIVA N. 1470/2011

Divulgada no DeJT de 29.8.2011

(ALTERADA PELO ATO TST.GP N. 772/2011)

Divulgada no DeJT de 21.12.2011

(ALTERADA PELO ATO TST.GP N. 01/2012)

Divulgada no DeJT de 2.1.2012

Republicada no DeJT de 4.1.2012

Regulamenta a expedição da Certidão Negativa de Débitos Trabalhistas — CNDT e dá outras providências.

O EGRÉGIO ÓRGÃO ESPECIAL DO TRIBUNAL SUPERIOR DO TRABALHO, em sessão ordinária hoje realizada, sob a presidência do Exmo. Ministro João Oreste Dalazen, Presidente do Tribunal, presentes os Exmos. Ministros Maria Cristina Irigoyen Peduzzi, Vice-Presidente, Antônio José de Barros Levenhagen, Corregedor-Geral da Justiça do Trabalho, Milton de Moura França, Carlos Alberto Reis de Paula, Ives Gandra da Silva Martins Filho, João Batista Brito Pereira, Horácio Raymundo de Senna Pires, Rosa Maria Weber Candiota da Rosa, Luiz Philippe Vieira de Mello Filho, Alberto Luiz Bresciani de Fontan Pereira, Dora Maria da Costa, Fernando Eizo Ono, Márcio Eurico Vitral Amaro e o Exmo. Procurador-Geral do Trabalho, Dr. Luis Antônio Camargo de Melo,

Considerando a edição da Lei n. 12.440, de 7 de julho de 2011, que instituiu a Certidão Negativa de Débitos Trabalhistas — CNDT;

Considerando que a expedição da CNDT, eletrônica e gratuita, pressupõe a existência de base de dados integrada, de âmbito nacional, com informações sobre as pessoas físicas e jurídicas inadimplentes perante a Justiça do Trabalho;

Considerando a necessidade de padronizar e regulamentar a frequência, o conteúdo e o formato dos arquivos a serem disponibilizados pelos Tribunais Regionais do Trabalho com os dados necessários à expedição da CNDT;

R E S O L V E

BANCO NACIONAL DE DEVEDORES TRABALHISTAS

Art. 1º É instituído o Banco Nacional de Devedores Trabalhistas — BNDT, composto dos dados necessários à identificação das pessoas naturais e jurídicas, de direito público e privado, inadimplentes perante a Justiça do Trabalho quanto às obrigações:

I – estabelecidas em sentença condenatória transitada em julgado ou em acordos judiciais trabalhistas; ou

II – decorrentes de execução de acordos firmados perante o Ministério Público do Trabalho ou Comissão de Conciliação Prévia.

§ 1º É obrigatória a inclusão no BNDT do devedor que, devidamente cientificado, não pagar o débito ou descumprir obrigação de fazer ou não fazer, no prazo previsto em lei. (Redação dada pelo Ato TST.GP n. 001/2012, de 2.1.2012)

§ 1º-A. Antes de efetivar a ordem de inclusão do devedor no BNDT, em caso de execução por quantia certa, o Juízo da Execução determinará o bloqueio eletrônico de numerário por meio do sistema BACENJUD (art. 655, I, CPC) e também registrará no sistema, quando for o caso, a informação sobre a existência de garantia total da execução. (Incluído pelo Ato TST.GP n. 001/2012, de 2.1.2012)

§ 2º A garantia total da execução por depósito, bloqueio de numerário ou penhora de bens suficientes, devidamente formalizada, ensejará a expedição de Certidão Positiva de Débitos Trabalhistas, com os mesmos efeitos da CNDT.

§ 3º Não será inscrito no Banco Nacional de Devedores Trabalhistas o devedor cujo débito é objeto de execução provisória.

§ 4º Uma vez inscrito, o devedor comporá pré-cadastro para a emissão da CNDT e disporá do prazo improrrogável de 30 (trinta) dias para cumprir a obrigação ou regularizar a situação, a fim de evitar a positivação de seus registros junto ao BNDT. (Redação dada pelo Ato TST.GP n. 001/2012, de 2.1.2012)

§ 5º Transcorrido o prazo de que trata o parágrafo anterior, a inclusão do devedor inadimplente acarretará, conforme o caso, a emissão de Certidão Positiva ou de Certidão Positiva com efeito de negativa, na forma do art. 6º desta Resolução. (Incluído pelo Ato TST.GP n. 001/2012, de 2.1.2012)

§ 6º A alteração dos dados do devedor no BNDT, no curso do prazo fixado no § 4º, não renova ou modifica o prazo ali previsto. (Incluído pelo Ato TST.GP n. 001/2012, de 2.1.2012)

Art. 2º A inclusão, a alteração e a exclusão de dados no Banco Nacional de Devedores Trabalhistas serão sempre precedidas de determinação judicial expressa, preferencialmente por meio eletrônico.

§ 1º Na execução por Carta, caberá ao Juízo Deprecante a determinação de que trata o *caput*. (Alterado pelo Ato TST.GP n. 772/2011, de 13.12.2011)

§ 2º As alterações no BNDT decorrentes de decisão de Tribunal Regional do Trabalho ou do Tribunal Superior do Trabalho serão imediatamente comunicadas ao juízo de origem, a quem caberá a atualização. (Incluído pelo Ato TST.GP n. 772/2011, de 13.12.2011)

§ 3º Caberá aos Tribunais Regionais do Trabalho, observado o disposto no parágrafo anterior, determinar a atualização dos dados do BNDT antes do envio dos autos ao TST para julgamento de eventual recurso interposto. (Incluído pelo Ato TST.GP n. 772/2011, de 13.12.2011)

§ 4º O Desembargador competente para emitir despacho de admissibilidade em recurso dirigido ao TST velará pelo cumprimento das normas dos §§ 2º e 3º. (Incluído pelo Ato TST. GP n. 772/2011, de 13.12.2011)

Parágrafo único. Na execução por Carta, caberá ao Juízo Deprecante a determinação de que trata o *caput*.

Art. 3º Os Tribunais Regionais do Trabalho disponibilizarão diariamente arquivo eletrônico com os seguintes dados necessários à alimentação do Banco Nacional de Devedores Trabalhistas, no formato a ser definido pela Secretaria de Tecnologia da Informação do TST:

I – número dos autos do processo, observada a numeração única prevista na Resolução CNJ n. 65/2008;

II – número de inscrição do devedor no Cadastro de Pessoas Físicas (CPF) ou no Cadastro Nacional de Pessoas Jurídicas (CNPJ) da Receita Federal do Brasil (RFB);

III – nome ou razão social do devedor, observada a grafia constante da base de dados do CPF ou do CNPJ da RFB;

IV – existência de depósito, bloqueio de numerário ou penhora suficiente à garantia do débito, se for o caso;

V – suspensão da exigibilidade do débito trabalhista, quando houver.

§ 1º Os dados de inclusão de devedor no Banco serão precedidos de conferência do respectivo nome ou razão social e do número do CPF ou do CNPJ com a base de dados da Receita Federal do Brasil, cujos meios de acesso o Tribunal Superior do Trabalho fornecerá.

§ 2º Serão armazenadas as datas de inclusão e exclusão dos devedores e das informações previstas nos incisos IV e V, bem como o registro do usuário responsável pelo lançamento dos dados.

§ 3º Nas execuções promovidas contra dois ou mais devedores, as informações sobre a suspensão da exigibilidade do débito ou garantia da execução por depósito, bloqueio de numerário ou penhora suficiente deverão ser individualizadas por devedor.

§ 4º Paga a dívida ou satisfeita a obrigação, o juiz da execução determinará a imediata exclusão do(s) devedor(es) do Banco Nacional de Devedores Trabalhistas.

§ 5º Sempre que houver modificação das informações descritas nos incisos IV e V, atualizar-se-ão os dados no Banco Nacional de Devedores Trabalhistas.

CERTIDÃO NEGATIVA DE DÉBITOS TRABALHISTAS

Art. 4º A Certidão Negativa de Débitos Trabalhistas — CNDT será expedida gratuita e eletronicamente em todo o território nacional, observado o modelo constante do Anexo I, no período de pré-cadastro a que alude o § 4º do art. 1º, e para comprovar a inexistência de débitos inadimplidos perante a Justiça do Trabalho, tendo como base de dados o Banco Nacional de Devedores Trabalhistas. (Redação dada pelo Ato TST.GP n. 001/2012, de 2.1.2012)

§ 1º O interessado requererá a CNDT nas páginas eletrônicas do Tribunal Superior do Trabalho (*http://www.tst.jus.br*), do Conselho Superior da Justiça do Trabalho (<*http://www.csjt.jus.br*>) e dos Tribunais Regionais do Trabalho na internet, as quais manterão, permanentemente, *hiperlink* de acesso ao sistema de expedição. (Incluído pelo Ato TST.GP n. 001/2012, de 2.1.2012)

§ 2º O sistema de expedição da CNDT também disponibilizará consulta pública dos dados referentes aos devedores inscritos no pré-cadastro do BNDT e ainda não positivados, no prazo a que alude o § 4º do art. 1º, observado o modelo constante do Anexo IV. (Incluído pelo Ato TST.GP n. 001/2012, de 2.1.2012)

Art. 5º O requerimento da CNDT indicará, obrigatoriamente, o CPF ou o CNPJ da pessoa sobre quem deva versar a certidão.

§ 1º No caso de pessoa jurídica, a CNDT certificará a empresa em relação a todos os seus estabelecimentos, agências e filiais.

§ 2º A certidão conterá:

I – informação de que os dados estão atualizados até 2 (dois) dias anteriores à data da sua expedição; e

II – código de segurança para o controle de sua autenticidade no próprio sistema de emissão.

CERTIDÃO POSITIVA DE DÉBITOS TRABALHISTAS

Art. 6º A Certidão Negativa de Débitos Trabalhistas — CNDT não será obtida quando, decorrido o prazo de regularização a que se refere o art. 1º, § 4º, constar do Banco Nacional de Devedores Trabalhistas o número de inscrição no CPF ou no CNPJ da pessoa sobre quem deva versar. (Redação dada pelo Ato TST.GP n. 001/2012, de 2.1.2012)

§ 1º Na hipótese prevista no *caput*, expedir-se-á Certidão Positiva de Débitos Trabalhistas — CPDT, observado o modelo constante do Anexo II.

§ 2º Suspensa a exigibilidade do débito ou garantida a execução por depósito, bloqueio de numerário ou penhora de bens suficientes, devidamente formalizada, expedir-se-á Certidão Positiva de Débitos Trabalhistas com os mesmos efeitos da Certidão Negativa de Débitos Trabalhistas, observado o modelo constante do Anexo III.

Art. 7º O Tribunal Superior do Trabalho manterá repositório de todas as informações constantes do banco de dados da CNDT pelo prazo mínimo de 5 (cinco) anos.

GESTÃO E FISCALIZAÇÃO

Art. 8º A gestão técnica do Banco Nacional de Devedores Trabalhistas e do sistema de expedição da Certidão Negativa de Débitos Trabalhistas caberá a um Comitê a ser instituído e regulamentado pela Presidência do Tribunal Superior do Trabalho.

Parágrafo único. Integrará o Comitê um representante indicado pelo Corregedor-Geral da Justiça do Trabalho.

Art. 9º À Corregedoria-Geral da Justiça do Trabalho caberá fiscalizar e orientar os Tribunais Regionais do Trabalho e as Corregedorias Regionais quanto ao cumprimento da presente Resolução, especialmente no que concerne:

I – ao fiel registro, no sistema dos Tribunais Regionais do Trabalho, dos atos processuais relativos à execução trabalhista, necessários à expedição da CNDT;

II – à obrigatoriedade de inclusão e exclusão dos devedores no Banco Nacional de Devedores Trabalhistas;

III – à atualização dos dados no Banco Nacional de Devedores Trabalhistas, sempre que houver modificação das informações descritas nos incisos IV e V do art. 3º desta Resolução;

IV – à disponibilização correta e tempestiva dos dados necessários à alimentação do Banco Nacional de Devedores Trabalhistas; e

V – à existência e manutenção de *hiperlink* de acesso ao sistema de expedição da CNDT nas páginas eletrônicas dos Tribunais Regionais do Trabalho.

DISPOSIÇÕES FINAIS E TRANSITÓRIAS (Título alterado pelo Ato TST.GP n. 772/2011, de 13.2.2011)

Art. 10. O sistema de expedição da Certidão Negativa de Débitos Trabalhistas estará disponível ao público a partir de 4 (quatro) de janeiro de 2012.

§ 1º A partir da data prevista no *caput*, os Tribunais Regionais do Trabalho e as Varas do Trabalho não emitirão certidão com a mesma finalidade e conteúdo da CNDT, salvo em caráter excepcional e urgente em que, após comprovada a emissão da certidão nacional pelo interessado, constatar-se que a informação pretendida ainda não está registrada no BNDT (art. 5º, § 2º, I).

§ 2º A CNDT pode ser exigida para fins de transação imobiliária, mas não exclui a emissão, pelos Tribunais e Varas do Trabalho, de certidão específica para esse fim.

Art. 10-A. Para os devedores incluídos no BNDT até o dia 4 de janeiro de 2012, o prazo de regularização de que trata o art. 1º, § 4º, desta Resolução terá início nessa data. (Incluído pelo Ato TST.GP n. 001/2012, de 2.1.2012)

Art. 11. Os Tribunais Regionais do Trabalho encaminharão ao Tribunal Superior do Trabalho, no prazo de 15 (quinze) dias, contados da publicação desta Resolução, plano de ação com cronograma detalhado das medidas a serem implementadas para o seu integral cumprimento.

Art. 12. No tocante aos processos em fase de execução atualmente em trâmite nos Tribunais Regionais do Trabalho ou no Tribunal Superior do Trabalho, em que ainda não houve alimentação dos dados no BNDT, caberá ao juízo de origem determinar a adoção dessa providência quando da devolução dos autos físicos principais, ressalvada a hipótese do § 2º do art. 2º desta Resolução. (Redação dada pelo Ato TST.GP n. 772/2011, de 13.12.2011)

Art. 13. Esta Resolução entra em vigor na data de sua publicação.

Brasília, 24 de agosto de 2011.

Ministro JOÃO ORESTE DALAZEN

Presidente do Tribunal Superior do Trabalho

25. Da penhora

25.1. Conceito e efeitos da penhora

Conforme *Francisco Antonio de Oliveira*(149), "a penhora traduz meio coercitivo do qual se vale o exequente para vencer a resistência de devedor inadimplente e renitente à implementação do comando judicial."

Na visão de *Pedro Paulo Teixeira Manus*(150), *penhora é a apreensão física de bens do executado para satisfação do julgado.*

A penhora é um ato de império do Estado, praticado na execução que tem por finalidade vincular determinados bens do devedor ao processo a fim de satisfazer o crédito do exequente. Trata-se de um ato de afetação de determinados bens do devedor que provoca o gravame de vinculá-los ao processo em que processa a execução.

Segundo a melhor doutrina, são efeitos da penhora:

a) individualizar o bem ou bens: a partir da penhora, os bens do executado que responderão pela satisfação do crédito do exequente são individualizados e especificados;

b) garantir o juízo: há a garantia do juízo quando o montante de bens penhorados é suficiente para pagamento do crédito do exequente e demais despesas processuais. Conforme destacam *Bruno Garcia Redondo* e *Mário Vitor Suarez Lojo*(151), "a garantia do juízo tem por objetivo dar ao processo a segurança necessária, a fim de que os bens reservados sejam suficientes à realização do direito do executado. Considera-se garantido o juízo quando são penhorados bens cujos valores igualam ou excedem o valor executado";

c) gerar preferência ao credor: o credor que primeiramente obtiver a penhora sobre o bem terá preferência sobre os demais credores que vierem a penhorar

(149) OLIVEIRA, Francisco Antonio de. *Execução na Justiça do Trabalho.* 5. ed. São Paulo: RT, 2006. p. 120.

(150) *Op. cit.*, p. 66.

(151) *Penhora.* São Paulo: Método, 2007. p. 46.

o mesmo bem (princípio da preferência pela anterioridade da penhora). Nesse sentido, dispõe o art. 797 do CPC, *in verbis*:

"Ressalvado o caso de insolvência do devedor, em que tem lugar o concurso universal, realiza-se a execução no interesse do exequente que adquire, pela penhora, o direito de preferência sobre os bens penhorados. Parágrafo único. Recaindo mais de uma penhora sobre o mesmo bem, cada exequente conservará o seu título de preferência."

d) privar o devedor da posse dos bens: assevera a doutrina que a penhora tem efeito de retirar do devedor a posse do bem penhorado;

O Código de Processo Civil dispõe que o bem penhorado fique depositado, preferencialmente, em poder do depositário judicial. Com efeito, assevera o art. 840:

"Serão preferencialmente depositados: I – as quantias em dinheiro, os papéis de crédito e as pedras e os metais preciosos, no Banco do Brasil, na Caixa Econômica Federal ou em banco do qual o Estado ou o Distrito Federal possua mais da metade do capital social integralizado, ou, na falta desses estabelecimentos, em qualquer instituição de crédito designada pelo juiz; II – os móveis, os semoventes, os imóveis urbanos e os direitos aquisitivos sobre imóveis urbanos, em poder do depositário judicial; III – os imóveis rurais, os direitos aquisitivos sobre imóveis rurais, as máquinas, os utensílios e os instrumentos necessários ou úteis à atividade agrícola, mediante caução idônea, em poder do executado. § 1º No caso do inciso II do *caput*, se não houver depositário judicial, os bens ficarão em poder do exequente. § 2º Os bens poderão ser depositados em poder do executado nos casos de difícil remoção ou quando anuir o exequente. § 3º As joias, as pedras e os objetos preciosos deverão ser depositados com registro do valor estimado de resgate."

Não obstante a preferência do referido dispositivo legal, e, ao contrário do que pensa a doutrina majoritária, nem sempre a penhora provoca a privação dos bens por parte do executado, ou seja, a perda da posse, pois, muitas vezes, o próprio executado fica como depositário dos bens. Além disso, há expressa previsão legal para isso (§ 1º, do art. 840, do CPC). Esta regra tem sido seguida no Processo do Trabalho, máxime pelo fato de nem sempre a Justiça do Trabalho possuir local para depósito dos bens e raramente o exequente aceita ficar como depositário.

Nesse sentido, é a posição de *Valentin Carrion*(152):

> "A penhora identifica os bens e lhes dá uma destinação específica, preparando a desapropriação. Por isso, o executado está impedido de qualquer ato que prejudique a execução ou desvalorize o objeto; não obstante não tenha perdido a propriedade, perde a disponibilidade naquilo que prejudicar a penhora, posto que seus atos não terão eficácia contra ela; poderá vendê-lo, mas o adquirente se sujeitará aos efeitos da penhora. O exequente obtém, pela penhora, a prioridade sobre os demais credores que não tenham melhor privilégio. A penhora é ato próprio do oficial de justiça com arrombamento, se necessário (CPC, art. 660);"

e) tornar ineficaz em relação ao processo a alienação de bens constritados: o executado poderá alienar o bem penhorado. Entretanto, tal alienação será

(152) *Op. cit.*, p. 735.

ineficaz em face do processo, ou seja: é como se não tivesse sido realizada, pois não produzirá nenhum efeito. O bem transferido a terceiro continuará vinculado ao processo pela penhora.

Como bem destacam *Bruno Garcia Redondo* e *Mário Vitor Suarez Lojo*[(153)]:

> "O sistema processual brasileiro, de igual forma que o italiano, não impede que o executado possa alienar o bem penhorado, mas concede ao exequente o direito de requerer, por simples petição, a ineficácia da alienação, que pode até mesmo ser reconhecida de ofício pelo magistrado."

25.2. Da indicação de bens à penhora, constrição e garantia do juízo

Assevera o art. 882 da CLT:

> "O executado que não pagar a importância reclamada poderá garantir a execução mediante depósito da mesma, atualizada e acrescida das despesas processuais, ou nomeando bens à penhora, observada a ordem preferencial estabelecida no art. 655 do Código Processual Civil."

Atualmente, a ordem preferencial de penhora, que no CPC/73 estava prevista no art. 655, está disciplinada no art. 835 do CPC/2015, *in verbis*:

> "A penhora observará, preferencialmente, a seguinte ordem:
>
> I – dinheiro, em espécie ou em depósito ou aplicação em instituição financeira;
>
> II – títulos da dívida pública da União, dos Estados e do Distrito Federal com cotação em mercado;
>
> III – títulos e valores mobiliários com cotação em mercado;
>
> IV – veículos de via terrestre;
>
> V – bens imóveis;
>
> VI – bens móveis em geral;
>
> VII – semoventes;
>
> VIII – navios e aeronaves;
>
> IX – ações e quotas de sociedades simples e empresárias;
>
> X – percentual do faturamento de empresa devedora;
>
> XI – pedras e metais preciosos;
>
> XII – direitos aquisitivos derivados de promessa de compra e venda e de alienação fiduciária em garantia;
>
> XIII – outros direitos.
>
> § 1º É prioritária a penhora em dinheiro, podendo o juiz, nas demais hipóteses, alterar a ordem prevista no *caput* de acordo com as circunstâncias do caso concreto.
>
> § 2º Para fins de substituição da penhora, equiparam-se a dinheiro a fiança bancária e o seguro garantia judicial, desde que em valor não inferior ao do débito constante da inicial, acrescido de trinta por cento.

---

(153) *Op. cit.*, p. 56.

§ 3º Na execução de crédito com garantia real, a penhora recairá sobre a coisa dada em garantia, e, se a coisa pertencer a terceiro garantidor, este também será intimado da penhora."

Se o executado não nomear bens à penhora, o oficial de justiça penhorará tantos bens quantos bastem à garantia do juízo. Assevera o art. 883 da CLT:

"Não pagando o executado, nem garantindo a execução, seguir-se-á penhora dos bens, tantos quantos bastem ao pagamento da importância da condenação, acrescida de custas e juros de mora, sendo estes, em qualquer caso, devidos a partir da data em que for ajuizada a reclamação inicial."

Conforme o procedimento da CLT, o executado tem a faculdade de pagar ou nomear bens à penhora, observando a ordem do art. 835 do CPC.

Atualmente, dispõe o inciso VII do art. 524 do CPC que o exequente poderá, em seu requerimento, indicar desde logo os bens penhorados.

No mesmo sentido, é o art. 798, II, c, § 2º, do CPC:

"Ao propor a execução, incumbe ao exequente: (...) II – indicar: (...) c) os bens suscetíveis de penhora, sempre que possível."

No nosso sentir, diante do caráter publicista da execução trabalhista, da efetividade da execução e da utilidade dos atos executórios, pensamos ser possível ao exequente declinar bens a serem penhorados, mesmo antes de o executado fazê-lo. Não obstante, o executado poderá impugnar a indicação e indicar outros bens, mas para tanto deverá obedecer à ordem legal de indicação prevista no art. 835 do CPC.

Além disso, como cabe ao Juiz do Trabalho promover a execução de ofício (art. 878 da CLT), a ele compete velar pelo resultado útil da fase de execução, devendo rejeitar de ofício nomeação de bens que não tenham liquidez e determinar de ofício a penhora de bens que possam solucionar mais rapidamente a execução.

Sob outro enfoque, a ordem de penhora prevista no art. 835 do CPC, exceto quanto à prioridade do dinheiro(154), não é absoluta, vale dizer: o Juiz do Trabalho poderá aceitar bem que esteja abaixo da ordem legal de outro bem indicado, se, no caso concreto, tiver maior liquidez. Não se trata aqui de benefício do executado, mas de maior eficiência da execução para o credor. Somente quando possível a penhora de dois bens de ordens diversas, mas que propiciam a mesma efetividade para o credor, o juiz preferirá o meio menos oneroso ao devedor.

Nessa direção, o Superior Tribunal de Justiça editou a Súmula 417, *in verbis*:

"Na execução civil, a penhora de dinheiro na ordem de nomeação de bens não tem caráter absoluto. (DJEletrônico 11.3.2010)."

(154) Pensamos que em situações excepcionais, aplicando-se os princípios da razoabilidade, proporcionalidade e justiça, atento aos interesses público e social, no caso concreto, por exemplo, para não se inviabilizar a folha de pagamento de funcionários de determinada empresa, o Juiz do Trabalho possa flexibilizar a prioridade da penhora do dinheiro (arts. 5º, da LINDB e 8º, do CPC).

O Tribunal Superior do Trabalho, por meio da OJ n. 59, da SDI-II equiparou a Carta de fiança bancária e o seguro garantia judicial ao dinheiro, para fins da gradação da ordem do art. 835 do CPC. Com efeito, dispõe a referida orientação:

> "MANDADO DE SEGURANÇA. PENHORA. CARTA DE FIANÇA BANCÁRIA. SEGURO GARANTIA JUDICIAL (nova redação em decorrência do CPC de 2015) – Res. n. 209/2016, DEJT divulgado em 1, 2 e 3.6.2016
>
> A carta de fiança bancária e o seguro garantia judicial, desde que em valor não inferior ao do débito em execução, acrescido de trinta por cento, equivalem a dinheiro para efeito da gradação dos bens penhoráveis, estabelecida no art. 835 do CPC de 2015 (art. 655 do CPC de 1973)."

Como bem adverte *Jorge Luiz Souto Maior*(155):

> "A penhora é ato de extrema importância para a efetividade da execução. Não se deve encarar a penhora como um mero *iter* do procedimento, pois que isso implica, muitas vezes, negar a própria utilidade de todos os atos subsequentes da execução. Em outras palavras, pouco adianta cumprir o preceito legal, penhorando-se um bem que não possui a mínima chance de ser convertido em dinheiro, mediante venda em hasta pública. Grande parte dos problemas vividos nas execuções trabalhistas situa-se no fato da realização de penhora de bens de baixo interesse comercial. O importante não é garantir a execução, sob o ponto de vista formal, mas estabelecer uma garantia de que o crédito em questão será satisfeito após obedecidas as formalidades legais subsequentes."

Serão penhorados tantos bens quantos bastem para garantia do juízo. O juízo encontra-se garantido quando o montante dos bens penhorados cobrir todo o valor da execução. Nesse sentido, é o art. 831 do CPC, de aplicação subsidiária no Direito Processual do Trabalho, *in verbis*:

> "A penhora deverá recair sobre tantos bens quantos bastem para o pagamento do principal atualizado, dos juros, das custas e dos honorários advocatícios."

A Consolidação das Leis do Trabalho não disciplina a forma da intimação do executado sobre a penhora. Desse modo, pensamos ser perfeitamente compatível com o Processo do Trabalho o disposto no art. 841 do CPC, por imprimir maior celeridade ao procedimento executivo, ressalvando-se que o prazo para oposição de embargos à execução é de cinco dias no Processo do Trabalho (art. 884 da CLT). Assevera o referido dispositivo legal do CPC:

> "Formalizada a penhora por qualquer dos meios legais, dela será imediatamente intimado o executado.
>
> § 1º A intimação da penhora será feita ao advogado do executado ou à sociedade de advogados a que aquele pertença.

---

(155) SOUTO MAIOR, Jorge Luiz. Teoria geral da execução forçada. *In:* NORRIS, Roberto (Coord.). *Execução trabalhista:* visão atual. Rio de Janeiro: Forense, 2001. p. 58.

§ 2º Se não houver constituído advogado nos autos, o executado será intimado pessoalmente, de preferência por via postal.

§ 3º O disposto no § 1º não se aplica aos casos de penhora realizada na presença do executado, que se reputa intimado.

§ 4º Considera-se realizada a intimação a que se refere o § 2º quando o executado houver mudado de endereço sem prévia comunicação ao juízo, observado o disposto no parágrafo único do art. 274."

25.3. Dos bens impenhoráveis

Dispõe o art. 833 do CPC:

"São impenhoráveis:

I – os bens inalienáveis e os declarados, por ato voluntário, não sujeitos à execução;

II – os móveis, os pertences e as utilidades domésticas que guarnecem a residência do executado, salvo os de elevado valor ou os que ultrapassem as necessidades comuns correspondentes a um médio padrão de vida;

III – os vestuários, bem como os pertences de uso pessoal do executado, salvo se de elevado valor;

IV – os vencimentos, os subsídios, os soldos, os salários, as remunerações, os proventos de aposentadoria, as pensões, os pecúlios e os montepios, bem como as quantias recebidas por liberalidade de terceiro e destinadas ao sustento do devedor e de sua família, os ganhos de trabalhador autônomo e os honorários de profissional liberal, ressalvado o § 2º;

V – os livros, as máquinas, as ferramentas, os utensílios, os instrumentos ou outros bens móveis necessários ou úteis ao exercício da profissão do executado;

VI – o seguro de vida;

VII – os materiais necessários para obras em andamento, salvo se essas forem penhoradas;

VIII – a pequena propriedade rural, assim definida em lei, desde que trabalhada pela família;

IX – os recursos públicos recebidos por instituições privadas para aplicação compulsória em educação, saúde ou assistência social;

X – a quantia depositada em caderneta de poupança, até o limite de 40 (quarenta) salários mínimos;

XI – os recursos públicos do fundo partidário recebidos por partido político, nos termos da lei;

XII – os créditos oriundos de alienação de unidades imobiliárias, sob regime de incorporação imobiliária, vinculados à execução da obra.

§ 1º A impenhorabilidade não é oponível à execução de dívida relativa ao próprio bem, inclusive àquela contraída para sua aquisição.

§ 2º O disposto nos incisos IV e X do *caput* não se aplica à hipótese de penhora para pagamento de prestação alimentícia, independentemente de sua origem, bem como às importâncias excedentes a 50 (cinquenta) salários mínimos mensais, devendo a constrição observar o disposto no art. 528, § 8º, e no art. 529, § 3º.

§ 3º Incluem-se na impenhorabilidade prevista no inciso V do *caput* os equipamentos, os implementos e as máquinas agrícolas pertencentes a pessoa física ou a empresa individual produtora rural, exceto quando tais bens tenham sido objeto de financiamento e estejam vinculados em garantia a negócio jurídico ou quando respondam por dívida de natureza alimentar, trabalhista ou previdenciária."

O referido dispositivo legal se aplica ao Processo do Trabalho, em razão de omissão da CLT e também da Lei n. 6.830/80 e por ser compatível com os princípios do Processo do Trabalho (arts. 769 e 889 da CLT), máxime o da proteção da dignidade da pessoa humana do executado e humanização da execução.

Não obstante, pensamos que o Juiz do Trabalho deve interpretar a cláusula de impenhorabilidade dos incisos do art. 833 do CPC com reservas, utilizando-se do bom-senso e da razoabilidade, considerando-se o caráter alimentar do crédito trabalhista bem como as vicissitudes que enfrenta o exequente na execução trabalhista.

Com relação ao inciso V do art. 833 do CPC, este somente é aplicável ao prestador de serviço pessoa física, que se utilizar de tais instrumentos para o exercício da sua profissão, não se aplicando às máquinas e aos bens da atividade empresarial. Nesse sentido, destacamos a seguinte ementa:

> "Bem necessário ao exercício da profissão — Impenhorabilidade — Inteligência do inciso VI do art. 649 do CPC — Interpretação estrita. A impenhorabilidade absoluta dos bens necessários ao exercício de profissão não se aplica à pessoa jurídica. Firma individual ou coletiva, ou pequeno empresário, comercial ou prestadora de serviços, não exercem atividade profissional, e sim atividade econômica. Logo, os seus bens respondem por suas dívidas e não se caracterizam como bens impenhoráveis, conforme estabelece o disposto do art. 649, inciso VI, do CPC." (TRT – 3ª R. – 6ª T. – Ap. n. 2700/03 – relª Emília Fachini – DJMG 3.6.03 – p. 16) (RDT n. 8 – agosto de 2003)

Quanto ao salário, parte da doutrina e parte da jurisprudência têm admitido a penhora em certo percentual, aplicando-se os princípios da razoabilidade e da proporcionalidade. Desse modo, segundo o caso concreto, a situação econômica do reclamante e do reclamado, pensamos ser possível a penhora de parte do salário do executado. Hoje, assistimos, muitas vezes, em audiências trabalhistas, o reclamado dizer que irá cumprir o acordo entabulado na audiência ou a condenação com um percentual do salário.

Se o dinheiro estiver em caderneta de poupança e aplicações financeiras, pensamos que ele não estará protegido pela impenhorabilidade, uma vez que perde a natureza alimentar do salário, devendo o Juiz do Trabalho interpretar o inciso X do art. 833 do CPC com extrema cautela, pois, muitas vezes, o dinheiro em caderneta de poupança possibilita fraudes e é uma válvula de escape para o inadimplemento do crédito trabalhista.

Nos termos do art. 834 do CPC, podem ser penhorados, à falta de outros bens, os frutos e os rendimentos dos bens inalienáveis.

25.4. Da impenhorabilidade do bem de família

Como nos ensina *Maria Helena Diniz*(156):

> "O bem de família é um prédio ou parcela do patrimônio que os cônjuges, ou entidade familiar destinam para abrigo e domicílio desta, com cláusula de ficar isento da execução por dívidas futuras (CC, art. 1.715). Esse instituto visa a assegurar um lar à família, pondo-a ao abrigo de penhoras por débitos posteriores à instituição, salvo os que provierem de impostos relativos ao prédio. Trata-se de bem inalienável e impenhorável."

A impenhorabilidade do bem de família tem fundamento no princípio da humanização da execução e proteção da dignidade da pessoa humana do executado. Desse modo, o imóvel residencial, se for o único, não poderá ser penhorado.

Conforme vêm entendendo acertadamente a doutrina e a jurisprudência, a impenhorabilidade do bem de família também é estendida às pessoas solteiras, separadas, etc., que residem no imóvel, pois a finalidade da impenhorabilidade é a proteção à moradia e à dignidade da pessoa humana do devedor.

Nesse sentido, dispõe a Súmula n. 364 do STJ:

> "O conceito de impenhorabilidade de bem de família abrange também o imóvel pertencente a pessoas solteiras, separadas e viúvas."

Conforme vem entendendo a moderna doutrina e também parcela significativa da jurisprudência, todos que residem no imóvel detêm legitimidade para a defesa judicial do bem de família em eventual penhora em processo trabalhista, já que todos são destinatários da proteção legal. Além do devedor, sua esposa e filhos podem ingressar com embargos de terceiro, para a defesa da posse do bem de família. No aspecto, vale destacar a seguinte ementa:

> "EMBARGOS DE TERCEIRO. IMPENHORABILIDADE DO BEM DE FAMÍLIA. LEGITIMIDADE DA FILHA DO SÓCIO DA EXECUTADA. A agravante tem interesse em assegurar a habitação da família no imóvel pertencente a seus genitores, por ser integrante da entidade familiar protegida pela Lei n. 8.009/90. Não se pode olvidar que entidade familiar é a comunidade formada por qualquer dos pais e seus descendentes, consoante dispõe o art. 226, § 4º da Constituição Federal. Assim, a filha do casal, que compõe a entidade familiar residente no imóvel, tem legitimidade para propor embargos de terceiro. Ainda que não tenha sido demonstrado de forma robusta que a agravante é possuidora do imóvel, tal como preceitua o art. 1.046 do CPC, os presentes autos tratam de hipótese que admite a ampliação do termo legitimidade, pois o bem a ser tutelado não pode ser considerado de natureza meramente patrimonial, de forma que os sujeitos protegidos pela legislação nem sempre são os proprietários ou possuidores do imóvel. Não se pode negar que no caso da impenhorabilidade do bem de família, o bem jurídico ultrapassa as pessoas do efetivo proprietário ou possuidor, afetando o interesse de toda a entidade familiar quanto à proteção da moradia. COISA JULGADA. Pelo exame do processado houve a oposição de embargos

---

(156) *Código Civil anotado*. 11. ed. São Paulo: Saraiva, 2005. p. 1.400.

do executado (fls. 80/84) nos autos principais. A matéria indicava que o bem penhorado era bem de família. Pela constatação junto ao site do TRT, não houve formalização de agravo de petição quanto à decisão proferida na ação principal em relação aos embargos à execução. A decisão (f. 98) concluiu pela improcedência dos embargos. Se houve a rejeição dos embargos e nestes embargos discutiu-se a inexistência do bem de família, tem-se a configuração da coisa julgada. A declaração de bem de família favorece ou prejudica o núcleo familiar, ou seja, a própria entidade familiar. *A priori*, a embargante é um terceiro em relação aos autos principais, contudo, trata-se de um terceiro juridicamente interessado e cujo interesse se iguala ao executado, visto que todos residem no mesmo imóvel. Vale dizer, por ser a embargante, um terceiro juridicamente interessado, há os efeitos da coisa julgada quanto a ela. Por tais fundamentos, entendemos que não há condições de adentrarmos ao mérito do presente litígio, pela formulação da coisa julgada." (TRT/SP – 00019538920125020036 – AP – Ac. 14ª T. – 20130351800 – rel. Francisco Ferreira Jorge Neto – DOE 19.4.2013)

"Embargos de terceiro. Impenhorabilidade do bem de família. Interpretação teleológica da Lei n. 8.009/90 c/c arts. 6º, 226, §§ 3º e 4º, e 227, § 6º, da Constituição Cidadã. Filho solteiro. Legitimidade Ativa. Consagração do direito constitucional à moradia. A proteção estendida pela Lei n. 8.009/90 à entidade familiar não se limita ao casamento e/ou à união estável, nem à comunidade formada por qualquer dos pais e seus descendentes, mas também atinge os filhos que eventualmente continuem residindo no mesmo imóvel que antes ocupavam com os genitores, os ascendentes e todos os demais componentes do núcleo originário, a teor do amplo conceito de entidade familiar hoje inserido em nosso ordenamento jurídico, inclusive consagrado constitucionalmente. A entidade familiar, no contexto mais amplo da Lei n. 8.009/90, afigura não apenas a instituição social de pessoas que se agrupam usualmente pelo casamento, pela união estável ou pela própria ascendência ou descendência, mas sim compreende todo o parentesco civil ou natural, sem perder de vista a própria família substitutiva. Assim, à luz da teleologia da norma, ainda que se trate de um único membro da família — a exemplo do filho solteiro — mostra-se esse último igualmente albergado pelo manto da proteção legal, porquanto o espírito do legislador indubitavelmente não se dirigiu ao número de pessoas que residem no imóvel, devendo ser exaltados o sentido social e o objetivo maior da norma em exame, qual seja, concretizar e consagrar o direito à moradia do cidadão." (TRT/SP – 00017514820135020046 – AP – Ac. 9ª T. – 20140009773 – relª Jane Granzoto Torres da Silva – DOE 24.1.2014)

Nos termos da Súmula n. 486 do STJ, é impenhorável o único imóvel residencial do devedor que esteja locado a terceiros, desde que a renda obtida com a locação seja revertida para a subsistência ou a moradia da sua família. (DJEletrônico 2.8.2012)

Dispõe o art. 1º da Lei n. 8.009/90:

"O imóvel residencial próprio do casal, ou da entidade familiar é impenhorável e não responderá por qualquer tipo de dívida civil, comercial, fiscal, previdenciária ou de outra natureza contraída pelos cônjuges ou pelos pais ou filhos que sejam seus proprietários e nele residam, salvo nas hipóteses previstas nesta Lei."

Há doutrinadores que sustentam a inaplicabilidade da lei do bem de família na Justiça do Trabalho, considerando-se o caráter alimentar do crédito trabalhista, bem como o privilégio típico da verba alimentar.

Nesse diapasão, é a posição de *Francisco Antonio de Oliveira*(157):

> "Temos para nós, também, que a referida lei, ao investir contra o crédito trabalhista, desrespeita mandamento constitucional, que premia os créditos de natureza alimentícia (art. 100), aí incluído o crédito trabalhista em sua inteireza, não somente aquele do trabalhador na residência. E mais: ao se impedir que seja penhorado bem do sócio, cuja empresa desapareceu com o fundo de comércio, estar-se-á transferindo para o trabalhador o risco do empreendimento. Quando o empreendimento não dá certo e a empresa não se mostra idônea, financeira e economicamente, pouco importando o motivo ou causa do insucesso, o trabalhador nunca responderá, e isso porque jamais corre os riscos do empreendimento, porque jamais participou do lucro da empresa."

No nosso sentir, o fato de o crédito trabalhista ter natureza alimentar não é suficiente para fundamentar a inaplicabilidade da Lei n. 8.009/90 ao Processo do Trabalho, uma vez que a finalidade social da norma é a proteção da dignidade da pessoa humana do executado, evitando que este fique sem teto para morar.

Nesse diapasão, o art. 3º da Lei n. 8.009/90 assevera que a impenhorabilidade é oponível em qualquer processo de execução civil, fiscal, previdenciária, trabalhista ou de outra natureza.

No mesmo sentido, destacam-se as seguintes ementas da mais alta corte trabalhista do país a respeito, *in verbis*:

> "AGRAVO DE INSTRUMENTO. PROCESSO DE EXECUÇÃO. PENHORA DE BEM DE FAMÍLIA. Agravo provido para determinar o exame do recurso de revista em face de ofensa ao art. 5º, XXII, da Constituição Federal. RECURSO DE REVISTA. PROCESSO DE EXECUÇÃO. PENHORA DE BEM DE FAMÍLIA. Para os efeitos da impenhorabilidade de que trata a Lei n. 8.009/90, o art. 5º do referido diploma legal exige que o bem indicado à penhora seja o único imóvel utilizado pelo casal ou pela entidade familiar para moradia permanente. A necessidade de inscrever no Registro de Imóveis que o bem é de família, constitui exceção prevista expressamente no parágrafo único do mencionado art. 5º, e refere-se à hipótese de o casal possuir vários imóveis utilizados como residência. No presente caso, alegou o executado que o bem penhorado é seu único imóvel, onde reside com sua esposa. Depreende-se da leitura do acórdão recorrido que o Tribunal Regional adotou como fundamento para manter a penhora o fato de o réu não ter comprovado que não possuía outros bens. Frise-se que não se discute nos autos a destinação residencial do imóvel. Ora, exigir-se prova de que o bem onde o executado afirma residir é de família é o mesmo que exigir-se prova negativa de que não possui outros bens. Tal exigência não é juridicamente razoável, razão por que extrapola os limites do art. 5º, XXII, da Constituição da República. Cabe ao exequente provar que o imóvel em discussão não se trata de bem de família, indicando outros bens de propriedade do executado. Recurso de revista conhecido e provido." (TST – RR – 486/1984-045-02-40. Ac. 1ª T. – rel. Ministro Lelio Bentes Corrêa. DJ 7.3.2008)

---

(157) OLIVEIRA, Francisco Antonio de. *Execução na Justiça do Trabalho*. 5. ed. São Paulo: RT, 2006. p. 155.

"RECURSO DE REVISTA. EXECUÇÃO. BEM DE FAMÍLIA. CARACTERIZAÇÃO. IMPENHORABILIDADE. 1. Segundo o disposto no art. 1º, da Lei n. 8.009/90, o imóvel residencial próprio do casal, ou da entidade familiar é impenhorável por qualquer tipo de dívida civil, comercial, fiscal, previdenciária ou de outra natureza, contraída pelos cônjuges ou pelos pais ou filhos que sejam seus proprietários e nele residam, salvo nas hipóteses previstas nesta lei. A norma em questão visa, precipuamente, proteger o imóvel familiar e os bens que lá se encontram, resguardando a dignidade humana dos membros da família. 2. No caso dos autos, o Tribunal de origem negou provimento ao agravo de petição da ora agravante, ao fundamento de que — Não há prova da condição de bem de família do imóvel penhorado [...] —, porque não demonstrado que — [...] o imóvel penhorado serve à residência da agravante (Lei n. 8.009/90), bem como que não é o único imóvel de sua propriedade [...]. 3. Entretanto, os fatos registrados no v. acórdão regional (existência de contas de telefone fixo, celular e plano de saúde, bem como faturas de Universidade e cartões de crédito em nome da agravante e filha, indicando o imóvel como seu endereço e comprovantes de citação/intimação judicial no propalado endereço) levam à conclusão de que o referido bem servia de moradia à agravante, a seus pais e à sua filha. 4. Violação do art. 6º da Constituição Federal caracterizada. Recurso de revista conhecido e provido." (RR-22600-04.2003.5.02.0010, relator: Ministro Hugo Carlos Scheuermann, 1ª Turma, DEJT 21.6.2013)

"RECURSO DE REVISTA EM EXECUÇÃO. BEM DE FAMÍLIA. IMPENHORABILIDADE. LEI N. 8.009/90. É assente na jurisprudência desta Corte Superior o entendimento segundo o qual o único imóvel residencial do devedor não é passível de penhora, de acordo com o art. 1º da Lei n. 8.009/1990, sob pena de negar-se vigência aos arts. 5º, XXII, e 6º da Constituição Federal, que asseguram o direito à propriedade e à moradia. A Lei n. 8.009/90 — inalterada pelo novo Código Civil — exige apenas que imóvel penhorado sirva de residência do casal, e não que o proprietário faça prova dessa condição mediante registro no cartório imobiliário. Dessa orientação dissentiu o acórdão recorrido, devendo ser acolhida a pretensão recursal de reforma. Recurso de revista parcialmente conhecido e provido." (RR-11900-57.2006.5.08.0119, 1ª Turma, relator: Ministro Walmir Oliveira da Costa, DEJT 6.5.2011)

"RECURSO DE REVISTA. EXECUÇÃO. IMPENHORABILIDADE DO IMÓVEL. BEM DE FAMÍLIA. Em que pesem os defensáveis fundamentos adotados no acórdão recorrido, enquadrando-se o bem penhorado (imóvel de matrícula n. 3427) como o único imóvel destinado à residência da entidade familiar, fica configurado o bem de família, que atrai sobre si a impenhorabilidade de que trata o art. 1º da Lei n. 8.009/90. Por outro lado, a impenhorabilidade do bem de família é oponível quanto aos débitos trabalhistas, ensejando inclusive o conhecimento de Recurso de Revista por ofensa direta aos arts. 5º, XXII, e 6º da Constituição da República. Precedentes desta Corte nesse sentido. Recurso de Revista parcialmente conhecido e provido." (TST – Processo: RR – 231200-64.2005.5.17.0132 – Data de Julgamento: 1º.10.2014, relatora Ministra: Maria de Assis Calsing, 4ª Turma, Data de Publicação: DEJT 3.10.2014)

A impenhorabilidade do bem de família prescinde de qualquer formalidade, basta que o legitimado, que é destinatário da proteção legal, prove, por todos os meios admitidos em direito que se trata de imóvel único e que se destina à residência. Nesse sentido, destacam-se as seguintes ementas:

"BEM DE FAMÍLIA. IMPENHORABILIDADE. O imóvel que serve de residência para a entidade familiar é impenhorável, consoante o estatuído na Lei n. 8.009/90, a qual regulamenta a garantia prevista no art. 226 da Constituição Federal. É desnecessário o registro do bem em Cartório, pois o art. 1.711 do Código Civil mantém as regras da lei especial.

O registro é imprescindível se existirem vários bens imóveis como residência (art. 5º, parágrafo único, da Lei n. 8.009/90)." (TRT/SP – 00947007620005020069 – AP – Ac. 5ª T. – 20120927548 – rel. José Ruffolo – DOE 23.8.2012)

"BEM DE FAMÍLIA. IMPENHORABILIDADE. A garantia de impenhorabilidade de imóvel residência do executado estatuída pela A Lei n. 8.009/90, em seu art. 1º, prescinde de qualquer outra formalidade e independe de registro na forma preconizada pelo art. 1.711 do CC. A norma também não exige que o executado comprove possuir apenas um imóvel, mas estabelece que a garantia alcança apenas um imóvel, ainda que possua outros." (TRT/SP – 02285006319965020063 – AP – Ac. 14ª T. – 20130414039 – rel. Manoel Antônio Ariano – DOE 29.4.2013)

"EXECUÇÃO. IMÓVEL RESIDENCIAL. IMPENHORABILIDADE. A proteção da Lei n. 8.009/90 prescinde de quaisquer formalidades, em especial de escrituração e registro público. A impenhorabilidade é oponível, inclusive, em execução trabalhista, bastando, para tanto, que o imóvel comprovadamente sirva de residência ao executado." (TRT/SP – 00451007220085020080 – AP – Ac. 6ª T. – 20130329368 – rel. Ricardo Apostólico da Silva – DOE 17.4.2013)

Não obstante, pensamos não ser absoluta a impenhorabilidade do bem de família, pois deve o Juiz do Trabalho sopesar o caso concreto e, em determinadas circunstâncias, autorizar a penhora, utilizando os princípios da razoabilidade e da equidade.

A Lei do Bem de Família não pode ser empregada para inviabilizar o recebimento do crédito trabalhista, nem ser um manto para encobrir injustiças.

No caso concreto, o Juiz do Trabalho poderá, valendo-se dos princípios de justiça, da razoabilidade e da proporcionalidade, determinar a penhora do bem de família, principalmente quando puder ser alienado por valor considerável, e ser suficiente para o pagamento do crédito trabalhista e possibilitar ao devedor a compra de outro imóvel, com os valores restantes. Nesse sentido, destacamos a seguinte ementa:

"BEM DE FAMÍLIA. IMÓVEL DE ELEVADO VALOR. POSSIBILIDADE DE PENHORA. PRINCÍPIO DA PROPORCIONALIDADE. O que deve ser preservado é o direito à moradia digna da família e não o bem em si, mormente quando possua elevado valor e sua alienação importe em satisfação do crédito do trabalhador e ainda garanta a aquisição de outro imóvel pelo executado." (TRT/SP – Agravo de Petição. 16ª Turma. Processo n. 01383009119975020251. Ac. 20121265778 – relª Ivete Bernardes Vieira de Souza. DOE/SP 31.10.2012)

De outro lado, como bem entende corretamente a jurisprudência trabalhista, a impenhorabilidade do bem de família só abrange os bens indispensáveis à existência digna do executado. Desse modo, podem ser penhorados bens móveis que guarnecem a residência, que não são indispensáveis à convivência digna do executado e sua família, considerando-se os parâmetros médios da sociedade.

Nesse contexto, destacamos as seguintes ementas:

"Bem de família — Impenhorabilidade legal. A impenhorabilidade de que trata a Lei n. 8.009/90 incide apenas e tão somente sobre o bem imóvel residencial próprio do casal ou da entidade familiar que nele resida, a fim de lhe resguardar condições mínimas de conforto e de dignidade pessoal, não se estendendo aos demais bens da entidade familiar. Evidenciado que o objetivo da penhora não é utilizado para moradia permanente dos agravantes, estando alugado, não cabe falar em sua impenhorabilidade, pois não sendo o referido bem utilizado para moradia, não se encontra abrangido pela proteção da Lei n. 8.009/90, que visa a proteger a subsistência da entidade familiar, e não favorecer o devedor inadimplente." (TRT – 3ª R. – 1ª T. – AP n. 600/2004.057.03.00-4 – relª Camilla Guimarães P. Zeidler – DJMG 17.5.05 – p. 17) (RDT n. 09 – Setembro de 2005).

"Penhora — Bem de família. O disposto no parágrafo único do art. 1º da Lei n. 8.009/90 não se aplica indistintamente a todos os móveis que guarnecem o imóvel do devedor. A proteção atribuída pelo referido dispositivo de lei tem o escopo de resguardar tão somente aqueles móveis indispensáveis à vida familiar, não estando abrangidos, assim, aqueles bens cuja utilidade, embora possa trazer benefícios e comodidades à família, não é considerada imprescindível." (TRT – 12ª R. – 1ª T. – AG-PET n. 775/1999.011.12.00-7 – Ac. n. 8.349/04 – rel. Marcos V. Zanchetta – DJ 3.8.04 – p. 155) (RDT n. 9 – Setembro de 2004)

O art. 3º, I, da Lei n. 8.009/90, dizia que a impenhorabilidade não se aplicava para trabalhadores da própria residência, como o caso dos trabalhadores domésticos. Entretanto, a LC n. 150/15 revogou o referido dispositivo. Doravante, a impenhorabilidade do bem de família também resta aplicável para os trabalhadores da própria residência, inclusive os domésticos.

Quando a família possuir mais de um imóvel, poderá destinar um deles para ser o bem de família, o qual será protegido pela cláusula da impenhorabilidade, nos termos do art. 1.711 do Código Civil, *in verbis*:

"Podem os cônjuges, ou a entidade familiar, mediante escritura pública ou testamento, destinar parte de seu patrimônio para instituir bem de família, desde que não ultrapasse um terço do patrimônio líquido existente ao tempo da instituição, mantidas as regras sobre a impenhorabilidade do imóvel residencial estabelecida em lei especial. Parágrafo único. O terceiro poderá igualmente instituir bem de família por testamento ou doação, dependendo a eficácia do ato da aceitação expressa de ambos os cônjuges beneficiados ou da entidade familiar beneficiada."

Nos termos do art. 1.712 do CC, o bem de família consistirá em prédio residencial urbano ou rural, com suas pertenças e seus acessórios, destinando-se em ambos os casos a domicílio familiar, e poderá abranger valores mobiliários, cuja renda será aplicada na conservação do imóvel e no sustento da família.

Conforme o art. 1.714 do CC, o bem de família, quer instituído pelos cônjuges ou por terceiro, constitui-se pelo registro de seu título no Registro de Imóveis.

Se o executado tiver mais de uma residência e não registrar uma delas como o bem de família, a impenhorabilidade recairá sobre o de menor valor, nos termos do art. 5º, parágrafo único, da Lei n. 8.009/90, *in verbis*:

"Na hipótese de o casal, ou entidade familiar, ser possuidor de vários imóveis utilizados como residência, a impenhorabilidade recairá sobre o de menor valor, salvo se outro tiver sido registrado, para esse fim, no Registro de Imóveis e na forma do art. 70 do Código Civil."

De outro lado, no nosso sentir, mesmo que um dos imóveis tenha sido registrado em cartório como bem de família, se o valor dos demais imóveis não for suficiente para a quitação da execução trabalhista, o Juiz do Trabalho, valendo-se dos princípios da razoabilidade e da proporcionalidade no caso concreto, poderá aplicar a cláusula de impenhorabilidade do bem de família para o imóvel de menor valor, penhorando-se o imóvel que fora registrado, pois, assim, o direito à moradia estará satisfeito (art. 6º da CF) e também a quitação das verbas trabalhistas.

No aspecto, vale destacar a seguinte ementa:

"BEM DE FAMÍLIA — CONDIÇÕES PARA OPOSIÇÃO DA GARANTIA COM EFEITO *ERGA OMNES* — MANUTENÇÃO DA PENHORA — DIREITO DE PROPRIEDADE DEPENDENTE DE SUA FUNÇÃO SOCIAL E QUE SUCUMBE DIANTE DE CRÉDITO ALIMENTAR. Como toda exceção à regra de que o devedor responde para o cumprimento de suas obrigações com todos os seus bens, presentes e futuros (art. 591 do CPC), as garantias que excepcionam a submissão patrimonial, para que tenham eficácia *erga omnes*, devem estar instituídas na forma como delimitado na própria lei, sob pena de nítida ofensa ao art. 5º, inciso II, da Constituição Federal. A questão já era tratada pelo art. 73 do Código Civil de 1916 e permanece disciplinada pelo Código Civil em vigor, que manteve a exigibilidade de instituição através de escritura pública, pelo registro de seu título no Registro de Imóveis (art. 1714) resguardados dois terços do patrimônio líquido existente por ocasião da instituição (art. 1.711), com destinação para domicílio familiar (art. 1.712), surtindo eficácia jurídica apenas em relação a dívidas posteriores à sua instituição (art. 1.715). Não cumpridas tais exigências e considerando-se que a propriedade deve atender à sua função social (art. 5º, inciso XXIII, da Constituição Federal), a penhora há de ser mantida, em razão do caráter alimentar que emerge do crédito trabalhista, em confronto com o direito patrimonial do devedor." (TRT/SP – 00445003620065020043 – AP – Ac. 4ª T. 20110425094 – rel. Paulo Sérgio Jakutis – DOE 15.4.2011)

A impenhorabilidade do bem de família constitui matéria de ordem pública, em face do caráter social do instituto. Portanto, pode ser arguida em qualquer tempo, não havendo preclusão. Não obstante, após a expropriação judicial, tendo havido arrematação, a questão deve ser objeto de embargos à expropriação, ou de ação anulatória, caso já transcorrido o prazo para embargos.

Nesse sentido, destacamos a seguinte ementa:

"Tempestividade dos Embargos de Terceiro. A impenhorabilidade do bem de família é questão de ordem pública, portanto, pode ser arguida a qualquer tempo e fase processual. Ausência de autenticação dos documentos comprobatórios do alegado 'Bem de Família.' Necessidade de impugnação e outras provas capazes de informar o conteúdo dos documentos. Bem de Família. Homologação de partilha de bens em Ação de Divórcio Consensual. Basta residir em imóvel próprio para que seja impenhorável, ainda que não exista registro no cartório de imóveis quanto à homologação da partilha de bens, eis que, conquanto não transfira a propriedade para os fins da lei civil, gera efeitos entre as partes. Adoto a Súmula n. 84 do STJ. Recurso a que se dá provimento." (TRT/SP – 00015810820115020447 – AP – Ac. 18ª T. – 20120793584 – rel. Rui Cesar Publio Borges Correa – DOE 13.7.2012)

25.5. Da penhora de dinheiro e bloqueio de contas bancárias

O dinheiro é o bem que satisfaz a execução por quantia. Em razão disso, todo o esforço judicial na execução deve convergir para a penhora de dinheiro do executado.

Não foi por outro motivo que o Legislador colocou o dinheiro, em espécie ou em depósitos ou aplicação em instituição financeira, como o primeiro bem na ordem da penhora (art. 835, I, do CPC).

Atualmente, a jurisprudência trabalhista vem convergindo no sentido da admissão da penhora de dinheiro, ainda que o executado tenha declinado outros bens à penhora, em razão da efetividade e da celeridade que devem ser imprimidas pelo Juiz do Trabalho à execução. Nesse sentido, a seguinte ementa:

"Penhora em dinheiro — Obediência à gradação legal. A penhora em dinheiro obedece à gradação legal prevista no art. 655 do CPC. Assim, não há ilegalidade na constrição judicial que recai sobre dinheiro do agravante junto à própria agência bancária, pois não configuradas as hipóteses do art. 649 do mesmo diploma legal. Cálculos judiciais — Excesso de horas extras. A coisa julgada é a eficácia que torna imutável e indiscutível a sentença, não mais sujeita a recurso ordinário ou extraordinário (art. 467 do CPC). Acolher a pretensão de exclusão de verbas que compõe a remuneração deferida no título judicial, implica vulneração ao disposto no art. 5º, XXXVI da CF." (TRT – 10ª R. – 1ª T. – AP. n. 478.2002.811.10.00-4 – relª Maria Regina G. Dias – DJDF 12.3.04 – p. 9) (RDT n. 4 – Abril de 2004)

Considerando-se o caráter alimentar do crédito trabalhista, a celeridade que deve ser imprimida ao procedimento de execução e a efetividade do processo, deve o Juiz do Trabalho, de ofício (art. 878 da CLT) ou a requerimento do exequente, determinar providências para viabilizar a penhora de dinheiro do executado.

Uma providência efetiva que vem dando bons resultados na Justiça do Trabalho é a penhora *on-line* no sistema *Bacen-Jud*, por meio do qual o Juiz do Trabalho, mediante senha personalizada, consegue ter acesso aos dados de contas bancárias do executado no âmbito do território nacional e determinar o bloqueio de numerário até o valor da execução.

Não há ilegalidade ou arbitrariedade no bloqueio de contas, pois o Juiz do Trabalho está cumprindo sua função institucional de dar efetividade ao crédito trabalhista.

Nesse sentido, destacam-se as seguintes ementas:

"Penhora — Dinheiro — Instituição bancária — Art. 5º, II e LIV, da Constituição Federal — Violação — Não configuração. Toda a controvérsia está assentada no fato de que o v. acórdão recorrido não considerou irregular a penhora sobre dinheiro do reclamado, instituição financeira, sob o fundamento de que não foi provado que ele era contabilizado em conta; que 'não há prova, nos autos, de que a importância objeto da constrição esteja contabilizada em conta Reservas Bancárias" (fls. 652) e, ainda, que o art. 620 do CPC não se aplica ao caso porque "o fato de a execução dever seguir da forma menos gravosa possível ao executado, não significa que a este seja dado o direito de ver penhorado o bem que lhe aprouver, porque se assim o fosse, a exceção resvalaria para tornar-se gravosa só ao exequente.' Nesse contexto, verifica-se que a matéria tem cunho nitidamente infraconstitucional, não havendo que se falar em afronta ao art. 5º, II e LV, da Constituição Federal, de forma que a viabilidade da Revista está subordinada à demonstração primeira de que o julgado *a quo* tenha violado os preceitos infraconstitucionais para, reflexa e, portanto, indiretamente, concluir-se pela ofensa a norma constitucional, o que não autoriza o processamento do recurso de revista, diante dos expressos termos do art. 896, § 2º, da CLT, bem como da jurisprudência consolidada no Enunciado n. 266 do TST, ambos no sentido de que, em processo de execução, só é cabível a revista quando houver ofensa direta e literal a dispositivo constitucional. Agravo de instrumento não provido." (TST – 4ª T. – AIRR n. 1.054/1996.581.05.00-1 – rel. Milton de Moura França – DJ 12.3.04 – p. 597)

"Execução — Bloqueio de dinheiro pelo sistema *on-line* — Legalidade. Reveste-se de legalidade a determinação de bloqueio de dinheiro do devedor em face da gradação prevista pelo art. 655 do CPC, quando não há prova de que a constrição possa inviabilizar seu negócio. Os créditos trabalhistas, em face da sua natureza, são considerados privilegiados. Se não forem quitados oportunamente, sujeita-se o responsável pelo inadimplemento à execução forçada." (TRT – 3ª R. – 6ª T. – AP n. 495/2002.005.03.00-2 – rel. Sebastião G. de Oliveira – DJMG 16.6.05 – p. 9)

Atualmente, o Código de Processo Civil incorporou a penhora *on-line*, no art. 854, *in verbis*:

"Para possibilitar a penhora de dinheiro em depósito ou em aplicação financeira, o juiz, a requerimento do exequente, sem dar ciência prévia do ato ao executado, determinará às instituições financeiras, por meio de sistema eletrônico gerido pela autoridade supervisora do sistema financeiro nacional, que torne indisponíveis ativos financeiros existentes em nome do executado, limitando-se a indisponibilidade ao valor indicado na execução.

§ 1º No prazo de 24 (vinte e quatro) horas a contar da resposta, de ofício, o juiz determinará o cancelamento de eventual indisponibilidade excessiva, o que deverá ser cumprido pela instituição financeira em igual prazo.

§ 2º Tornados indisponíveis os ativos financeiros do executado, este será intimado na pessoa de seu advogado ou, não o tendo, pessoalmente.

§ 3º Incumbe ao executado, no prazo de 5 (cinco) dias, comprovar que:

I – as quantias tornadas indisponíveis são impenhoráveis;

II – ainda remanesce indisponibilidade excessiva de ativos financeiros.

§ 4º Acolhida qualquer das arguições dos incisos I e II do § 3º, o juiz determinará o cancelamento de eventual indisponibilidade irregular ou excessiva, a ser cumprido pela instituição financeira em 24 (vinte e quatro) horas.

§ 5º Rejeitada ou não apresentada a manifestação do executado, converter-se-á a indisponibilidade em penhora, sem necessidade de lavratura de termo, devendo o juiz da execução determinar à instituição financeira depositária que, no prazo de 24 (vinte e quatro) horas, transfira o montante indisponível para conta vinculada ao juízo da execução.

§ 6º Realizado o pagamento da dívida por outro meio, o juiz determinará, imediatamente, por sistema eletrônico gerido pela autoridade supervisora do sistema financeiro nacional, a notificação da instituição financeira para que, em até 24 (vinte e quatro) horas, cancele a indisponibilidade.

§ 7º As transmissões das ordens de indisponibilidade, de seu cancelamento e de determinação de penhora previstas neste artigo far-se-ão por meio de sistema eletrônico gerido pela autoridade supervisora do sistema financeiro nacional.

§ 8º A instituição financeira será responsável pelos prejuízos causados ao executado em decorrência da indisponibilidade de ativos financeiros em valor superior ao indicado na execução ou pelo juiz, bem como na hipótese de não cancelamento da indisponibilidade no prazo de 24 (vinte e quatro) horas, quando assim determinar o juiz.

§ 9º Quando se tratar de execução contra partido político, o juiz, a requerimento do exequente, determinará às instituições financeiras, por meio de sistema eletrônico gerido por autoridade supervisora do sistema bancário, que tornem indisponíveis ativos financeiros somente em nome do órgão partidário que tenha contraído a dívida executada ou que tenha dado causa à violação de direito ou ao dano, ao qual cabe exclusivamente a responsabilidade pelos atos praticados, na forma da lei."

O referido dipositivo disciplina a penhora de dinheiro por meio eletrônico, aperfeiçoando o art. 655-A do CPC/73, destacando-se:

a) há duas fases do procedimento: a primeira em que o Juiz determina, sem prévia ciência do devedor, o bloqueio do dinheiro, e a fase posterior, após contraditório prévio, em que o bloqueio se converte, ou não, em penhora;

b) no prazo de 24 (vinte e quatro) horas a contar da resposta, de ofício, o juiz determinará o cancelamento de eventual indisponibilidade excessiva, o que deverá ser cumprido pela instituição financeira em igual prazo;

c) tornados indisponíveis os ativos financeiros do executado, este será intimado na pessoa de seu advogado ou, não o tendo, pessoalmente. Incumbe ao executado, no prazo de 5 (cinco) dias, comprovar que: a) as quantias tornadas indisponíveis são impenhoráveis; e b) ainda remanesce a indisponibilidade excessiva de ativos financeiros.

Discute-se se o contraditório prévio previsto no CPC aplica-se ao Processo do Trabalho. Embora questionável, uma vez que o contraditório, pelo devedor, deve ser exercido nos embargos à execução (art. 884 da CLT), que podem ser opostos no mesmo prazo do art. 854, § 3º, do CPC, pensamos que a tendência será propiciar o contraditório prévio ao devedor depois do bloqueio do numerário que garanta integral ou parcialmente o juízo. Se o devedor não impugnar o bloqueio previamente, não poderá fazê-lo na fase de embargos.

O Tribunal Superior do Trabalho, recentemente, por meio do art. 3, XIX, da IN n. 39/16 entendeu aplicáveis ao proesso do trabalho, os parágrafos do art. 854 do CPC. Com efeito, dispositivo:

"Sem prejuízo de outros, aplicam-se ao Processo do Trabalho, em face de omissão e compatibilidade, os preceitos do Código de Processo Civil que regulam os seguintes temas: (...) XIX – art. 854 e parágrafos (BacenJUD)."

Ao comentar o referido dispositivo, *Nelson Nery Junior*(158) destaca que a penhora *on-line* é "instituto já testado na Justiça do Trabalho, agora incorporado à sistemática do processo civil como um todo, visa a acelerar a busca de numerário do executado e, por consequência, a solução da obrigação pendente."

Embora o art. 854 do CPC exija requerimento da parte, no Processo do Trabalho, como já salientamos, o bloqueio pode ser determinado de ofício (art. 878 da CLT).

(158) *Op. cit.*, p. 1.039.

O Código de Processo Civil ao incorporar a penhora *on-line* dá um avanço rumo à modernidade e à efetividade processual. Além disso, reconhece expressamente os ótimos resultados que tal prática obteve na Justiça do Trabalho. A experiência na execução trabalhista tem nos mostrado que processos que estavam na fase executiva, praticamente no arquivo sem encontrar bens do executado, começaram a se movimentar em razão da penhora *on-line*; muitos acordos começaram a sair na fase executiva e a Justiça do Trabalho ganhou mais respeitabilidade com o jurisdicionado, reduzindo o estigma do processo do "ganha, mas não leva."

Como destaca com propriedade *Estêvão Mallet*(159):

> "A penhora realizada por meio eletrônico, dita penhora *on-line*, que tanta celeuma gerou, por conta, em particular, de sua eficácia, aplicada que foi com grande êxito no processo do trabalho, já não mais comporta questionamentos. Encontra-se prevista nos arts. 655-A, *caput* e 659, § 6º, dispositivos que explicitam o que já continha na redação dada pela Lei n. 11.280, ao parágrafo único do art. 154 do CPC. É salutar a nova previsão legal. Conforme se anotou em outra oportunidade, 'o procedimento para realização da penhora não pode ficar imune aos avanços tecnológicos. Pelo contrário, a adoção de novas e mais rápidas técnicas de transferência de valores, produzidas por expeditos recursos de informática, recomenda e até impõe igual criação, pelo direito, de meios mais eficazes de apreensão de valores. Como é intuitivo, créditos e lançamentos contábeis podem ser ocultados ou transferidos com grande facilidade e com enorme rapidez, sem nenhuma outra operação, nos dias de hoje, do que meros comandos emitidos, do que qualquer computador ligado à *internet*. Não custa nada nem toma tempo, em consequência, remeter valores de uma parte a outra do mundo ou trazê-los de onde estiverem ou enviá-los novamente para onde bem se quiser. Em semelhante contexto, imaginar que o procedimento para formalização da penhora possa continuar a se fazer sem nenhuma alteração, como há quatro séculos ocorria, mediante expedição de mandado, a ser fisicamente entregue pelo oficial de justiça à instituição detentora dos créditos constitui verdadeira irrisão. Não faz sentido, tanto mais quando é certo que, diversamente do que ocorre com bens imóveis, a transferência de crédito fica praticamente imune à sequela judicial, pela dificuldade de apreensão de valores existentes apenas contabilmente."

25.6. Da penhora de salário e do salário depositado em caderneta de poupança

Na definição clássica de *José Martins Catharino*(160), salário é *contraprestação devida a quem põe seu esforço pessoal à disposição de outrem em virtude do vínculo jurídico de trabalho, contratual ou instituído.*

---

(159) MALLET, Estêvão. Novas modificações no Código de Processo Civil e o processo do trabalho — Lei n. 11.382/2006. *In: LTr* 71-05/529-530.

(160) CATHARINO, José Martins. *Tratado jurídico do salário.* São Paulo: LTr, 1997. p. 90.

O salário destina-se à subsistência do trabalhador. Por isso, a legislação lhe atribuiu caráter alimentar e disciplinou mecanismos para sua proteção, visando a resguardar a dignidade da pessoa humana do trabalhador.

Dentre as medidas legais destinadas à proteção do salário, está a impenhorabilidade.

Nesse sentido, dispõe o art. 833, IV, do CPC:

> "São impenhoráveis:
>
> [...] IV – os vencimentos, os subsídios, os soldos, os salários, as remunerações, os proventos de aposentadoria, as pensões, os pecúlios e os montepios, bem como as quantias recebidas por liberalidade de terceiro e destinadas ao sustento do devedor e de sua família, os ganhos de trabalhador autônomo e os honorários de profissional liberal, ressalvado o § 2º; [...] § 2º O disposto nos incisos IV e X do *caput* não se aplica à hipótese de penhora para pagamento de prestação alimentícia, independentemente de sua origem, bem como às importâncias excedentes a 50 (cinquenta) salários mínimos mensais, devendo a constrição observar o disposto no art. 528, § 8º, e no art. 529, § 3º."

Como adverte *Amauri Mascaro Nascimento*(161), justifica-se a medida em parte. A impenhorabilidade visa à preservação do salário como meio de subsistência do empregado. Há leis de outros países que permitem a penhora nos mesmos casos em que são permitidos descontos, e estes só são admitidos de acordo com percentuais que se alteram na ordem inversa dos salários, critério que é melhor.

Ao contrário do CPC de 1973 que consagrava, no inciso IV do art. 649, a teoria da impenhorabilidade absoluta do salário, salvo dívida alimentar que decorria do parentesco, o CPC, atual, permite a penhora de salário em algumas hipóteses.

A CLT não disciplina as hipóteses de impenhorabilidade do salário. Desse modo, por força dos arts. 769 e 889, aplica-se à execução trabalhista o art. 833, IV, do CPC.

Nesse sentido, destacamos a seguinte ementa:

> "Mandado de segurança — Penhora e bloqueio em conta-salário — Inadmissibilidade. Dispõe o art. 649 e inciso IV do Código de Processo Civil serem absolutamente impenhoráveis as provisões de alimento necessárias à manutenção do servidor e de sua família, bem como os vencimentos (inclusive proventos de aposentadoria – RJTJESP n. 110/286) dos servidores públicos. A imperatividade e cogência da norma assim abrangem salário a qualquer título, com maior rigor em se tratando de servidores, expressamente nela incluídos, como é o caso destes autos, seja no presente, passado, futuro, pago ou não, na constância do emprego ou por despedida (RT n. 618/198, JTJ n. 205/231), não sendo pois possível penhora de saldo em conta corrente bancária se proveniente de salário (Lex-JTA n. 148/160) (*apud* NEGRÃO, Theotonio. *Código de Processo Civil e Legislação Processual em Vigor*. 31. ed. atual., São Paulo: Saraiva, 2000. p. 676, n. 25 ao art. 649)." (TRT 10ª R. – TP-MS n. 31/2005.000.10.00-9 – rel. Paulo H. Blair – DJDF 24.6.05 – p. 9) (RDT n. 07 – Julho de 2005)

---

(161) NASCIMENTO, Amauri Mascaro. *Salário:* conceito & proteção. São Paulo: LTr, 2008. p. 217.

Mesmo diante do princípio da impenhorabilidade absoluta do salário, é possível se sustentar a tese da possibilidade da penhora em parte do salário?

Não nos parece que seja justo e razoável o trabalhador não receber seu crédito em razão de impenhorabilidade do salário do devedor, se este puder viver de forma digna, abrindo mão de parte de seus ganhos para satisfazer o crédito do exequente.

Pensamos ser possível a penhora de parte do salário do executado. Hoje, assistimos muitas vezes, em audiências trabalhistas, o reclamado dizer que irá cumprir o acordo entabulado na audiência ou a condenação com um percentual do salário. De outro lado, a penhora de dinheiro é o meio mais eficaz de solucionar a execução, conforme a ordem do art. 835, I, do CPC.

Considerando-se o caráter alimentar do crédito trabalhista, diante da possibilidade da penhora de parte do salário para satisfazer o crédito trabalhista e o direito do executado de não ter penhorado o salário, deve o Juiz do Trabalho dirimir a questão à luz do princípio da proporcionalidade.

À luz dos princípios da razoabilidade, da equidade e da justiça no caso concreto, pensamos que a regra da impenhorabilidade absoluta do salário deve ser relativizada na execução trabalhista, uma vez que tanto o reclamante como o executado postulam verbas de índole alimentar: o exequente buscando a satisfação do seu direito e o executado visando à defesa da verba alimentar. Inegavelmente, o Juiz do Trabalho está diante de dois males, prestigiar o credor trabalhista ou imunizar o salário do devedor do crédito trabalhista, devendo adotar a teoria do mal menor, constritando parte do salário do reclamado, em percentual que não atente contra sua existência digna. Quanto ao percentual da penhora do valor do salário, somente o caso concreto irá revelar.

Nesse sentido, o Enunciado n. 70, da 1ª Jornada de Direito Material e Processual do Trabalho do TST, *in verbis*:

> "EXECUÇÃO. PENHORA DE RENDIMENTOS DO DEVEDOR. CRÉDITOS TRABALHISTAS DE NATUREZA ALIMENTAR E PENSÕES POR MORTE OU INVALIDEZ DECORRENTES DE ACIDENTE DO TRABALHO. PONDERAÇÃO DE PRINCÍPIOS CONSTITUCIONAIS. POSSIBILIDADE. Tendo em vista a natureza alimentar dos créditos trabalhistas e da pensão por morte ou invalidez decorrente de acidente do trabalho (CF, art. 100, § 1º-A), o disposto no art. 649, inciso IV, do CPC deve ser aplicado de forma relativizada, observados o princípio da proporcionalidade e as peculiaridades do caso concreto. Admite-se, assim, a penhora dos rendimentos do executado em percentual que não inviabilize o seu sustento."

No mesmo diapasão, a seguinte ementa:

> "Execução — Salário — Penhorabilidade em favor do crédito trabalhista — Natureza alimentar — CPC, art. 649, IV, parte final — Conta-salário e saldo — Distinção — Penhorabilidade das sobras existentes — Descaracterização da natureza alimentar do valor excedente ao usado mensalmente para sustento e sobrevivência — Efeitos. O art. 649, IV, do CPC revela serem absolutamente impenhoráveis 'os vencimentos dos magistrados, dos professores e dos funcionários públicos, o soldo e os salários, salvo para pagamento de

prestação alimentícia.' A índole do referido dispositivo legal foi garantir ao devedor seu sustento e o de sua família, ainda que constrangido por execução que lhe fora dirigida, de modo a não ter perturbado os meios de sobrevivência. No entanto, a exceção contida na parte final do dispositivo enuncia que, em se tratando a dívida de prestação alimentícia, como o crédito trabalhista, a impenhorabilidade não se efetiva, já que também é necessário resguardar as condições de sustento e sobrevivência àquele declarado credor alimentício. Logicamente, não preferiu a lei o devedor ao credor, mas enunciou apenas que as verbas de sustento devem ser preservadas, para ambos. O critério razoável para enunciar o valor de penhora é aceito como de 15% do percebido mensalmente, que não se aplica às sobras não utilizadas. Esta egrégia Terceira Turma tem considerado razoável o percentual de 15% sobre os salários em folha de pagamento, ou o que exceder do valor nominal de 85% do percebido a título de subsídios, vencimentos, soldos ou salários, em conta corrente bloqueada, não significando, contudo, que tal percentual não possa ser, numa ou noutra situação, reduzido ou majorado, conforme se apresentem os valores salariais percebidos pelo devedor, sobretudo o valor líquido percebido, suas condições de vida e outros elementos que possa o Juiz da Execução vislumbrar como necessários para o sustento do executado e de sua família, sem afetar, na outra linha de raciocínio, a reconstrução do crédito alimentar devido ao trabalhador exequente. Agravo de petição do executado conhecido e parcialmente provido." (TRT 10ª R. – 3ª T. – AP n. 763/2003.002.10.00-0 – rel. Alexandre Nery de Oliveira – DJDF 1º.4.05 – p. 44) (RDT n. 05 – Maio de 2005)

Acompanhando o mesmo entendimento, destacamos a seguinte ementa:

"PENHORA SOBRE PENSÃO. POSSIBILIDADE: Insustentável a tese de impenhorabilidade absoluta de pensões prevista no art. 649, IV, do CPC. A alteração promovida pela Lei n. 11.382/2006, que acrescentou o § 2º, ao artigo em questão, estabeleceu expressamente que a impenhorabilidade deixa de subsistir em caso de "penhora para pagamento de prestação alimentícia", conceito abrangente que inclui os créditos trabalhistas, os quais ostentam inequívoca natureza alimentar. Necessário se faz interpretação que possibilite o resultado útil da jurisdição." (TRT 2ª Região. Processo TRT/SP n. 00173.2004.255.02.00-3. Agravo de petição. Relª Dora Vaz Trevino, j. 10.1.09)

O Tribunal Superior do Trabalho, no entanto, firmou direcionamento diverso, acolhendo a tese da impenhorabilidade absoluta do salário, conforme a OJ n. 153 da sua SDI-II, *in verbis*:

"Mandado de segurança. Execução. Ordem de penhora sobre valores existentes em conta-salário. Art. 649, IV, do CPC. Ilegalidade. (De JT 3.12.2008)

Ofende direito líquido e certo decisão que determina o bloqueio de numerário existente em conta-salário, para satisfação de crédito trabalhista, ainda que seja limitado a determinado percentual dos valores recebidos ou a valor revertido para fundo de aplicação ou poupança, visto que o art. 649, IV, do CPC contém norma imperativa que não admite interpretação ampliativa, sendo a exceção prevista no art. 649, § 2º, do CPC espécie e não gênero de crédito de natureza alimentícia, não englobando o crédito trabalhista."

O Código de Processo Civil de 2015, entretanto, no referido § 2º do art. 833, permite a penhora do salário para pagamento de prestação alimentícia, independentemente de sua origem, bem como as importâncias excedentes a 50 (cinquenta) salários mínimos mensais.

A expressão *prestação alimentícia, independentemente de sua origem*, pode ser interpretada como abrangente de dívida trabalhista alimentar (art. 100 da CF). Não obstante, pensamos que a jurisprudência não se inclinará nesse sentido, uma vez que a OJ n. 153 da SDI-II do C. TST: à luz do § 2º do art. 649 do CPC/73 utiliza a expressão *prestação alimentícia* como espécie e não gênero de crédito de natureza alimentícia, não englobando o crédito trabalhista. Não obstante, é positiva a abertura da possibilidade de penhora de importâncias excedentes a 50 (cinquenta) salários mínimos mensais.

Na esfera trabalhista, pensamos que o Juiz do Trabalho possa, à luz dos princípios de justiça, da razoabilidade e da proporcionalidade, considerando a natureza alimentar do crédito trabalhista, flexibilizar a interpretação do § 2º do art. 833, do CPC, e permitir a penhora de salário em valores inferiores a 50 salários mínimos, atendendo aos princípios da efetividade da execução e da não prejudicialidade do sustento do devedor.

Se o salário for transferido para caderneta de poupança e aplicações financeiras, pensamos que ele não estará protegido pela impenhorabilidade, uma vez que perde a sua natureza alimentar.

Não obstante, dispõe o inciso X do art. 833 do CPC: "São impenhoráveis: (...) *X – a quantia depositada em caderneta de poupança, até o limite de 40 (quarenta) salários mínimos.*"

Pensamos que o inciso X, do art. 833, do CPC, não se aplica ao Processo do Trabalho, em razão do caráter alimentar do crédito trabalhista. De outro lado, o referido dispositivo mostra-se incompatível com os princípios da execução trabalhista, devendo não ser aplicável (arts. 769 e 889, da CLT).

Ainda que se entenda aplicável a impenhorabilidade do inciso X, do art. 833, do CPC, deve o Juiz do Trabalho interpretá-lo com extrema cautela, pois, muitas vezes, o dinheiro em caderneta de poupança possibilita fraudes e é uma válvula de escape para o inadimplemento do crédito trabalhista.

Como bem adverte *Estêvão Mallet*(162): "A criação de nova hipótese de impenhorabilidade, para as aplicações de até 40 salários mínimos em caderneta de poupança (art. 649, inciso X), não faz nenhum sentido, muito menos no processo do trabalho. Qual a razão para dar ao devedor o direito de não pagar seus credores e permanecer com investimentos financeiros? Se o que se quis foi estimular ainda mais a aplicação em caderneta de poupança, investimento que já conta com larga preferência entre pessoas, o caminho escolhido não poderia ser pior. Leva à inadimplência das obrigações legitimamente assumidas, com enfraquecimento do vínculo jurídico obrigacional."

Nesse sentido, acompanhamos integralmente a redação da seguinte ementa:

"Agravo de petição. Poupança. Impenhorabilidade. Limitação. O art. 649 do CPC determina a impenhorabilidade em diversos casos, entre os quais, vencimentos, soldos, salários e remunerações em seu inciso IV. O inciso X determina a impenhorabilidade de contas de poupança até o limite de 40 (quarenta) salários mínimos. A determinação do inciso IV é

(162) MALLET, Estêvão. *Revista LTr* 71-05/526.

excepcionada caso se trate de penhora para pagamento de prestação alimentícia. Se o próprio salário não é absolutamente impenhorável, sendo alcançado pela exceção do pagamento de prestações de caráter alimentar, com maior razão é aplicável a exceção do mesmo parágrafo a uma aplicação financeira, de forma que os valores depositados em poupança podem ficar imunes a constrições de caráter civil, mas não quanto às trabalhistas. Agravo de Petição não provido." (TRT/SP – 00015589420135020446 – AP – Ac. 14ª T. – 20140337690 – rel. Davi Furtado Meirelles – DOE 7.5.2014)

No mesmo diapasão, é o Enunciado n. 23 da 1ª Jornada Nacional de Execução Trabalhista, realizada em novembro de 2011, *in verbis*:

"EXECUÇÃO. PENHORA DE CADERNETA DE POUPANÇA. INCOMPATIBILIDADE DO ART. 649, INCISO X, DO CÓDIGO DE PROCESSO CIVIL (CPC) COM OS PRINCÍPIOS DO DIREITO E PROCESSO DO TRABALHO. I – A regra prevista no art. 649, X, do CPC, que declara impenhorável a quantia depositada em caderneta de poupança até o limite de 40 (quarenta) salários mínimos, é incompatível com o direito e o Processo do Trabalho. II – A incompatibilidade com os princípios do direito e do Processo do Trabalho é manifesta, pois confere uma dupla e injustificável proteção ao devedor, em prejuízo ao credor, no caso e em regra, o trabalhador hipossuficiente. A proteção finda por blindar o salário e o seu excedente que não foi necessário para a subsistência e se transformou em poupança. Há, na hipótese, manifesta inobservância do privilégio legal conferido ao crédito trabalhista e da proteção do trabalhador hipossuficiente."

25.7. Penhora de bens imóveis

Dispõem o art. 844 do CPC:

"Para presunção absoluta de conhecimento por terceiros, cabe ao exequente providenciar a averbação do arresto ou da penhora no registro competente, mediante apresentação de cópia do auto ou do termo, independentemente de mandado judicial."

Nos termos do art. 845, § 1º, do CPC: "Efetuar-se-á a penhora onde se encontrem os bens, ainda que sob a posse, a detenção ou a guarda de terceiros. § 1º A penhora de imóveis, independentemente de onde se localizem, quando apresentada certidão da respectiva matrícula, e a penhora de veículos automotores, quando apresentada certidão que ateste a sua existência, serão realizadas por termo nos autos."

Conforme o referido dispositivo legal, a penhora do bem imóvel será efetuada por meio de auto de penhora.

O auto de penhora deverá observar o art. 838 do CPC, que assim dispõe:

"A penhora será realizada mediante auto ou termo, que conterá:

I – a indicação do dia, do mês, do ano e do lugar em que foi feita;

II – os nomes do exequente e do executado;

III – a descrição dos bens penhorados, com as suas características;

IV – a nomeação do depositário dos bens."

Deverá o auto de penhora conter a descrição detalhada do imóvel, conforme sua matrícula, os limites de confrontação com os imóveis vizinhos, sua destinação, estado de conservação etc. Outrossim, o auto também deverá descrever as benfeitorias existentes no imóvel, como as eventuais construções, ainda que não averbadas.

Nesse sentido, a seguinte ementa:

"Penhora — Bem imóvel. Para a realização de penhora sobre bem imóvel é necessário prova da propriedade do referido bem, de suas medidas, especificações e confrontações." (TRT – 12ª R. – 3ª T. – Ac. n. 379/00 – rel. Juiz Hamílton Adriano – DJSC 19.1.2000 – p. 208).

Deve ser destacado que o termo de penhora, mesmo diante da matrícula do imóvel, não dispensa o oficial de justiça de proceder à constatação do imóvel *in loco* como sustentam alguns entendimentos, não devendo a lei ser interpretada na sua literalidade. O referido § 1º do art. 845 do CPC pretendeu apenas a agilização da penhora, mas não dispensou as cautelas que devem ser tomadas no auto de penhora e de um futuro edital de praça e leilão, pois, muitas vezes, a descrição que está na matrícula do imóvel encontra-se desatualizada, sem averbação das construções ou benfeitorias.

De outro lado, na avaliação do imóvel, deve o Oficial de Justiça mencionar as condições de conservação deste, a topografia do terreno e o estado das eventuais construções. Tais fatores podem influir, significativamente, no valor da avaliação.

Reputamos temerária a realização da penhora de imóvel sem a descrição física e vistoria deste. Primeiro, porque a Lei não a dispensa. Segundo, porque a simples matrícula pode não refletir a realidade do imóvel.

A falta de vistoria no local do imóvel, no nosso sentir, pode acarretar a nulidade da penhora, quando a matrícula do imóvel não refletir seu estado atual, por violação do art. 838, III, do CPC.

Nesse lastro, adverte *Humberto Theodoro Júnior*(163):

> "Se a penhora se faz apenas com base na certidão da matrícula, pode acontecer que construções, plantações e outras acessões industriais não sejam mencionadas no respectivo termo. A parte poderá comunicar a existência desses bens acessórios para oportuna inclusão no gravame. E mesmo ocorrendo omissão, será ela suprida por ocasião da avaliação para preparar a arrematação. Ao avaliador, caberá descrever e estimar o imóvel tal como ele se encontrar no momento. Da perícia, ou seja, com todos os seus acréscimos ou supressões, de modo a retratar a realidade contemporânea à venda judicial."

Caso exista no imóvel construção não averbada, pensamos que tal fato não impede a penhora. Deve ser averbada a penhora do terreno no cartório de registro imobiliário. O oficial de justiça lavrará no mesmo auto de penhora, após a descrição do terreno, a penhora da construção, descrevendo-a em detalhes, bem como o seu

(163) THEODORO JÚNIOR, Humberto. *Processo de execução e cumprimento da sentença.* 25. ed. São Paulo: Leud, 2008. p. 295.

valor. Outrossim, no Edital de praça e leilão, devem ser mencionadas a existência da construção não averbada, sua descrição, bem como sua avaliação.

Nesse sentido, sustenta com propriedade *José Antonio Ribeiro de Oliveira Silva*(164):

> "A solução que nos parece mais adequada, considerando que a averbação da construção não é forma de aquisição da propriedade sobre ela, exigida apenas, para a regularização da matrícula do imóvel, em observância ainda ao princípio da especialidade, que trata da individualização ou identificação do imóvel, é a de fazer constar do auto de penhora que ela incide sobre o terreno devidamente inscrito no domínio do devedor, em cujo solo há uma edificação incorporada ao patrimônio dele pelo instituto da acessão, porém, não averbada, razão pela qual a penhora incide sobre o terreno e sobre o direito aquisitivo da construção, a qual deverá ser averbada posteriormente pelo adquirente, após a inscrição da carta de arrematação ou de adjudicação. São dois os bens penhorados: o terreno e o direito sobre a construção, que devem ser descritos em separado, embora no mesmo auto de penhora (arts. 664 e 665, inciso III, do CPC)."

Deve ainda ser observada a formalidade do art. 842 do CPC, que assim dispõe: "*Recaindo a penhora sobre bem imóvel ou direito real sobre imóvel, será intimado também o cônjuge do executado, salvo se forem casados em regime de separação absoluta de bens.*"

Intimado da penhora do imóvel, o cônjuge do executado poderá opor embargos à execução se pretender discutir os vícios da penhora ou embargos de terceiro, se pretender excluir da penhora a sua meação.

O Oficial de Justiça procederá à avaliação do imóvel no próprio auto de penhora, conforme dispõe o art. 872 do Código de Processo Civil, *in verbis*:

> "A avaliação realizada pelo oficial de justiça constará de vistoria e de laudo anexados ao auto de penhora ou, em caso de perícia realizada por avaliador, de laudo apresentado no prazo fixado pelo juiz, devendo-se, em qualquer hipótese, especificar:
>
> I – os bens, com as suas características, e o estado em que se encontram;
>
> II – o valor dos bens.
>
> § 1º Quando o imóvel for suscetível de cômoda divisão, a avaliação, tendo em conta o crédito reclamado, será realizada em partes, sugerindo-se, com a apresentação de memorial descritivo, os possíveis desmembramentos para alienação.
>
> § 2º Realizada a avaliação e, sendo o caso, apresentada a proposta de desmembramento, as partes serão ouvidas no prazo de 5 (cinco) dias."

No mesmo diapasão, é o disposto no art. 13 da Lei n. 6.830/80, aplicável ao processo do trabalho por força do art. 889 da CLT, *in verbis*:

> "O termo ou auto de penhora conterá, também a avaliação dos bens penhorados, efetuada por quem o lavrar."

---

(164) OLIVEIRA SILVA, José Antonio de. *Manual da penhora de bem imóvel na execução trabalhista*. Rio de Janeiro: Renovar, 2002. p. 85-86.

Diante do art. 845, § 1º, do CPC, pensamos que o depositário natural do bem imóvel é o próprio executado proprietário do imóvel, que será nomeado pelo Juiz do Trabalho mediante intimação, o qual não poderá recusar o encargo sem justificativa plausível.

Caso a justificativa não seja plausível, o Juiz do Trabalho, poderá nomear compulsoriamente o proprietário do imóvel penhorado como depositário.

Nesse diapasão, destacam-se as seguintes ementas:

"Nomeação compulsória do encargo de depositário — Sócio da executada — Possibilidade. Com a finalidade precípua de evitar que a responsabilidade decorrente de título executivo judicial seja postergada pelo devedor que, por mero capricho, procura se beneficiar da própria torpeza, com sérios prejuízos à efetividade da tutela jurisdicional, poderá, o magistrado, determinar a nomeação compulsória de depositário, valendo-se do inescusável interesse jurídico de que as suas decisões sejam cumpridas, sob pena de descrédito do Poder Judiciário e de consequências nefastas para toda a sociedade." (TRT – 15ª R. – 5ª T. – AP n. 336/1998.124.15.00-1 – relª Elency P. Neves – DJSP 5.11.04 – p. 52) (RDT n. 01 de Janeiro de 2005)

"Execução – Recusa em assinar o auto de depósito. Se o executado recusa assinar o auto de depósito, sem qualquer justificativa, com o único intuito de prejudicar a execução, cabe ao juízo nomear compulsoriamente o depositário, suprindo a falta de assinatura e resguardando o bom andamento do processo executório." (TRT – 3ª R. – 5ª T. – Ap. n. 2778/97 – rel. Fernando Ferreira – DJMG 23.0.98 – p. 8)

Caso o executado apresente justificativa plausível para não figurar como depositário do bem imóvel, deverá indicar um depositário ou, se tal não se der, o juiz nomeará um depositário judicial que ficará na posse do bem e cujas despesas correrão por conta do executado.

25.7.1. Do registro da penhora do imóvel e consequências

Dispõe o art. 844 do CPC:

"Para presunção absoluta de conhecimento por terceiros, cabe ao exequente providenciar a averbação do arresto ou da penhora no registro competente, mediante apresentação de cópia do auto ou do termo, independentemente de mandado judicial."

Diante da seriedade da transmissão da propriedade imóvel e da segurança dos negócios jurídicos, exige a lei que a transferência da propriedade imóvel seja acompanhada da formalidade essencial do registro no Cartório de Registro Imobiliário. A escritura de compra e venda do imóvel deve ser transcrita na matrícula do imóvel do registro, a fim de proteger o terceiro de boa-fé e também para maior segurança do comprador.

O registro da penhora, atualmente denominado averbação, não é requisito da penhora, tampouco é ato constitutivo para validade da penhora entre exequente e executado, mas é condição de eficácia da penhora em face de terceiros (*erga omnes*).

Desse modo, se o executado alienar o imóvel em que houve registro de penhora, há a fraude de execução de pleno direito, inclusive as sanções criminais e civis decorrentes do ato.

Se a penhora ainda tiver sido registrada e o executado alienar o bem, haverá presunção de boa-fé do terceiro adquirente.

No Processo do Trabalho, em razão de o exequente não possuir meios de providenciar o registro da penhora e arcar com as despesas dele decorrentes, o Juiz do Trabalho expedirá mandado para registro da penhora, ressalvando-se que as despesas decorrentes do registro ficarão a cargo do executado e pagas ao final.

Nesse sentido, é o disposto no art. 7º, IV, da Lei n. 6.830/80, *in verbis*:

> "O despacho do juiz que deferir a inicial importa em ordem para:
>
> [...] IV – registro da penhora ou do arresto, independentemente do pagamento de custas ou outras despesas, observado o disposto no art. 14."

A averbação da penhora do imóvel, conforme dispõe o art. 837 do CPC, pode ser levada a efeito por meios eletrônicos. Com efeito, dispõe o referido dispositivo legal:

> "Obedecidas as normas de segurança instituídas sob critérios uniformes pelo Conselho Nacional de Justiça, a penhora de dinheiro e as averbações de penhoras de bens imóveis e móveis podem ser realizadas por meio eletrônico."

25.8. Da penhora do imóvel hipotecado

Trata-se a hipoteca de uma garantia real que grava bens imóveis. O credor hipotecário terá preferência sobre os demais credores do imóvel e poderá exigir a execução da hipoteca caso o valor da dívida não seja pago.

Ressalvados alguns entendimentos da jurisprudência(165), o bem hipotecado poderá ser penhorado, entretanto, o credor hipotecário, como regra geral, terá preferência sobre os demais credores, vale dizer: primeiro será pago o valor da hipoteca e, posteriormente, os demais credores.

Nesse contexto, o art. 333, II, do Código Civil:

> "Ao credor assistirá o direito de cobrar a dívida antes de vencido o prazo estipulado no contrato ou marcado neste Código: [...] II – se os bens, hipotecados ou empenhados, forem penhorados em execução por outro credor."

Diante do caráter alimentar do crédito trabalhista, da relevante função social na satisfação deste, o imóvel hipotecado tem sido penhorado com maior flexibilidade na Justiça do Trabalho.

---

(165) Penhora – Impossibilidade – Bem gravado por hipoteca judicial – Impossível a realização de penhora sobre bem imóvel que se tornou indisponível e foi gravado por hipoteca judicial anterior, por determinação do Juízo Falimentar. Sem a desconstituição desses atos judiciais, na via competente, não há como efetuar a constrição judicial no Juízo Trabalhista, pois isso importaria em modificação da decisão proferida no Juízo Comum, competência que não foi atribuída à Justiça do Trabalho pela Constituição Federal de 1988. (TRT 3ª R. – 4ª T. – AP n. 1957/1997.108.03.00-8 – relª Matha H. Furtado de M. Schimit – DJMG 6.8.05 – p. 11) (RDT – n. 09 – Setembro de 2005)

No aspecto, relevante destacar as seguintes ementas:

"Bem gravado com ônus real — Possibilidade de penhora. A impenhorabilidade da cédula de crédito industrial (Decreto-lei n. 413/69) não atinge o débito fiscal, porquanto não se trata de impenhorabilidade absoluta. Com maior razão esse mesmo entendimento se aplica ao crédito trabalhista, diante dos expressos termos do art. 186 do CTN." (TRT – 12ª R. – 1ª T .– Ac. n. 3750/2001 – relª Maria do Céo de Avelar – DJSC 26.4.2001 – p. 117) (RDT 5/2001 – p. 62)

"Penhora sobre bem gravado com ônus real — Preferência do crédito trabalhista. O crédito trabalhista por ser privilegiado, em face de seu caráter alimentar, tem preferência sobre todos os outros. Não há em nosso ordenamento legal vedação à penhora de bem imóvel gravado com ônus real. Ao contrário, o art. 30 da Lei n. 6.830/80, aplicável ao processo da execução trabalhista, por força do art. 889 da CLT, estabelece para o crédito tributário a possibilidade de penhora sobre bem gravado com hipoteca, seja qual for a data da constituição do ônus ou da cláusula, ressalvando apenas os bens que a lei declara absolutamente impenhoráveis. Logo, com maior razão, não há impedimento para que o mesmo ocorra com o crédito trabalhista, que se sobrepõe inclusive ao crédito tributário." (TRT – 3ª R. – 4ª T. – Ap. n. 1493/2001 – rel. Juiz Júlio Bernardo do Carmo – DJMG 12.5.2001 – p. 10) (RDT n. 6/2001 – p. 58)

Nesse sentido, também, é a OJ n. 226, da Seção de Dissídios Individuais do Tribunal Superior do Trabalho, *in verbis*:

"Crédito trabalhista. Cédula de crédito rural. Cédula de crédito industrial. Penhorabilidade. (Inserida em 20.6.2001. Nova redação – Res. n. 129/2005, DJ 20.4.2005). Diferentemente da cédula de crédito industrial garantida por alienação fiduciária, na cédula rural pignoratícia ou hipotecária o bem permanece sob o domínio do devedor (executado), não constituindo óbice à penhora na esfera trabalhista." (Decreto-lei n. 167/1967, art. 69; CLT, arts. 10 e 30 e Lei n. 6.830/1980)

Como formalidade de aperfeiçoamento da penhora do bem hipotecado, o credor hipotecário deve ser intimado da penhora, conforme determinam os arts. 799, I, e 804, ambos do Código de Processo Civil. A intimação do credor hipotecário é formalidade essencial que, uma vez inobservada, pode acarretar a nulidade da penhora e da eventual hasta pública. Uma vez intimado, o credor hipotecário poderá exigir seu direito de preferência.

Já está sedimentado na doutrina trabalhista o entendimento de que o crédito trabalhista, por ser superprivilegiado, prevalece sobre o crédito hipotecário. Desse modo, indo o bem a leilão e sendo arrematado, primeiro, se paga o credor trabalhista, e, posteriormente, o credor hipotecário, se houver alguma sobra.

No aspecto, relevante destacar os fundamentos de *Francisco Antonio de Oliveira*(166):

"O crédito trabalhista goza de superprivilégio e está colocado na ordem de preferência acima do próprio executivo fiscal pelo art. 186 do CTN, diploma legal hierarquicamente superior às Leis dos Executivos Fiscais

(166) OLIVEIRA, Francisco Antonio de. *Execução na Justiça do Trabalho:* doutrina, jurisprudência, súmulas e orientações jurisprudenciais. 6. ed. São Paulo: RT, 2007. p. 161.

(Lei n. 6.830/80). A preferência trabalhista opõe-se, inclusive aos credores com garantia real — penhora, anticrese hipoteca, etc. — e subsiste ainda que a garantia tenha sido constituída antes. Nesse sentido dispõem os arts. 10 e 30 da Lei n. 6.830/80, aplicáveis *ex vi* art. 889 da CLT. O crédito acidentário perdeu a preferência, desde que a responsabilidade passou para a União."

Nesse sentido, a seguinte ementa:

"Execução — Penhora de bem imóvel hipotecado — Crédito trabalhista — Direito de preferência. Os créditos trabalhistas têm caráter privilegiado e se sobrepõem a qualquer outro, inclusive ao do credor com garantia real decorrente de hipoteca de bem imóvel." (TRT – 12ª R. – 2ª T. – AG-PET n. 1511/2006.035.12.00-0 – Ac. n. 13076/06 – relª Ione Ramos – DJ 4.10.06 – p. 31) (RDT n. 11 – novembro de 2006).

Discute-se na doutrina e na jurisprudência se a expropriação do bem em hasta pública extingue a hipoteca. Há duas correntes a respeito. São elas:

a) extingue-se a hipoteca, pois, em hasta pública, a aquisição da propriedade é originária, sub-rogando a hipoteca no valor do preço. Nesse diapasão, é o art. 130 do CTN, que assim dispõe:

"Os créditos tributários relativos a impostos cujo fato gerador seja a propriedade, o domínio útil ou a posse de bens imóveis, e bem assim os relativos a taxas pela prestação de serviços referentes a tais bens, ou a contribuições de melhoria, sub-rogam-se na pessoa dos respectivos adquirentes, salvo quando conste do título a prova de sua quitação. Parágrafo único. No caso de arrematação em hasta pública, a sub-rogação ocorre sobre o respectivo preço."

b) somente se extinguirá a hipoteca se, com o valor da arrematação, ela for quitada após o pagamento do crédito trabalhista. Caso contrário, a hipoteca acompanhará o bem, mesmo na hipótese da arrematação.

No nosso sentir, caso o valor da hipoteca não seja quitado com o produto da arrematação, a expropriação não extingue a hipoteca, pois esta grava o bem independentemente de quem seja o seu titular. Além disso, quando o bem hipotecado vai a leilão, há menção quanto à existência de hipoteca que o grava. Entendimento diverso nos parece injusto, pois o credor hipotecário deixará de receber seu crédito, caso não haja sobras depois do pagamento do credor trabalhista.

No mesmo lastro, é a visão de *Francisco Antonio de Oliveira*(167):

"[...] quando se cuida de crédito trabalhista, posto que o credor hipotecário não tem sequer o direito de sub-rogar-se no preço (preferência do crédito). Só poderá fazê-lo no que sobejar entre o valor arrecadado na rematação e o crédito trabalhista. Em suma, se, intimado, o credor hipotecário atender ou não à intimação, o credito hipotecário só se extinguirá em havendo a sub-rogação no preço depositado. Em não havendo a sub-rogação no preço, o ônus segue o bem alienado (direito de sequela). Esse o melhor entendimento, em face da dignidade do direito real."

(167) OLIVEIRA, Francisco Antonio de. *Execução na Justiça do Trabalho*. 6. ed. São Paulo: RT, 2007. p. 163.

No mesmo aspecto, manifesta-se *Manoel Antonio Teixeira Filho*(168):

> "O que se deve destacar é a particularidade de a hipoteca, como direito real de garantia, passar com o imóvel para o domínio do arrematante. Assim, dizemos, porque, a nosso ver, o Código atual recepcionou, de maneira tácita, a regra inscrita no art. 677, *caput*, do Código revogado. Por outras palavras: a expropriação transfere o domínio do imóvel hipotecado, mas o gravame passa ao arrematante (*transit cum onere suo*). A arrematação só extinguirá a hipoteca (Cód. Civil, art. 1.499, VI) quando ocorrer na execução do próprio crédito hipotecário."

25.9. Penhora de bem gravado com alienação fiduciária em garantia

Ensina *Maria Helena Diniz*(169) que alienação fiduciária em garantia é "transferência feita pelo devedor ao credor da propriedade resolúvel e da posse indireta de um bem móvel infungível ou de um bem imóvel como garantia do seu débito, resolvendo-se o direito do adquirente com o adimplemento da obrigação, ou melhor, com o pagamento da garantia. É um negócio jurídico uno, apesar de composto de duas relações jurídicas: uma obrigacional, que se expressa no débito contraído, e outra real, representada pela garantia, que é um ato de alienação transitória, uma vez que o fiduciário recebe o bem não para tê-lo como próprio, mas com o fim de restituí-lo com o pagamento da dívida."

Há grande dissenso na jurisprudência sobre a possibilidade de penhora do bem gravado com alienação fiduciária.

A Orientação Jurisprudencial do Tribunal Superior do Trabalho vem sendo contrária à penhora de tais bens.

Nesse sentido, a OJ n. 226, da SDI-I, do TST, *in verbis*:

> "Crédito trabalhista. Cédula de crédito rural. Cédula de crédito industrial. Penhorabilidade. Diferentemente da cédula de crédito industrial garantida por alienação fiduciária, na cédula rural pignoratícia ou hipotecária o bem permanece sob o domínio do devedor (executado), não constituindo óbice à penhora na esfera trabalhista." (Decreto-Lei n. 167/1967, art. 69; CLT, arts. 10 e 30 e Lei n. 6.830/1980)

No mesmo diapasão, destacam-se as seguintes ementas:

> "Execução — Alienação fiduciária — Impenhorabilidade. O bem gravado com alienação fiduciária em garantia não pode ser objeto de constrição judicial porque não integra o patrimônio do devedor, que é o possuidor direto e depositário do bem. A propriedade, até que seja saldado o financiamento, pertence ao agente fiduciário, terceiro não integrante da lide." (TRT – 12ª R. – 3ª T. – AG-PET n. 4324/2003 – relª Mª. de Lourdes Leiria DJSC 13.5.2003 – p. 177) (RDT n. 6 – junho de 2003)

---

(168) TEIXEIRA FILHO, Manoel Antonio. *Execução no processo do trabalho*. 9. ed. São Paulo: LTr, 2005. p. 447.

(169) DINIZ, Maria Helena. *Dicionário jurídico*. São Paulo: Saraiva, 1998. v. 1, p. 166.

Execução. Penhora. Alienação fiduciária. O bem alienado fiduciariamente não pode ser objeto de penhora em execução de terceiros, alheios ao contrato de alienação, em face do devedor fiduciário." (TRT – 3ª R. – 4ª T. – AgP n. 2535/96 – rel. Juiz P. de Magalhães – DJMG 17.5.97 – p. 8)

Não obstante o respeito que merecem os que pensam em sentido contrário, acreditamos que o bem objeto de alienação fiduciária possa ser penhorado. Embora o executado possa ter apenas a posse direta, mas não a propriedade do bem, inegavelmente tem direitos sobre o bem, pois paulatinamente vai adquirindo a propriedade deste.

De outro lado, a lei não exclui expressamente a impenhorabilidade do bem alienado fiduciariamente. Ainda que se possa argumentar a impossibilidade da penhora, pode-se sustentar a possibilidade da penhora do crédito do executado em face do bem objeto de alienação fiduciária.

Como destaca *Cléber Lúcio de Almeida*(170):

> "Como o crédito resultante da relação de emprego goza de privilégio especial, impõe-se a sua satisfação antes da do credor fiduciário no caso de penhora de bem objeto de alienação fiduciária em garantia. Na alienação em garantia, não são transferidos ao credor todos os poderes que resultam ao domínio, ou seja, os poderes de uso de usufruto. Nela, dá-se uma transferência de domínio que fica condicionada ao não cumprimento da obrigação do devedor. Na alienação, o devedor perde apenas o poder de dispor do bem, poder que também o credor não detém."

No aspecto da possibilidade da penhora, destacam-se as seguintes ementas:

"Veículo — Alienação fiduciária — Penhora — Possibilidade. Não há óbice legal para autorizar a efetivação da penhora sobre o crédito executado em razão do bem objeto da alienação fiduciária, dada a privilegiadíssima condição dos créditos trabalhistas, consoante o disposto nos arts. 449 da CLT e 186 do CTN." (TRT – 3ª R. – 2ª T. – AP n. 435/2004.001.03.00-6 – rel. Jorge Berg de Mendonça – DJ 16.5.07 – p. 7) (RDT n. 06 – junho de 2007)

"Penhora — Alienação fiduciária como garantia de débito renegociado. Apesar de a Súmula n. 28 do STJ firmar o entendimento de que o contrato de alienação fiduciária em garantia pode ter por objeto bem que já integrava o patrimônio do devedor, não deve prevalecer essa operação se ela foi utilizada no intuito de garantir débito renegociado, prejudicando o direito dos demais credores, especialmente aqueles com garantias, preferências e privilégios creditórios." (TRT – 12ª R. – 2ª T. – AP n. 823/2006.008.12.00-4 – Documento n. 460960 em 5.06.07) (RDT n. 7 – Julho de 2007)

"Bem indisponível. Não é nula penhora que recai sobre bem oferecido em alienação fiduciária, se antes já havia sido declarado indisponível pelo Juízo Trabalhista." (TRT – 12ª R. – 3ª T. Ac. n. 1857/96 – rel. Juiz Paulo Sventnickas – DJSC 2.04.96 – p. 84)

"Agravo de petição — Da fraude à execução — Bem garantido por alienação fiduciária. Comprovado que não houve a transferência de bem garantido fiduciariamente a terceiros,

(170) ALMEIDA, Cléber Lúcio de. *Direito processual do trabalho*. 2. ed. Belo Horizonte: Del Rey, 2008. p. 782.

no registro próprio, antes do início da execução, necessário o reconhecimento da fraude, que tem por consequência lógica a declaração judicial de ineficácia do negócio jurídico entabulado perante o juízo da execução. Da existência de crime em tese. Tendo em vista que o magistrado, assim como qualquer autoridade pública, tem não só a faculdade, mas o dever de comunicar atos irregulares que possam, em tese, configurar crime ao órgão responsável pela apuração, necessário o envio de ofício ao Procurador-Geral do Ministério Público do Estado de Tocantins, para a verificação da existência, em tese, de crime tipificado no art. 171 do Código Penal, consoante disposições do § 8º do art. 66 da Lei n. 4.728/65. Agravo de petição conhecido parcialmente, e ao qual se nega provimento." (TRT – 10ª R. – 2ª T. – AP n. 547/2004.821.10.00-9 – rel. Mário Macedo F. Caron – DJDF 1º.4.05 – p. 41) (RDT n. 05 – Maio de 2005).

De outro lado, o bem alienado fiduciariamente somente deve ser penhorado diante da inexistência de outros bens livres do executado. Caso seja o único bem existente, deve o Juiz do Trabalho proceder à penhora, notificando a instituição financeira sobre tal constrição.

Conforme determina o art. 799, I, do CPC, o credor fiduciário deve ser intimado da penhora, sob consequência de nulidade do ato, para que possa manejar os instrumentos legais para a defesa de seus direitos.

25.10. Penhora de bem gravado com leasing

Leasing é termo inglês que significa arrendamento mercantil.

Ensina *Maria Helena Diniz*(171) que o *leasing* financeiro é "o contrato pelo qual uma pessoa jurídica ou física, pretendendo utilizar determinado equipamento, comercial ou industrial, ou certo imóvel, consegue que uma instituição financeira o adquira, arrendando-o ao interessado por tempo determinando, possibilitando-se ao arrendatário, findo tal prazo, optar entre a devolução do bem, a renovação do arrendamento, ou a aquisição do bem arrendado mediante um preço residual, previamente fixado no contrato, isto é, o que fica após a dedução das prestações até então pagas."

O bem objeto do contrato de *leasing* pode ser penhorado, basicamente, pelos mesmos fundamentos que defendemos para o bem objeto de alienação fiduciária.

Entretanto, pensamos haver flexibilidade maior na penhora do bem gravado com *leasing*, pois a propriedade vai sendo paulatinamente adquirida pelo arrendatário.

Quanto ao *leasing* de veículos, este não impede a penhora, pois não é, em verdade, contrato de arrendamento mercantil, uma vez que as sobras finais já vão sendo pagas durante as parcelas, o que desnatura o próprio *leasing* transformando-o em verdadeira venda com reserva de domínio.

Nesse diapasão, oportunas as palavras de *Francisco Antonio de Oliveira*(172):

> "[...] existe uma nova espécie de *leasing*, muito usado atualmente sobre veículo, em que o valor residual, que haveria de ser pago no final, é pago

(171) DINIZ, Maria Helena. *Dicionário jurídico*. São Paulo: Saraiva, 1998. v. 3, p. 69.

(172) OLIVEIRA, Francisco Antonio de. *Execução na Justiça do Trabalho*. 6. ed. São Paulo: RT, 2007. p. 198.

mensalmente em parcelas que se somam ao aluguel mensal. Disso decorre que, ao final do contrato, o cliente será o proprietário do bem. Tem-se, pois, que a parte adquire mês a mês aquele patrimônio, não havendo por que não se aplicarem em tais casos as mesmas regras da alienação fiduciária."

Penhorado o bem gravado com *leasing*, o oficial de justiça deverá mencionar tal situação no auto de penhora, bem como deverá intimar a instituição financeira da penhora.

25.11. Penhora de crédito

Ensina *Maria Helena Diniz*[(173)] que crédito sob o enfoque do Direito Civil é "a) direito do credor de exigir a prestação do devedor; b) prazo para pagamento." Sob o aspecto do direito comercial, destaca a autora que é confiança na solvabilidade.

Como salientam *Bruno Garcia Redondo* e *Mário Vitor Suarez Lojo*[(174)], "a penhora de crédito torna-se mais útil ao processo nos casos em que o executado não dispõe, de imediato, de dinheiro ou de bens que possam ser convertidos rapidamente em pecúnia. O crédito que virá sofrer a penhora, representa a própria expressão pecuniária."

A penhora de crédito é disciplinada pelo Código de Processo Civil, cujo art. 855 assim dispõe:

> "Quando recair em crédito do executado, enquanto não ocorrer a hipótese prevista no art. 856, considerar-se-á feita a penhora pela intimação:
>
> I – ao terceiro devedor para que não pague ao executado, seu credor;
>
> II – ao executado, credor do terceiro, para que não pratique ato de disposição do crédito."

Nos termos do art. 856 do CPC: "A penhora de crédito representado por letra de câmbio, nota promissória, duplicata, cheque ou outros títulos far-se-á pela apreensão do documento, esteja ou não este em poder do executado. § 1º Se o título não for apreendido, mas o terceiro confessar a dívida, será este tido como depositário da importância. § 2º O terceiro só se exonerará da obrigação depositando em juízo a importância da dívida. § 3º Se o terceiro negar o débito em conluio com o executado, a quitação que este lhe der caracterizará fraude à execução. § 4º A requerimento do exequente, o juiz determinará o comparecimento, em audiência especialmente designada, do executado e do terceiro, a fim de lhes tomar os depoimentos."

Conforme o art. 857 do CPC: "Feita a penhora em direito e ação do executado, e não tendo ele oferecido embargos ou sendo estes rejeitados, o exequente ficará sub-rogado nos direitos do executado até a concorrência de seu crédito. § 1º O exequente pode preferir, em vez da sub-rogação, a alienação judicial do direito

(173) DINIZ, Maria Helena. *Dicionário jurídico*. São Paulo: Saraiva, 1998. v. 1, p. 328.

(174) *Op. cit.*, p. 190.

penhorado, caso em que declarará sua vontade no prazo de 10 (dez) dias contado da realização da penhora. § 2º A sub-rogação não impede o sub-rogado, se não receber o crédito do executado, de prosseguir na execução, nos mesmos autos, penhorando outros bens."

25.12. Penhora no rosto dos autos

Ensinam *Bruno Garcia Redondo* e *Mário Vitor Suarez Lojo*(175):

> "Cuida-se a penhora no rosto dos autos de espécie de penhora de crédito do executado junto a terceiro, quando esse crédito estiver sendo objeto de litígio entre o executado e terceiro. Deve o juiz responsável por essa demanda ficar ciente de que o eventual produto favorável ao executado (credor do terceiro), deverá reverter em prol da execução."

A penhora no rosto dos autos é modalidade de penhora de crédito, e encontra suporte no art. 860 do CPC, que assim dispõe:

> "Quando o direito estiver sendo pleiteado em juízo, a penhora que recair sobre ele será averbada, com destaque, nos autos pertinentes ao direito e na ação correspondente à penhora, a fim de que esta seja efetivada nos bens que forem adjudicados ou que vierem a caber ao executado."

Conforme o referido dispositivo legal, há a penhora no rosto dos autos quando se penhoram créditos do devedor que possui em processo judicial no qual figura como credor. Vale dizer, são penhorados créditos que possui o executado em outro processo em que figura como autor.

A penhora no rosto dos autos tem sido aplicada na Justiça do Trabalho, pois compatível com o Processo do Trabalho (arts. 769 e 899, ambos da CLT), mas, de forma tecnicamente incorreta, pois normalmente se determina a expedição de "mandado de penhora no rosto dos autos" de sobra de dinheiro ou de bens que existem em processo em que figura outro trabalhador e o mesmo reclamado que figura no polo passivo do processo em que o juiz expediu a ordem. Em verdade, não se trata de penhora no rosto dos autos, pois não se está penhorando créditos do executado e sim penhora dos bens que sobraram ou até mesmo de concurso de credores (art. 908 do CPC).

25.13. Penhora de faturamento

Houve, recentemente, certa resistência da doutrina e também da jurisprudência do STJ em admitir a penhora em faturamento da empresa, uma vez que a constrição incide sobre coisa futura e indeterminada, ou seja, é penhora condicional, pois a empresa pode ou não ter faturamento. Até mesmo parte da jurisprudência trabalhista se mostrou refratária diante das vicissitudes que tal penhora pode acarretar à empresa.

---

(175) *Penhora.* São Paulo: Método, 2007. p. 196.

Nesse sentido, a seguinte ementa:

"A penhora do faturamento da empresa pode vir a acarretar reflexos de difícil ou impossível reparação nas finanças de uma empresa, até mesmo inviabilizando o seu funcionamento, assim, esperar que se opere a penhora do montante da execução para discutir a regularidade ou não do procedimento de tal penhora implicaria em permitir-se cristalizar uma possível violação de direito, cujas consequências de há muito já teriam produzido efeitos e cuja reversão seria difícil ou mesmo impossível. Agravo regimental a que se dá provimento, revogando a r. decisão que indeferiu a inicial e determinando o regular processamento do feito." (TRT – 1ª R. – SEDI – MS n. 129/2000 – Red. Juiz João Mário de Medeiros – DJRJ 19.1.2000 – p. 162) (RDT 02/00, p. n. 63)

Atualmente, dispõe o art. 866 do CPC:

"Se o executado não tiver outros bens penhoráveis ou se, tendo-os, esses forem de difícil alienação ou insuficientes para saldar o crédito executado, o juiz poderá ordenar a penhora de percentual de faturamento de empresa.

§ 1º O juiz fixará percentual que propicie a satisfação do crédito exequendo em tempo razoável, mas que não torne inviável o exercício da atividade empresarial.

§ 2º O juiz nomeará administrador-depositário, o qual submeterá à aprovação judicial a forma de sua atuação e prestará contas mensalmente, entregando em juízo as quantias recebidas, com os respectivos balancetes mensais, a fim de serem imputadas no pagamento da dívida.

§ 3º Na penhora de percentual de faturamento de empresa, observar-se-á, no que couber, o disposto quanto ao regime de penhora de frutos e rendimentos de coisa móvel e imóvel."

Conforme o referido dispositivo legal, na penhora de faturamento, o Juiz do Trabalho nomeará um depositário, que pode ser um perito do juízo, especializado em administração, que ficará incumbido de prestar conta mensalmente do faturamento, bem como da forma da constrição, a fim de que o crédito da execução seja quitado com maior celeridade. O perito deverá realizar um relatório detalhado e demonstrar qual a porcentagem do faturamento que deverá ser constritado a fim de não inviabilizar a atividade econômica do empresário, mas também solucionar o crédito trabalhista. Trata-se de providências compatíveis com os fins da execução trabalhista.

Antes mesmo da previsão específica do Código de Processo Civil, a jurisprudência do TST havia pacificado no sentido da admissão da penhora de faturamento, conforme a Orientação Jurisprudencial n. 93 da SDI-2, *in verbis*:

MANDADO DE SEGURANÇA. POSSIBLIDADE DE PENHORA SOBRE PARTE DA RENDA DE ESTABELECIMENTO COMERCIAL. É admissível a penhora sobre renda mensal ou faturamento de empresa, limitada a determinado percentual, desde que não comprometa o desenvolvimento de suas atividades.

Nesse aspecto, também vem se alinhando a jurisprudência dos Tribunais Regionais do Trabalho, conforme se constata das seguintes ementas:

"Penhora de parte do faturamento da empresa. O art. 591 do CPC diz que o devedor responde com todos os seus bens presentes e futuros. A penhora em faturamento da empresa, nada mais é que a penhora de crédito autorizada pelo art. 655, X e § 1º, IV, CPC. Depois, a determinação cuidadosa do juízo em penhorar 10% do faturamento não inviabiliza a continuidade dos negócios da empresa, atendendo ao que dispõe o art. 11, § 1º, da Lei n. 6.830/80." (TRT – 15ª R. – 3ª T. – Ac. n. 6618/2002 – rel. Flávio A. de C. Cooper – DJSP 27.6.2002 – p. 33) (RDT n. 7, 31 de julho de 2002)

"Penhora sobre faturamento da empresa. Se os bens oferecidos à penhora são de difícil comercialização, afigura-se plausível a constrição sobre 10% do faturamento da empresa." (TRT – 12ª R. – AG-PET n. 1890.1999.037.12.00-1 – rel. Dilnei Ângelo Biléssimo – DJSC 16.4.04 – p. 192) (RDT n. 5 – Maio de 2004)

"Penhora — Faturamento mensal. É possível a penhora sobre parte do faturamento da empresa executada, pois não se pode perder de vista que a execução realizar-se-á no interesse do credor, conforme dispõe o art. 612 do CPC, não podendo a aplicação do princípio da execução menos gravosa para o devedor, previsto no art. 620 do CPC, chegar ao ponto de impedir a aplicação de outras normas legais que regem a execução forçada. O que não se pode admitir é que o crédito trabalhista, superprivilegiado, fique à mercê de uma execução demorada e infrutífera quando há dinheiro suficiente para satisfazer o crédito trabalhista de caráter alimentar." (TRT – 3ª R. – 2ª T. – AP n. 1369/2003.053.03.00-0 – rel. Hegel de B. Boson – DJMG 6.5.05 – p. 6) (RDT n. 06 – Junho de 2005).

25.14. Da penhora de empresa e do estabelecimento comercial

Empresa é unidade econômica de produção destinada ao lucro. Trata-se de entidade abstrata, cuja existência é reconhecida pelo Direito.

Nesse sentido, dispõe o art. 966 do Código Civil:

"Considera-se empresário quem exerce profissionalmente atividade econômica organizada para a produção ou a circulação de bens ou de serviços. Parágrafo único. Não se considera empresário quem exerce profissão intelectual, de natureza científica, literária ou artística, ainda com o concurso de auxiliares ou colaboradores, salvo se o exercício da profissão constituir elemento de empresa."

Estabelecimento é o conjunto de bens materiais e imateriais destinados à atividade econômica empresarial. Trata-se de unidade corpórea, contendo os bens necessários para o exercício da atividade empresarial.

O Código Civil, no art. 1.142, nos define, por meio de interpretação autêntica, o conceito de estabelecimento. Estabelece o referido dispositivo legal:

"Considera-se estabelecimento todo complexo de bens organizado, para exercício da empresa, por empresário, ou por sociedade empresária."

O Código de Processo Civil diz que a penhora pode recair tanto em empresa como estabelecimento.

Com efeito, determinam os arts. 862 e 863, ambos do Código de Processo Civil:

"Art. 862. Quando a penhora recair em estabelecimento comercial, industrial ou agrícola, bem como em semoventes, plantações ou edifícios em construção, o juiz nomeará administrador-depositário, determinando-lhe que apresente em 10 (dez) dias o plano de administração.

§ 1º Ouvidas as partes, o juiz decidirá.

§ 2º É lícito às partes ajustar a forma de administração e escolher o depositário, hipótese em que o juiz homologará por despacho a indicação.

§ 3º Em relação aos edifícios em construção sob regime de incorporação imobiliária, a penhora somente poderá recair sobre as unidades imobiliárias ainda não comercializadas pelo incorporador.

§ 4º Sendo necessário afastar o incorporador da administração da incorporação, será ela exercida pela comissão de representantes dos adquirentes ou, se se tratar de construção financiada, por empresa ou profissional indicado pela instituição fornecedora dos recursos para a obra, devendo ser ouvida, neste último caso, a comissão de representantes dos adquirentes."

"Art. 863. A penhora de empresa que funcione mediante concessão ou autorização far-se-á, conforme o valor do crédito, sobre a renda, sobre determinados bens ou sobre todo o patrimônio, e o juiz nomeará como depositário, de preferência, um de seus diretores.

§ 1º Quando a penhora recair sobre a renda ou sobre determinados bens, o administrador-depositário apresentará a forma de administração e o esquema de pagamento, observando-se, quanto ao mais, o disposto em relação ao regime de penhora de frutos e rendimentos de coisa móvel e imóvel.

§ 2º Recaindo a penhora sobre todo o patrimônio, prosseguirá a execução em seus ulteriores termos, ouvindo-se, antes da arrematação ou da adjudicação, o ente público que houver outorgado a concessão."

A possibilidade da penhora de estabelecimento também está prevista no art. 11, § 1º, da Lei n. 6.830/80, que assim dispõe:

Excepcionalmente, a penhora poderá recair sobre estabelecimento comercial, industrial ou agrícola, bem como em plantações ou edifícios em construção.

Alguns autores sustentam a impossibilidade de penhora de empresa, pois não tem existência corpórea, e sim o estabelecimento.

Nesse sentido, é a visão de *Manoel Antonio Teixeira Filho*(176):

> "[...] a empresa, em rigor, não pode ser objeto de penhora, como supôs o legislador processual civil (art. 678); passível de apreensão judicial é, isto sim, o estabelecimento (comercial, industrial, etc.) com base física da empresa, que é integrado por elementos corpóreos, aglutinados para o exercício de uma atividade empresarial produtiva."

No nosso sentir, tanto a empresa como o estabelecimento são passíveis de penhora, pois o CPC assim o diz. Além disso, não há impedimentos para se efetivar a penhora de empresa, que é uma entidade, cuja existência é reconhecida pelo Direito.

Nesse aspecto, dispõe a Súmula n. 451 do STJ, *in verbis*:

"É legítima a penhora da sede do estabelecimento comercial." (DJEletrônico 18.6.2010)

Os arts. 862 e 863 do CPC e § 1º, do art. 11, da Lei n. 6.830/80, são perfeitamente compatíveis com o Processo do Trabalho, nos termos dos arts. 768 e 889 da CLT.

(176) TEIXEIRA FILHO, Manoel Antonio. *Execução no processo do trabalho*. 9. ed. São Paulo: LTr, 2005. p. 483.

Em razão de ser medida extrema a penhora de estabelecimento e de todas as vicissitudes que ela acarreta, deve o Juiz do Trabalho utilizar tal medida com bom-senso e equilíbrio, devendo tentar, primeiramente, a penhora de outros bens. Esgotadas as possibilidades sem sucesso, o juiz poderá determinar a penhora do estabelecimento.

Para efetivação da penhora de estabelecimento, o Juiz do Trabalho nomeará um depositário, de preferência um perito especialista em Administração, que apresentará em juízo um plano de administração que prestará contas mensalmente ao Juízo. Uma vez pago o crédito do autor, cessará a penhora.

25.15. Substituição de penhora

Dispõe o art. 847 do CPC:

> "O executado pode, no prazo de 10 (dez) dias contado da intimação da penhora, requerer a substituição do bem penhorado, desde que comprove que lhe será menos onerosa e não trará prejuízo ao exequente.
>
> § 1º O juiz só autorizará a substituição se o executado:
>
> I – comprovar as respectivas matrículas e os registros por certidão do correspondente ofício, quanto aos bens imóveis;
>
> II – descrever os bens móveis, com todas as suas propriedades e características, bem como o estado deles e o lugar onde se encontram;
>
> III – descrever os semoventes, com indicação de espécie, de número, de marca ou sinal e do local onde se encontram;
>
> IV – identificar os créditos, indicando quem seja o devedor, qual a origem da dívida, o título que a representa e a data do vencimento; e
>
> V – atribuir, em qualquer caso, valor aos bens indicados à penhora, além de especificar os ônus e os encargos a que estejam sujeitos.
>
> § 2º Requerida a substituição do bem penhorado, o executado deve indicar onde se encontram os bens sujeitos à execução, exibir a prova de sua propriedade e a certidão negativa ou positiva de ônus, bem como abster-se de qualquer atitude que dificulte ou embarace a realização da penhora.
>
> § 3º O executado somente poderá oferecer bem imóvel em substituição caso o requeira com a expressa anuência do cônjuge, salvo se o regime for o de separação absoluta de bens.
>
> § 4º O juiz intimará o exequente para manifestar-se sobre o requerimento de substituição do bem penhorado."

O presente dispositivo exterioriza o princípio da execução menos gravosa ao devedor, podendo este requerer a substituição da penhora, desde que não haja prejuízo ao exequente e propicia a mesma efetividade à execução.

A CLT não contém regra a respeito. No entanto, por força dos arts. 769 e 889 da CLT, ele se mostra aplicável à execução trabalhista, pois não traz prejuízo ao exequente e possibilita menor onerosidade ao devedor. Não obstante, deve o Juiz do Trabalho ter cautela. Determinar, previamente, a oitiva do credor sobre a substituição e analisar se não haverá prejuízos ao credor trabalhista, bem como à celeridade do procedimento executivo.

A substituição de penhora por dinheiro é sempre possível no Processo do Trabalho, inclusive de ofício, em razão de ser o dinheiro o primeiro bem na ordem de preferência da penhora.

O executado também pode requerer a qualquer tempo a substituição do bem penhorado por dinheiro, por ser o dinheiro o bem que soluciona a execução com mais eficácia e também por ser meio menos gravoso ao executado, não causando prejuízo ao exequente.

Nesse sentido, dispõe a seguinte ementa:

"Execução — Substituição da penhora por dinheiro. E razoável, para o atendimento dos escopos da execução, notadamente aqueles que envolvem o interesse público em que o Estado-Juiz faça cumprir o teor de suas decisões, que se substitua por dinheiro, mediante ordem de bloqueio, a penhora existente nos autos, quando o processo já se encontra em sua fase final, esgotadas todas as vias impugnatórias." (TRT – 3ª R. – 2ª T. – AP n. 343/2002.089.03.00-3 – relª Mônica S. Lopes – DJMG 4.2.04 – p. 8) (RDT n. 3 – março de 2004)

Estabelece o art. 848 do CPC:

"As partes poderão requerer a substituição da penhora se:

I – ela não obedecer à ordem legal;

II – ela não incidir sobre os bens designados em lei, contrato ou ato judicial para o pagamento;

III – havendo bens no foro da execução, outros tiverem sido penhorados;

IV – havendo bens livres, ela tiver recaído sobre bens já penhorados ou objeto de gravame;

V – ela incidir sobre bens de baixa liquidez;

VI – fracassar a tentativa de alienação judicial do bem; ou

VII – o executado não indicar o valor dos bens ou omitir qualquer das indicações previstas em lei.

Parágrafo único. A penhora pode ser substituída por fiança bancária ou por seguro garantia judicial, em valor não inferior ao do débito constante da inicial, acrescido de trinta por cento."

O referido dispositivo é aplicável ao Processo do Trabalho por força do permissivo dos arts. 889 e 769 da CLT, uma vez que compatível com os princípios da execução trabalhista.

25.16. Mais de uma penhora sobre o mesmo bem (concurso de credores na Justiça do Trabalho)

Quando há mais de uma penhora sobre o mesmo bem tem lugar o chamado "concurso de credores", que encontra suporte nos arts. 797 e 908 do CPC, que assim ddeterminam:

"Art. 797. Ressalvado o caso de insolvência do devedor, em que tem lugar o concurso universal, realiza-se a execução no interesse do exequente que adquire, pela penhora, o direito de preferência sobre os bens penhorados. Parágrafo único. Recaindo mais de uma penhora sobre o mesmo bem, cada exequente conservará o seu título de preferência."

"Art. 908. Havendo pluralidade de credores ou exequentes, o dinheiro lhes será distribuído e entregue consoante a ordem das respectivas preferências. § 1º No caso de adjudicação ou alienação, os créditos que recaem sobre o bem, inclusive os de natureza *propter rem*, sub-rogam-se sobre o respectivo preço, observada a ordem de preferência. § 2º Não havendo título legal à preferência, o dinheiro será distribuído entre os concorrentes, observando-se a anterioridade de cada penhora."

Conforme o art. 909 do CPC, "os exequentes formularão as suas pretensões, que versarão unicamente sobre o direito de preferência e a anterioridade da penhora, e, apresentadas as razões, o juiz decidirá."

Os créditos trabalhistas não têm preferência entre si, por isso, recaindo mais de uma penhora sobre o mesmo bem, os créditos trabalhistas devem ser pagos segundo a anterioridade da penhora.

Não obstante, em algumas situações, considerando-se o número de execuções em face de uma mesma empresa e a escassez de bens, pode o Juiz do Trabalho adotar, em razão da razoabilidade e equidade, que o valor do produto dos bens seja dividido de forma proporcional entre os credores trabalhistas. Para tanto, devem todos os processos trabalhistas, na fase de execução, ser reunidos no mesmo juízo, se tramitarem em juízos diferentes, devendo ser realizada uma única hasta pública para todos os bens do executado.

O concurso de credores pode ser realizado por portaria da Vara do Trabalho ou até mesmo mediante provimento expedido pelo Tribunal Regional do Trabalho, quando os feitos trabalhistas tramitarem em Varas distintas.

Nesse sentido, sustenta *Pedro Paulo Teixeira Manus*(177):

> "Mesmo não havendo previsão legal para o concurso de credores no processo do trabalho, não vislumbramos ilegalidade em sua realização, exatamente porque, como assevera parte da doutrina, não há prejuízo para sua realização. Prevalecendo, contudo, a vedação ao concurso de credores no processo, resulta em prejuízo de alguns ou até da maioria dos credores, pelo fato de as execuções singulares ocorrerem em feitos distintos."(178)

A jurisprudência trabalhista tem admitido o concurso de credores no Processo do Trabalho, conforme se constata da redação das seguintes ementas:

"Penhoras sucessivas sobre um mesmo bem — Possibilidade. A existência de penhoras anteriores sobre o bem do executado não impede a realização de novas penhoras, observada

---

(177) MANUS, Pedro Paulo Teixeira. *Execução de sentença no processo do trabalho*. 2. ed. São Paulo: Atlas, 2005. p. 149.

(178) Admite também o concurso de credores no Processo do Trabalho Wagner D. Giglio. *In: Direito processual do trabalho*. 15. ed. São Paulo: Saraiva, 2005. p. 563-564.

sempre a preferência das que forem precedentes e o privilégio dos créditos trabalhistas sobre os demais. Aplicação subsidiária dos arts. 612 e 613 do CPC ao processo do trabalho." (TRT – 12ª R. – 3ª T. – Ac. n. 4804/99 – rel. Juiz João Barbosa – DJSC 26.5.99 – p. 224)

"No concurso de credores, estabelecido pela penhora sobre o mesmo bem, o produto da expropriação deve ser entregue ao credor, que promoveu a execução, sobretudo, em não havendo provas que a execução da primeira penhora esteja paralisada por fato alheio à vontade deste credor. O remanescente, se houver, será entregue aos demais credores, na ordem de preferência. Inteligência dos arts. 711 e 712, CPC." (TRT – 15ª R. – 3ª T. – Ac. n. 27926/99 – relª Luciane Storel da Silva – DJSP 28.9.99 – p. 75) (RDT 11/99, p. 58)

Situações existem, entretanto, em que o mesmo bem (imóvel ou móvel) está penhorado tanto pelo Juiz do Trabalho, como pelo Juiz de Direito. Nesse caso, tanto a Justiça do Trabalho como a Justiça Comum podem apreciar o concurso de credores. Não há deslocamento da competência para um determinado juízo, uma vez que a competência de ambos é concorrente. Processará o concurso de credores o juiz que levar à hasta pública o bem em primeiro lugar. Nessa hipótese, serão pagos, primeiramente, os credores com crédito privilegiado (trabalhista) e, posteriomente, os credores que não têm privilégio de preferência, considerando-se a ordem preferencial pela anterioridade da penhora.

25.16.1. Do arresto cautelar (art. 830 do CPC)

O arresto cautelar tem previsão no art. 830 do CPC, que assim dispõe:

"Se o oficial de justiça não encontrar o executado, arrestar-lhe-á tantos bens quantos bastem para garantir a execução.

§ 1º Nos 10 (dez) dias seguintes à efetivação do arresto, o oficial de justiça procurará o executado 2 (duas) vezes em dias distintos e, havendo suspeita de ocultação, realizará a citação com hora certa, certificando pormenorizadamente o ocorrido.

§ 2º Incumbe ao exequente requerer a citação por edital, uma vez frustradas a pessoal e a com hora certa.

§ 3º Aperfeiçoada a citação e transcorrido o prazo de pagamento, o arresto converter-se-á em penhora, independentemente de termo."

Trata-se de providência acautelatória da execução, que tem por objetivo garantir a penhora de bens do executado que não se encontra presente no local dos bens.

O presente dispositivo não se confunde com a medida cautelar de arresto que objetiva a apreensão de bens do devedor, tantos quantos bastem para garantia de uma futura execução por quantia certa. Dispõe, nesse sentido, o art. 813 do CPC/73, *in verbis*:

"O arresto tem lugar:

I – quando o devedor sem domicílio certo intenta ausentar-se ou alienar os bens que possui, ou deixa de pagar a obrigação no prazo estipulado;

II – quando o devedor, que tem domicílio:

a) se ausenta ou tenta ausentar-se furtivamente;

b) caindo em insolvência, aliena ou tenta alienar bens que possui; contrai ou tenta contrair dívidas extraordinárias; põe ou tenta pôr os seus bens em nome de terceiros; ou comete outro qualquer artifício fraudulento, a fim de frustrar a execução ou lesar credores;

III – quando o devedor, que possui bens de raiz, intenta aliená-los, hipotecá-los ou dá-los em anticrese, sem ficar com algum ou alguns, livres e desembargados, equivalentes às dívidas;

IV – nos demais casos expressos em lei."

Para a concessão do arresto é essencial: a) prova literal da dívida líquida e certa; e b) prova documental ou justificação de algum dos casos mencionados no art. 813 do CPC/73.

O arresto cautelar é providência que decorre do próprio cumprimento do mandado de penhora, não dependendo para sua efetivação dos requisitos do *fumus boni juris* e do *periculum in mora.*

O art. 830 do CPC é perfeitamente compatível com o processo do trabalho em razão de omissão e compatibilidade com os princípios deste (arts. 769 e 889 da CLT), não necessitando o Oficial de Justiça de ordem específica do Juiz do Trabalho para realizá-lo. Não obstante, caso repute necessário, o Oficial de Justiça poderá solicitar ao Juiz do Trabalho ordem específica para o arresto cautelar.

Após a realização do arresto, nos 10 (dez) dias seguintes à efetivação do arresto, o oficial de justiça procurará o devedor duas vezes em dias distintos; não o encontrando, certificará o ocorrido.

A intimação do executado sobre o arresto cautelar poderá ser efetivada na pessoa de seu advogado e, se o executado não tiver advogado e estiver em local incerto ou não sabido, será intimado por meio de Edital e a execução prosseguirá nos seus ulteriores termos.

25.17. Do auto de penhora

O auto de penhora deverá observar o art. 838 do CPC, que assim dispõe:

"A penhora será realizada mediante auto ou termo, que conterá:

I – a indicação do dia, do mês, do ano e do lugar em que foi feita;

II – os nomes do exequente e do executado;

III – a descrição dos bens penhorados, com as suas características;

IV – a nomeação do depositário dos bens."

Deverá o auto de penhora conter a descrição detalhada do bem, sua destinação, estado de conservação, qualidade e quantidade, etc. Também deverá conter a avaliação dos bens penhorados e a nomeação do depositário. Por ser lavrado por Oficial de Justiça o auto tem fé pública e presunção de legitimidade.

Nesse sentido, as seguintes ementas:

"Penhora – Bem imóvel. Para a realização de penhora sobre bem imóvel é necessário prova da propriedade do referido bem, de suas medidas, especificações e confrontações." (TRT – 12ª R. – 3ª T. – Ac. n. 379/00 – rel. Juiz Hamílton Adriano – DJSC 19.1.2000 – p. 208)

"Auto de penhora — Validade das informações. As informações passadas por Oficial de Justiça, que tem fé pública, são consideradas verdadeiras e, consequentemente válidas, salvo robusta prova em contrário." (TRT – 3ª R. – 4ª T .– Ap. n. 756/97 – rel. Maurício Pinheiro de Assis – DJMG 9.8.97 – p. 4)

"Auto de penhora e depósito — Assinatura do depositário fiel. O art. 665 do CPC enumera os requisitos do auto de penhora, quais sejam: "I – a indicação do dia, mês, ano e lugar em que foi feita; II – os nomes do credor e do devedor; III – a descrição dos bens penhorados, com os seus característicos; IV – a nomeação do depositário dos bens. Assim, o CPC não exige que o auto de penhora e depósito tenha a sua validade ligada à assinatura do depositário, bastando para a sua validade a nomeação pelo oficial de justiça do fiel depositário." (TRT – 12ª R. – 3ª T. – Ac. n. 7989/2002 – relª Sandra Márcia Wambier – DJSC 25.7.2002 – p. 14) (RDT n. 08 – 31 de agosto de 2002)

A Consolidação das Leis do Trabalho não disciplina a forma da intimação do executado sobre a penhora. Desse modo, pensamos ser perfeitamente compatível com o Processo do Trabalho o disposto no art. 841 do CPC, por imprimir maior celeridade ao procedimento executivo, ressalvando-se que o prazo para oposição de embargos à execução é de cinco dias no processo do trabalho (art. 884 da CLT). Assevera o referido dispositivo legal:

"Formalizada a penhora por qualquer dos meios legais, dela será imediatamente intimado o executado.

§ 1º A intimação da penhora será feita ao advogado do executado ou à sociedade de advogados a que aquele pertença.

§ 2º Se não houver constituído advogado nos autos, o executado será intimado pessoalmente, de preferência por via postal.

§ 3º O disposto no § 1º não se aplica aos casos de penhora realizada na presença do executado, que se reputa intimado.

§ 4º Considera-se realizada a intimação a que se refere o § 2º quando o executado houver mudado de endereço sem prévia comunicação ao juízo, observado o disposto no parágrafo único do art. 274."

No mesmo sentido o art. 3º, XVIII da IN n. 39/16 do TST, *in verbis*:

"Sem prejuízo de outros, aplicam-se ao Processo do Trabalho, em face de omissão e compatibilidade, os preceitos do Código de Processo Civil que regulam os seguintes temas: (...) XVIII – art. 841, §§ 1º e 2º (intimação da penhora)."

26. Da avaliação dos bens penhorados

No processo do trabalho, a avaliação se realiza pelo próprio oficial de justiça, que recebe o nome de oficial de justiça avaliador.

O art. 887 da CLT, que determinava que a avaliação dos bens fosse levada a efeito por avaliador, restou tacitamente revogado pelo art. 721 da CLT, que assim dispõe:

"*Incumbe aos Oficiais de Justiça e Oficiais de Justiça Avaliadores da Justiça do Trabalho a realização dos atos decorrentes da execução dos julgados das Juntas de Conciliação e Julgamento e dos Tribunais Regionais do Trabalho, que lhes forem cometidos pelos respectivos Presidentes* [...] § 3º No caso de avaliação, terá o Oficial de Justiça Avaliador, para cumprimento do ato, o prazo previsto no art. 888." (grifo nosso)

O art. 13 da Lei n. 6.830/80, aplicável ao Processo do Trabalho, menciona que a avaliação deve constar do próprio auto de penhora. Estabelece o referido dispositivo legal: "O termo ou auto de penhora conterá, também, a avaliação dos bens penhorados por quem o lavrar."

No mesmo sentido, dispõem os arts. 870 a 872 do CPC:

"Art. 870. A avaliação será feita pelo oficial de justiça. Parágrafo único. Se forem necessários conhecimentos especializados e o valor da execução o comportar, o juiz nomeará avaliador, fixando-lhe prazo não superior a 10 (dez) dias para entrega do laudo."

"Art. 871. Não se procederá à avaliação quando: I – uma das partes aceitar a estimativa feita pela outra; II – se tratar de títulos ou de mercadorias que tenham cotação em bolsa, comprovada por certidão ou publicação no órgão oficial; III – se tratar de títulos da dívida pública, de ações de sociedades e de títulos de crédito negociáveis em bolsa, cujo valor será o da cotação oficial do dia, comprovada por certidão ou publicação no órgão oficial; IV – se tratar de veículos automotores ou de outros bens cujo preço médio de mercado possa ser conhecido por meio de pesquisas realizadas por órgãos oficiais ou de anúncios de venda divulgados em meios de comunicação, caso em que caberá a quem fizer a nomeação o encargo de comprovar a cotação de mercado. Parágrafo único. Ocorrendo a hipótese do inciso I deste artigo, a avaliação poderá ser realizada quando houver fundada dúvida do juiz quanto ao real valor do bem."

"Art. 872. A avaliação realizada pelo oficial de justiça constará de vistoria e de laudo anexados ao auto de penhora ou, em caso de perícia realizada por avaliador, de laudo apresentado no prazo fixado pelo juiz, devendo-se, em qualquer hipótese, especificar:

I – os bens, com as suas características, e o estado em que se encontram;

II – o valor dos bens.

§ 1º Quando o imóvel for suscetível de cômoda divisão, a avaliação, tendo em conta o crédito reclamado, será realizada em partes, sugerindo-se, com a apresentação de memorial descritivo, os possíveis desmembramentos para alienação.

§ 2º Realizada a avaliação e, sendo o caso, apresentada a proposta de desmembramento, as partes serão ouvidas no prazo de 5 (cinco) dias."

Caso o oficial de justiça não tenha elementos no ato da penhora para realizar a avaliação poderá fazê-lo no prazo de 10 dias (*caput* do art. 888 da CLT).

Se a avaliação for complexa, poderá o Juiz do Trabalho determinar que ela seja feita por perito, fixando-se prazo para confecção do laudo, restando aplicável à hipótese, por compatibilidade com o Processo do Trabalho o art. 870 do CPC.

Também a Lei n. 6.830/80, no art. 13, §§ 2º e 3º, possibilita ao Juiz do Trabalho nomear um perito avaliador, caso a avaliação seja complexa. Com efeito, determinam os referidos dispositivos legais:

"§ 2º Se não houver, na Comarca, avaliador oficial ou este não puder apresentar o laudo de avaliação no prazo de 15 (quinze) dias, será nomeada pessoa ou entidade habilitada a critério do juiz.

§ 3º Apresentado o laudo, o juiz decidirá de plano sobre a avaliação."

Conforme destaca *Valentin Carrion*[179], o juiz lançará mão livremente da provas de que necessite para formar sua convicção sobre a avaliação (perícia inclusive) que poderá ser atacada como os demais atos da execução.

A impugnação à avaliação poderá ser realizada por petição, sem necessidade dos embargos à execução, entretanto, nada obsta que ela seja realizada junto com os embargos.

Como o oficial de justiça avaliador tem fé pública, a impugnação à avaliação deve ser devidamente fundamentada em critérios objetivos e documentos que demonstrem que a avaliação do bem penhorado está aquém ou além do valor de mercado do bem. A jurisprudência trabalhista não tem admitido a impugnação genérica à avaliação, conforme se constata da seguinte ementa:

"Avaliação efetuada por oficial de justiça — Presunção *juris tantum* de veracidade. A avaliação efetuada por Oficial de Justiça Avaliador goza de presunção *juris tantum* de veracidade, porquanto os atos desse servidor no desempenho de seu mister estão revestidos de fé pública, acrescida ao fato de que a executada não se desincumbiu de desconstituir os valores por ele atribuídos aos bens penhorados; tampouco restaram demonstradas as demais hipóteses da nova avaliação previstas no art. 683 do CPC." (TRT – 12ª R. – 2ª T. – AG-PET n. 1.0073/03 – rel. Dilnei A. Biléssimo – DJSC 17.10.03 – p. 211)

Caso, no curso da execução, em razão das variações de mercado, o bem constritado tenha sofrido diminuição ou majoração do valor, o Juiz do Trabalho, de ofício, ou a requerimento de uma das partes, deverá determinar a reavaliação dos bens penhorados pelo Oficial de Justiça Avaliador.

Nesse sentido, dispõe o art. 873 do CPC, *in verbis*:

"É admitida nova avaliação quando:

I – qualquer das partes arguir, fundamentadamente, a ocorrência de erro na avaliação ou dolo do avaliador;

II – se verificar, posteriormente à avaliação, que houve majoração ou diminuição no valor do bem;

III – o juiz tiver fundada dúvida sobre o valor atribuído ao bem na primeira avaliação.

Parágrafo único. Aplica-se o art. 480 à nova avaliação prevista no inciso III do *caput* deste artigo."

No mesmo diapasão as seguintes ementas:

"Agravo de petição — Avaliação do bem penhorado. Na dicção do art. 683 do CPC, de aplicação subsidiária ao Processo do Trabalho, repetir-se-á a avaliação apenas se ficar provada a ocorrência de erro ou dolo do avaliador, se for constatado, ulteriormente à avaliação, que houve diminuição do valor do bem, ou se houver fundada dúvida sobre o valor que lhe foi atribuído. Ausentes tais hipóteses, torna-se impossível acolher o pedido de reavaliação formulado pelos executados. Agravo de petição a que se nega provimento." (TRT 3ª R. – 1ª T. – Ap. n. 130.1999.030.03.00-1 – rel. Márcio Flávio S. Vidigal – DJMG 10.6.04 – p. 12) (RDT n. 7 – Julho de 2004)

(179) CARRION, Valentin. *Comentários à Consolidação das Leis do Trabalho*. 30. ed. São Paulo: Saraiva, 2005. p. 749.

"Penhora. Avaliação — Oficial de Justiça. O Oficial de Justiça é dotado de fé pública e a penhora e avaliação de bens constituem atividades inerentes ao seu cargo (CLT, art. 721), cujas tarefas desempenha no dia a dia, razão pela qual detém conhecimento técnico específico para atribuir valor aos bens penhorados." (TRT – 12ª R. – 2ª T. – AP n. 666/2004.032.12.00-9 – Doc. n. 621885 em 8.11.07) (RDT n. 1 – Janeiro de 2008)

"Execução — Avaliação dos bens penhorados — Art. 887, § 2º, CLT. — O dispositivo, que vedava a avaliação aos servidores da Justiça do Trabalho, foi revogado tacitamente pela Lei n. 5.442/68, que deu nova redação ao art. 721. E não se aplica a Lei n. 6.830/80 (art. 13, parágrafos), que trata da nomeação obrigatória de avaliador oficial, porque há norma própria no processo trabalhista a esse respeito. Excesso de penhora não constitui matéria para embargos à execução (art. 884, § 1º, CLT) e, consequentemente, para o agravo de petição superveniente. Diz respeito à faculdade deferida pelo legislador ao juiz (art. 685, CPC), a ser exercida de ofício ou a requerimento do interessado, após a juntada do auto respectivo." (TRT – 2ª R. – 6ª T. – Ac. n. 02960564574 – rel. Carlos F. Berardo – DJSP 20.11.96 – p. 49)

"Ônus da prova. Para ensejar a repetição da avaliação a prova de erro deve ser robusta, consubstanciada, por exemplo, em laudos de avaliação de profissionais especializados que, harmônicos entre si, apontassem para uma discrepância de razoável expressão entre a avaliação oficial e o preço de mercado, de modo a induzir a uma dúvida fundada quanto à exatidão daquela. No caso o ônus da prova é do executado." (TRT – 18ª R. – TP Ac. n. 940/96 – rel. Juiz Josias M. Xavier – DJGO 10.5.96 – p. 81)

27. Do depósito dos bens penhorados e depositário

Ensina *José Frederico Marques*(180):

> "O depósito é elemento indefectível da penhora e caracteriza, ainda, a perda da administração e disponibilidade da coisa por parte do devedor [...]. Trata-se de ato executório material, com a função conservativa, e ainda com a de tornar concreta e mais efetiva a apreensão da coisa, para completar, dessa maneira, a operação expropriatória com que se demarca a sujeição patrimonial do devedor ao processo de execução forçada." Com o depósito a penhora se aperfeiçoa, estando o bem apto para, após o julgamento dos incidentes de penhora (embargos), passar o processo à fase de expropriação de bens."

Nesse sentido, dispõe o art. 839 do CPC:

"Considerar-se-á feita a penhora mediante a apreensão e o depósito dos bens, lavrando-se um só auto se as diligências forem concluídas no mesmo dia."

Conforme *Araken de Assis*(181), o objeto do depósito é a *res pignorata*, seja móvel ou imóvel, fungível ou infungível, e corpórea. Compreende o bem e seus acessórios, em perfeita harmonia com a extensão da penhora.

---

(180) MARQUES, José Frederico. *Instituições de direito processual civil*. São Paulo: Millennium, 2000. v. V, p. 183-184.

(181) ASSIS, Araken de. *Manual do processo da execução*. 13. ed. São Paulo: RT, 2007. p. 624.

O depositário é a pessoa que, voluntariamente, aceitará o encargo de zelar pela guarda e conservação dos bens penhorados, devendo colocá-los à disposição da Justiça quando instado para tal finalidade. Trata-se de um auxiliar da Justiça, que exerce serviço público relevante. Deve o depositário guardar, conservar, administrar, prestar conta e restituir a coisa depositada.

Nesse diapasão, é o art. 159 do CPC: "A guarda e conservação de bens penhorados, arrestados, sequestrados ou arrecadados serão confiadas a depositário ou a administrador, não dispondo a lei de outro modo."

Embora não seja comum no Processo do Trabalho, pensamos aplicável o disposto no art. 160 do CPC que dispõe sobre a remuneração do depositário em valor a ser arbitrado pelo juiz, a cargo do executado.

Conforme o art. 161 do CPC: "O depositário ou o administrador responde pelos prejuízos que, por dolo ou culpa, causar à parte, perdendo a remuneração que lhe foi arbitrada; mas tem direito a haver o que legitimamente despendeu no exercício do encargo."

Dispõe o art. 840, do CPC:

> "Serão preferencialmente depositados:
>
> I – as quantias em dinheiro, os papéis de crédito e as pedras e os metais preciosos, no Banco do Brasil, na Caixa Econômica Federal ou em banco do qual o Estado ou o Distrito Federal possua mais da metade do capital social integralizado, ou, na falta desses estabelecimentos, em qualquer instituição de crédito designada pelo juiz;
>
> II – os móveis, os semoventes, os imóveis urbanos e os direitos aquisitivos sobre imóveis urbanos, em poder do depositário judicial;
>
> III – os imóveis rurais, os direitos aquisitivos sobre imóveis rurais, as máquinas, os utensílios e os instrumentos necessários ou úteis à atividade agrícola, mediante caução idônea, em poder do executado.
>
> § 1º No caso do inciso II do *caput*, se não houver depositário judicial, os bens ficarão em poder do exequente.
>
> § 2º Os bens poderão ser depositados em poder do executado nos casos de difícil remoção ou quando anuir o exequente.
>
> § 3º As joias, as pedras e os objetos preciosos deverão ser depositados com registro do valor estimado de resgate."

Pelo art. 840 do CPC, há preferência de que os bens fiquem depositados a cargo do depositário judicial (móveis e imóveis urbanos), no Banco do Brasil e na Caixa Econômica Federal, preferencialmente com o exequente os bens móveis e imóveis, ou com autorização do exequente em poder do executado os bens de difícil remoção.

No Processo do Trabalho, se a penhora recair sobre bens móveis e imóveis, pensamos ser conveniente que figure como depositário o próprio sócio da empresa, pois é quem detém a posse dos bens e é a melhor pessoa para zelar pelo bem penhorado. O trabalhador dificilmente tem condições materiais de ficar com o bem, sem falar das despesas decorrentes da remoção destes. Não é conveniente que figure como depositário empregado da empresa, pois não são raros os casos em que o empregado depositário é dispensado e, posteriormente, continua como depositário dos bens, entretanto, não tem mais qualquer ligação com a empresa e com os bens que foram penhorados.

Nesse sentido, a seguinte ementa:

"Depositário infiel — Prisão ex-empregado. Não se sustenta o entendimento de que o paciente deveria ter informado o Juízo sobre a sua dispensa e, por não o fazer, deve arcar com as consequências do não cumprimento da ordem judicial. Compete à executada, ex--empregadora, providenciar a alteração do depositário e a notificação do juízo. Prisão ilegal, salvo na hipótese de comprovação de fraude objetivando apenas a recusa na entrega do bem penhorado. A rescisão do contrato de trabalho extingue para o empregado a disponibilidade sobre o bem. Cabível a concessão da ordem de *habeas corpus*." (TRT – 15ª R. – 1ª SDI-HC n. 1355/2004.000.15.00-6 – relª Regina Dirce G. de F. Monegatto – DJSP 3.9.04 – p. 1) (RDT n. 10 – Outubro de 2004)

Como bem adverte *Carlos Henrique Bezerra Leite*(182):

> "São raros os lugares em que a Justiça do Trabalho dispõe de um depositário judicial, razão pela qual, na maioria dos casos, o próprio executado com a concordância do exequente, ou nos casos de difícil remoção (CPC, art. 666, § 1º), acaba assumindo o encargo de depositário dos bens penhorados."

Se a penhora recair sobre dinheiro, deverá o Juiz do Trabalho determinar a transferência do numerário para a conta do Juízo.

A jurisprudência fixou o entendimento de não ser possível a nomeação compulsória do depositário ainda que ele seja o proprietário do bem ou sócio da empresa, pois o encargo tem que ser voluntariamente aceito.

Nesse contexto, destacamos a seguinte ementa:

"*Habeas corpus* — Preventivo — Depositário infiel — Recusa do encargo. Está consubstanciado no art. 5º, II, da Constituição Federal que 'ninguém será obrigado a fazer ou deixar de fazer alguma coisa senão em virtude de lei.' Não há no ordenamento jurídico pátrio qualquer norma estabelecendo a obrigatoriedade do executado ou, principalmente, seu cônjuge, assinar auto de constrição judicial de bem em seu nome, máxime quando há prova de que o bem que se pretende penhorar é objeto de alienação fiduciária. Sem a assinatura do depositário no auto, sequer se pode dizer que há penhora, pois esta — a assinatura — é imprescindível para a validade do ato. Inteligência da OJ n. 89 da SDI-2 do c. TST." (TRT –10ª R. – TP – HC n. 394/2004.000.10.00-3 – rel. Pedro Luís V. Foltran – DJDF 4.10.04 – p. 22) (RDT n. 11 – Novembro de 2004)

No mesmo diapasão, dispõe a OJ n. 89, da SDI-II, do C. TST, *in verbis*:

"*HABES CORPUS* — DEPOSITÁRIO — TERMO DE DEPÓSITO NÃO ASSINADO PELO PACIENTE — NECESSIDADE DE ACEITAÇÃO DO ENCARGO — IMPOSSIBILIDADE

(182) *Op. cit.*, p. 935.

DE PRISÃO CIVIL. A investidura do encargo de depositário depende de aceitação do nomeado, que deve assinar Termo de Compromisso no auto de penhora, sem o que é inadmissível a restrição do seu direito de liberdade."

No mesmo sentido, é a Súmula n. 319 do C. STJ, *in verbis*:

"O encargo de depositário de bens pode ser expressamente recusado."

De outro lado, pensamos que, caso não haja nenhum depositário e o executado não aceite o encargo, deve o juiz nomear um depositário particular, às expensas do executado, ou até mesmo em casos extremos nomear compulsoriamente o próprio executado quando restar convencido, diante dos elementos dos autos, que a recusa é injusta, e tem a finalidade de protelar a execução.

No mesmo aspecto, argumenta *Júlio César Bebber*(183):

> "[...] Neste processo especializado permite-se a recusa ao encargo de depositário unicamente diante de motivo justificado. Não se admite a recusa pura e simples. E isso ocorre em virtude do princípio da cooperação inscrito no art. 645 da CLT, segundo o qual, *o serviço da Justiça do Trabalho é relevante e obrigatório, ninguém dele podendo eximir-se, salvo motivo justificado*. Como bem observa Russomano, o art. 645 da CLT tem por escopo 'valorizar o serviço da Justiça do Trabalho, estimulando o seu exercício [...]. Por isso, o legislador tornou-o obrigatório. Aquele que for chamado para prestar à Justiça do Trabalho sua colaboração não se pode furtar a esse chamamento'. Desse modo, a recusa sem motivo justificado pode dar ensejo à nomeação compulsória do depositário. Vinculando-se à sua validade e eficácia unicamente à ciência inequívoca deste acerca do encargo."

Nesse diapasão, destacam-se as seguintes ementas:

"Nomeação compulsória do encargo de depositário — Sócio da executada — Possibilidade. Com a finalidade precípua de evitar que a responsabilidade decorrente de título executivo judicial seja postergada pelo devedor que, por mero capricho, procura se beneficiar da própria torpeza, com sérios prejuízos à efetividade da tutela jurisdicional, poderá, o magistrado, determinar a nomeação compulsória de depositário, valendo-se do inescusável interesse jurídico de que as suas decisões sejam cumpridas, sob pena de descrédito do Poder Judiciário e de consequências nefastas para toda a sociedade." (TRT – 15ª R. – 5ª T. – AP n. 336/1998.124.15.00-1 – relª Elency P. Neves – DJSP 5.11.04 – p. 52) RDT n. 01 – Janeiro de 2005)

"Nomeação do depositário. Não há que se falar em nulidade da nomeação compulsória do executado como depositário do bem penhorado sem justificativa para a negativa de aceitação do encargo, ainda mais considerando-se que a nomeação, nestes termos, é benéfica ao executado, já que não retira de sua posse o bem constrito, possibilitando ao mesmo o auferimento de possíveis rendimentos." (TRT – 3ª R. – 5ª T. – Ap. n. 3.997/97 – rel. Juiz Fernando E. P. Magalhães – DJMG 3.10.98 – p. 8) (RDT 11/98, p. 50)

---

(183) *Op. cit.*, p. 177-178.

28. Depositário infiel – Prisão determinada pelo Juiz do Trabalho

Dispõe o art. 5º, LXVII, da Constituição Federal:

> "Não haverá prisão civil por dívida, salvo a do responsável pelo inadimplemento voluntário e inescusável de obrigação alimentícia e a do depositário infiel."

A Constituição Federal consagra a possibilidade de prisão civil do depositário infiel que, instado pelo juiz a entregar o bem, não o faz.

Trata-se de exceção ao princípio da patrimonialidade da execução (art. 789 do CPC), tendo por escopo a prisão que é de índole processual, e não penal, forçar o depositário a entregar o bem que está sob sua guarda, garantindo-se a dignidade do processo e a efetividade da jurisdição.

Nesse sentido, adverte *Júlio César Bebber*(184):

> "A prisão civil (ou ameaça de prisão) embora constitua medida privativa de liberdade de locomoção física, não tem natureza jurídica de penalidade. Trata-se de *técnica processual de coerção* adotada com o escopo de constranger o depositário a restituir os bens depositados."

Como destaca *Humberto Theodoro Júnior*, "sem embargo de permitido o decreto incidental da prisão civil do depositário judicial que não restitui os bens sob sua custódia, não cabe ao juiz fazê-lo sem antes ensejar-lhe o direito de defesa esclarecimento sobre o desaparecimento dos objetos penhorados. A garantia do contraditório e ampla defesa não lhe pode ser negada, sob pena de grave ofensa aos incisos LIV e LV do art. 5º, da Constituição. Até mesmo a possibilidade de depositar o preço do bem penhorado deve ser admitida como defesa capaz de evitar a prisão, na espécie"(185).

No CPC de 1973 (art. 902), o Juiz poderia fixar o prazo de prisão, não podendo exceder um ano.

O CPC atual, seguindo a tendência do entendimento firmado pelo STF, não disciplina mais a hipótese de prisão do depositário infiel.

Atualmente, a questão da possibilidade da prisão do depositário fiel se mostra polêmica na jurisprudência.

Dispõe a Convenção Americana sobre Direitos Humanos — Pacto de San José de Costa Rica, no art. 7, item 7:

> "Ninguém deve ser detido por dívidas. Este princípio não limita os mandados de autoridade judiciária competente expedidos em virtude de inadimplemento de obrigação alimentar."

A jurisprudência do Supremo Tribunal Federal vinha admitindo a prisão do depositário infiel diante da autorização constitucional, do relevante encargo que

---

(184) *Op. cit.*, p. 198.

(185) THEODORO JÚNIOR, Humberto. *Processo de execução e cumprimento da sentença.* 25. ed. São Paulo: Leud, 2008. p. 316.

presta o depositário judicial e também da frustração da execução quando o depositário não apresenta os bens que lhes foram entregues para guarda. Nesse sentido, a Súmula n. 619 do STF:

> "A prisão de depositário judicial pode ser decretada no próprio processo em que se constituiu o encargo, independentemente da propositura de ação de depósito."

Recentemente, o Supremo Tribunal Federal mudou entendimento para fixar posicionamento no sentido de que a prisão do depositário infiel não é mais possível no ordenamento jurídico brasileiro diante do que dispõe a Convenção Americana sobre Direitos Humanos (art. 7, item 7). Entendeu a Suprema Corte que os tratados internacionais de direitos humanos ratificados pelo Brasil detêm *status* de supralegalidade.

Como defende *Gilmar Ferreira Mendes*(186), "diante do inequívoco caráter especial dos tratados internacionais que cuidam da proteção dos direitos humanos, não é difícil entender que a sua internalização no ordenamento jurídico, por meio do procedimento de ratificação previsto na Constituição, tem o condão de paralisar a eficácia jurídica de toda e qualquer disciplina normativa infraconstitucional com ela conflitante. Nesse sentido, é possível concluir que, diante da supremacia da Constituição Federal sobre os atos normativos internacionais, a previsão constitucional da prisão civil do depositário infiel (art. 5º, LXVII) não foi revogada pela adesão do Brasil ao Pacto Internacional dos Direitos Civil e Polícitos (art. 11) e à Convenção Americana sobre Direitos Humanos – Pacto de San José da Costa Rica (art. 7º, 7º), mas deixou de ter aplicabilidade diante do efeito paralisante desses tratados em relação à legislação infraconstitucional que disciplina a matéria, incluídos o art. 1.287 do Código Civil de 1916 e o Decreto-lei n. 911, de 1º.10.1969. Tendo em vista o caráter supralegal desses diplomas normativos internacionais, a legislação infraconstitucional posterior que com eles seja conflitante também tem sua eficácia paralisada (...) Enfim, desde a adesão do Brasil, no ano de 1992, ao Pacto Internacional dos Direitos Civis e Políticos (art. 11) e à Convenção Americana sobre Direitos Humanos — Pacto de San José da Costa Rica (art. 7º, 7º), não há base legal para aplicação da parte final do art. 5º, LXVII, da Constituição, ou seja, para a prisão civil do depositário infiel."

Nesse diapasão, o Informativo n. 531 do Surpemo Tribunal Federal(187):

> "Prisão Civil e Depositário Infiel – 3
>
> Em conclusão de julgamento, o Tribunal concedeu *habeas corpus* em que se questionava a legitimidade da ordem de prisão, por 60 dias, decretada em desfavor do paciente que, intimado a entregar o bem do qual depositário, não adimplira a obrigação contratual — v. Informativos 471, 477 e 498. Entendeu-se que a circunstância de o Brasil haver subscrito o Pacto de São José da Costa Rica, que restringe a prisão civil por dívida ao descumprimento

(186) *Curso de Direito Constitucional.* 10. ed. São Paulo: Saraiva. 2015, p. 628-629.

(187) Disponível em: <http://www.stf.jus.br> Acesso em: 6 jul. 2009.

inescusável de prestação alimentícia (art. 7º, item 7), conduz à inexistência de balizas visando à eficácia do que previsto no art. 5º, LXVII, da CF ("não haverá prisão civil por dívida, salvo a do responsável pelo inadimplemento voluntário e inescusável de obrigação alimentícia e a do depositário infiel;"). Concluiu-se, assim, que, com a introdução do aludido Pacto no ordenamento jurídico nacional, restaram derrogadas as normas estritamente legais definidoras da custódia do depositário infiel. Prevaleceu, no julgamento, por fim, a tese do *status* de supralegalidade da referida Convenção, inicialmente defendida pelo Min. Gilmar Mendes no julgamento do RE 466343/SP, abaixo relatado. Vencidos, no ponto, os Ministros Celso de Mello, Cezar Peluso, Ellen Gracie e Eros Grau, que a ela davam a qualificação constitucional, perfilhando o entendimento expendido pelo primeiro no voto que proferira nesse recurso. O Min. Marco Aurélio, relativamente a essa questão, se absteve de pronunciamento." (HC 87585/TO, rel. Min. Marco Aurélio, 3.12.2008. (HC-87585).

Na mesma sessão de julgamento, a plenária do STF determinou o cancelamento da Súmula n. 619 de sua jurisprudência, vencido o Ministro Menezes Direito, conforme se constata do referido Informativo n. 531, *in verbis*:

"Prisão de Depositário Judicial Infiel e Revogação da Súmula n. 619 do STF. Na linha do entendimento acima sufragado, o Tribunal, por maioria, concedeu *habeas corpus*, impetrado em favor de depositário judicial, e averbou expressamente a revogação da Súmula n. 619 do STF ("A prisão do depositário judicial pode ser decretada no próprio processo em que se constituiu o encargo, independentemente da propositura de ação de depósito"). Vencido o Min. Menezes Direito que denegava a ordem por considerar que o depositário judicial teria outra natureza jurídica, apartada da prisão civil própria do regime dos contratos de depósitos, e que sua prisão não seria decretada com fundamento no descumprimento de uma obrigação civil, mas no desrespeito ao múnus público." (HC n. 92.566/SP, rel. Min. Marco Aurélio, 3.12.2008)

Em julgamentos mais recentes, o STF vem seguindo a mesma tendência, conforme se constata da redação da seguinte ementa:

"PRISÃO CIVIL. Inadmissibilidade. Depósito judicial. Depositário infiel. Infidelidade. Ilicitude reconhecida pelo Plenário, que cancelou a Súmula n. 619 (REs ns. 349.703 e 466.343, e HCs ns. 87.585 e 92.566). Constrangimento ilegal tipificado. HC concedido de ofício. É ilícita a prisão civil de depositário infiel, qualquer que seja a modalidade do depósito." (STF. HC n. 94.307/RS – Rio Grande do Sul, *Habeas Corpus*. Rel. Min. CEZAR PELUSO, Julgamento: 19.2.2009 Órgão Julgador: Tribunal Pleno Publicação DJe-084. Divulg. 7.5.2009. Public. 8.5.2009)

No mesmo sentido, está se posicionando o STJ:

"*HABEAS CORPUS*. DEPOSITÁRIO INFIEL. PRISÃO CIVIL. IMPOSSIBILIDADE. ENTENDIMENTO DO STF. *STATUS* DE NORMA SUPRALEGAL. PACTO DE SAN JOSÉ DA COSTA RICA. MODIFICAÇÃO DO ENTENDIMENTO DO STJ. Tendo em conta a adoção pelo STF do entendimento de que os tratados e convenções internacionais sobre direitos humanos, aos quais o Brasil aderiu, gozam *status* de norma supralegal, deve ser revisto o posicionamento adotado pelo STJ a fim de impossibilitar a prisão civil do depositário infiel. Ordem concedida." [*HABEAS CORPUS* 122.251 – DF (2008/0265144-6) – STJ – Ministra Nancy Andrighi – relatora. DJU de 3.3.2009 – (DT – Abril/2009 – vol. 177, p. 147)]

O Tribunal Superior do Trabalho vem seguindo a nova diretriz do Supremo Tribunal Federal:

"*HABEAS CORPUS* — SUBSTITUTIVO DE RECURSO ORDINÁRIO. DEPOSITÁRIO JUDICIAL. PRISÃO CIVIL. IMPOSSIBILIDADE. A matéria referente à prisão do depositário infiel não mais comporta interpretação nos Tribunais, tendo em vista o entendimento esposado pelo Supremo Tribunal Federal em recentes julgados. A jurisprudência da Suprema Corte evoluiu no sentido de que a prisão civil por dívida é aplicável apenas ao responsável pelo inadimplemento voluntário e inescusável de obrigação alimentícia. Tal entendimento redundou, inclusive, no cancelamento da Súmula n. 619 daquele Tribunal. Precedentes. Ordem de *habeas corpus* concedida, para fim de manter o salvo-conduto expedido em favor da Impetrante e Paciente Sandra Maria Elicker." (TST Processo: HC - 207020/2009-000-00-00.6 Data de Julgamento: 26.5.2009, rel. Min. Alberto Luiz Bresciani de Fontan Pereira, Subseção II Especializada em Dissídios Individuais, Data de Divulgação: DEJT 5.6.2009).

"*HABEAS CORPUS* — DEPOSITÁRIO INFIEL. Não obstante o anterior entendimento desta Corte, acerca da legalidade da prisão do depósitário fiel, não há como não se curvar à decisão do Supremo Tribunal Federal, no sentido de que devem ser observadas as convenções e os tratados internacionais sobre direitos humanos — dos quais o Brasil é signatário e, portanto, ele os ratifica —, como é a hipótese do Pacto de São José da Costa Rica. Nesse pacto, está previsto que, apenas quando se tratar de devedor de alimentos, pode ser considerada legal a prisão civil. *Habeas corpus* concedido." (TST – Processo: HC – 202941/2008-000-00-00.1. Data de Julgamento: 5.5.2009, rel. Min. Pedro Paulo Manus, Subseção II Especializada em Dissídios Individuais, Data de Divulgação: DEJT 15.5.2009)

"*HABEAS CORPUS* PREVENTIVO SUBSTITUTIVO DE RECURSO ORDINÁRIO. DEPOSITÁRIO INFIEL. NÃO CONFIGURAÇÃO. À luz das normas internacionais em que o Brasil é signatário, o Supremo Tribunal Federal vem decidindo que, notadamente após a edição da Emenda Constitucional n. 45/2004, em atenção ao disposto no art. 5º, § 3º, da CF/88, restaram derrogadas as normas definidoras da custódia do depositário infiel. Assim, desde a ratificação pelo Brasil do Pacto Internacional dos Direitos Civis e Políticos (art. 11) e da Convenção Americana sobre Direitos Humanos — Pacto de San José da Costa Rica (art. 7º, item 7), não haveria mais base legal para a prisão civil do depositário infiel. Em Informativo do STF ficou consignado voto do Min. Marco Aurélio no sentido de que a — circunstância de o Brasil haver subscrito o Pacto de São José da Costa Rica, que restringe a prisão civil por dívida ao descumprimento inescusável de prestação alimentícia, conduziria à inexistência de balizas visando à eficácia do que foi previsto no art. 5º, LXVII, da CF —, dispositivo este não autoaplicável, porquanto dependente de regulamentação, por texto legal, acerca dessa prisão, inclusive quanto ao seu período. Diante deste contexto, entende-se razoável a concessão da ordem *habeas corpus*." (TST – Processo: HC – 199439/2008-000-00-00.1 Data de Julgamento: 2.12.2008, rel. Min. José Simpliciano Fontes de F. Fernandes, Subseção II Especializada em Dissídios Individuais, Data de Divulgação: DEJT 12.12.2008)

Em que pese o respeito que merecem as decisões do Supremo Tribunal Federal, do Superior Tribunal de Justiça e do Tribunal Superior do Trabalho, pensamos em sentido contrário.

No nosso sentir, a prisão do depositário infiel deve ser mantida pelos seguintes argumentos:

a) o art. 7, item 7, da Convenção Interamericana de Direitos Humanos proíbe a prisão por dívidas. O depositário tem uma obrigação processual de natureza pública para entrega do bem penhorado que está sob sua guarda. Não se trata, no nosso pensar, de prisão por dívida, mas pelo não cumprimento de um encargo público;

b) a prisão do depositário infiel está prevista no art. 5º, LXVII, da CF, que consagra os direitos fundamentais do cidadão. Portanto, trata-se de cláusula pétrea da Constituição Federal, nos termos do art. 60, § 4º, inciso IV, da CF, que assim dispõe:

"Não será objeto de deliberação a proposta de emenda tendente a abolir: [...] IV – os direitos e garantias individuais;"

c) o caráter publicista da jurisdição, a efetividade processual, e a própria dignidade da Justiça justificam a medida extrema de prisão quando o depositário não entrega o bem que está sob sua guarda;

d) os tratados internacionais sobre direitos humanos ingressam no ordenamento jurídico com *status* de emenda constitucional, não podendo contrariar as cláusulas pétreas da Constituição Federal.

Nesse sentido, dispõem os §§ 2º e 3º, do art. 5º, da Constituição Federal:

"§ 2º Os direitos e garantias expressos nesta Constituição não excluem outros decorrentes do regime e dos princípios por ela adotados, ou dos tratados internacionais em que a República Federativa do Brasil seja parte.

§ 3º Os tratados e convenções internacionais sobre direitos humanos que forem aprovados, em cada Casa do Congresso Nacional, em dois turnos, por três quintos dos votos dos respectivos membros, serão equivalentes às emendas constitucionais." (Redação dada pela EC n. 45/04 – DOU 31.12.04)

No mesmo sentido, destacamos a seguinte ementa:

"*Habeas Corpus* — Depositário — Prisão civil — Tratado internacional que proíbe prisão por dívida — Norma infraconstitucional — Exegese do art. 5º, inciso LXVII, e seu § 2º da Constituição Federal. A Convenção Americana sobre Direitos Humanos, conhecida como Pacto de São José da Costa Rica, não suplantou o inciso LXVII da Constituição Federal, daí sendo possível a prisão depositário infiel. Essa norma internacional passou a integrar o sistema jurídico brasileiro com *status* de norma ordinária; raciocínio diverso consagraria total subversão da rigidez constitucional, prevista no art. 60 e seus parágrafos da Carta Política. (Prof. Luiz Alberto David Araújo – PUC-SP). Ademais, na esteira de inúmeros precedentes do e. STF e desta c. Corte Regional, a matéria já não comporta maiores e alongadas discussões, sendo, pois, nítida a intenção da paciente de buscar derradeiro remédio para a inafastável constrição justificada de sua liberdade. Ordem de *habeas corpus* denegada." (TRT 15ª R. – 1ª SDI – HC n. 642/03 – rel. José Pedro de C. R. de Souza – DJSP 3.10.03 – p. 3) (RDT n.11 – Novembro de 2003)

Além dos argumentos acima declinados, a experiência tem nos demonstrado que a determinação da prisão do depositário que não entrega o bem que está sob sua guarda mediante determinação judicial é um poderoso instrumento de efetividade processual.

Sem a possibilidade de prisão do depositário infiel, há grande risco para a efetividade processual e desprestígio da dignidade da Justiça, bem como satisfação do crédito do exequente.

Pelo exposto, pensamos que a possibilidade de prisão do depositário infiel judicial é constitucional. Concordamos com o Supremo Tribunal Federal no sentido de que não se deve permitir a prisão do devedor depositário do bem em contratos com cláusula de alienação fiducinária, pelo princípio da vedação da prisão por dívida. Não obstante, concordamos com a posição do Ministro Menezes Direito no sentido de que a prisão do depositário infiel judicial encontra fundamentação diversa em razão do múnus público que exerce.

Eventual ilegalidade da prisão ou abuso de poder por parte do Juiz do Trabalho deverá ser questionada por meio do *habeas corpus*.

O Tribunal Superior do Trabalho fixou entendimento no sentido de não haver configuração do depositário infiel sobre coisa futura, conforme a OJ n. 143 da SDI-II, *in verbis*:

> "*HABEAS CORPUS* — PENHORA SOBRE COISA FUTURA — PRISÃO — DEPOSITÁRIO INFIEL. Não se caracteriza a condição de depositário infiel quando a penhora recair sobre coisa futura, circunstância que, por si só, inviabiliza a materialização do depósito no momento da constituição do paciente em depositário, autorizando-se a concessão de *habeas corpus* diante da prisão ou ameaça de prisão que sofra."

Em que pese o respeito que merece, não podemos concordar com o posicionamento do Tribunal Superior do Trabalho, pois, atualmente, a penhora de faturamento está disciplinada pela Lei[(188)]. Além disso, não se atribuir responsabilidade ao depositário que ficou incumbido de apresentar o faturamento, desprestigia a justiça e contribui para a ineficácia da penhora. Por isso, no nosso sentir, o depositário da penhora sobre faturamento da empresa pode ser preso, caso não preste contas ao juízo do faturamento da empresa. Nesse sentido, destacamos as seguintes ementas:

> "Penhora sobre faturamento — Sócio-gerente — Depositário infiel — Caracterização. O sócio-gerente que assume o encargo de depositário sobre a penhora de parte do faturamento da empresa e deixa de depositar o valor em juízo, caracteriza-se como infiel, justificando o decreto de sua prisão." (TRT – 15ª R. – SEDI – Ac. n. 156/2003 – rel. Luiz A. Lazarim – DJSP 7.3.2003 – p. 3)

> "Depositário — Infiel — Penhora em faturamento — Caracterização. A penhora em faturamento goza de legalidade (Orientação Jurisprudencial do Tribunal Superior do Trabalho — SBDI n. 93) e o depositário que deixa sem qualquer justificativa comprobatória de atender a ordem judicial para depósito em juízo de parte do faturamento, caracteriza-se como depositário infiel, não havendo que se falar em ilegalidade da ordem de prisão contra o mesmo emitida pelo juiz da execução." (TRT – 15ª R. – 1ª SDI – HC n. 387/2003 – rel. Luiz Antônio Lazarim – DJSP 13.6.2003 – p. 4)

---

(188) Art. 866-A, § 2º, do CPC: "Na penhora de percentual do faturamento da empresa executada, será nomeado depositário, com a atribuição de submeter à aprovação judicial, bem como de prestar contas mensalmente, entregando ao exequente as quantias recebidas, a fim de serem imputadas no pagamento da dívida."

Se o depositário apresentar os bens deteriorados, discutível se mostra a possibilidade da prisão.

Como adverte *Júlio César Bebber*(189):

> "O perecimento e a desvalia do bem objeto do depósito pelo desmonte e sucateamento (cuja consequência é a perda da utilidade da coisa), além de desaguar na prisão civil do depositário, enseja a responsabilidade deste pela reparação dos danos causados (CC, art. 186) e autoriza a imposição de sanção criminal, se for constatado o dolo (CP, art. 163). Não basta ao depositário fazer a simples entrega do bem. É necessário que não estejam presentes avarias, danificações e deteriorações injustificadas. Seria um achincalhe ao Estado se este, após fazer justiça às partes, por intermédio do Poder Judiciário, fosse impedido de efetivamente entregar a prestação jurisdicional pela má-fé, desídia ou ato criminoso de mero auxiliar do juiz."

Em que pesem alguns posicionamentos em sentido contrário, pensamos não ser possível a prisão do depositário que restitui o bem danificado, mas sim atribuição de responsabilidade patrimonial pelos danos a ser liquidada nos próprios autos do processo trabalhista.

Nesse sentido, destaca-se a seguinte ementa:

> "Depositário infiel — Depreciação de bem penhorado. Restando constatado que a deterioração do bem penhorado ocorreu por negligência do depositário ou por razões intencionais, deve ele arcar com o valor equivalente à depreciação, que corresponde à diferença entre o valor da avaliação procedida no momento da penhora e o valor da reavalidação feita após os estragos." (TRT 12ª R. – 3ª T. – AG-PET n. 890/2001.011.12.85-0 – Ac. n. 3555/05 – rel. Roberto B. Leite – DJSC 8.4.05 – p. 163) (RDT n. 05 de Maio de 2005).

Entretanto, atualmente, nossos argumentos favoráveis à prisão do depositário infiel ficaram vencidos pela edição da Súmula Vinculante n. 25 do STF, *in verbis*:

> "É ilícita a prisão civil de depositário infiel, qualquer que seja a modalidade do depósito." (Divulgada em 22.12.2009 e publicada no DJe do STF de 23.12.2009) Precedentes: RE n. 562.051 RG/MT, Tribunal Pleno, rel. Min. Cezar Peluso, DJ 12.9.2008; RE n. 349.703/DF, Tribunal Pleno, rel. Min. Sydney Sanches, DJ 5.6.2009; RE n. 466.343/SP, Tribunal Pleno, rel. Min. Cezar Peluso, DJ 5.6.2009; HC n. 87.585/TO, Tribunal Pleno, rel. Min. Marco Aurélio, DJ 26.6.2009; HC n. 95.967MS, 2ª Turma, relª Min. Ellen Gracie, DJ 28.11.2008; HC n. 91.950/MS, 2ª Turma, rel. Min. Eros Grau, DJ 14.11.2008; HC n. 93.435/MG, 2ª Turma, rel. Min. Cezar Peluso, DJ 7.11.2008; HC n. 96.687 MC/MG, rel. Min. Celso de Mello, DJ 19.11.2008; HC n. 96.582/DF, rel. Min. Marco Aurélio, DJ 7.11.2008; HC n. 90.172/SP, 2ª Turma, rel. Min. Gilmar Mendes, DJ 17.8.2007; HC n. 95.170 MC/RS, rel. Min. Carlos Britto, DJ 4.8.2008.

No mesmo diapasão, sumulou o STJ, por meio do Verbete n. 419, *in verbis*:

> "Descabe a prisão civil do depositário judicial infiel." (DJEletrônico 11.3.2010)

---

(189) *Op. cit.*, p. 187-188.

Do mesmo teor, as seguintes ementas:

"É ilícita a prisão civil de depositário infiel, qualquer que seja a modalidade do depósito, *ex vi* da Súmula Vinculante n. 25 do Supremo Tribunal Federal." (TRT/SP – 10212201000002004 – HC01 – Ac. SDI 2010008292 – rel. Sergio J. B. Junqueira Machado – DOE 27.5.2010).

"*Habeas corpus*. Depositário infiel. Não se aplica mais o comando legal que permite a prisão civil por dívida. Chegou-se a tal conclusão após vários julgados do Supremo Tribunal Federal no sentido de reconhecer que o art. 5º, inciso LXVII, da Constituição Federal, é norma de "eficácia restringível" e o disposto no § 2º do art. 5º, da Lei Maior, não deixa dúvida da integração na ordem jurídica dos Tratados Internacionais do qual o Brasil faça parte, como é o caso do Pacto de São José da Costa Rica, cuja proteção volta-se aos direitos humanos e exclui em seu art. 7º, que dispõe sobre a liberdade pessoal (item 7), a possibilidade de prisão por dívidas, exceto a do inadimplemento de obrigação alimentar, assim considerado em sentido estrito (o que exclui o crédito trabalhista). Referido entendimento, a bem da verdade, não mais encontra discussão após o advento da Súmula Vinculante n. 25, do C. STF. Ordem de *habeas corpus* concedida." (TRT/SP – 12785200900002009 – HC01 – Ac. SDI 2010008942 – relª Maria Aparecida Duenhas – DOE 8.6.2010).

"Prisão. Depósito infiel. *Habeas Corpus*. Ante a ilicitude da prisão civil do depositário infiel, em qualquer modalidade de depósito, conforme entendimento consubstanciado pelo STF, impõe-se a concessão de salvo-conduto para a revogação da ordem prisional do paciente. Aplicação da Súmula Vinculante n. 25 do STF (publicada em 22.12.2009 no DJe do STF)." (TRT/SP – 12743200900002008 – HC01 – Ac. SDI 2010006168 – rel. Rafael E. Pugliese Ribeiro – DOE 6.5.2010).

Diante do atual panorama jurisprudencial, sendo impossível a prisão do depositário, restam algumas alternativas possíveis ao Juiz do Trabalho para evitar o esvaziamento da execução, quais sejam:

a) nomear, sempre que possível, o depositário judicial oficial, e a transferência dos bens penhorados para o depósito da Justiça;

b) intensificar os esforços para a penhora de dinheiro;

c) aplicar sanções pecuniárias ao depositário infiel.

Resta ainda a possibilidade de prisão do depositário infiel em razão do crime de desobediência à ordem judicial, que é de ordem penal (art. 330 do CP), exigindo toda dilação probatória, bem como o direito de defesa do réu, em razão do princípio constitucional de presunção de inocência. Entretanto, esta prisão, certamente, não tem a mesma efetividade, tampouco a rapidez da prisão de índole processual do depositário infiel prevista no Código de Processo Civil.

Não obstante o respeito que merecem o Supremo Tribunal Federal e o Superior Tribunal de Justiça, não nos mostramos otimistas com a impossibilidade de prisão do depositário infiel judicial na execução trabalhista.

Nesse sentido, é o Enunciado Propositivo n. 2 da 1ª Jornada Nacional de Execução Trabalhista, realizada em novembro de 2010, *in verbis*:

"PRISÃO POR *CONTEMPT OF COURT* NO PROCESSO DO TRABALHO. PRISÃO DO DEPOSITÁRIO JUDICIAL INFIEL ECONOMICAMENTE CAPAZ. POSSIBILIDADE

JURÍDICA. NECESSIDADE DE REVISÃO PARCIAL DA SÚMULA VINCULANTE N. 25 DO SUPREMO TRIBUNAL FEDERAL (STF). A prisão civil do depositário judicial infiel economicamente capaz, por estar autorizada pela norma do art. 5º, LXVI, parte final, da Constituição Federal, não se resume à mera 'prisão civil por dívidas.' Tem natureza bifronte, consubstanciando também medida de defesa da autoridade pública e da dignidade do Poder Judiciário, à maneira de "*contempt of court*", o que não está vedado pelo Pacto de San José da Costa Rica."

29. Dos meios de defesa do executado e terceiro em face da execução

29.1. Embargos à execução (título executivo judicial)

Ensina *Humberto Theodoro Júnior*[(190)]: "Os embargos, tal como indica o léxico, são obstáculos ou impedimentos que o devedor procura antepor à execução proposta pelo credor."

Em se tratando de execução por título judicial, antes da Lei n. 11.232/2005 e do CPC atual, entendia a doutrina processual civil que a natureza jurídica dos embargos era de ação de cognição incidental, de caráter constitutivo-negativo que tinha por objeto desconstituir total ou parcialmente o título executivo.

A CLT disciplina a questão no art. 884, *in verbis*:

> "Garantida a execução ou penhorados os bens, terá o executado 5 (cinco) dias para apresentar embargos, cabendo igual prazo ao exequente para impugnação. § 1º A matéria de defesa será restrita às alegações de cumprimento da decisão ou do acordo, quitação ou prescrição da dívida. § 2º Se na defesa tiverem sido arroladas testemunhas, poderá o Juiz ou o Presidente do Tribunal, caso julgue necessários seus depoimentos, marcar audiência para a produção das provas, a qual deverá realizar-se dentro de 5 (cinco) dias. § 3º Somente nos embargos à penhora poderá o executado impugnar a sentença de liquidação, cabendo ao exequente igual direito e no mesmo prazo. § 4º Julgar-se-ão na mesma sentença os embargos e as impugnações à liquidação apresentadas pelos credores trabalhista e previdenciário."

A doutrina costuma denominar os *embargos à execução*, no Processo do Trabalho, como *embargos do devedor* ou *embargos do executado*. Preferimos a expressão *embargos à execução* por já consagrada na jurisprudência e no foro trabalhista.

Autores há que sustentam a existência dos embargos à penhora, em que são discutidos os incidentes sobre a penhora. Não obstante o respeito que merecem, pensamos que os incidentes da penhora devem ser deduzidos no próprio bojo dos embargos à execução, não existindo os embargos à penhora como uma categoria autônoma de embargos.

No nosso sentir, os embargos à execução, em se tratando da execução por título executivo judicial, no Processo do Trabalho, não constituem ação autônoma e sim um incidente da fase executiva, com a mesma natureza da impugnação no

(190) THEODORO JÚNIOR, Humberto. *Curso de direito processual civil*. 41. ed. Rio de Janeiro: Forense, 2007. v. II, p. 429.

Processo Civil. A doutrina trabalhista buscava a natureza jurídica dos embargos à execução como ação autônoma no Direito Processual Civil, não obstante, sempre foi dominante na doutrina trabalhista que a execução trabalhista não era um processo autônomo e sim fase do processo. Além disso, no Processo do Trabalho, os embargos à execução, em razão dos princípios da celeridade e da simplicidade, sempre foram opostos por petição nos próprios autos do processo e nele processados. Sob outro enfoque, o § 1º, do art. 884, da CLT, alude à *matéria de defesa* que pode ser invocada nos embargos, o que denota não ter os embargos natureza jurídica de ação autônoma e sim de impugnação.

No mesmo sentido, é a posição de *Pedro Paulo Teixeira Manus*(191):

> "A denominação embargos à execução é utilizada pelo legislador para designar os meios de defesa colocados à disposição do executado, após garantido o juízo, aí incluídos os embargos à execução, à penhora e a impugnação à sentença de liquidação, como decorre do art. 884 da CLT. Eis porque os embargos à execução no processo do trabalho têm natureza de incidente da execução, configurando simples meio de defesa e não uma ação, não obstante assim entenda parte da doutrina. Concebida a execução como simples fase do processo do trabalho, não tendo natureza de ação independente, não seria compatível com a diretriz dada a este processo tratar os embargos à execução como ação, não obstante assim entenda uma parcela da doutrina."

A CLT (§ 1º do art. 884) limita as matérias que podem ser invocadas pelo embargante nos embargos à execução, quais sejam: *cumprimento da decisão ou do acordo, quitação ou prescrição da dívida.*

Pensamos, conforme já sedimentado na doutrina, que o rol do § 1º, do art. 884, da CLT, não é taxativo. Acreditamos que o referido dispositivo legal não veda que as matérias que o juiz possa conhecer de ofício possam ser invocadas, como os pressupostos processuais e as condições da ação, e também as matérias previstas na impugnação do Processo Civil desde que não acarretem demora no curso do processo. Se hoje a jurisprudência trabalhista admite que tais matérias podem ser invocadas por meio da exceção de pré-executividade, não há razão para não se admiti-las nos embargos.

Desse modo, pensamos que podem ser invocadas nos embargos as matérias previstas no art.525, § 1º, do CPC, que assim dispõe:

> "Transcorrido o prazo previsto no art. 523 sem o pagamento voluntário, inicia-se o prazo de 15 (quinze) dias para que o executado, independentemente de penhora ou nova intimação, apresente, nos próprios autos, sua impugnação.

---

(191) MANUS, Pedro Paulo Teixeira. *Execução de sentença no processo do trabalho.* 2. ed. São Paulo: Atlas, 2005. p. 123.

§ 1º Na impugnação, o executado poderá alegar:

I – falta ou nulidade da citação se, na fase de conhecimento, o processo correu à revelia;

II – ilegitimidade de parte;

III – inexequibilidade do título ou inexigibilidade da obrigação;

IV – penhora incorreta ou avaliação errônea;

V – excesso de execução ou cumulação indevida de execuções;

VI – incompetência absoluta ou relativa do juízo da execução;

VII – qualquer causa modificativa ou extintiva da obrigação, como pagamento, novação, compensação, transação ou prescrição, desde que supervenientes à sentença.

§ 2º A alegação de impedimento ou suspeição observará o disposto nos arts. 146 e 148.

§ 3º Aplica-se à impugnação o disposto no art. 229.

§ 4º Quando o executado alegar que o exequente, em excesso de execução, pleiteia quantia superior à resultante da sentença, cumprir-lhe-á declarar de imediato o valor que entende correto, apresentando demonstrativo discriminado e atualizado de seu cálculo.

§ 5º Na hipótese do § 4º, não apontado o valor correto ou não apresentado o demonstrativo, a impugnação será liminarmente rejeitada, se o excesso de execução for o seu único fundamento, ou, se houver outro, a impugnação será processada, mas o juiz não examinará a alegação de excesso de execução.

§ 6º A apresentação de impugnação não impede a prática dos atos executivos, inclusive os de expropriação, podendo o juiz, a requerimento do executado e desde que garantido o juízo com penhora, caução ou depósito suficientes, atribuir-lhe efeito suspensivo, se seus fundamentos forem relevantes e se o prosseguimento da execução for manifestamente suscetível de causar ao executado grave dano de difícil ou incerta reparação.

§ 7º A concessão de efeito suspensivo a que se refere o § 6º não impedirá a efetivação dos atos de substituição, de reforço ou de redução da penhora e de avaliação dos bens.

§ 8º Quando o efeito suspensivo atribuído à impugnação disser respeito apenas a parte do objeto da execução, esta prosseguirá quanto à parte restante.

§ 9º A concessão de efeito suspensivo à impugnação deduzida por um dos executados não suspenderá a execução contra os que não impugnaram, quando o respectivo fundamento disser respeito exclusivamente ao impugnante.

§ 10. Ainda que atribuído efeito suspensivo à impugnação, é lícito ao exequente requerer o prosseguimento da execução, oferecendo e prestando, nos próprios autos, caução suficiente e idônea a ser arbitrada pelo juiz.

§ 11. As questões relativas a fato superveniente ao término do prazo para apresentação da impugnação, assim como aquelas relativas à validade e à adequação da penhora, da avaliação e dos atos executivos subsequentes, podem ser arguidas por simples petição, tendo o executado, em qualquer dos casos, o prazo de 15 (quinze) dias para formular esta arguição, contado da comprovada ciência do fato ou da intimação do ato.

§ 12. Para efeito do disposto no inciso III do § 1º deste artigo, considera-se também inexigível a obrigação reconhecida em título executivo judicial fundado em lei ou ato normativo considerado inconstitucional pelo Supremo Tribunal Federal, ou fundado em aplicação ou interpretação da lei ou do ato normativo tido pelo Supremo Tribunal Federal como incompatível com a Constituição Federal, em controle de constitucionalidade concentrado ou difuso.

§ 13. No caso do § 12, os efeitos da decisão do Supremo Tribunal Federal poderão ser modulados no tempo, em atenção à segurança jurídica.

§ 14. A decisão do Supremo Tribunal Federal referida no § 12 deve ser anterior ao trânsito em julgado da decisão exequenda.

§ 15. Se a decisão referida no § 12 for proferida após o trânsito em julgado da decisão exequenda, caberá ação rescisória, cujo prazo será contado do trânsito em julgado da decisão proferida pelo Supremo Tribunal Federal."

Detém legitimidade para a propositura dos embargos à execução o devedor, ou seja, o executado que está sofrendo os efeitos da constrição patrimonial decorrente do procedimento executivo. Não obstante, como bem adverte *Manoel Antonio Teixeira Filho*(192), "não só o devedor, em sentido estrito, mas todos aqueles que, por uma razão ou outra, sejam legalmente responsáveis pelo adimplemento da obrigação, embora possam não ter participado da relação jurídica de direito material, reconhecida pela sentença exequenda. O próprio mandado executivo de citação identifica o devedor, ao mesmo tempo em que define a sua legitimidade para efeito de opor-se mediante embargos que são característicos, à execução forçada. O autor de constrição de bens reafirma essa legitimidade."

29.1.1. Do conteúdo dos embargos à execução

1. Nulidade da citação se o processo correu à revelia: no nosso sistema processual, máxime os princípios do contraditório e da ampla defesa, consubstanciados no art. 5º, LV, da CF, impõem que o réu seja cientificado da demanda e possa apresentar sua resposta.

Diante da importância da citação, o CPC, no art. 242, determina que a citação seja pessoal, com as formalidades do art. 334 do CPC.

Na CLT, a citação não é pessoal, recebe o nome de notificação (art. 841) e é realizada pelo Diretor de Secretaria da Vara do Trabalho. Como regra geral, é realizada por meio do Correio com aviso de recebimento (AR ou SEED). Na execução, o comando do art. 880, § 2º, da CLT, determina que a citação sobre a execução seja pessoal.

Por estar inserida no rol do art. 337 do CPC, a nulidade da citação pode ser alegada a qualquer tempo e em qualquer grau de jurisdição, inclusive reconhecida de ofício pelo juiz.

(192) TEIXEIRA FILHO, Manoel Antonio. *Execução no processo do trabalho.* 9. ed. São Paulo: LTr, 2005. p. 588.

No Processo Civil, se o processo correu à revelia do réu por nulidade de citação, este vício pode ser arguido pelo réu até em sede de embargos à execução, nos termos do art. 525, § 1º, I, do CPC. De outro lado, se o réu intervier no processo antes do trânsito em julgado, deverá arguir a nulidade, sob consequência de preclusão, nos termos do art. 278 do CPC.

No Processo do Trabalho, antes do trânsito em julgado, a nulidade da citação pode ser arguida pelo reclamado a qualquer tempo. Após o trânsito em julgado, mostra-se discutível a aplicabilidade do art. 525 do CPC.

Com efeito, o art. 884, da CLT, no § 1º, assevera que a matéria de defesa será restrita às alegações de cumprimento da decisão ou do acordo, quitação ou prescrição da dívida. Com suporte no referido dispositivo legal, parte da doutrina e parte da jurisprudência sustentam a inaplicabilidade do art. 525, § 1º, I, do CPC, ao Processo do Trabalho diante da não existência de omissão da CLT. Além disso, argumentam que, no Processo do Trabalho, ao contrário do que ocorre no Processo Civil, onde o revel não é notificado dos atos subsequentes do processo, tampouco da sentença (art. 346 do CPC), determina o art. 852 da CLT que o revel seja notificado da sentença.

Nesse sentido, destacamos a seguinte ementa:

"Nulidade da citação — Impossibilidade de arguição pelo revel na fase executória. Após o trânsito em julgado da sentença, a fase executória é inadequada para o revel arguir a nulidade por defeito da notificação para prestar depoimento pessoal. Na esfera do processo do trabalho, o momento processual oportuno para tal desiderato é o do recurso ordinário, porque a parte, mesmo revel, é intimada da sentença de mérito (art. 852 da CLT)." (TRT –12ª R. – 1ª T. – AG-PET n. 206/2002.015.12.02-9 – Ac. n. 11421/04 – relª Maria do Céo de Avelar – DJSC 14.10.04 – p. 279) (RDT n. 11 – Novembro de 2004)

A nosso ver, o art. 525, § 1º, I, do CPC, resta aplicável ao Processo do Trabalho na hipótese da notificação da sentença, na forma do art. 852 da CLT não tenha sido válida. Uma vez citado corretamente o reclamado revel sobre a sentença e este se mantiver inerte, não há como se arguir a nulidade da citação em sede de embargos à execução, por preclusa a oportunidade. Nesse sentido, é a visão de *Valentin Carrion*(193):

> "As possibilidades de impugnação à execução, por razões formais, são ainda mais numerosas que as do direito material: a) nulidades referentes ao título em si (falta de peças essenciais na carta de sentença ou de assinatura do juiz e até a falta de citação no processo de conhecimento, à revelia — conforme o CPC, art. 741, I, salvo se foi validamente intimado da sentença, CLT, art. 852, exercendo função rescisória, segundo *Coqueijo Costa*, Ação Rescisória)."

(193) CARRION, Valentin. *Comentários à Consolidação das Leis do Trabalho*. 30. ed. São Paulo: Saraiva, 2005. p. 743.

No mesmo teor, se manifesta *Eduardo Gabriel Saad*[194]: "A falta de citação só é alegável por quem não fez qualquer intervenção em todo o processo de conhecimento e cujo curso foi inteiramente à sua revelia. Só nessa hipótese o incidente provoca a nulidade de todo o processo desde a peça inicial do processo de conhecimento."

2. *Prescrição da dívida:* a prescrição a que alude o § 1º, do art. 884, da CLT é a intercorrente, ou seja, a que se configura no curso do processo. Embora o TST tenha firmado posicionamento de que a prescrição intercorrente não se aplica ao Processo do Trabalho (Súmula n. 114 do C. TST), pensamos, conforme já mencionamos, que deve prevalecer o entendimento consubstanciado na Súmula n. 327 do STF, uma vez que se encontra em compasso com a diretriz do art. 884, § 1º, da CLT.

É bem verdade que o Juiz do Trabalho, promovendo a execução de ofício (art. 878 da CLT) e havendo a suspensão da execução quando o executado não apresenta bens ou não é encontrado (art. 40 da Lei n. 6.830/80), são restritas as hipóteses de pronunciamento da prescrição intercorrente. Não obstante, hipóteses há, ocasião em que ela pode ser levada a efeito, além da fase de liquidação, como já mencionados. Podemos citar, por exemplo, a não apresentação pelo reclamante dos documentos necessários para o registro da penhora, no prazo de dois anos após a intimação judicial. Esta providência somente poderá ser levada a efeito pelo exequente ou quando o exequente não indica os bens a serem penhorados, os possuindo o executado.

Assim, como a prescrição da pretensão, a prescrição intercorrente não pode ser conhecida de ofício pelo Juiz do Trabalho.

Nesse sentido, destacamos as seguintes ementas:

> "Execução trabalhista — Prescrição intercorrente. Ainda que o entendimento jurisprudencial sedimentado no Enunciado n. 114 do c. TST seja no sentido de ser inaplicável a prescrição intercorrente, na Justiça do Trabalho, entendemos que a mesma foi expressamente contemplada pelo legislador no § 1º do art. 884 da CLT, ao dispor que a matéria de defesa será restrita às alegações de cumprimento da decisão ou do acordo, quitação ou prescrição da dívida (grifo nosso). Ora, o dispositivo legal em referência somente pode reportar-se à prescrição intercorrente, haja vista que a ordinária apenas pode ser arguida na fase de conhecimento, inadmissível que é a modificação ou inovação da sentença exequenda, na fase de liquidação do julgado, *ex vi* do § 1º do art. 879 da CLT. A corroborar esse entendimento, temos a Súmula n. 327 do c. STF, a qual estabelece expressamente que o direito trabalhista admite a prescrição intercorrente. Desse modo, tendo a execução permanecido paralisada por cinco anos e nove meses, por absoluta incúria da parte interessada, que deixou de manifestar-se nos autos, em que pesem as reiteradas notificações — e a despeito da existência de veículos em nome da executada —, correta a r. decisão de 1º grau, ao reconhecer o aludido instituto, com a consequente extinção da execução. Agravo de petição do exequente a que se nega provimento." (TRT – 15ª R. – 3ª T. – Ap. n. 1179/1992.019.15.00-2 – relª Ana Paula P. Lockmann – DJSP 8.10.04 – p. 68) (RDT n. 11 – Novembro de 2004)

(194) SAAD, Eduardo Gabriel. *CLT comentada.* 38. ed. São Paulo: LTr, 2005. p. 800.

"EXECUÇÃO. PRESCRIÇÃO INTERCORRENTE NA FASE DE LIQUIDAÇÃO/EXECUÇÃO. DECLARAÇÃO DE OFÍCIO. IMPOSSIBILIDADE. Incabível a declaração de ofício da prescrição intercorrente em sede de liquidação/execução trabalhista pois, mesmo admitindo a aplicação do art. 219, § 5º, do Código de Processo Civil, não se esquece que tal regramento incide na chamada "fase de conhecimento", até porque decorre da citação inicial e seus efeitos (art. 213 do CPC). A interpretação, portanto, é sistemática." (TRT/SP – 00720199400202006 – AP – Ac. 5ª T. – 20100355638 – rel. José Ruffolo – DOE 7.5.2010)

"1 – PRESCRIÇÃO. DECLARAÇÃO DE OFÍCIO. NÃO APLICÁVEL AO PROCESSO DO TRABALHO O DISPOSTO NO § 5º DO ART. 219 DO CPC. Inaplicável ao Processo do Trabalho a declaração *ex officio* da prescrição conforme disposto no § 5º do art. 219 do CPC . A aplicação das regras do Código de Processo Civil alusivas à declaração de ofício da prescrição está fora do alcance da supletividade prevista no art. 769, da CLT, posto que tal procedimento afronta os princípios do Direito do Trabalho. Isto ocorre porque a declaração de ofício da prescrição tem como finalidade a proteção do devedor, que, na hipótese, é o ex-empregador. Assim sendo, não tem aplicação nesta Justiça Especializada, que tem como objetivo principal a proteção dos direitos do trabalhador e de suas verbas de caráter alimentar. Nota-se que as normas de direito comum somente serão aplicadas nesta Justiça Especializada, quando não conflitarem ou não forem incompatíveis com os princípios fundamentais do Direito do Trabalho. 2 – AGRAVO DE PETIÇÃO. PRESCRIÇÃO INTERCORRENTE. EXECUÇÃO TRABALHISTA. INAPLICÁVEL. A prescrição da execução é inaplicável na Justiça do Trabalho, no que diz respeito a créditos trabalhistas (Entendimento consubstanciado na Súmula n. 114 do TST)." (TRT/SP PROCESSO TRT/SP n. 02770001620025020431. AGRAVO DE PETIÇÃO EM RITO SUMARÍSSIMO. Rel. Desembargador Marcelo Freire Gonçalves. DOE/SP 21.9.2012)

3. *Cumprimento da decisão ou quitação da dívida:* deverá o executado demonstrar, nos embargos, a quitação ou o cumprimento da decisão, apresentando na petição de embargos o recibo da quitação (arts. 320 e 477, § 2º, da CLT), bem como do cumprimento da decisão.

Quanto à novação da dívida a que se refere o art. 525, § 1º, VII, do CPC, também resta aplicável ao Processo do Trabalho, entretanto, em se tratando do crédito trabalhista esta há que ser vista com reservas, pois a novação extingue a obrigação inicial e em lugar dela nasce uma nova. Desse modo, deve o Juiz do Trabalho tomar as cautelas necessárias a fim de avaliar se não houve prejuízo ao trabalhador, bem como se a nova obrigação está cercada das mesmas garantias da obrigação originária.

4. *Inexigibilidade do título:* o título não será exigível quando estiver sujeito à condição ou a termo. Estará sujeito à condição, quando a exigibilidade estiver atrelada a evento futuro e incerto. Estará o título sujeito a termo quando sua exigibilidade estiver atrelada a evento futuro e certo, como o advento do prazo para cumprimento.

5. *Penhora incorreta ou avaliação errônea:* a incorreção do bem penhorado ou a avaliação incorreta também podem ser invocadas nos embargos à execução. Para tanto, deve o embargante declinar as razões da incorreção da penhora ou do valor da avaliação.

6. *Excesso de execução:* há excesso de execução quando se pleiteia quantia superior à mencionada no título, se executado objeto diverso do mencionado no título, quando se processa de modo diferente do que foi determinado em sentença, quando o credor, sem cumprir a prestação que lhe corresponde, exige o adimplemento da do devedor ou se o credor não provar que a condição se realizou (art. 917, § 2º, V, do CPC).

O excesso de execução não se confunde com o excesso de penhora, pois neste o excesso se dá quando o valor ou a quantidade de bens penhorados excede em muito o valor da execução. Embora não conste da lei, o excesso de penhora também pode ser invocado nos embargos à execução.

De outro lado, considerando-se que, em hasta pública, os bens nunca são alienados pelo valor da avaliação, as despesas processuais com custas, editais e ainda a correção monetária do crédito e a incidência de juros de mora, é recomendável e conveniente que sejam penhorados bens de valor que excedam, em patamar razoável, o valor do crédito, somente havendo excesso de penhora se houver exagero. Nesse sentido, destacamos a seguinte ementa que reflete nosso pensamento, *in verbis*:

> "EXCESSO DE PENHORA. INEXISTÊNCIA DE NULIDADE. É normal a penhora de bens cujo valor supere o crédito em execução, sendo certo que só haverá nulidade em relação ao excesso de penhora, se, e somente se, os bens penhorados excederem exageradamente o crédito exequendo, de modo a causar inequívoco prejuízo à parte devedora. Importa lembrar que o *caput* do art. 659 do CPC, aplicável ao processo trabalhista por força do art. 769 da CLT, dispõe que a penhora deverá incidir em tantos bens quantos bastem para o pagamento do principal atualizado, juros, custas e honorários de advocatícios. Em outras palavras, o produto da execução deverá ser suficiente para o pagamento, além do débito do executado, das demais despesas do processo. Também nesse sentido o art. 883 da CLT. Releva notar, ainda, que a penhora de bens no exato valor da dívida, sem considerar a incidência dos juros, da correção monetária e outras obrigações legais acessórias (como a parcela dos encargos previdenciários devidos pelo empregador-executado), conduziria, necessariamente, à realização de novas penhoras sobre outros bens do executado, ocasionando, assim, uma indesejável demora na solução definitiva da lide trabalhista. Tal situação, isto é, a penhora de bens no valor preciso da obrigação reconhecida judicialmente, resultaria em óbvia violação ao princípio da celeridade processual, um dos princípios basilares do Direito Processual do Trabalho. Além disso, é cediço de todos que militam na seara trabalhista que os bens penhorados quando vendidos em hasta pública ou leilão não costumam atingir o valor da avaliação, situação esta que recomenda a penhora de bens em valor superior ao crédito em execução." (TRT/SP – 01989200303002000 – AP – Ac. 3ª T. – 20091011846 – relª Mércia Tomazinho – DOE 1º.12.2009).

Nos termos do art. 525, § 4º, do CPC, que resta aplicável no Processo do Trabalho (arts. 769 e 889 da CLT): "Quando o executado alegar que o exequente, em excesso de execução, pleiteia quantia superior à resultante da sentença, cumprir-lhe-á declarar de imediato o valor que entende correto, apresentando demonstrativo discriminado e atualizado de seu cálculo."

Conforme o § 5º do art. 525 do CPC, na hipótese do § 4º, não apontado o valor correto ou não apresentado o demonstrativo, a impugnação será liminarmente rejeitada, se o excesso de execução for o seu único fundamento, ou, se houver outro, a impugnação será processada, mas o juiz não examinará a alegação de excesso de execução.

7. *Impugnação à liquidação:* dispõe o art. 884, § 3º, da CLT:

> "Somente nos embargos à penhora poderá o executado impugnar a sentença de liquidação, cabendo ao exequente igual direito e no mesmo prazo."

Conforme já mencionado no capítulo da liquidação, nos embargos à execução, o executado também poderá impugnar os cálculos de liquidação, nos termos do § 3º do art. 884 da CLT.

Também o exequente poderá impugnar a conta de liquidação, apontando incorreções de cálculo e também matéria de ordem pública.

A impugnação da conta pelo exequente é peça autônoma e independe de ter o executado, ou não, ofertado embargos à execução.

Nos termos do § 4º, do art. 884 da CLT, julgar-se-ão na mesma sentença os embargos e as impugnações à liquidação apresentadas pelos credores trabalhista e previdenciário.

A jurisprudência, acertadamente, não tem admitido impugnações genéricas, sem especificar os itens e os valores objeto da discordância.

Nesse sentido, vale transcrever o Enunciado n. 44 da 1ª Jornada Nacional de Execução Trabalhista, realizada em novembro de 2010, *in verbis*:

> "EMBARGOS DO DEVEDOR À CONTA DE LIQUIDAÇÃO. INSURGÊNCIA GENÉRICA SEM INDICAÇÃO DO VALOR DEVIDO. INADMISSIBILIDADE. AUSÊNCIA DE PRESSUPOSTO E REJEIÇÃO LIMINAR DO QUESTIONAMENTO (CLT, ART. 879, § 2º, E ART. 884, §§ 3º E 4º). Utilizada ou não a faculdade da Consolidação das Leis do Trabalho (art. 879, § 2º), não se admitem insurgências ao valor devido sem a apresentação do montante da divergência e do importe exato do item impugnado. Os embargos que discutam o cálculo têm por pressuposto processual a indicação precisa dos itens e valores devidos. A ausência desse pressuposto motiva o indeferimento liminar da medida."

8. O § 5º do art. 884, da CLT: nos termos do citado dispositivo legal: "Considera-se inexigível o título judicial fundado em lei ou ato normativo declarados inconstitucionais pelo Supremo Tribunal Federal ou em aplicação ou interpretação tidas por incompatíveis com a Constituição Federal."

No mesmo sentido, era a redação do art. 475-L, § 1º do CPC/73, *in verbis*: "Para efeito do disposto no inciso II do *caput* deste artigo, considera-se também inexigível o título judicial fundado em lei ou ato normativo declarados inconstitucionais pelo Supremo Tribunal Federal, ou fundado em aplicação ou interpretação da lei ou ato normativo tidas pelo Supremo Tribunal Federal como incompatíveis com a Constituição Federal."

Atualmente, dispõe o art. 525, §§ 12 a 15, *in verbis*:

> "§ 12. Para efeito do disposto no inciso III do § 1º deste artigo, considera-se também inexigível a obrigação reconhecida em título executivo judicial fundado em lei ou ato

normativo considerado inconstitucional pelo Supremo Tribunal Federal, ou fundado em aplicação ou interpretação da lei ou do ato normativo tido pelo Supremo Tribunal Federal como incompatível com a Constituição Federal, em controle de constitucionalidade concentrado ou difuso."

§ 13. No caso do § 12, os efeitos da decisão do Supremo Tribunal Federal poderão ser modulados no tempo, em atenção à segurança jurídica.

§ 14. A decisão do Supremo Tribunal Federal referida no § 12 deve ser anterior ao trânsito em julgado da decisão exequenda.

§ 15. Se a decisão referida no § 12 for proferida após o trânsito em julgado da decisão exequenda, caberá ação rescisória, cujo prazo será contado do trânsito em julgado da decisão proferida pelo Supremo Tribunal Federal."

Pelos referidos dispositivos, o título executivo judicial fundado em lei ou interpretação tidas por incompatíveis com a Constituição Federal pelo Supremo Tribunal Federal é inexigível. Tal interpretação se fundamenta no princípio de que não há exigibilidade de título fundado em norma incompatível com a Constituição Federal, no chamado controle concentrado da Constitucionalidade pelo Supremo Tribunal Federal que tem efeito *erga omnes*, ou quando o STF pacificou a interpretação de determinada norma em que se baseou a sentença como incompatível com a Constituição Federal.

Nesse diapasão, destaca *Humberto Theodoro Júnior*(195):

> "De minha parte, penso que, cabendo ao Poder Judiciário velar pela supremacia da Constituição, há de se empenhar em evitar e reparar qualquer ofensa às regras e princípios por ela ditados, sempre que deparar com tal tipo de agressão jurídica. Se o legislador ainda não cuidou de instituir um remédio processual específico para tanto, os órgãos jurisdicionais terão de cumprir sua imissão de guardiães da Constituição com os meios e instrumentos de que dispõem, adaptando-os às necessidades do caso concreto, mas nunca se negando a reprimir o mais grave atentado contra o Estado Democrático de Direito que é o desprezo pela prevalência do primado da ordem constitucional."

Pensamos não ser constitucional a possibilidade de desconstituição da coisa julgada nos embargos à execução, pois a proteção à coisa julgada tem assento constitucional (art. 5º, XXXVI). Além disso, tal possibilidade desconstitui todo o esforço processual que foi realizado na fase de conhecimento, a fim de que se formasse a coisa julgada material.

Parece-nos muito perigoso desconstituir a coisa julgada material, na fase executória, por simples decisão em embargos à execução.

No sentido, são pertinentes as considerações de *Homero Batista Mateus da Silva*(196):

> "Se o direito adquirido está prestigiado na Constituição Federal de 1988, também a coisa julgada foi alçada ao patramar de direito fundamental

(195) *Op. cit.*, p. 63.

(196) *Curso de Direito do Trabalho aplicado.* vol. 10 – Execução Trabalhista. 2. ed. São Paulo: RT, 2015. p. 248.

inserido no catálogo (aliás, por ironia, ambos encontram assento no mesmo inc. XXXV do art. 5º, ao lado do ato jurídico perfeito), de tal sorte que a abolição de uma sentença passada em julgado, sem usar recursos nem se valer de ação rescisória, é um duro golge à previsibilidade das relações jurídicas. No mais, não deixa de ser supreendente que o jiz da execução, em caráter monocrático e bem tardio, retire do mundo jurídico uma sentença que passou ou poderia ter passado por várias instâncias, por vários colegiados e sob diversos pressupostos, recursais ou rescisórios."

Como destaca com propriedade *Jorge Luiz Souto Maior*(197):

> "Ao aplicar a lei para solução de um conflito, o juiz avalia sua constitucionalidade, por meio do controle difuso, mesmo que não o diga, expressamente. Em outras palavras, o juiz só aplica a lei que considera constitucional. Proferida a decisão, em contraditório, com respeito à ampla defesa e ao duplo grau de jurisdição, uma vez transitada em julgado, deve esta ser respeitada. Não há sentido em negar eficácia executiva a esta decisão mesmo se, posteriormente, o Supremo Tribunal Federal, venha declarar a lei, sobre a qual se baseia a decisão, inconstitucional ou lhe der um interpretação conforme a Constituição, pois que tentando preservar a autoridade da Constituição acaba-se negando um dos direitos que a própria Constituição estabelece na qualidade de direitos fundamentais, que é o respeito à coisa julgada."

Não somos contrários à desconstituição de uma decisão inadequada, injusta ou fora da realidade, mas pensamos que tal deverá ser realizado por meio de ação rescisória ou até mesmo pela ação de *querella nulitatis*.

No mesmo sentido, são as lúcidas conclusões de *Estêvão Mallet*(198):

> "A Medida Provisória n. 2.180, ao introduzir o § 5º, do art. 884, da CLT, porque editada sem que estivesse presente o pressuposto da urgência, é formalmente inconstitucional. É, ademais, materialmente inconstitucional, quando pretende afastar a exequibilidade de sentenças já transitadas em julgado. Esses vícios, enquanto não reconhecidos em ação direta, podem e devem ser reconhecidos incidentalmente, por meio de controle difuso, para que não se afaste a exequibilidade de sentença fundada em lei ou ato normativo declarados inconstitucionais pelo Supremo Tribunal Federal ou em aplicação ou interpretação tidas por incompatíveis com a Constituição Federal."

9. Matérias de ordem pública: também nos embargos à execução o executado poderá invocar as matérias de ordem pública como os pressupostos processuais e

---

(197) SOUTO MAIOR, Jorge Luiz. Reflexos das alterações do Código de Processo Civil no processo do trabalho. *In: Revista LTr*, 70-09/924.

(198) MALLET, Estêvão. A dupla inconstitucionalidade do § 5º do art. 884, da CLT. *In: Direito, trabalho e processo em transformação.* São Paulo: LTr, 2005. p. 262.

condições da ação e também os requisitos indispensáveis do título executivo como a certeza, a exigibilidade e a liquidez.

29.1.2. Do processamento dos embargos à execução

A competência para julgamento dos embargos à execução é do juízo onde se processa a execução.

Se a execução se der por carta, os embargos poderão ser propostos tanto no juízo deprecante como no deprecado, mas o julgamento deve ser levado a efeito pelo juízo deprecante, salvo se os embargos versarem unicamente sobre vícios da penhora.

Nesse sentido, é o art. 20 da Lei n. 6.830/80, *in verbis*:

> "Na execução por carta, os embargos do executado serão oferecidos no juízo deprecado, que os remeterá ao juízo deprecante, para instrução e julgamento. Parágrafo único. Quando os embargos tiverem por objeto vícios ou irregularidades de atos do próprio juízo deprecado, caber-lhe-á unicamente o julgamento da matéria."

Do mesmo teor, é o art. 914, § 2º, do CPC:

> "Na execução por carta, os embargos serão oferecidos no juízo deprecante ou no juízo deprecado, mas a competência para julgá-los é do juízo deprecante, salvo se versarem unicamente sobre vícios ou defeitos da penhora, da avaliação ou da alienação dos bens efetuadas no juízo deprecado."

Os embargos à execução devem ser opostos no prazo de 5 dias, contados a partir da intimação da penhora, que garantiu o juízo.

No aspecto, relevante destacar a seguinte ementa:

> "EMBARGOS À EXECUÇÃO. PRAZO. CONTAGEM. GARANTIA DA EXECUÇÃO. Para a verificação da tempestividade dos embargos à execução no processo trabalhista, há regramento específico, não se admitindo a aplicação da legislação subsidiária (art. 769 da CLT). Em outras palavras, nesta Especializada não é possível dispensar a penhora, depósito ou caução para dar início a contagem do prazo para embargar a execução, com espeque no art. 736 do CPC, pois o art. 884 da CLT determina que esta começará 'garantida a execução ou penhorados os bens'." (TRT/SP – 00872001920095020432 – AP – Ac. 17ª T. – 20120761372 – relª Thais Verrastro de Almeida – DOE 6.7.2012)

Constitui pressuposto processual a garantia do juízo, que se dá quando se penhoram tantos bens quantos bastem para a garantia do crédito, de modo que o valor dos bens constritados sejam suficientes para cobrir o valor da execução, bem como as despesas processuais como custas, emolumentos, editais etc.

Se o executado não tiver bens suficientes que garantam o juízo, mas uma boa parte deles, sem perspectiva de possuir outros bens que garantam o juízo, pensamos que os embargos poderão ser processados, mesmo sem a garantia integral do juízo, uma vez que o prosseguimento da execução não pode ficar aguardando eternamente o executado conseguir ter bens para a garantia do juízo.

Nesse diapasão, destacamos a seguinte ementa:

> "Embargos à execução — Penhora insuficiente. Dispõe o art. 884, da CLT que "garantida a execução ou penhorados os bens" o executado terá o prazo de cinco dias para apresentar embargos. Portanto, ainda que os bens penhorados não possuam valor suficiente à garantia do crédito exequendo, mas sendo os únicos existentes, inicia-se o prazo para a proposição dos embargos à execução." (TRT – 1ª R. – AcP 2715-1999-244-01-00-6 – Ac. 8ª T. – relª Desig. Juíza Maria de Lourdes Sallaberry – DJRJ 28.1.04 – p. 286)

No mesmo sentido, é o Enunciado n. 55 da 1ª Jornada Nacional de Execução Trabalhista, realizada em novembro de 2010, *in verbis*:

> "EMBARGOS À EXECUÇÃO. GARANTIA DO JUÍZO. A garantia integral do juízo é requisito essencial para a oposição dos embargos à execução. Entretanto, na hipótese de garantia parcial da execução e não havendo outros bens passíveis de constrição, deve o juiz prosseguir à execução até o final, inclusive com a liberação de valores, porém, com a prévia intimação do devedor para os fins do art. 884 da Consolidação das Leis do Trabalho (CLT), independentemente da garantia integral do juízo."

Nos termos do art. 918, do CPC, aplicável supletivamente ao processo trabalhista (art. 3º, XXII, da IN n. 39/16 do TST), o juiz rejeitará liminarmente os embargos: I – quando intempestivos; II – nos casos de indeferimento da petição inicial e de improcedência liminar do pedido; III – manifestamente protelatórios. Parágrafo único. Considera-se conduta atentatória à dignidade da justiça o oferecimento de embargos manifestamente protelatórios.

O embargado será intimado para impugnar os embargos no prazo de cinco dias (art. 884 da CLT).

Quanto ao prazo, cumpre destacar que a Medida Provisória n. 2.180-35/01 alterou o art. 884 da CLT com relação ao prazo para os embargos à execução, dilatando-o de cinco para trinta dias. Há duvidosa constitucionalidade da referida MP, pois não houve urgência nem relevância para sua edição (inconstitucionalidade formal). Não obstante, a finalidade da referida Medida Provisória foi dilatar o prazo para a Fazenda Pública e não para o particular. Por isso, acreditamos que o prazo de 30 dias somente se aplica para a Fazenda Pública. Nesse sentido, destacamos as seguintes ementas:

> "Medida Provisória n. 2.180-35/01 — Prazo para oposição de embargos à execução. O intuito do legislador ao aprovar a MP n. 2.180-35/01 foi o de privilegiar o interesse público e, por essa razão, buscou dilatar o prazo para a interposição de embargos à execução somente para a Fazenda Pública, desde que parte integrante da Administração Pública direta. Sendo a agravante pessoa jurídica de direito privado, está sujeito ao prazo peremptório de 5 dias para oposição de embargos à execução, nos termos do art. 882 da CLT. Agravo não provido." (TRT – 10ª R. – 2ª T. – AP n. 87/2004.802.10.00-0 – relª Heloísa P. Marques – DJDF 2.9.05 – p. 27) (RDT n. 09 – Setembro de 2005).

> "Embargos à execução — Prazo. O art. 1º-B da Lei n. 9.494, de 10.9.97, acrescentado pela Medida Provisória n. 2.180-35, de 24.8.01, que dilatou de 5 (cinco) para 30 (trinta) dias o prazo preconizado no art. 884 do Estatuto Consolidado, refere-se, tão somente, à Fazenda Pública e não às pessoas físicas/jurídicas de Direito Privado." (TRT – 15ª R. – 1ª T. – AP n. 83/2003.123.15.00-8 – rel. Eduardo Benedito de O. Zanella – DJSP 17.6.05 – p. 11) (RDT n. 07 – Junho de 2005)

Pensamos que os embargos à execução não têm efeito suspensivo da execução, pois o art. 884 da CLT não atribui tal efeito, se presentes os requisitos legais. Desse modo, pensamos aplicável à espécie o art. 525, § 6º, do CPC, que assim dispõe:

> "A apresentação de impugnação não impede a prática dos atos executivos, inclusive os de expropriação, podendo o juiz, a requerimento do executado e desde que garantido o juízo com penhora, caução ou depósito suficientes, atribuir-lhe efeito suspensivo, se seus fundamentos forem relevantes e se o prosseguimento da execução for manifestamente suscetível de causar ao executado grave dano de difícil ou incerta reparação."

No mesmo sentido, é o Enunciado n. 54 da 1ª Jornada Nacional de Execução Trabalhista, realizada em novembro de 2010, *in verbis*:

> "EMBARGOS À EXECUÇÃO. EFEITOS SUSPENSIVOS. APLICAÇÃO DO ART. 475-M E 739-A, § 1º, DO CÓDIGO DO PROCESSO CIVIL (CPC). O oferecimento de embargos à execução não importa a suspensão automática da execução trabalhista, aplicando-se, subsidiariamente, o disposto nos arts. 475-M e 739-A, § 1º, do CPC."

Se não impugnar, não haverá os efeitos da revelia, uma vez que os embargos visam a desconstituir o título judicial que usufrui de presunção de veracidade.

Tanto o embargante como o embargado poderão arrolar testemunhas, até o limite de 3. Desse modo, em havendo prova oral a produzir, deve o Juiz do Trabalho designar audiência de instrução e julgamento dos embargos à execução e prolatar a decisão no prazo de 48 horas (art. 886 da CLT).

Se não tiverem sido arroladas testemunhas, o Juiz do Trabalho apreciará os embargos em cinco dias, após transcorrido o prazo para o embargante ofertar impugnação (art. 885 da CLT).

Da decisão dos embargos, é cabível o Agravo de Petição para o TRT, sem efeito suspensivo da execução.

30. Embargos à execução por título executivo extrajudicial

Quanto aos embargos articulados em execução por título executivo extrajudicial, é bem verdade que a CLT não diferencia a amplitude de matérias. Não obstante, pensamos ser compatível com o Processo do Trabalho o rol invocado no CPC, art. 917, uma vez que a consolidação não foi idealizada para a execução por título executivo extrajudicial e eventual restrição violaria o direito de defesa constitucionalmente albergado (art. 5º, LV).

Mesmo que se trate de título executivo extrajudicial trabalhista, o executado poderá opor os embargos no prazo de 5 dias, depois da garantia do juízo (art. 884 da CLT).

Os embargos à execução por título executivo extrajudicial não terão efeito suspensivo, conforme dispõe o art. 919 do CPC, que resta aplicável ao Processo do Trabalho. Dispõe o referido dispositivo legal:

> "Os embargos à execução não terão efeito suspensivo."

Pensamos que, em hipóteses excepcionais, o Juiz do Trabalho possa atribuir efeito suspensivo aos embargos à execução por título executivo extrajudicial, aplicando o § 1º, do art. 919, do CPC que assim dispõe:

> "O juiz poderá, a requerimento do embargante, atribuir efeito suspensivo aos embargos quando verificados os requisitos para a concessão da tutela provisória e desde que a execução já esteja garantida por penhora, depósito ou caução suficientes."

Conforme já mencionamos, o executado pode invocar nos embargos as matérias previstas no art. 917 do CPC, por serem compatíveis com o Processo do Trabalho. Com efeito, estabelece o referido dispositivo legal.

> "Nos embargos à execução, o executado poderá alegar:
>
> I – inexequibilidade do título ou inexigibilidade da obrigação;
>
> II – penhora incorreta ou avaliação errônea;
>
> III – excesso de execução ou cumulação indevida de execuções;
>
> IV – retenção por benfeitorias necessárias ou úteis, nos casos de execução para entrega de coisa certa;
>
> V – incompetência absoluta ou relativa do juízo da execução;
>
> VI – qualquer matéria que lhe seria lícito deduzir como defesa em processo de conhecimento.
>
> § 1º A incorreção da penhora ou da avaliação poderá ser impugnada por simples petição, no prazo de 15 (quinze) dias, contado da ciência do ato.
>
> § 2º Há excesso de execução quando:
>
> I – o exequente pleiteia quantia superior à do título;
>
> II – ela recai sobre coisa diversa daquela declarada no título;
>
> III – ela se processa de modo diferente do que foi determinado no título;
>
> IV – o exequente, sem cumprir a prestação que lhe corresponde, exige o adimplemento da prestação do executado;
>
> V – o exequente não prova que a condição se realizou.
>
> § 3º Quando alegar que o exequente, em excesso de execução, pleiteia quantia superior à do título, o embargante declarará na petição inicial o valor que entende correto, apresentando demonstrativo discriminado e atualizado de seu cálculo.
>
> § 4º Não apontado o valor correto ou não apresentado o demonstrativo, os embargos à execução:
>
> I – serão liminarmente rejeitados, sem resolução de mérito, se o excesso de execução for o seu único fundamento;
>
> II – serão processados, se houver outro fundamento, mas o juiz não examinará a alegação de excesso de execução.
>
> § 5º Nos embargos de retenção por benfeitorias, o exequente poderá requerer a compensação de seu valor com o dos frutos ou dos danos considerados devidos pelo executado, cumprindo ao juiz, para a apuração dos respectivos valores, nomear perito, observando-se, então, o art. 464.

§ 6º O exequente poderá a qualquer tempo ser imitido na posse da coisa, prestando caução ou depositando o valor devido pelas benfeitorias ou resultante da compensação.

§ 7º A arguição de impedimento e suspeição observará o disposto nos arts. 146 e 148."

30.1. Parcelamento da execução (art. 916 do CPC) e sua compatibilidade com o Processo do Trabalho

Dispõe o art. 916 do CPC:

"No prazo para embargos, reconhecendo o crédito do exequente e comprovando o depósito de trinta por cento do valor em execução, acrescido de custas e de honorários de advogado, o executado poderá requerer que lhe seja permitido pagar o restante em até 6 (seis) parcelas mensais, acrescidas de correção monetária e de juros de um por cento ao mês. § 1º O exequente será intimado para manifestar-se sobre o preenchimento dos pressupostos do *caput*, e o juiz decidirá o requerimento em 5 (cinco) dias. § 2º Enquanto não apreciado o requerimento, o executado terá de depositar as parcelas vincendas, facultado ao exequente seu levantamento. § 3º Deferida a proposta, o exequente levantará a quantia depositada, e serão suspensos os atos executivos. § 4º Indeferida a proposta, seguir-se-ão os atos executivos, mantido o depósito, que será convertido em penhora. § 5º O não pagamento de qualquer das prestações acarretará cumulativamente: I – o vencimento das prestações subsequentes e o prosseguimento do processo, com o imediato reinício dos atos executivos; II – a imposição ao executado de multa de dez por cento sobre o valor das prestações não pagas. § 6º A opção pelo parcelamento de que trata este artigo importa renúncia ao direito de opor embargos. § 7º O disposto neste artigo não se aplica ao cumprimento da sentença."

O presente dispositivo repete, com alguns ajustes, o disposto no art. 745-A do CPC/73[(199)] e se trata de uma ferramenta que pode contribuir para a efetividade da execução e ser, ao mesmo tempo, um meio menos gravoso de promover os atos executivos, sem prejudicar o credor.

Pode-se argumentar que o presente dispositivo é incompatível com o Processo do Trabalho, pois, pela sistemática da execução trabalhista, o reclamante não está obrigado a receber parcelado o valor da execução, e sim de uma única vez.

Nesse sentido, a seguinte ementa:

"IMPOSSIBILIDADE DE APLICAÇÃO DO ART. 745-A DO CPC NA ESFERA TRABALHISTA. A reforma processual proporcionada pela Lei n. 11.382/06 não me parece nem um pouco ofensiva aos trâmites processuais previstos na CLT, haja vista que tal inovação apenas e tão somente buscou acelerar o curso da fase executória dos autos, prestigiando sua celeridade sem comprometer a inconteste garantia do contraditório e da ampla defesa

(199) Art. 745-A, do CPC/73: "No prazo para embargos, reconhecendo o crédito do exequente e comprovando o depósito de 30% (trinta por cento) do valor em execução, inclusive custas e honorários de advogado, poderá o executado requerer seja admitido pagar o restante em até 6 (seis) parcelas mensais, acrescidas de correção monetária e juros de 1% (um por cento) ao mês. § 1º Sendo a proposta deferida pelo juiz, o exequente levantará a quantia depositada e serão suspensos os atos executivos; caso indeferida, seguir-se-ão os atos executivos, mantido o depósito. § 2º O não pagamento de qualquer das prestações implicará, de pleno direito, o vencimento das subsequentes e o prosseguimento do processo, com o imediato início dos atos executivos, imposta ao executado multa de 10% (dez por cento) sobre o valor das prestações não pagas e vedada a oposição de embargos."

assegurada a todos os litigantes. Não se há falar, portanto, em violação aos princípios da legalidade e do devido processo legal. O princípio da celeridade impõe-se no processo trabalhista e necessita da utilização de todos os meios mais eficazes à satisfação do crédito, porque este se reveste de caráter eminentemente alimentar, não podendo ficar submisso às delongas processuais, mais do que o processo comum. Nego provimento." (TRT 23ª R. – RO – 01677.2006.009.23.00-0 – rel. Des. Osmair Couto – P. 30.10.2008)

No nosso sentir, o presente dispositivo é compatível com o procedimento trabalhista para execução por título executivo extrajudicial, considerando-se que não há a fase de conhecimento em tal processo, não sendo possível, em tese, o juiz tentar a conciliação em audiência, e que o parcelamento não causa prejuízo ao reclamante, pois o valor total do crédito do exequente está reconhecido e, além disso, propicia maior celeridade na execução. Não obstante, deve o parcelamento ser apreciado livremente pelo Juiz do Trabalho, segundo seu livre convencimento, podendo indeferi-lo se considerar prejudicial ao credor trabalhista.

Nesse sentido, o art. da 3º XXI, da IN n. 39/16 do TST, *in verbis*:

> "Sem prejuízo de outros, aplicam-se ao Processo do Trabalho, em face de omissão e compatibilidade, os preceitos do Código de Processo Civil que regulam os seguintes temas: (...) XXI – art. 916 e parágrafos (parcelamento do crédito exequendo)."

Por aplicação analógica, também podemos transportar o presente dispositivo para a execução por título executivo judicial, considerando-se a ausência de prejuízo para o exequente e a efetividade que pode trazer para o processo.

Mesmo diante do § 7º, ao dispor que o presente parcelamento não se aplica ao cumprimento da sentença, que nada mais é que o procedimento executivo para título executivo judicial, não vemos obstáculo à sua aplicação à execução trabalhista, tanto para títulos executivos judiciais ou extrajudiciais, devendo o Juiz do Trabalho avaliar o custo benefício em aplicá-lo, ou não. Pensamos, inclusive, que no Processo do Trabalho, pelos princípios do impulso oficial, instrumentalidade e efetividade, cuja conciliação é um de seus princípios fundamentais, e a praxe tem consagrado o parcelamento nos valores dos acordos, o requerimento de parcelamento pode ser realizado inclusive após o executado ter sido citado, ou intimado para pagar o débito no prazo fixado pelo Juiz, inclusive como forma de elidir a multa do art. 523 do CPC.

Deve o Juiz do Trabalho, em se tratando de título executivo judicial, analisar o requerimento de parcelamento com razoabilidade e proporcionalidade, segundo as circunstâncias do caso concreto e a capacidade econômica do devedor. Em se tratando de devedor que, notoriamente, possui patrimônio elevado, a exemplo de grandes grupos econônimos ou bancários, o juiz não deverá deferir o parcelamento. Todavia, para o executado que não possui patrimônio elevado, mas que, de boa-fé, se esforça para cumprir a execução, deve ser concedido o parcelamento.

A jurisprudência vem se pronunciando, favoravelmente, sobre o instituto, conforme as ementas que seguem:

> "PARCELAMENTO DA EXECUÇÃO — ART 745-A DO CPC — APLICABILIDADE AO PROCESSO DO TRABALHO. O parcelamento criado pelo art. 745-A do Código de Processo

Civil é compatível com o princípio da efetividade da execução com o da menor onerosidade ao devedor, que se enredam aos princípios da economia e celeridade processuais. Tanto a CLT quanto a Lei n. 6.830/80 são silentes a respeito da possibilidade de parcelamento na execução, o que não significa a impossibilidade de tal procedimento, desde que se coadune com os princípios basilares do direito laboral. O art. 475-R do CPC torna possível a aplicação do art. 745-A à execução de título judicial, pois permite a aplicação subsidiária das normas que regem o processo de execução de título extrajudicial ao judicial e o art. 769 da CLT permite a aplicação subsidiária de tal regramento ao processo laboral." (TRT 12ª R. – AP 01503-2002-006-12-85-8 – 2ª T. – rel. Luiz Carlos Roveda – DJe 2.6.2009)

"ART. 745-A DO CPC — PARCELAMENTO DA DÍVIDA — APLICAÇÃO AO PROCESSO DO TRABALHO — COMPATIBILIDADE. O art. 745-A do CPC é plenamente aplicável ao Processo do Trabalho, haja vista os termos do art. 769 da CLT, bem como o fato de imprimir celeridade à execução, traduzindo não só faculdade assegurada por lei ao devedor, bem como garantia ao exequente do recebimento do crédito de forma mais rápida, através do levantamento do depósito exigido de 30% do valor da execução e sem que haja discussão acerca do montante da dívida. Assim, merece acolhida o pedido de parcelamento do débito, nos moldes previstos no referido dispositivo de lei." (TRT 09ª R. – ACO 05823-2005-007-09-00-0 – rel. Dirceu Pinto Junior – J. 5.9.2008)

Nesse sentido, também é o Enunciado n. 39 da 1ª Jornada Nacional de Execução Trabalhista, realizada em novembro de 2010, *in verbis*:

"RECONHECIMENTO DO CRÉDITO DO EXEQUENTE POR PARTE DO EXECUTADO. PARCELAMENTO DO ART. 745-A DO CÓDIGO DE PROCESSO CIVIL (CPC). É compatível com o Processo do Trabalho o parcelamento previsto na norma do art. 745-A do Código de Processo Civil."

31. Da exceção de pré-executividade na Justiça do Trabalho

Diante da atividade coercitiva do Estado na busca da satisfação da obrigação consagrada no título executivo, podem surgir arbitrariedades praticadas por parte da Justiça, pois, muitas vezes, a execução se inicia sem nenhuma viabilidade de prosseguimento, ou em razão da nulidade do título, falta de interesse processual, prescrição da dívida, quitação da obrigação, dentre outras hipóteses que trancam o processo executivo.

Como, na execução, o contraditório é limitado e praticamente o executado não pode se insurgir contra a execução, sem constrição patrimonial, a doutrina criou a figura da "exceção de pré-executividade", ou "objeção de pré-executividade", amplamente acolhida pela jurisprudência, que objetiva a possibilidade de defesa do executado sem constrição patrimonial, tendo por objetivo a proteção da propriedade e a dignidade da pessoa humana do executado.

Como menciona *Yone Frediani*(200), "o primeiro jurista que traçou os contornos do referido instituto foi *Pontes de Miranda*, ao admitir a possibilidade de defesa do devedor no processo de execução, independentemente de embargos. Mais tarde, o mesmo jurista reforçou esse entendimento em parecer oferecido nos idos de 1966 em

(200) FREDIANI, Yone. *Exceção de pré-executividade no processo do trabalho.* São Paulo: LTr, 2002. p. 41.

processo no qual figura a Siderúrgica Mannesmann, que sofria inúmeras execuções em diversos Estados com base em título que continha assinatura falsa de um de seus diretores. Assim, com base na existência de defeito no título ou em sua inexequibilidade, permite-se ao executado o direito de demonstrar liminarmente a falta dos pressupostos que autorizariam o prosseguimento da execução de forma anômala, eis que dispensável a prévia garantia do juízo."

Concordamos com a definição de *Hélcio Luiz Adorno Júnior*(201), para quem a exceção de pré-executividade "se trata de objeção suscitada pelo suposto devedor, na fase preliminar da execução ou nela propriamente dita, para apontar questão de ordem pública ou de prova pré-constituída, antes da garantia do juízo."

Acreditamos ser possível a oposição da exceção de pré-executividade antes da constrição patrimonial, pois após ela ocorrer não haverá interesse processual por parte do executado.

A doutrina diverge com relação às matérias que podem ser invocadas na exceção de pré-executividade. Para parte da doutrina, apenas as matérias de ordem pública, ou seja, aquelas que o Juiz do Trabalho possa conhecer de ofício são objeto da exceção, como as condições da ação e os pressupostos processuais, pois atacam a validade e existência do título executivo. Já matérias que não atacam a validade e a existência do título, mas prejudicam os seus efeitos, como a quitação, transação, devem ser deduzidas nos embargos.

Nesse sentido, é a posição de *Estêvão Mallet*(202):

> "Nenhuma relevância tem que a oposição, fundada no questionamento da obrigação, esteja amparada em prova documental, pré-constituída, de facial exame. Não importa a profundidade da cognição, importa sim a matéria a ser examinada. Se é preciso desconstituir o título, os embargos tornam-se inevitáveis. Permitir a discussão em torno da subsistência da obrigação no próprio processo de execução, com possibilidade de desconstituição do título, seria aberrante e desnaturaria a ação de execução, reduzindo-a, injustificada e desnecessariamente, a mera reiteração da ação condenatória, com característica a *actio judicati* romana. Em síntese, a oposição à execução, deduzida independentemente de embargos e sem necessidade de garantia do juízo, em rigor não abrange outras matérias que não as relacionadas com os pressupostos processuais e as condições da ação de execução."(203)

(201) ADORNO JÚNIOR, Hélcio Luiz. *A exceção de pré-executividade no processo do trabalho.* Dissertação de Mestrado. Faculdade de Direito da Universidade de São Paulo. São Paulo, 2002. p. 27.

(202) MALLET, Estêvão. Oposição à execução fora dos embargos e sem garantia do juízo. *In: Direito, trabalho e processo em transformação.* São Paulo: LTr, 2005. p. 226-227.

(203) No mesmo sentido, é a visão de Manoel Carlos Toledo Filho (*Fundamentos e perspectivas do processo do trabalho brasileiro.* São Paulo: LTr, 2006. p. 158).

Outros autores admitem amplitude maior para as matérias que podem ser invocadas na exceção de pré-executividade, com causas extintivas da obrigação (quitação, transação, novação e prescrição). Nesse sentido, defende *Júlio César Bebber*[(204)]:

> "Nada impede a alegação de causas extintivas da obrigação por meio de exceção de pré-executividade, desde que supervenientes à sentença (no caso de o título executivo ser sentença)."

No mesmo diapasão, é a visão de *Yone Frediani*[(205)]:

> "No que pertine às hipóteses cabíveis para arguição de pré-executividade no processo do trabalho, destacam-se: o pagamento, a prescrição, a transação ocorridas após a decisão no processo de conhecimento [...]. Relativamente ao pagamento, ocorrido após a prolação da sentença de mérito, pouco importando se já iniciada a execução, não necessitará o executado aguardar a constrição patrimonial para que possa opor exceção de pré-executividade comprovando o pagamento do crédito, pleiteando, por conseguinte, seja declarada extinta a execução em face da extinção da obrigação."

No nosso sentir, a exceção de pré-executividade caracteriza-se como meio de resistência à execução, por parte do devedor, sem constrição patrimonial, invocando matérias de ordem pública, ou outras matérias que neutralizam a execução (cumprimento da obrigação, quitação, novação, prescrição e decadência) que não necessitam de dilação probatória. Somente se admite na exceção de pré-executividade a prova documental e pré-constituída.

Acreditamos que seja possível invocar matérias de mérito (prejudiciais) como a quitação, novação, transação e prescrição, se estiver fundamentada em prova robusta documental pré-constituída, uma vez que tal previsão possibilita maior efetividade processual, justiça na decisão e economia dos atos executivos de constrição patrimonial.

Não obstante, deve o Juiz do Trabalho ter muita cautela na admissão de outras matérias na exceção de pré-executividade, a fim de não transformar a exceção nos embargos à execução. Somente quando estiver convencido, *prima facie*, de forma absoluta da existência de quitação da dívida, novação etc., deverá acolher a exceção. Se estiver em dúvida, deverá deixar a decisão da matéria para os embargos.

A exceção de pré-executividade vem sendo admitida no Processo do Trabalho tanto pela doutrina como pela jurisprudência trabalhista, conforme se constata pelas seguintes ementas:

> "Exceção de pré-executividade — Arguição de ilegitimidade passiva *ad causam* em razão de sucessão empresarial operada — Preclusão. O instituto da execução de pré-executividade, de criação doutrinária e ampla aceitação pretoriana, permite que certas matérias — como,

---

(204) BEBBER, Júlio César. *Exceção de pré-executividade no processo do trabalho.* São Paulo: LTr, 2005. p. 222-223.

(205) FREDIANI, Yone. *Exceção de pré-executividade no processo do trabalho.* São Paulo: LTr, 2002. p. 70.

por exemplo, a inexistência de título executivo, de pressupostos processuais e de condições da ação — sejam objeto de ampla análise pelo julgador, mediante simples petição, de modo a possibilitar o trancamento de execuções ilegais. Nada obstante, tratando-se de execução de título judicial, não há como admitir-se a arguição de ilegitimidade passiva *ad causam*, em exceção de pré-executividade, quando os fatos que a justificam poderiam ter sido suscitados na contestação apresentada na ação cognitiva. Nesse caso, a preclusão para o debate é manifesta (CPC, art. 474), inviabilizando a cognição reclamada, sob pena de ofensa à coisa julgada (CPC, art. 467) e ao devido processo legal (CF, art. 5º, LIV). Agravo de petição conhecido e desprovido." (TRT – 10ª R. – 3ª T. – AP n. 1500/2002.101.10.00-9 – rel. Douglas A. Rodrigues – DJDF 10.9.04 – p. 23) (RDT n. 10 – Outubro de 2004)

"Exceção de pré-executividade. A exceção de pré-executividade não se presta ao revolvimento de matéria já apreciada e decidida na fase de conhecimento." (TRT – 3ª R. – 2ª T. – AP n. 941/2003.110.03.00-3 – rel. Ricardo Marcelo Silva – DJMG 4.2.04 – p. 9) (RDT n. 3 – março de 2004)

Acreditamos ser possível a oposição da exceção de pré-executividade antes da constrição patrimonial, pois após ela ocorrer não haverá interesse processual por parte do executado. Embora se possa argumentar que no tocante às matérias de ordem pública possam ser invocadas a qualquer tempo, o momento por excelência para invocá-las é o dos embargos à execução.

Nesse diapasão, concordamos com as conclusões de *Nelson Nery Junior*(206):

> "O *dies ad quem* para a oposição da exceção de executividade coincide com o término do prazo para a oposição dos embargos do devedor: ultrapassado o prazo dos embargos, o devedor não mais poderá opor a exceção de executividade. Isso porque as matérias que podem ser arguidas na exceção são as mesmas que podem fundamentar os embargos, vale dizer, são de direito disponível que dependem da alegação do devedor para que o juiz possa decidir, e, portanto, devem obedecer o prazo legal para tanto, que é o do CPC, art. 738."

Nesse sentido, destacamos a seguinte ementa:

"Exceção de pré-executividade. Momento oportuno. Preclusão. A novel arguição só encontra colhida quando interposta no momento adequado, ou seja, antes da efetivação da penhora, sendo a sua insurgência preclusão quando já há garantia do juízo." (TRT – 14ª R. – Ap. n. 286/00, Ac. n. 292/01 – relª Juíza Rosa Maria Nascimento Silva – julg em 22.1.01. In DJE/RO de 22.3.2001)

Não obstante, autores defendem a oposição da exceção a qualquer momento, não necessariamente antes da constrição patrimonial, ou até mesmo depois da constrição ocorrida e da fase dos embargos à execução, uma vez que a exceção de pré-executividade tem por objeto invocar matérias de ordem pública. Nesse lastro, é a opinião de *Estêvão Mallet*(207):

> "[...] o fato de já haver penhora, com ou sem embargos, não obsta, diversamente do que já se decidiu certa feita, oposição fundada em falta dos

(206) NERY JUNIOR, Nelson. *Código de Processo Civil comentado*. 10. ed. São Paulo: RT, 2007. p. 1.074.

(207) *Op. cit.*, p. 237.

pressupostos processuais ou ausência das condições da ação de execução. Na mesma linha, opostos e rejeitados os embargos à execução ou eventual impugnação à sentença de liquidação, indo a causa ao tribunal, por meio de recurso interposto por qualquer das partes, permanece a possibilidade de apresentar-se, ainda que apenas nesse momento, a oposição à execução."

Quanto ao procedimento da exceção de pré-executividade, pensamos que ela deve ser oposta em petição escrita, em que deve o excipiente declinar os motivos e fazer o pedido de declaração da nulidade da execução. Recebida a exceção, o Juiz do Trabalho poderá rejeitá-la liminarmente se estiver convencido de que ela não é cabível ou, se entender presentes os requisitos de admissibilidade da exceção, notificar o excepto para contestação em 5 dias (prazo aplicável analogicamente dos embargos à execução do art. 884 da CLT), e após decidir.

A exceção de pré-executivade não suspende a execução, por ausência de garantia do juízo. Além disso, se os próprios embargos à execução, conforme nos pronunciamos acima, não suspendem a execução, não há fundamento para que a exceção a suspenda. De outro lado, entendendo relevante o fundamento da exceção, o juiz, como diretor do processo, poderá suspendê-la.

Em face da decisão que rejeita a exceção de pré-executividade, não cabe recurso, pois se trata de decisão interlocutória (art. 893, § 1º, da CLT). Além disso, toda a matéria pode ser renovada nos embargos à execução.

Nesse sentido, destacamos as seguintes ementas:

"Exceção de pré-executividade — Cabimento e recorribilidade no processo do trabalho. A chamada exceção de pré-executividade constitui inovação doutrinária pela qual se pretende a cognição de temas obstativos da execução sem que seja necessária a garantia do Juízo. Seu uso indiscriminado, entretanto, tem causado graves prejuízos à celeridade necessária ao processo do trabalho, e por isso deve ser restrita somente àquelas situações em que se pode aferir, de plano, pelo descabimento da execução da forma como processada. Isso, a rigor, sempre foi praticado no processo laboral, sem o pomposo nome hoje dado pelos processualistas, sempre que o devedor aponta fatores relevantes capazes de obstaculizar a execução, como, p. ex., a inequívoca demonstração do pagamento da dívida. Qualquer situação que dependa de uma cognição abrangente, inclusive com coleta de provas orais, refoge totalmente à pertinência da dita exceção, e por isso não se deve processar medida nesse sentido. De qualquer sorte, ainda que seja assumido o uso da exceção citada, não se pode desconsiderar outro princípio típico do direito processual do trabalho, que é o da irrecorribilidade interlocutória, consubstanciado no § 1º do art. 893 da CLT. Nesse sentido, todos os incidentes da execução só são passíveis de debate por ocasião do recurso principal, de sorte que se a decisão da exceção for meramente interlocutória, nenhum recurso imediato é pertinente. Somente será admissível o Agravo de Petição se da exceção eventualmente acolhida resultar decisão definitiva ou terminativa da execução." (TRT – 15ª R. – 3ª T. – Ac. n. 6805/2002 – rel. Carlos Eduardo O. Dias – DJSP 18.2.2002 – p. 79)

"Exceção de pré-executividade — Decisão interlocutória — Não cabimento de agravo de petição sem a garantia do juízo. A decisão que rejeita a exceção de pré-executividade, por referir-se a incidente no curso do processo, tem caráter de decisão interlocutória que poderá ser questionada após a decisão definitiva, em embargos à execução, e não em agravo de petição, especialmente por não encontrar-se garantido o juízo, de acordo com a exigência do § 1º do art. 897 da CLT." (TRT – 15ª R. – 1ª T. – AIAP n. 207/1993.047.15.01-7 – rel. Eduardo Benedito de O. Zanella – DJSP 22.3.05 – p. 6) (RDT n. 04 – Abril de 2005)

Nesse sentido, vale destacar o Enunciado n. 48 da 1ª Jornada Nacional de Execução Trabalhista, *in verbis*:

"EXCEÇÃO DE PRÉ-EXECUTIVIDADE. MANDADO DE SEGURANÇA. INCABIMENTO. Incabível mandado de segurança da decisão que rejeita ou que não admite exceção de pré-executividade."

Em face da decisão que acolhe a exceção de pré-executividade por colocar fim ao procedimento executivo, é cabível o Agravo de Petição (art. 897, *a*, da CLT).

Nesse diapasão, é o Enunciado n. 47 da 1ª Jornada Nacional de Execução Trabalhista, realizada em novembro de 2010, *in verbis*:

"EXCEÇÃO DE PRÉ-EXECUTIVIDADE. AGRAVO DE PETIÇÃO. HIPÓTESE DE CABIMENTO. Cabe agravo de petição de decisão que acolhe exceção de pré-executividade (CLT, art. 897, "*a*"). Não cabe, porém, da decisão que a rejeita ou que não a admite, por possuir natureza interlocutória, que não comporta recurso imediato."

32. Dos embargos de terceiro

A atividade executiva, como regra, gera a constrição patrimonial de bens do devedor, para que, posteriormente, com a expropriação judicial destes, o direito do credor seja satisfeito. Esse sacrifício patrimonial pode abranger bens de pessoas que detêm responsabilidade patrimonial pela dívida (art. 790 do CPC), ou até mesmo bens de pessoas que não fazem parte do processo e não possuem responsabilidade patrimonial.

Diante disso, a Lei Processual coloca à disposição dos terceiros, que não participam do processo e não estão sujeitos ao contraditório e até mesmo aqueles que possam estar sujeitos ao contraditório, mas que defendem a exclusão de determinados bens, os embargos de terceiro.

Os embargos de terceiro constituem ação autônoma de natureza possessória, incidental ao processo de conhecimento ou de execução, que tem por finalidade desconstituir constrição judicial (penhora, arresto, sequestro) de bens pertencentes a terceiros que não têm relação com o processo, tampouco respondem patrimonialmente pela dívida.

Trata-se de um procedimento especial de jurisdição contenciosa, previsto no Código de Processo Civil no Título dos procedimentos especiais de jurisdição contenciosa, que tutela a posse ou propriedade que estão sendo molestadas (turbação ou esbulho[(208)]) indevidamente por ato judicial.

(208) Diz a doutrina que a turbação é molestar a posse sem perda da propriedade e o esbulho é a perda da propriedade.

Como bem advertem *Arruda Alvim*, *Araken de Assis* e *Eduardo Arruda Alvim*:

> "O objeto dos embargos de terceiro comporta duplo exame. O terceiro formulará pedido, caracteristicamente mandamental, para livrar o(s) bem(ns) da constrição. Impõe-se, assim, identificar os atos que perturbam ilegalmente o patrimônio do terceiro. Em seguida, no plano mediato, se mostra indispensável estabelecer qual o bem da vida efetivamente tutelado pela via dos embargos." (*Comentários ao Código de Processo Civil*. 2. ed. São Paulo: RT, 2012. p. 2.012)

Não se confundem os embargos de terceiro com a oposição. Em primeiro lugar, enquanto o terceiro deseja, com seus embargos, promover a defesa da posse — e eventualmente da propriedade do bem —, o opoente intervém na causa para pretender, para si, a coisa ou o direito sobre que controvertem autor e réu(209).

Conforme ensina *José Augusto Rodrigues Pinto*(210): "Os embargos de terceiro são meio processual utilizável por quem, não sendo parte no processo, nem tendo interesse particular no seu desfecho, se veja perturbado no exercício do direito de posse de seus bens por turbação ou esbulho provenientes de ato judicial."

Muitas vezes, na execução trabalhista, em razão da dinâmica das relações jurídicas, o patrimônio de terceiro é penhorado indevidamente, sendo os embargos de terceiro o remédio processual para desconstituir constrição judicial sobre o bem. Não obstante, também na fase de conhecimento, em razão de cumprimento de medida cautelar de arresto, por exemplo, o patrimônio de terceiro pode ser constritado. Como destaca *Antonio Carlos Marcato*(211), ajuizando ação de embargos de terceiro, busca o embargante a obtenção de tutela jurisdicional de natureza constitutiva, com o fito de excluir bem ou direito seu da ilegítima constrição judicial realizada em qualquer processo ou procedimento (e não exclusivamente processos de conhecimento ou de execução) do qual não participe, ou dele tenha participado, tenha reconhecida sua condição de terceiro.

A CLT não disciplina os embargos de terceiro. Desse modo, por aplicação dos arts. 769 e 889 da CLT, eles são compatíveis com o Processo do Trabalho. Por se tratar de ação de rito especial, não se aplicam as regras da CLT, e sim o procedimento próprio previsto no Código de Processo Civil.

Assevera o art. 674 do Código de Processo Civil:

> "Quem, não sendo parte no processo, sofrer constrição ou ameaça de constrição sobre bens que possua ou sobre os quais tenha direito incompatível com o ato constritivo, poderá requerer seu desfazimento ou sua inibição por meio de embargos de terceiro.
>
> § 1º Os embargos podem ser de terceiro proprietário, inclusive fiduciário, ou possuidor.

---

(209) TEIXEIRA FILHO, Manoel Antonio. *Execução no processo do trabalho*. 9. ed. São Paulo: LTr, 2005. p. 645-646.

(210) RODRIGUES PINTO, José Augusto. *Execução trabalhista*. 11. ed. São Paulo: LTr, 2006. p. 389-390.

(211) MARCATO, Antonio Carlos. *Procedimentos especiais*. 10. ed. São Paulo: Atlas, 2004. p. 271.

§ 2º Considera-se terceiro, para ajuizamento dos embargos:

I – o cônjuge ou companheiro, quando defende a posse de bens próprios ou de sua meação, ressalvado o disposto no art. 843;

II – o adquirente de bens cuja constrição decorreu de decisão que declara a ineficácia da alienação realizada em fraude à execução;

III – quem sofre constrição judicial de seus bens por força de desconsideração da personalidade jurídica, de cujo incidente não fez parte;

IV – o credor com garantia real para obstar expropriação judicial do objeto de direito real de garantia, caso não tenha sido intimado, nos termos legais dos atos expropriatórios respectivos."

Conforme o referido dispositivo legal, tem legitimidade para propositura dos embargos o terceiro. De acordo com a precisa definição de *Nelson Nery Junior*(212), "é terceiro quem não é parte na relação jurídica processual, quer porque nunca o foi, quer porque dela tenha sido excluído." Além do terceiro, pode opor os embargos a parte que, posto figure no processo, defende bens que, pelo título de sua aquisição ou pela qualidade em que os possuir, não podem ser atingidos pela apreensão judicial. A mulher casada pode opor os embargos para que seja excluída da constrição sua meação (Súmula n. 134 do STJ). Além do requisito de ser terceiro, deve o embargante ser possuidor ou senhor do bem que sofreu a constrição judicial.

Os embargos de terceiros, segundo entendimento predominante à luz do CPC anterior, somente poderiam ser opostos a partir da efetiva constrição judicial, ou seja, após a lavratura do auto de penhora com a assinatura de compromisso do depositário.

Nesse sentido, destacamos as seguintes ementas:

"Embargos de terceiro — Oportunidade. A faculdade de interposição dos embargos de terceiro se abrem com a consumação do ato judicial constritivo e encerra-se com a assinatura da carta de arrematação, adjudicação ou remição, a ocorrer nos cinco dias seguintes dos mencionados atos, nos termos do art. 1.048 do CPC." (TRT – 12ª R. – 2ª T. – Ac. n. 276/04 – relª Lourdes Dreyer – DJSC 15.1.2004 – p. 90) (RDT n. 2 – Fevereiro de 2004)

"Agravo de petição — Embargos de terceiro preventivos — Ausência de preparo — Não conhecimento. Não tendo havido apreensão de bens nos autos da execução, não há como analisar o mérito dos embargos de terceiro, por ausência de preparo. Veja-se que não há no ordenamento jurídico pátrio a figura dos embargos de terceiro preventivos, sendo a extinção do recurso sem julgamento do mérito medida que se impõe. Litigância de má-fé — Não caracterização. O mero exercício do direito de ação, com a interposição de embargos de terceiro, não constitui motivo ensejador da condenação do agravante ao pagamento de indenização por litigância de má-fé. Embargos de terceiro — Honorários advocatícios — Descabimento. Os honorários advocatícios nesta Justiça Especializada são devidos tão somente em favor do Sindicato de Classe que prestar assistência judiciária ao trabalhador que perceber remuneração inferior a dois salários mínimos ou comprovar insuficiência econômica para arcar com as despesas do processo, nos termos do art. 14 da Lei n. 5.584/70 e a iterativa jurisprudência cristalizada nos Enunciados ns. 219 e 329, do c. Tribunal Superior do Trabalho." (TRT – 15ª R. – 6ª T. – AP n. 284/2003.001.15.00-0 – relª Olga Aída J. Gomieri – DJSP 13.2.2004 – p. 42) (RDT n. 3 – março de 2004)

(212) *Op. cit.*, p. 1.219.

Não obstante, o CPC atual (art. 674), expressamene, permite a oposição de embargos de terceiros preventivos, ou seja, quando houve a ameaça fundada de constrição dos bens.

Nos termos do art. 675 do CPC, os embargos podem ser opostos a qualquer tempo no processo de conhecimento enquanto não transitada em julgado a sentença e, no cumprimento de sentença ou no processo de execução, até 5 (cinco) dias depois da adjudicação, da alienação por iniciativa particular ou da arrematação, mas sempre antes da assinatura da respectiva carta.

Portanto, o prazo para oposição dos embargos de terceiro no Processo do Trabalho é até o trânsito em julgado da sentença, na fase de conhecimento e, na execução até 5 dias depois da expropriação, mas sempre antes da assinatura da respectiva Carta. Decorridos os prazos acima, somente por ação própria, no Juízo competente, o embargante poderá postular a reparação de seu direito.

Nesse sentido, é o Enunciado n. 42 da 1ª Jornada Nacional de Execução Tabalhista, realizada em novembro de 2010, *in verbis*:

> "EMBARGOS DE TERCEIRO. PRAZO PARA AJUIZAMENTO. I – Os embargos de terceiro podem ser opostos a qualquer tempo, com termo final em 5 (cinco) dias contados da arrematação, adjudicação ou remição, desde que antes da assinatura da respectiva carta. II – O conhecimento posterior da apreensão ou do ato expropriatório não enseja a oposição de embargos de terceiro, cabendo eventual ação anulatória, de competência da Justiça do Trabalho."

Os embargos de terceiros devem ser elaborados em petição escrita, dirigida ao Juiz do Processo que ordenou a apreensão dos bens (competência funcional), com os requisitos do art. 319 do CPC, na qual o embargante fará prova de sua posse, e da qualidade de terceiros, oferecendo documentos que comprovem a posse ou propriedade, bem como a constrição judicial, o rol de testemunhas (art. 677 do CPC) e indicará o valor da causa[213]. Caso não possua prova documental, faculta-se ao embargante produzi-la em audiência.

Caso entenda que a posse e a qualidade de terceiro estão suficientemente provadas na petição inicial dos embargos, o Juiz do Trabalho poderá deferir liminarmente os embargos até a decisão final do processo, podendo exigir caução.

Nesse diapasão, dispõe o art. 678 do CPC, *in verbis*:

> "A decisão que reconhecer suficientemente provado o domínio ou a posse determinará a suspensão das medidas constritivas sobre os bens litigiosos objeto dos embargos, bem como a manutenção ou a reintegração provisória da posse, se o embargante a houver requerido.
>
> Parágrafo único. O juiz poderá condicionar a ordem de manutenção ou de reintegração provisória de posse à prestação de caução pelo requerente, ressalvada a impossibilidade da parte economicamente hipossuficiente."

(213) Como destaca Francisco Antonio de Oliveira: "o valor da causa deve ser o valor do bem que o terceiro pretende desatrelar da penhora. A prática registra que boa parte dos embargos de terceiro é utilizada com objetivo procrastinatório, para sobrestar praça já designada. A cobrança de custas, além de ser legal, é forma de coibir o uso indiscriminado do remédio processual" (*Execução na justiça do trabalho*. 5. ed. São Paulo: RT, 2006. p. 272).

Por ser um procedimento de natureza especial, aplicam-se integralmente as disposições do Código de Processo Civil, e não o art. 840 da CLT. Outrossim, há necessidade de advogado, não se aplicando o *jus postulandi* da parte (art. 791 da CLT).

A necessidade do advogado se justifica, pois os embargos de terceiros constituem procedimento especial cível de jurisdição contenciosa, não sendo uma controvérsia entre empregado e empregador.

Recebendo os embargos, o Juiz do Trabalho determinará a intimação do embargado para contestação no prazo de quinze dias, sob consequência de revelia (art. 679 do Código de Processo Civil). Desse modo, caso o embargado não conteste os embargos, reputar-se-ão verdadeiros os fatos afirmados pelo autor. Entretanto, conforme já nos posicionamos anteriormente, a presunção de veracidade decorrente da revelia é relativa, podendo o Juiz do Trabalho determinar provas caso não esteja convencido da verossimilhança das alegações.

Os embargos serão distribuídos por dependência e correrão em autos apartados perante o mesmo juiz que ordenou a constrição (art. 676 do CPC).

Dispõe o parágrafo único do art. 676 do CPC/2015:

> "Nos casos de ato de constrição realizado por carta, os embargos serão oferecidos no juízo deprecado, salvo se indicado pelo juízo deprecante o bem constrito ou se já devolvida a carta."

Diante do referido dispositivo legal, aplicável subsidiariamente ao processo trabalhista, se a execução se processa mediante carta precatória, em juízo diverso do qual tramita o processo principal, os embargos de terceiro deverão ser oferecidos no juízo deprecado, como regra, salvo se o bem penhorado foi indicado pelo juízo deprecante ou já devolvida a carta.

No mesmo sentido a atual redação da Súmula n. 419 do C. TST:

> "COMPETÊNCIA. EMBARGOS DE TERCEIRO. EXECUÇÃO POR CARTA PRECATÓRIA. JUÍZO DEPRECADO. (alterada em decorrência do CPC de 2015)
>
> Na execução por carta precatória, os embargos de terceiro serão oferecidos no juízo deprecado, salvo se indicado pelo juízo deprecante o bem constrito ou se já devolvida a carta (art. 676, parágrafo único, do CPC de 2015)."

Os embargos de terceiro não têm efeito suspensivo. Tal efeito pode ser obtido mediante pedido de tutela cautelar.

No Processo do Trabalho, da decisão proferida nos embargos de terceiro na fase de conhecimento, caberá Recurso Ordinário (art. 895 da CLT). Se os embargos de terceiros forem na fase de execução, da decisão, será cabível o Agravo de Petição, ambos no prazo de 8 dias, observada sistemática recursal da Consolidação das Leis do Trabalho. Não há necessidade de depósito recursal, pois não se trata de decisão condenatória pecuniária. Não obstante, as custas são devidas à razão de 2% sobre o valor da causa na fase de conhecimento (art. 789 da CLT) e de R$ 44,26, na fase de execução (art. 789-A, V, da CLT), a cargo do executado.

Nos termos da OJ n. 54, da SDI-II, do TST, ajuizados embargos de terceiro (art. 674 do CPC de 2015 — art. 1.046 do CPC de 1973) para pleitear a desconstituição da penhora, é incabível mandado de segurança com a mesma finalidade.

Da Fase de Expropriação de Bens

33. Da hasta pública

José Augusto Rodrigues Pinto(214), com suporte em *Celso Neves*, assevera que "praça ou hasta pública dos bens é todo ato concreto por meio do qual se torna possível a transferência coativa do patrimônio do devedor."

Conforme *Pedro Paulo Teixeira Manus*(215), "a expressão hasta vem do latim e significa venda, praça, daí por que se denomina hasta pública a venda dos bens garantidores do crédito pelo juízo da execução. A utilização da expressão é conveniente pois encerra duas hipóteses de alienação judicial dos bens, que podem ser a 'praça' ou o 'leilão', conforme prevê a CLT."

Segundo a *Enciclopédia Saraiva do Direito*(216), praça "na acepção do direito processual civil, é modalidade de arrematação na qual bens imóveis são alienados a quem der o maior lance acima da avaliação (CPC, arts. 686, IV, 701 e 704). Distingue-se do leilão no qual se entrega o bem (móvel) ao licitante que mais der (CPC, arts. 686, VI, 704 e 705). A praça realizar-se-á no átrio do Fórum; o leilão, onde estiverem os bens, ou no lugar designado pelo juiz (CPC, art. 686, § 2º)."

Para *Manoel Antonio Teixeira Filho*(217), "certo segmento da doutrina brasileira ainda manifesta forte apego à locução hasta pública, sempre que pretende referir-se ao local em que se dá a expropriação dos bens penhorados ao devedor; nos dias atuais, contudo, já não se justifica o uso dessa expressão, oriunda do Direito Romano, em que a arrematação era, realmente, efetuada em praça, afixando-se uma lança (hasta)(218). Hoje como sabemos, o ato expropriatório não é realizado em praça (no sentido de local ou espaço público aberto) e sim no átrio do Fórum (CPC, art. 686, § 2º) e sem se fixar lança alguma."

---

(214) RODRIGUES PINTO, José Augusto. *Execução trabalhista.* 9. ed. São Paulo: LTr, 2002. p. 247.

(215) MANUS, Pedro Paulo Teixeira. *Execução de sentença no processo do trabalho.* São Paulo: Atlas, 2005. p. 181.

(216) FRANÇA, Rubens Limongi. *Enciclopédia Saraiva do direito.* v. 59, São Paulo: Saraiva, 1981. p. 462.

(217) TEIXEIRA FILHO, Manoel Antonio. *Execução no processo do trabalho.* 7. ed. São Paulo: LTr, 2001. p. 501.

(218) "Em Roma faziam-se as vendas judiciais na praça pública, ao pé de uma lança (hasta) afixada no chão, lança essa que era símbolo da fortaleza com que a lei defendia e conservava sua autoridade (*ius imperi*), e disso provém a expressão hasta pública" (Amílcar de Castro). (*apud* DINAMARCO, Cândido Rangel. *Instituições de direito processual civil.* v. IV, São Paulo: Malheiros, 2004. p. 558).

No CPC de 73, havia distinção entre praça e leilão: a praça era realizada no átrio do Fórum e se destinava à expropriação de bens imóveis (art. 686, § 2º, do CPC, c/c. art. 701 do mesmo Código), já o leilão se destinava à expropriação de bens móveis, podendo ser realizado onde se encontrarem os bens (art. 686, § 2º, c/c. art. 705 do mesmo Código).

O CPC atual somente utiliza a expressão leilão, que se destina tanto à expropriação de bens móveis quanto imóveis (art. 879).

Na CLT, conforme a leitura do § 4º do art. 888[(219)], a praça pode ser realizada tanto para a expropriação de bens móveis como de bens imóveis.

Para a CLT, a praça é realizada no próprio Fórum trabalhista por funcionário da Secretaria; já o leilão é efetuado por leiloeiro, podendo ser realizado fora das dependências do fórum, independentemente de o bem ser imóvel ou móvel[(220)].

Algumas Varas do Trabalho adotam o procedimento de praça seguida de leilão, sendo o leilão realizado pelo próprio funcionário da Vara. Na praça, os bens somente podem ser alienados pelo valor da avaliação e, no leilão, se admitem lances inferiores ao do valor da avaliação.

Nesse sentido, sustenta *Valentin Carrion*[(221)]:

> "É que o legislador do art. 888 deixa ampla iniciativa ao juiz, para melhor adaptar-se às circunstâncias próprias dos bens penhorados, do tempo e do lugar; inexiste assim qualquer irregularidade do hábito de que o leilão seja efetuado pelo próprio aparelho judiciário, constituindo-se na verdade em uma praça."

Em que pese a praxe de determinadas Varas do Trabalho, parece-nos que a praça no Processo do Trabalho é única (§ 1º, do art. 888, da CLT), não havendo necessidade de leilão. A hasta pública é realizada pela própria Secretaria da Vara, não se admitindo praças sucessivas.

Na única praça, os bens serão vendidos pelo maior lance. Se não houver nenhum licitante, ou o exequente não requerer a adjudicação, o juiz poderá designar nova data, desta vez para o leilão, que pode ser realizado pela Secretaria da Vara[(222)] ou por leiloeiro particular, consoante lhe faculta o § 3º, do art. 888, da CLT.

---

(219) "Se o arrematante, ou seu fiador, não pagar dentro de 24 (vinte e quatro) horas o preço da arrematação, perderá, em benefício da execução, o sinal de que trata o § 2º, deste artigo, *voltando à praça os bens executados*" (o grifo é nosso).

(220) Nesse sentido, é o § 3º, do art. 888, da CLT, *in verbis*: "Não havendo licitante, e não requerendo o exequente a adjudicação dos bens penhorados, poderão os mesmos ser vendidos por leiloeiro nomeado pelo Juiz Presidente."

(221) CARRION, Valentin. *Comentários à Consolidação das Leis do Trabalho*. 30. ed. São Paulo: Saraiva, 2005. p. 754.

(222) "É prescindível a nomeação de particular para a função de leiloeiro, sendo preferível que a nomeação recaísse sobre oficial de justiça, servidor público já remunerado, com isso não se elevando o custo do processo executivo" (NEGRÃO, referindo jurisprudência) (*apud* DINAMARCO, Cândido Rangel. *Instituições de direito processual civil*. v. IV. São Paulo: Malheiros, 2004. p. 560).

Em sentido contrário, *Manoel Antonio Teixeira Filho*(223) adverte que, "se consideramos a pessoa que conduz o ato expropriatório, somente poderemos pensar em leilão se houver leiloeiro; caso contrário, teremos duas praças. Se, contudo, levarmos em conta o lanço em si, concluiremos que no processo do trabalho não há, em rigor, praça, mas dois leilões, pois na primeira tentativa o bem será arrematado por quem ofertar o lanço de maior valor."

34. Formalidades da hasta pública

Diz o *caput* do art. 888, da CLT: "Concluída a avaliação, dentro de dez dias, contados da data da nomeação do avaliador, seguir-se-á a arrematação que será anunciada por edital afixado na sede do Juízo ou Tribunal e publicado no jornal local, se houver, com a antecedência de 20 (vinte dias)."

Conforme ensina *José Augusto Rodrigues Pinto*(224), "sendo um ato público destinado a proporcionar a aquisição da propriedade de bens penhorados, num processo de livre-concorrência, como se vem de explicar, a praça ou hasta pública deve ser precedida da divulgação indispensável para assegurar-lhe caráter. A publicidade é garantida, no processo em geral, mediante a difusão por editais que a anunciam com as necessárias identificações do processo, das partes, do local e da hora de realização do ato, além, é claro, da perfeita individualização dos bens patrimoniais envolvidos."

Lembra com propriedade *Wilson de Souza Campos Batalha*(225), "os editais de praça conterão: a) a descrição do bem penhorado com os seus característicos e, tratando-se de imóvel, a situação, as divisas e a transcrição aquisitiva ou inscrição (se se tratar de compromisso ou cessão de compromisso de compra e venda, ou promessa de cessão); b) o valor dos bens; c) o lugar onde estiverem os móveis, veículos e semoventes e, sendo direito e ação, os autos do processo em que foram penhorados (penhora no rosto dos autos); d) o dia, o lugar e a hora da praça; e) a menção da existência de ônus, bem como recurso pendente de julgamento (CPC, art. 686); f) a menção da existência de ônus, recurso ou causa pendente sobre os bens a serem arrematados; g) a comunicação de que, se o bem não alcançar lanço superior à importância da avaliação, seguir-se-á, em dia e hora que forem desde logo designados entre os 10 e os 20 dias seguintes, a sua alienação pelo maior lanço (Lei n. 8.953/94)."

Conforme o *caput* do art. 888 da CLT, o Edital de praça deve ser publicado no jornal local; não há necessidade de ser jornal oficial, entretanto, nas Comarcas em que não há circulação de jornal, o edital pode ser publicado em jornal oficial (Diário Oficial).

(223) TEIXEIRA FILHO, Manoel Antonio. *Execução no processo do trabalho.* 7. ed. São Paulo: LTr, 2001. p. 508.
(224) RODRIGUES PINTO, José Augusto. *Execução trabalhista.* 9. ed. São Paulo: LTr, 2006. p. 242.
(225) CAMPOS BATALHA, Wilson de Souza. *Tratado de direito judiciário do trabalho.* v. II, 3. ed. São Paulo: LTr, 1995. p. 769-770.

O Edital deve ser preciso, devendo constar a descrição detalhada do bem, e também a menção da existência de ônus, recurso ou causa pendente sobre os bens a serem arrematados (art. 886 do CPC), sob pena de nulidade da hasta pública.

Embora seja silente a CLT, entendemos aplicável ao Processo do Trabalho a disposição do art. 889 do CPC, que permite que o devedor tenha ciência da hasta pública na pessoa do advogado, ou, se não tiver procurador constituído nos autos, por carta registrada, mandado, edital ou outro meio idôneo.

O exequente, também deverá ser notificado da data da hasta pública por seu advogado. Se o reclamante ou o executado não possuírem advogado constituído nos autos, a intimação deverá ser pessoal.

Nesse sentido, vale transcrever a seguinte ementa:

> "Ciência da hasta pública. Necessidade de citação pessoal. Ausência de nulidade. Nada obstante o recorrente tenha sido intimado via postal (fl. 171), à fl. 170 está encartada, também, cópia da publicação via Diário Oficial ao patrono do executado até aquele momento (10.06.2009) constituído nos autos, Dr. Edson Roberto da Silva, consoante instrumento de fl. 106. Ademais, a notificação através do DOE é meio legítimo e legalmente previsto para ciência dos atos processuais, consoante art. 236 do Código de Processo Civil. O agravante confunde citação pessoal para pagamento ou garantia da execução (art. 880 da CLT) com a cientificação de atos que lhe são posteriores (no caso, a realização de praça e leilão) e que não exigem tal procedimento específico. A par disso, o art. 888 da CLT, o qual regula a hasta pública, dispõe que '[...], seguir-se-á a arrematação que será anunciada por edital afixado na sede do Juízo ou Tribunal e publicado no jornal local [...].' Nessa toada, resta claro que o dispositivo legal enfocado não acolhe a tese relativa à ciência pessoal, ainda mais porque o Diploma Consolidado, quando pretendeu que assim fosse, previu de forma expressa. E, como é lição clássica de hermenêutica, a lei não possui palavras inúteis. (TRT/SP – 01326200204902000 – AP – Ac. 9ª T. – 20100140216 – relª Maria da Conceição Batista – DOE 9.3.2010)

O Tribunal Superior do Trabalho, entretanto, em posicionamento recente, tem exigido a intimação pessoal das partes sobre a data da hasta pública, conforme se constata da redação da seguinte ementa:

> "AGRAVO DE INSTRUMENTO. RECURSO DE REVISTA. HASTA PÚBLICA. AUSÊNCIA DE INTIMAÇÃO DO DEVEDOR. ARREMATAÇÃO. INVALIDADE. O art. 888 da CLT não é exaustivo quanto aos atos de alienação judicial, tanto que o art. 889 expressamente determina a aplicação dos preceitos que regem o processo dos executivos fiscais para a cobrança da dívida ativa da Fazenda Pública Federal. E o art. 22, § 2º, da Lei n. 6.830/80 determina a intimação pessoal do representante judicial da Fazenda Pública. Infere-se daí a necessidade de as partes serem comunicadas da praça pessoalmente em face da incidência supletiva de referido dispositivo legal. No mesmo sentido, o art. 687, § 5º, do CPC, cujo conteúdo não transgride nenhuma norma celetista afeta à execução, nos seguintes termos: O executado terá ciência do dia, hora e local da alienação judicial por intermédio de seu advogado ou, se não tiver procurador constituído nos autos, por meio de mandado, carta registrada, edital ou outro meio idôneo. A intimação das partes, nesse contexto, visa a possibilitar o exercício das prerrogativas de remição (pelo devedor — art. 651 do CPC) e de adjudicação (pelo credor — art. 888, § 1º, da CLT). Já o art. 888, *caput*, da CLT, estipula que a arrematação será anunciada por edital afixado na sede do Juízo ou Tribunal e

publicado no jornal local, se houver, com a antecedência de vinte dias. Diferentemente da intimação pessoal das partes, o edital de praça objetiva dar publicidade do ato a terceiros, a fim de que possam, caso interessados nos bens a serem expropriados, oferecer lanços. Portanto imprescindível a intimação do devedor quando da realização da hasta pública, por força do § 5º do art. 687 do CPC, aplicável ao processo do trabalho em razão da omissão da CLT sobre o tema (art. 769 da CLT). Intimação por via postal, evidentemente, e não por mandado (oficial de justiça), respeitado o critério geral das intimações trabalhistas. Estando assente no acórdão a circunstância de não ter havido intimação do devedor proprietário do bem, sequer de seu advogado, deve ser mantida a decisão que considerou nula a arrematação e os atos a ela subsequentes. Agravo de instrumento desprovido." (TST – Processo: AIRR - 8360/2005-034-12-40.9 Data de Julgamento: 6.5.2009, rel. Min. Mauricio Godinho Delgado, 6ª Turma, Data de Divulgação: DEJT 5.6.2009)

Nos termos do § 4º do art. 887 que resta aplicável ao Processo do Trabalho, atendendo ao valor dos bens e às condições da comarca, o juiz poderá alterar a forma e a frequência da publicidade na imprensa, mandar divulgar avisos em emissora local e adotar outras providências tendentes à mais ampla publicidade da alienação, inclusive recorrendo a meios eletrônicos de divulgação, e divulgar avisos em emissora de rádio ou televisão local.

35. Expropriação

A fase de expropriação de bens, pouco explorada pela doutrina, e, muitas vezes, esquecida pelas Varas Trabalhistas, é de fundamental importância para a efetividade do processo. De nada adianta todo o esforço judicial para fazer justiça na fase de conhecimento se, no momento máximo de satisfação do crédito do exequente, não se obtiver êxito.

Há um certo desencanto por parte de juízes e advogados nesta fase processual em razão de sua pouca efetividade. Por isso, devem os operadores do direito intensificar os estudos e buscar meios que promovam a eficiência da expropriação de bens no processo do trabalho.

A Consolidação das Leis do Trabalho disciplina uma única forma de expropriação de bens, que se dá em hasta pública.

Com efeito, dispõe o art. 888 da CLT, *in verbis*:

"Concluída a avaliação, dentro de dez dias, contados da data da nomeação do avaliador, seguir-se-á a arrematação, que será anunciada por edital afixado na sede do Juízo ou Tribunal e publicado no jornal local, se houver, com a antecedência de vinte (20) dias. § 1º A arrematação far-se-á em dia, hora e lugar anunciados e os bens serão vendidos pelo maior lance, tendo o exequente preferência para a adjudicação. § 2º – O arrematante deverá garantir o lance com o sinal correspondente a 20% (vinte por cento) do seu valor. § 3º Não havendo licitante, e não requerendo o exequente a adjudicação dos bens penhorados, poderão os mesmos ser vendidos por leiloeiro nomeado pelo juiz ou Presidente. § 4º Se o arrematante, ou seu fiador, não pagar dentro de 24 (vinte e quatro) horas o preço da arrematação, perderá, em benefício da execução, o sinal de que trata o § 2º deste artigo, voltando à praça os bens executados."

Trata-se a expropriação do ponto culminante do processo, onde os bens do executado, compulsoriamente, por ato de império do Estado, serão transferidos para terceiro ou para o próprio exequente para quitação da execução.

Segundo o art. 825 do CPC expropriação é gênero, do qual são espécies: adjudicação, alienação, apropriação de frutos e rendimentos de empresa ou de estabelecimentos e de outros bens.

35.1. Arrematação – Conceito e legitimidade para arrematar

É o ato que consuma a expropriação de bens do devedor mediante alienação em hasta pública. Trata-se de transferência forçada dos bens do devedor ao arrematante para pagamento do crédito do exequente.

Conforme *Carlos Henrique Bezerra Leite*[(226)], arrematação "é o ato processual que implica a transferência coercitiva dos bens penhorados do devedor a um terceiro. Trata-se, em linhas gerais, de uma venda do patrimônio do devedor realizada pelo Estado, por intermédio de praça ou leilão, àquele que maior lanço (preço) oferecer. A arrematação, a rigor, tem caráter dúplice. Para o devedor, constitui verdadeira expropriação. Para o terceiro adquirente, caracteriza-se como modo de aquisição da propriedade."

A CLT não disciplina a legitimidade para a arrematação, apenas, no § 1º do art. 888, diz que o exequente terá prioridade para a adjudicação pelo maior lance.

Desse modo, pensamos aplicável ao Processo do Trabalho (arts. 769 e 889) o art. 890 do CPC, que assim dispõe:

> "Pode oferecer lance quem estiver na livre administração de seus bens, com exceção:
>
> I – dos tutores, dos curadores, dos testamenteiros, dos administradores ou dos liquidantes, quanto aos bens confiados à sua guarda e à sua responsabilidade;
>
> II – dos mandatários, quanto aos bens de cuja administração ou alienação estejam encarregados;
>
> III – do juiz, do membro do Ministério Público e da Defensoria Pública, do escrivão, do chefe de secretaria e dos demais servidores e auxiliares da justiça, em relação aos bens e direitos objeto de alienação na localidade onde servirem ou a que se estender a sua autoridade;
>
> IV – dos servidores públicos em geral, quanto aos bens ou aos direitos da pessoa jurídica a que servirem ou que estejam sob sua administração direta ou indireta;
>
> V – dos leiloeiros e seus prepostos, quanto aos bens de cuja venda estejam encarregados;
>
> VI – dos advogados de qualquer das partes."

Nos termos do art. 893 do CPC, se o leilão for de diversos bens e houver mais de um lançador, terá preferência aquele que se propuser a arrematá-los todos, em

(226) BEZERRA LEITE, Carlos Henrique. *Curso de direito processual do trabalho.* 3. ed. São Paulo: LTr, 2005. p. 770.

conjunto, oferecendo, para os bens que não tiverem lance, preço igual ao da avaliação e, para os demais, preço igual ao do maior lance que, na tentativa de arrematação individualizada, tenha sido oferecido para eles.

Parte da doutrina sustenta que o credor trabalhista (reclamante) não pode arrematar em hasta pública, pois a CLT no art. 888, § 1º, diz que o exequente tem preferência sobre a arrematação. Portanto, não haveria interesse processual deste em arrematar bens, já que sempre terá preferência para a adjudicação.

Nesse sentido, sustenta *Ísis de Almeida*(227):

> "O § 1º do art. 888, da CLT, *in fine*, estabelece que o exequente terá preferência para a adjudicação. Isso significa que ele não é um licitante. Aguarda a conclusão da praça e, antes da lavratura do auto de arrematação — que só pode ocorrer vinte e quatro horas após o encerramento da praça (art. 693 do CPC) —, requerer adjudicação do bem praceado, o que lhe será deferido pelo valor do maior lance, preterido, portanto, o arrematante."(228)

Não obstante a autoridade do autor acima mencionado, entendemos que não há vedação legal para o exequente participar da arrematação; o fato de ele poder adjudicar pelo maior lance não significa que ele não possa lançar, mormente em casos em que não há lanço algum. Para nós, o art. 892, § 1º(229), do CPC, é compatível com o Processo do Trabalho, por força dos arts. 769 e 899, ambos da CLT. Além disso, também atende aos princípios da efetividade e da utilidade da execução.

No mesmo diapasão, *Manoel Antonio Teixeira Filho*(230):

> "O credor também pode arrematar os bens; ao contrário dos demais licitantes, não está obrigado a exibir o preço (CPC, art. 690, § 2º); mas se o valor dos bens penhorados exceder ao do seu crédito, deverá depositar, no prazo de três dias, a diferença, sob pena de desfazer-se a arrematação, hipótese em que os bens serão remetidos à praça ou a leilão a expensas do credor."

Para *Jorge Luiz Souto Maior*, no CPC, não há vedação para o devedor lançar, pois isso é benéfico, inclusive para se evitar o preço vil.

---

(227) ALMEIDA, Ísis. *Manual de direito processual do trabalho*. v. 2, 9. ed. São Paulo: LTr, 1998. p. 513.

(228) No mesmo sentido, a seguinte ementa: "Arrematação realizada pelo próprio exequente. Na arrematação o exequente tem preferência para a adjudicação oferecendo preço igual ao do maior lance, podendo ainda promovê-la mesmo na ausência de licitantes, conforme se extrai dos §§ 1º e 3º do art. 888 da CLT. Diante da norma expressa, falar não há em direito de arrematar, por aplicação de interpretação do direito processual comum" (TRT – AP-2968/02 – 5ª T. – rel. Juiz José Murilo de Morais – Publ. Mg. 13.7.02).

(229) Art. 892, § 1º, do CPC: "Se o exequente arrematar os bens e for o único credor, não estará obrigado a exibir o preço, mas, se o valor dos bens exceder ao seu crédito, depositará, dentro de 3 (três) dias, a diferença, sob pena de tornar-se sem efeito a arrematação, e, nesse caso, realizar-se-á novo leilão, à custa do exequente."

(230) TEIXEIRA FILHO, Manoel Antonio, *op. cit.*, p. 514.

Sustenta o professor *Souto Maior*(231):

> "Quanto à arrematação pelo próprio devedor a argumentação pode suscitar perplexidade maior. Mas isto, como já dito, somente em razão de uma constatação de ordem prática, porque, em verdade, no sistema jurídico não há uma norma sequer que proíba o devedor de lançar para arrematar seu próprio bem. Vale lembrar que o bem levado a praça ou leilão, embora mantenha-se na propriedade do devedor, está em processo de venda pública e deve ter o devedor a oportunidade de arrematar tal bem, para mantê-lo em seu patrimônio. Dir-se-á que a forma que o devedor possui para evitar a alienação do bem é quitar a dívida, mas pode ocorrer do devedor não ter como fazê-lo e, por isso, optar por arrematar o bem, com o propósito de não perdê-lo. Nenhum prejuízo essa situação causa ao credor, que deve ser visto, como já dito, como verdadeiro beneficiário da atividade jurisdicional executiva. Não lhe advém prejuízo porque o bem permanece no patrimônio do devedor e do ato público já sai mediante nova penhora. Se o bem fosse arrematado por um terceiro, no valor lançado pelo devedor (esclarecendo-se que entre ambos não há preferência) o valor arrecadado seria passado ao devedor e na hipótese desse valor não integralizar seu crédito corre-se o risco do devedor não o receber caso o devedor não tiver nenhum outro bem penhorável. Além disso, o devedor, participando da licitação pode forçar que o bem seja arrematado por valor mais elevado, o que se fará, evidentemente, em benefício da execução e do próprio exequente. A prática criada, de não se permitir que o exequente e o executado participem da licitação, acaba favorecendo a existência de arrematações por valor vil, sem a possibilidade concreta de que os maiores interessados diretos adquiriam, no caso do exequente, ou mantenham em seu patrimônio, no caso do executado, os bens por tais valores. Em outras palavras, o resultado dessa prática é que todas as pessoas que estejam na livre administração de seus bens podem 'comprar' um bem avaliado em, por exemplo, R$ 5.000,00, por R$ 3.500,00, menos o exequente, que só poderia adjudicar esse bem por R$ 5.000,00 e o executado, que só poderia evitar essa venda, pagando, em dinheiro, a totalidade da dívida. Mas, na realidade, sabe-se bem, exequente e executado acabam participando da licitação, quando isso lhes interessa, pelo conhecidos 'laranjas', o que demonstra que o procedimento adotado na prática, além de não possuir razão lógico-jurídica, é burlado com o pleno conhecimento de todos aqueles que o mantêm."

No mesmo sentido, é a opinião de *Vicente Greco Filho*(232): "O texto legal não é expresso, mas também não proíbe que o devedor participe como licitante. Pode

(231) SOUTO MAIOR, Jorge Luiz. *Execução trabalhista:* visão atual. Coordenador Roberto Norris. Rio de Janeiro: Forense, 2001. p. 62-63.

(232) GRECO FILHO, Vicente. *Direito processual civil brasileiro.* 12. ed. São Paulo: Saraiva, 1997. p. 86.

parecer incongruente que isso possa ocorrer. Em tendo dinheiro para lançar, poderia o devedor pagar a dívida. Todavia, apesar de não ser a situação muito comum, pode ocorrer que o devedor tenha recursos obtidos posteriormente à penhora ou resultantes de vencimentos ou salários impenhoráveis, mas que não sejam suficientes para a remição da execução (art. 651). A remição de bens individualizados o devedor, pelo sistema do Código, não pode mais fazer (art. 787). Daí concluir-se que pode lançar. Esta possibilidade é do interesse do credor e também do interesse público, que recomenda a maior amplitude possível na arrematação, na qual a concorrência e a emulação facilitam a obtenção da melhor proposta possível. É certo, contudo, que o bem arrematado pelo devedor, se este vencer a praça ou leilão, retorna a seu patrimônio e poderá ser novamente penhorado se houver credor ou credores com saldos não liquidados. Pode acontecer, porém, que haja licitação para outros bens e que o débito seja todo pago com a colaboração do devedor."

Para nós, embora o art. 890 do CPC não preveja a possibilidade de o devedor participar da hasta pública, também não vedou a sua participação. Desse modo, para maior efetividade e moralidade da hasta pública, entendemos que o devedor pode lançar, inclusive para se evitar que o bem seja arrematado ou adjudicado por preço vil. Como sustenta com propriedade *Alexandre Allipriano Medeiros*(233), a busca da efetividade, contudo, pressupõe o desapego à inexorável observação da adequação da natureza deste ou daquele ato, sempre e somente quando esse desapego vier ao encontro dos objetivos ora propostos: viabilização da instrumentalidade do processo, busca da efetividade e obtenção do pleno acesso à ordem jurídica justa. Assim sendo, e para a materialização de uma hasta pública mais consentânea com aquilo que dela se espera, imperiosa se faz a admissão da participação do devedor no momento do ato de alienação judicial, com oferta de lanços e potencial arrematação de bens.

Conforme o § 2º, do art. 888, da CLT, o arrematante deve, no ato da arrematação, garantir um sinal de 20% do valor do lance e depositar o restante em 24 horas (§ 4º, do art. 888, da CLT), sob consequência de perder o valor do sinal em benefício da execução. Não obstante, se preferir, pode o arrematante pagar o valor total do lance imediatamente.

Há grandes discussões em sede doutrinária e jurisprudencial sobre a arrematação extinguir ou não as dívidas, principalmente as de ordem tributária (IPTU, IPVA etc.) e convencionais (despesas de condomínio, água, luz etc.) que gravam o bem objeto da arrematação.

Há corrente doutrinária e jurisprudencial no sentido de que a arrematação é forma originária de aquisição da propriedade. Desse modo, ônus e dívidas que gravam o bem anteriores à arremação ficam extintas e subrogadas no preço da arrematação. De outro lado, há quem defenda que a arrematação têm *status* de compra e venda. Sendo assim, as dívidas do bem são transferidas ao arrematante.

---

(233) MEDEIROS, Alexandre Allipriano. *A efetividade da hasta pública no processo do trabalho.* São Paulo: LTr, 2003. p. 64.

Prevalece, na doutrina e jurisprudência, que a arrematação é forma originária de aquisição da propriedade, rompendo a cadeia anterior de relações jurídica que gavavam o bem.

Quanto à dívidas de ordem tributária, destaca-se o art. 130 do CTN, *in verbis*:

> "Os créditos tributários relativos a impostos cujo fato gerador seja a propriedade, o domínio útil ou a posse de bens imóveis, e bem assim os relativos a taxas pela prestação de serviços referentes a tais bens, ou a contribuições de melhoria, subrogam-se na pessoa dos respectivos adquirentes, salvo quando conste do título a prova de sua quitação. Parágrafo único. No caso de arrematação em hasta pública, a sub-rogação ocorre sobre o respectivo preço."

De nossa parte, as dívidas que gravam o bem se subrogam no preço. Entretanto, se o valor da arrematação não for suficiente para pagamento do credor trabalhista e das dívidas que gravam o bem, primeiro, paga-se crédito trabalhista, e depois os demais credores.

De outro lado, se após o pagamento do credor trabalhista, o valor restante não for suficiente para pagamento das dívidas, elas continuam gravando o bem, sendo responsabilidade do adquirente (art. 130, *caput*, do CTN). Deve-se ser destacado que a existência de ônus e dívidas devem constar do Edital de expropriação, propiciando ao interessado na aquisição do bem conhecimento prévio da situação, para que possa formular lance compatível com a situação do bem.

Nesse sentido, concordamos com a seguinte ementa:

> "EXECUÇÃO. Arrematação. Hasta pública. Débitos fiscais e condominiais. Previsão expressa no edital. Responsabilidade do arrematante. É do arrematante a obrigação de arcar com as despesas fiscais e condominiais existentes e mencionados no edital de leilão do imóvel. O 'preço' mencionado no art. 130, parágrafo único, do CTN é o valor da avaliação, o preço de mercado do bem, e não o valor da arrematação, porque este considera o estado do bem e os ônus que sobre ele recaem. O arrematante compra em hasta pública o bem no estado em que se encontra e com as despesas tributárias e condominiais que o oneram. Por isso arremata por preço inferior ao valor de mercado. Agravo de petição não provido." (TRT/SP – 01095005720015020075 – AP – Ac. 14ª T. – 20160191607 – Rel. Manoel Antonio Ariano – DOE 15.4.2016)

Sob outro enfoque, no caso concreto, o Juiz do Trabalho, valorando as peculiaridades do caso concreto, os princípios de razoabilidade e proporcionalidade, o acesso à justiça e a efetividade da tutela executiva, poderá conceder a arrematação livre de ônus ao arrematante, prevalecendo a responsabilidade pessoal do executado pelas dívidas que não puderem ser quitadas pelo valor do lance.

A jurisprudência, contudo, principalmente, a trabalhista, tem entendido que se o valor da arrematação não for suficiente para pagamento das dívidas que gravam o bem, o próprio executado continuará por elas responsável de forma pessoal, ou seja: as dívidas de natureza real se convolam em dívidas de ordem pessoal. O arrematante receberá o bem livre e desembargado de qualquer ônus.

No mesmo sentido, o Enunciado n. 35 da 1ª Jornada Nacional de Execução, *in verbis*:

> "EXPROPRIAÇÃO JUDICIAL. PREFERÊNCIA DO CRÉDITO TRABALHISTA. INTERPRETAÇÃO EXTENSIVA DO ART. 130, PARÁGRAFO ÚNICO C/C ART. 186 DO CÓDIGO TRIBUTÁRIO NACIONAL (CTN). I – Na execução trabalhista, aplica-se o art. 130, parágrafo único, do Código Tributário Nacional, dando-se preferência ao crédito trabalhista (art. 186, *caput*, CTN) e, em seguida, à satisfação dos créditos tributários. II – O adquirente receberá o bem livre e desembaraçado de ônus fiscais, condição que ficará expressa no edital. III -Satisfeitos os créditos trabalhistas, em caso de remanescerem débitos tributários, persiste a responsabilidade do devedor originário."

35.2. Da arrematação parcelada de bens e sua compatibilidade com o Processo do Trabalho

Dispõe o art. 895 do CPC:

> "O interessado em adquirir o bem penhorado em prestações poderá apresentar, por escrito:
>
> I – até o início do primeiro leilão, proposta de aquisição do bem por valor não inferior ao da avaliação;
>
> II – até o início do segundo leilão, proposta de aquisição do bem por valor que não seja considerado vil.
>
> § 1º A proposta conterá, em qualquer hipótese, oferta de pagamento de pelo menos vinte e cinco por cento do valor do lance à vista e o restante parcelado em até 30 (trinta) meses, garantido por caução idônea, quando se tratar de móveis, e por hipoteca do próprio bem, quando se tratar de imóveis.
>
> § 2º As propostas para aquisição em prestações indicarão o prazo, a modalidade, o indexador de correção monetária e as condições de pagamento do saldo.
>
> § 3º As prestações, que poderão ser pagas por meio eletrônico, serão corrigidas mensalmente pelo índice oficial de atualização financeira, a ser informado, se for o caso, para a operadora do cartão de crédito.
>
> § 4º No caso de atraso no pagamento de qualquer das prestações, incidirá multa de dez por cento sobre a soma da parcela inadimplida com as parcelas vincendas.
>
> § 5º O inadimplemento autoriza o exequente a pedir a resolução da arrematação ou promover, em face do arrematante, a execução do valor devido, devendo ambos os pedidos ser formulados nos autos da execução em que se deu a arrematação.
>
> § 6º A apresentação da proposta prevista neste artigo não suspende o leilão.
>
> § 7º A proposta de pagamento do lance à vista sempre prevalecerá sobre as propostas de pagamento parcelado.
>
> § 8º Havendo mais de uma proposta de pagamento parcelado:
>
> I – em diferentes condições, o juiz decidirá pela mais vantajosa, assim compreendida, sempre, a de maior valor;
>
> II – em iguais condições, o juiz decidirá pela formulada em primeiro lugar.
>
> § 9º No caso de arrematação a prazo, os pagamentos feitos pelo arrematante pertencerão ao exequente até o limite de seu crédito, e os subsequentes, ao executado."

Pode ser questionável a aplicabilidade do referido artigo ao Processo do Trabalho, uma vez que a CLT não contém omissão quanto ao pagamento do lance (§§ 2º e 4º, do art. 888). Além disso, a CLT não faz distinção entre arrematação de bens imóveis ou móveis.

Não obstante, no nosso sentir, o parcelamento da arrematação, considerando-se o valor e as dificuldades de se alienar o bem em hasta pública, o Juiz do Trabalho possa, conforme o caso concreto, deferir a arrematação parcelada, uma vez que a Consolidação não disciplina a arrematação parcelada de bens. De outro lado, quem vive o dia a dia da Justiça do Trabalho sabe o quanto é difícil a expropriação de bens em hasta pública e, muitas vezes, tal bem é o único passível de execução. Além disso, o parcelamento pode ser benéfico à execução, pode evitar a arrematação por preço vil e pode solucionar mais rapidamente o crédito trabalhista.

Como destaca *Estêvão Mallet*(234):

> "A facilitação de aquisição em prestação, com redução das formalidades, admitida proposta apresentada na própria praça, e diminuição da parcela a ser paga à vista (antes 40%, agora 30%), permite, ao mesmo tempo, ampliar o rol de pretendentes e elevar o valor das ofertas. Providência de alto significado prático, favorável ao exequente e ao próprio executado beneficiado por arrematações mais elevadas, até porque havendo saldo lhe será entregue (art. 690, § 4º) [...]. Deve considerar-se a medida compatível com o processo do trabalho, mediante interpretação construtiva do § 4º do art. 888, da CLT, que alude a preço, sem excluir parcelamento devendo-se entender que o prazo de 24 horas, mencionado na referida norma, aplica-se em caso de arrematação em parcelas, ao vencimento de cada uma delas."

No mesmo diapasão, é a visão de *Luciano Athayde Chaves*(235):

> "[...] o exame do tema na esfera laboral, reconhecendo que o problema da arrematação parcelada sempre foi aspecto muito presente na execução trabalhista, porquanto já consignei, nunca foi tarefa fácil expropriar bens de valor elevado tendo como pressuposto o pagamento, pelo arrematante, em prazo exíguo. No caso dos bens imóveis, cuida-se de tarefa ainda mais difícil pelas razões apontadas. Não é por outra razão que a Justiça do Trabalho, manipulando um objeto de natureza ontologicamente histórica como o Direito Processual, tratou de aprimorar seus mecanismos, de modo a viabilizar a arrematação de bens de forma parcelada [...]. Em que pese o disposto no art. 888, da CLT é manifesta a lacuna jurídica da regra processual trabalhista, em especial em relação aos bens imóveis, quanto à possibilidade de arrematação parcelada."

(234) MALLET, Estêvão. Novas modificações no Código de Processo Civil e o processo do trabalho. *In: Revista LTr* 70-05/531.

(235) CHAVES, Luciano Athayde. *A recente reforma no processo civil:* reflexos no direito judiciário do trabalho. 3. ed. São Paulo: LTr, 2007. p. 285-287.

35.3. Adjudicação

Ensina *Carlos Henrique Bezerra Leite*[(236)] que adjudicação "é ato processual pelo qual o próprio credor incorpora ao seu patrimônio o bem constrito que será submetido a hasta pública.

O credor tem direito à adjudicação, mesmo se o bem já tiver sido arrematado por outrem, desde que formule requerimento ao juiz antes da assinatura do respectivo auto de arrematação."

A adjudicação é modalidade de dação em pagamento e será feita pelo credor, tendo à vista o valor da avaliação[(237)]. No Processo do Trabalho, o exequente tem preferência para a adjudicação (§ 1º, do art. 888, da CLT), que deve ser deferida pelo maior lance.

No Processo do Trabalho o art. 888, § 1º, da CLT, aduz que os bens serão vendidos pelo maior lance, tendo o exequente preferência na adjudicação. Ora, se não houver lance, no Processo do Trabalho, o exequente tem direito a adjudicar os bens pelo valor da avaliação, por força do art. 24 da Lei n. 6.830/80, aplicável subsidiariamente por causa do art. 889, da CLT.

Nesse sentido, a seguinte ementa:

> "Praça e Leilão — Adjudicação pelo credor — CPC, art. 714. Não tendo havido arrematação do bem, por recusa dos lances oferecidos pelos licitantes, a adjudicação só pode ser deferida ao credor pelo valor correspondente ao da avaliação (CLT, art. 889, e Lei n. 6.830/80, art. 24). Não pode o credor requerer adjudicação com base no lance mínimo fixado pelo juízo, mas não aceito por nenhum dos licitantes." (TRT – 2ª R. – AP 00501199731602007 – Ac. 9ª T. – 20040146434 – rel. Juiz Luiz Edgar Ferraz de Oliveira – DJSP 16.4.04, p. 38)

No Processo do Trabalho, sejam quantos forem os números de lances ou os valores, o exequente sempre tem preferência para a adjudicação (art. 888, § 1º, da CLT), malgrado parcela significativa da jurisprudência, não obstante a posição em contrário de *Ísis de Almeida*, tem entendido que o exequente também pode participar do leilão, restando aplicável subsidiariamente o art. 892, § 1º, do CPC.

Caso pretenda adjudicar o bem, conforme bem adverte *Pedro Paulo Teixeira Manus*[(238)], apenas exige-se que o exequente manifeste-se no prazo de 24 horas subsequentes à praça, pois este é o prazo que é concedido ao arrematante para aperfeiçoar seu ato, depositando o saldo devedor do lance.

---

(236) BEZERRA LEITE, Carlos Henrique. *Curso de direito processual do trabalho*. 3. ed. São Paulo: LTr, 2005. p. 774.

(237) Para Coqueijo Costa (*Direito judiciário do trabalho*. Rio de Janeiro: Forense, 1978. p. 596.), "a adjudicação é uma dação em pagamento judicial que não demanda a concordância do executado. Dispensa sentença homologatória, bastando a assinatura do auto (CPC, art. 715). Seu efeito capital é transmitir a propriedade ao adjudicatário, o que se aperfeiçoa, em se tratando de móveis, pela tradição e, de imóveis, pela transcrição. Julgada válida a adjudicação, lavra-se o respectivo auto, e, não tendo interposto recurso, expede-se o mandado de entrega, tendo o adjudicante direito, também, à carta de adjudicação."

(238) MANUS, Pedro Paulo Teixeira. *Execução de sentença no processo do trabalho*. São Paulo: Atlas, 2005. p. 186-187.

Entretanto, cumpre destacar que há entendimentos no sentido de que o pedido de adjudicação deve ser levado a efeito tão logo termine a praça, conforme se extrai da seguinte ementa:

"Adjudicação — Prazo para o seu requerimento. A CLT nada diz a respeito do prazo em que pode ser requerida a adjudicação de bens levados à hasta pública, sendo igualmente omissos o CPC e a Lei n. 6.830/80, na hipótese de não haver licitantes — lembra-se de que o art. 714 do código de rito se refere à existência de "lançador", afigurando-se razoável aceitar, portanto, que o pedido se faça logo após a praça." (TRT – 15ª R. – 6ª T. – AP n. 99/1999.086.15.85-0 – relª Mª. Cecília F. A. Leite – DJSP 14.11.03 – p. 71) (RDT n. 1 – Janeiro de 2004)

Em sentido contrário, sustenta *Wilson de Souza Campos Batalha*[239], "o exequente só tem direito à adjudicação se comparecer ao leilão e concorrer com os demais pretendentes em igualdade de condições (CLT, art. 888, § 1º, e CPC, art. 690, § 2º)."

Temos para nós que o pedido de adjudicação pelo exequente pode ser efetuado logo após a praça, mas também no prazo de 24 horas que segue a hasta pública, ainda que o exequente não tenha participado da praça, já que a arrematação somente se aperfeiçoa depois da complementação do valor do lance (art. 888[240], § 4º, da CLT). Se o juiz entender que houve fraude ou o valor do lance fora demasiadamente baixo, cumpre rejeitar o pedido de adjudicação ou deferi-lo pelo valor da avaliação.

No mesmo sentido, a seguinte ementa:

"ADJUDICAÇÃO — PRAZO PARA REQUERIMENTO — A CLT não regula o instituto da adjudicação, apenas fazendo referência a ele em seu art. 888, sem qualquer estipulação de prazo para que o exequente requeira o recebimento dos bens em pagamento de seu crédito. Sendo assim, a interpretação que se pode extrair desse dispositivo é que o pedido de adjudicação pelo credor deve ser feito após a praça, não havendo, contudo, um prazo fixo em dias no qual esse direito deve ser exercido, devendo ser realizado, entretanto, antes da assinatura do auto de arrematação." (TRT – 3ª R. – AP 7403/01 – 1ª T. – relª Juíza Maria Auxiliadora M. de Lima – DJMG 8.2.2002 – p. 08)

O art. 901 do CPC exige que o auto de arrematação seja lavrado de imediato tão logo termine a hasta pública. Portanto, é possível se sustentar, à luz do referido dispositivo, que o requerimento de adjudicação deve ser levado a efeito na própria hasta pública, não no prazo de 24 horas.

35.4. Remição da execução

É o pagamento da execução pelo executado. Conforme o art. 13 da Lei n. 5.584/70, a remição só será deferível ao executado se este oferecer preço igual ao valor da condenação em qualquer hipótese.

---

(239) CAMPOS BATALHA, Wilson de Souza. *Tratado de direito judiciário do trabalho.* v. II, 3. ed. São Paulo: LTr, 1995. p. 779.

(240) "Se o arrematante, ou seu fiador, não pagar dentro de 24 (vinte e quatro) horas o preço da arrematação, perderá, em benefício da execução, o sinal de que trata o § 2º deste artigo, voltando à praça os bens executados."

Para remir a execução, deverá o executado pagar não só o valor do crédito do exequente, mas também todas as despesas processuais, como custas, editais, eventual parcela previdenciária, eventuais honorários periciais e do depositário etc.

Nesse aspecto, cumpre destacar as seguintes ementas:

"Remição — Atualização da dívida — Efeitos. O ato de remir a execução corresponde simplesmente ao de quitar a dívida, pagando-a ou consignando o seu importe, dando voluntário cumprimento à obrigação prevista no título para pôr fim à execução, o art. 651 do CPC refere-se a pagar ou consignar 'o valor atualizado da dívida, mais juros, custas e honorários advocatícios'. Todavia ante a circunstância da ausência dos autos para o cálculo da atualização, nada impedia que a executada depositasse o valor então conhecido a fim de impedir a expropriação do bem penhorado, protestando pela posterior atualização. Esse ato era que teria o efeito de obrigar a suspensão da praça, independentemente da prévia manifestação judicial." (TRT 10ª R. – 1ª T. – relª Desª Flávia Simões Falcão – DJe n. 137 – 18.12.08 – p. 18 – AP n. 606/2002.013.10.00-7) (RDT n. 2 – fevereiro de 2009)

"Execução trabalhista — Remição — Critérios. A remição, na Justiça do Trabalho, encontra-se regida pelo art. 13 da Lei n. 5.584/70 e somente poderá ser deferida ao executado 'se este oferecer preço igual ao valor da condenação', ou seja, quando o preço ofertado englobar, não só a verba principal, como também a correção monetária, os juros de mora e as despesas do processo. Nesse passo, a liberação de qualquer bem penhorado — tanto para o executado quanto para o cônjuge, ascendente e descendente — encontra-se adstrita à remição total da execução, em observância à legislação própria dos processos que tramitam nesta Justiça Especializada." (TRT 12ª R. – 3ª T. – AP n. 1429/2004.031.12.00-9 – Ac. n. 17428/06 – relª Lília Leonor Abreu – DJ 13.12.06 - p. 7) (RDT n. 2 – fevereiro de 2007)

Quanto ao prazo para a remição, não há disciplina no Processo do Trabalho, o que exige a aplicação supletiva e subsidiária do CPC (arts. 15 do CPC e 889 da CLT).

Dispõe o art. 826 do CPC: "Antes de adjudicados ou alienados os bens, o executado pode, a todo tempo, remir a execução, pagando ou consignando a importância atualizada da dívida, acrescida de juros, custas e honorários advocatícios."

No processo do trabalho, conjugando-se o art. 888 da CLT com o art. 826 do CPC, há duas hipóteses possíveis para o prazo final de remição para o devedor no processo do trabalho:

a) até a hasta pública;

b) antes da adjudicação ou da arrematação;

c) nas 24 horas que sucedem a arrematação, pois é o prazo que o arrematante tem para complementar o valor do lance.

Pensamos que o prazo final para remição deve ser avaliado com ponderação pelo Juiz, atendo-se às circunstâncias do caso concreto, ao modo menos oneroso ao devedor e à justiça do procedimento. Desse modo, nos parece mais corretos os seguintes entendimentos:

a) até o momento imediatamente anterior ao requerimento de adjudicação;

b) até as 24 horas que sucedem a arrematação (art. 888 da CLT).

35.5. Remição de bens

É um *favor pietatis* deferido às pessoas mencionadas no art. 787 do CPC/73 de resgatar todos ou alguns bens que foram objeto de arrematação[241]. Pensamos, não obstante a regra do art. 13 da Lei n. 5.584/70 e a opinião de significativa parcela da doutrina em sentido contrário, ser o referido instituto compatível com o Processo do Trabalho, por não causar prejuízo ao exequente, e também não conflitar com o art. 13 da Lei n. 5.584/70 que trata da remição da execução pelo executado e não por terceiros. Além disso, os arts. 769 e 889 da CLT possibilitam a aplicação dos arts. 787 a 790 do CPC/73 ao Processo do Trabalho.

A Lei n. 11.282/06 revogou os arts. 787 a 790 do CPC/73. Desse modo, não cabe mais no Processo Civil nem no Processo do Trabalho a remição de bens.

Doravante, as pessoas que tiverem ligações sentimentais com os bens penhorados, como o cônjuge, descendentes, somente poderão adjudicar os bens antes da hasta pública, nos termos do § 5º do art. 876 do CPC, que assim dispõe:

> "É lícito ao exequente, oferecendo preço não inferior ao da avaliação, requerer que lhe sejam adjudicados os bens penhorados. (...) § 5º Idêntico direito pode ser exercido por aqueles indicados no art. 889, incisos II a VIII, pelos credores concorrentes que hajam penhorado o mesmo bem, pelo cônjuge, pelo companheiro, pelos descendentes ou pelos ascendentes do executado."

A Lei n. 11.382/06, ao extinguir a remissão de bens (arts. 787 e 790 do CPC/73), possibilitou que as pessoas vinculadas sentimentalmente a determinados bens possam adjudicá-los em concorrência com as demais pessoas mencionadas no referido dispositivo do CPC. Doravante, a remição da execução somente poderá ser levada a efeito pelo próprio executado.

Pensamos que no Processo do Trabalho, em razão do caráter alimentar do crédito trabalhista, o reclamante terá preferência para a adjudicação em face das pessoas mencionadas no § 5º do art. 876 do CPC, desde que haja entre eles a mesma oferta (§ 6º do art. 876 do CPC). Se a oferta dos outros credores for maior que a do reclamante, desde que seja integralmente quitado o crédito trabalhista, adjudicará o que fizer a melhor proposta, pois não haverá prejuízo ao reclamante que receberá o valor de seu crédito em dinheiro e ainda será mais efetivo para a execução.

---

(241) Para Amilcar de Castro (*apud* SOUZA, Marcelo Papaléo. *Manual da execução trabalhista*. São Paulo: LTr, 2005. p. 182-183), "a remição de bens em execução é, pois, direito instituído *pietatis causa*, para que os bens penhorados, de afeição ou estimação, não saiam da família; é benefício ou favor ao executado e a seus parentes próximos, em consideração a interesse de ordem moral e econômica, sem qualquer prejuízo no resultado prático da função jurisdicional. Deve-se, por conseguinte, interpretar a lei que a regula, facilitando-se sua concessão em favor dos pretendentes, e não a dificultando, em benefício do arrematante, ou do adjudicatário, estranhos à família do executado, pois o Estado deve quanto possível reintegrar o direito do exequente com o mínimo de despesas, de incômodo e de sacrifício do executado."

Prioridade no Processo do Trabalho

No Processo do Trabalho, a remição prevalece sobre a adjudicação de bens e esta última prevalece sobre a arrematação (interpretação sistemática dos arts. 805, 826 do CPC, 13 da Lei n. 5.584/70 e § 1º, do art. 888, da CLT).

36. Lance mínimo

A praxe das Varas do Trabalho revela que cada Vara tem o seu lance mínimo. Geralmente, antes de aceitar o lance, o funcionário costuma consultar o juiz para saber se o valor do lance é aceito ou não.

No Processo do Trabalho, não existe valor mínimo para o lance inicial (art. 888, § 1º, da CLT), mas a hasta começa pelo valor da avaliação, e este valor também serve de parâmetro para os lances que forem ofertados.

Nos termos do art. 885 do CPC, de aplicação subsidiária, o juiz da execução estabelecerá o preço mínimo, as condições de pagamento e as garantias que poderão ser prestadas pelo arrematante.

É conveniente que o valor do preço mínimo seja fixado no próprio edital da hasta pública, a fim de dar maior publicidade e propiciar mais efetividade à execução, atraindo o maior número de interessados em adquirir o bem.

Ao fixar o valor mínimo aceito para o lance, deverá o Juiz do Trabalho, à luz dos critérios de razoabilidade, da proporcionalidade e da Justiça, avaliar as características da execução, o valor do bem em si, sua liquidez, a efetividade da execução e o meio menos gravoso ao devedor.

O lance mínimo depende de cada juiz, por isso, é conveniente que o juiz esteja nas imediações do local onde se realiza a hasta pública, embora a lei não exija a presença do juiz no local. Por isso, é conveniente que as praças e os leilões na Justiça do Trabalho sejam realizados no horário das audiências, quando o juiz se encontra no Fórum(242).

Nesse sentido, também a visão de *Christovão Piragibe Tostes Malta*(243): "havendo várias ofertas, seguindo o rito dos leilões em geral, o funcionário que estiver procedendo à praça deverá levar a de maior valor ao juiz, para que este examine a conveniência de autorizar a arrematação. Constatando-se apenas uma oferta, é ela encaminhada da mesma forma ao juiz."

Procedendo-se desta maneira, o valor do lance mínimo passa pelo crivo do juiz, evitando-se a anulação posterior da arrematação ou adjudicação dos bens ou do bem praceado ou leiloado.

---

(242) "Embora a lei não exija a presença do juiz a nenhuma das modalidades da hasta pública, a realização no fórum é havida pelo legislador como fato de maior segurança e idoneidade, daí por que ali são licitados os imóveis; mas, na prática, a realização nesse lugar, que deveria ser muito respeitado por todos, não tem impedido muitas desonestidades que notoriamente correm na própria praça" (DINAMARCO, Cândido Rangel, *op. cit.*, p. 559).

(243) TOSTES MALTA, Christovão Piragibe. *Prática do processo trabalhista*. 31. ed. São Paulo: LTr, 2002. p. 858.

37. Lance vil

Ensina *Celso Neves*(244): "a noção de preço vil, sem embargo da sua aparente objetividade, é perplexiva em razão da subjetividade de que depende. O que será preço vil? Relaciona-se à apreciação com o valor em execução. Assim, deverá ser considerado vil o preço que, em face dos valores dos bens penhorados, seja exorbitantemente inferior ao da sua avaliação e, em face da pretensão executória, se mostre insuficiente para atender, como parte ponderável dela, à satisfação do exequente."

Com suporte no Código de Processo Civil de 1973, que não traçava critérios para a avaliação do preço vil, a doutrina e a jurisprudência firmaram entendimento de que caberia ao Juiz fazê-lo no caso concreto, à luz da análise do valor do bem penhorado, segundo seu prudente arbítrio, não podendo desconsiderar os princípios da utilidade da execução, do meio menos gravoso para o executado, da dignidade da pessoa do executado, da moralidade da Justiça e efetividade do cumprimento da decisão judicial.

Atualmente, dispõe o art. 891 do CPC:

> "Não será aceito lance que ofereça preço vil. Parágrafo único. Considera-se vil o preço inferior ao mínimo estipulado pelo juiz e constante do edital, e, não tendo sido fixado preço mínimo, considera-se vil o preço inferior a cinquenta por cento do valor da avaliação."

Ao contrário do CPC de 73 (art. 692) que não determinava o conceito de preço vil, deixando essa árdua tarefa à doutrina e à jurisprudência, o Código atual traça alguns parâmetros objetivos. Doravante, será considerado preço vil:

a) o valor inferior ao mínimo estipulado pelo Juiz, constante do Edital;

b) se não houve valor mínimo fixado pelo juiz, o prazo inferior a cinquenta por cento do valor da avaliação.

De nossa parte, ainda que o Juiz não tenha fixado o valor mínimo do preço a ser aceito no Edital, no caso concreto, se houver um lance inferior a cinquenta por cento do valor da avaliação, à luz dos princípios da razoabilidade, proporcionalidade, dignidade da pessoa do devedor, eficiência e utilidade para a execução, poderá aceitá-lo.

38. Lance vil no Processo do Trabalho

Partindo-se da interpretação de que no Processo do Trabalho a arrematação é deferida pelo maior lance (art. 888, § 1º, da CLT), parte da doutrina sustenta a inaplicabilidade do lance vil no Processo do Trabalho, vez que não há omissão da CLT no aspecto (arts. 769 e 889). Partindo-se dessa interpretação, não há limitação do valor do lance na arrematação.

---

(244) NEVES, Celso. *Comentários ao Código de Processo Civil.* v. VII, 7. ed. Rio de Janeiro: Forense, 2000. p. 105.

Nesse sentido, sustenta *Sergio Pinto Martins*(245):

> "O § 1º do art. 888 da CLT faz referência a arrematação pelo maior lanço. Logo fica excluído o conceito de preço vil no processo do trabalho, pois não se aplica o CPC (art. 899, da CLT). Assim, inexiste, no processo do trabalho, a ideia de preço vil para desqualificar a arrematação, podendo esta ser feita pelo maior valor obtido na praça e leilão.
>
> Se a CLT trata do tema ao dizer que a arrematação será feita pelo maior lance, não é omissa, inexistindo necessidade de complementação pelo CPC. O argumento de que haveria uma proliferação de arrematações por preços irrisórios e iria formar a 'máfia da arrematação' não convence, pois mesmo quando não há lanço por preço vil, existem pessoas especializadas em arrematação, que todos os dias vão às Varas, além do que o argumento não é jurídico. De outro lado, pode-se dizer que se o devedor não quer que arrematem o seu bem por preço vil deveria se socorrer da remição. Mesmo que exista apenas um lance na praça, esse será considerado o maior valor obtido, ainda que seja vil o preço alcançado, devendo se proceder à arrematação do bem. Ressalte-se, ainda, que o § 1º, do art. 888, da CLT não dispõe expressamente que o bem deva ser vendido, como valor mínimo, pelo valor da avaliação, mas pelo maior valor, que até poderá ser inferior ao da avaliação."

Nesse aspecto, cumpre destacar as seguintes ementas:

"A teor do art. 888 da CLT, não cabe cogitar, no processo trabalhista, de preço vil, se a execução aparelhada cumpriu seu objetivo de satisfazer o credor, parte mais fraca na relação de direito material. Agravo Provido." (TRT – 4ª R. – AP 12.205-4/93 – Ac. 1ª T. – j. 7.4.1994 – relª Juíza Carmem Camino – LTr, 59(1)/71)

"Processo do Trabalho — Lei aplicável — CLT — Lance vil — Inexistência. Não há lance vil no Processo do Trabalho, posto que a CLT dizer que o bem será vendido pelo maior lance e não prever leilões sucessivo, à moda do CPC, que é inaplicável à espécie, em face da não omissão da CLT, norma protetora do hipossuficiente e da celeridade processual." (Ac. TRT da 19ª R. – AP 535/95 – 93050770-71 – j. 23.1.1996 – rel. Juiz José Cirilo dos Santos)

"EXECUÇÃO. Arrematação por preço vil. A r. jurisprudência trabalhista tem entendido que não pode existir venda por preço vil. Essa é a construção jurisprudencial, sem ainda, no entanto, efetivo respaldo legal. Dessa forma, como ainda inexiste um conceito objetivo do que venha a ser preço vil, incumbe ao magistrado verificar se o valor alcançado pelo lance é ínfimo ou não, levando em conta as peculiaridades de cada caso. Cumpre destacar que o art. 891, *caput* e § 1º do NCPC, que vigorará a partir de março vindouro, preceitua que considera-se "vil" o preço inferior ao mínimo estipulado pelo juiz e constante do edital, e, não tendo sido fixado preço mínimo, considera-se vil o preço inferior a cinquenta por cento do valor da avaliação, inovação legislativa esta que vai ao encontro da r. jurisprudência supramencionada. Não presentes as hipóteses de cabimento, não há que se falar

(245) MARTINS, Sergio Pinto. *Comentários à CLT.* 6. ed. São Paulo: Atlas, 2003. p. 879.

em nulidade da arrematação, tampouco em preço vil. Agravo de petição improvido." (TRT/SP – 00002446920105020042 – AP – Ac. 11ª T. – 20160161961 – Rel. Ricardo Verta Luduvice – DOE 5.4.2016)

Em sentido contrário, se posiciona *Manoel Antonio Teixeira Filho*(246):

> "Consentir-se que os bens apreendidos judicialmente ao devedor possam ser arrematados por preço vil, vale dizer, por preço irrisório, infinitamente inferior ao da importância da avaliação, será, a um só tempo:
>
> a) Render ensejo ao surgimento e à proliferação de verdadeiros ratos de arrematação, ou licitantes profissionais, que comparecerão à praça para tirar proveito do infortúnio do devedor. Nem se diga que nossos argumentos ignoram o fato de que: 1) tais pessoas não são as únicas a comparecer à praça, motivo por que, se, concorrendo com as demais, vierem a oferecer o maior lanço, nada há que lhes impeça o objetivo de arrematar os bens; 2) o devedor pode, para evitar a arrematação por preço vil, remir a execução. Ora, no primeiro caso, parte-se do pressuposto falso de que à praça concorrem inúmeras pessoas, quando a realidade prática demonstra que, ao contrário, apenas umas poucas participam desse ato — exatamente aquelas que, afeitas à leitura de jornais que costumam publicar editais de praça e leilão, têm ciência do dia, hora e local em que será realizada; no segundo, pensar-se que o devedor possua condições financeiras ou econômicas para remir a execução é algo que peca por fazer tábua rasa da realidade prática, a que há pouco nos referimos, onde, não raro, muitos devedores se encontram à míngua, quase sem recursos materiais para prover a subsistência pessoal ou familiar; afinal de contas, vivemos no Brasil.
>
> b) Fazer com que o Poder Judiciário seja utilizado como meio de propiciar aos arrematantes um enriquecimento fácil e imediato, que beira, muitas vezes, as fímbrias da locupletação. Esse enriquecimento cômodo não pode, por outro lado, ser dissociado da ideia de degradação moral e de depauperamento econômico-financeiro do devedor, porquanto, arrematados os bens por preço vil, nova penhora seguirá, pois o produto da expropriação terá sido insuficiente para saldar a dívida (CPC, art. 667, II). Pense-se na sucessão de penhoras e de arrematações por preço vil, em relação a um mesmo devedor, na mesma execução, e ter-se-á uma nítida noção das consequências desastrosas para ele, advindas do predomínio da opinião de que o art. 692 do CPC é inaplicável, em sua parte final, ao processo do trabalho."

No mesmo diapasão, oportunas as palavras de *Francisco Antonio de Oliveira*(247):

> "Pela disposição celetista, os bens serão vendidos pelo maior lanço (art. 888, § 1º). Não faz referência, pois, ao preço vil, e a rigor, nem mesmo deixa

(246) TEIXEIRA FILHO, Manoel Antonio. *Execução no processo do trabalho*. 7. ed. São Paulo: LTr, 2005. p. 515.

(247) OLIVEIRA, Francisco Antonio de. *A execução na Justiça do Trabalho*. 4. ed. São Paulo: Revista dos Tribunais, 1999. p. 269.

margem à aplicação subsidiária. Todavia, a não admissão do instituto em sede trabalhista poria a perder o próprio objetivo da execução, já que, não raro, dilapidado restaria o patrimônio do executado, sem que lograsse alcançar a satisfação do débito objeto da execução.

A execução é meio pelo qual se possibilita ao credor o recebimento daquilo que lhe é devido, transformando-se em realidade o comando emergente da sentença com trânsito em julgado. Não é lugar para se levar vantagem. Assim a arrematação que não proporcione satisfação razoável do crédito não deve ser referendada pelo juízo."

Para nós, a aplicação do art. 891 do CPC é perfeitamente compatível com o Processo do Trabalho pelos seguintes argumentos:

a) o art. 888, § 1º, da CLT, não faz menção a preço vil. Portanto, perfeitamente compatível o art. 891 do CPC com o Processo do Trabalho, à luz do art. 899 da CLT;

b) interpretação sistemática dos arts. 797 e 805 do CPC. Proteção do exequente, utilidade da execução e meio menos gravoso para o executado;

c) moralidade da hasta pública. Caso contrário, haveria uma proliferação de arrematações por preços irrisórios;

d) dignidade da pessoa humana do executado (art. 1º, III, da CF) e humanização da execução. Conforme lembra *Estêvão Mallet*[(248)], "com a *Lex Poetelia*, no entanto, inicia-se movimento de abrandamento das formas do processo de execução, suprimindo-se a possibilidade de venda e de morte do devedor. Volta-se a execução, doravante, não mais à punição do devedor, mas ao *soddisfacimento del creditore mediante i beni del debitore medesimo*";

e) razões de justiça e equidade. Conforme sustenta *Estêvão Mallet*[(249)] com suporte no jurista português *Manuel de Almeida e Sousa*, "permanece atual, portanto, a advertência do Alvará Régio de 22 de fevereiro de 1979 que, lembrando destinar-se a arrematação não apenas à tutela dos credores, como também à tutela dos devedores, assinalava: 'não é justo seja maior o damno d'este do que a utilidade dos outros';"

Podemos aplicar ainda a máxima do direito segundo a qual se deve prestigiar aquele que terá um prejuízo ao invés daquele que terá um lucro exagerado em razão do prejuízo de outrem.

Nesse sentido, a seguinte ementa:

"DA CONFIGURAÇÃO DO LANÇO OFERTADO COMO VIL. Determinar-se se o lanço ofertado em arrematação há de ser reputado vil é tarefa que requer, à míngua de definidos

(248) MALLET, Estêvão. Preço vil e processo do trabalho. *In: Revista Trabalho & Doutrina*, n. 18. São Paulo: Saraiva, 1998. p. 67.

(249) MALLET, Estêvão, *op. cit.*, p. 69-70.

parâmetros legais, o exercício de razoabilidade e de equidade. Cumpre levar em consideração a natureza alimentar dos créditos exequendos no Processo do Trabalho, bem como o fato de que a executada, por não se achar insolvente, poderia, em tese, ter exercido a faculdade de remir o bem penhorado mediante depósito do valor do débito, caminho que menos expunha seu patrimônio aos riscos de hasta pública. Não havendo ela trilhado este caminho, há de se sujeitar, dada a natureza alimentar de seu débito, às incertezas do praceamento do bem penhorado. O reconhecimento de lanço com vil, tendo-se em mente a natureza especialíssima de que se reveste o crédito trabalhista, somente ocorrerá quando o preço ofertado for cristalinamente inferior a toda razoável depreciação admissível. A meu ver, é acertado o parâmetro jurisprudencial mínimo de 20% do valor de avaliação do bem, fixado em precedente anterior, oriundo desta mesma Eg. Turma julgadora." (TRT – 10ª R. – AP 00822-1995-006-10-85-7 – Juiz rel. João Luis Rocha Sampaio – j. em 23.4.2003). (AP 0198-2002-011-10-00-0 – 3ª T. – TRT – 10ª R. – rel. Juiz Paulo Henrique Blair de Oliveira – DJU 13.6.2003)

f) efetividade da execução e resultado útil do processo: também o valor da arrematação deve ser suficiente para cobrir parte razoável do crédito e solucionar a execução.

39. Impugnação da expropriação no Processo do Trabalho

Dispunha o art. 746 do CPC/73:

"É lícito ao executado, no prazo de 5 (cinco) dias, contados da adjudicação, alienação ou arrematação, oferecer embargos fundados em nulidade da execução, ou em causa extintiva da obrigação, desde que supervenientes à penhora, aplicando-se, no que couber, o diposto neste Capítulo."

À luz do referido dispositivo legal, a doutrina e jurisprudência trabalhista tinham consagrado a aplicabilidade dos embargos à expropriação no processo do trabalho.

Nesse sentido a A SDI-II do C. TST havia pacificado a interpretação no sentido de serem admitidos os embargos à praça, por meio da OJ n. 66, *in verbis*:

"Mandado de segurança. Sentença homologatória de adjudicação. Incabível o mandado de segurança contra sentença homologatória de adjudicação, uma vez que existe meio próprio para impugnar o ato judicial, consistente nos embargos à adjudicação (CPC, art. 746)."

Também a CLT, alterada pela Lei n. 10.537/02, passou a admitir a possibilidade dos embargos à arrematação, conforme o art. 789-A, V, fixando custas para os embargos à execução, embargos de terceiro e embargos à arrematação.

Atualmente, dispõe o art. 903 do CPC/2015:

"Qualquer que seja a modalidade de leilão, assinado o auto pelo juiz, pelo arrematante e pelo leiloeiro, a arrematação será considerada perfeita, acabada e irretratável, ainda que venham a ser julgados procedentes os embargos do executado ou a ação autônoma de que trata o § 4º deste artigo, assegurada a possibilidade de reparação pelos prejuízos sofridos.

§ 1º Ressalvadas outras situações previstas neste Código, a arrematação poderá, no entanto, ser:

I – invalidada, quando realizada por preço vil ou com outro vício;

II – considerada ineficaz, se não observado o disposto no art. 804;

III – resolvida, se não for pago o preço ou se não for prestada a caução.

§ 2º O juiz decidirá acerca das situações referidas no § 1º, se for provocado em até 10 (dez) dias após o aperfeiçoamento da arrematação.

§ 3º Passado o prazo previsto no § 2º sem que tenha havido alegação de qualquer das situações previstas no § 1º, será expedida a carta de arrematação e, conforme o caso, a ordem de entrega ou mandado de imissão na posse.

§ 4º Após a expedição da carta de arrematação ou da ordem de entrega, a invalidação da arrematação poderá ser pleiteada por ação autônoma, em cujo processo o arrematante figurará como litisconsorte necessário.

§ 5º O arrematante poderá desistir da arrematação, sendo-lhe imediatamente devolvido o depósito que tiver feito:

I – se provar, nos 10 (dez) dias seguintes, a existência de ônus real ou gravame não mencionado no edital;

II – se, antes de expedida a carta de arrematação ou a ordem de entrega, o executado alegar alguma das situações previstas no § 1º;

III – uma vez citado para responder a ação autônoma de que trata o § 4º deste artigo, desde que apresente a desistência no prazo de que dispõe para responder a essa ação.

§ 6º Considera-se ato atentatório à dignidade da justiça a suscitação infundada de vício com o objetivo de ensejar a desistência do arrematante, devendo o suscitante ser condenado, sem prejuízo da responsabilidade por perdas e danos, ao pagamento de multa, a ser fixada pelo juiz e devida ao exequente, em montante não superior a vinte por cento do valor atualizado do bem."

O Código de Processo Civil atual suprimiu os embargos à expropriação, possibilitando a invalidação da arrematação, nas seguintes hipóteses: a) quando realizada por preço vil ou com outro vício; b) considerada ineficaz, se não observado o disposto no art. 804(250); c) resolvida, se não for pago o preço ou se não for prestada a caução. Esses vícios devem ser supervenientes à penhora.

(250) Art. 804, do CPC: A alienação de bem gravado por penhor, hipoteca ou anticrese será ineficaz em relação ao credor pignoratício, hipotecário ou anticrético não intimado. § 1º A alienação de bem objeto de promessa de compra e venda ou de cessão registrada será ineficaz em relação ao promitente comprador ou ao cessionário não intimado. § 2º A alienação de bem sobre o qual tenha sido instituído direito de superfície, seja do solo, da plantação ou da construção, será ineficaz em relação ao concedente ou ao concessionário não intimado. § 3º A alienação de direito aquisitivo de bem objeto de promessa de venda, de promessa de cessão ou de alienação fiduciária será ineficaz em relação ao promitente vendedor, ao promitente cedente ou ao proprietário fiduciário não intimado. § 4º A alienação de imóvel sobre o qual tenha sido instituída enfiteuse, concessão de uso especial para fins de moradia ou concessão de direito real de uso será ineficaz em relação ao enfiteuta ou ao concessionário não intimado. § 5º A alienação de direitos do enfiteuta, do concessionário de direito real de uso ou do concessionário de uso especial para fins de moradia será ineficaz em relação ao proprietário do respectivo imóvel não intimado. § 6º A alienação de bem sobre o qual tenha sido instituído usufruto, uso ou habitação será ineficaz em relação ao titular desses direitos reais não intimado.

Doravante, diante do Código de Processo Civil atual, os vícios supervenientes à penhora, elencados acima, poderão ser invocados por petição, no prazo de 10 dias, após o aperfeiçoamento da arrematação ou da adjudicação em hasta pública no processo do trabalho (após a assinatura do auto de arrematação pelo Juiz).

Outrossim, as partes prejudicadas pela invalidação da arrematação ou da adjudicação em hasta pública, deverão ser ouvidas em igual prazo, antes da decisão do Juiz (arts. 9º e 10, do CPC).

Pode-se questionar, no Processo do Trabalho, a possibilidade de o arrematante desistir da aquisição em havendo embargos, uma vez que o § 4º do art. 888 da CLT é taxativo ao determinar que o arrematante complemente o lance no prazo de 24 horas, sob consequência de perder o valor do sinal de 20% em favor da execução. Não obstante, a CLT não disciplina a hipótese da desistência do adquirente do bem em havendo embargos. Desse modo, pensamos haver compatibilidade com o Processo do Trabalho também o disposto no § 5º do art. 903 do CPC.

Uma vez transcorrido o prazo para impugnação restará apenas ao devedor tentar anular a arrematação por meio da ação anulatória (art. 966, § 4º, do CPC).

40. Da adjudicação antes da hasta pública e o Processo do Trabalho

Dispõe o art. 876 do CPC:

"É lícito ao exequente, oferecendo preço não inferior ao da avaliação, requerer que lhe sejam adjudicados os bens penhorados.

§ 1º Requerida a adjudicação, o executado será intimado do pedido:

I – pelo Diário da Justiça, na pessoa de seu advogado constituído nos autos;

II – por carta com aviso de recebimento, quando representado pela Defensoria Pública ou quando não tiver procurador constituído nos autos;

III – por meio eletrônico, quando, sendo o caso do § 1º do art. 246, não tiver procurador constituído nos autos.

§ 2º Considera-se realizada a intimação quando o executado houver mudado de endereço sem prévia comunicação ao juízo, observado o disposto no art. 274, parágrafo único.

§ 3º Se o executado, citado por edital, não tiver procurador constituído nos autos, é dispensável a intimação prevista no § 1º.

§ 4º Se o valor do crédito for:

I – inferior ao dos bens, o requerente da adjudicação depositará de imediato a diferença, que ficará à disposição do executado;

II – superior ao dos bens, a execução prosseguirá pelo saldo remanescente.

§ 5º Idêntico direito pode ser exercido por aqueles indicados no art. 889, incisos II a VIII, pelos credores concorrentes que hajam penhorado o mesmo bem, pelo cônjuge, pelo companheiro, pelos descendentes ou pelos ascendentes do executado.

> § 6º Se houver mais de um pretendente, proceder-se-á a licitação entre eles, tendo preferência, em caso de igualdade de oferta, o cônjuge, o companheiro, o descendente ou o ascendente, nessa ordem.
>
> § 7º No caso de penhora de quota social ou de ação de sociedade anônima fechada realizada em favor de exequente alheio à sociedade, esta será intimada, ficando responsável por informar aos sócios a ocorrência da penhora, assegurando-se a estes a preferência."

Trata-se de inovação da Lei n. 11.382/2006, prestigiada como principal meio de expropriação de bens do CPC de 2015, que possibilita ao exequente adjudicar o bem antes da hasta pública, o que contribui para a celeridade processual e supressão das despesas para realização da hasta pública, como editais, intimações, pagamento de leiloeiros particulares etc.

No processo do trabalho, tal prática se mostra salutar, considerando que o exequente tem preferência para adjudicar na hasta pública (art. 888, § 1º, da CLT). Além disso, na hasta pública, dificilmente os bens são alienados por valor superior ao da avaliação. Sob outro enfoque, a adjudicação antecipada impõe maior prestígio à expropriação judicial de bens, evita que o bem seja expropriado por preço vil e dá maior dignidade à execução, considerando-se todas as vicissitudes da hasta pública.

A Consolidação não prevê a possibilidade de adjudicação fora da hasta pública, mas também não veda, pois o art. 888, § 1º, apenas diz que o exequente terá preferência para adjudicar os bens em hasta pública pelo maior lance. Sendo assim, pensamos ser perfeitamente compatível ao processo do trabalho o disposto no art. 876 do CPC (arts. 769 e 889 da CLT).

Desse modo, no Processo do Trabalho, uma vez perfeita e acabada a penhora, e decorrido o prazo para os embargos, ou se já apreciados, pensamos que o exequente poderá, independentemente de intimação, antes da designação da hasta pública pela Vara do Trabalho, requerer a adjudicação dos bens pelo preço equivalente ao da avaliação.

Conforme o § 4º do art. 876 do CPC, se o valor do crédito for inferior ao dos bens, o adjudicante depositará de imediato a diferença, ficando esta à disposição do executado; se superior, a execução prosseguirá pelo saldo remanescente.

O § 5º do art. 876 do CPC possibilita a adjudicação por outros credores do executado e também pelo cônjuge e pelos ascendentes e descendentes do executado. Assevera o referido dispositivo:

> "Idêntico direito pode ser exercido por aqueles indicados no art. 889, incisos II a VIII, pelos credores concorrentes que hajam penhorado o mesmo bem, pelo cônjuge, pelo companheiro, pelos descendentes ou pelos ascendentes do executado."

Nos termos do § 6º do art. 876 do CPC, havendo mais de um pretendente, proceder-se-á entre eles à licitação; em igualdade de oferta, terá preferência o cônjuge, o companheiro, o descendente ou ascendente, nessa ordem.

Pensamos que, no Processo do Trabalho, em razão do caráter alimentar do crédito trabalhista, o reclamante terá preferência para a adjudicação em face das pessoas mencionadas no § 5º do art. 876 do CPC, desde que haja entre eles a mesma oferta. Se a oferta dos outros credores for maior que a do reclamante, adjudicará o que fizer a melhor proposta, desde que seja quitado em primeiro lugar o crédito trabalhista, pois não haverá prejuízo ao reclamante que receberá o valor de seu crédito em dinheiro e ainda será mais efetivo para a execução.

Requerida a adjudicação de bens antes da hasta pública, esta poderá ser impugnada por petição pelo executado no prazo de 05 dias contados a partir de sua intimação (arts. 876, § 1º, e 877, ambos do CPC) sobre tal requerimento, não sendo cabível o mandado de segurança para tal finalidade. Nesse sentido, a OJ n. 66, da SDI-II do C. TST, *in verbis*:

> "MANDADO DE SEGURANÇA. SENTENÇA HOMOLOGATÓRIA DE ADJUDICAÇÃO. INCABÍVEL (atualizado o item I e incluído o item II em decorrência do CPC de 2015)
>
> I – Sob a égide do CPC de 1973 é incabível o mandado de segurança contra sentença homologatória de adjudicação, uma vez que existe meio próprio para impugnar o ato judicial, consistente nos embargos à adjudicação (CPC de 1973, art. 746).
>
> II – Na vigência do CPC de 2015 também não cabe mandado de segurança, pois o ato judicial pode ser impugnado por simples petição, na forma do artigo 877, *caput*, do CPC de 2015."

O atual Código de Processo Civil, ao contrário do anterior, determina que se aplique o contraditório prévio ao executado antes de decidir o requerimento de adjudicação.

Decididos eventuais incidentes da adjudicação, o Juiz do Trabalho a homologará (art. 877 do CPC).

41. Alienação por iniciativa particular e o Processo do Trabalho

Dispõe o art. 880 do CPC:

> "Não efetivada a adjudicação, o exequente poderá requerer a alienação por sua própria iniciativa ou por intermédio de corretor ou leiloeiro público credenciado perante o órgão judiciário.
>
> § 1º O juiz fixará o prazo em que a alienação deve ser efetivada, a forma de publicidade, o preço mínimo, as condições de pagamento, as garantias e, se for o caso, a comissão de corretagem.
>
> § 2º A alienação será formalizada por termo nos autos, com a assinatura do juiz, do exequente, do adquirente e, se estiver presente, do executado, expedindo-se:
>
> I – a carta de alienação e o mandado de imissão na posse, quando se tratar de bem imóvel;
>
> II – a ordem de entrega ao adquirente, quando se tratar de bem móvel.
>
> § 3º Os tribunais poderão editar disposições complementares sobre o procedimento da alienação prevista neste artigo, admitindo, quando for o caso, o concurso de meios eletrônicos, e dispor sobre o credenciamento dos corretores e leiloeiros públicos, os quais deverão estar em exercício profissional por não menos que 3 (três) anos.
>
> § 4º Nas localidades em que não houver corretor ou leiloeiro público credenciado nos termos do § 3º, a indicação será de livre escolha do exequente."

Conforme o referido dispositivo, a alienação por iniciativa particular somente terá lugar se não houver adjudicação de bens, o que denota a preferência do legislador pela adjudicação.

A CLT, no art. 888, § 3º, possibilita a alienação por leiloeiro particular nomeado pelo juiz, caso não haja licitante e o exequente não requeira a adjudicação.

A alienação dos bens por leiloeiro particular, em centrais de leilões integrados, já vem sendo aplicada por alguns TRTs, inclusive o da 2ª Região, com excelentes resultados. Não obstante, a supervisão do leilão fica a cargo de um juiz designado para tal ato processual e ele é realizado no próprio Fórum. As despesas com o pagamento dos leiloeiros são pagas com parte do produto da alienação.

No nosso sentir, a alienação por iniciativa particular é perfeitamente compatível com o Processo do Trabalho, por propiciar maior efetividade à execução. Além disso, há permissivo no § 3º, do art. 888, da CLT, para que o leilão seja levado a efeito por iniciativa particular.

Nesse sentido, é a visão de *Luciano Athayde Chaves*[251]:

> "O instituto é inteiramente aplicável ao Processo do Trabalho, inclusive em potencial ainda maior que no processo comum. Isso porque, se nada requer o credor, é possível que o juiz autorizado por lei a atuar de ofício na execução (art. 878, da CLT) determine a alienação através de corretores credenciados na respectiva jurisdição. Ora, se dispõe o Juiz do Trabalho de um meio de viabilizar a venda do bem penhorado, móvel ou imóvel, independentemente de hasta pública, através do concurso de um profissional especializado e de presumido conhecimento no mercado, é de se receber com grandes expectativas a chegada e o transporte dessa ferramenta ao Direito Processual do Trabalho."

Conforme o § 1º do art. 880 do CPC, o juiz fixará o prazo em que a alienação deverá ser efetivada, a forma da publicidade, o preço mínimo (art. 680), as condições de pagamento e as garantias, bem como, se for o caso, a comissão de corretagem.

Embora o dispositivo não diga, expressamente, o valor do lance mínimo, deve ser o valor da avaliação realizada pelo Oficial de Justiça.

Conforme o § 3º do art. 880 do CPC, os tribunais poderão editar disposições complementares sobre o procedimento da alienação prevista neste artigo, admitindo, quando for o caso, o concurso de meios eletrônicos, e dispor sobre o credenciamento dos corretores e leiloeiros públicos, os quais deverão estar em exercício profissional por não menos que 3 (três) anos.

Como bem adverte *Luciano Athayde Chaves*[252]: "seria muito importante, por outro lado, que fosse providenciado um processo público de credenciamento de

(251) CHAVES, Luciano Athayde. *A recente reforma no processo civil:* reflexos no direito judiciário do trabalho. 3. ed. São Paulo: LTr, 2007. p. 269.

(252) *Op. cit.*, p. 271.

corretores das mais diversas estirpes de bens (móveis, imóveis, embarcações, automóveis, etc.), de modo que possam os juízes dispor, nos limites de cada jurisdição, de profissionais devidamente cadastrados e aptos a desenvolverem esse importante mister de auxiliar da Justiça."

42. Alienação por leilão eletrônico

Dispõe o art. 882 do CPC:

> "Não sendo possível a sua realização por meio eletrônico, o leilão será presencial. § 1º A alienação judicial por meio eletrônico será realizada, observando-se as garantias processuais das partes, de acordo com regulamentação específica do Conselho Nacional de Justiça. § 2º A alienação judicial por meio eletrônico deverá atender aos requisitos de ampla publicidade, autenticidade e segurança, com observância das regras estabelecidas na legislação sobre certificação digital."

O referido dispositivo legal possibilita, a requerimento do exequente, que a hasta pública seja realizada por meio da internet, com uso de páginas virtuais criadas pelos Tribunais.

Trata-se de providência que pode agilizar as alienações de bens na execução trabalhista, diminuindo os custos, bem como possibilitando a participação de maior número de licitantes.

Como destaca *Luciano Athayde Chaves*(253), "é muito interessante a disponibilização desse meio virtual para a realização de um procedimento de alienação de bens através da internet, tendo em vista, em tese, o menor custo e um maior alcance em termos de público, o que poderá provar um aumento de interesse pela arrematação judicial e uma elevação dos valores dos lances."

No nosso sentir, o presente dispositivo pode ser aplicado ao Processo do Trabalho, em razão de omissão da CLT e por interpretação evolutiva e construtiva dos arts. 769 e 889 da CLT. Além disso, trata-se de providência que pode propiciar maior eficiência à execução trabalhista e menor custo do procedimento executivo.

O Código de Processo Civil de 2015 prioriza o leilão por meio eletrônico devendo ser atendidos os requisitos de ampla publicidade, autenticidade e segurança, com observância das regras estabelecidas na legislação sobre certificação digital.

No âmbito da Justiça do Trabalho, o procedimento da alienação de bens deve ser regulamentado pelo Conselho Nacional da Justiça do Trabalho que deverá fixar procedimento uniforme para todos os Tribunais Regionais do Trabalho do país, atendendo aos princípios da moralidade, da impessoalidade, da publicidade e da eficiência da Administração Pública (art. 37 da CF) e também da segurança do procedimento.

Ainda é pouco utilizado o leilão por meio eletrônico na Justiça do Trabalho. Espera-se, com o Novo Código de Processo Civil, que esse sistema seja impulsionado

---

(253) *Op. cit.*, p. 281.

e aperfeiçoado no processo do trabalho, possibilitando maior publicidade e acesso aos leilões, atraindo maior número de licitantes, bem como maior efetividade desse ato processual.

43. Suspensão e extinção da execução no Processo do Trabalho

Dispõe o art. 921 do CPC:

> "Suspende-se a execução:
>
> I – nas hipóteses dos arts. 313 e 315, no que couber;
>
> II – no todo ou em parte, quando recebidos com efeito suspensivo os embargos à execução;
>
> III – quando o executado não possuir bens penhoráveis;
>
> IV – se a alienação dos bens penhorados não se realizar por falta de licitantes e o exequente, em 15 (quinze) dias, não requerer a adjudicação nem indicar outros bens penhoráveis;
>
> V – quando concedido o parcelamento de que trata o art. 916.
>
> § 1º Na hipótese do inciso III, o juiz suspenderá a execução pelo prazo de 1 (um) ano, durante o qual se suspenderá a prescrição.
>
> § 2º Decorrido o prazo máximo de 1 (um) ano sem que seja localizado o executado ou que sejam encontrados bens penhoráveis, o juiz ordenará o arquivamento dos autos.
>
> § 3º Os autos serão desarquivados para prosseguimento da execução se a qualquer tempo forem encontrados bens penhoráveis.
>
> § 4º Decorrido o prazo de que trata o § 1º sem manifestação do exequente, começa a correr o prazo de prescrição intercorrente.
>
> § 5º O juiz, depois de ouvidas as partes, no prazo de 15 (quinze) dias, poderá, de ofício, reconhecer a prescrição de que trata o § 4º e extinguir o processo."

O art. 40 da Lei n. 6.830/80, que resta integralmente aplicável ao Processo do Trabalho (art. 889 da CLT), assim dispõe:

> "O juiz suspenderá o curso da execução, enquanto não for localizado o devedor ou encontrados bens sobre os quais possa recair a penhora e, nesses casos, não correrá o prazo de prescrição. [...] § 2º Decorrido o prazo máximo de 1 (um) ano, sem que seja localizado o devedor ou encontrados bens penhoráveis, o juiz ordenará o arquivamento dos autos. § 3º – Encontrados que sejam, a qualquer tempo, o devedor ou os bens, serão desarquivados os autos para prosseguimento da execução."

O referido dispositivo se aplica ao Processo do Trabalho por força do art. 889 da CLT. Desse modo, não encontrando o devedor ou bens que possam ser penhorados, o Juiz do Trabalho decretará a suspensão da execução pelo prazo de um ano. Decorrido esse prazo, os autos serão encaminhados ao arquivo. No período de suspensão do processo, também ficará suspensa a prescrição.

Pensamos que o Juiz do Trabalho não deverá suspender a execução se o executado possuir bens, mas se o exequente, podendo, não os indicar.

A jurisprudência trabalhista tem admitido a suspensão da execução, conforme se constata da redação das seguintes ementas:

"Suspensão da execução — Possibilidade. Diante das circunstâncias que envolvem o processo, pode o juiz executor da sentença suspender a execução amparado no art. 265, I, combinado com o art. 791, II ambos do Código de Processo Civil." (TRT – 12ª R. – AGPET n. 1068/1998.008.12.00-4 – Ac. n. 4784/05 – rel. Amarildo Carlos de Lima – DJSC 5.5.05 – p. 190) (RDT n. 06 – Junho de 2005)

"Suspensão da execução. De acordo com o preconizado no art. 792 do CPC, de aplicação subsidiária no processo do trabalho, é lícito às partes convencionarem acerca da suspensão da execução durante o prazo concedido pelo credor para que o devedor cumpra voluntariamente a obrigação. O presente edital encontra-se afixado na sede deste Tribunal, à Rua Barão de Jaguará, 901 – 2º andar – Campinas (SP). Campinas, 24 de junho de 2005 (sexta-feira)." (TRT – 15ª R. – 1ª T. – AP n. 143/2002.033.15.00-0 – rel. Eduardo Benedito de O. Zanella – DJSP 1º.7.05 – p. 14) (RDT n. 07 – Julho de 2005)

Quanto à extinção da execução, dispõe o art. 924 do CPC:

"Extingue-se a execução quando:

I – a petição inicial for indeferida;

II – a obrigação for satisfeita;

III – o executado obtiver, por qualquer outro meio, a extinção total da dívida;

IV – o exequente renunciar ao crédito;

V – ocorrer a prescrição intercorrente."

O inciso II do referido art. 924 do CPC se aplica integralmente ao Processo do Trabalho.

Quanto aos incisos III e IV, devem ser vistos com reservas no Processo do Trabalho, em razão do caráter alimentar do crédito trabalhista, da irrenunciabilidade do crédito trabalhista e da hipossuficiência do reclamante. Desse modo, se transação houver na execução, deverá sempre o Juiz do Trabalho ouvir o reclamante e verificar se este não está sendo lesado com a transação. Se esta for prejudicial ao exequente, não deverá homologá-la.

Com relação à prescrição intercorrente, conforme já nos pronuciamos, esta somente será aplicável em restritas hipóteses nas quais o exequente estiver assistido por advogado e o ato não puder ser suprido pelo impulso oficial do juiz (arts. 878 e 884 da CLT).

Quanto à renúncia ao crédito, deve o Juiz do Trabalho ter extrema cautela e verificar quais os motivos que levaram o autor a renunciar ao crédito. Se necessário, deve designar audiência para tal finalidade e tomar a decisão, à luz dos elementos de prova que colheu nos autos. Como já mencionamos anteriormente, o Juiz do Trabalho não está obrigado a homologar acordo ou renúncia no Processo do Trabalho.

Conforme preconiza o art. 925 do CPC:

"A extinção só produz efeito quando declarada por sentença."

No nosso sentir, a extinção da execução se dá com o cumprimento da obrigação consagrada no título e demais despesas processuais (custas, editais, emolumentos etc.). A referida sentença tem natureza declaratória, pois reconhece um estado preexistente do processo que é a satisfação do crédito do credor trabalhista.

Pensamos não ser necessário, no Processo do Trabalho, o juiz declarar extinta a execução por sentença. Um simples despacho, contendo "declaro extinta a execução em razão da satisfação da execução e despesas processuais e em razão disso, remetam-se os autos ao arquivo. Intimem-se", é suficiente para que o processo seja encerrado. Da decisão que declara extinta a execução é possível a interposição pelas partes do Agravo de Petição (art. 897, *a*, do CPC).

Capítulo XXI

Procedimentos Especiais Trabalhistas

1. Inquérito judicial para apuração de falta grave

O inquérito judicial para apuração de falta grave consiste numa ação de rito especial trabalhista, de jurisdição contenciosa destinada a pôr fim ao contrato de trabalho do empregado estável. Em razão disso, a natureza do inquérito é de ação constitutiva negativa ou desconstitutiva do contrato de trabalho.

Falta grave é todo ato doloso ou culposamente grave, previsto na lei, praticado pelo empregado, violando obrigações legais trabalhistas ou inerentes do contrato de trabalho, tornando insuportável a manutenção do vínculo de emprego por abalar, de forma indelével, a confiança do empregador.

Parte da doutrina distingue a falta grave da justa causa, argumentando que a falta grave tem intensidade maior que a justa causa. Filiamo-nos à corrente que não faz distinção entre justa causa e falta grave, entendendo as expressões como sinônimas, considerando-se que o rol de condutas que ensejam a justa causa e a falta grave está previsto no art. 482 da CLT.

Segundo o consagrado *Evaristo de Moraes Filho*(1), a justa causa "é todo ato doloso ou culposamente grave, que faça desaparecer a confiança e boa-fé que devem entre elas existir, tornando, assim impossível o prosseguimento da relação."

Dispõe o art. 482, da CLT:

> "Constituem justa causa para rescisão do contrato de trabalho pelo empregador: a) ato de improbidade; b) incontinência de conduta ou mau procedimento; c) negociação habitual por conta própria ou alheia sem permissão do empregador e quando constituir ato de concorrência à empresa para a qual trabalha o empregado, ou for prejudicial ao serviço; d) condenação criminal do empregado, passada em julgado, caso não tenha havido suspensão da execução da pena; e) desídia no desempenho das respectivas funções; f) embriaguez habitual ou em serviço; g) violação de segredo da empresa; h) ato de indisciplina ou de insubordinação; i) abandono de emprego; j) ato lesivo da honra ou da boa fama praticado no serviço contra qualquer pessoa, ou ofensas físicas, nas mesmas condições, salvo em caso de legítima defesa, própria ou de outrem; k) ato lesivo da honra e boa fama ou ofensas físicas praticadas contra o empregador e superiores hierárquicos, salvo em caso de legítima defesa, própria ou de outrem; l) prática constante de jogos de azar."

---

(1) MORAES FILHO, Evaristo de. *A justa causa na rescisão do contrato de trabalho.* 2. ed. Rio de Janeiro: Forense, 1968. p. 105.

Para a doutrina, são elementos para valoração da justa causa: gravidade, imediatidade, proporcionalidade entre a falta e punição e também as condições em que se deu a falta grave.

Adverte *Délio Maranhão*[(2)], com suporte em *Evaristo de Moraes Filho*: "A culpa do empregado deve ser apreciada em concreto, isto é, levando-se em conta não a medida padrão — *bonus pater familias* — como também a personalidade do agente, suas condições psicológicas, sua capacidade de discernimento, e assim por diante."

A Constituição de 1988 pôs fim à estabilidade decenal e, em razão disso, o inquérito judicial para apuração de falta grave praticamente não é mais utilizado.

Atualmente, apenas os empregados que já possuíam a estabilidade decenal, quando da vigência da Constituição de 1988, têm estabilidade definitiva, entretanto, a Constituição de 1988 e a Lei Ordinária preveem algumas hipóteses de estabilidades provisórias, também denominadas garantias de emprego.

De outro lado, os empregados públicos concursados, cujo regime é o da CLT, por força do art. 41 da Constituição Federal, gozam da estabilidade definitiva.

Rememorando as lições do professor *Mauricio Godinho Delgado*, as estabilidades são em caráter geral e definitivo, já as estabilidades provisórias, também denominadas garantias de emprego, são em caráter provisório e atendendo a determinada situação especial do empregado. Como exemplos de garantias de emprego, temos a do dirigente sindical (art. 8º da CF c/c. art. 543 da CLT); a da gestante (art. 10, II, *b*, do ACDT), a do membro de CIPA (art. 10, II, *a*, do ADCT c/c. art. 165 da CLT), a do empregado acidentado (Lei n. 8.213/91); a do empregado integrante de Comissões de Conciliação Prévia (Lei n. 9.958/00); e a do membro do conselho curador do FGTS (Lei n. 8.036/00).

Há discussões na doutrina se o inquérito judicial para apuração de falta grave é aplicável somente para o empregado estável ou também para o empregado que detém alguma garantia de emprego (estabilidade provisória).

Para parte da doutrina, o inquérito também é necessário para as chamadas estabilidades provisórias. Nesse sentido, sustenta *Wagner D. Giglio*[(3)]:

> "A ação de inquérito é admissível somente contra empregado estável: dirigente sindical (Lei n. 5.107/66), dirigente de cooperativa ou outros empregados beneficiados por estabilidade criada por convenção coletiva, acordo coletivo, decisão normativa ou cláusula de contrato individual do trabalho."

Outros defendem a necessidade do inquérito somente nas hipóteses de estabilidades definitivas, ou quando a lei o exigir, como na hipótese do dirigente sindical, porquanto o § 3º do art. 543 da CLT exige que a falta grave do dirigente sindical seja

(2) MARANHÃO, Délio. *Instituições de direito do trabalho.* 19. ed. São Paulo: LTr, 2000. p. 575.

(3) GIGLIO, Wagner D. *Direito processual do trabalho.* 15. ed. São Paulo: Saraiva, 2005. p. 291.

apurada *nos termos da Consolidação*, e a referida expressão reporta-se ao inquérito, que é o meio de que dispõe a CLT para apurar a falta grave.

No nosso sentir, a razão está com os que pensam ser cabível o inquérito somente nas hipóteses que a lei expressamente o exigir, quais sejam:

a) estabilidade decenal (art. 478 e seguintes da CLT);

b) dirigente sindical (art. 543, § 3º, da CLT c/c. Súmula n. 197 do STF[(4)]);

c) empregado público celetista concursado (art. 41 da CF[(5)]), salvo quando houver previsão legal de apuração da falta grave mediante procedimento administrativo ou sindicância administrativa.

Nesse sentido, destacamos as seguintes ementas:

"Inquérito judicial — Cabimento. O inquérito judicial para a apuração de falta grave somente se justifica quando comprovado que o trabalhador está em gozo de estabilidade trabalhista definitiva." (TRT – 15ª R. – 3ª T. – Ac. n. 25514/2001 – rel. Luiz Antônio Lazarim – DJSP 25.6.2001 – p. 35) (RDT 07/2001, p. 55)

"Falta grave — Estabilidade provisória — Inquérito judicial. Em se tratando de empregado detentor de estabilidade provisória, necessário o inquérito judicial de que trata o art. 543, § 3º, da CLT c/c a Súmula n. 197 do STF e OJ da SDI n. 114/TST, para demonstrar, de forma insofismável, a falta grave, a ter por correta a demissão por justa causa." (TST – 3ª T. – RO n. 1526/2001 – rel. Leônidas José da Silva – DJ 21.9.2001 – p. 38) (RDT n. 10/2001, p. 58)

"Estabilidade — Cipa — Justa causa — Inquérito para apuração de falta grave — Desnecessidade. Adequada exegese do parágrafo único do art. 165 da Consolidação das Leis do Trabalho e da alínea *b* do inciso II do Ato das Disposições Constitucionais Transitórias é contrária à obrigatoriedade da instauração de inquérito para apuração de falta grave cometida por empregado eleito para integrar Comissão Interna de Prevenção de Acidentes de Trabalho. Dentre as hipóteses da estabilidade provisória que exige tal formalidade, prevista para a demissão dos empregados detentores de estabilidade decenal, não se encontra incluída a estabilidade do cipeiro eleito." (TRT – 15ª R. – 5ª T. – Ac. n. 11675/2002 – rel. José Antônio Pancotti – DJSP 18.3.2002 – p. 83) (RDT n. 04 – abril de 2002)

"Inquérito judicial — Trabalhador não detentor de estabilidade — Ausência de interesse processual. Segundo art. 853 da CLT, o inquérito judicial para apuração de falta grave é exigido para a extinção motivada do contrato de trabalho do empregado detentor de estabilidade no emprego, de sorte que, não sendo o trabalhador detentor da estabilidade consagrada no art. 8º, VIII, da CF, impõe-se a decretação da extinção do feito, sem julgamento

(4) Súmula n. 197 do STF: "O empregado, com representação sindical só pode ser despedido mediante inquérito em que se apure falta grave."

(5) Pensamos que todo servidor celetista, seja da Administração direta ou indireta, adquire a estabilidade definitiva. Entretanto, o TST entende que só adquire a estabilidade o servidor da administração direta. Nesse sentido, dispõe a Súmula n. 390, do TST: ESTABILIDADE. ART. 41 DA CF/1988. CELETISTA. ADMINISTRAÇÃO DIRETA, AUTÁRQUICA OU FUNDACIONAL. APLICABILIDADE. EMPREGADO DE EMPRESA PÚBLICA E SOCIEDADE DE ECONOMIA MISTA. INAPLICÁVEL. I – O servidor público celetista da administração direta, autárquica ou fundacional é beneficiário da estabilidade prevista no art. 41 da CF/1988; II – Ao empregado de empresa pública ou de sociedade de economia mista, ainda que admitido mediante aprovação em concurso público, não é garantida a estabilidade prevista no art. 41 da CF/1988. (Res. n. 129/2005 – DJ 22.4.2005)

do mérito, por ausência de interesse processual, já que o provimento jurisdicional mostra-se desnecessário porquanto a dispensa pode ser promovida imediatamente sem a instauração de inquérito judicial. Sustentação oral: sustentaram oralmente o Dr. Alcides Carlos Bianchi e o Dr. Antônio Carlos Aguiar." (TRT – 15ª R. – 3ª T. – Ac. n. 24619/2002 – rel. Lorival F. dos Santos – DJSP 25.10.2002 – p. 29) (RDT n. 11 – novembro 2002)

1.1. Do procedimento do inquérito judicial para apuração de falta grave

Dispõe o art. 853 da CLT:

"Para a instauração de inquérito para apuração de falta grave contra empregado garantido com estabilidade, o empregador apresentará reclamação por escrito à Junta ou Juízo de Direito, dentro de 30 dias, contados da data da suspensão do empregado."

Parte da doutrina entende que a prévia suspensão do empregado é requisito para a propositura da ação de inquérito, vale dizer: trata-se de um pressuposto processual de validade do processo.

Nesse sentido, é a visão de *Eduardo Gabriel Saad*[(6)]:

> "Escoado o prazo de 30 dias, e não tomando o empregador as providências necessárias para que se instaure o respectivo inquérito, está de forma tácita reconhecendo que o deslize atribuído ao empregado não é daqueles que tornam impossível o prosseguimento da relação de emprego. Dentro desta linha de raciocínio, entendemos, ainda, que o inquérito judicial para apuração da falta grave deve ser, sempre, precedido da suspensão do empregado."

No nosso sentir, conforme pensa, acertadamente, a doutrina dominante, a prévia suspensão do empregado não é requisito do inquérito, pois, se preferir, o empregador poderá ingressar com o inquérito sem a prévia suspensão do empregado, de acordo com o que lhe faculta o art. 494 da CLT, *in verbis*:

"O empregado acusado de falta grave poderá ser suspenso de suas funções, mas a sua despedida só se tornará efetiva após o inquérito em que se verifique a procedência da acusação."

Não obstante, se preferir o empregador não suspender previamente o empregado, apesar de a ação poder ser ajuizada no prazo de cinco anos (art. 7º, XXIX, da CF), deverá fazê-lo logo, sob consequência de perda do requisito da imediatidade da punição, podendo o empregador correr o risco da sua demora ser interpretada como *perdão tácito*, ou *renúncia do direito de punir* na expressão de *Wagner D. Giglio*.

Nesse contexto, destacam-se as seguintes ementas:

"Inquérito para apuração de falta grave — Ajuizamento sem a prévia suspensão do contrato de trabalho — Nulidade da dispensa. Inocorrência de ofensa à literalidade dos arts. 492 e 853 da CLT, tendo em vista a nulidade da dispensa de empregada estável, porque concretizada sem a prévia suspensão do contrato de trabalho (art. 494 da CLT) ou instauração

(6) *CLT comentada*. 40. ed. São Paulo: RT, 2007. p. 985.

de inquérito judicial." (TST – 3ª T. – AIRR n. 643772/2000-0 – rel. Min. Carlos Alberto R. de Paula – DJ 10.11.2000 – p. 650) (RDT n. 6 – Dezembro de 2000)

"DEMORA PARA O AJUIZAMENTO DO INQUÉRITO JUDICIAL PARA A APURAÇÃO DE FALA GRAVE — PERDÃO TÁCITO CARACTERIZADO — AGRAVO DE INSTRUMENTO EM RECURSO DE REVISTA INTERPOSTO PELA EMPRESA-RECLAMANTE. JUSTA CAUSA. FALTA GRAVE. EMPREGADO COM GARANTIA NO EMPREGO. DEMORA DE TRÊS MESES PARA O AJUIZAMENTO DO INQUÉRITO JUDICIAL. AUSÊNCIA DE ATUALIDADE. PERDÃO TÁCITO. PRECEDENTES. ÓBICE DO ART. 896, § 7º, DA CLT E DA SÚMULA N. 333, DO C. TST. ARTS. 482, "*B*", E 818 DA CLT E 6º, § 3º, DA LEI N. 7.783/1989 NÃO VIOLADOS. A decisão regional está de acordo com o entendimento pacífico desta C. Corte Superior, no sentido de que a demora, injustificada e não razoável, para a aplicação da dispensa por justa causa (ou para a propositura do inquérito judicial) caracteriza perdão tácito, uma vez que, se o empregador entende grave a conduta do empregado, deve agir com presteza ao tomar as providências cabíveis. Precedentes. O recurso de revista não comporta trânsito (art. 896, § 7º, da CLT e Súmula n. 333, do C. TST). Incólumes os arts. 482, "*b*", e 818 da CLT e 6º, § 3º, da Lei n. 7.783/1989. Agravo de instrumento de que se conhece e a que se nega provimento." (TST – Processo: AIRR – 401-60.2011.5.07.0012 – Data de Julgamento: 11.2.2015, relatora Ministra: Jane Granzoto Torres da Silva, 8ª Turma, Data de Publicação: DEJT 20.2.2015)

Se houver a prévia suspensão do empregado, o empregador terá que propor o inquérito no prazo de 30 (trinta) dias, contados da suspensão do empregado. Esse prazo, conforme já sedimentado na doutrina e na jurisprudência, tem natureza decadencial.

Nesse sentido, destaca-se a seguinte ementa:

"Inquérito judicial para apuração de falta grave — Prazo decadencial — Início da contagem. Segundo o art. 583 da CLT, o prazo decadencial de (30) trinta dias para ajuizamento de inquérito judicial para apuração de falta grave tem início a partir da suspensão do empregado." (TST – 1ª T. – RR n. 497.152/1998-0 – rel. Min. Aloysio Silva C. da Veiga – DJ 14.2.2003 – p. 466) (RDT n. 3 – Março de 2003)

Nos termos do art. 854 da CLT: "O processo do inquérito perante a Junta ou Juízo obedecerá às normas estabelecidas no presente Capítulo, observadas as disposições desta Seção."

A petição do inquérito deve ser escrita, não se admitindo a petição verbal, acompanhada dos documentos em que se fundar.

Proposta a ação de inquérito, o empregado (requerido) será notificado para comparecer em audiência, facultando-lhe apresentar contestação, que pode ser escrita ou verbal. A audiência deve ser designada no prazo mínimo de 5 dias após a notificação do empregado (art. 841 da CLT).

Aberta a audiência, o juiz proporá a conciliação. Se não aceita, o requerido apresentará a contestação e se instruirá o processo, ouvindo-se as partes e até seis testemunhas de cada parte e, posteriormente, proferirá a decisão.

Nos termos do art. 855 da CLT: "Se tiver havido prévio reconhecimento da estabilidade do empregado, o julgamento do inquérito pela Junta ou Juízo não prejudicará a execução para pagamento dos salários devidos ao empregado, até a data da instauração do mesmo inquérito."

A redação do referido dispositivo não é clara. Não obstante, pensamos que se houver sido reconhecida a estabilidade, caso tenha havido a prévia suspensão, os salários serão devidos até a data da suspensão do empregado, pois enquanto não julgado o inquérito, o contrato de trabalho se encontrará suspenso. De outro lado, não havendo suspensão, pensamos que os salários serão devidos durante a tramitação do inquérito, pois a propositura do inquérito, nesta hipótese, não suspenderá o contrato de trabalho.

As custas no inquérito devem ser pagas ao final, conforme o art. 789 da CLT, com a redação dada pela Lei n. 10.537/02.

1.2. Efeitos da decisão proferida no inquérito para apuração de falta grave

Tendo havido prévia suspensão do contrato de trabalho, a decisão de improcedência do pedido formulado no inquérito transforma a suspensão do empregado em interrupção, tendo direito o empregado à reintegração no emprego, bem como todos os salários e demais vantagens do período de afastamento.

Caso seja julgado procedente o pedido do inquérito, o contrato de trabalho restará rescindido por culpa do empregado na data da suspensão do contrato de trabalho, se tiver havido suspensão prévia ou, na data da sentença, caso não tenha havido suspensão prévia do empregado.

1.3. Inquérito judicial para apuração de falta grave (natureza dúplice) e reconvenção

No inquérito judicial para apuração de falta grave com prévia suspensão do empregado, se o pedido do requerente for julgado improcedente, vale dizer: o juiz entender que não houve falta grave, condenará o requerente a pagar ao requerido os salários do período de afastamento, que podem ser executados nos próprios autos de inquérito, sem a necessidade de reconvenção, uma vez que tal ação tem a chamada "natureza dúplice."

Discute-se na doutrina e na jurisprudência se a reconvenção pode ser cabível no inquérito judicial. Conforme já nos pronunciamos anteriormente, acreditamos que a reconvenção seja compatível com o inquérito judicial para apuração de falta grave, quando o objeto da reconvenção seja mais amplo do que o recebimento dos salários do período de afastamento ou da reintegração do empregado estável, como em razão dos motivos da falta grave, o requerido (empregado), por meio de reconvenção, pleiteia a reparação de danos morais e patrimoniais que tenham conexão com a matéria versada no Inquérito.

2. Dissídio coletivo

2.1. Dos conflitos coletivos trabalhistas e do interesse coletivo

A doutrina costuma classificar os conflitos coletivos em: conflitos jurídicos ou de direito, que não têm por objeto a criação de novas condições de trabalho, apenas de interpretação e aplicação da legislação já existente; e os conflitos de interesse ou econômicos, que visam à criação de novas condições de trabalho. Há ainda os conflitos de greve que são um misto de interesse coletivo e interesse jurídico.

A atuação das entidades sindicais é desenvolvida, via de regra, em torno da proteção de interesses coletivos do grupo por elas representado. Não só assim, entretanto, pois, como adverte o art. 8º, III, da Constituição Federal de 1988, é tarefa do sindicato a defesa, também, dos interesses individuais da categoria(7).

A doutrina sempre se esforçou para definir o que seja o interesse coletivo, pois este transcende a esfera individual para atingir um número significativo de pessoas.

O Direito do Trabalho, desde o seu surgimento, convive com os interesses coletivos, que tanto podem ser concretos, ou seja, quando há lesão coletiva de um direito já existente, ou quando o interesse se dá em abstrato, visando à criação de novas normas para a categoria.

Com efeito, diz o art. 8º, III, da CF: "ao sindicato cabe a defesa dos direitos e interesses coletivos ou individuais da categoria, inclusive em questões judiciais ou administrativas."

Conforme o referido dispositivo constitucional, ao sindicato cabe a defesa dos direitos individuais e coletivos da categoria. No aspecto coletivo, a legitimação do sindicato é própria para a defesa da categoria por mandamento constitucional, podendo defender os interesses concretos e abstratos da categoria. Para a defesa de direitos individuais homogêneos, o sindicato o faz na qualidade de substituto processual, ou seja: defende em nome próprio direito alheio (art. 18 do CPC), sendo, atualmente, o entendimento do Supremo Tribunal Federal que a legitimidade do sindicato para a defesa dos direitos individuais homogêneos da categoria é ampla.

Pedro Paulo Teixeira Manus, em obra lapidar(8), nos traz a seguinte definição do interesse coletivo no aspecto trabalhista:

> "O interesse coletivo, no direito do trabalho é aquele de que é titular a categoria, ou uma parcela da categoria, como o grupo de empregados de algumas empresas, de uma empresa, ou grupo de empregados de um ou alguns setores de uma empresa. Esse interesse ultrapassa as pessoas que a integram porque indeterminado, sendo titular o grupo, cujos integrantes podem vir a ser determinados a cada momento e estão ligados entre si por pertencerem à mesma empresa, setor ou categoria profissional."

(7) BRITO FILHO, José Cláudio Monteiro. *Direito sindical.* São Paulo: LTr, 2000. p. 249.

(8) MANUS, Pedro Paulo Teixeira. *Negociação coletiva e contrato individual de trabalho.* São Paulo: LTr, 2001. p. 27.

Como bem adverte *Antonio Monteiro Fernandes*(9), "não existe, pois, um critério para a determinação da existência de interesses colectivos. Pode, sim, deduzir-se pela via (sindical) pela qual se afirmam as pretensões, do método pelo qual são prosseguidas (a negociação nos termos regulados pela lei) e da amplitude dos efeitos que se vise desencadear com o resultado final: efeitos destinados a cristalizarem em certos contratos individuais, ou, invés, os efeitos de um padrão geral para um conjunto abstracto de relações laborais (efeitos normativos, portanto). São estes traços os que particularmente definem o fenómeno de superação (e, em certa medida, apagamento) dos interesses singulares ou individuais que leva à afirmação de interesses colectivos e às correspondentes formas de prossecução."

O art. 81 da Lei n. 8.078/90 define, por meio de interpretação autêntica, os interesses transindividuais, dos quais o interesse coletivo é uma das suas espécies.

Com efeito, aduz o referido dispositivo legal:

> "A defesa dos interesses e direitos dos consumidores e das vítimas poderá ser exercida em juízo individualmente, ou a título coletivo. Parágrafo único. A defesa coletiva será exercida quando se tratar de: [...] II – interesses ou direitos coletivos, assim entendidos, para efeitos deste Código, os transindividuais de natureza indivisível, de que seja titular grupo, categoria ou classe de pessoas ligadas entre si ou com a parte contrária por uma relação jurídica base."

Diante do referido dispositivo legal, pensamos ser interesse coletivo para fins trabalhistas: *o que transcende o aspecto individual para irradiar efeitos sobre um grupo ou categoria de pessoas, sendo uma espécie de soma de direitos individuais, mas também um direito próprio do grupo, cujos titulares são indeterminados, mas que podem ser determinados, ligados entre si (ou com a parte contrária) por uma relação jurídica base. Em razão disso, no Direito do Trabalho, cada categoria pode defender o próprio interesse e também, por meio de negociação coletiva, criar normas a viger no âmbito da categoria.*

Atualmente, há grande onda de impulso das ações coletivas tanto na doutrina como na jurisprudência, a ponto de a doutrina defender a existência de um *devido processo legal coletivo* que disciplina o acesso à jurisdição coletiva, bem como o procedimento das ações coletivas no âmbito do judiciário. Esse devido processo legal coletivo é decorrência do próprio princípio da inafastabilidade da jurisdição previsto no art. 5º, XXXV, da CF.

2.2. Do poder normativo da Justiça do Trabalho brasileira

Como destaca *Walter Wiliam Ripper*(10), "o poder normativo da Justiça do Trabalho, desde seu surgimento, é objeto de críticas de um lado *(Waldemar Ferreira)* e defesas de outro *(Oliveira Viana)*. Discussões sobre seu banimento ou manutenção são largamente debatidas na doutrina jurídica e, sobretudo, na política nacional. Um instituto originado no Estado Novo, durante o governo de Getúlio Vargas, assim

(9) *Op. cit.*, p. 842.

(10) RIPPER, Walter Wiliam. Poder normativo da Justiça do Trabalho: análise do antes, do agora e do possível depois. *In: Revista LTr* 69-07/848.

como nossa Consolidação das Leis do Trabalho, onde, principalmente em matéria coletiva, deixa sensíveis rastros do pensamento político de Getúlio e do fascismo consagrado por Mussolini."

Para *Henrique Macedo Hinz*, "a unanimidade da doutrina encontra na concepção corporativista da sociedade a origem do poder normativo atribuído à Justiça do Trabalho"(11).

Como nos ensina *Ronaldo Lima dos Santos*(12):

> "O poder normativo da Justiça do Trabalho teve inspiração na *Carta del Lavoro* do regime fascista italiano, aprovada pelo *Gran Gonsiglio*, em 21 de abril de 1927. Ele foi concebido dentro de um modelo autoritário de Estado, cuja doutrina sintetizava-se em dois conceitos básicos: autoritarismo e corporativismo. O autoritaristmo afirmava a concepção política de um Estado baseado em relação de comando, obediência e controle. O corporativismo elevava à esfera do direito público as coletividades organizadas para proteção de interesses, que deixavam de ser simplesmente privadas, para tornarem-se corporações atreladas do Poder Público e submetidas ao controle do Estado. A principal aspiração do Estado corporativo era estabelecimento do equilíbrio entre as classes sociais, posicionando-se acima delas como moderador, regulador e, sobretudo, organizador da sociedade. Esse objetivo do Estado fascista restou consagrado emblematicamente na célebre frase de Bendo Mussolini: 'Tudo no Estado, nada contra o Estado, nada fora do Estado'."

Inegavelmente, o poder normativo constitui uma intervenção do Estado nas relações de trabalho e máxime no conflito coletivo para solucioná-lo, substituindo a vontade das partes, e submetendo-as, coativamente, à decisão judicial.

Trata-se de uma competência anômala conferida à Justiça do Trabalho para, uma vez solucionando o conflito de interesse, criar normas que irão regular as relações entre as categorias profissional e econômica. Não se trata apenas de aplicar o direito preexistente, mas de criar, dentro de determinados parâmetros, normas jurídicas. Por isso, se diz que o poder normativo da Justiça do Trabalho atua no vazio da lei, ou seja: quando não há lei dispondo sobre a questão. Em razão disso, a Justiça do Trabalho detém a competência constitucional para criar normas por meio da chamada sentença normativa.

Amauri Mascaro Nascimento enxerga o Poder Normativo como "a competência constitucional dos Tribunais do Trabalho para proferir decisões nos processos de dissídios econômicos, criando condições de trabalho com força obrigatória(13)."

(11) HINZ, Henrique Macedo. *O poder normativo da Justiça do Trabalho*. São Paulo: LTr, 2000. p. 50.

(12) SANTOS, Ronaldo Lima dos. *Sindicatos e ações coletivas*. 3. ed. São Paulo: LTr, 2012. p. 311-312.

(13) NASCIMENTO, Amauri Mascaro. *Curso de direito processual do trabalho*. 21. ed. São Paulo: Saraiva, 2002. p. 633-634.

Para *José Augusto Rodrigues Pinto*, o poder normativo "é a competência determinada a órgão do poder judiciário para, em processo no qual são discutidos interesses gerais e abstratos, criar norma jurídica destinada a submeter à sua autoridade as relações jurídicas de interesse individual concreto na área da matéria legislativa"[(14)].

Há argumentos favoráveis e desfavoráveis ao poder normativo da Justiça do Trabalho brasileira.

Dentre os argumentos favoráveis ao poder normativo, podemos apontar:

a) acesso à Justiça do Trabalho[(15)];

b) garantia de efetividade dos direitos trabalhistas;

c) garantia de equilíbrio na solução do conflito coletivo, máxime quando uma das categorias é fraca;

d) tradição dos países de Terceiro Mundo em solucionar o conflito por meio do Poder Judiciário;

e) impedimento aos trabalhadores e empregadores de criarem consciência de classe e de regular seus próprios interesses;

f) redução da litigiosidade e pacificação social[(16)];

g) sindicalização por categoria e unicidade sindical;

h) fragilidade do movimento sindical brasileiro[(17)];

---

(14) RODRIGUES PINTO. *Direito sindical e coletivo do trabalho.* São Paulo: LTr, 1998. p. 370.

(15) Como bem adverte Amauri Mascaro Nascimento: "Não se pode deixar de lado a tendência do direito processual civil com a denominada coletivização das ações. Que vem se revelando tão intensa, entre outros meios, pela substituição processual aplicada aos processos individuais trabalhistas, para a defesa, pelo sindicato, em nome próprio, de direitos difusos, coletivos e até mesmo individuais homogêneos" (A questão do dissídio coletivo "de comum acordo." *In: Revista LTr* 70-06/649).

(16) Segundo Amauri Mascaro Nascimento: "Ninguém pode duvidar que esteja praticamente afetado o próprio direito de propor dissídio coletivo caso se conclua que a sua propositura deve ser autorizada pelo suscitado. Nesse caso, os Sindicatos de trabalhadores, frustrada a negociação coletiva e impossibilitado o dissídio coletivo, terão de encontrar uma desembocadura para o conflito. Certamente, à falta de negociação, os Sindicatos só terão uma alternativa, a greve, o que não é do interesse social e econômico do País. Desse modo, dar validade à exigência do ajuizamento bilateral do dissídio coletivo pode funcionar como um incentivo ao grevismo. Como demonstram Cândido Rangel Dinamarco e Kazuo Watanabe, a litigiosidade contida é perigoso fator de infelicidade pessoal e desagregação social e, por isso, constitui missão e dever do Estado à eliminação desses estados de insatisfação. O escopo de pacificar as pessoas mediante a eliminação de conflitos com justiça, é, em última análise, a razão mais profunda pela qual o processo existe e se legitima na sociedade (Cândido Dinamarco)" (*In: Revista LTr* 70-06/656).

(17) Como destaca João Oreste Dalazen: "conforme alerta, acertadamente, Antônio Álvares da Silva, 'nenhum país civilizado do mundo ocidental chegou ao estágio atual de sua evolução sem contar com a participação dos sindicatos como meio eficiente de solução dos problemas sociais'. Manifesto que um sindicalismo genuíno e representativo pode atenuar a conflituosidade permanente entre o Capital e o Trabalho, como nos ensina o bem-sucedido exemplo da Espanha. A reforma do modelo sindical, portanto, é a palavra de ordem e deveria constituir uma das prioridades da nação" (Reflexões sobre o poder normativo da Justiça do Trabalho e a emenda constitucional n. 45/04. *In: Revista da Academia Nacional de Direito do Trabalho*, ano XIII, n. 13. São Paulo: LTr, 2006. p.135).

i) tendência universal do acesso à Justiça para a defesa dos interesses difusos, coletivos e individuais homogêneos[18].

Dentre os argumentos desfavoráveis à existência do Poder Normativo, destacamos:

a) interferência indevida do Poder Judiciário na atividade legislativa;

b) morosidade do judiciário trabalhista;

c) falta de efetividade da sentença normativa, pois muitas vezes divorciada da realidade. *Oscar Ermida Uriarte*[19] utilizou a expressão *brecha entre derecho y realidad* (lacuna entre direito e realidade);

d) despreparo técnico dos juízes em conhecer efetivamente o conflito coletivo e a realidade da categoria[20];

e) engessamento da negociação coletiva;

f) acomodação das categorias profissional e econômica;

Arion Sayão Romita destaca quatro antinomias constitucionais:

> "1ª – entre o art. 1º, parágrafo único, e o art. 114, § 2º: se o povo exerce poder por intermédio de seus representantes eleitos, o poder normativo, exercido pelos juízes, não poderia ser acolhido pela Constituição, pois juízes não são representantes do povo; 2ª – entre o art. 5º, inciso LV, que reconhece o princípio do contraditório sem qualquer exceção, e o art. 114, § 2º: no exercício do poder normativo, a Justiça do Trabalho não é obrigada a observar o referido princípio, pois exerce jurisdição de equidade, dispensando a manifestação de contrariedade por parte da categoria econômica suscitada no dissídio coletivo; 3ª – entre o art. 93, inciso IX e o art. 114, § 2º: como decisão judicial, a sentença normativa não pode deixar de ser fundamentada, sob pena de nulidade; entretanto, o poder normativo se exerce como meio de solução de controvérsia coletiva, mediante edição de normas (poder legislativo delegado), tarefa que dispensa fundamentação; 4ª – entre o art. 9º e o art. 114, § 2º: enquanto o primeiro dispositivo assegura o exercício do direito de greve pelos trabalhadores,

(18) Inegavelmente, tem sido uma tendência do direito processual, a chamada "coletivização do processo", principalmente na esfera trabalhista, em que o trabalhador enfrenta grandes dificuldades no acesso à Justiça e também, em razão do vínculo de emprego, há sempre o temor de sofrer retaliações, se ingressar com uma ação durante o contrato de trabalho. Além disso, na esfera trabalhista, há uma certa peculiaridade de normatividade nas decisões, ainda que se refiram à interpretação e aplicação do direito. Como as ações declaratórias de representação sindical (art. 114, III, da CF), ações anulatórias de acordos e convenções coletivas de trabalho. Ações civis públicas, impondo obrigações de fazer ou não fazer aos empregadores ou tomadores de serviços. Sendo assim, a restrição do poder normativo da Justiça do Trabalho estaria na contramão da tendência universal do acesso ao judiciário e à coletivização das ações.

(19) *Caracteres, tendencias y futuro del derecho del trabajo.* Palestra proferida no Congresso Internacional de Direito do Trabalho promovido pela AMATRA 15 em 10.11.2006 em Campinas.

(20) De outro lado, também não se exige que o juiz conheça a essência dos conflitos, pois o juízo tem que conhecer a realidade do processo, aplicando-se o antigo aforismo: *o que não está nos autos não está no mundo.*

o outro o inviabiliza, pois o poder normativo é utilizado para julgar a greve, inibindo o entendimento direto entre os interlocutores sociais."[21]

Não temos dúvidas de que a melhor solução do conflito coletivo se dá por meio da negociação coletiva, máxime quando há equilíbrio entre as categorias profissionais e econômicas[22].

Aliás, bem antes da EC 45, a jurisprudência do TST só vinha admitindo o dissídio coletivo de natureza econômica, quando o sindicato suscitante comprovasse que esgotou a possibilidade da negociação coletiva (Instrução Normativa n. 4/93 do TST — hoje cancelada).

Nesse sentido, é o art. 219 do Regimento Interno do TST: "Frustrada, total ou parcialmente, a autocomposição dos interesses coletivos em negociação promovida diretamente pelos interessados ou mediante intermediação administrativa do órgão competente do Ministério do Trabalho, poderá ser ajuizada a ação de dissídio coletivo. § 1º Na impossibilidade real de encerramento da negociação coletiva em curso antes do termo final a que se refere o art. 616, § 3º, da CLT, a entidade interessada poderá formular protesto judicial em petição escrita, dirigida ao Presidente do Tribunal, a fim de preservar a data-base da categoria. § 2º Deferida a medida prevista no item anterior, a representação coletiva será ajuizada no prazo máximo de trinta dias, contados da intimação, sob pena de perda da eficácia do protesto."

Não obstante, o nosso sistema sindical apresenta alguns entraves para que a negociação coletiva seja efetiva como a unicidade sindical, negociação por categoria, participação obrigatória dos sindicatos na negociação coletiva, falta de tradição na utilização da arbitragem como meio de solução dos conflitos e um sindicalismo ainda em desenvolvimento, em que falta consciência e informação da classe trabalhadora.

Em que pesem os ponderáveis argumentos em sentido contrário, embora possa ser restringido, o poder normativo ainda se faz necessário, como o último subterfúgio de garantia do equilíbrio na solução justa do conflito coletivo.

Vale lembrar que a solução judicial do conflito coletivo pela Justiça do Trabalho é uma faculdade das partes e, embora o instituto tenha origem fascista, ele deve ser interpretado segundo o atual estágio que vive o direito do trabalho. Cumpre lembrar que a lei, uma vez editada, se desvincula do seu criador para adquirir vida própria.

(21) ROMITA, Arion Sayão. O poder normativo da Justiça do Trabalho: antinomias constitucionais. *In: Revista LTr*, São Paulo: LTr, vol. 65, n. 03, mar. 2001. p. 268.

(22) Ensina Jorge Luiz Souto Maior: "Quando há poder de fogo para negociar, a negociação ocorre e tem sido largamente utilizada. Quando essa situação não existe é que surge o campo de atuação do poder normativo da Justiça do Trabalho. De qualquer modo, não é o poder normativo que cria a realidade. Essa realidade lhe é subjacente e é fruto do conhecido baixo nível cultural da população brasileira. Não é a extinção do poder normativo que vai alterar essa realidade sociocultural, que se apresenta, no Brasil, um caso crônico. A grande atuação do poder normativo é o reflexo dessa situação e não o inverso" (Poder normativo da Justiça do Trabalho: uma questão política. *Jornal do XI Congresso Brasileiro de Direito Coletivo do Trabalho*, LTr. p. 42).

Nesse diapasão, é a advertência de *Henrique Macedo Hinz*(23): "... a realidade fática de nosso gigante país, com suas gritantes diferenças sociais, políticas e econômicas, não permite que o Estado, especialmente o Judiciário Trabalhista, simplesmente saia de cena no que se refere aos conflitos coletivos de trabalho, sob pena de aleijar, ainda mais, aqueles pertencentes a categorias menos organizadas e reivindicativas. Se século atrás o distanciamento do Estado das relações sociais mostrou ser desastrosas como um todo, os que militam diuturnamente na área trabalhista sabem, sem sombra de dúvida, as consequências advindas da eliminação pura e simples do poder normativo atribuído à Justiça do Trabalho. Não se pode, pura e simplesmente, em face de suas origens, ou de vícios que já vêm sendo eliminados, extinguir aquele que é o único meio de progresso à significativa parcela dos trabalhadores brasileiros."

2.3. Do dissídio coletivo – Conceito e espécies

O dissídio coletivo, conforme previsto na Consolidação das Leis do Trabalho, é uma ação de rito especial, proposta perante a Justiça do Trabalho, tendo por objetivo solucionar o conflito coletivo de trabalho.

Ensina *Amauri Mascaro Nascimento*(24):

> "Dissídio coletivo é um processo judicial de solução dos conflitos coletivos econômicos e jurídicos que no Brasil ganhou a máxima expressão como um importante mecanismo de criação de normas e condições de trabalho por meio dos tribunais trabalhistas, que proferem sentenças denominadas normativas quando as partes que não se compuseram na negociação coletiva acionam a jurisdição."

Para *Carlos Henrique Bezerra Leite*(25): "o dissídio coletivo é uma espécie de ação coletiva conferida a determinados entes coletivos, geralmente os sindicatos, para a defesa de interesses cujos titulares materiais não são pessoas individualmente consideradas, mas sim grupos ou categorias econômicas, profissionais ou diferenciadas, visando à criação, interpretação de normas que irão incidir no âmbito dessas mesmas categorias."

Se o conflito for econômico ou de interesse, o dissídio coletivo terá por objeto criar novos direitos no âmbito das categorias profissional e econômica, exercendo a Justiça do Trabalho o chamado *poder normativo*.

Caso o conflito seja jurídico ou de interpretação, o objeto do dissídio será apenas declarar o alcance de determinado dispositivo legal, convencional ou regulamentar no âmbito das categorias profissional e econômica. Nesta modalidade, a Justiça do Trabalho não exercerá o poder normativo.

---

(23) HINZ, Henrique Macedo. *O poder normativo da Justiça do Trabalho*. São Paulo: LTr, 2000. p. 71.

(24) NASCIMENTO, Amauri Mascaro. *Curso de direito do trabalho*. 22. ed. São Paulo: Saraiva, 2007. p. 769.

(25) BEZERRA LEITE, Carlos Henrique. *Curso de direito processual do trabalho*. 5. ed. São Paulo: LTr, 2007. p. 1.030.

Na greve, o dissídio coletivo (art. 8º da Lei n. 7.783/89) tem natureza híbrida, pois, num primeiro plano, a Justiça do Trabalho irá dirimir a controvérsia jurídica, declarando ou não a greve abusiva e, num segundo plano, irá apreciar as cláusulas econômicas, exercendo o poder normativo (dissídio de natureza econômica).

Segundo a doutrina, os dissídios coletivos de natureza econômica, podem ser:

a) *originários:* quando se buscam normas para a categoria ainda não existentes (art. 867, *a*, da CLT).

Segundo *Ives Grandra da Silva Martins Filho*(26), é o dissídio originário quando inexistente norma coletiva anterior (primeira vez que a categoria profissional litiga contra a categoria econômica), quer seja acordo, convenção ou sentença coletiva.

b) *de revisão:* buscam alterar cláusulas fixadas na sentença normativa já fixadas pelo judiciário na sentença normativa (arts. 873 a 875 da CLT).

Ensina *Amauri Mascaro Nascimento*(27):

> "*Revisão* é o ato mediante o qual o órgão jurisdicional, considerando que houve sensível alteração nas condições de fato que determinaram a estipulação de certas normas numa regulamentação coletiva de trabalho, dispõe-se a modificá-las, para uma atualização, segundo as necessidades e os imperativos de interesse social."

Por ter natureza econômica, o dissídio de revisão deve estar condicionado à exigência do comum acordo, nos termos do § 2º do art. 114 da Constituição Federal.

Dispõe o art. 873, da CLT:

> "Decorrido mais de um ano de sua vigência, caberá revisão das decisões que fixarem condições de trabalho, quando se tiverem modificado as circunstâncias que as ditaram, de modo que tais condições se hajam tornado injustas ou inaplicáveis."

Conforme o art. 874 da CLT: "A revisão poderá ser promovida por iniciativa do tribunal prolator, da Procuradoria da Justiça do Trabalho, das associações sindicais ou de empregador ou empregadores interessados no cumprimento da decisão. Parágrafo único. Quando a revisão for promovida por iniciativa do Tribunal prolator ou da Procuradoria, as associações sindicais e o empregador ou empregadores interessados serão ouvidos no prazo de 30 (trinta) dias. Quando promovida por uma das partes interessadas, serão as outras ouvidas também por igual prazo."

A competência funcional para o dissídio de revisão é a mesma do Tribunal que julgou o dissídio coletivo de natureza econômica.

c) *de extensão:* que têm por objeto estender as cláusulas fixadas na sentença normativa para toda a categoria (arts. 868 a 871 da CLT).

---

(26) MARTINS FILHO, Ives Gandra. *Processo coletivo do trabalho.* 3. ed. São Paulo: LTr, 2003. p. 80.

(27) NASCIMENTO, Amauri Mascaro. *Curso de direito processual do trabalho.* 22. ed. São Paulo: Saraiva, 2007. p. 807.

Como bem adverte *Martins Filho*[28], a extensão de normas tem se dado dentro do próprio dissídio revisional, consistente na aplicação impositiva a toda a categoria, de acordo firmado em relação à parte dela, com base no tratamento isonômico dos trabalhadores a ela pertencentes.

Dispõe o art. 868 da CLT:

> "Em caso de dissídio coletivo que tenha por motivo novas condições de trabalho, e no qual figure como parte apenas uma fração de empregados de uma empresa, poderá o tribunal competente, na própria decisão, estender tais condições de trabalho, se julgar justo e conveniente, aos demais empregados da empresa que forem da mesma profissão dos dissidentes. Parágrafo único. O Tribunal fixará a data em que a decisão deve entrar em execução, bem como o prazo de sua vigência, o qual não poderá ser superior a quatro anos."

Nos termos do art. 869 da CLT, a decisão sobre novas condições de trabalho poderá também ser estendida a todos os empregados da mesma categoria profissional compreendida na jurisdição do Tribunal:

a) por solicitação de um ou mais empregadores, ou de qualquer sindicato destes;

b) por solicitação de um ou mais sindicatos de empregados;

c) *ex officio* pelo Tribunal que houver proferido a decisão;

d) por solicitação da Procuradoria da Justiça do Trabalho.

Nos termos do art. 870 da CLT: "Para que a decisão possa ser estendida, na forma do artigo anterior, torna-se preciso que três quartos dos empregadores e três quartos dos empregados, ou os respectivos sindicatos, concordem com a extensão da decisão. § 1º O tribunal competente marcará prazo, não inferior a trinta nem superior a sessenta dias, a fim de que se manifestem os interessados. § 2º Ouvidos os interessados e a Procuradoria da Justiça do Trabalho, será o processo submetido ao julgamento do Tribunal."

Como bem adverte *Carlos Henrique Bezerra Leite*[29]:

> "A validade da extensão dos efeitos da sentença normativa a todos os empregados da mesma categoria profissional, segundo o art. 870 da CLT, depende de concordância dos sindicatos que figurarem nos polos ativo e passivo da lide coletiva ou, se o dissídio coletivo decorrer de acordo coletivo frustrado, de pelo menos três quartos dos empregadores e três quartos dos empregados. Essa norma, a nosso ver, está em harmonia com a nova redação dada pela EC n. 45/04 ao art. 114, § 2º, da CF."

O Tribunal Superior do Trabalho dispõe a respeito no art. 220 do seu Regimento Interno, *in verbis*:

> "Os dissídios coletivos podem ser: I – de natureza econômica, para a instituição de normas e condições de trabalho; II – de natureza jurídica, para interpretação de cláusulas de sentenças

(28) *Op. cit.*, p. 81.

(29) BEZERRA LEITE, Carlos Henrique. *Curso de direito processual do trabalho*. 5. ed. São Paulo: LTr, 2007. p. 1.051.

normativas, de instrumentos de negociação coletiva, acordos e convenções coletivas, de disposições legais particulares de categoria profissional ou econômica e de atos normativos; III – originários, quando inexistentes ou em vigor normas e condições especiais de trabalho, decretadas em sentença normativa; IV – de revisão, quando destinados a reavaliar normas e condições coletivas de trabalho preexistentes, que se hajam tornado injustas ou ineficazes pela modificação das circunstâncias que as ditaram; e V – de declaração sobre a paralisação do trabalho decorrente de greve."

2.4. A questão do comum acordo para ajuizar o dissídio coletivo de natureza econômica

Como destaca *Amauri Mascaro Nascimento*(30), a questão do comum acordo é uma das mais importantes questões processuais dentre as que ultimamente têm surgido, não só pelos reflexos econômicos e sociais do dissídio coletivo econômico nas relações de trabalho e na vida das empresas, como pelos singularíssimos aspectos que estão subjacentes às dimensões jurídicas.

À primeira vista, parece causar espécie a redação do § 2º do art. 114, pois o dissídio pressupõe lide, que é o conflito de interesses qualificado por uma pretensão resistida. Como pode haver comum acordo para ajuizamento de dissídio, se este pressupõe o dissenso entre as partes?

Diz a atual redação do art. 114, § 2º, da CF: "Recusando-se qualquer das partes à negociação coletiva ou à arbitragem, é facultado às mesmas, de comum acordo, ajuizar dissídio coletivo de natureza econômica, podendo a Justiça do Trabalho decidir o conflito, respeitadas as disposições mínimas legais de proteção ao trabalho, bem como as convencionadas anteriormente."

Diante da nova redação do citado dispositivo legal, foram muitas as interpretações da expressão "comum acordo".

Alguns intérpretes têm considerado que a expressão ajuizar de comum acordo não produz nenhuma alteração, pois o dissídio coletivo pressupõe conflito. Além disso, argumentam que a exigibilidade de consenso para ingresso do dissídio coletivo de natureza econômica fere um direito maior que é o do acesso à Justiça do Trabalho, previsto no art. 5º, XXXV, da CF. Portanto, nesta linha de argumentação é inconstitucional a exigência do comum acordo para ajuizamento do dissídio coletivo de natureza econômica, ou seja, trata-se de uma emenda constitucional inconstitucional.

Nesse sentido, cumpre destacar a seguinte ementa:

"Preliminar de extinção do feito por ausência de comum acordo para a instauração do dissídio — Rejeição — Compreensão do tema à luz do princípio de inafastabilidade da jurisdição. Em razão do princípio da inafastabilidade da jurisdição (Constituição, art. 5º, XXXV), não segue, do texto do art. 114, § 2º, da Constituição da República, que o dissídio coletivo só possa resultar, já para a sua instauração, de mútuo acordo entre partes contravindas. É que a jurisdição, a principal garantia dos direitos subjetivos, não se afasta, nem cessa de

(30) NASCIMENTO, Amauri Mascaro. A questão do dissídio coletivo de "comum acordo". *In: Revista LTr*, São Paulo: LTr, 2006. p. 70-06/647.

poder ser invocada, em caso de lesão ou ameaça, a significar também que não a condiciona uma qualquer restrição, menos ainda o veto que uma parte queira apor à pretensão da outra que já não pode prescindir da tutela jurídica. Não obtida a conciliação, abre-se a via judicial, inclusive, por comum acordo. Esta cláusula, como decorre do art. 114, § 2º, concerne a uma faculdade das partes ("é facultado", diz a norma) e, portanto, não exclui o exercício da jurisdição para assegurar a tutela coletiva, que é direito fundamental, como fundamentais são os direitos sociais dos trabalhadores, aos quais se negaria, em última análise, proteção e, em certa medida, expansão sempre que se lhes recusasse, enquanto categoria, o acesso à via judicial. Neste caso, o veto em que o comum acordo se transformara passaria a expressar uma recusa peremptória à prestação de justiça, função ontológica e indeclinável do Estado." (TRT 3ª R. – Seção Especializada de Dissídios Coletivos – rel. Des. Marcus Moura Ferreira – 6.11.09 – p. 98 – Processo DC n. 569/2008.000.03.00-4) (RDT n. 12 – dezembro de 2009)

A nosso ver, o § 2º do art. 114 da CF não atrita com o princípio da inafastabilidade da jurisdição previsto no art. 5º, XXXV, da CF, que é dirigido à lesão de direito já existente (positivado no ordenamento jurídico), pois o dissídio coletivo de natureza econômica tem natureza dispositiva (ou constitutiva para alguns), já que visa à criação de norma aplicável no âmbito da categoria e não de aplicação do direito vigente a uma lesão de direito. Além disso, se trata de competência atribuída à Justiça do Trabalho, por exceção, para criar normas jurídicas no âmbito das categorias profissional e econômica, no chamado vazio da lei e solucionar o conflito coletivo de natureza econômica, quando fracassarem as tentativas de negociação direta e arbitragem voluntária.

Nesse sentido, é o Enunciado n. 35 da 1ª Jornada de Direito Material e Processual do Trabalho realizada no Tribunal Superior do Trabalho *in verbis*:

"DISSÍDIO COLETIVO. COMUM ACORDO. CONSTITUCIONALIDADE. AUSÊNCIA DE VULNERABILIDADE AO ART. 114, § 2º, DA CRFB. Dadas as características das quais se reveste a negociação coletiva, não fere o princípio do acesso à Justiça o pré-requisito do comum acordo (§ 2º, do art. 114, da CRFB) previsto como necessário para a instauração da instância em dissídio coletivo, tendo em vista que a exigência visa a fomentar o desenvolvimento da atividade sindical, possibilitando que os entes sindicais ou a empresa decidam sobre a melhor forma de solução dos conflitos."

No mesmo diapasão, o parecer do Procurador-Geral da República na ADI n. 3432-4/DF, vazado nos seguintes argumentos:

"Ação direta de inconstitucionalidade em face do § 2º do art. 114 da Constituição, com a redação dada pelo art. 1º da Emenda Constitucional n. 45, de 8 de dezembro de 2004. O poder normativo da Justiça do Trabalho, por não ser atividade substancialmente jurisdicional, não está abrangido pelo âmbito normativo do art. 5º, XXXV, da Constituição da República. Assim sendo, sua restrição pode ser levada a efeito por meio de reforma constitucional, sem que seja violada a cláusula pétrea que estabelece o princípio da inafastabilidade do Poder Judiciário." (*In*: BEZERRA LEITE, Carlos Henrique. *Curso de direito processual do trabalho*. 7. ed. São Paulo: LTr, 2009. p. 976)

De outro lado, muitos entendem, diante da clareza do texto constitucional, que não há como se negar a exigência de tal requisito, divergindo quanto ao momento em que ele deve ser preenchido, se como condição de ingresso da ação, ou pode ser obtido *a posteriori*.

Para parte da doutrina, o comum acordo não precisa ser prévio.

Nesse sentido, é a posição de *Pedro Paulo Teixeira Manus*(31):

> "A Emenda Constitucional n. 45/2004 condiciona o exercício do poder normativo ao ajuizamento do dissídio coletivo por ambas as partes, de comum acordo, conforme o art. 114, § 2º, da CF. Devemos compreender a expressão comum acordo, a nosso ver, à concordância da parte contrária e não obrigatoriamente ao ajuizamento conjunto do dissídio, o que tornaria na maior parte dos casos inviável o ajuizamento."

No mesmo diapasão, destacam-se as seguintes ementas:

"Dissídio Coletivo. Ajuizamento de comum acordo. Ajuizamento unilateral. Possibilidade. CF, Art. 8º, III x EC. 45/2004, Art. 114, § 2º. Compreensão. Possível o ajuizamento unilateral do dissídio coletivo porque foi mantido mais que o poder normativo, ou seja, o inciso III do art. 8º da Constituição, quer dizer, a defesa pelo sindicato de interesses — e não de direitos — coletivos — não meramente individuais — em questões judiciais. Trocando em miúdos, dissídio coletivo de iniciativa do sindicato para a defesa das reivindicações da coletividade representada. Se o adversário recusa a arbitragem privada e também a jurisdicional, o conflito se mantém e os interesses dos trabalhadores, de melhores condições de salário e de trabalho, com apoio na ordem econômica, fundada na valorização do trabalho e social, que tem como base o primado do trabalho e como objetivo o bem-estar e a justiça social, são lesados, sem que se permita o acesso ao Poder Judiciário para defendê-las, como assegura a Constituição, no inciso XXXV do art. 5º." (TRT – 2ª R. – AC 2005001595 – 21.7.2005 – DCE – SDC – DOE SP – Pj – 9.8.2005 – relator José Carlos da Silva Arouca)

"Dissídio coletivo econômico. Comum acordo. Faculdade: A faculdade de ajuizamento conjunto (de comum acordo) não exclui o ajuizamento unilateral, cujo amparo decorre de cláusula pétrea constitucional, até porque estabelecer a exigência do prévio comum acordo como *'conditio sine qua non'* para a instauração do dissídio coletivo implica forjar uma antinomia entre o art. 114 e a cláusula pétrea da indeclinabilidade da jurisdição, contemplada no inciso XXXV do art. 5º da Carta Magna, resumida no princípio segundo o qual a lei não excluirá da apreciação do Poder Judiciário lesão ou ameaça a direito. 2) Categoria diferenciada. Parte legítima: Os trabalhadores que tenham condições de vida singulares e possuem estatuto profissional próprio e distinto daqueles pertencentes às categorias profissionais preponderantes nas empresas onde se ativam, integram uma categoria profissional diferenciada, nos termos previstos no § 3º, do art. 511 da CLT. 3) *'Quorum'*. Art. 612, da CLT: Obedecido o *'quorum'* estatutário, não há que se falar em descumprimento da norma contida no art. 612, da CLT, vez que o *"quorum"* mínimo ali previsto não foi recepcionado pelo art. 8º, da Constituição Federal, sendo certo que as Orientações Jurisprudenciais ns. 13 e 21, da SDC, do C. TST, foram canceladas. 4) Negociação prévia. Exaurimento: O não comparecimento a reunião agendada junto à Delegacia Regional do Trabalho impossibilita qualquer composição e a ausência de acordo perante o Tribunal, demonstra, inequivocamente, o exaurimento da negociação prévia. 5) Sindicato estadual. Múltiplas assembleias. Desnecessidade. Edital veiculado por jornal de circulação estadual: Uma vez obedecidas as normas estatutárias, é desnecessária a realização de múltiplas assembleias, vez que se trata de questão *'interna corporis'*, ressaltando-se que a OJ n. 14, da SDC, do C. TST, foi cancelada. Tendo sido publicado o edital em jornal de circulação em toda a base territorial

(31) MANUS, Pedro Paulo Teixeira. *Direito do trabalho.* 10. ed. São Paulo: Atlas, 2006. p. 244.

do sindicato, observa-se o cumprimento à OJ n. 28, da SDC, do C. TST. 6) Data-base. Manutenção. Prazo previsto pelo art. 616, § 3º, da CLT: A data-base já reconhecida na norma coletiva anterior deve ser mantida, até mesmo para evitar maiores disparidades ou dificuldades no próprio seio da atividade econômica, que firma normas coletivas com os demais empregados na mesma data-base. Porém, sendo o dissídio coletivo ajuizado fora do prazo previsto pelo art. 616, § 3º, da CLT, e não tendo o suscitante noticiado protesto ou acordo garantindo a vigência a partir da data-base, a norma proferida vigerá a partir de sua publicação, nos termos do art. 867, parágrafo único, a, da CLT. 7) Manutenção de cláusulas preexistentes. Aplicação dos Precedentes do Tribunal: Dissídio coletivo que se julga parcialmente procedente." (TRT – 2ª R. – Acórdão n. 2006000061 – Processo n. 20222-2005-000-02-00-0 – Ano 2005 – Turma: SDC – Data de publicação: 24.1.2006 – relª Juíza Wilma Nogueira de Araújo Vaz da Silva)

Para outros, o comum acordo a que se refere a EC n. 45/04 pode ser obtido até de forma tácita, o que equivale à ausência de oposição. Desse modo, se o suscitado comparecer à audiência de conciliação, apresentar defesa e não se opuser ao prosseguimento do processo, tacitamente está anuindo, pois não praticou nenhum ato incompatível com a aceitação em se submeter à decisão judicial.

Nesse diapasão, a seguinte ementa:

"Dissídio coletivo de natureza econômica. Art. 114, § 2º, da CF. Comum acordo não significa necessariamente, petição conjunta. Interpretação história. Aplicação do princípio da inafastabilidade da jurisdição. Precedente desta C. SDC. Dissídio que é conhecido e julgado procedente em parte." (TRT – 2ª R. – DCE 17.11.2005 – rel. Carlos Francisco Berardo)

Por outro lado, há entendimentos no sentido de que o comum acordo tem que ser prévio, vale dizer: obtido quando do ajuizamento do dissídio coletivo, como sendo um pressuposto processual. Em sendo um pressuposto processual, o requisito do "comum acordo" deve estar presente já no ingresso do dissídio, sob consequência de nulidade do processo, uma vez que os pressupostos processuais são requisitos de existência, regularidade de desenvolvimento da relação jurídico-processual.

A nosso ver, se prevalecer o entendimento de que deve haver acordo prévio para a instauração do dissídio coletivo de natureza econômica, o poder normativo da Justiça do Trabalho será praticamente extinto, pois dificilmente haverá tal requisito na instauração do litígio, já que, se o conflito chegou até a Justiça do Trabalho, é porque, presumivelmente, fracassaram as tentativas de solução amigável do litígio ou de arbitragem voluntária.

No campo da processualística, talvez não seja difícil "escapar" do requisito do comum acordo prévio, pois, interpretando-se tal requisito como sendo uma condição da ação, esta pode ser preenchida no curso do processo. Segundo *Liebman*, as condições da ação, ainda que não presentes quando da propositura da ação, podem ser preenchidas até o julgamento.

No nosso sentir, o poder normativo não fora extinto, pois se assim quisesse o legislador ele o teria feito expressamente. Inegavelmente, houve uma restrição do poder normativo, ou, melhor dizendo, ao acesso a ele.

A EC n. 45 visou a restringir o acesso à Justiça do Trabalho para resolução dos conflitos coletivos de interesse, prestigiando a autocomposição.

Interpretando-se literalmente o § 2º do art. 114 da CF nos parece que não há dúvidas de que o "comum acordo" tem que ser prévio, pois a lei fala em *ajuizar, de comum acordo*.

A nosso ver, o comum acordo não é um pressuposto processual, e sim uma condição da ação ou, melhor dizendo, um óbice à apreciação da pretensão coletiva trazida em juízo. Por isso, não se trata de um requisito de validade da relação jurídico-processual, mas de uma condição prévia para a apreciação da pretensão. Cumpre destacar que o "comum acordo" se assemelha ao compromisso arbitral e, pelo art. 337, § 5º, do CPC, o juiz não pode conhecê-lo de ofício. Como destaca *Fredie Didier Júnior*(32): "o compromisso arbitral, embora seja exceção (matéria que o magistrado pode conhecer *ex officio*), deve ser alegado na contestação e não por exceção instrumental. O silêncio do demandado quanto ao compromisso não gera qualquer nulidade."

Assim, não há necessidade de o comum acordo ser prévio ao ajuizamento do dissídio, podendo tal condição da ação ser preenchida no curso do processo, inclusive de forma tácita, pela não oposição do suscitado.

Recentemente, pronunciou-se o C. TST, exigindo a presença do comum acordo quando do ajuizamento do dissídio, conforme a dicção da seguinte ementa:

> "DISSÍDIO COLETIVO. PARÁGRAFO 2º DO ART. 114 DA CONSTITUIÇÃO DA REPÚBLICA. EXIGIBILIDADE DA ANUÊNCIA PRÉVIA. Não demonstrado o comum acordo, exigido para o ajuizamento do Dissídio Coletivo, consoante a diretriz constitucional, evidencia-se a inviabilidade do exame do mérito da questão controvertida, por ausência de condição da ação, devendo-se extinguir o processo, sem resolução do mérito, à luz do art. 267, inciso VI, do CPC. Preliminar que se acolhe." (PROC. DC 165049/2005-000-00-00.4 – TST – Carlos Alberto Reis de Paula – Ministro relator – DJU 29.9.2006) (DT – Novembro/2006 – vol. 148, p. 165)

No mesmo sentido, as seguintes ementas, oriundas de Tribunais Regionais do Trabalho:

> "Dissídio coletivo — Falta de comum acordo. Em que pesem as posições contrárias em defesa do princípio da inafastabilidade da jurisdição (art. 5º, inciso XXXV, da CRFB), não se pode desconsiderar que a Emenda n. 45/04 impôs a observância de comum acordo para o ajuizamento de dissídio coletivo. Por conseguinte, o não cumprimento dessa exigência impõe a extinção do processo sem julgamento do mérito por ausência de pressuposto válido e regular do feito." (TRT – 12ª R. – Seção Especializada 1 – rel. Juiz Garibaldi T. P. Ferreira – Doc. n. 1068010 em 7.1.09 – DC n. 588/2007.000.12.00-0) (RDT n. 03 – março de 2009)

> "Dissídio coletivo de natureza econômica — Emenda Constitucional n. 45/04 — Comum acordo — Pressuposto processual para o ajuizamento da ação coletiva. A Emenda Constitucional n. 45/04, modificadora da redação contida no § 2º do art. 114, previu pressuposto

---

(32) DIDIER JÚNIOR, Fredie. *Pressupostos processuais e condições da ação. O juízo de admissibilidade do processo.* São Paulo: Saraiva, 2005. p. 341.

processual específico para o ajuizamento de dissídio coletivo de natureza econômica, consubstanciado na necessidade de demonstração de comum acordo entre os sindicatos envolvidos no impasse negocial. Considerando que há nos autos expressa discordância da entidade patronal com a instauração da instância coletiva, verifica-se ausente pressuposto processual intransponível ao ajuizamento do presente dissídio coletivo, devendo o feito ser extinto sem resolução de mérito, na forma do inciso IV do art. 267 do CPC." (TRT – 10ª R. – 1ª Seção Especializada – relª Desª Maria Regina Machado Guimarães – 11.3.10 – Processo DC n. 53900-79/2009.5.10.0000) (RDT n. 4 – abril de 2010)

O Tribunal Superior do Trabalho fixou jurisprudência no sentido de que a expressão *comum acordo*, configura pressuposto processual, mas não há necessidade de que este requisito seja preenchido quando ao ingresso da ação, podendo ser preenchido no curso do processo. Nesse sentido, destacamos as seguintes ementas:

"Dissídio coletivo — Falta de comum acordo. Em que pesem as posições contrárias em defesa do princípio da inafastabilidade da jurisdição (art. 5º, inciso XXXV, da CRFB), não se pode desconsiderar que a Emenda n. 45/04 impôs a observância de comum acordo para o ajuizamento de dissídio coletivo. Por conseguinte, o não cumprimento dessa exigência impõe a extinção do processo sem julgamento do mérito por ausência de pressuposto válido e regular do feito." (TRT 12ª R. – Seção Especializada 1 – rel. Juiz Garibaldi T. P. Ferreira – Doc. n. 1068010 em 7.1.09 – DC n. 588/2007.000.12.00-0) (RDT n. 03 – Março de 2009)

"DISSÍDIO COLETIVO DE NATUREZA ECONÔMICA. AUSÊNCIA DE COMUM ACORDO. PRESSUPOSTO PROCESSUAL. EXTINÇÃO DO PROCESSO. Conforme a jurisprudência firmada pela Seção Especializada em Dissídios Coletivos do Tribunal Superior do Trabalho, a partir da exigência trazida pela Emenda Constitucional n. 45/04 ao art. 114, § 2º, da Constituição Federal, o comum acordo constitui pressuposto processual para o ajuizamento do dissídio coletivo de natureza econômica. No caso concreto, verifica-se que o não preenchimento desse requisito, ora renovado em preliminar, foi expressamente indicado por alguns dos suscitados desde a contestação, o que implica óbice ao chamamento desta Justiça Especializada para exercício de seu Poder Normativo. Assim, reformando a decisão do Tribunal Regional que rejeitou a preliminar de ausência de comum acordo, em relação aos suscitados que renovaram a arguição, julga-se extinto o processo, sem resolução de mérito, a teor do art. 267, IV, do CPC, ressalvadas as situações fáticas já constituídas, nos termos do art. 6º, § 3º, da Lei n. 4.725/65. Recursos ordinários aos quais se dá provimento. AUSÊNCIA DE COMUM ACORDO. INOVAÇÃO RECURSAL. CONCORDÂNCIA TÁCITA. Ao interpretar o art. 114, § 2º, da Constituição da República, esta Corte Superior tem admitido a hipótese de concordância tácita com o ajuizamento do dissídio coletivo, consubstanciada na inexistência de oposição expressa do suscitado à instauração da instância no momento oportuno, e a qual não se desconstitui mediante a arguição tardia e inovatória em sede de recurso ordinário. LEGITIMIDADE PASSIVA. CATEGORIA DIFERENCIADA. Em face da Lei n. 7.410/85 e da Norma Regulamentar n. 27 do Ministério do Trabalho e Emprego, os técnicos de segurança do trabalho constituem categoria profissional diferenciada, na forma do art. 511, § 3º, da CLT, o que lhes permite ajuizar dissídio coletivo econômico, a fim de serem fixadas condições de trabalho específicas, a despeito da diversidade das atividades econômicas desenvolvidas pelas empregadoras, de forma que a legitimidade passiva não se sujeita à correspondência entre as categorias econômica e profissional. Recursos ordinários conhecidos e parcialmente providos." (TST – Processo: RODC – 20244/2007-000-02-00.2 Data de Julgamento: 11.5.2009, rel. Min. Walmir Oliveira da Costa, Seção Especializada em Dissídios Coletivos, Data de Divulgação: DEJT 29.5/2009)

"RECURSOS ORDINÁRIOS. DISSÍDIO COLETIVO. AUSÊNCIA DE COMUM ACORDO. ART. 114, § 2º, DA CONSTITUIÇÃO FEDERAL. EMENDA CONSTITUCIONAL N. 45/2004. EXTINÇÃO DO PROCESSO SEM RESOLUÇÃO DO MÉRITO. A discordância dos Suscitados com o ajuizamento do dissídio coletivo, oportunamente manifestada em contestação, determina o decreto de extinção do processo sem resolução do mérito, por ausência de pressuposto processual: comum acordo previsto no art. 114, § 2º, da Constituição Federal, com a redação conferida pela Emenda Constitucional n. 45/2004. Inconstitucionalidade dessa exigência, ante o disposto no art. 5º, XXXV, da Constituição Federal, que não se verifica. Precedentes desta Corte. Recursos ordinários aos quais se dá provimento." (TST Processo: RODC – 20315/2007-000-02-00.7 Data de Julgamento: 13.4.2009, rel. Min. Fernando Eizo Ono, Seção Especializada em Dissídios Coletivos, Data de Divulgação: DEJT 30.4.2009)

"RECURSO ORDINÁRIO. FALTA DE COMUM ACORDO. ART. 114, § 2º, DA CONSTITUIÇÃO FEDERAL. EMENDA CONSTITUCIONAL N. 45/2004. Hipótese em que se configura a falta do comum acordo exigido no art. 114, § 2º, da Constituição Federal, com a redação conferida pela Emenda Constitucional n. 45/2004. Expressa e oportuna discordância dos suscitados com a instauração do dissídio coletivo. Dissídio coletivo extinto, sem resolução do mérito, nos termos do art. 267, IV, do CPC. Recurso ordinário a que se dá provimento." (TST – Processo: RODC – 2521/2007-000-04-00.4 Data de Julgamento: 13.4.2009, relª Min. Kátia Magalhães Arruda, Seção Especializada em Dissídios Coletivos, Data de Divulgação: DEJT 24.4.2009)

"DISSÍDIO COLETIVO. EMPREGADOS VENDEDORES E VIAJANTES DO COMÉRCIO NO ESTADO DO RIO GRANDE DO SUL. RECURSOS ORDINÁRIOS INTERPOSTOS PELOS SINDICATOS PATRONAIS. 1) AUSÊNCIA DE COMUM ACORDO ARGUIDA POR ALGUNS DOS SUSCITADOS. ART. 114, § 2º, DA CONSTITUIÇÃO FEDERAL. JURISPRUDÊNCIA DO TST. EXTINÇÃO. O comum acordo, pressuposto específico para o ajuizamento do dissídio coletivo, exigência trazida pela Emenda Constitucional n. 45/04 ao art. 114, § 2º, da CF, embora a maneira ideal devesse ser materializado sob a forma de petição conjunta da representação, é interpretado de modo mais flexível pela Justiça do Trabalho, que admite a concordância tácita na instauração da instância, desde que não haja a oposição expressa do suscitado, na contestação. Respeitando, pois, a vontade soberana da Constituição Federal que, em seu art. 114, erigiu a negociação coletiva como método privilegiado de composição dos conflitos coletivos de trabalho, reforma-se parcialmente a decisão regional, para julgar extinto o processo, sem resolução de mérito, nos termos dos arts. 114, § 2º, da CF e 267, IV, do CPC, apenas em relação aos suscitados que expressamente apontaram, em suas defesas, a não concordância com o ajuizamento da ação como causa extintiva do feito, e que, ratificaram seu dissenso nas razões recursais. Ressalvam-se, contudo, as situações fáticas, já constituídas, nos termos do art. 6º, § 3º da Lei n. 4.725/1965. 2) RECURSOS ORDINÁRIOS INTERPOSTOS PELOS DEMAIS SUSCITADOS. Dá-se provimento parcial, para adaptar algumas das cláusulas impugnadas à jurisprudência normativa desta Corte." (TST/SDC, RODC, 201100-29.2007.5.04.0000, relª Dora Maria da Costa, j. 12.4.2010, DEJT 23.4.2010)

"RECURSO ORDINÁRIO. DISSÍDIO COLETIVO. AUSÊNCIA DE COMUM ACORDO. ART. 114, § 2º, DA CONSTITUIÇÃO FEDERAL. EMENDA CONSTITUCIONAL N. 45/2004. EXTINÇÃO DO PROCESSO SEM RESOLUÇÃO DO MÉRITO. A discordância da Suscitada com o ajuizamento do dissídio coletivo, oportunamente manifestada em contestação, determina o decreto de extinção do processo sem resolução do mérito, por ausência de pressuposto processual: comum acordo previsto no art. 114, § 2º, da Constituição Federal, com a redação conferida pela Emenda Constitucional n. 45/2004. Inconstitucionalidade dessa exigência, ante o disposto no art. 5º, XXXV, da Constituição Federal, que não se verifica. Precedentes desta Corte. Recurso ordinário a que se nega provimento." (TST/SDC, RO 25500-98.2009.5.12.0000, rel. Fernando Eizo Ono, j. 10.5.2010, DEJT 28.5.2010).

"RECURSO ORDINÁRIO. DISSÍDIO COLETIVO. MÚTUO ACORDO. EXTINÇÃO DO FEITO. ART. 114, § 2º, DA CONSTITUIÇÃO FEDERAL DE 1988. Com a edição da Emenda Constitucional n. 45/2004, estabeleceu-se novo requisito para o ajuizamento da ação coletiva de natureza econômica, qual seja, que haja comum acordo entre as partes. Trata-se de requisito constitucional para instauração do dissídio coletivo e diz respeito à admissibilidade do processo. A expressão "comum acordo", de que trata o mencionado dispositivo constitucional, não significa, necessariamente, petição conjunta das partes, expressando concordância com o ajuizamento da ação coletiva, mas a não oposição da parte, antes ou após a sua propositura, que se pode caracterizar de modo expresso ou tácito, conforme a sua explícita manifestação ou o seu silêncio. No caso dos autos, houve a recusa expressa do suscitado quanto à instauração do dissídio coletivo, a qual foi feita em momento oportuno, ao teor do art. 301, X, do CPC, o que resulta na extinção do processo sem resolução de mérito, ante a falta de pressuposto de constituição e de desenvolvimento válido e regular do processo (art. 267, IV, CPC). Decisão do Regional mantida. Recurso ordinário desprovido." (TST – Processo: RO – 210900-94.2009.5.01.0000 – Data de Julgamento: 10.6.2013, relª Minª Kátia Magalhães Arruda, Seção Especializada em Dissídios Coletivos, Data de Publicação: DEJT 21.6.2013)

"RECURSO ORDINÁRIO DO SINDICATO DA CATEGORIA PROFISSIONAL EM FACE DE PARTE DAS ENTIDADES SUSCITADAS. 1. DISSÍDIO COLETIVO DE NATUREZA ECONÔMICA. COMUM ACORDO. NOVA REDAÇÃO DO § 2º DO ART. 114 DA CONSTITUIÇÃO ATUAL APÓS A PROMULGAÇÃO DA EMENDA CONSTITUCIONAL N. 45/2004. A Seção Especializada em Dissídios Coletivos deste Tribunal Superior do Trabalho firmou jurisprudência no sentido de que a nova redação do § 2º do art. 114 da Constituição Federal estabeleceu o pressuposto processual intransponível do mútuo consenso das partes para o ajuizamento do dissídio coletivo de natureza econômica. A EC n. 45/2004, incorporando críticas a esse processo especial coletivo, por traduzir excessiva intervenção estatal em matéria própria à criação de normas, o que seria inadequado ao efetivo Estado Democrático de Direito instituído pela Constituição (de modo a preservar com os sindicatos, pela via da negociação coletiva, a geração de novos institutos e regras trabalhistas, e não com o Judiciário), fixou o pressuposto processual restritivo do § 2º do art. 114, em sua nova redação. Nesse novo quadro jurídico, apenas havendo "mútuo acordo" ou em casos de greve, é que o dissídio de natureza econômica pode ser tramitado na Justiça do Trabalho. Recurso ordinário desprovido. 2. DISSÍDIO COLETIVO INSTAURADO EM FACE DE EMPRESAS. LEGITIMAÇÃO DA ENTIDADE SINDICAL SUSCITANTE. AUTORIZAÇÃO DOS TRABALHADORES DIRETAMENTE ENVOLVIDOS NO CONFLITO. OJ n. 19 DA SDC. Esta Seção Especializada possui o entendimento, consubstanciado na OJ n. 19, de que, na hipótese de o dissídio coletivo ser instaurado em face de empresa (ficando abrangidas nesse conceito autarquias, fundações e conselhos profissionais), há necessidade de participação, em assembleia, dos trabalhadores diretamente envolvidos no conflito. No caso concreto, não consta das listas de presença dos empregados presentes na assembleia que deliberou sobre o ajuizamento do dissídio coletivo (fls. 110-125) qualquer descrição ou informação correspondente aos seus respectivos empregadores, de modo que fica inviável verificar a existência de relação contratual entre os participantes das Assembleias e as empresas recorridas. Desse modo, em observância à jurisprudência desta Corte, não há como ser reconhecida a legitimidade do Sindicato Suscitante para a instauração de dissídio coletivo em face das empresas e entidades especificadas no acórdão do TRT, uma vez que não comprovada a participação em assembleia dos trabalhadores envolvidos na disputa, nos termos do art. 859 da CLT. Ressalta-se, por oportuno, que a presença de um único trabalhador de determinada empresa, sociedade de economia mista ou conselho profissional, desde que identificado como tal, em assembleia, seria suficiente para atendimento ao disposto na OJ 19/SDC, uma vez que não há quorum mínimo nessa hipótese. Contudo, essa não foi a hipótese dos autos. Recurso ordinário desprovido. 3. JUSTIÇA GRATUITA. PESSOA JURÍDICA. NECESSIDADE DE PROVA INEQUÍVOCA DO ESTADO DE HIPOSSUFICIÊNCIA ECONÔMICA. A jurisprudência deste colendo TST entende que, para a concessão do benefício da justiça gratuita a pessoa jurídica, é necessário que haja prova inequívoca da impossibilidade desta de arcar com as despesas processuais. Julgados. Recurso ordinário integralmente desprovido." (TST – Processo: RO – 5609-02.2014.5.09.0000 – Data de Julgamento: 10.10.2016, rel. Ministro: Mauricio Godinho Delgado, Seção Especializada em Dissídios Coletivos, Data de Publicação: DEJT 19.10.2016)

Embora não sejamos otimistas com a exigência do "comum acordo" para o ajuizamento do dissídio coletivo de interesse, talvez a jurisprudência poderia experimentar ser mais rígida com a interpretação da expressão "comum acordo" e exigi-lo quando do ingresso do dissídio, como forma de estimular a negociação direta das partes.

Também com a escassez do poder normativo, poderiam eclodir outras formas de negociação coletiva, rompendo com o paradigma da negociação por categoria, como a representação direta dos trabalhadores na empresa (art. 11 da CF), participação dos trabalhadores na gestão da empresa (art. 7º, XI, da CF) e negociação direta entre trabalhadores e empresa (art. 617 da CLT).

Restringindo-se o poder normativo, a Justiça do Trabalho exerceria um controle *a posteriori*, anulando, por meio de ações anulatórias, as eventuais cláusulas de acordos e convenções coletivas que extrapolassem os limites constitucionais mínimos ou não cumprissem sua função social. Esta é, aliás, a atuação precípua do Judiciário, máxime considerando-se o princípio da liberdade de contratar (art. 421 e seguintes do Código Civil).

Caso tal interpretação mais rígida quanto ao ingresso do dissídio coletivo não funcione, havendo um aumento significativo da litigiosidade, perpetuação do conflito e grande instabilidade social, e até mesmo o aniquilamento de direitos sociais, a interpretação poderá retroceder, admitindo o ajuizamento do dissídio sem o comum acordo, podendo este ser obtido *a posteriori*, ou seja, no curso do processo, ou até mesmo ser suprido judicialmente.

Como bem adverte *Mozart Victor Russomano*(33):

> "Na solução dos conflitos de trabalho, em particular dos conflitos coletivos de natureza econômica, se reitera a velha e válida ideia de que não

(33) RUSSOMANO, Mozart Victor. *Princípios gerais de direito sindical.* 2. ed. Rio de Janeiro: Forense, 2002. p. 293.

basta que existam leis boas. É preciso que existam bons cidadãos e bons juízes, dispostos a respeitá-las e a fazê-las respeitar. Bons cidadãos que dispensem a interferência dos maus juízes e bons juízes que reprimam a conduta dos maus cidadãos. A sentença sempre é página arrancada da vida de algum homem. A sentença coletiva é página arrancada da história de um povo. Nele se reflete ou dela resulta o drama que chega ao último ato ou tragédia, de final desesperador. Nossa experiência de juiz, durante quarenta anos, permite que a palavra final deste livro seja de advertência: "Nós os juízes do século XX, viemos do povo, pois em seu seio nascemos e nos formamos. Para o fiel desempenho de nossa missão social, devemos continuar ao lado dele, sentindo-lhe o calor, o suor, a pulsação, o sofrimento. O verdadeiro juiz, neste final de século, é aquele que consegue incorporar em sua alma a alma coletiva, anônima e comunitária das multidões. Esse é o juiz que enfrentará, certo dia, com tranquilidade, a face severa do juiz que o acompanha, o avalia e o qualifica. Foi dito alhures: 'O povo é o juiz dos juízes'. Deveria ter sido acrescentado: E suas sentenças são inapeláveis, porque são as sentenças da história."

Concluindo, a exigência do *comum acordo* previsto no § 2º do art. 114 da CF não extinguiu o poder normativo. Mas, sem dúvida, o acesso a ele foi restringido e se criou um obstáculo à sua instauração que, para alguns, é uma condição da ação, para outros, um pressuposto processual.

Embora a jurisprudência possa adotar uma posição mais restritiva quanto à exigência do *comum acordo*, como se trata, conforme fixamos entendimento acima, de uma condição da ação, não há necessidade de ele ser obtido quando do ajuizamento do dissídio, podendo tal condição da ação ser preenchida no curso do processo, inclusive de forma tácita, pela não oposição do suscitado.

Assim, não há necessidade de o comum acordo ser prévio ao ajuizamento do dissídio, podendo tal condição da ação ser preenchida no curso do processo, inclusive de forma tácita, pela não oposição do suscitado. O Tribunal não pode declarar de ofício a falta do comum acordo, devendo este ser invocado em defesa pelo próprio suscitado, sob consequência de preclusão.

Nesse sentido, destacamos a seguinte ementa da lavra do Ministro Mauricio Godinho Delgado:

"DISSÍDIO COLETIVO DE NATUREZA ECONÔMICA. AJUIZAMENTO. COMUM ACORDO. NOVA REDAÇÃO DO § 2º DO ART. 114 DA CONSTITUIÇÃO ATUAL APÓS A PROMULGAÇÃO DA EMENDA CONSTITUCIONAL N. 45/2004. MANIFESTAÇÃO APÓS A APRESENTAÇÃO DA DEFESA. PRECLUSÃO. Ressalvado o entendimento pessoal deste relator, a Seção Especializada em Dissídios Coletivos deste Tribunal Superior do Trabalho firmou jurisprudência no sentido de que a nova redação do § 2º do art. 114 da Carta Política do país estabeleceu o pressuposto processual intransponível do mútuo consenso dos interessados para o ajuizamento do dissídio coletivo de natureza econômica. Entretanto, deve haver manifestação expressa dissentindo da instauração da instância até o prazo para a apresentação da defesa. Não havendo, surge a preclusão, entendendo-se que houve a concordância tácita ao ajuizamento do dissídio coletivo. Na hipótese dos autos, um dos suscitados (embora não os demais) não dissentiu expressamente do ajuizamento da instância coletiva no momento oportuno, consoante os termos da peça de defesa apresentada às fls. 469-472. Não cabe agora, em sede de recurso ordinário, apresentar tal manifestação. A questão está preclusa. Houve o consentimento tácito para a instauração da instância coletiva, especificamente quanto ao recorrente. Rejeita-se a preliminar quanto ao sindicato empresarial que incidiu em preclusão, extinguindo-se o processo, sem resolução do mérito, no tocante aos recorrentes restantes, que apresentaram tempestivamente sua irresignação." (TST – Processo: RODC – 1793/2006-000-04-00.6 Data de Julgamento: 9.10.2008. Rel. Min. Mauricio Godinho Delgado, Seção Especializada em Dissídios Coletivos, Data de Divulgação: DEJT 24.10.2008)

2.5. A questão do comum acordo nos dissídios de greve e a legitimidade do Ministério Público do Trabalho

Muito tem sido discutido se no dissídio de greve há a necessidade do comum acordo para o Tribunal apreciar as cláusulas econômicas.

O art. 114, § 3º, da CF dispõe:

"Em caso de greve em atividade essencial, com possibilidade de lesão do interesse público, o Ministério Público do Trabalho poderá ajuizar dissídio coletivo, competindo à Justiça do Trabalho decidir o conflito."

A greve pode envolver atividades essenciais e não essenciais. Em se tratando de greve em atividades não essenciais, poderão instaurar o dissídio de greve as partes envolvidas no conflito, nos termos do art. 8º da Lei n. 7.783/89.

Nesse sentido, valem destacar as seguintes ementas, oriundas da mais alta Corte Trabalhista do país:

"RECURSO ORDINÁRIO EM DISSÍDIO COLETIVO - LEGITIMIDADE DO SINDICATO PATRONAL PARA AJUIZAR DISSÍDIO COLETIVO DE GREVE. O direito de greve previsto no art. 9º e parágrafos da Constituição Federal foi regulado pela Lei n. 7.783/89, que continua em vigor. E, consoante o disposto no art. 8º do citado diploma legal, a legitimação ordinária para o ajuizamento do dissídio coletivo de greve é das partes envolvidas, sendo que ao Ministério Público cabe a legitimidade ativa, no caso de greve em serviço essencial (art. 114, § 3º, da CF/88). Desse modo, não há como negar a legitimidade ativa do sindicato patronal para ajuizar dissídio de greve, sob pena de violação da garantia constitucional prevista no art. 5º, XXXV, da CF/88. Recurso ordinário conhecido e provido." (Processo: RODC – 105500-29.2007.5.09.0909 – Data de Julgamento: 15.12.2009 – relª Ministra Kátia Magalhães Arruda – Seção Especializada em Dissídios Coletivos – Data de Divulgação: DEJT 5.3.2010)

"RECURSO ORDINÁRIO. AÇÃO DECLARATÓRIA DE ABUSIVIDADE DE GREVE. COMPETÊNCIA DA JUSTIÇA DO TRABALHO. ILEGITIMIDADE ATIVA *AD CAUSAM*. ART. 114, INC. II E § 3º, DA CONSTITUIÇÃO FEDERAL. EMENDA CONSTITUCIONAL N. 45/2004. 1. A Justiça do Trabalho, mesmo após a edição da Emenda Constitucional n. 45/2004, é competente para declarar a abusividade, ou não, de movimento grevista. 2. É concorrente a legitimidade do Ministério Público do Trabalho e do empregador para ajuizamento de ação declaratória de abusividade de greve em atividades consideradas essenciais. Precedente desta Seção Normativa. Nas atividades não essenciais permanece a legitimidade do empregador individualmente considerado ou do sindicato representante da categoria econômica para ajuizamento dessa ação coletiva. 3. Hipótese em que o Tribunal Regional decretou a extinção do processo sem resolução do mérito, por ilegitimidade ativa *ad causam*, sob o entendimento de que, após o advento da Emenda Constitucional n. 45/2004, em que se acrescentou o inc. II e o § 3º ao art. 114 da Constituição Federal, a Justiça do Trabalho não detém mais competência para declarar a abusividade, ou não, de movimento grevista, e a legitimidade para ajuizar dissídio coletivo de greve é exclusiva do Ministério Público do Trabalho. Recurso ordinário a que dá provimento, para afastar a declaração de ilegitimidade ativa *ad causam* e determinar o retorno dos autos ao Tribunal Regional de origem, a fim de que prossiga no exame da presente ação coletiva, como entender de direito." (Processo: RODC – 61300-97.2008.5.09.0909 – Data de Julgamento: 9.11.2009 – rel. Ministro Fernando Eizo Ono – Seção Especializada em Dissídios Coletivos – Data de Divulgação: DEJT 28.5.2010)

De outro lado, o Ministério Público do Trabalho, diante do comando constitucional, somente poderá ajuizar dissídio coletivo de greve em atividades essenciais.

É de intuitiva compreensão que, no caso de greve que afetar o interesse público, a sociedade não pode sofrer as graves consequências da paralisação indefinida de uma atividade que lhe é essencial, como nas áreas de saúde, energia elétrica, comunicação, transporte coletivo etc.[(34)].

Sem dúvida, foi restringida a legitimidade do MP do Trabalho para ajuizar o dissídio de greve. Agora, o MP do Trabalho somente pode atuar quando a greve eclodir em atividades essenciais, definidas de forma exemplificativa na Lei n. 7.783/83. A legitimidade do Ministério Público do Trabalho somente se justifica na defesa da ordem jurídica, no aspecto jurídico do conflito, a fim de buscar que a greve transcorra dentro da legalidade. Não é função institucional, tampouco missão constitucional do *parquet* a defesa de cláusulas econômicas no dissídio de greve. Além disso, há necessidade de comum acordo das partes para o Tribunal apreciar tais cláusulas.

No mesmo sentido, é a posição de *Pedro Carlos Sampaio Garcia*[(35)]: "A instauração do dissídio coletivo pelo Ministério Público do Trabalho visa ao julgamento dos atos relacionados ao exercício do direito de greve, pois é apenas na defesa do interesse público que age esse órgão nessa hipótese. Não cabe ao Ministério Público defender interesse econômico das partes envolvidas no conflito."

Pensa de forma contrária *João Oreste Dalazen*[(36)]: "[...] o novel preceito apenas elevou à dignidade constitucional a legitimação ativa do Ministério Público do Trabalho

(34) DALAZEN, João Oreste, *op. cit.*, p. 144.

(35) GARCIA, Pedro Carlos Sampaio. O fim do poder normativo. Justiça do Trabalho. *In: Justiça do trabalho competência ampliada.* Coordenação de Grijalbo Fernandes Coutinho e Marcos Neves Fava. São Paulo: LTr, 2005. p. 394-395.

(36) *Op. cit.*, p. 144.

para instaurar dissídio coletivo, em caso de greve, já assegurada anteriormente em lei. Uma vez que a norma insculpida no § 3º do art. 114 não outorgou legitimação *exclusivamente* ao Ministério Público do Trabalho, creio que persiste a legitimação *concorrente* também de qualquer das partes para suscitar dissídio coletivo em caso de greve, como já dispõe expressamente a atual Lei n. 7.783/89 (art. 8º)."

A questão que se coloca é a seguinte: pode a Justiça do Trabalho, em dissídio de greve, sem a existência do comum acordo, apreciar as cláusulas econômicas?

Parte da jurisprudência tem interpretado o § 3º do art. 114, sistematicamente com o inciso II, do art. 114, da Constituição Federal[37][38], dizendo que não há necessidade do comum acordo e que a Justiça do Trabalho pode apreciar as cláusulas econômicas do dissídio de greve.

A questão é complexa. Primeiramente, no caso do dissídio de greve, nos parece dispensável o comum acordo, tanto no ajuizado pelo MP como pelos Sindicatos. Acreditamos que num primeiro momento nos sentimos tentados a dizer que as cláusulas econômicas também podem ser apreciadas no dissídio de greve mesmo sem o *comum acordo*, pois o § 3º do art. 114 diz que a Justiça do Trabalho decidirá o conflito, assim, como o § 2º, entretanto, no § 3º, o art. 114 silencia sobre os parâmetros de decisão do conflito, "respeitando as disposições mínimas [...]." Em razão disso, a nosso ver, a competência da Justiça do Trabalho em dissídios de greve se restringe a declarar a legitimidade ou não do movimento paredista. Caso contrário, a greve seria a via lateral para o ajuizamento do dissídio coletivo de natureza econômica, suprindo a necessidade do "comum acordo".

2.6. Limites da competência normativa da Justiça do Trabalho brasileira

Diz o art. 114, § 2º, da CF, em sua redação atual: "Recusando-se qualquer das partes à negociação coletiva ou à arbitragem, é facultado às mesmas, de comum acordo, ajuizar dissídio coletivo de natureza econômica, podendo a Justiça do Trabalho decidir o conflito, respeitadas as disposições mínimas legais de proteção ao trabalho, bem como as convencionadas anteriormente."

De início, constata-se que o Poder Normativo deve respeitar as disposições legais mínimas, ou seja, os direitos consagrados à classe trabalhadora tanto na Constituição Federal, como nas leis infraconstitucionais[39].

---

(37) TRT/SP n. 20086200500002009 – AC. 2005000777 – SDC – relª Juíza Wilma Nogueira de Araújo Vaz da Silva – DOE 13.5.2005: "[...] Em relação à primeira preliminar arguida pela PUC, no sentido da extinção do dissídio ante a falta de comum acordo entre as partes, a preliminar fica desde já rejeitada, nos termos do que dispõe a Emenda n. 45 em seu art. 114 no inciso II que prevê textualmente "compete à Justiça do Trabalho processar e julgar as ações que *envolvam exercício do direito de greve [...].*"

(38) TRT/SP n. 2000720050002000 – AC. 2005000360 – SDC – relª Juíza Wilma Nogueira de Araújo Vaz da Silva – DOE 15.3.2005: "[...] em caso de greve com possibilidade de lesão ao interesse público, o Ministério Público do Trabalho poderá ajuizar dissídio coletivo, competindo à Justiça do Trabalho decidir o conflito."

(39) Por isso, se tem dito que o Poder Normativo atua no chamado *vazio legislativo* ou *branco da lei*.

Também segundo a redação do aludido § 2º, o Poder Normativo não pode contrariar as cláusulas objeto de acordo ou convenções coletivas que estão em vigor quando do ajuizamento do dissídio coletivo[(40)].

Nesse sentido, cumpre destacar o Enunciado n. 34 da 1ª Jornada de Direito Material e Processual do Trabalho do Tribunal Superior do Trabalho, *in verbis*:

> "DISSÍDIO COLETIVO – CLÁUSULAS PREEXISTENTES. O § 2º do art. 114 da CF impõe aos Tribunais do Trabalho que, no julgamento dos dissídios coletivos, respeitem as disposições convencionadas anteriormente. Idêntico entendimento deve ser aplicado às cláusulas preexistentes previstas em sentenças normativas."

O art. 766 da Consolidação das Leis do Trabalho estipula as balizas do poder normativo da Justiça do Trabalho, determinando que sejam utilizados pelo julgador a razoabilidade e a equidade. Aduz o referido dispositivo: "*Nos dissídios sobre estipulação de salários, serão estabelecidas condições que, assegurando justos salários aos trabalhadores, permitam também justa retribuição às empresas interessadas.*"

Em decisão da lavra do Ministro *Coqueijo Costa*, encontramos um interessante raciocínio sobre os limites do poder normativo:

> "EMENTA: "Poder Normativo. 1. O poder normativo atribuído à Justiça do Trabalho, limita-se, ao norte, pela Constituição Federal; ao sul, pela lei, a qual não pode contrariar; a leste, pela equidade e bom-senso; e a oeste, pela regra consolidada no art. 776, conforme a qual nos dissídios coletivos serão estipuladas condições que assegurem justo salário aos trabalhadores, mas 'permitam também justa retribuição às empresas interessadas'."[(41)]

Quanto ao limite máximo do poder normativo, ou seja, o seu teto, sempre houve divergências e discussões acaloradas.

O § 2º do art. 114 da Constituição Federal suprimiu a expressão *estabelecer normas e condições* por *decidir o conflito*.

No projeto de lei da reforma sindical, o art. 188 tem a seguinte redação:

> "No fracasso da negociação coletiva destinada à celebração ou à renovação de norma coletiva, os atores coletivos em conflito poderão, de comum acordo, provocar a atuação do tribunal do trabalho, de árbitro ou de órgão arbitral *para o fim de criar, modificar ou extinguir condições de trabalho.*" (grifou-se)

Inegavelmente, decidir o conflito econômico é criar normas e condições de trabalho. Mas qual o teto máximo do poder normativo, ou seja, quais são os limites da atividade criativa do judiciário trabalhista?

---

(40) A jurisprudência se firmou no sentido de que os direitos previstos nos acordos e convenções coletivas, bem como em sentenças normativas, por serem instrumentos normativos de vigência temporária não integram os contratos individuais de trabalho de forma definitiva. Nesse sentido, é a Súmula n. 277 do C. TST: "SENTENÇA NORMATIVA — VIGÊNCIA — REPERCUSSÃO NOS CONTRATOS DE TRABALHO. As condições de trabalho alcançadas por força de sentença normativa vigoram no prazo assinado, não integrando, de forma definitiva, os contratos." (Res. n. 10/1988 – DJ 1.3.1988)

(41) TST RODC n. 30/82, em 27.5.82, T. Pleno rel. Min. Coqueijo Costa. DJ 12.8.82.

O Supremo Tribunal Federal, mesmo antes da EC n. 45/04, dirimiu a questão, conforme a ementa abaixo transcrita:

> "Dissídio coletivo. Recursos extraordinários providos para excluir as cláusulas 2ª (piso correspondente ao salário mínimo acrescido do percentual) e 24ª (estabilidade temporária), por contrariarem, respectivamente, o inciso IV (parte final) e I do art. 7º da Constituição, este último juntamente com o art. 10 do ADCT, bem como a cláusula 29ª (aviso-prévio de 60 dias), por ser considerada invasiva da reserva legal específica, instituída no art. 7º, XXI, da Constituição. Recursos igualmente providos, quanto à cláusula 14ª (antecipação para junho, da primeira parcela do 13º salário), *por exceder seu conteúdo a competência normativa da Justiça do Trabalho, cujas decisões a despeito de configurarem fonte do direito objetivo, revestem o caráter de regras subsidiárias, somente suscetíveis de operar no vazio legislativo, e sujeitas à supremacia da lei formal (art. 114, § 2º, da Constituição)*. Recursos de que não se conhece no concernente à cláusula (reajuste salarial), por ausência e pressupostos de admissibilidade, e, ainda, no que toca às cláusulas 52ª (multa pela falta de pagamento de dia de trabalho), 59ª (abrigos para a proteção dos trabalhadores), 61ª (fornecimento de listas de empregados), 63ª (fixação de quadro de aviso), visto não contrariarem os dispositivos constitucionais contra elas invocados, especialmente o § 2º do art. 114."[(42)] (grifo nosso)

É bem verdade que a referida decisão do Supremo Tribunal Federal, seguida por outros acórdãos na mesma linha, esvaziaram em muito os limites do poder normativo, uma vez que, por ser este uma verdadeira atividade legislativa, deve atuar no chamado *branco da lei*, não podendo invadir matérias reguladas pela lei, nem regulamentar matérias que a Constituição reservou para a lei ordinária. Também, à luz do art. 766 da CLT, o poder normativo deve estar balizado pelo justo salário e também a justa retribuição da empresa. Desse modo, na sentença normativa, o Tribunal se valerá de regras de equidade e razoabilidade, para encontrar um equilíbrio entre a pretensão do trabalhador (classe trabalhadora) e as possibilidades do capital (empregador).

Conforme destaca com propriedade *Octavio Bueno Magano*[(43)], "o poder regulamentar e de organização do empregador é outra limitação ao poder normativo, cujas decisões não podem ter um grau de interferência que se reflita sobre a própria organização da empresa e o seu regulamento interno diante dos princípios constitucionais do art. 170 e ss."

2.7. O poder normativo se transformou em arbitragem judicial após a EC n. 45/04?

Depois da EC n. 45/04, muitos já estão sustentando que o poder normativo da Justiça do Trabalho se transformou em arbitragem judicial facultativa, pois há a necessidade de se provocar a intervenção judicial, por mútuo acordo.

Desse modo, a expressão "comum acordo" equivaleria a uma cláusula compromissória ou ao compromisso arbitral, previstos na Lei n. 9.307/1996.

(42) STF, Reclamação n. 197.911-9, rel. Min. Octavio Gallotti, DJU 7.11.1997.

(43) MAGANO, Octavio Bueno. *Manual de direito do trabalho*. v. IV. São Paulo: LTr, 1994. p. 245, *apud* HINZ, Henrique Macedo. *O poder normativo da Justiça do Trabalho*. São Paulo: LTr, 2000. p. 61.

Assim, não seria mais o dissídio coletivo um processo propriamente dito, e sim uma arbitragem pública. Portanto, praticamente estariam revogados os arts. 856 a 875 da CLT que disciplinam o procedimento do dissídio coletivo.

Nesse sentido, é a posição abalizada de *Pedro Carlos Sampaio Garcia*(44):

> "Com a nova redação do art. 114, § 2º, da Constituição Federal, tudo mudou. O texto é claro e não permite dúvidas. Agora é facultado às partes, de comum acordo, suscitar o dissídio coletivo. É facultado. Suscita de comum acordo se quiser. Se não quiser, não suscita e aí não há dissídio coletivo. Nenhuma outra alternativa se colocou no texto constitucional. Somente esta existe. Diante do novo sistema estabelecido em nossa Constituição, a parte apenas se submete à sentença normativa voluntariamente. Não sendo assim, não está a parte obrigada a participar de dissídio coletivo e a se submeter à decisão normativa ali proferida. Não há mais imposição obrigatória de sentença normativa. Portanto, não há mais poder [...]. A atuação da Justiça do Trabalho nos dissídios coletivos passa a ter a natureza de uma arbitragem pública. As partes escolhendo o árbitro, concordam em se submeter à decisão por ele proferida."

Em que pesem as opiniões em contrário, e os sólidos fundamentos apontados por *Sampaio Garcia*, o poder normativo e o dissídio coletivo continuam mantidos pelos seguintes argumentos:

a) o dissídio coletivo de natureza jurídica em nada foi alterado pela EC n. 45/04;

b) o legislador não extinguiu expressamente o Poder Normativo, tampouco o transformou em arbitragem. Além disso, disciplinou expressamente a possibilidade de arbitragem facultativa, fora da Justiça do Trabalho, no § 2º do art. 114;

c) continua vigente o dissídio de revisão;

d) o § 2º, do art. 114, da CF, diz ajuizar dissídio coletivo. Ora, somente se ajuíza uma ação. E também se refere à *decisão do conflito* pela Justiça do Trabalho.

Dessa forma, o poder normativo não fora transformado em arbitragem, embora dela se tenha aproximado muito.

2.8. Como resolver o impasse se o sindicato forte se recusa a negociar?

Indaga: se uma das partes recusar-se à negociação, à arbitragem e ao dissídio, como resolver o impasse? Se a categoria operária é forte, decreta-se a greve; mas se for fraca, ficará à mercê da parte adversa? Em geral, quem está em vantagem não negocia e quem se recusa a negociar também não dá a cabeça a prêmio num processo judicial. A greve não interessa à sociedade, e a indiferença do mais forte gera

(44) GARCIA, Pedro Carlos Sampaio, *op. cit.*, p. 391.

injustiça. Logo, parece-nos que a solução do constituinte derivado não se harmoniza com a finalidade da Justiça, que é manter e restabelecer a paz social(45).

Partindo-se da premissa da necessidade do comum acordo, se houver discordância do suscitado, o Tribunal não poderá julgar o dissídio coletivo de natureza econômica. O ordenamento jurídico trabalhista não prevê mecanismos de solução deste impasse. O conflito prolongado pode gerar litigiosidade contida e desembocar em greve sem precedentes.

Na Espanha e em Portugal, quando a greve perdura por lapso de tempo considerável, sem consenso, há a obrigatoriedade de instauração de arbitragem compulsória. Esta solução é possível de ser aplicada no Direito Brasileiro, embora não haja tradição, pois o direito comparado é fonte do direito material e processual do trabalho, conforme disciplina no art. 8º da CLT, *in verbis*:

> "As autoridades administrativas e a Justiça do Trabalho, na falta de disposições legais ou contratuais, decidirão, conforme o caso, pela jurisprudência, por analogia, por equidade e outros princípios e normas gerais de direito, principalmente do direito do trabalho, e, ainda, de acordo com os usos e costumes, o direito comparado, mas sempre de maneira que nenhum interesse de classe ou particular prevaleça sobre o interesse público."

Não obstante, pensamos que, nesta hipótese, caberá, também, o suprimento de outorga judicial para instauração do dissídio coletivo de natureza econômica. O Judiciário, analisando o caso concreto, a razoabilidade, justiça e equidade, pode deferir o suprimento de outorga, nos termos do art. 497 do CPC, e admitir o dissídio de natureza econômica, mesmo não havendo o *comum acordo*.

Nesse sentido, é a visão de *Enoque Ribeiro dos Santos*(46):

> "Se o sindicato profissional for fraco e não tiver densidade suficiente para impor pressão por meio da greve, poderá instaurar o dissídio coletivo de natureza econômica no Tribunal, suscitando, de forma incidental, o suprimento judicial do 'comum acordo', por meio de tutela específica, com fulcro no art. 461 do Código de Processo Civil, que trata das obrigações de fazer, bem como com fundamento em imposição de uma condição meramente potestativa do empregador, na denegação do aludido comum acordo. Restaria, dessa forma, superado o óbice do 'comum acordo' para que o Tribunal conhecesse do dissídio coletivo de natureza econômica."

No aspecto, vale destacar a seguinte ementa:

> "Comum acordo. Abuso de direito. Interpretação do art. 114, § 2º, da CF. Colisão de Direitos Fundamentais. Efeitos. Dissído coletivo — A reiterada recusa injustificada à participação em

---

(45) MARQUES DE LIMA, Francisco Meton; MARQUES DE LIMA, Francisco Gérson. *A reforma do poder judiciário.* São Paulo: Malheiros, 2005. p. 127.

(46) SANTOS, Enoque Ribeiro dos. Dissídio coletivo e emenda constitucional n. 45/04. Considerações sobre as teses jurídicas da exigência do comum acordo. *In: Revista do Advogado*, Ano XXVI, Julho de 2006, n. 86, São Paulo, AASP, p. 22.

processo negocial afasta a aplicação do disposto no parágrafo único e inciso *a* do art. 867 da CLT e leva à manutenção da data base — Também implica na concordância que configura comum acordo, devendo ser rechaçada a preliminar de ausência de pressuposto processual para instauração de instância, sob pena de configurar cerceamento do direito de acesso à jurisdição, garantido como fundamental pela CF — Intepretação dos arts. 5º, XXXV e LXXVIII, 8º, III e 114, § 2º, da CF/1988. A comprovada recusa reiterada do sindicato patronal em participar do procedimento negocial afasta a aplicação do disposto no parágrafo único e inciso *a* do art. 867 da CLT, e leva à manutenção da data-base. Também configura comum acordo para a instauração do dissídio coletivo, pois o abuso de direito de uma das partes não pode levar ao cerceamento do acesso à jurisdição para a outra parte, direito fundamental garantido pela CF em vigor. A aplicação da norma infraconstitucional e a interpretação do preceituado no § 2º do art. 114 da CF/1988 não pode levar à colisão dos direitos fundamentais assegurados pelos arts. 5º, XXXV e LXXVIII, 8º, III da CF/1988, devendo ser pautada pelos princípios de hermenêutica constitucional, notadamente o da concordância prática e da efetividade, a fim de preservar a unidade da Carta Constitucional da República." (TRT – 15ª Reg. (Campinas/SP) Proc. 1260-2009-000-15-00-7 – (AC. 198/10 – PADC, SDC) – relª Tereza Aparecida Asta Gemignani. DEJT 10.5.10, p. 24. *In: Suplemento de Jusiprudência LTr* n. 32/2010, p. 254)

2.9. Do procedimento no dissídio coletivo e questões processuais

A competência originária (funcional) para apreciar os dissídios coletivos é dos Tribunais Regionais do Trabalho, no âmbito de suas competências territoriais. Se o conflito envolver a jurisdição de mais de um Tribunal Regional do Trabalho, a competência para julgar e processar o dissídio será do Tribunal Superior do Trabalho.

Conforme destaca *Ives Gandra Martins Filho*(47):

"Só têm competência para apreciar dissídios coletivos os Tribunais do Trabalho, ou seja, TRT e TST. A ação coletiva é, pois, ajuizada originariamente, num tribunal. A competência hierárquica varia conforme o âmbito do dissídio:

a) TRT – somente aprecia e julga os dissídios de âmbito regional (ligados ao território sobre o qual tem jurisdição) (CLT, art. 678, I, *a*, e Lei n. 7.701/88, art. 6º); e

b) TST – decide originariamente sobre os dissídios de âmbito suprarregional (que abrange mais de um Estado Federado) ou nacional (toda a categoria do Brasil) (CLT, art. 702, I, *b*, e Lei n. 7.701/88, art. 2º, I, *a*)."

As Varas do Trabalho poderão, entretanto, praticar alguns atos processuais no dissídio coletivo, como instruir o processo por delegação do Tribunal. Nesse sentido, dispõe o art. 866 da CLT, *in verbis*:

> "Quando o dissídio ocorrer fora da sede do Tribunal, poderá o presidente, se julgar conveniente, delegar à autoridade local as atribuições de que tratam os arts. 860 e 862. Nesse caso, não havendo conciliação, a autoridade delegada encaminhará o processo ao Tribunal, fazendo exposição circunstanciada dos fatos e indicando a solução que lhe parecer conveniente."

(47) *Processo coletivo do trabalho.* 3. ed. São Paulo: LTr, 2003. p. 107.

Têm legitimidade para instaurar o dissídio coletivo e nele figurarem como partes autora (suscitante) e ré (suscitado), como regra geral, os Sindicatos, que são os representantes legais da categoria, tendo uma espécie de mandato legal para defendê-la (art. 8º, III, da CF).

Dispõe o art. 856 da CLT:

> "A instância será instaurada mediante representação escrita ao presidente do Tribunal. Poderá ser também instaurada por iniciativa do presidente, ou, ainda, a requerimento da Procuradoria da Justiça do Trabalho, sempre que ocorrer suspensão do trabalho."

Mesmo em caso de suspensão do trabalho, como na greve, o Presidente do Tribunal Regional do Trabalho não mais poderá instaurar o dissídio, pois o art. 856 da CLT foi revogado no aspecto pela Lei de Greve (Lei n. 7.783/89).

Em caso de paralisação, podem instaurar a instância os sindicatos e o Ministério Público do Trabalho.

O Ministério Público do Trabalho somente poderá ingressar com o dissídio de greve em atividade essencial, conforme já nos pronunciamos anteriormente, nos termos do § 3º, do art. 114, da CF, com a redação dada pela EC n. 45/04, *in verbis*:

> "Em caso de greve em atividade essencial, com possibilidade de lesão do interesse público, o Ministério Público do Trabalho poderá ajuizar dissídio coletivo, competindo à Justiça do Trabalho decidir o conflito."

Nos termos do art. 857, da CLT: "A representação para instaurar a instância em dissídio coletivo constitui prerrogativa das associações sindicais, excluídas as hipóteses aludidas no art. 856, quando ocorrer suspensão do trabalho. Parágrafo único. Quando não houver sindicato representativo da categoria econômica ou profissional, poderá a representação ser instaurada pelas federações correspondentes e, na falta destas, pelas confederações respectivas, no âmbito de sua representação."

Conforme o referido dispositivo legal, se a categoria não estiver organizada em sindicato, poderão instaurar o dissídio coletivo a federação e, na falta, a confederação que representa a categoria. A doutrina tem criticado o parágrafo único do art. 857 da CLT, argumentando a possibilidade de desconhecimento das federações ou confederações sobre a real dimensão do conflito da categoria não organizada em sindicato, sendo ideal que os próprios trabalhadores instaurassem o dissídio coletivo.

A doutrina e a jurisprudência têm admitido que as próprias empresas possam ajuizar o dissídio coletivo em caso de inexistência de sindicato patronal ou em caso de greve, e figurar no polo passivo como suscitada, uma vez que a empresa pode firmar acordo coletivo, sem a representação sindical patronal (art. 611, § 1º, da CLT c/c art. 7º, XXVI, da CF).

Como adverte *Ives Gandra Martins Filho*(48), hipótese que pode ocorrer é a do descontentamento de parte da categoria com o sindicato que a representa. Caberia,

(48) *Op. cit.*, p. 109.

então, a fundação de outro sindicato, que congregasse maior número de associados e obtivesse reconhecimento como único e legítimo representante da categoria. O que o TST não admite, no entanto, é que esse conflito entre sindicato e parte da categoria atraia a legitimidade ativa para a federação.

A petição inicial do dissídio coletivo deve ser escrita e observar os requisitos do art. 858 da CLT, devendo conter a causa de pedir, os pedidos e, principalmente, as bases para conciliação. Admite-se o *jus postulandi* da parte (art. 791 da CLT), não havendo necessidade de advogado. Nesse sentido, dispõe o art. 858 da CLT, *in verbis*:

> "A representação será apresentada em tantas vias quantos forem os reclamados e deverá conter:
>
> a) designação e qualificação dos reclamantes e dos reclamados e a natureza do estabelecimento ou do serviço;
>
> b) os motivos do dissídio e as bases da conciliação."

Conforme o art. 859, da CLT: "A representação dos sindicatos para instauração da instância fica subordinada à aprovação de assembleia, da qual participem os associados interessados na solução do dissídio coletivo, em primeira convocação, por maioria de 2/3 (dois terços) dos mesmos, ou, em segunda convocação, por 2/3 (dois terços) dos presentes."

Além disso, conforme comentamos em item específico, há a necessidade do comum acordo, como condição da ação para o julgamento do dissídio coletivo de natureza econômica, o que não é exigido no dissídio de natureza jurídica.

Após proposto o dissídio, o Tribunal designará audiência de conciliação, dentro de dez dias, notificando o suscitado para, em querendo, comparecer e apresentar defesa. A audiência deve ser designada no prazo mínimo de 5 dias contados a partir da notificação do suscitado (art. 860 c/c. art. 841 da CLT).

Conforme o art. 861 da CLT: "É facultado ao empregador fazer-se representar na audiência pelo gerente, ou por qualquer outro preposto que tenha conhecimento do dissídio, e por cujas declarações será sempre responsável."

A jurisprudência do TST exige que o preposto seja empregado (Súmula n. 377) para que tenha conhecimento dos fatos.

Na audiência designada, comparecendo ambas as partes ou seus representantes, o Presidente do Tribunal as convidará para se pronunciarem sobre as bases da conciliação. Caso não sejam aceitas as bases propostas, o presidente submeterá aos interessados a solução que lhe pareça capaz de resolver o dissídio (art. 862 da CLT).

Havendo acordo, o presidente o submeterá à homologação do Tribunal na primeira sessão (art. 863 da CLT). Uma vez homologado o acordo, a decisão se revestirá do efeito da coisa julgada, sendo, portanto, irrecorrível.

Não havendo acordo, ou não comparecendo ambas as partes ou uma delas, o presidente submeterá o processo a julgamento, depois de realizadas as diligências que entender necessárias e ouvida a Procuradoria (art. 864 da CLT).

Conforme o art. 867 da CLT:

> "Da decisão do Tribunal serão notificadas as partes, ou seus representantes, em registro postal, com franquia, fazendo-se, outrossim, a sua publicação no jornal oficial para ciência dos demais interessados. Parágrafo único. A sentença normativa vigorará: a) a partir da data de sua publicação, quando ajuizado o dissídio após o prazo do art. 616, § 3º, ou quando não existir acordo, convenção ou sentença normativa em vigor na data do ajuizamento; b) a partir do dia imediato ao termo final de vigência do acordo, convenção ou sentença normativa, quando ajuizado o dissídio no prazo do art. 616, § 3º."

2.9.1. Da revelia no dissídio coletivo

Nos dissídios coletivos, tanto nos de natureza jurídica e econômica, como no de greve, não há se falar em revelia. O de natureza jurídica, pois a controvérsia é jurídica e o de natureza econômica por não ter natureza condenatória e sim dispositiva, ou seja, o de criar uma norma jurídica no âmbito de determinada categoria. Já o dissídio de greve é um misto de natureza jurídica (declaração ou não do caráter abusivo do movimento paredista) e dispositiva (apreciação das reivindicações dos grevistas).

Nesse mesmo sentido, leciona *Ives Gandra Martins Filho*(49):

> "O Processo Coletivo não comporta a figura da revelia. No Processo Civil, 'se o réu não contestar a ação, reputar-se-ão verdadeiros os fatos afirmados pelo autor' (CPC, art. 319). Assim, a causa será julgada aplicando-se o direito aos fatos, tais como reportados pelo autor. Assim, a confissão ficta oriunda da revelia diz respeito exclusivamente aos fatos e não ao direito. A única exceção se refere à chamada prova de direito, quando a parte invoca direito municipal, estadual, estrangeiro, consuetudinário (ou convencional), caso em que deverá fazer prova do mesmo (CPC, art. 337), pois ao magistrado apenas se obriga o conhecimento do direito federal. Nos dissídios individuais trabalhistas há previsão expressa da revelia para os casos de não comparecimento à audiência inaugural, *verbis*: 'Art. 844. O não comparecimento do reclamante à audiência importa o arquivamento da reclamação, e o não comparecimento do reclamado importa revelia, além de confissão, quanto à matéria de fato'. Enquanto o Capítulo III do Título X, da CLT, que trata 'Dos Dissídios Individuais' (art. 837-855), prevê, pois, expressamente, a aplicação da confissão ficta ao revel, o Capítulo IV do mesmo título consolidado não contém qualquer disposição sobre a revelia ao disciplinar os 'Dissídios Coletivos' (arts. 856-875). Assim, no Processo Coletivo não há revelia. O não comparecimento dos suscitados apenas compromete a possível conciliação, levando o Tribunal a ter de julgar o dissídio coletivo. A não

---

(49) MARTINS FILHO, Ives Gandra. *Processo coletivo do trabalho*. 3. ed. São Paulo: LTr, 2003. p. 141/142.

previsão da revelia para o dissídio coletivo está ligada ao fato de que, no processo coletivo, não está em discussão o direito existente, mas a elaboração originária da norma jurídica. Nesse sentido, como se trata de um juízo de equidade, fundado na conveniência e oportunidade de estabelecer novas condições de trabalho e remuneração, os fatos não se referem ao desrespeito de uma norma existente (mais fácil de se provar e concretizar), mas às alterações gerais da prestação de serviços num determinado setor produtivo (passível de conhecimento público e notório, mas sujeito a variações menos perceptíveis e, por conseguinte, menos propícias à comprovação concreta)."

2.9.2. Da sentença normativa, recursos e coisa julgada no dissídio coletivo

Tem o nome de sentença normativa a decisão dada no dissídio coletivo, acolhendo ou rejeitando as cláusulas postuladas no dissídio coletivo de natureza econômica ou interpretando e aplicando o direito já existente no dissídio coletivo de natureza jurídica.

Diverge a doutrina sobre a natureza jurídica da sentença normativa. Quanto ao dissídio coletivo de natureza jurídica, não há controvérsia sobre a natureza declaratória da sentença normativa. Quanto à sentença que aprecia o dissídio de natureza econômica, há divergências na doutrina. Para alguns, ela é constitutiva por criar direito novo, para outros, é dispositiva, pois a Justiça do Trabalho criará, no branco da lei, direito novo, sendo certo que sentença constitutiva apenas cria uma relação jurídica e não direito ainda não existente.

Mesmo apreciando cláusulas econômicas, a jurisprudência, acertadamente, tem exigido que a sentença seja fundamentada, atendendo ao mandamento constitucional previsto no art. 93, IX, da Constituição Federal.

É da essência da sentença normativa ser provisória e precária, pois, conforme reiteradamente vem decidindo o STF, o poder normativo da Justiça do Trabalho atua no branco da lei. Porém, editada a lei, norma de caráter imperativo, esta se sobrepõe a todas as demais fontes secundárias do direito, como a norma coletiva e a sentença normativa.

Mostra-se discutível a seguinte questão: a sentença normativa faz coisa julgada material?

Respondendo afirmativamente a esta questão, temos a respeitável doutrina de *Carlos Henrique Bezerra Leite*[50]:

"Para nós, a sentença normativa faz coisa julgada material (e, logicamente, formal), pois o art. 2º, I, *c* da Lei n. 7.701/88 dispõe expressamente que

---

(50) BEZERRA LEITE, Carlos Henrique. *Curso de direito processual do trabalho*. 6. ed. São Paulo: LTr, 2008. p. 1.091.

compete, originariamente, à sessão especializada em dissídios coletivos 'julgar as ações rescisórias propostas contra sua própria sentenças normativas', cabendo-lhe, nos termos do inciso II, alínea *b*, do referido artigo, julgar em última instância, 'os recursos ordinários interpostos contra as decisões proferidas pelos Tribunais Regionais do Trabalho em ações rescisórias e mandados de segurança pertinentes a dissídios coletivos'. Ora, se cabe ação rescisórias contra sentença normativa, então ela está apta a produzir coisa julgada material (CPC, art. 269)."

No mesmo sentido, é a posição de *Raimundo Simão de Melo*(51), defendendo a formação de coisa julgada material nos dissídios coletivos com os seguintes argumentos:

> "a) Primeiro, porque o cumprimento antes do trânsito em julgado é uma faculdade decorrente da peculiaridade da criação de normas para solucionar conflitos coletivos de trabalho; b) segundo, porque a revisão de que trata o art. 873 da CLT em fundamentos restritos à alteração das circunstâncias do momento da sua criação, o que é diferente das hipóteses previstas no art. 485 do CPC, para o corte rescisório; c) terceiro, porque o fato de não permitir execução é despiciendo, pois não se trata de sentença condenatória, mas, constitutiva-dispositiva, permitindo o seu cumprimento por meio de uma ação de cumprimento; d) quarto, porque a vigência temporária de até 4 anos não impede a formação da coisa julgada material dentro e fora desse prazo, sendo certo que há normas coletivas que produzem seus efeitos fora do seu prazo de vigência (OJ n. 41 da SDI-I/TST); e) quinto, porque o art. 872, parágrafo único da CLT, veda que na ação de cumprimento da sentença normativa sejam discutidas questões de fato e de direito já decididas na sentença normativa; f) sexto, porque a lei assegura esse feito e permite o seu corte por meio de ação rescisória (Lei n. 7.701/1998, art. 2º, I, *c*)."

A doutrina majoritária à qual nos filiamos tem se posicionado no sentido de que a sentença normativa não faz coisa julgada material, somente formal, referente ao esgotamento das vias recursais existentes. Como bem adverte *Ives Gandra Martins Filho*(52), "a coisa julgada material, no caso da sentença normativa, fica jungida às vantagens já recebidas pelo empregado durante sua vigência, não, porém, em relação às parcelas que poderia vir a perceber durante o prazo total de sua vigência. O art. 6º, § 3º, da Lei n. 4.725/65, vai ainda mais longe em relação a tais pagamentos já efetuados pelo empregador com base em sentença normativa regional, quando impede a repetição do indébito se houver reforma da decisão pelo TST."

Nesse sentido, dispõe a Súmula n. 397 do C. TST, *in verbis*:

> "AÇÃO RESCISÓRIA. ART. 966, IV, DO CPC DE 2015. ART. 485, IV, DO CPC DE 1973. AÇÃO DE CUMPRIMENTO. OFENSA À COISA JULGADA EMANADA DE SENTENÇA NORMATIVA MODIFICADA EM GRAU DE RECURSO. INVIABILIDADE. CABIMENTO DE MANDADO DE SEGURANÇA.

---

(51) *Processo coletivo do trabalho.* São Paulo: LTr, 2009. p. 162-163.

(52) MARTINS FILHO, Ives Gandra. *Processo coletivo do trabalho.* 3. ed. São Paulo: LTr, 2003. p. 211.

> Não procede ação rescisória calcada em ofensa à coisa julgada perpetrada por decisão proferida em ação de cumprimento, em face de a sentença normativa, na qual se louvava, ter sido modificada em grau de recurso, porque em dissídio coletivo somente se consubstancia coisa julgada formal. Assim, os meios processuais aptos a atacarem a execução da cláusula reformada são a exceção de pré-executividade e o mandado de segurança, no caso de descumprimento do art. 514 do CPC de 2015 (art. 572 do CPC de 1973). (ex-OJ n. 116 da SBDI-2 – DJ 11.8.2003)."

Diante do exposto, no nosso sentir, a sentença normativa não faz coisa julgada material, apenas formal, e, portanto, não pode ser objeto de ação rescisória, e sim de revisão, caso as condições de trabalho sejam alteradas.

De outro lado, para os que pensam ser cabível a Ação Rescisória para questionar a sentença normativa, ela poderia ser cabível em tese nas seguintes situações, previstas no art. 485 do CPC, quais sejam: se verificar que foi dada por prevaricação, concussão ou corrupção do juiz; proferida por juiz impedido ou absolutamente incompetente; resultar de dolo da parte vencedora em detrimento da parte vencida, ou de colusão entre as partes, a fim de fraudar a lei; se fundar em prova, cuja falsidade tenha sido apurada em processo criminal ou seja provada na própria ação rescisória; houver fundamento para invalidar confissão, desistência ou transação, em que se baseou a sentença.

O Tribunal Superior do Trabalho firmou entendimento no sentido de ser possível ação rescisória em face de sentença normativa, quando se tratar de documento novo. Nesse sentido, dispõe a Súmula n. 402 de sua jurisprudência, *in verbis*:

> "AÇÃO RESCISÓRIA. DOCUMENTO NOVO. DISSÍDIO COLETIVO. SENTENÇA NORMATIVA (conversão da Orientação Jurisprudencial n. 20 da SBDI-2 – Res. n. 137/2005, DJ 22, 23 e 24.8.2005). Documento novo é o cronologicamente velho, já existente ao tempo da decisão rescindenda, mas ignorado pelo interessado ou de impossível utilização, à época, no processo. Não é documento novo apto a viabilizar a desconstituição de julgado: a) sentença normativa proferida ou transitada em julgado posteriormente à sentença rescindenda; b) sentença normativa preexistente à sentença rescindenda, mas não exibida no processo principal, em virtude de negligência da parte, quando podia e deveria louvar-se de documento já existente e não ignorado quando emitida a decisão rescindenda." (ex-OJ n. 20 da SBDI-2 – inserida em 20.9.2000)

Por ter a sentença normativa vigência temporária, suas cláusulas, conforme entendia o Tribunal Superior do Trabalho, não integram os contratos de trabalho, conforme dispunha a Súmula n. 277 do C. TST, *in verbis*:

> "Sentença normativa, convenção ou acordo coletivos. Vigência. Repercussão nos contratos de trabalho. (Res. n. 10/1988, DJ 1º.3.1988) (Redação alterada na sessão do Tribunal Pleno em 16.11.2009 – Res. n. 161/2009). I – As condições de trabalho alcançadas por força de sentença normativa, convenção ou acordo coletivos vigoram no prazo assinado, não integrando, de forma definitiva, os contratos individuais de trabalho. II – Ressalva-se da regra enunciada no item I o período compreendido entre 23.12.1992 e 28.7.1995, em que vigorou a Lei n. 8.542, revogada pela Medida Provisória n. 1.709, convertida na Lei n. 10.192, de 14.2.2001."

Entretanto, em setembro de 2012, o Tribunal Superior do Trabalho alterou referida Súmula n. 277 de sua jurisprudência para constar a seguinte redação:

"CONVENÇÃO COLETIVA DE TRABALHO OU ACORDO COLETIVO DE TRABALHO. EFICÁCIA. ULTRATIVIDADE (redação alterada na sessão do Tribunal Pleno realizada em 14.9.2012). As cláusulas normativas dos acordos coletivos ou convenções coletivas integram os contratos individuais de trabalho e somente poderão ser modificadas ou suprimidas mediante negociação coletiva de trabalho."

Diante da nova redação da súmula em questão, as cláusulas constantes de acordos e convenção coletivas, doravante, integrarão os contratos individuais de trabalho (princípio da ultratividade das normas coletivas), somente podendo ser alteradas por negociação coletiva posterior, nos termos dos princípios da condição mais benéfica e melhoria da condição social do trabalhador. Embora a súmula não tenha feito menção às cláusulas constantes da sentença normativa, o raciocínio deve ser no mesmo sentido, uma vez que ambos são formas de resolução do conflito coletivo de trabalho.

No entanto, em 14 de outubro de 2016, o Supremo Tribunal Federal em Medida Cautelar na Arguição de Descumprimento de Preceito Fundamental n. 323 — Distrito Federal, deferiu o pedido formulado e determinou *ad referendum* do Pleno a suspensão de todos os processos em curso e dos efeitos de decisões judiciais proferidas no âmbito da Justiça do Trabalho que versem sobre a aplicação da ultratividade de normas de acordos e de convenções coletivas, sem prejuízo do término de sua fase instrutória, bem como das execuções já iniciadas.

Da decisão proferida em dissídio coletivo da competência dos TRTs, caberá o recurso ordinário para o TST (art. 895, II, da CLT), que não terá efeito suspensivo, apenas devolutivo. Entretanto, o Presidente do Tribunal Superior do Trabalho poderá, desde que relevante o fundamento, atribuir efeito suspensivo ao recurso ordinário, nos termos do art. 14 da Lei n. 10.192/01.

Dispõe o art. 14, da Lei n. 10.192/01:

"O recurso interposto de decisão normativa da Justiça do Trabalho terá efeito suspensivo, na medida e extensão conferidas em despacho do Presidente do Tribunal Superior do Trabalho."

Diante do que dispõe o referido dispositivo legal, pensamos que o recurso ordinário terá efeito apenas devolutivo. O efeito suspensivo depende de manifestação expressa do Presidente do TST. Desse modo, o efeito suspensivo não é automático, pois os recursos trabalhistas têm, como regra, apenas o efeito devolutivo (art. 899 da CLT). Se a lei atribuísse, automaticamente, o efeito suspensivo, não haveria necessidade de despacho do presidente do tribunal.

Pensa de forma diversa *Carlos Henrique Bezerra Leite*(53): "[...] o recurso ordinário interposto da sentença normativa terá sempre efeito suspensivo, cabendo ao Presidente do Tribunal *ad quem* (TST) em despacho (*rectius*, em decisão fundamentada), estabelecer, discricionariamente, as consequências concretas do feito suspensivo,

---

(53) BEZERRA LEITE, Carlos Henrique. *Curso de direito processual do trabalho*. 7. ed. São Paulo: LTr, 2009. p. 984.

como, por exemplo, indicar as cláusulas que podem produzir efeito de imediato e as que deverão aguardar o trânsito em julgado da decisão a ser proferida pela SDC."

Se o dissídio for de competência originária do TST, o recurso cabível será o de embargos para o próprio TST, que recebem o nome de *embargos infringentes*, tendo por objeto modificar a decisão proferida pelo TST em dissídios coletivos não unânimes, conforme o art. 894, I, *a*, da CLT c/c. art. 2º da Lei n. 7.701/88 que assim dispõe:

> "Compete à seção especializada em dissídios coletivos ou seção normativa: [...] II – em última instância julgar: c) embargos infringentes interpostos contra decisão não unânime proferida em processo de dissídio coletivo de sua competência originária, salvo se a decisão atacada estiver em consonância com precedente jurisprudencial do Tribunal Superior do Trabalho ou da Súmula de sua jurisprudência predominante."

Desse modo, os embargos infringentes são cabíveis para a seção de Dissídios Coletivos do TST, quando a decisão proferida pelo Tribunal Superior do Trabalho em dissídios coletivos de sua competência originária, ou rever ou estender as sentenças normativas, não unânimes, salvo se a decisão recorrida estiver em consonância com precedente jurisprudencial do TST ou Súmula.

3. Da ação de cumprimento

Ensina *Antonio Lamarca*(54):

> "A sentença coletiva é lei categorial, dissemo-lo inúmeras vezes. Comando genérico e abstrato, com eficácia *erga omnes* e efeitos *ex nunc*, não contém ingrediente condenatório; portanto inexequível, senão através de dissídios individuais denominados de cumprimento. A chamada *ação de cumprimento de sentença coletiva* — doutrinam *Orlando Gomes* e *Elson Gottschalk* — é a prova de que os seus preceitos, quando violados, se cumprem através do dissídio individual, tal como ocorre com a violação da lei. Se a sentença contém um comando geral e abstrato, a sua execução e realização se cumprem através de casos particulares, nos dissídios individuais. Apenas as sentenças condenatórias comportam propriamente execução em forma direta, imediata ou específica."

A ação de cumprimento constitui ação individual de conhecimento, de rito especial trabalhista destinada ao cumprimento das cláusulas constantes da sentença normativa e dos acordos e convenções coletivas de trabalho.

Trata-se de ação de natureza condenatória proposta pelos empregados ou pelo Sindicato, com a finalidade de fazer cumprir as cláusulas constantes dos instrumentos normativos coletivos (acordos coletivos, convenções coletivas e sentenças normativas).

A Consolidação das Leis do Trabalho disciplina a presente ação no art. 872, *in verbis*:

(54) LAMARCA, Antonio. *O livro da competência*. São Paulo: RT, 1982. p. 437.

"Celebrado o acordo, ou transitada em julgado a decisão, seguir-se-á o seu cumprimento, sob as penas estabelecidas neste Título. Parágrafo único – Quando os empregadores deixarem de satisfazer o pagamento de salários, na conformidade da decisão proferida, poderão os empregados ou seus sindicatos, independentes de outorga de poderes de seus associados, juntando certidão de tal decisão, apresentar reclamação à Junta ou Juízo competente, observado o processo previsto no Capítulo II deste Título, sendo vedado, porém, questionar sobre a matéria de fato e de direito já apreciada na decisão."

Conforme previsto no referido dispositivo legal, embora tenha a denominação de ação de cumprimento, sua natureza não é executiva, pois os instrumentos normativos coletivos não têm natureza executória. Além disso, trata-se de ação individual, embora se destine ao cumprimento de instrumentos coletivos normativos, ela não tem por objeto criar direito novo e sim fazer cumprir direitos que já estão normatizados para a categoria. Desse modo, a natureza jurídica da ação de cumprimento é condenatória, seguindo o rito processual da reclamação trabalhista (ordinário, sumário ou sumaríssimo).

Nesse sentido, é a posição majoritária da doutrina e de *Manoel Antonio Teixeira Filho, in verbis*:

> "A ação de cumprimento é, pois, de natureza condenatória, por visar a um pronunciamento jurisdicional que imponha ao réu acatamento a cláusulas constantes de acórdãos normativos, podendo, essa condenação, implicar obrigação de pagar quantia certa, de fazer ou não fazer e o mais. Conseguintemente, a sentença emitida na causa converter-se-á em título executivo judicial, assim que se submeter ao fenômeno da coisa julgada material (CLT, art. 876; CPC, art. 467, nessa ordem). Com base nela, o autor formulará uma nova pretensão, desta feita de índole executiva, cujo objetivo será o de conduzir o réu a realizar, de maneira coacta, forçada, a prestação correspondente à obrigação contida no título executivo, inclusive mediante equivalente expropriação patrimonial, se necessária."

Outrossim, aplica-se a lei do rito sumaríssimo à ação de cumprimento, se o seu valor for de até 40 salários mínimos, pois o seu procedimento é da CLT e da ação de conhecimento, não havendo motivo para se excluir a aplicação do rito sumaríssimo.

Conforme a jurisprudência predominante do TST, a ação de cumprimento pode ser proposta antes do trânsito em julgado da sentença normativa. Nesse teor, é a Súmula n. 246 do C. TST:

"AÇÃO DE CUMPRIMENTO. TRÂNSITO EM JULGADO DA SENTENÇA NORMATIVA — É dispensável o trânsito em julgado da sentença normativa para a propositura da ação de cumprimento."

Nesse diapasão, também a seguinte ementa:

"Ação de cumprimento — Objeto — Limites. Não havendo o efeito suspensivo da decisão normativa objeto de recurso, a lei permite o ajuizamento de ação de cumprimento a partir do 20º dia subsequente ao julgamento (Lei n. 7.701/88), não tendo sido revogado o parágrafo único do art. 872 da CLT, que veda que se discuta nela matéria de fato ou de direito já apreciado na decisão impugnada." (TRT – 12ª R. – 1ª T. – Ac. n. 9801/97 – rel. César Nadal de Souza – DJSC 1.9.97 – p. 132)

Se houver alteração na sentença normativa, pensamos que perderá efeito a sentença proferida na ação de cumprimento que se baseava na decisão normativa que fora alterada, já que se trata de execução precária, que tem inserida a cláusula *rebus sic stantibus*, à semelhança do que ocorre com a execução provisória de título executivo judicial, não havendo necessidade de propositura de ação rescisória.

Parte da doutrina, entretanto, defende a propositura de ação rescisória, se houver o trânsito em julgado na ação de cumprimento e, posteriormente a ele, a sentença normativa tiver sido alterada em grau de recurso, em razão do princípio da segurança nas relações jurídicas.

O Tribunal Superior do Trabalho dirimiu a questão na Súmula n. 397, *in verbis*:

"AÇÃO RESCISÓRIA. ART. 485, IV, DO CPC. AÇÃO DE CUMPRIMENTO. OFENSA À COISA JULGADA EMANADA DE SENTENÇA NORMATIVA MODIFICADA EM GRAU DE RECURSO. INVIABILIDADE. CABIMENTO DE MANDADO DE SEGURANÇA. (conversão da Orientação Jurisprudencial n. 116 da SDI-2) Não procede ação rescisória calcada em ofensa à coisa julgada perpetrada por decisão proferida em ação de cumprimento, em face de a sentença normativa, na qual se louvava, ter sido modificada em grau de recurso, porque em dissídio coletivo somente se consubstancia coisa julgada formal. Assim, os meios processuais aptos a atacarem a execução da cláusula reformada são a exceção de pré-executividade e o mandado de segurança, no caso de descumprimento do art. 572 do CPC." (ex-OJ n. 116 – DJ 11.8.03) (Res. n. 137/2005 – DJ 22.8.2005)

Pensamos ser correto o entendimento do TST, pois o título executivo que se forma na ação de cumprimento, cuja norma que lhe dava suporte tenha sido alterada pelo TST, torna inexigível o título executivo, já que a coisa julgada na ação de cumprimento estava sujeita à condição resolutiva, nos termos do art. 514 do CPC.

Da decisão proferida na ação de cumprimento, é cabível recurso ordinário para o Tribunal Regional do Trabalho (art. 895 da CLT). A execução da ação de cumprimento segue o rito da execução por título judicial na Justiça do Trabalho.

3.1. Competência da Justiça do Trabalho para a ação de cumprimento

Até a Lei n. 8.984/95, a doutrina e a jurisprudência praticamente só aceitavam a competência da Justiça do Trabalho para as ações de cumprimento para sentenças normativas, pois o art. 114 da CF, com a redação dada em 1988, restringia a competência da Justiça do Trabalho para as controvérsias entre empregados e empregadores.

Posteriormente, veio a Lei n. 8.984/95, cujo art. 1º dispõe: "Compete à Justiça do Trabalho conciliar e julgar os dissídios que tenham origem no cumprimento de convenções coletivas de trabalho ou acordos coletivos de trabalho, mesmo quando ocorram entre sindicatos ou entre sindicatos de trabalhadores e empregador."

Nesse sentido, a Súmula n. 286 do C. TST, *in verbis*:

"SINDICATO. SUBSTITUIÇÃO PROCESSUAL. CONVENÇÃO E ACORDO COLETIVOS — A legitimidade do sindicato para propor ação de cumprimento estende-se também à observância de acordo ou de convenção coletivos." (Redação dada pela Res. n. 98/2000, DJ 18.9.2000)

Atualmente, o art. 114, III, da Constituição Federal, com a redação dada pela EC n. 45/04, dispõe: "as ações sobre representação sindical, entre sindicatos, entre sindicatos e trabalhadores e entre sindicatos e empregadores."

Diante da EC n. 45/04, a Justiça do Trabalho detém competência material para as ações de cumprimento que envolvem sentenças normativas, acordos e convenções coletivas, inclusive as ações envolvendo sindicato patronal e empresa, tendo por objetivo pretensões referentes a obrigações de pagar, fazer ou não fazer constantes de convenções, acordos coletivos ou sentenças normativas.

A competência funcional é do primeiro grau de jurisdição, uma vez que não se trata de ação coletiva. Além disso, provimento buscado é condenatório.

3.2. Legitimidade

Segundo o art. 872 da CLT, podem propor a ação de cumprimento os empregados, individualmente, ou em litisconsórcio ativo facultativo e o sindicato da categoria.

Para alguns autores, a legitimidade do sindicato para propositura da ação de cumprimento advém da lei (*ad litem*)(55). Para o entendimento majoritário, trata-se de substituição processual, uma vez que o Sindicato pleiteia em nome próprio direito alheio (art. 18 do CPC).

No nosso sentir, efetivamente, o Sindicato, na ação de cumprimento, atua como substituto processual, pois defende direitos individuais de seus associados, quais sejam: direitos individuais homogêneos que têm origem comum. Além disso, o direito não pertence ao sindicato e sim aos trabalhadores. A legitimidade do Sindicato se dá por força de lei (arts. 8º, III, da CF, e 872, parágrafo único, da CLT).

De outro lado, pensamos que, a teor do disposto no inciso III do art. 8º da CLT e do cancelamento da Súmula n. 310 pelo TST, a substituição processual da categoria também abrange os não associados na ação de cumprimento.

A jurisprudência tem fixado entendimento no sentido de que o número de substituídos na ação de cumprimento possa ser limitado para não prejudicar a celeridade processual e a efetividade do processo.

Nesse aspecto, a seguinte ementa:

"Ação de cumprimento — Substituição processual de número reduzido de trabalhadores. A ação de cumprimento está disciplinada pelo art. 872 e parágrafo único, da CLT, que

(55) Nesse sentido, é a posição de Antonio Lamarca: "o sindicato possui, no caso, mandato *ad litem*, decorrente de norma legal; não é substituto processual, mas mandatário legal, que não necessita de outorga de poderes de seus associados" (*Op. cit.*, p. 437).

asseguram aos sindicatos a defesa dos interesses da categoria para exigirem a observância das convenções, acordos ou sentenças normativas. Nesse sentido, a Súmula n. 286 do c. TST. Além de o ordenamento jurídico não estabelecer que a substituição processual deva abranger toda a categoria num único processo, tem-se que os princípios da economia e celeridade não restam prejudicados com o ajuizamento da ação de cumprimento com número menor de substituídos. Ao contrário, o número reduzido de substituídos processuais até torna mais eficiente e expedita a prestação jurisdicional, sendo mais razoável e de mais fácil exequibilidade, inclusive por ocasião da liquidação. Dessarte, a ação ajuizada para diminuto número de substituídos processuais não padece de inadequação de procedimento." (TRT – 3ª R. – 2ª T. – RO n. 904/2005.097.03.00-1 – rel. Sebastião Geraldo de Oliveira – DJ 10.3.06 – p. 9) (RDT n. 4 – Abril de 2006)

Por falta de menção no parágrafo único do art. 872 da CLT, a jurisprudência havia fixado entendimento no sentido de que a Federação não detém legitimidade para atuar na qualidade de substituta processual na ação de cumprimento(56).

No nosso sentir, caso a categoria não seja organizada por Sindicato, não há vedação para que a Federação atue como substituta processual, uma vez que o art. 872, parágrafo único da CLT não veda. Além disso, pensamos que o termo sindicato deve ser interpretado como entidade sindical, o que abrange as federações e confederações sindicais.

O TST, em boa hora, cancelou a Súmula n. 359 de sua jurisprudência, que vedava a substituição processual pela Federação. Dizia a referida Súmula:

> "SUBSTITUIÇÃO PROCESSUAL. AÇÃO DE CUMPRIMENTO. ART. 872, PARÁGRAFO ÚNICO, DA CLT. FEDERAÇÃO. LEGITIMIDADE — CANCELADA — Res. n. 121/2003, DJ 21.11.2003 – A federação não tem legitimidade para ajuizar a ação de cumprimento prevista no art. 872, parágrafo único, da CLT na qualidade de substituto processual da categoria profissional inorganizada."

3.3. *Dilação probatória*

Na ação de cumprimento, não há dilação probatória, uma vez que a prova é documental e pré-constituída. Deve o autor juntar aos autos cópia do instrumento normativo e também por parte do réu também é documental, qual seja, o cumprimento dos pedidos postulados pelo autor.

Nesse sentido, destacamos a seguinte ementa oriunda da mais alta corte trabalhista do país, *in verbis*:

> "AGRAVO DE INSTRUMENTO EM RECURSO DE REVISTA EM FACE DE DECISÃO PUBLICADA ANTES DA VIGÊNCIA DA LEI N. 13.015/2014. NEGATIVA DE PRESTAÇÃO JURISDICIONAL. AUSÊNCIA DE OPOSIÇÃO DE EMBARGOS DE DECLARAÇÃO. PRECLUSÃO. A análise do acórdão regional revela que, conquanto ausente pronunciamento do

(56) Nesse diapasão, a seguinte ementa: "Substituição processual — Ação de cumprimento — Art. 872, parágrafo único, da CLT — Federação — Legitimidade. A federação não tem legitimidade para ajuizar ação de cumprimento prevista no art. 872, parágrafo único, da CLT na qualidade de substituto processual da categoria profissional inorganizada." (TST – OE – Ac. n. 304/97 – rel. Min. José Luiz Vasconcellos – DJ 13.2.98 – p. 78)

Tribunal a quo acerca das diversas questões agora suscitadas pelo Sindicato autor, não houve oposição dos competentes embargos de declaração, no intuito de viabilizar a indispensável manifestação daquela Corte acerca dos referidos temas, a incidir a preclusão, nos moldes da Súmula n. 184 desta Corte. Agravo de instrumento a que se nega provimento. AÇÃO DE CUMPRIMENTO. ALEGAÇÃO DE INOBSERVÂNCIA DE DIREITOS TRABALHISTAS PREVISTOS EM LEI. INADEQUAÇÃO DA VIA ELEITA E AUSÊNCIA DE PROVA DOS FATOS ALEGADOS. PRETENSÃO À DILAÇÃO PROBATÓRIA. Em se tratando de ação de cumprimento, sujeita a rito especial, exige-se prova documental e pré-constituída da inobservância de obrigação prevista em sentença normativa ou de cláusula pactuada em acordo coletivo ou convenção coletiva de trabalho. Precedentes. Assim, não se justifica a pretensão de reabertura da instrução processual, como meio de promover a dilação probatória, nem se admite a intenção de transferir a responsabilidade quanto à produção de provas ao Poder Judiciário ou ao Ministério Público do Trabalho, como forma de eximir a entidade sindical de seu ônus. Ademais, na presente hipótese, ao contrário do que sugere o agravante, não se discute a legitimidade da entidade sindical para atuar em defesa de direitos individuais homogêneos da categoria profissional que representa, tampouco para propor ação de cumprimento, pois a improcedência dos pedidos decorreu da ausência de prova dos fatos alegados na inicial. Acrescente-se, ainda, a inadequação da via eleita, em relação às alegações de inobservância de direitos previstos em lei, a qual não enseja a propositura da presente ação. Incólumes os dispositivos invocados. Agravo de instrumento a que se nega provimento. HONORÁRIOS ADVOCATÍCIOS. Mantida a improcedência dos pedidos formulados na presente ação de cumprimento, não há como se deferir os honorários advocatícios, porquanto ausente sucumbência da ré, independentemente de se verificar a efetiva atuação do sindicato. Agravo de instrumento a que se nega provimento." (TST – Processo: AIRR – 271500-84.2009.5.02.0087 – Data de Julgamento: 5.10.2016, relator Ministro: Cláudio Mascarenhas Brandão, 7ª Turma, Data de Publicação: DEJT 14.10.2016)

3.4. Prescrição

Nos termos da Súmula n. 350 do C. TST:

"PRESCRIÇÃO. TERMO INICIAL. AÇÃO DE CUMPRIMENTO. SENTENÇA NORMATIVA — O prazo de prescrição com relação à ação de cumprimento de decisão normativa flui apenas da data de seu trânsito em julgado." (Res. n. 62/1996, DJ 4.10.1996)

O prazo prescricional é de dois anos contados do trânsito em julgado da sentença normativa, não obstante a execução da sentença normativa independa do trânsito em julgado do dissídio coletivo.

Capítulo XXII

Ações Civis Admissíveis no Processo do Trabalho

Das Tutelas de Urgência Previstas no Código de Processo Civil e o Processo do Trabalho

1. Conceito e espécies

A fim de que seja observado o devido processo legal, que é um mandamento constitucional e uma garantia da cidadania, o processo deve obedecer aos trâmites legais, passando por todas as fases até atingir uma decisão definitiva, com o trânsito em julgado.

Não obstante, situações há em que o direito postulado não pode aguardar o regular desenrolar do processo, sob consequência de perecimento. Desse modo, há instrumentos processuais destinados a tutelar pretensões que não podem esperar a tramitação do processo, muitas vezes, nem sequer aguardar a citação do réu. Tais medidas processuais são chamadas pela doutrina de *tutelas de urgência*, que têm por objetivo resguardar direito (tutela cautelar), antecipar o próprio provimento de mérito (tutela antecipatória) ou impedir que um dano iminente aconteça (tutela inibitória).

Como destaca *José Roberto dos Santos Bedaque*(1):

> "Os provimentos antecipatórios urgentes são cabíveis em qualquer forma de tutela e podem antecipar totalmente os efeitos da tutela final. Essa circunstância confere à instrumentalidade, característica fundamental das cautelares, conotação pouco diversa daquela atribuída tradicionalmente a essa modalidade de tutela, se analisadas as medidas meramente conservativas. Aliás, exatamente em razão desse fator, passou a doutrina a pensar

(1) BEDAQUE, José Roberto dos Santos. *Tutela cautelar e tutela antecipada:* tutelas sumárias e de urgência. 3. ed. São Paulo: Malheiros, 2003. p. 158.

em outra categoria de proteção jurisdicional — a tutela de urgência — destinada a abranger todas as medidas necessárias a evitar risco de dano ao direito. Caracterizam-se não pela sumariedade da cognição, circunstância também presente em tutelas não cautelares, mas pelo *periculum in mora*. Analisa-se a situação substancial e verifica-se a necessidade de proteção imediata, em sede cautelar, ante a impossibilidade de se aguardar o tempo necessário para a entrega da tutela final."

O Código de Processo Civil de 2015 disciplina, no Livro V, a chamada *Tutela Provisória*, que é um gênero que abrange tanto a *tutela de urgência*, como a *tutela da evidência*.

Nesse sentido, dispõe o art. 294 do CPC: "A tutela provisória pode fundamentar-se em urgência ou evidência."

A tutela de urgência segundo o parágrafo único do referido dispositivo pode ser de natureza cautelar ou antecipatória.

As tutelas de urgência foram disciplinadas em capítulo único, simplificando o procedimento, possibilitando maior flexibilidade para sua efetivação, desburocratizando o processo a fim de facilitar o acesso à justiça sob o enfoque da proteção e prevenção da tutela dos direitos. Foi extinto o chamado "processo cautelar", que no CPC de 1973 era disciplinado em livro próprio.

O Título II do Livro V disciplina disposições comuns tanto para a tutela antecipada como a cautelar e, posteriormente disposições específicas sobre as tutelas antecipatória e cautelar. Por fim, o Título III disciplina a chamada *tutela da evidência*, que faz parte do gênero *tutela provisória*.

A Consolidação das Leis do Trabalho contém disposição sobre tutela de urgência no art. 659, incisos IX e X, que têm a seguinte redação:

> "Competem privativamente aos Presidentes das Juntas, além das que lhes forem conferidas neste Título e das decorrentes de seu cargo, as seguintes atribuições:
>
> IX – conceder medida liminar, até decisão final do processo em reclamações trabalhistas que visem a tornar sem efeito transferência disciplinada pelos parágrafos do art. 469 desta Consolidação. (Acrescentado pela Lei n. 6.203/75 – DOU 18.4.75)
>
> X – conceder medida liminar até decisão final do processo, em reclamações trabalhistas que visem reintegrar no emprego dirigente sindical afastado, suspenso ou dispensado pelo empregador." (Acrescentado pelo Decreto n. 9.270/96 – DOU 18.4.96)

Conforme o referido dispositivo legal, o Juiz do Trabalho poderá conceder liminares, antes da decisão final, a fim de evitar a transferência abusiva do empregado, ou para reintegrar dirigente sindical.

Há divergência na doutrina sobre a natureza da *liminar* mencionada nos incisos IX e X, do art. 659, da CLT, não obstante, conforme acertadamente se posicionou a doutrina majoritária, não se trate de tutela cautelar, pois não é providência de cautela a fim de assegurar a efetividade da tutela jurisdicional, mas de concessão da própria tutela de mérito, antes da sentença. Em razão disso, tal liminar tem contornos de tutela antecipada.

Nesse sentido, destacamos a seguinte ementa:

"A antecipação de tutela prevista no art. 273 do CPC é instituto do Processo Civil, que deve sofrer adaptação no Processo do Trabalho. Segundo o art. 769 da CLT, o Processo Civil é fonte subsidiária do Processo do Trabalho, sendo que a transposição de seus institutos deve se dar em consonância com as normas, princípios e peculiaridades a ele inerentes. O art. 659 da CLT, que, em seus incisos IX e X, contempla providência cuja natureza é verdadeira antecipação de tutela, atribui ao juiz presidente das Juntas a competência privativa para concedê-la" (TST, RO-MS 417.142/98.7, Milton de Moura França, Ac. SBDI-2)[(2)]

1.1. Da fungibilidade das tutelas de urgência

Considerando-se o caráter urgente das tutelas antecipatórias, cautelares e inibitórias, o resultado útil de tais medidas, a instrumentalidade do processo, e a efetividade processual, a moderna doutrina, à luz das recentes alterações do Código de Processo Civil pelas Leis ns. 10.444/2002 e 11.280/06 e o CPC de 2015, consagraram o chamado princípio da *fungibilidade das tutelas de urgência*.

Ensina *Plácido e Silva*[(3)]:

> "Coisa fungível é substituível. A coisa consumível é a que se anula ou desaparece desde que cumpra a sua finalidade ou dela se tenha tirado a sua utilidade. Mas o direito emprega fungível para significar substitutibilidade de uma coisa por outra, sem alteração de seu valor, desde que possa contar, medir ou pesar."

Pelo princípio da fungibilidade das tutelas de urgência é possível que o juiz possa conceder uma medida de urgência no lugar de outra postulada, desde que presentes os requisitos para concessão.

Como bem adverte *Cândido Rangel Dinamarco*[(4)], a fungibilidade entre duas tutelas deve ser o canal posto pela lei à disposição do intérprete e do operador para a necessária caminhada rumo à unificação da teoria das medidas urgentes — ou seja, para a descoberta de que muito há na disciplina explícita das medidas cautelares que comporta plena aplicação às antecipações de tutela.

Nesse sentido, é o art. 305 do CPC:

"A petição inicial da ação que visa à prestação de tutela cautelar em caráter antecedente indicará a lide e seu fundamento, a exposição sumária do direito que se objetiva assegurar e o perigo de dano ou o risco ao resultado útil do processo. Parágrafo único. Caso entenda

(2) *In:* CARRION, Valentin. *Comentários à CLT.* 30. ed. São Paulo: Saraiva, 2005. p. 674.

(3) *Vocabulário jurídico.* 12. ed. Rio de Janeiro: Forense, 1996. v. II, p. 336.

(4) DINAMARCO, Cândido Rangel. *A reforma da reforma.* São Paulo: Malheiros, 2002. p. 91.

que o pedido a que se refere o *caput* tem natureza antecipada, o juiz observará o disposto no art. 303."(5)

Conforme o referido dispositivo, é possível ao juiz, de ofício, converter o pedido de tutela antecipada em cautelar, desde que presentes os requisitos para concessão da medida cautelar. Pensamos que o referido dispositivo é de mão dupla, vale dizer: se o autor pedir provimento cautelar, mas se estiverem presentes os requisitos da tutela antecipada, o juiz poderá conceder o provimento antecipatório.

Nesse teor é a visão de *Dinamarco*(6):

> "O novo texto não deve ser lido somente como portador da autorização a conceder uma medida cautelar quando pedida a antecipação de tutela. Também o contrário está autorizado, isto é: também quando feito um pedido a título de medida cautelar, o juiz estará autorizado a conceder a medida a título de antecipação de tutela, se esse for seu entendimento e os pressupostos estiverem satisfeitos. Não há fungibilidade em uma só mão de direção. Em direito, se os bens são fungíveis isso significa que *tanto se pode substituir um por outro, como outro por um*."

No mesmo diapasão, é a redação do art. 969 do CPC, *in verbis*:

"A propositura da ação rescisória não impede o cumprimento da decisão rescindenda, ressalvada a concessão de tutela provisória."

O referido dispositivo ratificou a existência do princípio da fungibilidade das tutelas de urgência, consignando que é possível tanto a concessão de tutela antecipada como da cautelar, desde que presentes os requisitos legais, a fim de suspender o cumprimento da sentença que está sendo objeto de ação rescisória.

O Tribunal Superior do Trabalho consagrou o princípio da fungibilidade, conforme a redação da Súmula n. 405, de sua jurisprudência *in verbis*:

(5) Art. 303 do CPC:" Nos casos em que a urgência for contemporânea à propositura da ação, a petição inicial pode limitar-se ao requerimento da tutela antecipada e à indicação do pedido de tutela final, com a exposição da lide, do direito que se busca realizar e do perigo de dano ou do risco ao resultado útil do processo. § 1º Concedida a tutela antecipada a que se refere o *caput* deste artigo: I – o autor deverá aditar a petição inicial, com a complementação de sua argumentação, a juntada de novos documentos e a confirmação do pedido de tutela final, em 15 (quinze) dias ou em outro prazo maior que o juiz fixar; II – o réu será citado e intimado para a audiência de conciliação ou de mediação na forma do art. 334; III – não havendo autocomposição, o prazo para contestação será contado na forma do art. 335. § 2º Não realizado o aditamento a que se refere o inciso I do § 1º deste artigo, o processo será extinto sem resolução do mérito. § 3º O aditamento a que se refere o inciso I do § 1º deste artigo dar-se-á nos mesmos autos, sem incidência de novas custas processuais. § 4º Na petição inicial a que se refere o *caput* deste artigo, o autor terá de indicar o valor da causa, que deve levar em consideração o pedido de tutela final. § 5º O autor indicará na petição inicial, ainda, que pretende valer-se do benefício previsto no *caput* deste artigo. § 6º Caso entenda que não há elementos para a concessão de tutela antecipada, o órgão jurisdicional determinará a emenda da petição inicial em até 5 (cinco) dias, sob pena de ser indeferida e de o processo ser extinto sem resolução de mérito."

(6) *Op. cit.*, p. 92.

"AÇÃO RESCISÓRIA. TUTELA PROVISÓRIA. Em face do que dispõem a MP n. 1.984-22/2000 e o art. 969 do CPC de 2015, é cabível o pedido de tutela provisória formulado na petição inicial de ação rescisória ou na fase recursal, visando a suspender a execução da decisão rescindenda."

Também, diante do princípio da fungibilidade, pensamos ser possível a concessão de tutela inibitória (preventiva) quando presentes os requisitos, quando o autor equivocadamente formular pedido de tutela antecipada ou cautelar.

2. Da tutela antecipada e o Processo do Trabalho

Segundo *Carnelutti*: *o tempo é um inimigo do Direito contra o qual o juiz deve travar uma guerra sem tréguas.*

Antes da existência da tutela antecipada, doutrina e jurisprudência utilizavam o art. 798 do CPC/73 como válvula de escape para a adoção de medidas cautelares com natureza satisfativa.

Consiste a tutela antecipada na concessão da pretensão postulada pelo autor, antes do julgamento definitivo do processo, mediante a presença dos requisitos legais. Trata-se de medida satisfativa, pois será entregue ao autor o bem da vida pretendido antes da existência do título executivo judicial(7).

Conforme a definição de *Nelson Nery Junior*(8):

> "Tutela antecipatória dos efeitos da sentença de mérito, espécie do gênero *tutelas de urgência*, é providência que tem natureza jurídica *mandamental*, que se efetiva mediante execução *lato sensu*, com o objetivo de entregar ao autor, total ou parcialmente, a própria pretensão deduzida em juízo ou os seus efeitos. É tutela satisfativa no plano dos fatos, já que realiza o direito, dando ao requerente o bem da vida por ele pretendido com a ação de conhecimento."

Como bem adverte *Luiz Guilherme Marinoni*(9), a tutela antecipatória produz o efeito que somente poderia ser produzido ao final. Um efeito que, por óbvio, não descende de uma eficácia que tem a mesma qualidade e eficácia da sentença. A tutela antecipatória permite que sejam realizadas antecipadamente as consequências concretas da sentença de mérito. Essas consequências concretas podem ser identificadas com os efeitos externos da sentença, ou seja, com aqueles efeitos que operam fora do processo e no âmbito das relações de direito material.

(7) Para Chiovenda, só haverá jurisdição onde houver coisa julgada. A tutela antecipada rompe com o mito da coisa julgada material. As novas exigências do mundo contemporâneo não mais podem esperar a coisa julgada material. A cognição sumária também pode dar guarida à pretensão, dentro da moderna teoria geral do processo que prima pelo resultado útil do processo e sua efetividade.

(8) *Código de Processo Civil comentado.* 10. ed. São Paulo: RT, 2007. p. 523.

(9) MARINONI, Luiz Guilherme. *Antecipação da tutela.* 9. ed. São Paulo: RT, 2006. p. 50.

A tutela antecipada, prevista no CPC, é compatível com o Processo do Trabalho, por força da aplicação do art. 769 da CLT.

Dispõe o art. 300 do CPC:

"A tutela de urgência será concedida quando houver elementos que evidenciem a probabilidade do direito e o perigo de dano ou o risco ao resultado útil do processo.

§ 1º Para a concessão da tutela de urgência, o juiz pode, conforme o caso, exigir caução real ou fidejussória idônea para ressarcir os danos que a outra parte possa vir a sofrer, podendo a caução ser dispensada se a parte economicamente hipossuficiente não puder oferecê-la.

§ 2º A tutela de urgência pode ser concedida liminarmente ou após justificação prévia.

§ 3º A tutela de urgência de natureza antecipada não será concedida quando houver perigo de irreversibilidade dos efeitos da decisão."

Conforme o referido dispositivo legal, são pressupostos para a concessão da tutela antecipada:

a) *requerimento do autor:* a tutela antecipada, segundo o princípio dispositivo do processo civil (art. 2º do CPC) necessita de pedido expresso do autor, não podendo o juiz concedê-la de ofício. Pensamos que, mesmo no Processo do Trabalho, há necessidade de requerimento. Não obstante, nos casos em que o autor estiver sem advogado, pensamos, com suporte em autores de nomeada como *Jorge Luiz Souto Maior*, *Francisco Antonio de Oliveira*, *Estêvão Mallet*, *Armando Couce de Menezes* e *Pedro Paulo Teixeira Manus*, que o Juiz do Trabalho possa conceder a medida de ofício, com suporte nos arts. 765 e 791, da CLT, considerando-se ainda a função social do Processo do Trabalho e a hipossuficiência do trabalhador;

Somente o autor poderá requerer a antecipação de tutela. Entretanto, havendo reconvenção ou nas ações de natureza dúplice, o réu também poderá formular o requerimento.

b) *probabilidade do direito:* o art. 300 do CPC, exige para a concessão da tutela antecipada, que o direito seja provável. Vale dizer: que exista probabilidade de ser acolhido em juízo. Em princípio, sempre há probabilidade da pretensão do autor ser acolhida, entretanto, há situações em que a probabilidade é remota, a exemplo do pedido juridicamente impossível, ou aquele que contraria entendimento jurisprudencial já sumulado. A avaliação da probabilidade do direito será realizada pelo Juiz em cognição sumária, segundo o conjunto probatório dos autos. O magistrado poderá determinar a produção de provas para firmar sua convicção sobre a probabilidade do direito;

Para bem valorar a probabilidade do direito, deve também o Juiz do Trabalho considerar: "i) o valor do bem jurídico ameaçado ou violado; ii) a dificuldade de o autor provar a sua alegação; iii) a credibilidade da alegação, de acordo com as regras de experiência; e iv) a própria urgência alegada pelo autor"(10);

(10) MARINONI, Luiz Gulherme; ARENHART, Sérgio Cruz; MITIDIERO, Daniel. *Novo Curso de Processo Civil.* Vol. 2. São Paulo: RT, 2015. p. 203.

c) *o perigo de dano ou o risco ao resultado útil do processo*: trata-se do chamado *perigo da demora*, ou seja, o perigo do perecimento do direito. Se a tutela não for concedida antes do momento próprio para a decisão do processo, há risco grave de perecimento do direito. No processo do trabalho, podemos citar hipóteses que justificam a concessão da tutela antecipada, por exemplo para evitar tansferências de empregados de local de trabalho; manutenção de plano de saúde etc.

A tutela antecipada pode ser concedida antes da citação do réu (*inaudita altera parte*), antes da sentença, na própria sentença e após a sentença. Pode ser requerida na segunda instância, ocasião em que a competência será do relator. Nesse sentido, a OJ n. 68 da SDI-II, do C. TST, *in verbis*:

> "Antecipação de tutela. Competência. Inserida em 20.9.00. Nos Tribunais, compete ao relator decidir sobre pedido de antecipação de tutela, submetendo sua decisão ao colegiado respectivo, independentemente de pauta, na sessão imediatamente subsequente."

No mesmo sentido é o art. 299 do CPC, "*in verbis*": "A tutela provisória será requerida ao juízo da causa e, quando antecedente, ao juízo competente para conhecer do pedido principal. Parágrafo único. Ressalvada disposição especial, na ação de competência originária de tribunal e nos recursos a tutela provisória será requerida ao órgão jurisdicional competente para apreciar o mérito."

Alguns autores diziam que a tutela antecipada no processo civil não poderia ser concedida na sentença, pois a apelação tem efeito suspensivo. A redação do art. 1.012, inciso V, do CPC, possibilita a concessão da antecipação da tutela na sentença. Quanto à parte que antecipou a tutela, a apelação interposta em face da sentença não terá efeito suspensivo.

No Processo do Trabalho, praticamente, não há divergência no sentido de que a tutela antecipada pode ser concedida na sentença, em razão do recurso ordinário não ter efeito suspensivo. Nesse sentido, está pacificada a jurisprudência do Tribunal Superior do Trabalho, conforme se constata da redação da Súmula n. 414, *in verbis*:

> "MANDADO DE SEGURANÇA. ANTECIPAÇÃO DE TUTELA (OU LIMINAR) CONCEDIDA ANTES OU NA SENTENÇA. (conversão das Orientações Jurisprudenciais ns. 50, 51, 58, 86 e 139 da SDI-2) I – A antecipação da tutela concedida na sentença não comporta impugnação pela via do mandado de segurança, por ser impugnável mediante recurso ordinário. A ação cautelar é o meio próprio para se obter efeito suspensivo a recurso. (ex-OJ n. 51 – inserida em 20.9.00); II – No caso da tutela antecipada (ou liminar) ser concedida antes da sentença, cabe a impetração do mandado de segurança, em face da inexistência de recurso próprio. (ex-OJs ns. 50 e 58 – ambas inseridas em 20.9.00); III – A superveniência da sentença, nos autos originários, faz perder o objeto do mandado de segurança que impugnava a concessão da tutela antecipada (ou liminar)." (ex-OJs ns. 86 – inserida em 13.3.2002 e 139 – DJ 4.5.04) (Res. n. 137/2005 – DJ 22.8.2005)

Na decisão que antecipar a tutela, o juiz indicará, de modo claro e preciso, as razões do seu convencimento, conforme exige o art. 93, IX, da CF. Nesse sentido, também dispõe o art. 298 do CPC, *in verbis*:

> "Na decisão que conceder, negar, modificar ou revogar a tutela provisória, o juiz motivará seu convencimento de modo claro e preciso."

Segundo a doutrina, a decisão que aprecia a tutela antecipada antes da sentença, tem natureza interlocutória. Nesse lastro, dispõe o art. 296 do CPC, a tutela antecipada conserva sua eficácia na pendência do processo, poderá ser revogada ou modificada a qualquer tempo, em decisão fundamentada. Concedida ou não a antecipação da tutela, prosseguirá o processo até final julgamento.

Diz o § 3º do art. 300 do CPC que a tutela de urgência de natureza antecipada não será concedida quando houver perigo de irreversibilidade dos efeitos da decisão.

Trata-se de requisito que deve ser avaliado discricionariamente pelo juiz, analisando o custo benefício de se conceder a medida, sempre atento aos princípios da razoabilidade e da efetividade processual. Como adverte *Alice Monteiro de Barros*(11), "a questão do perigo de irreversibilidade deverá ser examinada com reserva, mesmo porque, em sentido inverso, enquanto não ultrapassado o prazo legal para a ação rescisória, também não poderia uma sentença ser executada de forma definitiva, dada a possibilidade de sua desconstituição."

Deve ser considerado, pelo magistrado, que a proteção à ameça ao direito tem *status* constitucional (art. 5º, XXXV, da CF). Portanto, o perigo da irreversibilidade deve ser considerado não como fator principal, mas secundário, para a não concessão da tutela. Como destaca *José Miguel Garcia Medina*(12), "não há que se falar em *ponderação* entre direitos fundamentais, no caso, mas, sim, da *correta definição* dos bens a serem protegidos, levando em consideração essas premissas, o juiz, atentando às circunstâncias da causa, avaliará e decidirá, justificadamente, se é o caso de se conceder a medida, ainda que disso decorram efeitos irreversíveis."

No mesmo sentido advertem *Luiz Guilherme Marinoni*, *Sérgio Cruz Arenhart* e *Daniel Mitidiero*(13), "não há qualquer lógica em não admitir a concessão da tutela antecipada destinada a combater o perigo na demora sob o argumento de que sua concessão pode trazer prejuízo irreversível ao demandado. Em algumas situações não há como não se aceitar o risco de eventual prejuízo ao demandado".

Conforme *Nelson Nery Junior*(14), essa irreversibilidade não é óbice intransponível à concessão do adiantamento, pois, caso o autor seja vencido na demanda, deverá indenizar a parte contrária pelos prejuízos que ela sofreu com a execução da medida.

A responsabilidade do autor, se a decisão de concessão da tutela for reformada, será objetiva pelos prejuízos causados ao réu, vale dizer: independerá de culpa.

Nesse diapasão, dispõe o art. 302 do CPC, *in verbis*:

> "Independentemente da reparação por dano processual, a parte responde pelo prejuízo que a efetivação da tutela de urgência causar à parte adversa, se:
>
> I – a sentença lhe for desfavorável;

(11) BARROS, Alice Monteiro de. Tutela antecipada no processo do trabalho. *In: Revista LTr*, 60-11/1164.

(12) *Direito Processual Civil Moderno*. São Paulo: RT, 2015. p. 459.

(13) *Novo Curso de Processo Civil*. Vol. 2. São Paulo: RT, 2015. p. 204.

(14) *Op. cit.*, p. 529.

II – obtida liminarmente a tutela em caráter antecedente, não fornecer os meios necessários para a citação do requerido no prazo de 5 (cinco) dias;

III – ocorrer a cessação da eficácia da medida em qualquer hipótese legal;

IV – o juiz acolher a alegação de decadência ou prescrição da pretensão do autor.

Parágrafo único. A indenização será liquidada nos autos em que a medida tiver sido concedida, sempre que possível."

Segundo a doutrina, a decisão que concede a antecipação da tutela tem natureza mandamental, pois determina uma ordem imediata para cumprimento da medida.

Para a efetivação da tutela, o Juiz do Trabalho poderá determinar todas as medidas necessárias, coercitivas e indutivas, inclusive com fixação de multa pecuniária. Nesse sentido, dispõem os arts. 139, IV e 297 do CPC, *in verbis*:

"Art. 139. O juiz dirigirá o processo conforme as disposições deste Código, incumbindo-lhe: (...) IV – determinar todas as medidas indutivas, coercitivas, mandamentais ou sub-rogatórias necessárias para assegurar o cumprimento de ordem judicial, inclusive nas ações que tenham por objeto prestação pecuniária."

"Art. 297. O juiz poderá determinar as medidas que considerar adequadas para efetivação da tutela provisória. Parágrafo único. A efetivação da tutela provisória observará as normas referentes ao cumprimento provisório da sentença, no que couber."

O Código de Processo Civil de 2015 criou procedimento próprio para a chamada *tutela antecipada requerida em caráter antecedente*, nos arts. 303 e 304, quando a urgência é contemporânea à propositura da ação.

Dispõe o art. 303 do CPC: "nos casos em que a urgência for contemporânea à propositura da ação, a petição inicial pode limitar-se ao requerimento da tutela antecipada e à indicação do pedido de tutela final, com a exposição da lide, do direito que se busca realizar e do perigo de dano ou do risco ao resultado útil do processo. § 1º Concedida a tutela antecipada a que se refere o *caput* deste artigo: I – o autor deverá aditar a petição inicial, com a complementação de sua argumentação, a juntada de novos documentos e a confirmação do pedido de tutela final, em 15 (quinze) dias ou em outro prazo maior que o juiz fixar; II – o réu será citado e intimado para a audiência de conciliação ou de mediação na forma do art. 334; III – não havendo autocomposição, o prazo para contestação será contado na forma do art. 335. § 2º Não realizado o aditamento a que se refere o inciso I do § 1º deste artigo, o processo será extinto sem resolução do mérito. § 3º O aditamento a que se refere o inciso I do § 1º deste artigo dar-se-á nos mesmos autos, sem incidência de novas custas processuais. § 4º Na petição inicial a que se refere o *caput* deste artigo, o autor terá de indicar o valor da causa, que deve levar em consideração o pedido de tutela final. § 5º O autor indicará na petição inicial, ainda, que pretende valer-se do benefício previsto no *caput* deste artigo. § 6º Caso entenda que não há elementos para a concessão de tutela antecipada, o órgão jurisdicional determinará a emenda da petição inicial em até 5 (cinco) dias, sob pena de ser indeferida e de o processo ser extinto sem resolução de mérito."

Diante do referido dispositivo legal, havendo a urgência da medida quando da propositura da ação, a petição inicial pode limitar-se ao requerimento da tutela antecipada e à indicação do pedido de tutela final, com a exposição da lide, do direito que se busca realizar, e do perigo de dano ou do risco ao resultado útil do processo. Concedida a medida, o autor deverá aditar a inicial, complementando a fundamentação, podendo juntar documentos novos. Caso não adite a inicial, no prazo fixado pelo Juiz, o processo será extinto sem resolução de mérito.

No processo trabalhista, são comuns pedidos de tutela antecipada formulados na própria petição inicial, inclusive em conjunto com outros pedidos que tratam de assuntos diversos. Por isso, pensamos que somente o Juiz do Trabalho deve determinar que o reclamante adite ou emende a inicial, quando o pedido for de difícil compreensão ou dificultar a defesa do reclamado. No entanto, o § 6º do referido dispositivo nos parece perfeitamente compatível com o processo trabalho. Desse modo, caso se indefira a tutela antecipada requerida na inicial, por falta de elementos, o Juiz do Trabalho pode determinar a emenda à inicial, e reapreciar a pretensão.

Entretanto, em casos excepcionais, de máxima urgência, como, por exemplo, para se cancelar uma transferência abusiva de local de trabalho do empregado, o requerimento de tutela antecipada no processo do trabalho pode ser formulado com suporte no art. 303 do CPC, com uma exposição sumária dos motivos de risco ao resultado útil do processo ou perigo da demora, e requerimento de tutela antecipada, com posterior aditamento da inicial, inclusive com a inclusão de outros pedidos.

Como bem adverte *José Antônio de Oliveira Silva*(15), "o processo do trabalho não tem regra própria sobre tutela antecipada em caráter antecedente, até porque se trata de instituto de absoluta novidade do novo Código de Processo Civil. E pensamos ser louvável esse ideário de que, havendo extrema urgência para a obtenção da tutela antecipada, não se pode exigir do demandante a formulação de toda a extensão do pedido, com a suficiente causa de pedir e preparação de todos os documentos necessários à comprovação do direito, porque isso poderia frustar a própria satisfatividade do direito material. Ainda mais no processo do trabalho, cujas petições iniciais englobam diversos pedidos de verbas não satisfeitas durante o curso da relação de trabalho. De modo que o instituto, nesse particular, mostra-se plenamente compatível com o processo do trabalho".

Nos termos do art. 304 do CPC, a tutela antecipada, concedida com base no art. 303, torna-se estável se, da decisão que a conceder, não for interposto o respectivo recurso. § 1º No caso previsto no *caput*, o processo será extinto. § 2º Qualquer das partes poderá demandar a outra com o intuito de rever, reformar ou invalidar a tutela antecipada estabilizada nos termos do *caput*. § 3º A tutela antecipada conservará seus efeitos enquanto não revista, reformada ou invalidada por decisão de mérito proferida na ação de que trata o § 2º. § 4º Qualquer das partes poderá requerer o desarquivamento dos autos em que foi concedida a medida, para

(15) *Comentários ao Novo CPC e sua aplicação ao Processo do Trabalho*. São Paulo: LTr, 2016. p. 303.

instruir a petição inicial da ação a que se refere o § 2º, prevento o juízo em que a tutela antecipada foi concedida. § 5º O direito de rever, reformar ou invalidar a tutela antecipada, previsto no § 2º deste artigo, extingue-se após 2 (dois) anos, contados da ciência da decisão que extinguiu o processo, nos termos do § 1º. § 6º A decisão que concede a tutela não fará coisa julgada, mas a estabilidade dos respectivos efeitos só será afastada por decisão que a revir, reformar ou invalidar, proferida em ação ajuizada por uma das partes, nos termos do § 2º deste artigo.

Conforme o referido dispositivo legal, se a tutela antecipada for concedida em caráter antecedente, cumpre ao reclamado impugnar a medida, sob consequência da tutela tornar-se *estável* e o processo ser extinto com resolução de mérito favoravelmente ao reclamante. O referido dispositivo é compatível com o processo trabalhista (arts. 769, da CLT e 15 do CPC). Como, na esfera trabalhista, não há o recurso de Agravo e Instrumento para essa finalidade, o reclamado deve se valer do Mandado de Segurança, segundo a jurisprudência do TST para evitar a estabilização da tutela.

Caso estabilizada a tutela, qualquer das partes poderá demandar a outra com o intuito de rever, reformar ou invalidar a tutela antecipada estabilizada nos termos do *caput*. Trata-se de uma espécie de ação revisional, que deve ser proposta no prazo de 2 anos contados da decisão que exinguiu o processo. A decisão que concede a tutela não fará coisa julgada, mas a estabilidade dos respectivos efeitos só será afastada por decisão que a revir, reformar ou invalidar, proferida em ação ajuizada por uma das partes. Após esse prazo de dois anos, o Código não prevê modalidade de impugnação, embora diga que a decisão não fará coisa julgada. Nessa última hipótese, pensamos não estar descartada a possibilidade de ação rescisória para se invalidar a estabilização da tutela.

No entanto, a melhor equalização da questão foi formulada por *Luiz Guilherme Marinoni*, *Sérgio Cruz Arenhart* e *Daniel Mitidiero*[16] quando sustentam que a eficácia bloqueadora do direito fundamental ao processo justo impede que se tenha como constitucional a formação de coisa julgada na tutela antecipada requerida de forma antecedente no caso de transcurso do prazo legal sem o exaurimento da cognição. Isso quer dizer que a estabilização da tutela antecipada antecedente não pode lograr a autoridade da coisa julgada — que é peculiar aos procedimentos de cognição exauriente. Passado o prazo de dois anos, continua sendo possível o exaurimento da cognição até que os prazos previstos no direito material para a estabilização das situações jurídicas atuem sobre a esfera jurídica as partes (por exemplo, a prescrição, a decadência e a *supressio*).

2.1. Da impugnação da medida que aprecia a tutela antecipada no Processo do Trabalho

Em face da decisão que aprecia a tutela antecipada, no processo civil, é cabível o agravo de instrumento, por se tratar de decisão interlocutória (art. 1.015, I, do CPC). Se concedida na própria sentença, caberá apelação (art. 1.013, § 5º, do CPC).

(16) *Op. cit.*, p. 218.

No Processo do Trabalho, as decisões interlocutórias não são recorríveis de imediato (art. 893 da CLT). Admite-se a interposição de mandado de segurança, se presentes os requisitos deste, caso a concessão ou a não concessão da tutela cause dano irreparável à parte, ou seja concedida ou negada de forma abusiva. Se a tutela antecipada for concedida na sentença, conforme pacificado na Jurisprudência, será cabível o recurso ordinário. Nesse sentido, o inciso II da Súmula n. 414 do C. TST: "No caso de a tutela antecipada (ou liminar) ser concedida antes da sentença, cabe a impetração do mandado de segurança, em face da inexistência de recurso próprio." (ex-OJs ns. 50 e 58 — ambas inseridas em 20.9.00)

A fim de obstar os efeitos da tutela antecipada deferida na sentença, a jurisprudência tem admitido a propositura de medida cautelar inominada para atribuir efeito suspensivo ao recurso ordinário interposto em face de tal decisão. Nesse contexto, o inciso I, da Súmula n. 414, do C. TST, *in verbis*:

> "A antecipação da tutela concedida na sentença não comporta impugnação pela via do mandado de segurança, por ser impugnável mediante recurso ordinário. A ação cautelar é o meio próprio para se obter efeito suspensivo a recurso." (ex-OJ n. 51 – inserida em 20.9.00)

Por outro lado, não há previsão de recurso, na legislação processual trabalhista, em face da decisão que indefere o pedido liminar de tutela antecipada.

A jurisprudência do Tribunal Superior do Trabalho firmou-se no sentido de que concessão de liminar é medida discricionária do juiz e, portanto, não é impugnável pela via do Mandado de Segurança. Nessa direção, é a redação da Súmula n. 418 do Tribunal Superior do Trabalho, *in verbis*:

> "MANDADO DE SEGURANÇA VISANDO À CONCESSÃO DE LIMINAR OU HOMOLOGAÇÃO DE ACORDO (conversão das Orientações Jurisprudenciais ns. 120 e 141 da SBDI-2) – Res. n. 137/2005, DJ 22, 23 e 24.8.2005. A concessão de liminar ou a homologação de acordo constituem faculdade do juiz, inexistindo direito líquido e certo tutelável pela via do mandado de segurança." (ex-Ojs da SBDI-2 ns. 120 – DJ 11.8.2003 – e 141 – DJ 4.5.2004)

Em que pese o respeito que merece a referida Súmula, no nosso entendimento, diante da principiologia constitucional do processo, máxime do acesso à justiça para evitar lesão ou ameaça de perecimento de direito (art. 5º, XXXV, da CF), pensamos que, presentes os requisitos legais, o direito à liminar constitui direito processual subjetivo da parte e não discricionariedade do juiz. Portanto, no processo do trabalho, se a liminar da tutela antecipada for indeferida, quando presentes os requisitos legais, a parte lesada poderá ingressar com mandado de segurança em face dessa decisão.

Como bem adverte *Luiz Guilherme Marinoni*(17):

> "[...] a busca da efetividade do processo é necessidade que advém do direito constitucional à adequada tutela jurisdicional, indissociavelmente ligado ao *due process of law*, e ínsito no princípio da inafastabilidade,

(17) *Antecipação da tutela*. 6. ed. São Paulo: RT, 2006. p. 174.

que é garantido pelo princípio da separação dos poderes, e que constitui princípio imanente ao próprio Estado de Direito, aparecendo como contrapartida à proibição da autotutela privada, ou ao dever que o Estado se impôs quando chamou a si o monopólio da jurisdição. A tutela antecipatória, portanto, nada mais é do que instrumento necessário para a realização de um direito constitucional."

2.2. Da execução da tutela antecipada no Processo do Trabalho

O art. 297, parágrafo único, do CPC, afirma que para a efetivação da tutela antecipada serão observadas as disposições relativas ao cumprimento provisório da sentença (execução provisória).

Não obstante o CPC aludir às regras que regem a execução provisória para execução da tutela antecipada, pensamos que a efetivação da tutela antecipada irá até a entrega do bem da vida postulado ao requerente, inclusive a liberação de quantias em dinheiro, mesmo sem caução, pois o provimento antecipatório tem índole satisfativa. De nada adiantará todo o esforço judicial para se conceder a tutela antecipada se o autor não puder obter a satisfação do seu direito. A possibilidade de irreversibilidade do provimento não pode ser óbice para a efetivação da medida, pois a Lei atribui responsabilidade objetiva ao autor pelos danos causados à parte contrária em caso de alteração da decisão.

O referido art. 139, IV, do CPC, de aplicação subsidiária (arts. 15 do CPC e 769 da CLT) possibilita ao Juiz do Trabalho determinar todas as medidas indutivas, coercitivas, mandamentais ou sub-rogatórias necessárias para assegurar o cumprimento de ordem judicial, inclusive nas ações que tenham por objeto prestação pecuniária. Desse modo, a ideologia do CPC de 2015 caminha no sentido de efetivamente, materializar a tutela antecipada, entregando o bem da vida ao autor.

Conforme as palavras de *Marinoni*, o tempo do processo sempre prejudicou o autor que tem razão. É necessário que o juiz compreenda que não há efetividade sem riscos. O juiz que se omite é tão nocivo quanto o juiz que julga mal. Prudência e equilíbrio não se confundem com medo, e a lentidão da Justiça exige que o juiz deixe de lado o comodismo do antigo procedimento ordinário no qual alguns imaginam que ele não erra — para assumir as responsabilidades de um novo juiz, de um juiz que trata dos novos direitos e que também tem que entender para cumprir sua função, sem deixar de lado sua responsabilidade social. O juiz moderno é um juiz mais ativo, principalmente o Juiz do Trabalho, que tem maior responsabilidade social; por isso, o Juiz do Trabalho tem que ser irreverente, desbravar caminhos. Se a execução da tutela antecipada para na penhora, esta se equipara à medida cautelar de arresto ou outras cautelares. O autor, no caso de antecipação de tutela não pode esperar, sem dano grave, a realização do direito de crédito. A doutrina alemã já deixou claro que o arresto não obsta a antecipação do pagamento de soma em dinheiro, demonstrando que o fim da antecipação não é cautelar o direito de crédito, mas proteger o direito que, somente por meio da realização do direito de crédito, pode ser adequadamente tutelado.

No mesmo sentido, são os sólidos argumentos invocados por *Jorge Luiz Souto Maior*(18):

> "O avanço da efetividade no procedimento trabalhista requer um passo audacioso, que não se dará, entretanto, fora dos parâmetros legais. Ora, quando se pensa no 'requisito negativo' do perigo da irreversibilidade dos efeitos da antecipação concedida, para efeito de concedê-la ou não, há de se avaliar, por critérios de proporcionalidade, o que é mais maléfico: o dano de não se antecipar efetivamente a tutela, ou o dano de não se poder reverter os efeitos da antecipação concedida. Chegando-se à conclusão de que os efeitos devem ser antecipados, ainda que sejam irreversíveis, por consequência óbvia a execução deverá ser completa e não meramente provisória — ou incompleta — pois, do contrário, a consideração de se proteger, prioritariamente, o risco do autor, transforma-se em mera figura de retórica."

2.3. Da tutela antecipada das obrigações de fazer e não fazer e dar no Processo do Trabalho

Dispõe o art. 497 do CPC:

> "Na ação que tenha por objeto a prestação de fazer ou de não fazer, o juiz, se procedente o pedido, concederá a tutela específica ou determinará providências que assegurem a obtenção de tutela pelo resultado prático equivalente. Parágrafo único. Para a concessão da tutela específica destinada a inibir a prática, a reiteração ou a continuação de um ilícito, ou a sua remoção, é irrelevante a demonstração da ocorrência de dano ou da existência de culpa ou dolo."

Conforme o art. 536 do CPC: "No cumprimento de sentença que reconheça a exigibilidade de obrigação de fazer ou de não fazer, o juiz poderá, de ofício ou a requerimento, para a efetivação da tutela específica ou a obtenção de tutela pelo resultado prático equivalente, determinar as medidas necessárias à satisfação do exequente. § 1º Para atender ao disposto no *caput*, o juiz poderá determinar, entre outras medidas, a imposição de multa, a busca e apreensão, a remoção de pessoas e coisas, o desfazimento de obras e o impedimento de atividade nociva, podendo, caso necessário, requisitar o auxílio de força policial."

Nos termos do art. 537, do CPC: "A multa independe de requerimento da parte e poderá ser aplicada na fase de conhecimento, em tutela provisória ou na sentença, ou na fase de execução, desde que seja suficiente e compatível com a obrigação e que se determine prazo razoável para cumprimento do preceito. § 1º O juiz poderá, de

(18) *Op. cit.*, p. 191.

ofício ou a requerimento, modificar o valor ou a periodicidade da multa vincenda ou excluí-la, caso verifique que: I – se tornou insuficiente ou excessiva; II – o obrigado demonstrou cumprimento parcial superveniente da obrigação ou justa causa para o descumprimento. § 2º O valor da multa será devido ao exequente. § 3º A decisão que fixa a multa é passível de cumprimento provisório, devendo ser depositada em juízo, permitido o levantamento do valor após o trânsito em julgado da sentença favorável à parte ou na pendência do agravo fundado nos incisos II ou III do art. 1.042. § 4º A multa será devida desde o dia em que se configurar o descumprimento da decisão e incidirá enquanto não for cumprida a decisão que a tiver cominado. § 5º O disposto neste artigo aplica-se, no que couber, ao cumprimento de sentença que reconheça deveres de fazer e de não fazer de natureza não obrigacional."

Os referidos dispositivos, aplicáveis ao Processo do Trabalho, possibilitam que o Juiz do Trabalho, ao antecipar a tutela das obrigações de fazer ou não fazer, fixe multa diária para o descumprimento da ordem judicial *(astreintes)*, que devem ser fixadas em valor razoável para a efetividade da tutela.

Atualmente, não mais se questiona, no Processo do Trabalho, a possibilidade de deferimento da tutela antecipada nas obrigações de fazer, pois a própria CLT, no art. 659, incisos IX e X, prevê a possibilidade de o Juiz do Trabalho conceder liminares, até a decisão final, em reclamações trabalhistas que visem a tornar sem efeito transferências abusivas e reintegrar no emprego dirigente sindical afastado, suspenso ou dispensado pelo empregador. Não há se falar em possibilidade de dano irreparável ao empregador, pois a determinação de reintegração do empregado lhe possibilita usufruir da mão de obra deste, apesar de ter que lhe pagar os salários devidos.

O Tribunal Superior do Trabalho uniformizou sua jurisprudência no sentido de ser possível a reintegração de empregado em sede de antecipação de tutela, o que denota ser possível a execução de obrigação de fazer antes do trânsito em julgado da decisão, conforme a OJ n. 142, de sua SDI-II, *in verbis*:

> "Inexiste direito líquido e certo a ser oposto contra ato de juiz que, antecipando a tutela jurisdicional, determina a reintegração do empregado até a decisão final do processo, quando demonstrada a razoabilidade do direito subjetivo material, como nos casos de anistiado pela Lei n. 8.874, aposentado, integrante de comissão de fábrica, dirigente sindical, portador de doença profissional, portador de vírus HIV ou detentor de estabilidade provisória prevista em norma coletiva."

No mesmo sentido, dispõe a Orientação Jurisprudencial n. 65, da SDI-II do C. TST:

> "Mandado de Segurança. Reintegração liminarmente concedida. Dirigente sindical. Ressalvada a hipótese do art. 494, da CLT, não fere direito líquido e certo a determinação liminar de reintegração no emprego de dirigente sindical, em face da previsão do inciso X do art. 659 da CLT."

Quanto às obrigações de entrega de coisa, também poderão ser objeto de tutela antecipada no Processo do Trabalho. Como exemplo: os pedidos de entrega de CTPS que está em poder do empregador, uniformes, ou até pertences do empregado que estão em poder da empresa. O art. 498 do CPC, que resta aplicável ao Processo do Trabalho (art. 769 da CLT), disciplina a questão. Dispõe o referido dispositivo legal:

> "Na ação que tenha por objeto a entrega de coisa, o juiz, ao conceder a tutela específica, fixará o prazo para o cumprimento da obrigação. Parágrafo único. Tratando-se de entrega de coisa determinada pelo gênero e pela quantidade, o autor individualizá-la-á na petição inicial, se lhe couber a escolha, ou, se a escolha couber ao réu, este a entregará individualizada, no prazo fixado pelo juiz."

2.4. A tutela antecipada em face da Fazenda Pública

A Lei n. 9.494/97 veda em seu art. 1º a concessão de tutelas antecipadas em face da Fazenda Pública. Dispõe o referido dispositivo legal:

> "Aplica-se à tutela antecipada prevista nos arts. 273 e 461 do Código de Processo Civil o disposto nos arts. 5º e seu parágrafo único e 7º da Lei n. 4.348, de 26 de junho de 1964, no art. 1º e seu § 4º da Lei n. 5.021, de 9 de junho de 1966, e nos arts. 1º, 3º e 4º da *Lei n. 8.437*, de 30 de junho de 1992."

Determina o art. 1º da Lei n. 8.437/92:

> "Não será cabível medida liminar contra atos do Poder Público, no procedimento cautelar ou em quaisquer outras ações de natureza cautelar ou preventiva, toda vez que providência semelhante não puder ser concedida em ações de mandado de segurança, em virtude de vedação legal. § 1º Não será cabível, no juízo de primeiro grau, medida cautelar inominada ou a sua liminar, quando impugnado ato de autoridade sujeita, na via de mandado segurança, à competência originária de tribunal. § 2º O disposto no parágrafo anterior não se aplica aos processos de ação popular e de ação civil pública. § 3º Não será cabível medida liminar que esgote, no todo ou em qualquer parte, o objeto da ação. § 4º Nos casos em que cabível medida liminar, sem prejuízo da comunicação ao dirigente do órgão ou entidade, o respectivo representante judicial dela será imediatamente intimado. (Parágrafo incluído pela Medida Provisória n. 2.180-35, de 24 de agosto de 2001) § 5º Não será cabível medida liminar que defira compensação de créditos tributários ou previdenciários." (Parágrafo incluído pela Medida Provisória n. 2.180-35, de 24 de agosto de 2001)

No nosso sentir, em que pese a disposição expressa da Lei n. 9.494/97, mesmo havendo a necessidade de precatório para a execução por quantia em face da Fazenda Pública, tal fato não inibe a possibilidade de concessão de tutela antecipada em desfavor da Fazenda Pública em razão dos princípios constitucionais do acesso à justiça e efetividade. Além disso, nas tutelas antecipadas visando a obrigações de fazer ou não fazer, não há necessidade do precatório para se executar a tutela, tampouco nas condenações de valores até 60 salários mínimos, também não há a necessidade do precatório.

Desse modo, embora o STF tenha declarado a constitucionalidade da Lei n. 9.494/97, pensamos não ser ela constitucional, por violar o princípio do acesso à Justiça e por não ter a Constituição Federal inibido a possibilidade de tutelas de urgênica em face da Fazenda Pública. Ainda que se elegue a constitucionalidade da referida lei, ela não deve ser aplicada quando o valor da tutela concedida não exceder 60 salários mínimos ou em se tratando de tutela antecipada de obrigações de fazer ou não fazer e também de provimentos declaratórios ou constitutivos.

Nesse sentido, defendem *Luiz Guilherme Marinoni* e *Daniel Mitidiero*[19] referindo-se à restrições estabelecidas pela Lei n. 9.497/1997 à concessão de tutelas antecipadas em face da Fazenda Pública:

> "Essas restrições, contudo, não têm o condão de excluir o cabimento de antecipação de tutela contra a Fazenda Pública. São inconstitucionais. Frise-se que o direito de ação, compreendido como direito à técnica processual adequada, não depende do reconhecimento do direito material. O direito de ação exige técnica antecipatória para a viabilidade do reconhecimento da verossimilhança do direito e do fundado receio de dano, sentença idônea para a hipótese de sentença de procedência e meio executivo adequado a ambas as hipóteses. Se o direito for reconhecido como suficiente para a concessão da antecipação da tutela ou da tutela final, não há sequer como pensar em tais técnicas processuais. A norma do art. 5º, XXV, CRFB, ao contrário das normas constitucionais anteriores que garantiam o direito de ação, afirmou que a lei, além de não poder exluir lesão, está proibida de excluir 'ameça de lesão' da apreciação jurisdicional."

3. Da tutela inibitória e sua aplicação no Processo do Trabalho

Faz parte do gênero das tutelas de urgência a chamada *tutela inibitória*, ainda pouco estudada, mas que tem sido utilizada com eficácia, inclusive no Processo do Trabalho.

Ao contrário das tutelas cautelares e antecipatórias que pressupõem um direito já violado que merece imediata tutela, a tutela inibitória é preventiva.

Como destaca *Luiz Guilherme Marinoni*[20]:

> "A tutela inibitória é caracterizada por ser voltada para o futuro, independentemente de estar sendo dirigida a impedir a prática, a continuação ou a repetição do ilícito. Note-se, com efeito, que a inibitória, ainda que empenhada apenas em fazer cessar o ilícito ou a impedir a sua repetição, não perde a sua natureza preventiva, pois não tem por fim reintegrar ou reparar o direito violado [...]. A tutela inibitória funciona, basicamente, através de uma decisão ou sentença capaz de impedir a prática, a repetição ou a continuação do ilícito, conforme a conduta ilícita temida seja de natureza comissiva ou omissiva, o que permite identificar o fundamento normativo-processual desta tutela nos arts. 461 do CPC e 84 do CDC."

(19) *Código de Processo Civil:* comentado artigo por artigo. São Paulo: RT, 2008. p. 276-277.

(20) MARINONI, Luiz Guilherme. *Tutela inibitória:* individual e coletiva. 3. ed. São Paulo: RT, 2003. p. 38-39.

Na tutela inibitória, ainda não há um dano, pois este é dispensável, basta a probabilidade do ilícito. Não há necessidade de culpa, pois esta é critério para apuração da sanção pelo dano.

A tutela inibitória tem suporte no princípio constitucional do acesso à Justiça (art. 5º, XXXV, da CF), e na efetividade da tutela jurisdicional.

A tutela inibitória tem aplicação na esfera trabalhista, exemplificativamente, como medida preventiva das seguintes condutas: a) antissindicais, que atentam contra a liberdade sindical; b) discriminatórias na relação de emprego; c) cláusulas contratuais abusivas; d) interdito proibitório em caso de greve (art. 567 do CPC), dentre outras hipóteses.

O Código de Processo Civil de 2015 disciplina a tutela inibitória no art. 497, parágrafo único, que dispõe:

> "Na ação que tenha por objeto a prestação de fazer ou de não fazer, o juiz, se procedente o pedido, concederá a tutela específica ou determinará providências que assegurem a obtenção de tutela pelo resultado prático equivalente. Parágrafo único. Para a concessão da tutela específica destinada a inibir a prática, a reiteração ou a continuação de um ilícito, ou a sua remoção, é irrelevante a demonstração da ocorrência de dano ou da existência de culpa ou dolo."

A natureza da decisão da tutela inibitória tem natureza mandamental, segundo a doutrina, e deve ser cumprida, independentemente de procedimento de cumprimento da sentença.

Conforme *Nelson Nery Junior*(21), a sentença inibitória prescinde de posterior e sequencial processo de execução para ser efetivada no mundo fático, pois seus efeitos são de execução *lato sensu*.

No aspecto, relevante destacar a seguinte ementa:

> "Tutela inibitória — Previsão no ordenamento jurídico — Desnecessidade do dano. A necessidade do provimento inibitório, buscado na presente ação, é patente na medida em que direitos básicos dos empregados cooperados estavam sendo sonegados, inviabilizando, inclusive, o próprio objeto do contrato de trabalho, a prestação de serviços, conforme se constata dos procedimentos investigatórios juntados aos autos. Desse modo, a pretensão do autor é exatamente obter a tutela inibitória, preventiva, voltada para o futuro, impondo-se à recorrente a observância dos ditames legais para contratação de mão de obra, por meio de interposta pessoa, inclusive cooperativas de trabalho, para a execução de suas atividades finalísticas." (TRT – 3ª R. – 7ª T. – RO n. 921/2004.079.03.00-6 – relª Wilmeia da Costa Benevides – DJ 5.7.05 – p. 12) (RDT n. 08 – Agosto de 2005)

Nas ações coletivas, principalmente, para a defesa de interesses difusos e coletivos, a tutela inibitória está presente com muita evidência, pois é da essência de toda tutela coletiva, não apenas a repressão do dano, mas também a prevenção de novas lesões.

---

(21) *Op. cit.*, p. 671.

Nesse sentido, destacamos as seguintes ementas que retratam, com fidelidade, a presente questão:

"AÇÃO CIVIL PÚBLICA. TUTELA INIBITÓRIA. OBRIGAÇÃO DE FAZER. RESPEITO À JORNADA NORMAL DE TRABALHO. DIREITOS DIFUSOS, COLETIVOS E INDIVIDUAIS HOMOGÊNEOS. CUMPRIMENTO DE NORMAS TRABALHISTAS DE PROTEÇÃO À SAÚDE MENTAL E FÍSICA DOS TRABALHADORES. INDENIZAÇÃO. DANO MORAL COLETIVO. As normas jurídicas estatais que regem a estrutura e dinâmica da jornada e duração do trabalho são, de maneira geral, no Direito brasileiro, normas imperativas. O caráter de obrigatoriedade que tanto qualifica e distingue o Direito do Trabalho afirma-se, portanto, enfaticamente, neste campo juslaboral. Por essa razão, a renúncia, pelo trabalhador, no âmbito da relação de emprego, a alguma vantagem ou situação resultante de normas respeitantes à jornada é absolutamente inválida. É importante enfatizar que o maior ou menor espaçamento da jornada (e duração semanal e mensal do labor) atua, diretamente, na deterioração ou melhoria das condições internas de trabalho na empresa, comprometendo ou aperfeiçoando uma estratégia de redução dos riscos e malefícios inerentes ao ambiente de prestação de serviços. Noutras palavras, a modulação da duração do trabalho é parte integrante de qualquer política de saúde pública, uma vez que influencia, exponencialmente, a eficácia das medidas de medicina e segurança do trabalho adotadas na empresa. Do mesmo modo que a ampliação da jornada (inclusive com a prestação de horas extras) acentua, drasticamente, as probabilidades de ocorrência de doenças profissionais ou acidentes do trabalho, sua redução diminui, de maneira significativa, tais probabilidades da denominada — infortunística do trabalho. Na hipótese, o MPT formulou pedido de obrigação de fazer, consistente em determinar à Reclamada a adequação da jornada de trabalho, com a fruição dos intervalos intrajornada e interjornada e indenização pelos danos genéricos causados à coletividade revertida em favor do FAT - Fundo de Amparo ao Trabalhador. Trata-se de ação civil pública, tutela inibitória na defesa de direitos difusos, coletivos e individuais homogêneos, bem como indenização por danos morais coletivos, relacionados à dignidade da pessoa humana e aos valores sociais do trabalho (art. 1º, III e IV, CF), nos termos dos arts. 127 e 129, III e IX, da Constituição Federal, 6º, VII, alíneas *'a'* e *'d'* e 84 da Lei Complementar n. 75/93, art. 1º, IV, e 3º da Lei n. 7.347/85. Nesse diapasão, a inobservância da jornada de trabalho, nos moldes legais, extrapola o universo dos trabalhadores diretamente contratados atingindo uma gama expressiva de pessoas e comunidades circundantes à vida e ao espaço laborativos. A lesão, portanto, extrapola os interesses dos empregados envolvidos na lide para alcançar os trabalhadores em caráter amplo, genérico e massivo. Nesse contexto, configura-se o dano moral coletivo. Recurso de revista conhecido e provido." (TST – RR – 50000-71.2007.5.20.0003 – Data de Julgamento: 29.10.2012, rel. Min. Mauricio Godinho Delgado, 3ª Turma, Data de Publicação: DEJT 9.11.2012)

"RECURSO DE REVISTA DAS EMPRESAS. AÇÃO CIVIL PÚBLICA AJUIZADA PELO MINISTÉRIO PÚBLICO DO TRABALHO DA 3ª REGIÃO CONTRA AS EMPRESAS VOX POPOLI MERCADO E OPINIÃO SOCIEDADE CIVIL LTDA, VOX MERCADO PESQUISA E PROJETOS LTDA E VOX OPINIÃO PESQUISA E PROJETOS LTDA. TUTELA INIBITÓRIA. OBRIGAÇÃO DE NÃO FAZER. CONTRATAÇÃO DE TRABALHADORES AUTÔNOMOS E *"FREE LANCERS"*. 1 - O TRT, com base na análise fático-probatória, reconheceu a ilegalidade da contratação de autônomos e *"free lancers"* para a coleta, revisão e digitação de dados para pesquisa, constatando os elementos caracterizadores da relação de emprego (art. 3º da CLT). Concluiu que se configurou fraude à legislação trabalhista e deferiu a tutela inibitória pleiteada pelo Ministério Público do Trabalho. 2 – Correta a decisão do Tribunal Regional ao manter a tutela inibitória imposta pelo juízo de primeira instância, que tem a função não apenas de proibir a conduta ilícita, mas também de evitar que a mesma conduta se repita. 3 – Recurso de revista de que não se conhece. MULTA POR DESCUMPRIMENTO DA OBRIGAÇÃO DE NÃO FAZER. 1 – A multa do art. 461, § 4º, do CPC de 1973, vigente à época dos fatos discutidos, é medida coercitiva disponibilizada pela lei ao juiz para garantir a efetividade e o rápido cumprimento da sentença em obrigações de fazer ou não fazer. É oportuno ressaltar que a multa cominatória (astreintes) tem o objetivo de compelir a parte a cumprir a obrigação na forma determinada, e sua incidência está condicionada ao não cumprimento da obrigação de fazer. Por constituir medida voltada para a efetividade do provimento judicial, é procedimento recomendável, sobretudo no caso em apreço, sob pena de se impedir a prevenção do descumprimento da determinação judicial e a violação à lei, além de esvaziar a legitimidade do Ministério Público do Trabalho no cumprimento de seu dever constitucional. 2 – Acrescente-se que a multa só será devida na hipótese de não cumprimento da ordem determinada pelo Tribunal Regional. Além disso, o valor arbitrado (R$ 1.000,00 por trabalhador em situação irregular) revela-se razoável e proporcional, tendo em vista a situação financeira das empresas recorrentes e a finalidade buscada pela imposição da obrigação de não fazer (contratação de autônomos e *"free lancers"* para a atividade fim das empresas). 3 - Recurso de revista de que não se conhece. DANO MORAL COLETIVO. CONFIGURAÇÃO. 1 – Para que haja a configuração do dano moral coletivo, o ilícito e seus efeitos devem ser de tal monta que a repulsa social seja imediata e extrapole aquela relativa ao descumprimento individual de normas de conduta trabalhista. A indenização pelo dano moral coletivo está prevista no art. 1º, da Lei n. 7.347/85. 2 – No caso, o objeto da demanda diz respeito não apenas a direitos individuais homogêneos dos trabalhadores que já se encontram trabalhando irregularmente, mas também a interesses que transcendem a individualidade, uma vez que a conduta das empresas acarreta lesões aos interesses dos citados trabalhadores, haja vista que houve violação de direitos fundamentais e trabalhistas, o que pode vir a ocorrer em relação aos futuros empregados dessas empresas. 3 – Portanto, resta claro o dano moral coletivo, em face da reconhecida contratação irregular de trabalhadores autônomos e *"free lancers"*, em flagrante fraude aos direitos trabalhistas. 4 - Recurso de revista de que não se conhece. MONTANTE DA INDENIZAÇÃO POR DANO MORAL COLETIVO. 1 – Para a fixação do dano moral, a lei não estabelece parâmetros específicos. O montante da indenização varia de acordo com o caso examinado e a sensibilidade do julgador, e ocorre de maneira necessariamente subjetiva. Nesse contexto é que, nas Cortes Superiores, especialmente no TST e no STJ, os montantes fixados nas instâncias ordinárias somente têm sido alterados, em princípio, quando sejam irrisórios, ínfimos, irrelevantes (evitando-se a ineficácia pedagógica da condenação ou frustração na reparação do dano) ou, pelo contrário, quando exorbitantes, exagerados, excessivos (evitando-se o enriquecimento sem causa do demandante ou o comprometimento temerário das finanças da demandada). 2 – Na aferição do que sejam valores irrisórios ou excessivos, não é levada em conta a expressão monetária considerada em si mesma, mas sim o critério de proporcionalidade entre os montantes fixados e a gravidade dos fatos ocorridos em cada caso concreto. 3 – No caso dos autos, está demonstrada a falta de proporcionalidade entre a fixação do montante da indenização por danos morais pelo TRT em 1.000.000,00 e os fatos comprovados. Assim, fica reduzido o montante para R$ 200.000,00. 4 – Recurso de revista a que se dá provimento. REVERSÃO AO FAT - FUNDO DE AMPARO AO TRABALHADOR. 1 – Nos termos do art. 13 da Lei n. 7.347/85, os recursos em dinheiro, provenientes de condenação em ação civil pública, devem ser utilizados na reconstituição dos bens lesados, ou seja, no local mais próximo e adequado, como defende o juiz e professor José Roberto Dantas Oliva: "*(...) em vez de a indenização ser direcionada ao Fundo de Amparo ao Trabalhador (FAT), que utilizaria o dinheiro para os mais variados fins (inclusive financiamento de programas de desenvolvimento econômico por intermédio do BNDES), sem relação direta com a reconstrução dos bens jurídicos lesados, atende mais ao espírito da norma antes referenciada que o numerário seja revertido a projetos e ações que efetivamente possibilitem a recomposição dos bens lesados. Entretanto, para a efetiva reconstituição dos bens lesados, afigura-se salutar que as importâncias (...) revertam às localidades onde os danos foram produzidos*". *Como bem esclarece Xisto Tiago de Medeiros Neto: "Acentua-se que essa definição sobre a destinação e uso da parcela da condenação por dano moral coletivo, longe de apontar para eventual dificuldade ou receio relativo à sua aplicação, constitui, na realidade, necessário e imprescindível compromisso processual do órgão judicial com a efetividade da tutela de natureza coletiva, em face das suas peculiaridades e do seu escopo e alcance social, a traduzir, repita-se, a postura constitucional exigida de participação na solução e eficácia do processo. É de se concluir, portanto, que à luz do ordenamento jurídico, não há obstáculo - muito ao contrário, constitui uma opção mais consentânea com os escopos do processo coletivo -, para que o magistrado ou tribunal possam determinar, a pedido do Ministério Público ou mesmo de ofício, ou, também, para que as partes pactuem em acordo judicial na ação civil pública, a destinação das parcelas pecuniárias oriundas da condenação pelo dano moral coletivo para finalidades específicas (...)*". 2 – A destinação ao FAT atende aos requisitos da lei quando se trata de condenações de repercussão nacional, e o FAT não é o único fundo ou instituição habilitado para tanto. A depender do caso examinado, a jurisprudência majoritária na Sexta Turma do TST admite outra destinação que não seja o FAT. E para o fim de atingir a finalidade da lei, o julgador não está necessariamente vinculado ao pedido do MPT. Quem pede é o MPT; quem determina a destinação é o Poder Judiciário, devendo haver a delimitação certa e determinada do provimento jurisdicional. 3 – No caso concreto a manifestação do MPT é pela destinação ao FAT desde a petição inicial e o TRT determinou genericamente a reversão em prol de "*instituições beneficentes com atuação nas áreas de educação hospitalar e formação profissional surtindo assim efeitos mais diretos à população*". Contudo, a Corte regional não especificou que instituições seriam essas, deixando o provimento jurisdicional aberto para o juízo da execução, o que deve ser evitado. O provimento jurisdicional aberto não deixa claro se a destinação é para instituições públicas ou privadas. Não há como saber quais são as instituições beneficentes nem quem as gerencia; isso ficou em abstrato, o que não se admite. 4 – No caso dos autos, a reversão dos valores deve ser para o FAT. 5 – Recurso de revista a que se dá provimento." (Processo: RR – 163600-46.2009.5.03.0109 – Data de Julgamento: 21.9.2016, relª Ministra: Kátia Magalhães Arruda, 6ª Turma, Data de Publicação: DEJT 21.10.2016)

4. Da tutela cautelar. Medidas cautelares e o Processo do Trabalho

4.1. Teoria geral da tutela cautelar

A tutela cautelar, mais conhecida como medida cautelar no CPC de 1973, faz parte do gênero *tutelas provisórias de urgência* (CPC/2015), sendo uma providência eminentemente acautelatória, tendo por objetivo resguardar um direito, ou o resultado útil de um processo. Desse modo, as cautelares, como regra geral, não se destinam à satisfação do direito, como objetiva a tutela antecipada, mas sim à sua conservação. Dessa maneira, o Processo Cautelar tem natureza acessória e instrumental, não sendo um fim em si mesmo.

Como bem assevera *Humberto Theodoro Júnior*(22):

"Se os órgãos jurisdicionais não contassem com um meio pronto e eficaz para assegurar a permanência ou conservação do estado das pessoas, coisa e provas, enquanto não atingido o estágio último da prestação jurisdicional, esta correria o risco de cair no vazio, ou transformar-se em providência inócua. Surge, então, o processo cautelar, como uma nova face da jurisdição e como um *tertium genus*, contento *a um tempo as funções do processo de conhecimento e de execução* e tendo por elemento específico a prevenção [...]. A atividade jurisdicional cautelar dirige-se à segurança e garantia do eficaz desenvolvimento e do profícuo resultado das atividades de cognição e execução, concorrendo, dessa maneira, para o atingimento do escopo da jurisdição."

São características da ação cautelar:

a) *acessoriedade e provisoriedade:* a ação cautelar é acessória a uma ação principal e provisória, pois sua existência é temporária. Tem vigência, enquanto houver necessidade de resguardar uma pretensão;

Como destaca *Humberto Theodoro Júnior*(23), a eficácia da medida preventiva obtida por meio da ação cautelar é essencialmente temporária e provisória: só dura enquanto se aguarda a solução do processo de cognição ou de execução, que é o principal, o que soluciona realmente a lide; e destina-se forçosamente a ser substituída por outra medida que será determinada em caráter definitivo, pelo processo principal.

No aspecto, destaca-se a seguinte ementa:

"Medida cautelar — Requisitos. As medidas cautelares, por suas características de acessoriedade e instrumentalidade, têm por objetivo garantir o resultado útil da ação principal, evitando que eventual sucesso nesta se torne frustrada pela impossibilidade de sua efetividade prática ante óbices que impeça seus efeitos. No caso dos autos, percebe-se desde logo a presença do *fumus boni iuris* em razão da probabilidade de êxito da requerente em sua pretensão rescisória. De outro lado, o eventual pagamento das parcelas, objeto da execução, acarretaria dano de difícil reparação, considerando-se o montante do crédito, o que certamente tornará penosa a empreitada da autora para obter a devolução dos valores recebidos pelo empregado, restando caracterizado o *periculum in mora.*" (TRT – 10ª R. – Pleno – ACI n. 0149/98 – rel. Juiz João Mathias de Souza Filho – DJDF 6.11.98 – p. 8)

b) *instrumentalidade:* o Processo Cautelar não é um fim em si mesmo, pois objetiva garantir o resultado de um outro processo;

Nesse diapasão, destacam-se as seguintes ementas:

"Ação cautelar — Natureza instrumental. A ação cautelar, apesar de autônoma, é de natureza instrumental, tendo por finalidade garantir o resultado útil do processo principal, sendo

(22) THEODORO JÚNIOR, Humberto. *Processo cautelar.* 19. ed. São Paulo: Leud, 2000. p. 43.

(23) *Op. cit.*, p. 15.

imprópria a sua utilização quando visa à satisfação do direito." (TRT – 12ª R. – 1ª T. – ROV n. 1342/2006.037.12.00-1 – Ac. n. 13.143/06 – rel. Marcus P. Mugnaini – DJ 6.10.06 – p. 52) (RDT n. 11 – novembro de 2006)

"MEDIDA CAUTELAR. 1) INSTRUMENTALIDADE. A ação cautelar não constitui um fim em si mesmo, tendo por escopo assegurar o resultado útil do processo principal, servindo para afastar ameaça de lesão ao direito ou para restabelecer, em caráter provisório, o direito violado. Assim, ela é utilizada como meio para garantir o bom resultado de um outro processo principal, constituindo, portanto, o instrumento de outro instrumento. 2) DILAÇÃO PROBATÓRIA. INCOMPATIBILIDADE. Diante dos termos do pedido, que inclusive pugna pela necessidade da realização de prova pericial nos computadores do requerido (fl. 213), não se vislumbra o *fumus boni juris*, vez que a constatação de suposto prejuízo à parte depende de instrução probatória incompatível com o rito célere da medida cautelar. MEDIDA CAUTELAR QUE SE JULGA IMPROCEDENTE." (TRT/SP – 00197200900002002 – CauInom – Ac. 4ª T. – 20100143495 – relª Wilma Nogueira de Araújo Vaz da Silva – DOE 12.3.2010)

Como bem adverte *Humberto Theodoro Júnior*(24), o fim último do processo cautelar é manter, quanto possível, o equilíbrio inicial das partes, pondo a situação de fato em que elas se encontram a salvo das contingências temporais que envolvem necessariamente a prestação jurisdicional definitiva.

c) *revogabilidade*: diante do caráter precário da ação cautelar, a tutela pode ser revogada a qualquer momento, bem como substituída por outra medida. Não há formação de coisa julgada material no Processo Cautelar;

Nesse sentido, dispõe o art. 296 do CPC, *in verbis*:

"A tutela provisória conserva sua eficácia na pendência do processo, mas pode, a qualquer tempo, ser revogada ou modificada. Parágrafo único. Salvo decisão judicial em contrário, a tutela provisória conservará a eficácia durante o período de suspensão do processo."

d) *fungibilidade*: as medidas cautelares são fungíveis entre si, vale dizer, presentes os requisitos, o juiz poderá deferir tanto uma quanto outra tutela cautelar. Por exemplo: o juiz pode conceder o arresto se for pedido o sequestro, desde que presentes os requisitos daquele. Outrossim, a medida cautelar também é fungível em face da tutela antecipada e da tutela inibitória, conforme já nos pronunciamos;

Nesse contexto, dispõe o art. 301 do CPC, *in verbis*:

"A tutela de urgência de natureza cautelar pode ser efetivada mediante arresto, sequestro, arrolamento de bens, registro de protesto contra alienação de bem e qualquer outra medida idônea para asseguração do direito."

e) *autonomia*: embora tenha caráter instrumental e precário, a tutela cautelar tem existência própria. Conforme *Theodoro Júnior*(25), essa autonomia decorre dos fins próprios perseguidos pelo processo cautelar que são realizados independentemente da procedência ou não do processo principal.

(24) *Op. cit.*, p. 63.

(25) *Op. cit.*, p. 68.

No aspecto, destaca-se a seguinte ementa:

"Processo cautelar — Defesa — Conteúdo. O objeto do processo cautelar e o da ação principal em curso ou a ser ajuizada são diversos: naquela se pede o acautelamento, não apenas em face da existência do *fumus boni juris* e do *periculum in mora*, mas sobretudo no fundado receio de que uma parte, antes do julgamento da lide, cause ao direito da outra lesão grave e de difícil reparação, e não a definição da existência do direito subjetivo propriamente dito. No processo cautelar o objeto da defesa serão as razões pelas quais não se deve conceder a cautela e não a defesa do próprio direito que será ou é objeto da ação principal. Assim não ocorrendo, tem-se como não contestado o pedido, presumindo-se aceitos como verdadeiros os fatos alegados pelo autor como justificadores da concessão da medida cautelar (art. 803/CPC)." (TRT – 10ª R. – Pleno – ACI n. 1.196/97 – rel. Juiz Fernando Américo Veiga Damasceno – DJDF 24.7.98 – p. 3)

Segundo a doutrina, são requisitos específicos da ação cautelar, também chamados de pressupostos, ou até mesmo condições da ação cautelar:

a) *periculum in mora:* é o perigo da demora. Como sendo uma medida de urgência, a medida cautelar destina-se a resguardar um direito que não pode esperar a regular tramitação do processo;

b) *fumus boni iuris:* significa a fumaça do bom direito. É a plausibilidade do direito a ser resguardado.

No nosso sentir, o perigo da demora e a fumaça do bom direito constituem o próprio mérito da pretensão cautelar, não sendo apenas uma condição específica da ação cautelar ou um pressuposto processual. Se não estiverem presentes, pensamos que o juiz deverá julgar improcedente o pedido cautelar.

Nesse diapasão, concordamos com as palavras expendidas por *Theodoro Júnior*(26):

> "No âmbito exclusivo da tutela preventiva ela contém uma pretensão de segurança, traduzida num pedido de medida concreta para eliminar o dano. Assim, esse pedido, em sentido lato, constitui o mérito da ação cautelar, que nada tem que ver com o mérito da ação principal. Analisando-se, pois, a ação preventiva de per si, é perfeitamente possível afirmar-se que também nela se pode separar o mérito das preliminares relativas aos pressupostos processuais e condições da ação propriamente ditas. Dentro desse prisma, o *fumus boni juris* e o *periculum in mora* devem figurar no mérito da ação cautelar, por serem requisitos do deferimento do pedido e não apenas da regularidade do processo ou da sentença."

No mesmo sentido, destacam-se as seguintes ementas:

"Ação cautelar — Improcedência. Para lograr êxito em sua pretensão, ou seja, alcançar a medida cautelar almejada, é condição *sine qua non* que o autor demonstre de forma inequívoca a presença dos requisitos necessários à sua concessão, quais sejam, o *periculum in mora* e o *fumus boni iuris*. Não se desincumbindo desse ônus, há ser julgada improcedente a ação aforada." (TRT – 12ª R. – SEDI – Ac. n. 14/00 – rel. Juiz Gilmar Cavalheri – DJSC 14.0.2000 – p. 163)

---

(26) *Op. cit.*, p. 73.

"Processo cautelar — Requisitos — Ausência. 1. Inexistindo elementos que evidenciem a plausibilidade das alegações da parte, não demonstrados, assim, os requisitos do *fumus boni iuris* e o do *periculum in mora*, a medida cautelar não pode ser concedida. 2. Ação cautelar julgada improcedente." (TRT – 10ª R. – 1ª Seção Esp. – AC n. 241/2005.000.10.00-7 – rel. Braz Henriques de Oliveira – DJ 12.5.06 – p. 4) (RDT n. 6 – junho de 2006)

4.2. Do poder geral de cautela do Juiz do Trabalho

Dispõe o art. 297 do CPC:

"O juiz poderá determinar as medidas que considerar adequadas para efetivação da tutela provisória. Parágrafo único. A efetivação da tutela provisória observará as normas referentes ao cumprimento provisório da sentença, no que couber."

No mesmo sentido, o art. 139, do CPC: "O juiz dirigirá o processo conforme as disposições deste Código, incumbindo-lhe: (...) IV – determinar todas as medidas indutivas, coercitivas, mandamentais ou sub-rogatórias necessárias para assegurar o cumprimento de ordem judicial, inclusive nas ações que tenham por objeto prestação pecuniária."

Os presentes dispositivos consagram o chamado *poder geral de cautela do juiz*, devendo este, sempre que necessário, tomar medidas no processo, de ofício(27), ou a requerimento das partes, destinadas a preservar o processo de eventuais danos que possam ocorrer durante sua tramitação.

Como bem adverte *Carlos Henrique Bezerra Leite*(28): o poder geral de cautela não é arbitrário. Ao revés, é um poder discricionário que deve ser exercido com a indispensável prudência e de acordo com critérios de oportunidade e conveniência.

4.3. Espécies de tutelas cautelares

Segundo a construção doutrinária levada a efeito no CPC de 73, havia distinção entre medidas cautelares nominadas e inominadas. Nominadas ou típicas eram as medidas cautelares específicas previstas no Código de Processo Civil com regramento próprio, como o arresto, o sequestro, o protesto etc. Já as medidas inominadas tinham suporte no poder geral de cautela do juiz.

O CPC de 2015 não faz mais distinção entre medidas cautelares nominadas e inominadas, apenas faz menção, no art. 301, a algumas medidas cautelares típicas que eram previstas no CPC de 73, tais como arresto, sequestro, arrolamento de bens, registro de protesto contra alienação, mas sem displinar procedimento específico.

De nossa parte, presentes os elementos que evidenciem a probabilidade do direito e risco ao resultado útil do processo, o Juiz do Trabalho deve conceder a

(27) O art. 765 da CLT possibilita ao Juiz do Trabalho poderes mais dilatados na direção do processo, podendo exercer o poder geral da cautela.

(28) BEZERRA LEITE, Carlos Henrique. *Curso de direito processual do trabalho.* 5. ed. São Paulo: LTr, 2007. p. 1.171.

tutela cautelar mais adequada a resguardar o direito, independentemente do nome jurídico. Por isso, estamos convencidos de que o CPC de 2015 extinguiu as medidas cautelares nominadas.

4.4. *Do procedimento das tutelas cautelares no Processo do Trabalho*

A ação cautelar, por ser de rito especial, deve seguir o procedimento previsto no Código de Processo Civil, não se aplicando o procedimento da CLT. Nesse sentido, o art. 1º, da Instrução Normativa n. 27/05, do TST:

> "As ações ajuizadas na Justiça do Trabalho tramitarão pelo rito ordinário ou sumaríssimo, conforme previsto na Consolidação das Leis do Trabalho, excepcionando-se, apenas, as que, por disciplina legal expressa, estejam sujeitas a rito especial, tais como o Mandado de Segurança, *Habeas Corpus*, *Habeas Data*, Ação Rescisória, Ação Cautelar e Ação de Consignação em Pagamento."

Conforme o art. 299 do CPC, a tutela cautelar será requerida ao juízo da causa e, quando antecedente, ao juízo competente para conhecer do pedido principal. Ressalvada disposição especial, na ação de competência originária de tribunal e nos recursos, a tutela cautelar será requerida ao órgão jurisdicional competente para apreciar o mérito.

Desse modo, a competência funcional para a ação cautelar é do juízo onde tramita a causa principal, ou onde esta deveria ser proposta no caso da medida cautelar preparatória. Havendo recurso da decisão no processo principal, a medida cautelar deve ser proposta no Tribunal competente para julgar o recurso.

Mesmo o recurso ordinário tendo apenas efeito devolutivo, podendo o juiz de primeiro grau oficiar no processo durante a tramitação do recurso, penso que a competência funcional para a medida cautelar havendo interposição do recurso é do Tribunal, pois o parágrafo único do art. 299 do CPC não excepciona regra diversa para o recurso que tem efeito apenas devolutivo.

Nesse sentido, é a visão de *Luiz Guilherme Marinoni* e *Daniel Mitidiero*(29):

> "Não há dúvida que, uma vez interposto o recurso de apelação, mesmo que o processo ainda esteja em primeiro grau de jurisdição, a medida cautelar deve ser requerida ao tribunal. Nesse caso, como não há apelação distribuição e, portanto, relator, a medida cautelar deve ser requerida ao tribunal para o qual a apelação deverá ser encaminhada, notadamente, ao presidente do tribunal competente para conhecer da apelação."(30)

---

(29) *Código de Processo Civil:* comentado artigo por artigo. São Paulo: RT, 2008. p. 748.

(30) Em sentido contrário, entendendo, na hipótese de o recurso ter apenas efeito devolutivo ser a competência funcional do juiz de primeiro grau, pensa Humberto Theodoro Júnior: "Não há mais dúvidas, portanto, de que a competência cautelar, durante a tramitação recursal, é do tribunal e não do juiz de primeiro grau (salvo, é claro, o caso em que o recurso, por não ter efeito suspensivo, como o agravo, não impede que

Nos termos da Súmula n. 635 do Supremo Tribunal Federal: "Cabe ao Presidente do Tribunal de origem decidir o pedido de medida cautelar em recurso extraordinário ainda pendente do seu juízo de admissibilidade." No mesmo sentido, é a Súmula n. 634 deste mesmo tribunal: "Não compete ao Supremo Tribunal conceder medida cautelar para dar efeito suspensivo a recurso extraordinário que ainda não foi objeto de juízo de admissibilidade na origem."

Os entendimentos vazados nas referidas súmulas são aplicáveis à medida cautelar requerida durante a tramitação do recurso de competência do TST e para atribuir efeito suspensivo ao recurso de revista perante a Justiça do Trabalho. Desse modo, se o juízo de admissibilidade do recurso de revista ainda não foi apreciado pelo Tribunal Regional do Trabalho, competirá ao presidente deste apreciar a medida cautelar. Uma vez apreciado o juízo de admissibilidade do recurso de revista e encaminhado o processo ao Tribunal Superior do Trabalho, competirá ao Ministro relator do recurso ou ao próprio presidente do TST apreciar a medida cautelar, caso o recurso ainda não tenha sido distribuído ao relator.

No mesmo diapasão, pronunciam-se *Eduardo Gabriel Saad, José Eduardo Duarte Saad* e *Ana Maria Saad Castelo Branco*(31):

> "[...] somos de pensamento em que, estando em face de processamento perante um Tribunal Regional do Trabalho o recurso interposto em dissídio individual ou plúrimo, deve a medida cautelar ser requerida a este Tribunal e não diretamente perante o TST. Sendo processado o recurso e remetido pelo TRT para o TST, entendemos que a partir deste momento a ação cautelar deverá ser requerida a este Tribunal e não àquele primeiro. Contudo, na hipótese de dissídio coletivo, deve a ação cautelar ser apresentada, diretamente, no TST, mesmo estando o recurso ordinário na fase de processamento perante o TRT, em virtude de regramento próprio acerca da matéria. Nesse sentido, leia-se o disposto no art. 14, da Lei n. 10.192/01, *verbis*: 'Art. 14. O recurso interposto de decisão normativa da Justiça do Trabalho terá efeito suspensivo, na medida e extensão conferidas em despacho do Presidente do Tribunal Superior do Trabalho'."

No aspecto, cumpre destacar a seguinte ementa:

"AGRAVO REGIMENTAL. AÇÃO CAUTELAR. DECISÃO MONOCRÁTICA, EXTINGUINDO O PROCESSO, SEM JULGAMENTO DO MÉRITO, EM FACE DA AUSÊNCIA DO JUÍZO DE ADMISSIBILIDADE *A QUO* DO RECURSO ORDINÁRIO EM MANDADO DE SEGURANÇA. A competência funcional do TST, para examinar ação cautelar incidental ao processo principal de mandado de segurança, será definida, quando esgotada a jurisdição da instância *a quo*, que no caso dos autos ocorrerá após o pronunciamento do Juiz Presidente do TRT da 5ª Região, quando da admissibilidade do Recurso Ordinário em Mandado de Segurança interposto pela ora Agravante. No ponto em discussão, cumpre

o juiz de origem continue a oficiar no processo)" (*Processo cautelar.* 19. ed. São Paulo: Leud, 2000. p. 118).

(31) *Curso de direito processual do trabalho.* 6. ed. São Paulo: LTr, 2008. p. 1.094.

citar as Súmulas ns. 634 e 635 do excelso Supremo Tribunal Federal que, tratando de situação análoga ao caso vertente, firmou jurisprudência, no sentido de que ao Tribunal *a quo* compete examinar medida cautelar em recurso extraordinário que ainda não foi objeto de admissibilidade na origem. Ressalte-se, por fim, que ainda que se admitisse, como pretende a Agravante, que *in casu* a falta de competência funcional deste Tribunal para examinar o pedido cautelar pode ser mitigada, em razão da urgência da medida perseguida, o pedido cautelar, na hipótese, encontra um segundo obstáculo, qual seja, o não cabimento de medida cautelar para imprimir efeito suspensivo a recurso interposto contra decisão proferida em mandado de segurança, nos termos da Orientação Jurisprudencial n. 113 desta c. SBDI-2. Agravo Regimental desprovido." (AG-AC – 144615/2004-000-00-00.1 – Data de Julgamento: 9.11.2004 – rel. Ministro José Simpliciano Fontes de F. Fernandes – Subseção II Especializada em Dissídios Individuais – DJ 26.11.2004)

A petição inicial da medida cautelar deve ser escrita e conter os requisitos do art. 305 do CPC, que assim dispõe:

"A petição inicial da ação que visa à prestação de tutela cautelar em caráter antecedente indicará a lide e seu fundamento, a exposição sumária do direito que se objetiva assegurar e o perigo de dano ou o risco ao resultado útil do processo."

Em razão de ser autônoma a medida cautelar, no Processo do Trabalho, a jurisprudência tem exigido que se indique o valor da causa e se individualize o pedido (art. 840, § 1º, da CLT). Não se exige o requerimento de citação do réu.

Recebida a inicial, se houver pedido liminar, o juiz deverá apreciá-lo de plano. A liminar da medida cautelar se refere à antecipação do provimento postulado na ação cautelar.

O art. 300 do CPC possibilita ao juiz conceder a tutela, liminarmente, ou após justificação prévia, sem a oitiva do requerido quando este, sendo citado, poderá torná-la ineficaz, caso em que poderá determinar que o requerente preste caução real ou fidejussória de ressarcir os danos que o requerido possa vir a sofrer.

Em face da decisão que concede ou rejeita a liminar, não cabe recurso no Processo do Trabalho, por se tratar de decisão interlocutória (art. 893 da CLT). Não obstante, a jurisprudência tem admitido a impetração de mandado de segurança em face de tal decisão, caso haja ilegalidade ou abuso de poder por parte do magistrado.

Concedida ou não a liminar, o requerido será citado, qualquer que seja o procedimento cautelar, para, no prazo de 5 (cinco) dias, contestar o pedido, indicando as provas que pretende produzir (art. 306 do CPC). No Processo do Trabalho, o prazo é contado a partir da própria citação, que não necessita ser pessoal.

Não contestando o pedido, conforme dispõe o art. 307 do CPC, o requerido será reputado revel, e presumir-se-ão aceitos pelo requerido, como verdadeiros, os fatos alegados pelo requerente; hipótese em que o juiz decidirá dentro em 5 (cinco) dias.

Contestando a cautelar, o Juiz do Trabalho, caso entenda que não há necessidade de provas em audiência, chamará o prazo à conclusão e prolatará a decisão. Havendo provas a serem produzidas em audiência, deverá o Juiz do Trabalho designar audiência de instrução e julgamento.

Sendo preparatória a medida cautelar, cabe à parte formular o pedido principal, nos mesmos autos, no prazo de 30 (trinta) dias, contados da data da efetivação da medida cautelar, conforme determina o art. 308 do CPC.

Nos termos do art. 296 do CPC, as tutelas cautelares conservam a sua eficácia no prazo do artigo antecedente (30 dias quando preparatórias), e na pendência do processo; mas podem, a qualquer tempo, ser revogadas ou modificadas. Salvo decisão judicial em contrário, a tutela cautelar conservará a eficácia durante o período de suspensão do processo.

Conforme o art. 309 do CPC, cessa a eficácia da tutela concedida em caráter antecedente, se: I – o autor não deduzir o pedido principal no prazo legal; II – não for efetivada dentro de 30 (trinta) dias; III – o juiz julgar improcedente o pedido principal formulado pelo autor ou extinguir o processo sem resolução de mérito. Parágrafo único. Se por qualquer motivo cessar a eficácia da tutela cautelar, é vedado à parte renovar o pedido, salvo sob novo fundamento.

O indeferimento da tutela não obsta a que a parte intente a ação, nem influi no julgamento desta, salvo se o juiz, no procedimento cautelar, acolher a alegação de decadência ou de prescrição do direito do autor (art. 310 do CPC). Desse modo, caso, no processo cautelar, o juiz acolha decadência ou prescrição, a parte não poderá ingressar com a ação principal postulando o direito que visava a ser protegido pela tutela cautelar.

Da sentença proferida no processo cautelar, é cabível recurso ordinário para o TRT, sem efeito suspensivo (art. 895 da CLT).

4.5. Da tutela da evidência

Conforme *Bruno Vinícius da Rós Bodart*(32):

> "A expressão 'tutela da evidência' foi primeiramente empregada por Luiz Fux, na sua obra 'Tutela de segurança e tutela da evidência', com inspiração nos ensinamentos de Ovídio Baptista. O autor vislumbrou a tendência moderna a prestigiar modalidades de tutela jurisdicional destinadas à satisfação de direitos demonstrados de plano. Nas suas palavras, 'é evidente o direito cuja prova dos fatos sobre os quais incide revela-nos incontestáveis ou ao menos impassíveis de contestação séria'. É possível conjecturar uma ampla gama de situações em que o direito do demandante se revelaria evidente para o julgador, caso em que sujeitá-lo a todas as sonelidades exigidas no procedimento legalmente previsto violaria a garantia da duração razoável do processo, na ideia de um tempestivo acesso à justiça."

Dispõe o art. 311 do CPC:

"A tutela da evidência será concedida, independentemente da demonstração de perigo de dano ou de risco ao resultado útil do processo, quando:

---

(32) *Tutela de evidência.* São Paulo: RT, 2014. p. 128/129.

I – ficar caracterizado o abuso do direito de defesa ou o manifesto propósito protelatório da parte;

II – as alegações de fato puderem ser comprovadas apenas documentalmente e houver tese firmada em julgamento de casos repetitivos ou em súmula vinculante;

III – se tratar de pedido reipersecutório fundado em prova documental adequada do contrato de depósito, caso em que será decretada a ordem de entrega do objeto custodiado, sob cominação de multa;

IV – a petição inicial for instruída com prova documental suficiente dos fatos constitutivos do direito do autor, a que o réu não oponha prova capaz de gerar dúvida razoável.

Parágrafo único. Nas hipóteses dos incisos II e III, o juiz poderá decidir liminarmente."

O Código de Processo Civil de 2015 inseriu a *tutela da evidência* dentro do título da tutela provisória, possibilitanto que o juiz conceda o pedido independentemente da demonstração de perigo de dano ou de risco ao resultado útil do processo, quando:

a) ficar caracterizado o abuso do direito de defesa ou o manifesto propósito protelatório da parte: embora o direito à ampla defesa seja um cânone constitucional (art. 5º, LV, da CF), o abuso desse direito, ou seu exercício manifestamente protelatório, autorizam o juiz a conceder a tutela. Abusa do direito de defesa o réu que invoca teses infundadas, sem consistência jurídica, ou sustenta argumentos divorciados da realidade do processo com a finalidade de protelar o feito;

b) as alegações de fato puderem ser comprovadas apenas documentalmente e houver tese firmada em julgamento de casos repetitivos ou em súmula vinculante: adaptada ao processo do trabalho, nesta hipótese, a matéria fática deve estar cabalmente demonstrada por documentos e a matéria discutida for exclusivamente de direito, já tendo havido tese firmada em julgamentos repetitivos no TST, ou Súmula Vinculante do STF;

c) se tratar de pedido reipersecutório fundado em prova documental adequada do contrato de depósito, caso em que será decretada a ordem de entrega do objeto custodiado, sob cominação de multa: conforme *Luiz Guilherme Marinoni*, *Sérgio Cruz Arenhart* e *Daniel Mitidiero*[33], a hipótese consiste em permitir tutela antecipada com base no contrato de depósito – trata-se de hipótese que veio para tomar o lugar do procedimento especial de depósito previso no direito anterior. Estando devidamente provado o depósito (arts. 646 e 648, CC), tem o juiz de determinar a entrega da coisa;

d) a petição inicial for instruída com prova documental suficiente dos fatos constitutivos do direito do autor, a que o réu não oponha prova capaz de gerar dúvida razoável: nesta hipótese, a petição inicial apresenta prova documental dos fatos constitutivos do direito e o réu, em defesa, não apresenta qualquer alegação que possa controverter os fatos ou gerar dúvida razoável.

(33) *Novo Código de Processo Civil comentado.* São Paulo: RT, 2015. p. 322.

De nossa parte, no processo do trabalho, a tutela da evidência deve ser concedida depois da constestação do reclamado, que ocorre em audiência. Se não estiver seguro no momento, o Juiz poderá, após a audiência, chamar o processo à conclusão para a decisão. Não obstante, nas hipóteses dos incisos II e III, a tutela poderá ser concedida antes do oferecimento da contestação pelo reclamado.

5. Da ação rescisória na Justiça do Trabalho

5.1. Conceito e natureza jurídica

A ação rescisória deriva da *querella nullitatis* (século XII), cabível contra as sentenças nulas, enquanto a apelação era o remédio contra as sentenças injustas. Isso decorreu na Idade Média, das transformações provenientes do contato entre o direito romano e o de outros povos, notadamente o germânico, desenvolvendo-se a *querella nullitatis* no direito estatutário como meio de ataque à sentença nula transitada em julgado que contivesse *error in procedendo*[34].

Ainda há, atualmente, entendimentos doutrinário e jurisprudencial admitindo a ação de *querella nullitatis* nas hipóteses de sentenças inexistentes. Esta ação de natureza declaratória visa à declaração da nulidade da decisão, não tendo prazo prescricional. Por exemplo, a ação seria cabível, exemplificativamente, no caso de sentença proferida por juiz que não tem jurisdição, e também em processo em que não houve citação do réu.

Nesse sentido, é a visão, dentre outros, de *Francisco Antonio de Oliveira*[35]:

> "A nulidade ou anulabilidade da decisão é atacável por meio de recurso próprio, enquanto não transitado em julgado. Após constituir coisa julgada passa a ser rescindível. E decorrido o prazo decadencial, regra geral, não mais rescindível será [...]. Sentença inexistente é sempre sentença nenhuma. Ora se é ato inexistente, não está no mundo jurídico. Se não está no mundo jurídico, não transita em julgado. E se não transita em julgado, não poderá ser alvo de ação rescisória. Não se insinua em plano de direito material, posto que não provida de qualquer eficácia. Decidiu o STF que 'é desnecessária a ação rescisória contra sentença que julgou procedente ação de usucapião em que não foram citados os proprietários em nome de quem estava transcrito o registro de imóvel, pois, em relação a eles, ela não transita em julgado por ausência de pressuposto de existência. Admite-se que os não citados ajuízem diretamente, a ação reivindicatória' (STF, 1ª T. RE 96.696-0, rel. Min. Alfredo Buzaid; DOU 22.10.82)."

Diante do fortalecimento do Poder Judiciário, como sendo o órgão encarregado de dirimir os conflitos de interesses de forma definitiva, no decorrer dos

(34) COQUEIJO COSTA, Carlos. *Ação rescisória.* 7. ed. São Paulo: LTr, 2002. p. 21.

(35) OLIVEIRA, Francisco Antonio de. *Ação rescisória:* enfoques trabalhistas. 2. ed. São Paulo: RT, 1996. p. 44-45.

séculos, a proteção à coisa julgada foi adquirindo maior prestígio nas legislações, como sendo uma garantia da cidadania e destinada à manutenção da segurança das relações jurídicas.

Atualmente, no Direito brasileiro, a proteção à coisa julgada tem assento constitucional (art. 5º, inciso XXXVI, da CF), como sendo uma garantia fundamental do indivíduo e uma cláusula pétrea constitucional (art. 60, § 4º). Desse modo, somente nas hipóteses taxativas que a lei disciplinar, diante de um vício grave existente na decisão transitada em julgado e diante das circunstâncias socialmente inadequadas em que ele se formou, é possível o manejo da chamada ação rescisória para desconstituir uma sentença ou acórdão já transitados em julgado.

Ensina *José Carlos Barbosa Moreira*(36):

> "Chama-se rescisória à ação por meio da qual se pede a desconsideração de sentença trânsita em julgado, com eventual rejulgamento, a seguir, da matéria nela julgada."

Conforme *Coqueijo Costa*(37):

> "A ação rescisória tem por escopo fazer com que o interesse de justiça prevaleça sobre o interesse de segurança. A sentença, imutável embora, mostra-se tisnada por vícios fundamentais, justifica-se que o ordenamento jurídico preveja um remédio específico para repará-la: é a ação rescisória. A sentença deve ser justa, mas precisa ser certa. Daí a coisa julgada cobrir os defeitos da sentença, passível esta, entretanto, de corte pela rescisória, assim o autor demonstre, no prazo preclusivo para a sua proposição, um dos vícios que a maculam."

No nosso sentir, a ação rescisória consiste em:

Ação de rito especial destinada a desconstituir a coisa julgada material, nas hipóteses previstas em lei. Sua natureza é constitutivo-negativa ou desconstitutiva. Portanto, não se trata de recurso, pois não é destinada a neutralizar a sentença dentro da mesma relação jurídico-processual em que ela se formou, mas uma ação autônoma que tem por objetivo desconstituir a coisa julgada material.

Nesse sentido, bem adverte *Pontes de Miranda*(38):

> "A ação rescisória, julgamento de julgamento como tal, não se passa dentro do processo em que se proferiu a decisão rescindenda. Nasce fora, em plano pré-processual, desenvolve-se em torno da decisão rescindenda, e, somente ao desconstituí-la, cortá-la, rescindi-la, é que abre, no extremo da relação jurídica processual examinada, se se trata de decisão terminativa

(36) BARBOSA MOREIRA, José Carlos. *Comentários ao Código de Processo Civil.* v. V, 12. ed. Rio de Janeiro: Forense, 2005. p. 100.

(37) COQUEIJO COSTA. *Ação rescisória.* 7. ed. São Paulo: LTr, 2002. p. 27.

(38) PONTES DE MIRANDA. *Tratado da ação rescisória.* 2. ed. Campinas: Bookseller, 2003. p. 92.

do feito, com julgamento, ou não, do mérito, ou desde algum momento dela, ou no seu próprio começo (*e. g.*, vício da citação, art. 485, II e V) a relação jurídica processual."

No Código de Processo Civil de 73, o art. 485 somente permitia a ação rescisória em face da sentença de mérito. O CPC de 2015 (art. 966) altera essa concepção para permitir a ação rescisória a fim de impugnar decisão de mérito. Portanto, as decisões interlocutórias de mérito, desde que transitadas em julgado, podem também ser rescindidas.

Desse modo, somente a decisão de mérito(39) (art. 487 do CPC) pode ser objeto da ação rescisória. As decisões terminativas (art. 485 do CPC) e as proferidas em processos de jurisdição voluntária, não podem ser objeto da ação rescisória.

No aspecto, destaca-se a OJ n. 150, da SDI-II do TST, *in verbis*:

"Reputa-se juridicamente impossível o pedido de corte rescisório de decisão que, reconhecendo a existência de coisa julgada, nos termos do art. 267, V, do CPC de 1973, extingue o processo sem resolução de mérito, o que, ante o seu conteúdo meramente processual, a torna insuscetível de produzir a coisa julgada material."

O Código de Processo Civil de 2015, de aplicação subsidiária ao processo do trabalho, no entanto, excepcionalmente, permite a propositura de ação rescisória em face da decisão transitada em julgado que, embora não seja de mérito, impeça nova propositura da demanda ou a admissibilidade do recurso correspondente (art. 966, § 2º, do CPC).

Como exemplificam *Luiz Guilherme Marinoni*, *Sérgio Cruz Arenhart* e *Daniel Mitidiero*(40):

> "A decisão que equivocadamente reconhece a existência de litispendência ou de coisa julgada, por exemplo, não constitui decisão de mérito, mas impede sua discussão em processo posterior. Se determinado recurso é inadimitido, isto é, não conhecido, de forma equivocada, cabe ação rescisória para desconstituir a decisão que não o conheceu, posto que não se trata de decisão de mérito. Isso porque, nesse caso, o não conhecimento equivocado do recurso impede a rediscussão do mérito da causa — imaginando-se que o recurso inadmitido atacou a decisão de mérito — ou mesmo a sua discussão — imaginando-se que o recurso inadimpitido não atacou decisão de mérito. Em quaisquer desses casos, há decisão impeditiva, cujo óbice pode ser removido mediante a propositura de ação rescisória."

---

(39) Tanto as decisões de mérito sobre questões de direito material como processual podem ser objeto da ação rescisória. Nesse sentido, a Súmula n. 412 do C. TST *in verbis*: "AÇÃO RESCISÓRIA. SENTENÇA DE MÉRITO. QUESTÃO PROCESSUAL. (conversão da Orientação Jurisprudencial n. 46 da SDI-2) Pode uma questão processual ser objeto de rescisão desde que consista em pressuposto de validade de uma sentença de mérito." (ex-OJ n. 46 — inserida em 20.9.00) (Res. n. 137/2005 – DJ 22.8.2005)

(40) *Novo Código de Processo Civil comentado.* São Paulo: RT, 2015. p. 901

De nossa parte, tanto as decisões de mérito sobre questões de direito material como processual podem ser objeto de ação rescisória. Por exemplo, após efetiva dilação probatória, se conclui que o réu não é parte legítima para responder à ação. Nesse sentido:

> "Se o órgão julgador, ao examinar as condições da ação, aprofunda-se na análise do direito material, incursiona no mérito da questão." (STJ – 2ª T., REsp n. 216.478, Min. João Otávio. j. 19.4.2005)(41)

O Tribunal Superior do Trabalho sedimentou a questão por meio da Súmula n. 412, de sua jurisprudência, *in verbis*:

> "Ação rescisória. Sentença de mérito. Questão processual (Conversão da Orientação Jurisprudencial n. 46 da SDI-II – Res. n. 137/2005, DJ 22.8.2005). Pode uma questão processual ser objeto de rescisão desde que consista em pressuposto de validade de uma sentença de mérito." (ex-OJ n. 46 – inserida em 20.9.2000)

Conforme a OJ n. 107 da SDI-II do TST, embora não haja atividade cognitiva, a decisão que declara extinta a execução, nos termos do art. 924, incisos I a IV c/c art. 925 do CPC de 2015 (art. 794 c/c art. 795 do CPC de 1973), extingue a relação processual e a obrigacional, sendo passível de corte rescisório.

Nos termos do art. 966, § 4º, do CPC: "Os atos de disposição de direitos, praticados pelas partes ou por outros participantes do processo e homologados pelo juízo, bem como os atos homologatórios praticados no curso da execução, estão sujeitos à anulação, nos termos da lei."

Conforme o referido dispositivo legal, os atos judiciais meramente homologatórios, em que simplesmente é chancelada a vontade das partes, como na homologação de transação, ou na homologação de um ato processual, como a arrematação ou adjudicação, a ação rescisória é incabível, podendo tais atos processuais ser desconstituídos pela ação anulatória.

No aspecto, cumpre destacar a Súmula n. 399 do C. TST, *in verbis*:

> "AÇÃO RESCISÓRIA. CABIMENTO. SENTENÇA DE MÉRITO. DECISÃO HOMOLOGATÓRIA DE ADJUDICAÇÃO, DE ARREMATAÇÃO E DE CÁLCULOS. (conversão das Orientações Jurisprudenciais ns. 44, 45 e 85, primeira parte, da SDI-2) I – É incabível ação rescisória para impugnar decisão homologatória de adjudicação ou arrematação. (ex-OJs ns. 44 e 45 — ambas inseridas em 20.9.00) II – A decisão homologatória de cálculos apenas comporta rescisão quando enfrentar as questões envolvidas na elaboração da conta de liquidação, quer solvendo a controvérsia das partes quer explicitando, de ofício, os motivos pelos quais acolheu os cálculos oferecidos por uma das partes ou pelo setor de cálculos, e não contestados pela outra." (ex-OJ n. 85, primeira parte — inserida em 13.3.2002 e alterada em 26.11.2002). (Res. 137/2005 – DJ 22.8.2005)

No Processo do Trabalho, a nosso ver, acertadamente, a jurisprudência posicionou-se no sentido de que o termo de homologação da conciliação somente pode ser atacável pela ação rescisória, independentemente de se tratar de conciliação

(41) In: NEGRÃO, Theotônio. *Op. cit.*, p. 595.

ou transação[42], considerando-se que, faticamente, é praticamente impossível se investigar se a decisão que homologa o acordo foi simplesmente homologatória ou o Juiz do Trabalho investigou o mérito da questão. Vale destacar que o art. 487, III, do CPC, assevera que haverá resolução de mérito quando o juiz *homologar transação* não fazendo diferenciação entre transação e conciliação. Nesse sentido, dispõe o parágrafo único, do art. 831, da CLT, *in verbis*:

"No caso de conciliação, o termo que for lavrado valerá como decisão irrecorrível, salvo para a Previdência Social quanto às contribuições que lhe forem devidas." (Redação dada pela Lei n. 10.035/00 – DOU 26.10.00)

No mesmo diapasão, é a doutrina de *Manoel Antonio Teixeira Filho*[43]:

> "No que toca às sentenças homologatórias de transação, a doutrina e a jurisprudência, em atitudes contestes, vinham consolidando engenhosa construção, por elas efetuada, baseada na separação entre as origens do ato que se visa a desfazer: se o objetivo era cassar os efeitos de ato praticado pelas partes (a transação em si), o meio adequado seria a ação anulatória, em consonância com a declaração emanante do art. 486 do CPC; se, ao contrário, se desejava atacar o ato judicial (homologatório) em virtude de algum vício nele existente, o caminho correto seria o da ação rescisória. Pessoalmente, divergíamos dessa opinião em outras ocasiões. Entendíamos que, indistintamente, a transação como negócio jurídico bilateral, ou a sentença que a homologava, deveriam ser desconstituídas pela rescisória."[44]

No mesmo diapasão, a Súmula n. 259 do C. TST:

"TERMO DE CONCILIAÇÃO. AÇÃO RESCISÓRIA — Só por ação rescisória é impugnável o termo de conciliação previsto no parágrafo único do art. 831 da CLT." (Res. n. 7/1986, DJ 31.10.1986)

A ação rescisória vem sendo amplamente utilizada no Processo do Trabalho, havendo inúmeros acórdãos e várias Súmulas do TST sobre a presente ação, embora a CLT tenha um único dispositivo versando sobre a questão (art. 836), o qual determina a aplicação do Código de Processo Civil para regulamentar a presente ação.

Segmentos da doutrina têm criticado a utilização intensa da ação rescisória no Processo do Trabalho, dizendo que ela se transformou, em verdade, em mais um recurso, e uma medida recursal mais acessível ao empregador, pois não havia a necessidade de depósito recursal, tampouco o pagamento de custas.

---

(42) Conforme a doutrina, a transação é o acordo firmado pelas próprias partes e a conciliação é o acordo firmado com a intervenção ativa do juiz.

(43) TEIXEIRA FILHO, Manoel Antonio. *Ação rescisória no processo do trabalho.* 4. ed. São Paulo: LTr, 2005. p. 127.

(44) Em sentido contrário, Nelson Nery Junior: "Com a devida vênia, o termo de conciliação de que trata a CLT, art. 831 parágrafo único tem natureza jurídica de transação, motivo por que a eles se aplicam as regras de impugnação dos negócios jurídicos em geral, vale dizer, é atacável por meio de ação anulatória, CPC, art. 486 e não da rescisória do CPC, art. 485" (*Código de Processo Civil comentado e legislação extravagante.* 10. ed. São Paulo: RT, 2007. p. 791).

Como forma de inibir a utilização maciça da ação rescisória de modo, muitas vezes, abusivo, veio a lume a Lei n. 11.495/07, que passou a exigir o depósito prévio de 20% sobre o valor da causa como pressuposto processual para ingresso da ação rescisória, salvo se a parte autora for beneficiária da Justiça Gratuita.

Dispõe o art. 836 da CLT:

"É vedado aos órgãos da Justiça do Trabalho conhecer questões já decididas, excetuados os casos expressamente previstos neste Título e a ação rescisória, que será admitida na forma do disposto no Capítulo IV do Título IX da Lei n. 5.869, de 11 de janeiro de 1973 — Código de Processo Civil, sujeita ao depósito prévio de 20% (vinte por cento) do valor da causa, salvo prova de miserabilidade jurídica do autor.

Parágrafo único. A execução da decisão proferida em ação rescisória far-se-á nos próprios autos da ação que lhe deu origem, e será instruída com o acórdão da rescisória e a respectiva certidão de trânsito em julgado." (Redação dada pela MP n. 2.180-35/01).

No Processo do Trabalho, portanto, a ação rescisória é disciplinada pelos arts. 966 a 975 do CPC.

5.2. Hipóteses de cabimento da ação rescisória

A ação rescisória é cabível nas hipóteses taxativas do art. 966 do CPC. Trata-se de rol *numerus clausus*, não se admitindo interpretação extensiva ou aplicação analógica.

Dispõe o art. 966 do CPC:

"A decisão de mérito, transitada em julgado, pode ser rescindida quando:

I – se verificar que foi proferida por força de prevaricação, concussão ou corrupção do juiz;

II – for proferida por juiz impedido ou por juízo absolutamente incompetente;

III – resultar de dolo ou coação da parte vencedora em detrimento da parte vencida ou, ainda, de simulação ou colusão entre as partes, a fim de fraudar a lei;

IV – ofender a coisa julgada;

V – violar manifestamente norma jurídica;

VI – for fundada em prova cuja falsidade tenha sido apurada em processo criminal ou venha a ser demonstrada na própria ação rescisória;

VII – obtiver o autor, posteriormente ao trânsito em julgado, prova nova cuja existência ignorava ou de que não pôde fazer uso, capaz, por si só, de lhe assegurar pronunciamento favorável;

VIII – for fundada em erro de fato verificável do exame dos autos.

§ 1º Há erro de fato quando a decisão rescindenda admitir fato inexistente ou quando considerar inexistente fato efetivamente ocorrido, sendo indispensável, em ambos os casos, que o fato não represente ponto controvertido sobre o qual o juiz deveria ter se pronunciado.

§ 2º Nas hipóteses previstas nos incisos do *caput*, será rescindível a decisão transitada em julgado que, embora não seja de mérito, impeça:

I – nova propositura da demanda; ou

II – admissibilidade do recurso correspondente.

§ 3º A ação rescisória pode ter por objeto apenas 1 (um) capítulo da decisão.

§ 4º Os atos de disposição de direitos, praticados pelas partes ou por outros participantes do processo e homologados pelo juízo, bem como os atos homologatórios praticados no curso da execução, estão sujeitos à anulação, nos termos da lei.

§ 5º Cabe ação rescisória, com fundamento no inciso V do *caput* deste artigo, contra decisão baseada em enunciado de súmula ou acórdão proferido em julgamento de casos repetitivos que não tenha considerado a existência de distinção entre a questão discutida no processo e o padrão decisório que lhe deu fundamento.

§ 6º Quando a ação rescisória fundar-se na hipótese do § 5º deste artigo, caberá ao autor, sob pena de inépcia, demonstrar, fundamentadamente, tratar-se de situação particularizada por hipótese fática distinta ou de questão jurídica não examinada, a impor outra solução jurídica."

a) Se verificar que foi dada por prevaricação, concussão ou corrupção do juízo

O inciso I do art. 966 do CPC se refere a crimes praticados pelo juiz, no exercício da jurisdição. Vale dizer: o juiz que prolatou a decisão objeto da ação rescisória praticou conduta criminosa.

Concussão significa exigir, para si ou para outrem, direta ou indiretamente, ainda que fora da função ou antes de assumi-la, mas, em razão dela, vantagem indevida (art. 316 do Código Penal).

A corrupção pode ser ativa ou passiva.

A corrupção passiva caracteriza-se quando o agente solicita ou recebe, para si ou para outrem, direta ou indiretamente, ainda que fora da função ou antes de assumi-la, mas, em razão dela, vantagem indevida ou aceita promessa de tal vantagem (art. 317 do Código Penal).

Há corrupção ativa quando o agente oferece ou promete vantagem indevida a funcionário público, para determiná-lo a praticar, omitir ou retardar ato de ofício (art. 333 do CP).

Caracteriza-se a prevaricação quando o agente retarda ou deixa de praticar, indevidamente, ato de ofício, ou pratica-o contra disposição expressa de lei, para satisfazer interesse ou sentimento pessoal (art. 319 do CP).

Como bem adverte *Nelson Nery Junior*[(45)], não se exige que o juiz tenha sido previamente condenado pela prática de um dos crimes referidos acima, pois a prova pode ser feita na própria ação rescisória, cujo resultado independe da solução de eventual processo criminal. Condenado o juiz no crime, projeta-se aquela decisão no cível; absolvido o magistrado na esfera criminal, pode ser julgada procedente a pretensão rescisória no cível. No caso de membro de órgão colegiado, basta que um dos prolatores de voto vencedor tenha cometido o crime para que seja rescindível o acórdão.

(45) *Op. cit.*, p. 778.

b) Proferida por juiz impedido ou absolutamente incompetente

O inciso II do art. 966 do CPC possibilita a propositura da ação rescisória quando o juiz que prolatou a decisão for absolutamente incompetente.

Segundo a sistemática do Código de Processo Civil, são modalidades de incompetência absoluta: material, funcional e pessoal.

Nos termos da OJ n. 124 da SDI-II do TST, na hipótese em que a ação rescisória tem como causa de rescindibilidade o inciso II do art. 966 do CPC de 2015 (inciso II do art. 485 do CPC de 1973), a arguição de incompetência absoluta prescinde de prequestionamento.

A incompetência relativa (em razão do território ou do valor da causa) não desafia a ação rescisória.

Também é possível a ação rescisória quando o juiz que prolatou a decisão for impedido. As hipóteses de impedimento do juiz, que também se aplicam ao Processo do Trabalho (art. 769 da CLT), estão mencionadas no art. 144 do CPC, que assim dispõe:

> "Há impedimento do juiz, sendo-lhe vedado exercer suas funções no processo: I – em que interveio como mandatário da parte, oficiou como perito, funcionou como membro do Ministério Público ou prestou depoimento como testemunha; II – de que conheceu em outro grau de jurisdição, tendo proferido decisão; III – quando nele estiver postulando, como defensor público, advogado ou membro do Ministério Público, seu cônjuge ou companheiro, ou qualquer parente, consanguíneo ou afim, em linha reta ou colateral, até o terceiro grau, inclusive; IV – quando for parte no processo ele próprio, seu cônjuge ou companheiro, ou parente, consanguíneo ou afim, em linha reta ou colateral, até o terceiro grau, inclusive; V – quando for sócio ou membro de direção ou de administração de pessoa jurídica parte no processo; VI – quando for herdeiro presuntivo, donatário ou empregador de qualquer das partes; VII – em que figure como parte instituição de ensino com a qual tenha relação de emprego ou decorrente de contrato de prestação de serviços; VIII – em que figure como parte cliente do escritório de advocacia de seu cônjuge, companheiro ou parente, consanguíneo ou afim, em linha reta ou colateral, até o terceiro grau, inclusive, mesmo que patrocinado por advogado de outro escritório; IX – quando promover ação contra a parte ou seu advogado. § 1º Na hipótese do inciso III, o impedimento só se verifica quando o defensor público, o advogado ou o membro do Ministério Público já integrava o processo antes do início da atividade judicante do juiz. § 2º É vedada a criação de fato superveniente a fim de caracterizar impedimento do juiz. § 3º O impedimento previsto no inciso III também se verifica no caso de mandato conferido a membro de escritório de advocacia que tenha em seus quadros advogado que individualmente ostente a condição nele prevista, mesmo que não intervenha diretamente no processo."

As hipóteses de suspeição do juiz não são passíveis de ação rescisória.

c) Resultar de dolo ou coação da parte vencedora em detrimento da parte vencida, ou de colusão ou simulação entre as partes, a fim de fraudar a lei

Segundo *Nelson Nery Junior*(46), o dolo rescisório consiste na prática, pela parte vencedora, além das condutas vedadas pelo CPC, de ardis, maquinações e atividades

(46) *Op. cit.*, p. 778-779.

enganosas em geral, capazes de subtrair da parte contrária o direito de produzir atos e provas no processo, reduzindo-lhe a capacidade de defesa e afastando o juiz de uma decisão de acordo com a verdade.

A coação exercida pela parte vencedora em detrimento da parte vencida, pode ser física ou psicológica.

A existência de processo simulado ou fraudulento também enseja a ação rescisória (art. 142 do CPC). Como exemplo, o conluio entre reclamante e reclamado que entabulam acordo simulado para fraudar a lei.

No aspecto, relevante destacar a Súmula n. 403 do C. TST, *in verbis*:

"AÇÃO RESCISÓRIA. DOLO DA PARTE VENCEDORA EM DETRIMENTO DA VENCIDA. ART. 485, III, DO CPC. (conversão das Orientações Jurisprudenciais ns. 111 e 125 da SDI-2) I – Não caracteriza dolo processual, previsto no art. 485, III, do CPC, o simples fato de a parte vencedora haver silenciado a respeito de fatos contrários a ela, porque o procedimento, por si só, não constitui ardil do qual resulte cerceamento de defesa e, em consequência, desvie o juiz de uma sentença não condizente com a verdade. (ex-OJ n. 125 – DJ 9.12.03); II – Se a decisão rescindenda é homologatória de acordo, não há parte vencedora ou vencida, razão pela qual não é possível a sua desconstituição calcada no inciso III do art. 485 do CPC (dolo da parte vencedora em detrimento da vencida), pois constitui fundamento de rescindibilidade que supõe solução jurisdicional para a lide." (ex-OJ n. 111 – DJ 29.4.03) (Res. n. 137/2005 – DJ 22.8.2005)

d) Ofender a coisa julgada

Ofende a coisa julgada a decisão que for proferida entre as mesmas partes, com o mesmo pedido e mesma causa de pedir de processo anterior, cuja decisão já transitara em julgado.

Para parte da doutrina, a sentença proferida em violação à coisa julgada nem sequer chega a se formar, não necessitando, portanto, de declaração de nulidade. Não obstante, enquanto não rescindida a segunda sentença transitada em julgado, ela produzirá efeitos. Por isso, necessária a ação rescisória para desconstituí-la.

No conflito entre duas coisas julgadas, prevalece a primeira, pois a segunda decisão foi proferida violando a coisa julgada.

Importante destacar respeito, a OJ n. 101, da SDI-II do C. TST, *in verbis*:

"AÇÃO RESCISÓRIA. INCISO IV DO ART. 966 DO CPC DE 2015. ART. 485, IV, DO CPC DE 1973. OFENSA À COISA JULGADA. NECESSIDADE DE FIXAÇÃO DE TESE NA DECISÃO RESCINDENDA. Para viabilizar a desconstituição do julgado pela causa de rescindibilidade do inciso IV do art. 966 do CPC de 2015 (inciso IV do art. 485 do CPC de 1973), é necessário que a decisão rescindenda tenha enfrentado as questões ventiladas na ação rescisória, sob pena de inviabilizar o cotejo com o título executivo judicial tido por desrespeitado, de modo a se poder concluir pela ofensa à coisa julgada."

Conforme a OJ n. 157, da SDI-II do C. TST, a ofensa à coisa julgada de que trata o inciso IV do art. 966 do CPC de 2015 (inciso IV do art. 485 do CPC de 1973) refere-se apenas a relações processuais distintas. A invocação de desrespeito à coisa julgada formada no processo de conhecimento, na correspondente fase de execução, somente é possível com base na violação do art. 5º, XXXVI, da Constituição da República.

e) Violar manifestamente a norma jurídica

A ação rescisória não tem por objetivo fazer justiça, tampouco avaliar a equidade da decisão ou a correta interpretação do conjunto probatório do processo. Nesse sentido, destacamos as seguintes ementas:

> "Ação rescisória — Violação a literal dispositivo de lei — Art. 485, V, do CPC — Análise das provas dos autos. A suposta má apreciação da prova não enseja a rescisão do julgado com base em violação a dispositivo de lei. As provas são produzidas para o convencimento do juiz. É do Magistrado a prerrogativa de valorar e apreciar livremente as provas dos autos." (TRT – 12ª R. – SEDI – AT-RES n. 480/2002.000.12.00-3 – relª Mª. de Lourdes Leiria – DJSC 8.7.03 – p. 165) (RDT n. 8 – agosto de 2003)

> "Ação rescisória — Transferência — Real necessidade de serviço — Violação de lei e erro de fato não configurados. 1. A ação rescisória visa a rescindir o acórdão que manteve a condenação da reclamada a anular a transferência do reclamante, repondo-o às condições anteriores e restaurando os direitos respectivos, consignando a insuficiência de prova quanto à real necessidade do serviço. 2. A violação ensejadora da rescisão de decisão de mérito deve estar ligada à literalidade do preceito legal, conforme o disposto no art. 485, V, do CPC. No caso, resta inviável a conclusão acerca da ocorrência de violação literal dos arts. 444 e 468 da CLT, uma vez que, na decisão rescindenda, não houve pronunciamento específico sobre as matérias disciplinadas pelos dispositivos. 3. A teor da OJ n. 136 da SBDI-2 do TST, o fato afirmado pelo julgador, que pode ensejar ação rescisória calcada no inciso IX do art. 485 do CPC, é apenas aquele que se coloca como premissa fática indiscutida de um silogismo argumentativo, não aquele que se apresenta ao final desse mesmo silogismo, como conclusão decorrente das premissas que especificaram as provas oferecidas. No caso, a decisão rescindenda se baseou no conjunto probatório para concluir pela nulidade da transferência, sendo certo que eventual injustiça da decisão, bem como a má apreciação da prova, não autoriza o corte rescisório. Recurso ordinário desprovido." (TST – ROAR n. 176/2005.000.21.00-0 – rel. Min. Ives Gandra Martins Filho – DJ 10.11.06 – p. 933) (RDT n. 01 – Janeiro de 2007)

O CPC de 2015 substituiu a expressão *violação literal de lei*, prevista no CPC/73, para violação manifesta da norma jurídica.

Desse modo, caberá ação rescisória quando a decisão violar princípios e também norma costumeira, aqui incluídas as Súmulas dos Tribunais, ou os precedentes judiciais.

A palavra *lei* deve ser interpretada em sentido amplo, para abranger tanto as leis materiais como processuais, assim como todas as espécies normativas (art. 59 da Constituição Federal).

Considerando-se que toda lei pode ser interpretada, não mais se aplicando o princípio *in claris cessat interpretatio*, não são muitas as hipóteses de ações rescisórias em razão de violação literal da lei. Desse modo, pensamos que, somente quando houver conduta do juiz ao negar vigência à lei ou contrariar flagrantemente seu texto, a ação rescisória será cabível.

Não se mostra cabível a ação rescisória quando a interpretação da lei for controvertida nos tribunais. Nesse sentido, a Súmula n. 83 do Tribunal Superior do Trabalho, *in verbis*:

> "AÇÃO RESCISÓRIA. MATÉRIA CONTROVERTIDA. (incorporada a Orientação Jurisprudencial n. 77 da SDI-2) I – Não procede pedido formulado na ação rescisória por violação literal de lei se a decisão rescindenda estiver baseada em texto legal infraconstitucional de interpretação controvertida nos Tribunais. (ex-Súmula n. 83 – Res. n. 121/03, DJ 21.11.03); II – O marco divisor quanto a ser, ou não, controvertida, nos Tribunais, a interpretação dos dispositivos legais citados na ação rescisória é a data da inclusão, na Orientação Jurisprudencial do TST, da matéria discutida." (ex-OJ n. 77 – inserida em 13.03.02) (Res. 137/2005 – DJ 22.8.2005)

O TST tem exigido, a nosso ver acertadamente, o prequestionamento da matéria objeto da violação literal de lei na decisão rescindenda. Nesse diapasão, dispõe a Súmula n. 298 de sua jurisprudência, *in verbis*:

> "Ação rescisória. Violação a disposição de lei. Pronunciamento explícito (Res. n. 8/1989 – DJ 14.4.1989. Nova redação em decorrência da incorporação das Orientações Jurisprudenciais n. 36, 72, 75 e 85, parte final, da SDI-II – Res. n. 137/2005, DJ 22.8.2005) (Redação alterada pelo Tribunal Pleno na sessão realizada em 6.2.2012 – Res. n. 177/2012 – DeJT 13.2.2012). I – A conclusão acerca da ocorrência de violação literal a disposição de lei pressupõe pronunciamento explícito, na sentença rescindenda, sobre a matéria veiculada. II - O pronunciamento explícito exigido em ação rescisória diz respeito à matéria e ao enfoque específico da tese debatida na ação, e não, necessariamente, ao dispositivo legal tido por violado. Basta que o conteúdo da norma reputada violada haja sido abordado na decisão rescindenda para que se considere preenchido o pressuposto. III - Para efeito de ação rescisória, considera-se pronunciada explicitamente a matéria tratada na sentença quando, examinando remessa de ofício, o Tribunal simplesmente a confirma. IV - A sentença meramente homologatória, que silencia sobre os motivos de convencimento do juiz, não se mostra rescindível, por ausência de pronunciamento explícito. V - Não é absoluta a exigência de pronunciamento explícito na ação rescisória, ainda que esta tenha por fundamento violação de dispositivo de lei. Assim, prescindível o pronunciamento explícito quando o vício nasce no próprio julgamento, como se dá com a sentença *extra*, *citra* e *ultra petita*."

Nos termos da Súmula n. 410 do TST: "A ação rescisória calcada em violação de lei não admite reexame de fatos e provas do processo que originou a decisão rescindenda." (ex-OJ n. 109 – DJ 29.4.2003) (Res. n. 137/2005 – DJ 22.8.2005)

O § 5º do art. 966 do CPC, considera que a decisão viola manifestamente norma jurídica (art. 966, V do CPC) na hipótese em que estiver baseada em enunciado de súmula ou acórdão proferido em julgamento de casos repetitivos, mas que não tenha considerado a existência de distinção entre a questão discutida no processo e o padrão decisório que lhe deu fundamento.

Trata-se de inovação, pois a redação original do artigo 966 do CPC não contemplava tal hipótese. Doravante, o dispositivo considera rescindível a decisão que aplicou enunciado de súmula ou acórdão proferido em casos repetitivos sem fazer a distinção entre o caso concreto e o padrão decisório que lhe deu fundamento.

Nesta hipótese pensamos que a parte interessada na distinção deve articular o requerimento desde a fase postulatória, na inicial ou na defesa, bem como em eventuais razões recursais.

O § 6º do art. 966, do CPC exige a observância de um requisito específico da petição inicial na ação rescisória fundada no inciso V do referido dispositivo legal, qual seja: demonstrar, fundamentadamente, tratar-se de situação particularizada por hipótese fática distinta ou de questão jurídica não examinada, a impor outra solução jurídica, sob conseqüência de inépcia da petição inicial.

O Tribunal Superior do Trabalho, considerando vigência do CPC/15, atribuiu nova redação para a Súmula n. 400 de sua jurisprudência, *in verbis*:

> "AÇÃO RESCISÓRIA DE AÇÃO RESCISÓRIA. VIOLAÇÃO MANIFESTA DE NORMA JURÍDICA. INDICAÇÃO DA MESMA NORMA JURÍDICA APONTADA NA RESCISÓRIA PRIMITIVA (MESMO DISPOSITIVO DE LEI SOB O CPC DE 1973).
>
> Em se tratando de rescisória de rescisória, o vício apontado deve nascer na decisão rescindenda, não se admitindo a rediscussão do acerto do julgamento da rescisória anterior. Assim, não procede rescisória calcada no inciso V do art. 966 do CPC de 2015 (art. 485, V, do CPC de 1973) para discussão, por má aplicação da mesma norma jurídica, tida por violada na rescisória anterior, bem como para arguição de questões inerentes à ação rescisória primitiva." (ex-OJ n. 95 da SBDI-2 – inserida em 27.9.2002 e alterada D 16.4.2004).

Relevante, também, destacar a OJ n. 34, da SDI-II do C. TST: *in verbis*:

> "AÇÃO RESCISÓRIA. PLANOS ECONÔMICOS. I – O acolhimento de pedido em ação rescisória de plano econômico, fundada no art. 485, inciso V, do CPC de 1973 pressupõe, necessariamente, expressa invocação na petição inicial de afronta ao art. 5º, inciso XXXVI, da Constituição Federal de 1988. A indicação de ofensa literal a preceito de lei ordinária atrai a incidência da Súmula n. 83 do TST e Súmula n. 343 do STF. II – Se a decisão rescindenda é posterior à Súmula n. 315 do TST (Res. n. 07, DJ 22.9.1993), inaplicável a Súmula n. 83 do TST."

Nos termos da OJ n. 25 da SDI-II do TST, não procede pedido de rescisão fundado no art. 485, V, do CPC de 1973 quando se aponta contrariedade à norma de convenção coletiva de trabalho, acordo coletivo de trabalho, portaria do Poder Executivo, regulamento de empresa e súmula ou orientação jurisprudencial de tribunal.

f) Se fundar em prova, cuja falsidade tenha sido apurada em processo criminal ou seja provada na própria ação rescisória

A ação rescisória pode ser proposta quando a sentença ou o acórdão se baseou em prova falsa.

A falsidade da prova tem que ter nexo causal com a decisão proferida, ou seja, a decisão deve estar fundamentada na prova falsa.

A falsidade pode ser provada na própria ação rescisória ou ter sido apurada em processo criminal. Neste último caso, exige-se a coisa julgada.

g) Depois do trânsito em julgado, o autor obtiver prova nova, cuja existência ignorava, ou de que não pôde fazer uso, capaz, por si só, de lhe assegurar pronunciamento favorável

A prova nova (admitindo-se qualquer meio legal ou moralmente legítimo de prova) a que se refere o presente inciso não é a cronologicamente nova, mas a que já existia à época da ação, mas a parte dele não pôde fazer uso ou cuja existência ignorava.

Outrossim, a prova nova, por si só, deve assegurar à parte o pronunciamento favorável. Por exemplo, o recibo de quitação das verbas rescisórias devidamente homologado (art. 477, § 1º, da CLT) que não pôde ser juntado aos autos, mas comprova a quitação de tais verbas em processo no qual o objeto era o pagamento dos títulos rescisórios.

No aspecto, destaca-se a Súmula n. 402 do C. TST, *in verbis*:

"AÇÃO RESCISÓRIA. DOCUMENTO NOVO. DISSÍDIO COLETIVO. SENTENÇA NORMATIVA (conversão da Orientação Jurisprudencial n. 20 da SDI-2). Documento novo é o cronologicamente velho, já existente ao tempo da decisão rescindenda, mas ignorado pelo interessado ou de impossível utilização, à época, no processo. Não é documento novo apto a viabilizar a desconstituição de julgado: a) sentença normativa proferida ou transitada em julgado posteriormente à sentença rescindenda; b) sentença normativa preexistente à sentença rescindenda, mas não exibida no processo principal, em virtude de negligência da parte, quando podia e deveria louvar-se de documento já existente e não ignorado quando emitida a decisão rescindenda." (ex-OJ n. 20 — inserida em 20.09.00) (Res. n. 137/2005 – DJ 22.8.2005)

h) Fundada em erro de fato verificável no exame dos autos

Conforme o § 1º do art. 966 do CPC, há erro de fato quando a decisão rescindenda admitir fato inexistente ou quando considerar inexistente fato efetivamente ocorrido, sendo indispensável, em ambos os casos, que o fato não represente ponto controvertido sobre o qual o juiz deveria ter se pronunciado.

No aspecto, a OJ n. 136 da SD-I do C. TST, *in verbis*:

AÇÃO RESCISÓRIA. ERRO DE FATO. CARACTERIZAÇÃO. A caracterização do erro de fato como causa de rescindibilidade de decisão judicial transitada em julgado supõe a afirmação categórica e indiscutida de um fato, na decisão rescindenda, que não corresponde à realidade dos autos. O fato afirmado pelo julgador, que pode ensejar ação rescisória calcada no inciso VIII do art. 966 do CPC de 2015 (inciso IX do art. 485 do CPC de 1973), é apenas aquele que se coloca como premissa fática indiscutida de um silogismo argumentativo, não aquele que se apresenta ao final desse mesmo silogismo, como conclusão decorrente das premissas que especificaram as provas oferecidas, para se concluir pela existência do fato. Esta última hipótese é afastada pelo § 1º do art. 966 do CPC de 2015 (§ 2º do art. 485 do CPC de 1973), ao exigir que não tenha havido controvérsia sobre o fato e pronunciamento judicial esmiuçando as provas.

5.3. Legitimidade para propor a ação rescisória

Nos termos do art. 967 do CPC:

"Tem legitimidade para propor a ação:

I – quem foi parte no processo ou o seu sucessor a título universal ou singular;

II – o terceiro juridicamente interessado;

III – o Ministério Público:

a) se não foi ouvido no processo em que lhe era obrigatória a intervenção;

b) quando a decisão rescindenda é o efeito de simulação ou de colusão das partes, a fim de fraudar a lei;

c) em outros casos em que se imponha sua atuação;

IV – aquele que não foi ouvido no processo em que lhe era obrigatória a intervenção.

Parágrafo único. Nas hipóteses do art. 178, o Ministério Público será intimado para intervir como fiscal da ordem jurídica quando não for parte."

Nos termos do referido dispositivo legal, podem propor a ação rescisória: as partes do processo em que a coisa julgada se formou, o terceiro juridicamente interessado, vale dizer: o que sofrerá os efeitos da sentença e o Ministério Público quando era necessária sua intervenção no processo em que se formou a coisa julgada, ou quando houver colusão das partes para fraudar a lei.

O inciso IV permite a propositura da ação rescisória por aquele cuja intervenção era obrigatória no processo, como no caso de litisconsórcio necessário.

Quanto à legitimidade do Ministério Público do Trabalho, vale consignar a Súmula n. 407 do TST, *in verbis*:

"AÇÃO RESCISÓRIA. MINISTÉRIO PÚBLICO. LEGITIMIDADE '*AD CAUSAM*' PREVISTA NO ART. 967, III, '*A*', '*B*' E '*C*' DO CPC DE 2015. ART. 487, III, '*A*' E', DO CPC DE 1973. HIPÓTESES MERAMENTE EXEMPLIFICATIVAS.

A legitimidade '*ad causam*' do Ministério Público para propor ação rescisória, ainda que não tenha sido parte no processo que deu origem à decisão rescindenda, não está limitada às alíneas '*a*', '*b*' e '*c*' do inciso III do art. 967 do CPC de 2015 (art. 487, III, '*a*' e '*b*', do CPC de 1973), uma vez que traduzem hipóteses meramente exemplificativas (ex-OJ n. 83 da SBDI-2 – inserida em 13.03.2002)."

5.4. Competência

A competência funcional para a ação rescisória na Justiça do Trabalho é dos Tribunais Regionais do Trabalho ou do Tribunal Superior do Trabalho. As Varas do Trabalho não julgam ação rescisória.

Os Tribunais Regionais do Trabalho julgam as ações rescisórias propostas em face das sentenças de primeiro grau e as ações rescisórias dos seus próprios acórdãos.

O Tribunal Superior do Trabalho julga as ações rescisórias propostas em face dos seus acórdãos.

O TST disciplinou a questão da competência por meio da Súmula n. 192 de sua jurisprudência, *in verbis*:

"AÇÃO RESCISÓRIA. COMPETÊNCIA. (Atualizada em decorrência do CPC de 2015) I – Se não houver o conhecimento de recurso de revista ou de embargos, a competência para julgar ação que vise a rescindir a decisão de mérito é do Tribunal Regional do Trabalho, ressalvado o disposto no item II. II – Acórdão rescindendo do Tribunal Superior do Trabalho que não conhece de recurso de embargos ou de revista, analisando arguição de violação de dispositivo de lei material ou decidindo em consonância com súmula de direito material ou com iterativa, notória e atual jurisprudência de direito material da Seção de Dissídios Individuais (Súmula n. 333), examina o mérito da causa, cabendo ação rescisória da competência do Tribunal Superior do Trabalho. (ex-Súmula n. 192 – alterada pela Res. n. 121/2003, DJ 21.11.2003) III – Sob a égide do art. 512 do CPC de 1973, é juridicamente impossível o pedido explícito de desconstituição de sentença quando substituída por acórdão do Tribunal Regional ou superveniente sentença homologatória de acordo que puser fim ao litígio. IV – Na vigência do CPC de 1973, é manifesta a impossibilidade jurídica do pedido de rescisão de julgado proferido em agravo de instrumento que, limitando-se a aferir o eventual desacerto do juízo negativo de admissibilidade do recurso de revista, não substitui o acórdão regional, na forma do art. 512 do CPC. (ex-OJ n. 105 da SBDI-2 – DJ 29.4.2003) V – A decisão proferida pela SBDI, em agravo regimental, calcada na Súmula n. 333, substitui acórdão de Turma do TST, porque emite juízo de mérito, comportando, em tese, o corte rescisório. (ex-OJ n. 133 da SBDI-2 – DJ 4.5.2004)"

5.5. Da revelia na ação rescisória

Diante da magnitude da coisa julgada material e da presunção de legitimidade da decisão judicial, no nosso sentir, não há lugar para a aplicação dos efeitos da revelia em sede de ação rescisória. Além disso, o prestígio da coisa julgada tem assento constitucional (art. 5º, XXVI, da CF), ganhando contornos de indisponibilidade e interessando à sociedade como um todo.

O TST pacificou a questão por meio da Súmula n. 398, abaixo transcrita:

"Na ação rescisória, o que se ataca na ação é a sentença, ato oficial do Estado, acobertado pelo manto da coisa julgada. Assim sendo e considerando que a coisa julgada envolve questão de ordem pública, a revelia não produz confissão na ação rescisória."

5.6. Procedimento na Justiça do Trabalho

Conforme o art. 836 do CLT, aplica-se à ação rescisória na Justiça do Trabalho o procedimento previsto no CPC, sujeitando o autor ao depósito prévio de 20% (vinte por cento) do valor da causa, salvo prova de miserabilidade jurídica. Parágrafo único – A execução da decisão proferida em ação rescisória far-se-á nos próprios autos da ação que lhe deu origem, e será instruída com o acórdão da rescisória e a respectiva certidão de trânsito em julgado.

O depósito de 20% tem por objetivo inibir eventuais ações rescisórias protelatórias ou sem fundamento legal e será revertido à parte contrária, como indenização por perdas e danos (multa) nos casos em que a ação rescisória, por unanimidade de votos, for declarada inadmissível ou improcedente (inciso II do art. 968 do CPC).

Trata-se o presente depósito de um pressuposto de validade e desenvolvimento da ação rescisória, visando a coibir sua utilização abusiva.

A Instrução Normativa n. 31/07 do Tribunal Superior do Trabalho regulamentou o depósito de que trata o art. 836 da CLT, nos seguintes termos:

"Art. 1º O depósito prévio em ação rescisória de que trata o art. 836 da CLT, com redação dada pela Lei n. 11.495, de 22 de junho de 2007, deverá ser realizado na forma preconizada na Instrução Normativa n. 21 desta Corte, observando-se as seguintes peculiaridades quanto ao preenchimento da guia de acolhimento de depósito judicial: 1º – nos campos relativos à identificação do processo deverão ser informados os dados do processo em que foi proferida a decisão rescindenda; 2º – o campo "Tipo de Depósito" deverá ser preenchido com o número 1 (primeiro depósito), ainda que outros depósitos judiciais tenham sido efetuados no processo originário; 3º – o campo "Motivo do Depósito" deverá ser preenchido com o número 4 (Outros).

Art. 2º O valor da causa da ação rescisória que visa desconstituir decisão da fase de conhecimento corresponderá: 1º – no caso de improcedência, ao valor dado à causa do processo originário ou aquele que for fixado pelo juiz; 2º – no caso de procedência, total ou parcial, ao respectivo valor arbitrado à condenação.

Art. 3º O valor da causa da ação rescisória que visa a desconstituir decisão da fase de execução corresponderá ao valor apurado em liquidação de sentença.

Art. 4º O valor da causa da ação rescisória, quer objetive desconstituir decisão da fase de conhecimento ou decisão da fase de execução, será reajustado pela variação cumulada do INPC do IBGE até a data do seu ajuizamento.

Art. 5º O valor depositado será revertido em favor do réu, a título de multa, caso o pedido deduzido na ação rescisória seja julgado improcedente.

Art. 6º O depósito prévio não será exigido da massa falida e quando o autor perceber salário igual ou inferior ao dobro do mínimo legal, ou declarar, sob as penas da lei, que não está em condições de pagar as custas do processo sem prejuízo do sustento próprio ou de sua família."

Conforme o art. 968 do CPC:

"A petição inicial será elaborada com observância dos requisitos essenciais do art. 319, devendo o autor:

I – cumular ao pedido de rescisão, se for o caso, o de novo julgamento do processo;

II – depositar a importância de cinco por cento sobre o valor da causa, que se converterá em multa caso a ação seja, por unanimidade de votos, declarada inadmissível ou improcedente.

§ 1º Não se aplica o disposto no inciso II à União, aos Estados, ao Distrito Federal, aos Municípios, às suas respectivas autarquias e fundações de direito público, ao Ministério Público, à Defensoria Pública e aos que tenham obtido o benefício de gratuidade da justiça.

§ 2º O depósito previsto no inciso II do *caput* deste artigo não será superior a 1.000 (mil) salários mínimos.

§ 3º Além dos casos previstos no art. 330, a petição inicial será indeferida quando não efetuado o depósito exigido pelo inciso II do *caput* deste artigo.

§ 4º Aplica-se à ação rescisória o disposto no art. 332.

§ 5º Reconhecida a incompetência do tribunal para julgar a ação rescisória, o autor será intimado para emendar a petição inicial, a fim de adequar o objeto da ação rescisória, quando a decisão apontada como rescindenda:

I – não tiver apreciado o mérito e não se enquadrar na situação prevista no § 2º do art. 966;

II – tiver sido substituída por decisão posterior.

§ 6º Na hipótese do § 5º, após a emenda da petição inicial, será permitido ao réu complementar os fundamentos de defesa, e, em seguida, os autos serão remetidos ao tribunal competente."

Na petição inicial, deve o autor postular o juízo rescindendo *(iudicium rescindens)*, que é o pedido de rescisão da coisa julgada, podendo cumulá-lo com o pedido de nova decisão, que é o rejulgamento da causa *(iudicium rescissorium)*.

Nos termos da OJ n. 78, da SDI-II do C. TST, é admissível o ajuizamento de uma única ação rescisória contendo mais de um pedido, em ordem sucessiva, de rescisão da sentença e do acórdão. Sendo inviável a tutela jurisdicional de um deles, o julgador está obrigado a apreciar os demais, sob pena de negativa de prestação jurisdicional.

O Tribunal competente para julgamento da ação rescisória, se entender por rescindir a coisa julgada, deverá prolatar nova decisão. Nem sempre será possível cumular o pedido de rescisão com o de novo julgamento, como no exemplo de ação rescisória cujo fundamento é a violação da coisa julgada.

Como documento essencial à propositura da ação rescisória, deve o autor juntar a comprovação do trânsito em julgado da sentença ou acórdão objeto da rescisão.

No aspecto, relevante destacar a Súmula n. 299 do TST:

"AÇÃO RESCISÓRIA. DECISÃO RESCINDENDA. TRÂNSITO EM JULGADO. COMPROVAÇÃO. EFEITOS. (Nova redação do item II em decorrência do CPC de 2015)

I – É indispensável ao processamento da ação rescisória a prova do trânsito em julgado da decisão rescindenda. (ex-Súmula n. 299 – Res. n. 8/1989, DJ 14, 18 e 19.4.1989)

II – Verificando o relator que a parte interessada não juntou à inicial o documento comprobatório, abrirá prazo de 15 (quinze) dias para que o faça (art. 321 do CPC de 2015), sob pena de indeferimento. (ex-Súmula n. 299 – Res. n. 8/1989, DJ 14, 18 e 19.4.1989)

III – A comprovação do trânsito em julgado da decisão rescindenda é pressuposto processual indispensável ao tempo do ajuizamento da ação rescisória. Eventual trânsito em julgado posterior ao ajuizamento da ação rescisória não reabilita a ação proposta, na medida em que o ordenamento jurídico não contempla a ação rescisória preventiva. (ex-OJ n. 106 da SBDI-2 – DJ 29.4.2003)

IV – O pretenso vício de intimação, posterior à decisão que se pretende rescindir, se efetivamente ocorrido, não permite a formação da coisa julgada material. Assim, a ação rescisória deve ser julgada extinta, sem julgamento do mérito, por carência de ação, por inexistir decisão transitada em julgado a ser rescindida. (ex-OJ n. 96 da SBDI-2 – inserida em 27.9.2002)"

Conforme o referido entendimento sumular, à luz do Código de Proesso Civil, caso não haja prova do trânsito em julgado quando da propositura da ação rescisória, o relator abrirá prazo de 15 (quinze) dias para que o faça (art. 321 do CPC de 2015), sob pena de indeferimento.

Conforme a OJ n. 151 da SDI-II do TST, a procuração outorgada com poderes específicos para ajuizamento de reclamação trabalhista não autoriza a propositura de ação rescisória e mandado de segurança. Constatado, todavia, o defeito de representação processual na fase recursal, cumpre ao relator ou ao tribunal conceder prazo de 5 (cinco) dias para a regularização, nos termos da Súmula n. 383, item II, do TST.

Por ser tratar de procedimento especial, à inicial da ação rescisória não se aplica o art. 840 da CLT.

Será indeferida a inicial da ação rescisória quando houver uma das hipóteses do art. 330 do CPC, ou não realizando a parte o depósito do art. 836 da CLT, salvo se beneficiária da Justiça Gratuita.

Não há necessidade de se indicarem os dispositivos legais em que se funda a ação rescisória, salvo a hipótese de violação manifesta à norma jurídica, conforme a Súmula n. 408 do C. TST, *in verbis*:

> "AÇÃO RESCISÓRIA. PETIÇÃO INICIAL. CAUSA DE PEDIR. AUSÊNCIA DE CAPITULAÇÃO OU CAPITULAÇÃO ERRÔNEA NO ART. 966 DO CPC DE 2015. ART. 485 DO CPC DE 1973. PRINCÍPIO '*IURA NOVIT CURIA*'. Não padece de inépcia a petição inicial de ação rescisória apenas porque omite a subsunção do fundamento de rescindibilidade no art. 966 do CPC de 2015 (art. 485 do CPC de 1973) ou o capitula erroneamente em um de seus incisos. Contanto que não se afaste dos fatos e fundamentos invocados como causa de pedir, ao Tribunal é lícito emprestar-lhes a adequada qualificação jurídica ('*iura novit curia*'). No entanto, fundando-se a ação rescisória no art. 966, inciso V, do CPC de 2015 (art. 485, inciso V, do CPC de 1973), é indispensável expressa indicação, na petição inicial da ação rescisória, da norma jurídica manifestamente violada (dispositivo legal violado sob o CPC de 1973), por se tratar de causa de pedir da rescisória, não se aplicando, no caso, o princípio '*iura novit curia*'. (ex-Ojs ns. 32 e 33 da SBDI-2 – inseridas em 20.9.2000)."

Recebida a inicial da ação rescisória, o relator mandará citar o réu, assinando-lhe prazo nunca inferior a 15 (quinze) dias nem superior a 30 (trinta) para responder aos termos da ação. Findo o prazo será observado o procedimento comum (art. 970 do CPC).

O prazo para resposta da ação rescisória é fixado pelo relator, sendo o mínimo de 15 e o máximo de 30 dias.

Nos termos da OJ n. 146 da SDI-II do C. TST, a contestação apresentada em ação rescisória obedece a regra relativa à contagem de prazo constante do art. 774 da CLT, sendo inaplicável o art. 231 do CPC de 2015 (art. 241 do CPC de 1973).

O TST, acertadamente, firmou entendimento no sentido de que o litisconsórcio ativo na ação rescisória é sempre facultativo, conforme a dicção da Súmula n. 406 de sua jurisprudência, *in verbis*:

> "AÇÃO RESCISÓRIA. LITISCONSÓRCIO. NECESSÁRIO NO POLO PASSIVO E FACULTATIVO NO ATIVO. INEXISTENTE QUANTO AOS SUBSTITUÍDOS PELO SINDICATO.

(conversão das Orientações Jurisprudenciais ns. 82 e 110 da SDI-2). I – O litisconsórcio, na ação rescisória, é necessário em relação ao polo passivo da demanda, porque supõe uma comunidade de direitos ou de obrigações que não admite solução díspar para os litisconsortes, em face da indivisibilidade do objeto. Já em relação ao polo ativo, o litisconsórcio é facultativo, uma vez que a aglutinação de autores se faz por conveniência e não, pela necessidade decorrente da natureza do litígio, pois não se pode condicionar o exercício do direito individual de um dos litigantes no processo originário à anuência dos demais para retomar a lide (ex-OJ n. 82 — inserida em 13.3.02) trabalhista, em cujos autos fora proferida a decisão rescindenda, possui legitimidade para figurar como réu na ação rescisória, sendo descabida a exigência de citação de todos os empregados substituídos, porquanto inexistente litisconsórcio passivo necessário." (ex-OJ n. 110 – DJ 29.4.03) (Res. n. 137/2005 – DJ 22.8.2005)

Se os fatos alegados pelas partes dependerem de prova, o relator poderá delegar a competência ao Juiz do Trabalho da Vara onde ela deva ser produzida, fixando prazo de um a três meses para a devolução dos autos (art. 972 do CPC).

Concluída a instrução, será aberta vista, sucessivamente, ao autor e ao réu, pelo prazo de 10 (dez) dias, para razões finais. Em seguida, os autos subirão ao relator, procedendo-se ao julgamento.

Julgando procedente o pedido, o tribunal rescindirá a sentença, proferirá, se for o caso, novo julgamento e determinará a restituição do depósito; declarando inadmissível ou improcedente a ação, a importância do depósito reverterá a favor do réu, sem prejuízo do disposto no § 2º do art. 82 (art. 974 do CPC).

Conforme o art. 969 do CPC, a propositura da ação rescisória não impede o cumprimento da decisão rescindenda, ressalvada a concessão de tutela provisória.

Não se aplica à ação rescisória o *jus postulandi* da parte, havendo necessidade de advogado (Súmula n. 425 do TST).

Sob outro enfoque, cabem honorários advocatícios, nos termos da Súmula n. 219, II, do Tribunal Superior do Trabalho, *in verbis*:

"É cabível a condenação ao pagamento de honorários advocatícios em ação rescisória no processo trabalhista."

Em face das decisões da ação rescisória proferidas pelos TRTs, cabe recurso ordinário para o TST.

Nesse sentido, a Súmula n. 158 do C. TST, *in verbis*:

"AÇÃO RESCISÓRIA — Da decisão de Tribunal Regional do Trabalho, em ação rescisória, é cabível recurso ordinário para o Tribunal Superior do Trabalho, em face da organização judiciária trabalhista." (RA n. 102/1982, DJ 11 e 15.10.1982)

Se a competência originária para a ação rescisória for do TST, o recurso cabível será o de embargos para o próprio TST.

No aspecto, relevante destacar a Súmula n. 99 do C. TST, *in verbis*:

"AÇÃO RESCISÓRIA. DESERÇÃO. PRAZO. (incorporada a Orientação Jurisprudencial n. 117 da SDI-2) Havendo recurso ordinário em sede de rescisória, o depósito recursal só é exigível quando for julgado procedente o pedido e imposta condenação em pecúnia, devendo este ser efetuado no prazo recursal, no limite e nos termos da legislação vigente, sob pena de deserção." (ex-Súmula n. 99 – RA n. 62/80, DJ 11.6.1980 e alterada pela Res. n. 110/02, DJ 11.4.02 e ex-OJ n. 117 – DJ 11.8.03). (Res. n. 137/2005 – DJ 22.8.2005)

A jurisprudência tem admitido ação rescisória de ação rescisória, conforme a Súmula n. 400 do C. TST, *in verbis*:

"AÇÃO RESCISÓRIA DE AÇÃO RESCISÓRIA. VIOLAÇÃO MANIFESTA DE NORMA JURÍDICA. INDICAÇÃO DA MESMA NORMA JURÍDICA APONTADA NA RESCISÓRIA PRIMITIVA (MESMO DISPOSITIVO DE LEI SOB O CPC DE 1973).

Em se tratando de rescisória de rescisória, o vício apontado deve nascer na decisão rescindenda, não se admitindo a rediscussão do acerto do julgamento da rescisória anterior. Assim, não procede rescisória calcada no inciso V do art. 966 do CPC de 2015 (art. 485, V, do CPC de 1973) para discussão, por má aplicação da mesma norma jurídica, tida por violada na rescisória anterior, bem como para arguição de questões inerentes à ação rescisória primitiva." (ex-OJ n. 95 da SBDI-2 - inserida em 27.9.2002 e alterada D 16.4.2004).

5.7. Prazo para a propositura da ação rescisória

Dispõe o art. 975 do CPC:

"O direito à rescisão se extingue em 2 (dois) anos contados do trânsito em julgado da última decisão proferida no processo.

§ 1º Prorroga-se até o primeiro dia útil imediatamente subsequente o prazo a que se refere o *caput*, quando expirar durante férias forenses, recesso, feriados ou em dia em que não houver expediente forense.

§ 2º Se fundada a ação no inciso VII do art. 966, o termo inicial do prazo será a data de descoberta da prova nova, observado o prazo máximo de 5 (cinco) anos, contado do trânsito em julgado da última decisão proferida no processo.

§ 3º Nas hipóteses de simulação ou de colusão das partes, o prazo começa a contar, para o terceiro prejudicado e para o Ministério Público, que não interveio no processo, a partir do momento em que têm ciência da simulação ou da colusão."

Conforme a doutrina amplamente majoritária, o prazo de 2 anos tem natureza decadencial, por isso, não se prorroga nem se suspende, não obstante, o TST tenha admitido prorrogação do prazo decadencial nas hipótese do art. 775, da CLT. No mesmo sentido, o recente § 1º do art. 975 do CPC.

Na hipótese do inciso VII, do art. 966, do CPC, qual seja, quando obtiver o autor, posteriormente ao trânsito em julgado, prova nova cuja existência ignorava ou de que não pôde fazer uso, capaz, por si só, de lhe assegurar pronunciamento favorável, o prazo para propositura da ação será de cinco anos contados do trânsito em julgado da última decisão proferida no processo.

Nas hipóteses de simulação ou de colusão das partes, o prazo de dois anos começa a contar, para o terceiro prejudicado e para o Ministério Público, que não interveio no processo, a partir do momento em que têm ciência da simulação ou da colusão.

A Súmula n. 100 do Tribunal Superior do Trabalho uniformizou o entendimento sobre a contagem do prazo para a ação rescisória, assim dispondo:

"AÇÃO RESCISÓRIA. DECADÊNCIA. (incorporadas as Orientações Jurisprudenciais ns. 13, 16, 79, 102, 104, 122 e 145 da SDI-2). I – O prazo de decadência, na ação rescisória, conta-se do dia imediatamente subsequente ao trânsito em julgado da última decisão proferida na causa, seja de mérito ou não. (ex-Súmula n. 100 – Res. n. 109/01, DJ 18.4.01); II – Havendo recurso parcial no processo principal, o trânsito em julgado dá-se em momentos e em tribunais diferentes, contando-se o prazo decadencial para a ação rescisória do trânsito em julgado de cada decisão, salvo se o recurso tratar de preliminar ou prejudicial que possa tornar insubsistente a decisão recorrida, hipótese em que flui a decadência a partir do trânsito em julgado da decisão que julgar o recurso parcial. (ex-Súmula n. 100 – Res. 109/01, DJ 18.4.01); III – Salvo se houver dúvida razoável, a interposição de recurso intempestivo ou a interposição de recurso incabível não protrai o termo inicial do prazo decadencial. (ex-Súmula n. 100 – Res. n. 109/01 – DJ 18.4.01); IV – O juízo rescindente não está adstrito à certidão de trânsito em julgado juntada com a ação rescisória, podendo formar sua convicção através de outros elementos dos autos quanto à antecipação ou postergação do *dies a quo* do prazo decadencial. (ex-OJ n. 102 – DJ 29.4.03); V – O acordo homologado judicialmente tem força de decisão irrecorrível, na forma do art. 831 da CLT. Assim sendo, o termo conciliatório transita em julgado na data da sua homologação judicial. (ex-OJ n. 104 – DJ 29.4.03); VI – Na hipótese de colusão das partes, o prazo decadencial da ação rescisória somente começa a fluir para o Ministério Público, que não interveio no processo principal, a partir do momento em que tem ciência da fraude. (ex-OJ n. 122 – DJ 11.8.03); VII – Não ofende o princípio do duplo grau de jurisdição a decisão do TST que, após afastar a decadência em sede de recurso ordinário, aprecia desde logo a lide, se a causa versar questão exclusivamente de direito e estiver em condições de imediato julgamento. (ex-OJ n. 79 — inserida em 13.3.02); VIII – A exceção de incompetência, ainda que oposta no prazo recursal, sem ter sido aviado o recurso próprio, não tem o condão de afastar a consumação da coisa julgada e, assim, postergar o termo inicial do prazo decadencial para a ação rescisória. (ex-OJ n. 16 — inserida em 20.9.02); IX – Prorroga-se até o primeiro dia útil, imediatamente subsequente, o prazo decadencial para ajuizamento de ação rescisória quando expira em férias forenses, feriados, finais de semana ou em dia em que não houver expediente forense. Aplicação do art. 775 da CLT. (ex-OJ n. 13 — inserida em 20.9.00); X – Conta-se o prazo decadencial da ação rescisória, após o decurso do prazo legal previsto para a interposição do recurso extraordinário, apenas quando esgotadas todas as vias recursais ordinárias." (ex-OJ n. 145 – DJ 10.11.04) (Res. n. 137/2005 – DJ 22.8.2005)

Relevante, também, destacar, a respeito, a OJ n. 12, da SDI-II do C. TST, *in verbis*:

"AÇÃO RESCISÓRIA. DECADÊNCIA. CONSUMAÇÃO ANTES OU DEPOIS DA EDIÇÃO DA MEDIDA PROVISÓRIA N. 1.577/97. AMPLIAÇÃO DO PRAZO. I – A vigência da Medida Provisória n. 1.577/97 e de suas reedições implicou o elastecimento do prazo decadencial para o ajuizamento da ação rescisória a favor dos entes de direito público, autarquias e fundações públicas. Se o biênio decadencial do art. 495 do CPC de 1973 findou após a entrada em vigor da referida medida provisória e até sua suspensão pelo STF em sede liminar de ação direta de inconstitucionalidade (ADIn n. 1.753-2), tem-se como aplicável o prazo decadencial elastecido à rescisória. (ex-OJ n. 17 da SDI-2 – inserida em 20.9.2000) II – A regra ampliativa do prazo decadencial para a propositura de ação rescisória em favor de pessoa jurídica de direito público não se aplica se, ao tempo em que sobreveio a Medida Provisória n. 1.577/97, já se exaurira o biênio do art. 495 do CPC de 1973. Preservação do direito adquirido da parte à decadência já consumada sob a égide da lei velha." (ex-OJ n. 12 da SDI-2 – inserida em 20.9.2000)

6. Da Ação Civil Pública na esfera trabalhista

6.1. Do conceito de Ação Civil Pública. Natureza jurídica e aplicabilidade no Processo do Trabalho

No âmbito trabalhista, as ações coletivas são muito peculiares e, historicamente, influíram no próprio surgimento do Direito do Trabalho. São exemplos evidentes as greves e o direito de associação.

O acesso à justiça não pode ficar limitado à tutela do interesse individual, pois abrange, necessariamente, a tutela dos interesses coletivos, pertencentes ao grupo.

Vivemos, hoje, uma sociedade de massas, onde os conflitos se propagam em diversas regiões e atingem muitas pessoas ao mesmo tempo. Isso se deve, em muito, ao próprio sistema capitalista e à propagação intensa da comunicação e da informação. Inegavelmente, estamos na sociedade de informação, onde as pessoas parecem estar ligadas a uma rede comum.

Diante da multiplicidade de conflitos de origem comum ou que atingem um número indeterminado de pessoas, ou até mesmo um grupo determinado, há necessidade de se criar mecanismos para o acesso coletivo à justiça, como forma de garantir a efetividade dos direitos fundamentais.

A tutela dos direitos coletivos perante o Poder Judiciário representa, segundo *Mauro Cappelletti* e *Bryant Garth*[(47)], a segunda onda do acesso à justiça. Dizem os juristas:

> "[...] O segundo grande movimento de esforço de melhorar o acesso à justiça enfrentou o problema da representação dos interesses difusos, assim chamados os interesses coletivos ou grupais, diversos daqueles dos pobres. Nos Estados Unidos, onde esse mais novo movimento de reforma é ainda provavelmente mais avançado, as modificações acompanharam o grande quinquênio de preocupações e providências na área da assistência jurídica (1965-1970). Centrando seu foco de preocupação especificamente nos interesses difusos, esta segunda onda de reformas forçou a reflexão sobre noções tradicionais muito básicas do processo civil e sobre o papel dos tribunais. Sem dúvida, uma verdadeira revolução está-se desenvolvendo dentro do processo civil [...]. A concepção tradicional do processo civil não deixava espaço para a proteção dos interesses difusos. O processo era visto apenas como um assunto entre duas partes, que se destinava à solução de uma controvérsia entre essas mesmas partes a respeito de seus próprios interesses individuais. Direitos que pertencessem a um grupo, ao público em geral ou a um segmento do público não se enquadravam bem nesse esquema. As regras determinantes da legitimidade, as normas de procedimento e a atuação dos juízes não eram destinadas a facilitar as demandas por interesses difusos intentadas por particulares [...]. A proteção de tais interesses tornou necessária uma transformação do papel

(47) *Acesso à justiça*. Tradução e revisão de Ellen Gracie Northfleet. Porto Alegre: Sérgio Fabris, 2002. p. 49.

do juiz e de conceitos básicos como 'citação' e o 'direito de ser ouvido'. Uma vez que nem todos os titulares de um direito difuso podem comparecer em juízo — por exemplo, todos os interessados na manutenção da qualidade do ar, numa determinada região — é preciso que haja um 'representante adequado' para agir em benefício da coletividade, mesmo que os membros dela não sejam 'citados' individualmente. Da mesma forma, para ser efetiva, a decisão deve obrigar a todos os membros do grupo, ainda que nem todos tenham tido a oportunidade de ser ouvidos. Dessa maneira, outra noção tradicional, a de coisa julgada, precisa ser modificada, de modo a permitir a proteção judicial efetiva dos interesses difusos. A criação norte-americana da *class action*, abordada a seguir, permite que, em certas circunstâncias, uma ação vincule os membros ausentes de determinada classe, a despeito do fato de eles não terem tido qualquer informação prévia sobre o processo. Isso demonstra as dimensões surpreendentes dessa mudança no processo civil. A visão individualista do devido processo judicial está cedendo lugar rapidamente, ou melhor, está fundindo com uma concepção social, coletiva."

Atualmente, diante da necessidade de se garantir o acesso à justiça, bem como de tutela dos direitos difusos, coletivos e individuais homogêneos, a moderna doutrina vem sustentando a existência do chamado *devido processo legal coletivo* que disciplina o conjunto de regras para a tutela processual desses direitos.

Nesse sentido, destaca *Raimundo Simão de Melo*(48): "O processo, como não se pode negar, é um instrumento de aplicação do direito material violado, o qual, não cumprindo o seu papel, torna-se um instrumento inútil e até odiado pelo jurisdicionado, que vê o seu direito tornar-se algo ineficaz. A solução, portanto, é a aplicação da jurisdição coletiva como corolário do princípio do devido processo legal no processo do trabalho, para prevenir a defesa dos direitos metaindividuais e buscar coletivamente as reparações consequentes."

A Ação Civil Pública consiste numa ação prevista em lei especial, de natureza condenatória, destinada à tutela dos interesses transindividuais.

Para *Carlos Henrique Bezerra Leite*(49), *"ação civil pública é o meio constitucionalmente assegurado ao Ministério Público, ao Estado ou a outros entes coletivos autorizados por lei, para promover a defesa judicial dos interesses ou direitos metaindividuais."*

Como destaca *Raimundo Simão de Melo*(50), "a ação civil pública, como gênero das ações coletivas, tem por finalidade proteger os direitos e interesses metaindividuais — difusos, coletivos e individuais homogêneos — de ameaças e lesões."

---

(48) MELO, Raimundo Simão de. *Ação civil pública na Justiça do Trabalho.* São Paulo. 3. ed. São Paulo: LTr, 2008. p. 42-43.

(49) BEZERRA LEITE, Carlos Henrique. *Ação civil pública:* nova jurisdição trabalhista metaindividual. Legitimação do Ministério Público. São Paulo: LTr, 2001. p. 97.

(50) MELO, Raimundo Simão de. *Ação civil pública na Justiça do Trabalho.* 2. ed. São Paulo: LTr, 2004. p. 87-88.

Dispõe o art. 1º da Lei n. 7.347/85:

> "Regem-se pelas disposições desta Lei, sem prejuízo da ação popular, as ações de responsabilidade por danos morais e patrimoniais causados: I – ao meio ambiente; II – ao consumidor; III – à ordem urbanística; IV – a bens e direitos de valor artístico, estético, histórico, turístico e paisagístico; V – a qualquer outro interesse difuso ou coletivo; VI – por infração da ordem econômica. Parágrafo único – Não será cabível ação civil pública para veicular pretensões que envolvam tributos, contribuições previdenciárias, o Fundo de Garantia do Tempo de Serviço — FGTS ou outros fundos de natureza institucional cujos beneficiários podem ser individualmente determinados."

A natureza jurídica da ação civil pública é condenatória, pois tem por objeto reparar a lesão dos interesses que transcendem aspecto individual, por meio de imposição de obrigações de fazer, não fazer e pecuniárias ao causador do dano. Nesse diapasão, dispõe o art. 3º da Lei n. 7.347/85: "A ação civil poderá ter por objeto a condenação em dinheiro ou o cumprimento de obrigação de fazer ou não fazer."

Esta ação é plenamente compatível na defesa dos interesses difusos, coletivos, que são da competência da Justiça do Trabalho, por força dos arts. 769 da CLT, 83 da LC n. 75/93 e 129, III, da CF. Vale consignar que a Ação Civil Pública, prevista na Lei n. 7.347/85, pertence à teoria geral do direito, aplicável a todos os ramos do direito.

A ação civil pública pode ter natureza cautelar, como medida destinada a prevenir ou evitar o dano, desde que presentes o *fumus boni juris* e o *periculum in mora*. Nesse sentido, dispõe o art. 4º da Lei n. 7.347/85:

> "Poderá ser ajuizada ação cautelar para os fins desta Lei, objetivando, inclusive, evitar dano ao patrimônio público e social, ao meio ambiente, ao consumidor, à honra e à dignidade de grupos raciais, étnicos ou religiosos, à ordem urbanística ou aos bens e direitos de valor artístico, estético, histórico, turístico e paisagístico."

No nosso sentir, a ação civil pública de natureza cautelar pode ter caráter satisfativo quando a pretensão posta em juízo seja apenas a prevenção do dano ou minorar sua dimensão. Por exemplo: o Ministério Público do Trabalho poderá ingressar com ação civil pública de natureza cautelar objetivando o bloqueio de transferência do patrimônio de determinada empresa, que não vem cumprindo direitos trabalhistas, defendendo, desse modo, direito coletivo dos trabalhadores, mas seu interesse se exaure em tal bloqueio. Cumprirá a cada trabalhador postular individualmente, ou por meio do seu Sindicato, o ressarcimento de suas pretensões violadas, mas não ao Ministério Público.

O art. 81 da Lei n. 8.078/90, que é aplicável ao Processo do Trabalho (art. 769 da CLT), define, por meio de interpretação autêntica, os interesses transindividuais. Com efeito, aduz o referido dispositivo legal:

> "A defesa dos interesses e direitos dos consumidores e das vítimas poderá ser exercida em juízo individualmente, ou a título coletivo.
>
> Parágrafo único. A defesa coletiva será exercida quando se tratar de:
>
> I – interesses ou direitos difusos, assim entendidos, para efeitos deste Código, os transindividuais, de natureza indivisível, de que sejam titulares pessoas indeterminadas e ligadas por circunstância de fato;

II – interesses ou direitos coletivos, assim entendidos, para efeitos deste Código, os transindividuais de natureza indivisível, de que seja titular grupo, categoria ou classe de pessoas ligadas entre si ou com a parte contrária por uma relação jurídica base;

III – interesses individuais homogêneos, assim entendidos os decorrentes de origem comum."(51)

Os interesses difusos são transindividuais de natureza indivisível, cujos titulares são indeterminados e ligados entre si por uma situação fática.

Ensina *Nelson Nery Junior*, referindo-se aos direitos difusos(52): "são direitos cujos titulares não se pode determinar. A ligação entre os titulares se dá por circunstâncias de fato. O objeto desses direitos é indivisível, não pode ser cindido. É difuso, por exemplo: o direito de respirar ar puro; o direito do consumidor de ser alvo de publicidade não enganosa e não abusiva."

Como exemplos de interesses difusos na esfera trabalhista, temos a greve em serviços essenciais que pode colocar em risco toda a população, o meio ambiente do trabalho, contratação de servidores públicos sem concurso, combate à discriminação no emprego etc.

Segundo *Nelson Nery Junior*(53):

> "Os direitos coletivos são, assim como os difusos, transindividuais e indivisíveis, mas seus titulares são grupo, classe ou categoria de pessoas ligadas entre si ou com a parte contrária por uma relação jurídica base (CDC, art. 81, parágrafo único, II). É coletivo, por exemplo, o direito dos alunos de determinada escola de ter assegurada a mesma qualidade de ensino em determinado curso. Os direitos individuais homogêneos são os direitos individuais, divisíveis, de que são titulares pessoas determinadas, mas que podem ser defendidos coletivamente em juízo em razão de serem direitos que têm origem comum (CDC, art. 81, parágrafo único, III). Não se trata de pluralidade de demandas (litisconsórcio), mas de uma única demanda, coletiva, objetivando à tutela dos titulares do direitos individuais homogêneos. É a *class action* brasileira. São individuais homogêneos, por exemplo, os direitos de proprietários de automóveis que foram produzidos com defeito de fábrica, de obter indenização quanto ao prejuízo que tiveram com o defeito."(54)

---

(51) Tanto o inciso VI do art. 6º, como o art. 81, ambos da Lei n. 8.078/90, são aplicáveis ao Direito Material e ao Direito Processual do Trabalho, por força dos arts. 8º e 769, ambos da CLT.

(52) NERY JUNIOR, Nelson; NERY, Rosa Maria de Andrade. *Código Civil comentado e legislação extravagante.* 3. ed. São Paulo: Saraiva, 2005. p. 1.011.

(53) *Op. cit.*, p. 64-02/155.

(54) Para Ronaldo Lima dos Santos: "Os direitos individuais homogêneos, assim, são individuais em sua essência (com titulares determinados, divisíveis, de fruição singular e disponíveis), sendo que somente adquire feição coletiva a forma processual pela qual podem ser tratados, dada a sua homogeneidade decorrente da origem comum e a expressão social que adquirem (Amplitude da coisa julgada nas ações

Como bem advertem *Nelson Nery Junior* e *Rosa Maria de Andrade Nery*(55):

> "O que qualifica o direito como difuso, coletivo ou individual homogêneo é o conjunto formado pela causa de pedir e pelo pedido deduzido em juízo. O tipo de pretensão material, juntamente com o seu fundamento é que caracterizam a natureza do direito."

Frequentemente, as ações civis públicas, na defesa de interesses difusos e coletivos, buscam a imposição de obrigações de fazer ou não fazer ao causador do dano. Já, na ação coletiva para a defesa de interesses individuais homogêneos, a pretensão é de ressarcimento pecuniário para as vítimas.

Como já nos pronunciamos anteriormente, pensamos ser interesse coletivo para fins trabalhistas: o que transcende o aspecto individual para irradiar efeitos sobre um grupo ou categoria de pessoas, sendo uma espécie de soma de direitos individuais, mas também um direito próprio do grupo, cujos titulares são indeterminados, contudo, que podem ser determinados, ligados entre si, ou com a parte contrária, por uma relação jurídica base. Em razão disso, no Direito do Trabalho, cada categoria pode defender o próprio interesse e também, por meio de negociação coletiva, criar normas a viger no âmbito da categoria.

São exemplos de interesses coletivos na esfera trabalhista, conforme enumera *Raimundo Simão de Melo*(56): eliminação dos riscos no meio ambiente de trabalho, no interesse exclusivo dos trabalhadores da empresa; demissão coletiva de trabalhadores durante uma greve; e descumprimento generalizado de cláusula convencional.

Os interesses individuais homogêneos, como já detalhado no capítulo VI, item 8: são os que têm origem comum, ou seja, se originam da mesma situação de fato ou de direito, os titulares são determinados, e o interesse é divisível e disponível. Há, ainda, o pressuposto da homogeneidade, qual seja, o predomínio das questões comuns sobre as questões individuais.

Como exemplos de interesses ou direitos individuais homogêneos na esfera trabalhista, temos pedidos de pagamento de adicionais de periculosidade, insalubridade a trabalhadores de uma empresa, pagamento de horas extras etc. Nos interesses individuais homogêneos, a pretensão posta em juízo tem natureza condenatória pecuniária.

Conforme o Código de Defesa do Consumidor, a defesa dos interesses individuais homogêneos se faz por meio da chamada *Ação Civil Coletiva*, que segue o procedimento fixado nos arts. 91 a 100 do Código de Defesa do Consumidor, que não difere substancialmente da Ação Civil Pública, sendo esta última destinada à defesa de interesse difuso e coletivo.

---

coletivas. *In: Ação coletiva na visão de juízes e procuradores do trabalho.* Coordenadores: José Hortêncio Ribeiro Júnior, Juliana Vignoli Cordeiro, Marcos Neves Fava e Sebastião Vieira Caixeta. São Paulo: LTr, 2006. p. 303).

(55) *Código Civil comentado e legislação extravagante.* 3. ed. São Paulo: RT, 2005. p. 1.010-1.011.

(56) *Op. cit.*, p. 32.

Na Justiça do Trabalho, a Ação Civil Pública será processada pelo rito da CLT, pois a Lei n. 7.347/85 não disciplina rito especial. Entretanto, o rito será ordinário, pois a Lei n. 9.957/00 somente se aplica aos conflitos individuais trabalhistas.

Se a ação civil pública for de rito cautelar, será observado o rito do Código de Processo Civil que trata das ações cautelares. No mesmo sentido, é o art. 1º da Instrução Normativa n. 27/05 do TST.

Quanto ao sistema recursal, tanto na ação civil pública como na ação civil coletiva, resta aplicável o do Processo do Trabalho (Instrução Normativa n. 27/05 do TST), inclusive quanto à questão da irrecorribilidade imediata das decisões interlocutórias.

Nas ações civis públicas, não haverá adiantamento de custas, despesas processuais e honorários periciais, e não haverá condenação da associação autora em custas ou honorários advocatícios, salvo na hipótese de litigância de má-fé (art. 18 da Lei n. 7.347/85). A finalidade da isenção de despesas processuais e ônus de sucumbência para o legitimado que, de boa-fé, busca a defesa de interesses difusos, coletivos e individuais homogêneos é estimular a utilização das ações coletivas e facilitar o acesso à justiça. Em razão de existir norma específica regendo a matéria para as ações coletivas, não se aplicam as regras do CPC ou da CLT no aspecto.

6.2. Competência para as ações coletivas na Justiça do Trabalho

a) Material

Sendo os interesses difusos ou coletivos oriundos ou decorrentes da relação de trabalho ou relacionados com os incisos do art. 114 da Constituição Federal, a competência material para a ação civil pública será da Justiça do Trabalho.

Nesse sentido, as seguintes ementas:

"Ministério Público. Legitimidade. Ação civil pública. Competência. O Ministério Público do Trabalho possui legitimidade ativa para figurar como parte em Ação Civil Pública, tendo como objeto a defesa da ordem pública protetora dos interesses coletivos de empregados cujos contratos de trabalho estejam em vigor, uma vez que os direitos destes são irrenunciáveis. A competência para apreciar a Ação Civil Pública ajuizada nesses moldes é da Justiça do Trabalho. Inteligência dos arts. 1º, IV, da Lei n. 7.347/95 e 83, item III, c/c. art. 6º, VII, *d*, da Lei Complementar n. 75/93." (TRT – 2ª R. 4ª T. – Ac. n. 2960339031 – relª Prince Franzini – DJSP 12.7.96 – p. 31)

"Ação civil pública — Competência material da Justiça do Trabalho. 'Irrecusável competência da Justiça do Trabalho para instruir e julgar a ação civil pública 'trabalhista', ajuizada pelo Ministério Público do Trabalho, objetivando resguardar interesses difusos e interesses coletivos, se e quando vulnerados os respectivos direitos sociais de matriz constitucional' (João Oreste Dalazen) – (Ementa do Acórdão RR n. 359.351/97, decidido em 28.6.2000 – relator: Ministro José Luciano de Castilho Pereira). Recurso provido." (TRT – 10ª R. – 2ª T. – RO n. 110/2002 – relª Heloísa P. Marques – DJDF 2.8.2002 – p. 11) (RDT n. 09 – setembro 2002)

Como bem adverte *Carlos Henrique Bezerra Leite*[(57)], a única condição para a sua adequada utilização da Ação Civil Pública no Processo do Trabalho é que a matéria nela tratada tenha conteúdo trabalhista, pois somente assim poderá adequar-se à moldura do art. 114 da CF, que trata da competência da Justiça do Trabalho.

b) Funcional

A competência funcional para a Ação Civil Pública que envolve matéria trabalhista é do primeiro grau de jurisdição, ou seja, das Varas do Trabalho, uma vez que, embora a pretensão tenha natureza coletiva, não se equipara a um dissídio coletivo de natureza jurídica. Além disso, não se trata de criar uma norma aplicável ao âmbito das categorias profissional ou econômica e sim aplicar o direito preexistente.

Nesse diapasão, a seguinte ementa:

> "Ação civil pública — Competência hierárquica. Cabe ao Juízo de primeira instância a competência para dela conhecer originariamente, porque assim dispõe o art. 2º da Lei n. 7.347/85, não havendo norma específica que desloque a competência para os Tribunais, sendo certo que, embora esta ação vise à tutela de direitos de uma pluralidade de indivíduos, não se confunde com o dissídio coletivo, que possui natureza e finalidade diversas." (TRT – 3ª R. – 3ª T. – RO n. 1.125/03 – rel. Sebastião G. de Oliveira – DJMG 22.3.2003 – p. 8) (RDT n. 4 – abril de 2003) (RDT n. 4 – abril de 2003)

O C. Tribunal Superior do Trabalho fixou entendimento no sentido de que a Ação Civil Pública para a defesa de direitos coletivos e difusos, também deve seguir a mesma regra do art. 93 da Lei n. 8.078/90[(58)], conforme se extrai da leitura da OJ n. 130, da SDI-II, do C. TST, recentemente alterada:

> "AÇÃO CIVIL PÚBLICA. COMPETÊNCIA. LOCAL DO DANO. LEI N. 7.347/1985, ART. 2º. CÓDIGO DE DEFESA DO CONSUMIDOR, ART. 93 (Redação alterada na sessão do Tribunal Pleno realizada em 14.9.2012).
>
> I – A competência para a Ação Civil Pública fixa-se pela extensão do dano.
>
> II – Em caso de dano de abrangência regional, que atinja cidades sujeitas à jurisdição de mais de uma Vara do Trabalho, a competência será de qualquer das Varas das localidades atingidas, ainda que vinculadas a Tribunais Regionais do Trabalho distintos.
>
> III – Em caso de dano de abrangência suprarregional ou nacional, há competência concorrente para a Ação Civil Pública das Varas do Trabalho das sedes dos Tribunais Regionais do Trabalho.
>
> IV – Estará prevento o juízo a que a primeira ação houver sido distribuída."

Houve evolução quanto ao entendimento anterior[(59)], facilitando o acesso à justiça, pois estendeu a possibilidade de ajuizamento da ação civil pública no próprio

(57) BEZERRA LEITE, Carlos Henrique. *Curso de direito processual do trabalho*. 5. ed. São Paulo: LTr, 2007. p. 1.154.

(58) Dispõe o art. 93, da Lei n. 8.078/90: "Ressalvada a competência da Justiça Federal, é competente para a causa a justiça local: I – no foro do lugar onde ocorreu ou deve ocorrer o dano, quando de âmbito local; II – no foro da Capital do Estado ou no do Distrito Federal, para os danos de âmbito nacional ou regional, aplicando-se as regras do Código de Processo Civil aos casos de competência concorrente."

(59) Dispunha a redação anterior da OJ n. 130, SDI-II: "Ação Civil Pública. Competência Territorial. Extensão do dano causado ou a ser reparado. Aplicação analógica do art. 93 do Código de Defesa do Consumidor.

local do dano, quando este for de abrangência regional, e nas Varas da sede dos Tribunais Regionais quando o dano for de extensão suprarregional ou nacional, sendo a competência, nas duas hipóteses, concorrente, estando prevento o juízo do local onde a ação fora distribuída em primeiro lugar.

Não obstante as ponderações a OJ n. 130, da SDI-II, do C. TST, ousamos divergir, pois a Lei n. 7.347/95 tem regra própria sobre o foro competente para as ações coletivas em que se busca a tutela de direitos difusos e coletivos.

Com efeito, diz o art. 2º da Lei n. 7.347/85:

> "As ações previstas nesta lei serão propostas no foro do local onde ocorrer o dano, cujo juízo terá competência funcional para processar e julgar a causa. Parágrafo único. A propositura da ação coletiva prevenirá a jurisdição do juízo para todas as ações posteriormente intentadas que possuam a mesma causa de pedir ou o mesmo objeto."

Deve ser destacado, também, que a regra de competência fixada no art. 93 da Lei n. 8.078/90 teve à vista a ação civil coletiva para a defesa de interesses individuais homogêneos, e não a defesa de direitos difusos e coletivos, a serem defendidos pela Ação Civil Pública que tem regramento próprio de competência no referido art. 2º da Lei n. 7.347/85. Por ser específica a regra da Lei n. 7.347/85, esta prevalece sobre a da Lei n. 8.078/90.

Portanto, no nosso sentir, as ações coletivas para a defesa de direitos difusos e coletivos devem ser propostas no foro do local do dano, a fim de facilitar o acesso à Justiça dos lesados e onde há melhores possibilidades para a produção das provas.

Como bem assevera *Ronaldo Lima dos Santos*[(60)] em estudo exaustivo sobre o tema:

> "A competência territorial para julgamento da ação civil pública na Justiça do Trabalho é da Vara do Trabalho ou do Juiz de Direito investido da jurisdição trabalhista (art. 668, da CLT) do local do dano, independentemente da extensão da lesão aos interesses transindividuais; há hipótese em que esta lesão ultrapasse a área de jurisdição da Vara do Trabalho que conheceu da demanda, o primeiro juízo que recebeu a ação está prevendo [...] Consideramos não aplicável analogicamente a regra do inciso II do art. 93 da Lei n. 8.078/90; primeiro, porque o *caput* deste dispositivo excepcionou a competência da Justiça Federal e, em sendo as ações civis públicas para a tutela de direitos transindividuais trabalhistas de competência da Justiça do Trabalho, a especificidade da matéria suscita

---

Para a fixação da competência territorial em sede de ação civil pública, cumpre tomar em conta a extensão do dano causado ou a ser reparado, pautando-se pela incidência analógica do art. 93 do Código de Defesa do Consumidor. Assim, se a extensão do dano a ser reparado limita-se ao âmbito regional, a competência é de uma das Varas do Trabalho da Capital do Estado; se for de âmbito suprarregional ou nacional, o foro é o do Distrito Federal."

(60) SANTOS, Ronaldo Lima dos. *Sindicatos e ações coletivas*. 2. ed. São Paulo: LTr, 2008. p. 371-372.

a mesma exceção, pois é inegável o interesse público no resguardo das competências específicas; segundo, porque a regra do art. 2º da Lei n. 7.347/85, ao aproximar o juízo competente do local dos fatos, traçou os mesmos objetivos almejados pelo legislador trabalhista ao editar as regras de competência do art. 651 da CLT — local da prestação de serviços —, consistentes na facilitação da produção probatória e na abertura dos canais de acesso à justiça."

Nesse sentido, cumpre destacar a seguinte ementa:

"Ação civil pública — Decisão com efeito suprarregional — Competência territorial — Concorrente — Prevenção. A regra de competência, em se tratando de decisão a ser proferida em ação civil pública, com efeito suprarregional, é concorrente, podendo ser fixada pelo local do ilícito ou da capital do Estado, em prol da efetividade jurisdicional, de modo a favorecer o acesso ao Judiciário e habilitar o juízo do local do dano, funcionalmente, na colheita dos elementos de convicção para o deslinde da lide. Necessário, contudo, a observância de certa peculiaridade no Estado de São Paulo, acerca da existência de 2 Tribunais Regionais do Trabalho, com abrangência territorial bastante distinta. Assim, considerando que os efeitos da decisão a ser proferida na ação civil pública extrapolam a jurisdição da Vara de Bauru, mas que estariam limitados a outros municípios integrantes da jurisdição do TRT da 15ª Região, a prevenção ocorreu com o MM. Juízo de Bauru, razão pela qual deve ser aplicado o art. 2º da Lei n. 7.347/85 e inciso I do art. 93 do Código de Defesa do Consumidor, sendo deste Juízo a competência para dirimir o conflito." (TRT – 15ª R. – 4ª T. – RO n. 509/2006.005.15.00-6 – relª Elency Pereira Neves – DJ 30.11.07 – p. 27) (RDT n. 1 – Janeiro de 2008)

A competência territorial fixada no art. 2º da Lei n. 7.347/85, segundo a melhor doutrina, tem *status* de competência funcional e, portanto, é absoluta.

Se mais de uma Ação Civil Pública com o mesmo objeto forem propostas pelos legitimados legais, aplicar-se-á a regra da competência pela prevenção, prevalecendo aquela que foi proposta em primeiro lugar.

6.3. Da legitimidade para a propositura da Ação Civil Pública

Dispõe o art. 5º da Lei n. 7.347/85 com a redação dada pela Lei n. 11.448/2007:

"Têm legitimidade para propor a ação principal e a ação cautelar: I – o Ministério Público; II – a Defensoria Pública; III – a União, os Estados, o Distrito Federal e os Municípios; IV – a autarquia, empresa pública, fundação ou sociedade de economia mista; V – a associação que, concomitantemente: a) esteja constituída há pelo menos 1 (um) ano nos termos da lei civil; b) inclua, entre suas finalidades institucionais, a proteção ao meio ambiente, ao consumidor, à ordem econômica, à livre-concorrência ou ao patrimônio artístico, estético, histórico, turístico e paisagístico. § 1º O Ministério Público, se não intervier no processo como parte, atuará obrigatoriamente como fiscal da lei. § 2º Fica facultado ao Poder Público e a outras associações legitimadas nos termos deste artigo habilitar-se como litisconsortes de qualquer das partes. § 3º Em caso de desistência infundada ou abandono da ação por associação legitimada, o Ministério Público ou outro legitimado assumirá a titularidade ativa. § 4º O requisito da pré-constituição poderá ser dispensado pelo juiz, quando haja manifesto interesse social evidenciado pela dimensão ou característica do dano, ou pela relevância do bem jurídico a ser protegido. § 5º Admitir-se-á o litisconsórcio facultativo entre os Ministérios Públicos da União, do Distrito Federal e dos Estados na defesa dos interesses e direitos de que cuida esta lei. § 6º Os órgãos públicos legitimados poderão tomar dos interessados compromisso de ajustamento de sua conduta às exigências legais, mediante cominações, que terá eficácia de título executivo extrajudicial."

O art. 82 do Código de Defesa do Consumidor dispõe sobre a legitimidade para a defesa dos interesses difusos, coletivos e individuais homogêneos:

> "Para os fins do art. 81, parágrafo único, são legitimados concorrentemente: I – o Ministério Público; II – a União, os Estados, os Municípios e o Distrito Federal; III – as entidades e órgãos da Administração Pública, direta ou indireta, ainda que sem personalidade jurídica, especificamente destinados à defesa dos interesses e direitos protegidos por este código; IV – as associações legalmente constituídas há pelo menos um ano e que incluam entre seus fins institucionais a defesa dos interesses e direitos protegidos por este código, dispensada a autorização assemblear. § 1º – O requisito da pré-constituição pode ser dispensado pelo juiz, nas ações previstas nos arts. 91 e seguintes, quando haja manifesto interesse social evidenciado pela dimensão ou característica do dano, ou pela relevância do bem jurídico a ser protegido."

Desse modo, têm legitimidade ativa, para a Ação Civil Pública, os entes mencionados nos arts. 5º da Lei n. 7.347/85 e 82 do Código de Defesa do Consumidor (Lei n. 8.078/90).

A legitimidade para a defesa dos interesses difusos e coletivos na esfera trabalhista é autônoma e concorrente dos entes mencionados no art. 82 da Lei n. 8.078/90, das quais destacamos a legitimidade tanto do Ministério Público do Trabalho (arts. 129, III, da CF, 82 da Lei n. 8.078/90 e LC n. 75/93) e também dos Sindicatos (art. 8º, III, da CF, e IV, do art. 82, da Lei n. 8.078/90).

Já, para a defesa de interesse individual homogêneo, a legitimidade dos entes mencionados no referido art. 82 se dá sob a modalidade de substituição processual (art. 18 do CPC), já que o direito não lhes pertence e sim aos substituídos.

Quanto à legitimidade do Ministério Público do Trabalho para a defesa de direitos individuais homogêneos na esfera trabalhista, há certo dissenso na doutrina e jurisprudência, uma vez que o interesse é divisível e, em regra, disponível. Além disso, há uma tendência doutrinária de se prestigiar a tutela do direito individual homogêneo na esfera trabalhista, a cargo dos Sindicatos (art. 8º, III, da CF).

Não obstante, a nosso ver, o interesse individual homogêneo é uma subespécie de interesse transindividual arrolado no art. 81 da Lei n. 8.078/90, tendo, portanto, feição coletiva. Além disso, o art. 129, III, da Constituição Federal, atribui legitimidade ao Ministério Público "para promover o inquérito civil público e a ação civil pública, para a proteção do patrimônio público e social, do meio ambiente *e de outros interesses difusos e coletivos*" (o grifo é nosso). Ora, outros interesses coletivos somente podem ser os interesses individuais homogêneos. Em suma, quando há lesão individual homogênea, há o interesse social que justifica a legitimidade do *Parquet*.

Nesse sentido, destacamos as seguintes ementas:

"Ação civil coletiva — Natureza — Defesa de direitos e interesses individuais homogêneos — Legitimidade do Ministério Público do Trabalho para ajuizá-la — Necessidade de uma interpretação sistemática e teleológica das normas constitucionais e infraconstitucionais que regulam a matéria. Nos últimos quinze anos, o Brasil conheceu importantes inovações legislativas a respeito dos chamados direitos e interesses difusos e coletivos e dos mecanismos de tutela coletiva desses direitos, destacando-se a Lei n. 7.347, de 24 de julho de 1985, que disciplina a conhecida ação civil pública, e a Lei n. 8.078, de 11 de setembro de 1990, que instituiu o Código de Proteção e Defesa do Consumidor. Este, entre outras novidades, introduziu um importante mecanismo de defesa coletiva para direitos individuais homogêneos: a ação civil coletiva (arts. 91 a 100). São características dessa última categoria de direitos ou interesses a possibilidade de perfeita identificação do sujeito, assim como da relação dele com o objeto do seu direito, sendo que a ligação com os demais sujeitos decorre da circunstância de serem todos titulares individuais de direitos com 'origem comum' e são divisíveis, pois podem ser lesados e satisfeitos de forma diferenciada e individualizada, satisfazendo ou lesando um ou alguns titulares sem afetar os demais. Portanto, por serem individuais e divisíveis, fazem parte do patrimônio individual do seu titular e, por isso, são passíveis de transmissão por ato *inter vivos* ou *mortis causa* e, regra geral, suscetíveis de renúncia e transação. Quanto a sua defesa em juízo, geralmente, são defendidos pelo próprio sujeito detentor do direito material, sendo que a defesa por terceiros será sob a forma de representação ou, quando houver previsão legal, sob a forma de substituição processual. Assim sendo, no que concerne à legitimidade do *parquet* laboral para a propositura da ação civil coletiva, mostra-se mais coerente com o direito hodierno o entendimento de que o art. 83, inciso III, da Lei Complementar n. 75/93, ao dispor, entre outras atribuições, que é incumbência do Ministério Público do Trabalho 'propor ação civil pública no âmbito da Justiça do Trabalho, para defesa de interesses coletivos, quando desrespeitados os direitos sociais constitucionalmente garantidos', utilizou a expressão 'interesses coletivos' na sua acepção lata, abrangendo, outrossim, tanto os interesses coletivos *stricto sensu*, quanto os difusos e os individuais homogêneos, uma vez não se pode restringir a legitimidade que foi amplamente concedida pelo art. 129, inciso II, do Texto Ápice, sem qualquer discriminação entre os diversos ramos do *Parquet*. À mesma conclusão chega-se após o exame do art. 6º, inciso VII, alínea *d*, da Lei Complementar n. 75/93, que, ao disciplinar os instrumentos de atuação do Ministério Público da União, em todos os seus ramos, aponta a ação civil pública para a defesa de 'outros interesses individuais indisponíveis, homogêneos, sociais, difusos e coletivos'. Ademais, não há olvidar que, após a promulgação da *Lex Fundamentalis* de 1988, o Ministério Público foi guindado à 'instituição permanente, essencial à função jurisdicional do Estado, incumbindo-lhe a defesa da ordem jurídica, do regime democrático e dos interesses sociais e individuais indisponíveis'. Vale dizer, portanto, que, ao tutelar os direitos elencados ao trabalhador no art. 7º da Constituição Federal vigente, ele atua, sem dúvida alguma, na defesa dos direitos sociais e, por conseguinte, também na defesa dos direitos e garantias fundamentais conferidos aos cidadãos, bem assim na concretização dos objetivos fundamentais da República Federativa do Brasil previstos no art. 3º." (TRT – 12ª R. – 1ª T. – Ac. n. 31.21/98 – rel. Juiz Dilnei Biléssimo – DJSC 23.4.98 – p. 336)

"MINISTÉRIO PÚBLICO DO TRABALHO — AÇÃO CIVIL PÚBLICA — INTERESSES INDIVIDUAIS HOMOGÊNEOS — CONTRATAÇÃO DE TRABALHADORES — COOPERATIVA — FRAUDE — COMPETÊNCIA DA JUSTIÇA DO TRABALHO. No âmbito da Justiça do Trabalho, a tutela relativa aos interesses coletivos, quando desrespeitados direitos sociais consagrados na Constituição Federal de 1988, vem disciplinada pela Lei Complementar n. 75/1993, pela qual a ação civil pública foi estendida como mecanismo de proteção aos interesses transindividuais relativamente aos direitos dos trabalhadores, ou seja, inserindo-se na esfera das relações de trabalho, sua apreciação é delegada à Justiça do Trabalho. Inteligência dos arts. 1º, inciso V, da Lei n. 7.345/1985, art. 6º, inciso VII, alínea "*d*" e 83, inciso III, ambos da Lei Complementar n. 75/1993. LEGITIMIDADE DO MPT. O ajuizamento da Ação Civil Pública pelo Ministério Público do Trabalho é decorrência da lógica constitucional que atribui ao *Parquet* a titularidade da defesa dos interesses individuais homogêneos, difusos e coletivos socialmente relevantes dos trabalhadores, pelo que, as disposições contidas nos arts. 127 e 129, III, da Magna Carta, arts. 6º e 83 da Lei Complementar n. 75/1993 e 1º, inciso V, da Lei n. 7.347/1985 e, atribuem plena legitimidade e interesse ao Órgão Ministerial para interpor a presente ação, não havendo falar em ilegitimidade *ad causam*. FRAUDE. As cooperativas de trabalho, pela sua natureza, são associações criadas e formadas por trabalhadores de determinado segmento profissional que juntam forças para oferecer seus préstimos. O cooperativismo encontra-se regulado pela Lei n. 5.764, de 16.12.1971 (com alterações dadas pela Lei n. 6.981, de 30.3.1982), além dos arts. 34 e 442, parágrafo único, ambos da CLT, e pelos arts. 5º, inciso XVIII e 174, ambos da Carta Magna. A proposta de cooperativismo está estritamente voltada ao bem comum dos cooperados. Assim sendo, as cooperativas multiprofissionais, que mantêm integrantes das mais distintas funções e atividades, vão contra sua própria natureza, já que o legítimo agrupamento cooperativo tem como intuito integrar trabalhadores de uma única especialidade para juntos gerirem seus próprios interesses, não sendo, portanto, possível fazer a gestão comum, face aos interesses tão distintos dos seus componentes. Incidente a hipótese do art. 9º da CLT. DANO MORAL COLETIVO. INDENIZAÇÃO. Constatada a fraude na contratação, o reconhecimento do dano moral coletivo e sua adequada reparação se inserem dentre as mais recentes evoluções da teoria da responsabilidade civil pela qual a reparação extrapatrimonial se afigura de natureza objetiva. Muito embora a reparação do dano a direitos transidividuais quase sempre apresente o elemento de culpabilidade, a obrigação de indenizar independe da constatação da culpa, vez que os efeitos deletérios do abalo moral coletivo precipitam condutas de teor discriminatório, abusivo ou fraudulento, que naturalmente impõe o dever de reparar. Recursos Ordinários da Cooperativa, da Empresa tomadora dos serviços e do Ministério Público do Trabalho a que se nega provimento." (TRT/SP – 00749005820065020261 (00749200626102006) – RO – Ac. 13ª T. – 20110787620 – relª Cíntia Táffari – DOE 27.6/2011)

No mesmo sentido, é o Enunciado n. 75 da 1ª Jornada de Direito Material e Processual do Trabalho, realizada no TST, *in verbis*:

"AÇÃO CIVIL PÚBLICA. INTERESSES INDIVIDUAIS HOMOGÊNEOS. LEGITIMAÇÃO DO MINISTÉRIO PÚBLICO. I – O Ministério Público do Trabalho detém legitimidade para defender direitos ou interesses individuais homogêneos, assim entendidos os decorrentes de origem comum, nos exatos termos do art. 81, inciso III, do CDC. II – Incidem na hipótese os arts. 127 e 129, inciso III, da Constituição Federal, pois a defesa de direitos individuais homogêneos quando coletivamente demandada se enquadra no campo dos interesses sociais previstos no art. 127 da Magna Carta, constituindo os direitos individuais homogêneos em espécie de direitos coletivos *lato sensu*."

A jurisprudência do TST tem firmado entendimento de que não cabe ao Ministério Público do Trabalho defender direito que não é individual homogêneo, conforme a seguinte ementa:

"EMBARGOS EM RECURSO DE REVISTA — NEGATIVA DE PRESTAÇÃO JURISDICIONAL. O acórdão recorrido procedeu ao completo e fundamentado desate da lide.

Não há falar, portanto, em nulidade por negativa de prestação jurisdicional. AÇÃO CIVIL PÚBLICA — DIREITOS INDIVIDUAIS NÃO HOMOGÊNEOS — ILEGITIMIDADE DO MINISTÉRIO PÚBLICO 1. Conforme dispõe o art. 81, inciso III, do CDC, são direitos individuais homogêneos aqueles decorrentes de origem comum. Quer isso dizer, *a contrario sensu*, que, verificada em certa hipótese não haver circunstância única — comum — de fato e de direito da qual decorram as pretensões individuais, não há falar na implementação da figura. 2. Na espécie, pretende o Ministério Público obter determinação judicial para que a empresa vede a realização de horas extraordinárias além do limite legal de duas horas diárias e respeite os intervalos intrajornada de uma e entrejornada de onze horas (fls. 15/16). 3. O fato constitutivo do direito alegado (causa de pedir remota) não se resume à identidade do empregador — origem comum apontada pelo *parquet* —, mas sim à eventual inobservância, por parte da Reclamada, de normas legais que guardam direitos individuais de cada um dos empregados. A causa de pedir remota — fática — diz respeito, em verdade, à suposta situação experimentada, individualmente, por cada um dos trabalhadores da empresa. 4. Não se cogita, pois, da existência de certo aspecto fático-jurídico — origem comum — cuja demonstração daria ensejo ao reconhecimento de todos os direitos individuais em questão, a evidenciar sua homogeneidade. 5. Não há falar, portanto, em legitimação extraordinária do Ministério Público do Trabalho para atuar na condição de substituto processual. Embargos parcialmente conhecidos e providos." (TST – Processo: E-ED-RR – 1630/2000-007-17-00.1 Data de Julgamento: 15.9.2008, relª Min. Maria de Assis Calsing, Subseção I Especializada em Dissídios Individuais, Data de Divulgação: DEJT 10.10.2008)

No polo passivo da Ação Civil Pública, pode figurar qualquer pessoa, física ou jurídica, de direito público ou privado.

6.4. *Litispendência entre a Ação Civil Pública e a Ação Individual*

O fato de existir ação coletiva de reparação por danos não impede que o lesado, individualmente, proponha a ação de reparação dos danos.

Com efeito, preconiza o art. 104 do CDC, aplicável subsidiariamente à Lei de Ação Civil Pública:

> "As ações coletivas, previstas nos incisos I e II do parágrafo único do art. 81, não induzem litispendência para as ações individuais, mas os efeitos da coisa julgada *erga omnes* ou *ultra partes* a que aludem os incisos II e III do artigo anterior não beneficiarão os autores das ações individuais, se não for requerida sua suspensão no prazo de trinta dias, a contar da ciência nos autos do ajuizamento da ação coletiva."

Da análise do dispositivo legal sob comento, constata-se que não há litispendência entre as ações coletivas e individuais. Entretanto, nas hipóteses dos incisos II e III da Lei n. 8.078/90 (defesa dos direitos coletivos e individuais homogêneos), os autores da ação individual somente se beneficiarão da coisa julgada coletiva se requererem a suspensão das ações individuais no prazo de 30 dias a contar da ciência da ação coletiva. Desse modo, em se tratando de direitos coletivos e individuais homogêneos, não há litispendência entre ação individual e coletiva, não obstante, a vítima, individualmente, possa optar pela suspensão de seu processo e se beneficiar da decisão no processo coletivo, *secundum eventum litis* (segundo o resultado da lide).

No mesmo sentido, é o Enunciado n. 78 da 1ª Jornada de Direito Material e Processual do Trabalho:

"INEXISTÊNCIA DE LITISPENDÊNCIA ENTRE AÇÃO COLETIVA E AÇÃO INDIVIDUAL. Às ações coletivas ajuizadas pelos sindicatos e pelo Ministério Público na Justiça do Trabalho aplicam-se subsidiariamente as normas processuais do Título III do Código de Defesa do Consumidor. Assim, não haverá litispendência entre ação coletiva e ação individual, devendo o juiz adotar o procedimento indicado no art. 104 do CDC: a) o autor da ação individual, uma vez notificado da existência de ação coletiva, deverá se manifestar no prazo de trinta dias sobre o seu prosseguimento ou suspensão; b) optando o autor da ação individual por seu prosseguimento, não se beneficiará dos efeitos da coisa julgada da ação coletiva; c) o autor da ação individual suspensa poderá requerer o seu prosseguimento em caso de decisão desfavorável na ação coletiva."

Vale mencionar as seguintes ementas sobre a questão:

"AÇÃO INDIVIDUAL E AÇÃO COLETIVA. INEXISTÊNCIA DE LITISPENDÊNCIA. A litispendência, nos termos do art. 301, §§ 2º e 3º do CPC somente se verifica quando se reproduz ação em curso, com as mesmas partes, mesma causa de pedir e mesmo pedido, o que não se verifica quando ajuizada ação coletiva pela Associação de Aposentados e Pensionistas, representante dos empregados do reclamado. A legitimidade extraordinária conferida ao Ministério Público e às associações de classe, como na presente hipótese, para propositura de ação civil pública ou ações coletivas (art. 82 do Código de Defesa do Consumidor, aplicável subsidiariamente ao processo trabalhista por força do art. 769 da CLT) tem por objetivo facilitar o acesso à Justiça e não criar obstáculo ao trabalhador que opta pelo exercício individual do direito de ação constitucionalmente garantido (art. 5º, inc. XXXV da Constituição Federal em vigor). O art. 104 da Lei n. 8.078/90 preconiza que as ações coletivas não induzem litispendência para as ações individuais. A higidez do pronunciamento jurisdicional, isento de eventual contradição com outros julgados, é garantida pela lei sob comento, cujo art. 103 estabelece os contornos da coisa julgada no âmbito da coletivização de direitos. Ainda que assim não fosse, caso os autores recebessem algum tipo de pagamento em razão da ação civil pública intentada, caberia àquele que o efetuou noticiá-lo como causa extintiva da obrigação, por simples petição ou na forma do art. 741 do CPC. 2. ABONO COMPLEMENTAÇÃO DE APOSENTADORIA. PARÂMETROS PARA O CÁLCULO. APLICAÇÃO DAS NORMAS VIGENTES POR OCASIÃO DA ADMISSÃO DO EMPREGADO. Devidas as diferenças verificadas em prejuízo do empregado, derivadas da utilização de uma fórmula de cálculo para pagamento do abono aposentadoria que contempla apenas a norma estabelecida em Regulamento de Pessoal criado posteriormente aquele vigente por ocasião da admissão. Afigura-se inadmissível o procedimento inovador adotado pelo empregador, porquanto, alterações supervenientes dispondo em evidente prejuízo aos empregados, certamente, não alcançam os contratos de trabalho vigentes anteriormente, como no caso em apreço. A questão encontra-se pacificada na jurisprudência sedimentada através da Súmula n. 288 do C. TST." (TRT/SP – 01326200704602005 – RS – Ac. 4ª T. – 20090544646 – rel. Paulo Augusto Camara – DOE 31.7.2009)

"LITISPENDÊNCIA — AÇÃO CIVIL PÚBLICA COLETIVA AJUIZADA PELO MINISTÉRIO PÚBLICO DO TRABALHO — AÇÃO INDIVIDUAL AJUIZADA PELO TRABALHADOR — INOCORRÊNCIA — PRAZO PRESCRICIONAL DA AÇÃO INDIVIDUAL NÃO INTERROMPIDO. É bastante firme a jurisprudência do C. TST no sentido da inexistência de litispendência entre a ação civil pública ajuizada pelo Ministério Público do Trabalho e a ação trabalhista individual que pode ser ajuizada pelo empregado, seja porque não há identidade de partes entre a ação pendente (ação civil pública do MPT) e a demanda individual posterior, seja porque o art. 104 da Lei n. 8.078/90 (CDC), aplicável subsidiariamente ao processo do trabalho, dispõe expressamente que as ações coletivas previstas nos incisos I e II e Parágrafo Único do art. 81 do referido Diploma Legal não induzem litispendência para as ações individuais. Assim, se não há falar-se, de um lado, em empecilho, por motivo de litispendência, ao ajuizamento da ação individual trabalhista por parte do trabalhador, igualmente descabe falar-se, de outro lado, em interrupção do prazo de prescrição de 2 anos para essa ação individual pelo só fato de existir ação civil pública ajuizada pelo MPT, ainda que alguns direitos trabalhistas (como o FGTS) constituam objeto tanto de uma quanto de outra demanda. Recurso Ordinário obreiro conhecido e não provido." (TRT/SP – 01423200900402008 – RO – Ac. 5ª T. – 20100384085 – relª Anelia Li Chum – DOE 14.5.2010).

"RECURSO DE REVISTA. COISA JULGADA. ACORDO EM AÇÃO COLETIVA AJUIZADA PELO SINDICATO DA CATEGORIA PROFISSIONAL NA QUALIDADE DE SUBSTITUTO PROCESSUAL. TRÍPLICE IDENTIDADE. INOCORRÊNCIA. ART. 104 DO CÓDIGO DE DEFESA DO CONSUMIDOR. APLICABILIDADE AO PROCESSO DO TRABALHO. A coletivização das ações tem como resultado pronunciamento judicial com autoridade para solucionar lesões de direto que se repetem, de modo que tenha ele força suficiente para se estender aos direitos individuais homogêneos e coletivos, evitando, com isso, o entulhamento de processos que assoberbam os órgãos jurisdicionais. As ações coletivas têm a mesma natureza jurídica, quer sejam elas de origem trabalhista, quer sejam consumeristas. Deste modo, o autor apenas será abrangido pela coisa julgada, que se formará na decisão coletiva, se buscar a suspensão do seu processo individual, com o fim de receber os efeitos daquela ação, o que não consta no presente caso. Aplica-se, portanto, o art. 104 do CDC ao processo do trabalho, que assegura a propositura de ações individuais e coletivas sem caracterização de litispendência. Precedente. Recurso de revista não conhecido [...]." (TST Processo: RR – 58600-76.2009.5.17.0009 – Data de Julgamento: 5.2.2014, relator Ministro: Aloysio Corrêa da Veiga, 6ª Turma, Data de Publicação: DEJT 7.2.2014)

Nesse passo, cumpre trazer à colação o ensinamento de *Ada Pellegrini Grinover*(61):

> "A primeira regra do dispositivo é no sentido da exclusão da litispendência, no cotejo entre as ações coletivas em defesa de interesses difusos e coletivos e as ações individuais, numa perfeita aplicação do disposto nos §§ 1º, 2º e 3º, do art. 301, do CPC, que exigem, para caracterização do fenômeno, a tríplice *eadem* (partes, objeto e causa de pedir), inocorrente na hipótese: aqui, o objeto dos processos é inquestionavelmente diverso, consistindo nas ações coletivas na reparação ao bem indivisivelmente considerado, ou na obrigação de fazer ou não fazer, enquanto as ações individuais tendem ao ressarcimento pessoal [...]. Todavia, o Código oferece duas opções ao demandante a título individual: a) pretendendo o autor prosseguir em sua ação individual, ficará excluído da extensão subjetiva do julgado prevista para a sentença que vier a ser proferida na ação coletiva. Mesmo sendo ela favorável e projetando seus efeitos *erga omnes* ou *ultra partes* (nos termos dos incs. I a III do art. 103, c/c. seus

(61) GRINOVER, Ada Pellegrini. *Código Brasileiro de Defesa do Consumidor*. Comentado pelos autores do anteprojeto. 7. ed. Rio de Janeiro: Forense Universitária, 2001. p. 864-865.

§§ 2º e 3º), o autor que propôs em juízo sua ação individual e pretende vê-la prosseguir em seu curso não será beneficiado pela coisa julgada que poderá eventualmente formar-se na ação coletiva. A ação individual pode continuar seu curso, por inexistir litispendência, mas o autor assume os riscos do resultado desfavorável (excepcionando expressamente o Código ao princípio geral da extensão subjetiva do julgado, *in utilibus*); b) se o autor preferir, poderá requerer suspensão do processo individual, no prazo de 30 dias a contar da ciência, nos autos, do ajuizamento da ação coletiva. Nesse caso, será ele beneficiado pela coisa julgada favorável que se formar na ação coletiva. Sendo improcedente a ação coletiva, o processo individual retomará seu curso, podendo ainda o autor ver acolhida sua demanda individual. Tudo coerentemente com os critérios da extensão subjetiva do julgado *secundum eventum litis*, adotado pelo Código. A suspensão do processo individual, no caso da alínea *b*, *supra*, não tem limites temporais, perdurando pelo tempo necessário ao trânsito em julgado da sentença coletiva."

6.5. Prescrição da pretensão nas ações coletivas trabalhistas

As pretensões para a defesa de danos coletivos e difusos são imprescritíveis, já que o interesse é indisponível. No tocante ao direito individual homogêneo, incide a prescrição, pois os direitos são divisíveis e disponíveis.

Conforme *Raimundo Simão de Melo*(62), "[...] não há falar em prescrição ou decadência com relação às obrigações de fazer ou não fazer referentes aos interesses difusos e coletivos, inclusive com referência à reparação genérica por danos morais e/ou materiais irreparáveis, causados a tais interesses. Diferentemente ocorre no tocante às ações coletivas (CDC, art. 91) atinentes à reparação dos danos individualmente sofridos pelos trabalhadores, os quais, pela Constituição Federal de 1988 (art. 7º, inciso XXIX, letras *a* e *b*), submetem-se à prescrição quinquenal durante a vigência do contrato de trabalho e bienal, após a extinção do mesmo."

6.6. Sentença e coisa julgada na Ação Civil Pública

A sentença, nas ações coletivas para a defesa de interesses difusos e coletivos, é certa e, havendo condenação, a obrigação imposta ao demandado será de fazer ou não fazer (art. 3º c/c 11 da Lei n. 7.347/85), podendo haver, também, condenação no pagamento de indenização que é revertida, em regra, ao FAT (Fundo de Amparo ao Trabalhador), conforme previsão do art. 13 da Lei n. 7.347/85. De outro lado, havendo condenação, a sentença deve fixar multa pecuniária (*astreintes* — art. 84, da Lei n. 8.078/90 e art. 497 e seguintes do CPC) para o seu efetivo cumprimento e máxima efetividade da jurisdição coletiva.

---

(62) MELO, Raimundo Simão de. *Ação civil pública na Justiça do Trabalho*. 2. ed. São Paulo: LTr, 2004. p. 184.

Como destaca *Carlos Henrique Bezerra Leite*[(63)]:

> "Na esteira do didatismo dos arts. 3º e 11 da Lei n. 7.347/85, vê-se que o pedido na ação civil pública, inclusive no âmbito da Justiça do Trabalho, terá conteúdo primordialmente cominatório (ou condenatório), na medida em que impõe ao réu uma obrigação de fazer ou não fazer. Logo, a 'sentença civil pública' terá, em regra, efeito condenatório."

O Processo Civil tradicional, de caráter individualista, não disciplinou a possibilidade de a coisa julgada atingir pessoas que não fizeram parte da relação jurídico-processual. Nesse sentido, dispõe o art. 506 do CPC, *in verbis*:

> "A sentença faz coisa julgada às partes entre as quais é dada, não prejudicando terceiros."

Conforme destaca o referido dispositivo legal, a coisa julgada somente vincula as partes que participaram do processo e também os litisconsortes que nele intervieram. A coisa julgada não pode vincular quem não participou do processo.

Não obstante, em determinadas hipóteses, os efeitos da coisa julgada material se projetam sobre terceiros, como espécie de efeito reflexo da coisa julgada mesmo que eles não tenham participado do processo. Tal acontece com os terceiros que tenham interesse jurídico no processo em que se formou a coisa julgada material, como o sócio da empresa demandada, a empresa do mesmo grupo econômico etc.

Nas ações coletivas em que se discutem direitos difusos, coletivos e individuais homogêneos, a coisa julgada tem efeitos *erga omnes* e *ultra partes*, ou seja, tem efeitos sobre pessoas que não participaram da relação jurídico-processual, nos termos dos arts. 16 da Lei n. 7.347/85 e 103 da Lei n. 8.078/90.

Art. 16 da Lei n. 7.347/85:

> "A sentença civil fará coisa julgada *erga omnes*, nos limites da competência territorial do órgão prolator, exceto se o pedido for julgado improcedente por insuficiência de provas, hipótese em que qualquer legitimado poderá intentar outra ação com idêntico fundamento, valendo-se de nova prova."

Art. 103 da Lei n. 8.078/90:

> "Nas ações coletivas de que trata este código, a sentença fará coisa julgada:
>
> I – *erga omnes*, exceto se o pedido for julgado improcedente por insuficiência de provas, hipótese em que qualquer legitimado poderá intentar outra ação, com idêntico fundamento, valendo-se de nova prova, na hipótese do inciso I do parágrafo único do art. 81;
>
> II – *ultra partes*, mas limitadamente ao grupo, categoria ou classe, salvo improcedência por insuficiência de provas, nos termos do inciso anterior, quando se tratar da hipótese prevista no inciso II do parágrafo único do art. 81;
>
> III – *erga omnes*, apenas no caso de procedência do pedido, para beneficiar todas as vítimas e seus sucessores, na hipótese do inciso III do parágrafo único do art. 81. § 1º Os efeitos da coisa julgada previstos nos incisos I e II não prejudicarão interesses e direitos individuais dos integrantes da coletividade, do grupo, categoria ou classe. § 2º Na hipótese prevista no inciso III, em caso de improcedência do pedido, os interessados que não tiverem intervindo

(63) *Ação civil pública:* na perspectiva dos direitos humanos. 2. ed. São Paulo: LTr, 2008. p. 166.

no processo como litisconsortes poderão propor ação de indenização a título individual. § 3º Os efeitos da coisa julgada de que cuida o art. 16, combinado com o art. 13 da Lei n. 7.347, de 24 de julho de 1985, não prejudicarão as ações de indenização por danos pessoalmente sofridos, propostas individualmente ou na forma prevista neste código, mas, se procedente o pedido, beneficiarão as vítimas e seus sucessores, que poderão proceder à liquidação e à execução, nos termos dos arts. 96 a 99. § 4º Aplica-se o disposto no parágrafo anterior à sentença penal condenatória."

Pensamos não ter seguido a melhor diretriz do art. 16 da Lei n. 7.347/85, pois a coisa julgada proferida em ações civis públicas não tem efeito somente no limite da competência territorial do órgão julgador, pois é da essência dos interesses difusos e coletivos gerarem consequências em limite territorial indeterminado. Portanto, no nosso sentir, a coisa julgada na Ação Civil Pública produz efeitos em todos os lugares onde houve a eclosão dos danos de ordem difusa ou coletiva. Nesse sentido, são os incisos I e II do referido art. 103 do Código de Defesa do Consumidor.

Como bem adverte *Ronaldo Lima dos Santos*(64) em precioso trabalho sobre o tema:

> "Essa inoperância da alteração introduzida no art. 16 da LACP decorre igualmente da própria natureza indivisível dos interesses tutelados, os quais não encontram fronteiras em regras de competência [...]. A extensão da coisa julgada é determinada pelo pedido e não pela competência, que corresponde a uma simples adequação entre o processo e juiz, sem nenhuma influência sobre o objeto do processo."

No mesmo sentido, a seguinte ementa, que interpreta, corretamente, o sistema da coisa julgada nas ações civis coletivas, *in verbis*:

> "RECURSO DE EMBARGOS DA CREDICENTER. AÇÃO CIVIL PÚBLICA. COMPETÊNCIA. LOCAL DO DANO. RESTRIÇÃO DOS EFEITOS SUBJETIVOS DA COISA JULGADA. A disciplina dos efeitos da coisa julgada nas ações coletivas, regra geral, segue os ditames do art. 103 do CDC, produzindo, em caso de procedência do pedido, efeitos *erga omnes* nas ações civis públicas que tutelam direitos individuais homogêneos. Não há que se confundir, portanto, os efeitos da coisa julgada nas ações coletivas, com a limitação da regra de competência ao local do dano, definida na Orientação Jurisprudencial n. 130 da SDI-2 desta Corte. Isto porque, a extensão da coisa julgada é determinada pelo pedido e não pela competência. Assim, ajuizada a ação perante a 1ª Vara do Trabalho de Limeira/SP, e julgada procedente a demanda, a coisa julgada gera efeitos *erga omnes*, para beneficiar todas as vítimas e seus sucessores, nos termos do art. 103, III, do CDC. Embargos conhecidos e desprovidos. AÇÃO CIVIL PÚBLICA. LEGITIMIDADE ATIVA DO MINISTÉRIO PÚBLICO DO TRABALHO. DESVIRTUAMENTO DO CONTRATO DE ESTÁGIO. DIREITOS INDIVIDUAIS HOMOGÊNEOS. TUTELA COLETIVA. A legitimidade do Ministério Público do Trabalho, na defesa de interesses individuais homogêneos, em ação civil pública, já está consagrada, na doutrina e na jurisprudência do c. Tribunal Superior do Trabalho e do e. Supremo Tribunal Federal. Constatado ser o bem tutelado a condenação do reclamado ao cumprimento das normas que disciplinam a irregular contratação de estagiários no âmbito da tomadora de serviços, sobressai a legitimidade do Ministério Público em face

(64) *Sindicatos e ações coletivas:* acesso à justiça, jurisdição coletiva e tutela dos interesses difusos, coletivos e individuais homogêneos. 2. ed. São Paulo: LTr, 2008. p. 399-400.

da existência de lesão comum, a grupo de trabalhadores, inerentes a uma mesma relação jurídica, a determinar que, mesmo que o resultado da demanda refira-se a direitos disponíveis de empregados, decorre de interesses individuais homogêneos que, embora tenham seus titulares determináveis, não deixam de estar relacionados aos interesses coletivos, sendo divisível apenas a reparação do dano fático indivisível. O interesse coletivo presente determina a atuação, quando identificada lesão comum a grupo de trabalhadores que laboram *a latere* das normas que disciplinam a jornada de trabalho, em desrespeito aos direitos sociais garantidos no art. 7º da CF. Precedentes. Recurso de embargos conhecido e desprovido. AGRAVO REGIMENTAL DO CIEE. Diante da apreciação dos temas recursais no recurso de embargos da CREDICENTER, julgo prejudicado o exame do agravo regimental." (TST – Processo: E-ED-ED-ED-RR – 197500-59.2001.5.15.0014 – Data de Julgamento: 2.10.2014, relator Ministro: Aloysio Corrêa da Veiga, Subseção I Especializada em Dissídios Individuais, Data de Publicação: DEJT 17.10.2014)

Desse modo, o referido art. 16 colide com o sistema das ações coletivas, limitando a eficácia da tutela jurisdicional coletiva e também violando os princípios constitucionais do acesso à justiça e da ordem jurídica justa (art. 5º, XXXV, da CF).

A coisa julgada nas Ações Coletivas, conforme os parágrafos do art. 103 da Lei n. 8.078/90, pode ser *erga omnes* (direitos difusos); *ultra partes* (direitos coletivos); e *erga omnes* no caso de procedência do pedido (direitos individuais homogêneos — *secundum eventum litis*, ou seja, conforme o resultado da lide).

Para melhor compreensão, destacam-se os efeitos, conforme os interesses difusos, coletivos ou individuais homogêneos abaixo:

a) direitos difusos: a coisa julgada se dará *erga omnes*, exceto se o pedido for julgado improcedente por insuficiência de provas, hipótese em que qualquer legitimado poderá intentar outra ação com idêntico fundamento, valendo-se de nova prova;

A doutrina tem classificado a coisa julgada para os direitos difusos de coisa julgada *secundum eventum probationis*, ou seja, a coisa julgada segundo o resultado da prova. Desse modo, se o processo for extinto sem resolução de mérito, haverá apenas a formação da coisa julgada formal. Se o pedido for julgado improcedente por insuficiência de provas, haverá apenas coisa julgada formal, pois qualquer legitimado poderá propor nova ação, produzindo novas provas. No caso de improcedência por outro motivo que não a insuficiência de provas, mediante ampla produção probatória, haverá formação de coisa julgada material, não podendo os legitimados propor nova ação. Havendo procedência do pedido, a coisa julgada terá efeitos *erga omnes*.

A avaliação da prova, pelo juiz, nas ações em questão, deve ser bem minuciosa, sensível, de forma clara e objetiva, devendo o magistrado fundamentar o convencimento se houve insuficiência de prova, ou a prova, apesar de exauriente, não o convenceu sobre a verossimilhança da alegação do autor. Nesta avaliação, deve o juiz sopesar todos os elementos probatórios existentes nos autos, bem como analisar as provas de forma isolada e depois confronta-lás, fundamentando sua convicção. Também deve exercer amplos poderes instrutórios, bucando firmar sua convicção de forma definitiva.

b) interesses coletivos: a coisa julgada se dará *ultra partes*, mas limitadamente ao grupo, categoria ou classe, salvo improcedência por insuficiência de provas;

Aqui também a coisa julgada se formará *secundum eventum probationis*, ou seja, conforme o resultado das provas, da mesma forma que os direitos difusos.

c) direitos individuais homogêneos: a coisa julgada será *erga omnes*, apenas no caso de procedência do pedido, para beneficiar todas as vítimas e seus sucessores.

A coisa julgada aqui se dá, segundo expressão da doutrina, *secundum eventum litis*, ou seja, segundo o resultado da lide. Desse modo, a decisão fará coisa julgada *erga omnes* apenas no caso de procedência do pedido. Se o pedido for julgado improcedente, inclusive por insuficiência de provas, fará coisa julgada apenas para os legitimados para a ação coletiva, mas não para terceiros.

Outrossim, a coisa julgada na ação civil pública não impede que os lesados procurem o ressarcimento do dano em ações individuais. Entretanto, em caso de direitos individuais homogêneos, os lesados que figuraram na ação coletiva como litisconsortes não poderão propor ações individuais de reparação dos danos.

Nas hipóteses de interesses coletivos e individuais homogêneos, havendo ações individuais em curso, os autores desta não poderão se beneficiar dos efeitos da coisa julgada na ação coletiva se não for requerida sua suspensão no prazo de trinta dias, a contar da ciência nos autos do ajuizamento da ação coletiva (art. 104 da Lei n. 8.078/90).

O § 3º do art. 103 da Lei n. 8.078/90 consagra o que a doutrina denomina de transporte "*in utilibus* da coisa julgada coletiva", ou seja, o transporte útil da coisa julgada. Dispõe o referido dispositivo legal:

> "Os efeitos da coisa julgada de que cuida o art. 16, combinado com o art. 13 da Lei n. 7.347, de 24 de julho de 1985, não prejudicarão as ações de indenização por danos pessoalmente sofridos, propostas individualmente ou na forma prevista neste código, mas, se procedente o pedido, beneficiarão as vítimas e seus sucessores, que poderão proceder à liquidação e à execução, nos termos dos arts. 96 a 99."

Diante do referido dispositivo legal, havendo procedência do pedido na ação coletiva, as vítimas individualmente poderão dela se beneficiar, procedendo diretamente a liquidação do valor da reparação, que será realizada por artigos, sem necessidade de ingressar com processo de conhecimento sobre a matéria. Aqui, há o que a doutrina denomina de efeito "pamprocessual", ou seja: o que foi decidido na ação coletiva quanto aos mesmos fatos será transportado para a ação individual, não mais podendo ser questionados os fatos discutidos na ação coletiva, tampouco a justiça da decisão.

No anteprojeto do Código Brasileiro de Ações Coletivas, a matéria é tratada no art. 13 que assim dispõe:

> "Art. 13. *Coisa julgada* — Nas ações coletivas de que trata este código, a sentença fará coisa julgada *erga omnes*, exceto se o pedido for julgado improcedente por insuficiência

de provas, hipótese em que qualquer legitimado poderá intentar outra ação, com idêntico fundamento valendo-se de nova prova.

§ 1º Tratando-se de interesses ou direitos individuais homogêneos (art. 3º, III, deste Código), em caso de improcedência do pedido, os interessados poderão propor ação a título individual.

§ 2º Os efeitos da coisa julgada nas ações em defesa de interesses ou direitos difusos ou coletivos (art. 4º, I e II, deste Código) não prejudicarão as ações de indenização por danos pessoalmente sofridos, propostas individualmente ou na forma prevista neste Código, mas, se procedente o pedido, beneficiarão as vítimas e seus sucessores, que poderão proceder à liquidação e à execução, nos termos dos arts. 34 e 35.

§ 3º Aplica-se o disposto no parágrafo anterior à sentença penal condenatória.

§ 4º A competência territorial do órgão julgador não representará limitação para a coisa julgada *erga omnes*.

§ 5º Mesmo na hipótese de sentença de improcedência, fundada nas provas produzidas, qualquer legitimado poderá intentar outra ação, com idêntico fundamento, no prazo de 2 (dois) anos contados do conhecimento geral da descoberta de prova nova, superveniente, que não poderia ser produzida no processo, desde que idônea para mudar seu resultado.

§ 6º A faculdade prevista no parágrafo anterior, nas mesmas condições, fica assegurada ao demandado da ação coletiva julgada procedente."

A redação do citado dispositivo simplifica a compreensão do instituto da coisa julgada nas ações coletivas, facilita o acesso à justiça e propicia maior efetividade da jurisdição coletiva.

Não há grandes alterações quanto ao sistema já vigente, entretanto, alguns aspectos merecem atenção especial, quais sejam:

a) inexistência de limitação dos efeitos da coisa julgada à competência do órgão jurisdicional prolator da decisão coletiva, o que está em compasso com o sistema das ações coletivas e com o princípio constitucional do acesso à justiça (art. 5º, XXXV, da CF);

b) inexistência de litispendência entre ação coletiva e individual;

c) possibilidade de extensão dos efeitos benéficos da coisa julgada a todas a vítimas individuais;

d) possibilidade de revisão da sentença coletiva de improcedência do pedido fundada em ampla dilação probatória, sem surgirem novas provas que não foram produzidas no processo originário.

7. Da Ação Civil Coletiva

Ensina *Raimundo Simão de Mello*(65):

> "A ação civil coletiva, como espécie do gênero ação civil pública, é instrumento novo de defesa dos interesses metaindividuais, destinado especificamente à tutela dos interesses individuais homogêneos."

(65) MELLO, Raimundo Simão de. *Ação civil pública na Justiça do Trabalho*. 2. ed. São Paulo: LTr, 2004. p. 211.

Esta ação não difere ontologicamente da Ação Civil Pública. Não obstante, é destinada à tutela de direitos individuais homogêneos, por força do que dispõe o art. 91 da Lei n. 8.078/90.

Alguns autores não reconhecem a autonomia da Ação Civil Coletiva, sustentando a opinião de que a Ação Civil Pública é a medida adequada para a tutela de todos os interesses transindividuais, incluindo aí o interesse individual homogêneo.

Trata-se de ação de natureza condenatória, tendo por objeto ressarcir as vítimas dos danos sofridos que têm origem comum. Seu objeto é a condenação do ofensor em importância pecuniária.

Nesse sentido, dispõe o art. 91 da Lei n. 8.078/90:

> "Os legitimados de que trata o art. 82 poderão propor, em nome próprio e no interesse das vítimas ou seus sucessores, ação civil coletiva de responsabilidade pelos danos individualmente sofridos, de acordo com o disposto nos artigos seguintes."

A presente ação é perfeitamente compatível com o Processo do Trabalho (art. 769 da CLT) e tem sido muito utilizada pelos Sindicatos, a quem cabe a defesa, por excelência, dos direitos individuais homogêneos da categoria, sendo a substituição processual ampla para tal finalidade (art. 8º, III, da CF, e cancelamento da Súmula n. 310 do C. TST).

O Ministério Público, se não ajuizar a ação, atuará sempre como fiscal da lei.

Podem propor a Ação Civil Coletiva, segundo o art. 82 da Lei n. 8.078/90:

a) o Ministério Público;

b) a União, os Estados, os Municípios e o Distrito Federal;

c) as entidades e órgãos da Administração Pública, direta ou indireta, ainda que sem personalidade jurídica, especificamente destinados à defesa dos interesses e direitos protegidos por este código;

d) as associações legalmente constituídas há pelo menos um ano e que incluam entre seus fins institucionais a defesa dos interesses e direitos protegidos por este código, dispensada a autorização assemblear. O requisito da pré-constituição pode ser dispensado pelo juiz, nas ações previstas nos arts. 91 e seguintes, quando haja manifesto interesse social evidenciado pela dimensão ou característica do dano, ou pela relevância do bem jurídico a ser protegido.

Segundo a melhor doutrina, os legitimados para a Ação Civil Coletiva defendem interesses individuais homogêneos, por meio de substituição processual, uma vez que postulam em juízo em nome próprio, defendendo direito alheio (art. 18 do CPC).

A competência funcional para a Ação Civil Coletiva é disciplinada no art. 93 da Lei n. 8.078/90, que assim dispõe:

> "Ressalvada a competência da Justiça Federal, é competente para a causa a justiça local:
>
> I – no foro do lugar onde ocorreu ou deva ocorrer o dano, quando de âmbito local;

II – no foro da Capital do Estado ou no do Distrito Federal, para os danos de âmbito nacional ou regional, aplicando-se as regras do Código de Processo Civil aos casos de competência concorrente."

Quanto ao procedimento da liquidação e execução das ações civis coletivas para a defesa de direitos individuais homogêneos, remetemos o leitor para o Capítulo VI, item 8.2, onde tratamos exaustivamente dessas matérias.

8. Da ação de consignação em pagamento na Justiça do Trabalho

A ação de consignação em pagamento constitui ação de rito especial, prevista no Código de Processo Civil que tem por objeto o depósito de quantia ou da coisa devida que o credor se recusa a receber, a fim de desonerar o devedor da obrigação.

A presente ação é compatível com o Processo do Trabalho, por força do art. 769 da CLT e tem sido muito utilizada pelo empregador para se desonerar da obrigação de pagamento das verbas rescisórias, quando o empregado recusa recebê-las; quando há dúvida sobre quem deva receber as parcelas trabalhistas (morte do empregado).

Carlos Henrique Bezerra Leite[66] nos traz exemplo de ação consignatória proposta pelo empregado: poderá ocorrer quando o empregado necessitar devolver ferramentas de trabalho à empresa, encontrando nisso alguma dificuldade que o torne inadimplente na obrigação.

Dispõe o art. 539 do CPC:

"Nos casos previstos em lei, poderá o devedor ou terceiro requerer, com efeito de pagamento, a consignação da quantia ou da coisa devida.

§ 1º Tratando-se de obrigação em dinheiro, poderá o valor ser depositado em estabelecimento bancário, oficial onde houver, situado no lugar do pagamento, cientificando-se o credor por carta com aviso de recebimento, assinado o prazo de 10 (dez) dias para a manifestação de recusa.

§ 2º Decorrido o prazo do § 1º, contado do retorno do aviso de recebimento, sem a manifestação de recusa, considerar-se-á o devedor liberado da obrigação, ficando à disposição do credor a quantia depositada.

§ 3º Ocorrendo a recusa, manifestada por escrito ao estabelecimento bancário, poderá ser proposta, dentro de 1 (um) mês, a ação de consignação, instruindo-se a inicial com a prova do depósito e da recusa.

§ 4º Não proposta a ação no prazo do § 3º, ficará sem efeito o depósito, podendo levantá-lo o depositante."

A Lei n. 8.951/94 institui o chamado procedimento extrajudicial da ação de consignação em pagamento, que é opção do devedor[67], que fora mantido pelo CPC de 2015 conforme o citado § 1º do art. 539 do CPC.

---

(66) *Op. cit.*, p. 1.130.

(67) Nesse sentido, destaca-se a seguinte ementa: "Ação de consignação em pagamento — Prova da recusa do credor — Desnecessidade. A obrigatoriedade do consignante para o ajuizamento da consignatória consiste apenas em alegar a recusa do credor e efetivar o depósito da importância devida. O ordenamento

O procedimento extrajudicial da ação de consignação em pagamento, no nosso sentir, não é compatível com o Processo do Trabalho, uma vez que a legislação trabalhista exige formalidades especiais para a quitação de parcelas trabalhistas, máxime a homologação do pagamento de verbas rescisórias (§ 1º, do art. 477, da CLT)(68).

Nesse sentido, destacamos a seguinte ementa:

"QUITAÇÃO — CONSIGNAÇÃO EM PAGAMENTO EXTRAJUDICIAL — EMPREGADO COM MAIS DE UM ANO DE TEMPO DE SERVIÇO. 1. A quitação de parcelas oriundas do contrato de trabalho, mediante consignação em pagamento extrajudicial, na hipótese o empregado contar com tempo de serviço superior a 01 (um ano), é incompatível com o direito e o processo do trabalho porquanto devem ser satisfeitas as exigências do art. 477, §§ 1º e 2º, da CLT. Não viola o art. 890, §§ 1º e 2º do CPC e art. 769 da CLT decisão nesse sentido. 2. Recurso de Revista não conhecido." (TST – RR 599554 – 1ª T. – rel. Min. João Oreste Dalazen – DJU 2.2.2001 – p. 5.777)

No Processo do Trabalho, embora a ação de consignação em pagamento seja regida por rito especial, o costume tem aplicado o mesmo procedimento da reclamação trabalhista, com designação de audiência, onde se tentará principalmente a conciliação, o consignado apresentará a contestação, instruir-se-á o processo e proferir-se-á a decisão.

Nesse diapasão, a seguinte ementa:

"O procedimento da ação de consignação em pagamento, nesta Justiça especializada, é o mesmo da ação trabalhista." (TRT – 12ª R. – 3ª T. – Ac. n. 000623/95 – relª Juíza Almeida Ribeiro – DJSC 16.3.95 – p. 60)

Pensamos que, na Justiça do Trabalho, a competência territorial reger-se-á pelo disposto no art. 651 da CLT que determina, como regra geral, a competência da Vara do local da prestação de serviços.

A inicial da ação consignatória deve ser elaborada obedecendo-se aos requisitos do art. 542 do CPC, não se aplicando a disposição do art. 840 da CLT, que faculta a petição inicial verbal. Dispõe o referido dispositivo do CPC:

"Na petição inicial, o autor requererá:

I – o depósito da quantia ou da coisa devida, a ser efetivado no prazo de 5 (cinco) dias contados do deferimento, ressalvada a hipótese do art. 539, § 3º;

II – a citação do réu para levantar o depósito ou oferecer contestação.

---

legal não exige prova, na inicial, da recusa do pagamento, considerando que outro dispositivo de lei permite a alegação em sentido contrário da parte adversa, sem impor-lhe o ônus da contraprova (art. 896, inciso I, do CPC). A consignação bancária, que permitiria a produção da prova negativa, é opção do devedor (§ 1º do art. 890), não constituindo pressuposto necessário para a utilização da via jurisdicional. Ademais, a legislação permite ao devedor receber o pagamento e dar quitação (art. 897, parágrafo único, do CPC), o que foi obstado pelo indeferimento da inicial. Recurso conhecido e provido." (TRT – 10ª R. – 2ª T. – RO n. 23/99 – rel. Juiz Ricardo Alencar Machado – DJDF 12.3.99 – p. 20).

(68) Nesse sentido, é opinião de José Augusto Rodrigues Pinto *(Processo trabalhista de conhecimento*. 7. ed. São Paulo: LTr, 2005. p. 350-351).

Parágrafo único. Não realizado o depósito no prazo do inciso I, o processo será extinto sem resolução do mérito."

Na contestação, o réu poderá alegar que: I – não houve recusa ou mora em receber a quantia ou coisa devida; II – foi justa a recusa; III – o depósito não se efetuou no prazo ou no lugar do pagamento; IV – o depósito não é integral. Parágrafo único. No caso do inciso IV, a alegação somente será admissível se o réu indicar o montante que entende devido (art. 544 do CPC).

Nos termos do art. 545 do CPC: alegada a insuficiência do depósito, é lícito ao autor completá-lo, em 10 (dez) dias, salvo se corresponder a prestação cujo inadimplemento acarrete a rescisão do contrato. § 1º No caso do *caput*, poderá o réu levantar, desde logo, a quantia ou a coisa depositada, com a consequente liberação parcial do autor, prosseguindo o processo quanto à parcela controvertida. § 2º A sentença que concluir pela insuficiência do depósito determinará, sempre que possível, o montante devido e valerá como título executivo, facultado ao credor promover-lhe o cumprimento nos mesmos autos, após liquidação, se necessária.

Conforme o § 2º do art. 545 do CPC, a ação de consignação tem natureza dúplice, pois a sentença que concluir pela insuficiência do depósito, condenará o consignante a completá-lo nos mesmos autos da consignação, independentemente de reconvenção ou pedido contraposto na contestação.

Nesse sentido, a seguinte ementa:

"Ação de consignação em pagamento — Reconvenção — Desnecessidade. A ação de consignação em pagamento tem caráter dúplice, sendo dispensável a oposição de reconvenção, nos termos dos arts. 896 e 899 do CPC. No caso de o consignatário alegar a não integralidade do depósito e indicar o montante que entende devido (art. 896, IV e parágrafo único, do CPC), o Juízo poderá proceder à instrução processual e apreciar amplamente as questões concernentes à existência e à quantificação do débito, competindo-lhe determinar caso conclua pela insuficiência do depósito, o montante devido (art. 899, § 2º, do CPC)." (TRT – 3ª R. – 1ª T. – RO n. 15/2005.073.03.00-4 – rel. Marcus Moura Ferreira – DJ 15.7.05 – p. 7) (RDT n. 08 – Agosto de 2005)

Discute-se na doutrina e na jurisprudência se a reconvenção pode ser cabível na Ação de Consignação em Pagamento na Justiça do Trabalho. Pugnam alguns pela impossibilidade, argumentando que a reconvenção é incabível em tal procedimento, pela incompatibilidade de ritos processuais e da falta de interesse processual, pois tal ação tem natureza dúplice.

Pensamos que o consignado, na ação de consignação em pagamento, pode por meio de reconvenção formular pretensão mais ampla do que a discutida nos autos da consignatória, desde que guarde conexão com os fatos deduzidos na Ação de Consignação. Por exemplo: por meio de reconvenção, o consignado, além de não concordar em receber as verbas rescisórias, formula pedido de reintegração no emprego em razão de doença profissional e indenização por danos materiais decorrentes da alegada doença.

A jurisprudência trabalhista tem, acertadamente, admitido a reconvenção na consignação, convertendo o rito especial em ordinário, o que, no nosso sentir, está correto, pois facilita o acesso do trabalhador à Justiça, e também prestigia os princípios da efetividade e celeridade processual, bem como evita decisões conflitantes sobre a mesma matéria na mesma Vara do Trabalho.

Sobre a consignação em pagamento, relevante destacar as seguintes ementas:

"Ação de consignação em pagamento — Recebimento de verbas rescisórias — Recusa — Inexistência. A ação de consignação em pagamento tem por objetivo exonerar o empregador do pagamento de juros e correção monetária ao empregado, já que efetuado o depósito, as verbas consignadas correm por conta do banco depositário. A fim de evitar a multa pelo atraso no pagamento das verbas rescisórias o empregador pode consignar o pagamento devido ao empregado, caso este se recuse a comparecer para receber. É, pois, a recusa no recebimento das verbas devidas que se justifica o ajuizamento da ação de consignação em pagamento. Na hipótese dos autos, não obstante a consignante insistir na afirmação de que por diversas vezes tentou entrar em contato com a consignada, inexiste qualquer prova documental nesse sentido." (TRT – 10ª R. – 3ª T. – RO n. 1.856/98 – rel. Juiz Jairo Soares dos Santos – DJDF 7.7.98 – p. 30)

"Ação de consignação em pagamento — Condição da ação — Prova da recusa. O Código de Processo Civil prevê a ação de consignação em pagamento para as hipóteses nas quais o devedor quer pagar a quantia devida ao credor, mas este se recusa a recebê-la, subordinando a propositura da ação à recusa pelo credor e condicionando a instrução da inicial à juntada da prova do depósito e da recusa (art. 890, § 3º, do CPC). Na hipótese dos autos, não obstante a consignante ter afirmado na exordial que houve a recusa do empregado, não produziu prova a respeito. Ausente, portanto, condição da ação, é correta a r. sentença que extinguiu o processo sem exame do mérito." (TRT – 10ª R. – 3ª T. – RO n. 24/99 – rel. Juiz Isaú Joaquim Chacon – DJDF 9.4.99 – p. 47) (RDT 5/99 – p. 60)

9. Ação anulatória na Justiça do Trabalho

A ação anulatória tem fundamento no art. 966, § 4º, do CPC, prevista para desconstituição dos atos jurídicos em geral, onde não há intervenção do judiciário, ou quando a decisão judicial for meramente homologatória. Com efeito, dispõe o referido dispositivo legal:

"A decisão de mérito, transitada em julgado, pode ser rescindida quando: (...) § 4º Os atos de disposição de direitos, praticados pelas partes ou por outros participantes do processo e homologados pelo juízo, bem como os atos homologatórios praticados no curso da execução, estão sujeitos à anulação, nos termos da lei."

Ensina *De Plácido e Silva*(69) que ação de anulação:

"[...] é o remédio jurídico, de que se utiliza alguém para anular ato jurídico, que lhe traga prejuízo, ou que não tenha sido formulado segundo os princípios de direito. Por essa forma, a ação de anulação tem sempre o objetivo de anular atos jurídicos que não se tenham composto consoante

(69) SILVA, De Plácido e. *Vocabulário jurídico*. 12. ed. Rio de Janeiro: Forense, 1996. v. I, p. 23.

as regras de direito ou que foram praticados em contravenção às obrigações contraídas. Basta que o ato se mostre fundado em vício ou defeito para que seja passível de anulação."

O art. 104 do Código Civil diz serem requisitos de validade do negócio jurídico, agente capaz, objeto lícito, possível, determinado ou determinável, e forma prescrita ou não defesa em lei.

Ao comentar o citado artigo, *Nelson Nery Junior*(70) aduz que "a norma ao tratar da validade, tomou esse termo em sentido amplo, pois enumera elementos de existência, bem como os requisitos de validade do negócio jurídico. É-nos permitido, portanto, fazer distinção entre os três planos do negócio jurídico (existência, validade e eficácia), a fim de determinar-se o alcance do dispositivo legal sob análise. Por exemplo, sob a expressão agente capaz, entende-se: a) qualidade de sujeito do agente (personalidade e capacidade de direito; elemento existência); b) a efetiva manifestação de vontade (elemento existência); c) capacidade de consentir e de dar função ao negócio, manifestando o seu querer (dar causa ao negócio – elemento de existência); d) aptidão para praticar atos da vida civil (capacidade de fato: requisito de validade); e) manifestação livre da vontade, imune de vícios, ou seja, vontade não viciada (requisito de validade)."

A ação anulatória *lato sensu* se destina à anulação de um ato jurídico que não preenche os requisitos de validade previstos no art. 104 do CC. Tanto os atos nulos (art. 166 do CC(71)) como os anuláveis (art. 171 do CC(72)) podem ser desfeitos por meio da ação anulatória. Embora o ato nulo não possa produzir efeito e cuja nulidade pode ser declarada de ofício, como bem adverte *Nelson Nery Junior*(73), "caso tenha produzido efeitos no mundo fático, o reconhecimento judicial dessa nulidade retira esses efeitos, pois esse reconhecimento tem eficácia *ex tunc*, isto é, retroativa, retroagindo à data da celebração do negócio nulo."

Embora a CLT seja omissa a respeito, no nosso sentir, o art. 966, § 4º, do CPC, é perfeitamente aplicável ao Processo do Trabalho, por haver lacuna na legislação processual trabalhista e por ser compatível com os princípios que regem o Direito Processual do Trabalho nos termos do art. 769 da CLT.

(70) NERY JR., Nelson; NERY, Rosa Maria de Andrade. *Código Civil Comentado e legislação extravagante.* 3. ed. São Paulo: RT, 2005. p. 221.

(71) Art. 166 do CC: "É nulo o negócio jurídico quando: I – celebrado por pessoa absolutamente incapaz; II – for ilícito, impossível ou indeterminável seu objeto; III – o motivo determinante comum a ambas as partes for ilícito; IV – não revestir a forma prescrita em lei; V – for preterida alguma solenidade que a lei considera essencial para a sua validade; VI – tiver por objetivo fraudar lei imperativa; VII – a lei taxativamente o declarar nulo, ou proibir-lhe a prática, sem cominar sanção."

(72) Art. 171 do CC: "Além dos casos expressamente declarados na lei é anulável o negócio jurídico: I – por incapacidade relativa do agente; II – por vício resultante de erro, dolo, coação, estado de perigo, lesão ou fraude contra credores."

(73) NERY JR., Nelson, *op. cit.*, p. 166.

A natureza da ação anulatória é constitutiva negativa. Ensina *Valentin Carrion*(74) que as ações constitutivas "sem se limitarem a simples declaração de um direito e sem estatuírem condenação ao cumprimento de uma prestação, criam, modificam, ou extinguem uma relação jurídica (Gabriel de Rezende); distinguem-se das declaratórias, em que estas têm por base uma situação que já existia e apenas declaram."

No Processo do Trabalho, a ação anulatória tem sido utilizada para desconstituir atos jurídicos firmados no âmbito da relação de trabalho e também atos judiciais em que a decisão é meramente homologatória(75), sem enfretamento do mérito. São exemplos:

a) ação de nulidade de termo de conciliação firmado perante a Comissão de Conciliação Prévia;

b) ação de nulidade de termo de homologação de rescisão de contrato de trabalho;

c) nulidade de decisão que homologa, na execução, arrematação e adjudicação, quando já passada a oportunidade para os embargos(76);

d) ação anulatória de acordos ou convenções coletivas, ou de algumas de suas cláusulas.

Muitos pedidos de anulação de atos jurídicos são postulados no bojo de uma reclamação trabalhista, como os de nulidade de termo de conciliação firmado na Comissão de Conciliação Prévia, ou nulidade de pedido homologado de demissão.

Na execução, a ação anulatória se destina a desconstituir as decisões meramente homologatórias, sem apreciação do mérito da controvérsia, como a simples homologação de cálculos, de arrematação, adjudicação ou remição.

Nesse sentido, é a redação da Súmula n. 399 do C. TST, *in verbis*:

"SÚMULA N. 399 — AÇÃO RESCISÓRIA. CABIMENTO. SENTENÇA DE MÉRITO. DECISÃO HOMOLOGATÓRIA DE ADJUDICAÇÃO, DE ARREMATAÇÃO E DE CÁLCULOS. (conversão das Orientações Jurisprudenciais ns. 44, 45 e 85, primeira parte, da SDI-II – Res. 137/2005 – DJ 22.8.05)

I – É incabível ação rescisória para impugnar decisão homologatória de adjudicação ou arrematação. (ex-OJs ns. 44 e 45 – ambas inseridas em 20.9.00)

---

(74) CARRION, Valentin. *Comentários à CLT.* 30. ed. São Paulo: Saraiva, 2005. p. 661.

(75) Nesse sentido, a seguinte ementa: "É cabível ação anulatória contra 'os atos judiciais, que não dependem de sentença, ou em que esta for meramente homologatória', a teor do disposto no art. 486 do CPC" (TRT – 12ª R. – 1ª T. – Ac. n. 004425/95 – rel. Juiz Câmara Rufino – DJSC 3.7.95 – p. 190).

(76) "Ação anulatória — Competência da Vara do Trabalho para apreciar e julgar, originariamente, ato de arrematação. As ações anulatórias têm sua apreciação e julgamento, originariamente, nas Varas do Trabalho, visando a anular atos praticados no *iter* da execução, como soem ostentar os de arrematação e de adjudicação." (TRT – 12ª R. – SEDI-AT-NUL. n. 456/2002.000.12.00-4 – rel. Gilmar Cavalheri – DJSC 11.3.04 – p. 214) (RDT n. 4 – Abril de 2004)

II – A decisão homologatória de cálculos apenas comporta rescisão quando enfrentar as questões envolvidas na elaboração da conta de liquidação, quer solvendo a controvérsia das partes quer explicitando, de ofício, os motivos pelos quais acolheu os cálculos oferecidos por uma das partes ou pelo setor de cálculos, e não contestados pela outra." (ex-OJ n. 85, primeira parte – inserida em 13.3.02 e alterada em 26.11.2002)

Não obstante, se as decisões meramente homologatórias na execução foram objeto de impugnação por meio de embargos à execução, ou à hasta pública, ou por Agravo de Petição, não caberá a possibilidade da ação anulatória, pois terá havido pronunciamento do mérito sobre a questão. Neste último caso, será possível, desde que presentes as hipóteses legais a propositura de ação rescisória (art. 966 do CPC).

Nesse sentido, destaca-se a seguinte ementa:

"Ação anulatória — Sentença de mérito — Impossibilidade jurídica. Pretensão de decretação de nulidade de sentença proferida por Vara do Trabalho, com fundamento na declaração de nulidade do contrato de trabalho, em razão da ausência de realização de concurso público. Impossibilidade jurídica do pedido, pelo fato de a ação anulatória não ser o meio processual cabível para se pleitear a nulidade de sentença de mérito. O meio adequado para amparar a pretensão do autor é a ação rescisória, de que cogita o art. 485 do CPC." (TST – SBDI-2 – RXOFAA n. 67.251/2002.900.16.00-0 – rel. Emmanoel Pereira – DJ 5.12.03 – p. 603) (RDT n. 2 – Fevereiro de 2004)

A ação anulatória será processada perante o próprio juízo onde tramita a execução, que terá competência funcional para processar e julgar a ação.

Nesse diapasão, é a OJ n. 129, da SDI-II, do C. TST, *in verbis*:

"Em se tratando de ação anulatória, a competência originária se dá no mesmo juízo em que praticado o ato supostamente eivado de vício."

No mesmo sentido, destaca-se a seguinte ementa:

"Ação anulatória — Competência da Vara do Trabalho para apreciar e julgar, originariamente, ato de arrematação. As ações anulatórias têm sua apreciação e julgamento, originariamente, nas Varas do Trabalho, visando a anular atos praticados no *iter* da execução, como soem ostentar os de arrematação e de adjudicação." (TRT – 12ª R – SEDI-AT-NUL. n. 456/2002.000.12.00-4 – rel. Gilmar Cavalheri – DJSC 11.3.04 – p. 214) (RDT n. 4 – Abril de 2004)

Pensamos que o prazo prescricional para a ação anulatória, na Justiça do Trabalho, é de dois anos (mesmo prazo prescricional trabalhista e aplicável para prescrição intercorrente) e poderá ser proposta no curso do processo executivo ou após o seu término desde que observado o lapso prescricional.

9.1. Ação anulatória de normas convencionais na Justiça do Trabalho

Há alguns anos existem muitas discussões sobre as ações anulatórias de normas coletivas na Justiça do Trabalho. Hoje, com a novel competência da Justiça do Trabalho, dada pela EC n. 45/2004, a discussão vem à tona em razão da redação do inciso III, do art. 114, da CF que atribuiu competência à Justiça do Trabalho para as controvérsias entre sindicatos e trabalhadores e entre sindicatos e empregadores, o que para nós também abrange a competência para as ações individuais (propostas por empregados e empregadores) e coletivas (propostas por Sindicatos, Associações de caráter não sindical e Ministério Público do Trabalho) para as ações de nulidade de normas coletivas ou de algumas cláusulas.

Atualmente, a ação anulatória de normas convencionais tem grande importância em razão da nova redação do § 2º do art. 114 da CF que dificultou o acesso ao Poder Normativo da Justiça do Trabalho[(77)], e fomentou a negociação coletiva, a qual se exterioriza por meio dos acordos e convenções coletivas, porquanto os dissídios coletivos de natureza econômica só podem ser apreciados pelo Judiciário se houver comum acordo dos sindicatos envolvidos no conflito.

Há grande dissenso na doutrina e na jurisprudência sobre a legitimidade para propositura da referida ação diante da redação do art. 8º, III, da CF, e art. 83, IV, da LC n. 75/93. Também há grandes discussões sobre a competência, tanto a material como a funcional, e efeitos da decisão.

Na seara coletiva, conforme sustenta com propriedade *Raimundo Simão de Melo*[(78)]: "A ação coletiva de nulidade de ato normativo visa a afastá-lo do mundo jurídico para todos os efeitos, daí ser a sua natureza declaratória-constitutiva. Declaratória (negativa), quando se declara a validade do instrumento e se reconhece a improcedência da ação; constitutiva negativa, quando se declaram os vícios alegados com relação ao referido instrumento e se julga procedente a ação."

No âmbito do Direito Coletivo do Trabalho, há previsão legal atribuindo legitimidade ao Ministério Público para propor ações anulatórias de acordos ou convenções coletivas. Com efeito, o art. 83, IV, da LC n. 75/93, diz competir ao Ministério Público do Trabalho propor ações cabíveis para declaração de nulidade de cláusula de contrato, acordo coletivo ou convenção coletiva que viole as liberdades individuais ou coletivas ou os direitos individuais indisponíveis dos trabalhadores.

Raimundo Simão de Melo[(79)] exemplifica as hipóteses em que as convenções e acordos coletivos, no aspecto formal, podem ser anulados:

---

(77) No nosso sentir, o Poder Normativo não fora extinto, pois se assim quisesse o legislador ele o teria feito expressamente. É inegável que houve uma restrição do Poder Normativo, ou melhor dizendo, ao acesso a ele. A EC n. 45 visou a restringir o acesso à Justiça do Trabalho para resolução dos conflitos coletivos de interesse, prestigiando a autocomposição. O *comum acordo* não é um pressuposto processual e sim uma condição da ação, ou melhor dizendo, um óbice à apreciação da pretensão coletiva trazida em juízo. Por isso, não se trata de um requisito de validade da relação jurídica processual, mas de uma condição prévia para a apreciação da pretensão. Cumpre destacar que o "comum acordo" se assemelha ao compromisso arbitral e, pelo art. 301, § 4º do CPC, o juiz não pode conhecê-lo de ofício. Como destaca Fredie Didier Júnior (*Pressupostos processuais e condições da ação.* O juízo de admissibilidade do processo. São Paulo: Saraiva, 2005. p. 34): "o compromisso arbitral, embora seja exceção (matéria que o magistrado pode conhecer *ex officio*), deve ser alegado na contestação e não por exceção instrumental. O silêncio do demandado quando ao compromisso não gera qualquer nulidade."

(78) MELO, Raimundo Simão de. *Dissídio coletivo de trabalho.* São Paulo: LTr, 2002. p. 169.

(79) *Ibidem*, p. 169-170.

"a) norma escrita (essencial à validade da convenção ou acordo coletivo como substância do ato negocial);

b) publicidade (decorre da natureza coletiva do instrumento), que se consubstancia pelo registro efetuado perante um dos órgãos do Ministério do Trabalho e Emprego. Este deve ocorrer no prazo de oito dias da assinatura do instrumento;

c) publicação nos sindicatos (trata-se de divulgação nas sedes dos sindicatos e das empresas da categoria econômica respectiva, no prazo de cinco dias da data do registro no Ministério do Trabalho e Emprego, a fim de que empregados e empregadores tomem conhecimento de seu conteúdo);

d) aprovação pela assembleia geral dos interessados (neste caso, trata-se de uma assembleia que tem como objetivo aprovar o resultado da negociação entabulada, uma vez que os sindicatos agem apenas como representantes e precisam, por isso, do respaldo dos representados);

e) *quorum* (este diz respeito ao número de participantes necessário à deliberação assemblear). Há divergência sobre se este *quorum* é o legal, do art. 612, da CLT, ou o estatutário. Entendemos, como o professor *Octavio Bueno Magano*, que ele deve obedecer às deliberações das assembleias sindicais que tornaram a questão *interna corporis* após a Constituição de 1988;

f) prazo máximo de vigência de dois anos (embora a lei estabeleça o prazo máximo de dois anos para duração das cláusulas convencionais, nenhuma nulidade acarreta a criação de uma cláusula com prazo superior a dois anos, porque tal decorre da autonomia privada coletiva, podendo, a qualquer momento, ser renegociada pelo mesmo processo)."

Sob outro enfoque, por ter conteúdo normativo no âmbito das categorias profissional e econômica, as hipóteses de nulidade dos instrumentos normativos coletivos são mais amplas do que as hipóteses dos atos jurídicos em geral.

As normas coletivas podem ser objeto de anulação, além das hipóteses formais acima mencionadas por *Raimundo Simão de Melo* quando violar direitos indisponíveis do trabalhador e também quando violar os princípios tutelares do Direito do Trabalho[80], as garantias mínimas trabalhistas, os princípios constitucionais de dignidade da pessoa humana do trabalhador e valores sociais do trabalho e livre-iniciativa, e também quando exorbitar as hipóteses de flexibilização previstas nos incisos VI, XIII, e XIV, do art. 7º, da CF.

Portanto, a nosso ver, exemplificativamente, a norma coletiva pode ser anulada nas seguintes hipóteses: a) fixação de salário normativo inferior ao mínimo; b) fixação

(80) Conforme ensina Celso Antônio Bandeira de Mello: "Violar um princípio é muito mais grave do que transgredir uma norma. A desatenção ao princípio implica ofensa não apenas a um específico mandamento obrigatório mas a todo sistema de comandos. É mais grave forma de ilegalidade ou de inconstitucionalidade, conforme o escalão do princípio atingido, porque representa insurgência contra todo o sistema, subversão de seus valores fundamentais, contumélia irremissível a seu arcabouço lógico e corrosão de sua estrutura mestra" (*Elementos de direito administrativo*. São Paulo: RT, 1980. p. 58).

de contribuições sindicais (assistencial ou confederativa a todos os membros da categoria e não somente aos sindicalizados — PN n. 114, do C. TST e Súmula n. 666, do STF; c) cláusulas que violem direitos atinentes à medicina e segurança do trabalho, como redução do intervalo intrajornada (OJ n. 342, da SDI-I, do C. TST), ou fixação de garantia de emprego ao acidentado inferior a 12 meses (art. 118 da Lei n. 8.213/91) etc.

Sob outro enfoque, a norma coletiva também pode, quando há autorização constitucional, reduzir direitos trabalhistas, mas somente nas hipóteses dos incisos VI, XIII e XIV, do art. 7º, da CF(81). Entretanto, a redução de direitos trabalhistas, mesmo nas hipóteses de flexibilização autorizadas constitucionalmente, somente é possível mediante efetiva negociação, a qual envolve concessões recíprocas e não simples supressão de direitos, ou seja, toda supressão de direitos deve ter em contrapartida uma vantagem para a classe trabalhadora(82). Nesse sentido, adverte com propriedade *Pedro Paulo Teixeira Manus*(83): "a nosso ver não permite o legislador constitucional, ainda que por instrumento coletivo, simples redução ou supressão de garantia constitucional ou legal, mas negociação que altere certo benefício em troca de outra vantagem, ou retire certo direito em favor de outra garantia compensatória."(84)

(81) Por isso, não concordamos com a posição de Octavio Bueno Magano quando sustenta: "Caso merecedor de atenção especial é do art. 7º, VI, da Constituição em que se prevê a possibilidade de redução salarial, mediante convenção ou acordo coletivo. Ora, se isso é possível em relação a salário, que, pela sua natureza alimentar, constitui o mais importante benefício do trabalhador, a mesma solução há de prevalecer concernentemente a outras condições de trabalho. E daí se tira a conclusão de haver ficado relativizada a regra do art. 468, da CLT, proibitiva de alterações contratuais *in pejus*. Se a alteração provier de convenção ou acordo coletivo, a cláusula convencional respectiva não poderá considerar-se nula, devendo, ao contrário, prevalecer" (Anulação de cláusulas convencionais. *In: Revista Trabalho & Doutrina* n. 13. São Paulo: Saraiva, 1997. p. 40).

(82) Nesse diapasão, destaca-se a seguinte ementa: "Acordo coletivo de trabalho. Flexibilização de direitos sem contrapartida. Efeitos. O acordo coletivo constitui uma unidade indivisível de condições que revelam renúncias recíprocas para a solução de um conflito bem definido. O sindicato profissional tem participação indispensável nas negociações pois cabe-lhe a defesa dos interesses coletivos de seus representados, mas também, de seus direitos individuais (CF, art. 8º, incisos III e IV). Sendo assim, quando admite a flexibilização de direitos supõe-se necessariamente sua substituição por outros que no conjunto atendam aos reclamos da maioria dos trabalhadores envolvidos. Do contrário, afetando direitos adquiridos ou fundamentais, a cláusula normativa não se mantém. Rev. 25/01, Turmas. Ac. 1.294/01, Proc. 50.887/99, Juiz José Carlos da Silva Arouca, 22.1.01" (REVTRIM. Ementário Oficial do TRT da 2ª Região – São Paulo, 02/04, São Paulo: LTr, 2004. p. 158)

(83) MANUS, Pedro Paulo Teixeira. *Direito do trabalho.* 8. ed. São Paulo: Atlas, 2003. p. 127.

(84) No mesmo sentido, é a visão de Cláudio Armando Couce de Menezes: "Contudo, poder-se-ia, talvez afirmar que o art. 7º, XXVI, da CF, ao reconhecer as convenções e acordos coletivos, permitiria a negociação coletiva derrogatória. Não e não! Em primeiro lugar, essa regra constitucional apenas reafirmou o que já estava no art. 611 *caput*, da CLT, que jamais autorizou a supressão ou redução de qualquer direito trabalhista. Em segundo lugar, o inciso XXVI, da CF, não pode ser lido, interpretado e aplicado fora do artigo em que está inserido, onde o legislador constituinte ressalvou expressamente, as hipóteses de derrogação de direitos trabalhistas pela via coletiva. A tal se opõe a interpretação lógico-sistemática, tão (convenientemente) esquecida por alguns... Em terceiro lugar, se o aludido inciso XXVI tivesse derrogado pura e simples

Nesse sentido, vale consignar a seguinte ementa:

"RECURSO ORDINÁRIO EM AÇÃO ANULATÓRIA. A Carta Política do país reconhece os instrumentos jurídicos clássicos da negociação coletiva — convenções e acordos coletivos de trabalho (art. 7º, inciso XXVI, CF/88). Entretanto, existem limites jurídicos objetivos à criatividade normativa da negociação coletiva trabalhista. As possibilidades e limites jurídicos para a negociação coletiva são orientados pelo princípio da adequação setorial negociada. Ou seja, os critérios da harmonização entre as normas jurídicas oriundas da negociação coletiva (através da consumação do princípio de sua criatividade jurídica) e as normas jurídicas provenientes da legislação heterônoma estatal. A adequação setorial negociada não prevalece se concretizada mediante ato estrito de renúncia (e não de transação). Também não prevalece a adequação setorial negociada se concernente a direitos revestidos de indisponibilidade absoluta, os quais não podem ser transacionados nem mesmo por negociação sindical coletiva. Nesse sentido, norma coletiva que prevê o labor em horas suplementares excedentes às duas permitidas em lei obviamente traduz-se em prejuízo para a saúde do trabalhador, pelo que deve ser invalidada. Recurso ordinário parcialmente provido." (TST – ROAA/659/2007-909-09-00.2 – TRT 9ª R. – SDC – rel. Min. Mauricio Godinho Delgado – DEJT 20.8.2009 – p. 49)

Sendo assim, mesmo nas hipóteses autorizadas de flexibilização, a norma coletiva pode ser anulada se não houve uma efetiva negociação, com concessões recíprocas, mas simples supressão de direito.

9.1.1. Legitimidade

Podem propor a ação anulatória de cláusulas convencionais, a nosso ver, as partes que firmaram o instrumento normativo coletivo, os empregados e empregadores individualmente e o Ministério Público.

Sustentam alguns que somente o Ministério Público pode intentar tal ação, pois os Sindicatos não têm interesse processual, já que firmaram a negociação. Além disso, argumentam que somente há previsão legal para o MP do Trabalho intentar tal ação (art. 83, IV, da LC n. 75/93).

Nesse sentido, sustenta *Ives Gandra Martins Filho*(85), referindo-se à ação para nulidade de cláusula coletiva que fixa desconto compulsório de contribuição assistencial à categoria(86):

dos direitos trabalhistas pela negociação coletiva, não teria procurado o governo através de projeto de Emenda Constitucional, inserir na Carta Magna a ampla supressão ou redução dos direitos trabalhistas" (O negociado sobre o legislado. *In: Revista do Tribunal Superior do Trabalho* n. 68/2. Porto Alegre: Síntese, 2002. p. 158).

(85) MARTINS FILHO, Ives Gandra. *Processo coletivo do trabalho.* 3. ed. São Paulo: LTr, 2003. p. 267.

(86) Nesse sentido, também é a visão de José Cláudio Monteiro de Brito Filho: "No caso específico da ação anulatória de cláusulas convencionais, prevista no art. 83, IV, da Lei Complementar n. 75/93, é o Ministério Público do Trabalho que age por seus órgãos, conforme visto no 1º capítulo, o legitimado ativo. Isso não significa que outros interessados não possam pleitear a nulidade de cláusulas de norma coletiva que fira seus direitos. Os trabalhadores, individualmente ou em grupo, têm legitimidade para deduzir tal pretensão em juízo. Fá-lo-ão, todavia em ação própria, por meio de reclamação trabalhista. A ação anulatória, como defendida pela LC n. 75/93, tem um único legitimado ativo: o Ministério Público do Trabalho" (*O Ministério Público do Trabalho e a ação anulatória de cláusulas convencionais.* São Paulo: LTr, 1998. p. 70).

"A ação anulatória será proposta pelo Ministério Público do Trabalho contra ambas as entidades convenentes — obreira e patronal —, pois somente assim haverá litígio trabalhista passível e apreciação pela Justiça do Trabalho, de vez que a ação estará sendo intentada contra os patrões que efetuam o desconto (ainda que a favor do sindicato), na defesa dos empregados que, nessa hipótese, têm interesse conflitante com a entidade de classe."

O C. TST, recentemente, decidiu que somente o Ministério Público do Trabalho pode intentar ação anulatória de Normas Convencionais, conforme a seguinte ementa:

"AÇÃO ANULATÓRIA. LEGITIMIDADE ATIVA EXCLUSIVA DO MINISTÉRIO PÚBLICO DO TRABALHO (ART. 127 E SEGUINTES DA CONSTITUIÇÃO FEDERAL, C/C. O ART. 83 DA LEI COMPLEMENTAR N. 75, DE 20.5.93). ILEGITIMIDADE ATIVA DO EMPREGADO. O membro de uma categoria, seja econômica seja profissional, não tem legitimidade para pleitear, em ação anulatória, a declaração de nulidade, formal ou material, de uma ou de algumas das condições de trabalho constantes de instrumento normativo. Se entende que seu direito subjetivo está ameaçado ou violado, cabe-lhe discutir, por meio de dissídio individual, a validade, formal ou material, seja da assembleia geral, seja das condições de trabalho, postulando, não a sua nulidade, mas sim a sua ineficácia, com efeitos restritos no processo em que for parte. Realmente, permitir que o trabalhador ou uma empresa, isoladamente, em ação anulatória, venha se sobrepor à vontade da categoria, econômica ou profissional, que representa a legítima manifestação da assembleia, quando seus associados definem o objeto e o alcance de seu interesse a ser defendido, é negar validade à vontade coletiva, com priorização do interesse individual, procedimento a ser repelido nos exatos limites da ordem jurídica vigente. Ação anulatória extinta sem apreciação do mérito, nos termos do art. 267 do CPC." (PROC ROAA 771/2002-000-12-00.1 – TST – João Oreste Dalazen – Ministro relator Milton de Moura França – Redator Designado. DJU de 11.4.2006) (DT – Outubro/2006 – vol. 147, p. 62).

No nosso sentir, a legitimidade do Ministério Público do Trabalho se justifica na hipótese de interesse público, defesa da ordem jurídica e interesses sociais individuais indisponíveis (art. 127 da CF e art. 83 da LC n. 75/93), vale dizer: quando se tratar de interesse público.

Nesse diapasão, oportuna a seguinte ementa:

"Ação anulatória — Cláusula de instrumento coletivo — Legitimidade ativa do Ministério Público do Trabalho. O Ministério Público do Trabalho, no exercício de suas funções institucionais, conforme determinam os arts. 127 da CF e 83, IV, da Lei Complementar n. 75/93, detém legitimidade para ajuizar ação anulatória de cláusula de contrato, acordo ou convenção coletiva que violem direitos individuais dos trabalhadores, mas, também, quando ocorrer violação das liberdades individuais e coletivas, tanto de trabalhador quanto de empregador. Embargos declaratórios parcialmente acolhidos para prestar esclarecimentos. Esta Seção, pelo acórdão de fls. 172-178, negou provimento ao recurso relativamente à preliminar de ilegitimidade do Ministério Público do Trabalho para ajuizar Ação Anulatória. O recorrente opõe embargos declaratórios, apontando omissão no julgado, requerendo a análise da legitimidade do Ministério Público à luz do disposto no art. 127 da Constituição Federal (fls. 182-184)." (TST – DC – ED-ROAA n. 781.709/2001-6 – rel. Min. Rider N. de Brito – DJ 7.2.2003 – p. 507)

A nosso ver, a legitimação do Ministério Público para propor ação anulatória não é exclusiva e sim concorrente, pois todas as pessoas que sofrem os efeitos da norma coletiva têm legitimidade para postular sua anulação.

Nesse sentido, argumenta *Indalécio Gomes Neto*(87):

> "Paradoxal, à primeira vista, admitir-se possa uma entidade sindical que firmou a convenção coletiva ajuizar ação própria visando à nulidade de uma de suas cláusulas. É bom lembrar, entretanto, que o Código Civil brasileiro, ao tratar das nulidades, considera nulo o ato jurídico, quando a lei lhe negar eficácia (art. 145), admitindo que elas sejam alegadas por 'qualquer interessado, ou pelo Ministério Público, quando lhe couber intervir' (art. 146).
>
> Pode acontecer, entretanto, que uma entidade sindical ajuste uma convenção coletiva sem autorização da assembleia geral e esse fato só vem ao conhecimento da outra entidade pactuante após a formalização da convenção. É uma hipótese que pode autorizar a entidade que não deu causa à preterição dessa solenidade legal (art. 612 da CLT), pedir nulidade, inclusive, de toda a convenção coletiva."

No mesmo diapasão, destacamos a seguinte ementa:

> "Ação anulatória — Associação representativa — Legitimidade. A Associação dos Magistrados da Justiça do Trabalho da 8ª Região, sendo entidade de classe representativa dos magistrados daquela Região, tem legitimidade para propor a anulação de ato administrativo, no caso, aquele que restringiu o auxílio de ajuda de custo aos casos de promoção, já que atua ela em defesa de seus associados. Recurso a que se dá provimento." (TST – TP – ROAA n. 4202/2002.900.08.00-0 – rel. Min. José Luciano de C. Pereira – DJ 16.5.2003 – p. 287) (RDT n. 6 – junho de 2003)

De outro lado, também entendemos que os empregados e empregadores, individualmente, podem ingressar com ações anulatórias de norma coletiva, já que sofrem os efeitos do referido instrumento(88). Se preferirem, o que é mais usual, podem

(87) GOMES NETO, Indalécio. Anulação de cláusula de convenção coletiva de trabalho. *In: Curso de direito coletivo do trabalho.* Estudos em homenagem ao Ministro Orlando Teixeira da Costa. São Paulo: LTr, 1998. p. 443.

(88) Acompanhando o mesmo raciocínio destaca Mário Gonçalves Júnior: "com referência às partes convenentes, é preciso destacar que uma determinada empresa pode também propor a ação anulatória, ainda que a convenção ou acordo coletivo de trabalho tenha sido firmado por sindicatos, desde que a ela se aplique a cláusula impugnada. O empregado, diretamente atingido pela cláusula impugnada, também tem legitimidade, a nosso ver, para propor a ação, desde que integrante da categoria profissional representada pelo sindicato convenente" (Ação anulatória de cláusulas convencionais. *In: Revista Trabalho & Doutrina* n. 13. São Paulo: Saraiva, 1997. p. 20). Nesse mesmo sentido, Eduardo de Azevedo Silva: "Nada impede, da mesma forma, que o próprio trabalhador, ainda na vigência do contrato de trabalho, reclame em juízo a reparação decorrente da violação dos direitos assegurados na lei, cumprindo ao juiz, ainda que em caráter incidental, reconhecer a invalidade da cláusula viciada. Além disso, o trabalhador tem legitimação para a ação de anulação de cláusula convencional, hipótese em que devem figurar, no polo passivo, as entidades sindicais convenentes, pois a hipótese é de litisconsórcio necessário" (Anulação de cláusula convencional. *In: Revista Trabalho & Doutrina* n. 13. São Paulo: Saraiva, 1997. p. 10).

ingressar com reclamação trabalhista, pretendendo *incidenter tantum* a anulação de determinada cláusula coletiva. Nessa hipótese, a ação é individual e não coletiva. Também os efeitos da sentença são *inter partes*. Se o pedido de nulidade for incidente, sequer haverá coisa julgada a respeito, salvo se houver pedido específico da parte nesse sentido.

No polo passivo da ação anulatória, devem figurar, obrigatoriamente, as partes que firmaram o instrumento normativo coletivo (sindicato dos empregados e empregadores em caso de convenção coletiva ou sindicato dos empregados e empresa na hipótese de acordo coletivo)[(89)]. Trata-se de litisconsórcio necessário, cuja eficácia da decisão depende da participação das partes que firmaram o instrumento coletivo, nos termos do art. 114 do CPC.

É discutida a legitimidade da Associação sem caráter sindical para propor ação anulatória de cláusulas convencionais, pois ela não tem legitimidade para pactuar acordo ou convenções coletivas (arts. 8º, VI, da CF, e 513, letra *b*, da CLT). Também não participou da negociação coletiva, tampouco firmou o instrumento coletivo (convenção ou acordo coletivo). Sob outro enfoque, a associação não sofrerá diretamente os efeitos da norma coletiva, pois apenas representa a vontade de seus associados, estes sim destinatários dos efeitos da norma coletiva.

Também pode-se questionar que, diante do dispositivo do art. 8º, III, da CF, somente ao Sindicato, que também tem natureza jurídica de associação, cabe a defesa dos membros de categoria, o que fica robustecido em razão do princípio da unicidade sindical (art. 8º, II, da CF).

Não obstante o princípio da unicidade sindical consubstanciado no art. 8º, II, da CF, e também a disposição do art. 8º, III, da CF, a associação tem legitimidade para defesa de seus associados, nos termos do art. 5º, XXI, da CF, e art. 92 da Lei n. 8.078/90. Aqui, não se está defendendo interesses da categoria e sim interesses dos associados, que, muitas vezes, podem ter interesses divergentes do Sindicato que os representa no âmbito da categoria profissional ou econômica. Além disso, muitos dos filiados à Associação podem não ser filiados ao Sindicato, ou nem sequer conhecer a existência deste último. Ora, se empregado e empregador podem individualmente propor ação anulatória da norma coletiva, por que a Associação não pode ingressar com uma ação coletiva representando seus associados?

A nosso ver, a Associação não está defendendo direito coletivo[(90)], pois, diante do imperativo do art. 8º, III, da CF, a defesa desse interesse cabe ao Sindicato. Entretanto, perfeitamente possível se mostra a defesa de direitos individuais homogêneos dos filiados à Associação, pois o próprio art. 8º, *caput*, da CF, reconhece não só o direito

(89) No mesmo sentido, Carlos Henrique Bezerra Leite (*Ministério Público do Trabalho.* Doutrina, jurisprudência e prática. 2. ed. São Paulo: LTr, 2002. p. 271).

(90) Não se pode olvidar que hoje a tendência tem sido a liberdade sindical plena e os sindicatos defenderem os interesses tão somente de seus associados.

à associação sindical, mas também à profissional. Ao invés de cada empregado ou empregador prejudicado pela norma coletiva ingressar individualmente, a Associação ingressará com uma única ação coletiva, defendendo os interesses individuais homogêneos de seus associados e os efeitos dessa ação somente abrangerão os referidos associados, uma vez que, em se tratando de direitos individuais homogêneos, os titulares do direito discutido são determinados. De outro lado, as Associações, na maioria das vezes, detêm maior representatividade e refletem melhor a vontade de seus filiados do que o Sindicato da categoria, vez que defendem apenas os interesses de seus associados e não de toda a categoria profissional ou econômica.

Como sustenta com propriedade *Rodolfo de Camargo Mancuso*(91): "Após certa resistência doutrinária e jurisprudencial, passou-se a admitir que os sindicatos estão legitimados a representar os interesses coletivos da categoria. Para isso muito contribuiu o entendimento de que, no caso, trata-se de uma representação institucional, ou mesmo legal. Outra coisa se passou com as associações: aqui, a filiação é eminentemente facultativa, de modo que maiores são as resistências para nelas se reconhecer o poder de representação do interesse coletivo de que elas se fazem portadoras. Se, nas associações, o exercício dos direitos remanesce individual, é compreensível bem mais difícil se afigure a tarefa de nelas reconhecer capacidade de representação de interesse coletivo."

Para nós, sustentar a ilegitimidade da associação para defesa em juízo dos direitos de seus filiados viola os princípios do devido processo legal e acesso à Justiça (art. 5º, XXXV, da CF). Além disso, viola um direito fundamental que é o da liberdade de associação e reconhecimento às entidades associativas o direito de representar seus filiados judicial ou extrajudicialmente (art. 5º, XX e XXI, da CF).

No nosso sentir, a Associação sem caráter sindical pode defender direitos individuais homogêneos dos seus associados, podendo ingressar com ações anulatórias de normas convencionais coletivas. Entretanto, por não ser a representante da categoria, os efeitos da decisão somente abrangerão os associados (art. 103, III, do CDC).

Diante do exposto, têm legitimidade para propor ação anulatória de normas convencionais:

a) o Ministério Público do Trabalho;

b) as partes que firmaram a norma coletiva: Sindicato dos Empregados e Empregadores;

c) os empregados e empregadores individualmente;

d) as associações sem caráter sindical na defesa de direitos individuais homogêneos dos seus filiados.

Nesse sentido, também destacamos o art. 4º do Código de Processo do Trabalho Português:

---

(91) MANCUSO, Rodolfo de Camargo. *Interesses difusos*. 6. ed. São Paulo: RT, 2004. p. 74.

"As entidades de outorgantes de convenções colectivas de trabalho, bem como os trabalhadores e as entidades patronais directamente interessados, são partes legítimas nas acções respeitantes à anulação e interpretação de cláusulas daquelas convenções."

9.1.2. Competência material

A Lei n. 8.984/95 dilatou a competência da Justiça do Trabalho para dirimir conflitos atinentes a convenções e acordos coletivos. Com efeito, aduz o art. 1º da referida lei:

"Compete à Justiça do Trabalho conciliar e julgar os dissídios que tenham origem no cumprimento de convenções coletivas de trabalho ou acordos coletivos mesmo quando ocorram entre sindicatos ou entre sindicato de trabalhadores e empregador."

Diante do art. 1º da Lei n. 8.984/95 e da antiga redação do art. 114 da CF, nunca tivemos dúvida de que a competência material para as ações anulatórias de norma coletiva é da Justiça do Trabalho, mesmo as propostas pelo empregado, pelo empregador, pelas associações sem caráter sindical, sindicatos e Ministério Público(92).

Atualmente, parece-nos fora de dúvida que a competência é da Justiça do Trabalho, diante da redação do inciso III do art. 114 da CF, assim redigido:

"Compete à Justiça do Trabalho, processar e julgar:

I – [...]

II – [...]

III – as ações sobre representação sindical, entre sindicatos, entre sindicatos e trabalhadores, e entre sindicatos e empregadores."

No nosso sentir, as ações atinentes à representação sindical envolvem qualquer controvérsia decorrente da atuação dos Sindicatos defendendo os interesses da categoria, ou representando-a, nas hipóteses de dissídios coletivos, negociações coletivas, substituição processual etc., bem como questões *interna corporis*, como eleições sindicais.

Nesse mesmo diapasão, oportunas as palavras de *Estêvão Mallet*(93):

"A Emenda Constitucional n. 45/04 corrige o erro do direito anterior. Compete à Justiça do Trabalho, em consequência, julgar ações em que discutia, como questão incidental ou principal, a representação de entidades sindicais, tanto quando diretamente em confronto os sindicatos

(92) Ensina Carlos Henrique Bezerra Leite: "Se o objeto da ação reside na anulação de cláusula de contrato individual, convenção ou acordo coletivo, ou seja, versando a demanda sobre direitos trabalhistas fundados na lei, a competência material para apreciar a controvérsia é da Justiça do Trabalho (LC n. 75/93, art. 83, IV, c/c. CF, art. 114). Até aqui não há maiores controvérsias, mormente com o advento da Lei n. 8.984/95, de 7.2.1995, que estende a competência da Justiça do Trabalho para 'conciliar e julgar os dissídios que tenham origem no cumprimento de convenções coletivas de trabalho ou acordos coletivos de trabalho mesmo quando ocorram entre sindicatos ou entre sindicatos de trabalhadores e empregador" (*Curso de direito processual do trabalho.* 4. ed. São Paulo: LTr, 2006. p. 1.071).

(93) MALLET, Estêvão. *Direito, trabalho e processo em transformação.* São Paulo: LTr, 2005. p. 176.

como, igualmente, em caso de dúvida sobre a entidade legitimada ao recebimento de parcelas devidas por integrantes da categoria. Também compete à Justiça do Trabalho resolver os conflitos sobre eleições sindicais, como questionamento de inscrições de candidatos, provimentos urgentes requeridos no curso do processo eleitoral ou impugnação de resultados, além de outras. Mais ainda, a alusão ampla à 'representação sindical', contida no art. 114, III, permite afirmar que a impugnação judicial de atos da direção do sindicato ou da assembleia da entidade — que envolvem a representação da categoria —, alegadamente contrários à lei ou aos estatutos, deve ser resolvida pela Justiça do Trabalho."

Ainda que se possa argumentar que a competência para a ação anulatória de norma coletiva não está prevista no inciso III, do art. 114, da CLT, inegável que se trata de controvérsia oriunda da relação de trabalho, restando aplicável à hipótese o inciso I, do art. 114, da Constituição Federal.

Nesse sentido, destacamos a seguinte ementa:

"É competente a Justiça do Trabalho para julgar Ação Anulatória de cláusulas de convenção coletiva, eis que seus efeitos se farão sentir na relação trabalhador/empregador, unidos por contrato de trabalho. Sendo certo que os dissídios individuais decorrentes da execução da convenção coletiva terão competência no foro trabalhista, outro não pode ser o competente para dirimir-lhe a validade, *ex vi* o art. 114, da Constituição Federal." (TRT – 11ª R. – Ac. n. 4.346/95 – rel. Juiz Mello Júnior – DJAM 5.10.95 – p. 07)

9.1.3. Competência hierárquica ou funcional

A competência funcional ou hierárquica é a que deflui da hierarquia dos órgãos judiciários. É a competência em razão dos graus de jurisdição ou das instâncias a que cabe conhecer da matéria (instâncias de conhecimento)(94).

Há duas vertentes preponderantes de entendimentos quanto à competência hierárquica ou funcional para as ações anulatórias de normas convencionais. Para uma primeira vertente, o litígio tem natureza coletiva, já que a norma coletiva tem natureza normativa e vincula a categoria. Outros sustentam que, diante da falta de previsão legal excepcionando a competência do segundo grau de jurisdição, a competência é do primeiro grau.

Defendendo a competência do segundo grau de jurisdição destacamos a posição de *Valentin Carrion*(95), "a anulação de cláusula coletiva, por iniciativa do empregado ou do empregador, pertence à competência dos Tribunais e não à da primeira instância."

Nesse sentido, destacamos a seguinte ementa:

"Ação anulatória — Competência funcional. A competência funcional para análise e julgamento da ação anulatória de cláusula de acordo ou convenção coletiva do trabalho é,

(94) RODRIGUES PINTO, José Augusto. *Processo trabalhista de conhecimento.* 7. ed. São Paulo: LTr, 2005. p. 159-160.

(95) CARRION, Valentin. *Comentários à CLT.* 30. ed. São Paulo: Saraiva, 2005. p. 711.

originariamente, dos Tribunais Trabalhistas, pois somente estes têm competência funcional para criar, modificar, manter ou extinguir condições de trabalho, via poder normativo, sendo, portanto, sua atribuição originária anular cláusulas de instrumentos normativos. Acordo coletivo do trabalho — Análise das cláusulas. É de se salientar que não há de se falar em anulação parcial do acordo coletivo firmado entre as partes, eis que sua análise deve ser feita no conjunto, visto que em sede de tais acordos as partes transacionam os seus direitos e deveres até que cheguem a um patamar comum, não podendo, após, qualquer delas, pleitear a anulação daquilo que lhe prejudique, mas pretendendo a continuidade daquilo que lhe beneficia. A alteração do acordo coletivo deve ser buscada pela sua denunciação ou pela mesma via pelo qual aquele foi firmado, ou seja, pela negociação direta entre as partes." (TRT – 15ª R. – SDC – AA n. 610/2003.000.15.00-2 – rel. Flávio N. Campos – DJSP 19.12.04 – p. 53)[(96)]

O Tribunal Superior do Trabalho acolheu a competência funcional dos TRTs para as ações anulatórias de normas convencionais, conforme os arts. 224 e 225 do seu Regimento Interno, que seguem:

> "Art. 224. Cabe recurso ordinário para o Tribunal das decisões definitivas proferidas pelos Tribunais Regionais do Trabalho em processos de sua competência originária, no prazo legal, contado da publicação do acórdão ou de sua conclusão no órgão oficial.
>
> Art. 225. É cabível recurso ordinário em: I – ação anulatória; [...]."

Conjugando-se os referidos dispositivos, constata-se, de forma nítida, a competência originária dos TRTs para as ações anulatórias de normas convencionais, pois foi prevista a competência funcional do TST para julgamento de recurso ordinário em face dos acórdãos proferidos nessas ações.

Sustentando a competência do primeiro grau de jurisdição, se pronuncia *Sergio Pinto Martins*[(97)]:

> "Entendemos que quando a Constituição ou a lei não dispuserem onde uma ação deve ser proposta, aplica-se a regra geral que deve ser ajuizada na primeira instância, isto é, no caso do processo do trabalho, nas Juntas de Conciliação e Julgamento. Quando a norma legal dispuser de forma contrária, por exceção, deve ser proposta a ação onde o preceito determinar. No caso, inexiste previsão, por exceção, de que a anulatória deve

(96) No mesmo sentido: "Ação anulatória — Competência. Se compete originariamente aos Tribunais Regionais do Trabalho dirimir dissídios coletivos (art. 678, I, *a*, da CLT), é lógico que a eles também compita solucionar as lides decorrentes de litígios resultantes da aplicação dos demais instrumentos normativos que, prevenindo a possibilidade de dissídios dessa natureza, solucionem questões coletivas de trabalho. Portanto, a eles compete originariamente julgar as ações anulatórias de acordos coletivos de trabalho" (TRT – 10ª R. – Pleno – AA n. 0232/2000 – rel. Juiz Fernando A. V. Damasceno – DJDF 1.12.2000 – p. 3). "Ação anulatória — Competência funcional. É do Tribunal Regional do Trabalho, e não das Varas do Trabalho, a competência para apreciar originariamente ação que visa a anular cláusula contida em acordo ou convenção coletiva de trabalho, aplicável no âmbito de sua jurisdição" (TRT – 1ª R. – SEDIC – AADC n. 159/2000 – rel. Juiz Carlos Alberto A. Drummond – DJRJ 15.3.2001– p. 181) (RDT N. 04 – p. 54).

(97) MARTINS, Sergio Pinto. Anulação de cláusulas convencionais. *In: Revista Trabalho & Doutrina* n. 13. São Paulo: Saraiva, 1997, p. 41-42.

ser proposta nos tribunais. Logo, aplica-se a regra geral: a ação deve ser proposta no primeiro grau, nas Juntas de Conciliação e Julgamento [...]. Destaca-se ainda, que inexiste mais necessidade de homologação das convenções e acordos coletivos pelos tribunais, para que possam ter validade. Basta que haja o depósito na Delegacia Regional do Trabalho, para que tenham vigência dali a três dias (§ 1º do art. 614 da CLT). Esse é mais um argumento de que não se trata de sentença, por inexistir necessidade da sua homologação.

Os arts. 678 a 680 da CLT não dispõem que a ação anulatória é de competência originária dos Tribunais, ao contrário dos dissídios coletivos, do mandado de segurança ou da ação rescisória. Assim, só pode ser das Juntas de Conciliação e Julgamento."

Nesse mesmo diapasão, a seguinte ementa:

"Ação anulatória — Competência funcional — Juízo de primeira instância. Inexiste previsão legal de competência originária deste Tribunal para processar e julgar ações que visam a declarar a nulidade de atos judiciais ocorridos em dissídios individuais. A competência para apreciação de Ação Anulatória será, portanto, do Juízo em que se tenha praticado o ato supostamente eivado de vício. Pouco importa, para sua apreciação, se o deferimento do pedido acarretará também a nulidade de decisões de outras instâncias, porquanto será esta decorrente e consequência do pedido principal (art. 798 da CLT)." (TRT – 12ª R. – SEDI-AT-NUL. n. 64/2003.000.12.00-6 – relª Sandra M. Wambier – DJSC 4.3.04 – p. 246)

A competência funcional para as ações anulatórias de cláusulas convencionais, segundo entendimento dominante antes da EC n. 45/04, dependia da abrangência da decisão. Se a ação for proposta por empregados e empregadores individualmente, a competência, inegavelmente, será do primeiro grau, ou seja, da Vara do Trabalho, já que o efeito da anulação da cláusula coletiva só terá eficácia nos limites da lide. Também se a ação for proposta pela Associação sem caráter sindical, a competência, a nosso ver, também será do primeiro grau de jurisdição, pois a eficácia da decisão não abrange toda a categoria e sim titulares determinados, quais sejam, os associados, já que o objeto da ação é a defesa de direitos individuais homogêneos, restando aplicável a regra de competência do art. 93 da Lei n. 8.078/90. Além disso, tanto nas ações individuais como na promovida pela Associação, a norma coletiva não é retirada do ordenamento jurídico, já que continua a valer para os empregados e empregadores que não fizeram parte do processo. Caso a ação anulatória fosse proposta pelo Ministério Público do Trabalho ou pelos Sindicatos pactuantes da norma coletiva, a competência seria do segundo grau de jurisdição, pois os efeitos desta decisão vinculariam toda a categoria, à semelhança do dissídio coletivo de natureza jurídica.

A nosso ver, se a ação anulatória for promovida pelo Ministério Público do Trabalho ou pelos Sindicatos ela não adquirirá contornos de dissídio coletivo de natureza jurídica, já que o pedido não se trata de criação de nova norma jurídica ou delimitar a aplicabilidade de determinada cláusula no âmbito das categorias. Além disso, somente o Judiciário vai declarar que determinada cláusula normativa não observou a legalidade ou está fora do limite de disposição pelos Sindicatos. Como a lei não fixa o critério de competência funcional, aplica-se a regra geral que é o primeiro grau de jurisdição.

Além disso, a nova redação do art. 114, III, da CF, ao tratar da competência da Justiça do Trabalho para as ações de representação sindical, não deixa dúvidas quanto à competência do primeiro grau de jurisdição para as ações anulatórias de normas convencionais. Segundo *João Oreste Dalazen*(98), deve-se interpretar o dispositivo de forma que inclua na competência da Justiça do Trabalho quaisquer outros dissídios intrassindicais, intersindicais ou entre sindicato e empregador, que envolvam a aplicação do direito sindical, de que é mero exemplo a disputa sindical de representatividade. Abrange as ações que envolvem a representação sindical e o exercício do Direito Sindical. Acreditamos que não há como se interpretar isoladamente o inciso III do art. 114 e sim em cotejo com os incisos I, II, IX e §§ 2º e 3º, ambos da CF. No referido dispositivo, há dois núcleos: a) ações sobre representação sindical; e b) ações entre sindicatos, entre sindicatos e trabalhadores e entre sindicatos e empregadores.

Ora, se cabe ao primeiro grau de jurisdição decidir sobre questões de representação sindical e também controvérsias entre sindicatos entre si e entre empregados e empregadores e sindicato, parece-nos fora de dúvida que todas as ações anulatórias de normas convencionais devem ser julgadas pelo primeiro grau de jurisdição da Justiça do Trabalho.

10. Correição parcial na Justiça do Trabalho

Correição provém do latim *correctio*, que significa corrigir, reformar, eliminar erros(99).

Ensina *Amauri Mascaro Nascimento*(100):

> "Correição parcial não é recurso, mas um meio assegurado aos interessados para provocar a intervenção de uma autoridade judiciária superior, em face de atos que tumultuam o processo praticados por autoridade jurisdicional inferior. Frederico Marques entende que correição parcial não passa de um recurso supletivo, ou sucedâneo de recurso: em não havendo recurso previsto nas leis de processo, lança-se mão desse procedimento recursal camuflado de providência disciplinar."

---

(98) DALAZEN, João Oreste. A reforma do judiciário e os novos marcos da competência material da Justiça do Trabalho no Brasil. *In: Nova competência da Justiça do Trabalho.* Coords. Grijalbo Fernandes Coutinho e Marcos Neves Fava. São Paulo: LTr, 2005. p. 166-167.

(99) MARTINS, Sergio Pinto. *Direito processual do trabalho.* 26. ed. São Paulo: Atlas, 2006. p. 460.

(100) NASCIMENTO, Amauri Mascaro. *Curso de direito processual do trabalho.* 22. ed. São Paulo: Saraiva, 2007. p. 639.

Trata-se de uma ação especial que se assemelha ao mandado de segurança, tendo por objetivo fazer cessar ato tumultuário praticado pelo juiz no Processo que subverter a boa ordem processual.

Conforme *Sergio Pinto Martins*(101), ato tumultuário da boa ordem processual é o que não observa as regras legais previstas para o processo, como retirar a contestação do processo quando ela já foi apresentada e já estiver juntada aos autos.

A correição parcial não tem uma regulamentação específica, está prevista de forma esparsa na Constituição Federal (art. 96, I, da CF), e na CLT (arts. 682, XI, 678, I, *d*, 2 e 709, II), sendo disciplinada, como regra geral, nos Regimentos Internos dos Tribunais Regionais do Trabalho.

Dispõe o art. 682, XI, da CLT:

"Competem privativamente aos presidentes dos Tribunais Regionais, além das que forem conferidas neste e no título e das decorrentes do seu cargo, as seguintes atribuições: [...]. XI – exercer correição, pelo menos uma vez por ano, sobre as Juntas, parcialmente, sempre que se fizer necessário, e solicitá-la, quando julgar conveniente, ao presidente do Tribunal de Justiça, relativamente aos Juízes de Direito investidos na administração da Justiça do Trabalho."

Assevera o art. 678, I, *d*, da CLT:

"Aos Tribunais Regionais, quando divididos em Turmas, compete: I – ao Tribunal Pleno, especialmente: d) julgar em única ou última instância: 1. os processos e os recursos de natureza administrativa atinentes aos seus serviços auxiliares e respectivos servidores; 2. as reclamações contra atos administrativos de seu presidente ou de quaisquer de seus membros, assim como dos juízes de primeira instância e de seus funcionários."

Nos termos do art. 709, II, da CLT:

"Compete ao Corregedor, eleito dentre os Ministros togados do Tribunal Superior do Trabalho: [...] II – decidir reclamações contra os atos atentatórios da boa ordem processual praticados pelos Tribunais Regionais e seus presidentes, quando inexistir recurso específico; § 1º – Das decisões proferidas pelo corregedor, nos casos do artigo, caberá o agravo regimental, para o Tribunal Pleno."

Dispõe o art. 96, I, *b*, da Constituição Federal:

"Compete privativamente: I – aos tribunais: b) organizar suas secretarias e serviços auxiliares e os dos juízos que lhes forem vinculados, velando pelo exercício da atividade correicional respectiva."

O Ministro Corregedor do TST julgará as correições parciais contra atos dos Juízes dos TRTs e o Corregedor Regional dos TRTs julgará as correições contra atos dos Juízes das Varas do Trabalho.

A inicial da correição parcial deve ser elaborada com os requisitos do art. 319 do CPC, não se exigindo o valor da causa. O prazo para sua interposição é fixado nos Regimentos Internos dos Tribunais. O prazo mais usual é de cinco dias. O juiz corrigendo apresentará suas razões no mesmo prazo.

(101) *Op. cit.*, p. 461.

A correição parcial não será cabível quando houver recurso específico para a decisão e não se presta a atacar decisão interlocutória no Processo do Trabalho.

Nesse sentido, destacam-se as seguintes ementas:

"Correição parcial — Indeferimento de perguntas formuladas em audiência instrutória — Poder diretivo do juiz — Encerramento da instrução processual — Valoração dos elementos probatórios — Existência de recurso próprio — Não cabimento da medida correicional. O deferimento ou não de perguntas formuladas em audiência de instrução, compete ao Juiz Presidente da Junta, ao qual é atribuído legalmente o poder de dirigir o processo, indeferindo, se for o caso, provas e outras providências que entender inadequadas ou desnecessárias. Já o encerramento da instrução processual constitui ato judicial resultante da análise e valoração dos elementos existentes nos autos e que levaram o juiz a concluir que o feito está pronto para ser julgado, não havendo neste convencimento do Magistrado qualquer *error in procedendo*, capaz de justificar a sua impugnação através de correição parcial. Tal matéria refoge do raio de alcance do instrumento correicional, podendo, contudo, ser levantada, oportunamente, perante a instância superior, mediante a interposição de recurso próprio. Medida correicional que se julga incabível." (TRT – 15ª R. – CP n. 014/98-9 – Prolatª Irene Luz – DJSP 5.3.98 – p. 52)

"Correição parcial — Determinação de juntada de certidão de dependentes de reclamante falecido, constantes na Previdência Social, para fins de deferimento de habilitação incidental — Observância do disposto na Lei n. 6.858/80 e no art. 1.060, inciso I, do CPC — Embasamento legal — Medida correicional improcedente. Decisão que não se afigura atentatória e nem tampouco tumultuária à boa ordem processual. Pelo contrário, corretamente determinada a apresentação da certidão dos dependentes do reclamante falecido, habilitados perante a Previdência Social, na forma do que dispõe o art. 1º da Lei n. 6.858/80. Para que possa ser deferida a habilitação incidental, promovida pelo cônjuge e herdeiros necessários, é preciso que estes comprovem, através de documentos, não só o óbito do falecido, mas também a sua qualidade de dependentes, conforme preceitua o art. 1.060, inciso I, do CPC. O ato impugnado possui embasamento legal, razão pela qual julga-se improcedente a medida correicional." (TRT – 15ª R. – CP n. 38/98-7 – Prolatª Irene Luz – DJSP 5.3.98 – p. 52)

"Correição parcial — Arguição de incidente de falsidade de prova testemunhal — Rejeição em conformidade com o art. 390 e seguintes do CPC — Embasamento legal da decisão — Medida correicional improcedente. De acordo com o art. 390 e seguintes do CPC o incidente de falsidade tem lugar em qualquer tempo e grau de jurisdição, porém, só pode ser suscitado em relação à prova documental produzida no processo, não sendo cabível em face de prova testemunhal. O ato impugnado tem embasamento legal, tendo sido plenamente observadas as normas procedimentais pertinentes à arguição de falsidade, estabelecidas na legislação processual civil, razão pela qual julga-se improcedente o pedido correicional." (TRT – 15ª R. — CP n. 39/98-0 — Prolatª Irene Luz — DJSP 5.3.98 – p. 52)

No mesmo sentido, recente decisão do Tribunal Superior do Trabalho, *in verbis*:

"AGRAVO REGIMENTAL EM CORREIÇÃO PARCIAL. MANUTENÇÃO DO DESPACHO AGRAVADO — INSURGÊNCIA CONTRA DECISÃO MONOCRÁTICA PROFERIDA EM SEDE DE AÇÃO CAUTELAR INOMINADA QUE IMPORTA APENAS EM INTERVENÇÃO POR MEIO DE EXERCÍCIO DA FUNÇÃO JURISDICIONAL, NÃO SE CONSTITUINDO

ATO ATENTATÓRIO À BOA ORDEM PROCESSUAL DE QUE TRATA O *CAPUT* DO ARTIGO 13 DO RICGJT. Mantém-se a decisão agravada que não identifica ato atentatório à boa ordem processual no mero indeferimento da liminar em ação cautelar inominada, na qual se requer efeito suspensivo a recurso ordinário interposto em reclamação trabalhista, em que se mantiveram os efeitos da tutela antecipada deferida na sentença que concedeu a reintegração obreira no emprego, pois encerra tão somente o exercício da função jurisdicional, não ensejando intervenção meramente administrativa da Corregedoria-Geral da Justiça do Trabalho. Ademais, o art. 13, *caput*, do RICGJT, parte final, deixa claro o caráter subsidiário da correição parcial. Afasta-se, ainda, o provimento da CorPar com fundamento no parágrafo único do art. 13 do RICGJT, haja vista que a mera reintegração do trabalhador no emprego não se caracteriza como condição extrema ou excepcional a ensejar a atuação do Corregedor-Geral para impedir lesão de difícil reparação, com vistas a assegurar eventual resultado útil do processo, eis que, ao final do julgamento da reclamação trabalhista, poderá ser determinado o afastamento do reclamante dos quadros do banco empregador, cessando-se a relação de emprego e seus efeitos, tal como o pagamento de salários. O agravante não trouxe nenhum argumento que infirmasse os fundamentos do despacho agravado. Não prospera o pleito de reforma da decisão, merecendo, portanto, ser mantida. Agravo regimental a que se nega provimento." (TST – Processo: AgR-CorPar – 14252-27.2016.5.00.0000 – Data de Julgamento: 5.9.2016, rel. Ministro: Renato de Lacerda Paiva, Órgão Especial, Data de Publicação: DEJT 5.10.2016)

Das decisões proferidas pelos Juízes Corregedores dos Tribunais, nas correições parciais, será cabível o Agravo Regimental.

11. *Habeas Corpus* na Justiça do Trabalho

11.1. Conceito e natureza jurídica

O instituto do *habeas corpus* tem sua origem remota no Direito Romano, pelo qual todo cidadão podia reclamar a exibição do homem livre detido ilegalmente por meio de uma ação privilegiada que se chamava *interdicutum de libero homine exhibendo*. Ocorre, porém, que a noção de liberdade da Antiguidade e mesmo da Idade Média em nada se assemelhava com os ideais modernos de igualdade, pois, como salientado por *Pontes de Miranda*, naquela época, os próprios magistrados obrigavam os homens livres a prestar-lhes serviços(102).

Alguns autores apontam como lugar de origem do *habeas corpus* a Inglaterra, na Magna Carta, no ano de 1215 do rei João Sem Terra. Como destaca *André Ramos Tavares*(103), referindo-se à Carta do Rei João sem Terra, assevera que "esta assegurava aos indivíduos garantias, como a do devido processo legal, devendo o acusado ser submetido a um Tribunal competente. Tal proteção evoluiu até que a liberdade de locomoção foi protegida por remédio específico, com o *Habeas Corpus Amendment Act*, de 1679. Na História jurídica pátria, essa garantia foi prevista originariamente no Código de Processo Criminal do Império de 1832, em seu art. 340. Apenas no art. 72, § 22 da Constituição de 1891 é que alcançou *status* constitucional."

---

(102) MORAES, Alexandre de. *Direito constitucional.* 15. ed. São Paulo: Atlas, 2004. p. 138.

(103) TAVARES, André Ramos. *Curso de direito constitucional.* 3. ed. São Paulo: Saraiva, p. 405.

Nossa Constituição Federal consagra o *habeas corpus* no art. 5º, inciso LXVIII, como um direito fundamental e uma garantia que tutela o bem mais caro do ser humano, que é a liberdade. Aduz o referido dispositivo constitucional: "conceder-se-á *habeas corpus* sempre que alguém sofrer ou se achar ameaçado de sofrer violência ou coação em sua liberdade de locomoção, por ilegalidade ou abuso de poder."

Conforme destaca *Fernando da Costa Tourinho Filho*: "A liberdade é um dos direitos fundamentais do homem, direito que não pode sofrer restrições, senão previstas em lei, e para assegurar tal direito, de maneira pronta e eficaz, a própria Constituição, que é a Lei das Leis, deu ao homem, nacional ou estrangeiro, a garantia do *habeas corpus*. Este, embora não seja o único meio capaz de fazer cessar um constrangimento ao direito de liberdade de locomoção, é, contudo, o mais rápido, o mais eficaz e o mais singelo."[(104)]

Para *Júlio César Bebber*, "o *habeas corpus* é, na verdade, ação mandamental, que integra a chamada jurisdição constitucional das liberdades e que tem por escopo a proteção da liberdade de locomoção, quando coarctada (limitada, restringida, reprimida) ou ameaçada de sê-lo, por ilegalidade ou abuso do Poder Público"[(105)].

No nosso sentir, o *habeas corpus* é um remédio constitucional, exercido por meio de uma ação mandamental que tem por objetivo a tutela da liberdade do ser humano, assegurando-lhe o direito de ir, vir e ficar, contra ato de ilegalidade ou abuso de poder. Pode ser preventivo, quando há iminência da lesão do direito de liberdade, ou repressivo, quando já tolhida a liberdade.

Quanto à natureza jurídica do *habeas corpus*, em que pese a opinião majoritária da doutrina e da jurisprudência em sentido contrário[(106)], não se trata de uma ação criminal[(107)] e sim um remédio constitucional para tutelar a liberdade de locomoção contra ato ilegal ou de abuso de poder, não sendo exclusivamente uma ação de natureza penal. Nesse sentido, é a posição de *Estêvão Mallet*[(108)]:

> "O *habeas corpus* não é ação penal. Defini-lo assim é inaceitável. Diminui sua relevância, teórica e prática. Caracteriza o *habeas corpus*, na verdade '*privilege*', como referido no art. 1º, Seção IX, n. 2, da Constituição dos Estados Unidos da América, ou '*safeguard of personal liberty*', segundo

(104) TOURINHO FILHO, Fernando da Costa. *Processo penal*. v. IV, 17. ed. São Paulo: Saraiva, 1995. p. 445.

(105) BEBBER, Júlio César. *Mandado de segurança.* Habeas corpus. Habeas data *na Justiça do Trabalho*. São Paulo: LTr, 2006. p. 167.

(106) Por todos, destacamos a opinião de Alexandre de Moraes: "O *habeas corpus* é uma ação constitucional de caráter penal e de procedimento especial, isenta de custas e que visa evitar ou cessar violência ou ameça na liberdade de locomoção, por ilegalidade ou abuso de poder. Não se trata, portanto, de uma espécie de recurso, apesar de regulamentado no capítulo a eles destinado no Código de Processo Penal" (*Direito constitucional*. 15. ed. São Paulo: Atlas, 2004. p. 141).

(107) Talvez a doutrina majoritária fixe a natureza jurídica criminal do *habeas corpus*, em razão de seu procedimento estar regulamentado no Código de Processo Penal (arts. 647 a 667).

(108) MALLET, Estêvão. *Direito, trabalho e processo em transformação*. São Paulo: LTr, 2005. p. 177.

a doutrina, ou, se se quiser, remédio ou garantia constitucional. Aliás, nem a origem do *habeas corpus* permite vinculá-lo apenas ao direito penal, já que surgiu o *writ* como processo de caráter mais amplo, *'by which courts compelled the attendance of parts whose presence would facilitate their proceedings'.*"

11.2. Competência da Justiça do Trabalho

Partindo-se da premissa de que o *habeas corpus* tem natureza de ação penal, parte significativa da jurisprudência anterior à EC n. 45/04 entendia que a Justiça do Trabalho não tinha competência para apreciar o *habeas corpus*, mesmo que a prisão emanasse de ato de Juiz do Trabalho, devendo a Justiça Federal apreciar o *writ*.

Nesse sentido, a seguinte ementa:

"Sendo o *habeas corpus*, desenganadamente, uma ação de natureza penal, a competência para seu processamento e julgamento será sempre de juízo criminal, ainda que a questão material subjacente seja de natureza civil, como no caso de infidelidade do depositário, em execução de sentença. Não possuindo a Justiça do Trabalho, onde se verificou o incidente, competência criminal, impõe-se reconhecer a competência do Tribunal Regional Federal para o feito." (STF – CC n. 6979-DF – Ac. TP – 15.8.91 – relator Min. Ilmar Galvão)

Após a EC n. 45/04, não há mais dúvidas de que a Justiça do Trabalho tem competência para apreciar o *habeas corpus*, para as matérias sujeitas à sua jurisdição.

Com efeito, assevera o art. 114, IV, da CF, competir à Justiça do Trabalho, processar e julgar os mandados de segurança, *habeas corpus* e *habeas data*, quando o ato questionado envolver matéria sujeita à sua jurisdição."

Pela dicção do referido dispositivo legal, cabe o *habeas corpus* na Justiça do Trabalho toda vez que o ato envolver a jurisdição trabalhista, vale dizer, estiver sujeito à competência material da Justiça do Trabalho.

O eixo central da competência da Justiça do Trabalho, após a EC n. 45/04 encontra suporte na relação de trabalho (inciso I, do art. 114, da CF) e também nas demais matérias mencionadas nos incisos I a VIII, do art. 114, da CF.

11.3. Hipóteses de cabimento na Justiça do Trabalho

a) Ato da autoridade judiciária trabalhista

Na Justiça do Trabalho, as hipóteses de prisões determinadas pelo Juiz do trabalho são em decorrência ou do descumprimento de uma ordem judicial para cumprimento de uma obrigação de fazer ou não fazer, ou do depositário infiel.

Inegavelmente, a hipótese mais comum da utilização do *habeas corpus* na Justiça do Trabalho é em decorrência da prisão do depositário infiel, que se dá na fase de execução de sentença trabalhista(109).

(109) Destacam-se, no aspecto as seguintes ementas: "*Habeas corpus*. Prisão de depositário. Ilegalidade se não foi assinado termo de compromisso. CPP, art. 648, I, e OJ n. 89 da SDI-2 do C. TST. Só pode ser considerado

Como destaca *Antonio Lamarca*[(110)]: "no curso da ação ou execução surgem incidentes que, em princípio, nada têm a ver com a competência constitucional da Justiça do Trabalho. O tema aqui, ao que me parece, é outro: é jurisdicional e não competencial [...]. A Justiça do Trabalho, como outros órgãos do Poder Judiciário, no exercício da jurisdição, deve ir até o final da entrega do bem arrematado, sejam quais forem as consequências daí advindas. A Constituição, por exemplo, não prevê que a Justiça do Trabalho possa decretar a prisão de testemunha ou depositário infiel, no entanto, defere-se tranquilamente essa faculdade. Foi-se o tempo do ranço administrativo a que alguns ainda se apegam, hoje a Justiça do Trabalho executa suas próprias decisões; então, ou vai até o final ou é justiça por metade [...]."

As prisões determinadas pelo Juiz do Trabalho decorrem do cumprimento das decisões trabalhistas, são de natureza cautelar e não penal, uma vez que a Justiça do Trabalho, em que pesem algumas vozes em contrário[(111)], após a EC n. 45/04, não tem competência criminal[(112)].

---

depositário infiel quem dá o consentimento e assume o compromisso perante o juiz, entrando na posse do bem que se pretende guardar ou conservar. É indispensável a assinatura do termo compromisso para que o depositário assuma a obrigação de fidelidade com o juízo e possa ser responsabilizado na forma da lei. Não tem amparo legal nomear compulsoriamente uma pessoa, ou empresa, fiel depositária do juízo." (TRT/SP – 12271200600002000 – HC01 – Ac. SDI 2006019226 – rel. Luiz Edgar Ferraz de Oliveira – DOE 13.12.2006). "*Habeas Corpus*. Depositário. Infidelidade não configurada — O depositário de bens penhorados é, por imperativo legal, responsável pela sua guarda e conservação, tendo o dever de restituí-los, de pronto, sempre que determinado pelo juízo da execução. Na hipótese vertente, embora a paciente tenha resistido, inicialmente, a entregar o bem que estava sob sua guarda, acabou por entregá-lo ao arrematante, que recebeu o bem, sem qualquer objeção, inclusive auferindo lucro com sua venda. Desincumbiu-se a depositária, ora paciente, do *'munus'* assumido e não pode ser considerada infiel. Não há como deixar de reconhecer a arbitrariedade da ordem de prisão exarada pela D. Autoridade coatora. Concedido o salvo-conduto, em definitivo." (TRT/SP – 11684200500002007 – HC01 – Ac. SDI 2006018947 – relª Maria AParecida Duenhas – DOE 13.12.2006). "Prisão civil. Depositário infiel. Penas alternativas. Inaplicabilidade. Não se aplica ao depositário infiel a faculdade prevista nos arts. 43 e ss. do Código Penal. A lei penal prevê aumento de pena (art. 168) e não penalidades alternativas em caso de infidelidade nas funções de depositário judicial." (TRT/SP – 12829200600002008 – HC01 – Ac. SDI 2006019277 – rel. Luiz Edgar Ferra de Oliveira – DOE 13.12.2006)

(110) LAMARCA, Antonio. *O livro da competência*. São Paulo: RT, 1979. p. 145.

(111) Nesse sentido, é a posição de José Eduardo de Resende Chaves Júnior: "Após a Emenda Constitucional n. 45 a situação ganhou contornos bem distintos. Com a elisão dos vocábulos 'empregador' e 'trabalhador' do art. 114 da Constituição, a competência da Justiça do Trabalho deixou de se guiar pelo aspecto subjetivo (sujeitos ou pessoas envolvidas na relação de emprego), para se orientar pelo aspecto meramente objetivo, qual seja, as ações oriundas da relação de trabalho, sem qualquer referência à condição jurídica das pessoas envolvidas no litígio. Assim, a ação penal oriunda da relação de trabalho, que processualmente se efetiva entre Ministério Público e réu, passou a ser da competência da Justiça do Trabalho, em decorrência da referida mutação do critério de atribuição. Isso porque o critério objetivo, dessa forma, se comunica com a natureza da infração, que é uma das formas de fixação da competência nos termos do art. 69, III, do Código de Processo Penal" (A emenda constitucional n. 45/2004 e a competência penal da Justiça do Trabalho. *In: Nova competência da Justiça do Trabalho*. Coordenação de Grijalbo Fernandes Coutinho e Marcos Neves Fava. São Paulo: LTr, 2005. p. 222).

(112) No nosso sentir, a expressão "relação de trabalho" envolve a prestação de trabalho de uma pessoa física em prol de outra pessoa física ou jurídica, não abrangendo terceiros, como o Estado, que é titular

Caso o Juiz do Trabalho decrete a prisão de testemunha em flagrante delito cometendo crime de falso testemunho, ou em razão de flagrante delito (art. 301 do CPP(113)) contra a organização do trabalho ou administração da Justiça do Trabalho, a competência para apreciar o mandado de segurança não será da Justiça do Trabalho, mas sim da Justiça Estadual ou da Justiça Federal, conforme a natureza do delito, pois são hipóteses de prisões em razões de crimes contra a organização do trabalho e organização da Justiça do Trabalho e não estão sujeitos à jurisdição trabalhista(114).

b) Possibilidade de impetração contra ato de particular na Justiça do Trabalho

Há, a nosso ver, a possibilidade de impetração de *habeas corpus* na Justiça do Trabalho quando o empregador ou tomador de serviços restringirem a liberdade de locomoção do empregado ou trabalhador por qualquer motivo, como em razão de não pagamento de dívidas. A Justiça do Trabalho neste caso não está apreciando matéria criminal, ou se imiscuindo em atividade policial, mas julgando ato que está dentro de sua competência material, pois cumpre à Justiça do Trabalho defender a liberdade ao trabalho, os valores sociais do trabalho e a dignidade da pessoa humana do trabalhador (art. 1º, incisos III e IV, da CF). Nessa hipótese, o mandado de segurança é cabível contrato ato de ilegalidade.

Como bem destaca *Carolina Tupinambá*(115), "contrariamente ao que comumente se imagina, a ação de *habeas corpus* pode ser impetrada contra pessoa alheia ao

---

exclusivo do direito de punir. Ainda que o inciso IX do art. 114, da CF atribua à lei ordinária disciplinar outras controvérsias decorrentes da relação de trabalho, esta lei a nosso ver não tem o condão de atribuir competência criminal à Justiça do Trabalho, pois somente a Constituição Federal poderá atribuir tal competência ao Judiciário Trabalhista, assim como o inciso VI, do art. 109 da CF atribuiu competência material à Justiça Federal para os crimes contra a organização do trabalho. No nosso sentir, o art. 69, III, do CPP não regulamenta o inciso IX, do art. 114, da CF e não altera a regra Constitucional da competência da Justiça Federal.

(113) Art. 301 do Código de Processo Penal: "Qualquer do povo poderá e as autoridades policiais e seus agentes deverão prender quem quer que seja encontrado em flagrante delito."

(114) A jurisprudência firmou entendimento de que se os crimes contra a organização do trabalho ofenderem uma coletividade de trabalhadores, a competência é da Justiça Federal, se atingir um único trabalhador, a competência é da Justiça Estadual. Nesse sentido, Fernando Capez, citando a jurisprudência a respeito: "Crime contra a organização do trabalho: depende. Se ofender a organização do trabalho como um ato, a competência será da justiça federal (STJ, 3ª Seç., CComp 10.255/RS, rel Min. Edson Vidigal, *v. u.*, DJ, 20 fev. 1995); se atingir direito individual do trabalho, a competência será da justiça comum estadual (STJ, 3ª Seç., Ccomp 388, DJU, 16 out. 1989. p. 15854; Ccomp 1.182, RSTJ, 18/2001)" (*Curso de processo penal.* 6. ed. São Paulo: Saraiva, 2001. p. 2001). A Súmula n. 62 do STJ diz que "Compete à Justiça Estadual processar e julgar o crime de falsa anotação na Carteira de Trabalho e Previdência Social, atribuído à empresa privada." A Súmula n. 200 do extinto TFR aduz: "Compete à Justiça Federal processar e julgar o crime de falsificação ou uso de documento perante a Justiça do Trabalho." Quanto ao delito de falso testemunho, assevera a Súmula n. 165 do STJ que "compete à Justiça Federal processar e julgar crime de falso testemunho cometido no processo trabalhista."

(115) TUPINAMBÁ, Carolina. *Competência da Justiça do Trabalho à luz da reforma constitucional.* Rio de Janeiro: Forense, 2006. p. 405.

organograma político estatal, que seja, o empregador privado. Obviamente que, nesse caso, somente a eventual ilegalidade poderá propiciar a impetração do *writ* constitucional."

A doutrina e a jurisprudência têm entendido que é possível a impetração de *habeas corpus* se o constrangimento emanar de ato de particular(116), pois o inciso LXVIII, do art. 5º, da CF, não fala em ato de autoridade. Nesse sentido, é a visão de *Aderson Ferreira Sobrinho*: "concordamos inteiramente com esta última posição doutrinária, pois nem a Constituição Federal, nem a lei processual penal, restringem a aplicação do *habeas corpus* aos atos praticados por autoridade ou que exerça função pública. E nem mesmo quando a coação configurar crime, não deve ser obstado uso do *writ*, independentemente da ação policial."(117)

No mesmo diapasão, é a opinião de *Fernando da Costa Tourinho Filho*, com suporte em *Costa Manso*, *Pedro Lessa*, *Aureliano Guimaraens*, *João Mendes Júnior* e *Magalhães Noronha*. Aduz o referido jurista: "De fato, o art. 5º, LXVIII, da Magna Carta não fala em autoridade. Entretanto, no inciso seguinte, ao cuidar do mandado de segurança, e *habeas data*, acrescenta: '... quando o responsável pela ilegalidade ou abuso de poder for autoridade pública ou agente de pessoa jurídica no exercício de atribuições do Poder Público."(118)

Sob o aspecto trabalhista, destaca-se a posição de *Edilton Meireles*: "[...] o constituinte derivado assegurou a competência da Justiça do Trabalho para conhecer do *habeas corpus* 'quando o ato questionado envolver matéria sujeita à sua jurisdição'. Logo, essa competência não envolve tão somente os atos praticados pela autoridade judiciária, mas de qualquer autoridade ou pessoa que esteja, ilegalmente ou em abuso do poder, restringindo a liberdade de outrem. Assim, como já exemplificado, tem-se a possibilidade da Justiça do Trabalho julgar o *habeas corpus* impetrado em face do empregador que restringe a liberdade de locomoção do empregado (mantém o empregado no ambiente de trabalho, quando do movimento grevista) em face dos atos por este praticado durante o movimento paredista (ação que envolve o exercício do direito de greve, aliás); o remédio heroico em face da autoridade pública que restringe a liberdade de locomoção do servidor público (impede, ilegalmente ou em abuso do poder, dele se ausentar da cidade, da localidade etc.). Em suma, alargou-se a

(116) Nesse sentido, destacamos as seguintes ementas: "STJ: O HC é ação constitucional destinada a garantir o direito de locomoção, em face de ameaça ou de efetiva violação por ilegalidade ou abuso de poder. Do teor da cláusula constitucional pertinente (art. 5º, LXVIII) exsurge o entendimento no sentido de admitir-se o uso da garantia provenha de ato de particular, não se exigindo que o constrangimento seja exercido por agente do Poder Público. Recurso ordinário provido" (RT n. 735/521). No mesmo sentido (RT n. 577/329) e (RT n. 574/400). Internação em hospital – TJSP: "Constrangimento ilegal. Filho que interna os pais octognenários, contra a vontade deles em clínica geriátrica. Pessoas não interditadas, com casa onde residir. Decisão concessiva de *habeas corpus* mantida" (RT n. 577/329)

(117) FERREIRA SOBRINHO, Aderson. *O* habeas corpus *na Justiça do Trabalho*. São Paulo: LTr, 2003. p. 39.

(118) TOURINHO FILHO, Fernando da Costa. *Processo penal*. v. IV, 17. ed. São Paulo: Saraiva, 1995. p. 478.

competência da Justiça do Trabalho para julgar o *habeas corpus* para além dos atos praticados pela autoridade judiciária trabalhista."(119)

11.4. Competência funcional e procedimento

A competência funcional ou hierárquica é a que deflui da hierarquia dos órgãos judiciários. É a competência em razão dos graus de jurisdição ou das instâncias a que cabe conhecer da matéria (instâncias de conhecimento)(120).

Se o *habeas corpus* for impetrado contra ato de particular, a competência hierárquica será das Varas do Trabalho, sendo apreciadas pelo juiz monocrático.

O TRT julga *habeas corpus* impetrado perante o ato de Juiz do Trabalho de Vara do Trabalho (art. 666 do Código de Processo Penal).

O TST julga *habeas corpus* impetrado perante o Tribunal Regional do Trabalho. Diante da EC n. 45/04 (art. 114, IV, da CF), a nosso ver, o STJ não tem mais competência para apreciar *habeas corpus* impetrado contra ato de Juiz de Tribunal Regional do Trabalho, restando derrogado o art. 105, I, *c*, da CF. Como destaca *Júlio César Bebber*(121), "a incompatibilidade entre as duas regras constitucionais, obrigatoriamente, exclui a primeira em favor da mais moderna."

O STF julga *habeas corpus* impetrado ante os atos dos Ministros do TST (art. 102, I, *i*, da Constituição Federal).

O *habeas corpus* é uma ação de natureza mandamental e de rito especial. Por isso, mesmo sendo a Justiça do Trabalho que irá apreciá-lo, o Juiz do Trabalho não aplicará o procedimento da CLT (arts. 643 e seguintes), mas sim o procedimento previsto no Código de Processo Penal (arts. 647 e seguintes), por força do art. 769 da CLT, uma vez que a CLT é omissa a respeito, e o Código de Processo Penal tem natureza de direito processual comum e se mostra efetivo para tutelar a liberdade da pessoa se o ato estiver sujeito à jurisdição trabalhista.

O *habeas corpus* pode ser impetrado por qualquer pessoa na esfera trabalhista, em seu favor ou de outrem e também pelo Ministério Público do Trabalho (art. 654 do CPP)(122) deve conter os requisitos do art. 654 do Código de Processo Penal. Os Juízes e Tribunais do Trabalho têm competência em razão da matéria, para expedir de ofício, ordens de *habeas corpus* no curso do processo que têm jurisdição, quando verificarem que a prisão se deu em razão de ilegalidade ou abuso de poder (art. 654, § 2º, do CPP).

---

(119) MEIRELES, Edilton. *Competência e procedimento na Justiça do Trabalho.* Primeiras linhas da reforma do judiciário. São Paulo: LTr, 2005. p. 70.

(120) RODRIGUES PINTO, José Augusto. *Processo trabalhista de conhecimento.* 7. ed. São Paulo: LTr, 2005. p. 159-160.

(121) BEBBER, Júlio César, *op. cit.*, p. 202.

(122) A jurisprudência tem exigido que sejam identificados o paciente e a autoridade coatora, bem como haja a assinatura do impetrante.

Como destaca *Júlio Fabbrini Mirabete*(123), "o direito constitucional de impetrar *habeas corpus* é atributo da personalidade. Qualquer pessoa do povo, independentemente de habilitação legal ou de representação por advogado, de capacidade política, civil ou processual, de idade, sexo, profissão, nacionalidade ou estado mental, pode fazer uso do remédio heroico, em benefício próprio ou alheio."

Quanto à legitimidade passiva, o *habeas corpus* poderá ser impetrado contra ato de autoridade e contra ato de particular. Como destaca *Alexandre de Moraes*(124), "o *habeas corpus* deverá ser impetrado contra ato do coator, que poderá ser tanto autoridade (delegado de polícia, promotor de justiça, juiz de direito, tribunal etc.) como particular. No primeiro caso, nas hipóteses de ilegalidade e abuso de poder, enquanto no segundo caso, somente nas hipóteses de ilegalidade."

O *habeas corpus* poderá ser preventivo (salvo-conduto), quando houver ameaça iminente de a pessoa sofrer violência ou coação em sua liberdade, como quando expedido mandado de prisão em face do depositário infiel, mas ainda não cumprido. Também poderá ser liberatório ou repressivo quando a pessoa já estiver sofrendo coação em sua liberdade de locomoção.

Não há pagamento de custas ou de qualquer outra taxa judiciária no *habeas corpus*, em razão do disposto no art. 5º, LXXVII, que prevê gratuidade para as ações de *habeas corpus*.

Embora não conste da lei, a doutrina e a jurisprudência já consagraram a possibilidade do deferimento de liminar em *habeas corpus*. Como destaca *Júlio César Bebber*(125), "a ação de *habeas corpus*, já o disse, integra a jurisdição constitucional da liberdade. Desse modo, se o magistrado, mediante cognição sumária, se convencer da ilegalidade do constrangimento, poderá conceder a segurança liminarmente, antecipando, assim, a tutela final requerida."

Concedendo ou não a liminar, o juiz deverá notificar o coator para, querendo, prestar as informações que julgar necessárias.

Da decisão proferida em sede de *habeas corpus*, comporta os seguintes recursos:

a) se a decisão for de juiz de Vara, caberá recurso ordinário (art. 895 da CLT);

b) se a decisão for do TRT (caberá recurso ordinário para o TST, se a competência originária for do TRT);

c) recurso ordinário para o STF, se a competência originária para conhecer do *mandamus* for do TST;

d) há a possibilidade do recurso de agravo regimental, se o TRT conceder a liminar no *writ* em sede de decisão interlocutória.

(123) MIRABETE, Júlio Fabbrini. *Código de Processo Penal interpretado*. 6. ed. São Paulo: Atlas, 1999. p. 854.

(124) MORAES, Alexandre de. *Direito constitucional*. 15. ed. São Paulo: Atlas, 2004. p. 144.

(125) BEBBER, Júlio César, *op. cit.*, p. 205.

12. Ação Monitória

A Ação Monitória foi inserida no Direito Processual Civil Brasileiro por meio da Lei n. 9.079/1995, que acrescentou as letras *a*, *b* e *c* ao art. 1.102 do CPC/73, como sendo uma ação de rito especial, figurando no rol dos procedimentos especiais de jurisdição contenciosa.

Como destaca *Manoel Antonio Teixeira Filho*(126), "no período medieval, os legisladores, preocupados com a lentidão do procedimento ordinário, instituíram os de caráter sumário, que se caracterizavam, dentre outros traços, pela simplificação dos atos pela realização de audiência única. Uma dessas ações sumárias se fundava em escrituras públicas (ou mesmo privadas), vale dizer, em prova pré-constituída, cuja certeza da existência do direito alegado permitia ao juiz proferir, desde logo, sentença de natureza executiva, tanto que citado o réu [...]. A ação monitória do direito brasileiro, trazida pela Lei n. 9.079, de 14 de julho de 1995 (DOU de 17 do mesmo mês), deriva de uma espécie de uma série de procedimentos medievais descritos, porquanto deve se basear em prova escrita (CPC, art. 1.102-A), podendo o réu oferecer embargos, hipótese em que a eficácia do mandado inicial ficará suspensa, resolvendo-se em simples instrumento de citação (art. 1.102-C)."

Dispõe o art. 700 do CPC:

"A ação monitória pode ser proposta por aquele que afirmar, com base em prova escrita sem eficácia de título executivo, ter direito de exigir do devedor capaz:

I – o pagamento de quantia em dinheiro;

II – a entrega de coisa fungível ou infungível ou de bem móvel ou imóvel;

III – o adimplemento de obrigação de fazer ou de não fazer.

§ 1º A prova escrita pode consistir em prova oral documentada, produzida antecipadamente nos termos do art. 381.

§ 2º Na petição inicial, incumbe ao autor explicitar, conforme o caso:

I – a importância devida, instruindo-a com memória de cálculo;

II – o valor atual da coisa reclamada;

III – o conteúdo patrimonial em discussão ou o proveito econômico perseguido.

§ 3º O valor da causa deverá corresponder à importância prevista no § 2º, incisos I a III.

§ 4º Além das hipóteses do art. 330, a petição inicial será indeferida quando não atendido o disposto no § 2º deste artigo.

§ 5º Havendo dúvida quanto à idoneidade de prova documental apresentada pelo autor, o juiz intimá-lo-á para, querendo, emendar a petição inicial, adaptando-a ao procedimento comum.

§ 6º É admissível ação monitória em face da Fazenda Pública.

(126) TEIXEIRA FILHO, Manoel Antonio. *Ação monitória. Curso de processo do trabalho. Perguntas e respostas sobre assuntos polêmicos em opúsculos específicos.* v. 19. São Paulo: LTr, 1997. p. 5.

§ 7º Na ação monitória, admite-se citação por qualquer dos meios permitidos para o procedimento comum."

Conforme se constata do referido dispositivo legal, a ação monitória é uma ação de rito especial destinada a propiciar a quem tem prova escrita de uma dívida sem força de título executivo extrajudicial, a possibilidade de ingressar com um procedimento mais simplificado, a fim de que o devedor cumpra a obrigação ou transformar a prova escrita em título executivo judicial.

A ação monitória se situa entre os processos de conhecimento e execução, tendo por objeto abreviar o caminho processual daquele que possui prova escrita, sem eficácia de título executivo, o pagamento de soma em dinheiro, entrega de coisa fungível ou de determinado bem móvel ou imóvel ou o adimplemento de obrigação de fazer ou de não fazer.

Diverge a doutrina sobre a natureza jurídica da ação monitória. Para alguns, ela é uma ação executiva[(127)], para outros, de conhecimento[(128)]. Há, ainda, os que sustentam que é uma ação de natureza híbrida, pois se trata de um misto de execução e conhecimento[(129)].

No nosso sentir, a ação monitória não tem natureza de conhecimento ou de execução. É uma ação de rito especial que se situa entre os processos de cognição e execução.

Deve ser destacado que o procedimento monitório é uma faculdade do autor e não uma imposição legal. Se preferir, poderá juntar a prova escrita no próprio procedimento ordinário, sumário ou sumaríssimo, conforme o valor da causa ou a natureza da obrigação[(130)].

---

(127) Nesse sentido, argumenta Edilton Meireles: "Em suma, só se entendendo a ação monitória como de natureza executiva, tal como trazida para nosso ordenamento jurídico, estaremos alcançando o objetivo da reforma processual. [...]" (*Ação de execução monitória.* 2. ed. São Paulo: LTr, 1998. p. 67).

(128) Nesse diapasão, é a visão de Nelson Nery Junior: "A ação monitória é ação de conhecimento, condenatória, com procedimento especial de cognição sumária e de execução sem título" (*Código de Processo Civil comentado.* 7. ed. São Paulo: RT, 2003. p. 1206). Do mesmo teor, é a opinião de Estêvão Mallet: "Constitui a tutela monitória verdadeira ação condenatória, diferenciando-se tão somente pela particular forma processual de que se reveste" (*Procedimento monitório no processo do trabalho.* São Paulo: LTr, 2000. p. 38).

(129) Nesse diapasão, é a respeitada opinião de Antonio Carlos Marcato: "O procedimento monitório foi introduzido no sistema jurídico-processual brasileiro pela Lei n. 9.079, de 14.7.95, e resulta da fusão de atos típicos de cognição e de execução, sendo informado, ainda pela técnica da inversão do contraditório. Dotado de uma estrutura procedimental diferenciada, o processo monitório representa o produto final da conjugação de técnicas relacionadas ao processo de conhecimento e de execução, somadas à da inversão do contraditório, aglutinando, em uma só base processual, atividades cognitivas e de execução" (*Procedimentos especiais.* 10. ed. São Paulo: Atlas, 2004. p. 299).

(130) Nesse sentido, destaca Nelson Nery Junior: "A utilização da via especial da ação monitória é faculdade do credor, que pretende obter título executivo mais rapidamente e de forma especial, e que está sujeita à não oposição de embargos pelo devedor. Pode o credor, também, ajuizar a sua pretensão pelo procedimento

O objeto da ação monitória é o pagamento em quantia em dinheiro, entrega de bem fungível, que se identifica pelo gênero, qualidade e quantidade, ou coisa móvel determinada. O CPC de 2015 alargou o objeto da ação monitória para abranger, também, os pedidos de entrega de bem imóvel ou o adimplemento de obrigação de fazer ou de não fazer.

A expressão *prova escrita* pensamos ser prova documental escrita(131), pré-constituída(132) que, em análise perfunctória, convença o juiz sobre a verossimilhança(133) da obrigação. Não se trata de certeza, pois esta só se constata nos títulos que a Lei atribui força executiva (judiciais e extrajudiciais).

Nos termos do § 1º do art. 700 do CPC, a prova escrita pode consistir em prova oral documentada, produzida antecipadamente.

Embora haja divergência na doutrina, acreditamos que o documento escrito não precisa emanar do devedor, ou ser firmado pelo devedor em conjunto com o credor, pois a Lei não faz tal distinção. Pode emanar do próprio credor ou até mesmo de terceiro(134). Basta que o documento escrito convença o juiz sobre a verossimilhança da obrigação(135). De outro lado, se o documento for emanado do próprio devedor, o poder de convicção do juiz será mais acentuado.

Nesse diapasão, destacamos a seguinte ementa:

> "Ação monitória — Cobrança de contribuição sindical — Não cabimento. A ação monitória, como um atalho processual, se vale da prova pré-constituída, que equivaleria à prova ou forte probabilidade do direito e da relação jurídica de crédito e débito, para conferir ao credor o célere adimplemento de uma determinada obrigação. Aliás, esse é o argumento fundamental para que se negue a possibilidade da utilização do procedimento monitório para a cobrança da contribuição sindical. Quando um Sindicato alega que a empresa a ele vinculada não recolheu as contribuições sindicais respectivas, não há prova pré-constituída a ser produzida nos autos que possa gerar no espírito do julgador o juízo de plausibilidade

---

comum" (*Código de Processo Civil comentado e legislação extravagante.* 7. ed. São Paulo: RT, 2003. p. 1.208).

(131) Para Adalberto Martins, a expressão "prova escrita" não se confunde com prova documental, eis que fitas cassetes, fitas de vídeo e CD-Rom são considerados documentos. Igualmente, não se admite o mero "começo de prova por escrito", de que trata o art. 402, I, do Código de Processo Civil (*Manual didático de direito processual do trabalho.* 2. ed. São Paulo: Malheiros, 2007. p. 324).

(132) Não há vedação na lei para que a prova escrita seja constituída de mais de um documento.

(133) Verossimilhança é aquilo que tem probabilidade forte de veracidade. Aquilo que "cheira à verdade". O juiz terá mais motivos para crer do que para não crer.

(134) Exemplifica Adalberto Martins que o documento pode emanar de terceiro como é o caso de uma ata de audiência em reclamação anterior, e na qual o empregador confirma o direito do empregado (*op. cit.*, p. 324).

(135) Nesse mesmo diapasão, pensa Estêvão Mallet: "O documento poderá ser confeccionado pelo próprio devedor e por ele assinado, isoladamente ou em conjunto com terceiros, ou mesmo confeccionado por terceiro e apenas assinado pelo devedor. Também se admite o documento elaborado e assinado não pelo próprio devedor, mas por seus representantes. Na verdade, sequer a assinatura do devedor, que serve muito mais para determinada proveniência do documento é imprescindível" (*Procedimento monitório no processo do trabalho.* São Paulo: LTr, 2000. p. 66).

exigido pela ação monitória. A apresentação de uma guia de recolhimento ou mesmo de uma notificação para pagamento de dívida não são documentos, hábeis para criar uma hipótese de verossimilhança da existência de um crédito entre a entidade sindical e a empresa notificada, na qualidade de credor e devedor, respectivamente. Afinal, trata-se de documentos confeccionados unilateralmente pelo credor e não contêm nenhuma fumaça de direito capaz de fundamentar o procedimento injuntivo." (TRT – 15ª R. – 2ª T. – ROPS n. 510/2006.109.15.00-4 – relª Mariane Khayat – DJ 2.2.07 – p. 84)

Diz o art. 701 do CPC: "sendo evidente o direito do autor, o juiz deferirá a expedição de mandado de pagamento, de entrega de coisa ou para execução de obrigação de fazer ou de não fazer, concedendo ao réu prazo de 15 (quinze) dias para o cumprimento e o pagamento de honorários advocatícios de cinco por cento do valor atribuído à causa. § 1º O réu será isento do pagamento de custas processuais se cumprir o mandado no prazo. § 2º Constituir-se-á de pleno direito o título executivo judicial, independentemente de qualquer formalidade, se não realizado o pagamento e não apresentados os embargos previstos no art. 702, observando-se, no que couber, o Título II do Livro I da Parte Especial. § 3º É cabível ação rescisória da decisão prevista no *caput* quando ocorrer a hipótese do § 2º. § 4º Sendo a ré Fazenda Pública, não apresentados os embargos previstos no art. 702, aplicar-se-á o disposto no art. 496, observando-se, a seguir, no que couber, o Título II do Livro I da Parte Especial. § 5º Aplica-se à ação monitória, no que couber, o art. 916."

A petição inicial deve estar instruída com a prova escrita da dívida. Se o objeto do pedido for de obrigação de pagar, o pedido deverá estar devidamente liquidado(136), pois ato contínuo ao despacho da inicial, se presentes os requisitos da Lei e convencendo-se o Juiz de que o direito do autor é evidente, o juiz expedirá o Mandado para o pagamento, no prazo de 15 dias. A decisão que determina a expedição do mandado deve ser fundamentada, ainda que de forma concisa (art. 93, IX, da CF).

Se a prova escrita não for juntada, por ser um documento essencial, ao contrário do que sustentam alguns, pensamos que não deverá o juiz extinguir a ação desde logo e propiciar o prazo de 15 dias para o autor juntar tal documento, com suporte no art. 321 do CPC e também entendemos que o Juiz do Trabalho deverá adotar o mesmo procedimento, com fulcro na Súmula n. 263 do C. TST.

A decisão do juiz que determina a expedição do Mandado Monitório é proferida em cognição sumária, sem observância do contraditório prévio, que fica diferido para a fase dos embargos. Conforme tem acertadamente se posicionado a doutrina, a decisão que determina a expedição do mandado é irrecorrível. Embora possa ter contornos de decisão interlocutória, o contraditório não pode ser exercido de imediato, ficando postergado para a fase dos embargos. Não há se falar em cerceamento de defesa, em razão da não possibilidade de recurso imediato, pois o contraditório será exercido amplamente nos embargos, que independem de garantia do juízo (art. 702 do CPC).

(136) Não há a possibilidade de pedido ilíquido na Ação Monitória. Se o pedido for ilíquido, pensamos dever o magistrado extinguir a ação sem resolução de mérito, por falta de pressuposto processual de desenvolvimento da relação jurídico-processual (art. 485 do CPC).

Se o réu cumprir espontaneamente o mandado, extingue-se o processo com resolução de mérito, bem como a obrigação, ficando isento do pagamento das custas processuais (art. 701 do CPC).

Pode também o réu optar por embargar por meio dos embargos monitórios, nos termos do art. 702 do CPC, *in verbis*:

> "Independentemente de prévia segurança do juízo, o réu poderá opor, nos próprios autos, no prazo previsto no art. 701, embargos à ação monitória.
>
> § 1º Os embargos podem se fundar em matéria passível de alegação como defesa no procedimento comum.
>
> § 2º Quando o réu alegar que o autor pleiteia quantia superior à devida, cumprir-lhe-á declarar de imediato o valor que entende correto, apresentando demonstrativo discriminado e atualizado da dívida.
>
> § 3º Não apontado o valor correto ou não apresentado o demonstrativo, os embargos serão liminarmente rejeitados, se esse for o seu único fundamento, e, se houver outro fundamento, os embargos serão processados, mas o juiz deixará de examinar a alegação de excesso.
>
> § 4º A oposição dos embargos suspende a eficácia da decisão referida no *caput* do art. 701 até o julgamento em primeiro grau.
>
> § 5º O autor será intimado para responder aos embargos no prazo de 15 (quinze) dias.
>
> § 6º Na ação monitória admite-se a reconvenção, sendo vedado o oferecimento de reconvenção à reconvenção.
>
> § 7º A critério do juiz, os embargos serão autuados em apartado, se parciais, constituindo-se de pleno direito o título executivo judicial em relação à parcela incontroversa.
>
> § 8º Rejeitados os embargos, constituir-se-á de pleno direito o título executivo judicial, prosseguindo-se o processo em observância ao disposto no Título II do Livro I da Parte Especial, no que for cabível.
>
> § 9º Cabe apelação contra a sentença que acolhe ou rejeita os embargos.
>
> § 10. O juiz condenará o autor de ação monitória proposta indevidamente e de má-fé ao pagamento, em favor do réu, de multa de até dez por cento sobre o valor da causa.
>
> § 11. O juiz condenará o réu que de má-fé opuser embargos à ação monitória ao pagamento de multa de até dez por cento sobre o valor atribuído à causa, em favor do autor."

Discute a doutrina a natureza jurídica dos embargos monitórios. Para alguns, é uma verdadeira ação; para outros, tem índole de defesa. Acreditamos que os embargos possuem natureza jurídica de defesa, ou de impugnação. Não se trata de ação, pois a ação monitória não tem natureza executiva, como se dá na execução por título executivo extrajudicial. Além disso, não nos parece compatível com a agilidade e com o caráter desburocratizado do procedimento monitório[137] se entender que a partir

(137) Nesse sentido, o item 3, da Exposição de Motivos do Projeto de Lei da Ação Monitória (PL n. 3.805-A/93) que foi aprovado, sem emenda no congresso, assevera que a ação monitória tem por objetivo *desburocratizar, agilizar e dar efetividade ao processo civil. In:* PAULA, Alexandre de. *Código de Processo Civil anotado.* v. 4, 7. ed. São Paulo: RT, 1998. p. 4.051.

da oposição dos embargos tem início uma nova ação incidental no curso da ação monitória. Pensamos ser a ação monitória um procedimento único de rito especial e, sendo assim, os embargos constituem modalidade de defesa ou de impugnação.

Rejeitados os embargos, ou se eles não forem opostos, constituir-se-á, de pleno direito, o título executivo judicial, prosseguindo-se com a fase de cumprimento da sentença.

Se os embargos não forem opostos, haverá a revelia. Os efeitos da revelia são muito mais drásticos na Ação Monitória do que no rito ordinário, pois enquanto neste há uma presunção ficta de veracidade dos fatos (art. 344 do CPC), na Monitória, há a transformação da prova escrita em título executivo judicial. Deve ser destacado que a não oposição dos embargos monitórios não obriga o juiz a converter a prova escrita em título executivo, pois deve avaliar a revelia segundo o seu livre convencimento motivado e, se entender que a prova escrita não guarda verossimilhança, poderá decretar a improcedência do pedido. Mesmo já tendo expedido o mandado monitório em análise superficial, poderá o juiz, em análise mais acurada, mesmo não havendo apresentação dos embargos, revogar o mandado já expedido.

Se forem acolhidos os embargos monitórios, o juiz julgará improcedente o pedido formulado na Ação Monitória, extinguindo-se o processo com resolução de mérito (art. 487 do CPC).

12.1. A Ação Monitória no Direito Processual do Trabalho

Antes da Lei n. 9.958/00 que inseriu, no rol dos títulos executivos previstos no art. 876 da CLT, dois títulos extrajudiciais, quais sejam, os termos de ajustes de conduta firmados pelo Ministério Público do Trabalho e os Termos de Acordos não Cumpridos nas Comissões de Conciliação Prévia[(138)], havia uma certa resistência da doutrina em admitir a Ação Monitória no Direito Processual do Trabalho, pois se a Justiça do Trabalho não tinha competência para a execução de títulos executivos extrajudiciais, também não teria para a Ação Monitória[(139)]. Não obstante, mesmo antes da Lei n. 9.958/00, a doutrina de forma majoritária e também a jurisprudência admitiam a Ação Monitória no âmbito da Justiça do Trabalho, em razão de omissão

(138) Embora os títulos executivos extrajudiciais constem no art. 876, da CLT, a nosso ver, não se trata de um rol taxativo e sim exemplificativo, não vedando que outros títulos executivos extrajudiciais possam ser executados no foro trabalhista, como o executivo fiscal oriundo dos atos de fiscalização do trabalho. Após a EC n. 45/04, a certidão da dívida ativa da União decorrente de infrações aplicadas ao empregador pelos Órgãos de fiscalização do trabalho constitui um novo título executivo extrajudicial que será executado na Justiça do Trabalho, segundo a Lei n. 6.830/80. Por se tratar de ação de rito especial, o Juiz do Trabalho não aplicará a CLT.

(139) Nesse sentido, por todos, *vide* MARTINS, Sergio Pinto. *Direito processual do trabalho.* São Paulo: Atlas, 1997. p. 430. Manoel Antonio Teixeira Filho admitia a competência da Justiça do Trabalho para a Ação Monitória, mas não para a execução de Títulos Executivos Extrajudiciais (*Ação monitória. Curso de processo do trabalho. Perguntas e respostas sobre assuntos polêmicos em opúsculos específicos.* São Paulo: LTr, 1997. v. 19, p. 16).

da CLT e compatibilidade com os princípios do Direito Processual do Trabalho (art. 769 da CLT), uma vez que a Ação Monitória não se trata de ação para execução de título executivo extrajudicial[140]. Além disso, a Ação Monitória propicia maior efetividade e celeridade do processo[141].

Como bem adverte *Wilson de Souza Campos Batalha*[142]: "o Direito Processual do Trabalho tem características próprias que lhe asseguram relativa autonomia [...]. Bastaria uma referência ao art. 769 da nossa Consolidação das Leis do Trabalho para tornar fora de dúvida a relatividade da autonomia do Direito Processual do Trabalho [...]. Autonomia, como obtempera *De Litala* (*Op. cit.*, p. 19), autonomia de uma disciplina jurídica não significa independência absoluta em relação às outras disciplinas. Assim, não obstante dotado de autonomia, o direito processual do trabalho está em situação de interdependência com as ciências processuais particulares, notadamente com o direito processual civil, com o qual tem muitíssimos pontos de contato."

No nosso sentir, a Ação Monitória se encaixa perfeitamente ao Processo do Trabalho, pois facilita o acesso à Justiça do trabalhador que possui prova escrita da dívida, mas sem eficácia de título executivo judicial ou extrajudicial, simplificando o procedimento e abreviando o curso do procedimento.

Apesar de pouco utilizada na Justiça do Trabalho[143], a ação monitória é um precioso instrumento a ser prestigiado, tanto pelo trabalhador como para o tomador

---

(140) Nesse diapasão, a visão de Jorge Luiz Souto Maior: "A aplicação da Ação Monitória na Justiça do Trabalho não colide com a noção de que títulos extrajudiciais não se executam na esfera trabalhista. Primeiro, porque a ação monitória se destina exatamente aos títulos que não possuem força executiva, servindo tais títulos apenas como prova da veracidade dos fatos alegados pelo autor, como forma de abreviar a fase cognitiva. (Ação monitória na Justiça do Trabalho. *In:* SENTO-SÉ, Jairo Lins de Albuquerque (Coord.). *A efetividade do processo do trabalho.* São Paulo: LTr, 1999. p. 40).

(141) Nesse sentido, destacamos as seguintes ementas: "É cabível a ação monitória quando se pretende obter, com base em prova escrita e sem eficácia de título executivo, pagamento de soma em dinheiro" (art. 1102, *a*, do CPC). (TRT – 1ª R. – 8ª T. – RO n. 13.234/96 – relª Juíza Eva Marta C. de Brito – DJRJ 26.11.98 – p. 163). "Ação monitória — Processo do trabalho — Cabimento. Se a demanda versa sobre verbas rescisórias trabalhistas não pagas, compete à Justiça do Trabalho conciliar e julgá-la (CF, art. 114, *caput*), afastando-se o argumento da reclamada de que a ação monitória caberia ao Juízo Cível. O documento apresentado pela autora, TRCT, expedido por seu ex-empregador, e devidamente homologado pelo sindicato de classe, confere-lhe um crédito em decorrência da rescisão contratual, sem o pagamento das verbas rescisórias às quais tem direito. Com efeito, considerando-se que o art. 769 da CLT prescreve que nos casos omissos, o direito processual comum será fonte subsidiária do direito processual do trabalho, exceto naquilo em que for incompatível, há que se amparar o ajuizamento de ação monitória nessa Justiça Especializada" (TRT – 15ª R. – 5ª T. – Ac. n. 9387/2001 – relª Olga Aída J. Gomieri – DJSP 19.3.2001 – p. 35).

(142) BATALHA, Wilson de Souza Campos. *Tratado de direito judiciário do trabalho.* 2. ed. São Paulo: LTr, 1985. p. 139.

(143) Em muitos anos de militância na Justiça do Trabalho, tivemos a oportunidade de tomar contato com não mais do que meia dúzia de Ações Monitórias, sendo que algumas, por desatenção, foram para a audiência sem a expedição do Mandado Monitório. Até mesmo com a Lei n. 9.958/00, em muitas Execuções de acordos não cumpridos junto às Comissões de Conciliação Prévia, nas Varas por que passamos, adotava-se o procedimento de designação de audiência, antes da expedição do mandado. Acreditamos que isso se deve à falta de tradição da Justiça do Trabalho, pois, por anos, somente conviveu com a execução de títulos executivos judiciais.

dos serviços a fim de abreviar o curso do processo trabalhista e efetividade processual, sem necessidade de se recorrer ao procedimento ordinário. Nesse sentido, destacamos a seguinte ementa:

> "Ação monitória — Cabimento. A ação monitória prevista no CPC para cobrança de soma em dinheiro, com base em prova escrita e sem eficácia de título executivo, constitui moderno avanço processual, que não conflita com o art. 876 da CLT, porque é perfeitamente aplicável ao procedimento trabalhista com fundamento no art. 114 da Constituição Federal, nos arts. 769 e 877-A da CLT, na celeridade e na economia processual." (TRT – 15ª R. – 1ª T .– Ac. n. 6.130/2001 – rel. Antônio M. Pereira – DJSP 5.3.2001 – p. 6)

Acreditamos que a competência material da Justiça do Trabalho se fixa se o documento escrito, sem eficácia de título executivo extrajudicial, for oriundo ou decorrente da *relação de trabalho*(144), ou estiver relacionado com os incisos II a VIII, do art. 114, da Constituição Federal.

Nesse sentido, destacamos a seguinte ementa:

> "Ação monitória — Competência da Justiça do Trabalho — Natureza da relação obrigacional revelada pela prova. Reputa-se imprescindível à definição da competência material — se da Justiça Comum ou da Justiça do Trabalho — saber-se a natureza da relação obrigacional emanada da prova escrita em que se baseia o autor para a proposição da ação monitória. Esse entendimento, mesmo preteritamente à edição da Emenda Constitucional n. 45, de 8.12.05, já predominava no Superior Tribunal de Justiça, a quem ainda incumbe, em seara cível, a uniformização jurisprudencial em matérias afetas à Justiça Comum e à Justiça Federal (inciso III, *caput* e alínea *c*, do art. 105, da Constituição da República) — suas decisões, não obstante a consabida não subsunção dos órgãos judiciários trabalhistas aos posicionamentos, ainda que iterativos ou mesmo sedimentados, da referida Corte, consubstanciam potente balizador para a apreciação e o julgamento de questões congêneres por esta especializada, merecendo ser sopesadas. Da posição do STJ o Tribunal Superior do Trabalho não discrepa, tendo, inclusive, com base no princípio da celeridade e da economia processual — hoje elevados ao patamar constitucional por meio do inciso LXXVIII do art. 5º, acrescentado a este dispositivo pela EC n. 45/04 —, albergado a conversão de ação monitória em reclamação trabalhista, mitigando, com isso, os rigores da processualística, na medida em que, de acordo com o art. 295, inciso V, do CPC, aplicado subsidiariamente ao processo do trabalho, a petição inicial não será indeferida quando a ação puder adaptar-se ao tipo de procedimento legal. Neste contexto jurídico, se o objeto da ação proposta é — à

(144) Entendemos que a interpretação da expressão "relação de trabalho", para fins da competência material da Justiça do Trabalho, abrange: as lides decorrentes de qualquer espécie de prestação de trabalho humano, preponderantemente pessoal, seja qualquer a modalidade do vínculo jurídico, prestado por pessoa natural em favor de pessoa natural ou jurídica. Abrange tanto as ações propostas pelos trabalhadores, como as ações propostas pelos tomadores dos seus serviços. Pensamos que as ações oriundas da relação de trabalho envolvem diretamente os prestadores e tomadores de serviços e as ações decorrentes envolvem controvérsias paralelas, em que não estão diretamente envolvidos tomador e prestador, mas terceiros. Até mesmo a lei ordinária poderá dilatar a competência da Justiça do Trabalho para outras controvérsias que guardam nexo causal com o contrato de trabalho. Não há contradição ou desnecessidade da existência do inciso IX, pois o legislador, prevendo um maior crescimento da Justiça do Trabalho e maior desenvolvimento das relações laborais deixou a cargo da lei ordinária futura, dilatar a competência da Justiça do Trabalho, desde que dentro dos parâmetros disciplinados pelos incisos I a VIII, do art. 114, da CF.

luz do art. 1.102-A, e seguintes, do CPC — o pagamento de soma em dinheiro, com base em prova escrita do crédito que o autor possui diante do devedor-réu, porém sem eficácia de título executivo, e a relação que existiu entre eles opõe, de um lado, no polo ativo, o ex-empregado, e de outro, no polo passivo, o ex-empregador, sendo, ademais e essencialmente, a pretensão deduzida diretamente relacionada, de acordo com a prova produzida nos autos, ao vínculo empregatício que existiu entre eles, a competência material é, inegavelmente, da Justiça do Trabalho." (TRT – 3ª R. – 3ª T. – RO n. 330/2006.056.03.00-7 – rel. Irapuan de Oliveira T. Lyra – DJ 2.12.06 – p. 5)

Com a EC n. 45/04 são inúmeras as hipóteses de cabimento da ação monitória na Justiça do Trabalho. Por exemplo, se um trabalhador, em razão de um contrato de prestação de serviços por empreitada, recebeu um cheque sem fundos em pagamento de seus serviços, não poderá executar o cheque na Justiça do Trabalho, pois o cheque, embora tenha força executiva, não é um título eminentemente causal e, em razão disso, não há competência material da Justiça do Trabalho para executá-lo (art. 876 da CLT), não obstante, possa o trabalhador optar por ingressar com a Ação Monitória na Justiça do Trabalho para receber o valor dos serviços, sendo o cheque prova escrita da dívida.

Contudo, pensamos que o trabalhador poderá optar em executar o cheque na Justiça Comum, se ele ainda não estiver prescrito. Caso o cheque dado em pagamento pela execução dos serviços esteja prescrito, o trabalhador somente poderá ingressar com a Ação Monitória na Justiça do Trabalho, pois o cheque é prova da dívida oriunda da relação de trabalho, restando aplicável à hipótese o art. 114, I, da Constituição Federal.

Acreditamos ser cabível também a Ação Monitória para cobrança de contribuições de INSS incidentes sobre os acordos firmados perante a Comissão de Conciliação Prévia quanto às parcelas do INSS, pois o parágrafo único do art. 876 da CLT com a redação dada pela recente Lei n. 11.457, de 15 de março de 2007[145], não estendeu a competência da Justiça do Trabalho para executar tal parcela.

Desse modo, pode o Procurador da Fazenda, munido do acordo firmado perante a Comissão de Conciliação Prévia, ingressar com a Ação Monitória para cobrança da parcela previdenciária incidente sobre as verbas de índole salarial.

Quanto à competência territorial, devem ser aplicadas as regras do art. 651 da CLT, sendo a regra geral de competência o local da prestação dos serviços[146].

Acreditamos que, na Justiça do Trabalho, a ação monitória pode ser utilizada tanto pelos trabalhadores como pelos tomadores de serviços. Não há como se restringir tal

(145) Diz o parágrafo único do art. 876 da CLT: "Serão executadas *ex officio* as contribuições sociais devidas em decorrência de decisão proferida pelos Juízes e Tribunais do Trabalho, resultantes de condenação ou homologação de acordo, inclusive sobre os salários pagos durante o período contratual reconhecido."

(146) Nesse sentido, é a visão de Estêvão Mallet (*Procedimento monitório no processo do trabalho*. São Paulo: LTr, 2000. p. 48).

ação para o trabalhador, pois a norma não restringe. Mesmo considerando os princípios da proteção e irrenunciabilidade de direitos próprios do Direito do Trabalho, pensamos poder o empregador se utilizar da ação monitória para pagamento de soma em dinheiro, entrega de coisa fungível ou de determinado bem móvel. Entretanto, deve o Juiz do Trabalho ter cuidado mais acentuado quando analisar a seriedade e verossimilhança da prova documental juntada pelo empregador.

Nesse mesmo diapasão, destacamos a opinião de *Estêvão Mallet*(147):

> "O procedimento monitório não está a serviço apenas do empregado, para cobrança de seus créditos, admitindo-se igualmente seja utilizado pelo empregador. A legislação processual comum não contém qualquer restrição no particular, não havendo incompatibilidade alguma entre os princípios informativos do Processo do Trabalho e a demanda monitória proposta pelo empregador em face do empregado. Justifica-se, de todo modo, a menção expressa dessa possibilidade, dado encontrarem-se procedimentos passíveis de utilização somente por um dos sujeitos da relação de emprego. O inquérito para apuração de falta grave, por exemplo, somente pode ser proposto pelo empregador, como resulta de sua finalidade e, bem assim, dos próprios termos do art. 853, da CLT. Decorre do exposto que, contando o empregador com prova escrita e presentes os demais requisitos mencionados no art. 1.102, *a* do CPC, poderá cobrar o empregado a satisfação da obrigação mediante procedimento monitório, consistente, por exemplo, na devolução de vestimentas ou utensílios cedidos para uso durante a vigência do contrato de trabalho."

12.2. Do procedimento da Ação Monitória na Justiça do Trabalho

O Processo do Trabalho sempre conviveu com a aplicabilidade do Código de Processo Civil, por força do art. 769 da CLT. Quando é criado um novo instituto processual civil, ele é transportado para o direito processual do trabalho com as adaptações necessárias.

Não há como se aplicar totalmente o procedimento da Ação Monitória prevista no Código de Processo Civil(148), por colidir com alguns dispositivos do Processo do Trabalho, como os prazos, audiência e necessidade de propostas de conciliação.

(147) *Op. cit.*, p. 55.

(148) Embora a Ação Monitória seja processada por Rito Especial, o seu rito não foi excepcionado da regra geral de aplicação do Procedimento trabalhista pelo TST. Nesse sentido, o C. Tribunal Superior do Trabalho, por meio da Instrução Normativa 27 (Resolução n. 126/2005 – DJ 22.2.2005), disciplinou a questão, *in verbis*: "Ementa: Dispõe sobre normas procedimentais aplicáveis ao processo do trabalho em decorrência da ampliação da competência da Justiça do Trabalho pela Emenda Constitucional n. 45/2004. Art. 1º – As ações ajuizadas na Justiça do Trabalho tramitarão pelo rito ordinário ou sumaríssimo, conforme previsto na Consolidação das Leis do Trabalho, excepcionando-se, apenas, as que, por disciplina legal expressa, estejam sujeitas a rito especial, tais como o Mandado de Segurança, *Habeas Corpus*, *Habeas Data*, Ação Rescisória, Ação Cautelar e Ação de Consignação em Pagamento."

Pensamos que o procedimento Monitório do Processo do Trabalho deve seguir as seguintes etapas:

a) propositura da ação, tendo a inicial que preencher os requisitos dos arts. 840 da CLT e 700 do CPC, com a juntada da prova escrita sem eficácia de título executivo extrajudicial;

b) apreciação da inicial, pelo Juiz do Trabalho e, segundo seu livre convencimento, determinar ou não a expedição do mandado monitório em decisão irrecorrível. Caso o juiz indefira de plano a inicial, esta decisão poderá ser atacada pelo Recurso Ordinário (art. 895 da CLT);

c) expedição do Mandado monitório, assinalando o prazo de 15 dias para cumprimento pelo reclamado, podendo este apresentar embargos, em audiência, que já deve ser previamente designada. A audiência é necessária, pois este é momento da apresentação da defesa (arts. 841 e 847, ambos da CLT) e também a apresentação das provas;

d) se o mandado for espontaneamente cumprido pelo reclamado, extingue-se o processo, com resolução de mérito;

e) havendo os embargos, o Juiz do Trabalho decidirá o pedido por sentença, recorrível mediante Recurso Ordinário;

f) se não houver a apresentação dos embargos em audiência, haverá a revelia (arts. 844 da CLT e 344 do CPC), transformando a prova escrita, em título executivo judicial;

g) após o trânsito em julgado da decisão proferida pela Vara ao apreciar os embargos monitórios, a execução da decisão se faz pelas regras da CLT (Capítulo V "Da execução"), aplicando-se em caso de omissão e compatibilidade (arts. 889 e 769 da CLT), as regras da Lei n. 6.830/80 e do Cumprimento da Sentença, fixadas no CPC.

12.3. Da ação monitória em face da Fazenda Pública

Há controvérsias sobre ser cabível a ação monitória em face da Fazenda Pública. Sustenta parte da doutrina que ela se mostra incabível em razão da necessidade de precatório para a execução ante o Poder Público, e da necessidade do duplo grau de jurisdição para eficácia da decisão na fase de conhecimento.

Em que pesem os argumentos contrários, pensamos que a ação monitória se mostra cabível perante a Fazenda Pública, pois a referida ação tem natureza híbrida, porque é um misto de ação de conhecimento e execução e, por isso, não há vedação para ser utilizada diante da Fazenda Pública. Além disso, a ação monitória pode ter por objeto a entrega de coisa e também postular crédito de pequeno valor, situações em que não há necessidade do precatório.

No aspecto, concordamos com *Carlos Henrique Bezerra Leite*(149) quando assevera:

> "[...] Para os que, como nós, enaltecem que a monitória tem natureza de ação cognitiva condenatória, não há qualquer vedação ou incompatibilidade quanto ao seu manejo em face das pessoas jurídicas de direito público, uma vez que em qualquer caso o mandado de citação, caso não haja apresentação de embargos, tem eficácia de título executivo judicial. É por isso que a decisão judicial que determina a expedição do mandado citatório para pagamento ou entrega de coisa possui natureza de sentença condenatória, que produzirá coisa julgada material, desafiando, portanto, ação recisória de que trata do art. 485 do CPC."

Nesse sentido, dispõe a Súmula n. 339 do STJ, *in verbis*:

> "É cabível ação monitória contra a Fazenda Pública." (DJ 30.5.2007)

O § 6º, do art. 700, do CPC/2015, expressamente admite a ação monitória em face da Fazenda Pública.

Nos termos do § § 4º, art. 701, do CPC, sendo a ré Fazenda Pública, não apresentados os embargos previstos no art. 702, aplicar-se-á o disposto no art. 496, observando-se, a seguir, no que couber, o Título II do Livro I da Parte Especial.

13. Mandado de Segurança na Justiça do Trabalho

13.1. Conceito de Mandado de Segurança

O mandado de segurança é uma ação constitucional, de natureza civil, regulamentada em lei especial, destinada a tutelar direito líquido e certo contra ato praticado por autoridade pública.

Na definição de *Hely Lopes Meirelles*(150):

> "Mandado de segurança é o meio constitucional posto à disposição de toda pessoa física ou jurídica, órgão com capacidade processual, ou universalidade reconhecida por lei, para a proteção de direito individual ou coletivo, líquido e certo, não amparado por *habeas corpus* ou *habeas data*, lesado ou ameaçado de lesão, por ato de autoridade, seja de que categoria for e sejam quais forem as funções que exerça."

Diz o art. 5º, LXIX, da Constituição Federal:

> Conceder-se mandado de segurança para proteger direito líquido e certo, não amparado por *habeas corpus* ou *habeas data*, quando o responsável pela ilegalidade ou abuso de poder for autoridade pública ou agente de pessoa jurídica no exercício de atribuições do Poder Público.

---

(149) BEZERRA LEITE, Carlos Henrique. *Curso de direito processual do trabalho*. 7. ed. São Paulo: LTr, 2009. p. 113.

(150) MEIRELLES, Hely Lopes. *Mandado de segurança*. 22. ed. São Paulo: Malheiros, 2000. p. 21-22.

No mesmo sentido, dispõe o art. 1º da Lei n. 12.016/09:

"Conceder-se-á mandado de segurança para proteger direito líquido e certo, não amparado por *habeas corpus* ou *habeas data*, sempre que, ilegalmente ou com abuso de poder, qualquer pessoa física ou jurídica sofrer violação ou houver justo receio de sofrê-la por parte de autoridade, seja de que categoria for e sejam quais forem as funções que exerça. § 1º Equiparam-se às autoridades, para os efeitos desta Lei, os representantes ou órgãos de partidos políticos e os administradores de entidades autárquicas, bem como os dirigentes de pessoas jurídicas ou as pessoas naturais no exercício de atribuições do poder público, somente no que disser respeito a essas atribuições. § 2º Não cabe mandado de segurança contra os atos de gestão comercial praticados pelos administradores de empresas públicas, de sociedade de economia mista e de concessionárias de serviço público. § 3º Quando o direito ameaçado ou violado couber a várias pessoas, qualquer delas poderá requerer o mandado de segurança."

O novo texto da lei esclarece que a ilegalidade pode partir de qualquer autoridade pública, *seja de que categoria for e sejam quais forem as funções*. Há nítido propósito da Lei ao não restringir a possibilidade de utilização do *writ* em razão da natureza da autoridade pública ou de suas funções.

A doutrina tem classificado o mandado de segurança como sendo uma ação constitucional, de natureza mandamental, processada por rito especial destinada a tutelar direito líquido e certo contra ato de autoridade praticado com ilegalidade ou abuso de poder.

Nos termos do art. 2º da Lei n. 1.016/09, considerar-se-á federal a autoridade coatora se as consequências de ordem patrimonial do ato contra o qual se requer o mandado houverem de ser suportadas pela União ou entidade por ela controlada.

Conforme o art. 3º da Lei n. 1.016/09, o titular de direito líquido e certo decorrente de direito, em condições idênticas, de terceiro poderá impetrar mandado de segurança a favor do direito originário, se o seu titular não o fizer, no prazo de 30 (trinta) dias, quando notificado judicialmente. Parágrafo único. O exercício do direito previsto no *caput* deste artigo submete-se ao prazo fixado no art. 23 desta Lei, contado da notificação.

13.2. Do direito líquido e certo

Não há uniformidade na doutrina sobre o significado da expressão *direito líquido e certo*.

A lei não nos dá essa definição. Portanto, cumpre à doutrina e à jurisprudência delinear o conceito.

Nas precisas palavras de *Hely Lopes Meirelles*[(151)]:

> "*Direito líquido e certo* é o que se apresenta manifesto na sua existência, delimitado na sua extensão e apto a ser exercido no momento da impetração. Por outras palavras, o direito invocado, para ser amparável por mandado de segurança, há de vir expresso em norma legal e trazer em

(151) *Op. cit.*, p. 36.

si todos os requisitos e condições de sua explicação ao impetrante: se sua existência for duvidosa; se sua extensão ainda não estiver delimitada, se seu exercício depender de situações e fato ainda indeterminados, não rende ensejo à segurança embora possa ser defendido por outros meios judiciais."

Conforme a definição acima, direito líquido e certo é o que não se contesta, pois se apresenta expresso em texto legal. Não admite dilação probatória, porque esta somente pode ser documental e pré-constituída. Nessa ótica, se controvérsia houver sobre o direito, não caberá o mandado de segurança.

Nesse sentido, dispõe a seguinte ementa:

> "O direito à estabilidade no emprego, se controvertido, deverá ser definido em ação trabalhista e não em mandado de segurança, pois este procedimento se limita a examinar as violações ou as ameaças ao direito líquido e certo. Inexistindo ato destinado a promover a despedida, sem justa causa, de empregado que se diz estável, ele não pode invocar justo receio de sofrê-la." (TRT – 12ª R. – SE – Ac. n. 000406/95 – rel. Juiz Moreira Cacciari – DJSC 22.2.95 – p. 99)

Não obstante, em razão da liberdade de interpretação da lei, dificilmente, teremos um direito que não possa ser contestável. Ainda que não exista controvérsia fática, a lei sempre poderá ser interpretada em vários sentidos, podendo-se chegar a conclusões diversas sobre o mesmo texto legal.

Diante disso, atualmente, a doutrina tem flexibilizado o conceito de direito líquido e certo para admitir manejo do Mandado de Segurança quando não houver discussão fática sobre a questão invocada. Desse modo, pode haver controvérsia sobre o direito, mas não sobre os fatos.

Nesse diapasão, dispõe a Súmula n. 625 do STF, *in verbis*:

> "Controvérsia sobre matéria de direito não impede a concessão de mandado de segurança."

Diante do exposto, o direito líquido e certo não caracteriza condição da ação no mandado de segurança, sendo questão de mérito. Vale dizer: caso entenda o juiz pela inexistência de direito líquido e certo deverá julgar, rejeitar o pedido e não decretar carência da ação.

Nesse sentido, é visão de *Lúcia Valle Figueiredo*(152):

> "Direito líquido e certo, suficientemente para possibilitar o *writ*, é o que não se submete a controvérsias factuais. E outro falar: o direito deve ser certo quanto aos fatos, muito embora possa haver — e efetivamente haja — controvérsia de direito."

No mesmo sentido, sustentam *José Miguel Garcia Medina* e *Fábio Caldas de Araújo*(153):

> "A expressão 'líquido e certo' sempre foi alvo de críticas, todas procedentes. Na verdade, não é 'o direito' que deverá ser 'líquido e certo'. O texto

---

(152) FIGUEIREDO, Lúcia Valle. *Mandado de segurança.* 6. ed. São Paulo: Malheiros, 2009. p. 31.

(153) *Mandado de segurança individual e coletivo:* comentários à Lei n. 12.016, de 7 de agosto de 2009. São Paulo: RT, 2009. p. 34.

legal sempre o é. Aliás, assenta-se o princípio da constitucionalidade das leis em nosso sistema, bem como da presunção de legitimidade dos atos administrativos. Até prova em contrário, toda lei é constitucional e certa quanto ao seu conteúdo. A expressão, assim, deve ser interpretada sistemática e finalisticamente: o ato considerado ilegal ou abusivo é aquele que pode ser demonstrado de plano, mediante prova meramente documental. Tutela-se um direito evidente. Caso exista a necessidade de cognição profunda para a averiguação da ilegalidade ou prática de abuso, a situação não permitirá o uso da via estreita do mandado de segurança."

De outro lado, para que se justifique o interesse processual no mandado de segurança, deve haver violação concreta da lei, não se admitindo o *mandamus* para se discutir a lei em tese. Nesse sentido, dispõe a Súmula n. 266 do Supremo Tribunal Federal, *in verbis*:

"Não cabe mandado de segurança contra lei em tese."

Na ação de mandado de segurança, não cabe dilação probatória, admitindo-se apenas a prova documental, que deve ser pré-constituída.

Nesse diapasão, dispõe a Súmula n. 415 do TST, *in verbis*:

"MANDADO DE SEGURANÇA. PETIÇÃO INICIAL. ART. 321 DO CPC DE 2015. ART. 284 DO CPC DE 1973. INAPLICABILIDADE. Exigindo o mandado de segurança prova documental pré-constituída, inaplicável o art. 321 do CPC de 2015 (art. 284 do CPC de 1973) quando verificada, na petição inicial do '*mandamus*', a ausência de documento indispensável ou de sua autenticação." (ex-OJ n. 52 da SBDI-2 - inserida em 20.9.2000).

No mesmo sentido, destacam-se as seguintes ementas:

"Mandado de segurança — Prova documental pré-constituída — Ausência. 1. O mandado de segurança exige prova documental pré-constituída do acenado direito líquido e certo afirmado na petição inicial (Lei n. 1.533/51, art. 6º). Não se cogita de ofensa a direito líquido e certo da impetrante se a petição inicial do mandado de segurança não vem instruída com documento que ateste a data em que proferida a decisão impugnada, documento essencial inclusive para contagem do prazo decadencial para a impetração do mandado de segurança. 2. Recurso ordinário a que se nega provimento." (TST – SBDI2 – ROMS n. 645011/2000-4 – rel. Min. João Oreste Dalazen – DJ 14.9.2001 – p. 568) (RDT n. 10/2001 – p. 60)

"Mandado de segurança — Petição inicial — Prova pré-constituída. A ação mandamental requer prova pré-constituída, o que implica a comprovação de plano do sustentado direito e na incontroversia quanto aos fatos articulados via remédio heroico. A ausência de exibição de documentos imprescindíveis à compreensão da lide torna deficitária a formação do *mandamus*, atraindo à hipótese os comandos do art. 8º da Lei n. 1.533/51 e do inciso I do art. 267 do CPC, a teor da OJ n. 52 da egrégia SDI-2 do colendo TST." (TRT 10ª R. – TP – MS n. 329/2002.000.10.00-6 – relª Mª. Regina G. Dias – DJDF 8.8.03 – p. 3) (RDT n. 9 – Setembro de 2003)

13.3. Das competências material e funcional para o mandado de segurança

Antes da EC n. 45/04, praticamente, o mandado de segurança era utilizado tão somente contra ato judicial e apreciado pelo Tribunal Regional do Trabalho. Apenas em algumas hipóteses restritas, como se o Diretor de Secretaria, praticando um ato de sua competência exclusiva poderia figurar como autoridade coatora, quando recusasse, injustificadamente, a conceder carga do processo a um advogado que está no seu prazo falar nos autos(154).

Em razão do aumento da competência da Justiça do Trabalho, os Mandados de Segurança passam a ser cabíveis contra atos de outras autoridades, além das judiciárias, como nas hipóteses dos incisos III e IV, do art. 114, da CF, em face dos Auditores Fiscais e Delegados do Trabalho, Oficiais de Cartório que recusam o registro de entidade sindical, e até mesmo atos do membros do Ministério Público do Trabalho em Inquéritos Civis Públicos, uma vez que o inciso IV do art. 114 diz ser da competência da justiça trabalhista o *mandamus* quando o *ato questionado envolver matéria sujeita à sua jurisdição*.

Nesse mesmo sentido, é a visão de *Sergio Pinto Martins*(155):

> "O mandado de segurança poderá ser impetrado contra auditor fiscal do trabalho ou o Delegado Regional do Trabalho em decorrência de aplicação de multas provenientes da fiscalização das relações de trabalho (art. 114, VII, da Constituição), na interdição de estabelecimento ou setor, de máquina ou equipamento, no embargo à obra (art. 161 da CLT), será proposta na primeira instância e não no TRT)."

Sob outro enfoque, embora o art. 114, IV, da CF, diga caber o mandado de segurança quando o ato questionado estiver sob o crivo da jurisdição trabalhista, também se a matéria for administrativa(156) *interna corporis* o mandado será cabível. Não há como se interpretar o referido inciso de forma literal.

Como destaca *Antonio Álvares da Silva*(157):

> "Seria o maior dos absurdos que os tribunais do trabalho não pudessem julgar, por exemplo, um mandado de segurança impetrado contra seu

(154) Em razão do art. 114, da CF/88 se referir a dissídios entre trabalhadores e empregadores, a Justiça do Trabalho não tinha competência para Mandados de Segurança, cujas autoridades coatoras fosse outras autoridades federais. Nesse sentido, destacamos a seguinte ementa: "CONFLITO NEGATIVO DE COMPETÊNCIA. JUSTIÇA DO TRABALHO E JUSTIÇA FEDERAL. MANDADO DE SEGURANÇA CONTRA DELEGADOS REGIONAIS DO TRABALHO. RELAÇÃO EMPREGATÍCIA. NÃO CARACTERIZAÇÃO. COMPETÊNCIA DA JUSTIÇA FEDERAL. 1. O julgamento de mandado de segurança impetrado contra atos de Delegados Regionais do Trabalho, consistentes na fiscalização e aplicação de sanções administrativas, não é da competência da Justiça Trabalhista, pois não se relaciona à demanda entre empregado e empregador. Portanto, compete à Justiça Federal apreciá-lo e julgá-lo. 2. Conflito conhecido e declarada a competência do Juízo Federal da 8ª Vara da Seção Judiciária do Estado de Minas Gerais, o suscitado." (STJ, CC 40216, Proc. n. 200301678278, MG, rel. Min. Teori Albino Zavascki, *v. u.*, DJU. 2.8.04).

(155) MARTINS, Sergio Pinto. *Direito processual do trabalho*. 26. ed. São Paulo: Atlas, 2006. p.119.

(156) Ensina Lúcia Figueiredo do Valle que ato administrativo "é norma concreta, emanada pelo Estado ou por quem esteja no exercício de função administrativa, que tem por finalidade criar, modificar, extinguir ou declarar relações entre este (o Estado) e o administrado, suscetível de ser contrastada pelo Poder Judiciário" (*Curso de direito administrativo*. 4. ed. São Paulo: Malheiros, 2000. p. 151-152).

(157) SILVA, Antônio Álvares da, *op. cit.*, p. 208.

presidente, numa questão administrativa, nem que ao órgão especial não pudesse ser dada competência para julgar questões administrativas internas em geral."

A competência para o mandado de segurança se dá como regra geral em razão da qualidade da autoridade coatora. Nesse sentido, é a visão de *Hely Lopes Meirelles*(158) que foi consagrada pelos Tribunais: "A competência para julgar mandado de segurança define-se pela categoria da autoridade coatora e pela sua sede funcional."

No mesmo sentido, sustentam *José Miguel Garcia Medina* e *Fábio Caldas de Araújo*(159):

> "[...] é correto afirmar que a competência no mandado de segurança é definida pela qualificação da autoridade coatora (*rationae auctoritatis*). No mandado de segurança, a análise da competência exige o exame do plexo da competência atribuída à autoridade coatora, de tal forma que a primeira investigação deverá levar em consideração a esfera à qual está vinculada."

Nesse diapasão, também destacamos a seguinte ementa:

> "Irrelevante, para fixação da competência, a matéria a ser discutida em Mandado de Segurança, posto que é em razão da autoridade da qual emanou o ato, dito lesivo, que se determina qual o Juízo a que deve ser submetida a causa."(160)

Na Justiça do Trabalho, a competência para o mandado de segurança se fixa, diante da EC n. 45/04, em razão da matéria, ou seja, que o ato praticado esteja submetido à jurisdição trabalhista. O critério determinante não é a qualidade da autoridade coatora, mas sim a competência jurisdicional para desfazer o ato praticado. Desse modo, ainda que a autoridade coatora seja Municipal, Estadual ou Federal, se o ato questionado estiver sujeito à jurisdição trabalhista, a competência será da Justiça do Trabalho e não das Justiças Estadual ou Federal.

Não obstante, fixada a competência material da Justiça do Trabalho, a competência funcional será a Vara do Trabalho do foro do domicílio da autoridade coatora, salvo as hipóteses de foro especial, conforme disciplinado na Constituição Federal(161).

Como bem sintetiza *Bebber*(162), "se o ato administrativo questionado envolver matéria sujeita à jurisdição da Justiça do Trabalho, a competência funcional será

(158) MEIRELLES, Hely Lopes, *op. cit.*, p. 65.

(159) *Mandado de segurança individual e coletivo:* comentários às Lei n. 12.016, de 7 de agosto de 2009. São Paulo: RT: 2009, p. 54.

(160) STJ, CComp n. 17.438-MG, rel. Min. Felix Fischer, DKI 20.10.97, p. 52.969.

(161) Como destaca Júlio César Bebber: "é das Varas do Trabalho a competência para julgar mandados de segurança contra atos administrativos praticados no âmbito ou em decorrência da relação de trabalho, em que seja questionada manifestação ou omissão de autoridade pública ou agente de pessoa jurídica no exercício de atribuições do Poder Público" (A competência da Justiça do Trabalho e a nova ordem constitucional. *In:* COUTINHO, Grijalbo Fernandes; FAVA, Marcos Neves (Coords.). *Nova competência da Justiça do Trabalho.* São Paulo: LTr, 2005. p. 258).

(162) BEBBER, Júlio César. *Mandado de segurança.* Habeas corpus. Habeas data *na Justiça do Trabalho.* São Paulo: LTr, 2006. p. 31-32.

aferida por exclusão, segundo a autoridade apontada como coatora. Desse modo, não havendo disposição específica em contrário (como ato de Ministro de Estado — competência do TST por aplicação analógica do art. 105, I, *b*, da CF — ou do Presidente da República — competência do STF por aplicação do art. 102, I, *d*, da CF), a competência será da Justiça do Trabalho de 1º grau (CF, art. 109, VIII — aplicação analógica), com o foro determinado pelo critério territorial."

Se o ato impugnado for de autoridade judiciária, a competência está disciplinada nos arts. 678 e seguintes, da CLT e na Lei n. 7.701/88, bem como nos Regimentos Internos dos TRTs e TST.

Desse modo, se o mandado de segurança, na Justiça do Trabalho, for em razão de ato de autoridade judiciária, a competência será:

a) da Vara do Trabalho localizada no domicílio da autoridade coatora, salvo os casos de prerrogativa de foro por função, quanto aos mandados de segurança impetrados em face de autoridades que não façam parte do Judiciário trabalhista, se o ato praticado estiver sob o crivo da jurisdição trabalhista;

b) do TRT, se a autoridade coatora for Juiz de Vara do Trabalho, ou desembargador do próprio TRT;

c) do TST, contra atos praticados por seus próprios ministros.

13.4. Mandado de segurança em face de decisão interlocutória e na execução da sentença trabalhista

A doutrina e a jurisprudência, expressamente, admitem a possibilidade de impetração de mandados de segurança na execução trabalhista em razão de decisões do Juiz do Trabalho que violem direito líquido e certo da parte e não sejam recorríveis por meio do Agravo de Petição.

No processo do trabalho, em razão de não haver recurso para impugnar decisões interlocutórias (art. 893, § 1º, da CLT), o mandado de segurança tem feito as vezes do recurso diante de decisão interlocutória que viole direito líquido e certo da parte, como no deferimento de liminares em Medidas Cautelares e Antecipações de Tutela, embora, não seja esta sua finalidade constitucional(163).

Como bem destaca *Suely Ester Gitelman*(164): "É bem verdade que em diversas ocasiões, no processo trabalhista, tal remédio legal vem sendo utilizado como sucedâneo recursal, em absoluta desarmonia aos princípios norteadores do sistema juslaboralista."

(163) Principalmente, o mandado de segurança é manejado no processo do trabalho na fase de execução, muitas vezes de forma abusiva, dificultando a celeridade e efetividade da execução. De outro lado, há uma tolerância bem acentuada da jurisprudência, inclusive muitas vezes se aprecia o próprio mérito da questão no *mandamus*.

(164) GITELMAN, Suely Ester *et al. Competência da Justiça do Trabalho e a EC n. 45/2004.* São Paulo: Atlas, 2006. p. 57.

Nesse diapasão, é a visão do próprio TST, no inciso III, da Súmula n. 417, de sua jurisprudência:

"Em se tratando de execução provisória, fere direito líquido e certo do impetrante a determinação de penhora em dinheiro, quando nomeados outros bens à penhora, pois o executado tem direito a que a execução se processe da forma que lhe seja menos gravosa, nos termos do art. 620 do CPC." (ex-OJ n. 62 da SBDI-2 — inserida em 20.9.2000)

No mesmo sentido, a seguinte ementa:

"Mandado de segurança — Entidade que presta serviços na área de saúde — Bloqueio de conta corrente — Inviabilidade — Oferecido bem móvel — Veículo. À penhora, não se afigura razoável, a requerimento do credor, determinar a penhora de dinheiro de pessoa jurídica que presta serviços na área de saúde, um dos direitos sociais (Constituição Federal de 1988, art. 6º, *caput*). Interpretação relativa do art. 655, inciso I, do CPC, que possibilita o não seguimento da gradação prevista no dispositivo legal por força de circunstância e tendo em vista a atividade desenvolvida pela impetrante, segundo majoritário entendimento desta Seção. Recurso ordinário em mandado de segurança provido." (TST – SBDI2 – ROMS n. 564611/99-0 – rel. Min. José Luciano de Castilho Pereira – DJ 8.9.2000 – p. 325) (RDT 10/00 – p. 56)

13.5. Procedimento do mandado de segurança na Justiça do Trabalho

Na Justiça do Trabalho, o mandado de segurança é processado pelo rito da Lei n. 12.016/09, conforme o art. 1º, da Instrução Normativa n. 27/05, do C. TST, não se aplicando o procedimento da CLT. Não obstante, aplica-se a sistemática recursal do Processo do Trabalho.

Dispõe o art. 6º da Lei n. 12.016/09:

"A petição inicial, que deverá preencher os requisitos estabelecidos pela lei processual, será apresentada em 2 (duas) vias com os documentos que instruírem a primeira reproduzidos na segunda e indicará, além da autoridade coatora, a pessoa jurídica que esta integra, à qual se acha vinculada ou da qual exerce atribuições.

§ 1º No caso em que o documento necessário à prova do alegado se ache em repartição ou estabelecimento público ou em poder de autoridade que se recuse a fornecê-lo por certidão ou de terceiro, o juiz ordenará, preliminarmente, por ofício, a exibição desse documento em original ou em cópia autêntica e marcará, para o cumprimento da ordem, o prazo de 10 (dez) dias. O escrivão extrairá cópias do documento para juntá-las à segunda via da petição.

§ 2º Se a autoridade que tiver procedido dessa maneira for a própria coatora, a ordem far-se-á no próprio instrumento da notificação.

§ 3º Considera-se autoridade coatora aquela que tenha praticado o ato impugnado ou da qual emane a ordem para a sua prática.

§ 4º (VETADO).

§ 5º Denega-se o mandado de segurança nos casos previstos pelo art. 267 da Lei n. 5.869, de 11 de janeiro de 1973 — Código de Processo Civil.

§ 6º O pedido de mandado de segurança poderá ser renovado dentro do prazo decadencial, se a decisão denegatória não lhe houver apreciado o mérito."

A petição inicial do Mandado de Segurança deve observar os requisitos dos arts. 319 e 320 do CPC, inclusive com a indicação do valor da causa, não se aplicando o art. 840 da CLT.

Há entendimentos no sentido de que o mandado de segurança impetrado em face de ato judicial não há necessidade de indicação do valor da causa, pois a autoridade judiciária está isenta de custas. Além disso, não há conteúdo econômico do pedido. Nesse sentido, destaca-se a seguinte ementa:

> "Mandado de segurança — Valor da causa. O mandado de segurança que visa apenas à fixação de competência para a apreciação de reclamatória trabalhista não tem conteúdo pecuniário, pelo que é totalmente despicienda a atribuição de valor à causa, além do que o ato impugnado decorre de manifestação judicial de autoridade vinculada à União, e esta é isenta de custas." (TRT – 12ª R. – SBDI – Ac. n. 12797/2002 – rel. Godoy Ilha – DJSC 13.11.2002 – p. 160) (RDT n. 12 – dezembro de 2002)

Não obstante, pensamos que a inicial do mandado de segurança deve constar o valor da causa, pois a toda causa deve contar um valor ainda que ela não tenha conteúdo econômico, nos termos do art. 291 do CPC, *in verbis*:

> "A toda causa será atribuído um valor certo, ainda que não tenha conteúdo econômico imediatamente aferível."

Outrossim, embora silente a Lei, aplica-se ao Mandado de Segurança o regime das custas judiciais, previstas na CLT.

Nesse sentido, dispõe a OJ n. 148, da SDI-II, do C. TST, *in verbis*:

> "Custas. Mandado de Segurança. Recurso Ordinário. Exigência do pagamento. (Conversão da Orientação Jurisprudencial n. 29 da SDI-1 – Res. 129/2005, DJ 20.4.2005). É responsabilidade da parte, para interpor recurso ordinário em mandado de segurança, a comprovação do recolhimento das custas processuais no prazo recursal, sob pena de deserção." (ex-OJ n. 29 – Inserida em 3.6.1996)

Os documentos devem vir acompanhados de cópias juntamente com a inicial. O próprio advogado poderá declarar a autenticidade dos documentos, nos termos do art. 830, com a redação dada pela Lei n. 11.925/09, *in verbis*:

> "O documento em cópia oferecido para prova poderá ser declarado autêntico pelo próprio advogado, sob sua responsabilidade pessoal. Parágrafo único. Impugnada a autenticidade da cópia, a parte que a produziu será intimada para apresentar cópias devidamente autenticadas ou o original, cabendo ao serventuário competente proceder à conferência e certificar a conformidade entre esses documentos."

Doutrina e jurisprudência têm exigido que se indique o dispositivo legal violado na petição inicial do Mandado de Segurança, não se aplicando no aspecto o princípio *juria novit curia*.

Conforme o art. 7º da Lei n. 12.016/09: "Ao despachar a inicial, o juiz ordenará: I – que se notifique o coator do conteúdo da petição inicial, enviando-lhe a segunda via apresentada com as cópias dos documentos, a fim de que, no prazo de 10 (dez) dias, preste as informações; II – que se dê ciência do feito ao órgão de representação judicial da pessoa jurídica interessada, enviando-lhe cópia da inicial sem documentos, para que, querendo, ingresse no feito; III – que se suspenda o ato que deu motivo ao pedido, quando houver fundamento relevante e do ato impugnado puder resultar a ineficácia da medida, caso seja finalmente deferida, sendo facultado exigir do impetrante caução, fiança ou depósito, com o objetivo de assegurar o ressarcimento à pessoa jurídica. § 1º Da decisão do juiz de primeiro grau que conceder ou denegar a liminar caberá agravo de instrumento, observado o disposto na Lei n. 5.869, de 11 de janeiro de 1973 — Código de Processo Civil. § 2º Não será concedida medida liminar que tenha por objeto a compensação de créditos tributários, a entrega de mercadorias e bens provenientes do exterior, a reclassificação ou equiparação de servidores públicos e a concessão de aumento ou a extensão de vantagens ou pagamento de qualquer natureza. § 3º Os efeitos da medida liminar, salvo se revogada ou cassada, persistirão até a prolação da sentença. § 4º Deferida a medida liminar, o processo terá prioridade para julgamento. § 5º As vedações relacionadas com a concessão de liminares previstas neste artigo se estendem à tutela antecipada a que se referem os arts. 273 e 461 da Lei n. 5.869, de 11 janeiro de 1973 – Código de Processo Civil."

Consoante o referido dispositivo legal, a autoridade coatora será oficiada para responder ao mandado de segurança em dez dias, podendo o órgão julgador do mandado de segurança, de ofício, ou havendo requerimento, determinar, liminarmente, sem a oitiva da autoridade coatora, a suspensão do ato impugnado quando for relevante o fundamento ou puder resultar ineficácia da medida.

A liminar pode ser concedida, discricionariamente pelo órgão julgador desde que presentes o *fumus boni juris* e o *periculum in mora*.

Concedida ou não a liminar, o processo prosseguirá até o julgamento final.

Por envolver o mandado de segurança matéria de direito e ser a prova nele produzida documental e pré-constituída, não há espaço para aplicação dos efeitos da revelia (v. art. 344 e seguintes do CPC e art. 844 da CLT). Por isso, ainda que a autoridade coatora não preste as informações devidas, não haverá possibilidade de presunção de veracidade da matéria entabulada no *mandamus*.

O Ministério Público do Trabalho será sempre ouvido nas ações de mandado de segurança no âmbito da competência da Justiça do Trabalho.

Nos termos do art. 5º da Lei n. 12.016/2009: "Não se concederá mandado de segurança quando se tratar: I – de ato do qual caiba recurso administrativo com efeito suspensivo, independentemente de caução; II – de decisão judicial da qual caiba recurso com efeito suspensivo; III – de decisão judicial transitada em julgado."

Diante do referido dispositivo legal, não será cabível o mandado de segurança, se o ato impugnado for passível de questionamento por recurso administrativo com efeito suspensivo, de decisão judicial que admita recurso com efeito suspensivo e de decisão judicial transitada em julgado. Nota-se que a lei, acertadamente, restringe a utilização do mandado de segurança, quando a decisão, judicial ou administrativa, for passível de impugnação por medida recursal específica. Além disso, se o ato objeto de questionamento já tiver adquirido a qualidade da coisa julgada material, também não será possível de impugnação pela via do mandado de segurança, uma vez que a coisa julgada material tem presunção de legitimidade.

A jurisprudência do Supremo Tribunal Federal já havia pacificado nesse sentido, conforme a Súmula n. 267, *in verbis*:

> "Não cabe mandado de segurança contra ato judicial passível de recurso ou correição."

No mesmo sentido é a OJ n. 99, da SDI-II, do C. TST:

> "Mandado de segurança. Esgotamento de todas as vias processuais disponíveis. Trânsito em julgado formal. Descabimento. (Inserida em 27.9.2002). Esgotadas as vias recursais existentes, não cabe mandado de segurança."

O inciso II do art. 5º da Lei n. 12.016/09 que possibilita a impetração de mandado de segurança em face de decisão judicial da qual caiba recurso com efeito suspensivo não pode ser aplicado integralmente ao Processo do Trabalho, pois, como visto, os recursos no processo do trabalho têm apenas o efeito devolutivo (art. 899 da CLT).

Desse modo, não é possível o cabimento do Mandado de Segurança para questionar decisões judiciais trabalhistas que são recorríveis por medidas recursais previstas na lei, mas que não tenham efeito suspensivo. Aplicação literal da Lei do Mandado de Segurança possibilita que todas as decisões judiciais trabalhistas, praticamente, desafiem o Mandado de Segurança, o que atenta contra o sistema recursal trabalhista, criando instabilidade, demora na prestação jurisdicional e desprestígio do processo do trabalho. Além disso, o Mandado de Segurança não pode, e não deve, no Processo do Trabalho, fazer as vezes de um recurso que não está previsto em lei.

Mesmo sendo aplicável, na Justiça do Trabalho, o procedimento do Mandado de Segurança previsto na Lei n. 12.016/09, a sistemática do cabimento do mandado de segurança na esfera recursal trabalhista deve ser compatibilizada com os princípios dos recursos trabalhistas.

Nesse sentido, concordamos com os sólidos argumentos lançados por *Paulo Eduardo Vieira de Oliveira*(165):

> "Há que se diferenciar, aqui, entre o Processo Civil e o Processo do Trabalho, vez que se trata de realidades completamente distintas."

No Processo Civil, no qual a regra é a de que os recursos são recebidos com efeito suspensivo e devolutivo, a intenção da norma constante do inciso II do art. 5º é a de que o recurso munido com efeito suspensivo tem aptidão para evitar lesão

(165) Comentários à nova lei do mandado de segurança (Lei n. 12.016/2009). *In: Revista do TRT da 2ª Região*, São Paulo, Órgão Oficial, n. 3/2009, p. 372.

ou ameaça ao direito do impetrante, de sorte que não pode produzir qualquer efeito imediato em prejuízo do recorrente.

No Processo do Trabalho, por sua vez, pode parecer, à primeira vista, que houve ampliação das hipóteses de cabimento do mandado de segurança, dada a inexistência de qualquer recurso judicial com efeito suspensivo, sendo os recursos recebidos no efeito meramente devolutivo.

Ocorre que isso, em verdade, não aconteceu.

Referido dispositivo, para o Processo do Trabalho, não pode representar a ampliação das hipóteses de cabimento do mandado de segurança de forma generalizada, a partir do pressuposto de que os recursos, neste ramo do Direito, são recebidos apenas com efeito devolutivo (art. 899 da CLT).

Admitir, portanto, no Processo do Trabalho, que apenas não caberia mandado de segurança nas hipóteses em que o recurso fosse recebido no efeito suspensivo quebraria a razão de ser da própria peculiaridade do Processo do Trabalho e seria, de outra forma, admitir o cabimento do *mandamus* em todas as hipóteses recursais o que, em última análise, violaria o princípio da unirrecorribilidade.

Destarte, entendemos que, no Processo do Trabalho, continuará não se concedendo mandado de segurança, quando da decisão houver recurso previsto na Lei processual, visto que a nova norma deve ser interpretada de acordo com as peculiaridades deste ramo do Judiciário.

Nos termos do art. 21 da Lei n. 12.016/09, *aplicam-se ao mandado de segurança os arts. 46 a 49 da Lei n. 5.869, de 11 de janeiro de 1973 – Código de Processo Civil.*

Desse modo, ao mandado de segurança, aplica-se o regime de o litisconsórcio previsto no Código de Processo Civil.

Conforme já sedimentado na jurisprudência, há necessidade de o litisconsorte passivo necessário figurar no processo sob consequência de nulidade. Será litisconsorte necessário a pessoa física ou jurídica que foi beneficiada pelo ato praticado pela autoridade questionada no mandado de segurança.

Nesse sentido, dispõe a Súmula n. 631 do STF, *in verbis*:

> "Extingue-se o processo de mandado de segurança se o impetrante não promove, no prazo assinado, a citação do litisconsorte passivo necessário."

Nos termos do art. 114 do CPC:

> "O litisconsórcio será necessário por disposição de lei ou quando, pela natureza da relação jurídica controvertida, a eficácia da sentença depender da citação de todos que devam ser litisconsortes."

Discute-se na doutrina como resolver o impasse se a lei exigir que mais de um litigante figure no polo ativo da relação jurídico-processual como condição de validade do processo, uma vez que ninguém pode ser obrigado a litigar contra sua vontade. Nesta hipótese, têm entendido a doutrina e a jurisprudência que basta que o litisconsorte necessário que deve figurar no polo ativo seja citado para participar do processo, para que o requisito da lei esteja suprido. Essa foi a solução adotada pelo CPC/2015, no art. 115.

Nos termos do art. 25 da Lei n. 12.016/09, *não cabem, no processo de mandado de segurança, a interposição de embargos infringentes e a condenação ao pagamento dos honorários advocatícios, sem prejuízo da aplicação de sanções no caso de litigância de má-fé.*

O referido dispositivo deixa claro o entendimento sedimentado no Supremo Tribunal Federal(166) no sentido de não serem cabíveis honorários advocatícios na ação de mandado de segurança.

No nosso sentir, não agiu com acerto o legislador no aspecto, pois o mandado de segurança é ação judicial que exige a presença do advogado. Por isso, não há motivos para não serem cabíveis os honorários advocatícios. A inexistência da verba honorária desprestigia a atuação do advogado, que é essencial à Administração da Justiça (art. 133 da CF).

13.6. Da liminar e da recorribilidade da decisão que a aprecia

Dispõe art. 7º da Lei n. 12.016/2009:

> "Ao despachar a inicial, o juiz ordenará: I – que se notifique o coator do conteúdo da petição inicial, enviando-lhe a segunda via apresentada com as cópias dos documentos, a fim de que, no prazo de 10 (dez) dias, preste as informações; II – que se dê ciência do feito ao órgão de representação judicial da pessoa jurídica interessada, enviando-lhe cópia da inicial sem documentos, para que, querendo, ingresse no feito; III – que se suspenda o ato que deu motivo ao pedido, quando houver fundamento relevante e do ato impugnado puder resultar a ineficácia da medida, caso seja finalmente deferida, sendo facultado exigir do impetrante caução, fiança ou depósito, com o objetivo de assegurar o ressarcimento à pessoa jurídica. § 1º Da decisão do juiz de primeiro grau que conceder ou denegar a liminar caberá agravo de instrumento, observado o disposto na *Lei n. 5.869*, de 11 de janeiro de 1973 – Código de Processo Civil. § 2º Não será concedida medida liminar que tenha por objeto a compensação de créditos tributários, a entrega de mercadorias e bens provenientes do exterior, a reclassificação ou equiparação de servidores públicos e a concessão de aumento ou a extensão de vantagens ou pagamento de qualquer natureza. § 3º Os efeitos da medida liminar, salvo se revogada ou cassada, persistirão até a prolação da sentença. § 4º Deferida a medida liminar, o processo terá prioridade para julgamento. § 5º As vedações relacionadas com a concessão de liminares previstas neste artigo se estendem à tutela antecipada a que se referem os arts. *273* e *461* da Lei n. 5.869, de 11 janeiro de 1973 — Código de Processo Civil."

Conforme o referido dispositivo, da decisão do juiz de primeiro grau que conceder ou denegar a liminar, caberá agravo de instrumento, observado o disposto na *Lei n. 5.869*, de 11 de janeiro de 1973 — Código de Processo Civil.

---

(166) Súmula n. 512 do STF: "Não cabe condenação em honorários de advogado na ação de mandado de segurança."

Atualmente, a matéria está disciplinada no art. 1.015 do CPC/2015, *in verbis*:

"Cabe agravo de instrumento contra as decisões interlocutórias que versarem sobre:

I – tutelas provisórias;

II – mérito do processo."

Desse modo, ficou expressamente previsto o agravo de instrumento para impugnação da decisão que concede ou rejeita a liminar. Inegavelmente, a decisão que concede ou rejeita a liminar tem *status* de decisão interlocutória, nos termos do art. 203, § 2º, do CPC:

"Os pronunciamentos do juiz consistirão em sentenças, decisões interlocutórias e despachos. § 1º Ressalvadas as disposições expressas dos procedimentos especiais, sentença é o pronunciamento por meio do qual o juiz, com fundamento nos arts. 485 e 487, põe fim à fase cognitiva do procedimento comum, bem como extingue a execução. § 2º Decisão interlocutória é todo pronunciamento judicial de natureza decisória que não se enquadre no § 1º."

A sistemática recursal da Lei do Mandado de Segurança deve ser compatibilizada com a sistemática recursal trabalhista.

No Processo do Trabalho, como é sabido, as decisões interlocutórias não são recorríveis, do art. 893, § 1º, da CLT, que assim dispõe:

"Os incidentes do processo são resolvidos pelo próprio Juízo ou Tribunal, admitindo-se a apreciação do merecimento das decisões interlocutórias somente em recursos da decisão definitiva."

No Processo do Trabalho, há previsão nos Regimentos Internos dos Tribunais sobre o cabimento do Agravo Regimental para atacar decisão do relator no Mandado de Segurança que rejeita ou concede a liminar, não sendo cabível novo mandado de segurança para tal finalidade.

Nesse sentido, dispõe a OJ n. 140, da SDI-II, do C. TST, *in verbis*:

"Mandado de segurança contra liminar, concedida ou denegada em outra segurança. Incabível. (Art. 8º da Lei n. 1.533/51) (DJ 4.5.2004). Não cabe mandado de segurança para impugnar despacho que acolheu ou indeferiu liminar em outro mandado de segurança."

Diante da EC n. 45/04, conforme já destacado, o Mandado de Segurança pode ser cabível em face de autoridade diversa da judiciária no primeiro grau de jurisdição.

Desse modo, não há, na lei processual trabalhista, recurso cabível para a decisão do Juiz do Trabalho de 1º grau que aprecia ou indefere a liminar no Mandado de Segurança, uma vez que se trata de decisão interlocutória. Portanto, cabível, no aspecto, novo mandado de segurança para impugnar a decisão que aprecia a liminar, não se aplicando a OJ n. 140, da SDI-II.

Nesse diapasão, é a posição de *Carlos Henrique Bezerra Leite*(167) que pensamos correta, *in verbis*:

---

(167) BEZERRA LEITE, Carlos Henrique. *Curso de direito processual do trabalho*. 7. ed. São Paulo: LTr, 2009. p. 1.019.

"[...] por força da EC n. 45/04, o Juiz da Vara do Trabalho também passou a ser competente para processar e julgar mandado de segurança, mormente se este tiver por objeto atacar decisão dos órgãos de fiscalização do trabalho (CF, art. 114, VII). Neste caso, da decisão do juiz de primeira instância que deferir ou indeferir liminar em mandado de segurança, por ser tipicamente interlocutória e não desafiar nenhum recurso, afigura-se-nos cabível, em tese, o mandado de segurança para atacá-la."

13.7. Da recorribilidade da decisão no mandado de segurança

Dispõe o art. 14 da Lei n. 12.016/09:

"Da sentença, denegando ou concedendo o mandado, cabe apelação. § 1º Concedida a segurança, a sentença estará sujeita obrigatoriamente ao duplo grau de jurisdição. § 2º Estende-se à autoridade coatora o direito de recorrer. § 3º A sentença que conceder o mandado de segurança pode ser executada provisoriamente, salvo nos casos em que for vedada a concessão da medida liminar. § 4º O pagamento de vencimentos e vantagens pecuniárias assegurados em sentença concessiva de mandado de segurança a servidor público da administração direta ou autárquica federal, estadual e municipal somente será efetuado relativamente às prestações que se vencerem a contar da data do ajuizamento da inicial."

No Processo do Trabalho, das decisões dos mandados de segurança dos Juízes das Varas do Trabalho, caberá Recurso Ordinário para o TRT; das decisões dos Juízes dos TRTs em mandados de segurança, caberá Recurso Ordinário para o TST.

A sentença que concede a ordem de segurança está sujeita ao duplo grau de jurisdição obrigatório. Enquanto a decisão não for confirmada pela instância, não haverá o trânsito em julgado da decisão.

Nos termos do § 2º do referido dispositivo legal, estende-se à autoridade coatora o direito de recorrer, pondo fim às discussões a respeito. Antes da referida lei, havia entendimentos de que a autoridade coatora recorreria como terceira interessada, nos termos do parágrafo único do art. 996 do CPC. Agora, pensamos que a legitimidade da autoridade coatora para recorrer é direta, com *status* de parte processual, para questionar quaisquer decisões que lhe sejam desfavoráveis no processo.

13.8. Do prazo para impetração do mandado de segurança

Dispõe o art. 23 da Lei n. 12.016/09:

"O direito de requerer mandado de segurança extinguir- se-á decorridos 120 (cento e vinte) dias, contados da ciência, pelo interessado, do ato impugnado."

A lei disciplina apenas o prazo para o mandado de segurança repressivo, ou seja, quando já houve lesão concreta ao direito. Desse modo, o prazo de 120 dias começa a fluir a partir da ciência do interessado do ato impugnado.

Para o mandado de segurança preventivo, onde não houve a lesão concreta ao direito, não há prazo estipulado para sua impetração.

Parte da doutrina sustenta não ter sido recepcionado o prazo de 120 dias pela Constituição Federal, pois o mandado de segurança é uma ação constitucional e por ter previsão no art. 5º da CF é um direito fundamental do cidadão. Como a Constituição não fixa prazo, a lei ordinária não pode fazê-lo.

Nesse sentido, defende *Cassio Scarpinella Bueno*(168):

> "Como a nova regra pretende, a exemplo das que eram anteriores, limitar o exercício do mandado de segurança a determinado prazo, não há como negar a sua inconstitucionalidade. A previsão do mandado de segurança como direito e garantia individual e coletivo não aceita, máxime diante do que se extrai do § 1º do art. 5º, da Constituição Federal, limitações temporais."

Pensamos que o prazo de 120 dias restou recepcionado pela Constituição Federal, pois é um prazo razoável que não impede o exercício do mandado de segurança.

No mesmo sentido, foi pacificada a jurisprudência do Supremo Tribunal Federal, conforme sua Súmula n. 632:

> "É constitucional lei que fixa o prazo de decadência para a impetração de mandado de segurança."

Outrossim, este prazo, como já sedimentado em doutrina, tem natureza decadencial, não sendo objeto de suspensão ou prorrogação.

Nesse diapasão, destacam-se as seguintes ementas:

> "Mandado de segurança — Decadência. Impetração do mandado de segurança após transcorrido o prazo decadencial previsto no art. 18 da Lei n. 1.533/51. Decadência — Remessa necessária a que se nega provimento." (TST – SBDI-2 – RXOFMS n. 436/2003.909.09.00-1 – rel. Gelson de Azevedo – DJ 6.5.05 – p. 729) (RDT n. 06 – Junho de 2005)

> "Recurso ordinário — Mandado de segurança — Decadência — Início da contagem do prazo — Primeiro ato que firmou a tese recorrida. Mandado de segurança impetrado contra ato do juiz, mediante o qual se indeferiu pedido de reconsideração da decisão proferida em liquidação de sentença determinando que a atualização monetária do débito observasse o mês trabalhado pelos reclamantes e que os descontos fiscais e previdenciários se fizessem mês a mês. Ocorre que, nos termos da pacífica jurisprudência desta Corte, ainda que posteriormente ao ato que firmou a tese recorrida tenham sido proferidas outras decisões, a contagem do prazo decadencial, para impetração do mandado de segurança, tem como marco inicial o primeiro ato dito coator (OJ n. 127/SBDI-2). Impetrado o remédio heroico, após ultrapassados 120 dias da ciência pela interessada do ato impugnado, deve ser mantida a decadência declarada no acórdão recorrido. Recurso ordinário não provido." (TST – SBDI-2 – ROMS n. 10.207/2002.000.02.00-1 – rel. Min. José Simpliciano F. de F. Fernandes – DJ 17.6.05 – p. 782) (RDT n. 07 – Julho de 2005)

13.9. Do Mandado de Segurança Coletivo

Dispõe o art. 5º, LXX, da Constituição Federal: "*o mandado de segurança coletivo pode ser impetrado por: a) partido político com representação no Congresso Nacional;*

(168) BUENO, Cassio Scarpinella. *A nova lei do mandado de segurança*. São Paulo: Saraiva, 2009. p. 142.

b) organização sindical, entidade de classe ou associação legalmente constituída e em funcionamento há pelo menos um ano, em defesa dos interesses de seus membros ou associados."

A Constituição de 1988 disciplinou o mandado de segurança coletivo como um direito fundamental do cidadão, destacando a moderna tendência do acesso coletivo à justiça quando há violação de direito líquido e certo de uma coletividade de pessoas. O texto constitucional tem aplicação imediata, entretanto, somente em 2009, a legislação ordinária veio disciplinar o mandado de segurança coletivo.

Dispõe o art. 21 da Lei n. 12.016/09: "O mandado de segurança coletivo pode ser impetrado por partido político com representação no Congresso Nacional, na defesa de seus interesses legítimos relativos a seus integrantes ou à finalidade partidária, ou por organização sindical, entidade de classe ou associação legalmente constituída e em funcionamento há, pelo menos, 1 (um) ano, em defesa de direitos líquidos e certos da totalidade, ou de parte, dos seus membros ou associados, na forma dos seus estatutos e desde que pertinentes às suas finalidades, dispensada, para tanto, autorização especial. Parágrafo único. Os direitos protegidos pelo mandado de segurança coletivo podem ser: I – coletivos, assim entendidos, para efeito desta Lei, os transindividuais, de natureza indivisível, de que seja titular grupo ou categoria de pessoas ligadas entre si ou com a parte contrária por uma relação jurídica básica; II – individuais homogêneos, assim entendidos, para efeito desta Lei, os decorrentes de origem comum e da atividade ou situação específica da totalidade ou de parte dos associados ou membros do impetrante."

O referido texto legal dispõe sobre os entes legitimados para impetração, quais sejam: a) partido político com representação no Congresso Nacional, na defesa de seus interesses legítimos relativos a seus integrantes ou à finalidade partidária; b) organização sindical, entidade de classe ou associação legalmente constituída e em funcionamento há, pelo menos, 1 (um) ano, em defesa de direitos líquidos e certos da totalidade, ou de parte, dos seus membros ou associados, na forma dos seus estatutos e desde que pertinentes às suas finalidades, dispensada, para tanto, autorização especial.

Conforme o art. 21 da Lei n. 12.016/09, podem ser defendidos, por meio de mandado de segurança coletivo, os direitos:

> a) *coletivos:* assim entendidos, para efeito desta Lei, os transindividuais, de natureza indivisível, de que seja titular grupo ou categoria de pessoas ligadas entre si ou com a parte contrária por uma relação jurídica básica;

Como já nos pronunciamos anteriormente, pensamos ser interesse coletivo para fins trabalhistas: o que transcende o aspecto individual para irradiar efeitos sobre um grupo ou categoria de pessoas, sendo uma espécie de soma de direitos individuais, mas também um direito próprio do grupo, cujos titulares são indeterminados, mas que podem ser determinados, ligados entre si ou com a parte contrária por uma relação jurídica base.

b) *individuais homogêneos:* assim entendidos, para efeito desta Lei, os decorrentes de origem comum e da atividade ou situação específica da totalidade ou de parte dos associados ou membros do impetrante.

O interesse individual homogêneo, no nosso sentir, é o que tem origem comum, envolvendo diversas pessoas determinadas, interligadas entre si por uma relação fática, buscando a mesma pretensão. Trata-se de interesse divisível e disponível, entretanto, a soma dos interesses individuais adquire feição coletiva, configurando uma espécie de feixe de direitos individuais.

Dispõe o art. 22 da Lei n. 12.016/09:

"No mandado de segurança coletivo, a sentença fará coisa julgada limitadamente aos membros do grupo ou categoria substituídos pelo impetrante.

§ 1º O mandado de segurança coletivo não induz litispendência para as ações individuais, mas os efeitos da coisa julgada não beneficiarão o impetrante a título individual se não requerer a desistência de seu mandado de segurança no prazo de 30 (trinta) dias a contar da ciência comprovada da impetração da segurança coletiva.

§ 2º No mandado de segurança coletivo, a liminar só poderá ser concedida após a audiência do representante judicial da pessoa jurídica de direito público, que deverá se pronunciar no prazo de 72 (setenta e duas) horas."

O referido dispositivo destaca os efeitos da coisa julgada no mandado de segurança coletivo no sentido de beneficiar o acesso à justiça dos membros da categoria (direito coletivo) ou substituídos processualmente (direito individual homogêneo), não havendo litispendência entre o mandado de segurança coletivo e o individual. Entretanto, para os impetrantes de mandados de segurança individuais se beneficiarem da decisão no mandado de segurança coletivo, devem requerer a desistência de suas ações individuais no prazo de 30 dias a contar da ciência comprovada da impetração da segurança coletiva.

Pensamos, no aspecto, que melhor seria a lei tivesse previsto a possibilidade de suspensão das ações de mandado de segurança individuais para a extensão do benefício da decisão no mandado de segurança coletivo, a fim de facilitar o acesso à justiça dos lesados de forma individual, como ocorre com as ações coletivas em geral.

Sendo o ato questionado no mandado de segurança coletivo relativo à matéria sujeita à jurisdição trabalhista, a competência será da Justiça do Trabalho (art. 114, IV, da CF).

As regras de competência para o mandado de segurança individual são as mesmas para o mandado de segurança coletivo.

14. O *habeas data* na Justiça do Trabalho

Na definição de *Alexandre de Moraes*(169):

> "Pode-se definir o *habeas data* como direito que assiste a todas as pessoas de solicitar judicialmente a exibição dos registros públicos ou privados,

(169) MORAES, Alexandre. *Direito constitucional.* 15. ed. São Paulo: Atlas, 2004. p. 154.

nos quais estejam incluídos seus dados pessoais, para que deles tome conhecimento e se necessário for, sejam retificados os dados inexatos ou obsoletos ou que impliquem em discriminação."

Diz o inciso LXXII da Constituição Federal: "Conceder-se-á *habeas data:* a) para assegurar o conhecimento de informações relativas à pessoa do impetrante, constantes de registros ou bancos de dados de entidades governamentais ou de caráter público; b) para retificação de dados, quando não se prefira fazê-lo por processo sigiloso, judicial ou administrativo."

No mesmo sentido, dispõe o art. 7º da Lei n. 9.507/97:

> "Conceder-se-á *habeas data*: I – para assegurar o conhecimento de informações relativas à pessoa do impetrante, constantes de registro ou banco de dados de entidades governamentais ou de caráter público; II – para a retificação de dados, quando não se prefira fazê-lo por processo sigiloso, judicial ou administrativo; III – para a anotação nos assentamentos do interessado, de contestação ou explicação sobre dado verdadeiro mas justificável e que esteja sob pendência judicial ou amigável."

O *habeas data* tem raríssima utilização, pois na maioria dos casos o mandado de segurança resolve o problema. Na esfera trabalhista, por exemplo, podem ocorrer hipóteses de utilização como: um determinado empregador que não tem acesso a uma lista de "maus empregadores" do Ministério do Trabalho(170), ou um servidor celetista que não tem acesso ao seu prontuário no Estado.

Em face de empregador (pessoa física ou jurídica de direito privado)(171), diante da redação do texto constitucional, não cabe o *habeas data*. Como destaca *Sergio Pinto Martins*(172): "Se a Justiça do Trabalho fosse competente para analisar questões de funcionários públicos, seria razoável a retificação de banco de dados de entidades governamentais ou de caráter público (art. 5º, LXXII, da Lei Maior). O empregador não tem esse banco de dados ou informações constantes de registros públicos. Seus dados ou registros são privados. A Lei n. 9.507/97 mostra que o banco de dados é público. Faz referência à autoridade coatora, que é um agente público e não privado. Não penso que o *habeas dat*a servirá para obtenção de dados da empresa para fins do estabelecimento de participação nos lucros. O empregado poderá se utilizar de medida cautelar de exibição de documentos para obter certas informações da empresa constantes de documentos."

---

(170) Nesse sentido, destaca Júlio César Bebber: "Dar-se-á *habeas data*, entretanto, para conhecimento, retificação e complementação de informações, bem como para anotação de contestação ou explicação, sobre dados registrados pelo Ministério do Trabalho e Emprego constantes do *'cadastro de empregadores que tenham mantido trabalhadores em condições análogas à de escravo'* (Portaria n. 540 de 15.10.2004)" (*Mandado de segurança.* Habeas corpus. Habeas data *na Justiça do Trabalho.* São Paulo: LTr, 2006. p. 228).

(171) Nesse diapasão, a seguinte ementa: "*Habeas data.* Ilegitimidade passiva do Banco do Brasil S.A. para revelação a ex-empregada, do conteúdo da ficha de pessoal, por não se tratar, no caso, de registro de caráter público, nem atual o impetrado na condição de entidade governamental" (RE n. 165.304-MG – TP – rel. Min. Octavio Gallotti – DJU 15.12.2000 – p. 105).

(172) MARTINS, Sergio Pinto. Competência da Justiça do Trabalho para analisar mandados de segurança, *habeas corpus* e *habeas data. In: Revista Legislação do Trabalho.* São Paulo: LTr, ano 69, v. 7, 2005. p. 180.

Quanto ao procedimento do *habeas data* na Justiça do Trabalho, aplica-se a Lei n. 9.507/97, por ser uma ação constitucional de natureza civil regida por lei especial, conforme o art. 1º da Instrução Normativa n. 27/05 do C. TST.

A petição inicial, que deverá preencher os requisitos dos arts. 319 e 320 do Código de Processo Civil, será apresentada em duas vias, e os documentos que instruírem a primeira serão reproduzidos por cópia na segunda. Parágrafo único. A petição inicial deverá ser instruída com prova: I – da recusa ao acesso às informações ou do decurso de mais de dez dias sem decisão; II – da recusa em fazer-se a retificação ou do decurso de mais de quinze dias, sem decisão; ou III – da recusa em fazer-se a anotação a que se refere o § 2º do art. 4º ou do decurso de mais de quinze dias sem decisão (art. 8º da Lei n. 9.507/97).

Nos termos do art. 9º da Lei n. 9.507/97, ao despachar a inicial, o juiz ordenará que se notifique o coator do conteúdo da petição, entregando-lhe a segunda via apresentada pelo impetrante, com as cópias dos documentos, a fim de que, no prazo de dez dias, preste as informações que julgar necessárias.

Findo o prazo mencionado no artigo acima, o juiz ouvirá o Ministério Público do Trabalho e prolatará a decisão.

Conforme o art. 13 da Lei n. 9.507/97, na decisão, se julgar procedente o pedido, o juiz marcará data e horário para que o coator: I – apresente ao impetrante as informações a seu respeito, constantes de registros ou bancos de dados; ou II – apresente em juízo a prova da retificação ou da anotação feita nos assentamentos do impetrante.

15. Ações Possessórias na Justiça do Trabalho

Não há uniformidade na doutrina sobre o conceito de posse. Há a teoria subjetiva e a teoria objetiva.

Como nos ensina *Antonio Carlos Marcato*(173):

> "Para os subjetivistas, a posse é, concomitantemente, um fato e um direito; fato enquanto considerada em si mesmo; direito, quando analisada à luz dos efeitos que produz; já os objetivistas identificam-na como direito, posto representar um interesse juridicamente protegido. Hodiernamente, a doutrina inclina-se para a posição objetivista, perdurando ainda dissenso, contudo, se se trata de direito real ou pessoal."

O Código de Processo Civil dedica o Capítulo V, inserido nos Procedimentos Especiais de Jurisdição Contenciosa, às ações possessórias.

Dispõe o art. 560 do CPC:

> "O possuidor tem direito a ser mantido na posse em caso de turbação e reintegrado em caso de esbulho."

(173) *Procedimentos especiais*. 14. ed. São Paulo: Atlas, 2010. p. 139.

O turbador perturba, limita o livre exercício da posse pelo seu legítimo titular, sem implicar tal perturbação, contudo, a perda daquela. Finalmente, a mais grave ofensa à posse é o esbulho, a espolição, a perda da posse em virtude da ofensa consumada pelo terceiro(174).

Sempre houve discussões sobre as ações possessórias na Justiça do Trabalho.

A Justiça do Trabalho convive com ações possessórias que guardam nexo causal com as relações de trabalho ou de emprego. Como exemplos típicos, temos o da moradia cedida pelo empregador para o empregado caseiro, para melhor comodidade na prestação do trabalho, ou a residência concedida a um alto empregado para exercer sua função fora do seu domicílio, ou até mesmo a moradia concedida como salário *in natura* (art. 458 da CLT). Uma vez cessado o vínculo de emprego, muitas vezes, diante da recusa do empregado em devolver a moradia, o empregador ingressa com reclamações trabalhistas ou reconvenções para a reintegração da posse.

A competência material para as ações possessórias que sejam oriundas ou decorrentes das relações de trabalho ou de emprego é da Justiça do Trabalho, nos termos dos incisos I e IX do art. 114 da CLT.

Nesse sentido, vale destacar as seguintes ementas:

> "Conflito positivo de competência — Reintegração de posse — Reclamação trabalhista — Comodato — Relação de trabalho. Compete à Justiça do Trabalho apreciar e julgar controvérsia relativa à posse do imóvel cedido em comodato para moradia durante o contrato de trabalho, entendimento firmado em virtude das alterações introduzidas pela Emenda Constitucional n. 45/04, art. 114, inciso VI, da Constituição Federal. Conflito conhecido para declarar competente o Juízo da Vara do Trabalho de Araucária/PR." (STJ CC 57.524 - PR (2005/214814-0) - Ac. 2ª S., 27.9.06 - relator: Ministro Carlos Alberto Menezes Direito. *In: Revista LTr* 70-11/1365)

> "Cobrança de aluguéis referentes a período em que ex-empregado ocupou imóvel pertencente ao seu ex-empregador após a rescisão do contrato de trabalho. Competência da Justiça do Trabalho."

> "Justiça do Trabalho — Cobrança de aluguéis referentes a período em que ex-empregado ocupou imóvel pertencente ao seu ex-empregador após a rescisão do contrato de trabalho — Competência. É da Justiça do Trabalho a competência para apreciar questão relativa à cobrança de indenização perseguida por empresa, referente ao período em que ex-empregado permaneceu em imóvel a ela pertencente após o término da relação de trabalho, desde que essa condição tenha constado expressamente entre as cláusulas extintas contratuais, conforme a atual redação do art. 114, I, da Constituição da Repubilicana de 1988." (TRT 15ª Reg. (Campinas) Proc. 102700-47.2009.5.15.0147 RO (AC. 42700/10-PATR, 9ª C.) - rel. Gérson Lacerda Pistori. DEJT 22.7.10, p. 638. *In: Suplemento de Jurisprudência LTr* n. 35/2010, p. 274)

No mesmo diapasão, praticamente pacificando a competência da Justiça do Trabalho, temos a Súmula Vinculante n. 23 do Supremo Tribunal Federal, *in verbis*:

> "A Justiça do Trabalho é competente para processar e julgar ação possessória ajuizada em decorrência do exercício do direito de greve pelos trabalhadores da iniciativa privada.

(174) MARCATO, Antonio Carlos. *Procedimentos especiais*. 14. ed. São Paulo: Atlas, 2010. p. 148.

(Divulgada em 10.12.2009 e publicada no DJe do STF de 11.12.2009). Precedentes: RE n. 579.648/MG, Tribunal Pleno, rel. orig. Min. Menezes Direito, relª para acórdão Min. Cármen Lúcia, DJe 6.3.2009; CC n. 6.959/DF, Tribunal Pleno, rel. orig. Min. Célio Borja, rel. para acórdão Min. Sepúlveda Pertence, DJ 21.2.1991; RE n. 238.737/SP, 1ª Turma, rel. Min. Sepúlveda Pertence, DJ 5.2.1999; AI n. 611.670/PR, rel. Min. Ricardo Lewandowski, DJ 7.2.2007; AI n. 598.457/SP, rel. Min. Sepúlveda Pertence, DJ 10.11.2006; RE n. 555.075/SP, relª Min. Ellen Gracie, DJe 11.11.2008; RE n. 576.803/SP, rel. Min. Eros Grau, DJe 28.2.2008."

Conforme a redação da referida Súmula, se o Supremo Tribunal Federal fixou entendimento no sentido de que a Justiça do Trabalho detém competência material para as ações possessórias propostas em razão do movimento grevista da iniciativa privada, inegavelmente, a competência da Justiça do Trabalho para as ações possessórias que tenham causa com a relação de trabalho, são da competência do Judiciário Trabalhista.

O pedido possessório pode ser realizado no corpo de uma reclamação trabalhista, como obrigações de fazer, não fazer, ou até mesmo indenizatório. Não obstante, no Código de Processo Civil, disciplina procedimento especial para as ações possessórias, que pode ser aplicado na Justiça do Trabalho, por força do art. 769 da CLT.

Desse modo, o pedido fundamentado na posse ou na propriedade que guarde nexo causal com a relação de trabalho poderá ser postulado, na Justiça do Trabalho, na própria reclamação trabalhista, até mesmo por reconvenção por parte do reclamado, ou pelo procedimento especial previsto no Código de Processo Civil.

O procedimento de rito especial no CPC somente será aplicado se o esbulho ou a turbação da posse datarem de menos de ano e dia. Se o prazo for superior, o rito será o comum, conforme dispõe o art. 558 do CPC, *in verbis*:

"Regem o procedimento de manutenção e de reintegração de posse as normas da Seção II deste Capítulo quando a ação for proposta dentro de ano e dia da turbação ou do esbulho afirmado na petição inicial. Parágrafo único. Passado o prazo referido no *caput*, será comum o procedimento, não perdendo, contudo, o caráter possessório."

Aplicando-se o rito especial do CPC para as ações possessórias, temos as seguintes regras:

a) fungibilidade das ações possessórias — art. 554 do CPC: *A propositura de uma ação possessória em vez de outra não obstará a que o juiz conheça do pedido e outorgue a proteção legal correspondente àquela, cujos pressupostos estejam provados;*

Diante da própria dinâmica da tutela da posse, o fato do autor ingressar com uma espécie de ação possessória não impede que o juiz conceda a tutela adequada ao direito. Por exemplo, se for intentada ação de reintegração de posse, presentes os requisitos, o juiz poderá conceder apenas a manutenção da posse.

b) possibilidade de cumulação de pedidos: art. 555 do CPC:

"É lícito ao autor cumular ao pedido possessório o de:

I – condenação em perdas e danos;

II – indenização dos frutos.

Parágrafo único. Pode o autor requerer, ainda, imposição de medida necessária e adequada para:

I – evitar nova turbação ou esbulho;

II – cumprir-se a tutela provisória ou final."

O autor da ação possessória poderá cumular pedido reparação de danos e desfazimento de construção ou benfeitoria, na própria ação possessória.

c) natureza dúplice — art. 556 do CPC: *É lícito ao réu, na contestação, alegando que foi o ofendido em sua posse, demandar a proteção possessória e a indenização pelos prejuízos resultantes da turbação ou do esbulho cometido pelo autor.*

Considerando-se o caráter dúplice da ação possessória, o réu pode demandar pedido possessório em face do autor, sem a necessidade de reconvenção.

d) matéria probatória: dispõe o art. 561 do CPC, *Incumbe ao autor provar: I – a sua posse; II – a turbação ou o esbulho praticado pelo réu; III – a data da turbação ou do esbulho; IV – a continuação da posse, embora turbada, na ação de manutenção; a perda da posse, na ação de reintegração;*

e) concessão de liminar: *conforme o art. 562 do CPC, estando a petição inicial devidamente instruída, o juiz deferirá, sem ouvir o réu, a expedição do mandado liminar de manutenção ou de reintegração; no caso contrário, determinará que o autor justifique previamente o alegado, citando-se o réu para comparecer à audiência que for designada.*

Quanto à sistemática recursal, aplicam-se as regras do Processo do Trabalho, por força da Instrução Normativa n. 27/05 do TST.

Na sistemática do Código de Processo Civil, a competência funcional para a ação possessória é o foro da situação da coisa, nos termos do art. 47 do CPC, *in verbis*:

"Para as ações fundadas em direito real sobre imóveis é competente o foro de situação da coisa.

§ 1º O autor pode optar pelo foro de domicílio do réu ou pelo foro de eleição se o litígio não recair sobre direito de propriedade, vizinhança, servidão, divisão e demarcação de terras e de nunciação de obra nova.

§ 2º A ação possessória imobiliária será proposta no foro de situação da coisa, cujo juízo tem competência absoluta."

No nosso sentir, as regras de competência funcional e territorial para as ações possessórias na Justiça do Trabalho devem ser compatibilizadas com a sistemática processual trabalhista. Desse modo, devem ser aplicadas as regras do art. 651 da CLT, sendo, como regra geral, o foro do domicílio do empregado.

No mesmo sentido, é a visão de *Cléber Lúcio de Almeida*[(175)]:

> "A competência para acão deve ser fixada com esteio nas regras ditadas pelo art. 651, da CLT."

(175) *Direito processual do trabalho.* 3. ed. Belo Horizonte: Del Rey, 2009. p. 1.060.

De outro lado, se as ações possessórias forem intentadas em razão do movimento grevista, pensamos que a competência é da Vara do Trabalho do local onde se realiza a greve, em razão de facilitar o acesso à justiça e a efetividade da decisão.

15.1. Do interdito proibitório

Dispõe o art. 567 do CPC:

> "O possuidor direto ou indireto, que tenha justo receio de ser molestado na posse, poderá requerer ao juiz que o segure da turbação ou esbulho iminente, mediante mandado proibitório, em que se comine ao réu determinada pena pecuniária, caso transgrida o preceito."

Trata-se o interdito proibitório de ação contenciosa de natureza inibitória, de rito especial, de índole possessória, tendo por objeto impedir a molestação (esbulho ou turbação) da posse.

Como se nota, não chegou a acontecer a turbação da posse, mas ela está na iminência de ocorrer.

A presente ação é compatível com o Processo do Trabalho, em razão de omissão normativa da CLT e compatibilidade com a principiologia do processo do trabalho (art. 769 da CLT).

O procedimento do interdito proibitório segue o das ações possessórias, por força do art. 568 do CPC.

A presente ação tem sido muito utilizada na Justiça do Trabalho durante o movimento grevista.

A questão da competência da Justiça do Trabalho, para os interditos que visam à defesa da posse durante o movimento paredista, foi pacificada pela Súmula Vinculante n. 23, *in verbis*:

> "A Justiça do Trabalho é competente para processar e julgar ação possessória ajuizada em decorrência do exercício do direito de greve pelos trabalhadores da iniciativa privada." (Divulgada em 10.12.2009 e publicada no DJe do STF de 11.12.2009)

A Constituição Federal assegura, no art. 5º, a proteção ao direito de propriedade, como um direito fundamental da cidadania. Por isso, quando a greve violar o direito de propriedade, ou estiver na iminência de fazê-lo, é possível à Justiça do Trabalho conceder os interditos possessórios ou proibitórios para proteção desse direito fundamental.

Não obstante, o direito de propriedade deve ser valorado em cotejo com o direito fundamental de greve, que é um direito social fundamental (art. 9º da CF). Desse modo, somente quando for indispensável à proteção da posse ou propriedade, ou houver iminência de dano comprovado ao patrimônio do empregador, deve o Juiz do Trabalho restringir o movimento grevista e conceder medidas para tutela do direito de propriedade.

No nosso sentir, não há antinomia entre o direito de propriedade e o direito de greve. Ambos são classificados como direitos fundamentais, mas, em determinado caso concreto, o juiz poderá dar primazia a um ou a outro, conforme as circunstâncias fáticas assim o exigirem, valendo-se de critérios de justiça, razoabilidade e proporcionalidade.

No aspecto, vale transcrever a seguinte ementa:

> "Interdito Proibitório. Greve. Nos termos do art. 9º da Constituição Federal, o Direito de Greve é um Direito Social Fundamental, e seu regular exercício dá-se sob disciplina do Estado de Direito, portanto, sem se relegar ao oblívio a responsabilização jurídica decorrente de seus abusos e distorções. Até porque, nem mesmo o mais fundamental dos Direitos Fundamentais — a dignidade da pessoa humana como medida de todas as coisas — possui conotação absoluta, posto contemporizar simultaneamente todos os indivíduos, dessa forma, sem poder exceder em proveito de uns e consequentemente em detrimento de outros. Situação distinta é o fechamento de agências bancárias pelo esvaziamento do quadro de seus funcionários, em meio ao movimento paredista, sem violência verbal ou física. Assim consideradas aquelas que suscitem a invocação policial ou judicial espontânea, por parte daqueles que venham realmente a ser ameaçados em sua integridade física ou emocional, mas sem perderem a devida noção de proporcionalidade e razoabilidade inerentes à natural tensão das circunstâncias da greve. Nem mesmo o interesse dos correntistas ou da clientela do Banco possui legitimidade jurídica para impedir a adesão da categoria ao movimento grevista, com natural fechamento das agências — pelo esvaziamento do quadro de seus funcionários — e cessação temporária das atividades laborativas, e muito menos o interesse do empregador. A crescente informatização do setor bancário, inclusive com perda de centenas de milhares de postos de trabalho nas últimas décadas, tornou menos vulnerável a premência no atendimento físico da clientela dos Bancos. Estes devem suportar os desdobramentos do embate institucionalizado entre o capital e o trabalho, cujo último recurso previsto em lei é a greve, uma vez frustrada a negociação coletiva." (TRT/SP – 01244200600802003 – RO – Ac. 6ª T. – 20100211091 – rel. Valdir Florindo – DOE 26.3.2010)

Anexo I

Resolução n. 203, de 15 de março de 2016

Divulgada no DeJT de 16.3.2016

Edita a Instrução Normativa n. 39, que dispõe sobre as normas do Código de Processo Civil de 2015 aplicáveis e inaplicáveis ao Processo do Trabalho, de forma não exaustiva.

O EGRÉGIO PLENO DO TRIBUNAL SUPERIOR DO TRABALHO, em Sessão Extraordinária hoje realizada, sob a Presidência do Excelentíssimo Senhor Ministro Ives Gandra da Silva Martins Filho, Presidente do Tribunal, presentes os Excelentíssimos Senhores Ministros Emmanoel Pereira, Vice-Presidente do Tribunal, Renato de Lacerda Paiva, Corregedor-Geral da Justiça do Trabalho, João Oreste Dalazen, Antonio José de Barros Levenhagen, João Batista Brito Pereira, Maria Cristina Irigoyen Peduzzi, Aloysio Corrêa da Veiga, Luiz Philippe Vieira de Mello Filho, Alberto Luiz Bresciani de Fontan Pereira, Maria de Assis Calsing, Dora Maria da Costa, Guilherme Augusto Caputo Bastos, Márcio Eurico Vitral Amaro, Walmir Oliveira da Costa, Maurício Godinho Delgado, Kátia Magalhães Arruda, Augusto César Leite de Carvalho, José Roberto Freire Pimenta, Delaíde Alves Miranda Arantes, Hugo Carlos Scheuermann, Alexandre de Souza Agra Belmonte, Cláudio Mascarenhas Brandão, Douglas Alencar Rodrigues, Maria Helena Mallmann e a Excelentíssima Vice-Procuradora-Geral do Trabalho, Dr.ª Cristina Aparecida Ribeiro Brasiliano,

CONSIDERANDO a vigência de novo Código de Processo Civil (Lei n. 13.105, de 17.3.2015) a partir de 18 de março de 2016,

CONSIDERANDO a imperativa necessidade de o Tribunal Superior do Trabalho posicionar-se, ainda que de forma não exaustiva, sobre as normas do Código de Processo Civil de 2015 aplicáveis e inaplicáveis ao Processo do Trabalho,

CONSIDERANDO que as normas dos arts. 769 e 889 da CLT não foram revogadas pelo art. 15 do CPC de 2015, em face do que estatui o art. 2º, § 2º da Lei de Introdução às Normas do Direito Brasileiro,

CONSIDERANDO a plena possibilidade de compatibilização das normas em apreço,

CONSIDERANDO o disposto no art. 1.046, § 2º, do CPC, que expressamente preserva as "disposições especiais dos procedimentos regulados em outras leis", dentre as quais sobressaem as normas especiais que disciplinam o Direito Processual do Trabalho,

CONSIDERANDO o escopo de identificar apenas questões polêmicas e algumas das questões inovatórias relevantes para efeito de aferir a compatibilidade ou não de aplicação subsidiária ou supletiva ao Processo do Trabalho do Código de Processo Civil de 2015,

CONSIDERANDO a exigência de transmitir segurança jurídica aos jurisdicionados e órgãos da Justiça do Trabalho, bem assim o escopo de prevenir nulidades processuais em detrimento da desejável celeridade,

CONSIDERANDO que o Código de Processo Civil de 2015 não adota de forma absoluta a observância do princípio do contraditório prévio como vedação à decisão surpresa, como transparece, entre outras, das hipóteses de julgamento liminar de improcedência do pedido (art. 332, *caput* e § 1º, conjugado com a norma explícita doparágrafo único do art. 487), de tutela provisória liminar de urgência ou da evidência (parágrafo único do art. 9º) e de indeferimento liminar da petição inicial (CPC, art. 330),

CONSIDERANDO que o conteúdo da aludida garantia do contraditório há que se compatibilizar com os princípios da celeridade, da oralidade e da concentração de atos processuais no Processo do Trabalho, visto que este, por suas especificidades e pela natureza alimentar das pretensões nele deduzidas, foi concebido e estruturado para a outorga rápida e impostergável da tutela jurisdicional (CLT, art. 769),

CONSIDERANDO que está *sub judice* no Tribunal Superior do Trabalho a possibilidade de imposição de multa pecuniária ao executado e de liberação de depósito em favor do exequente, na pendência de recurso, o que obsta, de momento, qualquer manifestação da Corte sobre a incidência no Processo do Trabalho das normas dos arts. 520 a 522 e § 1º do art. 523 do CPC de 2015,

CONSIDERANDO que os enunciados de súmulas dos Tribunais do Trabalho a que se referem os incisos V e VI do § 1º do art. 489 do CPC de 2015 são exclusivamente os que contenham os fundamentos determinantes da decisão (*ratio decidendi* — art. 926, § 2º),

RESOLVE

Aprovar a Instrução Normativa n. 39, nos seguintes termos:

Instrução normativa n. 39/2016

Dispõe sobre as normas do Código de Processo Civil de 2015 aplicáveis e inaplicáveis ao Processo do Trabalho, de forma não exaustiva.

Art. 1º Aplica-se o Código de Processo Civil, subsidiária e supletivamente, ao Processo do Trabalho, em caso de omissão e desde que haja compatibilidade com as normas e princípios do Direito Processual do Trabalho, na forma dos arts. 769 e 889 da CLT e do art. 15 da Lei n. 13.105, de 17.3.2015.

§ 1º Observar-se-á, em todo caso, o princípio da irrecorribilidade em separado das decisões interlocutórias, de conformidade com o art. 893, § 1º da CLT e Súmula n. 214 do TST.

§ 2º O prazo para interpor e contra-arrazoar todos os recursos trabalhistas, inclusive agravo interno e agravo regimental, é de oito dias (art. 6º da Lei n. 5.584/70 e art. 893da CLT), exceto embargos de declaração (CLT, art. 897-A).

Art. 2º Sem prejuízo de outros, não se aplicam ao Processo do Trabalho, em razão de inexistência de omissão ou por incompatibilidade, os seguintes preceitos do Código de Processo Civil:

I – art. 63 (modificação da competência territorial e eleição de foro);

II – art. 190 e parágrafo único (negociação processual);

III – art. 219 (contagem de prazos em dias úteis);

IV – art. 334 (audiência de conciliação ou de mediação);

V – art. 335 (prazo para contestação);

VI – art. 362, III (adiamento da audiência em razão de atraso injustificado superior a 30 minutos);

VII – art. 373, §§ 3º e 4º (distribuição diversa do ônus da prova por convenção das partes);

VIII – arts. 921, §§ 4º e 5º, e 924, V (prescrição intercorrente);

IX – art. 942 e parágrafos (prosseguimento de julgamento não unânime de apelação);

X – art. 944 (notas taquigráficas para substituir acórdão);

XI – art. 1.010, § 3º (desnecessidade de o juízo *a quo* exercer controle de admissibilidade na apelação);

XII – arts. 1.043 e 1044 (embargos de divergência);

XIII – art. 1.070 (prazo para interposição de agravo).

Art. 3º Sem prejuízo de outros, aplicam-se ao Processo do Trabalho, em face de omissão e compatibilidade, os preceitos do Código de Processo Civil que regulam os seguintes temas:

I – art. 76, §§ 1º e 2º (saneamento de incapacidade processual ou de irregularidade de representação);

II – art. 138 e parágrafos (*amicus curiae*);

III – art. 139, exceto a parte final do inciso V (poderes, deveres e responsabilidades do juiz);

IV – art. 292, V (valor pretendido na ação indenizatória, inclusive a fundada em dano moral);

V – art. 292, § 3º (correção de ofício do valor da causa);

VI – arts. 294 a 311 (tutela provisória);

VII – art. 373, §§ 1º e 2º (distribuição dinâmica do ônus da prova);

VIII – art. 485, § 7º (juízo de retratação no recurso ordinário);

IX – art. 489 (fundamentação da sentença);

X – art. 496 e parágrafos (remessa necessária);

XI – arts. 497 a 501 (tutela específica);

XII – arts. 536 a 538 (cumprimento de sentença que reconheça a exigibilidade de obrigação de fazer, de não fazer ou de entregar coisa);

XIII – arts. 789 a 796 (responsabilidade patrimonial);

XIV – art. 805 e parágrafo único (obrigação de o executado indicar outros meios mais eficazes e menos onerosos para promover a execução);

XV – art. 833, incisos e parágrafos (bens impenhoráveis);

XVI – art. 835, incisos e §§ 1º e 2º (ordem preferencial de penhora);

XVII – art. 836, §§ 1º e 2º (procedimento quando não encontrados bens penhoráveis);

XVIII – art. 841, §§ 1º e 2º (intimação da penhora);

XIX – art. 854 e parágrafos (BacenJUD);

XX – art. 895 (pagamento parcelado do lanço);

XXI – art. 916 e parágrafos (parcelamento do crédito exequendo);

XXII – art. 918 e parágrafo único (rejeição liminar dos embargos à execução);

XXIII – arts. 926 a 928 (jurisprudência dos tribunais);

XXIV – art. 940 (vista regimental);

XXV – art. 947 e parágrafos (incidente de assunção de competência);

XXVI – arts. 966 a 975 (ação rescisória);

XXVII – arts. 988 a 993 (reclamação);

XXVIII – arts. 1.013 a 1.014 (efeito devolutivo do recurso ordinário — força maior);

XXIX – art. 1.021 (salvo quanto ao prazo do agravo interno).

Art. 4º Aplicam-se ao Processo do Trabalho as normas do CPC que regulam o princípio do contraditório, em especial os arts. 9º e 10, no que vedam a decisão surpresa.

§ 1º Entende-se por "decisão surpresa" a que, no julgamento final do mérito da causa, em qualquer grau de jurisdição, aplicar fundamento jurídico ou embasar-se em fato não submetido à audiência prévia de uma ou de ambas as partes.

§ 2º Não se considera "decisão surpresa" a que, à luz do ordenamento jurídico nacional e dos princípios que informam o Direito Processual do Trabalho, as partes tinham obrigação de prever, concernente às condições da ação, aos pressupostos de admissibilidade de recurso e aos pressupostos processuais, salvo disposição legal expressa em contrário.

Art. 5º Aplicam-se ao Processo do Trabalho as normas do art. 356, §§ 1º a 4º, do CPC que regem o julgamento antecipado parcial do mérito, cabendo recurso ordinário de imediato da sentença.

Art. 6º Aplica-se ao Processo do Trabalho o incidente de desconsideração da personalidade jurídica regulado no Código de Processo Civil (arts. 133 a 137), assegurada a iniciativa também do juiz do trabalho na fase de execução (CLT, art. 878).

§ 1º Da decisão interlocutória que acolher ou rejeitar o incidente:

I – na fase de cognição, não cabe recurso de imediato, na forma do art. 893, § 1º da CLT;

II – na fase de execução, cabe agravo de petição, independentemente de garantia do juízo;

III – cabe agravo interno se proferida pelo Relator, em incidente instaurado originariamente no tribunal (CPC, art. 932, inciso VI).

§ 2º A instauração do incidente suspenderá o processo, sem prejuízo de concessão da tutela de urgência de natureza cautelar de que trata o art. 301 do CPC.

Art. 7º Aplicam-se ao Processo do Trabalho as normas do art. 332 do CPC, com as necessárias adaptações à legislação processual trabalhista, cumprindo ao juiz do trabalho julgar liminarmente improcedente o pedido que contrariar:

I – enunciado de súmula do Supremo Tribunal Federal ou do Tribunal Superior do Trabalho (CPC, art. 927, inciso V);

II – acórdão proferido pelo Supremo Tribunal Federal ou pelo Tribunal Superior do Trabalho em julgamento de recursos repetitivos (CLT, art. 896-B; CPC, art. 1.046, § 4º);

III – entendimento firmado em incidente de resolução de demandas repetitivas ou de assunção de competência;

IV – enunciado de súmula de Tribunal Regional do Trabalho sobre direito local, convenção coletiva de trabalho, acordo coletivo de trabalho, sentença normativa ou regulamento empresarial de observância obrigatória em área territorial que não exceda à jurisdição do respectivo Tribunal (CLT, art. 896, "*b*", a *contrario sensu*).

Parágrafo único. O juiz também poderá julgar liminarmente improcedente o pedido se verificar, desde logo, a ocorrência de decadência.

Art. 8º Aplicam-se ao Processo do Trabalho as normas dos arts. 976 a 986 do CPC que regem o incidente de resolução de demandas repetitivas (IRDR).

§ 1º Admitido o incidente, o relator suspenderá o julgamento dos processos pendentes, individuais ou coletivos, que tramitam na Região, no tocante ao tema objeto de IRDR, sem prejuízo da instrução integral das causas e do julgamento dos eventuais pedidos distintos e cumulativos igualmente deduzidos em tais processos, inclusive, se for o caso, do julgamento antecipado parcial do mérito.

§ 2º Do julgamento do mérito do incidente caberá recurso de revista para o Tribunal Superior do Trabalho, dotado de efeito meramente devolutivo, nos termos dos arts. 896 e 899 da CLT.

§ 3º Apreciado o mérito do recurso, a tese jurídica adotada pelo Tribunal Superior do Trabalho será aplicada no território nacional a todos os processos, individuais ou coletivos, que versem sobre idêntica questão de direito.

Art. 9º O cabimento dos embargos de declaração no Processo do Trabalho, para impugnar qualquer decisão judicial, rege-se pelo art. 897-A da CLT e, supletivamente, pelo Código de Processo Civil (arts. 1.022 a 1.025; §§ 2º, 3º e 4º do art. 1.026), excetuada a garantia de prazo em dobro para litisconsortes (§ 1º do art. 1.023).

Parágrafo único. A omissão para fins do prequestionamento ficto a que alude o art. 1025 do CPC dá-se no caso de o Tribunal Regional do Trabalho, mesmo instado mediante embargos de declaração, recusar-se a emitir tese sobre questão jurídica pertinente, na forma da Súmula n. 297, item III, do Tribunal Superior do Trabalho.

Art. 10. Aplicam-se ao Processo do Trabalho as normas do parágrafo único do art. 932 do CPC, §§ 1º a 4º do art. 938 e §§ 2º e 7º do art. 1.007.

Parágrafo único. A insuficiência no valor do preparo do recurso, no Processo do Trabalho, para os efeitos do § 2º do art. 1.007 do CPC, concerne unicamente às custas processuais, não ao depósito recursal.

Art. 11. Não se aplica ao Processo do Trabalho a norma do art. 459 do CPC no que permite a inquirição direta das testemunhas pela parte (CLT, art. 820).

Art. 12. Aplica-se ao Processo do Trabalho o parágrafo único do art. 1.034 do CPC. Assim, admitido o recurso de revista por um fundamento, devolve-se ao Tribunal Superior do Trabalho o conhecimento dos demais fundamentos para a solução apenas do capítulo impugnado.

Art. 13. Por aplicação supletiva do art. 784, I (art. 15 do CPC), o cheque e a nota promissória emitidos em reconhecimento de dívida inequivocamente de natureza trabalhista também são títulos extrajudiciais para efeito de execução perante a Justiça do Trabalho, na forma do art. 876 e segs. da CLT.

Art. 14. Não se aplica ao Processo do Trabalho o art. 165 do CPC, salvo nos conflitos coletivos de natureza econômica (Constituição Federal, art. 114, §§ 1º e 2º).

Art. 15. O atendimento à exigência legal de fundamentação das decisões judiciais (CPC, art. 489, § 1º) no Processo do Trabalho observará o seguinte:

I – por força dos arts. 332 e 927 do CPC, adaptados ao Processo do Trabalho, para efeito dos incisos V e VI do § 1º do art. 489 considera-se "precedente" apenas:

a) acórdão proferido pelo Supremo Tribunal Federal ou pelo Tribunal Superior do Trabalho em julgamento de recursos repetitivos (CLT, art. 896-B; CPC, art. 1046, § 4º);

b) entendimento firmado em incidente de resolução de demandas repetitivas ou de assunção de competência;

c) decisão do Supremo Tribunal Federal em controle concentrado de constitucionalidade;

d) tese jurídica prevalecente em Tribunal Regional do Trabalho e não conflitante com súmula ou orientação jurisprudencial do Tribunal Superior do Trabalho (CLT, art. 896, § 6º);

e) decisão do plenário, do órgão especial ou de seção especializada competente para uniformizar a jurisprudência do tribunal a que o juiz estiver vinculado ou do Tribunal Superior do Trabalho.

II – para os fins do art. 489, § 1º, incisos V e VI do CPC, considerar-se-ão unicamente os precedentes referidos no item anterior, súmulas do Supremo Tribunal Federal, orientação jurisprudencial e súmula do Tribunal Superior do Trabalho, súmula de Tribunal Regional do Trabalho não conflitante com súmula ou orientação jurisprudencial do TST, que contenham explícita referência aos fundamentos determinantes da decisão (*ratio decidendi*).

III – não ofende o art. 489, § 1º, inciso IV do CPC a decisão que deixar de apreciar questões cujo exame haja ficado prejudicado em razão da análise anterior de questão subordinante.

IV – o art. 489, § 1º, IV, do CPC não obriga o juiz ou o Tribunal a enfrentar os fundamentos jurídicos invocados pela parte, quando já tenham sido examinados na formação dos precedentes obrigatórios ou nos fundamentos determinantes de enunciado de súmula.

V – decisão que aplica a tese jurídica firmada em precedente, nos termos do item I, não precisa enfrentar os fundamentos já analisados na decisão paradigma, sendo suficiente, para fins de atendimento das exigências constantes no art. 489, § 1º, do CPC, a correlação fática e jurídica entre o caso concreto e aquele apreciado no incidente de solução concentrada.

VI – é ônus da parte, para os fins do disposto no art. 489, § 1º, V e VI, do CPC, identificar os fundamentos determinantes ou demonstrar a existência de distinção no caso em julgamento ou a superação do entendimento, sempre que invocar precedente ou enunciado de súmula.

Art. 16. Para efeito de aplicação do § 5º do art. 272 do CPC, não é causa de nulidade processual a intimação realizada na pessoa de advogado regularmente habilitado nos autos, ainda que conste pedido expresso para que as comunicações dos atos processuais sejam feitas em nome de outro advogado, se o profissional indicado não se encontra previamente cadastrado no Sistema de Processo Judicial Eletrônico, impedindo a serventia judicial de atender ao requerimento de envio da intimação direcionada. A decretação de nulidade não pode ser acolhida em favor da parte que lhe deu causa (CPC, art. 276).

Art. 17. Sem prejuízo da inclusão do devedor no Banco Nacional de Devedores Trabalhistas (CLT, art. 642-A), aplicam-se à execução trabalhista as normas dos arts. 495, 517 e 782, §§ 3º, 4º e 5º do CPC, que tratam respectivamente da hipoteca judiciária, do protesto de decisão judicial e da inclusão do nome do executado em cadastros de inadimplentes.

Art. 18. Esta Instrução Normativa entrará em vigor na data da sua publicação.

Ministro IVES GANDRA DA SILVA MARTINS FILHO

Presidente do Tribunal Superior do Trabalho

Anexo II

Enunciados do II Fórum Nacional de Processo do Trabalho

II Fórum Nacional de Processo do Trabalho em Homenagem ao Professor Wagner Giglio (Cidade de Belo Horizonte)

A segunda edição do Fórum Nacional de Processo do Trabalho ocorreu na cidade de Belo Horizonte, nos dias 26 e 27 de agosto de 2016, reunindo novamente a Magistratura, o Ministério Público do Trabalho, a Advocacia, Professores da Academia e Servidores Públicos, todos empenhados em debater o Direito Processual do Trabalho Brasileiro.

As maiores inovações dessa edição foram os grupos sobre autonomia científica do Direito Processual do Trabalho, Processo Eletrônico e Incidentes Processuais em Segundo Grau.

Houve a reinserção dos grupos sobre Provas no Processo do Trabalho e Execução Trabalhista diante da necessidade de aprofundamento desses temas tão caros ao cotidiano trabalhista. O Dissídio Coletivo também foi inserido com a finalidade de revisitar um tema típico do Direito Processual do Trabalho diante da possibilidade de inovações em seu procedimento, tal como proposto pelo grupo no que diz respeito à utilização do *amicus curiae*. Por fim, a cooperação judicial cedeu lugar à conciliação e mediação na seara do Direito Processual do Trabalho, trazendo para este encontro uma das questões mais caras à Justiça do Trabalho: a solução consensual dos conflitos trabalhistas.

No dia 27.8.2016, as votações plenárias do II FNPT foram iniciadas com uma homenagem presencial ao nosso querido Doutor, Magistrado Aposentado, Advogado atuante, autor de inúmeras obras sobre o Direito Processual do Trabalho, Professor Manoel Antônio Teixeira Filho, seguida das brilhantes ideias do professor Antônio Álvares da Silva, sempre vanguardista em suas posições. Ao final da reunião plenária, foram aprovados 46 enunciados dos 178 enunciados apresentados aos grupos temáticos, que aprovaram 82 enunciados para a reunião plenária.

Novamente agradecemos o apoio de todas as instituições, grupos e organizações que estiveram conosco durante o evento. O próximo já tem data marcada: ocorrerá no Estado do Rio Grande do Sul, na cidade de Gramado, de 15 a 17 de junho de 2017, tendo por atração cultural a Banda de Jazz de um dos nossos grandes professores de Direito Processual do Trabalho, Rodolfo Pamplona Filho, vocalista da "*The Crooners*".

Assim, aguardaremos todos em Gramado para novos estudos, para uma excelente confraternização e para curtir o friozinho da Serra Gaúcha. Sem mais delongas, deixo-os com os 46 enunciados finais, agradecendo publicamente a valorosa ajuda com essa sistematização do amigo Reinaldo Branco de Moraes, sempre tão perspicaz em suas observações, tanto na primeira edição, quanto nesta segunda, e a todas as pessoas que trabalharam e acreditaram na força dessa união em prol de um bem maior: o desenvolvimento do Direito Processual do Trabalho científico e aprofundado.

COORDENAÇÃO CIENTÍFICA:

Ben-Hur Silveira Claus

José Eduardo Resende Chaves Jr.

Lorena de Mello Rezende Colnago

Maíra Silva Marques da Fonseca

COORDENAÇÃO GERAL:

Antônio Umberto de Souza Junior, Ben-Hur Silveira Claus, Bento Herculano, Lorena de Mello Rezende Colnago, Fernanda Antunes Marques Junqueira, Ney Maranhão, Reinaldo Branco deMoraes, Maximiliano Pereira de Carvalho, Janete Deste, Roberta Ferme Sivollella, Erika Coronha Benassi, José Eduardo Resende Chaves Jr., Maíra Silva Marques da Fonseca, Marcus de Oliveira Kaufmann, Marco Antônio Villatorre, Miriam Klahold, Nuredin Ahmad Allan, Ricardo Nunes de Mendonça, Simone Malek Rodrigues Pilon, Gisele Santos Fernandes Góes, Gláucio Araújo de Oliveira, João Hilário Valentim, Paulo Douglas Almeida de Moraes, Jouberto de Quadros Pessoa Cavalcante, Amanda Tirapelli, Marco Aurélio Guimarães, Thais Poliana de Andrade.

COMISSÃO DE SISTEMATIZAÇÃO DOS ENUNCIADOS:

Fernanda Antunes Marques Junqueira

Lorena de Mello Rezende Colnago

Maíra Silva Marques da Fonseca

Reinaldo Branco de Moraes

COMISSÃO REGIONAL DE BELO HORIZONTE:

José Eduardo Resende Chaves Jr., Antônio Gomes de Vasconcelos, Cassia Marize Hatem Guimarães, Cléber Lúcio Almeida, Maria Raquel Ferraz Zagari Valentim, Silvia Maria Maia Xavier,Isabel Dorado, Ellen Hazan, Giovani Guerra, Maria Cecília Máximo Teodoro Ferreira, Marco Antônio Oliveira Freitas, Geraldo Emediato, Ana Carolina Paes Leme, Bruno Reis de Figueiredo.

AUTONOMIA CIENTÍFICA DO PROCESSO DO TRABALHO:

Relatores: Ben-Hur Claus, Lorena de Mello Rezende Colnago, Germana de Morelo, Silvia Maria Maia Xavier

1) CLT, ART. 769. A autonomia do Direito Processual do Trabalho, respeitados os princípios, é compatível com a Teoria do Diálogo das Fontes.

Resultado: aprovado por maioria qualificada.

2) CLT, ARTS. 769 E 889. CPC, ART. 15. Diante da previsão de aplicação supletiva do CPC ao Processo do Trabalho (art. 15), o requisito da compatibilidade, previsto nos arts. 769 e 889 da CLT, deve ser interpretado no sentido da máxima efetividade da Jurisdição Trabalhista.

Resultado: aprovado por maioria qualificada.

3) CLT, ART. 769. CPC, ART. 15. Na aplicação supletiva do CPC ao Processo do Trabalho, em caso de omissão parcial, o requisito da compatibilidade é mais relevante que o requisito da omissão, respeitados os princípios do Processo do Trabalho.

Resultado: aprovado por maioria qualificada.

4) O Direito Processual do Trabalho visa ao amplo acesso à Justiça, à celeridade processual, à conciliação, à simplificação dos atos praticados de modo concentrado, à proatividade judicial e à cooperação para a melhor solução da lide.

Resultado: aprovado por maioria qualificada.

5) CLT, ART. 769. CPC, ART. 67 E SEGUINTES. A cooperação judicial nacional é importante para promover o combate ao trabalho em condições análogas a escravo e trabalho infantil.

Resultado: aprovado por maioria qualificada.

CONCILIAÇÃO E MEDIAÇÃO NO PROCESSO DO TRABALHO:

Relatores: Adriana Goulart de Sena Orsini; Antônio Gomes de Vasconcellos; Elaine Noronha Nassif; Fernanda Antunes Marques Junqueira.

6) CLT, ARTS. 846 E 850. CPC, ARTS. 165 E SEGUINTES. CONCILIAÇÃO E MEDIAÇÃO. ARTS. 165 E SEGUINTES DO CPC. INCOMPATIBILIDADE COM O PROCESSO DO TRABALHO. INEXISTÊNCIA DE LACUNA NORMATIVA. ARTS. 846 E 850 DA CLT. Embora vocacionado à solução negociada dos conflitos, a teor do disposto no art. 764 da CLT, no âmbito do processo do trabalho, não se mostra compatível o regramento inserto nos arts. 165 e seguintes do CPC, porque a conciliação deve ser realizada única e exclusivamente pelo Juiz, inexistindo lacuna normativa a justificar a heterointegração. Inteligência dos arts. 846 e 850 da CLT.

Resultado: aprovado por maioria qualificada.

7) CPC, ART. 334, CLT, ARTS. 764, 846 E 850. IMPOSSIBILIDADE DA AUDIÊNCIA PRÉVIA DE CONCILIAÇÃO OU DE MEDIAÇÃO NOS TERMOS DO

ART. 334 DO CPC NO PROCESSO DO TRABALHO. Tendo em vista que o processo do trabalho já regulamenta a conciliação trabalhista nos arts. 764, 846 e 850 da CLT, tem-se pela incompatibilidade e pela inaplicabilidade do art. 334 do CPC no processo do trabalho, não havendo que se falar em audiência prévia de conciliação.

Resultado: aprovado por maioria qualificada.

8) CPC, ART. 515, § 2º. CLT, ART. 764. AUTOCOMPOSIÇÃO JUDICIAL. APLICABILIDADE AO PROCESSO DO TRABALHO. AUTOCOMPOSIÇÃO JUDICIAL. ART. 515, § 2º DO CPC. APLICABILIDADE AO PROCESSO DO TRABALHO. ART. 764 DA CLT. O art. 515, § 2º do CPC é compatível com o processo do trabalho, essencialmente vocacionado à solução negociada do conflito, condicionada a validade do ajuste à preservação dos direitos fundamentais e aos limites éticos que norteiam a atividade autocompositiva, e submetida ao crivo do Poder Judiciário.

Resultado: aprovado por maioria qualificada.

9) CPC, ART. 138. CLT, ART. 765. O *AMICUS CURIAE* NA CONCILIAÇÃO TRABALHISTA. O *amicus curiae*, previsto no art. 138, é aplicável no processo do trabalho, conforme art. 765 da CLT, podendo o magistrado admitir a participação no processo, de pessoa física ou jurídica, órgão ou entidade especializada, com o propósito de prestar informações relevantes acerca de matéria técnica e/ou fática relacionada ao objeto da lide, em benefício de um justo juízo conciliatório.

Resultado: aprovado por maioria qualificada.

PROCESSO ELETRÔNICO:

Relatores: José Eduardo Resende Chaves Jr, Maximiliano Pereira de Carvalho, Karol Durço e Miriam Klahold

10) CLT, ART. 896, § 4º. CPC, ARTS. 926 E 988. AUTOMATIZAÇÃO DE ROTINAS E UNIFORMIZAÇÃO DA JURISPRUDÊNCIA. O princípio da automaticidade que informa o processamento de dados extraídos do processo eletrônico é premissa para o estímulo à uniformização da jurisprudência.

Resultado: aprovado por maioria qualificada.

11) Lei n. 11.419/2006, art. 1º, § 2º, I. PRINCÍPIOS DA IMATERIALIDADE E INSTANTANEIDADE. FLUXOS QUÂNTICOS. Os princípios da imaterialidade e instantaneidade vedam que o processo eletrônico trâmite por fluxos estanques, devendo os autos eletrônicos ter a liberdade para estar em mais de uma tarefa ao mesmo tempo, abrindo-se a uma racionalidade em rede, dialógica, fluida e em tempo real, que privilegia a prática de atos por meio dos recursos tecnológicos disponíveis, preferentemente o de menor custo, considerada sua eficiência.

Resultado: aprovado por maioria qualificada.

PROVAS NO PROCESSO DO TRABALHO:

Relatores: Ney Maranhão, Giovanni Guerra, Ricardo Nunes de Mendonça e Patrícia Caproni

12) CPC, ARTS. 2º, 371 E 372. CLT, ART. 765. PRODUÇÃO DE PROVA. APLICAÇÃO SUPLETIVA AO PROCESSO DO TRABALHO. Os arts. 2º, 371 e 372 do CPC reafirmam a dicção do art. 765 da CLT acerca da liberdade do juiz na direção do processo, notadamente na produção das provas. Aplicáveis, portanto, supletivamente, ao Processo do Trabalho.

Resultado: aprovado por maioria qualificada.

13) CPC, ART. 373, §§ 1º E 2º. CLT, ART. 765. TEORIA DINÂMICA DO ÔNUS DA PROVA. APLICAÇÃO AO PROCESSO DO TRABALHO. Reafirmando a essência constante do art. 765 da CLT, aplica-se ao Processo do Trabalho a teoria dinâmica do ônus da prova, consubstanciada no art. 373, §§ 1º e 2º do CPC.

Resultado: aprovado por maioria qualificada.

14) CPC, ART. 373, § 1º. APTIDÃO PARA A PROVA. SÚMULA N. 331, ITEM V, DO TST. O princípio da aptidão para a prova (CPC, art. 373, § 1º) é aplicável à hipótese elencada no item V da Súmula n. 331 do TST, incumbindo ao ente da Administração Pública direta ou indireta a prova de que cumpriu com seu dever de fiscalização do contrato de trabalho do terceirizado.

Resultado: aprovado por unanimidade.

15) PSICOTERROR EVIDENCIADO POR ASSÉDIO MORAL DO EMPREGADOR. Para a caracterização do assédio moral dispensa-se a prova da intenção do assediador, se pretendia ou não comprometer aspectos da personalidade do trabalhador. Todavia, eventual conduta subjetiva pode ser valorada na quantificação da indenização do dano moral.

Resultado: aprovado por maioria qualificada.

16) CPC, ART. 371. CLT, ARTS. 832, *CAPUT*, E 852-D. SISTEMA DO LIVRE CONVENCIMENTO OU DA PERSUASÃO RACIONAL. MANTENÇA DE SINCRONIA ENTRE PROCESSO CIVIL E PROCESSO LABORAL. O art. 371 do CPC, tal qual os arts. 832, *caput*, e 852-D, da CLT, continua consagrando o sistema do livre convencimento ou da persuasão racional, de modo que ao juiz remanesce a liberdade de, fundamentadamente, conferir às provas produzidas no processo o peso que entender devido, tudo a revelar que o processo civil e o processo do trabalho, no particular, prosseguem em perfeita sincronia técnica.

Resultado: aprovado por maioria qualificada.

17) CPC, ARTS. 381 A 383. CLT, ARTS. 769 E 889. AÇÃO PROBATÓRIA AUTÔNOMA. OMISSÃO LEGAL E COMPATIBILIDADE PRINCIPIOLÓGICA. INCIDÊNCIA NO PROCESSO DO TRABALHO. A ação autônoma probatória, importante medida de redução de litigiosidade prevista nos arts. 381 a 383 do CPC, é aplicável ao processo do trabalho, tendo em vista a omissão da CLT e sua perfeita compatibilidade com os princípios da conciliação responsável, economia processual e efetividade jurisdicional (CLT, arts. 769 e 889).

Resultado: aprovado por maioria qualificada.

18) CLT, ART. 769 E CPC, ART. 372. PROVA EMPRESTADA. Diante da lacuna da CLT e compatibilidade principiológica com a processualística laboral, o regramento da prova emprestada, disposto no art. 372 do CPC, aplica-se ao processo do trabalho.

Resultado: aprovado por maioria qualificada.

DISSÍDIO COLETIVO:

Relatores: João Hilário Valentim, Joao Batista Martins Cesar, Thais Poliana de Andrade, Noemia Cossermelli, Marcus de Oliveira Kaufmann, Paulo Douglas de Almeida Moraes

19) *AMICUS CURIAE* NA CONCILIAÇÃO DO DISSÍDIO COLETIVO. O *amicus curiae*, previsto no art. 138 do CPC, é aplicável ao processo do trabalho. Este instituto pode ser utilizado no dissídio coletivo.

Resultado: aprovado por maioria qualificada.

20) *AMICUS CURIAE* NA CONCILIAÇÃO DAS AÇÕES COLETIVAS. O sistema de jurisdição metaindividual trabalhista tem como objetivo tutelar os direitos coletivos trabalhistas, abrangendo os direitos coletivos em sentido estrito, individuais homogêneos e difusos, fomentando, assim, o pleno acesso ao Poder Judiciário. Diante da complexidade e pluralidade das matérias envolvidas nas ações coletivas, é permitido ao magistrado de ofício ou a requerimento da parte lançar mão do amicus curiae.

Resultado: aprovado por maioria qualificada.

INCIDENTES PROCESSUAIS NO SEGUNDO GRAU:

Relatores: Gisele Góes, Gabriel Filho, Reinaldo Branco de Moraes e Bruno Freire

21) CPC, ART. 932, III, E PARÁGRAFO ÚNICO. FALTA DE ATAQUE A FUNDAMENTOS DA DECISÃO RECORRIDA. VÍCIO NÃO SUPRÍVEL NO PRAZO DE CINCO DIAS PREVISTO NO PARÁGRAFO ÚNICO DO ART. 932 DO CPC. O momento de o recorrente impugnar "especificamente os fundamentos da decisão recorrida" é o previsto em lei para a interposição do recurso. A intimação prevista no parágrafo único do art. 932 do CPC permite sanar apenas vícios formais do recurso, sem acréscimo de motivação, a tempo e modo, não ofertada.

Resultado: aprovado por maioria qualificada.

22) CPC, ARTS. 976/987. IRDR (INCIDENTE DE RESOLUÇÃO DE DEMANDAS REPETITIVAS) *VERSUS* IUJ (INCIDENTE DE UNIFORMIZAÇÃO DE JURISPRUDÊNCIA). INAPLICABILIDADE DAQUELE NO PROCESSO DO TRABALHO, EXCETO EM COMPLEMENTARIDADE. A uniformização da jurisprudência no âmbito dos TRTs, mediante edição de súmula ou TJP (tese jurídica prevalecente), deve ser efetuada segundo a fonte legislativa, própria e específica, por força da lei

13.015/2014 (DOU de 22.7.2014), sem prejuízo da aplicação, "no que couber", dos dispositivos do IUJ facultativo do CPC/1973 (arts. 476/479), substituídos pelo IRDR (CPC/2015), apenas em termos de complementaridade (CLT, art. 896, § 3º).

Resultado: aprovado por maioria qualificada.

23) CPC, ARTS. 942, *CAPUT*. PROSSEGUIMENTO DO JULGAMENTO HAVENDO VOTO VENCIDO ("NOVA TÉCNICA DE JULGAMENTO"). INAPLICABILIDADE NO PROCESSO DO TRABALHO. A inovação do direito processual civil, que implica na substituição dos embargos infringentes do CPC/1973 por outra técnica de julgamento consistente na continuidade do julgamento mediante convocação de julgadores em número suficiente para garantir a possibilidade de inversão do resultado inicial, não possui aplicação em nenhum dos casos de recorribilidade em dissídio individual trabalhista pela inexistência, no processo laboral, do manuseio dos embargos infringentes do CPC/1973.

Resultado: aprovado por maioria qualificada.

24) CPC, ARTS. 932, I, 938, §§ 1º A 4º C/C 1.013, § 3º, I A IV, E § 4º. CAUSA MADURA. OBRIGATORIEDADE *VERSUS* FACULDADE DE JULGAMENTO PELO TRIBUNAL ESTANDO O PROCESSO EM CONDIÇÕES DE IMEDIATO JULGAMENTO. Diferentemente do modelo do CPC/1973, que facultava ao tribunal julgar o mérito quando afastada a sentença terminativa, sendo a matéria exclusivamente de direito (CPC/1973, art. 515, § 3º, cujo parágrafo foi inserido no direito positivo pela Lei n. 10.352/2001), a novel ordem jurídica processual determina, se o processo estiver em condições de imediato julgamento, que o tribunal, desde logo, julgue o mérito (causa madura).

Resultado: aprovado por maioria qualificada.

25) CPC, ART. 1.013, § 3º, III C/C 323 E 505, I. CONTRATO DE TRABALHO VIGENTE. PRESTAÇÕES DE TRATO CONTINUADO. AUSÊNCIA DE CONDENAÇÃO NA ORIGEM. APRECIAÇÃO PELO TRIBUNAL. COMPATIBILIDADE COM O PROCESSO LABORAL. Em demanda que envolve prestações de trato sucessivo (parcelas vincendas), enquanto vigente a relação objeto da lide, a condenação deve abranger as vencidas até o ajuizamento da ação e as que vencerem durante o processo, competindo ao juízo recursal analisar as prestações vincendas, quando impugnado o pedido principal no apelo (CPC, art. 1.013, *caput*, *in fine*), pela ampliação das hipóteses de causa madura (CPC, art. 1.013, § 3º, III). As parcelas vincendas reputar-se-ão incluídas no pedido principal, mesmo quando não expressamente deduzidas (pedido implícito), justamente para evitar a repetição de idêntica ação entre os contendores, a cada inadimplemento, enquanto inalterada a realidade fática relativa à causa (CPC, arts. 323 e 505, I).

Resultado: aprovado por maioria qualificada.

26) CPC, ART. 927. PRECEDENTES. SÚMULAS DO STF E TST ANTERIORES AO NCPC. INAPLICABILIDADE DO CARÁTER OBRIGATÓRIO. As Súmulas do

Supremo Tribunal Federal e do Tribunal Superior do Trabalho anteriores ao início de vigência do Novo CPC não se inserem dentro do conceito de precedentes estabelecido pelo art. 927 do CPC.

Resultado: aprovado por maioria qualificada.

27) RECLAMAÇÃO. JUSTIÇA DO TRABALHO. DEVER DE AUTORREFERÊNCIA. RESPEITO AOS PRECEDENTES. CABIMENTO TRT, AINDA QUE CAUSA ESTEJA NO TST. DEVER DE COERÊNCIA. A reclamação é cabível na Justiça do Trabalho e se apresenta como importante instrumento de proteção da isonomia e dos deveres de coerência e estabilidade, pois é expressão do dever de autorreferência em que os Tribunais devem respeitar os seus próprios precedentes.

Resultado: aprovado por maioria qualificada.

28) DEVER DE UNIFORMIZAÇÃO DE JURISPRUDÊNCIA. TRT'S. DEVERES DE UNIDADE, COERÊNCIA, ESTABILIDADE, AUTORREFERÊNCIA E INTEGRIDADE. SÚMULAS E/OU TESES JURÍDICAS PREVALECENTES. TÉCNICAS DE DISTINÇÃO E SUPERAÇÃO DOS PRECEDENTES. A Lei n. 13.015/2014 alterou a CLT e impôs a uniformização de jurisprudência nos tribunais trabalhistas (IUJ), buscando-se sempre os deveres de unidade, coerência, estabilidade, autorreferência às próprias decisões e, primordialmente, integridade. O procedimento do IUJ resultará na edição de Súmulas ou Teses Jurídicas Prevalecentes e também em adotar, quando necessárias, técnicas de distinção e superação dos precedentes, para se adequar à interpretação contemporânea do ordenamento jurídico (CLT, art. 896 e CPC, art. 926).

Resultado: aprovado por maioria qualificada.

29) CPC, ARTS. 179, 947, 976, §2º, 982, III, 984, II, "*A*". INCIDENTE DE ASSUNÇÃO DE COMPETÊNCIA (IAC). MINISTÉRIO PÚBLICO DO TRABALHO. INTERVENÇÃO OBRIGATÓRIA. FISCAL DA ORDEM JURÍDICA. O Ministério Público do Trabalho será notificado nos Incidentes de Assunção de Competência, intervindo como fiscal da ordem jurídica e, inclusive, assumindo a titularidade, caso seja necessário (CPC, arts. 179, 947, 976, § 2º, 982, III, 984, II, "*a*").

Resultado: aprovado por maioria qualificada.

30) CPC, ARTS. 932, PARÁGRAFO ÚNICO C/C §§ 2º E 4º DO ART. 1.007. PARTE QUE EXPRESSAMENTE DECLARA O NÃO RECOLHIMENTO DO DEPÓSITO RECURSAL E CUSTAS. DESNECESSIDADE DE INTIMAÇÃO PARA SANAR O VÍCIO. Não se aplica a regra do art. 932, parágrafo único e §§ 2º e 4º do art. 1007, ambos do CPC, à parte que, em seu recurso, declara expressamente que não recolherá custas e depósito recursal, não cabendo, pois, a intimação para sanar tal vício.

Resultado: aprovado por maioria qualificada.

EXECUÇÃO TRABALHISTA:

Relatores: Roberta Ferme Sivolella, Marcio Amaral, Nuredin Ahmad Allan, Ana Carolina Paes Leme e Marcus Barberino

31) CPC, ART. 517. CLT, ART. 878. PROTESTO EXTRAJUDICIAL DE TÍTULO EXECUTIVO JUDICIAL. ART. 517 DO CPC. COMPATIBILIDADE COM O PROCESSO DO TRABALHO. PRINCÍPIO DO INTERESSE. ART. 878 DA CLT. O art. 517 do CPC é aplicável ao processo do trabalho, porque lacunosa a CLT, além da sintonia da disposição normativa com os princípios que o formatam, podendo o protesto extrajudicial ser determinado de ofício, nos termos do art. 878 da CLT.

Resultado: aprovado por maioria qualificada.

32) CLT, ART. 765. CPC, ART. 792, IV. DEVER DE COOPERAÇÃO NA EXECUÇÃO. OBRIGAÇÃO DE NOTIFICAÇÃO DA EXISTÊNCIA DE AÇÃO JUDICIAL. FRAUDE À EXECUÇÃO. Em busca da máxima cooperação e da boa fé objetiva dos litigantes diretos e indiretos, pode o magistrado, de ofício ou a pedido das partes, emitir ordem mandamental com base no art. 765 da CLT, para prevenir ato ilícito na execução e exigir dos sócios das reclamadas que sempre informem ao comprador a existência da ação judicial contra sua empresa e declarem se a alienação poderá reduzi-lo à insolvência.

Resultado: aprovado por maioria qualificada.

33) CLT, ART. 899; CPC, ART. 805 e 835. DEVER DE COOPERAÇÃO NA EXECUÇÃO. OBRIGAÇÃO DE INDICAÇÃO DE BEM DO MESMO NÍVEL DE PROTEÇÃO AO CREDOR. O estado de sujeição do devedor ao credor, à sociedade e ao Poder Judiciário impõe ao executado que indique meio mais eficaz e menos gravoso a sua posição jurídica, sempre respeitando, em ordem de prejudicialidade, o art. 835 do CPC.

Resultado: aprovado por maioria qualificada.

34) CLT, ARTS. 765 E 832. CPC, ARTS. 536 E 537. FIXAÇÃO DE MEIOS ADEQUADOS AO CUMPRIMENTO DA SENTENÇA E *CONTEMPT OF COURT*. Contemporaneamente, os arts. 765 e 832 da CLT correspondem ao poder geral de cautela dos magistrados para impor meios indiretos e conducentes ao cumprimento da sentença, sendo os arts. 536 e 537 do CPC exemplos não exaurientes de imposição de meios indiretos de execução e satisfação do título, perfeitamente compatíveis com o processo do trabalho.

Resultado: aprovado por maioria qualificada.

35) CPC, ARTS. 139, IV, E 536. AMPILAÇÃO DOS PODERES CONFERIDOS AO JUIZ DO TRABALHO NA EXECUÇÃO. PRESTAÇÕES PECUNIÁRIAS. MEDIDAS COERCITIVAS. APLICAÇÃO AO PROCESSO DO TRABALHO. A ampliação dos poderes conferidos ao Juiz do Trabalho na execução, inclusive quanto à imposição de medidas coercitivas para assegurar o cumprimento de obrigação de pagar, aplica-se ao processo do trabalho. A racionalidade da execução das obrigações de fazer, não fazer e dar coisa certa estendeu-se à obrigação de pagar, sendo que a coercitividade deve ser a mesma. Assim, tornou-se possível, inclusive, a imposição de *astreintes* para forçar o cumprimento de decisão, cujo objeto corresponde à prestação pecuniária (CPC, arts. 139, IV, e 536).

Resultado: aprovado por maioria qualificada.

36) CPC, ART. 139, inciso IV, E ART. 536. AMPLIAÇÃO DOS PODERES CONFERIDOS AO JUIZ DO TRABALHO NA EXECUÇÃO. OBRIGAÇÃO DE PAGAR. MEDIDAS NECESSÁRIAS À SATISFAÇÃO DO EXEQUENTE. APLICAÇÃO AO PROCESSO DO TRABALHO. A ampliação dos poderes conferidos ao Juiz do Trabalho na execução, inclusive quanto à imposição de medidas necessárias à satisfação do crédito exequente, plenamente aplicável ao processo do trabalho, faculta ao julgador definir meios efetivos de coerção, desde que respeitados os direitos e garantias previstos na Constituição de 1988 (art. 536 c/c art. 139, IV do CPC; art. 5º da CF/1988). Neste sentido, a inserção do nome do devedor nos cadastros de restrição de crédito, a proibição de participar de licitações e de contrair empréstimos públicos são medidas coercitivas para satisfação do crédito trabalhista, que compõem rol aberto de possibilidades de ampla utilização pelo Juiz do Trabalho.

Resultado: aprovado por maioria qualificada.

37) CPC, ART. 843. CONCEITO DE PARTE ALHEIA E EQUIVALENTE MONETÁRIO. A penhora de bens indivisíveis somente assegura o direito ao equivalente monetário na alienação, ao quinhão ou a quotaparte, quando se demonstra a inexistência de prática de ato societário e a participação na aquisição com renda própria e alheia à atividade econômica do executado, sendo aplicável o art. 843 do CPC a qualquer forma de copropriedade.

Resultado: aprovado por maioria qualificada.

38) CPC, ART. 678. CLT, ART. 888. INEXISTÊNCIA DE EFEITO SUSPENSIVO INTRÍNSECO AOS EMBARGOS DE TERCEIROS. A eficácia e autoridade próprias da coisa julgada coloca o exequente em posição proeminente, e somente a demonstração cabal da propriedade ou da posse e da condição de terceiro frente à execução permite a suspensão dos atos executivos, inclusive os alienatórios, como dimana da redação do art. 678 do CPC vigente.

Resultado: aprovado por maioria qualificada.

39) CPC, ART. 840, II. CLT, ART. 883. NOMEAÇÃO DE DEPOSITÁRIO JUDICIAL QUANDO DA PENHORA DE BEM IMÓVEL. A manutenção do devedor na condição de depositário judicial constitui evidente conflito de interesses e risco para a satisfatividade da execução, podendo o juízo nomear depositário judicial que cuide da conservação e exibição dos imóveis aos potenciais arrematantes ou adquirentes, determinando a desocupação do imóvel pelo devedor, como preconiza o art. 840, inciso II, do CPC.

Resultado: aprovado por maioria qualificada.

40) CLT, ART. 899; CPC, ARTS.700 E 702, § 6º. AÇÃO MONITÓRIA TRABALHISTA. POSSIBILIDADE. O art. 700 do CPC, que trata da ação monitória, aplica-se ao processo do trabalho, observado o procedimento especial ali previsto e, convertido o título apresentado em título executivo, o procedimento de cumprimento da sentença próprio da CLT (art. 880 e seguintes).

A aprovação deste enunciado importa em revogação ao Enunciado n. 73 do FNPT Curitiba.

Resultado: aprovado por maioria qualificada.

41) CPC, ARTS. 674 A 681. EMBARGOS DE TERCEIRO. EXISTÊNCIA DE FRAUDE CONTRA CREDORES. POSSIBILIDADE DE DECLARAÇÃO INCIDENTAL DE NULIDADE DO ATO FRAUDULENTO. ART. 9º DA CLT. DESNECESSIDADE DE AJUIZAMENTO DE AÇÃO PAULIANA PERANTE A JUSTIÇA COMUM. Com esteio no art. 9º da CLT e com base nos princípios da instrumentalidade, concentração e simplicidade, é plenamente cabível a declaração incidental de fraude contra credores no processo do trabalho pelo julgador que analisa os embargos de terceiro e constata a existência de conluio fraudatório entre devedor e embargante.

Resultado: aprovado por maioria qualificada.

42) CPC, ART. 828, § 4º. CLT, ARTS. 878 E 889. CTN, ART. 185. INCOMPATIBILIDADE DA PREVISÃO DO § 4º DO ART. 828 DO CPC AOS PRINCÍPIOS DO PROCESSO DO TRABALHO. O art. 828, § 4º, do CPC não é aplicável ao processo do trabalho. A uma, por alocar a responsabilidade na emissão e apresentações de certidões ao exequente, enquanto a praxe trabalhista, baseada na celeridade e efetividade da satisfação do crédito exequendo, já disponibiliza uma série de ferramentas ao Juiz, para que, à exegese do art. 878 da CLT, os órgãos competentes tenham ciência das restrições impostas pela execução. E, a duas, porque tal previsão do CPC não considera a notificação válida do executado como marco inicial à consubstanciação da fraude à execução, na forma do regime especial previsto no art. 185 do CTN, mais compatível com os princípios basilares do processo do trabalho.

Resultado: aprovado por maioria qualificada.

43) CPC, ART. 835, VII E 826. PENHORA DE SEMOVENTES. AUSÊNCIA DE ALCANCE QUANTO A ANIMAIS DE ESTIMAÇÃO. A expressa previsão de penhora de semoventes inscrita no inciso VII do art. 835 do CPC alcança apenas os animais submetidos à exploração econômica, não englobando os animais de estimação sem proveito econômico, sob pena de ofensa à dimensão objetiva dos direitos fundamentais e configuração de maus tratos aos animais por retirada de seu "*habitat*".

Resultado: aprovado por maioria qualificada.

44) CPC, ART. 840, §1º. DEPÓSITO DE BENS MÓVEIS E IMÓVEIS. PREFERÊNCIA DO EXEQUENTE EM RELAÇÃO AO EXECUTADO. Na ausência de depositário judicial, o exequente tem preferência em relação ao executado para investidura de depositário de bens móveis e imóveis, na conformidade do art. 840, § 1º, do CPC, compatível com o processo do trabalho, por ser meio de coerção indireta na busca da efetividade processual.

Resultado: aprovado por maioria qualificada.

45) CPC, ART. 161, PARÁGRAFO ÚNICO. DEPOSITÁRIO INFIEL. VEDAÇÃO RESTRITA À PRISÃO CIVIL. POSSIBILIDADE DE CONFIGURAÇÃO DE TIPO PENAL. CRIME DE APROPRIAÇÃO INDÉBITA OU PECULATO. NECESSIDADE DE COMUNICAÇÃO AO ÓRGÃO COMPETENTE. A proteção supralegal conferida ao depositário infiel não alcança sua responsabilidade criminal, sendo vedada apenas a prisão civil, podendo o magistrado oficiar o órgão policial e/ou o Ministério Público para aferição de cometimento de tipo penal.

Resultado: aprovado por maioria qualificada.

46) CPC, ART. 515, § 5º. EXECUÇÃO DE TÍTULO JUDICIAL EM FACE DO FIADOR, DO COOBRIGADO OU DO CORRESPONSÁVEL. DESNECESSÁRIA A PARTICIPAÇÃO DESTES NA FASE DE CONHECIMENTO. INCOMPATIBILIDADE DO ART. 513, § 5º, DO CPC, COM AS NORMAS DE DIREITO E PROCESSO DO TRABALHO. Desnecessária é a participação do fiador, do coobrigado ou do corresponsável, na fase de conhecimento, para que se possa promover a execução de título judicial em desfavor destes, considerando que, no processo do trabalho, a Lei n. 6.830/1980 constitui a primeira fonte subsidiária do direito processual do trabalho, no que tange à execução, e dita lei não ressalva a necessidade de que tais sujeitos constem no título executivo (Lei n. 6.830/1980, art. 4º).

Resultado: aprovado por maioria qualificada.

MOÇÕES DE APOIO:

SEMANA NACIONAL DE EXECUÇÃO TRABALHISTA. MOÇÃO DE APOIO. O II Fórum Nacional de Processo do Trabalho (FNTP), composto por magistrados de 1º e 2º graus, membros do MPT, advogados, servidores públicos, professores e estudantes de Direito, reconhece a importância institucional da semana nacional de execução trabalhista e apoia a realização de audiências e atos judiciais de afirmação da força do Poder Judiciário Trabalhista em todo o Brasil, notadamente Minas Gerais, local de realização do II FNTP.

A plenária posicionou-se ao final contra a aprovação: da PEC n. 241/2016 (congelamento dos gastos públicos por 20 anos com a possível e progressiva inviabilização da efetivação dos serviços públicos); do PLP n. 257/2015 (substituição dos servidores públicos por trabalhadores terceirizados, prejudicando a qualidade dos serviços públicos, contribuindo para sua privatização); do PLS n. 30/2015 (terceirização e quarteirização para todos os tipos de atividades, incluindo em empresas individuais).

Referências Bibliográficas

ABELHA, Marcelo. *Manual de direito processual civil*. 4. ed. São Paulo: RT, 2008.

__________. *Manual de execução civil*. 2. ed. Rio de Janeiro: Forense Universitária, 2008.

ALEXY, Robert. *Teoria dos direitos fundamentais*. Trad. Virgílio Afonso da Silva. 2. ed. São Paulo: Malheiros, 2011.

ALMEIDA, Amador Paes. *Curso prático de direito processual do trabalho*. 14. ed. São Paulo: Saraiva, 2002.

__________. *CLT comentada*. 2. ed. São Paulo: Saraiva, 2004.

ALMEIDA, Cléber Lúcio. *Direito processual do trabalho*. Belo Horizonte: Del Rey, 2006.

__________. *Direito processual do trabalho*. 2. ed. Belo Horizonte: Del Rey, 2008.

__________. *Direito processual do trabalho*. 3. ed. Belo Horizonte: Del Rey, 2009.

__________. *Direito processual do trabalho*. 4. ed. Belo Horizonte: Del Rey, 2012.

__________. *Direito processual do trabalho*. 5. ed. Belo Horizonte: Del Rey, 2014.

__________. *Direito processual do trabalho*. 6. ed. São Paulo: LTr, 2016.

__________. *Elementos da teoria geral da prova*. São Paulo: LTr, 2013.

ALMEIDA, Dayse Coelho de. *Acesso à Justiça e o* jus postulandi *das próprias partes no processo do trabalho*. São Paulo: Letras Jurídicas, 2012.

ALMEIDA, Ísis. *Manual de direito processual do trabalho*. 9. ed. São Paulo: LTr, 1998. v. 1.

__________. *Manual de direito processual do trabalho*. 9. ed. São Paulo: LTr, 1998. v. 2.

__________. *Manual das provas no direito processual do trabalho*. 2. ed. São Paulo: LTr, 1998.

ALMEIDA, Lúcio Rodrigues de. *Guia do processo do trabalho*. 4. ed. São Paulo: LTr, 2005.

ALMEIDA, Renato Rua de. Visão histórica da liberdade sindical. *In: Revista Legislação do Trabalho*. São Paulo: LTr, ano 70, v. 3, 2006.

ALVIM, Agostinho. *Da inexecução das obrigações*. 3. ed. São Paulo: Jurídica e Universitária, 1965.

ALVIM, J. E. Carreira; CABRAL, Luciana G. Carreira Alvim. *Código de Processo Civil reformado*. 6. ed. Curitiba: Juruá, 2007.

AMARAL, Augusto Pais de. *Direito processual civil*. 3. ed. Lisboa: Almedina, 2002.

AMARAL, Júlio Ricardo de Paula. *Eficácia dos direitos fundamentais nas relações de trabalho*. São Paulo: LTr, 2007.

AMBROSIO, Graziella. *A distribuição dinâmica do ônus da prova no Processo do trabalho*. São Paulo: LTr, 2013.

ARENDT, Hannah. *A condição humana*. 10. ed. Rio de Janeiro: Forense Universitária, 2005.

ARRUDA ALVIM. *Manual de direito processual civil*. 9. ed. São Paulo: RT, 2005. v. 1.

________. *Manual de direito processual civil*. 9. ed. São Paulo: RT, 2005. v. II.

________. *Manual de Direito Processual Civil*. 13. ed. São Paulo: RT, 2010.

ASSIS, Araken de. *Manual da execução*. 11. ed. São Paulo: RT, 2007.

________. *Comentários ao Código de Processo Civil*. Rio de Janeiro: Forense, 2001. v. VI.

________. *Doutrina e prática do processo civil contemporâneo*. São Paulo: RT, 2001.

ÁVILA, Humberto. *Teoria dos princípios:* da definição à aplicação dos princípios jurídicos. 11. ed. São Paulo: Malheiros, 2010.

BANDEIRA DE MELLO, Celso Antônio. *Curso de direito administrativo*. 8. ed. São Paulo: Malheiros, 1997.

BARBIERI, Maurício Lindenmeyer. *Curso de direito processual trabalhista*. São Paulo: LTr, 2009.

BARIONI, Rodrigo. *Efeito devolutivo da apelação civil*. São Paulo: RT, 2007.

BARROS, Alice Monteiro de. *Curso de direito do trabalho*. São Paulo: LTr, 2005.

________. *Proteção à intimidade do empregado*. São Paulo: LTr, 1997.

________. Confissão. Documentos. Prova técnica: sistemática da realização das perícia, *In: Revista Trabalho & Doutrina* n. 25. São Paulo: Saraiva, 2000.

________. (Coord.). *Compêndio de direito processual do trabalho. Estudos em Homenagem a Celso Agrícola Barbi*. 3. ed. São Paulo: LTr, 2002.

________. (Coord.). *Processo de execução aplicado*. São Paulo: LTr, 2000.

BARROS, Cassio Mesquita. A reforma judiciária da Emenda Constitucional n. 45. *In: Revista Legislação do Trabalho*. São Paulo: LTr, ano 69, v. 3, 2005.

BARROSO, Luís Roberto. *Interpretação e aplicação da Constituição*. 6. ed. São Paulo: Saraiva, 2004.

BASTOS, Guilherme Augusto Caputo. *O dano moral no direito do trabalho*. São Paulo: LTr, 2003.

BEBBER, Júlio César. *Procedimento sumaríssimo no processo do trabalho*. São Paulo: LTr, 2000.

________. *Processo do trabalho:* adaptação à contemporaneidade. São Paulo: LTr, 2011.

________. *Princípios do processo do trabalho*. São Paulo: LTr, 2007.

________. *Mandado de segurança*. Habeas corpus. Habeas data *na Justiça do Trabalho*. São Paulo: LTr, 2006.

________. *Cumprimento da sentença no processo do trabalho*. São Paulo: LTr, 2006.

______. *Cumprimento da sentença no processo do trabalho*. 2. ed. São Paulo: LTr, 2008.

______. *Exceção de pré-executividade no processo do trabalho*. São Paulo: LTr, 2005.

______. *Processo do trabalho:* temas atuais. São Paulo: LTr, 2003.

______. *Recursos no processo do trabalho*. 2. ed. São Paulo: LTr, 2009.

______. *Recursos no processo do trabalho*. 3. ed. São Paulo: LTr, 2011.

______. *Recursos no processo do trabalho*. 4. ed. São Paulo: LTr, 2014.

______. *Mandado de Segurança individual e coletivo na Justiça do Trabalho*. São Paulo: LTr, 2013.

BEDAQUE, José Roberto dos Santos. *Tutela cautelar e tutela antecipada:* tutelas sumárias e de urgência. 3. ed. São Paulo: Malheiros, 2003.

______. *Poderes instrutórios do juiz*. 3. ed. São Paulo: RT, 2001.

______. *Efetividade do processo e técnica processual*. São Paulo: Malheiros, 2006.

BEGALLES, Carlos Alberto. *Lições de direito processual do trabalho*. São Paulo: LTr, 2005.

BELMONTE, Alexandre Agra; DUARTE, Bento Herculano; SILVA, Bruno Freire e (Coords.). *O novo CPC aplicado ao Processo do Trabalho*. São Paulo: LTr, 2016.

BENEDETI, Sidnei Agostinho. *Da conduta do juiz*. São Paulo: Saraiva, 2003.

BERMUDES, Sérgio. *A reforma do judiciário pela Emenda Constitucional n. 45*. Rio de Janeiro: Forense, 2005.

BEZERRA LEITE, Carlos Henrique. *Curso de direito processual do trabalho*. 2. ed. São Paulo: LTr, 2004.

______. *Curso de direito processual do trabalho*. 3. ed. São Paulo: LTr, 2005.

______. *Curso de direito processual do trabalho*. 5. ed. São Paulo: LTr, 2007.

______. *Curso de direito processual do trabalho*. 10. ed. São Paulo: LTr, 2012.

______. *Curso de direito processual do trabalho*. 11. ed. São Paulo: LTr, 2013.

______. *Curso de direito processual do trabalho*. 12. ed. São Paulo: LTr, 2014.

______. *Curso de direito processual do trabalho*. 13. ed. São Paulo: Saraiva, 2015.

______. *Curso de direito processual do trabalho*. 14. ed. São Paulo: Saraiva, 2016.

______. *Curso de direito do trabalho*. 4. ed. Curitiba: Juruá, 2013.

______. *Liquidação na ação civil pública:* o processo e a efetividade dos direitos humanos. São Paulo: LTr, 2014.

______. *Ministério Público do Trabalho:* doutrina, jurisprudência e prática. 2. ed. São Paulo: LTr, 2002.

______. *Ministério Público do Trabalho:* doutrina, jurisprudência e prática. 4. ed. São Paulo: LTr, 2010.

______. *Ação civil pública:* nova jurisdição metaindividual, legitimação do Ministério Público. São Paulo: LTr, 2001.

_________. *Curso de direito processual do trabalho*. 6. ed. São Paulo: LTr, 2008.

_________. *Curso de direito processual do trabalho*. 7. ed. São Paulo: LTr, 2009.

_________. *Curso de direito processual do trabalho*. 8. ed. São Paulo: LTr, 2010.

_________. *Curso de direito processual do trabalho*. 9. ed. São Paulo: LTr, 2011.

_________. *Curso de direito processual do trabalho*. 13. ed. São Paulo: Saraiva, 2015.

_________. *Processo Coletivo do Trabalho*. São Paulo: LTr, 2015.

BEZERRA LEITE, Carlos Henrique (Coord). *Novo CPC:* Repercussões no Proesso do Trabalho. São Paulo: Saraiva, 2015.

BICALHO, Romeu Gonçalves. *O recurso de Revista com base em princípios:* Perspectivas e um novo Direito. São Paulo: LTr, 2016.

BONFIM, Edílson Mougenot. *Curso de processo penal*. 2. ed. São Paulo: RT, 2007.

BORGES, Leonardo Dias; MEIRELES, Edilton. *A nova reforma processual e seu impacto no processo do trabalho*. 2. ed. São Paulo: LTr, 2007.

_________. *Primeiras linhas de processo do trabalho*. São Paulo: LTr, 2009.

BORGES, Marcos Afonso. *In:* FRANÇA, Rubens Lomonji (Coord). *Enciclopédia Saraiva do direito*. São Paulo: Saraiva, 1977. v. 47.

BOUCINHAS FILHO, Jorge Cavalcanti; PEREIRA, José Luciano Castilho; FAVA, Marcos Neves (Orgs.). *O direito material e processual do trabalho dos novos tempos:* estudos em homenagem ao professor Estêvão Mallet. São Paulo: LTr, 2009.

BRAGA, Mauro Augusto Ponce de Leão. *Os limites ao acordo em Juízo e as garantias do processo justo*. São Paulo: LTr, 2013.

BRAMANTE, Ivani Contini; CALVO, Adriana (Coords.). *Aspectos polêmicos e atuais do direito do trabalho:* homenagem ao professor Renato Rua de Almeida. São Paulo: LTr, 2007.

BRANCO, Ana Paula Tauceda. *A colisão de princípios constitucionais no direito do trabalho*. São Paulo: LTr, 2007.

BRANDÃO, Cláudio; MALLET, Estevão (Coords.). *Repercussões do Novo CPC:* Processo do Trabalho. Salvador: Editora Juspodivm, 2015.

BRANDÃO, Cláudio. *Reforma do Sistema Recursal Trabalhista*. São Paulo: LTr, 2015.

_________. *Reforma do Sistema Recursal Trabalhista*. 2. ed. São Paulo: LTr, 2016.

BRESOLIN, Umberto Bara. *Revelia e seus efeitos*. São Paulo: Atlas, 2006.

BUENO, Cassio Scarpinella. *Curso sistematizado de direito processual civil*. São Paulo: Saraiva, 2007. v. 1.

_________. *Curso sistematizado de direito processual civil*. São Paulo: Saraiva, 2007. v. 2.

_________. *Projetos do Novo Código de Processo Civil:* comparados e anotados. São Paulo: Saraiva, 2014.

_________. *Novo Código de Processo Civil anotado*. São Paulo: Saraiva, 2015.

__________. *Manual de Direito Processual Civil*. São Paulo: Saraiva, 2015.

BUENO, J. Hamilton (Coord.). *Curso de direito processual do trabalho*. Em homenagem ao Ministro Pedro Paulo Teixeira Manus. São Paulo: LTr, 2008.

CAHALI, Yussef. *Dano moral*. 3. ed. São Paulo: RT, 2005.

CAIRO JR., José. *Curso de direito processual do trabalho*. 5. ed. Salvador: Jus Podivm, 2012.

CALAMANDREI, Piero. *Instituições de direito processual civil*. 2. ed. Campinas: Bookseller, 2002. v. II.

CALMON, Petrônio. *Comentários às Leis de Informatização do processo judicial*. Rio de Janeiro: Forense, 2008.

CALMON DE PASSOS, José Joaquim. *Da revelia do demandado*. Bahia: Livraria Progresso, 1960.

__________. *Comentários ao Código de Processo Civil*. 8. ed. Rio de Janeiro: Forense, 2001.

__________. Cidadania e processo. *In*: SENTO-SÉ, Jairo Lins de Albuquerque (Coord.). *A efetividade do processo do trabalho*. São Paulo: LTr, 1999.

CALVET, Otávio Amaral. Nova competência da Justiça do Trabalho: relação de trabalho x relação de consumo. *In: Revista Legislação do Trabalho*. São Paulo: LTr, ano 69, v. 1, 2005.

CÂMARA, Alexandre Freitas. *Lições de direito processual civil*. 14. ed. Rio de Janeiro: Lumen Juris, 2006. v. I.

__________. *Lições de direito processual civil*. 2. ed. Rio de Janeiro: Lumen Juris, 2006. v. II.

__________. *Lições de direito processual civil*. 10. ed. Rio de Janeiro: Lumen Juris, 2006. v. III.

CAMBI, Eduardo. *A prova civil*: admissibilidade e relevância. São Paulo: RT, 2006.

__________. *Neoconstitucionalismo e neoprocessualismo*. São Paulo: RT, 2010.

CAMPOS BATALHA, Wilson de Souza. *Tratado de direito judiciário do trabalho*. 2. ed. São Paulo: LTr, 1985.

__________. *Tratado de direito judiciário do trabalho*. 3. ed. São Paulo: LTr, 1995. v. 1.

__________. *Tratado de direito judiciário do trabalho*. 3. ed. São Paulo: LTr, 1995. v. 2.

__________. Instrumentos coletivos de atuação sindical. *In: Revista Legislação do Trabalho*. São Paulo: LTr, ano 60, v. 2, 1996.

__________. A greve sem a Justiça do Trabalho. *In: Revista Legislação do Trabalho*. São Paulo: LTr, ano 61, v. 2, 1997.

CANARIS, Claus-Wilhelm. *Pensamento sistemático e conceito de sistema na ciência do direito*. Trad. A. Menezes Cordeiro. 4. ed. Lisboa: Fundação Calouste Gulbenkian, 2008.

CANOTILHO, J. J. Gomes. *Direito constitucional e teoria da Constituição*. 7. ed. Coimbra: Almedina, 2003.

CANOTILHO, J. J. Gomes; MENDES, Gilmar Ferreira Mendes; SARLET, Ingo Wolfgans; STRECK, Lenio Luiz. *Comentários à Constituição do Brasil*. São Paulo: Saraiva, 2013.

CAPEZ, Fernando. *Curso de processo penal*. 6. ed. São Paulo: Saraiva, 2001.

CAPPELLETTI, Mauro; GARTH, Bryant. *Acesso à justiça*. Porto Alegre: Sérgio Fabris, 2002.

CARDOSO, Luciane. *Prova testemunhal:* uma abordagem hermenêutica. São Paulo: LTr, 2001.

CARMONA, Carlos Alberto. *Arbitragem e processo*. 2. ed. São Paulo: Atlas, 2006.

CARNEIRO, Athos Gusmão. *Jurisdição e competência*. 14. ed. São Paulo: Saraiva, 2005.

_________. *Intervenção de terceiros*. 12. ed. São Paulo: Saraiva, 2001.

_________. *Audiência de instrução e julgamento e audiências preliminares*. 12. ed. Rio de Janeiro: Forense, 2005.

CARNELUTTI, Francesco. *Instituições do processo civil*. Campinas: Servanda, 1999. v. I.

CARREIRA ALVIM, J. E.; CABRAL, Luciana G. Carreira Alvim. *Código de Processo Civil reformado*. 6. ed. Curitiba: Juruá, 2007.

CARVALHO, Régis Franco e Silva. *Relação de trabalho à luz do novo art. 114 da Constituição Federal*. São Paulo: LTr, 2008.

CARVALHO JÚNIOR, Lino. *Liquidação e execução na ação coletiva trabalhista*. São Paulo: LTr, 2012.

CASSAR, Vólia Bomfim. *Direito do trabalho*. 2. ed. Niterói: Impetus, 2008.

CASTELO, Jorge Pinheiro. *O direito processual do trabalho na moderna teoria geral do processo*. 2. ed. São Paulo: LTr, 1996.

_________. *Tutela antecipada na teoria geral do processo*. São Paulo: LTr, 1999. v. I.

_________. *Tutela antecipada no processo do trabalho*. São Paulo: LTr, 1999. v. II.

_________. *Tratado de direito processual do trabalho na teoria geral do processo*. 3. ed. São Paulo: LTr, 2012.

CASTRO, Carlos Roberto Siqueira. *O devido processo legal e os princípios da razoabilidade e proporcionalidade*. 5. ed. Rio de Janeiro: Forense, 2010.

CESÁRIO, João Humberto. *Provas e recursos no processo do trabalho*. São Paulo: LTr, 2010.

_________. *Provas no Processo do Trabalho*. Cuiabá: Instituto JHC, 2016.

_________. *As principais modificações do novo CPC e os seus impactos no Processo do Trabalho*. Cuiabá: Pináculo Editora, 2016.

CHAVES, Luciano Athayde. *Direito processual do trabalho*: reforma e efetividade. São Paulo: LTr, 2007.

_________. *A recente reforma no processo civil:* reflexos no direito judiciário do trabalho. São Paulo: LTr, 2006.

_________. *A recente reforma no processo civil:* reflexos no direito judiciário do trabalho. 3. ed. São Paulo: LTr, 2007.

_________. *Estudos de direito processual do trabalho*. São Paulo: LTr, 2009.

_________ (Org.). *Curso de processo do trabalho*. São Paulo: LTr, 2009.

_________ (Org.). *Curso de processo do trabalho*. 2. ed. São Paulo: LTr, 2012.

CHAVES JÚNIOR, José Eduardo de Resende. A Emenda Constitucional n. 45/2004 e a competência penal da Justiça do Trabalho. *In:* COUTINHO, Grijalbo Fernandes; FAVA, Marcos Neves. *Nova competência da Justiça do Trabalho*. São Paulo: LTr, 2005.

__________.*Comentários à Lei do Processo Eletrônico*. São Paulo: LTr, 2010.

CHIOVENDA, Giuseppe. *Instituições de direito processual civil*. 3. ed. Campinas: Bookseller, 2002. v. II.

CHOHFI, Thiago; CHOHFI, Marcelo Chaim. *Prática forense trabalhista*. 2. ed. Rio de Janeiro: Forense, 2009.

CINTRA, Antonio Carlos de Araújo. *Comentários ao Código de Processo Civil*. Rio de Janeiro: Forense, 2001. v. IV.

__________; GRINOVER, Ada Pellegrini; DINAMARCO, Cândido Rangel. *Teoria geral do trabalho*. São Paulo: Malheiros, 2005.

CÓDIGO DE PROCESSO DO TRABALHO. 3. ed. Coimbra: Almedina, 2006.

CÓDIGO DO TRABALHO. Instituto de Direito do Trabalho da Faculdade de Direito de Lisboa. *In: Revista Legislação do Trabalho*. 2. ed. Lisboa: Principia, 2004.

COLNAGO, Lorena de Mello Rezende; NAHAS, Thereza Christina (Coords.). *Processo do Trabalho Atual:* Aplicação dos Enunciados do Fórum Nacional e da Instrução Normativa do TST. São Paulo: RT, 2016.

CORDEIRO, Wolney de Macedo. *Fundamentos do direito processual do trabalho*. São Paulo: LTr, 2005.

__________. *Manual de execução trabalhista*. Rio de Janeiro: Forense, 2008.

__________. *Execução no Processo do Trabalho*. Salvador: JusPodivm, 2015.

__________. *Execução no Processo do Trabalho*. 2.ed. Salvador: JusPodivm, 2016.

CORREA DA SILVA, Floriano Vaz. O poder normativo da Justiça do Trabalho. *In:* SILVA, Georgenor de Souza Franco (Coord.). *Curso de direito coletivo do trabalho:* estudos em homenagem ao Ministro Orlando Teixeira da Costa. São Paulo: LTr, 1998.

CORREIA, Henrique; MIESSA, Élisson. *Súmulas e OJs do TST Comentadas e organizadas por assunto*. 7. ed. Salvador: JusPodivm, 2016.

COSIN, Aline; PENTEADO, Camila Fogagnoli; SILVA, Maria Antônia; MARIANI, Regiane dos Santos. Perfil do processo trabalhista argentino. *In: Revista Legislação do Trabalho*. São Paulo: LTr, ano 70, v. 12, 2006.

COSTA, Armando Casimiro; FERRARI, Irany; MARTINS, Melchíades Rodrigues. *CLT-LTr*. 4. ed. São Paulo: LTr, 2007.

COSTA, Carlos Coqueijo. *Direito judiciário do trabalho*. Rio de Janeiro: Forense, 1978.

__________. *Ação rescisória*. 7. ed. São Paulo: LTr, 2002.

__________. *O direito processual do trabalho e o Código de Processo Civil de 73*. São Paulo: LTr, 1975.

COSTA, Marcelo Freire Sampaio. *Reflexos da reforma do CPC no processo do trabalho:* leitura constitucional do princípio da subsidiaridade. São Paulo: Método, 2007.

______. *Execução provisória no processo do trabalho*. São Paulo: LTr, 2009.

______. *Eficácia dos direitos fundamentais entre particulares:* juízo de ponderação no processo do trabalho. São Paulo: LTr, 2010.

______.*Dano moral (extrapatrimonial) coletivo*. São Paulo: LTr, 2009.

______. *Execução provisória satisfativa:* nas ações coletivas trabalhistas. São Paulo: LTr, 2012.

COUCE DE MENEZES, Cláudio Armando. *Direito processual do trabalho*. São Paulo: LTr, 2002. v. 2.

______. *Teoria geral do processo e execução trabalhista*. São Paulo: LTr, 2003.

______; BORGES, Leonardo Dias. *O moderno processo do trabalho*. São Paulo: LTr, 1997.

______. *O moderno processo do trabalho*. São Paulo: LTr, 2000. v. 2.

______. *O moderno processo do trabalho*. São Paulo: LTr, 1999.v. 3.

COUTINHO, Aldacy Rachid. *Invalidade processual:* um estudo para o processo do trabalho. Rio de Janeiro: Renovar, 2000.

COUTURE, Eduardo. *Introdução ao estudo do processo civil*. 3. ed. Tradução de: Mozart Victor Russomano. Rio de Janeiro: Forense, 1998.

CREDIDIO, Georgius Luís Argentini Princípe. *Regras de experiência e motivação das decisões no processo civil*. São Paulo: LTr, 2012.

DAIDONE, Décio Sebastião. *Direito processual do trabalho:* ponto a ponto. 2. ed. São Paulo: LTr, 2001.

______. *A súmula vinculante e impeditiva*. São Paulo: LTr, 2006.

DALAZEN, João Oreste. *Competência material trabalhista*. São Paulo: LTr, 1994.

______. A reforma do judiciário e os novos marcos da competência material da Justiça do Trabalho no Brasil. *In: Revista do Tribunal Superior do Trabalho*. v. 71. Porto Alegre: Síntese, 2005.

______. Reflexões sobre o poder normativo da Justiça do Trabalho e a Emenda Constitucional n. 45. *In: Revista da Academia Nacional de Direito do Trabalho*. São Paulo: LTr, ano XIII, n. 13, 2005.

______. Aspectos do dano moral trabalhista. *In: Revista Legislação do Trabalho*. São Paulo: LTr, ano 64, v. 01, 2000.

DALLEGRAVE NETO, José Affonso. *Responsabilidade civil no direito do trabalho*. São Paulo: LTr, 2005.

______. *Responsabilidade civil no direito do trabalho*. 3. ed. São Paulo: LTr, 2008.

______. *Responsabilidade civil no direito do trabalho*. 4. ed. São Paulo: LTr, 2010.

D'AMBROSO, Marcelo José Ferlin. Competência criminal na Justiça do Trabalho e legitimidade do Ministério Público do Trabalho em matéria penal: elementos para reflexões. *In: Revista Legislação do Trabalho*. São Paulo: LTr, ano 70, v. 2, 2006.

DELGADO, Gabriela Neves. *O direito fundamental ao trabalho digno*. São Paulo: LTr, 2006.

DELGADO, Mauricio Godinho. *Curso de direito do trabalho*. 4. ed. São Paulo: LTr, 2005.

_________. *Curso de direito do trabalho*. 11. ed. São Paulo: LTr, 2012.

_________. *Direito coletivo do trabalho*. 2. ed. São Paulo: LTr, 2003.

_________. *Curso de direito do trabalho*. 15. ed. São Paulo: LTr, 2016.

DIDIER JR., Fredie. *Pressupostos processuais e condições da ação:* o juízo de admissibilidade do processo. São Paulo: Saraiva, 2005.

_________. *Curso de direito processual civil:* teoria geral do processo e processo de conhecimento. Salvador: Jus Podivm, 2007.

DINAMARCO, Cândido Rangel. *A instrumentalidade do processo*. 12. ed. São Paulo: Malheiros, 2005.

_________. *Instituições de direito processual civil*. São Paulo: Malheiros, 2001. v. I.

_________. *Instituições de direito processual civil*. São Paulo: Malheiros, 2001. v. II.

_________. *Instituições de direito processual civil*. São Paulo: Malheiros, 2001. v. III.

_________. *Instituições de direito processual civil*. São Paulo: Malheiros, 2004. v. IV.

_________. *Fundamentos do direito processual civil moderno*. 4. ed. São Paulo: Malheiros, 2001. v. II.

_________. *Fundamentos do direito processual civil moderno*. 4. ed. São Paulo: Malheiros, 2001. v. I.

_________. *Intervenção de terceiros*. 2. ed. São Paulo: Malheiros, 2000.

_________. *A reforma da reforma*. São Paulo: Malheiros, 2002.

_________. *Capítulos de sentença*. 4. ed. São Paulo: Malheiros, 2009.

_________. *Nova era do processo civil*. 3. ed. São Paulo: Malheiros, 2009.

DINIZ, José Janguiê Bezerra. *Os recursos no processo do trabalho*. 4. ed. São Paulo: LTr, 2005.

DINIZ, Maria Helena. *Código Civil comentado*. 11. ed. São Paulo: Saraiva, 2005.

_________. *Compêndio de introdução ao estudo do direito*. 18. ed. São Paulo: Saraiva, 2007.

_________. *As lacunas do direito*. 5. ed. São Paulo: Saraiva, 1999.

_________. *Conflito de normas*. 8. ed. São Paulo: Saraiva, 2008.

DONATO, Messias Pereira. *Curso de direito individual do trabalho*. 6. ed. São Paulo: LTr, 2008.

DORIA, Rogéria Dotti. O direito processual civil e a ampliação de competência da Justiça do Trabalho. *In: Processo e Constituição*. Estudos em homenagem ao professor José Carlos Barbosa Moreira. Coordenação de Luiz Fux, Nelson Nery Junior e Teresa Arruda Alvim Wambier. São Paulo: RT, 2006.

DOTE, Renato. Boa-fé no processo do trabalho. *In: O direito material e processual do trabalho dos novos tempos*. Estudos em homenagem a Estêvão Mallet. São Paulo: LTr, 2009.

DUARTE, Bento Herculano. *Poderes do Juiz do Trabalho*. Direção e protecionismo processual. São Paulo: LTr, 1999.

DUBUGRAS, Regina Maria Vasconcelos. *Substituição processual no processo do trabalho*. São Paulo: LTr, 1998.

DWORKIN, Ronald. *Levando os direitos a sério*. Trad. Nélson Boeira. 2. ed. São Paulo: Martins Fontes, 2007.

_________. *Levando os direitos a sério*. Trad. Nélson Boeira. São Paulo: Martins Fontes, 2010.

EÇA, Vitor Salino de Moura. Jurisdição e competência trabalhistas no direito estrangeiro. *In: Suplemento Trabalhista*. São Paulo: LTr, 07/06, 2006.

_________. *Prescrição intercorrente no processo do trabalho*. São Paulo: LTr, 2008.

ENGISCH, Karl. *Introdução ao pensamento jurídico*. Trad. J. Baptista Machado. 10. ed. Lisboa: Fundação Calouste Gulbenkian, 2008.

FABRÍCIO, Adroaldo Furtado. *Comentários ao Código de Processo Civil*. 8. ed. Rio de Janeiro: Forense, 2001. v. VIII, t. III.

FAVA, Marcos Neves. As ações relativas às penalidades administrativas impostas aos empregadores pelos órgãos de fiscalização das relações de trabalho – primeira leitura do art. 114, VII, da Constituição da República. *In:* COUTINHO, Grijalbo Fernandes e FAVA, Marcos Neves. *Justiça do Trabalho:* competência ampliada. São Paulo: LTr, 2005.

_________. *Ação civil pública trabalhista*. São Paulo: LTr, 2005.

_________. *Execução trabalhista efetiva*. São Paulo: LTr, 2009.

FELICIANO, Guilherme Guimarães. Aspectos penais da atividade jurisdicional do Juiz do Trabalho. In: *Revista Legislação do Trabalho*. São Paulo: LTr, ano 66, v. 12, 2002.

_________. *Por um Processo Realmente Efetivo*. São Paulo: LTr, 2016.

FEÓLA, Luiz Fernando. *Prática Jurídica no Pje/JT*. São Paulo: LTr, 2014.

FERNANDES, Antonio Monteiro. *Direito do trabalho*. 13. ed. Coimbra: Almedina, 2006.

FERNANDES JÚNIOR, Raimundo Itamar Lemos. *O direito processual do trabalho à luz do princípio constitucional da razoável duração*. São Paulo: LTr, 2008.

FERRARI, Irany; MARTINS, Melchíades. *CLT*. São Paulo: LTr, 2006. v. I.

_________. *CLT*. São Paulo: LTr, 2007. v. II.

_________. *CLT*. São Paulo: LTr, 2007. v. III.

FERRAZ JÚNIOR, Tercio Sampaio. *Introdução ao estudo do direito*. 5. ed. São Paulo: Atlas, 2007.

FERREIRA SOBRINHO, Anderson. *O* habeas corpus *na Justiça do Trabalho*. São Paulo: LTr, 2003.

FIGUEIRA JR., Joel Dias. *Comentários ao Código de Processo Civil*. 2. ed. São Paulo: RT, 2007. v. 4, t. II.

_________; FIGUEIREDO, Lúcia Valle. *Mandado de segurança*. 6. ed. São Paulo: Malheiros, 2009.

FILOMENO, Geraldo Brito *et al*. *Código de Defesa do Consumidor comentado pelos autores do anteprojeto*. 7. ed. Rio de Janeiro: Forense Universitária, 2001.

FLORINDO, Valdir. *Dano moral e o direito do trabalho*. 4. ed. São Paulo: LTr, 2002.

FREDIANI, Yone. *Exceção de pré-executividade no processo do trabalho*. São Paulo: LTr, 2002.

FREIRE, Rodrigo Cunha Lima. *Condições da ação:* enfoque sobre o interesse de agir. 3. ed. São Paulo: RT, 2005.

FUX, Luiz. *Curso de direito processual civil*. Rio de Janeiro: Forense, 2004.

_________; NERY JUNIOR, Nelson; WAMBIER, Teresa Arruda Alvim (Coords.). *Processo e Constituição*: estudos em homenagem ao professor José Carlos Barbosa Moreira. São Paulo: RT, 2006.

GARCIA, Gustavo Filipe Barbosa. *Curso de direito do trabalho*. São Paulo: Método, 2007.

_________. *Curso de direito processual do trabalho*. 2. tir. Rio de Janeiro: Forense, 2012.

_________. *Cumprimento da sentença e outros estudos da terceira fase da reforma do Código de Processo Civil*. 2. ed. São Paulo: Método. 2009.

GARCIA, Pedro Carlos Sampaio. Publicado no livro Justiça do Trabalho. O fim do poder normativo. *In:* COUTINHO, Grijalbo Fernandes; FAVA, Marcos Neves (Coords.). *Competência ampliada*. São Paulo: LTr, 2005.

GIANESINI, Rita. *Da revelia*. Dissertação de mestrado apresentada na PUC/SP. São Paulo: 1976.

GIGLIO, Wagner D. Nova competência da Justiça do Trabalho: aplicação do processo civil ou trabalhista? *In: Revista Legislação do Trabalho*. São Paulo: LTr, ano 69, v. 3, 1995.

_________. *Processo do trabalho na América Latina. Estudos em homenagem a Alcione Niederauer Corrêa*. São Paulo: LTr, 1992.

_________. *Direito processual do trabalho*. 15. ed. São Paulo: Saraiva, 2005.

GOMES, Orlando. *Contratos*. 17. ed. Rio de Janeiro: Forense, 1997.

_________; GOTTSCHALK, Elson. *Curso de direito do trabalho*. 16. ed. Rio de Janeiro: Forense, 2000.

GONÇALVES, Carlos Roberto. *Direito civil*. Parte geral. 10. ed. São Paulo: Saraiva, 2003. v. 1.

GONÇALVES, Marcus Vinicius. *Novo curso de direito processual civil*. 4. ed. São Paulo: Saraiva, 2007. v. 1.

_________. *Novo curso de direito processual civil*. 3. ed. São Paulo: Saraiva, 2007. v. 2.

GRECO FILHO, Vicente. *Direito processual civil brasileiro*. 14. ed. São Paulo: Saraiva, 1999. 1. v.

_________. *Direito processual civil brasileiro*. 11. ed. São Paulo: Saraiva, 1996. 2 v.

GRINOVER, Ada Pellegrini. *O processo em evolução*. 2. ed. Rio de Janeiro: Forense Universitária, 1998.

_________; CINTRA, Antonio Carlos de Araújo; DINAMARCO, Cândido Rangel. *Teoria geral do processo*. 21. ed. São Paulo: Malheiros, 2005.

_________; WATANABE, Kazuo; NERY JUNIOR, Nelson. *Código brasileiro de Defesa do Consumidor comentado pelos autores do antreprojeto*. 10 ed. Rio de Janeiro: Forense, 2011. v. 2.

GUERRA, Marcelo Lima. *Execução indireta*. São Paulo: RT, 1998.

GUERRA FILHO, Willis Santiago. *Processo constitucional e direitos fundamentais*. 4. ed. São Paulo: RCS, 2005.

GUIMARÃES, Mário. *O juiz e a função jurisdicional*. Rio de Janeiro: Forense, 1958.

GUNTHER, Luiz Eduardo; ZORING, Cristina Maria Navarro. Revelia e confissão no processo do trabalho. *In: Revista do Direito Trabalhista* n. 1, ano 10, janeiro de 2004. Brasília: Consulex, 2004. p. 10-01/14.

HINZ, Henrique Macedo. *O poder normativo da Justiça do Trabalho*. São Paulo: LTr, 2000.

HOUAISS, Antonio. *Dicionário Houaiss da língua portuguesa*. Rio de Janeiro: Objetiva, 2000.

LACERDA, Galeno. *Comentários ao Código de Processo Civil*. 8. ed. Rio de Janeiro: Forense, 2001. v. VIII, t. I.

LAMARCA, Antonio. *Processo do trabalho comentado*. São Paulo: RT, 1982.

__________. *O livro da competência*. São Paulo: RT, 1979.

LARENZ, Karl. *Metodologia da ciência do direito*. 5. ed. Lisboa: Fundação Calouste Gulbenkian, 2009.

LAURINO, Salvador Franco de Lima. A competência da Justiça do Trabalho: o significado da expressão 'relação de trabalho' no art. 114 da Constituição e as relações de consumo. *In: Revista Legislação do Trabalho*. São Paulo: LTr, ano 69, v. 05, 2005.

LIEBMAN, Enrico Túlio. *Processo de execução*. São Paulo: Bestbook, 2001.

__________. *Manual de direito processual civil*. 3. ed. Tradução e notas de Cândido Rangel Dinamarco. São Paulo: Malheiros, 2005. v. I.

__________. *Eficácia e autoridade da sentença e outros escritos sobre a coisa julgada*. 4. ed. Rio de Janeiro: Forense, 2006.

__________. *Estudos sobre o processo civil brasileiro*. São Paulo: Bestbook, 2001.

LIMA, Alcides de Mendonça. *Processo de conhecimento e processo de execução*. Rio de Janeiro: Forense, 1992.

LIMA, Francisco Meton; LIMA, Francisco Gérson Marques de. *A reforma do poder judiciário*. São Paulo: Malheiros, 2005.

LIMA, Leonardo Tibo Barbosa. *Lições de Direito Processual do Trabalho*. 3. ed. São Paulo: LTr, 2015.

LINDOSO, Alexandre Simões. *Técnica dos recursos trabalhistas extraordinários*. São Paulo: LTr, 2010.

LOPES, João Batista. *Princípio de proporcionalidade e efetividade do processo civil. Estudos de direito processual civil. Homenagem ao professor Egas Dirceu Moniz de Aragão*. Coordenação de Luiz Guilherme Marinoni. São Paulo: RT, 2005.

__________. *Curso de direito processual civil*. Parte geral. São Paulo: Atlas, 2005. v. I.

__________. *A prova no direito processual civil*. 2. ed. São Paulo: RT, 2002.

LOPES, Otavio Brito. A Emenda Constitucional n. 45 e o Ministério Público do Trabalho. *In:* COUTINHO, Grijalbo Fernandes; FAVA, Marcos Neves. *Justiça do Trabalho competência ampliada*. São Paulo: LTr, 2005.

MACHADO, Antônio Cláudio da Costa. *Código de Processo Civil interpretado artigo por artigo, parágrafo por parágrafo*. 4. ed. São Paulo: Manole, 2004.

_________. *Código de Processo Civil anotado e interpretado*. São Paulo: Manole, 2006.

MACHADO, Costa; ZAINAGHI, Sávio Domingos (Coords.). *CLT interpretada:* artigo por artigo, parágrafo por parágrafo. São Paulo: Manole, 2007.

MACHADO JR., César P. S. *Ônus da prova no processo do trabalho*. 3. ed. São Paulo: LTr, 2001.

MAGANO, Octavio Bueno. *Manual de direito do trabalho*. Direito individual do trabalho. 2. ed. 3. tiragem. São Paulo: LTr, 1988. v. II.

_________. *Manual de direito do trabalho*. Direito coletivo. 4. ed. São Paulo: LTr, 1994. v. IV.

_________. *Manual de direito do trabalho:* parte geral. São Paulo: LTr, 1980.

_________. *Os grupos de empresas no direito do trabalho*. São Paulo: RT, 1979.

MAIA, Jorge Eduardo de Sousa. *O sistema recursal trabalhista brasileiro*. São Paulo: LTr, 2006.

MAIOR, Jorge Luiz Souto. *Relação de emprego & direito do trabalho*. São Paulo: LTr, 2007.

_________. Em defesa da ampliação da competência da Justiça do Trabalho. *In: Revista do Direito Trabalhista*. Brasília: RDT, ano 11, v. 8, 2005.

_________. *O direito do trabalho como instrumento de justiça social*. São Paulo: LTr, 2000.

_________. Justiça do Trabalho: a justiça do trabalhador? *In:* COUTINHO, Grijalbo Fernandes; FAVA, Marcos Neves (Coords.). *Nova competência da Justiça do Trabalho*. São Paulo: LTr, 2005.

_________. *Direito processual do trabalho:* efetividade, acesso à Justiça e procedimento oral. São Paulo: LTr, 1998.

_________. *Petição inicial no processo do trabalho e no processo civil*. São Paulo: LTr, 1996.

_________. Teoria geral da execução forçada. *In:* NORRIS, Roberto (Coord.). *Execução trabalhista:* visão atual. Rio de Janeiro: Forense, 2001.

_________. *Curso de direito do trabalho*. v. II: A relação de trabalho. São Paulo: LTr, 2008.

_________. *O mundo do trabalho*. v. 1: Leituras críticas da Jurisprudência do TST em defesa do direito do trabalho. São Paulo: LTr, 2009.

MAIOR, Jorge Luiz Souto; SEVERO, Valdete Souto. *O Processo do Trabalho como Instrumento do Direito do Trabalho e as idéias fora de lugar do Novo CPC*. São Paulo: LTr, 2015.

MALHADAS, Júlio Assumpção. *Justiça do Trabalho:* sua história, sua composição, seu funcionamento. São Paulo: LTr, 1997.

MALLET, Estêvão. Apontamentos sobre a competência da Justiça do Trabalho após e Emenda Constitucional n. 45. *In: Direito, trabalho e processo em transformação*. São Paulo: LTr, 2005.

_________. Penhora de bens imóveis. *In:* NORRIS, Roberto (Coord.). *Execução trabalhista:* visão atual. Rio de Janeiro: Forense, 2001.

_________. Novas modificações no Código de Processo Civil e o processo do trabalho — Lei n. 11. 382/2006. *In: Revista LTr* 71-05/520.

________. *Do recurso de revista no processo do trabalho*. São Paulo: LTr, 1995.

________. *Procedimento sumaríssimo trabalhista*. São Paulo: LTr, 2002.

________. *Procedimento monitório no processo do trabalho*. São Paulo: LTr, 2000.

________. *Ensaio sobre a interpretação das decisões judiciais*. São Paulo: LTr, 2009.

________. *Prática de Direito do Trabalho*. São Paulo: LTr, 2008.

________. *Prática de Direito do Trabalho*. vol. 2. São Paulo: LTr, 2012.

________. *Igualdade e discriminação em Direito do Trabalho*. São Paulo: LTr, 2013.

MANFREDINI, Aryana; SARAIVA, Renato. *Curso de Direito Processual do Trabalho*. 10. ed. São Paulo: Método, 2013.

MANNRICH, Nelson. *Consolidação das Leis do Trabalho*. 8. ed. São Paulo: RT, 2007.

MANUS, Pedro Paulo Teixeira. *Direito do trabalho*. 10. ed. São Paulo: Atlas, 2006.

________. *Negociação coletiva e contrato individual de trabalho*. São Paulo: Atlas, 2001.

________. *Execução de sentença trabalhista*. 2. ed. São Paulo: Atlas, 2005.

________; ROMAR, Carla Teresa Martins. *CLT e legislação complementar em vigor*. 6. ed. São Paulo: Malheiros, 2006.

________; ________; GITELMAN, Suely Ester. *Competência da Justiça do Trabalho e EC n. 45/2004*. São Paulo: Atlas, 2006.

MARANHÃO, Délio *et al*. *Instituições de direito do trabalho*. 22. ed. São Paulo: LTr, 2005.

MARCATO, Antonio Carlos. *Procedimentos especiais*. 10. ed. São Paulo: Atlas, 2004.

________. *Código de Processo Civil interpretado*. São Paulo: Atlas, 2004.

________. *Código de Processo Civil interpretado*. 3. ed. São Paulo: Atlas, 2008.

________. *Procedimentos especiais*. 14. ed. São Paulo: Atlas, 2010.

MARINONI, Luiz Guilherme. *Teoria geral do processo*. São Paulo: RT, 2006.

________. *Antecipação da tutela*. 9. ed. São Paulo: RT, 2006.

________. *Tutela inibitória*. 3. ed. São Paulo: RT, 2003.

________. *Novas linhas do processo civil*. São Paulo: RT, 1993.

________; ARENHART, Sérgio Cruz. *Curso de processo civil:* execução. São Paulo: RT, 2007. v. 3.

________; ________. *Curso de direito processual civil*. v. 2: Processo de conhecimento. 6. ed. São Paulo: RT, 2007.

________; ________. *Prova*. São Paulo: RT, 2009.

________; MITIDIERO, Daniel. *Código de Processo Civil*: comentado artigo por artigo. São Paulo: RT, 2008.

________; ________. *Novo Código de Processo Civil comentado*. São Paulo: RT, 2015.

__________; __________. *Novo Código de Processo Civil comentado*. 2. ed. São Paulo: RT, 2016.

__________; __________. *O projeto do CPC:* crítica e propostas. São Paulo: RT, 2010.

MARQUES, Gérson. *Processo do trabalho anotado*. São Paulo: RT, 2001.

__________. *Lineamentos de direito processual do trabalho*. São Paulo: Malheiros, 2005.

__________. *Direito processual do trabalho*. 3. ed. São Paulo: Malheiros, 2001.

MARQUES, José Frederico. *Da competência em matéria penal*. Campinas: Millennium, 2000.

__________. *Instituições de direito processual civil*. Campinas: Bookseller, 2000. v. I.

__________. *Manual de direito processual civil*. Campinas: Bookseller, 1997. v. I.

MARQUES DE LIMA, Francisco Meton. *Manual sintético de processo e execução do trabalho*. São Paulo: LTr, 2004.

__________. *Manual de processo do trabalho*. 2. ed. São Paulo: LTr, 2008.

__________. *Fundamentos do processo do trabalho*. São Paulo: Malheiros, 2010.

MARTINS, Adalberto. *Manual didático de direito processual do trabalho*. 2. ed. São Paulo: Malheiros, 2005.

MARTINS, Melchíades Rodrigues. *Fiscalização trabalhista*. São Paulo: LTr, 2006.

__________. *O preposto e a representação do empregador em juízo trabalhista e órgãos administrativos*. São Paulo: LTr, 2002.

MARTINS, Sergio Pinto. *Comentários à CLT*. 6. ed. São Paulo: Atlas, 2003.

__________. *Comentários à CLT*. 15. ed. São Paulo: Atlas, 2008.

__________. *Direito processual do trabalho*. 26. ed. São Paulo: Atlas, 2006.

__________. *Direito processual do trabalho*. 28. ed. São Paulo: Atlas, 2008.

__________. *Direito processual do trabalho*. 38. ed. São Paulo: Saraiva, 2016.

MARTINS FILHO, Ives Gandra. *Processo coletivo do trabalho*. 3. ed. São Paulo: LTr, 2003.

__________. *Processo coletivo do trabalho*. 4. ed. São Paulo: LTr, 2009.

MASCHIETTO, Leonel. *A litigância de má-fé na Justiça do Trabalho:* princípios, evolução histórica, preceitos legais e análise da responsabilização do advogado. São Paulo: LTr, 2007.

MATIELLO, Fabrício Zamprogna. *Código Civil comentado*. 2. ed. São Paulo: LTr, 2005.

MAUAD, Marcelo. *Os direitos dos trabalhadores na Lei de Recuperação e de Falência de Empresas*. São Pauo: LTr, 2007.

MAXIMILIANO, Carlos. *Hermenêutica e aplicação do direito*. 19. ed. Rio de Janeiro: Forense, 2003.

MAZZILLI, Hugo Nigro. *Introdução ao Ministério Público*. São Paulo: Saraiva, 1997.

__________. *O inquérito civil*. São Paulo: Saraiva, 1999.

__________. *A defesa dos interesses difusos em juízo*. São Paulo: Saraiva, 2005.

MEDEIROS, Alexandre Alliprandino. *A efetividade da hasta pública no processo do trabalho*. São Paulo: LTr, 2003.

MEDEIROS, Maria Lúcia L. C. de. *A revelia sob o aspecto da instrumentalidade*. São Paulo: RT, 2003.

MEDINA, José Miguel Garcia; WAMBIER, Teresa Arruda Alvim. *Processo civil moderno*. São Paulo: LTr, 2008. v. 1.

MEDINA, José Miguel Garcia. *Direito Processual Civil Moderno*. São Paulo: RT, 2015.

_________. *Novo Código de Processo Civil Comentado*. 3. ed. São Paulo: RT, 2015.

MEIRELES, Edilton. *Competência e procedimento na Justiça do Trabalho*. São Paulo: LTr, 2005.

_________. *Ação de execução monitória*. 2. ed. São Paulo: LTr, 1998.

MEIRELLES, Hely Lopes. *Mandado de segurança*. 22. ed. São Paulo: Malheiros, 2000.

MELHADO, Reginaldo. *Metamorfoses do capital e do trabalho*. São Paulo: LTr, 2006.

MELLO FRANCO, Guilherme Alves de. *Direito processual do trabalho*. São Paulo: Thomson IOB, 2005.

MELO, Raimundo Simão de. *A greve no direito brasileiro*. Ações judiciais cabíveis – EC n. 45/04. Atuação do Ministério Público do Trabalho. São Paulo: LTr, 2006.

_________. *Ação civil pública na Justiça do Trabalho*. 2. ed. São Paulo: LTr, 2004.

_________. *Ação civil pública na Justiça do Trabalho*. 3. ed. São Paulo: LTr, 2008.

_________. *Dissídio coletivo de trabalho*. São Paulo: LTr, 2002.

_________. *Direito ambiental do trabalho e a saúde do trabalhador*. 2. ed. São Paulo: LTr, 2006.

_________. *Processo Coletivo do Trabalho*. 3. ed. São Paulo: LTr, 2013.

MELO FILHO, Hugo Cavalcanti. Nova competência da Justiça do Trabalho: contra a interpretação reacionária da Emenda n. 45/04. *In:* COUTINHO, Grijalbo Fernandes; FAVA, Marcos Neves. *Justiça do trabalho:* competência ampliada. São Paulo: LTr, 2005.

MENDES, Gilmar Ferreira; BRANCO, Paulo Gustavo Gonet. *Curso de Direito Constitucional*. 10. ed. São Paulo: Saraiva, 2015.

MIESSA, Élisson. *Recursos Trabahistas*. Salvador: JusPodivm, 2014.

_________. *Processo do Trabalho:* para concursos públicos. 3. ed. Salvador: JusPodvim, 2016.

_________. *Impactos do Novo CPC nas Súmulas e Orientações Jurisprudenciais do TST*. Salvador: JusPodivm, 2016.

MIESSA, Élisson (coordenador). *O novo Código de Processo Civil e seus Reflexos no Processo do Trabalho*. Salvador: JusPodivm, 2015.

_________. *O novo Código de Processo Civil e seus Reflexos no Processo do Trabalho*. 2. ed. Salvador: JusPodivm, 2016.

MIRABETE, Júlio Fabbrini. *Código de Processo Penal interpretado*. 6. ed. São Paulo: Atlas, 1999.

MIRANDA, Francisco Cavalcanti Pontes de. *Tratado de direito privado*. Campinas: Bookseller, 2000. v. 6.

__________. *Comentários ao Código de Processo Civil*. 3. ed. Rio de Janeiro: Forense, 1996. t. IV.

__________. *Tratado da ação rescisória*. 2. ed. Campinas: Bookseller, 2003.

MONIZ DE ARAGÃO, Egas Dirceu. *Comentários ao Código de Processo Civil*. 9. ed. Rio de Janeiro: Forense, 2000.

MONTEIRO, Carlos Augusto Marcondes de Oliveira. *Recurso de Revista*. São Paulo: LTr, 2016.

MONTOYA MELGAR, Alfredo. *Derecho del trabajo*. 22. ed. Madri: Tecnos, 2001.

MORAES, Alexandre de. *Direito constitucional*. 15. ed. São Paulo: Atlas, 2004.

MORAES, José Diniz de. *Confissão e revelia de ente público no processo do trabalho*. São Paulo: LTr, 1999.

MOREIRA, José Carlos Barbosa. *O novo processo civil brasileiro*. 21. ed. Rio de Janeiro: Forense, 2001.

MORGERO, Samuel Angelini. *Intervenção de terceiros no processo do trabalho*. São Paulo: LTr, 2006.

NASCIMENTO, Amauri Mascaro. *Curso de direito do trabalho*. 19. ed. São Paulo: Saraiva, 2004.

__________. *Curso de direito processual do trabalho*. 20. ed. São Paulo: Saraiva, 2001.

__________. *Curso de direito processual do trabalho*. 22. ed. São Paulo: Saraiva, 2007.

__________. *Curso de direito processual do trabalho*. 24. ed. São Paulo: Saraiva, 2008.

__________. Alterações do Código Civil e seus reflexos nas relações de trabalho. *In: Revista do Tribunal Regional do Trabalho da 15ª Região*. São Paulo: LTr, n. 21, 2003.

__________. *Compêndio de direito sindical*. São Paulo: LTr, 2000.

__________. Dos princípios do direito processual do trabalho. *In:* ROMAR, Carla Teresa Martins; SOUSA, Otávio Augusto Reis de (Coords.). *Estudos relevantes de direito material e processual do trabalho:* estudos em homenagem ao prof. Pedro Paulo Teixeira Manus. São Paulo: LTr, 2000.

__________. A questão do dissídio coletivo de comum acordo. *In: Revista Legislação do Trabalho*. São Paulo: LTr, ano 70, v. 6, 2006.

__________. *Teoria geral do direito do trabalho*. São Paulo: LTr, 1998.

NEGRÃO, Theotonio. *Código de Processo Civil e legislação processual em vigor*. 36. ed. São Paulo: Saraiva, 2004.

NERY JUNIOR, Nelson. *Princípios de processo civil na Constituição Federal*. 8. ed. São Paulo: RT, 2004.

NERY JUNIOR, Nelson; NERY, Rosa Maria de Andrade. *Código de Processo Civil comentado e legislação extravagante*. 7. ed. São Paulo: RT, 2003.

______; ______. *Código de Processo Civil comentado e legislação extravagante*. 10. ed. São Paulo: RT, 2007.

______; ______. *Constituição Federal comentada*. São Paulo: RT, 2006.

______; ______. *Código de Processo Civil comentado e legislação extravagante*. 3. ed. São Paulo: RT, 2005.

______; ______. *Código de Processo Civil comentado e legislação extravagante*. 11. ed. São Paulo: RT, 2010.

______; ______. *Comentários ao Código de Processo Civil*. São Paulo: RT, 2015.

______; ______. *Teoria geral dos recursos*. 6. ed. São Paulo: RT, 2004.

NEVES, Celso. *Comentários ao Código de Processo Civil*. 7. ed. Rio de Janeiro: Forense, 2000. v. VII.

NEVES, Daniel Amorim Assumpção. *Competência no processo civil*. São Paulo: Método, 2005.

______. *Manual de direito processual civil*. São Paulo: Método, 2009.

______. *Manual de processo coletivo*. São Paulo: Método, 2013.

______; FUX, Luiz. *Novo CPC comparado*. São Paulo: Método, 2015.

NETO, Francisco Ferreira Jorge; CAVALCANTE, Jouberto de Quadros Pessoa. *Direito processual do trabalho*. 3. ed. Rio de Janeiro: Lumen Juris, 2007.t. I e III.

______. *Direito processual do trabalho*. 4. ed. Rio de Janeiro: Lumen Juris, 2009. t. I e II.

______. *Direito processual do trabalho*. 5. ed. São Paulo: Atlas, 2012.

NOBRE, George de Oliveira. *O preposto na Justiça do Trabalho*. São Paulo: LTr, 2000.

NORRIS, Roberto. *Emenda Constitucional n. 45 e as relações de trabalho no novo Código Civil*. Rio de Janeiro: Forense, 2006.

______. *Novo CPC*. São Paulo: Saraiva, 2015.

NUCCI, Guilherme de Souza. *O valor da confissão como meio de prova no processo penal*. 2. ed. São Paulo: RT, 1999.

______. *Manual de processo e execução penal*. São Paulo: RT, 2005.

OLIVEIRA, Débora Costa. *O juiz e a prova trabalhista*. São Paulo: LTr, 2005.

OLIVEIRA, Eudes. *A técnica do interrogatório*. 5. ed. Fortaleza: ABC, 2001.

OLIVEIRA, Francisco Antonio de. *Comentários à Consolidação das Leis do Trabalho*. 3. ed. São Paulo: RT, 2005.

______. *A execução na Justiça do Trabalho*. 7. ed. São Paulo: LTr, 2013.

______. *Tratado de direito processual do trabalho*. São Paulo: LTr, 2008. v. I.

______. *Tratado de direito processual do trabalho*. São Paulo: LTr, 2008. v. II.

______. *Execução na Justiça do Trabalho*. 5. ed. São Paulo: RT, 2006.

______. *Execução na Justiça do Trabalho*. 6. ed. São Paulo: RT, 2007.

__________. *Manual de direito processual do trabalho*. 3. ed. São Paulo: RT, 2005.

__________. *O processo na Justiça do Trabalho*. 4. ed. São Paulo: RT, 1999.

__________. *O processo na Justiça do Trabalho*. 5. ed. São Paulo: LTr, 2008.

__________. *Comentários às súmulas do TST*. 6. ed. São Paulo: RT, 2005.

__________. *Manual de audiências trabalhistas*. 2. ed. São Paulo: RT, 1999.

__________. *Manual de audiências trabalhistas*. 6. ed. São Paulo: RT, 2008.

__________. *Manual de revelia*. São Paulo: RT, 2002.

__________. Prescrição com nova cara. *In: Revista LTr* 70-05/519.

__________. *Ação civil pública:* enfoques trabalhistas. São Paulo: RT, 1999.

__________. *Ação rescisória:* enfoques trabalhistas. 2. ed. São Paulo: RT, 1996.

__________. *Mandado de segurança e controle jurisdicional*. 3. ed. São Paulo: RT, 2001.

OLIVEIRA, Sebastião Geraldo de. Prescrição nas ações indenizatórias decorrentes de acidente de trabalho ou doença ocupacional. *In: Revista LTr* 70-05/523.

__________. *Proteção jurídica à saúde do trabalhador*. São Paulo: LTr, 2002.

__________. *Indenizações por acidente de trabalho e doença profissional*. São Paulo: LTr, 2006.

PAIM, Nilton Rangel Barreto. A competência criminal da Justiça do Trabalho — uma discussão antiga que se reafirma em face da Emenda Constitucional n. 45/2004. *In: Competência da Justiça do Trabalho aspectos materiais e processuais*. De acordo com a EC n. 45/2004. São Paulo: LTr, 2005.

PAMPLONA FILHO, Rodolfo. A nova competência da Justiça do Trabalho (uma contribuição para a compreensão dos limites do novo art. 114 da Constituição Federal). *In: Revista Legislação do Trabalho*. São Paulo: LTr, ano 70, v. 1, 2006.

__________. *O dano moral na relação de emprego*. 2. ed. São Paulo: LTr, 1999.

__________; SOUZA, Tércio. *Curso de Direito Processual do Trabalho*. São Paulo: Marcial Pons, 2014.

PANCOTTI, José Antonio. *Institutos fundamentais de direito processual civil*. São Paulo: LTr, 2002.

PASCO, Mário. *Fundamentos do direito processual do trabalho*. São Paulo: LTr, 1997.

PASTORE, José. Onde estão os trabalhadores informais? *In: O Estado de S. Paulo:* Economia. 3.6.2003.

PEIXOTO, Bolívar Viégas. *Curso de processo individual do trabalho*. 5. ed. Rio de Janeiro: Forense, 2009.

PEREIRA, Caio Mário da Silva. *Instituições de direito civil*. 10. ed. Rio de Janeiro: Forense, 1999. v. III.

PEREIRA, Leone. *Manual de processo do trabalho*. São Paulo: Saraiva, 2011.

PIMENTA, José Roberto Freire. A nova competência da Justiça do Trabalho para as lides não decorrentes da relação de emprego: aspectos processuais e procedimentais. *In: Revista do Tribunal Superior do Trabalho*, ano 71, n. 1, jan./abr. 2005. Porto Alegre: Síntese, 2005.

PINHEIRO, Augusto Campana (Coord.). *Competência da Justiça do Trabalho:* aspectos materiais e processuais. De acordo com a EC n. 45/04. Amatra XXIII. São Paulo: LTr, 2005.

PINHO PEDREIRA, Luiz. A greve sem a Justiça do Trabalho. *In: Revista Legislação do Trabalho.* São Paulo: LTr, ano 61, v. 23, 1997.

_________. *A reparação do dano moral no direito do trabalho.* São Paulo: LTr, 2004.

PINTO, José Augusto Rodrigues. *Processo trabalhista de conhecimento.* 7. ed. São Paulo: LTr, 2005.

_________. *Manual dos recursos nos dissídios do trabalho.* São Paulo: LTr, 2006.

_________. *Tratado de direito material do trabalho.* São Paulo: LTr, 2007.

_________. *Execução trabalhista:* estática – dinâmica – prática. 11. ed. São Paulo: LTr, 2006.

_________. Reconhecimento *ex officio* da prescrição e processo do trabalho. *In: Revista LTr* 70-04/391.

PINTO, Raymundo Antonio Carneiro. *Súmulas do TST comentadas.* 8. ed. São Paulo: LTr, 2005.

PIZZOL, Patrícia Miranda. *Competência no processo civil.* São Paulo: RT, 2003.

PLÁ RODRIGUEZ, Américo. *Princípios de direito do trabalho.* 3. ed. São Paulo: LTr, 2000.

PORTANOVA, Rui. *Princípio do processo civil.* 7 ed. Porto Alegre: Livraria do Advogado: 2008.

POZZOLO, Paulo Ricardo. *Ação inibitória no processo do trabalho.* São Paulo: LTr, 2001.

PRATA, Marcelo Rodrigues. *A prova testemunhal no processo civil e trabalhista.* São Paulo: LTr, 2005.

PRUNES, José Luiz Ferreira. *Absenteísmo, revelia e confissão no direito brasileiro do trabalho.* 2. ed. São Paulo: LTr, 1999.

PUGLIESE, Márcio. *Por uma teoria geral do direito. Aspectos microssistêmicos.* São Paulo: RCS, 2005.

RÁO, Vicente. *O direito e a vida dos direitos.* 5. ed. São Paulo: RT, 1999.

REDONDO, Bruno Garcia; LOJO, Mário Vitor Suarez. *Penhora.* São Paulo: Método, 2007.

REIS, Sérgio Cabral dos. *Defesa do executado no curso da execução:* cível e trabalhista. São Paulo: LTr, 2008.

REIS, Sérgio Cabral dos (Coord.). *O novo CPC e sua repercussão no Processo do Trabalho:* Encontros e Desencontros. São Paulo: LTr, 2016.

REIS DE PAULA, Carlos Alberto. Revelia. *In:* BARROS, Alice Monteiro de (Coord.). *Compêndio de direito processual do trabalho. Obra em Homenagem a Celso Agrícola Barbi.* São Paulo: LTr, 1998.

_________. *A especificidade do ônus da prova no processo do trabalho.* São Paulo: LTr, 2001.

RIBEIRO, Fábio Túlio Correia. *Processo do trabalho básico — da inicial à sentença.* São Paulo: LTr, 1997.

RIBEIRO, Rafael Edson. Comissão de conciliação prévia: faculdade ou obrigatoriedade. *In: Revista Trabalho & Doutrina* n. 26. São Paulo: Saraiva, 2002.

RIBEIRO DE VILHENA, Paulo Emílio. *Relação de emprego, estrutura legal e supostos*. 2. ed. São Paulo: LTr, 1999.

_________. *Contrato de trabalho com o Estado*. São Paulo: LTr, 2002.

RENAULT, Luiz Otávio Linhares; VIANA, Márcio Túlio; FABIANO, Isabela Márcia de Alcântara; FATTINI, Fernanda Carolina; PIMENTA, Raquel Betty de Castro (Coords.). *O que há de Novo em Processo do Trabalho*. São Paulo: LTr, 2015.

RIPPER, Walter Wiliam. *Poder normativo da Justiça do Trabalho após a EC 45/2004*. São Paulo: LTr, 2007.

_________. Poder normativo da Justiça do Trabalho: análise do antes, do agora e do possível depois. *In: Revista Legislação do Trabalho*. São Paulo: LTr, ano 69, v. 7, 2005.

RIZZATTO NUNES, Luis Antonio. *Curso de direito do consumidor*. São Paulo: Saraiva, 2004.

_________. *Manual da monografia jurídica*. 5. ed. São Paulo: Saraiva, 2007.

_________. *Comentários ao Código de Defesa do Consumidor*. São Paulo: Saraiva, 2000.

ROBORTELLA, Luiz Carlos Amorim. Sucessão trabalhista e denunciação da lide. *In:* ROMAR, Carla Teresa Martin; SOUZA, Otávio Augusto Reis de (Coords.). *Temas relevantes de direito material e processual do trabalho:* estudos em homenagem ao professor Pedro Paulo Teixeira Manus. São Paulo: LTr, 2000.

ROCHA, Andréa Presas. *Manual de competências da justiça do trabalho*. São Paulo: Campus, 2008.

ROMAR, Carla Teresa Martins. *Direito processual do trabalho*. 5. ed. São Paulo: Atlas, 2009.

ROMITA, Arion Sayão. O poder normativo da Justiça do Trabalho: antinomias constitucionais. *In: Revista Legislação do Trabalho*. São Paulo: LTr, ano 65, v. 3, 2001.

_________. *Direitos fundamentais nas relações de trabalho*. São Paulo: LTr, 2005.

RUPRECHT, Alfredo J. *Os princípios do direito do trabalho*. São Paulo: LTr, 1995.

RUSSOMANO, Mozart Victor. *Comentários à Consolidação das Leis do Trabalho*. 6. ed. Rio de Janeiro: José Konfino, 1963. v. IV e VI.

_________. *Princípios gerais de direito sindical*. 2. ed. Rio de Janeiro: Forense, 2002.

SAAD, Eduardo Gabriel. *Direito processual do trabalho*. 3. ed. São Paulo: LTr, 2002.

_________. *CLT comentada*. 38. ed. São Paulo: LTr, 2005.

_________. SAAD, José Eduardo Duarte; BRANCO, Ana Maria Saad Castelo. *CLT*. 40. ed. São Paulo: LTr, 2007.

_________. *Curso de direito processual do trabalho*. 5. ed. São Paulo: LTr, 2007.

_________. *Curso de direito processual do trabalho*. 6. ed. São Paulo: LTr, 2008.

_________. *CLT comentada*. 49. ed. São Paulo: LTr, 2016.

SAKO, Emília Simeão. *A prova no processo do trabalho:* os meios de prova e ônus da prova nas relações de emprego e trabalho. São Paulo: LTr, 2006.

SANTOS, Hermelino de Oliveira. *Desconsideração da personalidade jurídica no processo do trabalho*. São Paulo: LTr, 2003.

SANTOS, José Aparecido dos (Coord.). *Execução trabalhista*. São Paulo: LTr, 2008.

SANTOS, Moacyr Amaral. *Primeiras linhas de direito processual civil*. 17. ed. São Paulo: Saraiva, 1995. v. 2.

______. *Primeiras linhas de direito processual civil*. 25. ed. São Paulo: Saraiva, 2007. v. 1.

______. *Primeiras linhas de direito processual civil*. São Paulo: Saraiva, 1985.

______. *Primeiras linhas de direito processual civil*. 24. ed. São Paulo: Saraiva, 2007. v. II.

______. *Comentários ao Código de Processo Civil*. 2. ed. Rio de Janeiro: Forense, 1977. v. IV.

______. *Prova judiciária no cível e comercial*. São Paulo: Saraiva, 1983. v. I.

SANTOS, Ronaldo Lima dos. *Teoria das Normas Coletivas*. São Paulo: LTr, 2007.

______. *Sindicatos e Ações Coletivas:* acesso à justiça, jurisdição coletiva e tutela dos interesses difusos, coletivos e individuais homogêneos. 2. ed. São Paulo: LTr, 2008.

______. *Sindicatos e ações coletivas*. 3. ed. São Paulo: LTr, 2012.

SARAIVA, Renato. *Curso de direito processual do trabalho*. 3. ed. São Paulo: Método, 2006.

______. *Curso de direito processual do trabalho*. 4. ed. São Paulo: Método, 2007.

______. *Curso de direito processual do trabalho*. 5. ed. São Paulo: Método, 2008.

______. *Curso de direito processual do trabalho*. 6. ed. São Paulo: Método, 2009.

______. *Curso de direito processual do trabalho*. 7. ed. São Paulo: Método, 2010.

SARLET, Ingo Wolfgang. *Dignidade da pessoa humana e direitos fundamentais*. 4. ed. Porto Alegre: Livraria do Advogado, 2006.

______. *A eficácia dos direitos fundamentais:* uma teoria geral dos direitos fundamentais na perspectiva constitucional. 10. ed. Porto Alegre: Livraria do Advogado, 2009.

SARMENTO, Daniel. *Direitos fundamentais e relações privadas*. Rio de Janeiro: Lumen Juris, 2004.

SCHIAVI, Mauro. *A revelia no direito processual do trabalho:* legalidade, justiça e poderes do juiz na busca da verdade. São Paulo: LTr, 2006.

______. *Recursos no Processo do Trabalho*. São Paulo: LTr, 2012.

______. *Recursos no Processo do Trabalho*. 2. ed. São Paulo: LTr, 2013.

______. *Manual de Direito Processual do Trabalho*. 2. tir. São Paulo: LTr, 2008.

______. *Execução no Processo do Trabalho*. São Paulo: LTr, 2008.

______. *Execução no Processo do Trabalho*. 2. ed. São Paulo: LTr, 2010.

______. *Execução no Processo do Trabalho*. 3. ed. São Paulo: LTr, 2011.

______. *Execução no Processo do Trabalho*. 4. ed. São Paulo: LTr, 2012.

______. *Execução no Processo do Trabalho*. 5. ed. São Paulo: LTr, 2013.

______. *Princípios do Processo do Trabalho*. São Paulo: LTr, 2012.

______. *Princípios do Processo do Trabalho*. 2. ed. São Paulo: LTr, 2014.

_________. *Ações de reparação por danos morais decorrentes da relação de trabalho.* São Paulo: LTr, 2007.

_________. *Ações de reparação por danos morais decorrentes da relação de trabalho.* 3. ed. São Paulo: LTr, 2009.

_________. *Ações de reparação por danos morais decorrentes da relação de trabalho.* 4. ed. São Paulo: LTr, 2011.

_________. *Competência material da Justiça do Trabalho brasileira.* São Paulo: LTr, 2007.

_________. *Comentários às questões polêmicas e atuais das provas da magistratura e Ministério Público do Trabalho.* São Paulo: LTr, 2008. v. 1.

_________. *Comentários às questões polêmicas e atuais das provas da magistratura e Ministério Público do Trabalho.* São Paulo: LTr, 2008. v. 2.

_________. *Comentários às questões polêmicas e atuais das provas da magistratura e Ministério Público do Trabalho.* São Paulo: LTr, 2009. v. 3.

_________. *Comentários às questões polêmicas e atuais das provas da magistratura e Ministério Público do Trabalho.* São Paulo: LTr, 2009. v. 4.

_________. *Comentários às questões polêmicas e atuais das provas da magistratura e Ministério Público do Trabalho.* São Paulo: LTr, 2010. v. 5.

_________. *Comentários às questões polêmicas e atuais das provas da magistratura e Ministério Público do Trabalho.* São Paulo: LTr, 2013. v. 7.

_________. *Provas no processo do trabalho.* São Paulo: LTr, 2010.

_________. *Provas no processo do trabalho.* 2. ed. São Paulo: LTr, 2011.

_________. *Provas no processo do trabalho.* 3. ed. São Paulo: LTr, 2013.

_________. O alcance da expressão relação de trabalho e a competência da Justiça do Trabalho um ano após a promulgação da EC. 45/04. *In: Revista Legislação do Trabalho.* São Paulo: LTr, ano 70, v. 2, 2006.

_________. Aspectos polêmicos do acidente de trabalho: responsabilidade objetiva do empregador pela reparação dos danos causados ao empregado. Prescrição. *In: Revista Legislação do Trabalho.* São Paulo: LTr, ano 70, v. 5, 2006.

_________. Os princípios do direito processual do trabalho e a possibilidade de aplicação subsidiária do CPC quando há regra expressa na CLT em sentido contrário. *In: Suplemento Trabalhista.* São Paulo: LTr n. 21/07, 2007.

_________. Aspectos polêmicos da competência material da Justiça do Trabalho: competência penal. *In: Suplemento Trabalhista.* São Paulo: LTr n. 25/07, 2007.

_________. Aspectos polêmicos da execução trabalhista: hasta pública, lance mínimo e lance vil no processo do trabalho. *In: Revista LTr* n. 69, São Paulo: LTr, dezembro de 2005, p. 69-12 e 1.435-1.445.

_________. O art. 285-A do CPC com a redação dada pela Lei n. 11.277/2006 e o processo do trabalho. *In: Suplemento Trabalhista* n. 137/2006. São Paulo: LTr, 2006. p. 573.

________. A nova redação do art. 322 do CPC, dada pela Lei n. 11.280/2006 e seus reflexos no direito processual do trabalho. *In: Suplemento Trabalhista* n. 139/06. São Paulo: LTr, 2006. p. 585.

________. Aspectos polêmicos do *habeas corpus* na Justiça do Trabalho. *In: Suplemento Trabalhista* n. 40/07. São Paulo: LTr, abril de 2007.

________. O contrato de pequena empreitada previsto no art. 652-A, III, da CLT e a competência da Justiça do Trabalho à luz da EC n. 45/04. *In: Suplemento Trabalhista* 48/07. São Paulo: LTr, 2007.

________. Novas reflexões sobre a prescrição de ofício no direito processual do trabalho. *In: Suplemento Trabalhista* n. 49/2007. São Paulo: LTr, 2007.

________. Aspectos polêmicos da intervenção de terceiros no processo do trabalho após a EC 45/04 e o cancelamento da OJ 227, da SDI-I, do C. TST. *In: Revista LTr* n. 71-05/555. São Paulo: LTr, maio de 2007.

________. Saneamento das nulidades processuais na esfera recursal e a aplicabilidade do § 4º do art. 515 do CPC no processo do trabalho. *In: Suplemento LTr* n. 69/07. São Paulo: LTr, 2007.

________. Aspectos polêmicos da prova emprestada no direito processual do trabalho. *In: Suplemento Trabalhista* n. 71/07. São Paulo: LTr, 2007.

________. A questão do comum acordo para instaurar o dissídio coletivo de natureza econômica. *In: Jornal do 47º Congresso Brasileiro de Direito do Trabalho*. São Paulo: LTr, 2007.

________. Aspectos polêmicos do interrogatório e do depoimento pessoal no processo do trabalho. *In: Revista LTr* n. 71-07/789.

________. Aspectos polêmicos da reconvenção no direito processual do trabalho. *In: Suplemento Trabalhista* n. 94/07.

________. Novas reflexões sobre a ação monitória no processo do trabalho. *In: Revista LTr* 71-08/916. São Paulo: LTr, 2007.

________. Aspectos polêmicos da liquidação por cálculos de sentença trabalhista à luz da Lei n. 11.232/2005. *In: Suplemento Trabalhista* 109/07.

________. Aspectos polêmicos e atuais da arbitragem no direito processual do trabalho. *In: Suplemento Trabalhista* n. 125/07.

________. A súmula impeditiva de recurso prevista no § 1º do art. 518 do CPC e o processo do trabalho. *In: Suplemento Trabalhista* n. 127/07.

________. A inversão do ônus da prova no processo do trabalho. *In: Suplemento Trabalhista* n. 132/07.

________. Aspectos polêmicos e atuais da fraude de execução no processo do trabalho. *In: Suplemento Trabalhista* n. 146/07.

________. Aspectos polêmicos das exceções de impedimento, suspeição e incompetência no processo do trabalho à luz da CLT, do TST e do CPC. *In: Revista LTr*, novembro de 2007.

________. Aspectos polêmicos e atuais da hasta pública no processo do trabalho à luz da Lei n. 11.382/2006. *In: Suplemento Trabalhista* n. 151/07.

__________. Aspectos polêmicos e atuais da sucessão de empresas no direito do trabalho — direito material e processual do trabalho. *In: Suplemento Trabalhista* n. 100/08, p. 499/505.

__________. Aspectos polêmicos e atuais da nova redação da Súmula n. 377 do Tribunal Superior do Trabalho: Deve o preposto ser empregado do reclamado? *In: Suplemento Trabalhista* n. 112/08, p. 555-562.

__________. Modulação dos efeitos da sentença nas ações diretas de inconstitucionalidade e os possíveis efeitos no processo do trabalho. *In: Revista LTr* 72-09/1042/1045.

__________. Novas reflexões sobre a aplicabilidade do art. 475-J do CPC ao processo do trabalho à luz da recente jurisprudência do TST. *In: Revista LTr* n. 72/03/271, de março de 2008.

__________. Dano moral reflexo ou em ricochete decorrente da relação de trabalho. *In: Suplemento Trabalhista* n. 43/08, p. 213/215.

__________. Aspectos polêmicos e atuais da penhora de salário no processo do trabalho — reflexões sobre o Enunciado n. 70, da 1ª Jornada de Direito Material e Processual do Trabalho do Tribunal Superior do Trabalho. *In: Suplemento Trabalhista* n. 55/08, p. 271-274.

__________. Aspectos polêmicos e atuais da exceção de pré-executividade na Justiça do Trabalho. *In: Suplemento Trabalhista* n. 64/08.

__________. Aspectos polêmicos e atuais da execução da contribuição previdenciária na justiça do trabalho à luz da EC n. 45/04 e da Lei n. 11.457/07. *In: Suplemento Trabalhista* n. 84/08, p. 409/413.

__________. Aspectos polêmicos e atuais das tutelas de urgência no processo do trabalho à luz das recentes alterações do Código de Processo Civil. *In: Suplemento Trabalhista* n. 90/08, p. 441/450.

__________. Aspectos polêmicos e atuais da penhora de imóvel na justiça do trabalho. *In: Suplemento Trabalhista* n. 97/08.

SCHWARZ, Rodrigo Garcia (Coord.). *Dicionário:* Direito do Trabalho, direito processual do trabalho e direito previdenciário aplicado ao Direito do Trabalho. São Paulo: LTr, 2012.

SERAFIM JÚNIOR, Arnor. *A prescrição na execução trabalhista.* São Paulo: LTr, 2006.

SICA, Heitor Vitor Mendonça. *Preclusão processual civil.* São Paulo: Atlas, 2006.

SILVA, Antônio Álvares da. *Pequeno tratado da nova competência trabalhista.* São Paulo: LTr, 2005.

__________. *Competência penal da Justiça do Trabalho.* São Paulo: LTr, 2006.

__________. *Execução provisória trabalhista depois da reforma do CPC.* São Paulo: LTr, 2007.

SILVA, Homero Batista Mateus da. *Estudo crítico da prescrição trabalhista.* São Paulo: LTr, 2004.

__________. *Responsabilidade patrimonial no processo do trabalho.* São Paulo: Campus, 2008.

__________. *Curso de direito do trabalho aplicado:* justiça do trabalho. São Paulo: Campus, 2010.

__________. *Curso de direito do trabalho aplicado:* processo do trabalho. São Paulo: Campus, 2010.

__________. *Curso de direito do trabalho aplicado:* execução trabalhista. São Paulo: Campus, 2010.

_________. *Curso de direito do trabalho aplicado:* processo do trabalho. vol. 9. 2. ed. São Paulo: RT, 2015.

_________. *Curso de direito do trabalho aplicado:* execução trabalhista. vol. 10. 2. ed. São Paulo: RT, 2015.

_________. *Curso de direito do trabalho aplicado:* justiça do trabalho. vol. 8. 2. ed. São Paulo: RT, 2015.

_________. *CLT Comentada.* São Paulo: RT, 2016.

SILVA, Bruno Freire e. *O Novo CPC e o Processo do Trabalho.* Vol. I. Parte Geral. São Paulo: LTr, 2015.

SILVA, José Antônio Ribeiro de Oliveira. *Questões relevantes do procedimento sumaríssimo:* 100 perguntas e respostas. São Paulo: LTr, 2000.

SILVA, José Antônio Ribeiro de Oliveira (coordenador). *Comentários ao Novo CPC e sua Aplicação no Processo do Trabalho.* São Paulo: LTr, 2016.

_________. *Manual da penhora de bem imóvel na execução trabalhista.* Rio de Janeiro: Renovar, 2002.

_________; COSTA, Fábio Natali; BARBOSA, Amanda. *Magistratura do trabalho:* Formação humanística e temas fundamentais do direito. São Paulo: LTr, 2010.

SILVA, Luciana Aboim Machado Gonçalves da. *Termo de ajuste de conduta.* São Paulo: LTr, 2004.

SILVA, Otávio Pinto e. *Subordinação, autonomia e parassubordinação nas relações de trabalho.* São Paulo: LTr, 2004.

SILVA, Ovídio A. Baptista da. *Comentários ao código de processo civil.* 2. ed. São Paulo: RT, 2005. v. 1.

_________; GOMES, Fábio. *Teoria geral do processo civil.* 3. ed. São Paulo: RT, 2002.

SILVA NETO, Manoel Jorge e. *Constituição e processo do trabalho.* São Paulo: LTr, 2007.

SÍMON, Sandra Lia. O devido processo legal e a tutela dos interesses metaindividuais. *In: Revista do Ministério Público do Trabalho*, n. 15. São Paulo: LTr, 1998.

SOUZA, Artur César de. *Contraditório e revelia.* Perspectiva crítica dos efeitos da revelia em face da natureza dialética do processo. São Paulo: RT, 2003.

_________. *Código de Processo Civil:* anotado, comentado e interpretado. Vol. I. São Paulo: Almedina Brasil, 2015.

_________. *Código de Processo Civil:* anotado, comentado e interpretado. Vol. II. São Paulo: Almedina Brasil, 2015.

SOUZA, Marcelo Papaléo de. *A nova lei de recuperação e falência e as suas consequências no direito e no processo do trabalho.* São Paulo: LTr, 2006.

_________.*A nova lei de recuperação e falência e as suas consequências no direito e processo do trabalho.* 3. ed. São Paulo: LTr, 2009.

_________.*Manual da execução trabalhista.* São Paulo: LTr, 2005.

SÜSSEKIND, Arnaldo. *Curso de direito do trabalho.* Rio de Janeiro: Renovar, 2002.

__________. *Direito constitucional do trabalho*. Rio de Janeiro: Renovar, 1999.

TAVARES, André Ramos. *Curso de direito constitucional*. 3. ed. São Paulo: Saraiva, 2006.

TEIXEIRA FILHO, Manoel Antonio. *Breves comentários à reforma do poder judiciário*. São Paulo: LTr, 2005.

__________. A Justiça do Trabalho e a Emenda Constitucional n. 45/2004. *In: Revista Legislação do Trabalho*. São Paulo: LTr, ano 69, v. 1, 2005.

__________. As novas leis alterantes do processo civil e sua repercussão no processo do trabalho. *In: Revista LTr* 70-03/298.

__________. *Assistência e intervenção de terceiros. Curso de processo do trabalho. Perguntas e respostas sobre assuntos polêmicos em opúsculos específicos*. v. 4. São Paulo: LTr, 1997.

__________. *Litisconsórcio, assistência e intervenção de terceiros no processo do trabalho*. 3. ed. São Paulo: LTr, 1995.

__________. *Execução de título extrajudicial:* breves apontamentos à Lei n. 11.382, sob a perspectiva do processo do trabalho. São Paulo: LTr, 2007.

__________. *Execução no processo do trabalho*. 9. ed. São Paulo: LTr, 2005.

__________. *O procedimento sumaríssimo no processo do trabalho*. São Paulo: LTr, 2000.

__________. *Ação rescisória no processo do trabalho*. 4. ed. São Paulo: LTr, 2005.

__________. *Sistema dos recursos trabalhistas*. 10. ed. São Paulo: LTr, 2003.

__________. *Ações cautelares no processo do trabalho*. 5. ed. São Paulo: LTr, 2005.

__________. *A sentença no processo do trabalho*. 3. ed. São Paulo: LTr, 2004.

__________. *Liquidação da sentença no processo do trabalho*. 3. ed. São Paulo: LTr, 1988.

__________. *A prova no processo do trabalho*. 8. ed. São Paulo: LTr, 2003.

__________. *Curso de direito de processual do trabalho*. São Paulo: LTr, 2009. v. I.

__________. *Curso de direito de processual do trabalho*. São Paulo: LTr, 2009. v. II.

__________. *Curso de direito de processual do trabalho*. São Paulo: LTr, 2009. v. III.

__________. *Execução no processo do trabalho*. 11. ed. São Paulo: LTr, 2013.

__________. *Comentários à Lei n. 13.015/2014*. São Paulo: LTr, 2014.

__________. *A prova no processo do trabalho*. 10. ed. São Paulo: LTr, 2014.

__________. *Comentários ao Novo Código de Processo Civil:* sob a perspectiva do processo do trabalho. São Paulo: LTr, 2015.

__________. *Comentários ao Novo Código de Processo Civil:* sob a perspectiva do processo do trabalho. 2. ed. São Paulo: LTr, 2016.

THEODORO JÚNIOR, Humberto. *O cumprimento da sentença*. 2. ed. São Paulo: Mandamentos, 2006.

__________. *Processo cautelar*. 19. ed. São Paulo: Leud, 2000.

______. *Processo de execução e cumprimento da sentença*. 25. ed. São Paulo: Leud, 2008.

______. *Curso de direito processual civil*. 41. ed. Rio de Janeiro: Forense, 2007. v. II.

______. *Comentários ao Código de Processo Civil*. 2. ed. Rio de Janeiro: Forense, 2003. v. IV.

______. *Curso de direito processual civil*. 37. ed. Rio de Janeiro: Forense, 2006. v. III.

______. *Curso de direito processual civil*. 24. ed. Rio de Janeiro: Forense, 1998. v. I.

______; NUNES, Dierle; BAHIA, Alexandre Melo Franco; PEDRON, Flávio Quinaud. *Novo CPC*: fundamentos e sistematização. Rio de Janeiro: Forense, 2015.

TOLEDO FILHO, Manoel Carlos. *Fundamentos e perspectivas do processo trabalhista brasileiro*. São Paulo: LTr, 2006.

TOSTES MALTA, Christovão Piragibe. *Prática do processo trabalhista*. 31. ed. São Paulo: LTr, 2002.

______. *Prática do processo trabalhista*. 41. ed. São Paulo: LTr, 2007.

TOURINHO FILHO, Fernando da Costa. *Processo penal*. 17. ed. São Paulo: Saraiva, 1995. v. 4.

TUPINAMBÁ, Carolina. *Competência da Justiça do Trabalho à luz da reforma constitucional*. Rio de Janeiro: Forense, 2006.

______. *As garantias do processo do trabalho*. São Paulo: LTr, 2014.

VIANA, Márcio Túlio. Relações de trabalho e competência: esboço de alguns critérios. *In: Revista Legislação do Trabalho*. São Paulo: LTr, ano 69, v. 6, 2005.

______; RENAULT, Luiz Otávio Linhares. *Manual da audiência trabalhista*. São Paulo: LTr, 1997.

VIDIGAL, Márcio Flávio Salem. *Sentença trabalhista*. 2. ed. Belo Horizonte: Mandamentos, 2007.

WAMBIER, Teresa Arruda Alvim. *Aspectos polêmicos da nova execução*. São Paulo: RT, 2006. v. 3.

______. *Nulidade do processo e da sentença*. 6. ed. São Paulo: RT, 2007.

______. *Recurso especial, recurso extraordinário e ação rescisória*. 2. ed. São Paulo: RT, 2008.

______; CONCEIÇÃO, Maria Lúcia Lins; RIBEIRO, Leonardo Ferres da Silva; MELLO, Rogério Licastro Torres de. *Comentários ao Novo Código de Processo Civil*. São Paulo: RT, 2015.

______; WAMBIER, Luiz Rodrigues; GOMES JR., Luiz Manoel; FISCHER, Octavio Campos; FERREIRA, Wiliam Santos (Coords.). *Reforma do judiciário*. Primeiras reflexões sobre a Emenda Constitucional n. 45/2004. São Paulo: RT, 2005.

WATANABE, Kazuo. *Da cognição no processo civil*. 2. ed. Campinas: Bookseller, 2000.

YARSHELL, Flávio Luiz; GARCIA, Pedro Carlos Sampaio. Competência da Justiça do Trabalho nas ações decorrentes da relação de trabalho. *In: Suplemento Trabalhista*. São Paulo: LTr, n. 48/05, 2005.

YOSHIDA, Márcio. *Arbitragem trabalhista*. São Paulo: LTr, 2006.

ZAINAGHI, Domingos Sávio. *Consolidação das Leis do Trabalho*. 2. ed. São Paulo: LTr, 2002.

__________. *Processo do trabalho*. São Paulo: RT, 2009.

__________. A revelia no processo do trabalho e o comparecimento do advogado da reclamada. *In: Aspectos polêmicos e atuais do direito do trabalho*. Homenagem ao professor Renato Rua de Almeida. São Paulo: LTr, 2007.

ZANGRANDO, Carlos Henrique da Silva. *Processo do trabalho:* moderna teoria geral do direito processual. Rio de Janeiro: Forense Universitária, 2007.

__________. *Direito processual do trabalho*. São Paulo: LTr, 2009. v. I.

__________. *Direito processual do trabalho*. São Paulo: LTr, 2009. v. II.

Produção Gráfica e Editoração Eletrônica: Peter Fritz Strotbek – The Best Page
Projeto de Capa: Fabio Giglio
Impressão: Orgrafic